W0311137

DOMINIQUE CARREAU - FABRIZIO MARRELLA

DIRITTO INTERNAZIONALE

TERZA EDIZIONE INTERAMENTE RIVEDUTA ED AGGIORNATA

GIUFFRÈ
GIUFFRÈ FRANCIS LEFEBVRE

PRIMA
CHE IL LIBRO SCIENTIFICO MUOIA

Il libro scientifico è un organismo che si basa su un equilibrio delicato.
Gli elevati costi iniziali (le ore di lavoro necessarie all'autore, ai redattori, ai compositori, agli illustratori) sono recuperati se le vendite raggiungono un certo volume.

La fotocopia in un primo tempo riduce le vendite e perciò contribuisce alla crescita del prezzo. In un secondo tempo elimina alla radice la possibilità economica di produrre nuovi libri, soprattutto scientifici.

Per la legge italiana la fotocopia di un libro (o parte di esso) coperto da diritto d'autore (Copyright) è illecita. Quindi ogni fotocopia che eviti l'acquisto di un libro è reato.

Fotocopie per uso personale del lettore possono essere effettuate nei limiti del 15% di ciascun volume dietro pagamento alla SIAE del compenso previsto dall'art. 68, comma 4, della legge 22 aprile 1941 n. 633 ovvero dall'accordo stipulato tra SIAE, AIE, SNS e CNA, CONFARTIGIANATO, CASA, CLAAI, CONFCOMMERCIO, CONFESERCENTI il 18 dicembre 2000.

Le riproduzioni ad uso differente da quello personale potranno avvenire, per un numero di pagine non superiore al 15% del presente volume, solo a seguito di specifica autorizzazione rilasciata da AIDRO, Corso di Porta Romana 108, 20122 Milano, fax 02 89280864, e-mail: autorizzazioni@aidro.org.

La presente opera ha preso spunto dal volume *Droit international*
di D. Carreau e F. Marrella, 12 ed., Paris, Pedone, 2018

TUTTE LE COPIE DEVONO RECARE IL CONTRASSEGNO DELLA S.I.A.E.

ISBN 9788828822103

© Copyright Giuffrè Francis Lefebvre S.p.A. Milano - 2021
Via Busto Arsizio, 40 - 20151 MILANO - www.giuffrefrancislefebvre.it

La traduzione, l'adattamento totale o parziale, la riproduzione con qualsiasi mezzo (compresi i microfilm, i film, le fotocopie), nonché la memorizzazione elettronica, sono riservati per tutti i Paesi.

Stampato da Galli Edizioni S.r.l. - Varese

PREMESSA ALLA TERZA EDIZIONE

"Parlare oscuramente lo sa far ognuno, ma chiaro pochissimi" diceva Galileo Galilei e tale osservazione deve valere anche per la dottrina del diritto internazionale del nostro tempo a cui spetta il compito di trasmettere il sapere ultrasecolare di una materia la cui conoscenza è divenuta imprescindibile per chiunque. Il "parlar chiaro" è dunque uno dei principali obbiettivi della terza edizione di questo volume, un'edizione interamente riveduta, aggiornata e soprattutto di respiro europeo *che, in modo logico ed in aderenza alla prassi, accompagna il lettore per mano nel viaggio all'interno delle principali e più complesse questioni di interesse teorico e pratico della nostra materia.*

I lunghi mesi di isolamento dovuti al lockdown *imposto dai Governi per lottare contro la diffusione del Covid-19 e la partecipazione di uno dei due Autori ai lavori della Commissione di Abilitazione Scientifica Nazionale, hanno consentito di perfezionare l'esposizione dei singoli istituti e di valorizzare gli scritti di tanti giovani brillanti studiosi, in un dialogo costante con i Maestri del passato e del presente, per spiegare il diritto internazionale del nostro tempo. Inoltre, anche in questa edizione, per ogni termine tecnico-giuridico si è indicato il corrispondente vocabolo tecnico in inglese al fine di consentire al lettore di operare agevolmente nella lingua di Dante ed in quella di Shakespeare.*

Tra le novità di questa edizione, nella prospettiva giuridica internazionale e transnazionale da noi inaugurata nella manualistica contemporanea, si trovano dei riferimenti anche alle "imprese multinazionali" ed alla tutela internazionale dei diritti umani, ad alcune tra le principali questioni giuridiche che suscita l'economia mondiale (tratti dai rispettivi corsi che entrambi gli Autori hanno già tenuto all'Accademia di diritto internazionale dell'Aja); al c.d. Brexit*; alle pandemie; allo spazio cibernetico in cui ora si confrontano gli Stati in cerca di una nuova sovranità; alla proliferazione dei tribunali internazionali ed alle sempre più numerose controversie risolte tramite l'arbitrato internazionale. Ulteriori spunti di riflessione vengono offerti sulla* soft law *e gli atti unilaterali nonché sulle principali minacce alla pace e alla sicurezza internazionale del XXI secolo come, ad esempio, il terrorismo, i conflitti asimmetrici, la* cyberwarfare*, le migrazioni, la lotta al cambiamento climatico e le problematiche ambientali.*

Sono molte le persone e gli enti a cui siamo grati per le occasioni di dialogo e di confronto che hanno accompagnato il varo di questa nuova edizione. Un particolare ringraziamento va ai funzionari diplomatici del Ministero degli Affari esteri e della Cooperazione internazionale, ai funzionari dell'Agenzia *delle Dogane e dei Monopoli nonché a quelli dell'Istituto di Studi Militari Marittimi (MARISTUDI) della Marina Militare italiana. Altrettanti ringraziamenti vanno poi ai colleghi dell'*Union internationale des Avocats, *del Consiglio Nazionale Forense, della* International Chamber of Commerce *e della* European Court of Arbitration *presieduta dall'Avv. Mauro Rubino Sammartano. A tal proposito, è utile segnalare che il Decreto 1° ottobre 2020, n. 163 — entrato in vigore il 27 dicembre 2020 — recante disposizioni per il conseguimento e il mantenimento del titolo di "Avvocato specialista", ha indicato che l'Avvocato può conseguire il titolo di "specialista in Diritto internazionale". Si tratta di un traguardo storico che migliorerà la pratica forense della nostra materia e, per le stesse ragioni, ci auguriamo che questo volume sia utile a tutti i futuri specialisti del diritto internazionale.*

Grazie alla Peace Palace Library *all'Aja ed al suo staff che, pur in epoca di Covid-19, ha garantito l'accesso alle sue preziose risorse bibliografiche.*

Dei sentiti ringraziamenti per i commenti ricevuti sulla presente edizione, relativamente a singoli capitoli o sull'intero volume, rivolgiamo ai Professori Marcello Di Filippo (Pisa), Edoardo Greppi (Torino), Luigi Mari (Urbino), Giuseppe Pascale (Trieste), Leonardo Pasquali (Pisa). L'occasione è gradita per ringraziare altresì altri amici e colleghi che, in dialogo costante con noi, hanno stimolato delle riflessioni che si sono rivelate preziose nel corso delle varie edizioni di questo libro, tra cui i Professori Sergio Maria Carbone (Genova), Angela Del Vecchio (Roma, LUISS), Natalino Ronzitti (Roma, LUISS), Giorgio Sacerdoti (Milano, Bocconi), Elena Sciso (Roma, LUISS) e Michele Vellano (Torino).

Last but not least, *siamo particolarmente grati ai Dottori Patricio Ignacio Barbirotto (Venezia, "Cà Foscari"), Pierluigi Camporese (Venezia, "Cà Foscari") ed Edoardo Alberto Rossi (Urbino, "Carlo Bo") per l'immancabile aiuto ed entusiasmo, non solo nella configurazione tipografica del testo e nella preparazione degli indici, ma anche in fase di rilettura critica.*

Dedichiamo infine anche questa nuova edizione alle lettrici e ai lettori. Con la viva speranza che, finita l'epoca della pandemia da Covid-19, il dialogo non avvenga più solo online e ci si possa rivedere presto in aula.

Venezia-Parigi, primavera 2021

DOMINIQUE CARREAU FABRIZIO MARRELLA

INDICE SOMMARIO

SECONDA PARTE
L'ELABORAZIONE DELLE NORME DEL DIRITTO INTERNAZIONALE

Titolo I
LE NORME SCRITTE DI ORIGINE CONVENZIONALE

Capitolo IV
I TRATTATI CONCLUSI TRA GLI STATI

Titolo IV
I MEZZI SUSSIDIARI PER L'ACCERTAMENTO DELLE NORME GIURIDICHE INTERNAZIONALI

Capitolo XII
LA DOTTRINA

Capitolo XIII
LA GIURISPRUDENZA INTERNAZIONALE

Capitolo XIV
L'EQUITÀ

TERZA PARTE
L'APPLICAZIONE DELLE NORME DEL DIRITTO INTERNAZIONALE

Titolo I
L'APPLICAZIONE DEL DIRITTO INTERNAZIONALE NELL'ORDINAMENTO INTERNAZIONALE

Capitolo XV
I DESTINATARI DELLE NORME DEL DIRITTO INTERNAZIONALE: LA SOGGETTIVITÀ INTERNAZIONALE

Capitolo XVI

LA RESPONSABILITÀ INTERNAZIONALE

Titolo II

L'APPLICAZIONE DEL DIRITTO INTERNAZIONALE NELL'ORDINAMENTO GIURIDICO INTERNO

Capitolo XVII

RAPPORTI TRA DIRITTO INTERNAZIONALE E DIRITTO INTERNO

Capitolo XVIII

IL DIRITTO INTERNAZIONALE NEI GIUDIZI INTERNI

QUARTA PARTE

LA PREVENZIONE E LA SOLUZIONE DELLE CONTROVERSIE NEL DIRITTO INTERNAZIONALE

Capitolo XIX

CONTROLLO PREVENTIVO E CONTROLLO SUCCESSIVO

Titolo I

I PROCEDIMENTI NON GIURISDIZIONALI

Capitolo XX

L'USO DELLA FORZA

Capitolo XXI
LA SOLUZIONE DELLE CONTROVERSIE PRESSO LE ORGANIZZAZIONI INTERNAZIONALI

Sezione I. Il controllo dell'applicazione del diritto nelle organizzazioni internazionali

Sezione II. Il potere di sanzione delle organizzazioni internazionali

Capitolo XXII
I PROCEDIMENTI PER LA RISOLUZIONE PACIFICA DELLE CONTROVERSIE INTERNAZIONALI

Sezione I. I procedimenti informali di risoluzione delle controversie

Sezione II. Il ricorso a procedimenti istituzionali per la soluzione delle controversie

Titolo II
I PROCEDIMENTI GIURISDIZIONALI

Capitolo XXIII
IL RICORSO ALL'ARBITRATO INTERNAZIONALE

Sezione I. L'arbitrato internazionale interstatale classico

Sezione II. L'arbitrato internazionale tra Stati (o organizzazioni internazionali) e privati

Capitolo XXIV
IL RICORSO AL GIUDICE INTERNAZIONALE

Sezione I. La Corte internazionale di giustizia

TAVOLA DELLE ABBREVIAZIONI

Periodici

AFDI	Annuaire Français de Droit International
AIDI	Annuaire de l'Institut de Droit International
Af JICL	African Journal of International and Comparative Law
AJDA	Actualité Juridique de Droit Administratif
AJIL	American Journal of International Law
AJSCIL	American Journal of Comparative Law American Society of International Law
Am. U ILR	American University International Law Review
BYIL	British Yearbook of International Law
CDE	Cahiers de Droit Européen
Col. JTL	Columbia Journal of Transnational Law
CJIL	Chinese Journal of International Law
Clunet	V. Journal du Droit International
Dir. comm. int.	Diritto del commercio internazionale
DCSI	Diritto comunitario e degli scambi internazionali
D	Dalloz, Paris
Dig.	Digesto delle discipline pubblicistiche (pub.) e privatistiche (priv.)
DPCI	Droit et Pratique du Commerce International
EJHR	European Journal of Human Rights
EJIL	European Journal of International Law
Foro it.	Il Foro italiano
Foro pad.	Il Foro padano
F	Federal Reporter (U.S.)
Gaz. Pal.	Gazette du Palais, Paris
Giur. cost.	Giurisprudenza costituzionale
GYIL	German Yearbook of International Law
Harv.I.L.J.	Harvard International Law Journal
ICJ Rep.	ICJ Reports
ICLQ	International and Comparative Law Quarterly
IFLR	International Financial Law Review
ILM	International Legal Materials
ILR	International Legal Reports
IYIL	Italian Yearbook of International Law
JCP	Jurisclasseur périodique

JEDH	Journal européen des droits de l'homme - European Journal of Human Rights
JDI	Journal du Droit international (Clunet)
JIEL	Journal of International Economic Law
JWT	Journal of World Trade
Leiden J.Int.L.	Leiden Journal of International Law
LPA	Les petites Affiches
LPIB	Law and Policy in International Business
Mich JIL	Michigan Journal of International Law
MPEPIL	Max Planck Encyclopedia of Public International Law
NYIL	Netherland Yearbook of International Law
RAE	Revue des Affaires Européennes
RBDI	Revue Belge de Droit International
RCADI	Recueil des cours de l'Académie de Droit International de La Haye
RCDIP	Revue Critique de Droit International Privé
Rec.	Recueil
Rec. CIJ	Recueil des arrêts, avis consultatifs et ordonnances de la Cour internationale de justice/ ICJ Reports
REDI	Revista Española de Derecho Internacional
Rev. arb.	Revue de l'arbitrage
Riv. dir. int.	Rivista di Diritto Internazionale
Riv. dir. int. priv. proc.	Rivista di Diritto Internazionale Privato e Processuale
Riv. arb.	Rivista dell'arbitrato
RIW	Recht der internationalen Wirtschaft
RDP	Revue de Droit Public
RFDA	Revue Française de Droit Administratif
RGDIP	Revue Générale de Droit International Public
RMC	Revue du Marché Commun
RSA	Raccolta delle Sentenze Arbitrali
RTDE	Revue Trimestrielle de Droit européen
RTNU	Recueil des Traités des Nations unies
UNTS	United Nations Treaty Series
Vand. J.T.L.	Vanderbilt Journal of Transnational Law Transnational Law
YIHL	Yearbook of International Humanitarian Law
Yale JIL	Yale Journal of International Law
ZaöRV	Zeitschrift für ausländisches öffentliches Recht und Völkerrecht
AFDI	Annuaire Français de Droit International
AFJICL	African Journal of International and Comparative Law
AIDI	Annuaire de l'Institut de Droit International
AJDA	Actualité Juridique de Droit Administratif
AJIL	American Journal of International Law
AJSCIL	American Journal of Comparative Law American Society of International Law
Am. U ILR	American University International Law Review

BYIL	British Yearbook of International Law
CDE	Cahiers de Droit Européen
CJIL	Chinese Journal of International Law
Clunet	Journal du Droit International
Col. JTL	Columbia Journal of Transnational Law
D	Dalloz, Paris
DCSI	Diritto comunitario e degli scambi internazionali
Dig.	Digesto delle discipline pubblicistiche (pub.) e privatistiche (priv.)
Dir. comm. int.	Diritto del commercio internazionale
DPCI	Droit et Pratique du Commerce International
EJHR	European Journal of Human Rights
EJIL	European Journal of International Law
F	Federal Reporter (U.S.)
Foro it.	Il Foro italiano
Foro pad.	Il Foro padano
Gaz. Pal.	Gazette du Palais, Paris
Giur. cost.	Giurisprudenza costituzionale
GYIL	German Yearbook of International Law
Harv.I.L.J.	Harvard International Law Journal
ICLQ	International and Comparative Law Quarterly
IFLR	International Financial Law Review
ILM	International Legal Materials
ILR	International Legal Reports
IYIL	Italian Yearbook of International Law
JCP	Jurisclasseur périodique
JDI	Journal du Droit international (Clunet)
JEDH	Journal européen des droits de l'homme - European Journal of Human Rights
JIEL	Journal of International Economic Law
JWT	Journal of World Trade
Leiden J.Int.L.	Leiden Journal of International Law
LPA	Les petites Affiches
LPIB	Law and Policy in International Business
Mich JIL	Michigan Journal of International Law
MPEPIL	Max Planck Encyclopedia of Public International Law
NYIL	Netherland Yearbook of International Law
RAE	Revue des Affaires Européennes
RBDI	Revue Belge de Droit International
RCADI	Recueil des cours de l'Académie de Droit International de La Haye
RCDIP	Revue Critique de Droit International Privé
RDP	Revue de Droit Public
Rec.	Recueil
Rec. CIJ	Recueil des arrêts, avis consultatifs et ordonnances de la Cour internationale de justice/ ICJ Reports

REDI	Revista Española de Derecho Internacional
Rev. arb.	Revue de l'arbitrage
RFDA	Revue Française de Droit Administratif
RGDIP	Revue Générale de Droit International Public
Riv. arb.	Rivista dell'arbitrato
Riv. dir. int.	Rivista di Diritto Internazionale
Riv. dir. int. priv. proc.	Rivista di Diritto Internazionale Privato e Processuale
RMC	Revue du Marché Commun
RSA	Raccolta delle Sentenze Arbitrali
RTDE	Revue Trimestrielle de Droit européen
RTNU	Recueil des Traités des Nations unies
UNTS	United Nations Treaty Series
Vand. J.T.L.	Vanderbilt Journal of Transnational Law Transnational Law
Yale JIL	Yale Journal of International Law
YIHL	Yearbook of International Humanitarian Law
ZaöRV	Zeitschrift für ausländisches öffentliches Recht und Völkerrecht

Altri acronimi

ASIL	American Society of International Law
ARSIWA / Articoli CDI	Articoli sulla responsabilità dello Stato della Commissione di Diritto Internazionale dell'ONU
Articoli OIG CDI	Progetto di articoli sulla responsabilità delle organizzazioni internazionali della Commissione di Diritto Internazionale dell'ONU
ATS	Alien Tort Statute (U.S.)
BGBI	Bundesgesetzblatt (Germania)
BIT	Bilateral Investment Treaty
BVerfGE	Bundesverfasserungsgerichts (Germania)
Cass.	Corte di Cassazione
CEDU	Convenzione europea per la salvaguardia dei diritti dell'uomo e delle libertà fondamentali del 4 novembre 1950
CISG	Convenzione di Vienna dell'11 aprile 1980 sulla vendita internazionale di beni mobili
CVT	Convenzione di Vienna del 23 maggio 1969 sul diritto dei trattati
CVRC	Convenzione di Vienna del 24 aprile 1963 sulle relazioni consolari
CVRD	Convenzione di Vienna del 18 aprile 1961 sulle relazioni diplomatiche
Corte EDU	Corte europea dei diritti dell'uomo
CIG	Corte internazionale di giustizia
CGCE	Corte di giustizia delle Comunità europee
CGUE	Corte di giustizia dell'Unione europea
CPA/PCA	Corte permanente di arbitrato
CPI/ICC	Corte penale internazionale
CPGI	Corte permanente di giustizia internazionale
DSU	*Dispute Settlement Understanding*

FSIA	*Foreign Sovereign Immunities Act (U.S.)*
PESC	Politica estera e di sicurezza comune (dell'Unione europea)
SOFA	Status of Forces Agreement
TAM	Tribunali amministrativi misti
TAUN	Tribunale amministrativo delle Nazioni Unite
TAOIL	Tribunale amministrativo dell'Organizzazione internazionale del lavoro
TFUE	Trattato sul funzionamento dell'Unione europea
TUIR	Testo unico delle imposte sui redditi (D.P.R. 22 dicembre 1986, n. 917 e successive modifiche)
TUE	Trattato sull'Unione europea
UNCLOS	United Nations Convention on the Law of the Sea (Convenzione di Montego Bay del 10 dicembre 1982)

Organismi internazionali frequentemente citati

BERS	Banca europea per la ricostruzione e lo sviluppo
BIRS/IBRD	Banca internazionale per la ricostruzione e lo sviluppo
BRI	Banca dei regolamenti internazionali
CDI/ILC	Commissione di diritto internazionale (ONU)
CECA	Comunità europea del carbone e dell'acciaio
CEE	Comunità economica europea
CEEA	Comunità europea dell'energia atomica
FAO	Organizzazione per l'alimentazione e l'agricoltura
IAEA	Agenzia internazionale per l'energia atomica
ICC/CPI	Corte penale internazionale
ICC/CCI	International Chamber of Commerce
ICSID	Centro internazionale per la risoluzione delle controversie in materia di investimenti
IMO/OMI	Organizzazione marittima internazionale
CSCE	Conferenza sulla sicurezza e la cooperazione in Europa (v. OSCE)
FAO	Organizzazione delle Nazioni Unite per l'alimentazione e l'agricoltura
FMI/IMF	Fondo monetario internazionale
GATT	Accordo generale sulle tariffe doganali e sul commercio
ICAO/OACI	Organizzazione dell'aviazione civile internazionale
IDI	Institut de Droit International
ILA	International Law Association
ITLOS	International Tribunal for the Law of the Sea
OCSE/ OECD	Organizzazione per la cooperazione e lo sviluppo economico
OSCE	Organizzazione per la sicurezza e cooperazione in Europa
OIL/ILO	Organizzazione internazionale del lavoro
OMC/WTO	Organizzazione mondiale del commercio
OMI/IMO	Organizzazione marittima internazionale
OMS/WHO	Organizzazione mondiale della sanità

ONG	Organizzazione non governativa
ONU	Organizzazione delle Nazioni Unite
OPEC	Organizzazione dei Paesi esportatori di petrolio
OUA	Organizzazione per l'Unità Africana
NATO	Organizzazione del Patto Nordatlantico
UE	Unione europea
UEE	Unione economica eurasiatica
UNCTAD	Conferenza delle Nazioni Unite sul commercio e lo sviluppo
UNCITRAL	Commissione delle Nazioni Unite sul diritto del commercio internazionale
UNIDROIT	Istituto internazionale per l'unificazione del diritto privato
UNESCO	Organizzazione delle Nazioni Unite per l'educazione, la scienza e la cultura

Ulteriori abbreviazioni

COSt.	Costituzione
Cod. civ. it.	Codice civile italiano
Cod. nav. it.	Codice della navigazione italiano
Cod. pen. it.	Codice penale italiano
Cod. proc. civ. it.	Codice di procedura civile italiano
Cod. proc. pen. it.	Codice di procedura penale italiano
ECLI	European Case Law Identifier

AVVERTENZA

Questo libro non ha la pretesa di esaminare tutte le norme del diritto internazionale. Data la vastità che ha assunto questa materia nel nostro tempo, un solo libro non sarebbe sufficiente ed occorrerebbe un trattato composto da molti volumi (*).

L'obiettivo qui perseguito è un altro e cioè quello di presentare al lettore, pur nei limiti di un testo istituzionale, il *sistema del diritto internazionale contemporaneo* che, attraverso una solida impostazione metodologica, permetta di evidenziare nel modo più chiaro e concreto possibile le peculiarità ed il funzionamento dell'ordinamento giuridico internazionale unitamente ai suoi rapporti con il diritto interno.

Come si forma il diritto internazionale? Come e a chi si applica il diritto internazionale? Come si controlla l'applicazione del diritto internazionale e che tipo di sanzioni sono previste in caso di violazione delle sue norme? Ma, ancor prima di rispondere a quelle domande, il diritto internazionale è superiore al diritto di ciascuno Stato?

(*) Nel 1933, in Italia, venne pubblicato un *Trattato di diritto internazionale* diretto da Prospero FEDOZZI e Santi ROMANO per i tipi della Cedam, Padova. L'indice generale di tale opera enciclopedica comprendeva, già a quell'epoca, i seguenti volumi scritti da altrettanto eminenti giusinternazionalisti: t.1, *Introduzione al diritto internazionale e parte generale* (P. FEDOZZI); 2, *Tutela dei diritti ed interessi internazionali* (G. SALVIOLI); 3, *La guerra* (G. BALLADORE PALLIERI); 4, *Il diritto internazionale privato. Teorie generali e diritto civile* (P. FEDOZZI); 5, *Il diritto internazionale commerciale* (A. CAVAGLIERI); 6, *Il diritto internazionale privato marittimo ed aeronautico* (M. SCERNI); 7, *Il diritto processuale civile internazionale* (G. MORELLI); 8, *Il diritto internazionale amministrativo* (A. RAPISARDI MIRABELLI); 9, *Il diritto internazionale del lavoro* (S. GEMMA); 10, *Il diritto internazionale tributario* (M. UDINA); 11, *Diritto penale internazionale* (R. QUADRI); 12, *Il diritto internazionale ecclesiastico* (G. BALLADORE PALLIERI). Nel dopoguerra un altro *Trattato di diritto internazionale* venne diretto da G. BALLADORE PALLIERI, G. MORELLI e R. QUADRI, sempre per i tipi della Cedam, e si arricchì di volumi su *I diritti e gli obblighi degli Stati* (M. GIULIANO); *Diritti reali ed obbligazioni* (G. VENTURINI); *Diritto amministrativo internazionale* (G. BISCOTTINI); *Diritto bellico* (G. BALLADORE PALLIERI); *Diritto internazionale privato* (G. VENTURINI) ed un'ulteriore edizione del *Diritto processuale civile internazionale* di G. MORELLI.

Da tali premesse discende la struttura di questo libro:

Prima parte.	*La superiorità del diritto internazionale*
Seconda parte.	*L'elaborazione delle norme del diritto internazionale*
Terza parte.	*L'applicazione delle norme del diritto internazionale*
Quarta parte.	*Il controllo dell'applicazione delle norme del diritto internazionale*

Capitolo I
INTRODUZIONE
IL DIRITTO DELLA SOCIETÀ INTERNAZIONALE

Letture suggerite: S. A. Korff, "Introduction à l'histoire du droit international", in *RCADI*, 1923, p. 1-24; D. Anzilotti, *Corso di diritto internazionale*, I, 3 ed., Padova, Cedam, 1927 [rist. 1964], p. 1 ss.; L.-E. Le Fur, "Le développement historique de droit international. De l'anarchie internationale à une communauté internationale organisée", in *RCADI*, 1932-III, v. 41, p. 501-602; M. Giuliano, *La comunità internazionale e il diritto*, Padova, Cedam, 1950 [rist. 2011]; A. Nussbaum, *A Concise History of the Law of Nations*, New York, McMillan, 1954; P. Guggenheim, "Contribution à l'histoire des sources du Droit des gens", in *RCADI*, 1958-III, v. 94, p. 1-84; A. P. Sereni, *Diritto internazionale*, I, Milano, Giuffrè, 1956, p. 9 ss. v. con particolare attenzione le osservazioni di W. Friedman, *The Changing Structure of International Law*, London, Stevens, 1964; R. Ago, *Caratteri generali e origini storiche della comunità internazionale e del suo diritto*, Napoli, 2002; T. Treves, *Diritto internazionale*, Milano, Giuffrè, 2005, p. 1-49; R. Monaco e C. Curti Gialdino, *Diritto internazionale pubblico*, 3ª ed., Torino, Utet, 2009, p. 19 ss.; C. Focarelli, *Introduzione storica al diritto internazionale*, Milano, Giuffrè, 2012 e riferimenti ivi cit.; A. Cassese, *Diritto internazionale*, 3 ed. a cura di M. Frulli, Bologna, Il Mulino, 2017, p. 37 ss.; T. Scovazzi (a cura di), *Corso di diritto internazionale*, I, Milano, 3 ed., Giuffrè, 2018, pp. 2-184. Altri riferimenti in: Truyol y Serra, *Histoire du droit international public*, Paris, Economica, 1995; N. Q. Dinh, P. Daillier, M. Forteau e A. Pellet, *Droit international public*, 8ª ed., 2009, Paris, *LGDJ*, p. 43-129; *Oxford Handbook of the History of International Law*, a cura di B. Fassbender, A. Peters, S. Peter, D. Hogger, Oxford, OUP, 2012; *Brierly's Law of Nations*, 7th ed., a cura di A. Clapham, Oxford, OUP, 2012, p. 1 ss.; M. Herdegen, *Völkerreccht*, 14 ed., Munich, Beck, 2015, pp. 1-68; S.C. Neff, *Justice among Nations: A History of International Law*, Cambridge, Harvard University Press, 2014; A. Ziegler, *Introduction au droit international public*, 3 ed., Berne, Stämpfli, 2015, p. 29-47; S. Besson, *Droit international public*, 3 ed., Berne, Stämpfli, 2016, p 1-31; M. Shaw, *International Law*, 8 ed., Cambridge, CUP, 2017, p. 1-50; O. Hathaway, S. Shapiro, *The Internationalists and their Plan to Outlaw War*, Penguin, 2017. Un database (il Progetto Avalon) sulla storia del diritto internazionale è stato realizzato dall'Università di Yale ed è disponibile al sito: *http://avalon.law.yale.edu/default.asp*. V. altresì la rivista bilingue (in inglese e francese) *Journal of the History of International Law*, edita da Brill (Paesi Bassi). Per una prospettiva non eurocentrica v. Y. Onuma, "A Transcivilizational Perspective on International Law. Questioning Prevalent Cognitive Frameworks in the Emerging Multi-Polar and Multi-Civilizational World of the Twenty-First Century", in *RCADI*, 2009, v. 342, pp. 77-418, e per un'introduzione alle scuole statunitensi v. D. Kennedy, *Nouvelles approches de droit international*, Paris, Pedone, 2009, nonché J.M. Beneyto, D. Kennedy (a cura di), *New Approaches to International Law: the American and European Experiences*, TMC Asser, The Hague, Netherlands, 2013. Per una stimolante analisi critica del diritto internazionale v. M. Koskenniemi, *The Gentle Civilizer of Nations: The Rise and Fall of International Law 1870-1960*, Cambridge, CUP, 2004, nonché in particolare Id., *From Apology to Utopia: The Structure of International Legal Argument*, Cambridge, CUP, 2006. V. altresì A. Bianchi, *International Law Theories. An Inquiry into Different Ways of Thinking*, Oxford, OUP, 2016.

1. *Ubi societas, ibi jus*: pluralismo degli ordinamenti giuridici. — Ogni tipo di comunità umana, ogni *societas*, possiede un complesso di regole per disciplinare i rapporti tra i soggetti che ne fanno parte. Ciò accade, come già osservava Aristotele nel suo libro sulla *Politica*, in quanto l'uomo è per natura un essere destinato a vivere in comunità ed "ogni comunità è costituita in vista di un qualche bene", del bene comune per i suoi membri ([1]). A propria volta, nella seconda metà del 1200, San TOMMASO D'AQUINO, osservava nella celebre *Summa Theologiae* che il diritto "nihil est aliud quam quaedam rationis ordinatio ad bonum commune, ab eo qui curam communitatis habet, promulgata" ("Il diritto non è altro che un *ordinamento di ragione* volto al *bene comune*, promulgato da chi abbia la cura della comunità") ([2]).

Queste preziose considerazioni hanno attraversato molti secoli ed ancor oggi pongono le domande fondamentali a cui ogni sistema giuridico deve rispondere.

Anche nel nostro tempo, l'esperienza comune ci porta a constatare facilmente che ***ubi societas, ibi jus***, cioé « il diritto prima di essere norma, prima di essere un semplice rapporto o una serie di rapporti sociali, è organizzazione » ([3]). Pertanto, il diritto si caratterizza per un duplice aspetto: da un lato, mira a determinare ed ordinare i comportamenti degli uomini in quanto membri di un gruppo, cioè di una *societas* (funzione prescrittiva del diritto); dall'altro lato, il diritto è il prodotto *storicamente determinato* di quella stessa *societas* e dei rapporti esistenti fra i membri della stessa.

Per altro verso, ogni ***norma sociale*** si compone di due elementi: *a)* l'*oggetto*, cioè ***il fatto*** che la norma valuta e *b)*, la ***valutazione***, ossia "la *qualifica* che la norma annette all'azione contemplata e che importa per determinati soggetti, a cui si indirizza, certi effetti sociali...Le qualifiche di *giusto* ed *ingiusto*, *onesto* e *disonesto*, *corretto* e *scorretto*, che si applicano ad un determinato contegno" del soggetto di diritto, "non sono caratteri intrinseci ed assoluti del contegno a cui si riferiscono: esse sono *le valutazioni* che quel determinato contegno riceve da certe *norme sociali*" ([4]).

Così, ciascuno di noi, nella propria esperienza di vita quotidiana, sa bene che il proprio comportamento è condizionato dal rispetto di un'ampia tipologia di regole eterogenee che variano in funzione della *societas* umana (ente o gruppo o corpo sociale o istituzione) di riferimento avendosi, ad esempio, norme giuridiche dello Stato, regole deontologico-professionali per chi svolge un dato mestiere, regole imposte dalla religione per i credenti, regole sportive per gli atleti, regole etico-morali, regole di costume.

Diviene facile osservare che, *nell'ambito di uno stesso territorio*, possono convivere con l'ordinamento giuridico dello Stato più *ordinamenti a carattere non statuale* le cui regole varranno però, per lo Stato, nei limiti stabiliti da quest'ultimo, giacché nel proprio territorio le *sue* norme si impongono per effetto della propria sovranità (così avviene con riferimento all'ordinamento sportivo, alle norme di diritto canonico della Chiesa cattolica, alle regole che i privati si danno partecipando ad un'associazione o

---

([1]) ARISTOTELE, *Politica*, Bari, Laterza, 2007, p. 2.

([2]) *Summa Theologica*, Prima Secundae, Quaestio 90, art. 4. Corsivo aggiunto. L'etimo della parola "legge", indicava Tommaso, deriva da "legare" perché essa obbliga (*ob-ligat*) ad agire.

([3]) S. ROMANO, *L'ordinamento giuridico*, 2 ed., Firenze, Sansoni, 1946, p. 27. ID., p. 50: « Se si ha riguardo al momento in cui le istituzioni sorgono e quindi comincia ad aver vita il loro ordinamento, si vede subito che questo momento non è determinato da una norma preesistente ». L'origine del brocardo latino resta controversa ma venne impiegata da U. GROZIO, *De iure belli ac pacis*, Discorso preliminare, par. VIII [*Il diritto della guerra e della pace (prolegomeni e libro primo)*, a cura di F. ARICI e F. TODESCAN, Padova, Cedam, 2010]. In argomento v. pure *Brownlie's Principles of Public International Law*, a cura di J. CRAWFORD, cit., p. 20: "International Law provides a normative framework for the conduct of interstate relations. In this sense, International Law is no exception to the maxim of *ubi societas, ibi jus*: where there is social structure, there is law".

([4]) T. PERASSI, *Introduzione alle scienze giuridiche*, Padova, Cedam, 1967 [3 rist. 1994], p. 10 s.. Corsivo aggiunto.

ad un partito, alle regole deontologiche che deve rispettare chi vuole esercitare una data professione e così via) ([5]).

2. Pluralismo degli ordinamenti giuridici e diritto internazionale. — Volgiamo ora lo sguardo fuori dallo Stato in cui ci troviamo e guardiamo un mappamondo o *googlemaps* nel nostro cellulare. Da tale prospettiva, risulta evidente che, accanto all'***ordinamento giuridico italiano***, il quale è costituito dalle norme giuridiche vigenti nello Stato italiano, *coesistono* sulla mappa terrestre *altri ordinamenti giuridici a carattere nazionale* appartenenti ad altrettanti Stati stranieri che si manifestano tramite le norme (per noi straniere) vigenti sul rispettivo territorio.

In questa prospettiva, poiché "[c]iascuno di noi vive nell'ambito di un determinato ordinamento giuridico nazionale" — sono parole di Antonio Cassese — si ha che "spesso inconsapevolmente, si è portati a credere che ogni altro ordinamento giuridico presenti caratteri simili a quelli dei sistemi statali" ([6]).

Tali considerazioni preliminari appaiono particolarmente utili allorquando ci si accinga a studiare il diritto dell'*ordinamento giuridico internazionale* cioè, appunto, il "Diritto internazionale" (*International Law/Droit international/Derecho internacional/Internationales Recht* o meglio *Völkerrecht*). È infatti evidente che la specifica ***societas*** di cui ci occupiamo non è una *societas* "nazionale", bensì è quella "***internazionale***" ed il ***suo* diritto**.

Che cos'è dunque il "diritto internazionale"? Come si formano, si leggono, si interpretano le sue *norme* e, soprattutto, come e a *chi* si applicano?

A tale domanda risponderemo per approssimazioni successive.

a) *Accezioni e possibili definizioni del "diritto internazionale"*

3. Un diritto delle relazioni tra Stati. — Si è spesso sostenuto — soprattutto in passato — che il diritto internazionale fosse il prodotto della civiltà occidentale cristiana e che fosse nato con l'inizio dell'era moderna, a partire dal XVI secolo.

Tale affermazione appare corretta se si definisce, in prima approssimazione, il "diritto internazionale" come l'insieme delle regole, scritte e non scritte, che disciplinano le ***relazioni tra Stati*** ([7]). Ed in effetti, per secoli, il diritto internazionale classico ha garantito che gli Stati (le "Potenze" dotate di forza militare) potessero coesistere pacificamente gli uni accanto agli altri e cooperare in modo affidabile e prevedibile.

([5]) Cfr. ad es., G. Tarello, *Cultura giuridica e politica del diritto*, Bologna, Il Mulino, 1988, p. 173 ss..

([6]) A. Cassese, *Diritto internazionale*, 3 ed. a cura di M. Frulli, Bologna, Il Mulino, 2017, p. 21. Cfr. R. Quadri (*Diritto internazionale pubblico*, 5 ed., Napoli, 1968, p. 20) il quale avverte, opportunamente, che talvolta "con l'aggettivo 'internazionale' si qualificano anche dei complessi di norme 'interne', di norme cioè facenti parte degli ordinamenti giuridici statali...[che trovino] la propria ragion d'essere nell'esistenza, vicino allo Stato di altri Stati". Qui, come nel caso delle norme di "diritto internazionale privato" si tratta di *norme interne in materia internazionale* e non di *norme dell'ordinamento internazionale*.

([7]) Cfr. J. Klabbers, *International Law*, 3 ed., Cambridge, CUP, 2021, p. 1: "As anyone who has ever bought a product from abroad should realize, the purchase is possible because there are rules that make it so. As everyone who has ever hopped on an aircraft abroad or sent a postcard abroad or watched a foreign television channel should realize, there are rules that facilitate doing so. These rules form part of a broader network of rules usually referred to as International Law. International Law is not just the Law (if any) that deals with war and peace, or with genocide and human rights; it also encompasses rules on trade, on protection of the environment, on shipping and on the protection of refugees. Few of these rules are uncontroversial and even fewer work perfectly, but the bottom line should be clear: *the existence of international relations, of whatever kind, entails the existence of International Law*".

Infatti, il primo compito del diritto internazionale è sempre stato quello di gettare le basi per la pace nel mondo e la stabilità delle relazioni internazionali, soprattutto per sviluppare relazioni economiche tra Stati e dunque tra popoli diversi ([8]). In tale contesto, anche le guerre che si sono succedute nei secoli con conseguenze terribili sono stati degli eventi storici temporalmente limitati o geolocalizzati.

Così, per impiegare una terminologia utilizzata da Bentham, tale *corpus juridicum* prende il nome di *diritto internazionale pubblico* in contrapposizione al *diritto internazionale privato* ([9]).

Attraverso tale partizione, il giurista qualunque, avvezzo alla distinzione tra "diritto privato" e "diritto pubblico" su cui ha forgiato per anni all'Università il proprio sapere giuridico, si sente psicologicamente rassicurato ed è portato a pensare che tale tipica partizione dell'*ordinamento giuridico interno* ([10]) valga anche, per i rapporti *esterni* dello Stato, siano essi i rapporti con gli altri Stati (diritto internazionale "pubblico"), siano essi i rapporti tra soggetti privati appartenenti a Stati diversi (diritto internazionale "privato"). La parola "internazionale", così penserà quel giurista, probabilmente costituisce poco più che un aggettivo, un capitolo in più dei classici libri ed insegnamenti universitari del diritto pubblico e del diritto privato. Del resto, la rappresentazione superficiale di alcune crisi internazionali che gran parte della stampa offre ai propri lettori non induce alla convinzione che il diritto internazionale sia — come in realtà è — la scienza più complessa ed affascinante del mondo del diritto. Tali equivoci vengono alimentati, anche dall'utilizzo esagerato — e solo in Italia! — della parola "**sovranazionale**" quale sinonimo generico — o addirittura nuovo ed autonomo — di "internazionale" ad opera di chi, *ignorando* lo sviluppo plurisecolare della dottrina, della prassi e persino della giurisprudenza del diritto internazionale, pensa che il diritto esterno allo Stato sia sempre ed automaticamente "sovranazionale" (si direbbe *Supranational Law* un vocabolo che, in inglese, ovviamente non utilizza nessuno, impiegando invece sempre e correttamente il termine ***International Law*** e declinandolo in *International Private Law, International Criminal Law, International Business Law, International Tax Law* e così via). Chi vede oggi ovunque in modo semplicistico il "diritto sovranazionale", non riesce però a spiegare che — eccezion fatta per il caso del diritto dell'Unione europea — l'Italia, gli Stati Uniti, Cuba, l'India, il Marocco, la Russia, il Brasile o qualsiasi altro Stato, non risultano formalmente agli ordini, né di un misterioso potere superiore ed occulto, né di un *superstato mondiale*, appunto, "sovra-nazionale". Se fosse così, allora la misteriosa entità sovranazionale regolerebbe la sovranità, l'ordinamento giuridico interno di cui ciascuno Stato è portatore e persino la validità e l'efficacia delle proprie norme nazionali.

Nulla di tutto ciò, ovviamente, si verifica nella concreta realtà empirica del diritto! Non esiste — eccetto che per il diritto canonico e per i mistici — una società umana

---

([8]) Secondo la celebre espressione di Pillet, "*le commerce international est un pur fait, mais un fait qui a donné naissance au droit international tout entier*" (*RGDIP*, 1898, p. 72, cit. in D. Carreau, P. Juillard, R. Bismuth, A. Hamann, *Droit international économique*, 6 ed., Paris, Dalloz, 2017, p. 2).

([9]) J. Bentham, *Introduction to the Principles of Morals and Legislation*, London, 1780.

([10]) Com'è noto, la partizione tra *diritto privato* e *diritto pubblico* è di origine romanistica. Tale partizione viene operata nel *Digesto* di Giustiniano (*Dig.* 1,1,1,2) e nelle *Istituzioni* laddove, seguendo Ulpiano, si indica, con riferimento al diritto romano: "Publicum jus est quod ad statum rei romanae spectat; privatum, quod ad singulorum utilitatem pertinet" (*Inst.*, 1, 1, 4). In arg. cfr. V. Arangio-Ruiz, *Istituzioni di diritto romano*, 14 ed., Napoli, Jovene, 2002, p. 29.

universale retta dal "diritto amministrativo globale" o dal diritto privato o penale "sovranazionale".

4. Primo dato empirico: pluralità di enti statali. — Viceversa, il *primo dato empirico fondamentale* percepibile da chiunque è che esiste una ***pluralità di enti***, creati quasi sempre in modo violento da comunità umane stanziate su *territori circoscritti da confini*, i quali esprimono una *propria struttura politica di governo* ed *un proprio sistema di regole*, ossia ***un proprio diritto interno***. A tali comunità umane si dà ancor oggi il nome di ***Stati*** e, come vedremo oltre (Cap. XV), si tratta dei *soggetti originari e primari* (seppur non esclusivi), in un certo senso "naturali", dell'ordinamento giuridico internazionale. Ciascuna comunità umana e quindi ciascuno Stato, quale ente indipendente e sovrano (art. 2, par. 1, Carta ONU), è portatore di ***un proprio ordinamento giuridico*** e di ***interessi propri***, che risultano distinti sia dagli interessi di *singoli individui* che compongono l'ente-Stato, sia dagli **interessi degli altri Stati** che popolano il nostro pianeta.

5. Secondo dato empirico: coesistenza, cooperazione e conflitto fra Stati. — Il *secondo dato empirico*, da tutti facilmente riconoscibile, è che ciascuna comunità umana, una volta costituitasi in Stato, non vive completamente isolata, soprattutto oggi nell'era di internet e dei diffusi trasporti intercontinentali e, prima o poi, sviluppa delle ***relazioni con le altre comunità umane distribuite negli altri Stati***, relazioni che possono essere di mera ***coesistenza***, oppure di ***coordinamento***, o ancora di ***cooperazione*** più o meno accentuata (si pensi all'Unione europea) e, talvolta, anche di ***conflitto***. Ebbene, *l'insieme di tali dati e relazioni* va a costituire il fondamento e il modo di essere dell'***ordinamento giuridico internazionale*** (11).

Ne segue che, *a differenza dell'ordinamento interno di uno Stato dato, l'ordinamento internazionale non nasce e si struttura grazie ad un "atto costitutivo" (né, tantomeno, grazie ad una "costituzione")*, bensì *per la semplice circostanza, per il fatto storico, che gli enti-Stato esistono ed interagiscono tra loro*.

6. Terzo dato empirico: la Comunità internazionale e il suo diritto. — La coesistenza di più enti simili, in origine a carattere statuale, che si trovano fra di loro in una relazione in cui si manifestano i reciproci interessi, costituisce dunque il nucleo originario della ***società o Comunità internazionale: una società di "Civitates superio-***

---

(11) Come osserva ad Oxford V. Lowe (*International Law*, Oxford, OUP, 2012, p. 1:"The world needs International Law, because no State acting alone can achieve its aims. International cooperation is necessary; and International Law is the framework within which international co-operation takes place". Oltre a quanto diremo oltre v. H. Lauterpacht, *The Function of Law in the International Community*, Oxford, O.U.P., 2011 [rist. 1 ed., 1933]; P. Ziccardi, *La costituzione dell'ordinamento internazionale*, Milano, Giuffrè, 1943; poi in "Les caractères de l'ordre juridique international", in *RCADI*, 1958, v.95, pp. 263-419; M. Giuliano, *La Comunità internazionale e il diritto*, cit., p. 221 ss.; G. Morelli, *Nozioni di diritto internazionale*, 7 ed., Padova, Cedam, 1967, p. 1 ss.; R. Quadri, *Diritto internazionale pubblico*, cit., p. 25 ss.; G. Barile, "La structure de l'ordre juridique international: règles générales et règles conventionnelles", *RCADI*, 1978, pp. 9-126; P. Ziccardi, voce "Ordinamento giuridico (diritto internazionale)", in *Enc. dir.*, vol. XXX, 1980, p. 834 ss.; G. Arangio-Ruiz, *La pretesa "analogia federale" nella Carta delle Nazioni Unite e le sue implicazioni*, in *Le Nazioni Unite*, a cura di L. Picchio Forlati, Torino, Giappichelli, 1998, pp. 221-273; Sinagra e Bargiacchi, *Lezioni di diritto internazionale pubblico*, 3 ed., Milano, Giuffrè-Francis Lefebvre, 2019, p. 14 ss., nonché, *inter multos*, M. Shaw, *International Law*, 8th ed., Cambridge, CUP, 2017, p. 1 ss.

rem non recognoscentes" ([12]). È una *societas* universale e pluralista in quanto abbraccia tutte le forme di relazione giuridica internazionale e oggi comprende, anche altre e diverse tipologie di protagonisti della vita giuridica di tale peculiare comunità, quali le organizzazioni intergovernative, la Santa sede, i movimenti insurrezionali, le imprese transnazionali e gli individui. Pertanto, non è il diritto internazionale ad essere "sovranazionale" ma solamente *qualche sua norma* può essere considerata tale se e nella misura in cui i soggetti originari dell'ordinamento internazionale, gli Stati, le riconoscano un valore imperativo (*ius cogens*), ossia *superiore* alle altre norme del medesimo ordinamento. Si tratta, come vedremo a suo luogo (Cap. III) di delicatissime questioni che vanno puntualmente verificate.

7. Confutazione delle "invenzioni" moderne di alcuni giuristi di diritto interno. — Poste le suddette coordinate di base, risulta evidente che le recenti "invenzioni" effettuate di recente da alcuni giuristi (specialisti di diritto interno italiano ma digiuni di studi di diritto internazionale) che ritengono di avere "scoperto" l'esistenza di fonti di un diritto "sovranazionale", di un "diritto fuori dallo Stato" o ancora di "poteri sovranazionali o globali" magicamente posseduti da Organizzazioni internazionali ([13])) ed altri *non State actors*, lungi dall'avere contribuito alla scienza giuridica tramite la loro personale "reinvenzione della ruota", hanno invece avuto come risultato quello di accrescere l'interesse per la nostra materia da parte degli studiosi più seri. Ed infatti sono i giusinternazionalisti ad offrire professionalmente da secoli un'analisi rigorosa e scientificamente fondata del ***sistema dei soggetti*** e delle fonti del "***diritto fuori dallo Stato***" nonché del suo impatto, *inter alia*, sull'ordinamento giuridico italiano.

8. (*segue*) Il diritto internazionale come materia di alta specializzazione giuridica. — Piuttosto, già da questi primi rilievi introduttivi, appare evidente che se il compito del giurista è quello di studiare e interpretare il diritto, inteso come scienza dell'organizzazione delle società attraverso le istituzioni e le regole operanti nei vari ambiti dell'agire umano, non ci si può improvvisare "*esperti di diritto internazionale*" come, del resto, non ci si può improvvisare esperti di "diritto civile" italiano o di "diritto penale", "diritto amministrativo" "diritto tributario", "diritto del lavoro" italiano senza lunghi ed approfonditi studi di *diritto nazionale* inclusivi della legislazione, della giurisprudenza e della dottrina di ciascuna materia. Ormai, la vastità e la complessità del diritto è molto simile a quella della medicina: e chi andrebbe dal medico dentista

---

([12]) L. Ferrari Bravo, *Lezioni di diritto internazionale*, 3 ed., Napoli, ES, [rist.] 2000, p. 17 che aggiunge "La Comunità internazionale è dunque, innanzitutto, l'insieme degli Stati quali, in un determinato momento storico, esistono e sono reciprocamente indipendenti. Essa potrebbe, peraltro, comprendere anche enti diversi dagli Stati ed infatti il problema più importante della teoria dei soggetti del diritto internazionale è stato (almeno fin qui) quello di stabilire se vi siano soggetti non statuali e, in caso affermativo, quali essi siano". A tale questione accenniamo in questo capitolo (Cap. I) e rispondiamo nel Cap. XV.

([13]) Al riguardo, si rassicurano i lettori e gli studenti che non esistono enti sovranazionali autoritari da cui...difenderci impugnando le armi, bensì ogni "Organizzazione internazionale risulta dall'associazione di un certo numero di Stati (o eventualmente anche altri soggetti dell'ordinamento internazionale) i quali perseguono uno scopo comune (indicato come fine dell'organizzazione e messo in evidenza nello Statuto di quest'ultima) a tal'uopo servendosi di un apparato organizzativo le cui istituzioni essenziali sono poste in essere allo stesso momento in cui viene costituita l'organizzazione", L. Ferrari Bravo, *Lezioni di diritto internazionale*, 3 ed., cit., p. 321. A tale questione accenniamo in questo capitolo (Cap. I) e rispondiamo nel Cap. XV.

invece che dal cardiologo per chiedere lumi circa una fitta al torace? Così, anche nel mondo del diritto, ciascuno deve fare seriamente il proprio mestiere.

Esistono, infatti, *centinaia di volumi* di opere dottrinali e di norme sul "Diritto internazionale" (ed *in più lingue*, si veda la bibliografia sommaria alla fine di questo libro), esiste uno specifico **settore scientifico-disciplinare nel sistema universitario italiano** formato da *Professori universitari* la cui massima specializzazione è il "**diritto internazionale**" ([14]), esistono altrettante sentenze di giudici nazionali in materia "internazionale" e di — sempre più numerosi — "*tribunali internazionali*" che applicano il "diritto internazionale"; esistono ***servizi giuridici*** all'interno dei Ministeri dei singoli Stati (*in primis*, in Italia, il *Servizio per gli affari giuridici, del contenzioso diplomatico e dei trattati* presso il Ministero per gli Affari esteri e la Cooperazione internazionale) e numerose ***organizzazioni internazionali*** che funzionano unicamente in base al diritto internazionale. E come se non bastasse, prendendo atto definitivamente dell'importanza della nostra materia e della sua specificità per il mondo dell'Avvocatura, il D. 1° ottobre 2020, n. 163, di modifica del Decreto del Ministro della giustizia 12 agosto 2015, n. 144, recante disposizioni per il conseguimento e il mantenimento del titolo di ***Avvocato specialista***, ai sensi dell'art. 9 della l. 31 dicembre 2012, n. 247, pubblicato in GURI, n. 380 del 12 dicembre 2020, ha disposto all'art. 3, c.1, lett. *f*, che **l'avvocato può conseguire il titolo di "specialista" in "Diritto internazionale"**.

Per le stesse ragioni, presso le migliori Università del mondo, nel quadro di corsi di laurea, di master e di dottorato universitario, oggi si offrono sia dei corsi di base, sia dei corsi approfonditi nell'ambito del settore scientifico-disciplinare del "diritto internazionale", insegnamenti fondamentali per comprendere il mondo di oggi e lavorare con l'estero.

Tale sapere porterà gli studenti di Diritto internazionale a fare parte di un'*élite* nel mondo giuridico, di un "*Invisible College of International Lawyers*" ([15]), e ad operare attraverso le frontiere come giuristi d'impresa, avvocati internazionalisti in grandi studi legali, diplomatici, professori universitari di "diritto internazionale", consulenti di commercio estero e fiscalità internazionale, analisti di relazioni internazionali, operatori umanitari, delle forze dell'ordine o delle forze armate, funzionari di organizzazioni internazionali o di ONG e così via.

b) *Il "diritto internazionale pubblico" come "jus inter gentes" ossia il diritto delle Nazioni*

9. Il diritto internazionale come *diritto delle genti*. — Le sorprese iniziano ad essere tante per chi si accinge ad apprendere la nostra materia: si osserva che il *diritto*

([14]) L'All. B al D.M. 30 ottobre 2015, n. 855, indica che, in Italia, i Professori universitari appartenenti al settore scientifico disciplinare del "Diritto internazionale" (s.s.d. IUS/13) svolgono "l'attività scientifica e didattico formativa degli studi relativi ai rapporti tra Stati, con riferimento ai caratteri strutturali dell'ordinamento internazionale, agli ambiti normativi in cui esso si articola, all'adattamento del diritto interno, alle organizzazioni internazionali, alla tutela dei diritti umani. Gli studi attengono, anche al diritto internazionale privato e processuale".

([15]) La celebre espressione si deve a O. Schachter ("The invisible College of International Law", in *Northwestern University School of Law*, 1977-1978, p. 217 ss.). V. altresì M. Reisman, "The Quest for World Order and Human Dignity in the Twenty-First Century: Constitutive Process and Individual Commitment", *RCADI*, 2010, v. 351, pp. 9-381, spec. p. 433 ss..

internazionale "pubblico" (o "diritto internazionale" *tout court* o, secondo l'accezione classica, "**diritto delle genti**" o ancora "***Law of Nations***" ([16])) viene tradizionalmente così denominato in quanto regola prevalentemente rapporti *tra Stati sovrani* (e gli *enti* ad essi assimilati considerati quali enti-soggetti della Comunità internazionale) e, pertanto, le sue norme vigono tra tali enti e creano, in linea di principio, diritti ed obblighi solo per questi ultimi.

Ma se il "diritto internazionale" è il "**diritto *tra* le genti**" ([17]) di tutto il pianeta, ne segue necessariamente che non è, *né una parte del "diritto pubblico" che regola il proprio Stato, né è il mutevole "diritto pubblico esterno" di uno Stato qualsiasi*. E ciò vale non solo avendo a mente lo Stato italiano ma anche per gli Stati più potenti del mondo come, ad esempio, gli Stati Uniti, la Russia o la Cina.

10. Principali caratteristiche dell'ordinamento internazionale. — Il "diritto internazionale", infatti, è un universo di regole di diritto che formano un insieme unitario ed ordinato e che sono *prodotte in conformità a determinate* ***fonti di produzione che sono esterne a ciascuno Stato***, fonti la cui validità, oggetto ed efficacia dipendono dal fatto costitutivo che ha dato vita alla *societas* a cui si riferiscono: si tratta, appunto, delle **fonti *dell'ordinamento giuridico internazionale***.

Ciò accade perché "[l']ordinamento giuridico internazionale, così come ogni ordinamento giuridico, è un prodotto, una *sovrastruttura*, di un determinato ambiente sociale, di una determinata comunità e non è altro o di più di questo" ([18]). E quella "comunità", a cui ciascuno Stato — al pari di ogni altro soggetto — deve necessariamente adattarsi per poter svolgere la propria vita di relazione internazionale è, appunto, la ***Comunità internazionale***, una *societas* il cui *spazio di regolazione è quello mondiale*.

Ed allora, come il viaggiatore a bordo di un aereo decollando dal proprio Paese fa rotta verso un altro continente, così il giurista qualunque a cui dianzi abbiamo fatto riferimento, dovrà allontanarsi dal *proprio* ordinamento giuridico statale finché lo

---

([16]) Così nel classico manuale inglese, il *Brierly's Law of Nations. An introduction to the Role of International Law in International Relations*, 7 ed., a cura di A. Clapham, Oxford, OUP, 2012.

([17]) Anzilotti (*Corso di diritto internazionale*, cit., p. 8) indica che l'espressione *ius inter gentes* da cui poi derivò quella di "diritto internazionale" in luogo dell'antica espressione romanistica *ius gentium* si deve a R. Zouche (*Iuris et iudicis fecialis, sive de iure inter gentes et questionum de eodem explicatio*, 1650).

([18]) M. Giuliano, *La Comunità internazionale ed il diritto*, cit., p. 221, corsivo aggiunto. In arg. v. pure, tra la dottrina italiana, G. Arangio-Ruiz, *Sulla dinamica della base sociale nel diritto internazionale*, Milano, Giuffrè, 1954; T. Perassi, *Introduzione alle scienze giuridiche*, 3 rist., Padova, Cedam, 1967, p. 16 ss.; R. Quadri, *Diritto internazionale pubblico*, 5 ed., Napoli, 1968, p. 21: "L'espressione "d. internazionale", *sic et simpliciter*, vale come contrapposto di quelle "d. interno" e "d. statale". Indica, cioè, l'ordinamento giuridico internazionale, l'ordinamento della società o comunità internazionale in senso proprio. In altri termini, sono di "d. internazionale" le norme che non sono parte degli ordinamenti interni degli Stati o di altri enti (ad es. diritto canonico); le norme, d'altro lato, che regolano i rapporti della comunità internazionale in senso proprio e che appartengono a tale comunità". V. altresì N. Ronzitti, *Introduzione al diritto internazionale*, 6 ed., Torino, Giappichelli, 2019, p. 9: "Il diritto internazionale regola i rapporti tra gli enti che compongono la comunità internazionale"; A. Cassese, *Diritto internazionale*, cit., p. 21: "L'ordinamento giuridico internazionale, infatti, presenta caratteristiche affatto peculiari, ben diverse da quelle dei sistemi giuridici statali. È questa una realtà di cui occorre sempre tenere conto per comprendere appieno quale ruolo svolga il diritto nell'ambito della società internazionale"; E. Cannizzaro, *Diritto internazionale*, 5 ed., Torino, Giappichelli, 2020, p. 2: "[i]n tale contesto...lo Stato non si presenta come autorità giuridica rispetto ad una comunità di soggetti individuali sui quali esercita una stabile forma di dominio sociale. Lo Stato costituisce semmai uno dei destinatari delle regole internazionali, alle quali, quindi, è giuridicamente tenuto a prestare osservanza"; cfr. C. Focarelli, *Diritto internazionale*, 5 ed., Padova, Cedam, 2019, p. 1 ss..

vedrà solo luccicare all'orizzonte per poi svanire. Ci ritornerà solo alla fine del viaggio quando, come vedremo più avanti (Capp. II, XVII e XVIII), gli servirà stabilire *se* e *come* una data *norma internazionale* si applica e come possa essere invocata nel *proprio ordinamento nazionale*.

Le sorprese potranno provocare, a questo punto, un senso di smarrimento dinanzi alla vastità del "diritto internazionale". Apparirà, infatti, evidente che le norme internazionali appartengono ad *un ordinamento giuridico completamente diverso da quello italiano*. E a questo punto, diverrà chiaro che le materie del "diritto privato" e del "diritto pubblico" incluse, in Italia, le loro partizioni in settori scientifico-disciplinari ([19]), con la loro storia, la loro dottrina, i loro professori, la loro lingua nazionale (che in Italia non è la lingua inglese!), la loro giurisprudenza (di varie decine di migliaia di sentenze nazionali ogni anno) e legislazione, sono e restano, fondamentali discipline di *diritto interno ossia nazionale* in quanto sono partizioni dell'ordinamento statale-italiano frutto dell'esperienza storico-giuridica dei suoi circa sessanta milioni di cittadini ([20]). Per convincersene, basta andare qualche giorno in un altro Stato portando appresso i propri libri e i codici di quelle materie oppure fare uno *stage* in un'organizzazione internazionale.

Delle considerazioni opposte valgono, però, per il "diritto internazionale".

Il diritto dell'ordinamento giuridico internazionale è, *ex natura rerum*, **un diritto a carattere *non nazionale*** (ossia senza Stato) *ed è il più importante sistema di regolazione globale*. Proprio per tali ragioni, i suoi istituti e le sue tecniche sono concettualmente unici per circa 7.5 miliardi di persone nel mondo (ed anche per l'"oltremondo" esistendo oggi, tra i settori speciali del diritto internazionale, anche il *diritto dello spazio cosmico*) variando principalmente i rapporti tra il diritto internazionale ed il diritto nazionale di un dato Paese. Perciò, gli specialisti della nostra materia hanno da tempo ribadito che "***il diritto internazionale non è né pubblico né privato,*** *tale distinzione essendosi sviluppata ed avendo senso solo con riguardo*

([19]) Incluse le rispettive partizioni disciplinari e didattiche che nell'ordinamento italiano sono il diritto civile, il diritto commerciale, il diritto del lavoro, il diritto della navigazione, il diritto costituzionale, il diritto amministrativo, il diritto tributario, il diritto penale, il diritto processuale civile e penale, e così via. Risulta evidente che, se il settore scientifico disciplinare del diritto internazionale (e quello dell'Unione europea) viene formalmente distinto dai predetti settori ad opera del legislatore italiano, ciò accade perché la materia internazionale (al pari di quella del diritto UE) non fa parte dell'area di massima specializzazione professionale — *volentes, nolentes* — dei giuristi afferenti agli altri settori scientifico-disciplinari del diritto italiano.

([20]) In arg. cfr., ad es., F. GALGANO, *Trattato di diritto civile*, I, 2 ed., Padova, Cedam, 2010, p. 11 s. sui rapporti tra il diritto e lo Stato e A. TRABUCCHI, *Istituzioni di diritto civile*, 50 ed. a cura di G. TRABUCCHI, Padova, Cedam, 2021, p. 12 ss.. D'altro canto, come osservano esattamente G. IUDICA e P. ZATTI (*Linguaggio e regole del diritto privato*, 20 ed., Padova, Cedam, 2020, p. 8): "Per l'ordinamento dello Stato, "diritto" è solo il diritto dello Stato. Il diritto di un altro Stato o il diritto della Chiesa sono — in linea di principio — soltanto *fatti* dal punto di vista dell'ordinamento dello Stato italiano. È chiaro però che dal punto di vista dell'ordinamento dello Stato francese, e della Chiesa cattolica, "diritto" è solo il complesso di regole prodotte all'interno di quegli ordinamenti e puro fatto è il diritto dello Stato italiano. Un osservatore che guarda a tutti questi ordinamenti, e che è interessato a capirli, deve quindi adattarsi alla *relatività* del concetto di diritto e alla *pluralità* degli ordinamenti giuridici". Del pari è evidente che quando, in Italia, si dice che il diritto privato è il *diritto comune* (v. ad es. G. ALPA, *Manuale di diritto privato*, X ed., Padova, Cedam, 2017, p. 19 ss.) si tratta solo del *diritto comune vigente all'interno dell'ordinamento italiano*. Nulla a che vedere dunque con lo *jus commune* medievale (su cui v. invece ad es. F. CALASSO, *Introduzione al diritto comune*, Milano, Giuffrè, 1970).

all'ordinamento statale" ([21]) e cioè con riferimento all'ordinamento giuridico statale-interno. Muovendo da tale presupposto, si può dunque comprendere perché, dato il pluralismo degli ordinamenti giuridici (*ubi societas, ibi ius*) e dunque la strutturale diversità tra l'ordinamento internazionale e l'ordinamento dello Stato italiano (o di qualunque altro Stato), ne discende che le norme prodotte in ciascuno di essi non hanno automatico effetto negli altri ordinamenti e che *uno stesso fatto* può essere valutato *in modo diverso* in ciascun ordinamento (è il ***principio di relatività*** delle valutazioni giuridiche ([22]), per cui è possibile, ad esempio, che una norma internazionale obblighi uno Stato ad una data attività che nel *suo* diritto interno non è dovuta, non è regolata o è addirittura illecita).

11. Adattamento del diritto interno al diritto internazionale. — Di qui, l'esigenza di continuo *adattamento del diritto nazionale* al *diritto internazionale*, onde evitare la violazione di obblighi internazionali dello Stato e consentire la sua piena partecipazione alla vita di relazione internazionale. *Dalla prospettiva del diritto internazionale, che è quella di chi si colloca nello spazio al di fuori dello Stato per guardare dentro di esso*, ben si comprende perché la conoscenza del diritto internazionale "pubblico" implica, paradossalmente, *anche* una perfetta conoscenza del proprio ordinamento nazionale: diversamente, sarebbe impossibile valutare correttamente l'impatto delle norme internazionali sul proprio ordinamento statale interno, la compatibilità di quest'ultimo con quelle regole e la loro eventuale invocabilità in giudizio in Italia in caso di controversie ([23]).

c) *(segue) Diritto internazionale e diritto dell'Unione europea*

12. Natura internazionalistica del diritto UE. — Da tali premesse, si comprende anche la particolare natura giuridica del "**diritto dell'Unione europea**" o "diritto europeo" (*European Law/Droit européen/Europarecht*) in rapporto al diritto internazionale e al diritto italiano. L'Unione europea (d'ora in avanti UE) *non è uno Stato* — e dunque è difficilmente comparabile con uno Stato federale "sovrano" come gli Stati Uniti d'America — ma è ancora **un'*organizzazione internazionale*** a vocazione

---

([21]) Così ad es. B. Conforti, *Diritto internazionale*, X ed., Napoli, ES, 2015, p. 4. Grassetto e corsivo aggiunti.

([22]) G. Morelli, *Nozioni di diritto internazionale*, cit., p. 73: "Poiché l'ordinamento internazionale e i singoli ordinamenti interni sono fra loro indipendenti e separati, ciascuno di essi procede in maniera autonoma alle proprie valutazioni, le quali sono indipendenti da quelle che vengono date da altri ordinamenti. Riceve, anche in questo campo, piena applicazione il principio della *relatività delle valutazioni giuridiche*".

([23]) Così ad es. M. Shaw, *International Law*, cit., p. 1: "Law consists of a series of rules regulating behaviour, and reflecting, to some extent, the ideas and preoccupations of the society within which functions. And so it is with what is termed International Law, with the important difference that the principal subjects of International Law are Nation-States, not individual citizens. There are many contrasts between the Law within a country (Municipal Law) and the Law that operates outside and between States, International Organizations and, in certain cases, individuals. International Law itself is divided into *Conflict of Laws* (or *Private International Law* as it is sometimes called) and *Public International Law* (usually just termed *International Law*). The former deals with those *cases within particular legal systems*, in which foreign elements obtrude, raising questions as to the application of foreign law or the role of foreign Courts. For example, if two Englishmen make a contract in France to sell goods situated in Paris, an English Court would apply French Law as regards the validity of the contract. By contrast, Public International Law is not simply an adjunct of a legal order, but a separate system altogether, and it is this field that will be considered in this book".

regionale particolarmente sviluppata che, come tale, ambisce in futuro a diventare uno Stato federale. Il diritto UE poggia sul diritto internazionale generale e pattizio (il c.d. *diritto originario*, ossia i trattati istitutivi conclusi tra gli Stati membri UE) e dunque è, essa stessa, *una creatura del diritto internazionale*: le sue norme si sovrappongono a quelle dell'ordinamento giuridico nazionale dei singoli Stati membri ed al contempo vanno coordinate con le altre norme del diritto internazionale. Inoltre, il diritto UE possiede caratteristiche specifiche: gli atti unilaterali (c.d. *diritto derivato*) di questo ente possiedono un'articolazione, un'effettività — soprattutto nell'ordinamento interno degli Stati membri — ed un campo di applicazione inusuali rispetto al diritto internazionale. Pertanto, in quest'ambito specifico dell'esperienza internazionale, si può parlare — con le dovute accortezze ed a seconda delle materie — di un "diritto sovranazionale".

Anche per tali caratteristiche, tale materia, tradizionalmente afferente al settore scientifico-disciplinare del diritto internazionale, rientra oggi in Italia in un apposito settore delle scienze giuridiche ad esso affine ed a cui si consacra una pregevole dottrina, una copiosa giurisprudenza ed una sempre più vasta attività normativa. Per le medesime ragioni nonché per economia espositiva, al diritto dell'Unione europea, in questo libro faremo solo qualche riferimento, rinviando alle opere della dottrina specialistica ogni altra spiegazione o approfondimento ([24]).

d) *Diritto internazionale "pubblico" e diritto internazionale "privato"*

13. Oggetto e funzione del *diritto internazionale privato*. — L'altra metà del cielo dell'internazionalista, ossia il *diritto internazionale privato (Private International Law o Conflict of Laws/Droit international privé/Derecho internacional privado/ Internationales Privatrecht)* che rientra, secondo la tradizione italiana, nel settore scientifico disciplinare e dunque nella specialistica attività di ricerca, pratica ed insegnamento dei Professori di "diritto internazionale" è un ramo del diritto positivo che, tuttavia, si presta assai poco ad essere unico o "globale" pur occupandosi di rapporti giuridici tra individui appartenenti a Stati diversi e dunque di *relazioni internazionali tra soggetti privati*. Qui, infatti, ci si riferisce "all'insieme delle *norme che ciascuno Stato si dà* per disciplinare situazioni e rapporti (ossia fatti della vita reale) che coinvolgono privati (persone fisiche ed enti collettivi) e che, in ogni settore dell'ordinamento, non sono totalmente interni all'ordinamento medesimo: situazioni e rapporti cioè che presentano qualche carattere di *estraneità* rispetto all'ordinamento statale in questione ovvero, come anche si dice, presentano connotati di *internazionalità* o *transnazionalità*" ([25]).

14. Fonti nazionali del diritto internazionale privato. — *In tale ottica, che è quella di chi si colloca all'interno dell'ordinamento italiano e si affaccia al di fuori di esso*, si

---

([24]) Si tratta, per l'Italia, ai sensi dell'All. B al D.M. 30 ottobre 2015, n. 855, del settore scientifico disciplinare IUS/14 denominato, appunto, "Diritto dell'Unione europea" e composto da Professori universitari abilitati allo studio ed all'insegnamento di questa materia. In argomento v. in particolare: J. Ziller, *Diritto delle politiche e delle istituzioni dell'Unione europea*, Bologna, Il Mulino, 2013; R. Adam, A. Tizzano, *Manuale di diritto dell'Unione Europea*, 2 ed., Torino, Giappichelli, 2017 nonché G. Tesauro, *Diritto dell'Unione europea*, 7ed., Padova, Cedam, 2013; L. Daniele, *Diritto dell'Unione Europea*, 2 voll., Milano, Giuffrè, 2018-2020; U. Villani, *Istituzioni di diritto dell'Unione europea*, 5 ed., Bari, Cacucci, 2020.

([25]) Così, ad es., F. Mosconi, C. Campiglio, *Diritto internazionale privato e processuale*, I, 9 ed., Torino, UTET, 2020, p. 2. Corsivo aggiunto.

ha che "[l]'ordinamento dello Stato può comportarsi in vario modo rispetto a quei fatti che, anziché essere collegati esclusivamente con lo Stato stesso, presentano, rispetto allo Stato, maggiori o minori elementi di estraneità" ([26]). Il metodo generalmente impiegato da ciascuno Stato per regolare quei fatti "consiste nel sottoporre i rapporti che presentano dati elementi di estraneità alle norme che, per la disciplina dei rapporti di quel dato tipo, vigono negli ordinamenti stranieri, norme che vengono richiamate nell'ordinamento interno" ([27]).

Ed allora, da tale prospettiva, emergono quattro considerazioni fondamentali.

In primo luogo, la "teoria pura" e la disciplina delle norme di "diritto internazionale privato" si riferisce, tradizionalmente, all'ambito di applicazione nello spazio del *diritto nazionale vigente in ciascuno Stato*. Pertanto, le sue regole variano al mutare dei singoli ordinamenti statali e dovremo parlare, a rigore, di un *diritto internazionale privato italiano* in quanto diritto positivo in Italia, per distinguerlo dal *diritto internazionale privato brasiliano, svizzero, statunitense, cinese* e così via.

In secondo luogo, va osservato che ***l'Unione europea ha profondamente inciso sul diritto internazionale privato "italiano"*** (al pari di quanto è avvenuto per gli altri Stati membri UE), sia regolando direttamente (tramite, ad es., appositi Regolamenti UE) materie che appartengono tradizionalmente al diritto internazionale privato degli Stati membri UE e dunque producendo norme di origine UE che vanno oggi combinate con le relative norme nazionali; sia attraverso la giurisprudenza della Corte di Giustizia UE relativa all'interpretazione di quegli atti e più in generale circa il mercato interno.

Così, nell'ordinamento giuridico italiano, le norme fondamentali sono contenute nella **L. 31 maggio 1995, n. 218**, portante "Riforma del sistema di diritto internazionale privato" che regola la disciplina della ***giurisdizione nazionale***, dell'individuazione della ***legge applicabile*** e **dell'*efficacia delle sentenze e degli atti stranieri***. A tali norme, come si è anticipato, occorre aggiungere e coordinare quelle poste dall'Unione europea attraverso le *proprie* fonti di produzione giuridica (si tratta del c.d. "diritto internazionale privato europeo").

15. Fonti internazionali del diritto internazionale privato. — In terzo luogo, va osservato che, al pari di qualsiasi altra materia del diritto interno dei singoli Stati, *anche il diritto internazionale privato può essere oggetto di norme dell'ordinamento internazionale*. In altre parole, esistono apposite convenzioni internazionali di "diritto uniforme" che fanno obbligo agli Stati, presso i quali sono in vigore, di introdurre nel proprio ordinamento giuridico delle specifiche norme di conflitto o apposite norme materiali, al fine di raggiungere la massima uniformità possibile in questo settore ed eliminare il c.d. *forum shopping* (ed il conseguente *law shopping*).

La quarta ed **ultima osservazione** riguarda il carattere "internazionale" delle norme di "diritto internazionale privato" e segue dalle considerazioni precedenti.

Orbene, se le fonti di tali norme **appartengono all'*ordinamento internazionale*** (ad es. le convenzioni di diritto uniforme, come la Convenzione di Vienna dell'11

([26]) G. Morelli, *Elementi di diritto internazionale privato*, 10 ed., Napoli, Jovene, 1976, p. 9. Cfr., *inter multos*, T. Ballarino, *Diritto internazionale privato*, 3 ed., Padova, Cedam, 1999, p. 1 ss. (sull'evoluzione storica del d.i.pr.) e p. 55 ss., e F. Marrella, *Manuale di diritto del commercio internazionale*, 2 ed., Padova, Cedam-WKI, 2020.

([27]) *Ibidem*.

aprile 1980 sulla vendita internazionale di beni mobili e la Convenzione dell'Aja del 15 giugno 1955 sulla legge applicabile in materia di vendita internazionale di beni mobili) o all'Unione europea, il loro carattere "internazionale" è di palmare evidenza.

16. Dottrina del diritto internazionale privato. — Per tali ragioni, in virtù dell'unità teorica e pratica delle questioni internazionali, si è sviluppata sin dalle origini — dal Medio Evo grazie ai fondatori di questa materia, gli italiani Baldo degli Ubaldi e Bartolo da Sassoferrato — una dottrina anch'essa "internazionale" circa le questioni di diritto internazionale privato e processuale sviluppando delle categorie universali che hanno facilitato la comprensione e la comunicazione delle tecniche impiegate dai singoli Stati nell'elaborazione del proprio diritto positivo, persino nella nostra epoca che è quella della statalizzazione e della codificazione nazionale del diritto privato ([28]).

17. Conclusioni. — Alla luce di tali premesse si ha conclusivamente che, da un punto di vista formale, *le norme di* ***diritto internazionale*** *("pubblico", in quanto "diritto delle genti") hanno origine internazionale — cioé si collocano nell'ordinamento giuridico internazionale — e possono avere ad oggetto sia dei fatti di diritto internazionale che di diritto interno. Come tali, le fonti del diritto internazionale non derivano dall'ordinamento giuridico di alcuno Stato.*

*Viceversa, le norme di "****diritto internazionale privato****" si radicano nell'ordinamento interno di un singolo Stato dato pur se tali regole hanno un "oggetto internazionale": si tratta infatti di "norme interne in materia internazionale", cioè di una parte del diritto vigente in un dato Stato relativo ai rapporti con l'estero.*

e) *Diritto internazionale e politica internazionale*

18. Distinzione tra i due settori scientifici e disciplinari. — Un'ultima distinzione si impone. Si tratta della differenza tra *diritto internazionale* e *politica internazionale*. *Breviter causa*, bastino qui le limpide — ed ancora attualissime — parole di Fedozzi: "[l]a differenza tra politica e diritto consiste in questo che, mentre il secondo impone delle regole di condotta con la possibilità in caso di inosservanza di tutte quelle sanzioni che sono proprie del diritto internazionale, la prima non fa che *ispirare* delle regole di condotta, che sono puramente contingenti, che non hanno niente di assoluto e sono sempre modificabili secondo le circostanze e l'utilità. Benché ciascuno Stato abbia in generale una tradizione politica, pure i governi non vi sono punto legati e possono bene cambiare direzione, quando sembra che ciò sia indicato nella specie, e possono anche dare soluzioni differenti a casi identici...Nella vecchia dottrina internazionalistica gli elementi giuridici e quelli politici erano strettamente commisti con grave danno non solo della sistematica, ma anche della chiarezza dei rapporti internazionali" ([29]). Alla luce di tali considerazioni, non stupisce dunque che, nel

---

([28]) In argomento v. M. Gutzwiller, "Le développement historique du droit international privé", *RCADI*, v. 29, 1929, pp. 287 - 400; E.-M. Meijers, "L'histoire des principes fondamentaux du droit international privé à partir du Moyen Age, spécialement dans l'Europe occidentale", in *RCADI*, v. 49, 1934, pp. 544-686; E. Vitta, *Diritto internazionale privato*, 3 voll., Torino, Utet, 1972 - 1975; T. Ballarino, *Diritto internazionale privato*, 3 ed., Padova, Cedam, 1999, p. 12 ss.; B. Ancel, *Eléments d'histoire de droit international privé*, Paris, Ed. Panthéon-Assas, 2017.

([29]) P. Fedozzi, nell'*Introduzione* al *Trattato di diritto internazionale*, cit., p. 18. Ciò non toglie, come ha osservato G. de Lacharriere (*La politique juridique extérieure*, cit., 1983, p. 1 ss.), che esista una "politica

nostro tempo, mentre il "diritto internazionale" costituisce, nell'ordinamento universitario italiano, un settore scientifico disciplinare specifico nell'area delle "scienze giuridiche" (ed infatti negli Stati Uniti si tratta di una materia insegnata nelle *Law Schools*), si ha che la "politica internazionale" (talvolta erroneamente denominata "relazioni internazionali") non assurge alla dignità di settore scientifico disciplinare a sé stante bensì rientra nel settore scientifico e disciplinare generale delle "scienze politiche". Pertanto, negli Stati Uniti, i corsi di "relazioni internazionali" rientrano tra quelli offerti dalle *School of Social Sciences* o dalle *School of Government* dove, comunque, vengono offerti separatamente anche appositi corsi di "diritto internazionale"). *E dato che i rapporti internazionali sono di tipo politico, economico e giuridico, risulta evidente che il diritto internazionale è la materia regina delle relazioni internazionali giacché ogni qualvolta nella vita di relazione internazionale si producono regole o si discute della loro applicazione (o non applicazione) si è nell'ambito delle scienze giuridiche e dunque del Diritto internazionale.*

A conclusione di questi primi cenni, è bene precisare che l'oggetto del presente volume sarà dunque il *diritto internazionale*; pertanto, non tratteremo qui, *breviter causa*, né il diritto internazionale privato, né il diritto dell'Unione europea. Né, *a fortiori*, tratteremo temi di politica o di economia internazionale, rinviando il lettore agli scritti della dottrina specialistica di tali distinti settori scientifico-disciplinari.

19. Piano espositivo. — Il diritto internazionale è il risultato di uno sviluppo diacronico dei propri peculiari processi istituzionali. Joseph Weiler, in proposito, ha osservato che il diritto internazionale va sempre compreso alla luce del peculiare sviluppo storico delle sue norme, ossia attraverso una consapevolezza della "**geologia del diritto internazionale**" ([30]). L'evoluzione storica della *societas* internazionale obbliga l'interprete all'esame costante della *stratificazione temporale* di ciascun istituto giuridico per determinarne esattamente il *senso storico*, il suo *contesto*, la sua *collocazione* nell'ordinamento e la sua rispondenza alle contingenti *necessità* della vita di relazione internazionale.

Alla luce delle predette considerazioni, risulta evidente che lo strato geologico più antico e profondo del diritto internazionale è quello del "diritto internazionale pubblico" (*Public International Law/Droit international public o Droit des gens/Völkerrecht*), inteso in senso stretto come **diritto delle relazioni tra Potenze**, che ha ben spiegato il modo di essere della Comunità internazionale (*International Community/Communauté internationale/Internationale Gemeinschaft*) durante un determinato periodo storico che si può far cominciare agli albori del XVI secolo. Ma la *struttura* di detta "comunità" è cambiata nel secolo scorso, a partire dalla fine della seconda guerra mondiale e tale mutazione continua nel nostro tempo.

Oggi, infatti, è impossibile comprendere appieno il *diritto internazionale* ed il suo ruolo fondamentale se non lo si collega all'evoluzione e all'espansione della *base sociale della società internazionale e quindi dell'ordinamento* entro cui le sue regole vengono continuamente create ed applicate.

---

dei diritti umani" o altro tipo di "politica estera" basata sull'interesse nazionale dello Stato che la attua. Ma occorre tenere sempre distinte le scelte (e le strategie) politiche di uno Stato dallo strumento giuridico (con il suo funzionamento tecnico) tramite il quale vengono perseguite.

([30]) Cfr. J.H.H. Weiler, "The Geology of International Law - Governance, Democracy and Legitimacy", in *Zaörv*, 2004, p. 547 ss.

Prima di giungere ad una definizione del diritto internazionale così come oggi si presenta ai nostri occhi ed all'individuazione delle sue principali caratteristiche (**Sezione V**), è opportuno evidenziare che il diritto internazionale (o, quantomeno, un "certo" diritto internazionale) non ha mai cessato di esistere (**Sezione I**). Certo, ha cambiato di significato e si è poi evoluto in modo peculiare dopo la nascita e lo sviluppo dello Stato moderno a partire dal XVI secolo e fino alla prima guerra mondiale (**Sezione II**). Il periodo tra le due guerre ha modificato profondamente la struttura della società internazionale così come il diritto ad essa applicabile (**Sezione III**). Tale evoluzione ha subito un'ulteriore accelerazione dopo il 1945, sicché i grandi mutamenti che hanno investito la società internazionale ed il suo diritto da allora ai nostri giorni hanno reso obsolete alcune delle concezioni dogmatiche più risalenti nel tempo (**Sezione IV**).

Sezione I
Il diritto internazionale prima della nascita dello Stato moderno

20. Il diritto internazionale è sempre esistito. — Se si concepisce il diritto internazionale come l'insieme delle norme, scritte e non scritte, applicabili a dei soggetti o a delle situazioni che *non* rilevano esclusivamente per il diritto nazionale (o interno), è ragionevole affermare che siffatto diritto sia sempre esistito. In ogni civiltà ed in ogni epoca storica, si sono quasi sempre avute delle regole per indicare le formalità e le circostanze per iniziare una guerra e per porvi termine, per limitare la violenza nei confronti di certe categorie di persone o di luoghi, per applicare o vietare alcuni metodi di combattimento. Montesquieu non ricordava forse nel suo "Spirito delle leggi" che tutte le Nazioni, compresi gli Irochesi i quali erano soliti mangiare i loro prigionieri di guerra, conoscevano l'esistenza di un corpo di regole speciali per regolare le loro relazioni: il diritto delle Nazioni ([31])?

Inoltre, è opportuno tenere a mente l'osservazione del giurista romano Ermogeniano secondo la quale "*è in ragione dell'uomo che il diritto è stato creato ed ogni diritto è stato creato al servizio degli uomini*" ([32]): un'affermazione certamente esatta per l'ordinamento interno ma valevole, con le dovute precisazioni, anche per l'ordinamento internazionale.

§ 1. — *L'apporto della Bibbia*

21. "Visioni contemporanee" della Bibbia. — Sarebbe evidentemente esagerato affermare che la Bibbia costituisca il primo "manuale" di diritto internazionale, ancorché rudimentale. Nella Bibbia, però, si ritrovano un certo numero di "visioni" che rimangono ancora al centro del diritto internazionale contemporaneo ([33]). È così

([31]) Cit. da Nussbaum, *op. cit.*, p. 1.

([32]) Cfr. *Digesto*, 1, 5, 2. Hermogenianus, *Libro primo iuris epitomarum*: "Cum igitur hominum causa omne ius constitutum sit, primo de personarum statu ... dicemus". In arg. v. pure P. Grossi, *Prima lezione di diritto*, Laterza, Bari, 2003 e i riferimenti ivi cit.

([33]) V., in particolare, P. Weil, "Le judaïsme et le développement du droit international", in *RCADI*, 1976-III, p. 253 ss., in part. pp. 272-300.

che la "società internazionale" contemplata dalla Bibbia si ricollega a due idee di base che sono l'"unità del genere umano" ed il "pluralismo delle nazioni". Come non pensare qui al Preambolo e al Capo I della Carta delle Nazioni Unite? La Bibbia, inoltre, riconosce l'esistenza di regole morali o giuridiche di forza superiore che si impongono all'umanità intera ed alle quali non è possibile derogare. Come non pensare qui all'idea di "diritto naturale" — *jus naturae* — che è tornato oggi al centro di un vivace dibattito attraverso la nozione di *jus cogens*, ufficializzata dalla Convenzione di Vienna sul diritto dei trattati del 1969?

22. — Nella Bibbia, poi, esiste un'altra "visione" universale, quella di uno *jus inter gentes*, di un diritto delle relazioni tra comunità umane concernente le regole che disciplinano i loro rapporti, sia in tempo di pace che in tempo di guerra, nonché la situazione degli individui. Ed infatti, in passato, esistevano degli accordi solenni per regolare alcuni rapporti tra tribù i quali avevano preceduto i nostri moderni trattati; in particolare, una volta conclusi, tali accordi dovevano essere rigorosamente rispettati. Non è forse qui l'origine della regola fondamentale del diritto dei trattati, *pacta sunt servanda*? Inoltre, gli Ambasciatori dovevano essere trattati bene e la loro persona era inviolabile, essendo ogni violazione di questo principio un atto illecito che poteva giustificare persino il ricorso alla guerra. Non è forse questa l'origine delle "immunità diplomatiche" che hanno sempre rappresentato una delle istituzioni fondamentali e più elementari del diritto internazionale?

23. — La tutela e la protezione dei *diritti dell'individuo* è parimenti presente nella Bibbia ed è prevista a favore dello *straniero* ([34]) formando, nel Nuovo Testamento, una parte importante del pensiero cattolico ([35]). Un certo numero di *diritti umani* vi sono in effetti menzionati (diritto alla vita, all'integrità, alla libertà e alla sicurezza, diritto ad un equo processo, diritto d'asilo...). Come non pensare allora ai diversi "patti", "convenzioni" o "dichiarazioni" relative alla protezione dei diritti umani in vigore nel nostro tempo ed alle tante "battaglie" condotte dagli attivisti dei diritti umani per la loro più ampia applicazione? Anche il trattamento degli stranieri viene spesso menzionato nella Bibbia ove si pone un principio di parità di trattamento tra gli stranieri ed i "cittadini" e si prevede la loro protezione. A propria volta, il dovere della *carità fraterna*, tipico del Nuovo testamento, non venne più inteso come esistente solo fra i membri di uno stesso popolo o di una stessa civiltà, ma si impose, ieri ed oggi, come un *dovere universale verso tutti gli uomini, stranieri o anche nemici*, poiché tutti sono creature di Dio e tutti sono chiamati a partecipare alla giustizia e alla salvezza di Gesù Cristo. Questa stessa visione ha inteso favorire, nei rapporti fra gli Stati, ogni strumento giuridico ed ogni istituzione che potessero contribuire a far regnare la pace, l'intesa, la cooperazione ed il *bene comune*: è più chiaro, da tale punto di vista, il senso del multilateralismo e delle organizzazioni internazionali del nostro secolo?

§ 2. — *La prassi delle città greche*

24. "Noi" e "loro". — I Greci facevano una distinzione fondamentale tra le *loro* città e le *altre* tribù o nazioni che essi qualificavano come "barbare". Con queste

---

([34]) *Levitico* 19, 34: "Lo straniero che risiede fra voi, lo tratterete come colui che è nato fra voi; tu l'amerai come te stesso, poiché anche voi foste stranieri nel paese d'Egitto."

([35]) V. B. Maggioni, *Il seme e la terra*, Milano, Vita e pensiero, 2003 [5 rist. 2017], p. 139 ss.

ultime, le relazioni erano fondate *sulla forza* e non sul *diritto* e la *giustizia*. È questa una linea di divisione che si ritrova nel diritto internazionale di un tempo (quello che esisteva dal XVI secolo fino alla fine della prima guerra mondiale) tra le *Nazioni cristiane*, ossia il mondo "civilizzato", e *gli altri*, il mondo "barbaro" o "selvaggio": il diritto internazionale si applicava dunque solo tra "Nazioni civili", essendo queste libere di agire come meglio loro sembrava nei confronti dei Paesi "terzi", gli *altri* che non appartenevano a tale *club* ristretto.

25. Diritto internazionale e comunità di interessi. — Un qualche tipo di diritto internazionale — senza dubbio rudimentale — si applicava per governare i rapporti tra le diverse città greche ([36]). I Greci ritenevano che tutte quelle città e i loro abitanti condividessero in larga misura una stessa cultura, civiltà e religione: pertanto, sembrava naturale che la comunità ellenica fosse soggetta a regole uniformi. Ancora una volta, si tratta di un'idea che si ritrova a fondamento stesso del diritto internazionale: quella cioè secondo cui *il diritto internazionale si sviluppa laddove esista una comunità di interessi tra gli Stati*. Ciò, viceversa, spiega tutte le difficoltà di applicazione delle norme internazionali a portata universale in ragione della diversità degli oltre 190 Stati che compongono oggi la società internazionale. Ciò consente, altresì, di cogliere lo sviluppo del diritto internazionale "regionale" in virtù dei particolari legami di solidarietà che uniscono, in generale, Paesi geograficamente vicini o che possiedono culture simili e civiltà affini.

26. Sviluppo dell'arbitrato. — Più concretamente, l'eredità greca si può cogliere in diritto internazionale con riferimento a due aspetti.

Da un lato, le città greche svilupparono *l'arbitrato* come mezzo di soluzione delle loro controversie ([37]). Tale istituto fondamentale del diritto internazionale continua a svilupparsi oggi, applicandosi a nuovi settori delle relazioni internazionali (il campo economico) e a certi tipi di rapporti (Est-Ovest fino ad un'epoca recente, rapporti tra Stati e privati stranieri, in generale, oggi).

Dall'altro lato, i Greci contribuirono all'*umanizzazione della guerra* (trattamento "umano" dei prigionieri di guerra, inviolabilità di certi luoghi — i templi — e di certe persone — i sacerdoti). Se, per convincersene, al lettore colto basterà correre con la mente all'*Iliade* di Omero o ad *Antigone*, la celebre tragedia di Sofocle, va notato che tale obiettivo resta ancora — sfortunatamente — al centro delle preoccupazioni del *diritto internazionale umanitario (o diritto dei conflitti armati)*, un settore del diritto internazionale che si è particolarmente sviluppato a seguito dell'istituzione della Croce Rossa Internazionale nel 1864.

Senonché, nell'esperienza storica greca ([38]) è mancata quella elaborazione concettuale che a Roma farà assurgere il *Diritto* al rango di scienza: la *iurisprudentia*.

([36]) Cfr. Tenedekis, "Droit international et communautés féderales dans la Grèce des Cités", in *RCADI*, 1956-II, v. 90, pp. 469-652.

([37]) V., ad esempio, M. Taube, "Les origines de l'arbitrage international: antiquité et Moyen Age", in *RCADI*, 1932-IV, v. 42, p. 1 e ss.

([38]) Cfr. L. Pepe, *Atene a processo. Il diritto ateniese attraverso le orazioni giudiziarie*, Bologna, Zanichelli, 2019 ove riferimenti.

§ 3. — *L'eredità dell'impero romano*

27. Influenza diretta. — Roma, la città del Diritto *par excellence*, ha esercitato un'influenza profonda anche sull'evoluzione storica del diritto internazionale. Il contributo del diritto romano è stato sia diretto che indiretto (39).

Diretto, in primo luogo, nel senso che Roma fu il primo "Stato" a possedere delle norme precise — ma di diritto interno — per regolare le sue relazioni con gli altri popoli: vi era ad esempio un diritto romano della pace e della guerra a forte connotazione religiosa che veniva amministrato da particolari sacerdoti (*Fetiales*), i quali applicavano un diritto per metà secolare e per metà religioso, lo *jus fetiale*. Spettava a costoro stabilire se una Nazione straniera avesse violato i propri obblighi nei confronti di Roma, ciò costituendo il fondamento di una guerra "giusta"; pertanto essi intervenivano prima dello scoppio delle ostilità militari. Inoltre, l'impero romano concluse dei trattati con gli altri "Stati" dell'epoca: potevano essere trattati di amicizia (*amicitia*), di ospitalità (*hospitium*) o di alleanza (*foedus*) e contenevano sovente delle clausole di soluzione delle controversie svolto dai *recuperatores*. L'Impero romano sviluppò anche la prassi dello scambio di ambasciatori, la cui persona era inviolabile.

Infine, Roma diede vita a un corpo di diritto particolare volto a regolare i rapporti tra cittadini romani (*Quirites*) e stranieri: lo ***jus gentium***. Tale espressione è stata spesso tradotta come "diritto delle genti", portando a ritenere che si trattasse del diritto internazionale dell'epoca, una traduzione che, però, risulta concettualmente inesatta. È chiaro, infatti, che lo *jus gentium* era *diritto interno romano* e non "diritto internazionale": si trattava, al più, di *diritto interno in materia internazionale.* Inoltre, posto che il diritto romano comune applicabile ai cittadini romani era lo ***jus civile***, solo quando un altro "Stato" avesse concluso un trattato con Roma seguiva l'applicazione — a tali "stranieri privilegiati" — delle norme dello *jus gentium*. Pertanto, non costituiva in alcun modo il "diritto internazionale". Per la Roma imperiale si trattava di potenza militare al servizio della *pax romana.* Ciononostante, il contributo dello *jus gentium* (romano) resta considerevole: un siffatto sistema di *norme speciali* dimostra che gli stranieri andavano posti sotto la protezione delle leggi dello Stato laddove risiedevano e che quest'ultimo aveva degli obblighi "minimi" nei loro confronti. Inoltre, i Romani compresero che i principi dello *jus gentium* erano principi di ragionevolezza che, in quanto tali, erano ovunque riconosciuti (40).

28. Riconoscimento del "diritto naturale". — Infine, nei limiti di questi cenni di sintesi, è opportuno sottolineare come il diritto romano facesse riferimento anche al "diritto naturale" (*jus naturae*). Cicerone, in particolare, rese popolari le "regole di ragione", comuni a tutti gli uomini, la cui esistenza era stata affermata dalla filosofia greca stoica del terzo secolo a.C.. Non solo è possibile trovare delle tracce di un "diritto naturale" nel *Corpus juris civilis* romano, ma anche nello *jus gentium* che Gaio

---

(39) .Cfr. A. Schiavone, *Ius. L'invenzione del diritto in occidente*, Torino, Einaudi, 2005.

(40) È rimasto celebre il passo delle *Istituzioni* di Gaio ove si osserva che "Tutti i popoli retti da leggi e consuetudini, impiegano, in parte un diritto loro proprio, in parte un diritto comune a tutti gli uomini: invero quel diritto che ciascun popolo stabilisce per sé è suo proprio e si chiama diritto civile, come a dire proprio della città; mentre quello che una naturale ragione ha stabilito fra tutti gli uomini è osservato ugualmente da tutti i popoli e si chiama diritto delle genti, come a significare che di quel diritto tutte le genti si servono. Pertanto il popolo romano impiega, in parte un diritto proprio, in parte un diritto comune a tutti gli uomini" (*D.* 1, 1, 9, 0).

definì in rapporto alla "ragione naturale" ([41]). Di qui, il "diritto naturale", salvo brevi periodi storici, occuperà sempre la teoria e la prassi del diritto internazionale e sarà ben presente nella sua storia, persino in quella del nostro tempo.

29. Influenza indiretta: il diritto privato romano come diritto comune. Il giusnaturalismo. — L'influenza del diritto privato romano si manifestò sul diritto internazionale dei secoli successivi soprattutto in via *indiretta.* Alludiamo, qui, alla riscoperta del *diritto romano* ed alla creazione delle prime grandi Università europee durante la seconda parte del Medioevo ove veniva insegnato, per la sua perfezione, come "ragione scritta" (*ratio scripta).* Il diritto romano divenne, così, il "***diritto comune***" della cristianità ([42]) ed in particolare del Sacro Romano Impero Germanico; costituì semplicemente il "termine di riferimento" e di ispirazione per la formulazione delle regole comuni che dovevano presiedere anche alle relazioni inter-statuali. Ancor oggi, molti "principi generali di diritto" affondano le loro radici o richiamano direttamente le regole e gli istituti del diritto romano, come si vedrà attraverso i vari brocardi latini che, anche noi, doverosamente utilizzeremo pur scrivendo nel nostro tempo.

Allo stesso modo, per secoli e fino alla fine del sec. XVIII, gli specialisti del diritto internazionale avevano un'impostazione giusnaturalistica. Il fondamento ultimo del diritto internazionale si spiega(va) nello *ius naturae* che, per i religiosi, si deduce(va) dalla volontà di Dio; per gli atei da una *recta ratio* che, come avevano sperimentato i Romani, era ed è lo spirito dell'intera umanità (e non di un singolo Stato). In breve, il diritto romano divenne il tessuto connettivo concettuale che consentiva di comprendere, integrare ed ordinare il contenuto delle scarne regole di diritto positivo allora esistenti.

§ 4. — *Il diritto internazionale nel Medioevo*

30. Da vassalli, a sudditi, a cittadini. — Il Medioevo, un periodo certamente complesso e difficile da valutare, esercitò delle influenze contraddittorie sulla storia del diritto internazionale. Senza dubbio, possiamo ritenere, in linea generale, che alcuni istituti e fatti dell'epoca costituirono dei veri e propri ostacoli allo sviluppo del diritto internazionale ([43]). Il tratto distintivo della "comunità internazionale" — se così si può chiamare — del Medioevo fu quello del policentrismo dell'organizzazione politica della società caratterizzata dalla *subordinazione* dei vari enti di governo territoriale, sia per il rapporto di vassallaggio in cui spesso si trovavano gli uni rispetto agli altri, sia per la dipendenza dalle due supreme ed universali autorità del ***Papa*** (a capo della Chiesa cattolica) e dell'***Imperatore*** (a capo del Sacro Romano Impero fondato nell'800 d.C. da Carlo Magno), i "*due soli*" del *De Monarchia* di Dante Alighieri. Tali caratteri, tuttavia, ritardarono la nascita di Governi forti e centralizzati

---

([41]) Nussbaum, *op. cit.*, p. 15.

([42]) Cfr. R. Ago, "Il pluralismo della Comunità internazionale alle sue origini, in *Studi Balladore Pallieri*, Milano, 1978, p. 3 ss.; A. Cavanna, *Storia del diritto moderno in Europa*, I, Milano, Giuffrè, 1982, p. 21 ss. ove riferimenti. In senso conforme v. H. J. Berman, *Diritto e rivoluzione. Le origini della tradizione giuridica occidentale*, [orig. Harvard Univ. Press, 1983], tr. it., Bologna, Il Mulino, 1998, 137 ss..

([43]) V. in particolare Zimmermann, "La crise de l'organisation internationale à la fin du Moyen Age", in *RCADI*, 1933-II, v. 44, pp. 319-437; Balladore-Pallieri, "Le dottrine di Hans Kelsen e il problema dei rapporti fra diritto interno e diritto internazionale", in *Riv. dir. int.*, 1935, p. 36 ss.; *Brownlie's Principles of Public International Law*, cit., p. 3 ss.

e quindi non furono favorevoli allo sviluppo del diritto internazionale, o quantomeno di un *certo* diritto internazionale, quello che noi associamo alla nascita dello Stato moderno, a partire dal XVI secolo. È chiaro, ad esempio, che il sistema feudale costituì la negazione, l'antitesi stessa, dello Stato e di qualsivoglia forma di governo centrale. È parimenti evidente che, quantomeno nel continente europeo, il dominio onnipresente della Chiesa e del diritto canonico (che, a differenza del diritto civile italiano, era ed è ancor oggi un diritto "globale") si opponeva all'esistenza di poteri temporali forti e di diritti locali "laici", "secolarizzati". Tuttavia, il sistema feudale, insistendo sul rapporto tra vassallo e signore feudale fondato sul possesso della terra e creando una rete di relazioni di fedeltà personali, andò a rafforzare il potere "territoriale" dei futuri monarchi centralizzatori e così contribuì all'affermazione dell'obbligo di fedeltà del suddito (poi del cittadino) al Monarca dello Stato-Nazione.

Sezione II
Il diritto internazionale dalla nascita dello Stato moderno nel XVI secolo fino alla prima guerra mondiale

31. — Esistono dei collegamenti profondi fra la nascita del moderno Stato nazionale e lo sviluppo del diritto internazionale "tradizionale", cioè del diritto internazionale concepito come l'insieme delle regole che disciplinano le *relazioni tra Stati*. Si trattava, in quell'epoca di un diritto della "coesistenza" tra Potenze. Ciò che non impedì lo sviluppo di rapporti intensi tra gli Stati europei ed altri Stati in diverse parti del mondo.

§ 1. — *La nascita dello Stato moderno e lo sviluppo del diritto internazionale*

1. — Il fondamento teorico: la sovranità dello Stato

32. Il contributo di Jean Bodin. — La prima formulazione teorica della sovranità come caratteristica essenziale dello Stato assoluto e della sua potenza viene elaborata in Francia ed è dovuta a Jean Bodin e ai suoi sei libri su "La Repubblica" (*De Republica*) pubblicati nel 1576. In tale epoca, che in Italia era quella de "Il Principe" di Machiavelli, la Francia era dilaniata da guerre civili e religiose. Bodin stimava che il rimedio fondamentale contro questa situazione di caos fosse dato dal rafforzamento della monarchia francese nei confronti di tutti i poteri feudali e contro il potere ecclesiastico. Pertanto, per Bodin, l'essenza dello Stato è l'unità del suo governo, la "*summa potestas*" (o "sovranità") senza la quale lo Stato non sarebbe che una "nave senza chiglia" ([44]). Bodin definiva lo Stato come una "moltitudine di famiglie o di proprietà aventi in comune il fatto di essere governati da un potere supremo (*summa potestas*) e dalla ragione". La manifestazione essenziale di tale "potere supremo", della sovranità, consisteva nella potestà di fare le leggi. Il sovrano era *absolutus* cioè non poteva essere vincolato che dalle norme da lui stesso prodotte.

([44]) A. Gardot, "Jean Bodin, sa place parmi les fondateurs du droit international", in *RCADI*, 1934-IV, v. 50, pp. 549-743; Ch. Benoist, "L'influence des idées de Machiavel", in *RCADI*, 1925-IV, v. 9, pp. 127-306; M. Boegner, "L'influence de la Réforme sur le developpement du droit international", in *RCADI*, 1925-I, v. 6, p. 245-323.

Nel primo libro del suo *De Republica*, per illustrare il concetto di *sovranità*, Bodin si esprimeva con queste parole:

"Chi è sovrano, insomma, non deve essere in alcun modo soggetto al comando altrui, e deve poter dare la legge ai sudditi, e cancellare o annullare le parole inutili in essa per sostituirne altre, cosa che non può fare chi è soggetto alle leggi o a persone che esercitino potere su di lui. Per questo la legge dice che il Principe non è soggetto all'autorità delle leggi; e anche in latino la parola legge significa il comando di chi ha il potere sovrano...Il Principe sovrano non può mai legarsi le mani, neanche se lo voglia. Perciò alla fine degli editti e delle ordinanze vediamo le parole 'poiché tale è il nostro piacere', perché sia chiaro che le leggi del Principe sovrano, siano pure fondate in motivi validi e concreti, non dipendono che dalla sua pura e libera volontà" ([45]).

E successivamente osservava infastidito:

"E poi, diritto e legge sono due cose ben diverse fra loro: il diritto riguarda l'equità e la legge comporta comando: essa non è altro che il comando del sovrano nell'esercizio del suo potere".

Ciò non significava affatto che il Monarca fosse al di sopra di *tutte* le leggi: egli restava soggetto alle leggi di Dio e della natura (o della ragione), al diritto comune a tutte le Nazioni ed alle norme di governo (cioè le "leggi fondamentali" del regno):

"Quanto però alle leggi naturali e divine, tutti i Principi della terra vi sono soggetti, né è in loro potere trasgredirle, se non vogliono rendersi colpevoli di lesa maestà divina, mettendosi in guerra contro quel Dio alla cui maestà tutti i Principi della terra devono sottostare chinando la testa con assoluto timore e piena reverenza".

In sintesi, per Bodin la sovranità era un principio fondamentale di diritto interno destinato ad ordinare la società politica. Essa non significava affatto che lo Stato fosse *al di sopra* di qualunque regola.

33. Il "Leviatano" di Thomas Hobbes. — Oltre a Bodin, le forme razionali del modello di Stato assoluto dell'*Ancien régime* si devono alla lucida teorizzazione dell'assolutismo politico dell'inglese Thomas Hobbes. Per Hobbes, nel suo celebre "Leviatano" (1651), la *sovranità* consiste in un potere assoluto dello Stato che, in contrapposizione al policentrismo medievale, si colloca al di sopra di ogni legge e non può essere sottoposto ad alcuna regola di diritto superiore. Per arrivare a tale risultato, Hobbes con metodo empirico, presuppone l'esistenza di uno *stato di natura* anteriore alla società civile e dunque allo Stato. Si tratta di una situazione ove dominano le passioni primordiali, l'egoismo, l'anarchia ed il bisogno di sopravvivenza, la prepotenza del più forte. In tale clima di "guerra di tutti contro tutti" (*bellum omnium contra omnes*) e di violenza incontrollata (*homo homini lupus*), gli individui si accordano per porne fine fra loro tramite un *pactum unionis* seguito da un *pactum subiectionis.* In tal modo, i singoli individui cedono tutti i loro diritti al Sovrano eccetto il diritto alla vita. Così, attraverso tale "contratto sociale", essi raggiungono uno "stato civile" ove, però, l'eguaglianza e l'illimitata libertà naturale di ciascuno vengono limitate a vantaggio della sicurezza e della sopravvivenza di tutti. Ma il *contratto sociale* hobbesiano si caratterizza per essere stipulato solo *fra i sudditi* e *non* tra questi ed il sovrano. Pertanto, il sovrano risulta *absolutus* ed irresponsabile, titolare di ampissimi diritti ma non di obblighi, mentre spetta solo ai sudditi il dovere dell'obbedienza.

([45]) Nostra traduzione.

In conclusione, lo Stato che Hobbes descrive attraverso il suo *Leviatano* è una *creatura artificiale mostruosa*, un essere inventato dagli uomini per sfuggire allo stato di natura e quindi necessario per la sicurezza e la sopravvivenza di tutti. Si tratta, per altro verso, di una *teoria laica* dell'assolutismo dello Stato: il fondamento di quest'ultimo, infatti, è un atto razionale della volontà degli uomini (il contratto sociale) e non necessita di una legittimazione divina o comunque religiosa.

In base a tali presupposti, Hobbes perveniva a conclusioni opposte rispetto a Grozio che aveva pubblicato pochi anni prima il suo *De jure belli ac pacis* (1625) su cui torneremo a breve. Per Hobbes, il "diritto delle genti" altro non è che la *legge di natura* — per non dire la...legge della giungla — applicata ai rapporti fra Stati e pertanto, in tale contesto, se ne può tranquillamente negare l'esistenza.

In questo senso, si può rilevare che la tesi negazionista del diritto internazionale vanta una lunga tradizione e degli illustri esponenti.

2. — Il fondamento morale: la laicizzazione dello Stato

34. — Il periodo della Riforma si inserì in quel processo storico di lenta erosione del potere esercitato dall'Imperatore e dal Papa che, durante il Medioevo, avevano guidato — talvolta in aspra concorrenza — la *Respublica Christiana*. Tali eventi facilitarono il consolidarsi delle Monarchie assolute e l'affermazione definitiva degli Stati nazionali ([46]). Il pensiero protestante, predominante in parte dell'Europa, affermava che l'autorità civile era suprema sul territorio dello Stato, il che contribuì al rafforzamento e all'unificazione di quest'ultimo. Inoltre, nell'altra metà dell'Europa dominata dal cattolicesimo, la Chiesa si era troppo indebolita per continuare a porsi come un rivale effettivo degli Stati. In sintesi, la concentrazione e quindi la supremazia del potere dello Stato sul suo territorio e sul popolo che a questo apparteneva si affermò definitivamente a partire dal XVI secolo. Laicizzandosi, il potere dello Stato si era rafforzato. Quanto ai rapporti fra Stati, quel medesimo contesto indurrà Grozio a sviluppare nel suo ***De jure belli ac pacis*** (1625) un'analisi scientifica giusnaturalistica e laica della nostra materia muovendo dal presupposto "*etsi Deus non daretur*", ossia dalla constatazione oggettiva secondo la quale il diritto internazionale esisterebbe anche se non fosse data la prova dell'esistenza di Dio ([47]). Ciò equivaleva a secolarizzare il fondamento della legittimità del diritto internazionale per ricollegarlo alla ragione umana e non più all'ordine divino delle cose, come voleva la teologia tradizionale dell'epoca ([48]).

3. — Gli elementi costitutivi dello Stato nell'età moderna

35. Gli elementi costitutivi di quella peculiare forma di organizzazione politica a cui si dà, ancor oggi, il nome di *Stato* sono tre: il *territorio, la popolazione* ed un

---

(46) In arg. v. H. Bermann, *Diritto e rivoluzione. Le origini della tradizione giuridica occidentale*, op.cit.; Id., *Diritto e rivoluzione. L'impatto delle riforme protestanti sulla tradizione giuridica occidentale.* Vol. 2, Bologna, Il Mulino, 2010. V. altresì F. Galgano, *Lex mercatoria*, Bologna, Il Mulino, 5 ed., 2010, nonché F. Marrella, *Manuale di diritto del commercio internazionale*, Padova, Cedam-WKI, 2020, p. 12 ss.

(47) È il noto passaggio "*jus datur etiamsi daremus Deum non esse*" (U. Grozio, *De jure belli ac pacis*, Prolegomena, 8).

(48) A. Cavanna, *Storia del diritto moderno in Europa*, 1, cit., p. 327. Cfr. C. Schmitt, *Il Nomos della terra. Nel diritto internazionale dello 'jus publicum europaeum'*, [1974] tr. it., Adelphi, Milano, 1991, p. 163 ss..

governo effettivo. Questo modello di organizzazione politica basato sull'unità e la concentrazione del potere sovrano, sopravviverà, nei secoli, alla crisi dell'assolutismo tramite la costruzione dello Stato costituzionale e parlamentare, giungendo ai nostri giorni come il modello universale di riferimento ([49]).

36. Il territorio. — La nozione di "territorio" dello Stato emerse progressivamente dall'idea di "proprietà della terra" da parte del signore feudale, un'idea che era prevalsa nel Medioevo. A partire dal XVI secolo, il territorio si afferma come uno dei fondamenti essenziali dello Stato e diviene oggetto di una sorta di diritto di proprietà del Sovrano, uno *ius excludendi omnes alios* riferito agli altri Sovrani. Il territorio segna il limite geografico in cui si esercita in modo esclusivo ed indisturbato l'autorità e la sovranità dello Stato. L'idea di "frontiera" si va progressivamente sviluppando per delimitare — anche fisicamente — le sfere di sovranità territoriale dei diversi Stati. All'interno di questi limiti geografici precisi, infatti, gli Stati eserciteranno una *sovranità* territoriale piena ed esclusiva.

37. La Nazione e la popolazione. — Nella stessa epoca, comincia ad affermarsi l'idea di "Nazione" un concetto che si riferisce ad un complesso di persone che hanno comunanza di origine, di lingua, di storia e che di tale unità hanno coscienza, anche indipendentemente dalla sua realizzazione in unità politica. Ma la "Nazione" diviene presto un potente fattore di coesione politica entrando in relazione con l'idea di "Stato". Gli individui che vivono su un dato territorio in modo stabile sviluppano gradualmente la consapevolezza della loro appartenenza ad una comunità fondata su una storia comune, una medesima origine etnica e culturale, una medesima lingua, unitamente al desiderio di conservare tali legami di solidarietà per il futuro. Il "loro" Stato nazionale dunque li tutela e gli individui gli devono fedeltà in ragione del legame di cittadinanza. Viceversa, l'appartenenza di tali persone alla comunità statale in senso stretto non viene definita dal diritto internazionale ma costituisce un problema lasciato allo Stato che nasce. È dunque la normativa sulla cittadinanza di tale ente che individuerà il *nucleo nazionale tradizionale* della comunità umana da esso governata.

Lo Stato moderno, pertanto, esplica il proprio potere anche sulla popolazione che lo compone: si tratta della *sovranità (o competenza) personale*, un particolare tipo di "giurisdizione" *ratione personae*. Nel contempo, il diritto internazionale classico lascia liberi gli Stati nella scelta della struttura costituzionale interna, ossia opera un principio di auto-organizzazione: così, uno Stato può ergersi a Repubblica, a Monarchia, può essere uno Stato unitario o decentrato, si può affermare nella Comunità internazionale anche attraverso una dittatura.

38. L'amministrazione permanente ed il "governo effettivo". — Nella stessa epoca si afferma altresì l'amministrazione permanente dello Stato, a cominciare dalle forze armate. Le amministrazioni "private" scompaiono progressivamente, al pari delle milizie private. Lo Stato moderno, dunque, arriva a disporre di un monopolio dell'amministrazione pubblica e della forza pubblica. Si sviluppa lo *Stato-apparato*.

39. I Trattati di Westfalia e la consacrazione della *sovranità* dello Stato. — La struttura dello Stato moderno era stata sapientemente costruita: un'entità politica

---

([49]) Sulle basi storiche, politiche e giuridiche dello Stato italiano v. per tutti F. BENVENUTI, *Disegno dell'Amministrazione italiana. Linee positive e prospettive*, Padova, Cedam, 1996.

sovrana, che dispone di un'amministrazione permanente ed esercita la sua giurisdizione esclusiva su di un territorio e su una popolazione ben determinati. Pertanto, le relazioni internazionali moderne potevano svolgersi tra Stati sovrani, Potenze giuridicamente uguali. Di conseguenza, il modo privilegiato di regolare i loro rapporti era il trattato internazionale, uno strumento fondato sull'accordo di tutti gli Stati contraenti. Il Trattato di Westfalia del 1648, che pose fine alla guerra dei Trent'anni, viene dunque generalmente considerato come il punto di partenza del diritto internazionale "tradizionale", un diritto che governa rapporti tra Stati sovrani su un piano egalitario.

4. — Un breve bilancio del diritto internazionale alla fine del XVIII secolo

40. Consolidamento dei risultati precedenti. — La prassi degli Stati di quell'epoca portò al consolidamento di un certo numero di istituti del diritto internazionale. Posto che il *trattato* continuava a costituire lo strumento privilegiato delle relazioni interstatali, veniva utilizzato in modo considerevole in materia commerciale dove la clausola della Nazione più favorita conobbe grande sviluppo.

A propria volta, il diritto internazionale consuetudinario costituì sempre la fonte degli obblighi internazionali generali, ma tali norme di *diritto non scritto* venivano considerate alla stregua di una manifestazione tacita della volontà degli Stati ad essere vincolati. In quest'epoca si svilupparono alcune importanti consuetudini: si pensi alle relazioni diplomatiche e consolari, all'immunità dei rappresentanti degli Stati stranieri, all'"extraterritorialità" delle sedi diplomatiche straniere, ed in generale ai privilegi ed alle immunità degli Stati stranieri, alla libertà dei mari, alla liceità della guerra "giusta", allo statuto delle Potenze neutrali in caso di conflitto armato tra Stati.

41. Ruolo dei "padri fondatori" del "diritto delle genti". — Anche se in quest'epoca iniziava ad affermarsi il positivismo giuridico (e ciò anche in ragione del grande sviluppo del diritto pattizio scritto), il giusnaturalismo era ancora dominante. Perciò, la sistemazione della scienza giusinternazionalistica dell'epoca fu l'opera di autori laici e religiosi, autori che non si sono mai completamente ignorati l'un l'altro ([50]).

I "padri fondatori del diritto internazionale", quali ad esempio, il marchigiano ALBERICO GENTILI (1552-1608), professore ad Oxford, ispiratore del giurista olandese

---

([50]) In arg. v. W. VAN DER VLUGT, "L'œuvre de Grotius et son influence sur le développement du droit international, in *RCADI*, 1925-II, v. 7, pp. 395-509; G. GIDEL, "La thèorie classique des droits fondamentaux de l'Etat", in *RCADI*, 1925-V, v. 10, pp. 541-599; L. LE FUR, "La théorie du droit naturel depuis le XVII siècle et la doctrine moderne", in *RCADI*, 1937-III, p. 259 ss.; A. PILLET, *Les fondateurs du droit international. Leurs œuvres, leur doctrine*, Paris, Giard e Brière, 1904, rist. Univ. Panthéon Assas, 2014. Cfr. Alberico GENTILI (*De iure belli commentationes*, 1558 e poi *De iure belli libri tres. Nunc primum in lucem edito*, Hanoviae, 1598); U. GROZIO (*De iure belli ac pacis libri tres*, 1625). Gentili, giureconsulto italiano, laureatosi a Perugia, fu *Regius Professor of Civil Law* ad Oxford ricoprendo così, nel 1587, la prima cattedra di diritto internazionale in quella Università. Osservatore 'sul campo' in virtù degli alti incarichi affidatigli dalla corona inglese, Alberico Gentili rientra a pieno titolo nella disputa su chi sia stato il 'vero fondatore' del moderno *diritto internazionale* rispetto a Grozio. V. altresì: E. DE VATTEL, (*Le droit des gens ou Principes de la loi naturelle appliquée à la conduite et aux affaires des Nations et des souverains*, ecc., 2 voll., 1758, [ried. 1916, Washington]), nonché, con impostazione più filosofica, S. PUFENDORFF (*Elementa Iurisprudentiae Universalis, Libri duo*, 1660; *De iure naturae et gentium libri octo*, 1672, trad. it "Il diritto della natura e delle genti", a cura di F. PALLADINI e F. TODESCAN; *De officio hominis et civis juxta legem naturalem libri duo*, Londini Scanorum (Lund), V. Haberegger, 1673) o ancora C. WOLFF, (*Jus naturae: methodo scientifica pertractatum*, 8 voll, 1740-1748; *Jus gentium*, 1749; *Institutiones juris naturæ et gentium*, 1750).

UGO GROZIO (1583-1645) ed il diplomatico e giurista svizzero EMMER DE VATTEL (1714-1769) continuarono, a diverso titolo, a dare ampio spazio all'idea secondo cui esisteva un diritto superiore, un *diritto di natura*. Si trattava, per tali autori, di un *diritto laico* preesistente e trascendente ogni realtà empirica; un diritto dedotto dalla natura umana e dunque universale ed eterno che si imponeva a tutti prima di ogni riconoscimento formale. Il diritto, secondo Grozio, è *naturale* perché sgorga dalla *ragione*, e solo per questo, come la ragione stessa, può essere detto *universale*. Questa certezza di fondo permette a Grozio, nel già citato *De jure belli ac pacis*, di concentrarsi direttamente sullo studio delle situazioni giuridiche e politiche reali e concrete, allontanandosi dai dogmi teologici e dunque sviluppando un metodo scientifico di analisi del diritto internazionale. Tali autori credettero di poter ritrovare i principi del diritto naturale nel diritto romano, considerato come il supremo compimento della ragione umana (la *ratio scripta*). Il diritto romano appariva, perciò, una fonte di diritto internazionale positivo, nella misura in cui costituiva l'eredità giuridica comune del "mondo civile" dell'epoca.

Tale impostazione si differenziava dal parallelo e per secoli dominante insegnamento teologico-religioso di S. AGOSTINO e S. TOMMASO D'AQUINO ([51]) convivendo con l'opera innovativa di alcuni teologi spagnoli, quali il domenicano FRANCISCO DE VITORIA (1483-1546) e il gesuita FRANCISCO SUAREZ (1548-1617) ([52]). Al VITORIA, presso l'Università di Salamanca, in Spagna, spettano lo studio e la sistemazione dei problemi morali e quindi giuridici suscitati dalle nuove questioni legate alla *Conquista* delle Americhe appena scoperte da Cristoforo Colombo (le *Indie*, come allora si diceva). Basti pensare alle discussioni circa la "natura" giuridica dei popoli indigeni americani, alla "guerra giusta" ed alla colonizzazione inquadrando tutto alla luce di un concetto moderno di comunità internazionale. A propria volta ed in epoca successiva, SUAREZ, il gesuita che divenne il maggiore teologo — e punto di riferimento obbligatorio di tutti i giureconsulti — della Seconda scolastica, pur ribadendo l'immutabilità, l'universalità e l'inderogabilità del diritto naturale, evidenziava i limiti della sovranità, la diversità delle leggi umane (e quindi, come diremmo oggi, dei diritti interni) nonché lo spazio operativo del diritto regolatore dei rapporti tra Stati sovrani, un diritto positivo, posto dalla volontà degli Stati, e dunque meno connesso al diritto naturale rispetto a quanto teorizzato dal Vitoria.

42. Progetti di "pace perpetua". — Infine, va osservato che, nella stessa epoca, iniziarono ad emergere i primi progetti di "pace perpetua" tra le Nazioni mediante il diritto internazionale: nel XIV secolo si ebbe il progetto di PIERRE DUBOIS pubblicato nel 1305; poi quello del Re di Boemia, GIORGIO DI PODĚBRADY nel 1461, poi ancora di SULLY nel 1603 e di EMERIC CRUCE nel 1623. Persino IMMANUEL KANT pubblicò, nel 1795,

---

([51]) S. AGOSTINO, *De civitate Dei*, (in part. il libro XIX), tr. it. *La città di Dio*, Milano, Mondadori, 2015; S. TOMMASO D'AQUINO, *Summa theologica*, tr. it. *Somma Teologica*, Bologna, ESD, 2014. V. pure *Brierly's Law of Nations*, 7 ed. cit., p. 17 ss.

([52]) F. DE VITORIA, professore presso l'Università di Salamanca (Spagna) all'epoca di Carlo V e della scoperta dell'America di Cristoforo Colombo; sviluppa l'idea che in luogo di uno *jus gentium* si ha, in realtà, uno *jus inter gentes* occupandosi delle conseguenze giuridiche della scoperta dell'America (*De indis* e *De jure belli* nelle sue *Relectiones theologicae*, 1557; su cui v. *Relection de Indis: la questione degli indios*, tr. it. a cura di Lamacchia, Bari, 1996). F. SUÀREZ, insegnò a Roma, Salamanca e all'Università di Coimbra (Portogallo). Tra le sue opere v. il *Tractatus de legibus ac deo legislatore*, II, 19, 1-4, 1612 [Madrid, 1967-1968, Padova, Cedam, 2008 a cura di O. De Bertolis con un'introd. di F. TODESCAN].

un libro intitolato "*Per la pace perpetua*" destinato a diventare un classico della filosofia politica. Qui, il celebre filosofo tedesco indicò che la pace universale e permanente presuppone il superamento della sovranità degli Stati e dell'anarchia internazionale. Ciò però, si badi bene, è possibile non attraverso un "potere sovranazionale", bensì attraverso una *federazione* che abbracci poco a poco tutti i popoli della terra. Questa idea, taluni direbbero questo "sogno" della "pace attraverso il diritto", conobbe un successo considerevole tanto da essere posta a fondamento teorico di istituzioni come la *Società delle Nazioni* nel 1919 e l'**Organizzazione delle Nazioni Unite** nel 1945.

In conclusione, tali autori riuscirono ad evidenziare l'importanza di *istituzionalizzare* le relazioni internazionali tra Stati indipendenti al fine di sviluppare una solidarietà naturale tra i membri della Comunità internazionale e dunque di placarne le pulsioni belliche.

§ 2. — *Il diritto internazionale tradizionale: il diritto della società inter-statuale*

43. Formalizzazione nel XIX secolo. — Il diritto internazionale moderno si è formato, per lo più, durante il XIX secolo e molte delle sue norme, principi e istituti giuridici si sono "stratificati" nel tempo, restando ben visibili ai giorni nostri. Prodotto della *societas* dell'epoca, il diritto internazionale si è, ovviamente, adattato ad essa.

1. — La struttura della società internazionale classica

44. — La struttura del diritto internazionale classico era relativamente semplice. Si era in presenza di una società composta esclusivamente da Stati che, nel complesso, presentava un grado di omogeneità piuttosto elevato e che, di fatto, era "guidata" da un esiguo numero di Potenze.

45. La società interstatuale. — La società internazionale del XIX secolo fu prima di tutto a carattere *inter-statuale* ed egalitario. Era composta esclusivamente da Stati sovrani che operavano su un piano di parità basandosi su rapporti di reciprocità. Così, le prime forme di cooperazione tra Stati, fino all'inizio del XIX secolo, assunsero talvolta il carattere di mere cooperazioni di fatto, più spesso di consultazioni diplomatiche ed attività concertate; in tale quadro ebbero particolare importanza i *congressi* e le *conferenze* tra Stati ([53]) (le prime "organizzazioni internazionali" vennero istituite soltanto verso la fine del XIX secolo) ([54]).

Fu così che il numero degli Stati rimase sempre assai limitato. Soltanto una *quindicina* di collettività umane si erano costituite in forma di Stato nel 1815. Alla

---

([53]) Cfr. ad es. E. De Vattel, *Le droit des gens ou principes de la loi naturelle*, I, cit., p. 521: "Les Conférences et les Congres sont donc encore une voie de conciliation, que la Loi Naturelle recommande aux Nations, comme propre à finir pasiblement leurs différends. Les Congrès sont des Assemblées de Plénipotentiaires, destinées à trouver des moyens de conciliation, à discutter et à ajuster les prétentions réciproques".

([54]) È bene ricordare che, prima dello sviluppo delle moderne organizzazioni internazionali, la collaborazione tra Stati in determinati settori veniva organizzata tramite le *unioni di Stati.* Si trattava più spesso di c.d. *unioni semplici* che si limitavano a coordinare le attività degli Stati membri. Poi si svilupparono progressivamente le *unioni istituzionali* (o organizzate) che danno luogo ad un ente separato. In arg. cfr. G. Morelli, *Nozioni di diritto internazionale*, 7 ed., cit., p. 229 ss.

vigilia della prima guerra mondiale gli Stati non erano più di una *quarantina*. L'ambito di applicazione geografico del diritto internazionale si estese progressivamente durante tutto il XIX secolo: l'Impero Ottomano, il Giappone, la Cina, le repubbliche latino-americane furono progressivamente ammesse ed integrate nel Concerto delle Nazioni.

46. Una società omogenea. — La società internazionale del XIX secolo era composta da Stati relativamente omogenei sul piano politico, economico e sociale. Sul *piano politico* si trattava di Stati poco o per nulla democratici le cui classi dirigenti erano naturalmente orientate al mantenimento dello *status quo*; allora non esisteva alcun conflitto ideologico ufficiale tra Stati. Sul *piano economico*, la fiducia nelle virtù del libero scambio era universale e gli Stati si astenevano dall'intervenire da vicino nella vita economica, nazionale ed internazionale. Inoltre, i pochi Stati dell'epoca possedevano pressappoco lo stesso livello di sviluppo economico: non vi era nulla di simile a una linea di demarcazione effettiva tra nazioni "ricche" e "povere". Sul piano sociale le strutture degli Stati erano molto simili, mentre un sistema di valori "occidentali" comuni era oggetto di un ampio consenso.

47. Il dominio del "Concerto Europeo". — La società internazionale classica fu, durante tutto questo periodo, dominata da un esiguo numero di Stati europei (prevalentemente Germania, Inghilterra, Austria, Francia, Russia) i quali costituirono una sorta di "governo internazionale di fatto", inizialmente sotto forma della Santa Alleanza e successivamente del "Concerto Europeo". Le grandi questioni dell'epoca venivano così risolte da questo esiguo gruppo di Stati, riuniti in "Congresso": ad esempio, all'epoca del Congresso di Berlino del 1885, tredici Paesi, ai quali si aggiunsero l'Impero Ottomano e gli Stati Uniti, si "spartirono" l'Africa e, allo stesso tempo, fissarono lo statuto del bacino e dello "Stato libero del Congo" — affidandolo, *intuitu personae*, al Re Leopoldo di Belgio per diventare successivamente una colonia belga.

Tale "governo internazionale di fatto" delle grandi Potenze suggestionò profondamente l'ex Segretario di Stato americano HENRY KISSINGER, in quanto siffatto sistema di *governance* globale era riuscito a donare al mondo un secolo di relativa stabilità nelle relazioni internazionali.

Le medesime circostanze portarono, *sic et simpliciter*, allo sviluppo di un diritto internazionale "pubblico" caratterizzato da certezza e stabilità al fine di regolare al meglio le relazioni tra Stati.

2. — Lo sviluppo del diritto internazionale "pubblico"

48. — Non si vuole in questa sede tracciare un bilancio del diritto internazionale pubblico alla vigilia della prima guerra mondiale. Ci si limiterà, ancora una volta, a segnalare solo alcuni tra gli aspetti più salienti.

49. Sviluppo del diritto pattizio. — L'aspetto più sorprendente consiste, innanzitutto, nel prodigioso sviluppo del diritto pattizio durante tutto il XIX secolo. Si è stimato come, durante il periodo 1815-1924, siano stati conclusi 16.000 trattati tra gli Stati su scala mondiale ([55]). Secondo quello stesso studio, nel 1917, erano in vigore 10.000 trattati.

([55]) NUSSBAUM, *op. cit.*, p. 197.

50. Sviluppo dei *trattati multilaterali.* — Sul piano qualitativo, il XIX secolo portò a rilevanti cambiamenti. Fu "inventato" il "trattato multilaterale" grazie al quale più Stati potevano contrarre degli obblighi internazionali tramite un unico strumento giuridico. Questo progresso tecnico permetteva a certi trattati multilaterali di creare norme giuridiche internazionali applicabili a tutti (in materia di diritto fluviale o di neutralità, ad esempio). Al fine di sottolinearne l'importanza, si è spesso parlato di "legislazione internazionale", espressione che è opportuno utilizzare con grande cautela.

51. Nuovi rami del diritto internazionale. — L'espansione del diritto pattizio portava con sé l'applicazione progressiva del diritto internazionale a nuovi ambiti normativi. Fu così che, all'epoca, furono posti i grandi principi di un diritto internazionale delle comunicazioni internazionali: furono elaborate sia le "carte fluviali" dei principali fiumi internazionali (Reno, Elba, Schelda, Danubio, Congo), che gli "statuti" dei canali transoceanici (Suez, Panama). Parimenti, le relazioni economiche internazionali furono oggetto di numerosi trattati: in ambito commerciale si generalizzava la prassi della *clausola della Nazione più favorita*; in ambito monetario venivano concluse le prime convenzioni (come l'Unione Latina del 1865); per regolare la circolazione degli individui, gli Stati negoziavano apposite *convenzioni di stabilimento*.

A propria volta, l'unificazione tramite trattato delle regole del *diritto internazionale privato* divenne uno dei principali obiettivi della società internazionale dell'epoca, posto che la prima conferenza intergovernativa in tale materia si svolse a L'Aja nel 1893: qui, furono concluse delle Convenzioni in materia di procedura civile (1896) e di diritto di famiglia (1902-1905). La salvaguardia della proprietà industriale e letteraria fu garantita a livello internazionale dalle Convenzioni di Berna del 1883 e del 1886. Nella medesima epoca, si registra lo sviluppo dei primi trattati multilaterali destinati a proteggere la persona umana (interdizione del traffico di esseri umani a cominciare dalla tratta dei neri, protezione dei feriti e dei malati in tempo di guerra tramite la Convenzione di Ginevra del 1864).

52. Nuovi soggetti del diritto internazionale. — Nella seconda metà del XIX secolo, apparve un nuovo tipo di enti di diritto internazionale, gli "antenati" delle moderne organizzazioni internazionali, ossia: le *unioni amministrative*. La prima fu *l'**Unione Telegrafica Internazionale*** del 1865 e la seconda, nel 1874, fu l'Unione Generale delle Poste (divenuta, nel 1878, l'***Unione Postale Universale***). La comparsa di questi nuovi enti di diritto internazionale fu in certa misura "rivoluzionaria" ma esemplare giacché, proprio in materia tecnica, ossia per "competenze specializzate", si vide che il senso di comune destino e di solidarietà che veniva spontaneamente a crearsi tra i "tecnici" degli Stati che ne facevano parte, produceva dei risultati utili a tutti, lontano dalle questioni generali di politica internazionale.

Da un punto di vista quantitativo, il fenomeno delle *unioni amministrative* rimase, all'epoca, comunque marginale: l'istituzionalizzazione delle relazioni internazionali avrebbe infatti conosciuto le sue più importanti concretizzazioni solo dopo la Seconda Guerra Mondiale.

53. Soluzione pacifica delle controversie. — Al fine di mantenere la pace — una delle maggiori preoccupazioni della fine del XIX secolo — si svilupparono e si strutturarono in maniera consistente alcuni procedimenti di soluzione pacifica delle controversie tra Stati. Si affermarono nuovi strumenti diplomatici: la *mediazione*, i *buoni uffici*, l'*inchiesta* e la *conciliazione*. In diversi trattati vennero inserite apposite *clausole arbitrali* che deferivano, appunto, ad arbitri la risoluzione delle controversie tra Stati. Fu in base ad un accordo di questo genere che nel 1872 si svolse il primo grande arbitrato dell'epoca contemporanea, nel caso dell'*Alabama*, in relazione ad una controversia insorta tra Stati Uniti e Gran Bretagna.

Verso la fine del secolo, su impulso dello zar di Russia, vi furono alcuni tentativi di istituire delle *giurisdizioni internazionali permanenti* per evitare, il più possibile, il ricorso ai conflitti armati. L'idea del mantenimento della pace attraverso il rispetto del diritto internazionale si affermava nel 1899 e nel 1907, allorquando si tennero a L'Aja, in Olanda, le due prime conferenze "mondiali" sulla pace. I risultati di tali conferenze portarono, tuttavia, ad un successo solo parziale: da un lato, non ci fu accordo per limitare l'uso della forza bellica; dall'altro, non venne raggiunto alcun accordo circa il ricorso obbligatorio all'arbitrato internazionale. Del pari, restò lettera morta pure il progetto di una Corte internazionale delle prede.

Venne costituita la **Corte Permanente di Arbitrato** (*Permanent Court of Arbitration*) all'Aja la quale divenne il primo esempio di istituzionalizzazione di un mezzo di risoluzione delle controversie a livello internazionale.

La CPA non ebbe successo: venne adita in quattro casi tra il 1899 e il 1907, otto tra la seconda conferenza dell'Aja del 1907 e l'inizio della prima guerra mondiale, dodici tra 1919 e il 1940 e sei appena dopo il 1945 — ossia un numero di trenta casi per oltre un secolo di attività ([56]).

Se tale "Corte" non svolge alcuna attività giudiziaria, è tuttavia altrettanto evidente che il suo *Bureau* internazionale è stato utilizzato — e lo è con crescente successo — come "cancelleria" in alcuni procedimenti di arbitrato, specialmente quelli tra Stati ed investitori privati stranieri in base al Regolamento UNCITRAL ([57]). Inoltre, la CPA svolge ancora un ruolo significativo nella selezione dei giudici della Corte internazionale di giustizia come si vedrà a suo luogo (v. Cap. XXIV).

Sezione III

LO SVILUPPO DEL DIRITTO INTERNAZIONALE TRA LE DUE GUERRE

§ 1. — *Lo sviluppo delle organizzazioni internazionali: l'istituzionalizzazione della pace e delle relazioni internazionali*

54. — Il fenomeno dell'istituzionalizzazione delle relazioni internazionali fu un fenomeno marginale fino alla fine della prima guerra mondiale. Conobbe grande sviluppo su impulso del Presidente statunitense Wilson con la istituzione della ***Società delle Nazioni*** (SDN) mediante il Trattato di Versailles del 1919. La SDN, istituita tramite gli stessi trattati che posero fine alla prima guerra mondiale, rappresentò, per la prima volta nella storia, la realizzazione concreta dell'antica idea della "pace mediante il diritto" tramite un'organizzazione mondiale per il mantenimento della

---

([56]) V. P. HAMILTON ET AL. (ed.), *The Permanent Court of Arbitration: international arbitration and dispute resolution*, La Haye, 1999, e T.T. VAN DEN HOUT, "La Cour permanente d'arbitrage: un états des lieux, in *Clunet*, 2008, p. 733 ss.

([57]) V. il sito internet della CPA/PCA.

pace (58). Solo a questo titolo, essa merita di essere considerata come un'esperienza "rivoluzionaria". Senonché, l'obbiettivo di istituire un'organizzazione internazionale a vocazione universale, si rivelò particolarmente arduo: gli Stati Uniti non ne divennero mai membri; i casi di recesso furono numerosi e tra questi vi fu quello della Germania e del Giappone nel 1933, nonché quello dell'Italia nel 1937.

Nella stessa epoca, venne istituzionalizzato un particolare settore delle relazioni internazionali con la creazione dell'Organizzazione Internazionale del Lavoro (OIL) incaricata, tra l'altro, di predisporre apposite Convenzioni di tutela dei lavoratori attraverso norme minime ma comuni a tutti gli Stati disposti ad accettarle. La Carta costitutiva dell'OIL venne incorporata nel Trattato di Versailles del 28 giugno 1919, nella Parte XIII.

55. — La tendenza all'istituzionalizzazione delle relazioni internazionali era presente anche a livello *internazionale-regionale*. Fu così che venne istituita l'Organizzazione degli Stati dell'America Latina. Il ***Commonwealth*** britannico può ugualmente essere menzionato nel quadro di queste "relazioni internazionali-regionali organizzate", sebbene l'aspetto formale sia in questo caso fortemente ridotto.

56. — Si noti, infine, la nascita di una nuova categoria di enti di diritto internazionale (59). Alludiamo alla ***Banca dei Regolamenti Internazionali*** la quale venne fondata nel 1930 per assicurare, tra l'altro, il pagamento dei debiti di guerra della Germania secondo il piano Young.

§ 2. — *La limitazione, poi il divieto dell'uso della forza nelle relazioni internazionali*

57. Il Patto della SDN. — Per la prima volta nella storia, il Patto della Società delle Nazioni (SDN) ebbe come finalità quella di limitare il diritto degli Stati — fino a quel momento interamente discrezionale — di ricorrere alla forza bellica per risolvere le loro controversie. L'azione combinata degli articoli 12, 13 e 15 del Patto metteva in atto un sistema complesso, detto "moratoria di guerra", che, in caso di violazioni, poteva essere abbinato a sanzioni economiche o militari (art. 16). In concreto, questo sistema consisteva nel rendere "illecito" il ricorso alla guerra in caso di controversie che non riguardassero il "dominio riservato degli Stati" e che fossero oggetto di esame da parte della Corte Permanente di Giustizia Internazionale (CPGI), o da parte del Consiglio della SDN o, ancora, di arbitri, essendo obbligatorio il ricorso preliminare ad uno di questi tre procedimenti.

58. Il patto Briand-Kellogg. — Il famoso patto Briand-Kellogg, del 26 agosto 1928, cercò di dichiarare "fuori legge" la guerra in forza del diritto internazionale. L'art. 1 prevedeva infatti che le "Alte Parti Contraenti ... [condannavano] il ricorso

---

(58) Osservava, in proposito, Anzilotti (*Corso di diritto internazionale*, cit., p. 15) che "[l]a Società delle Nazioni, infatti, mira semplicemente a stabilire condizioni più propizie alla pacifica coesistenza dei popoli e allo sviluppo di tutte le energie umane, sulla base della indipendenza degli Stati, mediante un complesso di reciproci diritti e doveri, volontariamente assunti con la stipulazione di un patto, che rendono più salda ed intima la cooperazione per la tutela di comuni interessi e in particolare quello supremo della conservazione della pace". In arg. cfr., anche con riferimento agli sviluppi storici successivi, A. Varsori, *Storia internazionale. Dal 1919 ad oggi*, 2 ed., Bologna, Il Mulino, 2015.

(59) V. i diversi studi di H.T. Adam pubblicati, a partire dal 1957, per i tipi di *LGDJ* a Parigi.

alla guerra per la risoluzione delle controversie internazionali, e vi [rinunciavano] quale strumento di politica nazionale nei loro rapporti reciproci". Questo patto, sebbene abbia conosciuto delle violazioni flagranti restando travolto dalla seconda guerra mondiale, venne utilizzato come base per la redazione delle disposizioni della Carta ONU in tale materia.

§ 3. — *L'istituzionalizzazione di una giurisdizione internazionale*

59. — Alla luce delle considerazioni presentate sopra, possiamo dire che, fatta eccezione per la Corte Permanente di Arbitrato — e per l'effimera Corte di Giustizia centroamericana che operò dal 1907 al 1917 —, erano falliti tutti gli sforzi che miravano alla creazione di un tribunale internazionale permanente, incaricato di risolvere le controversie tra Stati in base al diritto internazionale. Un siffatto progetto venne rilanciato dopo la prima guerra mondiale e fu rapidamente realizzato attraverso un accordo speciale del 1920 avente per oggetto lo statuto di una Corte Permanente di Giustizia Internazionale (CPGI). Quel testo, senza modifiche, si trova all'origine dell'attuale Statuto della Corte Internazionale di Giustizia, oggi allegato alla Carta ONU.

§ 4. — *L'estensione materiale* (ratione materiae) *del diritto internazionale*

60. — Nei trattati che posero fine alla prima guerra mondiale talune categorie di individui costituirono l'oggetto di una protezione internazionale fissata tramite il diritto pattizio. Da un lato, venne regolata la tutela di alcune minoranze. Dall'altro, l'OIL iniziò a varare le prime convenzioni di tutela dei lavoratori ([60]).

L'individuo, pertanto, cominciava ad emergere, timidamente, sulla scena internazionale.

61. — Inoltre, il diritto internazionale si estese sempre più alla sfera delle *relazioni economiche internazionali*, a partire da quelle commerciali e monetarie. Basti ricordare i primi accordi, detti di "controllo", aventi come scopo la regolamentazione del commercio di certe materie prime (*commodities*) (caucciù nel 1934, stagno e zucchero nel 1937).

Sezione IV

La società transnazionale contemporanea e i nuovi sviluppi del diritto internazionale

62. — Dopo la fine della seconda guerra mondiale, la società internazionale ha conosciuto dei mutamenti considerevoli. Tali profonde trasformazioni si sono verificate su due livelli: orizzontale e verticale.

Sul *piano orizzontale*, sono apparsi dei nuovi attori della società internazionale così che quest'ultima ha perduto la sua iniziale omogeneità caratterizzandosi, oggi, per la sua "eterogeneità".

([60]) In arg. v. il sito internet dell'OIL/ILO ove riferimenti.

Sul *piano verticale*, sono comparsi nuovi e numerosi soggetti, estendendo così la sfera di influenza e di applicazione del diritto internazionale.

L'azione combinata di questi due mutamenti ha incontestabilmente reso più complessa la comprensione del diritto internazionale e del suo ruolo, per non parlare della sua definizione.

§ 1. — *La società transnazionale: la diversificazione degli attori della società internazionale*

1. — Gli Stati

63. — È sempre più difficile utilizzare la parola "Stato" al singolare su scala internazionale. Lo Stato contemporaneo ha poco in comune con il suo antenato del XVI secolo o perfino dell'inizio del secolo scorso. Il fenomeno non è solo quantitativo, è prima di tutto qualitativo.

a) *La proliferazione degli Stati*

64. ***Un fenomeno lento.*** — All'inizio del XX secolo, esistevano solo una *quarantina* di Stati. D'altronde, era questo il numero di Stati partecipanti alle summenzionate conferenze de L'Aja del 1899 e 1907, che, all'epoca, potevano considerarsi veramente "universali". Durante la seconda metà del XX secolo, il numero aumentò di poco: solo *51 Stati* erano presenti o rappresentati alla Conferenza di San Francisco del 1945 che diede vita all'ONU.

65. Un'accelerazione recente. — Il numero degli Stati rimase all'incirca stabile negli anni successivi all'immediato dopo guerra (nel 1950 erano 60). Un'accelerazione considerevole si ebbe a partire dalla fine degli anni '50 per effetto della *decolonizzazione*. Nel corso di una decina d'anni, numerosi Paesi ottennero l'indipendenza, aumentando così il numero degli Stati di cui si componeva la Comunità internazionale. Successivamente, la caduta del muro di Berlino e la dissoluzione dell'Unione sovietica e della Iugoslavia hanno ulteriormente incrementato il numero complessivo degli Stati sul pianeta.

Per tali ragioni ed in breve, oggi ben 193 Stati sono membri delle Nazioni Unite. Tuttavia, l'accrescimento del numero degli Stati si verifica evidenziando una duplice contraddizione.

Da un lato, lo Stato-nazione tende a fondersi in enti superiori di tipo federale o sovranazionale regionale: questa è la lezione data dalla costruzione progressiva dell'Unione europea. Dall'altro lato e in senso contrario, si è assistito all'implosione di aggregazioni plurinazionali come l'URSS o la Iugoslavia provocando la creazione di nuovi Stati.

b) *L'eterogeneità degli Stati*

Come già in precedenza sottolineato, se gli Stati del XX secolo presentavano una omogeneità piuttosto elevata, non esiste più nulla di simile nel XXI secolo. Ciò non deve sorprendere, dato il gran numero di Stati oggi esistenti.

66. Problemi negli elementi costitutivi dello Stato. — Sono proprio gli elementi costitutivi di ciascuno Stato che presentano differenze evidenti. Indubbiamente, tutti possiedono un territorio, un popolo, un governo ed una sovranità internazionalmente riconosciuta. Bisogna però andare al di là di questa analisi formale. Per prima cosa, la sovranità dello Stato appare sempre più spesso come un mito, specialmente in campo economico. L'aumento vertiginoso delle cifre del commercio internazionale, la crescente dipendenza delle economie nazionali dal commercio con l'estero, così come l'incremento significativo degli investimenti diretti esteri, hanno reso possibile, in questi ultimi decenni, una particolare forma di integrazione economica internazionale (c.d. *globalizzazione*) che ha reso gli *Stati sempre più interdipendenti*. Lungi dall'essere *indipendenti*, nel senso di essere in grado di prendere decisioni e di adottare politiche economiche in completa autonomia e sovranità, gli Stati si trovano oggi anche in una situazione di concorrenza. E l'erosione della sovranità economica degli Stati colpisce inesorabilmente la loro indipendenza e la loro sovranità politica intesa *lato sensu* ([61]). Inoltre, va osservato che una buona parte dei "nuovi" Stati sorti dalla decolonizzazione possiedono delle fondamenta vacillanti. I loro territori possiedono frontiere spesso mal definite e quindi contestate. Le popolazioni locali mancano di omogeneità nella misura in cui i vecchi confini coloniali, tracciati il più delle volte arbitrariamente dalle grandi potenze nel XIX secolo senza tenere conto delle realtà umane soggiacenti, sono diventati "frontiere di Stato". Quante tribù o nazioni si trovano così divise tra i diversi nuovi Stati confinanti? Le amministrazioni locali sono spesso delle realtà più teoriche che effettive e talvolta esercitano soltanto un controllo nominale su ampie porzioni di territorio nazionale.

La sovranità, l'indipendenza nazionale di molti di questi nuovi Stati appare inoltre più un dogma che una realtà, soprattutto per i più piccoli tra loro: tale è il problema dei "micro Stati" sulla scena internazionale. Vi è attualmente una proliferazione di micro o "mini" Stati: così, nel nostro tempo, circa 85 Stati possiedono meno di 5 milioni di abitanti, 58 meno di 2,5 milioni e una trentina con meno di 500 mila abitanti. Molti di questi Stati "nuovi" appaiono particolarmente instabili e vulnerabili ([62]). I "micro Stati" rappresentano una fonte permanente di tensioni internazionali — la storia recente lo dimostra abbastanza chiaramente — che il diritto internazionale fatica a pacificare.

Così, ad esempio, dal 1945 al 1988 diversi tipi di conflitti armati — guerre tra Stati, guerre civili, guerre d'indipendenza o di secessione — sono costati la vita a diciassette milioni di persone, ovvero più del numero totale delle vittime militari durante la prima guerra mondiale; tutti questi conflitti armati hanno in comune il fatto di riguardare soltanto Paesi del Terzo Mondo (se si vogliono escludere situazioni come quelle dell'Irlanda del Nord o dei Paesi Baschi spagnoli) ([63]). E da allora la situazione non è per nulla migliorata, basti pensare alle due "guerre" del Golfo del 1991 e 2003, allo smembramento dell'ex Iugoslavia negli anni '90 o ancora alle diverse guerre civili che non hanno smesso di affliggere la regione dei "Grandi Laghi" in Africa orientale e che

---

([61]) M. SALAH, M. MAHMOUD, "Mondialisation et souveraineté de l'Etat", in *JDI*, 1996, p. 611; v., in generale, SFDI, *L'Etat souverain à l'aube du XXIème siècle*, Colloque de Nancy, Paris, Pedone, 1994; SFDI, *L'Etat dans la mondialisation*, Colloque de Nancy, Paris, Pedone, 2014; D. CARREAU, "Mondialisation et transnationalisation du droit international", in *Ann. Brés. de droit int.*,VII, 2012, p. 119 ss.

([62]) Uno studio britannico stimava a 46 il numero di Stati classificati come "fragili", *The Economist*, 5 marzo 2005, pp. 39-42.

([63]) *The Economist*, 12 marzo 1998, pp. 15, 21-24.

hanno causato fino ad ora oltre cinque milioni di morti (64). La drammatica situazione della Libia e della Siria in questi ultimi anni non ha fatto che peggiorare sia la vita della popolazione civile, sia la risposta della Comunità internazionale mettendo a dura prova l'ONU.

Infine, esistono oggi alcuni Stati talmente indeboliti da essere classificati come "falliti" (***failed States***) (65). Le conseguenze di questi "fallimenti statali" per l'ordinamento internazionale e per il suo diritto non devono essere sottovalutate. Basti osservare, a tale riguardo, che il caos che ha portato, ad esempio, al "fallimento" della Somalia, ha comportato la ricomparsa della "pirateria marittima" in tutta quella regione del mondo.

Pertanto, si comprende la preoccupazione generale della Comunità internazionale di rafforzare le strutture statali dei Paesi di recente indipendenza in modo da far regnare "il diritto e l'ordine" a livello mondiale — condizione essenziale per l'esistenza di uno Stato di diritto.

67. Conflitti ideologici. — I regimi politici adottati dagli oltre 190 Stati del pianeta si ispirano a filosofie e concezioni diverse. Mentre un tempo esistevano regimi "conservatori" e moderati, oggi vi sono Stati che si dichiarano apertamente rivoluzionari e che intendono, con tutti i mezzi, diffondere il "loro" sistema. Tale proselitismo politico applicato su scala internazionale costituisce evidentemente un fattore di tensione e di destabilizzazione dei regimi esistenti. In altre parole, l'ideologia ha fatto irruzione sulla scena internazionale dando vita a conflitti prima impensabili e rendendo ancora più difficile la coesistenza pacifica. A questo proposito, basti solo riferirsi al conflitto ideologico tra Oriente e Occidente che ha costituito per circa cinquant'anni (1945-1989) una delle realtà maggiormente significative del XX secolo. Ed oggi, l'ascesa della Cina tra le potenze mondiali, fino a rivaleggiare con gli Stati Uniti, rischia di rilanciare una nuova "guerra fredda". Dal punto di vista statunitense vi sono pochi dubbi a tale riguardo come emerge dal paper National Security Strategy of the United States del 2017 (66).

68. Squilibri economici. — Anche l'omogeneità del sistema economico adottato per secoli dagli Stati è andata in frantumi.

Se in precedenza esisteva un accordo di principio sulle virtù del "capitalismo", nonché, in ultima analisi, sulla differenza tra la "politica" (l'*imperium*) e l'"economia" (il *dominium*), era pacifico che il primo dovesse essere riservato allo Stato garante dell'interesse pubblico, mentre il secondo doveva essere lasciato all'iniziativa privata in nome della difesa degli interessi individuali. Tuttavia, siffatta distinzione venne duramente attaccata fino alla caduta del muro di Berlino (e sopravvive in parte ancor

---

(64) *The Economist*, 5 gennaio 2011, p. 52.

(65) D. Carreau, *V° Etat*, in *Encyclopédie Dalloz, Droit International*, n. 22-27. Cfr. J. Salmon, « Quelle place pour l'Etat dans le droit international d'aujourd'hui? », in *RCADI*, v. 347, 2010, pp. 9-78.

(66) White House, *National Security Strategy (NSS) of the United States of America*, December 2017, nonché R. Hass, *The World*, New York, Penguin, 2020, p. 49. A proposito della Russia, la NSS indica che: "Although the menace of Soviet communism is gone, new threats test our will. Russia is using subversive measures to weaken the credibility of America's commitment to Europe, undermine transatlantic unity, and weaken European institutions and governments. With its invasions of Georgia and Ukraine, Russia demonstrated its willingness to violate the sovereignty of states in the region. Russia continues to intimidate its neighbors with threatening behavior, such as nuclear posturing and the forward deployment of offensive capabilities".

oggi). Dalla rivoluzione bolscevica del 1917, che ha costituito la materializzazione storica di un regime collettivista fondato sul ruolo esclusivo dello Stato nazionale in tutti gli ambiti, questo modello si estese a più della metà degli abitanti del pianeta prima di sgretolarsi, per lo meno in Europa centrale ed orientale a partire dal 1989, o di essere ripudiato, come in Cina. Al conflitto ideologico Est/Ovest si aggiunse così tra gli stessi antagonisti un conflitto basato sull'organizzazione sociale ed economica dello Stato.

Una seconda linea di divisione, ancora più rilevante e tuttora persistente, oppone i Paesi "ricchi" (capitalisti o socialisti che siano) ai Paesi "poveri". Mentre in precedenza tutti gli Stati conoscevano un livello analogo di relativa povertà, ai nostri giorni esiste uno scarto sempre più crescente tra i Paesi sviluppati (o industrializzati) e i Paesi in via di sviluppo (o Paesi del Terzo mondo). È preferibile, all'interno di questi ultimi, distinguere delle sub-categorie tra, ad esempio, i "Paesi di nuova industrializzazione", i "Paesi emergenti" e i "Paesi meno avanzati" (PMA) — senza dimenticare i Paesi esportatori di petrolio.

Così, uno dei più aspri dibattiti della nostra epoca riguarda la ridistribuzione delle ricchezze su scala mondiale e la contestazione dell'ordine economico internazionale instaurato alla fine della seconda guerra mondiale. Viene, così, periodicamente invocato un "nuovo" ordine economico internazionale ([67]).

69. Contestazione dei valori "occidentali". — Infine, il sistema di valori "occidentali", fondato sulla morale giudaico-cristiana non costituisce più un fondamento comune. L'irruzione di nuovi Stati sulla scena internazionale ha ridato importanza a filosofie e religioni (Islam, Induismo, Buddhismo) fino a quel momento prive di reale influenza a livello internazionale, per non parlare degli Stati professanti ufficialmente l'ateismo. E ancora, l'apparizione di forze transnazionali politico-religiose, come l'idea di una "nazione araba" o di un mondo "arabo-musulmano", provocano forti tensioni con molte delle nozioni tradizionali sulle quali poggiano gli Stati e le loro frontiere.

70. Conseguenze di tale eterogeneità sul diritto internazionale contemporaneo. — Da tale eterogeneità degli Stati emergono due conseguenze fondamentali sul diritto internazionale contemporaneo.

Prima di tutto, aumenta la difficoltà per il diritto internazionale di esprimere delle norme a portata *universale* per mancanza d'interessi sufficientemente condivisi tra *tutti* gli Stati. In tali condizioni non stupisce che il diritto internazionale conosca attualmente i suoi sviluppi più importanti *in ambito regionale* in ragione della presenza di Stati più omogenei e della loro maggiore consapevolezza dell'esistenza di interessi comuni.

Inoltre, il diritto internazionale tende a perdere la propria uniformità, anche se ridotta al solo diritto delle relazioni interstatuali. Un tempo, tutte le collettività umane costituite in Stati erano assoggettate allo stesso diritto. Oggi lo scenario è mutato. Gli Stati più deboli (in generale i Paesi del "Sud del mondo") militano a favore di un *diritto internazionale riformatore*, riduttore di diseguaglianze, che accordi loro dei

---

([67]) Cfr. D. Carreau, P. Juillard, R. Bismuth, A. Hammann, *Droit international économique*, 6 éd., Paris, Dalloz, 2017, n. 68-78 e i saggi (in part. di G. Sacerdoti e M. Vellano) in *Problemi e tendenze del diritto internazionale dell'economia. Liber amicorum Paolo Picone*, a cura di A. Ligustro e G. Sacerdoti, Napoli, ES, 2011.

vantaggi (o dei privilegi) e che imponga obblighi corrispondenti ai Paesi più ricchi. Questa rivendicazione, che ricorda il dibattito interno a molti Paesi democratici tra l'uguaglianza formale e quella sostanziale (cfr. art. 3 Cost. it.), si fonda su una concezione "reale" e non più solo "formale" della sovranità dello Stato deducendone che non è equo trattare allo stesso modo soggetti di diritto che si trovano in situazioni di fatto molto diverse. Tale nuova concezione di un diritto internazionale non uniforme, bensì con diritti ed obblighi differenziati in funzione del livello di sviluppo degli Stati, ha conseguito qualche traguardo in materie come il diritto del mare o nelle relazioni economiche internazionali ([68]).

2. — Le organizzazioni internazionali intergovernative (OIG)

71. Proliferazione delle OIG. — Come abbiamo già accennato, storicamente, le organizzazioni internazionali costituiscono i primi *soggetti derivati del diritto internazionale*, in aggiunta ai *soggetti primari ed originari* di quell'ordinamento che, tradizionalmente, sono gli Stati.

Se il processo di creazione delle organizzazioni internazionali è cominciato alla fine del XIX secolo, esso ha subito un'accelerazione a partire dalla fine della seconda guerra mondiale. Questo fenomeno si è sviluppato tanto a livello universale quanto a livello regionale. È così che le "istituzioni specializzate" dell'ONU formano la rete organizzata di relazioni internazionali "tecniche" a vocazione universale. Quanto al movimento "regionalista", questo si caratterizza per un pullulare di organizzazioni politiche e tecniche che sarebbe ozioso elencare. Ci si accontenterà di segnalare che non hanno risparmiato nessun continente.

Oggi, esistono centinaia di organizzazioni internazionali di tipo intergovernativo (sia a portata universale, sia intercontinentale o regionale). Esse sono molto più numerose degli Stati e coprono praticamente tutto lo spettro di attività umane, dalla sanità al lancio di satelliti.

72. Un potere "quasi normativo" internazionale (*International Law making*, *rectius Law making power*). — Tali organizzazioni, che, inizialmente, sono state create per amministrare dei "servizi pubblici" internazionali — universali o regionali — presentano un interesse considerevole sul piano del diritto. Avendo una personalità giuridica propria, indipendente da quella dei loro membri, esse sono diventate una fonte autonoma del diritto internazionale (*infra*, Capp. VIII e XV). Pur restando assoggettate al diritto internazionale, esse non cessano di contribuire notevolmente al suo sviluppo, al punto che si è potuto parlare talvolta di un loro "potere quasi-legislativo".

3. — Gli enti a statuto internazionale ibrido

73. — La cooperazione tra Stati per il raggiungimento di fini comuni, oltre che nel diritto internazionale in senso stretto, può svolgersi in forma *ibrida*.

([68]) V. su questo punto, D. CARREAU, "Le nouvel ordre économique international", in *JDI*, 1977, p. 595 ss.; D. CARREAU, P. JUILLARD, R. BISMUTH, A. HAMMANN, *Droit international économique*, cit.; P. PICONE e G. SACERDOTI, *Diritto internazionale dell'economia*, Milano, F. Angeli, 1989 nonché i vari scritti in: *Liber amicorum in onore di Paolo Picone, Problemi e tendenze del diritto internazionale dell'economia*, a cura di A. LIGUSTRO e G. SACERDOTI, Napoli, ES, 2011; *Neoliberismo internazionale e* global economic governance. *Sviluppi istituzionali e nuovi strumenti*, a cura di A. COMBA, Torino, Giappichelli, 2013.

Qui, la cooperazione tra Stati viene prevista e regolata in un trattato internazionale, il quale, però, contempla la creazione di un ente da costituirsi in base alle norme di diritto interno di un dato Stato. E tale trattato internazionale può persino prevedere di conferire all'ente la personalità giuridica di ciascuno Stato membro.

Nella prassi, si è ricorso a questa tecnica per gestire degli interessi comuni a un gruppo di Stati, ad esempio dei "servizi pubblici".

Un esempio emblematico di ente appartenente a questa categoria è la *Banca dei Regolamenti internazionali* (BRI ([69])), fondata nel 1930, a seguito della Convenzione dell'Aja del 20 gennaio 1930, allo scopo di favorire la cooperazione finanziaria tra le Banche centrali degli Stati membri. Ma a dispetto di quel trattato internazionale, si tratta di una società costituita secondo il diritto svizzero con sede a Basilea ed i cui soci, oggi, sono solo gli Stati membri ([70]). Tra le varie attività di questo ente, basti citare gli Accordi di Basilea sui requisiti patrimoniali minimi delle banche, tramite i quali sono stati elaborati, *inter alia*, appositi sistemi di misurazione dell'adeguatezza patrimoniale delle banche, con la previsione di requisiti minimi di capitale a fronte, in particolare, del rischio di credito.

Gli Accordi di Basilea (assieme alle linee guida, agli *standard* e alle raccomandazioni) sono una particolare forma di regolazione da parte del Comitato operativo presso la BRI e fissati con l'aspettativa che le singole Autorità bancarie nazionali possano emanare disposizioni operative di attuazione che tengano conto delle realtà dei singoli Stati. In tal modo il Comitato incoraggia la convergenza verso approcci e standard internazionali comuni.

Oggi, si contano più di 150 enti a statuto ibrido ([71]), in ambito economico, come si è visto, o, ancora, nelle comunicazioni (ferrovie lussemburghesi ([72]), canale della Mosella ([73]), aeroporto di Bâle-Mulhouse...). E che dire, nel nostro tempo, dell'I-CANN (*Internet Corporation for Assigned Names and Numbers*) ([74]) che "gestisce" su internet i "nomi di dominio" di tutto il mondo pur trattandosi di un ente senza scopo di lucro di diritto californiano?

Senza dubbio, tali enti possiedono uno statuto ibrido che, secondo alcuni, ha valore unicamente per il diritto internazionale e, per altri, rileva sia per l'ordinamento internazionale che per l'ordinamento interno dello Stato di costituzione. Ma quale che sia il loro regime giuridico, qui preme osservare che siffatti organismi sono degli attori

---

([69]) Cfr. *supra*, n. 40.

([70]) V., a tale riguardo, il lodo del 19 settembre 2003, reso sotto gli auspici della CPA al sito *http://www.pca-cpa.org/showpage3f4b.html?pag_id=1157.*

([71]) H. T. Adam, *Les établissements publics internationaux*, Paris, LGDJ, 1957; v. anche A. P. Sereni, "International Economic Institutions and the Municipal Law of States", in *RCADI*, v. 95, 1959-I, p. 4 ss.

([72]) La Convenzione del 16 aprile 1946 tra Francia, Belgio e Lussemburgo, relative alle ferrovie lussemburghesi disponeva la costituzione di una s.p.a. di diritto lussemburghese i cui soci erano i singoli Stati Parti contraenti del trattato.

([73]) La Convenzione tra la Francia, il Lussemburgo e la Repubblica federale tedesca relativa alla canalizzazione della Mosella prevede la costituzione di una società per il finanziamento ed il controllo dei lavori, denominata *Société Internationale de la Moselle Gmbh*, in forma di s.r.l. di diritto tedesco (v. art. 9 della Convenzione). Lo stesso art. dispone che la società, il cui statuto è annesso alla convenzione, "sarà disciplinata dalle disposizioni della presente convenzione, dal suo statuto e, sussidiariamente, dalle disposizioni di legge tedesche relative alle s.r.l.". Testo in *Clunet*, 1958, p. 264. In arg. v. A. P. Sereni, "Gli organismi economici internazionali e l'ordinamento interno degli Stati", in *Riv. dir. int.*, 1958, p. 529 ss.

([74]) Cfr. SFDI, *Internet et le droit international*, Colloque de Rouen, Paris, Pedone, 2014, nonché K. Raustiala, "Governing the Internet", in *AJIL*, 2016, p. 491 ss..

della società internazionale e, come tali, restano sottoposti, almeno in parte, al diritto internazionale. Per le medesime ragioni, tali enti contribuiscono ugualmente alla formazione ed allo sviluppo del diritto internazionale.

4. — Gli enti pubblici interni ai singoli Stati

74. — Come regola generale, solo lo Stato ha soggettività internazionale, e non le sue suddivisioni e articolazioni. Tuttavia, tale principio conosce numerose eccezioni.

È per tali motivi che alcuni "enti pubblici" nazionali, ad esempio le banche centrali, le università, alcuni enti territoriali (Stati federali, Regioni, città), possono, nei limiti della loro competenza fissata dallo Stato a cui sono legati, intrattenere delle "relazioni" internazionali e concludere delle "convenzioni" (accordi culturali, gemellaggi tra città, accordi inter-universitari...).

Questi nuovi attori della società internazionale — pur avendo competenza specializzata e limitata — sollevano ancor oggi dei delicati problemi giuridici nella misura in cui il diritto internazionale classico non li aveva direttamente contemplati tra i possibili soggetti dell'ordinamento internazionale.

5. — Le organizzazioni non governative (ONG)

75. Un universo ricco e composito. — Le ONG sono di vario tipo ed alcune sono particolarmente antiche (così le Chiese o le "internazionali" di partiti politici o di sindacati). Se ne contano attualmente diverse migliaia ed in ogni campo di attività umana, ed in particolare in materia di cooperazione allo sviluppo dei Paesi poveri, di diritto internazionale umanitario, di tutela dei diritti umani ed in campo economico. La loro importanza è diseguale, ma esse condividono due tratti comuni: da un lato, ***non possiedono scopo di lucro*** (si tratta di "associazioni" in senso ampio); dall'altro, si tratta di *enti la cui attività trascende le frontiere nazionali* facendo appello a solidarietà umane e individuali specifiche ma **a vocazione globale** (religiosa, politica, economica, sportiva...). Basti pensare ad *Amnesty International*, a *Medecins sans frontières*, *Emergency, Greenpeace*, e così via.

Le ONG sono, essenzialmente, delle "forze transnazionali", dei "gruppi di pressione" internazionali. Certo, le ONG — perlomeno quelle che rivestono giuridicamente la forma di associazioni o fondazioni — restano soggette al diritto nazionale dello Stato in cui vengono costituite e non sono direttamente "catturate" dal diritto internazionale. Ciò spiega perché il diritto internazionale classico non se ne occupava, ma non spiega perché gran parte della dottrina contemporanea non riconosca il loro ruolo effettivo nella *societas* internazionale del nostro tempo.

È infatti di palmare evidenza sia per il ricercatore che per il pratico del diritto di oggi — molto più che del secolo scorso — che talune ONG sono sempre più spesso all'origine di particolari *standard*, ossia di norme che divengono obbligatorie per tutti — ivi compresi gli Stati — nell'ordinamento "transnazionale", per finire addirittura con l'essere "spontaneamente" trasposte, *expressis verbis*, nelle legislazioni nazionali dei singoli Stati ([75]).

76. Il loro progressivo "riconoscimento" formale nel diritto internazionale. — La risposta del diritto internazionale al fenomeno delle ONG appare allo stesso tempo

---

([75]) Cfr. *infra* Cap. IX.

timida e minimalista (76). Alle ONG viene concesso uno statuto alquanto parziale di "osservatore con status consultivo" in seno ad alcune organizzazioni internazionali (Consiglio economico e sociale dell'ONU o Comitato economico e sociale dell'Unione Europea, per citare i due esempi più significativi). In realtà, ben poche ONG hanno approfittato di tale possibilità.

Eppure, negli ultimi decenni, le ONG si sono contraddistinte per un sempre maggiore attivismo specialmente in materia di diritti umani: dall'assistenza delle vittime presso gli organismi giurisdizionali internazionali, alla partecipazione in qualità di ***amicus curiae*** in arbitrati internazionali in materia di investimenti, alla presentazione di *shadow reports* presso gli organi di controllo internazionale previsti dai trattati di tutela dei diritti umani, alle campagne di boicottaggio — *on line* ed *off line* — delle multinazionali accusate di violazioni flagranti di tali diritti.

77. Una fonte fondamentale del diritto transnazionale contemporaneo. — Se vale il brocardo *ubi societas ibi jus*, non v'è dubbio che il diritto internazionale odierno, un diritto interstatuale e transnazionale al tempo stesso, si arricchisce sempre di più di norme elaborate da attori essi stessi transnazionali tra cui, appunto, le ONG. Non vi è nulla di completamente nuovo in questo fenomeno; piuttosto, l'espansione del diritto internazionale contemporaneo si deve in modo peculiare alle sempre più numerose norme di *diritto professionale transnazionale*. Basti pensare al mondo dell'economia e della finanza. Un esempio rilevante viene fornita dalle norme del "diritto sportivo" transnazionale: sono elaborate da particolari ONG (le federazioni sportive internazionali o il movimento olimpico) ed hanno come destinatari tutti i partecipanti allo sport, al di là delle frontiere nazionali. Tali norme possiedono forza obbligatoria e sono munite di sanzioni; l'accertamento e l'effettività di dette norme vengono affidate al *Tribunale arbitrale dello sport* la cui sede è a Losanna, in Svizzera (77).

6. — I soggetti privati e le "multinazionali"

78. Un nuovo ruolo per gli individui nel diritto internazionale: i diritti umani e il diritto internazionale penale. — L'impostazione tradizionale del diritto internazionale è stata quella di "ignorare" l'individuo e di imporre l'onnipresenza dello "schermo statale", dimenticando così i primi insegnamenti del "diritto delle genti" e del giusnaturalismo. In base alla struttura *interstatale* del diritto internazionale ed al conseguente "divieto di ingerenza negli affari interni', la tutela dei diritti umani rientrava nel c.d. "dominio riservato", ossia nella sfera di sovranità interna di ogni singolo Stato sicché, sul piano internazionale, l'individuo poteva essere considerato al massimo come un "oggetto" od un "beneficiario" di norme internazionali (78).

La situazione cambiò di poco dopo la prima guerra mondiale, quando alcune categorie di individui si videro riconoscere direttamente dei diritti che ebbero la

(76) Cfr. *infra* Cap. XVI.

(77) In argomento v. F. Latty, *La Lex sportiva. Recherche sur le droit transnational*, Leiden, 2007, nonché C. Dordi, *Le federazioni sportive internazionali*, in E. Greppi, M. Vellano (a cura di), *Diritto internazionale dello sport*, 2ª ed., Torino, Giappichelli, 2010, p. 71 ss.

(78) Cfr. Cap. XV. In argomento cfr. F. Marrella, "L'individu en droit international économique", in *Le droit international économique à l'aube du XXIème siècle. En hommage aux pr. D. Carreau et P. Juillard*, J.M. Sorel (dir.), Paris, Pedone, 2009, p. 191 ss. e riferimenti ivi cit.

possibilità di far valere contro gli Stati nazionali davanti a tribunali internazionali: in tal modo le "minoranze protette" dai trattati di pace del 1919 ebbero a loro disposizione dei ***Tribunali arbitrali misti*** (TAM) in grado di assicurare la garanzia giurisdizionale dei loro diritti. Così, ancora, i "lavoratori" iniziarono a ricevere una minima protezione internazionale grazie all'OIL ed alle convenzioni internazionali adottate in suo seno. Altre norme internazionali si sono sviluppate rispetto alla posizione degli ***insorti*** (*insurgents*) e dei ***movimenti di liberazione nazionale*** *(national liberation movements)*. Finché un movimento rivoluzionario manca di compattezza e indipendenza si ha una mera questione interna dello Stato; quando, però, in una seconda fase, detta 'di belligeranza', un partito insurrezionale acquista un controllo stabile di una parte del territorio dello Stato, gli insorti acquistano una limitata soggettività internazionale ([79]). Ma solo in seguito alle flagranti violazioni dei diritti umani commesse durante la seconda Guerra mondiale, si è fatta strada in modo netto e chiaro l'esigenza imprescindibile di una loro tutela attraverso apposite norme internazionali. Così, a partire dalla Carta dell'ONU e dalla Dichiarazione universale dei diritti umani del 10 dicembre 1948, il diritto internazionale tradizionale è stato irrigato da nuove e numerosissime norme in tale materia, norme "rivoluzionarie" (si pensi al c.d. *human rights based approach*) che, però, oggi si trovano integrate nei suoi meccanismi e nella sua struttura per fare spazio all'individuo in quanto essere umano e dunque quale soggetto degno di tutela internazionale. D'altra parte, se gli individui hanno ottenuto a loro favore una tutela internazionale dei loro diritti umani nonché dei particolari meccanismi di accesso alla giustizia internazionale ed agli organi di controllo dei trattati di protezione, viceversa si sono anche gradualmente affermate delle norme che impongono una *responsabilità internazionale penale* a loro carico: si tratta della responsabilità per crimini internazionali (v. Cap. XV). Così, oggi, l'art. 1 dello Statuto della **Corte Penale internazionale** non esita ad indicare che si tratta di un'« istituzione permanente che può esercitare il suo potere giurisdizionale sulle persone fisiche per i più gravi crimini di portata internazionale, ai sensi del presente Statuto. Essa è complementare alle giurisdizioni penali nazionali ».

Insomma, oggi, tramite l'ordinamento internazionale, l'individuo è titolare oltre che di alcuni diritti umani, anche di obblighi di naeminem laedere *di carattere penale*: cuius commoda, eius et incommoda!

79. L'emergere delle imprese multinazionali/transnazionali come soggetti di diritto. — Altri sviluppi recenti ed altrettanto "rivoluzionari" sul piano del diritto internazionale sono dovuti all'impatto economico di alcuni particolari enti a carattere non statale: le imprese multinazionali ([80]). Secondo l'UNCTAD — e gli stessi dati si ritrovano nei rapporti del Rappresentante speciale del Segretario generale dell'ONU per le imprese ed i diritti umani (v. Doc. A/HRC/17/31, punto 16) — si contano oggi più di 80.000 società "multinazionali" madri con circa 850.000 filiali nel mondo. Sempre secondo la stessa fonte, delle cento maggiori potenze economiche, settantuno sono Stati e ventinove sono società multinazionali. *Queste ultime hanno progressivamente scalfitto la corazza tradizionale del diritto internazionale classico che negava loro*

([79]) Cfr. Cap. XV. In argomento, v. N. Ronzitti, *Diritto internazionale*, 6 ed., Torino, Giappichelli, 2019, p. 21 ss..

([80]) Cfr. Cap. XV. In argomento cfr. F. Marrella, "Protection internationale des droits de l'homme et activités des sociétés transnationales", in *RCADI*, vol. 385, 2017, pp. 33-435.

ogni soggettività "internazionale". Con l'accordo di numerosi Stati (ma questi ultimi erano davvero in grado di opporsi?), le imprese multinazionali si sono appropriate di una certa "soggettività internazionale". Esse hanno concluso dei contratti direttamente con gli Stati (***State contracts***) per lo sfruttamento delle risorse naturali locali e talvolta anche dei veri e propri "accordi" per regolare taluni scambi economici (così, ad esempio, gli "accordi petroliferi" all'inizio degli anni 1970 tra il cartello delle società petrolifere e gli Stati esportatori, o gli accordi di autolimitazione nel campo dell'acciaio tra i rappresentanti delle associazioni dei produttori europei e giapponesi d'acciaio e il governo statunitense). Tra di loro, queste imprese hanno formato dei "cartelli" o "intese" volte a influenzare profondamente le relazioni economiche internazionali.

Progressivamente, le imprese multinazionali sono diventate degli attori fondamentali della società internazionale contemporanea. Il diritto internazionale tradizionale non dava spazio alle imprese multinazionali, registrando unicamente dei soggetti a carattere "pubblico-statuale". E da tempo, risulta evidente che le categorie giuridiche classiche sono (volutamente da alcuni anche in dottrina?) oggi inadeguate a dar conto del ruolo e delle attività delle imprese "multinazionali". È altresì chiaro che le "multinazionali" non stipulano affatto dei "trattati", nel senso formale del termine, bensì dei *contratti transnazionali*. Cionondimeno, è legittimo domandarsi se i contratti che tali imprese concludono con gli Stati siano davvero tanto diversi, sul piano sostanziale, dagli accordi internazionali tradizionali rispetto al loro contenuto materiale. Ancora una volta un'unica conclusione si impone: il diritto internazionale non può più evitare di conoscere e di regolare tali fattispecie, a pena di perdere la propria aderenza alla realtà economica contemporanea.

80. Il diritto del mondo degli affari internazionali: la nuova *lex mercatoria*. — Dalla fine della seconda guerra mondiale si assiste alla rinascita ed allo sviluppo di un *diritto internazionale degli affari*, un diritto che ricorda il "diritto dei mercanti" dell'epoca del Rinascimento. Pertanto, da qualche tempo, in dottrina si parla di una nuova *lex mercatoria* ([81]).

Per convincersene, basti un solo esempio: se uno Stato decide di rivolgersi ai mercati finanziari internazionali, dovrà farlo secondo le stesse clausole e condizioni di tutti gli altri operatori del mercato: dovrà, dunque, rispettare la "prassi del mercato" in vigore ([82]). In breve, esiste oggi un "ordine" economico e finanziario (certamente non codificato ma ben presente) di natura "transnazionale", che si applica indistintamente a tutti coloro che vi partecipano.

81. I Principi Guida dell'ONU sulle imprese e i diritti umani. — Da ultimo, le imprese come attori della società internazionale contemporanea hanno trovato il loro definitivo riconoscimento tramite i *Principi Guida dell'ONU sulle imprese e i diritti umani* (*UN Guiding Principles on Business and Human Rights*) del 24 marzo 2011, i quali sono stati adottati all'unanimità dal Consiglio per i diritti umani dell'ONU. Detti principi si articolano su tre pilastri: 1) l'obbligo dello Stato di tutelare i diritti umani

---

([81]) Per un'analisi d'insieme v. F. MARRELLA, *La nuova lex mercatoria. Principi Unidroit ed usi dei contratti del commercio internazionale*, in Tratt. di dir. commerciale e di dir. pubb. dell'economia dir. da F. GALGANO, pref. di H. GRIGERA NAON, Padova, Cedam, 2003; F. MARRELLA, *Manuale di diritto del commercio internazionale*, 2 ed., pref. di A. GIARDINA, Padova, Cedam-WKI, 2020, p. 1 ss..

([82]) Cfr. D. CARREAU, "Le système monétaire international privé", in *RCADI*, 1998, vol. 274, p. 379.

contro gli abusi commessi (anche) dalle imprese; 2) la "responsabilità" delle imprese di rispettare i diritti umani e 3) l'obbligo di garantire una maggiore accessibilità a rimedi efficaci, di carattere giurisdizionale e non, per le vittime degli abusi. Tali Principi Guida costituiscono oggi lo *standard* di riferimento generalmente accettato (tanto dagli Stati, quanto dalle imprese) in materia e hanno persino trasformato la RSI (c.d. responsabilità sociale d'impresa — *Corporate Social Responsibility*) in un insieme di strumenti di prevenzione e minimizzazione del rischio di violazioni di diritti umani (c.d. ***due diligence***) codificando, in tal modo, gli elementi di base di una *responsabilità internazionale delle imprese* la quale potrebbe trovare ulteriore sistemazione in un apposito *trattato* in materia (ad oggi in corso di negoziazione a Ginevra) ([83]).

§ 2. — *Struttura e portata del diritto internazionale contemporaneo*

82. — A partire dal 1945, la *struttura*, la *funzione* delle norme di diritto internazionale contemporaneo, il loro *contenuto materiale* e l'*ambito di applicazione* si sono progressivamente dilatati a causa dei *mutamenti della base sociale della società internazionale* che abbiamo sopra indicato. L'ordinamento giuridico internazionale si è diversificato a causa dell'eterogeneità dei suoi soggetti e dei nuovi settori di applicazione delle sue norme. E si tratta di un ordinamento che in oltre settant'anni ha superato diverse fasi politiche: dalla fase bipolare durante la Guerra fredda a quella egemonico-unipolare a guida statunitense degli anni'90 del secolo scorso ([84]), fino a quella, attuale e fisiologica, di tipo *multipolare* ([85]).

1. — La diversificazione del diritto internazionale in ragione dei protagonisti della vita di relazione internazionale (*ratione personae*)

83. Fine dell'uniformità del diritto internazionale. — Uno dei compiti essenziali del diritto è di regolare le competenze dei suoi soggetti e di ordinarle. A tale fine, la funzione regolatoria del diritto internazionale tradizionale era semplice: bastava occuparsi di una sola categoria di soggetti — *gli Stati* — i quali in ragione della loro omogeneità, possedevano uno statuto identico. Senonché, a causa della progressiva affermazione di nuovi ed ulteriori enti "soggetti" di diritto internazionale, quella peculiare caratteristica del diritto internazionale è mutata: oggi, tutti i soggetti del diritto internazionale non dispongono più di una competenza identica.

84. Gerarchia dei soggetti rispetto alle loro competenze. — Esiste oramai una gerarchia di soggetti del diritto internazionale che può essere stabilita in funzione dell'estensione delle loro competenze.

Al vertice, gli Stati sono i soggetti tradizionali della società internazionale, sin dal XVI secolo, e come tali sono e restano titolari di *competenze internazionali originarie, piene e complete.*

([83]) Per approfondimenti si rinvia a F. Marrella, "Lex mercatoria e diritto del lavoro", in *Riv. giur. lav. e prev. soc.*, 2015, p. 691 ss., nonché Id., "Protection internationale des droits de l'homme et activités des sociétés transnationales", in *RCADI*, vol. 385, 2017, pp. 33-435 e riferimenti ivi cit. V. pure *La responsabilità sociale d'impresa tra diritto societario e diritto internazionale*, a cura di M. Castellaneta e F. Vessia, Napoli, ESI, 2020.

([84]) Cfr. D. Vagts, "Hegemonic International Law", in *AJIL*, 2001, p. 843 ss..

([85]) Cfr. A. Cassese, *Diritto internazionale*, cit., p. 61 ("disordine multipolare") e H. Kissinger, *World Order*, New York, Penguin, 2014.

Successivamente, si collocano le organizzazioni internazionali intergovernative (e gli enti pubblici a statuto ibrido) trattandosi di enti che possiedono *competenze specializzate e di attribuzione*.

Infine, in fondo alla scala ed ancora male integrati, figurano i soggetti privati (le imprese transnazionali, le ONG e gli individui), che possiedono *competenze subordinate e funzionali*.

In conclusione, il diritto internazionale contemporaneo si è diversificato ed, allo stesso tempo, si sviluppa "a più velocità" al fine di adattarsi alla sua base sociale ed alla diversità dei soggetti destinatari delle sue norme ([86]).

2. — La diversificazione del diritto internazionale *ratione materiae*

85. Espansione del diritto internazionale contemporaneo. — Fino agli inizi del '900, il diritto internazionale tradizionale si applicava a poche materie, quelle che, essenzialmente, servivano a mantenere in equilibrio la Comunità degli Stati e pertanto rientravano nella sfera di sovranità *iure imperii* dello Stato: la pace e la guerra, le soluzioni pacifiche delle controversie, i privilegi e le immunità diplomatiche, i trattati di commercio e così via.

Alla fine della seconda guerra mondiale, una vorticosa globalizzazione ha ampliato l'importanza, ma anche la complessità delle relazioni di diritto internazionale. Il diritto internazionale ha finito per regolare in modo sempre più dettagliato diverse materie (economia, sanità, diritti umani, lavoro, fisco, ambiente, spazio...) e ha dovuto rispondere a delle complesse "sfide globali" (cambiamento climatico, sviluppo, lotta al terrorismo, per citare le più rilevanti).

Dal 1945, la *tutela internazionale* e, successivamente, la *responsabilità del singolo individuo* in settori quali quelli dei **diritti umani, del diritto internazionale umanitario** o del **diritto internazionale penale**. In questi ambiti, gli individui sono chiaramente divenuti titolari e destinatari di diritti ed obblighi di diritto internazionale che, se necessario, possono essere fatti valere e applicati da tribunali internazionali o altri meccanismi di vigilanza. In tale prospettiva, si è capito che la **lotta al terrorismo** e ad altre forme di criminalità grave può essere condotta efficacemente soltanto attraverso la cooperazione internazionale.

Un'altra branca del diritto internazionale che ha subito un forte sviluppo è quella del **diritto internazionale dell'ambiente**. Ciò non necessita di ulteriori spiegazioni giacché tutti ormai hanno capito che le regole per proteggere il clima e per salvaguardare le risorse naturali funzionano solo se sono universali.

Ed ancora: senza un ordinamento giuridico internazionale stabile e funzionante si fermerebbe l'economia globale. Così, il **diritto internazionale dell'economia** ha acquisito un'importanza vitale per gli Stati e per le imprese che operano con l'estero.

Basti pensare a livello *commerciale-multilaterale* l'importanza dell'Organizzazione mondiale del commercio (OMC/WTO) e al livello *bilaterale* ai numerosi accordi che l'Italia e più recentemente l'Unione europea ha concluso con altri Stati partner commerciali concernenti il libero scambio, la **protezione degli investimenti** e l'eliminazione della **doppia imposizione fiscale**.

([86]) Per uno studio approfondito e concreto, v. G. LADREIT DE LACHARRIÈRE, "L'influence de l'inégalité du développement des Etats sur le droit international", in *RCADI*, 1973, vol. 139, p. 227.

Infine, se, un secolo fa, il diritto internazionale era "*uno solo*", in ragione della sua vocazione esclusivamente universale, oggi conosce dei fenomeni di *scomposizione in "blocchi regionali"*, basti pensare solo all'esempio dell'Unione europea ([87]).

In breve, sul piano sostanziale, a fianco di una pluralità di norme internazionali "tecniche" che consistono spesso in un corpo di norme minime universali, si conoscono e si coordinano numerose "varianti" regionali.

Sezione V
Il diritto internazionale contemporaneo: definizione e caratteristiche

§ 1. — *Il diritto internazionale contemporaneo: un diritto transnazionale*

86. Il diritto internazionale *oltre* il diritto internazionale "pubblico". — Tradizionalmente, come abbiamo già indicato, il diritto internazionale era definito come un ramo del diritto che disciplinava le relazioni tra gli Stati. Se in origine disciplinava essenzialmente la coesistenza tra Stati (fino al XIX secolo), il diritto internazionale si è evoluto per migliorare la cooperazione interstatale (dal XIX secolo) fino a realizzare delle peculiari forme di integrazione tra Stati (si pensi alla storia dell'Unione europea). In quest'ottica, la dizione di "diritto internazionale pubblico" era di comune impiego ed era esplicativa pur se, a rigore, l'aggettivo "pubblico" era paradossalmente sbagliato giacché *l'ordinamento internazionale non era (e non è) né a carattere "pubblico" né "privato"* (salvo per coloro che, altrettanto erroneamente, pensino che il diritto internazionale altro non sia se non il "diritto pubblico esterno" del proprio Stato) ([88]). Alla luce di tali premesse, appare evidente che la concezione e la definizione del diritto internazionale "pubblico", per quanto in passato abbiano avuto un senso, appaiono sempre più lontane dalla realtà della società internazionale contemporanea. *La nozione di diritto internazionale, infatti, si riferisce necessariamente all'ordinamento giuridico della* societas *(o comunità) internazionale del nostro tempo.* E siffatto ordinamento va colto unicamente nella sua realtà effettiva di oggi oltre che con riferimento alla sua evoluzione storica.

87. Un diritto internazionale transnazionale. — *Poiché il diritto internazionale ha, da sempre, per oggetto l'ordinamento internazionale nel suo insieme, ne segue necessariamente che esso oggi regola i rapporti tra tutti i soggetti di tale ordinamento, soggetti di una* societas *che non è più solo "inter-statale" ma è, appunto, più ampia, essendo una*

([87]) Cfr. ad es. R. Cisotta, *L'Unione europea nel sistema delle relazioni economiche e monetarie globali. Un'indagine giuridica*, Torino, Giappichelli, 2018.

([88]) V., ad es. R. Quadri, *Diritto internazionale pubblico*, Napoli, 1968, p. 25 ss.; T. Treves, *Diritto internazionale*, cit., p. 32 ss. o B. Conforti, *Diritto internazionale*, X ed., cit., p. 4. Cfr. altresì R. Monaco, C. Curti Gialdino, *Diritto internazionale pubblico*, 3ª ed., Torino, Utet, 2009, pp. 5-6, i quali osservano che "[l']appellativo "pubblico", tradizionalmente impiegato dalla dottrina di lingua francese e spagnola, più raramente usato in Italia, non implica che i rapporti che esso regola debbano avere natura pubblicistica, nel senso in cui il concetto di diritto pubblico è precisato dal diritto interno... Non attengono al diritto internazionale "pubblico" neppure le norme interne di carattere pubblicistico (c.d. diritto pubblico esterno), che stabiliscono i casi nei quali la legge penale si applica a reati commessi all'estero o da stranieri (art. 3 ss. cod. pen., ovvero le norme che concernono l'esercizio della giurisdizione civile internazionale del giudice italiano".

societas *"transnazionale"*. Ciò era stato già indicato, *ante litteram*, da GROZIO nel suo celebre *De iure belli ac pacis* (*Prolegomena*, Libro I, XIV, 1) e, più compiutamente, venne illustrato oltre cinquant'anni fa dallo statunitense PHILIPPE JESSUP, professore di diritto internazionale e giudice alla Corte internazionale di Giustizia. Jessup ha denominato il diritto internazionale contemporaneo attraverso il lemma "diritto transnazionale" definendolo alla stregua di "tutto il diritto che regola le azioni o gli eventi che trascendono le frontiere nazionali" ("all law which regulates actions or events that trascend national frontiers") ([89]). *Si tratta, dunque, di tutto il diritto prodotto al di fuori di un dato ordinamento giuridico statale ed applicabile ai vari soggetti dell'ordinamento internazionale-transnazionale nella loro vita di relazione.*

Su quest'ultimo punto, un importante lodo arbitrale pronunciato tra lo Stato del Kuwait e una compagnia petrolifera straniera — *Aminoil* — ha ufficializzato la terminologia avviata da Jessup: tale lodo, infatti, riconosce formalmente il carattere "transnazionale" del tribunale arbitrale e della sua procedura, in seguito ad un contratto stipulato tra uno Stato e un'impresa straniera ([90]). Più recentemente e sotto gli auspici dell'ICSID, gli arbitri hanno fatto riferimento all'esistenza di un vero e proprio "ordine pubblico transnazionale" confermando così una dottrina ed una prassi assai diffusa nell'arbitrato commerciale internazionale ([91]).

La definizione di diritto internazionale appena indicata ha il merito della semplicità e del realismo, dato che, persino da un punto di vista sostanziale, la sfera di applicazione del diritto internazionale si è dilatata. Peraltro, anche i confini storico-concettuali tra diritto internazionale e diritto internazionale privato sono sempre più permeabili, come ad esempio si avverte in materia di "contratti internazionali" o di relazioni economiche tra Stati e soggetti privati.

Capita sempre più spesso nella pratica giuridica, che una questione internazionale sollevi contemporaneamente problemi di "diritto internazionale" *tout court* e di "diritto internazionale privato" (si pensi, tra i molti esempi, ad un matrimonio con un rifugiato o all'embargo su un dato prodotto a seguito di una crisi internazionale ed al suo impatto su un contratto di compravendita internazionale, all'arbitrato internazionale, e così via).

Pertanto, nel nostro tempo, è di palmare evidenza che la globalizzazione della "*societas* internazionale" abbia prodotto, sia una diversificazione dei suoi *soggetti*, sia una diversificazione delle *fonti del diritto internazionale*, posto che i due fenomeni sono intimamente collegati.

([89]) Cfr. *Transnational Law*, Yale University Press, 1956, p. 2. E, a ben guardare, la concezione del diritto internazionale quale "diritto transnazionale", venne sostenuta persino da uno dei più illustri "padri fondatori" del diritto internazionale: Ugo Grozio. Egli, infatti, definiva il "diritto delle nazioni" come quel diritto che "in base alla sua portata, è più ampio del diritto nazionale". V., altresì, M. REISMAN, "The Quest for World Order and Human Dignity in the Twenty-first Century", in *RCADI*, v. 351, 2012, p. 9 ss.. In arg. cfr. per un quadro dei principali orientamenti della dottrina italiana v. P. BARGIACCHI, A. SINAGRA, *Lezioni di diritto internazionale pubblico*, 3 ed., Milano, Giuffrè, 2019, p. 1 ss.

([90]) Lodo arbitrale del 24 marzo 1982, riprodotta nel *Clunet*, 1982, p. 869 e s. con una nota di PH. KAHN.

([91]) *World Duty Free v. Kenya*, 4 ottobre 2006, in *ILM*, 2007, p. 337. In argomento v. P. LALIVE, "Ordre public transnational (ou réellement international) et arbitrage international", in *Rev. arb.*, 1986, p. 329 ss.; K. KARSTEN, A. BERKELEY (eds.), *Arbitration. Money Laundering, Corruption and Fraud*, ICC Institute of World Business Law, ICC Pub. n. 651, Paris, 2003, nonché R. KREINDLER, "Competence-Competence in the face of Illegality in Contracts and Arbitration Agreements", in *RCADI*, v. 361, 2013, pp. 131-482 ove ulteriori riferimenti.

In conclusione: *ubi societas ibi ius. Ad una* societas oggi *transnazionale non può che corrispondere un diritto esso stesso transnazionale.*

A tale riguardo, l'Accademia italiana nel settore scientifico e disciplinare del "diritto internazionale", oltre a vantare una prestigiosa tradizione plurisecolare, appare ben attrezzata per cogliere le sfide della prassi internazionale moderna. Con la formale istituzione della *cattedra di diritto internazionale* nella Regia Università degli Studi di Torino — che sarà occupata da Pasquale Stanislao Mancini (92) — appena formato il Regno d'Italia, il legislatore ha delimitato, rispetto alle altre materie giuridiche, il settore scientifico disciplinare del diritto internazionale facendovi rientrare il "diritto internazionale pubblico", il "diritto internazionale privato" ed il "diritto marittimo".

§ 2. — *Ordinamento interno e ordinamento internazionale: la specificità del diritto internazionale*

88. — Per illustrare le caratteristiche peculiari dell'ordinamento internazionale e la sua differenza specifica rispetto agli ordinamenti interni dei singoli Stati, partiremo da questa osservazione generale di Norberto Bobbio: "[o]gni ordinamento giuridico, unitario e tendenzialmente (se non effettivamente) sistematico, pretende anche di essere completo" (93). Siamo dunque al cuore del "pluralismo giuridico" che si presenta non solo in quanto esista una pluralità di ordinamenti, ma anche nel momento in cui viene meno quella che Bobbio chiama « ideologia universalistica del diritto »: ovvero l'idea secondo cui esisterebbe, insieme ad un unico diritto universale — oggi qualcuno direbbe "sovranazionale" —, un solo ordinamento giuridico universale da cui dipende la giuridicità degli ordinamenti interni e dunque la validità e l'efficacia delle loro norme (94).

1. — L'ordinamento interno: un sistema giuridico perfetto e completo

89. Pienezza. — La completezza dell'ordinamento giuridico interno è evidente sia a livello della produzione delle norme giuridiche, sia a livello della loro attuazione coercitiva. In tutti i Paesi, esiste un "legislatore" nazionale che dispone del monopolio della produzione delle norme giuridiche a portata generale e obbligatoria. In altri termini, a livello nazionale, affinché la legislazione sia "uniforme", vi è una "centralizzazione" del processo di produzione di norme giuridiche a carattere obbligatorio. In tutti i Paesi esiste, altresì, una "amministrazione" dello Stato il cui ruolo è di assicurare l'esecuzione e l'applicazione delle norme giuridiche adottate dal "legislatore"; per assicurare il rispetto del diritto, lo Stato può ricorrere alla forza (di cui ha egualmente il monopolio) nei confronti dei soggetti privati. Infine, in tutti i Paesi — ma senza dubbio a livelli diversi — esiste un sistema giurisdizionale per risolvere in modo definitivo le controversie concernenti l'interpretazione o l'esecuzione delle norme giuridiche statali.

---

(92) E. Jayme, *Pasquale Stanislao Mancini. Il diritto internazionale privato tra Risorgimento e attività forense*, Padova, Cedam, 1988.

(93) N. Bobbio, *Teoria generale del diritto*, Torino, Giappichelli, 1993, p. 172.

(94) N. Bobbio, *Teoria generale del diritto*, cit., p. 276 ss. Cfr., tra una vasta letteratura, H. Kelsen, "Les rapports de systèmes entre le droit international et le droit interne", in *RCADI*, 1926/IV, v. 14, pp. 231-329; Id., *Lineamenti di dottrina pura del diritto*, cit., p. 197 ss..

Del pari, nell'ordinamento interno, le persone fisiche o giuridiche che abbiano ottenuto una decisione del giudice in proprio favore potranno fare appello al braccio secolare dello Stato per assicurarne l'esecuzione forzata nei confronti della parte "recalcitrante".

90. Perfezione. — L'ordinamento giuridico interno non è solamente "completo" ma è, altresì, "perfetto", nella misura in cui sono, per definizione, escluse le "lacune del diritto". È per tale ragione che, nell'ordinamento italiano, l'art. 12, c. 2, delle Disp. prel. al Codice Civile dispone che: "[s]e una controversia non può essere decisa con una precisa disposizione, si ha riguardo alle disposizioni che regolano casi simili o materie analoghe; se il caso rimane ancora dubbio, si decide secondo i principi generali dell'ordinamento giuridico dello Stato". Ancor più esplicito, a tale riguardo, è l'art. 4 del codice civile francese ove si dispone che "il giudice che si rifiuterà di giudicare, adducendo a pretesto il silenzio, l'oscurità o l'insufficienza della legge, potrà essere perseguito come colpevole di diniego di giustizia".

Nulla di ciò si verifica nel diritto internazionale, quantomeno allo stato attuale del suo sviluppo.

2. — L'ordinamento internazionale: un sistema giuridico imperfetto ed incompleto

91. Decentramento dell'*attività di produzione* delle norme internazionali. — In ciascun ordinamento statale è lo Stato che crea le norme giuridiche del proprio ordinamento. Non esiste, invece, un ente che si ponga nei confronti dei consociati in posizione *sovraordinata* e pertanto nessun ente ha, dal punto di vista formale, poteri di "legislatore" mondiale o "sovranazionale", a dispetto di quanto superficialmente affermano i giuristi specialisti di diritto interno. Nemmeno esiste un *organo legislativo* che produca norme aventi come destinatari tutti i soggetti dell'ordinamento internazionale. In tal senso, un Autore ha potuto osservare la natura "frammentaria" ed entro certi limiti "anarchica" del diritto internazionale ([95]). *L'ordinamento internazionale e dunque il diritto internazionale si presenta, infatti, come un sistema policentrico e decentrato in seno al quale gli autori delle norme (e un tempo si trattava dei soli Stati) ne sono altresì, nella maggior parte dei casi, i soli destinatari.*

Molto spesso, quantomeno quando si tratta di norme scritte, queste norme vengono elaborate, caso per caso, in seno a conferenze internazionali (ad esempio la Conferenza di Vienna sul diritto dei trattati nel 1969); oppure — e ciò avviene sempre più frequentemente — nel quadro di organizzazioni internazionali le quali assomigliano solo un po' e molto vagamente ai "legislatori nazionali" (da questo punto di vista, l'esempio più importante — ma che rimane atipico — è dato dall'Unione europea).

Inoltre, nel nostro tempo, le norme internazionali possono essere elaborate in modo decentrato anche in forma di "*diritto professionale*" — e il fenomeno è in forte sviluppo — da parte degli "attori transnazionali", cioè di enti accomunati dal fatto di essere "non statali" (c.d. *Non State Actors*).

Infine, la componente normativa "non scritta" — ossia le consuetudini ed i principi generali di diritto — tradizionalmente più importante in diritto internazionale che in diritto interno, anche in ragione del ruolo giocato dal "giudice" o dall'"arbitro"

([95]) Cfr. A. Cassese, *Diritto internazionale*, cit., p. 25.

internazionale, non ha mai cessato di svilupparsi. Tale moltiplicazione — e persino concorrenza — di "centri" di produzione giuridica può incidere sulla "qualità intrinseca" delle norme così poste ed allo stesso tempo non semplifica il lavoro dell'interprete. Tuttavia, anche se sono sempre presenti i rischi di una "frammentazione del diritto internazionale" ([96]), *l'interpretazione e l'applicazione pratica di ogni sua norma si realizza solo muovendo dal presupposto dell'unità dell'ordinamento internazionale e del suo diritto.*

92. Decentramento nell'*applicazione* delle norme internazionali. — Potrà sorprendere l'affermazione secondo la quale il diritto internazionale spesso abbisogna, per quanto riguarda la sua applicazione, del diritto interno degli Stati. In effetti, come si è già osservato, gli Stati per lungo tempo sono stati i soli autori ed i soli destinatari delle norme che essi creavano nei loro rapporti reciproci. Senonché, in tale contesto, resta un dato di fatto che le norme di diritto internazionale, per raggiungere pienamente il loro scopo, molto spesso richiedono di essere rese esecutive non soltanto sul piano delle relazioni tra Stati, ma anche sul piano del diritto interno dei singoli Stati (c.d. *adattamento del diritto interno al diritto internazionale*).

Mentre la Comunità internazionale del passato e fino alla seconda guerra mondiale si caratterizzava per il dominio e l'onnipresenza pressocché assoluta degli Stati, la fase storica attuale è quella della proliferazione delle organizzazioni internazionali intergovernative: a tali enti internazionali autonomi non aventi natura statuale viene spesso affidata la "gestione" dei trattati ed il controllo dell'applicazione delle norme internazionali. Basti pensare alle *organizzazioni internazionali a vocazione universale e a carattere generale* (ad es. l'ONU, il WTO/OMC) ed alle tante *organizzazioni a carattere settoriale* (ad es., la FAO, il FMI, l'ILO la WHO ecc.). A tale elenco occorre aggiungere le sempre più numerose *organizzazioni internazionali a vocazione regionale* (si pensi all'OCSE, alla OAS, all'Unione eurasiatica, alle varie organizzazioni africane, all'ASEAN ecc.).

Infine, nel nostro tempo, assistiamo alla diffusione sempre più ampia di norme "transnazionali" poste in essere dalle diverse componenti della "società civile" o, comunque, da enti ancora una volta privi del carattere statale (c.d. *non State actors*). Certo, queste norme hanno solitamente bisogno del *placet* statale per ricevere "forza di legge" negli ordinamenti giuridici statali ([97]). Ma tale *placet* si verifica per effetto della pressione esercitata da tali enti di "amministrazione privata", enti persino dotati di poteri di "accertamento transnazionale": basti pensare, ad esempio, agli ispettori della IATA in materia di aviazione civile, alla ICC rispetto alle operazioni di credito documentario o ancora alle federazioni sportive internazionali e nazionali con riferimento alla *lex sportiva*.

93. *Decentramento delle attività di accertamento* ed *esecuzione coattiva* delle norme internazionali. — L'art. 25 della Costituzione italiana afferma che "*Nessuno può essere distolto dal giudice naturale precostituito per legge*". Così, in ogni ordinamento statale è sempre lo Stato che provvede, attraverso i propri organi (ad es. i

---

([96]) Cfr. il rapporto della CDI, del 13 aprile 2006, a cura di M. Koskenniemi, *Fragmentation Of International Law: Difficulties Arising From The Diversification And Expansion Of International Law*, Doc. A/CN.4/L.682. V. pure le ampie riflessioni di J. Goldsmith e R. Posner, *The Limits of International Law*, Oxford, OUP, 2005.

([97]) V. *infra*, Cap. IX.

giudici statali), sia all'accertamento del diritto in caso di controversie, sia all'adozione di misure coercitive nei confronti di chi non conforma la propria condotta alla norma statale.

A livello di accertamento ed esecuzione coattiva delle norme internazionali, l'imperfezione dell'ordinamento internazionale appare ancora più evidente. *In caso di controversia internazionale, nell'ordinamento giuridico internazionale non vi è una Corte né un'autorità istituzionalmente precostituita e sovranazionale che si ponga nei confronti dei consociati in posizione sovraordinata.*

Piuttosto, in caso di controversia, spetta agli Stati stessi dirimerla attraverso dei meccanismi giuridici di loro scelta (*infra* Parte IV, Tit. II) oppure altri meccanismi a carattere politico (*infra* Parte IV, Tit. I).

A differenza di quanto si può osservare nell'ordinamento interno, non esiste nell'ordinamento internazionale nemmeno una "piramide di corti", ossia un sistema giurisdizionale a competenza generale e obbligatoria. Anzi, le corti internazionali, per così dire, si collocano *su un* ***piano orizzontale***.

Per le stesse ragioni costituisce un modello di particolare interesse quello della Corte di giustizia dell'Unione europea la quale, operando su scala internazionale-regionale, è stata istituita per trattato internazionale e, sempre per trattato, ha ricevuto una competenza esclusiva ed obbligatoria per decidere in ultima istanza le controversie "unionali" potendo contrapporre tra loro le diverse "parti interessate" alle quali il diritto UE si applica.

Last but not least, il diritto internazionale ignora i meccanismi di esecuzione coattiva e le ***sanzioni*** tipiche del diritto interno. Non esiste alcuna forza armata "internazionale" che sia automaticamente al servizio del diritto internazionale per darne esecuzione coattiva.

Il rispetto delle **norme internazionali a carattere interstatale** dipende, prima di tutto, dalla spontanea osservanza degli obblighi e dalla buona fede dei suoi soggetti. Perciò, in caso di mancata osservanza, lo Stato titolare di un diritto soggettivo riceve generalmente dall'ordinamento internazionale un titolo giuridico all'***autotutela***, cioè viene facoltizzato dall'ordinamento a prendere delle misure lecite nei confronti dello Stato responsabile per spingerlo all'adempimento degli obblighi violati. Al riguardo, esistono, ovviamente, diversi regimi e specifici istituti di diritto internazionale che regolano tale delicata materia, sicché tali questioni saranno approfondite in sede di trattazione della c.d. ***responsabilità internazionale*** (Cap. XVI).

Un diverso approccio s'impone a proposito dell'esecuzione delle **norme transnazionali**. Infatti, il diritto internazionale, nella sua componente transnazionale, si basa, in ultima analisi, su una sanzione a carattere sociale: l'*esclusione dalla cerchia dei partecipanti*, un tipo di sanzione che evoca quella della "scomunica" dal mondo dei credenti di cui tratta il diritto canonico. Lo Stato — per limitarci a questo ente-soggetto — che rifiutasse di piegarvisi si ritroverebbe esso stesso (e i suoi cittadini) "messo al bando", cioè privato della possibilità di partecipare ad una determinata attività transnazionale. Così, uno Stato che non onorasse i propri prestiti internazionali e che non avesse nemmeno negoziato un accordo di ristrutturazione del debito con i propri creditori, finirebbe presto col trovarsi privato dell'accesso ai mercati finanziari internazionali (e tale fu la situazione dell'URSS, per circa ottant'anni, a causa del ripudio dei debiti contratti dal precedente regime zarista). Così ancora, uno Stato che non rispetti la *lex olympica* non può più inviare i propri atleti ai "giochi olimpici" ed ancor meno organizzare le olimpiadi nel proprio territorio. Questo tipo di sanzioni — anche la loro semplice esistenza — sono in genere sufficientemente dissuasive per assicurare il rispetto delle norme a cui sono collegate. Se la celebre osservazione di Stalin a proposito del Papa, durante la seconda guerra mondiale, "il Papa? Quante divisioni corazzate ha?", può avere ancora un senso nel campo del diritto internazionale interstatuale, per il diritto transnazionale quella stessa osservazione appare fuori luogo. La *lex mercatoria* ha già sostituito le divisioni corazzate in molti tipi di relazioni economiche.

94. Lacune dell'ordinamento internazionale. — In tali condizioni, non sorprende affatto che l'ordinamento internazionale, lungi dall'essere completo e perfetto, conosca ancora numerose "lacune". È chiaro che, dal punto di vista "qualitativo" oltre che "quantitativo" (con riferimento al numero delle norme componenti il sistema), l'ordinamento internazionale "impallidisce" laddove lo si compari all'ordinamento giuridico interno.

3. — Il diritto internazionale in questione: diritto, politica o morale?

95. La teoria negazionista del diritto internazionale. — Hobbes nel suo "Leviatano", J. Austin in Gran Bretagna, nel XIX secolo e, nel secolo scorso, H. Morgenthau (98) negli Stati Uniti, R. Aron (99) o G. Burdeau in Francia, appartengono alla categoria di coloro che ritengono che il diritto internazionale non abbia alcuna esistenza "giuridica" e che, in realtà, si tratti solo di regole "morali". Nello stesso ordine di idee, un celebre giornalista americano adottò una posizione simile in occasione della crisi del Golfo del 1990; al punto di comparare il diritto internazionale a...Dio, spesso invocato con riverenza, ma la cui esistenza non può essere dimostrata! (100).

Siffatta concezione dipende evidentemente dalla definizione che si dà del *diritto*. Se questo è definito come un corpo di norme giuridiche che regolano la condotta degli uomini, e che sono adottate, controllate ed eseguite da enti politici sovrani, allora, evidentemente, il diritto internazionale non soddisfa questi criteri. Tuttavia, si tratta di una visione superficiale ed incompleta del fenomeno giuridico.

Il diritto, per esistere, presuppone che i membri di una data cerchia sociale riconoscano di avere in comune un certo numero di interessi i quali devono essere bilanciati attraverso regole obbligatorie al fine di evitare il caos e l'anarchia. La comminazione di una sanzione non è sempre necessaria ai fini dell'esistenza del

---

(98) H. Morgenthau, *Politics Among Nations: the Struggle for Power and Peace*, New York, 1948, p. 284 ss.. Nato in Germania e quasi coetaneo di H. Lauterpacht (il grande giusinternazionalista a cui è tuttora dedicato il Centro di diritto internazionale dell'Università di Cambridge in Inghilterra), pur essendo anch'egli di formazione giuridica (presso le Università di Monaco, Francoforte e Berlino), Morgenthau svilupperà una visione particolarmente pessimistica del diritto internazionale preferendo dedicarsi allo studio delle relazioni internazionali nella sola prospettiva delle scienze politiche. In arg. v. per tutti M. Koskenniemi, *The Gentle Civilizer of Nations: The Rise and Fall of International Law 1870-1960*, Cambridge, CUP, 2004 e riferimenti ivi citati.

(99) R. Aron, *Paix et guerre entre les Nations*, Paris, 1962.

(100) G.W. Will, "The perils of "legality"", *Newsweek International*, 10 settembre 1990, p. 25. In arg. v., in particolare, R. Quadri, *Diritto internazionale pubblico*, cit., p. 37 ss. il quale osservava causticamente che: "dal punto di vista del contenuto, [una gran parte del diritto internazionale è] estraneo all'ordine morale; che anzi si hanno norme internazionali sicuramente ingiuste ed immorali. In altri termini, il DI ora è moralmente *indifferente*, ora è *moralmente illecito*".

diritto, né l'esistenza di sanzioni è la condizione necessaria e sufficiente dell'esistenza di un ordinamento giuridico. Se così fosse, nemmeno l'ordinamento interno si salverebbe giacché le norme del diritto privato o del diritto pubblico, pur munite di sanzioni, non riescono ad impedire la commissione di omicidi, gli incidenti stradali, l'assunzione di lavoratori in nero, la frode fiscale, gli illeciti amministrativi o fiscali. E pur stando così le cose, nessuno dubita dell'esistenza del diritto nazionale e dell'ordinamento giuridico dello Stato.

Alla luce delle predette considerazioni, appare ovvio che il diritto internazionale si manifesta nel mondo del "diritto" e non in quello della "morale". Né, per quanto esistano delle connessioni, il *diritto internazionale* va confuso con la *politica internazionale*: quest'ultima ha una sua funzione pre-giuridica e meta-giuridica.

In conclusione, l'esistenza del diritto internazionale è dovuta alla consapevolezza, da parte dei membri della società internazionale, che essi hanno degli interessi comuni e che questi devono essere organizzati attraverso "regole di diritto" — in qualche misura le "regole del gioco" del sistema — al fine di evitare una situazione di anarchia pregiudizievole per tutti.

96. Un approccio fenomenologico e *realista* allo studio del diritto internazionale. Il principio di *effettività*. — La teoria negazionista dell'esistenza del diritto internazionale non corrisponde in alcun modo alla prassi degli Stati: ciò dovrebbe risultare evidente anche agli adepti della "Realpolitik".

In primo luogo, solo le pretese e le situazioni giuridiche solidamente fondate sulla realtà, cioè a dire *effettive* — e non quelle utopisticamente "desiderate" da questo o quell'autore in dottrina o *programmate* da qualche risoluzione non vincolante di un'organizzazione internazionale — acquistano piena rilevanza giuridica di diritto internazionale.

È così **ad esempio** che, sempre in base al ***principio di effettività***, uno "Stato" ai sensi del diritto internazionale non si ha né per effetto di un atto costitutivo della personalità giuridica, come accade per le persone giuridiche di diritto interno, né in conseguenza del riconoscimento da parte di altri Stati. Uno Stato, in diritto internazionale, si ha per il solo fatto storico della sua esistenza — quasi sempre violenta — come ente sovrano ed indipendente.

In secondo luogo, sempre attenendosi ad un mero approccio "realista" e "fenomenologico", è un dato di comune esperienza quello per cui nessun attore della società internazionale ed in particolare **nessuno Stato *nega* seriamente l'esistenza del diritto internazionale**. La totalità degli Stati qualunque sia il loro regime politico ed il loro livello di sviluppo, riconosce l'esistenza di un corpo di regole obbligatorie che disciplinano i loro rapporti: il diritto internazionale. Basti citare, in proposito, un solo fatto significativo: *presso tutti i Ministeri degli affari esteri del mondo, esiste un "**Servizio giuridico**" incaricato di esaminare attentamente le relazioni esterne dello Stato alla luce delle norme del diritto internazionale.*

Nel contempo, è indubbio che ciascuno Stato persegue una propria "politica giuridica estera", finalizzata a soddisfare al meglio i *propri interessi* sulla scena internazionale. Senonché, come ha rilevato GUY DE LACHARRIÈRE ([101]), una delle principali implicazioni dell'esistenza atomistica di "politiche nazionali" è proprio quella di dimostrare l'esistenza del diritto internazionale perché è nell'ordinamento

---

([101]) G. DE LACHARRIERE, *cit.*, pp. 196-197.

internazionale e nelle *sue* norme giuridiche che tali politiche confluiscono per consentire la *sintesi degli interessi dei singoli Stati*. Non si deve, tuttavia, confondere ciò che appartiene alla sfera della *politica* (e dunque dei *desiderata*) di un singolo Stato con ciò che appartiene alla dimensione *giuridica*, ossia alle *regole* che la Comunità internazionale si dà per la propria esistenza, il proprio funzionamento continuo e la propria sopravvivenza; regole a cui ciascuno Stato partecipa come protagonista della vita di relazione internazionale.

97. Infondatezza e futilità delle critiche politologiche al diritto internazionale. — Talvolta, con tono saccente sulle cose del mondo quanto ignorante del diritto internazionale, alcuni politologi indicano che il *diritto è la teoria* mentre la *scienza politica sarebbe la pratica* ([102]). Ma per ironia della sorte, la pratica di cui parlano i politologi la fanno solo i pochi decisori dell'apparato dello Stato (avvalendosi di informazioni spesso riservate) e non certo i professori di scienze politiche i quali, rientrando *lato sensu* tra i filosofi, possono solo cercare di *teorizzare* dei comportamenti ideali ma non sono abilitati a svolgere né la professione del giurista, né quella dell'economista. E se l'economista dà i numeri, è proprio il *giurista a praticare concretamente il diritto*, compreso quello internazionale, a tutti i livelli e su base quotidiana tramite l'esperienza forense, stragiudiziale o giudiziale, per non parlare della stesura pratica di atti e della consulenza di alto livello. Chi opera nelle relazioni internazionali sa bene che non c'è nulla di più pratico del diritto e quando alla fine della giornata si arriva al momento di decidere *che cosa fare* si parla necessariamente di diritto; prima di effettuare qualsiasi operazione deve esserne sempre indagata la cornice giuridica. È ovvio che la dottrina dei politologi appartiene alla sfera pregiuridica, la sfera dei *motivi per cui si effettua una data operazione giuridica* e, come tutti sanno, i *motivi* di ciascuno sono giuridicamente *irrilevanti*, perché ciò che conta è la manifestazione esterna della volontà di un soggetto: solo a partire da questa si contano le conseguenze giuridiche. Ma se si sbaglia, le conseguenze possono essere anche molto gravi.

Non sorprende dunque che i *giuristi* hanno appreso da secoli a coniugare *teoria e pratica internazionale* per trattare ***l'essere*** e il ***dover essere*** dei rapporti internazionali in quanto il **diritto internazionale è *razionalità di sintesi***. I *politologi*, invece, discutono solo del *voler essere* producendo analisi che — quando sono effettuate seriamente — costituiscono degli utili elementi di valutazione strategica.

Del resto, se non esistesse il Diritto internazionale perché mai gli Stati concluderebbero tra loro dei *trattati*? Evidentemente perché i trattati si concludono, si applicano e si rispettano secondo le regole di diritto internazionale: per convincersene ci si colleghi con il Segretariato generale dell'ONU e si consultino le decine di migliaia di trattati internazionali oggi in vigore. Senza quei trattati si fermerebbe il commercio internazionale, il turismo, i trasporti internazionali, la navigazione nei mari diverrebbe pericolosissima in quanto anarchica, la globalizzazione finirebbe (basta computer e cellulari), le imprese dovrebbero liquidare le proprie attività all'estero e rientrare in patria, i diplomi universitari non sarebbero più riconosciuti all'estero e viceversa,

([102]) Tra la letteratura v. R. Art, R. Jervis, *International Politics*, Pearson, 2015, ed in particolare le considerazioni palesemente errate di S. Hoffman, « The uses and limits of International Law » a p. 144 ss.. Iroania della sorte, mentre i giusinternazionalisti non hanno bisogno di riferirsi ad alcuna teoria politologica, i politologi, invece, non possono fare a meno di parlare di diritto internazionale, a dimostrazione del limitato sviluppo del loro discorso scientifico.

finirebbero gli scambi universitari con l'estero, non ci sarebbero più le alleanze militari, i trattati di delimitazioni dei confini etc...

A ciò si aggiunga un'ulteriore considerazione di comune esperienza. Nella pratica del nostro tempo, è estremamente raro che uno Stato ammetta di avere violato un trattato internazionale. Di fronte ad un'accusa del genere, qualunque Stato non si difende evocando il nome, le opere o peggio le teorie di qualche politologo, bensì si difende negando la *violazione* o allegando una precedente violazione da parte dello Stato accusatore o ancora affermando un proprio *diritto*: tutto ciò si realizza esclusivamente tramite *argomentazioni giuridiche* ed invocando precise *norme giuridiche*, talvolta dinanzi ad arbitri o giudici internazionali.

Del pari, la ***proliferazione di tribunali internazionali***, di organismi quasi-giurisdizionali (si pensi, *inter alia*, al WTO/OMC ed ai *treaty bodies* per il controllo circa i diritti umani) ed arbitrali, con un'attività particolarmente sviluppata a partire dagli anni '90 del secolo scorso, ha persino accentuato il carattere tecnico-giuridico delle relazioni internazionali, sia sotto il profilo materiale che sotto quello processuale, investendo l'intera materia con sempre più numerosi atti giurisprudenziali (sentenze, lodi, *reports* etc.) ([103]).

E come se non bastasse, si pensi alle sempre più numerose organizzazioni internazionali le quali, oltre a funzionare completamente in base al diritto internazionale, possiedono, a loro volta, un *servizio giuridico* incaricato di studiare e chiarire le varie norme di diritto internazionale applicabili alle loro attività.

Alla luce di queste osservazioni, chi può ancora dubitare dell'esistenza del diritto internazionale e del suo carattere giuridico?

Secondo una celebre espressione dell'internazionalista statunitense Louis Henkin, al di là di ogni possibile critica al diritto internazionale, è innegabile che "***almost all Nations observe almost all principles of International Law and almost all of their obligations almost all of the time***" ([104]). E sicuramente se si confrontassero le statistiche in materia di *violazioni*, tutti saprebbero che le violazioni — pur molto meno eclatanti — (in materia civile, penale, amministrativa etc.) che avvengono quotidianamente nell'ordinamento interno dei singoli Stati sono molto più numerose di quelle che si registrano quotidianamente, a livello mondiale, per il diritto internazionale.

Insomma, il Diritto internazionale esiste ed è la materia regina delle relazioni internazionali.

98. Un dibattito limitato all'ambito inter-statuale. — Il dibattito, a cui abbiamo fatto breve cenno in precedenza, per quanto artificioso, ha sempre riguardato l'aspetto meramente interstatuale del diritto internazionale, cioè il diritto internazionale "pubblico". Le norme "transnazionali", invece, non sono state oggetto di uguali polemiche.

([103]) In argomento v. A. Del Vecchio, *I Tribunali internazionali tra globalizzazione e localismi*, 2 ed., Bari, Cacucci, 2015 e riferimenti ivi cit.. Vale dunque oggi ancor di più l'osservazione di J. Jackson (*The World Trading System*, 2 ed., Boston, MIT Press, 1997, p. 107) secondo il quale: "It is important for the policy advisor, Statesman or practicioner to accurately evaluate the real impact of the international rules, recognizing that some of those rules (often the ones that do not reach the headlines) do have considerable effect and influence on real government and business decision".

([104]) L. Henkin, *How Nations Behave: Law and Foreign Policy*, New York, Columbia University Press, 1979, p. 29 s.. V. anche le limpide pagine di T. Franck, "Fairness in the International Legal and Institutional System: General Course on Public International Law", in *RCADI*, v. 240, 1993, pp. 9-498.

Nessuno — compresi gli Stati — ha mai contestato il carattere obbligatorio delle regole e delle prassi dei mercati finanziari internazionali. Del pari, nessun partecipante ai giochi olimpici — a cominciare dal Paese ospite — ha mai rifiutato di rispettare le regole olimpiche. E si potrebbe continuare con molti altri esempi (*infra*, Cap. IX).

§ 3. — *L'interpenetrazione crescente tra l'ordinamento internazionale/transnazionale e l'ordinamento interno*

99. — Un tempo — dalla creazione dello Stato moderno nel XVI secolo fino alla metà del XX secolo — l'ordinamento internazionale e l'ordinamento interno apparivano come due pianeti separati di cui ciascuno Stato si incaricava di assicurare il "collegamento", salva l'eccezione delle *norme internazionali aventi diretta efficacia* ([105]). La progressiva intensificazione delle relazioni fra Stati ha condotto ad un aumento quantitativo e qualitativo delle norme di "diritto internazionale pubblico" che sono divenute sempre più importanti anche per l'ordinamento giuridico italiano. Ma oltre a tali norme, la globalizzazione della *societas internazionale* e l'affermazione di autorità tecnocratiche ha portato, nel nostro tempo, alla crescente produzione di *regole transnazionali*, elaborate da entità transnazionali — quasi sempre c.d. *non State actors* — per essere, successivamente, *riprodotte* in modo speculare nell'ordinamento giuridico interno dei singoli Stati. Ciò accade perché quelle stesse regole vengono indicate come rappresentative delle "migliori prassi" (*best practices*) in vigore ([106]).

La mondializzazione ha così contribuito all'accelerazione della "transnazionalizzazione" del diritto internazionale e ha ampliato i tradizionali rapporti tra l'ordinamento giuridico interno e l'ordinamento internazionale. Il diritto interno e quello internazionale si trovano, oggi, in una peculiare situazione di *specularità* e di "*osmosi*", in quanto la *norma transnazionale* si impone come *termine di riferimento comune* su sui viene "spontaneamente" modellata la norma di diritto statale interno.

Tale *armonizzazione spontanea* dell'ordinamento interno dei singoli Stati con quello internazionale contribuisce in modo efficace all'armonizzazione ed alla regolazione uniforme delle regole giuridiche su scala mondiale, assolvendo così ad una fondamentale funzione del diritto internazionale.

([105]) V. Cap. XVII.
([106]) V. Cap. IX.

PRIMA PARTE

LA SUPERIORITÀ DEL DIRITTO INTERNAZIONALE

Capitolo II

IL PRIMATO DEL DIRITTO INTERNAZIONALE SUL DIRITTO INTERNO

1. Premessa storica. — Si è detto che, da un punto di vista storico, gli Stati per lungo tempo sono stati i soli soggetti del diritto internazionale e per questa ragione in dottrina si è spesso parlato di diritto internazionale "pubblico". Di conseguenza, per la dottrina classica dei primi del Novecento — al culmine della quale troviamo i celebri studi di TRIEPEL e di ANZILOTTI su cui torneremo nel Cap. XVII — era normale studiare solo la questione della superiorità del "diritto internazionale pubblico" rispetto al diritto interno emanato dagli Stati nazionali. Senonché, come abbiamo indicato nel capitolo precedente ed abbiamo dimostrato sin dalla prima edizione del nostro libro (a differenza dei manuali di altri autori) oltre che in diversi nostri studi, tale problematica oggi è di *ben più vasta portata* in quanto va studiata non più solo con riferimento alle *norme interstatali* ma anche con riferimento alle norme a carattere *transnazionale*.

2. Una supremazia logica. — Procediamo con ordine ed esaminiamo ora i risultati, ancor oggi validi, raggiunti dalla dottrina classica. Se affrontiamo la questione dei rapporti tra il diritto internazionale ed il diritto interno dei singoli Stati, *da un punto di vista logico*, la *superiorità* ossia il ***primato*** del diritto internazionale sulle norme nazionali con esso contrastanti dovrebbe ricavarsi "da sé" e non sollevare alcuna difficoltà particolare. Secondo TOMASO PERASSI:

> "L'ordinamento internazionale, come ogni altro ordinamento giuridico, per la sua stessa funzione, è superiore ai soggetti, tra i quali vige, nel senso che questi sono sottoposti alle sue norme, e perciò esso è superiore agli Stati quali soggetti di diritto internazionale. Questa superiorità si manifesta anche in quanto gli Stati sono presi in considerazione dal diritto internazionale come gestori del loro ordinamento interno, indirizzando ad essi delle norme relative al modo di essere del loro ordinamento; ma ciò non autorizza a dire che il diritto internazionale è superiore o prevale sul diritto interno, perché l'ordinamento interno, che fa capo a ciascuno Stato, non sta in relazione diretta con quello internazionale in modo da assumere rispetto a questo la posizione di un ordinamento dipendente o derivato" [1].

Si tratta di un rilievo di fondamentale importanza che venne ribadito, tra gli altri, da MICHEL VIRALLY, secondo il quale:

---

(1) T. PERASSI, *Lezioni di diritto internazionale*, II, 3 ed., Padova, Cedam, 1957, p. 8.

"qualunque ordinamento giuridico è superiore ai suoi soggetti altrimenti non è tale...il diritto internazionale sarebbe inconcepibile se si affermasse che le sue norme non si impongono ai suoi soggetti. Negare la sua superiorità, significa dunque negarne l'esistenza" (2).

E persino negli anni'30 del secolo scorso, in un periodo storico dominato dal nazionalismo (oggi diremmo dal "sovranismo") e dal dogma della supremazia dello Stato, Prospero Fedozzi osservava che

"constatare la superiorità del diritto internazionale sul diritto interno si afferm[a] anche nel senso che il primo delimita la sfera di libertà giuridica lasciata agli Stati, in modo da poter ritenere per esatta la definizione che varii recenti scrittori hanno dato della sovranità vista nei rapporti internazionali, la definizione cioè di una competenza nei limiti tracciati dal diritto internazionale" (3).

L'**uniformità** della *norma internazionale* postula perciò la sua **superiorità** in rapporto alla mutevolezza ed alla specificità della *norma interna* di ciascuno Stato.

3. Piano espositivo. — Allo stato attuale della nostra materia, si continua ad assistere ad un curioso paradosso: mentre il ***principio del primato del diritto internazionale sul diritto interno*** viene integralmente riconosciuto a livello internazionale (Sezione I); dal punto di vista del diritto interno dei singoli Stati quel medesimo principio trova solo un parziale accoglimento (Sezione II).

Sezione I
Un principio integralmente riconosciuto a livello internazionale

4. Una supremazia d'insieme. — La superiorità del diritto internazionale che, come abbiamo indicato, costituisce il fondamento stesso dell'esistenza del diritto internazionale, non si trova espressamente menzionata in quella sorta di "costituzione" dell'ordinamento internazionale contemporaneo che è la Carta dell'ONU. In realtà, durante la Conferenza di San Francisco del 1945, la delegazione belga aveva proposto di includere siffatto principio nel testo di tale trattato, ma detta proposta non venne formalmente adottata, in quanto non venne raggiunta la maggioranza richiesta dei due terzi degli Stati partecipanti. Poco tempo dopo, a partire dal 1949, la Commissione di diritto internazionale (d'ora in avanti CDI) dell'ONU, appena costituita, inserì quel principio nella sua *Dichiarazione dei Diritti e dei Doveri degli Stati* (art. 13). Successivamente, la **Convenzione di Vienna sul diritto dei trattati del 23 maggio 1969**, entrata in vigore il 27 gennaio 1980, ne diede formale consacrazione. **L'art. 27** di questa importantissima Convenzione dispone infatti che: "*Una parte non può invocare le disposizioni del proprio diritto interno per giustificare la mancata esecuzione di un trattato*".

La "superiorità" o se si preferisce usare, *mutatis mutandis*, una locuzione frequente nel diritto UE, il "primato" del diritto internazionale significa che le *norme*

---

(2) M. Virally, *Sur un pont aux ânes: les rapports entre droit international et droit interne*, in *Mélanges Rolin*, Paris, Pedone, 1964, p. 488 ss., p. 497: "tout ordre juridique s'affirme supérieur à ses sujets, ou bien il ne l'est pas... le droit international est inconcevable autrement que supérieur aux Etats, ses sujets. Nier sa supériorité revient à nier son existence".

(3) P. Fedozzi, *Introduzione al diritto internazionale e Parte generale*, in *Trattato di diritto internazionale* diretto da P. Fedozzi e S. Romano, cit., 1933, p. 299.

internazionali a carattere obbligatorio e vincolante prevalgono sul diritto interno di ciascuno Stato a cui sono opponibili, che si tratti di atti costituzionali (1), legislativi (2), amministrativi (3) o giudiziari (4).

§ 1. — *Il "primato" del diritto internazionale sulle norme costituzionali*

1. — La prassi arbitrale internazionale

Tre casi celebri evidenziano la posizione della giurisprudenza internazionale in materia.

5. Il caso dell'*Alabama* (1872). — L'"Alabama" era una nave militare delle forze sudiste della Confederazione americana, all'epoca della Guerra di Secessione. La Confederazione aveva acquistato questa nave in un cantiere navale inglese e si trattava di un'efficientissima macchina bellica giacché riuscì a causare numerosi danni alle forze "nordiste", prima di essere affondata nel 1864 al largo di... Cherbourg, in Francia. Dinanzi al collegio arbitrale, presieduto da un giurista italiano, il Conte Federico Sclòpis, la Gran Bretagna chiedeva di essere esonerata da ogni responsabilità nella misura in cui essa — pur essendo all'epoca una Potenza neutrale — non disponeva degli strumenti giuridico-costituzionali necessari per impedire la costruzione sul proprio territorio di navi da guerra da rivendere a Stati terzi.

Il collegio arbitrale rigettava, tuttavia, tale argomentazione difensiva fondata sull'"insufficienza di mezzi giuridici" di ordine interno a disposizione della Gran Bretagna ([4]). Per gli arbitri, infatti, non si trattava di una circostanza sufficiente a giustificare la violazione da parte della Gran Bretagna degli obblighi internazionali di neutralità a proprio carico durante la Guerra di Secessione americana. Il lodo, pronunciato a Ginevra, stabilì dunque la responsabilità britannica per violazione di norme consuetudinarie in materia di neutralità nell'ambito di un conflitto armato internazionale tra uno Stato e un gruppo di insorti (il Governo confederato del Sud), da considerare come *soggetto belligerante*.

6. Caso del *Montijo* (1875). — La controversia del "Montijo" tra gli Stati Uniti e la Colombia sollevò un problema analogo: qui si trattava dell'antinomia tra le norme di un trattato internazionale e quelle della costituzione della Colombia. La Colombia sosteneva che le norme della propria Costituzione le impedivano di rispettare i termini di un trattato regolarmente concluso con gli Stati Uniti. Ciò, tuttavia, significava affermare la superiorità della Costituzione colombiana (ossia del diritto interno) sul diritto internazionale. Ebbene, anche qui, nel rigettare tale argomentazione, gli arbitri affermarono a chiare lettere che "[u]n trattato è superiore alla Costituzione" e pertanto uno Stato federale non può sottrarsi all'osservanza del diritto internazionale

---

([4]) Testo in A. De Lapradelle, N. Politis, *Recueil des arbitrages internationaux*, II, Paris, Pedone, 1905, p. 713 e ss. V. pure Alabama Claims Arbitration 1872, in J. B. Moore (ed.), *History and Digest of the International Arbitrations to which the United States has been a Party*, 1898, nonché ora W. Park, B. de Fumichon, "Retour sur l'Affaire de l'Alabama: de l'utilité et des limites de l'histoire du droit, in *Revue de l'arbitrage*, 2019, p. 743 ss..

allegando l'insufficienza del suo diritto interno; *è infatti il diritto interno che deve adattarsi al diritto internazionale* (5).

7. Il caso *Georges Pinşon* (1928). — Anche il caso *Georges Pinson*, relativo ad una controversia tra la Francia ed il Messico, sollevò il problema dei rapporti tra un trattato internazionale e la Costituzione nazionale. Qui, si trattava delle norme della Costituzione messicana relative alla concessione della cittadinanza. Orbene, anche in questo caso, l'arbitro fece prevalere il trattato franco-messicano sulle norme costituzionali messicane affermando in termini inequivocabili che:

"[è] incontestabile ed incontestato che il diritto internazionale è superiore al diritto interno. Le norme nazionali non sono senza valore per i tribunali internazionali, ma detti tribunali non sono vincolati da quelle norme...Non dobbiamo mai perdere di vista che tale questione di importanza fondamentale non si presenta davanti ad un tribunale internazionale allo stesso modo che davanti ad un tribunale interno. Difatti, quest'ultimo, espressione della sovranità dello Stato, può trovarsi obbligato ad applicare la costituzione, senza esaminarne la conformità con il diritto internazionale, e ciò anche se dovesse ammettere la non conformità di essa con tale diritto" (6).

2. — La prassi giudiziaria internazionale

8. — È possibile citare alcuni altri celebri precedenti tratti tanto dalla prassi della CPGI quanto da quella della Corte di giustizia UE.

a) *Il contributo della CPGI*

9. — Nel caso relativo al ***Trattamento dei cittadini polacchi e di altre persone di origine o lingua polacca nel territorio di Danzica***, la città libera di Danzica riteneva di poter applicare ai polacchi le proprie norme costituzionali in deroga alle norme fissate nel trattato internazionale a loro favore. Nel parere consultivo che ne seguì, la CPGI rigettò tale tesi, affermando la superiorità del diritto internazionale pattizio sul diritto costituzionale locale. La Corte si espresse in questi termini:

"in base ai principi generali generalmente accettati, uno Stato non può basarsi, nei confronti di un altro Stato, sulle disposizioni della Costituzione del secondo ma solo sul diritto internazionale e su obbligazioni internazionali debitamente assunte...Di converso, uno Stato non può invocare nei confronti di un altro Stato la propria Costituzione con il proposito di sottrarsi ad obblighi che lo vincolano in base al diritto internazionale e a trattati in vigore" (7).

Questa posizione tradizionale sarà riaffermata dalla CIG nel suo parere del 26 aprile 1988 relativo al ***caso dell'Ufficio dell'OLP presso le Nazioni Unite*** indicando che:

"È sufficiente ricordare il principio fondamentale in diritto internazionale della preminenza di questo diritto sul diritto interno. Tale preminenza ha ricevuto consacrazione in

---

(5) Testo in J.B. Moore, *History and Digest of the International Arbitrations to which the United States Has Been a Party, Together with Appendices Containing the Treaties Relating to such Arbitrations, and Historical Legal Notes*, Washington, Gov. Printing Office, 1898, II, p. 1440.

(6) TAM, *Francia c. Messico*, Lodo Verzjil, in *RSA*, V, p. 327 e 393.

(7) Parere del 4 febbraio 1932, *Rec.*, Série A/B, n. 44, 1932, p. 24 s.

giurisprudenza a partire dal lodo arbitrale del 14 settembre 1872 nel caso dell'Alabama tra Stati Uniti e Gran Bretagna ed in seguito è stato spesso richiamato" ([8]).

b) *Il contributo della Corte di Giustizia UE al primato del diritto dell'Unione europea sul diritto interno*

Bibliografia sommaria: D. Carreau, "Droit communautaire et droits nationaux; concurrence ou primauté, la contribution de l'arrêt Simmenthal", *RTDE*, 1978, p. 381 ss.; J.P. Jacque, *Droit institutionnel de l'Union européenne*, 8ª ed., Paris, Dalloz, 2015; M. Di Stefano (a cura di), *L'effetto diretto delle fonti dell'ordinamento giuridico dell'Unione europea*, Napoli, ES, 2017; D. Gallo, *L'efficacia diretta del diritto dell'Unione europea negli ordinamenti nazionali. Evoluzione di una dottrina ancora controversa*, Milano, Giuffrè, 2018; G. Tesauro, *Manuale di diritto dell'Unione europea*, a cura di P. De Pasquale e F. Ferraro, Napoli, ES, 2018, p. 195 ss.; U. Villani, *Istituzioni di diritto dell'Unione europea*, Bari, Cacucci, 6ª ed., 2020, p. 449 ss.; L. Daniele, *Diritto dell'Unione europea*, 5ª ed., Milano, Giuffrè, 2020, p. 271 ss. e riferimenti ivi citati. V., per un aggiornamento permanente, il sito internet della Corte, *www.curia.eu*.

10. — La Corte di giustizia dell'Unione europea ha posto dei principi analoghi a quelli appena illustrati in una delle sue prime e più celebri sentenze: il caso ***Costa c. Enel*** ([9]). Qui, la Corte evidenziò chiaramente la specificità del "diritto comunitario" per poi affermarne la superiorità d'insieme sul diritto interno degli Stati Membri. La Corte si espresse in questi termini:

> "a differenza dei comuni trattati internazionali, il Trattato CEE [oggi TUE e TFUE, *n.d.r.*] ha istituito un proprio ordinamento giuridico, integrato nell'ordinamento giuridico degli Stati membri... scaturito da una fonte autonoma, il diritto nato dal Trattato non potrebbe, in ragione appunto della sua specifica natura, trovare un limite in qualsiasi provvedimento interno senza perdere il proprio carattere comunitario e senza che ne risultasse scosso il fondamento giuridico della stessa Comunità [oggi dell'Unione, *n.d.r.*]".

11. — In seguito, la Corte di Giustizia non fece altro che riaffermare tale posizione di principio, precisandola. Così, ad esempio, nella causa 118-75 (*Lynne Watson*), la Corte affermò — a chiare lettere — che le norme del diritto dell'Unione europea "prevalgono su qualsiasi altra norma interna contraria" ([10]). Poco tempo prima, nel celebre caso ***Internationale Handelsgesellschaft***, del 17 dicembre 1970 ([11]), la Corte aveva precisato che il "diritto comunitario" — oggi il diritto UE — prevale sulle norme costituzionali degli Stati membri. "I principi di una costituzione" — afferma la Corte — "non [possono] diminuire la validità di un atto della Comunità né la sua efficacia nel territorio" di uno Stato. Siffatta impostazione culminò nella sentenza pronunciata nella causa n. 106-77 (***Simmenthal***) decisa il 9 marzo 1978, riaffermando e consolidando la giurisprudenza precedente.

Alla luce di tale premesse, va osservato che la posizione della Corte non è mutata nonostante il rallentamento del processo di integrazione europea dovuto al fallimento della "Costituzione europea" nel 2005, alla crisi economica mondiale iniziata nel

([8]) CIG, Parere consultivo del 20 aprile 1988, in *Rec.*, p. 34 e par. 57: "It would be sufficient to recall the fundamental principle of international law that international law prevails over domestic law. This principle was endorsed by judicial decision as long ago as the arbitral award of 14 September 1872 in the Alabama case between Great Britain and the United States, and has frequently been recalled since".

([9]) Corte di giustizia, 15 luglio 1964, Causa C-6/64, *Costa*, *Rec.*, 1964, p. 1135.

([10]) In *Rec.*, 1976, p. 1185, e p. 1197.

([11]) In *Rec.*, 1970, p. 1125.

2008-2009 e le recenti sentenze delle Corti costituzionali di due Paesi a "tradizione dualista" come la Germania e l'Italia. In effetti, una sentenza della Corte costituzionale tedesca sul Trattato di Lisbona, del 30 giugno 2009, ha indicato che, pur se detto Trattato era conforme alla *Grundgesetz* tedesca, le leggi di accompagnamento relative alla partecipazione del *Bundestag* e del *Bundesrat* agli atti dell'Unione europea non lo erano, in quanto si trattava di disposizioni giudicate insufficientemente democratiche. Tale sentenza della più alta Corte tedesca venne vivacemente criticata in Francia come altrove, ma significava che l'art. 23 della *Grundgesetz* tedesca esige che la costruzione dell'UE sia conforme ai "principi federali, sociali, di Stato di diritto e di democrazia" e dunque garantisca una protezione dei diritti fondamentali sostanzialmente comparabile a quella fornita dalla *Grundgesetz*.

Parimenti, la Corte costituzionale italiana ha parlato di ***controlimiti*** al primato "assoluto" del diritto UE in rapporto al diritto interno degli Stati membri e ciò in funzione non di qualunque norma costituzionale ma limitatamente al rispetto dei diritti fondamentali elencati dalla Costituzione italiana ([12]).

Senonché, al di là degli "ammonimenti" rivolti dalle due Corti costituzionali, italiana e tedesca, alle istituzioni dell'UE, è possibile affermare che l'inclusione della Carta dei diritti fondamentali per il tramite dell'art. 6 TUE deve permettere tali conflitti "sistemici" tra l'ordinamento giuridico dell'Unione e gli ordinamenti giuridici degli Stati membri.

§ 2. — *Il primato del diritto internazionale sulle leggi di uno Stato*

12. — La superiorità del diritto internazionale sulla legislazione interna di uno Stato è stata riconosciuta tanto nella prassi arbitrale quanto in quella giudiziaria. A tal proposito, basti rinviare agli arbitrati precedentemente esaminati ed alla giurisprudenza costante della Corte di Giustizia UE.

13. — Nella sentenza su ***Certi interessi tedeschi nell'Alta Slesia Polacca*** ([13]), la CPGI pronunciò una formula divenuta celebre:

([12]) V. Corte Cost., 27 dicembre 1973, n. 183, ***Frontini*** ove la Corte ha indicato che "in base all'art. 11 della Costituzione sono state consentite limitazioni di sovranità unicamente per il conseguimento delle finalità ivi indicate; e deve quindi escludersi che siffatte limitazioni, concretamente puntualizzate nel Trattato di Roma — sottoscritto da Paesi i cui ordinamenti si ispirano ai principi dello Stato di diritto e garantiscono le libertà essenziali dei cittadini —, possano comunque comportare per gli organi della C.E.E. [oggi UE] un inammissibile potere di violare i principi fondamentali del nostro ordinamento costituzionale, o i diritti inalienabili della persona umana. Ed è ovvio che qualora dovesse mai darsi all'art. 189 una sì aberrante interpretazione, in tale ipotesi sarebbe sempre assicurata la garanzia del sindacato giurisdizionale di questa Corte sulla perdurante compatibilità del Trattato con i predetti principi fondamentali". La giurisprudenza successiva ha confermato questa impostazione e la persistenza dei "controlimiti" nella giurisprudenza costituzionale. Successivamente, il caso ***Taricco*** ha dato vita ad una interessante *querelle* tra le due Corti ed alla fine la Corte di Giustizia (CGUE, Grande Sezione, 5 dicembre 2017, C-105/14) ha dovuto ammettere che "[l'] art. 325, paragrafi 1 e 2, TFUE dev'essere interpretato nel senso che esso impone al giudice nazionale di disapplicare, nell'ambito di un procedimento penale riguardante reati in materia di imposta sul valore aggiunto, disposizioni interne sulla prescrizione, rientranti nel diritto sostanziale nazionale...a meno che una disapplicazione siffatta comporti una violazione del principio di legalità dei reati e delle pene a causa dell'insufficiente determinatezza della legge applicabile, o dell'applicazione retroattiva di una normativa che impone un regime di punibilità più severo di quello vigente al momento della commissione del reato".

([13]) CPGI, 25 maggio 1926, merito, in *Rec.*, *Ser.* A, n. 7.

"[r]ispetto al diritto internazionale e nei confronti della Corte che ne è l'organo, le leggi nazionali sono dei semplici fatti, delle manifestazioni di volontà e dell'attività degli Stati, allo stesso titolo delle sentenze e delle misure amministrative" (14).

La *giuridicità* di un fatto è dunque relativa all'ordinamento giuridico dal cui punto di vista ci si colloca per esaminare una fattispecie. Così, un medesimo fatto o atto può assumere la qualifica di fatto o atto giuridicamente rilevante solo rispetto ad un dato ordinamento giuridico ma non automaticamente rispetto ad un altro. È il ***principio della relatività delle valutazioni giuridiche*** a cui abbiamo già fatto riferimento.

14. — La CPGI ebbe più volte l'occasione di riaffermare i suddetti principi. Così, nel caso relativo alla ***Questione delle comunità greco-bulgare*** (15), la Corte si espresse con queste parole:

"è un principio generalmente riconosciuto del diritto delle genti che, nei rapporti tra Potenze contraenti di un trattato, le disposizioni di una legge interna non possono prevalere su quelle di un trattato" (16).

15. — Così ancora, nel caso delle ***Zone franche dell'Alta Savoia e del Paese di Gex*** tra la Francia e la Svizzera: "la Francia non può avvalersi della sua legislazione per restringere la portata dei propri obblighi internazionali" (17). E la medesima soluzione è stata adottata nel caso *dell'Università Peter Pazmany* (18).

§ 3. — *Il primato del diritto internazionale sugli atti amministrativi di uno Stato*

16. — Il conflitto tra diritto internazionale ed atti amministrativi interni si è verificato meno frequentemente dinanzi ad arbitri e giudici internazionali ma è stato risolto, ancora una volta a sfavore delle "soluzioni nazionali", sulla base del principio di supremazia del diritto internazionale sul diritto interno.

17. — Così, nel **caso *Wimbledon***, che diede luogo alla prima sentenza della CPGI, la Corte dovette esaminare la questione del conflitto tra le norme del trattato di Versailles che internazionalizzavano il canale di Kiel e quelle contenute in misure amministrative adottate dalla Germania. Tali atti amministrativi proibivano il passaggio nel canale di Kiel delle navi (tra cui la "Wimbledon") che trasportassero materiale bellico a destinazione della Polonia durante il conflitto con l'URSS. Ciò in quanto la Germania era uno Stato neutrale in tale conflitto. Anche qui, la Corte non ebbe alcuna esitazione ad affermare il primato del diritto internazionale. Sancì infatti che la Germania "non poteva opporre agli obblighi che aveva assunto in virtù del trattato di Versailles (ovvero dell'articolo 380 che garantiva la libertà completa di passaggio nel canale di Kiel) le proprie ordinanze di neutralità" (19).

(14) *Ivi*, p. 19. In arg. cfr. A. CASSESE, *Il diritto interno nel processo internazionale*, Padova, Cedam, 1962, p. 269 ss.

(15) CPGI, Parere del 1930, in *Rec.*, Ser. B, n. 17.

(16) *Ivi*, p. 13.

(17) In *Rec.*, Series A/B, n. 46, p. 167.

(18) In *Rec.*, Series A/B, n. 61, p. 243.

(19) In *Rec.*, Series A, n. 1, p. 30.

18. — Successivamente, nel caso *della tutela dei minori* relativo ad una controversia tra la Svezia ed i Paesi Bassi, venne richiesto alla CPGI di valutare la compatibilità tra una legge svedese ed alcune disposizioni amministrative di attuazione rispetto alla Convenzione del 1902 sulla "tutela dei minori". Qui, tuttavia, una volta accertata la propria competenza a verificare se tali misure di applicazione svedesi comportassero "un inadempimento" della convenzione citata a carico della Svezia, la Corte non riscontrò alcuna antinomia tra il diritto interno svedese ed il diritto internazionale applicabile nel caso di specie ([20]).

§ 4. — *Il primato del diritto internazionale sulle sentenze dei giudici statali*

19. — Anche per gli atti del potere giurisdizionale dello Stato si ha, dal punto di vista dell'ordinamento internazionale, che il diritto internazionale prevale su qualunque sentenza interna. Per convincersene, basti citare il ***caso della Officina di Chorzow*** del 1928 che fu oggetto di un'altra celebre pronuncia della CPGI. Nella fattispecie, la Polonia, invocando una sentenza di un proprio tribunale, pretendeva di sottrarsi all'esecuzione di una sentenza internazionale pronunciata dalla CPGI nei propri confronti. Qui, la Corte doveva esaminare un conflitto tra l'autorità della *cosa giudicata internazionale* di cui era rivestita la propria sentenza ([21]) e l'autorità di *cosa giudicata* — e temporalmente successiva — di una sentenza di un giudice interno. Senonché, la CPGI ne dedusse la prevalenza dell'autorità della cosa giudicata internazionale che, come tale, doveva prevalere su qualunque altra pronuncia, ancorché definitiva, di una giurisdizione interna. Secondo la CPGI era semplicemente impossibile:

> "che una decisione giudiziaria nazionale avesse potuto invalidare, indirettamente, una sentenza pronunciata da un'istanza internazionale... Qualsiasi sia l'effetto della decisione giudiziaria del tribunale di Katowice del 12 novembre 1927 dal punto di vista del diritto interno, tale decisione giudiziaria non può, né eliminare la violazione della Convenzione di Ginevra constatata dalla Corte nel suo art. n. 7, né sottrarre a questa sentenza una delle basi sulle quali è fondata" ([22]).

Conclusione parziale: (o "due errori da non commettere")

20. — Il *principio di superiorità (o se si preferisce del primato) del diritto internazionale* comporta due *caveat.* Prima di tutto, il ruolo del giudice (o dell'arbitro) internazionale pur affermando il primato del diritto internazionale su tutte le norme, atti e sentenze del diritto interno non annulla mai la norma, l'atto o la sentenza dello Stato che siano contrari al diritto internazionale — cosa che non rientra nei suoi poteri — ma li dichiara "inopponibili" a livello internazionale. Inoltre, è necessario distinguere la *validità interna* della norma giuridica "nazionale" dalla sua *validità internazionale*, visto che i loro effetti non coincidono.

([20]) CIG, in *Rec.*, 1958, p. 65.
([21]) Nella sentenza n. 7 concernente le Officine di Chorzow.
([22]) CPGI, 13 settembre 1928, *Ser.* A, n. 17, pp. 33-34.

1. — Il ruolo del giudice o dell'arbitro internazionale nella valutazione della compatibilità di una norma statale con una norma internazionale

21. ***"Inopponibilità" ma non "invalidità" della norma interna contraria al diritto internazionale: l'effetto di disapplicazione.*** — *Il giudice internazionale e l'arbitro internazionale si collocano nell'ordinamento internazionale e non nell'ordinamento giuridico di uno Stato dato*. Pertanto, se constatano una contrarietà insanabile tra una norma interna (o una sentenza o ancora una misura amministrativa) di uno Stato e una norma internazionale, la conseguenza non sarà di certo l'"annullamento" o la "riformulazione" della norma domestica. In tale ipotesi, il giudice internazionale o l'arbitro dichiareranno la norma interna "inopponibile" (*not opposable*, in inglese) sul piano internazionale ovvero "inefficace" o, più semplicemente, "non applicabile". In questo senso si parla di "effetto di disapplicazione".

Si tratta di una tecnica ben sviluppata nel particolare contesto del diritto UE. Così, ad esempio, la Corte di Giustizia UE ha rivendicato in una recente sentenza che solo essa "può, eccezionalmente e per considerazioni imperative di certezza del diritto, concedere una sospensione provvisoria dell'effetto di disapplicazione esercitato da una norma di diritto dell'Unione rispetto a norme di diritto interno con essa in contrasto" ([23]).

In conclusione, la conseguenza pratica del primato della norma internazionale sull'atto interno dello Stato (atto normativo, sentenza o misura amministrativa) è che se l'atto interno contrasta con la norma internazionale, l'atto interno va *disapplicato*.

Si tratta di principi classici, tradizionali, che sono stati più volte consacrati dalla prassi arbitrale (a) e giudiziaria (b).

a) *La prassi arbitrale internazionale*

22. — Particolarmente emblematico a tale riguardo è il già citato lodo arbitrale pronunciato nel **caso *Georges Pinson***. In questo caso, il Messico riteneva che la Francia non avesse il diritto di esercitare la protezione diplomatica a favore di Georges Pinson, avendo quest'ultimo acquisito la cittadinanza messicana in virtù delle leggi locali. Il tribunale arbitrale internazionale rigettò tale argomentazione, ritenendo di non essere vincolato dalle norme messicane né di doverle interpretare. Rilevò, invece, che il suo compito era quello di accertare la cittadinanza di Georges Pinson indipendentemente dalla Costituzione o dalle leggi del Messico ma in funzione delle sole regole del diritto internazionale. Così, nel caso di specie, il tribunale concluse che per Pinson prevaleva la cittadinanza francese secondo il diritto internazionale. Tale sentenza arbitrale non aveva dunque come effetto quello di invalidare le leggi messicane contrarie: piuttosto, si limitava a dichiarare la loro inefficacia a livello internazionale, risultando perciò inopponibili alla Francia.

([23]) Corte di Giustizia, 29 luglio 2019, Causa C-411/17, *Inter-Environnement Wallonie ASBL*, para 177, ECLI:EU:C:2019:622. La versione inglese così recita: "It must be added that only the Court of Justice may, in exceptional cases, for overriding considerations of legal certainty, allow temporary suspension of the ousting effect of a rule of EU law with respect to national law that is contrary thereto."

b) *La prassi giudiziaria internazionale*

i. La CPGI

23. — Nel caso precedentemente citato **dell'*Alta Slesia polacca***, la CPGI dovette pronunciarsi, *inter alia*, sugli effetti del conflitto tra la legge polacca e gli obblighi internazionali della Polonia. La Corte dichiarò quanto segue:

> "La Corte non è certamente chiamata ad interpretare la legge polacca come tale; ma niente le impedisce di pronunciarsi per appurare se, applicando la suddetta legge, la Polonia agisca o meno in conformità agli obblighi che la Convenzione di Ginevra le impone nei confronti della Germania" ([24]).

Qui, la CPGI riconobbe un evidente contrasto tra la legge polacca e la Convenzione internazionale tedesco-polacca di Ginevra: nonostante ciò "non annullò" la legge polacca ma la dichiarò semplicemente "inopponibile" alla Germania, deducendone, di conseguenza, la responsabilità internazionale della Polonia a causa della contrarietà della propria normativa nazionale ai propri obblighi internazionali.

ii. La CIG

24. — La Corte internazionale di Giustizia (CIG) si pronunciò su una questione analoga nel **caso *Nottebohm*** ([25]), oggetto di un contenzioso tra il Liechtenstein ed il Guatemala. Nottebohm, un cittadino di origine tedesca, aveva ottenuto troppo facilmente la cittadinanza del Liechtenstein. Su tale caso ritorneremo più avanti (nel Cap. XV) ma, per il momento, basti notare che il Guatemala si rifiutò di riconoscere quest'ultima cittadinanza, in quanto la considerava puramente "fittizia". Perciò, durante la seconda guerra mondiale, procedette al sequestro dei beni di Nottebohm e lo internò in quanto "soggetto nemico" tedesco. E, probabilmente, l'unico tedesco che si accorse che il Guatemala era in guerra con la Germania nazista fu proprio...il sig. Nottebohm! Senonché, finita la guerra, il Lichtenstein citò a giudizio il Guatemala dinanzi alla CIG. Qui, il Guatemala eccepì che il Liechtenstein non aveva diritto ad esercitare la propria protezione diplomatica in favore di Nottebohm, poiché la cittadinanza di quest'ultimo non era "reale" bensì completamente "fittizia", una sorta di *cittadinanza di comodo* acquisita in uno Stato "facile". La Corte, alla fine, accolse la tesi del Guatemala ma si guardò bene dal dire che la legge del Liechtenstein fosse "illegale" o, peggio, che Nottebohm, dal punto di vista del diritto interno del Liecthenstein non fosse più uno dei suoi cittadini. Ponendosi esclusivamente sul piano del diritto internazionale, la Corte disse solo che la nuova cittadinanza di Nottebohm, non essendo *effettiva*, non era, come tale, "opponibile" al Guatemala.

iii. La Corte di giustizia UE: una conferma

25. — Tali classici principi sono stati riaffermati dalla Corte di Giustizia dell'Unione europea nonostante la "specificità" del diritto UE. Infatti, la Corte di Giustizia si è accorta molto presto di non avere la "competenza per annullare gli atti

---

([24]) CPGI, 25 maggio 1926, *Ser.* A, n°7, 1926, p. 19.
([25]) CIG, 6 aprile 1955, in *Rec.*, 1955, p. 4.

legislativi od amministrativi di uno Stato membro" in caso di contrarietà al diritto comunitario (ed oggi del diritto UE) ([26]). In seguito, essa ribadì tale principio con queste parole: "la Corte non è competente ad interpretare le norme del diritto nazionale, né a pronunciarsi su una loro eventuale incompatibilità con il diritto comunitario" ([27]).

26. — Una tale soluzione non deve sorprendere in quanto corrisponde alla posizione ed al ruolo del giudice o dell'arbitro internazionale che abbiamo poc'anzi illustrato. Se, infatti, il giudice o l'arbitro internazionale disponessero del potere di annullamento o anche semplicemente d'interpretazione vincolante delle norme nazionali nel loro ordinamento di origine, finirebbero per svolgere una funzione "sovranazionale" — *rectius* "supracostituzionale" — che porterebbe a subordinare loro le Corti "supreme" al pari delle costituzionali nazionali. Ciò, evidentemente, come abbiamo già osservato (Cap. I), presuppone un livello di integrazione della *societas* internazionale e uno sviluppo del diritto internazionale che mai si sono raggiunti: una tale evoluzione presuppone infatti un'organizzazione mondiale fondata su un sistema federale o, almeno, confederale. È bene ricordarlo ed è curioso che nel linguaggio corrente di molti giuristi non specialisti si abusi dell'aggettivo "sovranazionale" o "globale" senza trarre tutte le conseguenze che tale locuzione implica rispetto al più sicuro e rigoroso lemma "internazionale" ([28]).

2. — La discordanza tra l'efficacia internazionale e l'efficacia interna delle norme giuridiche

27. Premessa. — In un mondo ideale, una norma internazionale dovrebbe sempre ricevere pieno riconoscimento nel diritto interno di ciascuno Stato mentre le norme interne dovrebbero essere sempre conformi alle norme del diritto internazionale. Senonché, la realtà empirica dimostra che le cose non stanno sempre così e tale fenomeno è conosciuto da molto tempo dalla dottrina giusinternazionalistica.

Occorre muovere dalla considerazione elementare ed oggettiva secondo la quale poiché la Comunità internazionale e le comunità statali costituiscono ambienti sociali ben diversi, ne segue che sono dotati di norme proprie le quali vanno a costituire, appunto, degli *ordinamenti giuridici diversi e separati. Pertanto, la norma internazionale, in linea di principio, non si applica per forza propria in un ordinamento diverso da quello di origine.* Perché ciò accada, occorre che la norma interstatale venga trasfusa, ossia recepita nell'ordinamento nazionale tramite una norma interna.

28. Norme internazionali paralizzate dal diritto interno. — Così, può accadere che ad alcune norme internazionali che hanno vocazione ad essere applicate nell'ordinamento interno dei singoli Stati (c.d. norme direttamente applicabili o *self executing*) non venga riconosciuta alcuna *efficacia di diritto interno*. Accade, per esempio, che la condizione giuridica degli stranieri venga regolata in un'apposita *convenzione di stabilimento*, cioè in un trattato bilaterale la cui efficacia resti paralizzata sul

---

([26]) Corte di Giustizia, 6 dicembre 1960, Causa C-6/60, *Humblet*, in *Rec.*, 1960, pp. 1125 e 1145.

([27]) Corte di giustizia, 23 novembre 1977, Causa 38-77, *Enka* B.V., in *Rec.*, 1977, pp. 2203 e 2213.

([28]) In argomento v. per tutti G. Arangio-Ruiz, "La pretesa "analogia federale" nella Carta delle Nazioni Unite e le sue implicazioni", cit., pp. 221-273. V. altresì, Id., "Dualism Revisited: International Law and Interindividual Law", in *Riv. dir. int.*, 2003, p. 909 ss..

territorio di una delle Parti contraenti perché il diritto interno non è stato modificato di conseguenza. È questa però una chiara violazione del diritto internazionale, di natura tale da mettere in gioco la responsabilità internazionale dello Stato offensore (*infra*, Cap. XVI) e comportare un obbligo di riparazione.

29. Norma interna contraria al diritto internazionale. — Viceversa, può accadere che una norma giuridica nazionale qualunque (di rango costituzionale, legislativo, amministrativo) possieda pieno vigore sul piano del diritto nazionale ma risulti in contrasto col diritto internazionale. In tale situazione, gli organi in cui si articola l'amministrazione dello Stato, incluse le autorità indipendenti ([29]), continueranno ad essere vincolati dalla norma giuridica interna, seguitando ad applicarla a tutti coloro che si trovano nel territorio nazionale. Ma quella stessa norma risulterà "inopponibile" agli altri Stati sul piano del diritto internazionale come si vedrà d'appresso.

a) *Validità interna ma inopponibilità internazionale di un atto dello Stato*

30. La sanzione internazionale: l'*inopponibilità* della norma interna. — Lo "sfasamento" tra la norma internazionale e le norme interne di un dato Stato si deve al carattere incompleto ed imperfetto dell'ordinamento internazionale ed alla sua peculiare struttura la quale è, *ex natura rerum*, diversa da quella dell'ordinamento interno di qualunque Stato, come si evidenzia nella prassi arbitrale internazionale (i) ed in quella giudiziaria internazionale (ii).

***i.* La prassi arbitrale internazionale**

31. — Oltre al caso *Georges Pinson* precedentemente citato, possiamo menzionare altri due lodi arbitrali. In una controversia tra la Francia ed il Perù davanti alla CPA nel 1921 ([30]), il collegio arbitrale si rifiutò di dare applicazione ad una legge peruviana che annullava retroattivamente un contratto stipulato tra alcuni cittadini francesi ed il Governo locale di fatto di quel periodo. Gli arbitri conclusero che, dal punto di vista del diritto peruviano, una legge siffatta poteva essere valida ed efficace; tuttavia, essa perdeva ogni efficacia a livello internazionale, nella misura in cui ledeva dei diritti soggettivi legittimamente acquisiti dagli stranieri in base al diritto internazionale.

32. — Allo stesso modo, nel 1930, nel **caso *Shuffeldt***, oggetto di un contenzioso tra gli Stati Uniti e il Guatemala, l'arbitro dovette esaminare la validità di un Decreto del Governo guatemalteco che abrogava *ex lege* una concessione precedentemente accordata ad un cittadino americano. Il Guatemala sosteneva che tale misura, valida secondo la propria Costituzione, dovesse essere ugualmente efficace sul piano internazionale. Ma l'arbitro, ancora una volta, rigettava tale tesi affermando invece che, se il Decreto in questione ben poteva essere valido secondo il diritto guatemalteco (cosa che comunque non spettava a lui giudicare), lo stesso non poteva dirsi a livello internazionale, ossia rispetto all'ordinamento alla stregua del quale quel medesimo atto doveva essere valutato. Nella fattispecie, accolse la tesi degli Stati Uniti rilevando

---

([29]) In argomento v. ad es. M. D'Alberti, *Lezioni di diritto amministrativo*, 5 ed., Torino, Giappichelli, 2021, p. 77 ss..

([30]) In *RGDIP*, 1922, p. 256.

che secondo "un principio ammesso dal diritto internazionale...un sovrano non può erigere le proprie leggi nazionali come ostacolo insormontabile rispetto al reclamo di un sovrano straniero volto ad ottenere riparazione di un pregiudizio subito da uno dei suoi soggetti" (31).

***ii.* La prassi giudiziaria internazionale**

33. — In tutti i casi precedentemente esaminati (e su cui torneremo nel prosieguo di questo libro) — *Wimbledon, Trattamento dei cittadini polacchi a Danzica, Alta Slesia polacca, Fabbrica di Chorzow, Nottebohm* — la CPGI o la CIG non hanno mai contestato la *validità interna* degli atti nazionali che erano stati sottoposti al loro giudizio. I giudici internazionali hanno valutato quegli atti unicamente sul piano del diritto internazionale, facendo trionfare la norma internazionale e dichiarando eventualmente *inopponibile* a livello internazionale la norma o atto nazionali contrari al diritto internazionale.

b) *Le conseguenze di un'eventuale divergenza tra una norma valida ed efficace sul piano interno ma inopponibile sul piano internazionale*

34. L'obbligo di rendere il diritto interno conforme al diritto internazionale. — In via generale, la modifica della norma interna contraria al diritto internazionale si rende necessaria quando risulta essere *l'unico modo* accettabile di riparazione e di cessazione di un illecito internazionale. Vi si trova un chiaro esempio nel caso dei ***diritti dei cittadini degli Stati Uniti d'America in Marocco***, oggetto di un contenzioso tra gli Stati Uniti e la Francia dinanzi alla CIG nel 1952 (32). Qui, il Residente Generale francese in Marocco aveva adottato, nel 1948, delle misure di controllo dei cambi da cui erano state esentate le operazioni con la Francia. Gli Stati Uniti ritennero che tali restrizioni fossero contrarie ai diritti di cui essi disponevano in forza dell'Atto di Algeciras del 1906 che aveva istituito un regime di "porte aperte" in Marocco. A conclusione del processo, la CIG accolse la tesi statunitense per cui il solo modo per la Francia di conformarsi alla sentenza della CIG era quello di modificare la propria normativa sui cambi, cosa che detto Stato fece, abrogandola.

Infine, va osservato che nel nostro tempo, la proliferazione dei meccanismi di soluzione delle controversie internazionali, a partire dalle corti internazionali competenti in materia dei diritti umani (ad es. la Corte EDU) e dall'OMC/WTO, ha significativamente contribuito ad un sempre più raffinato, incisivo e stringente "controllo della messa in conformità" dell'ordinamento giuridico interno dei singoli Stati rispetto alla norma internazionale violata (33).

35. L'assenza di un obbligo assoluto di modifica della norma interna contraria al diritto internazionale. — Una mera divergenza tra una norma od atto giuridico interni ed una norma internazionale non basta a far sorgere la responsabilità internazionale

---

(31) Dept. of State Arb. Ser. 3 851, pp. 876-877 (1932).

(32) CIG, 27 agosto 1952, *Rec.*, 1952, p. 176.

(33) In arg. v. A. Hamann, *Le contentieux de la mise en conformité dans le règlement des différends de l'OMC*, Leiden, Brill-Nijhoff, 2014 e A. del Vecchio, *I Tribunali internazionali tra globalizzazione e localismi*, 2 ed., Torino, Giappichelli, 2015, pp. 173 s. e 355 s..

dello Stato autore, come si vedrà a suo luogo (Cap. XVI) ([34]). Ai fini della responsabilità internazionale dello Stato occorre infatti che vi sia *effettivamente* un *conflitto insanabile* tra l'atto interno e la norma internazionale, fatto che non sussiste qualora sia possibile **un'interpretazione conforme** al diritto internazionale dell'atto o della norma interna.

Va poi osservato che, una volta che una data norma (o atto o sentenza) nazionale sia stata proclamata *inopponibile* a livello internazionale, lo Stato autore di quell'atto non ha sempre l'obbligo di abrogarlo o di modificarlo per renderlo conforme al diritto internazionale. In caso di responsabilità internazionale, lo Stato offensore dovrà fornire una riparazione adeguata e la dottrina dell'*analisi economica del diritto internazionale* sembra persino favorire tale situazione, se economicamente più vantaggiosa. In tale ipotesi, la norma nazionale "più costosa" continuerà a produrre effetti solo sul piano dell'ordinamento giuridico interno.

Può accadere persino, ma si tratta di un caso rarissimo, che una sentenza giudiziaria interna munita dell'autorità di cosa giudicata riesca ad ostacolare la superiorità della norma internazionale come indica l'art. 30 della Convenzione europea per la risoluzione pacifica delle controversie del 29 aprile 1957. Ma anche in questa unica fattispecie, alla parte lesa potrà essere accordata dal giudice o dall'arbitro internazionale un'*equa soddisfazione*.

36. (*segue*) Il modello del diritto UE. — È opportuno notare che, nel diritto dell'Unione Europea, si verificano dei casi simili con una certa frequenza (v. a tale riguardo la Relazione annuale della Commissione "Monitoring the Application of European Union Law" ([35])). Infatti, nell'ordinamento dell'Unione europea, la Corte di giustizia è l'organo giurisdizionale supremo e sovranazionale che dà interpretazione e controlla l'applicazione omogenea della "legislazione dell'UE" in tutti gli Stati membri. Orbene, se la Corte di giustizia UE ritiene che una norma nazionale sia incompatibile con il diritto UE, lo Stato membro che ha violato il diritto UE dovrà adottare nel proprio ordinamento giuridico interno tutte le misure necessarie per porre fine a tale antinomia, compresa *la modifica e perfino l'abrogazione della propria legislazione*. In tal caso, la "riparazione" non consiste nel pagamento di un'indennità, quanto piuttosto proprio nella conformazione dell'ordinamento interno all'ordinamento internazionale ([36]).

A tale scopo, per indurre gli Stati membri a rispettare le sentenze della Corte di giustizia UE a seguito di una ***procedura di infrazione*** — e dunque per indurli a modificare la propria legislazione non conforme al diritto UE — l'art. 260 TFUE

([34]) V., ad esempio, i casi *Francia c. Perù* del 1921 dinanzi alla CPA, o *Shuffeldt* in materia arbitrale o, ancora, i casi della "*Wimbledon*", *dell'Alta Slesia polacca* o della *fabbrica di Chorzow* dinanzi alla CPGI.

([35]) V. https://ec.europa.eu/info/publications/annual-reports-monitoring-application-eu-law_en.

([36]) V., ad es., la sentenza del 14 dicembre 1982, C-314/81, *Waterkeyn*, in *Rec.*, 1982, I-4337, dove erano precisate le conseguenze di una procedura di infrazione che doveva essere eseguita dagli organi statali competenti e che poteva comportare "per le autorità partecipanti all'esercizio del potere legislativo l'obbligo di modificare le disposizioni in causa in modo da renderle conformi alle esigenze del diritto comunitario"; in seguito la CGUE precisò che l'esecuzione delle proprie sentenze doveva essere intrapresa immediatamente e concludersi il prima possibile (sentenza del 27 aprile 1988, C-225/86, *Commissione c. Repubblica italiana*, in *Rec.*, 1988, I-2271 — il che d'altronde non accade spesso come testimonia una pronuncia della Corte di giustizia del 3 ottobre 1989, C-383/85, *Commissione c. Regno del Belgio*, in *Rec.*, 1989, I-3069 — in cui il Belgio è stato condannato per non aver eseguito una precedente sentenza della Corte del 20 ottobre 1981).

prevede apposite ***sanzioni pecuniarie***. Si tratta di sanzioni dissuasive e che sono influenzate da determinati coefficienti in funzione della gravità dell'infrazione e della sua durata ([37]). Oggi, nell'ambito del diritto UE, è pacifica l'esistenza di una vera e propria "responsabilità finanziaria" dello Stato di risarcire i danni causati ai singoli, persone fisiche e giuridiche, per le violazioni del diritto dell'Unione ad esso imputabili ([38]).

Sezione II
Un principio non uniformemente riconosciuto a livello nazionale

37. Premessa. — Chiediamoci ora in quale misura i soggetti di diritto internazionale riconoscano il carattere *obbligatorio* e quindi *superiore* del diritto internazionale. Si noterà innanzitutto che il principio di superiorità del diritto internazionale viene generalmente riconosciuto dai suoi "soggetti". Inoltre, paradossalmente, tale principio rimane ancora poco conosciuto dagli operatori giuridici interni dei singoli Stati, i quali sono lungi dall'averne tratto tutte le conseguenze utili alla loro attività.

§ 1. — *Un pieno riconoscimento da parte dei soggetti "derivati" del diritto internazionale*

38. — È interessante rilevare che la "superiorità" del diritto internazionale non sia mai stata messa in discussione dai "soggetti derivati" del diritto internazionale: le organizzazioni internazionali intergovernative (OIG). A ben vedere, la superiorità del diritto internazionale risulta pacifica, sia per le organizzazioni internazionali intergovernative (i), sia per gli altri enti internazionali, sia per quanto riguarda i soggetti privati (c.d. *non State actors*) (ii).

1. — Gli enti a carattere interstatuale

39. Le Carte costitutive di organizzazioni internazionali e il diritto internazionale. — Le OIG, in quanto soggetti di diritto internazionale *devono la loro esistenza ed il loro funzionamento alla volontà degli Stati "fondatori", così come risulta dalle loro "carte istitutive" che sono trattati internazionali.* Tali "carte costitutive" sono un prodotto tipico del diritto internazionale e dunque, nell'esercizio del loro funzioni — incluso, laddove è stato loro concesso dagli Stati, il c.d. *Law making power* —, le OIG sono tenute a rispettare sia le norme delle loro carte costitutive, che quelle del diritto internazionale generale e pattizio.

([37]) V. la Comunicazione della Commissione del 5 giugno 1996, in *GUCE* C 242 del 21 agosto 1996, p. 6.

([38]) V., per l'Italia, l'art. 4, c. 43, della L. 12 novembre 2011 n. 183, il quale dispone che "la prescrizione del diritto al risarcimento del danno derivante da mancato recepimento nell'ordinamento dello Stato di direttive o altri provvedimenti obbligatori comunitari soggiace, in ogni caso, alla disciplina di cui all'articolo 2947 del codice civile e decorre dalla data in cui il fatto, dal quale sarebbero derivati i diritti se la direttiva fosse stata tempestivamente recepita, si è effettivamente verificato". In arg. cfr. R. Bifulco, "Responsabilità dello Stato per violazione del diritto dell'Unione", in *Dig. pubbl.*, Torino, 2010, p. 506 ss.; F. Ferraro, *La responsabilità risarcitoria degli Stati per violazione del diritto dell'Unione*, Milano, Giuffrè, 2012.

40. Il riconoscimento della superiorità del diritto internazionale da parte del diritto UE. — L'esempio del diritto dell'Unione europea appare, ancora una volta, particolarmente illustrativo. L'art. 228 del Trattato di Roma (oggi l'art. 218 TFUE) dispone in effetti che "gli accordi conclusi dalla Comunità [oggi la UE, *n.d.r.*] vincolano le istituzioni della Comunità [oggi l'Unione, *n.d.r.*] e gli Stati membri". Tale norma ha ricevuto un'interessante applicazione da parte della Corte di Giustizia, tramite la sentenza del 12 dicembre 1972 nel **caso *International Fruit*** (39), in cui venne esaminata la compatibilità tra le regole del GATT'47 (Accordo generale sulle tariffe doganali e sul commercio) ed alcuni regolamenti comunitari. La Corte, senza esitazioni, si ritenne "tenuta a esaminare se la validità [degli atti comunitari, *n.d.r.*] potesse essere influenzata dalla loro contrarietà ad una norma del diritto internazionale". Procedendo per questa via, la *Corte concluse che il diritto internazionale* — qui il diritto pattizio — *vincolando le Comunità (ed oggi l'Unione europea), prevaleva sul diritto derivato comunitario.* Successivamente, la Corte di Giustizia ebbe più volte l'occasione di precisare che le competenze della Comunità (oggi dell'UE) devono essere esercitate nel rispetto del diritto internazionale (40).

2. — I soggetti giuridici privati

41. Applicazione ai *contratti tra Stati e privati stranieri.* — Il problema della superiorità del diritto internazionale si è posto talvolta anche con riferimento ai contratti internazionali conclusi tra Stati e soggetti privati stranieri (*State contracts*). Quando tali contratti sono assoggettati al diritto internazionale, i principi di quest'ultimo governano i rapporti tra le due parti: una statale e l'altra privata. Orbene, proprio in base al diritto internazionale (inclusa la fonte formale dei "principi generali di diritto riconosciuti dalle Nazioni civili" di cui all'art. 38 dello Statuto CIG), una parte — a differenza di quanto erroneamente ritenuto da qualche Stato — non può unilateralmente modificare un contratto internazionale in nome della propria sovranità, ciò che significherebbe andare contro il principio *pacta sunt servanda.* Così, in sede arbitrale, si è stabilito il principio secondo cui "rispetto al diritto internazionale dei contratti, una nazionalizzazione non può prevalere su di un contratto internazionale concluso tra uno Stato ed un'impresa privata straniera che comporti delle disposizioni di stabilizzazione" (§ 73). (41)

42. Applicazione alle norme internazionali/transnazionali create da soggetti privati. — Infine, va sottolineato che, nel diritto internazionale del nostro tempo, un numero crescente di *norme transnazionali* vengono elaborate *direttamente* dai soggetti giuridici privati, specialmente da organizzazioni non governative (ONG) (v. Cap. IX). Non solo tali norme entrano a far parte automaticamente della "legalità internazionale" ma anche, così ci sembra, i soggetti privati nella loro attività normativa

---

(39) Corte di giustizia, 12 dicembre 1972, Cause riunite da C-21/72 a C-27/72, *International Fruit Company*, *Rec.*, 1972, p. 1219.

(40) Corte di giustizia, 24 novembre 1992, Causa C 286/90, *Poulsen e Diva Navigation*, in *Rec.* I-6019 punto 9; soluzione confermata nella causa C 162/96, del 16 Giugno 1998, *Racke*, *JCP* ed. gen. 1999, n. 10022 con nota di E. Leray e A. Potteau.

(41) V. il lodo arbitrale del 19 gennaio 1977 nel caso *Texaco/Calasiatic c. Governo libico* in *Clunet*, 1977, p. 350, con nota di J.F. Lalive, in particolare i punti 51, e 63-73. V. pure J. Paulsson, "The Power of States to Make Meaningful Promises to Foreigners", in *J. Int. Disp. Settlement*, 2010, pp. 341-352.

transnazionale hanno coscienza di dover rispettare tanto le norme imperative (*jus cogens*) quanto le norme obbligatorie e vincolanti del diritto internazionale "pubblico" (cosa che, del resto, avviene senza difficoltà). Ciò appare evidente nel diritto internazionale umanitario e nel diritto del commercio internazionale (si pensi agli Incoterms o alle Norme ed usi uniformi in materia di credito documentario). Ad ulteriore testimonianza basti esaminare l'articolazione degli *UN Guiding Principles on Business and Human Rights* del 2011 (su cui v. *infra*, Cap. XV).

§ 2. — *Un pieno riconoscimento da parte dei soggetti primari ed "originari" del diritto internazionale: gli Stati*

43. — Gli esempi abbondano in questa categoria e se ne troveranno molti in tutto questo libro. Pertanto ci limiteremo a menzionarne alcuni tra i più importanti.

1. — Il preambolo della Carta dell'ONU

44. — La Carta dell'ONU, nel suo Preambolo, pone il principio del "*rispetto degli obblighi nati dai trattati e dalle altre fonti del diritto internazionale*". È pacifico che qui si tratta della superiorità del diritto internazionale nel suo insieme e non soltanto del diritto pattizio.

2. — La superiorità del diritto pattizio: la norma *pacta sunt servanda*

45. — All'interno del più ristretto ambito del diritto dei trattati, la Convenzione di Vienna del 1969 riconosce espressamente la norma consuetudinaria *pacta sunt servanda* e ne fa la base del diritto in tale materia. All'art. 26, essa dispone infatti che "*ogni trattato in vigore vincola le parti e deve essere da esse eseguito in buona fede*". Essa aggiunge peraltro subito dopo la fondamentale norma secondo la quale "*una parte non può invocare le disposizioni del suo diritto interno per giustificare la mancata esecuzione di un trattato*" (art. 27). Il testo non potrebbe essere più chiaro riguardo all'affermazione della superiorità del diritto internazionale pattizio sul diritto interno.

3. — La prassi degli Stati

46. — A proposito della prassi degli Stati, ci si limiterà qui a richiamare alcune delle osservazioni generali enunciate alla fine del capitolo introduttivo di questo libro. Da una parte, tutti gli Stati del mondo hanno creato un ***servizio giuridico*** in seno ai loro Ministeri degli affari esteri (in Italia si tratta del *Servizio per gli affari giuridici, del contenzioso diplomatico e dei trattati*) ed altri uffici specializzati in diritto internazionale presso altri Ministeri ed enti (ad es. presso la Corte costituzionale). D'altra parte, tutti gli Stati del mondo ammettono che le loro relazioni siano regolate dal diritto internazionale e che quindi esista uno "Stato di diritto" all'interno della *societas* internazionale, quand'anche fosse intesa nel solo senso "interstatale". È successo solo in un preciso periodo storico che alcuni Stati abbiano ufficialmente negato l'esistenza del diritto internazionale: tale fu, ad esempio, il caso dell'URSS nei primi anni che seguirono la rivoluzione del 1917.

47. Una situazione paradossale nella fase "discendente": l'adattamento *del* diritto interno *al* diritto internazionale. — Poiché tutti gli Stati riconoscono la superiorità del diritto internazionale ed il suo carattere obbligatorio nei rapporti internazionali, essi avrebbero dovuto trarne tutte le conseguenze "in fase discendente", ossia al livello di ciascun ordinamento giuridico interno: in poche parole, essi avrebbero dovuto mettere il diritto internazionale al vertice della gerarchia delle fonti del diritto (interno). Eppure, una tale soluzione, la sola che sia logica, è lungi dall'essere diffusa nella prassi dei singoli Stati, una prassi che invece tende a mantenere ben distinti gli impegni assunti nell'ordinamento internazionale dalle vicende dell'ordinamento interno dei singoli Stati.

Il *diritto interno* — a cominciare dalle costituzioni dei singoli Stati su cui torneremo nel Cap. XVII — *resta assai impreciso circa la posizione del diritto internazionale nella scala gerarchica delle fonti del diritto interno*. O non ne fa menzione, lasciando così ai giudici statali il compito di stabilire, volta per volta, la posizione della norma internazionale nell'ordinamento interno, o ne fa cenno in modo molto parziale; così, nella maggior parte delle costituzioni contemporanee dei Paesi occidentali si accenna talvolta ai trattati internazionali e si dice ancor meno non del rango delle norme non scritte (consuetudini e principi generali di diritto). Nessuna costituzione, poi, si diffonde sul rango degli atti unilaterali delle organizzazioni internazionali. Insomma, chi volesse imparare il *diritto internazionale* attraverso la lente del *diritto pubblico esterno del proprio Stato*, imparerebbe ben poco alla luce della reticenza delle soluzioni costituzionali vigenti.

48. Conclusioni: una fonte di controversie internazionali. — In conclusione, la definizione dei rapporti tra il diritto internazionale ed il diritto interno ad opera dei singoli Stati si caratterizza spesso per una pericolosa reticenza nelle scelte costituzionali in materia internazionale. Se la superiorità del diritto internazionale sul diritto interno è incontestabile dal punto di vista dell'ordinamento internazionale, il legislatore (o il giudice) del diritto interno è ancora lungi — purtroppo — dall'averne tratto tutte le conseguenze. Di qui le situazioni assurde — ma, fortunatamente, poco frequenti — in cui l'efficacia internazionale e l'efficacia interna di una norma di origine internazionale non coincidono. Ciò può essere causa di controversie internazionali come vedremo nella terza parte di questo libro ([42]).

([42]) In arg. v. Cap. XVII.

Capitolo III

LA GERARCHIA DELLE NORME NEL DIRITTO INTERNAZIONALE

Bibliografia sommaria: P. GUGGENHEIM, "Contribution à l'histoire des sources du droit des gens", in *RCADI*, 1958/II, v. 94, p. 1 e ss.; M. VIRALLY, "The Sources of International Law", in *Manual of Public International Law*, a cura di SØRENSEN, London, 1968, p. 116; CH. ROUSSEAU, *Traité de droit international public*, t. 1, *Introduction et sources*, Paris, Sirey, 1970; P. WEIL, "Vers une normativité relative du droit international", in *RGDIP*, 1982, p. 5; R. MONACO, *Observations sur la hiérarchie des sources en droit international*, in *Mél. Mosler*, 1983, p. 559; *E.* ROUCOUNAS, "Engagements parallèles et contradictoires", *RCADI*, v. 206, 1987-VI, p. 9-288, R. MONACO, "Fonti del diritto (diritto internazionale)", in *Enc. Giur.*, vol. XV, 1989; *Oppenheim's International Law*, 9th ed., London, 1992, p. 22; R. HIGGINS, *Problems and Process*, Oxford, OUP, 1994, p. 1-55; B. SIMMA, "From Bilateralism to Community Interest in International Law", in *RCADI*, t. 250, 1994, p. 229 ss.; D. SHELTON, "Normative Hierarchy in International Law", *AJIL*, 2006, p. 291; R. MONACO, C. CURTI GIALDINO, *Manuale di diritto internazionale pubblico*, 3 ed., cit., p. 317 ss.; T. TREVES, *Diritto internazionale*, cit., 221 ss.; U. LEANZA, I. CARACCIOLO, *Diritto internazionale. Parte generale*, 3^a ed., cit., p. 139 ss.; P. PICONE, "Gli obblighi *erga omnes* tra passato e futuro", *Riv. dir. int.*, 2015, p. 1081 ss.; M. SHAW, *International Law*, cit., p. 51 ss.; C. FOCARELLI, *Trattato di diritto internazionale*, cit., p. 253 ss.; AA.VV., *Istituzioni di diritto internazionale*, 5^a ed., Torino, Giappichelli, 2016, Capp. II-III; M. FITZMAURICE, "The History of Article 38 of the Statute of the International Court of Justice. The Journey from the Past to the Present", in S. BESSON e J. D'ASPREMONT (eds), *The Oxford Handbook on the Sources of International Law*, Oxford, OUP, 2017, p. 179; A. SINAGRA, P. BARGIACCHI, *Lezioni di diritto internazionale pubblico*, 3^a ed., Milano, Giuffrè, 2019, p. 121 ss.; *Brownlie's Principles of Public International Law*, a cura di J. CRAWFORD, 9 ed., Oxford, OUP, 2019, p. 18 ss.; C. FOCARELLI, *Diritto internazionale*, 5 ed., cit., p. 230 ss.; A. TANZI, *Introduzione al diritto internazionale*, 6 ed., p. 184 ss.; N. RONZITTI, *Diritto internazionale*, 6^a ed., cit., p. 177 ss.; E. CANNIZZARO, *Diritto internazionale*, 5^a ed., cit., p. 111 ss.; H. THIRLWAY, *The Sources of International Law*, 2 ed., Oxford, OUP, 2019.

1. Le fonti del diritto internazionale: una gerarchia controversa. — In base ***all'art. 38 dello Statuto della Corte internazionale di giustizia*** (CIG), le principali fonti di produzione delle norme giuridiche internazionali sono gli ***accordi*** conclusi dai soggetti di diritto internazionale su base consensuale e valevoli nei rapporti reciproci (trattati, v. *infra* Cap. IV); la ***consuetudine internazionale*** che attesta una pratica generale accettata come diritto (norme consuetudinarie, v. *infra* Cap. X) ed i ***principi generali di diritto riconosciuti dalle Nazioni civili*** (v. *infra* Cap. XI). Quali *mezzi sussidiari* per determinare le norme giuridiche internazionali vengono indicate le ***decisioni giudiziarie*** (v. *infra* Cap. XIII) e la ***dottrina più autorevole delle varie Nazioni*** (v. *infra* Cap. XII).

Nonostante le varie e diverse ricostruzioni dogmatiche operate da parte della dottrina (1), la realtà è che, da un punto di vista formale, ***non viene fissato alcun ordine***

---

(1) La ricostruzione della gerarchia delle fonti del diritto internazionale con particolare riferimento al rapporto tra consuetudini e accordi internazionali — visto in analogia al rapporto tra il contratto e le norme legislative nel diritto interno — e la riduzione dei "principi generali di diritto riconosciuti dalle Nazioni civili" a mere norme consuetudinarie operata da B. CONFORTI nel suo manuale (*Diritto internazionale*, XI ed., cit., p. 6, p. 51 e p. 187 ss.) per quanto utile in prima approssimazione va relativizzata in quanto,

gerarchico tra le fonti del diritto internazionale*, fonti elencate — e l'elenco non è tassativo! — all'art. 38 dello Statuto della CIG. Pertanto, ogni "verticalizzazione" del sistema normativo deve essere presentata con estrema cautela* (2).

Né, appare decisiva l'osservazione secondo la quale una gerarchia comunque ci sarebbe dato che l'art. 38 dello Statuto della CIG pone, letteralmente al primo posto, i trattati, poi la consuetudine ed infine i principi generali di diritto riconosciuti dalle Nazioni civili. Dall'esame dei lavori preparatori emerge che i redattori dell'art. 38 non volevano introdurre una gerarchia delle fonti in senso tecnico ma *solo un ordine pratico delle fonti che la CIG avrebbe applicato in caso di controversia sottoposta alla sua cognizione*. Pertanto, è pacifico nella letteratura giusinternazionalistica che "si tratta...di un ordine logico e non di una gerarchia in senso tecnico. Quest'ultima, infatti, imporrebbe dei risultati obbligatori in presenza di più fonti concorrenti tra le quali scegliere la norma applicabile al caso di specie" (3).

2. — Cionondimeno, se si esaminano da vicino i più recenti sviluppi del diritto internazionale, è possibile notare, oltre allo sviluppo di altre fonti del diritto appartenenti al medesimo ordinamento giuridico (ad es. gli atti unilaterali degli Stati, delle

---

lungi dall'essere di pacifica accettazione, differisce dalla costante e moderna dottrina degli internazionalisti dei vari Paesi e dalla prassi; inoltre la distinzione operata tra *norme primarie* e *secondarie* non va confusa con quella — da tutti accolta — che viene utilizzata in materia di responsabilità internazionale e su cui si dirà diffusamente nel Cap. XVI. Tra le molte voci discordanti, cfr. L. Ferrari Bravo, *Lezioni di diritto internazionale*, 3 ed., Napoli, ES, p. 279: "Appare oziosa e comunque improponibile nel moderno diritto internazionale la questione, su cui discusse la dottrina meno recente, se gli accordi siano fonte di norme o solo di obbligazioni. In effetti non è possibile riprodurre, nel diritto internazionale, la distinzione tra legge e contratto, mancando una anche minima articolazione gerarchica delle fonti del diritto ed essendo anzi dubbia la stessa utilizzabilità del concetto di fonte se presa in senso tecnico". Il senso di quella peculiare analogia si trova già ben evidenziato, nella dottrina italiana, da A. P. Sereni, *Diritto internazionale*, III, cit., p. 1388: "L'esame dei requisiti dell'accordo internazionale dimostra che la sua caratteristica essenziale è quella di essere un atto consensuale. Sotto questo profilo l'accordo internazionale presenta notevoli affinità con l'istituto del contratto, proprio dei diritti interni statuali, e ciò spiega come in tema di trattati, si sia avuta nel diritto internazionale, soprattutto nei primordi, una recezione in senso materiale di numerose regole di diritto interno, e soprattutto di diritto romano, relative ai contratti. Due però sono le differenze fondamentali tra accordo internazionale e contratto di diritto interno. La prima è che l'accordo internazionale, a differenza del contratto di diritto interno, è fonte *primaria* di diritto, e adempie quindi anche le funzioni esplicate nei diritti interni dall'atto legislativo. La seconda è che, rispetto all'accordo internazionale, il consenso delle parti esplica una funzione esclusiva, nel senso che, qualora vi sia valido consenso dei soggetti, vi è accordo". Cfr. R. Monaco, C. Curti Gialdino, *Manuale di diritto internazionale pubblico*, 3 ed., cit., p. 318: "la maggioranza della dottrina esclude che l'art. 38 stabilisca un ordine gerarchico tra le fonti che menziona...Le semplici norme consuetudinarie e quelle dei trattati, essendo poste sullo stesso piano, hanno, di per sé, pari efficacia, cosicché entro una stessa cerchia di Stati, norme derivanti da un trattato, a cui abbiano partecipato tutti i detti Stati, possono essere abrogate o modificate mediante una consuetudine comune agli stessi Stati e reciprocamente" (p. 319). V. ancora A. Cassese, *Diritto internazionale*, 3 ed., cit., p. 236: "Alcune delle fonti in questione possono essere definite *primarie*, nel senso che esse sono direttamente contemplate da norme fondamentali o di base dell'ordinamento internazionale: è questo il caso della consuetudine, dei trattati e degli atti unilaterali degli Stati di natura normativa. Le fonti previste da accordo e le decisioni giudiziarie emanate *ex aequo et bono* sono invece fonti *derivate o secondarie*, perché previste da norme prodotte da una fonte primaria, ossia da una norma contenuta in un trattato internazionale".

(2) V. a tale riguardo, la bibliografia sopra citata. Cfr. ad es., *Brownlie's Principles of Public International Law*, cit., p. 20: "There is no express hierarchy, but the draftsmen stipulated an order, and in one draft the word "successively" appeared....But it is unwise to think in terms of hierarchy as dictated by the order [of art.] *a*) to *d*) in all cases".

(3) Così, esattamente, R. Monaco, C. Curti Gialdino, *Manuale di diritto internazionale pubblico*, ed., cit., p. 317.

OIG, la *soft law* e gli atti transnazionali), anche la progressiva comparsa di una *certa gerarchia* tra alcune norme del diritto internazionale: in particolare, *alcune* tra di esse appaiono più "importanti" o fondamentali di altre, al punto tale che non è più possibile derogarvi (Sezione I). Sulla base di tali rilievi è possibile comprendere il modo di essere delle diverse fonti del diritto internazionale ed ordinarle in modo logico e pragmatico (Sezione II).

Sezione I
Le norme "sovranazionali"

3. — Affermare che esistano delle norme internazionali "superiori", che si impongono a tutti, alle quali è impossibile derogare, significa in un certo senso ritornare all'antica idea del diritto internazionale come "diritto naturale", un'idea molto diffusa lungo la storia del diritto internazionale (*supra*, Cap. I).

Si possono qui citare due ambiti del diritto internazionale contemporaneo che costituiscono rarissimi esempi di "supra-legalità" o, se si preferisce, di "verticalizzazione" internazionale: la Carta dell'ONU (1) e lo *jus cogens* (2).

§ 1. — *Il mantenimento della pace: il primato della Carta delle Nazioni Unite*

4. — Il mantenimento della pace costituisce indubbiamente la più grande preoccupazione internazionale, almeno dalla fine della prima guerra mondiale. È ciò che spiega, dapprima, il primato riconosciuto al Patto della Società delle Nazioni (1) e, poi, alla Carta delle Nazioni Unite (2).

1. — Il precedente: il primato del Patto della SdN

5. — L'art. 20 del Patto della SDN non poteva essere più chiaro a tale riguardo. Esso prevedeva che:

"1. I membri della Società riconoscono, ciascuno per quanto lo concerne, che il presente Patto abroga tutti gli obblighi o intese incompatibili coi suoi termini e si impegnano solennemente a non contrarne in avvenire di simili;

2. Nel caso che alcuni dei membri della Società, prima di entrare a farne parte, abbia assunto obbligazioni incompatibili con le disposizioni del presente Patto, avrà il dovere di fare subito i passi occorrenti per liberarsene".

2. — La sua formulazione attenuata: l'articolo 103 della Carta delle Nazioni Unite

6. — Nella Carta dell'ONU, l'art. 103 precisa che:

"In caso di contrasto tra gli obblighi contratti dai Membri delle Nazioni Unite con il presente Statuto e gli obblighi da essi assunti in base a qualsiasi altro accordo internazionale, prevarranno gli obblighi derivanti dal presente Statuto".

Si noti che qui non si tratta di una semplice *norma di conflitto* tra trattati. I trattati incompatibili con le disposizioni della Carta possono rimanere in vigore tra le Parti contraenti. Non saranno tuttavia "opponibili" agli Stati terzi ed alle Nazioni Unite. La sanzione, prevista all'art. 20 del Patto della Società delle Nazioni, che prevedeva l'abrogazione automatica di tutti i trattati ad esso contrari, è infatti scomparsa.

7. Conferma della Corte Internazionale di Giustizia. — Va altresì osservato che nella sentenza del 26 novembre 1984 relativa alle *Attività militari e paramilitari in e contro il Nicaragua* (eccezioni preliminari), la CIG dovette, per la prima volta nella sua storia, pronunciarsi sul conflitto tra gli obblighi derivanti dalla Carta dell'ONU e quelli sorti da altri trattati vincolanti le medesime parti. La Corte affermò senza alcuna ambiguità la superiorità dei primi sui secondi con queste parole: "tutti gli accordi regionali, bilaterali e anche multilaterali che le parti della presente controversia possono aver concluso aventi ad oggetto la risoluzione delle controversie o la giurisdizione della Corte internazionale di Giustizia sono sempre subordinati alle disposizioni dell'art. 103" (punto 107 della sentenza) ([4]).

3. — Il riconoscimento della prevalenza delle obbligazioni assunte in base alla Carta delle Nazioni Unite su quelle derivanti da altri accordi internazionali nella prassi degli Stati

8. L'art. 30 della Convenzione di Vienna sul diritto dei trattati. — Il primato della Carta dell'ONU viene espressamente riconosciuto dalla Convenzione di Vienna sul diritto dei trattati del 1969 (v. *infra* Cap. IV), all'art. 30, par. 1. La CDI motivava tale riconoscimento in ragione della "posizione che la Carta delle Nazioni Unite occupa nel diritto internazionale contemporaneo, [della sua] importanza e del fatto che gli Stati membri dell'ONU costituiscono una parte considerevole della comunità internazionale" ([5]).

9. Altri esempi. — Inoltre, in un numero considerevole di trattati internazionali si riconosce espressamente la superiorità delle disposizioni della Carta dell'ONU. È così che, a titolo di esempio, possiamo citare il *Patto Atlantico* istitutivo della NATO del 1949 (art. 7), il *Trattato interamericano di assistenza reciproca* (o Trattato di Rio) del 1947 (artt. 1, 2, 3, 5, 7), e soprattutto, la Carta dell'Organizzazione degli Stati americani (OAS) del 1948 (art. 102), o ancora la Carta dell'Organizzazione degli Stati dell'America Centrale del 1951 (art. 18).

4. — L'incidenza diretta e concreta del primato della Carta delle Nazioni Unite: le "sanzioni" di cui al Capo VII

10. Il primato del diritto internazionale *originario* e del diritto internazionale *derivato* nell'ordinamento giuridico internazionale. — Il primato generale della Carta delle Nazioni Unite rispetto alle regole del diritto internazionale ad essa contrarie fa

---

([4]) Senonché, persino la "sovranazionalità" della Carta dell'ONU ex art. 103, è stata "relativizzata" ad opera della Corte di Giustizia UE la quale con sentenza del 3 settembre 2008 (Cause riunite C-402/05 P e C-415/05 P., *Yassin Abdullah Kadi e Al Barakaat International Foundation* c. *Consiglio e Commissione*, ECLI:EU:C:2008:461) ha clamorosamente paralizzato l'attuazione nell'ordinamento dell'Unione europea una Risoluzione del Consiglio di Sicurezza decisa ai sensi del Capo VII della Carta dell'ONU.

([5]) Rapporto del 1966, p. 48.

pensare, *mutatis mutandis*, alla superiorità delle norme costituzionali su quelle della legge ordinaria nell'ordinamento interno. A volte, tuttavia, il carattere del primato può operare anche a favore del "diritto derivato" (ossia agli atti propri) delle Nazioni Unite, come accade alle sanzioni adottate in base al Capo VII della Carta ([6]).

La superiorità dell'atto unilaterale dell'ONU che incarna una decisione vincolante del Consiglio di Sicurezza venne chiaramente riconosciuta ed affermata dalla CIG nelle sue ordinanze del 14 aprile 1992 sulle *questioni di interpretazione e applicazione della Convenzione di Montréal* del 1991 ([7]). Tali ordinanze furono pronunciate a seguito dell'incidente aereo di Lockerbie. Qui, la Corte ha affermato che gli Stati membri dell'ONU sono tenuti ad accettare ed applicare siffatte decisioni, decisioni che prevalgono sui loro obblighi derivanti da qualsiasi altro accordo internazionale.

A livello regionale, in alcune importanti pronunce, il Tribunale di primo grado delle Comunità europee fece propria quell'analisi, precisando che, pur se "a differenza dei suoi Stati membri, la Comunità in quanto tale non è direttamente vincolata alla Carta delle Nazioni Unite e pertanto non è tenuta... ad accettare ed applicare le risoluzioni [vincolanti] del Consiglio di Sicurezza", essa deve tuttavia "essere considerata vincolata agli obblighi derivanti dalla Carta delle Nazioni Unite, alla stessa stregua dei suoi Stati membri, in base allo stesso Trattato che la istituisce" ([8]). In appello, la Grande Camera della Corte di giustizia UE non smentì il Tribunale di primo grado su questo punto pur se raggiunse un risultato differente facendo prevalere la tutela dei diritti umani fondamentali ([9]).

11. Inapplicabilità del diritto internazionale contrario. — Quando si verificano le circostanze di cui alle disposizioni del Capo VII della Carta (cioè una minaccia alla pace, una violazione della pace o un atto di aggressione), il Consiglio di sicurezza può adottare delle misure coercitive, tramite delle decisioni che prevedono sanzioni economiche o militari. *Se una tale "decisione" viene adottata tramite apposita Risoluzione ONU, questa si impone a tutti gli Stati membri, i quali non possono eccepire il loro "dominio riservato" (art. 2, par. 7 della Carta), e si impone persino agli Stati non membri dell'ONU (art. 2, par. 6)*. Uno Stato non può eccepire l'esistenza di impegni internazionali contrari per essere dispensato dall'attuazione delle sanzioni decise dal Consiglio di sicurezza. Tale superiorità del diritto derivato dell'ONU, essenziale ai fini del mantenimento della pace e della sicurezza internazionale, è espressamente riconosciuta in molte convenzioni internazionali, bilaterali e multilaterali. Citando solo un

---

([6]) Cfr. Ph. Weckel, "Le chapitre VII de la Charte et son application par le Conseil de Sécurité", in *AFDI*, 1991, p. 165, e *SFDI*, Colloque de Rennes, *Le Chapitre VII de la charte des Nations Unies*, Paris, Pedone, 1995; cfr. M. Sossai, *Sanzioni delle Nazioni Unite e organizzazioni regionali*, Roma, Romatre press, 2020.

([7]) *I.L.M.*, 1998, pp. 587-643.

([8]) TPI, 21 settembre 2005, Causa T-315/01, *Kadi c. Consiglio e Commissione dell'Unione Europea*, parr. 192-193, e per una formulazione identica, cause T-306/01 *Yusuf c. Consiglio*, giudicata lo stesso giorno, e T. 253/02 *Ayadi c. Consiglio*, 12 luglio 2006. Altre informazioni in: T. Treves, "Diritto individuale di petizione e sanzioni intelligenti, appunti", in *Liber Fausto Pocar*, Milano, Giuffrè, 2009, pp. 913 ss.; S. De Vido, *Il contrasto del finanziamento al terrorismo internazionale: profili di diritto internazionale e dell'Unione europea*, Padova, Cedam, 2012; C. Morviducci, "Le misure restrittive dell'Unione europea e il diritto internazionale: alcuni aspetti problematici", in *Eurojus* 2/2019 e in *Liber amicorum Angelo Davì*; R. Virzo, *La confisca nell'azione internazionale di contrasto ad attività criminali*, Napoli, ESI, 2020.

([9]) Corte di giustizia, 3 settembre 2008, Cause riunite C-402/05 P e C-415/05 P, ECLI:EU:C:2008:461.

esempio tra i più significativi, la "costituzione del commercio mondiale", il **GATT**, prevede al suo **art. XXI** rubricato "Eccezioni relative alla sicurezza", la seguente norma:

"Nessuna disposizione del presente accordo dovrà interpretarsi nel senso che... impedisca ad una Parte contraente di adottare misure in adempimento ai propri obblighi derivanti dalla Carta delle Nazioni Unite, per il mantenimento della pace e della sicurezza internazionale".

Va, infine, osservato che la discrezionalità del Consiglio di sicurezza non è illimitata ma è a propria volta limitata dalla stessa Carta dell'ONU (art. 24, par. 2) e dai suoi fini tra cui quello di "[c]onseguire la cooperazione internazionale nella soluzione dei problemi internazionali di carattere economico, sociale culturale od umanitario, e nel promuovere ed incoraggiare il rispetto dei diritti dell'uomo e delle libertà fondamentali per tutti senza distinzioni di razza, di sesso, di lingua o di religione" (art. 1, par. 3).

Tale aspetto è stato evidenziato anche dalla **Corte EDU** nel **caso *Al Jedda c. Regno Unito*** del 7 luglio 2011. In tale sentenza, riguardante la detenzione arbitraria di un sospetto terrorista internazionale in due prigioni irachene gestite dalle truppe britanniche operanti sotto l'egida delle Nazioni Unite, la Corte EDU ha statuito che uno Stato contraente, laddove si trovi a dover rispettare diversi obblighi contemporaneamente ed in apparente contrasto tra loro, deve tentare di coordinarne gli effetti in modo da evitare ogni possibile antinomia. Pertanto, "assumendo come presupposto che il Consiglio di Sicurezza ONU non intende imporre agli Stati di violare i diritti umani" (§ 102), se i termini impiegati nella Risoluzione controversa risultano ambigui, occorrerà scegliere l'interpretazione nel senso conforme alla Convenzione EDU.

Senonché, in una successiva pronuncia della Corte EDU (**caso *Nada c. Svizzera*** del 12 settembre 2012 (10), la suddetta presunzione è stata contraddetta dal contenuto della Risoluzione ONU n. 1390 (2002) che prescrive esplicitamente agli Stati...l'adozione di misure volte a limitare il godimento di taluni diritti fondamentali dei soggetti privati colpiti dalla sanzione. Ciònonostante, anche in tali circostanze, secondo la Grande Camera, gli Stati membri devono compiere ogni sforzo — e qui si tratta di salti acrobatici! — per applicare il criterio dell'interpretazione conforme alla CEDU (punti 196-199).

12. Posizione di alcune Corti supreme e "crisi di rigetto" nazionali. — Di fronte alla suddetta prassi, non stupisce che presso la Corte Suprema di alcuni Stati quali il Canada, il Regno Unito e la Svizzera si stia facendo strada un orientamento volto ad accogliere sempre più con "beneficio di inventario" le Risoluzioni o le Decisioni in materia di *terrorismo internazionale* adottate dal Consiglio di Sicurezza dell'ONU in base al Capo VII. Il campanello d'allarme, suscettibile di generare una crisi di rigetto, è costituito proprio dalla tutela dei diritti umani fondamentali (v. i riferimenti contenuti nella precitata sentenza *Nada* ai punti 41-52 e 93-101). Al riguardo, il Tribunale Federale svizzero ha esplicitamente enunciato, nella propria sentenza del 14 novembre 2007 sul caso *Nada*, che le decisioni del Consiglio di Sicurezza "incontrano necessariamente dei limiti posti dalle norme di *jus cogens*", ivi compresi "il diritto alla

(10) Cfr. E. de Wet, "From *Kadi* to *Nada*: Judicial Techniques Favouring Human Rights over United Nations Security Council Sanctions", in *Chinese Journal of International Law*, 2013, p. 787-807. V. le sentenze al sito della Corte EDU.

vita, il divieto assoluto della tortura o qualsiasi altro trattamento inumano o degradante, il divieto di schiavitù, il principio di personalità della responsabilità penale ed il principio di *non refoulement*" ([11]). Per contro, tale limitazione non si estende al diritto di proprietà, alla libertà economica, al diritto del ricorrente ad un equo processo e ad un ricorso giurisdizionale effettivo (punto 47).

Si tratta di un approccio minimalista ed evidentemente scorretto dal punto di vista del diritto internazionale dei diritti umani come ha dimostrato la Corte di Giustizia UE ([12]).

13. Attuazione globale delle sanzioni economiche ex Capo VII della Carta dell'ONU. — Tali principi furono applicati allorquando il Consiglio di Sicurezza decise per la prima volta nel 1966 di adottare delle "sanzioni economiche selettive" contro la Rhodesia del Sud, la quale aveva dichiarato unilateralmente la propria indipendenza in condizioni "internazionalmente illecite". Successivamente, nel 1970, si stabilì un embargo totale contro il medesimo Paese. Tali "decisioni" si applicavano con pari forza obbligatoria a tutti i soggetti della Comunità internazionale e dunque gli Stati furono obbligati ad adottare apposite misure interne di attuazione per dare attuazione alle decisioni del Consiglio di Sicurezza. Di conseguenza, quando gli Stati Uniti, a seguito del voto dell'"emendamento Byrd", decisero di autorizzare l'importazione del cromo rhodesiano nel periodo 1971-1977, a causa del suo carattere "strategico", ne risultò una palese violazione del diritto internazionale.

Va osservato, inoltre, che le medesime Risoluzioni ONU *si imposero anche nei confronti delle OIG*, le quali, di conseguenza, si astennero dal concedere prestiti alla Rhodesia. Nel 1966, la Rhodesia si ritrovò esclusa da una delle rare — e senza dubbio la sola — organizzazione internazionale della quale faceva parte, l'Unione Internazionale delle Telecomunicazioni (ITU), ancorché ne facesse parte dal 1925, pur non essendo uno "Stato indipendente".

Le predette decisioni dell'ONU vennero, infine, *imposte anche agli operatori privati del commercio internazionale* con riferimento ai *loro* contratti internazionali: i contratti stipulati con imprese rhodesiane furono colpiti da *nullità* in ragione della loro *illegalità sopravvenuta* e della loro contrarietà all'ordine pubblico interno e internazionale. Così, un'impresa americana dello Stato di New York fu condannata nel 1970 da un Tribunale federale per aver importato illegalmente cromo rhodesiano, violando la normativa statunitense adottata in attuazione delle decisioni del Consiglio di sicurezza delle Nazioni Unite ([13]). In misura minore, alcune sanzioni economiche selettive (embargo sulle forniture di armi) vennero decise dal Consiglio di sicurezza delle Nazioni Unite il 4 novembre 1977 nei confronti del Sud Africa.

14. L'uso della forza armata dall'epoca della Guerra del Golfo (1990). — Più recentemente, in occasione della Guerra del Golfo, il Consiglio di Sicurezza ha fatto un'ampia utilizzazione delle sanzioni *ex* Capo VII della Carta dell'ONU. Come si vedrà più avanti, nella terza e nella quarta parte di questo volume, dopo la fine della guerra fredda il Consiglio di Sicurezza dell'ONU ha riacquistato un ruolo importante nella prevenzione e nella gestione delle crisi mondiali.

([11]) Corte di giustizia, 3 settembre 2008, Cause riunite C-402/05 P e C-415/05 P, ECLI:EU:C:2008:461.

([12]) Corte EDU, caso *Nada*, cit., punto 46..

([13]) *U.S. H. Muller & Co.* 20 Crim 227 (SDNY, 1970).

15. La creazione di tribunali internazionali a carattere repressivo. — Sempre in base al Capo VII, il Consiglio di sicurezza ha creato degli appositi *tribunali internazionali* per giudicare i crimini (secondo il diritto internazionale umanitario) commessi nell'ex Jugoslavia a partire dal 1991 e in Rwanda nel 1994 ([14]).

Ciò significa che le norme di diritto originario dell'ONU di cui al Capo VII possono costituire un valido fondamento giuridico sia per le sanzioni economiche e militari globali (diritto derivato dell'ONU), sia per l'istituzione di apposite *giurisdizioni internazionali a carattere repressivo* ([15]).

16. La creazione di un fondo di compensazione per le vittime della guerra del Golfo del 1990. — In via accessoria e come conseguenza dell'invasione e dell'occupazione illegale del Kuwait da parte dell'Iraq, va altresì osservato che il Consiglio di sicurezza, in base al Capo VII, ha impiegato i suoi poteri anche per istituire un "fondo di compensazione" per le vittime della guerra del Golfo, alimentato per una certa percentuale dai risultati delle vendite di petrolio iracheno ed amministrato da una Commissione internazionale indipendente ([16]).

17. Gli interventi d'umanità. — Infine, va osservato che un buon numero di interventi militari recenti, detti "d'umanità", sono stati intrapresi in nome del rispetto di alcuni principi umanitari, sollevando affascinanti prospettive, talvolta rivoluzionarie, talaltra pericolose per il rischio di abusi nel diritto internazionale contemporaneo. La gestione delle recenti crisi in Libia, in Siria e in Myanmar è sotto gli occhi di tutti e non necessita di ulteriori commenti.

§ 2. — *Il rispetto delle norme imperative del diritto internazionale: lo* jus cogens

Bibliografia sommaria: G. Gaja, "*Jus cogens* beyond the Vienna Convention", in *RCADI*, 1982, vol. 172, p. 271, A. Gomex Robledo, "Le *jus cogens* international: sa genèse, sa nature, ses fonctions", in *RCADI*, 1982, vol. 172, p. 9, M. Virally, "Réflexions sur le *jus cogens*", *AFDI*, 1966, p. 5 ss., e soprattutto *The concept of jus cogens in international law*, Carnegie Papers, 1967 con, in particolare, il contributo di Eric Suy. Per degli studi più recenti cfr. C. Tomuschat, "Obligations arising for states without or against their will", in *RCADI*, v. 241, 1993, pp. 195-374; B. Simma, "From Bilateralism to Community Interest in International Law", in *RCADI*, t. 250, 1994, p. 229 ss.; *The fundamental rules of the international legal order: jus cogens and obligations erga omnes*, Ch. Tomuschat e J.M. Thouvenin, Leiden, ed. Martinus Nijhoff, 2006, G. Gaja

---

([14]) Riss. n. 808 del 22 febbraio 1993 e 827 del 25 maggio 1993 per il primo, cfr. il sito *http://www.icty.org*; Ris. n. 955 dell'8 novembre 1994 per il secondo cfr. il sito *http://www.ictr.org*. In argomento v. A. Cassese, *Lineamenti di diritto internazionale penale*, 2 voll., Bologna, Il Mulino, 2005-2006; *Droit international pénal*, a cura di H. Ascensio, Decaux, Pellet, 2ª ed., Paris, Pedone, 2012; W. Schabas, *The UN International Criminal Tribunals*, Cambridge, CUP, 2006; I. Caracciolo, *Dal diritto penale internazionale al diritto internazionale penale: il rafforzamento delle garanzie giurisdizionali*, Napoli, ES, 2000; cfr. altresì le peculiari forme assunte dalle moderne giurisdizioni ibride in C. Ragni, *I tribunali penali internazionalizzati*, Milano, Giuffrè, 2012.

([15]) La legittimità di questo tipo di azione del Consiglio di sicurezza fu confermata dalla decisione della *Camera d'appello* del Tribunale per i crimini commessi nell'ex Jugoslavia sulla mozione di difesa per un appello interlocutorio sulla giurisdizione del 2 ottobre 1995 nel caso *Dusko Tadic*, testo in *ILM*, 1996 p. 32 ed in *Riv.dir.int.*, 1995, pp. 1019-1081.

([16]) Cfr. le Riss. n. 687 e 692 del Consiglio di Sicurezza in data 3 aprile e 21 maggio 1991, così come lo studio di G. Marchal in *DPCI*, 1996, p. 450. In arg. v. M. Frigessi di Rattalma, *Le Nazioni Unite e i danni derivanti dalla Guerra del Golfo*, Milano, Giuffrè, 1995, nonché D. Thürer, "International Humanitarian Law: Theory, Practice, Context", in *RCADI*, v. 338, pp-9-370.

"Les obligations et les droits *erga omnes* en droit international", in *Ann. IDI*, 2006, vol. 71-II, pp. 81-136; J. Crawford, "Multilateral Rights and Obligations in International Law", in *RCADI*, 2006, v. 319, p. 325 e ss., P. Picone "La distinzione tra norme internazionali di *jus cogens* e norme che producono obblighi *erga omnes*", in *Riv. dir. int.*, 2008 p. 5; J. Frowein, voce "Ius Cogens" in *Max Planck Enc. of Public Int. Law*, 2013; G. Gaja, "The Protection of General Interests in the International Community", in *RCADI*, v.364, 2014, pp. 9-186; Bargiacchi, Sinagra, *Lezioni di diritto internazionale pubblico*, cit., p. 132 ss.; M. Shaw, *International Law*, cit., p. 91 ss.; A. Cassese, *Diritto internazionale*, cit., p. 253 ss.; C. Focarelli, *Diritto internazionale*, 5 ed., cit., p. 252 ss.; E. Cannizzaro, *Diritto internazionale*, 5 ed., cit., p. 248 ss.. V. anche la Ris. IDI adottata a Cracovia (Rapp. G. Gaja) nel 2005 in tema di "Obligations and rights *erga omnes* in International Law" al sito http://www.idi-iil.org/.

18. *Jus cogens*, diritto naturale e ordine pubblico internazionale. — Il riconoscimento dell'esistenza di regole di *jus cogens* costituisce un ritorno all'antico, ossia al ritorno del "diritto naturale". *Jus cogens* e diritto naturale poggiano, infatti, su di un unico fondamento e sulla medesima convinzione filosofica: che esista un minimo di regole fondamentali legate alla coscienza umana universale ed inerenti all'esistenza di una società internazionale degna di questo nome. *Mutatis mutandis*, così come esiste un ordine pubblico interno, deve ugualmente sussistere un "ordine pubblico internazionale", al quale risulta giuridicamente impossibile derogare. Questo "ordine pubblico internazionale", come l'ordine pubblico interno, appare come una clausola generale dell'ordinamento internazionale, una nozione imprecisa, sfuggente e contingente, con una propria base morale, politica, economica e sociale. Le conseguenze giuridiche legate al mancato rispetto di una norma di *jus cogens* sono severe, e comportano la *nullità di ogni atto contrario*. Esiste tuttavia una differenza formale ma significativa tra il "diritto naturale" e lo *jus cogens*: solo quest'ultimo è stato accettato all'unanimità dai membri della CDI dell'ONU e dalla quasi unanimità degli Stati partecipanti alla Conferenza di Vienna sul diritto dei trattati del 1969.

È da notare che lo *jus cogens* è presente nel *diritto internazionale umanitario*, se non già addirittura nella sua stessa formulazione. Così le quattro Convenzioni di Ginevra del 12 agosto 1949 per il "miglioramento della sorte dei feriti e dei malati delle forze armate in campagna", sul "trattamento dei prigionieri di guerra" e sulla "protezione delle persone civili in tempo di guerra", prevedono espressamente, all'art. 3 di ciascuna delle quattro Convenzioni, "in ogni tempo e luogo" il divieto di ogni "violenza contro la vita e l'integrità corporale, specialmente l'assassinio in tutte le sue forme, le mutilazioni, i trattamenti crudeli, le torture e i supplizi; la cattura di ostaggi; gli oltraggi alla dignità personale, specialmente i trattamenti umilianti e degradanti; le condanne pronunciate e le esecuzioni compiute senza previo giudizio di un tribunale regolarmente costituito, che offra le garanzie giudiziarie riconosciute indispensabili dai popoli civili". Le medesime convenzioni contengono un'identica disposizione, secondo la quale la loro eventuale denuncia "non avrà effetto alcuno sugli obblighi che le parti belligeranti continueranno a dover adempiere in virtù dei principi del diritto delle genti, come risultano dagli usi vigenti tra nazioni civili, dalle *leggi dell'umanità* e dalle esigenze della pubblica coscienza" (rispettivamente artt. 62, 63, 142 e 158). Si riprendono qui, *expressis verbis*, le stesse parole utilizzate dalla IV Convenzione dell'Aja del 18 ottobre 1907, la quale colloca le popolazioni e i belligeranti sotto la salvaguardia "delle leggi dell'umanità e le esigenze della Coscienza Pubblica" (disposizione spesso citata come "clausola Mertens").

19. *Jus cogens* ed ordine pubblico transnazionale. — L'idea di *jus cogens* non è caratteristica del solo diritto internazionale interstatale. Con il termine più classico di "ordine pubblico", la medesima nozione viene utilizzata nel più ampio contesto dell'ordinamento internazionale-transnazionale contemporaneo ([17]). Si è potuto, perciò, evidenziare che, nell'ambito della *lex mercatoria*, esistono dei principi cui gli operatori del commercio internazionale non possono derogare, essendo considerati "superiori e fondamentali per il diritto del commercio internazionale" ([18]). Lo si può riscontrare anche in ambito sportivo, per citare un altro esempio comune ([19]).

In fine, va notato che la clausola generale dell'ordine pubblico internazionale/transnazionale rimane assai controversa con riferimento alle attività transnazionali delle società commerciali. Così, la Corte d'appello di Versailles nella pronuncia del 22 marzo 2013 nel caso *AFPS/OLP c. Alstom Transport, Alstom SA et Véolia Transport* (***caso del tram di Gerusalemme***), è arrivata alla conclusione — scontata secondo gli schemi dell'ortodossia del diritto internazionale "pubblico" ma certamente non più adeguata al nostro tempo — secondo la quale, dette società, dotate della sola personalità giuridica di diritto interno, non erano tenute al rispetto del diritto internazionale umanitario giacché le norme di quest'ultimo si applicano solo ad enti che sono soggetti di diritto internazionale, cosa che le società multinazionali non sono. Anche negli Stati Uniti, dopo un'applicazione estensiva dell'*Alien Tort Claims Act* (ATCA) (su cui v. *infra* Ch. XXV) è prevalso, a seguito della **sentenza *Kiobel*** della Corte Suprema, l'approccio più ortodosso e dunque più restrittivo, oltre che...più garantista per le società multinazionali. Se ne rallegreranno solo coloro i quali, infarciti dei dogmi di oltre un secolo fa, ritengono ancora che le imprese multinazionali *non* siano soggetti di diritto internazionale...a beneficio dell'impunità di queste ultime. E alle vittime diranno con arrogante ipocrisia che *societas delinquere non potest* in diritto internazionale, perché esiste solo il diritto internazionale "pubblico".

1. — Una nozione imprecisa

20. Ufficializzazione da parte della Convenzione di Vienna del 1969. — La Convenzione di Vienna sul diritto dei trattati del 1969 (su cui v. *infra*, Cap. IV) ufficializza, **all'art. 53**, lo ***jus cogens*** con queste parole:

> "una norma imperativa di diritto internazionale generale... accettata e riconosciuta dalla Comunità internazionale degli Stati nel suo insieme in quanto norma alla quale non è permessa alcuna deroga e che non può essere modificata che da una nuova norma di diritto internazionale generale avente lo stesso carattere".

La Convenzione di Vienna si astiene dal definire esaustivamente il concetto di *jus cogens*: un accordo tra i negoziatori di tale trattato su questo punto sarebbe stato impossibile da raggiungere. In compenso, si è cercato di delineare tale nozione fissandone il regime giuridico: una tendenza — assai nefasta — nel diritto internazionale contemporaneo, giacché ci si astiene dal definire in modo rigoroso alcuni nuovi concetti, pur conferendo loro un regime giuridico preciso; ed altri esempi di questa

---

([17]) Cfr. come esempio il lodo ICSID nel caso *Duty Free* precedentemente citato.

([18]) Cfr. B. Goldman, "La protection internationale des droits de l'homme et l'ordre public international dans le fonctionnement de la règle de conflit de lois", in *Studi R. Cassin*, Paris, Pedone, 1969, pp. 449-466; P. Lalive, "Ordre public transnational et arbitrage international", in *Rev. Arb.*, 1986, p. 329 e qui p. 331, e F. Marrella, *La nuova lex mercatoria. Principi Unidroit ed usi dei contratti del commercio internazionale*, cit.

([19]) Cfr. F. Latty, *La lex sportiva*, cit., pp. 344-355.

tecnica che consiste nel “regolare senza definire” sono quelli di “piattaforma continentale”, “investimento internazionale” o “Paesi in via di sviluppo” per quanto riguarda, in quest’ultimo caso, il diritto internazionale dell’economia.

a) *Una norma imperativa*

21. *“Imperativo” ed “obbligatorio”.* — L’aggettivo “imperativo” assume qui tutta la sua importanza. La Convenzione di Vienna del 1969 non ha, a giusto titolo, utilizzato il concetto di “norma obbligatoria” perché le norme vincolanti del diritto internazionale sono già obbligatorie per i loro destinatari.

Senonché, qui si è in presenza di un grado “in più”, di una qualità superiore di alcune norme. Si tratta di *norme imperative* alle quali è vietata ogni deroga. In tale contesto peculiare, si assiste ad una vera e propria limitazione della “libertà contrattuale” degli Stati nell’ordinamento internazionale.

22. Selettività. — Ciononostante, non tutte le norme fondamentali del diritto internazionale fanno parte dello *jus cogens.* Così accade per la regola *pacta sunt servanda* che è alla base del carattere vincolante dei trattati: una regola sicuramente fondamentale ma non di *jus cogens*. Ad essa non si può derogare, ma si tratta di una norma di diritto dei trattati e non di una norma di *jus cogens.* Così, ancora, il principio di “buona fede” è inerente alla società internazionale ed alla stabilità delle relazioni giuridiche tra i suoi membri. Come sarebbe possibile concepire, infatti, un sistema giuridico fondato sulla “mala fede”?

23. Giustificazione. — In conclusione, il carattere “imperativo” di alcune norme internazionali ha una duplice giustificazione:

— è innanzitutto opportuno proteggere, *oltre agli interessi soggettivi dei singoli Stati, gli interessi superiori*, ossia quelli della ***società e dell’ordinamento internazionale***, interessi che sono *comuni a tutti i suoi membri.* Significa quindi impedire dei comportamenti “immorali” o “anti-sociali” (e qui l’analogia con la nozione di “ordine pubblico”, nota a tutti i sistemi giuridici nazionali, è evidente);

— inoltre, è opportuno proteggere gli ***Stati più deboli*** (non è forse questa la ragione del favore di cui gode il concetto di *jus cogens* presso i Paesi c.d. in via di sviluppo?). Siamo qui in presenza di uno strumento di protezione contro le disuguaglianze di potere nelle negoziazioni internazionali: in questo senso un trattato ottenuto, estorto, attraverso l’utilizzo o la semplice minaccia della forza in violazione dell’art. 2 della Carta delle Nazioni Unite, sarebbe nullo, senza valore giuridico alcuno, in quanto contrario a una norma di *jus cogens.*

b) *Una norma di “diritto internazionale generale”*

24. — Nel predetto art. 53, la Convenzione di Vienna del 1969 fa espresso riferimento alle “*norme accettate e riconosciute dalla Comunità internazionale degli Stati nel suo insieme*”. Questa espressione ambigua solleva più problemi di quanti non ne risolva.

25. *Jus cogens* e consuetudine. — Quanto al processo di formazione di una norma di *jus cogens*, si può notare un requisito in comune con la *consuetudine internazionale*: la presenza necessaria dell’*opinio juris.* La norma di *jus cogens* in questione deve essere riconosciuta come avente un carattere assoluto, imperativo, inderogabile. Al riguardo, la CIG, per quanto riguarda il *divieto di tortura*, ne ha ravvisato il carattere di norma imperativa a carattere consuetudinario ([20]).

26. Riconoscimento. — Inoltre, tale riconoscimento deve essere opera della "comunità internazionale degli Stati nel suo insieme". Ciò vuol forse dire che *tutti* gli Stati devono aver riconosciuto la norma o soltanto alcuni di loro, *i più "rappresentativi"* di un dato gruppo (Paesi capitalisti, socialisti o in via di sviluppo, ad esempio)? Quale valore attribuire all'*obiezione* da parte di un solo Stato, o di un ristretto numero di Stati, a riconoscere una particolare norma come facente parte dello *jus cogens*? Un tale rifiuto impedisce la formazione di una norma di *jus cogens*? Sono tanti i problemi irrisolti e li ritroveremo anche in materia di formazione delle norme consuetudinarie.

27. *Jus cogens* universale e regionale. — La Convenzione di Vienna del 1969 identifica le norme di *jus cogens* di *portata universale*. Ciò vuol forse significare che per questo non potrebbero esistere norme di *jus cogens* di *carattere solamente regionale*? Con ogni probabilità, nulla consente di escludere l'esistenza di norme di *jus cogens* regionali ma esse dovranno allora rispettare le norme di *jus cogens* universale. In alcuni casi, possono porsi delicati problemi di compatibilità. È così ad esempio che, nel secolo scorso, venne enunciata una dottrina della "sovranità limitata" (o "dottrina Brežnev") in base alla quale l'URSS avrebbe disposto del *diritto di intervenire* — all'occorrenza *militarmente* — negli *affari interni* dei Paesi detti "socialisti" "quando forze interne o esterne ostili al socialismo tentassero di interferire con lo sviluppo di un qualsiasi Paese socialista allo scopo di ristabilire un regime capitalista, quando il socialismo in questo Paese e nella comunità socialista nel suo insieme siano minacciati" ([21]). Questa tesi venne ufficialmente abbandonata dal Presidente Gorbačëv nel suo discorso del 7 luglio 1989 davanti al Consiglio d'Europa a Strasburgo, ma era stata già utilizzata al momento dell'invasione della Cecoslovacchia nel 1968 e dell'Afghanistan nel 1979. Si è forse qui di fronte a una norma di *jus cogens* regionale, nonostante il divieto di intervento negli affari interni di alcuni Stati e la proibizione del ricorso alla forza espressamente consacrata nella Carta dell'ONU ed in innumerevoli atti internazionali? Nella fattispecie, una risposta positiva sembra da escludersi come ammise la CIG nella sentenza del 27 giugno 1986 relativo al *Caso delle attività militari e paramilitari in Nicaragua*: dopo aver richiamato la libertà di ogni Stato di scegliere il proprio "sistema politico, sociale, economico, e culturale", la Corte aggiunse che "non si potrebbe concepire la creazione di una nuova regola che conceda un diritto di intervento ad uno Stato contro un altro per il fatto che quest'ultimo avrebbe optato per un'ideologia o un sistema politico particolare" (punto 263). Vi era qui una condanna senza appello — ma implicita — della "dottrina Brežnev".

c) *Una norma non immutabile*

28. Ricambio della norma di *jus cogens*. — Una norma di *jus cogens* non è eterna. Essa può essere modificata da una norma successiva della stessa natura e dello stesso rango. Qui si tocca con mano una significativa differenza con le regole che costituiscono il "diritto naturale" le quali si presumono sempre fisse ed immutabili nel tempo.

([20]) CIG, 20 luglio 2012, Belgio c. Senegal, *Questioni concernenti l'obbligo di perseguire o estradare*, in *Rec.*, 2012, punto 99.

([21]) In *The Economist*, 15 luglio 1989, pp. 22-23.

29. Incertezze. — La nozione di *jus cogens* è circondata da numerose "zone d'ombra". Come si *crea* una tale norma? Dove *reperirla*? Deve essere accettata da *tutti gli Stati* o soltanto da *alcuni di essi*? La sua esistenza deve essere l'oggetto di un *riconoscimento formale* o il suo carattere imperativo deriva soltanto dal consenso dei soggetti del diritto internazionale, fosse anche un *consenso implicito* ? Tutte queste incertezze mostrano la pericolosità e la qualità insoddisfacente, sul piano della teoria generale del diritto, dell'introduzione di nuove nozioni senza definizione, accontentandosi di tracciare a grandi linee solo il loro regime giuridico. Proprio a causa di ciò, in occasione della Conferenza di Vienna del 1969, si ebbe un atteggiamento reticente di alcuni Stati (es. la Svizzera ([22])) e addirittura ostile da parte della Francia ([23]), che fu il solo Paese a pronunciarsi contro il testo della convenzione sul diritto dei trattati.

30. Lo *jus cogens* nella giurisprudenza interna. — La Corte di Cassazione francese dette prova della stessa prudenza nel caso tristemente noto di ***Klaus Barbie***. Nella sentenza del 26 gennaio 1984, la *Chambre criminelle* della Corte di Cassazione accolse la tesi dell'imprescrittibilità dei "crimini contro l'umanità" in virtù "dei principi di diritto riconosciuti dall'insieme delle nazioni", lasciando così intendere che si era qui di fronte a regole consuetudinarie ([24]). Per contro, nel rapporto sul problema della definizione dei crimini contro l'umanità, il Consigliere Le Gunehec ritenne che il fondamento di una tale incriminazione si trovasse "in una sorta di diritto naturale sovranazionale", in altre parole, nello *jus cogens*; in questo stesso caso, il Procuratore Generale Dontenwille seguì un approccio analogo considerando che questo tipo di crimine derivasse "dal diritto naturale, dall'essenza sovranazionale e trascendente" — il che anche qui coincide con l'idea stessa di *jus cogens* ([25]).

Il concetto di *jus cogens* — sebbene l'espressione non vi figuri formalmente — e le sue implicazioni furono al centro di alcune importanti pronunce dei tribunali inglesi nel ***caso Pinochet***. Il caso verteva sulla seguente questione: poteva l'ex dittatore cileno essere arrestato in Gran Bretagna per essere estradato in Spagna in ragione del fatto che, durante il periodo in cui era capo di Stato in Cile, aveva commesso (o ordinato la commissione di) alcuni atti costitutivi del crimine di genocidio, assassinii su larga scala, torture o prese di ostaggi? Tanto il diritto inglese quanto il diritto internazionale consuetudinario erano chiari: un capo di Stato straniero beneficia di una immunità totale per gli atti compiuti nell'esercizio delle sue funzioni. Tuttavia, la novità del caso risiedeva nel fatto che i crimini dell'ex-dittatore cileno erano "crimini contro l'umanità" — in una parola, violazioni dello *jus cogens*. In una sentenza del 25 novembre 1998, la Camera dei Lord ritenne che i crimini in questione fossero di natura tale da impedire la concessione di ogni immunità a un ex capo di Stato straniero ([26]). Questa pronuncia fu cassata in modo alquanto insolito dalla Corte d'Appello della Camera dei Lord il 17 dicembre 1998 a causa della partecipazione di uno dei "Law-Lords" della maggioranza all'organo di giudizio che, invece, avrebbe dovuto astenersi in ragione dei legami che non aveva cessato di intrattenere con la parte ricorrente. La cassazione tecnica della sentenza, tuttavia, non sminuisce l'interesse della pronuncia della Camera dei Lord del 25 novembre 1998: essa mette ben in luce tutto l'impatto potenziale della "supra-legalità internazionale", ovverosia dell'esistenza di regole comuni alle quali non è giuridicamente possibile derogare. La sentenza finale

---

([22]) Si vedano in generale le questioni poste dal rappresentante della Svizzera alla Conferenza di Vienna e riportate in P. Reuter, *La Convention de Vienne sur le droit des traités*, Paris, A. Colin, 1970, pp. 86-87.

([23]) La Francia ribadì nel 1986 la sua ostilità a questa nozione di *jus cogens* a causa della sua imprecisione e del suo attacco alla stabilità delle relazioni giuridiche. In *AFDI*, 1986, p. 1047.

([24]) In *Clunet*, 1984, 308 con una nota di Edelman.

([25]) In *JCP*, 1983.II.20107.

([26]) Si veda il testo in *ILM* 1998, p. 1302, e per un commento, si veda A.J. Bullier, in *LPA*, n. 144, 1998, p. 14, così come *Répertoire de droit International*, Dalloz, 1999.I, sintesi annuale.

resa dalla Camera dei Lord il 24 marzo 1999 conferma le analisi precedenti, ritrovandosi l'espressione stessa di *jus cogens* negli scritti di parecchi "Law Lords"; tale decisione, tuttavia, non trasse tutte le conseguenze che ci si poteva attendere dal riconoscimento dello *jus cogens* dal momento che, salomonicamente, la Camera dei Lords decise di negare l'immunità al Generale Pinochet solo per gli atti commessi dopo la ratifica da parte della Gran Bretagna della Convenzione internazionale contro la tortura e altri trattamenti disumani e degradanti, le uniche incriminazioni considerate nella fattispecie. Così, rifiutando ogni retroattività, la Camera dei Lord minimizzava la portata dello *jus cogens* come norma consuetudinaria ([27]).

Nello stesso senso, negli Stati Uniti, una pronuncia della Corte d'Appello federale americana per il nono circuito riconobbe ufficialmente la nozione di *jus cogens* e qualificò come tale il lavoro forzato (assimilabile alla schiavitù), così come gli omicidi, gli stupri e le torture che si trovavano ad esso associati ([28]).

Nella **sentenza *Ferrini*** dell'11 marzo 2004, la Corte di Cassazione italiana ha formalmente riconosciuto il concetto di *jus cogens*: nella fattispecie, la Suprema Corte ha affermato che la deportazione e il lavoro forzato di individui costituiscono dei crimini di guerra assurti allo *status* di norme di *jus cogens* di modo che lo Stato che li abbia commessi (nel caso di specie la Germania) non può più beneficiare dell'immunità dalla giurisdizione ([29]). Su tale importante sentenza, torneremo nel Cap. XV di questo libro.

Dal canto suo, la prima Camera civile della Corte di Cassazione francese nella sentenza del 9 marzo 2011, *La réunion aérienne e alt. c. Jamahiriya Araba popolare e socialista* ha ammesso, a giusto titolo, che la commissione di atti di terrorismo da parte di uno Stato è un crimine di natura tale da privarlo della sua immunità di giurisdizione in quanto costituisce la violazione di una "norma di *jus cogens* di diritto internazionale, la quale prevale sulle altre regole di diritto internazionale" ([30]).

2. — Un contenuto impreciso ed evolutivo

a) *Un contenuto impreciso*

31. — Lo *jus cogens è definito dalla Comunità internazionale*, *ragion per cui nessuno Stato unilateralmente può estenderne o limitare il suo ambito di applicazione.* Nessuna fattispecie concreta di norma di *jus cogens* è stata inserita dalla CDI nella Convenzione di Vienna sul diritto dei trattati. La ragione è semplice: una lista avrebbe rischiato di apparire limitativa, il ché avrebbe "cristallizzato" il contenuto dello *jus cogens* e frenato il suo ulteriore sviluppo ([31]). Tuttavia, la dottrina sembra d'accordo nell'ammettere che alcune norme siano parte dello *jus cogens* (i), mentre numerose altre rimangono controverse (ii).

i. Le poche regole di *jus cogens* comunemente accettate

32. Norme di diritto pattizio. — Si tratta innanzitutto di alcune regole di origine pattizia. Così il *divieto dell'uso* — o della minaccia dell'uso — *della forza nelle relazioni internazionali* contrariamente ai principi della Carta dell'ONU. Ciò ha per

---

([27]) Si veda il testo in *ILM* 1999, p. 581 così come i commenti di A.J. Bullier, in *LPA*, n. 74, 1999, p. 5 e M.S. Mahmoud, *Les leçons de l'affaire Pinochet*, in *JDI*, 1999, p. 1021.

([28]) In *DOE 1 v. Unocal Corp.*, 18 settembre 2002, in *ILM*, 2002, p. 1366.

([29]) *Riv. dir. int.*, 2004, p. 539 e *AJIL*, 2005, p. 242.

([30]) *Infra*, Capp. XV e XVII.

([31]) V. *Draft Articles on the Law of Treaties (Final Outcome)*, ILC, II UNYBILC, UN Doc A//Rev./, GAOR st Session Supp,.

corollario l'illiceità di qualsiasi acquisizione di territorio mediante l'uso della forza, come precisato dalla CIG nel suo parere consultivo del 9 luglio 2004 relativo alle *conseguenze giuridiche derivanti dalla costruzione di un muro nel territorio palestinese occupato* (32). Così, anche per il *divieto di tratta degli esseri umani, di pirateria, di genocidio* o *i principi umanitari posti dalle quattro convenzioni di Ginevra del 1949* già citate; nonché per gli atti definiti "crimini contro l'umanità" (33). Anche il *Patto internazionale sui diritti civili e politici del 1966* si presta ad arricchire il contenuto dello *jus cogens*, laddove si prevede all'art. 4, par. 2, che "in caso di pericolo pubblico eccezionale, che minacci l'esistenza della Nazione e venga proclamato un atto ufficiale" *non si "autorizza alcuna deroga"* agli artt. 6 (diritto alla vita); 7 (divieto della tortura); 8, par. 1 e 2 (divieto di schiavitù e servitù); 11 (divieto dell'incarcerazione per debiti); 15 (principio "nulla poena sine lege"); 16 (riconoscimento universale della personalità giuridica di ogni individuo) e 18 (libertà di pensiero, di coscienza e di religione).

D'altra parte, è possibile ammettere che alcune *norme regionali* pattizie più rigorose delle norme del diritto internazionale generale abbiano carattere di *jus cogens* per gli Stati interessati; sarebbe il caso, ad esempio, della tutela dei diritti umani prevista dalla Convenzione Europea per la salvaguardia dei diritti dell'uomo e delle libertà fondamentali (CEDU) del 4 novembre 1950, in vigore per 47 Stati del continente europeo.

Si tratta, in particolare, della salvaguardia dei diritti dell'uomo e delle libertà fondamentali qualificate come "*intangibili*" anche in stato di emergenza ed indicate nell'art. 15 di tale Convenzione. Ci riferiamo al divieto di privare arbitrariamente una persona della vita (art. 2 CEDU), del divieto di tortura (art. 3 CEDU), del divieto di schiavitù, di servitù e di lavoro forzato (art. 4, par. 1, CEDU), del principio *nulla poena sine lege* (art. 7 CEDU) e del divieto del *ne bis in idem* (art. 4, Prot. agg. n. 7).

33. Norme consuetudinarie. — Altre norme hanno un'origine consuetudinaria. Tra queste il mancato rispetto dei principi umanitari diversi da quelli convenzionalmente previsti (l'assenza di notificazione dei pericoli, la mancata assistenza a persone, navi o aeromobili in pericolo...) e il non-riconoscimento delle situazioni di fatto stabilite in violazione del diritto internazionale — talvolta definito "dottrina Stimson" ma che dopotutto non è altro che la manifestazione di quel ben noto principio di diritto romano secondo il quale *ex injuria non oritur jus* — ad esempio la "nullità" dell'accordo di Monaco del 1938, dell'annessione dei Paesi baltici da parte dell'URSS nel 1940 o della presenza attuale di Israele nei territori arabi occupati in seguito alla "guerra dei sei giorni" del 1967. Allo stesso modo, devono rientrare logicamente nello *jus cogens* la violazione del *diritto all'autodeterminazione dei popoli*, la violazione dei diritti dell'uomo (almeno di alcuni di essi quali il diritto ad un equo processo o il principio della personalità della pena) e delle libertà fondamentali nonché il mancato rispetto dell'eguaglianza tra Stati.

---

(32) CIG, *Rec.*, 2004, p. 136, punti 155 e 159.

(33) In arg. v. A. Cassese, *Diritto internazionale*, cit., p. ss.; E. Zoller, "La définition des crimes contre l'humanité", in *JDI*, 1993, p. 549; una lista di questi "crimini contro l'umanità" è stata inserita nell'art. 7 dello Statuto della *Corte Penale Internazionale* creata a Roma nel 1998 e include in particolare l'omicidio, lo sterminio, la riduzione in schiavitù, la deportazione delle popolazioni civili così come la tortura, lo stupro, la prostituzione o la gravidanza forzata e in generale tutti gli atti disumani.

ii. Le regole contestate dello *jus cogens*

34. — Altre regole di *jus cogens* appaiono più contestate e dunque di dubbia esistenza. Così dicasi, ad esempio, per il principio della *libertà dei mari, dello spazio* o quello della *coesistenza pacifica*. Accade lo stesso, *a fortiori*, con riferimento al primato del rispetto di *tutti* i diritti dell'uomo senza distinzione e con elencazioni lunghissime ([34]). Qui, senza le necessarie cautele, la dottrina rischia di elaborare delle mere visioni utopistiche e superficiali in quanto prive del necessario ancoraggio alla prassi degli Stati.

b) *Un contenuto evolutivo*

35. — Come si è già precisato, una norma di *jus cogens* può perdere successivamente tale carattere ed essere succeduta da un'altra. Riprendiamo qui il discorso circa l'analogia, fatte le dovute proporzioni, tra lo *jus cogens* e la nozione di "ordine pubblico" interno. È noto, infatti, che il significato preciso dell'"ordine pubblico" interno di uno Stato diviene noto solo in un dato momento temporale e si evolve in funzione del livello di organizzazione della società, con riferimento alle ideologie politiche, morali, sociali ed economiche dominanti. Se, dunque, tale "incertezza", tipica delle clausole generali, non crea scandalo nell'ordinamento interno, data la relativa facilità con la quale il diritto nazionale può essere modificato in funzione delle necessità della società nazionale; a livello internazionale, la indeterminatezza dello *jus cogens* provoca ancora qualche crisi di rigetto. Ciò spiega la reticenza di numerosi Stati di fronte allo *jus cogens*, che ricorda — almeno allo stato attuale — il mito greco del "vaso di Pandora".

3. — Degli effetti drastici: l'invalidità delle norme contrarie

36. — Agli artt. 53 e 64, la Convenzione di Vienna del 1969 stabilisce il principio dell'invalidità dei trattati (e si può qui estendere la disposizione a "ogni atto internazionale") contrari a una norma di *jus cogens*.

37. Invalidità *ex tunc* e invalidità *ex nunc*. — Due sono le fattispecie considerate dalla Convenzione di Vienna del 1969 in materia di invalidità per contrarietà allo *jus cogens*. Se, al momento della sua conclusione, un trattato si rivela già contrario a una norma di *jus cogens*, un tale trattato è invalido, è colpito da una invalidità *ab initio*, ossia ***ex tunc*** (art. 53, par. 1). Invece, se emerge una *nuova* norma di *jus cogens* ed entra in conflitto con un trattato preesistente, questo diventa invalido e cessa di esistere ***ex nunc***, invalidità questa che non produce alcun effetto retroattivo (art. 64).

38. Difficoltà pratiche. — Una tale sanzione comporta due tipi di difficoltà, entrambe considerevoli. Essa rischia, innanzitutto, di rendere precari, e dunque instabili, i trattati e, in generale, tutti gli impegni internazionali. Infatti, per liberarsi da un obbligo più gravoso del previsto, gli Stati saranno tentati di eccepire la contrarietà di un trattato "sconveniente" allo *jus cogens*. Ma la soluzione accolta dalla Convenzione di Vienna comporta un ulteriore problema, forse anche più rilevante del

---

([34]) Tale fu la posizione del rappresentante della Santa Sede alla Conferenza di Vienna del 1969. Cfr. P. Reuter, *op. cit.*, p. 85.

precedente: *chi* stabilirà la nullità di questo o quel trattato? Un giudice internazionale? Uno Stato? Sono questi diversi interrogativi, rimasti irrisolti, che spiegano l'ostilità di alcuni Stati (come la Francia) o di alcuni autori (del livello di Lauterpacht o di Schwarzenberger) verso il concetto di *jus cogens*, perlomeno nella sua versione attuale particolarmente "vaga". Quel timore permane ancorché la Convenzione di Vienna consenta di sottoporre le controversie sull'applicazione o sull'interpretazione del concetto di *jus cogens* alla CIG o ad un collegio arbitrale (art. 66). Ma quel rimedio non è obbligatorio giacché si tratta di una mera facoltà per gli Stati Parte alla Convenzione sul diritto dei trattati del 1969. Infine, abbiamo visto che alcune ulteriori difficoltà concettuali sono emerse in occasione del contenzioso che si è sviluppato a causa delle sanzioni "intelligenti" promananti dal Consiglio di sicurezza dell'ONU ex Capo VII e dirette a colpire singoli individui. La posizione assunta dai vari tribunali su tali questioni sembra quella, sia pure in modo ondivago, di privilegiare la tutela dei diritti umani degli individui, anche nel contesto della lotta al terrorismo. In altre parole, lo *jus cogens* costituisce una zona di "supralegalità" in grado di superare quella della stessa Carta dell'ONU e, pertanto, non può essere violata nemmeno dalle Risoluzioni del Consiglio di sicurezza, a beneficio della tutela internazionale dei diritti umani.

Conclusione: un tentativo di sintesi

39. — In conclusione, ci limiteremo a presentare tre osservazioni di ordine generale. In primo luogo, la nozione di *jus cogens* rimane controversa (i). In secondo luogo, la prassi giudiziaria internazionale, dopo una grande cautela iniziale, sembra orientata verso un formale riconoscimento dello *jus cogens* (ii). Infine, la prassi recente del Consiglio di Sicurezza delle Nazioni Unite va nello stesso senso, in quanto, autorizzando l'uso della forza a fini umanitari, ha aperto delle prospettive rivoluzionarie in diritto internazionale.

***i.* Una valutazione controversa**

40. Reticenza dei Paesi occidentali. — In linea generale, i Paesi "occidentali" hanno mostrato non poche perplessità nei confronti dello *jus cogens* così come appare dai lavori preparatori della Convenzione di Vienna del 1969. Tale reticenza si spiega con il timore di questi Stati di vedere il concetto di *jus cogens* utilizzato sistematicamente da alcuni Paesi per cercare di sfuggire ad obblighi internazionali avvertiti come troppo gravosi o vincolanti. Vi sarebbe qui un rischio generalizzato di non rispettare più "la parola data", e quindi mettere in discussione la stessa forza vincolante del diritto internazionale.

41. Sostegno dei Paesi in via di sviluppo. — Da parte loro, i Paesi del c.d. terzo Mondo hanno un atteggiamento favorevole nei confronti dello *jus cogens*. Essi tendono a considerare la nozione di *jus cogens* come una garanzia contro gli eventuali abusi delle "grandi potenze" che potrebbero essere tentate di imporre loro la propria volontà tramite dei "trattati ineguali" com'era avvenuto in passato attraverso il regime delle c.d. "capitolazioni" ([35]). In quest'ottica, il concetto di *jus cogens* appare dunque come l'arma dei "deboli" contro gli abusi dei "potenti".

([35]) Su cui v. ad es. A. Cassese, *Diritto internazionale*, cit., p. 40 ss..

ii. Una consacrazione ufficiale nella giurisprudenza internazionale

42. La giurisprudenza della CIG. — In passato, era già possibile rinvenire in alcune sentenze e pareri della CIG delle tracce dello *jus cogens*, benché la Corte stessa si fosse sempre astenuta dall'utilizzare espressamente tale nozione; tuttavia, tale ritrosia è stata abbandonata in occasione della sentenza del 3 febbraio 2006 nel *caso delle Attività armate nel territorio del Congo.*

43. — Così, nel **caso dello *Stretto di Corfù*** del 1949 la Corte osservò l'ineluttabile esistenza di "alcuni principi generali e ben riconosciuti", delle "considerazioni elementari di umanità, ancora più assolute in tempo di pace che in tempo di guerra", "il principio della libertà delle comunicazioni marittime" e "l'obbligo, per ogni Stato, di non lasciare utilizzare il suo territorio per atti contrari ai diritti di altri Stati" ([36]).

44. — Ancora, nel **caso delle *riserve alla Convenzione per la prevenzione e la repressione del crimine di genocidio*** del 28 marzo 1951, la CIG ritenne che il genocidio definito dall'ONU quale "crimine di diritto delle genti" implicante il rifiuto del diritto all'esistenza di interi gruppi umani fosse "un crimine che sconvolgeva la coscienza umana, infliggeva grandi perdite all'umanità" ed "era contrario, allo stesso tempo, alla legge morale e allo spirito e ai fini delle Nazioni Unite". Essa ne trasse la conseguenza che i principi riconosciuti da tale convenzione fossero "dei principi riconosciuti dalle Nazioni civili come principi che obbligano gli Stati anche al di fuori di qualsivoglia vincolo pattizio" ([37]).

45. — Così, ancora, nei **casi relativi al *Sud-Ovest africano*** del 1950 e del 1962, la Corte riconobbe che il mandato affidato all'Africa del Sud aveva valore di istituzione internazionale creata allo scopo di difendere gli abitanti del territorio e dell'intera umanità (parere consultivo dell'11 luglio 1950). Nel 1966, definì il mandato quale "impegno internazionale di interesse generale" ([38]).

46. — Dopo qualche tempo, nel **caso *Barcelona Traction*** del 5 febbraio 1970, la Corte riconobbe l'esistenza di norme più importanti di altre. "Una distinzione essenziale" — ha indicato la Corte — "deve in particolare essere stabilita tra gli obblighi degli Stati nei confronti della comunità internazionale nel suo insieme e quelli che nascono nei confronti di un altro Stato nel quadro della protezione diplomatica. Per loro stessa natura, i primi riguardano tutti gli Stati. Considerata l'importanza dei diritti in questione, tutti gli Stati possono essere considerati come aventi un interesse giuridico a che tali diritti siano protetti; gli obblighi di cui si tratta sono obblighi *erga omnes*... Questi obblighi derivano per esempio nel diritto internazionale contemporaneo dalla proibizione degli atti di aggressione e del genocidio, nonché dai principi e dalle regole concernenti i diritti fondamentali della persona umana, compresa la protezione contro la pratica della schiavitù e la discriminazione razziale — alcuni diritti e protezioni corrispondenti si sono integrati al diritto internazionale generale... altri sono conferiti da strumenti internazionali di carattere universale o quasi universale" ([39]).

([36]) In *Rec.*, p. 22.
([37]) In *Rec.*, 1951, p. 23.
([38]) In *Rec.*, 1966, p. 332.
([39]) In *Rec.* punto 33.

47. — In seguito, la CIG fece delle allusioni analoghe, benché meno precise, all'esistenza di un certo nucleo di regole imperative nel suo **parere consultivo sulla *Namibia*** del 1971 ([40]), nel caso degli *Esperimenti nucleari francesi nel Pacifico* del 1974 ([41]) o nel caso del *Personale diplomatico e consolare statunitense a Teheran* ([42]).

Successivamente, nel **parere consultivo sulla *liceità della minaccia o dell'uso di armi nucleari*** dell'8 luglio 1996, la CIG, ha definito i principi di diritto internazionale umanitario contenuti nelle convenzioni di Ginevra del 1949 alla stregua di "regole fondamentali" o "principi intrasgressibili" ([43]) pur senza dire esplicitamente che si tratta di norme imperative di *jus cogens* ([44]).

Più recentemente, nel parere consultivo del 9 luglio 2004 relativo al **caso del *muro costruito da Israele nei territori occupati***, la CIG, come già nella sua sentenza *Barcelona Traction*, ha insistito sulla particolare importanza degli "obblighi *erga omnes*" che sarebbero stati violati da Israele (diritto all'autodeterminazione del popolo palestinese, diritto internazionale umanitario definito ancora una volta quale "intrasgressibile") ([45]); "data la natura e l'importanza dei diritti e degli obblighi coinvolti", precisò la Corte, [il che fa supporre che tale non sarebbe stata la sua posizione in caso di mancato rispetto delle regole "normali" o di "primo livello" del diritto internazionale] [essa] "è dell'avviso che tutti gli Stati abbiano l'obbligo di non riconoscere la situazione illecita derivante dalla costruzione del muro nei Territori palestinesi occupati" ([46]). Inoltre, la Corte ha invitato tutti gli Stati così come anche l'ONU e i suoi organi ad assicurarsi che venissero rimossi gli ostacoli accertati e a fare in modo che Israele rispettasse il diritto del popolo palestinese all'autodeterminazione e il diritto internazionale umanitario contenuto nella Convenzione di Ginevra del 12 agosto 1949 sulla protezione delle persone civili in tempo di guerra ([47]). Alla luce di questa giurisprudenza della CIG, è possibile chiedersi se la Corte non avesse inteso fare di questi obblighi *erga omnes* un esempio di *jus cogens*.

Quest'ultimo interrogativo non ha più ragione di sussistere a partire dalla già citata sentenza della Corte del 3 febbraio 2006 nel **caso *Congo c. Rwanda***; in questa occasione la CIG non esitò a definire il divieto di genocidio quale "norma imperativa del diritto internazionale generale (*jus cogens*)" ([48]), mentre non sembra proporre una distinzione diversa da quella semantica tra tale categoria di norme e "i diritti e gli obblighi *erga omnes*" ([49]). Non sorprende che la CIG abbia mantenuto un siffatto approccio nella sentenza relativa all'*Applicazione della Convenzione per la prevenzione e la repressione del crimine di genocidio* a seguito del contenzioso tra la Bosnia-Erzegovina e la Serbia ([50]), o ancora nella sentenza precitata, del 2012, circa l'*Obbligo di perseguire o estradare* (punto 99).

([40]) Punti 126-131.
([41]) In *Rec.*, p. 269.
([42]) In *Rec.*, 1980, punti 91 e 92.
([43]) Punto 79.
([44]) Punto 83.
([45]) Punti 156-157.
([46]) Punto 159.
([47]) Punti 159-160.
([48]) n. 64.
([49]) Punto 125.
([50]) Sentenza del 26 febbraio 2007 e in particolare il punto 161.

48. Un riconoscimento giurisprudenziale nell'ordinamento giuridico UE. — Nelle importanti e già citate sentenze *Kadi, Yusuf e Ayadi* del 2005 e 2006, anche il Tribunale di primo grado dell'Unione europea riconobbe l'esistenza dello *jus cogens* che definì, a giusto titolo, alla stregua di un "ordine pubblico internazionale... al quale non è possibile derogare" ([51]). Constatando che queste disposizioni perentorie essenziali dello *jus cogens* "si imponevano a tutti, ivi compresa la Comunità [oggi l'Unione, *n.d.r.*]" ([52]), il Tribunale ne trasse la conclusione secondo la quale è suo compito vigilare sul loro rispetto; nel caso di specie, in virtù di un ricorso per annullamento di un atto comunitario che attuava una Risoluzione vincolante del Consiglio di Sicurezza, il Tribunale ritenne che gli spettasse procedere "alla verifica del rispetto delle norme superiori del diritto internazionale appartenenti allo *jus cogens* e, in particolare, delle norme imperative che riguardano la tutela universale dei diritti dell'uomo" ([53]). In appello, la Grande Camera della Corte, senza respingere tale approccio, ha ritenuto inutile riferirvisi ([54]).

49. Giurisprudenza dei tribunali penali internazionali *ad hoc*. — Il **Tribunale di Norimberga**, incaricato di giudicare taluni criminali di guerra nazisti, si dimostrò favorevole al riconoscimento di un *ordine pubblico internazionale*. A questo titolo, dichiarò contrario alla morale pubblica, e dunque nullo, un accordo tra la Germania e il Governo di Vichy che obbligava i prigionieri di guerra francesi a lavorare nelle fabbriche di armamenti tedeschi ([55]).

Dal canto suo, il **Tribunale penale internazionale per l'ex Jugoslavia** non ha esitato ad utilizzare le espressioni "norme imperative o *jus cogens*" con riferimento al divieto di tortura, insistendo sul suo carattere superiore in rapporto ai trattati o alle consuetudini nella gerarchia delle fonti internazionali ([56]).

50. Lo *jus cogens* regionale e la Corte EDU. — Sul piano giudiziario, alcuni tra i più interessanti sviluppi dello *jus cogens*, si trovano con riferimento all'applicazione della CEDU.

Infatti, a partire dal 1951, in una controversia tra l'Italia e l'Austria, la Commissione dei diritti umani ha descritto gli obblighi delle Parti contraenti come "essenzialmente di carattere obiettivo" con il risultato per cui una loro violazione comporta "*una violazione dell'ordine pubblico dell'Europa*" ([57]). Anni dopo, in una sentenza del 4 marzo 1991, *Chrysostomos e altri c. Turchia*, la Corte EDU ha qualificato la CEDU alla stregua di uno "strumento costituzionale dell'ordine pubblico europeo" ([58]). Ed ancora, nel caso *Loizidou c. Turchia* del 23 marzo 1995, la medesima Corte ha definito la CEDU come "lo strumento dell'ordine pubblico europeo per la protezione degli esseri umani" ([59]).

([51]) In *Kadi*, punto 226.

([52]) *Ivi*, punto 230.

([53]) *Ivi*, punto 231.

([54]) Corte di giustizia, 3 settembre 2008, Cause riunite C-402/05 P e C-415/05 P, in *Racc.*, 2008, I-06351, punto 329.

([55]) V. il caso *Krupp*, n. 58, *Law Reports of Trials of War Criminals*, Vol. X, London, 1949, p. 141.

([56]) ICTY, Causa IT-95-17/1, sentenza della Camera di prima istanza del 10 dicembre 1998 nel caso *Furundzija*, par. 153. Testo in *ILM*, 1999, p. 317.

([57]) V. il sito internet della Corte EDU.

([58]) *RUDH*, 1991, p. 200.

([59]) Punti 75 e 93.

Anche nel caso *Al-Adsani c. Regno Unito*, deciso con sentenza del 21 novembre 2001, la Corte EDU ha indicato che tale divieto "[aveva] ormai valore di norma imperativa, vale a dire di *jus cogens*" ([60]).

In breve, e in altre parole, la CEDU si configura alla stregua di uno *jus cogens* regionale-europeo, in materia di tutela internazionale dei diritti dell'uomo.

51. Lo *jus cogens* regionale e la Corte interamericana dei diritti dell'uomo. — Anche la Corte interamericana dei diritti dell'uomo ha fatto riferimento allo *jus cogens* come si evidenzia nel suo parere consultivo del 17 settembre 2003 — reso su richiesta del Messico — circa lo statuto giuridico e i diritti dei migranti senza permesso di soggiorno ([61]). Nel suo parere, la Corte ha osservato che il principio fondamentale dell'uguaglianza e della non discriminazione riveste carattere obbligatorio e si impone a tutti gli Stati, indipendentemente da qualsivoglia circostanza o altra considerazione, quale lo statuto di migrante. La Corte ha pertanto concluso che ciascuno Stato è tenuto a rispettare e garantire i diritti sociali individuali di tutti i lavoratori, compresi quelli dei migranti senza permesso di soggiorno. Successivamente, la Corte ha indicato come appartenenti allo *jus cogens* le norme che proibiscono la tortura ([62]), quelle sull'accesso alla giustizia e contro le sparizioni forzate. Nel caso *La Cantuta c. Perù*, del 29 novembre 2006, la Corte interamericana ha espressamente indicato che "il divieto della sparizione forzata di persone e il corrispondente obbligo di investigare e punire i responsabili è diventato *jus cogens*" ([63]).

iii. L'uso della forza armata per il rispetto del diritto umanitario come *jus cogens*

52. I recenti interventi umanitari. — Il nuovo corso dello *jus cogens* è descritto nella Ris. n. 688 del 5 aprile 1991 adottata dal Consiglio di Sicurezza dell'ONU in forza del Capo VII della Carta per proteggere le popolazioni curde dell'Iraq. Al riguardo, il Ministro degli Affari esteri francese dell'epoca ha sottolineato la portata innovatrice di detta Risoluzione che, secondo lui, prefigura un vero e proprio "diritto d'intervento umanitario in caso di violazioni massicce dei diritti dell'uomo" ([64]).

In effetti, sempre in base al Capo VII, il Consiglio di Sicurezza ha autorizzato "tutti gli Stati membri che accettano di cooperare" (secondo la formula consacrata) a utilizzare "all necessary means" (dunque compresa la forza armata) per assicurare un aiuto umanitario alla Bosnia-Erzegovina ([65]), alla Somalia ([66]), ad Haiti per assicurare il ritorno alla democrazia riportando al potere un Presidente vittima di un colpo di Stato ([67]), poi in Rwanda per motivi umanitari ([68]), in Albania per le medesime ragioni ([69]) ed in Kosovo nel 1998 dove le Ris. n. 1160 e 1199 minacciò un intervento militare se non vi fosse stata una adeguata protezione della popolazione di etnia albanese. Si aggiunga altresì la creazione nel 1993 e nel 1994 — sempre in base al Capo

---

([60]) Punto 26.
([61]) OC-18/03, v. il sito della *Corte www.corte idh.or.cr.*
([62]) V. tra gli altri *Bayarri c. Argentina*, 30 ottobre 2008, Ser. C, n. 187, punto 187.
([63]) Punto 157.
([64]) Risposta n. 42.509, in *J.O. AN*, 8 luglio 1991, p. 2686.
([65]) Ris. n. 770 del 13 agosto 1992.
([66]) Ris. n. 794 del 3 dicembre 1992.
([67]) Ris. n. 841 del 16 giugno 1993.
([68]) Ris. n. 940 del 31 luglio 1994.
([69]) Ris. n. 1101 del 28 marzo 1997.

VII della Carta dell'ONU— dei *tribunali penali internazionali* per giudicare le violazioni del diritto umanitario commesse nell'ex Jugoslavia e Rwanda.

Qualche tempo dopo, nelle sue Ris. n. 1814 e 1816 del 15 maggio e 2 giugno 2008, il Consiglio di Sicurezza ha autorizzato "tutti gli Stati interessati" ad utilizzare "all necessary means" per reprimere gli atti di pirateria e le rapine a mano armata commessi contro le navi al largo delle coste della Somalia.

Poi, tramite la celebre Ris. n. 1973 del 17 marzo 2011, il Consiglio di Sicurezza ha autorizzato "tutte le misure necessarie" per far rispettare il divieto di volo che era stato deciso con l'obiettivo di "proteggere i civili" in Libia contro gli "attacchi sistematici e generalizzati" di cui erano vittime da parte del regime del colonnello Gheddafi. E gli esempi si potrebbero moltiplicare fino ai nostri giorni.

53. Uno stravolgimento dei fondamenti classici del diritto internazionale. — Gli sviluppi recenti della prassi a cui abbiamo appena fatto riferimento evidenziano quanto sia divenuto sottile il confine tra una violazione di alcune regole fondamentali della Comunità internazionale e una "minaccia al mantenimento della pace e della sicurezza internazionale" di cui al Capo VII della Carta dell'ONU. Di qui, la reazione della Comunità internazionale che può arrivare fino all'intervento militare collettivo per porvi fine. Le regole violate (genocidio, violazione del diritto internazionale umanitario, crimini contro l'umanità) debbono entrare chiaramente nella categoria delle norme di *jus cogens*, anche se questa espressione viene raramente formalizzata nei documenti ufficiali.

Così, in dottrina, taluni hanno sostenuto che ormai esiste un *diritto*, se non un *dovere* di ingerenza della Comunità internazionale negli affari interni di uno Stato qualora le sue norme fondamentali (quelle di *jus cogens*?) fossero violate in modo grave e sistematico ([70]).

Il paradosso è però quello per cui, per questa via, si arriva a stravolgere la sovranità dello Stato territoriale (quelli meno potenti?) violando, nel contempo, il fondamentale divieto dell'uso della forza armata per la soluzione delle controversie internazionali ([71]). Certo, ammettere che si possa derogare a tali principi ***in nome della difesa dei diritti umani e delle libertà fondamentali*** è una preoccupazione lodevole anche se la crisi siriana di questi ultimi anni o quella in Myanmar dimostra la relatività di tali concetti e la cautela con cui affermare che la finalità primaria della società internazionale consiste nel rispetto dei diritti dell'uomo giustificando così dei bombardamenti a spese della popolazione civile.

Manca, infatti, un effettivo consenso universale sulla nozione di "diritti umani", per non parlare del loro esatto contenuto e della loro estensione (in Occidente sempre più ampia e dunque sempre più tenue). Pertanto, la prospettiva sopra indicata presta il fianco ad alcune critiche e prefigura dei possibili abusi. Sono i diritti umani una nuova religione laica che alcuni Stati occidentali debbano imporre — all'occorrenza con la forza bellica — agli altri Stati con il risultato di eliminare ogni altra e diversa religione già esistente sulla terra? O piuttosto si prefigura un diritto in capo agli Stati più forti di imporre — se necessario con la forza — un certo ordine culturale, politico, sociale ed economico internazionale? Purtroppo, la storia del diritto internazionale

---

([70]) V. M. Bettati, B. Kouchner, *Le devoir d'ingérence*, Paris, Denoël, 1987, e, in forma più attenuata, M. Bettati, "Un droit d'ingérence?", in *RGDIP*, 1991, p. 639.

([71]) V. *infra*, capitolo XX.

non induce all'ottimismo. Infatti, molte preoccupazioni "altruiste", sono state spesso invocate in passato per giustificare persino la *colonizzazione* in nome della "missione di civilizzazione" dei Paesi "occidentali".

Sezione II

La legalità internazionale:

nascita e sviluppo progressivo di una gerarchia delle fonti

54. Premessa. — Fermo restando quanto si è detto nella sezione precedente, si deve presumere che le tre principali fonti del diritto internazionale indicate all'art. 38 dello Statuto della CIG (trattati, consuetudini e principi generali di diritto riconosciuti dalle Nazioni civili su cui diremo diffusamente nei capitoli successivi) possiedano *tutte lo stesso rango* (72). Senonché, è possibile osservare che le eventuali antinomie possono essere risolte attraverso degli appositi principi. I criteri sono quattro: quello cronologico, quello della specialità, quello della competenza e quello gerarchico.

• Il criterio ***cronologico*** (*lex posterior derogat priori*) comporta l'abrogazione della norma anteriore ad opera della successiva di pari grado.

• Il criterio della ***specialità*** (*lex specialis derogat generali*), tra fonti di pari grado privilegia l'applicazione della norma speciale o particolare rispetto a quella più generale. Così, un trattato costituisce *lex specialis* tra le Parti contraenti rispetto ad una consuetudine internazionale generale.

• Il criterio della ***competenza***, consente di strutturare i soggetti del diritto internazionale (v. Cap. I e *infra* Cap. XV) e dunque di ricollegare le norme emanate da ciascuno di essi secondo l'ampiezza delle competenze possedute.

• Il criterio ***gerarchico***, (*lex superior inferiori derogat*), invece, comporta la prevalenza della norma di grado superiore su quella inferiore, anche quando quest'ultima sia cronologicamente posteriore. Ma tale ultimo criterio funziona poco nell'ordinamento internazionale e abbiamo già visto (*supra*, Sez. I di questo capitolo) che ogni "verticalizzazione" del sistema va considerata a titolo eccezionale (v. ad es. il caso dello *jus cogens*).

Senonché, una peculiare manifestazione del criterio gerarchico può verificarsi quando le *norme di un trattato a portata universale* prevalgono sulle *norme pattizie ad applicazione internazionale-regionale* (§1). A propria volta, le norme di trattati ad ambito di applicazione internazionale-regionale possono prevalere sulle norme dei *trattati bilaterali* (§2).

Per altro verso, si distingue tra norme appartenenti al "diritto originario" (o, appunto, "primario") e norme di "diritto derivato" (c.d. *fonti previste da accordi*) come avviene in materia di Unione europea ed altre organizzazioni internazionali (§3).

---

(72) In arg. cfr. ad es. R. Quadri, "Cours général de droit international public", in *RCADI*, 1964, v. 113, p. 343 s.; Th. Meron, "International law in the age of human rights: general course on public international law", in *RCADI*, 2003, v. 301, p. 373; *Brownlie's Principles of Public International Law*, a cura di J. Crawford, cit., p. 22 ss.; N. Ronzitti, *Diritto internazionale*, 6 ed. cit., p. 196 ss.; C. Focarelli, *Trattato di diritto internazionale*, cit., p. 479 ss. e riferimenti ivi cit.; E. Cannizzaro, *Diritto internazionale*, 5 ed., cit., p. 223 ss..

§ 1. — *La superiorità del diritto universale sul diritto regionale*

55. "Riconoscimento reciproco". — In linea di principio, i trattati internazionali a portata universale e quelli ad ambito di applicazione internazionale-regionale hanno uno stesso fondamento: la volontà degli Stati. È così, per esempio, che **gli artt. 52 e 53 della Carta ONU** "legittimano" gli *accordi regionali* destinati a mantenere la pace e la sicurezza internazionale in una parte ben determinata del mondo: in tal caso, il diritto universale rinvia al diritto regionale. Ma l'inverso è ugualmente vero e i patti regionali di natura politica o di difesa fanno il più delle volte riferimento alle disposizioni della Carta ONU alle quali essi intendono conformarsi (caso del Patto atlantico del 1949, delle Carte OAS o OUA). Nella stessa ottica, va compresa la prassi giurisprudenziale della Corte di Giustizia UE, la quale si è talvolta riferita alle regole del diritto internazionale generale per risolvere un problema puramente "comunitario" ([73]). Ed ancora, innumerevoli atti di organizzazioni internazionali ("codici" dell'OCSE sulla liberalizzazione dei pagamenti e dei movimenti di capitale ad es.) e trattati bilaterali che consacrano il principio di non discriminazione economica prevedono tradizionalmente un'eccezione nel caso di formazione di una integrazione economica regionale (unione doganale, zona di libero scambio, zona monetaria...) ([74]).

56. Rapporti. — Il diritto universale serve da quadro di riferimento al diritto regionale (1) e si tratta di un riferimento *a minima* che, a volte, resiste al principio di specialità in diritto internazionale (2).

1. — La subordinazione del diritto regionale al diritto universale

57. — Alcuni autori contestano la possibilità una subordinazione del *diritto internazionale pattizio regionale* al *diritto pattizio universale*, ritenendo che il primo non debba piegarsi al secondo trattandosi di *lex specialis*. Sul piano della logica giuridica è, tuttavia, altrettanto chiaro che le norme applicabili all'intera Comunità internazionale non possano essere contraddette a livello regionale se non a scapito della loro universalità e, conseguentemente, della loro stessa esistenza.

Pertanto, è possibile isolare alcune fattispecie in cui *il diritto regionale non può derogare, nemmeno a titolo di lex specialis, il diritto universale*:

a) *Convenzioni universali (o di portata universale) che impediscono l'abrogazione o la modifica delle proprie disposizioni da parte di accordi particolari*

58. — A tale proposito, è opportuno indicare alcuni esempi:

— la formula dapprima dell'art. 20 del Patto della SDN e poi dell'art. 103 della Carta ONU. Gli obblighi contratti dagli Stati in virtù della Carta prevalgono su tutti gli altri impegni convenzionali contrari.

— L'art. 96 dell'Atto finale della conferenza di Bruxelles del 1896 relativo al commercio di schiavi in Africa comportava l'abrogazione di "tutte le convenzioni contrarie anteriormente concluse tra le Potenze firmatarie".

([73]) Così nella causa C-7/71 del 14 dicembre 1971, in *Rec.*, 1971, p. 1003, dove la Corte affermò che la caducità delle disposizioni del Trattato non si può presumere.

([74]) L. Dubouis, "Les rapports du droit régional et du droit universel", in "Régionalisme et universalisme dans le droit international contemporain, Colloque", in *SFDI*, 1976, pp. 263 e ss.

— L'art. 82 della Convenzione di Chicago del 1944 relativa all'aviazione civile internazionale dispone che tutte le convenzioni contrarie anteriormente concluse tra le Parti contraenti sono abrogate e gli Stati si impegnano inoltre a non concludere, in futuro, convenzioni contenenti disposizioni incompatibili con essa (art. 83).

— Le disposizioni dello statuto della CIG relative alla funzione giudiziaria della Corte possono essere considerate come aventi carattere di "ordine pubblico". È quanto sostenne la CPGI nel caso delle *zone franche della Alta Savoia e del Paese di Gex*, negando effetto a certe disposizioni del compromesso franco-svizzero che attribuivano alla Corte competenza a risolvere la controversia, laddove si chiedeva alla Corte di allontanarsi dagli obblighi relativi alla sua funzione giudiziaria ([75]).

b) *Convenzioni che accordano un diritto di reclamo in un'istanza o procedura internazionale*

59. — Un certo numero di convenzioni internazionali multilaterali a portata universale accordano speciali diritti agli Stati membri o alle parti, a cui le parti non possono rinunciare. La ragione è che tali diritti o prerogative vengono attribuiti non solo in funzione della tutela di interessi statali, *ma soprattutto in funzione della protezione degli interessi della comunità internazionale e del suo ordinamento giuridico*.

Ci riferiamo, ad esempio, al *diritto di intervento* degli Stati in caso di contenzioso davanti alla CIG (art. 62 dello Statuto CIG); del diritto di ciascuno Stato membro dell'OIL di depositare *un reclamo* in caso di violazione di una convenzione internazionale del lavoro da parte di un altro Stato (art. 26) o, un tempo, del diritto di ogni Stato membro della SdN di adire la CPGI in caso di controversia con una potenza "mandataria" circa il modo in cui quest'ultima ottemperava ai suoi obblighi internazionali ([76]).

c) *Convenzioni universali fondanti il regime giuridico di OIG regionali*

60. — Altri esempi si rinvengono in materia di diritto internazionale dell'economia. Così il GATT, un accordo a portata universale — oggi assorbito entro l'Organizzazione mondiale del commercio (OMC/WTO) — fonda tramite il suo articolo XXIV il regime giuridico delle ***integrazioni economiche regionali***. Così, i Membri dell'OMC/WTO che volessero costituire tra loro un'area di integrazione economica regionale sono tenuti al rispetto di obblighi stringenti sotto il controllo dell'OMC/WTO. Innanzitutto, gli Stati possono scegliere solo due forme di integrazione: le zone di libero scambio e le unioni doganali. Inoltre, devono rispettare alcuni obblighi di procedura e, soprattutto, alcune condizioni di merito affinché i loro progetti siano considerati "leciti" e possano ricevere l'approvazione dell'OMC/WTO ([77]).

d) *jus cogens*

61. — Secondo la CIG, esistono delle regole particolarmente "importanti" del diritto internazionale "generale" — a carattere pattizio o consuetudinario — che si

---

([75]) CPGI, 7 giugno 1932, Sér. A/B, n°46, 1932, pp. 160-161.

([76]) V. art. 7 del mandato conferito al Sud Africa sul Sud-Ovest africano nel 1921.

([77]) Per ulteriori dettagli, v. D. Carreau, P. Juillard, R. Bismuth, A. Hamann, *Droit international économique*, 6 ed., cit., p. 267 ss..

impongono agli Stati, pur *non* trattandosi di "norme imperative" (***jus cogens***). La Corte ne ha fatto riferimento nel **caso della *Piattaforma continentale del mare del Nord*** del 1969, con queste parole: "nel caso delle norme e degli obblighi di diritto generale o consuetudinario che per natura devono applicarsi in condizioni eguali a tutti gli Stati membri della comunità internazionale [esse] non possono dunque essere subordinate ad un diritto di esclusione esercitato unilateralmente e per volontà da qualsivoglia membro della comunità internazionale a proprio vantaggio" ([78]). Per quanto ancora imprecisate, si tratterebbe di regole "importanti" che hanno in comune con lo *jus cogens* la circostanza di *non* poter essere oggetto di deroghe specifiche o di tipo internazionale-regionale.

2. — Il diritto universale come quadro di riferimento *minimo* del diritto internazionale regionale

62. Possibilità per il diritto regionale di essere più esigente. — *Il diritto regionale ha sempre la possibilità di andare "oltre" il diritto universale adottando delle soluzioni più stringenti per i suoi soggetti.* Esiste infatti tra questi ultimi una comunanza di interessi più significativa, una rete di solidarietà più stretta che può condurre all'adozione di regole di comportamento più specifiche. In tali circostanze, su un piano qualitativo, il diritto regionale apparirà "superiore" al diritto universale. Va altresì considerato che, se si tratta di trattati universali che conferiscono dei diritti soggettivi a degli individui (come i Patti sui diritti umani del 1966), la possibilità di ottenere un trattamento ancor più favorevole mediante convenzioni particolari presenta dei vantaggi certi per i soggetti privati. Al proposito, basti riferirsi alla CEDU ed ai suoi peculiari meccanismi di controllo che si rivelano ben più efficaci ed effettivi dei diversi (e generali) Patti ONU sui diritti civili e politici, nonché sui diritti economici, sociali e culturali ([79]).

63. Esempi. — È possibile citare in questa sede un certo numero di esempi caratteristici dell'eventuale *maggiore approfondimento* del diritto regionale in rapporto al diritto universale.

— La Convenzione di Berna del 1886 relativa alla proprietà letteraria ed artistica riconosce alle Parti contraenti il diritto di concludere accordi particolari ma soltanto nella misura in cui questi conferiscano agli autori di opere letterarie dei "diritti più estesi" (art. 20).

— La Convenzione postale universale del 1920 segue il medesimo approccio. Le Parti contraenti hanno ogni libertà di concludere degli accordi specifici bilaterali o regionali, purché ne risulti un miglioramento delle relazioni postali o una riduzione delle tasse (art. 23).

— È chiaro, allo stesso modo, che nulla impedisce agli Stati che hanno istituito una integrazione economica regionale "valida", in base all'articolo XXIV del GATT/OMC, di andare "oltre" gli obblighi minimi e di costituire, ad esempio, una "unione economica". L'esperienza dell'Unione europea lo dimostra.

64. — È possibile citare anche degli esempi di rapporti di specialità tra norme di un'integrazione regionale e una sub-integrazione regionale. Così, ad esempio, un'area

---

([78]) In *Rec.*, 1969, par. 63.
([79]) V. *infra*, capitolo XVI.

d'integrazione infra-regionale come il Gruppo andino deve rispettare la cornice normativa posta dall'Associazione latino-americana del libero commercio (ALALC), istituita nel 1960 dal Trattato di Montevideo ([80]), che è una zona di libero scambio. E analoghe considerazioni valgono ai sensi dell'art. 3 della carta costitutiva dell'Organizzazione dei Paesi esportatori di petrolio (meglio conosciuta con l'acronimo OPEC).

In breve, in questo tipo di rapporti, tra diritto universale e regionale ci si muove dal livello "meno" vincolante a quello "più" vincolante e non viceversa. Così, logica e giustizia portano alla "superiorità" del diritto universale sul diritto regionale in quanto è il primo che limita il secondo.

§ 2. — *La superiorità del diritto internazionale regionale sul diritto internazionale bilaterale*

65. — Anche il diritto internazionale-regionale può prevalere sul diritto internazionale bilaterale. *Tale superiorità viene spesso affermata da uno stesso accordo regionale.* Essa è altresì espressamente riconosciuta con una certa frequenza dagli accordi bilaterali tra Stati.

1. — La superiorità affermata dall'accordo regionale: l'esempio della CEE/UE

66. — Il Trattato di Roma del 1957, ed oggi il TFUE, distingue due tipi di situazioni a seconda che un trattato "particolare" — nella maggior parte dei casi bilaterali — sia stato concluso *tra Stati membri* o tra *Stati membri e Stati terzi.*

a) *I trattati conclusi tra Stati membri della CEE/UE (Trattati intra-UE)*

67. — In linea di principio i trattati conclusi tra Stati Membri UE sono validi ed efficaci fintantoché non siano in contrasto con i trattati istitutivi dapprima della Comunità ed oggi della UE (art. 233 CEE, oggi art. 351 TFUE). In caso di controversia, sarà competente la Corte di giustizia dell'Unione europea (art. 344 TFUE).

Così, **ad esempio**, nel celebre **caso *Mox*** la Corte di giustizia difese le proprie prerogative con grande fermezza ([81]): essa affermò che l'Irlanda non poteva ricorrere all'arbitrato contro un altro Stato membro UE — nel caso di specie la Gran Bretagna — ai fini dell'interpretazione della UNCLOS di cui la Comunità (ed oggi la UE) era parte. La Corte ricordò che la propria competenza era in tal caso "esclusiva" al fine di assicurare che un accordo internazionale non "[possa] pregiudicare il sistema delle competenze definito dai Trattati e, di conseguenza, l'autonomia dell'ordinamento giuridico comunitario" di cui essa era chiamata ad assicurare il rispetto a norma dell'art. 220 CE (oggi art. 19 TUE). Ancora, il 6 marzo 2018, nel **caso *Achmea*** ([82]), la Corte di giustizia ha rilevato che "gli artt. 267 e 344 TFUE devono essere interpretati nel senso che ostano ad una norma contenuta in *un accordo internazionale concluso tra gli Stati membri*, come l'art. 8 dell'Accordo per la promozione e la tutela reciproca degli investimenti tra il Regno dei Paesi Bassi e la Repubblica federale Ceca e Slovacca, in forza della quale un investitore di uno di detti Stati membri, in caso di controversia riguardante gli investimenti

---

([80]) F. V. GARCIA-AMADOR, "Some Legal Aspects of the Andean Economic Integration", in *Essays in Tribute to W. Friedmann*, The Hague, 1979, spec. pp. 104-108.

([81]) Corte di giustizia, 30 maggio 2006, causa C-459/03, in *Racc.* 2006, p. 4721.

([82]) Corte di giustizia, 6 marzo 2018, causa C-284/16, ECLI:EU:C:2018:158, in massima.

nell'altro Stato membro, può avviare un procedimento contro tale ultimo Stato membro dinanzi ad un collegio arbitrale, la cui competenza detto Stato membro si è impegnato ad accettare".

Si riscontra dunque un fenomeno analogo a quanto precedentemente visto: *un accordo particolare tra due o più Stati membri* della UE resta *valido ed efficace* nella misura in cui si riveli *più vincolante rispetto al diritto dell'Unione*. Se va "oltre", non comporterà alcuna conseguenza nefasta sulla costruzione dell'Unione: fu così in passato anche per l'integrazione economica più spinta realizzata tra i tre Paesi del Benelux, senza parlare dell'Unione economica e monetaria totale istituita tra il Belgio e il Lussemburgo.

Del resto, non stupisce affatto che il diritto dell'Unione europea conosca la c.d. *cooperazione rafforzata* (art. 20 TUE ed artt. 326-334 TFUE) cioè la facoltà per gli Stati membri UE di perseguire alcune politiche comuni attraverso specifici impegni di diritto pattizio anche in *assenza* di una volontà condivisa da parte di *tutti* gli Stati membri dell'Unione. Si spiega così anche il c.d. "Spazio Schengen" o ancora la "zona Euro" nell'ambito del dibattito e delle realizzazioni della c.d. "*Europa a più velocità*".

b) ***I trattati conclusi tra Stati membri e Stati terzi (trattati extra-UE)***

Per quanto riguarda i trattati conclusi tra *Stati membri della UE e Stati terzi* si possono prospettare due soluzioni che variano a seconda che un trattato sia stato stipulato *prima* (i) o *dopo* (ii) l'entrata in vigore dei trattati comunitari/dell'Unione.

***i.* I trattati conclusi *prima* dell'entrata in vigore del Trattato di Roma istitutivo della CEE**

68. — Il principio posto dal Trattato di Roma del 1957 è quello della piena validità delle convenzioni anteriori (art. 234 CEE, par. 1, oggi art. 351 TFUE). La ragione è semplice: la forza vincolante dei trattati. La Corte di giustizia non ha avuto alcuna difficoltà a riconoscere la sopravvivenza degli accordi internazionali "anteriori" all'adesione alla CEE/UE di uno Stato membro ed il carattere obbligatorio di quegli accordi ([83]).

Senonché, in caso di *incompatibilità* tra norme dell'Unione e convenzioni internazionali extra-UE anteriormente concluse, è necessario distinguere due casi.

Se si tratta di *obblighi* che incombono su uno o più Stati membri dell'Unione, essi devono essere rispettati poiché corrispondono a dei diritti internazionalmente quesiti di cui godono uno o più Stati terzi, diritti che non possono essere unilateralmente modificati ([84]).

Se, al contrario, si tratta di *diritti* di cui beneficiano uno o più Stati membri dell'Unione, questi ultimi possono vantarli solo nella misura in cui la loro attuazione non si riveli contraria agli obblighi derivanti dai trattati UE ([85]).

Senza dubbio, la soluzione più semplice di tali possibili antinomie è la *rinegoziazione* dei trattati contrari agli obblighi UE da parte degli Stati membri interessati. Ciò

([83]) V. ancora il caso *International Fruit*, già citato. In dottrina v. spec. A. Giardina, *Comunita europee e stati terzi*, Napoli, Jovene, 1964.

([84]) V., in tal senso, la sentenza della Corte di giustizia UE nel caso *Budějovický Budvar c. Rudolf Ammersin GmbH*, sentenza del 18 novembre 2003, causa C-216/01, in *Racc.* 2003, p. 3701. In arg. cfr. S. Saluzzo, *Accordi internazionali degli Stati membri dell'UE e Stati terzi*, Milano, Ledipub, 2018.

([85]) Corte di giustizia, 27 febbraio 1962, causa C-10/61, in *Racc.*, 1962, p. 22.

veniva espressamente previsto nel Trattato di Roma (art. 234, par. 2, ed ora all'art. 351 TFUE), ma è inutile precisare che la rinegoziazione richiede la cooperazione degli Stati terzi e il loro consenso.

69. — Al riguardo, la Corte di giustizia ha deciso che alcuni accordi bilaterali in materia di investimenti conclusi tanto dall'Austria quanto dalla Svezia con Stati terzi, prima della loro adesione alla Comunità/Unione europea, erano potenzialmente incompatibili con il diritto UE e tali da pregiudicare la libertà di circolazione di capitali ([86]). Conseguentemente, secondo la Corte, gli Stati membri interessati devono porre fine a tale contrarietà "ipotetica" a seguito di appropriati negoziati con le rispettive Parti contraenti ([87]).

ii. Gli accordi conclusi *dopo* l'entrata in vigore dei trattati comunitari e dell'Unione europea

70. — Se uno Stato membro della UE conclude un accordo bilaterale con uno Stato terzo e tale accordo si rivela incompatibile con il diritto UE, tale accordo diviene *inopponibile* rispetto all'Unione che quindi non risulta in alcun modo vincolata da esso. Così, nel marzo 1998, la Commissione decise di *aprire delle procedure di infrazione* nei confronti di alcuni Stati membri (Austria, Belgio, Danimarca, Germania, Lussemburgo, Regno Unito e Svezia) che avevano concluso degli accordi bilaterali con gli Stati Uniti di tipo "open skies". La Corte di giustizia accolse la tesi della Commissione nelle sentenze rese il 5 novembre 2002 ([88]).

71. — Esistono però delle precauzioni per evitare simili situazioni di antinomia. È così, ad esempio, che esiste una *procedura d'informazione preventiva* che può sfociare in un ricorso alla Corte di giustizia in caso di compatibilità dubbia tra un trattato internazionale "particolare" e gli obblighi derivanti dall'appartenenza alla UE. Questa procedura è stata utilizzata al momento della firma da parte dei Paesi membri della CEE del Trattato di non proliferazione nucleare del 1° giugno 1968: qui, le competenze comunitarie (oggi della UE) sono state fatte salve espressamente dai Paesi firmatari che, inoltre, hanno preteso la conclusione di un accordo ulteriore tra l'Euratom e l'Agenzia internazionale per l'energia atomica (IAEA) di Vienna — accordo che è stato raggiunto nell'aprile del 1973.

72. — In seguito, la Corte di giustizia fu chiamata a pronunciarsi sul progetto di accordo che creava lo Spazio economico europeo tra la Comunità europea e i Paesi dell'Associazione europea di libero scambio. In un primo parere, essa rilevò l'incom-

---

([86]) Corte di giustizia, causa C-205/06 e 249/06, in *Racc.*, 2009, p. 1335.

([87]) Su questo tipo di conflitto v. P. Juillard, "A propos des accord bilateraux d'investissement conclu entre Etats membres et pays tiers", in *Mélanges Ph. Manin*, Paris, Pedone, 2010, p. 445; cfr. F. Marrella, "Unione europea ed investimenti diretti esteri", in SIDI, *L'Unione europea a vent'anni da Maastricht: verso nuove regole*, a cura di S. M. Carbone, Napoli, Editoriale scientifica, vol. XVII, pp. 107-140, nonché F. Munari, C. Cellerino, "General Principles Of Eu Law and International Investment Arbitration", in *Diritto del commercio internazionale*, 2016, p. 115; D. Gallo, "Portata, estensione e limiti del nuovo sistema di risoluzione delle controversie in materia d'investimenti nei recenti accordi sul libero scambio dell'unione europea", *ivi*, 2016, p. 827 ss.

([88]) Corte di giustizia, 5 novembre 2002, cause riunite C-467/98, 468/98, 471/98, 472/98, 475/98, 476/98, in *Racc.*, 2002, I-9519, 9681, 9741, 9797, 9855.

patibilità tra il Trattato di Roma del 1957 e il progetto di accordo (89); pertanto, quest'ultimo fu rinegoziato nel senso indicato dalla Corte, la quale rese allora un secondo parere, di compatibilità (90).

Nel **parere n. 1/94**, del 15 novembre 1994, sulla *Competenza della Comunità europea a concludere gli accordi derivanti dall'Uruguay round*, la Corte di giustizia seguì un ragionamento analogo: se da un lato concluse che la Comunità aveva una *competenza esclusiva* per quanto riguarda le merci, dall'altro lato riconobbe l'esistenza di una ***competenza concorrente*** con gli Stati membri per quanto concerne *i servizi* o la *proprietà intellettuale* (91). Seguendo il medesimo approccio, la Corte ha concluso che l'Unione non dispone della competenza per aderire alla CEDU (92). Ciò che è stato ribadito tramite un nuovo parere, il n. **2/13** reso il 18 dicembre 2014 (93).

Inoltre, è opportuno sottolineare che la competenza "esterna" della UE è "esclusiva" e precisa solo in certi settori — ad es. l'ambito "commerciale" e "tariffario" (art. 207 TFUE) — avendo la Corte di giustizia interpretato ampiamente tale nozione in diverse sentenze e pareri recenti. Così, nel parere **n. 2/15** del 16 maggio 2017 (94), la Corte di Giustizia ha precisato che l'accordo di libero scambio tra l'UE e Singapore doveva essere concluso esclusivamente in forma "congiunta" dall'Unione e gli Stati membri. Ciò in quanto l'accordo in questione comprendeva materie che esulavano dalle competenze esclusive relative alla politica commerciale comune UE: si trattava degli investimenti esteri diversi da quelli diretti (investimenti "di portafoglio") ed il regime di risoluzione delle controversie tra investitori e Stati.

Infine, la Corte di giustizia con **parere n. 1/17** del 30 aprile 2019 ha ulteriormente precisato il "dominio riservato" dell'Unione indicando, a proposito del CETA, l'accordo commerciale col Canada, che "una giurisdizionalizzazione della soluzione delle controversie tra gli investitori e gli Stati mediante la creazione di un tribunale e di un tribunale d'appello del CETA e, nel lungo termine, di un tribunale multilaterale degli investimenti, può essere compatibile con il diritto dell'Unione solo a condizione di non ledere l'autonomia dell'ordinamento giuridico dell'Unione...Quest'autonomia, che esiste nei confronti sia del diritto degli Stati membri, sia del diritto internazionale, deriva dalle caratteristiche essenziali dell'Unione e del suo diritto. Quest'ultimo si caratterizza, infatti, per la circostanza di essere il prodotto di una fonte autonoma, costituita dai Trattati, per il suo primato sui diritti degli Stati membri nonché per l'efficacia diretta di tutta una serie di disposizioni applicabili ai loro cittadini e agli stessi Stati membri. Tali caratteristiche hanno dato origine a una rete strutturata di principi, di norme e di rapporti giuridici mutualmente interdipendenti, che vincolano reciprocamente l'Unione stessa e i suoi Stati membri, nonché questi ultimi tra di loro" (punti 108-109).

---

(89) Parere del 14 dicembre 1991, 1/92, in *Racc.*, 1992, I-6079.

(90) Parere del 10 aprile 1992, 1/92, in *Racc.*, 1992, I-2821. V. J. Boulouis, "Les avis de la Cour de Justice des Communautés sur la compatibilité avec le traité CEE du projet d'accord créant l'Espace économique européen", in *RTDE*, 1992, p. 457 ss.

(91) In *Racc.* 1994, I-5267.

(92) Parere n. 2/94 del 28 marzo 1996, in *Racc.* 1996, I-1759. In arg. v. C. Zanghì, "La mancata adesione dell'Unione europea alla CEDU nel parere negativo della Corte di giustizia UE" in *Studi sull'int. eur.*, 2015, p. 33-63.

(93) Parere 2/13, del 18 dicembre 2014, in *http://curia.europa.eu/juris/document/document.jsf?docid=160882&doclang=IT.*

(94) Parere n. 2/15, 16 maggio 2017, EU:C:2016:992.

2. — La subordinazione dell'accordo bilaterale: l'esempio dei trattati in materia economica

73. — Sempre più spesso, gli Stati inseriscono, in *trattati economici bilaterali*, la clausola della Nazione più favorita e delle ***clausole di compatibilità*** (o di *subordinazione*) che dispongono di non precludere il diritto delle Parti contraenti di concludere degli *accordi regionali più favorevoli* nel quadro di zone di libero scambio o di unioni doganali. La frequenza di questo tipo di clausole è molto elevata. In breve, nel campo economico, il "bilaterale" cede chiaramente davanti al "regionale".

§ 3. — *Il principio di legalità applicato alle organizzazioni internazionali: la gerarchia delle fonti in seno alle organizzazioni internazionali*

Bibliografia sommaria: R. Monaco, *Lezioni di organizzazione internazionale. Principi generali*, Torino, Giappichelli, 1985; Schermers "Constituent Treaties of International Organizations Conflicting with Anterior Treaties", in *Mélanges B. Vierdag*, L'Aja, 1998, p. 7; A. Del Vecchio (a cura di), *Diritto delle organizzazioni internazionali*, Napoli, ESI, 2012; C. Zanghì, *Diritto delle organizzazioni internazionali*, 3ª ed., 2013; P. Pennetta, S. Cafaro, A. Di Stasi, I. Ingravallo, G. Martino, C. Novi, *Diritto delle organizzazioni internazionali*, Padova, Cedam-WKI, 2018; B. Conforti, C. Focarelli, *Le Nazioni Unite*, 12ª ed., Padova, Cedam, 2020; U. Draetta, *Principi di diritto delle organizzazioni internazionali*, 4ª ed., Milano, Giuffrè, 2020.

74. Una gerarchia meno sviluppata che nel diritto interno. — Non deve stupire il fatto di riscontrare una "gerarchizzazione" delle norme giuridiche in seno alle OIG, considerato che esse costituiscono un quadro di cooperazione interstatale organizzata. Qui, infatti, la gerarchia delle fonti sarà più accentuata. Tuttavia, tale gerarchia non conosce ancora la precisione e la stabilità delle fonti del diritto interno.

Ma, tale gerarchia, ancorché più marcata, resta imperfetta, in particolare sul piano delle sanzioni. Nell'ordinamento interno, ogni violazione della gerarchia delle fonti del diritto conosce, in linea di principio, una sanzione giurisdizionale. Ciò accade raramente nel diritto delle organizzazioni internazionali.

Stando così le cose, tale gerarchia si concretizza nel *principio di superiorità della carta costitutiva* (c.d. **diritto originario**) di ciascuna organizzazione internazionale rispetto agli atti emanati dall'ente, ossia il **diritto derivato** da esso prodotto.

1. — La superiorità della *carta costitutiva* delle organizzazioni internazionali (o il "diritto costituzionale" delle organizzazioni internazionali)

75. — Il principio è chiaro: la carta costitutiva di un'organizzazione internazionale determina e ordina le competenze dell'ente considerato, incluso il suo eventuale *law making power*.

a) ***La determinazione delle competenze delle organizzazioni internazionali***

76. Delle competenze limitate in quanto funzionali e specializzate. — Le OIG possiedono competenze "di attribuzione" che risultano dalla volontà degli Stati "fondatori", competenze che vengono indicate nel trattato multilaterale che dà loro vita, la loro "carta costitutiva", in altre parole, il loro "DNA".

La competenza di ciascuna OIG è sempre limitata, ossia "specializzata" ([95]). Ciò è vero anche per la OIG che dispone delle più ampie competenze, cioè l'Organizzazione delle Nazioni Unite (ONU).

Se la competenza delle OIG risulta "limitata", essa è ugualmente "vincolata". Invero, le OIG *non* possono esercitare le loro competenze in un modo *diverso* da quello previsto dalla loro Carta costitutiva. In altre parole, esse non dispongono, come gli Stati, di un potere discrezionale nell'esercizio delle loro competenze. Esse non possono mai fare "di più", anche se esse a volte finiscono col fare "di meno" di quanto la carta costitutiva assegna a loro.

77. Obbligo delle OIG di rispettare la loro carta costitutiva: il parere consultivo della CIG del 1948. — La CIG riconobbe l'obbligo di ciascuna OIG di rispettare la propria carta costitutiva nel parere consultivo del 28 maggio 1948 relativo alle ***condizioni per l'ammissione di uno Stato come Membro delle Nazioni Unite***, che interpretava l'art. 4 della Carta dell'ONU. La Corte affermò a giusto titolo che la Carta contiene una "disciplina giuridica in materia di ammissione degli Stati" caratterizzata dal "legame stretto stabilito... tra la qualità di membro e l'osservazione dei principi e degli obblighi della Carta". Così "uno Stato non può giuridicamente far dipendere il proprio consenso a questa ammissione da condizioni non espressamente previste" (nel caso specifico si trattava delle prassi detta delle ammissioni in blocco o condizionate) ([96]). In altri termini, gli organi di un'OIG devono esercitare la loro competenza in un modo che sia interamente conforme alla propria carta costitutiva. In tal senso, la Corte concluse, a giusto titolo, di non dover rispondere alla richiesta di parere consultivo sulla *Liceità dell'uso delle armi nucleari* formulata dall'Organizzazione mondiale della Sanità (OMS) nella misura in cui tale questione non rientrava tra le competenze di tale istituzione specializzata delle Nazioni Unite ([97]).

78. Delle competenze dinamiche: la "teoria dei poteri impliciti". — Tuttavia, è opportuno notare che il concetto di competenza "specializzata" non è statico: deve essere interpretato in modo dinamico e funzionale. I poteri di un'OIG non sono sempre descritti in modo preciso nel proprio trattato istitutivo. Da ciò è derivato il riconoscimento da parte della CIG di veri e propri "poteri impliciti" a vantaggio delle OIG: adottando una tecnica di "interpretazione costituzionale" sviluppata dalla Corte Suprema degli Stati Uniti, la CIG ha concluso che le OIG dispongono di *tutti i poteri necessari per svolgere la loro missione* così come viene definita nella loro carta costitutiva.

Citeremo a tale riguardo solo due esempi celebri. Nel 1949, nel suo parere consultivo ***relativo alla riparazione dei danni al servizio delle Nazioni Unite*** ([98]), la CIG ammise che l'ONU in quanto tale possedeva la competenza per presentare un reclamo internazionale persino nei confronti di uno Stato non membro dell'ONU (Israele) al fine di ottenere la riparazione dei danni subiti dalla stessa Organizzazione a causa dell'omicidio di uno dei suoi funzionari, il conte svedese Folke Bernadotte.

In un altro parere consultivo del 1954, relativo all'***efficacia delle decisioni del Tribunale Amministrativo delle Nazioni Unite***, la stessa Corte riconobbe la capacità

([95]) V. ad esempio le istituzioni specializzate che costituiscono la "famiglia delle Nazioni Unite".

([96]) In *Rec.*, 1948, p. 63.

([97]) CIG, parere dell'8 luglio 1996, *Liceità dell'uso delle armi nucleari da parte di uno Stato nel corso di un conflitto armato*, in *Rec.*, 1996.

([98]) Talvolta citato come Caso del *Conte Bernadotte*, in *Rec.*, 1949, p. 174.

dell'ONU di istituire una giurisdizione particolare — un "tribunale amministrativo internazionale" — al fine di risolvere le controversie tra detta OIG ed i suoi funzionari (99).

b) ***Il riparto di competenze tra gli organi interni di una OIG***

79. — La carta costitutiva di una OIG non si limita ad attribuire delle competenze all'ente complessivamente considerato. Al fine di assicurarne il buon funzionamento, essa deve parimenti ripartire ed ordinare le competenze dei diversi organi. Tale sistema giuridico particolare di cui l'ente è portatore (100), deve essere rispettato da ciascun suo organo a pena di nullità dei propri atti per "incompetenza". Un simile principio è stato chiaramente affermato all'art. 4 del Trattato di Roma sulla CEE, il quale prevedeva che "ogni istituzione agisce nei limiti delle attribuzioni che le sono conferite dal presente trattato". Un principio oggi presente all'art. 13, par. 2, TUE, secondo cui "ciascuna istituzione agisce nei limiti delle attribuzioni che le sono conferite dai trattati, secondo le procedure, condizioni e finalità da essi previste. Le istituzioni attuano tra loro una leale cooperazione". Ciò non significa necessariamente applicare il principio della separazione dei poteri elaborato da Montesquieu con riferimento al buon funzionamento degli organi di uno Stato e dunque occorre fare particolare attenzione nel proiettare *sic et simpliciter* gli schemi dogmatici nazionali in un contesto internazionale quale è quello in cui vive ed opera una OIG. Tale differenza ontologica può provocare delle severe critiche circa il *deficit democratico* che è ancora assai presente nell'architettura istituzionale delle OIG.

80. Il rispetto delle competenze degli organi affermato dalla giurisprudenza della CIG: il suo Parere consultivo del 1950. — Nel Parere consultivo del 3 marzo 1950 relativo alla *competenza dell'Assemblea generale per l'ammissione di uno Stato alle Nazioni Unite*, che interpretava l'art. 4, par. 2, della Carta, si trattava di sapere se, per l'ammissione di un nuovo Stato Membro, potesse bastare una sola Risoluzione dell'Assemblea generale a causa della paralisi del Consiglio di Sicurezza che si verificava sistematicamente tramite l'esercizio ostruzionistico del "diritto di veto" di cui gode solo ciascun Membro permanente. La CIG rispose negativamente a tale quesito. La Corte affermò che l'Assemblea generale e il Consiglio di Sicurezza avevano una *competenza concorrente* in materia: conseguentemente, l'accordo dei due organi era necessario per l'ammissione di un nuovo membro.

81. L'interpretazione evolutiva da parte della CIG: il parere consultivo del 1962. — La competenza dei diversi organi dell'ONU venne in parte trattata anche nel parere consultivo della CIG del 1962 relativo a *certe spese delle Nazioni Unite* (101). La questione principale posta alla Corte era quella di sapere se la ben nota Risoluzione del 1950 detta "Unione per il mantenimento della pace" (o "Risoluzione Acheson") che modificava gli equilibri istituzionali dell'ONU rafforzando il ruolo dell'Assemblea Generale a discapito di quello del Consiglio di Sicurezza, così come la prassi successiva degli Stati, avesse acquisito valore di diritto positivo in quanto norma consuetudinaria.

---

(99) *Rec.*, 1954, p. 57.

(100) Su cui cfr. G. Arangio-Ruiz, "Dualism Revisited: International Law and Interindividual Law", cit., p. 909 ss..

(101) In *Rec.*, 1962, p. 151.

Nel caso di specie, l'Assemblea Generale aveva deciso la creazione di "forze d'intervento" (i "Caschi blu") da inviare in Congo, un'ex colonia belga, al momento dell'indipendenza di questo Paese nel 1960. Le spese necessarie per la costituzione di queste forze dovevano essere sostenute da tutti gli Stati membri dell'ONU in quanto "spese dell'organizzazione" in virtù dell'art. 17, par. 2 della Carta? La CIG diede una risposta affermativa. Tuttavia, per giungere a tale conclusione, la Corte non poté evitare di esaminare il problema delle competenze dell'Assemblea Generale dell'ONU: disponeva davvero dei poteri necessari per creare delle forze d'intervento rapido? Non significava usurpare la competenza esclusiva del Consiglio di Sicurezza in materia di mantenimento della pace? Riconoscendo la competenza dell'Assemblea Generale nella istituzione di forze d'intervento anche non combattenti, la CIG riconobbe implicitamente un'evoluzione "costituzionale" dell'ONU iniziata nel 1950 e consolidatasi in via "consuetudinaria" ([102]).

2. — Le fonti previste da trattati e la subordinazione del diritto "derivato"

82. — Talvolta, il trattato istitutivo di un'OIG prevede non solo regole materiali e di funzionamento dell'ente, ma anche regole strumentali con cui lo si dota di *Law making power*, ossia lo si abilita in certe materie a produrre nuove norme di diritto internazionale. Si parla perciò di "**diritto derivato**" che è costituito dalle norme giuridiche che ciascuna OIG può produrre da sé (c.d. *fonti "di terzo grado"* ([103]), o meglio *fonti previste da accordi internazionali*). Si parla talvolta anche di "diritto interno delle organizzazioni internazionali"; tuttavia questa espressione non ci pare felice nella misura in cui tale diritto derivato non concerne esclusivamente il diritto proprio al funzionamento o all'amministrazione dell'istituzione (regole di procedura, di bilancio o della "funzione pubblica"), ma si applica agli Stati membri ed anche "al di fuori" — sia a Stati non membri, sia a privati.

a) *Un principio incontestato*

83. — Poiché fondano l'esistenza e i poteri di ciascuna OIG, le carte istitutive si collocano naturalmente al vertice dell'ordinamento giuridico particolare di cui ciascuna OIG è portatrice. Ne segue necessariamente che tutto il diritto derivato delle OIG deve essere conforme al diritto "originario", "costituente", che gli conferisce validità ed efficacia giuridica.

b) *Un principio "sanzionato" in modo non uniforme*

84. — Nel diritto delle organizzazioni internazionali non esiste né un controllo di legalità comparabile a quanto si verifica negli ordinamenti nazionali (i); né è possibile attribuire alla CIG un ruolo di "corte costituzionale" internazionale (ii).

([102]) Va notato che tale approccio "obliquo" della Corte fu vivacemente criticato da alcuni giudici nelle loro opinioni dissenzienti: v. ad es. quella del suo presidente, M. Winiarski, in part. p. 233, e del giudice Bustamante. In arg. v. N. Ronzitti, *Diritto internazionale dei conflitti armati*, 6 ed., Torino, Giappichelli, 2017, p. 63 ss.

([103]) È la terminologia di qualche autore tra cui B. Conforti per il quale le consuetudini internazionali sono *fonti di primo grado* e i trattati sono *fonti di secondo grado* in quanto poggiano sulla norma consuetudinaria *pacta sunt servanda*. Occorre tuttavia, tenere presente che tale impostazione — e soprattutto la gerarchia delle fonti così proposta — non trova riscontro nella dottrina largamente prevalente nel mondo né, formalmente, nella prassi.

i. L'assenza di un controllo di legalità organizzato e generalizzato

85. — Non esiste una forma di controllo esterno ed automatico (del giudice o dell'arbitro internazionale ad esempio) della legalità degli atti delle organizzazioni internazionali per violazione della gerarchia delle loro fonti normative.

ii. L'assenza di controllo esterno: il ruolo sussidiario della CIG

86. La CIG non è un giudice costituzionale. — Non si può nemmeno sostenere che la CIG, tramite la procedura del "parere consultivo", si trovi in una posizione simile a quella di un giudice interno di "costituzionalità" o di "legalità". Nulla sarebbe più lontano dalla realtà. Qui, la CIG esercita una funzione interpretativa e non contenziosa ed il suo "parere" non è né facoltativo, né vincolante. La CIG ebbe l'occasione di precisare tali questioni in due importanti pareri consultivi.

87. — Nel **caso della *Namibia*** del 1971, la Corte ha precisato che, nonostante sia il principale organo giudiziario delle Nazioni Unite, non ha poteri né di controllo giurisdizionale, né d'appello per quanto concerne gli atti adottati dagli altri organi dell'ONU ([104]).

Al contrario, e si tratta di un caso eccezionale, la Camera d'appello del Tribunale penale per l'ex Jugoslavia ha accettato, in nome della "competenza sulla competenza" che appartiene a tutti i giudici internazionali ([105]), di esaminare la "validità" della Ris. n. 827 del Consiglio di Sicurezza, che fondava siffatta giurisdizione ([106]).

Ed ancor più "rivoluzionaria" appare l'argomentazione presente nelle sentenze precedentemente citate a proposito dei casi *Kadi, Yusuf* e *Ayadi* del 2005 e 2006 del Tribunale di primo grado delle Comunità europee (oggi UE), ove i giudici UE hanno affermato il loro "potere di controllare, in via incidentale, la legittimità delle risoluzioni del Consiglio di Sicurezza controverse alla luce dello *jus cogens*, inteso come un ordine pubblico internazionale che s'impone nei confronti di tutti i soggetti del diritto internazionale, compresi gli organi dell'ONU, e al quale non è possibile derogare" ([107]).

Nel caso di specie, si ricorderà, la Corte di Giustizia ha reso inefficace nell'ordinamento giuridico UE un Regolamento del Consiglio del 2002 che era stato adottato in attuazione delle Risoluzioni del Consiglio di Sicurezza ONU in base al Capo VII della Carta in materia di lotta al terrorismo internazionale. A tale risultato si è giunti in ragione del fatto che il Consiglio di Sicurezza non aveva rispettato i diritti fondamentali del ricorrente, ovvero il diritti di difesa (diritto di essere ascoltato e diritto ad un ricorso giurisdizionale effettivo) nonché il diritto di proprietà.

88. — Per altro verso, nel caso delle *sentenze del Tribunale amministrativo dell'OIL sui ricorsi presentati contro l'Unesco* del 1956, la CIG si è rifiutata di fungere da istanza di appello o di cassazione nei confronti di sentenze rese dai tribunali amministrativi di organizzazioni internazionali. La Corte ha aggiunto che "gli errori che il tribunale amministrativo può aver commesso con riferimento alla propria competenza sono suscettibili di essere riparati dalla Corte su richiesta di parere... Gli

---

([104]) In *Rec.*, 1971, p. 45.
([105]) V. *infra*, Cap. XXIII.
([106]) Sentenza *Dusko Tadic*, 2 ottobre 1995, punti 26 a 48, in *ILM*, 1996, p. 32.
([107]) *Kadi*, par. 226.

errori di fatto o di diritto che il tribunale amministrativo commettesse nel merito non possono dare luogo ad una simile procedura: a queste sentenze nel merito si applicano puramente e semplicemente le disposizioni dell'art. VI dello Statuto del Tribunale, secondo il quale le sentenze di quest'ultimo sono definitive e senza appello" ([108]).

89. Assenza di controllo giurisdizionale e sue conseguenze. — In conclusione, stante l'assenza di controllo giurisdizionale internazionale accentrato di legalità, la sanzione "normale" diventa l'*inopponibilità* degli atti di una OIG. Ne segue che i destinatari delle norme di diritto derivato contrarie alla carta costitutiva di una data OIG sono perfettamente giustificati a non tenerne conto.

c) *L'esistenza (rara) di un controllo interno*

90. Un autocontrollo politico. — Come regola generale, gli organi delle OIG possono pronunciarsi sulla propria competenza. Inutile dire che esse giungono a tale conclusione secondo un'analisi più "politica" che giuridica. Accade, ad esempio, che numerosi Stati neghino all'Assemblea Generale ONU ogni competenza ad esaminare una situazione particolare che, ai loro occhi, rientra nella competenza "nazionale", il dominio loro riservato espressamente dall'art. 2, par. 7 della Carta. Questa è stata sistematicamente la posizione dei Paesi "colonizzatori" che, per lungo tempo, hanno rifiutato ogni discussione delle situazioni "coloniali" in seno all'ONU; ma è ancora oggi frequentemente il caso relativo alle questioni connesse ai "diritti umani". Fino ad oggi, tuttavia, l'Assemblea Generale non ha mai rifiutato di esaminare una questione in ragione del fatto che questa non rientrasse nelle proprie competenze.

91. Un raro controllo di legittimità interna. — In talune OIG, esiste una forma di controllo di legittimità interno, senza dubbio attenuato e limitato. Innanzitutto, alcune OIG si sono viste riconoscere un potere "quasi giudiziario". È questo il caso di numerose organizzazioni internazionali a carattere economico quali il FMI e la Banca Mondiale, le banche regionali di sviluppo o gli accordi sui prodotti di base. Qui, sono le stesse organizzazioni che procedono all'interpretazione ufficiale della loro carta costitutiva e risolvono le controversie che oppongono i rispettivi membri ([109]). In tal caso, l'istanza competente emette una decisione "obbligatoria" che sarà "finale" e "senza appello". Questa "interiorizzazione" della procedura di soluzione delle controversie costituisce uno dei principali aspetti originali del diritto internazionale dell'economia in rapporto al diritto internazionale generale ([110]).

92. Il controllo operato dai *Tribunali amministrativi internazionali*. — Un controllo giurisdizionale interno specializzato è stato poi istituito in seno alla maggior parte delle OIG tramite i c.d. *tribunali amministrativi internazionali* (in seno all'ONU e all'OIL ad esempio). La missione di questi tribunali amministrativi è ben definita: hanno la funzione esclusiva di risolvere le controversie tra l'ente internazionale ed i suoi agenti. Devono verificare, in altri termini, che lo "statuto del personale" — diritto "interno" di un'OIG per eccellenza — sia conforme tanto alle regole del diritto internazionale generale, quanto alle disposizioni della carta costitutiva dell'organiz-

---

([108]) In *Rec.*, 1956, p. 87.
([109]) V. ad esempio, l'art. XXIV dello Statuto del FMI.
([110]) V. anche *infra*, Cap. XXI.

zazione in questione. Così, ad esempio, gli artt. 100 e 101 della Carta ONU pongono un certo numero di principi "base" che si impongono a tutto il personale delle Nazioni Unite, a cominciare da quello della sua totale "indipendenza", e di cui il Tribunale amministrativo deve sanzionare l'eventuale violazione. Ed è proprio su tale fondamento che il Tribunale amministrativo delle Nazioni Unite ha annullato negli anni Cinquanta del secolo scorso alcuni licenziamenti di funzionari americani decisi dall'allora Segretario Generale a seguito di pressioni da parte del Governo degli Stati Uniti. Questi funzionari si erano rifiutati — e ciò era un loro diritto, oltre che un obbligo — di comparire davanti ai "loyalty boards" istituiti dal Senatore Mc Carthy nel quadro della sua lotta contro gli "agenti comunisti" ([111]).

i) Il modello più sviluppato: il controllo giurisdizionale generalizzato da parte della Corte di Giustizia dell'Unione europea

93. La legalità unionale. — L'esistenza di una "legalità comunitaria" — *rectius* "legalità unionale" — rigidamente definita e fondata su una precisa gerarchia di fonti, di cui all'art. 288 TFUE, costituisce uno dei tratti originali del diritto dell'Unione Europea. Tale caratteristica peculiare mostra che il modello di sviluppo dell'Unione è molto più "avanzato" rispetto alle organizzazioni internazionali del diritto internazionale classico e si avvicina di molto — senza però coincidervi — al modello del diritto interno degli Stati federali. Qui, il controllo giurisdizionale diretto sulla legittimità degli atti dell'Unione è attribuito alla competenza esclusiva della Corte di giustizia dell'Unione europea la quale comprende la Corte di giustizia, il Tribunale e i Tribunali specializzati (art. 19 TUE). Il controllo si realizza attraverso diverse procedure con effetti diversi: l'azione di annullamento; l'azione in carenza; l'eccezione incidentale d'invalidità; l'azione per danni da responsabilità extracontrattuale dell'Unione; il contenzioso in materia di personale.

94. Il contenzioso sulla legittimità europea: l'*annullamento* dell'atto illegittimo. — L'azione di annullamento mediante "ricorso europeo" di un atto che si pretende viziato e pregiudizievole. è regolata all'art. 263 TFUE che dispone quanto segue:

"La Corte di giustizia dell'Unione europea esercita un controllo di legittimità sugli atti legislativi, sugli atti del Consiglio, della Commissione e della Banca centrale europea che non siano raccomandazioni o pareri, nonché sugli atti del Parlamento europeo e del Consiglio europeo destinati a produrre effetti giuridici nei confronti di terzi. Esercita inoltre un controllo di legittimità sugli atti degli organi o organismi dell'Unione destinati a produrre effetti giuridici nei confronti di terzi.

A tal fine, la Corte è competente a pronunciarsi sui ricorsi per incompetenza, violazione delle forme sostanziali, violazione dei trattati o di qualsiasi regola di diritto relativa alla loro applicazione, ovvero per sviamento di potere, proposti da uno Stato membro, dal Parlamento europeo, dal Consiglio o dalla Commissione.

La Corte è competente, alle stesse condizioni, a pronunciarsi sui ricorsi che la Corte dei conti, la Banca centrale europea ed il Comitato delle regioni propongono per salvaguardare le proprie prerogative.

Qualsiasi persona fisica o giuridica può proporre, alle condizioni previste al primo e secondo comma, un ricorso contro gli atti adottati nei suoi confronti o che la riguardano

---

([111]) Questo periodo fu definito allora "caccia alle streghe" e tale epiteto è rimasto anche successivamente. V. caso *Glaser*, in *JDI*, 1953, p. 916. Va rilevato che il Tribunale amministrativo delle Nazioni Unite adottò la medesima posizione in casi analoghi. V. *AFDI*, 1995, p. 298 ss.

direttamente e individualmente, e contro gli atti regolamentari che la riguardano direttamente e che non comportano alcuna misura d'esecuzione.

Gli atti che istituiscono gli organi e organismi dell'Unione possono prevedere condizioni e modalità specifiche relative ai ricorsi proposti da persone fisiche o giuridiche contro atti di detti organi o organismi destinati a produrre effetti giuridici nei loro confronti.

I ricorsi previsti dal presente articolo devono essere proposti nel termine di due mesi a decorrere, secondo i casi, dalla pubblicazione dell'atto, dalla sua notificazione al ricorrente ovvero, in mancanza, dal giorno in cui il ricorrente ne ha avuto conoscenza".

Tale ricorso è aperto agli Stati membri, alle istituzioni dell'Unione ([112]), e più limitatamente, ai singoli, persone fisiche e giuridiche, per le sole decisioni che li "riguarda direttamente e individualmente".

95. Il controllo tramite l'eccezione di invalidità. — Nel caso di un giudizio avente ad oggetto *un atto di portata generale adottato da un'istituzione, organo o organismo dell'Unione*, ciascuna parte può, anche dopo lo spirare del termine di due mesi previsto per il ricorso in annullamento, domandare alla Corte di giustizia l'*inapplicabilità* dell'atto stesso sulla base degli stessi motivi previsti per il ricorso in annullamento (art. 277 TFUE). *Qui, la finalità della norma* de qua *è quella di evitare che un atto illegittimo, ancorché non impugnato, possa produrre effetti in un caso concreto*. Si tratta di un controllo molto ampio in quanto può essere invocato da "ciascuna parte che ha una controversia dinanzi alla Corte" e nei confronti degli atti più rilevanti del Consiglio o della Commissione — i regolamenti — che possono così essere ritenuti inapplicabili nel caso di specie ed essere così destinati ad un'ulteriore modifica.

96. Il controllo tramite il *rinvio pregiudiziale* effettuato dai giudici degli Stati membri. — Questa possibilità, unica nel suo genere, è prevista all'art. 267 TFUE:

"La Corte di giustizia dell'Unione europea è competente a pronunciarsi, in via pregiudiziale:

a) sull'interpretazione dei trattati;

b) sulla validità e l'interpretazione degli atti compiuti dalle istituzioni, dagli organi o dagli organismi dell'Unione.

Quando una questione del genere è sollevata dinanzi ad un organo giurisdizionale di uno degli Stati membri, tale organo giurisdizionale può, qualora reputi necessaria per emanare la sua sentenza una decisione su questo punto, domandare alla Corte di pronunciarsi sulla questione.

Quando una questione del genere è sollevata in un giudizio pendente davanti a un organo giurisdizionale nazionale, avverso le cui decisioni non possa proporsi un ricorso giurisdizionale di diritto interno, tale organo giurisdizionale è tenuto a rivolgersi alla Corte.

Quando una questione del genere è sollevata in un giudizio pendente davanti a un organo giurisdizionale nazionale e riguardante una persona in stato di detenzione, la Corte statuisce il più rapidamente possibile".

Qui, va rilevato che l'origine del contenzioso è puramente *nazionale*: è infatti la soluzione di una controversia davanti ai giudici nazionali di uno Stato membro il

---

([112]) Corte di giustizia, sentenza del 31 marzo 1971, C-22/70, in *Racc.*, 1971, p. 263. che oppose la Commissione al Consiglio in materia di competenza "esterna".

motivo dell'interpretazione di una norma dell'Unione da parte della Corte di Giustizia, la quale, appunto, si pronuncerà a titolo *pregiudiziale* (113).

97. Ricorso in carenza. — Il *ricorso in carenza* è uno strumento che tende a porre rimedio alla *illegittima inattività di una istituzione dell'Unione* o della Banca centrale europea. Tale rimedio consente di censurare il comportamento del Parlamento europeo, del Consiglio Europeo, del Consiglio e della Commissione, nonché della Banca centrale europea, allorché tali enti, in violazione degli obblighi unionali, si astengano dal pronunciarsi. Tale ricorso, che completa i rimedi giurisdizionali contro gli organi dell'Unione, è espressamente previsto dall'art. 265 TFUE che dispone:

"Qualora, in violazione dei trattati, il Parlamento europeo, il Consiglio europeo, il Consiglio, la Commissione o la Banca centrale europea si astengano dal pronunciarsi, gli Stati membri e le altre istituzioni dell'Unione possono adire la Corte di giustizia dell'Unione europea per far constatare tale violazione. Il presente articolo si applica, alle stesse condizioni, agli organi e organismi dell'Unione che si astengano dal pronunciarsi.

Il ricorso è ricevibile soltanto quando l'istituzione, l'organo o l'organismo in causa siano stati preventivamente richiesti di agire. Se, allo scadere di un termine di due mesi da tale richiesta, l'istituzione, l'organo o l'organismo non hanno preso posizione, il ricorso può essere proposto entro un nuovo termine di due mesi.

Ogni persona fisica o giuridica può adire la Corte alle condizioni stabilite dai commi precedenti per contestare ad una istituzione, organo o organismo dell'Unione di avere omesso di emanare nei suoi confronti un atto che non sia una raccomandazione o un parere".

---

(113) Per un esempio classico, v. la sentenza del 13 giugno 1958, causa C-9/56, *Méroni*, in *Racc.*, 1958, p. 9.

SECONDA PARTE
L'ELABORAZIONE DELLE NORME DEL DIRITTO INTERNAZIONALE

Titolo I
LE NORME SCRITTE DI ORIGINE CONVENZIONALE

Capitolo IV
I TRATTATI CONCLUSI TRA GLI STATI

Bibliografia sommaria: W. JENKS, "Les instruments internationaux à caractère collectif", in *RCADI*, 1939-II, v. 69, p. 448; M. LACHS, "Le développement et les fonctions des traités multilatéraux", in *RCADI*, 1957-II, v. 92, p. 229; LORD MC NAIR, *The Law of Treaties*, Oxford, Clarendon Press, 1961; S. ROSENNE, *The Law of Treaties. A Guide to Legilative History*, Leyden, 1970; R. AGO, "Le droit des traités à la lumière de la convention de Vienne", in *RCADI*, 1971, vol. 134, p. 297; P. REUTER, *Introduction au droit des traités*, Paris, A. Colin, 1972 (e 3ª ed. di PH. CAHIER, PUF, Paris, 1995); L. SOHN, "Settlement of disputes relations to interpretation and application of treaties", in *RCADI*, 1976, vol. 150, p. 295; M. K. YASSEN, "L'interprétation des traités d'après la convention de Vienne sur le droit des traités", in *RCADI*, 1976, V.151, p. 1 ss.; S. RIESENFIELD, "The Doctrine of Self Executing Treaties", *AJIL*, 1980, pp. 892-904; SICO, *Gli effetti del mutamento delle circostanze sui trattati internazionali*, Padova, Cedam, 1983; S. ROSENNE, *The Law of Treaties. A guide to the legislative history of the Vienna Convention on the Law of Treaties*, 2ª ed., Manchester, MUP, 1984; S. BASTID, *Les traités dans la vie internationale*, Paris, Economica, 1985; E. SCISO, *Accordi internazionali configgenti*, Bari, 1986; P. FOIS (a cura di), *Il trattato segreto. Profili storico-diplomatici e regime giuridico*, Padova, CEDAM, 1990; J. COMBACAU, *Le droit des traités*, Paris, PUF, Que sais-je?, n. 2613, 1991; G. STROZZI, *Il diritto dei trattati*, Torino, Giappichelli, 1999; G. GAJA, voce *Trattati internazionali*, in *Dig./Pubb*., XV, Torino, 2000; N. RONZITTI (a cura di), *Il diritto dei trattati nelle attività di interesse delle Forze armate*, Roma, 2002; M. FITZMAURICE, O. ELLAS, *Contemporary issues in the Law of Treaties*, Utrecht, 2005; T. TREVES, *Diritto internazionale*, cit., p. 313 ss.; O. CORTEN, P. KLEIN, *Les conventions de Vienne sur le droit des traités. Commentaire article par article*, 3 vol., Bruxelles, Bruylant, 2006; L. SBOLCI, *Obblighi di procedura nell'estinzione dei trattati*, Padova, 2008; *The law of treaties beyond the Vienna Convention*, ed by E. CANNIZZARO, Oxford, OUP, 2010; M. VILLIGER, "The 1969 Vienna Convention on the Law of Treaties: 40 Years After", *RCADI*, v.344, 2011, pp. 9-192; A. WATTS, *The International Law Commission 1949-1998, Vol. 4: Treaties, Final Draft Articles, and Other Materials*, Oxford, OUP, 2010; DÖRR, *Vienna Convention on the Law of Treaties: a Commentary*, Heidelberg, 2012; *Brownlie's Principles of Public International Law*, 8ª ed., cit., p. 367 ss.; U. LEANZA, I. CARACCIOLO, *Diritto internazionale*, 3ª ed., cit., p. 173 ss.; A. AUST, *Modern Treaty Law and Practice*, 3ª ed., Cambridge, CUP, 2013; T. SCOVAZZI, *Corso di diritto internazionale*, 2ª ed. cit., II, 2015, p. 1 ss.; B. CONFORTI, *Diritto internazionale*, X ed., cit., p. 69 ss.; C. FOCARELLI, *Trattato di diritto internazionale*, cit., p. 337 ss.; J. ZIEGLER, *Introduction au droit international public*, 3ª ed., cit., p. 79 ss.; V. DE OLIVEIRA MAZZULI, *The Law of Treaties*, Forense, Rio de Janeiro, 2016; R. GARDINER, *Treaty Interpretation*, 2 ed., Oxford, OUP, 2017; AA.VV., *Istituzioni di diritto internazionale*, 5ª ed., cit., p. 91 ss.; M. SHAW, *International Law*, 8ª ed., cit., p. 684 ss.; C. FOCARELLI, *Diritto internazionale*, 5 ed., cit., p. 151 ss.; A. TANZI, *Introduzione al diritto internazionale*, 6 ed., p. 118 ss.; N. RONZITTI, *Diritto internazionale*, 6ª ed., cit., p. 209 ss.; E. CANNIZZARO, *Diritto internazionale*, 5ª ed., cit., p. 145 ss.; D. HOLLIS (Ed.), *The Oxford guide to Treaties*, 2 ed., OUP, 2020. V. pure il *Treaty Handbook* del servizio giuridico dell'ONU al sito: *https://treaties.un.org/pages/Resource.aspx?path=Publication/TH/Page1_en.xml.* V. altresì i rapporti della CDI (soprattutto il rapporto finale del 1966) al sito web della CDI/ILC, nonché quelli in materia di "Subsequent agreements and subsequent practice in relation to interpretation of treaties" all'apposito sito internet (Relatore speciale

G. Nolte). La CDI ha adottato nel 2018 tredici *Draft Conclusions on Subsequent Agreement and Subsequent Practice in relation to the Interpretation of Treaties.*

Introduzione

1. Cenni preliminari. *Un accordo internazionale è l'incontro delle manifestazioni di volontà di due o più soggetti dell'ordinamento internazionale dirette alla costituzione, modificazione o estinzione di norme giuridiche internazionali* (1).

A differenza della consuetudine (su cui v. *infra* il Cap. X), un trattato è dunque un *atto giuridico* in quanto necessita di una specifica manifestazione di volontà di soggetti dell'ordinamento internazionale per produrre determinati effetti giuridici ed è solo dall'incrocio di tali dichiarazioni di volontà che si produce un trattato.

La materia del diritto dei trattati tra Stati è stata per secoli oggetto di norme consuetudinarie le quali, oggi, sopravvivono nei confronti di quei Paesi che non sono Parti contraenti della Convenzione di Vienna del 23 maggio 1969 (d'ora in avanti CVT), ovvero rispetto a tutti i Paesi con riferimento alle materie non regolate dalle norme pattizie.

Detto "trattato sui trattati" fu approvato a Vienna con 79 voti, 19 astensioni e un voto contrario, la Francia (a causa delle disposizioni relative allo *jus cogens*). Anch'essa è un accordo internazionale e come tale è stato reso esecutivo in Italia tramite la L. 12 febbraio 1974 n. 112.

Per entrare in vigore, ai sensi dell'art. 84, par.1, il trattato doveva essere ratificato da almeno 35 Stati. Pertanto, la CVT è entrata internazionalmente in vigore il 27 gennaio 1980.

Furono così necessari ben 11 anni per raggiungere il numero richiesto di ratifiche per la sua entrata in vigore (2) ma è indubbio che si tratta di un grande successo dati i suoi 116 Stati contraenti al (2020) al netto di qualche "Potenza" che non l'ha ancora ratificata (è il caso degli Stati Uniti ma anche della Francia).

2. Portata limitata della Convenzione di Vienna del 1969. — La CVT codifica molte delle norme consuetudinarie in materia di diritto dei trattati (3). Tuttavia, questo strumento è lungi dall'essere esaustivo: riguarda infatti solo i trattati stipulati tra gli Stati e non gli accordi tra Stati ed altri soggetti internazionali (OIG, soggetti privati) nonché gli accordi stipulati da questi ultimi soggetti internazionali *inter se*.

La CVT non regola nemmeno tutta la materia: ad esempio, i problemi di successione degli Stati nei trattati o gli effetti dei conflitti armati. Inoltre, va osservato che le sue norme sono di natura "dispositiva" fatta eccezione per quelle relative allo *jus cogens* (art. 53). Infine, per quanto riguarda il suo ambito di applicazione temporale, l'art. 4 di detta Convenzione stabilisce la sua irretroattività. Pertanto, essa si applica solo "ai trattati conclusi dagli Stati dopo la sua entrata in vigore per gli Stati stessi".

---

(1) Infatti, degli accordi internazionali in senso lato possono essere stipulati anche da soggetti di diritto internazionale che non abbiano la qualità di Stati, come le organizzazioni internazionali nonché, come vedremo, tra Stati ed imprese straniere. V. già J. Gold, "On the difficulties of defining international agreements", in *Economic and social development. Essays in honour of Dr. C. D. Deshmukh*, 1972, p. 25 ss.

(2) Del resto, se la fretta è cattiva consigliera, va notato che non ce ne fu neanche per la UNCLOS, ossia la Convenzione di Montego Bay: firmata il 10 dicembre 1982, entrò in vigore solo il 16 novembre 1994.

(3) Corte di giustizia UE, 25 febbraio 2010, causa C. 386/09, § 41-42.

Va, pertanto, segnalato subito che la materia dei trattati costituisce oggetto anche della Convenzione di Vienna del 21 marzo 1986, sul *diritto dei trattati fra Stati ed organizzazioni internazionali*, resa esecutiva in Italia con L. 15 febbraio 1989, n. 91 ma non ancora entrata in vigore; nonché della Convenzione di Vienna del 23 agosto 1978, sulla *successione degli Stati nei trattati*, entrata internazionalmente in vigore il 6 novembre 1978 ma non per l'Italia.

Nel prosieguo di questo capitolo si comprenderanno meglio le espressioni or ora adottate e ci riferiremo unicamente alla precitata e fondamentale Convenzione di Vienna del 1969 sul diritto dei trattati conclusi fra Stati.

i. Terminologia

3. Definizione secondo la Convenzione di Vienna del 1969 sul diritto dei trattati. — All'art. 2, c. 1, la CVT definisce così un trattato tra Stati: "il termine "trattato" indica un accordo internazionale concluso per iscritto tra Stati e regolato dal diritto internazionale, che sia costituito da un solo strumento o da due o più strumenti connessi, qualunque ne sia la particolare denominazione".

4. Necessità di una forma scritta. — Pur ammettendo l'esistenza di accordi conclusi in forma *orale* (v. art. 3 CVT) — oggi un'ipotesi meramente teorica — l'accordo in questione viene stipulato in forma *scritta*. Il ché, ovviamente, rende più facile la conoscibilità e la conservazione dei trattati. Senonché, pur trattandosi di atti scritti, la CIG ha riconosciuto ben presto la fluidità della terminologia impiegata nella prassi internazionale in materia di trattati. Così, la Corte ha descritto il "mandato internazionale" alla stregua di uno "strumento che presenta il carattere di un trattato o di una convenzione" per aggiungere poi che la "terminologia non è un elemento determinante ai fini dell'accordo o dell'impegno internazionale" ([4]).

5. Diverse denominazioni degli accordi internazionali. — Sul piano formale, si noterà innanzitutto come quella definizione sia assai prudente. Essa non adotta nessuna denominazione particolare: lascia che il *nomen iuris*, cioè il titolo di ciascun accordo venga individuato dalle Parti contraenti a loro completa discrezione.

Nella prassi, del resto, la terminologia non è mai stata precisa. Così, al posto del vocabolo più generale "*accordo*" (*Agreement*) ([5]), gli Stati possono utilizzare:

- "***Trattato***" (*Treaty*), con cui solitamente si designa un accordo multilaterale tra Stati avente natura politica (ad es., trattato di pace, di alleanza, di mutua assistenza, di delimitazione dei confini); talvolta viene però utilizzato anche sul piano bilaterale ed in materia economica (ad es. *Bilateral Investment Treaty*, etc.)
- "***Convenzione***" (*Convention)*, che indica un accordo diretto a disciplinare una data materia tecnica (dunque meno solenne di un trattato), spesso al fine di porre norme uniformi (ad es. la Convenzione di Vienna sulla vendita internazionale di beni

---

([4]) CIG, sentenza del 26 dicembre 1962, *Caso del Sud-Ovest africano*, in *Rec.*, p. 331.

([5]) Va osservato che il termine italiano "accordo" può tradurre anche il diverso strumento dell'*arrangement* (che è il termine francese, reso in inglese con il vocabolo *Agreement* ed in tedesco con *Vereinbarung*): ad es. l'*Arrangement de Madrid* (Accordo di Madrid) per la registrazione internazionale dei marchi del 14 luglio 1967. Inoltre, soprattutto in passato, gli accordi internazionali conclusi in tempo di conflitto armato hanno preso il nome di *armistizi, tregue, capitolazioni, rese*, in arg. v. N. Ronzitti, *Diritto internazionale dei conflitti armati*, 6ª ed., Torino, Giappichelli, 2017.

mobili del 1980; sul riconoscimento e l'esecuzione di lodi arbitrali stranieri del 1958; per l'unificazione delle norme di diritto internazionale privato, contro la doppia imposizione fiscale etc.); viene però anche utilizzata con riferimento alla codificazione del diritto consuetudinario (ad es. la Convenzione di Montego Bay del 10 dicembre 1982 sul diritto del mare, d'ora in avanti UNCLOS);

- "***Carta***" (*Charter*), quando si tratta dello Statuto di un'organizzazione intergovernativa particolarmente importante (ad es. la Carta delle Nazioni Unite). Nello stesso senso si è anche impiegato il vocabolo di Costituzione (ad es. Costituzione dell'UNESCO o dell'OIL);
- "***Atto finale***" (*Final Act*), come l'atto finale del Congresso di Vienna del 1815 o l'atto finale firmato a Marrakech il 15 aprile 1994 con cui venne istituita, a conclusione dell'Uruguay Round, l'Organizzazione mondiale del commercio, il WTO/OMC — è lo strumento che conclude i lavori di una conferenza diplomatica: ne riporta tutti gli atti e lo svolgimento della procedura e contiene tutti i riferimenti pertinenti essendo firmato dai rappresentanti degli Stati. Si dà però il nome di Atto generale ad un accordo collettivo destinato a fissare regole di particolare importanza (ad es. Atto Generale di Berlino del 1885 o ancora Atto Generale di Arbitrato del 1928);
- "***Patto***" (*Covenant*), si pensi al Patto sui diritti civili e politici e a quello sui diritti economici, sociali e culturali del 1966): si tratta sempre di trattati anche se riguardano la tutela dei diritti umani;
- *"**Concordato**"(Concordat)*, è il vocabolo che si usa in Italia per indicare i trattati stipulati tra l'Italia e la Santa sede. Lo stesso termine vale per i trattati che la Santa sede conclude con altri Stati;
- "***Accordo quadro***" (*Framework Agreement*), è un vocabolo che indica una particolare tipologia di accordo avente come finalità quella di instaurare fra le Parti una forma stabile di collaborazione per lo svolgimento di ampi programmi di interesse comune e regolare delle future attività da svolgere in collaborazione. La caratteristica di tali atti — frequenti nel diritto internazionale dell'ambiente — è quella di rinviare la disciplina operativa e di dettaglio a successivi accordi specifici detti annessi (*Annexes*), convenzioni attuative o Protocolli che in ogni caso rispetteranno quanto già stabilito nella convenzione quadro (ad esempio, la Convenzione quadro sui Cambiamenti Climatici/*United Nations Framework Convention on Climate Change* dell'11 dicembre 1997 tramite la quale si è fissato l'obiettivo di stabilizzare la concentrazione in atmosfera dei gas serra dovuta all'impiego di combustibili fossili ad un livello tale da impedire pericolose conseguenze per il sistema climatico);
- Talvolta, un trattato viene concluso tramite uno **scambio di "*note*" o di "*lettere*"** *(Exchange of Notes or Letters*). Qui, il rappresentante di uno Stato (ad es. Ambasciatore) invia una nota (o lettera) ad un organo dello Stato in cui è accreditato (ad es. al Ministero degli affari esteri dello Stato accreditatario) ove vengono specificate le clausole dell'accordo ed in cui una frase finale propone che quelle medesime clausole costituiscano l'accordo tra i due Paesi. A ciò segue la risposta da parte dello Stato che ha ricevuto la nota (o la lettera): quest'ultimo Stato ne riproduce parola per parola il contenuto e afferma di accettare che detto contenuto venga considerato l'accordo tra i due Stati. Più di un terzo dei trattati depositati per la registrazione presso il Segretario generale delle Nazioni Unite assumono la semplice forma di

"scambio di note" diplomatiche ([6]). Si tratta, nella prassi, di accordi a carattere complementare o accessorio rispetto ad altri atti internazionali. La questione di sapere se uno scambio di note possa entrare in vigore subito oppure sia soggetto ad una formale approvazione da parte degli organi costituzionali di ciascuno Stato è una questione di diritto interno.

• a propria volta, un "***Protocollo***"(*Protocol*), spesso un *Protocollo aggiuntivo* (*Additional Protocol*) viene utilizzato per completare un trattato internazionale già concluso. Si tratta, tuttavia, di un vero e proprio accordo separato che accede ad un altro accordo per completarlo, specificarlo o modificarlo (ad es. il Protocollo di Kyoto rispetto alla precitata Convenzione quadro delle Nazioni Unite sui cambiamenti climatici). Altre volte, può accadere che un Protocollo sia oggetto di specifica accettazione da parte delle Parti contraenti dell'accordo principale a cui accede sicché vincolerà solo le Parti contraenti ad esso (v. i "Protocolli opzionali" — *Optional Protocol* — ai vari trattati sui diritti umani, come ad es. quello relativo al Patto internazionale sui diritti civili e politici che conferisce al Comitato dei diritti dell'uomo, il potere di ricevere e di esaminare comunicazioni provenienti da *individui* che pretendano di essere vittime di violazioni di un qualsiasi diritto enunciato nel Patto). Più raramente, si utilizza tale vocabolo per indicare un semplice *processo verbale* che descrive alcuni atti aventi efficacia obbligatoria solo per i partecipanti (ad es. protocollo di conferenze, protocollo di scambio di ratifiche);

• "***Dichiarazione comune***" (*Joint Declaration*): si tratta di un atto solenne che si riferisce a determinati principi. Tende ad enunciare alcuni principi generali destinati a regolare la condotta delle Parti con particolare solennità (Dichiarazione sull'abolizione della schiavitù, sulla guerra marittima etc.). Anche in questa fattispecie, si può presumere che non sia vincolante pur se, ancora una volta, dipende dal contenuto del testo e dalle circostanze. Non va confuso con il *communiqué de presse* (*press release*) che è invece un comunicato stampa.

• ***Modus vivendi***: si intende un atto che regola provvisoriamente i rapporti tra le parti (ad es. in materia economica), in attesa di una regolamentazione definitiva di quei rapporti.

• "***Avenant***" o accordo aggiuntivo (*Additional agreement*), invece, è un accordo destinato a modificare strumenti anteriori a carattere commerciale.

• ***Memorandum d'intesa*** (*Memorandum of Understanding, MoU*) che indica la riproduzione scritta di una intesa orale precedentemente raggiunta ([7]). In linea di principio si ritiene che un MoU *non* abbia carattere vincolante. Ma ciò vale solo come criterio di massima ed occorre una valutazione caso per caso. Certo, si tratta di un atto provvisorio a carattere più *politico* che *giuridico*, dotato di un contenuto ed una

---

([6]) Se non esiste una sostanziale differenza giuridica tra i termini indicati, nella prassi diplomatica, come confermano le "Note sull'applicazione della Circolare n. 5 del 19 aprile 1995", del Ministero degli Affari Esteri. Riferisce G. Mastrojeni (*Il negoziato e la conclusione degli accordi internazionali*, Padova, Cedam, 2000, p. 271 ss.) che tale modalità di conclusione di un trattato per corrispondenza si incentra su una lettera di proposta "a cui corrisponde una lettera di accettazione in cui viene trascritto letteralmente tutto il testo della prima lettera ad eccezione della formula di apertura e di commiato. Per tali ragioni, come osserva P. Reuter (*Introduction au droit des traités*, cit., p. 58) si ha che le firme dei plenipotenziari non si ritrovano sullo stesso documento ma su due documenti separati.

([7]) Detto strumento è simile al c.d. *processo verbale* (*minutes/procès verbal*) di una riunione, un documento che viene spesso firmato dalle parti. In tal caso, specialmente se appare la dizione "agreed minutes" va inserita una clausola che specifichi il carattere non vincolante del documento *de quo*.

struttura talmente esigui e generici da non fare emergere dei diritti ed obblighi precisi. Per poterne evidenziare l'eventuale carattere vincolante occorre considerare attentamente le particolari circostanze che hanno portato alla redazione di tale atto, unitamente al modo in cui ciascuna delle parti lo abbia successivamente "gestito" al livello interno (ad es. con uno strumento di ratifica o meno) considerando altresì se, sul piano internazionale, ne sia stata chiesta la registrazione presso il Segretariato dell'ONU ex art. 102 della Carta. Così, la CIG nel caso della *Delimitazione marittima e delle questioni territoriali tra Qatar e Bahrein*, del 1 luglio 1994 ([8]), ha indicato che, nel caso di specie, i processi verbali rinviavano "alle consultazioni intercorse negli anni precedenti tra i Ministri degli esteri dei due Stati in presenza del Ministro dell'Arabia Saudita" e dichiaravano "quanto era stato 'concordato' tra le Parti" in tali colloqui. In particolare nel par.1 venivano "riaffermati gli impegni precedentemente assunti dalle Parti" i quali comprendevano persino "l'accordo costituito dallo scambio di lettere del 1987". In tali circostanze, la Corte ne ha concluso che tali "processi verbali non sono una semplice registrazione di un incontro" proprio in quanto "non si limitano ad un resoconto delle discussioni sintetizzando i punti di accordo e di disaccordo". Trattasi invece, in concreto, di atti che "enumerano gli impegni ai quali le Parti hanno prestato il loro consenso" e pertanto "creano così per le Parti diritti ed obblighi di diritto internazionale costituendo un accordo internazionale" (punto 25). La Corte ha aggiunto che la mera mancata registrazione presso il Segretariato dell'ONU, ex art. 102 della Carta o, nel caso di specie, presso il Segretariato generale della Lega Araba non costituisce in se un indizio sufficiente "per la validità effettiva dell'Accordo il quale rimane non meno vincolante tra le Parti" (§29).

In dottrina, a tale riguardo, si è altresì osservato che "[t]erms such as 'will' and 'ought' usually signals that the parties do not intend to make a binding commitment, whereas the word like 'shall', 'rights', 'oblige' or 'must' indicate the opposite" ([9]).

6. La necessaria produzione di effetti giuridici vincolanti. — L'atto finale con cui, per esempio, si concluse il Congresso di Vienna del 1815 possedeva incontestabilmente valore di trattato. Lo stesso non può dirsi, invece, dell'atto che segnò la conclusione dei lavori della Conferenza di Helsinki sulla Sicurezza e la Cooperazione in Europa (CSCE) nel 1975. Analoghe considerazioni valgono allorché si tratti di accertare il valore giuridico di un "**protocollo**", di una "**dichiarazione**", di un ***MoU*** o di un "**comunicato congiunto**". Su quest'ultimo tipo di atto la CIG, nel **caso della *Piattaforma continentale del Mare Egeo***, ha rilevato che, a sua memoria, non esisteva alcuna "regola di diritto internazionale che preclud[esse] ad un *comunicato congiunto* di costituire un accordo internazionale" in buona e dovuta forma; secondo la Corte, infatti, è necessario andare oltre la forma utilizzata, in quanto tutto dipende dalla natura dell'atto in questione, dalla sua formulazione e dall'intenzione delle parti ([10]). Successivamente, nel **caso relativo alla *delimitazione marittima ed alcune questioni territoriali tra Qatar e Bahrain*** di cui abbiamo detto, raggiunse una conclusione opposta mantenendo la coerenza del proprio ragionamento. Qui, infatti, la Corte

---

([8]) CIG, Sentenza del 1° luglio 1994 sulla competenza e l'ammissibilità ai § 23, 25 e 30, pp. 121-122.

([9]) Cfr. A. Henriksen, *International Law*, Oxford, OUP, 2019, p. 42 e cfr. A. Aust, *Modern Treaty Law and Practice*, 2 ed., cit., p. 33 ss.

([10]) V. il par. 96 della sentenza del 19 dicembre 1978. V. pure CIG, 20 aprile 2010, *Argentina c. Uruguay*, punto 128, nonché CIG, 27 gennaio 2014, *Perù c. Cile*, punto 45 ss. al sito internet della CIG. Adde TIDM, 14 marzo 2012, *Bangladesh v. Myanmar* al sito dell'ITLOS.

ritenne che gli scambi di lettere e di verbali tra i due Paesi dimostravano la conclusione dei negoziati tra loro a tale riguardo e dunque l'esistenza di un trattato vincolante

Qualche dubbio può anche porsi allorquando un trattato internazionale preveda un *pactum de contrahendo*, ossia l'impegno delle parti di concludere *in futuro* un accordo su alcune materie che formano oggetto del trattato ma su cui non è stato ancora raggiunto un accordo. Pur dipendendo in concreto dalla formulazione di dette clausole (ad esempio al fine di comprendere se una delle Parti contraenti possa o meno rifiutarsi di ratificarlo ([11])), ci pare assodato che "[s]ul piano internazionale...le parti che si siano messe d'accordo sui punti principali, possono riservarsi di mettersi d'accordo anche su questo o quell'altro punto secondario; il trattato è ugualmente perfezionato e produttivo di effetti anche se l'accordo non ha luogo" ([12]).

Insomma, vale la *sostanza* e non la *forma*, giacché, ai fini della qualificazione di un rapporto giuridico interstatale, se il *nomen iuris* utilizzato dalle parti costituisce un elemento certamente rilevante, non esime dall'accertamento delle effettive modalità di svolgimento della prestazioni. L'essenziale, per aversi un trattato, è che le Parti, tramite un dato accordo, abbiano inteso produrre effetti giuridici vincolanti tra di esse, qualunque sia la sua denominazione.

ii. Classificazione dei trattati

7. — Sono possibili diversi tipi di classificazione dei trattati. La più classica — e più utile distinzione — è quella tra trattati "bilaterali" e trattati "multilaterali":

— trattati bilaterali

8. — I trattati bilaterali (*bilateral treaties*) sono molto diffusi (il loro numero arriva a svariate migliaia) e toccano tutte le materie che possono rivelarsi d'interesse comune tra due Stati in funzione delle necessità del momento. Consistono in un unico strumento firmato dai due Stati ovvero risultano da uno scambio di note diplomatiche o di lettere. Li si rinviene facilmente tanto nel campo politico (trattati di alleanza, di difesa, di cooperazione, d'armistizio, di pace, ecc.), economico (ad es. un accordo bilaterale in materia di investimenti), delle comunicazioni (aeree, marittime...), delle relazioni diplomatiche e consolari (ambasciate, consolati...), quanto per la risoluzione delle controversie internazionali (ad esempio il compromesso arbitrale).

— trattati multilaterali

9. — I trattati multilaterali (*Multilateral Treaties*) sono assai diversi tra loro, ancorché abbiano in comune il fatto di avere un numero di Parti contraenti superiore a due.

I trattati multilaterali possono essere *aperti* o *chiusi* a seconda che ad essi possano accedere altri Stati in aggiunta a quelli tra i quali sono stati originariamente conclusi.

Inoltre, va segnalato che nell'ambito del WTO/OMC si parla, oltre che di *trattati multilaterali* (il nucleo duro del c.d. "single package") anche di *trattati plurilaterali*:

([11]) V. l'arbitrato di *Tacna-Arica* tra il Cile ed il Perù (1925), in *UN RSA*, II, 921, a p. 929.

([12]) Così si espresse la Commissione di conciliazione italo-francese costituita in virtù del Trattato di Pace con l'Italia del 10 febbraio 1947, nella sentenza n. 163, del 9 ottobre 1953, Affare dei comuni di frontiera, in *Rec. des décisions*, IV, p. 223.

mentre i primi vincolano tutti gli Stati membri del WTO, i secondi vincolano solo i Membri che li hanno ratificati.

Alcuni trattati multilaterali possono dare vita ad un'OIG (Carta ONU del 1945, Trattato di Roma del 1957 istitutivo della CEE), altri no (Convenzione di Vienna sul diritto dei trattati del 1969 o il Trattato Antartico del 1959).

— Trattati-contratti e trattati normativi

10. — Va segnalata qui, sia pure *en passant*, un'ulteriore distinzione introdotta dalla dottrina tedesca alla fine del XIX secolo (Triepel) e talvolta ancora utilizzata da qualche autore (non però dagli autori italiani) tra trattati-contratto e trattati normativi ([13]). In base a tale distinzione si avrebbe che mentre i trattati-contratto (*Contract Treaties/traités-contrats/rechtsgeschäftliche Verträge*) regolano delle situazioni concrete tra le Parti e consistono in un mero scambio di prestazioni, i trattati normativi (*Law Making Treaties/traités-lois/rechtsetzende Verträge*) pongono delle norme di diritto oggettivo, generali ed astratte (ad es. un trattato come la UNCLOS ove si regola la libertà dei mari; gli accordi di codificazione del diritto consuetudinario, gli accordi istitutivi di organizzazioni internazionali, ecc.). Tuttavia, come si è rilevato in precedenza (Cap. I), qui il parallelo col diritto interno è fuorviante: in mancanza di un vero e proprio "legislatore" internazionale (o peggio "sovranazionale"), l'idea di una "legislazione internazionale" può essere ingannevole e foriera di utopie surreali: per eludere la struttura fatta di prestazioni e controprestazioni tipica dei trattati e l'ambito di applicazione di ciascuno di essi, si immagina una alchemica "fusione delle singole volontà degli Stati" in un'unica volontà che diviene obbiettiva, superiore agli emittenti e normativa.

Tale dibattito può essere utile solo per evidenziare che, in diritto internazionale, qualche trattato multilaterale può caratterizzarsi per una sfera di applicazione "normativa" o — *rectius* — "oggettiva" (quelli che stabiliscono uno "statuto internazionale" come il Trattato sull'Antartico del 1° dicembre 1959). In altre parole, può accadere che, per volontà delle Parti contraenti, alcuni trattati multilaterali, sia per il loro contenuto che per la loro ampissima partecipazione possano avere efficacia giuridica nei confronti dell'insieme della Comunità internazionale e dunque finiscano per applicarsi al di là del novero delle Parti contraenti. Su tale controversa questione ritorneremo in seguito, anche con riferimento all'efficacia dei trattati nei confronti degli Stati terzi.

11. Evoluzione delle tecniche di elaborazione dei trattati. — Le tecniche di elaborazione dei trattati si sono considerevolmente evolute nel tempo. Durante tutto il XIX secolo, alcune conferenze diplomatiche — i famosi "congressi" del Concerto Europeo — regolarono questioni d'interesse comune mediante trattati multilaterali; tant'è che tali conferenze internazionali sono state paragonate a dei "piccoli parlamenti interstatali dalla durata effimera e a competenza specializzata" ([14]). Oggi, questo metodo viene ancora utilizzato ma si è più diffusa, nella prassi, l'elaborazione dei trattati multilaterali in seno alle organizzazioni internazionali; a tale riguardo, è possibile citare tutta l'opera di codificazione del diritto internazionale elaborata sotto

---

([13]) Sul punto cfr. B. Conforti, *Diritto internazionale*, cit., p. 71.
([14]) J. Dehaussy, *Juriscl. Int.*, fasc. II, n. 7.

gli auspici dell'ONU o le numerose convenzioni preparate in seno all'ILO e, in misura minore, all'ICAO.

12. Grande numero. — Il numero dei trattati è considerevole: si può quantificare in diverse migliaia. Riguardano tutte le materie che gli Stati ritengano di interesse internazionale, in funzione dei bisogni della Comunità internazionale o di un gruppo di Stati. Sono diffusi, tanto in settori tradizionali delle relazioni politiche (trattati di difesa collettiva come il Patto Atlantico del 1949 o il defunto Patto di Varsavia del 1955, le Carte dell'OSA e dell'OAU), sociali (con l'ILO), o economiche (Banca Mondiale, il FMI, l'OMC), quanto in settori nuovi come la meteorologia, la salute o lo spazio.

iii. Ruolo nella vita giuridica internazionale

13. Un ruolo considerevole. — I trattati hanno sempre svolto un ruolo centrale nella vita di relazione internazionale. Li rinveniamo a partire dalla più remota antichità ed il loro numero, come la loro diffusione, rispecchiano lo sviluppo del diritto internazionale ([15]).

14. Il negoziato bilaterale: i trattati di Westfalia del 1648. — Per lunghissimo tempo, i trattati sono stati solo di tipo "bilaterale". I celebri Trattati di Westfalia del 1648 altro non furono che una sommatoria di trattati bilaterali conclusi tra i belligeranti.

15. Il negoziato multilaterale: l'Atto finale di Vienna del 1815. — L'evento che determinò lo sviluppo dei trattati multilaterali risale al 1815, in occasione del Congresso di Vienna. Senza dubbio, venne impiegata ancora la tecnica bilaterale di Westfalia, ma si concepì un documento riepilogativo unico — l'*Atto finale* — che riassumeva i diritti e gli obblighi rispettivi di tutti i Paesi partecipanti al Congresso. Di conseguenza, ne risultò un solo documento firmato da tutti i partecipanti, divenuto formalmente multilaterale. Inutile dire che, da allora, si è assistito a una grande diffusione della tecnica diplomatica multilaterale.

16. Il negoziato in seno ad organizzazioni internazionali. — Inoltre, va sottolineata un'altra prassi tesa a facilitare la conclusione dei trattati multilaterali: il loro negoziato semi-permanente in seno o sotto gli auspici delle organizzazioni internazionali (SDN, ONU, ILO, ICAO, ecc.). Ad esempio, in seno all'Assemblea Generale dell'ONU vengono elaborati dei testi di convenzioni internazionali che poi vengono sottoposte agli Stati per la necessaria e definitiva espressione del consenso ad esserne vincolati.

v. Codificazione del diritto dei trattati

17. Gli accordi di codificazione e la "codificazione progressiva". — Infine, è opportuno evidenziare l'importanza dei trattati multilaterali finalizzati alla "codificazione" di certe materie del diritto internazionale, cioè alla *compilazione di norme giuridiche internazionali consuetudinarie in un trattato*. Questa impresa cominciò con la SdN ma, a quell'epoca, non ebbe alcun successo. L'ONU, invece, è stata in grado

---

([15]) V. Cap. I.

di convocare delle conferenze intergovernative che sono riuscite — il più delle volte grazie agli eccellenti lavori preparatori della CDI — ad elaborare delle convenzioni "normative" (come le convenzioni di Vienna del 1961 e 1963 sulle relazioni diplomatiche e consolari, quella del 1969 sul diritto dei trattati o ancora la UNCLOS). La nozione di "*sviluppo progressivo*" del diritto internazionale, menzionato nella Carta dell'ONU comporta che i trattati di codificazione incorporino, oltre al diritto consuetudinario, anche delle *norme innovative* le quali, tuttavia, non sono sorrette da corrispondenti norme consuetudinarie: in tal caso, esse vincolano solo gli Stati parti al trattato di codificazione.

18. Ruolo della CDI. La codificazione del diritto internazionale fa espressamente parte dei compiti assegnati all'Assemblea Generale delle Nazioni Unite ([16]). Tuttavia, essa rinunciò a tale funzione creando la *Commissione del Diritto Internazionale* (1947) ed affidandole il compito di predisporre un progetto di accordo di codificazione del diritto dei trattati (1949).

iv. Struttura ed anatomia dei trattati

La struttura dei trattati è variabile e non è imposta dal diritto internazionale. Ciononostante, nella maggior parte dei casi si può individuare un *preambolo, un dispositivo* e delle *clausole finali.*

19. Preambolo. — Il preambolo costituisce la parte introduttiva e contiene delle indicazioni di ordine generale: l'indicazione degli Stati contraenti e l'enunciazione dei motivi che hanno determinato la conclusione del trattato. Pur non possedendo lo stesso valore giuridico del corpo del trattato, il preambolo ha una sua importanza soprattutto se occorre procedere all'interpretazione del testo al fine di determinare il contesto e "l'intenzione delle parti contraenti" (è così che, nel **caso dei *cittadini americani in Marocco***, oggetto di una controversia tra la Francia e gli Stati Uniti dinanzi alla CIG nel 1952, la Corte si ritenne autorizzata ad esaminare il preambolo di un trattato al fine di poterne determinare la sua esatta efficacia) ([17]).

20. Dispositivo. — Il "dispositivo" (o "corpo" del trattato) contiene le disposizioni principali del trattato suddivise in articoli (talvolta raggruppati in Capitoli e Parti). È, infatti, qui che si trovano enunciati i diritti e gli obblighi reciproci delle Parti contraenti. Seguendo la tecnica legislativa anglo-americana, si è diffuso, soprattutto nei trattati aventi per oggetto materie tecniche, la prassi di incorporare nel primo articolo una serie di *definizioni* delle espressioni usate nel testo del trattato al fine di minimizzare eventuali dubbi interpretativi.

21. Clausole finali. — Le "clausole finali" sono le norme poste dopo il dispositivo e alla fine del trattato. Rivestono un'importanza fondamentale per conoscere esattamente la "vita" giuridica del trattato: condizioni di entrata in vigore, di adesione, di modifica, di termine, ecc. (va peraltro notato che queste clausole sono applicabili a partire dall'adozione del testo così come precisa l'art. 24, par. 4, della CVT). Qui si

---

([16]) Art. 13.1.a, Carta dell'ONU; in generale v. *SFDI*, *La codification du droit International*, Paris, Pedone, 2000.

([17]) In *Rec.*, 1952, p. 196. In argomento cfr. M. Hulme, "Preambles in Treaty Interpretation", *Univ. Pennsylvania Law Review*, 2015, pp. 1281-1343, nonché interessanti spunti in P. Merkouris, "Interpreting the Customary Rules on Interpretation", *ICLR*, 2017, pp. 126-155.

trovano le disposizioni relative allo scambio delle ratifiche, se previste; alla data ed alle condizioni di entrata in vigore; alla durata; ai procedimenti di emendamento e di revisione; ai modi di estinzione del trattato; nei trattati multilaterali, qui si troveranno le disposizioni in materia di adesione di altri Stati, di recesso, di riserve, di risoluzione delle controversie. Infine, apposite norme indicano le lingue ufficiali in cui il trattato fa ugualmente fede.

22. Allegati. Vanno considerati di regola come parte del dispositivo gli allegati e gli "annessi" (*Annexes*) al trattato contenenti, ad esempio, delle "dichiarazioni interpretative" che precisano il senso dell'una o dell'altra espressione o anche delle mappe. Gli allegati e le dichiarazioni di questo genere fanno parte integrante del corpo del trattato e possiedono un valore giuridico identico. Così si pronunciò la CIG nel caso *Ambatielos* del 1952 ([18]) a proposito di un contenzioso tra la Grecia e il Regno Unito: qui, la Corte affermò che una dichiarazione unita al testo di un trattato anglo-greco del 1926 costituiva parte integrante di quest'ultimo e non poteva esserne distinta.

Ai trattati multilaterali vengono talvolta apposte delle *riserve* di cui diremo a suo luogo.

v. Il diritto internazionale è il diritto applicabile ai trattati internazionali

23. — Affinché un trattato sia considerato tale ai sensi della CVT, è necessario che questo sia regolato dal diritto internazionale. A tale evidente principio fa eccezione il caso, assai raro nella prassi ma possibile, dei trattati espressamente assoggettati al diritto interno di uno Stato. È così, ad esempio, che il trattato del 1° agosto 1966, concluso tra la Danimarca e il Malawi, prevedeva la concessione di un prestito della prima al secondo Stato, e conteneva una disposizione (art. 12) secondo la quale gli obblighi tra i predetti Stati venivano regolati dal diritto danese ([19]).

vi. La preferenza per il trattato

24. — Nell'ordinamento internazionale, l'utilizzo del trattato, quale strumento di regolazione giuridica, è spesso giustificata da "nobili" motivi quali la rapidità di adozione della norma e la sua precisione, qualità che ad esempio la consuetudine non sembra possedere. Ma siffatta argomentazione non è per nulla convincente. In realtà dipende dalla strategia degli Stati. Questi ricorreranno ad un trattato qualora tale strumento rispecchi l'esigenza di ottenere una disciplina particolare, limitata e relativa rispetto ad una consuetudine e, nel contempo, sia possibile influenzare in maniera più o meno pregnante il contenuto dell'accordo stesso (cosa che la consuetudine non permette di fare) ([20]).

Ciò detto, è opportuno in primo luogo esaminare le regole che stanno alla base della conclusione dei trattati (Sezione I), prima di esaminarne i loro effetti (Sezione II).

([18]) In *Rec.*, 1952, p. 28.

([19]) F. A. Mann, *About the proper law of contracts between States*, in *International Studies*, 1973, p. 241 ss.; F. A. Mann, "Another agreement between States under national law?", in *AJIL*, 1974, p. 490; J. Verhoeven, "Traités ou contrats entre Etats? Sur les conflits de lois en droit de gens", in *Clunet*, 1984, p. 5.

([20]) V. su tali aspetti Guy de Lacharrière, *La Politique juridique extérieure*, cit., pp. 27-48.

Sezione I
La conclusione dei trattati

25. Stipulazione *in forma solenne* od *in forma semplificata*. — Gli Stati sono liberi di esprimere il loro consenso nel modo che ad essi appare più congeniale e, pertanto, nelle clausole finali di ogni trattato si trovano le regole relative al modo prescelto per la sua stipulazione. Nella prassi diplomatica si sono affermate due forme principali di stipulazione:

1. la prima è la *stipulazione in "forma solenne"*, con la quale il consenso dello Stato ad essere vincolato da un accordo internazionale viene espresso in un atto formale di ratifica da parte del Capo dello Stato o di altra autorità nazionale competente;
2. la seconda è la *stipulazione in "forma semplificata"* ([21]), con la quale il consenso dello Stato ad essere vincolato da un accordo internazionale viene manifestato tramite la semplice apposizione della firma da parte del plenipotenziario che ha negoziato l'accordo stesso.

A propria volta, la CVT si occupa dei modi di stipulazione dei Trattati agli articoli 11-15. In particolare:

- l'art. 11 prevede che la volontà di uno Stato ad essere vincolato da un Trattato possa essere espressa attraverso: *a*) la firma; *b*) lo scambio degli strumenti che costituiscono il Trattato; *c*) la ratifica, l'accettazione o approvazione; *d*) l'adesione; *e*) qualsiasi altro mezzo convenuto;
- gli articoli 12 e 13 disciplinano rispettivamente la stipulazione per mezzo della firma o per mezzo dello scambio degli strumenti che costituiscono il Trattato;
- l'art. 14 regola la forma solenne di stipulazione;
- l'art. 15 stabilisce che uno Stato possa manifestare il proprio consenso ad essere vincolato da un Trattato mediante *adesione.*

Le suddette norme, che appartengono all'ordinamento internazionale, vanno raffrontate con le norme interne — solitamente di rango costituzionale — con cui ciascuno Stato regola i procedimenti e gli organi che lo impegneranno sul piano internazionale (§ 1). Il diritto internazionale, meno formalista, prevede a propria volta alcune tecniche e procedimenti per addivenire alla conclusione di un accordo internazionale tra Stati (§ 2). Ciò premesso, gli Stati hanno, talvolta, la possibilità di essere vincolati solo da una parte delle disposizioni di un trattato: in siffatte condizioni, gli Stati possono ricorrere alla formulazione di "riserve" (§ 3). Infine, i trattati, similmente a quanto avviene per i contratti dell'ordinamento interno, sono sottoposti al rispetto di un certo numero di condizioni fondamentali (§ 4).

§ 1. — *Le procedure costituzionali interne*

26. La difficile convivenza tra diritto internazionale e diritto costituzionale. Significato storico della *ratifica* — Diritto costituzionale e diritto internazionale non

---

([21]) Con tale procedimento si ha che l'impegno degli Stati a vincolarsi definitivamente viene assunto con la semplice firma da parte di soggetti muniti dei "pieni poteri" *ex* art. 12 della CVT; il Trattato deve però prevedere espressamente questa possibilità o, in alternativa, deve comunque risultare che questa sia l'effettiva volontà delle Parti stipulanti.

sono completamente estranei l'un l'altro ed è inevitabile constatare che la loro convivenza può diventare talvolta problematica: mentre il secondo (lo si è visto) stabilisce il suo necessario *primato* rispetto al diritto costituzionale, quest'ultimo, intende preservare la sua *integrità* in quanto norma di massimo livello dell'ordinamento interno, alla quale non è possibile derogare.

Il diritto internazionale lascia libero ciascuno Stato di stabilire se un dato accordo internazionale debba o meno essere sottoposto a ratifica e, trattandosi appunto di questioni di diritto interno, di decidere quali siano gli organi dello Stato competenti in materia di stipulazione dei trattati.

Al riguardo, va ricordato che per secoli, al tempo della Monarchia assoluta (fino all'avvento dei regimi democratici e dei moderni mezzi di telecomunicazione) la manifestazione della volontà internazionale dello Stato era prerogativa esclusiva del **Sovrano**. Il Sovrano era l'unico organo a cui spettasse il potere di negoziare e concludere i trattati internazionali — che erano, appunto, impegni tra Sovrani — e si trattava di un potere esclusivo ed assoluto.

Senonché, esigenze di ordine pratico (le distanze geografiche, la difficoltà nelle comunicazioni, i rischi) richiedevano ai Sovrani di servirsi di un apposito mandatario, il ***plenipotenziario***, il quale (un *alter ego* del Sovrano), una volta negoziato un trattato, era tenuto a ritornare in patria e a riferire al Sovrano il risultato dei negoziati: solo il Sovrano, dunque, avrebbe manifestato definitivamente la volontà dello Stato a vincolarsi all'accordo tramite un particolare atto, appunto, la ***ratifica***.

Per altro verso, la *struttura costituzionale* di ciascuno Stato può influire tanto a livello di conclusione quanto di esecuzione di un trattato: la procedura, peraltro, sarà più semplice per uno Stato unitario piuttosto che per uno Stato federale nella misura in cui bisognerà sempre fare attenzione al ***riparto di competenze*** tra il livello federale e quello degli Stati federati. A tal proposito, va notato il peculiare caso dell'Unione europea la quale, pur se tendenzialmente appare sempre più simile a uno Stato federale, si colloca attualmente in una zona grigia, almeno per le materia di competenza esclusiva di tale OIG. L'esame delle soluzioni, "unitaria" italiana (1) e "federale" statunitense (2), consente di comprendere bene il problema e le possibili soluzioni.

1. — Il sistema di uno Stato unitario: il caso dell'Italia

Bibliografia sommaria: G. Sperduti, "Rilevanza internazionale delle disposizioni costituzionali sulla stipulazione dei trattati e suoi limiti", in *Scritti in onore di Perassi*, Milano, Giuffrè, 1957, II, p. 303 ss.; M. Udina, "Gli accordi internazionali in forma semplificata e la Costituzione italiana", in *Riv. dir. int.*, 1961, p. 201 ss.; L. Ferrari Bravo, *Diritto internazionale e diritto interno nella stipulazione dei trattati*, Napoli, 1964; P. Picone, *L'applicazione in via provvisoria degli accordi internazionali*, Napoli, Jovene,1973; S. Marchisio, "Sulla competenza del Governo a stipulare in forma semplificata i trattati internazionali", in *Riv. dir. int.*, 1975, p. 533 ss.; A. Cassese, "Art. 80", in *Commentario della Costituzione*, a cura di G. Branca, Bologna, 1979; Labriola, "Principi costituzionali, ordinamento e prassi nella disciplina dell'autorizzazione legislativa alla ratifica dei trattati internazionali", in *Riv. dir. int. priv. proc.*, 1982, p. 209 ss.; Fois (a cura di), *Il trattato segreto*, Padova, 1990; R. Virzo, "Note sui procedimenti di formazione dei trattati in materia di interesse militare", in N. Ronzitti (a cura di), *Il diritto dei trattati nelle attività di interesse delle Forze armate*, Latina, 2003, p. 67; M. Mancini, "La violazione delle norme interne sulla competenza a stipulare", IV, p. 133 ss.; L. Daniele (a cura di), *Regioni e autonomie territoriali nel diritto internazionale ed europeo*, Napoli, 2006; Mura, *Gli accordi delle regioni con soggetti esteri e di diritto internazionale*, Torino, Giappichelli, 2007; Giocoli Nacci, "Le (nuove) competenze internazionali delle regioni", in *Studi Starace*, Napoli, ES, 2008, vol. 3, p. 1871; S. M. Carbone, P. Ivaldi, "Le attività delle Regioni di rilievo internazionale e comunitario", *ivi*, pp. 927, 958; F. Salerno, *Diritto internazionale*, 3ª ed., cit., p. 416 ss.; N. Ronzitti, *Diritto internazionale*, 6ª ed. cit., p. 242 ss.; A. CASSESE, *Diritto internazionale*, 3ª ed., cit., p. 273 ss. E. CANNIZZARO, *Diritto internazionale*, 5ª ed., cit., p. 153 ss..

27. La competenza a stipulare i trattati secondo l'ordinamento italiano. — Abbiamo visto che la stipula di un trattato in forma solenne si avvia con la fase negoziale preceduta da un fitto concerto ministeriale tra i Dipartimenti e le Direzioni generali dei diversi Ministeri competenti, a partire dal Ministero degli affari esteri e della cooperazione internazionale (ed il Servizio per gli affari giuridici, del contenzioso diplomatico e dei trattati). In Italia, le principali norme costituzionali in materia di stipulazione dei trattati internazionali sono gli artt. 11,72, c. 4 e 75, c. 2, 80 e 87, c. 8, nonché l'art. 117 della Costituzione.

Com'è stato rilevato in dottrina, pur se l'art. 11 non parla espressamente di stipulazione dei trattati, è indubbio che ponga "dei limiti al loro contenuto e nello stesso tempo, secondo l'interpretazione data dalla giurisprudenza costituzionale, riguarda la legge di autorizzazione alla ratifica di taluni trattati internazionali" ([22]); si pensi infatti ad un trattato che preveda un "alleanza militare aggressiva" in contrasto con il "ripudio della guerra" di matrice costituzionale italiana.

A propria volta, l'art. 87, c. 8, Cost., recita che il Presidente della Repubblica "ratifica i trattati internazionali, previa, quando occorra, l'autorizzazione delle Camere". Ciò significa, in concreto, che la ratifica spetta al Presidente della Repubblica il quale vi provvederà o sulla base di un'apposita *legge di autorizzazione* adottata dal Parlamento o, negli altri casi, su *iniziativa del Governo*.

Nel primo caso, la ***ratifica*** da parte *del **Presidente della Repubblica*** deve essere *preventivamente autorizzata con legge da parte del Parlamento* per *cinque* categorie di accordi internazionali, previste **dall'art. 80 della Costituzione**.

Si tratta degli accordi che comportano:

— I) *variazioni dei confini* dello Stato;

— II) *arbitrati e regolamenti giudiziari*;

— III) *modifiche di leggi*;

— IV) *oneri finanziari*;

— V) *impegni di natura politica*.

Si tratta di formule ampie dovute alla necessità di assicurare un forte controllo parlamentare della politica estera italiana nei confronti del potere esecutivo. A margine di tale elencazione valgano, dunque, le brevi considerazioni che seguono.

Innanzitutto, appare evidente che l'ultima condizione — la V che si riferisce agli "*impegni di natura politica*" — se interpretata estensivamente, è in grado di abbracciare tutte le condizioni precedenti e... tutte le materie. Pertanto, oggi, ci si riferisce solo ad accordi che hanno "un grande rilievo politico", comportando scelte fondamentali di politica estera.

Per quanto riguarda, invece, i trattati che impongano *modifiche di leggi* — la III condizione — è altrettanto evidente che tale scelta spetti al potere legislativo italiano e non a quello esecutivo. Analoghe considerazioni valgono pure per la materia degli *oneri finanziari*, restando inteso che si debba trattare unicamente di *oneri aggiuntivi* per il bilancio dello Stato.

Insomma, l'autorizzazione delle Camere alla ratifica dei trattati indicati all'art. 80 Cost, risponde all'esigenza che la scelta politica di ratificare un trattato o di aderirvi,

---

([22]) Così N. RONZITTI, 6ª ed., cit., p. 242 ss.

su materie di particolare rilevanza e delicatezza, sia condivisa dal Governo con il Parlamento ([23]).

Nel secondo caso, al di fuori della fattispecie di cui all'art. 80 Cost. e quindi in caso di iniziativa governativa, le norme di cui sopra vanno coordinate con l'art. 89 Cost. secondo cui "nessun atto del Presidente della Repubblica è valido se non è controfirmato dai Ministri proponenti che ne assumono la responsabilità". La ratifica, pertanto, rientra in quegli atti che il Presidente della Repubblica non può rifiutarsi di sottoscrivere; egli può solo chiederne il riesame prima della sottoscrizione. Ma la ratifica da parte del Presidente della Repubblica non è sempre necessaria giacché la *stipulazione in forma semplificata* non prevede la fase della ratifica, essendo sufficiente la sola firma del trattato da parte degli organi dell'esecutivo. Tali ultimi accordi, dunque, entrano in vigore per l'Italia tramite la sottoscrizione da parte del potere esecutivo e possono essere stipulati persino da ministeri diversi dal MAECI, ossia il Ministero degli affari esteri e della cooperazione internazionale (ad es. difesa; trasporti; giustizia ecc.). Sarebbe comunque auspicabile che il MAECI fosse il *focal point* di tali accordi onde assicurarne una gestione unica ed altamente specializzata.

28. Cenno al dibattito di diritto costituzionale italiano. — Si tratta, com'è evidente, di norme che formano oggetto di un vasto dibattito e su cui è sufficiente rinviare alla dottrina giuscostituzionalistica. Qui, basti notare che, in dottrina, è stato osservato che la ratifica sia, in prevalenza, "un atto del potere esecutivo, che il Capo dello Stato si limita a far proprio per assolvere alle funzioni conferitegli dalla Costituzione" ([24]). Tale osservazione, pur corrispondendo alla prassi attuale, non deve, tuttavia, condurre a pensare che il Presidente della Repubblica sia privo di qualunque discrezionalità in materia. È stato, infatti, autorevolmente sottolineato che il Presidente della Repubblica possa *rifiutarsi* di ratificare il trattato anche se il Governo, dopo l'eventuale invito presidenziale ad un riesame del Trattato stesso, persiste nel suo atteggiamento o se, per i trattati *ex* art. 80, dopo un messaggio rivolto alle Camere, queste confermano la loro autorizzazione alla ratifica ([25]). Resta, però, il fatto che per quanto riguarda l'ordinamento italiano, l'autorizzazione parlamentare, nei casi in cui è richiesta, deve essere *preventiva* e deve essere espressa in una legge che, a seconda

---

([23]) Cfr. in tal senso A. GIOIA, *Diritto internazionale*, 6ª ed., Milano, Giuffrè, 2019, p. 56; B. CONFORTI, *Diritto internazionale*, 10ª ed., cit., p. 74 ss. La Cost. disciplina altresì la procedura d'esame parlamentare dei disegni di legge di ratifica, stabilendo (art. 72, u.c.) che essi debbono essere esaminati con la *procedura ordinaria* ed escludendo quindi procedure d'esame abbreviate. La norma viene riprodotta nei Regolamenti delle due Camere (art. 92, c. 2, Reg. Camera; art. 35, c. 1, Reg. Senato). Il testo del d.d.l. presentato al Parlamento contiene di solito la norma di autorizzazione alla ratifica e l'ordine di esecuzione del trattato. In questo caso, che è il più frequente, il Parlamento non ha il potere di modificare il contenuto del disegno di legge né tantomeno il testo del trattato, ma la sua discrezionalità si limita al potere di approvare o respingere il provvedimento. Secondo la Corte Costituzionale (sentenza 19 dicembre 1984, n. 295, in *Riv. dir. int.*, 1985, p. 672 ss.: "la Costituzione vuole che le Camere valutino in anticipo il testo del trattato, al fine di rimuovere, in quanto organi autorizzanti, il limite che, secondo le previsioni degli artt. 80 e 87, circonda l'esercizio del potere di ratifica"). Ma può accadere che sia necessario procedere all'adeguamento della normativa nazionale o procedere a norme di copertura finanziaria di spese in conseguenza degli impegni assunti sul piano internazionale con l'adesione al trattato. In tal caso, il d.d.l. può contenere anche alcune norme di modifica dell'ordinamento interno, rispetto alle quali il legislatore mantiene il suo potere di correzione, fermo restando il rispetto degli impegni internazionali. Infatti, dall'impossibilità di applicare sul piano interno l'accordo potrebbe derivare una responsabilità internazionale dello Stato.

([24]) Così, GIULIANO, SCOVAZZI, TREVES, *Diritto internazionale*, cit., p. 560.

([25]) A. CASSESE, *Diritto internazionale*, cit., p. 275.

dei casi, può essere una *legge ordinaria* o una *legge costituzionale*. In altre parole, l'intervento del Parlamento, deve verificarsi *prima della ratifica*, così da consentire alle Camere di esprimere il proprio giudizio ed eventualmente, se del caso, negare l'assenso. In questo ultimo caso, è evidente che la mancanza della prescritta autorizzazione rende l'eventuale ratifica del Trattato *costituzionalmente illegittima*, provocando eventualmente l'invalidità del trattato se, dal punto di vista dell'ordinamento internazionale, si configurasse una "*violazione manifesta*" delle norme interne sulla competenza a stipulare di cui all'art. 46 della CVT ([26]). Pertanto, non si possono escludere delle situazioni — rare — in cui un trattato internazionale venga privato di efficacia giuridica nell'ordinamento interno, mentre continua, legittimamente, ad essere valido — ed obbligatorio — nell'ordinamento internazionale.

Va infine osservato che, in virtù dell'art. 74, c. 4, Cost, "la procedura normale di esame e di approvazione diretta da parte della Camera è sempre adottata per i disegni di legge di autorizzazione a ratificare trattati internazionali" sicché la materia non può essere discussa in Commissione secondo una procedura abbreviata. Inoltre, ai sensi dell'art. 75, c. 2, Cost., le leggi di autorizzazione alla ratifica di Trattati internazionali *non* possono essere sottoposte a *referendum abrogativo* ([27]).

29. "Legge di autorizzazione alla ratifica" ed "ordine di esecuzione". Rinvio. Come si vedrà a suo luogo (*infra* Cap. XVII) *la ratifica di un trattato* è un atto distinto dall'*ordine di esecuzione* (la formula della "piena ed intera esecuzione" del trattato) pur se tali atti si ritrovano quasi sempre all'interno della stessa legge che viene promulgata...*prima* dell'entrata in vigore del trattato a cui si riferisce. Per adattare l'ordinamento italiano ad un trattato internazionale concluso in forma solenne, la prassi italiana utilizza, infatti, tanto il procedimento speciale dell'ordine d'esecuzione contenuto in un atto normativo *ad hoc* (per i trattati che, *ex* art. 80 Cost., richiedono la ratifica previa l'autorizzazione del Parlamento) inserendolo spesso nella stessa *legge di autorizzazione alla ratifica*, quanto il procedimento ordinario, consistente nell'emanazione di un atto normativo di diritto interno (legislativo o regolamentare, a seconda della materia disciplinata) di contenuto identico al trattato.

Legge di autorizzazione alla ratifica
« Ratifica ed esecuzione del trattato... (parti contraenti e oggetto), fatto a... (luogo) il... (data) »
Art. 1: Il presidente della Repubblica è autorizzato a ratificare il trattato...
Art. 2: Piena ed intera esecuzione è data al trattato di cui all'articolo 1, a decorrere dalla data della sua entrata in vigore in conformità a quanto disposto dall'articolo... del trattato stesso.

Ad **esempio**: la L. 2 agosto 2008, n. 130 prevedeva all'art. 1 "*Autorizzazione alla ratifica*": 1. Il Presidente della Repubblica è autorizzato a ratificare il Trattato di Lisbona che modifica il Trattato sull'Unione europea e il Trattato che istituisce la Comunità europea e alcuni atti connessi, con atto finale, protocolli e dichiarazioni, fatto a Lisbona il 13 dicembre 2007." E

([26]) L'art. 46 della CVT così recita: "Il fatto che il consenso di uno Stato a vincolarsi a un trattato sia stato espresso in violazione di una disposizione del suo diritto interno riguardante la competenza a concludere trattati non può essere invocato dallo Stato in questione come viziante il suo consenso, a meno che questa violazione non sia stata manifesta e non riguardi una norma del suo diritto interno di importanza fondamentale. — (2) Una violazione è manifesta se essa è obiettivamente evidente per qualsiasi Stato che si comporti in materia secondo la pratica abituale e in buona fede".

([27]) Sul punto v. A. Cassese, *Diritto internazionale*, cit., p. 277 s.

all'art. 2, "*Ordine di esecuzione*" si è disposto che "1. Piena ed intera esecuzione è data al Trattato di cui all'articolo 1, a decorrere dalla data della sua entrata in vigore, in conformità a quanto disposto dall'articolo 6 del Trattato stesso". Come si vede, si tratta di due atti giuridicamente distinti ma contenuti nella stessa legge perché con un primo atto il Parlamento ha concesso l'autorizzazione alla ratifica del trattato di Lisbona e, solo una volta che questo trattato è entrato in vigore sul piano internazionale, si sono potuti produrre gli effetti sull'ordinamento italiano, come previsto all'art. 2: l'ordine di esecuzione.

30. La stipulazione di *accordi in forma semplificata* e il *segreto di Stato*. — Nella prassi, alcuni accordi vengono conclusi in forma semplificata (***Executive Agreements***) attraverso lo *scambio di lettere o di note* con la firma dei plenipotenziari; i *Memorandum d'intesa* o ancora il *modus vivendi*. Altre volte, vengono stipulati e sottoscritti da singoli Ministri per le materie di loro stretta competenza; non mancano, inoltre, fattispecie in cui siano conclusi da alti dirigenti dello Stato. Basti pensare, a titolo esemplificativo, agli accordi per le "missioni di pace" o, più in generale, quelli in materia militare conclusi dal Ministro della Difesa.

L'ordinamento costituzionale italiano non prevede una specifica disciplina per il recepimento degli accordi in forma semplificata. Piuttosto, nella prassi italiana, si lascia al Governo una certa libertà — anche qualora si trattasse di *accordi segreti* — a condizione che l'accordo in questione non ricada in una delle fattispecie di cui all'art. 80 Cost. precedentemente citato ([28]). È chiaro che, nel disegno costituzionale italiano, gli accordi in forma semplificata dovrebbero essere molto rari e comunque, il Governo mette in gioco la sua *responsabilità politica* dinanzi al Parlamento.

Il normale esercizio di tale potere si manifesta quando si tratta di ***intese*** di natura tecnica che, come tali, vengono concluse e firmate direttamente da ministeri "tecnici" (Ministro o suo delegato) insieme ai loro omologhi stranieri (c.d. *intese tecniche interministeriali*) ([29]). Anche se il loro statuto giuridico appare incerto, questi accordi, secondo la circolare del 3 marzo 2008, n. 4 del MAECI fanno sorgere "impegni di collaborazione tecnico — amministrativa e in via subordinata, di natura politica esclusivamente tra le singole amministrazioni stipulanti" ([30]). Per tali ragioni, trattandosi di accordi eseguibili direttamente dalle singole pubbliche amministrazioni che li hanno conclusi, non richiedono, in linea di principio, alcun *ordine di esecuzione* da parte del Parlamento.

Va comunque osservato che la categoria degli accordi in forma semplificata ha trovato un indiretto riconoscimento tramite la L. 11 dicembre 1984, n. 839, la quale nel regolare la materia della pubblicazione degli atti normativi della Repubblica italiana

---

([28]) Secondo CONFORTI (*Diritto internazionale*, cit., p. 80) tale conclusione si ricava, nel silenzio della nostra Costituzione, dall'interpretazione sistematica degli artt. 80 e 87 c. 8, Cost e "sembra confortata dai lavori dell'Assemblea Costituente durante i quali si ribadì il principio che non tutti gli accordi, ma solo i più importanti, dovessero essere sottoposti a ratifica". Cfr. A. CALAMIA, "Accordi in forma semplificata e accordi segreti: questioni scelte di diritto internazionale e di diritto interno", in *OIDU*, 2020, pp. 1-18 e riferimenti ivi cit.. In giurisprudenza, v. Cass. 22 marzo 1972, n. 867, in *Riv. dir. int.*, 1973, p. 588 e 17 aprile 1972, n. 1196, ivi, p. 592 ss..

([29]) Sul punto v. N. RONZITTI, *Diritto internazionale*, cit., p. 245 ss.

([30]) V. pure la lettera del Capo di Gabinetto del Ministro della Difesa, del 17 gennaio 2011, in materia di "Accordi internazionali intergovernativi e intese tecniche interministeriali: procedure e documentazione di accompagnamento per l'approvazione dell'Autorità politica" ove viene indicato tra tali attività lo scambio di informazioni geospaziali, scambio di formazione per il personale, assistenza tecnico-logistica nel campo dei materiali per la Difesa.

in Gazzetta Ufficiale, prevede testualmente, all'art. 1 lettera *f*), che si abbia la pubblicazione degli "accordi ai quali la Repubblica si obbliga nelle relazioni internazionali, ivi compresi quelli in forma semplificata e che non necessitano di pubblicazione" ad altro titolo (in quanto leggi o decreti).

La stessa legge prevede la pubblicazione trimestrale in un apposito *Supplemento della Gazzetta Ufficiale*, nonché la trasmissione ai Presidenti delle due Camere, di "tutti gli atti internazionali ai quali la Repubblica si obbliga nelle relazioni estere, trattati, convenzioni, scambi di note, accordi ed altri atti comunque denominati".

È infine prevista la pubblicazione annuale, in allegato agli indici della Gazzetta Ufficiale, del *repertorio di tutti gli accordi internazionali vincolanti per l'Italia*, predisposto dal MAECI.

Tale disciplina va però coordinata con quella relativa al c.d. ***segreto di Stato***. L'art. 39 della L. 3 agosto 2007, n. 124, prevede infatti che: "[s]ono coperti dal segreto di Stato gli atti, i documenti, le notizie, le attività e ogni altra cosa la cui diffusione sia idonea a recare danno all'integrità della Repubblica, anche in relazione ad accordi internazionali, alla difesa delle istituzioni poste dalla Costituzione a suo fondamento, all'indipendenza dello Stato rispetto agli altri Stati e alle relazioni con essi, alla preparazione e alla difesa militare dello Stato". Rientrano dunque in tale normativa gli atti relativi alla NATO come pure l'accordo circa le basi militari degli Stati Uniti in Italia ([31]). Del pari vi rientrano anche taluni accordi conclusi con alcuni Stati del Maghreb per il controllo dell'immigrazione clandestina.

È chiaro che, se tali accordi sono segreti, non vengono registrati presso il Segretariato dell'ONU e dunque non potranno essere invocati in quella sede (art. 103 della Carta ONU).

31. La competenza delle Regioni e delle Province autonome a stipulare accordi internazionali. — In linea di principio, solo lo Stato viene considerato un soggetto di diritto internazionale. Infatti, come è stato recentemente osservato in dottrina, "quale che sia la denominazione degli Stati politicamente decentrati su base territoriale, il diritto internazionale considera unica la soggettività internazionale dello Stato se vi è l'unità del potere di governo sul territorio" ([32]). Una questione tuttora in fase di non sopito dibattito resta quella di sapere se e fino a che punto le Regioni possano concludere accordi internazionali con Stati esteri e i loro enti pubblici. Al riguardo, la Corte Costituzionale, chiamata a pronunciarsi sui ricorsi per conflitto di attribuzione con il Governo centrale a causa di alcune iniziative prese da alcune Regioni dirette a concludere accordi transnazionali con altri Stati, Regioni od altri enti territoriali, inizialmente diede una risposta negativa sancendo "l'incompetenza degli organi regionali in tema di formulazione di accordi con soggetti propri di altri ordinamenti, compito spettante agli organi di Governo" ([33]). Senonché, la materia del "potere estero" delle Regioni ha trovato sistemazione tramite l'art. 117 Cost. il quale prevede specifiche competenze delle Regioni a "concludere accordi con Stati e intese con Enti territoriali interni ad altro Stato, nei casi e con le forme disciplinate da leggi dello Stato". Si tratta di materie di *legislazione concorrente*, *ex* art. 11, c. 3 Cost., nelle quali

---

([31]) F. Salerno, *Diritto internazionale*, 5 ed., Padova, Cedam, 2019, p. 334 s.. V. *amplius* S. Marchisio, *Le basi militari nel diritto internazionale*, Milano, Giuffrè, 1984.

([32]) F. Salerno, *Diritto internazionale*, cit., p. 105.

([33]) Corte Cost., n. 170/1975. V. *infra*, Cap. XVIII.

si ha comunque una suddivisione dei compiti tra lo Stato e le Regioni, in quanto al primo spetta determinare i principi fondamentali (ad es. attraverso le leggi quadro o leggi cornice), mentre alle Regioni spetta una potestà residuale ([34]). In conclusione, il c.d. *potere estero* delle Regioni deve essere esercitato nel "rispetto della Costituzione, nonché dei vincoli derivanti dall'ordinamento comunitario e degli obblighi internazionali (art. 117, c. 1, Cost.) e, comunque, all'interno del quadro dei principi enucleati, per ogni singola materia, dallo Stato". Così, ai sensi dell'art. 117, c. 5, Cost., le Regioni e le Province autonome di Trento e Bolzano nelle materie di propria competenza, partecipano alle decisioni dirette alla formazione degli atti normativi dell'Unione europea (c.d. *fase ascendente*), nonché provvedono all'attuazione ed all'esecuzione degli accordi internazionali e degli atti UE nel rispetto delle norme stabilite dallo Stato (c.d. *fase discendente*). Tale materia ha trovato ulteriore sistemazione tramite la L. 2 dicembre 2012, n. 234 circa le "norme generali sulla partecipazione dell'Italia alla formazione e all'attuazione della normativa e delle politiche dell'Unione europea" e si trova al centro del dibattito politico attuale relativo alle riforme costituzionali.

Allo stato attuale, per quanto riguarda gli accordi internazionali con altri Stati, è previsto che la Regione possa stipulare solo tre categorie di accordi:

1. Accordi esecutivi o applicativi di accordi internazionali in vigore;
2. Accordi di natura tecnico amministrativa;
3. Accordi di natura programmatica.

Con riferimento a tali accordi, la Regione ha l'obbligo di comunicare l'inizio delle trattative con lo Stato straniero al Ministero degli Affari Esteri e della Cooperazione Internazionale, il quale può indicare principi e criteri da seguire nel negoziato. Poi, al termine del negoziato, la Regione ha l'obbligo di comunicare il progetto di trattato, prima della firma, al medesimo Ministero, il quale, sentita la Presidenza del Consiglio, conferisce i "pieni poteri di firma".

Analoga soluzione vale per le intese tra Regioni o Province autonome ed enti territoriali interni ad altri Stati (ad es. per favorire lo sviluppo economico, sociale o culturale dei rispettivi territori, ma in nessun caso suscettibili di creare obblighi od oneri finanziari per lo Stato): la Regione ne deve dare comunicazione alla Presidenza del Consiglio ed al Ministero degli Affari Esteri e della Cooperazione Internazionale prima della firma, al fine di consentire eventuali rilievi. Decorsi 30 giorni senza che vengano presentati tali rilievi, per un peculiare meccanismo di silenzio assenso, la Regione può procedere a stipulare tali intese.

32. Il superamento della ratifica statale attraverso le OIG. Il caso della UE. — L'Italia, oggi, può persino trovarsi vincolata — e senza dubbio questo è un caso assai peculiare — a trattati internazionali ai quali non ha direttamente acconsentito, ed anche a prescindere dai propri vincoli costituzionali. Tale può essere il caso a seguito di un trattato che revisiona, modifica, la "Carta costitutiva" di un'organizzazione internazionale e che entra in vigore per tutti i Paesi membri quando una certa maggioranza (in generale "qualificata" e molto rilevante, ad es. dei due terzi, e nell'ipotesi in cui l'Italia abbia votato contro) di essi lo avrà definitivamente approvato. Ne costituisce un esempio il secondo emendamento agli statuti del FMI entrato

([34]) Cfr. SALERNO, *Diritto internazionale*, cit., p. 105 ss..

in vigore a partire dal 1° aprile 1978 per tutti i Paesi membri del Fondo, compresi i "minoritari" di cui la Francia ([35]).

Altri esempi si hanno con riferimento all'intero settore della Politica Commerciale Comune ove la UE ha, oggi, una competenza espressa ed esclusiva anche in materia di investimenti diretti esteri ([36]). Nel nostro tempo, spetta alla UE negoziare e concludere i grandi trattati economici internazionali (si pensi al dibattito sul TTIP, al CETA ed ai tanti accordi vigenti sia sul piano bilaterale, che multilaterale) esprimendo posizioni ed interessi che possono essere divergenti e persino in contrasto con quelli dell'Italia. L'Italia, come gli altri Stati membri UE, si trovano tuttavia vincolati ad un trattato economico internazionale che non hanno direttamente negoziato e che, una volta entrato in vigore nell'ordinamento UE, risulterà vincolante per ciascuno di questi Paesi, incidendo in modo significativo anche sulle attività degli imprenditori.

2. — Il sistema di uno Stato federale: l'esempio degli Stati Uniti d'America

33. Premessa. — Negli Stati Uniti, un principio fondamentale è chiaro: è il governo federale che, avendo la piena capacità internazionale, ha competenza esclusiva per concludere trattati. Gli Stati federati possiedono a tale riguardo solo una competenza residuale, marginale, e non possono interferire con la conduzione delle relazioni internazionali della federazione: fu così che la Corte Suprema dichiarò contraria alla Costituzione una legge del Massachusetts che imponeva delle misure commerciali restrittive contro la Birmania, in quanto l'adozione di una siffatta legge sconfinava nelle competenze estere appartenenti allo Stato federale ([37]). Va inoltre ricordato che, nel sistema statunitense, la ripartizione tra il potere legislativo ed esecutivo non è sempre molto chiara e i conflitti tra di essi non sono rari: ne derivano alcune difficoltà supplementari durante la conclusione di un accordo internazionale con gli Stati Uniti.

a) *La competenza di principio della federazione*

34. Un monopolio federale. — Numerose disposizioni costituzionali conferiscono la competenza internazionale agli organi federali USA.

L'art. I, c. VIII, attribuisce al solo Congresso il potere di punire i crimini internazionali e di dichiarare guerra. Soprattutto, l'art. I, c. X, dispone che: "nessuno Stato (federato) potrà stipulare dei trattati, concludere delle alleanze o delle confederazioni. Nessuno Stato (federato) potrà, senza il consenso del Congresso, concludere trattati sia con un altro Stato, sia con una potenza straniera". Fu così, ad esempio, che la Provincia del Quebec e lo Stato di New York conclusero un accordo nel 1982 che attuava un trattato americano-canadese precedente, per lottare contro il fenomeno detto delle "piogge acide" ([38]).

([35]) V. *RGDIP*, 1979, p. 209 con nota di Carreau.

([36]) V. F. Marrella, "Unione europea ed investimenti diretti esteri", in S.M. Carbone (a cura di), *L'Unione europea a vent'anni da Maastricht: verso nuove regole*, cit., pp. 107-140.

([37]) *Crosby c. National foreign trade council*, 14 giugno 2000, in *ILM*, 2000, p. 1234.

([38]) *ILM*, 1982, p. 721.

35. Altre esperienze. — In diritto comparato, si nota che il "sistema tedesco" appare più liberale: i *Länder* hanno effettivamente mantenuto la capacità di concludere trattati internazionali con gli Stati stranieri negli ambiti che la Legge Fondamentale del 1949 ha lasciato alla loro "giurisdizione" (così dicasi in materia di religione o di istruzione in virtù dell'art. 32 della Legge Fondamentale del 1949; alcuni *Länder* — quali la Baviera — non hanno rinunciato a questo potere e hanno concluso dei "concordati" con la Santa Sede) ([39]).

Allo stesso modo, uno Stato federale come il Messico ha dovuto riconoscere agli Stati federati la capacità di concludere accordi "regolati dal diritto internazionale pubblico" — cioè dei trattati — ma unicamente nei limiti delle competenze costituzionali loro attribuite ([40]).

36. Interpretazione rigida della Corte Suprema USA. — La Corte Suprema degli Stati Uniti ha interpretato in modo estensivo le competenze in materia internazionale dello Stato federale a discapito di quelle proprie degli Stati federati. L'azione della Corte, in tale ambito, non è altro che un aspetto particolare della sua attività più generale volta al rafforzamento del potere della Federazione, in altri termini dello Stato centrale sulle sue componenti federate.

37. Il caso *Missouri c. Olanda*. — La principale sentenza in materia, fu resa dalla Corte Suprema nel 1920 nel caso *Missouri c. Olanda* ([41]). Va premesso che, nel 1916, gli Stati Uniti e la Gran Bretagna avevano stipulato un trattato al fine di proteggere certi uccelli migratori che si spostavano tra il Canada e alcuni Stati del centro degli Stati Uniti. Nel 1918, il Congresso approvò una legge che precisava le norme di applicazione di questo trattato. Si pose allora la questione di costituzionalità del trattato e della legge in questione, nella misura in cui tali strumenti potevano risultare invasivi del dominio riservato degli Stati federati in virtù del decimo emendamento alla Costituzione USA. La Corte, a seguito di un ragionamento piuttosto complesso, rispose negativamente. Dovette senza dubbio riconoscere che esistevano dei limiti al potere della Federazione di concludere trattati internazionali, limiti rinvenibili nelle disposizioni costituzionali affermando che: "ciò che una legge del Congresso non può fare autonomamente, in deroga ai poteri riservati degli Stati, neppure un trattato lo può fare". Ne risulterebbe altrimenti una modifica alla costituzione tramite trattato, procedura non prevista dai "padri fondatori". Era pur vero che una legge federale anteriore adottata per proteggere gli uccelli migratori era stata ritenuta contraria alla Costituzione in quanto interferiva sui poteri riservati agli Stati federali. Tuttavia, la Corte Suprema negò di essere vincolata da tali precedenti. Essa affermò infatti la specificità dei trattati internazionali conclusi "sotto l'autorità degli Stati Uniti", mentre le leggi del Congresso sono emanate "in applicazione della Costituzione". Sottolineando questo profilo, la Corte Suprema volle dimostrare l'origine specifica del "potere esterno" di cui fu investita la federazione americana prima della Costituzione del 1787, potere ereditato "direttamente" dalla Corona britannica (su questo punto la Corte fu criticata duramente e accusata di aver falsificato la realtà storica per giustificare questo suo ragionamento). La Corte Suprema, dopo aver affermato la specificità del "potere internazionale" della federazione, proseguì nel ragionamento ritenendo che i criteri di valutazione della costituzionalità dei trattati dovessero essere differenti da quelli di apprezzamento della costituzionalità delle leggi. "È certo" — argomentò la Corte Suprema — "che esistono degli ambiti della massima importanza per il benessere della Nazione che non possono essere messi in discussione

---

([39]) W. Leisner, *A propos de la répartition des compétences en matière de conclusion des traités en République Fédérale d'Allemagne*, in *AFDI*, 1960, p. 291.

([40]) V. l'art. 2.II della legge messicana del 21 dicembre 1991, in *I.L.M.*, 1992, p. 390.

([41]) 252 US 416.

da una legge del Congresso, ma potrebbero esserlo da un trattato seguito da una legge (d'applicazione)". In breve, la Corte Suprema applicò la teoria dei "poteri impliciti" all'ambito internazionale: nei limiti della Costituzione del 1787, la federazione dispone del più ampio potere di conclusione dei trattati internazionali. Nel caso di specie, la Corte Suprema ritenne dunque che la protezione degli uccelli migratori costituiva "un interesse nazionale di primaria importanza o quasi", il ché giustificava un'azione internazionale concertata per il tramite di un trattato internazionale. A prescindere da quali fossero le argomentazioni utilizzate dalla Corte nel caso di specie, la sentenza *Missouri c. Olanda* costituisce un precedente ancor oggi vincolante. La lezione tratta da questo precedente è chiara: il Decimo emendamento della Costituzione del 1787 relativo alle competenze riservate agli Stati federati non costituisce un ostacolo insormontabile alla conclusione di un trattato internazionale da parte dello Stato federale.

38. Struttura federale e applicazione dei trattati internazionali. — La struttura federale di uno Stato è per sua natura atta a complicare l'applicazione dei trattati internazionali làddove l'attuazione concreta di questi dipenda da uno Stato federato.

Così, oggi, una delle più grandi difficoltà che l'OMC/WTO deve affrontare consiste proprio nell'applicazione uniforme delle sue norme da parte di tutti i suoi Membri ivi compresi gli Stati federali ([42]).

D'altronde, al fine di garantire la protezione costituzionale delle competenze degli Stati federati, gli Stati federali inseriscono quasi sistematicamente nei trattati internazionali conclusi con Paesi terzi una clausola detta "federale". Questa clausola implica che il trattato in questione vincola solo la federazione.

b) *Il riparto delle competenze "internazionali" in seno agli organi federali: la sua incidenza sulla conclusione dei trattati*

i. Il principio: la competenza congiunta del Presidente e del Senato

39. Il caso generale dei trattati. — La Costituzione del 1787 prevede che gli Stati Uniti possano contrarre obblighi con una Potenza straniera solo mediante trattato internazionale. In materia, la competenza è ripartita tra il Presidente, che negozia, e il Senato, che approva a maggioranza qualificata di due terzi. L'articolo II, sezione 2, dispone in effetti che "il Presidente avrà il potere di concludere trattati con il parere e il consenso del Senato, posto che i due terzi dei senatori presenti l'approvino". Appare superfluo dire che questa approvazione senatoriale è spesso molto difficile da ottenere: si ricordi che gli Stati Uniti si trovarono nell'impossibilità di essere vincolati dal Trattato di Versailles e, tra le varie conseguenze, di far parte della Società delle Nazioni, visto che il presidente Wilson non fu in grado di ottenere l'accordo dei 2/3 dei senatori (mancava un voto per raggiungere la maggioranza richiesta). Inoltre, alcuni trattati internazionali di primaria importanza, negoziati e firmati dal Presidente, sono stati "uccisi sul nascere" dall'ostilità manifestata dal Senato, senza che fosse neppure necessario arrivare ad un voto formale: questa fu la sorte della Carta di L'Avana del 1948 che doveva dar vita all'Organizzazione Internazionale del Commercio (OIC) o, in tempi più recenti, gli accordi detti SALT II sulla limitazione degli armamenti strategici tra Stati Uniti e Russia o ancora nel 1999 il trattato sulla non proliferazione nucleare. Senonché, dal 1789 alla fine del 1986, il Senato

---

([42]) Cfr. D. Carreau, *Encyclopédie de Droit International*, Dalloz, v. "Système commercial multilatéral" — volet institutionnel — n. 58 ss. e per le difficoltà provocate da una legge del Massachusetts che intendeva sanzionare il Myanmar tramite le imprese operanti in quel Paese, si veda la sentenza citata precedentemente della Corte Suprema *Crosby c. National Foreign Trade Council* del 14 giugno 2000, 120 s.ct. 2288.

approvò 1534 trattati, cioè più del 90 per cento di quelli che gli erano stati sottoposti; se da un lato l'organo respinse formalmente solo 20 trattati in mancanza del raggiungimento della maggioranza richiesta, dall'altro lato 157 non poterono entrare in vigore in ragione dell'opposizione manifestata dalla Camera o degli emendamenti che questa ha apportato ([43]).

40. Il caso specifico dei trattati commerciali. — Inoltre, nell'ambito particolare del commercio internazionale, così importante ai nostri giorni, la Costituzione attribuisce, espressamente, competenza al Congresso (art. I, par. 8, comma 3), senza neppure fare allusione al ruolo del Presidente, che, nondimeno, è investito dell'autorità generale di negoziare i trattati internazionali in nome degli Stati Uniti. Da qui emerge un potenziale conflitto costituzionale che non ha mai smesso di persistere e che non è mai stato risolto in maniera soddisfacente ([44]).

41. Un sempre più importante ruolo del Presidente. — In pratica, i poteri del Presidente in materia di politica estera si sono accresciuti nel tempo, accompagnati spesso dall'accordo del Congresso e dalla benedizione della Corte Suprema.

ii. L'accrescimento dei poteri presidenziali: la consacrazione degli *executive agreements*

42. Legalizzazione da parte della Corte Suprema. — Di fronte alla difficoltà di concludere un trattato internazionale secondo la procedura espressamente prevista dalla Costituzione, l'Esecutivo statunitense è spesso ricorso alla prassi degli "accordi in forma semplificata" o "executive agreements". In tale ipotesi, l'accordo vincola gli Stati Uniti dal momento della firma del Presidente (o dei suoi rappresentanti). La Corte ha "legalizzato" questa prassi tramite due importanti sentenze ([45]) e tali "executive agreements" possono essere adottati in cinque ipotesi differenti di cui si dirà d'appresso.

43. Primo caso: applicazione di un trattato anteriore. — In primo luogo, gli *executive agreements* possono essere conclusi solo dal Presidente, in applicazione di un trattato internazionale anteriore approvato dal Senato a maggioranza di due terzi ([46]).

44. Secondo caso: delega di poteri da parte del Congresso. — Inoltre, gli *executive agreements* possono essere conclusi dal solo Presidente a seguito di delega da parte del Congresso. Si tratta di un'ipotesi frequente in materia economica e commerciale, a seguito del *Reciprocal Trade Agreements Act* nel 1934, più volte rinnovato da allora. In tal caso, la competenza del Presidente è vincolata, nella misura in cui questi deve rispettare i limiti e i principi definiti dal Congresso (e non dal solo Senato).

45. Terzo caso: approvazione *ex post* del Congresso. — Gli *executive agreements* possono essere conclusi solo dal Presidente, ma su riserva di successiva approvazione da parte delle due Camere del Congresso le quali si esprimono a maggioranza semplice (il che è più agevole da ottenere rispetto al voto favorevole dei due terzi dei senatori). Fu in questo modo ad esempio che gli Stati Uniti approvarono gli "Accordi di Bretton Woods" del 1944 relativi al FMI ([47]) o i risultati del "Tokyo Round" in materia non tariffaria ([48]).

([43]) Cong. Record, Senate, 29 aprile 1987, pp. 5688-5693.

([44]) D. Carreau, *Le Président, le Congrès des Etats-Unis et le commerce international: l'exemple d'un conflit constituionnel mal résolu*, in *Mélanges Burdeau*, Paris, LGDJ, 1977, p. 497.

([45]) *U.S. v. Belmont* 301 U.S. 324, (1937), in *Clunet*, 1938, p. 453 e 569 e *U.S. c. Pink* 315 U.S. 203, (1942), in *Clunet*, 1940-1945, p. 75.

([46]) La Corte Suprema lo ha ammesso nel caso *Wilson c. Girard*, 354 US 524 (1957).

([47]) *Bretton-Woods Agreements Act of 1945*, 22 U.S.C., § 286-288.

([48]) *U.S. Trade Agrements Act of 1979*, in *ILM*, 1979, p. 1256.

46. Quarto caso: autorità del Presidente. — Gli *executive agreements* possono poi essere conclusi dal solo Presidente quando agisce in quanto Comandante in capo delle forze armate o in quanto capo dell'Esecutivo possedendo, a tale titolo, una competenza estera inerente alla propria funzione. La Corte Suprema ha riconosciuto tali poteri al Presidente in applicazione della dottrina dei "poteri impliciti", dottrina che ha molto influenzato tanto la giurisprudenza della CIG quanto quella della CGUE.

La Corte Suprema è pervenuta a tale risultato nel caso *US c. Curtiss Wright Export Corp.* ([49]). Nel caso di specie, la Corte espresse il principio in virtù del quale "il solo Presidente ha il potere di parlare... in quanto rappresentante della Nazione". A titolo d'esempio, si può citare il celebre accordo del 1940 tra gli Stati Uniti e la Gran Bretagna, in base al quale il Presidente americano metteva a disposizione dell'Inghilterra un certo numero di navi da guerra in cambio dell'utilizzo di alcune basi navali inglesi (*Destroyer-Naval Bases arrangement*) ([50]) o ancora il GATT firmato il 31 ottobre 1947.

47. Quinto caso: poteri del Presidente rinforzati da una delega del Congresso. — In quinto luogo, gli *executive agreements* possono essere conclusi dal Presidente, sia in base ai propri poteri, sia su delega del Congresso. Fu così che la Corte Suprema riconobbe che il Presidente avrebbe potuto, con trattato internazionale, legittimamente privare di ogni via di ricorso ai tribunali americani i cittadini degli Stati Uniti che avessero subito danni finanziari in ragione degli atti del regime rivoluzionario iraniano; ciò in quanto tali controversie dovevano essere decise da un tribunale arbitrale internazionale specialmente costituito a questo scopo ([51]).

48. Un numero crescente. — Gli *executive agreements* furono ampiamente utilizzati dopo la fine della seconda guerra mondiale. Sono stati — per la verità — molto più numerosi dei trattati internazionali "solenni" previsti dalla Costituzione del 1787: così, ad esempio, tra il 1940 ed il 1989, sono stati conclusi 759 "trattati" a fronte di 13061 *executive agreements*: questi ultimi rappresentano, dunque, circa il 90% degli accordi degli Stati Uniti ([52]).

49. Sforzi di controllo da parte del Senato. — Di fronte a tale evoluzione, il Senato cominciò a dubitare di tale prassi in quanto comportava uno svuotamento delle proprie competenze costituzionali in materia di politica estera. Così, alcuni senatori tentarono, negli anni '50, di sindacare l'attività presidenziale. Il senatore Bricker propose, sotto varie forme, un emendamento costituzionale in base al quale gli *executive agreements* del Presidente avrebbero dovuto ricevere approvazione da parte del Senato. Il Senatore Knowland propose un altro emendamento nel 1956 (il *George Amendment*) secondo il quale nessun accordo internazionale, diverso da un trattato in buona e dovuta forma, poteva avere forza di legge negli Stati Uniti senza essere stato espressamente approvato da una legge del Congresso. Questi due tentativi fallirono ma per un soffio: in entrambi i casi infatti venne a mancare un solo voto che avrebbe consentito a questi emendamenti di essere successivamente sottoposti agli Stati federati ai fini della ratifica costituzionale.

---

(49) 299 US 304 (1936).

(50) "His Majesty's Government will make available to the United States for immediate establishment and use naval and air bases and facilities for entrance thereto and the operation and protection thereof, on the eastern side of the Bahamas, the southern coast of Jamaica, the western coast of St. Lucia, the west coast of Trinidad in the Gulf of Paria, in the island of Antigua and in British Guiana within fifty miles of Georgetown, in exchange for naval and military equipment and material which the United States Government will transfer to His Majesty's Government". *http://www.history.navy.mil/faqs/faq59-24.htm.*

(51) *Dames & Moore v. Regan*, 435 US 654 (1981), v. il testo in *ILM*, 1981, p. 897 e per un commento, *The Geo. Wash. J. Int'L. & Econ.*, 1982, p. 401.

(52) M. J. Garcia, *International Law and Agreements: Their Effect Upon U.S. Law*, CRS Report for Congress, 2013, p. 3.

Nel 1972, tuttavia, adottando il *Case Act* ([53]), il Congresso riuscì ad imporre una forma di controllo parlamentare all'attività del Presidente in materia internazionale, là dove egli intenda impegnare gli Stati Uniti in una maniera diversa rispetto ad un trattato internazionale: il Presidente deve "notificare" al Congresso, per informazione, tutti gli *executive agreements* conclusi con delle potenze straniere.

50. Un rango inferiore in diritto interno. — Ciò non significa, tuttavia, che *treaties* ed *executive agreements* siano due tecniche intercambiabili atte ad impegnare gli Stati Uniti sul piano internazionale. In effetti, l'*executive agreement* concluso dal Presidente senza l'approvazione del Congresso presenta due punti di debolezza rispetto al trattato. Da un lato, un tale accordo non può modificare una legge federale preesistente e non ha che un'autorità superiore al diritto degli Stati federati. D'altro lato, l'*executive agreement* impegna solo gli Stati Uniti in quanto tali e non può produrre direttamente diritti e obblighi in capo ai singoli (assenza dunque del carattere *self-executing*).

§ 2. — *Il procedimento internazionale*

Bibliografia sommaria: Balladore Pallieri, "La formation des traités dans la pratique internationale contemporaine", in *RCADI*, 1949-I, v. 74, p. 469 ss.; United Nations, *Laws and Practices Concerning the Conclusion of Treaties*, 1953; S. Rosenne, "UN Treaty Practice", in *RCADI*, 1954, v. 86, p. 281 ss.; A. Plantey, *La négociation internationale*, Paris, CNRS, 1994; G. Mastrojeni, *Il negoziato e la conclusione degli accordi internazionali*, Padova, Cedam, 2000; R. Sabel, *Procedures at International Conferences*, 2ª ed., Cambridge, CUP, 2006; A. Aust, *Modern Treaty Law and Practice*, 2ª ed., Cambridge, CUP, 2007.

51. Libertà di scelta dei modi di stipulazione dei trattati. — Il diritto internazionale non prescrive particolari procedimenti per la formazione e la conclusione di trattati internazionali. Il diritto internazionale è poco formalista e lascia la più ampia scelta agli Stati circa le modalità di conclusione di un trattato (art. 2, CVT).

Tuttavia, nella prassi internazionale si individuano cinque fasi fondamentali nel procedimento internazionale di formazione dei trattati che esamineremo qui di seguito.

Va notato, altresì, che per i trattati multilaterali si sono affermate alcune regole generali relative al ruolo del "depositario" il quale avrà — *mutatis mutandis* — il ruolo di un "notaio" dell'ordinamento interno.

1. — Il negoziato

52. Negoziazione di un trattato e pieni poteri. — *Il negoziato è la fase in cui si svolgono le trattative (o negoziazioni) e, se queste riescono, si procede alla redazione del testo dell'accordo, che contiene le norme del trattato*. Per contro, il negoziato in sé non crea particolari vincoli giuridici nel senso che le trattative per la conclusione di un trattato non comportano alcun obbligo di concludere quell'accordo.

Le negoziazioni *(Negociations)* avvengono tramite delegati (plenipotenziari) designati a tale scopo e possono svolgersi attraverso delle riunioni bilaterali o multilaterali. Quest'ultimo caso è il più frequente grazie alle tradizionali conferenze inter-

([53]) 86 Stat. 619.

nazionali o in seno alle organizzazioni intergovernative ([54]). La finalità di ogni negoziazione è quella di pervenire ad un testo che possa ottenere il consenso dei partecipanti. Detto testo può risultare da trattative dirette tra le Parti (organi centrali, plenipotenziari o canale diplomatico); ad opera di una conferenza internazionale; o ancora per opera di un'organizzazione internazionale.

Non sempre l'intera negoziazione avviene tramite i medesimi organi o addirittura le medesime persone. Spesso, l'iniziativa viene presa da un Capo di Stato o da un Ministro degli esteri o ancora dal Capo di una missione diplomatica (o dal Rappresentante Permanente presso una OIG), ma una volta intavolate le trattative, queste vengono proseguite da altri organi muniti di appositi poteri (i "***plenipotenziari***") anche con l'ausilio di esperti tecnici.

Ai sensi dell'art. 7 della CVT, "[s]ono considerati rappresentanti dello Stato in virtù delle loro funzioni e senza essere tenuti ad esibire pieni poteri: i Capi di Stato, i Capi di governo e i Ministri degli affari esteri, per tutti gli atti relativi alla conclusione di un trattato; i capi di missione diplomatica, per l'adozione del testo di un trattato fra lo Stato accreditante e lo Stato accreditatario; i rappresentanti degli Stati accreditati a una conferenza internazionale o presso una organizzazione internazionale o uno dei suoi organi, per l'adozione del testo di un trattato in quella conferenza, organizzazione o organo".

Una tipica formalità preliminare alla condotta delle trattative da parte dei plenipotenziari è, appunto, la ***verifica dei pieni poteri*** *(Full powers)* onde accertare il mandato ricevuto dai negoziatori. Occorre, infatti, verificare l'estensione dei poteri del plenipotenziario: se sia abilitato a condurre solo i negoziati oppure anche a firmare il testo che ne risulta, o addirittura se possa impegnare con la sua firma lo Stato che rappresenta.

Non bisogna confondere la lettera di pieni poteri con le specifiche ***istruzioni*** che vengono affidate personalmente al plenipotenziario e che riguardano come condurre i negoziati ([55]).

53. Negoziazione all'interno di una CIG. — Se si tratta di stipulare un trattato multilaterale, la negoziazione avviene quasi sempre attraverso una ***Conferenza intergovernativa*** (**CIG**) convocata a tale scopo (così, ad es., accade nella UE quando occorrono modifiche dei trattati istitutivi). A tale scopo, viene predisposto un *regolamento* per disciplinare i lavori della conferenza e le regole di voto per le singole clausole.

Lo stesso accade se il testo di un trattato viene dapprima **negoziato in seno ad un organo di una OIG**, come ad es. l'Assemblea Generale ONU, e poi viene incorporato in una ***risoluzione*** dell'organo tramite la quale si offre siffatto accordo alla firma degli Stati. Qui, il regolamento di procedura è quello dell'organo nel cui ambito la negoziazione si svolge ([56]).

54. Lingue di redazione del trattato. — La scelta della (o delle) *lingue* nelle quali sarà redatto il testo del trattato può costituire un problema tecnico particolarmente

---

([54]) Se il trattato viene negoziato in una conferenza internazionale o in seno ad una OIG, viene talvolta istituita una apposita *commissione* per la verifica di tali poteri. Non vanno però confusi i *pieni poteri* con le *istruzioni*, di regola confidenziali, che ogni governo dà ai propri rappresentanti circa il modo di condurre le negoziazioni ed i risultati da conseguire.

([55]) Per tali ragioni, le istruzioni spesso sono segrete e possono anche mutare durante i negoziati.

([56]) In argomento cfr. R. Sabel, *Procedure at International Conferences*, 2 ed., Cambridge, CUP, 2006.

delicato. È evidentemente più semplice utilizzarne una sola: così, fino all'inizio del XX secolo, prima il *latino* e poi il *francese* vennero utilizzati come "lingua della diplomazia"; attualmente, l'inglese tende ad assumere il ruolo di "lingua franca" delle relazioni internazionali. Tuttavia, per un trattato multilaterale concluso sotto gli auspici dell'ONU, le versioni secondo le cinque lingue ufficiali (inglese, cinese, spagnolo, francese e russo secondo l'art. 3 della Carta) fanno ugualmente fede; è allora opportuno fare in modo che le diverse versioni coincidano e non conducano ad interpretazioni divergenti. Si può citare a tale riguardo l'esempio della Ris. del Consiglio di Sicurezza ONU n. 242 del novembre 1967 sulle condizioni di pace in Medio Oriente: la risoluzione, nella versione inglese, disponeva che Israele dovesse procedere al "withdrawal from occupied territories" ed è stata invocata da chi riteneva che il ritiro non riguardasse necessariamente *tutti* i territori occupati, ma solamente *alcuni* di questi; al contrario, la versione francese non si prestava a tali equivoci nella misura in cui parla di "retrait des territoires occupés" ed è stata invocata da chi sosteneva che Israele dovesse, in base a questa risoluzione, ritirare le sue truppe da "tutti" i territori arabi occupati e non solamente da alcuni di questi.

55. Adozione del trattato. La negoziazione del trattato, ove riesca, porta alla redazione del testo finale dell'accordo raggiunto, il quale può anche essere costituito da *diversi strumenti*. Se, ad es., si è avuta una conferenza intergovernativa che ha portato alla redazione di vari strumenti, questi vengono incorporati in un ***Atto finale*** ([57]), oppure sono elencati nel trattato ed allegati al medesimo.

Un esempio particolarmente rilevante è quello dell'*Atto finale di Marrakech* del 1994 che comprende un vasto elenco di accordi multilaterali e plurilaterali, nonché decisioni e dichiarazioni dei Ministri che precisano le norme di determinati accordi e che sono il risultato dell'Uruguay Round. Qui, gli accordi commerciali multilaterali e gli strumenti giuridici ad essi attinenti sono vincolanti per tutti i membri dell'OMC/WTO eccetto gli accordi plurilaterali ([58]).

La fase delle negoziazioni può durare anche molti mesi, addirittura diversi anni (v. ad es. la UNCLOS che è stata conclusa dopo quasi *dieci anni* di negoziati, dal 1973 al 1982)

([57]) In https://www.wto.org/english/docs_e/legal_e/legal_e.htm.

([58]) In argomento cfr. P. Picone, A. Ligustro, *Diritto dell'Organizzazione mondiale del commercio*, Padova, Cedam, 2002, nonché D. Carreau, P. Juillard, R. Bismuth, A. Hamann, *Droit international économique*, 6 ed., cit., p. 83 ss.. Osserva L. Ferrari Bravo (*Lezioni di diritto internazionale*, 3 ed., cit., p. 293) che "[q]uando un accordo è negoziato in seno ad una Conferenza internazionale, la funzione di autenticazione del suo testo è svolta dall'Atto finale della Conferenza che, oltre ad incorporare il testo dell'accordo, contiene anche la cronologia della Conferenza stessa, i dati relativi alle persone (o agli Stati) cui nel corso della stessa sono state attribuite funzioni connesse allo svolgimento della Conferenza, l'indicazione dei luoghi di riunione della Conferenza etc. L'Atto finale può essere firmato solo dal Presidente e dal Segretario della Conferenza o, anche, secondo i casi, dai plenipotenziari degli Stati (o altre entità) che hanno partecipato alla Conferenza. In ogni caso la firma dell'Atto finale (che può essere rifiutata) *non* equivale alla firma dell'accordo ivi incorporato e non produce perciò gli obblighi di astensione, pendente l'entrata in vigore dell'accordo, da comportamenti incompatibili con l'accordo, cui si riferisce l'art. 18 della CVT. A questo riguardo è importante notare che spesso le Conferenze internazionali adottano, oltre al testo dello (o degli) accordi per la cui negoziazione sono state convocate, anche delle *risoluzioni*, normalmente non vincolanti, ma che possono avere vasta portata politica e anche giuridica, come è per es. il cado della risoluzione I adottata dalla III Conferenza delle NU sul diritto del mare con la quale è stata istituita la Commissione Preparatoria che dovrà provvedere ad organizzare e mettere in funzione l'Autorità internazionale dei Fondi marini" previsti dalla UNCLOS agli art. 156 ss. e Allegato VI.

Al termine delle trattative si ha l'***adozione*** (*Adoption*) del testo del trattato che, ai sensi dell'art. 9, par. 1, della CVT, richiede il consenso di tutti gli Stati che hanno partecipato al negoziato ovvero, se questi così dispongono, il voto a maggioranza di due terzi (art. 9, par. 2). Con l'adozione del trattato — sono parole di Treves — "si conclude la fase preparatoria di formazione del trattato. Essa apre la strada alla ulteriore fase consistente nella stipulazione del trattato, e cioè nella manifestazione del consenso degli Stati ad assumere come vincolante, ciascuno rispetto agli altri, la regolamentazione convenzionale incorporata nel testo previamente predisposto" ([59]).

2. — La firma

56. Potere di firma. — Una volta conclusa la fase di negoziazione, il trattato viene "parafato" dai plenipotenziari. La ***parafatura*** (*initialling*) consiste nell'apposizione delle *sole iniziali* di ciascun negoziatore (e non della firma per intero) su ogni pagina del trattato e nella redazione di un processo verbale di chiusura del negoziato.

A tale fase, segue, *in un momento successivo* la firma del trattato, nell'ambito ad es. di una cerimonia solenne. A questo punto, viene materialmente apposta la firma (***signing***) al testo del trattato da parte dei negoziatori se ne hanno i poteri. Altrimenti, spetta, *in primis*, al Capo dello Stato, il Capo del Governo od al Ministro degli affari esteri in conformità all'art. 7 della CVT ([60]).

Talvolta, in occasione dell'adozione del testo definitivo del trattato, i negoziatori **firmano *ad referendum*** ossia con "riserva di ratifica". Nella prassi, ciò accade se il negoziatore sia in dubbio se la firma del trattato rientri nei suoi "pieni" poteri (ed allora attenderà le istruzioni dal proprio Stato).

Si tratta di un impegno che rileva più su un piano politico che giuridico: a titolo di esempio, è possibile citare il trattato SALT II — *Strategic Arms Limitation Talks* — del 1979 firmato dal Presidente degli Stati Uniti, ma mai ratificato dal Senato, e il cui contenuto fu considerato come obbligatorio — e rispettato — dagli Stati Uniti e dall'Unione sovietica ([61]).

In linea di principio, la parafatura resta un atto intermedio a cui deve fare seguito la firma vera e propria salvo che le Parti non abbiano diversamente convenuto (art. 10, lett. *b*, e art. 12, par. 2, lett. *a* della CVT).

57. Effetto di *cristallizzazione* e di autenticazione del testo. — Una volta parafato e firmato, l'accordo diventa *definitivo* (*ne varietur*) e quindi non può più

([59]) V. spec. T. Treves, *Diritto internazionale*, cit., p. 325 s. Cfr. Mastrojeni, *Il negoziato*..., cit., p. 56: "Per adozione del testo si intende pertanto l'atto con cui le delegazioni che hanno partecipato ai negoziati concordano di sottoporre ai rispettivi Governi il testo di accordo cui sono pervenute per la successiva definitiva espressione del consenso a vincolarsi mediante la firma o, se del caso, mediante la ratifica. Pertanto, l'adozione del testo non comporta ancora l'insorgere di un vincolo obbligatorio e rappresenta piuttosto la certificazione del risultato del lavoro delle delegazioni, raggiunto in seguito ai contatti pre-negoziali ed ai negoziati veri e propri".

([60]) Osserva Mastrojeni (*Il negoziato*..., cit., p. 60) che "[t]ale istituto, assai raro nella pratica recente...risale ai tempi in cui il contatto diretto fra il plenipotenziario ed il suo Sovrano era difficile ed i corrieri diplomatici giungevano dopo viaggi spesso lunghi e pericolosi. Poteva capitare allora che il plenipotenziario non si considerasse autorizzato ad autenticare il testo prima di una preventiva approvazione che avrebbe tardato a giungere; l'espediente della firma ad referendum — ovvero sottoposta a condizione — consentiva allora di ultimare il processo di redazione".

([61]) *International Herald Tribune*, 3 giugno 1986.

essere modificato unilateralmente, pena la riapertura dei negoziati. La firma ha dunque anche la funzione di *autenticare* il testo (art. 10, CVT).

58. Efficacia vincolante per lo Stato. — La *conclusione* di un trattato è la fase che segue la negoziazione nei processi di formazione dell'accordo che abbiamo esaminato. Esistono, però due modi di conclusione di un trattato: la *forma semplificata* e il *procedimento di conclusione in forma solenne* mediante ratifica.

• Nel primo caso, la *firma* del trattato (senza ulteriori formalità) impegna in modo definitivo lo Stato. Non serve la ratifica. Pertanto, *solo se il trattato dispone in tal senso, le Parti firmatarie restano vincolate tramite la loro firma.* La firma per conclusione può essere apposta da organi apicali dello Stato (art. 7 della CVT) o anche, per determinati accordi, da Autorità militari. Di solito, la firma per conclusione viene apposta dagli stessi organi che hanno effettuato la negoziazione: vale, dunque, sia come "cristallizzazione" ed autenticazione del testo, sia come espressione della definitiva volontà dello Stato ad eseguire il trattato. Tale trattato sarà allora un "accordo in forma semplificata" o "*executive agreement*" (tale fu il caso, ad esempio, del GATT, che è entrato in vigore per le Parti contraenti il 1° gennaio 1948, due mesi dopo la firma avvenuta il 31 ottobre 1947).

• *In tutti gli altri casi — la maggioranza — la firma non costituisce che una fase intermedia nel procedimento internazionale di conclusione di un trattato*: lo Stato sarà definitivamente vincolato solo dopo aver adempiuto ad un'altra formalità solenne (*ratifica, accettazione o approvazione*) che, in pratica, implica il coinvolgimento del legislatore nazionale.

59. Obblighi di comportamento per lo Stato firmatario. — Secondo l'art. 18 della CVT, uno Stato firmatario non deve "privare il trattato del suo oggetto e del suo scopo prima della sua entrata in vigore". Si tratta di un obbligo di "buona fede" che deve presiedere le relazioni tra gli Stati ([62]) che si concretizza nell'astensione da qualsiasi comportamento suscettibile di privare il trattato della sua utilità.

Così, **ad esempio**, gli Accordi di Camp David del settembre 1978 tra Egitto e Israele prevedevano, *inter alia*, la restituzione di una parte del Sinai all'Egitto a titolo "preventivo", il ché significava prima della ratifica e dell'entrata in vigore di quel trattato. Se, in tale intervallo, Israele avesse esaurito, o incendiato, o reso inutilizzabili i giacimenti petroliferi presenti sui territori restituiti all'Egitto, si sarebbe verificata una violazione da parte di Israele dei propri obblighi internazionali.

60. Procedura interna di ratifica. — *La firma comporta altresì un obbligo internazionale di buona fede di sottoporre il trattato all'esame delle autorità costituzionalmente competenti ai fini della ratifica o dell'approvazione. Non esiste però alcun obbligo di risultato, ossia l'obbligo per uno Stato di procedere alla ratifica di un trattato precedentemente firmato* ([63]). Pertanto, il potere esecutivo dello Stato, in quanto

---

([62]) V. Ph. Cahier, *L'obligation de ne pas priver un traité de son objet ou de son but avant son entrée en vigueur*, in *Mélanges Dehousse*, Paris, F. Nathan, 1978, vol. I, p. 31.

([63]) In passato, come si è avvertito sopra, la *ratifica* si ricollegava ai poteri del Sovrano. Solo il Sovrano poteva concludere i trattati (che erano accordi tra Sovrani), sia secondo il diritto internazionale, sia secondo il diritto interno. Esigenze di ordine pratico, ad es. la difficoltà degli spostamenti, richiesero ai Sovrani di servirsi di mandatari personali: questi erano, in origine, i *plenipotenziari*. Il plenipotenziario era dunque un *alter ego* del Sovrano ed agiva in base ad un preciso rapporto di mandato (ecco i "pieni poteri").

gestore delle relazioni internazionali, dovrà quantomeno sottoporre l'accordo all'esame del potere legislativo. Anche in questo caso si tratta di un obbligo di comportamento fondato sul principio della "buona fede", soprattutto se lo Stato in questione ha partecipato ai negoziati di un trattato.

3. — La ratifica, l'approvazione o l'accettazione

61. Un *"second look"* al trattato. — La CVT (art. 2, par. 1, lett. *b*; art. 14, par. 1, ed art. 16) utilizza indifferentemente le tre espressioni *ratifica, approvazione, accettazione* (*Ratification, Approval, Acceptance*), ritenendole equivalenti. Il diritto internazionale non impone alcuna modalità particolare in materia lasciando che se ne occupino gli ordinamenti giuridici interni, nella maggior parte dei casi, tramite apposite norme della Costituzione nazionale.

La ragione è semplice: si tratta di permettere allo Stato di procedere ad un nuovo esame del trattato internazionale. Sottoponendolo a controllo parlamentare, il Governo può anche soddisfare le esigenze di informazione della propria opinione pubblica. Potrà, così, evitare di assumere obblighi sul piano internazionale se i parlamentari ritengono che gli obblighi previsti siano inaccettabili in quanto troppo gravosi — fu così che gli Stati Uniti si rifiutarono di ratificare il trattato di Versailles nel 1919 e la Francia rifiutò di ratificare nel 1954 il trattato relativo alla Comunità europea di difesa.

i. Il diritto internazionale non impone alcun obbligo di ratifica

62. Ratifica di uno Stato ed assenza di coincidenza tra Stati firmatari e Stati ratificanti. — La CPGI nella sentenza del 10 settembre 1929, relativa alla *giurisdizione territoriale della Commissione internazionale dell'Oder* ha chiaramente indicato che, salvo clausola espressa contraria, "le convenzioni internazionali, salvo qualche eccezione particolare, non diventano obbligatorie che in virtù della loro ratifica" ([64]).

Pertanto, esaminando lo stato delle ratifiche di qualunque trattato multilaterale si può facilmente constatare che l'*entrata in vigore internazionale* di un trattato multilaterale viene subordinato al *deposito di un certo numero di ratifiche*: si verifica uno "sfasamento" temporale tra gli Stati firmatari e quelli che, dopo la firma, procedono al deposito della ratifica.

ii. Il diritto internazionale non impone alcun termine per la ratifica

63. — Non è previsto alcun termine finale — salva diversa previsione nel testo del trattato — per procedere alla ratifica. Se il lasso di tempo deve essere in linea di principio "ragionevole", ciò non esclude che possano trascorrere periodi lunghissimi tra la firma e la ratifica di un trattato (c.d. *ratifiche tardive*). Così, ad es., la Francia ha ratificato, solo nel 1958, la Convenzione per la lotta contro la falsificazione delle monete del 1929.

La ratifica era dunque la conferma del sovrano, la convalida degli atti del plenipotenziario con efficacia retroattiva. Poiché i trattati erano bilaterali il meccanismo funzionò in modo efficace per secoli.

([64]) *Ser. A*, n. 23, p. 20.

iii. Il diritto internazionale non impone alcuna forma particolare per la ratifica

64. — La *forma* della ratifica non è soggetta a regole particolari. L'adattamento del diritto interno ai trattati è, infatti, una procedura esclusivamente regolata dallo stesso ordinamento interno (ciò permette di comprendere le ragioni per cui la terminologia non risulti univoca, essendo i termini ratifica, approvazione e accettazione impiegati in modo intercambiabile). Il più delle volte, la ratifica è *espressa*: quando è stata compiuta a seguito di autorizzazione del Parlamento, lo Stato lo comunica ufficialmente alle altre Parti contraenti attraverso una notifica speciale (scambio degli strumenti di ratifica, accettazione o approvazione). Tale formalità costituisce la prova che la procedura interna richiesta è stata seguita, che il trattato in questione è, da questo punto di vista, "perfetto" e che lo Stato è, quindi, definitivamente vincolato. Eccezionalmente, tale formalità può essere *tacita* e risultare mediante fatti concludenti, ossia dalla semplice esecuzione del trattato da una delle Parti contraenti.

iv. Il diritto internazionale fa discendere effetti giuridici dalla ratifica

65. Deposito della ratifica. — Se la ratifica è la manifestazione di volontà di uno Stato di concludere un trattato, deve essere *comunicata* alle altre Parti ([65]). Lo Stato è dunque definitivamente obbligato, sul piano internazionale, dal momento (o dopo tot giorni indicati nel trattato) del *deposito* (*Deposition*) del suo strumento di ratifica (o della sua notifica) presso il Governo "depositario" o l'istituzione che ricopre questa funzione (ad es. il Segretariato Generale delle Nazioni Unite) per le convenzioni concluse sotto gli auspici di una OIG. Il diritto internazionale, insomma, usa l'espressione ratifica (o equivalente) per indicare l'atto unilaterale internazionale con cui uno Stato si obbliga a rispettare il testo di un trattato.

Anche qui, occorre fare attenzione: fino a quando la ratifica non è stata depositata, un trattato internazionalmente in vigore, non entra in vigore per quello Stato. Così, l'Italia ha ratificato la Convenzione di Amburgo sul trasporto marittimo di merci del 1978 ma quella convenzione non è mai entrata in vigore per l'Italia in quanto il Governo non ha mai depositato lo strumento di ratifica. La Francia, invece, ha firmato la Convenzione ma non l'ha ratificata.

66. Impossibilità di ratifica parziale o condizionata. — Lo Stato è vincolato dal testo del trattato nella sua *interezza*, quindi non può procedere ad una ratifica parziale o condizionata, in quanto ciò sarebbe contrario alla natura definitiva tanto del testo del trattato, una volta firmato, quanto dell'impegno assunto dallo Stato. La questione è diversa in caso di *riserve ammesse ed ammissibili* previste nel corpo del trattato. A differenza della *riserva*, infatti, la *ratifica* condizionata o parziale deve essere intesa come un rifiuto di ratificare accompagnato da una nuova offerta di negoziazioni.

([65]) In caso di *trattato bilaterale*, come si è detto, basta lo *scambio delle ratifiche* che consiste nella consegna che gli organi dei due Stati si fanno reciprocamente e contemporaneamente degli strumenti di ratifica dei rispettivi Stati. Lo scambio viene attestato da apposito processo verbale.

v. Il diritto internazionale non prevede sanzioni per lo Stato che si rifiuta di ratificare un trattato

67. — In base al diritto internazionale generale, uno Stato non è tenuto a ratificare un trattato anche se i suoi negoziatori ne abbiano firmato il testo o abbiano promosso la sua adozione.

Questa soluzione discende dal carattere non obbligatorio e puramente discrezionale della ratifica. Ciò significa che il rifiuto di ratifica è lecito in diritto internazionale e lo Stato che ha rifiutato non è responsabile sul piano internazionale.

vi. Una questione controversa

68. — Esiste una sanzione prevista dal diritto internazionale nel caso in cui l'autorità nazionale costituzionalmente competente (di regola il Capo dello Stato) non ratifichi un trattato e ciò anche qualora il Parlamento abbia dato ufficialmente la sua autorizzazione alla ratifica?

Le opinioni sono diverse, ma ci sembra che a prevalere sia la risposta *negativa*. Lo Stato è definitivamente vincolato sul piano internazionale solo dal momento in cui le formalità richieste dal diritto interno siano state esaurite: se il Capo dello Stato — o l'autorità nazionale competente — non compie l'ultimo atto che rende il trattato "perfetto" e segna l'impegno definitivo dello Stato, il trattato in questione non entra in vigore per tale Paese. Siffatta ipotesi non fa sorgere la responsabilità internazionale dello Stato per fatto illecito, salvo casi evidenti di "mala fede". I rimedi vanno cercati altrove, ossia nel diritto interno degli Stati: ad esempio, la responsabilità politica del Governo che non ha dato seguito alla volontà espressa dal Parlamento ([66]).

4. — La partecipazione successiva: l'adesione

69. La partecipazione ad un trattato altrui. — Talvolta, per lo Stato non firmatario di un trattato, esiste la possibilità di divenirne successivamente "Parte contraente". Si parla in tal caso di adesione *(Accession)* per indicare che uno Stato aderisce ad un trattato che è già stato concluso da altri Stati.

In questo ambito regna ancora una grande flessibilità. Esiste, tuttavia, un principio fondamentale: *nessuno Stato ha il diritto di divenire parte di un trattato concluso tra due o più Stati terzi*. La sua partecipazione dipende esclusivamente dalla volontà delle Parti contraenti originarie come espressa nel testo del trattato.

Stando così le cose, è possibile distinguere diverse categorie di trattati ([67]). Alcuni trattati sono "*chiusi*" e pertanto non sono *aperti* alla partecipazione di Stati terzi, diversi dagli originari Stati contraenti, e in questo senso ci si avvicina al modello dei contratti conclusi *intuitu personae* (tale è il caso della maggior parte dei trattati bilaterali o di quelli che trattano questioni squisitamente politiche: trattati di alleanza, pace, difesa, militari...). Altri trattati sono "*semiaperti*", nel senso che possono accedervi solamente gli Stati che rispondono a certe caratteristiche precise (tale è il caso dei trattati regionali, che sono aperti ai soli Stati della "regione" considerata: così la partecipazione all'UE è riservata ai soli Stati "europei"). Altri, infine, sono di tipo

---

([66]) G. de Lacharrière, *La politique extérieure des Etats*, Paris, Economica, 1983, p. 31 ss.; Ronzitti, cit., p. 234 ss. ove riferimenti.

([67]) I. Lukashuk, "Parties to treaties: the right of partecipation" in in *RCADI*, 1972, vol. 135, p. 231.

pienamente "aperto" e tutti gli Stati possono accedervi (tale è il caso dei trattati che hanno una portata "universale" e che sono aperti a tutti gli Stati al mondo desiderosi di rispettarli. Ad esempio le convenzioni elaborate sotto gli auspici dell'ONU).

70. *Adesione* ed *ammissione*. — Per concludere, è opportuno segnalare il caso particolare degli Stati desiderosi di accedere ad un trattato costitutivo di un'OIG. L'adesione è un procedimento che presuppone il consenso degli Stati che hanno già concluso il trattato: si tratta, infatti, di un rapporto che si instaura tra gli Stati che sono già parti al trattato e lo *Stato aderente*. Per effetto dell'adesione, uno Stato diviene parte dell'accordo originario dal momento nel quale la sua domanda di adesione è stata accettata dagli altri Stati in conformità alle disposizioni del trattato. In tal senso occorre interpretare l'art. 15 della CVT che recita:

> "Il consenso di uno Stato ad essere obbligato da un trattato si esprime per adesione: quando il trattato prevede che tale consenso possa essere espresso dallo Stato per via di adesione; — quando risulta altrimenti che gli Stati che hanno partecipato al negoziato avevano concordato che tale consenso potesse esprimersi da parte dello Stato per via di adesione; oppure — quando tutte le parti hanno successivamente concordato che tale consenso potesse esprimersi da parte dello Stato per via di adesione".

Una fattispecie simile si ha in caso di domanda di accessione ad un'organizzazione internazionale. Qui, tuttavia, non è sufficiente che uno Stato ratifichi il testo del trattato istitutivo di una OIG per divenirne formalmente Membro. Le parti infatti sono, da un lato, l'ente-organizzazione intergovernativa e, dall'altro lato, lo Stato candidato all'ammissione. Pertanto, è necessario uno specifico procedimento di *ammissione* all'organizzazione internazionale, che si svolge secondo le norme del trattato istitutivo dell'ente e si conclude tramite *risoluzione* votata dai Paesi già membri dell'organizzazione. È come essere ammessi ad un "club", ed anche nel caso dell'ONU (come per l'OMC/WTO), l'ammissione non è mai automatica ma risulta sempre condizionata al rispetto di determinati requisiti.

5. — L'entrata in vigore dei trattati

71. Flessibilità del diritto internazionale e clausole finali del trattato. — Rilevato che in materia di trattati regna la massima flessibilità, il diritto internazionale non impone nemmeno delle condizioni specifiche circa l'entrata in vigore di un trattato. Tutto dipende dalla sola volontà degli Stati contraenti, così com'è stata espressa nel trattato (artt. 24 e 25 CVT), di norma nelle "clausole finali". Senonché, pur se "[l']espressione 'entrata in vigore' designa il momento iniziale di operatività e di efficacia della regolamentazione incorporata nel testo del trattato" ([68]) va altresì osservato che, proprio perché regolano l'efficacia dell'intero strumento, *le clausole finali del trattato entrano in vigore immediatamente*.

a) *La libertà di scelta degli Stati contraenti*

72. Entrata in vigore internazionale di un trattato bilaterale. — Le Parti contraenti possono stabilire un'entrata in vigore *provvisoria* o *definitiva* del trattato dal

(68) Treves, *Diritto internazionale*, cit., p. 340.

momento della firma o della sua entrata in vigore definitiva, una volta che certe formalità supplementari siano state adempiute (ratifica, approvazione, accettazione).

Nel silenzio delle Parti (e ciò si verifica raramente), la data di entrata in vigore del trattato (la *data critica*) è quella in cui è avvenuto lo scambio degli strumenti di ratifica: così ha affermato la CIG a proposito dell'accordo bilaterale nel caso della *sentenza arbitrale del Re di Spagna* che oppose il Nicaragua all'Honduras ([69]).

Pertanto, in assenza di un diverso accordo delle Parti, un accordo bilaterale entra in vigore:

- dalla *firma*, se si tratta di un accordo in forma semplificata;
- dalla *conferma di ricezione della seconda notifica* da parte dello Stato che per primo ha notificato, se il trattato prevede l'obbligo delle Parti di notificarsi reciprocamente l'avvenuta ratifica secondo i tempi di ciascuno;
- dalla *data dello scambio delle ratifiche* se tale è la modalità prescelta.

Va altresì considerato che "[l]o strumento di ratifica, nel nostro Paese, è un atto formale firmato dal Presidente della Repubblica e controfirmato dal Ministro degli Affari Esteri. La consegna alla controparte è compiuta normalmente nel corso di una cerimonia, di cui viene redatto un processo verbale. La prassi vuole che, se la firma di un accordo è avvenuta nel territorio di una delle Parti, lo scambio delle ratifiche avvenga nel territorio dell'altra Parte" ([70]).

73. Entrata in vigore internazionale di un trattato multilaterale. — La questione è senza dubbio più complessa per quanto concerne l'entrata in vigore di un trattato multilaterale. Qui, gli Stati cercano di assicurare, in primo luogo, la migliore "effettività" possibile alle norme pattizie: in tale fattispecie, essi decideranno che il trattato entrerà in vigore solo raggiunto un numero "sufficientemente rappresentativo" di Stati che hanno espresso il loro consenso definitivo ad essere vincolati.

Così, **ad esempio**, nella Carta delle Nazioni Unite si stabilisce la sua entrata in vigore al deposito della ratifica, sia dei cinque Membri permanenti, sia della maggioranza degli Stati firmatari. Tale è, d'altra parte, il caso dei trattati a carattere economico, per i quali è previsto che la loro entrata in vigore avvenga dopo l'approvazione definitiva da parte degli Stati "più importanti": così gli accordi sui "prodotti di base" prevedono come condizione per la loro entrata in vigore la partecipazione dei maggiori Paesi importatori ed esportatori della materia prima considerata (cacao, caucciù, caffè, ...).

È tuttavia possibile che gli Stati adottino un'altra priorità: quella di favorire l'entrata in vigore del trattato nel minor tempo possibile, anche se è limitato il numero degli Stati che si sono impegnati a rispettarne immediatamente il contenuto.

L'Atto generale di arbitrato del 1928 richiedeva, **ad esempio**, l'accordo definitivo di due Stati per entrare in vigore (art. 44, par. 1). Tuttavia, nella maggior parte dei casi, sarà richiesto un numero minimo — ma non trascurabile — di Stati per l'entrata in vigore di un trattato: è così che, per l'entrata in vigore della stessa...CVT il numero delle ratifiche è stato fissato in 35 (art. 84, par. 1, della CVT). Una tale cifra può, oggi, sembrare assai bassa se comparata al numero attuale di Stati esistenti (oltre 190).

74. (*segue*) Data critica. — Per un *trattato multilaterale*, le clausole finali solitamente prevedono una dettagliata procedura che porta ad evidenziare *diverse date*. Si tratta di:

([69]) CIG, 18 novembre 1960, in *Rec.* 1960, p. 208.

([70]) Mastrojeni, *Il negoziato*...cit., p. 72 s..

1. la *data dell'adozione* del testo del trattato
2. la *data della firma* del trattato (ad es. Convenzione di Vienna del 18 aprile 1961 sulle relazioni diplomatiche)
3. la *data della ratifica* (o approvazione, o accettazione) del trattato dal punto di vista di un singolo Stato
4. la *data del deposito della ratifica* del trattato da parte di un singolo Stato
5. la *data dell'entrata in vigore internazionale* di un trattato
6. la *data di entrata in vigore di un trattato nei confronti di un dato Stato (c.d. entrata in vigore interna)*.

Normalmente, quando si parla di "**data critica**" (*critical date*) di un trattato ci si riferisce alla data di *entrata in vigore internazionale* del trattato (n. 5).

Ciònonostante, non va perso di vista che, una volta entrato internazionalmente in vigore, *il trattato (multilaterale) produce i suoi effetti solo per gli Stati che hanno effettuato il deposito della ratifica* sicché è la data del deposito della ratifica che conta se, ad esempio, occorre invocare detto trattato dinanzi ai giudici di uno Stato.

Per gli altri Stati, invece, il trattato entrerà in vigore solo a partire dal momento in cui depositeranno lo strumento di ratifica. Pertanto, è normale che per un trattato multilaterale non vi sia coincidenza tra *Stati firmatari* e *Stati ratificanti* sicché, per gli Stati che depositano la ratifica in un momento successivo (per esempio cinque anni dopo che il trattato sia già entrato internazionalmente in vigore), il trattato sarà efficace nei loro confronti solo a partire da questo momento.

Va sottolineato, tuttavia, che le clausole finali di molti trattati prevedono anche un *tempo supplementare dopo il deposito della ratifica* affinché detto trattato entri in vigore rispetto ad un dato Stato contraente: ad es. l'art. 12 della Convenzione di New York del 10 giugno 1958 sul riconoscimento e l'esecuzione di lodi arbitrali stranieri prevede che

> "[l]a presente Convenzione entrerà in vigore il novantesimo giorno da quello del deposito del terzo strumento di ratifica o d'adesione. Per ciascuno Stato che ratificherà la Convenzione o vi aderirà dopo il deposito del terzo strumento di ratificazione o d'adesione, essa entrerà in vigore il novantesimo giorno da quello del deposito del suo strumento di ratificazione o d'adesione".

Infatti, tale trattato è *entrato internazionalmente in vigore* il 7 giugno 1959 ma per l'Italia, che ha aderito successivamente, il trattato è entrato in vigore *nei suoi confronti* solo il 31 gennaio 1969: pertanto, solo a partire da questa data era possibile invocarne l'applicazione dinanzi ad un giudice italiano.

b) *Gli effetti dell'entrata in vigore*

75. — Dal momento dell'entrata in vigore internazionale di un trattato, sorge l'obbligo, in capo alle Parti contraenti, di rispettare interamente le disposizioni del trattato in causa. Il mancato rispetto è suscettibile di far sorgere la responsabilità internazionale dello Stato autore della violazione.

Inoltre se un trattato — o quantomeno alcune delle sue disposizioni — possiede diretta efficacia nell'ordinamento interno, gli individui potranno invocarlo dinanzi agli organi nazionali competenti degli Stati in cui il trattato è in vigore.

6. — L'applicazione dei trattati

76. L'applicazione *ratione loci*: tutto il territorio delle Parti contraenti. — Il principio posto dalla CVT è semplice e di buon senso: salvo disposizione contraria, il trattato vincola ogni Parte contraente "rispetto all'intero suo territorio" (art. 29) — ivi compresi gli spazi aerei e marittimi. Talvolta viene specificata l'applicazione anche per territori

Viene fatta salva, ovviamente, la diversa volontà delle Parti contraenti. Questa regola d'applicazione dei trattati nello spazio — sovente di facile applicazione — può al contrario rivelarsi delicata in caso di controversie di carattere territoriale.

77. Esempi di contestazioni. — La Corte di Giustizia Ue si è da tempo pronunciata con riferimento all'applicazione delle convenzioni internazionali relative al regime di importazione di merci provenienti da territori "contestati" — la parte nord di Cipro occupata dall'esercito turco dal 1974 o i territori palestinesi occupati da Israele ([71]). In questi due casi, ancorché a livelli diversi, si trattava di apprezzare la portata — e dunque la legittimità internazionale — dei regimi di occupazione militare. La Corte fu abile nel non addentrarsi nel merito di questioni così politicamente sensibili: attenendosi ad una interpretazione letterale degli accordi di associazione di cui le era stato richiesto di precisare la portata spaziale, essa si limitò a confermare il titolo ad agire in quanto "autorità di certificazione" degli Stati parte di questi diversi accordi. Più recentemente, la Corte di Giustizia ha concluso che l'accordo di pesca concluso tra l'UE e il Marocco è valido ma non applicabile al Sahara occidentale ed alle acque a esso adiacenti, contrariamente a quanto sostenuto dal Marocco che ritiene il Sahara occidentale parte del proprio territorio ([72]).

78. Applicazione *ratione temporis*. — Per quanto concerne l'applicazione dei trattati nel tempo, la CVT codifica due regole consuetudinarie: un trattato non può disporre che per l'avvenire (art. 28) e può applicarsi anche in modo provvisorio (art. 25) ([73]). Si parla in quest'ultimo caso di "efficacia provvisoria", totale o parziale del trattato, che si ha quando le Parti pattuiscono che quel trattato (o alcune sue parti) entri in vigore al momento della firma, pur essendo sottoposto a successiva ratifica che dovrà avvenire entro un periodo di tempo determinato.

I trattati sono di regola *non retroattivi* — salvo che le Parti contraenti decidano diversamente ([74]). Va tuttavia notato che, in materia economica, è frequente incontrare delle convenzioni di stabilimento, sulla doppia imposizione fiscale o di protezione e promozione degli investimenti, che accordano il beneficio del regime giuridico

---

([71]) Casi *Anastasiou*, C-432/92, 5 luglio 1994, in *Rec.* I, p. 3087 e *Firma Brita*, C-386/08, 25 febbraio 2010.

([72]) Corte di giustizia, 27 febbraio 2018, Causa C-266/16, ECLI:EU:C:2018:118. Si tratta della prima questione pregiudiziale di validità riguardante formalmente accordi internazionali conclusi dall'Unione.

([73]) Ai sensi di tali norme: "1. Un trattato o una parte di un trattato si applica a titolo provvisorio in attesa della sua entrata in vigore: se così stabilisce il trattato stesso; oppure se gli Stati che hanno partecipato al negoziato hanno, in altra maniera, convenuto in tal senso. — 2. Salvo diversa disposizione del trattato o salvo diverso accordo fra gli Stati che hanno partecipato al negoziato, l'applicazione a titolo provvisorio di un trattato o di una parte di un trattato nei confronti di uno Stato cessa se quest'ultimo notifica agli altri Stati fra i quali il trattato è provvisoriamente applicato la sua intenzione di non divenire parte al trattato medesimo".

([74]) V. il lodo ICSID del 27 agosto 2009 nel caso *Bayindir Insaat c. Pakistan.*

più favorevole a dei beneficiari già stabiliti o a delle operazioni già realizzate prima dell'entrata in vigore del trattato.

79. (*segue*) L'applicazione "provvisoria". — Il procedimento di conclusione di un trattato può rivelarsi molto lungo e per di più aleatorio. In tali condizioni, gli Stati, soprattutto se si tratta di trattati riferiti a situazioni di urgenza, possono concordare un'applicazione provvisoria dei loro impegni internazionali nell'attesa delle future ratifiche. E questa "provvisorietà" può durare a lungo. Per ovviare a ciò, nel testo stesso del trattato da sottoporre a ratifica, o con dichiarazioni separate, le Parti prevedono che il trattato si applichi provvisoriamente in attesa della sua entrata in vigore ([75]). Così, l'art. 25 della CVT stabilisce che "un trattato è applicato provvisoriamente, prima della sua entrata in vigore, se *a)* il trattato così prevede; *b)* gli Stati negoziatori hanno così previsto". Questa applicazione provvisoria potrà però cessare se uno Stato notifica all'altro la sua non intenzione di divenire Parte al trattato.

L'**esempio** più celebre è quello del GATT'47, che è entrato in vigore tramite il "protocollo di applicazione provvisoria" il 1° gennaio 1948, e acquisì di fatto persino lo statuto di OIG prima di essere ufficialmente sostituito dall'Organizzazione mondiale del commercio (OMC/WTO) quasi mezzo secolo più tardi a partire dal 1° gennaio 1995. La Carta dell'energia del 1994 seguì il medesimo *iter* (art. 45 ([76])) ed oggi il CETA (l'accordo concluso il 30 ottobre 2016 tra la UE ed il Canada) prevede tale possibilità (art. 30, par. 7).

80. Clausola di non applicazione. — Può, altresì, accadere che alcune Parti contraenti di un medesimo trattato multilaterale decidano che lo stesso trattato "non si applicherà nei loro rapporti reciproci". Si tratta dunque di un esempio di *divisibilità dei trattati*. Questo tipo di clausola, piuttosto insolita, è curiosamente impiegata in diritto del commercio internazionale: era presente nel GATT del 1947 (art. XXXV) e la si ritrova identica negli statuti dell'OMC del 1994 (art. XIII).

81. Clausole di compatibilità o di subordinazione o di disconnessione. — L'art. 30, par. 2, della CVT indica che "[q]uando un trattato specifica che esso è subordinato a un trattato anteriore o posteriore o che non deve essere considerato come incompatibile con questo altro trattato, le disposizioni di quest'ultimo prevalgono". L'aumento esponenziale del numero dei trattati fa sì che tale norma abbia una grande importanza pratica ed infatti nella prassi sono sempre più frequenti le *clausole di compatibilità* (detta anche di *subordinazione* o *disconnessione*) che consentono di evitare le antinomie tra norme appartenenti a trattati diversi. Così, **l'art. 351, par. 1 e 2, TFUE** — già richiamato al Cap. III, prevede che "[l]e disposizioni dei trattati non pregiudicano i diritti e gli obblighi derivanti da convenzioni concluse, anteriormente al 1° gennaio 1958 o, per gli Stati aderenti, anteriormente alla data della loro adesione, tra uno o più Stati membri da una parte e uno o più Stati terzi dall'altra. Nella misura in cui tali convenzioni sono incompatibili coi trattati, lo Stato o gli Stati membri interessati ricorrono a tutti i mezzi atti ad eliminare le incompatibilità constatate. Ove occorra, gli Stati membri si forniranno reciproca assistenza per raggiungere tale scopo, assumendo eventualmente una comune linea di condotta".

---

(75) Cfr. il lodo CPA *Yukos* del 30 novembre 2009.

(76) Per ulteriori informazioni si rinvia a D. CARREAU, F. MARRELLA, *Droit international*, Paris, Pedone, ult. ed.

82. Problema dell'incompatibilità tra trattati diversi. — In mancanza di una *clausola di subordinazione*, in base **all'art. 30, par.3, CVT**, "[q]uando tutte le parti a un precedente trattato sono anche parti a un trattato posteriore, senza che il trattato anteriore si sia estinto o la sua applicazione sia stata sospesa in base all'articolo 59, il trattato anteriore si applica soltanto nella misura in cui le sue disposizioni sono compatibili con quelle del trattato posteriore".

Così, **ad esempio**, se tramite un nuovo trattato bilaterale tra gli Stati A e B — non membri dell'OMC/WTO — abbassano l'ammontare dei dazi doganali precedentemente pattuito tra le stesse parti con un precedente trattato, si applicherà il nuovo trattato. Vale anche in siffatte circostanze e nell'ordinamento internazionale il principio per cui *lex posterior derogat priori.*

Il problema della compatibilità fra trattati successivi è, in realtà, quello dell'efficacia del trattato successivo in quanto il trattato anteriore già esiste e non può essere abrogato o derogato se non mediante l'accordo tra gli Stati contraenti. Se le parti sono le stesse, *nulla quaestio*, ma se le parti al trattato successivo sono diverse si vede il problema della compatibilità tra trattati in tutta la sua pienezza. Muovendo da tale principio di base, ne segue che se le parti al nuovo trattato sono diverse, avremo che "*nei rapporti fra uno Stato parte ai due trattati e uno Stato parte ad uno soltanto di essi, il trattato al quale i due Stati sono parti regola i loro diritti e obblighi reciproci*" (**art. 30, par.4, CVT**).

Si tratta di una formula normativa sibillina ed incompleta la quale significa che, se lo **Stato A** ha concluso un *primo trattato* con lo **Stato B** ed un *secondo trattato* con lo **Stato C**, sia lo Stato B che lo Stato C possono pretendere dallo Stato A l'adempimento delle obbligazioni nascenti da *ciascun trattato*. Inoltre, per le caratteristiche strutturali dell'ordinamento internazionale, significa anche che lo **Stato B** non può esigere dallo **Stato A** l'estinzione del trattato che quest'ultimo ha stipulato con lo **Stato C** e viceversa. In altre parole, *i trattati vivono autonomamente,* fermo restando il sacrosanto principio per cui lo **Stato A** *sarà internazionalmente responsabile nei confronti di quello dei due Stati verso il quale si rende inadempiente* (**art. 30, par.5, CVT**).

83. L'art. 103 della Carta ONU e la sentenza *Achmea* della Corte di giustizia UE: un *requiem* per i BITs intra-UE? — Le suddette questioni si sono poste soprattutto in passato quando non tutti gli Stati erano Stati membri dell'ONU e la Carta dell'ONU imponeva la sua superiorità, ai sensi dell'art. 103 (*supra*, Cap. III) sui trattati conclusi tra Stati membri e Stati terzi.

Il problema dell'incompatibilità tra trattati successivi è divenuto però rovente nel momento in cui scriviamo in quanto, con l'entrata in vigore del Trattato di Lisbona, la competenza in materia di investimenti diretti esteri è divenuta, ex art. 207 TFUE, una *competenza esclusiva della UE*. Ciò ha comportato un difficile riassestamento normativo (77) finanche all'imposizione da parte delle istituzioni UE agli Stati membri di revocare ed estinguere i BITs precedentemente conclusi tra di essi. **Il problema si fa oggi ancor più delicato per i BITs conclusi tra Stati membri UE e Stati terzi.**

---

(77) Si rinvia a F. Marrella, "Unione europea ed investimenti diretti esteri" in SIDI, *L'Unione europea a vent'anni da Maastricht: verso nuove regole*, a cura di S. M. Carbone, Napoli, ES, pp. 107-140, nonché O. Porchia, "I rapporti bilaterali tra Stati membri nel quadro dell'Unione europea", *Dir. UE*, 2020, pp. 161-177.

Con la sentenza ***Achmea***, del 6 marzo 2018, la Corte di Giustizia UE ha giudicato la compatibilità con il diritto europeo di una clausola contenuta in un BIT che prevede l'arbitrato per la soluzione delle controversie nascenti tra un investitore di uno Stato membro e un altro Stato membro dell'Unione. La questione è sorta nell'ambito di una controversia tra la Repubblica slovacca e la Achmea BV (un'impresa olandese operante nel settore assicurativo) conclusasi con un lodo arbitrale pronunciato a Francoforte sul Meno. Il lodo è stato successivamente impugnato dalla Repubblica slovacca dinanzi ai giudici tedeschi chiedendone l'annullamento. Nell'ambito di tale procedimento, la Corte Suprema tedesca ha operato un rinvio pregiudiziale chiedendo alla Corte di giustizia UE di formulare un parere sull'interpretazione degli articoli 267 e 344 TFUE. Nel caso di specie, la Corte di giustizia UE ha accertato che la controversia sottoposta al collegio arbitrale riguardava l'interpretazione e l'applicazione del diritto dell'Unione, escludendo che il collegio arbitrale (istituito tramite il predetto BIT) potesse essere assimilato ad una *giurisdizione di uno Stato membro* dell'Unione ed affermando che, proprio il carattere derogatorio della giurisdizione arbitrale rispetto alla giurisdizione dei giudici nazionali, rendeva impossibile tale assimilazione. Alla luce di tali principi, la Corte di giustizia ha statuito *l'incompatibilità con il diritto europeo delle norme contenute nel BIT* con cui si istituisce un meccanismo arbitrale di risoluzione delle controversie tra Stati membri ed imprese. Quei medesimi principi si riverberano ora, sia sugli altri BITs *intra-UE*, sia sull'efficacia dell'*Energy Charter Treaty* (ECT), un importante trattato multilaterale che viene frequentemente invocato nelle controversie tra investitori nel settore dell'*Oil & Gas* e Stati (v. il caso *Vattenfall* c. *Germania*) in quanto tutti prevedono la soluzione arbitrale delle controversie. La Commissione europea, in proposito, ha già indicato che la giurisprudenza *Achmea* si applica anche all'ECT ([78]).

7. — Gestione dei trattati: il "depositario"

84. — Nel caso di accordi multilaterali, la prassi ha dato vita alla funzione del "depositario", ora ufficializzata nella CVT (art. 77). Il depositario può essere, sia uno Stato, sia un'OIG.

In pratica si tratta del Ministero degli affari esteri di uno degli Stati che hanno partecipato al negoziato (quasi sempre lo Stato che ha convocato la conferenza diplomatica) o l'organizzazione intergovernativa sotto i cui auspici il trattato è stato stipulato.

Il "depositario" (***Depositary***) riveste essenzialmente un ruolo passivo: è in effetti il custode del testo autentico del trattato. Ne è il "cancelliere" e, come tale, riceve tutte le informazioni sulla vita (e la "morte giuridica") del trattato in questione. In sintesi, dovrà ricevere da ogni singolo Stato sia la sottoscrizione del testo originale del trattato, sia lo strumento di ratifica (o approvazione, o adesione), come pure le eventuali riserve o la notifica della denuncia, notificando agli altri Stati queste ed ogni altro fatto relativo all'entrata in vigore ed alla vita del trattato.

Il depositario ha, inoltre, un altro ruolo, quello di "notaio" internazionale, per quanto riguarda la comunicazione a tutte le Parti contraenti delle informazioni a propria disposizione: è infatti per il tramite del *depositario* che le Parti contraenti — o qualunque interessato — possono determinare lo stato esatto dei loro diritti ed obblighi reciproci.

Quando il depositario è una OIG, tutte quelle informazioni sono, di regola, accessibili via internet e quindi risultano conoscibili in tempo reale, facilitando

---

([78]) Ulteriori considerazioni in F. MARRELLA, "International Investment Arbitration and EU Reform Projects for Appellate Mechanisms: Some Critical Remarks", in *Studi in onore di G. Bernini*, a cura di F. MARRELLA e N. SOLDATI, Milano, Giuffrè, 2021.

grandemente il compito degli operatori giuridici. È il caso dell'ONU e quindi il Segretariato dell'ONU offre via internet tali informazioni.

§ 3. — *La partecipazione parziale: le riserve*

Bibliografia sommaria: W. Bishop, "Reservations to treaties", in *RCADI*, 1961, vol. 103, p. 245; J. M. Ruda, "Reservations to treaties", in *RCADI*, 1975, vol. 146, p. 95; B. Simma, *Reservations to Human Rights Treaties. Some Recent Developments*, in *Liber amicorum I. Seidl-Hohenveldern*, La Haye, 1998, p. 659; R. Baratta, *Gli effetti delle riserve ai trattati*, Milano, Giuffrè, 1999; R. Sapienza, "Les déclarations interprétatives unilatérales et l'interprétation des traités", *RGDIP*, 1999, p. 601; A. Pellet, *La CIJ et les réserves aux traités. Remarques cursives sur une révolution jurisprudentielle*, in *Liber amicorum S. Oda*, Dordecht, 2002, p. 481; G. Gaja, *Il regime della convenzione di Vienna concernente le reserve inammissibili*, in *Mélanges V. Starace*, I, Napoli, 2008, p. 349; SFDI, *Actualité des réserves aux traités*, Paris, Pedone, 2014; T. Ginsburg, "Objections to Treaty Reservations: A Comparative Approach to Decentralized Interpretation", in A.E. Roberts (et al.) (eds.), *Comparative International Law*, New York, OUP, 2018, pp. 231-250; P. Durand, "How and why the European Union Makes Reservations to International Agreements", *Common Market Law Review*, 2018, pp. 1387-1422; Cassese, *Diritto internazionale*, 3 ed., cit., p. 282 ss.; *Brownlie's Principles of Public International Law*, 9 ed., cit., p. 360 ss.; Ronzitti, *Diritto internazionale*, 6 ed., cit., p. 215 ss; Sinagra, Bargiacchi, *Lezioni di diritto internazionale pubblico*, 3 ed. cit., p. 209 ss.; Cannizzaro, *Diritto internazionale*, 5 ed., cit., p. 174 ss.. V. in particolare i rapporti sulle riserve ai trattati presentati da A. Pellet alla CDI e disponibili su internet.

85. Definizione. — La CVT definisce una "riserva" (*Reservation*) come segue:

> "una dichiarazione unilaterale, quale che sia la sua formulazione o denominazione, fatta da uno Stato quando sottoscrive, ratifica, accetta o approva un trattato o vi aderisce, mediante la quale esso mira ad escludere o modificare l'effetto giuridico di alcune disposizioni del trattato nella loro applicazione a tale Stato" (art. 2, lett. *d*).

La possibilità per gli Stati di non essere vincolati da questa o quella disposizione di un trattato solleva delle difficoltà pratiche che possono rivelarsi pericolose: in effetti, il regime giuridico previsto per un trattato perde la sua uniformità tra le Parti contraenti che quindi non saranno più vincolate dai medesimi obblighi. Ne risulta allora un "frazionamento", una "divisibilità" del trattato la cui portata effettiva può diventare di difficile determinazione. È necessario, tuttavia, relativizzare questi inconvenienti alla luce della prassi seguita: su 1164 trattati firmati tra il 1919 e il 1971, 922 (l'85%) lo sono stati senza che sia stata apposta la minima riserva. Va altresì rilevato che solo 61 di questi ha dato luogo a più di tre riserve ([79]).

1. — L'ammissibilità condizionata delle riserve

a) *Il dibattito sull'ammissibilità delle riserve*

86. Un dibattito limitato ai trattati multilaterali. — Va notato che la questione delle riserve assume rilevanza pratica solo per i trattati multilaterali. In effetti, se si tratta di un trattato bilaterale, una riserva equivale al rifiuto di concludere quel trattato accompagnato da un'offerta di negoziazione di un *nuovo testo di trattato*; se l'altra parte accetta, si è allora in presenza di una modifica del testo iniziale del trattato e la riserva si ritrova allora inclusa nel corpo del nuovo trattato.

([79]) J. K. Gamble Jr, *Reservations to multilateral treaties: a macroscopic view of state practice*, in *AJIL*, 1980, 372, p. 377.

i. Il mantenimento dell'integrità del trattato: l'inammissibilità delle riserve

87. La posizione tradizionale del diritto internazionale. — Nel ***parere consultivo del 28 maggio 1951 sulle riserve alla Convenzione per la prevenzione e la repressione del genocidio***, alcuni giudici (la minoranza) indicarono che non era possibile introdurre delle "riserve" giacché l'integrità e l'uniformità di applicazione delle regole poste da un trattato si sarebbero per tale via alterate. Per di più, muovendo dal presupposto per cui ogni trattato è il prodotto della volontà degli Stati, ne seguiva necessariamente che occorreva il consenso di ciascuno Stato per ciascuna riserva ([80]).

Si deve notare, inoltre, che se un trattato viene concluso a seguito di una negoziazione globale (o ***package deal***) come fu il caso della UNCLOS elaborata dalla Conferenza delle Nazioni Unite sul diritto del mare o anche quello istitutivo dell'OMC/WTO, allora la possibilità di apporre riserve viene specificamente vietata. Ciò vale anche per il diritto internazionale penale come testimonia l'art. 120 dello Statuto della CPI che, testualmente "non ammette alcuna riserva".

ii. La necessità di favorire la più ampia partecipazione degli Stati ai trattati internazionali: l'ammissibilità condizionata delle riserve

88. — Con il tempo, tuttavia, si è progressivamente affermata un'esigenza di maggiore flessibilità al fine di ottenere, almeno per i trattati aperti a vocazione universale, la partecipazione del più alto numero di Stati, anche a prezzo del frazionamento del trattato stesso.

iii. Le nuove modalità di elaborazione dei trattati e l'ammissibilità delle riserve

89. — Pertanto, le nuove tecniche di elaborazione dei trattati hanno progressivamente favorito l'ammissibilità delle riserve. Si è sottolineato, a giusto titolo, che molte delle convenzioni internazionali, soprattutto quelle a portata universale, vengono elaborate in seno — o sotto gli auspici — di organizzazioni internazionali per essere adottate non più all'unanimità dei partecipanti, ma a maggioranza qualificata (in generale dei due terzi). In tali condizioni, conviene offrire agli altri Stati un qualche spazio di manovra invece di schiacciare totalmente la loro posizione sotto il peso della maggioranza: la riserva, dunque, si rivela uno strumento ideale a questo scopo.

90. — La CIG ebbe il coraggio di riconoscerlo, a maggioranza, nel parere consultivo, precedentemente citato, del 1951. Le soluzioni liberali offerte dalla Corte furono riprese dall'Assemblea Generale dell'ONU che, in una risoluzione del 12 gennaio 1952, chiese agli altri organi dell'ONU, alle istituzioni specializzate e agli Stati di conformarvisi; in particolare fu chiesto al Segretario Generale dell'ONU di garantirle per i trattati futuri elaborati sotto gli auspici dell'organizzazione mondiale (paradossalmente, si può osservare come la CVT non contenga alcuna disposizione finale che evochi la possibilità di formulare delle riserve rispetto a se stessa...).

([80]) V. il rapporto degli esperti della Società delle Nazioni del 13 giugno 1927 adottato dal Consiglio il 17 giugno.

b) ***La formulazione delle riserve nel tempo***

91. — Le riserve hanno carattere formale e devono costituire l'oggetto di una dichiarazione espressa. Devono emanare dallo stesso organo che ha il potere di concludere il trattato e devono essere comunicate alle altre Parti contraenti.

Senonché, anche in tale ambito gli Stati godono di grande libertà (art. 19, c. 1, della CVT): essi possono infatti formulare una **riserva all'atto della** ***firma*** (il che è più corretto sotto tutti i punti di vista nella misura in cui ciò permetta agli altri Stati di esaminarla al termine della fase di negoziazione), della ***ratifica*** (*approvazione o accettazione)*, o infine al momento dell'***adesione***.

Ciononostante, gli Stati non hanno "carta bianca" in materia. Essi devono rispettare alcune condizioni di base affinché le loro riserve siano "ammissibili". In altre parole, gli Stati sono qui posti in "libertà vigilata".

c) ***Le condizioni di validità delle riserve***

i. **Il diritto degli Stati di formulare delle riserve**

92. — La CVT riconosce formalmente alle Parti contraenti di un trattato il diritto di formulare delle riserve per iscritto ed in modo solenne (in ogni caso ufficiale). Un tale diritto è tuttavia sottoposto a tre limiti:

1) ***la possibilità di formulare delle riserve non deve essere stata esclusa*** **in toto** ***dal trattato in questione*** (tale è il caso per esempio di alcune convenzioni concluse sotto l'egida dell'OIL) o le riserve non devono rivelarsi incompatibili con il regime giuridico istituito convenzionalmente (e questo è il caso del Trattato di Roma del 1957 e del diritto UE in generale o ancora del WTO/OMC ove vige il principio del "single package") o ancora con il metodo di negoziazione seguito, nel caso della UNCLOS;

2) ***la riserva non deve riguardare quelle disposizioni per le quali le Parti contraenti hanno espressamente escluso questa possibilità***, nel desiderio di mantenere un "nocciolo duro" minimo in seno alle obbligazioni convenzionali previste. Così, l'art. 42 della Convenzione del 28 luglio 1951 relativa allo statuto dei rifugiati contiene la lista degli articoli per i quali le riserve sono escluse. Così, ugualmente, la Convenzione di Ginevra del 1958, sulla piattaforma continentale, all'art. 12, impedisce alle Parti contraenti di apportare delle riserve agli articoli da 1 a 3 della Convenzione medesima;

3) ***la riserva non deve essere "incompatibile con l'oggetto e lo scopo" del trattato in questione***. Si tratta di un limite "oggettivo", il più importante, al diritto delle Parti contraenti di introdurre delle riserve al testo di un trattato. Nella prassi attuale, il criterio della compatibilità della riserva (il c.d. *compatibility test*) con lo scopo e l'oggetto del trattato. Esiste una tendenza volta ad utilizzare un criterio di *accettabilità* delle riserve: se un solo Stato riconosce la riserva posta da un altro Stato, ciò può costituire un forte indice di accettabilità della riserva apposta dallo Stato riservante nei confronti delle altre Parti contraenti ([81])).

ii. **Il diritto incondizionato degli Stati di accettare le riserve formulate da altri Stati o di apporvi un'obiezione**

93. La "regola dei dodici mesi" — Gli Stati hanno piena libertà di accettare le riserve formulate dalle altre Parti contraenti; l'accettazione può essere *espressa* o *tacita*

([81]) V. in questo senso l'articolo citato di GAMBLE.

(il silenzio di un anno dopo la notifica di una riserva è da considerarsi equivalente ad un assenso).

Le altre Parti contraenti hanno pieno diritto di presentare **un'obiezione ad una riserva** formulata da un dato Stato (art. 20, par. 4, della CVT), ma tale obiezione deve essere presentata entro i dodici mesi dalla notificazione della riserva, a cura del depositario.

Questa soluzione "flessibile" è stata ritenuta utile al fine di proteggere la "sovranità" degli Stati e il loro libero consenso ad impegnarsi sul piano internazionale.

Si sottolinea, infine, che *gli Stati possono, in ogni momento, ritirare le loro riserve e obiezioni* (art. 22 della CVT) ([82]).

2. — Gli effetti delle riserve

94. — Gli effetti delle riserve sono diversi.

a) *Il vincolo giuridico tra lo Stato che ha formulato una riserva legittima e gli Stati che l'hanno accettata o a cui non hanno fatto obiezione*

95. — In tale ipotesi, lo Stato "riservante" e le altre Parti contraenti sono vincolate dalle disposizioni del trattato, a eccezione, ovviamente, di quella (e) che ha (hanno) costituito l'oggetto di riserva.

Si tratta di un'applicazione classica del principio di *reciprocità* dei diritti e obblighi che costituisce una regola generale nel diritto internazionale (art. 21, par. 1, della CVT).

Va da sé che una riserva non è in grado di modificare il regime giuridico posto da un trattato tra Parti contraenti diverse da quelle riservanti nei loro rapporti *inter se* (art. 21, par. 2).

b) *Il vincolo giuridico tra lo Stato che ha formulato una riserva e gli Stati che hanno sollevato obiezioni*

96. — Nella fattispecie in esame, possono presentarsi *due situazioni fondamentali* in funzione della posizione degli Stati "obiettori".

In una prima ipotesi, essi accettano che il trattato entri in vigore con lo Stato "riservante", ma senza le disposizioni che costituiscono l'oggetto della riserva. Qui, dunque, la formulazione di una semplice obiezione non impedisce il raggiungimento del risultato appena illustrato.

Esempio: la Cina formula la seguente riserva al Patto internazionale sui diritti economici, sociali e culturali del 1966: "l'applicazione dell'art. 8.1. (a) [sui diritti sindacali] dovrebbe essere conforme alla Costituzione cinese, alla legge sui sindacati e alla normativa in materia di lavoro della Repubblica popolare cinese". I Paesi Bassi obiettano: "la Cina ha assoggettato l'applicazione dell'art. 8.1. (a) ai contenuti della normativa nazionale. Secondo la CVT sul diritto dei trattati una parte non può invocare la normativa interna al fine di giustificare il mancato rispetto di un trattato. Inoltre, il diritto di creare un sindacato o di aderirvi per libera scelta è uno dei principi fondamentali del Patto". In conclusione i Paesi Bassi dichiarano che: "The Government of the Kingdom of the Netherlands therefore objects to the reservation made by the People's

---

([82]) Cfr. J. F. Flauss, "Le retrait des réserves aux traités internationaux", in *AFDI*, 1986, p. 837.

Republic of China to the International Covenant on Economic, Social and Cultural Rights. This objection shall not preclude the entry into force of the Covenant between the Kingdom of the Netherlands and China".

In una seconda ipotesi, invece, l'obiezione viene *rafforzata* dalla manifestazione del rifiuto di far entrare in vigore il trattato con lo Stato "riservante" (art. 21, par. 3 della CVT).

In breve, la presenza di riserve e la possibilità di obiezioni, comportano una "frammentazione" dei vincoli stabiliti da un trattato tra le sue diverse Parti contraenti. Il regime giuridico convenzionalmente stabilito perde così gran parte della sua unità e occorre determinare "chi è obbligato a cosa".

Va peraltro osservato che le riserve o il loro ritiro non sono sistematicamente portate a conoscenza dei cittadini dei singoli Stati i quali, senza un consulente esperto, possono così ignorare i loro diritti o i loro obblighi.

c) *Riserve e trattati sui diritti umani*

97. — Una prassi innovativa: il controllo internazionale ed il principio *utile per inutile non vitiatur*. *Last but not least*, occorre fare un importante cenno alla questione delle riserve "odiose" apposte da alcuni Stati ai trattati di tutela dei diritti umani, una questione che forma oggetto di un non sopito dibattito. Abbiamo detto sopra che la prima vasta discussione in materia di riserve si ebbe proprio a proposito della Convenzione contro il genocidio a cui seguì l'importante parere della CIG nel 1951. A dispetto delle belle parole sui diritti umani, si è visto che, purtroppo, il diritto vigente non vieta la formulazione di riserve nemmeno...in una convenzione contro il genocidio! La materia però è in fase di evoluzione grazie all'attività degli organi di controllo dei trattati in materia di diritti umani i quali stanno occupando spazi che tradizionalmente, in questa materia, erano riservati ai singoli Stati. Punto di partenza della nuova tendenza interpretativa è il carattere oggettivo degli obblighi assunti dagli Stati tramite la ratifica delle convenzioni sui diritti umani: infatti, tali trattati si applicano — normalmente — a *tutti* coloro i quali si trovino sul territorio di uno Stato contraente o comunque sotto la sua "jurisdiction". Risulta quindi inapplicabile il classico principio di reciprocità e la conseguente struttura bilaterale degli obblighi internazionali, ciò che rende tali trattati più "deboli" sotto il profilo della *hard law* ma comunque fruibili da *chiunque* e non solo dai cittadini degli altri Stati contraenti.

Orbene, muovendo da tali considerazioni, il **Comitato ONU dei diritti umani** — l'organo di controllo del Patto sui diritti civili e politici del 1966 — ha indicato nel ***Commento generale* n. 24**, del 4 novembre 1994 (par. 18), che *spetta* — *in modo centralizzato — al medesimo Comitato oltre che ai singoli Stati la verifica della compatibilità di una riserva* con *l'oggetto e lo scopo del trattato in questione*. Tale impostazione ha avuto seguito anche presso la Corte EDU, la quale con alcune pronunce ed in particolare attraverso il caso ***Belilos c. Svizzera*** del 29 aprile 1988 ([83]), ha riconosciuto che in ragione del *carattere oggettivo degli obblighi* sanciti dalla CEDU e della conseguente creazione di un organo cui è attribuito il potere di verificare il rispetto dei diritti degli individui in maniera imparziale, si deve *ipso iure* ritenere che la Corte sia chiamata anche a verificare la validità delle riserve apposte dagli Stati. Si

---

([83]) Corte EDU, Grande Camera, Ric. N. 10328/83, del 29 aprile 1988.

è dunque espressa una nuova prassi — mal tollerata dai Ministeri degli esteri di molti Stati — attraverso la formula sintetica "*utile per inutile non vitiatur*" (per gli anglofoni, la "severability doctrine") che significa che, *in caso di incompatibilità tra la riserva ed il trattato, la riserva si considera come non apposta e pertanto il trattato risulta applicabile* in toto *allo Stato che ha formulato la riserva incompatibile* (84).

Esempio: la Turchia formula una riserva alla CEDU sugli artt. 25 e 46: "Il governo turco riconosce la giurisdizione della Commissione e della Corte ai sensi dell'art. 1 in tutti quei ricorsi relativi all'applicazione della Convenzione limitatamente al territorio nazionale della Repubblica di Turchia". Tuttavia, nel caso ***Loizidou c. Turchia*** (85), tenuto conto della natura della Convenzione, del senso ordinario degli artt. 25 e 46 CEDU nel loro contesto e alla luce del loro oggetto e scopo, nonché della prassi degli Stati parte della Convenzione, la Corte EDU ha ritenuto che le restrizioni *ratione loci* contenute nelle dichiarazioni della Turchia relative agli artt. 25 e 46 CEDU *non siano valide*. La CEDU dunque si applica.

Su tale questione la CDI dell'ONU ha presentato nel 2011 alcuni rapporti da cui sembra emergere un approccio più restrittivo e garantista dello spazio di manovra dei singoli Stati (86). Ma va ribadito che la nuova impostazione più favorevole alla tutela dei diritti umani non riduce il potere sovrano degli Stati parte circa le riserve formulate da uno Stato dato. Piuttosto, il carattere oggettivo e non reciproco dei trattati sui diritti umani milita a favore di un controllo internazionale che si aggiunge agli interessi diplomatico-bilaterali degli Stati migliorando la qualità giuridica degli strumenti di tutela.

3. — Riserve e Costituzione italiana

98. — Riserve internazionali ed architettura costituzionale italiana. Assai dibattuta è la questione della formulazione delle riserve ai trattati internazionali: devono essere sottoposte all'autorizzazione delle Camere, in Italia, anche le riserve? Diciamo subito che, dal punto di vista del diritto internazionale le riserve possono essere formulate dall'organo abilitato ad esprimere la volontà dello Stato in ordine al trattato *de quo*. Non si prevede, dunque, alcuno "sfasamento" di detta volontà, anche perché gli altri Stati non sono certo tenuti a sapere i dettagli del diritto costituzionale di uno Stato dato. Ne segue, dunque, che la questione su quale organo dello Stato italiano possa validamente formulare le riserve ad un trattato va risolta attraverso il diritto costituzionale italiano e non attraverso il diritto internazionale.

La dottrina prevalente esclude che l'art. 80 possa essere interpretato nel senso che anche le riserve debbano essere specificamente autorizzate dalle Camere, essendo l'autorizzazione delle Camere prescritta in via generale ai soli fini della stipulazione di certe categorie di trattati internazionali. Non mancano, tuttavia, orientamenti in senso contrario, favorevoli ad un'approvazione parlamentare anche delle riserve con il risultato di rendere il controllo democratico del Parlamento più capillare (87).

---

(84) In arg. v. B. Conforti, *Diritto internazionale*, cit., p. 110 ss. e riferimenti ivi citati.

(85) Corte EDU, Ric. n. 15318/89, del 23 maggio 1995.

(86) In arg. v. i lavori della CDI in materia di "Reservations to treaties" all'apposito sito internet.

(87) T. Perassi, "La Costituzione e l'ordinamento internazionale", in *Quaderni della Costituzione*, Milano, 1982, p. 14; W. Leisner, "La funzione governativa di politica estera", in *Riv. trim. dir. pubb.*, 1950, p. 344 ss.; L. Ferrari Bravo, "Alcune riflessioni sui rapporti fra diritto costituzionale e diritto internazionale in tema di stipulazione dei trattati", in *Studi Ago*, I, Milano, 1987, p. 276 ss.

Senonché, anche alla luce delle recenti riforme costituzionali ancor oggi in discussione — riforme diverse ma tutte tese a dare maggiori poteri decisionali all'esecutivo rispetto a quanto immaginato in passato — ci sembra che, nel silenzio della Costituzione, si possa e si debba ormai presumere che il Governo, in quanto dotato del potere estero, abbia la facoltà di formulare una riserva sia al momento della firma di un trattato che a quello della ratifica. Tale ed unico atto, dunque, formato in concorso col Presidente della Repubblica, costituirà la volontà dello Stato italiano proiettata verso l'estero. Tale soluzione consente anche di risolvere — nello stesso senso — la questione delle "dichiarazioni interpretative" apposte ai trattati che, nella prassi, vengono formulate solo dal Governo.

In tale contesto, il ruolo del Parlamento non viene sminuito ma viene ricollocato nel suo alveo naturale che è quello del diritto interno, non quello del diritto internazionale. Perciò e conclusivamente, l'eventuale formulazione di una riserva da parte del Parlamento si risolverà solo sul piano del diritto costituzionale interno comportando una ***responsabilità politica*** — anche grave dato il rapporto fiduciario — del Governo nei confronti del Parlamento. Tale conclusione è confortata da un'ulteriore considerazione di carattere giuridico-pratico: l'eventuale invocazione dell'art. 46 della CVT appare particolarmente ardua. Qui, infatti, l'Italia si troverebbe ad invocare l'invalidità di un trattato concluso con un altro Stato a causa della "violazione manifesta di una norma interna"...da parte del Governo italiano il quale non ha apposto una riserva voluta dal Parlamento — oppure ne ha formulata una senza riceverne autorizzazione — in assenza di una precisa norma costituzionale.

§ 4. — *L'invalidità dei trattati*

Bibliografia sommaria: Cavaglieri, "La violenza come motivo di nullità dei trattati", in *Riv. dir. int.* 1935, p. 4 ss.; P. Guggenheim, "La validité et la nullité des actes juridiques internationaux", in *RCADI*, 1949/1, v. 74, pp. 195-265; T.O. Ellias, "Problems concerning the validity of the treaties", in *RCADI*, 1971, vol. 134, p. 334; Napoletano, *Violenza e trattati nel diritto internazionale*, Milano, Giuffrè, 1977; J. Verhoeven, *Les nullités du droit des gens*, Paris, Pedone, 1981; P. Reuter, *Solidarité et divisibilité des engagements conventionnels*, in *Mélanges S. Rosenne*, Dordrecht, 1989, p. 661; D. Greig, *Invalidity and the Law of Treaties*, London, 2006; Gianelli, "Absolute invalidity of Treaties", in E. Cannizzaro (ed.), *The Law of Treaties Beyond the Vienna Convention*, Oxford, OUP, 2011, p. 333; A. Ciampi, "Invalidity and termination of treaties and rules of procedure", ivi, p. 360 ss.; *Brownlie's Principles of Public International Law*, 9 ed., cit., p. 372 ss.; Sinagra, Bargiacchi, *Lezioni di diritto internazionale pubblico*, 3 ed., cit., p. 216 ss.; E. Cannizzaro, *Diritto internazionale*, 5 ed., cit., p. 197 ss..

99. Assonanza di soluzioni con il diritto interno dei contratti. — La materia dell'invalidità dei trattati presenta diverse similitudini con quella prevista dal diritto interno in materia di contratti: è sufficiente leggere gli articoli dal 1418 ss. e 1425 ss. del codice civile italiano per convincersene. Molte delle cause di invalidità dei trattati sono state tradizionalmente prese a prestito dai sistemi giuridici nazionali e costituiscono dei "principi generali di diritto riconosciuti dalle Nazioni civili". Si ha qui un esempio tangibile del contributo dato dal diritto privato nazionale (e ancor di più dal diritto romano) al diritto internazionale ([88]). Per contro, va osservato che, se vi è una forte similitudine di principi generali, non sono affatto trasponibili *de plano* al livello

([88]) V. H. Lauterpacht, *Private Law Sources and Analogies of International Law*, 1927, e G. Ripert, "Les règles du droit civil applicables aux rapports internationaux", in *RCADI*, 1933/II, vol. 44, p. 565.

internazionale tutte le raffinatezze e le distinzioni dogmatiche elaborate dalla dottrina civilistica italiana e dalla giurisprudenza di diritto interno.

100. Invalidità di diritto internazionale. — *In diritto internazionale, le cause di invalidità di un trattato vengono enunciate agli artt. 46-53 della CVT.*

In estrema sintesi, tale disciplina — differenziandosi dalle corrispondenti fattispecie del diritto italiano — distingue la ***nullità assoluta***, che si ha quando il vizio dell'atto lede un interesse generale che trascende quello delle Parti contraenti — dalla ***nullità relativa*** del trattato allorquando la patologia dell'atto lede un interesse proprio di una Parte contraente.

In materia di accordi internazionali, il regime generale è quello della "annullabilità dell'atto", mentre la nullità assoluta si verifica solo in casi eccezionali (tale dovrebbe essere sempre il caso di un trattato in contrasto con lo jus cogens, *e nel caso della violenza assoluta ossia del consenso estorto con violenza).* Ne segue che, in via generale, il vizio è eliminabile tramite la sanatoria proveniente dallo Stato il cui consenso era viziato e, comunque, va tenuto presente il ruolo significativo dell'***acquiescenza*** che non ha pari nei diritti interni.

Sia in caso di nullità assoluta che di nullità relativa, l'invalidità opera ***ex tunc***.

Ai sensi e per gli effetti **dell'art. 69 CVT**:

"Un trattato la cui nullità sia stata accertata in base alla presente convenzione è nullo. Le disposizioni di un trattato nullo non hanno valore giuridico.

2. Qualora, tuttavia, degli atti siano stati compiuti in base ad un tale trattato:

a) qualsiasi parte può chiedere ad ogni altra parte di accertare, per quanto possibile, la situazione che sarebbe esistita nelle loro reciproche relazioni se tali atti non fossero stati compiuti;

b) gli atti compiuti in buona fede prima che venisse invocata la nullità non sono resi illeciti per il solo fatto della nullità del trattato.

3. Nei casi di cui agli articoli 49 e 50, 51 o 52, il paragrafo 2 non si applica nei confronti della parte cui è imputabile il dolo, l'atto di corruzione o la violenza.

4. Nei casi in cui il consenso di un particolare Stato ad essere vincolato da un trattato multilaterale sia infirmato, le norme precedenti si applicano nelle relazioni fra il detto Stato e le parti dei trattato."

Nel caso di nullità assoluta di un trattato per contrasto con lo *jus cogens*, **l'art. 71 CVT** prevede una particolare forma di *restitutio in integrum.* Ma in caso di *nullità sopravvenuta*, l'art. 71, par.2, CVT dispone che:

"Nel caso di un trattato che diventi nullo ed abbia termine in base all'articolo 64, la cessazione della validità di un trattato:

a) libera le parti dall'obbligo di continuare a dare esecuzione al trattato;

b) non pregiudica alcun diritto, obbligo o situazione giuridica delle parti che si siano venuti a creare a motivo dell'esecuzione del trattato prima della cessazione della sua validità; tuttavia, detti diritti, obblighi o situazioni non possono essere conservati in seguito che nella misura in cui la loro conservazione non sia in contrasto con la nuova norma imperativa di diritto internazionale generale."

101. Piano espositivo. —Valgono tre principi fondamentali: *1)* il consenso dello Stato deve essere reale; *2)* deve avere un oggetto lecito; *3)* deve infine essere pubblico.

1. — La "realtà" della manifestazione del consenso

102. — Certi vizi del consenso possono rivelarsi tali da inficiare la validità giuridica di un trattato, il quale, di conseguenza, diviene nullo e privo di effetti. Va da sé che, in tal caso, le minacce alla libera manifestazione del consenso dello Stato devono essere particolarmente gravi. L'analisi dei vizi del consenso sarà, pertanto, effettuata in modo rigoroso e restrittivo, in modo da conservare il più possibile la validità ed efficacia dei trattati e, di conseguenza, la certezza del diritto delle relazioni interstatuali.

I vizi del consenso che incidono sulla conclusione dei trattati riguardano elementi interni ed esterni, riferendosi ad un comportamento "colpevole" delle "altre" Parti contraenti.

a) *La violazione manifesta delle norme interne circa la conclusione dei trattati*

103. — La violazione delle norme di diritto interno (quasi sempre di natura costituzionale) che presiedono alla conclusione degli accordi internazionali di uno Stato può essere una causa legittima di invalidità di un trattato? Qui, la soluzione dipende anche dal riconoscimento della superiorità dell'ordinamento internazionale sull'ordinamento interno.

i. Un problema controverso in dottrina

104. — Su tali questioni esistono due orientamenti dottrinali. Una parte della dottrina ritiene che le *norme interne* relative alla conclusione dei trattati facciano parte anche del diritto internazionale. Muovendo da tale presupposto, se ne deduce che il mancato rispetto delle norme interne di uno Stato si riverbera ogni volta sulla validità del trattato. Tale soluzione, tuttavia, non è per nulla conforme al principio della superiorità del diritto internazionale, nella misura in cui fa dipendere la ***validità internazionale*** di un trattato dalla sua ***validità interna***. Inoltre, ciò complica a dismisura il compito dei negoziatori internazionali: se valesse tale dottrina, questi ultimi dovranno essere esperti, sia di diritto internazionale, sia della materia da negoziare ed inoltre dovranno pure essere dei geni di diritto costituzionale comparato, con specifica scienza degli Stati con i quali essi intendono concludere un trattato. Per quanto intellettualmente stimolante, sembra evidente che tale orientamento porti a delle conclusioni irrealistiche.

Pertanto, ci pare evidente che sia preferibile seguire un diverso orientamento che, in aderenza tanto alla prassi empirica quanto alla teoria generale del diritto internazionale, muove dal principio di superiorità del diritto internazionale sul diritto interno (Cap. II). Da tale prospettiva appare evidente che un problema di validità interna si possa porre solo *eccezionalmente* in diritto internazionale giacché nell'ordinamento internazionale conta solo il diritto internazionale mentre il diritto interno degli Stati rileva alla stregua di mero fatto. È dunque alla luce di tale contesto che va letto l'art. 46 della CVT come si vedrà d'appresso.

Ne segue pertanto che, quand'anche un trattato fosse considerato invalido secondo l'ordinamento (o il giudice anche costituzionale) *interno*, potrebbe essere considerato ancora valido ed efficace secondo il diritto internazionale. In tali condizioni, la mancata esecuzione del trattato per contrarietà a norme dell'ordinamento interno determinerebbe automaticamente la responsabilità internazionale dello Stato in questione a causa della violazione dei propri obblighi internazionali.

ii. Una prassi arbitrale e giudiziaria internazionale poco soddisfacente

105. — Alcuni lodi arbitrali ([89]) indicano che le norme costituzionali interne mantengono un certo "peso" in sede di accertamento della validità di un trattato.

Così, nel ***caso delle concessioni Tinoco***, relativo ad un contenzioso tra la Gran Bretagna ed il Costa Rica, l'arbitro unico, l'allora Presidente degli Stati Uniti Taft, sancì l'invalidità di una concessione (si noti che non si trattava di un trattato) che dapprima era stata affidata ad un cittadino inglese dal governo rivoluzionario dell'epoca con l'accordo del solo Senato e poi era stata revocata dal governo successivo. Nel lodo arbitrale del 18 ottobre 1923, l'arbitro Taft concluse che gli atti del governo di Tinoco, pur se imputabili al Costa Rica, non erano validi in quanto erano stati stipulati in palese violazione della Costituzione nazionale del 1917 la quale richiedeva l'approvazione di entrambe le Camere e non solo di una di esse. D'altra parte, secondo l'arbitro, contrariamente a quanto eccepito dal Costa Rica, il fatto che la Gran Bretagna non avesse riconosciuto il Governo di Tinoco non impediva di avanzare reclami a favore dei sudditi inglesi relativamente ad atti del Governo di Tinoco ([90]).

106. — Senonché, altri e più rilevanti lodi arbitrali hanno chiaramente negato di considerare la violazione di norme costituzionali interne alla stregua di una causa di invalidità di un trattato ([91]).

107. — Nel caso dello ***Statuto giuridico della Groenlandia orientale***, la CPGI fu chiamata a discutere dell'efficacia della famosa "*dichiarazione Ihlen*", pronunciata dal Ministro norvegese degli Affari Esteri che aveva riconosciuto la sovranità danese sulla Groenlandia orientale. Qui, la Corte rigettò la tesi della Norvegia secondo la quale Ihlen era "costituzionalmente incompetente" a formulare una tale dichiarazione, ritenendo, al contrario, che si trattasse, in quel caso, "di una questione rientrante nelle proprie competenze" ([92]). Del pari, nel ***caso delle zone franche dell'Alta Savoia e del paese di Gex***, la CPGI affermò che uno Stato rimane vincolato dalle affermazioni di un proprio agente quand'anche siano state pronunciate dinanzi alla Corte in sede processuale ([93]).

iii. La posizione mediana della Convenzione di Vienna del 1969 (art. 46)

108. — A tale riguardo, la CVT ha adottato una soluzione di compromesso, *riconoscendo che il mancato rispetto delle norme interne può determinare la nullità di un trattato ed essere invocato dallo Stato "colpevole"* ***solo se la violazione sia "manifesta" e "di importanza fondamentale"***. La CVT, cercando di apportare maggiore chiarezza, precisa che, per "violazione manifesta", bisogna intendere una violazione "oggettivamente evidente" per uno Stato terzo in buona fede e secondo la prassi abituale. Tuttavia, tali precisazioni non fanno altro che aggiungere ulteriori ambiguità. Cosa ne sarebbe, per esempio, di un trattato concluso dall'Italia che prevedesse il

---

([89]) *Cleveland award* del 1888 in MOORE, vol. 2, 1946.

([90]) Testo in *AJIL*, 1924, p. 147 e *RSA*, vol. I, p. 369.

([91]) V. i casi *Metzger* (1901) in *Foreign Relations of the U.S.* 1901, p. 262, *Rio Martin* (1924), in *R.S.A.*, vol. II, p. 724 o la *Convention de commerce franco-suisse* (1912), in *RSA*, vol. XI, p. 411.

([92]) Ser. A/B, n. 53, pp. 56, 71 e 91.

([93]) Ser. A/B, n. 46, p. 170.

ripristino della Monarchia o la cessione od annessione di territori senza l'autorizzazione del Parlamento e la consultazione delle popolazioni locali in questione? Cosa ne sarebbe di un trattato internazionale concluso dagli Stati Uniti che istituisse una legge uniforme sul divorzio su tutto il territorio dell'Unione a dispetto dei diritti nazionali dei cinquanta Stati federati? Questo tipo di trattati, incontestabilmente privi di validità interna, sarebbero anche privi di validità internazionale in applicazione dei criteri della CVT? Il fatto che ci si possa ancora porre tale quesito dimostra che la soluzione adottata non è pienamente soddisfacente.

Nel ***caso della frontiera terrestre e marittima tra il Camerun e la Nigeria*** (sentenza del 10 ottobre 2002), la CIG ebbe, per la prima volta, l'occasione di pronunciarsi sulla portata **dell'art. 46 della CVT**. Qui, la Corte rigettò l'argomento della Nigeria teso a dimostrare la nullità di un trattato concluso dal capo di Stato in violazione della propria costituzione nazionale ed in particolare senza l'accordo con il Governo. In termini lapidari, la Corte ha indicato testualmente che:

"The rules concerning the authority to sign treaties for a State are constitutional rules of fundamental importance. However, a limitation of a Head of State's capacity in this respect is not manifest in the sense of Art. 46, par. 2, unless at least properly publicized. This is particularly so because Heads of State belong to the group of persons who, in accordance with Art. 7, par. 2, of the Convention "[i]n virtue of their functions and without having to produce full powers" are considered as representing their State. With regard to the Nigerian argument that Cameroon knew, or ought to have known, that the Head of State of Nigeria had no power legally to bind Nigeria without consulting the Nigerian Government, the Court notes that there is no general legal obligation for States to keep themselves informed of legislative and constitutional developments in other States which are or may become important for the international relations of these States" ([94]).

Va altresì osservato che la norma di cui all'art. 46 della CVT trova una formula equivalente nella Convenzione di Vienna del 21 maggio 1986 (non ancora entrata in vigore) sul diritto dei trattati conclusi dalle organizzazioni internazionali. Così, anche una OIG non risulta vincolata da un trattato in caso d'irregolarità interna nella procedura di conclusione a condizione che questa violazione sia "manifesta" e "di importanza fondamentale".

A tale proposito, nel 1991 la Corte di Giustizia UE ebbe modo di pronunciarsi circa la conclusione, da parte della Commissione europea, di un accordo con il Governo degli Stati Uniti in materia di diritto della concorrenza ([95]). Qui, la Corte rilevò che tale accordo *mancava di base giuridica* nel "diritto comunitario", in ragione della carenza di competenza della Commissione a concluderlo: sarebbe spettato infatti al Consiglio procedere alla conclusione di quell'accordo.

Ebbene, la Corte di Giustizia riconobbe la validità di tale accordo in base al diritto internazionale con riferimento ai criteri posti dall'art. 46 della Convenzione di Vienna del 1986. Nel fare ciò, la Corte riconobbe che *l'incompetenza* della Commissione a concludere un accordo internazionale, pur essendo di importanza fondamentale nel diritto UE, non era *manifesta* al punto d'essere *evidente* per l'altra parte (il Governo USA), essendo questi due criteri cumulativi. Tale interpretazione, che conserva la

---

([94]) CIG, sentenza del 10 ottobre 2002, *Frontiera terrestre e marittima tra Camerun e Nigeria*, in *Riv.dir.int.*, 2002, p. 968, par. 242.

([95]) Causa C-327/91, *Francia c. Commissione*, sentenza del 9 agosto 1994, in *Racc.* I, p. 3641.

validità del trattato e privilegia la stabilità delle relazioni sul piano internazionale ponendo in secondo piano la validità interna dello stesso, merita di essere condivisa ed è in linea con le considerazioni che abbiamo presentato sopra.

b) ***L'errore (art. 48 della Convenzione di Vienna del 1969)***

109. L'errore. — *Secondo la teoria generale del diritto, l'errore consiste in una falsa rappresentazione della realtà reagente sul processo di formazione della volontà.* L'errore può essere di fatto o di diritto. Il ben noto brocardo secondo cui "l'ignoranza del diritto non può essere invocata come scusa" (*ignorantia legis non excusat*) si ritrova in tutti i sistemi giuridici nazionali. Ma è di ancor più rigida applicazione a livello internazionale tra gli Stati poiché ciascuno Stato possiede un Servizio giuridico più o meno strutturato presso il proprio Ministero degli Affari esteri la cui missione è, appunto, quella di fare luce sull'esistenza e sul contenuto delle norme del diritto internazionale. Inoltre, ciascun atto internazionale viene elaborato quasi sempre da una pluralità di organi dello Stato dimodoché la possibilità di errore di diritto è semplicemente irrealistica.

Ciò spiega perché l'***errore di diritto unilaterale*** non abbia alcuno spazio nell'ordinamento internazionale e non sia ritenuto come una causa di invalidità di un trattato. Piuttosto, nella prassi, accade che la Parte che ha commesso tale errore debba subirne le conseguenze ([96]).

Così e ancora una volta nel caso dello ***Statuto giuridico della Groenlandia orientale***, la Norvegia sostenne, tra l'altro, che la dichiarazione del Ministro Ihlen era stata emanata per errore in quanto egli, quando aveva assentito all'estensione della sovranità danese sulla Groenlandia Orientale, non si rendeva conto delle conseguenze giuridiche di tale atto (errore di diritto). La CPGI rigettava in pieno tale argomentazione e il giudice Anzilotti, nella sua opinione separata, indicò persino che, se vi fosse stato errore, l'errore era *inescusabile* giacché uno Stato è tenuto a conoscere le conseguenze giuridiche dei propri atti, soprattutto in materia di sovranità.

Il solo errore (*Error*) ammesso dal diritto internazionale a titolo di vizio del consenso è dunque l'***errore di fatto*** ovvero su una "circostanza di fatto". Ma deve trattarsi di un errore di fatto tale da costituire la "base essenziale" del consenso dello Stato che lo invoca ed, ovviamente, non deve avervi contribuito.

110. Consacrazione da parte della CIG. — I principi generali contenuti nella CVT riprendono le soluzioni giurisprudenziali delle Corti internazionali dell'Aja. La CPGI, nel ***caso delle concessioni Mavrommatis a Gerusalemme*** ([97]) aveva già ammesso il semplice errore di fatto e non l'errore di diritto come vizio del consenso invocabile quale causa di invalidità di un trattato. Qui, la Corte precisò che non doveva trattarsi di un qualsiasi errore di fatto, ma di un errore che riguardasse una situazione o un fatto che costituisse la base stessa del trattato tale dall'aver determinato il consenso dello Stato che lo invoca.

Nel ***caso del Tempio di Préah-Vihéar***, la CIG ebbe l'occasione di precisare la sua posizione indicando che: *"[è] una regola di diritto consolidata che l'errore non costi-*

([96]) Salvo che l'errore di diritto non sia stato causato dalla condotta illecita dell'altra Parte: ma in tal caso si ha **dolo**.

([97]) Ser. A, n. 10.

tuisca un elemento atto a viziare il consenso se la parte che lo invoca ha contribuito a causarlo tramite la propria condotta, lo poteva evitare, o le circostanze erano tali per cui la parte era stata avvertita della possibilità di un errore" ([98]).

Nella prassi, gli errori di fatto sono molto rari. Sono stati invocati soprattutto in materia di delimitazioni di frontiere (caso di *Préah-Vihéar*) a causa, specialmente, dell'uso di carte geografiche imprecise (in riferimento a fiumi o ostacoli naturali che non esistevano o che non si trovavano dove erano stati segnalati). Oggi, però, il progresso tecnologico e l'uso dei satelliti per la predisposizione delle mappe geografiche rende **l'errore cartografico** praticamente impossibile.

111. ***Errata.*** — Tali errori di fatto non devono essere confusi con i semplici errori nella redazione del testo (*errata/clerical errors*) i quali comportano solo rettifiche materiali e non costituiscono causa di invalidità di un trattato (v. **art. 79 CVT**).

c) *Il dolo (art. 49 della Convenzione di Vienna del 1969)*

112. — "La frode corrompe tutto" (*fraus omnia corrumpit*). Questo brocardo tradizionale trova applicazione anche in diritto internazionale in materia di dolo ***(fraud)***. *L'aspetto caratteristico del dolo è l'errore nel quale una Parte è indotta a causa degli artifizi o raggiri dell'altra Parte*. Perciò, un consenso dato in seguito a trattative fraudolente è da considerarsi nullo e comporta l'invalidità di un trattato. E così che **l'art. 49 CVT** precisa che:

> "[s]e uno Stato sia stato indotto a concludere un trattato dal comportamento doloso di un altro Stato che ha partecipato alla negoziazione, esso può invocare il dolo come vizio del suo consenso a vincolarsi al trattato".

Benché tale principio sia sicuro, non è possibile citare alcun esempio attuale di atti internazionali dichiarati nulli perché viziati da dolo ([99]).

d) *La corruzione di un rappresentante di uno Stato (art. 50 della Convenzione di Vienna del 1969)*

113. Precedenti. — **L'art. 50 della CVT** individua — a differenza del diritto privato interno — una specifica figura di invalidità del trattato che si riferisce all'ipotesi in cui il consenso di uno Stato a vincolarsi sia stato ottenuto attraverso la corruzione (***Corruption***) del suo rappresentante:

> "Se l'espressione dei consenso di uno Stato a vincolarsi a un trattato è stata ottenuta ricorrendo alla corruzione del suo rappresentante attraverso l'azione diretta o indiretta di un altro Stato che ha partecipato alla negoziazione, lo Stato può invocare tale corruzione come vizio del suo consenso a vincolarsi al trattato"

Al riguardo, ci si riferisce, tradizionalmente, al celebre caso di Talleyrand al momento della vendita della Louisiana agli Stati Uniti da parte della Francia. Ancora, negli anni '70, si può citare il **caso *Lockheed***, pur se la materia riguardava degli "appalti pubblici" e non dei trattati. Qui, per assicurare la vendita dei suoi aerei militari ad alcuni Paesi — ciò che fu definito il "mercato del secolo" — l'impresa

---

([98]) *Rec.* 1962, p. 26.

([99]) Nello stesso senso v. pure A. Aust, *Modern Treaty Law and Practice*, cit., p. 316 ss.

americana Lockheed aveva conquistato il favore di alti ufficiali di molti Paesi europei e in Giappone.

Più recentemente, un collegio arbitrale ICSID ha affermato che la "corruzione" (nella fattispecie si trattava di tangenti versate ad un'alta personalità dello Stato al fine di firmare un contratto "vantaggioso" con il governo locale) si pone in contrasto con l'"ordine pubblico internazionale" o "transnazionale" e impedisce così al contraente straniero ("corruttore") di ottenerne l'esecuzione, non avendo quest'ultimo le "mani pulite" ([100]). Un altro collegio arbitrale ICSID ha concluso che la corruzione provoca una carenza di giurisdizione arbitrale ([101]).

114. "Moralizzazione" delle relazioni internazionali. — Riconoscere la corruzione del rappresentante dello Stato come possibile causa di nullità di un trattato è un'impresa lodevole. La "moralizzazione" delle relazioni internazionali non è una preoccupazione secondaria nell'ordinamento internazionale: tende ad essere sempre più "codificata" e "sanzionata". Fu così, ad esempio, che, a seguito dell'adozione da parte degli Stati Uniti di una legge contro siffatte pratiche (nel 1977, il *Foreign Corrupt Practices Act* ([102]), diverse istanze internazionali quali l'ONU ([103]), l'OCSE ([104]) o il Consiglio d'Europa hanno adottato apposite convenzioni internazionali concernenti il divieto e la sanzione della corruzione nelle relazioni internazionali, tanto nel settore privato quanto in quello pubblico ([105]).

115. Rischio di instabilità giuridica. — A livello internazionale, il riconoscimento della corruzione come vizio del consenso presenta un rischio in caso di mutamento di Governo: i nuovi vertici — soprattutto se hanno la pretesa di istituire un regime "rivoluzionario" — non saranno forse tentati di invocare la "corruzione" dei loro predecessori al fine di liberarsi dagli obblighi internazionali assunti dal regime decaduto?

([100]) Vedi in particolare i punti 138-148 della sentenza già citata *World Duty Free v. Kenya* del 4 ottobre 2006. In argomento v. R. Kreindler, "Competence-competence in the Face of Illegality of Contracts and Arbitration Agreements", in *RCADI*, v. 361, 2013.

([101]) ICSID Case No. ARB/10/3, *Metal-Tech Ltd. v. Republic of Uzbekistan*, in https://www.italaw.com/cases/2272, punto 411: "The definition of the term investment is found in Article 1(1) of the BIT. It includes a legality requirement. As the Tribunal has concluded above, the Claimant's "investment" does not meet the legality requirement and thus does not constitute an investment in the meaning of the BIT".

([102]) In *ILM*, 1978, p. 214.

([103]) Convenzione delle Nazioni Unite contro la corruzione (UNCAC) adottata dalla Assemblea generale dell'ONU il 31 ottobre 2003 con risoluzione n. 58/4, firmata dallo Stato italiano il 9 dicembre 2003, resa esecutiva in Italia con L. 3 agosto 2009 n. 116.

([104]) Dal 4 luglio 2001 sono pienamente efficaci in Italia le norme anche penali introdotte dal nostro Paese in esecuzione della Convenzione dell'OCSE del 17 dicembre 1997 *sulla lotta alla corruzione di pubblici ufficiali stranieri nelle operazioni economiche internazionali*, firmata a Parigi il 17 dicembre 1997 e in vigore per l'Italia dal 15 dicembre 2000.

([105]) In arg. cfr. A. Del Vecchio, P. Severino, *Il contrasto alla corruzione nel diritto interno e nel diritto internazionale*, Padova, Cedam, 2014.

e) *La violenza*

i. **La violenza esercitata *sul rappresentante di uno Stato* (art. 51 della Convenzione di Vienna del 1969)**

116. — Gli esempi di violenza esercitata sul rappresentante di uno Stato *(Coercion of a representative of a State)* sono, fortunatamente, molto pochi. A questo proposito, si cita il caso tristemente famoso del trattato del 15 marzo 1939 che stabilì un Protettorato tedesco sulla Boemia in seguito a "pressioni fisiche" esercitate da Hitler e dai suoi seguaci contro Hácha, Presidente della Repubblica cecoslovacca dell'epoca.

Un trattato concluso in siffatte condizioni si troverebbe "sprovvisto di qualsiasi effetto giuridico"; sarebbe, in altre parole, **nullo *ab initio***. La sanzione è in questo caso più severa rispetto ai casi precedenti, in quanto non si tratta più di una semplice possibilità di invocare la nullità di un trattato.

ii. **La violenza esercitata su *uno Stato* con le minacce o l'uso della forza (art. 52 della Convenzione di Vienna del 1969)**

117. Liceità tradizionale ed illiceità moderna dell'uso della forza. — Per secoli, il ricorso alla violenza bellica è stato ritenuto lecito nelle relazioni internazionali. Nella società internazionale classica l'uso della forza era persino un mezzo di risoluzione comune delle controversie internazionali (*infra*, Cap. XX). Oggi, l'art. 2, par. 4, della Carta ONU proibisce il "ricorso alla minaccia o all'uso della forza" nelle relazioni internazionali.

118. La violenza nelle sue varie forme — L'art. 52 della CVT fa riferimento alla fattispecie della "*violenza esercitata su uno Stato con le minacce o l'uso della forza*" (*Coercion of a State by the threat or use of force*). Senonché, i contorni della nozione di uso "illecito" della forza non sono facili da individuare. Se è chiaro che vi rientri la "**forza armata**", non altrettanto pacifico è l'inclusione di forme non militari di *violenza di tipo economico, politico o psicologico*. La definizione di "aggressione" adottata dall'Assemblea Generale ONU nel 1974 copre, infatti, solo l'uso della "forza armata". Al contrario, numerose risoluzioni ONU, (per esempio, quella del 1970 relativa alle "relazioni amichevoli tra gli Stati" o del 1974 sul "nuovo ordine economico internazionale") così come una delle dichiarazioni adottate dai partecipanti alla Conferenza di Vienna del 1969 sul diritto dei trattati, fanno espressamente riferimento alla "violenza, militare, politica o economica". Ma si tratta di diritto positivo? Qual è il contenuto e quali sono i confini precisi di tali concetti? Che cosa bisogna intendere per "coercizione economica" ([106])?

Non è escluso che le poche norme internazionali in materia si evolvano allo stesso modo del diritto interno, ammettendo, ad esempio, che il "vincolo economico si ricollega alla violenza" ([107]). Ne conseguirebbe che l'approfittamento da parte di uno Stato della situazione di crisi di un altro Stato per imporre un trattato completamente squilibrato potrebbe essere allora qualificata come "violenza" di natura tale da

---

(106) *Economic Coercion and the New International Economic Order*, edito da R. Lillich, 1976.

(107) Cass. civ., 30 maggio 2000, *Deparis c. Assurances Mutuelles de France Groupe Azur*, in *J.C.P.*, 2001, p. 571, con nota di Secnazi.

inficiare la validità del suddetto impegno internazionale. Tale potrebbe essere il caso, ad esempio, di circostanze estreme legate a catastrofi naturali.

Cosa ne è poi della "violenza politica"? Venne invocata dalla Cina contro l'allora Unione sovietica in merito ai "trattati ineguali" conclusi con la Russia zarista nel XIX secolo. La violenza è talora invocata da una parte dei Paesi del c.d. terzo mondo desiderosi di lottare contro tutte le forme di "colonialismo". Ma tali pretese non sono mai state riconosciute. Ammettere la violenza intesa in senso troppo ampio rischierebbe di "destabilizzare" i rapporti giuridici esistenti tra gli Stati, a discapito della stabilità delle relazioni internazionali e della certezza del diritto internazionale.

119. Spiegazione giurisprudenziale. — Una spiegazione della necessaria prudenza in materia è offerta dalla sentenza sul ***caso delle Peschiere islandesi*** (1973) tra Islanda e Regno Unito ([108]). Qui, l'Islanda sostenne, davanti alla CIG, che lo *scambio di note* con il Regno Unito era nullo a causa di una (pretesa) violenza esercitata da quest'ultimo Stato mediante esercitazioni militari della sua flotta navale negli spazi marini contesi. La Corte respinse "questa dichiarazione mascherata di violenza che avrebbe reso nullo lo scambio di note fin dall'inizio" ([109]); aggiunse che un "tribunale non poteva prendere in considerazione un'accusa così grave sulla base di una dichiarazione generale e vaga che non fosse sostenuta da alcuna prova" ([110]). Al contrario, e ciò non deve sorprendere, il giudice messicano Padilla Nervo si schierò in favore della parte più debole, l'Islanda nel caso di specie. Nella sua opinione dissenziente, il giudice Nervo illustrò con grande chiarezza la posizione nella vita giuridica internazionale degli Stati più deboli — in generale dei Paesi meno sviluppati — desiderosi di tutela contro gli abusi di potere dei più forti: "una grande Potenza" — disse — "dispone di molti mezzi per usare la forza ed esercitare pressioni su una piccola Nazione, anche solo insistendo attraverso mezzi diplomatici per far accettare le sue posizioni. Ci sono delle pressioni morali e politiche che non possono essere stabilite per mezzo di prove documentali ma la cui esistenza è un fatto incontestabile" ([111]). In tale ipotesi, la sanzione collegata a questo vizio del consenso è quella della *nullità*: il trattato concluso in tali condizioni non è "annullabile", bensì è "nullo" fin dall'inizio (**nullità *ab initio***).

120. Esempi. — È possibile citare un esempio celebre di trattato nullo in quanto viziato dalla violenza di Stato: l'accordo di Monaco del 29 settembre 1938. La Germania lo riconobbe alla fine nel quadro della sua "Östpolitik" che mirava a normalizzare le relazioni con i suoi vicini dell'Europa centrale ([112]). Allo stesso modo, è possibile considerare nullo il trattato del 14 ottobre 1968 tra l'Unione sovietica e la Cecoslovacchia in merito allo stazionamento di truppe in quest'ultimo Paese: tale forma di legittimazione *a posteriori* della presenza di forze armate sovietiche in territorio cecoslovacco discendeva, infatti, da un trattato estorto a mezzo della

---

([108]) CIG, sentenza (giurisdizione) del 2 febbraio 1973, in *Rec.*, 1973, p. 3.

([109]) *Rec.*, p. 13.

([110]) *Ivi*, p. 59.

([111]) *Rec.*, p. 91.

([112]) Trattato di "normalizzazione" del 1973 tra la RFT e la Cecoslovacchia che parla correttamente della "nullità riconosciuta" dell'accordo di Monaco ma si astiene dal dire "a partire da quando". Cfr. Ph. Bretton, "Les négociations germano-tchécoslovaques sur l'accord de Munich du 29 septembre 1938", in *AFDI*, 1973, p. 189 ss.

violenza esercitata tramite l'invasione della Cecoslovacchia da parte delle truppe dei Paesi del Patto di Varsavia nell'agosto 1968 ([113]).

121. (*segue*) Applicazioni ai contratti tra Stati e stranieri. —La prassi arbitrale recente fornisce altri esempi, in materia di *contratti tra Stati ed imprese straniere*. Così, nel **caso *Desert Line Projects c. Repubblica dello Yemen*** ([114]), il collegio arbitrale ritenne nulli alcuni impegni contrattuali conclusi in seguito a "pressioni intollerabili", sia fisiche sia di natura economica, esercitate dallo Stato nei riguardi di un investitore estero.

2. — La liceità dell'oggetto del trattato

122. — Nell'ordinamento interno, un contratto, per essere valido ed efficace, deve avere un oggetto ed una causa lecita. Per la validità degli accordi internazionali, invece, non sono necessari tutti i requisiti previsti per i contratti negli ordinamenti interni, quali ad ès. la *causa* nei sistemi di *Civil Law* (di cui agli artt. 1325 e 1343 ss. cod. civ. it.) o la *consideration* dei sistemi di *Common Law*. Del pari, è valido l'accordo per cui un solo Stato assume obblighi ed oneri senza alcun corrispettivo (com'era il caso dei *trattati ineguali* in passato) ([115]).

123. Il trattato non deve entrare in conflitto con "una norma imperativa del diritto internazionale" (jus cogens) — Se sussiste un contrasto "genetico" tra un trattato e una norma di *jus cogens* già in fase di formazione, il trattato è colpito da nullità *ab initio*; se invece un trattato non è più conforme ad una norma di *jus cogens* per effetto di una mutazione di quest'ultimo, il trattato diventa nullo ma solamente ***ex nunc***, ossia per l'avvenire (art. 64 della CVT). Si tratta, in quest'ultimo caso, di ***nullità sopravvenuta*** che si manifesta quando un trattato già concluso si rivela contrario a una *nuova* norma imperativa del diritto internazionale (*jus cogens*): ecco perché quel trattato diviene nullo *ex nunc*, ossia senza effetti retroattivi.

3. — La pubblicità dei trattati

Bibliografia sommaria: P. Fois (a cura di), *Il trattato segreto*, Padova, 1990; M. Donaldson, "The Survival of the Secret Treaty: Publicity, Secrecy, and Legality in the International Order", *AJIL*, 2017, pp. 575-627; D. Azaria, "Secret Treaties in International Law and the Faith of States in Decentralized Enforcement", in *AJIL Unbound*, 2018, pp. 469-473; A. Calamia, "Accordi in forma semplificata e accordi segreti: questioni scelte di diritto internazionale e di diritto interno", in *OIDU*, 2020, pp. 1-18.

124. Un'idea americana. — *I trattati devono essere pubblicati e quindi sottoposti al controllo dell'opinione pubblica.* Nel passato, i "trattati segreti" non erano rari: essi furono spesso considerati come una delle cause dei conflitti internazionali e della loro estensione ([116]). Il nuovo governo sovietico causò peraltro grande turbamento nel mondo quando pubblicò agli inizi del 1917 il testo dei "trattati segreti" conclusi dal regime zarista.

([113]) V. G. Fischer, "Quelques problèmes juridiques découlant de l'affaire tchécoslovaque", in *AFDI*, 1968, p. 15 ss. e in particolare pp. 36-42.

([114]) Lodo ICSID del 6 febbraio 2008, caso n. ARB/05/17.

([115]) In arg. cfr. A. Cassese, *Diritto internazionale*, 3ª ed., cit., p. 40 ss..

([116]) Il divieto dei trattati segreti costituiva d'altronde il primo dei famosi "14 punti" del Presidente Wilson del gennaio 1918.

Più vicino ai nostri giorni, il Patto di non-aggressione tedesco-sovietico del 23 agosto 1939 (o accordo Ribbentrop-Molotov) fu accompagnato da Protocolli segreti del 23 agosto 1939, 23 settembre 1939 e 10 gennaio 1941 che delineavano le "sfere d'influenza" rispettive dei due Paesi in Europa orientale, stabilendo in particolare il distacco e poi il ricongiungimento completo della Lituania all'URSS verso un corrispettivo ([117]).

Eppure non bisogna credere che tale prassi sia completamente scomparsa, ai nostri giorni. Non sorprende che la stampa, qualche tempo fa, abbia fatto menzione di un trattato "segreto" bilaterale del 1995 tra gli Stati Uniti e la Russia, secondo il quale quest'ultimo Paese si impegnava a non vendere armi all'Iran ([118]).

a) *La registrazione*

125. — L'art. 18 del Patto della SdN stabilì il principio della registrazione, presso il Segretariato, dei trattati conclusi dai membri della SdN. Così, dal 1920 al 1944, furono registrati e pubblicati sotto gli auspici della SdN ben 4822 trattati o accordi internazionali, a volte anche applicabili a Stati terzi, come gli Stati Uniti d'America. Ciò non vuol dire tuttavia che *tutti* i trattati dell'epoca fossero stati registrati e pubblicati: alcuni non lo furono a causa della loro importanza secondaria (come nel caso di accordi esclusivamente tecnici), mentre altri non furono pubblicati per ragioni diametralmente opposte dovute alla loro importanza politica e militare (*accordi militari segreti*).

L'art. 102 della Carta ONU ha riproposto il medesimo principio. Peraltro, è compito del Segretariato generale dell'ONU procedere alla pubblicazione dei trattati registrati presso il suo ufficio. Questi trattati vengono pubblicati in "raccolte" oggi accessibili via internet.

b) *Gli effetti della pubblicazione o della mancata pubblicazione dei trattati*

i. Il sistema della SdN

126. Nullità. — L'art. 18 del Patto della SdN disponeva che nessun trattato o impegno internazionale avesse efficacia "obbligatoria prima di essere stato registrato" ([119]). Questa disposizione derivava dal principio della "diplomazia aperta" che costituiva il primo dei famosi quattordici punti enunciati dal Presidente Wilson nel messaggio al Congresso degli Stati Uniti dell'8 gennaio 1918. Eppure, la reale portata di questa regola non sembrò mai molto chiara. Significava che un trattato non registrato sarebbe risultato nullo? O, piuttosto, voleva dire che un siffatto trattato non sarebbe stato "opponibile" dinanzi ai soli organi della SdN?

127. Una prassi incerta. — La prassi internazionale non consentiva di trarre delle conclusioni sicure giacché quando tale questione venne sollevata, almeno una delle

---

([117]) V. il testo di questi accordi segreti in *Le Monde*, 1 agosto 1989, p. 5.

([118]) V. *Le Figaro* del 27 dicembre 2000.

([119]) La registrazione veniva effettuata su richiesta delle Parti contraenti o di una di esse. Poteva, eccezionalmente, avvenire anche d'ufficio da parte del Segretario Generale della SdN. La prima fase era la *registrazione*, ossia l'iscrizione di un trattato nel registro speciale a cura del Segretario Generale; seguiva, poi, la *pubblicazione*, ossia l'inserzione del testo nel *Recueil des traités et des engagements internationaux enregistrés par le Sécretariat de la Société des Nations*. Furono registrati 4.834 trattati e vennero pubblicati 205 volumi.

Parti alla controversia non era membro della SdN. Così, nel parere consultivo della CPGI sul ***caso del servizio postale polacco a Danzica***, la Corte non esitò a riferirsi ad un accordo del 1931 tra la Polonia, che era membro della SdN, e la Città libera di Danzica, che non lo era, nonostante il trattato in questione non fosse mai stato registrato presso il Segretariato generale della SdN ([120]). Nel **lodo *Pablo Najera***, reso tra la Francia e il Messico nel 1928, l'arbitro rifiutò persino di ammettere la presentazione della documentazione del Messico, in base alla quale risultava che, il trattato del 25 settembre 1924, su cui si fondava la giurisdizione della "Commissione mista" adita, non aveva carattere vincolante nei suoi confronti giacché la Francia — membro della SdN — non aveva proceduto alla formalità della registrazione (il Messico invece non era membro della SdN) ([121]).

ii. Il sistema dell'ONU

Bibliografia sommaria: S. Rosenne, "United Nations Treaty Practice", in *RCADI*, 1954-II, v. 86, p. 281; M. Tabory, "Recent developments in U.N. treaty registration and publication practices", in *AJIL*, 1982, p. 350; Hutchinson, *The Signification of the Registration or non Registration of an International Agreement in Determining whether or not it is a Treaty*, in Scott Davidson (ed.), *The Law of Treaties*, Aldershot, 2004, p. 133; B. Conforti, C. Focarelli, *Le Nazioni Unite*, 12 ed., cit., p. 466 ss..

128. L'*inefficacia* del trattato non registrato. — La registrazione dei trattati è prevista all'art. 102 della Carta ONU la quale ha accolto il *principio della inefficacia relativa dei trattati non registrati*. Tale obbligo di registrazione si applica ai trattati ed accordi internazionali conclusi dopo l'entrata in vigore della Carta, ossia il 24 ottobre 1945. Le condizioni operative di applicazione dell'art. 102 sono state precisate con risoluzione dell'Assemblea Generale che ha adottato un regolamento per la registrazione e pubblicazione dei trattati ed accordi internazionali, poi confluita nell'*UN Treaty Handbook*, ora accessibile via internet al sito dell'ONU.

Sembra evidente, oggi, che un trattato non registrato mantenga comunque la propria forza obbligatoria per le Parti contraenti non essendo colpito da alcuna causa di nullità; inoltre, è altrettanto evidente che quel trattato possa essere impugnato dinanzi ad un tribunale arbitrale (compresa la CPA) o ad un giudice internazionale diverso dalla CIG ([122]). Così, quando la Francia invocò il sorgere di una controversia con l'Algeria a livello internazionale, a seguito delle nazionalizzazioni decise da quest'ultimo Paese all'inizio degli anni '70, essa si affrettò a procedere alla registrazione dei famosi "accordi d'Evian" del 1962 presso il Segretariato generale delle Nazioni Unite (formalità da cui si era sottratta fino a quel momento).

Sezione II
L'efficacia dei trattati

129. Struttura. — I trattati producono per loro natura degli effetti giuridici negli ordinamenti delle Parti contraenti (§ 1). A certe condizioni, possono produrre effetti

---

([120]) CPGI, 16 marzo 1925, *Ser.* B, n. 11.

([121]) *Jurisprudence de la Commission franco-mexicaine*, Paris, Pedone, 1936, p. 156.

([122]) Del resto, nel già citato *caso della delimitazione marittima e questioni territoriali tra Qatar e Bahrein*, la CIG confermò la piena validità e il carattere obbligatorio tra le Parti contraenti di un trattato non registrato secondo l'articolo 102 della Carta. Cfr. CIG, Sentenza del 1° luglio 1994, competenza ed ammissibilità, p. 122, punto 29.

anche rispetto ai terzi (§ 2). Tali effetti possono mutare nel tempo (§ 3) o possono anche cessare (§ 4).

§ 1. — *Gli effetti dei trattati nei confronti delle Parti contraenti*

130. — Il principio fondamentale del diritto dei trattati — similmente a quanto si ha nel diritto dei contratti nell'ordinamento domestico — risiede nel loro carattere obbligatorio: gli accordi vanno rispettati. Tale è il significato generale dell'antica regola *pacta sunt servanda*. Essendo il trattato il prodotto della volontà degli Stati, è a volte difficile valutare ciò che le Parti contraenti hanno realmente voluto: gli effetti dei trattati potranno allora variare in base all'interpretazione che sarà loro data.

1. — La forza obbligatoria dei trattati per le Parti contraenti: *pacta sunt servanda*

131. — Tale principio, preso a prestito dal diritto interno dei contratti, è formulato senza alcuna ambiguità dall'art. 26 CVT: "Ogni trattato in vigore vincola le parti e deve essere da esse eseguito in buona fede". Va notato che questo principio non è affatto nuovo: la sua esistenza è in effetti concomitante a quella dei trattati stessi. L'uno non potrebbe esistere senza l'altro. Il Preambolo della Carta ONU lo consacra formalmente indicando "il rispetto degli obblighi nati dai trattati ed altre fonti del diritto internazionale" e che tutti i membri ONU "devono adempiere in buona fede agli obblighi che hanno assunto a titolo della presente Carta" (art. 2, par. 2).

a) *L'obbligo di rispettare le norme del trattato*

132. — Ciascuno Stato contraente è tenuto a rispettare sia quanto è stato scritto sia lo spirito di un trattato. Più precisamente, tutti gli organi dello Stato — legislativo, esecutivo, giudiziario e anche il costituente — devono conformarsi alle disposizioni di un trattato e darvi piena e completa esecuzione.

Gli effetti internazionali dei trattati possono arrestarsi al livello degli organi statali, secondo l'espressione statunitense "***the treaty speaks to the Government***". Ed in effetti, molti trattati riguardano relazioni tra Stati e hanno come unico scopo quello di orientare la condotta degli Stati in certi ambiti (politico, economico, sociale, medico etc.).

Altre volte, tuttavia, ed è oggi un caso frequente, i trattati possono oltrepassare lo schermo statale e produrre direttamente degli effetti giuridici in capo ai singoli ("***the treaty speaks to the Court***").

b) *Un'esecuzione secondo buona fede*

133. Principio di buona fede. — Il principio di buona fede è implicito in ogni sistema giuridico ([123]). Si ha difficoltà ad immaginare un ordinamento giuridico fondato sul suo opposto, la "mala fede". Senza dubbio tale clausola generale, difficile da cogliere e da individuare, domina l'insieme del diritto internazionale. Il principio

---

([123]) Cfr. E. Zoller, *La bonne foi en droit international public*, Paris, Pedone, 1977, nonché M. Lachs, *Some thoughts on the role of good faith in International Law*, in *Mélanges Rolin*, 1977, p. 3895.

riveste una sua funzione nell'ambito dell'esecuzione dei trattati come, del resto, nell'ordinamento interno, avviene, *inter alia*, nell'ambito dell'esecuzione dei contratti ([124]).

134. Prassi giudiziaria internazionale. — Le Corti internazionali dell'Aja hanno avuto spesso occasione di ricorrere al principio di buona fede con riferimento all'esecuzione dei trattati. La CIG, ad es., ne ha tratto la conclusione che le autorità statali competenti incaricate di eseguire — nell'ambito delle loro competenze — le disposizioni di un trattato dovevano usare le loro prerogative in un "modo ragionevole". Così, nel ***caso dei cittadini americani residenti in Marocco***, la Corte riconobbe che il potere di classificare le merci a fini tariffari apparteneva alle autorità doganali locali ma che le stesse "dovevano usare questo potere in maniera ragionevole e in buona fede" ([125]). Già la CPGI aveva avuto modo di precisare che il principio di buona fede implicava il rispetto delle disposizioni convenzionali intese sia come testo scritto, sia "nello spirito" che aveva portato alla loro formulazione. La Corte, adita per specificare la portata del principio di non-discriminazione, ritenne che le prassi vietate comprendevano delle discriminazioni sia di diritto sia di fatto ([126]). Infine, nel ***caso dei test nucleari***, la CIG ha ribadito la sua posizione in materia illustrando la centralità di tale principio con queste parole: "uno dei principi di base che presiedono alla creazione e all'esecuzione di obblighi giuridici, qualunque sia la fonte, è quello di buona fede. La fiducia reciproca è una condizione insita nella cooperazione internazionale, soprattutto in un'epoca in cui, in molti campi, questa cooperazione è sempre di più indispensabile" ([127]).

135. Prassi arbitrale internazionale. — La prassi arbitrale va nella stessa direzione ed è ricca di precedenti che riconoscono ulteriormente l'importanza del principio di buona fede. È così, ad esempio, che, nel **caso degli *stabilimenti ittici della costa settentrionale dell'Atlantico del 1910***, la CPA esaminò la competenza della Gran Bretagna a regolare la pesca nelle acque canadesi in virtù del trattato di Londra del 1818 stipulato con gli Stati Uniti: "dal trattato" — affermò la CPA — "risulta un obbligo in virtù del quale il diritto della Gran Bretagna di esercitare la propria sovranità emanando regolamenti è limitato ai regolamenti adottati in buona fede e senza violare il trattato"; così facendo, la Corte volle riferirsi al "principio di diritto internazionale secondo il quale gli obblighi convenzionali devono essere eseguiti in perfetta buona fede" ([128]).

c) *Mancata esecuzione e responsabilità internazionale*

136. — La grande maggioranza delle norme dei trattati internazionali crea dei diritti e degli obblighi per le Parti. Si ha adempimento se gli obblighi nascenti da un trattato vengono eseguiti; si ha inadempimento quando si ha violazione di quegli stessi obblighi. Pertanto, il mancato rispetto, la mancata esecuzione in buona fede degli

---

([124]) Cfr. al riguardo l'art. 1375 del Codice civile italiano e l'art. 1134 del Codice civile francese.

([125]) *Rec.*, 1952, p. 212.

([126]) *Traitement des nationaux polonais à Dantzig*, 1932, A/B. n. 44, p. 28; *Scuole minoritarie in Albania*, 1935, A/B, n. 64, pp. 19-20.

([127]) CIG, 20 dicembre 1974, *Australia e Nuova Zelanda c. Francia*, p. 268.

([128]) in *RSA*, vol. XI, p. 188.

obblighi di diritto pattizio, da parte di uno Stato contraente comporta la sua responsabilità internazionale (Cap. XVI).

2. — La possibile *diretta efficacia* dei trattati a favore dei soggetti privati

137. — Gli Stati sono i principali destinatari delle norme delle quali sono gli autori.

Ciononostante, si verifica sempre più frequentemente ai nostri giorni che alcuni trattati tra Stati concedano dei diritti o impongano degli obblighi direttamente in capo ai privati (basti pensare a trattati come la CEDU o il Trattato di Roma del 1957 — oggi, il TUE ed il TFUE — o ancora, al trattato istitutivo della Corte penale internazionale). Sorge pertanto la questione, molto delicata, di sapere se taluna o talaltra disposizione di un trattato è "a effetto diretto" o "*self-executing*" nell'ordinamento interno di un dato Stato contraente su cui torneremo più diffusamente nei Capp. XVII e XVIII.

3. — L'esatta determinazione del significato e degli effetti di un trattato: l'interpretazione

Bibliografia sommaria: G. Berlia, "Contribution à l'interprétation des traités", in *RCADI*, 1965, vol. 114, p. 283; F. A. Mann, "The interpretation of the Constitution of the International Financial Organizations", in *BYIL*, 1968-9, p. 1; A. Giardina, "Le convenzioni internazionali di diritto uniforme nell'ordinamento interno", in *Riv. dir. int.*, 1973, p. 701 ss.; M. K. Yaseen, "L'interpretation des traités d'après la Convention de Vienne sur le droit des traités", in *RCADI*, 1976-III, v. 151, p. 1; J. Salmon, "Le concept de raisonnable en droit international public", *Mélanges Paul Reuter*, 1981, pp. 447-478; J. Salmon, "Le fait dans l'application du droit international", in *RCADI*, 1982-II, t. 175, pp. 257-414; S. Bariatti, *L'interpretazione delle convenzioni internazionali di diritto uniforme*, Padova, Cedam, 1986; D. Vagts, "Treaty interpretation and the New American Ways of Law Reading", in *Eur. J.I.L.*, 1993, p. 472; Torres Bernardez, *Interpretation of Treaties by the International Court of Justice following the adoption of the 1969 Vienna Convention on the Law of Treaties*, in *Liber amicorum Seidl-Hohenveldern*, cit., p. 721; Cançado Trindade, *La interpretacion de tratados en el Derecho internacional y la especifidad de los tratados de Derechos humanos*, in *Estudios en homenaje a E. Rey Caro*, Cordoba, 2002, p. 747; R. Gardiner, *Treaty interpretation*, Oxford, OUP, 2008; M. Fitzmaurice (ed.), *Treaty interpretation and the Vienna Convention*, Leiden, 2010; v. altresì i vari contributi circa *Les techniques interprétatives de la norme internationale*, *RGDIP*, 2011, p. 289 ss.; T. Scovazzi, in *Corso di diritto internazionale*, 2 ed., cit., p. 48 ss.; E. Cannizzaro, *Diritto internazionale*, 5 ed., cit., p. 186 ss..

138. Analogie col diritto interno dei contratti. — Molte delle regole di interpretazione dei trattati — e, peraltro, di qualsiasi atto giuridico — si ricavano, in gran parte, dalla logica e dal buon senso.

Grozio e i suoi successori attinsero sistematicamente alle regole del *diritto romano* in quanto *diritto comune* in materia di obbligazioni contrattuali per interpretare i trattati e, fino alla CVT (ma anche oggi per gli Stati che non sono Parti contraenti di questo trattato), si è trattato di norme a carattere consuetudinario. Dal canto suo, la Corte EDU, nel **caso *Golder***, ha ribadito che gli artt. 31-33 della CVT, hanno valore consuetudinario in quanto enunciano "principi generali comunemente accettati in diritto internazionale" ([129]).

In effetti, si tratta di norme che vengono costantemente utilizzate dagli Stati e si

---

([129]) Cfr. R. Pelloux, in *AFDI*, 1975, p. 330.

trovano largamente applicate dagli arbitri e dai tribunali internazionali ([130]), fermo restando che l'interpretazione di un trattato viene effettuata dagli Stati stessi o, previo il loro consenso, da un giudice od arbitro internazionale.

Le regole di interpretazione dei trattati sono necessarie per assicurare un'applicazione uniforme delle disposizioni di un trattato. Non bisogna infatti dimenticare che lo scopo di qualunque trattato, e del diritto internazionale nel suo insieme, è quello di porre delle regole comuni ed ancor più di assicurare una uniformità di applicazione da parte dei loro destinatari.

139. Convenzione di Vienna del 1969. — La CVT prevede una norma generale sull'interpretazione dei trattati (art. 31) a cui se ne affianca un'altra sui "mezzi complementari di interpretazione" (art. 31) ed una finale sull'interpretazione dei trattati redatti in più lingue (art. 33).

a) *L'interpretazione secondo buona fede*

140. — L'art. 31, par.1, della CVT dispone che ***"[u]n trattato deve essere interpretato in buona fede seguendo il senso ordinario da attribuire ai termini del trattato nel loro contesto e alla luce del suo oggetto e del suo scopo"***.

La regola della "buona fede" domina da secoli tutta la giurisprudenza interpretativa dei trattati ([131]). Evidentemente si tratta di una clausola generale. In breve, è possibile dire che la buona fede obbliga le Parti contraenti ad interpretare il trattato in modo ragionevole, nel rispetto sia delle norme sia della volontà dei suoi autori. È un principio per così dire "classico", che ha trovato applicazione anche nel lodo arbitrale sul ***Rainbow Warrior***, del 30 aprile 1990, al termine di una controversia tra la Francia e la Nuova Zelanda ([132]). La CIG ha confermato tale impostazione nel **caso *Gabcikovo-Nagymaros*** indicando che il principio di buona fede obbliga le Parti ad applicare [il trattato] secondo uno standard di ragionevolezza ed in modo tale che il suo scopo possa essere raggiunto.

b) *L'interpretazione secondo il "senso ordinario delle parole"*

141. — In principio, bisogna rifarsi al significato ordinario delle parole, a meno che gli Stati non le abbiano utilizzate espressamente in senso tecnico o con determinati significati. È quanto la CIG ha indicato nel parere consultivo del 1950 sulla ***competenza dell'Assemblea Generale per l'ammissione di uno Stato alle Nazioni Unite***, ove si è espressa in questi termini:

"[l]a Corte ritiene necessario affermare che il primo dovere del tribunale chiamato ad applicare le disposizioni di un trattato sia di sforzarsi di applicare le disposizioni stesse nel loro contesto, *secondo il loro senso naturale e ordinario*. Se le parole pertinenti, nel momento in cui si attribuisce loro un significato naturale ed ordinario, hanno un senso nel loro contesto, l'esame dovrà fermarsi a quel punto...se invece le parole, allorché si attribuisca il significato naturale e ordinario sono equivoche o conducono a risultati irragionevoli, allora — e solo allora — la Corte

---

([130]) V. ad es. l'art. 36, par. 2, dello Statuto della Corte Internazionale di Giustizia (CIG), che affida espressamente alla Corte il compito dell'interpretazione dei trattati.

([131]) Cfr. E. Zoller, *cit.*, p. 202 e ss.

([132]) R. Pinto, *Clunet*, 1990, p. 841 ed in particolare p. 852.

deve ricercare attraverso altri metodi interpretativi ciò che le Parti in realtà avevano in mente quando si sono servite delle parole in questione" (133).

Il criterio dell'interpretazione testuale significa dunque che "se le parole da interpretare hanno già un significato, che risulta dal loro senso ordinario e naturale, non si devono ricercare significati poco evidenti o plausibili" (134) sicché anche le carte geografiche hanno valore di trattato solo se formano parte integrante del trattato a cui accedono.

In conclusione, il testo di un trattato non va mai letto alla luce dei *desiderata* di uno solo degli Stati, bensì considerando il testo da interpretare alla stregua del "terreno di gioco comune" in cui si è materializzata la convergenza del consenso ad obbligarsi degli Stati contraenti.

c) *Un'interpretazione calata nel contesto*

142. Soluzione della Convenzione di Vienna del 1969. — L'art. 31, par. 2, CVT, dispone che ***"[a]i fini dell'interpretazione di un trattato, il contesto comprende, oltre al testo, il preambolo e gli allegati*: a) *ogni accordo in rapporto col trattato e che è stato concluso fra tutte le parti in occasione della conclusione del trattato*; b) *ogni strumento posto in essere da una o più parti in occasione della conclusione del trattato e accettato dalle altre parti come strumento in connessione col trattato"*.**

143. Uso giudiziario frequente. — Il ricorso al "contesto" è frequente nella prassi internazionale. Fu così che la CPGI, nel suo parere consultivo sulla ***competenza dell'OIL per la regolamentazione del lavoro nell'agricoltura***, indicò chiaramente la strada da seguire in tale materia: "[p]er esaminare la questione attualmente pendente davanti alla Corte, alla luce stessa dei termini del trattato, bisogna evidentemente leggere [questo atto] nel suo insieme, senza determinare il suo significato sulla base di qualche frase separata dal suo contesto e che, avulsa appunto da tale contesto, può essere interpretata in molti modi" (135).

Nel **caso del *Tempio di Préah-Vihéar***, la CIG ebbe nuovamente occasione di precisare la sua posizione in materia, affermando che: "[l]a Corte deve applicare le regole normali di interpretazione e la prima di queste è, secondo la propria giurisprudenza costante, che bisogna interpretare le parole nel loro senso naturale e ordinario nel contesto da cui esse emergono" (136).

144. Preamboli ed allegati. — Per "contesto" si intende, ad esempio, ciò che viene riportato nel *preambolo* di un trattato (137). Anche gli *allegati* di un trattato formano parte del "contesto", cui il giudice attribuirà un ruolo importante soprattutto se si tratta di testi che hanno valore interpretativo di alcune disposizioni convenzionali. In questo senso, ad esempio, nel **caso *Ambatielos*** tra Grecia e Regno Unito, la CIG valutò che "le disposizioni [di una] dichiarazione [avevano] il carattere di clausole

---

(133) *Rec.*, 1950, p. 8. Corsivo aggiunto.

(134) SCOVAZZI, *Corso di diritto internazionale*, 2 ed., cit., p. 54.

(135) Ser. B. n. 2 e 3, 1922, p. 23. Si veda anche nello stesso senso il Parere consultivo della CIG nel 1950, già citato.

(136) Eccezioni preliminari, *Rec.*, 1961, p. 32.

(137) V. il caso — già citato — dei *Cittadini degli Stati Uniti in Marocco*, CIG, 27 agosto 1952, *Rec.*, 1952, pp. 183-184, 197-198.

interpretative e, come tali, [dovevano] essere considerate come parti integranti del trattato" ([138]).

145. Limiti. — Esiste, tuttavia, un limite al metodo di interpretazione del testo di un trattato collocato nel suo "contesto": quello di "non condurre a risultati irragionevoli o assurdi", come del resto venne sostenuto dalla CPGI nel suo parere consultivo relativo al ***servizio postale polacco di Danzica*** ([139]).

d) ***Un'interpretazione in funzione "dell'oggetto e dello scopo" di un trattato***

146. — Oltre che in base ai dati testuali, *un trattato dovrà essere interpretato alla luce del proprio oggetto e delle proprie finalità eliminando di conseguenza i significati che risultino in contrasto o comunque non conciliabili con tali parametri.*

Certo, in materia di trattati di protezione dei diritti umani sono legittime quelle interpretazioni che, in caso di dubbio, privilegiano la tutela dell'individuo. Ma i principi di cui sopra valgono anche per i trattati commerciali ove, sempre più spesso, vengono innestate clausole "non trade" anch'esse in materia di diritti umani, diritti sociali ed ambientali. Non c'è dunque da stupirsi se, alla luce dell'oggetto e dello scopo di questi ultimi trattati (la liberalizzazione degli scambi di merci) quelle clausole sociali e sui diritti umani si rivelino per lo più delle clausole ornamentali.

Senonché, è pur vero che tale tecnica di interpretazione dei trattati è stata utilizzata dalla CIG in modo più "attivista" ([140]). Ciò è accaduto però non in materia di diritti umani bensì in materia di OIG per consolidare la dottrina dei "poteri impliciti" delle OIG.

Nel proprio ordinamento, anche la Corte di Giustizia UE fa un uso frequente di tale metodo ermeneutico, talvolta ai limiti dell'abusivismo, tramite il proprio *judge-made Law* che intende imporre alla volontà degli Stati membri ([141]).

e) ***L'effetto utile del trattato***

147. Invocazione frequente. — La regola di interpretazione detta dell'"effetto utile" deriva dal diritto romano ove veniva espressa tramite il brocardo ***ut res magis valeat quam pereat***. In base a tale principio, si ha che in caso di dubbio occorre scegliere l'interpretazione secondo la quale una norma di un trattato trovi la propria ragion d'essere nella produzione di effetti giuridici, piuttosto che l'interpretazione secondo la quale quella stessa norma risulterebbe inutile ([142]).

Nel **caso dello *Stretto di Corfù***, oggetto di un contenzioso tra il Regno Unito e l'Albania dinanzi alla CIG nel 1949, la Corte ricorse a tale tecnica attraverso le seguenti parole: "sarebbe contrario alle regole d'interpretazione generalmente rico-

---

([138]) Eccezioni preliminari, *Rec.*, 1952, p. 44.

([139]) Ser. B, n. 11, p. 39.

([140]) V. il caso, già citato, dei *diritti degli americani in Marocco*, in *Rec.*, 1952, pp. 183-184, 197-98 o il caso del *Sud-Ovest africano*, prima fase, in *Rec.* 1962, p. 336.

([141]) V. l'attuale dibattito in materia di investimenti diretti esteri a proposito della validità ed efficacia dei BITs intra-Ue e persino extra-Ue.

([142]) T. Treves, *Diritto internazionale*, cit., p. 393.

nosciute considerare che una disposizione di questo genere, inserita in un compromesso, sia una disposizione priva di portata giuridica e senza effetto" ([143]).

148. Limite. — Esiste, tuttavia, un limite al metodo dell'effetto utile: come ha notato la CIG, nel suo **parere consultivo relativo alla** ***interpretazione dei trattati di pace***, esso non deve finire con il contraddire la "lettera e lo spirito del trattato" ([144]). In effetti, interpretare il trattato contrariamente al suo chiaro significato avrebbe come conseguenza la sua revisione.

f) ***Un'interpretazione conforme "alla lettera e allo spirito" del trattato***

149. — Tale principio di interpretazione va sempre utilizzato in materia di trattati internazionali ma appare assai difficile da definire in via generale ed astratta. È chiaro, tuttavia, che questo metodo non finirà mai col "far dire" al trattato qualcosa che esso non dice, con la conseguenza di modificarne il senso e la portata. Per questo **la CIG** ha affermato che: "[l]a Corte è chiamata ad interpretare i trattati, non a modificarli" ([145]). In tale cornice normativa si collocano anche i metodi interpretativi utilizzati dagli **arbitri ICSID**: qui gli accordi bilaterali in materia di investimenti vanno interpretati, in linea di principio, in modo "neutrale" ossia senza privilegiare né lo Stato ospite, né l'investitore straniero ([146]).

g) ***Un'interpretazione restrittiva delle limitazioni alla sovranità degli Stati***

150. Una regola internazionale di diritto comune. — L'art. 31, par.3, lett. *c*, CVT consente, a fini interpretativi, di tener conto di "*qualsiasi regola pertinente di diritto internazionale applicabile nei rapporti fra le parti*". Orbene, chiunque può comprendere tale norma soprattutto nella parte in cui si riferisce a norme *già* applicabili *fra gli stessi Stati* del cui trattato si parla ed in vigore al momento in cui si effettua l'interpretazione. Ed è sempre in virtù delle caratteristiche specifiche dell'ordinamento internazionale (*supra* Cap. I, II, III) che quando si tratta di interpretare le disposizioni di un trattato che implicano una *restrizione della sovranità delle Parti contraenti*, è opportuno farlo sempre ***in senso restrittivo***. La ragione è semplice: una costruzione "collettivista" implicherebbe per gli Stati contraenti un accrescimento dei loro obblighi. Orbene, dato il principio fondamentale per cui nessun obbligo di diritto pattizio può essere imposto ad uno Stato senza il suo consenso, se ne deduce il

---

([143]) *Rec.*, 1949, p. 24. Tra i precedenti della CPGI si segnalano i casi dell'*acquisizione della nazionalità polacca*, Ser. B, n. 7, 1923, pp. 16-17; dello *scambio delle popolazioni greche e turche*, Ser. B, n. 10, 1925, p. 25; delle *Zone franche dell'Alta Savoia e dei Paesi di Gex*, Ser. A, n. 22, 1929, p. 13.

([144]) *Rec.*, 1950, p. 229.

([145]) Parere consultivo sulla *Interpretazione dei trattati di pace*, in *Rec.* 1950, p. 229.

([146]) ICSID Case No. ARB/03/15, *El Paso Energy International Company v. The Argentine Republic*, lodo parziale sulla giurisdizione, 27 aprile 2006, punti 68-70: "This Tribunal wishes to state clearly at the outset the standards of interpretation of a BIT, which is an international treaty between two States whose purpose it is to protect the investments made by the nationals of each of the two States on the territory of the other, as this question has often been settled through different approaches. On the one hand, some contend that the treaty should be interpreted so as to favour State sovereignty; on the other, it has been argued that the interpretation should favour the investor's protection...This Tribunal considers that a balanced interpretation is needed, taking into account both State sovereignty and the State's responsibility to create an adapted and evolutionary framework for the development of economic activities, and the necessity to protect foreign investment and its continuing flow".

corollario secondo il quale occorre preservare nella misura più ampia possibile la sua indipendenza e sovranità rispetto ad obblighi internazionali che non ha volontariamente assunto. Ciò va sottolineato in quanto oggi non manca chi, non conoscendo la struttura del diritto internazionale, deduce con illusorie ed infondate "interpretazioni sistematiche" prese a prestito dal diritto interno l'applicazione di norme non previste dallo specifico trattato che si vuole interpretare (v. ad es. il dibattito circa le regole "*non Trade*" — come in materia di clausole sociali ed ambientali — che si vorrebbero applicabili persino in quei trattati commerciali ove compaiono solo regole "*Trade*" od anche i maldestri tentativi di interpretare delle convenzioni di diritto privato uniforme tramite altre convenzioni di diritto privato uniforme).

Volendo, *obtorto collo*, trovare un parallelo col diritto interno, va osservato che la regola interpretativa di diritto internazionale in questione non si ricollega né alle regole di interpretazione civilistiche, né con quelle in materia costituzionale. Il parallelismo più utile appare invece con riferimento al diritto penale interno ove le norme penali sono sempre oggetto di *interpretazione restrittiva*.

151. Riconoscimento giudiziario. — Nella celebre sentenza del **caso *Lotus*** che opponeva la Francia alla Turchia, la CPGI affermò, infatti, il principio secondo cui le "limitazioni all'indipendenza degli Stati non si presumono" (147). Ancora, nel citato caso ***Zone franche*** tra la Francia e la Svizzera, la Corte dichiarò che "nel dubbio, una limitazione alla sovranità deve essere interpretata restrittivamente" (148). Più recentemente, nel già citato **caso dei *test nucleari*** francesi nel Pacifico, la CIG riaffermò la sua tradizionale posizione: "[q]uando degli Stati fanno delle dichiarazioni che limitano la loro libertà d'azione futura" — dice la Corte — "una interpretazione restrittiva s'impone" (149).

Non ci si deve fare troppe illusioni nel leggere la sentenza del 20 aprile 2010, nella controversia tra Argentina ed Uruguay delle *Cartiere sul fiume Uruguay*.

Qui, in effetti, la CIG ha affermato testualmente che:

> "In this sense, the obligation to protect and preserve...has to be interpreted in accordance with a practice, which in recent years has gained so much acceptance among States that it may now be considered a requirement under general international law to undertake an environmental impact assessment where there is a risk that the proposed industrial activity may have a significant adverse impact in a transboundary context, in particular, on a shared resource." (150)

Ma in realtà la CIG ha concretamente applicato solo una norma consuetudinaria e dunque una "regola pertinente di diritto internazionale" già applicabile ai rapporti fra tali Stati.

h) *L'interpretazione mediante la "prassi successiva delle parti" al trattato*

152. Una tecnica classica. — Il ricorso alla prassi ulteriore — o successiva — delle Parti contraenti costituisce, a patto che sia *concordante*, uno dei mezzi più classici per

(147) Ser. A, n. 10, p. 18.
(148) Ordinanza del 6 dicembre 1930, Ser. A, n. 24, p. 12.
(149) *Rec.*, 1974, p. 267.
(150) *Rec.*, 2010, punto 204.

determinare il senso esatto delle disposizioni di un trattato ([151]). Cosa c'è di più chiaro che riferirsi al modo in cui le Parti contraenti applicano il trattato al fine di apprezzarne la portata? Inoltre, secondo Aust, "it is not necessary to show that each party has engaged in a practice, only that all have accepted it, albeit tacitly" ([152]).

153. Prassi giudiziaria. — Le Corti internazionali dell'Aja hanno frequentemente fatto riferimento a tale metodo di interpretazione. Per esempio, la CPGI, nel suo parere consultivo relativo alla ***competenza dell'OIL per la regolamentazione del lavoro nell'agricoltura*** argomentò che "se ci fosse stato un equivoco, la Corte, per riuscire a stabilire il senso autentico del testo, avrebbe potuto esaminare il modo in cui il trattato è stato applicato" ([153]).

154. Un metodo oggettivo. — A parere di molti, l'interpretazione di un trattato, in ragione della prassi successiva delle Parti contraenti, sembra essere il metodo migliore perché "oggettivo". La CPA nel **caso dell'*indennità russa***, oggetto di una controversia nel 1912, tra la Russia e la Turchia, illustrò questo approccio affermando che "l'esecuzione degli impegni assunti è, tra gli Stati come tra gli individui, l'interpretazione più sicura del significato di questi impegni" ([154]). Il medesimo approccio si ritrova anche nella soluzione delle controversie commerciali internazionali presso la WTO/OMC ([155]).

i) *I mezzi complementari d'interpretazione: il ricorso ai "lavori preparatori"*

155. L'art. 32 CVT. — Nell'ipotesi in cui le tecniche d'interpretazione testé illustrate non abbiano prodotto il risultato atteso, cioè quando il senso ordinario delle parole riportate nel loro contesto non appare in modo chiaro, è allora possibile ricorrere ai "lavori preparatori" (***travaux préparatoires***). Con ciò ci si riferisce ai diversi progetti, verbali di seduta, dichiarazioni di voto, ecc. che hanno portato all'adozione del testo, agli interventi orali o scritti dei partecipanti, all'adozione o al rifiuto di certi emendamenti, ecc.. Il rischio però è quello di aprire un "vaso di Pandora" e ritrovarsi sommersi di bozze, dichiarazioni confliggenti ed altri atti che, per definizione, non rappresentano pienamente la sintesi degli interessi degli Stati raggiunta nel testo finale del trattato.

L'art. 32 CVT statuisce che: ***"[s]i può fare ricorso ai mezzi complementari di interpretazione, e in particolare ai lavori preparatori e alle circostanze nelle quali il***

([151]) G. Distefano, "La pratique subséquente des Etats parties à une traité", in *AFDI*, 1994, p. 41; L. Crema, *La prassi successiva e l'interpretazione del diritto internazionale scritto*, Milano, Giuffrè, 2017, nonché, in particolare, G. Nolte, *Treaties and Subsequent Practice*, Oxford, OUP, 2013; Id, « Treaties and their Practice, Symptoms of their Rise or Decline », *RCADI*, v.392, 2018, p. 205 ss. ed i lavori della CDI in tema di "Subsequent agreements and subsequent practice in relation to interpretation of treaties" all'apposito sito internet. La CDI ha adottato nel 2018, *13 Draft Conclusions on Subsequent Agreement and Subsequent Practice in relation to the Interpretation of Treaties*.

([152]) A. Aust, *Modern Treaty Law and Practice*, 2 ed., cit., p. 243.

([153]) Ser. B, n. 2, 1922, p. 38. Si veda anche nello stesso senso il parere consultivo della CPGI sulla *Interpretazione del par. 2 dell'art. 3 del Trattato di Losanna*, Ser. B. n. 12, 1925, p. 24, la sentenza della stessa corte sul caso dei *Prestiti brasiliani*, 1929, Ser. A n. 21, p. 119, la sentenza della CIG sul caso dello *stretto di Corfù*, in *Rec.*, 1949, p. 25.

([154]) In *RSA*, vol. XI, p. 433.

([155]) V. ad es. il Rapporto dell'Organo d'Appello dell'OMC/WTO, 4 aprile 2012, caso *United States — Measures affecting the production and sale of clove cigarettes*, WT/DS406/AB/R.

trattato è stato concluso, allo scopo, sia di confermare il senso che risulta dall'applicazione dell'art. 31, sia di determinare il senso quando l'interpretazione data in conformità all'art. 31: a) lascia il senso ambiguo o oscuro; oppure b) conduce ad un risultato che è manifestamente assurdo o irragionevole." ([156])

156. Un ruolo meramente sussidiario e confermativo. — Così, anche le Corti internazionali dell'Aja hanno sempre indicato il carattere "sussidiario" del ricorso ai "lavori preparatori". Per alcuni Paesi, soprattutto quelli di *Common Law* ed in particolare il Regno Unito, questa tecnica rasenta l'illegittimità. È per tale motivo che la CPGI ha utilizzato i "lavori preparatori" solo a titolo supplementare, per confermare il "senso naturale delle parole" utilizzate in un trattato ([157]). La CIG, nel suo parere consultivo su *la competenza dell'Assemblea Generale per l'ammissione di uno Stato membro delle Nazioni Unite*, del 1948, sintetizzò la sua posizione e quella della corte che l'ha preceduta osservando che: "[l]a Corte considera il testo sufficientemente chiaro; pertanto, ritiene che non ci si debba allontanare dalla giurisprudenza costante della CPGI, secondo la quale non si può ricorrere ai lavori preparatori se il testo di una convenzione è di per sé sufficientemente chiaro" ([158]).

157. Avvertimento finale di Vattel. — A titolo di *caveat* finale, non si può non ricordare il grande principio posto da Vattel, secondo cui "la prima massima generale è che non è permesso di interpretare ciò che non ha bisogno d'esserlo" ([159]). Non suggerisce forse che ogni interpretazione di un testo può portare alla sua deformazione? *In claris non fit interpretatio.*

§ 2. — *Gli effetti dei trattati rispetto agli Stati terzi*

Bibliografia sommaria: G. Salvioli, "I terzi Stati nel diritto internazionale", in *Riv.dir.int.*, 1918, p. 228 ss.; Mc Nair, "Treaties producing effects Erga Omnes", in *Studi Perassi*, II, 1957, p. 21 ss.; Ph. Cahier, "Le problème des traités à l'égarde des tiers", in *RCADI*, 1974, vol. 143, p. 589; E. Roucounas, "Engagements parallèles et contradictoires", in *RCADI*, 1987, VI, v. 206, p. 9; C. Tomuschat, "Obligations arising for States without or against their will", in *RCADI*, 1993, v. 241, p. 195; M. Ragazzi, *The Concept of International Obligations Erga Omnes*, Oxford, OUP, 1997; M. Fitzmaurice, "Third Parties and the Law of Treaties", *Max Planck Yearbook of United Nations Law*, 2002, pp. 37-137; P. Picone "La distinzione tra norme internazionali di *jus cogens* e norme che producono obblighi *erga omnes*", in *Riv. dir. int.*, 2008 p. 5 ss.; P. Picone, "Gli obblighi *erga omnes* tra passato e futuro", *Riv. dir. int.*, 2015, p. 1081 ss.; S. Saluzzo, *Accordi internazionali degli Stati membri dell'UE e Stati terzi*, Milano, Lesipub., 2018; T. Scovazzi, *Diritto internazionale*, II, 2 ed., cit., p. 39 ss..

158. Principio di relatività dei trattati internazionali. — In virtù di un principio generale comune al diritto dei contratti e al diritto dei trattati, i trattati internazionali sono vincolanti solo per le Parti contraenti: ***pacta tertiis nec prosunt, nec nocent***. In altre parole, rispetto ai terzi, i trattati sono una *res inter alios acta* (letteralmente dei "fatti degli altri" e non dei "fatti propri"), da cui non possono ad essi derivare né diritti né obblighi (principio *dell'efficacia relativa dei trattati*).

---

(156) Sottolineatura aggiunta.

(157) Parere consultivo su *l'interpretazione della convenzione del 1919 relativa al lavoro notturno delle donne*, 1932, Ser. A/B, n. 50, p. 380.

(158) *Rec.*, 1948, p. 63. V. altresì il caso delle *Peschiere islandesi* della CIG in *Rec.* 1973, p. 56 e, per uno studio d'insieme, E. Canal-Forgues, "Remarques sur le recours aux travaux préparatoires dans le contentieux international", in *RGDIP*, 1993, p. 901.

(159) Vattel, *Le droit des gens*, cit., par. 263.

Ciononostante, negli ultimi tempi, tanto nell'ordinamento interno quanto nell'ordinamento internazionale, si sono manifestate alcune rilevanti eccezioni a tale principio; e si tratta di un fenomeno particolarmente interessante nell'ordinamento internazionale dato il suo carattere essenzialmente "volontarista".

1. — L'inopponibilità di un trattato nei confronti di Stati terzi

159. Premessa. — Il principio *dell'efficacia relativa dei trattati* viene consacrato all'art.34 CVT ove si stabilisce lapidariamente che "***un trattato non crea né obblighi né diritti per uno Stato terzo senza il suo consenso***". Occorre però sviluppare tale problematica separando la creazione di obblighi *(a)* dalla creazione di diritti a beneficio di Stati terzi *(b)*.

a) *Da un trattato non possono derivare obblighi a carico di Stati terzi (art. 35 della Convenzione di Vienna del 1969)*

160. Arbitrato dell'Isola di Palmas. — È generalmente ammesso che da un trattato non possono derivare obblighi a carico di terzi Stati. Così, ad esempio, nel **caso dell'*Isola di Palmas***, nel 1928 l'arbitro Max Huber affermò che il Trattato di Parigi del 19 dicembre 1898 che poneva fine alla guerra ispano-americana e mediante il quale la Spagna cedeva agli Stati Uniti vari possedimenti nel Pacifico, tra cui l'Isola di Palmas, *non era opponibile ai Paesi Bassi* che avevano occupato detta isola dal 1677. "Sembra evidente" — afferma l'arbitro — "che i trattati conclusi dalla Spagna con Potenze terze e che riconoscono la sua sovranità sulle Filippine [di cui faceva parte l'Isola di Palmas, *n.d.r.*] non possono vincolare i Paesi Bassi" ([160]).

161. Prassi giudiziaria internazionale. — Le Corti internazionali dell'Aja, da parte loro, ebbero diverse volte l'occasione di riconoscere l'esistenza di tale regola fondamentale nel diritto dei trattati. Così, nel **caso relativo a *certi interessi tedeschi nell'Alta Slesia polacca***, la CPGI affermò che: "[u]n trattato genera diritto solo tra coloro che ne fanno parte" ([161]). Nel già citato **caso delle *Zone Franche dell'Alta Savoia e del paese di Gex***, la stessa Corte stabilì che l'art. 435 del Trattato di Versailles non era "opponibile alla Svizzera, la quale non era parte di questo trattato, se non nella misura in cui la stessa Svizzera [avesse] accettato" ([162]). Allo stesso modo, la CPGI, nel suo parere consultivo sulla ***Giurisdizione territoriale della Commissione internazionale dell'Oder***, arrivò a concludere che la Convenzione di Barcellona, del 20 aprile 1921, sul regime delle vie navigabili d'interesse internazionale, un trattato di ovvia portata generale, non era opponibile alla Polonia, proprio in quanto non era una Parte contraente ([163]). Va rilevato altresì che, qualche tempo prima, la CPGI aveva egualmente stabilito che il Patto della Società della Nazioni non era opponibile ad uno Stato non membro, nel caso di specie l'Unione Sovietica ([164]). Alla luce di tali precedenti, si può cogliere appieno, dunque, la portata rivoluzionaria del parere reso

---

([160]) In *RSA*, vol. II, pp. 830 e 850.
([161]) CPGI, 25 maggio 1926, Ser. A., n. 7, p. 29.
([162]) 1932, Ser. A/B, n. 46, p. 141.
([163]) 1929, Ser. A, n. 23, pp. 19-22.
([164]) V. il *caso dello statuto della Carelia Orientale*, CPGI, 23 luglio 1923, Ser. B., n. 5, pp. 27-28.

nel già citato *caso Bernadotte* del 1949: qui, invece, la CIG riconobbe che "la personalità internazionale oggettiva" dell'ONU si imponeva — ed era quindi opponibile — a *Stati non membri* dell'ONU, nel caso di specie ad Israele. Senonché, in casi diversi da quelli attinenti l'interpretazione di un trattato istitutivo di una OIG, la medesima Corte continuava a ritenere, come avvenne nel **caso dell'*incidente aereo del 27 luglio 1955 tra la Bulgaria e Israele***, che l'art. 36, par. 5, del suo Statuto, "non possedeva alcuna forza di legge per gli Stati non firmatari", in tal caso la Bulgaria ([165]).

162. Eccezioni. — La regola in virtù della quale non si può imporre ad uno Stato un obbligo in base ad un trattato di cui esso non è Parte contraente presenta due rilevanti eccezioni. Anzitutto, lo Stato può aver accettato, formalmente o implicitamente, di essere vincolato da tale obbligo. In secondo luogo alcuni trattati, in ragione della loro natura "oggettiva", possono creare degli obblighi a carico di terzi.

b) *Il principio per il quale uno Stato non può invocare un diritto nascente da un trattato altrui e le sue eccezioni (art. 36 della Convenzione di Vienna del 1969)*

163. La posizione classica. — Il principio per cui dai trattati non possono derivare diritti a favore di terzi è frutto di una prassi costante. Così ad esempio, nel **caso *dell'Isola di Clipperton***, disputata fra il Messico e la Francia, al fine di determinare a chi spettasse la sovranità su quell'isola del Pacifico, l'arbitro unico - il Re d'Italia - rigettò la pretesa del Messico di invocare contro la Francia l'Atto generale di Berlino del 1885 sulle condizioni d'occupazione dei territori, perché quest'ultimo Paese non era Parte contraente di tale trattato ([166]). Nel **caso delle *Foreste dei Monti Rodopi***, oggetto di un contenzioso tra la Grecia e la Bulgaria, l'arbitro decise che la Grecia non poteva chiedere che i propri cittadini beneficiassero di certi vantaggi che alcuni Stati terzi si erano accordati tra loro mediante un trattato internazionale del quale essa non faceva parte: "Non essendo firmataria del trattato di Costantinopoli, [la Grecia] non aveva alcuna base giuridica per presentare un reclamo basato sulle clausole materiali di questo trattato" ([167]).

164. Consenso del beneficiario. — È tuttavia possibile che alcuni Stati, *oltre a stipulare tra loro un trattato, vogliano conferire ad uno Stato terzo uno o più diritti.* Anche qui, il sorgere del diritto a favore dello Stato terzo presuppone una sua accettazione altrimenti, in caso di obiezione, il diritto offerto non nasce. Senonché, proprio in quanto si parla solo di un vantaggio e non di un obbligo, il diritto internazionale si fa meno rigoroso circa la manifestazione esteriore del consenso dello Stato terzo, come si vedrà d'appresso.

165. Prassi significativa. — Si citano spesso in dottrina, l'esempio della clausola "a favore" di terzo (i) e la clausola "della Nazione più favorita" (ii).

i. La clausola "a favore" di terzo

166. Il caso delle *Zone franche di Gex e dell'Alta Savoia.* — La possibile esistenza nel diritto internazionale della "clausola a favore di terzo", istituto ben

---

([165]) In *Rec.* 1959, p. 138.

([166]) In *RSA*, vol. II, p. 1105; *Riv. dir. int.*, 1932, p.230 ss.. V. pure S. Romano, voce *Clipperton*, in *Frammenti di un dizionario giuridico*, [1947], Macerata, Quodlibet, rist. 2019, p. 55 ss..

([167]) In *RSA*, vol. III, p. 1405.

conosciuto nell'ordinamento interno (in Italia, il riferimento è, in diritto civile, al *contratto a favore di terzo*), venne discussa nella già citata sentenza delle *Zone franche* tra la Francia e la Svizzera pronunciata nel 1932 dalla CPGI. Qui, si trattava di stabilire se la Svizzera potesse far valere nei confronti della Francia dei diritti che le erano stati riconosciuti nel distretto di Gex, appartenente alla Francia, da una norma dell'Atto finale del Congresso di Vienna del 1815 la quale aveva istituito delle "zone franche" al fine di aumentare "l'hinterland" economico della città di Ginevra. La Svizzera aveva dato espressamente il suo assenso alla concessione di tali diritti. Per di più, la Svizzera aveva, in seguito, acquisito dei diritti su queste zone grazie ad alcuni trattati conclusi nel 1815-16 con il Regno di Sardegna (Piemonte), trattati che non erano stati mai denunciati ([168]). In una prima ordinanza del 19 agosto 1929, la CPGI sostenne di non potersi esprimere sull'esistenza in diritto internazionale generale della figura dell'accordo a favore di terzi ([169]). Tuttavia, nella sentenza del 7 giugno 1932, la CPGI ha indicato che l'art. 435 del Trattato di Versailles non aveva abrogato il regime delle zone franche a favore della Svizzera giacché quest'ultima non era Parte contraente del trattato che le istituiva; una tale abrogazione, per essere lecita, presupponeva l'assenso formale della Svizzera.

La Corte aggiunse che:

> "non si può presumere facilmente che delle pattuizioni vantaggiose per uno Stato terzo siano state adottate con lo scopo di creare in suo favore un vero e proprio diritto. Nulla, tuttavia, impedisce che la volontà di Stati sovrani possa avere questo obiettivo e questo effetto. L'esistenza di un diritto acquisito in virtù di un patto concluso da altri Stati è dunque una questione che va valutata caso per caso: si tratta di accertare se gli Stati che hanno stipulato un patto a favore di un altro Stato abbiano inteso creare un autentico diritto in capo a tale Stato, che quest'ultimo ha accettato come tale" ([170]).

In base a tali conclusioni — non del tutto limpide — si può comunque osservare che, per i giudici internazionali, la clausola a favore di terzo non è inconcepibile in diritto internazionale; piuttosto va ritenuta un fatto eccezionale soggetto a due condizioni: innanzitutto, *le Parti contraenti di un trattato devono manifestare una chiara intenzione di concedere un "autentico diritto" ad uno Stato terzo*; inoltre, seconda condizione necessaria, occorre che quest'ultimo Stato abbia *accettato tale diritto*. Ma in che forma deve essere data tale accettazione?

167. Le soluzioni della Convenzione di Vienna del 1969. — La CVT, codifica la materia **all'art. 36**: una volta indicato che le Parti contraenti di un trattato hanno facoltà di accordare un diritto (o più diritti) a vantaggio di uno Stato terzo (o di più Stati terzi), si precisa che il **consenso dello Stato terzo si presume in assenza di indicazione contraria**. *Nessuna presunzione vige, invece, in caso di obbligo imposto allo Stato terzo*: qui, ai sensi **dell'art. 35 CVT**, occorre un'accettazione espressa e per iscritto dello Stato terzo con riferimento all'obbligo previsto da un trattato altrui.

Per quanto riguarda la **revoca o la modifica** di obblighi o diritti di Stati terzi, **l'art. 37 CVT** stabilisce che:

([168]) Ser. A/B, n. 46, pp. 144-149.
([169]) Ser. A, n. 22, p. 20.
([170]) Ser. A/B, n. 46, p. 147.

"Nel caso di un obbligo sorto a carico di uno Stato terzo ai sensi dell'art. 35, l'obbligo in questione può essere revocato o modificato soltanto col consenso delle parti al trattato e dello Stato terzo, a meno che non risulti che essi avevano convenuto diversamente.

2. Nel caso di un diritto sorto a vantaggio di uno Stato terzo ai sensi dell'art. 36, il diritto in questione non può essere revocato o modificato dalle parti se risulta che esso era destinato a non essere revocabile o modificabile senza il consenso dello Stato terzo."

ii. La clausola della Nazione più favorita

168. Una norma di diritto pattizio. — La clausola della Nazione più favorita (CNPF) è una norma di diritto pattizio in virtù della quale due (o più) Stati decidono di estendere reciprocamente (o in assenza di reciprocità, come nel GATT/WTO) il beneficio del trattamento più favorevole (ad es. un dazio più basso sulle merci originarie di un dato Paese o ancora il trattamento più favorevole per gli investitori privati cittadini di un Paese dato) che sarà concesso in futuro solo da una delle Parti contraenti ad uno Stato terzo. Siffatta "clausola di generalizzazione dei vantaggi acquisiti" ha avuto nei molti secoli della sua esistenza l'obiettivo di combattere le pratiche discriminatorie e inoltre di assicurare l'uguaglianza di trattamento dapprima agli stranieri presenti nel territorio degli Stati e poi alle merci che beneficiano di tale regime ([171]).

169. (*segue*) Un'eccezione al principio di relatività dei trattati o una clausola generale? — È possibile dubitare del fatto che la clausola della Nazione più favorita costituisca un'eccezione alla regola *pacta tertiis* nella misura in cui qui tutte le Parti in causa risultano legate da vincoli convenzionali. In altre parole, non esiste qui alcun autentico Stato "terzo", giacché ciascun beneficiario trova la fonte dei propri vantaggi in un trattato precedentemente concluso. E tale risultato giuridico corrisponde bene alla *ratio* della CNPF, che è proprio quella di evitare discriminazioni tra i diversi Stati *partner*.

Per di più, tale clausola ha un oggetto limitato alle materie del trattato in cui essa è contenuta ([172]): così, nel **caso dell'*Anglo-Iranian oil***, oggetto di un contenzioso tra il Regno Unito e l'Iran davanti alla CIG nel 1952 ([173]), la Corte ha indicato che il Regno Unito non poteva invocare a proprio beneficio le disposizioni di un *trattato iraniano-danese* del 1934 (che riguardava, *inter alia*, la soluzione delle controversie tra quei due Paesi) per mezzo della CNPF contenuta nei *trattati anglo-iraniani* del 1857 e 1903. Ciò in quanto i trattati anglo-iraniani del 1857 e 1903, oggetto di discussione, si occupavano solo di regolare alcune questioni commerciali ma non si estendevano alla materia processuale (che invece era contemplata dal trattato iraniano-danese).

In breve e conclusivamente, la CNPF costituisce una clausola generale la cui funzione è quella di incorporare (rinvio recettizio) il vantaggio pattuito in un altro trattato. Ne segue che la sua violazione è sempre e soltanto una violazione del trattato

---

([171]) Cfr. E. Triggiani, *Il trattamento della Nazione più favorita*, Napoli, Jovene, 1984; D. Carreau e P. Juillard, R. Bismuth, A. Hamann, *Droit international économique*, 6 ed. cit., p. 201 ss., nonché F. Marrella, *Diritto del commercio internazionale*, 2 ed., cit., p. 189 ss.

([172]) Talvolta si parla di "eiusdem generis", per approfondimenti si rinvia a D. Carreau e P. Juillard, R. Bismuth, A. Hamann, *Droit international économique*, 6 ed. cit., p. 628 ss.

([173]) In *Rec.*, 1952, p. 193.

in cui la CNPF è inserita. Non vi è infatti alcuna violazione del trattato più favorevole richiamato, quest'ultimo trattato appartiene alle *res inter alios acta*.

Modalità particolare di applicazione dei trattati nel tempo e non un'eccezione al principio dell'effetto relativo dei trattati.

2. — Opponibilità dei trattati agli Stati terzi: i trattati che creano dei regimi "oggettivi"

170. Premessa. — Un'altra problematica oggetto di ampio dibattito è quella dell'opponibilità di taluni obblighi internazionali di origine pattizia a prescindere da una previa manifestazione del consenso da parte dello Stato (o degli Stati) "debitore".

171. Differenze con le norme consuetudinarie (art. 38 CVT). — Tale questione non va confusa con quella regolata all'art. 38 della CVT, secondo la quale le norme convenzionali diventano obbligatorie per gli Stati terzi nella misura in cui abbiano acquistato un valore consuetudinario. In questi casi non si ravvisa affatto un'eccezione al principio *pacta tertiis*: qui, infatti, il carattere obbligatorio di tali norme internazionali trova il suo fondamento nella consuetudine internazionale e non più nei trattati. Pertanto non ha alcun senso parlare di "Stati terzi" in presenza di una norma consuetudinaria generale o universale a meno di volerne negare l'esistenza.

172. Caso della *Piattaforma continentale del mare del Nord*. — Tali considerazioni emergono con forza nella sentenza del 20 febbraio 1969, relativa al *caso della Piattaforma continentale del Mare del Nord.* Qui, la CIG respinse le argomentazioni della Danimarca e dei Paesi Bassi tese ad applicare alla Germania Federale una norma della Convenzione di Ginevra del 1958 sulla piattaforma continentale di cui però la Germania non era parte.

La Corte in un primo momento, esaminò se la Convenzione di Ginevra del 1958 sulla piattaforma continentale avesse codificato una norma consuetudinaria esistente. Dopo aver risposto negativamente a tale questione, la CIG valutò lo sviluppo del diritto internazionale in tale materia per decidere se la regola dell'equidistanza fosse divenuta una norma consuetudinaria. Su entrambe le questioni, la risposta della Corte fu negativa e coerente con il principio della relatività dei trattati.

173. Possibili deroghe al principio consensualistico. — Il fatto che alcuni obblighi internazionali di diritto pattizio possano imporsi a Stati terzi al di là della loro volontà costituisce evidentemente una deroga al principio consensualistico. Eppure, allo stato attuale del diritto internazionale esiste un numero crescente di trattati dotati di una validità *erga omnes*, nella misura in cui stabiliscono dei "regimi" generali obiettivi che, in quanto tali, rispondono agli interessi della Comunità internazionale nel suo insieme, il cui rispetto può essere preteso da qualsiasi Stato.

i. Trattati che disciplinano "statuti" territoriali

174. Esempi. — Alcuni trattati multilaterali fissano lo statuto internazionale di un Paese o di una regione. Fu così che la **Svizzera** ricevette uno statuto internazionale di *neutralità permanente* in occasione del Congresso di Vienna del 1815; l'**Austria** si trovò in una situazione non dissimile a seguito del trattato del 1955 ([174]).

Un continente intero, l'**Antartide**, ha ricevuto uno *statuto giuridico internazionale* al momento della conclusione, il 1° dicembre 1959, di un trattato tra gli Stati che erano interessati a tale area geografica, inviandovi delle missioni di esplorazione o mantenendovi delle installazioni permanenti. Lo statuto giuridico dell'Antartico si caratterizza altresì per la *smilitarizzazione* del continente, la libertà di ricerca scientifica e la cooperazione internazionale ([175]).

Pertanto, si ritiene che quei trattati, in ragione della loro natura e della loro sfera di applicazione, *producano effetti giuridici al di fuori della cerchia delle Parti contraenti e siano opponibili agli Stati terzi*. Concretamente, ciò significa che se, per esempio, uno Stato decidesse di inviare una missione scientifica nell'Antartide, questo dovrebbe rispettare le norme del trattato del 1959 anche se di quest'ultimo trattato non fosse Parte contraente.

175. Il precedente: il caso delle isole Åland. — Il carattere oggettivo di alcuni trattati e la loro opponibilità *erga omnes* vennero riconosciuti per la prima volta ad opera della "Commissione di giuristi", nominata dal Consiglio della Società delle Nazioni, che esaminò il *caso delle isole Åland* nel 1920 prima della costituzione della CPGI ([176]). Le isole Åland erano state smilitarizzate in forza di un trattato concluso il 30 marzo 1856 tra la Francia, la Gran Bretagna e la Russia (e nell'interesse della Svezia). Nel 1920, la Finlandia, nuovamente indipendente, acquistò la sovranità su quelle isole che, fino a quel momento, erano state sotto il controllo russo. A quel punto la Svezia, Paese confinante, sostenne che gli obblighi di smilitarizzazione di quelle isole fossero permanenti nonostante il mutamento di sovranità. La Commissione di giuristi accolse questa tesi e osservò che le clausole del trattato del 1856 superavano la portata degli interessi svedesi. "Si trattava" — proseguì la Commissione — "di un interesse europeo derivante dalla grande importanza strategica dell'arcipelago delle Åland". Si aggiunse che "le Potenze [avevano] in effetti, in numerosi casi a partire dal 1815, ed in particolare al momento della conclusione dei trattati di pace, cercato di stabilire un autentico diritto oggettivo, degli autentici statuti politici i cui effetti si [facevano] sentire al di fuori della cerchia delle Parti contraenti" ([177]). Per giustificare la propria tesi, la Commissione di giuristi fece più volte riferimento al "carattere di un regolamento che incide su interessi europei", alla "natura oggettiva del regolamento", al "diritto europeo".

Più recentemente, un lodo arbitrale del 9 ottobre 1998, reso tra **Eritrea e Yemen** a proposito di una controversia territoriale su alcune isole del Mar Rosso, ha seguìto un approccio analogo. Qui, gli arbitri hanno riconosciuto che l'art. 16 del Trattato di Losanna del 24 luglio 1923 sulla successione dell'Impero Ottomano, secondo il quale la Turchia rinunciava ai diritti e ai titoli territoriali al di fuori delle sue nuove frontiere,

---

(174) Cfr. N. RONZITTI, *Diritto internazionale dei conflitti armati*, 6 ed., cit., p. 121 ss.

(175) Cfr. E. SCISO, *Le risorse dell'Antartide e il diritto internazionale*, Padova, Cedam, 1990; L. PINESCHI, *La protezione dell'ambiente in Antartide*, Padova, Cedam, 1993; E. ZAMUNER, "I trattati che creano regimi obiettivi nel diritto internazionale", in *Com. e studi dell'Ist. di dir. int.dell'Univ. di Milano*, 2007, p. 943 ss.; M. FORNARI, *Il regime giuridico degli stretti utilizzati per la navigazione internazionale*, Milano, Giuffrè, 2010.

(176) V. J.O., *SDN*, 1920, suppl. n. 3.

(177) P. 17 ss.

aveva effetto *erga omnes* e pertanto il principio del *res inter alios acta*, cioè dell'efficacia relativa dei trattati non trovava applicazione ([178]).

ii. Trattati bilaterali o multilaterali relativi a vie di comunicazione d'interesse internazionale

176. — Va notato che alcuni fiumi internazionali sono stati oggetto, soprattutto in passato e ben prima della UNCLOS, di un "regime" internazionale (il Reno, il Danubio, il Congo, il Senegal, per citare solo alcuni esempi). Lo stesso si può dire per i canali transoceanici come Suez e Panama. Orbene, trattandosi di fiumi o di canali che attraversano il territorio di più Stati o, pur attraversando il territorio di uno Stato (es. Panama), risultano di un'importanza fondamentale per la navigazione internazionale, i trattati istitutivi di tali vie navigabili creano obblighi per le Parti contraenti a favore sia delle altre Parti contraenti, sia a favore degli Stati terzi. Gli stretti marini vengono, a propria volta, disciplinati sotto il profilo della libertà di passaggio agli artt. 34 ss. della UNCLOS.

Così la CPGI, nel già citato ***caso Wimbledon***, una volta rilevato che il Trattato di Versailles, all'art. 380 aveva fatto del canale di Kiel una via navigabile internazionale, concluse che tale accesso "più agevolato al Baltico" era stato istituito "a vantaggio di tutte le Nazioni del mondo" ([179]).

iii. Trattati che istituiscono un nuovo "ente internazionale"

177. Statuti territoriali. — Certi trattati multilaterali possono addirittura offrire una base giuridica ad uno Stato e attribuirgli uno statuto particolare (tale fu il caso del Belgio nel 1831 o della Città libera di Danzica nel 1919 per limitarsi a due esempi noti). Altri trattati perseguono una "missione di interesse generale": ad esempio, nel parere consultivo del 1950, la CIG indicò che il mandato sul *Sud-ovest africano* perdurasse nonostante l'estinzione della SdN a causa della permanenza degli obiettivi e della ragione d'essere di tale mandato ([180]).

178. Creazione di organizzazioni internazionali. — Tramite trattato multilaterale gli Stati costituiscono le organizzazioni internazionali (OIG), enti derivati dagli Stati ma dotate di una soggettività internazionale propria. Con riferimento alla più universale tra queste, le Nazioni Unite, la CIG le riconobbe una "personalità internazionale oggettiva", opponibile agli Stati non membri, con tutte le conseguenze giuridiche che ne derivano. Nel parere consultivo del 1949 più volte citato, relativo al *caso Bernardotte* ossia delle *riparazioni dei danni subiti al servizio delle Nazioni Unite*, la Corte si espresse in termini da manuale: "la Corte è del parere che cinquanta Stati, rappresentanti la grande maggioranza dei Membri della comunità internazionale", hanno il potere, conformemente al diritto internazionale, "di creare un ente avente una

---

([178]) V. parr. 153 e 162 della decisione, come riportata in *AJIL*, 1998, p. 688.

([179]) Ser. A, n. I, p. 22. In arg. v. LEANZA, CARACCIOLO, *Il diritto internazionale*..., 3 ed. cit., p. 226 ss.; F. CAFFIO, *Glossario di diritto marittimo*, 5 ed., cit., p. 165 ss.

([180]) In *Rec.*, 1950, pp. 128, 133. In arg. cfr. R. QUADRI, *Diritto coloniale*, Padova, Cedam, 1953; *Diritto internazionale pubblico*, cit., p. 82 ss.. V. l'art. 22 del Patto della SdN e l'art. 73 della Carta ONU.

personalità internazionale oggettiva e non semplicemente una personalità riconosciuta solo da questi" ([181]).

iv. Trattati di disarmo

179. — Da lungo tempo, la Comunità internazionale si è occupata di alcuni tipi di armi, sia per vietarle, sia per regolamentarle in ragione dei loro effetti devastanti ([182]). Diviene pertanto possibile pensare che le convenzioni concluse in tale materia possiedano una portata più ampia rispetto ai soli Stati contraenti, imponendosi dunque *erga omnes.*

Così, ad esempio, è accaduto che alcune armi classiche, frequentemente utilizzate in passato, sono state successivamente proibite. È il caso delle *pallottole esplosive*, vietate dalla Dichiarazione di San Pietroburgo dell'11 dicembre 1868 e dell'Aja del 29 luglio 1989, delle armi avvelenate o dei *proiettili che causano mali superflui* banditi dalla Convenzione dell'Aja del 18 ottobre 1907 concernente le leggi e gli usi di guerra (art. 23). Ancora, sono state vietate le *armi ad effetto traumatico eccessivo* (primo protocollo alla Convenzione del 10 ottobre 1980) e le *mine e trappole* (II protocollo alla Convenzione medesima). È possibile altresì citare il ***divieto dell'uso di armi chimiche*** (Protocollo di Ginevra del 17 giugno 1925), ***della messa a punto o della fabbricazione di armi biologiche*** (Protocollo di Ginevra del 1925 già citato, modificato dalla Convenzione del 10 aprile 1972 che prevedeva la distruzione degli stock esistenti) o ancora di tutte le tecniche volte a modificare l'ambiente a fini militari o ostili (Convenzione del 18 maggio 1977).

Se, da un lato, la *liceità dell'uso delle armi nucleari* non sembra giuridicamente contestata (vedi parere consultivo della CIG dell'8 luglio 1996 sulla *liceità della minaccia o dell'uso delle armi nucleari*), dall'altro lato, al contrario, sono vietati *erga omnes* i test nucleari nell'atmosfera (Trattato di Mosca del 5 agosto 1963) così come la proliferazione nucleare (Trattato di non proliferazione nucleare del 1° luglio 1968 concluso inizialmente per 25 anni ed ora prorogato senza limiti di tempo), mentre certe regioni sono state convenzionalmente denuclearizzate ([183]).

v. L'opponibilità agli Stati "in minoranza" delle revisioni di trattati decise da una "larga maggioranza"

180. — In alcuni casi, può accadere che i trattati multilaterali vengano modificati solo tramite il consenso della maggioranza delle Parti contraenti ([184]). Ci si trova dunque in presenza di fattispecie in cui alcuni Stati, gli "Stati di minoranza" risultano vincolati da disposizioni di un trattato adottate in assenza e talvolta persino contro la loro volontà. Si tratta comunque di ipotesi eccezionali che vengono appositamente disciplinate.

([181]) In *Rec.*, 1949, p. 185.

([182]) In argomento v. per tutti N. Ronzitti, *Diritto internazionale dei conflitti armati*, 6 ed. cit., p. 387 ss.

([183]) Sull'Antartico v. il Trattato del 1° dicembre 1959, sullo spazio extra atmosferico v. il Trattato del 27 gennaio 1967, sui fondi marini v. il Trattato dell'11 febbraio 1971, il Trattato di Tlatelolco il 14 febbraio 1967 e per il Pacifico del Sud dal Trattato di Rarotonga del 6 agosto 1985.

([184]) È questo il caso delle carte costitutive delle OIG.

§ 3. — *La modifica dei trattati*

Bibliografia sommaria: Do Nascimiento e Sylva E. G., "Le facteur temps et les traités", in *RCADI*, 1977, vol. 154, p. 215; J. Leca, "Les techniques de révision des conventions internationales", Paris, in *LGDJ*, 1961; Poch De Caviedes, "De la clause rebus à la clause de révision des conventions internationales", in *RCADI*, 1966, vol. 117, p. 105; SFDI, *Le droit international et le temps*, Colloque de Paris, Pedone, 2001; R. Crootof, "Change Without Consent: How Customary International Law Modifies Treaties", in *Yale Journal of International Law*, 2016, pp. 237-299.

181. Terminologia: ***emendamento*** **e** ***revisione*** **di un trattato** — La modifica dei trattati costituisce uno dei problemi più importanti, ma allo stesso tempo più delicati del diritto internazionale; si tratta infatti di "aggiustare" legittimamente un trattato ed il suo contenuto alla realtà ed alle cangianti necessità delle Parti o persino della società internazionale. Sul piano terminologico si noterà che le espressioni *emendamento (**Amendment**), modifica (**Modification**), revisione* (***Revision***) descrivono, in via generale ed astratta, una medesima fattispecie. Va, tuttavia, osservato che alcuni trattati prevedono, sia una procedura di *emendamento*, che una procedura di *revisione*. In tal caso, come ad esempio avviene con la Carta dell'ONU, ci si riferisce ad un ***emendamento*** (art. 108 della Carta) *quando si tratta di una modifica di tenore poco importante*, non fondamentale, di un trattato internazionale.

Così, **ad esempio**, è accaduto quando il numero dei Membri del Consiglio di sicurezza è stato portato da 11 a 15 mantenendo fermo il numero dei cinque Membri permanenti.

Ci si riferisce, invece, ad una ***revisione*** (art. 109 della Carta) *allorquando si parla di una modifica fondamentale di un trattato*. Basti pensare, qui, al dibattito attuale sulla riforma dell'ONU nella sua interezza ([185]).

1. — Le procedure di modifica dei trattati

a) *Il principio di base: il divieto di modifica unilaterale*

182. — Il divieto di modifica unilaterale di un trattato ha natura consuetudinaria. Si ritrova nel Trattato di Londra del 13 marzo 1871 relativo alla smilitarizzazione del Mare del Nord. La smilitarizzazione era stata organizzata dal Trattato di Parigi del 30 marzo 1856. Il 31 ottobre 1870, il Ministro russo degli affari esteri inviò una nota alle Parti contraenti del trattato del 1856 per comunicare loro che la Russia intendeva porre fine unilateralmente a tale regime di smilitarizzazione. A causa delle proteste delle altre Parti contraenti, fu indetta una conferenza a Londra nel gennaio del 1871 che, pur riconoscendo nel merito le pretese russe, non mancò di ricordare il principio essenziale del diritto internazionale secondo cui la revisione di un trattato non può prodursi senza l'accordo tra le Parti contraenti. "È un principio essenziale di diritto internazionale" — affermò solennemente la Conferenza di Londra — "che nessuna Potenza possa affrancarsi dagli obblighi di un trattato, né modificarne le disposizioni, in una forma diversa dal consenso delle Parti contraenti ottenuto per mezzo di un consenso amichevole".

([185]) Cfr. A. de Guttry, F. Pagani, *Le Nazioni Unite. Sviluppo e riforma del sistema di sicurezza collettiva*, 2ª ed., Bologna, Il Mulino, 2010; S. Marchisio, *L'ONU*, 2ª ed., Bologna, Il Mulino, 2012, Cap. III e riferimenti ivi cit.

b) ***Le modifiche formali***

183. — Oggi, le modalità di revisione di un trattato vengono, in genere, previste tra le ***clausole finali di un trattato***. Le norme precisano le condizioni di forma (iniziativa, organi competenti a pronunciarsi sulla domanda di revisione, procedure, termini, ...) e di sostanza (disposizioni che possono essere o meno sottoposte a revisione, entrata in vigore, effetti, ...). In tal caso, il problema essenziale — per i trattati multilaterali, chiaramente — è quello delle condizioni in base alle quali prendere le decisioni necessarie affinché l'emendamento venga adottato: ciò, infatti, ha un'incidenza diretta sugli effetti della revisione nei confronti delle Parti contraenti.

Due sistemi sono possibili: la revisione all'unanimità (i) o semplicemente a maggioranza delle Parti contraenti (ii).

i. **L'obbligo dell'unanimità**

184. Un obbligo tradizionale. — In un passato non troppo lontano, esisteva nel diritto internazionale classico un obbligo che non conosceva eccezioni. La revisione di un trattato necessitava *dell'accordo di tutte le Parti contraenti* al fine di rispettare *in pieno* la loro sovranità che si esprimeva attraverso il consenso ad essere vincolati. Tale obbligo, che metteva in luce una concezione esclusivamente volontarista del diritto internazionale, è prevalso per lungo tempo e oggi se ne ritrovano alcune tracce ancorché attenuate.

185. Un obbligo limitato. — L'obbligo dell'unanimità è, anche oggi, sempre necessario per la revisione di *trattati di natura politica o militare* o che istituiscono delle forme di integrazione regionale (così per le disposizioni del Patto Atlantico del 1949, del defunto Patto di Varsavia del 1955 o del Trattato di Roma del 1957). L'unanimità può poi essere richiesta quando si tratti di modificare certe disposizioni particolarmente importanti di un trattato (vedi ad esempio l'art. XXVIII, lett. *b*, del FMI che enumera le disposizioni emendabili solo all'unanimità). Ancora, è possibile che si richieda *l'unanimità di un certo numero* di Stati contraenti (ma non di *tutti* gli Stati contraenti): è questo il sistema della Carta ONU che rende obbligatorio l'accordo dei cinque Membri permanenti per qualsiasi revisione o emendamento (art. 108-109) ([186]).

ii. **Le revisioni a maggioranza**

186. Un'"invenzione" del diritto contemporaneo. — L'ampliamento della società internazionale contemporanea — ed oggi si contano quasi duecento Stati — ha comportato una sempre maggiore difficoltà ad ottenere il consenso di tutti. Pertanto, si sono sviluppate alcune tecniche di elaborazione dei trattati in seno a conferenze o ad OIG che prevedono l'adozione del testo a maggioranza (in generale, una maggioranza qualificata elevata: 2/3 o 3/4 dei partecipanti) in ragione della molteplicità degli Stati e della loro eterogeneità.

187. La modifica a maggioranza quale regola di diritto comune. — Ne segue altresì che la revisione "a maggioranza" è oggi la regola più diffusa nel diritto

---

([186]) Va notato che il Patto della SdN prevedeva una soluzione diversa: l'art. 26 stabiliva che ogni Stato membro della SdN era libero di non accettare un emendamento, ma se questo veniva adottato a maggioranza, lo Stato in questione cessava *ipso facto* di essere parte dell'organizzazione.

internazionale, quantomeno quello a vocazione "universale". Tale regola si ritrova, sia nella Carta ONU (artt. 108 e 109), sia nei trattati istitutivi delle sedici istituzioni specializzate che costituiscono la "famiglia delle Nazioni Unite" — in particolare in seno alle organizzazioni economiche internazionali ove le decisioni vengono adottate tramite un sistema di *ponderazione dei voti* — FMI e Banca Mondiale.

c) *La revisione implicita: la prassi ulteriore (successiva) degli Stati*

188. Rigetto di tale soluzione nella Convenzione di Vienna sul diritto dei trattati del 1969. — Nel progetto di convenzione sul diritto dei trattati, la CDI aveva proposto che gli accordi internazionali potessero essere revisionati anche in modo implicito, per effetto della prassi successiva delle Parti contraenti. Tale proposta venne, tuttavia, rigettata in sede di negoziazione della CVT poiché i partecipanti a tali negoziati temevano di legittimare, per questa via, una prassi imprevedibile ed assai pericolosa per la stabilità delle relazioni internazionali. Inoltre, la soluzione conservatrice della CVT salvaguarda il controllo delle autorità costituzionalmente competenti dei singoli Stati circa gli obblighi internazionali contratti da ciascuno di essi.

189. La prassi successiva come mero mezzo di interpretazione di un trattato. — Per contro, la CVT prevede che la prassi successiva delle Parti contraenti possa servire ad *interpretare* i termini poco chiari di un trattato, fermo restando il caso dell'"estoppel" che impedisce ad uno Stato di modificare un impegno assunto in modo chiaro. Tutti sanno, infatti, che una norma internazionale scritta fissata in un trattato è stata, *ex natura rerum*, elaborata in un periodo storico preciso ma poi deve essere applicata in un periodo anche molto distante nel tempo, in un contesto in cui la stessa *societas* internazionale può essere cambiata.

190. Il caso del Tempio di *Préah Vihéar*. — Nel caso, spesso citato, del Tempio di *Préah Vihéar*, la Corte attribuì la massima importanza alla prassi seguita dal Siam (Thailandia) e arrivò alla conclusione che, attraverso la propria condotta costante nel tempo, tale Paese aveva confermato il diritto della Cambogia sulle porzioni territoriali oggetto della controversia.

191. L'arbitrato aereo franco-americano. — Nell'arbitrato del 22 gennaio 1964 tra Stati Uniti e Francia relativo *all'interpretazione dell'accordo aereo del 27 marzo 1946*, gli arbitri diedero peso notevole alla prassi ulteriore delle Parti contraenti. "Una tale condotta", — sottolinea l'arbitro — "può essere presa in considerazione non solo come un mezzo utile ai fini dell'interpretazione dell'accordo, ma come qualcosa in più: cioè come una fonte possibile di modifica ulteriore discendente da certi atti o certi comportamenti che tocca la situazione giuridica delle parti e i diritti che ciascuna di queste potrebbe legittimamente far valere" ([187]).

192. Il caso della Namibia e l'efficacia di un astensione di un Membro permanente del CdS ONU. — Il rifiuto della CVT di ammettere la prassi ulteriore delle Parti come strumento di modifica dei trattati in modo implicito è sconcertante nella misura in cui tale metodo sembra divenuto moneta corrente in diritto positivo. La prassi ulteriore delle Parti è, oltre che uno dei mezzi di interpretazione dei trattati, anche un elemento costitutivo della consuetudine internazionale.

([187]) In *RGDIP*, 1965, p. 246.

È pacifico che una consuetudine possa modificare la norma di un trattato preesistente: così, nel *parere consultivo sulla Namibia* del 1971, la CIG ha ammesso una modifica consuetudinaria delle disposizioni della Carta ONU concernenti le condizioni di adozione delle risoluzioni del Consiglio di Sicurezza, affermando che *l'astensione di un Membro permanente* non è contraria all'esigenza di un "voto favorevole" previsto *dall'art. 27, par. 3, della Carta.*

d) *Gli emendamenti nei confronti di alcune Parti contraenti*

193. La soluzione della CVT. — L'art. 41 della CVT prevede espressamente la possibilità di apportare emendamenti limitatamente *ai rapporti fra alcune Parti contraenti.*

194. Efficacia relativa degli emendamenti. — Nel caso in cui il trattato in questione abbia previsto una tale possibilità, il principio prevede che le modifiche apportate possano vincolare *solo le Parti contraenti che vi abbiano acconsentito* e non possano avere effetti sulle altre Parti contraenti. La regola *pacta tertiis* si applica anche qui e non va confusa con quella della revisione "a maggioranza" che può persino imporsi a tutte le Parti contraenti. Queste "revisioni parziali" costituiscono, come le riserve, un nuovo esempio di divisibilità dei trattati, di frammentazione dei vincoli giuridici stabiliti da un trattato tra le diverse Parti contraenti. Cionondimeno, mentre nel caso delle riserve tale frammentazione si spiega con il desiderio di assicurare ai trattati in questione la partecipazione più ampia possibile a scapito della "qualità intrinseca" degli accordi internazionali, qui la preoccupazione è un'altra: le revisioni parziali mostrano il desiderio di un certo numero di Paesi — spesso "in minoranza" — di migliorare le norme pattizie nei loro rapporti reciproci.

Si tratta della stessa logica che spiega nel diritto UE l'"Europa a più velocità", ossia la c.d. "cooperazione rafforzata", che nel *Glossario di diritto UE* pubblicato dalla Commissione europea, "indica un modo d'integrazione differenziata, secondo cui il perseguimento di obiettivi comuni è l'opera di un gruppo di paesi dell'UE che sono al tempo stesso capaci e desiderosi di progredire, con l'idea sottesa che gli altri seguiranno successivamente".

2. — Gli effetti delle modifiche di un trattato

195. — *In linea di principio, le modifiche ad un trattato vincolano solo gli Stati che le hanno accettate*, implicitamente o esplicitamente. Diverso, però, è il caso dell'applicazione della "regola della maggioranza". In tal caso, o gli Stati in minoranza non si trovano vincolati al nuovo testo emendato del trattato e il regime giuridico ne risulta così frazionato (a); oppure la revisione possiede un valore obbligatorio per tutte le Parti contraenti, ivi comprese quelle "in minoranza"(b).

a) *L'inopponibilità delle modifiche alle parti "in minoranza"*

196. — In base alla soluzione classica, la revisione di un trattato vincola solo le Parti contraenti che l'hanno conclusa nelle forme richieste. Ne risulterà un frazionamento degli obblighi stabiliti dal trattato: le Parti contraenti non saranno soggette al medesimo regime giuridico, in quanto talune saranno legate al testo iniziale del trattato, altre dalla sua versione modificata ulteriormente.

È ciò che si verificò, **ad esempio**, a proposito del "vecchio" GATT, a seguito della progressiva conclusione di accordi laterali (c.d. *side agreements*) (188) che erano vincolanti solo per alcune Parti contraenti ma non per tutte le Parti contraenti del GATT; ne conseguì che, nel corso degli anni, il sistema normativo commerciale che il GATT si trovava ad amministrare appariva un autentico "mosaico". È superfluo rilevare che, in una siffatta situazione, è estremamente difficile valutare la portata esatta di un trattato e sapere "chi è obbligato e da che cosa" (189).

In breve, fatte le dovute proporzioni, ci si trova di fronte ad un altro esempio di "divisibilità" dei trattati che ricorda quello delle riserve. In siffatte ipotesi, il regime giuridico creato dai trattati conosce "**diverse velocità**".

b) *L'opponibilità degli emendamenti alle parti "in minoranza"*

197. Rigetto iniziale. — Nel **caso *Oscar Chinn***, oggetto di una controversia tra il Belgio e la Gran Bretagna nel 1934, la CPGI ammise che la Convenzione di Saint-Germain del 1919 avrebbe potuto modificare l'Atto finale di Berlino *erga omnes*, ovvero anche nei confronti degli Stati che avevano la qualità di Parti contraenti nel 1885 ma non più nel 1919. Se la Corte avesse seguito l'approccio tradizionale, avrebbe dovuto riconoscere che la Convenzione di Saint-Germain del 1919 vincolava unicamente gli Stati che erano Parti contraenti della medesima e, come tale, sarebbe risultata priva di effetti verso coloro che non lo erano, dal momento che questi Stati intendevano attenersi alle disposizioni dell'Atto finale di Berlino del 1885. Tale posizione della Corte suscitò delle vivaci polemiche e venne progressivamente abbandonata (190).

198. Accettazione contemporanea. — Nel nostro tempo, quella fattispecie si verifica con sempre maggiore frequenza. La soluzione raggiunta si spiega allo stesso modo dei "trattati oggettivi" i quali si impongono a chiunque nonostante il principio consensualistico. Qui, eccezionalmente, si è in presenza di un'autentica "legislazione internazionale" che, in ragione della sua importanza, deve imporsi a tutti, incluse le parti "in minoranza".

Stando così le cose, sono possibili due sistemi con riferimento alle parti "in minoranza", ovvero l'opponibilità "parziale" (i), il caso più frequente, o l'opponibilità "totale", che risulta invece rarissima (ii). Anche i trattati istitutivi dell'Unione europea prevedono dei meccanismi di modifica (iii).

i. L'opponibilità parziale

199. — La soluzione dell'opponibilità parziale è prevista da molte Carte costitutive di organizzazioni internazionali specializzate. Le revisioni dei trattati costitutivi, una volta che sono entrate in vigore a seguito della loro approvazione *da parte della maggioranza* richiesta, divengono *obbligatorie per tutti i Paesi membri*, ivi comprese le parti "in minoranza". Esiste, tuttavia, una "valvola di sicurezza" che consente di parlare di opponibilità solo parziale di tali emendamenti: il ***diritto di recesso dall'OIG***

---

(188) V. F. Marrella, « L'OMC et le textile », in *RGDIP*, 2000, pp. 659-694.

(189) "GATT à la carte" secondo D. Carreau, P. Juillard, R. Bismuth, A. Hamann, *Droit international économique*, op. cit., n. 143 ss.

(190) Ser. A/B, n. 63.

di cui le Parti "in minoranza" sono beneficiarie. Va nondimeno constatato che si tratta di una soddisfazione alquanto teorica: i Paesi "in minoranza" possono solo scegliere tra il *recesso dall'organizzazione* con la perdita di tutti i vantaggi che ciò comporta e la *rinuncia* alle loro posizioni politiche, ideologiche o giuridiche in materia. Non sorprende allora il fatto che, di fronte ad una tale alternativa, gli Stati preferiscano comunque restare nell'OIG per continuare a beneficiare dei suoi servizi, a costo di trovarsi vincolati da nuove disposizioni senza o persino contro il loro consenso (ed allora sarà facile dare la colpa all'OIG di fronte alla propria opinione pubblica!). In più, così facendo, gli Stati rischiano di non rispettare i loro obblighi costituzionali interni nella misura in cui, ad esempio, venisse richiesta l'autorizzazione del Parlamento.

***ii.* Opponibilità totale**

200. — In altre ipotesi, gli Stati in minoranza risultano obbligati ad accettare le modifiche alla Carta costitutiva dell'OIG senza la possibilità di esercitare un diritto di recesso. Ciò accade nella Carta delle Nazioni Unite. Nel momento in cui le revisioni e gli emendamenti (artt. 108 e 109) entrano in vigore, dopo essere stati definitivamente accettati dai *due terzi* degli Stati membri, (*compresi i cinque Membri permanenti del Consiglio di Sicurezza*), le nuove disposizioni divengono obbligatorie per tutti gli altri Membri delle Nazioni Unite. Le disposizioni in questione non consentono la possibilità di recesso dall'organizzazione, visto che tale diritto è stato espressamente escluso al fine di non indebolire tale OIG ed evitare il ripetersi dell'insuccesso della SdN ([191]).

***iii.* Il caso dell'Unione europea**

201. — Anche i trattati istitutivi dell'Unione europea possono essere oggetto di emendamenti e di revisioni come prevede l'art. 48 TUE. Qui si prevede, con meccanismi decisionali diversi, una *procedura di revisione ordinaria* particolarmente solenne rispetto alla *procedura di revisione semplificata* ([192]). L'iniziativa spetta ad ogni Stato membro, al Parlamento europeo o alla Commissione, i quali:

> "possono sottoporre al Consiglio progetti intesi a modificare i trattati. Tali progetti possono, tra l'altro, essere intesi ad accrescere o a ridurre le competenze attribuite all'Unione nei trattati. Tali progetti sono trasmessi dal Consiglio al Consiglio europeo e notificati ai Parlamenti nazionali".

§ 4. — *L'estinzione dei trattati*

Bibliografia sommaria: A. Mc Nair, « La terminaison et la dissolution des traités », in RCADI, v. 22, 1928, pp. 459-577; L. Helfer, "Terminating Treaties", in D.B. Hollis (ed.), *The Oxford Guide to Treaties*, Oxford, Oxford University Press, 2012, pp. 634-649; L. Helfer, "Treaty Exit and Intra-Branch Conflict at the Interface of International and Domestic Law", in C.A. Bradley (ed.), *The Oxford Handbook of Comparative Foreign Relations Law*, Oxford, Oxford University Press, 2018; Sinagra, Bargiacchi, *Lezioni di diritto internazionale pubblico*, 3 ed., cit., p. 223 ss.; N. Ronzitti, *Diritto internazionale*, 6 ed., cit., p.; 230 ss.; E. Cannizzaro, *Diritto internazionale*, 5 ed., cit., p. 197 ss.

([191]) Per un'analisi diversa cfr. F. Dehousse, "Le droit de retrait aux Nations unies", in *RBDI*, 1965, p. 30 e 1966, p. 8.

([192]) In argomento cfr. U. Villani, *Istituzioni di diritto dell'Unione europea*, 6 ed., cit., 2020, p. 64 ss. e riferimenti ivi cit.

202. — Un trattato resta in vigore fino a che si verifica un fatto idoneo, secondo l'ordinamento internazionale, a produrne l'estinzione. *Per estinzione (***Extinction***) di un trattato si intende la cessazione* ex nunc *degli effetti giuridici di un trattato, ovvero l'eliminazione delle norme da esso poste.*

Tali questioni vengono regolate, in via generale, dal diritto consuetudinario e dunque dalle norme di codificazione contenute nella CVT, nella parte V, alle sezioni 3, 4 e 5, artt. 54-72. Un trattato internazionale resta in vigore sino a che si verifica un fatto idoneo a produrne l'estinzione, secondo le sue clausole o secondo il diritto internazionale. Di tali fatti si dirà qui di seguito.

1. — Il termine finale e la condizione risolutiva

203. Il termine finale. — Il fattore "tempo" costituisce la clausola più frequente di estinzione di un trattato. Ed invero, molti trattati vengono conclusi per un periodo di tempo limitato. Una volta spirato il termine finale, il trattato cessa di essere in vigore e perde la sua forza obbligatoria — salvo il caso di proroga o di rinnovo che tuttavia necessita l'accordo delle Parti contraenti. Questo è stato, ad es., il caso del trattato di Parigi del 1951 che diede vita alla CECA e che era stato concluso per cinquant'anni a partire dalla sua entrata in vigore. È anche il caso di molti accordi bilaterali in materia di investimenti (BITs).

204. La condizione risolutiva. — La condizione risolutiva è un evento futuro ed incerto dal quale una disposizione del trattato fa dipendere l'estinzione del trattato stesso. Nel momento in cui quest'ultima si verifichi, l'esistenza e la forza obbligatoria del trattato vengono meno.

Accade, **ad esempio**, che un trattato preveda una norma in virtù della quale l'accordo cessa automaticamente di essere in vigore se il numero delle Parti contraenti diminuisce al di sotto di un certo livello: l'art. 9, par. 2, della Convenzione del 20 febbraio 1957 sulla nazionalità delle donne sposate prevede che il trattato cessi di produrre i suoi effetti a partire dal giorno in cui il numero di Parti contraenti si riduca a meno di sei. Allo stesso modo, l'accordo europeo del 1° maggio 1971 che completa la Convenzione di Vienna del 1968 sulla circolazione stradale prevede che detto trattato cesserà di essere in vigore nel momento in cui il numero delle Parti contraenti sia inferiore a cinque.

2. — Lo scioglimento

a) *Lo scioglimento per mutuo consenso*

205. Esplicito. — L'estinzione di un trattato può prodursi in modo *esplicito*: qui le Parti decidono di comune accordo che il trattato è da considerarsi estinto in quanto non ha più ragione d'essere. Tale ipotesi di scioglimento è, però, assai rara a livello internazionale.

206. Implicito. — L'estinzione di un trattato può, altresì, prodursi in modo *implicito*: una situazione assai frequente. Così, **ad esempio**, se le *stesse Parti contraenti* concludono un *nuovo trattato* che regoli diversamente una data materia mantenendo il *medesimo oggetto* e lo *stesso ambito di applicazione del trattato precedente*, il nuovo trattato sostituisce quello "più vecchio" (art. 59 della CVT). Qui, ci troviamo di fronte all'applicazione, a livello internazionale, del principio *lex posterior derogat priori* ed in pratica si tratta di una modalità di *revisione* del trattato precedentemente concluso.

Può anche succedere che un trattato cada in **desuetudine**; ma tale situazione è molto difficile da provare e non esiste ancora una prassi internazionale univoca.

Al contrario, l'invocazione, da parte di uno Stato, dello scioglimento di un trattato concluso da molto tempo — diversi secoli fa — e mai formalmente abrogato, è suscettibile di sollevare delle gravi difficoltà. Fu così che all'epoca delle discussioni sulla Costituzione del Canada, negli anni Settanta, il primo Ministro della Provincia del Quebec chiese alla Francia di agire sul piano internazionale allo scopo di ottenere dal Regno Unito il rispetto dei termini del trattato di cessione del Canada all'Inghilterra, del 1763, in virtù del quale venivano garantiti alla popolazione locale i diritti culturali e la libertà di religione, entrambi minacciati, a suo avviso, dalla nuova Costituzione. Meno seriamente, nell'ottobre del 1980, la Regina d'Inghilterra sorprese i suoi ospiti durante una visita ufficiale in Algeria facendo riferimento ad un trattato di amicizia del 1765 che riteneva ancora in vigore.

b) *Lo scioglimento del vincolo pattizio su iniziativa di una delle Parti contraenti*

207. Denuncia e recesso da un trattato. — La *denuncia* (***Denunciation***), è la dichiarazione con la quale uno degli Stati contraenti manifesta la propria volontà di porre fine ad un trattato. Si tratta di un atto unilaterale di uno Stato (*infra* Cap. VII).

Per essere giuridicamente efficace, deve essere stata prevista nel testo del trattato. Ed infatti, la maggior parte dei trattati nelle loro "clausole finali" prevedono con precisione le modalità di esercizio di tale diritto di recesso (***Withdrawal***) o denuncia (condizioni, termini, notifica, produzione degli effetti, ...).

A tale riguardo va osservato che, pur essendo la denuncia o il recesso gli atti specularmente opposti alla ratifica, all'accettazione o all'adesione, nella prassi comune degli Stati si usa considerare tali atti alla stregua di prerogative dell'Esecutivo dello Stato prescindendo, così, dalle varie norme interne in materia di stipulazione e di ratifica.

208. (*segue*) *Sunset clauses* e trattati eterni. — Generalmente, *l'estinzione non è immediata* ma si verifica in un momento successivo, per esempio, *dopo che è trascorso un determinato periodo di tempo (ad es. 1 anno) dalla comunicazione della denuncia o del recesso* (nel gergo statunitense si parla di ***grandfathering clauses*** o, poeticamente, di ***sunset clauses***, ove il "tramonto" del trattato non è immediato ma graduale, facendo salvi gli effetti già prodotti fino al momento della "scomparsa del sole").

Nondimeno, alcuni trattati sembrano conclusi "per l'eternità" perché non prevedono alcuna possibilità di recesso o di denuncia. Si tratta, spesso, delle carte costitutive di organizzazioni internazionali: è il caso, ad esempio, della Carta ONU o del Trattato di Roma del 1957 istitutivo della CEE. A tale riguardo, una delle "novità" del Trattato di Lisbona del 2009, è stata quella di prevedere formalmente, per la prima volta nella storia dei trattati della UE, l'art. 50 TUE onde garantire, appunto, il diritto di recesso di ciascuno Stato membro dalla UE. Ciò che il Regno Unito ha puntualmente invocato per procedere al recesso dalla UE tramite il c.d. ***Brexit***.

Dopo il Referendum del 23 giugno 2016, che ha determinato il recesso del Regno Unito dall'Unione Europea, il 31 gennaio 2020 (con l'entrata in vigore dell'Accordo di recesso) e la fine del periodo transitorio (il 31 dicembre 2020) si è realizzato il Brexit. Oggi, i rapporti tra UE e Gran Bretagna sono regolati dal Trade and Cooperation Agreement ("TCA") del 24 dicembre 2020 che ha scongiurato il "No Deal". Ciònondimento, dal 1° gennaio 2021 il Regno Unito non è più parte né del mercato unico europeo, né del territorio doganale e fiscale dell'UE. Oggi il Regno Unito è uno "Stato terzo" rispetto alla UE.

209. Soluzioni tipiche in seno alle OIG: la sospensione temporanea. — Alcuni trattati, tuttavia, laddove diano vita ad un'OIG, prevedono una situazione intermedia in virtù della quale si decide che taluni obblighi convenzionali siano "sospesi" durante un certo periodo di tempo per far fronte ad una situazione di crisi (v. articolo XXIII e XXVII sezione I degli Statuti del FMI). Nello stesso senso, un Paese membro può essere autorizzato, a titolo provvisorio, a non rispettare questo o quell'obbligo convenzionale (art. XXV GATT ad esempio) ([193]).

210. La sospensione di un trattato nei confronti di alcune o di tutte le Parti contraenti. — Ai sensi dell'art. 57 della CVT, "***L'applicazione di un trattato nei confronti di tutte le parti o di una determinata parte può essere sospesa: — a) conformemente alle disposizioni del trattato; o — b) in ogni momento, con il consenso di tutte le parti, previa consultazione degli altri Stati contraenti***".

A propria volta, l'art. 58 della medesima Convenzione regola la sospensione del trattato fra *alcune Parti* di un trattato multilaterale soltanto se il trattato lo prevede mentre l'art. 59 precisa che, qualora le stesse Parti contraenti di un trattato ne concludano successivamente un altro di diverso contenuto, il secondo trattato prevale sul primo (*lex posterior*) che si estingue, a meno che non risulti dal trattato posteriore che le Parti intendevano solamente sospenderne l'applicazione. L'art. 60 della CVT — e v. *infra* il Cap. XVI — prevede la fattispecie dell'estinzione o della sospensione di un trattato come conseguenza della sua violazione sostanziale (*material breach*) ad opera di una delle Parti. Si tratta dell'applicazione del principio generale di diritto *inadimplenti non est adimplendum* su cui torneremo nel Cap. XVI.

3. — L'estinzione delle parti o dell'oggetto del trattato

Bibliografia sommaria: F. Capotorti, "L'extinction et la suspension des traités", in *RCADI*, 1971, vol. 134, p. 417; S. Ruda, « Terminacion et suspension de los tratados », in *Mélanges T. Elias*, I, Dordecht, 1992, p. 93.

211. — L'estinzione di un trattato può essere totale o parziale. In quest'ultimo caso, si può avere un'estinzione parziale da un punto di vista ***soggettivo*** qualora il trattato cessi di esistere rispetto ad una o più delle sue Parti contraenti (è quanto avviene nei trattati multilaterali). Si tratta di un fenomeno raro che si produce in casi marginali. Un trattato può anche estinguersi a seguito della estinzione di una delle Parti contraenti: è questo il caso dei trattati bilaterali conclusi da Stati che "scompaiono", assorbiti da un altro Stato; tale è stato il caso della Repubblica Democratica tedesca che è esistita per quarant'anni prima della fusione-incorporazione con la Repubblica federale tedesca nel 1990.

Il trattato può, altresì, estinguersi in ragione della scomparsa dell'***oggetto*** del trattato: questo potrebbe essere il caso di un trattato sulla pesca in una certa regione,

---

([193]) Cfr. J. Gold, "The dispensing and suspending powers of international organizations", in *Netherlands Int. Law Rev.*, 1972, n. 2, p. 169.

nell'ipotesi in cui colà scompaiano completamente i pesci; o di un trattato che prevede la costruzione di uno sbarramento su un fiume che successivamente si prosciuga; di un trattato che prevede dei lavori su di un'isola che viene sommersa definitivamente dal mare e così via.

4. — Altre cause di estinzione (rinvio al Cap. XVI)

212. Tipologia. — Le altre cause di estinzione dei trattati o di sospensione della loro applicazione sono l'impossibilità sopravvenuta(***Supervening impossibility of performance***) di cui all'art. 61 CVT; il mutamento fondamentale delle circostanze (***Fundamental Change of Circumstances***) di cui all'art. 62 CVT.

213. — Per quanto riguarda la rottura delle relazioni diplomatiche (***Severance of Diplomatic or Consular Relations***), di cui all'art. **63 della CVT**, tale norma indica chiaramente che: "***[l]a rottura delle relazioni diplomatiche o consolari fra le Parti di un trattato non produce effetti sui rapporti giuridici instaurati fra di esse in base al trattato, salvo nella misura in cui l'esistenza di relazioni diplomatiche o consolari è indispensabile per l'applicazione del trattato***".

5. — Gli effetti della guerra sui trattati

Bibliografia sommaria: G. Scelle, "De l'influence de l'état de guerre sur le droit conventionnel", *JDI*, 1950, p. 26 ss.; U. Leanza, *Intorno agli effetti della guerra sui trattati*, in *Riv. dir. int.* 1957, p. 226; Curti Gialdino, *Gli effetti della guerra sui trattati*, Milano, Giuffrè, 1959; Lord Mc Nair, *The Law of Treaties*, op. cit., pp. 695-728; Carpenter, "Treaties' termination by War", in *Virginia J. Int. L.*, 1976, p. 95 ss. e più recentemente Aust, *Modern Treaty Law and Practice*, cit., p. 308; S. Silingardi, *Gli effetti giuridici della guerra sui rapporti economici e commerciali*, Torino, Giappichelli, 2012.

214. — Gli effetti dello stato di guerra sui trattati non sono regolati dalla CVT e pertanto restano regolati dal diritto internazionale generale. Tradizionalmente la guerra era considerata una causa di estinzione dei trattati. Oggi, si ritiene che lo scoppio di un conflitto armato internazionale tra due Stati non metta necessariamente fine a tutti i trattati conclusi tra di essi. La guerra, infatti, è suscettibile di produrre l'estinzione solo di alcuni trattati, soprattutto quelli di carattere politico. Quanto ai trattati multilaterali, è pure da accogliersi la tesi della loro sopravvivenza, pur non escludendosi che la guerra possa determinarne l'estinzione tra i belligeranti; ovviamente *non* si estinguono i trattati di diritto internazionale umanitario giacché sono stati conclusi proprio per tale evenienza. In linea di principio, si può pertanto ritenere che, salvo eccezioni — per le quali vale l'estinzione — i conflitti armati producono la ***sospensione*** parziale o totale dell'esecuzione dei trattati.

Al riguardo, occorre segnalare che la CDI (ONU) ha recentemente elaborato un apposito **Progetto di articoli circa gli "*Effects of armed conflicts on treaties*"**, adottato in seconda lettura nel 2011 ([194]). Successivamente, lo ha trasmesso all'Assemblea Generale dell'ONU che, accogliendolo con favore, si è limitata a "prendere nota" di

---

([194]) V. il testo dei "Draft articles on the effects of armed conflicts on treaties" al sito della CDI: *http://legal.un.org/ilc/guide/1_10.shtml#fout.*

tale documento con una sua risoluzione e segnalandolo all'attenzione dei Governi (195).

L'IDI ha adottato, il 28 agosto 1985, una risoluzione circa gli effetti dei conflitti armati sui trattati. A propria volta, l'art. 7 di tali Articoli della CDI, rubricato "Continued operation of treaties resulting from their subject-matter", ed il suo annesso forniscono un'utile lista indicativa dei **trattati suscettibili di continuare a produrre effetti anche in caso di conflitto armato**: "(a) Treaties on the law of armed conflict, including treaties on international humanitarian law; — (b) Treaties declaring, creating or regulating a permanent regime or status or related permanent rights, including treaties establishing or modifying land and maritime boundaries; — (c) Multilateral law-making treaties; — (d) Treaties on international criminal justice; — (e) Treaties of friendship, commerce and navigation and agreements concerning private rights; — (f) Treaties for the international protection of human rights; — (g) Treaties relating to the international protection of the environment; — (h) Treaties relating to international watercourses and related installations and facilities; — (i) Treaties relating to aquifers and related installations and facilities; — (j) Treaties which are constituent instruments of international organizations; — (k) Treaties relating to the international settlement of disputes by peaceful means, including resort to conciliation, mediation, arbitration and judicial settlement; — (l) Treaties relating to diplomatic and consular relations".

215. Giurisprudenza italiana. — La pronuncia a Sezioni Unite della nostra Cassazione nel **caso *Lanificio Branditex* c. *S.r.l. Azais&Vidal*** del 1971 resta emblematica in tale materia. Qui, una società italiana per resistere alla delibazione in Italia di un lodo arbitrale ad essa sfavorevole, aveva chiesto alla Cassazione di pronunciarsi circa l'estinzione del Protocollo di Ginevra sulle clausole arbitrali del 24 settembre 1923 unitamente alla Convenzione di Ginevra sull'esecuzione dei lodi arbitrali stranieri del 26 settembre 1927, per effetto della Dichiarazione di guerra italiana fatta alla Francia nella seconda guerra mondiale. La Cassazione ha correttamente rilevato che "la dichiarazione di guerra produce l'effetto risolutivo limitatamente a quelle convenzioni internazionali la cui osservanza sia diventata assolutamente e definitivamente impossibile in conseguenza del sopravvenire delle ostilità". Diversamente, se "si tratta di incompatibilità soltanto temporanea, limitata al perdurare delle ostilità in corso, l'effetto che ne consegue è quello più limitato della semplice sospensione di efficacia delle convenzioni stesse fino alla cessazione dello stato di guerra ed alla ripresa delle normali relazioni internazionali" (196).

216. Conflitti armati, embarghi e contratti internazionali. — Gli effetti della guerra sui contratti internazionali ovviamente non vengono regolati dalla CVT e suscitano peculiari problemi di diritto transnazionale ove le tecniche di diritto internazionale privato e processuale riprendono speciale rilevanza. Rinviando agli scritti specialistici in materia (197), basti in questa sede citare un'importante pronuncia del Tribunale di Genova il quale, in occasione della c.d. ***prima guerra del Golfo***, ha indicato che l'esecuzione dei contratti di costruzione di navi da guerra stipulati da imprese italiane con il Governo dell'Iraq, è divenuta *impossibile* a causa dell'*embargo*

(195) Ris. n. 72/121 del 18 dicembre 2017.

(196) V. un estratto in C. Focarelli, *Lezioni di diritto internazionale. Prassi*, Padova, Cedam, 2008, p. 212.

(197) F. Marrella, *Manuale di diritto del commercio internazionale*, cit., 2017, Cap. IV, §84 ss.; VII, § 1 e § 9 e riferimenti ivi cit.

imposto dall'ONU e dal Governo italiano nel corso del conflitto irakeno, e pertanto dovevano considerarsi risolti per definitiva impossibilità della prestazione (198). Per quanto i contratti internazionali siano quasi sempre assoggettati ad arbitrato, l'*arbitrabilità* delle controversie nascenti da una situazione di embargo non è pacifica, come venne evidenziato nelle successive fasi del giudizio (199). Così, da ultimo, la Cassazione italiana ha indicato che l'embargo internazionale, in quanto misura sanzionatoria, e non meramente sospensiva, intesa ad inibire i rapporti commerciali con un determinato Stato, rende immediatamente inammissibile il ricorso all'arbitrato per la loro risoluzione, ed irreversibile l'azione promossa dinanzi al giudice competente secondo la *lex fori*, senza che dall'avvenuta revoca di quella sanzione possa derivare una recuperata arbitrabilità della controversia, non conoscendo l'ordinamento nazionale la validità sopravvenuta degli atti e dei negozi giuridici (200). Ciò in quanto, secondo la Corte — ma tale posizione non sembra in linea con la prassi di altri Paesi — spetta al giudice italiano, e non agli arbitri, la decisione sull'invalidità sopravvenuta di una clausola compromissoria per *indisponibilità del diritto* oggetto della controversia in conseguenza di embargo internazionale — qualificabile come ***factum Principis*** — impositivo di un divieto esterno alle prestazioni contrattuali, attesa la natura sovranazionale dello *ius superveniens*, che si impone su qualunque disciplina particolare prefigurata dalle parti contraenti e la cui disapplicazione comporterebbe conseguenze sanzionatorie per lo Stato tenuto ad assicurarne il rispetto. La prassi arbitrale internazionale, tuttavia, non sembra orientata a dedurre automaticamente una situazione di carenza di giurisdizione (arbitrale) dalla mera esistenza di un embargo (201).

§ 5. — *L'applicazione dei trattati*

217. — Tale questione verrà esaminata nella terza parte di questo volume con riferimento all'"applicazione del diritto internazionale".

---

(198) Trib. Genova, 9 dicembre 1992, *Fincantieri e altri c. Rep. Iraq e altri*, in *Dir. mar.*, 1997, p. 175 ss.

(199) App. Genova, maggio 1994, *Fincantieri — Cantieri Navali Italiani S.p.A. & Oto Melara S.p.A. v. Ministry of Armament, Supply, Directorate of Iraq and Republic of Iraq*, in *Yearbook Comm. Arb.*, 1996, p. 594.

(200) Cass. civile, SS.UU., 24 novembre 2015, n. 23893, *Gov. Min. della Repubblica Iraq c. Banca Intesa Spa ed altri*, in *DeJure online*.

(201) Cfr. ad es. Lodo ICC n. 16684 del 2012, in *Yearbook Comm. Arb.*, 2016, p. 52 ss..

Capitolo V
GLI ACCORDI CONCLUSI TRA E DA ENTI NON-STATALI

Bibliografia sommaria: P. Négulesco, « Principes du droit international administratif », *RCADI*, 1935, t. 51, p. 579 ss.; G. Biscottini, *Diritto amministrativo internazionale*, in *Trattato di diritto internazionale*, già dir. da P. Fedozzi e S. Romano, Padova, Cedam, 1964; G. Burdeau-Bastid, "Les accords conclus entre autorités administratives ou organismes publics de pays différents", in *Mélanges Reuter*, Paris, 1981, p. 103, O. Audéoud, "Les collectivités infraétatiques dans la vie internationale", in SFDI *Colloque de Nancy*, Paris, Pedone, 1994, p. 139, e J. Ferstenbert, "Droit et pratique de l'action extérieure des collectivités locales", in *Rev. Jur. du Centre-Ouest*, n. 1-2, 1988; SFDI, *Les collectivités territoriales non-étatiques dans le système juridique international*, Paris, Pedone, 2002; K. Raustiala, "The Architecture of International Cooperation: Transgovernmental Networks and the Future of International Law", *Va. J. Int. L*, 2002, p. 70 ss.. V. anche E. Cannizzaro, "Le relazioni esterne delle Regioni nella legge di attuazione del nuovo tit. V della Costituzione", in *Riv. dir. int.*, 2003, p. 759; L. Condorelli, F. Salerno, "Le relazioni transfrontaliere tra comunità locali in Europa nel diritto internazionale ed europeo", in *Riv. trim. dir. pubb.*, 1986, p. 381 ss.; S.M. Carbone, P. Ivaldi, "La partecipazione delle Regioni agli affari comunitari e il loro potere estero", *Quad. reg.*, 2005, p. 701 ss.; S. Cassese, "Administrative Law without the State: the Challenge of Global Regulation", *NYU J. Int. L.& Pol.*, 2005, p. 663 ss. ed in Id., *Il diritto globale. Il diritto oltre lo Stato*, Torino, Einaudi, 2009; L. Daniele (a cura di), *Regioni e autonomie territoriali nel diritto internazionale ed europeo*, Napoli, 2006; B. Kingsbury, N. Krisch, R. B. Stewart, "L'émergence du droit administratif global", in *RIDE*, 2013, pp. 37-58; M. Vellano, *La cooperazione regionale nell'Unione europea*, Torino, Giappichelli, 2014; F. Marrella, *Diritto del commercio internazionale*, 2 ed., Padova, Cedam, 2020.

1. Accordi infra-statali e miraggi del "diritto globale". — Accade sempre più spesso che enti pubblici nazionali diversi dallo Stato (per esempio Regioni, Università e Banche centrali), *nei limiti delle proprie competenze*, concludano "accordi internazionali" nella forma di "***intese***", ai sensi dell'art. 117 della Costituzione italiana.

In via preliminare occorre sgombrare il campo da alcuni equivoci alimentati involontariamente da parte della dottrina amministrativistica italiana che, sottovalutando la fondamentale diversità tra gli *ordinamenti giuridici degli Stati* (in cui, in Italia, il diritto amministrativo italiano è concepito ed incardinato, differendo grandemente da quello di altri Stati) e *l'ordinamento internazionale* (su cui soprattutto il diritto amministrativo italiano non ha alcun impatto), ha recentemente coniato l'espressione "diritto amministrativo globale". Si tratta però di un *miraggio* in quanto il "diritto oltre lo Stato", "l'ordine globale" altro non è se non l'ordinamento internazionale ed il suo diritto, *cioè* il *diritto internazionale* (o nel contesto UE, il *diritto amministrativo UE* è appunto il *Diritto dell'Unione europea* oggetto del settore scientifico-disciplinare IUS 14) con i poteri, le fonti e i procedimenti che appartengono a tale *ordinamento giuridico diverso da quello dello Stato italiano.* Quanto agli "enti di governo globale" o altri *enti a carattere non nazionale*, ancora una volta si tratta di *soggetti dell'ordinamento internazionale o comunque di enti che partecipano alla vita di relazione internazionale*, a cominciare dalle organizzazioni internazionali che funzionano esclusivamente in base al diritto internazionale (v. *supra* Cap. I e *infra* Cap. XV). Piuttosto, non sorprende nessuno di quegli scrittori, che il progetto (politico) di un "diritto amministrativo globale" diverso dal "diritto internazionale amministrativo" che già conosciamo da tempo, venga coltivato da alcuni autori statunitensi nella speranza di proiettare a livello globale il diritto amministrativo del proprio Paese ([1]).

In ogni caso, si tratta sempre di regole che hanno poco o nulla a che fare col *diritto amministrativo italiano* (e la sua dottrina, legislazione e giurisprudenza) sicché al di là dei recenti tentativi di "reinventare la ruota" utili solo a riscoprire dei dati di comune esperienza e conoscenza da tempo acquisiti in diritto internazionale, *a fortiori*, sarà utile al giusamministrativista italiano e ad ogni altro giurista internista una migliore e più approfondita conoscenza del diritto internazionale (inclusa la sua plurisecolare e globale dottrina).

Tornando agli accordi transnazionali conclusi da enti statali diversi dallo Stato centrale, è chiaro che lo *Stato non risulta direttamente vincolato da tali accordi quando detti enti abbiano ricevuto dallo Stato medesimo il potere di impegnarlo a livello internazionale*. Così, la Corte Costituzionale italiana ha ritenuto legittimo il potere del Presidente della Regione Friuli Venezia Giulia di stipulare intese con la Slovenia e con l'Austria al fine del coordinamento delle attività in materia di difesa del suolo nei bacini idrografici transfrontalieri in base all'art. 117, c. 9, Cost.. Qui, infatti, si prevede che possano essere stipulate intese con enti territoriali interni ad altri Stati — e non con questi ultimi — pur se tali intese debbano essere concluse soltanto nei casi e con le forme disciplinati con leggi dello Stato ([2]).

Così, ad ulteriore esempio, in Francia, la Banca centrale può partecipare "a degli accordi monetari internazionali" previa autorizzazione del Ministro dell'Economia (art. 2, c. 4, della L. 4 agosto 1993). È chiaro altresì che tali accordi formano oggetto di un controllo da parte dello Stato: si tratta, infatti, di accordi spesso conclusi in applicazione di più ampi trattati di cooperazione interstatale.

2. Accordi conclusi tra organizzazioni intergovernative. — Gli Stati possono concludere degli appositi accordi con le OIG per regolare i loro rapporti (accordi di sede, sui privilegi e le immunità diplomatiche...) o con enti pubblici internazionali ([3]). A propria volta, anche le organizzazioni internazionali possono concludere tra loro accordi internazionali bilaterali o multilaterali. L'individuazione delle regole che disciplinano tali rapporti è relativamente semplice: basta riferirsi, in via generale, al diritto dei trattati codificato dalla CVT con alcuni adattamenti ([4]) e alla Convenzione di Vienna del 21 marzo 1986 sul diritto dei trattati fra Stati ed organizzazioni internazionali e fra organizzazioni internazionali. Non tutte le soluzioni affermatesi nel diritto dei trattati fra Stati sono però automaticamente trasponibili ai trattati tra OIG o tra Stati e OIG. Le OIG, infatti, dispongono di limitate competenze di attribuzione: ogni accordo concluso dalle OIG al di là di tali competenze risulterebbe viziato da nullità *ab initio* (ecco una nuova causa di invalidità dei trattati che non esiste

---

([1]) Cfr. R.-B. Stewart, « U.S. Administrative Law: A Model for Global Administrative Law? », in *L. & Contemp. Probs.*, p. 63 ss. che non nasconde la visione egemonica della *governance* globale da parte degli Stati Uniti attraverso il proprio diritto. Cfr. anche D. Vagts, "Hegemonic International Law", in *AJIL*, 2001, p. 843 ss..

([2]) Corte Cost., 15 luglio, n. 242, in *Giur. cost.*, p. 4.

([3]) Così, la Francia aveva concluso apposite convenzioni di "comptes d'opérations" con le banche centrali degli Stati dell'Africa dell'Ovest e dell'Africa centrale nel 1973 a titolo di meccanismi di cooperazione monetaria della "zona franco".

([4]) V. già il rapporto di R. J. Dupuy all'*Institut de Droit International*, sessione di Roma, 1973, p. 214 e ss. Ogni altro riferimento in *http://legal.un.org/ilc/texts/1_2.htm*.

per i trattati conclusi tra Stati). Inoltre, il procedimento di conclusione di tali accordi è *semplificato* rispetto a quello normalmente utilizzato nei trattati tra Stati: in una OIG la competenza a negoziare appartiene all'organo esecutivo (la Commissione dell'UE, per esempio), l'approvazione definitiva, invece, viene data dall'organo plenario degli Stati membri — politicamente più importante — (per esempio il Consiglio dei ministri UE, in alcune materie previa approvazione del Parlamento UE, v. gli artt. 207 e 218 TFUE).

3. Accordi transnazionali o misti. — Oltre agli accordi summenzionati, esistono altre tipologie di accordi, stipulati tra soggetti di natura giuridica diversa: si tratta, per esempio, degli accordi tra Stati (o anche OIG) ed imprese straniere, accordi che incidono profondamente sulla vita giuridica internazionale e persino sulle relazioni tra Stati. Siamo in presenza, in questo caso, di vere fonti del diritto internazionale? Il diritto internazionale è applicabile a questo tipo di rapporti? A tali questioni, ancora molto controverse in dottrina, proveremo a dare una risposta nel prosieguo di questo libro.

Sezione I
Gli accordi conclusi tra Stati e privati stranieri

Bibliografia sommaria: W. Friedmann, *The Changing Structure of International Law*, London, 1966, p. 222 ss.; R. Quadri, *Diritto internazionale pubblico*, cit., p. 90 ss.; P. Weil, "Problèmes relatifs aux contrats passés entre un Etat et un particulier", in *RCADI*, 1969-III, t. 128, p. 95; dello stesso autore, "Droit international et contrats d'Etat", in *Mélanges Reuter*, 1981, p. 549; G. Sacerdoti, *I contratti tra Stati e privati stranieri nel diritto internazionale*, Milano, Giuffrè, 1972; G. Van Hecke, "Les accords conclus entre un Etat et une personne privée étrangère", IDI Sessione di Oslo, 1977; J. F. Lalive, "Contrats entre états ou entreprises étatiques et personnes privées: développements récents", in *RCADI*, 1983, t. 181, p. 9; J.M. Jacquet, "L'Etat opérateur du commerce international", in *Clunet*, 1989, p. 621; G. Delaume, *The proper law of state contracts revisited*, in *ICSID Review*, 1997, pp. 1-28; Ch. Leben, "Quelques réflexions théoriques à propos des contrats d'Etat", in *Mélanges Ph. Kahn*, Paris, Litec 2000, p. 119; Id., "L'évolution de la notion de contrat d'Etat", in *Rev. arb.*, 2003, n. 3, p. 629; Id., "La théorie du contrat d'état et l'évolution du droit international des investissements", in *RCADI*, 2004, v. 302, pp. 197-386; il dossier della UNCTAD, *State contracts*, E.05.II.D.5, 2004; P. Mayer, "La neutralisation du pouvoir normatif de l'Etat en matière de contrats d'Etat", in *Un siècle d'étude du droit international*, Paris, Litec, 2006, p. 429; E. Lauterpacht, "Arbitration between States and Foreign Investors: Retrospect and Prospect", in *Arbitration Insights: twenty Years of the Annual Lecture of the School of International Arbitration*, J. Lew e L. Mistelis (ed.), London, 2007, p. 307; A. Giardina, "L'arbitrato internazionale in materia di investimenti: impetuosi sviluppi e qualche problema", in Sidi, *I rapporti economici internazionali*, a cura di N. Boschiero e R. Luzzato, Napoli, ES, 2008, p. 320 ss.; I. Alvik, *State Contracts and International Arbitration*, Oxford, Hart, 2011; R. Dolzer, C. Schreuer, *Principles of International Investment Law*, 2 ed., Oxford, OUP, 2012, p. 79 ss.; G. Sacerdoti, "Nascita, affermazione e scomparsa del Nuovo Ordine Economico Internazionale: un bilancio trent'anni dopo", in *Studi Picone*, cit., p. 127 ss.; M. Audit, S. Bollee, P. Calle, *Droit du commerce international et des investissements étrangers*, 3 ed., Paris, L.G.D.J, 2019, p. 197 ss.; F. Marrella, *Manuale di diritto del commercio internazionale*, 2 ed., Padova, Cedam-WKI, 2020, p. 732 ss..

4. Contratti internazionali. — I contratti internazionali sono accordi che possiedono dei "punti di collegamento con più ordinamenti giuridici" ([5]) ovvero, per

([5]) M. Fontaine, in *Le contrat économique international*, cit., p. 25.

riprendere una celebre espressione, si tratta di contratti "in cui tutti gli elementi non sono localizzati sullo stesso territorio" di uno Stato ([6]).

5. Pluralità. — Questi accordi sono numerosi e regolano rapporti molto diversi (§ 1). Tutti però pongono lo stesso delicatissimo problema giuridico: quale diritto si applica a tale tipo di rapporti (§ 2)? Dopo molte esitazioni e controversie sia dottrinali che giurisprudenziali, sembra iniziare a delinearsi, nel nostro tempo, un nuovo *corpus juridicum* in materia attraverso un "diritto internazionale dei contratti internazionali" di cui tenteremo di fornire le coordinate fondamentali (§ 3).

§ 1. — *Tipologie di accordi*

Si tratta di accordi che si differenziano per il loro oggetto (1), per la loro natura (2) e per il loro ambito di applicazione (3).

1. — Diversità d'oggetto

6. — Detti accordi possono avere per oggetto la fornitura di beni (ad uso civile o militare), di servizi (contratti di consulenza, assistenza tecnica ed altri servizi, persino ad oggetto militare ([7])), lo sfruttamento di risorse naturali locali (concessioni), la gestione di pubblici servizi (contratti di concessione, appalti pubblici strade, porti, ...). Possono anche avere un oggetto esclusivamente finanziario (mutui). Possono altresì costituire imprese comuni (*joint ventures*) tra lo Stato (o i suoi organi ed enti) ed un privato straniero. Possono inoltre avere un "oggetto sovrano", come gli accordi di indennizzo di azionisti stranieri a seguito di una nazionalizzazione ([8]). Così ancora gli accordi detti di "autolimitazione" o di "restrizione volontaria delle esportazioni" tra produttori privati e governi che sono stati particolarmente numerosi — e perdurano — nel settore dell'automobile, dell'elettronica o della siderurgia ([9]).

2. — Diversità rispetto alla loro natura giuridica

7. Carattere "pubblico" delle parti. — Qui, le parti non hanno sempre lo stesso statuto giuridico. Alcuni accordi sono conclusi dallo Stato centrale o federale; altri da enti pubblici locali (città, regioni, enti pubblici).

8. Atti commerciali e atti di esercizio della sovranità. — Alcuni accordi sono conclusi dagli Stati a fini meramente commerciali (atti *jure gestionis*), altri accordi costituiscono esercizio di sovranità (atti *jure imperii*).

9. Atti civili, commerciali e amministrativi. — Va notato che, dal punto di vista del diritto nazionale di alcuni Stati, detti accordi possono avere natura squisitamente

---

([6]) *Texaco/Calasiatic c. Gouvernement libyen*, lodo arbitrale del 19 gennaio 1977, in *Clunet*, 1977, p. 350, punto 22.

([7]) V. N. Ronzitti, F. Francioni (a cura di), *War by Contract*, Oxford, OUP, 2011.

([8]) V. l'accordo tra la Mauritania e le imprese straniere nel caso *Miferma*, *AFDI*, 1976, p. 619.

([9]) V. I. Bernier, "Les ententes de restriction volontaire à l'exportation en droit international économique", in *Ann. Can. de Dr. Int.*, 1973, p. 48 nonché A. Tancredi, "Il perdurante ricorso agli accordi di limitazione delle esportazioni come strumento di protezione commerciale", in *Studi Picone*, a cura di A. Ligustro e G. Sacerdoti, cit., p. 451 ss..

civile o commerciale, mentre in altri ordinamenti gli stessi atti potrebbero essere qualificati alla stregua di atti amministrativi (è il caso della Francia e dei Paesi che si ispirano alla sua tradizione giuridica).

3. — Diversità nel loro ambito di applicazione

10. Durata variabile. — Alcuni accordi sono ad esecuzione istantanea, come ad esempio alcune compravendite di beni ed altre merci. Altri accordi, invece, sono rapporti di durata e, come tali, si eseguono per molti anni (concessioni, *joint ventures*, ...). Alcuni accordi hanno un valore economico limitato, altri valgono milioni o miliardi di euro.

11. Gli accordi di sviluppo economico. — A partire dalla seconda metà del secolo scorso, si è affermata una particolare categoria di accordi di durata: gli "accordi di sviluppo economico". Il **lodo Dupuy** ne ufficializza l'esistenza e li caratterizza per il loro "oggetto particolarmente ampio", "il loro obiettivo di cooperazione" tra lo Stato ospite e l'impresa privata straniera, un lungo orizzonte temporale e infine la presenza di "clausole di stabilizzazione" ([10]).

§ 2. — *La problematica giuridica: il diritto applicabile ai "contratti transnazionali"*

12. — Il tema del diritto applicabile ai contratti transnazionali in questione è stato oggetto di una peculiare evoluzione. Se inizialmente si riteneva che tali contratti dovessero necessariamente essere regolati dal diritto nazionale di un dato Stato (1), oggi si ammette che possano essere regolati dal diritto internazionale inteso in senso lato, almeno se le parti manifestano la loro volontà in tal senso (2).

1. — Il punto di partenza: la sottoposizione del contratto al diritto di uno Stato dato

La sottoposizione di un contratto transnazionale al diritto interno di uno Stato è la soluzione classica affermatasi tanto in diritto internazionale (a) quanto nel diritto interno dei singoli Stati (compreso il loro diritto internazionale privato) (b).

a) *La posizione della CPGI e della CIG*

13. Il *caso dei prestiti serbi e brasiliani* del 1929. — Nel *caso dei prestiti serbi e brasiliani* del 1929, la CPGI ha adottato una massima suggestiva che, all'epoca, sembrava incontestabile: "[o]gni contratto che non è un accordo tra Stati quali soggetti di diritto internazionale, trova il proprio fondamento in una legge nazionale" ([11]).

14. Il caso dell'*Anglo-Iranian* del 1952. — Nel *caso dell'Anglo-Iranian* del 1952, la CIG ebbe occasione di ritornare su detta questione. La Corte indicò che, pur se il

---

([10]) Par. 45. Un altro importante lodo arbitrale successivo al lodo *Dupuy*, è quello pronunciato nel caso *Revere Copper and Brass v. OPIC* del 24 agosto 1978, in *ILM*, 1978, p. 1321, e spec. pp. 1334-1335. In arg. v. i riferimenti cit. nella bibliografia sommaria nonché R. Cadin, *Profili ricostruttivi e linee evolutive del diritto internazionale dello sviluppo*, Torino, Giappichelli, 2019, *passim*.

([11]) CPGI, *Emprunts serbes et brésiliens*, 12 luglio 1929, Ser. A, n. 20, p. 41.

contratto di concessione oggetto del proprio sindacato giurisdizionale formava oggetto di un rapporto al Consiglio (della SdN) e si trovava nei suoi archivi, tale circostanza non era sufficiente per trasformare le clausole di detto accordo in quelle di un *trattato* tra il Governo dell'Iran e il Governo del Regno Unito ([12]). E a ben vedere si tratta di una conclusione perfettamente condivisibile: è chiaro che un tale "contratto internazionale" — una concessione — non può avere il valore e gli effetti di un trattato internazionale tra Stati. Qui, infatti, si tratta di un atto internazionale che possiede una natura giuridica diversa da quella di un trattato. Il contratto di concessione *de quo* era vincolante solo tra il Governo iraniano e la società britannica: il Governo britannico non era affatto parte contraente di tale contratto e dunque non poteva impugnarlo dinanzi alla CIG nei confronti dell'Iran. Certo, l'inadempimento di detto contratto avrebbe potuto giustificare l'esercizio della protezione diplomatica del Regno Unito, ma tale questione non venne mai affrontata dalla CIG dal momento che il caso *Anglo-Iranian* si arrestò alla fase delle eccezioni preliminari.

15. La confutazione di un *terzo tipo* di ordinamento giuridico. — La giurisprudenza della CIG (e dapprima quella della CPGI) è stata spesso strumentalizzata dalla dottrina dogmatica. Ma chi tra la dottrina contemporanea segue ancora tale vetusta tradizione nel nostro secolo è evidentemente digiuno di indagini empiriche e di pratica forense internazionale. Secondo l'impostazione dogmatica del secolo scorso, delle due l'una: o si tratta di "convenzioni tra Stati", soggette alle regole di diritto internazionale pubblico, cominciando da quelle relative ai trattati, oppure si tratta di convenzioni tra "altre persone", e allora devono essere regolate da un ordinamento giuridico nazionale da individuare in base a norme di conflitto che... a propria volta dovranno essere preliminarmente individuate. Così facendo, tuttavia, si "localizza" sempre un contratto "internazionale" nell'ordinamento giuridico "nazionale" di un dato Stato, un'operazione che oggi, nel secolo della globalizzazione, appare assai artificiosa (per non dire contradditoria!).

Senonché, sin dal 1977, il *lodo Texaco* ha ben illustrato che la formula utilizzata dalla CPGI non era affatto granitica perché, con l'evoluzione della *societas* internazionale e delle sue regole, non era più possibile escludere che il diritto internazionale possa disciplinare anche questo tipo di rapporti ([13]).

b) ***La conferma dal punto di vista del diritto interno.***

16. — **In Francia**, nel celebre caso *Messageries maritimes*, la Corte di Cassazione riprendeva e generalizzava il principio posto nel 1929 dalla CPGI. Qui, il giudice francese affermava che "ogni contratto internazionale è necessariamente collegato alla legge di uno Stato" ([14]). Va notato che la tesi classica, è dura a morire nella giurisprudenza: tale fu ancora la posizione della Jugoslavia nel caso *Losinger* ([15]), come pure quella della Norvegia nel caso dei *prestiti norvegesi* ([16]).

Anche **in Italia**, l'orientamento prevalente della giurisprudenza, confortata dalla dottrina dogmatica di diritto internazionale privato si colloca sulla scia della pronuncia

---

([12]) CIG, *Anglo-Iranian*, 22 luglio 1952, in *Rec.*, 1952, p. 112.
([13]) V. par. 27.
([14]) Cass. Civ. 21 giugno 1950, *D.*, 1951, p. 749, con nota di HAMEL.
([15]) CPGI, *Losinger*, ord. 27 giugno 1936, n. 78, Ser. C, p. 32.
([16]) CIG, 6 luglio 1957, *Rec.* 1957, p. 9.

sul caso dei *prestiti serbi e brasiliani* della CPGI. Pertanto, si è a lungo ritenuto che il diritto applicabile alle obbligazioni contrattuali dovesse essere necessariamente il *diritto positivo di uno Stato* da individuarsi tramite le norme di conflitto vigenti nella *lex fori*, norme che portano ad escludere sempre la scelta di regole di diritto di fonte a-statuale (come ad esempio i Principi Unidroit sui contratti commerciali internazionali). La materia è successivamente diventata oggetto di regolazione UE ed oggi entra nell'ambito di applicazione del **Reg. n. 593/2008 "Roma I", del 17 giugno 2008 sulla legge applicabile alle obbligazioni contrattuali**, adottando soluzioni non dissimili (17). Senonché, abbiamo da tempo dimostrato che il d.i.pr. non è solo quello che vale dinanzi al *giudice interno* ma è anche quello che si applica, molto più spesso, dinanzi all'*arbitro del commercio internazionale* sicché, in materia di obbligazioni contrattuali, il discorso è assai più articolato di quanto erroneamente creduto e professato da gran parte della dottrina (18).

2. — L'evoluzione contemporanea

La "delocalizzazione" o meglio l'"internazionalizzazione" dei contratti costituisce la più importante evoluzione del diritto internazionale contemporaneo.

a) *La prassi internazionale*

17. — Una "certa" prassi internazionale riconosce la sottoposizione dei contratti conclusi tra Stati e imprese straniere al *diritto internazionale*: diversi arbitrati sono giunti a tale conclusione. La prassi dell'ONU, la Convenzione ICSID, la Conferenza dell'Aja di d.i.pr. ed anche l'OEA hanno confermato tale nuova impostazione.

18. La prassi arbitrale. — In diversi lodi arbitrali, gli arbitri hanno rilevato che taluni contratti tra Stati e privati stranieri, in ragione del loro contenuto e delle loro caratteristiche, erano stati "internazionalizzati", cioè sottoposti direttamente al ***diritto internazionale*** e *non più al solo diritto nazionale dello Stato contraente* (19).

---

(17) Si rinvia a F. Marrella, *Manuale di diritto del commercio internazionale*, 2 ed., cit., p. 284 ss.

(18) Riferimenti in F. Marrella, *La nuova lex mercatoria. Principi Unidroit ed usi dei contratti del commercio internazionale*, Padova, Cedam, 2003; Id., "Funzione ed oggetto dell'autonomia della volontà nell'era della globalizzazione del contratto", in *La nuova disciplina comunitaria della legge applicabile ai contratti (Roma I)*, a cura di N. Boschiero, Torino, Giappichelli, 2009, p. 15-65, nonché S.M. Carbone, *Autonomia privata e commercio internazionale*, Milano, Giuffrè, 2014. L'impostazione del secolo scorso si ritrova ancor oggi in F. Mosconi, C. Campiglio, *Diritto internazionale privato e processuale*, I, cit. 2020, p. 24 e i riferimenti ivi cit..

(19) I principali lodi che evidenziano un siffatto orientamento sono i seguenti: *Lena Goldfields c. U.R.S.S.*, in *Ann. Dig*. 1930, n. 1 e 258; *Petroleum Development Ltd c. Souverain d'Abu Dhabi*, 1951, *ILR*, 1951, 144 & *ICLQ* 1952, p. 247; *Marine Oil Cy c. Souverain de Quatar*, 1953, *ILR*, 1953, p. 534; *Sapphire c. N.I.O.C.*, 1958, in *Ann. Suis. Dr. Int.*, 1962, p. 273; *Aramco c. Arabie Saoudite*, 1958, *AFDI*, 1961, p. 300. Il precitato *lodo Dupuy* del 1977; il precitato *lodo Revere* del 1978 (v. P. Weil, *op. cit.*, per un elenco dettagliato) a cui si aggiungono i lodi derivanti da alcuni grandi arbitrati in materia petrolifera, in particolare, a seguito alle nazionalizzazioni libiche, v. B. Stern, "Trois arbitrages, un même problème, trois solutions", in *Rev. arb.*, 1980, p. 3; il lodo *Aminoil c. Kuweit* in *Clunet*, 1982, p. 869 con una nota di Ph. Kahn, in *AFDI*, 1982, p. 454, la nota di G. Burdeau e, le critiche di F.A. Mann, "The Aminoil arbitration", *BYIL*, 1984, p. 213 e *Framatome c. Atomic Energy Organization of Iran*, in *Clunet*, 1984, p. 37, con una nota di B. Oppetit. Ulteriori riferimenti in C. Leben, *Droit international des investissements et de l'arbitrage transnational*, Paris, Pedone, 2015, p. 34 ss..

19. La prassi delle Nazioni Unite. — Il 14 dicembre 1962, l'Assemblea Generale dell'ONU ha adottato, all'unanimità, una Risoluzione relativa alla "sovranità permanente sulle risorse naturali" che pareva ben rappresentare — perlomeno a quell'epoca — l'*opinio juris* più comunemente accolta in materia. Qui, si afferma che "gli accordi relativi agli investimenti stranieri liberamente conclusi dagli Stati sovrani o tra Stati sovrani saranno rispettati secondo buona fede" ([20]). Nel precitato lodo *Texaco*, il prof. R.J. Dupuy sottolineava che quel testo poneva "sullo stesso piano" gli *accordi tra Stati* e quelli conclusi *tra uno Stato e delle imprese private straniere* ([21]). Certo, in seguito, l'*opinio juris* in tale materia è stata "intaccata" dalle diverse risoluzioni "onusiane" del 1974 relative al "nuovo ordine economico internazionale". Ma come sappiamo, si tratta di risoluzioni a carattere *meramente programmatico*, per nulla codificatrici del diritto consuetudinario in materia ([22]). In proposito, conviene sottolineare che, nella loro prassi, gli stessi Stati in via di sviluppo sono lontani dall'attribuire effettività a tali prese di posizione "militanti" ([23]).

20. Il diritto multilaterale pattizio: la Convenzione ICSID del 1965. — La Convenzione del 18 marzo 1965 *per la risoluzione delle controversie in materia di investimenti tra Stati e cittadini di altri Stati* conclusa sotto gli auspici della Banca Mondiale e da allora in vigore tra un grande numero di Stati (163 a marzo 2021) stabilisce un meccanismo di arbitrato per la soluzione di tali controversie. A tale scopo opera un organismo particolare, il Centro internazionale per la soluzione delle controversie in materia di investimenti (ICSID secondo l'acronimo inglese). In tale ambito, si risolvono le controversie tra Stati e privati sulla base del *diritto internazionale* e non in base al solo diritto nazionale dello Stato parte della controversia (v. *infra*, Cap. XXIII). **L'art. 42 della Convenzione ICSID**, infatti, dispone che:

"1) Il Tribunale arbitrale risolve la controversia secondo le regole di diritto che le parti abbiano convenuto. In mancanza di accordo, il Tribunale applica il diritto dello Stato contraente parte della controversia (comprese le sue norme sul conflitto di leggi) e le norme di diritto internazionale applicabili in materia.

2) Il Tribunale non può rifiutarsi di giudicare sulla base del silenzio o dell'oscurità del diritto.

3) Le disposizioni dei paragrafi 1 e 2 non pregiudicano il potere del Tribunale di decidere una controversia *ex aequo et bono* se le parti convengono in questo senso."

È pacifico che le parti possono designare quale *lex contractus* sia il diritto di uno Stato, sia il diritto internazionale (compresi i Principi Unidroit sui contratti commerciali internazionali). In mancanza di scelta del diritto applicabile, il diritto statale designato dalla norma di conflitto viene comunque "controllato" tramite la sua rispondenza al diritto internazionale ([24]).

([20]) Par. 8.

([21]) Par. 68.

([22]) Par. 88 e, in generale, parr. 80-81 de lodo Dupuy.

([23]) Cfr. G. Sacerdoti, "Nascita, affermazione e scomparsa del Nuovo Ordine Economico Internazionale: un bilancio trent'anni dopo", in *Studi Picone*, cit., p. 127 ss..

([24]) Cfr. tra i molti, E. Gaillard, "The Meaning of "and" in Article 42(1), Second Sentence, of the Washington Convention: The Role of International Law in the ICSID Choice of Law Process", in *ICSID Review*, 2003, pp. 375-411 e, più in generale, *Redfern & Hunter on International Arbitration*, a cura di N. Blackaby e C. Partasides, 6 ed., Oxford, OUP, 2015, p. 464 ss.

21. Le soluzioni del nostro tempo: la prassi recente di Unidroit e della Conferenza dell'Aja di diritto internazionale privato. — L'Istituto Internazionale per l'unificazione del diritto privato (Unidroit) venne istituito nel 1926 come organismo della Società delle Nazioni. Nel 1940, fu ricostituito sulla base di un accordo multilaterale che è a tutt'oggi il suo Statuto organico ([25]). Ne fanno parte una sessantina di Stati tra cui l'Italia. L'Unidroit, che ha sede in Roma, è un'organizzazione intergovernativa, a struttura tripartita, composta dall'Assemblea generale, dal Consiglio di direzione e dal Segretariato. Orbene, un'opera di grande rilevanza scientifica e pratica sono i ***Principi Unidroit sui contratti commerciali internazionali***, in varie edizioni (1994, 2004, 2010 e 2016) un'autorevole codificazione di *soft law* del *diritto dei contratti internazionali*. Ma lo scopo di tali Principi non è certo solo quello di fungere da *modello per i legislatori nazionali* come un tempo si sarebbe stato ritenuto logico. Tra gli scopi principali dei Principi Unidroit vi è proprio quello di fungere da *diritto applicabile ai contratti internazionali* e da *strumento di interpretazione ed integrazione di trattati internazionali*, funzioni che non si spiegano con i vecchi schemi di diritto internazionale pubblico e privato ma solo in considerazione di quanto abbiamo più volte indicato. Trattandosi di *soft law* di origine internazionale (Cap. VI) risulta evidente che un'OIG come Unidroit ha preso solo atto dell'evoluzione dell'ordinamento internazionale e della necessità di disporre di un *restatement* delle regole transnazionali già applicate e da applicare ai "contratti internazionali" ([26]).

Infine, ad ulteriore conferma dell'evoluzione dell'ordinamento internazionale in senso transnazionale, va sottolineato che persino la ***Conferenza Permanente dell'Aja di diritto internazionale privato***, un'OIG — particolarmente importante (in d.i.pr.) — che, sin dal 1899, ha avuto come scopo la progressiva unificazione delle norme di diritto internazionale privato, mediante l'elaborazione di trattati multilaterali — ha adottato, il 19 marzo 2015, ***i Principi dell'Aja sulla scelta della legge applicabile ai contratti commerciali internazionali*** ([27]). Tali principi segnano, persino dal punto di vista del d.i.pr., l'evoluzione della nostra materia aprendo definitivamente alla *choice of law* in favore di regole a-nazionali, in linea con le tendenze evolutive che si manifestano nella prassi ed in aperta controtendenza con quanto è stato predicato per decenni da moltissimi autori. Detti *Principi*, come viene indicato nel loro Preambolo, "*sets forth general principles concerning choice of law in international commercial contracts*", ed all'art. 3, si indica espressamente che:

([25]) Cfr. M. Saulle, voce « Istituto Internazionale per l'unificazione del diritto privato », in *Enc. dir.*, 1973, p. 58 s.; R. Monaco, voce « Istituto internazionale per l'unificazione del diritto privato (Unidroit) », in *Enc. giur.*, XVII.

([26]) Cfr. F. Marrella, *La nuova lex mercatoria. Principi Unidroit ed usi dei contratti del commercio internazionale*, *op. cit.*; M. J. Bonell, *Un 'Codice' internazionale del diritto dei contratti: i principi Unidroit dei contratti commerciali internazionali*, 2 ed., Milano, Giuffrè, 2004; Ph. Kahn, « La *lex mercatoria* et son destin », in *L'actualité de la pensée de Berthold Goldman: Droit commercial international et européen*, Paris, Panthéon-Assas, 2004, 25 ss.; E. Gaillard, *Les Aspects philosophiques de l'arbitrage*, Leiden, Brill/Nijhoff, 2008, p. 39 ss..

([27]) Si rinvia a F. Marrella, *La nuova lex mercatoria. Principi Unidroit ed usi dei contratti del commercio internazionale*, in Trattato di dir. commerciale e di dir. pubblico dell'economia dir. da Fr. Galgano, Padova, Cedam, 2003; Id., *Manuale di diritto del commercio internazionale*, 2 ed., Padova, Cedam, 2020, ove riferimenti. Per cogliere il radicale mutamento di opinione nella dottrina conflittualistica, v. tra i tanti, P. Vareilles-Sommières de, "Autonomie et ordre public dans les Principes de la Haye sur le choix de la loi applicable aux contrats commerciaux internationaux", *JDI*, 2016, pp. 409-453.

"The law chosen by the parties may be **rules of law** that are **generally accepted on an international, supranational or regional level as a neutral and balanced set of rules**, unless the law of the forum provides otherwise" (28).

Certo, per singole fattispecie concrete occorrerà verificare le soluzioni di diritto positivo di d.i.pr di ciascuno Stato. Ma, al di là della volontà politica contingente di ciascun legislatore nazionale (o UE), è indiscutibile che il d.i.pr. contemporaneo ammetta tali soluzioni, sfatando i dogmi dell'ortodossia dottrinale e convergendo con i risultati già acquisiti, sin dal secolo scorso, in materia di *choice of law* disposta dalle norme nazionali in materia di arbitrato internazionale.

b) ***La prassi interna: l'evoluzione della giurisprudenza***

22. In Francia. — La Corte di Cassazione francese ha seguito un orientamento parallelo a quello che si riscontra nell'ordinamento internazionale. Nel celebre caso *Hecht*, il Tribunale di Parigi ha fissato il principio secondo il quale il collegamento di un contratto internazionale ad un diritto nazionale non "si impone per sé salvo che le parti ne abbiano deciso altrimenti" (29). In un'ulteriore pronuncia, la Corte di Parigi dichiarava di conformarsi al "nuovo corso" dichiarando che "tenuto conto dell'autonomia della clausola compromissoria, questa è valida *indipendentemente dal riferimento a qualsiasi diritto statale*" (30).

23. — **In Italia**, il dibattito sulla nuova *lex mercatoria* ha portato, *nolentes volentes*, all'ingresso formale di tale vocabolo nella giurisprudenza nazionale e ad una progressiva apertura della giurisprudenza verso forme di regolazione non più solo statale, bensì a carattere transnazionale sia pure entro gli ambiti fissati dalle vigenti norme di diritto internazionale privato, ambiti che sono assai ampi per l'arbitrato commerciale internazionale (31). Emblematica di tale tendenza resta la **sentenza *F.lli Damiano*** ove la Cassazione ha rilevato che:

"Nell'arbitrato mercantile...deve ritenersi che *transnazionale* sia il diritto in cui l'arbitrato si colloca ed opera, prescindendo dalle leggi di singoli Stati, giacché il diritto 'mercantile' si sperimenta nell'adesione degli operatori economici ai valori del loro ambiente, sì che le loro condotte si uniformano a quei valori, in virtù della *opinio necessitatis* che gli operatori nutrono rispetto ai medesimi, cioè nella convinzione (prevalente fra di loro) che essi siano vincolanti. Nella misura in cui si constata che quegli operatori — prescindendo dal vincolo della loro appartenenza ad uno Stato e/o dall'ubicazione della loro attività in uno Stato — consentono su valori basici inerenti al loro traffico, e, quindi, mostrano di nutrire (anche per una *affectio* dettata da motivi pratici) l'*opinio necessitatis*, deve ritenersi che esista una *lex mercatoria* (regole di condotta con contenuti mutevoli, ma, *pro tempore*, determinati). Per modo che il diritto

---

(28) Grassetto aggiunto. A. Davì, A. Zanobetti, "Autonomia delle parti e certezza del diritto nei Principi dell'Aja sulla scelta della legge applicabile ai contratti commerciali internazionali", in *Dir. comm. int.*, 2017, pp. 881-907; Y. Nishitani, "Party Autonomy in Contemporary Private International Law", in Japanese Y. Int. L., 2016, pp. 300-344, nonché il commento alle norme offerto dalla stessa Conferenza Permanente di d.i.pr..

(29) App. Parigi, 19 giugno 1970, JCP, 1971, 2, p. 16927, con nota di Goldman — ricorso respinto dalla Corte di Cassazione, Cass. Civ., I, 4 luglio, 1972, in *Clunet*, 1972, p. 843, con nota di Oppetit.

(30) App. Parigi, *Menicucci*, 13 dicembre 1975, in *RCDIP*, 1976, p. 507, con nota di Oppetit. Corsivo aggiunto.

(31) In argomento v. F. Marrella, *La Lex mercatoria*, in *Atti notarili nel diritto comunitario ed internazionale*, a cura di F. Preite e A. Gazzanti Pugliese di Cotrone, I, Torino, UTET, 2011, pp. 169-200.

'mercantile' sorge quando si forma e manifesta la convinzione di valori cogenti, e ciò in quanto i soggetti, che nutrono tale convinzione, vengono a coordinare le loro condotte in base a regole comuni integrando una *societas* mercantile. Nella *societas* così individuata, ove manchino strutture organizzatorie ed enti esponenziali — il diritto si rileva allo stato diffuso (cosiddetto 'diritto diffuso'); mentre in presenza di strutture organizzatorie — le quali, per lo più, riguardano la risoluzione dei conflitti, e cioè la giustizia arbitrale — il diritto 'mercantile', pur acquistando maggiore spessore, non muta la sua natura. E — collocandosi nell'ambito del diritto 'mercantile' (indipendentemente dal diritto degli Stati) l'arbitrato mercantile (estemporaneo o preorganizzato) — le norme che lo disciplinano devono ritenersi costituite da altrettanti valori recepiti (con convinzione di cogenza) da parte dei soggetti della società mercantile. Ed — imponendo la mancanza di sovranità della *societas* mercantile e la mancanza di potestà coattive delle sue strutture organizzatorie il ricorso alla forza cogente di ordinamenti sovrani e la necessità di realizzare l'attività con duplice rilevanza nell'ordinamento mercantile ed in quello statuale — le strutture della società mercantile, e fra esse segnatamente gli organismi che preorganizzano e somministrano la giustizia arbitrale, hanno rilevanza sia sul piano della *lex mercatoria* degli operatori, sia nell'ordinamento in cui tali organismi sogliono radicarsi" ([32]).

Ed ormai sono numerose le sentenze dei giudici statali di varie parti del mondo che fanno esplicito riferimento alla *lex mercatoria* o ai Principi Unidroit sui contratti commerciali internazionali ([33]) in quanto espressione del *diritto transnazionale* e non di quello statale.

§ 3. — *La nascita di un "diritto internazionale dei contratti internazionali"*

24. Ruolo dell'autonomia della volontà delle parti. — Dire che i contratti internazionali possono essere regolati dal diritto internazionale non significa affermare che lo siano automaticamente o che lo debbano essere sempre e necessariamente. Ciò dipende, in effetti, dalla *volontà delle parti*: queste possono scegliere di assoggettare le proprie obbligazioni contrattuali al diritto dello Stato contraente (sia a titolo esclusivo, sia completando il diritto nazionale con il diritto internazionale), al diritto interno di uno Stato terzo sia, puramente e semplicemente, al "diritto internazionale" (ipotesi ancora assai rara).

25. La non assimilazione dei contratti internazionali ai trattati. — In secondo luogo, affermare che i contratti internazionali sono regolati dal diritto internazionale non significa affatto affermare che accedano al rango ed alla natura dei "trattati". Su tale punto, il rigetto di una siffatta tesi venne espresso con forza dalla CIG nel precitato caso dell'*Anglo-Iranian* e la soluzione merita di essere pienamente approvata. Certo, esistono numerosi similitudini di tipo materiale e funzionale tra i "trattati interstatali" e certi "contratti transnazionali", ma resta il fatto incontestabile che si è in presenza di due atti giuridici di natura diversa. Tale problema venne esaminato in un caso, particolarmente interessante, deciso da una Corte d'Appello degli Stati Uniti ([34]). Il giudice statunitense si dovette pronunciare su delle "lettere di intenti" tra

---

([32]) Cass. civ., sez. I, 8 febbraio 1982, n. 722, *Topfer c. Damiano*, in *Riv.dir.int.*, 1983, p. 470 ss. In argomento si rinvia a F. MARRELLA, *La nuova lex mercatoria. Principi Unidroit ed usi dei contratti del commercio internazionale*, cit..

([33]) Cfr. il sito http://www.unilex.info/.

([34]) *Consumers Union of US Inc. V. Kissinger*, US Court of Appeals, District of Columbia, 1974, p. 506, F.2d.136, Certiorari denied, 412 US 1004, 95 S.Ct 2406.

il Segretario di Stato dell'epoca e l'associazione dei produttori d'acciaio europei e giapponesi, secondo le quali questi ultimi si impegnavano a limitare le loro esportazioni d'acciaio verso gli Stati Uniti, mentre questo Stato si impegnava a non aumentare i propri dazi doganali sull'acciaio e a non introdurre restrizioni quantitative. Se la maggioranza dei giudici si asteneva dal qualificare giuridicamente siffatta fattispecie alla stregua di un *undertaking o statement of intent*, un giudice di minoranza giungeva alla conclusione secondo la quale si trattava, in concreto, di veri "accordi internazionali".

26. L'assoggettamento dei contratti internazionali al diritto internazionale — transnazionale. — In terzo luogo e conclusivamente, dire che i *contratti internazionali* possono essere assoggettati al *diritto internazionale* non equivale certo ad affermare che siano regolati dal "diritto internazionale pubblico". È evidente che se il "diritto internazionale pubblico" ha per oggetto i soli rapporti tra Stati, ne segue necessariamente che non regola i "contratti internazionali" tra soggetti diversi dagli Stati o tra Stati e privati stranieri. Pertanto, i contratti transnazionali non sono regolati dal "diritto internazionale pubblico" bensì da un più vasto "diritto internazionale" riferibile all'ordinamento giuridico transnazionale del nostro tempo, un ordinamento che è più ampio di quello della tradizionale Comunità internazionale degli Stati (v. *supra*, Cap. I).

a) *Le fonti del diritto internazionale dei contratti*

27. — Per quanto concerne le fonti del diritto internazionale applicabile ai contratti, qui, pur se ci troviamo in presenza di molte delle classiche fonti del diritto internazionale, occorre prendere atto di una diversa ponderazione.

— ***I trattati***: i trattati bilaterali o soprattutto multilaterali tra Stati possono servire da ombrello, ossia da "quadro di riferimento" — e a volte persino a fissare il regime giuridico — applicabile a certi contratti internazionali conclusi tra uno Stato e un privato straniero. È il caso, ad esempio, degli accordi bilaterali sugli investimenti (c.d. *BITs*) che prevedono un quadro giuridico minimo applicabile ai "contratti d'investimento" ([35]). Sul piano multilaterale, basti pensare alle convenzioni di diritto materiale uniforme che hanno come scopo l'unificazione della disciplina di un atto giuridico determinato (assegno e cambiale o vendita internazionale, per esempio).

— ***Le consuetudini***: salvo eccezioni, qui non si tratta delle consuetudini internazionali che regolano i rapporti tra Stati ma il riferimento è alle consuetudini di origine "privata" o, se si preferisce, a-statuale. Si tratta degli "usi del commercio internazionale" che si formano attraverso la prassi degli operatori del commercio internazionale ([36]). Questi usi sono particolarmente sviluppati nel campo delle relazioni monetarie e finanziarie internazionali ([37]). Tali regole vengono create dall'interazione tra operatori economici privati — ad es. il "potere bancario internazionale" — ma finiscono con l'imporsi agli Stati ed agli altri enti pubblici nel momento in cui questi ultimi diventino parti contraenti di siffatti contratti.

([35]) V. P. Juillard, *Les conventions bilatérales d'investissement conclues par la France*, in *Clunet*, 1979, p. 274.

([36]) V. F. Marrella, *Manuale di diritto del commercio internazionale*, 2 ed., cit., p. 238 ss..

([37]) V. A. Jacquemont, *L'émission des emprunts euro-obligataires — pouvoir bancaire et souveraineté étatique*, Paris, Librairies Techniques, 1976, nonché Id., *Les contrats d'euro-crédit: un crédit à contenu variable*, in *Clunet*, 1979, p. 34.

— ***I principi generali di diritto***: si tratta di principi generali di diritto dei contratti comuni nei grandi sistemi giuridici contemporanei, come quello di buona fede nell'esecuzione delle obbligazioni contrattuali e di tutti quegli altri principi comuni ai diversi ordinamenti giuridici degli Stati suscettibili di essere "trasposti" a livello internazionale: si pensi ai principi in materia di interpretazione dei contratti o a quelli sull'abuso del diritto ([38]). In tale contesto, va sottolineato, oggi, il particolare ruolo dei ***Principi Unidroit sui contratti del commercio internazionale*** ([39]). Molti di questi "principi" costituiscono un'espressione scritta di principi generali di diritto dei contratti internazionali nonché di altre regole transnazionali (v. Cap. XI). Non stupisce pertanto che, nel corso degli anni, il Consiglio di direzione di Unidroit abbia formalmente adottato detti principi e che l'UNCITRAL li abbia ugualmente riconosciuti. Ma assai più importante è il fatto che gli arbitri internazionali abbiano applicato i Principi Unidroit sia a titolo di *lex contractus*, sia per interpretare convenzioni di diritto internazionale uniforme, sia per integrare e completare il diritto nazionale designato dalle parti in contratto ([40]).

— ***La giurisprudenza*** (interna e soprattutto internazionale): basti il riferimento ai lodi arbitrali internazionali pronunciati sia da collegi arbitrali *ad hoc* (v. esempi precitati) sia nel quadro dell'arbitrato amministrato (ad es. lodi arbitrali pronunciati sotto gli auspici della *International Chamber of Commerce* o ancora dell'ICSID).

— ***La dottrina***: svolge un ruolo più importante di quello oggi ammesso nel diritto internazionale "pubblico". Lo sviluppo nel "diritto internazionale dei contratti internazionali" è stato indubbiamente favorito, nel nostro tempo, da vaste ricerche effettuate da un'autorevole dottrina: sia con riferimento alla concezione ampia del diritto internazionale — il "diritto transnazionale" — come quella di PHILIPPE JESSUP —, sia circa la nuova *lex mercatoria* (o *new law merchant)* sviluppate da CLIVE SCHMITTHOFF nel Regno Unito; da B. GOLDMAN, PH. FOUCHARD, D. CARREAU, E. GAILLARD o PH. KAHN in Francia; da N. HORN e K.P. BERGER in Germania; da OLE LANDO in Danimarca, da PIERRE LALIVE e FELIX DASSER in Svizzera o ancora da FRANCESCO GALGANO e FABRIZIO MARRELLA in Italia.

— ***Gli atti unilaterali delle organizzazioni internazionali o degli Stati***: queste fonti del diritto internazionale — pur se non espressamente citate nel celebre art. 38 dello Statuto della CIG — svolgono qui un ruolo fondamentale. In particolare, occorre segnalare i lavori delle OIG volti ad elaborare regole di diritto uniforme per il commercio internazionale. Basti pensare, in tal caso, ai tanti lavori di armonizzazione realizzati con maggiore o minore successo dalla UE nel campo del diritto commerciale o del diritto delle società, dalla Commissione economica ONU per l'Europa, e, sul piano universale, dall'UNCITRAL e dall'UNIDROIT.

Inoltre, al livello dei singoli Stati, vanno ricordati i "codici" di commercio internazionale, ossia delle leggi destinate a facilitare gli scambi con l'estero prevedendo delle soluzioni tecniche di per sé non consentite per i rapporti giuridici puramente interni.

([38]) Per un'ampia disamina dei diversi sensi possibili dell'espressione "principi generali di diritto", v. B. OPPETIT, in nota al precitato lodo *Framatome*, in *Clunet*, 1984, pp. 42-45.

([39]) *http://www.unidroit.org*. In arg. v. ora M. MALAGUTI, E. FINAZZI-AGRÒ, "L'utilizzo dei Principi UNIDROIT nell'arbitrato internazionale di investimento", in *Studi in onore di G. Bernini* a cura di F. MARRELLA e N. SOLDATI, cit..

([40]) V. F. MARRELLA, *La nuova lex mercatoria*, cit., nonché il database UNILEX, *http://www.unilex.info* ove è presente un vasto repertorio di lodi arbitrali e di sentenze nazionali ed internazionali.

b) *Il contenuto di tale diritto*

28. — Non è possibile esaminare qui in modo approfondito la materia del diritto del commercio internazionale. A tale ambito si rivolgono ormai appositi insegnamenti specialistici e una specifica letteratura dottrinale a cui non possiamo che rinviare ([41]). Ci limiteremo qui a richiamare alcuni dei più importanti principi in materia.

i. I principi incontestati

Bibliografia sommaria: G. Ripert, « ;;Les règles du droit civil applicables aux rapports internationaux (contribution à l'etude des principes généraux du droit visés au statut de la Cour Permanente de Justice Internationale), *RCADI*, 1933-II, v.44, pp. 569 ss.; B. Cheng, *General Principles of Law as Applied by International Courts and Tribunals*, London, Stevens, 1953 (ried., Cambridge, 2005); P. Fouchard, *L'arbitrage commercial international*, Paris, Dalloz, 1965; P. Weil, "Principes généraux du droit et contrats d'Etat", in *Mélanges Goldman*, Paris, Litec, 1982, p. 387; B. Goldman, « The Applicable Law: General Principles of Law — the Lex Mercatoria », in Lew (ed.), *Contemporary Problems in International Arbitration*, London, 1986, p. 113 ss.; R. David, *Le droit du commerce international. Réflexions d'un comparatiste sur le droit international privé*, Paris, Economica, 1987; Ph. Kahn, "Les principes généraux du droit devant les arbitres du commerce international", in *Clunet*, 1989, p. 305; A. Lowenfeld, « Lex Mercatoria: An Arbitrator's View », in *Arb.Int'l*, 1990, p. 133 ss.; E. Gaillard, « Trente ans de lex mercatoria, Pour une application selective de la méthode des principes généraux du droit », *Clunet*, 1995, p. 5 ss.; H. Berman, F. Dasser, « The "New" Law Merchant and the "Old": Sources, Content, and Legitimacy », in T. Carbonneau (ed.), *Lex Mercatoria and Arbitration*, 2nd ed., The Hague 1998, p. 53 ss.; F. Marrella, *La nuova lex mercatoria. Principi Unidroit ed usi dei contratti del commercio internazionale*, in Trattato di diritto commerciale e di diritto pubblico dell'economia dir. da Fr. Galgano, Padova, Cedam, 2003 e K.P. Berger, *The creeping codification of Lex mercatoria*, 2 éd., Kluwer, 2010. Altri riferimenti *sub* Cap. XI.

29. La forza obbligatoria del contratto. — La regola *pacta sunt servanda* del diritto dei trattati si incontra anche in materia contrattuale. E, a ben vedere, esistono altri principi generali di diritto valevoli sia nel diritto dei trattati che nel diritto dei contratti internazionali. Per esempio, si pensi a:

— l'esecuzione secondo buona fede;

— il divieto di modifica unilaterale del contratto;

— la *forza maggiore* (seppure i contorni di tale principio siano variabili)

— il mutamento fondamentale delle circostanze;

— l'obbligo di risarcimento in caso di inadempimento del contratto: in tale ipotesi, il lucro cessante così come il danno emergente andranno indennizzati e, in certi casi, potranno essere previsti anche i rimedi restitutori (*restitutio in integrum*);

— l'esonero da responsabilità in caso di forza maggiore;

— l'arricchimento senza causa;

— l'abuso del diritto (questo concetto fa pensare a quello dei "trattati disuguali");

— il rispetto dei diritti quesiti;

— il ricorso all'arbitrato come mezzo di soluzione delle controversie internazionali.

ii. Un tipo di clausole inizialmente assai contestato: le clausole di "stabilizzazione" o di "intangibilità"

Bibliografia sommaria: P. Weil, *op. cit.*, p. 230 e ss., e dello stesso autore, "Les clauses de stabilisation ou d'intangibilité dans les accords de développement économique", in *Mélanges Rousseau*, p. 301 e ss.; R.

([41]) V. ad es. F. Marrella, *Manuale di diritto del commercio internazionale*, 2 ed., cit., ove riferimenti.

Dolzer, "LIBYA — OIL Companies Arbitrations", in R. Bernhardt (ed.), *The Enciclopedia of Publica International Law*, 1997, III, p. 215 ss; M.T.B. Coale, "Stabilization clauses in international petroleum transactions", in *Denv. J. Intl. L. and Policy*, 2002, p. 217, C. Ohler, "Concessions", in R. Wolfrum (ed.), *MPEPIL*, 2012, II, p. 564 e ss.; C. Titi, "Les clauses de stabilisation dans les contracts d'investissement: une entrave au pouvoir normatif de l'État d'accueil?", in *JDI*, 2014, pp. 541-562.

30. Delle clausole frequenti nei contratti internazionali. — Si tratta di clausole in cui lo Stato si impegna, sia a non nazionalizzare i beni del proprio contraente privato straniero (come avvenne nel caso dell'*Anglo-Iranian* (42)) sia a non aggravare, né la fiscalità, né la redditività dell'investimento e, in generale, a non rendere l'adempimento delle obbligazioni dell'impresa privata particolarmente oneroso (come avvenne nei casi *Texaco* e *Revere* precitati). Sono valide siffatte clausole di intangibilità parziale o totale? Lo Stato contraente può alienare alcuni aspetti essenziali della sua sovranità (i critici parlano di salvaguardia del "policy space" dello Stato ospite) a vantaggio del contraente privato? Orbene, nei grandi arbitrati internazionali ove tali questioni sono state affrontate e risolte si evidenzia una risposta affermativa (43). Questa soluzione merita la nostra approvazione. Come viene rilevato giustamente nel lodo *Texaco*, clausole di questo tipo perseguono uno scopo di stabilità e garantiscono la tutela della controparte privata contro i rischi di improvvisi mutamenti legislativi orientati a vantaggio dello Stato ospite: per questo motivo, esse fanno parte dell'"equilibrio contrattuale" e il loro mancato rispetto comporta un obbligo corrispondente di riparazione da parte dello Stato "colpevole" (44).

31. Delle clausole valide ed efficaci. — Inoltre, come osservava l'arbitro R. J. Dupuy, "lo Stato sovrano non può ignorare gli impegni presi dallo Stato contraente" (45). Così, nel lodo ICSID pronunciato a seguito dell'arbitrato *Agip S.p.A. c. Congo*, del 30 novembre 1979 (46), si ammette ufficialmente la legittimità delle clausole di stabilizzazione; questo lodo insiste sulla libertà dello Stato contraente di contrarre o meno e sul fatto che, così facendo, lo Stato non alieni affatto la sua competenza legislativa o regolamentare, in una parola la propria sovranità, nella misura in cui impegnandosi ufficialmente a mantenere a solo beneficio del proprio contraente straniero un quadro giuridico stabile, lo Stato si assume un tale obbligo (di stabilizzazione) rispetto a quest'ultimo e non a favore di terzi. In altre parole, in tal caso, lo Stato potrà procedere a tutte le modifiche legislative che vorrà con l'unica riserva della loro inapplicabilità al proprio contraente straniero (47). Tale analisi è da noi condivisa entro gli ovvi limiti della tutela dei diritti umani. Tuttavia, il sopracitato lodo *Aminoil* adotta un approccio sensibilmente più restrittivo ammettendo solo una validità "attenuata" delle clausole di stabilizzazione, suscitando pertanto l'opinione dissenziente di Sir Gerald Fitzmaurice oltre che la critica di Francis Mann (48).

In conclusione, la prassi sembra confermare la validità delle clausole di stabilizzazione, ferma restando la loro non contrarietà allo *jus cogens* in quanto non si tratta di alcuna alienazione della sovranità economica dello Stato, come a volte si è potuto

(42) V. *plaidoiries*, pp. 64-280 e soprattutto p. 85.
(43) V. i casi *Sapphire, Aramco, Calasiatic* e *Revere* precitati.
(44) Parr. 42 e 45.
(45) Par. 91.
(46) In *Riv. dir. int.*, 1981, pp. 863 ss.
(47) V. par. 86 del lodo in *RCDIP* 1982, p. 92 con nota di Batiffol.
(48) *Op.cit.*

sostenere. Così, in alcuni trattati bilaterali relativi alla promozione e alla protezione degli investimenti privati conclusi tra Stati esportatori e Stati importatori di capitali si è espressamente riconosciuta la validità e l'obbligatorietà delle clausole di stabilizzazione contenute nei contratti (49).

Sezione II
Gli accordi (contratti)
tra organizzazioni internazionali e soggetti privati

Bibliografia sommaria: v. in generale i rapporti presentati da N. Valticos all'IDI alla sessione di Oslo nel 1977 così come: M. Schneider, "International organizations and private persons: the case for a direct application of International Law", in *Mélanges P. Lalive*, 1993, p. 345; Ch. Dominicé, "Observations sur le contentieux des organisations internationales avec les personnes privées", in *AFDI*, 1999, p. 623; A. Reinisch, *International Organizations before National Courts*, Cambridge, CUP, 2000; E. Morlino, *I contratti delle organizzazioni internazionali*, Napoli, ES, 2012; H. Ascensio in J.M. Sorel, E. Lagrange, *Traitè de droit des organisations internationales*, Paris, LGDJ, 2013, p. 1121 ss.; S. Vezzani, « Le règlement par voie d'arbitrage des différends portant sur la responsabilité des organisations internationales », in *Responsibility and Remedies for the Unlawful Acts of International Organizations*, a cura di D. Sarooshi, Leiden/Boston, Martinus Nijhoff, 2014, pp. 367-404; P. Woods, *International Loans, Bonds, Guarantees and Legal Opinions*, 3 ed., London, Sweet&Maxwell, 2019. Si veda anche il rapporto dell'ILA in materiale di "Accountability of international organizations", sessione di Berlino, 2004; quelli presentati ancora all'IDI, sessione di Lisbona 2005, relatore R. Higgins, nonché i lavori della CDI sulla responsabilità internazionale delle organizzazioni internazionali al sito: *http://www.un.org/law/ilc.*

32. Specificità. — È opportuno distinguere gli accordi tra OIG e soggetti privati dai contratti tra Stati e privati stranieri, in quanto la diversità delle soluzioni adottate in diritto internazionale si spiega in base alla diversa natura giuridica di tali enti:

— *lo Stato ha un proprio ordinamento giuridico interno completo* (con un diritto civile, commerciale e del lavoro, un diritto internazionale privato, etc.) *che non esiste in seno alle OIG* (e nemmeno nel caso dell'UE che da tempo cerca di sviluppare progressivamente un diritto sostanziale "comunitario" in materia contrattuale: il fallimento del progetto di "codice civile europeo" ne fornisce una prova eclatante). In tali condizioni, gli ordinamenti giuridici nazionali possono prevedere delle peculiari norme di conflitto in materia di contratti conclusi tra organizzazioni internazionali e soggetti privati;

— *lo Stato possiede la pienezza della sovranità nel diritto internazionale. Le OIG hanno solamente delle competenze derivate e funzionali.* Di conseguenza, i contratti che le OIG sono abilitate a concludere rientrano in una sfera necessariamente più limitata rispetto a quella dello Stato. Così, ad esempio, un'OIG, non avendo, per definizione, alcun territorio, non concluderà mai, in linea di principio, dei contratti di concessione e di sfruttamento delle ricchezze naturali (50);

— *la sottoposizione dei contratti internazionali (o, perlomeno, di alcuni di essi) al diritto internazionale non risponde alle stesse esigenze a seconda che il contraente sia*

---

(49) V., tra i numerosi esempi, l'articolo III.I. lettera *e*) del Trattato americano-egiziano del 1982, in *ILM*, 1982, p. 297; l'art. 5.2 del Trattato del 1983 concluso tra Francia e Guinea equatoriale, in *GO* della Repubblica francese del 23 dicembre 1983, p. 3701; l'art. II.2 lettera *c*) del Trattato russo-americano del 1992 sulla promozione e la protezione reciproca degli investimenti, in *ILM*, 1992, p. 797; così come i modelli di BIT, del 2004, del Canada e degli Stati Uniti.

(50) Tuttavia, la UNCLOS istituisce l'"Autorità internazionale dei fondi marini" responsabile dello sfruttamento delle risorse del fondo dei mari: questa, ai sensi della Convenzione, può concedere, al pari degli Stati, delle "licenze di sfruttamento" dietro pagamento di *royalties.*

uno Stato o un'OIG. Nella prima ipotesi, infatti, si tratta di arginare il potere sovrano potenzialmente arbitrario dello Stato-contraente, al fine di impedirgli di modificare unilateralmente la portata dei suoi obblighi nei confronti dei contraenti privati. Il ricorso al diritto internazionale costituisce dunque una garanzia di certezza del diritto e di stabilità degli obblighi assunti a favore dei privati stranieri. Nella seconda ipotesi, il rischio di modifica del diritto interno non sussiste, giacché le OIG non hanno un proprio diritto che possa essere oggetto di richiamo internazional-privatistico. Senonché, il ricorso al diritto internazionale diviene utile allorquando le OIG stipulino con dei privati dei contratti che non possono essere regolati da un diritto nazionale qualsiasi (in quanto si tratta di un diritto spesso inadeguato a tale tipo di rapporti); infatti molti di questi contratti sono di natura internazionale e giustificano l'applicazione del diritto internazionale.

33. Sommario. Alla luce delle considerazioni di cui sopra, esamineremo alcuni tipi di contratti stipulati dalle organizzazioni internazionali (par. 1), il diritto applicabile a quei rapporti (par. 2), infine, a titolo esemplificativo, ci riferiremo agli accordi di prestito della Banca Mondiale (par. 3).

§ 1. — *Tipologie di contratti conclusi dalle organizzazioni internazionali con soggetti privati*

34. — È possibile distinguere tre tipi di relazioni contrattuali tra OIG e privati:

1) i ***contratti di lavoro***: vengono stipulati tra l'organizzazione internazionale e il proprio personale; in alcuni ordinamenti giuridici interni vengono assimilati ai contratti di pubblico impiego;

2) i contratti in cui si esplica l'attività dell'organizzazione internazionale: può trattarsi di ***contratti di fornitura*** o di servizi commerciali o anche di cessioni immobiliari (compravendita o locazione di uffici, appalti, e così via);

3) ***i contratti legati alla missione*** stessa dell'organizzazione internazionale: può trattarsi di progetti di cooperazione intrapresi con altri partners (come la costituzione di imprese congiunte — *joint ventures*) o di contratti di mutuo, prestito o garanzia per quanto riguarda ad esempio gli enti a vocazione finanziaria (Banca Mondiale, banche regionali di sviluppo).

§ 2. — *Il diritto applicabile*

35. — In linea di principio, il diritto applicabile alle obbligazioni contrattuali nascenti da tali contratti dipende dalla volontà delle parti contraenti. Non esiste alcuna soluzione giurisprudenziale internazionale decisiva in tale materia. La prassi conosce due soluzioni: l'applicazione di un diritto statale dato o l'applicazione del diritto internazionale.

1. — L'applicazione di un diritto statale

36. Scelte possibili. — Molto spesso, è il diritto di un dato Stato a regolare i rapporti contrattuali tra un'OIG e un soggetto privato qualora si riferiscano a operazioni commerciali "correnti" o qualora abbiano uno stretto collegamento con il sistema giuridico o economico di un dato Paese. Così, in materia di contratti di fornitura di beni o di prestazione di servizi, il diritto applicabile sarà normalmente quello dello Stato in cui l'OIG ha sede; più raramente quello dello Stato di cui la parte "privata" possiede la nazionalità. Così, in caso di prestiti emessi da un'OIG nel mercato finanziario di un dato Stato, è al diritto di quest'ultimo Stato a cui si farà riferimento per la disciplina delle obbligazioni contrattuali nascenti da tale rapporto.

37. Ragioni della scelta di un diritto statale. — Le ragioni del riferimento al diritto statale non sono difficili da comprendere. Il diritto di un dato Stato è preciso in molte materie, è conosciuto o conoscibile dal contraente "privato", e pertanto può soddisfare tutte le condizioni di certezza e di prevedibilità necessarie per ispirare "fiducia". È così, ad esempio, che al fine di poter emettere un prestito con qualche possibilità di successo sul mercato finanziario di uno Stato, un'OIG dovrà interamente rispettare la normativa nazionale pertinente, accettare la giurisdizione dei giudici locali e rinunciare all'immunità dalla giurisdizione e dall'esecuzione.

In tali casi, la sottoposizione di questi rapporti giuridici a un diritto statale dato è conforme sia agli interessi dell'OIG sia a quelli dei suoi contraenti "privati".

2. — L'applicazione del diritto internazionale

38. — Il diritto internazionale applicabile a tali fattispecie discende da due fonti diverse. Può trattarsi sia del "diritto interno" dell'organizzazione internazionale considerata, sia del diritto internazionale.

a) *Il diritto interno dell'organizzazione internazionale*

39. — Le OIG emanano delle norme giuridiche per regolare determinate situazioni o rapporti connessi al proprio funzionamento e alla loro amministrazione (regole di procedura, in materia di rapporti di lavoro, finanziarie, etc.). In base al loro "diritto interno", le OIG adottano spesso delle norme generali, oggettive, di natura "regolamentare" che si applicheranno ai contratti internazionali conclusi con soggetti privati. Così, i contratti per il reclutamento del personale dovranno essere conformi allo "statuto della funzione pubblica" elaborato dall'organizzazione in causa: detto "statuto" costituirà sia il fondamento sia il diritto applicabile a questi contratti; in caso di controversie, ad esempio, il *tribunale amministrativo* dell'OIG sarà esclusivamente competente a risolverle. Allo stesso modo, numerose OIG, al pari delle pubbliche amministrazioni nazionali, hanno spesso elaborato dei "capitolati" per gli appalti pubblici internazionali che esse accettano di finanziare: queste "clausole-standard" saranno poi incorporate nei loro contratti con i privati (è così, ad esempio, per i contratti di prestito della Banca Mondiale o della sua "filiale" l'Agenzia Internazionale per lo Sviluppo (IDA)).

b) *Il diritto internazionale*

40. — In alternativa, come dicevamo, si può applicare il diritto internazionale in combinazione con un diritto nazionale dato. Qui, si ritrovano molti problemi analoghi a quelli precedentemente esaminati a proposito degli "accordi" stipulati tra gli Stati e i privati stranieri ma con una notevole differenza di prospettiva per ciò che concerne la validità e l'efficacia delle clausole di "stabilizzazione" o "d'intangibilità". Infatti, una clausola di stabilizzazione, qualora sia inserita in un contratto stipulato tra un'OIG e un soggetto privato, ha una finalità totalmente diversa: essa è destinata a *proteggere entrambe le parti contro le modifiche della legislazione dello Stato il cui diritto è stato scelto* di comune accordo per regolare il loro contratto. Per evidenti ragioni di certezza del diritto, le due parti intendono così "congelare" il diritto nazionale da loro designato quale diritto applicabile. Non si tratta più di impedire alla parte "pubblica" di avvalersi delle sue prerogative sovrane per modificare la portata dei propri obblighi contrattuali con i privati — ovvero per estinguerli a piacimento — in modo unilaterale. Certo, la medesima preoccupazione affligge il contraente privato qualora il contratto sia soggetto al diritto interno dell'organizzazione internazionale: conviene quindi evitare che quest'ultima possa unilateralmente cambiare la portata dei suoi obblighi contrattuali "manipolando" le norme del proprio ordinamento interno.

41. Una prassi diversificata. — La prassi seguita dalle OIG in materia è assai variabile ([51]). Secondo l'orientamento dominante, le OIG determinano caso per caso il diritto applicabile al contratto concluso con un privato: molto spesso, il regime giuridico di questo contratto sarà quello previsto da un diritto statale preciso scelto di comune accordo tra le parti. Al contrario, organizzazioni come l'ONU o l'ILO stipulano spesso dei contratti internazionali *sui generis*, svincolati da qualunque ordinamento giuridico nazionale, che devono essere interpretati alla luce del diritto internazionale e, in particolare, dei principi generali di diritto.

Anche la prassi sviluppata dalla BERS va in questa direzione. Infatti, nelle sue *condizioni generali di prestito al settore pubblico*, il ricorso all'arbitrato è previsto con riferimento alle regole dell'UNCITRAL, con ulteriore precisazione che gli arbitri applicheranno il "diritto internazionale pubblico" ([52]). Questa espressione desueta in realtà indica le "fonti" del diritto internazionale di cui all'art. 38 dello Statuto della CIG — disposizione, peraltro, non esaustiva delle fonti del diritto internazionale contemporaneo ([53]).

§ 3. — *Un esempio specifico: i contratti di prestito della Banca Mondiale con enti non statali*

Bibliografia sommaria: F.A. Mann, "The Proper Law of Contracts concluded by International Persons", *BYIL*, 1959, p. 34; G. Delaume, "The Proper Law of Contracts concluded by International Persons: a Restatement and a forecast", in *AJIL*, 1962, p. 63; D. Zavala, *Les prêts de la Banque Mondiale aux services publics industriel et commerciaux; une étude des contrats*, Paris, Pedone, 1982, p. 286; G. Delaume, "Issues of applicable law in the context of the World Banks operations", in *The Transnational Law of International Commercial Transactions*, a cura di Horn e Schmitthof, Antwerp, Boston, London, Frankfurt a.M., 1982, p. 317 e ss.; A. Rigo Sudera, "The Law Applicable to the Activities of International Development Banks", in *RCADI*, 2004, t. 308, p. 9; A. Comba, *Lezioni di diritto internazionale monetario*, Torino, Giappichelli, 2007; M. Megliani, *Sovereign Debt. Genesis, Restructuring, Litigation*, Springer-Verlag GmbH, 2015; P. Woods, *International Loans, Bonds, Guarantees and Legal Opinions*, 3 ed., London, Sweet&Maxwell, 2019.

([51]) Al riguardo v. il precitato *rapporto Valticos*, p. 30.

([52]) Sez. 8.04.

([53]) V. J.W. Head, "Evolution of Governing Law for Loan Agreements of the World Bank and other Multilateral Development Banks", in *AJIL*, 1996, p. 214.

42. — Qualora la Banca Mondiale conceda un prestito ad uno Stato membro per il finanziamento di un determinato progetto, questa operazione si traduce in un insieme di accordi piuttosto complessi. La Banca stipula dapprima un "accordo ombrello" con lo Stato (accordo di prestito o, più spesso, di "garanzia"): questo viene disciplinato dal diritto internazionale "pubblico" e può essere assimilato ad un "trattato". In seguito, la Banca concluderà un accordo particolare con il mutuatario nazionale utilizzatore dei fondi, essendo quest'ultimo un soggetto giuridico di diritto interno di uno Stato membro della BIRS/IBRD; questo "accordo di prestito" *stricto sensu* definisce le condizioni di realizzazione del progetto finanziato dalla Banca così come le modalità di rimborso dell'importo erogato dalla BIRS. Qual è dunque la natura giuridica dell'accordo di prestito concluso tra la Banca Mondiale e i soggetti giuridici — privati o pubblici — di diritto interno degli Stati? Qual è il diritto applicabile a quei rapporti?

1. — La natura di tali "accordi di prestito"

43. — È innanzitutto evidente che non si tratta di "trattati" ai sensi della CVT. Il fatto che essi talvolta vengano registrati presso il Segretariato Generale delle Nazioni Unite e pubblicati da queste ultime ai sensi dell'art. 102 della Carta è decisivo; tali accordi di prestito infatti sono registrati e pubblicati solamente a titolo di "allegati" dell'accordo "ombrello" inizialmente stipulato tra la BIRS e lo Stato membro beneficiario del prestito.

In realtà, si è qui in presenza di un'ulteriore categoria di "contratti internazionali" stipulati tra soggetti giuridici diversi per natura e per statuto.

2. — Il diritto applicabile a tali "accordi di prestito"

44. — È altresì evidente che tali "accordi di prestito" non devono essere regolati dal diritto interno dello Stato beneficiario degli aiuti della Banca Mondiale. Altrimenti ogni prestito della BIRS sarebbe regolato da un diritto nazionale diverso. È evidente che a tali accordi debba applicarsi un regime giuridico uniforme, indipendentemente dalle parti contraenti, partner della Banca Mondiale.

Pertanto, detti accordi sono un'ulteriore manifestazione evidente del "diritto internazionale dei contratti internazionali" di cui si è parlato sopra.

§ 4. — *I soggetti privati, autori diretti di norme di diritto internazionale*

45. Situazioni eccezionali, ma di crescente importanza. — Il fatto che dei soggetti privati creino per contratto o per atto unilaterale (Cap. XI) delle regole internazionali che finiscono per applicarsi a tutti gli altri attori della *societas* internazionale, compresi gli Stati, è un fenomeno caratteristico del nostro tempo. Ma ciò ha potuto accadere grazie alla connivenza degli Stati.

A titolo di esempio valgano le seguenti considerazioni in materia di moneta e finanza (1), nonché di inquinamento da idrocarburi (2).

1. — I soggetti privati, autori diretti di norme finanziarie e monetarie internazionali

Bibliografia sommaria: D. Carreau, "Le système monétaire international privé (UEM et Euromarchés) », *RCADI*, t.274, 1998, pp. 309-391; A. Comba, *Lezioni di diritto internazionale monetario*, Torino,

Giappichelli, 2007, p. 20 ss.; D. Carreau, P. Juillard, R. Bismuth, A. Hamann, *Droit international économique*, cit., p. 821 ss..

46. Ruolo centrale dei contratti internazionali nel sistema monetario e finanziario privato. — In materia monetaria e finanziaria internazionale, il "sistema monetario privato" costituisce, nel nostro tempo, l'asse portante della realtà da noi analizzata, molto più del "sistema monetario internazionale pubblico" istituito dagli Stati alla fine della seconda guerra mondiale e centrato sul FMI e sul gruppo della Banca Mondiale. Il "potere bancario internazionale privato" si trova all'origine, a partire dagli anni Sessanta, di due nuovi mercati veramente internazionali: un mercato monetario — detto delle "euro-divise" — e un mercato finanziario — quello delle "euro-obbligazioni". Qui si tocca con mano un ordinamento giuridico nuovo, a carattere "privato", osservabile nella sua dimensione contrattuale; tali contratti (essenzialmente dei contratti di mutuo) largamente standardizzati altro non sono che la codificazione in forma privata degli usi commerciali e delle prassi proprie della professione bancaria. Quegli usi e quelle prassi ben collaudate sono di applicazione generale e si traducono in una serie di clausole standard a carattere "non negoziabile" che tutti gli attori del mercato devono rispettare.

47. Delle consuetudini "private" ma obbligatorie per tutti. — Tali "consuetudini private" si impongono a tutti gli attori dei predetti mercati internazionali, che si tratti di soggetti privati, di Stati o di OIG, sia che si tratti di fornitori di capitale di rischio sia che si tratti di mutuatari. Tutti gli Stati, siano essi capitalisti, socialisti o in via di sviluppo, hanno sempre accettato di piegarsi a siffatte regole di diritto uniforme ([54]).

48. Contributo dei privati all'ordinamento transnazionale. — In breve, in materia finanziaria e monetaria, il "potere bancario internazionale" ha dato vita tramite la contrattazione internazionale ad un vero e proprio "ordinamento internazionale economico privato" che ha finito per colmare le lacune dell'"ordinamento internazionale pubblico" saldandosi con esso "dal basso". Per non dire che le *norme private* hanno da tempo soppiantato larga parte delle soluzioni normative elaborate dagli Stati attraverso il FMI, la Banca mondiale ed altri enti intergovernativi con funzioni creditizie. Ma tale evoluzione della regolazione effettiva in materia non si sarebbe potuta giuridicamente produrre "contro" la volontà degli Stati. Questi ultimi hanno infatti "lasciato fare" o comunque hanno incoraggiato tale fenomeno nella misura in cui ciò era conforme al loro interesse (quello di attingere a fonti di finanziamento ulteriori) ([55]).

2. — L'uniformazione delle condizioni di indennizzo ad opera dei soggetti privati in caso di inquinamento da idrocarburi

Bibliografia sommaria: F. Rigaux, *Droit public et privé dans les relations internationales*, op. cit., pp. 16-19 e, C. Wu, *La pollution du fait du transport maritime des hydrocarbures*, Paris, Pedone, 1994; F. Munari, L. Schiano di Pepe, *Tutela transnazionale dell'ambiente*, Bologna, Il Mulino, 2012; P. Bonassies, C. Scapel,

---

([54]) E dette regole di diritto uniforme sono di origine "a-statuale" anche in virtù dell'inettitudine degli Stati a formularle direttamente attraverso i meccanismi di produzione classica del diritto internazionale.

([55]) V. in generale, *Les Euro-crédits*, Paris, Litec, 1981 *passim* e in particolare il contributo di Blaise e Fouchard alle p. 155 e ss., nonché *Droit international économique*, cit., n. 1970 e ss.

Traité de droit maritime, 3 éd., Paris, Dalloz, 2016; S. M. Carbone, P. Celle, M. Lopez de Gonzalo, *Il diritto marittimo*, 6ª ed., Torino, Giappichelli, 2020; Y. Baatz (ed.), *Maritime Law*, 5 ed., London, Routledge, 2021.

49. Delle soluzioni a carattere privato più favorevoli di quelle previste dai trattati. — È passato molto tempo dalla conclusione degli accordi detti "Tovalop" ([56]), poi sostituiti nel 1985 da quelli "Plato", "Crystal" ([57]) e "Opol" ([58]) successivamente assorbiti entro il "Fipol". Detti accordi sono stati conclusi esclusivamente tra soggetti privati (vettori, società petrolifere, compagnie d'assicurazioni) e prevedono delle condizioni uniformi di indennizzo a seguito di inquinamento da idrocarburi (urto in mare, avarie, perdite nei pozzi di trivellazione, ...). Le condizioni di indennizzo previste dai predetti accordi sono nettamente più favorevoli di quelle previste dalla Convenzione interstatale di Bruxelles del 29 novembre 1969 (CLC) poi modificata dal Protocollo del 1992 ([59]).

50. Dei contratti di natura privata di cui beneficiano gli Stati. — Da un punto di vista giuridico, si tratta di contratti di diritto privato, spesso soggetti al diritto inglese. Orbene, detti contratti colmano delle importanti lacune del diritto internazionale — per non parlare di alcuni sistemi giuridici nazionali. Inoltre, l'accordo "Tovalop" prevede, all'art. VII (poi riprodotto nel Fipol) che i Governi degli Stati contraenti potranno rivolgersi all'organo di gestione per ottenere un indennizzo; si è in presenza della stipulazione di un accordo a favore di uno o più Stati il quale prevede che siano questi ultimi a beneficiare di alcuni diritti a loro conferiti tramite un accordo tra privati: un accordo di cui non sono parti contraenti. Detto in altri termini, in base ad un accordo stipulato tra privati, sono gli Stati a poter esercitare alcuni diritti nei confronti dei soggetti privati firmatari di quegli accordi. Siamo in presenza di una sorta di "contratto a favore di terzi": se normalmente sono gli Stati a cercare, attraverso i loro accordi *inter se*, di ottenere un trattamento favorevole ai propri cittadini; nel caso in esame la situazione è inversa.

51. Perdita di significato della frontiera tra "diritto privato" e "diritto pubblico". — Tutti questi ultimi esempi, tratti da settori fondamentali in cui si esplica la vita giuridica internazionale, confermano una volta di più che la celebre e tradizionale "frontiera" tra "diritto privato" e "diritto pubblico" valevole per il diritto interno perde qualsiasi consistenza nel diritto internazionale del nostro tempo ([60]).

([56]) *ILM*, 1969, p. 497.
([57]) *ILM*, 1971, p. 137.
([58]) *ILM*, 1974, p. 1409.
([59]) *ILM*, 1970, p. 45. S. Carbone, *Diritto marittimo*, 6 ed., cit., p. 138 ss.; Y. Baatz (ed.), *Maritime Law*, 5 ed., cit., p. 408 ss.
([60]) V. *infra*, Cap. IX.

Capitolo VI

GLI IMPEGNI PRIVI DI FORZA VINCOLANTE TRA GLI STATI — IL SOFT LAW

Bibliografia sommaria: in lingua inglese v. E. LAUTERPACHT, "Gentlemen's Agreements", in *Festchrift für F.A. Mann*, 1977, p. 381; O. SCHACHTER, "The Twilight Existence of Non-Binding International Agreements", in *AJIL* 1977, p. 296; I. SEIDL-HOHENVELDERN, "International Economic "Soft Law"", *RCADI*, v. 163, 1979, p. 194 ss.; C.M. CHINKIN, "The Challenge of Soft Law: Development and Change in International Law", *ICLQ*, 1989, p. 850; M. REISMAN, "The Concept and Functions of Soft Law in International Law", in *Essays in honour of Judge T.O. Elias*, Dordrecht, 1992, p. 135; F. FRANCIONI, "International "soft law": a Contemporary Assessment", in *Fifty Years of the ICJ. Essays in honor of Sir R. Jennings*, Cambridge, 1996, 167; ZEMANEK, "Is the Term Soft Law Convenient?", in *Liber amicorum Prof. I. Seidl-Hohenveldern*, The Hague, 1998, p. 843; D. THÜRER, voce "Soft Law", in *MPEPIL*, 2009; A. BOYLE, "Soft Law in International Law Making", in M. EVANS (ed.), *International Law*, 3 éd., Oxford, OUP, 2018, p. 122 ss.). In lingua francese, si vedano i simposi di Tolosa della SFDI, (Paris, Pedone 1974), su "L'élaboration du droit international public" ed in particolare i saggi di R.J. DUPUY, "Droit déclaratoire et droit programmatoire: de la coutume sauvage à la "soft law" (p. 132 e ss.), R. PINTO, "Les tendances de l'élaboration des formes écrites du droit international" (p. 15 e ss.) e P. VELLAS, "Les sources informelles du droit international public" (p. 70 e ss.); v. altresì M. VIRALLY, "L'élaboration du droit international économique", in *Colloque d'Orléans SFDI*, Paris, Pedone, 1972, p. 171 e ss.; B. OPPETIT, "L'engagement d'honneur", D. 1979, Chron, 107; P. M. EISEMANN, "Le "gentlemen's agreement" comme source du droit international", in *Clunet*, 1979, p. 326, e G. ABI-SAAB, "Eloge du "droit assourdi": quelques réflexions sur le role de la Soft Law en droit international contemporain", in *Mélanges Fr. Rigaux*, 1993, p. 59; *Le droit souple*, Association Henri Capitant, Paris, Dalloz, 2009. Tra gli autori italiani cfr. SINAGRA, BARGIACCHI, *Lezioni di diritto internazionale pubblico*, 3 ed., cit., 142 ss.; T. SCOVAZZI, *Corso di diritto internazionale*, 2 ed., cit., p. 177; A. TANZI, *Introduzione al diritto internazionale*, 6 ed., cit., p. 161 ss.. In Italia, il tema *de quo* non sembra avere appassionato la dottrina giusinternazionalistica.

1. Il *soft law* nel diritto interno. — Con l'espressione *soft law*, un lemma quasi intraducibile (in italiano, si usa talvolta il vocabolo "diritto soffice", altre volte quello di "**diritto flessibile**"), ci si riferisce a degli "impegni internazionali privi di forza vincolante tra gli Stati". Si tratta di un fenomeno che è stato studiato in modo approfondito dal civilista francese JEAN CARBONNIER. Carbonnier, come già aveva notato alla sua epoca Santi Romano (e v. *supra* Cap. 1), osserva il pluralismo e la concorrenza degli ordinamenti che disciplinano il comportamento delle persone (diritto statale, sindacale, professionale, ...). Rispetto allo Stato ed al *suo* ordinamento giuridico, gli innumerevoli ordinamenti esistenti possono essere giuridicamente rilevanti (riconosciuti, vietati, consentiti, tollerati, ecc.) o irrilevanti. Ed allora, alla luce di tali considerazioni, conclude che, l'espressione "soft law" non significa "non diritto": i dati empirici confermano che non siamo di fronte all'*assenza di norme giuridiche* bensì si tratta solo di una *diversità di forza coercitiva delle stesse* (1). Pertanto, il o la *soft law* non corrisponde al "vuoto assoluto del diritto,

(1) J. CARBONNIER, *Flexible droit*, 8 ed, Paris, 1995.

bensì evidenzia un abbassamento più o meno consistente della pressione giuridica" (2).

A tali conclusioni, si può giungere anche nella **prospettiva civilistica italiana**. Basti riferirsi, infatti, alla classica distinzione tra le *obbligazioni civili* e le *obbligazioni naturali* in base al vincolo giuridico, che obbliga il debitore ad adempiere e in forza del quale il creditore ha diritto di esigere la prestazione. Di tale distinzione si trova traccia all'art. 2034 cod.civ.it.. In tale fattispecie, osserva Francesco Galgano, "[s]i tratta di doveri morali o sociali, come tali sentiti dalla generalità degli individui: sono obbligazioni solo naturali perché nessuna norma di legge esige di adempierle" (3). Così, in diritto civile italiano si dirà che le obbligazioni civili, dette appunto *obbligazioni perfette*, sono munite di azione nel senso che, in caso di inadempimento, il creditore potrà fare condannare il debitore all'adempimento. Diversamente, nel caso delle ***obbligazioni naturali***, dette anche ***imperfette***, il creditore non è munito di azione: si pensi ad esempio, ai debiti di gioco, al pagamento di debiti prescritti o di interessi non dovuti (4).

2. *Soft law* nel diritto internazionale. — Se dunque, la distinzione tra *hard law* e *soft law* è conosciuta da secoli negli ordinamenti giuridici degli Stati, non deve stupire che tale "abbassamento della pressione giuridica" si sia verificato nel diritto della *societas* internazionale ben prima che nel diritto interno.

Per esaminare alcuni tra i principali impegni privi di forza vincolante tra gli Stati (5), cercheremo in questa sede di identificare le principali categorie e di determinarne le funzioni (Sezione I) prima di interrogarci sui loro caratteri giuridici fondamentali (Sezione II). Per quanto riguarda le manifestazioni del *soft law* in seno alle organizzazioni internazionali e con riferimento al loro *law making power*, ne parleremo a suo luogo (Cap. VIII).

Sezione I
Tipologia e funzioni degli impegni privi di forza vincolante tra gli Stati

§ 1. — *Tipologia*

3. — In diritto internazionale è possibile individuare due grandi categorie di atti: gli accordi informali (o "gentlemen's agreements") (1) e gli atti giuridici concertati (2).

---

(2) *Flexible droit*, cit., p. 21.

(3) F. Galgano, *Diritto privato*, 18 ed. a cura di N. Zorzi Galgano, Padova, Cedam-WKI, 2019, p. 409.

(4) Cfr. A. Trabucchi, *Istituzioni di diritto civile*, 49 ed. a cura di G. Trabucchi, Padova, Cedam, 2019, p. 854 s.: "Esistono dei rapporti obbligatori ai quali l'ordinamento giuridico riconosce **soltanto alcuni degli effetti che sono propri dell'obbligazione civile: si sogliono chiamare obbligazioni imperfette**. La figura dell'obbligazione naturale come tipica obbligazione imperfetta si trova già nella storia del diritto come giustapposta all'obbligazione civile. Nel diverso contenuto concreto che tale nozione ha avuto nella tradizione storica, si ritrova sempre il suo significato di definire un rapporto che, pur non essendo munito di azione per costringere il debitore all'adempimento, tuttavia ottiene un parziale riconoscimento. **L'esecuzione spontanea del dovere morale viene infatti considerata come pagamento di un debito**".

(5) Il cui carattere comune "sembra essere la volontà delle parti che, in caso di non osservanza, essi non ingenerino responsabilità internazionale" cfr., ad es., T. Treves, *Diritto internazionale*, cit., p. 361.

Non si tratta di una facile distinzione in quanto la qualificazione di tali atti dipende principalmente dall'insieme delle circostanze del caso concreto più che dalla denominazione formale che viene utilizzata dalle parti.

1. — Gli accordi informali (o "*gentlemen's agreements*")

4. — Tramite la prima categoria di atti, i "gentlemen's agreements" ([6]), *le parti realizzano un'intesa generica circa la linea di condotta da seguire in determinate circostanze.* Al riguardo, possiamo individuare tre grandi tipologie di accordi: gli accordi informali politici (a); gli accordi informali interpretativi (b) e gli accordi informali normativi (c).

a) *Gli accordi informali "politici"*

5. — Con gli accordi informali "politici", *gli Stati intendono esprimere alcuni grandi principi che regoleranno le loro relazioni reciproche o guideranno la loro politica nei confronti degli Stati terzi.*

A tale proposito, basti l'**esempio** storico della "***Carta Atlantica***" del 14 agosto 1941, elaborata da Winston Churchill e Franklin Roosevelt, che fissava gli obiettivi comuni di Regno Unito e Stati Uniti *nella gestione di un "mondo migliore" nel dopoguerra.* Con questo atto, le due Potenze comunicavano agli Stati terzi i grandi principi che, ai loro occhi, dovevano regolare le relazioni politiche ed economiche tra le Nazioni "libere" una volta che le ostilità si fossero concluse. Questa dichiarazione di principi si ispirava, peraltro, ai famosi "14 punti" del Presidente Wilson del 1914, pur avendo un fondamento bilaterale.

b) *Gli accordi informali "interpretativi"*

6. — *Tramite gli accordi informali "interpretativi", gli Stati completano e/o precisano un quadro giuridico preesistente.* Nella prassi, il ricorso a tale strumento si verifica assai frequentemente per disciplinare delle questioni di procedura all'interno di una OIG o di una conferenza intergovernativa (composizione degli organi di una OIG, regolamento interno, regole di voto, e così via).

7. — A titolo di **esempio**, si può citare l'accordo di Londra del 1946 tra i Membri permanenti del Consiglio di Sicurezza dell'ONU che stabiliva un piano di ripartizione dei seggi per l'elezione dei Membri non permanenti in seno al Consiglio; nello specifico, i "cinque grandi" trovavano un accordo con riferimento alle candidature presentate dagli Stati appartenenti alle cinque più importanti regioni del mondo. Allo stesso modo, sempre in seno all'ONU, nel 1955 si raggiunse un accordo al fine di

---

([6]) In dottrina, secondo un autore i *gentlemen's agreements* vincolano di solito solo le persone (*gentlemen*) che li hanno stipulati ma non i rispettivi Stati (così Focarelli, *Diritto internazionale*, 5 ed, cit., p. 152). Ma la tesi contraria pare convincente: come ha rilevato H. Kraus, ("Système et fonctions des traités internationaux", *RCADI*, v. 50, 1934, pp. 311-400): "Ils engagent l'Etat seulement dans la mesure où les relations de bon voisinage et la continuité politique interdisent à celui-ci de désavouer les négociateurs et leurs successeurs" (a p. 329). In conclusione, sotto il profilo sostanziale, da un impegno d'onore deriva solo un vincolo morale — assortito da una "sanzione sociale", un danno reputazionale secondo l'analisi economica del diritto — ma non obblighi giuridici (e dunque una responsabilità internazionale in senso formale).

regolare la situazione di due Stati candidati al Consiglio di Sicurezza che avevano ottenuto lo stesso numero di voti: in tale ipotesi, uno dei due Stati occupa il seggio di Membro non permanente per un anno, poi rassegna le dimissioni, consentendo così all'altro candidato di essere eletto per il periodo rimanente, cioè un anno. Questa soluzione di compromesso fu adottata nel 1955 con riguardo alle Filippine ed alla Jugoslavia; fu utilizzata di nuovo con la Polonia e la Turchia. Avrebbe dovuto essere utilizzata anche nel 1979 con riguardo a Cuba e alla Colombia che si trovarono in tale situazione dopo un considerevole numero di scrutini: tuttavia, i due Stati ritirarono la candidatura per permettere al Messico di essere eletto; tale situazione derogatoria si spiega in ragione del contesto politico dell'epoca — l'invasione dell'Afghanistan dall'allora Unione sovietica — e non di una forma di ripudio dell'accordo del 1955. Può essere altresì citato in questa sede il compromesso di Lussemburgo del 29 e 30 gennaio 1966 relativo alla procedura di decisione a maggioranza qualificata in seno al Consiglio dei ministri dell'allora CEE.

c) *Gli accordi informali "normativi"*

8. — Un'altra tipologia di accordi internazionali informali di soft law viene utilizzata nel campo delle relazioni politiche "sensibili" o ancora nel settore economico internazionale. Qui, si tratta di elaborare un *quadro normativo* destinato ad influenzare la condotta delle parti firmatarie, tra di loro o nei confronti di terzi.

E così, **ad esempio**, che rientrano in questa categoria, i celebri ***accordi di Yalta e Potsdam*** del 1945, che hanno portato alla divisione del mondo in "zone di influenza" tra le principali potenze vincitrici della seconda guerra mondiale. Ed ancora, va ricondotto alla medesima categoria, l'atto finale di Helsinki del 1° agosto 1975 adottato al termine della conferenza sulla sicurezza e la cooperazione in Europa che è all'origine dell'OSCE (7). Nel campo economico esistono, poi, numerosi "accordi" o "impegni informali" o "gruppi di studio" con riferimento ai prodotti di base che sono conclusi sotto gli auspici della FAO, UNCTAD, o del GATT e che sono destinati a regolare gli scambi internazionali su un prodotto particolare.

L'allora Comunità Economica Europea ed il Giappone fecero ugualmente ricorso alla tecnica dell'accordo informale (*gentlemen's agreement*) nell'agosto 1991 per regolare la questione, alquanto controversa, delle esportazioni giapponesi di automobili nell'allora CEE fino alla fine degli anni Novanta.

Allo stesso modo, l'OCSE ha fatto ricorso a questa tecnica in materia di credito all'esportazione anche al fine di evitare una concorrenza selvaggia tra le *Export Credit Agencies* dei suoi Stati Membri (8).

Rientrano altresì in questa categoria gli "accordi" conclusi in occasione di "summit economici" tra i principali Paesi industrializzati che si sono tenuti regolarmente a partire dal 1975 (9). I Ministri delle finanze dei sette Stati allora più sviluppati

---

(7) V. J.F. Prévost, "Observations sur la nature juridique de l'acte final de la C.S.C.E.", in *AFDI*, 1975, p. 129 e E. Decaux "La conférence sur la sécurité et la coopération en Europe (C.S.C.E.)", PUF, Que sais-je?, n. 2661, Paris, 1992, oltre che il sito *http://www.osce.org*.

(8) Sugli "accordi" conclusi in passato v. J.M. Duff Jr., "The Outlook for official export credits", in *L. & P. I.B.* 1981.891 e soprattutto le pp. 901-918; vedi altresì nello stesso numero la nota sugli "export credits" alle p. 1069 e ss.

(9) Per una sintesi v. *The Economist*, 27 febbraio 1988, pp. 76-77.

hanno fatto ugualmente ricorso a tale tecnica per arrivare ad una stabilizzazione dei tassi di cambio delle rispettive monete (10).

2. — Gli atti giuridici concertati

9. — L'esame della prassi evidenzia che gli Stati spesso pongono in essere delle dichiarazioni di natura politica che non sono giuridicamente vincolanti. Gli atti giuridici concertati sono documenti ufficialmente firmati dai Capi di Stato o di Governo o dai Ministri competenti ma che non vengono ratificati. In altri termini, non costituiscono né dei trattati conclusi in forma solenne, né degli accordi in forma semplificata. Nella vita di relazione internazionale si incontrano diversi esempi di tali atti come si vedrà d'appresso.

a) ***I processi verbali (procès-verbal o minutes)***

10. — Sono dei documenti — dei verbali — che relazionano su "ciò che si è detto e fatto" tra i rappresentanti degli Stati. Riassumono lo stato dei lavori che si sono svolti in occasione di una conferenza internazionale o in seno ad una OIG.

In casi eccezionali, tuttavia, si può trattare di veri accordi internazionali. Ma in tale ipotesi, messo da parte il titolo dello strumento, occorre verificare il loro contenuto, l'eventuale linguaggio prescrittivo, le circostanze ed il contesto in cui l'atto è stato redatto. Il metodo di analisi è simile a quello da utilizzare per i *Memorandum of understanding* (MOU, su cui v. *supra*, Cap, IV).

b) ***I comunicati finali congiunti (joint communiqué)***

11. — Si tratta di documenti resi pubblici alla fine di ogni riunione internazionale bi — o multilaterale tra Stati (al livello di Capi di Stato, Capi di Governo o Ministri degli affari esteri), oppure che si sia svolta tramite una conferenza *ad hoc* o ancora in seno ad una OIG. Questi *comunicati* segnano i punti di accordo — o di disaccordo — tra i partecipanti. Indicano situazioni — o comportamenti — sia passati, sia presenti sia futuri. Un "comunicato finale congiunto" è sempre rivestito di una certa solennità nella misura in cui esso ufficializza dei punti di vista tra Stati; questo spiega la grande cura con cui vengono redatti. Abbiamo già visto a suo luogo (Cap. IV) che, eccezionalmente, anche tali atti di soft law possono acquisire un carattere vincolante come nel ***caso della delimitazione della frontiera marittima tra Qatar e Bahrein*** (11).

Esempio: **"Comunicato congiunto della Ministeriale del Gruppo Ristretto della Coalizione Globale anti-Daesh 4 giugno 2020".**

"Su invito del Ministro degli Affari Esteri italiano Luigi Di Maio e del Segretario di Stato americano Michael R. Pompeo, i Ministri degli Esteri della Gruppo Ristretto della Coalizione Globale anti-Daesh si sono riuniti virtualmente oggi per riaffermare la comune determinazione a lottare per sconfiggere Daesh/ISIS in Iraq e in Siria, e a creare le condizioni per una sconfitta duratura del gruppo terroristico, unico scopo della Coalizione, attraverso uno sforzo globale e multiforme. I Ministri hanno sottolineato la protezione dei civili e hanno affermato che il diritto

---

(10) Su tali accordi del settembre 1985 e del Louvre del 1987, V. "Chronique de droit international économique", in *AFDI*, 1987.

(11) CIG, sentenza del 1° luglio 1994, *ICJ Rep*. 1994, p. 120 ss..

internazionale, compreso il diritto umanitario internazionale, la protezione dei civili e il diritto internazionale dei diritti umani, nonché le pertinenti risoluzioni del Consiglio di sicurezza delle Nazioni Unite, devono essere rispettati in ogni circostanza. I Ministri, citando la dichiarazione del 6 febbraio 2019, si sono impegnati a rafforzare la cooperazione in tutte le linee di impegno della Coalizione per assicurare che Daesh/ISISIS e i suoi affiliati non siano in grado di ricostituire un'enclave territoriale o di continuare a minacciare la nostra patria, il nostro popolo e i nostri interessi. Insieme rimaniamo fermamente uniti nel condannare con sdegno per le atrocità di Daesh/ISIS e fermi nella determinazione di eliminare questa minaccia globale [...]. I Ministri hanno convenuto sull'urgente necessità di perseguire lo scambio di informazioni sui membri noti delle affiliate di Daesh/ISIS, anche attraverso canali multilaterali di applicazione della legge, come INTERPOL, e in particolare a fini di garantire la sicurezza delle frontiere e aumentare le comunicazioni strategiche [...]. I Ministri si impegneranno a promuovere gli sforzi necessari per assicurare che i terroristi accusati, compresi quelli di nazionalità straniera, siano trattati in modo appropriato e sottoposti a processo in conformità con gli obblighi previsti dal diritto internazionale, comprese le garanzie di un processo equo. Si esortano color che hanno in custodia i combattenti di Daesh/ISIS detenuti a continuare a trattarli umanamente, in conformità con il diritto internazionale. I Ministri hanno inoltre riconosciuto che la situazione dei detenuti di Daesh/ISIS e dei loro familiari nel nord-est della Siria desta grande preoccupazione e hanno riconosciuto l'importanza di trovare un approccio globale a tale grave problema." (12).

c) *Le conclusioni (o dichiarazioni) concertate (joint statements)*

12. — In un'altra tipologia di atti, gli Stati partecipanti (o i Segretari generali di OIG) comunicano insieme ufficialmente la condotta che intendono seguire a seguito della loro riunione. Si tratta, in linea di principio, di dichiarazioni di intenti ancor meno "formali" di quelle contenute in un "comunicato finale congiunto".

V. ad **esempio** il *Joint Statement by Secretary-General of United Nations, Secretary General of Collective Security Treaty Organization* (13).

d) *I codici di condotta (codes of conduct)*

Bibliografia sommaria: Y. Van Der Mensbrugghe, "Les codes de conduites pour sociétés multinationales", *RDIDC*, 1982, numeri 1-2, p. 223; P. Sanders, "Code of conduct and sources of law", in *Mélanges B. Goldman*, 1982, p. 281; G. Farjat, "Rèflexions sur les codes de conduite privés", ivi, p. 47, e dello stesso autore, "Nouvelles rèflexions sur les codes de conduite privés", dopo la deregolamentazione nelle nuove forme di regolamentazione, G. Martin (dir.), Paris, LGDJ, 1998, p. 151; Nguyen Huu Tru, "Les codes de conduite — un bilan", in *RGDIP*, 1992, p. 445; "Emerging standards of International Trade and Investment", edito da S. Rubin e C.H. Hufbauer, in *ASIL*, 1984; F. Marrella, "Protection internationale des droits de l'homme et activités des sociétés transnationales", in *RCADI*, vol. 385, 2017, pp. 33-435.

13. — Da qualche tempo, nel sistema economico internazionale, gli Stati concordano alcune "regole del gioco" da seguire, adottando dei codici di condotta che disciplinano le relazioni reciproche in alcuni settori (conferenze marittime, imprese multinazionali, trasferimento di tecnologia, trasferimento di dati personali, per citare solo gli esempi più significativi). Va notato che tali codici sono adottati anche in seno ad OIG (ad es. OCSE, OIL e UNCTAD). Ma tali codici — a meno che non vengano

---

(12) Tratto dal sito internet del MAECI. https://www.esteri.it/mae/it/sala_stampa/archivionotizie/comunicati/joint-communique-by-ministers-of-the-global-coalition-to-defeat-isis-small-group-june-4-2020.html.

(13) Tratto dal sito internet dell'ONU https://www.un.org/press/en/2020/sg2253.doc.htm.

formalizzati in un trattato internazionale come nel caso delle conferenze marittime — costituiscono delle mere *linee guida* per gli Stati partecipanti alle conferenze ove sono stati elaborati. Qui, in assenza della volontà politica di pervenire a concludere un trattato internazionale avente per oggetto l'attività delle imprese multinazionali e le loro responsabilità sul piano del diritto internazionale, ci si limita ad invitare gli Stati interessati ad applicare volontariamente tali codici di condotta. A tale categoria, riteniamo debbano essere ascritti pure gli *UN Guiding Principles on Business and Human Rigths* — a cui abbiamo fatto già riferimento e su cui torneremo nel Cap. XV) -, adottati all'unanimità dal Consiglio dei diritti umani dell'ONU nel 2011 ma non tramite uno strumento internazionale di *hard law* ([14]).

§ 2. — *Funzioni*

14. — Le funzioni del *soft law* sono legate ai *vantaggi* connessi all'informalismo. Tali vantaggi si presentano sia nell'ordinamento internazionale (1) che nell'ordinamento interno degli Stati (2).

1. — I vantaggi del *soft law* nell'ordinamento internazionale

15. — Gli "impegni" di *soft law* presentano il grande vantaggio di "saltare" il procedimento di conclusione dei trattati in forma solenne, un *iter* spesso lungo e tortuoso.

Inoltre, detti impegni privi di forza vincolante possono costituire una sorta di "test" in vista della conclusione di un futuro trattato internazionale tra Stati: andrebbero a costituire, in altre parole, una prima fase, la prima tappa verso l'eventuale conclusione di un trattato internazionale in buona e dovuta forma. Tuttavia, nella maggior parte dei casi, gli atti privi di forza vincolante tra Stati finiscono col restare un "succedaneo" dei rispettivi trattati: tramite gli strumenti di *soft law* gli Stati accettano di impegnarsi politicamente sul piano internazionale ma non vogliono — o non possono — farlo in modo tecnico-giuridico formale e solenne evitando così tutte le conseguenze che implica ciascun trattato, a cominciare dal sorgere della propria responsabilità internazionale in caso di mancato adempimento.

Sempre sul piano dei *vantaggi*, le considerazioni appena presentate svolto valgono, *a fortiori*, anche nell'ipotesi di costituzione di una OIG. Così, al fine di gestire un "servizio pubblico internazionale", gli Stati possono decidere di procedere per via informale. La creazione di una OIG presenta infatti due principali inconvenienti: il formalismo con riferimento alla negoziazione e conclusione della carta costitutiva, e la rigidità insita nelle soluzioni istituzionali, nella misura in cui tutte le OIG risultano "lente" e, prima o poi, danno vita ad una burocrazia invasiva e paralizzante. Ciò spiega, tra l'altro, il relativo successo della formula degli impegni privi di forza vincolante per regolare il commercio internazionale di certi prodotti di base.

La tecnica degli "impegni privi di forza vincolante" presenta inoltre dei vantaggi di carattere materiale. Contesti internazionali particolarmente sensibili (le relazioni politiche in senso ampio) o dinamici (le relazioni economiche ad esempio) si prestano meglio di altri ad essere regolati tramite accordi *soft*.

([14]) In argomento v. per tutti F. MARRELLA, "Protection internationale des droits de l'homme et activités des sociétés transnationales", in *RCADI*, vol. 385, 2017, pp. 33-435.

16. La codificazione soft del diritto consuetudinario (rinvio) — E sempre in tale ottica va inteso il successo, nel nostro tempo, della codificazione *soft* che la stessa CDI sembra prediligere nei propri lavori di codificazione del diritto internazionale consuetudinario. Come abbiamo visto a suo luogo, l'intera materia della responsabilità internazionale degli Stati è oggetto non di un trattato ma di un documento di *soft law*.

2. — Vantaggi e svantaggi del *soft law* nell'ordinamento interno

17. Un deficit democratico? — I vantaggi della *soft law* nell'ordinamento interno sono altrettanto tangibili. Così facendo il potere "esecutivo" ha le "mani libere" e si trova svincolato da qualsiasi controllo parlamentare interno. Ma se, invertendo la prospettiva, ci si pone dal punto di vista delle esigenze di "controllo democratico" interno, il risultato non è affatto positivo.

In effetti, evitando di ricorrere alla conclusione dei trattati in forma solenne, il Governo "bypassa" il Parlamento e pertanto si sottrae al controllo democratico dei cittadini. Certo, sul piano del diritto internazionale, in genere, gli esecutivi sono più "liberali" dei legislatori nazionali spesso troppo sensibili agli interessi "settoriali" e all'influenza di gruppi di "pressione" che difendono privilegi locali o professionali. Ma è altrettanto vero che così facendo, i Governi evitano qualsivoglia dibattito politico generale e ogni forma di controllo da parte dell'*opinione pubblica* che potrebbe voler frenare lo sviluppo della cooperazione internazionale in questo o quel settore. Bilanciando tali elementi, si vede tuttavia che l'assenza di un dibattito a livello nazionale, o di un'approvazione formale da parte dei "rappresentanti dei cittadini", produce un senso di precarietà degli impegni di *soft law*, rendendo la garanzia del loro rispetto particolarmente aleatoria soprattutto in ipotesi di mutamento di Governo. Tale fenomeno è oggi in crescita esponenziale giacché le autorità amministrative indipendenti e le banche centrali concordano a livello transnazionale e successivamente applicano un ampio ventaglio di strumenti giuridici di *soft law* sotto forma di raccomandazioni, linee guida o di orientamenti, nell'esercizio dei loro poteri di regolazione. E qui, dove manca persino un controllo parlamentare, la *soft law* si sposa col potere tecnocratico degli enti pubblici ([15]).

Sezione II

Le principali caratteristiche giuridiche degli impegni privi di forza vincolante tra gli Stati

18. Piano espositivo. — Gli accordi informali si caratterizzano per cinque caratteristiche essenziali: 1) costituiscono una manifestazione della volontà degli Stati ad impegnarsi; 2) possiedono un contenuto variabile; 3) non sono sistematicamente pubblicati; 4) perseguono degli obiettivi diversificati; 5) il mancato rispetto degli stessi non viene sanzionato.

1. — La volontà di impegnarsi da parte delle Parti contraenti

19. — Siffatti accordi di *soft law* manifestano *l'intenzione delle Parti contraenti a coordinare la propria condotta secondo quanto convenuto*. Per effetto della propria

---

([15]) E al riguardo v. le riflessioni premonitorie di S. Cassese, F. Galgano, G. Tremonti, T. Treu, *Nazioni senza ricchezza, ricchezze senza Nazione*, Bologna, Il Mulino, 1993.

volontà gli Stati possono certamente concludere degli "impegni" meno solenni sia rispetto ai "trattati internazionali" che agli "accordi in forma semplificata". In tal caso, si pone un problema fondamentale per l'interprete: fino a che punto gli Stati intendevano essere vincolati? La dottrina ha fornito due risposte diverse: alcuni ritengono che tali accordi non vincolanti appartengano alla sfera della morale, mentre altri insistono sul loro carattere giuridico.

20. Il dibattito. — Una parte della dottrina situa tali impegni nella sfera della "morale" o nella zona "pregiuridica". In tale prospettiva, essi si situerebbero in una zona intermedia tra la morale e il diritto.

Ma a nostro parere gli impegni privi di forza vincolante possiedono natura "giuridica". Dobbiamo però intenderci sul significato delle parole "diritto" e "giuridico". Se definiamo il "giuridico" ciò che è "obbligatorio" e il cui mancato adempimento determina una "sanzione", allora evidentemente gli impegni privi di forza vincolante non soddisfano tali criteri che invece sono tipici dei trattati internazionali. Ma una siffatta concezione riduttiva del diritto internazionale non spiega il funzionamento della *societas* internazionale contemporanea. In effetti, anche in diritto interno, si contemplano da secoli le "obbligazioni naturali" le quali, pur non essendo munite di sanzioni, si fondano certamente su degli atti giuridici.

21. Sottoposizione al diritto internazionale. — In breve, gli impegni privi di forza vincolante sono impegni di diritto internazionale. Ciò non impedisce che alcune regole di "diritto dei trattati" possano ugualmente regolare tali "accordi informali": si pensi ad esempio alle regole di competenza a stipulare, di validità o di interpretazione. Viceversa, è altrettanto evidente che le regole di diritto dei trattati relative ai loro effetti o alla loro esecuzione non possono essere trasposte, *sic et simpliciter*, all'ambito degli accordi privi di forza vincolante.

2. — Un contenuto variabile

22. — Se esaminiamo il *contenuto* degli impegni privi di forza vincolante, è possibile notare che si tratta di un contenuto variabile: può contenere degli impegni che implicano degli obblighi o dei comportamenti ben precisi o, il più delle volte, degli obblighi o dei comportamenti assai vaghi ed imprecisi. Tale carattere non rende gli impegni di *soft law* di qualità molto inferiore rispetto ai "trattati classici" in quanto anche questi ultimi possono contemplare, volutamente, delle disposizioni programmatiche e poco operative ([16]).

a) *Delle "regole di condotta" o degli "obblighi" precisi*

23. — Negli accordi di *soft law* è inusuale prevedere delle "regole di condotta" o degli "obblighi" precisi a carico delle Parti.

Possiamo citare qualche esempio preso a prestito dal settore economico. Così, il 30 maggio 1974, gli Stati membri dell'OCSE adottarono una "Dichiarazione commerciale" (*Trade Pledge*) in cui manifestarono la loro "determinazione ad: *a*) evitare di adottare delle misure unilaterali finalizzate a restringere le importazioni; *b*) evitare incentivi statali per stimolare artificialmente le esportazioni; *c*) evitare di imporre

---

([16]) V. la parte IV del GATT aggiunta nel 1966.

restrizioni alle esportazioni" ([17]). Ancora: a partire dagli anni Settanta del secolo scorso, gli Stati partecipanti ai "summit economici" si impegnano a rispettare determinati obiettivi economici specifici, alcuni dei quali sono accompagnati da precisi indicatori. Così, al momento della "dichiarazione finale" di Bonn del luglio 1978, gli Stati Uniti si impegnarono a ridurre le loro importazioni di petrolio di 2,5 milioni di barili al giorno fino al 1985, la Francia di diminuire il proprio deficit budgetario al 0,5 del suo PIL e l'allora Germania federale di adottare un programma di rilancio economico mediante un aumento della sua spesa pubblica corrispondente all'1 per cento del PIL ([18]). Al momento del "summit economico" di Tokyo del giugno 1979 consacrato alla crisi energetica, i partecipanti si impegnarono a rispettare dei "tetti di importazione del petrolio" fino al 1985.

b) *Delle "regole di condotta" o degli "obblighi" imprecisi*

24. — Il caso più frequente per quanto riguarda gli impegni privi di forza vincolante tra Stati è che si tratta di regole di condotta o di obblighi imprecisi.

Così, ad esempio, la Carta atlantica del 1941 si limitava a porre dei grandi principi relativi alle relazioni economiche mondiali del dopoguerra quali la non discriminazione o la cooperazione. Così anche le linee guida adottate nel 1976-1979 dall'OCSE relative alle imprese multinazionali rientrano in questa categoria ([19]).

3. — Una pubblicità non sistematica

25. — *Gli impegni privi di forza vincolante non vengono registrati presso il Segretariato generale delle Nazioni Unite in virtù dell'art. 102 della Carta.* Questo punto fu espressamente chiarito in occasione della firma dell'"Atto finale" di Helsinki del 1975 che pose fine alla CSCE; fu infatti precisato in quell'occasione che il testo non era "eligible" a tale formalità, confermando che gli Stati partecipanti non avevano mai voluto concludere un "trattato" in buona e debita forma ma "qualcos'altro".

Un buon numero di "accordi informali" resta "segreto". Così, ad esempio, a proposito delle "promesse" fatte dal Presidente degli Stati Uniti in occasione degli accordi di Parigi del 1973 che avevano messo fine alle ostilità militari in Vietnam prevedendo un aiuto economico americano per la ricostruzione di quest'ultimo Paese; o ancora, nel quadro degli accordi di Camp David del settembre 1978, è emerso che gli Stati Uniti avevano fatto delle "promesse" di assistenza all'Egitto e a Israele al fine di portarli al tavolo dei negoziati in un primo tempo, e concludere un trattato in seguito. Allo stesso modo, i Ministri francese e giapponese delle finanze fecero allusione a una parte segreta dell'accordo del Louvre del febbraio 1987 relativo alla stabilizzazione dei corsi di cambio delle principali monete occidentali.

Cionondimeno, va osservato che spesso *tali impegni privi di forza vincolante ricevono ampia pubblicità.* La stampa riesce spesso ad acquisire e a pubblicare il testo integrale o degli estratti di detti accordi informali. Anche in occasione di una conferenza intergovernativa grazie ai servizi stampa, la "gazzetta ufficiale" o ad altre pubblicazioni periodiche di ciascuna OIG si riesce ad accedere a molte di quelle informazioni.

([17]) V. *AFDI*, 1974, pp. 677-681.
([18]) V. *AFDI*, 1978, pp. 649-650.
([19]) V. *Droit international economique*, cit., n. 1328 e ss.

4. — Degli oggetti diversificati

26. Impossibilità di modifica dei trattati. — *Gli impegni privi di forza vincolante non possono mai modificare un trattato concluso in buona e debita forma.* Ciò che è stato creato secondo il rito e la forma solenne del trattato non potrà essere modificato che secondo una procedura identica. In altri termini, gli impegni non vincolanti sono subordinati ai trattati: sono gerarchicamente inferiori a questi ultimi. *Gli impegni non vincolanti possono allora intervenire solo per interpretarli, completarli o colmarne alcune lacune.*

Così, **ad esempio**, il celebre *compromesso del Lussemburgo* del 1966 che metteva fine alla crisi nella CEE scatenata dalla *politica della "sedia vuota"* della Francia per protestare contro il comportamento "sovranazionale" della Commissione e i pericoli di un voto "maggioritario" in seno al Consiglio, non può essere ritenuto una modifica delle disposizioni pertinenti del Trattato di Roma istitutivo della CEE: la Francia ottenne dai suoi partner soltanto un impegno a cercare il "consensus" in senso al Consiglio in tutte le ipotesi in cui si doveva decidere delle questioni che avrebbero inciso sugli interessi vitali degli Stati membri. Ciò non ha cambiato le regole previste nel Trattato del 1957 circa il voto a maggioranza in seno al Consiglio dell'allora CEE.

27. Precisione delle condizioni di applicazione di un trattato. — Al contrario, gli impegni privi di forza vincolante possono avere per obiettivo legittimo la precisazione delle modalità di applicazione di un trattato o la sua interpretazione. Esempio ne è l'accordo di Londra del 1946 sulla ripartizione dei seggi dei Membri non permanenti nel Consiglio di Sicurezza. Anche il predetto *compromesso del Lussemburgo* del 1966 rientra nella categoria degli accordi interpretativi dei trattati.

28. Obblighi di comportamento. — Sovente, *gli accordi informali impongono alle Parti contraenti semplicemente degli obblighi di mezzi.* A tale riguardo, basti l'esempio dell'atto finale di Helsinki del 1975. Qui, in un primo "paniere", vi sono norme generali che gli Stati intendono rispettare nelle loro relazioni reciproche. Un secondo "paniere" si compone dei grandi principi che devono presiedere le relazioni e la cooperazione economica tra gli Stati. Infine, un terzo "paniere" concerne la cooperazione in ambito umanitario ed è formulato in termini di obblighi di comportamento in ambiti ben precisi (riunificazione famigliare, matrimonio tra cittadini di Stati differenti, circolazione delle informazioni, e così via).

29. Dei rari obblighi di risultato. — Solo eccezionalmente, gli impegni privi di forza vincolante contengono degli obblighi di "risultato" a carico degli Stati. Ciò avviene, seppur raramente, in ambito "politico".

È così, **ad esempio**, che l'atto finale di Helsinki del 1975 prevedeva *la notifica di manovre militari importanti* (Cap. XV) tra gli Stati partecipanti. In ambito economico, ove gli obblighi di risultato sono più frequenti, nella già citata dichiarazione commerciale del 1974 tra gli Stati membri OCSE, questi si impegnavano a "prevenire ogni nuova azione unilaterale che po[tesse] avere un effetto pregiudizievole sulle relazioni economiche internazionali"; si tratta di una clausola di *standstill* che si ritrova tra gli altri anche nel Trattato di Roma del 1957. O, ancora, possiamo citare gli accordi del 1970 e del 1973 conclusi sotto gli auspici del GATT concernenti i prodotti caseari:

fissavano in effetti dei prezzi minimi alle importazioni, prevedevano un controllo organizzato, possibilità di emendamenti, il ricorso a clausole di salvaguardia ([20]).

5. — Degli impegni privi di sanzioni

30. — Gli impegni privi di forza vincolante non sono mai oggetto di sanzioni in senso tecnico, né fanno sorgere la responsabilità internazionale dello Stato in caso di mancato adempimento. Ciò non significa tuttavia che essi siano del tutto esenti da ogni forma di controllo internazionale.

31. — È chiaro che tali atti non possono costituire la base giuridica della competenza di tribunali internazionali o di corti arbitrali. Il problema si era posto davanti alla CIG nel 1978 nel ***caso della piattaforma continentale del Mar Egeo***, tra Grecia e Turchia ([21]). La Grecia invocava, a sostegno della competenza della Corte, un "comunicato" congiunto in data 31 maggio 1975 pubblicato a seguito di una riunione del Consiglio dei Ministri degli affari esteri dei due Stati. Tale comunicato precisava che i due Ministri "avevano deciso (che i problemi tra i due Governi) dovevano essere risolti pacificamente per mezzi di negoziati e mediante il ricorso alla CIG per quanto concerne la piattaforma continentale del Mar Egeo". La Grecia sosteneva che si trattava di un accordo con la Turchia che fondava la competenza della Corte per risolvere le controversie tra quei due Stati. Dal canto suo, la Turchia affermava che "un comunicato congiunto non equivale[va] a un accordo di diritto internazionale". Nella sentenza, la CIG ha indicato che "non esiste(va) una regola di diritto internazionale che impedisse che un comunicato congiunto costituiva(sse) un accordo internazionale destinato a sottoporre una controversia ad arbitrato o regolamento giudiziale" ([22]).

Dopo aver enunciato tale principio, la CIG ha indicato che occorre esaminare ogni fattispecie concreta con particolare riferimento alla natura dell'atto, alle circostanze della sua conclusione e soprattutto alle intenzioni delle Parti contraenti. Nel caso di specie, la CIG arrivò alla conclusione che "questo comunicato congiunto... Non aveva per obiettivo e non costituiva un impegno immediato" dei due governi a sottoporre la disputa alla sua giurisdizione ([23]).

32. — Nel **caso del *Sud Ovest africano***, la CIG notò correttamente che "nell'ambito del diritto internazionale, l'esistenza di obblighi la cui esecuzione non (poteva) essere oggetto di una procedura giurisdizionale (aveva) da sempre costituito la regola piuttosto che l'eccezione" ([24]). In termini più generali, nel caso *Barcelona Traction*, la CIG ha aggiunto che "l'assenza di un legame giurisdizionale non (poteva) essere considerata... come comprovante l'inesistenza di un diritto" ([25]).

([20]) V. l'articolo precitato di P.M. Eisemann, pp. 337-338.
([21]) CIG, 19 dicembre 1978, sulla competenza.
([22]) Par. 96.
([23]) Par. 107.
([24]) Seconda fase, sentenza in *Rec.*, 1966, p. 46.
([25]) *Rec.*, 1970, p. 45.

a) ***L'assenza di responsabilità internazionale per violazione di un impegno non vincolante da parte di uno Stato***

33. — *In linea di principio, il mancato rispetto di una delle disposizioni contenute in uno degli accordi informali non è di gravità tale da mettere in gioco la sua responsabilità internazionale.* La spiegazione di tale soluzione non va ricercata nella violazione — o nell'assenza di violazione — del diritto internazionale, ma *nel carattere non vincolante degli obblighi istituiti ai sensi di tali accordi.*

Se gli Stati preferiscono ricorrere alla tecnica degli accordi informali piuttosto che a quella dei trattati in buona e debita forma, ciò avviene perché essi ritengono che l'oggetto dei loro impegni sia di natura tale per cui l'inquadramento giuridico deve rimanere flessibile e "soft", per poter essere modificato all'occorrenza; ne consegue che è qui superfluo individuare "chi ha violato cosa" e "chi è responsabile di cosa". Se gli Stati ritenessero che gli accordi informali possono far sorgere la loro responsabilità internazionale in caso di mancato adempimento, è verosimile prevedere che rifiuterebbero nella maggior parte dei casi di concludere ogni accordo di *soft law*.

34. — Da quanto esposto, non si deve giungere frettolosamente alla conclusione che siffatti accordi informali, in quanto privi di sanzione nel senso ampio del termine, siano privi di qualsiasi valore giuridico. In effetti, nella misura in cui prevedono un certo tipo di comportamento, di condotta, da parte delle Parti contraenti, queste devono fare in modo di conformarvisi, di modo che la prassi dell'una giustifichi quella dell'altra. Inoltre, in via generale, uno Stato facente parte di un accordo informale non potrà in un secondo momento revocare completamente il suo consenso pretendendo che non sia mai esistito al fine di contestare la legalità di una azione o situazione (è un'ulteriore applicazione della regola dell'*estoppel* o del principio di non contraddizione secondo il brocardo *non concedit venire contra factum proprium*).

Va notato infine che, nella prassi, tali accordi informali vengono spesso altrettanto — e persino meglio — rispettati che un buon numero di trattati ([26]).

b) ***Degli impegni talvolta "controllati"***

35. — In mancanza di sanzioni di carattere "giurisdizionale", gli impegni privi di forza vincolante possono essere oggetto di appositi procedimenti di "controllo" internazionale al fine di assicurarne il rispetto. Si è quindi in presenza di controlli politici o diplomatici puntuali, poco organizzati; talvolta le Parti possono decidere di andare oltre e organizzare dei veri e propri "*follow up*" degli accordi informali conclusi.

Come **esempio** di controlli politici non organizzati possiamo citare i "***summit economici***", durante i quali i risultati acquisiti in un precedente *summit* possono essere confermati — o modificati — da un *summit* successivo; lo stesso si può dire in occasione delle riunioni periodiche tra capi di Stato o di governo che hanno per scopo quello di sviluppare la cooperazione tra le Parti. A titolo di esempio di controlli politici organizzati, è possibile citare il meccanismo originale istituito dall'Atto finale di Helsinki del 1975 per assicurare il "seguito" dei risultati ottenuti: si è previsto che ogni tre anni fosse indetta una conferenza (*follow up meetings*) al fine di controllare in che modo ciascuno Stato avesse applicato i grandi principi elaborati ad Helsinki.

([26]) V. l'esempio citato in O. SCHACHTER, *op. cit*, pp. 299-300, nonché "International compliance with non binding accords", in E. BROWN-WEISS, *Studies in Transnational legal policy*, n. 29, Washington D.C., 1997.

Un controllo permanente può essere istituito in seno ad una OIG, pur rimanendo flessibile, informale, quindi non "giurisdizionale"; così, ad esempio, l'OCSE ha dato vita da tempo ad un "Comitato sugli investimenti internazionali e le imprese multinazionali", un organo meramente consultivo incaricato di monitorare l'applicazione delle "linee guida" adottate in tale ambito ([27]).

36. Conclusione: un ruolo crescente della *soft law* nella vita di relazione internazionale. — Gli impegni privi di forza vincolante tra gli Stati svolgono un ruolo importante, e crescente, nella vita di relazione internazionale.

Gli accordi informali possiedono il vantaggio di estendere l'ambito di applicazione del diritto internazionale. Se non esistessero, in talune materie gli Stati esiterebbero — per non dire si rifiuterebbero — a cooperare. Gli accordi inoltre spingono all'espansione formale del diritto internazionale, nella misura in cui essi siano suscettibili di costituire degli elementi di formazione di una regola non scritta — consuetudine o principio generale di diritto.

Gli impegni privi di forza vincolante non sono invece manifestazioni formalizzate della morale nel diritto internazionale e non costituiscono nemmeno una forma di "pre-diritto" in quanto trattati "in divenire". Allo stesso tempo, tuttavia, essi non sono dei "trattati": gli impegni di *soft law* sono loro subordinati nella gerarchia delle fonti formali. Ciò è frutto della volontà delle parti (Stati o OIG ed altri soggetti) che accettano di impegnarsi, ma solamente "fino ad un certo punto", mai "oltre".

([27]) Cfr. N. Bonucci, C. Kessedjian (sous la dir. de), *40 ans des lignes directrices de l'OCDE pour les entreprises multinationales*, Paris, Pedone, 2018.

Titolo II
LE NORME SCRITTE DIVERSE DAI TRATTATI

Capitolo VII
GLI ATTI UNILATERALI DEGLI STATI

Bibliografia sommaria: G. Cansacchi, *La notificazione internazionale*, Milano, ISPI, 1943; P. Guggenheim, "La validité et la nullité des actes juridiques internationaux", in *RCADI*, 1949, v. 74, pp. 191-268; G. Biscottini, *Contributo alla teoria degli atti unilaterali nel Diritto Internazionale*, Milano, Giuffrè, 1951; G. Sperduti, « Prescrizione, consuetudine e acquiescenza in diritto internazionale », in *Riv. dir. int.*, 1961, p. 3 ss.; G. Venturini, "La portée et les effets juridiques des attitudes et des actes unilatéraux des Etats", in *RCADI*, 1964-II, t. 112, p. 363; R. Quadri, *Diritto internazionale*, 5 ed., cit., 568 ss.; G. Morelli, *Nozioni di diritto internazionale*, 7 ed., cit., p. 288 ss.; M. Virally, "The Sources of International Law", in Sørensen, *Manual of Public International Law*, London, 1968, p. 154-156; S. M. Carbone, *Promessa e affidamento nel diritto internazionale*, Milano, Giuffrè, 1970; J-P. Jacqué, *Éléments pour une théorie de l'acte juridique en droit international public*, Paris, LGDJ, 1972; A.P. Rubin, "The International Legal Effects of Unilateral Declarations", *AJIL*, 1977-I; K Skubiszewski, 'Unilateral Acts of States', in M. Bedjaoui (ed.) *International Law: Achievements and Prospects*, Paris, UNESCO, 1991, pp. 221-40; K. Zemanek, "Unilateral Legal Acts Revisited" in K. Wellens (ed.), *International Law: Theory and Practice: Essays in Honour of Eric Suy*, The Hague, Nijhoff, 1998, pp. 209-21; R. Monaco, C. Curti Gialdino, *Manuale di diritto internazionale pubblico*, cit., p. 295 ss.; T. Treves, *Diritto internazionale*, cit., p. 270 ss.; W.M. Reisman, M.H. Arsanjani, "The Question of Unilateral Gouvernment Statements as applicable in Investment Disputes", in *Mélanges Tomuschat*, p. 409; C. Tomuschat 'Unilateral Acts under International Law' in K. Meziou and others (eds.), *Droits et culture: Mélanges en l'honneur du Doyen Yadh Ben Achour*, Tunis, CPU, 2008, pp. 1487-1507; A. Pellet, "Art. 38", in A. Zimmerman, C. Tomuschat & K. Oellers-Frahm (eds.), *The Statute of the International Court of Justice: A Commentary*, Oxford, OUP, 2012, p. 763 ss.; T. Scovazzi, *Corso di diritto internazionale*, II, 2 ed., cit., p. 178 ss.; P. Saganek, *Unilateral Acts of States in Public International Law*, Leiden Boston, Brill-Nijhoff, 2016; A. Cassese, *Diritto internazionale*, 3 ed., cit., p. 305 ss.; N. Ronzitti, *Diritto internazionale*, 6 ed., cit., p. 202 ss.; *Brownlie's Principles of Public International Law*, 9 ed., cit., p. 401 ss.. V. in particolare i *Guiding Principles applicable to unilateral declarations of States capable of creating legal obligations*, elaborati dalla CDI nel 2006, A/61/10, p. 362. Il testo si reperisce al sito internet della CDI.

1. Definizione. Abbiamo più volte osservato che l'art. 38 dello Statuto della CIG, pur essendo il punto di riferimento fondamentale per identificare le fonti del diritto internazionale, fornisce un elencazione che non è né tassativa, né esaustiva di *tutte* le fonti ossia dei modi di produzione delle norme internazionali. Talvolta, una manifestazione unilaterale della volontà di uno Stato è suscettibile di produrre effetti giuridici di diritto internazionale. Pertanto, tra le *altre* fonti del diritto internazionale si collocano gli *atti giuridici unilaterali degli Stati*.

*Un **atto giuridico unilaterale** (*Unilateral Statement*, nell'accezione angloamericana) di uno Stato è una manifestazione di volontà idonea in sé e per sé a produrre effetti giuridici di diritto internazionale, indipendentemente dal suo incrociarsi con manifestazioni di volontà altrui.*

Tali effetti possono riguardare la costituzione, la modificazione o l'estinzione di situazioni giuridiche internazionali. Questa fonte del diritto internazionale va distinta, sia da quegli altri atti giuridici internazionali bilaterali o multilaterali ove ciascuna manifestazione di volontà di uno Stato è un elemento costitutivo di un particolare *accordo* (ad es. un trattato); sia come vedremo oltre (Cap. VIII), dagli *atti unilaterali delle organizzazioni internazionali*. Inoltre, nell'ordinamento giuridico internazionale contemporaneo, va osservato altresì che gli atti giuridici unilaterali degli Stati restano ben distinti dagli *atti transnazionali* di cui ci occuperemo a suo luogo (Cap. IX).

Le finalità per cui gli Stati pongono in essere atti unilaterali sono molteplici. Caratteristica degli atti unilaterali è la loro *atipicità* (Sez. I) anche se taluni tipi di atti ricorrono con una certa costanza sul piano delle relazioni internazionali. In un secondo momento ci soffermeremo sugli effetti degli atti unilaterali degli Stati (Sez. II).

Sezione I
Fonte degli atti unilaterali degli Stati

2. Premessa. — Trattandosi di particolari manifestazioni di volontà di singoli Stati che vengono assunte dall'ordinamento giuridico internazionale come produttive di effetti giuridici, si possono distinguere in base alla loro fonte gli atti unilaterali fondati su un determinato *trattato* (§1) ovvero, basati su norme di diritto internazionale generale (cioè consuetudinario) (§2). A tal proposito è utile distinguere ulteriormente gli atti facoltativi dagli atti internazionalmente obbligatori (§3).

§ 1. — *Gli atti unilaterali basati su trattati internazionali*

3. — Sarebbe vano elencare le centinaia di trattati in vigore per enucleare quelle norme che prevedano la emanazione di specifici atti unilaterali degli Stati. Anche se su tali aspetti ritorneremo tra breve a proposito degli atti unilaterali obbligatori, valga qui la considerazione per la quale ogni trattato prevede nelle clausole finali apposite norme che regolano la *denuncia* o il *recesso* di uno Stato dal trattato. Anche la domanda (*requête* o *application*) di uno Stato che costituisce l'atto introduttivo di un processo internazionale è previsto da un trattato di cui entrambi gli Stati in lite sono Parti contraenti.

§ 2. — *Gli atti unilaterali quali espressione della libertà di agire dello Stato nell'ordinamento internazionale*

4. — Per quanto riguarda gli atti unilaterali degli Stati che si basano su norme di diritto internazionale consuetudinario, possiamo distinguere quattro categorie principali: le dichiarazioni, il riconoscimento, la protesta e la rinuncia.

1. — Le dichiarazioni

5. Un vocabolo giuridico generico. — Il vocabolo "dichiarazione" (*Declaration*) è assai generico in quanto designa tutti quegli atti unilaterali di uno Stato tramite i quali porta a conoscenza di altri Stati la sua posizione circa un fatto giuridico. A volte la dichiarazione è una semplice *comunicazione*; altre volte, contiene l'affermazione dell'esistenza di un determinato stato di fatto o di certi principi di diritto; altre volte ancora, vale ed enunciare l'atteggiamento che il dichiarante intende assumere circa una determinata situazione di fatto o di diritto.

6. Significato variabile del termine "dichiarazione". — Va notato che esiste una certa confusione terminologica nella misura in cui l'espressione "dichiarazione" può avere diversi significati. Innanzitutto, può celare un vero e proprio trattato internazionale. A titolo di esempio, basti ricordare la *Dichiarazione di Parigi del 16 aprile 1856 relativa alla guerra marittima* o la *Dichiarazione dell'Aja del 29 luglio 1899 relativa all'uso di gas asfissianti*. Lo stesso discorso vale per le Dichiarazioni di Algeri del 19 gennaio 1981 con le quali si è posta fine alla crisi americano-iraniana a seguito della vicenda del personale diplomatico e consolare degli Stati Uniti a Teheran o ancora la *Dichiarazione congiunta del 1984 del Regno Unito e della Cina sulla questione di Hong Kong*. Ebbene, nonostante il *nomen juris* utilizzato, quelle dichiarazioni sono dei veri e propri trattati internazionali.

7. Significato pratico. — Le dichiarazioni possono avere per oggetto le materie più diverse come, in passato, le *dichiarazioni di guerra* (l'atto che produce l'effetto di instaurare lo stato di guerra tra due o più Stati) o ancora le *dichiarazioni di neutralità*. Nel *campo politico*, rivestono la stessa forma le "prese di posizione" adottate dai rappresentanti degli Stati. Le dichiarazioni possono avere una portata più squisitamente giuridica allorquando rivendicano un diritto specifico come nel caso delle celebri "dichiarazioni" dell'allora Presidente degli Stati Uniti Truman del 1945 con le quali questi rivendicava la giurisdizione americana sulla piattaforma continentale al largo delle coste statunitensi. Infine, va notato che non si tratta di *atti unilaterali di singoli Stati*, bensì di *atti unilaterali di un'organizzazione internazionale*, quando ci si riferisce alle *Dichiarazioni di principi* dell'Assemblea generale dell'ONU, come ad esempio la Dichiarazione universale dei diritti umani del 10 dicembre 1948.

2. — Il riconoscimento

8. Definizione. — *Il riconoscimento (Recognition) è l'atto col quale uno Stato accerta una data situazione di fatto o di diritto, inclusa l'esistenza di un nuovo Stato quale soggetto di diritto internazionale ed, eventualmente, dichiara di considerare tale situazione come legittima.*

L'elemento comune dei tipi di riconoscimento ora indicati è quello di comportare l'applicazione di un particolare regime giuridico (si pensi ad esempio al riconoscimento di insorti o dello stato di belligeranza), o ancora può costituire un atto di particolare rilevanza sul piano dell'instaurazione di relazioni internazionali di uno Stato (si pensi al riconoscimento di un nuovo Stato). In altre parole, se il riconoscimento costituisce un atto unilaterale discrezionale dello Stato è altrettanto chiaro che i suoi effetti giuridici vengono regolati dal diritto internazionale.

9. Riconoscimento *costitutivo* o *dichiarativo* di Stati. Assenza di riconoscimento e c.d. *riconoscimento prematuro*. — Un tempo, in Europa e fino alla fine del sec. XIX, il riconoscimento valeva come ammissione nella famiglia delle Nazioni, come accettazione in un "club elitario" ed era per questa ragione che si riteneva che avesse valore *costitutivo*: si trattava di un ammissione al club delle Potenze, al Concerto europeo ([1]). Oggi, invece, è pacifico che il *riconoscimento di uno Stato da parte di un altro Stato ha* ***valore dichiarativo*** della soggettività giuridica internazionale del primo Stato poiché questa dipende, in conformità al ***principio di effettività*** ([2]), dal fatto che il nuovo ente agisca stabilmente in piena indipendenza nelle relazioni internazionali, su un piano di parità con gli altri soggetti internazionali. Il riconoscimento di uno Stato, infatti, testimonia la volontà di intrattenere relazioni internazionali con lo Stato riconosciuto.

Ovviamente, l'assenza o la presenza di riconoscimento da parte di più Stati, possono incidere sostanzialmente sulle "capacità di relazione internazionale" di un determinato Stato e quindi giocare negativamente o positivamente sulla sua effettività. Uno Stato privo di riconoscimento ha difficoltà ad affermarsi o a dimostrare nel tempo la propria soggettività internazionale.

Questo è, ad esempio, il caso di *Cipro del Nord*, entità territoriale riconosciuto solo dalla Turchia, ma che invece viene generalmente considerato uno "***Stato fantoccio***" dello Stato turco a cui va riferito il potere effettivo esercitato su quel territorio. Così, la Corte EDU ha ritenuto responsabile la Turchia per la condotta di "sedicenti" autorità dello Stato di Cipro Nord (Corte EDU, *Loizidou c. Turchia*, 23 febbraio 1995 (ecc. prelim.) e 18 dicembre 1996 (merito)). Un altro esempio è il *Nagorno Karabakh* ([3]) al centro di un conflitto armato in atto sin dal 1992 tra le forze azere e quelle armene per il possesso di quella regione che, attualmente, è nel territorio dell'Azerbaigian.

Viceversa, un **"*riconoscimento prematuro*"** può favorire la formazione di uno Stato che ancora non è tale.

Un esempio in proposito è il riconoscimento della Croazia da parte della Santa Sede e dalla Germania nel dicembre 1991, pur se si era precedentemente concordato a livello comunitario di aspettare fino a metà gennaio del 1992 onde verificare la presenza di tutte le condizioni necessarie per tale atto. Altro esempio celebre fu quello del riconoscimento degli Stati Uniti da parte della Francia, nel 1778...contro ogni desiderio di Sua Maestà Britannica.

10. Riconoscimento *de facto* e *de jure*. — Si distingue, non senza difficoltà in dottrina, un riconoscimento *de jure* ed un riconoscimento *de facto*: il primo è

---

(1) Per una spiegazione tradizionale v. ad es. Carl Schmitt, *Il nomos della terra nel diritto internazionale dello 'jus publicum europaeum'*, [Berlin, 1974], tr.it, Milano, Adelphi, 1991, p. 403 ss.. In dottrina cfr. G. Sperduti, "Il riconoscimento di Stati e di Governi", in *Riv. dir. int.*, 1953, p. 30 ss.; I. Brownlie, "Recognition in Theory and Practice", in *BYIL*, 1982, p. 187 ss.; J. Dugard, *Recognition and the United Nations*, Cambridge, CUP, 1987; J. Crawford, *The Creation of States in International Law*, 2ª ed., Oxford, OUP, 2006; U. Villani, "Riconoscimento", in *Enc. Dir.*, 1989, p. 633 ss.; Frowein, "Recognition", in *MPEPIL*; G. Nesi, "Recognition of the Lybian National Transitional Council: When, How and Why", in *IYIL*, 2011, p. 45 ss.; Tomuschat, "Recognition of New States: the Case of Premature Recognition", in *Kosovo and International Law*, a cura di Hilpold, Leiden, 2012; E. Milano, *Formazione dello Stato e processi di State building nel diritto internazionale*, Napoli, 2013 e, *amplius*, M. Mancini, *Statualità e non riconoscimento nel diritto internazionale*, Torino, Giappichelli, 2020.

(2) Uno Stato diventa soggetto di diritto internazionale in base a circostanze di fatto (effettività di governo su un territorio ed una popolazione dati e indipendenza). Ciò avviene in modo quasi automatico e il diritto internazionale ne prende atto in base, appunto, al principio di effettività. Lo scopo del riconoscimento è prendere atto della realtà del nuovo Stato e dar prova di voler entrare in relazione con esso.

(3) Su cui cfr. N. Ronzitti, *Il Conflitto del Nagorno Karabakh e il Diritto Internazionale*, Torino, Giappichelli, 2014.

definitivo, incondizionato ed irrevocabile e costituisce manifestazione della piena disponibilità di uno Stato ad instaurare rapporti internazionali con lo Stato riconosciuto senza alcuna riserva. Il riconoscimento internazionale *de facto* è, invece, provvisorio e riguarda in genere uno Stato ed un Governo sulla cui legittimità si abbiano riserve e con il quale non si intendano ancora instaurare rapporti formali di stretta cooperazione.

11. Effetti del *riconoscimento unilaterale* in diritto internazionale. — *Da un punto di vista giuridico, l'effetto tipico del riconoscimento di uno Stato da parte di un altro Stato è quello preclusivo*, cioé impedisce allo Stato che ha effettuato il riconoscimento di contestare successivamente la situazione riconosciuta o di affermare che lo Stato riconosciuto difetti di personalità giuridica sul piano internazionale.

Nella prassi attuale del diritto internazionale, il riconoscimento di uno Stato assume rilievo soprattutto quando l'esistenza di un nuovo Stato appare dubbia, ad esempio se quest'ultimo si è costituito per secessione territoriale o è sorto in seguito al crollo o al frazionamento di uno Stato esistente (4).

Inoltre, nella prassi recente, il riconoscimento viene spesso fatto dipendere dall'osservanza di speciali condizioni, come ad esempio il rispetto della Carta delle Nazioni Unite o dello Stato di diritto, della democrazia e dei diritti umani. A tale riguardo, dal punto di vista del diritto internazionale, va osservato che questi non sono affatto dei criteri tratti dal diritto consuetudinario, bensì *condizioni di natura politica* formulate *ad hoc* da alcuni Stati in vista di istaurare rapporti con altri Stati.

12. Riconoscimento "collettivo" di un nuovo Stato: ruolo delle OIG. — Il riconoscimento di un nuovo Stato o di un Governo è un atto che solamente altri Stati o Governi possono concedere o negare. Per le medesime ragioni, può aversi anche una ***politica di riconoscimento* (o di non riconoscimento) *collettiva***, ossia coordinata tra più Stati. Ciò è avvenuto, ad es., con la Dichiarazione di Bruxelles del 16 dicembre 1991, tramite la quale gli Stati della CEE hanno stabilito di riconoscere solo quegli Stati sorti in Europa orientale e a seguito della dissoluzione dell'Unione Sovietica o della ex Yugoslavia che si comportino in conformità alla Carta ONU, allo Stato di diritto, alla democrazia e ai diritti umani, e si impegnino a garantire i diritti delle minoranze. Un'apposita Commissione di arbitrato composta da cinque presidenti di Corti costituzionali di Paesi europei, conosciuta come 'Commissione Badinter', venne incaricata di gestire tale delicata fase transitoria.

Le OIG, a partire dall'ONU, non hanno il potere di compiere tale riconoscimento, *non essendo, né uno Stato né un Governo*. L'ONU, infatti, non "riconosce" uno Stato ma può solo ***ammetterlo o non ammetterlo*** tra i propri Membri, o ancora può accettare o meno le credenziali fornite dai rappresentanti di un nuovo Governo. Infatti, ai sensi dell'art. 4, par. 1, della Carta ONU "possono diventare Membri delle Nazioni Unite tutti gli altri Stati amanti della pace che accettino gli obblighi del presente Statuto e che, a giudizio dell'Organizzazione, siano capaci di adempiere tali obblighi e disposti a farlo".

Perciò, tramite l'ammissione in qualità di Stato membro in una data OIG, si può creare un indizio di effettività — di per sé non decisivo — sicché, come strategia

---

(4) Il tema del riconoscimento di Stati ha perso importanza dopo la conclusione del processo di decolonizzazione, ma è tornato di attualità a partire dagli anni '90 del secolo scorso quando sul territorio dell'ex Unione Sovietica e dell'ex Repubblica socialista federativa di Jugoslavia sono comparsi parecchi nuovi Stati.

diplomatica, l'ammissione può aprire la strada al riconoscimento da parte, sia degli stessi Stati membri *uti singuli* di quella OIG, sia di Stati terzi ed altre OIG.

Così, la Palestina, nel dicembre 2011, ha ottenuto l'ammissione all'UNESCO, poi ha chiesto di divenire Stato membro dell'ONU ma ha ottenuto l'ammissione a titolo di *Stato osservatore non Membro* (5). A partire dal 1° aprile 2015, lo Statuto della Corte Penale Internazionale è in vigore per la Palestina che ne è diventato *Stato membro*.

13. Effetti del riconoscimento di uno Stato in diritto internazionale privato e processuale. — Nella pratica, poi, può porsi *il problema del* locus standi *(ossia della legittimazione processuale) e dello statuto dello Stato non riconosciuto dinanzi ai giudici interni dello Stato non riconoscente*. Può, ad esempio, uno Stato A godere dell'immunità dalla giurisdizione di cognizione, cautelare ed esecutiva dinanzi ai giudici di uno Stato B che non lo riconosce? Può essere designato, nel contesto internazionalprivatistico, il diritto di uno Stato non riconosciuto?

Cominciamo a rispondere al secondo quesito. Per la maggioranza degli ordinamenti statali, il funzionamento delle norme di diritto internazionale privato del foro prescinde dal riconoscimento/non riconoscimento dello Stato il cui diritto viene richiamato a titolo di legge competente (6). In effetti, ai fini del diritto internazionale privato, il richiamo del diritto di un altro Stato serve solo a fini di economia normativa (7), o se si preferisce, quale fonte di produzione giuridica.

Una diversa soluzione deve però valere con riferimento a diritti soggettivi internazionali a carattere consuetudinario che siano invocati da un ente non riconosciuto A nel foro di un altro Stato (Stato B): si pensi, ad esempio, all'eccezione di immunità dalla giurisdizione (8). Certo, si potrebbe argomentare che, poiché il riconoscimento ha valore meramente dichiarativo, ne segue che detto riconoscimento non scalfisce i diritti internazionalmente spettanti, in virtù del diritto internazionale consuetudinario, allo Stato non riconosciuto ma effettivo, e ciò dinanzi al giudice dello Stato non riconoscente. Senonché, così facendo, il giudice interno finirebbe col sostituirsi al Governo del proprio Paese e, pertanto, la soluzione preferibile è quella per cui il giudice italiano eviti di riconoscere implicitamente gli Stati e i Governi che il proprio Governo non riconosce.

Tale è la soluzione di principio nei Paesi di Common Law, ove lo Stato non riconosciuto non ha *locus standi* di fronte ai giudici interni e persino le norme del suo ordinamento non trovano riconoscimento — e dunque non possono essere richiamate né oggetto di rinvio — a meri fini internazionalprivatistici.

---

(5) M. Mancini, "Conseguenze giuridiche dell'attribuzione alla Palestina dello status di stato osservatore presso le Nazioni Unite", in *Riv. dir. int.*, 2013, p. 100 ss.

(6) Cfr. in questo senso, Cass. 7 febbraio 1975, n. 468, in *Riv. dir. int. priv. proc.*, 1976, p. 354: "Questo Collegio ritiene, conformemente alla dottrina di gran lunga prevalente in Italia e in tutta l'Europa continentale, che in ordine ai rapporti di diritto internazionale privato (dei quali qui trattasi dovendosi stabilire l'efficacia in Italia di un atto di diritto privato formato all'estero) sia irrilevante che lo Stato mantenga o meno normali rapporti diplomatici con quello cui appartiene la norma di diritto internazionale privato da applicare o che quest'ultimo non sia riconosciuto dal primo".

(7) Così, T. Ballarino, *Diritto internazionale privato*, 3ª ed, Padova, Cedam, 1999, p. 7.

(8) In arg. v. J. Verhoeven, "Relations internationales de droit privé en l'absence de reconnaissance d'un Etat, d'un gouvernement ou d'une situation", in *RCADI*, 1985-III, v. 192, p. 9-232.

14. Riconoscimento di Governi rivoluzionari. — *Il riconoscimento di uno Stato va distinto dal riconoscimento del suo Governo in caso di mutamento di quest'ultimo* ([9]). *Riconoscendo un dato governo, uno Stato attribuisce solamente al gruppo di persone "al comando" la legittimità (nei propri confronti) di rappresentarlo sul piano internazionale.* E si badi bene: l'unica condizione che il diritto internazionale generale pone al riconoscimento di un Governo è che quest'ultimo eserciti effettivamente la sovranità (soprattutto il controllo su una parte sostanziale del territorio e dell'apparato amministrativo). Pertanto, delle problematiche particolari possono insorgere quando un Governo legittimo perde parzialmente, o interamente, il controllo effettivo dello Stato e fugge eventualmente all'estero (caso dei c.d. ***Governi in esilio***, fenomeno che è stato tipico del secondo conflitto mondiale quando si stabilirono a Londra i Governi, appunto, in esilio degli Stati occupati dai Nazisti).

In ogni caso, la scelta di riconoscere un Governo o meno è di carattere meramente politico e prescinde dalle diverse vicende del riconoscimento di Stato che, come tale, sopravvive nel tempo ed al passare dei governi.

Ciò si è verificato anche in situazioni rivoluzionarie e di colpo di Stato: così nel passaggio dalla Russia zarista alla Russia bolscevica, per poi tornare alla Federazione Russa (13 novembre 1991) o nel caso della rivoluzione castrista a Cuba; o ancora con riferimento al colpo di Stato militare di Pinochet in Cile nel 1973. Più recentemente, si pensi ai casi della Libia, della Somalia o anche dell'Ucraina.

Il punto fondamentale è dunque questo: "il mutamento rivoluzionario di regime, pur comportando una rottura costituzionale, non estingue lo Stato come soggetto di diritto internazionale... il riconoscimento di governi esprime la volontà dello Stato che vi procede di mantenere con il nuovo governo le stesse relazioni internazionali che si avevano con il governo precedente" ([10]).

15. L'obbligo di non riconoscimento di situazioni di fatto illegittime. — Infine, va osservato, su un piano universale, che **l'art. 41, par. 2, degli Articoli CDI sulla responsabilità internazionale degli Stati** (su cui v. infra Cap. XVI) impone agli Stati di *non riconoscere come legittima una situazione di fatto creata mediante una violazione grave del diritto internazionale.*

Tale norma aveva già trovato applicazione allorquando gli Stati membri dell'ONU non hanno riconosciuto l'annessione del Kuwait da parte dell'Iraq nel 1991. In seguito, è stata applicata dalla CIG nel *parere sulla costruzione del muro nei territori palestinesi occupati* del 2004, ove la Corte, una volta accertata la contrarietà al diritto internazionale della costruzione del muro da parte di Israele, ha statuito l'obbligo, a carico degli altri Stati, di non riconoscere la situazione illecita creatasi con la costruzione di tale muro.

Nella prassi più recente, altri casi problematici concernono la situazione dell'Abkhazia e dell'Ossezia del Sud (riconosciuti solo dalla Russia) e il Kosovo; il non riconoscimento dell'annessione della Crimea alla Russia o, ancora, di quella delle alture del Golan a Israele.

---

(9) RONZITTI, cit., p. 49 ma cfr. T. TREVES, *Diritto internazionale*, cit., p. 63.

(10) Così, N. RONZITTI, *Diritto internazionale*, 6 ed., cit., p. 49-50, il quale aggiunge "[i]l mancato riconoscimento non significa che viene interrotto ogni rapporto tra i due Stati. I trattati bilaterali rimangono in vigore e le relazioni diplomatiche normalmente continuano, benché ad un livello più basso di quello precedente" (ID., p. 52).

3. — La protesta

16. Definizione. — *La protesta (Protest) è un atto diretto ad evitare che il comportamento del soggetto da cui emana possa essere interpretato come rinuncia al diritto di contestare la legittimità di una data pretesa, condotta o situazione.*

Si tratta infatti di una *contestazione* per mezzo della quale uno Stato fa conoscere ad altri soggetti del diritto internazionale la sua volontà di non riconoscere la legittimità di una pretesa di un altro Stato ovvero di non riconoscere una data situazione di diritto o di fatto. La protesta rileva particolarmente nella prassi internazionale allorquando si tratti di *provare l'esistenza di una consuetudine internazionale*. Di tale questione parleremo nel prosieguo di questo volume (v. *infra* Cap. X). Va tuttavia segnalato sin da ora che, se un numero consistente di Stati "interessati" si oppone ad una situazione di diritto o di fatto, una siffatta obiezione costituisce un grave ostacolo alla formazione di una norma consuetudinaria: in tal caso, infatti, mancherà sia l'elemento oggettivo — una prassi costante e diffusa — sia l'elemento soggettivo.

4. — La rinuncia

17. Definizione. — *La rinuncia (Renunciation) è il volontario abbandono di un diritto o di una pretesa o di un reclamo. La rinuncia non si presume anche se può risultare da fatti concludenti.*

Un esempio moderno si ha in materia economica e finanziaria transnazionale laddove gli Stati vengono sistematicamente indotti a rinunciare alla loro immunità dalla giurisdizione di cognizione, cautelare ed esecutiva; detti privilegi di origine consuetudinaria si rivelano infatti particolarmente dissuasivi nei confronti dei contraenti privati i quali, senza la rinuncia all'immunità da parte degli Stati, rifiuterebbero di contrarre con essi (si pensi a prestiti internazionali, a rapporti di compravendita di ingente valore) ovvero lo farebbero ma ad un prezzo ben maggiore.

§ 3. — *Gli atti unilaterali internazionali obbligatori e facoltativi*

18. Tipologia. — Occorre distinguere due fattispecie. In un primo caso, l'atto unilaterale è "obbligatorio" e la competenza dello Stato appare "vincolata" (1). In un secondo caso, il diritto internazionale si limita ad attribuire una facoltà agli Stati che potranno scegliere di esercitarla o non esercitarla nelle forme previste dall'ordinamento internazionale (2).

1. — Gli atti unilaterali "obbligatori"

19. Obblighi di notifica. — Al fine di preservare i diritti ed interessi degli altri Stati, talvolta il diritto internazionale — sia generale *(a)*, che pattizio *(b)* — impone agli Stati degli obblighi di *notifica (Notification)*.

a) *Atti unilaterali obbligatori in virtù di una norma consuetudinaria*

20. Esempi: dal caso dello stretto di Corfù del 1949 all'incidente di Chernobyl. — Un esempio di atti unilaterali obbligatori in base ad una norma consuetudinaria si reperisce nel caso dello *stretto di Corfù* deciso dalla CIG nel 1949 ([11]). Il caso riguardava l'urto, da parte di alcune navi da guerra britanniche, di mine sommerse nelle acque territoriali albanesi. La Corte osservò che incombeva sull'Albania l'obbligo di far conoscere, cioè di *notificare*, "nell'interesse della navigazione in generale, l'esistenza di un campo minato e di avvertire gli altri Stati dei pericoli derivanti dalla presenza di dette mine". La Corte precisava altresì che il fondamento di detto obbligo di notifica risiedeva in "alcuni principi generali e ben riconosciuti, come le considerazioni elementari di umanità, ancora più assolute in tempo di pace che in tempo di guerra" (p. 22). L'Albania fu quindi ritenuta responsabile per avere violato tale obbligo di notifica.

Nella sentenza del 27 giugno 1986 *relativa alle attività militari e paramilitari degli Stati Uniti in Nicaragua e contro il Nicaragua*, la CIG reiterando la precedente giurisprudenza riteneva gli Stati Uniti responsabili per non aver comunicato l'esistenza di mine nelle acque del Nicaragua ([12]).

Così, ogniqualvolta gli Stati eseguono esperimenti nucleari o test balistici, devono informare gli altri Stati in modo da prevenire eventuali incidenti e limitare la loro responsabilità internazionale. Lo stesso si verifica quando un incidente si produce sul territorio di uno Stato e rischia di avere delle ripercussioni negative sul territorio di altri Stati. Quando si verificò l'incidente nucleare di Chernobyl il 25 aprile 1986, l'allora Unione sovietica fu ampiamente criticata per non aver avvertito immediatamente gli Stati vicini della catastrofe e dei rischi ad essa connessi ([13]).

b) *Atti unilaterali obbligatori in virtù di trattati*

21. ***Notifica.*** — Quasi sempre, gli *obblighi di notifica* a cui si è fatto cenno derivano da trattati. Gli esempi sono numerosi. Così l'art. 34 dell'Atto finale della Conferenza di Berlino del 26 febbraio 1885 richiedeva, tra l'altro, agli Stati partecipanti di notificare la presa di possesso dei territori *nullius* in Africa.

Più recentemente, sempre a titolo di esempio, si può citare il caso dell'atto istitutivo dell'Organizzazione mondiale della sanità (OMS/WHO) in cui gli Stati membri hanno l'obbligo di informare la OIG della presenza di epidemie e di emergenze sanitarie acute ([14]). Nel momento in cui scriviamo, in piena pandemia da Covid-19, si sta sviluppando un aspro dibattito proprio sugli obblighi di notifica degli Stati e sui poteri dell'OMS; per non parlare delle azioni legali intentate da privati in più Stati volte a far accertare la responsabilità della Cina e consentire un risarcimento dei danni subiti ([15]).

Del pari, in seno ad alcune organizzazioni internazionali economiche, quando gli Stati membri decidono di adottare un regime particolare (una moneta convertibile per

---

([11]) CIG, 9 aprile 1949, *Stretto di Corfù (Albania c. Regno Unito)*, in *Rec.*, 1949.

([12]) V. punto 215 della sentenza.

([13]) Cfr. P. Sands, J. Steel, *Principles of International Environmental Law*, 3 ed., Cambridge, CUP, 2012, pp. 642-644 e 718-720.

([14]) V. per tutti: L. Pineschi (a cura di), *La tutela della salute nel diritto internazionale ed europeo tra interessi globali e interessi particolari*, SIDI-ES, Napoli, 2017.

([15]) Si discute, oltre che di una responsabilità della Cina rispetto all'origine del virus, anche della eventuale violazione di un obbligo procedurale di notifica internazionalmente dovuto, obbligo che prescinde dall'accertamento dell'origine artificiale, civile o militare del virus. A tale proposito, v. F. Marrella, "La Cina deve risarcire i danni transnazionali da covid-19? orizzonti ad oriente" in *SIDI blog*, 17 maggio 2020 ed i commenti che ne sono seguiti.

il FMI o una zona di libero scambio — art. XXIV GATT — nel caso dell'OMC/WTO) hanno l'obbligo di notificarlo alle rispettive OIG le quali esamineranno il fondamento di dette misure e valuteranno i loro effetti.

Ulteriori esempi di "dichiarazioni" si reperiscono in materia di diritti umani. Così, ad esempio, l'art. 3, c. 2, del Protocollo opzionale del 19 dicembre 2011 sul coinvolgimento dei minori nei conflitti armati, prevede che "[c]iascuno Stato parte deposita, al momento della ratifica del presente Protocollo o dell'adesione a questo strumento una *dichiarazione vincolante*, indicante l'età minima a decorrere dalla quale è autorizzato l'arruolamento volontario nelle sue forze armate nazionali e descrive le garanzie che ha previsto per vigilare affinché l'arruolamento non sia contratto forzosamente o sotto costrizione".

Infine, basti pensare alla decisione di uno Stato di recedere da un'OIG di cui è membro: tra gli altri, viene in evidenza oggi l'esempio della c.d. *Brexit* (su cui cfr. l'art. 50 TUE). Anche qui l'atto unilaterale di recesso dello Stato dovrà essere notificato in tempo utile all'OIG di cui si tratta.

2. — Gli atti unilaterali "facoltativi"

a) *Gli atti unilaterali "discrezionali" formulati in base a trattati internazionali*

22. — Sono atti unilaterali anche quelli legati alla vita giuridica dei trattati internazionali e che *facoltizzano ciascuno Stato a fare o non fare qualcosa.*

Un esempio classico è quello di cui all'art. 32 della Convenzione di Vienna sulle relazioni diplomatiche del 18 aprile 1961. Ai sensi di tale norma: "Lo Stato accreditante può rinunciare all'immunità giurisdizionale degli agenti diplomatici e delle persone che ne godono in virtù dell'articolo 37. — 2. La rinuncia dev'essere sempre espressa".

23. Dichiarazioni interpretative e riserve ad un trattato internazionale. — Altre volte, gli Stati possono allegare ad un trattato delle apposite "dichiarazioni" al fine di indicare come ciascuno Stato *interpreta* una data questione regolata da quel trattato. Tutto dipende, tuttavia, dal contenuto di tale "dichiarazione" giacché, trattandosi di un atto unilaterale, uno Stato può indicare che si vincola ad un trattato solo se una o più norme pattizie saranno intese secondo un determinato significato escludendone, pertanto, ogni altro astrattamente possibile. Si tratta a questo punto di mere dichiarazioni o piuttosto occorre parlare di "riserve interpretative" equiparandole alle "riserve eccettuative"? Si consideri l'esempio della riserva formulata dall'Arabia Saudita alla Convenzione sull'eliminazione di tutte le forme di discriminazione nei confronti delle donne del 18 dicembre 1979:

"*In case of contradiction between any term of the Convention and the norms of islamic law, the Kingdom is not under obligation to observe the contradictory terms of the Convention*". E nei confronti di tale dichiarazione ha obbiettato l'Austria indicando che "*the fact that the reservation concerning any interpretation of the provisions of the Convention that is incompatible with the norms of Islamic law does not clearly specify the provisions of the Convention to which it applies and the extent of the derogation therefrom raises doubts as to the commitment of the Kingdom of Saudi Arabia to the Convention*", tuttavia "*This position, however, does not preclude the entry into force in its entirety of the Convention between Saudi Arabia and Austria*".

Si consideri ora la seguente "dichiarazione interpretativa" del Pakistan alla medesima convenzione:

"*Declaration: The accession by [the] Government of the Islamic Republic of Pakistan to the [said Convention] is subject to the provisions of the Constitution of the Islamic Republic of Pakistan.*" Ad essa, tuttavia, obietta la Norvegia indicando che: "*In the view of the Government of Norway, a statement by which a State Party purports to limit its responsibilities under the Convention by invoking general principles of internal or religious law may create doubts about the commitment of the reserving State to the object and purpose of the Convention and, moreover, contribute to undermining the basis of international treaty law. Under well-established international treaty law, a State is not permitted to invoke internal law as justification for its failure to perform its treaty obligations*", ciònonostante "*The Government of Norway does not consider this objection to preclude the entry into force of the Convention between the Kingdom of Norway and [Pakistan]*".

La frontiera tra "dichiarazioni interpretative" e riserve è una frontiera troppo permeabile. Di conseguenza la validità ed efficacia di tali dichiarazioni è soggetta *de facto* al medesimo regime internazionale generale delle obiezioni alle riserve di cui alla CVT pur se la materia non risulta specificamente regolata, né da detta Convenzione, né dal diritto costituzionale interno di molti Stati.

Ancora, l'art. 14 della Convenzione sull'eliminazione di ogni forma di discriminazione razziale del 21 dicembre 1965, prevede che "[o]gni Stato contraente può *dichiarare* in ogni momento di riconoscere al Comitato [per l'eliminazione della discriminazione razziale, *n.d.r.*] la competenza di ricevere ed esaminare comunicazioni provenienti da persone o gruppi di persone sotto la propria giurisdizione che si lamentano di essere vittime di una violazione". Ed una formula analoga si reperisce all'art. 22 della Convenzione contro la tortura e altri trattamenti crudeli, disumani o degradanti del 10 dicembre 1984, come pure all'art. 31 della Convenzione internazionale per la protezione di tutte le persone dalla sparizione forzata del 20 dicembre 2006. In conclusione, appare evidente che, la determinazione degli effetti giuridici degli atti unilaterali degli Stati, non va fatta basandosi sul solo *nomen juris* ma va fatta con attenzione caso per caso.

24. Dichiarazioni ex art. 36, par.2, dello Statuto della CIG. — Oltre agli atti unilaterali di diritto sostanziale come, ad esempio, la protesta, vi sono anche ***atti unilaterali a carattere processuale***, come quelli di cui all'art. 36, c. 2, dello Statuto della CIG relativo alle *dichiarazioni (facoltative) unilaterali di accettazione della competenza obbligatoria della CIG* ([16]). Vero è che si tratta della dichiarazione unilaterale con la quale uno Stato accetta la giurisdizione della Corte nei rapporti con altri Stati che abbiano fatto la medesima dichiarazione. Ma tale dichiarazione può essere ritirata unilateralmente in qualsiasi momento e può essere persino assortita di riserve ([17]).

Così, il 25 novembre 2014, l'Italia ha depositato presso il Segretario generale dell'ONU la dichiarazione di accettazione della giurisdizione obbligatoria della CIG,

---

([16]) V. *infra*, Cap. XXIV.

([17]) Solitamente, nel formulare la dichiarazione, gli Stati ne limitano la portata ponendo una serie di condizioni (c.d. "riserve"). Tali riserve possono introdurre limiti *ratione temporis* (per es., escludendo controversie sorte prima di una certa data critica) o *ratione materiae* (per es. escludendo controversie in certe materie) alla competenza della Corte.

prevista dall'art. 36, par. 2, dello Statuto della stessa Corte ([18]), portando a settantadue il numero complessivo degli Stati ad aver accettato la competenza obbligatoria della CIG, ventidue essendo Stati membri UE. Ma nel corso del tempo, altri Stati che avevano depositato tale dichiarazione l'hanno ritirata, ad esempio gli Stati Uniti d'America e la Francia.

A questa categoria possiamo ascrivere anche le "dichiarazioni" in materia dei diritti umani a cui abbiamo fatto cenno sopra e i vari atti unilaterali tramite i quali uno Stato accetta la competenza di un "treaty body", ossia di un organo di controllo, a ricevere ed esaminare comunicazioni individuali (v. ad es. gli artt. 1 e 20 del Protocollo facoltativo del 10 dicembre 2008 al Patto internazionale sui diritti economici, sociali e culturali del 1966).

b) *Un potere discrezionale che viene sempre limitato dal diritto internazionale*

25. — Pur essendo di natura discrezionale, tali atti unilaterali, per essere pienamente efficaci od opponibili agli altri Stati devono essere in linea con le prescrizioni del diritto consuetudinario (i) o di quello pattizio (ii).

i. La sottoposizione degli atti unilaterali al diritto consuetudinario

Consideriamo due esempi emblematici: l'attribuzione in via unilaterale della cittadinanza di uno Stato e la determinazione del mare territoriale restano soggette al rispetto di alcune condizioni minime fissate dal diritto internazionale affinché tali atti possano avere efficacia nei confronti degli altri Stati.

26. L'attribuzione di cittadinanza. — Si consideri, ad esempio, il **caso *Nottebohm*** che fu oggetto di una controversia tra Liechtenstein e Guatemala dinanzi alla CIG nel 1955 ([19]). Qui, la CIG non ebbe difficoltà a precisare che, in base al diritto consuetudinario, spettava a ciascuno Stato regolare le condizioni di acquisto, attribuzione o perdita della sua cittadinanza. Al tempo stesso, la medesima Corte precisava che la cittadinanza di un individuo, in quanto unilateralmente attribuita da uno Stato, diviene opponibile agli altri Stati solamente se l'atto tramite il quale viene attribuita è conforme al diritto internazionale vigente. Pertanto, la CIG decise che le modalità di attribuzione della cittadinanza da parte del Liechtenstein non erano conformi al diritto internazionale, e pertanto l'atto di attribuzione della cittadinanza in favore del sig. Nottebohm non era internazionalmente opponibile nei confronti del Guatemala. In altre parole, seppure il Liechtenstein potesse lecitamente considerare *Nottebohm* suo cittadino in base ad un titolo valido dal punto di vista del suo ordinamento interno, per la CIG, quel medesimo atto non era internazionalmente efficace e pertanto il Lichtenstein non lo poteva far valere nei confronti degli altri Stati ([20]).

27. La delimitazione del mare territoriale. — Un altro esempio emblematico può essere tratto dalla giurisprudenza della CIG nel **caso delle *Peschiere*** oggetto di un contenzioso tra il Regno Unito e la Norvegia nel 1951. Qui, la Corte riconobbe il

---

([18]) Su cui cfr. P. Palchetti, "A Key Institution for Interpreting International Law and Guaranteeing Global Compliance with Its Provisions": la dichiarazione italiana di accettazione della competenza della Corte internazionale di giustizia, in *Riv. dir. int.*, 2015, p. 114 ss.

([19]) CIG, 6 aprile 1955, *Nottebohm*, cit., punto 100.

([20]) Sulla differenza fra efficacia interna e efficacia internazionale, vedi *supra*, Cap. II.

diritto di ciascuno Stato costiero di fissare in via unilaterale l'estensione del proprio mare "territoriale". Sennonché, per essere opponibile agli altri Stati, il modo di delimitazione di quello spazio marino doveva essere conforme al diritto internazionale (in particolare la linea di base non doveva discostarsi in misura sensibile dalla "direzione generale della costa"). Pertanto dato che, nel caso di specie, la Norvegia aveva delimitato il proprio mare territoriale in conformità al diritto internazionale, ne risultava un obbligo per il Regno Unito di rispettare la dichiarazione unilaterale della Norvegia (il ché, in pratica, significava impedire alla flotta peschereccia inglese di operare in quell'area).

ii. La sottoposizione degli atti unilaterali discrezionali al diritto pattizio

28. — Come abbiamo visto in questo capitolo, vari trattati autorizzano le Parti contraenti ad adottare appositi atti unilaterali per assicurare l'esecuzione delle norme pattizie o il *controllo* della loro applicazione. Ne segue che il regime giuridico di tali atti sarà fissato dal trattato a cui si riferiscono.

Bastino, anche qui, due esempi tratti dal diritto del mare. La Convenzione di Ginevra del 1958 sulla piattaforma continentale, agli artt. 4 e 5, come la UNCLOS, all'art. 61, autorizzano gli Stati costieri — a certe condizioni — ad adottare alcune misure unilaterali in materia di conservazione delle risorse biologiche ([21]). In base a tali norme, sia che si tratti della piattaforma continentale, sia che si tratti di conservare le risorse biologiche marine, gli Stati possono adottare delle misure unilaterali appropriate per tutelare l'interesse della Comunità internazionale.

Sezione II
L'efficacia giuridica degli atti unilaterali degli Stati

29. — Allo scopo di determinare gli effetti giuridici degli atti unilaterali occorre determinare, caso per caso, quali siano le fonti internazionali che li contemplano.

In precedenza, abbiamo visto che possiamo distinguere due categorie di atti unilaterali: quelli a carattere *facoltativo* e quelli a carattere *obbligatorio*. Risulta evidente che, per questi ultimi, il diritto internazionale può prevedere delle sanzioni in caso di omissione degli Stati (come ad esempio avvenne nel caso precitato dello Stretto di Corfù).

30. Piano espositivo. — Poiché, come si è visto, gli atti unilaterali degli Stati appartengono a categorie diverse, conviene distinguere tra gli "atti necessari" (§ 1); gli atti che incarnano "la prassi degli Stati" (§ 2); o ancora — caso assai raro — gli atti-fonte di obblighi internazionali unilaterali a carico degli Stati che li adottano (§ 3).

§ 1. — *Gli atti unilaterali necessari per il verificarsi di determinati effetti giuridici*

31. Premessa. — Talvolta, il diritto internazionale prevede che il verificarsi di determinati effetti giuridici in capo ad uno Stato — sia nell'ambito delle relazioni tra

---

([21]) V. L. Lucchini, M. Voelckel, "Les Etats et la mer", in *Notes et études Documentaires*, n. 4451-4452, 1978, p. 379 e ss.; T. Treves, "Codification du droit international et pratique des Etats dans le droit de la mer", in *RCADI*, 1990-IV, t. 223, p. 25 ss.; sulla competenza della UE in materia di pesca marittima v. ora R. Virzo, "Pêche Maritime", in *Jurisclasseur Europe*, p. 1350, 2013.

Stati, che in quello delle OIG — sia condizionato al compimento di determinati atti unilaterali. Pertanto, si suole dire che l'atto unilaterale è *necessario*, nel senso che è una *condizione* di applicazione di un dato regime giuridico.

Ad esempio: la liceità della cattura di una nave di un Paese neutrale che tenti di raggiungere un porto sottoposto a blocco di guerra è condizionata alla precedente notifica della dichiarazione di blocco da parte dello Stato cattore ([22]).

32. Il riconoscimento di uno Stato. — Il *riconoscimento di uno Stato*, da parte di uno Stato già esistente è un atto unilaterale completamente discrezionale che, *una volta effettuato*, produce effetti giuridici tanto sul piano del diritto internazionale quanto sul piano del diritto interno. A livello internazionale, gli atti di uno Stato riconosciuto beneficiano di una presunzione di validità e, come tali, possono essere opponibili agli altri Stati. A livello interno, le autorità amministrative o giudiziarie degli altri Stati dovranno quantomeno "tener conto" degli atti degli "Stati stranieri riconosciuti" evitando di considerarli nulli o inefficaci salvi i casi di non riconoscimento (Cap. XV) o di illiceità rispetto al diritto internazionale (Cap. XXV).

Del pari, soprattutto in passato, una dichiarazione di guerra o di neutralità, sono stati esempi di atti unilaterali discrezionali *par excellence*, che determinano l'applicazione di particolari settori del diritto internazionale, come quello del diritto internazionale umanitario o ancora del diritto della neutralità, i quali regoleranno i rapporti tra gli Stati belligeranti e le Potenze neutrali.

33. La notifica in seno alle organizzazioni internazionali. — Le norme istitutive di OIG disciplinano anche gli atti unilaterali degli Stati Membri. In tal caso, la notifica effettuata da uno Stato membro costituisce una manifestazione della sua volontà di rendere applicabile un particolare regime giuridico.

Per riprendere un esempio già citato, è quanto accade in seno al FMI allorquando uno Stato membro decide di rendere la propria moneta convertibile: notificando la sua decisione al FMI, siffatto Stato membro verrà soggetto al regime della "convertibilità" con tutti gli obblighi che ne conseguono (diverrà dunque, nella terminologia del FMI un "Paese dell'art. VIII").

34. Atti legislativi interni assunti come atti unilaterali ad opera dell'ordinamento internazionale — Infine, nel nostro tempo, non va sottaciuto che anche alcuni atti degli Stati che hanno *fonte nel diritto interno* e sono adottati *in materia internazionale* possono essere sussunti dall'ordinamento internazionale ai propri fini e qualificati non più come meri fatti, bensì come atti unilaterali degli Stati rilevanti per il diritto internazionale.

Un **esempio**, particolarmente rilevante nel contesto dell'arbitrato in materia investimenti, è quello della **normativa nazionale** che uno Stato si dà in materia di **investimenti diretti esteri**.

In genere, per regolare l'ingresso degli investitori esteri, uno Stato può adottare una apposita legislazione nazionale che disciplina la fase di ingresso, l'attività d'impresa nel territorio nazionale e persino la fase del disinvestimento. Qui, le leggi sugli investimenti stranieri possono porre restrizioni all'uscita dei capitali esteri dallo Stato

---

([22]) In arg. v. N. Ronzitti, *Diritto internazionale dei conflitti armati*, 6 ed., Torino, Giappichelli, 2017, p. 299 ove riferimenti.

ospite dell'investimento verso il Paese dove ha sede l'investitore, in modo tale da evitare che i profitti acquisiti sul territorio nazionale (specialmente se derivanti dallo sfruttamento delle risorse naturali locali) siano totalmente sottratti all'economia e dunque allo sviluppo del Paese ospite e trasferiti nel Paese di origine dell'investitore.

Nei decenni passati, in molti Paesi in via di sviluppo — ed oggi anche nei c.d. Paesi sviluppati — per attrarre gli investitori privati stranieri è stato emanato un'apposita (e succulenta, per l'investitore) "**legge sugli investimenti stranieri**" o anche un "**codice sugli investimenti**" ([23]). Il contenuto di tali normative nazionali rispecchia quello di molti BIT e prevede appositi vantaggi e standard di trattamento dell'investitore: trattamento giusto ed equo (*fair and equitable treatment*); benefici fiscali nello Stato ospite; protezione contro misure statali arbitrarie e di nazionalizzazione e così via. Orbene, quasi sempre, in tali atti — proprio per attrarre l'investitore straniero — si prevedono anche apposite norme in materia di risoluzione delle controversie tramite **arbitrato internazionale tra lo Stato ospite ed il privato investitore straniero.** Ne segue che la legge sugli investimenti dello Stato ospite diviene un atto unilaterale internazionalmente rilevante e se lo Stato ospite è Parte contraente della Convenzione ICSID — la quale come si ricorderà prevede genericamente l'arbitrato tra Stati e privati stranieri — il suo consenso specifico all'arbitrato internazionale con un privato straniero risulta automaticamente provato dalla propria legislazione nazionale. Perciò, l'inizio del procedimento arbitrale da parte dell'investitore privato costituisce "accettazione" della "**proposta generale di arbitrato**" a suo tempo *formulata, in via unilaterale, dallo Stato ospite attraverso la propria legislazione sugli investimenti.*

Un **esempio** emblematico viene offerto nell'"**arbitrato delle Piramidi**" relativo alla controversia tra la società *Southern Pacific Properties* (SPP) e l'Egitto ([24]) ove, dopo una gara d'appalto e l'approvazione nel 1972 del progetto per la creazione di un complesso alberghiero nei pressi delle celebri piramidi di Gizah, il Governo egiziano decideva improvvisamente, sei anni dopo l'inizio dei lavori, di espropriare il sito adducendo la sopravvenuta conformità a nuovi obblighi assunti a livello internazionale. Nel lodo arbitrale sulla giurisdizione nel 1985, il consenso dello Stato egiziano all'arbitrato ICSID, e quindi la giurisdizione del Centro e la competenza del Tribunale arbitrale, furono fondate sull'art. 8, della L. n. 47/1974, la *legge egiziana sugli investimenti.*

Un altro esempio interessante viene offerto dalla causa ***Tradex Hellas c. Albania*** (caso ICSID ARB/94/2), decisa sulla giurisdizione nel 1996, in cui, ancora una volta, il consenso dell'Albania all'arbitrato ICSID fu individuato nell'art. 8, c. 2, della L. n. 7764/1993 sugli investimenti:

"*If a foreign investment dispute arises between a foreign investor and the Republic of Albania and it cannot be settled amicably, then the foreign investor may choose to submit the dispute for resolution to a competent court or administrative tribunal of the*

([23]) Oltre che su internet si possono reperire nella raccolta a fogli mobili a cura dell'ICSID, *Investment Laws of the World*, New York, Dobbs Ferry, 1973-. In argomento v. in particolare: J. Paulsson, « Arbitration Without Privity », in *ICSID Rev.*, 1995, pp. 232-257; D. Carreau, voce « Investissements », in *Enc. Dalloz*, nonché J. Salacuse, *The Three Laws of International Investment*, Oxford, OUP, 2013; F. Marrella, voce « Investimenti [dir.int] » ed « Arbitrato in materia di investimenti [dir. int.] », in *Treccani online*.

([24]) Sull'intera vicenda v. G. Delaume, "The Pyramids Stand — The Pharaohs Can Rest in Peace", in *ICSID Review - Foreign Investment Law Journal*, 1993, p. 231-263 e J. Paulsson, "The Pyramids Case", in *Collected Courses of the International Academy for Arbitration Law*, Year 2012, Vol.1, at 1 (2014).

Republic of Albania in accordance with its laws. In addition, if the dispute arises out of or relates to expropriation, compensation for expropriation, or discrimination and also for the transfers in accordance with Article 7, then the foreign investor may submit the dispute for resolution and the Republic of Albania hereby consents to the submission thereof, to the International Centre for Settlement of Investment Disputes ("Centre") established by the Convention on the Settlement of Investment Disputes between States and National of Other States, done at Washington, March 18, 1965 ("ICSID Convention")."

§ 2. — *Gli atti giuridici unilaterali come manifestazione della prassi degli Stati*

35. La prassi concomitante e successiva degli Stati. — Gli atti unilaterali costituiscono anche una prova della prassi degli Stati. Essi, infatti, evidenziano il comportamento degli Stati sia ai fini dell'interpretazione dei trattati, sia ai fini della formazione della prova dell'esistenza di regole non scritte del diritto internazionale (consuetudini e principi generali di diritto), sia ancora in materia di preclusione (*estoppel*). L'*estoppel* è, originariamente, una figura processuale di *Common Law* (inglese) che consiste nella eccezione di irricevibilità di una pretesa la quale risulta contraria al comportamento tenuto anteriormente dalla parte che la invoca. In altre parole, si tratta di una regola di buon senso corrispondente ad un più generale principio di non contraddizione ([25]).

Nella sentenza pronunciata il 12 ottobre 1984 nel ***caso della delimitazione della frontiera marittima nella regione del Maine***, la Camera della CIG indicò che in ogni caso:

"le nozioni di acquiescenza e di *estoppel*, qualunque sia la condizione che loro riserva il diritto internazionale, discendono entrambe da principi fondamentali di buona fede ed equità. Esse derivano tuttavia da ragionamenti giuridici differenti, equivalendo l'acquiescenza a un riconoscimento tacito manifestato da un comportamento unilaterale che l'altra parte può interpretare come un consenso; mentre l'*estoppel* è legato all'idea di preclusione" ([26]).

Gli atti giuridici unilaterali contribuiscono a risolvere i problemi di interpretazione dei trattati, nella misura in cui servono a determinare la *prassi successiva delle Parti contraenti*, a cui si riferisce, ad esempio, l'art. 31, par. 3, lett. *b*) della CVT del 1969 (v. *supra* Cap. IV).

a) *L'acquiescenza*

36. Effetti dell'astensione. — Se uno Stato si astiene dall'agire o dal protestare contro una pretesa o un'azione di un altro Stato, l'astensione cioé l'inerzia (*inaction*) nei confronti di una determinata situazione di fatto o di diritto, può tradursi in un'*acquiescenza* (*acquiescence*). In tali circostanze, lo Stato acquiescente non potrà

([25]) V. A. Martin, *L'estoppel en droit international public*, Paris, Pedone, 1979, nonché C. Vallée, *Quelques observations sur l'estoppel en droit des gens*, in *RGDIP*, 1973, p. 999 e Sinclair, « Estoppel and Acquiescence » in *Essays Robert Jennings*, Cambridge, 1995, p. 104 ss.

([26]) CIG, *Rec.*, 1984, p. 246, punto 130.

più ritornare sui suoi passi ed una ulteriore ed eventuale protesta finirà con l'essere priva di ogni effetto giuridico: prevarrà dunque l'*estoppel* ([27]).

37. Il caso delle Peschiere del 1951. — Così, nel già citato caso delle *Peschiere*, oggetto di un contenzioso tra il Regno Unito e la Norvegia nel 1951, la CIG osservava che "la lunga astensione del Regno Unito [era] un elemento che rendeva ulteriormente opponibile al Regno Unito la linea di base del mare territoriale definita dallo Stato norvegese... il Regno Unito si è astenuto dal formulare ogni riserva" (p. 139). In altre parole, in questo caso, la Corte rilevava che, il fatto che il Regno Unito non avesse protestato nei confronti della Norvegia quando quest'ultima, alla fine del XIX secolo, aveva determinato l'estensione delle proprie acque territoriali, corrispondeva ad una acquiescenza del criterio di delimitazione adottato; e il Regno Unito, potente Stato marittimo, non poteva ignorare le conseguenze derivanti dalla misura norvegese *de qua*. Il Regno Unito, infatti, aveva avuto ampie possibilità, a suo tempo, di far valere i propri diritti e di contestare il criterio di delimitazione norvegese attraverso un atto giuridico unilaterale appropriato: la *protesta*. Non avendo protestato, l'astensione del Regno Unito, su un lungo periodo di tempo (più di mezzo secolo), valeva acquiescenza e pertanto le impediva di contestare successivamente la validità della misura norvegese. In breve, fu proprio il Regno Unito ad essere vittima dell'effetto di *estoppel*!

38. Il caso del tempio di Préah-Vihéar del 1962. — Il caso del tempio di *Préah-Vihéar* oggetto di un contenzioso tra la Cambogia e la Thailandia nel 1962, presenta qualche affinità con il *caso delle Peschiere* del 1951. Qui, la CIG presentò alcune considerazioni circa l'efficacia dell'*astensione* della Thailandia rispetto alla delimitazione della propria frontiera con la Cambogia. Anche qui, la Thailandia si era astenuta, per lungo tempo, dal presentare formale protesta e pertanto la Corte ne deduceva che siffatta astensione della Thailandia valeva quale accettazione tacita della delimitazione delle frontiere e quindi le impediva — effetto di *estoppel* — di contestare in un momento successivo ciò che aveva già tacitamente riconosciuto. A tale proposito la Corte si espresse in questi termini: "le circostanze erano di natura tale da richiedere, in un termine ragionevole, una reazione da parte delle autorità del Siam nel caso in cui avessero voluto contestare la mappa o avessero avuto delle importanti questioni da sollevare sulla stessa". Aggiungeva la Corte che "le parti non hanno reagito né all'epoca dei fatti né nei molti anni successivi; si deve pertanto concludere che vi è stata la loro acquiescenza" (p. 23). L'11 novembre 2013, la CIG ha però dovuto pronunciare una sentenza interpretativa...della propria sentenza del 1962 ([28]).

b) *Riconoscimento di un fatto ed* estoppel

39. — Se alcuni atti unilaterali consistono nel riconoscimento formale di una situazione di fatto o di diritto, ne segue egualmente che lo Stato autore di quegli stessi atti potrà difficilmente contestare in un momento successivo la loro esistenza a causa

([27]) In arg. v. le limpide pagine di Sperduti, "Prescrizione, consuetudine e acquiescenza in diritto internazionale", in *Riv. dir. int.*, 1961, p. 3 ss., nonché *Brownlie's Principles of Public International Law*, 8ª ed., a cura di J. Crawford, cit., p. 422.

([28]) CIG, 11 novembre 2013, Sentenza sulla domanda di interpretazione della sentenza del 15 giugno 1962 nel caso relativo al Tempio di Préah Vihéar, Cambogia c. Tailandia, (merito), in *www.icj-cij.org* e v. le osservazioni di F. Marrella in *Treccani — Il libro dell'anno del diritto 2015*.

dell'effetto di *estoppel*. Per illustrare l'*estoppel*, è possibile menzionare altri due casi decisi dalla CIG: quello dello *Statuto giuridico della Groenlandia orientale del 1933* e quello del 1960, relativo alla sentenza arbitrale del Re di Spagna.

40. La "Dichiarazione Ihlen". — Il *caso dello Statuto della Groenlandia orientale*, meglio conosciuto come il caso della "Dichiarazione Ihlen", deciso dalla CPGI nel 1933 ([29]) costituisce un interessante precedente in materia. Qui, la Corte ritenne che la Norvegia fosse vincolata da una *dichiarazione orale* fatta dal Ministro degli Esteri norvegese Ihlen al Ministro della Danimarca a Cristiania secondo la quale *i progetti danesi sulla Groenlandia orientale non avrebbero incontrato opposizione da parte della Norvegia*. Per la Corte, la Dichiarazione Ihlen era stata fatta in risposta ad analoga richiesta danese e, della conversazione tra i due organi di Stato, era stato redatto un promemoria. Pertanto, detta dichiarazione costituiva, in siffatte circostanze, l'accettazione della richiesta danese.

Poiché la Corte era chiamata a stabilire se la Norvegia, mediante la conclusione di accordi e altri atti, avesse riconosciuto la sovranità danese sull'intero territorio della Groenlandia, concludeva con riferimento alla dichiarazione del Ministro degli esteri norvegese, che la dichiarazione in essa contenuta era "incondizionata e definitiva" e pertanto la Norvegia era "vincolata all'obbligo di astenersi dal contestare la sovranità danese sull'intero territorio della Groenlandia e, *a fortiori*, dall'occupare una parte di esso" (p. 73).

41. Il caso del mancato riconoscimento di un lodo arbitrale da parte del Nicaragua. — Nella sentenza pronunciata dalla CIG, relativa al caso del lodo arbitrale pronunciato dal Re di Spagna il 23 dicembre 1906 in merito ad una controversia tra Honduras e Nicaragua, la CIG dovette esaminare gli effetti giuridici del riconoscimento di tale lodo da parte del Nicaragua, in quanto, tramite di esso, l'arbitro aveva definitivamente delimitato la frontiera tra il Nicaragua e l'Honduras.

Senonché, numerosi anni dopo la pronuncia arbitrale, il Nicaragua si rifiutava di riconoscerne il carattere vincolante. Qui, la Corte concluse che il Nicaragua non poteva più presentare alcuna obiezione circa l'efficacia e l'esecutorietà del lodo in quanto, testualmente, "*Nicaragua, by express declaration and by conduct, recognized the Award as valid and it is no longer open to Nicaragua to go back upon that recognition and to challenge the validity of the Award*" ([30]).

42. Buona fede, certezza del diritto e reciprocità. — Negli esempi precedenti, le soluzioni delle corti internazionali dell'Aja si spiegano oltre che in base ad una regola di logica giuridica, quella di non contraddizione, anche in base a principi fondamentali quali quelli della *buona fede*, della *certezza del diritto* e della *reciprocità*. Quest'ultimo elemento assume un'importanza particolare quando uno Stato si basa sul comportamento di un altro Stato per regolare la propria condotta; si tratta di una situazione assai frequente in cui alcuni atti giuridici statali unilaterali si legano l'uno con l'altro: ogni modifica di un atto comporta allora uno squilibrio tra le obbligazioni reciproche

---

([29]) CPGI, 5 aprile 1933, *Statuto giuridico della Groenlandia Orientale*, Danimarca c. Norvegia, *Ser. A/B*, n. 53, pp. 68-69.

([30]) CIG, 1° novembre 1960, *Honduras c. Nicaragua*, in *Rec.* 1960, p. 213.

degli altri Stati (31). Un interessante esempio si ritrova nel predetto **caso dello *Statuto giuridico della Groenlandia orientale***: qui, l'impegno assunto dalla Norvegia sulla Groenlandia a favore della Danimarca non era "gratuito", bensì corrispondeva ad un simmetrico impegno danese a favore della Norvegia. La CPGI quindi rilevò l'"interdipendenza" tra i reciproci atti dei due Paesi rafforzando così la sua analisi circa il carattere obbligatorio della "Dichiarazione Ihlen", la quale, come si è detto, non poteva più essere modificata unilateralmente dalla Norvegia in un momento successivo (32).

Del pari, la CIG nella sentenza del 3 febbraio 2006 relativa al **caso delle *attività armate sul territorio del Congo*** (33), ha richiamato il principio secondo il quale ai fini di determinare l'efficacia giuridica di una dichiarazione unilaterale, "la Corte deve... esaminare il contenuto reale di quest'ultima insieme alle circostanze sulla base delle quali è stata effettuata". La stessa Corte ha osservato in particolare che "una dichiarazione... può creare obblighi giuridici solo nella misura in cui essa sia stata formulata in termini chiari e specifici", il ché, però, non si verificava nel caso di specie. La Corte concludeva dunque che la dichiarazione del Ministro della giustizia del Rwanda non era stata formulata in modo sufficientemente specifico in relazione alla particolare questione del ritiro delle riserve.

43. Risultato: l'obbligo di non-contraddizione (*estoppel*). — Come si è visto, l'*astensione* può equivalere ad una tacita *acquiescenza* o ad un formale *riconoscimento* produttivo di effetti giuridici nei confronti di altri Stati con il risultato di vincolare lo Stato autore di atti unilaterali con tutte le conseguenze del caso, a cominciare dall'impossibilità di contraddire i propri atti. In altre parole, le medesime condotte possono creare a favore degli Stati terzi dei "diritti soggettivi" che non potranno più essere unilateralmente modificati. *Nemo contra factum proprium venire potest !*

§ 3. — *Gli atti unilaterali come fonte immediata di obblighi internazionali*

44. Assenza di formalismo nel diritto internazionale. — Per gli atti unilaterali discrezionali occorre chiedersi se ed in che misura possano produrre effetti giuridici internazionali. Il diritto internazionale, vale la pena ricordarlo, non è formalista o lo è pochissimo. Se, ad esempio, un organo abilitato a rappresentare uno Stato, nell'esercizio delle proprie funzioni, attraverso un atto unilaterale qualsiasi comunica la posizione ufficiale del proprio Paese su una questione di diritto o su una particolare situazione di fatto, e se un altro Stato basa il proprio comportamento su quello stesso atto, ne potrà derivare un obbligo internazionale a carico del primo Stato in favore del secondo.

Qual era, infatti, nel precitato caso della "Dichiarazione Ihlen" il valore giuridico della dichiarazione del Ministro Ihlen? La risposta della Corte, condivisa da una larga maggioranza (12 voti a favore contro 2), fu chiara e semplice. Innanzitutto, la Corte

(31) Per un esempio concreto, vedi l'analisi dei codici di investimento — atti giuridici unilaterali statali tipici — di P. Juillard, "L'évolution des sources du droit des investissement", in *RCADI*, 1994-VI, t. 250, p. 13, in part. pp. 58-74.

(32) In *Rec.*, pp. 70-71.

(33) *Attività armate sul territorio del Congo, Rep. Democratica del Congo c. Rwanda*, sentenza del 3 febbraio 2006, in *Rec.*, 2006, par. 49-50 e 53.

osservava, dopo un attento esame delle prove documentali, delle circostanze del caso di specie e degli sviluppi successivi, che siffatta dichiarazione non costituiva un riconoscimento "definitivo" della sovranità danese sulla Groenlandia ([34]). Tuttavia la Corte rilevava che "*una dichiarazione di tale genere fatta da un Ministro degli esteri per conto del proprio Governo in replica ad una richiesta da parte di un rappresentante diplomatico di uno Stato straniero, riguardante una questione che rientra nella sua competenza, è vincolante per lo Stato di cui il Ministro fa parte*" ([35]). La Corte quindi ne trasse la conclusione secondo la quale la promessa contenuta nella suddetta "Dichiarazione Ihlen" era incondizionata e definitiva.

45. Una facoltà dello Stato. — A partire dal momento in cui uno Stato ha deciso di obbligarsi da solo ed unilateralmente nei confronti di uno o più Stati terzi, non può più rinnegare l'atto unilaterale che ha posto in essere. A tal proposito possiamo citare altri due esempi: la dichiarazione egiziana del 1957 sullo Statuto del Canale di Suez *(a)*; le dichiarazioni francesi del 1974 rese nel *caso dei test nucleari (b)*.

a) *La dichiarazione egiziana del 24 aprile 1957 sul Canale di Suez*

46. — A seguito della crisi di Suez del 1956-1957, l'Egitto pubblicò una dichiarazione unilaterale destinata, a suo avviso, a "costituire uno strumento internazionale", fonte di diritti e di obblighi internazionali ([36]). L'Egitto richiedeva e otteneva — fatto assai curioso — la registrazione di tale dichiarazione unilaterale presso il Segretariato dell'ONU ([37]). Ciò stupisce nella misura in cui, di norma, solo i trattati internazionali possono essere depositati e registrati presso il Segretariato generale dell'ONU. La Dichiarazione egiziana del 1957 riconosceva la validità della Convenzione di Costantinopoli del 1888 sullo statuto del canale di Suez e sui diritti di navigazione e di passaggio nel medesimo. Lo stesso atto conteneva una serie di obblighi a carico degli utenti e degli Stati terzi dettati da esigenze di navigazione e sicurezza. Si prevedeva infine un procedimento di soluzione delle controversie; a tale titolo, l'Egitto si impegnava a riconoscere la giurisdizione obbligatoria della CIG in base all'art. 36, par. 2, dello Statuto della Corte e, perciò, il 18 luglio 1957 depositava tale dichiarazione per tutto quanto concerneva l'utilizzazione del canale di Suez. Infine, la dichiarazione del 24 aprile 1957 prevedeva un procedimento arbitrale relativamente alle eventuali controversie tra utenti del canale di Suez.

Si è a lungo discusso circa la vera natura della dichiarazione unilaterale egiziana. Si trattava solo di una legge nazionale "in materia internazionale" che, come qualunque altra misura legislativa, poteva essere liberamente modificata o abrogata dal suo autore? La Francia e numerosi Stati occidentali dell'epoca propendevano per questa tesi. O, al contrario, si trattava di una dichiarazione che essendo stata accettata dagli Stati terzi vincolava l'Egitto e quindi non poteva più essere unilateralmente modificata dal suo autore? L'Egitto sosteneva quest'ultima tesi. In tale prospettiva, si sarebbe avuto un accordo internazionale "atipico" concluso in forma semplificata. Quel dibattito oggi appare superato grazie alla sentenza della CIG del 1974 nel caso dei *test nucleari* di cui ora diremo.

---

(34) In *Rec.*, p. 69.
(35) In *Rec.*, p. 71.
(36) Vedi J. Dehaussy, in *AFDI*, 1960, p. 169.
(37) *RTNU*, vol. 265, p. 299 ss.

b) ***Le dichiarazioni francesi del 1974 sulle esplosioni nucleari nell'atmosfera e la loro interpretazione ad opera della CIG nel caso Australia — Nuova Zelanda c. Francia***

47. I fatti. — In questa controversia, l'Australia e la Nuova Zelanda si opponevano agli esperimenti nucleari francesi nel Pacifico e sostenevano che detti esperimenti risultassero contrari al diritto internazionale provocando dei danni di cui la Francia era responsabile ([38]). Nel corso di questo procedimento, la Francia si asteneva dal comparire dinanzi alla CIG invocando la carenza di giurisdizione *prima facie* della Corte in ragione della riserva di "difesa nazionale" presente nella dichiarazione del 1966. Al termine di una serie di esplosioni nucleari avvenute nella primavera del 1974, il Presidente della Repubblica francese, nel luglio 1974, e poi il Ministro degli affari esteri nel settembre 1974, dichiararono in una conferenza stampa che la Francia non avrebbe più effettuato esperimenti nucleari nell'atmosfera limitandosi a test sotterranei.

Che valore giuridico avevano quelle dichiarazioni rese dalle più alte autorità politiche francesi al termine di una conferenza stampa? *Secondo la CIG quelle dichiarazioni erano giuridicamente vincolanti* e pertanto la controversia tra Francia, Australia e Nuova Zelanda non aveva più ragion d'essere. La Corte decideva, con 9 voti contro 6, che la domanda era ormai priva di oggetto e pertanto "il n'y avait dès lors pas lieu de statuer". In altre parole, la CIG considerava la Francia già obbligata nei confronti dei Paesi attori che avevano quindi già ottenuto ciò che domandavano in giustizia: la cessazione degli esperimenti nucleari francesi nell'atmosfera. La Corte osservava che:

> "[è] *riconosciuto che le dichiarazioni che rivestono la forma di atti unilaterali concernenti situazioni di diritto o di fatto possono avere per effetto la creazione di obblighi giuridici*...Quando lo Stato autore della dichiarazione intenda vincolarsi negli stessi termini, siffatta intenzione conferisce alla sua presa di posizione il carattere di un impegno giuridico, e *quindi lo Stato interessato è tenuto giuridicamente a seguire una linea di condotta conforme alla sua dichiarazione... Un impegno di questa natura preso pubblicamente con l'intenzione di obbligarsi, al di fuori di un quadro di negoziazioni internazionali, ha effetto obbligatorio*. In tali circostanze, *non è necessaria nessuna controprestazione* perché quella dichiarazione acquisti efficacia giuridica, né un'accettazione ulteriore, né una replica od altra azione di altri Stati, in quanto questi ultimi atti risulterebbero incompatibili con la natura strettamente unilaterale dell'atto giuridico attraverso il quale lo Stato autore si è espresso" ([39]).

La Corte aggiungeva che: "al pari della regola di diritto dei trattati *pacta sunt servanda*, il carattere obbligatorio di un impegno internazionale assunto tramite dichiarazione unilaterale riposa sulla **buona fede**. A certe condizioni, gli Stati interessati possono dunque tener conto delle dichiarazioni unilaterali e fare affidamento sulle stesse. Possono quindi esigere che l'obbligo sorto in questo modo sia rispettato" ([40]).

In somma, secondo la CIG, "[p]oiché le dichiarazioni sono state rese pubblicamente ed *erga omnes*, il governo francese ha notificato a tutti gli Stati del mondo, compreso lo Stato attore, la sua intenzione a cessare effettivamente i suoi esperimenti

---

([38]) B. BOLLECKER-STERN, "L'affaire des essais nucléaires français devant la C.I.J.", in *AFDI*, 1974, p. 299; v. anche l'articolo critico di RUBIN precitato.

([39]) *Rec.*, 1974, p. 267. Corsivo aggiunto.

([40]) Ivi, p. 268. Grassetto aggiunto.

nucleari" ([41]). Dunque, si tratta, secondo la Corte, di un "impegno nei confronti della comunità internazionale nel suo insieme".

48. La CDI e i *Principi direttivi applicabili a dichiarazioni unilaterali degli Stati* del 2006. Attraverso la casistica sopra richiamata ed i "*Principi direttivi applicabili a dichiarazioni unilaterali degli Stati capaci di produrre obblighi giuridici*" 2006 della CDI, diviene possibile offrire una sintesi dello stato del diritto internazionale in tale materia nel modo che segue:

1. Una dichiarazione unilaterale di uno Stato *può* costituire una fonte di obblighi internazionali per lo Stato autore *nella misura in cui contenga una manifestazione del **consenso ad obbligarsi***. Pertanto, non tutti gli atti unilaterali di uno Stato producono effetti giuridici vincolanti.

2. Per determinare gli effetti giuridici di tali atti, è necessario tenere conto, in linea generale, del loro **contenuto, delle circostanze della loro emanazione** e delle **reazioni** che ciascun atto ha provocato **presso lo Stato destinatario** *o **presso gli altri Stati*** (art. 3).

3. Una dichiarazione o altro atto giuridico unilaterale è vincolante per lo Stato che ne è autore solo se è formulata in **termini chiari e specifici**. In caso di dubbio, prevale ***l'interpretazione restrittiva***, ossia quella che limita al minimo gli obblighi dello Stato dichiarante (art. 7).

4. Una dichiarazione od altro atto unilaterale vincola lo Stato a livello internazionale solo se è stata formulata da **un'autorità competente**. In virtù delle loro funzioni, i Capi di Stato, i Capi di Governo e i Ministri degli Affari esteri sono competenti a formulare tali dichiarazioni (art. 4, Principi e cfr. art. 7 CVT).

5. Si applicano per analogia agli atti unilaterali degli Stati le regole generali sulla manifestazione di volontà di uno Stato di cui si è già detto con riferimento alla validità dei trattati e relativamente alla materia dei vizi della volontà quali errore, violenza e dolo.

6. Il fondamento del carattere obbligatorio di un atto unilaterale di questo tipo risiede nel ***principio di buona fede internazionale*** (art. 1, Principi). Quando una dichiarazione unilaterale produce, in capo agli Stati terzi, un'*aspettativa legittima* che li incita ad adottare una data condotta in conseguenza di quell'atto e a confidare in esso, la buona fede dello Stato autore e l'aspettativa legittima degli Stati terzi si trovano così intimamente collegate. La loro compresenza ed il loro collegamento sono necessari per lo sviluppo di rapporti giuridici stabili e prevedibili tra soggetti del diritto internazionale. Le medesime considerazioni spiegano perché gli impegni internazionali contenuti negli atti giuridici unilaterali non possano più essere modificati da parte degli Stati che ne sono autori.

7. Gli obblighi che ne derivano non sono suscettibili di "*alcun potere arbitrario di **revisione***" ([42]). Ciò non significa di certo che le dichiarazioni unilaterali obbligatorie siano scolpite nel marmo. Non sono di certo più immutabili degli obblighi derivanti da un trattato internazionale. Così, ad esempio, il Trattato di Mosca del 1963 sul divieto di esperimenti nucleari nell'atmosfera autorizza le Parti contraenti a recedere dal trattato "se degli eventi straordinari in relazione con l'oggetto del presente trattato si pongano in contrasto con gli interessi sovrani di uno Stato" (art. 4). E l'effetto delle

---

([41]) Ivi, p. 269.
([42]) Ivi, p. 270. Art. 10, Principi.

dichiarazioni unilaterali francesi di cessazione degli esperimenti nucleari non è maggiore delle disposizioni del Trattato di Mosca del 1963. In breve, anche la Francia, al pari di ciascuna delle Parti contraenti del Trattato di Mosca, può rivedere gli impegni che si è assunta unilateralmente in tale materia, alle stesse condizioni delle Parti contraenti del Trattato di Mosca, ossia solo *in circostanze eccezionali* (v. ora art. 10, Principi). *Mutatis mutandis*, è possibile trasporre in questa materia le regole applicabili in materia di revisione dei trattati.

8. Una dichiarazione od atto unilaterale **non possono comportare alcun obbligo per Stati terzi** a meno che questi ultimi non li abbiano espressamente accettati (art. 9, Principi).

9. Una dichiarazione o altro atto unilaterale in conflitto con una regola di ***jus cogens*** è priva di effetti.

10. L'atto unilaterale deve essere un atto "pubblico". Qui, basti notare che, per le stesse ragioni di "pubblicità" dei trattati internazionali, gli atti unilaterali non dovrebbero essere mai "segreti". Detti atti unilaterali possono rivestire la forma di una legge dello Stato la quale, pertanto, sarà pubblicata nella Gazzetta Ufficiale di quello stesso Stato. Persino le "dichiarazioni" formano oggetto di comunicati stampa come nel caso *degli esperimenti nucleari francesi* di cui abbiamo parlato. Pertanto, pur senza una notifica agli Stati interessati, affinché una dichiarazione unilaterale possa essere vincolante per uno Stato dovrà essere fatta pubblicamente.

Capitolo VIII

GLI ATTI UNILATERALI DELLE ORGANIZZAZIONI INTERNAZIONALI

Bibliografia sommaria: A. Rapisardi Mirabelli, *Il diritto internazionale amministrativo*, in Tratt. di diritto internazionale dir. da P. Fedozzi e S. Romano, Padova, Cedam, 1939; G. Biscottini, *Contributo alla teoria degli atti unilaterali nel diritto internazionale*, Milano, Giuffrè, 1951; M. Virally, "La valeur juridique des recommandations des organisations internationales", in *AFDI* 1956, p. 66 e "L'élaboration du droit intemational économique", in *Aspects du droit international économique*, Paris, Pedone, 1972, p. 171; e in "Résolution et accord international", *Mélanges M. Lachs*, 1984, p. 299; M. Merle, "Le pouvoir réglementaire des institutions internationales", in *AFDI* 1958, p. 341; J. Castaneda, "Valeur juridique des résolutions des Nations unies", in *RCADI*, 1970-I, t. 129, p. 205; G. Arangio-Ruiz, "The Normative role of the General Assembly of the United Nations and the Declaration of Principles of Friendly Relations", in *RCADI*, 1972-III, t. 137, p. 419; R. J. Dupuy, "Droit déclaratoire et droit programmatoire" de la coutume sauvage à la "soft law", in *L'élaboration du droit international public*, Paris, Pedone, 1975, 132; R. Monaco, "Les principes régissant la structure et le fonctionnement des organisations internationales", in *RCADI*, 1977, v. 156, pp. 79-226; H. Thierry, "Les résolutions des organes internationaux dans la jurisprudence de la C.I.J.", in *RCADI*, 1980, vol. 167, p. 385; G. Biscottini, *Il diritto delle organizzazioni internazionali*, 2ª ed., Padova, Cedam, 1981. Si vedano altresì: il rapporto di Skubiszewski all'IDI, session du Caire 1987, *Annuaire*, 1985, v. 61, t. 1, p. 29, e McWhinney, *Les N.U. et la formation du droit international*, Paris, Pedone/UNESCO, 1986; J. Alvarez, *International Organizations as Law Makers*, Oxford, OUP, 2005; U. Draetta, *Principi di diritto delle organizzazioni internazionali*, 3ª ed., Milano, Giuffrè, 2010; Id., M. Fumagalli Meraviglia, *Diritto delle Organizzazioni internazionali. Parte speciale*, 3ª ed., Milano, Giuffrè, 2011; M. Di Filippo, *Immunità dalla giurisdizione versus diritto di accesso alla giustizia: il caso delle organizzazioni internazionali*, Torino, Giappichelli, 2012; S. Cafaro, *Il governo delle organizzazioni di Bretton Woods: analisi critica, processi di revisione in atto e proposte di riforma*, Torino, Giappichelli, 2012; R. Virzo, "Gli atti delle organizzazioni internazionali", in *Diritto delle organizzazioni Internazionali*, a cura di A. Del Vecchio, Napoli, ES, 2012, pp. 113-139; Zanghì, *Diritto delle Organizzazioni internazionali*, Torino, Giappichelli, 2013; SIDI, *Il futuro delle organizzazioni internazionali: prospettive giuridiche*, a cura di M. Vellano, Napoli, ES, 2015; SIDI, *La tutela della salute nel diritto internazionale ed europeo tra interessi globali e interessi particolari*, a cura di L. Pineschi, Napoli, ES, 2017; C. Focarelli, *Diritto internazionale*, 5 ed., cit., p. 223 ss.; P. Pennetta, S. Cafaro, A. Di Stasi, I. Ingravallo, G. Martino, C. Novi, *Diritto delle organizzazioni internazionali*, Padova, Cedam-WKI, 2018, p. 249 ss.; SFDI, *Santé et droit international*, Paris, Pedone, 2019; D. Russo, "The human rights responsibilities of international organizations", in O. Martin-Ortega, C. Methven O'Brien (eds), *Public Procurement and Human Rights. Opportunities, Risks and Dilemmas for the State as Buyer*, London, Ed. Elgar, 2019, p. 62 ss.; AA.VV., *Le organizzazioni internazionali fra crisi del multilateralismo ed iniziative di neo-protezionismo*, OIDU, num. spec. 2020.

Introduzione

1. Fondamento di tali atti. — Dagli atti unilaterali degli Stati di cui abbiamo in precedenza trattato vanno distinti gli atti unilaterali delle organizzazioni internazionali intergovernative. A seguito della creazione delle OIG ad opera degli Stati, si è progressivamente ammesso, nella loro carta costitutiva, che gli organi di tali enti siano abilitati ad emanare degli atti che, a certe condizioni, creano obblighi per gli Stati membri e, in casi eccezionali, anche per altri soggetti.

Talvolta, (solo) in dottrina vengono denominate *fonti di terzo grado* perché la fonte del potere di emanare tali atti ad opera di un'organizzazione internazionale risiede interamente nelle norme del trattato istitutivo della medesima organizzazione (*fonte di secondo grado*), che gli Stati membri hanno sovranamente accettato di rispettare (1). Nel diritto dell'Unione europea si usa diffusamente il termine "*diritto originario*" per indicare i trattati istitutivi della UE, mentre per "*diritto derivato*" si intende, appunto, il diritto prodotto dagli organi UE (equivalente a ciò che abbiamo denominato fonti di terzo grado). Di ciò parleremo in questo capitolo; degli accordi tra OIG e soggetti privati abbiamo già detto a suo luogo (2).

2. Grande varietà di atti delle OIG. — È possibile distinguere gli *atti a carattere giudiziario* (ossia le sentenze o i pareri consultivi della CIG o degli altri tribunali internazionali); gli ***atti di amministrazione interna*** (come, per esempio, l'adozione di regole di procedura, di regole di bilancio, oppure la nomina di un funzionario); gli atti che riguardano il *funzionamento dell'organizzazione* stessa (come, per esempio, l'ammissione o l'espulsione di uno Stato, l'adozione di sanzioni contro un dato Paese, o, al contrario, la concessione di un aiuto in favore di quest'ultimo: prestito, dono, o assistenza tecnica). Infine, esistono degli atti concernenti **l'*attività esterna* delle OIG**: le OIG possono, ad esempio, adottare dei "regolamenti" o delle "decisioni" riguardanti le materie di loro competenza come accade nel caso dei Regolamenti internazionali sanitari dall'OMS/WHO o aerei dell'OACI/ICAO; così pure, quando tali OIG entrano in relazione con dei soggetti privati i quali devono realizzare degli "appalti pubblici" internazionali possono, come la Banca mondiale, adottare apposite norme per l'aggiudicazione degli appalti sotto la forma, per esempio, di capitolati speciali d'appalto. Ed è un tratto caratteristico del nostro tempo che vengano inserite apposite "clausole diritti umani", in linea con gli *UN Guiding Principles on Business and Human Rights* del 2011 e con la migliore prassi contemporanea (3).

3. (*segue*) I Regolamenti sanitari dell'OMS/WHO e la lotta al Covid 19. — Il potere effettivo di regolazione delle OIG ed in particolare dell'OMS/WHO ha formato oggetto di un aspro dibattito negli ultimi mesi a causa della pandemia da Covid-19 ed alle (mancate) misure per contenerne ed eliminarne la diffusione su scala planetaria. Si è accusata l'OMS di non avere fatto ispezioni sanitarie adeguate in Cina e non avere coordinato gli Stati membri. Purtroppo l'OMS/WHO non è un ente pubblico di diritto interno bensì una OIG con poteri (e finanziamenti) assai limitati per volere degli Stati membri; basta esaminare la sua "costituzione" e le sue competenze. Le principali funzioni dell'OMS, che è un'OIG di cooperazione internazionale e non di integrazione, riguardano infatti la ricerca sanitaria, l'indirizzo e il coordinamento delle politiche sanitarie nazionali degli Stati membri per il raggiungimento di un sempre più alto livello sanitario globale. Senonché, ai sensi degli art. 21 e 22 della

---

(1) Occorre, tuttavia, precisare che tale terminologia è tipica della dottrina italiana ma non è pacificamente accolta dalla dottrina di altri Paesi. Cfr. C. Focarelli, *Trattato di diritto internazionale*, cit., p. 454: "Si parla di fonti di 'terzo grado' quando ci si riferisce alle fonti di diritto internazionale previste da (e subordinate *a*) un trattato, sul presupposto che i trattati siano fonti di secondo grado in quanto a loro volta subordinati alla consuetudine, configurata come fonte di primo grado".

(2) Vedi *supra*, Cap. V.

(3) In arg. si rinvia a F. Marrella, "Protection internationale des droits de l'homme et activités des sociétés transnationales", in *RCADI*, vol. 385, 2017, pp. 33-435 e D. Russo, "The human rights responsibilities of international organizations", in O. Martin-Ortega, C. Methven O'Brien (eds), *Public Procurement and Human Rights. Opportunities, Risks and Dilemmas for the State as Buyer*, London, Ed. Elgar, 2019, p. 62 ss..

Costituzione OMS, l'Assemblea mondiale degli Stati membri può adottare dei "Regolamenti" vincolanti per i 196 Stati membri e destinati ad impedire "la propagazione di un'epidemia da un Paese all'altro". Tra questi e con riferimento alla lotta contro il Covid-19, il dibattito odierno riguarda il **Regolamento Sanitario Internazionale** del 2005 che, adottato ai tempi della SARS, ha come scopo di prevenire la diffusione internazionale di gravi malattie attraverso un sistema di coordinamento internazionale accentrato nell'OMS e innescato dalla comunicazione obbligatoria di eventi epidemici che possano costituire un pericolo per la salute pubblica mondiale ([4]). **L'art. 6** di detto Regolamento stabilisce che « ogni Stato parte debba notificare all'OMS...entro 24 ore dalla valutazione delle informazioni riguardanti la salute pubblica, tutti gli eventi che possano costituire all'interno del proprio territorio un'emergenza di sanità pubblica di rilevanza internazionale », quest'ultima definita dall'art. 1 come un evento straordinario che può « costituire un rischio per altri Stati a causa della diffusione internazionale della malattia e richiedere una risposta internazionale coordinata ». L'art. 7 prevede altresì un obbligo di condivisione di « prove che confermino un evento riguardante la salute pubblica insolito o inaspettato all'interno del proprio territorio, indipendentemente dalle origini o dalla fonte, che possa costituire un'emergenza di sanità pubblica di rilevanza internazionale ».

Nel dibattito contemporaneo ci si chiede se la Cina abbia violato i predetti obblighi di comunicazione tempestiva, avendo notificato all'OMS il Covid-19 soltanto il 31 dicembre 2019. D'altro canto, ci si chiede anche se l'OMS non avrebbe comunque potuto essere più sollecita nel richiedere informazioni alla Cina e nel dichiarare lo stato di pandemia più prontamente circolando maggiori informazioni sulla gravità del virus (ad es. circa il caso dei "portatori sani") con maggiore anticipo ([5]).

4. Caratteri comuni degli atti unilaterali di OIG. — Al di là della loro diversità lessicale, gli atti unilaterali delle OIG presentano un certo numero di caratteristiche *comuni*.

Innanzitutto, gli atti unilaterali sono oggetto di una certa ***pubblicità***. Tali atti sono pubblicati in apposite raccolte, nei siti internet, o nelle riviste specializzate delle organizzazioni internazionali interessate. Infatti, per quanto riguarda l'Unione Europea, esiste una pubblicazione sistematica di tutti gli atti dell'Unione nella *Gazzetta Ufficiale dell'Unione Europea*.

Inoltre, va sottolineato che, tramite tali atti, le OIG perseguono i loro obiettivi. Tali atti unilaterali devono però rispettare i vincoli della carta costitutiva di ciascun ente collettivo e proprio in tal senso si parla di "***diritto derivato***" —. In breve, devono essere adottati dagli organi competenti che deliberano con la maggioranza richiesta, in funzione di uno scopo legittimo, così da produrre gli effetti giuridici previsti dall'atto istitutivo dell'OIG.

5. La diversa posizione degli Stati riguardo la forza vincolante degli atti unilaterali delle OIG. — La strategia degli Stati per ciò che riguarda il valore giuridico degli

---

([4]) In arg. v. A. Spagnolo, « Contromisure dell'Organizzazione mondiale della sanità come conseguenza di violazioni dei regolamenti sanitari internazionali in contesti epidemici », in SIDI, *La tutela della salute*... cit., p. 391 ss. nonché, Id., « (Non) Compliance with the International Health Regulations of the WHO from the Perspective of the Law of International Responsibility », in *Global Jurist*, 2017, p. 1 ss.

([5]) Su tale dibattito, tuttora in corso, cfr. *SIDI Blog* ove contributi di Marrella, Bonfanti, Baj, Pugliese.

atti delle OIG si rivela spesso incoerente (6). Gli Stati che si trovano in minoranza tendono ad avere una posizione molto restrittiva circa l'efficacia vincolante di tali atti; in generale, questa è la posizione dei Paesi occidentali all'interno delle organizzazioni internazionali a vocazione universale che non controllano più. Invece, gli Stati in posizione maggioritaria adottano una posizione inversa, poiché grazie al loro numero sono in grado di incidere sul contenuto di tali norme, così come la loro interpretazione. Questa è, in generale, la strategia dei Paesi in via di sviluppo che dominano certe OIG a vocazione universale — a cominciare dall'ONU — in virtù del loro numero e grazie al principio "uno Stato un voto".

6. Piano espositivo. — Alla luce delle suddette premesse, l'elemento più importante del regime giuridico degli atti unilaterali delle organizzazioni internazionali consiste nella valutazione degli *effetti giuridici* che possono produrre. A volte, tali atti possono costituire — ma si tratta di poche eccezioni — una fonte diretta di diritto internazionale (Sezione I). Ma nella maggior parte dei casi, gli atti unilaterali delle OIG costituiscono solo una *fonte indiretta* del diritto internazionale (Sezione II).

Sezione I
Gli atti unilaterali delle organizzazioni internazionali, fonte diretta del diritto internazionale

7. Il silenzio dello Statuto della CIG. — In linea di premessa, bisogna ricordare che l'art. 38 dello Statuto della CIG non contempla espressamente tra le fonti formali del diritto internazionale gli atti unilaterali delle organizzazioni internazionali (OIG). Abbiamo già segnalato, in precedenza, che lo stesso accade per gli atti unilaterali degli Stati. Quest'ulteriore lacuna si spiega, tra l'altro, con riferimento all'epoca storica di elaborazione dello Statuto della CPGI: era il 1920. Tale soluzione venne riprodotta all'art. 38 dello Statuto della CIG. A quell'epoca, iniziavano a svilupparsi le prime grandi OIG ed era difficile, per la dottrina dominante, concepire che i loro atti potessero assurgere a livello di fonte del diritto internazionale. Ciononostante, dottrina e giurisprudenza si accordano nel ritenere che gli atti unilaterali delle OIG, al pari degli atti unilaterali degli Stati, devono essere inclusi tra le fonti del diritto internazionale contemporaneo.

8. Piano espositivo. — Alla luce di tali considerazioni, va osservato che le OIG possiedono, in alcuni casi, un potere "normativo" (*law making power*). Questo può essere esercitato in due diverse direzioni: può mirare a regolare delle situazioni giuridiche dell'ordinamento interno dell'OIG considerata (§ 1); ma può anche — ed è questo il fenomeno più interessante e rivoluzionario — rivolgersi all'"esterno" dell'OIG e creare obblighi giuridici per gli Stati membri dell'organizzazione, o perfino per gli Stati che non ne sono membri (§ 2).

---

(6) Cfr. G. De Lacharrière, *La politique juridique extérieure*, cit., pp. 48-58.

§ 1. — *Il potere normativo interno o il diritto interno delle organizzazioni internazionali*

Che le OIG abbiano un *potere normativo interno* non sorprende affatto (7). Infatti, tutte le persone giuridiche, nel loro ambito di autonomia, hanno il potere di auto-organizzarsi adottando apposite regole che presiedano al loro funzionamento e alla loro amministrazione.

1. — Raggio d'azione

9. Regolamenti interni ai diversi organi. — Il diritto interno delle OIG assomiglia molto, mantenendo le dovute proporzioni, al diritto interno delle assemblee parlamentari degli Stati. Queste possiedono un regolamento interno che disciplina le loro modalità di funzionamento, il loro bilancio, il personale loro assegnato. Lo stesso vale per le OIG. Qui, ogni organo adotta un proprio *regolamento interno* che stabilisce le norme di procedura che non sono contenute nella carta costitutiva o che sono ancora imprecise. Si tratta di regole di *quorum*, di voto, di organizzazione (e gestione) dei dibattiti; della possibilità di concedere lo statuto di osservatore a un certo Stato o a un certo gruppo o ONG, le modalità relative alla verifica dei pieni poteri dei rappresentanti degli Stati. Si noti, in particolare, la grande importanza di tale questione quando si tratta di considerare la rappresentatività di alcuni Governi, soprattutto quando questa è contestata o contestabile; così, per molto tempo, l'Assemblea Generale dell'ONU ha considerato i diplomatici di Formosa (Taiwan) come "legali" rappresentati della Cina; più tardi la stessa assemblea, seguendo la medesima procedura, ha deliberato che il movimento dei "Khmers rossi" continuava a rappresentare legittimamente la Cambogia, al contrario del Governo imposto dal Vietnam in seguito all'invasione militare del primo Paese. Per tutte le questioni specifiche regolate dai "regolamenti interni" delle OIG, gli organi competenti adottano "decisioni" nel senso stretto del termine (8).

10. Settore finanziario. — Del pari, nel *settore finanziario*, gli organismi internazionali possiedono un proprio bilancio stabilito in funzione di regole che vengono spesso armonizzate se non copiate da quelle degli Stati nazionali. In tal caso, le OIG creano delle "decisioni" in materia finanziaria interna, che si rivelano di grande importanza giacché incidono sul *quantum* dell'ammontare del contributo dovuto dagli Stati membri.

11. La funzione pubblica internazionale. — Ugualmente, le OIG hanno fissato unilateralmente lo "statuto" giuridico dei loro agenti, i cui tratti generali (anche il loro stipendio!) sono oggi armonizzati. Questi "statuti", che costituiscono il "diritto della funzione pubblica internazionale", contengono i diritti e gli obblighi degli agenti al servizio di queste istituzioni e, come tali, producono direttamente degli effetti giuridici obbligatori per i loro destinatari.

12. Rapporti interistituzionali. — Inoltre, ogni giorno, si sviluppano numerose relazioni interistituzionali tra gli organi di una stessa OIG, rapporti che sono regolati

(7) L. Focsaneau, "Le droit interne de l'ONU", in *AFDI*, 1975, p. 315 e ss.
(8) In argomento cfr. B. Conforti, C. Focarelli, *Le Nazioni unite*, 12ª ed., cit., p. 29 ss.

dal diritto interno dell'organizzazione medesima (proposte da un organo all'altro, note di servizio, ecc.).

13. Organi principali e organi sussidiari. — Infine, va notata la distinzione tra organi principali ed organi sussidiari delle OIG. Nel primo caso, si tratta di organi previsti ed individuati nella Carta istitutiva (v. ad es. per l'ONU l'art. 7). Accanto ad essi, talvolta le OIG hanno il potere di creare degli *organi sussidiari*. Questi ultimi, al pari delle succursali delle società commerciali, costituiscono il mezzo più comodo adottato dalle "grosse" organizzazioni internazionali per realizzare, al loro interno, un "decentramento amministrativo" di cui, come gli Stati o le imprese, sentono il bisogno. Come esempi è possibile citare il Programma Alimentare Mondiale (PAM/WFP) o la Conferenza delle Nazioni Unite sul Commercio e lo Sviluppo (UNCTAD), entrambi istituiti, ormai da numerosi decenni, dall'Assemblea Generale dell'ONU.

2. — Regime giuridico degli atti

14. Terminologia imprecisa. — Dal punto di vista formale, bisogna innanzitutto notare che la terminologia usata per qualificare gli atti delle OIG non è né fissa né immutabile. Si parla di *risoluzioni (**Resolution**)* o di *raccomandazioni (**Recommendation**)* oppure di *decisioni (**Decision**)*, di "regolamenti" (***Regulation***) o di "direttive" (***Directive***), a volte in modo indistinto, altre volte con un senso ben preciso e differenziato. Per prendere un esempio concreto, mentre le *raccomandazioni* dell'Alta Autorità della CECA erano vincolanti, quelle adottate nell'ambito della CEE, in virtù dell'art. 189 del Trattato di Roma, ed oggi dell'art. 288 TFUE, non lo sono. La maggior parte delle volte, le raccomandazioni sono delle semplici esortazioni, dei meri auspici; tuttavia, a volte, alcune di queste costituiscono delle decisioni vere e proprie. Non v'è dubbio che la logica giuridica elementare esigerebbe di riservare il carattere obbligatorio della norma alle "decisioni", alle "direttive" o ai "regolamenti", mentre le risoluzioni o raccomandazioni riguarderebbero semplici inviti od opzioni a fare o non fare qualcosa.

15. Un approccio fenomenologico. — Nel parere consultivo della CIG del 1971 sulla *Namibia*, la Corte ha indicato che:

> "[s]arebbe inesatto supporre che, poiché l'Assemblea Generale [delle Nazioni Unite] possiede, in linea di principio, il potere di fare delle raccomandazioni, le sia impedito di adottare, in casi determinati che rientrano nella sua competenza, delle risoluzioni che hanno il carattere di decisione o che risultino da un'intenzione esecutiva" ([9]).

Pertanto — e ciò è deplorevole — la CIG riconosce tale imprecisione terminologica e a propria volta...vi concorre, poiché parla contemporaneamente di *raccomandazioni* di cui la Corte sembra pensare che non producano effetti giuridici, e di *risoluzioni* "che hanno il carattere di decisione o che risultino da un'intenzione esecutiva" le quali si avvicinerebbero quindi alle *decisioni* e produrrebbero effetti giuridici nei confronti dei loro destinatari.

In breve, al contrario delle decisioni, le risoluzioni o raccomandazioni non vincolano, né producono effetti giuridici obbligatori nei confronti di coloro i quali ne

---

([9]) In *Rec.*, 1971, p. 50.

sono i destinatari. Perciò, per sapere, sul piano formale, quale sia l'efficacia giuridica di un dato atto di un'OIG, occorre esaminare caso per caso l'atto in questione, al fine di determinarne il fondamento giuridico nella Carta costitutiva: qual è il titolo dell'atto? Com'è stato votato? Quali sono i fini e i principi dell'OIG in causa?

b) *L'efficacia giuridica*

16. Portata obbligatoria. — Il diritto interno delle OIG ha efficacia obbligatoria per i suoi destinatari. Questi sono in primo luogo gli organi stessi dell'organizzazione; inoltre, lo sono gli Stati membri; e, a volte, lo sono i soggetti privati, per esempio i funzionari o le controparti contrattuali dell'organizzazione, nel quadro, ad esempio, di un capitolato d'appalto.

17. Rapporti tra organi paritari o gerarchizzati. — Talvolta, gli organi di un'OIG si trovano in una struttura "gerarchica". Per esempio: il Consiglio economico e sociale è espressamente assoggettato al controllo e all'autorità dell'Assemblea generale delle Nazioni Unite; lo stesso dicasi per il Segretariato generale. D'altronde, si può notare che i Segretariati generali, organi amministrativi delle organizzazioni internazionali, sono espressamente subordinati agli organi politici. Quando questi organi si trovano in una struttura gerarchica, le raccomandazioni dell'organo più elevato, rispetto a quello che ne è subordinato, sono vere e proprie "decisioni" nonostante il termine utilizzato. All'inverso, quando si tratta di una raccomandazione che è indirizzata dall'organo meno elevato all'organo più elevato nella gerarchia, non si tratta che di una proposta. Se gli organi dell'OIG sono situati allo stesso livello o se hanno delle competenze proprie, allora le raccomandazioni di una nei confronti dell'altra non sono vincolanti. Tuttavia, quando queste raccomandazioni sono parallele, ossia devono avere lo stesso valore, allora nessun organo può imporre la sua volontà su un altro; questo è il caso in cui bisogna raggiungere una posizione comune, una decisione congiunta che rientri nella competenza di entrambi gli organi.

18. Il parere consultivo della CIG del 1950. — Il 3 marzo 1950, la CIG ha emesso un parere consultivo relativo alla *competenza dell'Assemblea generale per l'ammissione di uno Stato alle Nazioni Unite*, dovendo interpretare l'art. 4, par. 2, della Carta ONU, affermando che: "[q]uesto [l'art. 4, par. 2, *ndr*] richiede due cose per effettuare l'ammissione: una raccomandazione del Consiglio di sicurezza e una decisione dell'Assemblea generale, posto che la raccomandazione deve, per sua natura, precedere la decisione". I termini "raccomandazione" e "precedere la decisione" significano, secondo la Corte, che la raccomandazione serve di supporto all'ammissione; in altri termini, la CIG ritiene che "la raccomandazione del Consiglio di sicurezza è la condizione preliminare alla decisione dell'Assemblea, attraverso la quale avviene l'ammissione" (10). Infatti, essendo i due organi posti sullo stesso livello gerarchico (Consiglio di sicurezza e Assemblea generale), devono adottare rispettivamente una raccomandazione e una decisione di ammissione, le quali devono essere parallele e convergere, affinché uno Stato possa essere ammesso.

---

(10) In *Rec.*, pp. 7-8.

§ 2. — *Il potere normativo esterno: ovvero il "Law making power" delle organizzazioni internazionali*

19. Piano espositivo. — Occupiamoci ora di quei casi in cui le OIG creano direttamente delle norme di diritto internazionale che si impongono ai loro Membri e a volte addirittura — nel caso ancora più raro — a Stati non membri.

1. — Il potere normativo delle organizzazioni internazionali nei confronti degli Stati membri

20. Piano espositivo. — È incontestabile che le OIG possiedano, nei confronti dei loro Membri, un potere normativo proprio. Esistono due spiegazioni di questo fenomeno. Un primo argomento, classico, si riferisce al fondamento di diritto pattizio di tale potere: in questa prospettiva, l'atto unilaterale figura come una forma semplificata di accordo tra Stati membri (denominato a volte "risoluzione-accordo"). Oggi, invece, è comunemente ammesso che le organizzazioni internazionali abbiano una vera e propria competenza normativa autonoma, un *law-making power*.

a) ***Il riconoscimento del potere normativo esterno delle organizzazioni internazionali rispetto agli Stati membri***

21. Un potere riconosciuto. — Tale potere normativo deriva dal trattato istitutivo di ciascuna OIG ove si trovano quelle norme che regolano gli atti che possono essere adottati dai diversi organi dell'ente.

Così la Carta ONU, agli artt. 10, 11, 12, 13, 14, si riferisce alle "raccomandazioni" dell'Assemblea generale, mentre l'art. 4, c. 2, cita le "decisioni" dell'Assemblea generale in materia di ammissione. L'art. 25 della stessa Carta fa riferimento, a propria volta, alle "decisioni" generali del Consiglio di sicurezza, mentre gli artt. 41, 42 e 48 denominano "decisioni" le misure vincolanti specifiche in base al Capo VII.

Ciononostante, non tutte le "misure" prese dal Consiglio di sicurezza dell'ONU sono delle "decisioni". Il Consiglio può ugualmente, e questo è il caso più frequente, adottare delle semplici "raccomandazioni" ([11]).

Un altro esempio, con riferimento ad un'agenzia specializzata delle Nazioni Unite, concerne lo Statuto del Fondo Monetario Internazionale, il quale fa spesso riferimento alle "decisioni" del Consiglio dei Governatori o del Consiglio d'Amministrazione e contemporaneamente alle "proposte" o alle "comunicazioni informative" del FMI sotto forma di "raccomandazioni" che possono essere pubbliche o semplicemente ufficiose ([12]).

Invece, certe OIG — tale è il caso dell'OMC/WTO — non possiedono alcuna competenza per adottare atti unilaterali; in altre parole, non possono creare "diritto derivato" — se non di natura puramente interna, ossia rivolto ai propri organi.

22. Un potere troppo ampio. — È del tutto eccezionale che il *regime giuridico* degli atti unilaterali rivolti agli Stati membri di una OIG venga precisato in ciascun accordo istitutivo di una OIG.

([11]) V. artt. 36, 37 e 39 della Carta ONU.
([12]) V. l'art. XII, sez. 8, dello Statuto del FMI.

L'esempio tipico di un regime giuridico preciso, applicabile ai diversi atti di un'OIG, è quello del vetusto art. 189 Trattato di Roma del 1957 (divenuto successivamente l'art. 288 TFUE). Questo articolo menziona con chiarezza gli effetti giuridici dei differenti atti unilaterali emanati dagli organi UE: alcuni atti ("regolamenti", "direttive" o "decisioni") vincolano i loro destinatari, mentre altri ("raccomandazioni" e "pareri") non hanno alcun valore giuridico vincolante.

Allo stesso modo, ma ad un livello inferiore di precisione, l'accordo istitutivo dell'Organizzazione dei Paesi esportatori di petrolio (OPEC) distingue i "regolamenti", che hanno portata obbligatoria per tutti gli Stati membri, e le "risoluzioni", che sono vincolanti, dalle "raccomandazioni" e dai "pareri", che non possiedono carattere vincolante (art. 12); inoltre, questo stesso articolo stabilisce che tutti gli atti unilaterali a carattere vincolante (regolamenti e risoluzioni) devono essere ratificati dagli Stati membri secondo le loro rispettive procedure costituzionali nazionali. Senza dubbio siffatto esempio ha il merito di rappresentare uno sforzo, da parte degli Stati, di fissare un regime giuridico preciso per gli atti unilaterali adottati dalle organizzazioni alle quali appartengono.

Da parte sua, la Carta dell'ONU contiene delle precisazioni quanto agli effetti di taluni atti giuridici. È così che gli artt. 48 e 49 — sempre all'interno del Capo VII — prevedono una serie di misure che gli Stati membri devono adottare in forza di "decisioni" del Consiglio di sicurezza, misure che vanno dall'esecuzione diretta all'azione coordinata.

23. Necessità di un'analisi casistica: il parere consultivo sulla Namibia del 1971. — Nel già citato caso della Namibia, la CIG doveva interpretare il valore vincolante o meno di una risoluzione del Consiglio di sicurezza (la Ris. n. 276 del 1970), che metteva fine al mandato del Sudafrica sul Sud-Ovest Africano. La Corte esaminata innanzitutto la competenza del Consiglio di sicurezza ad adottare questa misura, su questo punto arrivò alla conclusione che il Consiglio di sicurezza ONU avesse agito "nell'esercizio della sua responsabilità principale" (par. 109). In seguito, la CIG esaminava il fondamento giuridico di tale misura e indicava che l'art. 24 della Carta ONU "conferiva al Consiglio di sicurezza i poteri necessari ad adottare delle misure (che gli permettessero) di assolvere alle (proprie) responsabilità" (par. 110). La CIG giungeva così alla conclusione per cui quella risoluzione del Consiglio di sicurezza era obbligatoria, altrimenti tale disposizione non avrebbe avuto senso; in effetti, osserva la Corte "sarebbe un'interpretazione assurda quella per cui, allorquando il Consiglio di sicurezza adotta una tale dichiarazione in virtù dell'art. 24 della Carta, a nome di tutti gli Stati membri, questi ultimi sono liberi d'ignorare l'illegalità o le violazioni di diritto che ne risultano" (par. 112). La Corte proseguiva quindi la propria analisi per precisare gli effetti di questa decisione conformemente all'art. 25 della Carta dell'ONU, per determinare se le risoluzioni del Consiglio di sicurezza dovessero essere viste come delle mere esortazioni o piuttosto come delle vere e proprie ingiunzioni. La Corte si esprimeva con chiarezza su quest'ultimo punto, evidenziando l'approccio "caso per caso" di cui si è detto in precedenza: "È stato sostenuto anche che le risoluzioni pertinenti del Consiglio di sicurezza sono redatte in modo che venga loro conferito il carattere di esortazioni piuttosto che ingiunzioni, e che perciò queste risoluzioni non pretendano né di imporre un vincolo giuridico a uno Stato qualsiasi, né di modificare sul piano giuridico uno qualunque dei suoi diritti. Occorre analizzare accuratamente la formulazione di una risoluzione del Consiglio di sicurezza, prima di poterne stabilire l'effetto vincolante. Visto il tipo di poteri che derivano dall'art. 25, conviene determinare caso per caso se questi poteri sono stati effettivamente esercitati, tenendo conto dei termini della risoluzione da interpretare, delle discussioni che hanno preceduto la sua adozione, delle invocate disposizioni della Carta e in generale di tutti gli elementi che potrebbero aiutare a precisare le conseguenze giuridiche della risoluzione del Consiglio di sicurezza" (par. 114).

Applicando tale approccio fenomenologico, la CIG ha stabilito che le *decisioni* prese dal Consiglio di sicurezza nella già citata risoluzione n. 276 del 1970, adottate conformemente ai fini e ai principi della Carta dell'ONU e ai suoi artt. 24 e 25, "sono di conseguenza vincolanti per tutti gli Stati membri delle Nazioni Unite, che sono così tenuti ad accettarli e ad applicarli" (par. 115). Per ciò che concerne il valore vincolante delle decisioni del Consiglio di sicurezza in virtù degli artt. 24 e 25 della Carta, la Corte ha richiamato la sua giurisprudenza precedente, espressa nel parere consultivo dell'11 aprile 1949 *sulla riparazione dei danni subiti al servizio delle Nazioni Unite*: "La Carta" — affermava la CIG all'epoca — "non si è limitata a fare solamente dell'organizzazione creata un centro dove si armonizzano gli sforzi delle nazioni verso dei fini comuni stabiliti da queste ultime (art. 1, par. 4), bensì ha dotato l'organizzazione di organi, ha assegnato loro una missione propria, ha definito la posizione dei membri nei confronti dell'Organizzazione, stabilendo di dare loro piena assistenza in tutte le azioni da essa intrapresa (art. 2, par. 5), di accettare e di applicare le decisioni del Consiglio di sicurezza" ([13]).

Una volta richiamato questo precedente, la Corte ha osservato che: "[q]uando il Consiglio di sicurezza adotta una decisione a norma dell'art. 25, conformemente allo Statuto, gli Stati membri devono conformarsi a questa decisione, specialmente i membri del Consiglio di sicurezza che hanno votato contro di questa e ai membri delle Nazioni Unite che non hanno un seggio al Consiglio. Non ammettere ciò" — prosegue la Corte — "significherebbe privare quest'organo primario delle funzioni e del potere essenziali che gli derivano dallo Statuto" (§ 116). Tale ragionamento, di tipo casistico e teleologico, è stato oggetto di pesanti critiche da parte del giudice Fitzmaurice nella sua opinione dissenziente; secondo Fitzmaurice, la CIG, in tal modo, finiva col "riscrivere" la Carta. Ciò in quanto la Carta fonda un significativo potere di "decisione" del Consiglio di sicurezza solamente nel quadro ben preciso del Capo VII e non riconosce alcun potere vincolante all'Assemblea generale in materia di mantenimento della pace e della sicurezza internazionale ([14]).

24. Conclusione generale. — In breve, è possibile avanzare alcune conclusioni generali sul valore vincolante degli atti unilaterali (comunque essi vengano denominati) delle OIG. Innanzitutto, il valore vincolante può dipendere dal contenuto dell'atto in questione: ciò è vero nel caso del riconoscimento, della formulazione o della codificazione di una norma consuetudinaria o di un principio generale di diritto. Inoltre, un atto unilaterale può essere obbligatorio di per sé con riferimento alle condizioni della sua adozione, seguendo il metodo adottato dalla CIG nel caso *della Namibia*. Infine, l'efficacia vincolante può derivare dalla prassi successiva degli Stati membri interessati, ossia, secondo Patrick Juillard, dal "valore aggiunto" a questi atti dagli Stati in ragione del loro comportamento successivo ([15]).

b) *L'esercizio del potere normativo delle organizzazioni internazionali secondo il diritto pattizio e le "risoluzioni-accordo"*

25. Le risoluzioni-accordo. — È ormai ben noto che alcune "risoluzioni" possono avere valore vincolante poiché costituiscono una modalità particolare, semplificata, di accordo tra gli Stati membri dell'organizzazione internazionale in questione. La CPGI aveva già riconosciuto tale possibilità nel 1931, nel suo **parere consultivo *sul traffico ferroviario tra la Lituania e la Polonia*** ([16]). In questo caso, la Corte doveva ricono-

---

([13]) In *Rec.*, 1949, p. 178.

([14]) V. parr. 91-113 della sua opinione dissenziente.

([15]) Cfr. P. Juillard, *Rapport Introductif*, in *Les Nations Unies et le droit international économique*, Colloque S.F.D.I. de Nice, Paris, Pedone, 1986, pp. 120-128.

([16]) Ser. A/B, n. 42.

scere l'efficacia di una Risoluzione del Consiglio della SdN del 10 dicembre 1927. La Corte notò che: "[i] rappresentanti della Lituania e della Polonia avevano partecipato all'adozione di questa risoluzione del Consiglio", aggiungendo prudentemente che: "[e]ssendo i due Governi in questione vincolati dalla loro accettazione della risoluzione del Consiglio, resta da valutare quale sia l'efficacia giuridica di questo impegno" (p. 116). Nella fattispecie, la CPGI stabilì che la Risoluzione del Consiglio sanciva un obbligo di negoziazione da parte dei due Governi, che è del resto ciò che fecero; in compenso, la risoluzione non implicava affatto l'obbligo di trovare un accordo (*ibid.*).

26. Esempi. — La tecnica della "risoluzione-accordo" — grazie alla sua semplicità e dunque alla sua comodità — ha conosciuto uno sviluppo importante nel corso degli ultimi decenni. Viene utilizzata in ambiti molto differenti, ma che hanno in comune il fatto di essere esenti da controversie. È il caso, per esempio, della *Dichiarazione di principi sulle attività degli Stati in materia di esplorazione e utilizzo dello spazio extra-atmosferico*, approvata all'unanimità dall'Assemblea generale ONU, il 13 dicembre 1963. Infatti, in quell'occasione, gli Stati membri dell'ONU hanno dichiarato che il contenuto della predetta risoluzione aveva per loro valore vincolante. In altri termini, detta "risoluzione-accordo" appariva come una modalità particolarmente agile per concludere un trattato internazionale.

27. Risoluzione costitutiva di un trattato internazionale. — A volte una "risoluzione" — l'atto unilaterale per eccellenza di una OIG — può costituire il testo stesso di un trattato internazionale aperto alla firma o all'adesione. È il caso, per esempio, della Ris. n. 2200 (XXI) che adotta il *Patto internazionale sui diritti civili e politici*; della Ris. n. 2222 (XXI) relativa al *Trattato sullo spazio extra-atmosferico*; della Ris. n. 2660 (XXV) sulla *denuclearizzazione del fondo marino*; della Ris. n. 2626 (XXV) dell'Assemblea generale delle Nazioni Unite del 24 ottobre 1970 relativa al *secondo decennio delle Nazioni Unite per lo sviluppo.* A tal proposito Michel Virally ha giustamente notato che tale tipo di risoluzioni devono considerarsi veri e propri "accordi in forma semplificata" in cui è addirittura possibile formulare delle "riserve", come appunto hanno fatto alcuni Stati: fatto che dimostrava la portata vincolante del testo adottato ([17]).

c) *L'esercizio del potere normativo delle organizzazioni internazionali: la spiegazione unilateralista*

28. Un potere proprio. — In linea di principio, le OIG dispongono della capacità di adottare norme di diritto con efficacia vincolante nei confronti dei propri Membri e, a volte, anche dei cittadini di questi ultimi, se queste norme hanno efficacia diretta. È grazie a questo potere proprio che tali OIG saranno in grado di assumere le funzioni di gestione e di amministrazione di "servizi pubblici internazionali" che sono stati loro affidati. Formalmente, questo potere si esercita attraverso due tipi di atti: le decisioni e i regolamenti (e anche le "direttive" nel caso dell'Unione europea).

i. Le "decisioni" delle organizzazioni internazionali

29. Tipologia. — Le "decisioni" possono essere di portata molto differente. Innanzitutto, una decisione è suscettibile di interessare un dato *Stato membro*, come,

---

([17]) Tuttavia, quest'analisi fu contestata da alcuni Stati, come gli Stati Uniti o i Paesi socialisti. V. *AFDI*, 1970, p. 9 ss.

per esempio, la concessione di un aiuto finanziario specifico. Inoltre, una decisione può riguardare una *situazione determinata* o una categoria di Stati chiaramente identificati; è con ciò per esempio che il Fondo Monetario Internazionale ha adottato nel corso degli anni delle "decisioni" che regolano i tassi di cambio multipli o fluttuanti, ovvero delle situazioni riguardanti gli Stati che erano ricorsi a tali tecniche. Infine, il FMI ha adottato delle "decisioni" relative alle condizioni di utilizzo delle risorse da parte dei suoi Membri, regolando così situazioni comuni a tutti gli Stati membri in difficoltà. In questi ultimi due casi — situazione determinata o categoria di Stati interessati — queste "decisioni" costituiscono di fatto dei regolamenti in ragione della loro portata generale.

30. Diritto derivato. — Le "decisioni", che costituiscono a volte l'essenza del *diritto derivato esterno* di un'OIG, assumono una grande importanza teorica e pratica. È così per esempio, che il Fondo Monetario Internazionale ha adottato oltre 8000 "decisioni" a partire dal 1947.

ii. I "regolamenti" delle organizzazioni internazionali

31. — Alcune OIG hanno espressamente ricevuto il potere di adottare dei "regolamenti di portata generale". Ciò è vero per l'Organizzazione metereologica mondiale (OMM) il cui Congresso può "adottare dei regolamenti tecnici relativi alle pratiche e procedure metereologiche" (art. 7.d) o dell'OMS (Organizzazione mondiale della sanità) in cui "l'Assemblea [...] avrà il potere di adottare i regolamenti riguardanti tale misura sanitaria e di quarantena o qualsiasi altra procedura destinata ad impedire la diffusione delle malattie da un Paese all'altro [...]" (art. 21).

Nello stesso senso, e ad ulteriore dimostrazione di quanto detto, si può citare l'esempio dell'Unione europea che ha ricevuto il potere di adottare dei "regolamenti" che godono di una portata obbligatoria diretta nell'ordinamento giuridico interno degli Stati membri. Il regime giuridico dei regolamenti UE, in effetti, si avvicina di molto a quello della legislazione nell'ordinamento interno (art. 288 TFUE).

iii. Gli atti obbligatori

32. Portata obbligatoria per gli Stati membri. — Tali atti producono effetti giuridici obbligatori rispetto agli Stati membri dell'organizzazione interessata; allo stesso modo, se gli atti in questione possiedono i requisiti della diretta applicabilità nell'ordinamento interno, producono effetti nei confronti dei loro cittadini ([18]). Essi possiedono la stessa forza vincolante di tutte le altre norme del diritto internazionale come un trattato o una consuetudine, per esempio. Questo *diritto derivato delle organizzazioni internazionali ad efficacia esterna* appare così, *mutatis mutandis*, come una *forma di legislazione internazionale* tanto in ragione della sua portata quanto del suo modo di elaborazione. Va sottolineato, a tale proposito, che gli atti unilaterali delle OIG sono, molto spesso, adottati *non all'unanimità* ma *a maggioranza degli Stati membri*. Senza dubbio, si tratta di maggioranze elevate, qualificate (due terzi, tre quarti), ma a volte stabilite in maniera ponderata; nel caso in particolare delle *organizzazioni internazionali a vocazione economica*, un numero di Stati quantitati-

---

([18]) V. *infra* Cap. XVII.

vamente poco numeroso (da 30 a 40) ha anche la capacità di far adottare degli atti a portata giuridica obbligatoria per tutti.

33. Efficacia obbligatoria per gli Stati di minoranza. — Tali atti unilaterali sono obbligatori non solo nei confronti degli Stati che hanno votato "a favore", ma anche nei confronti di quelli che si sono astenuti, e soprattutto nei confronti degli Stati che hanno votato "contro". Tale fattispecie — quella degli Stati "in minoranza", che, in seno a certe organizzazioni internazionali economiche, subiscono l'imposizione di obblighi da parte degli Stati che ne possiedono la maggioranza, — va ricollegata agli sviluppi recenti relativi agli *effetti dei trattati nei confronti di terzi.* Siamo dunque in presenza di una *nuova eccezione al principio del consensualismo nell'ordinamento giuridico internazionale: vi è qui un altro esempio secondo il quale il diritto internazionale contemporaneo non è (o non è più) solamente il prodotto della volontà degli Stati* che possono vedersi imporre degli obblighi al di là e a volte anche contro il loro consenso.

Senza dubbio, in questa situazione, gli Stati in "minoranza" hanno a volte la possibilità di formulare delle "riserve" o di non applicare questo o quel regolamento che sia per loro inaccettabile. Ma, perché sia data loro questa opportunità, è necessario che sia stata prevista dall'accordo istitutivo di una data OIG. Questo è il caso dell'art. 107 del Regolamento sanitario internazionale dell'OMS: pur se gli Stati membri possono formulare delle riserve, queste devono essere considerate "accettabili" dall'Assemblea mondiale della sanità (cioè degli Stati membri). In altri termini, se l'OMS rigetta la riserva presentata da uno degli Stati membri al regolamento sanitario, questo dovrà rispettarlo ed eseguirlo nella sua interezza. Allo stesso modo, l'art. 38 della Carta costitutiva dell'OACI prevede delle possibilità di adottare delle norme nazionali in deroga a quelle stabilite dall'organizzazione, ma sempre sotto il controllo dell'Assemblea generale.

Altre volte, gli Stati "in minoranza", nel caso in cui non sia possibile formulare alcuna riserva, possono ***recedere dall'OIG*** al fine di non essere assoggettati a dei nuovi obblighi per loro inaccettabili. Tuttavia, tale espediente che per sua natura dà la possibilità di preservare la sovranità statale non è sempre previsto: così, all'interno della UE, gli Stati membri non sono abilitati, in via generale, a formulare alcuna "riserva" ai regolamenti ed alle direttive UE, e fino a poco tempo fa si dubitava perfino che potessero recedere dall'organizzazione (tuttavia, su quest'ultimo punto, il Trattato di Lisbona del 2009 ha modificato la situazione precedente riconoscendo esplicitamente agli Stati membri dell'UE un diritto di recesso che essi possono esercitare in virtù dell'art. 50 TUE) (19).

iv. Il controllo dell'applicazione degli atti unilaterali delle OIG

34. Il controllo non-giurisdizionale. — Le OIG dispongono di mezzi diversi al fine di assicurare il rispetto del diritto derivato che emanano (20). Evidentemente uno strumento di controllo particolarmente efficace è quello previsto, in materia finanziaria, per le organizzazioni internazionali come il FMI, la Banca mondiale o le banche

---

(19) Oltre alle opere manualistiche di diritto UE in argomento v. F. Fabbrini, *Brexit*, Bologna, Il Mulino, 2020.

(20) V. *infra* Cap. XXI.

regionali di sviluppo la cui missione è quella di assistere gli Stati membri in difficoltà economica. Per le altre organizzazioni, la minaccia di sanzioni di tipo disciplinare — vale a dire la sospensione di certi vantaggi come il diritto di voto o addirittura l'espulsione di uno Stato membro da un'OIG — è considerata un mezzo sufficiente per assicurare il rispetto delle norme internazionalmente poste. Tali possibilità sono previste, per esempio, all'art. 62 della Carta costitutiva dell'OMS o all'art. 31 della Convenzione relativa all'OMM.

35. Un controllo giurisdizionale abbastanza raro. — In casi tutto sommato eccezionali, tale controllo può essere di tipo giurisdizionale. Ciò accade ad es. nella UE tramite la Corte di giustizia dell'Unione europea: lo Stato che non rispetta il diritto UE a carattere obbligatorio, sia esso "originario" oppure "derivato", può essere citato a giudizio dinanzi alla Corte di giustizia ed essere condannato per tali motivi; ciò capita abbastanza frequentemente per iniziativa della Commissione in quanto custode dei Trattati (cfr. artt. 258-260 TFUE).

2. — Il potere normativo esterno delle organizzazioni internazionali nei confronti degli Stati terzi

36. — Il fatto che un'OIG possa utilizzare il suo potere normativo nei confronti di Stati che non sono membri dell'ente può porsi in antitesi col *principio consensualistico*, secondo il quale gli Stati risultano vincolati soltanto a seguito di una libera manifestazione della loro volontà.

37. Piano espositivo. — È lecito qui identificare due tipi di situazioni in cui gli atti unilaterali di un'OIG si applicano a Stati terzi, a prescindere dal loro consenso. Questo può accadere se un'OIG gestisce uno "spazio internazionale". La seconda ipotesi, più limitata, riguarda le attività dell'ONU nel contesto della sua missione globale di mantenimento della pace e della sicurezza internazionale.

a) *La gestione dei regimi "oggettivi" degli spazi internazionali da parte di organizzazioni internazionali*

38. — Esistono alcuni casi — a dire il vero poco numerosi — in cui si costituiscono delle OIG per gestire "uno spazio internazionale determinato". Ci riferiamo ad esempio agli Statuti dei "fiumi internazionali", alcune delle quali hanno più di un secolo di vita (ad es. quelle del Reno e del Danubio) e che hanno creato delle "Commissioni fluviali internazionali" investite di ampi poteri amministrativi e di regolazione. La "regolamentazione" adottata da tali "Commissioni fluviali" si applica a tutti gli utilizzatori, appartenenti o meno agli Stati che sono Parti contraenti di tali regimi convenzionale.

Nello stesso senso, si possono citare gli esempi dell'OACI/ICAO o dell'Organizzazione marittima internazionale (OMI/IMO) incaricati di amministrare nell'interesse della comunità internazionale certi spazi marittimi o aerei e che esercitano questa missione attraverso un potere di regolazione che si impone a tutti, inclusi gli Stati terzi.

In questa categoria rientrano anche le Commissioni della pesca, vere e proprie organizzazioni internazionali create mediante trattato ([21]); molte di queste possiedono il potere normativo che esercitano a maggioranza dei membri e che si impone ugualmente ai terzi poiché la loro missione è quella di assicurare una "gestione oggettiva" delle risorse del mare conciliando uno sfruttamento ottimale con la conservazione delle specie (la *Commissione baleniera internazionale*, per esempio).

b) ***L'attività "oggettiva" dell'ONU***

39. L'attuazione del Capitolo VII. — Come ha indicato la CIG nel parere consultivo del 1949 sul **caso *Bernadotte***, l'ONU beneficia di una "personalità internazionale oggettiva" che si impone a tutti gli Stati, che essi abbiano accettato o meno la Carta di San Francisco. Tuttavia, se l'esistenza di un'organizzazione come l'ONU è *opponibile agli Stati che non ne sono membri*, ciò non vuol dire tuttavia che lo stesso valga per le *sue attività*. Infatti, una cosa è dire che l'esistenza dell'ONU in quanto ente si impone a tutti in ragione della sua personalità internazionale oggettiva e un'altra cosa è dire che quella stessa istituzione dispone di un *potere normativo internazionale* di carattere "oggettivo" che, in quanto tale, vincola tutti gli Stati.

L'ONU — e più precisamente il Consiglio di Sicurezza — non è stato espressamente investito di tale competenza se non nel contesto dell'attuazione delle disposizioni del Capo VII relative al mantenimento della pace allorché delle sanzioni economiche e militari vengano decise tramite apposite risoluzioni. Ma al di là di questo caso particolare, è possibile che l'ONU possieda una tale competenza? La CIG ha esaminato tale questione nel suo parere consultivo sulla *Questione della Namibia* del 1971.

40. Il suo possibile superamento: il parere consultivo sulla Namibia del 1971. — Nel caso della Namibia, la Corte si è pronunciata per quanto riguarda la posizione degli Stati non membri dell'ONU: "[p]er quanto riguarda gli Stati terzi, anche se questi Stati non sono vincolati dagli articoli 24 e 25 della Carta, i paragrafi 2 e 5 della risoluzione n. 276 (1970) invitano loro a unirsi all'azione delle Nazioni Unite relativa alla Namibia". A parere della Corte, la fine del mandato e la dichiarazione di illegittimità della presenza del Sudafrica in Namibia sono vincolanti per tutti gli Stati, in quanto rendono illegale *erga omnes* una situazione che continua in violazione del diritto internazionale. In particolare, nessuno Stato che stabilisca delle relazioni con il Sudafrica a proposito della Namibia può aspettarsi che l'Organizzazione delle Nazioni Unite o gli Stati membri riconoscano la validità o gli effetti di queste relazioni o le conseguenze che ne derivano. Dal momento in cui si pose fine "al mandato con decisione dell'organizzazione internazionale che esercitava un potere di sorveglianza e che il mantenimento della presenza sudafricana in Namibia è stato dichiarato illegale, spetta agli Stati non membri agire conformemente a tali decisioni" (§ 126).

41. Un potere limitato al mantenimento della sicurezza collettiva. — Sarebbe improprio limitarsi ad un'interpretazione affrettata della posizione della Corte in materia. Secondo noi, è errato concludere che tutte le *attività* normative dell'ONU si impongono all'insieme della Comunità internazionale, sia agli Stati membri sia agli Stati che non ne sono membri. In effetti, solo la "regolazione" internazionale vincolante adottata dall'ONU in materia di mantenimento della pace e della sicurezza

---

([21]) V. J. Beer-Gabel, V. Lestang, *Les commissions de pêches et leur droit*, Bruxelles, Bruylant, 2003.

internazionale potrebbe essere considerata come "oggettiva" e dunque opponibile agli Stati non membri. Tale interpretazione sembra conforme alla filosofia della Carta, in particolare all'art. 2, par. 6 e all'art. 35, par. 2, che conferiscono ad uno Stato terzo il diritto di rivolgersi agli organi dell'ONU ai fini del regolamento pacifico delle controversie. *Nella misura in cui la pace è indivisibile e la sicurezza internazionale è "collettiva"*, è chiaro che l'appartenenza o meno all'ONU di uno Stato non dovrebbe pregiudicare l'attività dell'ONU su materie vitali, dei veri e propri beni comuni per la sopravvivenza dell'umanità.

42. — Resta tuttavia una domanda importante cui il parere della CIG del 1971 non ha dato risposta. Cosa si deve intendere per "misure necessarie al mantenimento della pace e della sicurezza internazionale"? Il mantenimento della presenza sudafricana in Namibia metteva in pericolo la pace mondiale e giustificava quindi una "decisione" del Consiglio di sicurezza che vi ponesse fine e che fosse rivestita di una portata obbligatoria *erga omnes*? È lecito dubitarne.

Sezione II
Gli atti unilaterali delle organizzazioni internazionali quale fonte indiretta del diritto internazionale

43. Situazione di diritto comune. — La grande maggioranza delle "Risoluzioni" (senza parlare delle "Raccomandazioni") adottate dalle OIG costituiscono una fonte indiretta del diritto internazionale, pur se prive di forza vincolante.

44. Piano espositivo. — Nell'elaborazione del diritto internazionale le risoluzioni delle OIG svolgono indirettamente due importanti funzioni; da un lato, esse contribuiscono alla "creazione accelerata" di norme consuetudinarie (§ 1); dall'altro lato, costituiscono talvolta dei "programmi d'azione" che indicano l'orientamento futuro e probabile del diritto internazionale (§ 2).

§ 1. — *Le risoluzioni delle organizzazioni internazionali come fattori della formazione accelerata della consuetudine*

1. — L'accelerazione del processo consuetudinario in ragione della presenza delle organizzazioni internazionali

45. — Ci limiteremo qui ad alcune osservazioni di carattere generale in quanto le consuetudini saranno discusse più in dettaglio nell'apposito capitolo (Cap. X).

46. Elementi costitutivi della consuetudine. — La consuetudine possiede due elementi costitutivi che possono essere così riassunti: da un lato, la ripetizione continua (la *consuetudo*), dall'altro, il riconoscimento del carattere obbligatorio di quel comportamento (l'*opinio juris*). Tradizionalmente, la consuetudine dipendeva da un processo di formazione del diritto internazionale particolarmente lento e che a volte poteva richiedere dei secoli. Ora, nell'epoca contemporanea, non si può far altro che notare un'accelerazione generale della storia.

47. La dimostrazione agevolata dell'esistenza della consuetudine. — La creazione di consuetudini internazionali non è più legata esclusivamente a comportamenti degli

Stati presi individualmente. Oggi, occorre sempre più spesso fare riferimento all'*attività collettiva* degli Stati all'interno delle OIG, enti in cui opera la "diplomazia multilaterale" o, se si preferisce, una sorta di "diplomazia parlamentare" per riprendere la formula della CIG nella *questione del Sud-Ovest africano* (22). A tale proposito, il quadro istituzionale dell'OIG svolge due funzioni riguardanti la creazione della regola consuetudinaria. Da un lato, la sua nascita è facilitata dall'esistenza di **risoluzioni** (o altri atti unilaterali) che sono suscettibili di ***riconoscerne l'esistenza***. Con ciò, le risoluzioni delle OIG possono formulare delle regole "dichiarative del diritto internazionale consuetudinario" come indica la CIG, per esempio, nel caso *dei Grandi Laghi* (sentenza del 19 dicembre 2005 tra la Repubblica democratica del Congo e dell'Uganda): nella fattispecie, la Corte ritiene che tale fosse il caso della Ris. 2625 (XXV) dell'Assemblea Generale delle Nazioni Unite del 24 ottobre 1970 sulle "relazioni amichevoli fra gli Stati" nella quale viene impedito ad uno Stato di fomentare o organizzare degli atti di guerra civile o di terrorismo sul territorio di altri Stati (§ 162). In questo stesso caso, la Corte fece un'analisi identica della Ris. 1803 (XVII) dell'Assemblea Generale delle Nazioni Unite del 14 dicembre 1962 affermando il principio della "sovranità permanente [degli Stati] sulle risorse naturali" (§ 224). D'altra parte, la ***prova dell'esistenza*** **di un'eventuale consuetudine** è agevolata nella misura in cui la prassi degli Stati membri appaia chiaramente: basta consultare i processi verbali delle riunioni per vedere qual è la posizione degli Stati membri su una determinata regola, il loro grado di accettazione, le loro riserve.

48. Un fenomeno di accelerazione della storia. — I nuovi modelli di elaborazione del diritto all'interno delle OIG sono legati al mutamento della vita di relazione internazionale e non possono non influenzare il processo di formazione della consuetudine. La CIG ha ammesso del resto tale "accelerazione" nella sua sentenza del 1969 sulla *piattaforma continentale del Mare del Nord*. Dinanzi a tale fenomeno, in dottrina alcuni studiosi hanno ritenuto di poter parlare di "consuetudine selvaggia" (R.J. Dupuy) o di "consuetudine istantanea".

Delle "risoluzioni" ripetute, non ambigue, adottate dagli Stati più rappresentativi a larghissima maggioranza, rispettate dagli Stati nella loro prassi successiva, contribuiscono a provare l'esistenza di una regola consuetudinaria, se non addirittura a crearla.

2. — Qualche esempio di "consuetudine" favorita dalle risoluzioni delle organizzazioni internazionali

49. L'autodeterminazione dei popoli. — Alcune celebri risoluzioni dell'Assemblea Generale dell'ONU hanno contribuito a precisare alcune regole consuetudinarie, oppure a crearle. Se ne possono citare molti esempi. Così, la Ris. n. 1514 del 1960 relativa alla concessione dell'indipendenza ai Paesi e ai popoli coloniali ha precisato la portata del principio di autodeterminazione dei popoli e della sua applicazione nelle relazioni coloniali, le sole qui contemplate. Oggi, la "colonizzazione" è divenuta un istituto illegale nel diritto internazionale, dopo essere stata legale fino a quel momento, almeno a titolo consuetudinario.

---

(22) CIG, 18 luglio 1966, *Statuto giuridico del Sud Ovest Africano*, in *Rec.*, p. 346.

50. La sovranità economica dello Stato. — Analogamente, la Ris. n. 1803 del 1962 sulla *sovranità permanente sulle risorse naturali e le attività economiche* ha affermato il principio della sovranità economica degli Stati e ne ha precisato la portata, specialmente nei suoi rapporti con gli investimenti esteri.

51. La zona economica esclusiva. — Alcune risoluzioni di organizzazioni internazionali regionali — in particolare africane — adottate negli anni 1970-1972 hanno dato origine all'idea secondo la quale gli Stati costieri dispongono di una giurisdizione economica su uno spazio marittimo di 200 miglia al largo delle loro coste (*infra*, Cap. XV). Nacque così la nozione di "zona economica esclusiva" che ha avuto uno straordinario successo. Molto rapidamente, la maggior parte degli Stati marittimi ha adottato delle misure nel loro ordinamento interno (leggi, regolamenti, ecc.) al fine di istituire tali zone economiche esclusive, e questo senza attendere i risultati della Conferenza delle Nazioni Unite sul diritto del mare e la conclusione possibile di un trattato sotto i suoi auspici. In breve, nel giro di qualche anno (5 o 6 al più), la "zona economica esclusiva" è divenuto un istituto giuridico di diritto internazionale consuetudinario.

52. Le preferenze commerciali. — Un altro esempio, tratto dalla prassi dell'UNCTAD, riguarda l'esistenza di *preferenze commerciali* in favore dei Paesi in via di sviluppo. Tale organo sussidiario dell'Assemblea Generale dell'ONU adottò negli anni 1968-1970 delle risoluzioni tramite le quali si stabiliva che le preferenze commerciali generalizzate fossero accordate ai Paesi in via di sviluppo. Perciò, tra il 1971 e il 1975, tutti i Paesi sviluppati, socialisti o capitalisti, adottarono degli schemi nazionali di preferenze in favore dei Paesi in via di sviluppo, applicando più o meno strettamente i principi e le regole stabilite dall'UNCTAD. Alla fine del 1975, grazie alla prassi concertata di tutti gli Stati, era logico arrivare alla conclusione che la concessione delle preferenze commerciali in favore dei Paesi del terzo mondo da parte dei Paesi più sviluppati fosse obbligatoria, in virtù di una regola consuetudinaria in questo senso. Di nuovo, ci si trova in presenza di una norma consuetudinaria che ha impiegato meno di dieci anni per ricevere tale qualificazione. Inoltre, è necessario notare che il principio del trattamento preferenziale negli scambi commerciali in favore dei Paesi in via di sviluppo si trovava formalmente consacrato dalla prassi delle Parti contraenti del GATT alla conclusione del "Tokio Round" nel 1979: venne inserito nel testo dell'*Accordo generale* (GATT) a titolo di obbligo convenzionale dei paesi membri e poi venne ripreso nel quadro dell'OMC/WTO ([23]). Ma tali norme conservano la loro natura consuetudinaria nei confronti degli Stati non membri del GATT di ieri, e oggi dell'OMC/WTO.

53. Il divieto di discriminazione razziale. — Un altro esempio — a cui già si è accennato — è quello dell'esistenza o meno di una norma consuetudinaria internazionale che *vieti la discriminazione razziale*. La discriminazione razziale è stata, tra l'altro, vietata ripetutamente in diverse risoluzioni di OIG a partire dall'ONU: tali divieti hanno acquisito un valore di diritto positivo cosicché una situazione di discriminazione razziale interna (ovvero prevalente in un determinato Stato) costituisce *per se* una violazione del diritto internazionale? Il giudice giapponese Tanaka, nella

---

([23]) V. D. Carreau e P. Juillard, *Droit international économique*, cit., n. 673 e ss.

questione del Sud-Ovest africano del 1966 ([24]), ha indicato che la ripetizione delle risoluzioni adottate dalle Nazioni Unite in materia aveva dato vita a una norma consuetudinaria. Nello stesso senso, va osservato che la CIG, nel suo parere consultivo del 1971 relativo alla *Namibia*, considerò che la politica di discriminazione razziale (l'"apartheid"), condotta dal Sudafrica, costituiva per uno Stato membro dell'ONU una violazione dei propri obblighi convenzionali a titolo della Carta (§ 129-131).

§ 2. — *Le risoluzioni delle organizzazioni internazionali come diritto "programmatico"*

54. La *lex ferenda.* — Da quanto detto sopra, si trae agevolmente la conclusione secondo la quale le risoluzioni adottate oggi — soprattutto quelle dell'Assemblea generale dell'ONU — hanno quale peculiare effetto quello di gettare le basi della "legalità internazionale" di domani *introducendo una serie di idee, valori e principi* che potranno tradursi in norme di diritto internazionale positivo attraverso fonti a carattere vincolante. In altri termini, la loro natura è *de lege ferenda* e non *de lege lata.* Se le Risoluzioni possono prefigurare il "diritto internazionale di domani" come indicato dagli esempi precedenti (in particolare con riferimento al principio di non reciprocità o quello delle preferenze commerciali a favore dei paesi in via di sviluppo), è evidente che, nell'immediato, quelle medesime risoluzioni non possono costituire una deroga al diritto positivo vigente.

1. — Le risoluzioni che propongono un diritto programmatico

55. — Alcune risoluzioni hanno la fortuna di essere adottate da maggioranze schiaccianti all'interno di OIG come l'ONU o di istituzioni come l'UNCTAD, in cui vale pienamente il principio "uno Stato un voto" e che si trovano, di fatto, controllate dagli Stati del terzo mondo. Tali maggioranze, qualificate da alcuni analisti come "automatiche", sempre più spesso tendono ad utilizzare il loro vantaggio numerico per avanzare dei principi o delle misure finalizzate a rimediare al disequilibrio delle relazioni internazionali fondate sulla potenza militare ed economica di un piccolo numero di Stati. Esse tendono a promuovere un nuovo diritto internazionale diseguale, compensativo, destinato a difendere i più poveri contro gli abusi dei più forti. Questo fenomeno è particolarmente accentuato nell'ambito delle relazioni economiche internazionali a proposito di quello che è stato denominato, in un recente passato, il *nuovo ordine economico internazionale.* In un altro contesto, quello delle organizzazioni economiche internazionali dominate dai Paesi più sviluppati, vengono elaborati dei ***codici di condotta*** non vincolanti ma spesso "precursori" di *future norme di diritto internazionale positivo* al fine d'incoraggiare gli Stati membri ad adottare delle norme di diritto interno. Quale esempio di un siffatto modo di creazione del diritto internazionale è possibile citare le *linee guida dell'OCSE sulle imprese multinazionali* adottate nel 1976 e da allora regolarmente riviste ed aggiornate; o ancora le *regole di prudenza e solvibilità bancarie* (quale il celebre "ratio Cooke") elaborate progressivamente in seno alla Banca dei Regolamenti Internazionali di Basilea fino a diventare

---

([24]) *Rec.*, p. 291-293.

una sorta di *lex communis* a titolo di "migliori pratiche" del settore bancario (*best practices*) ([25]).

2. — Le risoluzioni che non impediscono il "mantenimento provvisorio" del diritto esistente

56. L'esempio delle nazionalizzazioni. — Talune Risoluzioni dell'Assemblea Generale dell'ONU contengono alcuni elementi che formano oggetto di contestazione in ragione della loro novità. Come tali, non hanno la forza di modificare il diritto positivo esistente, perlomeno in un primo momento. Il lodo arbitrale reso nel 1977 da Réné-Jean Dupuy, nel caso più volte citato *Texaco c. Calasiatic*, evidenzia il metodo da seguire per tali fattispecie. In questo caso, l'arbitro esaminava in particolare l'ambito di applicazione di diverse risoluzioni ONU relative a quello che, all'epoca, era comunemente qualificato come un "nuovo ordine economico internazionale" ([26]); in seguito ad un'analisi approfondita in linea con quanto indicato dalla CIG nel caso *della Namibia* (competenza dell'Assemblea Generale, condizioni di voto, maggioranza, prassi successiva degli Stati), il professor Dupuy giunse alla conclusione che alcune regole disposte dalla "Carta dei diritti e dei doveri economici degli Stati", adottata nel 1974, e in particolare le invocate disposizioni di cui all'art. 2 relative al *diritto delle nazionalizzazioni*, dovevano essere considerate alla stregua di "una dichiarazione di carattere politico piuttosto che giuridico, rientrante nella strategia ideologica dello sviluppo e, come tale, sostenuta dai soli Stati non industrializzati" (§ 88-89). In altri termini, l'arbitro dichiarò che tale risoluzione dell'Assemblea generale dell'ONU, nel caso di specie, aveva un valore *de lege ferenda* ma non *de lege lata*, e, come tale, non poteva derogare il diritto positivo vigente.

57. — L'analisi di cui sopra lascia aperta la questione dei modi di evoluzione del diritto internazionale. Per riprendere l'esempio delle nazionalizzazioni, alla fine degli anni Settanta del secolo scorso, alcuni auspicavano che il diritto internazionale evolvesse nel senso desiderato da quella maggioranza di Stati che era riuscita a far adottare, all'Assemblea generale dell'ONU, la "Carta dei diritti e doveri economici degli Stati". Tuttavia, con il senno di poi, è evidente che tale evoluzione non si è verificata ([27]).

---

(25) V. *infra*, Cap. IX.

(26) V., in particolare, i parr. da 80 a 91 del lodo.

(27) V. D. Carreau, P. Juillard, R. Bismuth, A. Hamann, *Droit international économique*, 6 ed., cit., p. 549 ss..

Capitolo IX
GLI ATTI UNILATERALI TRANSNAZIONALI

Bibliografia sommaria: F. Marrella, *La nuova lex mercatoria. Principi Unidroit e usi dei contratti del commercio internazionale*, Padova, Cedam, 2003; Id., *Manuale di diritto del commercio internazionale*, 2 ed., Padova, Cedam, 2020; F. Latty, *La lex sportiva, Recherche sur le droit transnational*, M. Nijhoff, Leiden, 2007; E. Greppi, M. Vellano (a cura di), *Diritto internazionale dello sport*, 2ª ed., Torino, Giappichelli, 2010; D. Carreau, « Mondialisation et transnationalisation du droit international », *Ann. Brés. Droit Int.*, 2012, p. 119 ss.; R. Bismuth, *La coopération internationale des autorités de régulation du secteur financier et le droit international public*, Bruxelles, Bruylant, 2011; A. Principe (a cura di), *Le agenzie di rating*, Milano, Giuffrè, 2014; R. Bismuth (dir.), *La standardisation internationale privée — Aspects juridiques*, pref. J.-M. Thouvenin, Bruxelles, Larcier, 2014; S. Gadinis, « Three pathways to global standards, private regulators and Ministry networks », *AJIL*, 2015, p. 1 ss.; D. Carreau, P. Juillard, R. Bismuth, A. Hamann, *Droit international économique*, *op. cit.*, p. 396 ss..

1. Mondializzazione e formazione del diritto. — La mondializzazione della cultura, della tecnica e dell'economia — tratti caratteristici della nostra epoca — hanno modificato sia l'elenco delle fonti effettive di produzione del diritto internazionale, sia i rapporti tra il diritto internazionale e gli ordinamenti giuridici statali. Gli attori di questo mutamento epocale condividono la medesima natura di "enti non statali" (*non State actors of International Law*): si tratta infatti di organizzazioni non governative (ONG), di imprese multinazionali o ancora di "articolazioni" di organizzazioni intergovernative. Tali attori transnazionali contribuiscono alla creazione delle regole transnazionali del diritto internazionale.

2. L'unilateralismo. — Tradizionalmente, l'unilateralismo viene associato all'attività dello Stato o a quella delle organizzazioni intergovernative. Affermazione, questa, corretta con riferimento al passato ma non più esatta nel nostro tempo. Oggi, gli attori transnazionali si collocano sempre più spesso all'origine di atti unilaterali che generano regole specifiche per le operazioni transnazionali (Sezione I). Tali atti unilaterali — almeno sul piano del loro contenuto normativo — costituiscono una fonte particolarmente significativa ed in piena espansione non solo al livello del diritto internazionale ma anche a quello del diritto interno (Sezione II).

Sezione I
Una fonte del diritto internazionale — transnazionale

§ 1. — *Caratteri generali*

3. Piano espositivo. — In primo luogo, è opportuno precisare che gli attori transnazionali non operano *in vacuo juris*: essi devono rispettare le norme vincolanti poste dal diritto internazionale-interstatale (1). In secondo luogo, le fonti di cui si tratta in questo capitolo riguardano solo gli operatori di un dato settore, seppure si tratti di attori che operano su scala mondiale (2). In terzo luogo, parleremo delle fonti di tale "diritto professionale transnazionale" (3); da ultimo, si noterà come le norme in questione siano spesso munite di sanzioni (4).

1. — Il rispetto delle norme interstatali dell'ordinamento internazionale

4. Una struttura gerarchica. — Per quanto imperfetto possa essere, l'ordinamento giuridico internazionale pone delle regole che devono essere rispettate da tutti i suoi soggetti. Al vertice dell'ordinamento, lo ricordiamo, esistono delle "norme imperative" (*jus cogens*) alle quali è proibito derogare. Così, ad esempio, le organizzazioni sportive internazionali (*rectius* transnazionali) non possono adottare delle regole basate sulla discriminazione razziale o sul mancato rispetto dei diritti umani ([1]).

5. — Ad un livello inferiore, simili considerazioni valgono anche in presenza di norme poste attraverso trattati e consuetudini. Così, l'*International Air Transport Association* (**IATA**) fissa le norme applicabili alla logistica del trasporto aereo, ma lo fa rispettando le norme (generali o speciali) contenute nei trattati tra Stati, sia multilaterali (**ICAO**) sia bilaterali. Ancora: quando la Camera di Commercio Internazionale (**CCI/ICC**) elabora un "regolamento di arbitrato", quest'ultimo deve essere conforme a quei principi generali di diritto processuale che sono l'uguaglianza delle parti e il rispetto del contraddittorio e per quanto espressione della *lex mercatoria processualis*, non viene di certo concepito per essere in aperto contrasto con le norme imperative universalmente applicabili in materia di diritti umani ed in vigore nella *lex situs arbitri* dei vari Stati. Per concludere queste brevi osservazioni, basti citare la famosa **sentenza *Bosman*** della Corte di Giustizia UE, la quale ricorda che il diritto sportivo — per quanto sia internazionale — viene regolato dal diritto UE nei suoi aspetti fondamentali, quali il rispetto della libera concorrenza e della libera circolazione dei lavoratori, ossia norme di applicazione necessaria di fonte UE ([2]).

2. — Un'applicazione indifferenziata *ratione personae*

6. — Senza dubbio tali atti unilaterali transnazionali riguardano solo gli operatori di un dato settore e non producono effetti nei confronti dei terzi. La realtà è, però, più complessa, ed un esempio rappresentativo viene offerto dal c.d. "**movimento olimpico**": se è vero che le regole olimpiche si applicano principalmente agli sportivi considerati *uti singuli*, oltre che alle federazioni sportive alle quali appartengono, è altrettanto vero che tali norme influenzano pesantemente anche l'azione degli Stati, sia direttamente (nel caso in cui vogliano organizzare questo tipo di manifestazioni sportive), sia indirettamente (se vogliono che i loro atleti partecipino a dette manifestazioni sportive) ([3]).

Un secondo esempio notevole è offerto, spostandoci nel settore specifico della finanza internazionale, con riferimento alle **Agenzie di *rating***, come ad esempio *Moody's*, *Standard & Poors* e *Fitch*. Tali enti privati — ma perché mai hanno tutti sede

---

(1) In argomento, v. F. LATTY *Lex sportiva*, cit., pp. 652-695.

(2) Corte di giustizia UE, 15 dicembre 1995, C-415/93, *Racc.*, I-4921.

(3) V. F. LATTY, *Lex Sportiva*, cit., pp. 584-601. Al riguardo, appare utile osservare che, grazie all'iniziativa diplomatica italiana, il 19 ottobre 2009 il Comitato Internazionale Olimpico (CIO) ha ottenuto lo *status* di osservatore all'Assemblea Generale dell'ONU.

negli Stati Uniti? — valutano alla stessa stregua la "firma" delle imprese private e quella degli Stati o delle OIG e negli ultimi anni, tali enti sembrano fare il bello e il cattivo tempo in economia. Sulle riviste economiche si legge spesso che una certa agenzia di *rating* ha tagliato le stime sull'*outlook* o ha rivisto al ribasso il *rating* sul debito di un Paese al pari di quello di un qualsiasi istituto bancario o altra impresa commerciale. A tal fine, l'agenzia di *rating*, dopo un esame del bilancio e degli altri dati finanziari disponibili di un ente, stabilisce se il debito di quell'ente (impresa privata o Stato) è "sostenibile" oppure se c'è un rischio insolvenza. In esito a tali analisi l'agenzia di *rating* assegna un voto (per l'appunto il "rating") su una scala che generalmente va da AAA (giudizio di massima affidabilità creditizia) a D (per *default*). L'impatto di tali "giudizi" sul mercato del debito degli Stati è immediato e tangibile in termini di *effettività* e di condizionamento della politica economica di ciascuno Stato, come si è visto in tempi recenti in Italia.

Un terzo esempio illustrativo è costituito dalle c.d. ***norme ISO***, ossia degli standard elaborati in forma di *norme tecniche* da tale ONG (l'ISO, su cui si dirà a breve) e che, come tali, sono indirizzati sia ai privati che agli Stati. Nell'adottare tali "norme" o "regole d'arte" — e se ne contano 19500 —, i privati sanno che qualora un prodotto o un servizio sia conforme agli standard ISO ci si può attendere che quel prodotto o servizio sia sicuro, affidabile e di buona qualità, anche con riferimento alla tutela dell'ambiente, dei diritti sociali e della salute degli individui. Per i Governi, seguire le linee guide dell'ISO significa emanare delle normative nazionali che, essendo promosse dalla tecnocrazia per essere internazionalmente uniformi, facilitano il commercio di beni e servizi a livello internazionale. Non stupisce dunque che in seno all'OMC/WTO, nell'accordo sugli ostacoli tecnici al commercio, gli Stati membri abbiano richiamato i regolamenti tecnici ed gli standard elaborati da "organismi riconosciuti" a livello nazionale ed internazionale giacché quantunque l'osservanza di tali regole non sia obbligatoria non v'è dubbio che "grazie all'autorevolezza dell'organismo di provenienza, costituiscono dei parametri di riferimento spontaneamente adottati sia dai produttori sia dalle pubbliche amministrazioni, come anche delle compagnie di assicurazione, che spesso si rifiutano di stipulare polizze assicurative in relazione a prodotti che non si conformino a tali parametri" ([4]).

3. — Un diritto professionale

7. — Gli atti unilaterali transnazionali possiedono una caratteristica comune: la loro specializzazione funzionale. Essi costituiscono infatti una *lex specialis* parallela agli atti unilaterali delle organizzazioni intergovernative. Tale fenomeno non deve sorprendere in quanto il diritto interno già conosce il diritto professionale; così, ad esempio, in Italia, numerose professioni sono regolamentate — dagli avvocati ai dottori commercialisti e agli esperti contabili, agli ingegneri, agli architetti e così via — ed organizzate (certamente con gradi diversi di organizzazione), sicché queste "producono" diritto professionale applicabile ai loro membri.

([4]) V. P. Picone, A. Ligustro, *Diritto dell'Organizzazione mondiale del commercio*, Padova, Cedam, 2002, p. 202. Nello stesso senso v. A. Comba, *Il neoliberismo internazionale*, Milano, Giuffrè, 1995, p. 178 e D. Carreau, P. Juillard, R. Bismuth, A. Hamann, *Droit international économique*, op. cit., p. 396 ss..

4. — Le sanzioni

8. — Gli atti unilaterali transnazionali, pur mancando di veri e propri procedimenti di attuazione coattiva, sono spesso dotati di una larga gamma di sanzioni di natura morale, professionale o finanziaria. Va però sottolineato che la sanzione più efficace è l'*esclusione* (la versione laica della "*scomunica*" nel mondo dei credenti) del trasgressore dalla cerchia degli attori professionali del settore (si pensi alla radiazione dall'albo professionale).

9. — L'efficacia di quest'ultima sanzione è reale e non necessita di dimostrazioni: la sua semplice minaccia è sufficiente nella maggior parte dei casi ad assicurare il rispetto delle norme di cui si parla. Basti, tra gli altri, un esempio tratto dal mondo sportivo: in seguito agli insuccessi della squadra di calcio francese in occasione della coppa del mondo in Sudafrica nel 2010, il Ministro dello sport chiese le dimissioni del Presidente della Federazione Francese di Calcio (F.F.F.), per vedersi poi immediatamente "richiamato all'ordine" dalla Federazione internazionale interessata, la quale non mancò di insistere sul necessario rispetto delle regole internazionali fondamentali, vale a dire quella dell'indipendenza dello sport dal mondo politico. L'avvertimento venne recepito.

§ 2. — *Principali manifestazioni del diritto transnazionale*

10. Piano espositivo. — Dapprima tali fenomeni si sono manifestati al di fuori del settore economico (1), per poi espandersi al suo interno (2).

1. — Nel mondo non-economico

11. Mondo religioso. — Il *diritto internazionale-transnazionale* si è sviluppato tradizionalmente in ambito religioso e, nel corso dei secoli, si è integrato col diritto internazionale-interstatale, fino ad essere confuso con esso dai teologi del Medioevo che insegnavano anche il diritto internazionale (*supra*, Cap. 1). Basti pensare al ***diritto canonico*** della Chiesa Cattolica ancor oggi vigente ([5]5). Qui, gli "atti unilaterali" emanati dal Papa, sotto forma di "encicliche" o di "bolle", continuano ad esercitare un'influenza universale tanto sulla vita dei credenti quanto sulla condotta degli stessi Stati (o almeno di alcuni di essi), ovunque essi si trovino. Ma il diritto canonico, in quanto ordinamento giuridico transnazionale ed universale della Chiesa cattolica si contrappone al diritto ecclesiastico ([6]5), in quanto quest'ultimo designa solo il ramo del diritto dello Stato inteso a regolare la vita giuridica delle confessioni religiose nel proprio territorio.

12. Mondo politico e sindacale. — Rilevante ai fini della trattazione risulta essere anche il movimento sviluppatosi alla fine del XIX secolo, con la creazione di "internazionali" comprendenti i partiti politici e i sindacati operai e dei datori di lavoro. Gli atti unilaterali adottati dagli organi dirigenti transnazionali prendono

---

([5]) V. ad es. G. Feliciani, *Le basi del diritto canonico*, Bologna, Il Mulino, 2011.

([6]) V. per tutti: C. Cardia, *Principi di diritto ecclesiastico. Tradizione europea e legislazione italiana*, 5 ed., Torino, Giappichelli, 2019 ss.

allora la forma di "programmi comuni" o di "principi direttivi", spettando poi agli organismi locali il compito di attuarli.

13. Mondo sportivo. — La ***lex sportiva*** di oggi è ampiamente il frutto di organizzazioni transnazionali (le federazioni internazionali e il movimento olimpico) che operano attraverso atti unilaterali adottati in applicazione delle loro norme statutarie, le quali devono essere rispettate da tutti i destinatari ([7]).

2. — Nel mondo economico

14. La connivenza degli Stati. — Il principale settore di applicazione degli atti unilaterali è, oggi, quello economico. Da più di mezzo secolo gli Stati hanno liberalizzato gli scambi internazionali riconoscendo una sempre più ampia autonomia contrattuale agli operatori economici: basti riferirsi alla diffusione globale dei modelli contrattuali internazionalmente uniformi, e all'evoluzione legislativa a livello statuale in materia internazionalprivatistica circa la scelta del diritto applicabile alle obbligazioni contrattuali. Pertanto, il potere di creazione del diritto degli attori transnazionali si è sviluppato con la "connivenza" degli Stati e non contro di essi. *Laissez faire, laissez passer*! Gli Stati hanno rapidamente compreso tutti i vantaggi e i benefici che potevano ricavare da un approccio flessibile e benevolente rispetto ad una regolazione delle operazioni economiche internazionale proveniente dai professionisti interessati.

15. I trasporti internazionali. — Il fenomeno di regolazione privata nel settore dei trasporti internazionali ha avuto origine molto tempo fa, all'epoca dell'antica *lex mercatoria*, in ambito di trasporto marittimo: si pensi alle **regole di York e Anversa**, di origine astatuale, che governano ancor oggi il settore estremamente sensibile delle avarie comuni. Oggi sono gestite da una ONG — il Comitato Marittimo Internazionale — che le aggiorna periodicamente. Sempre nel medesimo settore, e dopo la metà del XIX secolo, sono apparse le "conferenze marittime" tra armatori per organizzare la concorrenza, regolare il trasporto su base geografica. Si può citare anche la IATA, che, dopo la seconda guerra mondiale, ha regolato privatamente il trasporto aereo.

16. Il diritto degli affari. — Anche ai giorni nostri il diritto internazionale degli affari viene largamente plasmato e regolamentato dalle ONG ([8]). È il caso di menzionare il ruolo della già citata CCI/ICC, una ONG con sede a Parigi che da circa un secolo ha potuto intraprendere la "standardizzazione" di certe operazioni di commercio internazionale, dai modelli contrattuali internazionali al **credito documentario** o gli **INCOTERMS**, per non parlare dello sviluppo di un sistema arbitrale (e ADR) di risoluzione delle controversie commerciali internazionali funzionante su scala mondiale e dalla stessa amministrato. Più recentemente ancora, il cuore del diritto societario (a cominciare dalle norme relative alla contabilità o alla "corporate governance"), è stato direttamente ispirato dalle attività delle ONG del settore.

17. Il diritto finanziario. — Infine, il diritto dei mercati finanziari, il diritto bancario e delle assicurazioni dei singoli Stati viene costantemente irrigato e sviluppato tramite atti unilaterali transnazionali provenienti da enti internazionali. Si tratta,

---

([7]) V. F. Latty, *op. cit.*, pp. 47-159; C. Dordi, *Le federazioni sportive internazionali*, in E. Greppi, M. Vellano (a cura di), *Diritto internazionale dello sport*, 2ª ed., Torino, Giappichelli, 2010, p. 71 ss.

([8]) V. F. Marrella, *Manuale di diritto del commercio internazionale*, 2 ed., cit., *passim*.

all'apparenza di semplici "proposte" o "raccomandazioni" o linee guida. Ma dietro a tale facciata si cela un ***potere tecnocratico transnazionale*** male — o affatto — controllato dagli Stati. Basti pensare, tra i tanti esempi, alle "Regole di Basilea" e al potere delle sanzioni di mercato (c.d. *market sanctions*) che fa capo alle agenzie di *rating*. Quanto alle regole bancarie, basti l'esempio per cui le regole sul credito documentario (c.d. *lettera di credito*), il principale strumento di pagamento nel commercio internazionale, sono fissate *urbi et orbi*, direttamente ed unilateralmente, dalla ICC. Negli Stati Uniti, lo Stato di New York ha disposto un rinvio formale tramite l'art. 5 dello UCC, "adattando" così formalmente l'ordinamento interno alle regole transnazionali dei soggetti privati operanti nel settore bancario.

18. Degli atti aventi diversa efficacia. — Per concludere questa sezione, occorre sottolineare che gli atti unilaterali ai quali si è fatto riferimento non vanno collocati sullo stesso piano. Alcuni atti si applicano direttamente nell'ordinamento transnazionale a tutti i partecipanti, chiunque essi siano. Per altri, invece, vale un discorso diverso: pur non applicandosi *erga omnes* — e tale fenomeno costituisce una sorta di rivoluzione culturale — finiscono col divenire fonte di diritto interno, come si vedrà d'appresso.

Sezione II
Una fonte di diritto interno

19. Piano espositivo. — Uno dei problemi peculiari del diritto internazionale è quello dei rapporti tra l'ordinamento internazionale/transnazionale e l'ordinamento interno. Oggi, si deve constatare che esiste una tendenza molto netta a operare una sorta di "fusione per assorbimento" tra la norma interna e la norma internazionale (§ 2), la quale si realizza essenzialmente tramite gli *standard* posti dagli attori transnazionali (§ 3). Per comprendere questa evoluzione, tuttavia, è necessario distinguere, in via preliminare, gli aspetti formali da quelli sostanziali del diritto (§ 1).

§ 1. — *La necessaria distinzione tra gli aspetti formali e materiali del diritto*

20. Piano espositivo. — Se in passato la distinzione tra aspetti formali e sostanziali del diritto non era così marcata (1), al giorno d'oggi tale confine è divenuto più evidente (2), il che rende particolarmente complesso il ruolo dell'interprete (3).

1. — La situazione tradizionale: assenza di distinzione

21. Il trionfo del positivismo giuridico nell'ordinamento interno. — Tradizionalmente, in un'epoca dominata dalla dottrina realista-statalista, la distinzione tra aspetti formali e aspetti sostanziali del diritto appariva superflua se non inopportuna. Così, ad esempio, la legge francese o italiana, votata dal Parlamento, stabiliva regole di diritto francesi o italiane, espressione delle scelte nazionali del legislatore in campo amministrativo, civile, commerciale, costituzionale, penale o sociale e così via. Certo, tali scelte potevano essere influenzate da esperienze giuridiche straniere o, talvolta, venivano necessitate dal diritto pattizio, ma rimanevano soprattutto scelte normative "nazionali" (9).

22. Il suo riflesso nell'ordinamento internazionale. — In un'ottica positivista tradizionale, il diritto internazionale veniva considerato come il mero prodotto della volontà degli Stati. Eventuali similitudini tra diritto internazionale e diritto interno venivano poste in secondo piano a causa della diversa natura formale delle fonti di ciascun ordinamento giuridico. Eppure, la celebre CVT, ha trasposto nell'ordinamento internazionale l'essenza di norme in materia di obbligazioni contrattuali ben sperimentate nel diritto interno.

23. Dei "trapianti" di regole dal diritto interno al diritto internazionale e viceversa. — In passato, la contaminazione giuridica procedeva in una sola direzione, ossia dal diritto interno verso il diritto internazionale: il primo costituiva la fonte principale del secondo. Oggi, la tendenza si è invertita in molti settori cruciali — a cominciare da quello dell'economia ed è l'ordinamento interno che si ritrova a volte persino troppo aperto — o disarmato? — rispetto all'ingresso continuo di norme dell'ordinamento internazionale-transnazionale.

2. — La distinzione attuale

24. L'esempio emblematico delle direttive UE. — Le direttive europee costituiscono, oggi, il miglior esempio — ancorché non l'unico — della dissociazione tra aspetti formali e sostanziali del diritto. L'art. 288 TFUE non potrebbe essere più chiaro al riguardo: la direttiva "vincola lo Stato membro cui è rivolta per quanto riguarda il risultato da raggiungere, salva restando la competenza degli organi nazionali in merito alla forma e ai mezzi". I Parlamenti nazionali adotteranno, di conseguenza, delle leggi — formali — di attuazione di una norma che è stata concepita altrove, in seno alla UE. Risulta altresì evidente che gli Stati membri UE si limitano a "trasporre" delle regole che, pur se contenute in direttive, sono spesso molto dettagliate e riducono al minimo il margine di manovra degli Stati. Già all'epoca della creazione del "mercato unico", il Presidente della Commissione europea — Jacques Delors — affermava spesso che "in dieci anni, l'80% della legislazione economica e probabilmente fiscale e sociale proverrà dalla Comunità".

25. L'*impronta* delle norme unilaterali transnazionali. — Il fenomeno precedentemente descritto si può ritrovare — in maniera più diffusa e anorganica — in campo sportivo o economico, le norme unilateralmente adottate dagli attori transnazionali competenti finiscono con l'essere riprese *expressis verbis* dal "legislatore" interno, il quale non farà altro che aggiungervi una sanzione di diritto interno in caso di loro violazione.

3. — Le difficoltà per l'interprete

26. I lavori preparatori. — Una delle missioni fondamentali dei giuristi — avvocati, magistrati, notai, consulenti o professori universitari — consiste nell'interpretazione delle norme giuridiche. In presenza di una norma di diritto interno, l'interprete può contare sui "lavori preparatori" di detta regola.

---

(9) Cfr. ad es. R. David, C. Jauffret Spinosi, *I grandi sistemi giuridici contemporanei*, cit., p. 55 ss.

Niente di tutto ciò — o quasi — avviene con riferimento all'ordinamento internazionale/transnazionale. L'adozione delle norme in tale contesto non avviene secondo un processo aperto, formalizzato e trasparente. Di qui l'estrema difficoltà di indagare la "comune intenzione delle parti". In queste condizioni, sono spesso gli autori transnazionali di tali norme ad essere ugualmente indotti a interpretarle in modo da permettere un'applicazione uniforme. Da ciò la difficoltà per il giurista nazionale a svolgere la sua tradizionale missione di interpretazione delle norme vigenti.

§ 2. — *La "fusione per assorbimento" della norma interna con la regola transnazionale*

27. Una autentica rivoluzione culturale. — Quanto detto sopra, altro non è se non la conseguenza diretta della "rivoluzione culturale" a cui si è precedentemente accennato, rivoluzione che vede il movimento di creazione del diritto procedere "dall'alto verso il basso", ossia dall'ordinamento internazionale-transnazionale verso l'ordinamento giuridico dello Stato. In tutti i settori coinvolti da tale fenomeno, l'ordinamento nazionale tende a ridursi ad un ordinamento giuridico accessorio rispetto all'ordinamento giuridico internazionale/transnazionale, vero luogo di elaborazione normativa universale.

28. Alcuni esempi. — Ci si limiterà a citare alcune manifestazioni tipiche del diritto transnazionale del nostro tempo: dalla *lex sportiva* (1) al settore economico (2).

1. — L'esempio della "*lex sportiva*"

29. — Come abbiamo indicato poc'anzi, esiste attualmente una *lex sportiva*, elaborata da enti transnazionali — federazioni internazionali e movimento olimpico — alla quale gli ordinamenti giuridici nazionali devono conformarsi. Questi ultimi possono attuarla sia riconoscendole diretta efficacia (ciò avviene raramente e il caso francese costituisce un buon esempio di questa reticenza), sia rinviando ad essa attraverso uno strumento giuridico appropriato di diritto interno che le conferisce pieno valore di diritto positivo — e senza modificarla in occasione di tale recepimento ([10]). Qualunque sia il metodo prescelto, il risultato è lo stesso: pur passando da un ordinamento all'altro, la norma sportiva, concepita al di fuori dello Stato, resta inalterata nella sostanza anche quando penetra all'interno dell'ordinamento statuale.

2. — L'esempio della nuova "*lex mercatoria*"

30. — Si è precedentemente indicato il ruolo preminente di certi attori transnazionali nella formulazione di regole applicabili in materia di commercio internazionale. Si tratta ora di precisare l'articolazione tra le norme caratterizzate da un'origine e da un contenuto internazionale-transnazionale e la loro esecuzione nazionale.

31. I trasporti aerei e marittimi. — Nell'ambito dei trasporti aerei abbiamo citato la **IATA**, che regola la logistica (prezzo dei biglietti, peso e dimensione dei bagagli,

---

([10]) F. Latty, pp. 47-525 e 419-527.

servizio a bordo, trasferibilità del titolo di viaggio, ecc.), sicché gli Stati si limitano, in tale settore, ad una semplice "omologazione" finalizzata a dare piena effettività alle regole della IATA. A propria volta, nel settore del trasporto marittimo, esistono le "conferenze marittime" (si tratta di "gruppi" di armatori) che svolgono lo stesso ruolo, ma in modo più autonomo (e opaco) dal momento che non esiste alcuna delega statale in senso formale; senonché, anche qui si tocca con mano che si è in presenza di un diritto professionale transnazionale allo stato puro, che si applica direttamente nei diversi ordinamenti giuridici interessati: tanto l'ordinamento internazionale quanto quello interno.

32. Diritto finanziario. — Se si rivolge l'attenzione all'ambito del diritto dei mercati finanziari, del diritto bancario e di quello delle assicurazioni o anche delle società (la contabilità o la gestione delle imprese, la "***corporate governance***" ([11])), si nota ancora una volta che un numero considerevole di norme sia *interno*, cioè nazionale, solo di facciata dal momento che il loro contenuto ricalca quello delle corrispondenti norme transnazionali. Si tratta, insomma, di *norme interne riproduttive di regole transnazionali di origine tecnocratica, che non sono il prodotto della mediazione politica negli Stati e degli Stati.* Ci si limiterà a due esempi emblematici relativi alla genesi di alcune tra le più importanti norme bancarie e contabili di questi ultimi anni.

33. Le norme bancarie transnazionali. — Per le norme che regolano il mondo bancario, e riguardanti tanto la sua organizzazione che le sue attività, esiste un "Comitato delle regole e delle pratiche di controllo delle operazioni bancarie", creato nel 1974 sotto l'egida della Banca dei Regolamenti Internazionali — ente internazionale con sede a Basilea — che ne è stata la fonte. Tale "Comitato di Basilea" (come viene comunemente denominato oggi) è composto dai rappresentanti delle autorità di regolazione bancaria nazionali e appare come un'"emanazione" della BRI, la quale le fornisce una sede, un servizio di segretariato e le risorse finanziarie necessarie ad operare. Per la sua composizione e il suo legame con la BRI, il "Comitato di Basilea" può essere anche qualificato come attore transnazionale ([12]). Nel corso degli anni, il "Comitato di Basilea" ha formulato delle "raccomandazioni" (correntemente denominate **Basilea I** nel 1998, poi **Basilea II** nel 2004 o ancora **Basilea III** nel 2010 e così via) che, almeno per quanto riguarda le prime due, sono state trascritte *expressis verbis* nel diritto interno degli Stati (in particolare gli Stati che possiedono un importante sistema bancario). *Per gli Stati membri della UE, tale trasposizione è avvenuta addirittura in via sovranazionale, attraverso l'ordinamento UE, tramite apposite direttive bancarie.* In altre parole, le corrispondenti norme bancarie in vigore sono *nazionali* sul piano formale, ma intrinsecamente *transnazionali* sul piano sostanziale, in ragione dell'identità della loro origine e del loro contenuto ([13]).

([11]) Cfr. F. Galgano, *Dogmi e dogmatica nel diritto*, Padova, Cedam, 2010, p. 84 ss.; A. Fleckner, K. Hopt (eds), *Comparative corporate governance: a functional and international analysis*, Cambridge, CUP, 2013; G. Maniasali Darman, *Corporate Governance Worldwide*, ICC Pub. N.654, Paris, 2004.

([12]) In argomento cfr. J.L. Bismuth, *La coopération internationale des autorités de régulation du secteur financier et le droit international public*, Bruxelles, Bruylant, 2011, n. 362-523.

([13]) Cfr. le illuminanti parole di F. Galgano, *Lex mercatoria*, Bologna, Il Mulino, 2001: "L'esempio più vistoso nelle società nazionali è il sopravvento delle autorità tecnocratiche sulle autorità politiche, perché più aperte ai circuiti internazionali, meno legate a interessi, meglio idonee a dialogare fra loro entro la società globale. Gli uomini più potenti della terra oggi sono, probabilmente, i governatori delle banche

34. I principi contabili internazionali. — Il processo di creazione delle regole contabili è ancora più sorprendente. In materia di bilancio, esiste una ONG — l'*International Accounting Standard Board (IASB)* — un'associazione di diritto inglese con sede a Londra, che esercita un ruolo di "standard setter" ossia di "legislatore internazionale di fatto". Quest'associazione, i cui membri sono i rappresentanti degli ordini nazionali degli esperti contabili, si è data il compito di procedere alla "normalizzazione" delle regole contabili proponendo degli "standard" ossia gli ***International Accounting Standards*** (IAS) — in Italiano li si chiama i *Principi contabili internazionali* — e gli ***International Financial Reporting Standards*** (IFRS) — descritti come rappresentativi delle "migliori pratiche" (*best practices*) in materia. Ma si tratta della "grammatica della globalizzazione" giacché solo tramite la loro formulazione e la loro applicazione diviene possibile confrontare i bilanci delle imprese dei diversi Stati e quindi fare circolare il capitale o procedere ad operazioni di fusione ed acquisizione societaria. Per le medesime ragioni, i "principi contabili internazionali" penetrano *expressis verbis* nel diritto interno di un considerevole numero di Stati (per gli Stati membri dell'UE la "trasposizione" è avvenuta tramite il diritto UE, a partire dalle Direttive in materia di bilancio) ([14]), tant'è che l'art.2426 cod. civ. it. indica che "per la definizione di 'strumento finanziario', di 'attività finanziaria' e 'passività finanziaria', di 'strumento finanziario derivato', di 'costo ammortizzato', di 'fair value', di 'attività monetaria' e 'passività monetaria', 'parte correlata' e 'modello e tecnica di valutazione generalmente accettato' *si fa riferimento ai principi contabili internazionali adottati dall'Unione europea*" ([15]).

Senonché, ancora una volta, un'osservazione è d'obbligo: tali norme sono *falsamente nazionali*, in quanto la loro concezione e la loro sostanza, ossia il loro contenuto normativo materiale, è "alieno" giacché sono di provenienza transnazionale.

35. L'ISO. — Ad ulteriore esempio, si consideri l'attività di un particolare ente: l'ISO, ossia l'organizzazione internazionale per la standardizzazione. Fondata nel 1946, l'ISO è una ONG con sede a Ginevra con lo scopo di fissare norme comuni "ad applicazione volontaria" per la costruzione dei manufatti e per le caratteristiche qualitative delle merci, al fine di agevolare gli scambi internazionali di beni e servizi e la mutua cooperazione in campo economico, culturale, scientifico e tecnologico. Aderiscono all'ISO gli enti per la normazione nazionale, come l'**UNI** italiano. Gode

---

centrali, che nelle rispettive società nazionali sono pure tecnocrazie sprovviste di investitura popolare. Come ne sono sprovvisti i corpi giudiziari, neppure essi elettivi, e tuttavia disposti ad assumere compiti di adeguamento del diritto ai mutamenti della realtà, che in passato si ritenevano riservati alla sede politica". In argomento cfr. F. MARRELLA, *La nuova lex mercatoria, op. cit.*.

([14]) E la UE li ha "recepiti" tramite il Reg. (CE) n. 1606/2002 del Parlamento europeo e del Consiglio, del 19 luglio 2002, relativo all'applicazione di principi contabili internazionali. Il considerando n.2 è particolarmente illustrativo: "Ai fini di un migliore funzionamento del mercato interno, occorre obbligare le società i cui titoli sono negoziati in mercati pubblici ad applicare un insieme unico di principi contabili internazionali di elevata qualità per la redazione dei loro bilanci consolidati. Inoltre, è importante che i principi dell'informativa finanziaria applicati dalle società comunitarie attive nei mercati finanziari siano accettate a livello internazionale e costituiscano principi di carattere veramente globale. Ciò implica una maggiore convergenza dei principi contabili attualmente utilizzati a livello internazionale, con l'obiettivo finale di conseguire un insieme unico di principi contabili su scala mondiale". In tema, ma con accenti diversi, cfr. L. DE ANGELIS, *Elementi di diritto contabile*, V ed., Milano, Giuffrè, 2019 nonché U. SOSTERO, E. SANTESSO, *I principi contabili per il bilancio d'esercizio*, II ed., EGEA, 2018.

([15]) Corsivo aggiunto.

di *status* consultivo presso l'UNESCO e presso diverse organizzazioni specializzate dell'ONU.

36. I fenomeni di *osmosi* tra l'ordinamento interno e l'ordinamento transnazionale. — Gli esempi precedenti evidenziano bene la situazione di osmosi nella quale si trova oggi l'ordinamento interno di ciascuno Stato e l'ordinamento internazionale-transnazionale in un numero crescente di settori la cui importanza non sfugge più a nessuno. Separarli e, *a fortiori*, contrapporli è un'operazione solo di facciata.

Quanto precedentemente evidenziato conduce a rivalutare la distinzione tra *hard* e *soft law*: la realtà attuale, dominata dalla mondializzazione, è che in numerosi settori — principalmente economici — *l'ordinamento transnazionale controlla la sostanza delle norme giuridiche (quasi sempre tramite la propria* soft law*) mentre l'ordinamento interno si limita alla loro riproduzione formale (quasi sempre di* hard law*) ed alla loro attuazione tramite il braccio secolare dello Stato*. Ciò è possibile, appunto, mediante la tecnica giuridica della formulazione di *standard internazionali*, che, come tali, riescono ad attraversare "indenni" la frontiera dell'ordinamento interno.

§ 3. — *Lo* standard*: veicolo giuridico di transnazionalizzazione del diritto*

37. Un concetto noto ai giusinternazionalisti. — La nozione di "standard" è già nota agli internazionalisti. Tale concetto fa riferimento a una regola di condotta "ottimale", un *parametro per la valutazione*, o persino per la validità, di una data condotta. E tutta la difficoltà per gli analisti sta nel fatto che una norma così formalizzata è suscettibile di possedere una natura (e dunque un'autorità) giuridica variabile.

38. Lo *standard* come norma *internazionalmente vincolante*. — Innanzitutto, lo *standard* può costituire una norma vincolante nell'ordinamento internazionale in quanto riflette un certo tipo di comportamento che va rispettato o un obiettivo da raggiungere fissato in una regola di diritto positivo. In tal senso, basti ricordare il famoso "*standard internazionale minimo di trattamento" degli stranieri* (un tempo denominato "standard di civiltà"): questo riveste un ruolo centrale nel diritto internazionale degli investimenti, imponendo a ciascuno Stato ospite un "minimo irriducibile", il rispetto di un "trattamento giusto ed equo", di pari passo con una piena "sicurezza e protezione" a vantaggio degli investitori stranieri (v. *infra*, Cap. XV).

39. Lo *standard* come norma internazionalmente non vincolante ed il potere dei *ranking*. — Nella maggior parte dei casi, in ambito economico, lo standard *è privo di valore vincolante* ma individua un *risultato da perseguire*, una *best practice* o ancora una regola tecnica o una "regola dell'arte", una regola universamente accettata per l'esercizio di una data attività professionale. Altre volte, assumerà la forma di una *raccomandazione*, che priva di vincolatività *proprio vigore,* identificherà sempre un "*optimum"* (definito sempre dallo *standard setter* ai *propri* fini). Qualunque sia il suo aspetto esteriore, lo "standard" in questione non nasce possedendo già il carattere di norma giuridica obbligatoria. Si tratta, all'inizio, solo di *soft law.* Ma quando gli attori transnazionali sopra citati stabiliscono e formulano uno "standard" nella loro sfera di competenza, ciò diviene rapidamente un "optimum", una "migliore pratica", correntemente seguita nel mondo degli affari e tale carattere è sufficiente a convincere le autorità nazionali dei singoli Stati a trascriverla, ad incorporarla nel loro ordinamento interno. Certo, è teoricamente possibile per le autorità nazionali non procedere a tali operazioni di pedissequa recezione. Ma ciò si verifica, in concreto, molto raramente. La ragione è legata ad un ulteriore potente fattore prodotto dalla globalizzazione stessa: la ***concorrenza tra Stati*** (nonché tra i rispettivi sistemi economici e giuridici) che spingerà il singolo Stato "deviante" ad adeguarsi agli standard in questione, per evitare di porre i propri cittadini, attori della competizione internazionale, in una condizione svantaggiosa dovuta alla mancata adozione delle regole formulate dagli attori transnazionali competenti ([16]).

Infine, la forza nascosta della "buona pratica" non vincolante può manifestarsi attraverso l'insidiosa tecnica dei ***ranking*** che conduce, dietro la parvenza dell'oggettività matematica, a fare delle classifiche dei Paesi o degli enti privati "migliori" e "peggiori". Questa tecnica ha un impatto profondo soprattutto sull'*opinione pubblica nazionale* la quale non ama o non è sempre in grado di conoscere le ragioni per cui il proprio Stato o la propria azienda non siano in cima alla "scala della virtù". Ed è proprio nella sapiente ponderazione degli ***indicatori di performance*** e dei ***ranking*** che si manifesta una volta di più il potere transnazionale.

Al di fuori di un controllo dello Stato o delle OIG, l'indicatore — elaborato da un gruppo di interessi privato — avanza velocemente mascherato presentandosi come un semplice ed innocuo *strumento di misura* e può diventare persino un'"arma di distruzione matematica" ([17]). Ben presto, tuttavia, finisce con il manifestare il suo ***potere prescrittivo***, ossia quello di indirizzare con forza i comportamenti dei soggetti che dovrebbe valutare, dal momento che questi ultimi vengono ricompensati con un avanzamento nel *ranking* quando li rispettano. Tale processo, al pari della pietra filosofale, trasforma ciò che non è formalmente vincolante in una limitazione della sovranità o se si preferisce del libero arbitrio del soggetto *target* incidendo pesantemente sulla condotta di quest'ultimo attraverso il proprio sistema di incentivi (*stick and carrot*).

Siamo sicuri che i *ranking* universitari non rientrino in questa categoria? Chi controlla tali *ranking*? *Cui prodest*? Lasciamo riflettere il lettore a tale riguardo.

40. Lo *standard* transnazionale come norma interna per destinazione. — Gli atti unilaterali adottati dagli attori transnazionali sotto forma di "standard" hanno come fine precipuo quello di essere attuati nel diritto interno dei singoli Stati. Tale è la loro ragion d'essere. Ma essendo stati elaborati da "professionisti" per "professionisti", le "regole dell'arte" come gli *standard* sfuggono al negoziato tra Stati e al controllo parlamentare interno a ciascuno Stato. Certo, la natura altamente tecnica delle materie trattate si presta assai poco a passare attraverso le classiche procedure di *law making* internazionale e gli Stati stessi ne sono intimamente persuasi tant'è che, lungi dall'ostacolare questo tipo di regole, non hanno fatto altro che incoraggiarne la produzione. Così, tale fenomeno di "standardizzazione" a-nazionale, generato su iniziativa degli attori transnazionali e *geneticamente programmato per infiltrarsi nel-*

([16]) Cfr. ad es. la giurisprudenza della Cassazione italiana a proposito del contratto autonomo di garanzia e le considerazioni di sintesi di F. Galgano: "[l]a vera ragione per la quale la garanzia automatica è giudicata valida risiede, piuttosto, nella grande diffusione internazionale di questa figura: non si può, pena l'isolamento commerciale del nostro Paese, giudicare per noi nullo un contratto universalmente considerato valido". F. Galgano, *Trattato di diritto civile*, III, 2ª ed., Padova, Cedam, 2010, p. 385 s..

([17]) V. in tal senso C. O'Neill, *Armi di distruzione matematica. Come i big data aumentano la disuguaglianza e minacciano la democrazia*, Milano, Bompiani, 2018.

l'ordinamento interno dei singoli Stati, conduce indisturbato ad un'"uniformazione" spontanea delle sue regole su scala planetaria.

41. Conclusione. — In conclusione, dal punto di vista dell'ordinamento internazionale la materia degli atti unilaterali transnazionali consente di cogliere nitidamente alcune forme moderne e peculiari di creazione a-statuale e non interstatale di regole di diritto transnazionale, regole che, penetrando nell'ordinamento interno di ciascuno Stato, si ritrovano automaticamente assorbite nel tessuto normativo nazionale. Ciò tuttavia accade senza passare attraverso i classici meccanismi di adattamento dell'ordinamento interno al diritto internazionali (v. *infra* Cap. XVII). Quei filtri sono stati concepiti e permangono *in toto* per le norme di *hard law* di formazione interstatale come i trattati e le consuetudini internazionale, lasciando aperta (per non dire spalancata) la porta dell'ordinamento giuridico dello Stato all'ingresso di norme transnazionali di diritto aliene, norme che sono create dalla tecnocrazia globale a prescindere sia dai parlamenti nazionali e da ogni mediazione politica tra Stati sul piano interstatale. Ma la dottrina contemporanea che continua a sostenere che, nel nostro tempo, il diritto internazionale sia solo il diritto internazionale pubblico, ancora non se n'è accorta.

Titolo III
LE NORME NON SCRITTE

Capitolo X
LA CONSUETUDINE INTERNAZIONALE

Bibliografia sommaria: si tratta di un argomento su cui esiste, ovviamente, una letteratura vastissima. V. in particolare: P. Ziccardi, *La costituzione dell'ordinamento internazionale*, Milano, Giuffrè, 1943; G. Sperduti, *La fonte suprema dell'ordinamento internazionale*, Milano, Giuffrè, 1946; G. Morelli, *Nozioni di diritto internazionale*, 7 ed., Padova, Cedam, 1967, Cap. II; R. Quadri, *Diritto internazionale pubblico*, cit., 1968, p. 129 ss.; P. Guggenheim, "Les deux éléments de la coutume en droit international", in *Mélanges Scelle*, 1950, 1, 275 e ss.; Id., "L'origine de l'opinio juris sive necessitatis comme deuxième élément de la coutume dans l'histoire du droit des gens", in *Mélanges Basdevant*, 1960, 258 e ss.; Baxter, "Treaties and Custom", in *RCADI*, 1970-I, t. 129, p. 25; R. J. Dupuy, "Coutume sage et coutume sauvage", in *Mélanges Rousseau*, 1974, p. 75; Id., "Droit déclaratoire et droit programmatoire: de la coutume sauvage à la "soft law", in *L'élaboration du droit international public*, cit., 132 e ss.; M. Akehurst, "Custom as a Source of International Law", in *BYBIL*, vol. 47, 1974/5, pp. 1-53; J. Charpentier, "Tendances de l'élaboration du droit international public coutumier", in *L'élaboration du droit international public*, Paris, Pedone, 1975, p. 105; P. Barile, "La structure de l'ordre juridique international. Règles générales et règles conventionnelles", in *RCADI*, 1978/III, p. 9 ss.; E. Jimenez De Arechaga, "La costumbre como fuente del derecho internacional", *Homenaje al pr. Miaja de la Muella*, Madrid, Tecnos, 1979, t. 1, p. 375; B. Stern, "La coutume au cœur du droit international: quelques réflexions", in *Mélanges Reuter*, Paris, Pedone, 1981, p. 479 e ss.; L. Ferrari Bravo, "Méthodes de recherche de la coutume internationale dans la pratique des États", *RCADI*, v.192, 1985, pp. 233-330; P. Haggenmacher, "La doctrine des deux éléments du droit coutumier dans la pratique de la Cour internationale", in *RGDIP*, 1986, p. 5; L. Sohn, "Unratified Treaties as source of Customary International Law", in *Mélanges W. Riphagen*, 1986, p. 231; G. Abi-Saab, "La coutume dans tous ses états", in *Mélanges R. Ago*, 1987, t. I, p. 55; A. Cassese, J.H. Weiler (eds.), *Change and Stability in International Law Making*, Berlin-New York, De Gruyter, 1988; G. Arangio-Ruiz, voce "Consuetudine (diritto internazionale)", in *Enc. giur. Treccani*, VIII, 1988; L. Condorelli, "Consuetudine internazionale", in *Dig. Pubb.*, 1989, p. 490 ss.; L. Ferrari-Bravo, "Méthodes de recherche de la coutume international dans la pratique des Etats", in *RCADI*, 1985-III, t. 192, p. 233; R. Monaco, "Fonti del diritto (diritto internazionale)", in *Enc. Giur.*, vol. XV, 1989; J.A. Barberis, "Réflexions sur la coutume internationale", in *AFDI*, 1990, 9 et Id., "La coutume est-elle une source formelle du droit international ?", in *Mélanges M. Virally*, 1991, p. 43; *Oppenheim's International Law*, 9th ed., London, 1992, p. 3-115; J. Charney, "Universal International Law", *AJIL*, 1993, p. 529; R. Higgins, *Problems and Process*, Oxford, OUP, 1994, p. 1-55; G. Nesi, *L'uti possidetis iuris nel diritto internazionale*, Padova, Cedam, 1996; O. Schachter, "New Custom, Power, Opinio Juris and Contrary Practice", in *Mélanges Skubiszewski*, 1996, p. 531; M. Mendelson, "The Formation of Customary International Law", in *RCADI*, 1998, v. 272, p. 155; P. Palchetti, "La rilevanza dell'atteggiamento degli Stati parti nell'accertamento del diritto internazionale generale da parte della Corte internazionale di giustizia", *Riv. dir. int.*, 1999, p. 647 ss.; A. Roberts, "Traditional and Modern Approaches to Customary International Law: A Reconciliation", *AJIL*, 2001, p. 757; I. Brownlie, "Some Problems in the Evolution of the Practice of States as an Element of Custom", in *Studi Arangio Ruiz*, t. I, 2004, p. 313; J. Kammerhofer, "Uncertainty in the Formal Sources of International Law: Customary International Law and Some of Its Problems", *EJIL*, 2004, p. 523; M. Koskenniemi, *From Apology to Utopia: The Structure of International Legal Argument. Reissue with New Epilogue*, Cambridge, CUP, 2005, chap. 6; T. Treves, *Diritto internazionale*, cit., p. 221 ss.; C. Emanuelli, « L'étude de la CICR sur le droit humanitaire coutumier: la coutume en question », *R.G.D.I.P.*, 2006, p. 435; Y. Dinstein, "The interaction between Customary International Law and Treaties", in *RCADI*, 2006, t. 322, p. 243; Perrau-Sausinne, Murphy (eds.), *The Nature of Customary Law: Legal, Historical and Philosophical Perspectives*, Cambridge, CUP, 2007; G. Arangio-Ruiz,

"Customary Law: a few more thoughts about the Theory of Spontaneus International Custom", in *Mélanges J. Salmon*, 2007, p. 93; A. Pellet, "Art. 38", in A. Zimmerman, C. Tomuschat & K. Oellers-Frahm (eds.), *The Statute of the International Court of Justice: A Commentary*, Oxford, OUP, 2012, p. 868 ss; M. Scharf, *Customary International Law in Times of Fundamental Change*, Cambridge, C.U.P., 2013U. Leanza, I. Caracciolo, *Il diritto internazionale: diritto per gli Stati e diritto per gli individui*, 3ª ed., cit., p. 140 ss.; P. Fois, "Le organizzazioni internazionali e la formazione del diritto internazionale contemporaneo. Il ruolo degli Stati membri", *Riv.dir.int.*, 2014, p. 641 ss.; K. Ipsen et alii, *Völkerrecht*, 6ª ed. Munich, 2014, pp. 390-395 e 471-510; H. Thirlway, *The Sources of International Law*, Oxford, OUP, 2014; A. Ziegler, *Introduction au droit international public*, 3 ed., cit., p. 54 ss.; B. Conforti, *Diritto internazionale*, X ed. cit., p. 39 ss.; C. Focarelli, *Trattato di diritto internazionale*, cit., p. 253 ss.; S.D. Murphy, "Identification of Customary International Law and Other Topics: The Sixty-Seventh Session of the International Law Commission", *AJIL*, 2015, pp. 822-844; SIDI, *L'incidenza del diritto non scritto sul diritto internazionale ed europeo* a cura di P. Palchetti, Napoli, ES, 2016; L. Helfer, I.B. Wuerth, "Customary International Law: An Instrument Choice Perspective", *Michigan J. Int. Law*, 2016, pp. 563-609; O.M. Sender, M. Wood, "The Emergence of Customary International Law: Between Theory and Practice", in C. Brölmann and Y. Radi (eds.), *Research Handbook on the Theory and Practice of International Lawmaking*, Cheltenham, Edward Elgar Pub., 2016, pp. 133-159; Council of Europe (ed.), *The Judge and International Custom*, Brill, 2016; *Brownlie's Principles of Public International Law*, a cura di J. Crawford, 9 ed., cit., p. 21 ss.; M. Shaw, *International Law*, 8ª ed., cit., p. 53 ss.; C. Focarelli, *Diritto internazionale*, 5 ed., cit., p. 123 ss.; N. Ronzitti, *Diritto internazionale*, 6ª ed. cit., p. 178 ss.; E. Cannizzaro, *Diritto internazionale*, 5 ed., cit., p. 113 ss.; V. altresì gli atti del convegno di Ginevra della SFDI (*La pratique et le droit international*, Paris, Pedone, 2004. Di particolare interesse risulta lo "Statement of Principles Applicable to the Formation of General Customary International Law", in *Report of the 69 Conference*, ILA, London, 2000, p. 713. I lavori della CDI (*ILC's Study of Formation and Evidence of Customary International Law/ Identification of Customary Law)* e le *Draft Conclusions*, si reperiscono al sito internet della CDI ma l'apporto specifico di tali lavori si rivela — finora — alquanto deludente.

Introduzione

i. Definizione

1. La consuetudine come fonte formale del diritto internazionale (art. 38 dello Statuto della CIG). — La consuetudine internazionale (*Custom*) è espressamente contemplata tra le fonti formali del diritto internazionale nell'art. 38, par.1, lett. *b)*, dello Statuto della CIG ove viene definita alla stregua di una "***prova di una pratica generale accettata come diritto***".

2. Terminologia. — La norma *de qua* indica che, in senso formale oltre che sostanziale, il diritto internazionale è composto anche da ***regole non scritte*** che si sviluppano in modo spontaneo fino a quando in un dato momento storico vengono avvertite come obbligatorie e quindi giuridiche dai protagonisti della vita di relazione internazionale; poco importa se, talvolta, tali regole possono essere condizionate dalle differenze di potenza tra gli Stati (Cap. I). Si parla, a tale proposito, di consuetudini internazionali, di "diritto internazionale spontaneo" — o ancora di *fonti di primo grado*, tra cui la norma *pacta sunt servanda* — per indicare che, diversamente da quanto accade per i trattati (*supra* Cap. IV) queste norme si formano all'interno della *societas* internazionale intesa come gruppo, senza una procedura predeterminata.

Alla luce di tale premesse, è possibile definire, sia pure in prima approssimazione, la consuetudine internazionale alla stregua di *una regola di condotta non scritta ma obbligatoria per i soggetti di diritto internazionale.*

ii. Una fonte di diritto presente sia nell'ordinamento internazionale che nell'ordinamento interno

3. La consuetudine come fonte primaria del diritto internazionale. — La consuetudine in quanto fonte di diritto esiste tanto nell'ordinamento interno quanto nell'ordinamento internazionale. Prima della nascita dello Stato moderno, gli usi e le consuetudini costituivano la principale fonte del diritto. Con la statalizzazione e la codificazione del diritto, soprattutto nei sistemi di *Civil Law*, la consuetudine è stata progressivamente assorbita e superata dal diritto scritto, frutto del monopolio legislativo statale ([1]).

Nell'ordinamento internazionale, un fenomeno analogo si è parzialmente prodotto tramite la moltiplicazione dei *trattati bi- e multilaterali* in particolare i *trattati di codificazione di norme consuetudinarie*; per altro verso, la creazione e lo sviluppo delle OIG ha contribuito alla codificazione progressiva del diritto consuetudinario, tramite l'esercizio delle competenze affidate alle organizzazioni medesime.

4. Una fonte di produzione giuridica meno importante che in passato. — Mentre in diritto interno la consuetudine arretra davanti all'avanzata del diritto scritto, in diritto internazionale arretra dinanzi all'avanzare dei trattati e degli atti unilaterali. Si può dunque ritenere che la consuetudine stia progressivamente diventando una fonte di produzione giuridica obsoleta del diritto internazionale? In realtà, occorre usare la massima cautela nel valutare le predette analogie tra gli ordinamenti interni e l'ordinamento internazionale.

5. Una fonte utile per la sua flessibilità. — Eppure, la consuetudine svolge ancora un ruolo importante in quelle materie in cui il diritto ha bisogno di flessibilità in quanto le norme scritte non possono essere continuamente adattate alle necessità del momento. Così, nell'ordinamento interno, si continua a fare riferimento alla consuetudine tra le fonti del diritto civile o nel codice della navigazione italiano, attraverso la nozione di uso ([2]). Ma la consuetudine si ritrova anche nel diritto costituzionale dei singoli Stati suscitando un vasto dibattito in quegli Stati, come l'Italia, ove si prevede una Costituzione rigida (art. 138 Cost.).

iii. Una posizione privilegiata in diritto internazionale

6. — In diritto internazionale, la consuetudine ha sempre avuto un ruolo più importante che nel diritto interno. La ragione è semplice: nell'ordinamento internazionale, a differenza di quanto avviene nell'ordinamento interno, non esiste un legislatore centrale unico. Per secoli, gran parte del diritto internazionale è stato di tipo consuetudinario. Oggi, la comunità internazionale appare meno favorevole alla formazione di consuetudini in virtù del maggior numero di Stati e soprattutto a causa della loro eterogeneità. Prova ne è che molti Stati del c.d. terzo mondo hanno contestato da tempo molte norme consuetudinarie formatesi *prima* della loro indipendenza indicando che quelle stesse erano state elaborate prima della loro nascita (ciò che è storicamente incontestabile) ed a volte persino contro di essi (ciò che, invece, è più discutibile). In tale ottica, alcuni Stati del Sud del Mondo hanno potuto affermare, secondo l'espressione del giudice algerino Mohamed Bedjaoui che la

---

(1) In argomento v. per tutti R. David, C. Jauffret Spinosi, *I grandi sistemi giuridici contemporanei*, 4ª ed. traduz. it. a cura di R. Sacco, *op.cit.*

(2) Sul piano delle fonti del diritto italiano, l'art. 8 disp. prel. cod. civ indica che, nelle materie disciplinate dalla legge o dai regolamenti, gli usi hanno efficacia solo in quanto sono richiamati da queste". Per un esame della tipologia di usi ammessi nell'ordinamento italiano v. F. Marrella, *La nuova lex mercatoria*, cit..

"consuetudine, per sua natura, è sempre stata anti-democratica" (3). In altre parole, la consuetudine, in quanto norma elaborata dagli Stati "più forti", corrisponderebbe solo agli interessi di questi ultimi. Senonché, oggi, i Paesi del Sud del mondo non manifestano più la stessa ostilità rispetto alle norme consuetudinarie internazionale nella misura in cui la formazione di tali norme avvenga in seno alle OIG dove, però... sono proprio questi Paesi ad avere la maggioranza dei voti. Attraverso le risoluzioni delle OIG, quei Paesi ritengono, infatti, di incidere direttamente sulla formazione e sul contenuto di regole consuetudinarie a loro favore (4). Pertanto, la creazione di nuove norme consuetudinarie si trova in un certo qual modo facilitata dall'esistenza delle OIG.

Un altro fattore di sviluppo della norma consuetudinaria nel nostro tempo, al di là dell'ambito interstatuale, è dato dall'emergere di nuovi soggetti di diritto internazionale, in particolare le imprese multinazionali. Come abbiamo già segnalato, ciò è avvenuto in materia finanziaria e monetaria internazionale, ove i poteri bancari internazionali privati hanno creato regole consuetudinarie; e tali regole consuetudinarie disciplinano il funzionamento di mercati particolarmente importanti quali sono quelli delle eurovalute e delle euro-obbligazioni (v. *supra*, Cap. V). A ciò si aggiungono gli usi del commercio internazionale e la "modellizzazione contrattuale" su scala globale, fenomeni che risultavano praticamente ignoti agli internazionalisti del secolo scorso (5).

iv. Consuetudine e trattato

7. Consuetudine e trattato possiedono uguale autorità: un trattato può modificare una consuetudine internazionale e viceversa. — Consuetudine e trattato appaiono come due norme giuridiche complementari e non in antinomia. Come viene evidenziato dalla CVT, un trattato di codificazione non inficia in alcun modo il carattere obbligatorio di una consuetudine preesistente (art. 43), tant'è che una norma di un trattato può far nascere una ulteriore norma consuetudinaria (art. 38). Pertanto, gli Stati possono essere tentati di non ratificare un trattato di codificazione se ritengono che alcune sue disposizioni possiedano già un valore consuetudinario e, a maggior ragione, se ritengono che alcune norme del trattato non corrispondano ai loro interessi: basterà allora ritenersi vincolati solo alle regole di natura consuetudinaria. Tale fu il destino della UNCLOS sul diritto del mare che, malgrado la sua entrata in vigore internazionale, il 16 novembre 1994, non è stata ratificata da alcuni importanti Stati marittimi (a partire dagli Stati Uniti).

v. Le difficoltà specifiche della consuetudine

8. Una rilevazione difficile. — La consuetudine presenta due difficoltà pratiche peculiari. Si tratta, innanzitutto, di riuscire a provarne *l'esistenza e poi di delimitarne i contorni precisi*.

Per identificare le manifestazioni rilevanti della pratica degli Stati ai fini dell'individuazione degli obblighi consuetudinari, occorre fare un largo impiego dei "*mezzi*

(3) M. Bedjaoui, *Pour un nouvel ordre économique international*, Unesco, 1979, p. 137.

(4) G. De Lacharrière, *La politique juridique éxtérieure*, cit., pp. 27-48.

(5) E. Loquin, L. Ravillon, "La volonté des opérateurs, vecteur d'un droit mondialisé", in E. Loquin, C. Kessedjian (a cura di), *La mondialisation du droit*, Parigi, 2000, p. 19, nonché Y. Dezalay, *I mercanti del diritto*, Milano, Giuffrè, 1997.

sussidiari per la determinazione del diritto internazionale" che sono, in base all'art. 38, par. 1, lett. *d*), la ***dottrina*** e soprattutto la ***giurisprudenza***. Qui, il giudice o l'arbitro svolgono un ruolo fondamentale: quando il giudice o l'arbitro *riconosce* l'esistenza di una consuetudine, in larga misura la "crea" e la precisa. Certo, in tal caso ci si può chiedere quando inizi l'atto di ***creazione*** e dove finisca quello del ***riconoscimento*** della regola consuetudinaria. In ogni caso, restano degli elementi di incertezza ed imprecisione che spiegano la reticenza dei giuristi, soprattutto quelli dei Paesi a diritto scritto — ed in particolare afferenti al sistema romano-germanico —, nei confronti delle norme consuetudinarie.

9. Piano espositivo. — Fatte queste osservazioni preliminari sulla consuetudine, è opportuno ora esaminarne il fondamento giuridico (Sezione I) e gli elementi costitutivi (Sezione II), per poi valutarne il ruolo (Sezione III) nel diritto internazionale contemporaneo.

Sezione I
Il fondamento della regola consuetudinaria

10. Piano espositivo. — Secondo una prima concezione, la concezione tradizionale, la consuetudine costituisce il diritto non scritto della società internazionale *interstatale*, una società in cui domina il principio consensualistico (§ 1). In una seconda e più moderna accezione, la nascita e lo sviluppo del fenomeno consuetudinario si spiegano come il prodotto delle necessità della vita di relazione nel quadro, più generale, di una *società transnazionale* (§ 2).

§ 1. — *La dottrina consensualistica: la consuetudine come "trattato implicito tra Stati"*

1. — Una concezione tradizionale

11. La consuetudine fondata su una manifestazione del consenso degli Stati. — La consuetudine internazionale si ricollega alla volontà degli Stati nel senso che i loro comportamenti, dai quali essa trae origine, sono liberamente voluti nel periodo formativo della consuetudine medesima. Pertanto, secondo la dottrina tradizionale — per la quale tutto il diritto internazionale trova la sua fonte nell'accordo fra Stati —, la consuetudine altro non è se non un accordo che si distingue dagli altri accordi per essere concluso in forma tacita: cioè, la volontà degli Stati di porre in essere o di estinguere una determinata norma internazionale sarebbe desunta dalla reciproca condotta degli Stati e dunque della loro volontà implicita. Senonché, vedere nella consuetudine un trattato *implicito* tra Stati equivale, in linea generale, ad affermare che non ci possa essere diritto internazionale al di fuori di una manifestazione di volontà — bilaterale — degli Stati stessi.

12. Un approccio che esalta la sovranità dello Stato. — Tale argomento costituisce una *difesa* ed un'*illustrazione della teoria della sovranità assoluta dello Stato*, in quanto se ne deduce che quest'ultimo non risulta vincolato ad obblighi internazionali a cui non abbia espressamente o implicitamente consentito. Questa tesi si riconduce ad un'illustre dottrina: venne sostenuta da Grozio (poi da Vattel ed ancora dallo stesso

Anzilotti) (6) nonché dai giuristi britannici del XIX secolo, fervidi difensori della sovranità inglese, o ancora dalla migliore dottrina sovietica (Tunkin) anch'essa incentrata sulla difesa della sovranità dell'allora URSS e dei Paesi socialisti in genere. Per analoghi motivi, quella stessa tesi continua ad essere sostenuta sia dagli Stati più potenti, sia dagli Stati di nuova formazione, quasi sempre Paesi del c.d. terzo mondo, per esaltare una sovranità acquistata a caro prezzo dagli antichi Stati coloniali o dagli Stati predecessori.

2. — Un approccio adottato dalla Corte internazionale di giustizia

a) *Il precedente: il caso "Lotus"*

13. — Nel *caso del vapore Lotus* la CPGI qualificò la consuetudine internazionale alla stregua di un *accordo tacito* tra Stati. Infatti, secondo la Corte:

> "Il diritto internazionale regola rapporti tra Stati indipendenti. Le regole del diritto che vincolano gli Stati derivano dalla volontà dei medesimi Stati, volontà che si manifesta nelle convenzioni o negli *usi generalmente accettati* che consacrano dei principi di diritto e sono stabiliti al fine di gestire la coesistenza di quelle comunità indipendenti o al fine del perseguimento di obiettivi comuni. Dunque non si possono presumere limiti all'indipendenza degli Stati" (p. 18) (77).

Siffatto approccio, pur se in linea con le dottrine positiviste dell'epoca, provocò non poche critiche alla Corte ed al suo Presidente, l'internazionalista svizzero Max Huber, in quanto si tratta di una teoria poco favorevole allo sviluppo dell'ordinamento internazionale.

b) *Le ulteriori conferme giurisprudenziali: il caso della piattaforma continentale del Mare del Nord (1969) e il parere sulla minaccia o l'uso delle armi nucleari (1996)*

14. — La concezione volontaristica della consuetudine ha ricevuto, almeno implicitamente, l'avallo della CIG. Infatti, nel *caso della Piattaforma continentale del Mare del Nord*, la Corte utilizzava quale precedente persuasivo il *caso Lotus* con riferimento alle condizioni di formazione della regola consuetudinaria (8). Senonché, invece di ritenere necessario l'accordo tra tutti gli Stati, la Corte statuiva che una ***maggioranza rappresentativa* di Stati** fosse sufficiente per constatare l'esistenza di una regola consuetudinaria. Per analoghe motivazioni, nel parere dell'8 luglio 1996 (9) *sulla liceità dell'impiego delle armi nucleari da parte di uno Stato*, la CIG ha considerato che la minaccia e anche l'impiego di armi nucleari non siano ancora vietati dal diritto internazionale generale, e, di conseguenza, l'uso di tali armi appare persino lecito in caso di legittima difesa ai sensi dell'art. 51 della Carta ONU.

---

(6) Cfr. i riferimenti citati nella nota bibliografica all'inizio di questo capitolo ed in particolare R. Quadri, *Diritto internazionale pubblico*, cit., 130 ss..

(7) CPGI, 7 Settembre 1927, *Ser.* A n. 10. Corsivo aggiunto.

(8) CIG, 20 febbraio 1969, *Rec.*, p. 3, punto 78.

(9) CIG, *Rec.*, 1996, p. 266.

3. — Un valore esplicativo insufficiente

15. — La concezione consensualistica, cioè volontaristica, della consuetudine, per quanto scrupolosamente rispettosa della sovranità di ciascuno Stato, non rende pienamente conto della realtà internazionale. Infatti, se spingessimo il ragionamento al suo estremo, ne seguirebbe che nessun obbligo derivante da una consuetudine internazionale può essere imposto ad uno Stato senza la prova del suo consenso ad esserne vincolato. Inoltre, si avrebbe che, per avere *carattere universale*, ogni consuetudine *dovrebbe essere riconosciuta da ciascun membro della Comunità internazionale.* Ad ulteriore corollario, si avrebbe che tutti gli Stati di nuova formazione non sarebbero vincolati ad alcuna consuetudine formatasi *prima* della loro esistenza sul piano internazionale. Ma, la prassi internazionale non va certamente in questo senso dal momento che la prova della consuetudine diventerebbe così una *probatio diabolica* e, comunque, ne deriverebbe una grave instabilità delle relazioni giuridiche internazionali. Così, è pacifico che quando la Svizzera ha costituito una propria flotta marittima, a tale flotta si sono immediatamente applicate le stesse norme consuetudinarie di diritto internazionale che vincolano gli Stati costieri e che si sono formate secoli prima dell'esistenza di una flotta svizzera ([10]).

Va notato altresì che la teoria volontaristica della consuetudine interstatale non consente di spiegare nemmeno il valore obbligatorio delle regole consuetudinarie di origine privata ed applicazione transnazionale, norme numerose e particolarmente importanti in campo economico a livello internazionale: qui, andare alla ricerca di trattati impliciti sarebbe un esercizio vano.

§ 2. — *La consuetudine come prodotto delle necessità della vita di relazione internazionale*

1. — La concezione moderna e realista della consuetudine

16. — Una diversa dottrina, oggi pressocché unanime, pur indicando che oltre agli *accordi scritti* esistono *accordi taciti*, nega, da un lato, che gli accordi internazionali così conclusi siano "consuetudini internazionali"; e dall'altro, che quei comportamenti seguiti di fatto dagli Stati, e costituenti l'elemento materiale della consuetudine, possano considerarsi quali manifestazioni di una reciproca volontà a concludere accordi. Detti comportamenti, infatti, come vedremo più avanti, sono **cementati da un elemento psicologico**, la convinzione, cioè, dell'obbligatorietà dei comportamenti stessi. Orbene, muovendo da tale assunto se ne deduce che la consuetudine costituisce nell'ordinamento internazionale, ed in misura largamente superiore rispetto all'ordinamento interno, un *fatto di produzione giuridica autonomo rispetto all'accordo.*

2. — Una concezione che corrisponde al modo attuale di elaborazione del diritto internazionale ed allo stato della società transnazionale

17. Diversificazione della società internazionale contemporanea. — La società internazionale contemporanea si è diversificata e si diversifica sempre di più col

([10]) Es. cit. da S. Bastid, *Corso*, 1976-1977, p. 447.

passare del tempo. A fianco degli Stati che sono sempre più numerosi ed eterogenei, si sono affermati altri soggetti di diritto internazionale (enti internazionali, soggetti privati). Questi nuovi soggetti contribuiscono, ciascuno nel proprio ambito, allo sviluppo di regole consuetudinarie: creano delle consuetudini in *settori nuovi* nei quali gli Stati non desiderano o non possono intervenire tramite trattato. In altri termini, le nuove tecniche di elaborazione del diritto internazionale possiedono un'incidenza evidente e diretta sullo sviluppo del diritto consuetudinario contemporaneo.

18. Accelerazione della storia e accelerazione del processo di formazione delle norme consuetudinarie. — Inoltre, dalla fine del XIX secolo in poi, si è potuto osservare un vero e proprio fenomeno di *accelerazione della storia*. Alludiamo alle trasformazioni rapide e profonde della società internazionale che hanno coinvolto anche le tecniche di elaborazione del suo diritto.

La CIG, nel precitato *caso della piattaforma continentale del Mare del Nord* (1969) ha dovuto riconoscere tale accelerazione nel processo di formazione della consuetudine. La Corte ha infatti indicato che "[i]l fatto che sia passato solo poco tempo non costituisce necessariamente in sé un impedimento alla formazione di una regola nuova di diritto internazionale consuetudinario, a partire da una regola puramente convenzionale all'origine" (11). In questo caso, la Convenzione sulla piattaforma continentale era stata firmata nel 1958, ed era entrata in vigore nel 1964, mentre il contenzioso era iniziato nel 1967. Perciò, quando venne sostenuto dinanzi alla CIG che alcune delle disposizioni di tale Convenzione avevano "valore consuetudinario", era passato un lasso di tempo inferiore a dieci anni! Questi dieci anni, per la Corte, non costituivano un ostacolo insormontabile alla formazione di una norma consuetudinaria.

19. Conclusioni. — In breve, nella prassi contemporanea, se il comportamento degli Stati che integra la consuetudine non può manifestarsi in un solo momento ma, in linea di principio, deve essere costante e reiterato, risulta altrettanto evidente che per esistere giuridicamente, una consuetudine non ha bisogno del riconoscimento di tutti gli attori della società internazionale; bastano solamente i *più rappresentativi* tra di essi.

3. — Una tesi confermata dalla CIG

20. Consuetudini elaborate in seno ad OIG. — La CIG ha riconosciuto anche la possibilità di elaborazione di consuetudini in seno ad organizzazioni internazionali. La Corte ha, infatti, ammesso che la *prassi seguita dagli Stati all'interno delle OIG* sia suscettibile di creare norme a carattere consuetudinario e, come tale, non necessiti né dell'accordo di tutti gli Stati membri, né di un periodo temporale particolarmente lungo.

21. Conferma nel parere consultivo sulla Namibia (1971). — Basti citare, a tale riguardo, il ragionamento della CIG nel suo, già citato, parere consultivo *sulla Namibia* del 1971. In questa vicenda, il Sud Africa aveva sollevato una prima obiezione relativa alla validità delle risoluzioni del Consiglio di sicurezza con le quali si metteva fine al suo mandato sulla Namibia, in particolare, la Ris. n. 284 del 1970. Per il Sud Africa, tale risoluzione era inefficace perché era stata adottata in contrasto con l'art.

---

(11) Sent. cit., punto 74.

27, par. 3, della Carta ONU: non c'era stato, infatti, il "voto favorevole" da parte dei cinque Membri permanenti del Consiglio di sicurezza, giacché due di essi si erano astenuti ([12]). Per rispondere a tale obiezione, la Corte esaminò i verbali del Consiglio di sicurezza, le decisioni della Presidenza, le prese di posizione dei Membri del Consiglio di sicurezza e, in particolare, dei Membri permanenti. Alla fine, la Corte si espresse con queste parole: "[i] dibattiti, che hanno luogo nel Consiglio di sicurezza, da molti anni provano abbondantemente che la prassi dell'astensione volontaria di un membro permanente è sempre ed uniformemente stata interpretata, a giudicare dalle decisioni della presidenza e i pareri dei membri del Consiglio, in particolare dai membri permanenti, nel senso che non costituisce un ostacolo all'adozione di risoluzioni..." (par. 22). La Corte, dunque, concludeva che: "[l]a procedura seguita dal Consiglio di sicurezza, che è rimasta invariata dopo l'emendamento apportato all'art. 27 della Carta nel 1965, è stata generalmente accettata dai membri delle Nazioni Unite e *costituisce la prova di una prassi generale dell'organizzazione*" (punto 22, corsivo aggiunto).

In breve, la CIG ha riconosciuto che quella prassi generale evidenziava una *consuetudine* la quale, però, era frutto di una prassi di *un organo dell'ONU* — il Consiglio di Sicurezza —, seppure *costante* ed estesa per un periodo di tempo abbastanza lungo (ma un periodo di tempo non superiore, naturalmente, all'esistenza stessa dell'ONU) e come tale era opponibile al Sud Africa.

22. Altri esempi. — Ulteriori esempi sono la nozione di "piattaforma continentale" (*Continental Shelf*) la quale, dopo essere stata proposta nel 1945 dal Presidente degli Stati Uniti Truman, è stata immediatamente accettata e consacrata dalla prassi della maggioranza degli Stati, fino a ricevere formale consacrazione nel 1958 al momento della Conferenza di Ginevra sul diritto del mare. Analoghe considerazioni valgono a proposito della *zona economica esclusiva (Exclusive Economic Zone)*, poi codificata dalla UNCLOS o ancora per le *preferenze commerciali* a vantaggio dei Paesi in via di sviluppo.

Sezione II
Gli elementi costitutivi della consuetudine internazionale

23. La definizione dell'art. 38 dello statuto della CIG. — L'art. 38 dello Statuto della CIG fornisce una definizione oggettiva della consuetudine. Esso, infatti, fa riferimento "alla prova di una prassi generale accettata come diritto" (*General Practice Accepted as Law*). Il problema fondamentale è dunque quello della *prova* dell'*esistenza di una consuetudine* e dunque della precisazione degli obblighi internazionali che essa pone.

L'onere della prova dell'esistenza di una consuetudine internazionale è a carico della parte che la invoca ed in pratica, sarà compito del giudice o dell'arbitro, con l'ausilio della dottrina, confermarne o meno l'esistenza.

24. I due elementi costitutivi della consuetudine internazionale. — Occorre però che le due condizioni previste dall'art. 38 dello Statuto della CIG siano cumulativamente soddisfatte: serve innanzitutto constatare un elemento *oggettivo o materiale* —

(12) V. il punto 21 del Parere consultivo della CIG.

ossia i precedenti o la prassi generale — (§ 1); ed occorrerà, inoltre, rilevare la sussistenza dell'*elemento psicologico-soggettivo*, ovvero bisognerà accertare il carattere obbligatorio della regola non scritta "*in the eyes of the parties*", come dicono gli inglesi (§ 2).

§ 1. — *L'elemento oggettivo: la prassi*

25. Una facile dimostrazione? — L'elemento oggettivo della consuetudine sembra il più facile da provare. La consuetudine deve consistere in una sequenza di fatti ripetuti costantemente per un tempo più o meno lungo (***diuturnitas***) al fine di poter concludere che ci si trova di fronte a dei precedenti ripetuti, cioè ad una prassi costante. È dunque di somma importanza, per non trarre conclusioni superficiali, che tali dati siano attentamente e criticamente vagliati al fine di esaminare con metodo induttivo l'elemento oggettivo di una pretesa norma consuetudinaria.

1. — La ricerca della prassi degli Stati (*State practice*)

26. Determinazione della prassi. — Per prassi, come ha rilevato FERRARI BRAVO, si intende "ogni comportamento di uno Stato che sia rivelatore di un suo atteggiamento cosciente di fronte ad una norma di diritto internazionale o di una situazione giuridica internazionale" (13) ed è "fuori dubbio che parlando di 'prassi generale', gli autori dello Statuto della Corte avevano in mente le norme consuetudinarie che vincolano tutta la Comunità internazionale" (14).

Pertanto, la condotta degli Stati e i comportamenti rilevanti ai fini del costituirsi di una consuetudine non sono soltanto quelli che si manifestano nelle relazioni internazionali *(a)*, ma anche quelli che si concretano in attività interne che siano internazionalmente rilevanti *(b)*.

a) *L'attività esterna degli Stati*

27. Tipologia. — Se dal punto di vista del diritto internazionale lo Stato è un ente unitario, la sua attività nella vita di relazione internazionale coinvolge organi statali diversi.

Così, l'esistenza di una consuetudine internazionale può essere desunta — per quanto riguarda l'elemento oggettivo — da atti e documenti relativi alle relazioni internazionali quali la *corrispondenza diplomatica* (15), le *istruzioni dello Stato* ai

---

(13) FERRARI BRAVO, *Lezioni di diritto internazionale*, 3 ed., cit., p. 198 ed il suo fondamentale saggio: "Méthodes de recherche de la coutume internationale dans la pratique des États", *RCADI*, v.192, 1985, pp. 233-330.

(14) FERRARI BRAVO, *Lezioni di diritto internazionale*, cit., p. 172.

(15) FERRARI BRAVO, *Lezioni di diritto internazionale*, cit., p. 199: "In primo luogo si tratta della corrispondenza diplomatica indirizzata agli Stati stranieri. In questa categoria possiamo avere dei documenti stilati dal Governo di uno Stato ed indirizzati al Rappresentante diplomatico di una potenza straniera accreditata presso questo Stato." La *corrispondenza diplomatica con una OIG* "prende normalmente la forma di una nota che il Rappresentante permanente di uno Stato presso un'Organizzazione internazionale rivolge al più alto funzionario dell'Organizzazione (Segretario generale, Direttore generale ecc., secondo i casi) affinché questi faccia circolare la nota fra gli Stati membri quale documento dell'Organizzazione" (ID., p. 201). Non vanno considerati gli *interna corporis* come ad es. i pareri dei consiglieri giuridici.

propri organi per le relazioni internazionali, *sentenze di tribunali internazionali*, processi verbali di conferenze intergovernative e così via. Non esiste un elenco esaustivo di tali atti che andranno attentamente esaminati alla luce del contesto in cui sono stati emanati.

28. I trattati. — La prova della prassi degli Stati, del loro comportamento nelle relazioni internazionali, risiede, innanzitutto, nei *trattati bi- e multilaterali* che hanno concluso, sia tra loro, sia con le organizzazioni internazionali ed altri soggetti giuridici internazionali. Ragion per cui, la CVT, all'art. 36, precisa che niente si debba opporre al fatto che: "[u]na regola stabilita in un trattato diventa obbligatoria per un altro Stato in quanto regola consuetudinaria di diritto internazionale riconosciuta come tale". In questo modo, una norma di diritto pattizio inserita in un trattato internazionale può, in seguito, vedersi riconoscere un valore consuetudinario in funzione della prassi degli altri Stati. Questa è stata, d'altronde, la questione centrale posta davanti alla CIG nella precitata sentenza della ***piattaforma continentale del Mare del Nord*** del 1969. Si trattava infatti di determinare se il *criterio dell'equidistanza* per la delimitazione delle piattaforme continentali "contigue", disposto all'art. 6 della Convenzione di Ginevra del 1958 sulla piattaforma continentale, avesse acquisito valore di norma consuetudinaria e dunque se esso costituisse così una regola obbligatoria di diritto internazionale nei confronti di uno *Stato terzo*, che non fosse parte della citata Convenzione, ossia la Repubblica Federale di Germania ([16]). Ciò che rileva nella fattispecie non è tanto la risposta della Corte (che non ha ravvisato l'esistenza della consuetudine) quanto il ragionamento logico dalla stessa utilizzato.

Così, in materia di diritto internazionale degli investimenti, si discute se le clausole dei BITs, in quanto riprodotte molte volte in trattati stipulati con Parti diverse abbiano formato una consuetudine a favore dei privati investitori. Si tratta tuttavia di una conclusione infondata giacché, a differenza del c.d. *minimum standard*, non basta di certo la prassi uniforme di un solo Stato; né è vero che le clausole reiterate sono tutte uguali ([17]). Ciò non toglie però che ciascun BIT costituisca ***un elemento della prassi*** di uno Stato come ha indicato la CIG nel **caso *Diallo***:

"La circostanza invocata dalla Guinea che vari trattati internazionali, quali accordi relativi alla promozione e alla tutela degli investimenti esteri e la Convenzione di Washington, abbiano stabilito dei regimi giuridici specifici che disciplinano la tutela degli investimenti, o che delle disposizioni a tale riguardo siano comunemente incluse in contratti conclusi direttamente tra Stati e investitori stranieri, non è sufficiente a dimostrare che vi sia stato un mutamento delle norme consuete in materia di protezione diplomatica. La medesima circostanza potrebbe persino dimostrare il contrario." ([18])

29. Atti unilaterali. — Bisogna anche tenere conto degli atti unilaterali degli Stati e delle OIG che possono far luce sul comportamento degli Stati, dato che costitui-

---

([16]) Al riguardo, v. dal punto 60 all'81 della sentenza della CIG.

([17]) V. a tale proposito D. Carreau, P. Juillard, R. Bismuth, A. Hamann, *Droit international économique*, cit., p. 546. Osserva in proposito Ferrari Bravo (*Lez. di dir. int.*, cit., p. 218) che "la stipulazione ripetuta da parte di uno Stato di convenzioni che derogano alle norme consuetudinarie che reggono la materia cui si riferiscono, permett[e] di concludere che lo Stato in questione non sente più interesse per queste norme". In altre parole, tale atteggiamento prova il mutamento di *opinio juris* dello Stato.

([18]) CIG, sentenza del 24 maggio 2007, eccez. prelimin., *Rep. di Guinea c. Rep. Dem. del Congo*, in *Rec.* 2007, p. 615, punto 90.

scono una manifestazione specifica della loro prassi esterna (19). Si pensi, ad esempio, ad una dichiarazione generale di politica estera, come la *Dottrina Monroe* o *Stimson* o *Truman* e così via o alle proteste. A tale categoria si aggiungono i ***manuali militari*** e le *regole di ingaggio* (*Rules of engagement*) e secondo alcuni autori, anche i commenti degli Stati sui progetti di codificazione del diritto internazionale della CDI sono elementi della prassi (20).

30. Giurisprudenza internazionale. — Un'attenzione particolare merita, poi, la giurisprudenza internazionale (dei sempre più numerosi tribunali internazionali e dei collegi arbitrali internazionali) nella individuazione del contenuto degli obblighi di carattere consuetudinario.

31. La prassi delle organizzazioni internazionali. — È necessario, infine, esaminare anche la prassi delle OIG la quale può apportare degli elementi importanti per provare l'esistenza di una consuetudine ed aiuta anche a valutare la sua eventuale *formazione accelerata* (21).

b) *Attività interna dello Stato che abbia rilievo internazionale*

32. Atti legislativi in materia internazionale. — Oltre che dall'attività esterna degli Stati, la prassi rilevante può risultare da quelle attività interne dello Stato che abbiano un rilievo internazionale quali l'attività legislativa, amministrativa e giudiziaria. Pertanto, acquistano importanza fondamentale le leggi nazionali degli Stati ed i regolamenti amministrativi, e più in generale tutti quegli atti emanati dagli Stati nel proprio ordinamento giuridico interno che possano avere rilevanza internazionale, come per esempio le leggi sulla *cittadinanza* o quelle sulla *nazionalizzazione dei beni stranieri*, norme che, come tali, evidenziano la prassi specifica di uno Stato in quelle materie (22).

33. Giurisprudenza nazionale in materia internazionale. — Altri elementi della prassi di uno Stato sono poi le *sentenze e i vari atti e provvedimenti del giudice interno (civile, penale, amministrativo, costituzionale)*. Del resto, va osservato che anche la giurisprudenza nazionale costituisce un "mezzo ausiliario di determinazione delle regole di diritto" ai sensi e per gli effetti dell'art. 38, par.1, lett. *d)* dello Statuto della CIG.

L'esistenza di diritti ed obblighi internazionali fissati da norme consuetudinarie viene spesso invocata in procedimenti giudiziari interni a carattere civile, penale, costituzionale od amministrativo sicché il giudice interno si trova, nolens volens, *a dover applicare il diritto internazionale per risolvere tali controversie* (23). Pertanto, nelle sue pronunce, può riferirsi ad una regola precisa del diritto internazionale che, a suo giudizio, disciplina l'esito della controversia sottopostagli.

---

(19) V. *supra*, Parte II, titolo II.

(20) V. *Brownlie's Principles of Public International Law*, 9 ed., cit., p. 22.

(21) V. *supra*, Cap. VIII e cfr. N. Blokker, "International Organizations and Customary International Law", in *Int. Org. Law Rev.*, 2017, pp. 1-12.

(22) V. Ferrari Bravo, *op. cit.*, p. 225: "un atto di legislazione in un campo appartenente al diritto internazionale rappresenta il grado più alto della prassi dello Stato da cui esso emana".

(23) V. *infra*, Parte III, titolo II. Cfr., *inter multos*, C. Ryngaert, D.W. Hora Siccama, "Ascertaining Customary International Law: An Inquiry into the Methods Used by Domestic Courts", in *Netherlands International Law Review*, 2018, pp. 1-25.

Per **esempio**, le regole consuetudinarie relative ai *privilegi ed alle immunità degli Stati e degli agenti diplomatici stranieri* risultano sì anche da atti internazionali ma soprattutto dalla prassi giudiziaria, oltre a quella legislativa ed amministrativa degli Stati che accordano tali immunità ed esenzioni.

2. — Continuità e diffusione della prassi

34. — I comportamenti degli Stati nei quali si concreta la consuetudine possono consistere in ***azioni** od **omissioni.*** Non si deve trattare di fatti isolati, né occorre una ripetizione di comportamenti uguale a quella necessaria per aversi una norma consuetudinaria nel diritto interno. Senonché, una pratica deve essere generale (*widespread*) cioè **diffusa** e manifestarsi in modo **coerente** (*consistency of practice*) ossia, ci deve essere una *certa frequenza di comportamenti uniformi degli attori della società internazionale.* A tale riguardo, la CIG ha fatto più volte riferimento alla "prassi costante", alla "frequenza degli atti in causa" ed alla "prassi frequente ed uniforme" ([24]). Il tempo necessario perché una consuetudine si formi, come vedremo più avanti, dipende dalla materia e dalle circostanze spaziando da qualche secolo alla c.d. consuetudine istantanea. E a ben vedere, si tratta di una domanda oziosa giacché, nella pratica, occorre sapere solo se una consuetudine esiste *nel momento in cui viene invocata*. Il resto è per gli storici del diritto.

Valgano, a tale proposito, gli **esempi** qui di seguito riportati.

35. — Innanzitutto, nel precitato ***caso Haya de la Torre*** del 20 novembre 1950, la CIG ritenne che la regola consuetudinaria, invocata da una delle parti, era "conforme ad un uso costante ed uniforme" ([25]).

36. — A distanza di poco tempo, nel caso, anch'esso già citato, delle ***peschiere* tra il Regno Unito e la Norvegia** del 18 dicembre 1951, la CIG dovette fare riferimento ad una "prassi costante e sufficientemente lunga" (p. 139).

37. — Si può anche citare la sentenza della CIG del 12 aprile 1960 tra l'India ed il Portogallo (***caso del diritto di passaggio in territorio indiano***), nella quale la Corte insistette sulla "prassi costante ed uniforme" seguita nella fattispecie dalle parti in lite ([26]).

38. — Nella sentenza del 20 febbraio 1969 relativa al ***caso della piattaforma continentale del Mare del Nord***, la CIG ha fatto più volte riferimento alla "prassi costante", alla "frequenza degli atti in causa" ed alla "prassi frequente ed uniforme".

39. Prassi di una "maggioranza rappresentativa" di Stati. — Esistono divergenze notevoli in merito al periodo di tempo durante il quale dev'essere stata seguita una prassi determinata e circa il numero degli Stati che deve averla adottata. *È sufficiente la prassi costante di una maggioranza* nel senso che tale "prassi costante" non deve essere necessariamente seguita da *tutti* gli Stati del pianeta. In altre parole, la consuetudine deve essere comune a più soggetti e non si applica il principio di

---

([24]) CIG, sentenza del 20 febbraio 1969 relativa al caso della piattaforma continentale del Mare del Nord, Rec.1969, punti 74 e 77.

([25]) In *Rec.*, p. 276.

([26]) In *Rec.*, p. 40.

reciprocità: essa, infatti, vincola anche quegli Stati che non abbiano contribuito direttamente alla sua formazione, quali ad esempio i nuovi Stati che entrano a far parte della Comunità internazionale.

40. (*segue*) Il *dictum* della CIG nel caso della piattaforma continentale del Mare del Nord del 1969. — La CIG, nel caso della *piattaforma continentale del Mare del Nord* del 1969 ([27]), ha indicato che ai fini della formazione di una norma consuetudinaria a partire da una norma di un trattato occorre il decorso di un certo periodo di tempo. Senonché la medesima Corte ha aggiunto che:

"anche senza il decorso di un lungo periodo di tempo, una partecipazione molto ampia e rappresentativa ad un trattato è sufficiente, a condizione comunque che essa comprenda gli Stati particolarmente interessati" (punto 73).

Bisogna notare, a tale proposito, che la "maggioranza rappresentativa degli Stati" va esaminata caso per caso. Occorre sempre che gli Stati in lite siano "interessati" nella specifica materia oggetto di consuetudine: vale a dire, per esempio, che la posizione degli Stati senza sbocco sul mare non potrà essere invocata per stabilire una consuetudine marittima.

41. Un'analisi valida per tutti tipi di consuetudini. — Lo stesso ragionamento può essere applicato ad altri tipi di consuetudine e non solamente alla consuetudine generale o universale, ma anche alle *consuetudini regionali*, delle quali si vuole provare l'esistenza. Occorre che un numero sufficientemente rappresentativo di Stati particolarmente interessati abbia, per via di una prassi costante ed uniforme, evidenziato la presenza dell'elemento oggettivo della regola invocata.

§ 2. — *L'elemento psicologico: l'***opinio juris sive necessitatis** *cioè "il riconoscimento del carattere obbligatorio della regola non scritta"*

42. — L'*opinio iuris* è l'altro elemento necessario che, unitamente ad un dato comportamento degli Stati, lo trasforma da mero *fatto storico* in un *fatto normativo*: la consuetudine internazionale. Si parla al riguardo di *opinio juris sive necessitatis*, ossia la *convinzione* in capo agli Stati che un dato comportamento sia giusto ed obbligatorio.

1. — Consuetudine e cortesia internazionale (*comitas gentium*)

43. Distinzione tra *opinio juris* e cortesia internazionale. — La consuetudine deve essere distinta da altre regole quali quelle della *morale* o della *cortesia internazionale* (*comitas gentium* o ancora *International Comity*). Per cortesia internazionale, si devono intendere delle regole di *buon comportamento o di convenienza politica* ma che, tuttavia, non hanno l'efficacia obbligatoria propria delle norme giuridiche. Insomma: l'uso non va confuso con l'usanza.

44. Esempi. — Quando gli Stati Uniti, dopo la seconda guerra mondiale, fecero esplodere alcuni ordigni nucleari nell'atmosfera del Pacifico, più precisamente sopra

---

([27]) CIG, sentenza del 20 febbraio 1969 relativa al caso della piattaforma continentale del Mare del Nord, cit., p. 4 ss.

l'isola di Bikini, dei pescatori giapponesi che si trovavano nei dintorni furono esposti alle contaminazioni radioattive. Il governo statunitense decise di risarcire quei pescatori solo in base a dei principi d'umanità, e non in virtù di una norma obbligatoria. Il governo statunitense precisò che la sua condotta in materia non doveva interpretarsi alla stregua di un precedente da opporre agli Stati Uniti successivamente.

In un altro settore, quando un Capo di Stato o un Primo ministro in carica muore, è molto frequente che i governi degli altri Stati si facciano rappresentare ufficialmente in occasione dei funerali. Si tratta, in questo caso, di pura cortesia che non risponde a nessun obbligo di tipo internazionale.

In un altro esempio ancora, quando, nel febbraio del 1973, un aereo di linea libico fu abbattuto per errore sopra il Sinai dai caccia israeliani, Israele decise di risarcire le famiglie delle vittime a titolo umanitario. Gli Stati Uniti adottarono la stessa posizione nel 1988 quando un volo di linea iraniano fu scambiato per un aeromobile militare ed abbattuto da un missile lanciato dall'incrociatore Vincennes ([28]).

45. Conferma della distinzione da parte della CIG. — In altri termini, esistono degli atti abituali nelle relazioni internazionali che rientrano nella sfera della cortesia, e quindi nascono dalla pura buona volontà degli Stati e non dall'esigenza di adempiere ad un obbligo giuridico internazionale. La CIG ha dovuto insistere su questo punto, nel precitato caso della *piattaforma continentale del Mare del Nord* del 1969, indicando che "[e]sistono numerosi atti internazionali in materia di protocollo, per esempio, che sono stati quasi sempre adempiuti, ma essi sono motivati da delle semplici considerazioni di cortesia, di opportunità o di tradizione e non per obbligo giuridico" ([29]).

2. — Il riconoscimento esplicito del carattere obbligatorio della consuetudine internazionale

46. Ricerca della motivazione. — La prova dell'esistenza di un determinato comportamento degli Stati è, di per sé, insufficiente al fine di dimostrare l'esistenza di una consuetudine. Si deve, infatti, dimostrare la *motivazione* di questo comportamento. In altre parole, si deve poter provare che se gli Stati hanno agito in una certa maniera, è perché sentivano *che essi dovevano agire in tale maniera*. Si tratta di una concezione tradizionale della consuetudine che né la CPGI né la CIG hanno mai abbandonato. A tal fine, si possono menzionare due casi molto famosi, già citati come il caso "*Lotus*" del 1927 e quello della *piattaforma continentale del Mare del Nord* del 1969.

47. Il precedente: il caso *Lotus* dinanzi alla CPGI. — Nel *caso del vapore Lotus*, il Governo francese sostenne che, in seguito all'urto in alto mare di una nave francese con una nave turca, i relativi procedimenti penali dovevano essere attivati esclusivamente dinanzi ai giudici dello Stato della bandiera per effetto di una norma consuetudinaria internazionale. Ne discendeva che solo la Francia poteva avviare un procedimento penale nei confronti dei marinai responsabili, in qualità di Stato della bandiera della nave che era entrata in collisione con la nave turca. Dinanzi alla CPGI,

---

([28]) Su questo incidente v., *AJIL*, 1989, p. 318. Il testo della transazione in cui è chiaramente precisato che il risarcimento delle vittime accettato dagli Stati Uniti era stato fatto *ex gratia* e che non avrebbe costituito un "*precedente giuridico*", in *ILM* 1996, p. 553.

([29]) Punto 77.

l'agente del Governo francese indicò che la giurisdizione dello Stato delle vittime dell'urto non avesse, in generale, titolo in questo tipo di procedimento e, poiché scarseggiavano i precedenti su cui fondare tale argomentazione, ne concluse che si trattava della prova "di un'autorizzazione tacita degli Stati" a favore dello Stato della bandiera. In altre parole, il fatto dell'*astensione degli Stati* su tale questione, induceva l'agente del governo francese a concludere che la giurisdizione penale in materia di urto in mare appartenesse allo Stato della bandiera dell'autore dell'illecito: nel caso di specie, dunque, la Francia.

La Corte, tuttavia, rigettò siffatta argomentazione rilevando che l'astensione di uno Stato dà luogo al formarsi di una consuetudine "soltanto se è stata motivata dalla coscienza di un dovere di astenersi" ([30]).

48. La conferma di tale approccio ad opera della CIG nella sentenza sulla piattaforma continentale del Mare del Nord (1969). — Nella sentenza *della piattaforma continentale del Mare del Nord* del 1969, la CIG dovette insistere nuovamente sulla necessaria presenza delle due componenti della regola consuetudinaria: l'elemento materiale e l'elemento psicologico ([31]).

Qui, la Corte doveva precisare la posizione giuridica degli Stati che non erano Parti contraenti della Convenzione di Ginevra del 1958 sulla piattaforma continentale, allo scopo di determinare se alcune norme di questa Convenzione possedessero un valore consuetudinario e dunque obbligatorio per quegli Stati. Quantunque tale Convenzione possedesse un valore consuetudinario, la Corte osservava che "due condizioni devono essere soddisfatte: non solamente gli atti considerati devono rappresentare una prassi costante, ma, inoltre, devono testimoniare, per loro natura o per la maniera in cui sono eseguiti, la convinzione che questa prassi sia resa obbligatoria dall'esistenza di una norma giuridica. La necessità di tale convinzione, vale a dire l'esistenza di un elemento soggettivo, è implicita nella nozione stessa di *opinio juris sive necessitatis*". "Gli Stati interessati" — concluse la Corte — "devono dunque avere il sentimento di conformarsi a ciò che equivale ad un obbligo giuridico" (punto 77).

49. Consuetudine ed astensione. — Nemmeno si può dimostrare l'esistenza di una consuetudine a partire dalla mera astensione da parte degli Stati. *Si deve provare che tale astensione sia frutto di una volontà inequivoca da parte degli Stati, in ragione della coscienza di essere obbligati ad astenersi.* Viceversa, un'azione precisa degli Stati, un'azione positiva, non è sufficiente per provare l'esistenza di una consuetudine: è necessaria un'ulteriore dimostrazione ossia che quest'azione positiva sia il risultato della volontà inequivoca degli Stati di rispettare una regola che essi considerano come obbligatoria ([32]).

([30]) A, n. 10, p. 28.

([31]) Punto 78.

([32]) Osservano SINAGRA e BARGIACCHI, (Lezioni di diritto internazionale pubblico, 3 ed., cit., p. 172) che "[n]ella fase di formazione generale — in cui la norma ancora *non* esiste — l'elemento soggettivo ha valore costitutivo perché consiste nella convinzione (*belief*) da parte dello Stato che la condotta tenuta sia socialmente doverosa e giuridicamente necessaria per disciplinare la fattispecie o la situazione cui si riferisce. In altre parole, *mancando una norma vigente*, lo Stato considera legittima dal punto di vista giuridico la propria condotta e mira, qualora questa diventi anche una pratica generale di tutti gli altri Stati a consolidare una nuova norma".

3. — L'assenza di obiezioni

50. Ruolo delle eventuali proteste. — *Inoltre, sia gli "Stati interessati" (nel caso di una consuetudine locale o regionale), che gli Stati terzi (nel caso di una consuetudine generale) non devono aver sollevato obiezioni rispetto alle prassi di cui si allega la natura consuetudinaria.*

Per evitare la *formazione di una regola consuetudinaria*, è infatti possibile che alcuni Stati *protestino* e manifestino così il loro rifiuto di considerarli come loro *opponibili* sul piano internazionale. Per esempio, quando numerosi Stati dell'America latina tentarono in passato di portare l'ampiezza del loro mare territoriale a 200 miglia, moltissimi Stati sollevarono delle energiche proteste in modo tale da impedire che questa regola delle 200 miglia assurgesse a regola giuridica di natura consuetudinaria.

51. (*segue*) L'obiettore persistente (*Persistent Objector*). — Così, potrebbe sembrare diversa la posizione di uno *Stato di nuova formazione* che obietta sul rispetto delle norme consuetudinarie che i "vecchi Stati" hanno generato. Senonché, una volta entrato nel "club degli Stati", si impone il principio per cui *i nuovi Stati che entrano a far parte della società internazionale risultano automaticamente obbligati dal diritto consuetudinario che trovano*. Pertanto, da quest'ultimo punto di vista, quantomeno sotto il profilo giuridico, la contestazione dello Stato "obiettore persistente" *successiva* alla formazione di una norma consuetudinaria risulta praticamente irrilevante ed espone quello Stato ad un illecito internazionale. Si potrebbe pervenire ad una conclusione diversa in presenza di due particolari circostanze.

In **primo luogo**, qualora *la contestazione provenga da un* ***gruppo di Stati*** *in modo coeso* (ad es. ex colonie o gli Stati membri di un'organizzazione regionale). Ma in tal caso si può arrivare ad una *consuetudine regionale* giacché per modificare una *consuetudine generale* occorre soddisfare tutte le condizioni sopra indicate e dunque verificare l'esistenza di una *nuova* consuetudine ben oltre la cerchia dei "contestatori originari".

La **seconda possibilità** è quella per cui *all'obiezione persistente di uno Stato*, in fase di "nascita" di una consuetudine internazionale, non si accompagni la *protesta di altri Stati*. Qui, occorre verificare se la mancata protesta derivi da un'accettazione implicita della condotta dello Stato obiettore da parte degli altri Stati. Insomma, la tolleranza della "devianza sociale" dello Stato obiettore potrebbe fare *presumere iuris tantum* **l'acquiescenza** degli altri Stati, legittimando per questa via la condotta dello Stato obiettore.

Tale eccezione viene esaltata, oltre che dalla dottrina di alcuni autori ([33]), parzialmente nella sentenza della CIG sul ***caso delle zone di pesca anglo-norvegesi*** ([34])

([33]) Cfr. ad es. J. GREEN, *The persistent objector rule in International Law*, Oxford, OUP, 2016 e A. D'AMATO, "Groundwork for International Law", in *AJIL*, 2014, p. 668.

([34]) CIG, sentenza del 18 dicembre 1951, *Norvegia c. Regno Unito*, in *Rec.*, 1951, p. 116 ss.. Seppure molti autori magnifichino gli ***obiter dicta*** della Corte invece che fondarsi sui *dicta*, come dovrebbero, si può ammettere che la CIG, nel caso di specie, *qualche indicazione* l'ha data. Nel caso di specie, la Norvegia basava le proprie tesi argomentative sull'esistenza di una norma consuetudinaria in materia di misurazione del mare territoriale a partire dalle linee di base rette congiungenti i punti più esterni della costa. A tale tesi si opponeva la Gran Bretagna che, a propria volta, sosteneva che la pretesa norvegese fosse illecita in base ad una *sopravvenuta norma consuetudinaria* che limitava comunque a dieci miglia nautiche il mare

e nella traballante "conclusione" n. 15 del *Progetto della CDI sul diritto internazionale consuetudinario*.

In conclusione, si tratta di circostanze di fatto che vanno soppesate con grande ***cautela*** in quanto si tratta di eccezioni al principio generale per cui la consuetudine generale possiede carattere *erga omnes* e stabilisce obblighi di condotta in capo a *tutti gli Stati* della Comunità internazionale. Pertanto, va ricordato che *exceptio est strictissimæ interpretationis*.

52. Difficoltà dell'onere della prova. La prassi nel peculiare contesto della diplomazia multilaterale. — La compresenza dei due elementi della consuetudine, ovverosia l'elemento oggettivo e l'elemento psicologico-soggettivo rende la prova dell'esistenza di una consuetudine dinanzi al giudice internazionale assai ardua.

Così, **ad esempio**, nel *caso Haya de la Torre* del 1950, la CIG rifiutò di considerare la concessione di *asilo diplomatico* una regola consuetudinaria regionale specifica degli Stati del continente latino-americano. Analogamente, nel *caso della piattaforma continentale del Mare del Nord del* 1969, la CIG rifiutò di attribuire valore consuetudinario alla regola dell'equidistanza per delimitare le piattaforme continentali contigue. Non molto tempo fa, seguendo lo stesso approccio, in mancanza di *opinio juris*, la CIG è giunta alla conclusione secondo la quale il diritto consuetudinario non prevede il divieto dell'uso o della minaccia di impiego delle armi nucleari ([35]).

Ancora, l'*opinio juris* si è trovata al centro di aspre polemiche circa la natura consuetudinaria o meno di alcune regole di **diritto internazionale umanitario**. Recentemente, il Comitato Internazionale della Croce Rossa (CICR) ha prodotto uno studio di circa 5000 pagine per tentare una codificazione di tale materia ([36]). Senonché, in una lettera indirizzata al presidente della CICR, gli esperti giuridici dello *US State Department* e dello *US Department of Defence*, hanno rilevato che alcune di quelle regole, presentate come consuetudinarie — in particolare le *rules* 31, 45, 78 e 157 — in realtà non lo erano stante l'assenza di *opinio juris* ([37]).

Infine, secondo quanto indicato dalla CIG nel *caso delle attività militari e paramilitari in Nicaragua*, l'effetto di un consenso manifestato da uno Stato tramite il voto al testo di una *Risoluzione* dell'Assemblea Generale dell'ONU può essere interpretato "come un'adesione al valore della regola o della serie di regole dichiarate dalla risoluzione e prese in sé stesse" e dunque dell'*opinio juris* di uno Stato dato. Ma una cosa è la prassi e l'*opinio juris* di uno Stato manifestata tramite il voto in un

---

territoriale. La CIG, nel rigettare la tesi inglese osservava nel caso di specie che la invocata regola delle dieci miglia nautiche avrebbe dovuto basarsi su "*la notorietà dei fatti, la tolleranza generale della comunità internazionale, la posizione della Gran Bretagna nel Mare del Nord, il suo proprio interesse nella questione, la sua astensione prolungata*" (p. 139). Testualmente la CIG ha indicato che "[i]n these circumstances the Court deems it necessary to point out that although the ten-mile rule has been adopted by certain States both in their national law and in their treaties and conventions, and although certain arbitral decisions have applied it as between these States, other States have adopted a different limit. Consequently, the ten-mile rule has not acquired the authority of a general rule of international law. In any event the ten-mile ruie would appear to be inapplicable as against Norway inasmuch as she has always opposed any attempt to apply it to the Norwegian coast." (p. 131).

([35]) CIG, Parere dell'8 luglio 1996, cit., punti 71 e 105, lett. *a* e *b*.

([36]) J. M. Haenkers, L. Doswald (a cura di), *Customary International Humanitarian Law*, Cambridge, CUP, 2 voll., 2005.

([37]) La lettera si trova pubblicata in *ILM*, 2007, p. 154. Sul valore delle risoluzioni dell'Assemblea generale ONU al massimo come manifestazione di *opinio juris* insufficiente, come tale, a dare vita ad una consuetudine internazionale se priva di *diuturnitas*, v. Conforti, *Diritto internazionale*, 11 ed., cit., p. 46.

organo di una data OIG, altra e diversa questione è la ***prassi dell'organizzazione internazionale*** che si rileva tramite la *risoluzione* che deriva da quella votazione ed è pertanto un distinto atto internazionale imputabile all'ente e non al singolo Stato.

Sezione III
Funzione della consuetudine

53. Piano espositivo. — Abbiamo detto che in diritto internazionale, le consuetudini hanno prevalentemente la funzione di fissare alcune norme giuridiche generali necessarie per assicurare la coesistenza pacifica tra gli Stati. Basti pensare al *principio di uguaglianza sovrana degli Stati*, al *divieto di ingerenza negli affari interni* di altri Stati o ancora alla *buona fede* nell'attuazione degli obblighi internazionali. Senonché, la consuetudine svolge funzioni diverse nella società internazionale contemporanea. Può adattarsi innanzitutto alle necessità di tutti, di alcuni o di due Stati solamente; in altre parole, ha una portata geografica variabile (§ 1). Tradizionalmente, la consuetudine gioca un ruolo di stabilizzazione della norma giuridica (§ 2). Ma, nel nostro tempo, la consuetudine costituisce un importante fattore modificativo di norme giuridiche preesistenti (§ 3). Infine, può colmare le lacune del diritto pattizio (§ 4).

§ 1. — *L'ambito di applicazione territoriale della consuetudine*

54. L'articolo 38 dello Statuto della CIG. — L'art. 38 dello Statuto della Corte Internazionale di Giustizia parla solamente di "consuetudini generali", ossia quelle a portata universale. Ma nulla impedisce che ne esistano altre a portata più limitata, regionale, o perfino locale. La CIG ne ha ammesso il principio e talvolta — sia pure raramente — l'esistenza.

1. — La consuetudine generale

55. Le consuetudini sono frequentemente invocate dinanzi alla CIG. — Nei contenziosi internazionali le parti spesso invocano l'esistenza di una norma consuetudinaria dinanzi alla CIG. A tal riguardo, la CIG non ha mai esitato (ferma restando la sussistenza degli elementi costitutivi della norma consuetudinaria) ad affermare la presenza di norme consuetudinarie in diverse materie del diritto internazionale: dal diritto dei trattati alla responsabilità internazionale, dal diritto del mare alle questioni inerenti la delimitazione della giurisdizione statale.

56. Un'applicazione generale uniforme. — Stando così le cose, una volta rilevata l'esistenza di una consuetudine, questa si applica *uniformemente a tutti gli Stati*. Non possono esservi applicazioni parziali o, tantomeno, riserve ad una norma consuetudinaria. Ne risulta che la norma *consuetudinaria universale finisce con l'applicarsi ad un numero maggiore di Stati rispetto ad una norma di un trattato multilaterale*, il quale vincola solamente le Parti contraenti e può persino essere oggetto di riserve. La CIG ha affermato con forza l'*universalità* della norma consuetudinaria generale nel *caso della piattaforma continentale del Mare del Nord* del 1969. Secondo la Corte, si tratta infatti di "[...] norme e obblighi di diritto generale o consuetudinario *che, per propria natura, devono applicarsi in pari condizioni a tutti i membri della comunità interna-*

zionale e non possono dunque essere subordinati a un diritto di esclusione esercitato unilateralmente e a piacimento da un qualunque membro della comunità a suo proprio vantaggio" ([38]).

Nella fattispecie, la CIG notava che la regola dell'equidistanza, contenuta nella Convenzione di Ginevra del 1958 sulla piattaforma continentale, era formulata in uno degli articoli (art. 6) sui quali le Parti contraenti avevano facoltà di *formulare riserve* al momento della firma, della ratifica o dell'adesione. Ed allora, per la Corte, la facoltà di formulare riserve alla regola dell'equidistanza equivaleva a dire che le Parti contraenti non hanno considerato quella regola alla stessa stregua di una norma consuetudinaria a cui era vietato derogare a causa del suo carattere universale. Peraltro, la Corte, ragionando *a contrario*, precisava che la stessa Convenzione di Ginevra *escludeva la possibilità* di apporre riserve ad un certo numero di articoli (articoli da 1 a 3) ed aggiungeva che: "[q]uesti tre articoli sono quelli che abbiamo considerato chiaramente come *consacranti o cristallizzanti norme di diritto internazionale consuetudinario relativamente alla piattaforma continentale*, norme stabilite o quantomeno in via di formazione che mirano soprattutto a regolare l'estensione della piattaforma continentale, la natura giuridica del titolo dello Stato costiero, la natura dei diritti che vi possono essere esercitati, il genere di risorse naturali su cui vertono questi diritti, il mantenimento del regime giuridico delle acque sovrastanti la piattaforma continentale in quanto alto mare, il mantenimento del regime giuridico dello spazio aereo situato al di sopra di queste acque" ([39]).

In altre parole, al fine di esaminare le norme di diritto pattizio che sono suscettibili di essere qualificate come consuetudinarie, è necessario *distinguere tra quelle che possono essere oggetto di riserve e quelle che non lo possono*; solo le seconde sono suscettibili di entrare nella categoria delle *norme consuetudinarie*.

2. — La consuetudine regionale

57. — Le consuetudini sono espressione di diritto internazionale generale, ma può sussistere una pratica generale accettata come diritto da un ***gruppo ristretto di Stati***, al limite anche due Stati soltanto. Perciò, mentre le consuetudini *generali* o universali vincolano tutti i Membri della Comunità internazionale, quelle *particolari* (ad es. regionali) sono vincolanti solo per una sfera più ristretta di destinatari.

58. Il caso *Haya della Torre* (1950). — La Corte affrontava la questione dell'esistenza di una *consuetudine regionale* nel già citato caso *Haya della Torre*, oggetto di una controversia tra il Perù e la Colombia ([40]). Nella fattispecie, la Colombia aveva concesso l'asilo diplomatico nella propria Ambasciata a Lima a un politico peruviano molto famoso, Haya della Torre, ricercato dalle autorità locali. La Colombia sosteneva che, in virtù di una norma di "diritto internazionale americano", una "consuetudine regionale propria degli Stati dell'America Latina", era consentito alla Colombia di concedere l'asilo politico. Secondo la Colombia, spettava al Paese che concedeva l'asilo di determinare unilateralmente se il reato commesso da un individuo a cui era stato concesso l'asilo avesse o meno carattere politico. La Corte, esaminati i prece-

---

([38]) Punto 63. Corsivo aggiunto.
([39]) *Ibidem*. Corsivo aggiunto.
([40]) CIG, 20 novembre 1950, *Haya de la Torre*, *Rec*. 1950, p. 266.

denti evocati dalla Colombia, notava le molte "incertezze e contraddizioni", le "fluttuazioni e discordanze della prassi" e concludeva che la prova "di una consuetudine costante e uniforme accettata come diritto" non era stata fornita. La CIG indicava testualmente che, *"[t]he Party which relies on a custom of this kind must prove that this custom is established in such a manner that it has become binding on the other Party"* (p. 276-277) e dunque anche se, per ipotesi, una siffatta consuetudine regionale fosse esistita tra gli altri Stati dell'America Latina nel senso evocato dalla Colombia, non avrebbe potuto essere invocata nei confronti del Perù in quanto, testualmente, *"far from having by its attitude adhered to it, has on the contrary repudiated it"* (p. 277-278).

Pertanto, la CIG, pur non rilevando una consuetudine regionale nel caso di specie, non ha escluso che un tale tipo di consuetudine possa formarsi.

59. L'*uti possidetis juris*. — E a titolo di esempio di estensione della consuetudine regionale alla generalità degli Stati, è possibile citare la norma dell'*uti possidetis* (che trova la sua origine nella prassi latino-americana), secondo la quale gli Stati di nuova indipendenza mantengono i confini territoriali precedentemente fissati dall'ex Potenza coloniale. La CIG ha applicato questa norma diverse volte per risolvere delle pericolose controversie relative alla delimitazione dei confini a seguito della decolonizzazione ([41]).

A propria volta, nell'ambito — internazionale regionale — del Consiglio d'Europa, la Corte EDU ha riconosciuto l'esistenza di una consuetudine regionale in merito al **divieto della *pena di morte*** nel caso *Oçalan c. Turchia* (sentenza del 12 marzo 2003).

3. — La consuetudine locale (o bilaterale)

60. Il caso del *diritto di passaggio sul territorio indiano* (1960). — La questione dell'esistenza di consuetudini puramente **locali** (*local custom*) si è posta alla CIG nel caso del *diritto di passaggio sul territorio indiano* oggetto di una controversia tra il Portogallo all'India ([42]). Qui, la prima questione che la CIG dovette risolvere fu quella di stabilire se *l'esistenza di consuetudini locali*, ossia vincolanti per **soli due Stati**, *fosse giuridicamente possibile*. L'India riteneva che non esistessero consuetudini locali vincolanti solo per due Stati. La CIG, tuttavia, rigettando la tesi dell'India, affermava che non si ravvisavano ragioni per escludere l'esistenza di consuetudini locali. Infatti, se una prassi uniforme nel tempo da parte di due Stati viene accettata dagli stessi come regolatrice dei loro rapporti, si può avere, in linea di principio, la formazione di una consuetudine puramente locale, vincolante per i due Stati ([43]).

In seguito, la Corte determinava concretamente se, nel caso di specie, vi fosse una consuetudine locale. Considerava a tale fine "la prassi costante e uniforme" di libero passaggio per i cittadini portoghesi, i funzionari civili portoghesi, le merci portoghesi, attraverso il territorio indiano. La CIG menzionava inoltre "l'accettazione come

---

([41]) Cfr. CIG, 22 dicembre 1986, *Burkina Faso c. Repubblica del Mali*, *Rec.*, 1986, § 20, 23, 26, e *Benin c. Niger*, sentenza del 23 luglio 2005 o ancora *Nicaragua c. Honduras*, sentenza dell'8 ottobre 2007, punti 151-154. In arg. cfr. G. Nesi, *L'uti possidetis iuris nel diritto internazionale*, Padova, Cedam, 1996; Id., voce "Uti possidetis Doctrine", *MPEPIL*, 2011.

([42]) CIG, 12 aprile 1960, in *Rec.* 1960, p. 6.

([43]) P. 39.

diritto di questa prassi del diritto di passaggio da parte delle due parti", ossia del Portogallo e dell'India, il cui territorio era oggetto del passaggio. Di conseguenza, la CIG affermava l'esistenza di *un diritto di passaggio di tipo consuetudinario* (potremmo dire, con riferimento alle nostre categorie civilistiche, una *servitù di passaggio*), in favore solamente dei privati e delle merci.

Al contrario, con riferimento al **diritto di** ***passaggio delle forze armate***, applicando gli stessi metodi e lo stesso ragionamento, la Corte perveniva ad una *conclusione opposta*: "[l]'esistenza di un'autorizzazione preliminare al diritto di passaggio (era) la negazione stessa dell'esercizio del passaggio a titolo di diritto" (p. 42). Pertanto, il passaggio delle forze armate portoghesi in territorio indiano non formava oggetto di una consuetudine locale.

Altre Corti internazionali, quali la Corte EDU, hanno riconosciuto l'esistenza di consuetudini locali. Così, ad es., nella sentenza del 26 giugno 1992, *Drozd e Janousek c. Spagna e Francia* (44), la Corte EDU stabiliva che il fatto per cui le persone condannate nel Principato d'Andorra dovevano scontare le loro pene nelle prigioni spagnole o francesi costituiva una consuetudine locale.

§ 2. — *La consuetudine, fattore di stabilizzazione della norma giuridica*

61. La consuetudine conservatrice e la codificazione della norma consuetudinaria. — Gli elementi della durata temporale della prassi e della sua generalità, unitamente all'elemento soggettivo della consuetudine, vengono normalmente soddisfatti nel lungo periodo. Siamo qui in presenza della concezione tradizionale della consuetudine, ciò che un autore (R.J. Dupuy) ha definito la "consuetudine saggia" (*coutume sage*).

E poiché in origine il diritto internazionale era essenzialmente di tipo consuetudinario, tali norme hanno disciplinato per secoli le principali relazioni di "coesistenza" fra gli Stati, intesi come centri sovrani e indipendenti di potere politico: basti pensare al coordinamento dei poteri di governo degli Stati (la sovranità o, se si preferisce, la *jurisdiction*) nello spazio; al trattamento degli organi di governo e in particolari di quelli di relazione esterna, nonché al trattamento che uno Stato deve a un cittadino straniero che si trovi sul suo territorio.

Senonché, numerosi trattati, a partire dal XIX secolo fino ad oggi, sotto gli auspici dell'ONU, hanno proceduto alla "codificazione" di norme consuetudinarie. Ed allora, in teoria, si distingue il concetto di codificazione da quello di sviluppo progressivo del diritto internazionale.

62. Codificazione e sviluppo progressivo del diritto internazionale. — La ***codificazione*** ha per scopo di tradurre in forma scritta e di *raccogliere in forma sistematica* ed organica le norme di diritto internazionale generale. Pertanto, non ha lo scopo di creare nuovo diritto ma soltanto di accertare e coordinare le norme esistenti.

Lo ***sviluppo progressivo*** del diritto internazionale è invece un processo che tende alla creazione di *nuove* norme di diritto internazionale o alla modifica di quelle esistenti al fine di adeguarle alle nuove necessità della comunità internazionale. Si tratta pertanto di un processo di produzione di norme giuridiche che, come tale, richiede il consenso degli eventuali destinatari di tali norme.

---

(44) Ser. A, n. 240.

In pratica, però, la codificazione e lo sviluppo del diritto internazionale si integrano reciprocamente e ciò spiega il tenore dell'art. 13 della Carta ONU. Ai sensi di tale norma, una delle funzioni dell'Assemblea generale ONU è di incoraggiare la "codificazione" del diritto internazionale. Per fare ciò, l'Assemblea generale, da un lato, ha affidato questa missione alla ***Commissione del diritto internazionale*** (CDI) e, dall'altro lato, ha convocato alcune conferenze internazionali con lo scopo di codificare, in alcuni trattati multilaterali a vocazione universale, alcune norme consuetudinarie. A titolo di esempio, è possibile menzionare, nel 1961-1963 le Conferenze relative alle relazioni diplomatiche e consolari, nel 1969 la Conferenza di Vienna sul diritto dei trattati, e dal 1974 la seconda Conferenza sul diritto del mare tramite la quale venne conclusa la UNCLOS ([45]).

Per un operatore del diritto internazionale è dunque essenziale sapere se una data norma di codificazione trovi fondamento in un *trattato*, o semplicemente sia di origine privata e *dottrinale* (come, ad esempio, il progetto della *Harvard University* negli Stati Uniti nel secolo scorso o, ancora, i lavori dell'*Institut de Droit International* o dell'*International Law Association*). Va osservato altresì che, anche in presenza di norme appartenenti ad una codificazione internazionale "ufficiale" come per i lavori della CDI, sarà sempre necessario valutare l'esistenza di una consuetudine in rapporto tanto alla prassi degli Stati quanto alla giurisprudenza dei giudici e degli arbitri internazionali ([46]).

63. (*segue*) Scopo della codificazione. — La codificazione contribuisce allo "sviluppo progressivo" del diritto internazionale. Da un lato, infatti, la codificazione ha funzione ***compilativa***, ossia converte il diritto internazionale non scritto in diritto internazionale scritto; dall'altro lato, però, la codificazione può essere ***innovativa***. Valga per tutti l'esempio della Conferenza di Vienna sul diritto dei trattati del 1969, che ha riconosciuto un concetto nuovo e controverso in diritto internazionale positivo: lo *jus cogens*.

64. Codificazione tramite trattati e sopravvivenza della norma consuetudinaria. — La *codificazione pattizia non elimina le norme consuetudinarie in materia*. Infatti, se accade che alcuni Stati non ratificano un trattato di codificazione entrato internazionalmente in vigore, essi restano *obbligati al rispetto della norma codificata se ed in quanto norma consuetudinaria.* Invece, per gli Stati per i quali il trattato di codificazione è entrato in vigore quelle stesse norme perdono il proprio valore consuetudinario per acquisire nei loro confronti un valore pattizio (*lex specialis derogat generali*). È così per esempio che la CVT non si applica in Francia in quanto non ne è uno Stato contraente; tuttavia, questo Stato potrà vedersi opporre tutte le norme in materia di trattati che possiedono un valore consuetudinario.

Tale conclusione è pacifica nella giurisprudenza internazionale: si veda, a tale proposito, il lodo del TAM greco-bulgaro nel *caso Léontios e Nicolas Arakas c. Bulgaria* ove si afferma che la Convenzione dell'Aja del 1907 debba "essere presa in considerazione nella misura in cui riproduce(va) princìpi di diritto consuetudinario in

---

([45]) Cfr. Y. Daudet, *Actualité de la codification du droit international*, in *RCADI*, 2004, t. 313, p. 9 ss.; SIDI, *La codificazione nell'ordinamento internazionale e dell'unione europea*, Napoli, 2019, *passim*.

([46]) V. ad es. C. Tomuschat, *The International Law Commission: an Outdated Institution?*, in *German YIL*, 2005, p. 77.

materia di guerra marittima" ([47]); si veda nello stesso senso, il lodo arbitrale del 14 gennaio 1945 nel caso *Attilio Regolo* in cui gli arbitri hanno adottato una posizione identica a proposito della convenzione dell'Aja del 1907 sui diritti e doveri degli Stati neutrali in caso di guerra marittima ([48]).

Successivamente, nel *caso delle attività militari e paramilitari in e contro il Nicaragua*, la CIG ha ulteriormente ribadito tali princìpi generali in merito ai rapporti di complementarietà tra diritto pattizio e diritto consuetudinario ([49]).

§ 3. — *La consuetudine, fattore di ricambio della norma giuridica internazionale*

65. Consuetudine e norma scritta. — Secondo una concezione tradizionale, la consuetudine agisce *praeter* ma *non contra legem*. In altre parole, la consuetudine colma le lacune del diritto scritto ma non può modificarlo. Tuttavia, in diritto internazionale, può accadere che la consuetudine modifichi la norma di diritto scritto, come si vedrà nei prossimi paragrafi.

1. — La consuetudine "revisionista"

66. Consuetudine e modifica dei trattati. — Anche se la CVT non regola tale possibilità è innegabile che la *prassi successiva delle Parti contraenti*, se *uniforme e costante*, può modificare le norme pattizie ([50]). La CIG l'ha implicitamente riconosciuto nel suo parere consultivo relativamente a *certe spese delle Nazioni Unite* (20 luglio 1962), per poi ammetterlo senza ambiguità nel parere consultivo del 1971 sulla *Namibia* dimostrandosi così meno conservatrice dei diplomatici presenti a Vienna nel 1969.

67. Il parere consultivo della CIG del 1962 sulle spese delle Nazioni Unite. — Nel suo parere consultivo sulle *spese dell'ONU* del 1962, la CIG ha riconosciuto, solo implicitamente, che una consuetudine può modificare un trattato: la Carta dell'ONU. La Corte riconobbe come valida, infatti, la famosa "Risoluzione Acheson" del 1950 che rovesciava gli equilibri costituzionali della Carta ONU permettendo all'Assemblea generale di discutere una questione fondamentale per la pace internazionale nel caso in cui il Consiglio di sicurezza fosse paralizzato a causa dell'esercizio del diritto di veto. La CIG, dunque, accettò il riequilibrio di competenze e si mostrò disposta a riconoscere che una prassi consuetudinaria successiva aveva modificato alcune disposizioni centrali della Carta ONU.

68. Il parere consultivo della CIG del 1971 sulla Namibia. — In modo più chiaro, nel parere consultivo del 1971 *sulla Namibia*, la Corte ammise che una "prassi generale" seguita dal Consiglio di sicurezza delle Nazioni Unite aveva prodotto una modifica delle disposizioni della Carta (nella fattispecie dell'art. 27, par. 3). Infatti, nonostante il testo della Carta esigesse un voto "positivo" ("affirmative" nella ver-

---

([47]) In *TAM*, VII, p. 37.

([48]) In *RSA*, vol. XII, p. 1.

([49]) Sentenza del 27 giugno 1986, in *Rec.*, punti 174-179.

([50]) R. Crootof, "Change Without Consent: How Customary International Law Modifies Treaties", *Yale Journal of International Law*, 2016, pp. 237-299.

sione inglese) di tutti i Membri permanenti del Consiglio di Sicurezza affinché una risoluzione su una questione "importante" venisse validamente adottata, la Corte ritenne che l'*astensione* di uno di loro non costituisse veto. Per arrivare a questa conclusione, la Corte precisò che una *norma consuetudinaria* (qualificata nella fattispecie come *prassi generale dell'Organizzazione*), aveva così modificato quella disposizione chiave della Carta ONU. L'analisi della CIG conferma che una norma consuetudinaria successiva è in grado di modificare una norma pattizia, anche laddove fosse una delle norme dell'*instrumentum* più importante, la Carta ONU, dell'ordinamento giuridico internazionale del nostro tempo.

2. — La consuetudine rivoluzionaria

69. Fattori esplicativi. — La funzione rivoluzionaria o "selvaggia" della norma consuetudinaria risulta dalla combinazione di tre fattori d'ordine politico, giuridico-sociale e tecnico.

In primo luogo, sul piano *politico*, i Paesi del c.d. Sud del mondo hanno ben compreso l'interesse alla rapida creazione di norme consuetudinarie allo scopo di promuovere un nuovo ordine giuridico internazionale che sia a loro più favorevole.

In secondo luogo, sul *piano giuridico e sociale*, va sottolineato che il fattore temporale, necessario alla formazione della consuetudine, tende comunque a ridursi in virtù di una vera e propria **accelerazione della storia**.

In terzo luogo, sul piano *tecnico*, gli atti unilaterali delle organizzazioni internazionali hanno contribuito a dinamizzare e velocizzare il tradizionale processo di formazione delle norme consuetudinarie.

70. Esempi. — Oltre agli esempi già citati di consuetudine "selvaggia" o "rivoluzionaria", come le regole sulla non reciprocità e sulle preferenze commerciali nelle relazioni Nord-Sud o, ancora, quelle della "zona economica esclusiva", basti menzionare un ulteriore esempio tratto dal diritto del mare, ossia l'*estensione del mare territoriale*. Tradizionalmente fissata a 3 miglia nautiche dalla fine del XVIII secolo — la famosa norma della "gittata dei cannoni" —, essa fu aspramente criticata per poi essere fissata a 12 miglia dalla UNCLOS. Ma ancor prima dell'entrata in vigore dell'UNCLOS, molti Stati ritennero che fosse quella la nuova norma consuetudinaria sull'estensione del mare territoriale.

71. — In dottrina, si è sostenuto che una *Dichiarazione di principi* approvata *all'unanimità* dall'Assemblea Generale dell'ONU possa costituire se non una "consuetudine istantanea", almeno una manifestazione fragrante ed istantanea di *opinio juris* ([51]). Ma, a parte la ineludibile contraddizione tra consuetudine e fatto normativo istantaneo, occorre considerare che, nella prassi, il linguaggio delle dichiarazioni di principi dell'ONU finora conosciute è assai vago (e forse per quello gli Stati in passato lo hanno votato senza remore, il Diavolo infatti sta sempre nei dettagli!) e comunque, considerando il numero degli Stati che *oggi* fanno parte dell'Assemblea Generale dell'ONU — a differenza dei primi anni dell'ONU quando gli Stati erano solo una cinquantina — l'unanimità pare comunque praticamente non realizzabile.

72. Ruolo centrale — e controverso — del giudice o dell'arbitro. — Infine, va notato che, proprio a causa delle difficoltà di rilevazione della consuetudine (e in

---

([51]) In senso critico v. anche B. Conforti, C. Focarelli, *Le Nazioni Unite*, 12 ed., cit., p. 509 ss. ove riferimenti.

generale di ogni norma non scritta), l'arbitro o il giudice svolgono un ruolo fondamentale. Infatti, in caso di contenzioso, una delle parti sarà spesso tentata di accusare l'arbitro o il giudice di aver "creato" di sana pianta una nuova norma o, al contrario, di non aver saputo "rilevare" una norma consuetudinaria di cui si allega l'esistenza.

§ 4. — *La consuetudine, elemento fondamentale del diritto dei rapporti transnazionali*

73. — La norma consuetudinaria si presta ad essere applicata anche nei rapporti commerciali internazionali ([52]) ed in quelli tra gli Stati e i privati stranieri.

74. Esempi in ambito economico e finanziario. — Per illustrare tale questione, basti riferirsi all'ambito delle relazioni economiche e finanziarie internazionali. Qui, dall'inizio degli anni '60, si è affermato un vero e proprio *ordine internazionale economico privato* basato sul mercato delle *eurovalute* e quello delle *euro-obbligazioni*; il primo possiede una natura monetaria, il secondo una natura finanziaria. Si tratta di mercati "completamente liberi" nel senso che non sono regolati sul piano internazionale né dagli Stati né dalle organizzazioni internazionali. Tuttavia, gli Stati sono degli *stakeholders* essenziali: più spesso in qualità di debitori, o, talvolta, come creditori (per esempio i Paesi esportatori di petrolio). Orbene, le relazioni tra gli Stati e ciò che viene chiamato "il potere bancario privato internazionale" vanno inquadrati secondo lo schema dei rapporti tra creditore e debitore, rapporti che sono regolati da prassi ed usi commerciali transnazionali. In tal caso, la consuetudine intesa in senso lato — o i principi generali di diritto riconosciuti dalle Nazioni civili — si rivela essere l'unica fonte di produzione giuridica possibile per regolare tali rapporti a causa delle rigidità ben note del diritto pattizio interstatale. Basti ricordare la complessità e il tempo necessario per la conclusione di un trattato internazionale (soprattutto a carattere universale) e le difficoltà di determinare norme giuridiche generalmente accettate in questa materia.

75. Flessibilità del diritto internazionale non scritto. — In poche parole, la ***consuetudine*** e i ***princìpi generali di diritto*** in virtù del loro informalismo, appaiono in tali particolari ambiti del diritto internazionale come un'efficace fonte di regolazione. Lungi dallo scomparire nell'ordinamento internazionale, il ruolo del diritto internazionale non scritto non fa che aumentare, quantomeno in alcuni settori, come quelli economici e finanziari. Ciò che è sufficiente ad assicurargli un bell'avvenire.

([52]) V. M. Giuliano, « Le Nazioni Unite e il diritto commerciale internazionale », in *Riv. dir. int. priv. proc.*, 1968, p. 63 ss.; G. Sacerdoti, « La codificazione degli usi del commercio internazionale a cura degli organismi governativi internazionali », in AA.VV., *Fonti e tipi del contratto internazionale*, Milano, 1991, p. 151 s..

Capitolo XI
I PRINCÌPI GENERALI DI DIRITTO

Bibliografia sommaria: M. Virally, *Le rôle des "principes" dans le developpement du droit international*, in *Mélanges Guggenheim*, cit., p. 531; Sir H. Lauterpacht, *Private law sources and analogies of international law*, London, Longmans, 1927; Balladore Pallieri, *I principi generali di diritto riconosciuti dalle nazioni civili nell'art. 38 dello Statuto della CPGI*, Torino, 1931; K. Wolff "Des principes généraux du droit applicables dans les rapports internationaux", in *RCADI*, 1931, v. 36, pp. 479-553; M. Scerni, *I Principi generali di diritto riconosciuti dalle Nazioni civili nella giurisprudenza della CPGI*, Padova, Cedam, 1932; G. Ripert, "Les règles du droit civil applicables aux rapports internationaux", in *RCADI*, 1933-II, vol. 44, p. 565; A. Verdross, "Les principes généraux du droit dans la jurisprudence internationale", in *RCADI*, 1935-II, t. 52, p. 195 così come "Les principes généraux de droit dans le système des sources de droit international public", in *Mélanges P. Guggenheim*, 1968, p. 531; B. Cheng, *General Principles of Law as Applied by International Courts and Tribunals*, London, Stevens, 1953 (ried., Cambridge, 2005); A.P. Sereni, *Principi generali di diritto e processo internazionale*, Milano, Giuffrè, 1955; R. Schlesinger, "Research on the General Principles of Law Recognized by Civilized Nations: Outline of a New Project", *AJIL*, 1957, pp. 734-53; Sir A. Mcnair, "The general Principles of Law Recognized by Civilised Nations", *BYIL*, 1957, p. 1; F. A. Mann, "Reflexions on a Commercial Law of Nations", *BYIL*, 1957, p. 20; M. Waldock, "General Course on Public International Law", in *RCADI*, 1962, v. 106, p. 54 ss; W. Friedmann, "The Uses of 'General Principles' in the Development of International Law", *AJIL*, 1963, pp. 279-99; P. Reuter, "Les recours de la C.J.C.E. À des principes généraux de droit", in *Mélanges Rolin*, 1964, p. 263; A. Blondel, "Les principes généraux du droit devant la C.P.J.I. et la C.I.J, in *Mélanges Guggenheim*, 1968, 201; B. Vitanyi, "Les Positions Doctrinales Concernant le Sens de la Notion de "Principes Généraux de Droit Reconnus par les Nations Civilisées"', in *RGDIP*, 1982, pp. 48-116; P. Weil, "Principes généraux du droit et contrats d'Etat", in *Mélanges B. Goldman*, 1982, p. 387 e ss.; G. Gaja, "Principi generali del diritto (diritto internazionale)", in *Enc. Dir.*, XXV, 1984, p. 223 ss. ed in *MPEPIL*; J. Salmon, "Les principes généraux du droit: une insaisissable source du droit applicable aux contrats d'Etat", in *Mélanges R. Van der Elst*, 1986, II, p. 717; O. Schachter, *International Law in Theory and in Practice, Dordrecht*, M. Nijhoff, 1991, p. 54 ss.; F. Salerno, "Principi generali del diritto (diritto internazionale)", in *Dig.*, 1996, p. 534 e ss.; A. Cassese, "The contribution of the International Criminal Tribunal for the Former Yugoslavia to the Ascertainment of General Principles of Law Recognized by the Community of Nations", in *Mélanges Li Haopei*, 2001, p. 43; P. Benvenuti, "Principi generali del diritto, giurisdizioni internazionali e mutazioni sociali nella vita di relazione internazionale", in *Mélanges Arangio-Ruiz*, t. I, 2004, p. 295; T. Treves, *Diritto internazionale*, cit., p. 248 ss.; A. Pellet, "Art. 38", in A. Zimmerman, C. Tomuschat & K. Oellers-Frahm (eds.), *The Statute of the International Court of Justice: A Commentary*, Oxford, OUP, 2012, p. 868 ss.; H. Thirlway, *The Sources of International Law*, Oxford, OUP, 2014; R. Luzzatto, in AA.VV., *Istituzioni di diritto internazionale*, 5ª ed., cit., p. 73 ss.; A. Cassese, *Diritto internazionale*, 3 ed., cit., p. 309 ss.; M. Shaw, *International Law*, 8ª ed., cit., p. 72 ss.; *Brownlie's Principles of Public International Law*, 9 ed., cit., p. 31 ss.; C. Focarelli, *Diritto internazionale*, 5 ed., cit., p. 144 ss.; N. Ronzitti, *Diritto internazionale*, 6ª ed. cit., p. 187 ss.; E. Cannizzaro, *Diritto internazionale*, 5 ed., cit., p. 132 ss..

1. — Il contesto storico

1. L'inserimento dei principi generali di diritto nello Statuto della CIG. — L'art. 38 dello Statuto della CIG fa riferimento a "i princìpi generali di diritto riconosciuti dalle Nazioni civili" tra le fonti del diritto internazionale. Questa disposizione fu inserita dal Comitato di giuristi della Società delle Nazioni nello statuto della CPGI del 1920. Vi furono all'epoca numerose discussioni tra gli eminenti giusinternazionalisti che componevano quel Comitato ma, alla fine, tale formula venne adottata all'unanimità. L'espressione, che ancor oggi figura all'art. 38 dello Statuto della CIG, fu suggerita dal delegato statunitense Root, in seguito ad una proposta iniziale del barone belga Descamps. A detta degli stessi redattori, questo riferimento doveva costituire la manifestazione concreta, nel diritto internazionale contemporaneo, dell'idea di "diritto naturale", il quale è sempre stato presente — con un'intensità variabile — in tutta la storia del diritto internazionale, dalla sua origine fino ai giorni nostri (v. *supra*, Cap. I).

2. Un'espressione storicamente datata. — Innanzitutto, va notato che la formula "principi generali di diritto riconosciuti dalle Nazioni civili" appare quantomeno *inopportuna*, in quanto è legata ad un preciso periodo storico, quello delle "Nazioni civili". Al momento dell'elaborazione dello statuto della CPGI (nel 1920), il significato di quest'espressione era chiaro: si trattava dei princìpi riconosciuti dai "popoli che godevano della civilizzazione europea", per riprendere un'espressione di Frédéric De Martens. Si ritrova qui un'antica idea dei padri fondatori del diritto internazionale e dei glossatori ossia che il diritto internazionale si applica solo a certe collettività statali, le collettività "cristiane" o "occidentali" o "europeizzate" ("*Jus publicum europaeum*"), dato che i rapporti tra questi "Paesi civili" e gli altri, i "non civili", i "barbari", non sono regolati dal diritto, ma semplicemente dalla forza. Va altresì notato che, durante i lavori preparatori che condussero all'adozione della Carta dell'ONU ed allo Statuto della CIG, nessuno chiese la soppressione di tale espressione.

Senonché, detta espressione continua ad essere vivamente criticata, per il riferimento alle "Nazioni civili", così come evidenziato, per esempio, nell'opinione del giudice libanese Ammoun nel caso, più volte citato, della *piattaforma continentale del Mare del Nord* del 1969 (1).

3. Evoluzione. — Nel nostro tempo, il significato di questa formula va diversamente inteso. Per "princìpi generali di diritto riconosciuti dalle Nazioni civili", infatti, si intende oggi un riferimento ai "princìpi" riconosciuti dagli Stati in quanto tali, senza alcuna connotazione particolare, dato che l'organizzazione in forma di "Stato" — ai sensi del diritto internazionale — di una determinata collettività stanziata su un dato territorio costituisce il segno inconfondibile della "civiltà giuridica". In altre parole, ogni Stato, per il fatto stesso di esistere, appartiene alla categoria delle "Nazioni civili".

Infine, nel 2018, la CDI ha incluso lo studio dei "principi generali di diritto" nel proprio programma di lavoro, nominando quale Rapporteur Marcelo Vázquez-Bermúdez (2).

2. — Un'espressione dai molteplici significati

4. — L'espressione "princìpi generali di diritto riconosciuti dalle Nazioni civili" (*General principles of Law recognised by civilised Nations*) è suscettibile di rivestire significati diversi.

---

(1) In *Rec.*, pp. 133-136.

(2) V. il sito https://legal.un.org/ilc/summaries/1_15.shtml, nonché M. Vázquez-Bermúdez, A. Crosato, "General Principles of Law: The First Debate within the International Law Commission and the Sixth Committee", in *Chinese J. of Int. L.*, 2020, p. 157-172.

5. La tesi dell'assimilazione dei principi generali *di* diritto ai principi generali *del* diritto internazionale consuetudinario. — Innanzitutto, per "princìpi generali di diritto", si può intendere l'insieme delle norme giuridiche che regolano i rapporti internazionali, ossia, di fatto, *tutto il diritto internazionale generale*. La CPGI, nella celebre sentenza pronunciata nel **caso del vapore *Lotus*** sembra confermare siffatta concezione.

Per la CPGI: "[i]l significato delle parole 'princìpi del diritto internazionale' non può, secondo il loro uso generale, significare altro che il diritto internazionale in vigore tra tutte la Nazioni facenti parte della comunità internazionale". Non è possibile, aggiunge la Corte, interpretare il termine "princìpi del diritto internazionale diversamente senza riferirsi ai princìpi in vigore tra tutte le Nazioni indipendenti e che, pertanto, si applicano allo stesso modo a tutte le parti contraenti" (3). Tale impostazione si ritrova anche nel parere consultivo della CPGI del 4 febbraio 1932 nel caso del *Trattamento nazionale dei cittadini polacchi nel territorio di Danzica* (4).

Anche la CIG, talvolta, sembra riferirsi ai *principi generali dell'ordinamento giuridico internazionale*, principi però che *si ricavano per astrazione da norme dell'ordinamento internazionale* e dunque si confondono con le norme consuetudinarie. Per questa via, però, si finirebbe per considerare tali anche alcune *Dichiarazioni di principi dell'ONU* (*in primis*, la ***Dichiarazione relativa ai principi di diritto internazionale concernenti le relazioni amichevoli tra Stati*** del 24 ottobre 1970) senza attribuire una specifica rilevanza all'art. 38, par. 1., lett. *c)*.

V. **ad esempio**, il ***caso dello Stretto di Corfù*** (5) ove la Corte ha indicato che la mancata notifica al Regno Unito dell'esistenza di mine nelle acque territoriali albanesi comporta la responsabilità dell'Albania che si fonda "su alcuni principi generali e ben riconosciuti come le considerazioni elementari di umanità, ancora più assolute in tempo di pace che in tempo di guerra, il principio di libertà delle comunicazioni marittime e l'obbligo, per ogni Stato di non lasciar utilizzare il suo territorio per atti contrari ai diritti di altri Stati". Nello stesso senso v. il *caso dei test nucleari* (6) e quello delle *cartiere sul fiume Uruguay* (7), a proposito di principi generali di diritto internazionale dell'ambiente.

6. La tesi dell'assimilazione dei principi generali di diritto a una norma fondamentale del diritto internazionale. — Secondo un'ulteriore concezione, per "principio generale di diritto" bisogna intendere una *norma fondamentale del diritto internazionale* che non derivi necessariamente né da una fonte consuetudinaria, né da una fonte pattizia. I princìpi generali di diritto sarebbero così "usi stabiliti tra le Nazioni civili, dalle leggi di umanità e dalle esigenze della coscienza pubblica", per riprendere il preambolo della Convenzione riguardante le leggi e gli usi della guerra terrestre firmata all'Aja il 18 ottobre 1907. A ben vedere, tuttavia, si tratta di una variante dell'impostazione precedente.

7. La tesi dell'assimilazione dei principi generali di diritto ad una norma generale. — Secondo una terza concezione, un principio generale di diritto è solo un modo di

---

(3) Ser. A, n. 10, pp. 16-17.
(4) Ser. A/B, n. 44, pp. 23-24.
(5) CIG, 9 aprile 1949, *Albania c. Regno Unito*, in *Rec.*, 1949, p. 4.
(6) CIG, 20 dicembre 1974, *Australia c. Francia*, in *Rec.*, 1974, p. 457.
(7) CIG, 20 aprile 2010, *Argentina c. Uruguay*, in *Rec.* 2010, p. 14.

qualificare una norma particolare del diritto internazionale al fine di insistere sulla sua *generalità e la sua importanza*. La CPGI ha impiegato l'espressione "principio generale di diritto" in tal senso nel caso della *Officina di Chorzow* constatando che "è un principio del diritto internazionale che la violazione di un impegno giuridico ha per conseguenza l'obbligo di riparare in forma adeguata" (8). Nemmeno questa impostazione è però convincente.

8. La tesi corretta in aderenza alla prassi contemporanea. — Infine, in una quarta accezione, per princìpi generali di diritto bisogna intendere *l'insieme dei princìpi comuni ai grandi sistemi giuridici (interni) contemporanei e trasponibili nell'ordinamento internazionale*. Si tratta della concezione dei princìpi generali di diritto che oggi è la più corretta e la più diffusa; inoltre ha maggior rilevanza pratica e ad essa pertanto faremo riferimento in questo libro. Peraltro, si tratta di una soluzione analoga a quella adottata all'art. 21, par. 1, lettera *c*) dello Statuto della **Corte penale internazionale** in cui, chiaramente, si fa riferimento ai "*princìpi generali di diritto ricavati dalla Corte in base alla normativa interna dei sistemi giuridici del mondo*".

Ovviamente, non è pensabile che un tribunale internazionale — a partire dalla CIG — possa seriamente condurre un'analisi approfondita al livello dell'ordinamento giuridico di ciascuno Stato nel mondo. In concreto, diverranno particolarmente utili i lavori scientifici di diritto comparato (e la giurisprudenza dei tribunali che hanno già condotto simili analisi), esaminando l'atteggiamento degli Stati più rappresentativi di ciascuna famiglia giuridica.

9. — Al fine di poter qualificare una norma alla stregua di un "principio generale di diritto", è necessario che tale norma — *processuale* o *sostanziale* che sia — sia presente in tutti i grandi sistemi giuridici del mondo, ossia nella famiglia romano-germanica, in quella dei Paesi di *Common Law*, in quella — ora assai poco numerosa — dei Paesi di diritto socialista e persino nei regimi giuridici a forte connotazione religiosa (Paesi islamici o buddisti) dell'estremo oriente e dell'Africa sub sahariana (9). Occorre, inoltre, che tali regole di procedura o di diritto materiale, comuni a tutti i grandi sistemi giuridici contemporanei, siano suscettibili di trasposizione nell'ordinamento giuridico internazionale e siano pure suscettibili di ricevere forza obbligatoria. Del pari, vanno esclusi dal novero dei principi generali di diritto le regole di cortesia, *comitas gentium*, o ancora di morale (10).

3. — Dei principi che formano oggetto di dibattito dottrinale

I principi generali di diritto hanno da sempre formato oggetto di un vasto dibattito dottrinale.

10. Confutazione della tesi dell'assimilazione dei principi generali di diritto alle consuetudini internazionali. — Il primo problema posto dai principi generali di diritto è quello della loro stessa esistenza al livello del diritto positivo. Esistono o non

(8) CPGI, 16 dicembre 1927, *Ser*. A, n. 17, p. 29.

(9) V., con vari accenti: R. David, C. Jauffret Spinosi, *I grandi sistemi giuridici contemporanei*, 4ª ed. it. a cura di R. Sacco, *op. cit.*; K. Zweigert, H. Kötz, *Introduzione al Diritto comparato*, I, ed. it. a cura di A. Di Majo e A. Gambaro, Milano, Giuffrè, 1998; A. Gambaro, R. Sacco, *Sistemi giuridici comparati*, 3ª ed., Torino, UTET, 2008.

(10) V., a tale riguardo, la distinzione tra consuetudine e "cortesia internazionale", *supra*, Cap. X.

esistono? Una parte della dottrina nega l'esistenza dei principi generali di diritto in quanto *fonte formale ed autonoma* di diritto internazionale. Secondo questa impostazione, i principi generali di diritto andrebbero assimilati alle ***consuetudini internazionali***. Muovendo da tale impostazione ne segue che, per esplicare i loro effetti sul piano del diritto internazionale, i principi generali di diritto necessitano della prova degli stessi elementi costitutivi della consuetudine internazionale: un elemento materiale — la prassi — e un elemento psicologico — il riconoscimento del carattere obbligatorio di dette regole all'interno degli ordinamenti giuridici degli Stati. Pertanto, secondo questa dottrina, secondo noi palesemente errata, la distinzione formale tra consuetudini e principi generali di diritto appare priva di senso ([11]).

11. I principi generali di diritto come *fonte formale* del diritto internazionale. — Altra parte della dottrina, in cui noi ci collochiamo, muove dal tenore letterale dell'art. 38 dello Statuto della CIG ove, secondo il senso ordinario e normale delle parole, vengono indicati, *expressis verbis*, i principi generali di diritto alla stregua di una *fonte formale autonoma e diversa dalla consuetudine internazionale.* Del resto, sia la migliore dottrina all'epoca della redazione dell'art.38 dello Statuto della CIG (ed ancor prima della CPGI) ([12]), sia lo sviluppo storico dell'applicazione di tali "principi generali di diritto" non lasciano dubbi sulla loro natura e la loro funzione, tant'è che proprio nel nostro tempo si osserva un più vasto impiego di tale categoria di norme facilitata dai Principi Unidroit sui contratti commerciali internazionali ([13]).

Ma occorre sottolineare che la fonte originaria dei "principi generali di diritto riconosciuti dalle Nazioni civili" si trova *nell'ordinamento interno* dei singoli Stati e solo in un momento successivo detti "principi" vengono sussunti come fonte propria dall'ordinamento internazionale ai propri fini. Tale fenomeno di "presa a prestito", o se si preferisce di "trapianto" di norme da un ordinamento giuridico all'altro, non deve stupire nella misura in cui l'ordinamento interno degli Stati è spesso più "sviluppato", ossia, in molti casi, ha già risolto alcuni dei problemi che si pongono nell'ordinamento internazionale: in tali condizioni, l'ordinamento giuridico interno — *rectius* gli ordinamenti giuridici interni — oltre a costituire un modello utile, è

([11]) Questa era, ad esempio, la posizione in Italia di A. P. SERENI, *Diritto internazionale*, I, 1966, p. 158, come pure di B. CONFORTI, *Diritto internazionale*, cit. e, così ci sembra, quella di G. GAJA e F. SALERNO (v. la bibliografia cit. in premessa). Si tratta però di un'impostazione dottrinale artificiale, dogmatica ed inutilmente astratta, influenzata dalla sola esperienza giurisprudenziale della sola CIG e che si rivela, una volta di più, manifestamente infondata rispetto alla prassi internazionale e transnazionale contemporanea. Per una rassegna di varie posizioni dottrinali cfr. R. QUADRI, *Diritto internazionale pubblico*, p. 122 ss. e R. MONACO, C. CURTI-GIALDINO, *Manuale di diritto internazionale pubblico*, III ed., Torino, 2009, p. 273 e ss..

([12]) Basti ricordare qui le limpide parole di P. FEDOZZI, nella II ed. della sua *Introduzione al Trattato di diritto internazionale* a cura di P. FEDOZZI e SANTI ROMANO (Padova, Cedam, 1933, p. 57 s.): "Se gli autori dello Statuto [della CPGI, *n.d.r.*] avessero voluto riferirsi a questi ultimi [i principi generali del diritto internazionale e non i principi generali di diritto riconosciuti dalle Nazioni civili, *n.d.r.*] lo avrebbero espresso chiaramente, usando la terminologia tradizionale. Essi invece vollero quello che precisamente suonano le parole cioè che la Corte, in mancanza di convenzioni e di consuetudini, seguisse per le sue decisioni i principii generali risultanti dai sistemi vigenti nei Paesi civili... In questo ordine di ragioni sembra debba trovarsi l'ispirazione di una norma che assume come fonte di diritto internazionale dei principii di diritto interno. Né questo trapasso dall'ordine interno all'internazionale può parere strano quando si pensi che i principii generali di diritto riconosciuti dagli Stati civili... in realtà vi sono state numerose volte applicati ad opera di tribunali arbitrali precedenti all'istituzione della Corte permanente di giustizia internazionale".

([13]) V. il database UNILEX al sito http://www.unilex.info/.

sicuramente un quadro di riferimento normale ed insostituibile per l'ordinamento internazionale.

4. — Dei principi invocati frequentemente ma raramente riconosciuti dalla giurisprudenza internazionale

12. — I principi generali di diritto vengono frequentemente invocati nei contenziosi internazionali. Tuttavia, la giurisprudenza internazionale delle Corti permanenti li utilizza con estrema cautela. Gli agenti degli Stati o delle OIG fanno spesso riferimento nei loro atti processuali dinanzi ai tribunali internazionali ai principi generali di diritto. Inoltre, altri riferimenti ai principi generali di diritto si ritrovano nelle opinioni individuali o dissenzienti dei giudici della CPGI e della CIG.

a) *La prassi arbitrale*

13. Un impiego assai frequente dei principi generali di diritto prima dell'istituzione della CPGI. — Prima del 1920, cioè prima del riconoscimento ufficiale dei principi generali di diritto quale fonte formale di diritto internazionale ai sensi dell'art. 38 dello Statuto CPGI, i principi generali di diritto venivano applicati assai frequentemente nella prassi arbitrale internazionale. Gli arbitri internazionali, infatti, li applicavano alla stregua di *principi comuni del diritto interno degli Stati civili che potevano essere trasposti nell'ordinamento internazionale*. All'epoca, tale riferimento sembrava imporsi logicamente giacché il diritto internazionale era assai lacunoso, mentre il diritto interno si presentava alla stregua di un ordinamento giuridico autonomo, perfetto e completo. Era dunque normale che i sistemi giuridici nazionali dei "Paesi civili" — e ve ne erano pochi — influenzassero fortemente il diritto internazionale.

Negli anni 1920-1930, un ricorso relativamente frequente ai principi generali di diritto lo si trova con riferimento ai ***Tribunali Arbitrali Misti*** (TAM). Senonché, a partire dal 1945, i riferimenti ai principi generali di diritto nella prassi arbitrale internazionale si fecero sempre più rarefatti nonostante fosse ragionevole prevedere il contrario.

b) *La prassi delle Corti internazionali dell'Aja*

14. Una sicura reticenza circa l'impiego dei principi generali di diritto. — La CPGI e la CIG hanno raramente fatto ricorso, perlomeno in modo chiaro e non ambiguo, ai principi generali di diritto di cui all'art. 38 del loro Statuto. Va notato, innanzitutto, che sia la CPGI che la CIG citano i principi generali di diritto a titolo dell'art. 38 in modo "negativo". Molto spesso, infatti, le Corti internazionali dell'Aja hanno fatto menzione dei principi generali di diritto ragionando per ipotesi ma pervenendo alla conclusione di escluderli.

Così, ad es., la CIG ha fatto esplicito riferimento ai principi generali di diritto, invocati dalle parti nell'esposizione delle loro argomentazioni e negli atti processuali, nel caso del *Diritto di passaggio sul territorio indiano* del 1960 (*Rec.*, p. 43) o ancora nel caso della *Piattaforma continentale del Mare del Nord* (*Rec.*, p. 21). Addirittura, nel caso del *Sud-Ovest africano* (sentenza sul merito del 1966), si trova il riferimento più chiaro ed approfondito ai principi generali di diritto di tutta la giurisprudenza della CIG relativa all'applicazione dell'art. 38, par. 1, *lett. c*), del suo Statuto. Tuttavia, il risultato finale del ragionamento della Corte è solo quello di confutare l'esistenza di siffatti principi nel caso di specie (*Rec.* p. 47).

c) *La prassi della Corte di giustizia UE*

15. Un impiego frequente dei principi generali di diritto. — A differenza della CIG, la Corte di giustizia UE, ha fatto un uso molto frequente e sistematico dei principi generali di diritto dimostrandone tutte le potenzialità. Certo, il compito dei giudici di Lussemburgo appare più facile nella misura in cui gli Stati membri dell'Unione europea presentano dei sistemi giuridici assai omogenei tra loro e quindi riesce più facile individuare regole di diritto sostanziale o processuale appartenenti ad una sorta di "patrimonio giuridico comune europeo", a partire dai diritti umani ([14]).

16. Piano espositivo. — Una volta esaurite le considerazioni generali di cui sopra, esamineremo ora il problema della determinazione dei principi generali di diritto (sezione I), del loro campo di applicazione (sezione II) ed infine vedremo le funzioni che quei principi svolgono o possono ancora svolgere nel diritto internazionale contemporaneo (sezione III).

Sezione I
La determinazione dei principi generali di diritto

17. Un metodo di indagine simile a quello adottato per le norme consuetudinarie. — L'identificazione di un principio generale di diritto è frutto di un procedimento abbastanza simile a quello utilizzato per determinare l'esistenza di una norma consuetudinaria, ferma restando la diversità formale e sostanziale di tali fonti. Anche qui, in effetti, gioca un ruolo fondamentale — e controverso — il giudice o l'arbitro internazionale. Spetta al giudice o all'arbitro riconoscere o meno l'esistenza di un principio generale di diritto e quindi attribuirgli carattere giuridico e vincolante; di qui la critica ricorrente di conferire, *ipso facto*, al giudice e all'arbitro una peculiare funzione creativa del diritto internazionale non scritto; un problema che ricorda molto quello di sapere "se sia nato prima l'uovo o la gallina". Orbene, secondo alcuni, il giudice o l'arbitro non fanno che "riconoscere" una norma preesistente; secondo altri, invece, il giudice o l'arbitro la creano dal nulla.

18. Piano espositivo. — Stando così le cose, ed a prescindere dagli esiti di quel dibattito, è evidente che ci si trova in presenza di principi giuridici comuni ai diversi ordinamenti di diritto interno (§ 1) e che, proprio in quanto tali, questi principi diventano utilmente trasponibili nell'ordinamento internazionale (§ 2).

§ 1. — *Dei principi di diritto interno*

19. Elementi costitutivi. — I principi generali di diritto presentano delle marcate analogie con la consuetudine per quanto riguarda i loro elementi costitutivi. Essi

---

([14]) In arg. v. per tutti R. Papadopoulou, *Principes généraux du droit et droit communautaire: origines et concrétisation*, Bruxelles-Atene, Bruylant-Sakkoulas, 1996; L. Daniele, *Diritto dell'Unione europea*, 7 ed., Milano, Giuffrè-Francis Lefebvre, 2020, p. 190 ss.

possiedono, infatti, un *elemento materiale*, ossia una presenza riscontrabile nei diversi sistemi giuridici nazionali contemporanei, ed un *elemento psicologico*, ossia il riconoscimento del loro carattere obbligatorio da parte di quegli stessi ordinamenti interni.

1. — Il riconoscimento dei principi generali di diritto

20. Il "sistema giuridico" interno. — Per individuare una norma giuridica suscettibile di rivestire la qualità di principio generale di diritto, occorre prendere in considerazione l'intero ordinamento giuridico interno, ossia il complesso delle regole costituzionali e legislative, quelle emanate dal potere esecutivo, nonché la giurisprudenza che di quelle regole fa applicazione.

21. Dei principi di "diritto privato" o di "diritto pubblico" interno. — I "principi generali di diritto" possono essere individuati in tutti i settori dell'ordinamento giuridico interno, tanto in materia di *diritto privato* quanto in materia di *diritto pubblico*. Non v'è dubbio che i principi generali di diritto a cui si fa più spesso allusione trovano origine nel diritto privato interno, come hanno dimostrato, a suo tempo, Georges Ripert o Sir Hersch Lauterpacht. E non deve sorprendere il fatto che il primo punto di riferimento del diritto internazionale sia stato storicamente il *diritto privato interno* nella misura in cui quest'ultimo ha preceduto il diritto internazionale, così come oggi lo concepiamo. In molti Paesi d'Europa, infatti, il *diritto comune* era lo *jus civile* ereditato dal diritto romano ([15]).

A ciò si sono aggiunti, successivamente, alcuni principi di *diritto pubblico*, i quali si riferiscono al funzionamento dello Stato moderno e, come tali, vengono impiegati in particolari settori del diritto internazionale (ad es. per le organizzazioni internazionali, o la funzione pubblica internazionale).

Inoltre, va sottolineato che nel novero dei principi generali di diritto rientrano anche le norme *in materia processuale*.

2. — Il carattere "generale" dei principi

22. — Utilizzando, *mutatis mutandis*, un metodo simile a quello impiegato per la rilevazione della consuetudine internazionale, diviene possibile affermare che, mentre alcuni principi generali di diritto hanno carattere universale, altri principi generali di diritto assumono una rilevanza internazionale-regionale o addirittura solo locale.

a) *Dei principi universali*

23. Importanza del diritto comparato. — Perché si possa parlare di principi a carattere universale, occorre che questi si ritrovino nel diritto positivo degli Stati appartenenti alla comunità internazionale; per lo meno, nell'ordinamento giuridico degli Stati più rappresentativi. A tal proposito, va ricordato, che analogamente a quanto accade in materia consuetudinaria, nel nostro tempo è impossibile dimostrare

---

([15]) In arg. v. per tutti R. DAVID, C. JAUFFRET SPINOSI, *I grandi sistemi*, cit. p. 27 ss.. Significativa è pure l'osservazione di A. P. SERENI (*Diritto internazionale*, cit., p. 158 citando da SCHWARTZENBERGER), il quale ricorda che, in Inghilterra, Francesco Bacone esortò il Duca di Buckingham, a "promuovere gli studi di diritto civile sebbene non fosse diritto inglese, affinché l'Inghilterra non si trovasse in una posizione d'inferiorità nella trattazione delle questioni di diritto internazionale".

che un principio generale di diritto sia riconosciuto da *tutti gli Stati del mondo* (e sono quasi 200). In effetti, basta in teoria che una *vasta maggioranza di Stati* abbia adottato una data regola nel proprio diritto interno affinché divenga possibile trasporla quale "principio generale di diritto" e, soprattutto, invocarne a tale titolo la sua opponibilità internazionale. Pertanto, i risultati raggiunti dai giuscomparatisti in materia di sistemi giuridici comparati (si pensi al raggruppamento degli Stati del mondo in "famiglie giuridiche") acquistano particolare senso pratico in diritto internazionale ([16]). Dunque, un principio generale di diritto potrebbe persino essere invocato nei confronti di uno Stato privo della medesima regola nel proprio diritto positivo interno.

Per altro verso, la presenza formale di una data regola nel diritto positivo di uno Stato impedisce a quest'ultimo di contestarne l'applicazione a livello internazionale a titolo di principio generale di diritto.

b) *Dei principi generali di diritto a carattere regionale o locale*

24. Il silenzio dello statuto della CIG. — L'art. 38 dello statuto della CIG non allude né a consuetudini internazionali "regionali" o "locali", né lo fa quando indica come fonte i "principi generali di diritto riconosciuti dalle Nazioni civili". Ciò, tuttavia, non ha impedito alla CIG di occuparsi di consuetudini regionali o locali, attraverso un'interpretazione estensiva del proprio Statuto che, come abbiamo già detto, costituisce un'elencazione *non esaustiva* delle fonti del diritto internazionale.

Ad ogni modo, non ci sembra che, fino ad oggi, la CIG si sia pronunciata sul tema dei principi generali del diritto a carattere regionale o locale.

25. Il caso dell'Unione Europea. — L'esistenza di ***principi generali di diritto a carattere regionale*** o anche locale è stata ammessa dalla dottrina, riconosciuta dalla giurisprudenza arbitrale e, a volte, persino dal diritto pattizio. Così, ad esempio, il Trattato di Roma del 1957 si riferiva espressamente ai "*principi generali comuni ai diritti degli Stati Membri*" in materia di responsabilità extracontrattuale dell'Unione (e v. oggi l'art. 340 TFUE). A propria volta, la Corte di Giustizia si è riferita molte volte a principi generali di diritto a carattere "regionale" comuni agli Stati Membri della UE ed anche gli Avvocati Generali della Corte, nelle proprie "conclusioni", vi fanno spesso riferimento. Basti ricordare la giurisprudenza della Corte di Giustizia precedente all'entrata in vigore della Carta dei Diritti Fondamentali dell'Unione Europea (v. oggi l'art. 6 TUE) in materia, appunto, di diritti umani, o ancora, quella tuttora in evoluzione circa il principio di proporzionalità, quello della tutela del legittimo affidamento e della certezza del diritto ([17]).

Anche qui, perché una data regola assurga a livello di principio generale di diritto e quindi sia opponibile agli altri Stati della "regione europea", occorre che sia presente nell'ordinamento giuridico interno di tutti o almeno in quello di una maggioranza significativa degli Stati membri.

([16]) V. DAVID, SPINOSI, *cit.*

([17]) In arg. v. ad es. J. P. JACQUÉ, *Droit institutionnel de l'Union européenne*, 9ª ed., Paris, Dalloz, 2018, p. 530 ss., nonché R. PAPADOPOULOU, *Principes généraux du droit et droit communautaire: origines et concrétisation*, op. cit.; L. DANIELE, *Diritto dell'Unione europea*, 7 ed., Milano, Giuffrè-Francis Lefebvre, 2020, p. 190 ss..

3. — Il reperimento dei principi generali di diritto nei grandi sistemi giuridici contemporanei

26. Utilità del metodo del diritto comparato. — Affinché dei principi di diritto siano "generali" occorre che si possano reperire nei "grandi sistemi giuridici contemporanei" entro i quali si collocano gli Stati moderni. Concretamente, per determinare se una determinata norma materiale o processuale sia ascrivibile alla categoria dei principi generali di diritto, occorre esaminare il diritto positivo vigente nelle grandi famiglie giuridiche (sistema romano-germanico, Paesi di *Common Law*, sistema di diritto socialista — oggi una categoria storica residuale — sistemi a forte connotazione religiosa — diritto islamico o indù —, dell'estremo oriente e dell'Africa sub sahariana) ([18]). In caso positivo, quella norma *potrà* essere trasposta nell'ordinamento internazionale. Viceversa, non è vero che qualunque norma comune ai diversi ordinamenti giuridici nazionali possa, *ipso facto*, accedere al rango di norma internazionale a titolo di principio generale di diritto. Il processo di trasposizione dagli ordinamenti interni all'ordinamento internazionale non è infatti né "meccanico" né automatico, ma deve tener conto delle caratteristiche proprie della comunità internazionale.

27. Un metodo di indagine consacrato dallo Statuto della CIG. — Va infine notato che il metodo di rilevazione dei principi generali di diritto di cui si è detto sopra, basato sulla loro rilevazione nei grandi sistemi giuridici contemporanei, è conforme allo spirito e alla lettera delle altre norme dello statuto della CIG. Qui, basti ricordare che, in base all'art. 9 dello statuto della CIG, i giudici della Corte sono eletti in modo tale che "nel collegio nel suo complesso sia assicurata la rappresentanza delle principali forme di civiltà e dei principali sistemi giuridici del mondo". Orbene, se i giudici debbono "rappresentare" tali grandi forme di civiltà giuridica ed i principali sistemi giuridici, è altrettanto evidente che tutto ciò sia finalizzato alla comprensione ed all'impiego dei principi generali di diritto a livello internazionale.

§ 2. — *La trasposizione dei principi generali di diritto nell'ordinamento internazionale*

28. Dei principi di diritto interno. — Nel già citato caso del *Sud ovest africano* del 1966, il giudice giapponese della CIG, Tanaka, ha osservato che: "*all'origine, i principi generali sono dei principi di diritto privato estrapolati grazie al metodo del diritto comparato e resi applicabili per analogia a delle questioni di diritto internazionale*" ([19]). Orbene, tralasciando l'osservazione, parzialmente inesatta, secondo la quale i principi generali di diritto apparterrebbero solo alla sfera del "diritto privato" — abbiamo già visto che i principi generali di diritto possono anche derivare dal "diritto pubblico" degli Stati — resta il fatto che l'osservazione del giudice Tanaka presenta un'ottima indicazione circa il metodo di indagine da utilizzare.

([18]) V. per tutti: R. David, C. Jauffret Spinosi, *I grandi sistemi*, cit.; K. Zweigert, H. Kötz, *Introduzione al Diritto comparato*, I, ed. it. a cura di A. Di Majo e A. Gambaro, cit.; V. Varano, V. Barsotti, *La tradizione giuridica occidentale*, 6 ed., Torino, Giappichelli, 2018, p. 8 ss..

([19]) *Rec.*, pp. 295-296.

1. — Il ragionamento per analogia

29. Il caso delle indennità russe. — La Corte Permanente di Arbitrato, nel caso delle indennità russe, offre un'illustrazione particolarmente interessante di quel metodo. La CPA, infatti, osservava che: "*dal momento che il Tribunale ha riconosciuto che, secondo i principi generali e la consuetudine in diritto internazionale pubblico, esiste una similitudine di fattispecie fra uno Stato e l'individuo debitore di una somma di denaro liquida ed esigibile, è legittimo ed equo applicare per analogia le regole di diritto privato comune*" ([20]).

30. Comunanza della regola giuridica. — Un principio generale di diritto, per essere tale, deve esprimere un *concetto comune ai grandi sistemi giuridici contemporanei*. Se, ad esempio, consideriamo l'istituto dell'*estoppel* ([21]), appare evidente che, pur se caratteristico del diritto processuale britannico, quello stesso istituto altro non è se non l'espressione del principio di non contraddizione ben conosciuto dai sistemi giuridici della famiglia romano-germanica tramite il brocardo *nemo venire contra factum proprium potest*. Ecco perché applicare la regola dell'*estoppel* a titolo di principio generale di diritto non significa fare riferimento alle specifiche norme di un dato ordinamento giuridico (ad es. quello inglese), bensì significa riferirsi alla *ratio* di un istituto che si ritrova nell'insieme dei grandi sistemi giuridici contemporanei.

2. — L'importante ruolo del giudice o dell'arbitro

31. Una costruzione giurisprudenziale. — Il meccanismo intellettuale di trasposizione dall'ordinamento interno all'ordinamento internazionale dev'essere impiegato dal giudice o dall'arbitro con grande ponderazione. Anche qui, infatti, — al pari di quanto si verifica in materia di diritto consuetudinario — sussiste una certa dose di incertezza e di soggettività. In realtà, il processo di trasposizione di principi dal diritto interno al diritto internazionale si trova limitato in ragione della specificità del contesto internazionale.

32. I limiti oggettivi. — Al fine di evidenziare la specificità della comunità internazionale e quindi i limiti oggettivi imposti da quel contesto, basti citare la sentenza della CIG del 1966 del precitato ***caso dell'Africa del sud-ovest***. In questa controversia, le parti attrici — l'Etiopia e la Liberia — sostenevano che, nell'ordinamento internazionale, esiste una sorta di *azione popolare per la difesa degli interessi collettivi*, sul modello di quanto già esiste nel diritto interno ove, peraltro, vi è un Pubblico Ministero con il compito di difendere gli interessi della società nel suo insieme. La CIG, tuttavia, rigettò questa tesi indicando che, "benché un diritto di questo genere possa essere noto in certi sistemi di diritto interno, esso è sconosciuto al diritto internazionale attuale: né la Corte può considerarlo come importato dai 'principi generali di diritto' di cui all'art. 38, par. 1, lett. *c*, dello Statuto" ([22]).

33. I giudici della Corte penale internazionale e i principi generali di diritto. — Lo Statuto della CPI enuncia, all'art.21 che "La Corte applica: — *a*) in primo luogo, il

---

([20]) CPA, 11 novembre 1912, *RSA*, vol. XI, p. 446

([21]) Ossia il divieto di far valere un diritto o un'eccezione che siano in contrasto con la precedente condotta della parte.

([22]) *Rec.*, p. 47, al § 88.

presente Statuto ed il Regolamento di procedura e di prova; — *b*) in secondo luogo, ove occorra, i trattati applicabili cd *i principi e le regole di diritto internazionale*, ivi compresi i *principi consolidati del diritto internazionale dei conflitti armati*; — *c*) in mancanza, i *principi generali di diritto ricavati dalla Corte in base alla normativa interna dei sistemi giuridici del mondo*, compresa, ove occorra, la normativa interna degli Stati che avrebbero avuto giurisdizione sul crimine, purché tali principi non siano in contrasto con il presente Statuto, con il diritto internazionale e con le norme ed i criteri internazionalmente riconosciuti".

Risulta pertanto evidente che il ruolo dei giudici della CPI appare delicatissimo giacché si dovrà distinguere e precisare le varie categorie di principi, trattandosi di: i principi generali del diritto internazionale; i "principi consolidati" del diritto internazionale umanitario e i principi generali di diritto tratti dagli ordinamenti giuridici degli Stati. In quest'ultima categoria possiamo fare rientrare i principi *nullum crimen sine lege*, *nulla poena sine lege*, di irretroattività della norma penale e di *ne bis in idem*. Ed un particolare valore acquistano due peculiari principi di origine internazionale: **l'irrilevanza della qualifica ufficiale del reo** (ad es. quella di Capo di Stato o di Governo, di parlamentare o comunque di agente dello Stato) che significa *non invocabilità del privilegio dell'immunità* (art. 27) e la ***imprescrittibilità*** **delle violazioni allo Statuto** (art. 29).

34. Un esempio legato alla natura del territorio. — Talvolta, risulta impossibile trasporre una regola dall'ordinamento interno all'ordinamento internazionale a causa della specificità di quest'ultimo ordinamento. Così, ad es., la natura particolare del *territorio* in diritto internazionale che risulta intimamente legato alla sovranità dello Stato, rende inapplicabili molte delle regole di diritto privato — molto spesso di origine romanistica — relative alla proprietà privata. Proprio in virtù di simili considerazioni, Georges Ripert, famoso civilista, nel suo Corso all'Accademia di diritto internazionale dell'Aja, aveva correttamente notato che l'usucapione non costituisce di certo un modo di acquisto del territorio a titolo originario in diritto internazionale ([23]).

35. Un esempio legato alla natura della giurisdizione internazionale. — I tribunali o i collegi arbitrali internazionali presentano delle forti specificità rispetto ai loro omologhi nell'ordinamento interno dei singoli Stati — a cominciare dalla questione della loro giurisdizione che, di regola, non è mai obbligatoria bensì *facoltativa*. Del pari, le regole di procedura applicabili ai tribunali interni non sono trasponibili, *sic et simpliciter*, ai tribunali internazionali. Pertanto, se, ad esempio, le regole in materia di prova sono suscettibili di trasposizione *cum grano salis*, opposte considerazioni valgono sia in materia di competenza giurisdizionale che in quella del processo esecutivo.

36. Le formule della giurisprudenza. — Per trasporre una regola di diritto dall'ordinamento interno all'ordinamento internazionale, il giudice o l'arbitro devono usare grande prudenza. Nella prassi, i giudici e gli arbitri internazionali si accontentano, molto spesso, di affermare o di negare l'esistenza di un principio generale di diritto senza sforzarsi di esplicitare il loro percorso argomentativo. Le espressioni che

---

([23]) G. Ripert, "Les règles du droit civil applicables aux rapports internationaux", in *RCADI*, 1933-II, vol. 44, p. 591 e ss.

vengono utilizzate più frequentemente sono di questo tipo: "è certo che...", "la regola è espressione di un più generale principio secondo il quale...", "il ben noto principio secondo il quale...", "la regola generale... ecc.".

Tali formule, tuttavia, dispensano il giudice o l'arbitro dall'onere di spiegare il proprio *iter* logico-argomentativo. Il ché non contribuisce alla certezza del diritto giacché *affermare* non significa *dimostrare* l'esistenza di un principio generale di diritto. A tale proposito, la Corte di Giustizia UE riesce a sfuggire a quest'*impasse* utilizzando, in modo enfatico, l'espressione di "diritti fondamentali derivanti dalle tradizioni costituzionali comuni agli Stati membri" ([24]).

Sezione II

L'AMBITO DI APPLICAZIONE DEI PRINCIPI GENERALI DI DIRITTO

37. Piano espositivo. — Alcuni principi appartengono ai settori più tradizionali del diritto internazionale (1), mentre altri si evidenziano in nuove materie del diritto internazionale (2).

§ 1. — *Materie tradizionali di applicazione dei principi generali di diritto*

38. — I principi generali di diritto hanno trovato pratica applicazione in tre materie particolari: quella dell'interpretazione degli atti giuridici, la responsabilità internazionale e l'amministrazione della giustizia.

1. — Principi d'interpretazione

39. — I principi generali che abbiamo in precedenza evidenziato in materia di diritto dei trattati (v. *supra* Cap. IV) trovano applicazione per tutti gli atti internazionali in quanto si collocano al centro del diritto delle obbligazioni internazionali. In questo modo, nel *caso dei carichi deviati*, l'arbitro René Cassin non potè fare a meno di osservare nel suo lodo del 10 giugno 1955 (riferendosi ad un'osservazione effettuata da Georges Ripert nel proprio corso a l'Accademia di diritto internazionale dell'Aia (p. 648 e ss.), "la stretta corrispondenza tra le regole di interpretazione del trattato e quelle applicabili ai contratti" ([25]).

2. — Principi relativi alla responsabilità internazionale

40. — Qui ancora, dottrina e prassi giudiziaria (e arbitrale) convergono e indicano che i principi generali in materia di responsabilità, valevoli nell'ordinamento interno, presentano forti analogie con il regime di responsabilità dei soggetti dell'ordinamento internazionale. Pertanto, *mutatis mutandis*, possono essere trasposti dal primo ordinamento al secondo.

([24]) V. ad es. Corte di giustizia, 12 luglio 1957, Causa n. 7/56 e 3 à 7/57, *Rec.*, 81. In argomento v. ad es., P. MENGOZZI, *La tutela davanti ai giudici nazionali dei diritti riconosciuti ai singoli ed i principi generali del diritto dell'Unione*, Milano, Giuffrè, 2011 e F. TORIELLO, *I principi generali del diritto comunitario: il ruolo della comparazione*, Milano, Giuffrè, 2000.

([25]) *RSANU*, XII, p. 70.

41. — In tal modo, nel caso precitato delle *indennità russe*, la CPA osservava che "non si vedono differenze essenziali tra le diverse responsabilità" (responsabilità interna e internazionale). La Corte osservava altresì che "identiche nella loro origine, la colpa, esse appaiono uguali dal punto di vista della loro conseguenza, la riparazione in denaro" ([26]).

42. — Ed è pacifico che il principio generale secondo il quale qualunque danno implica, per il suo autore, un obbligo di riparazione è presente nell'ordinamento interno al pari dell'ordinamento internazionale; allo stesso modo, il pregiudizio subito deve essere risarcito in base alle sue due componenti: la perdita subita (*damnum emergens-danno emergente*) e il futuro guadagno perduto (*lucrum cessans-lucro cessante*).

3. — Principi relativi all'amministrazione della giustizia

43. — Il fenomeno di migrazione di regole di diritto interno verso l'ordinamento internazionale si verifica a causa del ruolo di pioniere svolto dagli ordinamenti giuridici interni. Senza pretesa di esaustività, sia consentito citare alcuni esempi rappresentativi. Così, il giudice internazionale o l'arbitro possiedono la cosiddetta "competenza della competenza", ovvero spetta a ciascuno di loro decidere i limiti della propria competenza. Allo stesso modo, il giudice internazionale o arbitro non può statuire *ultra petita*. Analogamente, nessuno può essere giudice e parte nello stesso processo (*nemo judex in re sua*). Ancora: una sentenza possiede l'autorità della cosa giudicata (*res judicata*), ed ha un'efficacia normalmente "relativa", ossia limitata alle parti in causa. In materia d'amministrazione della prova, quest'ultima incombe all'attore (*actori incumbit probatio*). I giudizi o le sentenze devono essere motivati. I giudici o gli arbitri devono essere indipendenti dalle parti in causa. Si tratta di esempi di principi generali di diritto che presiedono al funzionamento dei tribunali internazionali e che trovano la propria origine nei principi di diritto processuale sviluppatisi negli ordinamenti interni.

§ 2. — *Settori di applicazione nel diritto moderno*

44. — Come abbiamo già osservato, il diritto internazionale contemporaneo si è ampliato sia *ratione personae* che *ratione materiae*.

Nel nostro tempo, è agevole osservare che i "principi generali di diritto" si stanno sviluppando in due grandi settori della vita di relazione internazionale: quello delle organizzazioni internazionali e quello dei rapporti tra Stati (o organizzazioni internazionali) e soggetti privati stranieri.

1. — Principi generali di diritto ed organizzazioni internazionali

45. Analogie strutturali con lo Stato. — La ragione principale della presenza di principi generali di diritto in questo ambito è dovuta ad alcune analogie tra la struttura dello Stato e quella delle organizzazioni internazionali. Infatti, queste ultime hanno

---

([26]) Lodo dell'11 novembre 1912, in *RSANU*, XI, p. 440.

una struttura interna che per certi versi ricalca quella degli Stati: le OIG si basano su una "Carta costitutiva" (il trattato tramite il quale esse sono state costituite, il loro "DNA" per usare un analogia con la biologia) che regola — seguendo l'esempio di una Costituzione statale — le loro competenze, il mandato dei loro organi, i loro rapporti reciproci. Al pari dello Stato, le OIG dispongono di un personale composto da funzionari internazionali.

46. — Quindi, non è sorprendente che, *mutatis mutandis*, certe soluzioni di diritto costituzionale o di diritto amministrativo o di diritto del lavoro sviluppate dagli Stati si ritrovino all'interno delle organizzazioni internazionali a titolo di principi generali di diritto. Ed è chiaro che più l'OIG in questione sarà "integrata", più saranno maggiori le similitudini con il modello statale. Questo spiega, tra le altre cose, perché l'Unione europea, la quale ha istituito un ordinamento giuridico proprio, a metà strada tra il diritto interno e il diritto internazionale classico, faccia un ampio uso dei "principi generali di diritto". Come esempio possiamo citare il *caso Algera* ([27]) dove la Corte di Giustizia Ue ha ammesso che, in virtù di un "principio generale di diritto", un atto amministrativo illegale emanato da un organo comunitario è un atto *revocabile* entro un periodo ragionevole.

a) *Principi generali di diritto e funzionamento interno delle organizzazioni internazionali*

47. Il modello parlamentare. — Esiste anche una forte analogia tra le OIG e la "diplomazia parlamentare" praticata nell'ordinamento interno, come ha notato la CIG nel caso del *Sud-Ovest africano* del 1962. In queste condizioni, il funzionamento interno delle organizzazioni internazionali "prenderà a prestito" numerose regole del "diritto parlamentare" degli Stati.

48. — Gli esempi abbondano nelle più svariate materie. Così l'OIG dispone del potere direttivo e di un'autorità esclusiva sul proprio personale amministrativo. Così ancora, i verbali delle riunioni devono essere pubblicati integralmente e non per estratto. Ancora, gli atti delle OIG non possiedono efficacia retroattiva. Così ancora, le OIG possono creare tribunali propri, come ha riconosciuto la CIG nel parere consultivo del 1954 sugli *effetti delle sentenze del Tribunale amministrativo delle Nazioni Unite che concedono delle indennità*, in cui ha dichiarato quanto segue: "è prassi costante per i legislatori nazionali creare tribunali con la capacità di adottare decisioni vincolanti per il legislatore che li ha creati" ([28]); a seguito di questa constatazione, la Corte ha ammesso che l'ONU aveva il potere di creare un tribunale amministrativo dotato di poteri vincolanti.

b) *Principi generali di diritto e rapporti tra le OIG e gli Stati (o il funzionamento esterno delle organizzazioni internazionali)*

49. — Ci sono ancora molti casi in cui i rapporti tra le OIG e i loro Stati membri sono regolati da principi generali di diritto.

([27]) Cause riunite 7-56 e 3-57 a 7-57, in *Rec.* 1957, p. 81, con conclusioni di LAGRANGE.V. ad es. *Diritto amministrativo europeo*, a cura di M. CHITI, Milano, Giuffrè, 2013.

([28]) *Rec.*, 1954, p. 61.

Un primo esempio si ha in materia di responsabilità. Infatti, tutti gli atti delle organizzazioni internazionali suscettibili di danneggiare gli Stati membri o i loro cittadini possono essere fonte di responsabilità internazionale dell'organizzazione in questione. Ciò è stato formalmente riconosciuto quando i caschi blu dell'ONU in Congo hanno intrapreso alcune azioni che hanno causato dei danni a dei cittadini belgi ed allo stesso Stato belga. L'ONU ha risarcito il danno, riconoscendo la propria responsabilità ([29]). Va notato che se le OIG sono responsabili per i danni causati dalle loro azioni, lo stesso vale per gli Stati nei confronti delle OIG: gli Stati possono essere responsabili nei confronti delle OIG per i danni arrecati alle stesse tramite i loro atti.

Allo stesso modo, i trattati conclusi tra gli Stati e le organizzazioni internazionali (e tra queste ultime) vengono governati, tra l'altro, da principi generali di diritto (per esempio in materia di interpretazione), fino a quando la Convenzione di Vienna del 21 marzo 1986, non sarà entrata in vigore ([30]).

c) *Principi generali di diritto e rapporti delle OIG con il proprio personale*

50. Utilizzo dei principi generali da parte dei Tribunali amministrativi internazionali. — Non è esagerato dire che, il regime giuridico della funzione pubblica internazionale è dominato da principi generali di diritto. Tale diritto è stato sviluppato dai *Tribunali amministrativi internazionali* che hanno attinto a piene mani dal diritto processuale, dal diritto amministrativo e dal diritto del lavoro, in vigore nei diversi Stati.

51. — Anzitutto, la presenza quasi generale di *Tribunali amministrativi internazionali* (o di commissioni di ricorso) prova l'esistenza di un principio generale secondo il quale i funzionari internazionali devono potere beneficiare di una certa tutela giurisdizionale nei confronti delle OIG da cui dipendono. Per tali motivi, un'organizzazione che non possedeva inizialmente alcuna competenza di questo tipo, la Banca Mondiale, dovette istituire un proprio "Tribunale amministrativo" ([31]).

52. — Inoltre, le norme che disciplinano il funzionamento di detti "Tribunali amministrativi internazionali" sono quelle comunemente accettate negli ordinamenti interni. È possibile dunque che si verifichi un diniego di giustizia? Può un tribunale internazionale amministrativo cavarsela con un *non liquet* adducendo la presenza di lacune del diritto? La questione rimane controversa ed è stata parzialmente trattata dal tribunale amministrativo dell'OIL nel caso *Micheline Desgranges* ([32]).

53. — Esistono comunque delle regole fondamentali che tutti i tribunali devono rispettare perché sono considerate come inerenti alla buona amministrazione della giustizia (per esempio il diritto ad un processo equo). Infine, per i tribunali di tipo "amministrativo", altri esempi di "presa a prestito" di regole nazionali si verificano ogniqualvolta si discute di invalidità degli atti, o ancora di "potere gerarchico": tutti elementi del diritto del lavoro alle dipendenze delle amministrazioni pubbliche statali.

([29]) V. gli accordi Spaak-U Thant del 20 febbraio 1965 e l'analisi di J.A. SALMON, in *AFDI*, 1965, p. 468.

([30]) PH. MANIN, in *AFDI*, 1986, p. 454 e ss.

([31]) V. *ILM*, 1980 p. 958.

([32]) Sentenza n. 11 nel *caso Micheline Desgranges*.

2. — Principi generali di diritto e rapporti tra gli Stati o le OIG e privati stranieri

54. — Nel "diritto internazionale contemporaneo, i principi generali di diritto sono frequentemente utilizzati anche in materia di *contratti internazionali*. Per questo, tali principi vengono spesso invocati nei contenziosi transnazionali come fonti del diritto applicabile a tali rapporti.

a) *I principi generali di diritto nei contratti internazionali*

55. L'esempio delle concessioni. — Molti contratti internazionali, specialmente i *contratti di concessione*, fanno ampio riferimento ai principi generali di diritto, affiancandoli al diritto nazionale. Talvolta i riferimenti riguardano alcune clausole (buona fede o forza maggiore, per esempio), talaltra i contratti si riferiscono ai principi generali di diritto nel loro insieme, in quanto oggetto di scelta della legge applicabile al contratto (lasciando un gran margine di manovra al giudice o all'arbitro). Così, per esempio, l'art. 46 dell'accordo relativo al consorzio petrolifero in Iran nel 1954 prevedeva espressamente che il diritto applicabile era il diritto comune all'Iran ed agli Stati in cui le società petrolifere avevano sede e, "in loro assenza, i principi generali di diritto riconosciuti dalle Nazioni civili". Analogamente, l'art. 35 del contratto tra l'ERAP francese e l'INOC iracheno del 1968 faceva un doppio riferimento al diritto nazionale e ai principi generali del diritto.

Siffatto ricorso ai principi generali di diritto nei contratti internazionali conclusi tra uno Stato (o un'OIG) e una società straniera oggi costituisce una prassi diffusa. Talvolta i principi generali di diritto devono operare in modo *cumulativo* — se non sovraordinato — con il diritto nazionale (ed è il caso più frequente per i contratti tra Stati ed imprese straniere o "State contracts"); talaltra quei principi sono indicati alla stregua del diritto applicabile *tout court* (è il caso anche di alcuni contratti conclusi con organizzazioni internazionali).

b) *I principi generali di diritto e la loro applicazione ad opera degli arbitri*

56. La soluzione dell'art. 42 della Convenzione ICSID. — Talvolta l'arbitro viene espressamente invitato a decidere una controversia anche sulla base di "principi generali di diritto". È il caso, ad esempio, dell'art. 42 par. 1, della Convenzione ICSID del 1965 il quale prevede che:

> "Il Tribunale statuisce sulla controversia secondo le regole di diritto che le parti abbiano convenuto. In difetto di accordo tra le parti, il Tribunale applica la legge dello Stato contraente parte della controversia — ivi comprese le sue norme di diritto internazionale privato — come pure i *principi di diritto internazionale in materia*" (33).

---

(33) Corsivo aggiunto. Si tratta di una traduzione non ufficiale tratta dal testo pubblicato da P. BERNARDINI, in appendice a *L'arbitrato nel commercio e negli investimenti internazionali*, 2ª ed., Milano, Giuffrè, 2008, p. 455. La versione italiana predisposta dal governo federale svizzero fa ugualmente riferimento a "principi di diritto internazionale". La versione spagnola, egualmente ufficiale, indica però "y aquellas normas de derecho internacional que pudieren ser aplicables". In argomento cfr. E. GAILLARD, Y. BANIFATEMI, "The Meaning of 'and' in Article 42(1), Second Sentence, of the Washington Convention: The Role of International Law in the ICSID Choice of Law Process", in *ICSID Rev.*, 2003, p. 375-411.

Qui, peraltro, la versione inglese fa riferimento alle "rules of International Law", mentre in quella francese — anch'essa ufficiale — si utilizza l'espressione "principi di diritto internazionale, come fonte del diritto applicabile".

57. La prassi arbitrale e i Principi Unidroit sui contratti internazionali. — Nella prassi arbitrale si reperiscono numerosi esempi in cui gli arbitri hanno fatto riferimento ai "principi generali di diritto" (34). Così nel ***caso Lena Goldfields***, gli arbitri riconobbero che l'adempimento secondo buona fede era un principio generale di diritto applicabile, come tale, ai contratti internazionali (35). Nel ***caso Sapphire*** (lodo Cavin), l'arbitro applicava delle "regole di diritto fondate sulla ragione comune delle Nazioni civili" per definire il concetto di forza maggiore nei contratti internazionali (36). Nel ***caso Aramco*** del 1958, gli arbitri applicarono il diritto dello Stato in causa, vale a dire dell'Arabia Saudita, ma lo interpretavano e lo completavano attraverso i "principi generali di diritto" e "gli usi dell'industria". Così facendo, gli arbitri dedussero il divieto, per chi abbia emesso una data dichiarazione o tenuto un dato comportamento, di opporre l'invalidità della dichiarazione emessa o l'inefficacia del comportamento tenuto da colui che sull'una o sull'altra abbia fatto legittimo affidamento (principio dell'*estoppel*); ciò che corrisponde a una "massima giuridica di portata universale" (37). In un'altra controversia, l'***arbitrato di Abu Dhabi*** del 1951, l'arbitro inglese Lord Asquith of Bishopstone, escludendo l'applicazione del diritto nazionale (*sub specie*, quello di Abu Dhabi) che pur era stato designato dalle parti in contratto in quanto ritenuto praticamente inesistente, ha ritenuto opportuno applicare "i principi radicati nel buon senso e nella prassi comune della generalità delle Nazioni civili" una sorta di diritto internazionale moderno ("modern law of nature") (38). Successivamente, il lodo precitato di R.J. Dupuy nel ***caso Texaco/Calasiatic*** ha evidenziato il ruolo centrale dei principi generali di diritto quali *indici di internazionalizzazione* di tali contratti; pertanto l'arbitro stimava giustamente che tali principi giocano un ruolo importante nell'equilibrio contrattuale delle parti (vedere paragrafi 41, 42 e 51, 52). E così ancora, nel lodo ICSID ***Amco v. Indonesia***, gli arbitri giunsero alla conclusione secondo la quale:

> "the full compensation of prejudice, by awarding to the injured party the *damnum emergens* and the *lucrum cessans* is a principle common to the main systems of municipal law, and therefore, a general principle of law which may be considered as a source of international law" (39)

In tale contesto, nel nostro tempo, si coglie chiaramente l'importanza dei *Principi Unidroit sui contratti commerciali internazionali.* I Principi Unidroit — come abbiamo già segnalato — costituiscono una risposta efficace e adeguata alla necessità di una codificazione dei principi generali del diritto internazionale dei contratti. Non stupisce quindi che sia il Consiglio di direzione d'Unidroit, che l'UNCITRAL, ne abbiano

---

(34) Cfr. ad es. Ph. Kahn, « Les principes generaux du droit devant les arbitres du commerce international », in *JDI*, 1989, p. 305.

(35) *Cornell Law Quarterly*, 1950 p. 50.

(36) *ILR*, 1953, p. 534 et s.

(37) *RGDIP*, 1963, p. 315.

(38) *ICLQ*, 1952, p. 247.

(39) Lodo ICSID, 20 novembre 1984, *Amco Asia Co v Republic of Indonesia*, punto 267.

raccomandato la più ampia applicazione (40). Lo sviluppo progressivo del diritto internazionale dei contratti, grazie ai principi Unidroit, consente oggi agli arbitri internazionali di risolvere controversie transnazionali facendo riferimento ad uno strumento internazionale che è il frutto del lavoro congiunto, per oltre trent'anni, di giuscomparatisti e giusinternazionalisti di tutto il mondo. Pertanto, la formale adozione dei principi Unidroit da parte dell'UNCITRAL e, ovviamente, di Unidroit, ha conferito a detti principi una legittimità internazionale che va ben al di là della loro mera autorevolezza dottrinale (41).

Così, ad esempio, nel **lodo CCI/ICC n. 7375**, relativo a un contratto tra l'Iran e la società statunitense Westinghouse, gli arbitri, decisero che, data l'assenza di scelta del diritto applicabile:

"the tribunal will apply those general principles and rules of law applicable to international contractual obligations, which qualifies as rules of law and which a wide acceptance of international consensus in the international business community, including notions which are said to form part of the lex mercatoria, also taking into account any relevant trade uasges as well as the Unidroit principles, as far as they can be consiedered to reflect generally accepted principles and rules" (42).

Sezione III

Le funzioni dei principi generali di diritto

58. Piano espositivo. — Una diversa questione in fase di non sopito dibattito attiene al ruolo che svolgono i principi generali di diritto. Alcuni autori come Mac Nair o Pierre Lalive attribuiscono ai principi generali di diritto un *ruolo centrale* tra le fonti del diritto internazionale e ne affermano la loro "autonomia" valorizzandone il loro impiego nel "diritto transnazionale" contemporaneo, con particolare riferimento alla materia dei contratti internazionali, come abbiamo anche noi più volte osservato in questa ed altre sedi.

Altra parte della dottrina, al contrario, attribuisce ai principi generali di diritto un ruolo meramente marginale e transitorio.

Tale dibattito, in realtà, può essere superato in favore della prima impostazione, alla luce dei dati della prassi. Pertanto, valuteremo dapprima il ruolo fondamentale dei principi generali di diritto in seno al diritto internazionale-trasnazionale del nostro tempo (1), per comprendere in che misura i medesimi principi siano rimasti, di fatto, una "fonte sussidiaria" nel contesto, più limitato, del diritto internazionale "pubblico" (2).

---

(40) *http://www.uncitral.org/uncitral/fr/index.html*

(41) Per consultare le applicazioni dei Principi Unidroit sui contratti commerciali internazionali v., *http://www.unilex.info* in cui sono state repertoriate dal 1994 centinaia di lodi arbitrali — e nel database si trovano anche sentenze dei giudici nazionali e internazionali. In argomento v. F. Marrella, *La nuova lex mercatoria. Principi Unidroit ed usi dei contratti del commercio internazionale*, cit., oltre che M.J. Bonell, *An international Restatement of Contract Law: the Unidroit Priciples for International Commercial Contracts*, 3 éd., Ardsley N.Y., Transnat. Pub., 2005.

(42) *Mealey's International Arbitration Report*, 1996, Dec., A-1 et ss., p. 123.

§ 1. — *I principi generali di diritto come fonte centrale del diritto della società transnazionale contemporanea*

59. Trattati e lacune del diritto internazionale. — Fonte tradizionale del diritto internazionale, i trattati non riescono sempre a soddisfare le necessità di tutti gli attori della società internazionale. Inoltre, i trattati internazionali, quando sono in vigore, presentano spesso un contenuto normativo parziale ed incompleto. In tale contesto, i principi generali di diritto giocano — assieme alla consuetudine — un ruolo insostituibile. Si assiste dunque ad una bella rivincita del diritto non scritto sul diritto scritto dell'ordinamento internazionale.

60. I principi generali come *stock* di norme applicabili all'ordinamento internazionale. — I principi generali di diritto costituiscono una sorta di *stock* di regole giuridiche, un serbatoio di norme applicabili soprattutto a nuovi settori del diritto internazionale come pure a rapporti giuridici delicati e complessi come quelli esistenti tra soggetti aventi diverso statuto giuridico.

Così, questi principi svolgono un ruolo essenziale nel diritto delle OIG, con riferimento al loro diritto interno o a quello delle loro relazioni esterne. *A fortiori*, i principi generali di diritto costituiscono il *corpus juridicum* essenziale del diritto internazionale dei contratti del nostro tempo (v. *supra* Cap. V).

Infine, va sottolineata la crescente importanza dei principi generali di diritto nei nuovi settori del diritto internazionale materiale quali ad esempio quello della tutela dell'ambiente e quindi del pianeta nel suo insieme o quello delle attività spaziali (anche dei privati).

§ 2. — *I principi generali di diritto, come fonte sussidiaria del diritto della società interstatale*

61. Diffidenza sui principi generali di diritto. — Vi è una certa diffidenza per quanto riguarda i principi generali di diritto, dal momento che essi sono imprecisi e dato che la loro "individuazione" non è frutto di un procedimento interamente "oggettivo" ma dipende, in larga misura, da una valutazione "soggettiva" del giudice o dell'arbitro. Inoltre, alcune categorie di Paesi (gli Stati socialisti di ieri o quelli in via di sviluppo oggi) manifestano una certa *reticenza* perché temono che i principi generali di diritto siano troppo "orientati" e che valorizzino più i sistemi giuridici dei Paesi sviluppati (spesso le ex Potenze coloniali) che i propri sistemi giuridici. E se i principi generali di diritto fossero una sofisticata "macchina da guerra" da utilizzare contro i loro interessi? Siamo sicuri di non essere in presenza di una manifestazione insidiosa di imperialismo giuridico?

Nonostante questi timori e perplessità, i principi generali di diritto permangono per regolare le relazioni tra Stati, pur avendo un ruolo sussidiario e talvolta marginale.

1. — I principi generali di diritto, quali strumenti per colmare le lacune del diritto internazionale generale

62. Ragioni dell'inserzione dei principi generali di diritto nello Statuto della CPGI nel 1920. — Nell'ordinamento interno, il ricorso ai principi generali di diritto serve a colmare le lacune del diritto scritto e ad adattarlo "en souplesse" ai cambiamenti della società. Lo stesso discorso vale anche nell'ordinamento internazionale e questo è probabilmente il motivo per cui i principi generali di diritto vennero inseriti nel 1920 nell'art. 38 dello Statuto della Corte.

63. Reticenza della Corte Internationale di Giustizia. — La CIG, senza dichiararlo ufficialmente, ha adottato quell'approccio. In effetti, la CIG in luogo di dire che in una particolare materia trovava applicazione un dato principio generale di diritto, in un caso ne ha negato l'applicazione (è il caso dell'*Africa del Sud-Oves*t del 1966) e in un altro caso, pur riconoscendone l'applicazione, ha affermato che la norma in questione esisteva già come norma convenzionale per esempio, nel *caso del "Wimbledon"* del 1923, a proposito di "servitù", (n. 1, p. 24) o consuetudinaria nel *caso di diritto di passaggio* del 1960 tra l'India e Portogallo (pp. 43-44). In entrambe le fattispecie, la CIG si è ben guardata dall'affermare l'esistenza di per sé di un principio generale di diritto, manifestando pertanto una curiosa reticenza con riferimento ad una specifica e formale fonte di diritto internazionale di cui all'art. 38 Statuto CIG.

64. L'utilizzo dei principi generali di diritto da parte di singoli giudici. — È altrettanto curioso notare che in parallelo alla posizione ufficiale della CIG espressa nelle sentenze sopra richiamate, numerosi giudici di quella stessa Corte abbiano invece spesso insistito, nelle loro opinioni individuali o dissenzienti, sul ruolo dei principi generali di diritto al fine di colmare le lacune del diritto internazionale. Si possono citare, a titolo di esempio, l'opinione dissenziente del giudice Quintana *nel caso del diritto di passaggio sul territorio indiano* nel 1960 (pp. 89-90), l'opinione individuale del giudice Ammoun nel *caso della piattaforma continentale del Mare del Nord* nel 1969 (pp. 132-135), oppure nel *caso Barcelona Traction* del 1970 ([43]), o anche l'opinione dissenziente del giudice Tanaka nel *caso del Sud Ovest Africano* del 1966 (p. 299).

65. Utilizzo dei principi generali di diritto da parte della Corte di giustizia UE. — Nel già citato *caso Algera*, la Corte di Giustizia dell'Unione europea aveva notato l'assenza di regole contenute nel Trattato CECA per la soluzione del caso di specie, e quindi aveva fatto applicazione di principi generali di diritto ([44]). Ciò non ha destato alcuna protesta.

66. Utilizzo dei principi generali di diritto da parte degli arbitri. — Infine, va ricordato che nei grandi arbitrati tra Stati e imprese straniere precedentemente citati gli arbitri hanno spesso giustificato l'utilizzo dei principi generali di diritto al fine di precisare o di colmare le lacune del diritto applicabile. Ed oggi il database di UNILEX evidenzia centinaia di applicazioni nella prassi contemporanea dei Principi Unidroit sui contratti internazionali.

67. Il problema del *non liquet*. — Se è vero che i principi generali di diritto servono a colmare le lacune del diritto internazionale, è altrettanto vero che non appaiono in grado di colmarle tutte. In altre parole, non è impossibile che il giudice o l'arbitro internazionale si trovino in una situazione di *non liquet*. In effetti, fino ad oggi, solo il Tribunale amministrativo de l'OIL nella sentenza n. 11, *Micheline Desgranges*, del 1953, ha rilevato che "in base ad una norma fondamentale sottostante

---

([43]) *Rec.*, cit., pp. 332-333.
([44]) *Rec.*, cit., p. 115.

a qualunque tecnica giuridica, nessun tribunale può astenersi dal giudizio a causa del silenzio o di una pretesa oscurità della legge". La questione, tuttavia, rimane attualmente oggetto di dibattito. Pertanto, la Convenzione ICSID del 1965 relativa alle controversie in materia di investimenti tra Stati e privati stranieri, ha precisato, all'art. 42 comma 2 par. 2 che "il tribunale non può rifiutarsi di giudicare facendo valere il silenzio o l'oscurità della legge".

2. — I principi generali di diritto: il loro ruolo sussidiario tra le fonti di diritto

68. — *Un principio generale di diritto può servire a precisare un trattato oppure una regola di diritto consuetudinario. Viceversa, un principio generale di diritto non può derogare ad una norma di diritto pattizio o consuetudinario.* Ciò significa, in concreto, che i principi generali di diritto hanno rango inferiore sia rispetto ai trattati che alle consuetudini nella gerarchia delle fonti del diritto internazionale. In breve, tali principi operano *praeter legem* ma non *contra legem.* Tale natura subordinata (o meglio sussidiaria e complementare) dei principi generali di diritto può essere spiegata in questo modo: mentre la consuetudine e i trattati possiedono un'origine puramente internazionale, i principi generali di diritto derivano dal diritto interno. Pertanto la loro "inferiorità" è conseguenza del *primato* dell'ordinamento internazionale sull'ordinamento interno.

Inoltre, proprio perché i principi generali di diritto sono espressione dell'esperienza giuridica complessiva degli ordinamenti giuridici statali, per altro verso sono un elemento di razionalità e di coerenza dello stesso sistema giuridico internazionale.

Infine, la pronuncia del giudice o dell'arbitro che fa ricorso ad essi costituisce una decisione *secondo diritto* e non una decisione secondo equità in assenza di esplicita autorizzazione delle Parti (v. Cap. XIV).

3. — Il carattere spesso "transitorio" dei principi generali di diritto

69. — I principi generali di diritto possono avere carattere transitorio nella misura in cui finiscano col divenire delle consuetudini internazionali o delle regole di diritto pattizio. In un caso come nell'altro, l'assorbimento dei principi generali di diritto in una norma di diversa natura fa acquisire loro i caratteri di quest'ultima.

I principi generali di diritto hanno dato vita a particolari regole consuetudinarie, come, per esempio, l'obbligo di versamento di un indennizzo in caso di nazionalizzazione o espropriazione di beni stranieri; o la regola in base alla quale un tribunale internazionale è sempre giudice della propria competenza; o ancora le regole di interpretazione degli atti giuridici.

I principi generali del diritto possono anche essere assorbiti in *regole a carattere pattizio.* È il caso delle condizioni di validità o dei metodi di interpretazione dei trattati successivamente codificate dalla CVT. Allo stesso modo, lo Statuto e il regolamento di procedura della CIG "codifica" un certo numero di principi generali di diritto, quali ad esempio l'indipendenza dei giudici, l'uguaglianza delle parti nel processo o la *res judicata.*

In breve, i principi generali di diritto costituiscono una "base" fondamentale del diritto internazionale. Essi consentono, se è necessario, di adattare il diritto internazionale alle nuove necessità della società internazionale, e, a volte, di colmarne le lacune.

Titolo IV
I MEZZI SUSSIDIARI PER L'ACCERTAMENTO DELLE NORME GIURIDICHE INTERNAZIONALI

Capitolo XII
LA DOTTRINA

Bibliografia sommaria: G. SCHWARZENBERGER, "The Province of the Doctrine of International Law", in *Current Legal Problems*, 1956, p. 235; P. GUGGENHEIM, "Contribution à l'histoire des sources du droit des gens", in *RCADI*, 1958, v. 94, pp. 5-84; G. FITZMAURICE, "The Contribution of the Institute of International Law to the Development of International Law", in *RCADI*, 1973-I, t. 138, p. 203; MAC DONALD, "The Role of the Legal Adviser of Ministries of Foreign Affairs", in *RCADI*, 1977-III, t. 156, p. 377; R. CHARVIN, "Le droit international tel qu'il a été enseigné. Notes critiques de lecture des traités et manuels (1850-1950)", in *Mélanges Ch. Chaumont*, 1984, p. 135; ORAISON, "Réflexions sur la "doctrine des publicistes les plus qualifiés des différentes nations"", *RBDI*, 1991/2, p. 507-580; R. JENNINGS, "Reflections on the Subsidiary Means for the Determination of Rules of Law", in *Studi Arangio-Ruiz*, 2004, t. I., p. 319 ss.; G. GAJA, "La doctrine et la pratique de droit international", in *AFDI*, 2005, p. 11; A. PELLET, "Art. 38", in A. ZIMMERMAN, C. TOMUSCHAT & K. OELLERS-FRAHM (eds.), *The Statute of the International Court of Justice: a Commentary*, Oxford, OUP, 2012, p. 853 ss.; H. THIRLWAY, *The Sources of International Law*, Oxford, OUP, 2014; M. WOOD, voce "Teachings of the Most Highly Qualified Publicists (Art. 38 (1) ICJ Statute)", in *MPEPIL*, 2017; C. FOCARELLI, *Diritto internazionale*, 5 ed., cit., p. 243 ss.

1. La dottrina e lo Statuto della Corte Internazionale di Giustizia. — Parlando della dottrina, l'art. 38, par.1, lett. *d*, dello Statuto della CIG utilizza un'espressione che è al tempo stesso lusinghiera — per non dire pomposa — per gli accademici e prudente nel riconoscere l'apporto della "***dottrina degli autori più qualificati delle varie Nazioni, come*** mezzo sussidiario ***per la determinazione delle norme giuridiche che la Corte deve applicare***" (1). Senonché, la dottrina non è una *fonte formale* del diritto internazionale al pari dei trattati, delle consuetudini e dei principi generali di diritto riconosciuti dalle Nazioni civili.

Certo, lo Statuto della CIG riconosce un ruolo importante all'***interpretazione dottrinale*** del diritto internazionale ma tale ruolo si esaurisce nel fornire un "*mezzo sussidiario*" di accertamento delle norme che sorgono in base alle fonti formali del diritto internazionale. Ed in effetti, per secoli, la dottrina ha fornito un prezioso sussidio agli Stati ed agli interpreti della nostra materia, soprattutto per quanto riguarda il diritto internazionale non scritto. Occorre però leggere tutta la formula impiegata nello Statuto della CIG. Non si fa affatto riferimento ad un singolo articolo o ad una monografia qualsiasi di uno specialista di diritto internazionale. Un po' come

---

(1) Sottolineatura aggiunta. Testualmente: "The teachings of the most highly qualified publicists of the various nations, as subsidiary means for the determination of rules of law" o secondo la versione francese "la doctrine des publicistes les plus qualifiés des différentes nations, comme moyen auxiliaire de détermination des règles de droit".

ai tempi del *diritto comune*, qui il valore della dottrina (la sua "autorevolezza") si costruisce per sommatoria iniziando dalla serietà, l'approfondimento ed il vigore delle indagini scientifiche; dalla coerenza e dal contributo scientifico di tali indagini specialistiche con la materia generale, dall'acquisita autorevolezza di tali scritti nel settore scientifico disciplinare per poi accrescersi tramite un pari apprezzamento ed il consenso circa i risultati acquisiti da parte degli specialisti di diritto internazionale degli altri Stati. È facile comprendere dunque che la soglia fissata all'art. 38 dello Statuto CIG è particolarmente elevata.

Alla luce di tali premesse, ci limiteremo a presentare due osservazioni di carattere generale sul ruolo e della dottrina nell'ordinamento giuridico internazionale (1) e sul potere di formulare alcune norme di diritto internazionale (2).

1. — La dottrina ha maggiore importanza nel diritto internazionale che nel diritto interno

2. La codificazione dottrinale del diritto internazionale. — Il diritto internazionale, come abbiamo già segnalato, è meno preciso del diritto interno a causa dei suoi caratteri strutturali (quasi 200 Stati, OIG ed altri soggetti etc. v. Cap. I). A tal proposito, non stupisce che nell'epoca formativa del diritto internazionale moderno, anche a causa della scarsità delle norme dell'ordinamento internazionale o comunque della loro scarsa conoscibilità, la dottrina dei giusinternazionalisti più famosi abbia avuto un ruolo di prim'ordine — se non di "fonte effettiva" — nel presentare e nel formulare le norme che hanno regolato il diritto internazionale per secoli. Basti pensare a quegli autori che possono essere considerati i *codificatori del diritto internazionale positivo* della loro epoca, come GROZIO nel XVII secolo o VATTEL nel XVIII secolo.

In seguito, il ruolo della dottrina si è in parte ridotto in virtù di un più generale accesso alle fonti di cognizione del diritto internazionale positivo tramite la diffusione di raccolte sistematiche di trattati pubblicati — oggi anche via internet — sotto l'egida della Società delle Nazioni e, poi dell'ONU, ovvero di repertori della prassi degli Stati e delle OIG; per non parlare delle convenzioni internazionali di codificazione di molte norme del diritto internazionale non scritto. Tale "ridimensionamento" della dottrina è stato altresì bilanciato dal progressivo sviluppo della giurisprudenza internazionale (oggi copiosa grazie ai sempre più numerosi tribunali internazionali).

3. La reticenza dei giudici nazionali. — Nell'ordinamento interno, l'apporto della dottrina è lungi dall'essere valutato allo stesso modo. Senza dubbio la dottrina è più influente nei Paesi della famiglia romano-germanica che nei Paesi di Common Law ([2]), sebbene siano necessarie alcune puntualizzazioni. Per esempio, i *giudici inglesi* sono sempre stati molto reticenti ad affidarsi alla dottrina. Nel **caso del *Franconia***, il *Chief Justice* dovette valutare la competenza dei tribunali inglesi nel giudicare uno straniero per omicidio colposo in una collisione tra un'imbarcazione britannica e una nave battente bandiera di un altro Stato. L'urto si era verificato *al di fuori del mare territoriale* inglese che corrispondeva, all'epoca, a 3 miglia nautiche. Qui, la Corte indicò che il diritto internazionale non le conferiva la giurisdizione nel

---

([2]) In argomento, v. per tutti R. DAVID, C. JAUFFRET SPINOSI, *I grandi sistemi giuridici contemporanei*, 4ª ed., traduz. it. a cura di R. SACCO, Padova, Cedam, 2004.

caso di specie ed esaminando il ruolo della dottrina, non poté non notare il disaccordo tra i principali autori riguardo all'estensione del mare territoriale, questione da cui dipendeva l'esito del dibattito. La Corte osservò, in particolare, che "*la opinione generale dei giuristi, di per sé sola, non vincola certamente i tribunali, ma attesta l'esistenza di un comune consenso degli Stati su questioni di ordine internazionale*" (3).

4. — I giudici statunitensi, al contrario, si sono dimostrati più propensi a riconoscere valore persuasivo alla dottrina. Così, nel **caso *The Paquete Habana***, la Corte Suprema decise di fare riferimento alla dottrina per dimostrare l'esistenza di una consuetudine. Si trattava di valutare l'esistenza di una norma consuetudinaria relativa al diritto di preda di pescherecci stranieri in caso di conflitto armato con lo Stato della bandiera. Per giungere alla conclusione negativa la Corte Suprema fondò il proprio giudizio, tra l'altro, sul lavoro di giuristi e di commentatori specializzati giacché i giusinternazionalisti "*dopo anni di lavoro, di ricerche e di esperienze, avevano acquisito una conoscenza della materia tale da costituire la prova dell'esistenza di una norma giuridica*" (4).

2. — Il ruolo della dottrina nella formulazione di alcune norme di diritto internazionale

5. Dottrina e codificazione del diritto internazionale. — In primo luogo, come abbiamo visto (Cap. X), la dottrina può contribuire ad *individuare e a precisare l'ambito di applicazione delle norme non scritte* del diritto internazionale, siano esse delle consuetudini ovvero dei principi generali di diritto riconosciuti dalle Nazioni civili. In tale prospettiva, la dottrina può essere utilizzata come elemento di prova: essa, in altre parole, non crea nuove norme ma ne conferma l'esistenza. Analogamente, la dottrina può svolgere una funzione — oggi più limitata che in passato — di *codificazione* di alcune norme non scritte del diritto internazionale. Per questa ragione, e per la *natura collettiva* dei risultati, occorre prestare particolare attenzione alle "risoluzioni" dell'***Institut du Droit International*** o dell'***International Law Association***, associazioni private di specialisti del diritto internazionale create rispettivamente nel 1873 e nel 1876. Vale infatti quanto è stato recentemente ribadito da M. Woods:

> "Teachings may take many forms, including 'digests, treatises, textbooks, monographs, commentaries, journal articles and blog posts'. If one turns from individual writers to institutions such as the *Institut de Droit International*, the *International Law Association* (ILA), and 'expert groups', the position looks rather different. The collective product of such learned bodies should be seen as part of the teachings for the purposes of Art. 38 (1) (d) ICJ Statute, and may — depending on all the circumstances — carry special weight. Among other considerations, their product does tend to represent the views of publicists of the various nations, especially in recent times. And even national-based collective works may have high authority, e.g. the Harvard Research. Commentaries on major treaties are a particularly influential form of collective work" (5).

---

(3) *Queen v. Keyn*, 2 Ex. Div. 63, 202, (1876).

(4) 175 US 677, 1900.

(5) V. M. Wood, voce "Teachings of the Most Highly Qualified Publicists (Art. 38 (1) ICJ Statute)", *MPEPIL*, 2017. V. altresì S. Sivakumaran, "The Influence of Teachings of Publicists on the Development of International Law", in *ICLQ*, 2017, pp. 1-37.

Ciò vale, dunque, anche per i contributi accademici di alto livello pubblicati nella collana *Recueil des cours* dell'**Accademia di diritto internazionale dell'Aja**, a cui abbiamo fatto spesso riferimento.

Possono costituire altresì un utile punto di riferimento, *mutatis mutandis*, anche i "Restatements of Foreign Relations Law of the United States" effettuati periodicamente dall'*American Law Institute* negli Stati Uniti come, in passato, ebbe grande autorevolezza scientifica la codificazione proposta dall'Università di Harvard nel 1932.

6. La *codificazione soft* del diritto internazionale ad opera della CDI. — Recentemente, anche la CDI, a causa dei tempi molto lunghi della trasformazione dei propri progetti di convenzione — a cominciare dai lavori sulla responsabilità dello Stato del 2001 — in trattati in buona e dovuta forma da parte degli Stati, ha adottato una strategia per la codificazione *soft* del diritto internazionale (6). Non v'è dubbio che i "progetti" di codificazione del diritto internazionale della CDI, una volta ultimati, lungi dal rimanere "lettera morta", possiedono grande autorevolezza e dunque un'innegabile influenza sia sulla prassi degli Stati che in sede di controversie internazionali, ad esempio nel settore degli investimenti diretti esteri (7). In tale prospettiva, parte dell'attività della CDI può essere assimilata alla "dottrina degli internazionalisti più qualificata" ai sensi dell'art. 38 dello Statuto della CIG.

7. Il *Tallinn Manual 2.0 on the International Law Applicable to Cyber Operations* e gli *Oxford Statements* — Minore peso ma grande interesse presenta il Manuale di Tallinn (8), che abbiamo più volte citato. Qui, si tratta del prodotto del lavoro di una équipe di giusinternazionalisti di "varie Nazioni" (ma non tutti gli Stati, in quanto si tratta di esperti riunitisi su invito personale del coordinatore, il prof. Schmitt) esperti di diritto internazionale umanitario, *cyber-warfare* e *cyber-operations*. Tali lavori di codificazione dottrinale della *lex lata* in materia (non, ovviamente, della *lex ferenda*) sono iniziati nel 2007 a seguito di un attacco informatico sferrato presumibilmente dalla Russia a danno di siti internet del Governo e di banche ed organismi di informazione estoni. Il testo che ne è risultato, il *Manuale di Tallinn* appunto, si presenta oggi in forma di "codice" ove ad ogni regola segue un commento operativo per spiegare, in modo strutturato e sistematico, il diritto internazionale applicabile alle operazioni cibernetiche. La sua autorevolezza rimane quella del gruppo dei suoi autori, ma tale pubblicazione è già diventata un riferimento importante per gli Stati, le autorità militari, e gli accademici.

Allo stesso livello si collocano i recenti ***Oxford Statements on International Law*** che costituiscono delle prese di posizione di numerosi giusinternazionalisti di vari Paesi in ordine a problemi giuridici di scottante attualità e su questioni ove il diritto internazionale appare incerto quali ad es. le interferenze cibernetiche durante le

---

(6) V. S. Villalpando, "Codification Light: A New Trend in the Codification of International Law at the United Nations", in *Brazilian Yearbook of International Law*, 2013, p. 177 ss..

(7) V. J. Crawford, « Investment Arbitration and the ILC Articles on State Responsibility », in *ICSID Review*, 2010, pp. 127-199.

(8) *Tallinn Manual 2.0 on the International Law Applicable to Cyber Operations*, a cura di M. Schmitt, Cambridge, CUP, 2017.

elezioni politiche, lo spionaggio medico cibernetico sulle ricerche del vaccino anti Covid-19 o ancora sugli attacchi cibernetici a strutture medico-sanitarie (9).

8. Dottrina e sviluppo del diritto internazionale. — La dottrina può, infine, contribuire alla formulazione di regole in ***settori nuovi*** del diritto internazionale, o comunque in rapido mutamento. A tal proposito, si può citare, oltre al diritto dello spazio digitale, il *diritto cosmico*, nel quale gran parte delle norme giuridiche hanno un fondamento puramente "dottrinale", come in passato è avvenuto circa il diritto del mare, (si pensi allo sviluppo di concetti come quello di "piattaforma continentale", "zona contigua", "zona economica esclusiva"), o ancora per quanto riguarda il *diritto internazionale dell'ambiente e del cambiamento climatico.*

(9) *The Oxford Statement on the International Law Protections Against Cyber Operations Targeting the Health Care Sector*, del 21 maggio 2020; *The Second Oxford Statement on International Law Protections of the Healthcare Sector During COVID-19: Safeguarding Vaccine Research*, del 11 agosto 2020; *The Oxford Statement on International Law Protections Against Foreign Electoral Interference through Digital Means*, del 28 ottobre 2020.

Capitolo XIII
LA GIURISPRUDENZA INTERNAZIONALE

Bibliografia sommaria: De Vischer Ch., "La chose jugée devant la Cour Internationale de la Haye", *RBDI*, 1965, p. 5; E. Grisel, "Res judicata: l'autorité de la chose jugée en droit international", in *Mélanges G. Perrin*, 1984, p. 139; L. Condorelli, "L'autorité de la decision des juridictions internationales permanentes", *SFDI*, in *La jurisdiction internationale permanente*, Paris, Pedone, 1986, p. 277; J. Salmon, "L'autorité des prononcés de la Cour internationale de Justice", in *Arguments d'autorité et arguments de raison en droit*, Bruxelles, Nemesis, 1988, p. 21; G. Abi-Saab, "La Jurisprudence. Quelque reflexions sur son rôle dans le developpement du droit înternational", in *Estudios en homenaje al pr. M. Diez de Velasco*, 1993, p. 19; Jennings, "The Judiciary, International and National and the Development of International Law", *ICLQ*, 1996, p. 1; Ph. Cahier, "Le rôle du juge dans l'élaboration du droit international", in J. Makerczyk (ed.), *Theory of International Law at the Threshold of the 21st Century*, 1996, p. 353 ss; Thirlway, "Judicial Activism and the International Court of Justice", in *Mélanges S. Oda*, t. I, 2002, p. 75; C. McLachlan, "*Lis pendens* in international litigation", in *RCADI*, v. 336, 2008, pp. 199-553; G. Guillaume, « The Use of Precedent by International Judges and Arbitrators », *J. of Int. Disp. Settlement*, 2011, p. 7 ss.; K. Hober, "*Res Judicata* and *Lis Pendens* in International Arbitration", in *RCADI*, v.366, 2013, pp. 99-405; A. Del Vecchio, *I Tribunali internazionali tra globalizzazione e localismi*, 2 ed., Bari, Cacucci, 2015; De Brabandere E., "The Use of Precedent and External Case-Law by the International Court of Justice and the International Tribunal for the Law of the Sea", in *The Law and Practice of International Courts and Tribunals*, 2016, pp. 24-55; *Brownlie's Principles of Public International Law*, a cura di J. Crawford, Oxford, OUP, Ch. 2; U. Leanza, I. Caracciolo, *Il diritto internazionale: diritto per gli Stati e diritto per gli individui*, 3ª ed., cit., p. 140 ss.; C. Focarelli, *Trattato di diritto internazionale*, cit., p. 497 ss.; G. Asta, *La funzione consultiva delle Corti regionali dei diritti umani*, Napoli, ES, 2019; Thirlway, *The Sources of International Law*, 2 ed., Oxford, O.U.P., 2019; M. Nino, "La competenza consultiva della Corte europea dei diritti umani alla luce dei pareri adottati in base al Protocollo n. 16 della CEDU: bilanci e prospettive", in *OIDU*, 2021, pp. 322-348.

1. Un mezzo sussidiario per la determinazione del diritto internazionale. — Al pari della dottrina, in diritto internazionale, tanto le sentenze le sentenze dei giudici internazionali, quanto *a fortiori* quelle dei giudici dei singoli Stati, non rientrano tra le *fonti formali* del diritto internazionale. In questo senso dispone l'art. 38, par.1, lett. *d*, dello Statuto della CIG il quale indica che "***per decidere in base al diritto internazionale***" una controversia, oltre ad applicare trattati, consuetudini e principi generali di diritto riconosciuti dalle Nazioni civili, possono essere utilizzati come ***mezzi sussidiari*** "***le decisioni giudiziarie...come mezzi sussidiari per la determinazione delle norme giuridiche***".

Per quanto tale norma si riferisca genericamente alle "decisioni giudiziarie" senza distinguere tra le sentenze di *corti internazionali* e quelle di *organi giudiziari dei singoli Stati*, sappiamo già (Cap. X) che le sentenze nazionali costituiscono dei mezzi di prova della *prassi di un singolo Stato* nell'ambito del cui ordinamento la decisione giudiziale è stata pronunciata, prova utile al fine della rilevazione di norme consuetudinarie o di principi generali di diritto riconosciuti dalle Nazioni civili. La prova così fornita ovviamente non esclude l'ammissibilità della prova contraria.

Resta però da dire quale sia il ruolo e l'efficacia delle sentenze pronunciate da *corti internazionali* dal punto di vista dell'ordinamento internazionale (1). È pacifico che la difficoltà di provare le norme di diritto non scritto ed anche di *interpretare* certi trattati internazionali, unitamente al prestigio e dunque all'autorevolezza di cui godono i tribunali internazionali (oggi sempre più numerosi), fanno sì che i precedenti giurisprudenziali abbiano *di fatto* un'importanza notevole e largamente superiore a quella delle sentenze dei giudici interni.

2. — Ci limiteremo pertanto a presentare qualche osservazione di carattere generale, in un primo tempo circa le sentenze ed i pareri delle Corti internazionali dell'Aja data la "centralità" della CPGI e della CIG (1); e successivamente, sui lodi arbitrali internazionali (2).

1. — Il ruolo delle sentenze e dei pareri delle Corti internazionali dell'Aja (CPGI e CIG)

3. — È necessario sottolineare due aspetti importanti. Innanzitutto, le sentenze della CIG (come in passato della CPGI) possiedono un'*efficacia relativa*, come del resto i pareri consultivi (a). Inoltre, vi è una certa *coerenza giudiziaria* (b) che ha un'influenza decisiva sullo *sviluppo del diritto internazionale* (c).

a) *L'efficacia relativa delle sentenze e dei pareri della CIG*

4. Dei precedenti persuasivi ma non vincolanti. — Cominciamo con i ***pareri consultivi***. Non vincolano né le istituzioni che li hanno richiesti, né, a maggior ragione, gli Stati. Tuttavia hanno un grande peso morale, giuridico e politico.

Le ***sentenze***, frutto dell'attività della CIG nell'esercizio della sua funzione giurisdizionale, hanno invece **carattere vincolante** ***per le sole Parti in causa*** (art. 59 dello Statuto della CIG). Ciò significa che il principio dello ***stare decisis*** dei sistemi di *Common law*, secondo il quale le Corti di grado inferiore sono vincolate dalle "sentenze di principio" delle Corti di grado superiore (seppure tale principio è applicato in modo meno rigido negli Stati Uniti che nel Regno Unito) o ancora della eventuale circolazione dei precedenti in direzione orizzontale (2), non presiede affatto al funzionamento della CIG. *Essa, inoltre, non è nemmeno vincolata dalle proprie sentenze.*

Va tuttavia osservato che pur se i precedenti giudiziari internazionali non sono vincolanti, hanno un notevole valore *persuasivo*, giacché i giudici internazionali, in maniera particolare quelli dell'Aja, sono sempre stati attenti alla continuità della loro giurisprudenza.

---

(1) È utile ricordare che, dal punto di vista dell'ordinamento internazionale, la sentenza del giudice di un dato Stato costituisce un atto giuridico imputabile allo Stato da cui emana.

(2) In arg. cfr. G. Gorla, voce: "Giurisprudenza", in *Enc. Dir.*, vol. XIX, Milano, 1970, p. 489, nonché voce: "Precedente giudiziale", in *Enc. Giur. Treccani*, vol. XXIII, Roma, 1990 e F. Galgano, *Atlante di diritto privato comparato*, 5ª ed, Bologna, Zanichelli, 2011. V. pure J. Merryman, voce "Common law (paesi di), III, Diritto degli Stati Uniti d'America", in *Enc. Giur. Treccani*, VII, Roma, 1990, il quale osserva che « Lo *stare decisis* può essere inteso sia come una regola giuridica vera e propria in virtù della quale i giudici sono tenuti a seguire i precedenti giudiziali, sia come un principio di *policy* (dettato, cioè, da ragioni di giustizia e di convenienza, epperò privo di uno specifico rilievo normativo), per cui casi simili dovrebbero essere decisi nello stesso modo ».

b) ***Coerenza e prevedibilità giudiziaria***

5. — Come aveva giustamente notato HERSCH LAUTERPACHT, "la prassi di fare riferimento a decisioni adottate in precedenza è divenuta una delle caratteristiche più importanti delle sentenze e dei pareri della Corte" (3).

Fin dall'inizio, la CPGI fece riferimento in maniera sistematica alle decisioni precedentemente adottate: si basò sulle proprie pronunce per sostenere la propria tesi in un determinato caso. Lo dimostra la formula classica "Come la Corte ha avuto occasione di precisare nelle sue sentenze e nei suoi pareri precedenti", utilizzata prima dalla CPGI e successivamente dalla CIG per illustrare questa sorta di "continuità" giudiziaria. Talvolta, la Corte può essere ancora più precisa nel riferirsi ad una delle sue decisioni precedenti: così, nell'***affare concernente interessi tedeschi nell'Alta Slesia polacca***, la CPGI ritenne di dover affermare che "nel presente procedimento non era stato dichiarato nulla che potesse compromettere il parere della Corte al riguardo" (negli stessi termini in cui era stata formulata nel precedente parere consultivo n. 6) (4).

Tale prassi continuò anche attraverso la CIG. Quest'ultima si è spesso riferita alla propria giurisprudenza.

Basti pensare al parere consultivo del 1954 sugli *effetti delle sentenze del tribunale amministrativo delle Nazioni Unite*, nel quale la Corte fece riferimento esplicito ad un suo parere consultivo risalente al 1949 (Caso *Bernadotte*) (5); sia alle pronunce della CPGI. Per esempio, nel parere consultivo del 1948 sui requisiti di ammissione, la CIG fece riferimento alla prassi consolidata della CPGI, dalla quale, a suo giudizio, non conveniva allontanarsi in materia di lavori preparatori. Mentre, nella sentenza del 1969 relativa al *caso della piattaforma continentale del Mare del Nord*, la CIG doveva citare le parole esatte usate dalla CPGI nel caso "*Lotus*" per definire la consuetudine internazionale (6).

c) ***Un importante contributo allo sviluppo del diritto internazionale***

6. — Le Corti internazionali dell'Aja hanno contribuito allo sviluppo del diritto internazionale, riconoscendo l'esistenza di varie norme non scritte (consuetudini), che sono state in questo modo "ufficializzate" dalla più importante autorità giudiziaria internazionale.

Le Corti internazionali dell'Aja hanno altresì costituito, e costituiscono tutt'ora, una importante *fonte di ispirazione* per i redattori dei trattati internazionali di codificazione, e per la CDI dell'ONU.

Così, nel parere consultivo relativo alle *riserve alla Convenzione sul genocidio del 1951*, la Corte ha utilizzato le formule lessicali che poi si ritrovano nella CVT. Nel 1951, nel *caso delle peschiere* a seguito di una controversia tra il Regno Unito e la Norvegia, la CIG fece uso di espressioni che vennero successivamente riprodotte nella Convenzione di Ginevra del 1958, a proposito della delimitazione degli spazi marittimi (7).

---

(3) H. LAUTERPACHT, *Developement of International Law by the International Court of Justice*, London, Stevens, 1958, p. 9.

(4) Ser. A, n. 7, 1926, p. 31.

(5) *Rec.* 1954, p. 56.

(6) N. 78.

(7) V. ad es. la nozione di "linea generale della costa".

7. — Le sentenze ed i pareri consultivi della Corte possiedono inoltre una grande **autorevolezza per gli *altri tribunali internazionali*** (v. *infra,* Cap. XXIV), inclusi i *tribunali amministrativi* delle varie OIG. Nel nostro tempo, pur in assenza di un obbligo internazionale di *stare decisis*, ossia di conformazione al precedente, vi è un'innegabile influenza del precedente autorevole ed una sua circolazione al livello orizzontale tra i sempre più numerosi tribunali internazionali.

Sul piano del merito delle decisioni delle Corti internazionali, si osserva che "esiste una reciproca considerazione della giurisprudenza dei diversi tribunali, che talvolta può costituire un incentivo ad assumere posizioni innovative e talvolta può rappresentare un motivo valido per adottare un atteggiamento di maggior prudenza. Ciò varrebbe ad istituire quella che alcuni autori hanno definito una *community of Courts*" ([8]). Non si escludono, tuttavia, dei possibili conflitti fra giudicati ([9]), com'è avvenuto a proposito della nozione di "controllo" di uno Stato circa i propri agenti ai fini dell'attribuzione di responsabilità internazionale. Su tale questione ritorneremo nella sede appropriata (Cap. XVI).

Va poi sottolineato che le esigenze di coerenza, stabilità e prevedibilità dell'ordinamento giuridico internazionale — esigenze che sono connaturate a qualsiasi ordinamento giuridico — si riverberano anche sul piano delle stesse regole di procedura, tant'è che nel nostro tempo sta progressivamente maturando una vera e propria teoria del processo internazionale che, a partire dalla CIG, influenza i procedimenti presso gli altri tribunali internazionali ([10]).

L'autorevolezza delle pronunce delle Corti internazionali può influenzare anche i *collegi arbitrali internazionali* e, viceversa, le assai più numerose pronunce arbitrali dovrebbero avere un ruolo (anche qui in base all'autorevolezza degli arbitri) nel processo decisionale delle Corti, oltre che nelle memorie degli Avvocati delle parti avverse. Ma, a ben vedere, il "dialogo" tra tali diversi meccanismi di soluzione delle controversie (v. *infra* Cap. XXIII e XXIV) è ancora poco evidente, per lo meno se ci si riferisce alle citazioni formali di lodi arbitrali nelle sentenze delle Corti.

2. — Il ruolo degli arbitri internazionali

a) *Il loro scarso impatto sulle pronunce della Corte dell'Aja*

8. — Raramente le Corti internazionali dell'Aja (CPGI, CIG) hanno fatto riferimento a specifici lodi arbitrali. Sir Hersch Lauterpacht, nel libro precedentemente citato, menziona solo tre casi. Va osservato, per esempio, che nel *caso Nottebohm*, la CIG ha fatto riferimento al famoso arbitrato dell'"*Alabama*" ([11]), per poi riferirvisi di nuovo nel parere consultivo del 26 aprile 1988 a proposito della *chiusura*

([8]) A. Del Vecchio, *I Tribunali internazionali tra globalizzazione e localismi*, 2 ed., Bari, Cacucci, 2015, p. 338 ss. ove riferimenti.

([9]) V. ad es. C. McLachlan, "*Lis pendens* in international litigation", in *RCADI*, v. 336, 2008, pp. 199-553; K. Hober, "*Res Judicata* and *Lis Pendens* in International Arbitration", in *RCADI*, v.366, 2013, pp. 99-405.

([10]) V. ad es. S. Negri, *I principi generali del processo internazionale nella giurisprudenza della Corte internazionale di giustizia*, 2 ed., Napoli, ES, 2020.

([11]) Eccezioni preliminari, *Rec.*, 1953, p. 119.

dell'ufficio dell'O.L.P. ([12]). Successivamente, nel caso *Jan Mayen*, che vide contrapposte Danimarca e Norvegia, la Corte si riferì spesso all'arbitrato franco-britannico del 1777 a proposito del *mare d'Iroise* ([13]).

Più spesso, la CPGI ha citato la "giurisprudenza dei collegi arbitrali" in via generale ed indifferenziata. È ciò che accadde, per esempio, nel *caso relativo all'officina di Chorzow* ([14]), o nel *caso "Lotus"*, nel quale la Corte accennò, in maniera sempre più vaga, alle decisioni dei "tribunali internazionali" ([15]). La CIG ha seguito lo stesso approccio e si limita a fare riferimenti d'insieme alla giurisprudenza arbitrale, senza ulteriori precisazioni.

Infine, va notato che la Corte dell'Aja ha impiegato la giurisprudenza arbitrale in modo assai "orientato": la Corte, infatti, se ne è servita per sostenere il proprio punto di vista con lo scopo di affermare l'esistenza — o l'inesistenza — di una norma non scritta di diritto internazionale.

b) *Il contributo della "giurisprudenza arbitrale" allo sviluppo del diritto internazionale*

9. — I lodi pronunciati dai collegi arbitrali hanno contribuito alla determinazione di molte regole non scritte del diritto internazionale, le consuetudini e, soprattutto, i principi generali di diritto riconosciuti dalle Nazioni civili. Tuttavia, va sottolineato che i lodi arbitrali vengono pronunciati da collegi arbitrali diversi; pertanto le loro pronunce non presentano la coerenza e l'uniformità che si rinviene invece nella giurisprudenza delle corti internazionali permanenti. Per convincersene basti leggere i lodi arbitrali ICSID relativi allo "stato di necessità" nel contesto della crisi economica argentina dell'inizio del 2000 ([16]). Questo ineluttabile fenomeno di *discordanza sistemica* dimostra come i lodi arbitrali godano, in generale, di minore autorevolezza rispetto alle sentenze o ai pareri consultivi della CIG. In una parola, non esiste una vera e propria *giurisprudenza arbitrale*, perché ogni collegio arbitrale fa storia a sé ed esaurisce la propria funzione nel momento della pronuncia del lodo finale (*functus officio*) per cui è stato costituito.

10. — Malgrado quest'ultima ed evidente debolezza, non si può fare a meno di notare la "rinascita" dell'arbitrato ([17]) e di conseguenza il *ruolo crescente dei collegi arbitrali*, un ruolo direttamente proporzionale al *declino della CIG* ([18]). L'arbitrato è diventato il metodo preferito di risoluzione delle controversie di natura economica o tecnica. Inoltre, è il solo meccanismo che garantisce la flessibilità necessaria per dirimere i conflitti tra quegli attori della società internazionale che possiedono statuti giuridici diversi (Stati, OIG e soggetti privati).

---

(12) *Rec.* p. 34 e § 57.
(13) V. § 46, 51, 55-56 e 66 della sentenza del 14 giugno 1993.
(14) Serie A, n. 17, 1928, p. 31.
(15) Serie A, n. 9, 1927, p. 28.
(16) V. *infra* Cap. XVI.
(17) V. *infra* Cap. XXIII.
(18) V. *infra* Cap. XXIV.

Capitolo XIV
L'EQUITÀ

Bibliografia sommaria: K. Strupp, "Le droit du juge international de statuer selon l'équité", RCADI, 1930, v. 33, pp. 351-481; Habicht, "Le pouvoir du juge international de statuer 'ex aequo et bono'", in *RCADI*, 1934-III, t. 49, p. 277; G. Berlia, *Essai sur la portée de la clause de jugement en équité en droit des gens*, Parigi, Sirey, 1937; V. Degan, *L'équité et le droit international*, La Haye, Nijhoff, 1970; De Visscher, *De l'équité dans le règlement arbitral ou judiciaire des litiges en droit international public*, Parigi, Pedone, 1972; M. Akehurst, "Equity and General Principles of Law", *ICLQ*, 1976, p. 801 ss.; P.Reuter, "Quelques réflexions sur l'equité en droit international", *RBDI*, 1980-165; D. Bardonnet, "Equité et frontières terrestres", in *Mélanges Reuter*, 1981, p. 35; M. Virally, "L'équité dans le droit. A propos de problèmes de delimitation maritime", in *Studi R. Ago*, 1987, II, p. 523; S. Rosenne, "The Position of the International Court of Justice on the Foundations of the Principle of Equity in International Law" in A. Bloed & P van Dijk (eds), *Forty Years of the International Court of Justice: Jurisdiction, Equity and Equality*, Europa Instituut Utrecht, 1988, pp. 85-108; P. Weil, "L'équité dans la jurisprudence de la Cour Internationale de Justice", in Lowe and Fitzmaurice (eds.), *Fifty Years of the International Court of Justice*, Cambridge, CUP, 1996, p. 121 ss.; Weillson, "L'équité dans la jurisprudence de la Cour internationale de Justice: un mystère en voie de dissipation?" in *Mélanges R. Jennings*, 1996, p. 121; G. Battaglini, "L'equità "infra legem" nei giudizi internazionali", in *Studi Arangio-Ruiz*, 2004, p. 269 ss.; R. Monaco, C. Curti Gialdino, *Manuale di diritto internazionale pubblico*, cit., p. 284 s.; A. Pellet, "Art. 38", in A. Zimmerman, C. Tomuschat & K. Oellers-Frahm (eds.), *The Statute of the International Court of Justice: a Commentary*, Oxford, OUP, 2012, p. 868 ss. F. Francioni, "Equity in International Law", *MPEPIL; Brownlie's Principles of Public International Law*, 9ª ed., cit., p. 41 ss..

1. Significato dell'equità. — Il secondo comma dell'art. 38 dello Statuto della CIG dispone che, resta fermo "*il potere della Corte di decidere una controversia* ex aequo et bono *qualora le parti siano d'accordo*". Il principio è quello della prevalenza delle decisioni *secondo diritto* rispetto a quelle *secondo equità* (*ex aequo et bono*): questa è utilizzabile dalla CIG, come modello decisorio, solo se le Parti l'abbiano concordemente voluta. Per capire la reale portata operativa di detta formula — di cui spesso la dottrina tace —, occorre soffermarsi brevemente in questo capitolo.

Molti secoli or sono, Aristotele trattava dell'equità sia nell'*Etica nicomachea*, sia nella *Retorica*, indicando che a tale virtù si può fare riferimento, sia intendendola come ***giustizia del caso concreto***, sia alla stregua di un ***criterio interpretativo***. Secondo la prima accezione l'equità è una virtù che interviene a *correggere la legge* laddove presenti carenze, in quanto regola universale, nell'applicarsi a un caso particolare. Nella seconda accezione, invece, l'equità è un *criterio interpretativo* che consente di volgere l'attenzione allo *spirito* piuttosto che alla *lettera* della legge da applicare. L'"*aequitas*" romanistica (*ex aequo et bono*) non si discostò da tale modello. Ma nei secoli successivi, perlomeno in Occidente, a differenza di quanto avveniva nel continente europeo ove prevaleva la concezione romano-germanica del diritto, nei Paesi Anglosassoni la dicotomia tra Common law ed *equity* finì con l'indicare delle *corti* *separate* e quindi diverse giurisdizioni che facevano capo a giudici diversi ed avevano una propria "giurisprudenza" potendo decidere diversamente sui medesimi fatti (1).

In diritto internazionale si è seguito, piuttosto, il tradizionale modello greco-romano (2). In questo senso, "giudicando secondo equità", il giudice perviene ad una decisione non tramite l'applicazione sillogistica di una norma preesistente ma, piuttosto, mediante la creazione di una nuova regola applicabile al caso concreto. Ciò accade quando, in luogo di applicare in modo *deduttivo* il diritto positivo ad un caso concreto, il giudice viene abilitato a decidere una controversia alla luce di *un proprio sentimento di giustizia* circa un singolo caso di specie. Si tratta dunque della "*giustizia del caso concreto*" e dell'applicazione di regole che possono essere anche diverse da quelle formalmente operanti in caso di decisione "secondo diritto".

In una seconda accezione (c.d. **equità *infra legem***), di più vasta applicazione pratica, l'equità si traduce generalmente in un *metodo di interpretazione delle norme giuridiche* da applicare — e possiamo associarlo a vocaboli diversi: equo, ragionevole, onesto, *in fairness* — concetti presenti in tutti i sistemi giuridici nazionali.

Ebbene, è possibile riscontrare tale duplice funzione dell'equità anche nell'ordinamento internazionale: si tratta di una tecnica decisoria *alternativa* a quella "secondo diritto", da una parte (1); un *metodo di interpretazione* delle norme giuridiche vigenti dall'altra (2).

A differenza di quanto accade nel diritto interno, a livello internazionale è da escludere il ricorso all'equità per colmare lacune normative (equità *praetem legem*) o addirittura per abrogare norme vigenti (equità *contra legem*).

1. — L'equità come *fonte formale* di produzione giuridica nel diritto internazionale: il giudizio *ex aequo et bono*

2. — Come si è visto, l'art. 38, par. 2, dello Statuto della CIG affida, allorquando ne ricorrono i presupposti, al giudice o all'arbitro internazionale un potere discrezio-

---

(1) Ragguagli in R. DAVID, C. JAUFFRET-SPINOSI, *I grandi sistemi giuridici contemporanei*, trad. it. a cura di R. SACCO, cit., p. 250 ss.; U. MATTEI, E. ARIANO, *Il modello di Common Law*, 5 ed., Torino, Giappichelli, 2018, p. 16 ss. e V. VARANO, V. BARSOTTI, *La tradizione giuridica occidentale*, 6 ed., Torino, Giappichelli, 2018, p. 252 ss.. Per quanto riguarda il *sistema giuridico italiano*, si ricorderà che l'equità, per sé, non è fonte di diritto ma talvolta viene richiamata dalla legge con efficacia *interpretativa* oppure, più raramente, *integrativa* (v. ad es. gli artt. 1371 cod. civ. in materia di interpretazione del contratto; art. 1374 cod. civ., in materia di integrazione del contratto; art. 1384 cod. civ., equità con funzione correttiva per la riduzione della penale; artt. 1226 e 2056 cod. civ. in materia di valutazione del danno da liquidare).

(2) Cfr. ad es. M. JANIS, *An Introduction to International Law*, Boston, L&B, 1988, p. 55: "It is convenient to divide the theory and practice of equity in International Law into two general areas, one mostly procedural and the other substantive, i.e. equity as a form of judicial discretion and equity as a form of distributive justice". Cfr. *Brownlie's Principles of Public International Law*, cit., p. 43: "Equity refers to considerations of fairness and reasonableness often necessary for the application of settled rules of law". Nel lodo PCA circa i *Reclami delle navi norvegesi* del 1921 (lodo del 13 October 1922, n. 1921-01), gli arbitri, premesso che l'accordo del 30 giugno 1921 sottoponeva la controversia tra gli Stati Uniti e la Norvegia ad arbitrato "in conformità ai principi di diritto e dell'equità", conclusero che tali espressioni non dovevano essere intese nel senso tradizionale Anglo-americano bensì individuavano invece principi generali di giustizia, distinti da un particolare sistema giuridico o del diritto interno dei vari Stati: "The words "law and equity" used in the special agreement of 1921 can not be understood here in the traditional sense in which these words are used in Anglo-Saxon jurisprudence. The majority of international lawyers seem to agree that these words are to be understood to mean general principles of justice as distinguished from any particular system of jurisprudence or the municipal law of any State" (p. 25).

nale ed un margine di manovra davvero considerevoli. La norma che conferisce al giudice (o all'arbitro) poteri equitativi su autorizzazione esplicita delle parti è quindi una ***norma di produzione giuridica***, giacché qui è il giudice (o l'arbitro) stesso che enuncia direttamente, in base alla propria coscienza, le regole che dovranno essere applicate al caso di specie.

Pertanto, potrà escludere l'applicazione tra le parti di determinate norme di diritto internazionale positivo; norme la cui applicazione risulti, nel caso di specie, "iniqua", cioè contraria al proprio sentimento di equità (3). Oppure, il giudice o l'arbitro potrà decidere in qualità di ***amichevole compositore***, in altre parole, potrà decidere solo in base ai fatti piuttosto che utilizzando norme di diritto al fine di conseguire un risultato *equo* tenendo conto degli interessi delle parti in causa.

3. Un potere mai conferito alle Corti internazionali dell'Aja. — In ragione degli ampi poteri del giudice o dell'arbitro che si pronuncia *ex aequo et bono*, ben si comprende la *necessità del previo consenso esplicito degli Stati* nell'affidargli tale missione. E, non ci si stupisce se, nella prassi, non si riportano casi in cui i giudici o gli arbitri sono stati chiamati a pronunciarsi *ex aequo et bono*. Per esempio, nella giurisprudenza contenziosa della CIG o della CPGI, i giudici internazionali dell'Aja non sono mai stati chiamati a decidere *ex aequo et bono*. Già nell'ordinanza della CPGI del 6 dicembre 1930 riguardo al *caso delle Zone franche*, la Corte sottolineava come questa possibilità fosse di carattere "assolutamente eccezionale" e dovesse fondarsi su una manifestazione di volontà "chiara ed esplicita" delle parti (4).

4. Un potere talvolta riconosciuto agli arbitri. — Il potere di decidere *ex aequo et bono* è stato talvolta attribuito ad alcuni collegi arbitrali (su cui v. *amplius* Cap. XXIII) al fine di risolvere determinati conflitti (spesso di natura politica).

A tal proposito, basti ricordare l'arbitrato inerente la "***guerra del Chaco***" tra Bolivia e Paraguay, disciplinato da un Trattato speciale firmato il 21 giugno 1938. Qui si prevedeva che il confine tra i due Paesi sarebbe stato determinato dai Presidenti di Stati Uniti, Argentina, Brasile, Perù, Uruguay, i quali, in quanto arbitri, avrebbero dovuto emettere un lodo pronunciandosi *ex aequo et bono*. Il lodo venne pronunciato qualche mese più tardi dai Presidenti di quegli Stati senza il minimo riferimento a considerazioni di natura giuridica circa il diritto applicabile, cosa che non impedì al lodo di essere accettato ed eseguito dalle due Parti in lite (5). Ulteriori esempi si rinvengono nei casi *delle Peschiere dell'Atlantico del Nord* (6) e *I'm Alone* (7).

---

(3) Cfr. F. Galgano, "Diritto ed equità nel giudizio arbitrale", in *Contratto e impresa*, 1991, p. 467 e ss. anche per l'evoluzione del concetto di equità. Il criterio equitativo di giudizio consente al giudice di modellare il contenuto della decisione tenendo conto delle peculiarità del caso concreto, che una decisione secondo diritto non avrebbe potuto salvaguardare adeguatamente. Tuttavia, è altrettanto vero che il giudice resta libero di ritenere la regola di equità coincidente con quella di diritto: l'esito del giudizio di equità *può*, non necessariamente *deve*, divergere da quello al quale avrebbe condotto la rigida applicazione della norma giuridica. Da un punto di vista pratico, osserva G. Bernini, (*L'arbitrato. Diritto interno, convenzioni internazionali*, Bologna, CLUEB, 1992, p. 135) che: "i principi equitativi devono ritenersi eminentemente soggettivi. Essi, infatti, non vengono tratti da un ordine preesistente, esterno al giudice o all'arbitro, ma piuttosto, creati e modellati, nel corso del processo decisionale, quale espressione di un giudizio di valore che il giudice o l'arbitro traggono dalla loro coscienza individuale".

(4) Serie A, n. 24, p. 10.

(5) *AJIL*, 1939, 180; *RSA* vol. III, p. 1817.

(6) *RSA*, vol. XI. p. 167.

(7) *RSA*, vol. III, p. 1612.

5. L'equità integrativa: l'arbitrato della *fonderia di Trail*. — Il potere di decidere *ex aequo et bono* è stato, qualche volta, affidato agli arbitri per decidere dei casi in cui esistevano delle *lacune del diritto internazionale*. Ne abbiamo un esempio importante nel famoso arbitrato della *fonderia di Trail del 1941* ([8]) relativo ad un reclamo degli Stati Uniti nei confronti del Canada per ottenere il risarcimento dei danni derivanti dalla immissione nel territorio degli Stati Uniti — e nelle acque di un fiume di confine — di sostanze nocive prodotte da una fonderia situata in territorio canadese. Gli arbitri conclusero che il Canada era responsabile per i danni causati dal fumo nocivo proveniente dal suo territorio, nonostante la sua diffusione fosse dovuta a fattori climatici che non poteva controllare. Il Canada venne anche sollecitato ad adottare tutte le misure necessarie per fare cessare tale illecito.

Qui, l'accordo arbitrale disponeva che gli arbitri avrebbero applicato il diritto e la giurisprudenza internazionale nonché quelli degli Stati Uniti relativi a "materie affini". Senonché, il Collegio arbitrale ammise che, sul punto in decisione, non esisteva una norma di diritto internazionale positivo in materia di *inquinamento atmosferico* e sottolineò che non vi fosse un precedente internazionale nonostante esistesse nel diritto interno un regime relativo all'inquinamento idrico. Pertanto, gli arbitri pervennero alla loro decisione finale ragionando per *analogia* con riferimento ai grandi orientamenti della giurisprudenza della Corte Suprema degli Stati Uniti in tema di obblighi reciproci degli Stati federati di non contaminare i corsi d'acqua di confine. Così, in questo arbitrato che viene oggi considerato *il punto di partenza del diritto internazionale dell'ambiente* (*infra* Cap. XV), gli arbitri furono indotti a giudicare "in equità". E una soluzione analoga venne adottata anche nel precedente caso delle *Peschiere del Mare di Bering* del 1893, oggetto di un contenzioso tra gli Stati Uniti e la Gran Bretagna, ove il compromesso arbitrale conferiva agli arbitri il compito di pervenire ad una "regolamentazione di interessi" con l'obiettivo di proteggere e permettere la conservazione delle foche a rischio di estinzione a causa delle troppe catture ([9]).

2. — L'equità come *criterio interpretativo delle norme vigenti di diritto internazionale*

6. L'equità *infra legem*. — Il secondo tipo di applicazione dell'equità è quello della c.d. *equità infra legem*, ossia quando viene utilizzata *come criterio interpretativo di norme già vigenti di diritto internazionale*, in particolare per l'interpretazione dei trattati. Così intesa, alcuni hanno ritenuto che l'"equità" costituisse persino un *principio generale di diritto internazionale* al pari della buona fede ([10]).

Diversi collegi arbitrali hanno impiegato tale concetto di "equità" per risolvere delle controversie (a). Le Corti internazionali dell'Aja si sono invece dimostrate più prudenti in materia (b).

([8]) *RSANU*, III, p. 1905 ss., al sito internet https://legal.un.org/riaa/cases/vol_III/1905-1982.pdf.

([9]) Moore, *International Arbitration*, cit., p. 4761; in *Clunet*, 1893, p. 1259.

([10]) Questa fu, ad es., la posizione del giudice americano Hudson nel parere emesso a proposito del caso relativo alla *diversione delle acque della Mosa*, a seguito di una controversia tra il Belgio e i Paesi Bassi davanti alla CPGI nel 1937 (Serie A/B, n. 70, pp. 76-78).

a) ***La giurisprudenza arbitrale: il lodo relativo agli "Indiani Cayuga" del 1926***

7. — Nel caso degli Indiani Cayuga, una Commissione mista anglo-americana per i reclami venne adita dalla Gran Bretagna per conto degli indiani Cayuga, rifugiati in Canada, al fine di ottenere un indennizzo dagli Stati Uniti in virtù dei trattati bilaterali conclusi in passato tra quella tribù indiana e lo Stato di New York ([11]). All'epoca della Rivoluzione Americana, infatti, gli indiani Cayuga vivevano nella regione di New York e pertanto lo Stato di New York aveva stipulato alcuni trattati con questi ultimi fissando un indennizzo annuale per l'abbandono delle loro terre che non aveva limiti di durata. A causa della guerra di indipendenza tra Stati Uniti e Gran Bretagna, quella tribù indiana era emigrata in Canada. Si poneva dunque il seguente quesito: avevano ancora gli indiani Cayuga il diritto di ricevere una quota dell'indennizzo annuale pagato dallo Stato di New York?

Il collegio arbitrale, nel caso di specie, fece riferimento ai *principi del diritto internazionale e dell'equità*. Considerò che la richiesta degli indiani Cayuga del Canada presentata dalla Gran Bretagna in qualità di sovrano territoriale era particolarmente *rilevante in equità*. In compenso, notò anche che, da un punto di vista strettamente giuridico, solo gli Indiani Cayuga rimasti a New York potevano essere considerati ancora la "Nazione Cayuga", ai sensi del Trattato del 1795 tra lo Stato di New York e la Nazione Cayuga. Tuttavia, gli arbitri notarono che un tale risultato sarebbe stato *iniquo* per quella parte degli Indiani Cayuga che erano stati costretti a emigrare in Canada. Dunque, ragionando *secondo equità*, il collegio arbitrale decise che gli Indiani avevano diritto ad una parte dell'indennizzo versato dallo Stato di New York alla Nazione Cayuga *nel suo insieme*. Il collegio arbitrale fece appello "ai principi di giustizia e di buona fede universalmente riconosciuti... la richiesta degli Indiani Cayuga è fondata su un principio elementare di giustizia che obbliga a considerare la sostanza e a non fermarsi al formalismo del diritto" (p. 180).

In questo caso, l'equità servì a temperare il rigore del diritto, ossia del trattato internazionale applicabile al caso di specie.

b) ***L'equità nella giurisprudenza della CIG***

8. — In passato, il riferimento all'equità nella giurisprudenza della CIG fu molto raro. Poi, in alcune decisioni della fine degli anni '60 e l'inizio degli anni '70, la CIG ha fatto ricorso all'equità interpretativa.

***i.* Il caso della piattaforma continentale del Mare del Nord del 1969**

9. I "principi di equità" *infra legem* in materia di delimitazione marittima. — Nel celebre caso della piattaforma continentale del Mare del Nord, la CIG indicò che la delimitazione delle piattaforme continentali contigue tra gli Stati del Mare del Nord doveva essere effettuata sulla base di "principi di equità", che occorreva tener conto delle "circostanze speciali" e che non esisteva un metodo di delimitazione uniforme e automatico. Tutto ciò appariva in stretta coerenza con i *lavori preparatori* della Convenzione di Ginevra del 1958.

Nel caso di specie, la CIG precisò ciò che intendeva per "principi di equità":

([11]) *RSANU*, vol. VI, 173. Disponibile al sito internet https://legal.un.org/riaa/cases/vol_VI/173-190_Cayuga.pdf

"[s]i tratta di vere e proprie regole di diritto, sulla base di precetti molto generali di giustizia e di buona fede, in materia di delimitazione delle piattaforme continentali limitrofe, ovvero regole obbligatorie per gli Stati per qualsiasi delimitazione". Ancora: "[i]n altre parole non si tratta di applicare l'equità semplicemente come una rappresentazione della giustizia astratta, ma di applicare una regola di diritto che prescriva l'uso di principi equi conformemente alle idee che hanno sempre ispirato lo sviluppo del regime giuridico della piattaforma continentale" (punto 85).

In altre parole, secondo la Corte si tratta di *principii molto generali* che, quantunque siano principi di diritto, non sono la rappresentazione di una giustizia astratta, ovvero *non costituiscono una sorta di diritto naturale*. Le "decisioni del giudice", spiega la CIG, devono, per definizione, essere *giuste* e quindi, in questo senso, *eque* ([12]).

Pertanto, si tratta di una figura diversa da quella ove il giudice è chiamato, *in toto*, a decidere *ex aequo et bono*. Qui, "*è proprio una norma giuridica che richiede l'applicazione di principi di equità*" (punto 88).

In seguito, la Corte rilevò che l'applicazione della regola dell'equidistanza in materia di utilizzo delle piattaforme continentali limitrofe può causare un'"incontestabile iniquità" in alcuni contesti geografici ([13]). La Corte, pertanto, indicò che: "l'equità non implica necessariamente l'uguaglianza" ([14]). In questo caso, infatti, si creerebbe iniquità tra i diversi Stati costieri se si applicasse lo stesso metodo realizzando un'uguaglianza che sarebbe puramente teorica, dal punto di vista formale.

Per arrivare a quella che la Corte considerava "l'equità", vennero presi in considerazione diversi fattori che andavano considerati in modo cumulativo: l'aspetto geografico, l'aspetto geologico e l'unità del giacimento ([15]).

ii. Il caso della *competenza in materia di peschiere* tra Islanda e Regno Unito (25 luglio 1974)

10. Una soluzione "giuridicamente equa". — Nel caso della *competenza in materia di peschiere* tra l'Islanda e il Regno Unito, la CIG ha spesso insistito sulla necessità di regolare "in modo equo" i rispettivi diritti delle parti in causa ([16]). La Corte, negando che esistesse un diritto assoluto ([17]), ha indicato che occorreva conciliare i "diritti preferenziali" dello Stato costiero, i diritti degli Stati terzi e le "necessità della conservazione" delle risorse marine.

Pertanto, la Corte invitò le Parti a negoziare una "ripartizione equa delle risorse ittiche" basata sui dati locali e gli interessi degli Stati terzi che hanno dei "diritti di pesca ben definiti" ([18]). "Non si tratta semplicemente di giungere a una soluzione equa, ma di giungere a una soluzione equa che si fondi sul diritto applicabile", affermava la Corte ([19]). E, facendo qui riferimento alla sua stessa sentenza sulla piattaforma continentale del Mare del Nord del 1969, la Corte aggiungeva: "[n]on si tratta semplicemente

---

([12]) Punto 88.
([13]) Punti 89-90.
([14]) Punto 91.
([15]) Punti da 92 a 99.
([16]) Punto 73.
([17]) Punto 71.
([18]) Punto 78.
([19]) *Ibid.*

di applicare l'equità come una rappresentazione della giustizia astratta, ma di applicare una regola di diritto che prescriva il ricorso a dei principi equi" ([20]).

iii. Il caso della delimitazione della piattaforma continentale tra la Libia e la Tunisia (sentenza del 24 febbraio 1982)

Bibliografia sommaria: J.P. Queneudec, "Note sur l'arrêt de la C.I.J. relatif à la délimitation du plateau continental entre la Tunisie et la Libye", in *AFDI*, 1981, p. 203; E. Decaux, "L'arrêt de la C.I.J. dans l'affaire du plateau continental (arrêt du 24 fév. 1982)", in *AFDI*, 1982, p. 357; U. Leanza, « La piattaforma continentale del mare Mediterraneo e la sua delimitazione », in *Studi A. Panzera*, I, Bari, Cacucci, 1995, pp. 451-485.

11. Il labile confine tra equità *infra legem* e decisione *ex aequo et bono.* — Nel *caso della delimitazione della piattaforma continentale tra la Libia e la Tunisia*, la Corte venne adita in base ad un accordo compromissorio finalizzato a regolare la delimitazione della piattaforma continentale tra i due Paesi. Nella sentenza, la CIG impiegò prevalentemente *principi di equità* (di cui l'accordo compromissorio chiedeva di tener conto senza però conferirle il diritto di statuire *ex aequo et bono*), rimanendo, però, imprecisa sulla definizione di questi principi, riguardo ai quali semplicemente affermò:

"[L]'equità di un principio dev'essere valutata in base all'utilità che presenta per giungere ad un risultato equo. Non tutti i principi sono in sé equi: è l'equità della soluzione che conferisce loro tale qualità" ([21]). La CIG ebbe, però, grande difficoltà ad esprimere concretamente ciò che prescrivevano i principi equi e decise che "ogni controversia relativa alla piattaforma continentale dev'essere risolta in funzione dei criteri che le sono propri; dunque, non è il caso di elaborare una costruzione astratta relativa all'applicazione dei principi e delle regole relative alla piattaforma continentale" ([22]).

Le incertezze e le difficoltà della Corte vennero criticate. Il giudice Evensen dichiarò, nella sua opinione dissenziente, che le conclusioni della Corte si erano sviluppate in un "vuoto giuridico" ([23]); il giudice Gros, invece, fu dell'avviso che "nel corso dell'elaborazione di questa sentenza non era apparso che si trattasse di equità" ([24]).

La sentenza in esame presta il fianco a diverse critiche giacché la Corte ha adottato una concezione lassista dell'equità e il confine con la composizione amichevole (un ulteriore significato del vocabolo *ex aequo et bono*) appare sempre più sottile. Una norma internazionale, oggetto di interpretazione secondo equità, ha così ricevuto un significato incerto e fluttuante che ha finito per disorientare le Parti in causa.

12. Conclusione. — In breve, esistono due principali concezioni di equità. Da un lato, solo se specificamente concordato tra le parti, l'equità consente al giudice di *decidere ex aequo et bono* ed eventualmente di disapplicare una regola di diritto positivo "iniqua". Si parla, dunque, di una funzione "correttiva" dell'equità.

Dall'altro lato, l'equità è solo un *metodo di interpretazione* di preesistenti norme di diritto internazionale che sono già applicabili ad una certa situazione di fatto: è dunque interpretando una data norma giuridica in modo "equitativo" che si intende raggiungere una "soluzione giusta ed equa" per le parti in causa.

---

(20) Punto 78.
(21) In *Rec.*, p. 59, punto 70.
(22) In *Rec.*, p. 91, punto 132.
(23) In *Rec.*, p. 294.
(24) In *Rec.*, p. 153, punto 19.

TERZA PARTE

L'APPLICAZIONE DELLE NORME DEL DIRITTO INTERNAZIONALE

Titolo I

L'APPLICAZIONE DEL DIRITTO INTERNAZIONALE NELL'ORDINAMENTO INTERNAZIONALE

Capitolo XV

I DESTINATARI DELLE NORME DEL DIRITTO INTERNAZIONALE: LA SOGGETTIVITÀ INTERNAZIONALE

i. Diversità di soggetti

1. — Per un individuo o per un ente, essere dotato della *personalità giuridica* significa, in linea generale, la possibilità di esercitare dei diritti e di essere soggetto a degli obblighi in un dato ordinamento giuridico ([1]). Pertanto, individuare i soggetti dotati della "personalità giuridica" in un dato ordinamento significa determinare quali siano i soggetti giuridici e quali siano le loro competenze.

Orbene, la **prima osservazione fondamentale** è che, a differenza di quanto accade nell'ordinamento giuridico interno di ciascuno Stato, *nell'ordinamento giuridico internazionale non esiste una norma espressa attributiva della personalità giuridica* ([2]). Piut-

---

([1]) Cfr. ad es. T. Perassi, *Introduzione alle scienze giuridiche*, rist., Padova, Cedam, 1967, p. 43: "La possibilità generale di essere destinatario di norme giuridiche, ossia di valutazioni giuridiche, costituisce la personalità giuridica. Persona è il termine tecnico della dommatica che esprime la qualità di essere destinatario di valutazioni giuridiche, ossia soggetto di un ordinamento giuridico. La personalità è una qualifica giuridica: essa, quindi, esprime una correlazione tra un ente ed un determinato ordinamento giuridico... Non essere "persona" significa non avere altra possibilità di essere considerato da un ordinamento giuridico se non come oggetto di valutazioni. Ogni ordinamento giuridico determina chi siano i propri soggetti... Ogni ordinamento giuridico nel determinare i propri soggetti si comporta secondo la società, di cui è la sovrastruttura".

([2]) A tale riguardo, resta attuale l'osservazione formulata il secolo scorso da Brownlie (*Brownlie's Principles of Public International Law*, 9th ed. a cura di Crawford, Oxford, OUP, 2019, p. 105) circa la "circolarità" tra soggetti e norme dell'ordinamento internazionale: "A subject of International Law is an entity possessing international rights and obligations and having the capacity (1) to maintain its rights by bringing international claims; and (2) to be responsible for its breaches of obligation by being subjected to such claims. This definition, though conventional, is unfortunately circular since while the indicia referred to depend in theory on the existence of a legal person, the main way of determining whether the relevant capacity exists in case of doubt is to inquire whether it is in fact exercised. All that can be said is that an entity of a type recognized by customary law as capable of possessing rights and duties and of bringing and being subjected to international claims is a legal person".

tosto, ci si accorda nel dire che i soggetti primari del diritto internazionale, cioè gli Stati, acquistano la personalità internazionale per il solo fatto della loro ***esistenza storica*** come ***enti sovrani e indipendenti***. A tali enti si riconosce, *in primis*, la titolarità di situazioni giuridiche soggettive attive e passive create da norme del diritto internazionale.

Ne segue che la personalità giuridica attribuita da qualunque ordinamento giuridico nazionale (v. ad es. l'art. 1 del cod. civ. it.: "La capacità giuridica si acquista dal momento della nascita. I diritti che la legge riconosce a favore del concepito sono subordinati all'evento della nascita") è ontologicamente diversa da quella valevole nell'ordinamento internazionale.

La **seconda osservazione fondamentale** è che ***non esiste un unico tipo di personalità giuridica per i diversi soggetti giuridici***, cioè questi ultimi non godono tutti degli stessi diritti e non sono tutti assoggettati agli stessi obblighi pur coesistendo in un medesimo ordinamento. Ciò è ovvio nell'ordinamento interno ove, accanto a noi, *individui-persone fisiche*, esistono anche le "persone giuridiche" come, ad esempio, le *società di capitali*, che sono degli enti aventi scopo di lucro dotati del dono dell'immortalità — a differenza delle persone fisiche solo per le quali esistono norme, *inter alia*, in materia di matrimonio, divorzio, filiazione nonché il regime delle successioni *mortis causa* — ma che sono, a propria volta, enti ben diversi, ad esempio, dalle *associazioni* (riconosciute o non riconosciute) le quali sono altrettanti soggetti giuridici con uno statuto differenziato oltre ad essere privi di scopo di lucro. È evidente che, in tutti quei casi, si parla sempre di *soggetti giuridici del medesimo ordinamento giuridico* e nessuno si sorprende se ci si riferisce ad enti che sono assoggettati ad un *diverso regime giuridico.*

Simili considerazioni valgono oggi anche per l'ordinamento giuridico internazionale. La CIG ha riconosciuto una certa simmetria tra lo sviluppo dell'ordinamento interno e quello dell'ordinamento internazionale nel più volte citato Parere consultivo dell'11 aprile 1949, relativo alla *Riparazione dei danni al servizio delle Nazioni Unite*. Qui, la Corte ha indicato che: "***i soggetti di diritto***, ***in ogni ordinamento giuridico***, ***non sono necessariamente identici*** *quanto alla loro* ***natura*** *od* ***all'estensione dei loro diritti****...la loro natura dipende dalle necessità della comunità*" (3).

Pertanto, con buona pace di gran parte della dottrina contemporanea che, sotto questo profilo, si rivela tanto dogmatica quanto obsoleta, basti osservare che, oltre all'indagine empirica, la CIG ha già accertato, sin dal 1949, che tutti i soggetti del diritto internazionale non possiedono necessariamente la stessa soggettività giuridica nell'ordinamento internazionale.

ii. Carattere evolutivo della soggettività giuridica e *"non State actors of International Law"*

2. — Sia l'estensione della personalità giuridica dei soggetti di diritto internazionale che l'estensione delle loro competenze non sono immutabili. Infatti, *soggettività e competenze sono funzione delle necessità della società internazionale*. È così che,

(3) In *Rec.*, 1949, p. 178. Grassetto aggiunto. La Corte, per spiegare — era il 1949! — la ragion d'essere delle organizzazioni internazionali, aggiunse che "lo sviluppo del diritto internazionale è stato influenzato dalle esigenze della vita internazionale, e il progressivo accrescersi delle attività collettive degli Stati ha già proposto esempi di azioni sul piano internazionale da parte di alcuni enti che non sono Stati".

progressivamente, anche da parte della dottrina, si è ammessa l'esistenza di *altri soggetti di diritto internazionale, ossia di* ***enti a carattere non statale*** che partecipano alla vita di relazione internazionale: le ***OIG*** e, più recentemente, i ***soggetti privati***.

Inoltre, le *competenze* dei diversi soggetti del diritto internazionale si sono modificate nel tempo. Le competenze di alcuni enti-soggetti, per quanto ancora molto vaste, sono diminuite: è il caso degli Stati; quelle di altri, al contrario, sono progressivamente aumentate (OIG e soggetti privati).

3. — Pertanto è possibile identificare tre categorie di soggetti, sia in termini di "**personalità giuridica**" che di "**competenze**": innanzitutto, quei soggetti che possiedono una *competenza piena ed originaria*, cioè gli ***Stati*** (Sezione 1); quei soggetti che possiedono delle *competenze derivate*, specifiche e funzionali (*le* ***OIG***) (Sezione 2); infine, si hanno quei soggetti che possiedono delle *competenze limitate ma effettive*: *i* ***soggetti privati*** (Sezione 3).

Sezione I

I SOGGETTI A COMPETENZA PIENA ED ORIGINARIA: GLI STATI

Bibliografia sommaria: trattandosi di uno degli argomenti più classici del diritto internazionale, si rinvia, oltre ai manuali citati nella bibliografia generale ed ai corsi dell'Accademia di diritto internazionale dell'Aja, alle opere di: A. CAVAGLIERI, "I soggetti del diritto internazionale", in *Riv. dir. int.*, 1925, p. 18-32; M. SIOTTO-PINTOR, "Les sujets du droit international autres que les Etats", in *RCADI*, v. 41, 1932, pp. 245-361; G. ARANGIO-RUIZ, *Gli enti soggetti dell'ordinamento internazionale*, Milano, Giuffrè, 1951; R. QUADRI, *Diritto internazionale pubblico*, 5 ed., cit., p. 423 ss.; D. FELDMANN, "International Personality", in *RCADI*, 1985-II, t. 191, p. 343; L. HENKIN, *International Law: Politics and Values*, Brill-Nijhoff, Dordrecht, Ch. 1, 1995; CH. LEBEN, "L'Etat au sens du droit international et l'Etat au sens du droit interne (à propos de la théorie de la double personnalité de l'Etat)", in *Mélanges Arangio-Ruiz*, 2004, I, p. 131; *SFDI*, *Le sujet en droit international*, Colloque de Mans, Paris, 2005; T. TREVES, *Diritto internazionale*, cit., p. 51 ss.; J. CRAWFORD, *The Creation of States in International Law*, 2ª ed., Oxford, OUP, 2006; M. FORTEAU, "L'Etat selon le droit international: une figure à géométrie variable", in *RGDIP*, 2007, p. 737 ss.; G. ARANGIO-RUIZ, *La persona internazionale dello Stato*, Torino, Utet, 2008; R. MONACO, C. CURTI GIALDINO, *Manuale di diritto internazionale pubblico. Parte generale*, 3ª ed., Torino, Utet, 2009, p. 383 ss.; P. PUSTORINO, "Failed States and International Law", *GYIL*, 2010, p. 727 ss.; *Brownlie's Principles of Public International Law*, 8ª ed., cit., p. 115-252; A. CASSESE, *Diritto internazionale*, 3 ed., cit., p. 66 ss.; U. LEANZA, I. CARACCIOLO, *Diritto internazionale. Parte generale*, 3ª ed., cit., p. 25 ss.; B. CONFORTI, *Diritto internazionale*, X ed., cit., p. 11 ss.; A. SINAGRA, P. BARGIACCHI, *Lezioni di diritto internazionale pubblico*, 3ª ed., Milano, Giuffrè, 2019, p. 44 ss.; C. FOCARELLI, *Trattato di diritto internazionale*, cit., p. 69 ss.; S.M. CARBONE, "I soggetti e gli attori nella Comunità internazionale", in AA.VV., *Istituzioni di diritto internazionale*, 5ª ed., Torino, Giappichelli, 2016, p. 1-47; J. ZIEGLER, *Introduction au droit international public*, 3ª ed., cit., p. 183 ss.; N. RONZITTI, *Diritto internazionale*, 6ª ed., cit., p. 15 ss.; M. SHAW, *International Law*, 8ª ed., cit., p. ss.; E. CANNIZZARO, *Diritto internazionale*, 5ª ed., cit., p. 279 ss.; M. MANCINI, *Statualità e non riconoscimento nel diritto internazionale*, Torino, Giappichelli, 2020.

4. Ragioni della preminenza degli Stati. — La prima categoria di soggetti di diritto internazionale è costituita dagli *Stati*. Fino ai primi anni del secolo scorso, la personalità giuridica internazionale caratterizzava i soli Stati, tant'è che lo stesso concetto di "soggettività giuridica internazionale" è stato inizialmente forgiato dalla dottrina a partire *dagli Stati* e *per gli Stati*. Successivamente, tale posizione dogmatica è stata progressivamente abbandonata grazie all'indagine positiva ed empirica che ha condotto ad allargare la base sociale dell'ordinamento internazionale oltre la dimensione puramente interstatale, come si è già evidenziato (Cap. I) e si dirà dappresso ([4]).

Oggi, ci si accorda nel dire che gli Stati sono soggetti *originari* della Comunità internazionale. Ciò significa, tra l'altro, che **gli Stati sono produttori e destinatari diretti ed immediati di *atti e norme giuridiche interstatali***, hanno piena ***capacità processuale internazionale*** ed accesso (su base volontaria) ai *meccanismi giurisdizionali internazionali*, possono divenire *membri di OIG*, stabilire *relazioni diplomatiche e consolari* nonché sono **internazionalmente responsabili delle violazioni** degli obblighi che sono ad essi imputati. La *posizione preminente* degli Stati nell'ordinamento giuridico internazionale trova spiegazione in quelle *ragioni di carattere sia storico che strutturale* che abbiamo a suo luogo indicato (Cap. I). Ciascuno Stato possiede, infatti, un ***territorio***, un ***popolo***, ***un'amministrazione permanente ed effettiva***: in poche parole, si tratta di un soggetto di diritto internazionale dotato di ***sovranità***.

Così, anche la Cassazione italiana, nel caso *Arafat e Salah*, in linea con la tesi dominante nella dottrina giusinternazionalistica ha osservato che:

> "[i]l diritto internazionale riconosce come Stati soltanto quegli enti che, in piena indipendenza, esercitano il proprio potere di governo collettivo nei confronti di una comunità stanziata su di un territorio, onde è da ritenersi principio acquisito che la sintesi statuale debba essere espressa dalla triade popolo-governo-territorio e che richieda, quindi, necessariamente che la componente della popolazione e l'apparato di governo da essa espresso ricadano su un luogo di esercizio di tale governo e dell'attività dei soggetti" ([5]).

5. Piano espositivo. — Dopo aver delineato il concetto di "competenza" intesa come sovranità e potere di governo dello Stato (par. 1), ne esamineremo la dimensione *territoriale* (par. 2), quella *personale* (par. 3), l'esigenza di tutela di *interessi vitali dello Stato* (par. 4), e la competenza dello Stato nella tutela di alcuni *interessi vitali della Comunità internazionale* (par. 5). Vedremo, in seguito, che esistono dei conflitti internazionali di sovranità-competenza (c.d. *concurring/overlapping jurisdictions*) e quindi di giurisdizione e che non è facile risolverli (par. 6); esamineremo inoltre come le competenze dello Stato vengano *protette* (par. 7) e come possano essere *alienate* (par. 8). Vedremo infine, *ratione temporis*, che fin quando uno Stato esiste, esercita le sue competenze in modo costante ed univoco e che il principio di continuità dello Stato si coordina con il regime delle successioni degli Stati (par. 9).

([4]) Cfr., ad es., R. Quadri, voce *Stato*, in *Nuovo Digesto It.*, XII, I, p. 809 ss.; U. Leanza, I. Caracciolo, *Diritto internazionale. Parte generale*, 3ª ed., cit., p. 25 ss. e cfr. T. Treves, *Diritto internazionale*, cit., p. 51 e ss..

([5]) Cass. pen., sez. I, 28 giugno 1985, n. 1981, in *Foro it.*, 1986, n. 5, p. 277. La vicenda trae origine dal mandato di cattura emesso nel settembre 1984 dal giudice istruttore del Tribunale di Venezia nei confronti di Yasser Arafat (in qualità di Presidente del comitato esecutivo dell'OLP) e di Kalef Salah (preposto ai servizi di sicurezza della fazione maggioritaria Al Fatah) imputati di alcuni reati previsti dalle norme penali italiane per avere preso contatti con le Brigate rosse approvando un comune programma di collaborazione e avere autorizzato la fornitura di ingenti quantitativi di armi e munizioni fornite in territorio libanese e poi introdotte in Italia da esponenti delle Brigate rosse che le avevano infine messe a disposizione, in territorio italiano, dell'OLP. Il ricorso alla Suprema Corte riguarda, con riferimento ad Arafat, la pretesa violazione dell'art. 3 c.p. in quanto si sarebbe trattato — secondo la difesa — di un capo di Stato estero. La Corte, nel negare tale immunità all'OLP, ha dunque delineato i caratteri della soggettività internazionale.

§ 1. — *Nozione di "competenza"* (Jurisdiction) *come sovranità dello Stato*

Bibliografia sommaria: F. A. Mann, "The doctrine of Jurisdiction in International Law", in *RCADI*, 1964-I, v. 111, p. 1 ss.; Id., "The doctrine of Jurisdiction in International Law revisited after twenty years", in *RCADI*, 1984, v. 186, p. 9 ss.; M. Akehurst, "Jurisdiction in International Law", in *BYIL*, 1972-3, p. 145 ss.; il memorandum inviato il 12 agosto 1982 dalla CEE agli Stati Uniti, di protesta contro la decisione americana di imporre un embargo su alcune forniture di tecnologia che dovevano essere integrate nel gasdotto euro siberiano — testo riprodotto in *Europe Documents*, n. 216 del 12 agosto 1982; O. Schachter, *International Law in Theory and Practice*, Dordrecht, 1991, Ch. 12; R. Higgins, *International Law. Problems and Process*, Oxford, 1994, Ch. 4; SFDI, *Les compétences de l'Etat en droit International*, Paris, Pedone, 2006; *Oppenheim's International Law*, a cura di R. Jennings & A. Watts (eds.), 9ª ed., p. 456 ss.; *Brownlie's Principles of Public International Law*, J. Crawford (ed.), 8ª ed., Oxford, OUP, 2012, p. 456 ss.; J. Ziegler, *Introduction au droit international public*, 3ª ed., cit., p. 258 ss.; R. Luzzatto, I. Queirolo, "Sovranità territoriale, 'jurisdiction' e regole di immunità", in AA.VV., *Istituzioni di diritto internazionale*, 5ª ed., cit., p. 183-227; M. Shaw, *International Law*, 8ª ed., cit., 2017, pp. 483 ss..

6. Fondamento internazionale. — Tra i vari soggetti di diritto internazionale, *gli Stati sono gli unici ad essere destinatari, in linea di principio, di tutte le norme del diritto internazionale generale* (6). Il *diritto internazionale ordina le competenze degli Stati, le delimita e le organizza, condizionandone allo stesso tempo l'esercizio.*

Pertanto, utilizzeremo il concetto di competenza secondo due accezioni diverse: da una parte, la nozione di competenza viene intesa in senso *sostanziale*, cioè con riferimento all'*oggetto* dei poteri dello Stato (1); dall'altra, la nozione di competenza viene intesa nel senso *formale* del termine, cioè riferendosi alla sovranità come *capacità di agire* dello Stato (*jurisdiction*) (2).

1. — L'aspetto sostanziale: la *sovranità* interna ed esterna di uno Stato

7. Due componenti. — Possiamo esaminare le competenze dello Stato avendo riguardo a due aspetti sostanziali: la sua *sovranità interna* e quella *esterna.* Sotto il primo profilo si fa riferimento all'*effettività* dei poteri di governo (c.d. ***sovranità interna***) nel territorio dello Stato mentre, all'esterno, la sovranità viene intesa come *indipendenza* e libertà nei rapporti con gli altri soggetti (c.d. ***sovranità esterna***).

a) *La "sovranità interna" dello Stato: territorio-popolo-governo effettivo ed amministrazione permanente*

8. Nozione. — *La sovranità interna consiste nel potere effettivo dello Stato* nel proprio territorio *rispetto ad ogni altro potere costituito al suo interno* (7). Ciò significa,

(6) Nel già citato caso del *Risarcimento dei danni subiti al servizio delle Nazioni Unite*, la CIG ha osservato che "[m]entre lo Stato possiede, nella loro totalità, i diritti e i doveri internazionali riconosciuti dal diritto internazionale, i diritti ed i doveri di un'entità del tipo delle Nazioni Unite dipendono dai suoi scopi e dalle sue funzioni, enunciati nel suo atto costitutivo o impliciti in esso e sviluppati dalla prassi", *Rec.*, 1949, p. 179. Più in generale, sulla sovranità come paradigma del pensiero politico occidentale cfr. E. Cannizzaro, *La sovranità oltre lo Stato*, Bologna, Il Mulino, 2020.

(7) Così ad es. A. Barbera, C. Fusaro, *Corso di diritto costituzionale*, 2ª ed., Bologna, Il Mulino, 2014, p. 38: "Vi sono altri enti, con il proprio ordinamento giuridico (i comuni, e le regioni per es.) che possono essere definiti *politici* ma non *sovrani*: la loro libertà di curare gli interessi delle rispettive collettività territoriali è limitata da regole che è la costituzione a stabilire e che ne definiscono l'autonomia. Proprio per questo solo lo Stato è sovrano. Uno Stato può definirsi tale se riesce a conseguire, sopra un determinato territorio, il monopolio della forza: se è in grado, in altre parole, di agire tendenzialmente senza resistenze al proprio interno e senza interferenze dall'esterno... Lo Stato esercita il monopolio della forza sia in forma

da un lato, che ciascuno Stato ha il potere di imporre e far rispettare, anche in modo coercitivo (*effettività*), le proprie norme (leggi, sentenze ed atti amministrativi etc.). Dall'altro lato, significa che altri Stati non possono esercitare la loro autorità di governo senza il consenso dello Stato territoriale (*esclusività*).

Del pari, ogni Stato è libero di organizzare, come ritiene opportuno, la distribuzione del potere politico, cioè la sua *organizzazione costituzionale* e determinare la propria forma di Stato e di Governo. Inoltre, lo Stato è sovrano nell'organizzare, come ritiene opportuno, il proprio *sistema economico, giuridico e sociale* ([8]).

b) *La "sovranità esterna" come indipendenza nei rapporti con gli altri soggetti od altri centri di potere esterni allo Stato*

9. Nozione. — Con il concetto di *sovranità esterna*, ci riferiamo a *tutte le competenze che lo Stato esercita in quanto membro della Comunità internazionale*. Si tratta dell'***indipendenza*** ossia, come l'etimo della parola suggerisce, di *non dipendenza* dell'apparato di Governo di uno Stato dato (o del suo ordinamento giuridico) rispetto al Governo di un altro Stato (compreso il suo ordinamento giuridico) ([9]). Tale carattere si manifesta nei rapporti con gli altri soggetti dell'ordinamento internazionale in senso lato e si sostanzia nell'effettiva e concreta ***autonomia*** che ciascuno Stato, in virtù della sua originarietà, possiede e manifesta. Basti pensare alla conclusione dei trattati, all'eventuale partecipazione alle OIG, all'invio ed all'accreditamento delle rappresentanze diplomatiche, ecc..

Anche tale aspetto ha passato il vaglio della Cassazione italiana nel 2004, con il **caso *Djukanovic***. Qui, la Suprema Corte ha osservato che "perché un ente di diritto internazionale possa poi dirsi sovrano, con la conseguenza della immunità dalla giurisdizione penale per i suoi vertici istituzionali e per il suo ministro degli esteri, occorre che esso abbia la cosiddetta *capacità giuridica internazionale*, cioè sia riconosciuto dagli altri Stati come pari e indipendente, sia titolare di un potere di disposizione relativamente ai propri elementi costitutivi e possa porre in essere nell'ambito delle relazioni internazionali rapporti obbligatori tali da dar luogo a

---

diretta, grazie all'uso della forza legale (organizzazione di tribunali e di forze di polizia, coazione fisica nei confronti di chi trasgredisce la legge, organizzazione di forze armate per la difesa esterna), sia in forma indiretta, ponendosi come unico soggetto in grado di legittimare altri soggetti all'uso della forza (per esempio autorizzando la costituzione di forze di polizia locali con compiti delimitati). V. altresì Leanza, Caracciolo, *Diritto internazionale*, 3ª ed., cit., p. 32: "Non è perciò necessario che lo Stato eserciti in ugual modo il suo potere su tutte le parti del proprio territorio e su tutte le componenti della propria comunità".

([8]) Il dato è pacifico e si trova ribadito dalla solenne Dichiarazione dell'Assemblea Generale ONU del 24 ottobre 1970 relativa ai principi di diritto internazionale concernenti le relazioni amichevoli e la cooperazione tra Stati (vedila in *Riv. dir. int.*, 1971, p. 280 ss.): "In base al principio dell'eguaglianza dei diritti dei popoli e del loro diritto all'autodeterminazione... tutti i popoli hanno il diritto di determinare il proprio assetto politico, in piena libertà e senza ingerenze esterne e di perseguire il proprio sviluppo economico, sociale e culturale ed ogni Stato ha il dovere di rispettare tale diritto".

([9]) Cfr. Leanza, Caracciolo, *Diritto internazionale*, 3ª ed., cit., p. 33-34: "Anche l'indipendenza deve essere accertata tendendo conto della sua portata relativa...Infine, l'indipendenza non si valuta esclusivamente sotto un profilo sostanziale ma anche sotto un profilo formale, che è quello dell'originarietà dell'ordinamento, nel senso che, a livello costituzionale, l'ordinamento di uno Stato deve riposare su se stesso e non fondarsi sull'ordinamento di un altro Stato...l'elemento dell'indipendenza formale non è meno importante di quello dell'indipendenza di fatto". Nello stesso senso v. ad es. S.M. Carbone, "I soggetti e gli attori della comunità internazionale", cit., p. 5 ove riferimenti.

situazioni soggettive attive o passive, con la correlativa possibilità, nell'ambito dell'ente stesso, di vincolare questo e le sue componenti alle dette situazioni con atti aventi forza cogente" ([10]).

10. Rilevanza limitata dell'indipendenza economica. — Nel nostro tempo, che è quello dell'economia globale, non ci si riferisce più al connesso aspetto dell'*indipendenza economica*, dato che si è generalizzata una situazione di ***interdipendenza economica*** generale ove nessuno Stato — nemmeno le grandi Potenze — può dirsi economicamente indipendente ([11]). Nessuno Stato, infatti, può vivere né tantomeno prosperare in autarchia economica. Tuttavia, all'estremo opposto, valga il monito dell'ex Presidente della BCE, il prof. Mario Draghi, che ha più volte indicato che un Paese con un alto debito pubblico è un Paese a bassa sovranità perché si trova in balia dei mercati finanziari e delle Agenzie di *rating* (*supra*, Cap. IX).

11. Le "mobili frontiere" della sovranità esterna dello Stato. L'era della *sovranità limitata* e della *"sovranità responsabile"*. — Non bisogna pensare che esista un muro invalicabile tra la sovranità interna e quella esterna. *Il confine tra la sovranità interna e quella esterna è, infatti, mobile*: è possibile che, in un dato momento storico, una data materia regolata solo dall'ordinamento interno finisca nel campo del diritto internazionale se lo Stato così stabilisce, per esempio concludendo un trattato in tale materia. Così, *la **moneta***, che tradizionalmente forma oggetto della sovranità interna dello Stato, è divenuta una materia di interesse internazionale a partire dalla fine della seconda guerra mondiale. Nell'esperienza europea, basta riferirsi alla situazione dell'*euro*, un esempio inaudito di una moneta senza Stato istituita per trattato internazionale. Altre ed analoghe osservazioni valgono con riferimento ad altri settori del diritto internazionale: ad esempio, la materia dei ***diritti umani*** era un tempo considerata come appartenente al ***dominio riservato*** dello Stato, e quindi al *suo* diritto interno, mentre a partire dal secondo dopoguerra nel secolo scorso è divenuta *una **materia di interesse internazionale*** in cui gli Stati hanno assunto degli obblighi internazionali di natura pattizia a beneficio degli individui. Così, rispetto ad un recente passato, la sovranità degli Stati è divenuta sempre meno *assoluta* e sempre più *limitata*.

Così, nel secondo **caso *Diallo*** a cui abbiamo in precedenza già accennato, la CIG affermò, dapprima, che l'espulsione di uno straniero dovesse essere conforme alla legge nazionale, precisando poi che quest'ultima, a propria volta, dovesse essere "essa stessa compatibile con le altre esigenze del Patto e della Carta africana"; inoltre, la Corte aggiunse che una "espulsione non deve assumere un carattere arbitrario, essendo la protezione contro l'arbitrio al centro dei diritti garantiti dalle norme internazionali di tutela dei diritti umani, in particolare quelle norme contenute nei due trattati applicabili nella fattispecie" ([12]).

Può divenire persino una "*sovranità responsabile*" giacché, alcuni accordi commerciali internazionali subordinano la concessione di vantaggi daziari al rispetto dei diritti umani da parte dello Stato beneficiario (forzando per questa via la sua sovranità interna) o possono subordinare l'adesione di uno Stato ad un organizzazione internazionale come la UE (v. i c.d. *criteri di Copenhagen*). In una simile prospettiva, nella prassi più recente, in nome dei diritti umani, oltre alla pressione economica, si è

([10]) Cass. penale, 17 settembre 2004, n. 49666, in *Riv. dir. int.*, 2006, p. 568 ss. Il corsivo è nostro.

([11]) In argomento cfr. J. JACKSON, *The World Trading System*, Cambridge, MIT Press, 1997, p. 6; D. CARREAU, P. JUILLARD, R. BISMUTH, A. HAMANN, *Droit international économique*, 6ª ed., cit., p. 8 ss.

([12]) CIG, 30 novembre 2010, *République de Guinée c. République du Congo*, par. 65.

persino ammessa l'uso della forza armata tramite l'"intervento umanitario" o la "responsabilità di proteggere" contro uno Stato internazionalmente inerme ma nel cui territorio si verifichino gravi e sistematiche violazioni dei diritti umani e di cui siano vittime i suoi stessi cittadini (su tali dilemmi v. *infra* Cap. XX).

12. (*segue*) L'era della *sovranità digitale*. — La sfida del nostro tempo è anche quella della c.d. "sovranità digitale" dei singoli Stati e, nel nostro continente, della stessa Unione europea. La diffusione di internet e dell'uso di strumenti informatici, unitamente alle rivelazioni legate al caso di **Edward Snowden** circa lo spionaggio cibernetico da parte degli Stati Uniti e di altre potenze, come la Russia o la Cina con riferimento al 5G, ha sollecitato un importante dibattito. Ed ancora una volta, il contesto internazionale rilevante non è solo quello dei rapporti tra Governi bensì anche quello dei rischi di dipendenza nei confronti dei colossi digitali privati come i *GAFA* (Google, Apple, Facebook e Amazon ma presto anche Tik Tok, Ali Baba etc.). Al riguardo, la Regola n. 9 del ***Manuale di Tallinn 2.0*** del 2017 ([13]) indica che la giurisdizione territoriale di ciascuno Stato comporta il controllo di persone fisiche e giuridiche che, a partire dal territorio di uno Stato, effettuano operazioni cibernetiche nel territorio di altri Stati e ciò si applica anche alle infrastrutture cyber e ai dati localizzabili in un territorio.

Ma in prospettiva più ampia, il Commissario UE per il Mercato Interno, Thierry Breton ha recentemente affermato che "[d]i fronte alla 'guerra tecnologica' di Stati Uniti e Cina, l'Europa deve porre le basi della sua sovranità per i prossimi 20 anni" e "la prima tra le maggiori sfide è la nostra **sovranità digitale**, che si basa su tre pilastri inseparabili: **potenza di calcolo, controllo dei nostri dati, connettività sicura**" ([14]). Così concepita, si intuisce chiaramente come la sovranità digitale si possa inserire oggi all'interno dell'obbiettivo più ampio di perseguimento dell'autonomia strategica europea.

In Italia, il Dipartimento delle informazioni per la sicurezza (DIS) prevede un "***perimetro di sicurezza cibernetica***" per dare concretezza alle frontiere digitali da proteggere, integrando strutture pubbliche e private ed anche il Garante della Privacy è attivo in questo settore. A livello di Unione europea la direttiva (UE) 2016/1148 del 6 luglio 2016 reca misure per un livello comune elevato di sicurezza delle reti e dei sistemi informativi nell'Unione (c.d. ***direttiva NIS*** - Network and Information Security) al fine di conseguire un "livello elevato di sicurezza della rete e dei sistemi informativi in ambito nazionale, contribuendo ad incrementare il livello comune di sicurezza nell'Unione europea".

13. Negazione della soggettività giuridica internazionale agli Stati membri di Stati federali. — Non possono considerarsi dotati di soggettività giuridica internazionale, gli Stati membri di Stati federali (si pensi ad es. alla California negli USA), i Cantoni (in Svizzera), i *Länder* (in Germania) ed a maggior ragione le *Regioni* dello Stato italiano (come tutte le altre regioni degli Stati unitari). Tali enti, per quanto territoriali, non sono giuridicamente abilitati, salvo eccezioni puntualmente regolate da apposite norme di carattere costituzionale, ad instaurare rapporti internazionali come distinti

---

([13]) M. Schmitt (ed.), *Tallinn Manual 2.0 on the International Law Applicable to Cyber Operations*, Cambridge, CUP, 2017. V. *infra* il Cap. XX.

([14]) Al sito internet ANSA del 3 settembre 2020. Grassetto aggiunto.

soggetti internazionali rispetto allo Stato al quale appartengono. Solo lo ***Stato federale***, dunque, è soggetto di diritto internazionale e non i suoi singoli Stati membri.

Viceversa, tradizionalmente, non si considera dotata di soggettività internazionale una ***Confederazione***, intesa come unione di Stati indipendenti e sovrani, pur perseguendo degli scopi di difesa e di politica estera comuni. Nella confederazione, infatti, la personalità internazionale degli Stati membri si impone ([15]).

14. (*segue*) Altri enti a "capacità limitata" che aspirano a diventare organizzazioni di governo su un territorio: i *movimenti di liberazione nazionale* e gli *insorti*. — I caratteri della "statualità" sopra richiamati sono stati evidenziati nella Convenzione di Montevideo sui diritti e doveri degli Stati del 26 dicembre 1933 che, ancor oggi, costituisce un utile punto di riferimento in materia. Detta convenzione, all'art. 1 indica che: "[l]o Stato in quanto persona di diritto internazionale dovrebbe possedere i seguenti requisiti: (a) una popolazione permanente; (b) un territorio definito; (c) un governo; e (d) la capacità di stringere relazioni con altri Stati". Non sorprende, quindi, la conclusione raggiunta dalla Cassazione italiana nel precitato **caso *Arafat*** ove ha osservato che:

> "com'è pressoché unanimemente riconosciuto dalla dottrina e come testimoniato dalla prassi degli Stati, i 'movimenti di liberazione nazionali' — tra cui è ricompresa l'OLP — godono di una limitata soggettività internazionale. Agli stessi è riconosciuto un *locus standi* all'interno della comunità internazionale al fine limitato di discutere su basi di perfetta parità con gli Stati territoriali i modi e i tempi dell'autodeterminazione dei popoli da loro politicamente controllati, in applicazione del principio di autodeterminazione dei popoli, ritenuto norma consuetudinaria a carattere cogente. Così si spiega l'ammissione dell'OLP ai lavori in seno alle Nazioni Unite, certamente non in qualità di membro, ma neppure di semplice osservatore, bensì per trattare appunto questioni inerenti l'autodeterminazione del popolo palestinese negli organismi a ciò deputati".

Analoghe considerazioni valgono per gli insorti (***insurgents***), i quali costituiscono un gruppo organizzato di individui che combatte contro il governo legittimo di uno Stato per raggiungere determinati fini politici (rivoluzione, secessione di una parte del territorio per acquisire l'indipendenza o per unirsi a un altro Stato). Dal punto di vista del diritto internazionale occorre, tuttavia, distinguere due fasi della rivolta condotta dagli insorti: la prima, viene detta, appunto, "insorgenza" o "ribellione". Tale fase si caratterizza per il fatto che il movimento combatte per un'indipendenza che però non ha effettivamente raggiunto e pertanto le sue vicende rimangono una questione interna dello Stato. In una seconda e ben più cruenta fase, detta "di belligeranza", il partito insurrezionale acquisisce un controllo effettivo e stabile di una parte del territorio dello Stato. Solo in questa fase, dunque, ed in linea con il "principio di effettività", il diritto internazionale attribuisce agli insorti una limitata soggettività internazionale potendo quindi essere destinatari di norme del diritto internazionale ([16]).

15. Il caso dei *Governi fantoccio* e dei *Governi in esilio*. — Durante la seconda guerra mondiale, i governi stranieri manovrati dalla Germania nazista furono chiamati

---

([15]) Ragguagli in G. MORELLI, *Nozioni di diritto internazionale*, 7 ed., cit., p. 233.

([16]) In argomento cfr. L. VIERUCCI, *Gli accordi fra Governo e gruppi armati di opposizione nel diritto internazionale*, Napoli, 2013, nonché, *amplius*, P. PUSTORINO, *Movimenti insurrezionali e diritto internazionale*, Bari, Cacucci, 2018.

governi fantoccio (***Puppet Governments***) dagli Alleati angloamericani. Risulta dunque evidente che, difettando il requisito dell'indipendenza, i Governi fantoccio non potevano (e non possono) rivendicare una soggettività internazionale.

In proposito, va ricordata la situazione della Repubblica turca di Cipro del Nord, situata nell'omonima isola di Cipro, che è controllata dalla Turchia e dalle sue forze armate. In una celebre pronuncia della Corte EDU, nel ***caso Loizidou***, la Corte ha statuito che: "non occorre accertare se...la Turchia eserciti in realtà nel dettaglio un controllo sulla politica e sulle azioni delle autorità della Repubblica turca di Cipro del Nord" dal momento che "il gran numero di soldati turchi che partecipano a missioni attive nel Nord di Cipro...attesta che l'esercito turco ha in pratica un controllo globale di questa parte dell'isola...Tale controllo implica la responsabilità della Turchia in ragione della politica e delle azioni della Repubblica" ([17]).

Più delicato appare, invece, il caso dei ***governi in esilio*** *(Governments in exile)*. Se ne sono avuti vari esempi in passato: si pensi ai Governi in esilio a Londra di vari Stati europei occupati dai nazisti durante la seconda guerra mondiale, più recentemente al caso del Governo kuwaitiano in esilio in Arabia Saudita durante la prima guerra del Golfo del 1991, fino al caso del Dalai Lama e del Tibet rispetto alla Cina. Nella prassi, accade che, in un primo tempo, i Governi degli altri Stati continueranno a riconoscere il governo precedente (cioè il governo in esilio) come legittimo (governo *de iure*) sebbene abbia dovuto cedere il controllo dello Stato ad un altro governo (governo *de facto*) che esercita il controllo effettivo del territorio. Il principio di effettività, tuttavia, non consente di mantenere questa situazione indefinitamente, bensì per un tempo limitato. Con il passare del tempo, infatti, gli altri Stati necessariamente dovranno intrattenere delle "normali" relazioni diplomatiche con il nuovo governo, e dunque l'effettività del nuovo esecutivo trasformerà il suo governo *de facto* in un governo *de iure*.

16. Altri casi: il *Kosovo*. — Esistono nella prassi attuale altri casi di varia complessità ([18]). Tra questi occorre indicare il Kosovo, il quale ha unilateralmente dichiarato la propria indipendenza il 17 febbraio 2008 e ha adottato una propria Costituzione. Si tratta, tuttavia, di un territorio oggetto di una *amministrazione internazionale provvisoria* da parte dell'ONU (Ris. n. 1244 del 1999 del Consiglio di sicurezza), di una missione ONU (la UNMIK), della NATO (KFOR), e persino dell'Unione europea (EULEX Kosovo). Pertanto, nonostante non manchi chi ritenga che il parere della CIG del 22 luglio 2010 abbia riconosciuto l'indipendenza del Kosovo, è ben più fondata l'opinione di chi osserva che la CIG si è semplicemente limitata ad osservare che la dichiarazione *de qua* non fosse vietata dal diritto internazionale e che nella situazione appena descritta manchino gli elementi per concludere a favore della formazione di un nuovo Stato. In conclusione, i territori posti sotto un'amministrazione internazionale sia pure provvisoria, come tali, difettano del requisito dell'indipendenza e dunque non possono ancora accedere al rango di Stato secondo il diritto internazionale.

---

(17) Corte EDU, sentenza del 23 marzo 1995 (eccezioni preliminari) e del 18 dicembre 1996 (merito), nel caso *Loizidou c. Turchia*, traduzione italiana in C. Focarelli, *Lezioni di diritto internazionale. Prassi*, II, Padova, Cedam, 2008, p. 21.

(18) In arg. v. M. Mancini, *Statualità e non riconoscimento nel diritto internazionale*, Torino, Giappichelli, 2020, p. 83 ss., nonché G. Asta, "Il processo di state-building in Kosovo: una rilettura a venti anni dal suo avvio", in *OIDU*, 2020, p. 103 ss.

17. Altri casi: i *microstati*, la *Santa Sede* e la *Città del Vaticano*. — L'esigua estensione del territorio ed il limitato numero di abitanti non impediscono la soggettività internazionale dei c.d. *microstati* (ad es. Andorra, Lichtenstein, San Marino, il Principato di Monaco, Tonga etc.), come dimostra, tra l'altro, l'elenco degli Stati membri delle più importanti OIG. Possono essere qualificati in tale categoria, sebbene con caratteristiche proprie, anche la Santa Sede ed il Sovrano Militare Ordine di Malta.

La ***Santa Sede*** (o Sede Apostolica) costituisce la struttura centrale di governo della Chiesa cattolica, formata dalla persona del Pontefice e dai dicasteri della curia romana che lo coadiuvano. Fino al 1870, anno in cui il capo della Chiesa cattolica perse lo Stato territoriale a causa dell'annessione di Roma al Regno d'Italia, la Sede Apostolica rappresentava anche la suprema autorità di governo dello Stato pontificio. Tradizionalmente, si afferma che la Santa Sede gode di soggettività giuridica internazionale in virtù del diritto consuetudinario ([19]). Peraltro, tale soggettività non è venuta meno nel periodo compreso tra il 1870 e il 1929, dato che numerosi Stati hanno continuato a mantenere normali relazioni diplomatiche con la Sede Apostolica. In diritto pattizio, la "sovranità della Santa Sede nel campo internazionale" è comunque stata consacrata nel Trattato lateranense dell'11 febbraio 1929 (art. 2), concluso tra la Sede Apostolica e l'Italia, il quale ha risolto la c.d. 'questione romana' ed ha prefigurato altresì lo stabilimento di "normali rapporti diplomatici" tra le parti (art. 12). Inoltre, è stata riconosciuta alla Sede Apostolica "la piena proprietà e la esclusiva ed assoluta potestà e giurisdizione sovrana sul Vaticano", venendo costituita in tal modo la Città del Vaticano (art. 3). In ragione della missione salvifica della Chiesa universale, e per quanto attiene al proprio *status* sul piano internazionale, la Santa Sede si dichiara "estranea alle competizioni temporali fra gli altri Stati ed ai Congressi internazionali indetti per tale oggetto, a meno che le parti contendenti facciano concorde appello alla sua missione di pace, riservandosi in ogni caso di far valere la sua potestà morale e spirituale" (art. 24).

La ***Città del Vaticano***, secondo la dottrina canonistica, si configura come un ente che differisce dalla *Sede Apostolica* e sul quale quest'ultima esercita la sovranità. Il *territorio* della Città del Vaticano è costituito dalla piazza e dalla Basilica di San Pietro a Roma, dai palazzi vaticani con parchi, giardini e relative dipendenze, assieme ad altre piazze e strade come indicate nell'Allegato I al Trattato del Laterano. La *cittadinanza* è attribuita alle persone che risiedono stabilmente nella Città del Vaticano, nonché ai Cardinali residenti a Roma anche fuori dai confini del territorio vaticano ([20]). La *rappresentanza* dello Stato nei rapporti internazionali è attribuita alla

---

([19]) Cass., SS.UU., 17 novembre 1989 n. 4909, *Capitolo della patriarcale arcibasilica di San Giovanni in Laterano c. Zammerzni*, in *Riv. dir. int. priv. proc.*, 1991, p. 489. In arg. cfr. M. Miele, *La condizione giuridica internazionale della Santa Sede e della Città del Vaticano*, Milano, Giuffrè, 1937; G. Cansacchi, "La continuità dello Stato pontificio", in *Com. e st.*, VII, Milano, 1955, p. 97 ss.; S. Ferlito, *L'attività internazionale della Santa Sede*, Milano, Giuffrè, 1988; G. Arangio-Ruiz, « On the Nature of the International Personality of the Holy See », in *RBDI*, 1996, pp. 355-369; A. M. Calamia, "La soggettività dello Stato Città del Vaticano rispetto all'Unione europea: prospettiva internazionalistica", in E. Bani e P. Consorti, *Finanze vaticane e Unione europea: le riforme di Papa Francesco e le sfide della vigilanza internazionale*, Bologna, Il Mulino, 2015, pp. 99-110 nonché E. Greppi, "Qualche riflessione sulla soggettività internazionale della Santa Sede e dello Stato della Città del Vaticano", in *Quaderni di diritto e politica ecclesiastica*, 2, 2017, p. 325 ss. ove riferimenti.

([20]) Art. 1, legge vaticana n. CXXXI del 23 febbraio 2011.

Santa Sede ([21]) ed il suo ordinamento giuridico ha come prima fonte normativa l'ordinamento canonico, sebbene non coincida totalmente con esso. Trattandosi di un'*enclave* in territorio italiano, la Città del Vaticano beneficia di numerosi obblighi assunti dall'Italia sul piano internazionale per garantirne la libertà di comunicazioni ferroviarie, postali, telefoniche, l'approvvigionamento di acqua potabile e l'introduzione di merci esenti da dazi ([22]).

Oggi, la Santa Sede intrattiene rapporti diplomatici con ben 183 Stati ([23]) ed ha propri rappresentanti presso le più importanti OIG ([24]). Dal 2004 è osservatore permanente presso l'Assemblea Generale dell'ONU ([25]).

18. (*segue*) Altri casi: il *Sovrano Militare Ordine di Malta*. — Il Sovrano Militare Ordine di Malta (SMOM), ossia il "Sovrano Militare Ordine Ospedaliero di San Giovanni di Gerusalemme di Rodi e di Malta", è un ordine religioso-cavalleresco le cui origini risalgono all'epoca delle crociate (attorno al 1099 a Gerusalemme) e che fu riconosciuto da Papa Pasquale II nel 1113 con il documento *Pie postulatio voluntatis*. Nel corso dei secoli, l'Ordine ha esercitato la propria sovranità territoriale prima sull'isola di Rodi (dal 1310 al 1522) e poi su Malta, ottenuta in feudo libero dall'imperatore Carlo V (dal 1530 al 1798). Dal 1834 la sede di governo del SMOM è a Roma.

Il capo dell'Ordine di Malta è il Gran Maestro, eletto a vita, che governa sia come sovrano che come superiore religioso. In virtù del suo carattere di ordine religioso laicale, le cariche apicali del SMOM possono essere ricoperte esclusivamente da quei membri che emettono i voti di povertà, castità ed obbedienza a norma del diritto canonico. Composto da più di 13.500 membri in tutto il mondo (a cui si aggiungono 80.000 volontari e 42.000 dipendenti), oggi l'Ordine di Malta opera in oltre 120 Paesi dove fornisce assistenza alle persone bisognose attraverso le sue attività mediche, sociali e umanitarie.

Nonostante le perplessità manifestate da gran parte della dottrina circa la mancanza di territorio e di indipendenza rispetto alla Santa Sede, è un fatto che il SMOM oggi intrattiene relazioni diplomatiche con 110 Stati (a cui si aggiungono la Santa Sede e l'Unione europea) tra i quali l'Italia che l'ha riconosciuto tramite lo scambio di note diplomatiche dell'11 maggio 1960, a cui è seguito un aggiornamento con l'accordo internazionale del 17 maggio 2012 ([26]). Il SMOM gode dello *status* di

---

([21]) Art. 2, legge fondamentale dello Stato della Città del Vaticano del 26 novembre 2000.

([22]) Cfr. art. 22 del Trattato fra la Santa Sede e l'Italia nonché la convenzione doganale stipulata tra Italia e Città del Vaticano del 30 giugno 1930.

([23]) I *Nunzi apostolici* presso i governi stranieri hanno tre funzioni: in primo luogo, il mantenimento delle relazioni con la chiesa locale; in via secondaria, la rappresentanza della Santa Sede presso lo Stato accreditatario; infine, il mantenimento delle relazioni tra lo Stato straniero e la Città del Vaticano. Una consuetudine sviluppatasi a seguito del Congresso di Vienna del 1815, la quale non è stata toccata dalla Convenzione di Vienna del 1961 sulle relazioni diplomatiche (art. 16), attribuisce al nunzio apostolico il ruolo di decano dei corpi diplomatici accreditati presso gli Stati.

([24]) Tra le quali, la UE, il Consiglio d'Europa, la Lega degli Stati Arabi (LAS), l'Organizzazione Mondiale del Commercio (WTO), l'OSCE, l'Organizzazione sulla messa al bando totale degli esperimenti nucleari (CTBTO), l'Agenzia Internazionale per l'Energia Atomica (IAEA) e l'Organizzazione mondiale per la proprietà intellettuale (WIPO).

([25]) Per effetto della Ris. dell'Assemblea Generale 58/314 del 1° luglio 2004.

([26]) In arg. v. ad es., F. Gazzoni, *L'Ordine di Malta*, Milano, Giuffrè, 1979 e cfr., in senso critico, B. Conforti, *Diritto internazionale*, cit., p. 34 ss.. Va comunque osservato che la subordinazione del SMOM all'ordinamento canonico attiene esclusivamente al profilo religioso dell'istituzione (e relativamente a quei

osservatore permanente presso l'Assemblea Generale dell'ONU ed è accreditato presso numerose OIG ([27]).

Rispetto all'Italia, la Cassazione, a Sezioni unite, ha evidenziato che:

"La giurisprudenza di questa Corte è costante nel riconoscere la posizione di soggetto di diritto internazionale mantenuta nell'ordinamento giuridico italiano dal Sovrano Ordine di Malta, con la conseguente immunità dalla giurisdizione del giudice italiano. Tale immunità si estende anche a quegli enti di diritto pubblico, parimenti dotati di soggettività internazionale, come appunto l'ACISMOM [Associazione dei Cavalieri italiani del SMOM, *n.d.r.*], attraverso i quali l'Ordine di Malta persegue le sue finalità istituzionali e pubblicistiche...Il Sovrano Ordine di Malta è stato, così, ritenuto in tutto equiparato, anche se privo di territorialità, ad uno Stato estero, con il quale l'Italia ha normali relazioni diplomatiche, sicché al detto Ordine compete lo stesso trattamento giuridico spettante a detti Stati stranieri ed a favore dei quali è stata riconosciuta — relativamente all'attività concernente l'attuazione dei loro fini pubblici — l'esenzione dalla giurisdizione, estesa anche a quegli enti volti a perseguire, anche se indirettamente, i suddetti fini...Pure in dottrina deve ormai considerarsi pressoché unanime l'assunto secondo cui l'Ordine di Malta, pur privo di territorio e cittadini, gode di prerogative sovrane configurandosi come soggetto di diritto internazionale e l'ACISMOM, rivestendo la natura di ente pubblico melitense, gode anche esso dell'immunità dalla giurisdizione come ogni Stato estero. Al fine però di contemperare l'esigenza di assicurare il riconoscimento delle prerogative proprie di uno Stato estero e la tutela dei diritti dei cittadini italiani lavoratori, la giurisprudenza di questa Corte — in linea anche su detto punto con le opinioni condivise dalla dottrina internazionalistica — ha abbandonato la tesi della "immunità diffusa", secondo cui lo Stato straniero è immune dalla giurisdizione italiana in ogni caso, ed ha accolto, invece, il principio della immunità ristretta o relativa"" ([28]).

Ne segue pertanto che, dal punto di vista dello Stato italiano, il SMOM è uno Stato estero. Come tale, beneficia dell'immunità dalla giurisdizione "ristretta", in adesione all'orientamento giurisprudenziale prevalente in materia.

2. — L'aspetto formale della sovranità: la "giurisdizione" dello Stato

19. Soggettività internazionale e potere d'imperio (*jurisdiction*). — Una volta che uno Stato ha acquistato la *soggettività giuridica internazionale*, il diritto internazionale tutela l'esercizio del suo potere di governo nel proprio territorio e, entro alcuni limiti, anche al di fuori di esso ([29]). Se, tuttavia, una persona fisica o giuridica non presenta alcun *contatto o collegamento* con un dato Stato, ne segue logicamente che quel medesimo Stato non potrà esercitare la propria "giurisdizione" — comunque intesa — nei confronti di tali soggetti privati.

---

membri che hanno emesso i voti): infatti, la stessa Sede Apostolica riconosce la sovranità dell'Ordine di Malta intrattenendo con esso rapporti diplomatici al pari degli altri Stati. Né sembra condivisibile la tesi di chi sostiene che il SMOM sarebbe assimilabile ad un'organizzazione non governativa. Tale ente è, infatti, dotato *ab origine* di un proprio ordinamento giuridico autonomo e distinto sia dall'ordinamento interno degli Stati, sia da quello canonico, nonché di proprie giurisdizioni.

([27]) Tra cui il Consiglio d'Europa, l'Unione Africana, l'Organizzazione sulla messa al bando totale degli esperimenti nucleari (CTBTO), l'Agenzia Internazionale per l'Energia Atomica (IAEA) e l'Organizzazione Internazionale per le Migrazioni (IOM).

([28]) Cass. civ., SS.UU., 3 gennaio 2007, n. 5, in *Dejure*.

([29]) Come osserva M. Shaw (*International Law*, cit., p. 483), con riferimento alla nozione di *jurisdiction*, utilizzata dai Paesi di Common Law: "Jurisdiction concerns the power of the state under International Law to regulate or otherwise impact upon people, property and circumstances and reflects the basic principles of state sovereignty, equality of states and non-interference in domestic affairs".

È un diritto dello Stato quello di esercitare il potere di governo nel suo territorio e ad esso, appunto, ci si riferisce con l'espressione *competenza territoriale* o *sovranità territoriale.* In tale ambito, si inquadra il potere dello Stato di emanare una norma giuridica e di assicurarne l'esecuzione coattiva.

Nei Paesi di Common Law — ma la terminologia è ormai divenuta di uso corrente nella pratica internazionale — si preferisce utilizzare il termine di *territorial sovereignty* in senso generale e di *territorial jurisdiction* (30) con riferimento al titolo di giurisdizione.

L'espressione "**giurisdizione**" (*jus dicere*) viene impiegata in senso lato e secondo una triplice accezione. Indica, cioè, sia il potere dello Stato di emanare una norma obbligatoria (***jurisdiction to prescribe***), sia la *competenza giurisdizionale dei giudici* di uno Stato dato (***jurisdiction to adjudicate***) (31), sia infine i mezzi di attuazione coercitiva del diritto a disposizione di uno Stato (***jurisdiction to enforce***). È ciò che precisa il *Restatement* pubblicato dall'*American Law Institute* (32) trattandosi di una partizione concettuale ampiamente accolta dai giudici statunitensi e che merita di essere richiamata in quanto spiega in modo chiaro alcuni dei più complessi problemi pratici del diritto internazionale del nostro tempo.

Per comodità espositiva, faremo riferimento qui di seguito solo alla "competenza normativa" ed a quella di attuazione coercitiva giacché possono provocare, più della competenza giurisdizionale — la quale forma oggetto di studio approfondito nei corsi di diritto internazionale privato e processuale (33) — dei *conflitti internazionali di sovranità* la cui delicata risoluzione spetta al diritto internazionale "pubblico".

a) *Il potere di emanare una norma giuridica statuale: la competenza normativa* (jurisdiction to prescribe)

20. — Con la nozione di *jurisdiction to prescribe* (competenza normativa o legislativa), si fa riferimento al potere di ciascuno Stato di *adottare delle norme giuridiche atte a regolare la condotta dei soggetti giuridici dell'ordinamento interno.* Ogni Stato, infatti, nell'esercizio di tale funzione normativa, emana apposite norme di diritto civile, di diritto commerciale, di diritto amministrativo, di diritto del lavoro, di diritto tributario o di diritto penale e così via.

---

(30) ASIL, "Jurisdictional, Preliminary, and Procedural Concerns", in *Benchbook on International Law* § II.A (Diane Marie Amann ed., 2014), al sito *www.asil.org/benchbook/jurisdiction.pdf.*

(31) Così, secondo quanto indicato da Am. Soc'y Int'l L., "Jurisdictional, Preliminary, and Procedural Concerns", cit., per *jurisdiction to adjudicate*, si intende "a country's ability to subject persons or things to the process of its courts or administrative tribunals. The U.S. legal categories of personal jurisdiction and subject-matter jurisdiction help delineate the scope of U.S. courts' jurisdiction to adjudicate".

(32) Secondo il § 401 del *Restatement (Third) of the Foreign Relations Law of the United States* del 1986, pubblicato dall'*American Law Institute*, "[s]econdo il diritto internazionale uno Stato è soggetto a limitazione con riferimento alla: *a*) giurisdizione a prescrivere [*jurisdiction to prescribe*], cioè a rendere le sue leggi applicabili ad attività, rapporti, o *status* delle persone, o interessi delle persone in beni, attraverso l'emanazione di leggi o di atti o di ordini esecutivi o di norme o regolamenti amministrativi o la decisione di una Corte; *b*) giurisdizione a decidere [*jurisdiction to adjudicate*], cioè ad assoggettare persone o cose al processo delle proprie Corti o Tribunali amministrativi, in procedimenti civili o penali, indipendentemente che lo Stato sia o meno parte nel procedimento; *c*) giurisdizione esecutiva [*jurisdiction to enforce*], cioè ad indurre o imporre l'osservanza o a punire l'inosservanza delle sue leggi o regolamenti, attraverso le corti o l'impiego di azioni esecutive, amministrative o di polizia o di altro tipo non giurisdizionale".

(33) Alludiamo alla giurisdizione civile. La giurisdizione penale è assai più restrittiva e non è legata al conflitto di leggi, giacché sia il diritto penale che quello tributario non formano oggetto immediato del conflitto di leggi inteso in senso internazionalprivatistico.

b) ***Il potere di ottenere l'attuazione coercitiva delle norme giuridiche: la competenza esecutiva* (jurisdiction to enforce)**

21. — Se è di competenza dello Stato l'emanazione di una data norma giuridica, logicamente dovrebbe essere di sua competenza anche il potere di attuazione coercitiva della stessa: si pensi ad esempio, al potere delle autorità statali di eseguire il fermo di un dato individuo o di arrestarlo nel caso in cui abbia violato una norma di diritto penale; o, ancora, il potere di porre sotto sequestro un bene di un dato individuo. In poche parole, la ***jurisdiction to enforce*** (competenza esecutiva) consiste nel potere dello Stato di mettere in atto tutte *le procedure di esecuzione coattiva* al fine di far rispettare le norme del proprio ordinamento giuridico interno.

c) ***Rapporti tra la competenza normativa* (jurisdiction to prescribe) *e quella di attuazione coercitiva* (jurisdiction to enforce)**

22. — La potestà di emanare una norma di diritto e quella di assicurarne l'esecuzione per lo più coincidono; ma talvolta la coincidenza non è totale.

***i.* Coincidenza**

23. Frequenza. — Come già detto si tratta del caso più frequente: quello in cui uno Stato, nell'esercizio della propria giurisdizione, emana una norma giuridica ed, allo stesso tempo, possiede gli strumenti e la competenza di rendere coercibile quella norma. Si prenda l'*esempio delle nazionalizzazioni.* Uno Stato ha il diritto di nazionalizzare i beni dei suoi cittadini e degli individui stranieri sul proprio territorio; possiede in questo caso la competenza normativa (*jurisdiction to prescribe*). Il medesimo Stato potrà allo stesso modo procedere all'attuazione coercitiva di tale misura prendendo effettivamente possesso di quei beni che si trovano sul suo territorio: qui, infatti, lo Stato possiede la *jurisdiction to enforce*, ossia la competenza di eseguire, se necessario coattivamente, le misure che esso stesso ha adottato, in ragione del fatto che i beni sono localizzati sul suo territorio.

In tale ipotesi, si ha coincidenza perfetta tra l'emanazione e l'esecuzione di una norma giuridica di un dato Stato.

***ii.* Assenza di coincidenza**

24. Rarità. — Esistono dei casi, relativamente rari, in cui quei due tipi di competenza, di *jurisdiction* appunto, *non appartengono in modo cumulativo allo stesso Stato*. Perciò, quando uno Stato pretende di esercitarle, ci si trova di fronte a dei delicati problemi internazionali che possono tradursi anche in *conflitti di giurisdizione*, opponendo due sovranità statali. Di norma, gli Stati esercitano le proprie competenze con equilibrio e moderazione in modo da evitare conflitti di giurisdizione con gli altri Stati; ma non è sempre cosi, come dimostrano *le tradizionali pretese degli Stati Uniti* di attuare una *vasta applicazione extraterritoriale di alcune delle loro norme nazionali* (si pensi alle leggi che regolano la borsa valori o alla normativa anti-trust, o ancora alle misure di embargo). Proprio per evitare tali conflitti e al fine di aiutarsi a vicenda, è frequente che gli Stati concludano delle convenzioni bi- o multilaterali di cooperazione e di assistenza giudiziaria reciproca (come, ad esempio, la Convenzione dell'Aja sull'assunzione all'estero delle prove in materia civile o commerciale del 18 marzo 1970).

Ciò premesso, dobbiamo esaminare brevemente due situazioni particolari:

a) *L'esercizio della competenza normativa* (jurisdiction to prescribe) *da parte di uno Stato privo di competenza di attuazione coercitiva* (jurisdiction to enforce)

25. Alcuni esempi. — Uno Stato ha potestà di adottare una determinata norma anche se non può adottare alcuna misura coercitiva.

Così, ad esempio, lo Stato A può decidere che tutti i suoi cittadini, anche quelli residenti all'estero, prestino servizio militare. Tuttavia, in tale ipotesi, lo Stato A non ha alcun mezzo per procedere all'esecuzione di questo provvedimento nei confronti dei suoi cittadini che risiedono all'estero. È il caso in cui la competenza di esecuzione — la *jurisdiction to enforce* — dello Stato A entrerebbe in conflitto con la sovranità territoriale di un altro Stato.

Analogamente, in caso di *nazionalizzazione*, uno Stato A potrà decidere, in virtù della sua giurisdizione — cioè della sua competenza ad emanare una norma giuridica (*jurisdiction to prescribe*) — che i beni dei propri cittadini situati all'estero vengano nazionalizzati. Tuttavia, ancora una volta, quel medesimo Stato non avrà alcuno strumento di attuazione coercitiva automatica di quella misura (*jurisdiction to enforce*), perché dovrà necessariamente ottenere la cooperazione dello Stato territoriale (Stato B) in cui quei beni sono situati, in quanto tale misura incide sulla sovranità territoriale dello Stato B.

Così, ad esempio, nel 1986 le autorità svizzere accettarono di congelare provvisoriamente il patrimonio degli ex Presidenti Marcos delle Filippine e Duvalier di Haiti in attesa che i giudici competenti si pronunciassero sul merito della richiesta di quei due Stati che cercavano di recuperare le risorse economiche, a loro avviso, illegalmente possedute e portate fuori dai rispettivi Paesi.

Tuttavia, è altrettanto chiaro che, mediante trattato, uno Stato A può accettare che una nazionalizzazione effettuata da uno Stato B abbia diretta efficacia sul proprio territorio (dello Stato A): ciò fu oggetto del famoso "Litvinov Assignment" del 16 novembre 1933 che consisteva in uno scambio di lettere tra il commissario sovietico agli affari esteri e il presidente Roosevelt in base al quale l'Unione Sovietica delegava agli Stati Uniti tutti i diritti e i crediti che essa stimava di possedere negli Stati Uniti, in seguito alle nazionalizzazioni effettuate dopo la rivoluzione del 1917 — ciò equivaleva ad un riconoscimento di efficacia extraterritoriale di quelle misure ([34]). Ma quella è l'eccezione che conferma la regola, un'eccezione che è stata riaffermata nella controversia all'inizio degli anni '80 tra l'Iran e gli Stati Uniti a proposito della "fortuna dell'ex Shah". Qui, l'Iran procedette alla *confisca* dei beni della famiglia imperiale in Iran, ciò che risultava lecito, in quanto quest'ultimo Stato possedeva allo stesso tempo la competenza legislativa e quella esecutiva. Viceversa, allorquando l'Iran pretese di confiscare i beni dell'ex Shah e della sua famiglia imperiale situati negli Stati Uniti, la situazione diventava completamente diversa: l'Iran non aveva alcuna competenza per assicurare l'attuazione coercitiva di tale misura all'estero (*jurisdiction to enforce*), e, per fare ciò, doveva ottenere l'accordo del governo "competente" in ragione della localizzazione dei beni.

Per le suddette ragioni, oggi, gli Stati possono agire con maggiore astuzia, effettuando una nazionalizzazione "indiretta" in cui il trasferimento della proprietà si

---

([34]) V. *US v. Pink*, 315 US 203.

realizza, dal settore privato al settore pubblico, attraverso una *semplice sostituzione di azionisti*: lo Stato, che diviene così l'unico azionista della società madre, acquista in tal modo il controllo delle filiali di quest'ultima — siano esse locali o straniere.

b) ***Carenza di competenza di attuazione coercitiva*** **(jurisdiction to enforce)** ***poiché manca, a monte, la competenza normativa*** **(jurisdiction to prescribe)**

26. — Questa è un'ipotesi differente secondo la quale, in linea di principio, uno Stato non è abilitato ad adottare delle misure di attuazione coercitiva (*jurisdiction to enforce*) se, *prima*, non possiede la competenza di emanare la norma di diritto che pretende di far rispettare (appunto, la *jurisdiction to prescribe*).

Così, uno Stato A non può emanare una norma che sanzioni il comportamento dei cittadini di uno Stato B nei confronti dei propri cittadini, anch'essi residenti nello Stato B.

Per **esempio**, l'Italia non è competente ad emanare delle norme penali che sanzionino l'eventuale comportamento dei cittadini svizzeri nei confronti dei cittadini italiani residenti in Svizzera. Dato che uno Stato — in questo caso l'Italia — non ha la competenza di emanare una tale norma, ne consegue logicamente che esso non è nemmeno autorizzato ad assicurarne l'esecuzione, irrogando la sanzione a cittadini stranieri. Nell'esempio, l'Italia non può arrestare e perseguire dinanzi ai suoi tribunali i cittadini svizzeri che si trovassero occasionalmente sul suo territorio a causa della pregressa violazione di una norma penale italiana che sanziona il loro comportamento in Svizzera nei confronti dei residenti italiani in Svizzera. In altre parole, l'Italia non possedendo la *jurisdiction to prescribe*, non possiede nemmeno la *jurisdiction to enforce* e dunque non può realizzarne l'esecuzione.

27. Discussione in occasione del caso *Lotus*. — Il problema della coincidenza — o meno — delle competenze di cui sopra — legislativa ed esecutiva — fu discussa in occasione del precitato *caso Lotus* del 1927. La Turchia aveva il diritto di emanare una norma penale per perseguire dei reati contro i suoi cittadini allorquando tali illeciti fossero avvenuti in alto mare, e cioè al di fuori del suo territorio? Poteva la Turchia imporre — competenza di attuazione coercitiva, *jurisdiction to enforce* — ad un *cittadino straniero* il rispetto della *propria norma penale interna* qualora il reato fosse stato commesso all'estero e l'autore (straniero) del reato *si trovasse in territorio turco*? *Quid*, in caso di urto tra una nave francese e una nave turca? La risposta della Francia era negativa: essa riteneva che la Turchia non avesse competenza di attuazione coercitiva (*jurisdiction to enforce*), e quindi non poteva incriminare il personale marittimo francese responsabile dell'urto, perché la Turchia, a monte, non aveva la competenza di emanare una tale norma (*jurisdiction to prescribe*). Al contrario, la Turchia pretendeva di possedere entrambi i titoli di giurisdizione.

Purtroppo, qui si ricorderà che la CPGI accolse la tesi turca, valutando che la Turchia possedesse, in virtù del diritto internazionale, entrambe le competenze: legislativa ed esecutiva.

28. Regola generale. — In conclusione, sembra comunque possibile formulare il seguente principio generale: *se uno Stato agisce al di fuori delle sue competenze, al di* *là della propria jurisdiction, viola il diritto internazionale* perché, in tale ipotesi, esso avrà agito senza potere ([35]).

§ 2. — *La sovranità (o competenza) territoriale*

29. Il territorio. — Com'è noto, il territorio è uno degli elementi costitutivi essenziali dello Stato ([36]). Solo lo Stato possiede un territorio nell'ordinamento giuridico internazionale, un elemento fondamentale di cui sono privi gli altri soggetti di diritto internazionale. Dunque, il territorio conferisce allo Stato un titolo ad agire in ragione della sua semplice esistenza fisica.

1. — I limiti geografici della sovranità territoriale

30. Le componenti del territorio. — Va ricordato che il territorio di uno Stato è generalmente composto da tre elementi: terrestre, marittimo, aereo ([37]).

31. Il confine marittimo. — Per secoli, il principio della libertà dei mari ha dominato il diritto internazionale e tale principio, di natura consuetudinaria, era legato al commercio internazionale in quanto solo grazie ad esso le merci potevano essere trasportate nel mondo ([38]). Nel contempo, gli Stati costieri hanno sempre rivendicato il controllo delle acque adiacenti alle proprie coste. Pertanto, la definizione del rapporto tra sovranità marittima e libertà di navigazione si ritrova alla radice dei trattati intesi a regolare il traffico marittimo e a limitare le pretese di sovranità degli Stati costieri sul mare: basti pensare alla *querelle* secentesca tra Grozio — sostenitore della dottrina del *mare liberum* — e Selden — sostenitore della teoria del

---

([35]) Questa fu la posizione che la Francia sostenne — invano — nei confronti della Turchia nel *caso Lotus* del 1927 citato in precedenza. In arg. v. F. Pocar, *L'esercizio non autorizzato del potere statale in territorio straniero*, Padova, Cedam, 1974.

([36]) A tale riguardo, il territorio si rapporta allo Stato secondo due punti di vista: 1) come oggetto di un diritto dello Stato (*dominium*), e come tale può essere oggetto di atti dispositivi (cessione etc.); 2) come ambito principale di governo dell'attività statale (*imperium*). In arg. A. Gioia, *Diritto internazionale*, 6ª ed., Milano, Giuffrè, 2015, p. 181 s.; Dailler, Forteau, Pellet, *Droit International public*, cit., p. 483 ss.

([37]) In passato, la dottrina assimilava al territorio nazionale le navi e gli aeromobili aventi la sua nazionalità e le sedi delle proprie rappresentanze diplomatiche e consolari all'estero. Oggi, tale *fictio iuris* non è più necessaria in presenza di specifici istituti di diritto internazionale che prescindono dall'attaccamento al territorio di quegli elementi. Sarebbe certamente un errore ritenere che, ad es., l'ambasciata italiana a Brasilia sia in territorio italiano in Brasile! Il territorio è sempre quello dello Stato brasiliano, il regime ed i privilegi di quell'Ambasciata sono retti da norme internazionali precise.

([38]) Solo recentemente il mare è stato diviso in vari settori con specifici regimi giuridici, a cominciare dal c.d. *mare territoriale*. La materia si trova, oggi, ampiamente regolata dalla Convenzione di Montego Bay del 10 dicembre 1982, resa esecutiva in Italia con L. 2 dicembre 1991, n. 689, ed entrata in vigore per l'Italia dal 12 febbraio 1995. In arg. v. per tutti T. Treves, *La convenzione delle Nazioni Unite sul diritto del mare del 10 dicembre 1982*, Milano, 1983; A. Gioia, *Titoli storici e linee di base del mare territoriale*, Milano, Giuffrè, 1990; T. Scovazzi, "The Evolution Of International Law of the Sea: New Issues, New Challenges", in *RCADI*, v. 286, 2000, p. 39 ss.; Id., *Elementi di diritto internazionale del mare*, 3ª ed., Milano, Giuffrè, 2002, p. 65 ss.; nonché SIDI, *Il diritto internazionale del mare fra usi antichi e nuove forme di utilizzazione*, Napoli, ES, 2002; A. Del Vecchio, F. Marrella, *International Law and Maritime Governance. Current Issues and Challenges for Regional Economic Integration Organizations*, Napoli, 2016; M. Shaw, *International Law*, 8ª ed., cit., p. 410 ss.; M. Forteau, J.-M. Thouvenin, *Traité de droit international de la mer*, Paris, Pedone, 2017; U. Leanza, I. Caracciolo, *Il diritto internazionale: diritto per gli Stati e diritto per gli individui. Parti speciali*, 3ª ed., cit., 2020, p. 210 ss. e riferimenti ivi cit..

mare clausum — o ancora alle rivendicazioni di Venezia sul mare Adriatico teorizzate da Paolo Sarpi ([39]).

La disciplina attuale prevede una progressiva irradiazione della sovranità statale negli spazi marini ([40]). Innanzitutto, uno Stato può avere uno *spazio marittimo circostante* che a sua volta si divide in due parti: le *acque interne* ed il loro fondale, su cui lo Stato costiero vanta una sovranità esclusiva; il *mare territoriale* ed il suo fondale che sono soggetti — salvo alcune limitazioni — alla competenza territoriale dello Stato costiero. Bisogna aggiungere a questi due spazi marini la *zona contigua* e la *zona economica esclusiva*, quest'ultima è stabilita entro le 200 miglia marine.

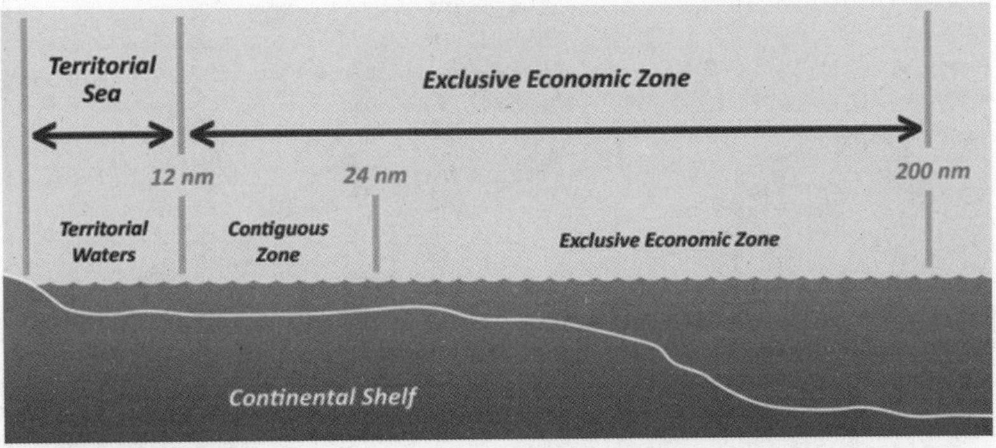

32. **(*segue*) Il mare territoriale. Il diritto di passaggio inoffensivo.** — La sovranità dello Stato costiero si estende al di là della terraferma e delle acque interne su una zona di mare adiacente denominata *mare territoriale (**Territorial Sea**)*. Tale norma di diritto internazionale consuetudinario si trova oggi codificata all'art. 2 della Convenzione delle Nazione Unite sul diritto del mare, firmata a Montego Bay il 10 dicembre 1982 (d'ora in avanti, UNCLOS). L'art. 3 di detta convenzione stabilisce che il mare territoriale può estendersi fino a un *massimo* di 12 miglia marine misurate a partire dalla *linea di base*, corrispondente alla linea di bassa marea. A tali norme si allinea l'art. 2 cod. nav. it. ai sensi del quale:

> "Sono soggetti alla sovranità dello Stato i golfi, i seni e le baie, le cui coste fanno parte del territorio della Repubblica, quando la distanza fra i punti estremi dell'apertura del golfo, del seno o della baia non supera le ventiquattro miglia marine. Se tale distanza è superiore a ventiquattro miglia marine, è soggetta alla sovranità dello Stato la porzione del golfo, del seno o della baia compresa entro la linea retta tirata tra i due punti più foranei distanti tra loro ventiquattro miglia marine.
>
> È soggetta altresì alla sovranità dello Stato la zona di mare dell'estensione di dodici miglia marine lungo le coste continentali ed insulari della Repubblica e lungo le linee rette congiungenti i punti estremi indicati nel comma precedente. Tale estensione su misura dalla linea costiera segnata dalla bassa marea.

([39]) V. G. Acquaviva, T. Scovazzi, *Il dominio di Venezia sul Mare Adriatico nelle opere di Paolo Sarpi e Giulio Pace*, Milano, Giuffrè, 2007.

([40]) V. R. Quadri, *Diritto internazionale pubblico*, cit., p. 669 ss.

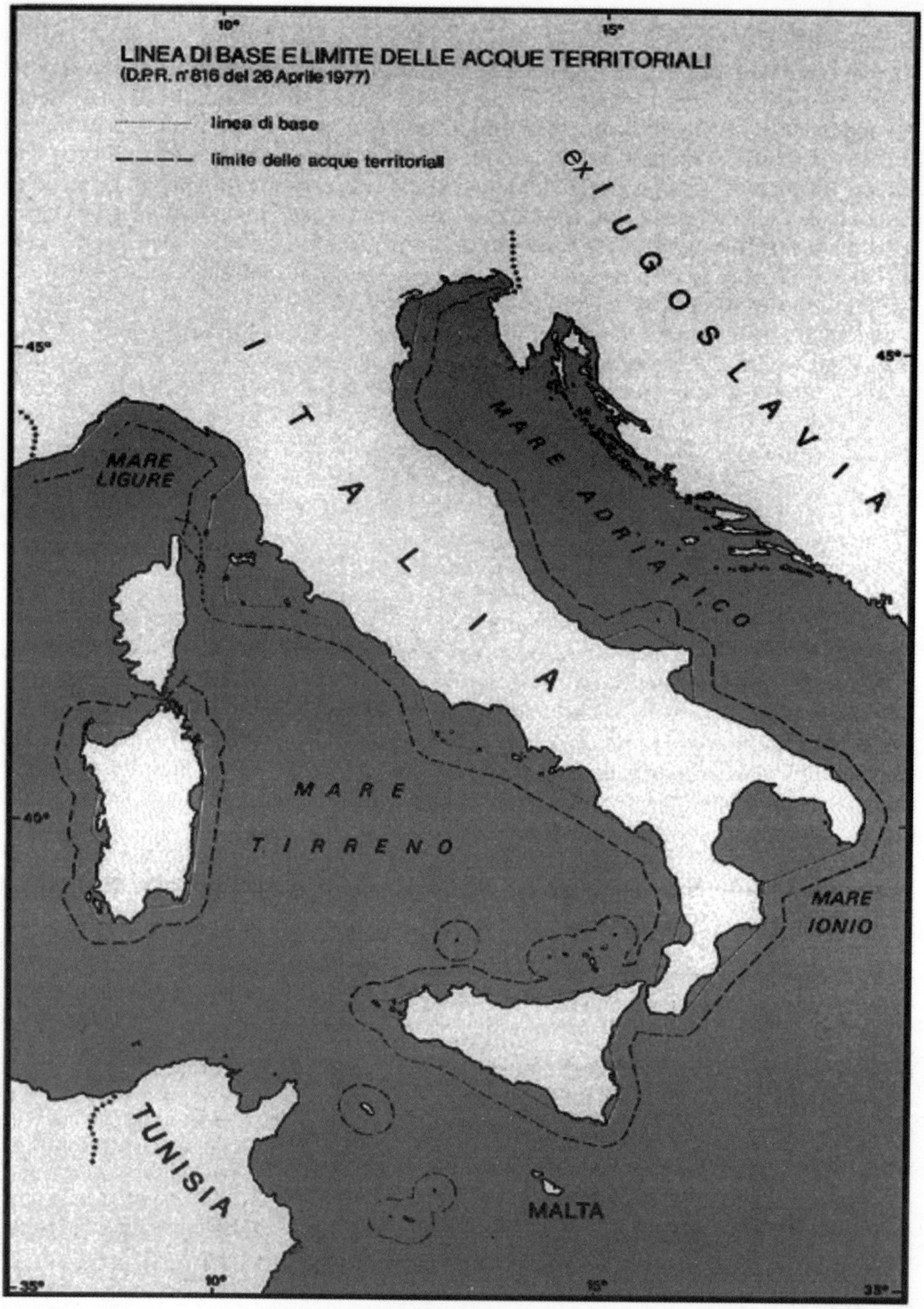

LINEA DI BASE E LIMITE DELLE ACQUE TERRITORIALI
(D.P.R. n°816 del 26 Aprile 1977)
linea di base
limite delle acque territoriali
ex IUGOSLAVIA
ITALIA
MARE LIGURE
MARE ADRIATICO
MARE TIRRENO
MARE IONIO
TUNISIA
MALTA
10°
15°
45°
40°
35°

Sono salve le diverse disposizioni che siano stabilite per determinati effetti da leggi o regolamenti ovvero da convenzioni internazionali" ([41]).

33. (*segue*) I limiti alla sovranità dello Stato costiero sul mare territoriale. — Nelle acque interne e nel mare territoriale lo Stato costiero esercita piena sovranità, ossia può esercitare gli stessi poteri coercitivi di cui dispone nel territorio, ma con tre importanti limiti: il primo è il ***diritto di passaggio inoffensivo*** (*innocent passage*) da parte di navi straniere ([42]). Tale diritto, codificato agli art. 17 ss. della UNCLOS consente il movimento ***continuo*** e ***rapido*** di una nave, anche da guerra, nel mare territoriale. Non si tratta dunque di passaggio disarmato. Il passaggio è considerato ***inoffensivo*** quando "non arreca pregiudizio alla pace, al buon ordine e alla sicurezza dello Stato costiero" (art. 19, par. 1, UNCLOS). Lo Stato costiero può anche sospendere temporaneamente l'esercizio del diritto di passaggio inoffensivo in zone determinate, a condizione di non operare discriminazioni fra navi straniere, se tale sospensione è indispensabile per la propria sicurezza.

Per gli ***stretti*** che servono alla navigazione internazionale è attribuito un più incisivo ***diritto di passaggio in transito***, purché il passaggio sia continuo e rapido e non minacci la sovranità fra gli Stati costieri ([43]). Tale diritto di passaggio si differenzia dal passaggio inoffensivo perché comprende anche il *sorvolo* di aerei civili e militari e non può essere sospeso (artt. 34-44 UNCLOS). I trattati vigenti aventi per oggetto gli stretti internazionali non vengono derogati.

Il secondo è il **limite all'esercizio della *giurisdizione penale sulle navi straniere*** in ordine a *fatti puramente interni* a tali "comunità viaggianti", cioè a fatti che non abbiano alcuna ripercussione all'esterno della nave e che quindi, ad esempio, non producano effetti tali da turbare il normale svolgimento della vita dello Stato costiero. In proposito, l'art. 27 UNCLOS una volta fissato detto principio prevede le seguenti eccezioni:

([41]) In argomento v. T. TREVES, *Il diritto del mare e l'Italia*, Milano, Giuffrè, 1995; T. SCOVAZZI, *Elementi di diritto internazionale del mare*, 3 ed., Milano, Giuffrè, 2002. L'Italia confina con tre Stati: la Francia, la Slovenia e la Croazia. La distanza tra le coste è minore di 24 miglia marine e pertanto occorre un trattato di delimitazione con detti Paesi. Per quanto riguarda il confine orientale, l'Italia ha stipulato nel 1977 il Trattato di Osimo, che disciplinava il limite delle acque territoriali con la Repubblica Federale di Jugoslavia. Essendo la Slovenia e la Croazia gli Stati successori di tale trattato rispetto alla ex Repubblica Federale di Jugoslavia, la linea di confine è valida ancora oggi. Con Nota verbale del 2018 l'Italia ha ribadito la validità del Trattato di Osimo. Il Trattato fissa all'Allegato III i limiti delle acque territoriali dei due Paesi nel Golfo di Trieste. A questo fine è stata tracciata una linea mediana corretta da « circostanze speciali » quali la necessità di consentire, nelle acque territoriali italiane, la navigazione a navi di grosso tonnellaggio in fondali adeguati. A causa della conformazione dei fondali, per l'accesso al porto di Trieste, le navi di grosso tonnellaggio (150.000 tonn. e 17 mt. di pescaggio) devono passare in transito inoffensivo attraverso le acque territoriali slovene. In arg. cfr. M. UDINA, "Gli accordi italo-jugoslavi di Osimo del 10 novembre 1975", in *Riv. dir. int.*, 1977, pp. 405-441; G. CONETTI, "La cooperazione economica italo-jugoslava secondo gli accordi di Osimo", ivi, pp. 442-466; LO PRESTI D., ROSSI D., *Quarant'anni da Osimo*, Padova, Cedam-WKI, 2018. V. altresì F. CAFFIO, *Glossario di diritto marittimo*, in *Rivista Marittima*, V ed., 2021.

([42]) In argomento cfr. G. CATALDI, *Il passaggio delle navi straniere nel mare territoriale*, Milano, Giuffrè, 1990. In giurisprudenza, v. ad es., Cass. pen., 30 ottobre 1985, in *Foro it.*, 1986, II, p. 1.

([43]) In argomento v. ora TIDM, caso n. 26, affare relativo al sequestro di tre navi militari ucraine (Ucraina c. Russia), misure provvisorie, Ordinanze del 23 aprile 2019, del 2 maggio 2019 e del 25 maggio 2019, al sito dell'ITLOS. Si riferisce alla crisi, tuttora in corso, tra Ucraina e Russia circa lo stretto di Kerch che unisce il Mar Nero al Mare di Azov ed è percorso da un ponte voluto dal Presidente Putin per unire la Crimea alla Russia; in tale contesto si è avuto il sequestro di tre navi della Marina militare ucraina da parte dei Russi.

"*a*) se le conseguenze del reato si estendono allo Stato costiero;

b) se il reato è di natura tale da disturbare la pace del paese o il buon ordine nel mare territoriale;

c) se l'intervento delle autorità locali è stato richiesto dal Comandante della nave o da un agente diplomatico o funzionario consolare dello Stato di bandiera della nave; oppure

d) se tali misure sono necessarie per la repressione del traffico illecito di stupefacenti o sostanze psicotrope".

Inoltre, il limite della giurisdizione penale dello Stato costiero su una nave straniera non si applica se si tratta di "navi straniere che transitano nel mare territoriale dopo aver lasciato le acque interne" e pertanto lo Stato può procedere ad arresti o indagini di bordo.

Il terzo limite riguarda la giurisdizione civile sulle navi straniere. Così, l'art. 28 UNCLOS vieta allo Stato costiero di "fermare o dirottare una nave straniera che passa nel suo mare territoriale, allo scopo di esercitare la giurisdizione civile nei riguardi di una persona che si trovi a bordo della nave". Ed ancora "[l]o Stato costiero non può procedere a misure esecutive o cautelari nei confronti della nave nell'ambito di un procedimento civile, se non per effetto di obblighi o di responsabilità in cui la nave sia incorsa o che abbia assunte durante o in previsione del suo passaggio nelle acque dello Stato costiero".

La UNCLOS, comunque, "non pregiudica il diritto dello Stato costiero, conformemente alle sue leggi, di procedere a misure esecutive o cautelari nell'ambito di un procedimento civile nei confronti di una nave straniera che stazioni nel mare territoriale o che transiti nel mare territoriale dopo aver lasciato le acque interne".

34. (*segue*) Il diritto di inseguimento di navi straniere: l'*hot pursuit*. — Una nave che abbia commesso una infrazione nelle acque territoriali di un altro Stato può essere ***inseguita*** da mezzi navali ed aerei dello Stato costiero leso, catturata in altro mare e ricondotta in un porto del medesimo Stato. Occorre, tuttavia, che si tratti di ***hot pursuit***, ossia l'inseguimento "deve iniziare quando la nave straniera o una delle sue lance si trova nelle acque interne, nelle acque arcipelagiche, nel mare territoriale, oppure nella zona contigua dello Stato che mette in atto l'inseguimento, e può continuare oltre il mare territoriale o la zona contigua solo se non è stato interrotto" (art. 111 UNCLOS). Inoltre, "[l]'inseguimento può cominciare solo dopo che l'ordine di arresto sia stato emesso con un segnale visivo o sonoro, a distanza adeguata perché venga ricevuto dalla nave straniera". Infine, l'inseguimento deve essere effettuato in modo continuo "da navi da guerra o da aeromobili militari, o da altre navi o aeromobili in servizio di Stato che siano chiaramente contrassegnate e identificabili come tali, e siano autorizzate a tali operazioni". Il diritto di inseguimento cessa non appena la nave inseguita entra nel mare territoriale del proprio Stato o di uno Stato terzo.

All'uopo, il TIDM/ITLOS (su cui v. *infra* Cap. XXIV) ha indicato che le condizioni di cui all'art. 111 UNCLOS devono *tutte* sussistere perché l'inseguimento sia legittimo. Diversamente, in caso di arresto in acque internazionali tale atto risulterà illecito e comporterà un obbligo di risarcimento ([44]).

([44]) TIDM, 1° luglio 1999, *Saiga (n. 2)*, Saint Vincent and Grenadines c. Guinea, in *Dir. mar.*, 2001, p. 245 ss.. In proposito si segnala, a titolo esemplificativo, la sentenza del 20 novembre 2001, n. 325, resa da Cass. I sez. pen., con cui è stata ritenuta sussistente la giurisdizione italiana in ordine a delitti consumati

35. (*segue*) La zona contigua e la zona archeologica. — Al di là del mare territoriale, la potestà di governo dello Stato diviene ***funzionale***, ossia è ammessa limitatamente a determinati interessi ma non in via generale ed automatica. Così, uno Stato può istituire una zona contigua (***Contiguous Zone***), compresa entro le 24 miglia dalla linea di base, e dove può esercitare dei poteri di polizia marittima volti tra l'altro a **prevenire e reprimere le violazioni della propria *normativa fiscale, doganale, sanitaria o di immigrazione*** nei confronti delle navi mercantili battenti qualsiasi bandiera (art. 33, par. 1, della UNCLOS). La zona contigua deve essere proclamata da ciascuno Stato costiero, cosa che molti Paesi del Mediterraneo hanno già fatto ([45]).

L'Italia non ha formalmente dichiarato la propria zona contigua ma, ***a fini migratori***, l'art. 11 *sexies*, L. 30 luglio 2002, n. 189 ([46]), ha attribuito anche alle navi della Marina Militare poteri di polizia per contrastare il traffico illecito di migranti esercitabili, oltre che nel mare territoriale, anche nella zona contigua nei confronti di navi straniere.

Inoltre, l'Italia ha istituito, sia pure in modo irrituale (art. 94 del Codice dei Beni Culturali e del Paesaggio), una c.d. ***zona archeologica*** di pari estensione, zona che è reclamabile ai sensi dell'art. 303 della UNCLOS, e che è funzionale al controllo della tutela dei beni archeologici incluso il loro recupero e commercio. A tale materia si rivolge specificamente la **Convenzione UNESCO sulla protezione del patrimonio culturale subacqueo**, adottata a Parigi il 2 novembre 2001 dalla Conferenza Generale degli Stati membri dell'UNESCO ed entrata in vigore il 2 gennaio 2009. La Convenzione è stata ratificata e resa esecutiva dal Parlamento italiano con la L. 23 ottobre 2009, n. 157, entrando in vigore per l'Italia l'8 aprile 2010 ed innovando le corrispondenti norme già presenti nel Codice dei Beni Culturali e del Paesaggio ([47]). Tramite detto trattato, si stabiliscono norme comuni agli Stati Parte valevoli, sia per la tutela di tale delicato patrimonio, prevedendo misure contro la possibilità che venga saccheggiato o distrutto, sia per la sua conoscenza e valorizzazione, incoraggiando anche le attività di ricerca. Viene altresì considerata prioritaria la conservazione *in situ* rispetto al recupero di tali beni, anche per incoraggiare il turismo subacqueo.

36. (*segue*) La *zona economica esclusiva* ed il *mare internazionale*. — Gli artt. 55-75 della UNCLOS, disciplinano altresì la c.d. "zona economica esclusiva" o ZEE (***Exclusive Economic Zone o EEZ***). Questa zona, se proclamata dallo Stato costiero, può estendersi fino a **200 miglia marine**, indipendentemente dalla conformazione delle coste, ed attribuisce al medesimo Stato il controllo esclusivo su tutte le ***risorse***

---

esclusivamente in acque internazionali qualora essi siano in rapporto di *connessione* con reati commessi nel mare territoriale per i quali sia stato esercitato il diritto di inseguimento. La UNCLOS ammette anche al c.d. "presenza costruttiva" (***constructive presence***) e dunque espande la giurisdizione dello Stato costiero nei confronti di una nave straniera che si mantiene in acque internazionali ma che partecipa a traffici illeciti attraverso altre navi o imbarcazioni minori che fungono da spola.

([45]) In arg. cfr. MANEGGIA, "Il controllo preventivo nella zona contigua", in *Riv. dir. int.*, 2017, p. 23 ss.; LEANZA, CARACCIOLO, *Il diritto internazionale: diritto per gli Stati, diritto per gli individui*, 3 ed., cit., p. 234 ss.

([46]) In arg. cfr. LEANZA, GRAZIANI, "Poteri di enforcement e di jurisdiction in materia di traffico di migranti via mare aspetti operativi nell'attività di contrasto", in *Com. int.*, 2014, p. 167 ss..

([47]) In arg. v. T. SCOVAZZI (a cura di), *La protezione del patrimonio culturale sottomarino nel Mare Mediterraneo*, Milano, Giuffrè, 2004, nonché ID., "L'entrata in vigore della convenzione UNESCO sulla protezione del patrimonio subacqueo", in *Scritti in onore di Francesco Berlingieri*, ne *Il Diritto Marittimo*, II, 2010, pp. 892-905.

economiche della zona, siano esse *biologiche* (ad esempio le risorse ittiche), *minerali, del suolo, del sottosuolo* e *nella colonna d'acqua sovrastante*. Nella zona, lo Stato costiero ha anche il diritto in materia di "installazione e utilizzazione di isole artificiali, impianti e strutture" (art. 56 e 60) ([48]).

Anche lo sfruttamento delle risorse biologiche non è inteso in senso assoluto bensì in funzione delle capacità effettive dello Stato costiero e di un volume massimo di catture (*total allowable catch*) oltre le quali possono attingere anche gli altri Stati. Per quanto riguarda i poteri di polizia marittima e di *enforcement* dello Stato costiero, l'art. 71 UNCLOS stabilisce che:

"Lo Stato costiero, nell'esercizio dei propri diritti sovrani di esplorazione, sfruttamento, conservazione e gestione delle risorse biologiche nella zona economica esclusiva, può adottare tutte le misure, ivi compresi l'abbordaggio, l'ispezione, il fermo e la sottoposizione a procedimento giudiziario, necessarie a garantire il rispetto delle leggi e dei regolamenti da esso adottati conformemente alla presente Convenzione.

2. Le navi fermate e i loro equipaggi debbono essere prontamente rilasciati dietro pagamento di una cauzione ragionevole o di altra forma di garanzia".

Ne segue che, nella zona economica esclusiva, **gli altri Stati** — diversi da quello costiero — possono utilizzare il mare in tale zona per ***scopi diversi dallo sfruttamento economico sopra indicato***, come ad esempio, per esercitare la *navigazione, il diritto di sorvolo, la posa di condotte e di cavi sottomarini* ([49]).

Dato che la ZEE costituisce un diritto di sfruttamento economico dello Stato costiero che poggia e si ramifica sul fondo marino, comprende la ***piattaforma continentale (continental shelf)*** che non richiede specifica proclamazione ([50]) — su cui v. l'art. 77 UNCLOS che individua i diritti esclusivi sul suolo ed il sottosuolo — a meno che questa non si estenda oltre le 200 miglia marine; in tal caso tale diritto si esaurirà in ogni caso entro il limite spaziale ora indicato.

Lo statuto giuridico *in concreto* della ZEE forma ancora oggetto di dibattito con riferimento, ad esempio, alle manovre navali militari di Stati terzi ed alla questione

---

([48]) La UNCLOS distingue opportunamente tra "**isole**" e meri "**scogli**". Un'isola è "una distesa naturale di terra circondata dalle acque, che rimane al di sopra del livello del mare ad alta marea" (art. 121). La distinzione (inclusa quella con le isole artificiali è importante al fine di identificare i confini marittimi dello Stato). Tale questione si colloca al cuore delle rivendicazioni di sovranità della Cina sul 90% del Mar Cinese Meridionale che, attualmente è "condiviso" con il Vietnam, la Malaysia, l'Indonesia, il Brunei, le Filippine e Taiwan. Ricca di giacimenti di gas e petrolio, la zona è al centro dei traffici commerciali marittimi dell'intero pianeta. Nel corso degli ultimi anni, la Cina ha popolato le isole Paracelso e Spratly ed installato "strutture militari necessarie" sugli isolotti artificiali ricavati negli arcipelaghi del Mar Cinese Meridionale, allestendo persino una base navale a Yulin, presso l'isola di Hainan. Al riguardo, su impulso delle Filippine, un collegio arbitrale istituito sotto l'egida della CPA/PCA ed in base alla UNCLOS ha accertato che la Cina, non ha alcun "titolo storico" su queste acque ed anzi ha interferito con il diritto di pesca dei filippini danneggiando anche la barriera corallina dell'arcipelago delle Spratly. Il lodo è stato rigettato dalla Cina definendolo "infondato" ma la tensione nel Mar della Cina meridionale è particolarmente alta e vi si svolgono frequentemente manovre militari parallele della Marina cinese e di quella statunitense.

([49]) La UNCLOS, all'art. 82, dispone che una parte di quanto lo Stato costiero ricava dallo sfruttamento della zona situata tra le 200 miglia marine e il limite estremo della piattaforma continentale (c.d. *margine continentale*) debba essere versata all'Autorità internazionale dei fondi marini.

([50]) La ***piattaforma continentale*** è costituita dal fondo e dal sottofondo delle zone marine costiere che si estendono al di là delle acque territoriali fino all'orlo esterno del margine continentale per poi sprofondare nella scarpata continentale.

della c.d. *creeping jurisdiction* sul mare ([51]). Nel caso di Stati frontisti o limitrofi (come ad esempio nel Mar Adriatico) la delimitazione della ZEE, al pari di quella del mare territoriale, va effettuata mediante trattato internazionale, con particolare riferimento al principio della ***linea mediana*** "di cui ciascun punto è equidistante dai punti più prossimi delle linee di base dalle quali si misura la larghezza del mare territoriale di ciascuno dei due Stati" (artt. 15 e 83). In mancanza di accordo tra Stati, si applica la procedura di soluzione delle controversie di cui alla Parte XV della UNCLOS.

L'Italia, oltre ad una zona di protezione ecologica ([52]), ha finalmente istituito la propria ZEE, il 9 giugno 2021, tramite un'apposita legge. Pertanto, l'Italia potrà esercitare la propria giurisdizione nei settori della pesca, dell'ambiente e delle energie rinnovabili oltre le acque territoriali. Data la vicinanza degli altri Stati rivieraschi — si pensi all'Adriatico ma anche alla Libia ed alla Tunisia, all'Algeria e a Malta — l'art.1, c. 3, della nuova legge, in linea con la UNCLOS, prevede che « I limiti esterni della zona economica esclusiva sono determinati sulla base di accordi con gli Stati » interessati ».

Al di là della zona economica esclusiva, nel ***mare internazionale*** si applica il principio della **piena *libertà dei mari*** e quindi ciascuno Stato — e le navi battenti la sua bandiera — ha eguale diritto a trarre tutte le utilità che possa offrire il mare compatibilmente con l'esercizio della medesima libertà altrui. L'art. 87 UNCLOS indica testualmente che:

> "L'alto mare è aperto a tutti gli Stati, sia costieri sia privi di litorale. La libertà dell'alto mare viene esercitata secondo le condizioni sancite dalla presente Convenzione e da altre norme del diritto internazionale. Essa include, tra l'altro, sia per gli Stati costieri sia per gli Stati privi di litorale, le seguenti libertà:
> *a*) libertà di navigazione;
> *b*) libertà di sorvolo;
> *c*) libertà di posa di cavi sottomarini e condotte, alle condizioni della Parte VI;
> *d*) libertà di costruire isole artificiali e altre installazioni consentite dal diritto internazionale, alle condizioni della Parte VI;
> *e*) libertà di pesca, secondo le condizioni stabilite nella sezione 2;
> *f*) libertà di ricerca scientifica, alle condizioni delle Parti VI e XIII".

Senonché, il *fondale* ed il *sottosuolo* dell'alto mare (l'***Area***) viene regolato dalla UNCLOS giacché tutte le risorse minerali solide, liquide o gassose che vi si trovano fanno parte del "**patrimonio comune dell'umanità**" (art. 136-137 UNCLOS). Ne segue che l'eventuale sfruttamento di tali zone viene regolato esclusivamente dalla UNCLOS - e quindi risulta sottratto ai singoli Stati - affidandolo *all'Autorità internazionale per i fondali marini* (***International Seabed Authority***). Si tratta di una OIG con sede Kingston, in Giamaica e di cui sono membri tutti gli Stati Parte dell'UNCLOS (art. 156 ss.).

37. (*segue*) Le zone di ricerca e soccorso in mare (SAR). — Alle questioni appena evidenziate si ricollega anche quella dell'attività di "ricerca e soccorso" (***Search and***

([51]) V. il num. speciale di *Limes*, n. 10/20, 2020, "L'Italia è il mare".

([52]) L. 8 febbraio 2006, n. 61 e D.P.R. 27 ottobre 2011, n. 209. Sulla questione v. U. Leanza, "L'Italia e la scelta di rafforzare la tutela dell'ambiente marino: l'istituzione di una zona di protezione ecologica", in *Riv. dir.int.*, 2006, p. 329 ss., nonché Leanza, Caracciolo, *Diritto internazionale. Parte speciale*, 3 ed., cit., p. 237 ss..

Rescue — S.A.R.) che prevedono obblighi a carico dei Comandanti delle navi in mare (sia governative che private) nonché a carico degli Stati. Al riguardo, la UNCLOS dispone, all'art. 98, che "[o]gni Stato **deve esigere che il comandante di una nave che batte la sua bandiera**, nella misura in cui gli sia possibile adempiere senza mettere a repentaglio la nave, l'equipaggio o i passeggeri:

— presti **soccorso a chiunque sia trovato in mare in pericolo di vita**;

— proceda quanto più velocemente è possibile al soccorso delle persone in pericolo, se viene a conoscenza del loro bisogno di assistenza, nella misura in cui ci si può ragionevolmente aspettare da lui tale iniziativa".

L'art. 98, par. 2, promuove per ogni **Stato costiero** "la costituzione, e il funzionamento permanente di un servizio adeguato ed efficace di ricerca e soccorso per tutelare la sicurezza marittima e aerea e, quando le circostanze lo richiedono, collabora a questo fine con gli Stati adiacenti tramite accordi regionali". Si tratta delle zone di responsabilità S.A.R. (***Search and rescue zones***) in modo tale da garantire il soccorso di tutte le persone in pericolo in mare.

A tale materia si rivolge in modo particolare la Convenzione di Amburgo del 27 aprile 1979 sulla ricerca ed il salvataggio marittimo, obbliga gli Stati parte a "garantire che sia prestata **assistenza ad ogni persona in pericolo in mare... senza distinzioni relative alla nazionalità o allo status di tale persona o alle circostanze nelle quali tale persona** viene trovata" (art. 2.1.10), intendendo il salvataggio di una persona comprensivo delle **"prime cure mediche o di altro genere ed a trasferirla in un luogo sicuro**" (art. 1.3.2).

Il mero *recupero a bordo* della nave soccorritrice delle persone in pericolo o dei naufraghi, non determina tuttavia la conclusione delle operazioni S.A.R., perché le operazioni possono considerarsi **terminate** solo con lo *sbarco di dette persone in un luogo sicuro* (***place of safety*** o P.O.S.) ([53]).

Al riguardo, si pensi alla **vicenda della *Sea Watch 3***. La nave *Sea Watch 3*, battente bandiera *olandese* e di proprietà della ONG *tedesca Sea Watch*, al comando della *tedesca* Carola Rackete aveva tratto in salvo una cinquantina migranti in zona SAR libica il 12 giugno 2019. Malgrado la guardia costiera libica avesse formalmente assunto il coordinamento del soccorso, la Sea Watch era giunta per prima sul luogo dell'evento ed aveva avviato le operazioni di recupero dei naufraghi. Si trattava di un gommone in condizioni precarie, sprovvisto di carburante sufficiente per raggiungere la terraferma, a bordo del quale nessuno indossava il giubbotto di salvataggio. Concluse le operazioni di recupero, la comandante aveva richiesto l'assegnazione di un *place of safety* (***P.O.S.***) a diverse Autorità marittime, ricevendo risposta da quelle libiche che avevano indicato di dirigersi verso il porto di Tripoli. Rackete aveva tuttavia risposto che la Libia non poteva qualificarsi come porto sicuro e aveva chiesto un P.O.S. alternativo; nel frattempo si era diretta in direzione dei porti sicuri più vicini, ossia quelli italiani e maltesi, reiterando la richiesta di attracco. Il 15 giugno 2019, il Ministro dell'Interno italiano, Matteo Salvini, aveva disposto nei confronti della Sea Watch 3 un divieto di ingresso ai porti italiani in attuazione del c.d. *decreto sicurezza-bis*, appena entrato in vigore. Pertanto, la Sea Watch 3 stazionava per diversi giorni nei pressi delle acque territoriali italiane, reiterando la richiesta di assegnazione di un porto. Il 26 giugno, la Sea Watch che aveva volontariamente rinunciato allo sbarco dei migranti in Tunisia

---

([53]) In argomento v. per tutti L. Salamone, *La disciplina giuridica dell'immigrazione clandestina via mare. Profili di diritto interno, europeo ed internazionale*, Piacenza, La Tribuna, 2019, nonché i vari saggi in E. Sciso (a cura di), *I flussi migratori e le sfide all'Europa*, Torino, Giappichelli, 2020 e cfr. L. Magi, "L'obbligo internazionale del comandante di soccorrere i naufraghi e il diritto ad un porto di rifugio", in *Riv.dir.int.*, 2020, p. 691 ss..

o a Malta, in violazione del divieto di attracco in Italia, entrava nelle acque italiane e si dirigeva verso il porto di Lampedusa, disattendendo persino gli ordini delle motovedette della Guardia di Finanza italiana. La Comandante tedesca, nonostante i ricorsi esperiti dinanzi al TAR Lazio e persino alla Corte EDU erano stati respinti, invocando a propria giustificazione lo stato di necessità, dirigeva la nave verso la banchina commerciale del porto di Lampedusa ed attraccava, urtando nella manovra, e come se non bastasse, una motovedetta della Guardia di Finanza. In relazione a tali condotte la Sig. ra Rackete venne tratta in arresto con l'accusa di resistenza a pubblico ufficiale (art. 337 c.p.), nonché di resistenza e violenza contro nave da guerra (art. 1100 cod. nav.), sia per avere reiteratamente disatteso l'ordine di fermare la rotta verso il porto, sia per avere urtato, nella manovra di attracco, una motovedetta della Guardia di Finanza. Ebbene, dinanzi a tali vicende e ad un assurdo dibattito politico (alcuni politici tedeschi hanno parlato di "atti eroici" della Comandante mentre in Italia si parlava di "taxi del mare" realizzati dalle ONG mentre in Germania ed in altri Stati UE quegli stessi migranti venivano sistematicamente respinti in Italia, "Paese di primo sbarco"), il GIP di Agrigento (Trib. Agrigento, Ord. 2 luglio 2019) non convalidava l'arresto della Sig. ra Rackete. Successivamente, il ricorso presentato dal Pubblico Ministero avverso tale ordinanza è stato respinto dalla Cassazione (Cass. pen., sez. III, 16 gennaio 2020, n. 6626).

Sul punto la Suprema Corte ha richiamato gli strumenti di diritto internazionale ratificati dall'Italia e pertanto pienamente efficaci nel nostro ordinamento: la Convenzione per la salvaguardia della vita umana in mare del 1974, la Convenzione internazionale sulla ricerca ed il salvataggio marittimo (SAR) del 1979 e la UNCLOS. La Corte ha osservato che "un luogo sicuro è una località dove le operazioni di soccorso si considerano concluse; dove la sicurezza dei sopravvissuti o la loro vita non e più minacciata; le necessità umane primarie (come cibo, alloggio e cure mediche) possono essere soddisfatte; e può essere organizzato il trasporto dei sopravvissuti nella destinazione vicina o finale" (par. 6.12); inoltre "sebbene una nave che presta assistenza possa costituire temporaneamente un luogo sicuro, essa dovrebbe essere sollevata da tale responsabilità non appena possano essere intraprese soluzioni alternative."(par. 6.13).

38. (*segue*) Il controllo delle frontiere marittime italiane. — Ai sensi dell'art. 12 del Testo Unico immigrazione, il Corpo delle Capitanerie di porto — Guardia costiera — opera "in via concorsuale" con le Forze di polizia in mare e la Marina militare. La Marina Militare effettua in via prioritaria il controllo delle acque internazionali con mezzi di pattugliamento marittimo, di radar costieri e di navi apposite. Le forze di Polizia, in particolare la Guardia di Finanza, attuano il contrasto al traffico illecito di migranti nel mare territoriale e nella zona contigua (al momento non identificata dall'Italia). Le Capitanerie di Porto, invece, sono competenti in materia di soccorso, assistenza e salvataggio.

È in tale contesto normativo che opera il provvedimento c.d. "Sicurezza-bis" di cui al Decreto Legge n° 53/2019 convertito, con modificazioni, nella L. 8.8.2019, n. 77.

In base a tali norme, il Ministro dell'interno in qualità di Autorità nazionale di pubblica sicurezza, nell'esercizio delle funzioni di coordinamento può limitare o vietare l'ingresso, il transito o la sosta di navi nel mare territoriale, salvo che si tratti di naviglio militare o di navi in servizio governativo non commerciale, per motivi di ordine e sicurezza pubblica ovvero quando si concretizzano le condizioni di cui all'articolo 19, comma 2, lett. *g)*, della UNCLOS.

Vengono altresì introdotte apposite sanzioni amministrative previste per il caso d'inottemperanza a tale divieto con la previsione della confisca quale sanzione accessoria in caso di utilizzo della medesima nave nonché l'immediato sequestro cautelare della nave stessa nei casi di violazione del divieto di ingresso e transito nelle acque territoriali nazionali (54). **La materia, com'è ovvio, si trova in fermento sia a livello nazionale che a livello UE.**

39. Il *confine aereo* e le *zone di identificazione aerea*. — Infine, terzo elemento, la sovranità dello Stato si proietta verso lo *spazio aereo (Air space) e a quello atmosferico* sovrastante sia la parte terrestre che quella del *mare territoriale* (ma non si estende al di sopra della zone contigua, né sulla zona economica esclusiva). Pertanto non è ammesso l'ingresso di aeromobili stranieri senza preventiva autorizzazione dello Stato di sorvolo (55).

Al riguardo **l'art. 3 cod. nav. italiano** ribadisce che "è soggetto alla sovranità dello Stato lo spazio aereo che sovrasta il territorio della Repubblica ed il relativo mare territoriale".

Al di là dello *spazio aereo nazionale* si ha lo *spazio aereo internazionale* su cui gli aeromobili civili e militari di tutti gli Stati hanno piena libertà di sorvolo.

Senonché, al fine di prevenire azioni terroristiche alcuni Stati hanno istituito, in deroga al principio consuetudinario della libera utilizzazione dello spazio aereo internazionale, delle zone di "identificazione aerea" (***Air Defense Identification Zone***) estese fino a centinaia di miglia dalla costa e che prevedono l'obbligo a carico degli aeromobili stranieri in avvicinamento di sottoporsi a identificazione, localizzazione e controllo nonché, eventualmente, all'atterraggio a rischio di abbattimento (56).

Nel 2013 la Cina Popolare ha annunciato l'istituzione della propria zona di identificazione aerea sul Mare Cinese Orientale provocando la protesta di Stati Uniti e Giappone. Quest'ultimo Stato ha osservato che la zona istituita dalla Cina si estende fino allo Spazio sovrastante le Isole Senkkaku/Diaoyu, isole da tempo contese fra i due Stati (Cina e Giappone) (57).

---

(54) Cfr. S. Pitto, L. Zuppa, "Il difficile bilanciamento tra regole internazionali per il coordinamento delle operazioni di soccorso e rispetto dei diritti dei migranti: riflessioni a partire dai casi "Open Arms" e "Diciotti"" in *Dir. mar.*, 2020, pp. 23-45. Tra la giurisprudenza v. Cass. civ. SS.UU., 13 novembre 2019 n. 29459; Cass. civ. SS.UU., 13 novembre 2019 n. 29460; Cass. civ. SS.UU., 13 novembre 2019 n. 29461, con nota di F. Biondi Dal Monte, in *Quad. Costituz.*, 2020, pp. 151 ss.; nonché Comenale Pinto, "Obbligo di soccorso dei naufraghi e sbarco in un "porto sicuro", nota a Trib. Agrigento 2 luglio 2019, in *Riv. dir. nav.*, 2019, pp. 376-382. A seguito della sentenza della Corte Cost. 9 luglio 2020 sono state introdotte alcune modifiche di cui diremo a suo luogo (par. 238).

(55) Ciò non significa che lo Stato di sorvolo potesse abbattere un aereo civile della *Korean Airlines*, penetrato per errore nel suo spazio aereo, come avvenne nel 1983 ad opera dell'URSS. Successivamente, in tale materia, per effetto delle misure antiterroristiche adottate su sollecitazione della NATO alcuni Paesi hanno sviluppato la c.d. "Dottrina Renegade" per giustificare l'abbattimento di un aereo civile qualora fosse utilizzato "come arma per condurre attacchi terroristici". Del pari, il 21 luglio 2014 il Consiglio di sicurezza Onu con ris. n. 2166, ha condannato l'abbattimento dell'aereo di linea civile *Malaysian Airlines* MH17, avvenuto in Ucraina il 17 luglio 2014, mentre sorvolava il territorio in cui si svolgevano scontri armati tra fazioni filorusse e filooccidentali. Il Consiglio di sicurezza ha ribadito "le norme del diritto internazionale che vietano gli atti di violenza che mettono in pericolo la sicurezza dell'aviazione civile internazionale". In argomento v. in generale U. Leanza, *Il diritto degli spazi internazionali*, Torino, 2 vol., 1999 e Leanza, Caracciolo, *Diritto internazionale. Parte speciale*, 3 ed., cit., p. 78 ss. e 295 ss..

(56) P.A. Dutton, "Caelum Liberum: Air Defense Identification Zone Outside Sovereign Airspace", in *AJIL*, 2009, p. 691 ss.

(57) J. Lee, "China's Declaration Of An Air Defense Identification Zone, In The East China Sea: Implication In Public International Law", in *ASIL Insights*, 19 agosto 2014.

40. Problemi di delimitazione delle frontiere: l'*uti possidetis iuris*. — A volte possono sussistere delle *difficoltà di delimitazione* dei confini marittimi e aerei di uno Stato. Ricordiamo che gli Stati hanno *prima facie* titolo per delimitare i loro spazi marittimi ed aerei, attraverso specifici atti unilaterali, nei limiti del diritto internazionale, consuetudinario o pattizio. Tali confini possono coincidere con tracciati naturali (fiumi, catene montuose, laghi e così via), od anche più raramente con elementi artificiali (ad es. canali o anche determinate latitudini o longitudini). Per evitare controversie tra Stati limitrofi, alcuni di essi stipulano appositi accordi internazionali (c.d. *trattati di delimitazione delle frontiere*), convenzioni che, come abbiamo a suo tempo indicato ([58]), costituiscono una particolare categoria di trattati che producono effetti *erga omnes* ([59]). Sempre in quest'ottica, si ricorderà il principio dell'***uti possidetis iuris*** ([60]), applicato agli inizi dell'800 in America Latina ed in base al quale i Paesi sottoposti al dominio coloniale spagnolo ottenevano l'indipendenza ma le loro frontiere restavano quelle stabilite durante il periodo coloniale. Rivalutato a partire dagli anni '50 del secolo scorso all'epoca della decolonizzazione, venne applicato soprattutto nel contesto africano ed anche dalla Commissione arbitrale istituita dalla Conferenza sulla Iugoslavia.

Senonché, permangono ancora alcune incertezze ([61]) e numerosi sono i contenziosi in atto, talvolta promossi proprio per delimitare le frontiere tra Stati ([62]).

Infine, va sottolineato che esistono degli *spazi internazionali* come l'alto mare, le vie di comunicazioni internazionali (canali transoceanici, fiumi), lo spazio extra-atmosferico, che *non sono suscettibili di appropriazione* da parte di nessuno Stato in virtù di norme consuetudinarie o di specifici trattati.

A titolo di esempio, a seguito della conclusione del *Trattato sull'Antartide* del 1° dicembre 1959, gli Stati hanno accettato, per lo meno a titolo provvisorio, di astenersi dalle rispettive rivendicazioni di sovranità (art. 4) su questo continente.

In breve la sovranità dello Stato è limitata sia *ratione loci* che *ratione materiae*: da un lato non può estendersi su determinati spazi internazionali; dall'altro lato non possiede la stessa intensità sulle diverse componenti del suo territorio (è più "intensa" sulla parte terrestre ed aerea che sulla parte marittima verso la quale si irradia).

2. — La natura della sovranità territoriale

41. Caratteristiche. — La sovranità territoriale dello Stato costituisce un caposaldo del diritto internazionale classico giacché, come sappiamo (*supra*, Cap. I), gli

---

([58]) *Supra*, Cap. IV. In arg. cfr. M. Kohen, M. Hébié, *Research Handbook on Territorial Disputes in International Law*, Cheltenham, Edward Elgar Publ., 2018.

([59]) Ed in tal senso, basti richiamare il *lodo del Collegio arbitrale PCA Eritrea-Yemen*, del 9 ottobre 1998 (v. par. 153), in *http://www.pca-cpa.org/showpage37e7.html?pag_id=363.*

([60]) Cap. X. V. CIG, 22 dicembre 1986, *caso della controversia di frontiera*, Burkina Faso c. Mali, al sito internet della Corte: « *l'uti possidetis iuris* è un principio di diritto internazionale fermamente stabilito e di portata generale che riveste particolare importanza per il continente africano e per le due Parti » (punto 21).

([61]) P. Weil, *Perspectives de droit de la delimitation maritime*, Paris, Pedone, 1988; D. Bardonnet, "Frontières terrestres et frontières maritimes", *AFDI*, 1989, pp. 1-64; G. Nesi, "Uti possidetis juris e delimitazioni marittime", *Riv. dir.int.*, 1991, pp. 534-570.

([62]) Talvolta, la delimitazione delle frontiere può essere imposta da una decisione vincolante del Consiglio di Sicurezza, ex capo VII della Carta ONU, ciò che avvenne a seguito della Ris. n. 687 (2001). In arg. v. per tutti U. Villani, *L'ONU e la crisi del Golfo*, Bari, Cacucci, 2005, p. 100 ss.

Stati sono "*civitates superiorem non recognoscentes*" e dunque sono membri necessari e soggetti primari della Comunità internazionale. All'interno di essa, il diritto internazionale garantisce la ***coesistenza*** tra le distinte Potenze permettendo così a ciascuno Stato di esercitare il proprio potere di governo sul ***proprio territorio*** e nei confronti dei ***propri cittadini***. Pertanto, la sovranità territoriale presenta due caratteristiche: *(a)* la *pienezza* e *(b)* l'*esclusività*. Tali caratteri vennero enunciati in un celebre lodo arbitrale, il lodo sulla *sovranità dell'Isola di Palmas*, pronunciato il 4 aprile 1928, sotto gli auspici della Corte Permanente di Arbitrato, a seguito di un contenzioso tra gli Stati Uniti e i Paesi Bassi.

a) ***Una sovranità piena***

42. Il *caso della sovranità sull'Isola di Palmas* (1928). — Che la sovranità/competenza territoriale dello Stato sia *piena*, per riprendere l'espressione utilizzata dall'arbitro svizzero Max Huber, "*nei rapporti tra Stati significa indipendenza. Indipendenza rispetto ad una porzione del globo è il diritto di esercitare in essa le funzioni dello Stato, ad esclusione di qualsiasi altro Stato*" (63). Tali "funzioni statali" sono viste da Huber come potenzialmente illimitate e pertanto lo Stato può adottare misure di qualsiasi natura, costituzionale, legislativa, amministrativa etc. Insomma, secondo la visione classica, la sovranità interna è la libertà di esercitare la ***potestà d'imperio*** nei confronti del proprio territorio e dei propri cittadini. Qui, ogni Stato è libero di "legiferare", come d'altronde ha dovuto riconoscere la CPGI nel già citato *caso dello Statuto giuridico della Groenlandia orientale*. La Corte si espresse con queste parole: "l'esercizio del potere legislativo è una delle forme più incisive dell'esercizio della sovranità" (64).

43. Il *caso del Lago Lanoux* (1957): la presunzione di validità internazionale delle norme interne. — Una volta acquistata la qualità di soggetto del diritto internazionale, la sovranità di cui uno Stato è già fornito diviene giuridicamente rilevante nel senso che viene *protetta* in quanto tale dal diritto internazionale. Così, le norme giuridiche emanate dallo Stato sul *proprio territorio* godono di una presunzione di validità internazionale. Pertanto, qualsiasi atto che uno Stato compie entro i confini del proprio territorio è in linea di principio internazionalmente "valido", a meno che non si riveli contrario ad un obbligo di diritto pattizio. Il lodo arbitrale pronunciato nel *caso del Lago Lanoux*, a seguito di un contenzioso tra Francia e Spagna, costituisce una illustrazione particolarmente significativa di detto principio. Gli arbitri si espressero in questi termini: "la sovranità territoriale si presume; questa si deve flettere dinanzi agli obblighi internazionali qualunque ne sia la fonte, ma non si piega se non davanti a questi ultimi" (65).

Ed infatti, uno Stato non può di certo invocare la propria "sovranità" per escludere l'applicazione ad esso del diritto internazionale consuetudinario generale; né può ripudiare unilateralmente gli obblighi internazionalmente assunti. La sovranità dello Stato sta infatti nel potere di assumere liberamente gli obblighi internazionali,

---

(63) *RSA*, t. II, p. 830 (a p. 838); in *RGDIP*, 1935, p. 156.
(64) *Ser.* A/B, n. 53, p. 48.
(65) 16 novembre 1957, in *RGDIP*, 1958, p. 79; *RSA*, t. XII, p. 281.

non nel violarli. È anche in tale prospettiva che va letto l'art. 11 della Cost. italiana ([66]).

44. Sovranità territoriale e *diritto internazionale privato*. — E, a scanso di equivoci, si badi bene che *anche le norme di diritto internazionale privato sono espressione di sovranità dello Stato*. Infatti, pur dovendo rinviare in materia alla letteratura internazionalprivatistica ([67]), basti osservare che il principio della statualità del diritto non comporta necessariamente che nel territorio dello Stato si applichi sempre e soltanto il diritto del medesimo Stato. Ciascuno Stato, infatti, in virtù della propria sovranità territoriale, può autonomamente stabilire che a determinati rapporti si applichi, anziché il diritto da esso prodotto, quello prodotto da un altro Stato *in virtù di un criterio di collegamento da esso stesso stabilito*. Così, se il giudice di uno Stato A applica a certi rapporti giuridici il diritto dello Stato B, ciò accade in forza di una norma di diritto internazionale privato in vigore nello Stato A che richiama, per la regolazione di quei rapporti, il diritto dello Stato B. Pertanto, proprio in quanto il richiamo del diritto straniero viene effettuato da una norma dello Stato A, risulta evidente che quello stesso richiamo è espressione di sovranità dello Stato A.

45. *Norme di applicazione necessaria* e sull'*ordine pubblico* in diritto internazionale privato. L'art. 3 del codice penale italiano. — La piena sovranità dello Stato sul proprio *territorio si irradia su tutte le persone ivi presenti*, sia che si tratti dei propri cittadini che di stranieri. Inoltre, la sovranità territoriale si esercita anche sui ***beni*** situati sul territorio: è la *lex rei sitae*.

A tale riguardo, l'art. 3 del Codice civile francese fornisce un'illustrazione concreta di tali classici principi allorquando stabilisce che: "le leggi di polizia [*lois de police*] e sicurezza obbligano tutti coloro che abitano il territorio. Gli immobili, anche quelli posseduti da cittadini stranieri, sono regolati dalla legge francese". Pertanto, anche quando le norme di d.i.pr. di uno Stato A richiamano e rendono applicabile il diritto di uno Stato B, dinanzi al giudice nazionale (dello Stato A), la normativa straniera (quella dello Stato B) viene resa applicabile sempre entro i limiti prestabiliti dalle *norme di applicazione necessaria* [in francese vengono ancora chiamate *lois de police*] e dell'*ordine pubblico* dello Stato (lo Stato A) in cui siede il giudice adito.

Con linguaggio più moderno, il "legislatore" dell'Unione europea ha ribadito tale principio — già presente nella normativa italiana di cui all'art. 17 della legge n. 218/95 di riforma del sistema italiano di d.i.pr. —, attraverso il Regolamento Roma I sulla *legge applicabile alle obbligazioni contrattuali* ([68]). In materia, *inter alia*, di norme di applicazione necessaria, l'art. 9, par. 1, del predetto Reg. Roma I indica che "[l]e

---

([66]) In base all'art. 11 Cost., l'Italia "consente, in condizioni di parità con gli altri Stati, alle limitazioni di sovranità necessarie ad un ordinamento che assicuri la pace e la giustizia fra le Nazioni; promuove e favorisce le organizzazioni internazionali rivolte a tale scopo".

([67]) Tra una letteratura vastissima v. i corsi di diritto internazionale privato pubblicati periodicamente dall'Accademia di diritto internazionale dell'Aja (in *RCADI*). In Italia, cfr. in particolare i classici studi di: R. Quadri, *Diritto internazionale privato*, 5ª ed., Napoli, Liguori, 1969; G. Morelli, *Diritto internazionale privato italiano*, X ed., Napoli, Jovene, 1976; T. Ballarino, *Diritto internazionale privato*, Padova, Cedam, 3ª ed., 1999. Al diritto vigente si rivolgono F. Mosconi, C. Campiglio, *Diritto internazionale privato*, 2 voll., Torino, Utet, 2019-20, nonché G. Conetti, S. Tonolo, R. Vismara, *Manuale di diritto internazionale privato*, 4ª ed., Torino, Giappichelli, 2020, ove riferimenti.

([68]) Reg (CE) n. 593/2008, del 17 giugno 2008, sulla legge applicabile alle obbligazioni contrattuali (Roma I).

norme di applicazione necessaria sono disposizioni il cui rispetto è ritenuto cruciale da un Paese per la salvaguardia dei suoi interessi pubblici, quali la sua organizzazione politica, sociale o economica, al punto da esigerne l'applicazione a tutte le situazioni che rientrino nel loro campo d'applicazione, qualunque sia la legge applicabile al contratto secondo il presente regolamento."

Parimenti, in materia di *legge applicabile alle obbligazioni extracontrattuali* ([69]), lo stesso legislatore UE ha stabilito che, anche in materia di responsabilità civile, "[l]e disposizioni del presente regolamento non pregiudicano l'applicazione delle disposizioni della legge del foro che siano di applicazione necessaria alla situazione, quale che sia la legge applicabile all'obbligazione extracontrattuale".

Per quanto riguarda poi la *legge applicabile ai diritti reali*, quello della *lex rei sitae* è un principio generale largamente diffuso in d.i.pr. comparato: per suo tramite si assoggettano i beni mobili e gli immobili alla legge del luogo della loro situazione spaziale.

Quanto *all'ordine pubblico*, si tratta di una clausola generale della *lex fori*; del limite ultimo all'applicazione di norme straniere da parte del giudice adito. La legge italiana di d.i.pr. del 31 maggio 1995, n. 218, riprende il previgente art. 31 disp. prel. c.c. 1942 ([70]) stabilendo all'art. 16, c. 1, che "[l]a legge straniera non è applicata se i suoi effetti sono contrari all'ordine pubblico". Il limite dell'ordine pubblico interviene inoltre nel momento in cui al giudice italiano sia richiesto di *riconoscere effetti a un atto o una sentenza resa all'estero*. Secondo gli artt. 64 e 65 della l. n. 218/1995, una sentenza straniera è automaticamente riconosciuta in Italia in presenza di una serie di condizioni, tra cui figura la non contrarietà dei suoi effetti all'ordine pubblico. Ovviamente, anche qui, gli strumenti di d.i.pr. europeo uniforme e la Corte di giustizia uniformano la pratica applicazione di quelle norme nei rapporti tra Stati membri UE.

In ***materia penale***, la sovranità territoriale dello Stato si manifesta in modo ancor più evidente, come illustra l'art. 3, c. 1, del cod. pen. it., in base al quale "la legge penale italiana obbliga tutti coloro che, cittadini o stranieri, si trovano nel territorio dello Stato, salve le eccezioni stabilite dal diritto pubblico interno o dal diritto internazionale".

b) *Una competenza esclusiva*

46. Il caso della sovranità sull'Isola di Palmas. — La sovranità è *esclusiva* nel senso che comporta per uno Stato il potere di escludere nel proprio territorio l'esercizio di analoghi poteri degli altri Stati. Nel precitato caso della sovranità sull'Isola di Palmas l'arbitro unico Max Huber ha illustrato tale carattere con le seguenti parole: "lo sviluppo dell'organizzazione nazionale dello Stato nel corso degli ultimi secoli e, quale corollario, lo sviluppo del diritto internazionale hanno stabilito il principio della competenza esclusiva dello Stato riguardo al proprio territorio in modo da farne il punto di partenza per la soluzione della maggior parte delle questioni che riguardano le relazioni internazionali".

---

(69) Reg (CE) n. 864/2007 dell'11 luglio 2007, sulla legge applicabile alle obbligazioni extracontrattuali (Roma II).

(70) In base al previgente art. 31 disp. prel. al Codice civile italiano (1942): "Nonostante le disposizioni degli articoli precedenti, in nessun caso le leggi e gli atti di uno Stato estero, gli ordinamenti e gli atti di qualunque istituzione o ente, o le private disposizioni possono aver effetto nel territorio dello Stato, quando siano contrari all'ordine pubblico o al buon costume".

47. Una norma consuetudinaria. — L'esclusività della competenza territoriale dello Stato forma oggetto di un *principio consuetudinario* che è stato spesso richiamato dalle Corti internazionali dell'Aja. Ad esempio, nel più volte citato *caso del vapore Lotus*, la CPGI, dopo aver affermato in generale che "*le restrizioni all'indipendenza degli Stati non si possono... presumere*", ha qualificato il divieto di esercitare il proprio potere nel territorio di un altro Stato come "*la prima e più importante restrizione imposta allo Stato dal diritto internazionale*". In altre parole, il fatto che lo Stato sia sovrano sul proprio territorio e che questa sovranità sia esclusiva, impedisce ad un altro Stato di esercitare la medesima autorità sul territorio del primo Stato. Ne discende da tale principio che qualsiasi limitazione del diritto di uno Stato di esercitare le attività statali sul proprio territorio e, correlativamente, qualunque pretesa di uno Stato all'esercizio di tali poteri sul territorio altrui costituiscono *eccezioni* che devono essere necessariamente fondate su un particolare titolo.

A tale riguardo, la CIG, nel già citato caso dello *stretto di Corfù* del 1949, ha indicato che "[t]ra Stati indipendenti il rispetto della sovranità territoriale è una delle basi essenziali dei rapporti internazionali" ([71]).

L'esclusività della sovranità territoriale comporta due conseguenze di carattere generale che indichiamo qui di seguito.

***i.* L'inapplicabilità di principio della normativa di uno Stato straniero sul territorio dello Stato.**

48. Assenza di efficacia extraterritoriale del diritto nazionale. Ruolo fondamentale del diritto internazionale privato. — In linea di principio, *le leggi nazionali non producono effetti extraterritoriali*, ovvero, la loro efficacia è limitata ai confini dello Stato entro cui esso esercita la propria giurisdizione (*leges feruntur territorio*). Tuttavia, esistono norme nazionali che ambiscono a far sentire i loro effetti anche nell'ordinamento giuridico di un altro Stato: si tratta ad esempio di quelle relative allo *statuto personale degli individui*. Così, la *legge n. 218 del 1995 di riforma del sistema di d.i.pr. italiano* stabilisce che "[l]a capacità giuridica delle persone fisiche è regolata dalla loro legge nazionale. Le condizioni speciali di capacità, prescritte dalla legge regolatrice di un rapporto, sono disciplinate dalla stessa legge".

Perché mai il cittadino di uno Stato A "porta con sé" la propria legge nazionale anche quando si trova in uno Stato B? Ebbene, ciò accade perché le norme di d.i.pr. di quest'ultimo Stato prevedono il criterio di collegamento della *legge nazionale* (ad es. in materia di diritto di famiglia o ancora di successioni) altrimenti varcando un confine una coppia non sarebbe più sposata, una persona fisica perderebbe la propria capacità giuridica e così via.

Ma in tal caso, che è molto frequente, lo statuto personale regolato dallo Stato A si applica nello Stato B *solo perché sono le norme di d.i.pr. dello Stato B a consentirlo e ad operare tale richiamo*. In assenza di quel criterio di collegamento finirebbe con l'applicarsi il diritto territoriale dello Stato B.

49. Il fondamento "internazionale" del diritto internazionale privato nazionale. — Come abbiamo visto, il d.i.pr., inteso come ramo particolare del diritto interno degli

---

([71]) *Rec.* p. 35. La CIG ha mantenuto tale orientamento in altre sentenze, come quelle — precitate — relative al diritto d'asilo del 1951 (*Haya de la Torre*) o ancora in quella del *diritto di passaggio sul territorio indiano* del 1960.

Stati, cerca di trovare una soluzione ordinata per regolare in modo soddisfacente i *conflitti di leggi* ossia i conflitti tra le norme di Stati diversi che hanno vocazione ad applicarsi alla medesima fattispecie concreta. Cionostante, è bene ribadire che le norme del d.i.pr. devono essere il più possibile coerenti con quelle del diritto internazionale "pubblico" giacché è proprio in quest'ultimo ambito, come abbiamo già indicato, che si coordinano le diverse competenze degli Stati, sia per quanto riguarda la competenza normativa (*jurisdiction to prescribe*), sia per regolare — oltre ai normali "conflitti di giurisdizione" (72) di cui si occupa il d.i.pr. — dei veri e propri *conflitti di sovranità* (si pensi in particolare alla *jurisdiction to enforce*).

ii.* Lo Stato deve rispettare la sovranità territoriale degli altri Stati astenendosi dall'esercizio di *misure coercitive* in *territorio altrui

50. Un principio consuetudinario. — L'art. 2, par. 4, della Carta ONU stabilisce che "i Membri devono astenersi nelle loro relazioni internazionali dalla minaccia o dall'uso della forza, sia contro l'integrità territoriale o l'indipendenza politica di qualsiasi Stato". Si tratta di un principio di diritto consuetudinario, ribadito dai giudici internazionali sia nel precitato *caso del vapore Lotus*, sia in quello *dello stretto di Corfù*. Data la sovranità territoriale di uno Stato (A) ne segue che un altro Stato (B) non può, in linea di principio, esercitare la propria autorità — ed in particolare delle misure coercitive —, sul territorio del primo Stato (A). Questo principio fondamentale ha dato luogo a dei celebri contenziosi che ora brevemente esamineremo.

51. Il caso *Joly*. — Un cittadino francese aveva subito un furto in Francia e sospettava che l'autore del furto fosse un dato cittadino belga. Scortato da due agenti francesi, il francese si recava in Belgio e, dopo aver identificato il sospetto, lo riconduceva a forza, con l'aiuto degli agenti, sul territorio francese, dove il belga veniva incarcerato per furto. Il Belgio protestò contro questa flagrante violazione della propria sovranità territoriale da parte di agenti francesi, chiedendo, di conseguenza, la riconsegna del proprio cittadino. Il tribunale penale di Avesnes (Francia) si rivolse alla Procura della Repubblica la quale, accogliendo la richiesta del Belgio, ordinava la scarcerazione del detenuto dichiarando la nullità dell'intero procedimento penale. Si trattava, per i giudici francesi, di una "nullità assoluta a causa dell'avvenuta violazione della sovranità territoriale belga" (73).

Orbene, se la violazione della sovranità belga aveva provocato la nullità del procedimento penale in Francia, la medesima soluzione non appare sempre favorevole all'individuo nel senso che, quest'ultimo, può avere interesse a formare oggetto di restituzione allo Stato la cui sovranità territoriale è stata violata.

---

(72) Che, con riferimento alla sola *jurisdiction to adjudicate*, ossia alla competenza giurisdizionale sono assai poco frequenti tanto da far ritenere, in dottrina, esagerata l'espressione "conflitti di giurisdizione". A parere di molti in dottrina, sono da temere più i *conflitti negativi di giurisdizione* (ossia quando nessun giudice di alcuno Stato si dichiara competente), dei conflitti positivi di giurisdizione (ossia quando giudici di Stati diversi si dichiarano contemporaneamente competenti). La mondializzazione dell'economia, tuttavia, sta producendo molti più conflitti positivi di giurisdizione (e non solo *adjudicatory*) di quanti se ne fossero mai visti in passato. A testimonianza di ciò bastino i numerosi accordi internazionali per regolare la materia e, per gli Stati membri della UE, l'eccezionale importanza pratica assunta, dapprima, dalla Convenzione di Bruxelles del 1968 ed oggi dal Reg. n. 1215/2012 (Bruxelles I *bis*), del 20 dicembre 2012.

(73) 22 luglio 1933, S. 1934, II, 105 in *JDI*, 1935 p. 899.

52. Il caso *Eichmann.* — Adolf Eichmann, ex colonnello delle SS, era un criminale di guerra nazista che si era rifugiato in Argentina alla fine della seconda Guerra Mondiale. Nel 1960, venne "prelevato" da agenti segreti israeliani e condotto in Israele, dove venne processato. L'Argentina protestò adducendo la violazione della propria sovranità territoriale da parte di agenti di un potenza straniera. A nulla valse la nota di Israele, del 6 giugno 1960, secondo la quale si "ignorava il fatto che Adolf Eichmann era venuto dall'Argentina dato che i servizi di sicurezza israeliani non avevano informato al riguardo" e si indicava che lo stesso Eichmann, dopo essersi consegnato ad un gruppo di volontari israeliani che lo avevano scoperto in territorio argentino, "era d'accordo di recarsi spontaneamente in Israele per esservi giudicato" ([74]).

Il Governo argentino, una volta richiamato il proprio Ambasciatore a Gerusalemme, chiese la convocazione del Consiglio di sicurezza dell'ONU affermando che il trasferimento illecito e clandestino di Eichmann dal territorio argentino costituiva una violazione flagrante della sovranità dello Stato argentino a causa della quale il governo argentino domandava riparazione.

Ne seguiva un vivace dibattito presso il Consiglio di sicurezza dell'ONU, che si concluse con una risoluzione in cui si affermava che "la violazione della sovranità di uno Stato membro è incompatibile con la Carta ONU", pur essendo il Consiglio consapevole del fatto che "la persecuzione degli Ebrei sotto i nazisti è universalmente condannata e che i popoli di tutti i Paesi si preoccupano di vedere Eichmann tradotto in giustizia come conviene per rispondere dei crimini di cui è accusato". Pertanto, presentate le scuse di Israele all'Argentina, ed avendo riconosciuto la violazione della sovranità territoriale Argentina, anche alla luce delle relazioni tradizionalmente amichevoli, i Governi dei due Paesi decidevano di considerare chiuso l'incidente. In compenso, tuttavia, *Eichmann non venne restituito all'Argentina — restituzione che in ogni caso non era stata richiesta*. Eichmann, in quanto criminale nazista, venne dunque processato, condannato e persino giustiziato in Israele ([75]), a dispetto della sua cattura avvenuta in modo irregolare e dell'applicazione di un'altra regola tradizionale di diritto internazionale espressa secondo il brocardo *male captus bene detentus* (colui il quale viene catturato in modo illecito dovrebbe essere detenuto in condizioni che siano quantomeno lecite).

53. Il caso *Argoud.* — Nel 1963, il colonnello Argoud, uno dei protagonisti della guerra d'Algeria, venne "prelevato" in Germania da persone di cittadinanza francese non identificate e fu condotto con la forza in Francia, dove venne giudicato e condannato. In quel caso ci fu una chiara *violazione della sovranità territoriale tedesca*, che venne commessa da "agenti" di un governo straniero, in questo caso, la Francia. I giudici francesi ritennero, tuttavia, che *questa violazione del diritto internazionale non comportasse la nullità dell'intera procedura*, ciò in quanto la Germania, nonostante la protesta internazionale — così come l'Argentina nel precedente caso analogo — non aveva chiesto la restituzione di Argoud. Secondo il giudice francese "l'individuo, [anche se] parte lesa, non ha la qualità o il diritto di invocare giustizia per una violazione del diritto internazionale, *a fortiori* allorquando lo Stato leso non reclama alcunché" ([76]).

([74]) *RGDIP*, 1960, p. 772 ss.

([75]) Al processo Eichmann la celebre scrittrice Hannah Arendt dedicò il libro *Eichmann in Jerusalem: A Report on the Banality of Evil* (1963).

([76]) V. *AFDI*, 1965, p. 935 e ss.

54. Il caso del *Rainbow Warrior*. — Il 10 luglio 1985, la nave Rainbow Warrior appartenente al movimento ecologista *Greenpeace* venne affondata dai servizi segreti francesi nel porto di Auckland, in Nuova Zelanda (77). Con una sentenza del 4 novembre 1985, la Corte di Auckland aveva dichiarato colpevoli dell'affondamento due agenti segreti francesi, condannandoli a dieci anni di reclusione. Ne seguiva un arbitrato tra la Francia e la Nuova Zelanda al fine di stabilire, dato l'illecito internazionale commesso dal primo Stato, una riparazione adeguata. Così, a conclusione della controversia, il Governo francese dovette, tra l'altro, presentare le sue "scuse formali e senza riserve" per la flagrante violazione del diritto internazionale e versare alla Nuova Zelanda, un indennizzo di 7 milioni di dollari. La Francia dovette allo stesso modo indennizzare l'organizzazione ecologista "Greenpeace" per un ammontare di otto milioni di dollari, somme che furono liquidate tramite arbitrato *ad hoc* (78).

55. Il caso *Alvarez-Machain*. — Alvarez-Machain, era un cittadino messicano sospettato di aver preso parte, nel 1985, all'omicidio commesso in Messico di un agente dell'Agenzia americana antidroga, la DEA. Venne rapito nell'aprile 1990 da uomini armati e ricondotto con la forza negli Stati Uniti per essere sottoposto a procedimento penale. Il Messico protestava contro questa palese violazione della propria sovranità territoriale, e richiedeva, di conseguenza la restituzione del proprio cittadino nel rispetto del trattato di estradizione con gli Stati Uniti. In ultima istanza, la Corte Suprema degli Stati Uniti, con una maggioranza di sei voti contro tre, decise che il giudice nazionale statunitense aveva giurisdizione su Alvarez-Machain, qualunque fossero state le condizioni del suo rapimento e nonostante le proteste del Messico (79).

Tale sentenza fece scalpore sia negli Stati Uniti che all'estero, in quanto legittimava una palese violazione del diritto internazionale. Soprattutto, colpiva il suo rifiuto di prendere in considerazione le proteste del Messico il quale domandava la restituzione del suo cittadino che era stato prelevato in violazione della propria sovranità territoriale. Peggio: l'accordo di estradizione venne considerato dalla maggioranza della Corte Suprema come non contrario a questo tipo di *rendition* giacché una simile fattispecie non era stata prevista né, tantomeno, vietata. È evidente che tutti i giusinternazionalisti si sono trovati in disaccordo con quella sentenza ritenendo legittime solo le opposte conclusioni raggiunte dai giudici di minoranza della stessa Corte Suprema (80).

56. Degli atti suscettibili di fare insorgere la responsabilità internazionale dello Stato. — In breve, le suddette violazioni della sovranità territoriale di uno Stato da parte di agenti di un altro Stato *costituiscono degli atti illeciti in diritto internazionale* e come tali, sono suscettibili di far insorgere la responsabilità internazionale dello Stato per conto del quale sono stati commessi. Nel *caso Eichmann* come nel *caso Argoud*, l'Argentina o la Repubblica Federale Tedesca avrebbero avuto anche il

---

(77) La nave si trovava in Nuova Zelanda in quanto era pronta a salpare alla volta dell'atollo di Mururoa per protestare contro gli esperimenti nucleari francesi nel Pacifico.

(78) V. lo scambio di lettere tra Francia e Nuova Zelanda del 4 luglio 1986 in JO 13 luglio, p. 3750. Vedi altresì J. Charpentier, in *AFDI*, 1986, p. 873 e G. Apollis, in *RGDIP*, 1987, p. 9. V. pure *Riv. dir. int.*, 1990, p. 958 ss.

(79) 112 S. Ct. 2188 e *ILM*, 1992 p. 900.

(80) V. *AJIL* 1992, pp. 736-756 e 811-820.

diritto di richiedere la consegna degli individui in questione, cosa che però si astennero dal fare. Quegli stessi Stati avrebbero ugualmente potuto richiedere una riparazione adeguata cosa che, tuttavia, non fece la Repubblica Federale Tedesca, al contrario dell'Argentina.

57. La "copertura" dell'illegalità: il caso *Savarkar*. — Uno Stato può, tramite la propria condotta, prestare *acquiescenza* (*acquiescence*) all'atto di uno Stato straniero sul proprio territorio, "coprendo" l'illecito commesso. Ciò si verificò in occasione del caso *Savarkar* che fu oggetto di un contenzioso tra la Francia e la Gran Bretagna in seno alla Corte Permanente di Arbitrato. Nel lodo del 24 febbraio 1911 si legge che Savarkar era un nazionalista indiano il quale si era macchiato di alcuni gravi reati in India e che avrebbe dovuto essere sottoposto a procedimento penale dalla potenza coloniale dell'epoca, la Gran Bretagna. Venne imbarcato su di una nave britannica che, durante il tragitto, fece sosta nel porto francese di Marsiglia. A quel punto Savarkar, con alcune mosse di arti marziali, riuscì a divincolarsi e a fuggire a nuoto dalla nave britannica. Ma i marinai inglesi, aiutati dalla polizia francese, lo rintracciarono in territorio francese e lo ricondussero a bordo della nave inglese. Senonché, la Francia protestò contro la violazione della propria sovranità territoriale da parte degli agenti britannici e chiese la restituzione del fuggitivo, ma gli arbitri respinsero la richiesta francese indicando che, nel caso di specie, la pretesa illiceità era venuta meno in ragione del comportamento delle autorità francesi le quali avevano prestato manforte ai marinai britannici per catturare Savarkar. Viceversa, qualora Savarkar fosse stato catturato in territorio francese solo dai marinai britannici, vi sarebbe stata senz'altro una violazione della sovranità francese. In breve, l'atteggiamento della Francia, valeva acquiescenza e a nulla valeva la successiva protesta ([81]).

58. Eccezioni. — È pacifico che, per trattato, uno Stato possa consentire che un altro Stato eserciti degli atti di sovranità nel proprio territorio. Tale prassi non è inusuale in *materia doganale* tra Paesi confinanti: ne è un esempio il fatto che le dogane francesi operino anche a Ginevra, in territorio svizzero, o che i servizi doganali e di immigrazione statunitensi esercitino alcune loro funzioni a Montreal, ovvero in territorio canadese. Allo stesso modo, in diritto UE ([82]), l'accordo di Schengen consente operazioni congiunte di polizia sul territorio degli Stati membri dell'Unione Europea.

59. Regola di principio. — Nonostante tali eccezioni, il principio generale prevede che ogni violazione della sovranità territoriale di uno Stato da parte di uno Stato straniero costituisce un atto contrario al diritto internazionale, suscettibile di fare insorgere la responsabilità internazionale dello Stato autore della violazione.

Questo principio venne ribadito con forza nel caso, sovente citato, dello *stretto di Corfù* del 1949. Nella fattispecie, il Regno Unito aveva rimosso le mine (che si trovavano nelle acque territoriali albanesi), dalle quali alcune navi da guerra inglesi erano state danneggiate poco tempo prima. Ma la CIG condannò severamente l'atto della marina britannica, valutando come atto contrario al diritto internazionale il mancato rispetto della sovranità territoriale dell'Albania da parte del Regno Unito.

([81]) *Revue de droit international et de législation comparée*, 1923 p. 398; *RSA*, tomo II, p. 243.

([82]) Si rinvia a F. Marrella, P. Marotta, *Codice doganale dell'Unione europea commentato*, Milano, Giuffrè-Francis-Lefebvre, 2019.

Senonché, in mancanza di un pregiudizio materiale, la Corte ritenne che la pronuncia di condanna della Marina britannica valesse come "riparazione sufficiente" per l'Albania ([83]).

3. — I limiti all'esercizio della sovranità territoriale secondo il diritto internazionale

60. Esistenza di obblighi internazionali. — Affermare che lo Stato possieda una sovranità territoriale piena ed esclusiva non significa che lo Stato possa fare "tutto ciò che vuole". *Le condizioni di esercizio della sovranità territoriale da parte di ciascuno Stato sono soggette a delle norme di diritto internazionale scritte e non scritte.*

Gli obblighi di ciascuno Stato derivanti dal diritto internazionale, riguardano da una parte la delimitazione del territorio *(a)*; dall'altra il contenuto della sovranità territoriale *(b)*.

a) *La delimitazione del territorio*

61. Dal *caso delle peschiere anglo-norvegesi* all'arbitrato sul Mar della Cina meridionale (2016). — La delimitazione da parte di uno Stato del proprio territorio marittimo deve essere conforme al diritto internazionale al fine di essere *opponibile* agli altri Stati. Basti ricordare qui il *caso delle peschiere anglo-norvegesi del 1951* tra Regno Unito e Norvegia, che verteva precisamente sulla delimitazione del mare territoriale operata dalla Norvegia e sulla opponibilità (o non opponibilità) del metodo seguito nei confronti della Gran Bretagna; nel caso di specie si ricorderà che la CIG, in ultima analisi, ritenne che il metodo norvegese di tracciamento del proprio mare territoriale fosse conforme al diritto internazionale e dunque opponibile al Regno Unito. Al contrario, le pretese di numerosi Stati latino-americani di fissare il limite del proprio mare territoriale a 200 miglia nautiche si rivelarono palesemente infondate in diritto internazionale generale, come dimostrarono le numerose proteste formali avanzate dagli altri Stati.

Così, anche nel caso relativo al contenzioso circa le **rivendicazioni cinesi sul Mar della Cina meridionale**, svoltosi sotto l'egida della PCA, gli arbitri, applicando la UNCLOS, non hanno riconosciuto alcuna estensione del mare territoriale oltre quanto consentito dalla predetta Convenzione ([84]).

62. Gli spazi non suscettibili di appropriazione. — Ricordiamo altresì che esistono degli *spazi internazionali* che non sono suscettibili di appropriazione da parte di alcuno Stato (l'alto mare, lo spazio extra-atmosferico, le vie di comunicazioni acquee internazionali, l'Antartico e così via).

b) *Limiti circa il contenuto della sovranità territoriale*

63. Il *caso della sovranità sull'Isola di Palmas*. — Come ha osservato Max Huber nel precitato arbitrato sulle *Isole di Palmas*: "[l]a sovranità non può limitarsi ai suoi aspetti negativi, cioè al fatto di escludere le attività degli altri Stati" ([85]).

([83]) *Rec*, p. 35.

([84]) PCA, lodo del 12 luglio 2016, *Philippines v. China*, disponibile al sito della PCA.

([85]) P. 839.

L'arbitro svizzero ha indicato che lo Stato, benché sovrano sul proprio territorio, deve anche garantire un *minimo di protezione* prevista dal diritto internazionale ([86]). In altre parole, lo Stato territoriale è tenuto al rispetto dei diritti degli altri Stati e dei loro cittadini, così come deve proteggere gli interessi della Comunità internazionale.

i. Il rispetto dei diritti degli altri Stati

64. Obblighi generali. — Il rispetto dei diritti degli altri Stati costituisce un obbligo generale per lo Stato territoriale. Detto obbligo ha un duplice contenuto:

65. Primo: uno Stato non deve tollerare sul suo territorio degli atti lesivi dell'integrità territoriale di uno Stato terzo. — Ad esempio, uno Stato non può accettare che sul suo territorio avvenga l'addestramento di "partigiani" che possano successivamente valicare le frontiere e turbare l'ordine pubblico di un Paese vicino. Ciò, per esempio, è stato oggetto di un lungo contenzioso tra la Francia e la Spagna, a proposito delle attività in Francia di gruppi "terroristi" baschi, che utilizzavano il territorio francese come base per la realizzazione di operazioni sul territorio spagnolo.

Del pari, nel ***caso delle attività militari e paramilitari nel Nicaragua e contro il Nicaragua***, la CIG ha stabilito che il supporto finanziario e logistico, l'addestramento di bande armate che avessero come scopo quello di rovesciare un governo costituisse *un'ingerenza illecita negli affari interni di un altro Stato*, pur non integrando gli estremi della fattispecie dell'aggressione armata ([87]). I tentativi di "destabilizzazione" di Stati stranieri — solitamente attraverso azioni di tipo terroristico — sono purtroppo divenuti frequenti nella prassi internazionale contemporanea, a dispetto della loro illiceità.

In tempi più recenti e nel ***caso delle attività armate nel territorio del Congo*** ([88]), la Corte confermò quell'orientamento indicando che: "ai sensi della Dichiarazione relativa ai principi del diritto internazionale toccanti le relazioni amichevoli e la cooperazione tra gli Stati in conformità alla Carta delle Nazioni Unite ([89]) (qui di seguito denominata "la Dichiarazione sulle relazioni amichevoli"), ogni Stato ha il dovere di astenersi dall'organizzare e dall'incoraggiare atti di guerra civile o di terrorismo sul territorio di un altro Stato, di parteciparvi o di fornire aiuti, oppure di tollerare sul suo territorio attività organizzate con lo scopo di perpetrare questo tipo di attività, dal momento in cui gli atti menzionati nel presente paragrafo implicano una minaccia o l'impiego della forza". Detta Dichiarazione dispone inoltre che: "tutti gli Stati dovranno [...] astenersi dall'organizzare, aiutare, fomentare, finanziare incoraggiare o tollerare delle attività sovversive o terroristiche destinate a cambiare con la violenza il regime di un altro Stato, così come di intervenire nelle lotte intestine di un altro Stato. Queste disposizioni hanno valore dichiarativo di diritto internazionale consuetudinario".

([86]) Testualmente: "La sovranità territoriale... implica il diritto esclusivo di esercizio dell'attività dello Stato. Tale diritto ha per corollario un dovere: l'obbligo di proteggere entro il territorio il diritto di altri Stati, in particolare il loro diritto all'integrità e all'inviolabilità in pace e in guerra, oltre ai diritti che ogni Stato può rivendicare per i suoi cittadini in territorio straniero. Se non esercita la sua sovranità territoriale in una maniera corrispondente alle circostanze lo Stato non può adempiere a tale dovere", in *Report of International Arbitral Awards*, II, p. 832.

([87]) CIG, 26 giugno 1986, *Rec.*, punti 241-242 e 230, 247.

([88]) CIG, 18 dicembre 2005, *Repubblica Democratica del Congo c. Uganda.*

([89]) Ris. n. 2625 (XXV) dell'Assemblea generale del 24 ottobre 1970.

66. Secondo: ogni Stato deve praticare delle relazioni di "buon vicinato" con gli altri Stati. — Ogni Stato non deve tollerare gli atti che siano lesivi di interessi giuridicamente protetti di altri Stati. Per esempio, uno Stato dovrà notificare agli altri Stati i "pericoli" sul proprio territorio di cui viene a conoscenza, pericoli che potrebbero arrecare danno agli Stati stranieri ed ai loro cittadini. Questa situazione si verificò, ricordiamolo, nel ***caso dello stretto di Corfù*** del 1949. In tale fattispecie, l'Albania aveva omesso di informare gli altri Stati della presenza di mine sul proprio territorio, il che costituiva un pericolo evidente. In circostanze analoghe, gli Stati Uniti vennero condannati dalla CIG per non aver notificato la posa, peraltro illegale, di mine all'ingresso di alcuni porti del Nicaragua (vedi la sentenza precedentemente citata del 1986, par. 215). Allo stesso modo, allorquando uno Stato effettui un test nucleare (come si faceva in passato, facendo brillare degli ordigni nell'atmosfera), deve segnalarlo agli altri Stati e predisporre delle idonee zone di sicurezza per evitare che i cittadini di altri Stati non siano danneggiati da queste esplosioni.

Ancora, in caso di incidente che *potrebbe causare dei danni transfrontalieri*, esiste un obbligo di notifica immediata — senza pregiudicare eventuali riparazioni — agli altri Stati a carico dello Stato in cui l'incidente si è verificato. Ciò purtroppo si verificò solo parzialmente in occasione dell'*incidente nucleare di Chernobyl* nell'ex URSS, nel 1986 ([90]).

67. Caso della *fonderia di Trail* e diritto internazionale dell'ambiente. — L'obbligo generale di praticare delle relazioni di buon vicinato comporta altresì che ciascuno Stato debba impedire che il proprio territorio venga utilizzato al fine di causare danni sul territorio di un altro Stato. È il caso tipico dell'inquinamento transfrontaliero. Abbiamo già citato, a tal proposito, il *caso della fonderia di Trail*, oggetto di un contenzioso nel 1938 tra Stati Uniti e Canada a cui abbiamo già fatto cenno (Cap. XIV). Nella fattispecie, come si ricorderà, il Canada fu riconosciuto responsabile dell'inquinamento provocato da fumi contenenti piombo che venivano emessi da una fabbrica situata sul suo territorio e che arrecavano danno al territorio statunitense rendendo i terreni inadatti alla coltivazione. Qui gli arbitri indicarono che:

> "in base ai principi del diritto internazionale, come pure in base al diritto degli Stati Uniti, nessuno Stato ha il diritto di usare il proprio territorio o di consentire un uso tale da arrecare danno mediante esalazioni al territorio o nel territorio di un altro Stato, sempreché il danno sia grave e stabilito da prove certe e convincenti" ([91]).

Siffatto obbligo generale è stato riconosciuto dalla Dichiarazione di Stoccolma del 1972, adottata al termine della Conferenza sull'ambiente umano, così come da numerose altre convenzioni internazionali. Concretamente, ciò significa che uno Stato

---

([90]) V. *PPS* n. 552-553 del 1987 e A. Kiss, in *AFDI*, 1986 p. 139.

([91]) Letteralmente: "under the principles of international law, as well as of the law of the United States, no State has the right to use or permit the use of its territory in such a manner as to cause injury by fumes in or to the territory of another or the properties or persons therein, when the case is of serious consequence and the injury is established by clear and convincing evidence". SANU, III, 1949, p. 1965. Al sito internet https://legal.un.org/riaa/cases/vol_III/1905-1982.pdf.

non può trasformare il proprio territorio in una sorta di "discarica", nociva anche per i Paesi vicini (92).

Si tratta di obblighi negativi aventi per oggetto, appunto, un *non facere*. Nel corso degli anni, la CIG, al passo con i tempi, non ha mancato di ribadire la necessità di una "tutela dell'ambiente" (93). A tale riguardo, basti richiamare il *dictum* del parere della CIG a proposito della *liceità della minaccia dell'uso delle armi nucleari* del 1996 ove la Corte ha osservato che:

> "[l]'ambiente non è un concetto astratto, ma rappresenta lo spazio in cui si vive, la qualità della vita e la salute stessa degli esseri umani, inclusa quella delle generazioni future. L'esistenza di un obbligo generale in virtù del quale gli Stati devono garantire che le attività che si svolgono sotto la propria giurisdizione e controllo rispettino l'ambiente di altri Stati e degli spazi non sottoposti alla giurisdizione di alcuno Stato appartiene oggi al *corpus* del diritto internazionale dell'ambiente" (94).

In tempi più recenti, nel ***caso della cartiera sul fiume Uruguay***, oggetto di un contenzioso tra l'Argentina e l'Uruguay, la CIG ha riconosciuto la natura consuetudinaria di un *principio di prevenzione*, che trova la propria origine "nella *due diligence* dello Stato sul proprio territorio" (95). La Corte ha precisato che spetta a ciascuno Stato di "mettere in pratica tutti i mezzi a sua disposizione al fine di evitare che le attività che si svolgono sul suo territorio... non cagionino un pregiudizio sensibile all'ambiente di un altro Stato", aggiungendo inoltre che quest'obbligo "fa ormai parte del corpo di regole del diritto internazionale dell'ambiente" il quale richiede che vengano condotte apposite valutazioni di impatto ambientale in un quadro transfrontaliero allorquando l'attività industriale in progettazione rischi di essere pregiudizievole all'ambiente (par. 204).

ii. Il rispetto dei diritti degli stranieri

68. Il trattamento degli stranieri come limite alla sovranità territoriale dello Stato. — In base al diritto internazionale generale, uno Stato non è tenuto, ad ammettere sul proprio territorio i cittadini degli altri Stati (e ciò vale soprattutto nel caso dei c.d. *migranti economici*), né a trattarli come i propri cittadini; ma *qualora li ammetta*, esso è tenuto ad accordare loro, in assenza di un trattato internazionale (96), un minimo di ***sicurezza e protezione***. Ciò porta sia all'adozione di ***misure negative*** (ad

---

(92) V. artt. 192 e 194 della UNCLOS sul diritto del mare del 1982, nonché il Principio 21 della Dichiarazione di Stoccolma del 1972. In argomento v. P. Sands, J. Peel, *Principles of International Environmental Law*, 2nd ed., Cambridge University Press, 2012, nonché F. Munari, L. Schiano di Pepe, *Tutela transnazionale dell'ambiente*, Bologna, Il Mulino, 2014, ove riferimenti.

(93) V. il Parere consultivo dell'8 luglio 1996 circa la legalità della minaccia o dell'uso delle armi nucleari nei conflitti armati, par. 29; o ancora la sentenza della CIG del 25 settembre 1997 nel caso del *Progetto Gabcikovo-Nagymaros*.

(94) Sentenza *cit.*, punto 29. V. pure CIG, 31 marzo 2014, *Australia c. Giappone*, sulla caccia alle balene nell'Antartico.

(95) Sentenza del 20 aprile 2010, punto 101.

(96) Come ad es. i trattati internazionali di protezione dei *diritti umani* che, laddove siano in vigore e nei limiti degli specifici diritti "protetti", si applicano indistintamente ai cittadini ed agli stranieri. Esistono però anche i trattati di *estradizione*. Per l'Italia si rinvia a F. Marrella, "Lo straniero, l'art. 16 delle preleggi e la condizione di reciprocità", in Commentario del Codice civile, dir. da E. Gabrielli, vol. III, Torino, Utet, 2013, pp. 1-37. Va altresì osservato che, fatta sempre eccezione per le norme pattizie che operano come *lex specialis*, le norme consuetudinarie consentono in via generale allo Stato territoriale l'espulsione degli

es. obblighi di astensione di atti lesivi di tali norme a cui si ricollegano specifici diritti degli stranieri), sia di ***azioni positive*** come ad esempio l'esercizio di misure di protezione a tutela della vita dello straniero contro violenze di folla.

69. Il caso del *linciaggio degli italiani a New Orleans.* — Possiamo citare a tale proposito il celebre *caso del "linciaggio degli italiani a New Orleans"* avvenuto nel 1891 (97). Il 14 marzo 1891, undici italiani sospettati dell'omicidio del capo della polizia di New Orleans, vennero assassinati nella prigione locale da una folla inferocita di cittadini. Il governo italiano protestò vigorosamente contro questo "linciaggio" ed invocò la responsabilità internazionale degli Stati Uniti per la mancanza di protezione adeguata dovuta nei confronti dei cittadini stranieri; domandò inoltre che i responsabili fossero puniti a norma di legge. A quel punto, il "grand jury" che si riunì a New Orleans, pubblicò, il 5 maggio 1891, un verdetto in cui vennero riconosciute tutte le circostanze attenuanti del caso a favore degli estremisti locali che avevano partecipato all'assalto della prigione e all'omicidio degli italiani, decidendo di non perseguire nessuno in giustizia. In seguito a nuove proteste ufficiali da parte dell'Italia, questa controversia venne risolta in modo amichevole tra i due governi. A nome degli Stati Uniti, il Presidente Harrison presentò le sue scuse all'Italia e, allo stesso tempo, versò un indennizzo che venne distribuito alle famiglie delle vittime che erano rimaste in Italia.

70. Il rispetto dello *standard* internazionale minimo di trattamento degli stranieri e dei loro beni. — Ferma restando una più stringente norma di diritto pattizio, il diritto internazionale consuetudinario impone allo Stato territoriale (*Host State*) di rispettare il cosiddetto "***minimum standard***" di trattamento degli stranieri (98).

Si tratta di un "limite minimo", al di sotto del quale l'ordinamento giuridico interno di uno Stato non dovrebbe spingersi, a pena di fare insorgere la responsabilità internazionale dello Stato. In tal caso, è accaduto spesso che lo straniero i cui diritti siano stati lesi dallo Stato territoriale (*Host State*) richieda la *protezione diplomatica* al proprio Stato di cittadinanza (*Home State*) dato che il diritto di esigere tale trattamento appartiene allo Stato di cui lo straniero è cittadino (*Home State*).

La difficoltà pratica di individuare il "minimum standard" di trattamento è quella di ogni "clausola generale" in un dato ordinamento giuridico. Nella seconda metà del 1700, Vattel aveva già osservato che non si tratta di un criterio fisso ed immutabile ma varia nel tempo e secondo le concezioni giuridiche e morali prevalenti (99). Nemmeno si tratta di "principi generali di diritto riconosciuti dalle Nazioni civili" di cui all'art. 38

---

stranieri. Anche qui, la (recente) incidenza del diritto internazionale dei diritti umani ha indotto la dottrina a ridurre l'estensione della norma consuetudinaria (ad es. in materia di obbligo di *non refoulement*) tramite lo *ius cogens*. In argomento v. la posizione classica in M. Scerni, "Sulla espulsione dal territorio dello Stato", in *Studi Perassi*, II, 1957, p. 261 ss. e cfr. la posizione della dottrina e della giurisprudenza contemporanea, *inter multos*, in M. Di Filippo, "Camminare sul filo (spinato) del divieto di espulsione collettiva: una valutazione della giurisprudenza di Strasburgo", in *DUDI*, 2020, pp. 479-509 nonché in M. Starita, "Il principio del "non-refoulement" tra controllo dell'accesso al territorio dell'Unione europea e protezione dei diritti umani", in *Dir. pubbl.*, 2020, pp. 141-163.

(97) Testo in Moore, *Digest of International Law*, 1906, pp. 837-841.

(98) In arg. v. *inter multos*, R. Quadri, *Diritto internazionale pubblico*, cit., p. 752 ss. e riferimenti ivi citati.

(99) Vattel, *Le droit des gens ou Principes de la loi naturelle*, cit., Libro II, Cap. VIII sulle "regole rispetto agli stranieri".

dello Statuto della CIG (su cui v. *supra* Cap. XI) trattandosi qui di uno *standard* dell'ordinamento giuridico internazionale.

Così, nel caso *Chevreau*, a proposito della detenzione di uno straniero (*infra*, Cap. XVI) viene indicato che uno Stato deve trattare un cittadino straniero "in modo appropriato alla sua situazione e corrispondente al livello abitualmente ammesso tra le Nazioni civili" ([100]) e soprattutto nel caso ***Neer***, deciso il 15 ottobre 1926 dalla Commissione mista per i reclami tra gli Stati Uniti ed il Messico si stabilì che:

> "il trattamento di uno straniero, per costituire un illecito internazionale, dovrebbe equivalere a un oltraggio, alla malafede, alla deliberata negligenza del dovere, o ad un'insufficienza di azione governativa talmente al di sotto degli standard internazionali che ogni uomo ragionevole e imparziale riconoscerebbe prontamente tale insufficienza" ([101]).

Tale standard venne aspramente contestato dagli Stati latinoamericani che gli contrapposero la c.d. *clausola Calvo* (su cui v. *infra* Cap. XVI) così come fallì ogni tentativo di sua regolazione tramite la Convenzione sulla responsabilità degli Stati per i danni causati nel proprio territorio alla persona o ai beni degli stranieri ([102]), e persino nei primi lavori della CDI sulla responsabilità internazionale degli Stati coordinati dal cubano Garcia Amador.

Detto *minimum standard* è ancora presente nel diritto vigente ma è controverso tanto in dottrina, quanto nella casistica dell'arbitrato internazionale in materia di investimenti ([103]).

71. Dal trattamento dello straniero al "diritto internazionale degli investimenti". — In materia economica gli obblighi dello Stato, per diritto consuetudinario, sono assai limitati. Non vi è, ad esempio, un obbligo generale di ammettere lo straniero all'esercizio di professioni, o del commercio e dell'industria; né vi è un obbligo di consentire allo straniero l'acquisto, la proprietà o l'uso di beni mobili e soprattutto immobili. Nemmeno è vietato dal diritto internazionale sottoporre gli stranieri a tassazione nella misura in cui essi risiedano fiscalmente nel territorio dello Stato o comunque riguardi beni e redditi ivi localizzate ([104]).

Va altresì notato che, sempre in base al diritto consuetudinario, si suole affermare che uno Stato è tenuto al rispetto dei diritti acquisiti dagli stranieri (c.d. *vested rights*) nei propri confronti, per cui un trattamento più favorevole del *minimum standard* non può essere poi arbitrariamente revocato dallo Stato territoriale.

Tale questione assume grande rilevanza anche nel nostro tempo giacché significa che uno Stato non può attrarre gli stranieri nel proprio territorio offrendo loro un

---

([100]) RSANU, II, 1115, a p. 1123.

([101]) Al sito internet https://legal.un.org/riaa/cases/vol_IV/60-66.pdf. Le parole originali sono (p. 61 s.) queste: "the treatment of an alien, in order to constitute an international delinquency should amount to an outrage, to bad faith, to willful neglect of duty, or to an insufficiency of governmental action so far short of international standards that every reasonable and impartial man would readily recognize its insufficiency".

([102]) V. *AJIL*, Suppl.,1929, p. 140 ss., nonché E. Borchard, "The 'Minimum Standard' of the Treatment of Aliens", *ASIL Proc.*, 1939, pp. 51-74.

([103]) In argomento si rinvia a D. Carreau, *V° Investissements*, *Encyclopédie de Droit International*, Dalloz, N°s 156-176 ove riferimenti.

([104]) È altresì curioso rilevare che non ha sollevato alcuna opposizione la pretesa extraterritoriale di alcuni Stati, tra cui l'Italia, di sottoporre a tassazione il reddito *ovunque prodotto nel mondo* ossia nel territorio degli altri Stati (c.d. principio della *worlwide income taxation*). V. il nostro art. 3 del DPR n 917/86 (TUIR).

determinato trattamento e poi arbitrariamente revocarlo provocando un danno ingiustificato e discriminatorio.

Si comprende meglio la *ratio* di tale standard di trattamento considerando che, soprattutto in passato, gli Stati esigevano anche con l'uso della violenza bellica la tutela dei propri cittadini che avessero investito in uno Stato estero contro atti abusivi, quali confische, diniego di giustizia, revoche arbitrarie di concessioni, soprattutto in occasione di movimenti rivoluzionari, cambiamenti di Governo nonché di movimenti xenofobi. Dal lato degli Stati esportatori di capitali, la c.d. *diplomazia delle cannoniere* (***gunboat diplomacy***) poteva diventare uno strumento di deterrenza effettivo, dato che si cercò di metterla "fuori legge" tramite la Convenzione Drago — Porter del 1907 ([105]).

Per tali ragioni, soprattutto in passato, gli Stati hanno concluso degli appositi trattati, le ***convenzioni di stabilimento***, il cui scopo è quello di consentire ai cittadini degli Stati parte di svolgere la propria attività economica nel territorio dell'altro Stato beneficiando di apposite norme che ne fissavano lo statuto ([106]). Talvolta, tali questioni sono state regolate in accordi più ampi, i ***Trattati di amicizia, commercio e navigazione*** ([107]).

Per quanto riguarda poi la **proprietà degli stranieri**, in diritto internazionale le nazionalizzazioni analogamente ad una singola espropriazione sono ammesse a condizione che siano giustificate, **non discriminatorie** e di **pubblica utilità** ([108]). In ogni caso, lo Stato nazionalizzante o espropriante deve corrispondere — questa è la celebre "formula" del Segretario di Stato Cordell Hull — un indennizzo **pronto** (ossia pagato senza ritardo), **adeguato** (cioè commisurato al valore dei beni) ed **effettivo** (ossia in moneta convertibile), un obbligo che secondo l'impostazione classica sarebbe dovuto soltanto nei confronti dello Stato di cittadinanza dello straniero.

([105]) In base alla Dottrina Drago (all'epoca Ministro degli esteri argentino), nessuno Stato poteva procedere ad un intervento armato o all'occupazione militare al fine di ottenere il pagamento di debiti pubblici da parte di uno Stato estero. Tali preoccupazioni vennero trasfuse nella celebre convenzione Drago-Porter (la II convenzione dell'Aja, del 18 ottobre 1907) concernente i limiti all'uso della forza armata per l'esazione di crediti contrattuali. In arg. v. W. Benedek, voce "Drago-Porter Convention (1907)", in *MPEPIL*.

([106]) La necessità di stipulare tali trattati deriva proprio dalla classica condizione degli stranieri ove questi ultimi, senza un trattato siffatto, potrebbero ricevere un trattamento meno favorevole di quello dei cittadini dello Stato ospite. Oggetto di tali trattati sono, pertanto, l'ammissione ed il soggiorno dei cittadini di uno Stato contraente nel territorio dell'altro Stato contraente, l'esercizio di un'attività economica (ad esclusione, di solito, delle professioni liberali); il diritto di stipulare determinati contratti quali quello di locazione di immobili; il diritto di acquistare in proprietà beni mobili ed immobili e di disporne liberamente; la possibilità di adire le vie giudiziarie, senza dover sottostare alla *cautio iudicatum solvi*; benefici in materia di sicurezza sociale e welfare; il riconoscimento di diplomi ai fini dell'esercizio di attività non salariate. Tali questioni possono essere regolate anche tramite trattati multilaterali come ad es., accade agli artt. 49-75 TFUE.

([107]) In arg. v. M. Orlandi, *Il commercio internazionale e la sua regolamentazione: una storia dei trattati economici e commerciali*, Padova, Cedam-WKI, 2016. V. ad es. il Trattato di amicizia, commercio e navigazione concluso tra l'Italia e gli Stati Uniti il 2 febbraio 1948, reso esecutivo con L. 18 giugno 1949, n. 385 (GU Serie Generale n. 157 del 12-07-1949 — Suppl. Ordinario). Questo trattato verrà invocato dinanzi alla CIG — con vittoria della causa da parte dell'Italia, nel caso *Elettronica Sicula* su cui v. ad es. V. Lowe, "Shareholders' rights to control and manage: from Barcelona traction to ELSI", in *Liber amicorum S. Oda*, 2002, pp. 269-284.

([108]) Il punto era pacifico nel XIX secolo essendo universali le concezioni privatistiche e individualistiche del diritto di proprietà. V. ad es. il *caso dei Reclami britannici nella zona spagnola del Marocco*, ove l'arbitro Huber non esita ad indicare che "è considerato un dato acquisito che in diritto internazionale uno straniero non può essere privato della sua proprietà senza un giusto indennizzo".

Tali questioni hanno indotto alcuni Stati a pattuire specificamente nei loro trattati di commercio apposite clausole volte a regolare la materia del trattamento e della protezione dei rispettivi cittadini in territorio altrui, sviluppando così un particolare settore del diritto internazionale che viene generalmente denominato ***diritto internazionale degli investimenti*** ([109]). Così, nonostante la sua sopravvivenza a titolo di norma consuetudinaria, lo standard del trattamento minimo dovuto agli operatori economici stranieri presenta oggi un duplice aspetto: quello del ***trattamento giusto ed equo*** e quello della ***piena sicurezza e protezione*** degli **stranieri** e dei loro beni presenti sul territorio dello Stato.

Si tratta di materia che viene regolata, come *lex specialis*, nei moderni accordi bilaterali in materia d'investimenti (BITs) i quali, appunto, possono considerarsi lo sviluppo in epoca contemporanea dei vetusti Trattati di amicizia, commercio e navigazione. Il primo esempio di trattato bilaterale moderno in materia di investimenti esteri è quello concluso dalla Repubblica Federale Tedesca con il Pakistan il 25 novembre 1959. Da allora, l'UNCTAD, che gestisce un apposito database, rileva che siano stati stipulati circa tremila trattati sugli investimenti.

Le ragioni di tale sviluppo sono diverse ma, tra queste, assumono rilevanza precipua, sia lo stato di incertezza del diritto internazionale consuetudinario in materia soprattutto dopo l'affermazione, a partire dagli anni Sessanta del secolo scorso, dei ***principi di sovranità permanente sulle risorse naturali*** e della ***Carta sui diritti e doveri economici degli Stati*** negli anni Settanta dello stesso secolo, tutti oggetto di apposite Risoluzioni dell'Assemblea Generale dell'ONU ([110]); sia, per altro verso, il mancato riconoscimento positivo del diritto di proprietà privata tra gli strumenti internazionali di tutela dei diritti umani a livello globale. Sempre nel secolo scorso, la proclamazione del c.d. ***Nuovo ordine economico internazionale*** ha costituito, infatti, il culmine delle opposizioni politico-ideologiche dell'epoca (tra Est e Ovest, nel quadro della "Guerra fredda" ma anche e, soprattutto, tra Nord e Sud del mondo a seguito della c.d. *decolonizzazione*) dando vita ad aspre controversie internazionali.

Di qui, l'esigenza di formalizzare in un trattato internazionale (BIT) una speciale disciplina volta ad incoraggiare gli investimenti diretti esteri, indicando specificamente gli standard di trattamento, protezione e garanzia degli investimenti dei cittadini degli Stati contraenti oltre a consentire circa appositi meccanismi di soluzione delle controversie di tipo arbitrale misto.

Un recente sviluppo di assoluta rilevanza è rappresentato dalla conclusione di BITs anche *tra Paesi in via di sviluppo*, superando così in larga parte le critiche ideologiche degli anni '70 del secolo scorso in nome delle esigenze dello sviluppo economico. Le oscillazioni della giurisprudenza arbitrale sembrano comunque confermare la massima cautela con cui applicare il diritto consuetudinario in materia.

([109]) Su cui si rinvia a D. Carreau, voce "Investissements", cit.; D. Carreau, P. Juillard, R. Bismuth, A. Hamann, *Droit international économique*, 6ª ed., Paris, Dalloz, 2017 e F. Marrella, *Manuale di diritto del commercio internazionale*, 2 ed., Padova, Cedam, 2020, p. 740 ss.. V. altresì, anche per i riferimenti, A. Comba, *Il neo liberismo internazionale*, cit., p. 12 ss.; Dolzer, Schreuer, *Principles of International Investment Law*, 2 ed., Oxford, OUP, 2012 ed E. Sciso, *Appunti di diritto internazionale dell'economia*, 3ed., Torino, Giappichelli, p. 191 ss., nonché la Risoluzione di Tokyo dell'IDI (*Rapporteur* A. Giardina) del 2013 su « Gli aspetti giuridici del ricorso all'arbitrato da parte dell'investitore nei confronti delle Autorità dello Stato ospitante nell'ambito di un trattato interstatale ».

([110]) V. A. Giardina, "Gli accordi bilaterali sugli investimenti e l'accordo nordamericano di libero scambio", in *Enc. degli idrocarburi*, 2007, p. 540.

72. **(*segue*) I BIT stipulati dall'Italia e la politica commerciale UE dopo il Trattato di Lisbona.** — I BITs stipulati dall'Italia, al pari di quelli di altri Paesi, contengono alcune clausole ricorrenti quali, ad esempio, il principio del trattamento non discriminatorio degli investitori esteri rispetto a quelli nazionali dello Stato destinatario dell'investimento (clausola del ***trattamento giusto ed equo*** e del ***trattamento nazionale***), il principio di legalità nel caso di ***nazionalizzazioni*** o espropri e il principio della ***clausola della Nazione più favorita***. Secondo quest'ultima clausola, assunta in senso bilaterale, ciascuno Stato contraente estende, incondizionatamente o meno (secondo ciascun BIT) agli investitori italiani, il trattamento, cioè i vantaggi concessi ai cittadini di Paesi terzi in accordi analoghi (c.d. cittadini della Nazione più favorita). Fra le norme di garanzia poste a tutela dell'investitore si prevede quella concernente la *libera trasferibilità dei capitali* inerenti l'investimento, da effettuarsi in qualsiasi valuta convertibile e senza indebito ritardo.

Con l'entrata in vigore del Trattato di Lisbona, la competenza a concludere nuovi trattati bilaterali in materia di investimenti esteri è stata attribuita alla **UE** e si tratta di una *competenza esclusiva* sicché, oggi, la negoziazione e conclusione di questi accordi viene effettuata dalle istituzioni dell'Unione. Le possibilità di sopravvivenza dei BIT conclusi dai singoli Stati membri sono dunque sempre più ridotte ([111]).

73. **(*segue*) I moderni accordi internazionali in materia di investimenti esteri (IIA).** — Come viene opportunamente evidenziato nel sito dell'UNCTAD, oggi gli accordi internazionali in materia di investimenti (IIA per *International Investment Agreements*) si possono distinguere in due categorie principali:

(1) trattati bilaterali in materia di investimenti (BITs) e

(2) trattati con alcune norme in materia di investimenti.

Un trattato bilaterale sugli investimenti (**BIT**) è un accordo tra due Paesi che ha per oggetto la promozione e la tutela degli investimenti effettuati dagli investitori di uno Stato nel territorio dell'altro. Oggi, si tratta della vasta maggioranza dei casi.

Invece, nella seconda categoria, quella dei ***trattati con disposizioni in materia di investimenti*** (TIP) rientrano alcuni tipi di accordi internazionali più ampi dei BIT. Se ne possono distinguere tre tipi principali:

a) trattati economici di ampia portata che comprendono obblighi comunemente stabiliti nei BITs (ad esempio un accordo di libero scambio con un capitolo sugli investimenti);

b) trattati che prevedono disposizioni limitate in materia di investimenti (ad esempio solo quelle relative all'istituzione di investimenti o al libero trasferimento di fondi connessi agli investimenti);

c) trattati che contengono solo "clausole quadro", come quelle sulla cooperazione nel settore degli investimenti e/o danno mandato per futuri negoziati in materia di investimenti.

iii. Il rispetto degli interessi fondamentali della Comunità internazionale

74. **Un limite sempre più importante.** — Un altro limite posto all'esercizio della sovranità territoriale dello Stato è quello del rispetto degli interessi fondamentali della

---

([111]) Si rinvia a F. Marrella, "Unione europea ed investimenti diretti esteri" in SIDI, L'unione Europea a vent'anni da Maastricht: verso nuove regole", a cura di S. M. Carbone, Napoli, ESI, 2013, pp. 107-140.

Comunità internazionale. Ciascuno Stato deve, in effetti, esercitare le proprie competenze inclusa la propria sovranità territoriale, in *modo conforme alle norme generali di diritto internazionale rappresentanti gli interessi fondamentali della Comunità internazionale nel suo insieme.*

Si tratta di norme di ***jus cogens*** ([112]). Muovendo da tale presupposto, uno Stato non può istituire nel proprio territorio, un regime di schiavitù, né tantomeno può organizzare e legittimare, a lungo, la violazione grave e sistematica dei diritti umani tutelati dallo *jus cogens*. La sovranità territoriale dello Stato si trova di conseguenza limitata, non soltanto per quanto riguarda gli stranieri, ma anche per quanto riguarda i suoi stessi cittadini. Ed in proposito, si è persino suggerito — e la prassi recente va in questo senso — che il mancato rispetto di tali norme di *jus cogens* giustifichi un vero e proprio "diritto-dovere di ingerenza umanitaria" da parte della Comunità internazionale ([113]).

In estrema sintesi, ***l'ingerenza umanitaria*** si traduce in una peculiare forma di uso della forza bellica di uno Stato (o più Stati) sul territorio di un altro Stato e senza il consenso di quest'ultimo, destinato non a proteggere i cittadini dello Stato interveniente, bensì quelli dello Stato territoriale, o anche dei gruppi etnici o minoranze ivi stanziate, al fine di proteggerli da trattamenti inumani o degradanti che quest'ultimo Stato non possa o non voglia far cessare.

Ancora, lo Stato territoriale è tenuto ad esercitare la propria sovranità in maniera tale da garantire la *libertà delle comunicazioni internazionali.* Ad esempio, in caso di sfruttamento della sua piattaforma continentale o della sua zona economica esclusiva, lo Stato costiero deve rispettare la libertà di navigazione sugli spazi marini sovrastanti.

In fine, in virtù di una *regola consuetudinaria internazionale*, ogni Stato deve acconsentire *all'attracco o all'atterraggio forzato* di navi o di velivoli in situazione di emergenza.

§ 3. — *I poteri internazionali dello Stato sui propri cittadini. La competenza personale ("personal jurisdiction")*

75. Premessa. — Sappiamo già che l'autorità di governo di uno Stato viene denominata *jurisdiction*, nella dottrina e nella prassi internazionale anglofona, per fare riferimento non solo al potere di *jus dicere* del giudice statale, bensì alludendo *all'insieme dei poteri statali.* Ebbene, la determinazione della *giurisdizione* dello Stato nell'ordinamento internazionale, con riferimento a coloro che compongono la sua popolazione, implica la risoluzione di una serie di problemi assai delicati. A tale riguardo, va osservato che ciascuno Stato è portatore di un proprio ordinamento giuridico e quindi anche delle norme mediante le quali esso stabilisce quali siano i propri cittadini. Queste norme, proprio perché sono *interne*, non sono di per sé destinate ad avere efficacia internazionale, a meno che l'ordinamento internazionale vi si riferisca ai propri fini. Non esiste, in altre parole, alcuna norma di diritto

---

([112]) E v. a tale riguardo J. Crawford, "Multilateral Rights and Obligations in International Law", in *RCADI*, 2006, v. 319, pp. 325-482; G. Gaja, "Les obligations et les droits erga omnes en droit international", in *Ann. IDI*, 2006, vol. 71-II, p. 81-136; P. Picone, *Comunità internazionale ed obblighi "erga omnes"*, Napoli, Jovene, 2010, p. 1 ss., spec. p. 209 ss.; G. Gaja, "The Protection of General Interests in the International Community", *RCADI*, cit., p. 9 ss.

([113]) In arg. v. *infra* Cap. XX.

internazionale generale che imponga agli Stati degli obblighi specifici circa i criteri da seguire, nei rispettivi ordinamenti interni, per attribuire la propria cittadinanza, in quanto la determinazione dei "cittadini" costituisce per ogni Stato un attributo della propria sovranità ([114]). Ciò, ovviamente, fatti salvi eventuali accordi internazionali in materia.

Dal punto di vista del diritto internazionale, per *cittadinanza* (***citizenship***) si intende, secondo quando affermato dalla CIG nel caso *Nottebohm* del 1955, oggetto di un contenzioso tra il Liechtenstein ed il Guatemala:

"un **legame giuridico fondato su un fatto sociale di attaccamento, una effettiva solidarietà di esistenza, interessi e sentimenti, unita ad una reciprocità di diritti e di doveri**. Essa può dirsi costituire l'espressione giuridica della circostanza che l'individuo al quale la cittadinanza è conferita, direttamente dalla legge o per effetto di un atto dell'autorità, è di fatto **collegato più strettamente alla popolazione dello Stato che gliela conferisce piuttosto che a qualunque altro Stato**. Una volta conferita da uno Stato, la cittadinanza permette l'esercizio della protezione nei confronti di un altro Stato in quanto essa è la traduzione, in termini giuridici, dell'attaccamento di un individuo dato allo Stato che lo ha reso suo cittadino" ([115]).

76. Un potere sovrano dello Stato. — Lo Stato è, *prima facie*, l'unico titolare del potere di attribuire una cittadinanza — la *sua* cittadinanza — agli individui che sono nati sul suo territorio (*jus soli*) o che sono nati all'estero da genitori che possedevano la sua cittadinanza (*jus sanguinis*) ovvero combinando i due predetti criteri *(1)*. Tuttavia, non si tratta di un potere meramente discrezionale dello Stato: solo in presenza di determinate circostanze gli atti di attribuzione della cittadinanza divengono internazionalmente opponibili *(2)*.

1. — L'attribuzione della cittadinanza da parte dello Stato

77. — Lo Stato attribuisce la propria cittadinanza alle *persone fisiche* (a), o la nazionalità alle *persone giuridiche* (b) e, per ragioni di praticità, ad *alcuni beni* come le navi (c), gli aeromobili (d) ed i satelliti (e).

a) *La cittadinanza delle persone fisiche*

i. La competenza esclusiva e discrezionale dello Stato nell'attribuzione della propria cittadinanza

78. Un principio consuetudinario. — In base ad un tradizionale *principio di diritto internazionale consuetudinario*, lo Stato, e solo lo Stato, stabilisce le condizioni di acquisto o di perdita della propria cittadinanza. Anche qui, prescindendo dal diritto pattizio, il solo vincolo internazionalistico generale consiste nel dovere di rispettare l'eguale libertà degli altri Stati in tale materia, non ingerendosi nell'ambito riservato alla loro sovranità.

Il principio secondo il quale lo Stato ha *competenza esclusiva* nell'attribuire la propria cittadinanza è stato ampiamente riconosciuto dalla CIG ed ancor prima dalla CPGI.

([114]) R. Quadri, *Diritto internazionale pubblico*, cit., p. 751 il quale indicava altresì il brocardo *quidquid et quisquis est in territorio est de territorio.*

([115]) Grassetto aggiunto.

Così, nel *caso dello scambio delle popolazioni greche e turche*, la CPGI ha affermato che "la qualità di cittadino di uno Stato non può che basarsi sulla legge di tale Stato" ([116]). Successivamente, la CIG nel 1955, nel *caso Nottebohm*, ha riaffermato chiaramente detto principio con queste parole: "[s]petta al Lichtenstein come a qualsiasi altro Stato sovrano, di regolare tramite la propria legislazione l'acquisto della sua cittadinanza" nonché "di conferire quest'ultima per naturalizzazione concessa dai suoi organi, in conformità della sua legislazione" ([117]).

Ovviamente, appositi trattati internazionali possono regolare l'esercizio della sovranità di ciascuno Stato in materia di attribuzione della cittadinanza, ad esempio per evitare casi di pluricittadinanza, di apolidia o addirittura per evitare misure di denazionalizzazione a carico di alcuni individui.

79. Significato pratico della cittadinanza nel diritto internazionale privato. — Ogni individuo è necessariamente legato ad un ordinamento statale-territoriale determinato.

In pratica, dunque, il legame della cittadinanza svolge varie funzioni: *a*) si traduce in una relazione di appartenenza ad uno Stato dato, particolarmente rilevante in diritto internazionale; *b*) costituisce il titolo per la partecipazione alla vita dello Stato di cittadinanza (si pensi all'esercizio dei diritti politici, all'accesso al pubblico impiego ed a professioni regolamentate, o ancora all'accesso ad attività economiche riservate dallo Stato ai propri cittadini); *c*) è un criterio di collegamento particolarmente diffuso in diritto internazionale privato per determinare la legge regolatrice dello statuto personale di un individuo (si pensi all'esempio dei rapporti di diritto di famiglia e a quello delle successioni *mortis causa*); *d*) la cittadinanza di uno Stato membro UE attribuisce anche la cittadinanza europea con tutti i diritti che ne conseguono ([118]).

80. Cittadinanza italiana. — La cittadinanza si acquista per nascita, per naturalizzazione o per matrimonio ed ogni Stato in base a proprie valutazioni politiche (se un Paese di emigrazione o di immigrazione) decide quale criterio o combinazione di criteri adottare. In Italia, la materia si trova disciplinata dalla L. 5 febbraio 1992, n. 91 e successive modifiche ([119]). La ***cittadinanza italiana*** si acquista, in linea di principio,

---

([116]) Ser. B, n. 10, 1925, p. 19.

([117]) *Rec.*, p. 20. La Convenzione dell'Aja del 12 aprile 1930 concernente talune questioni relative al conflitto di leggi sulla cittadinanza, dispone all'art. 1, par. 1, che "spetta a ciascuno Stato determinare con la propria legislazione quali siano i suoi cittadini". Per una rivisitazione in chiave moderna di tali concetti tradizionali cfr. S. Marinai, *Perdita della cittadinanza e diritti fondamentali: profili internazionalistici ed europei*, Milano, Giuffrè, 2017. In caso di successione di Stati, gli individui residenti nel territorio che è oggetto del mutamento di sovranità acquistano la cittadinanza dello Stato successore (N. Ronzitti, *Diritto internazionale*, 6 ed., cit., p. 384).

([118]) Così, ad esempio, in base agli artt. 20 e 23 della L. n. 218/1995 di riforma del sistema di diritto internazionale privato italiano si ha che la capacità giuridica e di agire delle persone fisiche è regolata, in via generale, dalla loro legge nazionale.

([119]) Tradizionalmente, i Paesi che vogliono facilitare l'immigrazione adottano il criterio dello *ius soli*, mentre i Paesi di emigrazione prediligono lo *ius sanguinis*. L'art. 9 della L. 91/92 stabilisce che: "La cittadinanza italiana può essere concessa con decreto del Presidente della Repubblica, sentito il Consiglio di Stato, su proposta del Ministro dell'interno: — *a)* allo straniero del quale il padre o la madre o uno degli ascendenti in linea retta di secondo grado sono stati cittadini per nascita, o che è nato nel territorio della Repubblica e, in entrambi i casi, vi risiede legalmente da almeno tre anni, comunque fatto salvo quanto previsto dall'articolo 4, comma 1, lettera *c*); — *b)* allo straniero maggiorenne adottato da cittadino italiano che risiede legalmente nel territorio della Repubblica da almeno cinque anni successivamente alla adozione; — *c)* allo straniero che ha prestato servizio, anche all'estero, per almeno cinque anni alle dipendenze dello

jure sanguinis, cioè se si nasce o si è adottati da cittadini italiani. Eccezionalmente, si acquista ***jure soli***, ossia se si nasce sul *territorio italiano* da genitori *apolidi* o se i genitori sono *ignoti* o non possono trasmettere la propria cittadinanza al figlio secondo la legge dello Stato di provenienza.

La cittadinanza italiana può essere ottenuta ***per naturalizzazione*** ed è subordinata alla decisione, in larga parte discrezionale, della Pubblica Amministrazione. In tal caso, viene richiesta da uno *straniero che risiede regolarmente e continuativamente in Italia* da almeno ***dieci anni*** ed è in possesso di determinati requisiti. In particolare il richiedente deve dimostrare di avere redditi sufficienti al sostentamento, di non avere precedenti penali, di non essere oggetto di ragioni ostative per la sicurezza della Repubblica.

Inoltre, si può diventare cittadini italiani anche ***per matrimonio***. Qui occorre un atto del Prefetto della Provincia di residenza del richiedente.

È consentita la doppia cittadinanza.

La legge prevede anche la ***rinuncia alla cittadinanza italiana*** da parte del cittadino italiano in possesso della cittadinanza di un altro Paese e che risieda o stabilisca la propria residenza all'estero. In tal caso, l'interessato dovrà presentare istanza di rinuncia all'Autorità Diplomatica o Consolare italiana nel Paese di residenza perché tanto l'acquisto volontario di un'altra cittadinanza, quanto il trasferimento della residenza all'estero non producono automaticamente la perdita della cittadinanza italiana, salvo in forza di accordi internazionali.

L'ordinamento italiano prevede alcuni casi nei quali la cittadinanza italiana può essere revocata per reati particolarmente gravi quali i delitti commessi per finalità di *terrorismo* o di eversione dell'ordinamento costituzionale per i quali la legge stabilisce la pena della reclusione non inferiore nel minimo a cinque anni o nel massimo a dieci anni ([120]).

81. La "cittadinanza dell'Unione europea": una peculiare *cittadinanza a carattere sovranazionale*. — Uno sviluppo dell'istituto della cittadinanza caratteristico del diritto internazionale del nostro tempo — sia pur limitato ad un particolare contesto internazionale-regionale — si ha, come abbiamo accennato, con riferimento al diritto UE, ove *ogni cittadino di uno Stato membro UE è anche cittadino della UE*. La *cittadinanza europea si aggiunge automaticamente alla cittadinanza nazionale di uno Stato membro e non richiede un'autonoma attribuzione da parte della UE* ([121]). Si tratta

---

Stato; — *d)* al cittadino di uno Stato membro delle Comunità europee se risiede legalmente da almeno quattro anni nel territorio della Repubblica; — *e)* all'apolide che risiede legalmente da almeno cinque anni nel territorio della Repubblica; *f)* allo straniero che risiede legalmente da almeno dieci anni nel territorio della Repubblica. — 2. Con decreto del Presidente della Repubblica, sentito il Consiglio di Stato e previa deliberazione del Consiglio dei Ministri, su proposta del Ministro dell'interno, di concerto con il Ministro degli affari esteri, la cittadinanza può essere concessa allo straniero quando questi abbia reso eminenti servizi all'Italia, ovvero quando ricorra un eccezionale interesse dello Stato."

([120]) Art. 407, c. 2, lett. *a)*, n. 4), cod.proc.pen.it.

([121]) E si noti la "rivoluzione" introdotta, nel contesto dell'Unione europea, tramite l'istituzione di una cittadinanza "europea". L'art. 20 TFUE stabilisce che "1. È istituita una cittadinanza dell'Unione. È cittadino dell'Unione chiunque abbia la cittadinanza di uno Stato membro. La cittadinanza dell'Unione si aggiunge alla cittadinanza nazionale e non la sostituisce. 2. I cittadini dell'Unione godono dei diritti e sono soggetti ai doveri previsti nei trattati. Essi hanno, tra l'altro: *a*) il diritto di circolare e di soggiornare liberamente nel territorio degli Stati membri; *b*) il diritto di voto e di eleggibilità alle elezioni del Parlamento europeo e alle elezioni comunali nello Stato membro in cui risiedono, alle stesse condizioni dei cittadini di

di una cittadinanza di carattere sovranazionale che è complementare alla cittadinanza nazionale degli Stati membri e non la sostituisce.

Tra le situazioni giuridiche attive e passive ricollegate alla cittadinanza dell'Unione si ha, sul piano del diritto internazionale, *il diritto di beneficiare sul territorio di uno Stato terzo (ossia di uno Stato non appartenente all'UE) della protezione diplomatica delle autorità diplomatiche o consolari di un altro Stato membro, qualora il suo Stato di origine non vi fosse rappresentato, nella stessa misura in cui viene concessa ai cittadini dello Stato membro in questione.* Tale particolare *status* giuridico viene precisato all'art. 46 della Carta dei diritti fondamentali UE nonché dalla Dir. n. 2015/637/UE del 20 aprile 2015, del Consiglio, sulle misure di coordinamento e cooperazione per facilitare la tutela consolare dei cittadini dell'Unione non rappresentati nei Paesi terzi ([122]).

ii. Il diritto internazionale richiede che la cittadinanza sia espressione di un "legame reale ed effettivo" (*genuine link*)

82. Il *caso Nottebohm* (1955). — Anche se la cittadinanza attribuita dallo Stato è giuridicamente valida ed efficace nell'ordinamento interno, può non essere *opponibile* sul piano internazionale. Sul punto, l'apporto della *sentenza Nottebohm* della CIG è fondamentale ([123]). In tal caso, la Corte ha precisato che, affinché la cittadinanza di uno Stato sia opponibile ad uno Stato estero, *non deve essere fittizia.* Ciò in quanto la cittadinanza deve essere *reale* e fondata su un ***legame effettivo*** *tra l'individuo e lo Stato che gli ha attribuito la cittadinanza.*

Secondo la Corte, occorre "accertare se la cittadinanza conferita a Nottebohm con la naturalizzazione abbia questo carattere, o in altre parole, se il legame di fatto fra Nottebohm e il Liechtenstein nel periodo precedente, contemporaneo e successivo alla sua naturalizzazione sia sufficientemente stretto e così preponderante in riferimento a qualche legame che poteva essere esistito tra lui ed un altro Stato, da far ritenere la cittadinanza a lui conferita come effettiva, come l'esatta espressione giuridica di un fatto sociale di attaccamento, che preesiste o che si costituisce in

---

detto Stato; *c*) il diritto di godere, nel territorio di un paese terzo nel quale lo Stato membro di cui hanno la cittadinanza non è rappresentato, della tutela delle autorità diplomatiche e consolari di qualsiasi Stato membro, alle stesse condizioni dei cittadini di detto Stato; *d*) il diritto di presentare petizioni al Parlamento europeo, di ricorrere al Mediatore europeo, di rivolgersi alle istituzioni e agli organi consultivi dell'Unione in una delle lingue dei trattati e di ricevere una risposta nella stessa lingua. Tali diritti sono esercitati secondo le condizioni e i limiti definiti dai trattati e dalle misure adottate in applicazione degli stessi". V. a tale riguardo le ulteriori disposizioni di cui al capo V della Carta dei diritti fondamentali UE. Senonché, persino per i cittadini degli Stati membri UE i quali godono di un'ampia libertà di circolazione e a favore dei quali vige il divieto di discriminazioni in materia di rapporto di lavoro, viene fatta eccezione, tramite l'art. 45 TFUE, "agli impieghi nella Pubblica amministrazione" dei singoli Stati membri.

([122]) V. *infra* § 105.

([123]) Si ricordi che Friedrich Nottebohm era un cittadino tedesco, nato ad Amburgo nel 1881. Si era trasferito in Guatemala nel 1905 dove aveva fissato la propria residenza ed il proprio domicilio. Da allora si recava periodicamente in Germania e nel Lichtenstein per affari o per fare visita ai parenti. Nel 1938, Nottebohm era tornato in Europa e a Vaduz, il 9 ottobre 1939, circa un mese dopo l'inizio della seconda guerra mondiale, aveva chiesto la cittadinanza del Lichtenstein per naturalizzazione, onde divenire cittadino di uno Stato neutrale. Ottenuta la cittadinanza di quest'ultimo Stato, Nottebohm rientrava in Guatemala ove, però, veniva considerato straniero fino ad essere internato, nel 1943, negli Stati Uniti come cittadino di uno Stato nemico (Germania). Nel 1946, finita la guerra, il Guatemala rifiutò l'ingresso di Nottebohm sul proprio territorio. Il Liechtenstein convenne quindi in giudizio il Guatemala dinanzi alla CIG invocando una violazione del diritto internazionale a danno di Nottebohm, suo cittadino.

seguito" ([124]). Pertanto, applicando quei criteri generali al caso di specie, la CIG concludeva che il legame tra Nottebohm e il Liechtenstein *non era reale ed effettivo.*

Al riguardo, la Corte osservava che:"[q]uesti fatti dimostrano chiaramente, da un lato, l'assenza di qualsiasi legame di attaccamento tra Nottebohm ed il Liechtenstein e, dall'altro, l'esistenza di un lungo e stretto legame tra lui ed il Guatemala, un legame che la sua naturalizzazione non ha in alcun modo indebolito". Tale naturalizzazione, prosegue la Corte, "non si fonda su un attaccamento reale al Liechtenstein che sia ad essa anteriore e non ha in alcun modo cambiato lo stile di vita di colui al quale è stata conferita in eccezionali circostanze di rapidità e di buona volontà". In riferimento a tali profili, conclude la Corte, "essa manca della sincerità che ci si deve attendere da un atto così grave affinché si imponga al rispetto di uno Stato che si trova nella situazione del Guatemala. Essa è stata concessa senza avere riguardo all'idea di nazionalità adottata nei rapporti internazionali" ([125]).

In conclusione, nel caso di specie, la Corte non ha negato che Nottebohm possedesse la cittadinanza del Liechtenstein dal punto di vista del diritto interno di quello Stato, bensì ha affermato che, con riferimento alle modalità con cui quella cittadinanza era stata attribuita, quest'ultima fosse *priva di effetti internazionali* e, dunque, non poteva essere opposta ad un altro Stato, in questo caso il Guatemala.

b) *La nazionalità delle persone giuridiche*

83. Un atto unilaterale dello Stato territoriale. — Oltre a regolare la cittadinanza delle persone fisiche, ciascuno Stato gode di una competenza esclusiva e discrezionale — salvi i limiti di diritto pattizio — circa l'attribuzione della propria nazionalità (*Nationality*) alle persone giuridiche ([126]). In tal caso, tuttavia, il ruolo del diritto internazionale si rivela meno invasivo.

84. Il caso *Barcelona Traction* (1970). — Lo Stato territorialmente sovrano *è l'unico ad avere il potere di attribuire la propria nazionalità alle persone giuridiche.*

In linea generale, si seguono due metodi per attribuire la nazionalità alle società commerciali: da una parte, i Paesi della famiglia romano-germanica — o, se si preferisce, di *Civil Law* — utilizzano sovente il criterio della *sede sociale (Real Company Seat/Théorie du siège effectif o réel* in francese*)*; dall'altra parte del mondo, i Paesi di Common Law prediligono il criterio dello *State of incorporation*, ossia *del luogo in cui si è perfezionato il procedimento di costituzione* ([127]). Altre volte ancora, viene impiegato un terzo criterio, quello del *controllo* della società in questione, ma solo per fini particolari — nazionalizzazione, embargo, confisca dei beni nemici ad es. — o per motivi di politica economica come, ad esempio, in materia di investimenti diretti esteri.

([124]) *Rec.* p. 24.

([125]) *Rec.* p. 26.

([126]) Cfr., *inter multos*, M. Travers, *La nationalité des sociétés commerciales*, in *RCADI*, 1930/III, p. 10 ss. e cfr. L. Mari, *Le imprese internazionali*, Milano, Giuffrè, 1983.

([127]) Cfr., tuttavia, la soluzione italiana di cui all'art. 25, c. 1, della L. n. 218/1995, secondo il quale "Le società, le associazioni, le fondazioni ed ogni altro ente, pubblico o privato, anche se privo di natura associativa, sono disciplinati dalla legge dello Stato nel cui territorio è stato perfezionato il procedimento di costituzione. Si applica, tuttavia, la legge italiana se la sede dell'amministrazione è situata in Italia, ovvero se in Italia si trova l'oggetto principale di tali enti". Si tratta, però, di una norma relativa alla legge applicabile alle persone giuridiche e non alla nazionalità, anche se viene spesso utilizzata anche a tale scopo. V. F. Galgano, F. Marrella, *Diritto del commercio internazionale*, cit., p. 131 ss.

Così, nel caso *Barcelona Traction*, oggetto di una controversia tra il Belgio e la Spagna, la CIG constatava la diversità, in diritto internazionale privato comparato, dei suddetti criteri di collegamento così come vengono utilizzati dai diversi ordinamenti giuridici statali. Pertanto, la Corte, pur senza esprimere una preferenza in favore dei criteri di Civil Law o di Common Law, escludeva dalla propria analisi il terzo criterio, quello del controllo, in quanto possiede ovunque carattere eccezionale ([128]).

85. La mancanza di effettività del collegamento tra una società commerciale (dotata di personalità giuridica) e lo Stato di nazionalità. — La CIG ha affrontato il problema della cittadinanza degli individui e quello della nazionalità delle persone giuridiche con *due criteri diversi*. Se per quanto riguarda le persone fisiche, tramite la giurisprudenza *Nottebohm*, la Corte ha utilizzato il criterio del legame effettivo, la medesima Corte non ha impiegato quello stesso criterio per individuare la *nazionalità* delle persone giuridiche. La CIG, a tale riguardo, ha osservato che "nessun criterio assoluto applicabile al legame effettivo è stato accettato in maniera generale. I criteri che sono stati accolti hanno un carattere relativo... e a volte sono stati bilanciati i collegamenti di una società con uno Stato e i suoi legami con un altro Stato. Al riguardo, ci si è riferiti al caso *Nottebohm* e, in effetti, le parti l'hanno frequentemente citato nel corso del procedimento. Tuttavia, date le circostanze di diritto e di fatto che presenta la protezione nella specie, la Corte ritiene che non sussista analogia con le questioni sollevate o con la decisione adottata in quel caso" ([129]).

86. L'approccio formale della CIG nel caso "Barcelona Traction" ed il disallineamento col diritto pattizio. — Nel caso *Barcelona Traction*, la CIG notò che detta società, essendo "incorporata" in Canada possedeva solo la nazionalità di quello Stato: di conseguenza solo il Canada aveva il diritto di esercitare la propria protezione diplomatica nei riguardi della *Barcelona Traction*. La Corte non attribuì un rilievo decisivo al fatto che la maggioranza degli azionisti di detta società fosse formata da cittadini belgi. Ma una volta rigettato il criterio del *controllo* della società, ne seguiva necessariamente che il Belgio non aveva più titolo ad intervenire in protezione diplomatica della *Barcelona Traction*.

Tale approccio, meramente formalista, appare, tuttavia, in controtendenza nel vasto campo del diritto internazionale dell'economia con riferimento alla prassi degli Stati.

Nel 1965, la Convenzione di Washington sulla soluzione di controversie tra Stati e privati stranieri in materia di investimenti ([130]), ha istituito il *Centro internazionale per il regolamento delle controversie relative ad investimenti* (ICSID) sotto gli auspici della Banca Mondiale. La Convenzione di Washington, di cui oggi sono Parti con-

---

([128]) V. parr. 70-71 della sentenza.

([129]) CIG, *Barcelona Traction*, Belgio c. Spagna, *Rec.* 1970, par. 70.

([130]) Convenzione di Washington sulla soluzione di controversie tra Stati e privati stranieri in materia di investimenti, del 18 marzo 1965, resa esecutiva in Italia con L. 10 maggio 1970, n. 1093 (GURI, 12 gennaio 1971, n. 81). In vigore per l'Italia dal 28 aprile 1971. In argomento v. A. R. PARRA, *The History of ICSID*, OUP, 2012; CH. H. SCHREUER, L. MALINTOPPI, A. REINISCH, A. SINCLAIR, *The ICSID Convention: A Commentary*, 2nd ed., CUP, 2009; I. SHIHATA, "Towards a Greater Depoliticization of Investment Disputes: The Roles of ICSID and MIGA", in *ICSID Review-Foreign Investment Law Journal*, Vol. 1, No. 1, 1986, pp. 1-15; A. BROCHES, "The Convention on the Settlement of Investment Disputes between States and Nationals of Other States", in *RCADI*, vol. 136, 1972, p. 331 ss.

traenti ben 160 Stati ([131]) ha, tra l'altro, ufficializzato proprio il criterio del *controllo* societario al fine di determinare la nazionalità delle società commerciali ([132]).

Qualche anno dopo, anche l'*Agenzia multilaterale per la garanzia degli investimenti* (MIGA) pure istituita tramite un trattato negoziato sotto gli auspici della Banca Mondiale ha adottato un approccio inverso rispetto a quello della CIG. In effetti, la protezione internazionale prevista da quest'ultimo trattato copre le società costituite negli Stati membri e quelle che sono *controllate* dai propri cittadini a prescindere dal luogo in cui è riposta la sede sociale o quello dello Stato di *incorporation* ([133]).

Pertanto, le soluzioni emergenti dalle convenzioni multilaterali di cui sopra, unitamente alla prassi evidenziata dai numerosissimi trattati bilaterali in materia di protezione degli investimenti privati stranieri (c.d. BITs, per *Bilateral Investment Treaties*, e sono attualmente in vigore oltre 3.000 trattati di questo tipo) si sviluppano nella direzione opposta rispetto a quella della soluzione indicata dalla CIG.

87. Rigetto del *criterio del controllo societario* da parte della CIG. — In conclusione, in materia di *nazionalità delle persone giuridiche*, la CIG si è sinora rifiutata di prendere in considerazione *l'effettività del collegamento* tra una società commerciale e lo Stato di cui possiede la nazionalità. In altre parole, la Corte non ha utilizzato il *criterio del controllo*, criterio che consente di "sollevare il velo societario" (c.d. *piercing the corporate veil*), una tecnica che è stata già impiegata dai collegi arbitrali ICSID ai fini di applicare l'art. 25, par. 2 lett. b della precitata Convenzione di Washington del 1965 ([134]).

Oltre ad utilizzare criteri differenti per la cittadinanza delle persone fisiche e per la nazionalità delle persone giuridiche, le corti internazionali si sono pronunciate anche con riferimento alla nazionalità delle navi di cui ora diremo.

([131]) Al 17 novembre 2015. Per un aggiornamento cfr. *https://icsid.worldbank.org/apps/ICSIDWEB/icsiddocs/Pages/List-of-Member-States.aspx*.

([132]) Art. 25, c. 2, lett. *b*), ai sensi del quale, occorre intendere per "soggetto di un altro Stato contraente" ai fini dell'applicazione della Convenzione di Washington, "ogni persona giuridica che possiede la nazionalità di uno Stato contraente diverso dallo Stato che è parte nella controversia alla data in cui le parti hanno consentito di sottoporre la controversia alla conciliazione o all'arbitrato ed ogni persona giuridica che possieda la nazionalità dello Stato contraente, parte della controversia alla stessa data, e che le parti abbiano convenuto, ai fini della presente Convenzione, di considerare come avente la nazionalità di un altro Stato contraente a causa del controllo esercitato su di essa da interessi stranieri".

([133]) V. l'art. 13 (a) della Convenzione di Seoul dell'11 ottobre 1985 in base al quale si devono intendere per "Eligible Investors": "(a) Any natural person and any juridical person may be eligible to receive the Agency's guarantee provided that: (i) such natural person is a national of a member other than the host country; (ii) such juridical person is incorporated and has its principal place of business in a member or the majority of its capital is owned by a member or members or nationals thereof, provided that such member is not the host country in any of the above cases; and (iii) such juridical person, whether or not it is privately owned, operates on a commercial basis. (b) In case the investor has more than one nationality, for the purposes of Section (a) above the nationality of a member shall prevail over the nationality of a non-member, and the nationality of the host country shall prevail over the nationality of any other member. (c) Upon the join application of the investor and the host country, the Board, by special majority, may extend eligibility to a natural person who is a national of the host country or a juridical person which is incorporated in the host country or the majority of whose capital is owned by its nationals, provided that the assets invested are transferred from outside the host country".

([134]) Così nel lodo ICSID relativo al caso *Micula c. Romania* del 24 settembre 2008, il collegio arbitrale riconobbe che la società romena era coperta dal trattato di protezione degli investimenti in ragione del proprio controllo straniero — in questo caso svedese — mentre nel *caso TSA Spectrum dell'Argentina S.A. vs Repubblica Argentina* deciso il 19 dicembre 2008, in applicazione del diritto argentino non considerava sotto controllo straniero la società in questione in quanto la società madre olandese era a propria volta controllata da un cittadino argentino.

c) *La nazionalità delle navi*

88. Necessità di una nazionalità. — Anche rispetto alle navi, il concetto di nazionalità è essenziale, sia per l'ordinamento giuridico interno, sia, *a fortiori*, per i rapporti internazionali. Ogni nave, infatti, possiede una *nazionalità*, vale a dire un "ormeggio" con l'ordinamento giuridico di uno Stato determinato. Non si tratta solo delle navi da guerra ma anche delle navi private (come ad es. le navi mercantili). La nazionalità delle navi mercantili risulta dalla ***bandiera*** e dai documenti di bordo (ad es. ***l'atto di nazionalità***) ed ai sensi dell'art. 94 della UNCLOS, "ogni Stato esercita efficacemente la propria giurisdizione e il proprio controllo su questioni di carattere amministrativo, tecnico e sociale sulle navi che battono la sua bandiera", sicché possedere la nazionalità di uno Stato o di un altro comporta una differenza tangibile in termini di diritto applicabile. Ed in alto mare, poi, la nave è soggetta alla giurisdizione esclusiva dello Stato della bandiera (***Flag State***).

Pertanto, si può affermare che, nell'ordinamento internazionale, non c'è spazio per le "navi fantasma" ([135]) giacché *ogni nave batte la bandiera di un solo Stato*. Una nave senza bandiera (*stateless*) è soggetta alla giurisdizione di *tutti* gli Stati e quindi è passibile di misure di ispezione, abbordaggio ed *enforcement* navale anche in alto mare non godendo della protezione di alcuno Stato (art. 110, par. 1, lett. *d*, della UNCLOS).

Dal canto suo, ogni Stato possiede la competenza piena ed esclusiva di determinare le navi (da guerra, mercantili o pescherecci) che autorizzerà a "battere la propria bandiera" (art. 91 della UNCLOS) ([136]). Senonché, pur se, formalmente, il diritto internazionale delimita l'autorità di ciascuno Stato in tale materia, imponendo un "legame genuino" tra la nave e lo Stato della bandiera, tale collegamento, come si vedrà tra poco, può risultare puramente fittizio.

89. Competenza esclusiva e discrezionale dello Stato circa l'attribuzione della propria nazionalità alle navi. — Nel lodo arbitrale CPA/PCA dell'8 agosto 1905, in merito alla controversia tra la Gran Bretagna e la Francia sui *Boutres de Mascate*, si osservava che "[g]eneralmente parlando spetta ad ogni Sovrano di decidere a chi egli accorderà il diritto di inalberare la propria bandiera e di stabilire le norme regolatrici

---

([135]) Cfr. R. Quadri, *Diritto internazionale pubblico*, cit., p. 741: "Ciò vuol dire che una nave senza nazionalità è oggetto in alto mare del concorrente eguale potere di tutti gli Stati della comunità giuridica internazionale".

([136]) Così, in Italia, si ha una bandiera navale per la Marina militare ed una per la Marina mercantile, oltre che una bandiera per le navi in servizio governativo non commerciale. Agli effetti del riconoscimento della nazionalità italiana richiesta per l'iscrizione della nave nelle matricole o nei registri nazionali, si richiede che la nave appartenga per una quota superiore ai *dodici carati* a persone fisiche o giuridiche di Stati membri dell'Unione europea (art. 143, lett. *a*, cod. nav.). Al fine di iscrivere una nave appartenente a persone fisiche o giuridiche di Stati terzi, occorre che queste ultime assumano direttamente l'esercizio della nave tramite una stabile organizzazione sul territorio italiano con gestione demandata a persona fisica o giuridica di uno Stato membro UE, domiciliata nel luogo di iscrizione delle nave, che assuma la responsabilità dell'esercizio nei confronti dei terzi facendone dichiarazione presso il medesimo ufficio (art. 143, lett. *b*, cod. nav.). Nel caso dell'*ARA Libertad* (Argentina c. Ghana, Ordinanza di misure provv. del 15 dicembre 2012, *Reports* 2012, p. 348, par. 94) il TIDM ha osservato che "la nave da guerra...è l'espressione della sovranità dello Stato di cui batte la bandiera" e "l'immunità di cui gode ai sensi della Convenzione e del diritto internazionale in generale riflette questa realtà" (TIDM, *caso della detenzione di tre navi militari ucraine*, Ucraina c. Russia, Ord. del 25 maggio 2019).

di simili concessioni" ([137]). Inoltre, si aggiungeva che uno Stato "può essere ciononostante limitato da trattati nell'esercizio di tale diritto" ([138]).

Tale norma consuetudinaria ha ricevuto codificazione tramite il diritto pattizio. Così, la Convenzione di Ginevra del 1958 sul diritto del mare disponeva, al suo art. 5, che "[o]gni Stato fissa le condizioni in base alle quali esso accorda la sua nazionalità alle navi, nonché le condizioni di immatricolazione e del diritto di battere la sua bandiera. Le navi possiedono la nazionalità dello Stato di cui sono autorizzate a battere bandiera". Questo articolo prevedeva infine l'esistenza di un "legame sostanziale fra lo Stato e la nave", astenendosi però dal precisare cosa si dovesse intendere per "legame sostanziale".

La UNCLOS — la quale sostituisce tra gli Stati contraenti le quattro Convenzioni di Ginevra del 1958 ([139]) — utilizza una formula simile all'art. 91, par. 1, precisando che:

> "Ogni Stato stabilisce le condizioni che regolano la concessione alle navi della sua nazionalità, dell'immatricolazione nel suo territorio, del diritto di battere la sua bandiera. Le navi hanno la nazionalità dello Stato di cui sono autorizzate a battere bandiera. Fra lo Stato e la nave deve esistere un legame effettivo".

Inoltre, ai sensi dell'art. 92, c. 2, della UNCLOS, "[u]na nave che navighi sotto le bandiere di due o più Stati impiegandole secondo convenienza, non può rivendicare nessuna delle nazionalità in questione nei confronti di altri Stati, e può essere assimilata a una nave priva di nazionalità". Pertanto, mentre per le persone fisiche si ammette la *pluricittadinanza*, ciò non è possibile per le navi, poiché la doppia o plurima nazionalità difficilmente potrebbe conciliarsi con il criterio del legame effettivo (c.d. *genuine link*) oltre a costituire una situazione contraria all'ordine generale della navigazione ([140]).

90. Un "legame effettivo" spesso fittizio: le "bandiere ombra". — Lo stesso art. 5 della Convenzione di Ginevra del 1958 sull'alto mare prevedeva, al fine di chiarire in cosa consista la "nazionalità effettiva", che lo Stato della bandiera "deve esercitare la giurisdizione e il controllo sul settore tecnico, amministrativo e sociale delle navi battenti la propria bandiera".

Quest'ultima disposizione sembra prescindere dalle celeberrime prassi lassiste seguite da Paesi come Panama, la Liberia o le Bahamas, Stati che accettano di immatricolare le navi senza imporre alcun controllo effettivo; per tali motivi, le bandiere di quei Paesi sono comunemente denominate "bandiere ombra" o "bandiere di convenienza" (*flags of convenience*).

---

(137) NU, *RSA*, XI, p. 92 ss.

(138) *Ibidem*. In argomento v. in generale, tra una vasta letteratura, R. Quadri, *Le navi private nel diritto internazionale*, Milano, 1939; M. Giuliano, *Diritto internazionale*, cit., II, p. 267 ss.; De Guttry, *Lo status della nave da guerra in tempo di pace. Regime della navigazione e disciplina delle attività coercitive. Profili di diritto internazionale*, Milano, 1994; G. Righetti, *Nazionalità della nave, Dig. comm.* X/1994, p. 233 ss.; A. Lefebvre D'Ovidio, G. Pescatore, L. Tullio, *Manuale di diritto della navigazione*, 15ª ed., Milano, Giuffrè, 2019, p. 271 ss.; S. M. Carbone, P. Celle, M. Lopez de Gonzalo, *Il Diritto marittimo*, 6ª ed., Torino, Giappichelli, 2020. Per un'indagine storica cfr. F. Florio, *Nazionalità della nave e legge della bandiera*, Milano, 1957, p. 41 ss.; W. D'Alessio, *Nazionalità della nave tra codificazione e decodificazione*, Napoli, 1984.

(139) Art. 311, par. 1, UNCLOS.

(140) V. l'art. 5 della Convenzione di Ginevra sopracitata del 1958 e l'art. 91 c. 1, UNCLOS.

Considerando tali fatti notori, è sempre più difficile comprendere la posizione assunta dalla CIG in tale contesto. L'8 giugno 1960, la Corte rese un parere consultivo, su richiesta dell'Assemblea della Organizzazione intergovernativa consultiva per la navigazione marittima (IMCO), circa la composizione del *Comitato della sicurezza marittima* della predetta organizzazione. La questione sottoposta alla Corte verteva sull'interpretazione di un articolo dell'atto istitutivo che aveva indotto la maggioranza dell'Assemblea a non includere Panama e la Liberia tra i membri del Comitato della sicurezza marittima, nonostante il fatto per cui, data l'entità del tonnellaggio delle navi battenti la loro bandiera, questi ultimi Paesi avrebbero dovuto essere inclusi.

Avevano quei due Stati, in virtù della concessione troppo generosa della loro bandiera, il diritto di partecipare a quel Comitato dell'IMCO? Era sufficiente basarsi su un semplice *criterio formale per determinare la nazionalità delle navi — il loro Stato di immatricolazione — o, al contrario, su un criterio materiale*, il loro "collegamento effettivo", il loro "legame sostanziale" con un determinato Stato? La CIG decise di seguire la prima alternativa. Pertanto, la Corte fece riferimento al *solo criterio del tonnellaggio immatricolato* essendo "pratico, certo e facilmente applicabile" e conforme alla "prassi internazionale e agli usi marittimi" ([141]).

La Corte si rifiutò, dunque, di esaminare il problema della nazionalità delle navi alla luce del loro "legame effettivo" o del "legame sostanziale" in base a quanto indicato dalla precitata Convenzione di Ginevra, imboccando così una strada diversa da quella che avrebbe potuto condurre a conclusioni simili a quelle del caso *Nottebohm*. Il chè, tuttavia, equivale a dire che nemmeno *in materia di nazionalità delle navi la CIG ha seguito la propria giurisprudenza Nottebohm.* Qualora avesse aderito a quell'orientamento, la Corte avrebbe necessariamente concluso che né Panama né la Liberia possedevano alcun "legame effettivo" con le navi che battevano la loro bandiera e che, di conseguenza, non potevano essere qualificati alla stregua di "Stati che possiedono le più importanti flotte commerciali".

Quella giurisprudenza sembra, oggi, superata dalla precitata UNCLOS, la quale impone una lunga lista di obblighi allo Stato della bandiera; obblighi che, se fossero integralmente rispettati, eliminerebbero i vantaggi delle navi battenti "bandiere ombra" ([142]).

Nonostante ciò, il Tribunale Internazionale per il Diritto del Mare, nella già citata sentenza del 1° luglio 1999, pronunciata nel caso ***Saiga***, ha interpretato la nozione di "legame effettivo" della UNCLOS per "assicurare un'attuazione più effettiva dei doveri dello Stato della bandiera e non di stabilire criteri rispetto ai quali la validità della registrazione delle navi in uno Stato della bandiera possa essere contestata da altri Stati" ([143]).

In linea con tale approccio, la Corte di giustizia UE ha stabilito che il criterio di effettività riguarda solamente l'attuazione degli obblighi dello Stato della bandiera ma non costituisce una condizione sostanziale posta dal diritto internazionale per la validità dell'immatricolazione di una nave da parte di un dato Stato ([144]).

In conclusione, il diritto internazionale marittimo continua a tollerare le c.d. "bandiere di convenienza" (***flags of convenience***).

([141]) CIG, 8 giugno 1960, *Rec.* p. 169.
([142]) V. art. 94 UNCLOS.
([143]) In *Riv. dir. int.*, 2000, p. 521, punto 83 della sentenza.
([144]) C-299/02, *Commissione vs Paesi Bassi*, sentenza del 27 maggio 2004, *Rec.* 2004.I.1341.

91. Conclusioni critiche. — Abbiamo visto che l'*approccio puramente formalistico* seguito dalla CIG in materia di nazionalità delle navi private è simile a quello seguito in materia di nazionalità di società commerciali ed in antitesi con quello valevole per le persone fisiche. Tale giurisprudenza della CIG appare pertanto ondivaga e poco logica e ne auspichiamo il superamento ad opera della stessa Corte.

d) *La nazionalità degli aeromobili*

92. La soluzione della Convenzione di Chicago del 7 dicembre 1944. — Anche per gli aeromobili la nazionalità designa un criterio di collegamento con l'ordinamento giuridico di un dato Stato, ciò che comporta la soggezione dell'aeromobile alla sovranità di tale Stato ([145]).

L'art. 17 della Convenzione di Chicago del 7 dicembre 1944 relativa all'aviazione civile internazionale impone l'immatricolazione degli aeromobili in un solo Stato; perciò *l'aeromobile possiederà la nazionalità dello Stato in cui è immatricolato* (State of registration).

Va osservato che la predetta Convenzione di Chicago non impone alcun "legame sostanziale" (come avviene nel caso delle navi) o un "legame effettivo" (come nel caso delle persone fisiche in virtù della giurisprudenza *Nottebohm*) tra l'aeromobile e lo Stato di immatricolazione. In base alla predetta Convenzione, l'attribuzione della nazionalità ad un aeromobile tramite la sua immatricolazione deriva dall'esercizio di un potere discrezionale dello Stato.

Tuttavia, la soluzione multilaterale permissiva della Convenzione è stata rapidamente sconfessata dalla prassi successiva degli Stati a livello bilaterale. Infatti, gli accordi aerei bilaterali impongono una "nazionalità effettiva", ovvero un controllo capitalistico da parte dei cittadini dei vettori aerei affinché essi possano beneficiare delle libertà aeree negoziate. Tale circostanza è divenuta un ostacolo insormontabile alle fusioni transfrontaliere tra compagnie aeree.

93. Ampia "giurisdizione" dello Stato di immatricolazione di aeromobili. — Uno Stato può quindi accettare o meno di immatricolare aeromobili appartenenti a compagnie straniere e, in tal caso, queste ultime dovranno applicare tutte le norme aeronautiche in vigore nello Stato di immatricolazione ([146]). Così, per esempio, qualora insorgesse un contenzioso in materia di lavoro, saranno competenti i giudici dello Stato di immatricolazione dell'aeromobile ([147]).

([145]) Cfr. ad es. GAETA, "Nazionalità della nave e dell'aeromobile", in *Enc. Dir.*, 1994, p. 768 ss.

([146]) E v. al riguardo l'art. 756 cod. nav. in base al quale ottengono la nazionalità italiana gli aeromobili che appartengono in tutto o in parte maggioritaria: — allo Stato, alle Regioni, alle province, ai comuni o ad ogni altro ente pubblico o privato italiano o di altro Stato membro dell'UE; — ai cittadini italiani o di altro Stato membro UE; — a società costituite in Italia o in altro Stato membro UE il cui capitale appartenga in tutto o in parte maggioritaria a cittadini italiani o di altro Stato membro UE, o a persone giuridiche italiane o di altro Stato membro UE aventi le stesse caratteristiche di compagine societaria ed il cui presidente, la maggioranza degli amministratori e l'amministratore delegato siano cittadini italiani o di altro Stato membro dell'UE. L'immatricolazione può essere concessa, con provvedimento motivato, anche ad aeromobili che, pur non rispondendo ai requisiti di nazionalità richiesti in quanto di proprietà di soggetti extra comunitari, siano utilizzati da società titolari di una licenza di esercizio che ne abbiano l'effettiva disponibilità (art. 756, c. 2, cod. nav.). Tali società (definite "utilizzatori") devono possedere gli stessi requisiti di nazionalità richiesti dal Codice per il proprietario.

([147]) V. *caso Air Afrique*, la sentenza della Camera mista della Corte di Cassazione del 28 febbraio 1986, in *Clunet* 1986, p. 992 con una nota di P. RODIÈRE.

Tale dissociazione tra lo Stato di immatricolazione e la nazionalità straniera della compagnia aerea può portare a delle conseguenze impreviste se la compagnia aerea ha immatricolato i propri aeromobili in Stati diversi. A tal proposito basti ricordare il caso della compagnia francese UTA i cui aeromobili risultavano immatricolati in parte in Francia ed in parte negli Stati Uniti. A causa di alcuni incidenti dovuti ad un particolare modello di aereo (il DC 10), i voli di tale aeromobile vennero sospesi in conseguenza delle misure adottate dai rispettivi enti nazionali di controllo ma, essendo la sospensione temporale dei voli più lunga negli Stati Uniti che altrove, fu impedito alla compagnia aerea francese di utilizzare i propri aerei "americani" mentre, nello stesso tempo, si trovava autorizzata a far volare gli aeromobili immatricolati in Francia.

e) *Satelliti ed oggetti spaziali*

94. — *Anche i satelliti e gli oggetti spaziali devono essere immatricolati presso uno Stato* (o un'istituzione internazionale come INTELSAT o dall'Agenzia Spaziale Europea), normalmente quello che ha effettuato il loro lancio. Questa regola è dettata dalla Convenzione sull'immatricolazione degli oggetti lanciati nello spazio extra-atmosferico del 12 novembre 1974 ([148]). Qui, non si riscontrano particolari limiti alla potestà dello Stato di immatricolazione degli oggetti o dei satelliti spaziali. Tuttavia, si può facilmente notare che, in tale settore, il "legame effettivo" sussiste perché soltanto gli Stati tecnologicamente capaci di fabbricare e lanciare nello spazio tali congegni li immatricoleranno. Ci sono quindi ben poche probabilità di trovarsi di fronte a satelliti od oggetti spaziali "di convenienza". L'immatricolazione, come vedremo, comporta altresì delle conseguenze importanti a causa degli incidenti che potrebbero essere causati dalla caduta di tali satelliti ed oggetti spaziali; sussiste, infatti, la responsabilità internazionale dello Stato (o dell'organizzazione internazionale) che ha proceduto al lancio di quei satelliti od oggetti spaziali (Cap. XVI).

2. — Le conseguenze dell'attribuzione della cittadinanza (o della nazionalità)

95. — Gli effetti dell'attribuzione della cittadinanza (o della nazionalità) da parte di uno Stato sono molto importanti nell'ordinamento internazionale; possono articolarsi intorno a tre questioni generali a cui qui possiamo solo accennare: *a)* quella dell'applicazione delle norme di uno Stato nel territorio di un altro Stato; *b)* quella della responsabilità internazionale di uno Stato per fatti illeciti dei propri cittadini e *c)* quella della c.d. *protezione diplomatica.*

a) *L'applicazione di norme di uno Stato nel territorio di un altro Stato.*

96. Applicazione delle norme vigenti sul territorio. Diritto internazionale privato. — Innanzitutto, lo Stato applica le *proprie norme* ai cittadini, alle società ed ai beni che si trovano *all'interno del suo territorio*. La competenza dello Stato troverà qui fondamento sulla *localizzazione territoriale* e sul *legame di cittadinanza.*

([148]) Entrata internazionalmente in vigore il 15 settembre 1976. Resa esecutiva in Italia tramite L. 12 luglio 2005, n. 153 (GURI n. 177 del 1° agosto 2005) ed entrata in vigore per l'Italia l'8 dicembre 2005.

A propria volta, il sistema di diritto internazionale privato di uno Stato è composto prevalentemente da *norme statuali nazionali di conflitto* — si pensi alla L. 31 maggio 1995, n. 218, di riforma del sistema italiano di d.i.pr. — *a cui si aggiungono le sempre più numerose norme inserite nell'ordinamento interno tramite apposite convenzioni di diritto internazionale uniforme e, per quanto riguarda l'Italia, anche per il tramite del diritto dell'Unione europea (c.d. diritto internazionale privato europeo).*

Così, ad esempio, per scelta del legislatore italiano, la legge n. 218 del 1995 stabilisce che "[l]a capacità giuridica delle persone fisiche è regolata dalla loro legge nazionale. Le condizioni speciali di capacità, prescritte dalla legge regolatrice di un rapporto, sono disciplinate dalla stessa legge". Pertanto, è solo per effetto del richiamo internazionalprivatistico operato da una norma italiana che nell'ordinamento giuridico italiano si applicheranno le norme in materia di capacità fissate dall'ordinamento straniero di cui la persona fisica possiede la cittadinanza.

97. Applicazione di *norme nazionali* ai propri cittadini negli *spazi internazionali*. — Se un territorio non appartiene ad alcuno Stato, ne segue che, difettando una sovranità territoriale, ciascuno Stato potrà esercitare la sua *personal jurisdiction*, il suo potere di governo nei confronti dei propri cittadini, in modo pressoché indisturbato. Lo Stato applicherà, dunque, le proprie leggi nazionali agli individui, alle società e agli oggetti — aerei, navi, satelliti — dotati della propria cittadinanza pur se questi si trovano in uno spazio internazionale, come ad esempio in alto mare o nello spazio extra-atmosferico.

Una tale estensione della "giurisdizione" *ratione personae* dello Stato al di fuori del proprio territorio si spiega in base alla necessità di *evitare lacune giuridiche*. Fin quando non ci sarà un regime giuridico internazionale completo ed applicabile a tali spazi internazionali, sembra evidente che la "giurisdizione" dei vari Stati troverà fondamento non più sul territorio, dal momento che non sussiste alcuna sovranità territoriale in questi spazi internazionali, ma sulla base del legame di cittadinanza, cioè in base alla competenza personale, se non addirittura in base ai poteri di protezione di alcuni interessi internazionali dello Stato.

È per tali ragioni, ad esempio, che uno Stato potrà sorvegliare l'attività dei suoi cittadini (e talvolta addirittura degli stranieri) all'interno di luoghi di pesca situati in alto mare, per garantire il rispetto delle normative applicabili.

In tali ipotesi, si avrà sia la *jurisdiction to prescribe* che quella *to enforce* le norme giuridiche dello Stato di cittadinanza entro i limiti posti dal diritto internazionale.

98. Applicazione di *norme nazionali* ai cittadini in *territorio straniero*. — In tale situazione, risulta evidente che permanga una limitata soggezione del cittadino alle *norme interne ad efficacia extraterritoriale* dello Stato di cittadinanza.

Infatti, finché sussiste un particolare legame con lo Stato di nazionalità, quest'ultimo può voler applicare le sue norme ai propri cittadini, alle società aventi la propria nazionalità ed ai loro beni che si trovano sul territorio di un altro Stato.

Ad esempio, un italiano che si trova in un Paese straniero sarà soggetto alla *giurisdizione personale* dello Stato italiano ed alla *sovranità territoriale* dello Stato estero in cui si trova ([149]). Lo stesso accade per le navi o gli aeromobili immatricolati in Italia.

([149]) Così, ad es. ed in pratica, quel cittadino resterà soggetto alle eventuali norme penali italiane che riguardano la perseguibilità dei reati commessi all'estero (v. art. 7 ss. cod. pen.), o ancora, più frequentemente, i cittadini italiani all'estero restano sottoposti alle norme tributarie italiane per i redditi ovunque

In questi casi, — sempre più numerosi nel nostro tempo, complice la mondializzazione dell'economia — potrà insorgere un *conflitto interstatale di sovranità* tra, da una parte, la "giurisdizione personale" di uno Stato e, dall'altra, la "giurisdizione territoriale" dell'altro Stato.

Così, **ad esempio**, uno Stato A può imporre ai propri cittadini all'estero di rimpatriare o di rendere testimonianza dinanzi all'autorità giudiziaria. In tal caso, tuttavia, lo Stato B, in assenza di obblighi di diritto pattizio, non sarà tenuto in alcun modo ad agevolare la realizzazione dei precetti dello Stato A. La competenza normativa (*jurisdiction to prescribe*) dello Stato A — compresi gli eventuali atti sanzionatori — è, infatti, in linea di principio, priva di ogni coercibilità nel territorio dello Stato B e quindi anche rispetto all'individuo (o la società) verso cui è diretta fintantoché questi si trovi nello Stato B. Ciò però non significa che lo Stato A si trovi del tutto privo di poteri di coercizione nei confronti dei propri cittadini all'estero: così, ad es., possono essere comminate delle incapacità, possono essere espletate misure esecutive nei confronti dei beni presenti in Italia, può essere sancita la nullità degli atti giuridici fatti dai cittadini all'estero etc. ([150]).

Alcuni Stati hanno provato a dilatare la loro giurisdizione fino a farla divenire ***esorbitante.*** Ad esempio, in Francia, gli artt. 14 e 15 del Codice Civile, attribuiscono ai cittadini francesi un privilegio di giurisdizione giacché attribuiscono competenza giurisdizionale generale ai tribunali francesi ogni qualvolta un francese si trova in causa con uno straniero. Pertanto, al fine di evitare situazioni di squilibrio tra Stati membri dovute alla previsione di fori esorbitanti, nella UE, l'art. 4 del Reg. n. 1215/2012, c.d. Bruxelles 1-*bis*, ha escluso all'art. 5, par. 2, la possibilità di avvalersi di detti fori ([151]).

b) *Una responsabilità internazionale dello Stato a causa dei propri cittadini?*

99. Individui-organi o meri individui. — La responsabilità internazionale dello Stato può sorgere in base a determinate condotte dei suoi cittadini se questi ultimi hanno agito in qualità di organi dello Stato, ossia solo se la condotta è imputabile allo Stato di cittadinanza (v. *amplius* Cap. XVI). Viceversa, se i cittadini di uno Stato hanno commesso un illecito civile o penale nel territorio di un altro Stato, si avrà solo la responsabilità personale (e patrimoniale) individuale di questi ultimi.

Ad esempio, il sabotaggio del 10 luglio 1985 nel porto neozelandese di Auckland della nave "Rainbow Warrior" del movimento ambientalista "Greenpeace" costituì una violazione evidente del diritto internazionale (violazione dell'integrità territoriale di uno Stato straniero)

---

prodotti e, fino a quando possiedono residenza fiscale in Italia o immobili in Italia, vengono incisi dalle norme tributarie del nostro Paese, fatti salvi i trattati contro la doppia imposizione applicabili. In arg. v. L. Tosi, *Diritto tributario internazionale*, 6 ed., Padova, Cedam, 2018.

([150]) Ovviamente, i cittadini italiani possono sempre essere perseguiti in Italia per reati commessi all'estero come dispongono gli artt. 7 ss. cod. pen.. Nella prassi, il problema dell'*enforcement* può essere risolto tramite i c.d. ***trattati di estradizione***. Attraverso tali trattati internazionali, uno Stato consegna ad altro Stato un soggetto che si trova nel suo territorio affinché questo possa essere sottoposto a giudizio (*estradizione processuale*) o all'esecuzione di una pena già comminata in modo irrevocabile (*estradizione esecutiva*) nello Stato che chiede l'estradizione.

([151]) Come già, in precedenza, era stato escluso tramite l'art. 3, par. 2 della Convenzione di Bruxelles del 1968 e, successivamente, del Reg. 44/2001, c.d. Bruxelles 1. In argomento cfr. D. Fernandez Arroyo, "Compétence exclusive et compétence exorbitante dans les relations privées internationales", in *RCADI*, 2006, v. 323, p. 206 ss..

perché fu effettuata da agenti dei servizi segreti francesi. Al contrario, se lo stesso atto fosse stato commesso da cittadini francesi qualunque, individui che agivano per conto proprio, non vi sarebbe stata la responsabilità internazionale dello Stato francese, bensì la responsabilità civile e penale solo di quegli individui.

In secondo luogo, lo Stato può essere ritenuto internazionalmente responsabile per tutti quegli oggetti, navi, aerei o soprattutto satelliti e oggetti spaziali che ha accettato di ***immatricolare***. È in tal senso che l'art. II della Convenzione sulla responsabilità internazionale per danni causati da oggetti spaziali del 29 marzo 1972 indica che si tratta di *responsabilità oggettiva assoluta*. Così, ad esempio, se un satellite cade sul territorio di un altro Stato provocando dei danni, lo Stato di immatricolazione sarà obbligato alla riparazione del danno. È quanto accadde quando un satellite sovietico *Cosmos* cadde sul territorio canadese provocando danni per i quali il Canada chiese riparazione all'Unione Sovietica ([152]).

c) *La "protezione diplomatica"*

100. Necessità di un legame di cittadinanza. — Tramite l'istituto della "protezione diplomatica (*Diplomatic Protection*, su cui v. *infra* Cap. XVI) uno Stato può agire a tutela del diritto o interesse di un proprio cittadino che sia stato leso dal comportamento illecito di uno Stato estero. Pertanto, affinché lo Stato possa esercitare la propria "protezione diplomatica" nei confronti di persone fisiche o giuridiche è necessario che queste ultime *posseggano la cittadinanza (o la nazionalità) di tale Stato*.

Viceversa, in assenza del legame di cittadinanza, lo Stato non può esercitare la sua protezione diplomatica. Tale fu, lo si ricorderà, la vicenda del *caso Nottebohm*: qui, la CIG negò al Liechtenstein il diritto di agire in protezione diplomatica (nei confronti del Guatemala) a causa della cittadinanza "fittizia" del signor Nottebohm. In mancanza di un legame di cittadinanza internazionalmente opponibile, il Liechtenstein perdeva così ogni diritto di intervenire in favore di Nottebohm.

101. I casi *Barcelona Traction* ed *Elettronica Sicula*. — Un altro caso in cui la CIG dovette valutare il legame di nazionalità ai fini dell'esercizio della protezione diplomatica fu quello, già in precedenza citato e cui ritorneremo a suo luogo (Cap. XVI), della *Barcelona Traction*. Agli occhi della CIG, nel caso di specie, *solo il Canada* poteva esercitare la propria protezione diplomatica a beneficio di una persona giuridica di diritto canadese.

102. Il potere dello Stato di proteggere i propri cittadini all'estero. — Conviene infine ricordare che, nell'esercizio del diritto di protezione diplomatica dei propri cittadini all'estero, *lo Stato non fa altro che esercitare un diritto proprio*, ossia il diritto ad ottenere dagli altri Stati il rispetto della *legalità internazionale*.

Viceversa, ciò significa che non esiste un obbligo specifico per lo Stato di proteggere i propri cittadini all'estero, né un cittadino italiano può obbligare il proprio Stato ad esercitare in suo favore la protezione diplomatica.

([152]) V. la domanda presentata dal Canada all'Unione Sovietica nel gennaio 1979. Testo in *ILM*, 1979, p. 899 e per soluzione di questo caso nel 1981, v. *ILM*, 1981, p. 689.

d) ***Il criterio della nazionalità "passiva"***

Il criterio della nazionalità passiva (***passive personality principle***) implica che uno Stato possa rivendicare la propria giurisdizione a tutela di persone fisiche e giuridiche dotate della propria nazionalità e che risultino vittime di gravi illeciti all'estero. Al pari delle altre forme di "giurisdizione", l'origine di tale problematica va ricercata in materia penale. Tale titolo di giurisdizione resta assai controverso ma un suo accoglimento si sta facendo strada con riferimento a fatti particolarmente gravi come quelli di terrorismo ed in virtù del suo progressivo riconoscimento in alcuni trattati internazionali.

In tal senso, v. l'art. 10, c. 1, cod.pen.it. circa il "Delitto comune dello straniero all'estero" ai sensi del quale: "Lo *straniero*, che... commette *in territorio estero*, a danno dello Stato o *di un cittadino*, un delitto per il quale la legge italiana stabilisce la pena di morte o l'ergastolo, o la reclusione non inferiore nel minimo a un anno, è punito secondo la legge medesima, sempre che si trovi nel territorio dello Stato, e vi sia richiesta del Ministro della giustizia, ovvero istanza o querela della persona offesa".

La Convenzione di Tokyo, del 14 settembre 1963, relativa alle infrazioni e a determinati altri atti compiuti a bordo di aeromobili prevede all'art. 4, lett. *b)* che "Uno Stato contraente che non sia quello d'immatricolazione, *può impedire il volo di un aeromobile per esercitare la propria competenza penale* riguardo a un'infrazione commessa a bordo, soltanto nei casi seguenti:... - *b*) l'infrazione è stata commessa da o *contro un cittadino di questo Stato* o una persona che vi risieda in permanenza". ([153])

§ 4. — *La competenza dello Stato per la protezione di interessi vitali e della sicurezza nazionale* (Protective Jurisdiction)

103. Premessa. — Il principio viene enunciato in termini ampi nel *Restatement (Third) of the Foreign Relations Law of the United States* del 1986, indicando che uno Stato può esercitare la propria "giurisdizione" — intesa in senso lato — con riferimento ad "*alcune condotte tenute al di fuori del proprio territorio da parte di persone prive della sua nazionalità ma che sono dirette contro la sicurezza dello Stato o contro alcuni interessi dello Stato*" ([154]).

Pertanto, uno Stato può emanare delle leggi che proibiscano lo spionaggio, la contraffazione e la falsificazione di atti ufficiali, il traffico di stupefacenti, il terrorismo e l'immigrazione clandestina e dichiarare che tali norme si applichino in relazione a fatti accaduti all'estero commessi da stranieri. Tale titolo di giurisdizione non autorizza uno Stato ad estendere i propri "interessi vitali" o "essenziali" della sicurezza nazionale *ad libitum* e non sorprende che, nonostante il suo carattere consuetudinario, sia oggetto di ampie contestazioni.

È opportuno scomporre il principio generale *de quo* in quello per cui ciascuno Stato deve vegliare affinché sul proprio territorio le persone non ledano gli interessi vitali di altri Stati *(A)* distinguendolo dal diritto di uno Stato di pretendere la tutela

---

([153]) (125) Corsivo aggiunto. In arg. cfr. C. Di Stasio, *La lotta multilivello al terrorismo internazionale*, Milano, Giuffrè, 2010; M. Sossai, *La prevenzione del terrorismo nel diritto internazionale*, Torino, Giappichelli, 2012; R. Razzante, *Comprendere il terrorismo: spunti interpretativi di analisi e metodologie di contrasto del fenomeno*, Pisa, Pacini, 2019.

([154]) *Restatement (Third) of the Foreign Relations Law of the United States* del 1986, § 402 (3).

della propria sicurezza nazionale e dei propri "interessi vitali" nei confronti di chicchessia *(B)*.

104. (A) Obbligo di protezione nell'ordinamento interno degli interessi vitali di Stati esteri. — È pacifico che uno Stato sia sovrano nel porre in essere norme giuridiche destinate a tutelare gli *interessi vitali di Stati stranieri* nella loro esistenza e nel loro funzionamento quali enti sovrani, con riferimento, ad esempio, al loro *onore* ed al loro *sistema politico* ed *economico* ([155]).

A tale riguardo, basti ricordare un caso che qualche tempo fa ebbe una certa risonanza mediatica. Il caso riguardava un'opera teatrale scritta da un autore americano: il titolo dell'articolo era "Mac Bird" e si trattava di una satira tratta dalla celebre opera di Shakespeare tesa a dipingere un quadro piuttosto cupo del Presidente degli Stati Uniti — all'epoca Lyndon B. Johnson — e di sua moglie. Ebbene, il Governo francese fece sapere all'autore della satira che la sua rappresentazione in Francia sarebbe stata sottoposta a procedimento penale in quanto offensiva dell'onore di un Capo di Stato estero.

Così, ad esempio, le offese all'onore ed al prestigio dei Capi di Stato esteri e dei loro rappresentanti sono tradizionalmente oggetto di repressione penale nel diritto interno dei singoli Stati. Per tali ragioni, anche il cod. pen. it. agli artt. 295 ss., sin dalla sua entrata in vigore e nonostante le successive modifiche, ha proibito gli attentati contro i Capi di Stato esteri, le offese al loro onore e prestigio, prevedendo ulteriori norme repressive circa il *vilipendio alla bandiera* od altro emblema dello Stato estero ([156]).

Peraltro, lo Stato è tenuto a proteggere anche il *sistema economico* degli Stati esteri, con particolare riferimento alla *loro* ***moneta***. Così, ad es., viene punita *in Italia* la contraffazione, l'alterazione o la falsificazione di *monete straniere* ([157]). Allo stesso modo, il *sistema politico o amministrativo* degli Stati beneficia di una tutela generale tramite la repressione della ***falsificazione di documenti ufficiali***.

Per le ragioni sopra ricordate, la Francia dovette presentare le proprie scuse ufficiali alla Svizzera quando alcuni dei suoi agenti segreti, fermati in Nuova Zelanda in seguito al sabotaggio della nave *Rainbow Warrior* nel porto di Auckland, furono ritrovati in possesso di *passaporti falsi* della...Confederazione Elvetica.

105. (B) Protezione degli *interessi vitali* dello Stato tramite *misure interne ad efficacia exterritoriale*. — Uno Stato può reprimere tramite il proprio ordinamento giuridico interno alcuni atti commessi all'estero. Si tratta dell'utilizzo della competenza normativa (la *jurisdiction to prescribe*) per emanare norme aventi efficacia extraterritoriale pur nella generale consapevolezza di non disporre della competenza di esecuzione coattiva (la *jurisdiction to enforce*) nel territorio di altri Paesi.

Nulla questio se tali misure si rivolgono *ai propri cittadini* per fatti commessi all'estero (ad es. corruzione, sfruttamento di minori, gravi violazioni dei diritti umani etc.) in quanto tale titolo di giurisdizione si confonde con la *competenza personale*.

---

(155) R. Quadri, *Diritto internazionale pubblico*, cit., p. 606 ss.

(156) In Italia, cfr. art. 297 c.p., abrogato dall'art. 18, L. 25 giugno 1999, n. 205. Oggi, la fattispecie penale va ricondotta al reato di ingiuria e diffamazione, aggravati *ex* art. 300, ult. c., c.p. In arg. v. già R. Quadri, "Diritto penale internazionale", in *Trattato di diritto internazionale*, Padova, 1944, p. 105, "[n]on si ha pertanto riguardo a fatti immediatamente imputabili allo Stato italiano, ma a fatti in ordine ai quali lo Stato italiano è internazionalmente obbligato a svolgere attività di repressione e di prevenzione".

(157) V. ad es. l'art. 453 ss. cod. pen. italiano.

Se però uno Stato adotta una *normativa nazionale* che ha l'effetto di colpire, per valutazioni unilaterali del medesimo Stato circa i propri "interessi vitali", la condotta di ***cittadini stranieri*** per ***fatti commessi all'estero***, è ovvio che siffatta misura è destinata a generare dei pericolosi "conflitti di sovranità" mano a mano che ci si allontana dal nucleo degli "interessi essenziali" dello Stato così come sono stati tradizionalmente concepiti e dunque ammessi ([158]).

In questo senso va letto **l'art. 7 del cod.pen.it.**, che è espressamente rivolto alla repressione dei "**Reati commessi all'estero**":

"1. È punito secondo la legge italiana il cittadino o lo straniero che commette in territorio estero taluno dei seguenti reati:

1) delitti contro la personalità dello Stato italiano;

2) delitti di contraffazione del sigillo dello Stato e di uso di tale sigillo contraffatto;

3) delitti di falsità in monete aventi corso legale nel territorio dello Stato, o in valori di bollo o in carte di pubblico credito italiano;

4) delitti commessi da pubblici ufficiali a servizio dello Stato, abusando dei poteri o violando i doveri inerenti alle loro funzioni;

5) ogni altro reato per il quale speciali disposizioni di legge o convenzioni internazionali stabiliscono l'applicabilità della legge penale italiana."

Viceversa, è difficile comprendere come possa qualificarsi alla stregua dei suddetti principi la prassi recente delle ***sanzioni economiche secondarie*** degli Stati Uniti nei confronti dell'Iran di cui diremo a breve. Lungi dal rappresentare degli "interessi vitali" dello Stato in senso tradizionale, si tratta piuttosto di "interessi di politica estera" che, come tali, risultano abusivi nella loro pretesa di colpire persone fisiche e giuridiche *non statunitensi* per il solo *fatto di intrattenere relazioni commerciali con l'Iran*.

§ 5. — *La competenza dello Stato nella tutela di determinati interessi vitali della Comunità internazionale*

106. Sua crescente importanza. — A partire dalla fine del secolo scorso, si è affermata una nuova competenza dello Stato: quella di protezione di *alcuni interessi fondamentali della Comunità internazionale*. Si tratta di un esempio di applicazione della teoria di GEORGES SCELLE del "dedoublèment functionnel" (sdoppiamento funzionale), secondo la quale lo Stato, oltre a gestire e difendere gli *interessi propri*, si trova a gestire e a difendere alcuni *interessi della Comunità internazionale*.

È a questo titolo che ogni Stato ha, ad esempio, il diritto-dovere di reprimere "crimini internazionali" come la ***pirateria*** in alto mare o aerea, la ***tratta degli schiavi***, il traffico di stupefacenti o i ***crimini contro l'umanità***. Si tratta di una linea di tendenza presente nel diritto internazionale più recente il quale tende ad attribuire agli Stati un diritto-dovere di agire in quanto *mandatari* dell'intera Comunità internazionale — se necessario, militarmente — allo scopo di porre fine a violazioni gravi e sistematiche di valori ritenuti fondamentali dalla Comunità internazionale ([159]).

([158]) V. A. HENRIKSEN, *International Law*, Oxford, OUP, 2019, p. 88 che osserva come la "protective jurisdiction" debba essere "distinguished from the (controversial) effect doctrine...whereby a State extends its laws to acts that merely have a negative economic effect in the State".

([159]) V. *supra* Cap. III.

Ancora: lo Stato può essere legittimato ad agire al fine di *prevenire* il verificarsi di situazioni che potrebbero rivelarsi dannose per l'ordinamento internazionale. Così, ciascuno Stato ha il diritto di adottare delle misure unilaterali in alto mare allo scopo di evitare l'esaurimento delle risorse biologiche: tale competenza si trova espressamente riconosciuta, per esempio, dalla Convenzione di Ginevra del 29 aprile 1958, sulla conservazione delle specie marine. In tali circostanze, tuttavia, va notato che lo Stato ha solamente il diritto, ma *non* l'obbligo, di agire. La UNCLOS sopracitata, anche se meno precisa di quella di Ginevra sul punto, all'art. 119 affida agli Stati l'adozione di misure unilaterali idonee a conservare le risorse biologiche dell'alto mare.

107. La "giurisdizione universale" dello Stato. — In linea con le suddette considerazioni, si è ritenuto che alcuni crimini, per la loro gravità ed offesa a valori essenziali dell'intera Comunità internazionale siano soggetti alla "giurisdizione" di tutti gli Stati e dunque di ciascuno. Inoltre, dall'iniziale idea di una "giurisdizione universale" in materia **penale**, si è gradualmente ammessa anche una "**giurisdizione universale" civile**. Ciò si traduce nella facoltà degli Stati di adottare unilateralmente norme civili e penali repressive di tali particolari condotte e, in concreto, nella possibilità per il giudice interno di conoscere, limitatamente alle medesime questioni, delle controversie prive di uno stretto collegamento con il proprio territorio.

Così, a proposito della giurisdizione civile universale a tutela di violazioni gravi e sistematiche dei diritti umani, negli Stati Uniti si parla di "***Foreign cubed cases***", trattandosi di controversie ove "there is a *foreign plaintiff* suing a *foreign defendant* for *acts committed on foreign soil*". In assenza di una Corte internazionale per i diritti umani, tale soluzione ha trovato favorevole accoglimento da parte degli attivisti dei diritti umani giacché si traduce concretamente nella corresponsione di un risarcimento dei danni alle vittime — o ai loro famigliari — delle violazioni dei diritti umani commesse in Paesi ove la giustizia locale non funziona o risulta collusa con i poteri forti, inclusi quelli delle multinazionali.

Senonché, come vedremo, l'iniziale espansione della giurisdizione statunitense rispetto a questo tipo di controversie è stata notevolmente ridimensionata dalla Corte Suprema tramite il caso *Kiobel* ([160]).

Si tratta di una materia in fase di non sopito dibattito ma che ben rappresenta un esempio del nuovo ruolo del giudice interno nell'applicazione del diritto internazionale. Su tale questione ritorneremo a suo luogo (Cap. XXV).

§ 6. — *L'esercizio dell'autorità dello Stato in territorio altrui: la potestà di governo sui propri cittadini all'estero*

108. Premessa. — Mentre un cittadino che si trova nel proprio Stato è totalmente sottoposto alle norme dell'ordinamento giuridico di quel medesimo Stato, la presenza di uno straniero nel territorio nazionale comporta la concorrenza tra la sovranità territoriale e la potestà (o competenza) personale dello Stato di cittadinanza.

Pertanto, ci si trova di fronte a delle situazioni in cui convergono e si contrappongono le pretese di due Stati diversi: quelle di dettare le proprie regole ad una stessa persona e persino riguardo ai suoi beni.

([160]) *Kiobel v. Royal Dutch Petroleum Co.*, 569 U.S. 108 (2013).

Così, non appena degli stranieri — persone fisiche o giuridiche, ma anche aeromobili o navi immatricolate all'estero — si trovano nel territorio di un dato Stato essi risultano automaticamente sottoposti alla giurisdizione territoriale di quest'ultimo Stato. È possibile enunciare il principio del *primato della sovranità territoriale sugli altri titoli di giurisdizione* in ragione dell'importanza cardinale del territorio come elemento costitutivo dello Stato. Tuttavia, vi sono alcune eccezioni di cui ora diremo.

1. — La competenza *personale* (o di protezione) può prevalere sulla sovranità *territoriale*

109. Esempi storici. Dagli ambasciatori veneti al regime delle capitolazioni — L'invio all'estero di persone incaricate di trattare gli affari di uno Stato con altri Stati è antichissimo, sebbene l'istituto delle *missioni permanenti* sia di origine italiana: la Repubblica di Venezia ne ebbe sin dal secolo XIII ed il suo esempio fu seguito dapprima dagli altri Stati italiani e, a partire dal secolo XVI, anche dagli altri Stati europei ([161]).

Orbene, proprio il fatto della *presenza stabile* dell'agente diplomatico in territorio straniero ha condotto al progressivo sviluppo di apposite norme consuetudinarie in tema di immunità, norme il cui fondamento si può ricondurre al brocardo *ne impediatur legatio* cioè a dire che si tratta di privilegi che lo Stato territoriale deve garantire agli organi dello Stato estero allo scopo di assicurare la conduzione delle relazioni internazionali tramite questo canale speciale.

Si tratta, dunque, di un esempio in cui la competenza personale (*personal jurisdiction*) di uno Stato prevale sulla competenza territoriale di un altro Stato.

Un altro ma meno prestigioso esempio di tale fenomeno, si ebbe all'epoca delle "***capitolazioni***". Durante il XIX secolo, tramite le "capitolazioni" i Paesi occidentali imposero ad altri Paesi — Cina, Egitto, Tunisia, Turchia — un regime giuridico esorbitante secondo il quale il sovrano territoriale rinunciava ad esercitare la potestà di governo sui cittadini europei presenti nel proprio territorio ([162]). Questi ultimi si ritrovavano così a beneficiare di uno statuto personale extraterritoriale che restava regolato dallo Stato di origine con la conseguente sottoposizione alla sua giurisdizione.

Il regime delle "capitolazioni" fu progressivamente abolito sia perché considerato un portato dell'imperialismo dell'epoca, sia perché costituiva un'anomalia giuridica in ragione della sua contrarietà al principio del primato della sovranità territoriale.

([161]) Al riguardo v. *Le relazioni degli ambasciatori veneti al Senato*, a cura di E. Alberi, 15 voll., Firenze, 1839-1863, nonché per una prima informazione M. Zanetto, *La Diplomazia della Repubblica*, Castelfranco Veneto, Biblioteca dei leoni, 2017. In argomento cfr. E. Nys, *Le commencements de la diplomatie et le droit d'ambassade jusq'à Grotius*, Bruxelles, 1885; L. Weckmann, "Les origines des missions diplomatiques permanentes", in *RGDIP*, 1952, p. 161; M. Giuliano, *Diritto internazionale*, II, Milano, Giuffrè, 1974, p. 315 ss. ove riferimenti. Rileva G. Badiali che ciò era ben presente ad Alberico Gentili (*Il diritto di pace* di A. Gentili, Il Sirente, Fagnano Alto, 2010, p. 12) indicando che "Significativa è a questo proposito l'insistenza con cui Gentili si sofferma sulla irrilevanza del fattore religioso, ricordando come i Veneziani, nonostante la scomunica subita da Papa Giulio, abbiano allacciato rapporti diplomatici con altri Paesi di fede cristiana e come si siano avuti scambi di ambascerie fra principi protestanti e principi cattolici, fra cristiani e maomettani, fra Chiesa Ortodossa e Chiesa Latina, nonché fra persiani e turchi, notoriamente quest'ultimi giudicati eretici dai primi".

([162]) In arg. v. la voce "Capitolazione" a cura di A. Rapisardi Mirabelli, in Treccani online al sito https://www.treccani.it/enciclopedia/capitolazione_%28Enciclopedia-Italiana%29/, nonché R. Quadri, *Diritto coloniale*, 4 ed., Padova, Cedam, 1958, p. 50 ss.

110. *Ratio* dei privilegi degli agenti diplomatici. — Nel nostro tempo, in virtù di una tradizionale norma consuetudinaria, il diritto internazionale limita la potestà dello Stato territoriale qualora si tratti dello statuto degli agenti diplomatici e consolari (analogamente a quanto accade, come si vedrà più avanti, anche per il Capo di Stato, il Capo del Governo ed il Ministro degli esteri). Qui, la *giurisdizione personale* dello Stato di invio (o *Stato accreditante*) prevale sulla *sovranità territoriale* dello Stato in cui quegli agenti operano.

Il diritto internazionale concede, infatti, agli agenti diplomatici una serie di immunità e di privilegi in ragione delle loro funzioni, giacché *si tratta di organi che uno Stato invia presso un altro Stato allo scopo di partecipare alla condotta delle relazioni internazionali con quest'ultimo* ([163]). Le loro attività, per lo meno in origine, si affiancano a quelle del Capo dello Stato e del Ministro degli esteri in quanto sia gli uni che gli altri compiono atti internazionali, e cioè emanano dichiarazioni di volontà per conto dello Stato al quale appartengono nei confronti di altri soggetti del diritto internazionale. Tuttavia, *mentre il Capo dello Stato, il Capo del Governo ed il Ministro degli affari esteri, normalmente, esplicano le loro attività nel territorio dello Stato di cui sono organi, gli agenti diplomatici svolgono, di regola, la loro attività nel territorio dello Stato presso cui sono accreditati* ([164]). Poiché gli agenti diplomatici nei confronti dello Stato in cui operano emanano dichiarazioni di volontà imputabili allo Stato da cui sono inviati, la rappresentanza che essi svolgono è di tipo *organico* e non un rapporto di mandato tra due soggetti distinti.

Gli agenti diplomatici servono, infatti, a mantenere i contatti al più alto livello tra Stati, per via diplomatica, appunto — o come si diceva un tempo tra le Cancellerie degli Stati — curando la corrispondenza diplomatica, ossia la comunicazione tra Stati. Altri compiti sono quelli di fornire assistenza *in loco* ai propri connazionali, negoziare con il Governo dello Stato accreditatario, inviare rapporti allo Stato accreditante con informazioni circa quanto accade nello Stato accreditatario. E l'importanza delle relazioni internazionali sia di carattere politico e culturale e, oggi, soprattutto, di carattere economico, è evidente agli occhi di tutti, anche a quelli degli imprenditori commerciali.

111. Le norme di riferimento. La missione diplomatica. — Se la materia dell'immunità degli Stati stranieri forma ancor oggi l'oggetto di apposite norme di diritto internazionale consuetudinario, le norme sulle relazioni diplomatiche e quindi quelle

---

([163]) In arg. cfr. M. Giuliano, *Le relazioni e le immunità diplomatiche*, Milano, Giuffrè, 1968 e Id., *Diritto internazionale*, II, p., 369 ss.; F. Florio, *Nozioni di Diplomazia e Diritto Diplomatico*, 2ª ed., Milano, Giuffrè, 1978; A. Maresca, *Teoria e tecnica del Diritto diplomatico: introduzione alla diplomazia*, Milano, Giuffrè, 1982; A. Tanzi, *L'immunità dalla giurisdizione degli agenti diplomatici*, Padova, 1991; *Oppenheim's International Law*, I, 9ª ed., cit., p, 1090 ss.; M. Frulli, *Immunità e crimini internazionali: l'esercizio della giurisdizione penale e civile nei confronti degli organi statali sospettati di gravi crimini internazionali*, Torino, 2007; G. Massolo, "Il diplomatico nell'Era della Globalizzazione e dell'Informatizzazione: Ruolo, Competenze e Preparazione", in *La Comunitá Internazionale*, 2007, pp. 237-47; E. Denza, *Diplomatic Law: A Commentary on the Vienna Convention on Diplomatic Relations*, 3 ed., Oxford, OUP, 2008; Pisillo Mazzeschi, "Organi degli Stati stranieri (immunità giurisdizionale degli)", in *Enc. Dir.*, Annali, VII, 2014, p. 735 ss.; C. Focarelli, *Trattato di diritto internazionale*, cit., p. 834 ss.; N. Ronzitti, *Introduzione al diritto internazionale*, 5ª ed., cit., p. 159 ss.; C. Curti Gialdino, *Diritto diplomatico-consolare internazionale ed europeo*, 5 ed., Torino, Giappichelli, 2020 e riferimenti ivi cit..

([164]) Cfr. M. Miele, *Principi di diritto internazionale*, Padova, Cedam, 1960, p. 94 ss., il quale qualificava come "organo interno" dello Stato il Ministro degli affari esteri ed "organi esterni" dello Stato gli agenti diplomatici.

in materia di immunità diplomatiche e consolari sono state codificate tramite la Convenzione di Vienna sulle relazioni diplomatiche del 18 aprile 1961 (d'ora in avanti CVRD), e dalla Convenzione di Vienna sulle relazioni consolari del 24 aprile 1963 (d'ora in avanti CVRC) ([165]).

Certo, resta fermo il principio secondo il quale uno Stato non possiede il diritto di inviare i propri agenti diplomatici presso gli altri Stati (c.d. *diritto di legazione attiva*) né tantomeno l'obbligo di ricevere agenti diplomatici di altri Stati (c.d. *diritto di legazione passiva*). Secondo quanto viene indicato all'art. 2 CVRD, *le relazioni diplomatiche tra Stati e l'invio di missioni diplomatiche permanenti si instaurano soltanto con il mutuo consenso degli Stati interessati.* Corollario di tale principio è quello per cui le immunità riguardano solo l'*agente diplomatico accreditato* presso uno Stato dal momento in cui viene ammesso fino al momento in cui esce dal territorio di quello Stato ([166]).

La qualità di agente diplomatico viene infatti attribuita ad un dato individuo dal diritto internazionale mediante il procedimento di ***accreditamento*** *(Accreditation)*, al quale concorrono la volontà dello Stato di invio (*Sending State*), espressa nella *lettera di accreditamento (lettre de créance)*, e quella dello Stato accreditatario (*Receiving State*), presso il quale l'agente è inviato ([167]). Generalmente, lo Stato di invio si assicura preventivamente dell'assenso dello Stato accreditatario chiedendone il gradimento (*agrément*) rispetto alla persona da inviare.

La ***fine della missione*** di un agente diplomatico solitamente avviene, invece, con l'invio, a cura dello Stato accreditante di una *lettera di richiamo* (*lettre de rappel*, *letter of recall*) della quale lo Stato accreditatario prende atto con la lettera di riaccreditamento. Quest'ultimo Stato, a propria volta, può in qualsiasi momento dichiarare ***persona non grata*** (*ex* art. 9 CVRD) — anche senza motivazione — un agente diplomatico (Capo missione o ogni altro membro della missione diplomatica) ed informare lo Stato accreditante per consentirne il rientro e la sostituzione.

In conclusione ed in pratica, la rappresentanza diplomatica di uno Stato presso un altro Stato prende il nome di **Missione** (*Mission*) o, presso un'OIG, di **Rappresentanza Permanente** (*Permanent Mission*) (ad es. il Capo della Rappresentanza permanente d'Italia presso l'ONU a Ginevra). Qui, ci si riferisce al complesso dei funzionari destinati a esplicare attività diplomatiche, e vi si comprendono diversi agenti diplomatici di diverso grado (un ***Capo della missione***, con funzione di Ambasciatore, vari

---

([165]) L'Italia ha ratificato e resa esecutiva tale convenzione tramite L. 9 agosto 1967, n. 804.

([166]) Non beneficiano delle immunità le spie o gli agenti segreti di governi stranieri. Sul punto v. la sentenza della Corte d'Appello di Milano, del 13 luglio 2009, in relazione al sequestro **dell'imam *Abu Omar***, operato a Milano da alcuni agenti della CIA con la collaborazione dei servizi segreti italiani, in esecuzione delle operazioni c.d. di *extraordinary renditions*. La condanna, *inter alios*, degli agenti della CIA, a cui non è stata riconosciuta alcuna immunità dalla giurisdizione, è stata confermata da Cass. 19 settembre 2012, n. 46340. V. pure, nello stesso senso, Cass. pen., sez. V, 11 marzo 2014, n. 39788, in *Riv. dir. int.* 2015, p. 259 ss. nonché, sull'intera vicenda, A. LIGUORI, "Extraordinary renditions nella giurisprudenza della Corte europea dei diritti umani: il caso Abu Omar", in *Riv.dir.int.*, 2016, p. 777 ss.

([167]) Ovviamente, per i membri della missione (art. 1) diversi dal Capo missione (ad es. Consiglieri, Segretari, Addetti militari, Addetti stampa, Addetti culturali etc.) non si fa luogo alla procedura formale di accreditamento: basta la comunicazione ufficiale dei nomi tramite la c.d. *lista diplomatica* tenuta dal Ministero degli esteri dello Stato accreditatario. A propria volta, il Corpo diplomatico è costituito dai Capi delle missioni accreditate presso un dato Stato. Il Decano del Corpo diplomatico appartiene al grado più elevato ed ha la maggiore anzianità di sede; in alcuni Paesi cattolici, secondo un'antica prassi, è il Nunzio pontificio.

membri della missione — con il grado di Ministri, Consiglieri di ambasciata, segretari, etc. —, nonché altri addetti — c.d. *attachés* — stampa, commerciali, culturali, militari). Ad essi si aggiunge il personale amministrativo e tecnico (*Administrative and Technical Staff*) che non esplica funzioni diplomatiche (cancellieri, interpreti e simili, medici etc.) oltre al resto del personale di servizio (*Service Staff*) (archivisti, uscieri, portieri ecc.). Assumono, inoltre, rilevanza i membri delle famiglie degli agenti diplomatici e cioè il coniuge e i figli conviventi. Ai sensi dell'art. 1 CVRD, l'espressione "« locali della missione », indica gli edifici o parti di edifici e il terreno contiguo che, quale che ne sia il proprietario, sono utilizzati ai fini della missione, compresa la residenza del capo della missione".

112. Il regime delle immunità. — Al fine di assicurare il libero esercizio delle funzioni diplomatiche, il Capo missione e i membri del personale diplomatico godono nel territorio dello Stato accreditatario, di vaste *immunità diplomatiche*, riguardanti sia le attività e i beni che si trovano in un determinato rapporto con la missione (c.d. *immunità funzionale* o *ratione materiae*), sia la loro persona (c.d. *immunità personale* o *ratione personae*) ([168]).

Al riguardo, **l'art. 3 CVRD** stabilisce che:

"Le funzioni d'una missione diplomatica sono in particolare le seguenti:

a) rappresentare lo Stato accreditante presso lo Stato accreditatario;

b) proteggere nello Stato accreditatario gli interessi dello Stato accreditante e dei cittadini di questo, nei limiti ammessi dal diritto internazionale;

c) negoziare con il governo dello Stato accreditatario;

d) informarsi, con ogni mezzo lecito, delle condizioni e dell'evoluzione degli avvenimenti nello Stato accreditatario e fare rapporto a tale riguardo allo Stato accreditante;

e) promuovere le relazioni amichevoli e sviluppare le relazioni economiche, culturali e scientifiche tra lo Stato accreditante e lo Stato accreditatario"

Si tratta di privilegi che si estendono anche ai "membri della famiglia dell'agente diplomatico, che convivono con lui...sempreché non siano cittadini dello Stato accreditatario" (art. 37 CVRD).

Valgono però *tre osservazioni fondamentali.*

In primo luogo, — al pari di quanto avviene per le immunità degli Stati esteri in generale (Cap. XV) — si tratta di immunità dalla giurisdizione e di immunità da misure esecutive dello Stato territoriale, ossia di speciali ***esenzioni di carattere processuale*** e non sostanziale.

Pertanto, ed in secondo luogo, tale immunità può essere eccepita **solo dinanzi ad *un giudice interno*** e non dinanzi a un *giudice internazionale* (cfr., ad es., l'art. 27 dello Statuto della CPI).

Infine, terza osservazione, **lo *Stato accreditante può rinunciare — ma la rinuncia deve essere espressa — all'immunità giurisdizionale degli agenti diplomatici e conso-***

([168]) Cfr. l'art. 5 della Convenzione di Vienna del 24 aprile 1963 sulle relazioni consolari. In argomento cfr. V. R. Luzzatto e I. Queirolo, "Sovranità territoriale, "jurisdiction" e regole di immunità", in AA.VV., *Istituzioni di diritto internazionale*, 5ª ed., cit., p. 183 ss., nonché, in particolare, il *Manuale sul Trattamento Riservato al Corpo Diplomatico Accreditato Presso La Repubblica Italiana*, edito dal MAECI, 2013. Mentre è pacifico che le immunità siano un privilegio del Capo della Missione diplomatica, permane qualche incertezza circa la sua estensione ad altri soggetti della missione diplomatica, soprattutto a coloro che non figurano nella lista del personale ufficiale (la *suite officielle*) della Missione trasmessa allo Stato accreditatario. Si tratta, in particolare, del personale amministrativo e tecnico.

lari e delle persone che ne godono, a rischio e pericolo di questi ultimi. L'immunità esiste a favore del Governo e non *ad usum delphini*, ossia a vantaggio del soggetto che concretamente ne beneficia.

Passando ad esaminare la **tipologia di *immunità*** di cui beneficiano gli agenti diplomatici occorre distinguere:

a*) *L'immunità dalla giurisdizione penale *(art. 31, par. 1, CVRD)*. Tale immunità è *completa* nel senso che copre sia gli atti compiuti dall'agente come privato (*immunità personale)*, che gli atti compiuti dal diplomatico quale organo dello Stato straniero (*immunità funzionale*). È pacifico, tuttavia, che una volta cessate le proprie funzioni, l'agente diplomatico potrà essere chiamato a rispondere dinanzi ai giudici dello Stato accreditatario se si trova sul territorio di quest'ultimo Stato, venendo a cessare la sola immunità personale ma restando efficace l'immunità funzionale. Pertanto, l'art. 39, par. 2, CVRD, prevede che il cessare dei privilegi e delle immunità diplomatiche avvenga nel momento in cui l'agente lascia il territorio di quello Stato o, comunque, dopo un congruo termine che gli sarà stato assegnato a tal fine.

b*) *L'immunità dalla giurisdizione civile ed amministrativa *(art. 31, par. 1, CVRD)*.

L'agente diplomatico accreditato gode altresì dell'immunità dalla giurisdizione civile (di cognizione ed esecutiva) ed amministrativa. Mentre la norma consuetudinaria circa l'immunità dell'agente diplomatico si è formata con riferimento alla giurisdizione penale, l'immunità dalla giurisdizione civile deriva da un processo storico meno lineare. Ne segue che, l'obbligo internazionale di esentare il Capo missione dalla giurisdizione civile (e più recentemente, amministrativa) non è *assoluto* ma comporta le *eccezioni* di cui all'art. 31, par. 1 CVRD, ossia:

"a) di un'azione reale riguardante un immobile privato situato sul territorio dello Stato accreditatario, purché l'agente diplomatico non ne abbia il possesso per conto dello Stato accreditante ai fini della missione;

b) di un'azione riguardante una successione nella quale l'agente diplomatico figuri come esecutore testamentario, amministratore, erede o legatario, a titolo privato e non a nome dello Stato accreditante;

c) di un'azione riguardante un'attività professionale o commerciale quale che essa sia, esercitata dall'agente diplomatico nello Stato accreditatario, al di fuori delle sue funzioni ufficiali".

Va inoltre osservato che l'immunità dalla giurisdizione civile può non essere riconosciuta all'agente diplomatico per atti *jure privatorum*, la concreta disciplina dovendo essere rilevata attraverso la giurisprudenza dello Stato territoriale.

Così, **ad esempio**, nel **caso *Russel***, il colonnello Russel, diplomatico canadese distaccato presso l'Ambasciata del Canada a Roma in quanto esperto militare, era stato citato a giudizio da una società immobiliare romana per il mancato pagamento di canoni di locazione della sua abitazione privata, ed aveva invocato, in quanto agente diplomatico, l'immunità giurisdizionale sia in base al diritto internazionale generale che in base alla CVRD. Il Tribunale di Roma sollevava dinanzi alla Corte costituzionale la questione dell'incostituzionalità della norma sull'immunità diplomatica per contrasto, tra l'altro, con l'art. 24 Cost. in materia di diritto alla tutela giurisdizionale. Nella pronuncia del 12 giugno 1979, n°48, la Corte ha ritenuto che "l'ordinamento italiano si è adeguato, ancor prima dell'entrata in vigore della Costituzione, alla norma di diritto internazionale, generalmente riconosciuta, che ha sancito l'obbligo degli Stati di riconoscere reciprocamente ai propri rappresentanti diplomatici l'immunità dalla giurisdizione civile, anche per gli atti posti in essere quali privati individui" ed ha concluso, tra l'altro, che "il denunciato contrasto sia soltanto apparente e risolubile applicando il principio di specialità. Invero le deroghe alla giurisdizione derivanti dall'immunità diplomatica non sono incompatibili con le norme costituzionali invocate, in quanto necessarie a garantire l'espletamento della missione diplomatica, istituto imprescindibile del diritto internazionale, dotato anche di garanzia costituzionale, come risulta dall'art. 87 della Costituzione, secondo cui il Presidente della Repubblica "accredita e riceve i rappresentanti diplomatici".

A propria volta, la Cassazione italiana ha rilevato che la giurisprudenza: "si sia, nel tempo, sempre univocamente attestata sul fronte di una concezione ragionevolmente limitativa e selettiva, *quoad effecta*, delle norme predicative del diritto dell'agente diplomatico estero di sottrarsi alla giurisdizione italiana. Limitazione e selezione che traggono fondamento in ciò, che l'attività *jure privatorum* (dello Stato estero, ma, a più forte ragione, di un suo rappresentante) esercitata indipendentemente da un "potere sovrano", ponendo l'autore sul medesimo piano di un privato cittadino, non consente alcuna deroga di giurisdizione, deroga legittimamente predicabile, di converso, in tema di rapporti destinati a gravitare nell'orbita della "totale estraneità rispetto all'ordinamento interno" (in termini, Cass. SS.UU. 919/1996, a mente della quale la norma di diritto internazionale generalmente riconosciuta, sulla immunità giurisdizionale degli Stati esteri e degli enti pubblici operanti nell'ordinamento internazionale, riguarda solo i rapporti che rimangono del tutto estranei all'ordinamento interno, o perché quegli Stati o enti agiscono in altri Paesi come soggetti di diritto internazionale, o perché agiscono quali titolari di una potestà d'imperio nell'ordinamento di cui sono portatori... Non si sottrae, pertanto, alla giurisdizione nazionale la controversia promossa dal cittadino italiano per ottenere la risoluzione del contratto preliminare di compravendita di un immobile concluso con uno Stato estero, non rilevando in contrario la prevista destinazione dell'immobile stesso a residenza ufficiale dell'Ambasciatore di tale Stato, nè, in difetto di perfezionamento del preliminare con l'atto pubblico, il possesso concesso al promissario acquirente, ma solo di fatto e, quindi, senza idoneità a determinare l'operatività della Convenzione di Vienna del 18 aprile 1961, sull'immunità diplomatica)" ([169]). Inoltre, la Cassazione ha indicato che l'immunità giurisdizionale degli Stati stranieri e dei relativi rappresentanti è invocabile soltanto quando essi agiscano quali titolari di una potestà di imperio, e non quando collocandosi nella medesima posizione dei cittadini italiani, l'agente diplomatico eserciti un'attività professionale o commer-

---

([169]) Cass. civ., SS.UU., 13 novembre 2008, n. 27044, in *Dejure*. V. altresì, fra le tante: Cass., SS.UU., 27 novembre 2002 n. 16830 (l'immunità giurisdizionale dell'Ambasciatore di Stato estero, ai sensi dell'art. 31 della Convenzione di Vienna del 18 aprile 1961, non è invocabile con riferimento a controversia di pagamento somme per differenze retributive relative all'espletamento di mansioni di autista presso l'ambasciata); Cass., SS.UU., 18 ottobre 1993 n. 10294, in *Riv. dir. inter. priv. proc.*, 1994, p. 620 (malgrado che, per prassi consuetudinaria e in base all'art. 30 della Convenzione di Vienna del 18 aprile 1961, la residenza ufficiale dell'Ambasciatore sia equiparata alla sede dell'ambasciata, sussiste la giurisdizione italiana rispetto ad una controversia con lo Stato estero relativa alla validità di un contratto preliminare, diretto all'acquisto di un immobile da destinare a residenza dell'Ambasciatore). V. però Cass., SS.UU., 16 dicembre 1987 n. 9321, *ivi*, 1989, p. 141 (con riguardo a domanda di rilascio di immobile locato ad uso abitativo proposta nei confronti di agente diplomatico di uno Stato parte della Convenzione di Vienna del 18 aprile 1961, quale la Repubblica di Tunisia, deve essere dichiarato il difetto di giurisdizione del giudice italiano, poiché l'immunità dalla giurisdizione civile, contemplata dall'art. 31 di detta Convenzione, si estende ai fatti della vita privata del diplomatico, con le sole eccezioni specificamente previste dalla norma medesima (eccezioni che includono, per gli immobili, le azioni reali, non quelle personali)). Da ultimo, con sentenza a SS.UU. del 6 giugno 2017 (in *Riv.dir.int.*, 2017, p. 1296), la Suprema Corte ha ribadito che l'art. 11 della Conv. ONU sulle immunità degli Stati riflette l'evoluzione del diritto consuetudinario in materia e conferma la tesi dell'immunità ristretta degli Stati. Sicché, nel caso di specie, in una controversia di lavoro tra una dipendente e l'Ambasciata dello Zambia a Roma, mentre la richiesta reintegrazione nel posto di lavoro non poteva essere pronunciata in quanto investe poteri pubblicistici di tale ente, la Corte ha ritenuto sussistere la giurisdizione italiana con riguardo ai soli aspetti patrimoniali della controversia, sempre che non incidano sull'autonomia e sulle potestà pubblicistiche dell'Ambasciata, oppure non ricorrano le ragioni di sicurezza di cui all'art. 2, lett. *d*), della Convenzione ONU sull'immunità degli Stati stranieri.

ciale al di fuori dalle sue funzioni ufficiali. Qui, non vale più l'immunità e dunque risponde nei casi in cui egli risulti, da un punto di vista civilistico, soggetto passivo di tali rapporti intrapresi nel territorio dello Stato *jure privatorum*. Pertanto, in tal caso l'Agente diplomatico può essere sottoposto alla giurisdizione italiana sia in sede di processi di cognizione che (come nella specie) nell'ambito di procedure esecutive instaurate nei suoi confronti (170).

c) L'esenzione dall'obbligo di testimonianza *(art. 31, par. 2, CVRD)*.

L'agente diplomatico non è tenuto a prestare testimonianza in giudizio dinanzi ai giudici dello Stato accreditatario in relazione a fatti di cui è venuto a conoscenza nell'esercizio delle proprie funzioni (171).

d) L'immunità da misure esecutive *(art. 31, par. 3, CVRD)*.

Per quanto riguarda il processo di esecuzione forzata e le misure ad esso relativo, ancora una volta appare utile distinguere tra i tipi di immunità sopra richiamati. Pertanto, anche in tale caso, l'immunità penale dell'agente diplomatico è totale (*immunità personale*) e parziale in materia civile ed amministrativa. Anche qui, tuttavia, si ha una importante ricaduta del dibattito, più volte evocato, della necessaria limitazione del beneficio dell'immunità a favore dell'agente in caso di violazioni gravi dei diritti umani e dello *jus cogens*.

In ogni caso, ed anche con riferimento ad eventuali abusi dell'immunità da parte di un agente diplomatico, è pacifico che lo Stato accreditatario possa, in qualsiasi momento e senza motivazione, dichiarare detto agente *persona non grata* (*ex* art. 9 e 41 CVRD).

Accanto all'istituto delle sopra richiamate *immunità diplomatiche* si collocano alcuni *privilegi* nonché l'istituto della *inviolabilità diplomatica*:

Gli agenti diplomatici godono di uno speciale trattamento in *materia tributaria*, variamente stabilito nella legislazione dello Stato accreditatario ma conforme all'art. 34 CVRD. Si tratta di esenzione, tra l'altro, da "qualsiasi imposta e tassa, personale o reale, nazionale, regionale o comunale", fatta eccezione per le imposte indirette ed altri tributi minori o sui redditi prodotti nel territorio dello Stato accreditatario. Anche tali esenzioni sono riconosciute agli agenti dal momento in cui entrano nel territorio dello Stato accreditatario fino al momento in cui ne escono e si estendono, con intensità variabile, al personale della missione, nonché ai familiari degli agenti e del personale.

Il **regime delle *inviolabilità*** viene previsto agli artt. 29 ss. CVRD ed in particolare prevede:

a) l'inviolabilità personale: la persona dell'agente diplomatico è inviolabile e non può essere sottoposto ad alcuna forma di arresto o di detenzione; nemmeno per delle attività non strettamente funzionali con la sua missione.

La CIG, nella controversia riguardante il *personale diplomatico e consolare degli Stati Uniti a Teheran del 24 maggio 1980*, insistette molto sul rispetto della persona degli agenti diplomatici e consolari stranieri. La Corte ha ritenuto che le predette Convenzioni di Vienna del 1961 e 1963 comportano necessariamente dei limiti all'esercizio della sovranità dello Stato territoriale, in ragione dello specifico statuto personale degli agenti diplomatici e consolari. Dette Convenzioni, infatti, enunciano "*le regole e i principi indispensabili al mantenimento delle relazioni pacifiche tra Stati,*

---

(170) Cass. Civ., SS.UU., 13 novembre 2008, n. 27044, in *Giust. Civ.*, 2009, 3, I, p. 604.

(171) C. Curti Gialdino, *Diritto diplomatico-consolare internazionale ed europeo*, 3 ed., cit., p. 365 s. ove riferimenti.

accettati in tutto il mondo da Nazioni di ogni credo religioso, cultura e appartenenza politica" ([172]). Più volte la Corte ha sottolineato la "gravità e l'ampiezza" delle violazioni di tali principi da parte dell'Iran, sebbene siano "d'importanza capitale per il mantenimento di buone relazioni tra Stati nel mondo interdipendente di oggi" ([173]).

b) L'inviolabilità della sede diplomatica che comporta *l'obbligo negativo dello Stato accreditatario di astenersi da atti di autorità* (arresti, perquisizioni, sequestri ecc.) all'interno della sede diplomatica (art. 22 CVRD) così come nell'abitazione dell'agente diplomatico, nonché, *l'obbligo positivo* di adottare le opportune misure *per prevenire azioni offensive contro la sede diplomatica o la sua abitazione*. Gli agenti dello Stato accreditatario possono penetrare in quei luoghi solo con il consenso dell'agente diplomatico. Anche gli ***archivi***, i *documenti*, la ***corrispondenza diplomatica*** e la ***valigia diplomatica*** *(Diplomatic Bag)* (art. 27 CVRD) sono inviolabili purché nell'involucro esterno sia apposto il sigillo dello Stato accreditante.

Contrariamente ad un'opinione comune (tra i non specialisti) è ovvio che detta inviolabilità ***non comporta l'extraterritorialità della sede diplomatica (o dell'abitazione dell'agente)***, dovendosi questa considerare, a tutti gli effetti, una porzione del territorio dello Stato accreditatario dove, appunto, si applica la CVRD. Pertanto, una filiazione all'interno della sede o anche la conclusione di un contratto presso un'-Ambasciata, avvengono nel territorio dello Stato accreditatario e non in quello dello Stato estero.

113. Le immunità ed i privilegi dei *Consoli*. —Dagli agenti diplomatici vanno distinti i *consoli*, sebbene anch'essi esercitino le proprie funzioni all'estero e siano in collegamento con gli agenti diplomatici presenti nello stesso Stato estero. Anche l'istituzione consolare possiede antiche origini, ed al riguardo Anzilotti ha osservato che "l'odierna istituzione consolare è, storicamente, una derivazione genuina e diretta di condizioni sociali e politiche proprie del Medio evo", ossia dell'epoca delle corporazioni dei mercanti e dell'antica *lex mercatoria* ([174]).

Nel nostro tempo, mentre l'Ambasciata ha una sede, di solito nella capitale dello Stato accreditatario, i consolati possono essere più di uno ed avere diversa competenza

---

([172]) Punto 45.

([173]) Punto 91. Già in precedenza, nella sua ordinanza del 15 dicembre 1979, la CIG aveva osservato che: "nella condotta delle relazioni tra Stati, non [esisteva] esigenza più fondamentale di quella dell'inviolabilità dei diplomatici e delle ambasciate... [e] che... nel corso della storia, nazioni di qualsiasi credo religioso e di ogni cultura [avevano] osservato degli obblighi reciproci a tal fine", in *Rec.*, p. 19.

([174]) D. Anzilotti, *Corso di diritto internazionale*, Padova, Cedam, rist. 1964, p. 238: "[L]e corporazioni d'arti e mestieri, in cui era allora organizzata l'attività industriale e commerciale, godevano di una grande autonomia e fra l'altro avevano anche giudici propri, per la risoluzione delle controversie tra i membri della corporazione o anche fra questi e gli estranei: detti giudici prendevano il nome di consoli. Quando, cresciuti i rapporti commerciali, nuclei numerosi d'individui andarono a stabilirsi in Paesi stranieri per esercitarvi il commercio e l'industria, riprodussero nelle colonie l'organizzazione stessa che avevano nella madre patria, si costituirono in corporazioni e in queste si elessero dei capi che, fra le altre funzioni, avevano anche quella di amministrare la giustizia ai membri della corporazione. I giudici dei mercati in Paese straniero conservarono il nome di consoli, che rimase a designare questa speciale categoria di organi, anche quando aveva cessato di esistere l'organizzazione sociale, di cui erano il prodotto. Da principio furono i mercanti stranieri stessi che, organizzandosi in corporazioni, elessero i loro consoli: poi, a misura che gli Stati, rafforzandosi, presero nelle loro mani la tutela dei propri sudditi nei Paesi stranieri, ai consoli eletti si sostituirono i consoli nominati dallo Stato". V. altresì M. Giuliano, *Diritto internazionale*, Milano, Giuffrè, 1974, II, cit., p. 327 ss. e riferimenti ivi cit.. Sulla *lex mercatoria*, rinviamo a F. Galgano, *Lex mercatoria*, Bologna, Il Mulino, 2000 e F. Marrella, *La nuova lex mercatoria*, cit., ove riferimenti.

territoriale. Tuttavia, mentre l'agente diplomatico è un ***organo di attività esterna*** dello Stato abilitato a compiere atti internazionali, *il console è un organo* ***di carattere tecnico-amministrativo*** *mediante il quale lo Stato di invio compie in territorio straniero attività prevalentemente amministrative ed eccezionalmente anche giurisdizionali* ***che riguardano l'ordinamento interno dello Stato di invio***. Per tali ragioni, i consoli hanno il compito di relazionarsi non con gli organi apicali dello Stato in cui esercitano, bensì con le autorità locali della circoscrizione consolare di destinazione.

Come si è avvertito sopra, anche le relazioni consolari sono disciplinate da norme consuetudinarie codificate nella *Convenzione di Vienna del 24 aprile 1963 sulle relazioni consolari* (CVRC) — entrata internazionalmente in vigore il 19 marzo 1967, ratificata e resa esecutiva in Italia con L. 9 agosto 1967 n. 804 — e da trattati consolari ([175]). A livello nazionale, il D. Lgs. 3 febbraio 2011, n. 71 completa tale normativa tramite la disciplina dell'ordinamento e delle funzioni degli uffici consolari italiani.

L'art. 5 CVRC stabilisce che le ***funzioni consolari*** consistono nel:

"*a.* proteggere nello Stato di residenza gli interessi dello Stato d'invio e dei suoi cittadini, siano questi persone fisiche oppure giuridiche, nei limiti consentiti dal diritto internazionale;

b. favorire lo sviluppo di relazioni commerciali, economiche, culturali e scientifiche tra lo Stato d'invio e lo Stato di residenza e promuovere in ogni altro modo le relazioni amichevoli fra gli stessi nel quadro delle disposizioni della presente Convenzione;

c. informarsi, con ogni mezzo lecito, delle condizioni e dell'evoluzione della vita commerciale, economica, culturale e scientifica dello Stato di residenza, farne rapporto al governo dello Stato d'invio e dare informazioni alle persone interessate;

d. rilasciare passaporti e documenti di viaggio ai cittadini dello Stato d'invio, nonché visti e documenti appropriati alle persone che desiderano recarvisi;

e. prestare soccorso e assistenza ai cittadini dello Stato d'invio, siano questi persone fisiche oppure giuridiche;

f. agire in qualità di notaio e di ufficiale dello stato civile ed esercitare funzioni similari e talune funzioni di ordine amministrativo, sempre che non vi si oppongano le leggi e i regolamenti dello Stato di residenza;

g. tutelare gli interessi dei cittadini dello Stato d'invio, sia persone fisiche che giuridiche, nelle successioni *mortis causa* nel territorio dello Stato di residenza, in conformità alle leggi e ai regolamenti dello Stato di residenza;

h. tutelare, entro i limiti stabiliti dalle leggi e dai regolamenti dello Stato di residenza, gli interessi dei minori e degli incapaci, cittadini dello Stato d'invio, particolarmente quando occorra istituire una tutela o una curatela nei loro confronti;

i. ferme restando le pratiche e le procedure vigenti nello Stato di residenza, rappresentare i cittadini dello Stato d'invio o prendere disposizioni atte ad assicurare la loro adeguata rappresentanza davanti ai tribunali e alle altre autorità dello Stato di residenza per chiedere, conformemente alle leggi e ai regolamenti di questo Stato, l'adozione di misure provvisorie ai fini della salvaguardia dei diritti e degli interessi di

---

([175]) L'art. 73 della Convenzione di Vienna prevede la possibilità di "concludere accordi internazionali che confermino o completino o integrino" le sue disposizioni o ne estendano il campo di applicazione. L'Italia ha concluso oltre quaranta convenzioni consolari con gli Stati coi quali intrattiene i più intensi rapporti commerciali o con i quali è maggiore il flusso migratorio.

questi connazionali, qualora, a causa della loro assenza o per qualsiasi altra ragione, non possano provvedere tempestivamente alla difesa di tali diritti e interessi;

j. trasmettere atti giudiziari o stragiudiziali o eseguire commissioni rogatorie in conformità con gli accordi internazionali vigenti o, in mancanza di tali accordi, in ogni modo compatibile con le leggi ed i regolamenti dello Stato di residenza;

k. esercitare i diritti di controllo e di ispezione, previsti dalle leggi e dai regolamenti dello Stato d'invio, sulle navi e sui battelli fluviali aventi la cittadinanza di questo Stato e sugli aeromobili immatricolati in questo Stato, così come sui loro equipaggi;

l. prestare assistenza alle navi, ai battelli e agli aeromobili menzionati nel capoverso k, e ai loro equipaggi, ricevere le dichiarazioni sul viaggio di tali navi e battelli, esaminare e vistare i documenti di bordo e, senza pregiudizio per i poteri delle autorità dello Stato di residenza, condurre inchieste sugli incidenti sopravvenuti nel corso della traversata e risolvere, in quanto lo permettano le leggi e i regolamenti dello Stato d'invio, le controversie di qualsiasi natura tra il capitano, gli ufficiali e i marinai;

m. esercitare ogni altra funzione affidata ad un ufficio consolare dallo Stato di invio, che non sia vietata dalle leggi e dai regolamenti dello Stato di residenza, o a cui lo Stato di residenza non si oppone, oppure che sono menzionate negli accordi internazionali in vigore fra lo Stato d'invio e lo Stato di residenza".

In breve, gli agenti consolari svolgono nel territorio di uno Stato estero delle attività in favore dei propri connazionali, ***soprattutto di carattere amministrativo*** (ad es. rilascio certificati richiesti dai cittadini, rinnovo passaporti e carte d'identità, visti etc.) e di assistenza giudiziaria ([176]).

Anche al fine di istituire gli uffici consolari occorre il mutuo consenso degli Stati interessati e a tale scopo possono essere concluse apposite ***convenzioni consolari*** ([177]). È necessario infatti il consenso dello Stato territoriale ad ospitare gli uffici consolari a condizione di reciprocità (*exequatur*) ([178]) ma il consenso è da ritenere implicito allorquando i due Stati hanno già stabilito relazioni diplomatiche (art. 2).

Viceversa, la *rottura delle relazioni diplomatiche non comporta automaticamente quella delle relazioni consolari.*

Gli organi consolari godono di ***immunità e privilegi*** di natura analoga a quella degli agenti diplomatici *ma ad ambito più ristretto in quanto strettamente funzionale.*

Ai consoli sono riconosciute le seguenti immunità:

a) ***l'immunità dalla giurisdizione penale*** *(però solo per gli atti compiuti nell'esercizio delle funzioni, ex. art. 43 CVRC)*

b) ***l'immunità dalla giurisdizione civile ed amministrativa*** *(ancora una volta solo* ratione materiae*, ex. art. 43 CVRC)*

c) ***L'immunità da misure esecutive*** *(solo* ratione materiae*, art. 43 CVRC)*

Si applicano poi:

a) ***delle esenzioni fiscali***

([176]) Cfr. art. 36 CVRC. In arg. cfr. SIDI, *La protection consulaire*, Paris, Pedone, 2006, nonché F. Capotorti, *Corso di diritto internazionale*, Milano, Giuffrè, 1995, p. 45 ss. e C. Curti Gialdino, *Diritto diplomatico-consolare internazionale ed europeo*, 5 ed., cit., p. 506 ss.

([177]) Giuliano, *Diritto internazionale*, II, cit., p. 330 che avverte che tali materie possono trovarsi regolate in altri accordi bilaterali quali "ad es. i trattati di commercio e navigazione, in convenzioni di stabilimento e via dicendo".

([178]) La concessione dell'*exequatur* implica l'accettazione del console da parte dello Stato che lo riceve e l'autorizzazione ad esercitare le proprie funzioni coi diritti e i privilegi che ne conseguono.

*b) **le regole dell'inviolabilità dei locali, degli archivi e dei documenti consolari.*** In Italia, sono insorte non poche controversie con riferimento a contratti di lavoro stipulati tra cittadini italiani e consolati stranieri.

Così, **ad esempio**, la Cassazione italiana ha precisato che, per quanto riguarda le controversie inerenti al rapporto di lavoro del personale italiano — come di quello straniero — di Consolati di Stati stranieri in Italia, sussiste il difetto di giurisdizione del giudice italiano, per effetto dell'immunità consolare, quando la pronuncia richiesta comporti interferenza sull'organizzazione dell'ufficio consolare sì che deve essere esclusa la giurisdizione del giudice italiano per la domanda volta alla *reintegrazione* nel posto di lavoro a seguito di impugnativa di licenziamento, investendo detta pretesa in via diretta i poteri organizzativi-sovrani dell'ente straniero (179). Ma in precedenza aveva rilevato che l'immunità giurisdizionale del Console di uno Stato straniero prevista dall'art. 43 della predetta CVRC riguarda gli atti compiuti nell'esercizio delle funzioni consolari, ovvero i contratti stipulati in qualità di mandatario di detto Stato, e, pertanto, non è invocabile con riferimento a un contratto di lavoro, avente ad oggetto l'espletamento di collaborazione domestica presso la famiglia del Console medesimo (180). Ancora: la controversia instaurata da un dipendente italiano di un *Console onorario* di uno Stato estero, per ottenere il pagamento di spettanze retributive ed il versamento dei contributi omessi, appartiene alla giurisdizione del giudice italiano, non ostando a detto riconoscimento la CVRC, essendosi in presenza di una domanda giudiziaria che non coinvolge aspetti relativi all'organizzazione dello Stato straniero e che non incide in alcun modo sull'esercizio dei suoi poteri sovrani (181); alla luce dell'art. 43 CVRC, il giudice italiano può conoscere di una domanda di pagamento di somme di denaro avanzata da un dipendente nei confronti di un Consolato straniero qualora il relativo rapporto di lavoro non costituisca esercizio dei poteri di organizzazione dello Stato estero (182). Infine: in tema di esenzione dalla *giurisdizione penale* di agente diplomatico, poiché quest'ultima qualità si acquista, ai sensi della Convenzione di Vienna sulle relazioni diplomatiche, soltanto con la notificazione dello Stato accreditante allo Stato accreditatario, l'immunità *non* spetta all'Agente consolare del quale il Paese di origine si sia limitato a dichiarare, in note verbali dirette al Ministero degli affari esteri, la qualità di "agente diplomatico", senza avere mai provveduto alla relativa notificazione formale (183).

114. La tutela diplomatica e consolare presso gli organi di un altro Stato membro UE. — Un'ultima osservazione riguarda l'espansione della tutela diplomatica e consolare tramite il diritto UE. Nel contesto UE, l'art. 23 TFUE, stabilisce, infatti, che:

"Ogni cittadino dell'Unione gode, nel territorio di un Paese terzo nel quale lo Stato membro di cui ha la cittadinanza non è rappresentato, della tutela da parte delle autorità diplomatiche e consolari di qualsiasi Stato membro, alle stesse condizioni dei cittadini di detto Stato. Gli Stati membri adottano le disposizioni necessarie e avviano i negoziati internazionali richiesti per garantire detta tutela".

Ciò significa che ogni cittadino europeo — ossia che ha acquisito la cittadinanza di uno Stato membro UE *ex* art. 20 TFUE — *ha il diritto di godere della protezione delle autorità diplomatiche e consolari di qualsiasi Stato membro dell'UE negli Stati terzi in cui lo Stato di cui ha la cittadinanza non è rappresentato* (art. 46 della Carta dei

(179) Cass., SS.UU., 10 luglio 2006, n. 15628, 15626 e 15620.
(180) Cass., SS.UU., 26 novembre 1990, n. 11357.
(181) Cass., SS.UU., 22 luglio 2004, n. 13711, in *Foro it.*, 2005, I, 428.
(182) Cass., SS.UU., 27 maggio 1999, n. 313, in *Riv. dir. inter. priv. proc.*, 1999, p. 628.
(183) Cass. pen., Sez. V, 19 marzo 2003, n. 16659, in *Cass. pen.*, 2004, p. 2432.

diritti fondamentali UE). Ciò assume una cruciale importanze nelle aree di crisi o di conflitto ove può accadere che restino operativi solo gli uffici diplomatici e consolari di alcuni Stati membri UE ma non degli altri.

In tali circostanze, i cittadini dell'Unione hanno il diritto di essere tutelati alle stesse condizioni dei cittadini di quello Stato membro dell'UE ai cui uffici diplomatici e consolari si rivolgono ([184]).

Il 20 aprile 2015, gli Stati membri dell'UE hanno adottato la Direttiva n. 2015/637/UE sulla *tutela consolare per i cittadini europei che vivono o viaggiano al di fuori dell'UE* ([185]). La Direttiva precisa quando e come i cittadini europei in difficoltà in un Paese al di fuori dell'Unione europea hanno il diritto di ricevere assistenza dalle ambasciate e dai consolati di altri Stati membri dell'UE. L'obiettivo è agevolare la cooperazione tra autorità consolari e rafforzare il diritto dei cittadini europei alla protezione consolare.

2. — La competenza *personale* quale limite della sovranità *territoriale altrui*

115. Il trattamento degli stranieri. — La competenza personale (*Personal Jurisdiction*) di uno Stato rappresenta un freno, un limite all'esercizio della sovranità da parte dello Stato territoriale. Tale intreccio di relazioni sottili si trova al centro delle *norme applicabili al trattamento degli stranieri* (su cui v. *supra*) che avendo per oggetto la loro persona ed i loro beni può comportare la responsabilità internazionale dello Stato territoriale. Ciò diviene evidente allorquando lo Stato di cittadinanza (ossia lo Stato che possiede la competenza personale) decide di esercitare la protezione diplomatica (*infra*, Cap. XVI). Al riguardo, va notato che la materia del trattamento degli stranieri è da sempre all'origine di un grande numero di controversie internazionali.

([184]) La protezione in genere offerta dalle ambasciate o dai consolati degli Stati membri dell'UE comprende: — l'assistenza in caso di decesso; — l'assistenza in caso di incidente o malattia grave; — l'assistenza in caso di arresto o detenzione; — l'assistenza alle vittime di reati violenti; — il soccorso e il rimpatrio di cittadini dell'Unione in difficoltà. Cfr. il sito *http://ec.europa.eu/consularprotection/content/about-consular_it.*

([185]) Dir. (UE) 2015/637 del Consiglio del 20 aprile 2015 sulle misure di coordinamento e cooperazione per facilitare la tutela consolare dei cittadini dell'Unione non rappresentati nei paesi terzi e che abroga la decisione 95/553/CE, attuata in Italia con D. lgs. 22 dicembre 2017, n. 234. Gli artt. 1-9 di detta Direttiva individuano i titolari del diritto alla tutela consolare, il suo contenuto e le modalità di esercizio. In particolare, l'art. 2, rubricato "Principio generale" sancisce che "[l]e ambasciate e i consolati degli Stati membri forniscono tutela consolare ai cittadini non rappresentati alle stesse condizioni riservate ai loro cittadini". Per "cittadini non rappresentati" si intendono i cittadini di uno Stato membro che si trovano in un paese terzo nel quale il primo "non possiede un'ambasciata o un consolato stabiliti in modo permanente o se non vi possiede un'ambasciata, un consolato o un console onorario che sia in grado di fornire efficacemente tutela consolare in un determinato caso" (artt. 4 e 6). Il cittadino non rappresentato può rivolgersi all'ambasciata o al consolato di qualsiasi Stato membro. Tuttavia, se lo Stato membro al quale il cittadino chiede tutela ha concluso con altri Stati membri un accordo pratico sulla condivisione delle responsabilità di fornire tutela consolare, in base al quale non è competente, la domanda deve essere trasferita "all'ambasciata o al consolato pertinenti, a meno che la tutela consolare possa risultare così compromessa, in particolare nel caso in cui l'urgenza della questione richieda un'azione immediata da parte dell'ambasciata o del consolato a cui il cittadino si è rivolto" (art. 7). Inoltre, ad eccezione dei casi di estrema urgenza, prima di fornire l'assistenza, lo Stato membro richiesto deve consultare lo Stato membro di cittadinanza del richiedente (art. 10). Quanto ai servizi che formano l'oggetto della tutela consolare, l'art. 9 fornisce un'elencazione solo esemplificativa, che include, tra l'altro, l'assistenza in caso di arresto o detenzione, quando il richiedente è vittima di reato ovvero deve essere rimpatriato in caso di emergenza, nonché "qualora il richiedente necessiti di documenti di viaggio provvisori".

3. — La sovranità *territoriale* quale limite della competenza *personale* altrui

116. Assenza di giurisdizione esecutiva (*jurisdiction to enforce*). — Occorre ora fare ancora riferimento a tutte quelle circostanze in cui uno Stato A possiede la competenza normativa (la *jurisdiction to prescribe*) ma è privo di quella esecutiva (*jurisdiction to enforce*). Qui, lo Stato che possiede la competenza normativa potrà assicurare l'esecuzione delle sue norme solo tramite la cooperazione attiva e volontaria dello Stato territoriale. È così per esempio che se il cittadino di uno Stato A commette, in un uno Stato B, dei reati che attentano alla sicurezza dello Stato A, quest'ultimo Stato dovrà richiedere allo Stato territoriale (lo Stato B) di riconsegnargli l'individuo in questione (di estradarlo) o di sottoporlo a **giudizio penale** dinanzi ai propri tribunali.

Così, **ad esempio**, è avvenuto nel ***caso Battisti***. Si tratta di un ex terrorista dei *Proletari armati per il comunismo* (Pac), condannato per quattro omicidi consumati alla fine degli anni '70 (cd. *anni di piombo*). Nel 1979, Cesare Battisti viene arrestato a Milano e nell'81 evade dal Penitenziario di Frosinone. Viene condannato in via definitiva per quattro omicidi. A seguito dell'evasione, fugge in Francia ed in Messico. In Francia beneficia della "dottrina Mitterrand", che dal 1982 garantisce di non estradare i militanti politici di estrema sinistra che abbiano deciso di rinunciare alla lotta armata. Nel 2004, il Presidente francese Chirac pone fine alla "dottrina Mitterand", e la Francia acconsente all'estradizione. Senonché, Battisti fugge in Brasile dove vive in clandestinità. Nel marzo 2007 viene arrestato a Rio de Janeiro e dopo quattro anni di prigionia, previo matrimonio con una brasiliana, richiede l'asilo politico. Nel 2010, il Presidente brasiliano Lula dichiara di non voler concedere l'estradizione ed il 9 giugno 2011 il *Supremo Tribunal Federal* brasiliano conferma. Così, nel giugno 2011, Battisti viene liberato e gli viene concesso un permesso di residenza permanente in Brasile. Senonché, dopo le elezioni politiche brasiliane, nel 2018, il nuovo Presidente Bolsonaro dichiara di volerlo estradare. Nuovamente latitante, il 12 gennaio 2019, Battisti viene arrestato dall'Interpol in Bolivia e poi estradato in Italia ove deve scontare la pena dell'ergastolo.

Ciò non avviene spesso e, ad ulteriore riprova di tale questione, va notato che, tradizionalmente e salvo diversa pattuizione, gli Stati rifiutano di prestarsi assistenza reciproca in ***materia fiscale***, poiché tale materia è considerata di *applicazione strettamente territoriale* ([186]).

Va notato altresì che alcuni Stati (ad esempio la Francia) rifiutano — salvo impegni di diritto pattizio — di concedere l'estradizione dei *propri* cittadini. Al contrario, la Gran Bretagna ha accettato di concedere l'estradizione in Belgio di alcuni suoi cittadini, degli *hooligans*, affinché fossero colà giudicati da parte dei giudici belgi in relazione ai terribili atti di violenza che provocarono 38 morti allo Stadio di Heysel in occasione di una partita di calcio nel 1985.

4. — Le competenze concorrenti (*overlapping jurisdictions*)

117. Necessità di un coordinamento tra ordinamenti giuridici statuali. — A volte, come abbiamo visto in precedenza, due Stati possiedono contemporaneamente la *jurisdiction* internazionale, ma in virtù di "titoli" diversi — il territorio, la protezione

---

([186]) In argomento cfr. ad es. M. Udina, *Diritto internazionale tributario*, Padova, Cedam, 1949; G. Corasaniti, P. Vimercate De'capitani, V. Uckmar, C. Oliva Caterina, *Manuale di diritto tributario internazionale*, 2ª ed., Padova, Cedam, 2012.

o il legame di nazionalità — per regolare le attività di un dato soggetto privato, persona fisica o giuridica. Il bilanciamento di tali competenze può risultare da alcuni semplici principi: lo statuto personale dello straniero sarà determinato dalla legge dello Stato di cui ha la cittadinanza, mentre il regime dei beni sarà quello del Paese in cui sono situati; può accadere comunque che l'applicazione dell'ordinamento dello Stato territoriale prevalga sullo statuto personale nella misura imposta da normative di applicazione necessaria od in virtù del limite dell'ordine pubblico internazionale. Infatti, il coordinamento tra diversi ordinamenti giuridici statali è un'operazione che forma oggetto del di diritto internazionale privato.

118. L'applicazione extraterritoriale del diritto nazionale. — Particolari difficoltà si pongono allorché uno Stato intenda far produrre ad alcune sue leggi *efficacia extraterritoriale*. A tal fine, lo Stato può invocare due titoli di giurisdizione: la propria *giurisdizione personale* nei confronti dei suoi cittadini residenti all'estero, e la propria *competenza di protezione* per reprimere degli atti che si svolgono nel territorio di un altro Stato ma che potrebbero pesantemente incidere sul proprio ordinamento giuridico o economico. È così che le tradizionali pretese degli Stati Uniti di attribuire un ampio effetto extraterritoriale ad alcune proprie norme nazionali (normative *antitrust* ed in materia di **concorrenza**), norme sociali, norme regolatrici del mercato finanziario, norme "politiche" che impongono delle sanzioni economiche — ***embargo*** — nei confronti di determinati Paesi) sono causa di frequenti dissapori — per non dire crisi — con i loro partner commerciali, specie europei.

119. Esempi di conflitti in materia di diritto della concorrenza. — Per esempio, in materia di *diritto della concorrenza*, da tempo gli Stati Uniti pretendono il rispetto delle proprie normative nazionali da parte di *società estere che operano al di fuori del proprio territorio*, per quanto le attività di queste società producano *effetti negativi sul mercato interno statunitense*. Tale pretesa, giustificata dagli Stati Uniti con la "**dottrina degli effetti**" ([187]) che a propria volta deriverebbe dalla propria **competenza di protezione**, è stata inizialmente considerata internazionalmente illegittima da gran parte degli altri Stati e dalla dottrina. In alcune cause celebri decise in Gran Bretagna ed in Svizzera si è pervenuti a questi risultati: da un lato, in Inghilterra, la Corte d'appello non ha riconosciuto l'effetto extraterritoriale delle pronunce giudiziarie americane ([188]); dall'altro, la Svizzera ha protestato con una tale forza che lo stesso governo statunitense richiese alle proprie corti la revisione di quelle sentenze in modo da evitare ogni conflitto con la sovranità svizzera ([189]).

Dopo il 1976, diverse Corti d'Appello statunitensi hanno deciso di riconsiderare

---

([187]) V. per gli Stati Uniti: *U.S. v. Imperial Chemical Industries*, 100 F., supp. 504, SDNY, 1951; 105 F., 7 supp. 215, SDNY, 1952; *U.S. v. the watchmakers of Switzerland information center*, Trade Case, 70.600, (SDNY, 1963) e Trade Case 71.352, (SDNY, 1965). In argomento v. per tutti G. Bernini, *Un secolo di filosofia antitrust*, Bologna, Clueb, 1992.

([188]) V. la sentenza *British Nylon Spinners, ltd v. Imperial Chemical Industries*, Ltd, 1955, I. Cap. 19.

([189]) In argomento, v. tra una vasta letteratura: F. Pocar, *L'esercizio non autorizzato del potere statale in territorio straniero*, Padova, Cedam, 1974; B. Goldman, "Les champs d'application territoriale des lois sur la concurrence", *RCADI*, 1969-III, t. 128, p. 631; B. Audit, "L'affaire du gazoduc sibérien", *RCDIP*, 1983, p. 401 ss.; B. Stern, "Quelques observations sur les règles internationales relatives à l'application extraterritoriale du droit", in *AFDI*, 1986, p. 7 e "L'extraterritorialité revisitée", in *AFDI*, 1992, p. 239, nonché F. Rigaux, « La compétence extraterritoriale des Etats », *Ann. I.D.I.*, 1999, p. 371 ss. e M. Audit, E. Pataut (sous la dir. de), *L'extraterritorialité*, Paris, Pedone, 2020.

il criterio posto nella celebre sentenza *Alcoa* (190), secondo la quale "ogni Stato ha il diritto di imporre degli obblighi, anche a persone che non sono soggette alla sua giurisdizione, per degli atti commessi all'estero se comportano nel suo territorio conseguenze che lo Stato è solito sanzionare"; in effetti, nelle sentenze *Timberlane Lumber Co v. Bank of America* (191) e *Mannington Mills Inc. v. Congoleum Corp* (192), tali giudici hanno deciso di prendere ugualmente in considerazione gli interessi legittimi di Stati terzi — e non più solamente degli Stati Uniti — e di *riconoscere la competenza dello Stato i cui interessi in causa erano più rilevanti*. Bisogna tuttavia osservare che questo nuovo criterio di "bilanciamento degli interessi nazionali in presenza" non è stato favorevole al riconoscimento delle competenze degli Stati stranieri, poiché i tribunali americani hanno quasi sempre concluso in favore della propria giurisdizione (193).

Successivamente, la Corte Suprema degli Stati Uniti nella sentenza *Hartford Fire Insurance Co v. California* del 28 giugno 1993, ha ribadito l'applicazione extraterritoriale del diritto antitrust americano, nei limiti della sola cortesia internazionale (*International Comity* o *Comitas Gentium*) e del grave conflitto con una legge straniera, in base ad una "regola di ragione" (*Rule of reason*) (194).

La Section 402(1)(c) del già citato *Restatement of the Foreign Relations Law of the United States* esplicita quale titolo di giurisdizione: "conduct outside its territory that has or is intended to have substantial effect within its territory".

Non qualunque effetto, dunque, ma si deve trattare di un "effetto importante".

A tale prospettiva extraterritoriale ha risposto, anche in direzione contraria alle imprese statunitensi, la UE tramite le sentenze *Polpa di Legno* del 27 settembre 1988, (Cause riunite nn. 89, 104,114,116,117 e 125-129/85, in *Racc.*, 1988 p. 5193 ss.) e *Gencor* del 25 marzo 1999, (causa T-102/96 in *Racc.*, 1999 p. II, 743) in cui, pur non affermandola esplicitamente, la Corte di Giustizia ha accolto nella propria giurisprudenza tale "teoria degli effetti" (195). Un interessante esempio di dialogo tra Corti.

120. Esempi di conflitti in materia di misure restrittive ed *embargo*. — In materia di *embargo*, gli Stati Uniti attribuiscono sempre più spesso una *portata extraterritoriale* alle proprie norme a titolo della loro *competenza personale*. Lo schema è sempre lo stesso: la legge statunitense adotta una definizione ampia di quello che si intende per "persone soggette alla giurisdizione degli Stati Uniti", in modo da rendere loro applicabile la speciale normativa in materia di embargo (c.d. ***sanzioni primarie***). E così sono state tradizionalmente definite come tali le filiali delle società americane all'estero, poiché il criterio assunto è quello del *controllo societario*, fatto che non sorprende e che causa numerosi contrasti non appena le *filiali straniere possiedano giuridicamente la nazionalità* dello Stato in cui esse hanno la loro *sede sociale* o il *luogo di costituzione*. Concretamente, ciò significa che gli Stati Uniti pretendono che le filiali francesi o italiane delle società statunitensi siano obbligate a rispettare le sanzioni di diritto statunitense nonostante tali enti siano stati costituiti in Francia o in Italia e

(190) V. *U.S. v. Aluminium Company of America*, 148 F2d 416 (2d Cir. 1945).
(191) V. *Timberlane Lumber Co v. Bank of America*, 549 F2d 597° (9th Cir. 1976).
(192) V. *Mannington Mills Inc. v. Congoleum Corp.*, 595 F2d 1287 (3d Cir. 1979).
(193) Un classico esempio è rappresentato dal celebre caso detto del *Cartello dell'uranio: In re uranium Antitrust Litig*, 617 F2d 1248 (7thCir. 1980).
(194) V. *Hartford Fire Insurance Co v. California*, (9 Cir. 1993).
(195) V. per tutti A. PAPPALARDO, *Il diritto della concorrenza dell'Unione europea*, Torino, Utet, 2018.

possiedano la nazionalità di ciascuno di questi due Paesi. Si può parlare, al riguardo, nella migliore delle ipotesi di un "cumulo normativo", ma è facile vedere i conflitti tra quelle norme — e la posizione scomoda di quelle società e dei loro amministratori — non appena la legislazione francese o italiana contengano — magari per dare attuazione a delle norme UE — delle disposizioni configgenti con quelle del diritto statunitense.

Ciò accadde, **ad esempio**, nel celebre caso *Raoul Massardy et autres, société Fruehauf c. Me Solvet et S.A. des automobiles Berliet*, all'inizio degli anni '60 ([196]). In proposito, è opportuno ricordare alcuni cenni di fatto. La società *Fruehauf-France* era una filiale controllata dalla società americana *Fruehauf*, ma possedeva la nazionalità francese in quanto costituita ed avente sede sociale in Francia. La *Fruehauf-France* aveva concluso un contratto di fornitura di componenti meccaniche per camion con un'altra società di diritto francese, la *Berliet*. I componenti meccanici forniti da *Fruehauf-France* venivano incorporati nei camion fabbricati dalla *Berliet* per essere poi esportati nella Repubblica Popolare Cinese. Ad un certo momento, la casa madre di *Fruehauf-France* negli Stati Uniti riceveva notifica dalle autorità americane che l'attività della sua filiale francese era illecita in base alla legislazione statunitense la quale aveva istituito un "embargo strategico" che riguardava proprio le vendite di quel tipo di merci alla Cina. Di conseguenza, *Fruehauf-America* diede istruzione alla sua filiale francese di recedere dal contratto che la legava alla *Berliet* al fine di non violare la legge statunitense. In altre parole, si richiedeva a *Fruehauf-France*, una società francese, di rispettare le disposizioni della normativa statunitense unilaterale di embargo la quale vietava un'operazione che, tuttavia, era perfettamente lecita rispetto al diritto francese. Il "conflitto di giurisdizioni" era dunque evidente tra la sovranità territoriale della Francia e la giurisdizione personale, ampia ed extraterritoriale, degli Stati Uniti. Dopo molte peripezie giudiziarie, i tribunali francesi nominarono un amministratore provvisorio al fine di procedere all'adempimento del contratto tra la *Fruehauf-France* e *Berliet*. La Francia poté così far trionfare la propria sovranità territoriale; essa infatti aveva in questo caso piena giurisdizione sia normativa che esecutiva.

Un conflitto analogo si ripropose nel 1982 con il caso detto del "*gasdotto eurosiberiano*", in cui il governo statunitense pretendeva di imporre un embargo strategico su determinate esportazioni in direzione dell'Unione Sovietica. Tale embargo colpiva i materiali forniti dalle filiali tedesche, inglesi, francesi ed italiane di imprese statunitensi.

La soluzione giuridica è stata tradizionalmente la seguente: prevalse la sovranità territoriale degli Stati delle filiali ed i contratti vennero regolarmente eseguiti ([197]). Per convincersene basti richiamare le parole della Corte distrettuale dell'Aja nella sentenza ***Compagnie Européenne des Petroles c. Sensor Nederland***:

"7.3. La circostanza che l'embargo commerciale imposto dalle autorità americane sia stato munito di effetti extra-territoriali come in precedenza descritti solleva la questione se la regola sulla giurisdizione che produce tali effetti sia compatibile con il diritto internazionale.

7.3.1. Il punto di partenza per rispondere a tali questioni è la regola di diritto internazionale universalmente accettata secondo la quale non è ammissibile in generale che uno Stato eserciti la sua giurisdizione su atti compiuti al di fuori dei suoi confini. Sono possibili, peraltro, eccezioni a tale regola, ad esempio secondo il cosiddetto "principio di nazionalità" o il "principio di protezione" (il "principio dell'universalità" può essere qui tralasciato).

([196]) App. Parigi, 14° ch. 22 maggio 1965, JCP, 1965, II, 142274-*bis*; Gaz. Pal. 1965, II, 86, concl. Nepveu.

([197]) B. Audit, "Extraterritorialité et commerce international", in *RCDIP*, 1983, p. 401; S. Zarrilli, "Applicazione extraterritoriale del diritto e conflitti di giurisdizione: un'analisi a partire dal caso del gasdotto Euro-siberiano", *DCSI*, 1986, p. 213 ss.

7.3.2. La regola sulla giurisdizione americana non sembrerebbe giustificata in base al principio di nazionalità in quanto essa fa ricadere nel suo ambito di applicazione società di nazionalità diversa da quella americana... Senonché non si capisce come l'esportazione alla Russia di beni non originari degli Stati Uniti da parte di un esportatore non americano potrebbe avere un qualsivoglia effetto diretto ed illecito all'interno degli Stati Uniti. Anche per questa via, quindi, la regola sulla giurisdizione non può ritenersi compatibile con il diritto internazionale" ([198]).

Più di recente, gli Stati Uniti hanno adottato due normative ad ampia portata extraterritoriale. La prima, detta "**Helms-Burton**" (o "*Libertad*") del 12 marzo 1996 ([199]), vietava sotto pena di sanzioni a qualsiasi impresa del mondo di "trafficare" i beni confiscati dal regime di Fidel Castro a Cuba. La seconda, detta "**D'Amato**", dell'agosto 1996 ([200]), proibisce, a pena di sanzioni, a qualsiasi impresa del mondo di investire in Iran ed in Libia per lo sviluppo dei settori petrolifero e del gas di questi Paesi.

L'8 maggio 2018, il Presidente americano Donald Trump ha denunciato l'accordo sul nucleare iraniano, il *Joint Comprehensive Plan of Actions* (**JCPOA**) che era entrato in vigore nel gennaio 2016 e sanciva la sospensione delle sanzioni in cambio, da parte del Governo di Teheran, dello smantellamento del piano di sviluppo nucleare perseguito da quest'ultimo a partire dagli anni 2000.

Così, gli Stati Uniti hanno annunciato la reintroduzione persino delle c.d. ***sanzioni economiche secondarie***, ossia di quelle che colpiscono persone fisiche e giuridiche non-americane (e quindi anche le società degli Stati membri UE) per il fatto di promuovere e realizzare affari con l'Iran in determinati settori economici.

La caratteristica di queste misure sta quindi nella pretesa, abusiva, di avere ***effetti extraterritoriali*** e di sanzionare con multe o con limitazioni all'accesso al mercato statunitense persone fisiche e giuridiche straniere, c.d. ***foreign sanctions evaders*** ([201]).

121. Lezioni da trarre. — I casi a cui si è fatto riferimento costituiscono altrettanti esempi di veri e propri conflitti internazionali di sovranità. Da un lato, *lo Stato territoriale possiede una competenza di regola poziore* rispetto alla giurisdizione non territoriale degli altri Stati. *Dall'altro lato, nell'esercizio della propria competenza personale o di protezione, uno Stato non può esigere dai propri cittadini che si trovano all'estero un comportamento che li ponga in violazione delle leggi dello Stato territoriale, in particolare delle norme penali*; infine, uno Stato non deve esigere che gli stranieri sul proprio territorio pongano in essere un comportamento che li metta in posizione di violare le leggi del proprio Stato di cittadinanza.

Siamo qui in presenza di obblighi contraddittori, provenienti da diversi ordinamenti giuridici nazionali e che si cumulano in capo alla stessa persona, fisica o

---

([198]) In *ILM*, 1983, p. 66 ss.

([199]) V. *ILM*, 1996, p. 357.

([200]) V. *ILM*, 1996, p. 1237.

([201]) Le sanzioni previste per i *foreign sanctions evaders*, comprendono: l'imposizione di limitazioni nelle importazioni negli Stati Uniti di merce prodotta dagli *evaders*; il divieto di essere designati come operatori primari o depositari di fondi governativi statunitensi; il diniego all'accesso a prestiti erogati da enti finanziari statunitensi o di trasferimenti attraverso tali enti; il divieto di operazioni in Dollari statunitensi; l'imposizione di restrizioni all'esportazione di beni statunitensi verso gli evaders; il divieto di porre in essere operazioni immobiliari soggette alla giurisdizione degli USA; il rifiuto di assistenza da parte della ExIm-Bank (l'agenzia statunitense del credito per le esportazioni); l'imposizione di divieti e restrizioni per l'apertura e la gestione di conti bancari di corrispondenza negli Stati Uniti.

giuridica che sia, un problema particolarmente delicato per le società transnazionali ([202]).

Inoltre, tali sanzioni economiche a portata extraterritoriale si pongono in contrasto sia con le norme di diritto internazionale relative al riparto di giurisdizione/sovranità fra Stati, sia con le disposizioni di molte Carte istitutive di OIG, a cominciare da quella dell'OMC/WTO ([203]).

122. Reazioni all'extraterritorialità abusiva: i *Blocking Statutes*. — Per contrastare la tendenza alla progressiva extraterritorialità delle norme degli Stati Uniti e quindi per contrastare tale forma di *imperialismo giuridico*, dopo qualche tempo, un certo numero di Paesi (Australia, Francia, Gran Bretagna, Italia) si sono dotati di appositi strumenti normativi detti *Blocking Statutes* ([204]). Adottando apposite leggi, quegli stessi Stati hanno inteso così salvaguardare il pieno esercizio della loro sovranità territoriale contro le pretese abusive di Stati stranieri desiderosi di estendere l'applicazione della loro normativa al di fuori del loro territorio nazionale tramite l'impiego esorbitante della propria giurisdizione personale o di protezione.

Il caso della Francia è, a tale riguardo, emblematico: il 16 luglio 1980, il Parlamento ha votato una legge che vietava, in termini molto ampi e a pena di sanzioni pecuniarie e di misure detentive, la "comunicazione di documenti e informazioni di ordine economico, commerciale o tecnico a persone fisiche o giuridiche straniere" che potessero "pregiudicare la sovranità, la sicurezza, gli interessi economici essenziali della Francia o l'ordine pubblico" ([205]).

Va altresì notato che l'emanazione delle leggi sopraccitate "Helms-Burton" e "D'Amato" nel 1996 da parte degli Stati Uniti ha comportato l'adozione di ulteriori misure di protezione — che rientrano nella categoria delle *contromisure* — da parte di Paesi come il Canada e il Messico, nonché della stessa Comunità Europea ([206]). In effetti, da tempo era stato varato il Reg. (CE) n. 2271/96 del Consiglio, del 22 novembre 1996, "relativo alla protezione dagli effetti extraterritoriali derivanti dall'applicazione di una normativa adottata da un paese terzo, e dalle azioni su di essa basate o da essa derivanti" (c.d. ***Regolamento di blocco***) ma la sua applicazione era stata rinviata. Il 7 agosto del 2018, il *Reg. di blocco* è entrato in vigore nell'intento di neutralizzare le sanzioni secondarie americane verso l'Iran.

Così, per le imprese, oltre ai divieti di fonte USA, si sono aggiunti anche quelli di fonte UE, ossia: **1)** il divieto di accettare od eseguire nell'Unione Europea qualsiasi sentenza o decisione arbitrale od amministrativa di un tribunale o di un'autorità amministrativa esterna all'Unione, che direttamente o indirettamente, renda efficaci

---

([202]) L'OCSE si è occupata di tali questioni nel quadro dei suoi principi direttori del 1976; "Investissement international et entreprises multinationales, lé reexamen", 1984, Paris; v. in particolare i §§ 23, 24 nonché studio "Atténuer les obligations contradictoires", OCSE, 1987, agg. 2000.

([203]) V. *AJIL* 1996, p. 419; B. Stern, "Vers la mondialisation juridique? Les lois Helm-Burton et d'Amato Kennedy", in *RGDIP*, 1996, p. 979; M. Conard, "Les lois Helms-Burton et d'Amato-Kennedy, Interdiction de commercer avec et d'investir dans certains pays", in *AFDI*, 1996, p. 33.

([204]) Riguardo alle reazioni nazionali sempre più diffuse che prendono la forma di *Blocking Statutes*, v. *RDPCI*, 1986, n. 4; nonché T. Hartley, *International Commercial Litigation*, 2 ed, Cambridge, CUP, 2015.

([205]) V. *Journal Officiel*, 17 luglio 1980.

([206]) Si veda Reg. CEE n. 2271/96, GUCE, 22 novembre 1996; leggi canadesi del 9 ottobre 1996 e messicane del 23 ottobre 1996, in *ILM*, 1997, pp. 111 e 133 rispettivamente. In dottrina v. B. Sturlese e E. Bouretz, "Les lois Helms-Burton et d'Amato: quelles réponses juridiques possibles à une nouvelle manifestation de l'impérialisme américain?", in *Gaz. Pal. Doctrine* 23.25, marzo 1997, p. 2.

contro un soggetto unionale le sanzioni secondarie americane (Art. 4); **2)** il divieto di osservare, direttamente o attraverso una consociata o altro intermediario richieste, comprese le richieste di tribunali stranieri, basate o derivanti dalle sanzioni secondarie. A titolo di eccezione, la **Commissione Europea** può *autorizzare* a rispettare le sanzioni secondarie, completamente o in parte, se la loro inosservanza danneggia gravemente gli interessi delle persone fisiche o giuridiche dell'Unione o quelli dell'Unione stessa, sulla base di determinati criteri (Art. 5). Ma esiste altresì un diritto al risarcimento dei danni, comprese le spese giudiziali (Art. 6).

Nel caso in cui un soggetto unionale fosse colpito da un provvedimento statunitense nello svolgimento di attività commerciali con l'Iran, dovrà informare, nei trenta giorni successivi, la Commissione Europea e l'Autorità competente dello Stato membro in cui risiede. In Italia, si tratta del Ministero per lo Sviluppo Economico (MISE). Le sanzioni pecuniarie per la violazione degli obblighi imposti dal Reg. europeo sono disciplinate, in Italia, dal D.Lgs. 26 agosto 1998, n. 346.

Anche la Cina ha recentemente adottato nuove regole per contrastare l'applicazione extraterritoriale ingiustificata della legislazione straniera extraterritoriale promulgando l'"Ordine MOFCOM n. 1/2021", del 9 gennaio 2021, del Ministro del Commercio della Repubblica Popolare Cinese ([207]).

123. La soluzione: l'esercizio congiunto o convenzionale delle competenze nazionali. — Chiaramente, la soluzione di tali conflitti di giurisdizione può essere concordata tramite appositi accordi internazionali sia bilaterali che multilaterali. Così, gli Stati Uniti hanno concluso, in passato, appositi trattati internazionali in materia di concorrenza con la Germania, e con l'Australia. Resta comunque il fatto per cui l'approccio multilaterale rimane di gran lunga preferibile al fine di eliminare — o almeno attenuare — i conflitti di giurisdizione/sovranità tra Stati che non si confondono con i meri "conflitti di giurisdizione" di cui si occupa il diritto internazionale privato.

A ben vedere, non si tratta di problemi insormontabili quando c'è cooperazione internazionale e non mero unilateralismo. Così, ad esempio, *in materia bancaria internazionale*, il "Concordato di Basilea" del 1982 contiene degli interessanti principi quanto al riparto intergovernativo di giurisdizione. Senza entrare nel dettaglio, basti segnalare il principio della *competenza congiunta* degli Stati (Stato della società madre, Stato delle filiali e delle succursali) quanto alla solvibilità, alla liquidità ed alle posizioni di cambio delle eurobanche: in breve, il primato della giurisdizione territoriale non è più riconosciuto in senso assoluto, mentre, entro certi limiti, l'applicazione extraterritoriale delle leggi nazionali è espressamente riconosciuta — per non dire ricercata. Questo capovolgimento di prospettive è dovuto al carattere realmente internazionale del mercato delle eurodivise, un mercato che ignora le frontiere nazionali, ed al *riconoscimento del primato degli interessi della comunità finanziaria internazionale* ([208]).

124. — Oggi, i classici titoli di giurisdizione dello Stato appaiono superati in ragione del progresso tecnico e della globalizzazione dell'economia mondiale. Per

---

([207]) V. il sito internet http://english.mofcom.gov.cn/article/policyrelease/announcement/202101/20210103029708.shtml.

([208]) V. in proposito "Concordato di Basilea", in *AFDI*, *Chronique de droit international économique*, 1983, p. 609.

convincersene, basti osservare *l'integrazione fra i mercati finanziari internazionali (le grandi borse valori del pianeta)* dove le operazioni ed i pagamenti si fanno di continuo, h 24, sette giorni su sette, grazie a mezzi elettronici e dove la "localizzazione" delle operazioni — e delle competenze — è sempre più difficile da individuare. I conflitti di giurisdizione appaiono inevitabili — e si sono peraltro già prodotti — in ragione della difficoltà a determinare con certezza "lo Stato competente". È possibile citare un esempio emblematico in cui tali conflitti hanno preso forma persino in materia di ***offerte pubbliche di acquisto*** (OPA) trasnazionali: un'impresa del Lussemburgo, la *Minorco S.A.* — controllata da interessi sud-africani — non ha potuto perfezionare la sua OPA, che aveva lanciato sul mercato di Londra nei confronti di un'impresa mineraria inglese, a causa di una pronuncia del giudice americano il quale aveva ritenuto che tale operazione avrebbe avuto un effetto indesiderabile sul mercato degli Stati Uniti in ragione dell'esistenza di una filiale locale (*Newmont*), il controllo della quale avrebbe attribuito alla *Minorco* una posizione dominante in materia di produzione aurea (209).

§ 7. — *La protezione delle competenze dello Stato*

125. Premessa. — Se l'ordinamento internazionale talvolta impone o vieta allo Stato di svolgere determinate attività, altre volte *protegge* la libertà dello Stato nell'esercizio delle proprie funzioni sovrane.

L'espressione *dominio riservato* viene utilizzata proprio per designare i poteri che spettano ad uno Stato nell'ambito della propria *sovranità*: per usare un'espressione atecnica ma chiara, si tratta del "nocciolo duro" della sovranità statale (1).

Inoltre, in virtù del diritto internazionale, ogni Stato beneficia, *nell'esercizio delle sue competenze*, di determinati privilegi e immunità il cui rispetto si impone agli altri Stati (2).

1. — Il dominio riservato (*domestic jurisdiction*)

Bibliografia sommaria: F. Ermacora, "Human Rights and Domestic Jurisdiction (art. 2 § 7 of the Charter)", in *RCADI*, 1968-II, p. 371 ss.; G. Sperduti, *Il dominio riservato*, Milano, 1970; D'Amato, "Domestic Jurisdiction", in *Encyclopedia of Public International Law*, v. 10, 1987, p. 132 ss.; G. Arangio-Ruiz, "Le domaine réservé, l'organisation internationale et le rapport entre droit international et droit interne", in *RCADI*, t. 220, 1990, pp. 9-484; G. Guillaume, "Commentaire de l'article 2 § 7", in J.P. Cot, A. Pellet e M. Forteau, *La Charte des Nations-Unies, Commentaire article par article*, 3ª ed. Paris, Economica, 2005, p. 485 ss.; G. Nolte, "Art. 2 (7)", in B. Simma, D. E. Kahn, G. Nolte, A. Paulus (eds.), *The Charter of the U.N., A Commentary*, 3ª ed., Oxford, OUP, 2012, p. 280 ss.; B. Conforti, C. Focarelli, *Le Nazioni Unite*, 12ª ed., Padova, Cedam, 2020, p. 189 ss.

126. Un'espressione antica. — L'espressione "dominio riservato" (*domestic jurisdiction*, o anche "giurisdizione nazionale" esclusiva di uno Stato) fa riferimento ad un'idea, formulata agli inizi del XIX secolo, secondo cui determinate materie possono formare oggetto di disciplina da parte soltanto di quest'ultimo ad esclusione di

---

(209) V. Consolidated Gold Fields Plc. V. Minorco S.A. 871 Frd 252 e 713 F. sup. 1457, US Court of Appeals, 2d (Cir), 22 marzo 1989; U.S. District Court, 17-24 aprile 1989, in *AJIL*, 1989, p. 823; *IFLR* giugno 1989, p. 39; nonché T. Crocker, "Beware the international freeze order, ivi dicembre 1988, p. 8", nonché "Proceedings" in *AJIL*, 1989, p. 19-62 e in particolare pp. 28, 54-60.

chicchessia. Pertanto, le attività esplicate da ciascuno Stato in relazione a tali materie non possono, per definizione, formare oggetto di norme internazionali, in particolare di norme che in qualsiasi modo limitassero la discrezionalità di ciascuno Stato nell'esercizio dei propri poteri di sovranità interna.

Si trattava tradizionalmente di questioni inerenti, ad es., l'*onore o gli interessi vitali* dello Stato ([210]): lacune "ufficiali" del diritto internazionale.

Per quanto la nozione di "dominio riservato" faccia senz'altro parte del diritto internazionale positivo, essa possiede un significato pratico sempre più limitato, tant'è che in dottrina si parla da tempo dell'*erosione del dominio riservato* degli Stati ([211]).

a) *Il riconoscimento formale dell'esistenza di un "dominio riservato"*

127. Diritto pattizio. — Numerosi trattati multilaterali e bilaterali prevedono che le loro disposizioni non si applichino nel caso in cui vengano minacciati "la sicurezza nazionale o internazionale" o gli "interessi vitali" di una o dell'altra Parte contraente. In particolare, le Carte istitutive delle OIG prevedono che questi enti non possano intervenire negli "affari interni degli Stati". Così accade, ad esempio, con il FMI o la Banca Mondiale.

Allo stesso modo, in numerosi atti unilaterali degli Stati si trovano riferimenti alla protezione del proprio dominio riservato o degli *interessi vitali nazionali.* Ad esempio, quando gli Stati riconoscono la giurisdizione obbligatoria della CIG tramite la *dichiarazione unilaterale di accettazione della giurisdizione prevista all'art. 36, comma 2*, dello Statuto, molto spesso essi escludono quelle materie che, a loro avviso, toccano i loro interessi vitali e pertanto restano di specifica competenza nazionale.

A livello multilaterale, l'idea che esista un *dominio riservato* è stata ufficialmente riconosciuta e codificata, sebbene in termini differenti, sia dal Patto della SDN che dalla Carta dell'ONU.

i. Il "dominio riservato" dello Stato secondo l'art. 15, par. 8, del Patto della SDN

128. Una disposizione restrittiva. — L'art. 15, par. 8, del Patto della SDN prevedeva che:

"[s]e una delle Parti sostiene, e il Consiglio riconosce, che la vertenza concerne una materia che secondo il diritto internazionale rileva esclusivamente della giurisdizione interna della detta Parte, il Consiglio riferirà in questo senso, e si asterrà dal formulare qualsiasi proposta circa il componimento della vertenza".

Quella norma limitava espressamente le competenze del Consiglio della Società delle Nazioni: tale organo, infatti, non poteva sconfinare in materie che rientravano nella competenza esclusiva degli Stati membri della SDN. Tuttavia, non si trattava di un "carta bianca" in mano a ciascuno Stato. Vi erano, infatti, due limiti: da un lato, il *diritto internazionale determinava se una data materia rientrasse o meno nel dominio riservato (giurisdizione interna*, domestic jurisdiction) *di ciascuno Stato*; dall'altro lato,

---

([210]) V. ad es. FEDOZZI, *Introduzione*, cit., p. 304: "si ritengono riservate alla competenza esclusiva di ciascuno Stato le materie della emigrazione, della nazionalità, delle tariffe doganali, la dottrina Monroe, la libera disponibilità del territorio, la libertà di darsi la costituzione, l'ordinamento giuridico e la struttura economico-sociale ritenuti più appropriati e convenienti". Cfr. A. P. SERENI, *Diritto internazionale*, II, p. 757 ss.

([211]) Cfr. ad es. B. CONFORTI, *Diritto internazionale*, cit., p. 207 ss.

la disposizione sopra richiamata del Patto della SDN costituiva solo *un limite all'attività del Consiglio della SDN.*

Tale soluzione normativa si deve ad un'iniziativa degli Stati Uniti, i quali non volevano che la nuova organizzazione internazionale si ingerisse in materie che essi intendevano regolare nella più assoluta libertà. Infatti, all'epoca, due questioni costituivano oggetto di particolare preoccupazione: la politica d'immigrazione e i diritti doganali.

129. Il caso dei *decreti di cittadinanza in Tunisia e in Marocco.* — L'espressione "competenza esclusiva" (o dominio riservato o ancora *domestic jurisdiction*) è stata fonte di *numerose controversie.* La CPGI dovette fornire una propria interpretazione della stessa nel suo parere consultivo n. 4 del 7 febbraio 1923 relativo ai diritti di cittadinanza in Tunisia e in Marocco. La Corte si espresse nei seguenti termini: "[l]e parole 'competenza esclusiva' sembrano piuttosto avere riguardo a certe materie che, seppure possano toccare molto da vicino gli interessi di più di uno Stato, non sono, in principio, regolati dal diritto internazionale. Per quanto riguarda tali materie, ciascuno è unico arbitro delle sue decisioni" ([212]).

ii. Una "competenza interna essenziale" dello Stato in virtù dell'art. 2, par. 7, della Carta dell'ONU

130. Una disposizione attenuata. — L'art. 2, par. 7, della Carta ONU, riproduce con talune importanti modifiche quella dell'art. 15, n. 8, del Patto della SDN e dispone che:

"Nessuna disposizione della presente Carta autorizza le Nazioni Unite ad intervenire in questioni che appartengono essenzialmente alla competenza interna di uno Stato, né obbliga i Membri a sottoporre tali questioni ad una procedura di regolamento in applicazione del presente Statuto; questo principio non pregiudica però l'applicazione di misure coercitive a norma del Capitolo VII".

Un esame delle differenze tra i due testi sopra richiamati — quello della SDN e quello dell'ONU — appare particolarmente utile al fine di precisare il concetto di "dominio riservato".

131. Ampliamento. — La *nozione di "dominio riservato" è stata ampliata* tramite la Carta ONU giacché la formula usata nei due testi è parzialmente diversa.

Mentre le norme del Patto della SDN eccettuavano dalla competenza di quest'ultima le questioni rientranti nella competenza esclusiva di ciascuno Stato, secondo la Carta ONU sono eccettuate anche le questioni relative a materie che vi rientrano "essenzialmente", ampliando perciò la sfera di esclusione. Del resto, nel Patto si parla di una *competenza esclusiva* degli Stati i quali dovevano proporre alla SDN l'eventuale eccezione di incompetenza del Consiglio, una limitazione procedurale che è sparita nella Carta dell'ONU.

Inoltre, mentre la norma dell'art. 15 del Patto della SDN si riferiva soltanto al regolamento pacifico delle controversie internazionali dinanzi al Consiglio della SDN e quindi costituiva solo un limite all'attività di tale organo, la corrispondente norma di cui all'art. 2, par. 7, della Carta dell'ONU costituisce un principio generale del sistema

([212]) Parere consultivo della CPGI, 7 febbraio 1923, *Decreti di cittadinanza in Tunisia e Marocco*, in *Rec.* Sér. B, n. 4, pp. 23-24.

dell'ONU che vincola la condotta di *tutti gli organi dell'ONU* (si discute se sia inclusa o meno persino la CIG) e si applica a qualsiasi procedura di regolamento secondo la Carta.

Va sottolineato, tuttavia, un peculiare limite al dominio riservato dei singoli Stati giacché l'art. 2, par. 7, precisa chiaramente che le disposizioni del Capo VII della Carta ONU relative alle *misure coercitive* a carattere economico o militare non possono essere pregiudicate dal dominio riservato degli Stati membri (e qui si nota il carattere di *sovranazionalità* di quelle disposizioni della Carta ONU).

132. Imprecisione dell'art. 2, par. 7, della Carta ONU. — Va notato altresì che la nozione di "competenza interna", oggetto dell'art. 2, par. 7, della Carta ONU è meno precisa rispetto alla corrispondente norma del Patto della SDN. Infatti, il Patto della SDN prevedeva un *doppio controllo* circa il dominio riservato dei singoli Stati membri. Innanzitutto, *spettava al "diritto internazionale"* determinare se una materia rientrava o meno nel dominio riservato dei singoli Stati membri. Poi, era previsto un *controllo "politico" del Consiglio della SDN* giacché l'eccezione di incompetenza doveva essere decisa da questo organo deliberando all'unanimità.

La Carta dell'ONU, invece, non fa allusione né ad una qualsiasi determinazione "oggettiva" della nozione di "giurisdizione nazionale essenziale" dello Stato, né al "diritto internazionale", né al "giudizio" di un organo chiamato a pronunciarsi su siffatta eccezione.

b) *Un dominio instabile (ovvero il carattere storico e relativo del dominio riservato)*

133. — La determinazione concreta del dominio riservato di ciascuno Stato è sempre stata *contingente* ed è, evidentemente, di tipo *evolutivo*. A ragione della sua imprecisione, l'applicazione pratica del concetto di "competenza interna" o di "dominio riservato" ha sempre avuto una portata limitata.

i. Un contenuto contingente

134. Il riconoscimento da parte delle Corti internazionali dell'Aja. — Nel precitato parere consultivo del 1923 *sui decreti di cittadinanza in Tunisia ed in Marocco*, la CPGI ha riconosciuto chiaramente il carattere contingente ed instabile della nozione di "competenza esclusiva" degli Stati. La Corte si espresse nei seguenti termini:

> "La questione di sapere se una certa materia rientra o meno nel dominio esclusivo di uno Stato è una questione essenzialmente relativa: dipende dallo sviluppo dei rapporti internazionali. È così che allo stato attuale del diritto internazionale **le questioni di nazionalità rientrano in principio, ad avviso della Corte, nel dominio riservato di ciascuno Stato** ... Ma può bene accadere che, in una materia, come quella della nazionalità, che non è, in principio, regolata dal diritto internazionale, la libertà dello Stato di disporre a suo piacimento sia nondimeno limitata da impegni che esso abbia preso verso altri Stati. In tal caso, la competenza dello Stato, esclusiva in principio, si trova limitata da regole di diritto internazionale" ([213]).

Ne consegue che il contenuto del dominio riservato dipende, in ultima analisi, dalle necessità della vita giuridica internazionale, dallo sviluppo del diritto internazionale positivo, sia scritto che non scritto, e dall'interpretazione datane dal giudice o dall'arbitro internazionale.

([213]) Parere consultivo della CPGI, cit., p. 24.

135. Un controllo rivendicato dalle Corti internazionali dell'Aja. — L'art. 2, par. 7, della Carta ONU è stato spesso invocato dagli Stati dinanzi alla CIG per negare la giurisdizione della Corte stessa. In genere, la Corte ha rigettato tale argomentazione. Essa non ha mai cessato di affermare — confermando l'orientamento precedente — che solo il diritto internazionale, quale lei sola aveva il compito di interpretare, era suscettibile di precisarne limiti e portata. In altre parole, la CIG ha costantemente rifiutato di considerare il "dominio riservato" o la "competenza esclusiva", o ancora la *domestic jurisdiction*, una clausola generale a contenuto determinabile a piacimento da ciascuno Stato e dunque un'obiezione sufficiente per sfuggire alla sua giurisdizione ([214]).

ii. Un effetto pratico limitato

136. — Il fatto stesso che la nozione di "*dominio riservato*" sia una "clausola generale" dell'ordinamento internazionale, a contenuto variabile e transitorio, comporta alcune rilevanti conseguenze quanto alla sua pratica operatività.

Cosa significa, ad esempio, l'"ingerenza" negli affari interni di uno Stato, quando si tratta di un *atto di un'organizzazione internazionale* destinato ad avere efficacia nei rapporti con gli Stati membri? Tale obiezione è stata sollevata di frequente anche in seno all'ONU. Ad esempio, può la sola iscrizione di una determinata materia all'ordine del giorno di un'OIG essere considerata un indebita ingerenza negli affari interni di uno Stato membro? Ciò vale anche se si discute dell'adozione di una raccomandazione?

Simili obiezioni sono state presentate da numerosi Stati dinanzi agli organi dell'ONU per impedire che tale ente si occupasse di questioni suscettibili di creare imbarazzo. Tuttavia, almeno fino ad oggi, né l'Assemblea Generale, né il Consiglio di Sicurezza dell'ONU hanno mai accettato di considerare l'art. 2, par. 7, della Carta come un limite al loro raggio d'azione o alle materie di discussione ([215]).

137. Esistenza discutibile di un dominio riservato *per natura*: l'esempio del regime politico. — Esiste ancora un dominio riservato *per natura*? Allo stato attuale di sviluppo del diritto internazionale tanto sul piano universale, quanto su quello regionale, è possibile concludere che l'organizzazione politica di uno Stato fa parte del nocciolo duro delle *sue* competenze esclusive, un aspetto imprescindibile della sua *sovranità interna*.

Tuttavia, esistono alcuni esempi in cui anche questa materia ha formato oggetto di regolazione tramite il diritto internazionale. Così, il Trattato di Stato austriaco del 15 maggio 1955 nel ripristinare lo *status* "indipendente e democratico" di quel Paese, imponeva all'Austria due obblighi precisi quanto alla sua organizzazione politica interna: le quattro potenze occupanti obbligavano l'Austria a mantenere un *regime*

([214]) A questo proposito si può citare una giurisprudenza costante della CIG. Si veda il *caso dei trattati di pace* del 1950, in *Rec.* pp. 70-71; il *caso Nottebohm* del 1955, *Rec.* pp. 20-21; il *caso dell'Interhandel tra Stati Uniti e Svizzera* del 1959, in *Rec.* p. 24; ed infine il *caso del diritto di passaggio sul territorio indiano* del 1960, in *Rec.* pp. 32-33. In arg. v. pure B. Conforti, C. Focarelli, *Le Nazioni Unite*, cit., p. 194 ss. ove ulteriori riferimenti.

([215]) Cfr. B. Conforti, C. Focarelli, *cit.*, p. 194 ss.

democratico, senza che tale espressione venisse definita; inoltre, il governo austriaco doveva costituirsi in base ad *elezioni a suffragio universale* ([216]).

In modo analogo, quando la situazione della Rhodesia del Sud venne discussa all'ONU in seguito alla dichiarazione unilaterale d'indipendenza del 1965, si stabilì che nessun Paese avrebbe riconosciuto questo Stato finché il regime di *apartheid* non fosse stato abolito e la maggioranza nera avesse goduto dell'elettorato attivo e passivo in base al principio "un elettore, un voto" (*one man, one vote*). Ancora, gli accordi di Zurigo del 17 febbraio 1959 sull'indipendenza di Cipro indicavano le "strutture di base" della nuova Repubblica nei minimi dettagli; i principi costituzionali fondamentali così posti, dunque, non potevano più essere modificati dal nuovo Stato.

In seguito, l'accordo del 6-7 agosto 1987 di Guatemala City tra i Presidenti delle cinque Repubbliche dell'America Centrale sul processo di pace nella regione, imponeva al Nicaragua la democratizzazione della sua società politica su una base pluralista, caratterizzata da una totale libertà di espressione e di stampa, il mantenimento di uno Stato di diritto, il sistema pluralistico dei partiti politici, elezioni libere, libere e corrette, ecc. ([217]). Tali esigenze dovevano essere riprese dalla "Carta Democratica Interamericana" dell'11 settembre 2001, rendendo la democrazia una condizione necessaria per la partecipazione degli Stati ai *summit* delle Americhe ([218]).

Del pari, l'*Accordo di Dayton* per la pace in Bosnia-Erzegovina, firmato a Parigi il 14 dicembre 1995, incorpora il testo della Costituzione di quel Paese (allegato 4) e allo stesso tempo stabilisce i principi fondamentali sulle elezioni "democratiche" (allegato 3) e il rispetto dei diritti umani (Allegato 6) ([219]).

Infine, basti citare, a titolo di esempio, la Banca Europea per la Ricostruzione e lo Sviluppo (BERS), istituita nel 1991 al fine di assistere gli ex Paesi socialisti dell'Europa centro-orientale nella fase di transizione verso la democrazia: la ricerca e il rispetto dell'*ideale democratico* diventano qui le *condizioni stesse per l'aiuto* di questa organizzazione internazionale.

138. (*Segue*) L'esempio dei diritti umani. — Analoghe osservazioni valgono anche in materia di *diritti umani*. Il modo in cui uno Stato tratta i propri cittadini, attribuisce o nega loro determinati diritti, rientra nel "dominio riservato" degli Stati? Orbene, la stessa Carta ONU, così come innumerevoli atti internazionali — a cominciare dalla Dichiarazione Universale dei diritti dell'uomo del 1948 — hanno chiaramente dimostrato che tale materia è ormai divenuta oggetto di importanti norme internazionali: ormai, non si tratta più di una questione affidata al *diritto costituzionale* di un dato Stato bensì si tratta di *diritto internazionale dei diritti umani* e della sua applicazione *all'interno di quello Stato*. Pertanto, se inizialmente la sovranità territoriale dello Stato aveva subìto una compressione con riguardo al trattamento degli stranieri, dalla seconda metà del secolo scorso si è assistito ad una *progressiva ed inesorabile erosione del dominio riservato* dovuta all'affermazione di norme internazionali di tutela dei diritti umani applicabili all'intera comunità statale e senza distinzione tra cittadini, stranieri e apolidi ([220]).

([216]) Cfr. ad es. N. Ronzitti, *Diritto internazionale*, cit., p. 62 ss.
([217]) Testo in *ILM*, 1987, p. 1168.
([218]) Si veda il testo in *ILM*, 2001, p. 1279.
([219]) Si veda il testo in *ILM*, 1996, p. 75.
([220]) Cfr. ad es. B. Conforti, *Diritto internazionale*, cit., p. 209 ss.

139. (*Segue*) **Dominio riservato e sistema economico e sociale di uno Stato.** — Allo stesso modo, l'*organizzazione economica e sociale di un Paese* sembra rientrare automaticamente nel proprio dominio riservato poiché ritenuta uno degli elementi costitutivi della sua sovranità interna ([221]). Tuttavia, non di rado capitano casi di Paesi in difficoltà che ricevono la necessaria assistenza da parte di istituzioni monetarie o finanziarie internazionali come il FMI o la BIRS; per tacere delle "condizionalità" previste dal *Trattato che istituisce il meccanismo europeo di stabilità* (MES) in seno alla UE. In tal caso, quegli stessi Stati si trovano successivamente obbligati ad attuare delle politiche economiche e sociali congiunturali o persino strutturali in quanto l'assistenza necessitata viene condizionata da quelle OIG all'adozione di tali misure. Si può ancora seriamente affermare, in tale contesto, che quei Paesi mantengano un "dominio riservato" in tali ambiti? È lecito dubitarne ([222]).

140. Una questione essenzialmente politica. — Il "dominio riservato" ha carattere *contingente* e, tutto sommato, *illusorio*. Si tratta di una questione eminentemente politica più che tecnico-giuridica: nessun ambito appartenente al "dominio riservato", qualsiasi esso sia, è destinato *per sua natura* a rimanere per sempre al di fuori del campo di applicazione del diritto internazionale.

2. — Le immunità degli Stati stranieri

Bibliografia sommaria: D. Anzilotti, "L'esenzione degli Stati stranieri dalla giurisdizione. Saggio di critica e di ricostruzione", in *Riv. dir. int.*, 1910, p. 473 ss.; A. Weiss, "La compétence ou l'incompétence des tribunaux à l'égard des Etats étrangers", in *RCADI*, 1923-I, v. 1, p. 521-551; G. G. Phillimore, "Immunités des Etats au point de vue de la juridiction ou de l'exécution forcée", in *RCADI*, 1925-III, v. 3, p. 343-412; R. Quadri, *La giurisdizione sugli Stati stranieri*, Milano, 1941; H. Lauterpacht, "The Problem of Jurisdictional Immunity of Foreign States", in *BYIL*, 1951, p. 220-272; J.F. Lalive, "L'immunité de juridiction des Etats et des organisations internationales", in *RCADI*, 1953-III, t. 84, p. 205; G. Morelli, *Diritto processuale civile internazionale*, Padova, Cedam, 1954, p. 187 ss.; M. Panebianco, *Giurisdizione interna e immunità degli Stati stranieri*, Napoli, 1967; R. Quadri, *Diritto internazionale pubblico*, 5 ed. cit., p. 616 ss.; R. Luzzatto, *Stati stranieri e giurisdizione nazionale*, Milano, 1972; R. Clerici, "Giurisdizione sugli Stati stranieri e rapporti di lavoro con enti culturali esteri", in *Riv. dir. int.priv.proc.*, 1979, p. 251 ss.; I. Sinclair, "The Law of Sovereign Immunity: Recent Developments", in *RCADI*, 1980-II, v. 167, p. 113-284; I. Seidl-Hohenveldern, *L'immunité de juridiction et d'exécution des Etats et des organisations internationales*, IHEI, Paris, Pedone, 1981; J. A. Grant, "Thinking the unthinkable: attaching a State's assets", *IFLR* oct. 1984, p. 15; P. Trooboff, "Foreign State immunity: emerging consensus on principles", in *RCADI*, 1986, vol. 200, p. 135; *Oppenheim's International Law*, R. Jennings & A. Watts eds., 9ª ed., London, 1992, p. 341-376; L. Radicati di Brozolo, *La giurisdizione esecutiva e cautelare nei confronti degli Stati stranieri*, Milano, 1992; A. Watts, "The Legal Position in International Law of Heads of State, Heads of Governments and Foreign Ministers", in *RCADI*, 1994, v. 247, p. 9 ss.; I. Pingel, *Les immunités des Etats en droit international*, Bruxelles, Bruylant, 1997; M. Cosnard, *La soumission des Etats aux tribunaux internes*, Paris, Pedone, 1996; P. De Sena, *Diritto internazionale e immunità funzionale degli organi statali*, Milano, Giuffrè, 1996; M. Iovane, "Stato straniero (Immunità dall'esecuzione dello)", in *Enc. Giur.*, 2001; Trooboff, "State immunity in civil proceedings for serious violations of human rights", *EJIL*, 2007, p. 903; I. Pingel (dir.), *Droit des immunités et exigence du procès équitable*, Paris, Pedone, 2004; Ronzitti e Venturini (dir.), *Le immunità giurisdizionali degli Stati e degli altri enti internazionali*, Padova, Cedam, 2008; E. Sciso, "Italian Judge's point of view on Foreign States' Immunity", in *Vand. J. Trans. L.*, 2011, p. 1201 ss.; R. Pisillo Mazzeschi, "Il rapporto tra norme di

---

([221]) V. al riguardo la già citata Dichiarazione dell'Assemblea Generale ONU del 24 ottobre 1970 relativa ai principi di diritto internazionale concernenti le relazioni amichevoli e la cooperazione tra Stati (in *Riv. dir. int.*, 1971, p. 280 ss.).

([222]) Per degli esempi, fin dagli anni Settanta, si veda la *Chronique de Droit international économique*, in *AFDI*, 1977, pp. 698-699, 1978, p. 659, 1979, p. 634. Per altri esempi v. J. Stiglitz, *La globalizzazione e i suoi oppositori*, ed. it., Torino, Einaudi, 2018.

jus cogens e la regola sull'immunità degli Stati", *DUDI*, 2012, p. 310 ss.; H. Fox, P. Webb, *The Law of State Immunities*, 3ª ed., Oxford, OUP, 2013; Pisillo Mazzeschi, "Organi degli Stati stranieri (immunità giurisdizionale degli)", in *Enc. Dir.*, Annali, VII, 2014, p. 735 ss.; R. O'Keefe, C.Tams, A.Tzanakopoulos (eds.), *The United Nations Convention on Jurisdictional Immunities of States and Their Property*, Oxford, OUP, 2013; J. Ziegler, *Introduction au droit international public*, 3ª ed., cit., p. 289 ss.; R. Luzzatto, I. Queirolo, "Sovranità territoriale, 'jurisdiction' e regole di immunità", in AA.VV., *Istituzioni di diritto internazionale*, 5ª ed., cit., p. 183-227; C. Focarelli, *Trattato di diritto internazionale*, cit., p. 865 ss.; A. Cassese, *Diritto internazionale*, 3 ed., cit., p. 133 ss.; M. Shaw, *International Law*, 8ª ed., cit., pp. 523 ss.; *Brownlie's Principles of Public International Law*, J. Crawford (ed.), 9ª ed., Oxford, OUP, 2019, p. 470 ss.; C. Focarelli, *Diritto internazionale*, 5 ed., cit., p. 406 ss.; A. Sinagra, P. Bargiacchi, *Lezioni di diritto internazionale pubblico*, 3ª ed., cit., p. 443 ss.; E. Cannizzaro, *Diritto internazionale*, 5ª ed., cit., p. 349 ss.; A. Cassese, *Diritto internazionale*, cit., p. 117 ss.; N. Ronzitti, *Diritto internazionale*, 6ª ed., cit., p. 149 ss.; I. Caracciolo, U. Leanza, *Il diritto internazionale: diritto per gli Stati e diritto per gli individui. Parte speciale*, cit., p. 38 ss...

141. Considerazioni introduttive: dei privilegi di Stato. — Da secoli, alcuni individui in quanto *organi di Stati esteri*, quali sono gli agenti diplomatici, beneficiano di ampie esenzioni dalla giurisdizione dello Stato territoriale in cui si trovano stabilmente ad operare. Si giustifica tradizionalmente tale eccezione in quanto le persone rientranti in questa particolare categoria di "rappresentanti dello Stato" esercitano un ruolo cruciale nelle relazioni internazionali. Da un punto di vista giuridico, ciò si traduce in norme internazionali sulle *immunità* che possono anche coprire delle attività non strettamente funzionali, cioè a dire che possono comportare anche delle *immunità personali.*

Sin da tempi immemorabili, il diritto internazionale generale ha previsto un complesso di norme relativo al trattamento che uno Stato è tenuto ad accordare agli altri Stati ed ai loro organi. Dai principi fondamentali della *sovrana eguaglianza tra gli Stati* e della loro *indipendenza* è logicamente disceso quello dell'*immunità (State Immunity)* di ciascuno Stato e dei suoi organi dalla giurisdizione di uno Stato straniero. Agli obblighi internazionali dello Stato territoriale relativi al trattamento di organi stranieri corrispondono quindi dei diritti soggettivi internazionali dello Stato al quale ciascun organo appartiene.

Si tratta di obblighi concernenti l'*esenzione di uno Stato straniero dalla giurisdizione del giudice interno* di un altro Stato (c.d. *immunità giurisdizionale dello Stato straniero — Immunity from Jurisdiction*) ([223]). Ciò si traduce concretamente, in alcuni *privilegi* processuali che gli Stati si riconoscono reciprocamente allo scopo di proteggere le loro competenze e quindi la sovranità di ciascuno sicché, dal punto di vista dello Stato del foro, si tratta di veri e propri *limiti all'esercizio della propria potestà giurisdizionale.*

E dunque il rapporto di immedesimazione organica fà si che i medesimi privilegi dello Stato complessivamente considerato si estendano a beneficio di alcuni individui-

---

([223]) Cfr. I. Caracciolo, U. Leanza, *Il diritto internazionale: diritto per gli Stati e diritto per gli individui. Parte speciale*, cit., p. 33 ss. "se tutti gli Stati sono egualmente sovrani, allora è impossibile, dal punto di vista non solo giuridico ma anche politico, che gli organi giurisdizionali di uno Stato possano giudicare gli atti e i comportamenti di un altro Stato. Ciò infatti si risolverebbe in una contraddizione e nella negazione della sovranità stessa. Questo concetto è espresso in termini chiari nel noto brocardo: par in parem non habet judicium". Cfr. A. Cassese, *Diritto internazionale*, cit., p. 133: "[l'immunità] costituisce il riflesso del principio della separazione dei poteri, in virtù del quale le autorità giudiziarie di uno Stato non possono interferire nella condotta della politica estera del proprio Stato, ai cui organi politici centrali (governo e Parlamento) spetta, attraverso gli strumenti tradizionali di condotta delle relazioni internazionali, e nel rispetto dei principi e delle regole del diritto internazionale, prendere posizione riguardo alle attività poste in essere da Stati stranieri".

organo di Stati esteri quali, ad esempio, i Capi di Stato e di Governo e i Ministri degli affari esteri. Se vale l'immunità, ne segue, in linea di principio, che i soggetti di cui sopra non possono essere sottoposti ad alcun procedimento né civile, né penale, né amministrativo, dinanzi ai tribunali del Paese in cui si trovano e, *a fortiori*, la loro persona e i loro beni non possono essere sottoposti al processo esecutivo di diritto comune ([224]) od altre misure coercitive.

Va, peraltro, osservato subito che *lo Stato può proporre l'eccezione di immunità allorquando è convenuto in giudizio ma non quando ha promosso il giudizio*. Come ha indicato Morelli "[l']immunità giurisdizionale, come speciale trattamento accordato a favore di dati soggetti, esclude soltanto la possibilità che il soggetto, il quale gode della immunità sia convenuto in giudizio e non pure la possibilità che il soggetto stesso si faccia attore in giudizio; essa riguarda la possibilità di essere soggetto passivo dell'azione e non tocca per nulla la possibilità di esserne, invece, soggetto attivo" ([225]). Ciò viene oggi esplicitato all'art. 8 della Convenzione delle Nazioni Unite sulle immunità giurisdizionali degli Stati e dei loro beni — di cui si dirà dappresso — ai sensi del quale:

> "[u]no Stato non può invocare l'immunità giurisdizionale in un procedimento davanti a un tribunale di un altro Stato se: *a*) *ha promosso* esso medesimo il procedimento; o *b*) *è intervenuto* nel merito del procedimento o *vi ha partecipato in qualche modo*. Tuttavia, se dimostra al tribunale di aver potuto avere conoscenza di fatti su cui una domanda d'immunità può essere fondata soltanto dopo aver partecipato al procedimento, lo Stato può invocare l'immunità sulla base di tali fatti, a condizione che lo faccia senza indugio" (corsivo aggiunto).

Quale ultima considerazione introduttiva, va osservato che la rilevanza pratica della materia delle immunità degli Stati stranieri è tale che, nel nostro tempo, ha formato oggetto di numerosi ed importanti contenziosi — sia a livello nazionale che internazionale — e pertanto ha formato oggetto di crescente attenzione anche da parte degli avvocati.

Il sempre più frequente coinvolgimento degli Stati in *attività di carattere commerciale* ([226]) solleva, infatti, delicati problemi di individuazione degli esatti confini della loro sfera d'immunità dalla giurisdizione di cognizione, dalle misure cautelari ed esecutive, sia dinanzi ai giudici nazionali che agli arbitri internazionali. Infatti, la questione dell'immunità di uno Stato (e quindi quella di un Capo di Stato o di Governo) può presentarsi oggi sia dinanzi ai *giudici di un altro Stato*, sia in un *tribunale internazionale*, valendo in pieno solo nel primo caso.

142. La Convenzione ONU del 2 dicembre 2004 e il suo (momentaneo) valore consuetudinario. — La materia *dell'immunità degli Stati stranieri dalla giurisdizione e dalle misure cautelari ed esecutive* non gode di un unico regime giuridico internazionale uniforme. Pertanto, l'Assemblea Generale dell'ONU, il 2 dicembre 2004, ha adottato la *Convenzione delle Nazioni Unite sulle immunità giurisdizionali degli Stati e dei loro*

([224]) Osserva Gioia (*Diritto internazionale*, 5ª ed., Milano, 2015, p. 261) che "Dal momento che, fino ad epoca recente, non era nemmeno concepibile l'esercizio della giurisdizione penale nei confronti delle persone giuridiche, la norma riguarda tradizionalmente la giurisdizione civile".

([225]) G. Morelli, *Diritto processuale civile internazionale*, Padova, Cedam, 1954, p. 188 s..

([226]) In argomento v. F. Marrella, *Manuale di diritto del commercio internazionale*, cit., p. 66 ss.

beni ([227]), la quale deriva, in parte, dai lavori e dalle proposte avanzate dalla CDI dell'ONU che aveva studiato e discusso tale questione per oltre trent'anni. L'Italia ha aderito a detta Convenzione nel 2013 (a seguito di autorizzazione data con L. 14 gennaio 2013, n. 5), ma in mancanza del numero di ratifiche sufficienti, la Convenzione non è ancora internazionalmente in vigore e pertanto non è applicabile, *proprio vigore*, dinanzi ai giudici italiani.

Senonché, è principio consolidato in diritto internazionale che alcune norme di un trattato non ancora in vigore possono già avere forza vincolante se riflettono il diritto internazionale consuetudinario, sia che "codifichino" quest'ultimo, sia che diano luogo a nuove norme consuetudinarie ([228]).

A tal proposito, in tre recenti sentenze, *la Corte EDU ha attribuito valore vincolante ad alcune norme — ad es. all'art. 11 — della predetta Convenzione di New York nella misura in cui si tratti di codificazione di norme consuetudinarie* ([229]).

In precedenza, *a livello regionale*, era stata elaborata una Convenzione di Basilea sull'immunità degli Stati del 16 maggio 1972, promossa dal Consiglio d'Europa ([230]), ma tale Convenzione è entrata in vigore solo tra un esiguo numero di Stati e l'Italia non l'ha nemmeno ratificata.

Anche in relazione a quest'ultimo trattato, va precisato che, pur non essendo in vigore per l'Italia, e quindi non essendo, *proprio vigore*, vincolante per il giudice italiano, nulla toglie che, come osservato a proposito della Convenzione di New York del 2004, anche la Convenzione di Basilea possa essere presa come punto di riferimento per l'individuazione di una norma di diritto consuetudinario, e pertanto, vincolante per l'Italia. Così ha fatto la Cassazione italiana indicando che la predetta Convenzione di Basilea: "assume il carattere di documento quantomeno ricognitivo del diritto consuetudinario internazionale in ordine al progressivo restringimento dell'area di immunità degli Stati" ([231]).

([227]) La Convenzione di New York, si compone di un preambolo e di trentatré articoli suddivisi in sei parti. La parte prima (articoli 1-4) fissa gli scopi generali della Convenzione e contiene disposizioni relative all'uso dei termini impiegati nel trattato ed all'ambito di applicazione dello stesso. La parte seconda (articoli 5-9) è dedicata ai princìpi generali in materia di immunità dalla giurisdizione e detta le modalità pratiche attraverso le quali operano i suddetti princìpi. La parte terza (articoli 10-17) disciplina le ipotesi in cui l'immunità non può essere invocata dallo Stato convenuto. La parte quarta (articoli 18-21) detta norme in materia di immunità dalle misure di esecuzione e dalle misure cautelari riguardanti beni di proprietà dello Stato straniero o crediti ad esso riferibili. La parte quinta (articoli 22-24) prevede disposizioni di natura procedurale. Infine, la parte sesta contiene clausole finali, tra le quali spicca per importanza quella relativa al sistema di soluzione delle controversie. Alla Convenzione è annesso un allegato contenente un'intesa recante un'interpretazione concordata di alcune disposizioni della Convenzione stessa. L'allegato costituisce parte integrante della Convenzione (articolo 25).

([228]) V. in proposito il caso della *Piattaforma continentale del Mare del Nord*, *Rec.*, 1969, p. 41, § 71.

([229]) Corte EDU, *Cudak c. Lituania* del 23 marzo 2010; *Guadagnino c. Italia e Francia*, del 18 gennaio 2011 e *Sabeh El Leil c. Francia* del 29 giugno 2011 su cui v. *infra*. La CIG, nel caso *Germania c. Italia* di cui alla sentenza del 3 febbraio 2012, su cui si dirà tra breve, in luogo di confermare la natura consuetudinaria tanto della Convenzione di europea del 1972, quanto della Convenzione ONU del 2004, si è limitata ad osservare che, al momento della sua decisione, la prima convenzione non era stata ratificata dall'Italia e la seconda da nessuna delle parti in causa.

([230]) In argomento vedi l'articolo di M.O. WIEDERKER in *AFDI*, 1974, p. 924.

([231]) Cass., SS.UU., 20 ottobre 1995, n. 10932, in *Riv. dir. int. priv. proc.*, 1996, p. 807. In dottrina, milita a favore della medesima tesi — che non ci pare affatto da tutti condivisa — *Oppenheim's International Law*, cit., 343. Secondo noi, qualora oggi il giudice italiano dovesse consultare le due convenzioni in materia di immunità, data la loro parziale difformità, la soluzione preferibile è quella di riferirsi, solo alla

A differenza della Convenzione europea del 1972, che regola i casi in cui uno Stato straniero *non può* invocare l'immunità per giungere all'immunità quale fattispecie residuale, la Convenzione di New York, invertendo l'ordine, enuncia l'immunità quale norma generale per poi indicare le fattispecie tipiche ove è eccezionalmente ammesso l'esercizio della giurisdizione (c.d. *metodo della lista*).

In conclusione, la materia dell'immunità degli Stati esteri viene attualmente regolata, *sia dal diritto internazionale consuetudinario a livello di "grandi principi" sia, soprattutto, dal diritto interno dei singoli Stati a livello di operatività pratica.*

A tale riguardo, va sottolineato che, con riferimento al contenzioso dinanzi al giudice interno, le norme nazionali in materia di immunità degli Stati esteri vanno ricercate, nella maggior parte dei Paesi, nella legislazione e nella giurisprudenza dei giudici interni. Nei principali Paesi di *Civil Law*, la fonte di cognizione è costituita dalla giurisprudenza, mentre i più importanti Paesi di *Common Law* — contrariamente ad un luogo comune in diritto comparato! — hanno da tempo intrapreso uno sforzo di codificazione adottando una specifica legislazione *in subiecta materia*: Stati Uniti (1976), Regno Unito (1978), Canada (1982), Australia (1985) e Singapore (1985) (232).

143. L'immunità dalla giurisdizione di cognizione e da quella cautelare ed esecutiva. — Occorre fare una distinzione fondamentale tra l'immunità dalla *giurisdizione di cognizione*, da una parte, e l'immunità dalla *giurisdizione cautelare* ed *esecutiva (Immunity from Enforcement)*, dall'altra, tenendo presente che la seconda ha ricevuto generalmente un'interpretazione più restrittiva della prima: una cosa è giudicare uno Stato straniero, altra cosa è assoggettare i beni di quest'ultimo al processo esecutivo, e cioè a misure coercitive! È chiaro che il *vulnus* alla sovranità dello Stato è maggiore nel secondo caso rispetto a quanto avviene nel primo.

Convenzione di New York del 2004 quale punto di riferimento per l'identificazione di norme di diritto internazionale consuetudinario già vigenti nel nostro ordinamento in virtù dell'art. 10 Cost.. La Convenzione europea del 1972, oltre ad avere vocazione regionale e bassa partecipazione di Stati è stata conclusa in epoca diversa e, come si è detto, non è stata nemmeno ratificata dall'Italia. La Convenzione di New York del 2004, è stata ratificata dall'Italia, è il frutto di lunghi lavori anche di carattere ricognitivo della Commissione di diritto internazionale dell'ONU, ed ha superato il vaglio dell'Assemblea Generale dell'ONU. Pertanto, costituisce un punto di riferimento assai più rappresentativo, capace di riflettere molto meglio lo stato del diritto consuetudinario oggi vigente.

(232) Nella Relazione al d.d.l. di ratifica della Convenzione di New York si legge infatti che "L'Italia non possiede, al pari di molti altri Stati e a differenza di Stati Uniti, Gran Bretagna, Australia, Canada, Pakistan, Singapore e Sudafrica, una legislazione interna specifica sulle immunità giurisdizionali degli Stati e dei loro beni. Nel nostro sistema è vigente solamente la legge 98/2010, che non prevede regole sostanziali sull'immunità, ma si limita a prescrivere la sospensione delle misure esecutive a loro carico (e a carico di organizzazioni internazionali) nelle more di procedimenti davanti a istanze giurisdizionali internazionali. Conseguentemente, la norma sull'immunità dello Stato straniero e dei suoi beni rispetto alla giurisdizione dei tribunali italiani ha avuto sinora natura consuetudinaria, trovando il proprio fondamento in un principio di diritto internazionale generale accolto nell'ordinamento italiano per il tramite dell'articolo 10, comma 1, della Costituzione, disposizione di adattamento automatico alle norme di diritto internazionale generalmente riconosciute...Tenuto conto però della necessità di bilanciare l'obbligo dello Stato del foro di non intralciare o impedire l'esercizio delle funzioni pubbliche dello Stato straniero, con l'obbligo dello Stato straniero di rispettare le leggi dello Stato del foro, la giurisprudenza interna di alcuni Stati, tra cui l'Italia, ha progressivamente ristretto l'ambito di operatività dell'immunità statale, *ab origine* concepita come un'immunità di tipo assoluto, ossia priva di eccezioni, e progressivamente intesa quale immunità ristretta o relativa. Tanto che oggi è pacifico che per il diritto internazionale consuetudinario l'immunità dalla giurisdizione civile vige soltanto per gli atti che lo Stato straniero compie jure imperii, esercitando cioè i suoi poteri sovrani, e non anche per gli atti compiuti jure privatorum o jure gestionis, ossia agendo come se fosse un privato".

I.) *L'immunità dalla giurisdizione dello Stato straniero*

144. — Il fondamento dell'istituto giuridico dell'immunità dalla giurisdizione è chiaro: si tratta di preservare l'uguaglianza tra Stati sovrani. Tuttavia, il contenuto preciso della regola dell'immunità e gli effetti della stessa possono variare nello spazio e nel tempo.

i. Un fondamento giuridico chiaro: la sovranità dello Stato

145. La "coppia" sovranità — uguaglianza degli Stati. — Se gli Stati sono sovrani significa che non esiste alcuna autorità superiore ad essi: sono, dunque, posti, in diritto internazionale, su uno stesso piano. Di conseguenza, uno Stato A non può sottoporre un altro Stato B alla sua giurisdizione: se lo Stato B fosse soggetto alle leggi ed ai tribunali dello Stato A, la regola dell'uguaglianza verrebbe violata. Tale norma consuetudinaria si esprime con il noto brocardo *par in parem non habet iudicium* ([233]). In altre parole: tra eguali non ci si giudica. Tale regola si è storicamente affermata nella giurisprudenza interna degli Stati, dando vita ad una norma di diritto internazionale generale, com'è stato riconosciuto anche dalla CIG nella sentenza del 3 febbraio 2012, sul *caso dell'immunità giurisdizionali degli Stati* (*Germania c. Italia*) ([234]) su cui si dirà più avanti.

Così, in una controversia tra il Governo spagnolo e *Lambège e Pujol*, la Corte di Cassazione francese, in una pronuncia del 21 gennaio 1849, osservò che: "L'indipendenza reciproca degli Stati è uno dei principi più universalmente riconosciuti del diritto delle genti...Da tale principio consegue che un Governo non può essere soggetto, per gli impegni che si assume, alla giurisdizione di uno Stato straniero" ([235]).

Si tratta di esempi in cui le Corti hanno rilevato un'***immunità assoluta*** di uno Stato straniero dalla giurisdizione di un altro Stato.

ii. Un contenuto incerto

146. Le questioni fondamentali. — Una triplice incertezza pervade l'interprete allorquando volge lo sguardo alla materia dei *limiti dell'immunità* dalla giurisdizione di uno Stato straniero. Tale materia, infatti, richiede una attenta valutazione, sia dei *beneficiari dell'immunità* in questione — **immunità *ratione personae***, ovvero, detta all'inglese *the immunity for what you are* — (a); sia degli *atti* coperti dall'immunità — **immunità *ratione materiae***, ovvero: *the immunity for what you do* — (b). Con il passare del tempo, però, si è assistitito alla progressiva generalizzazione del principio dell'*immunità ristretta* in quei casi in cui gli Stati operino alla stregua di un qualunque

---

([233]) O, secondo un altro brocardo, più significativo: *par in parem non habet imperium.*

([234]) CIG, 3 febbraio 2012, *caso dell'immunità giurisdizionali degli Stati*, Germania c. Italia, *Rec.*, 2012, punto 58: "La Corte ritiene che la norma dell'immunità di Stato occupi un posto importante nel diritto internazionale e nelle relazioni internazionali. Essa deriva dal principio dell'uguaglianza sovrana degli Stati, che, come chiarisce l'art. 2, par. 1, della Carta delle Nazioni Unite, è uno dei principi fondamentali dell'ordinamento giuridico internazionale. Questo principio va considerato insieme al principio secondo il quale ciascuno Stato possiede la sovranità sul proprio territorio e che da tale sovranità scaturisce la giurisdizione dello Stato sugli eventi e sulle persone all'interno di tale territorio. Le eccezioni all'immunità dello Stato rappresentano una deroga al principio dell'uguaglianza sovrana. L'immunità può rappresentare una deroga al principio della sovranità territoriale e alla giurisdizione che ne deriva".

([235]) S. 1849, I, 81; D.P. 1849, I, 5.

operatore privato (c.d. atti *jure gestionis*). La riduzione della sfera delle immunità viene oggi sollecitata anche in quei contenziosi ove viene evocata per sfuggire alle conseguenze della violazione di norme di *jus cogens* (c).

a) *I beneficiari: l'immunità* rationae personae *(immunità personale)*

147. Immunità degli Stati e degli organi di Stati stranieri. — *Le attività poste in essere da un individuo-organo di Stato* nell'esercizio delle proprie funzioni non sono, in linea di principio, attività di quel dato individuo bensì *sono attività dello Stato*. Ed allora, occorre considerare l'immunità dalla giurisdizione come un privilegio del solo *Stato centrale* oppure riguarda anche altri enti pubblici? Si può affermare che tale privilegio si estende ugualmente alle *suddivisioni amministrative e politiche dello Stato, agli enti pubblici ed alle società che tale Stato controlla*?

148. Esclusione degli enti privi di sovranità. — Solo lo Stato-apparato, in quanto titolare di un potere sovrano, beneficia dell'immunità dalla giurisdizione ([236]). Di conseguenza, l'immunità non si estende, *sic et simpliciter*, ad altri enti pubblici — territoriali e non territoriali, centrali o periferici — privi di "sovranità" come, ad esempio, le Città (metropolitane e non), le Regioni, le Agenzie o le Aziende autonome.

Ad **esempio**, dal punto di vista dell'ordinamento giuridico francese *solo l'Amministrazione centrale dello Stato, inclusa la Banca centrale, beneficia dell'immunità dalla giurisdizione* ([237]). Per contro, le altre articolazioni di uno Stato straniero non beneficiano, in generale, di alcuna immunità dalla giurisdizione ([238]). L'immunità si può estendere, invece, a quegli enti pubblici nazionali che esercitano particolari funzioni di governo come, ad esempio, le banche centrali straniere.

Così, in Italia, sia pure nel peculiare contesto dei rapporti con la Santa Sede, la Corte di Cassazione ha concluso che l'immunità garantita dall'art. 11 del Trattato lateranense non è invocabile dalla *Pontificia Università Gregoriana*, in quanto quest'ultima non è annoverabile tra gli "enti centrali della Chiesa cattolica" esentati da ogni ingerenza da parte dello Stato italiano ([239]).

In breve, si riflettono in questa materia le considerazioni a proposito della nozione di Stato nel diritto internazionale, di cui si è già detto, nonché quelle in materia di responsabilità internazionale dello Stato di cui si dirà al Cap. XVI. In tutti

---

([236]) Cfr. ad es. R. Luzzatto e I. Queirolo, ("Sovranità territoriale, "jurisdiction" e regole di immunità", cit., p. 189: "Laddove... ci si trovi di fronte ad un vero e proprio Stato come definito dal diritto internazionale, l'immunità compete non solo all'apparato centrale, identificato nelle istituzioni esercitanti il potere legislativo, giudiziario ed esecutivo, ma anche a tutte le strutture e gli enti cui è attribuito l'espletamento di funzioni sovrane". V. Altresì F. Mosconi, C. Campiglio, *Diritto internazionale privato e processuale*, I, 9 ed., Torino, Utet, 2020, p. 165 ss..

([237]) Cass. civ. 121 Ch. 19 maggio 1976, *Banque du Japon*, in *Rev. crit. d.i.p.*, 1977, p. 359, con una nota di Batiffol, e in *RGDIP*, 1977, p. 334 con una nota di Rousseau.

([238]) V. Cass. civ., 18 novembre 1986; *Banque Camerounaise de développement c. Société des Etablissements Robber*, in *JCP* 1987. II, 20909 con una nota di Nicod, *Clunet* 1987, p. 632 con una nota di Ph. Kahn. Cfr. Tuttavia Cass. civ. 1, 2 maggio 1990, *Société nationale iranienne du gaz c. Soc. pipeline service et autre*, in *RCDIP*, 1991, p. 140 con una nota P. Bourel.

([239]) Sicché la controversia inerente al rapporto di lavoro di un dipendente della detta Università, nella specie un collaboratore di biblioteca, non poteva essere sottratto alla giurisdizione del giudice italiano non potendo considerarsi espressione di una potestà *jure imperii*.

questi casi, il diritto internazionale attribuisce rilevanza allo ***Stato-apparato***, ed in particolare all'organizzazione di governo effettiva dello Stato, fatto questo che può anche prescindere dall'esistenza di enti che godano di un personalità giuridica distinta da quella dello Stato in base al diritto interno.

Pertanto, la precitata Convenzione ONU del 2004 ha opportunamente precisato, all'art. 2, par. 1, lett. *b*), che il termine "*Stato*" designa:

"lo *Stato* e i suoi *diversi organi di governo*, le *componenti di uno Stato federale* o le suddivisioni politiche dello Stato abilitate a compiere atti nell'esercizio dell'autorità sovrana e che agiscono a tale titolo, stabilimenti o organismi statali o altri enti abilitati a compiere e che effettivamente compiono atti nell'esercizio dell'autorità sovrana dello Stato, i *rappresentanti dello Stato che agiscono a tale titolo*" ([240]).

La Convenzione *de qua* lascia ovviamente impregiudicate le immunità di cui beneficia uno Stato per quanto concerne l'esercizio delle funzioni diplomatiche, consolari e speciali; delle sue missioni presso conferenze o OIG, di quelle personali dei Capi di Stato, di quelle concernenti gli aeromobili e gli oggetti spaziali, nonché (art. 16, par. 2) delle navi da guerra e delle navi pubbliche utilizzate esclusivamente per attività pubbliche non commerciali.

Detta Convenzione è però *priva di effetti* in relazione ai *procedimenti penali*. Infatti, non solo tale accordo limita espressamente il suo ambito di applicazione ai procedimenti "civili", ma tale esclusione è ribadita anche nella Ris. n. 53/38 con la quale l'Assemblea generale dell'ONU invita gli Stati a ratificare la Convenzione (punto 2 della risoluzione).

In breve, sembra ancora valida l'osservazione della Corte EDU secondo la quale "il riconoscimento dell'immunità sovrana ad uno Stato nei procedimenti civili persegue il legittimo scopo di rispettare il diritto internazionale al fine di promuovere la cortesia e le buone relazioni tra gli Stati attraverso il rispetto della sovranità di un altro Stato" ([241]).

149. L'approccio dei Paesi di Common Law. — Per quanto riguarda i Paesi di *Common Law*, va notato che questi ammettono, in via generale, che altri enti pubblici, diversi dall'amministrazione centrale dello Stato, beneficino dell'immunità dalla giurisdizione.

È quanto avviene, ad esempio, nella legislazione statunitense. Qui, godono dell'immunità dalla giurisdizione sia lo Stato centrale che le sue suddivisioni politiche territoriali oltre agli enti posseduti o controllati dal governo centrale straniero (siano enti pubblici o imprese nazionali) ([242]). Per quanto riguarda poi l'immunità degli organi di vertice di Stati stranieri, l'approccio sembra tendenzialmente in linea con quello dei Paesi di Civil Law ed anzi un po' più ampio come dimostra l'art. 20 del *UK State Immunity Act 1978*.

150. Sanzioni ONU e perdita del beneficio dell'immunità. — Un'altra particolare fattispecie si verifica allorquando uno Stato è oggetto di *sanzioni* da parte del

---

([240]) Corsivo aggiunto. E cfr. gli artt. 27-28 della Convenzione europea del 1972 la cui soluzione è parzialmente difforme.

([241]) Corte EDU, 21 novembre 2001, *Al-Adsani c. Regno Unito*, punto 54.

([242]) *The Foreign sovereign immunities act* 1976, in *ILM*, 1976, p. 1388, con un commento di G. R. Delaume, in *AJIL*, 1977, p. 399 nonché di C. N. Brower ed altri in *AJIL* 1979, p. 200 ss.

Consiglio di sicurezza dell'ONU ai sensi del Capo VII della Carta. *In tali circostanze, ci si può chiedere se uno Stato perda, in virtù dello stesso diritto internazionale, la legittimazione ad invocare a suo favore le immunità dalla giurisdizione e dalle misure esecutive che normalmente sono ad esso riconosciute.* Sul punto, alcuni tribunali francesi hanno dato una risposta positiva a tale quesito e con riferimento all'Iraq, in merito alle sanzioni che erano state imposte a quest'ultimo Stato dal Consiglio di Sicurezza dell'ONU all'epoca della prima guerra del Golfo ([243]). Si tratta, tuttavia, di una questione ancora aperta su cui occorrerà attendere il consolidamento della prassi degli Stati.

Orbene, pur se tali considerazioni generali sono di facile comprensione teorica, si registrano, nella prassi, delle oscillazioni giurisprudenziali comparando la giurisprudenza dei diversi Stati.

151. Possibilità e frequenza delle rinunce all'immunità. — Va da sé che uno Stato straniero ha sempre la possibilità, in virtù della propria sovranità, di *rinunciare all'immunità dalla giurisdizione di cognizione* e di accettare così di essere convenuto dinanzi ai tribunali di un altro Stato. Ma una tale rinuncia non può essere facilmente presunta.

La Convenzione di New York del 2004, nel ribadire il principio dell'immunità dalla giurisdizione dello Stato estero e dei suoi beni, indica subito che trattasi di una regola derogabile in caso di domanda riconvenzionale o con il consenso dello Stato estero, che può essere espresso non solo in un accordo internazionale, ma anche in un contratto scritto.

A tale riguardo, va notato che una tale prassi è particolarmente diffusa ogni qualvolta uno Stato effettua *operazioni economiche internazionali.* Il dato non deve sorprendere: infatti i contratti economici internazionali (contratti di prestito, forniture di beni e servizi...) contengono sistematicamente una clausola in base alla quale il "partner statale" rinuncia ad invocare ogni sua immunità nei confronti della "parte privata" per tutte le controversie relative all'esecuzione del contratto in questione; si tratta dunque di un "*sine qua non*" a cui si piegano tutti i Paesi, siano essi ad economia capitalista, socialista o in via di sviluppo e qualunque sia la loro concezione in materia di immunità dalla giurisdizione.

Un riflesso di tali principi si trova nella Legge di diritto internazionale privato svizzera (LDIP) all'art. 177, il quale, al par. 2, stabilisce che:

"Uno Stato, un'impresa dominata da uno Stato o un'organizzazione controllata da uno Stato non può, in quanto parte, invocare il proprio diritto per contestare la compromettibilità della causa oggetto del patto di arbitrato o la propria capacità di essere parte nel procedimento arbitrale".

Il che significa, ancora una volta che, se uno Stato rinuncia alla propria immunità dalla giurisdizione accettando una clausola arbitrale nel contratto che lo lega ad un soggetto privato, non potrà più sollevare l'eccezione di inarbitrabilità soggettiva. E data la frequenza con cui si celebrano arbitrati misti (ossia tra Stati e privati stranieri) a Ginevra, l'esempio svizzero appare assai emblematico e moderno.

([243]) C. cass. 15 luglio 1999, *Société Dumez GTM c. Irak* e, sul rinvio, C.A. Paris, 20 febbraio 2002, *Irak c. Société Dumez GTM*, in *RGDIP*, 2003, p. 1008. *Contra* v. però C. cass. 1 Civ., 25 aprile 2006, *Etat irakien c. Société Dumez GTM S.A.*, D. 2006, I.R. 1335.

152. Immunità dei Capi di Stato, Capi di Governo e Ministri degli esteri stranieri dinanzi al giudice di uno Stato straniero. — Accanto all'immunità dalla giurisdizione dello Stato e di quella degli *agenti diplomatici e consolari* (di cui abbiamo già parlato), occorre soffermarsi sull'immunità degli organi di vertice degli Stati stranieri quali i *Capi di Stato, i Capi di Governo e i Ministri degli esteri*, come si evince dall'art. 3, par. 2, della Convenzione di New York del 2004 (244).

*La qualifica di "**organo dello Stato**" va fatta in base all'ordinamento giuridico dello Stato per cui l'organo agisce e non in base alla* lex fori (245) e le immunità personali del Capo di Stato comprendono sia ***l'inviolabilità personale*** (quindi l'esenzione da fermo e arresto di polizia ed ogni altra misura coercitiva), che ***l'immunità dalla giurisdizione penale e civile*** *rispetto a giudici stranieri*, la quale copre anche le ***attività private***, ossia, anche quelle che fuoriescono dalla sfera dell'immunità funzionale. Si riconosce agevolmente che tali privilegi equivalgono a quelli riconosciuti agli agenti diplomatici (in part. al Capo missione) ed infatti, nel territorio di un dato Stato straniero, è logico che l'organo interno di un altro Stato venga tutelato almeno quanto l'organo esterno — l'agente diplomatico — dello stesso Stato (246). Si ritiene che lo stesso valga anche per il Capo del Governo e per il Ministro degli affari esteri.

Senonché, a differenza di quanto avveniva in passato, ove il Monarca e gli organi supremi di uno Stato si recavano molto raramente all'estero — di qui la loro natura di *organi interni* dello Stato a differenza degli agenti diplomatici che svolgevano appunto la funzione di *organi esterni* permanenti dello Stato —, la situazione è radicalmente mutata nel nostro tempo (247). Basti pensare ai numerosi *summit* mondiali, quali il G7, divenuto G20, ed ai frequenti viaggi all'estero degli organi di vertice degli Stati per i più vari motivi (ad es. visita ai militari all'estero, funerali di

---

(244) Testualmente: "La presente Convenzione non pregiudica nemmeno i privilegi e le immunità che il diritto internazionale riconosce *ratione personae* ai capi di Stato".

(245) Nello stesso senso, N. Ronzitti, il quale segnala che tale qualificazione non è correttamente avvenuta da parte delle Corte Suprema indiana nel ***caso dei "due marò"*** e relativo a due soldati italiani della Marina militare (con qualifica di ufficiali di polizia giudiziaria) in servizio anti-pirateria sulla nave *Enrica Lexie*, accusati dai giudici indiani di avere ucciso due pescatori indiani scambiati per pirati. I militari vennero arrestati in India ed ivi sono stati illegittimamente trattenuti per anni con l'accusa di omicidio. Un tribunale arbitrale istituito in base all'Annesso VII UNCLOS, ha finalmente statuito il 21 maggio 2020, confermando l'immunità funzionale dei due militari dalla giurisdizione penale indiana ma...riservando all'India un'adeguata riparazione nelle forme della soddisfazione e del risarcimento. Si tratta di una vicenda tragica ma piena di luci e di ombre. Stupisce anche che l'Italia si sia fatta assistere in giudizio arbitrale da una manciata di giuristi italiani insieme a molti e costosi avvocati appartenenti a studi legali inglesi (persino alcuni ex membri del *Foreign Office* del Regno Unito che è il servizio giuridico di uno Stato estero con un passato coloniale in India); non dall'Avvocatura dello Stato o da altri giusinternazionalisti italiani, a cominciare dagli specialisti di diritto del mare. Ed ancor più colpisce il lodo pronunciato dagli arbitri, risultato che, invece di brillare per l'alto livello tecnico del diritto internazionale, risolve in modo equitativo — per non dire approssimativo — tale controversia. In arg. v. per tutti N. Ronzitti, "Il caso della Enrica Lexie e la sentenza arbitrale nella controversia Italia-India", in *Riv. dir. int.*, 2020, p. 937 ss. ed al sito internet della PCA https://pca-cpa.org/en/cases/117/.

(246) Esplicito in tal senso l'art. 20 dello *UK State Immunity Act* 1978: "Heads of State. — (1)Subject to the provisions of this section and to any necessary modifications, the Diplomatic Privileges Act 1964 shall apply to — (a) a sovereign or other head of State; (b) members of his family forming part of his household; and — (c) his private servants, as it applies to the head of a diplomatic mission, to members of his family forming part of his household and to his private servants". In arg. v. M. Giuliano, *Diritto internazionale*, II, cit., p. 449 ss.

(247) In argomento v. per tutti: A. Watts, "The Legal Position in International Law of Heads of State, Heads of Governments and Foreign Ministers", in *RCADI*, 1994, v. 247, p. 9 ss.

Stato etc.). Così, alcuni organi di vertice statali, appena atterrati in territorio straniero, si sono trovati improvvisamente oggetto di procedimenti penali promossi dinanzi a giudici interni dello Stato territoriale per reati quali i crimini di guerra, contro l'umanità, tortura o genocidio commessi nel Paese di origine.

Per quanto riguarda la giurisprudenza internazionale, basti riferirsi al ***caso del mandato d'arresto dell'11 aprile 2000*** **(caso *Yerodia*)** (248). Qui, la CIG sottolineava l'esigenza di rispettare le immunità nel modo più assoluto. Nella fattispecie, la CIG ha infatti concluso che il mandato di arresto emesso da un giudice di uno Stato (sub specie, il Belgio) nei confronti del Ministro degli affari esteri di altro Stato (Congo) era illegittimo in quanto "le funzioni di un Ministro degli affari esteri straniero sono tali che, per l'intera durata del suo incarico, beneficia dell'immunità dalla giurisdizione penale e di una totale inviolabilità all'estero...tale immunità e tale inviolabilità proteggono l'interessato da ogni atto autoritativo compiuto da un altro Stato che ostacoli l'esercizio delle sue funzioni". La CIG ha poi precisato che, durante il mandato, "non è possibile operare distinzioni tra gli atti compiuti da un Ministro degli esteri a titolo ufficiale e quelli compiuti a titolo privato, né tra gli atti compiuti dall'interessato prima di svolgere le funzioni di Ministro e quelli compiuti durante l'esercizio di tali funzioni" (249). Ciò, secondo la CIG, vale *anche se quest'ultimo sia sospettato di aver commesso crimini di guerra o contro l'umanità* (250).

A conclusione di queste brevi osservazioni va detto che, in linea di principio, l'immunità personale (o *ratione personae*) deve spettare oltre che allo Stato, anche agli individui-organo dello Stato, allorquando si trovino in territorio straniero. Ma mentre **l'*immunità personale*** vale *solo per il periodo della durata della funzione o della carica e termina con la partenza degli agenti diplomatici dal Paese di accreditamento*, **l'*immunità funzionale***, ossia quella stabilita per le attività istituzionali ufficiali, si riferisce allo Stato e quindi, in linea di principio, sopravvive alla cessazione delle funzioni (251).

153. Immunità dei Capi di Stato, Capi di Governo e Ministri degli esteri stranieri dinanzi a *tribunali internazionali*. — Se gli organi di vertice dello Stato beneficiano dell'immunità dinanzi ai *giudici interni* di un altro Stato, le cose cambiano dinanzi ad un *tribunale internazionale* (ad es. la CPI) (252) giacché qui è solo il diritto internazionale a dare fondamento alle eventuali immunità e privilegi nonché ai loro eventuali limiti, come, ad esempio: l'art. 4 della Convenzione per la prevenzione e la repressione del delitto di genocidio del 9 dicembre 1949 o gli artt. 1-5 della Convenzione contro la tortura e altri trattamenti o punizioni crudeli, inumani o degradanti del 10 dicembre 1984. Pertanto, in base all'art. 27 dello Statuto della CPI — con formula analoga all'art. 7, par. 2, dello Statuto del Tribunale Penale Internazionale per la ex Jugoslavia e a quella dell'art. 6 dello Statuto del Tribunale per il Ruanda — possono essere assoggettati alla giurisdizione di tali tribunali internazionali anche un Capo di Stato, di Governo o un Ministro degli esteri in carica. Quanto detto vale anche alla luce dell'art.

(248) CIG, 14 febbraio 2002, *caso del mandato d'arresto dell'11 aprile 2000*, R.D. del Congo c. Belgio, in *Riv. dir. int.*, 2002, p. 376.

(249) Ivi, punto 55.

(250) Tale posizione non è però granitica, v. infatti, l'opinione dissidente del giudice Van de Wyngaert (al sito della CIG).

(251) Nello stesso senso v. M. Giuliano, *Diritto internazionale*, II, cit., p. 370 s..

(252) V. ad es. E. Cimiotta, "Immunità personali dei Capi di Stato dalla giurisdizione della Corte penale internazionale e responsabilità statale per gravi illeciti internazionali", *Riv. dir. int.*, 2011, p. 1083 ss..

89 dello Statuto della CPI: anche se si parla di *autorità nazionali* non si intende affatto far ripiombare il caso a livello delle giurisdizioni nazionali giacché si applica il *diritto internazionale penale* e non il *diritto penale internazionale* di uno Stato dato.

154. I limiti dell'immunità di *ex* Capi di Stato, Capi di Governo e Ministri degli esteri stranieri. — *Repetita iuvant!* Se un Capo di Stato, di Governo o un Ministro degli esteri ha cessato la propria carica (ed in Italia con i tanti mutamenti di Governo il caso è tuttaltro che teorico), la "copertura" offerta dall'immunità è analoga a quella che abbiamo già indicato sussistere per gli agenti diplomatici: *l'immunità* ratione personae *cessa al cessare delle funzioni mentre resta intatta l'immunità funzionale*. Ma anche qui occorre fare attenzione: l'immunità *ratione personae*, come abbiamo già segnalato, viene concessa per permettere all'individuo-organo di espletare le funzioni che gli sono state assegnate. Resta, dunque, solo l'immunità funzionale che non si confonde con quella personale. Inoltre, va ribadito che anche l'immunità funzionale non corrisponde ad un diritto soggettivo ed individuale bensì è esclusivamente un diritto soggettivo dello Stato. *Dunque* ***si tratta di un privilegio che può essere revocato*** (ad es. dal nuovo Governo) ([253]).

Le conseguenze pratiche di tale impostazione sono evidenti: il Capo di Stato, o di Governo o il Ministro degli esteri che, durante l'esercizio delle loro funzioni, avessero commesso dei reati contro il patrimonio o dei delitti contro la Pubblica Amministrazione come il peculato, la corruzione, la concussione, l'induzione indebita a dare o promettere utilità, la corruzione e istigazione alla corruzione di membri degli organi dell'Unione europea o di funzionari di Stati esteri ecc., possono essere temporaneamente coperti da *immunità personale* ma non risultano coperti da *immunità funzionale* in quanto si collocano in flagrante contraddizione con qualunque tipo di funzione istituzionale. Ecco perché, cessata l'immunità personale — ammesso e non concesso che anche in quei casi valga — tali reati diverranno punibili. Infatti, una volta venuto meno il legame funzionale tra individuo-reo e il proprio Stato, la responsabilità penale individuale è libera da ostacoli processuali.

La prassi internazionale al riguardo sembra confermare questa impostazione. Così, ad esempio, negli Stati Uniti, con riferimento ai beni detenuti dall'ex dittatore delle Filippine ***Marcos***, la Corte d'appello federale ha indicato che:

> "No estoppel exists insulating a deposed dictator from accounting. No guarantee has been granted that immunity may be acquired by an ex-chief magistrate invoking the magic words ‹act of state› to cover his or her past performances. (...) Bribetaking, theft, embezzlement, extortion, fraud and conspiracy to do these things are all acts susceptible of concrete proof that need not involve political questions" ([254]).

Analoga sorte ha subito l'ex Capo di Stato di Panama, ***Manuel Noriega***, il quale, il 1° luglio 1999 è stato condannato ad una pena di dieci anni di reclusione ed al pagamento di diversi milioni di Franchi francesi da parte del *Tribunal correctionnel de*

([253]) In argomento cfr. J. Verhoeven, "Sur la récupération à l'étranger des sommes détournées par d'anciens chefs d'Etat", in *Etudes de droit international en l'honneur de Pierre Lalive*, cit. 1993, p. 359 ss.; L. Collins, "Recovery of Stolen Property from Deposed Rulers", ivi, p. 221 ss.; M. Lugato, "Il recupero all'estero di somme e di beni trafugati da ex-capi di stato", *Riv. dir. int.*, 1997, p. 104 ss.; E. Lutz, *Prosecuting Heads of State*, Cambridge, CUP, 2015; R. Pedretti, *Immunity of Heads of State and State Officials for International Crimes*, Brill-Nijhoff, 2015.

([254]) *Republic of the Philippines v. Marcos*, 862 F.2d 1355, p. 1360 ss..

Paris (255). Ad ulteriore conferma di tale importante tendenza dottrinale e giurisprudenziale, nel 2001 l'IDI ha adottato una *Risoluzione* (256) che, tra l'altro, ammette l'uso di misure cautelari:

"[w]hen serious doubt arises as to the legality of the appropriation of a fund or any other asset held by, or on behalf of, the Head of State, nothing in these provisions prevents the State authorities of the territory on which those funds or other assets are located, from taking provisional measures with respect to those funds or assets, as are necessary for the maintenance of control over them while the legality of the appropriation remains insufficiently established".

La materia forma oggetto di approfondito studio da parte della CDI dell'ONU sotto la rubrica "Immunity of State officials from foreign criminal jurisdiction" (257).

b) *L'immunità* ratione materiae *(immunità funzionale)*

155. Premessa. — I diversi "approcci" nazionali al riconoscimento dell'immunità dalla giurisdizione degli Stati stranieri tendono oggi ad una sostanziale convergenza, almeno all'interno del gruppo dei Paesi sviluppati. Si possono, infatti, individuare due concezioni piuttosto differenti di immunità dalla giurisdizione statale: una *assoluta* e l'altra *relativa*, o meglio ristretta.

Inoltre, si è sviluppato un acceso dibattito circa la compatibilità tra il regime delle immunità degli Stati stranieri con la consacrazione dell'esistenza di norme internazionali imperative, quali sono quelle di *ius cogens.* Basti riflettere per un istante sul diritto dei singoli di accedere alla giustizia, un diritto umano fondamentale che appare assai poco compatibile con il privilegio dell'esenzione dalla giurisdizione di cui beneficiano gli Stati.

156. La tesi dell'immunità *assoluta* e quella dell'immunità *ristretta*. — La storia recente ha evidenziato, oltre ad una crescente interazione tra gli Stati, anche e soprattutto il sempre maggiore intervento degli Stati nell'economia ed il loro coinvolgimento in attività di tipo privatistico (v. Cap. I) (258). Ciò ha progressivamente sollevato la necessità di individuare regole certe e condivise relative alle immunità dalla giurisdizione e dalle misure esecutive e cautelari degli Stati stranieri, al fine di rafforzare il principio della certezza del diritto, nonché di rinvenire, in particolare nei rapporti tra Stati e persone fisiche e giuridiche, un corretto bilanciamento tra il rispetto dell'eguaglianza sovrana degli Stati ed il rispetto del diritto alla tutela giurisdizionale dei soggetti privati.

Senonché, fino ad un'epoca recente, la prassi degli Stati era assai difforme e la maggioranza della dottrina (oltre alla giurisprudenza) anglo-americana continuava a sostenere il dogma dell'immunità assoluta dello Stato dalle giurisdizioni straniere.

Certo, fino alla fine del XIX secolo, il trattamento degli Stati stranieri era universalmente ispirato al principio di diritto internazionale generale *par in parem non*

---

(255) Cfr. L. Balmond e P. Weckel, "Chronique des faits internationaux", in *RGDIP*, 1999, p. 958.

(256) Cfr. IDI, Ris. del 26 agosto 2001, "Immunities from Jurisdiction and Execution of Heads of State and of Government in International Law", *Annuaire IDI 2000-2001*, Paris, 2003, p. 742 ss.

(257) Cfr. http://legal.un.org/ilc/guide/4_2.shtml.

(258) Ciò è accaduto anche per i Paesi ex socialisti: l'Unione sovietica aveva costituito un monopolio del commercio estero in capo allo Stato e quindi le imprese occidentali concludevano accordi direttamente con organi di quello Stato.

habet iudicium, nel senso dell'immunità assoluta dalla giurisdizione civile (*Absolute Immunity*). Ma, se la *ratio* delle immunità dello Stato dalle giurisdizioni straniere è la salvaguardia dell'autonomia dello Stato, tale ragione traccia i limiti dell'immunità stessa. Infatti, dallo stesso principio discende necessariamente che gli atti o fatti posti in essere dallo Stato di *carattere privatistico* — e non pubblicistico — soprattutto in materia commerciale, non beneficiano dei privilegi concessi dal diritto internazionale.

Orbene, nonostante tali elementari considerazioni di logica giuridica, fino alla metà del '900, i Paesi di Common Law, quelli ad economia socialista e la maggioranza dei Paesi in via di sviluppo, continuavano a sostenere che l'immunità dalla giurisdizione dello Stato era assoluta e senza eccezioni; essa dunque *copriva tutti gli atti, di qualsiasi tipo essi fossero* (259).

Contro quell'approccio "totalizzante", a partire dall'inizio del secolo scorso, altri Paesi (Austria, Belgio, Danimarca, Francia, Grecia, Italia, Svizzera, Svezia...) iniziarono ad adottare una diversa prassi, applicando la teoria (e la giurisprudenza) dell'*immunità ristretta o relativa*, in base alla quale — fermo restando il principio generale dell'immunità degli Stati stranieri — questa si applica solo a determinati atti dello Stato straniero: *quelli che esso effettua nell'esercizio delle sue funzioni pubbliche statali (ossia* jure imperii*).*

La distinzione tra atti *jure gestionis* e *jure imperii* dello Stato straniero trova la propria origine nella *giurisprudenza italiana e belga* della fine del XIX secolo e dell'inizio del XX secolo (260).

Per usare le parole della Corte Costituzionale italiana in una pronuncia del 22 ottobre 2014, e con riferimento a quella giurisprudenza,

> "si è ridotta, ad opera delle giurisdizioni nazionali, la portata della norma del diritto consuetudinario internazionale, nel senso che essa attribuisce l'immunità dalla giurisdizione civile degli altri Stati solo per gli atti ritenuti *jure imperii*. E ciò principalmente allo scopo di escludere la concessione del beneficio dell'immunità almeno quando lo Stato agisce come privato, ipotesi che appariva una iniqua limitazione dei diritti dei contraenti privati" (261).

Quella prassi si manifestò anche in materia marittima, all'epoca della conclusione della Convenzione di Bruxelles del 10 aprile 1926, tramite la quale si stabilì che le *navi di Stato adibite al commercio sono sottoposte alle regole del diritto processuale civile comune*. Detto principio venne riconfermato, sia all'art. 9 della Convenzione di Ginevra del 1958 sull'alto mare, che all'art. 32 della UNCLOS sul diritto del mare, in materia di immunità delle navi da guerra e delle altre navi di Stato in servizio non commerciale.

---

(259) Mentre negli Stati Uniti, il mutamento di approccio fu indotto dal Dipartimento di Stato con la *Tate Letter* nel 1952, nel Regno Unito la svolta avvenne in via giurisprudenziale a partire dal caso *Trendtex Trading Corp. v. Central Bank of Nigeria* del 1977.

(260) Cfr. *ex multis*, Cass. Napoli, 25 febbraio 1886, *Typaldos* in C. Focarelli, *Diritto internazionale*, II, p. 353 ss.; Trib. Firenze, 8 giugno 1906, *Riv. dir. int.* 1907, p. 379; Cass. 13 marzo 1926, *idem*, 1926, 250; App. Napoli, 16 luglio 1926, *idem*, 1927, p. 104; App. Milano, 23 gennaio 1932, *idem* 1932, p. 549; Cass. 18 gennaio 1933, *idem* 1933, p. 241. Per la giurisprudenza belga, *ex multis*, v. Cass. 11 giugno 1903, *Journ. dr. int. privé* 1904, 136; App. Bruxelles 24 giugno 1920, *Pasicrisie belge* 1922, II, 122; App. Bruxelles, 24 maggio 1933, in *JDI*, 1933, p. 1034. In argomento cfr. R. Quadri, *Diritto internazionale pubblico*, cit., p. 616 ss.; L. Sbolci, "Immunità giurisdizionale degli Stati stranieri", in *Dig. pubbl.*, VIII, Torino, 1993, p. 118 ss.; B. Conforti, *Diritto internazionale*, cit., p. 269 ss.

(261) Corte Cost., 22 ottobre 2014, n. 238, punto 3.3.

157. Lo sviluppo giurisprudenziale del principio dell'*immunità ristretta* in Italia. — Nell'ordinamento giuridico italiano, la norma sull'immunità dello Stato straniero e dei suoi beni rispetto alla giurisdizione dei tribunali italiani essendo di natura consuetudinaria, trova il proprio fondamento nell'art. 10, c. 1, della Costituzione, una disposizione di adattamento automatico e permanente alle "norme del diritto internazionale generalmente riconosciute".

L'entrata in vigore della Convenzione di New York contribuirà, pertanto, alla certezza dei rapporti giuridici, consentendo di disporre di criteri univoci volti a orientare la giurisprudenza.

In relazione alle considerazioni appena presentate, è giurisprudenza costante in Italia — i precedenti risalgono, come si è detto, sino alla fine del 1800 — che l'immunità dalla giurisdizione venga riconosciuta agli Stati esteri ed ai loro organi solo per attività *jure imperii*, ossia solo in linea con la dottrina dell'*immunità ristretta*. Ma la distinzione tra *acta jure imperii* ed *acta jure gestionis* (ossia di natura meramente *commerciale*), e quindi la dottrina dell'immunità ristretta, non sempre è facile da applicare ai casi concreti.

A tale proposito, ci riferiremo ad alcuni esempi tratti dalla giurisprudenza:

***i.* Primo esempio: il caso del Cermis**

Con la sentenza n. 530 del 3 agosto 2000, resa in tema di danni cagionati sul territorio nazionale da velivoli da guerra statunitensi durante le esercitazioni (il c.d. "caso del Cermis"), la Corte di Cassazione ha indicato, tra l'altro, che

> "[l]a questione sull'immunità della giurisdizione civile degli Stati uniti d'America deve essere risolta sulla base del criterio della cosiddetta *immunità ristretta*, per il quale l'immunità può essere riconosciuta limitatamente alle attività degli Stati esteri che costituisca estrinsecazione immediata e diretta del loro *jure imperii*".

Ne concludeva che "l'attività d'addestramento alla guerra delle proprie forze armate in funzione difensiva realizza un fine pubblico essenziale ed indefettibile dello Stato: la difesa della propria sovranità e della propria integrità territoriale anche con la forza. Dunque, un'attività indefettibilmente ed ontologicamente *jure imperii*".

***ii.* Secondo esempio: i *tango bonds* e l'immunità dell'Argentina**

Un'altra pronuncia recente si riferisce all'emissione di *tango bonds* da parte dell'Argentina ed esamina l'eventuale possibilità di convenire in giudizio, in Italia, lo Stato Argentino a causa del mancato rimborso dei portatori italiani di quei titoli obbligazionari.

A tale riguardo la Cassazione ha correttamente individuato la natura privatistica degli atti di emissione e di collocamento sul mercato internazionale dei titoli obbligazionari della Repubblica Argentina. Senonché, pur muovendo da quel presupposto, la Suprema Corte ha rilevato che, per quanto riguarda i successivi provvedimenti di moratoria, adottati dal Governo argentino:

> "*Tali provvedimenti* — incidenti sul momento funzionale, del rapporto obbligatorio tra le parti, con un effetto che sarebbe assurdo ritenere limitato ai soli interessi (come deduce parte ricorrente) e che invece, in relazione alla finalità perseguita, deve considerarsi esteso anche alla sorte capitale — *manifestano, evidentemente, la potestà sovrana dello Stato.*
>
> E ciò sia per la loro natura di leggi di bilancio quali la nostra Costituzione sottrae anche a referendum abrogativo, sia, soprattutto, per le già sottolineate *finalità, eminentemente pub-*

bliche, perseguite, di governo della finanza *in funzione della tutela di bisogni primari di sopravvivenza economica della popolazione in un contesto storico di grave emergenza nazionale.*

4.3. Né rileva in contrario il fatto che dette leggi incidano su diritti patrimoniali di cittadini stranieri, poiché ciò non vale certamente a configurare quella deroga eccezionale alla immunità che, come sopra detto, è prospettabile solo in presenza di atti di esercizio della sovranità che si presentino lesivi di "valori universali della dignità umana". Valori, con i quali le leggi della Repubblica Argentina, su riferite, non si pongono evidentemente in conflitto, ma che tendono, anzi, a salvaguardare" (262).

Pertanto, la Suprema Corte ha rilevato il difetto di giurisdizione del giudice italiano a conoscere le controversie promosse da un cittadino italiano, acquirente dei predetti titoli obbligazionari argentini, e a ottenere la condanna della Repubblica Argentina alla restituzione anticipata, in applicazione del principio della decadenza del beneficio del termine, del valore nominale delle obbligazioni da esso detenute.

***iii.* Terzo esempio: vendita di armi e pretesa immunità dell'Iraq**

Il 24 novembre 2015, la Corte di Cassazione si è pronunciata in una vicenda relativa ad una controversia tra la società Agusta s.p.a. ed il Ministero della Difesa dell'Iraq. La parte attrice chiedeva, tra l'altro, la risoluzione del contratto di vendita di cinque elicotteri militari, per impossibilità derivante da causa imputabile all'acquirente, oltre al risarcimento dei danni.

Il Governo ed il Ministero della Difesa della Repubblica dell'Iraq e la Rafidain Bank, costituitisi in giudizio in Italia eccepivano la carenza di giurisdizione, invocando l'immunità dello Stato irakeno dalla giurisdizione civile, vertendosi, secondo loro, di un atto *jure imperii*, compiuto nell'esercizio di poteri sovrani. La Cassazione, nel rigettare siffatta qualificazione dell'atto ha indicato quanto segue:

"[n]essuna immunità è dato ravvisare in ordine ad un ordinario contratto di compravendita di armi (elicotteri), espressione dell'ordinaria autonomia negoziale *jure privatorum*; come reso evidente, del resto, non solo dalla forma esteriore contrattuale, ma altresì dalle modalità prescelte dalle parti per comporre eventuali controversie: riconducibili, in base alla clausola n. 17 secondo e comma 3 a normali arbitrati, alternativamente libero e rituale, compatibili solo con controversie su diritti disponibili.

Non è certo sufficiente, per contro, ad attribuire natura di atto sovrano alla compravendita in esame lo scopo di utilizzare gli elicotteri nel contesto di un conflitto internazionale tra Stati: a prescindere dall'accertamento se esso fosse prefigurato, o no, dai contraenti. Né, tanto meno, sono sindacabili, in questa sede, le politiche perseguite da organismi internazionali — e dallo stesso Stato italiano, in conformità — nel teatro di guerra medesimo, per desumerne una qualificazione *jure imperii* del contratto, tale da sottrarlo ad ogni sorta di sindacato giurisdizionale.

In tesi generale, l'acquisto di armi ed attrezzature tecnologicamente sofisticate e di elevata offensività non può che avere un nesso con lo scopo primario della difesa dello Stato (o con una sua iniziativa aggressiva), che certo riveste interesse pubblico e costituisce aspetto saliente della sua sovranità: e tuttavia, non per questo esula dalla disciplina, sostanziale e processuale, ordinaria, ogni volta che tragga origine da un contratto di diritto privato, stipulato con un'impresa commerciale operante nel mercato, in regime di libera offerta ad una platea indifferenziata di utenti ed acquirenti.

---

(262) Cass. SS.UU., 27 maggio 2005, ord. n. 11225, in *Foro it.* anno 2005, parte I, col. 3046. Corsivo aggiunto.

Non ha quindi errato la corte territoriale, nè la sua decisione appare infirmata da vizi logici di motivazione, nel ricondurre il contratto in questione ad un negozio di scambio, di diritto privato, devoluto, in caso di controversia, alla cognizione del giudice ordinario civile" (263).

iv.* Quarto esempio*: immunità dello Stato e rapporti di lavoro

Le difficoltà applicative della dottrina dell'immunità ristretta appaiono ancor più evidenti con riferimento ai rapporti di lavoro tra gli Stati esteri ed il personale italiano delle loro rappresentanze diplomatiche od anche di altri enti ed istituti di Stati stranieri aventi sede nello Stato italiano.

Nelle controversie in materia di rapporti di lavoro alle dipendenze di ambasciate o rappresentanze di Stati esteri in Italia, il principio dell'immunità dalla giurisdizione del giudice italiano può trovare applicazione — ancora una volta — solo ove la lite riguardi gli atti *jure imperii*, mentre non si estende agli atti *jure gestionis*. La concretizzazione di tale distinzione richiede, però, al giudice italiano la padronanza dei principi a cui si è fatto in precedenza riferimento.

Così, la giurisprudenza delle Sezioni unite della Cassazione, si è orientata nel senso che, nei confronti degli enti estranei all'ordinamento italiano in quanto enti di diritto internazionale ed immuni dalla giurisdizione, il giudice italiano resta titolare della potestà giurisdizionale solo per le controversie inerenti a rapporti di lavoro che risultino del tutto *esterni alle funzioni istituzionali e all'organizzazione dell'ente*, costituiti, cioè, nell'esercizio di capacità di diritto privato (264); *per gli altri rapporti, il medesimo giudice è carente della potestà giurisdizionale atta ad interferire nell'assetto organizzativo e nelle funzioni proprie degli enti, mentre può emettere provvedimenti di contenuto esclusivamente patrimoniale*. Ed ha precisato ulteriormente che, tra i provvedimenti di natura esclusivamente patrimoniale, non può comprendersi la sentenza di condanna ad un pagamento che debba essere logicamente preceduta da un accertamento del danno da interruzione di un rapporto di lavoro a tempo indeterminato, con prestazioni lavorative attinenti ai fini istituzionali dell'ente datore di lavoro (265).

Anche in materia di rapporti di lavoro, peraltro, lo Stato straniero o l'ente può rinunciare all'immunità, mediante la stipula di convenzioni e distinguendo "*fra dipendenti a statuto internazionale e dipendenti a statuto locale, i primi inseriti nell'organizzazione propriamente pubblicistica dello Stato straniero ed i secondi assunti per i bisogni locali di mano d'opera e per il soddisfacimento di esigenze materiali, perciò non immuni, bensì assoggettati ai giudici dello Status fori*" (266).

158. (*Segue*) L'immunità ristretta e la Corte EDU. — Anche la Corte EDU si è pronunciata in materia di immunità degli Stati e rapporti di lavoro.

Nel 2010, nella **causa *Cudak c. Lituania***, la Corte ha preso atto di una costante evoluzione del diritto internazionale indirizzata a *limitare l'immunità giurisdizionale degli Stati nelle controversie relative all'impiego di personale.* La controversia traeva origine dal ricorso di una cittadina lituana che lamentava il diniego di accesso ad un

(263) Cass. Civ., SS.UU, 24 novembre 2015 n. 23893, in *Dejure.*

(264) V. Cass. SS.UU., 7 novembre 2000, n. 1150.

(265) Infatti tale sentenza, una volta passata in giudicato, fa stato sia sull'obbligo di pagare, sia (questione pregiudiziale logica) sull'obbligo di ricevere a tempo indeterminato le prestazioni lavorative. Cfr. Cass., SS.UU. 15 aprile 2005, n. 7791.

(266) Cass., SS.UU., 19 febbraio 2007, n. 3718. Corsivo aggiunto. Cfr. altresì Cass. SS.UU. 27 gennaio 1977 n. 400; 22 maggio 1991 n. 5794; 12 gennaio 1996 n. 174. Corsivo aggiunto.

tribunale a seguito del proprio licenziamento ingiustificato, notificatole dall'ambasciata polacca a Vilnius, per la quale lavorava. Il giudice lituano aveva accordato all'ambasciata l'immunità dalla giurisdizione civile inducendo la vittima a rivolgersi al giudice di Strasburgo. In tale contenzioso, la Grande Camera della Corte EDU ha rigettato un'eccezione preliminare di non esaurimento dei mezzi di ricorso interni presentata dal Governo convenuto, ritenendo che la ricorrente avrebbe incontrato serie difficoltà pratiche nell'introdurre un'azione civile dinanzi ai tribunali polacchi e che i rimedi, cui l'art. 35, par. 1, CEDU si riferisce, erano solo quelli disponibili in Lituania, lo Stato convenuto. *La Corte EDU ha altresì ritenuto che la restrizione imposta ai diritti della ricorrente nel caso di specie non fosse proporzionata al fine legittimo di garantire buone relazioni con Stati esteri: ciò in quanto le mansioni svolte dalla ricorrente non potevano dirsi oggettivamente correlate agli interessi sovrani del Governo polacco* ([267]).

Ad analoghi risultati, la Corte EDU è giunta nel **caso *Guadagnino c. Italia e Francia***, nel 2011. Nella fattispecie, la ricorrente aveva impugnato, da un lato, la ricostruzione della sua carriera presso l'*Ecole française de Rome* e, dall'altro, la legittimità del licenziamento oltre al pagamento delle differenze retributive da parte di quest'ultima. A tale proposito, i giudici italiani avevano rilevato il difetto di giurisdizione e quindi la vicenda era approdata a Strasburgo dinanzi alla Corte EDU la quale osservava che:

"(4.) In tali condizioni, la Corte ritiene che, dichiarando il difetto di competenza dei tribunali interni in relazione alle domande della ricorrente, aventi per oggetto la ricostruzione di carriera e la legittimità del licenziamento, l'Italia non abbia mantenuto un rapporto ragionevole di proporzionalità ed abbia travalicato il margine di valutazione riconosciuto agli Stati in caso di limitazione del diritto di accesso dell'individuo ad un tribunale... (55). La Corte ricorda che le garanzie procedurali sancite dall'art. 6 in relazione all'equità, alla pubblicità ed alla celerità risulterebbero prive di senso, qualora non fosse tutelato il presupposto di tali garanzie, ossia l'accesso ad un tribunale... L'art. 6, § 1, garantisce a ciascuno il diritto a che un tribunale sia chiamato a pronunciarsi su ogni controversia relativa ai suoi diritti e doveri di carattere civile (56). Il diritto di accesso ai tribunali non è tuttavia assoluto: esso può presentare dei limiti implicitamente ammessi, dal momento che la sua stessa natura richiede una regolamentazione da parte dello Stato. Gli Stati contraenti dispongono in materia di un certo margine di valutazione. È tuttavia compito della Corte deliberare in ultima istanza sul rispetto delle esigenze della Convenzione; essa deve pervenire al convincimento che le limitazioni apportate non restringano l'accesso offerto all'individuo in modo o fino ad un punto tale da pregiudicare in maniera sostanziale il diritto stesso. Inoltre, tali limitazioni si conciliano con l'art. 6, § 1, solo quando perseguono un fine legittimo ed in presenza di un rapporto ragionevole e proporzionato tra i mezzi impiegati e lo scopo perseguito (66). La Corte deve dapprima verificare se la limitazione perseguisse uno scopo legittimo. Al riguardo, *essa ha già affermato, nell'ambito di cause concernenti il reclutamento ed il licenziamento di personale locale delle ambasciate, che il riconoscimento dell'immunità sovrana ad uno Stato, nelle cause civili promosse dagli interessati, perseguiva lo scopo legittimo di rispettare il diritto internazionale, al fine di agevolare la cortesia e le buone relazioni tra Stati mediante il rispetto della sovranità di un altro Stato...* (67). Poiché i procedimenti in questione riguardano *il licenziamento e la ricostruzione di carriera di un membro del personale locale di un istituto culturale estero*, la *Corte ritiene che la medesima*

([267]) Grande Camera, 23 marzo 2010, ricorso n. 15869/02, *Cudak c. Lituania*. Corsivo aggiunto. La Corte EDU ha raggiunto opposte conclusioni nel caso *Ndayegamiye-Mporamazina* c. *Svizzera* del 5 febbraio 2019, Ric.n. 65550/13.

conclusione possa essere applicata al caso di specie, nel quale la restrizione del diritto di accesso della ricorrente risulta perseguire uno scopo legittimo".

Per quanto riguarda l'accertamento del *se* la limitazione in questione fosse proporzionata allo scopo perseguito, la Corte EDU così concludeva:

"(69) Poiché *i principi sanciti dall'art. 11 della Convenzione del 2004 sono parte integrante del diritto consuetudinario internazionale, essi impegnano l'Italia, sebbene questo paese non abbia ratificato detta Convenzione.* La Corte ne deve tener conto, nel momento in cui appura se il diritto di accesso ad un tribunale sia stato rispettato... Secondo l'art. 11 della Convenzione del 2004 .... *non si applica la norma dell'immunità degli Stati ai procedimenti concernenti contratti di lavoro tra uno Stato e delle persone fisiche per un lavoro eseguito sul territorio di un altro Stato.*

Tuttavia, sussistono delle eccezioni a tale principio, elencate nello stesso art. 11, secondo le quali l'immunità si applica comunque quando in sostanza siano in gioco il potere pubblico e la sicurezza nazionale dello Stato datore di lavoro; nei confronti di agenti diplomatici e consolari; nei casi in cui l'oggetto della controversia riguardi l'assunzione, il rinnovo del contratto di lavoro o il reintegro di un candidato; quando si tratta di un cittadino dello Stato datore di lavoro; o, infine, se l'impiegato e lo Stato datore di lavoro hanno convenuto diversamente per iscritto" ([268]).

L'Italia, dunque, secondo la Corte EDU, risulta vincolata al rispetto di una convenzione internazionale (quella di New York del 2004) che *non* ha ratificato, in virtù di una norma consuetudinaria esterna alla CEDU. In ogni caso, viene confermata la dottrina dell'immunità ristretta e la prevalenza del diritto di accesso alle corti sull'eccezione di immunità dalla giurisdizione.

Non si tratta di una pronuncia isolata e relativa alla sola Italia. Infatti, il 29 giugno 2011, la Grande Camera della Corte EDU ha applicato la Convenzione ONU del 2004 in un caso riguardante la Francia ed indicando che quest'ultimo Paese ha violato l'art. 6 CEDU a causa di una sentenza della Cassazione (francese) che aveva ammesso l'immunità dalla giurisdizione di uno Stato straniero in un procedimento originato dal licenziamento di un ragioniere dell'ambasciata senza provare che le mansioni del lavoratore subordinato fossero strettamente connesse con l'attività di governo ([269]).

159. (*Segue*) L'evoluzione in Francia. — Pur muovendo da una concezione assoluta dell'immunità dalla giurisdizione dello Stato straniero, *anche i giudici francesi si sono da tempo orientati verso la tesi dell'immunità ristretta.* La "grande svolta" si è compiuta tra il 1926 e il 1929 in materia di *statuto della rappresentanza commerciale dell'U.R.S.S.* in Francia. Dapprima la Corte di Parigi ([270]) ed in seguito la Corte di Cassazione ([271]) negarono il beneficio dell'immunità dalla giurisdizione al predetto ente sovietico, indicando che: "tale rappresentanza commerciale manifesta(va) la sua attività commerciale in tutti i campi... tali manifestazioni possono solo essere valutate alla stregua di *atti di commercio, rispetto ai quali il principio della sovranità degli Stati riman(e) totalmente estraneo*". Si ufficializzava, così, la distinzione tra *actes de puissance publique* (cioè *jure imperii*) e *actes commerciaux* (ovvero *jure gestionis*) dello Stato straniero. Per i primi atti ([272]) vale l'immunità dalla giurisdizione, ma non per la seconda categoria di atti ([273]).

([268]) *Guadagnino c. Italia e Francia.* Corsivo aggiunto.

([269]) Corte EDU, 29 giugno 2011, *Sabeh El leil c. Francia.*

([270]) Sentenza del 19 novembre 1926, *Clunet*, 1927, p. 406.

([271]) Ch. req. Sentenza del 19 febbraio 1929, in *Clunet*, 1929, p. 1043.

([272]) Si veda, ad esempio, *Administration des chemins de fer du gouvernement iranien c. Sté Levant Express Transport*, Cass. Civ. 1 C., 25 febbraio 1969, in *RGDIP*, 1969, p. 883 con nota di C. Rousseau.

([273]) V. D. Carreau, F. Marrella, *Droit International*, 12ª ed., Paris, Pedone, 2018, ove riferimenti.

Anche qui la giurisprudenza talvolta si riferisce sia ad un *criterio finalista* piuttosto impreciso — *lo scopo del servizio pubblico* perseguito — che ad un *criterio oggettivo* più soddisfacente — *la natura dell'attività* in questione (o l'esercizio di un'attività con le forme del diritto privato). Alcune sentenze recenti sembrano evidenziare una *predominanza del criterio oggettivo*, al pari di quanto avviene in altri Paesi ad economia di mercato (Italia ([274]), Stati Uniti, Gran Bretagna, Canada).

160. (*Segue*) L'evoluzione negli Stati Uniti. — Negli Stati Uniti, il passaggio dalla dottrina dell'immunità assoluta a quella dell'immunità ristretta non è stato il frutto di elaborazione giurisprudenziale, bensì il prodotto dell'azione congiunta del potere esecutivo e del Congresso degli Stati Uniti. Fino a quel momento, infatti, i tribunali americani avevano adottato una concezione assoluta dell'immunità dalla giurisdizione dello Stato straniero. La prima svolta significativa si ebbe nel 1952, quando il Dipartimento di Stato comunicò alle Corti di essere a favore di una *teoria restrittiva dell'immunità dalla giurisdizione dello Stato straniero, limitata ai soli atti sovrani, esclusi gli atti commerciali* e che tale sarebbe stata la sua politica in futuro ([275]). Così, nel 1976, si giunse all'adozione del precitato *Foreign Sovereign Immunity Act* ([276]) *(FSIA)*. Applicando il FSIA, anche i giudici statunitensi concedono l'immunità dalla giurisdizione ad uno Stato straniero solo per quanto concerne gli atti sovrani, escludendo quelli commerciali. Anche nel contesto statunitense, tuttavia, permangono problemi interpretativi, in quanto la legislazione americana non precisa in modo chiaro la definizione di ciò che bisogna intendere per "attività commerciali". Spetta dunque al giudice, con metodo casistico, dare applicazione a quelle norme generali.

È interessante notare — e la questione è attualmente di grande importanza pratica — che il legislatore statunitense ha *espressamente* definito alla stregua di "atti commerciali" — che, come tali, non beneficiano dunque di nessuna immunità — *i prestiti contratti dagli Stati stranieri e dai loro enti pubblici*: così facendo, si sono voluti proteggere i creditori americani contro il *default* finanziario dei debitori "pubblici" stranieri.

161. La generalizzazione dell'immunità ristretta. — In breve, se vogliamo riassumere la concezione attualmente dominante dell'immunità dalla giurisdizione di uno Stato straniero, quantomeno presso i Paesi ad economia di mercato, è possibile affermare che questi sono ormai allineati alla teoria dell'*immunità ristretta* dalla giurisdizione ([277]). Il criterio di distinzione più comunemente accettato resta quello di tipo *oggettivo*: quello della *natura commerciale dell'atto dello Stato straniero.*

Al contrario, i Paesi socialisti (e questa era anche la posizione dell'URSS nel passato) e molti Paesi in via di sviluppo, almeno ufficialmente, restano agguerriti sostenitori della concezione dell'immunità assoluta dello Stato straniero in nome della difesa della loro sovranità. Senonché, quegli stessi Stati rinunciano sistematicamente

---

([274]) La Cassazione italiana, nel caso del Cermis ha chiaramente indicato che "ai fini dell'applicazione della regola dell'immunità ristretta, rileva esclusivamente la natura oggettiva dell'attività, del rapporto e della funzione dello Stato estero dedotta in giudizio, ossia l'essere stata posta in essere nell'esercizio ed in attuazione di poteri sovrani, e non assumono valore alcuno i suoi effetti ed i soggetti che ne sono destinatari (v. Cassazione, SS.UU., 6 giugno 1974 n. 1653 — che ha statuito che per la qualificazione come pubblica dell'attività dello Stato straniero rileva unicamente il carattere dell'attività stessa, e precisamente, la sua preordinazione all'attuazione dei fini pubblici dello Stato, ed è radicalmente irrilevante la natura del diritto o dei beni strumentali attraverso i quali la detta attività viene esplicata — nonché, tra le ultime, Cassazione, SS.UU., 20 aprile 1998 n. 4017)".

([275]) Si veda la celebre *Tate letter*, in 26 *Dpt. of State Bull.* 1952, p. 984.

([276]) *http://uscode.house.gov/download/pls/28C97.txt.*

([277]) Questa è anche l'ottica adottata dalla Convenzione Europea del 1972 già citata precedentemente nel testo.

alla loro immunità nelle relazioni economiche internazionali di modo che si assiste ad un divario totale tra la loro dottrina e la loro prassi.

Per bilanciare ed uniformare tali approcci, la Convenzione di New York del 2004 ha stabilito, all'art. 2, par. 1, lett. (*c*), che l'espressione "*transazione commerciale*" designa opportunamente:

"*i*) ogni *contratto o transazione di natura commerciale per la vendita di beni o la prestazione di servizi*,

ii) ogni contratto di *prestito* o altra transazione di natura finanziaria, compreso ogni obbligo di *garanzia o d'indennizzo* connesso con un simile prestito o una simile transazione,

iii) ogni altro contratto o altra transazione di natura commerciale, industriale o concernente *la fornitura di beni o servizi, esclusi i contratti di lavoro*" (corsivo aggiunto).

Inoltre, al fine di stabilire "se un contratto o una transazione sia una "transazione commerciale" ai sensi del paragrafo 1, lett. *c*), occorre tener conto in primo luogo della *natura* del contratto o della transazione, ma bisogna prendere in considerazione anche il suo *obiettivo* se le parti al contratto o alla transazione l'hanno convenuto o se, nella prassi dello Stato del foro, tale obiettivo è pertinente per determinare la natura non commerciale del contratto o della transazione" ([278]).

Viene dunque ribadito il criterio della *natura dell'atto*, quale criterio di qualificazione primario. In concorso con esso, tuttavia, viene introdotto l'ulteriore criterio della *finalità dell'atto*, il quale rischia di provocare non poche incertezze all'interprete ([279]).

Quanto detto vale per identificare gli atti di diritto privato dello Stato che, come tali, non saranno coperti dall'immunità. Con riferimento ai contratti di lavoro, la giurisprudenza appare allineata con il già richiamato art. 11 della Convenzione di New York del 2004.

II.) *La sfida del nostro tempo: lo* jus cogens *come limite necessario all'immunità degli Stati dalla giurisdizione*

162. Immunità dello Stato e *jus cogens*. — Più volte nel corso degli ultimi anni, in occasione di contenziosi sia nazionali che internazionali, si è posto il problema dei rapporti fra l'immunità dello Stato straniero e lo *jus cogens*. Uno Stato che abbia commesso dei crimini internazionali di *jus cogens*, può ancora pretendere di beneficiare di una qualsiasi forma di immunità giurisdizionale dinanzi ai tribunali di un altro Stato, ad esempio quello di cittadinanza delle vittime?

La risposta positiva implica, di per sé, la negazione logica del concetto stesso di *jus cogens*. Come si fa ad affermare che esistono delle norme imperative (*jus cogens*), assolutamente inderogabili e vincolanti per tutti, per poi concludere che, se queste

---

([278]) Corsivo aggiunto.

([279]) Un altro criterio, talvolta invocato, ma raramente utilizzato è quello della finalità dell'atto. Questo criterio appare di difficile applicazione pratica. Com'è stato efficacemente osservato da A. Aust, *Handbook of International Law*, Cambridge, 2010, p. 151: "The purchase by a State of uniforms for its army is obviously commercial in nature, but it is done for a public purpose since only States have (real) armies. The main problem with the purpose test is that all acts by a State are necessarily for some public purpose". Per le medesime ragioni, l'art. 1603 (d) del FSIA Americano prevede che il carattere commerciale dell'atto "shall be determined by reference to the nature of the course of conduct rather than by reference to its purpose".

norme sono state violate dagli Stati (o dai loro organi), questi ultimi continuano a godere dell'immunità (e dunque di una totale impunità!) dinanzi ad uno o più fori stranieri o addirittura dinanzi al più prestigioso tribunale internazionale, la Corte internazionale di Giustizia? E se la risposta è positiva, come la CIG ha affermato nel 2012 a proposito del caso *Germania c. Italia*, su cui torneremo tra breve, perché mai allora sono stati costituiti dei tribunali internazionali (si pensi al Tribunale speciale per l'ex Jugoslavia, quello per il Ruanda, o, ancora, alla Corte penale internazionale) per punire i crimini internazionali? In base ad una logica giuridica elementare, non si può nascondere il palese contrasto tra lo *jus cogens* e la concessione di immunità giurisdizionali a favore degli Stati che l'hanno violato ([280]). Non è per questa ragione che è stato varato l'art. 27 dello Statuto della CPI/ICC ([281])?

Eppure, sia la giurisprudenza internazionale (a) che quella interna (b) appaiono ancora incerte su tale punto.

a) *Giurisprudenza internazionale*

163. I casi *Yerodia* e *Al Adsani.* — Per quanto riguarda la giurisprudenza internazionale della CIG, occorre citare, innanzitutto, il *caso del mandato d'arresto dell'11 aprile 2000* (caso *Yerodia*) a cui abbiamo fatto cenno poc'anzi.

A propria volta, la Corte EDU, nel caso *Al-Adsani c. Regno Unito* del 2001 ([282]), decidendo a maggioranza, ha concluso in favore del primato delle immunità degli Stati, nonostante i giudici di minoranza avessero indicato la priorità delle norme di *jus cogens*. E tali conclusioni sono state ulteriormente ribadite dalla medesima Corte nel caso *Jones v. Kingdom of Saudi Arabia* ([283]) discostandosi dalla giurisprudenza italiana inaugurata col caso *Ferrini* come si dirà dappresso.

([280]) In argomento cfr. anche, A. Bianchi, "L'immunité des Etats et les violations graves des droits de l'homme: la fonction de l'interprète dans la détermination du droit international", in *RGDIP*, 2004, p. 63.

([281]) L'art. 27 dello Statuto della CPI, rubricato "Irrilevanza di qualifiche ufficiali", così recita: "Il presente Statuto si applica a tutte le persone senza alcuna distinzione basata sulla loro qualifica ufficiale. In particolare, la qualifica ufficiale di Capo di Stato o di governo, di membro di un governo o di un parlamento, di rappresentante eletto o di agente di uno Stato **non esenta, in alcun caso, una persona dalla sua responsabilità penale in base al presente Statuto, né costituisce, in sé e per sé, motivo per la riduzione della pena**. - 2. **Le immunità** o le regole di procedura speciali inerenti alla posizione ufficiale di una persona, **sia secondo il diritto nazionale sia internazionale non impediscono alla Corte di esercitare la propria giurisdizione nei confronti di tale persona**" (grassetto aggiunto).

([282]) Corte EDU, 21 novembre 2001, caso *Al-Adsani c. Regno Unito*, *http://www.echr.coe.int/*. Tale sentenza afferma che il riconoscimento da parte delle corti inglesi dell'immunità giurisdizionale del Kuwait per atti commessi *jure imperii* non comporta una limitazione sproporzionata del diritto di accesso alla giustizia garantito dall'art. 6, par. 1 CEDU. Secondo la maggioranza dei giudici della Corte europea, infatti, per quanto gli atti *jure imperii* oggetto della domanda giudiziale costituissero crimini internazionali in quanto atti di tortura, ciò non costituiva — in base alle regole di diritto internazionale generale in materia di immunità degli Stati dalla giurisdizione, delle quali occorre tenere conto nel procedere ad un'interpretazione sistematica dell'art. 6, par. 1 della Convenzione europea — un elemento idoneo a giustificare un'eccezione all'operare dell'immunità giurisdizionale.

([283]) Corte EDU, 14 gennaio 2014, caso *Jones ed altri c. Regno Unito*, *http://www.echr.coe.int/*. Nella fattispecie, i ricorrenti, i sig. Jones, Mitchell, Sampson (morto nel 2012) e Walker, tutti cittadini britannici, si dolevano di non aver potuto portare in giudizio davanti ai tribunali del Regno Unito i funzionari del Regno dell'Arabia Saudita al fine di vederli condannare al risarcimento dei danni loro procurati per averli torturati durante la loro detenzione nelle prigioni di quel Paese. Essi sostenevano di essere stati privati del sonno, colpiti con verghe sulle mani, sul capo e sulle gambe. Jones lamentava di aver subito anche altre pratiche di tortura, come l'essere stato sospeso per le braccia e di essere stato drogato. I tribunali inglesi

b) ***Giurisprudenza interna***

164. I casi ***Gheddafi*** **e** ***Pinochet.*** — Un orientamento favorevole al pieno ed acritico riconoscimento dell'immunità degli Stati è stato seguito, in un primo tempo, anche da alcuni giudici interni, come ad esempio la Corte di Cassazione francese nel caso *Gheddafi* (284). Tuttavia, le pronunce più recenti di questa stessa Corte fanno ormai presagire l'evoluzione della propria giurisprudenza in favore dello *jus cogens*, considerando che una norma di *jus cogens* — ossia il divieto di atti di terrorismo — potrebbe "costituire una restrizione legittima all'immunità dalla giurisdizione" dello Stato in causa nell'ipotesi in cui quegli atti fossero attribuibili a quest'ultimo ovvero si trattasse di una sua "responsabilità morale" (285).

Un altro precedente emblematico è costituito dal caso *Pinochet.* Qui, si trattava di un procedimento promosso nei confronti del generale ed ex Presidente del Cile, Augusto Pinochet, mentre si trovava a Londra alla fine degli anni '90 per delle cure mediche. Nonostante avesse cessato da tempo le proprie funzioni, Pinochet fu improvvisamente colpito da una richiesta di estradizione verso la Spagna, promossa da un giudice spagnolo, il quale aveva aperto un'inchiesta per le pratiche sistematiche di tortura commesse sotto il governo militare da lui presieduto (1973-1990). La *House of Lords* stabilì, in due distinte sentenze nel novembre 1998 (286) e nel marzo 1999 (287), che Pinochet *non era coperto da immunità in quanto ex capo di Stato*, sia pure per gli atti di tortura commessi dopo l'entrata in vigore della Convenzione contro la tortura. Senonché, nel gennaio 2000, l'allora segretario agli Interni del Regno Unito, Jack Straw, autorizzò Pinochet a rientrare in Cile per motivi di salute, ponendo dunque fine alla procedura di estradizione. A propria volta, il governo cileno seguì tutte le strade percorribili per ottenere il rilascio di Pinochet, impedirne il processo in Spagna ed assicurarsi che facesse ritorno in Cile, in nome della sovranità nazionale e della riconciliazione nazionale.

Sempre in tale contesto evolutivo, si collocano le sentenze della Corte Suprema greca nel caso *Préfecture de Voiotia* del 4 maggio 2000 (288) e, soprattutto, le pronunzie della Corte di cassazione italiana nel già citato caso *Ferrini*, dell'11 marzo 2004. Queste sentenze sono pervenute — a giusto titolo, secondo noi — ad un risultato conforme al diritto internazionale dei diritti umani, sia pure innovando rispetto al diritto internazionale tradizionale. La giurisprudenza italiana, a partire dalla celeberrima pronuncia nel caso *Ferrini*, ha infatti ritenuto che l'immunità non possa più essere invocata quando gli atti commessi dai pubblici ufficiali di uno Stato straniero abbiano violato i principi giuridici internazionali che proteggono i diritti fondamentali dell'uomo.

È opportuno richiamare per sommi capi gli elementi di fatto e di diritto di tale celebre controversia.

165. Il caso ***Ferrini.*** — Con atto notificato il 23 settembre 1998, il signor Luigi Ferrini conveniva in giudizio, innanzi al Tribunale di Arezzo, la Repubblica Federale

---

avevano però rifiutato di ammettere le loro doglianze in quanto avevano ritenuto che l'operato di pubblici ufficiali di uno Stato sovrano fosse comunque coperto dall'immunità di quello Stato.

(284) Riferimenti in *AJIL*, 2005, p. 245 n. 24.

(285) Cass. Civ. 1ère 9 marzo 2011, *La réunion aérienne, groupement d'interêt économique et autres c. Jamairiha Arabe populaire et socialiste* — v. anche *supra* Cap. III.

(286) House of Lords, 25 novembre 1998, in *ILM*, 1998, p. 1302.

(287) House of Lords, 24 marzo 1999, in *ILM*, 1999, p. 581.

(288) *AJIL*, 2001, p. 198.

di Germania, chiedendone la condanna al risarcimento dei danni, patrimoniali e non patrimoniali, subiti per essere stato catturato in provincia di Arezzo, il 4 agosto 1944, da forze militari tedesche e, quindi, deportato in Germania per essere utilizzato presso imprese tedesche quale lavoratore "forzato". Aggiungeva l'attore, che la sua permanenza in un lager di sterminio a Kahla, dove la Reimagh Werke (Reich Marschall Hermann Goring Werke) e la Messerschmitt costruivano aeroplani, missili e altre armi da guerra, si era protratta fino al 20 aprile 1945. La Germania eccepiva il difetto di giurisdizione dell'autorità giudiziaria italiana e dichiarava di non accettare il contraddittorio sul merito della vicenda.

Il giudice di prime cure, con sentenza del 3 novembre 2000, dichiarava il difetto di giurisdizione del giudice italiano, sul rilievo che la domanda avanzata dall'attore trovava il suo fondamento in fatti compiuti da uno Stato straniero nell'esercizio della sua sovranità e che, pertanto, la controversia era sottratta alla cognizione dello Stato territoriale in base al principio della c.d. immunità ristretta. La Corte d'appello di Firenze, confermava il giudizio di primo grado e la controversia approdava in Cassazione ove però la Suprema Corte perveniva ad una soluzione opposta.

Secondo la Suprema Corte:

"È ricorrente l'affermazione che i crimini internazionali "minacciano l'umanità intera e minano le fondamenta stesse della coesistenza internazionale" (così, ad es., Corte Cost. di Ungheria 13 ottobre 1993, n. 53). Si tratta, infatti, di delitti che si concretano nella violazione, particolarmente grave per intensità o sistematicità (arg. *ex* art. 40, secondo comma, del Progetto sulla responsabilità internazionale degli Stati, adottato nell'agosto del 2001 dalla Commissione di diritto internazionale dell'ONU), dei *diritti fondamentali della persona umana, la cui tutela è affidata a norme inderogabili che si collocano al vertice dell'ordinamento internazionale, prevalendo su ogni altra norma, sia di carattere convenzionale che consuetudinario* (Tribunale penale per la ex Jugoslavia, 10 dicembre 1998, *Furundzija*, 153-155; 14 gennaio 2000, *Kupreskic*, 520; Corte EDU, 21 novembre 2001, *Al-Adsani c Regno Unito*, 61) e, quindi, anche su quelle in tema di immunità. Per questo ne è stata sancita *l'imprescrittibilità* (Convenzione ONU, del 26 novembre 1968; Convenzione del Consiglio d'Europa del 25 gennaio 1974) e si è riconosciuto che ogni Stato può reprimerli, indipendentemente dal luogo in cui sono stati commessi, secondo i principi della *giurisdizione universale* (sentenza *Furundzija*, 155 e 156): in alcuni casi la loro repressione è stata anzi prevista come obbligatoria (cosi, in particolare, l'art. 146 della 4ª Convenzione di Ginevra, relativa alla protezione delle persone civili in tempo di guerra). Per la stessa ragione, *non si dubita che il principio della universalità della giurisdizione valga anche per i processi civili che traggono origine da tali reati*. Va poi consolidandosi il convincimento che violazioni così gravi debbano comportare, anche rispetto agli Stati, una reazione qualitativamente diversa (e più severa) di quella stabilita per gli altri illeciti. In linea con tale tendenza, nella sentenza da ultimo ricordata *si afferma gli Stati rimasti estranei all'illecito hanno il dovere di non riconoscere le situazioni determinate dalla sua commissione* (ivi, 155). E, sempre in questa prospettiva, il Progetto sulla responsabilità internazionale degli Stati, cit., "vieta" agli Stati di prestare alcun aiuto o assistenza al mantenimento delle situazioni originate dalla violazione e li "obbliga" a concorrere, con mezzi legittimi, alla cessazione dell'attività illecita (art. 41)" ([289]).

Muovendo da tali premesse, la Cassazione concludeva che:

"*il riconoscimento dell'immunità dalla giurisdizione in favore degli Stati che si siano resi responsabili di tali misfatti* si pone in palese contrasto" con principi appena ricordati, "poiché

([289]) Cass., SS.UU., 11 marzo 2004, n. 5044, in *Riv. dir. int.*, 2004, p. 539 ss., punto 9 della sentenza. Corsivo aggiunto.

detto riconoscimento, *lungi dal favorire, ostacola la tutela di valori, la cui protezione è da considerare invece, alla stregua di tali norme e principi, essenziale per l'intera Comunità internazionale*, tanto da giustificare, nelle ipotesi più gravi, anche forme di reazione obbligatorie. E non può esservi dubbio che l'antinomia debba essere risolta dando prevalenza alle norme di rango più elevato, come puntualizzato nelle opinioni dissidenti espresse dai giudici di minoranza (otto contro nove) allegate alla sentenza *Al-Adsani*...: quindi, escludendo che, in ipotesi siffatte, lo Stato possa giovarsi dell'immunità della giurisdizione straniera. In questa prospettiva sembra collocarsi la sentenza *Furundzija* (*loc. ult. cit.*), che annovera tra gli effetti della violazione di norme di questo tipo, operanti "a livello interstatale", la possibilità, per le vittime, di "avviare un'azione civile di risarcimento davanti ai Tribunali di uno Stato straniero" ([290]).

La Suprema Corte italiana ha così dimostrato la contraddizione oggi esistente tra il riconoscimento, a vantaggio degli Stati (e dei loro organi), dell'immunità dalla giurisdizione, e la tutela dei diritti umani fondamentali, elevati al rango di norme di *jus cogens*. Ne ha concluso che l'*immunità* degli Stati stranieri, onde non trasformarsi in *impunità*, deve cedere dinanzi alle violazioni di norme di *jus cogens*. Diversamente, le norme di *jus cogens* non sarebbero più dotate di quei caratteri di superiorità ed imperatività nell'ordinamento giuridico internazionale che ne giustificano l'esistenza. Un tale orientamento ha portato ad una controversia internazionale e la Germania è rivolta alla CIG lamentando la violazione della propria immunità da parte dello Stato italiano.

166. La criticabile soluzione della CIG nel caso *Germania c. Italia*. — La CIG, con sentenza del 3 febbraio 2012 ([291]) ha innanzitutto rilevato che, in materia di immunità, una prassi statale particolarmente importante si ricava sia dalle sentenze dei tribunali interni, sia dalla legislazione degli Stati, sia ancora, dalle pretese all'immunità avanzate dagli Stati davanti ai tribunali di un altro Stato, sia, infine, dalle prese di posizione degli Stati rispetto ai lavori della CDI in materia di immunità giurisdizionale degli Stati e, successivamente, in relazione all'adozione della Convenzione delle Nazioni Unite sull'immunità giurisdizionale degli Stati e dei loro beni del 2004. Inoltre, ha osservato che l'*opinio juris* in questo contesto si ricava dall'atteggiamento con cui gli Stati rivendicano l'esistenza di un proprio diritto a godere dell'immunità in base al diritto internazionale, dal riconoscimento, da parte degli Stati che concedono l'immunità, che si tratta di un obbligo loro imposto dal diritto internazionale.

In relazione a tali considerazioni, l'Italia metteva in risalto che gli atti che avevano dato luogo alle rimostranze della Germania costituivano delle violazioni gravi dei principi del diritto internazionale applicabili ai conflitti armati, vale a dire *crimini di guerra e contro l'umanità*. Essa sosteneva poi che le norme del diritto internazionale così violate fossero norme imperative (*jus cogens*). In terzo luogo, l'Italia affermava che l'esercizio, da parte dei giudici italiani, della loro competenza giurisdizionale era necessario come ultima istanza poiché i singoli si erano visti rifiutare ogni forma di risarcimento.

La CIG, a propria volta, indicava che:

"l'idea di subordinare, in una certa misura, il diritto all'immunità alla gravità dell'atto illecito in questione pone un problema di logica. L'immunità giurisdizionale permette di

([290]) Cit., punto 9.1. Corsivo aggiunto.
([291]) *Riv. dir. int.*, 2012, p. 475.

sfuggire non soltanto ad un giudizio sfavorevole ma anche al processo stesso. Essa riveste dunque necessariamente un carattere preliminare. Di conseguenza, prima di poter esaminare il merito della questione presentata davanti ai giudici e prima che i fatti siano accertati il giudice nazionale adito deve stabilire se, alla luce del diritto internazionale, uno Stato possa o meno pretendere l'immunità. Nel caso in cui l'immunità fosse dipesa dal fatto che lo Stato aveva realmente commesso una violazione grave del diritto internazionale dei diritti umani o del diritto dei conflitti armati, il giudice nazionale avrebbe dovuto effettuare un esame del merito per stabilire la propria giurisdizione. Se, in compenso, era sufficiente accusare lo Stato di avere commesso degli atti illeciti di questo tipo per privarlo del suo diritto all'immunità, un'adeguata presentazione della richiesta potrebbe di per sé avere come effetto quello di annullare l'immunità".

Così, dopo un'attenta analisi della prassi internazionale, la CIG perveniva alla conclusione secondo la quale:

"allo stato attuale del diritto internazionale consuetudinario, uno Stato non viene privato dell'immunità per la sola ragione che esso è accusato di violazioni gravi del diritto internazionale dei diritti umani o del diritto internazionale dei conflitti armati. Formulando questa conclusione, la Corte tiene a sottolineare che essa si pronuncia unicamente sull'immunità giurisdizionale dello Stato stesso davanti ai giudici di un altro Stato; la questione diretta a stabilire se e, all'occorrenza, in quale misura, l'immunità possa applicarsi nel quadro di procedimenti penali avviati nei confronti di un rappresentante dello Stato non ricorre nella fattispecie" ([292]).

Pertanto, ribadisce la CIG, posto che l'immunità giurisdizionale costituisce un vero e proprio diritto soggettivo dello Stato straniero, la cui sussistenza deve essere verificata dai giudici del foro prima di affrontare nel merito le questioni sollevate nell'ambito dei procedimenti di fronte a sé pendenti, ne segue che risulta in contrasto con gli obblighi internazionalmente assunti dall'Italia l'orientamento giurisprudenziale volto a negare l'immunità cui la Germania aveva diritto ai sensi del diritto internazionale generale. Di qui l'ulteriore rilievo secondo il quale, con riferimento al negato accesso alla giustizia dei singoli nei confronti dello Stato:

"[l]a suddetta Corte non vede, nella prassi seguita dagli Stati — da cui scaturisce il diritto internazionale consuetudinario —, alcun elemento che permetta di affermare che il diritto internazionale farebbe dipendere il diritto di uno Stato all'immunità dall'esistenza di altri rimedi efficaci in grado di far ottenere il risarcimento" ([293]).

Seppure, come ritiene la CIG, riconoscere l'immunità non significa riconoscere la liceità di una situazione creata a seguito della violazione di regole cogenti, né a far venire meno un obbligo di riparazione, la Corte ha dovuto raggiungere le medesime conclusioni anche con riferimento alle pronunce italiane che avevano dichiarato esecutive delle sentenze greche in relazione ad attività dei nazisti in quel territorio ([294]).

([292]) Punto 91.

([293]) Punto 101.

([294]) V. Cass. Civ., SS.UU., ord. n. 14200-14212 del 29 maggio 2008; Cass. Civ., SS.UU., 29 maggio 2008, n. 14199, in *Riv. dir. int.*, 2009, p. 594 ss.. La Corte di Cassazione, pertanto, dava esecuzione anche ad una pronuncia della Corte Suprema greca che condannava la Germania al risarcimento degli eredi delle vittime del massacro di civili compiuto nel villaggio greco di Distomo durante la seconda guerra mondiale. Ne seguiva l'iscrizione di un'ipoteca giudiziale su Villa Vigoni, un immobile della Germania sul lago di Como adibito ad attività culturali.

167. Il seguito del caso *Ferrini*, il rigetto della sentenza della CIG da parte della Corte costituzionale italiana. — A seguito della pronuncia della CIG, il legislatore italiano, approvava la L. 14 gennaio 2013, n. 5, con cui, tra l'altro, dava esecuzione alla sentenza della Corte dell'Aja (295). Senonché, il Tribunale di Firenze, con tre distinte ordinanze di identico tenore, adottate il 21 gennaio 2014 ha sollevato questione di legittimità costituzionale: 1) della "norma prodotta nel nostro ordinamento mediante il recepimento, ai sensi dell'art. 10, primo comma, Cost.", della consuetudine internazionale accertata dalla Corte internazionale di giustizia (CIG) nella sentenza del 3 febbraio 2012, nella parte in cui nega la giurisdizione, nelle azioni risarcitorie per danni da crimini di guerra commessi, almeno in parte, nello Stato del giudice adito, *jure imperii* dal Terzo *Reich*; 2) dell'art. 1 della L. 17 agosto 1957, n. 848 (Esecuzione dello Statuto delle Nazioni Unite, firmato a San Francisco il 26 giugno 1945), nella parte in cui, recependo l'art. 94 dello Statuto dell'ONU, obbliga il giudice nazionale ad adeguarsi alla pronuncia della CIG quando essa ha stabilito l'obbligo del giudice italiano di negare la propria giurisdizione nella cognizione della causa civile di risarcimento del danno per crimini contro l'umanità, commessi *jure imperii* dal Terzo Reich, almeno in parte nel territorio italiano; 3) dell'art. 3 della L. 14 gennaio 2013 n. 5 (Adesione della Repubblica italiana alla Convenzione delle Nazioni Unite sulle immunità giurisdizionali degli Stati e dei loro beni, firmata a New York il 2 dicembre 2004, nonché norme di adeguamento dell'ordinamento interno), nella parte in cui obbliga il giudice nazionale ad adeguarsi alla pronuncia della CIG anche quando essa ha stabilito l'obbligo del giudice italiano di negare la propria giurisdizione nella cognizione della causa civile di risarcimento del danno per crimini contro l'umanità, commessi *jure* imperii dal Terzo Reich nel territorio italiano, in riferimento agli artt. 2 e 24 della Costituzione. Inoltre il Tribunale di Firenze "osserva che la questione oggetto dei giudizi consiste nel valutare se l'ordinamento giuridico entro il quale il giudice italiano è chiamato a decidere le controversie, nel conformarsi alle norme dell'ordinamento giuridico internazionale generalmente riconosciute, imponga al giudice dello Stato dove il crimine internazionale è stato commesso di negare l'accesso al giudizio civile risarcitorio di accertamento e condanna, anche quando sul proprio territorio sia stato leso un diritto fondamentale, mediante un crimine di guerra e contro l'umanità, ancorché ad opera di uno Stato estero nell'esercizio di poteri sovrani". Come si vedrà a suo luogo (*infra*, Cap. XVIII), qui, la Corte Costituzionale ha applicato la teoria dei ***controlimiti*** e ha dichiarato l'illegittimità costituzionale dell'art. 3 della L. 14 gennaio 2013, n. 5 nonché dell'art. 1 della L. 17 agosto 1957, n. 848 (Esecuzione dello Statuto delle Nazioni Unite, firmato a San Francisco il 26 giugno 1945), "limitatamente all'esecuzione data all'art. 94 della Carta delle Nazioni Unite, esclusivamente nella parte in cui obbliga il giudice italiano ad adeguarsi alla pronuncia della Corte internazionale di giustizia (CIG) del 3 febbraio 2012, che gli impone di negare la propria giurisdizione in riferimento ad atti di uno Stato straniero che consistano in crimini di guerra e contro l'umanità, lesivi di diritti inviolabili della

(295) L. 14 gennaio 2013, n. 5, Adesione della Repubblica italiana alla Convenzione delle Nazioni Unite sulle immunità giurisdizionali degli Stati e dei loro beni, fatta a New York il 2 dicembre 2004, nonché norme di adeguamento dell'ordinamento interno, in *GURI*, 29 gennaio 2013, n. 24.

persona” ([296]). Su tali questioni, continua un aspro dibattito in dottrina così come la produzione giurisprudenziale ([297]).

Da ultimo, la Cassazione a Sezioni Unite ha pronunciato la sentenza n. 20442 del 28 settembre 2020 con cui ha ribadito il principio del diniego dell’immunità dalla giurisdizione di cognizione ad uno Stato estero, *sub specie* la Germania, nei procedimenti promossi avverso quest’ultimo da vittime di crimini internazionali al fine di ottenere il risarcimento dei danni ([298]).

168. Evoluzione della prassi: il *JASTA* statunitense. — Infine, a testimonianza dell’evoluzione del rapporto tra immunità *jure imperii* e *jus cogens*, in senso sempre più restrittivo (per l’immunità), va indicata la recente legge statunitense *Justice against Sponsors of Terrorism* (JASTA). Qui, si prevede la possibilità per le famiglie delle vittime degli attentati dell’11 settembre 2001 alle Torri Gemelle di agire in giudizio negli Stati Uniti presso le Corti federali contro gli Stati coinvolti in tali attentati per ottenere un risarcimento dei danni in sede civile. Insomma, collegando tali questioni al dibattito circa l’eventuale diniego di immunità dalla giurisdizione di cognizione ed esecutiva a titolo di contromisura, ci sembra che, diversamente da quanto ravvisato dalla CIG nel precitato caso *Germania c. Italia* del 2012, la prassi si evolva nel senso di ridurre la portata di tali privilegi di giurisdizione, anche per consentire le azioni risarcitorie da parte delle vittime di gravi violazioni degli obblighi internazionali in materia di diritti umani ([299]).

III.) *L’immunità dello Stato dalla giurisdizione esecutiva di un altro Stato*

169. Un’interferenza nei confronti della sovranità di uno Stato straniero. — L’immunità dalla giurisdizione esecutiva viene concessa nello Stato del foro (Stato A), poiché, come abbiamo già notato, essa implica l’“aggressione” di beni dello Stato estero (Stato B), e quindi mette in gioco la sua sovranità. Una cosa è giudicare uno Stato straniero, un’altra è effettuare nei confronti dello Stato estero atti di pignoramento successivi all’esito del giudizio di merito. Sicuramente siamo in presenza di un paradosso: non è forse illogico — e certamente iniquo per i soggetti privati — negare l’immunità dalla giurisdizione di cognizione allo Stato straniero, ma accordargli una

---

([296]) V. al riguardo Corte Costituzionale, 22 ottobre 2014, n. 238, in *Giur. Cost.*, 2014, p. 388 con nota di B. Conforti, “La Corte costituzionale e i diritti umani misconosciuti sul piano internazionale”.

([297]) Cfr. Cass. civile, SS.UU., 28 ottobre 2015, n. 21946, in *Dir. comm. int.*, 2016, p. 790,con nota di Porcelluzzi, nonché Cass. SS.UU., 29 luglio 2016, n. 15812, *Gamba*, in *Riv.dir.int.*, 2016, p. 1277, ove si rileva che, essendo venuto meno l’obbligo di adeguarsi alla pronuncia della CIG, per effetto della sentenza n. 238 del 2014 della Corte costituzionale, non è ammissibile “il totale sacrificio imposto a uno dei principi supremi dell’ordinamento italiano, quale senza dubbio è il diritto al giudice a tutela di diritti inviolabili”, né può “giustificarsi ed essere tollerato quando ciò che si protegge è l’esercizio illegittimo di una potestà di governo manifestatasi in crimini di guerra e contro l’umanità”. Pertanto, sussiste la giurisdizione italiana “a conoscere delle domande risarcitorie proposte dai ricorrenti”. V. altresì, Cass. pen., 29 ottobre 2015, n. 43696, in *Riv.dir.int.*, 2016, p. 629 ss., ove qualificando l’abbattimento di un elicottero militare appartenente alla *European Community Monitor Mission*, con la conseguente morte dei militari a bordo, da parte di un militare serbo alla stregua di un crimine di guerra, ha negato l’immunità dalla giurisdizione eccepita da quest’ultimo.

([298]) Cfr. il commento di C. Venturini, “Sentenza n. 20442 del 2020: il « contrappunto fugato » della sent. 238/2014 corte cost.”, in *SIDIblog* del 18 dicembre 2020.

([299]) Cfr. S. Vezzani, “Sul diniego delle immunità dalla giurisdizione di cognizione ed esecutiva a titolo di contromisura”, in *Riv. dir. int.*, 2014, p. 36 ss..

completa immunità dalla giurisdizione esecutiva? Il diritto interno della maggior parte degli Stati non sfugge a questa contraddizione ad eccezione della Svizzera, caso notevole, i cui tribunali hanno adottato un approccio globale e razionale delle immunità dello Stato straniero: se i tribunali elvetici stimano che lo Stato straniero non debba beneficiare dell'immunità dalla giurisdizione, allora gli negheranno ugualmente il privilegio dell'immunità dalla giurisdizione esecutiva ([300]).

Del resto, l'indirizzo seguito dalla Convenzione di New York del 2004 appare in linea con le soluzioni cui già è pervenuta la giurisprudenza italiana (Corte cost., n. 329 del 1992 e Cass., sez. un., n. 5888 del 1997), secondo cui non è lo Stato straniero a essere soggettivamente immune dalla giurisdizione esecutiva, ma *sono i suoi beni a non poter essere oggetto di esecuzione se destinati all'adempimento delle sue funzioni pubbliche.*

170. Dall'"impignorabilità assoluta" ad una "pignorabilità relativa" dei beni dello Stato straniero. La posizione della giurisprudenza italiana. — In origine, i beni dello Stato straniero godevano di una presunzione di immunità assoluta dalle procedure esecutive dello Stato del foro. Tuttavia, questa materia ha subito una consistente evoluzione in diversi Paesi ([301]) sicché in epoca recente si è progressivamente affermato un principio di immunità relativa dalla giurisdizione esecutiva.

Un ridimensionamento di tale principio ed una norma legislativa in materia si ebbe già, nel secolo scorso, in Italia, tramite il R.D.L. 30 agosto 1925, n. 1621, convertito nella L. 15 luglio 1926, n. 1263, il quale, *a condizione di reciprocità*, escludeva la possibilità di "procedere al sequestro o pignoramento ed in genere ad atti esecutivi su beni mobili o immobili, navi, crediti, valori ed ogni altra cosa spettante ad uno Stato estero senza l'autorizzazione del Ministro per la Giustizia". Detta norma è rimasta in vigore in Italia sinché la Corte Costituzionale, con sentenza del 15 luglio 1992, ne ha dichiarato l'incostituzionalità ravvisando, tra l'altro, il suo superamento a livello internazionale (ed il conseguente adattamento *ex* art. 10 Cost.) e, soprattutto, *il contrasto con l'art. 24 Cost. che sancisce il diritto individuale alla tutela giurisdizionale dei propri diritti.*

La motivazione della Corte in questo *landmark case* costituisce un'eccellente sintesi dell'evoluzione giurisprudenziale in Italia in tale materia. Secondo la Corte:

> "[L]'immunità degli Stati esteri dalla giurisdizione cautelare ed esecutiva dello Stato del foro non è un semplice prolungamento dell'immunità dalla giurisdizione di cognizione. In anni non lontani, al carattere relativo dell'immunità dalla cognizione si opponeva, nella più diffusa convinzione giuridica degli Stati, il carattere (almeno tendenzialmente) assoluto dell'immunità dall'esecuzione. Nell'ultimo trentennio si è determinata progressivamente un'inversione di tendenza, soprattutto nei paesi di cultura europea, per cui non è più oggi riconoscibile una norma internazionale non scritta di divieto assoluto di misure coercitive su beni appartenenti a Stati stranieri.

L'argomento più frequente con cui viene giustificata la restrizione dell'immunità anche in questa materia è di logica pratica, e nella recente giurisprudenza della nostra Corte di Cassazione si trova così formulato:

---

(300) V. *NYBIL*, *op. cit.*, p. 133 ss., in particolare p. 162.

(301) Per una panoramica cfr. A. Reinisch, "European Court Practice Concerning State Immunity From Enforcement Measures", in *EJIL*, 2006, p. 803; nonché B. Conforti, "Il legislatore torna indietro di circa novant'anni: la nuova norma sull'esecuzione sui conti correnti di Stati stranieri", in *Riv. dir. int.*, 2015, p. 558 ss.

"Se non opera l'immunità dalla giurisdizione di cognizione per le attività *jure privatorum*, non deve egualmente operare l'immunità in ordine all'esecuzione forzata della sentenza che ha riconosciuto la pretesa del privato, qualora lo Stato straniero rifiuti di adempiere. Diversamente la sentenza verrebbe a perdere la sua forza, la sua stessa essenza, e inoltre si rivelerebbe pressoché inutile consentire nei confronti degli Stati esteri la giurisdizione di cognizione pure nelle limitate ipotesi in cui è ammessa attualmente" (sez. un. n. 2502 del 1989, *Foro it.*, Rep. 1989, voce Giurisdizione civile, n. 54). L'argomento si adatta anche alle misure cautelari, che hanno la funzione di conservare la garanzia patrimoniale del credito: il rilievo della loro maggiore attitudine, rispetto a quelle di esecuzione, a turbare i rapporti tra gli Stati, suggerisce una rigorosa cautela nel concederle, ma non vale ad escluderle in linea di principio.

L'immunità dall'esecuzione conserva però un ambito normativo più ampio di quello in cui opera l'immunità dalla giurisdizione: per negarla non basta un titolo esecutivo efficace nel territorio dello Stato del foro, oppure, se è chiesta una misura cautelare, la soggezione del rapporto controverso alla cognizione delle corti di questo o di altro Stato, ma occorre altresì che i beni investiti dalla domanda di sequestro o dal procedimento esecutivo non siano destinati all'adempimento di funzioni pubbliche (*jure imperii*) dello Stato estero.

Così intesa, l'immunità ristretta (o funzionale) in materia cautelare ed esecutiva, verso la quale la giurisprudenza italiana si era orientata già nel primo dopoguerra (cfr. Cass., sez. un., 13 marzo 1926, n. 729, id., Rep. 1926, voce Sequestro, n. 9), è stata affermata, per esempio, dalla Corte di cassazione francese a partire dagli *arrêts Englander* dell'11 febbraio 1969 e *Clerget* del 2 novembre 1971, dalla Corte costituzionale della Germania federale con le sentenze 13 dicembre 1977 (in una causa contro la Repubblica delle Filippine) e 12 aprile 1983 (in una causa contro la *National Iranian Oil Company*), dal Tribunale federale svizzero con numerose pronunce (da ultimo, sentenza 19 gennaio 1987, in una causa contro la Repubblica socialista della Romania) e dalla Corte d'appello dell'Aja (sentenza 28 novembre 1968, in causa *N.V. Cabolent c. National Iranian Oil Company*). Al principio dell'immunità ristretta *in executivis* sono improntate anche le recenti legislazioni del Regno unito (*State Immunity Act*, cit.), degli Usa (*Foreign Sovereign Immunities Act* del 21 ottobre 1976) e altre di tipo analogo (Canada, Sud Africa, Pakistan, Singapore e Australia), le quali impostano il limite con criteri e misure diversi dalla distinzione tra beni destinati ad atti *Jure imperii* e beni destinati ad atti *Jure gestionis*. La corte non si nasconde che la distinzione dà luogo a difficoltà applicative, soprattutto nel caso di beni a destinazione promiscua, come i depositi bancari o i conti correnti intestati a un'ambasciata straniera, ma, in mancanza di un intervento legislativo, essa è l'unica disponibile. È opportuno ricordare in proposito che non è generalmente riconosciuto, e in particolare è rifiutato dagli Stati dell'Europa occidentale, compreso il Regno Unito, il limite ulteriore per cui non basterebbe la destinazione del bene aggredito a fini (*lato sensu*) commerciali, ma occorrerebbe inoltre un legame specifico con l'oggetto della domanda, cioè la destinazione specifica del bene all'operazione commerciale da cui deriva il rapporto controverso" ([302]).

La posizione della Cassazione appare sostanzialmente in linea con quella della Corte Costituzionale.

Così, nella pronuncia a Sezioni unite del 13 maggio 1993, nel caso ***Giamahiria Libyan Arab Airlines c. Soc. Imairi***, la Suprema Corte ha rilevato che in base al principio della *immunità ristretta*, consolidatosi nel diritto internazionale consuetudinario, l'esenzione dei beni degli Stati stranieri e degli enti pubblici che operino per il perseguimento dei fini degli Stati stessi, da misure cautelari ed esecutive nell'ordinamento del foro, *è circoscritta ai beni impiegati nell'esercizio delle funzioni sovrane o destinate a scopi pubblici dei medesimi Stati stranieri.* Pertanto, nel caso di specie, la Corte ha escluso l'immunità con riferimento all'esecuzione per rilascio di un immobile

([302]) Corte cost., 15 luglio 1992, n. 329 del 1992, in *Foro it.*, 1993, I, col. 2785.

condotto in locazione dalla Compagnia aerea libica di bandiera, perché considerato un "bene adoperato per attività imprenditoriale di trasporto di persone e cose" ([303]).

In una ulteriore pronuncia a Sezioni unite, il 12 gennaio 1996, nel **caso *Montefusco c. Gov. Usa***, la Suprema Corte ha invece stabilito il difetto di giurisdizione in ordine all'azione esecutiva promossa mediante pignoramento presso terzi, di somme di denaro su conto corrente intestato ad una organizzazione governativa Usa ed alimentato in prevalenza da fondi governativi, stanziati direttamente dal Congresso statunitense ed utilizzabili per il perseguimento dei propri compiti istituzionali ([304]).

Inoltre, la terza sezione della Cassazione, con sentenza del 29 gennaio 2010, nel caso ***Server Plus Ltd. c. Gov. Iraq***, ha ribadito che la destinazione, in concreto, del bene appartenente ad uno Stato estero all'adempimento delle sue funzioni pubbliche comporta, in sede esecutiva, l'impignorabilità del bene stesso, impignorabilità che può essere fatta valere anche con l'opposizione all'esecuzione ([305]).

Ritorniamo, a questo punto, sul precitato **caso *Ferrini***, giacché, come si è indicato sopra, *una volta negata l'immunità della Germania, il giudice italiano aveva adottato misure coercitive relativamente ad un bene dello Stato tedesco* adibito a sede di un centro culturale volto alla promozione di scambi culturali tra la Germania e l'Italia (nella specie, Villa Vigoni).

Inoltre, e su un diverso piano, il giudice italiano *aveva persino riconosciuto e dichiarato l'esecutività sul territorio italiano* di alcune *sentenze greche per violazioni del diritto internazionale umanitario commesse in Grecia* dal Reich tedesco, sentenze la cui esecuzione era stata rifiutata in Grecia.

A tale proposito, la CIG nella sua sentenza del 3 febbraio 2012 ha indicato che l'Italia promulgando l'opportuna legislazione o facendo ricorso ad altro metodo a sua scelta, era tenuta a fare in modo che le decisioni dei suoi giudici e quelle di altre autorità giudiziarie che violavano l'immunità riconosciuta alla Germania dal diritto internazionale fossero rese inefficaci.

Del pari, poiché l'attività di riconoscimento ed esecuzione di sentenze straniere costituisce esercizio di giurisdizione da parte del giudice richiesto — *sub specie* italiano — la CIG ha ritenuto che l'immunità della Germania fosse stata violata anche dall'ipoteca giudiziale iscritta nei confronti della predetta Villa Vigoni, un'ipoteca adottata a mera garanzia del pagamento dei risarcimenti alle vittime italiane e greche ([306]).

Tutto ciò ha prodotto ulteriori conseguenze, in parte ancora in corso nel momento in cui scriviamo.

Da un lato, le ulteriori domande di risarcimento presentate dinanzi ai giudici italiani sono state dichiarate inammissibili o addirittura improponibili ([307]).

([303]) Cass. civ., sez. un., 13 maggio 1993, n. 5425, in *Foro it.*, 1993, I, 2786, con nota di M. Monnini. Corsivo aggiunto. V. anche Cass. Sez. un., 25 maggio 1989, n. 2502, in *Riv. dir. int.*, 1989, p. 691 ss. a proposito della sussistenza della giurisdizione italiana con riferimento ad un sequestro conservativo di due aeromobili della Lybian Arab Airlines, di proprietà statale ma esercente attività commerciale.

([304]) Cass. civ., sez. un., 12 gennaio 1996, n. 173, in *Giust. civ.*, 1996, I, 1671, con nota di Giacalone.

([305]) Cass. civ., sez. III, 29 gennaio 2010, n. 2041, in *Banca dati il Foro it.*

([306]) CIG, *Germania c. Italia*, cit., punti 121-133.

([307]) Cfr. al riguardo App. Torino, 14 maggio 2012, (*Riv. dir. int. priv. proc.*, 2012, p. 768) per il quale è divenuta improponibile, per effetto della sentenza della CIG secondo la quale l'Italia ha violato il diritto internazionale non riconoscendo l'immunità della Germania nell'ambito delle controversie promosse da propri cittadini deportati in territorio tedesco e ivi costretti a prestare il proprio lavoro o dagli eredi di questi

Sulla questione è poi intervenuto il legislatore italiano, con L. 14 gennaio 2013, n. 5, tramite la quale si è autorizzata l'adesione e dato esecuzione alla predetta Convenzione di New York del 2004.

All'art. 3 di tale legge, lo ricordiamo, indotta dalla sentenza della CIG si arrivava a precisare che:

"Le sentenze passate in giudicato in contrasto con la sentenza della Corte internazionale di giustizia di cui al c. 1 ([308]), anche se successivamente emessa, possono essere impugnate per revocazione, oltre che nei casi previsti dall'art. 395 del c.p.c., anche per difetto di giurisdizione civile e in tale caso non si applica l'articolo 396 del citato c.p.c.".

A tal proposito, le Sezioni unite della Cassazione, con sentenza del 21 gennaio 2014, n. 1136, hanno stabilito — qui si riporta la massima ufficiale — che "[i]n tema di azione risarcitoria promossa, nei confronti della Repubblica Federale di Germania, dal cittadino italiano che lamenti di essere stato catturato a seguito dell'occupazione nazista in Italia durante la seconda guerra mondiale e deportato in Germania, l'art. 3, 1° comma, l. 14 gennaio 2013 n. 5, emanata per determinare le modalità di attuazione della sentenza della CIG dell'Aja del 2 febbraio 2012, ha escluso la sussistenza della giurisdizione civile rispetto agli atti compiuti *jure imperii* da uno Stato, nel prevedere la declaratoria del difetto di giurisdizione del giudice italiano, in qualunque stato e grado del processo (e pur dopo una precedente statuizione della Cassazione, con rinvio al giudice di merito), costituisce norma di adeguamento dell'ordinamento interno a quello internazionale, in attuazione dell'art. 11, secondo periodo, Cost. ([309])".

Per porre fine a tale saga giurisprudenziale è, infine, intervenuta la Corte Costituzionale, la quale, con la già richiamata sentenza n. 238 del 22 ottobre 2014 ([310]),

ultimi, la domanda promossa da uno di tali eredi rispetto alla quale le sezioni unite della corte di cassazione hanno dichiarato la sussistenza della giurisdizione italiana all'esito di un precedente regolamento *ex* art. 41 c.p.c., in quanto, da un lato, ai sensi dell'art. 386 c.p.c., una tale decisione sulla giurisdizione ha un valore puramente in ipotesi perché fa riferimento ai soli elementi di fatto presenti in giudizio al momento della sua pronuncia e non pregiudica le questioni sulla proponibilità della domanda e, dall'altro, la predetta sentenza della CIG, alla quale non solo lo Stato italiano ma anche il giudice deve conformarsi in base agli artt. 10 e 11 Cost., ha mutato sensibilmente il quadro valutativo di riferimento impedendo l'esame del merito della controversia.

([308]) Che così dispone: "1. Ai fini di cui all'articolo 94, paragrafo 1, dello Statuto delle Nazioni Unite, firmato a San Francisco il 26 giugno 1945 e reso esecutivo dalla legge 17 agosto 1957, n. 848, quando la Corte internazionale di giustizia, con sentenza che ha definito un procedimento di cui è stato parte lo Stato italiano, ha escluso l'assoggettamento di specifiche condotte di altro Stato alla giurisdizione civile, il giudice davanti al quale pende controversia relativa alle stesse condotte rileva, d'ufficio e anche quando ha già emesso sentenza non definitiva passata in giudicato che ha riconosciuto la sussistenza della giurisdizione, il difetto di giurisdizione in qualunque stato e grado del processo".

([309]) Cass., SS.UU., 21 gennaio 2014, n. 1136, in *Il foro it online.*

([310]) Corte cost., 22 ottobre 2014, n. 238. Secondo la Corte cost. "L'immunità dalla giurisdizione degli altri Stati, se ha un senso, logico prima ancora che giuridico, comunque tale da giustificare, sul piano costituzionale, il sacrificio del principio della tutela giurisdizionale dei diritti inviolabili garantito dalla Costituzione, deve collegarsi — nella sostanza e non solo nella forma — con la funzione sovrana dello Stato straniero, con l'esercizio tipico della sua potestà di governo. Anche in una prospettiva di realizzazione dell'obiettivo del mantenimento di buoni rapporti internazionali, ispirati ai principi di pace e giustizia, in vista dei quali l'Italia consente a limitazioni di sovranità (art. 11 Cost.), il limite che segna l'apertura dell'ordinamento italiano all'ordinamento internazionale e sovranazionale (artt. 10 ed 11 Cost.) è costituito, come questa Corte ha ripetutamente affermato (con riguardo all'art. 11 Cost.: sentenze n. 284 del 2007, n. 168 del 1991, n. 232 del 1989, n. 170 del 1984, n. 183 del 1973; con riguardo all'art. 10, primo comma, Cost.:

ha rilevato l'*incostituzionalità* dell'art. 1 della L. 17 agosto 1957 n. 848, limitatamente *all'esecuzione data all'art. 94 della Carta ONU nella parte in cui obbliga il giudice italiano ad adeguarsi alla pronuncia della CIG del 3 febbraio 2012*, che gli impone di negare la propria giurisdizione in riferimento ad *atti di uno Stato straniero che consistano in crimini di guerra e contro l'umanità, lesivi di diritti inviolabili della persona.*

La Corte Costituzionale ha dunque azionato l'arma dei "controlimiti" non senza richiamare quanto la Corte di giustizia UE aveva fatto rispetto alle risoluzioni del Consiglio di sicurezza ONU nel caso *Kadi* (v. *supra* Cap. III).

171. La Convenzione di New York del 2004 e le misure esecutive. — Per quanto riguarda le misure di coercizione su beni appartenenti a Stati esteri, va osservato che la precitata Convenzione di New York del 2004 — non ancora internazionalmente in vigore — codifica *il principio dell'immunità per i beni destinati a funzioni pubbliche, ma non ammette misure cautelari prima dell'adozione della sentenza, tranne che in casi ben determinati.* La parte quarta di detta Convenzione (artt. 18-21) prevede il non potersi procedere, prima della sentenza, ad alcuna misura di pignoramento o sequestro contro i beni di uno Stato, in relazione ad un procedimento davanti al tribunale di un altro Stato, a meno che lo Stato interessato non vi abbia esplicitamente consentito — tramite un accordo internazionale, ovvero un accordo arbitrale, un contratto scritto, una dichiarazione o una comunicazione al tribunale —, e non abbia riservato alcuni beni all'adempimento della richiesta oggetto della controversia.

Posteriormente alla sentenza non si potrà più procedere ad alcuna azione esecutiva nei confronti dei beni di uno Stato, se non alle condizioni prima richiamate, ed alla condizione aggiuntiva che lo Stato convenuto abbia stabilito non essere i beni interessati specificamente utilizzati o destinati a scopi di servizio pubblico.

---

sentenze n. 73 del 2001, n. 15 del 1996 e n. 48 del 1979; anche sentenza n. 349 del 2007), dal rispetto dei principi fondamentali e dei diritti inviolabili dell'uomo, elementi identificativi dell'ordinamento costituzionale. E ciò è sufficiente ad escludere che atti quali la deportazione, i lavori forzati, gli eccidi, riconosciuti come crimini contro l'umanità, possano giustificare il sacrificio totale della tutela dei diritti inviolabili delle persone vittime di quei crimini, nell'ambito dell'ordinamento interno. L'immunità dello Stato straniero dalla giurisdizione del giudice italiano consentita dagli artt. 2 e 24 Cost. protegge la funzione, non anche comportamenti che non attengono all'esercizio tipico della potestà di governo, ma sono espressamente ritenuti e qualificati illegittimi, in quanto lesivi di diritti inviolabili, come riconosciuto, nel caso in esame, dalla stessa CIG e, dinanzi ad essa, dalla RFG (supra, punto 3.1.), ma ciò nonostante sprovvisti di rimedi giurisdizionali, come pure è attestato nella sentenza della CIG, nella parte ove dichiara di non ignorare "che l'immunità dalla giurisdizione riconosciuta alla Germania conformemente al diritto internazionale può impedire ai cittadini italiani interessati una riparazione giudiziaria" (punto 104), auspicando conseguentemente la riapertura di negoziati. Pertanto, in un contesto istituzionale contraddistinto dalla centralità dei diritti dell'uomo, esaltati dall'apertura dell'ordinamento costituzionale alle fonti esterne (sentenza n. 349 del 2007), la circostanza che per la tutela dei diritti fondamentali delle vittime dei crimini di cui si tratta, ormai risalenti, sia preclusa la verifica giurisdizionale rende del tutto sproporzionato il sacrificio di due principi supremi consegnati nella Costituzione rispetto all'obiettivo di non incidere sull'esercizio della potestà di governo dello Stato, allorquando quest'ultima si sia espressa, come nella specie, con comportamenti qualificabili e qualificati come crimini di guerra e contro l'umanità, lesivi di diritti inviolabili della persona, in quanto tali estranei all'esercizio legittimo della potestà di governo. Vale, infine, precisare che il diritto al giudice sancito dalla Costituzione italiana, come in tutti gli ordinamenti democratici, richiede una tutela effettiva dei diritti dei singoli (sull'effettività della tutela giurisdizionale dei diritti *ex* art. 24 Cost., tra le tante, di recente, sentenze n. 182 del 2014 e n. 119 del 2013; anche sentenze n. 281 del 2010 e n. 77 del 2007).

Viene comunque esclusa l'assimilazione automatica tra il consenso fornito dallo Stato ai fini dell'esercizio della giurisdizione nei suoi confronti ed il consenso da parte del medesimo Stato a subire misure di carattere esecutivo, per le quali si dovrà reiterare l'esplicitazione del consenso stesso.

Tra i beni ritenuti *essenziali agli scopi di servizio pubblico* perseguiti da uno Stato e quindi non assoggettabili a misure di coercizione, rientrano in generale i conti bancari destinati al funzionamento delle rappresentanze internazionali e diplomatiche di uno Stato, i beni a carattere militare, i beni della Banca centrale, i beni facenti parte del patrimonio culturale dello Stato o di esposizioni a carattere scientifico, culturale o storico.

Rilevanti sono pure le regole in materia di notifiche che, in assenza di un accordo internazionale, possono essere effettuate in via diplomatica o con qualsiasi altro mezzo accettato dallo Stato interessato. Opportuna è pure la disposizione relativa alla sentenza contumaciale, poiché spesso lo Stato estero non si costituisce in giudizio.

172. L'esperienza francese. — Anche in Francia, alcune sentenze della Corte di Cassazione hanno autorizzato il pignoramento di fondi privati accordando nel contempo una piena immunità dalla giurisdizione esecutiva per i soli fondi pubblici ([311]). Ciononostante, tale orientamento presenta una certa ambiguità: qui, la parte privata deve fornire la prova dell'origine e della destinazione privata (o pubblica) dei fondi dello Stato straniero al fine di ottenere soddisfazione dei propri interessi. In una successiva pronuncia della Corte di Cassazione nel caso *Eurodif* ([312]), il Supremo collegio si è espresso in termini più favorevoli per le parti private: qui, si è adottata una concezione più restrittiva dell'immunità dalla giurisdizione esecutiva dello Stato straniero in Francia, poiché l'immunità viene negata qualora un bene sia stato destinato ad un'attività commerciale dello Stato.

Più recentemente, nella sentenza *Repubblica Democratica del Congo* la Cassazione francese ha enunciato una massima che ben riassume la posizione della giurisprudenza: "secondo i principi del diritto internazionale relativo alle immunità, gli Stati stranieri beneficiano, per principio, *dell'immunità di esecuzione*; ... una soluzione opposta si ha allorché il bene pignorato sia legato non all'esercizio di un'attività inerente la sovranità, bensì ad un'operazione economica, commerciale o civile di diritto privato, che dà luogo alla domanda della parte attrice" ([313]).

Nel caso di specie, dunque, la Corte ha concluso che, mentre l'immunità non si estendeva agli *alloggi del personale diplomatico*, valeva l'immunità per i *locali destinati alle attività dell'Ambasciata di uno Stato estero*, e a quelli della *residenza dell'ambasciatore* ([314]).

Il legislatore francese ha poi dovuto precisare l'estensione dell'immunità dalla giurisdizione esecutiva di cui godono le banche centrali straniere in Francia. In principio, i loro "beni di qualsiasi natura" non potevano essere oggetto di pignoramento tranne nel caso in cui facessero "parte di un patrimonio [relativo] ad un'attività principale di diritto privato" ([315]).

([311]) Sentenza *Englander*, Cass. civ. 11 febbraio 1969, in Ch., 2 novembre 1971, in *Clunet*, 1969, p. 923 con nota di Kahn, nonché in *RGDIP*, 1969, p. 1148 con nota di P. Rousseau. V. anche la sentenza *Clerget*, Cass. Civ. 2 novembre 1971, in *Clunet*, 1972, p. 267 con nota di Pinto.

([312]) Cass. civ, 14 marzo 1984, *JCP* II, 2205, con nota di H. Synvet, Cass. civ., 20 marzo 1989, *République Islamique d'Iran et O.I.A.T.E.I. c. Société Framatome et autres*, in *Clunet* 1990, p. 1004, con una nota di Ph. Ouakrat.

([313]) In argomento si rinvia per approfondimenti a D. Carreau, F. Marrella, *Droit international*, 12 ª ed., Paris, Pedone, 2018.

([314]) V. pure la sentenza della CIG, del 11 dicembre 2020, nel caso delle immunità e procedimenti penali, oggetto di un contenzioso tra la Guinea Equatoriale e la Francia.

([315]) Articolo 51 della legge n. 2005-842 del 26 luglio 2005, divenuta l'art. L. 153-1 del Codice monetario e finanziario francese.

L'intervento legislativo del 2005 — il primo in Francia in questa materia — non ha però semplificato l'onere della prova per la parte attrice (privata): spetta infatti a quest'ultima di dimostrare la fungibilità dei beni che vuole aggredire. Inoltre, il riferimento ad un'"attività principale di diritto privato" non semplifica ancora il compito dei tribunali a causa dell'imprecisione di tale formula.

173. Arbitrato internazionale e rinuncia all'immunità. — Il 6 luglio 2000, in una celebre pronuncia relativa ad un contenzioso post-arbitrale tra una società privata e lo Stato del Qatar, la prima Camera civile della Corte di Cassazione francese ha precisato i limiti della rinuncia all'immunità dalla giurisdizione, da parte di uno Stato estero, per mezzo di una clausola compromissoria di arbitrato amministrato ICC (316).

La Corte ha concluso che l'accettazione di una clausola arbitrale da parte di uno Stato comporta, oltre alla rinuncia alla sua immunità dalla giurisdizione di cognizione anche quella, ben più importante, all'immunità dalla giurisdizione esecutiva (317). *Successivamente, la Cassazione in una nuova causa riguardante la Repubblica Democratica del Congo, ha affermato che la deroga all'immunità è valida solo se soddisfa "la duplice condizione [di essere] espressa e speciale"* (318).

In Italia, si può ritenere che valgano, anche in caso di *exequatur* di un lodo arbitrale, le medesime osservazioni generali presentate sopra sulla giurisdizione esecutiva e quindi che l'*exequatur* sui beni di uno Stato estero sia in linea di principio possibile, salvo che quei beni siano chiaramente destinati all'esercizio di funzioni sovrane dello Stato estero.

La dottrina specialistica italiana, in linea con quella di altri Paesi, ravvisa nella sottoscrizione di una clausola arbitrale da parte di uno Stato addirittura una rinuncia implicita all'immunità dalla giurisdizione esecutiva (319), il chè, allo stato attuale appare, però, non ancora pacifico.

Se si tratta di esecuzione di un lodo arbitrale straniero ai sensi della Convenzione di New York del 10 giugno 1958, l'esecuzione è facilitata su scala mondiale e a condizioni grosso modo uniformi. Ed infatti, lo *Yearbook of Commercial Arbitration* registra periodicamente la giurisprudenza in materia per tutti gli Stati in cui detta Convenzione è in vigore.

Senonché, com'è stato puntualmente osservato, da altra dottrina, "a ben vedere il problema dell'assoggettamento dei beni di uno Stato straniero attiene alla fase immediatamente successiva a quella dell'ottenimento del riconoscimento e dell'esecuzione della decisione arbitrale e si colloca, pertanto, al di fuori dell'ambito di applicazione della Convenzione di New York [1958]" (320). Ne segue dunque che, quanto osservato sopra in materia di immunità, resta valido anche a fattispecie in cui

(316) Data l'importanza di Parigi quale sede di arbitrati internazionali il riferimento è particolarmente opportuno.

(317) Cass. Civ. Fr., 6 luglio 2000, *Sté Creighton limited c. Etat du Quatar*, in *JDI* 2000, p. 1054 con una nota di I. Pingel.

(318) Cass. Civ. Fr., Sez. I, 10 gennaio 2018, Appello n°16.22494.

(319) Cfr. G. Bernini, *L'arbitrato. Diritto interno, convenzioni internazionali*, Bologna, 1993, p. 259; M. Rubino Sammartano, *Il diritto dell'arbitrato*, II, Padova, Cedam, 2010, p. 1297.

(320) P. Bernardini, *L'arbitrato nel commercio e negli investimenti internazionali*, 2ª ed., Milano, Giuffrè, 2008, p. 243.

la Convenzione di New York del 1958 si applica, come dimostrano le recenti vicende del caso ***Yukos c. Russia*** (321).

Va persino notato, con riferimento all'arbitrato ICSID, che pur se il lodo ICSID equivale ad una sentenza vincolante e definitiva nello Stato del giudice richiesto, ai sensi dell'art. 54 della Convenzione di Washington del 18 marzo 1965, "[l']esecuzione della sentenza [ICSID] è disciplinata dalle norme sull'esecuzione delle sentenze in vigore nello Stato nel territorio del quale l'esecuzione è richiesta". Pertanto, anche in questo speciale contesto e sia pur in un'ottica più restrittiva, lo Stato soccombente potrà comunque eccepire l'immunità dalla giurisdizione esecutiva di cui all'art. 55 della Convenzione di Washington del 1965. Com'è stato rilevato da Redfern e Hunter, "[I]t is surprising that, in a convention that was intended to encourage investment, the State parties did not agree to waive their immunity from execution" (322).

In definitiva, l'ultima parola resta al giudice nazionale e dipenderà dalla saggezza con cui applicherà la teoria dell'immunità ristretta ovvero quella della rinuncia implicita all'immunità da parte dello Stato che ne avrebbe altrimenti beneficiato.

174. Assenza di immunità dalla giurisdizione esecutiva per gli enti pubblici diversi dallo Stato. — Al contrario, pare che non si possa fare valere alcuna immunità dalla *giurisdizione esecutiva* per gli enti pubblici diversi dall'amministrazione centrale dello Stato, dotati o meno della personalità giuridica (323). In una pronuncia isolata la Corte di Cassazione francese ha rifiutato di accordare all'Iraq il beneficio dell'immunità dalla giurisdizione esecutiva a causa delle "limitazioni apportate alla sovranità [dell'Iraq] dalle sanzioni internazionali (nella fattispecie la risoluzione n. 687 del Consiglio di sicurezza presa a titolo del Capitolo VII dell'ONU)" (324).

175. Altri esempi stranieri. — Mentre in molti Paesi di Civil law la materia dell'immunità degli Stati stranieri viene regolata in via giurisprudenziale, al contrario — come abbiamo già notato — nei principali Paesi di Common Law la stessa materia viene regolata attraverso appositi atti legislativi. Sia il legislatore statunitense, sia quello britannico del 1976 e del 1978 *autorizzano delle misure esecutive contro i beni e le attività degli Stati stranieri relativi alle loro attività commerciali facendo salvi soltanto quei beni ed attività che risultino necessari all'esercizio di una pubblica funzione.* Tuttavia, e questa eccezione presenta un'importanza pratica considerevole, *i fondi detenuti dalle banche centrali straniere e per loro conto restano soggetti ad un regime di immunità totale dalla giurisdizione esecutiva in virtù* delle disposizioni di cui alla legge statunitense del 1976.

176. Conclusioni: una rinuncia sistematica alle immunità nei rapporti economici transnazionali. — In conclusione, gli Stati e gli enti pubblici stranieri possono sempre

---

(321) Corte distrettuale de L'Aja, 20 aprile 2016 (Olanda), in *Riv. arb.*, 2016, pp. 676-686 con nota di Leandro. Successivamente, la Corte d'Appello dell'Aja con sentenza del 18 febbraio 2020 ha, a propria volta, ribaltato il risultato del Giudice di prime cure, resuscitando il lodo arbitrale. La Federazione Russa ha presentato ricorso alla Cassazione olandese e nel momento in cui scriviamo non si è ancora pronunciata.

(322) Cfr. *Redfern&Hunter on International Arbitration*, 6ª ed., a cura di N. Blackaby e C. Partasides, Oxford, OUP, 2015, p. 656 ss.

(323) V. Cass. civ. 1 ottobre 1985, *Sonatrach c. Migeon*, in *JCP*, 1986, II, n. 20566 con una nota H. Synvet e le conclusioni dell'Avvocato generale Gulphe, in *RCDIP*, 1986, p. 527 con una nota di B. Audit.

(324) Cass. 15 luglio 1999, *Société Dumez GTM c. Irak* e, sul rinvio, C.A. Paris, 20 febbraio 2002, *Irak c. Société Dumez GTM, RGDIP* 2003, p. 1008. *Contra* v. però C. cass. 1 Civ., 25 aprile 2006, *Etat irakien c. Société Dumez GTM S.A.*, D. 2006, I.R. 1335.

rinunciare alla loro immunità dalla giurisdizione di cognizione e da quella esecutiva. Vista l'importanza di tali atti, è chiaro che una rinuncia di questo tipo non può essere presunta e che deve essere espressa in modo formale ed inequivoco ([325]). Per le medesime ragioni, *è prassi diffusa in materia di accordi economici internazionali tra Stati (o enti pubblici) e privati stranieri* che quei contratti contengano un specifica clausola ai sensi della quale il soggetto pubblico rinuncia espressamente non solamente alla sua immunità dalla giurisdizione di cognizione ma anche a quella dalla giurisdizione cautelare ed esecutiva. Si tratta di nuovo qui di un *sine qua non* al quale tutti gli Stati si devono adeguare al fine di acquisire risorse nella disponibilità di privati stranieri. Questo dato offerto dalla prassi è ancor più significativo osservando che, nemmeno gli Stati che difendono la teoria dell'immunità assoluta dalla giurisdizione (sia quella di cognizione che quella esecutiva), — in passato gli Stati dell'area sovietica o ancor oggi alcuni Stati in via di sviluppo — si sottraggono alla rinuncia delle immunità in via contrattuale.

§ 8. — *Le alienazioni di sovranità*

177. Un atto di sovranità dello Stato. — Lo Stato può decidere di alienare alcune delle sue competenze. Queste alienazioni sono suscettibili di rivestire forme diverse, ma presentano sempre un punto in comune: presuppongono, in effetti, *l'accordo formale o tacito dello Stato interessato* che vedrà limitata la sua sovranità. Conviene ricordare il principio fondamentale posto dalla CPGI nel caso *Lotus*, secondo il quale le "limitazioni alla sovranità degli Stati non si presumono". Dette alienazioni possono riguardare la sovranità territoriale (1) ma anche la giurisdizione personale (2) dello Stato.

1. — I limiti temporanei alla sovranità territoriale

178. Premessa. — Esamineremo qui solo alcuni casi di *alienazioni parziali della sovranità territoriale.* Le cessioni parziali di sovranità territoriale si fondano su norme consuetudinarie *(a)*, o su norme di diritto pattizio *(b)*.

a) *Dei limiti consuetudinari*

179. — In virtù di norme consuetudinarie internazionali, esistono due tradizionali limiti alla sovranità territoriale di uno Stato: il primo si esplica nei confronti delle navi straniere presso i propri porti; il secondo riguarda il territorio stesso e concerne la presenza di forze militari straniere sul proprio territorio ([326]).

i. La presenza di navi straniere nei porti

180. Navi private e navi da guerra. — A parte il *diritto di passaggio inoffensivo (Right of Innocent Passage)* di cui godono le navi di tutti gli Stati nei limiti indicati dagli artt. 17-25 della UNCLOS sul diritto del mare, le navi straniere beneficiano di

([325]) V. ad esempio C. App. Parigi, 10 agosto 2000, nella controversia tra l'ambasciata russa e la società *Noga*, in *Clunet*, 2001, p. 116, con una nota di I. Pingel.

([326]) Giuliano, *Diritto internazionale*, II, cit., p. 461 ss.

alcune immunità essendo considerate "territorio flottante" dello Stato di cui battono bandiera. Anche qui, si tratta di limitazioni alla sovranità dello Stato costiero relative all'esercizio del potere giurisdizionale (e coercitivo) in relazione anche a fatti avvenuti a bordo di navi straniere (artt. 27-32, UNCLOS).

Un tempo, alcuni scrittori fondavano la libertà di accesso ai porti in tempo di pace su una norma consuetudinaria accessoria a quella più generale della libertà di commercio. Si argomentava che tutti gli Stati hanno un interesse e quindi un diritto alla libertà di accesso e di soggiorno delle loro navi nei porti stranieri, salve temporanee limitazioni dovute a ragioni di sicurezza, salute pubblica od esigenze di difesa dello Stato del porto (327).

Più sicuro è fondare tale libertà di accesso su norme di diritto pattizio come ad esempio quelle contenute in Trattati di amicizia, commercio e navigazione o ancora nella Convenzione di Ginevra del 9 dicembre 1923 sul regime internazionale dei porti (328).

L'accesso ai porti è generalmente libero per le navi mercantili mentre per le navi da guerra lo Stato territoriale stabilisce le condizioni di accesso e di soggiorno delle navi stesse.

Orbene, se si tratta di ***navi da guerra straniere*** *ed altre navi di Stato in servizio non commerciale che siano contrassegnate e identificabili come navi in servizio di Stato* (329), l'*immunità dalla giurisdizione e da misure esecutive è assoluta*, poiché queste navi sono *una espressione della sovranità di uno Stato estero*.

La norma consuetudinaria ha trovato espressione nella celebre sentenza resa dalla Corte Suprema degli Stati Uniti, nella causa *The Schooner Exchange c. Mc Faddon*, in cui si osservava che è "un principio di diritto (internazionale) pubblico che le navi da guerra di uno Stato, quando entrano nel porto di una Potenza amica disposta a riceverle, devono essere considerate...esenti dalla giurisdizione di tale Potenza". E tale orientamento non è mai stato smentito nella prassi internazionale successiva (330).

Al contrario, *le navi mercantili*, dopo aver goduto per lungo tempo di immunità relative dalla giurisdizione e da misure esecutive nella misura in cui non avessero

---

(327) In arg. v. R. LAUN, "Le régime international des ports", in *RCADI*, 1926, v. 15, p. 1 ss. S. M. CARBONE, F. MUNARI, *La disciplina dei porti tra diritto comunitario e diritto interno*, Milano, Giuffrè, 2006. Si parla anche di *porti rifugio* con riferimento ad un porto che adempie essenzialmente alla funzione di offrire un sicuro asilo alle navi, generalmente di piccola mole, sorprese non lontano da terra da fortunale o da avaria. Col cosiddetto pacchetto Erika III è stato regolato a livello UE il piano di sicurezza marittima ed è stato trattato il problema dell'accoglienza in porti rifugio delle navi che hanno necessità di assistenza. Su tali aspetti v. G. TELLARINI, "I luoghi di rifugio nella recente evoluzione della normativa comunitaria e nel processo di adeguamento del diritto interno", in *Scritti per F. Berlingieri*, Genova, 2010, p. 1013 ss..

(328) Cfr. A. GIANNINI, "Il regolamento dei traffici marittimi negli accordi commerciali", in *Riv. dir. nav.*, 1951, I, p. 99 ss..

(329) Cfr. artt. 29-32, 58, par. 2 e 95-96 UNCLOS, nonché art. 645 cod.nav.it.. In giurisprudenza v. Corte Cost., 15 luglio 1992, n. 329, in *Dir. mar.*, 1993, p. 49, che dichiarando l'illegittimità costituzionale della L. 15 luglio 1926, n. 1263 (la quale subordinava l'azione cautelare o esecutiva ad autorizzazione del Ministro di Giustizia) ha riaffermato l'insussistenza dell'immunità solo qualora la nave non sia destinata all'esercizio di funzioni pubbliche da uno Stato estero.

(330) *The Schooner exchange v. Mac Faddon*, 7 Cranch 116, 136 (U.S. 1812). V. pure la Convenzione internazionale di Bruxelles, del 10 aprile 1926, per l'unificazione di alcune regole concernenti le immunità delle navi di Stato (in vigore per l'Italia dall'8 gennaio 1937) e l'art. 16 della Convenzione delle Nazioni Unite sulle immunità giurisdizionali degli Stati e dei loro beni (New York, 2 dicembre 2004) non ancora in vigore.

turbato la tranquillità del porto in cui erano ancorate, sono ora soggette all'ordinamento giuridico dello Stato del porto ed alla sua giurisdizione (331).

ii. L'ammissione e la presenza di un corpo di truppa straniero sul territorio nazionale

181. — Anche l'ammissione nel territorio dello Stato ed il soggiorno di un corpo di truppa straniero produce una potenziale concorrenza tra le pretese giurisdizionali dello Stato territoriale ove i militari sono stanziati e le pretese giurisdizionali dello Stato da cui i militari dipendono.

182. Dal *caso dei disertori di Casablanca* (1909), al recesso francese dalla NATO (1966), alle basi militari straniere in Italia. — Tale questione fu affrontata dalla Corte Permanente di Arbitrato, il 22 maggio 1909, nel caso dei *disertori di Casablanca*, oggetto di una controversia tra Francia e Germania (332).

Nel caso di specie, un funzionario del Consolato tedesco a Casablanca, che allora era presidiata da militari francesi con il consenso del Sultano del Marocco, aveva tentato di imbarcare su una nave tedesca alcuni militari, tra cui tre tedeschi, che avevano disertato la Legione Straniera. Ma, le autorità militari francesi sventavano tale tentativo ricorrendo all'uso della forza. La Germania sosteneva di potere esercitare la sua *giurisdizione personale* a favore dei legionari di nazionalità tedesca ma la Francia argomentava che la Germania fosse priva di giurisdizione personale nel caso di specie, in quanto i disertori tedeschi erano precedentemente entrati a far parte di un corpo militare francese.

La CPA accolse la tesi della Francia ritenendo che i poteri del Comandante militare sui membri delle forze armate prevalessero su quelli delle Autorità consolari dello Stato di cui i disertori erano cittadini e dunque, in caso di conflitto di autorità, dovesse prevalere quella del primo Stato. Pertanto, gli arbitri ne dedussero che: "[u]n corpo di occupazione esercita, per regola generale, una giurisdizione esclusiva su tutti gli uomini appartenenti a detto corpo di occupazione". Si tratta di un principio consuetudinario dell'ordinamento internazionale sinteticamente denominato la "legge della bandiera" ove lo Stato della bandiera è quello di invio dei corpi di truppa nel territorio dello Stato di soggiorno o di sede.

Così, anche alla luce di tale vicenda, possiamo osservare che, in tempo di pace, la *presenza di truppe straniere sul territorio di un determinato Paese è limitata e condizionata dal consenso dello Stato territoriale.*

A tale riguardo la Corte di Cassazione italiana, in una pronuncia del 24 luglio 2008, in occasione del **caso *Calipari-Lozano*** (333), ha indicato che, dopo la seconda guerra mondiale, il principio della legge della bandiera è stato parzialmente superato in favore di quello del riparto di giurisdizione tra lo Stato della bandiera e quello di soggiorno tramite la Convenzione di Londra del 19 giugno 1951. Resta fermo il principio consuetudinario per cui la rinuncia alla giurisdizione dello Stato territoriale vale solo per i fatti interni al contingente militare stesso, al pari dell'esercizio del potere di disciplina del contingente. Per le altre materie e quindi l'esercizio — anche eventualmente concorrente — della giurisdizione civile e penale è invalsa la prassi di

(331) Cfr. R. Quadri, *Le navi private nel diritto internazionale*, Milano, 1939; *Brierly's Law of Nations*, 7 ed., cit., 2012, p. 232 ss., nonché, E. Zamuner, *Le navi private nel diritto internazionale*, Napoli, ES, 2015.

(332) D.P. 1911, II, 177, con nota di Gidel.

(333) Cass. *Imp. Lozano*, 24 luglio 2008, n. 31171.

stipulare un apposito accordo (detto ***SOFA***, per *Status of Forces Agreement*) tra lo Stato della bandiera e quello territoriale. Il che consente, ad es. in caso di danni causati nello Stato territoriale dal personale militare o civile dello Stato della bandiera, nei confronti di terzi privati, di ottenere il risarcimento dei danni dal primo Stato superando il privilegio dell'immunità dalla giurisdizione.

In breve, oggi il transito, lo stazionamento di truppe militari straniere sul territorio di uno Stato, l'installazione di basi militari vengono regolati da apposite *convenzioni internazionali*. È così, ad esempio, che si sono conclusi appositi accordi tra Paesi occidentali nel quadro di patti militari, come quello del Patto atlantico istitutivo della NATO del 4 aprile 1949. Pertanto, in Italia operano basi militari straniere di Paesi Nato — tramite accordo bilaterale del 23 novembre 1994 l'Italia ha anche concesso all'ONU una base logistica *ex* art. 43, par. 1, Carta ONU — e ben sei basi sono in uso agli Stati Uniti in base ad un accordo bilaterale del 20 ottobre 1954 (il *Bilateral Infrastructure Agreement*) integrato da due accordi tecnici dello stesso anno e da un Protocollo d'intesa del 2 febbraio 1995 ([334]).

Alla luce delle considerazioni di cui sopra, va qui ricordato che uno dei motivi invocati dal Generale De Gaulle nel 1966, quando annunciò il *recesso della Francia dalla NATO* e dunque la partenza delle truppe alleate stazionate in territorio francese, fu specificatamente la preoccupazione "della Francia di recuperare sul suo territorio il pieno esercizio della sovranità, attualmente intaccato dalla presenza permanente di elementi militari alleati" ([335]).

b) *Dei limiti di diritto pattizio*

183. — Per trattato internazionale, uno Stato può alienare parte della loro sovranità territoriale. Per esempio, può accettare di diventare un *protettorato* di uno Stato straniero; può *cedere delle basi militari*; può *affittare* delle terre, come nel caso della colonia britannica di Hong-Kong (con una locazione di 99 anni, che aveva scadenza il 30 giugno 1997). O, ancora, gli Stati possono costituire delle *servitù internazionali* ([336]) e, *inter alia*, possono accettare di *smilitarizzare* alcune parti del loro territorio, come nel caso di alcune città.

2. — I limiti alla giurisdizione personale

184. Limiti convenzionali e consuetudinari. — Le limitazioni alla *giurisdizione personale* dello Stato vengono regolate sia da norme pattizie sia da norme consuetudinarie.

A *titolo convenzionale*, il più celebre esempio storico è quello del regime detto delle *capitolazioni* a cui si è fatto cenno in precedenza. Tramite il regime capitolare, lo Stato territoriale — Cina, Egitto, Tunisia, Turchia — cedeva la giurisdizione sui

---

([334]) S. Marchisio, *Le basi militari nel diritto internazionale*, Milano, 1984; AA.VV. (a cura della Camera dei Deputati), *Le basi militari della NATO e dei Paesi esteri in Italia*, Roma, 1990; N. Ronzitti, *Diritto internazionale dei conflitti armati*, 6ª ed., Torino, Giappichelli, 2017, p. 133 ss.

([335]) Vedere il § 3 della lettera inviata dal generale de Gaulle al Presidente Johnson in data 7 marzo 1966.

([336]) In arg. v. R. Monaco, *Diritto internazionale pubblico*, 2ª ed., Torino, Utet, 1971, p. 421 e riferimenti ivi cit.

residenti stranieri, cittadini di Stati terzi, con cui era in vigore quell'apposito accordo (337).

Allo stesso modo, possiamo citare i *trattati di tutela delle "minoranze"*, che sono stati conclusi alla fine della prima guerra mondiale: anche in quel caso lo Stato territoriale si è impegnato a limitare l'esercizio della propria giurisdizione personale in favore di alcune categorie di individui che, pur essendo suoi cittadini, beneficiavano in quanto minoranze di una particolare tutela dei loro diritti culturali, linguistici e religiosi.

Infine, basti ricordare le norme in materia dei *privilegi e delle immunità diplomatiche e consolari* riconosciute tradizionalmente in via consuetudinaria e poi codificate tramite le Convenzioni di Vienna del 1961 e del 1963; sicché, per gli Stati diversi da quelli per i quali sono in vigore, quelle norme sono comunque vincolanti in virtù del loro fondamento consuetudinario.

185. Conclusione. — Dalle considerazioni presentate sopra si evince che la sovranità territoriale dello Stato per quanto piena ed originaria è soggetta a diversi limiti di fonte consuetudinaria o pattizia.

L'indagine sin qui effettuata aveva ad oggetto l'esame delle competenze dello Stato quale ente sociale esistente in un dato momento storico. Una valutazione dell'assetto delle competenze si impone ora in senso dinamico onde coglierne appieno tutto il loro significato.

§ 9. — *L'effetto* ratione temporis *delle competenze dello Stato. Successioni e principio di continuità dello Stato*

Bibliografia sommaria: M. Udina, "La succession des Etats quant aux obligations internationales autres que les dettes publiques", in *RCADI*, 1933-II, t. 44, p. 655; K. Marek, *Identity and Continuity of States in Public International Law*, Genève, Droz, 1954; K. Zemanek, "State Succession after decolonization", *RCADI*, 1965-III, t. 116, p. 181; M. Bedjaoui, "Problèmes recentes de succession d'Etats dans les Etats nouveaux", *RCADI*, 1970-II, v. 130, pp. 455-586; O'Connel, "Recent Problems of State Succession in Relation to New States", *RCADI*, 1970-II, t. 136, p. 95; N. Ronzitti, *La successione internazionale tra Stati*, Milano, 1970; B. Stern, "La succession d'Etats", in *RCADI*, 1996, v. 262, p. 9 ss.; *Oppenheim's International Law*, 9ª ed., London, 1992, pp. 204-244; A. Del Vecchio (a cura di), *La successione degli Stati nel diritto internazionale*, Milano, 1999; J. Crawford, "State Practice and International Law in Relation to State Succession", *BYIL*, 1999, p. 85 ss.; O. M. Eisemann, M. Koskenniemi, (a cura di), *State succession: Codification tested against the Facts*, La Haye-Boston, 2000; P. Pustorino, *La successione degli Stati nel debito pubblico*, Torino, Giappichelli, 2002; C. Stahn, "The Agreement on Succession Issues of the Former Socialist Federal Republic of Yugoslavia", *AJIL*, 2002, p. 379; T. Treves, *Diritto internazionale*, cit., p. 85 ss.; E. Sciso, voce "Successione internazionale", in *Diz. di Diritto pubblico*, 2006, VI, p. 5818; S. Rosenne, *Reflections on Automatic Treaty Succession, dans Essay on International Law and Practice*, Leyden, 2007, p. 426; M. Craven, *The Decolonization of International Law: State succession and the Law of Treaties*, Oxford, OUP, 2007; P. Dumberry, "Obsolete and Injust: the Rule of Continuous Nationality in the Context of State

(337) R. Quadri, *Diritto coloniale*, 4 ed., Padova, Cedam, 1958, p. 50 ss.. Ricorda Cassese, (*Diritto internazionale*, cit., p. 35 ss.) che "[L]e capitolazioni servivano a disciplinare le condizioni di residenza degli europei (e dei cittadini statunitensi) sul territorio delle nazioni non europee. In linea generale, tali accordi stabilivano che gli "occidentali" di nazionalità dello Stato contraente: *a*) non potevano essere espulsi dallo Stato territoriale senza il consenso del loro console; *b*) avevano il diritto di praticare pubblicamente il culto cristiano...; *c*) beneficiavano della libertà di scambio e di commercio ed erano esenti da certi dazi di importazione ed esportazione; *d*) non potevano essere oggetto di rappresaglia, soprattutto in caso di insolvenza; *e*) in caso di controversie con altri cittadini europei, erano sottoposti alla giurisdizione del console del convenuto".

Succession", *Nordic JIL*, 2007, p. 153; v. i rapporti di G. RESS all'*IDI* su "Les succession d'Etats en matière de biens et obligations", *Ann. IDI*, 2000, I, p. 119 e *Ann. IDI*, 2001, I, p. 712; R. MONACO, C. CURTI GIALDINO, *Manuale di diritto internazionale pubblico. Parte generale*, 3ª ed., cit., 2009, p. 515 ss.; U. LEANZA, I. CARACCIOLO, *Diritto internazionale. Parte generale*, 3ª ed., cit., 2012, p. 51 ss.; QUOC DINH, DAILLER, FORTEAU, PELLET, *Droit international public*, 8ª ed., cit., p. 600 ss.; A. GIOIA, *Diritto internazionale*, 5ª ed., Milano, Giuffrè, 2015, pp. 151-167; *Brownlie's Principles of Public International Law*, 8ª ed. cit., p. 423-444; N. RONZITTI, *Introduzione al diritto internazionale*, 5ª ed., cit., p. 99 ss.; E. CANNIZZARO, *Diritto internazionale*, 3ª ed., cit., p. 301 ss.; M. SHAW, *International Law*, 8ª ed., cit., p. 725 ss.

186. Mutamenti di governo e continuità dello Stato. — I *mutamenti di governo*, anche rivoluzionari, non inficiano, di regola, gli impegni internazionali assunti da uno Stato ([338]). Il diritto internazionale, in tal caso, prevede la continuità dello Stato, nonostante il nuovo regime, secondo il brocardo *forma regimis mutata non mutatur ipse civitas.*

Diversi sono, invece, gli effetti nel caso di *mutamenti territoriali* di uno Stato ([339]). Può accadere, ad esempio, che uno Stato si *dissolva* o sia *annesso* ad un altro Stato. L'espressione "successione tra Stati" (***State Succession***) può dunque essere impiegata in una accezione *totale* se si verifica in occasione della estinzione dello Stato sostituito; ovvero si parla di successione *parziale* qualora esso sopravviva. A differenza della successione delle persone fisiche, qui si tocca con mano la successione di persone giuridiche, soggetti giuridici potenzialmente immortali! Viene denominato "Stato successore" (***Successor State***) il nuovo Stato o lo Stato che accresce il proprio territorio, mentre è detto "Stato predecessore" (***Predecessor State***) lo Stato che si estingue ovvero subisce una diminuzione di territorio.

a) *Successione parziale e totale di uno Stato: tipologia*

187. — Si possono avere mutamenti territoriali parziali a titolo definitivo dovuti *al trasferimento di parte del territorio da uno Stato A ad uno Stato B* come avvenne, ad esempio, tramite la ***cessione*** (***Transfer of Territory***) dell'Alaska dalla Russia agli Stati Uniti od anche allorquando Hong Kong, nel 1997, venne restituito alla Cina, in base ad un accordo stipulato nel 1984. In questi casi, si applica il ***principio della mobilità delle frontiere*** (*moving boundary principle*), secondo il quale *nella porzione di territorio trasferito cessano di applicarsi i trattati in vigore per lo Stato predecessore mentre prendono effetto i trattati dello Stato successore.*

Si parla poi di ***unificazione o fusione*** (***Merger***) propriamente detta allorquando, sempre a *titolo definitivo*, si ha *l'estinzione di due o più Stati preesistenti e la nascita di un nuovo Stato* (si può visualizzare l'evento con la formula *A+B=C*: è il caso ad es. dell'unificazione, nel 1990, dello Yemen del Nord e del Sud nella Repubblica Yemenita).

---

(338) Cfr. A. AUST, *Handbook of International Law*, cit., p. 361: "A State may change its name, constitution or government constitutionally or by a revolution, but will retain its international legal personality and so remain bound by its international obligations".

(339) Per economia espositiva non tratteremo gli eventi accaduti durante la massiccia decolonizzazione tra il 1945 ed il 1980. Per informazioni v. la bibliografia sommaria. Sulle vicende del Regno d'Italia v. la ricostruzione del dibattito tra Santi Romano e Dionisio Anzilotti presentata da S. MARCHISIO, *Corso di diritto internazionale*, Torino, Giappichelli, 2014, p. 202 ss. In arg. cfr. A. TANCREDI, *La secessione nel diritto internazionale*, Padova, Cedam, 2001, e, con riferimento al caso della Crimea, v. ID., "La crisi in Crimea", in *DIDU*, 2014, p. 480.

Si ha, invece, ***annessione (o incorporazione)*** (***Annexation***), *quando uno Stato incorpora un altro Stato* (es. la Repubblica Democratica Tedesca — esistente fino al 1990 — è stata annessa alla Repubblica Federale di Germania: oggi si ha solo la Germania, anche se, elegantemente, si è parlato di “riunificazione tedesca”). La principale conseguenza è l’estinzione dello Stato annesso che cessa di essere uno Stato ai fini del diritto internazionale; lo Stato incorporante invece mantiene la propria soggettività giuridica internazionale (si può visualizzare l’evento con la formula $A+B=A$).

Viceversa, si ha ***dissoluzione (o smembramento)*** (***Dissolution***), allorquando *uno Stato si estingue e si formano, in sua vece, due o più nuovi Stati sovrani e indipendenti.* È, ad es., il caso del collasso dell’URSS e la conseguente indipendenza dei quindici Stati che la componevano, e della estinzione della Cecoslovacchia che ha portato alla costituzione della Repubblica Ceca e della Slovacchia. È anche il caso della dissoluzione della ex Jugoslavia, si sono formati dei nuovi Stati (Bosnia-Erzegovina, Croazia, Macedonia, Slovenia) mentre la Serbia (inizialmente con il Montenegro che poi si è ulteriormente distaccato) ha preteso di essere la continuazione del precedente stato federale (si può visualizzare l’evento con la formula $A\rightarrow b+c$).

Si ha, invece, ***secessione (o distacco)*** (***Secession***) quando una *parte del territorio di uno Stato A ottiene l’indipendenza e, con il distacco del territorio, va a formare un nuovo Stato indipendente* (Stato B; ad es. il Montenegro nel 2006, il Sud Sudan nel 2011 o ancora si pensi al Bangladesh che si è formato per secessione dal Pakistan) senza tuttavia provocare l’estinzione dello Stato preesistente.

Infine, si parla di ***Stati risorti*** (*Recovery of sovereignty*) con riferimento ad es. alle tre Repubbliche baltiche che hanno riacquistato la sovranità, sia pure per secessione dall’URSS e, nel 2004, sono divenuti Stati membri UE.

b) *Le norme internazionali sulle successioni tra Stati*

188. — I mutamenti territoriali ora descritti, comportando un *mutamento di sovranità su un dato territorio*, vengono regolati dall’istituto della *successione tra Stati* un insieme di norme volto a determinare se e quali rapporti giuridici dello Stato predecessore si trasmettano o meno allo Stato successore.

Domina tale materia, e fino a dove è possibile, ***il principio****, di fonte consuetudinaria*, ***della continuità dello Stato*** — e dunque dei poteri che esso esercita — alla luce del più generale principio della *certezza del diritto* ([340]).

Così, ad esempio, la cessione dell’Alaska o di Hong Kong non ha impedito la continuità degli Stati cedenti: rispettivamente, Russia e Gran Bretagna; o il collasso, nel 1991, dell’Unione sovietica ha consentito alla Russia di configurarsi quale Stato successore, con la conseguente formazione di 14 nuovi Stati, emersi dalle ceneri dell’URSS.

c) *Successioni degli Stati nei trattati internazionali*

189. — Lo Stato successore subentra nei trattati dello Stato predecessore? La materia — in inglese ***Succession to Treaties*** — è stata disciplinata dalla Convenzione

([340]) Per gli Stati Uniti v. *The Sapphire* II, Wall, 164, U.S. 1871 e per la Francia, Cass. com. 2 juillet 1951, *Société belge d’entreprises commerciales c. Banque d’Espagne et autres*, in *Gaz. Pal.* 1952.I.44; in *JCP*, 1951.IV.133. V. pure IDI, “Succession of States in Matters of international Responsability”, Ris. adottata il 22-29 agosto 2015 nella sessione di Tallinn, in *Riv. dir. int.*, 2015, p. 1407.

di Vienna del 23 agosto 1978, entrata internazionalmente in vigore il 6 novembre 1996 ma con poche ratifiche (tra cui manca quella dell'Italia). Si tratta di una convenzione parzialmente codificatrice del diritto consuetudinario e che, piuttosto, tenta di indirizzarne lo sviluppo progressivo ([341]).

La materia resta particolarmente complessa e, nella prassi, si preferisce disciplinare tali vicende tramite un apposito accordo internazionale tra il nuovo Stato e le Parti contraenti dello Stato predecessore (artt. 8-9 della Convenzione di Vienna del 1978).

In assenza di siffatto accordo, occorre distinguere i *trattati localizzabili* (i) da quelli *non localizzabili* (ii) e fare capo al principio della mobilità delle frontiere nei trattati (iii):

i) **Trattati localizzabili**

Se si tratta di ***trattati localizzabili (Localized Treaties)***, ossia concernenti diritti di natura territoriale — l'esempio principale è quello dei trattati di delimitazione delle frontiere — ne consegue, secondo le norme consuetudinarie codificate all'art. 11 della predetta Convenzione di Vienna del 1978, che "[u]na successione tra Stati non pregiudica di per sé: *a*) un confine stabilito da un trattato; *b*) gli obblighi e i diritti stabiliti da un trattato e relativi al regime di un confine". La *ratio* di questa norma è la stabilità delle relazioni internazionali e dunque lo Stato che subentra ad un altro in un dato territorio, mantiene i confini già stabiliti. Per utilizzare un efficace brocardo latino si può dire che *res transit cum onere suo*. E ciò vale anche per i trattati che istituiscono particolari regimi territoriali quali ad es. quelli che prevedono diritti di passaggio, diritti di pesca o navigazione, vie d'acqua internazionali, etc.

In base a tale principio, la Croazia e la Serbia hanno continuato ad applicare gli accordi conclusi dalla ex Jugoslavia con l'Italia in materia di delimitazione marittima della piattaforma continentale nel mare Adriatico, mentre Croazia e Slovenia sono subentrate nella delimitazione delle acque territoriali nel Golfo di Trieste ([342]).

Si ritiene altresì che tale regola valga anche per i ***trattati in materia di diritti umani*** e a quelli del ***diritto internazionale umanitario*** stante la natura oggettiva e non sinallagmatica di tali trattati e lo scopo di tutela di tutti gli individui presenti su un dato territorio ([343]). Al riguardo, il Comitato dei diritti umani ONU ha indicato nel *General Comment* n. 26 che "[u]na volta che agli individui è accordata la protezione di diritti in conformità al Patto, tale protezione è garantita con il territorio e continua a spettare agli individui, nonostante i cambiamenti nel governo di uno Stato contraente, incluso lo smembramento in più Stati o la successione di Stati" ([344]).

(ii) **Trattati non localizzabili**

Per contro, si considerano ***non localizzabili*** e quindi, in linea di principio intrasmissibili, i *trattati di natura politica*. Per quanto si tratti di una nozione particolarmente "liquida", ci si accorda nel ricomprendervi i trattati che stabiliscono alleanze militari e quelli di neutralità. Allo stesso modo vi rientrano i trattati aventi ad oggetto una base militare. In tale fattispecie, si parla di ***principio della tabula rasa*** (***Clean***

([341]) In arg. cfr. R. Monaco e Curti Gialdino, *Manuale di diritto internazionale pubblico*, cit., p. 524 ss. ove riferimenti.

([342]) V. il caso della delimitazione dei confini internazionali (terrestri e marittimi) tra la Repubblica di Croazia e la Repubblica di Slovenia, Lodo PCA No. 2012-04, 29 giugno 2017.

([343]) A. Cassese, *Diritto internazionale*, 3ª ed., cit., 2017, p. 29 ss.

([344]) UN Doc. A/53/40, Annex VII, 8 dicembre 1997, par. 4.

Slate Doctrine) per rimarcare l'intrasmissibilità (artt. 16-17 della Convenzione di Vienna del 1978) e quindi il principio per cui lo Stato successore che subentra nella sovranità su un dato territorio non è vincolato dagli obblighi internazionali dello Stato predecessore.

Perciò, nel caso di formazione di uno o più Stati (secessione, fusione e smembramento di cui si è detto sopra) applicando il principio della *tabula rasa* si ha che il nuovo Stato non risulta vincolato dai trattati dello Stato predecessore eccetto i trattati sui diritti umani ed i trattati localizzabili.

Nella prassi, si verifica che, mentre il principio della *tabula rasa* si applica ai *trattati bilaterali* conclusi dallo Stato predecessore, salvo novazione; nei *trattati multilaterali aperti*, uno Stato di nuova formazione può, salvo eccezioni, anziché aderire *ex novo* (ed *ex nunc*), procedere ad una c.d. *notificazione di successione* la quale fa retroagire la sua partecipazione al momento dell'acquisto della indipendenza.

iii) **Mobilità delle frontiere**

In base al principio della mobilità delle frontiere dei trattati si ha che quando uno Stato acquisisce un nuovo territorio, estende ad esso automaticamente tutti i propri accordi internazionali. Nel contempo e salva diversa pattuizione, lo Stato che si estingue causa la cessazione del vigore dei propri trattati...*tabula rasa*. Così, al tempo dell'unità d'Italia i trattati del Regno di Sardegna si estesero al resto d'Italia mentre si estinsero quelli dei singoli Stati italiani preunitari. Più recentemente, la riunificazione tedesca ha portato la "Germania ovest" ad applicare i propri trattati alla "Germania est", caducando i trattati di quest'ultima.

d) *Successioni degli Stati nelle OIG*

190. — *Rispetto ad un trattato multilaterale istitutivo di un'OIG, in linea di principio, lo Stato successore non diviene automaticamente membro di una OIG qualora sopravviva lo Stato predecessore.* In tal caso, infatti sarà solo quest'ultimo a mantenere lo statuto di Membro e pertanto lo Stato successore dovrà presentare domanda di ammissione (accessione) *ex novo* all'OIG. La prassi dell'ONU è particolarmente ricca al riguardo, basti menzionare la posizione dell'India e del Pakistan, della questione delle "due Cine" (Cina e Taiwan) o ancora del caso della Russia oppure della Serbia per l'ex Iugoslavia in tempi più recenti ([345]).

Viceversa, se lo Stato predecessore si estingue, allora i nuovi Stati dovranno formalmente accedere *ex nunc* alle OIG di cui era precedentemente membro lo Stato che si è estinto. Ciò avvenne, ad es., per la Repubblica Ceca e per la Slovacchia dopo la dissoluzione della Cecoslovacchia.

e) *Successioni degli Stati e debito pubblico*

191. — Alcuni Stati possono poi cedere alla tentazione di rinnegare il principio di continuità per evitare di onorare i loro *debiti pregressi*. Il più celebre esempio fu quello della (ex) Unione Sovietica, la quale ha sempre rifiutato di riconoscersi vincolata dai prestiti contratti dal regime zarista pre-rivoluzionario, Dal 28 marzo 1918, i Governi britannico e francese hanno protestato contro tale rifiuto sostenendo che in virtù di un consolidato principio "uno Stato è responsabile degli atti del suo governo, senza che

---

([345]) V. ad es. B. Conforti, C. Focarelli, *Le Nazioni unite*, cit.

un cambiamento di autorità intacchi gli obblighi contratti"; e hanno aggiunto che, se non fosse così, "sarebbe la rovina del credito degli Stati sia dal punto di vista politico, sia dal punto di vista finanziario" ([346]). Questa posizione, alla lunga, ha avuto successo in quanto l'Unione Sovietica ha accettato di indennizzare, nel 1986, i portatori britannici di titoli russi al fine, senza dubbio, di poter beneficiare di nuovo dei servizi finanziari della *City* di Londra ([347]). Nel 1998, la Russia ha accettato di indennizzare anche i portatori francesi di obbligazioni russe in seguito ad un accordo di compensazione globale (*lump sum agreement*) concluso, in buona e dovuta forma, con la Francia — ciò che ha permesso alla Russia di ritrovare un accesso al mercato dei capitali francesi — sebbene, in questo caso, la percentuale di indennizzo si è rivelata assai modesta, arrivando a coprire solo l'1% del capitale e degli interessi dovuti.

Il principio di continuità dello Stato venne utilizzato anche nei confronti della Cina dinanzi ai tribunali statunitensi nel caso del rimborso dei prestiti emessi dal Governo imperiale cinese nel 1911 ([348]). Qui, la Cina si oppose a quella argomentazione in ragione del carattere "odioso" di quel debito estero ([349]). La Cina ebbe soddisfazione nel 1986, allorquando il giudice riconobbe che, all'epoca in cui i titoli erano stati emessi, essa beneficiava di un'immunità assoluta dalla giurisdizione ([350]).

Una *Convenzione di Vienna dell'8 aprile 1983 sulla successione di Stati in materia di beni, archivi e debiti di Stato* regola alcune di tali spinose questioni ma non è ancora entrata in vigore sicché sembra difficile ritenere che abbia valore quale codificazione del diritto consuetudinario in materia.

Sezione II
Gli enti dotati di competenze funzionali: le organizzazioni internazionali

Bibliografia sommaria: G. Morelli, *Nozioni di diritto internazionale*, 7 ed., cit., 1967, p. 228 ss.; R. Quadri, *Diritto internazionale pubblico*, 5 ed., cit., p. 516 ss.; E. Lauterpacht, "The Development of the Law of International Organizations by the Decisions of International Tribunals", in *RCADI*, 1975, v. 152, p. 377 ss.; R. Monaco, "Les principes régissant la structure et le fonctionnement des organisations internationales", *RCADI*, 1977-III, vol. 156, p. 79 ss.; G. Biscottini, *Il diritto delle organizzazioni internazionali*, 2ª ed., Padova, Cedam, 1981; A. Di Blase, *Nazioni Unite e Istituti specializzati: la rilevanza del coordinamento*, Napoli, 1982; A. Comba, *Il neo-liberismo internazionale*, Milano, 1995; R.J. Dupuy (dir.), *Manuel sur les organisations internationales*, 2ª ed., Dordrecht, 1998; C.F. Amerasinghe, *Principles of the institutional law of international organizations*, 2ª ed. Cambridge, CUP, 2005; J. Alvarez, *International Organizations as Law Makers*, Oxford, OUP, 2005; T. Treves, *Diritto internazionale*, cit., p. 113 ss.; C. Zanghì, *Diritto delle organizzazioni internazionali*, 2ª ed., Torino, Giappichelli, 2007; J. Klabbers, *An Introduction to International Institutions Law*, 2ª ed. Cambridge, CUP, 2009; *Bowett's Law of International Institutions*, 6ª ed. di Ph. Sands & P. Klein, London, Sweet & Maxwell, 2009; U. Draetta, *Principi di diritto delle organizzazioni internazionali*, 3ª ed., Milano, Giuffrè, 2010; ID., M. Fumagalli Meraviglia, *Diritto delle Organizzazioni internazionali. Parte speciale*, 3ª ed., Milano, Giuffrè, 2011; H. Schermers, N. Blokker, *International institutional law: unity within diversity*, 5ª ed. Leyden, M. Nijhoff, 2011; M. Di Filippo, *Immunità dalla giurisdizione versus diritto di accesso alla giustizia: il caso delle organizzazioni internazionali*, Torino, Giappichelli, 2012; S. Cafaro, *Il governo delle organizzazioni di Bretton Woods*, Torino, 2012; P. Picone, A.

---

(346) Testo in *Clunet*, 1918, p. 861.

(347) *AFDI*, 1986, p. 650.

(348) *Jackson et al. v. The People's Republic China*, U.S. District Court, N.D. Alabama, 1er sept. 1982, in *ILM* 1983, p. 75.

(349) V. *ILM* 1983, p. 81.

(350) *Jackson v. P.R.C.*, 794 F 2d 1490; Testo in *ILM* 1986, p. 1466.

Ligustro, *Diritto dell'Organizzazione Mondiale del Commercio*, Padova, Cedam, 2012; A. Del Vecchio (a cura di), *Diritto delle organizzazioni internazionali*, Napoli, ES, 2012; E. Lagrange, J.M. Sorel (a cura di), *Droit des organisations internationales*, Paris, LDGJ, 2013; P. Fois, "Le organizzazioni internazionali e la formazione del diritto internazionale contemporaneo. Il ruolo degli Stati membri", *Riv. dir. int.*, 2014, p. 641 ss.; E. Benvenisti, "The Law of Global Governance", in *RCADI*, 2014, v. 368, pp. 47-279; *Brownlie's Principles of Public International Law*, 8ª ed., cit., Cap. VII; SIDI, *Il futuro delle organizzazioni internazionali: prospettive giuridiche*, a cura di M. Vellano, Napoli, ES, 2015; U. Leanza, I. Caracciolo, *Diritto internazionale. Parte generale*, 3ª ed., cit., p. 73 ss.; A. Sinagra, P. Bargiacchi, *Lezioni di diritto internazionale pubblico*, 2 ed., cit., p. 98 ss.; C. Focarelli, *Trattato di diritto internazionale*, cit., p. 135 ss.; S.M. Carbone, "I soggetti e gli attori nella Comunità internazionale", in AA.VV., *Istituzioni di diritto internazionale*, 5ª ed., Torino, Giappichelli, 2016, p. 1-47; J. Cogan, I. Hurd, I. Johnstone (a cura di), *The Oxford Handbook of International Organizations*, Oxford, OUP, 2016; J. Alvarez, *The Impact of International Organizations on International Law*, Leiden, Brill Nijhoff, 2017; *Oppenheim's International Law: United Nations*, 2 voll., Oxford, O.U.P., 2017; Xu Yi-Chong, X., P. Weller, *The Working World of International Organizations: Authority, Capacity, Legitimacy*, Oxford, Oxford University Press, 2018; P. Pennetta, S. Cafaro, A. Di Stasi, I. Ingravallo, G. Martino, C. Novi, *Diritto delle organizzazioni internazionali*, Padova, Cedam-WKI, 2018; E. Cimiotta, N. Napoletano (a cura di), *Nazioni Unite e organizzazioni regionali tra autonomia e subordinazione*, Bologna, Il Mulino, 2019; N. Ronzitti, *Introduzione al diritto internazionale*, 5ª ed., cit., p. 34 ss.; E. Cannizzaro, *Diritto internazionale*, 3ª ed., cit., p. 315 ss.; M. Shaw, *International Law*, 8ª ed., cit., p. 982 ss.; D. Carreau, P. Juillard, R. Bismuth, A. Hamann, *Droit international économique*, 6ª ed., Paris, Dalloz, 2017; F. Marrella, *Manuale di diritto del commercio internazionale*, Pref. di A. Giardina, 2 ed., Padova, Cedam, 2020.

192. Terminologia. — La cooperazione tra Stati per il soddisfacimento di interessi comuni può essere attuata in vari modi. Tra questi, a partire dal XIX secolo, si sono venute sviluppando, attraverso, un peculiare processo storico a cui si è fatto cenno nel Cap. I, dapprima le *unioni internazionali amministrative* — si pensi all'Unione postale universale — e poi, soprattutto a partire dalla fine della seconda guerra mondiale, le ***organizzazioni internazionali*** (351). Il vocabolo "organizzazioni internazionali" (*International Organizations*) è di uso generico e non deve soprendere che i singoli trattati che formano l'atto costitutivo di detti enti utilizzino varie denominazioni in proposito, ad esempio: ***Organizzazione*** (delle NU), ***Consiglio*** (d'Europa), ***Unione*** (Africana), ***Associazione*** (di libero scambio), ***Fondo*** (monetario internazionale), *Banca* (internazionale per la ricostruzione e lo sviluppo), ***Comunità*** (economica europea) divenuta poi Unione (europea) e così via.

Manca, infatti, un atto internazionale che definisca una volta per tutte le organizzazioni internazionali: l'art. 2, c. 1, lett. *i*, della Convenzione di Vienna del 21 marzo 1986 sul "diritto dei trattati fra Stati ed organizzazioni internazionali e fra organizzazioni internazionali" indica soltanto che "l'espressione 'organizzazione internazionale' si riferisce ad un'organizzazione intergovernativa" senza definire...quest'ultima. Anche noi, utilizzeremo spesso l'espressione *organizzazioni intergovernative* (*Intergovernmental Organizations)* ed utilizzeremo l'acronimo **OIG** per distinguerle dalle *organizzazioni (internazionali) "non-governative"(Non Governmental Organizations,* dunque ONG*)* le quali sono strutture associative che, però, vengono costituite tramite un atto che si colloca all'interno di un dato ordinamento giuridico nazionale.

193. Nozione. — Se vogliamo definire le OIG possiamo dire che si tratta di *enti che gli Stati creano, in virtù di accordi interstatuali, allo scopo di cooperare, a tempo indeterminato, in forma più intensa e stabile per il perseguimento di determinati fini*

(351) V. a tale riguardo le considerazioni di G. Morelli, *Nozioni di diritto internazionale*, 7 ed., cit., 1967, p. 228 ss. e R. Quadri, *Diritto internazionale pubblico*, 5 ed., cit., p. 516 ss. ove riferimenti.

comuni. Pertanto, le OIG si caratterizzano per la compresenza di tre elementi: *1)* si tratta di associazioni fra Stati; *2)* dotate di organi propri che *(3)* devono perseguire dei fini di interesse comune degli Stati.

Ed infatti, solo quando la cooperazione tra Stati diviene istituzionale e permanente, il fenomeno associativo che ne deriva può dare luogo alla costituzione di un ***ente diverso dagli Stati che ne sono all'origine***. In tal caso, viene costituito un ente dotato di un apparato istituzionale, di organi propri, nonché di un proprio ordinamento giuridico "interno", in modo che l'ente medesimo esplichi un'attività propria per fini di interesse comune degli Stati membri che lo compongono; un'attività che, però, pur essendo disciplinata dal diritto internazionale, non è più imputabile agli Stati *uti singuli* bensì è imputabile alla OIG.

Sotto questo profilo, le OIG si differenziano da altre forme di **cooperazione intergovernativa *soft*** maggiormente utilizzate in passato come, ad esempio, le *unioni semplici di Stati*: queste ultime sono, infatti, *prive di organi propri e di personalità giuridica* e possono essere regolate da semplici intese politiche prive di carattere giuridicamente vincolante (si pensi, oggi, ad es. al G7, G8, G20). Le unioni semplici agiscono esclusivamente mediante organi degli Stati membri i quali si limitano a riunirsi periodicamente in una *conferenza intergovernativa* per discutere questioni di interesse comune e, volta per volta, decidono o meno se mettere a disposizione dell'unione i propri organi (che possono assumere allora la forma di organi comuni).

194. Un fenomeno simile a quello delle *persone giuridiche* nell'ordinamento interno. — Nell'ordinamento internazionale, il fenomeno delle OIG fa pensare a quello delle società di capitali nell'ordinamento interno dei singoli Stati. In entrambi i casi, siamo in presenza di una vera rivoluzione giuridica che si realizza tramite l'apparizione di *nuovi soggetti di diritto dotati di una personalità giuridica propria, indipendente da quella dei soggetti che li hanno creati*, con tutte le conseguenze che ciò implica specialmente in materia di stipulazione di atti giuridici, di autonomia patrimoniale e di responsabilità.

Mutatis mutandis, i rapporti tra Stati e OIG fanno pensare a quelli tra gli azionisti di una società per azioni e la s.p.a. come ente, o a quelli tra associati ed una associazione dotata di personalità giuridica.

In diritto interno, la dottrina identifica le caratteristiche fondamentali del contratto di società in un contratto plurilaterale associativo a cui, in presenza di date circostanze, l'ordinamento giuridico interno conferisce personalità giuridica ed autonomia patrimoniale perfetta ([352]).

In diritto internazionale, ci troviamo dinanzi ad enti internazionali istituiti quasi sempre tramite accordi intergovernativi: dei "soggetti derivati", creati dagli Stati, per la realizzazione di fini comuni ([353]).

Da ciò ne segue che, normalmente, le loro funzioni e quindi le loro competenze saranno *più limitate di quelle di uno Stato*. La CIG, nel suo Parere consultivo dell'11 aprile del 1949 *sulla riparazione dei danni al servizio delle Nazioni Unite*, pervenne alla conclusione secondo la quale

(352) Cfr. ad es. F. GALGANO, *Trattato di diritto civile*, IV, 2 ed., Padova, 2010, p. 5 ss.

(353) In arg. v. tra una letteratura vastissima G. ARANGIO-RUIZ, *La persona internazionale dello Stato*, Torino, 2008.

"l'organizzazione (ONU) è un soggetto internazionale. Ciò non equivale a dire che sia uno Stato, che certamente non è, e, meno ancora, ciò equivale a dire che essa sia un 'super-Stato', qualunque sia il senso che si voglia attribuire a quest'ultima espressione" (354).

Se le conclusioni della CIG valgono per l'ONU, viceversa, si possono concepire — per il momento solo in linea teorica — OIG a vocazione regionale capaci persino di sostituirsi gradualmente e completamente ai loro Stati membri.

Per il momento, l'unico esempio di *Integration Through Law*, è rappresentato dall'evoluzione della CEE in una Unione europea — embrione dei futuri Stati Uniti d'Europa? — caratterizzata, tra l'altro, dal trasferimento della sovranità monetaria degli Stati membri della zona Euro in favore dell'Unione. Qui, si tocca con mano la dimensione sovra-nazionale dell'Unione europea. Ma si tratta di un unico esempio di sovra-nazionalità in diritto internazionale che non può essere certo esteso, *sic et simpliciter* ad altre OIG. L'espressione "***sovranazionale***", a ben vedere, è stata formalmente utilizzata solo nel trattato istitutivo della CECA del 18 aprile 1951, e persino nell'arco temporale di esistenza di quella OIG ha dato luogo ad un aspro dibattito (355).

195. Le OIG come enti *non* territoriali. A differenza degli Stati, le OIG non sono enti territoriali. Non hanno un proprio territorio e, anzi, hanno la propria sede in un territorio altrui. In via eccezionale, può però accadere che siano *chiamate ad amministrare territori a titolo temporaneo*. Così, ad esempio, le Nazioni Unite, tramite l'UNMIK suo organo sussidiario, hanno assicurato per diversi anni l'amministrazione del Kosovo, esercitando a tal fine anche poteri normativi.

In conclusione, il principio classico secondo il quale le OIG non possiedono "sovranità" in quanto non possiedono né una popolazione, né un territorio propri, resta valido ancor oggi.

196. Piano espositivo. — Al fine di comprendere la natura giuridica e le norme applicabili alle OIG occorre, innanzitutto, esaminare il significato della personalità giuridica interna delle OIG, cioè *le loro competenze nell'ordinamento interno degli Stati membri* (§ 1), e poi volgere lo sguardo verso la soggettività di diritto internazionale (§ 2), ossia *l'esercizio delle loro competenze nell'ordinamento internazionale*; infine vedremo che *le loro competenze*, al pari di quelle degli Stati, *sono protette dal diritto internazionale* (§ 3).

§ 1. — *La capacità nell'ordinamento interno:* la personalità giuridica interna *delle organizzazioni internazionali*

197. Delle persone giuridiche nel diritto interno degli Stati membri. — Le Carte istitutive delle OIG prevedono solitamente che gli enti a cui hanno dato vita debbano essere considerate come persone giuridiche nell'ordinamento interno degli Stati membri.

---

(354) *Rec.* p. 179.

(355) L'art. 1 della Comunità europea di difesa (CED) del 27 maggio 1952 prevedeva, all'art. 1 una disposizione analoga, ma questo trattato rimase lettera morta. Sulla CECA v. ad es. le riflessioni di R. Monaco, "Le comunità sopranazionali nell'ordinamento internazionale", in *CI*, 1953, p. 341 ss.; G. Sperduti, "La natura giuridica della CECA", ivi, 1957, p. 448; Arangio-Ruiz, *La pretesa "analogia federale" nella Carta delle Nazioni Unite e le sue implicazioni*, cit..

1. — Un fondamento di diritto pattizio

198. Riconoscimento della personalità giuridica tramite le carte istitutive. — Le carte istitutive delle OIG stipulate dopo la fine della seconda guerra mondiale conferiscono loro la personalità giuridica sul territorio di tutti gli Stati membri.

In passato non è stato sempre così. Ad esempio, il Patto della Società delle Nazioni non prevedeva alcuna norma a tale riguardo. All'epoca, tale questione veniva solitamente regolata tramite appositi trattati, o ancora tramite il diritto interno degli Stati membri. Così, per esempio, venne stipulato un apposito accordo internazionale tra la SDN e la Svizzera (Paese in cui la SDN aveva sede) al fine di regolare lo statuto di detta OIG dal punto di vista dell'ordinamento svizzero.

199. L'esempio della Carta dell'ONU. — La norma più famosa in tema di riconoscimento della personalità giuridica delle OIG nell'ordinamento interno degli Stati membri è quella di cui all'art. 104 della Carta ONU. Ai sensi di tale articolo:

> "L'Organizzazione gode sul territorio di ciascuno dei suoi membri della capacità giuridica che le è necessaria per esercitare le sue funzioni e raggiungere i suoi scopi".

Pur essendo tale norma formulata in termini particolarmente ampi, e suscettibile di interpretazione estensiva tramite la teoria dei "poteri impliciti", tale formulazione si è comunque rivelata di non facile applicazione pratica. Per questi motivi, un'apposita convenzione, l'accordo del 1946 sui privilegi e immunità dell'ONU, ha dovuto apportare le dovute precisazioni. Per le stesse ragioni, una convenzione del 1947 ha precisato i privilegi e le immunità delle "istituzioni specializzate" dell'ONU.

200. Gli accordi di sede. — Inoltre, va osservato che gli "accordi di sede", cioè i trattati conclusi tra una data OIG e lo Stato sul cui territorio essa ha sede, precisano l'estensione e la portata della sua "personalità giuridica interna" nell'ordinamento giuridico dello Stato di sede con importanti norme in materia di immunità e circa lo statuto giuridico dei funzionari dell'organizzazione (si pensi alla questione della loro esenzione fiscale dalle imposte dirette!) ([356]).

2. — Il suo contenuto

201. Una soggettività giuridica a carattere funzionale. — La soggettività interna delle OIG ha carattere *funzionale* nel senso che possono e debbono esercitare *i poteri funzionali alla realizzazione delle finalità* che sono state loro affidate dagli Stati membri in ciascun atto istitutivo ([357]).

202. Le precisazioni della personalità giuridica di diritto interno. — Alcune Carte istitutive di OIG definiscono in modo assai preciso gli ambiti entro i quali tali enti possiedono una personalità giuridica nell'ordinamento interno. Così, per esempio, l'art. IX, sez. II, dell'Accordo di Bretton-Woods, istitutivo del FMI dispone che: "[i]l Fondo godrà della piena personalità giuridica e, in particolare, della capacità: I) di contrarre; - II) di acquistare o alienare beni mobili; - III) di stare in giudizio".

([356]) In arg. v. F. DURANTE, E. SPATAFORA, *Gli accordi di sede. Immunità e privilegi degli enti e dei funzionari internazionali in Italia*, Milano, Giuffrè, 1993.

([357]) CIG, 8 luglio 1996, *Parere sulla legalità della minaccia o dell'uso delle armi nucleari*, in *Rec.*, 1996, p. 66.

Ritroviamo delle norme analoghe nel Trattato di Roma del 1957, norme riprese successivamente senza modifiche dal Trattato di Lisbona sull'Unione Europea del 2009. Così, in base a quest'ultimo, oggi, si prevede, all'art. 47 TUE, che l'Unione possiede personalità giuridica, mentre l'art. 355 TFUE precisa che: "[i]n ciascuno degli Stati membri, l'Unione ha la più ampia capacità giuridica riconosciuta alle persone giuridiche dalle legislazioni nazionali; essa può in particolare acquistare o alienare beni immobili e mobili e stare in giudizio".

203. La regola generale. — In breve, basta ricordare che tutte le OIG godono della piena *capacità giuridica di diritto interno* nel territorio di ciascuno Stato membro per svolgere le funzioni loro assegnate dalle rispettive carte istitutive.

Tuttavia, ammettere la "soggettività giuridica interna" di un'OIG non significa riconoscerle automaticamente una capacità di agire nell'ordinamento internazionale. In altre parole, *personalità giuridica interna non significa automaticamente soggettività di diritto internazionale.*

§ 2. — *Caratteri della soggettività giuridica nell'ordinamento internazionale: la personalità di diritto internazionale delle OIG*

204. Una questione fondamentale. — La personalità internazionale delle OIG assume un'importanza fondamentale dal punto di vista sia teorico che pratico.

A livello teorico, significa ammettere definitivamente che *gli Stati non possiedono più il monopolio della soggettività giuridica nell'ordinamento internazionale.* Infatti, non appena si riconosce alle OIG una certa personalità di diritto internazionale, una capacità di agire, ne consegue necessariamente che gli Stati finiranno per confrontarsi con dei "poteri concorrenti" dotati di una volontà e di una soggettività propria.

A livello pratico, la questione è ancor più importante. Ciò significa, in effetti, che se una OIG possiede la soggettività internazionale, essa può agire di sua volontà, senza passare necessariamente attraverso l'intermediazione degli Stati membri. Essa potrà allora concludere trattati, proteggere i suoi funzionari ecc., anche senza il concorso degli Stati.

205. Insufficienza del diritto pattizio. — Va osservato che, in tale materia, il diritto pattizio appare assai scarno di riferimenti. Talvolta la questione non ha trovato soluzione — vedi ad es. la Carta ONU — talaltra, detta questione è stata affrontata solo in modo vago e superficiale.

Così, ad esempio, il Trattato di Parigi del 1951, che istituiva la **CECA**, disponeva all'art. 6, c. 2, che: "[n]elle relazioni internazionali la Comunità ha la capacità giuridica necessaria per esercitare le sue funzioni e conseguire i suoi scopi", il chè equivaleva a riconoscere alla nuova OIG una soggettività a carattere funzionale, ma dai contorni imprecisi.

Ancora più vago risulta l'accordo del 27 maggio 1980, concluso tra gli Stati membri dell'OPEC istitutivo di un "Fondo speciale per lo sviluppo internazionale". In base a tale accordo, la nuova OIG era dotata della "personalità giuridica internazionale"(art. 1.01), senza ulteriori precisazioni al riguardo ([358]).

Un ulteriore esempio è fornito dall'accordo istitutivo del "Fondo comune per i prodotti di base", il cui art. 41 prevede che: "la nuova istituzione avrà la piena soggettività giuridica e, in

([358]) In *ILM*, 1980, p. 879.

particolare, la capacità di concludere accordi internazionali con gli Stati e le organizzazioni internazionali, di contattare [...], di ricorrere a procedure giudiziarie" ([359]).

Per contro, la Banca Europea per la Ricostruzione e lo Sviluppo (**BERS**), istituita nel 1990 e operativa dal 15 aprile 1991, è dotata di uno statuto assai impreciso. La BERS dispone, infatti, della "piena soggettività giuridica" (art. 45), senza ulteriori precisazioni. Parimenti, va ricordato il trattato del 17 dicembre 1994, istitutivo del MERCOSUR tra alcuni Stati dell'America Latina, ove però, all'art. 34, si prevede che possegga la "personalità giuridica internazionale". In materia di diritto UE, l'art. 47 TUE indica in modo assai laconico che "[l'] Unione ha la personalità giuridica".

206. Piano espositivo. — La soggettività di diritto internazionale di cui godono le OIG ha formato oggetto di importanti pronunce dei giudici internazionali (1). Nonostante ciò, essa non è statica e immutabile, ma è di tipo "evolutivo" (2).

1. — Un riconoscimento in via giurisprudenziale

207. Il caso *Bernadotte* (1949). — L'affermazione della soggettività internazionale delle Nazioni Unite, in termini applicabili a tutte le OIG, si deve al parere reso dalla CIG, nel 1949, nel *caso della riparazione per i danni subiti al servizio delle Nazioni Unite.*

Il caso riguardava il conte svedese Folke Bernadotte, il quale morì tragicamente a Gerusalemme dove si trovava in qualità di mediatore ONU tra gli israeliani ed i palestinesi. Bernadotte venne ucciso da un gruppo di estremisti ebraici nel 1948 insieme ad un suo collaboratore, il colonnello francese André Serót. Il Segretario Generale della Nazioni Unite considerò responsabile il Governo israeliano per non aver varato le misure idonee necessarie per prevenire i due attentati. Pertanto, l'Assemblea Generale dell'ONU richiese un parere alla CIG. In particolare, veniva chiesto se nel caso di specie l'ONU avesse la qualità per presentare un *international claim* nei confronti del Governo ritenuto responsabile dei danni cagionati ad un agente al servizio delle Nazioni Unite. La Corte, nell'esercizio della funzione consultiva riconosciuta dall'art. 96 della Carta delle Nazioni unite, rispose in senso affermativo. Una questione preliminare al riconoscimento della capacità di presentare un reclamo internazionale nei confronti di Israele (in quel tempo non era uno Stato membro dell'ONU) era proprio l'accertamento del possesso di una *personalità internazionale* da parte dell'ONU.

Per l'accertamento della personalità di un ente internazionale come l'ONU, secondo la CIG, pur se nella Carta istitutiva nulla viene previsto, occorre, per un verso, esaminare i caratteri generali dell'ONU e, per altro verso, determinare se nel costituire quell'ente e nell'attribuirgli determinate funzioni, gli Stati membri lo avevano inteso come organizzazione da loro autonoma.

La Corte fece riferimento sia alla struttura interna dell'Organizzazione (e alle competenze dei suoi organi), sia alla prassi dell'organizzazione, rilevando che l'ONU aveva concluso degli accordi internazionali con alcuni degli Stati membri. La Corte sottolineava l'importanza delle missioni dell'ONU, in particolare quelle relative al mantenimento della pace e della sicurezza internazionali. Pertanto, secondo la CIG:

"l'organizzazione è stata intesa ad esercitare e a godere, e di fatto sta esercitando e godendo, di funzioni e diritti che si possono spiegare sul presupposto del possesso di una larga misura di personalità internazionale e della capacità di agire sul piano internazionale" (p. 179).

([359]) In *ILM*, 1980, p. 896.

In altre parole, "si deve riconoscere che i suoi membri, assegnandole certe funzioni con i doveri e le responsabilità che le accompagnano, l'hanno rivestita della competenza necessaria per permetterle di svolgere effettivamente tali funzioni".

Va sottolineato che tale "soggettività internazionale" *non è soltanto opponibile agli Stati membri ONU, ma anche nei confronti di Stati non membri*, nella misura in cui quell'OIG — nella fattispecie l'ONU — possieda una "personalità internazionale obiettiva" (p. 185).

208. Una soluzione suscettibile di generalizzazione. — Il ragionamento di cui sopra vale anche, *mutatis mutandis*, per le altre OIG a vocazione universale o regionale. Così, alla luce dell'analisi condotta dalla CIG, si deduce agevolmente che un'OIG possiede tutte le competenze necessarie per svolgere le proprie funzioni previste dalla Carta istitutiva.

2. — Delle competenze specializzate

209. Differenze con gli Stati. — Esiste una fondamentale differenza tra le OIG e gli Stati. *Tutte le competenze delle OIG sono, di regola, delimitate, specifiche e, soprattutto, sono* ***competenze di attribuzione*** (360).

D'altronde, la terminologia ufficiale ben evidenzia tale fenomeno: come dimenticare, in effetti, che le istituzioni che fanno parte della "famiglia dell'ONU" sono qualificate come "specializzate"? In termini di competenze, i rapporti tra gli Stati e le OIG fanno pensare, *mutatis mutandis*, a quelli che esistono tra lo Stato e gli altri enti pubblici nel diritto amministrativo.

210. Tipologia di organizzazioni internazionali. — Nei limiti di questo volume, non è possibile trattare specificamente tutte le OIG. Senonché, appare possibile delineare una tipologia delle OIG utile a comprenderne meglio l'ambito di operatività.

È innanzitutto possibile distinguere le OIG in base **all'estensione delle loro** ***competenze***. Accanto all'ONU che è l'unica OIG a possedere *ampie competenze* (anche se non si può dire che abbia competenza universale) si collocano altre OIG *con competenze specializzate ratione materiae* nei campi economico, sociale, culturale, educativo, sanitario e così via. Tali OIG, pur restando enti distinti dall'ONU, si relazionano a quest'ultima organizzazione tramite appositi *accordi di collegamento* divenendo perciò degli "**istituti specializzati**" dell'ONU. Si tratta, ad esempio, dell'Organizzazione internazionale del Lavoro (OIL/ILO), dell'Organizzazione mondiale della sanità (OMS/WHO), l'Organizzazione per l'alimentazione e l'agricoltura (FAO), dell'Organizzazione delle Nazioni Unite per l'educazione, la scienza e la cultura (UNESCO), l'Organizzazione per l'aviazione civile internazionale (ICAO), l'Organizzazione Marittima Mondiale (IMO), il Fondo monetario internazionale (FMI), la Banca Mondiale ed altre ancora. In quanto possiedono delle competenze

---

(360) Persino nel modello più avanzato di OIG, quello della UE, gli Stati membri hanno chiaramente indicato all'art. 5, par. 2, TUE che "In virtù del principio di attribuzione, l'Unione agisce esclusivamente nei limiti delle competenze che le sono attribuite dagli Stati membri nei Trattati per realizzare gli obbiettivi da questi stabiliti. Qualsiasi competenza non attribuita all'Unione nei Trattati appartiene agli Stati membri". In arg. cfr. ad es. U. VILLANI, *Istituzioni di diritto dell'Unione europea*, 6ª ed., Bari, Cacucci, 2020, p. 75 ss.

meno estese rispetto a quelle dell'ONU, la CIG, nel caso *Bernadotte*, ha caratterizzato l'ONU alla stregua di un'"organizzazione internazionale di massimo livello".

Dalle considerazioni appena presentate, colpisce la posizione dell'Organizzazione mondiale del commercio (OMC/WTO), un'organizzazione a competenze specializzate che, tuttavia, non risulta collegata all'ONU e dunque, a differenza del FMI e della Banca Mondiale, non ne costituisce ancora un'agenzia specializzata (pur se un accordo di reciproca collaborazione vige con l'ONU).

È possibile inoltre distinguere, innanzitutto, le OIG in funzione dello **spazio geografico** in cui operano, distinguendo tra **OIG a *vocazione universale*** o semplicemente ***regionale***. Esempi delle prime sono le OIG appena menzionate sopra in quanto la *membership* è, in linea di principio, aperta a tutti gli Stati (previo procedura di ammissione).

Esistono, però, anche ***OIG a vocazione regionale***, ossia degli enti che sviluppano una più intensa *cooperazione* tra Stati (ad es. l'Unione Africana, l'Organizzazione degli Stati Americani, la Lega Araba) in base ad *affinità geografiche e culturali.* Così, ad esempio, la Cina non può divenire uno Stato membro dell'Unione europea o l'Italia non può chiedere l'ammissione all'Organizzazione degli Stati americani e così via.

Infine, oltre alle classiche esigenze di cooperazione fra Stati, una OIG può avere per oggetto addirittura l'***integrazione* tra Stati membri.** Sotto questo profilo si vede che i modelli sono di integrazione sono vari: dall'unione doganale (oggi assai frequente) al modello, unico al mondo, dell'Unione europea ove la CEE si è sviluppata persino in senso *sovranazionale* acquisendo progressivamente competenze sempre più ampie ed inedite nell'esperienza giuridica internazionale.

3. — L'interpretazione dei trattati istitutivi di OIG ed i loro "poteri impliciti"

211. Metodo di interpretazione teleologica. — Abbiamo già segnalato un peculiare metodo di interpretazione che è stato frequentemente utilizzato dalla Corte Suprema degli Stati Uniti, per rafforzare i poteri del Governo federale nei confronti degli Stati federati. Il metodo della Corte Suprema degli Stati Uniti è stato quello di considerare il Governo federale ed i suoi organi in possesso di tutti i poteri inerenti ai compiti che gli erano stati affidati dai Padri della Costituzione del 1787. Questo metodo di interpretazione si è diffuso a livello internazionale, come dimostra chiaramente la giurisprudenza ora consolidata, *inter alia*, tanto della CIG *(a)* quanto della Corte di giustizia UE *(b)*.

a) *Un uso frequente da parte della CIG*

212. Il metodo tradizionale. — La teoria costituzionalistica dei poteri impliciti applicata alle competenze di un'OIG è stata utilizzata dalla prima Corte internazionale dell'Aja, la CPGI, sin dagli albori della sua attività.

La CPGI, infatti, dovette ricorrere a tale metodo ermeneutico per valutare la competenza dell'Organizzazione internazionale del lavoro (OIL) ([361]) e quella della Commissione europea del Danubio ([362]).

Tale tecnica interpretativa di un trattato multilaterale istitutivo di un'organizzazione internazionale è stata frequentemente utilizzata anche dalla CIG. Infatti, la

(361) Parere consultivo n. 13 del 23 luglio 1926, serie B, p. 18.
(362) Parere consultivo n. 14 del dicembre 1927, serie B, p. 64.

CIG, applicando la teoria dei poteri impliciti nel precitato caso *Bernadotte* del 1949, ha affermato che:

"[s]econdo il diritto internazionale, si deve ritenere che l'organizzazione [l'ONU, *n.d.r.*] abbia quei poteri che, anche se non espressamente previsti nella Carta, le sono conferiti come conseguenza necessaria, in quanto essenziali per lo svolgimento dei suoi compiti" (363).

La CIG, ha fatto spesso riferimento al criterio teleologico per delimitare sia la sfera di competenze delle OIG, sia la portata dei loro atti unilaterali. A tale riguardo basti ricordare il parere consultivo dell'11 luglio 1950 sullo *statuto dell'Africa del Sud-Ovest* (pp. 132-137); parere consultivo del 13 luglio 1954 *sugli effetti delle sentenze del Tribunale amministrativo delle Nazioni Unite* (pp. 158, 162, 165, 167, 170); parere consultivo del 21 giugno 1971, *sulle conseguenze giuridiche degli Stati della presenza continua dell'Africa del Sud in Namibia nonostante la risoluzione 276 (1970)* (pp. 49-54).

b) *I limiti "costituzionali" di una OIG*

213. Nozione.— Il solo limite per una OIG nell'esercizio delle proprie competenze risiede nel rispetto delle disposizioni della sua Carta istitutiva. Se l'OIG non può andare *oltre* le sue competenze, con il rischio di commettere un "abuso di potere", niente però può impedirle di rimanere "*al di qua*" delle competenze previste dalla propria carta istitutiva (364).

214. L'esempio del bisticcio tra l'ONU e la Banca Mondiale. — Un esempio particolarmente significativo è dato dal contrasto che durò diversi anni, dal 1961 al 1967, tra la BIRS e l'ONU, riguardo alcuni prestiti della Banca Mondiale al Sud Africa e al Portogallo, nonostante le numerose dichiarazioni dell'ONU relative alla concessione dell'indipendenza alle colonie portoghesi dell'Africa e alla condanna del regime dell'*apartheid* in Sud Africa. E nonostante le numerose risoluzioni dell'ONU che incitavano tutte le OIG, compresa la Banca Mondiale, a non erogare prestiti a quei due Stati a causa della loro politica coloniale o di discriminazione razziale. La Banca Mondiale disattese quelle raccomandazioni dell'ONU e concesse, nel 1966, dei prestiti a quei due Paesi, sostenendo che era tenuta a farlo in base alla sua Carta istitutiva — gli Accordi di Bretton-Woods del 1944 — la quale le imponeva: 1) di accordare prestiti in base a considerazioni esclusivamente *economiche* e 2) di *non ingerirsi negli affari interni degli Stati membri.*

Questa vicenda mostra chiaramente la duplice funzione della Carta istitutiva di un'OIG: da un lato, tale atto delimita il suo "oggetto sociale", la sua attività; dall'altro lato, quel medesimo strumento garantisce la sua autonomia, nell'esercizio delle competenze che le sono state attribuite. D'altra parte, nel caso di specie, l'ONU non è mai riuscita ad imporre il proprio punto di vista alla Banca Mondiale, benché quest'ultima facesse parte delle istituzioni specializzate dell'ONU in base ad una apposita convenzione stipulata in virtù degli artt. 57 e 63 della Carta ONU.

---

(363) In *Rec.*, p. 182.

(364) E si osservi che, qualora l'OIG non agisca per il soddisfacimento delle finalità per le quali è stata costituita, la parte lesa può impugnare l'atto dell'OIG per sviamento di potere (détournement de pouvoir): il principio venne formulato in questo senso all'art. 33 del Trattato CECA, ma è suscettibile di applicazione a tutte le OIG.

Un conflitto analogo insorse, nel 1982, tra l'ONU e il FMI riguardo alcuni prestiti che quest'ultimo continuava a concedere al Sud Africa; anche in questo caso il FMI fece prevalere l'esigenza di rispettare *in toto* la sua Carta istitutiva, la quale garantiva la propria autonomia operativa (365).

215. L'esempio del caso *Tadić*. — Il criterio teleologico di cui si è detto sopra incontra dei limiti allorquando il risultato dell'interpretazione "evolutiva" sfocia nella creazione di nuovi diritti od obblighi che vanno chiaramente al di là del quadro dei poteri previsti dalla Carta istitutiva di una OIG. In altre parole, la Carta istitutiva di una OIG costituisce un "limite costituzionale" all'estensione delle competenze dell'organizzazione stessa. Tuttavia, va notato che per una OIG come l'ONU, il limite costituito dalla Carta stessa appare assai tenue dato l'ampio ambito di competenza che ad essa viene attribuito. Così, nel precitato caso *Tadić*, il Tribunale penale internazionale per l'ex Yugoslavia non ebbe troppe difficoltà a concludere — nonostante le immancabili perplessità della dottrina più dogmatica — che il Consiglio di Sicurezza dell'ONU, agendo in base al Capo VII, avesse la competenza di istituire un tribunale *ad hoc* per giudicare gli autori di gravi crimini internazionali commessi nella ex Jugoslavia. E non sorprende che la medesima soluzione venne poi adottata dal Tribunale penale internazionale per il Rwanda (366).

c) *Un riconoscimento formale dei "poteri impliciti" nel diritto dell'Unione europea*

216. Una consacrazione tramite il diritto pattizio. — La teoria dei poteri impliciti gioca un ruolo ancor più importante nel diritto UE.

Ad essa, fa formale riferimento l'art. 352 TFUE, che così recita:

> "[s]e un'azione dell'Unione appare necessaria, nel quadro delle politiche definite dai trattati, per realizzare uno degli obiettivi di cui ai trattati senza che questi ultimi abbiano previsto i poteri di azione richiesti a tal fine, il Consiglio, deliberando all'unanimità su proposta della Commissione e previa approvazione del Parlamento europeo, adotta le disposizioni appropriate" (367).

E va notato altresì che questa norma relativa ai poteri impliciti degli organi dell'UE in caso di silenzio da parte della Carta istitutiva, è stata più volte utilizzata dalla Corte di giustizia UE (368) ed anche dal Consiglio secondo la procedura prevista da quell'articolo. Così è avvenuto specialmente in materia di politica monetaria, ambientale, di ricerca e sviluppo o di aiuto alle regioni svantaggiate (369).

---

(365) In *AFDI*, *Cronique de droit international économique*, 1982, p. 780. V. ora F. Marrella, A. Vettorel, « Banca mondiale e diritti umani: il ruolo dell'Inspection Panel", in *Éthique globale, Bonne gouvernance et Droit international économique* a cura di L. Manderieux e M. Vellano, Torino, Giappichelli, 2017, pp. 39-55

(366) V. il caso 96-15, sentenza del 18 gennaio 1997, *Prosecutor v. Kanyabashi*.

(367) G. Olmi, "La place de l'article 235 CEE dans le système des attributions de la compétence de la Communauté", in *Mélanges F. Dehousse*, Paris, 1979, vol. 2.279.

(368) V. per esempio il parere n. I.59 della Corte del 17 dicembre 1959 in applicazione dell'articolo 95 della CECA, in *Rec.* 1958, 59, p. 553. In arg. v. *inter multos*, R. Baratta, "Le competenze interne dell'Unione tra evoluzione e principio di reversibilità", in *DUE*, 2010, p. 517 ss.

(369) R. Kovar, "Les compétences implicites: jurisprudence de la Cour et pratique communautaire", in *Relations extérieures de la Communauté européenne et marché intérieur: aspects juridiques et fonctionnels*, di P. Demaret, Colloque 1986, Collège d'Europe, n. 45, senza data di pubblicazione.

4. — Le competenze comuni delle OIG

217. Lista esemplificativa. — Il possesso della soggettività internazionale abilita una OIG ad esercitare alcune funzioni internazionali, le quali possono essere qui elencate, in via generale ed in modo non esaustivo, come segue:

a) tutte le OIG hanno, in linea di principio, il potere di concludere ***accordi internazionali*** *con Stati e con altre OIG* — per il proprio funzionamento e nei settori di propria competenza — o ancora dei *contratti con soggetti privati.* Le OIG hanno, come gli Stati, un ***diritto di legazione attiva e passiva***: esse possono ricevere (accreditare) i rappresentanti ufficiali di Stati o di altre OIG, nonché, dal canto loro, possono inviare i propri rappresentanti presso gli Stati od altre OIG.

b) Tutte le OIG hanno il ***diritto di presentare reclami a livello internazionale*** al fine di ottenere la riparazione dei danni causati dagli Stati membri o da Stati terzi e relativi ai beni dell'organizzazione e ai suoi agenti. Si tratta di uno dei risultati concreti del caso *Bernadotte*, più volte citato. A tale proposito, si ricordi che la CIG ha riconosciuto all'ONU il diritto di presentare un reclamo internazionale nei confronti di *qualsiasi Stato*, anche di uno Stato non membro dell'ONU come all'epoca era Israele.

c) Tutte le OIG beneficiano del *principio di* ***"protezione delle funzioni dell'OIG".*** Si tratta di un'altra massima tratta dal caso *Bernadotte.* Nella fattispecie, la Corte aveva riconosciuto il diritto dell'ONU di proteggere i propri agenti in via diplomatica e di ottenere riparazione in seguito all'omicidio del Conte Bernadotte durante lo svolgimento delle sue funzioni di mediatore delle Nazioni Unite in Palestina. Il diritto di protezione delle funzioni delle OIG si manifesta sotto un triplice profilo: 1) l'obbligo di accordare determinati ***privilegi ed immunità*** **a ciascuna OIG**; 2) l'obbligo di accordare determinati ***privilegi ed immunità ai funzionari*** di ciascuna OIG; 3) ***l'obbligo di non interferire*** con l'esercizio delle attività proprie dei funzionari delle OIG ([370]).

d) Tutte le OIG possono ***comparire*** **dinanzi ai tribunali internazionali** in qualità di attore o convenuto. Esse possono sottoporre le loro controversie ad arbitrato internazionale o a tribunali specializzati. Si noti soltanto che le OIG della famiglia dell'ONU non hanno il diritto di sottoporre controversie che insorgono tra loro o con Stati membri, alla CIG. Possono solamente richiedere alla CIG un parere consultivo.

e) Tutte le OIG hanno facoltà di **invocare la *responsabilità internazionale* di *altre organizzazioni* o *degli Stati***, in caso di compimento di fatti illeciti. Viceversa, insorge la responsabilità internazionale delle OIG in caso di compimento di fatti illeciti nei confronti di uno Stato o di un'altra OIG. Va apprezzato anche in questo quadro, il potere della *Corte Penale internazionale* (*et similia*) di far valere la **responsabilità internazionale degli individui** che hanno commesso crimini internazionali (*infra* Cap. XVI).

f) *Gli* ***Stati membri di una OIG non rispondono delle obbligazioni di una OIG.*** L'analogia con il diritto societario nazionale dei singoli Stati appare qui evidente, come ha messo in luce la *Camera dei Lords* britannica in una sentenza ove non è stata

---

(370) Il che, osserva A. Cassese (*Diritto internazionale*, cit., p. 143) non significa — come erroneamente ha ritenuto la CIG — che "quando un individuo opera per conto di un'organizzazione internazionale, quest'ultima può agire in protezione diplomatica del proprio funzionario per i danni subiti da quest'ultimo come individuo".

riconosciuta la responsabilità degli Stati membri del *Consiglio Internazionale dello Stagno*, un ente che era stato citato a giudizio dai propri creditori poiché non era più in grado di onorare i propri debiti (371).

g) Infine, appare evidente che, a differenza degli Stati, ***le OIG non dispongono, in linea di principio, dei mezzi necessari per attuare, da sole, delle misure coercitive***. In caso di inadempimento di uno Stato membro possono però comminare apposite sanzioni, sanzioni privative di *status* o del diritto di partecipare alla vita della OIG che vanno dalla sospensione del diritto di voto sino, nei casi più gravi, all'espulsione (372).

218. L'estensione a titolo eccezionale di alcune competenze territoriali. — Un'organizzazione internazionale può anche essere titolare di "competenze territoriali parziali". Fu il caso della Società delle Nazioni a proposito della Città libera di Danzica o della Saar. Fu anche il caso dell'ONU a cui fu affidata, per un certo periodo, una missione di amministrazione diretta della Nuova Guinea occidentale.

Allo stesso modo, e sempre in via eccezionale, a un'OIG possono essere affidate delle *competenze personali (personal jurisdiction)*, non dissimili da quelle esercitate dagli Stati. Così, sempre nel caso della Nuova Guinea occidentale, l'ONU fu autorizzata a fornire dei documenti di viaggio agli abitanti (passaporti) e ad esercitare la sua protezione diplomatica a loro favore durante il periodo transitorio in cui le era stata affidata la missione di amministrare il territorio in questione, prima della decisione, da parte dei suoi abitanti, circa lo Stato di afferenza (373). Sempre a titolo eccezionale, è possibile citare le funzioni rientranti tradizionalmente nel campo dell'*imperium* statale conferiti all'ONU nell'ambito dell'accordo di Parigi dell'ottobre 1991, concluso in occasione della Conferenza internazionale sulla Cambogia. Così, *l'Autorità provvisoria delle Nazioni Unite in Cambogia* (o UNTAC) realizzata dal Consiglio di Sicurezza nel febbraio 1992, doveva, nei diciotto mesi seguenti, sia riportare la pace nel Paese sia organizzare libere elezioni nel mese di maggio del 1993. In particolare, l'UNTAC doveva procedere al disarmo dei belligeranti, mantenere l'ordine, rimpatriare i rifugiati e i profughi e assicurare la neutralità dell'amministrazione provvisoria cambogiana in attesa delle elezioni e dell'elaborazione di una nuova costituzione. Tanto vale dire che l'ONU, attraverso l'UNTAC, era stata incaricata — senza dubbio a titolo provvisorio — di esercitare molte delle funzioni governative essenziali di uno degli Stati membri (374).

Più di recente si è verificato lo stesso fenomeno a ***Timor Est*** (375) e in ***Kosovo.*** Qui, infatti, dal 1999, l'ONU ha amministrato direttamente questo territorio (facente parte dell'ex Jugoslavia) fino ad esercitarvi le essenziali prerogative statali (376).

---

(371) V. la sentenza della *House of Lords* britannica del 26 ottobre 1989 nel caso del *Consiglio internazionale dello stagno*, in *ILM*, 1990, p. 670. In argomento cfr. P.M. Eisemann, "Epilogue de la crise du Conseil International de l'Étain", in *AFDI* 1990, p. 678 e ss.; F. Amerasinghe, "Liability to Third parties of Member States of International Organizations: practice, principle and judicial precedent", in *AJIL*, 1991 p. 259; P. Klein, *La responsabilité des organisations internationales*, Bruxelles, Bruylant, 1998.

(372) Cfr, Ch. Leben, *Les sanctions privatives de droits ou de qualité dans les organisations internationales spécialisées*, Bruxelles, Bruylant, 1979, nonché G. Ziccardi Capaldo, *Diritto globale: il nuovo diritto internazionale*, Milano, Giuffrè, 2010, parte IV.

(373) Riguardo queste competenze molto particolari dell'ONU sulla Nuova Guinea occidentale, v. Fr. Montconduit, "L'accord du 15 août 1962 entre la République d'Indonésie et le Royaume des Pays-Bas relatif à la Nouvelle Guinée occidentale, (Irian occidentale)", in *AFDI*, 1962, p. 491.

(374) P. Ipsoart, "L'autorité provisoire des Nations Unies au Cambodge", in *AFDI*, 1993, p. 157.

(375) G. Cahin, "L'action internationale au Timor", in *AFDI*, 2000, p. 139.

(376) E. Lagrange, "La mission intérimaire des Nations Unies au Kosovo, nouvel essai d'administration directe d'un territoire", E. Milano, *Formazione dello Stato e processi di State-Building nel diritto internazionale, Kosovo 1999-2013*, Napoli, ES, 2013 — *AFDI*, 1999, p. 335; A. Tancredi, "Il parere della

Sempre in via eccezionale, un'OIG può essere persino incaricata a titolo esclusivo di amministrare uno "spazio internazionale": è il caso dell'***Autorità internazionale dei fondi marini*** istituita dalla UNCLOS tramite l'art. 156 ([377]).

§ 3. — *La protezione delle competenze delle OIG*

219. La protezione organica. — La protezione di una OIG si compie utilizzando strumenti classici del diritto internazionale. In effetti, per esercitare le proprie funzioni, le OIG possono, innanzitutto, invocare la responsabilità internazionale degli Stati o delle altre OIG che hanno causato loro un pregiudizio; esse possono anche ricorrere a tutti i mezzi di risoluzione delle controversie a cui possono accedere. Infatti, le OIG godono, nell'esercizio delle loro competenze, di una certa autonomia operativa (1), e, al pari degli Stati, godono di privilegi e immunità (2).

1. — L'autonomia delle OIG nell'esercizio delle loro funzioni

220. Una duplice garanzia. — Le OIG, nell'esercizio delle loro competenze nell'ordinamento interno o internazionale, godono di una duplice "garanzia", a carattere sia personale che sostanziale. *Personale*, perché i loro agenti e funzionari devono essere indipendenti. *Sostanziale*, nel senso che ogni OIG ha la piena capacità d'agire nel quadro delle funzioni che le sono state attribuite.

221. L'indipendenza dei funzionari delle OIG. Obbligo di lealtà. — Il rapporto tra l'OIG ed i suoi funzionari tende ad assumere alcune caratteristiche simili a quelle del rapporto di pubblico impiego nel diritto interno. Si tratta, infatti, di un "rapporto di funzione" per mezzo del quale ciascun individuo è chiamato a svolgere in concreto una determinata funzione internazionale affidata dagli Stati membri all'OIG ove l'individuo opera.

I funzionari internazionali hanno, tuttavia, un *obbligo di lealtà esclusiva nei confronti delle OIG presso cui operano*. Pertanto, dal canto loro, gli Stati devono rispettare l'indipendenza degli agenti o funzionari internazionali, anche qualora questi possiedano la loro cittadinanza: non devono impartire loro degli ordini o, più in generale, non devono cercare di influenzarli nell'esercizio delle loro funzioni. A titolo di esempio, si possono citare l'art. 100 della Carta ONU in cui, al comma 1, si precisa che "[n]ell'adempimento dei loro doveri il Segretario Generale ed il personale non solleciteranno né riceveranno istruzioni da alcun Governo o da alcun'altra autorità estranea all'Organizzazione. Essi dovranno astenersi da qualunque azione che possa compromettere la loro posizione di funzionari internazionali responsabili solo di fronte all'Organizzazione". Inoltre, il comma 2, precisa che:

> "[c]iascun Membro delle Nazioni Unite si impegna a rispettare il carattere esclusivamente internazionale delle funzioni del Segretario Generale e del personale e a non cercare di influenzarli nell'adempimento delle loro mansioni".

Corte internazionale di giustizia sulla dichiarazione d'indipendenza del Kosovo", in *Riv. dir. int.*, 2010, 994 ss.

([377]) T. Treves, "Les fonds marins au-délà de la juridiction nationale — l'autorité internationale des fonds marins", in R.J. Dupuy, *Manuel sur les organisations internationales*, cit., p. 776.

Disposizioni analoghe sono reperibili negli statuti di tutte le OIG e si concretizzano in un divieto imposto agli Stati membri di esercitare pressioni sui funzionari delle OIG in relazione all'esercizio delle loro funzioni: si tratta di *una garanzia* dell'autonomia delle OIG nell'esercizio delle loro funzioni. Gli esempi di violazione di tale divieto, purtroppo, non sono pochi, a partire dalla famosa "caccia alle streghe" scatenata negli Stati Uniti negli anni '50 dal senatore Mc Carthy che si estese agli agenti al servizio dell'ONU e di altre OIG aventi la cittadinanza statunitense ([378]).

2. — Privilegi ed immunità delle OIG

Bibliografia sommaria: J.F. Lalive, "L'immunité de juridiction des Etats et des organisations internationales", in *RCADI*, 1953-III, t. 84, p. 205; J. Duffar, "Contribution à l'étude des privilèges et immunités des Organisations internationales", Paris, LGDJ, 1982; C. Dominicé, "L'immunité de juridictions et d'éxecution des organisations internationales", RCADI, 1984-IV, p. 145 ss.; Id., "Le nature et l'étendue de l'immunité des organisations", in *Festschrift, I. Seidl-Hohenveldern*, a cura di Bockstiegel, Cologne, 1988, p. 11 ss.; De Bellis, *Le immunità delle organizzazioni internazionali dalla giurisdizione*, Bari, 1992; J. Klabbers, *Introduction*, cit., cap. 8; G. Schermers, M. Blokker, *International Institutional Law*, cit., p. 380 ss.; A. Reinisch, *International Organizations*, cit., p. 127 ss.; C. F. Amerasinghe, *Principles*, cap. 10; E. Gaillard e I. Pingel, "L'immunité de juridiction des organisations internationales: restreindre ou contourner", in *Mélanges Philippe Kahn*, cit., p. 205; Dorigo, *L'immunità delle organizzazioni internazionali dalla giurisdizione contenziosa ed esecutiva nel diritto internazionale*, Torino, 2008; A. Reinisch (ed.), *The Privileges and Immunities of International Organizations in Domestic Courts*, Oxford, 2013; N. Blokker, N. Schrijver (eds.), *Immunity of International Organizations*, Leiden, Brill Nijhoff, 2015.

222. Un fondamento di diritto pattizio. — Le OIG ed il loro personale beneficiano di alcuni privilegi ed immunità che, tuttavia, *non hanno un fondamento consuetudinario*. Questi privilegi e immunità vengono puntualmente regolati da appositi accordi internazionali relativi al trattamento delle OIG e, come tali, costituiscono un ulteriore limite alla sovranità territoriale degli Stati. Il consenso prestato da uno Stato allo stabilimento nel proprio territorio della sede di una OIG comporta un obbligo generale di tollerare che detto ente vi svolga le proprie funzioni ma ciò non comporta degli obblighi specifici di concedere gli stessi privilegi e le stesse immunità di cui beneficiano gli altri Stati ed i loro agenti diplomatici o consolari (*supra* § 126) ([379]).

A titolo di esempio, si può citare l'art. 105, par. 1, della Carta ONU, il quale così recita:

"L'Organizzazione gode, nel territorio di ciascuno dei suoi Membri, dei privilegi e delle immunità necessari per il conseguimento dei suoi fini".

Chiaramente, tali disposizioni risultano insufficienti e hanno dovuto essere precisate in alcune convenzioni multilaterali, per esempio quelle del 1946 e del 1947, già citate, concernenti i privilegi e le immunità dell'ONU e delle istituzioni specializzate. Nella prassi, i privilegi e le immunità di ciascuna OIG vengono pattuiti in alcune convenzioni bilaterali come gli ***accordi di sede*** conclusi con il Paese ospitante.

A tale riguardo, va osservato che la giurisprudenza italiana ha, da tempo, accolto i suddetti principi e, nel riconoscere la soggettività delle OIG, ha persino concluso che, in base a tale qualità, spetti loro l'immunità — ma si tratta di una pronuncia isolata sul

---

([378]) V., in generale, M. Bedjaoui, *Fonction publique internationale et influences nationales*, Paris, Pedone, 1958 e per un aggiornamento, D. Ruzié, "La protection des agents internationaux", in *Les agents internationaux, Colloque SFDI*, Aix-en-Provence, Paris, Pedone, 1985.

([379]) Cfr. Cass. SS.UU., 18 marzo 1999, n. 149, in *Riv. dir. int. priv. proc.*, 2000, p. 472.

piano comparatistico — "indipendentemente da una norma convenzionale che la riconosca" e dunque su base consuetudinaria ([380]).

Senonché, *la stessa Cassazione ha poi corretto il proprio orientamento non ravvisando più il fondamento consuetudinario* e *quindi confermando il principio secondo il quale, in materia di immunità e privilegi delle OIG, occorre fare capo solo agli strumenti di diritto pattizio* ([381]).

Anche qui, come già si è osservato per gli Stati, permangono alcune incertezze circa l'esatta estensione dell'immunità, intesa come privilegio dell'esenzione dalla giurisdizione nazionale, in ordine a particolari e delicate materie come, ad esempio, quella dei *rapporti di lavoro.* Le sentenze, comunque, non mancano e l'avvocato dell'ex dipendente di una OIG dovrà ricercarle con attenzione nei repertori del foro presso il quale vuole tentare di radicare la giurisdizione nazionale.

Ciò detto, ci si limiterà, anche su questo tema, ad alcune brevi osservazioni di carattere istituzionale.

223. Un carattere funzionale. — I privilegi e le immunità delle OIG sono di tipo "funzionale", ossia sono accordati al *solo fine di proteggere l'esercizio delle funzioni proprie dell'ente, e non nell'interesse proprio del funzionario* ([382]).

Ciò significa che sono meno ampi di quelli degli Stati poiché le OIG hanno solo una competenza limitata e funzionale.

Così, ad esempio, nel 2012, la Corte Suprema dello Stato di New York, ha negato l'immunità personale all'allora Direttore del Fondo Monetario Internazionale, Dominique Strauss-Kahn, un cittadino francese protagonista di una scabrosa vicenda giudiziaria iniziata con l'accusa di stupro da parte di una cameriera di un Hotel ([383]).

Per quanto riguarda **i funzionari ed agenti delle delegazioni della UE**, a parte le loro immunità e privilegi negli Stati membri UE, non trattandosi di "diplomatici" in senso stretto, la loro posizione negli Stati terzi — non vengono affatto denominati "Ambasciatori" o "Consoli" — dipende solo dalle norme di diritto pattizio che figurano nell'"*establishing agreement*" che viene concluso tra l'Unione e lo Stato territoriale che ospita la delegazione ([384]) (ad es. negli USA o nel Regno Unito dopo la *Brexit*).

224. Un carattere esteso. — Sul piano qualitativo, i privilegi di cui godono le OIG nei territori dei loro Stati membri sono simili a quelli degli Stati nel senso che

---

([380]) Cfr. Cass. SS.UU., 3 febbraio 1986, n. 667 e 8 giugno 1994, n. 5565, in R. Sapienza, *Casi e materiali di diritto internazionale*, 2ª ed., Torino, Giappichelli, 2002, p. 151 ss.

([381]) Cass., SS.UU., 28 ottobre 2005, n. 20995.

([382]) Osserva Conforti, *Diritto internazionale*, cit., p. 282 che "[a]llo stato attuale può ritenersi che un obbligo di protezione del funzionario sussista nei confronti dell'organizzazione ma che questa possa agire sul piano internazionale nei confronti dello Stato territoriale solo per il risarcimento dei danni ad essa arrecati (c.d. protezione funzionale) e non di quelli arrecati all'individuo in quanto tale ed ai suoi beni. Ciò perché per questi ultimi danni è normalmente lo Stato nazionale che agisce in protezione diplomatica". In arg. v. Giuliano, *Diritto internazionale*, II, cit., p. 467 ss. e, più recentemente, S. Vezzani, "Questioni vecchie e nuove in tema di protezione degli organi", in *Riv. dir. int.*, 2009, pp. 717-770.

([383]) New York, *Diallo v. Strauss Kahn*, 1° maggio 2012, n. 307065/11.

([384]) C. Curti Gialdino, *Diritto diplomatico-consolare internazionale ed europeo*, 5 ed., cit., p. 638 ss..

concernono le *immunità dalla giurisdizione di cognizione* e le *immunità dalla giurisdizione cautelare ed esecutiva dello Stato del foro* ([385]).

Sin dal principio, si è parlato di un'immunità *assoluta* dalla giurisdizione per le OIG, salvo rinuncia espressa da parte loro riguardo ad una determinata fattispecie concreta. In ciò, si è sempre vista una garanzia fondamentale dell'indipendenza delle OIG rispetto allo Stato territoriale.

Pertanto, le OIG appaiono trattate meglio degli Stati, giacché solo gli atti *jure imperii* di questi ultimi beneficiano delle immunità nei confronti del giudice interno dei singoli Stati ([386]). Per contro, la regola dell'immunità assoluta dalla giurisdizione non viene fatta valere quando ne va dell'interesse dell'istituzione in causa: così, ad es., alcune organizzazioni finanziarie internazionali come la BIRS o le banche regionali di sviluppo rinunciano all'immunità e si sottopongono al diritto statale comune quando emettono dei valori mobiliari, anche allo scopo di non spaventare i loro potenziali clienti nel mercato mobiliare.

L'immunità dalla *giurisdizione esecutiva* delle OIG appare, ancora una volta, più ampia di quella degli Stati. In principio, i loro beni e i loro *assets* non possono essere aggrediti dai creditori privati nemmeno in seguito a controversie insorte a proposito delle loro attività commerciali — salva rinuncia di tali privilegi da parte delle OIG ([387]).

225. Verso l'immunità *relativa*? Un *revirement* nella giurisprudenza statunitense. — Un rilevante mutamento di tendenza in questa materia viene evidenziato da una recente pronuncia della Corte Suprema degli Stati Uniti ([388]). Qui, la Corte Suprema ha cercato di allineare il regime delle immunità di tali enti con il regime più limitato e restrittivo applicabile ai "Sovrani stranieri" ai sensi del *Foreign Sovereign Immunities Act*. Si tratta pertanto di un *revirement* della sua passata giurisprudenza: d'ora in avanti, negli Stati Uniti, le OIG non godono più dell'immunità *assoluta*, ma solo di un'immunità ***relativa***.

Tale soluzione rischia di indebolire l'attività delle OIG negli Stati Uniti, in particolare quella "commerciale" inclusa quella finanziaria, aprendo la strada a nuovi e diversi contenziosi con i privati dinanzi a tribunali interni particolarmente costosi. Resta da vedere se la sentenza *de qua* rimarrà un precedente isolato in altri Paesi o se invece "farà scuola".

Infine, le immunità ed i privilegi dei funzionari internazionali sono concesse

---

([385]) Per un esempio riguardante l'Unione dell'Europa Occidentale — UEO — v. la sentenza della prima camera civile della Corte di Cassazione (fr.) del 14 novembre 1995 in *JDI*, 1997, p. 141, con una nota di C. Byk.

([386]) Per un esempio specifico, cfr. I. Seidl-Hohenveldren, « L'immunité de juridiction des communautés européennes », *RMC*, 1990, p. 475; C. Schimdt, « Le protocole sur les privilèges et les immunités des Communautées européennes », *CDE*, 1991, p. 67. V. pure, in Francia, a proposito dell'Unione latina, Cass., I civ., 28 ottobre 2003, la quale insiste sulla specificità delle immunità proprie degli Stati stranieri in rapporto di quelle di cui beneficiano le OIG, *D.*2003, *IR*. 3010 e *Gaz. Pal.*, 16-17 aprile 2004, p. 8, con nota di I. Pingel.

([387]) Basti osservare, ad esempio, che nessuna misura a carattere esecutivo può essere esercitata sui beni e *assets* dell'UE senza espressa autorizzazione della Corte di giustizia di Lussemburgo (v. l'art. I del Protocollo sui privilegi e immunità delle Comunità).

([388]) Corte Suprema USA, sentenza del 27 febbraio 2019, *Jam v. International Finance Corp*, 139 S.Ct. 759. Per un commento, cfr. C. Keitner, S. Dodson, *AJIL*, 2019, p. 805 ss.

esclusivamente nell'interesse della OIG a cui appartengono. Pertanto, l'OIG può rinunciare anche a tale tipo di immunità in relazione a specifici casi concreti (389).

226. Immunità/impunità delle OIG e responsabilità per le violazioni dei diritti umani. — Un'altra rilevante questione attiene ai rapporti tra le immunità delle OIG e le violazioni dei diritti umani. Su tale punto ritorneremo a suo luogo (Cap. XVI). Qui, basti citare il dibattito non ancora sopito circa le azioni legali dei famigliari del ***massacro di Srebrenica***. Dopo il Tribunale penale internazionale per la ex-Iugoslavia e la CIG (390), anche la Corte EDU si è dovuta pronunciare su tale questione delineando un quadro complesso in materia di rapporti tra le immunità delle OIG e le violazioni di diritti umani ascrivibili al livello dello *jus cogens*. Così, nella pronuncia resa nel caso *Associazione Madri di Srebrenica c. Paesi Bassi*, dell'11 giugno 2013 (391), la terza sezione della Corte EDU ha esaminato la questione della conformità all'art. 6 CEDU, con riferimento al diritto individuale di accesso alla giustizia, del riconoscimento, da parte dei Paesi Bassi, dell'immunità dalla giurisdizione dell'ONU ritenuta responsabile di non avere prevenuto il crimine di genocidio a Srebrenica. La Corte EDU ha ritenuto che il riconoscimento dell'immunità alle Nazioni Unite non fosse in contrasto con l'art. 6, suscitando aspre critiche da parte dei tanti attivisti dei diritti umani giacché pronunciandosi, ancora una volta, a favore dell'*immunità* ha contribuito, volente o nolente, a giustificare l'*impunità* delle tante violazioni dei diritti umani.

Sezione III

I soggetti a capacità limitata (individui, società multinazionali ed organizzazioni non governative)

Bibliografia sommaria: I. Spiropoulos, "L'individu et le droit international", in *RCADI*, 1929-V, t. 30, p. 191; P. Reuter, "Quelques remarques sur la situation juridique des particuliers en droit international public", in *Mélanges Scelle*, Paris, LGDJ, 1950, p. 532; G. Sperduti, *L'individuo nel diritto internazionale*, Milano, Giuffrè, 1950 e Id., "L'individu et le droit international", in *RCADI*, 1956-II, t. 90, p. 733 ss.; G. Arangio-Ruiz, *Gli enti soggetti dell'ordinamento internazionale*, Milano, Giuffrè, 1951; H. Lauterpacht, *Human Rights in International Law*, London, 1951; G. Balladore Pallieri, *Diritto internazionale pubblico*, Milano, Giuffrè, 1962, pp. 95 ss.; F. von der Heyte, "L'individu et les tribunaux internationaux", in *RCADI*, 1962-III, t. 107, p. 297; G. Morelli, *Nozioni di diritto internazionale*, 7ª ed., Padova, 1967, p. 110 ss.; R. Quadri, *Diritto internazionale pubblico*, 5ª ed., 1968, p. 398 ss.; A. Cassese, voce "individuo", in *Enc. dir.*, 1971, p. 190 ss.; Kopelmanas, "L'application du droit international aux sociétés multinationales", *RCADI*,

---

(389) Va osservato in proposito che, mentre gli agenti diplomatici degli Stati godono di un'immunità dalla giurisdizione ampia e relativa ad atti e fatti da essi compiuti anche a titolo personale, nulla di tutto ciò accade per i funzionari di OIG in quanto la loro immunità è rigorosamente circoscritta ai soli atti e fatti compiuti nell'esercizio delle loro funzioni.

(390) CIG, *caso dell'Applicazione della Convenzione sulla prevenzione e la repressione del crimine di genocidio*, Bosnia Erzegovina c. Serbia e Montenegro, *Rec.*, 2007, p. 18 ss..

(391) V., il sito della Corte EDU http://www.echr.coe.int/Pages/home.aspx?p=home. In argomento v. I. Papa, "Immunità delle Nazioni Unite dalla giurisdizione e rapporti tra CEDU e diritto delle Nazioni Unite: la decisione della Corte europea dei diritti umani nel caso dell'Associazione Madri di Srebrenica", *DUDI*, 2014, p. 27 ss., nonché F. Andreoli, "Immunità delle Nazioni Unite e protezione equivalente: l'affare associazione madri di srebrenica", *Riv. dir. int.*, 2014, p. 443 ss.. I ricorrenti hanno invocato la natura esclusivamente funzionale dell'immunità giurisdizionale di cui godono le OIG; la natura cogente delle norme primarie violata (*jus cogens*) e la conseguente prevalenza di tali norme sulle norme processuali in materia di immunità giurisdizionale delle organizzazioni; ed, infine, l'assenza di adeguati meccanismi di soluzione alternativa delle controversie in seno all'organizzazione.

1976, v. 150, p. 114 ss.; J. Barberis, "Nouvelles questions concernant la personnalité juridique internationale", in *RCADI*, 1983-I, t. 179, p. 145; P.M. Dupuy, "L'individu et le droit international", in *Arch. Phil. Droit*, 1987, p. 119; A. Cassese, "Les individus" in M. Bedjaoui, *Droit international. Bilan et perspectives*, Paris, Pedone-Unesco, 1991, I, p. 119; *Oppenheim's International Law*, cit., cap. 8; R. Higgings, *Problems and Process*, Oxford, 1994, p. 48 ss; G. Arangio-Ruiz, M. Tau Arangio-Ruiz, voce "Soggettività nel diritto internazionale", in *Dig. Disc. pubb.*, v. XVI, 1999, p. 299 ss.; K.J. Partsch, "Individuals in International Law", in *Encyclopedia of International Law*, v. III, Amsterdam, Elsevier, 1999, p. 957; E. Roucounas, "Facteurs privés et droit international public", in *RCADI*, 2002, vol. 299, p. 23; R. Pisillo Mazzeschi, "The marginal role of the individual in the ILC's Articles on State Responsibility", *IYIL*, 2004, p. 39 ss.; J.M. Sorel, "L'émergence de la personne humaine en droit international: l'exemple de la Cour internationale de Justice", in *Mélanges Arangio-Ruiz*, III, 2004, p. 2169; SFDI, *Le sujet en droit international*, Paris, Pedone, 2005; A. Carrillo Salcedo, "Algunas reflexiones sobre la sujectividad internacional de el individuo y el proceso de humanizaciòn del derecho internacional", *Mélanges Cançado Trinidade*, I, 2005, p. 277; A. Cançado Trindade, *Évolution du droit international au droit des gens: l'accès des individus à la justice internationale: le regard d'un juge*, Paris, Pedone, 2008; F. Marrella, "L'individu en droit international économique", in *Le droit international économique à l'aube du XXIème siècle. En hommage aux Professeurs D. Carreau et P. Juillard*, a cura di J.M. Sorel, Paris, Pedone, 2009, p. 191; B. Nascimbene, *Lo straniero nel diritto internazionale*, Milano, Giuffrè, 2013; U. Leanza, I. Caracciolo, *Diritto internazionale. Parte generale*, 3ª ed., cit., p. 105 ss.; B. Conforti, *Diritto internazionale*, X ed., cit., p. 24 ss.; A. Sinagra, P. Bargiacchi, *Lezioni di diritto internazionale pubblico*, 2 ed., cit., p. 85 ss.; A. Cassese, *Diritto internazionale*, 3 ed., cit., p. 209 ss.; C. Focarelli, *Trattato di diritto internazionale*, cit., p. 180 ss.; S.M. Carbone, "I soggetti e gli attori nella Comunità internazionale", in AA.VV., *Istituzioni di diritto internazionale*, 5ª ed., Torino, Giappichelli, 2016, p. 1-47; N. Ronzitti, *Introduzione al diritto internazionale*, 6ª ed., cit., p. 41 ss.; E. Cannizzaro, *Diritto internazionale*, 3ª ed., cit., p. 329 ss.; M. Shaw, *International Law*, 8ª ed., cit., p. 204 ss..

227. Premessa generale. — Prima di esaminare la soggettività, sicuramente limitata e sussidiaria rispetto a quella degli Stati, dei "nuovi soggetti" dell'ordinamento giuridico internazionale che sono, oltre alle organizzazioni intergovernative anche le persone fisiche e giuridiche e le organizzazioni internazionali non governative, conviene presentare alcune osservazioni di carattere generale al fine di evidenziarne le conseguenze operative.

Una parte importante della dottrina (392), pur ammettendo che "non vi è una completa identificazione tra soggetti di diritto internazionale ed enti che partecipano alla vita di relazione internazionale" ha ammesso con la massima cautela una progressiva estensione della cerchia tradizionale dei soggetti del diritto internazionale.

A noi però pare che la riduzione del diritto internazionale al solo "diritto internazionale pubblico", praticata dalla quasi totalità della dottrina contemporanea, sia completamente artificiale e riduttiva del fenomeno studiato: la vita di relazione internazionale oggi è solo in parte quella degli Stati. E ciò che conta è spiegare la realtà empirica del nostro tempo giacché, da secoli, il mestiere del giusinternazionalista si è diversificato da quello del teologo.

Oggi, a ben vedere (Cap. I), è possibile pervenire a soluzioni convergenti e favorevoli all'ammissione di soggetti dell'ordinamento internazionale contemporaneo ulteriori e diversi dagli Stati (*non State actors of International Law*), pur mantenendo che gli Stati restino i primi protagonisti della vita di relazione internazionale.

In effetti, sia utilizzando un approccio "normativista" formale, ossia considerando il formale conferimento di situazioni giuridiche ad un ente-soggetto, sia in un'ottica "realista", ossia riferendosi al concreto esercizio di situazioni giuridiche e di poteri, è possibile identificare i soggetti del diritto internazionale per comprendervi gli Stati, le OIG e i soggetti privati (ONG, persone fisiche e giuridiche).

---

(392) Così ad es. N. Ronzitti, *Diritto internazionale*, 6 ed., cit., p. 13 ed anche G. Balladore Pallieri, *Diritto internazionale pubblico*, Milano, Giuffrè, 1962, pp. 95-96 e 142-143.

Il *diritto internazionale contemporaneo* è composto non più solo da rapporti di natura *interstatale* (tradizionalmente afferenti al "diritto internazionale pubblico" e di cui gli Stati restano i protagonisti) ma anche da rapporti di carattere *transnazionale* confluendo entrambe le categorie di rapporti nell'*unico e vasto ordinamento giuridico internazionale* che, appunto, è quello *della vita di relazione internazionale del nostro tempo.*

La nozione di *soggettività giuridica*, com'è noto dalla tecnica generale del diritto ([393]), è *tridimensionale* in quanto ciascun ordinamento giuridico comporta per i suoi soggetti la capacità di essere titolare di situazioni giuridiche ***attive*** (avere dei diritti) o ***passive*** (obblighi) e può comprendere anche una capacità ***processuale*** ossia il potere di presentare un reclamo con accesso diretto ad un meccanismo giurisdizionale ([394]). E, come si vede nel diritto interno dei singoli Stati, ciascun soggetto di diritto può avere una o più delle suddette capacità.

Orbene, proprio lo sviluppo dell'ordinamento giuridico interstatale anche in senso *transnazionale* consente oggi di cogliere alcuni importanti mutamenti della struttura e delle funzioni del diritto internazionale contemporaneo, mutamenti che vanno colti con riferimento alle sue ***norme*** (di cui abbiamo già detto diffusamente nella Parte II), oltre che, appunto, ai ***soggetti*** e poi, come vedremo, si riverberano anche in materia di ***responsabilità internazionale*** (Cap. XVI) e di ***mezzi pacifici di soluzione delle controversie internazionali*** (Parte IV, Tit. II).

228. Fine umano di qualsiasi potere. — Il diritto internazionale dell'epoca precedente alla nascita dello Stato moderno, era già orientato, almeno in parte, alla *tutela di alcuni diritti minimi a favore degli stranieri.* Questa preoccupazione corrispondeva alla concezione di una società internazionale di tipo "atomistico", composta essenzialmente da individui (v. *supra*, Cap. I) ([395]). Senonché, l'affermazione e lo sviluppo dello Stato moderno ha comportato una mutazione nella struttura della "società internazionale", modificandone anche le funzioni. Dalla fine della seconda guerra mondiale, ossia a partire dalla seconda metà del Novecento, si è assistito ad una progressiva "resurrezione" dell'*individuo* come *soggetto dell'ordinamento internazionale*, anche senza il tramite del proprio Stato di appartenenza (e dell'ordinamento di quest'ultimo) ed a prescindere dalle teorie giusnaturalistiche che, per secoli, avevano

---

([393]) Cfr. ad es. S. ROSENNE, *The perplexities of Modern International Law*, Boston/Leiden, 2004, p. 264 ss. e cfr., *inter multos*, G. ARANGIO-RUIZ, *Gli enti soggetti dell'ordinamento internazionale*, Milano, Giuffrè, 1951.

([394]) Nel diritto moderno dei singoli Stati, la qualità di "soggetto di diritto" di ogni essere umano è il risultato di un lungo processo storico e comunque viene attribuita dall'ordinamento giuridico di ogni singolo Stato. Come ha indicato limpidamente PERASSI (*Introduzione alle scienze giuridiche*, cit., p. 43 s.) "Ogni ordinamento giuridico determina chi siano i propri soggetti. Sono 'persone' rispetto ad un determinato ordinamento quegli enti a cui esso attribuisce tale qualifica. La personalità non è, quindi, un attributo naturale: nessuno nasce 'persona'...Ogni ordinamento giuridico nel determinare i propri soggetti si comporta secondo la società di cui è la sovrastruttura".

([395]) V. ad es., L. LE FUR, "La théorie du droit naturel depuis le XVII siècle et la doctrine moderne", in *RCADI*, v. 18, 1927, pp. 259-442 nonché ID., "Le développement historique du droit international: de l'anarchie internationale à une communauté internationale organisée", ivi, v. 41, 1932, pp. 501-601. Le teorie giusnaturalistiche attribuiscono all'individuo in quanto tale una serie di diritti fondamentali e innati, i quali sono anteriori al costituirsi dell'ordinamento nazionale (v. in Italia, art. 2 Cost: "La Repubblica riconosce e garantisce i diritti inviolabili dell'uomo") e persino di quello internazionale avendo un valore assoluto. Questo dibattito oggi è alla base di molti ragionamenti (e discussioni) sui diritti umani e lo *ius cogens*.

illuminato la dottrina internazionalistica del Medioevo e dell'epoca rinascimentale, come vedremo d'appresso.

229. Lo "schermo statale" di un tempo. — All'epoca del diritto internazionale tradizionale, epoca che corrispondeva ad una *concezione organica* della società internazionale — ovvero di una Comunità internazionale composta esclusivamente da Stati sovrani, denominati significativamente "***Potenze***" — le "preoccupazioni" umane, cioè quelle relative agli individui, tendevano a passare facilmente in secondo piano.

Gli individui, ossia ciascuno di noi, fino agli inizi del '900 erano in balia del proprio Stato. Come osserva Antonio Cassese, "[i]l diritto internazionale non interveniva infatti a scoperchiare il velo della sovranità e considerava il trattamento che uno Stato riservava ai suoi sudditi come materia rientrante negli affari interni" ([396]).

In tale contesto, gli individui venivano considerati non dei "***soggetti***", bensì solamente degli "***oggetti***" o, al massimo dei "beneficiari" del diritto internazionale ([397]). Non erano, giuridicamente, dei *centri di imputazione di situazioni giuridiche attive e passive* discendenti direttamente da norme internazionali; né, in quanto "sudditi", erano destinatari diretti di norme internazionali. Senonché, già Dionisio Anzilotti, col suo consueto rigore ma in modo premonitore, aveva indicato che se, da un lato, occorreva fare attenzione a non farsi fuorviare dall'"opinione antiquata", di matrice *giusnaturalistica*, secondo la quale "l'uomo sarebbe soggetto del diritto internazionale come membro dell'umanità" ([398]), era pur vero che "*sebbene le norme di diritto internazionale siano poste dagli Stati e si dirigano di regola agli Stati, non è*

([396]) A. Cassese, *Diritto internazionale*, 3 ed., cit., p. 209.

([397]) Secondo la dottrina classica, negazionista di ogni soggettività dell'individuo sul piano del diritto internazionale "pubblico", gli argomenti teorici decisivi erano in sintesi i seguenti: *a)* tutti i rapporti di diritto internazionale sono solo rapporti tra Stati; *b)* l'individuo non è mai il titolare di un diritto di azione nei confronti dello Stato convenuto; *c)* il procedimento che l'individuo può promuovere è diretto all'accertamento di un suo diritto soggettivo verso lo Stato ma *d)* non si tratta di un diritto soggettivo internazionale bensì di un diritto soggettivo creato *dall'ordinamento interno* dello *Stato convenuto* in esecuzione di obblighi internazionali. Tale impostazione formale, secondo la dottrina maggioritaria, spiegava anche la struttura ed il funzionamento della ***Corte internazionale delle Prede*** (che ammetteva la possibilità di ricorso da parte di soggetti privati) o l'art. 2 della Convenzione del 20 dicembre 1907 che istitutiva di una ***Corte di Giustizia centro-americana***, nonché i ***Tribunali Arbitrali Misti*** (TAM) che, istituiti dopo la prima guerra mondiale, erano competenti a statuire, *inter alia*, sulle controversie tra privati e Stati ex nemici. V. al riguardo R. Quadri, *Diritto internazionale pubblico*, 5 ed., cit., p. 398 ss.. Il contesto viene illustrato da P. Fedozzi, nella sua Parte generale al *Trattato di diritto internazionale* diretto assieme a S. Romano del 1933: "La dottrina la quale ha affermato come un dogma il principio che il diritto internazionale non conosce altri soggetti che gli Stati, si è particolarmente rivolta contro la pretesa personalità internazionale degli individui, che è apparsa come un puro portato del diritto naturale nella sua applicazione alla vita giuridica internazionale. Tale derivazione, infatti, si manifesta nettamente negli scrittori, che più ampiamente hanno sostenuto quella personalità, quali l'Heffler, F. De Martens, il Kaufmann e il nostro Fiore. Per essi dalla natura umana derivano immediatamente dei diritti che sono assoluti, immanenti, inviolabili e che, appunto, per tale loro qualità, devono potersi far valere non soltanto in confronto dello Stato a cui l'individuo è soggetto, ma in confronto di tutti gli Stati, rientrando perciò nel quadro del diritto internazionale" (p. 174).

([398]) D. Anzilotti, *Corso di diritto internazionale*, Padova, Cedam, rist. 1964, p. 120 s. L'Autore indicava, a p. 112, con il suo esemplare rigore e realismo rispetto alla propria epoca storica, che "[d]estinatari delle norme internazionali sono, di regola, gruppi sociali: ciò vuol dire che le norme considerano il gruppo unitariamente, anziché nei suoi componenti, fanno del gruppo una *unità di riferimento*, in modo che la potestà accordata, il dovere imposto non sono potestà e dovere dei singoli individui, ma della collettività, anche se, formalmente, sarebbe possibile di scindere la subbiettività dell'ente in un complesso di diritti ed obblighi individuali. Non sembra, invero, che per intendere la personalità internazionali delle aggregazioni umane vi sia molto da aggiungere all'insegnamento romano, secondo cui

escluso che in certi casi si dirigano anche agli individui e li facciano così, a certi riguardi, subietti di diritti e di doveri internazionali" (399).

Ed infatti, già a quel tempo, l'abolizione della schiavitù e della tratta degli schiavi, l'emergere dei primi diritti sociali, oggetto di trattati internazionali promossi dall'Organizzazione internazionale del lavoro (400), la repressione della pirateria marittima costituivano i primi segni di un fenomeno che avrebbe presto interessato settori molto più vasti del diritto internazionale. Gli individui traevano altresì — ed oggi continuano a trarre — particolare profitto dalle *convenzioni internazionali di stabilimento* (su cui v. *infra*), dai trattati commerciali conclusi tra gli Stati, o ancora dagli accordi relativi al regolamento delle controversie internazionali. Solo che *gli individui, in linea di principio, non venivano considerati come "soggetti" di diritto internazionale*: erano privi sia di una vera e propria soggettività giuridica nell'ordinamento internazionale sia, soprattutto, di poteri di azione dinanzi ad organismi internazionali per la tutela dei propri diritti. *In altre parole, lo schermo dello Stato era onnipresente.*

230. Il Parere consultivo della CPGI del 3 marzo 1928 sulla Competenza dei tribunali di Danzica. — Il punto di partenza di una rivalutazione del ruolo dell'individuo nell'ordinamento internazionale fu il *Parere consultivo della CPGI* del 3 marzo 1928 sulla *Competenza dei tribunali di Danzica* (401). La Corte, in effetti, attraverso tale parere, ha rimosso *l'ostacolo intellettuale secondo il quale gli individui non possono essere dei soggetti di diritto internazionale*. Secondo la CPGI, nulla impedisce, almeno sul piano logico, che l'individuo possa diventare un soggetto di diritto internazionale, per lo meno con una limitata capacità giuridica.

I fatti, in estrema sintesi, erano i seguenti: al termine della prima guerra mondiale, a seguito del Trattato di Versailles del 1919, la Polonia aveva concluso un trattato internazionale con la *Città libera di Danzica* tramite il quale si disponeva, tra l'altro, che le ferrovie di Danzica sarebbero state amministrate dalla Polonia. Un accordo internazionale di applicazione del precedente trattato stipulato tra le stesse Parti, del 22 ottobre 1921, stabiliva che i ferrovieri di Danzica passavano al servizio della Polonia. Successivamente, nel 1925, alcuni ferrovieri di Danzica adivano il tribunale di Danzica e presentavano un reclamo pecuniario contro la Polonia.

Poteva il personale ferroviario di Danzica far valere *direttamente*, dinanzi ai giudici della Città libera di Danzica, i diritti soggettivi regolati dai due predetti accordi internazionali (ed in particolare l'accordo del 1921), chiedendo, di conseguenza, il risarcimento dei danni causati dall'amministrazione ferroviaria che li aveva assunti?

---

l'universitas è semplicemente unità di attribuzione giuridica: 'Si quid universitati debetur singulis non debetur, nec quod debet universitas singuli debent'".

(399) Ivi, p. 121.

(400) Sarebbe da ingenui o comunque riduttivo credere che l'abolizione della schiavitù o l'istituzione dell'OIL siano state dettate da un improvviso e diffuso sentimento di "bontà umana" promosso dai filosofi o dai teologi del tempo. Piuttosto, come ricorda A. CASSESE, (*Diritto internazionale*, 3 ed., cit., p. 210) "Anche i trattati sull'abolizione della schiavitù e i trattati stipulati in seno all'Organizzazione internazionale del lavoro (OIL) per la tutela dei lavoratori rispondevano a logiche in fondo diverse da quelle della necessità di garantire i diritti della persona umana in quanto tale. In buona sostanza, essi erano dettati dalla necessità di tutelare specifici interessi economici degli Stati, giacché intendevano evitare che la pratica della schiavitù e, in linea più generale, scarsi standard di tutela del lavoro garantissero a determinati Stati un basso costo del lavoro e dunque un ingiusto vantaggio comparato in materia di produzione di beni, con conseguente più elevata competitività nel commercio internazionale".

(401) CPGI, 3 marzo 1928, Ser. *B*, n. 15, p. 26.

La Polonia contestava ogni competenza di tale tribunale e si rifiutava di riconoscere e di eseguire ogni eventuale sentenza dei giudici di Danzica su tale vertenza.

Pertanto, uno dei principali problemi giuridici sul quale la CPGI si dovette pronunciare era proprio quello di accertare se un *trattato internazionale potesse conferire direttamente dei diritti a degli individui* senza che vi fosse una "trasformazione" ovvero una "incorporazione" delle sue norme nell'ordinamento giuridico nazionale.

Nulla da fare, secondo la Polonia. Valeva la tesi tradizionale: il personale ferroviario di Danzica non poteva essere titolare dei diritti previsti dal trattato; il trattato sanciva dei diritti e degli obblighi *solo tra le Parti contraenti*, cioè *tra la città libera di Danzica e la Polonia*, pertanto e conclusivamente, da un lato, i funzionari delle ferrovie di Danzica potevano avvalersi solo del diritto polacco (comprensivo delle norme polacche di adattamento ai predetti accordi internazionali); dall'altro lato, l'eventuale violazione dei due accordi internazionali faceva eventualmente insorgere solo la sua responsabilità internazionale nei confronti della città di Danzica e nulla di più. Come si vede, gli argomenti giuridici della Polonia erano perfettamente in linea con la posizione tradizionale della dottrina dell'epoca.

Nel proprio parere, la CPGI esordiva col riaffermare, in linea di principio, la soluzione "classica":

"[s]econdo un principio di diritto internazionale ben stabilito, un *Beamtenabkommen*, essendo un trattato internazionale, non può, come tale, creare direttamente dei diritti e degli obblighi per gli individui" ([402]).

Senonché, subito dopo, la medesima Corte presieduta dal giudice italiano, Dionisio Anzilotti, aggiungeva lapidariamente che:

"*non si può tuttavia negare* che lo scopo effettivo di un trattato internazionale, secondo l'intenzione delle Parti contraenti, può essere l'adozione da parte delle Parti, di determinate regole che *creano diritti ed obblighi per gli individui*, di cui *deve essere garantita l'attuazione da parte dei giudici statali*" ([403]).

Muovendo da tali principi, *nel caso di specie ne seguiva che gli accordi internazionali (ed in particolare quello del 1921) vigenti tra la Polonia e la Città di Danzica erano fonte di diritti ed obblighi per il personale delle ferrovie di Danzica* e dunque questi ultimi potevano far valere i propri diritti dinanzi ai tribunali di Danzica. Ne seguiva altresì che lo stesso giudice di Danzica aveva la giurisdizione per decidere tali cause e che la Polonia avrebbe dovuto riconoscere ed eseguire le sue sentenze in tale vicenda.

Le conseguenze di tali conclusioni della CPGI si sono rivelate di importanza teorica fondamentale: in effetti, nel 1928, si prendeva atto che *gli Stati (ed oggi le OIG) non sono i beneficiari esclusivi dei diritti e degli obblighi internazionali*; entrambi non hanno il monopolio della soggettività internazionale. Pertanto, gli individui possono "fare concorrenza" agli altri soggetti di diritto internazionale, per lo meno a titolo parziale o sussidiario. Certo, da diversi decenni e nella maggior parte dei casi, gli individui non possono agire nell'ordinamento interstatale senza *passare attraverso uno*

([402]) *Rec.*, p. 17.
([403]) *Rec.*, p. 18. Corsivo aggiunto.

Stato o un'organizzazione internazionale ([404]). Ma la storia ha subito un'accelerazione senza precedenti dal dopoguerra ad oggi evidenziando come la situazione giuridica dell'individuo si sia progressivamente sviluppata ed estesa: da una rara ed eventuale *capacità giuridica*, si è progressivamente ammessa una speciale *capacità processuale di agire direttamente* in un meccanismo internazionale di soluzione delle controversie finanche, nel nostro tempo, a una capacità di agire creando diritti ed obblighi sul piano *transnazionale*, al di fuori del piano interstatale e di quello del diritto interno di un singolo Stato.

231. Un'evoluzione storica sempre più marcata a favore della soggettività internazionale dell'individuo. — *Lo schermo statale* tra l'ordinamento internazionale e gli individui-persone fisiche iniziò a sgretolarsi, negli anni che seguirono il predetto Parere della Corte, senza che questa evoluzione si sia pienamente compiuta nel nostro tempo.

Tale evoluzione va colta sia sul piano qualitativo, sia sul piano quantitativo.

Da un punto di vista quantitativo, gli individui, le *persone fisiche*, furono i primi a beneficiare di una certa soggettività internazionale che si è successivamente estesa alle persone giuridiche, società e associazioni.

Da un punto di vista qualitativo, la tendenza contemporanea è quella di riconoscere agli individui un numero crescente di diritti nell'ordinamento giuridico internazionale, e, allo stesso tempo, di accordare loro dei mezzi processuali per farli valere su scala internazionale.

Recentemente, la CIG ha espressamente riconosciuto che una norma particolare (l'articolo 36, par. 1) della CVRC "crea dei *diritti individuali* che, a norma del primo articolo del Protocollo a firma opzionale, possono essere invocati dinanzi alla Corte da parte dello Stato di cui la persona detenuta ha la nazionalità" ([405]).

Standо così le cose, occorre esaminare il contenuto della soggettività internazionale dell'individuo (§ 1), poi delle società (§ 2) ed infine delle associazioni (o ONG) (§ 3).

§ 1. — *L'individuo nell'ordinamento giuridico internazionale contemporaneo*

232. Piano espositivo. — Storicamente, il diritto internazionale si è occupato della posizione di alcuni individui in posizione *particolarmente vulnerabile* (1). Successivamente, la tendenza dominante è stata quella di ampliare la protezione interstatale *dell'individuo in quanto tale*; sul piano internazionale-regionale, dalla seconda metà del secolo scorso, sono stati riconosciuti all'individuo specifici poteri di azione per far valere i propri diritti fondamentali direttamente *contro uno Stato* e persino dinanzi a corti internazionali permanenti (2).

1. — La protezione dell'individuo

233. Diversi livelli di protezione. — Dapprima, si sono protetti gli individui che si trovano in una situazione o posizione *particolarmente vulnerabile* ***(a)***, nonché alcune

---

([404]) V. per tutti A. Cassese, *Diritto internazionale*, cit., nonché R. Pisillo Mazzeschi, *Diritto internazionale dei diritti umani*, cit., p. 16 ss.

([405]) CIG, *La Grand*, 27 giugno 2001, in *Rec.* p. 466, spec. p. 494, corsivo aggiunto; nonché *Avena e altri cittadini messicani*, 30 marzo 2004, in *Rec.* p. 12, spec. p. 36.

categorie di individui particolarmente svantaggiati ***(b)***. Successivamente, tramite il crescente sviluppo del diritto internazionale dei diritti umani che, a partire dalla seconda metà del secolo scorso ha arricchito e "rivoluzionato" il diritto internazionale (fino a quel tempo concepito come un diritto a carattere interstatale) ***(c)***, è pacifico oggi che l'individuo, solo in quanto *essere umano*, venga al posto al centro della tutela offerta dai trattati pur se tale tutela diviene più intensa su scala internazionale-regionale che sul piano universale.

a) *La protezione dell'individuo privo di cittadinanza*

234. Due situazioni. — Iniziamo con il considerare due situazioni diverse: quella degli individui che hanno perso la loro cittadinanza, cioè gli *apolidi* ***(i)***, e quella degli individui che, sebbene possiedano una cittadinanza, non hanno più interesse ad avvalersene in quanto sono fuggiti dal proprio Paese perché oggetto di discriminazione politica, razziale o religiosa. Si tratta in quest'ultimo caso dei *rifugiati* ***(ii)***. A tali considerazioni si ricollegano anche alcune delle scelte normative del legislatore italiano in materia di immigrazione ***(iii)***.

***i.* Gli apolidi**

235. L'individuo privo di cittadinanza. — Si ha apolidia (*statelessness*), allorquando un individuo non ha o non ha più una cittadinanza. Questa condizione può prodursi *a causa della mancanza di coordinamento e d'integrazione tra le norme interne dei vari Stati in tema di cittadinanza.*

Un individuo, Tizio, può acquistare lo *status* di *apolide* alla nascita: **ad esempio**, allorquando nasce da cittadini stranieri in uno Stato A in cui vige lo *jus sanguinis* e, nel contempo, i suoi genitori sono cittadini di uno Stato B in cui vige lo *ius soli*. In tal caso lo Stato A considererà Tizio privo della cittadinanza (dello Stato A), ma lo stesso avverrà anche per lo Stato B, non essendo nato sul proprio territorio nazionale. Altre volte, un individuo può *perdere la propria cittadinanza* in presenza di una normativa nazionale che preveda tale effetto in seguito al *matrimonio con uno straniero* e laddove l'ordinamento dell'altro coniuge non preveda l'immediata attribuzione della propria cittadinanza.

Certo, in pratica la situazione di apolidia può essere dovuta a circostanze puramente accidentali, come negli esempi sopra riportati, ma talvolta è dovuta all'azione deliberata di uno Stato che può sfociare in una vera e propria forma di persecuzione a danno di individui o gruppi e basata su motivi politici, etnici o religiosi. È quanto si è verificato a causa di *misure di denazionalizzazione collettive* adottate in passato da alcuni Stati, come per esempio il decreto dell'URSS del 15 dicembre 1921 che "denazionalizzava" i "Russi bianchi", o ancora la legge tedesca del 14 luglio 1933, adottata dalla Germania nazista, tramite la quale veniva revocata la cittadinanza a tutti i tedeschi di religione ebraica che si erano rifugiati all'estero.

Infine, accade che certi regimi dittatoriali adottino particolari misure che portano alla revoca della cittadinanza di certe persone, in generale degli "oppositori politici": è così, per citare l'esempio più eclatante a suo tempo, che Solženitsyn fu privato della cittadinanza sovietica durante "l'era Brežnev" prima di recuperarla sotto "l'era Gorbaciov".

Il problema degli apolidi è dunque simile a quello dei rifugiati ma va tenuto distinto in ragione delle *diverse circostanze* che determinano quello *status* e giustificano le possibili forme di tutela.

In base al diritto internazionale generale, la situazione dell'*apolide* appare assai *sfavorevole.*

Nessuno Stato ha, di regola, la potestà di esercitare la *protezione diplomatica* a favore di un apolide, fermo restando che ogni Stato resta libero di accordargli il trattamento previsto dal proprio diritto interno. Del pari, nessuno Stato ha l'obbligo di accordare il *minimum standard* di trattamento per quanto concerne i beni e gli investimenti dell'apolide nel proprio territorio.

Pertanto, al fine di evitare o quantomeno di limitare questo tipo di situazioni, la Comunità internazionale ha finora operato in due direzioni principali.

Da una parte, si è voluto *limitare il diritto dello Stato di procedere a delle misure di denazionalizzazione*. È quanto indicato, ad esempio, all'art. 15 della *Dichiarazione universale dei diritti umani del 1948*, in base al quale "[o]gni individuo ha diritto ad una cittadinanza. Nessun individuo potrà essere arbitrariamente privato della sua cittadinanza, né del diritto di mutare cittadinanza".

Dall'altra, si è cercato di promuovere il riconoscimento di *un minimo di diritti* agli apolidi presenti nello Stato ospite. Ciò è avvenuto sia a livello di diritto pattizio che a livello di diritto nazionale.

Sotto il primo profilo va menzionata la Convenzione sullo *status degli apolidi* del 28 settembre 1954, in vigore per 86 Stati tra cui l'Italia ([406]) e la Convenzione ONU sulla *riduzione dei casi di apolidia*, fatta a New York il 30 agosto 1961 ed in vigore per l'Italia ([407]).

A livello nazionale, va considerato **l'art. 19 della L. n. 218 del 1995**, di riforma del diritto internazionale privato, laddove si dispone che "nei casi in cui le disposizioni della presente legge richiamano la legge nazionale di una persona, se questa è apolide o rifugiata si applica la legge dello Stato del domicilio o, in mancanza, la legge dello Stato di residenza. Se la persona ha più cittadinanze, si applica la legge di quello tra gli Stati di appartenenza con il quale essa ha il collegamento più stretto. Se tra le cittadinanze vi è quella italiana, questa prevale" ([408]).

ii. I rifugiati

236. La mancanza *di fatto* del legame di cittadinanza. — Nel caso dei *rifugiati (**Refugees**)*, si tratta di individui che *possiedono una cittadinanza* ma, di fatto, *non possono più avvalersene*, poiché per loro è impossibile, senza notevoli rischi, ritornare nel loro Paese ([409]).

I primi sforzi per proteggere i rifugiati sono assai risalenti, a causa dell'estensione del fenomeno dopo la prima guerra mondiale. Nel secolo scorso, si pervenne alla Convenzione del 28 ottobre 1933, in base alla quale le Parti contraenti si impegnarono a tutelare i rifugiati russi ed armeni presenti sul proprio territorio. Nel 1946, fu creata l'*Organizzazione internazionale dei rifugiati*, la quale venne sostituita, nel 1952,

---

([406]) La Convenzione è stata ratificata e resa esecutiva in Italia con L. 1° febbraio 1962, n. 306, in *GURI* del 7 giugno 1962, n. 142.

([407]) La Convenzione è stata ratificata e resa esecutiva in Italia con L. 29 settembre 2015, n. 162.

([408]) In dottrina, *inter multos*, cfr. A. Marazzi, *L'apolidia e il suo accertamento giudiziario*, Torino, Giappichelli, 1958; B. Nascimbene, *Apolidi, rifugiati e persone con più cittadinanze*, in *Antologia di scritti inediti*, Milano, Giuffrè-Francis Lefebvre, 2020, p. 161 ss..

([409]) V. D. Alland, "Le dispositif international du droit d'asile" in *SFDI*, Paris, Pedone, 1996; M. Bettati, *L'asile politique en question*, Paris, PUF, 1985, p. 205 e B. Nascimbene, *op. cit.*

dall'*Alto Commissariato delle Nazioni Unite per i rifugiati* (UNHCR). Poi, il 28 luglio 1951, fu conclusa la Convenzione di Ginevra sullo *status* dei rifugiati al fine, *inter alia*, di migliorare gli standard di trattamento disposti dalla predetta Convenzione del 1933. La Convenzione di Ginevra è in vigore dal 22 aprile 1954 tra 146 Stati inclusa l'Italia ([410]) ed è stata successivamente modificata tramite il Protocollo di New York del 31 gennaio 1967 ([411]).

In base all'art. 1, lett. A, c. 2, della **Convenzione di Ginevra del 1951**, il ***rifugiato*** è ogni persona che "*temendo a ragione di essere perseguitato per motivi di razza, religione, cittadinanza, appartenenza ad un determinato gruppo sociale o per le sue opinioni politiche, si trova fuori dello Stato di cui è cittadino e non può o non vuole, a causa di tale timore, avvalersi della protezione di detto Stato; oppure chiunque, essendo apolide e trovandosi fuori del suo Stato di residenza abituale a seguito di tali avvenimenti, non può o non vuole ritornarvi per il timore di cui sopra*".

Pertanto, non è un "rifugiato" il c.d. ***migrante economico***, ossia chi si sposta in un altro Paese in cerca di lavoro, e ciò anche in presenza di una grave crisi economica e finanziaria nel suo Stato di cittadinanza.

Infine, con riferimento alla prassi più recente, va notata l'introduzione di uno speciale figura di *persecuzione* tramite la Convenzione di Istanbul del Consiglio d'Europa, sulla violenza contro le donne e la violenza domestica del 2011, la quale ha recentemente introdotto per gli Stati contraenti un obbligo di adottare "le misure legislative o di altro tipo necessarie per garantire che la violenza contro le donne basata sul genere possa essere riconosciuta come una forma di persecuzione ai sensi dell'articolo 1, A (2) della Convenzione relativa allo status dei rifugiati del 1951 e come una forma di grave pregiudizio che dia luogo a una protezione complementare sussidiaria" ([412]).

237. Un'assimilazione agli *stranieri non privilegiati*. — Lo scopo principale della Convenzione di Ginevra del 1951 è quello di concedere ai rifugiati *alcuni diritti* dei cittadini dello Stato territoriale (per esempio, in materia di libertà di religione, diritto al lavoro ed accesso al sistema educativo) e, per il resto, accordare ai rifugiati uno *status* uguale a quello degli stranieri come tali, ma non degli "stranieri privilegiati" ([413]).

Lo statuto di rifugiato appare dunque più vantaggioso di quello dell'apolide.

Senonché, dato l'aumento esponenziale delle richieste di ***protezione internazionale*** in Italia ed alcuni altri Stati membri UE a causa dell'incontenibile fenomeno migratorio di questi ultimi anni, e fermo restando il riparto di competenze tra UE e Stati membri, è stata varata una Dir. n. 2011/95/UE del 13 dicembre 2011 "recante norme sull'attribuzione, a cittadini di paesi terzi o apolidi, della qualifica di beneficiario di protezione internazionale, su uno *status* uniforme per i rifugiati o per le

---

([410]) È stata resa esecutiva in Italia tramite L. 24 luglio 1954, n. 722 (in *GURI*, 27 agosto 1954, n. 196). È entrata in vigore per l'Italia il 13 febbraio 1955.

([411]) Anch'esso reso esecutivo in Italia con L. 14 febbraio 1970, n. 95 (in *GURI*, 28 marzo 1970, n. 79). È entrato in vigore per l'Italia il 26 gennaio 1972.

([412]) Art. 60 della Convenzione di Istanbul del 2011. La Convenzione è entrata in vigore il 1° agosto 2014. Corsivo aggiunto. Per un commento v. S. De Vido, *Donne, violenza e diritto internazionale. La Convenzione di Istanbul del Consiglio d'Europa del 2011*, Milano, Mimesis, 2016.

([413]) Intendiamo gli stranieri "privilegiati" dalla vigenza di un trattato internazionale che fissa un determinato standard di trattamento a loro favore.

persone aventi titolo a beneficiare della protezione sussidiaria, nonché sul contenuto della protezione riconosciuta". L'Italia ne ha dato attuazione tramite il D.Lgs. 21 febbraio 2014 n. 18, ma la tragedia dei migranti clandestini via mare, che è un fallimento clamoroso della politica della UE, resta un problema aperto ([414]).

iii. I migranti e la disciplina italiana dell'immigrazione

238. La regolazione italiana dell'immigrazione. Al pari di ogni altro Stato del mondo, anche l'Italia ha una normativa in materia di immigrazione. L'Italia è stata, per diversi lustri, terra di emigrazione (si pensi all'emigrazione italiana nelle Americhe del Nord e del Sud già nel 1800). Fino alla metà degli anni '80 del secolo scorso, l'ingresso ed il soggiorno di stranieri in Italia era regolata da leggi risalenti al periodo fascista pur se l'art. 10, c. 2, Cost. dispone che: "la condizione giuridica dello straniero è regolata dalla legge in conformità delle norme e dei trattati internazionali".

La prima legge italiana *in subiecta materia* del nostro tempo fu la L. n. 943/1986, ma tali disposizioni riguardavano essenzialmente il tema, solo parziale, del lavoro degli stranieri, senza offrire una disciplina organica dell'intera materia. Così, la prima legge organica in materia di immigrazione si ebbe nel 1990 con la c.d. *legge Martelli*, la quale introdusse il sistema della *programmazione dei flussi d'ingresso dei migranti* mediante un sistema di previsione di quote massime introducendo altresì interventi di tipo sociale a favore degli immigrati regolari. Tale disciplina venne rivista nel 1998, tramite la L. n. 40/1998, la c.d. Legge *Turco — Napolitano*, con la previsione di una delega per regolare in modo organico l'intera materia. Così, tramite il D. Lgs. 25 luglio 1998, n. 286, si è giunti al ***Testo unico sull'immigrazione e sulla condizione dello straniero (TUI)***. il quale ha riordinato la materia in tutte le sue componenti e, nonostante le numerose modifiche intervenute negli anni, è ancora in vigore. Tra le principali modifiche vanno ricordate quelle apportate dalla L. n. 189/2002 (c.d. *Legge Bossi-Fini*) e quelle disposte dal D.L. n. 113 del 2018 che hanno modificato alcune norme del TUI, pur non alterandone l'impianto complessivo. Il 18 dicembre 2020 è stato convertito in legge il D.L. 21 ottobre 2020, n. 130 che è intervenuto nuovamente in materia di immigrazione in materia di conversione dei permessi di soggiorno; misure per l'accoglienza dei richiedenti protezione internazionale; procedura di esame delle richieste di riconoscimento dello *status* di rifugiato; sanzioni nel caso di violazione dei divieti o delle limitazioni di transito e sosta delle navi nel mare territoriale.

In estrema sintesi, oggi il TUI regola le **tre questioni principali in materia di immigrazione**: *a)* la gestione nel suo complesso del fenomeno migratorio (con la definizione delle regole di ingresso e la programmazione dei flussi migratori, di soggiorno, di controllo, di stabilizzazione dei migranti); *b)* il contrasto all'immigrazione clandestina e *c)* il diritto all'integrazione *dei migranti regolari*, che riguarda l'estensione, in misura più o meno ampia, ad essi dei diritti propri dei cittadini italiani (diritti civili, sociali, politici).

Quanto al primo punto, va ricordato che in Italia l'immigrazione dei cittadini stranieri non appartenenti all'Unione europea è regolata secondo il *principio della*

([414]) V. Per tutti L. Salamone, *La disciplina giuridica dell'immigrazione clandestina via mare. Profili di diritto interno, europeo ed internazionale*, op.cit.; SIDI, *Migrazioni e diritto internazionale: verso il superamento dell'emergenza?*, Napoli, ES, 2018 nonché E. Sciso (a cura di), *I flussi migratori e le sfide all'Europa*, Torino, Giappichelli, 2020, ove approfondimenti.

programmazione dei flussi: ogni anno il Governo (tramite il c.d. ***Decreto flussi***) stabilisce il numero di stranieri che possono entrare nel nostro Paese per motivi di lavoro. Chi rientra in tali misure è dunque un **immigrato regolare** (415).

Viceversa, *l'ingresso e il soggiorno illegale nel territorio nazionale* è considerato un **reato** punibile con una ammenda o con l'espulsione. Apposite norme riguardano la repressione del **reato di *favoreggiamento all'immigrazione clandestina*** (416), il *respingimento alla frontiera*, l'espulsione come misura di sicurezza per stranieri condannati per gravi reati, l'espulsione come sanzione sostitutiva. La principale misura contro l'immigrato illegale è quella dell'***espulsione amministrativa***: può essere eseguita con l'accompagnamento alla frontiera da parte delle forze dell'ordine, disposto dal Prefetto in determinati casi (rischio di fuga, presentazione di domanda di permesso di soggiorno fraudolente ecc.). Qualora non ricorrano tali gravi circostanze, lo straniero, può chiedere al Prefetto, ai fini dell'esecuzione dell'espulsione, la concessione di un periodo per la partenza volontaria, anche attraverso programmi di rimpatrio volontario ed assistito.

Quando l'espulsione non può essere immediata, gli stranieri devono essere trattenuti presso appositi ***Centri di permanenza per i rimpatri*** (CPR) istituiti dal D.L. 13/2017 in sostituzione dei *Centri di identificazione ed espulsione* (i CIE, che a loro volta avevano sostituito i centri di permanenza temporanea ed assistenza — CPTA), per il tempo strettamente necessario alla loro identificazione ed espulsione. Nei CPE lo straniero deve essere trattenuto con modalità tali da assicurare la necessaria assistenza ed il pieno rispetto della sua dignità (art. 14, c. 2, D.Lgs. 286/1998). Il trattenimento è disposto con provvedimento del Questore per un periodo di 30 giorni, prorogabile fino ad un massimo di 90 giorni. In casi particolari il periodo di trattenimento può essere prolungato di altri 45 giorni.

In ogni caso, agli stranieri presenti sul territorio italiano o sotto la sua giurisdizione sono garantiti i **diritti umani** previsti dai trattati vigenti in Italia ed i diritti fondamentali fissati nella nostra Costituzione.

Per quanto riguarda in particolare il *diritto alla salute*, viene garantita una ampia assistenza sanitaria a tutti gli stranieri, compresi coloro che non sono in regola con le norme relative all'ingresso e al soggiorno. Agli ***stranieri regolarmente soggiornanti* in Italia**, il TUI garantisce, *inter alia*, tramite apposite norme (artt. 28-33) il diritto all'unità familiare e al ricongiungimento familiare e di tutela dei minori, compreso il diritto allo studio (artt. 38, 39 e 39-bis). Altre norme prevedono servizi abitativi e di assistenza sociale per stranieri (artt. 40-41). L'art. 41 del TUI estende a favore degli stranieri in possesso del ***permesso di soggiorno*** (di durata non inferiore a un anno) o del permesso di soggiorno di lungo periodo anche l'accesso ai servizi socio-assistenziali organizzati sul territorio.

In presenza di determinate condizioni, viene prevista altresì la *concessione agli stranieri* della ***cittadinanza italiana*** (per naturalizzazione, per nascita o per matrimo-

---

(415) Esiste anche il *permesso di soggiorno a fini investigativi* che viene rilasciato in favore degli stranieri che prestino la loro collaborazione all'autorità giudiziaria o agli organi di polizia in relazione a delitti commessi per finalità di terrorismo, anche internazionale, o di eversione dell'ordine democratico.

(416) Il reato di favoreggiamento all'immigrazione clandestina è punito con la *reclusione* fino a quindici anni. Le pene sono poi aumentate in presenza di *circostanze aggravanti*, quali l'avviamento alla prostituzione. Va inoltre ricordata, in proposito, la ridefinizione dei reati di riduzione in schiavitù e di tratta di persone operata dalla L. n. 228/2003.

nio), concepita quale massimo strumento di integrazione e di possibilità di godimento dei diritti garantiti dal nostro ordinamento. In particolare, l'acquisizione della cittadinanza *per naturalizzazione* presuppone la permanenza regolare e continuativa nel territorio nazionale per almeno *dieci anni* ed è subordinata alla decisione, in larga parte discrezionale, della Pubblica Amministrazione.

Va inoltre ricordata la *Convenzione di Strasburgo del 5 febbraio 1992 sulla partecipazione degli stranieri alla vita pubblica a livello locale* elaborata in seno al Consiglio d'Europa (e resa esecutiva in Italia tramite L. n. 203/1994 ed in vigore dal 1° maggio 1997) con cui si riconoscono agli stranieri, alle stesse condizioni previste per i cittadini, le libertà di espressione, di riunione e di associazione, ivi compresa quella di costituire sindacati e affiliarsi ad essi, ferme restando le eventuali limitazioni per ragioni attinenti alla sicurezza dello Stato, alla tutela dell'ordine e della sicurezza pubblica. Non si è data esecuzione, tuttavia, al Capitolo C di detta Convenzione che impegna gli Stati contraenti a concedere agli stranieri residenti non unionali il *diritto di elettorato attivo e passivo* alle *elezioni locali*, a differenza di quanto è consentito ai cittadini degli altri Stati membri UE.

In materia di ***diritti civili ed economici*** *dello straniero*, va ricordata infine l'applicazione **dell'art. 16** delle preleggi al Codice civile italiano ([417]), norma che non è stata affatto implicitamente abrogata come ha ritenuto, clamorosamente ed erroneamente, parte della dottrina, bensì continua ad applicarsi, sia pure con un ambito di applicazione più ristretto che in passato, agli stranieri extraunionali, persone fisiche (o giuridiche), non regolarmente soggiornanti in Italia ([418]). In linea con tali norme che costituiscono espressione della più generale norma consuetudinaria (di cui abbiamo detto in precedenza) secondo la quale, in assenza di trattati operanti come *lex specialis*, *ogni Stato è libero di ammettere o di non ammettere gli stranieri nel proprio territorio*, vanno comprese pure le recenti norme italiane di "**filtraggio degli investimenti stranieri**" emanate al fine di salvaguardare gli assetti delle *imprese operanti in ambiti ritenuti strategici e di interesse nazionale* ([419]).

239. (segue) Gli accordi internazionali in materia di *riammissione* dei clandestini. — Per il contrasto all'immigrazione clandestina il Governo italiano ha concluso appositi trattati bilaterali. Si tratta di *accordi di riammissione degli stranieri irregolari*,

---

([417]) Ai sensi del quale: "Lo straniero è ammesso a godere dei diritti civili attribuiti al cittadino a condizione di reciprocità e salve le disposizioni contenute in leggi speciali. Questa disposizione vale anche per le persone giuridiche straniere".

([418]) Si rinvia a F. Marrella, *Manuale di diritto del commercio internazionale*, cit., p. 759 ss. ove riferimenti. In senso conforme cfr. N. Ronzitti, *Diritto internazionale*, 6 ed., cit., p. 373 ss. e B. Nascimbene, "Reciprocità e trattamento dello straniero", in *Antologia di scritti*, cit., p. 129 ss..

([419]) D.L. 15 marzo 2012 n. 21 (convertito con modificazioni dalla L. n. 56 dell'11 maggio 2012) che ha disciplinato la materia dei poteri speciali esercitabili dal Governo nei settori della difesa e della sicurezza nazionale, nonché in alcuni ambiti ritenuti di rilevanza strategica nei settori dell'energia, dei trasporti, delle comunicazioni. Tali norme sono state integrate tramite il D.L. 25 marzo 2019, n. 22 (convertito, con modificazioni, dalla L. n. 41 del 20 maggio 2019), che ha introdotto apposite norme circa l'esercizio dei poteri speciali inerenti le reti di telecomunicazione elettronica a banda larga con tecnologia 5G. Ad ulteriore completamento di tale quadro normativo, il D.L. 21 settembre 2019, n. 105 (convertito, con modificazioni, dalla L. n. 133 del 18 novembre 2019) ha esteso l'ambito operativo delle norme in tema di poteri speciali esercitabili dal Governo nei settori strategici, coordinandolo con l'attuazione del Regolamento (UE) 2019/452 in materia di controllo degli investimenti esteri diretti nell'Unione europea. Per un commento a tali normative v. G. Napolitano, *Il controllo sugli investimenti esteri diretti*, Bologna, Il Mulino 2019.

previsti dal TUI e volti al rimpatrio dei *migranti irregolari*, con la cooperazione delle Autorità del Paese di loro cittadinanza. Tali trattati internazionali hanno ampia portata e prevedono anche intese di cooperazione di polizia e quote riservate per gli stranieri provenienti dai Paesi a più alta densità migratoria.

b) *La protezione di alcuni gruppi sociali*

i. La tutela delle minoranze nazionali

240. Una tutela espressamente prevista nei Trattati di pace al termine della prima guerra mondiale. — La protezione delle minoranze nazionali divenne un obbiettivo della Comunità internazionale solo alla fine della prima guerra mondiale (pur senza tradursi in apposite norme del Patto della Società delle Nazioni) ([420]). Nei trattati di pace relativi alla fine della prima guerra mondiale vennero inserite apposite clausole volte a proteggere *talune minoranze nazionali che si trovavano all'interno di un determinato Stato*, soprattutto negli Stati di nuova formazione a causa della modifica delle frontiere per effetto della Grande guerra. Al fine di assicurare tale protezione, inclusa quella della loro identità culturale, si accordava un particolare trattamento alle minoranze garantendo loro alcuni diritti, quali ad esempio la libertà individuale, l'uso della propria lingua, la libertà di religione, la concessione di diritti civili e politici, dei particolari diritti in materia culturale ([421]).

Così, i trattati di pace conclusi tra gli Stati alleati, la Polonia, la Cecoslovacchia, la Grecia, da una parte, e dall'altra l'Ungheria, la Bulgaria e la Turchia, ponevano a carico degli Stati contraenti la tutela di determinati diritti delle minoranze in ambito *culturale e religioso.* Delle convenzioni speciali relative al territorio del Memel o dell'Alta Slesia polacca contenevano disposizioni analoghe.

241. I poteri di azione degli individui esercitabili dinanzi ad organismi internazionali. — Agli individui appartenenti alle minoranze cui si è in precedenza accennato venne concesso un *diritto di petizione* al Consiglio della Società delle Nazioni. Inoltre, le disposizioni dei Trattati di pace (v. ad es. l'art. 304 ss. del Trattato di Versailles del 1919) istituivano dei tribunali speciali, i ***Tribunali Arbitrali Misti*** (TAM) competenti a statuire, tra l'altro, sulle controversie *tra privati e Stati ex nemici* ed ove gli individui potevano presentare un *reclamo.* Ciò avveniva pur se, in linea con le soluzioni tradizionali ([422]), gli Stati contraenti avevano sempre la possibilità di denunciare le

---

([420]) In argomento, anche per un esame delle precedenti esperienze v. M. Toscano, *Le minoranze di razza, lingua, di religione nel diritto internazionale*, Torino, 1931; F. Capotorti, "I diritti dei membri di minoranze: verso una dichiarazione delle Nazioni Unite", in *Riv. dir. int.*, 1981, p. 30 ss.; C. Zanghì, "Tutela delle minoranze e autoderminazione dei popoli", in *Riv. dir. int. dir. uomo*, 1993, p. 43 ss.; Ronzitti, "Il trattato tra Italia e Croazia sulle minoranze", in *Riv. dir. int.*, 1997, p. 684 ss..

([421]) V. ad es. CPGI, parere *sulle minoranze greche in Albania*, Ser. A/B, n. 64, p. 17: "L'idea riposta alla base dei trattati per la tutela delle minoranze è quella di assicurare a dei gruppi sociali presenti nel territorio di uno Stato la cui popolazione è di razza, lingua e religione diversa, la possibilità di una esistenza pacifica e di una collaborazione cordiale con la popolazione di quello Stato, pur mantenendo i caratteri propri".

([422]) In argomento v., *inter multos*, G. Sperduti, *L'individuo nel diritto internazionale*, Milano, Giuffrè, 1950; R. Quadri, *Diritto internazionale pubblico*, cit., p. 411 ss. nonché R. Blühdorn, "Le fonctionnement et la jurisprudence des Tribunaux arbitraux mixtes", in *RCADI*, v. 41, 1932, pp. 137-244. Secondo l'impostazione classica dell'epoca, la dottrina negava che l'individuo avesse diritti soggettivi

eventuali violazioni del trattato di pace in questione al Consiglio della Società delle Nazioni o alla CPGI.

In questo modo vennero istituiti 39 TAM tra la Germania, l'Austria, l'Ungheria, la Bulgaria, e la Turchia da una parte, e le potenze alleate dall'altra. Ben 30.000 casi vennero deferiti al tribunale tedesco-polacco, 20.000 al tribunale franco tedesco, e 13.000 al tribunale tedesco e americano ([423]).

242. Un passo indietro dopo la Seconda guerra mondiale. — Nei trattati di pace conclusi a seguito della Seconda Guerra Mondiale non venne, invece, istituito nessun meccanismo analogo. Ma più recentemente, con la dissoluzione della Iugoslavia e dell'Unione sovietica, la questione della tutela delle minoranze è riemersa con forza dalle proprie ceneri.

Talvolta, le norme a tutela di una data minoranza hanno formato oggetto di appositi accordi bilaterali tra lo Stato di appartenenza della minoranza e lo Stato territoriale ([424]).

Senonché, a parte i trattati di tutela dei diritti umani nei quali si reperisce quasi sempre qualche norma in materia di tutela delle minoranze, va osservato che solo il Consiglio d'Europa ha voluto continuare la "tradizione" di protezione delle *minoranze nazionali* cui si è fatto cenno in precedenza, promuovendo l'adozione di una *specifica* Convenzione-quadro del 1° febbraio 1995. Questa convenzione, è entrata in vigore nel 1998 tra 39 Stati tra cui l'Italia ([425]). Si tratta, però, di uno strumento poco incisivo. Astenendosi dal definire cosa si debba intendere con l'espressione "minoranze nazionali", la Convenzione accorda alle minoranze alcuni diritti (diritto alla salvaguardia dell'identità culturale, diritto al beneficio delle libertà pubbliche fondamentali, interdizione delle politiche d'assimilazione forzata o di manipolazioni demografiche...). *Per non essere usata come strumento di destabilizzazione degli Stati, la Convenzione precisa che fa salva l'integrità territoriale e l'indipendenza politica degli Stati che ne sono parte.* Ma il riconoscimento giuridico formale delle "minoranze nazionali" non finisce con l'affermare, a loro vantaggio, un diritto all'autodeterminazione e dunque al possibile smembramento dello Stato territoriale?

ii. La protezione degli abitanti il cui territorio era posto sotto mandato (SDN) o sotto amministrazione fiduciaria (ONU)

243. La situazione dei territori coloniali. — Per definire la situazione di alcuni territori coloniali appartenenti alle Potenze nemiche, dopo la prima ed anche la seconda guerra mondiale, venne istituito un regime internazionale: rispettivamente, il

internazionali ricorrendo all'argomento artificioso per cui i TAM non erano organi internazionali, bensì degli *organi comuni* degli Stati tra i quali erano istituiti. Ne seguiva che l'individuo non era titolare di un diritto internazionale di azione nei confronti dello Stato convenuto. In base a quella tesi argomentativa, l'individuo disponeva solo di un diritto soggettivo creato da uno o più ordinamenti statali in esecuzione di norme internazionali.

([423]) Citato in P. Jessup, *A Modern Law of Nations*, 1948, p. 95. V. anche P. Calamandrei, "Il TAM Italo-Germanico", in *Studi sul processo civile*, II, Padova, Cedam, 1930, p. 145; Baldoni, "Gli organi ed istituti nelle unioni internazionali", in *Riv. dir.int.*, 1931, p. 381.

([424]) Per quanto riguarda l'Italia, i diritti della minoranza di lingua tedesca del Sud Tirolo sono regolati da un apposito accordo tra l'Italia e l'Austria del 5 settembre 1946.

([425]) V. J. Fourré, "La convention-cadre pour la protection des minorités nationales", in *LPA*, 1995, n. 125.11.

mandato sotto gli auspici della Società delle Nazioni e l'***amministrazione fiduciaria*** (*trusteeship*) nel sistema dell'ONU (426). Pertanto, la CIG ebbe l'occasione di esaminare, a più riprese, lo statuto del *Sud-Ovest africano* (oggi Namibia), il cui territorio era stato affidato dalla SDN al Sudafrica, a titolo di mandato, dopo la prima guerra mondiale.

Nel ***Parere del 1950 relativo allo statuto internazionale del Sud-Ovest africano***, la Corte affermava che: "[i]l mandato è stato istituito nell'interesse della popolazione di quel territorio e dell'umanità in generale, come un'istituzione internazionale alla quale era stato assegnato uno scopo internazionale: una sacra missione di civilizzazione" (427).

Lo Stato che esercitava l'amministrazione fiduciaria doveva, pertanto, *promuovere il rispetto dei diritti umani e delle libertà fondamentali* in base a quanto espressamente indicato all'art. 76 della Carta ONU. Così, a causa della violazione di tali obblighi, l'ONU pose fine, nel 1970, al mandato del Sudafrica sul Sud-Ovest africano.

Infine, gli *abitanti dei territori sotto tutela disponevano di alcuni poteri di azione per la tutela dei diritti ad essi internazionalmente riconosciuti.* Essi godevano del diritto di petizione davanti agli organi internazionali dell'ONU. A propria volta, il Consiglio di amministrazione fiduciaria ONU poteva inviare delle missioni al fine di esaminare direttamente la condizione degli abitanti sul territorio.

In altre parole, gli abitanti di quei territori potevano provocare l'attività di un dato organo internazionale senza l'intermediazione dello Stato che amministrava quei territori.

iii. La tutela internazionale dei lavoratori

244. L'OIL. — Va ora sottolineato il ruolo dell'Organizzazione internazionale del lavoro (OIL), costituita al termine della prima guerra mondiale tramite il Trattato di Versailles dell'11 aprile 1919, come ente autonomo della Società delle Nazioni (428). Ha sede a Ginevra e dispone di alcuni uffici regionali.

Ai sensi dell'Atto costitutivo (Parte XIII del Trattato di Versailles, Preambolo e art. 427), più volte modificato e denominato *Costituzione*, e della *Dichiarazione di Filadelfia*, adottata nel 1944 alla 26ª Sessione della Conferenza Generale, l'OIL ha come fini quelli di: proteggere la dignità dei lavoratori, migliorare le condizioni di lavoro ed elevare il tenore di vita dei lavoratori e i loro diritti, incoraggiare l'occupazione, migliorare la protezione sociale e sindacale, contribuendo alla lotta contro le ingiustizie sociali (429).

---

(426) In arg. v. B. Conforti, C. Focarelli, *Le Nazioni Unite*, cit., p. 436 ove riferimenti.

(427) CIG, *Rec.* 1950, p. 132: "Le Mandat a été créé, dans l'intérêt des habitants du Territoire et de l'humanité en général, comme une institution internationale à laquelle était assigné un but international: une mission sacrée de civilisation".

(428) Su cui v. G. Gaja, voce *OIL*, in *Enc. Dir.*, 1981, p. 336 ss. e spec. F. Maupain, "L'OIT, la justice sociale et la mondialisation", in *RCADI*, t. 287, 2000, p. 209 ss. Ampie informazioni al sito *http://www.ilo.org*. Altre informazioni in A. Zanobetti, *Diritto internazionale del lavoro*, Milano, 2011; A. Perulli, V. Brino, *Manuale di diritto internazionale del lavoro*, 2ª ed, Torino, Giappichelli, 2015.

(429) V. il *Preambolo* della Costituzione dell'OIL, parole scritte col sangue di tante lotte sociali che molti politici oggi dovrebbero rileggere a voce alta: "Considerando che una pace universale e durevole può essere fondata soltanto sulla giustizia sociale; Considerando che vi sono condizioni di lavoro che implicano per un gran numero di persone ingiustizia, miseria e privazioni, generando tale malcontento da mettere in pericolo la pace e l'armonia del mondo, e che urge prendere provvedimenti per migliorare simili condizioni:

Non essendo possibile esaminare in modo approfondito in questa sede i caratteri e le attività di questa peculiare organizzazione internazionale, sopravvissuta (assieme ad Unidroit) alla cessazione della SdN dopo la seconda guerra mondiale e primo ente a porsi in collegamento con l'ONU, ci limiteremo ad evidenziare tre fondamentali caratteristiche.

Innanzitutto, per la prima volta, i ***lavoratori vengono associati all'elaborazione delle norme internazionali del lavoro***. Infatti, le delegazioni nazionali dell'OIL sono composte su *base tripartita*, cioè devono comprendere, oltre ai rappresentanti degli Stati, dei rappresentanti dei datori di lavoro, e dei rappresentanti dei lavoratori, cioè, in pratica, i sindacati.

In secondo luogo, l'attività svolta dall'OIL è rilevante per la **definizione di standard internazionali in materia di diritti sociali**: le convenzioni internazionali del lavoro negoziate e concluse presso l'OIL precisano i diritti umani economici e sociali, oltre ad individuare degli *standard* sociali comuni. Così, ad esempio, alcune convenzioni vietano il lavoro forzato, altre la discriminazione nel lavoro, pongono norme minime di sicurezza sociale, il diritto al lavoro, alla libertà sindacale ecc. (430). Ovviamente, nonostante una terminologia confusoria (per cui tra le competenze dell'OIL vi è quella di "redigere" od "adottare" le convenzioni internazionali in materia di lavoro), va osservato che *non vi è alcun potere regolatorio vincolante dell'OIL*: infatti, in diritto positivo, *l'OIL non è una delle Parti contraenti di tali trattati.* Il dato tecnico è invece quello per cui **le convenzioni "adottate" dall'OIL sono e restano dei normali *trattati tra Stati*** che vengono resi esecutivi mediante i normali procedimenti internazionali (ratifica, ecc. v. Cap. IV) ed interni e la cui negoziazione è solo "occasionata" dall'impulso dell'OIL, così come avviene normalmente in altre OIG.

In terzo luogo, l'OIL è dotata di ***peculiari meccanismi di controllo internazionale*** che, pur restando tributari dell'approccio "tradizionale" interstatale, hanno ispirato altri meccanismi di controllo operanti in materia di diritti umani (v. *infra* Cap. XIX).

Così, ad esempio, ai sensi degli artt. 22 e ss. della Costituzione OIL, gli Stati membri sono tenuti ad inviare agli organismi di controllo della medesima organizzazione dei ***rapporti periodici*** concernenti le misure adottate per applicare le Convenzioni internazionali del lavoro che hanno ratificato ovvero che illustrano i motivi che impediscono la ratifica. Tali rapporti formano oggetto di esame annuale da parte di un apposito Comitato di esperti.

---

come, per esempio, il regolamento delle ore di lavoro, la fissazione della durata massima della giornata e della settimana di lavoro, il reclutamento della mano d'opera, la lotta contro la disoccupazione, la garanzia di un salario sufficiente ad assicurare convenienti condizioni di vita, la protezione dei lavoratori contro le malattie generali o professionali e contro gli infortuni del lavoro, la protezione dei fanciulli, degli adolescenti e delle donne, le pensioni di vecchiaia e d'invalidità, la difesa degli interessi dei lavoratori occupati all'estero, il riconoscimento del principio « a lavoro eguale, retribuzione eguale », il riconoscimento del principio della libertà sindacale, l'organizzazione dell'insegnamento professionale e tecnico, e altri provvedimenti analoghi; Considerando che la mancata adozione, da parte di uno Stato qualsiasi, di un regime di lavoro veramente umano ostacola gli sforzi degli altri, che desiderano migliorare la sorte dei lavoratori nei propri paesi; Le Alte Parti Contraenti, mosse da sentimenti di giustizia e di umanità, e dal desiderio di assicurare una pace mondiale durevole, nell'intento di raggiungere i fini enunciati nel preambolo, approvano la presente Costituzione dell'Organizzazione internazionale del Lavoro".

(430) La lista delle Convenzioni e i relativi strumenti di ratifica si reperiscono al sito http://www.ilo.org/rome/ilo-italia/convenzioni-ratificate/lang--it/index.htm.

Ogni Stato può depositare una ***denuncia*** contro un altro Stato membro circa le violazioni delle norme internazionali sul lavoro; queste denunce possono condurre all'istituzione di apposite Commissioni di inchiesta internazionale per accertare se uno Stato che abbia ratificato una convenzione OIL l'abbia effettivamente osservata (431).

Qui, tuttavia, ***l'individuo-lavoratore non è abilitato ad esperire uti singuli* un ricorso internazionale diretto presso l'OIL** per far valere i diritti convenzionalmente riconosciuti. Invece, la peculiare struttura tripartita di tale OIG consente ad una associazione di lavoratori (e, specularmente, di datori di lavoro) di attirare l'attenzione dell'OIL riguardo a situazioni individuali o collettive "anormali" in alcuni Stati membri dell'OIL (432).

c) *La protezione internazionale dei diritti umani nel diritto internazionale contemporaneo*

Bibliografia sommaria: G. Sperduti, *L'individuo nel diritto internazionale*, Milano, Giuffrè, 1950; R. Cassin, "La déclaration universelle et la mise en œuvre des droits de l'homme", in *RCADI*, t. 79, 1951-II, pp. 237-367; Id., "Les droits de l'homme", in *RCADI*, 1974, vol. 140, pp. 321-331; P. Barile, *Diritti dell'uomo e libertà fondamentali*, Bologna, Il Mulino, 1984; SFDI, *La protection des droits de l'homme et l'évolution du droit international*, Parigi, Pedone, 1998; A. Pellet, "Human rightism and International law", in *ItalianYIL*, 2000, p. 1 e ss.; F. Pocar, I. Viarengo, *Il Patto internazionale sui diritti civili e politici*, Milano, Giuffrè, 2004; A. Cassese, *I diritti umani oggi*, Bari, Laterza, 2005; Th. Meron, *The Humanisation of International Law*, Boston, Brill, 2006; H. Steiner, P. Alston, R. Goodman, *International human rights in context. Law, politics and morality*, 3ª ed. Oxford, OUP, 2007; J. H. Knox, "Orizontal human rights law", *AJIL*, 2008, p. 1-47; M. Kamminga, M. Scheinin, *The Impact of Human Rights Law on General International Law*, Oxford, OUP, 2009; F. Sudre, *Droit international et européen des droits de l'homme*, 10 ed, Parigi, PUF, 2011; SIDI, *La protezione dei diritti fondamentali: carta dei diritti UE e standards internazionali*, a cura di L.S. Rossi, Napoli, ES, 2011; SIDI, *La tutela dei diritti umani e il diritto internazionale*, a cura di A. Di Stefano e R. Sapienza, Napoli, ES, 2012; S. Zappalà, *La tutela internazionale dei diritti umani*, Bologna, Il Mulino, 2013; C. Focarelli, *La persona umana nel diritto internazionale*, Bologna, Il Mulino, 2013; T, Scovazzi (a cura di), *Corso di diritto internazionale*, III, Milano, Giuffrè, 2013; C. Tomuschat, *Human Rights: Between Idealism and Realism*, 3ª ed., Oxford, OUP, 2014; Pisillo Mazzeschi, "La protezione internazionale dei diritti dell'uomo e il suo impatto sulle concezioni e metodologie della dottrina giuridica internazionale", in *DUDI*, 2014, p. 275 ss.; U. Villani, *Dalla Dichiarazione universale alla Convenzione europea dei diritti dell'uomo*, Bari, Cacucci, 2015; L. Pineschi (a cura di) *La tutela internazionale dei diritti umani. Norme, garanzie, prassi*, 2ª ed., Milano, Giuffrè, 2015; L. Hennebel, H. Tigroudja, *Traité de droit international des droits de l'homme*, Paris, Pedone, 2016; A. Saccucci, *La responsabilità internazionale dello Stato per violazioni strutturali dei diritti umani*, Napoli, ES, 2018; O. De Schutter, *International Human Rights Law*, 3 ed., Cambridge, CUP, 2019; G. Cataldi, *I diritti umani a settant'anni dalla Dichiarazione universale delle Nazioni Unite*, Napoli, ES, 2019; C. Zanghì, *La protezione internazionale dei diritti dell'uomo*, 4ª ed., Torino, Giappichelli, 2019; P. Pustorino, *Lezioni di tutela internazionale dei diritti umani*, 2 ed., Bari, Cacucci, 2020; S. Tonolo, G. Pascale (a cura di), *La Dichiarazione universale dei diritti umani nel diritto internazionale contemporaneo*, Torino, Giappichelli, 2020; R. Pisillo Mazzeschi, *Diritto internazionale dei diritti umani. Teoria e prassi*, Torino, Giappichelli, rist. 2020; A Di Stasi (a cura di), *Cedu e ordinamento italiano. La giurisprudenza della corte europea dei diritti dell'uomo e l'impatto nell'ordinamento interno (2016-2020)*, Padova, Cedam-WKI, 2020; U. Leanza, I. Caracciolo, *Diritto internazionale. Parte speciale*, 3 ed., cit., p. 70 ss..

---

(431) V. l'art. 26 Cost. OIL: consideration. Adequate notice of the date on which the matter will be considered shall be given to the government in question".

(432) V. ad es. art. 24 Cost. OIL.

245. Una preoccupazione costante. — Da tempi immemorabili e ben prima della creazione dello Stato moderno, la tutela dei diritti umani ha suscitato un vasto dibattito filosofico, per lo meno in Occidente ([433]).

All'epoca della società internazionale "tradizionale", gli Stati vigilavano sempre sulle situazioni "estreme", ossia su quelle circostanze per cui i loro cittadini, o anche alcuni stranieri, subivano trattamenti disumani fino a rischiare lo sterminio. Così, il diritto internazionale consuetudinario aveva ammesso la legittimità di interventi militari, detti "di umanità", tramite i quali uno Stato proteggeva i suoi cittadini o anche dei cittadini di altri Stati a rischio di sopravvivenza ([434]). In tale contesto, la *colonizzazione* si trovava ampiamente giustificata.

Oggi, la protezione dei diritti umani forma oggetto di una vasta ed apposita disciplina di diritto internazionale pattizio. Si tratta di un insieme di norme internazionali che, a partire dalla fine della seconda guerra mondiale, si sono sviluppate — sia pure in modo disuguale — sia a livello universale che a livello internazionale-regionale ([435]).

i. Il sistema universale di protezione dei diritti umani

246. La Carta dell'ONU (1945) e i diritti umani. — La Carta dell'ONU fa espresso riferimento ai diritti umani all'art. 1, par. 3, nonché agli artt. 13; 55; 62; 68 e 76 e pertanto, in questa materia, l'ONU svolge un'intensa attività.

In base all'art. 1, par. 3, tra i fini delle Nazioni Unite si prevede quello di "[c]onseguire la cooperazione internazionale nella soluzione dei problemi internazionali di carattere economico, sociale culturale od umanitario, e nel promuovere ed incoraggiare il rispetto dei diritti dell'uomo e delle libertà fondamentali per tutti senza distinzioni di razza, di sesso, di lingua o di religione".

Successivamente, all'art. 55 si afferma che: "[a]l fine di creare le condizioni di stabilità e di benessere che sono necessarie per avere rapporti pacifici ed amichevoli fra le nazioni, basate sul rispetto del principio dell'uguaglianza dei diritti o dell'au-

---

([433]) V. *infra* Cap. I. In argomento cfr. Y. Onuma, "A Transcivilizational Perspective on International Law", in *RCADI*, v. 342, 2009, p. 370 ss. ove riferimenti.

([434]) Ad esempio i cristiani maroniti libanesi vennero "protetti" tramite un intervento armato francese nel 1860. V. *infra* Cap. XX.

([435]) Secondo A. Cassese e P. Gaeta, *Le sfide attuali del diritto internazionale*, Bologna, Il Mulino, 2008, p. 144 ss. "È possibile individuare quattro fasi distinte. La *prima fase*, che va dall'adozione della Carta [ONU] sino alla fine degli anni '50, fu caratterizzata dal predominio dei Paesi occidentali. A livello regionale tale approccio portò all'adozione, nel 1950, da parte dei Paesi membri del Consiglio d'Europa, della Convenzione europea dei diritti umani, che rappresentò un passo fondamentale nell'evoluzione della protezione internazionale della dignità umana. La *seconda fase*, coincide con il consolidamento, nel 1955, del gruppo socialista (che assunse la guida degli Stati del terzo mondo) ed è caratterizzata dalla necessità per gli Stati occidentali di venire a patti con gli altri due gruppi. Questa situazione favorì il raggiungimento di una serie di compromessi importanti, come quelli che portarono all'adozione, da parte dell'Assemblea Generale, dei due Patti sui diritti umani del 1966. La *terza fase*, iniziata intorno al 1974 e conclusa intorno al 1990, vide la prevalenza dei Paesi in via di sviluppo. Questo periodo ha conosciuto una nuova dottrina dei diritti umani che alla fine ha ottenuto risultati notevoli e che mirava a soppiantare o almeno ad attenuare, per quanto possibile, le precedenti prese di posizione dell'AG. La *fase attuale*, nata a seguito della fine della guerra fredda, ha come caratteristica principale la scomparsa di quella diversificazione degli Stati nei tre gruppi precedentemente considerati. La nuova fase, infatti, si apre con un generale ed ampio consenso fra gli Stati sulla necessità di considerare il rispetto dei diritti umani come una *condicio sine qua* non per una piena legittimazione internazionale, vale a dire per una vera partecipazione alla vita delle relazioni internazionali".

todecisione dei popoli, le Nazioni Unite promuoveranno: [...] — *c*) il rispetto e l'osservanza universale dei diritti dell'uomo e delle libertà fondamentali per tutti, senza distinzione di razza, sesso, lingua o religione".

Così, il Consiglio economico e sociale dell'ONU istituì, nel 1946, la *Commissione per i diritti umani* (poi sostituita nel 2006 dal *Consiglio dei diritti umani*) per la promozione ed il controllo del rispetto dei diritti e delle libertà fondamentali da parte degli Stati membri. Ma all'indomani della seconda guerra mondiale, non esisteva un "catalogo internazionale" dei diritti umani; al contrario, l'opinione dominante era nel senso che si trattasse di una materia riservata al diritto (costituzionale) interno dei singoli Stati e, come tale, rientrante nel c.d. *dominio riservato* degli Stati di cui all'art. 2, par. 7, della Carta ([436]).

247. La Dichiarazione Universale dei diritti umani. — Il 10 dicembre 1948, l'Assemblea Generale dell'ONU ha proclamato la ***Dichiarazione universale dei diritti umani***, una risoluzione a carattere giuridicamente non vincolante ([437]), un atto di *soft law*, ma che, per la sua solennità, ha gettato le fondamenta e le direttive di sviluppo di tutto il diritto internazionale dei diritti umani contemporaneo ([438]). Con detta Dichiarazione si affermava definitivamente il principio secondo il quale *l'individuo non è più tutelato in quanto cittadino di uno Stato*, bensì **è protetto in quanto persona umana e basta**, la cui dignità va garantita in ogni luogo, anche nel proprio Stato di appartenenza. Come illustrò René Cassin, il contenuto della Dichiarazione può essere visualizzato attraverso l'immagine di un tempio.

248. Verso un *international bill of human rights.* — Il passo successivo fu quello di trasformare in diritto internazionale vincolante, *hard law*, i diritti così solennemente proclamati. Si iniziò con il varo della Convenzione di New York, del 9 dicembre 1948, per la prevenzione e la **repressione del delitto di genocidio**, entrata in vigore per l'Italia dal 2 settembre 1952, mentre si spegnevano le luci sul Tribunale Militare di Norimberga e sulla notte dell'umanità squarciata dalle atrocità dello sterminio nazista durante la seconda guerra mondiale.

Ma era già il periodo della guerra fredda e della contrapposizione tra Stati occidentali e Stati dell'area sovietica. Ne seguì una frammentazione normativa. Il 19 dicembre 1966 si giunse così alla conclusione, sotto gli auspici dell'ONU, di due distinti ***Patti internazionali: uno sui diritti civili e politici*** *e l'altro sui* ***diritti economici, sociali e culturali*** ([439]). Questi trattati sono entrati internazionalmente in vigore, rispettivamente, il 23 marzo 1976 ed il 3 gennaio 1976 ed oggi sono vincolanti rispettivamente per 173 e 171 Stati (al 20 gennaio 2021), tra cui l'Italia.

([436]) In arg. cfr. G. Arangio-Ruiz, "Le domain reservé", cit., *RCADI*, 1990/IV, p. 1 ss.

([437]) Dei 58 Stati che facevano allora parte delle Nazioni Unite, vi furono 48 voti favorevoli, 8 astensioni (Unione Sovietica, Polonia, Cecoslovacchia, Jugoslavia, Ucraina, Bielorussia, Sudafrica, Arabia Saudita) e 2 furono i Paesi che non parteciparono al voto (Honduras e Yemen). L'Italia, divenne Stato membro dell'ONU nel 1955.

([438]) Secondo A. Cassese (*Diritto internazionale*, 3ª ed., cit., 2017, p. 202) "L'ONU, promuovendo tenacemente ed instancabilmente il rispetto dei diritti umani ha introdotto un nuovo *ethos* nella società internazionale. Essa ha gradualmente messo in atto una sorta di rivoluzione copernicana: mentre prima l'intero sistema internazionale aveva come cardine la sovranità dello Stato, oggi sono gli individui a costituire il perno di questa comunità".

([439]) Per ironia della sorte il Patto sui diritti economici, sociali e culturali fortemente appoggiato dai Paesi socialisti entrò in vigore prima di quello sui diritti civili e politici su cui si focalizzavano i Paesi occidentali. In nessuno dei due Patti figura però il diritto di proprietà.

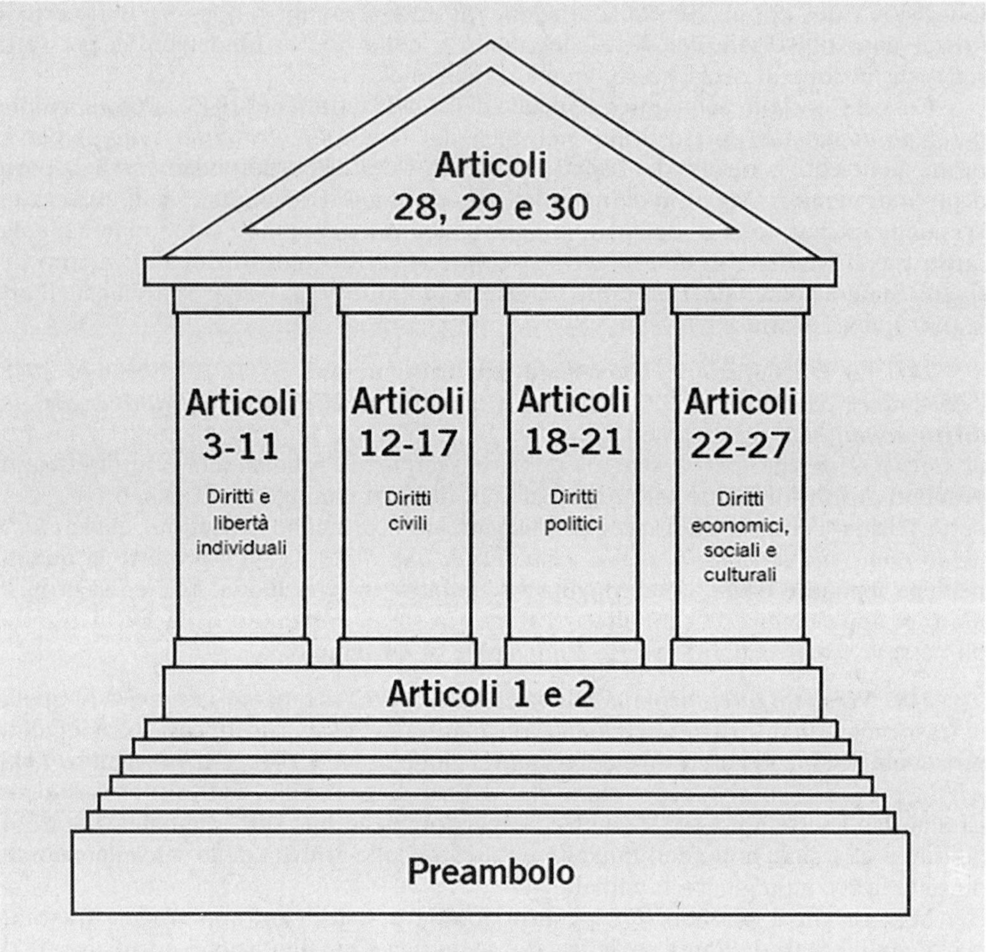

La facciata del tempio di Cassin

Oggi, la Dichiarazione Universale dei Diritti umani, il Patto internazionale sui diritti civili e politici (*ICCPR* secondo l'acronimo inglese) e i due Protocolli opzionali, così come il Patto internazionale sui diritti economici, sociali e culturali (*ICESCR* secondo l'acronimo inglese) col relativo Protocollo opzionale, formano insieme la "Carta internazionale dei diritti umani", un vero e proprio ***International Bill of Human Rights*** (440).

Accanto a questo "trittico" di atti internazionali, sono stati successivamente varati diversi altri *strumenti a portata universale ma con obiettivi settoriali* tra cui:

➢ la Convenzione internazionale sull'eliminazione di ogni forma di **discriminazione razziale (apartheid)** (New York, 21 dicembre 1965), in vigore per l'Italia dal 4 febbraio 1976;

---

(440) V. R. Cassin, "La Déclaration universelle et la mise en œuvre des droits de l'homme", in *RCADI*, 1951-II, v. 79, p. 237, e H. Steiner, "International protection of human rights", in Evans (ed.), *International Law*, Oxford, OUP, 3ª ed., 2010, p. 784 ss.

➢ la Convenzione sull'eliminazione di ogni forma di **discriminazione nei confronti delle donne** (New York, 18 dicembre 1979), in vigore per l'Italia dal 10 luglio 1985;

➢ la Convenzione **contro la tortura e altri trattamenti o punizioni crudeli, inumani, o degradanti** (New York, 10 dicembre 1984), in vigore per l'Italia dall'11 febbraio 1989, con un Protocollo facoltativo del 18 dicembre 2002 (in vigore per l'Italia dal 3 maggio 2013);

➢ la Convenzione sui **diritti del fanciullo** (New York, 20 novembre 1989), in vigore per l'Italia dal 5 ottobre 1991 con un Protocollo facoltativo sul coinvolgimento dei fanciulli nei **conflitti armati** del 25 maggio 2000 (in vigore per l'Italia dal 9 luglio 2002), un Protocollo facoltativo sulla vendita di fanciulli, sulla **prostituzione minorile e sulla pedopornografia** del 25 maggio 2000 (in vigore per l'Italia dal 9 agosto 2002), nonché con un ulteriore Protocollo facoltativo che stabilisce una procedura di presentazione delle comunicazioni del 19 dicembre 2011 (in vigore per l'Italia dal 4 maggio 2016);

➢ la Convenzione internazionale sulla protezione dei **diritti di tutti i lavoratori migranti e dei membri delle loro famiglie** (1990) (non in vigore per l'Italia);

➢ la Convenzione relativa ai **diritti delle persone con disabilità** (2006) (in vigore per l'Italia dal 15 maggio 2009);

➢ la Convenzione internazionale per la **protezione di tutte le persone dalla sparizione forzata** (2006) (in vigore per l'Italia dall'8 ottobre 2015) ([441]).

249. L'azione di promozione e "gestione" dei trattati da parte di organi ed istituti specializzati dell'ONU. — Il principale organo di discussione ed eventualmente di adozione di convenzioni di questa natura o di dichiarazioni solenni resta **l'Assemblea Generale dell'ONU**. A propria volta, il ***Consiglio economico e sociale dell'ONU* (ECOSOC)** può "fare raccomandazioni al fine di promuovere il rispetto e l'osservanza dei diritti dell'uomo e delle libertà fondamentali per tutti" ([442]). A tale scopo, può istituire organi sussidiari appropriati (commissioni tecniche o regionali, comitati permanenti o *ad hoc*, gruppi di esperti ecc.) come, per esempio il *Comitato dei diritti economici, sociali e culturali* istituito tramite la risoluzione n. 1985/17 del 28 maggio 1985 e che, proprio in quanto è composto da esperti indipendenti, funge da organo di controllo del precitato Patto internazionale sui diritti economici, sociali e culturali del 1966.

Anche l'**UNESCO** svolge tradizionalmente un'attività di promozione della tutela internazionale dei diritti umani così come viene indicato nel Preambolo della sua Carta e con riferimento alla educazione ai diritti umani e alla pace ([443]). E per i *diritti sociali*, particolare rilievo assume l'attività dell'**OIL/ILO** che è all'origine di numerosi atti in materia ed ha promosso diverse rilevanti convenzioni internazionali.

Nel 1993, è stato istituito l'***Ufficio dell'Alto Commissario ONU per i diritti umani* (OHCHR)**, per promuovere ed intensificare la cooperazione internazionale in tale

---

([441]) Per una lista completa, vedi il sito *http://www2.ohchr.org/english/law/index.htm.*

([442]) Articolo 62.2 della Carta. In arg. v. Pisillo Mazzeschi, *Diritto internazionale dei diritti umani*, cit., p. 138 ss.; P. Pustorino, *Lezioni di tutela internazionale dei diritti umani*, 2 ed., cit., p. 77 ss..

([443]) Basti pensare alla Convenzione UNESCO del 14 maggio 1954 sulla protezione dei beni culturali in caso di conflitto armato; la Convenzione del 14 dicembre 1960 sulla lotta contro la discriminazione nell'istruzione; la Convenzione del 20 ottobre 2005 sulla protezione e promozione della diversità delle espressioni culturali o ancora la Convenzione UNESCO del 2 novembre 2001 sulla protezione del patrimonio culturale subacqueo.

materia, oltre che per coordinare le attività delle Nazioni Unite in materia di Diritti umani (444).

L'OHCHR fornisce il necessario supporto logistico ed amministrativo alle strutture delle Nazioni Unite che si occupano della difesa dei diritti umani come, appunto, il *Consiglio per i Diritti Umani* e gli altri organismi di controllo (***Treaty Bodies***) istituiti dai trattati internazionali in tale materia.

250. Il controllo internazionale del rispetto dei diritti umani. — Per molto tempo, il livello di protezione dei diritti umani offerto dal diritto delle Nazioni Unite è apparso agli occhi di molti osservatori piuttosto debole e controverso. Non si trattava di un settore rientrante nel "dominio riservato", cioè della "competenza nazionale essenziale" degli Stati, ai sensi dell'articolo 2, par. 7, della Carta ONU? Persino la *qualità normativa* dei trattati in materia è stata spesso oggetto di critica: le norme internazionali di protezione, oltre a non essere sinallagmatiche e quindi non potendo contare sulla *reciprocità* di applicazione tra Stati, non sono state formulate in modo da potere essere sempre invocate direttamente e inequivocabilmente dagli individui. In altre parole, non si tratta di norme automaticamente *self-executing.*

Tale dibattito non si è mai sopito, ma allo stesso tempo sarebbe ipocrita non cogliere la straordinaria novità di cui il diritto internazionale dei diritti umani è ancor oggi portatore. È infatti doveroso constatare che, nel nostro tempo, si è sviluppato, a livello globale, *un sistema di controllo internazionale* dell'applicazione dei diritti umani che non esisteva in passato e che ha come caratteristica comune il fatto di svolgersi tramite l'attività di meccanismi non giurisdizionali dell'ONU: i *treaty bodies* istituiti da specifici trattati in materia.

ii. Meccanismi che operano a livello universale: organi dell'ONU

251. Il Consiglio di sicurezza e la CIG. — Anche se il *Consiglio di sicurezza dell'ONU* non possiede una specifica competenza in materia, alla luce della Carta, ha spesso fatto riferimento a delle violazioni gravi e sistematiche [*gross and sistematic violations*] dei diritti umani nell'esercizio delle sue funzioni, in qualità di garante della pace e della sicurezza internazionale: ad esempio riconoscendo l'esistenza di un nesso tra i conflitti internazionali e le violazioni dei diritti umani. A tal proposito si ritrovano numerosi esempi nella prassi con particolare riferimento alle operazioni di mantenimento della pace (445), così come nella nuova e controversa dottrina della "responsabilità di proteggere" a cui abbiamo già fatto riferimento (446).

A propria volta, la CIG pur risolvendo solo controversie tra Stati (447), si è trovata, talvolta, a doversi pronunciare, nell'esercizio della propria competenza consultiva o contenziosa, su questioni relative ai diritti umani (448). Per limitarsi alla giurisprudenza più recente basti riferirsi al caso *La Grand* (Germania c. Stati Uniti) o al caso *Avena*

(444) Per l'attuazione del suo ampio mandato, l'OHCHR impiega uno staff di circa 850 persone, dislocate in 11 uffici a livello nazionale, 7 uffici regionali e sub-regionali e, infine, unità per i diritti umani in 17 missioni di mantenimento della pace.

(445) UNMIK, UNMIL MINURCAT, UNMIS, MINUT, MONUC e UNOCI.

(446) V. Cap. III e XX di questo volume.

(447) Come si vedrà in seguito al Cap. XXIV.

(448) V. E. Decaux, "La Cour international de Justice et les droits de l'homme", in *Studi Arangio-Ruiz*, II, Napoli, 2004, p. 921.

(Messico c. Stati Uniti), mentre la pronuncia del 3 febbraio 2012, sul caso dell'*immunità giurisdizionali degli Stati* (*Germania c. Italia*) costituisce senz'altro un'occasione mancata.

252. Il Consiglio dei diritti umani dell'ONU. — Tuttavia, il principale organo dell'ONU in materia di diritti umani resta il *Consiglio dei diritti umani* (***Human Rights Council***). Si tratta di un organo sussidiario dell'Assemblea Generale dell'ONU. Venne istituito nella primavera del 2006 tramite la Ris. n. 251/60, votata a larghissima maggioranza all'Assemblea Generale dell'ONU ([449]) anche per sostituire la vetusta, e criticata, Commissione dei diritti umani dell'ONU (istituita dall'ECOSOC nel 1946).

Il Consiglio dei diritti umani, *un organo di Stati* (e non di individui), si riunisce a Ginevra ed è composto da 47 Stati membri eletti per tre anni nell'Assemblea Generale ONU ([450]) ed eleggibili per un massimo di due mandati consecutivi. Ai sensi della predetta risoluzione, il Consiglio dei diritti umani ha vocazione:

a) "A promuovere l'educazione e la formazione nel campo dei diritti umani, come i servizi consultivi, l'assistenza tecnica, e il potenziamento delle capacità che saranno portate in consultazione in accordo con gli stati membri;

b) Ad essere un luogo di dialogo sulle tematiche relative a tutti i diritti umani;

c) Presentare delle Raccomandazioni all'Assemblea generale al fine di continuare a sviluppare il diritto internazionale dei diritti umani;

d) Ad incoraggiare il rispetto integrale delle obbligazioni sottoscritte dagli Stati nel campo di diritti umani e della realizzazione degli obiettivi fissati e il rispetto degli impegni relativi alla promozione e alla difesa dei diritti umani decisi nelle conferenze e nelle riunioni a capo delle Nazioni Unite;

e) A procedere ad un esame periodico universale, tenendo conto delle informazioni oggettive e attendibili, del rispetto per ogni Stato, degli obblighi e degli impegni in materia di diritti umani in modo da garantire l'universalità della propria azione e l'uguaglianza di trattamento di ogni Stato; volendo istituire una cooperazione tra Stati fondata su un dialogo al quale un dato Paese sia pienamente associato e che tiene conto delle necessità di quest'ultimo in termini di rinforzo delle proprie capacità, questo esame completerà l'opera degli organi convenzionali senza fare un doppio lavoro; il Consiglio deciderà le modalità dell'esame periodico universale e del tempo che sarà necessario, nell'anno che seguirà lo svolgimento della prima sessione;

f) A contribuire, a favore del dialogo e della cooperazione, a prevenire le violazioni dei diritti umani e a intervenire rapidamente in caso d'urgenza nell'ambito dei diritti umani;

g) Ad assumere il ruolo e le responsabilità della Commissione dei diritti umani nei confronti dell'Alto Commissariato delle Nazioni Unite per i diritti umani, come deciso dall'Assemblea generale nella risoluzione 48/141 del 20 dicembre 1993;

h) Ad operare in stretta collaborazione con i governi, le organizzazioni regionali, gli organismi nazionali di difesa dei diritti umani e con la società civile nel campo dei diritti umani;

i) Ad elaborare raccomandazioni riguardo alla promozione e alla difesa dei diritti umani;

j) A presentare un rapporto annuale all'Assemblea generale" ([451]).

253. (*Segue*) La *Universal Periodic Review*. — Così, a partire dal 2008, il Consiglio dei diritti umani ha iniziato ad operare e ad utilizzare il nuovo meccanismo di

---

([449]) Vi furono 170 voti a favore; 3 astenuti (Venezuela, Iran e Bielorussia); 4 contrari (USA, Israele, Isole Marshall e Palau).

([450]) L'Assemblea generale ONU, con la maggioranza dei due terzi presenti e votanti, può sospendere il diritto di appartenenza ad un membro del Consiglio che commetta rilevanti e sistematiche violazioni dei diritti umani.

([451]) Ris. 60/251 del 15 marzo 2006, A/RES/60/251.

esame periodico universale (*Universal Periodic Review*) che permette di esaminare la situazione dei diritti umani in ciascuno dei 193 Stati membri dell'ONU. Detto esame viene effettuato a Ginevra da tre Stati relatori (c.d. *troika*) estratti a sorte e si effettua sulla base di informazioni che provengono dallo Stato, dalla società civile e dagli esperti (ONG — organizzazioni non governative — ma anche istituzioni nazionali dei diritti umani) ([452]).

254. (*Segue*) Le *procedure speciali* e gli altri meccanismi di controllo. — Il Consiglio dei diritti umani ha utilizzato il meccanismo delle *procedure speciali* (***Special Procedures***) che già era stato impiegato — a dire il vero con scarsi risultati — dalla Commissione dei diritti umani ONU. Si tratta di meccanismi istituiti per studiare, monitorare e relazionare circa la particolare situazione di un Paese o determinate questioni interessanti più Stati attraverso esperti indipendenti che vengono designati a tali effetti. Grazie al supporto logistico dell'ufficio dell'Alto Commissario ONU per i diritti umani, questi esperti presentano i loro rapporti al Consiglio dei diritti umani, al quale presentano le loro constatazioni e, su domanda del Consiglio, le loro raccomandazioni ([453]).

La risoluzione n. 5/1 del Consiglio dei diritti umani del 18 giugno 2007, ricalcando lo schema della procedura 1503 (dei tempi passati quando c'era la Commissione dei diritti umani), ha istituito un meccanismo che consente anche alle ONG di portare all'attenzione del Consiglio casi di violazioni gravi e ripetute dei diritti umani o delle libertà fondamentali, suffragate da prove attendibili e commesse ovunque nel mondo e in qualunque circostanza.

In tali situazioni, il Consiglio, a maggioranza, può istituire delle commissioni internazionali di inchiesta sui diritti umani e gruppi di esperti.

Così, **ad esempio**, è avvenuto per il conflitto nella **Striscia di Gaza**, a seguito della quale il Consiglio ha adottato delle risoluzioni di condanna dell'uso della forza sproporzionato da parte delle truppe di occupazione israeliane contro i civili palestinesi ed inviando anche una nuova commissione d'inchiesta, per fare seguito alle proteste del Governo israeliano. "Politicizzando" ingiustamente, l'operato di tali commissioni di inchiesta, composte quasi sempre da giusinternazionalisti di fama mondiale, il 19 giugno 2018, il Presidente Trump ha bollato tali attività come..."antiisraeliane" e, paradossalmente, ha ottenuto il recesso degli Stati Uniti dal Consiglio dei diritti umani dell'ONU. Spetterà ora al Presidente Biden rivedere anche questa decisione.

Le ***comunicazioni***, prima di essere eventualmente portate a conoscenza del Consiglio, sono esaminate da due gruppi di lavoro, uno sulle comunicazioni (*Working Group on Communications*); l'altro sulle situazioni (*Working Group on Situations*). Successivamente, il Consiglio può decidere di: *a*) sospendere l'esame della situazione; *b*) continuare a tenere la situazione sotto controllo, chiedendo allo Stato interessato di fornire informazioni; *c*) continuare a tenere la situazione sotto controllo, nominando un esperto indipendente altamente qualificato per monitorare la situazione e

---

([452]) Osserva A. Cassese (*Le sfide attuali del diritto internazionale*, cit., p. 159) che "[P]er valutare a fondo l'efficacia di questi meccanismi di controllo, è necessario considerare, da un lato, che essi operano in un settore nel quale gli Stati, sebbene abbiano assunto obblighi internazionali, non sono disposti a sottoporsi a un controllo giudiziario internazionale; dall'altro lato, che questo settore concerne questioni molto delicate politicamente, che possono avere implicazioni internazionali a livello economico, diplomatico e commerciale. Di conseguenza, gli organi internazionali di controllo devono procedere con estrema cautela per paura che gli Stati si rifiutino di cooperare, impedendo così a tali meccanismi di funzionare".

([453]) *http://www2.ohchr.org/french/bodies/chr/complaints.htm.*

riferire al Consiglio; *d*) rendere la procedura pubblica; *e*) raccomandare all'Alto Commissariato per i Diritti Umani di fornire allo Stato interessato assistenza tecnica.

Quei meccanismi sono destinati a completare, ma non a sostituire, le procedure e gli organismi istituiti in virtù dei trattati relativi ai diritti umani.

iii. Gli organi di controllo istituiti dai trattati internazionali sui diritti umani (c.d. *Treaty Bodies*)

255. I Comitati e le loro funzioni di controllo. — La maggior parte dei trattati internazionali sui diritti umani a carattere universale elaborati in seno all'ONU dispone di un proprio meccanismo di controllo ([454]). Ciascun organo (denominato generalmente "Comitato"/*Committee*) è composto da ***individui*** che vi siedono in qualità di ***esperti indipendenti*** ed hanno il compito di assicurare le funzioni di controllo che ciascun trattato prevede ([455]).

Si tratta del:

— Comitato dei diritti umani;
— Comitato dei diritti economici, sociali e culturali ;
— Comitato per l'eliminazione della discriminazione razziale;
— Comitato per l'eliminazione della discriminazione nei confronti delle donne;
— Comitato contro la tortura;
— Comitato dei diritti del fanciullo;
— Comitato dei lavoratori migranti;
— Comitato dei diritti delle persone con disabilità;
— Comitato contro le sparizioni forzate.

Al fine di svolgere le loro funzioni di controllo internazionale, questi Comitati dispongono di almeno cinque tipi di strumenti operativi:

a) i ***rapporti periodici*** sulla situazione dei diritti umani negli Stati contraenti di un dato trattato (e si tratta di rapporti presentati direttamente dagli Stati);

b) le ***comunicazioni individuali*** (quando e nei limiti in cui queste sono previste, tramite trattato o protocollo *ad hoc*);

c) le ***comunicazioni di uno Stato*** tramite la quale pretende che un altro Stato parte esegua gli obblighi previsti da un dato trattato;

d) l'***inchiesta*** attivata *ex officio* da un Comitato;

e) le ***osservazioni generali*** (c.d. *General Comments*).

a) *I rapporti periodici degli Stati*

256. — Le convenzioni delle Nazioni Unite relative ai diritti umani prevedono l'obbligo in capo agli Stati di presentare dei *rapporti periodici* al Comitato incaricato del controllo dell'applicazione di un dato trattato. Qui, ogni Stato deve illustrare le misure che ha adottato per l'attuazione dei diritti umani previste da ciascun trattato in vigore ([456]). Ciascun rapporto viene successivamente esaminato, criticamente, in presenza di una delegazione dello Stato in questione ed anche tenendo conto dei

---

([454]) A tale riguardo si parla di *Treaty Bodies*.

([455]) Consultare il sito internet *http://www.ohchr.org/EN/HRBodies/Pages/HumanRightsBodies.aspx*.

([456]) Per l'Italia, il ***Comitato Interministeriale per i Diritti Umani*** provvede alla redazione di tutti i documenti utili in ambito ONU: rapporti periodici, risposte sollecitate da comunicazioni individuali, rapporti presentati da soggetti non statali, come le organizzazioni non governative le quali sono molto attive in materia di diritti umani. Il "dialogo costruttivo" (***constructive dialogue***) così instaurato, termina con le *osservazioni finali* (***Final Observations***) del Comitato. Queste ultime mettono in evidenza i più rilevanti sviluppi — positivi e negativi — circa l'attuazione di quei diritti e formulano delle raccomandazioni ai fini di una migliore attuazione.

Non si tratta, dunque, di una procedura giurisdizionale ([457]), bensì di meccanismi di natura diplomatica ([458]). *Lo scopo ricercato è quello di esercitare una pressione politica* sugli Stati in modo da descrivere la situazione in materia di diritti umani *e stabilire un dialogo critico ma costruttivo* con il Comitato di controllo istituito dal trattato in questione ([459]). In quest'ottica, la natura giuridica delle osservazioni finali appartiene al genere delle *raccomandazioni*, le quali, non essendo giuridicamente vincolanti, sono nell'insieme seguite e attuate dalla maggioranza degli Stati, preoccupati di avere un cattivo "human rights record" agli occhi dell'opinione pubblica internazionale.

b) *Le comunicazioni individuali*

257. — A volte, *gli individui* che ritengono che i loro diritti internazionalmente protetti siano stati violati da uno Stato, possono rivolgersi direttamente al Comitato competente. Ma per poterlo fare, occorre che lo Stato "in causa" abbia espressamente accettato la procedura di *comunicazione individuale* ([460]). Ciò avviene, ad esempio, per quanto riguarda il Patto relativo ai diritti civili e politici: ed anche quando ciò avviene, devono essere rispettate determinati requisiti di forma e sostanza.

Il Comitato, infatti, non potrà esaminare un caso che sia già oggetto di esame in un'altra procedura internazionale; ogni comunicazione sarà esaminata "a porte chiuse"; essa non dovrà essere anonima; non ci dovrà essere un "abuso di diritto" da parte del richiedente; l'autore della comunicazione dovrà aver esaurito le vie di ricorso interno proprie del Paese in questione.

Nel caso in cui una comunicazione sia stata dichiarata ricevibile, il Comitato chiederà allo Stato in questione di fornirgli delle spiegazioni sulla presunta violazione e di indicare se abbia preso delle misure per rimediare. Lo Stato dispone di un periodo di sei mesi per elaborare una risposta, e il ricorrente ha il diritto di commentarla. Quindi, il Comitato formula le proprie *conclusioni*, le quali vengono comunicate allo Stato in questione, così come al ricorrente e vengono rese pubbliche.

Senonché, in virtù del Protocollo opzionale, le conclusioni formulate dal Comitato *non sono giuridicamente vincolanti per lo Stato* in questione. Da un punto di vista giuridico, infatti, si tratta, ancora una volta, di raccomandazioni internazionali, sep-

---

documenti di lavoro che hanno ad oggetto temi particolarmente rilevanti per il nostro Paese, materiali utili per la predisposizione dei rapporti annuali prodotti dalle Procedure Speciali.

([457]) V. *infra* il Cap. XXIV.

([458]) V. *infra* il Cap. XXII.

([459]) V. in proposito ad esempio l'art. 40 del Patto internazionale relativo ai diritti civili e politici del 16 dicembre 1966.

([460]) E si noti, a tale riguardo, che in ossequio al linguaggio diplomatico, non si tratta di "denunce" bensì di "comunicazioni", come accade anche nel sistema africano di protezione internazionale dei diritti umani, mentre si parla di "petizioni" nel sistema interamericano.

pure tali atti godano di autorevolezza, tant'è che la maggior parte degli Stati vi si adegua spontaneamente ([461]).

Inoltre, non va dimenticato che, in prospettiva storica, la procedura di comunicazione individuale presenta un aspetto "rivoluzionario", in quanto mette in contatto diretto l'individuo e il Comitato di controllo di un trattato di tutela dei diritti umani; un altro aspetto che ben caratterizza l'evoluzione in senso "transnazionale" del diritto internazionale contemporaneo ([462]). E si tratta di una prassi che si è ampiamente sviluppata sin dal 1970.

Se il modello più sviluppato è quello del Patto relativo ai diritti civili e politici, oggi altri otto Comitati possono ricevere delle comunicazioni individuali (***individual complaints or communications***) come viene evidenziato nello schema qui sotto:

	Organo di controllo/*Treaty Body*	**Comunicazioni presentate da individui/ *communications or complaints***	**In vigore per l'Italia**
1.	Comitato dei diritti umani del Patto relativo ai diritti civili e politici/*Human Rights Committee* (**HRC**)	SI ([463])	SI (15 settembre 1978)
2.	Comitato contro la tortura/*CAT Committee*	SI ([464])	SI (10 ottobre 1989)
3.	Comitato per l'eliminazione della discriminazione razziale/ ***CERD Committee***	SI ([465])	SI (5 maggio 1978)
4.	Comitato per l'eliminazione della discriminazione nei confronti delle donne/ ***CEDAW Committee***	SI ([466])	SI (22 settembre 2000)
5.	Comitato dei diritti dei disabili/ ***CRPD Committee***	SI ([467])	SI (15 maggio 2009)
6.	Comitato sulle sparizioni forzate/ ***CED Committee***	SI ([468])	NO

([461]) V. M. Nowak, *Commentary on the U.N. International Covenant on Civil and Political Rights*, 3 ed., a cura di W. Schabas, Kehl am Rhein, Engel, 2019.

([462]) V. Cap. I.

([463]) V. il primo Protocollo facoltativo al Patto sui diritti civili e politici del 16 dicembre 1966.

([464]) V. l'art. 22 della Convenzione contro la tortura e altri trattamenti o punizioni crudeli, inumani e degradanti, del 10 dicembre 1984.

([465]) V. l'art. 14 della Convenzione internazionale per l'eliminazione di ogni forma di discriminazione razziale del 21 dicembre 1965.

([466]) V. il Protocollo opzionale del 6 ottobre 1999 alla Convenzione sull'eliminazione di ogni forma di discriminazione nei confronti delle donne del 18 dicembre 1979.

([467]) V. il Protocollo opzionale alla Convenzione ONU sui diritti delle persone con disabilità del 13 dicembre 2006.

([468]) V. l'art. 31 della Convenzione internazionale per la protezione di tutte le persone dalla sparizione forzata del 10 dicembre 2016.

7.	Comitato per i lavoratori migranti/***CMW Committee***	SI ([469])	NO
8.	Comitato per i diritti economici, sociali e culturali/***CESCR Committee***	SI ([470])	SI (20 febbraio 2015)
9.	Comitato per i diritti del fanciullo/***CRC Committee***	SI ([471])	SI (4 febbraio 2016)

(Situazione al 17/1/2021)

c) *Le comunicazioni di uno Stato nei confronti di un altro Stato*

258. — Alcuni trattati prevedono che uno Stato contraente possa presentare una *comunicazione* al Comitato di controllo *nei confronti di un altro Stato contraente* tramite la quale evidenzia la mancata esecuzione degli obblighi previsti dal trattato di protezione dei diritti umani in questione, purché sussista una Dichiarazione unilaterale di accettazione della competenza del medesimo Comitato.

Nonostante questo meccanismo di controllo sia rimasto praticamente lettera morta, gli organi di controllo che possono ricevere una tale comunicazione sono il Comitato contro la tortura (v. art. 21 della Convenzione contro la tortura o altre pene o trattamenti inumani o degradanti) il Comitato per i diritti del fanciullo e il comitato dei lavoratori migranti (v. art. 74 della Convenzione internazionale sulla protezione dei diritti di tutti i lavoratori migranti e dei membri della loro famiglia).

Un meccanismo parzialmente diverso è previsto dagli artt. 11-13 della Convenzione internazionale sull'eliminazione di ogni forma di discriminazione razziale (CERD) così come dagli artt. 41-43 del Patto internazionale sui diritti civili e politici (ICCPR). Qui, la *comunicazione* di uno Stato contro un altro Stato può trasformarsi in un contenzioso interstatale avente per oggetto la violazione del trattato in questione.

A tale proposito, occorre notare che gli altri trattati prevedono diverse procedure di risoluzione delle controversie che vanno dai negoziati all'arbitrato tra Stati ma che prescindono dalle *comunicazioni* di cui sopra. È il caso dell'art. 29 della Convenzione sull'eliminazione di ogni forma di discriminazione contro le donne (CEDAW), come l'art. 30 della Convenzione contro la tortura e altre pene o trattamenti crudeli, inumani o degradanti (CAT). Qui, se entro sei mesi dalla domanda d'arbitrato, le Parti non raggiungono un accordo, "una qualunque delle parti può deferire la controversia alla Corte internazionale di giustizia, con una richiesta conformemente allo Statuto della Corte".

d) *L'inchiesta attivata* ex officio *dal Comitato*

259. — A volte può essere aperta un'*inchiesta internazionale su iniziativa del Comitato* competente nel momento in cui sia in possesso di informazioni affidabili

---

([469]) V. l'art. 77 della Convenzione internazionale sulla protezione dei diritti di tutti i lavoratori migranti e dei membri delle loro famiglie del 18 dicembre 1990.

([470]) V. il Protocollo facoltativo del 10 dicembre 2008 al Patto internazionale sui diritti economici, sociali e culturali del 16 dicembre 1966. In argomento v. F. Seatzu, M. Odello, *The UN Committee on Economic, Social and Cultural Rights: The Law, Process and Practice*, New York, Routledge, 2013.

([471]) Protocollo facoltativo del 19 dicembre 2011 alla Convenzione sui diritti del fanciullo del 20 novembre 1989.

secondo le quali uno Stato membro violi in maniera sistematica di diritti convenzionalmente riconosciuti e protetti. La procedura d'inchiesta è allora confidenziale.

I Comitati che dispongono di tale potere d'inchiesta sono, per ora, il Comitato contro la tortura (art. 20) e quello per l'eliminazione della discriminazione contro le donne (artt. 8-9 del Protocollo opzionale) nonché quello per i diritti del fanciullo. Tuttavia, è anzitutto necessario che lo Stato in causa abbia riconosciuto la competenza del Comitato, cosa che non avviene così facilmente, come testimonia l'art. 28 della Convenzione contro la tortura (che ammette la possibilità di formulare una "dichiarazione", al momento della firma o della ratifica, che esclude, appunto, il ricorso alla procedura d'inchiesta) o ancora l'art. 10 del Protocollo facoltativo della Convenzione per l'eliminazione della discriminazione contro le donne.

e) *I "General Comments" dei Comitati*

260. — Infine, non va sottovalutato il contributo dei "Treaty Bodies" allo sviluppo progressivo del diritto internazionale per mezzo delle loro ***osservazioni generali*** ("*General Comments*"). Si tratta, da parte loro, di procedere ogni volta ad un'interpretazione formale e "ufficiale" di alcune disposizioni relative ai diritti umani contenute all'interno di una particolare convenzione e concernenti delle questioni tematiche specifiche o, ancora, dei metodi di lavoro ([472]). Spesso mal viste dagli Stati e dai loro Ministeri degli Affari Esteri, le interpretazioni dei comitati hanno avuto per oggetto delle questioni fondamentali del diritto dei trattati come quelle relative alla validità delle riserve ai trattati in materia dei diritti umani ([473]) o, ancora, in materia di estinzione dei trattati ([474]).

i. Il sistema internazionale-regionale di protezione dei diritti umani.

Bibliografia sommaria: V. la bibliografia generale citata supra il § 234, nonché L. Pineschi (a cura di), *La tutela internazionale dei diritti umani: norme, garanzie, prassi*, Milano, Giuffrè, 2015; G. Pascale, *La tutela internazionale dei diritti dell'uomo nel continente africano*, Napoli, Jovene, 2018; C. Zanghì, L. Panella, *La protezione internazionale dei diritti dell'uomo*, 4 ed., Torino, Giappichelli, 2019; R. Pisillo Mazzeschi, *Diritto internazionale dei diritti umani. Teoria e prassi*, Torino, Giappichelli, rist. 2020; S. Tonolo, G. Pascale, *La Dichiarazione universale dei diritti umani nel diritto internazionale contemporaneo*, Torino, Giappichelli, 2020. Per una panoramica completa ed aggiornamenti v. lo *European Journal of Human Rights/Journal européen des droits de l'homme* dir. da O. de Schutter nonché lo *European Yearbook on Human Rights*, a cura di W. Benedek e M. Nowak, Vienna, a partire dal 2011. V. pure la rivista elettronica *Ordine internazionale e diritti umani* (OIDU) e quella cartacea *Diritti umani e diritto internazionale* (Il Mulino).

261. I sistemi regionali di tutela internazionale dei diritti umani (Europa, America e Africa). — I sistemi regionali di tutela dei diritti umani si basano su trattati internazionali vincolanti in materia di diritti umani al fine di offrire una più incisiva tutela per gli individui rispetto ai meccanismi internazionali a vocazione universale e nonostante il timore che tali "sistemi regionali" pongano l'accento sulle particolarità del nucleo di Paesi che li compongono e pertanto finiscano con l'indebolire l'universalità dei diritti umani.

([472]) V. la lista al sito http://www.ohchr.org/EN/HRBodies/Pages/TBGeneralComments.aspx.

([473]) V. ad esempio il *General Comment* n. 24 del 1994 del Comitato dei diritti umani.

([474]) V., dello stesso Comitato, il *General Comment* n. 26 del 1997 che preconizza la "perennità" degli obblighi derivanti dal PIDPC del 1966.

Prima di illustrare brevemente il sistema di tutela dei diritti umani vigente in Europa, va segnalato che non si tratta del solo continente ad aver istituito un sistema regionale di protezione dei diritti umani, anche se esso rimane il più noto e quello più effettivo del mondo. Il modello è quello di fissare i diritti umani in un trattato internazionale a vocazione regionale e poi dotare tale trattato di una Corte permanente che eserciti le necessarie funzioni di controllo della sua applicazione nonché risolva le controversie tra Stati (in ordine al trattato) oppure e questa è la novità strutturale per l'ordinamento internazionale, anche tra Stati e privati. Ritorneremo su questo aspetto che è quello dell'accesso dell'individuo a una Corte permanente internazionale nel Cap. XXIV.

In questa sede, basti osservare che nel continente americano è stata adottata, il 22 novembre 1969, una ***Convenzione americana sui diritti umani***, trattato che è entrato internazionalmente in vigore il 18 luglio 1978 ([475]) ed ha istituito una *Corte interamericana dei diritti umani* la quale ha contribuito in grande misura a consolidare tale materia attraverso una copiosa giurisprudenza ([476]).

Per quanto il continente africano l'attività di tutela dei diritti umani viene affidata al sistema africano di protezione dei diritti dell'uomo e dei popoli che è stato istituito nell'ambito dell'Organizzazione dell'Unità Africana (OUA), poi sostituita, nel 2000, dall'Unione africana (d'ora innanzi UA) ([477]).

Nel 1981, gli Stati membri dell'OUA hanno adottato la ***Carta africana dei diritti dell'uomo e dei popoli***, riconoscendo la centralità dei diritti fondamentali e della loro necessaria protezione a livello nazionale e internazionale. Con questo documento, oltre a porre un solido catalogo di diritti fondamentali attribuiti agli uomini e ai popoli, è stata istituita la Commissione africana dei diritti dell'uomo e dei popoli e successivamente tramite il Protocollo di Ouagadougou del 1998, entrato in vigore nel 2004, la ***Corte Africana dei diritti dell'uomo e dei popoli***.

Ciò detto, tornando al **contesto internazionale-regionale europeo**, sembra indispensabile richiamare, sia pure per sommi capi, dapprima il ruolo dell'OSCE *(a)* e poi quello del Consiglio d'Europa *(b)*, per poi tentare di trarre alcune conclusioni più generali sul ruolo dell'individuo in diritto internazionale *(c)*.

a) *La protezione dei diritti umani nel quadro della Conferenza sulla sicurezza e la cooperazione in Europa (CSCE), divenuta OSCE.*

262. Un controllo politico. — I Paesi partecipanti alla conferenza sulla sicurezza di Helsinki del 1975, riaffermarono il loro "rispetto dei diritti umani e delle libertà fondamentali, compresa la libertà di pensiero, coscienza, credo o religione" (VII). Allo stesso tempo, i partecipanti e i firmatari dell'Atto finale di Helsinki intesero costituire, tramite la Conferenza sulla sicurezza e la cooperazione in Europa (CSCE), un *forum* di cooperazione in *campo umanitario e in altri campi*, come la diffusione di strumenti d'informazione ed altri, volti a favorire un processo di distensione internazionale.

([475]) V. *ILM*, 1970, p. 673, e 1979, p. 1189.

([476]) V. il testo dello statuto della Corte in *ILM*, 1980, p. 634.

([477]) V. M. Kamto (dir.), *La Charte africaine des droits de l'homme et des peuples et le Protocol y relatif portant création de la Cour africaine des droits de l'homme. Commentaire article par article*, Bruxelles, Bruylant, 2011; G. Pascale, *La tutela internazionale dei diritti dell'uomo nel continente africano*, Napoli, Jovene, 2018.

Peculiare a tale ente è il fondamento giuridico cui si è già fatto cenno ([478]) ed il suo *modus operandi*: l'applicazione delle disposizioni dell'Atto finale di Helsinki viene controllata dalle conferenze successive degli Stati che ne fanno parte e che quindi ne assicurano un *follow-up* periodico. L'ibridazione tra meccanismi politici e giuridici, tipici di questo ente, consentono qui più che altrove di sviluppare un *dialogo costruttivo* tra Paesi che un tempo erano divisi in fronti contrapposti. Così, ad esempio, i principi posti ad Helsinki in materia di diritti umani sono — al pari di quelli dell'ONU — suscettibili di formare oggetto di diverse "letture" a seconda del Paese ed in funzione del proprio sistema economico e sociale: pertanto le Conferenze di Belgrado (1978) e di Madrid (1980) si caratterizzarono per una forte divergenza di vedute tra Paesi dell'"Est" e Paesi dell'"Ovest" dell'epoca. Eppure ciò non significa che l'*acquis* di Helsinki sia stato poco rilevante. Molti osservatori hanno infatti notato che i "principi di Helsinki" hanno avuto un sicuro impatto sull'atteggiamento dei governi dei Paesi "socialisti" nei confronti dei loro "dissidenti" e che una politica "repressiva" era diventata più difficile da perseguire che in precedenza. Come negare, ad esempio, che la creazione del sindacato "Solidarnosch" in Polonia nel 1980 fu facilitata dai "principi di Helsinki"? Ancora, la costituzione del gruppo detto della "Carta 77" in Cecoslovacchia per l'applicazione dei principi di Helsinki giocò un ruolo importante all'interno della "rivoluzione di velluto" del 1989 che doveva segnare la caduta del regime comunista a vantaggio dell'instaurazione di un nuovo ordine democratico.

In breve, considerando i risultati conseguiti in passato tramite il processo di Helsinki in materia di diritti umani, si può cogliere agevolmente l'importanza odierna che continua ad assumere quel "processo" ed in particolare la sua istituzionalizzazione tramite l'Organizzazione per la sicurezza e la cooperazione in Europa (OSCE). Ed infatti, alla fine della guerra fredda, con il mutare delle priorità strategiche in tema di sicurezza internazionale, la CSCE è stata trasformata in una Organizzazione per la Sicurezza e la Cooperazione in Europa (OSCE).

Attualmente fanno parte dell'OSCE ben 56 Stati, tutti gli Stati europei, alcune Repubbliche ex sovietiche, gli Stati Uniti ed il Canada.

Oggi, l'OSCE svolge un ruolo importante circa la prevenzione dei conflitti, il monitoraggio delle situazioni di crisi e la ricostruzione post-bellica. Da un processo inizialmente solo "politico" e giuridicamente non vincolante si sono ottenuti risultati giuridici di indubbio rilievo, ulteriore dimostrazione che occorre comprendere il diritto internazionale non solo in senso statico ed astratto ma, soprattutto, nella sua dinamica e concreta — anche informale — attuazione: *International Law as a process*, secondo la celebre espressione di Rosalyn Higgins.

b) *La protezione dei diritti umani nel quadro del Consiglio d'Europa: la CEDU*

Bibliografia sommaria: M. Sørensen, *Le Conseil de l'Europe*, in *RCADI*, 1952-II, p. 121 ss.; G. Cohen-Jonathan, *La convention européenne des droits de l'homme*, Paris, Economica, 1989; V. Starace, *La Convenzione europea dei diritti dell'uomo e l'ordinamento italiano*, Bari, 1992; L.E. Pettiti, E. Decaux, P.H. Imbert (a cura di), *La convention européenne des droits de l'homme*, Paris, Economica, 1995; M. De Salvia, *La Convenzione europea dei diritti dell'uomo*, Napoli, ES, 2001; S. Bartole, B. Conforti, G. Raimondi, *Commentario alla Convenzione europea per la tutela dei diritti dell'uomo e delle libertà fondamentali*,

---

([478]) Va ricordato che l'atto finale di Helsinki costituisce un esempio notevole di "impegno non vincolante" tra Stati (c. supra Cap. VI).

Padova, Cedam, 2001; F. Benoit-Rohmer, H. Klebes, *Le droit du Conseil de l'Europe: vers un espace juridique européen*, Strasbourg, ed. Conseil de l'Europe, 2005; G. Raimondi, *Il Consiglio d'Europa e la Convenzione europea dei diritti dell'uomo*, 2ª ed., Napoli, 2008; *Commentario breve alla convenzione europea dei diritti dell'uomo*, a cura di Bartole, De Sena, Zagrebelsky, Padova, Cedam, 2012; W. Schabas, *The European Convention on Human Rights. A Commentary*, Oxford, OUP, 2015; U. Villani, *Dalla Dichiarazione universale alla Convenzione europea dei diritti dell'uomo*, Bari, Cacucci, 2015; V. Zagrebelsky, R. Chenal, L. Tomasi, *Manuale dei diritti fondamentali in Europa*, Bologna, Il Mulino, 2016; A. Di Stasi, *Introduzione alla Convenzione Europea dei Diritti dell'Uomo e delle Libertà Fondamentali*, 2 ed., Cedam-WKI, 2018; J. Renucci, *Traité de droit européen des droits de l'homme*, 8 éd., LGDJ, 2019; E. A. Rossi, *Corpi intermedi e diritti "metaindividuali" nel sistema CEDU*, pref. di L. Mari, ES, Napoli, 2020.

263. Uno spazio giuridico dotato di un controllo giurisdizionale internazionale. — Il ***Consiglio d'Europa.*** — da non confondere con l'*Unione europea* (ed in particolare col *Consiglio* e col *Consiglio europeo* che sono organi della UE !) — è un'organizzazione internazionale permanente costituita inizialmente dagli Stati dell'Europa occidentale per "realizzare un'unione più stretta tra i suoi Membri al fine di salvaguardare e promuovere gli ideali e i principi che solo il loro patrimonio comune e di favorire il progresso economico e sociale" ([479]). Le finalità, la struttura ed il suo funzionamento sono disciplinati dal suo Statuto, firmato il 5 maggio 1949, all'indomani della Seconda guerra mondiale ([480]). Lo Statuto ha natura di trattato internazionale ed è stato integrato diverse volte.

Il Consiglio d'Europa ha sede a **Strasburgo**, in Francia e costituisce la *principale OIG di difesa dei diritti umani del continente europeo*; oggi include ben 47 Stati membri, tra cui tutti i 27 Stati dell'Unione europea, il Regno Unito, la Russia e la Turchia, creando così uno spazio giuridico comune per circa 800 milioni di cittadini ([481]). Detta OIG promuove, tra l'altro, la libertà di espressione e dei media, la libertà di riunione, l'uguaglianza e la protezione delle minoranze, aiuta gli Stati membri a combattere la corruzione ed il terrorismo. Invita altresì gli Stati ad intraprendere le *riforme costituzionali* necessarie e, all'uopo, possiede un gruppo di alto livello di esperti, conosciuto come la ***Commissione di Venezia***, giacché svolge i propri lavori periodicamente nella città lagunare italiana.

Il Consiglio d'Europa promuove i diritti umani attraverso apposite convenzioni internazionali e monitora il progresso degli Stati membri in questi ambiti presentando raccomandazioni tramite degli organi di controllo specializzati ed indipendenti.

I principali organi di tale OIG sono il Comitato dei Ministri, l'Assemblea Consultiva ed il Segretario generale.

Ai sensi degli artt. 13-21 dello Statuto, il ***Comitato dei Ministri*** è il principale organo decisionale: un organo di Stati, di cui fanno parte tutti gli Stati membri. Ciascuno di essi è rappresentato dal proprio Ministro degli Esteri o da un supplente. Nel Comitato, ogni Stato ha diritto a un voto e regole speciali stabiliscono il *quorum* per la validità delle deliberazioni dell'organo *de quo* (art. 20). Non si tratta, tuttavia,

---

(479) Art. 1 dello Statuto.

(480) Lo Statuto consta di un Preambolo e di 42 articoli raggruppati in dieci capitoli: Cap. I (art. 1), scopi del Consiglio; Cap. II (artt. 2-9), composizione; cap. III (artt. 10-12), disposizioni generali; cap. IV (artt. 13-21), Comitato dei Ministri; Cap. V (artt. 22-35), Assemblea consultiva; cap. VI (artt. 36-37), Segretariato; Cap. VII (artt. 38-39); finanziamento; Cap. VIII (art. 40), privilegi e immunità; Cap. IX (art. 41), emendamenti; Cap. X (art. 42), disposizioni finali.

(481) Il Consiglio d'Europa lavora in stretta cooperazione con l'Unione europea, l'OSCE ed altri Paesi partner. In esso lavorano 2200 persone. Il bilancio totale è di circa 400 milioni di euro ed è finanziato principalmente dagli Stati membri. Ampie informazioni al sito internet: *http://www.coe.int.*

di un organo dotato di poteri coercitivi: i suoi atti hanno natura di raccomandazioni internazionali (482).

L'***Assemblea Parlamentare*** è costituita di rappresentanti eletti da ciascun Parlamento di ogni Stato membro. Non si tratta, però, di un organo di Stati bensì di un organo di individui, questi ultimi, infatti, agiscono in una capacità autonoma. Nonostante l'Assemblea sia definita all'art. 22 quale "organo deliberante", essa non ha potere decisorio se non per questioni interne di minore importanza. Può, invece, presentare apposite raccomandazioni al Consiglio dei Ministri e, comunque, costituisce un foro per il dibattito di questioni di interesse generale. L'Assemblea elegge il Segretario Generale, il Commissario per i diritti umani e i giudici alla Corte europea dei diritti umani.

Il ***Segretario Generale*** e il Vice Segretario Generale, sono nominati dall'Assemblea Consultiva, su proposta del Consiglio dei Ministri. Il Segretario Generale nomina gli altri funzionari, secondo il regolamento amministrativo e dirige i servizi amministrativi.

Dalle brevi osservazioni che precedono, si desume agevolmente che il Consiglio d'Europa dispone di poteri assai limitati nei confronti degli Stati membri. Una sua importante funzione è stata quella di costituire un centro in cui esponenti dei governi e dei parlamenti dei vari Stati discutono questioni di interesse generale, un tempo di interesse europeo. Tuttavia, un'altra funzione di importanza fondamentale è stata quella di promuovere diversi accordi internazionali da sottoporre all'adozione degli Stati membri.

In tal modo gli Stati Membri del Consiglio d'Europa si sono assoggettati ai *controlli*, ai *rapporti*, alle *raccomandazioni* del Comitato dei Ministri e dell'Assemblea parlamentare, ma soprattutto alle *decisioni* e alle *sanzioni* della **Corte europea dei diritti dell'uomo** (Corte EDU), alla quale possono far ricorso **gli individui** che ritengano lesi i diritti loro riconosciuti dalla CEDU, dopo averne inutilmente invocato il rispetto da parte dei giudici dei singoli Stati. Viene così superato il tradizionale sistema del diritto internazionale pubblico, i cui soggetti sono soltanto gli Stati, non le persone.

264. La CEDU. — In tale contesto è stata elaborata la ***Convenzione europea di salvaguardia dei diritti umani e delle libertà fondamentali****, firmata a Roma il 4 novembre 1950* (d'ora in avanti CEDU) (483), un vero e proprio *Bill of Rights* moderno dell'Europa che, da un punto di vista storico, ha costituito la prima "concretizzazione" di *hard law* dei principi di *soft law* contenuti nella *Dichiarazione universale dei diritti umani* del 1948. La CEDU presenta delle caratteristiche uniche che sono state ben evidenziate dalla stessa Corte EDU nel caso dell'*Irlanda* c. *Regno Unito* del 18 gennaio 1978:

---

(482) Cfr. *Bowett's Law of International Institutions*, cit., p. 164: "it is readily apparent that the Committee of Ministers cannot take decisions binding upon governments; its only power it to recommend matters to governments, so that it is in no sense an executive organ".

(483) La CEDU è entrata in vigore il 3 settembre 1953. L'Italia ha depositato il proprio strumento di ratifica il 26 ottobre 1955 a seguito della L. 4 agosto 1955, n. 848.

"a differenza dei trattati internazionali di tipo classico, la Convenzione Europea fuoriesce dal quadro della semplice reciprocità tra Stati contraenti... Essa crea degli obblighi oggettivi... che beneficiano di una garanzia collettiva" ([484]).

La CEDU garantisce alcuni diritti specificatamente enumerati e la loro interpretazione è demandata alla Corte EDU ([485]). La struttura della CEDU è abbastanza logica: in una prima parte vengono elencati i *diritti umani* tutelati da tale strumento (artt. 1-18) poi, nella seconda parte, vengono fissate alcune *norme di procedura* dinanzi alla Corte EDU (artt. 19-51 e su cui v. *infra*, Cap. XXIV) e in una terza parte si trovano le clausole finali della CEDU in quanto trattato.

Tra i diritti umani specificamente tutelati dalla CEDU si trovano: il **diritto alla vita** (art. 2), **la proibizione della tortura e di pene inumane o degradanti** (art. 3), il **diritto alla libertà e alla sicurezza delle persone** (art. 5), il **diritto al rispetto della vita privata e familiare** (art. 8); il **diritto a un equo processo** (art. 6); la **libertà di pensiero, di coscienza e di religione** (art. 9); la **libertà di espressione** (art. 10); la **libertà di riunione e di associazione** (art. 11); il **diritto al matrimonio** (art. 12); il **divieto di discriminazione nel godimento di tali diritti** (art. 14), con particolare riferimento alle differenze di trattamento fondate sul sesso, sulla razza, sul colore, sulla lingua, sulla religione e sulle opinioni politiche, l'origine nazionale o sociale, l'appartenenza a una minoranza nazionale, la ricchezza, la nascita od ogni altra condizione.

265. (*segue*) I 16 Protocolli alla CEDU. — *La CEDU è stata completata da ben 16 Protocolli addizionali opzionali* che estendono la tutela convenzionale ad es. al ***diritto di proprietà*** (Protocollo addizionale alla CEDU del 20 marzo 1952), ovvero vietano *la pena detentiva per inadempimento delle obbligazioni contrattuali* e *l'espulsione collettiva di stranieri*, mentre viene sancita la *libertà di circolazione sul territorio di uno Stato* (Prot. n. 4 del 16 settembre 1963). Altri Protocolli hanno, invece, inciso sul meccanismo giurisdizionale di tutela. In passato, la CEDU prevedeva dei *meccanismi di protezione sofisticati* con la costituzione di una *Commissione dei diritti umani* e, come ultima risorsa, di una *Corte* con sede a Strasburgo. La Commissione, in caso di denuncia riguardante un'eventuale violazione dei diritti umani all'interno di uno Stato membro, giocava anzitutto il ruolo di "filtro"; potevano rivolgersi ad essa i governi o, nel caso in cui questi ultimi l'avessero accettata, gli stessi individui lesi. Spettava poi alla Commissione istruire il caso e decidere se portarlo dinanzi alla Corte europea dei diritti umani.

Con l'adozione del **Protocollo n. 11**, è stata realizzata una riforma generale del sistema europeo di tutela dei diritti umani ([486]). La Commissione dei diritti umani è stata eliminata a favore di un rafforzamento della Corte EDU la quale, a partire dal 3 novembre 1998, è divenuta competente per tutte le controversie relative all'applicazione del trattato siano esse a lei deferite dagli Stati o da singoli individui. Pertanto, la Corte EDU, da oltre vent'anni, può decidere ricorsi ad essa presentati direttamente dagli individui una volta soddisfatte le condizioni di ricevibilità fissate nel suo Statuto.

Il **Protocollo n. 14** alla Convenzione adottato il 13 maggio 2004, ed entrato in vigore il 1° giugno 2010, ha snellito il funzionamento del sistema giurisdizionale con

---

([484]) Ser. A n. 25.

([485]) V. gli articoli dal 2 al 14 della CEDU.

([486]) V. R. Abraham, "La réforme du mécanisme de contrôle de la Convention Européenne des Droits de l'Homme, Le Protocole n. 11 a la Convention", in *AFDI*, 1994, p. 619; J.F. Flauss, in *AJDA*, 1995, p. 124.

l'introduzione di nuove formazioni giudiziarie per i casi più semplici, il riconoscimento di un nuovo criterio di ammissibilità (occorre un "pregiudizio importante") e, soprattutto, il rafforzamento dei poteri del Comitato dei ministri relativamente al controllo dell'esecuzione delle sentenze della Corte (nuovo articolo 46 (4)).

Il **Protocollo n. 15** prevede una serie di modifiche alla CEDU finalizzate a rendere più efficiente il funzionamento della Corte. Detto atto introduce nella CEDU, tra l'altro, alcune nuove regole procedurali quali la riduzione del termine per adire la Corte da *sei* a *quattro* mesi (art. 4); la soppressione del diritto di opposizione delle parti alle proposte di trasferimento della competenza alla Camera allargata (art. 3); la fissazione a *65 anni* del limite d'età per l'esercizio della funzione di giudice della Corte EDU (art. 2); l'introduzione di un ulteriore requisito di ammissibilità, in forza del quale si richiede che il ricorrente abbia subìto uno *svantaggio significativo* (art. 5), rafforzando altresì il ruolo del "margine di apprezzamento" discrezionale degli Stati. Il 21 aprile 2021, l'Italia ha ratificato detto Protocollo la cui entrata in vigore avverrà il 1° agosto 2021.

Il **Protocollo n. 16** consente alle Corti di ciascuno Stato di richiedere *Pareri consultivi* alla Corte EDU su questioni di principio riguardanti l'interpretazione o l'applicazione dei diritti e libertà definiti nella CEDU o nei suoi Protocolli. Si tratta di un meccanismo comparabile con quello del rinvio pregiudiziale alla Corte di Giustizia UE. Ad oggi (marzo 2021) detto Protocollo non è però ancora in vigore per l'Italia.

Va notato che, in alcuni Stati membri del Consiglio d'Europa, si è riconosciuta ***diretta efficacia*** alle norme della CEDU. Ciò è avvenuto, ad esempio, in Francia, mentre in Italia, stante la visione dualistica dei rapporti tra diritto interno e diritto internazionale, non è formalmente consentito al giudice interno di disapplicare la norma interna confliggente con una norma CEDU.

A causa della pandemia da **Covid-19**, molti degli Stati membri del Consiglio d'Europa hanno notificato una dichiarazione ai sensi dell'articolo 15 CEDU per derogare temporaneamente agli obblighi previsti dalla CEDU.

c) *L'accesso diretto dell'individuo alla funzione giurisdizionale internazionale*

266. Un diritto di accesso alle Corti internazionali raramente concesso dagli Stati. — Se all'individuo vengono riconosciuti dei diritti fondati sul diritto internazionale, può farli valere davanti a dei giudici internazionali? Questa è una domanda di somma importanza; come dicono gli avvocati inglesi: *Remedies precede rights!*

Occorre qui riconoscere che *l'individuo non possiede automaticamente una capacità generale, piena ed autonoma, di stare in giudizio sul piano internazionale* ([487]). In altre parole, il suo ***locus standi*** *in un processo internazionale* deve essere espressa-

---

([487]) Cfr., ad es., nel secolo scorso, le penetranti osservazioni critiche di R. QUADRI (*Diritto internazionale pubblico*, cit., 1968, p. 411): "La personalità giuridica internazionale dell'individuo è poi affermata dalla dottrina in rapporto a tutte le ipotesi nelle quali un Trattato internazionale o lo Statuto di un ente internazionale dia agli individui la possibilità di iniziativa (o di essere parte, come si dice) nel processo internazionale. Se la CIG è aperta agli Stati, si hanno ipotesi nelle quali fu previsto l'accesso dell'individuo ad istanze internazionali arbitrali o giurisdizionali... A nostro avviso, nelle ipotesi fatte, è evidente l'impossibilità di parlare di una personalità internazionale dell'individuo. Ad es. nel caso dei *Tribunali Arbitrali Misti (TAM)*, l'individuo poteva agire dinanzi all'organo internazionale, ma la sentenza produceva gli effetti solo fra gli Stati fra i quali i TAMi erano istituiti... Per l'individuo la sentenza aveva

mente concesso dagli Stati (ma è davvero così diverso al livello del diritto interno dinanzi ai giudici di uno Stato?) giacché la "naturale" capacità di stare in giudizio nell'ordinamento internazionale rimane, pur se non esclusivamente, *un monopolio degli Stati* (in questo senso si veda il vetusto modello dell'art. 34, par. 1, dello Statuto della CIG).

Pertanto, i *rischi di diniego di giustizia* per l'individuo nell'ordinamento internazionale restano elevati. Senonché, nel diritto internazionale contemporaneo l'accesso alla giurisdizione internazionale — intesa in senso lato — per l'individuo (e le imprese) nel contenzioso "misto" con gli Stati o con le OIG è una realtà davanti ai nostri occhi che non può più essere negata.

§ 2. — *Le imprese transnazionali (o "società multinazionali") nell'ordinamento internazionale*

Bibliografia sommaria: H. G. Angelo, "Multinational Corporate Enterprises: Some Legal and Policy Aspects of a Modern Social-Economic Phenomenon", in *RCADI*, 1968, t. 125, p. 443-625; I. Seidl Hohenveldern, "The impact of Public International Law on Conflict of Law Rules on Corporations", in *RCADI*, 1968, t. 123, p. 1-116; D. Vagts, "The Multinational Enterprise: A New Challenge for Transnational Law", *Harvard L. Rev*., 1970, pp. 739-792; B. Goldman, P. Franceskakis, *L'entreprise multinationale face au droit*, Paris, Litec, 1977; L. Mari, *Le imprese internazionali*, Milano, Giuffrè, 1983; I. Seidl-Hohenveldern, *Corporations in and under International Law*, Cambridge, Grotius, 1987; D. Corapi, "Imprese multinazionali", in *Dig. comm*., Torino, 1992, VII, p. 249; P. Merciai, *Les entreprises multinationales en droit international*, Bruxelles, Bruylant, 1993; G. Sacerdoti, "Multinazionali (imprese)", in *Dig. comm*., Torino, 1994, X, p. 119; M. Kamminga, S. Zia-Zarifi (ed.), *Liability of Multinational Corporations under International Law*, Brill, 2000; P. Grossi, "Globalizzazione, diritto, scienza giuridica", in *Foro it.*, 2002, V, col. 151; V. Lowe, "Corporations as International Actors and International Law Makers", *Italian YIL*, 2004, p. 23; J. Bakan, *The Corporation: The Pathological Pursuit of Profit and Power*, New York, Free Press, 2004 (a cui è seguito persino un film); F. Garcimartin Alferez, "Cross Border Listed Companies", in *RCADI*, 2007, t. 328, p. 9-174; M. Winkler, *Imprese multinazionali e ordinamento internazionale nell'era della globalizzazione*, Milano, Giuffrè, 2008; H. Gherari e Y. Kerbrat (dir.), *L'entreprise dans la societé internationale*, Paris, Pedone, 2010; F. Galgano, F. Marrella, *Diritto del commercio internazionale*, 3ª ed., Padova, Cedam, 2012; A. Bonfanti, *Imprese multinazionali, diritti umani e ambiente. Profili di diritto internazionale pubblico e privato*, Milano, Giuffrè, 2012; M.B. Deli, M.R. Mauro, F. Pernazza, F. Traisci (a cura di), *Imprese e diritti fondamentali nella prospettiva transnazionale*, ES, Napoli 2012; G. Sacerdoti, "Le società e le imprese nel diritto internazionale: dalla dipendenza dallo Stato nazionale a diretti destinatari di obblighi e responsabilità internazionali", in *Dir. comm. int.*, 2013, p. 109 ss.; SFDI, *L'entreprise et le droit international*, Paris, Pedone, 2016; D. Carreau, P. Juillard, R. Bismuth, A. Hamann, *Droit international économique*, 6ª ed., Paris, Dalloz, 2017;; F. Marrella, "Protection internationale des droits de l'homme et activités des sociétés transnationales", in *RCADI*, vol. 385, 2017, pp. 33-435; M. Castellaneta, F. Vessia (a cura di), *La responsabilità sociale d'impresa tra diritto societario e diritto internazionale*, ESI, Napoli, 2019; F. Marrella, *Manuale di diritto del commercio internazionale*, 2 ed., Padova, Cedam, 2020; P. Muchlinski, *Multinational Enterprises and the Law*, 3ª ed., Oxford, OUP, 2021.

267. Nozione. — Particolare rilevanza hanno, per il diritto internazionale contemporaneo, le imprese multinazionali *rectius* transnazionali. Il tema, negli ultimi decenni è strettamente collegato a quello della globalizzazione, giacché dalla fine della seconda guerra mondiale, con l'instaurazione del c.d. *ordine economico internazionale*, gli Stati hanno concluso appositi trattati ed istituito apposite OIG volti a garantire la libertà di commercio ed una cospicua circolazione (e protezione) degli

---

valore giuridico solo se ed in quanto avesse acquistato efficacia di cosa giudicata ed esecutiva nell'ordinamento interno".

investimenti diretti esteri ([488]). Ciò ha consentito lo sviluppo di imprese transnazionali su scala globale sviluppando un volume di attività senza precedenti.

Per avere un'idea immediata e concreta della questione, basti citare una dichiarazione del CEO della multinazionale *Asea Brown Boveri*:

"definisco la globalizzazione come la libertà per il mio gruppo societario di investire dove vuole, per la durata che desidera, per produrre ciò che vuole, approvvigionandosi e vendendo dove vuole; tutto ciò sopportando il minimo di vincoli ed obblighi di diritto del lavoro ed altre convenzioni sociali" ([489]).

Non stupisce dunque che le imprese (talvolta denominate anche "società") "multinazionali" o "transnazionali" siano da tempo oggetto dell'attenzione dei giuristi, degli economisti e dei politologi. In diritto internazionale, tali imprese sono state definite nella Risoluzione IDI adottata nel 1977, su proposta del *Rapporteur* BERTHOLD GOLDMAN, alla stregua di

"Imprese costituite da un centro decisionale situato in un Paese e in centri di attività, indipendentemente dalla loro personalità giuridica, situati in uno o più altri Paesi" ([490])

Ed ancora l'IDI, nella sessione di Lisbona del 1995, affinerà ulteriormente la predetta definizione su impulso del *Rapporteur* ANDREAS LOWENFELD, indicando che:

"A multinational enterprise is a group of companies operating under common ownership or control, whose members are incorporated under the laws of more than one State. Generally, the members of the group of companies operate under common or related trade marks or trade names and produce or distribute common or related products or services, but the absence of such integrated activity does not, by itself, deprive a group of companies of the character of a multinational enterprise. A multinational enterprise may, but need not, appear to the public to be linked to a particular State in which the parent company has its headquarters; and the multinational enterprise may be operated under a hierarchical or under a decentralized system of management. While some holding of shares of companies forming part of the multinational enterprise by non-members is not excluded, an essential characteristic of a multinational enterprise is that shares of companies that are members of the group are not dispersed, and that management of the companies constituting the multinational enterprise is exercised by the parent company, whether through controlling shareholding, direct or indirect, or by other means".

Tali nozioni si combinano con quella, concettualmente più raffinata, presentata da FRANCESCO GALGANO il quale ha osservato che, rispetto alle globalizzazioni economiche dei tre secoli precedenti, la "vera novità del nostro tempo risiede, piuttosto, nell'espansione planetaria dell'attività produttiva" ([491]). Ed infatti, muovendosi all'in-

---

([488]) In argomento, v. D. CARREAU, P. JUILLARD, R. BISMUTH, A. HAMANN, *Droit international économique*, 6ª ed., Paris, Dalloz, 2017, p. 1 ss., nonché F. MARRELLA, *Manuale di diritto del commercio internazionale*, 2 ed., Padova, Cedam, 2020, ove riferimenti. Si parla di ***Home State*** per indicare lo *Stato di origine* dell'impresa transnazionale (solitamente ove ha sede la società capogruppo) e di ***Host State*** per indicare lo *Stato territoriale* in cui una data società del gruppo è stata costituita o comunque opera.

([489]) Cit. in F. MARRELLA, "Protection internationale des droits de l'homme et activités des sociétés transnationales", in *RCADI*, vol. 385, 2017, p. 52.

([490]) V. la Risoluzione di Oslo dell'IDI sulle "imprese multinazionali" del 7 settembre 1977, *Rapporteur* B. GOLDMAN, anch'essa citata e commentata di F. MARRELLA, *op. cit.*.

([491]) F. GALGANO, "Direzione e coordinamento di società", in *Commentario del Codice civile Scialoja-Branca*, a cura di F. GALGANO, Bologna, Zanichelli, 2005, p. 14 ss.

terno dell'"ordine economico internazionale" del dopoguerra, le grandi imprese hanno da tempo superato il classico modello economico per cui ad una produzione nazionale si accompagnava l'esportazione del prodotto finito all'estero. La novità degli ultimi decenni è dunque quella della **delocalizzazione delle singole fasi dell'impresa in altri Paesi**: le imprese, cioè, collocano alcune unità di produzione all'estero, *direttamente* nei principali mercati di consumo e, secondo "criteri di convenienza", hanno da tempo ubicato altre diverse e cruciali fasi dell'impresa in Paesi opportunamente scelti al fine di trarre il massimo vantaggio sia dalla diversa allocazione dei fattori produttivi sia, soprattutto, dai (minori od inesistenti) vincoli ed obblighi derivanti dalla **diversa normativa nazionale in materia di lavoro, ambiente e fiscalità**.

Pertanto, le imprese di cui qui si parla sono "**imprese di gruppo**" ove "un medesimo capitale alimenta le singole società [del gruppo], ossia quello della *holding* di vertice, la quale ha direttamente o attraverso *sub-holding*, sottoscritto o acquistato la totalità o la maggioranza delle loro azioni; un medesimo capitale viene remunerato dall'attività delle singole società, giacché gli utili realizzati da queste, affluiscono direttamente o pel tramite delle *sub-holding*, alle *holding* di vertice; un medesimo centro decisionale, la *holding* di vertice, dirige l'intero gruppo, avendo direttamente o indirettamente la totalità o la maggioranza delle azioni di ciascuna società e, quindi, la totalità o la maggioranza dei voti in ciascuna di esse" ([492]).

Così, progressivamente, le imprese transnazionali hanno acquisito un grande peso economico. Queste ultime, grazie alla loro potenza economica, sono giunte a parlare "da pari a pari" con gli Stati, finanche ad imporre la propria volontà agli Stati più deboli. Esse sono riuscite ad erodere le vecchie strutture giuridiche ereditate dal diritto nazionale e dal diritto internazionale tradizionale i quali hanno regolato per lungo tempo solo le società commerciali *uti singuli* (con la parziale eccezione delle *compagnie coloniali* ([493])) ed in favore della loro responsabilità limitata. Così, paradossalmente, ogni singola società del gruppo è, di fronte ai terzi ed allo Stato territoriale, un soggetto giuridico di diritto interno *distinto* da ogni altra società del medesimo gruppo e sarà responsabile dei debiti assunti o delle violazioni dei diritti umani in proprio, mentre la *holding* resterà un soggetto "terzo"...libero da ogni male e da ogni responsabilità.

Solo un'apposita disciplina dei *gruppi societari* permette di cogliere l'unità dell'impresa di gruppo e di giungere ad una più realistica allocazione delle responsabilità e, negli ultimi anni, alcuni Paesi, inclusa l'Italia hanno varato apposite norme in materia.

([492]) F. Galgano, "Direzione e coordinamento di società", cit., p. 19 ss.

([493]) Cfr. ad es. P. Fedozzi, *Introduzione al diritto internazionale e parte generale, Trattato di diritto internazionale*, cit., p. 184: "le compagnie coloniali come tali non sono mai soggetti del diritto internazionale, per quanto esplichino un'attività che diviene rilevante per il diritto internazionale. Ma per l'esattezza della loro configurazione giuridica, bisogna nettamente distinguere le due ipotesi sopra prospettate in linea di fatto, cioè l'ipotesi in cui la compagnia sia autorizzata dallo Stato e l'altra in cui quest'autorizzazione manchi completamente. Nel primo caso la compagnia non è che un organo dello Stato... Questa realtà si è imposta anche a tutti i vecchi trattatisti, nonostante che essi avessero davanti agli occhi principalmente la Compagnia delle Indie, i cui straordinari poteri in materia internazionale potevano facilmente trarre in inganno... Nella seconda ipotesi invece l'attività colonizzatrice della compagnia si pone come un servizio privato di pubblica funzione, che diventa rilevante per lo Stato soltanto quando esso lo assume come proprio e così lo rende valido per i rapporti internazionali." In arg. v. altresì R. Quadri, voce "Compagnie coloniali", in *Enc. Dir.*, VII, p. 1010 ss..

Ma è ancor più ovvio che, senza una disciplina *a livello internazionale*, anche le singole normative nazionali (soprattutto quelle degli Stati piccoli) si rivelano delle armi spuntate rispetto a ciascuna potente rete transnazionale dell'impresa di gruppo e quindi occorre — per quanto gli Stati continuino a mostrare grande reticenza — un apposito trattato internazionale in materia avente ad oggetto la regolazione degli aspetti civilistici, fiscali, contabili, ambientali e sociali dei gruppi societari transnazionali.

In conclusione, da un lato, si continuano a concepire e a regolare le società commerciali in modo ***atomistico*** contentandosi di considerarle *uti singuli*, come "oggetto" di pochissimi strumenti di *hard law* di diritto internazionale (anche in d.i.pr.) ed abbondando con la *soft law* (1).

Dall'altro lato, la realtà empirica ha da tempo dimostrato che, successivamente agli individui, le imprese transnazionali hanno progressivamente acquisito, in diritto internazionale, una **limitata *soggettività internazionale*.**

1. — Le imprese transnazionali come *oggetto* del diritto internazionale

268. Il problema del controllo internazionale delle imprese multinazionali. — Sul piano del **diritto interno**, la materia della regolazione dell'attività d'impresa con riferimento ai vincoli a carattere imperativo è oggetto del **diritto antitrust** a cui si affiancano altre ed apposite norme in materia **tributaria, penale** e di **lavoro**.

Sul piano del **diritto internazionale**, nonostante i tanti lavori in corso, restano attuali le perplessità di Giorgio Sacerdoti il quale osserva che "[g]li Stati si dimostrano d'altra parte o non desiderosi (*unwilling*) o non in grado di raggiungere un efficace cooperazione in materia per la disciplina dell'attività d'impresa e le condizioni di mercato, tramite i tradizionali strumenti degli *(a)* accordi internazionali vincolanti e *(b)* l'attribuzione di competenze regolatorie a OIG. Ciò persino spesso tra Paesi relativamente omogenei (OCSE, rapporti transatlantici) dove pure la cooperazione è tradizionalmente maggiore" ([494]).

Eppure, il diritto UE bene dimostra il "salto di qualità" dell'efficacia regolatoria quando si passa da una regolazione meramente nazionale ad un'altra a raggio "continentale" che coglie molto meglio le ramificazioni dell'impresa transnazionale. Le numerose decisioni della Commissione e sentenze della Corte di Giustizia confermano la necessità di una "big regulation" in materia. Non bastano di certo poche e scarne e norme oggi in vigore in materia di lotta alla corruzione di cui alla UNCAC (la Convenzione ONU delle Nazioni Unite contro la corruzione del 31 ottobre 2003). Al pari di quanto si ritrova nel diritto interno di qualche Stato occorre fissare a livello internazionale norme civilistiche, fiscali, lavoristiche, ambientali e penali.

269. (*segue*) Alcuni progetti di portata universale. — A livello universale, in seno all'ONU si è tentato per molto tempo — a partire dagli anni '70 del secolo scorso — di elaborare un "codice di condotta delle imprese multinazionali" ([495]). Così, il **Consiglio Economico e Sociale** dell'ONU (ECOSOC), su richiesta del Segretario

---

([494]) G. Sacerdoti, "Le società e le imprese nel diritto internazionale: dalla dipendenza dallo Stato nazionale a diretti destinatari di obblighi e responsabilità internazionali", in *Dir. comm. int.*, 2013, p. 109.

([495]) Su cui v. A. Di Blase, "Il progetto NU di codice di condotta per le società multinazionali", in Giardina, Tosato, *Diritto del commercio internazionale*, cit., p. 421 s.; F. Galgano, *I gruppi di società*, cit., p. 1 s. e la traduzione italiana del progetto di codice di condotta riportata in appendice.

Generale, istituì nel 1974 una **Commissione sulle società transnazionali** ed un apposito Centro di ricerca. Detta Commissione elaborò un *progetto di Codice di condotta delle società transnazionali*, che però non superò mai il vaglio dell'approvazione da parte dell'Assemblea Generale delle Nazioni Unite. Successivamente, nel 2003, la Sottocommissione per i diritti umani dell'ONU ha adottato le "Norms on the responsibilities of trasnational corporations and other business enterprises" con particolare riferimento alla promozione e alla tutela dei diritti umani. Ma, anche in questo caso, la Commissione ONU dei diritti umani, composta da rappresentanti degli Stati, ne ha ribadito il carattere non vincolante delle norme.

A tale categoria di strumenti si aggiunsero poi le ***Guidelines* della Banca Mondiale sugli investimenti stranieri** ([496]). L'OIL, dal canto suo, si è fatta promotrice di una *Dichiarazione tripartita di principi sulle imprese multinazionali e la politica sociale* del 30 dicembre 1977, da ultimo emendata nel 2017 ([497]). Ma anche in questo caso, il tentativo di fissare a livello intergovernativo gli aspetti fondamentali dei rapporti di lavoro transnazionali e delle relazioni industriali in seno alle imprese transnazionali, non si è tradotto in uno strumento effettivamente vincolante ([498]). Infatti, al di là delle dichiarazioni di facciata, a causa delle profonde divergenze tra gli Stati membri, tali strumenti continuano a ribadire l'idea che *solo gli Stati sono i destinatari diretti degli obblighi di diritto internazionale nel campo dei diritti umani* (inclusi i diritti sociali ed ambientali) *evitando con cautela di fondare qualunque responsabilità internazionale delle multinazionali in senso tecnico giuridico*.

Pertanto, dopo cinquant'anni di dibattiti, non è stato possibile pervenire ad alcuno strumento giuridico a carattere vincolante (un trattato tra Stati). Nel contempo, la produzione di strumenti di *soft law* continua ad eclissare qualunque strumento di regolazione internazionale di *hard law*.

270. (*segue*) Il *Global Compact*. — Un primo esempio di tali strumenti di *soft law* è il *Global Compact*. Nel 1999, presso il *World Economic Forum* di Davos, il Segretario Generale delle Nazioni Unite — a quel tempo — Kofi Annan, si è rivolto non agli Stati bensì, per la prima volta, direttamente ai leader dell'economia mondiale presenti all'incontro chiedendo loro di sottoscrivere con le Nazioni Unite un "Patto Globale", al fine di affrontare in una logica di collaborazione gli aspetti più critici della globalizzazione. Si tratta quindi di un'iniziativa volontaria volta a conseguire l'adesione di ciascuna impresa a dieci principi fondamentali ([499]) che promuovono i valori

---

([496]) Su cui v. A. Giardina, "Le guidelines della Banca Mondiale sugli investimenti stranieri", in A. Giardina, G. Tosato, *cit.*, p. 459 s.

([497]) Cfr. *http://www.ilo.org/public/english/employment/multi/index.htm.* In argomento A. Perulli, *Diritto del lavoro e globalizzazione*, Padova, 1999, p. 266 ss.; F. Morgenstern, "Déclaration tripartite dell'OIT sur les entreprises multinationales et la politique sociale. Nouveau problèmes, nouvelles méthodes", in *JDI*, 1983, p. 61 s.

([498]) Santa Maria, *Il diritto internazionale dell'economia*, cit., p. 472.

([499]) Aderendo al "Patto" ciascuna impresa si impegna a condividere, sostenere e attuare, all'interno della propria sfera di influenza, tali principi: A) in materia di diritti umani: — 1. ciascuna impresa deve sostenere e rispettare le norme internazionali in materia di diritti umani; — 2. ciascuna impresa deve assicurarsi di non essere corresponsabile nelle violazioni dei diritti umani; B) in materia di lavoro: — 3. ciascuna impresa deve sostenere la libertà di associazione e il riconoscimento dei diritti di contrattazione collettiva; — 4. ciascuna impresa sostiene l'eliminazione di tutte le forme di lavoro forzato e obbligatorio; — 5. ciascuna impresa sostiene l'abolizione del lavoro minorile; — 6. ciascuna impresa sostiene l'eliminazione delle discriminazioni in materia di lavoro e occupazione; C) in materia di ambiente: — 7. ciascuna

della sostenibilità nel lungo periodo attraverso azioni politiche, pratiche aziendali, comportamenti sociali e civili che siano responsabili e tengano conto anche delle future generazioni. Pertanto, essendo finalizzato a perseguire un modello di economia globale sostenibile, tale "Patto" richiede alle imprese un maggiore rispetto dei diritti umani e del lavoro, della salvaguardia dell'ambiente e della lotta alla corruzione. Il *Global Compact* delle Nazioni Unite ha avuto una larga diffusione — oltre che aspre critiche da parte degli attivisti sui diritti umani — ed è, tuttora, l'iniziativa di "cittadinanza d'impresa" più diffusa giacché, da allora, vi hanno aderito oltre 18.000 imprese provenienti da 161 Paesi nel mondo ([500]). La sanzione per le imprese che non rispettano i dieci Principi del Global Compact è il *de-listing*, ossia la radiazione dalla lista delle imprese "virtuose" visualizzabile su internet.

271. **(*segue*) I *Principi guida dell'ONU sulle imprese e i diritti umani* del 2011.** — L'altra iniziativa che ha avuto ampia diffusione ed accettazione è quella che ha portato all'elaborazione dei *Principi Guida dell'ONU sulle imprese e i diritti umani* (***UN Guiding Principles on Business and Human Rights***) del 24 marzo 2011, i quali sono stati adottati all'unanimità dal *Consiglio per i diritti umani* dell'ONU.

Detti principi si articolano su *tre pilastri*: **1)** l'obbligo dello Stato di tutelare i diritti umani contro gli abusi commessi (anche) dalle imprese; **2)** la "responsabilità" delle imprese di rispettare i diritti umani e **3)** l'obbligo di garantire una maggiore accessibilità a rimedi efficaci, di carattere giurisdizionale e non, per le vittime degli abusi. Tali Principi Guida costituiscono oggi lo standard di riferimento generalmente accettato (tanto dagli Stati, quanto dalle imprese) e prevedono un processo di recepimento a livello degli ordinamenti nazionali (e la creazione di un piano di azione nazionale impresa e diritti umani, come ha fatto l'Italia, il 1° dicembre 2016, al fine di gestire le relative politiche ad esso collegate ([501])), nonché, in particolare, la trasformazione della RSI (c.d. responsabilità sociale d'impresa — ***Corporate Social Responsibility***) in un insieme di strumenti di prevenzione e minimizzazione del rischio di violazioni di diritti umani (c.d. *due diligence*) ([502]).

A tali Principi ONU fa eco anche il recente **Commento generale n. 24** del **Comitato ONU sui diritti economici, sociali e culturali nel contesto delle attività delle imprese**, varato il **10 agosto 2017**, ma che si focalizza sugli obblighi internazionali degli Stati in materia di tutela dei diritti umani e di enforcement anche nei confronti delle imprese transnazionali sul loro territorio ([503]).

272. **(*segue*) Verso un trattato sulle imprese transnazionali?** — Nel contempo, all'ONU, un'ulteriore commissione di studio, su impulso del Sud Africa e della

---

impresa applica il principio di prevenzione nelle sfide ambientali; — 8. ciascuna impresa intraprende delle iniziative per la promozione della responsabilità ambientale; — 9. ciascuna impresa incoraggia lo sviluppo e la diffusione di tecnologie ecocompatibili; D) in materia anti-corruzione: — 10. ciascuna impresa deve lottare contro la corruzione in tutte le sue forme.

([500]) Ulteriori ragguagli in F. Marrella, "Protection internationale des droits de l'homme et activités des sociétés transnationales", *RCADI*, vol. 385, 2017, pp. 33-435, nonché al sito https://www.unglobalcompact.org/.

([501]) *https://cidu.esteri.it/resource/2016/12/49118_f_PANBHRITAFINALE15122016.pdf*

([502]) Per approfondimenti si rinvia a F. Marrella, "Lex mercatoria e diritto del lavoro", in *Riv. giur. lav. e prev. soc.*, 2015, p. 691 ss., nonché Id., "Protection internationale des droits de l'homme et activités des sociétés transnationales", *RCADI*, vol. 385, 2017, pp. 33-435 e riferimenti ivi cit. V. pure *La responsabilità sociale d'impresa tra diritto societario e diritto internazionale*, a cura di M. Castellaneta e F. Vessia, Napoli, ESI, 2020.

([503]) V. il sito https://digitallibrary.un.org/record/1304491.

Bolivia, sta elaborando un progetto di trattato volto a regolare la responsabilità delle imprese transnazionali per la violazione dei diritti umani tramite strumenti di *hard law*. Il **16 luglio 2019** il **progetto di accordo** è stato pubblicato e pone alcuni interrogativi fondamentali. Innanzitutto, si tratta di un accordo di natura esclusivamente interstatale: così, la responsabilità delle imprese di rispettare i diritti umani, viene riportata all'intermediazione degli Stati. Si è rinunciato a soluzioni più innovative — ed adeguate al nostro tempo — come quella di affermare l'applicabilità diretta dei singoli diritti umani tutelati a livello internazionale ed affidando ai giudici nazionali la realizzazione effettiva di tali diritti, nonché, *inter alia*, radicando la giurisdizione dello Stato di origine dell'impresa transnazionale come già accade in materia di corruzione.

Nel momento in cui scriviamo il trattato *de quo* rimane allo stato di progetto e non è possibile prevedere se e quando, siffatto trattato, sarà concluso.

273. Realizzazioni su scala internazionale-regionale. — Esistono, per contro, alcune realizzazioni regionali che si sono sviluppate in due direzioni diverse.

In primis, alcune OIG come l'**OCSE** hanno varato un "codice di buona condotta". L'OCSE ha così elaborato, tra il 1976 e il 1979, delle "linee guida" rivolte sia agli Stati membri che alle imprese multinazionali ([504]). Ma anche tali linee guida, pur se sono state più volte emendate (l'ultima modifica è del 2011), sono rimaste uno strumento giuridico a carattere non vincolante seppure, in questo caso, si è affidato ai PCN (**punti di contatto nazionale**/*National Contact Point*) il compito di assicurare la diffusione e la corretta attuazione alle Linee Guida, sia rispondendo alle domande degli interessati, sia attraverso iniziative di vario genere che facilitino il confronto, il dialogo e la collaborazione fra istituzioni (ivi inclusi i PCN di altri Paesi) del mondo economico e della "società civile" ([505]).

Per contro, ed è la seconda e ben più efficace direzione di sviluppo, in seno ad alcune OIG sono state elaborate apposite norme aventi per oggetto non lo statuto delle imprese multinazionali, bensì l'*abuso di posizione dominante* di queste ultime. È così che i celebri artt. 101 e 102 TFUE vietano le pratiche commerciali restrittive e gli abusi di posizione dominante.

274. Due casi particolari: le multinazionali andine e la *Societas europea*. — Va osservato che i Paesi del gruppo Andino (ossia Bolivia, Colombia, Ecuador, Perù e Venezuela) hanno realizzato nel 1971 (poi modificandolo nel 1987) un vero e proprio statuto dell'impresa multinazionale costituita tra i cittadini degli Stati di questa regione del mondo. Le norme che presiedono alla sua costituzione, al suo funzionamento e alla risoluzione delle eventuali controversie, hanno acquisito un fondamento internazionale. Le imprese multinazionali andine sono così diventate soggetti di un diritto internazionale-regionale specifico.

Dall'altra parte dell'Atlantico, tramite un diverso approccio, l'Unione Europea è giunta nel 2001 ad adottare un Regolamento relativo allo statuto della società europea

---

([504]) In arg. cfr. A. Fatouros, "Les principes directeurs de l'OCDE à l'intention des entreprises multinationales: perspectives actuelles et possibilitées futures", in *Etudes P. Lalive*, p. 231 e ss.; F. Pagani, "La revisione delle linee guida per le multinazionali dell'Ocse", in *Dir. comm. int.*, 2000, p. 967 ss.

([505]) In Italia il PCN è stato istituito tramite la L. n° 273/2002 (art. 39) e con un successivo decreto ministeriale. È collocato all'interno del Ministero dello Sviluppo Economico, v. il sito: *http://pcnitalia.mise.gov.it/it/*.

(*Societas europaea*, d'ora in avanti SE). Quest'ultima, paragonata alle multinazionali andine, non è un vero e proprio nuovo soggetto di diritto ma possiede uno statuto ibrido, internazionale — *rectius* unionista — ed interno. La SE, infatti, deve riporre la sede legale in uno degli Stati membri ed anche se viene in larga parte regolata dal diritto dell'Unione europea, resterà comunque soggetta — sia pure in misura residuale — alla legislazione degli Stati membri in cui ha costituito una filiale. Ma anche in questo caso siamo di fronte ad un fatto nuovo: la presa d'atto ufficiale dell'esistenza e dell'importante ruolo svolto dalle "multinazionali UE".

275. Le sfide più recenti: "Sovranità digitale" e regolazione delle GAFAM. — Da qualche tempo, il tema della c.d. "sovranità digitale" è al centro del dibattito europeo. Da una parte si tratta ancora una volta di un problema di "*giurisdizione*" ossia della capacità di imporre e di far rispettare le proprie regole, in linea con i propri valori, ai grandi attori privati globali; dall'altra, ci si riferisce alla capacità di costruire *una autonomia tecnologica e industriale* che risulta fondamentale dal punto di vista strategico. Il 15 dicembre 2020, la Commissione Europea, su impulso della Germania, ha presentato ai co-legislatori europei il ***Digital Services Act*** un pacchetto di norme con cui la UE intende regolare il mercato unico digitale, a tutela dei propri interessi economici e dei diritti fondamentali dei cittadini. Il varo di tali norme che si affiancheranno a quelle del **GDPR**, il *Regolamento generale per la protezione dei dati personali* ([506]), dovrà seguire un tortuoso *iter* legislativo ma cionondimeno si tratta di una questione vitale per l'Unione europea al fine di ridurre la propria dipendenza dalle grandi piattaforme Internet statunitensi e sempre di più cinesi.

L'altro "campo di battaglia" degli Stati rispetto ai poteri privati transnazionali è quello delle **norme antitrust**. Non esistono ancora delle norme antitrust ad ambito di applicazione globale che possano fare capo ad un'Autorità antitrust mondiale.

Piuttosto, il nuovo assetto dell'economia digitale impone almeno di aggiornare le norme statali e quelle a livello UE in materia antitrust, in quanto l'indagine empirica circa l'economia di mercato insegna da tempo che non esistono i "mercati perfetti" bensì numerosi tentativi di abusi e "market failures" sicché sono necessarie apposite regole di condotta proprio per tutelare il mercato e la libera concorrenza tra imprese ([507]). L'accresciuta importanza strategica dei servizi e delle ***piattaforme digitali***, in particolare di alcune di esse (ovvero Google, Amazon, Facebook, Apple e Microsoft, dette anche **Gafam**) rendono di estrema urgenza i tempi della regolazione e di una nuova cooperazione internazionale.

E ciò vale anche in **materia tributaria** ove il raggio globale di tali imprese "Tech Giants" ha già consentito loro delle inaudite manovre di elusione fiscale transnazionale (***cross border tax avoidance***) che hanno portato a profitti siderali ma che hanno sottratto altrettante risorse all'Erario di ciascuno Stato ove esse operano.

Le ulteriori recenti vicende legate alla produzione dei vaccini per combattere il **Covid 19** hanno evidenziato, sempre in questo contesto, anche il problema della "sicurezza sanitaria" dei singoli Stati e di una necessaria regolazione delle imprese transnazionali farmaceutiche che producono il vaccino (c.d. *Big Pharma*).

([506]) Reg. (UE) n. 2016/679 del Parlamento europeo e del Consiglio, del 27 aprile 2016, relativo alla protezione delle persone fisiche con riguardo al trattamento dei dati personali, nonché alla libera circolazione di tali dati e che abroga la direttiva 95/46/CE (Regolamento generale per la protezione dei dati personali o secondo l'acronimo inglese GDPR).

([507]) Su cui v. le limpide pagine di G. Bernini, *Un secolo di filosofia antitrust*, op. cit..

2. — Le società come *soggetto* di diritto internazionale

276. Un ruolo multiforme e crescente. — Le imprese multinazionali — *rectius* transnazionali — esercitate tramite gruppi di società ciascuna avente una nazionalità diversa si sono affermate come soggetti di diritto internazionale a carattere non statuale, trovandosi all'origine di un certo numero di regole internazionali il cui rispetto si è progressivamente imposto agli altri attori della società internazionale, a cominciare dagli Stati.

Abbiamo precedentemente osservato che il "*potere bancario privato internazionale*" si colloca all'origine della creazione di mercati come quello delle "euro-valute" e delle "euro-obbligazioni" e ha persino dato origine in tali settori a regole consuetudinarie o a principi generali di diritto aventi efficacia obbligatoria per tutti coloro che partecipano a tali mercati, siano essi a titolo di mutuanti o di mutuatari ed a prescindere dal loro statuto (Stato, OIG o soggetti privati).

Inoltre, come abbiamo già in precedenza osservato, le *imprese multinazionali hanno concluso specifici accordi internazionali con gli Stati* (è il caso dei contratti petroliferi dell'inizio degli anni '70 conclusi a Teheran, a Tripoli come a New York, tra il "Cartello" delle più importanti società multinazionali del settore, le sette sorelle, con i Paesi produttori di petrolio). Altri accordi sono stati conclusi tra società al fine di regolare determinate attività internazionali in materia di trasporto (basti pensare alle "conferenze marittime", in materia di trasporto marittimo, o ancora alle "conferenze di traffico" della IATA, l'associazione dei vettori aerei).

Tale ruolo peculiare che le società hanno assunto nel diritto internazionale e che quindi giustifica oggi la loro posizione di "soggetti" del diritto internazionale è dovuto ad una serie di ragioni. Innanzitutto le società commerciali hanno potuto imporsi come soggetti di diritto internazionale a causa delle numerose lacune dell'ordinamento internazionale nei ***settori professionali*** in cui operano. Inoltre, le imprese multinazionali hanno beneficiato dell'astensione più o meno cosciente degli Stati i quali non hanno voluto — o forse non hanno potuto — regolare importanti settori della vita di relazione internazionale lasciandoli al "potere internazionale economico privato".

Peraltro, *appare evidente che il riconoscimento di una sia pur limitata personalità giuridica internazionale delle imprese transnazionali consentirebbe di pretendere direttamente, a livello internazionale, il rispetto, da parte di queste ultime, di alcune norme fondamentali a cominciare dalle norme di tutela dei diritti umani e quelle circa i diritti sociali ed ambientali.*

L'adeguamento del diritto internazionale alla realtà internazionale del nostro tempo è vieppiù necessaria in quanto la potenza economica di alcune imprese transnazionali è superiore a quella di molti Stati (si pensi ai micro-Stati e a molti Paesi in via di sviluppo).

Non stupisce infatti che, da tempo, oltre al diritto del commercio internazionale, il moderno diritto internazionale dei diritti umani sia divenuto la cornice di riferimento privilegiata di coloro che sostengono la soggettività internazionale delle imprese transnazionali, con buona pace della dottrina giusinternazionalistica più dogmatica ed astratta ([508]).

Gli specialisti del diritto internazionale dei diritti umani muovono dalla Dichiarazione universale dei diritti dell'uomo del 1948, la quale, pur essendo un atto di *soft*

([508]) Cfr. ad. es. A. Clapham, *Human Rights Obligations of Non State Actors*, Oxford, OUP, 2006; nonché V. Chetail, "The Legal Personality of Multinational Corporations, State Responsibility and Due

law, stabilisce che, oltre agli Stati, tutti gli organi della società sono tenuti a promuovere e riconoscere i diritti dell'uomo. L'importanza di tale assunto si comprende non appena si consideri che alcune multinazionali svolgono le proprie attività in regioni del mondo amministrate da governi deboli e repressivi, che a volte non sono in grado o non intendono impedire le violazioni dei diritti dell'uomo da parte delle imprese. Se poi si aggiunge anche la questione della corruzione, dilagante in molti Paesi, ben si comprende di cosa stiamo parlando.

Oggi, il crescente livello di accettazione della normativa e degli *standard* internazionali sui diritti umani a livello meta-statuale ed in particolare presso la "società civile", ha reso inevitabile che le imprese adottino delle misure appropriate per evitare la loro "responsabilità" internazionale in materia di diritti umani.

Se, da un lato, è indubbio che le imprese sono la principale fonte di crescita economica e di creazione di occupazione in ciascuno Stato, dall'altro lato, si sono registrate numerose prassi che possono incidere negativamente sul rispetto dei diritti umani. Le imprese possono violare i diritti umani, ad esempio, attraverso le proprie modalità di reclutamento del personale, o attraverso l'impatto che i loro processi produttivi hanno sui lavoratori, le comunità locali, i popoli indigeni e l'ambiente. Le imprese possono anche essere coinvolte in veri e propri abusi attraverso la loro complicità con governi o autorità politiche repressive. Ecco perché i *Principi Guida sulle imprese e i diritti umani dell'ONU* del 2011 hanno trovato un'ampia accettazione a tutti i livelli.

277. Una tutela formalmente minore rispetto a quella degli individui, ma in realtà maggiore grazie ad apposite soluzioni contrattuali. — Da un punto di vista meramente formale, in diritto internazionale, le società appaiono meno tutelate degli individui. In effetti, le più importanti convenzioni internazionali di tutela dei diritti umani (ad es. la CEDU ed i Patti dell'ONU del 1966) garantiscono una serie di diritti fondamentali della persona umana quali ad esempio il diritto alla vita, alla libertà o alla sicurezza.

Senonché, nella prassi contemporanea, anche le persone giuridiche — ed in particolare le società commerciali dotate di personalità giuridica — possono beneficiare persino della tutela internazionale dei diritti umani. Così ha deciso la Corte EDU in materia di tutela della proprietà, di diritto alla libertà di espressione o di diritto ad un equo processo. Pertanto, in caso di violazione di tali diritti, anche le imprese, oggi, possono lamentare la violazione della CEDU dinanzi alla Corte EDU ([509]). D'altra parte, nei trattati che hanno oggetto più specificamente economico, come il Trattato di Roma del 1957, ed oggi il TFUE, le società commerciali beneficiano di un diritto di accesso, diretto ed indiretto, alla Corte di giustizia, uguale a quello riconosciuto agli individui.

Infine, nella prassi degli affari internazionali, va notato che, in virtù della loro potenza economica, le società di capitali riescono sempre più spesso ad imporre agli Stati delle *clausole arbitrali* tramite le quali ottengono la deroga alla giurisdizione statale in favore di un collegio arbitrale internazionale dinanzi al quale gli Stati e le società si collocano su un piano di sostanziale parità.

Diligence: The Way Forward", in *Mèlanges P.M. Dupuy*, a cura di D. Alland, V. Chetail, O. de Frouville, Nijhoff, Leiden, 2014, p. 105 ss. e riferimenti ivi cit.

([509]) In argomento v. F. Marrella "Protection internationale des droits de l'homme et activites de societes transnationales", in *RCADI*, *op. cit.*, ove riferimenti.

Perciò, *de facto*, le società sono divenute degli attori e dei soggetti importanti dell'ordinamento internazionale, sebbene il loro statuto giuridico resti controverso in dottrina. Una controversia dogmatica che fa sorridere i giuristi d'impresa e gli avvocati d'affari negli studi legali internazionali ai quali basta la possibilità, universalmente riconosciuta, di negoziare i loro contratti internazionali con gli Stati e di imporre a questi ultimi apposite clausole arbitrali combinate con quelle di rinuncia all'immunità dalla giurisdizione e dall'esecuzione.

§ 3. — *Le associazioni private nell'ordinamento internazionale: le organizzazioni non governative (ONG)*

Bibliografia sommaria: A. Bleckmann, "Non-governmental organizations", in *Int. Encycl. of Comp. Law*, vol. XVII, ch. 25. III; T. Gastan, *Le rôle des O.N.G. aux Nations unies*, in *Assoc. Inter.* n. 4, 1982, p. 254; V. Sauerwein, *Les relations entre les O.N.G. et l'O.N.U.*, in *Assoc. Inter.* n. 3, 1982, p. 198; R. Ranjeva, "Les organisations non gouvernementales et la mise en oeuvre du droit international", in *RCADI*, v. 270, 1997, pp. 9-105; D. Thürer, "The Emergence of Non-Governmental Organizations and Transnational Enterprises in International Law and the Changing Role of the State", in R. Hofmann (ed), *Non-State Actors as New Subjects of International Law*, Berlin, Duncker & Humblot, 1999, pp. 37-58; A.M. Slaughter, « International law and international relations », in *RCADI*, v. 285, 2000, pp. 9-250; A. Clapham, *Non State actors and human rights*, Oxford, OUP, 2005; A. K. Lindblom, *NGOs in International Law*, Cambridge, 2005; S. Charnovitz, "Nongovermental Organizations and International Law", *AJIL*, 2006, p. 348; T. Treves, "Etats et organisations non gouvernementales", in *Mélanges J. Salmon*, Bruxelles, 2007, p. 659; D. Shelton, "The ICJ and Non Governmental Organizations", *ICLQ*, 2007, 139; M. Iovane, "La participation de la société civile", in *RGDIP*, 2008, p. 465 ss.; I. Soumy, *L'accès des organisations non gouvernementales aux juridictions internationales*, Brussels, Bruylant, 2008; S. Hobe, voce « Non Governmental Organizations », in *MPEPIL*, 2012; E. Tramontana, *Organizzazioni non governative e ordinamento internazionale*, Padova, Cedam, 2013; D. Carreau, P. Juillard, R. Bismuth, A. Hamann, *Droit international économique*, 6ª ed., Paris, Dalloz, 2017; A. Cassese, *Diritto internazionale*, 3 ed., cit., p. 227 ss..

278. Una situazione paradossale. — Abbiamo già segnalato l'importanza, nel nostro tempo, del fenomeno associativo privato nel contesto transnazionale (v. Cap. I).

Si tratta generalmente di associazioni tra privati senza fini di lucro che perseguono un fine di interesse generale (umanitario, cooperazione allo sviluppo, religioso, politico, scientifico, sociale) che trascende l'ambito di un solo Stato, cercando di intervenire sulle grandi questioni internazionali (sia a livello di dibattito, sia sul campo) ed interagendo con gli Stati, con le OIG e con le altre ONG in vario modo. La tesi secondo la quale alcune norme internazionali aventi ad oggetto le ONG ha comportato l'acquisizione da parte di esse di una soggettività giuridica internazionale funzionale, non risulta attualmente accolta dalla dottrina. Ma quella vetusta impostazione dogmatico-dottrinale circa lo statuto giuridico internazionale delle ONG porta a risultati paradossali e ben lontani dalla realtà. Se la personalità giuridica (interna) delle ONG dipende dall'ordinamento giuridico di ciascuno Stato (1), il diritto internazionale contemporaneo può riconoscere loro una soggettività funzionale (2) ed è pacifico che attribuisca loro uno statuto consultivo (3). Tutto ciò non ha impedito alle ONG di collocarsi all'origine di norme transnazionali a portata universale (4).

1. — Una personalità giuridica di diritto interno

279. Un parallelo con le imprese multinazionali. — Per esistere giuridicamente, ogni ONG deve essere costituita secondo il diritto di un dato Stato. Da questo punto di vista, si hanno problemi simili a quelli ben noti in materia di costituzione di società o di altro ente di natura privatistica dotato della personalità giuridica di diritto interno. Ne segue però che il riconoscimento della loro personalità giuridica in un dato Stato vale solo per *quello Stato* e non per gli altri Stati della Comunità internazionale. Queste elementari considerazioni valgono anche qualora si tratti di associazioni "miste", in cui gli associati sono sia dei soggetti privati che altri Stati od enti pubblici.

2. — Una soggettività giuridica "funzionale" di diritto internazionale

280. Sviluppo di un *diritto internazionale professionale*. — Circa la personalità giuridica internazionale delle ONG, la continua reticenza della dottrina giusinternazionalistica contemporanea (i politologi le ammettono da tempo nelle analisi di sistema internazionale) che fatica a concepire soggetti di diritto internazionale diversi dallo Stato, si riverbera in modo esponenziale in materia di ONG. Certo, minori discussioni comporta il caso del **Comitato Internazionale della Croce Rossa (CICR)**, la quale è un'associazione di diritto svizzero le cui funzioni sono formalmente riconosciute dalle quattro Convenzioni di Ginevra del 1949 precedentemente citate. Tali convenzioni prevedono e regolano esplicitamente determinati diritti in favore del CICR quali, ad esempio, quello di visitare i prigionieri di guerra ed i civili internati, di soccorrerli, di fornire informazioni sulla loro situazione e di adottare ogni misura utile ad assistere le vittime dei conflitti armati. Pertanto, il CICR è stato investito *per trattato* di un diritto a svolgere le proprie attività di carattere umanitario e di funzioni attinenti al suo particolare ruolo. In poche parole, il CICR possiede uno *statuto internazionale* ibrido, di carattere sia "pubblico" che "privato", uno statuto regolato sia dal diritto internazionale che dal diritto interno svizzero ([510]). Ma si tratta di un'eccezione che conferma la regola.

Le altre ONG, infatti, svolgono *de facto* la propria attività transnazionale senza beneficiare di alcun trattato che ne fissa lo statuto e i privilegi e spesso, nella vita di relazione internazionale, si trovano persino in posizioni antagonistiche rispetto agli Stati. Ciònonostante, si tratta di enti dotati di un notevole ***soft power*** **internazionale**, superiore a quello di molti Stati.

Così, in materia di **diritti umani**, il ruolo delle ONG è acquisito da tempo nella prassi e la mancanza di un generale riconoscimento della personalità giuridica internazionale, ancorché funzionale e limitata, di tali enti è un elemento che, potenziato su scala globale dai c.d. *social media*, si pone in forte contrasto con l'attenzione suscitata dall'imponente presenza di queste entità sulla scena internazionale. Questi enti, oltre a promuovere e diffondere l'informazione, la conoscenza ed il rispetto dei diritti umani a tutti i livelli (si pensi ad *Amnesty International* e al ***caso Regeni***), hanno svolto e svolgono un ruolo fondamentale a sostegno dei *meccanismi di protezione internazionale dei diritti umani* ([511]). Collaborano con i *Relatori speciali* e con le *Procedure speciali* delle OIG, con i vari *Comitati di controllo* istituiti presso le Nazioni Unite in

---

([510]) V. P. Reuter, "La personnalitè juridique internationale du Comitè International de la Croix Rouge", in *Le developpement de l'ordre juridique international*, Paris, Economica, 1996, p. 205 e ss.. V. altresì P. Bertoli, « The legal status of nongovernmental organisations in private international law », in *Riv. dir. int. priv. proc.*, 2004, p. 103 ss.

([511]) V. la bibliografia citata sopra nonché E. Rossi, « Il contributo delle OIG al rispetto della Convenzione americana dei diritti umani », in *OIDU*, 2018, p. 596 ss.

relazioni ai vari trattati sui diritti umani. Redigono i c.d. *shadow reports* che contribuiscono, spesso in contrasto con i rapporti periodici presentati dagli Stati, al monitoraggio effettivo sulla situazione dei diritti umani.

Nel contesto del Consiglio d'Europa, le ONG hanno persino acquisito un *locus standi* processuale-internazionale: l'art. 34 della CEDU stabilisce che:

> "La Corte può essere investita di una domanda fatta pervenire da ogni persona fisica, ogni organizzazione non governativa o gruppo di privati che pretenda di essere vittima di una violazione da parte di una delle Alte Parti Contraenti dei diritti riconosciuti nella Convenzione o nei suoi protocolli".

281. Le ONG e il diritto internazionale economico. — In altri contesti, le ONG svolgono il ruolo di ***amicus curiae*** nei **procedimenti di risoluzione delle controversie internazionali economiche** gestiti dagli organi dell'OMC/WTO (art. 13:1 dell'Intesa sulle norme e procedure che disciplinano la risoluzione delle controversie) ([512]) o ancora nei procedimenti arbitrali internazionali in materia di investimenti come accade, ad esempio, ai sensi dell'art. 37, par. 2, del Regolamento di arbitrato dell'**ICSID**, così come emendato nel 2006. Né si deve sottacere il ruolo di numerose ONG nell'attuazione di progetti dell'UNICEF, della FAO, dell'UNHCR, e così via.

Ad ulteriore conferma, basti il rilievo secondo il quale alcune ONG possiedono, oggi, una straordinaria rilevanza tecnico-professionale transnazionale. In queste materie, sempre più spesso, *gli Stati "delegano" di fatto alle ONG determinate funzioni*. È il caso, ad esempio, della **International Air Transport Association (IATA)**, un'associazione privata di diritto canadese, che detiene il potere — v. Cap. IX — di determinare il prezzo dei biglietti aerei e dei servizi a bordo degli aeromobili. E ciò avviene nonostante la presenza di un'apposita organizzazione intergovernativa, l'ICAO. Ma gli esempi potrebbero moltiplicarsi, basti pensare alle regole internazionali emanate dall'associazione internazionale degli albergatori, o, ancor più importante, agli INCOTERMS ed alle regole in materia di *credito documentario* elaborate dalla **Camera di Commercio Internazionale (ICC)**.

282. La creazione e la gestione di internet. — Nella stessa direzione, si pensi alla creazione ed alla gestione dello **spazio digitale mondiale**. Dal 2000, la rete **Internet**, quarta dimensione della nostra esistenza e degli Stati, è frutto di un modello di regolazione totalmente decentrato e di fatto privo dell'intervento pubblico. Ma la gestione e la regolazione di Internet non sono nelle mani di una IGO come l'*Unione internazionale delle telecomunicazioni* (ITU) bensì di un'associazione privata senza scopo di lucro, la **ICANN** (*Internet Corporation for Assigned Names and Numbers*). Fondata in California nel 1998, la ICANN decide, tra le altre cose, a chi spetta un "nome di dominio". La sua autorità si estende, direttamente o indirettamente, a tutti gli utenti di Internet in qualsiasi parte del mondo. In questo contesto, il ruolo tradizionale degli Stati — e quello dell'Unione europea — è ridotto a un intervento minimo consistente, essenzialmente, nell'adattare il diritto interno alle specificità di Internet.

283. Sviluppo di un *diritto internazionale professionale*. — L'esistenza di un *diritto professionale internazionale* non deve sorprendere in quanto anche nell'ordina-

---

([512]) D. Carreau e P. Juillard, R. Bismuth, A. Hamann, *Droit international économique*, p. 44 ss..

mento interno esistono specifici ordinamenti propri a determinate professioni (avvocati, revisori, medici, etc.) e persino in materia arbitrale, le regole dell'IBA (**International Bar Association**) costituiscono uno standard di riferimento globale universalmente riconosciuto. Si pensi, ad esempio, alle IBA Rules on the *Taking of Evidence in International Arbitration* e alle *IBA Guidelines on Conflict of Interest in International Arbitration*. Analoghe considerazioni valgono in materia di diritto contabile. Qui, la "grammatica della globalizzazione" viene dettata da un'altra ONG, l'**International Accounting Standards Board (IASB)** un'associazione privata con sede a Londra, costituita nell'aprile 2001 e con la funzione di sviluppare i *principi contabili internazionali* (*International Accounting Standards — IAS*) per la redazione del bilancio delle imprese. Per l'Italia vi aderisce il Consiglio Nazionale dei Dottori commercialisti e degli Esperti contabili. La UE, vi partecipa come osservatore e poi traduce tali norme in appositi Regolamenti e Direttive contabili vincolanti per gli Stati membri e per le imprese.

E come se non bastasse, si rivolga lo sguardo alle ***ONG sportive***. Il **Comitato Olimpico Internazionale** (C.I.O.) è una ONG che si colloca al vertice di un sistema a cui sono affiliati tutti i ***Comitati olimpici nazionali*** dei vari Paesi (in Italia vi è il **C.O.N.I.**), i quali organizzano e promuovono lo sport nel territorio di riferimento ([513]). Al C.I.O sono affiliate, altresì, le ***Federazioni sportive internazionali***, che regolano ed organizzano le singole discipline sportive, mentre a livello nazionale le diverse ***Federazioni sportive nazionali*** sono affiliate ai Comitati olimpici nazionali. Ad un livello intermedio, si collocano i Comitati olimpici continentali a cui sono, a propria volta, affiliate le Confederazioni continentali (ad esempio, per il calcio, la U.E.F.A.). Orbene, *le federazioni sportive internazionali creano e gestiscono le regole comuni a cui sono soggetti tutti i praticanti di un dato sport, ovunque essi si trovino.* E il "circuito" giuridico-transnazionale si chiude non appena si noti che apposite regole precludono ai tesserati di adire il giudice statale comune per la tutela dei propri diritti in materia sportiva, con la previsione persino di sanzioni disciplinari in caso di trasgressione ([514]).

3. — Lo statuto consultivo di alcune ONG

284. Un ruolo consultivo presso le OIG. — Spesso, viene riconosciuto alle ONG uno *statuto consultivo* presso le OIG ([515]). L'**art. 71 della Carta delle Nazioni Unite** è chiaro a tale riguardo. Siamo dunque in presenza di un incontestato "embrione" di statuto internazionale, pur se lo scopo non è quello di riconoscere alle ONG una soggettività internazionale completa, bensì quello di assegnare loro determinate funzioni, spesso di ausilio rispetto ai lavori di una OIG. Le ONG, infatti, possono inviare documenti e studi, ricevere i documenti degli organi di una OIG, partecipare alle sedute e ai lavori preparatori, essere invitate in qualità di osservatori anche in fase decisionale.

([513]) F. Latty, *La lex sportiva*, *op.cit.*, e E. Greppi, M. Vellano, *Diritto internazionale dello sport*, 2 ed., Torino, Giappichelli, 2010.

([514]) Oltre all'ONU si pensi al Consiglio d'Europa, all'Unione africana o all'OCSE.

([515]) Cfr. I. Virtuoso, "Il sistema extragiudiziale di risoluzione delle controversie sportive", in *Diritto.it*, del 16 aprile 2019, nonché S. Custureri, "Arbitrato sportivo internazionale e Convenzione europea dei diritti dell'uomo: in margine al caso 'Mutu e Pechstein c. Svizzera', nota a CEDU sez. III 2 ottobre 2018 (Mutu et Pechstein vs svizzera), in *Dir. comm. int.*, 2019, pp. 622-630.

Come si è annunciato, la principale base giuridica di riferimento è l'art. 71 della Carta dell'ONU ([516]) che ha innovato la materia in quanto nulla di tutto ciò esisteva ai tempi della Società delle Nazioni.

285. Le ONG come "gruppi di pressione" su scala internazionale. — Infine, va notato che le ONG costituiscono dei formidabili "gruppi di pressione" in seno ad OIG quali la UE, presso gli organismi internazionali di tutela dei diritti umani, o ancora la Banca mondiale e le banche regionali di sviluppo.

Per tali motivi, oltre che per ragioni di realismo, sarebbe utile armonizzare il loro ruolo su scala internazionale concedendo alle ONG una soggettività internazionale limitata ma ben definita per fissarne, oltre che i *diritti soggettivi internazionali, anche gli obblighi e le responsabilità*. Ciò anche perché negli ultimi tempi si sono manifestate alcune criticità che hanno minato la credibilità delle ONG, a cominciare da quelle operanti per i diritti umani. Si è visto che non esistono solo le ONG animate da principi nobili (la maggioranza) e si è capito che in qualche caso vi possono essere anche ONG colluse coi servizi segreti o comunque manipolate da un Governo (si parla di GONGOs, ossia di ONG finanziate e controllate da Governi), per tacere di quelle che collaborano con associazioni criminali in materia finanziaria o addirittura facilitano il traffico illecito e lo sfruttamento dei migranti ([517]). Insomma, oggi si pone anche un problema di ***legitimacy*** delle ONG (chi rappresentano e perché? Chi è la "società civile"? Parlano in nome di chi ed in base a quale processo democratico?) e, soprattutto, della loro ***accountability*** (chi le finanzia? A chi rispondono?) unitamente ad esigenze di maggiore *trasparenza* amministrativa, corretto utilizzo delle risorse e maggiore "democrazia interna".

Il Consiglio d'Europa con un'apposita convenzione, del 24 aprile 1986, elaborata dopo vent'anni di studi ([518]) ha offerto un parziale contributo alla regolazione delle ONG. Ma il risultato è stato modesto, giacché ci si limita a ribadire lo *status quo*: qui le ONG possiedono la capacità giuridica che a loro viene riconosciuta dall'ordinamento giuridico interno in cui sono state costituite. Nulla si dice espressamente sulla loro capacità internazionale. La Convenzione è entrata in vigore il 1° gennaio 1991 ma ha conosciuto uno scarso successo con riguardo al numero delle ratifiche che ne sono seguite ([519]).

4. — La funzione normativa globale delle ONG (rinvio)

286. — Sebbene il diritto internazionale "tradizionale" trascurasse — e, grazie alla dogmatica racchiusa nella manualistica contemporanea, ancora trascuri — in larghissima misura le ONG, abbiamo già osservato a suo luogo (v. Cap. IX a cui rinviamo) che, nel nostro tempo, le ONG, in quanto attori "transnazionali", *svolgono un ruolo crescente ed essenziale nell'elaborazione di regole giuridiche globali* destinate ad essere applicate tanto nell'ordinamento giuridico internazionale, quanto negli

---

([516]) Attualmente a più di 3000 ONG è stato concesso uno statuto di osservatore presso il Consiglio economico e sociale dell'ONU.

([517]) In arg. cfr. D. Raiser, C. Kelly, "Linking NGO Accountability and the Legitimacy of Global Governance", in *Brooklyn Journal of International Law*, 2011, p. 1011 ss..

([518]) In argomento v. M. O. Wiederkehr, "La Convention europeenne sur la reconnaissance de la personnalitè juridique des organisations non-gouvernementales", del 24 aprile 1986, in *AFDI*, 1987, p. 749.

([519]) Al 19 gennaio 2021 si contano solo 12 ratifiche.

ordinamenti interni degli Stati. Tali regole, come abbiamo visto, *non* trovano la propria fonte nello Stato o nella comunità degli Stati, bensì nell'attività delle stesse ONG e nella capacità di queste ultime di emanare direttamente regole e standard di portata globale.

Un esempio tra i molti è quello delle **federazioni sportive internazionali** che, in caso di violazione delle loro regole a-statuali, possono comminare specifiche sanzioni finanziarie e disciplinari, a seguito di un controllo di legalità effettuato dai giudici dello Stato in cui esse hanno sede o, più frequentemente, presso il Tribunale arbitrale internazionale dello Sport (**CAS** per *Court of Arbitration for Sport*) che ha sede a Losanna e gestisce contenziosi su scala planetaria.

Capitolo XVI
LA RESPONSABILITÀ INTERNAZIONALE

Bibliografia sommaria: v. i vari rapporti alla Commissione di Diritto Internazionale ONU (d'ora in avanti CDI), preparati da diversi relatori speciali tra cui, in particolare, Roberto Ago, *Scritti sulla responsabilità internazionale*, Napoli, 1979-1986. R. Pisillo Mazzeschi, *Due diligence e responsabilità internazionale degli Stati*, Milano, Giuffrè, 1989; V. altresì: *SFDI*, *La responsabilité dans le système international*, Colloque du Mans, Parigi, Pedone 1991; *Oppenheim's International Law*, 9th ed., cit., 1992, pp,499-511 e 528-554; E. Jimenez de Arechaga, A. Tanzi, "La responsabilité des Etats", in M. Bedjaoui (dir.), *Droit international. Bilan et perspectives*, Parigi, Pedone, Unesco, 1991, p. 367; G. Abi Saab, "De la sanction en droit international, essai de clarification", in *Mélanges Skubiszewski*, 1996, p. 61-79; M. Pedrazzi, *Danni causati da attività spaziali e responsabilità internazionale*, Milano, Giuffrè, 1996; M. Castellaneta, "La responsabilità internazionale degli Stati per danni all'ambiente causati nel corso dei conflitti armati", *Riv. dir. int.*, 2008, p. 632 ss.; M. Ragazzi (Ed.), *International responsibility today, Essays in memory of O. Schachter*, Leiden, M. Nijhoff, 2005 con, in particolare, i contributi di R. Higgins (p. 271) e S. Rosenne (p. 297); J. Crawford, *The International Law Commission's Articles on State Responsibility*, Cambridge, CUP, 2003; T. Treves, *Diritto internazionale*, cit., p. 473 ss.; Spinedi, Gianelli, Alaimo (a cura di), *La codificazione della responsabilità alla prova dei fatti*, Milano, Giuffrè, 2006; A. Clapham, *Human Rights Obligations of Non State Actors*, Oxford, OUP, 2006; R. Pisillo Mazzeschi, "Responsabilité de l'Etat pour violation des obligations positives relatives aux droits de l'homme" in *RCADI*, 2009, p. 175 ss. J. Crawford, A. Pellet, S. Olleson (ed.), *The Law of International Responsibility*, Oxford, OUP, 2010; J. Crawford, *State Responsibility. The General Part*, Cambridge, CUP, 2013; *Brownlie's Principles of Public International Law*, 8ª ed., cit., p. 539 ss.; U. Leanza, I. Caracciolo, *Diritto internazionale. Parte generale*, 3ª ed., cit., p. 283 ss.; B. Conforti, *Diritto internazionale*, X ed., cit., p. 387 ss.; M. Herdegen, *Völkerrecht*, 13ª ed., Munich, 2014, p. 435-454; P. Pustorino, voce *Responsabilità internazionale degli Stati*, in *Enc. dir., Annali*, Vol. VII, 2014; A. Sinagra, P. Bargiacchi, *Lezioni di diritto internazionale pubblico*, 2 ed., cit., p. 437 ss.; C. Focarelli, *Trattato di diritto internazionale*, cit., p. 1927 ss.; M. Arcari, "La responsabilità internazionale", in T. Scovazzi (a cura di), Corso di diritto internazionale, II, 2 ed., cit., p. 186 ss.; L. Fumagalli, "Illecito e responsabilità", in AA.VV., *Istituzioni di diritto internazionale*, 5ª ed., cit., p. 269 ss.; J. Ziegler, *Introduction au droit international public*, 3ª ed., cit., p. 126 ss.; A. Cassese, *Diritto internazionale*, 3 ed., cit., 2017, p. 363 ss.; N. Ronzitti, *Introduzione al diritto internazionale*, 5ª ed., cit., p. 389 ss.; E. Cannizzaro, *Diritto internazionale*, 3ª ed., cit., p. 411 ss.; M. Shaw, *International Law*, 8ª ed., cit., p. 589 ss.; F. Marrella, "Protection internationale des droits de l'homme et activités des sociétés transnationales", in *RCADI*, vol. 385, 2017, pp. 33-435; A. Saccucci, *La responsabilità internazionale dello Stato per violazioni strutturali dei diritti umani*, Napoli, ES, 2018.

1. La specificità del "contesto" internazionale. — Spetta a ciascun soggetto del diritto internazionale — Stati, OIG, enti internazionalizzati, ONG e soggetti privati — rispettare le norme del diritto internazionale scritto o non scritto. Ciò è particolarmente evidente per gli Stati, dato che, spesso, viene data pubblicità, anche mediatica, alle violazioni commesse proprio da questi ultimi (1).

Tuttavia, va ricordato che l'ordinamento internazionale, il *milieu* internazionale, è assai diverso da quello interno. Sul piano dell'attuazione delle norme di diritto internazionale, infatti, il ricorso al giudice o all'arbitro, — *la funzione di accertamento giudiziario* — rimane, in generale, *facoltativa.* Ossia, com'è stato efficacemente

(1) G. De Lacharriére, *La politique juridique exterieure*, cit., pp. 112-114.

osservato, “nella Comunità internazionale i soggetti dell’ordinamento tendono ad accertare autonomamente il diritto (autoaccertamento) e comunque non esistono tribunali che abbiano competenza obbligatoria”, cioè corti presso cui possa essere automaticamente convenuto uno Stato (2).

Ugualmente, la “sanzione” delle norme giuridiche è meno organizzata (e meno sviluppata) nell’ordinamento internazionale rispetto a quanto si verifica nell’ordinamento interno degli Stati, in particolare per quanto concerne gli aspetti della attuazione coattiva.

Infine, le norme di diritto internazionale non presentano un grado di chiarezza e di precisione pari a quello delle norme di diritto interno, ciò che può complicare ulteriormente la loro applicazione. Ed infatti, come ha sottolineato un attento osservatore della prassi degli Stati, questi ultimi — contrariamente agli individui — ricorrono volentieri ad espressioni ambigue al fine di limitare la portata dei loro obblighi internazionali (3).

2. Piano espositivo. — Orbene, alla luce delle considerazioni di cui sopra, l’ordinamento internazionale collega al verificarsi di un illecito il sorgere di una particolare situazione giuridica, denominata con il termine di *responsabilità internazionale*. Va altresì rilevato che, sia nell’ordinamento giuridico internazionale che in quello interno, esistono delle circostanze per le quali un atto, che sarebbe di per sé illecito, non ha tale carattere o lo perde.

Sezione I
Le conseguenze derivanti dalla violazione di un obbligo giuridico internazionale: la responsabilità internazionale

3. Premessa. — È principio fondamentale di ogni ordinamento giuridico che i soggetti debbano rispondere dell’inadempimento di un obbligo giuridico. Del pari, “***ogni atto internazionalmente illecito di uno Stato comporta la sua responsabilità internazionale***” (4).

La struttura del discorso giuridico sulla responsabilità internazionale, così come è stato impostato dal relatore speciale della CDI, Roberto Ago, distingue una ***norma primaria*** (*primary rule*), ossia il particolare obbligo internazionale che è stato violato dalla condotta, in concreto, di uno Stato ed una ***norma secondaria*** *(secondary rule)*, ossia la diversa norma internazionale che prevede e regola le conseguenze giuridiche di quella violazione: le norme sulla responsabilità internazionale, appunto.

A tali conseguenze, ossia al *nuovo* e *diverso rapporto giuridico* che si connette a quello contemplato dalla norma (primaria) violata si riferiscono le norme sulla responsabilità internazionale degli Stati trattata negli Articoli CDI.

L’art. 56 degli Articoli CDI precisa che le norme ivi indicate non hanno lo scopo di codificare l’intera materia bensì solo *alcuni aspetti*; gli altri aspetti restano regolati dal *diritto internazionale consuetudinario*.

---

(2) In tal senso N. Ronzitti, *Introduzione al diritto internazionale*, cit., p, 10. V. anche, ad es., B. Conforti, *Diritto internazionale*, cit., p. 7.

(3) G. De Lacharriére, *ibid.*, p. 89 e ss.

(4) Art. 1 degli Articoli CDI sulla responsabilità degli Stati del 2001. In arg. v., recentemente, A. Gianelli, “Il contributo della dottrina italiana al tema della responsabilità internazionale degli Stati per fatto illecito: qualche osservazione”, *Riv.dir.int.*, 2016, p. 1042-1070.

Inoltre, ai sensi **dell'art. 55** degli Articoli CDI, i predetti "articoli non si applicano quando e nella misura in cui le condizioni per l'esistenza di un atto internazionalmente illecito o il contenuto o la messa in opera della responsabilità internazionale di uno Stato sono disciplinati da norme speciali di diritto internazionale". Pertanto, le regole indicate agli Articoli CDI sono derogate dalle corrispondenti norme dei trattati, norme che, laddove esistano, costituiscono *lex specialis* rispetto agli Articoli CDI.

Si pensi, **ad esempio**, all'art. IV della Convenzione sulla responsabilità internazionale per i danni causati da oggetti spaziali del 29 marzo 1972, o ancora all'Intesa sulle norme e sulle procedure che disciplinano la risoluzione delle controversie nell'ambito dell'accordo istitutivo dell'OMC/WTO del 15 aprile 1994.

Infine, gli Articoli CDI non derogano in alcun modo alla Carta dell'ONU ai sensi e per gli effetti dell'art. 103 della Carta.

Alla luce di tali premesse, possiamo introdurre tre osservazioni generali:

4. — ***Prima osservazione***: la responsabilità è connaturata all'esistenza stessa del diritto, e questo è vero sia sul piano del diritto interno che su quello del diritto internazionale. La CIG lo ha espressamente indicato nel *caso della Barcelona Traction* del 1970: **"[l]a responsabilità è il corollario necessario del diritto"** (5).

5. — ***Seconda osservazione***: **il diritto della responsabilità internazionale è storicamente situato**. In un ordinamento giuridico privo di un potere legislativo e giurisdizionale accentrato, com'è ancor oggi l'ordinamento internazionale, le norme sulla responsabilità internazionale si sono lentamente forgiate nei secoli attraverso la prassi e la giurisprudenza — *in primis* arbitrale — riflettendo l'evoluzione e la *struttura della società internazionale dell'epoca*, un'epoca in cui, per lungo tempo, si considerava quale unico soggetto del diritto internazionale solo lo Stato (v. *supra* Cap. I). Essendo regolata da norme di diritto internazionale consuetudinario, la responsabilità internazionale degli Stati è divenuta, sin dal 1955, oggetto di approfonditi studi presso la CDI dell'ONU e di ampi dibattiti. Infatti, gli Articoli CDI sono un progetto di codificazione di norme ***sulla responsabilità dello Stato per fatto illecito*** (testualmente: *Draft Articles on Responsibility of States for Internationally Wrongful Acts*). Dette regole CDI, approvate in seconda lettura il 10 agosto 2001, hanno ricevuto l'avallo dell'Assemblea Generale dell'ONU (6) ma non si sono mai tradotte in una convenzione internazionale di codificazione (come, ad es., è avvenuto in materia di trattati tramite la precitata Convenzione di Vienna sul diritto dei trattati del 1969). Pertanto, a vent'anni di distanza, non siamo più di fronte ad un mero "Progetto", bensì a *norme di soft law ricognitive* (seppure non *in toto*) del *diritto internazionale consuetudinario, sia di orientare la prassi.* Per tale ragione, preferiamo indicarle in modo abbreviato come "Articoli CDI" e, ancor più importante, tali regole costituiscono ormai un punto di riferimento autorevole ed indispensabile a cui la giurisprudenza, soprattutto arbitrale, si riferisce — spontaneamente — sempre più spesso (7).

---

(5) *Rec.*, 1970, p. 34.

(6) L'Assemblea Generale ONU tramite la ris. n. 56/83 del 12 dicembre 2001 ha "preso nota" degli articoli del progetto ed a "raccomandarli all'attenzione dei Governi".

(7) Cfr. J. Crawford, *State Responsibility. The General Part*, Cambridge, CUP, 2013. Nell'abbondante contenzioso arbitrale in materia di investimenti esteri il riferimento agli Articoli CDI costituisce un dato costante. In giurisprudenza internazionale, v. ad es. CIG, 26 febbraio 2007, *caso del genocidio di Srebrenica*

Senonché, come abbiamo più volte indicato, a partire dalla fine della seconda guerra mondiale. la struttura della *societas internazionale* si è ampliata ed è divenuto sempre più evidente che alcune delle soluzioni classiche non corrispondono più alla realtà internazionale del nostro tempo. È così gradualmente maturata la necessità di codificare anche le norme sulla responsabilità di altri enti che partecipano alla vita di relazione internazionale.

Nel 2011, la CDI ha adottato, in seconda lettura, un ***Progetto di articoli sulla responsabilità delle organizzazioni internazionali*** (d'ora in avanti, *breviter*, **Articoli OIG CDI**) che è il risultato di altri e più recenti lavori della CDI iniziati nel 2002 con la nomina del Relatore speciale, prof. Giorgio Gaja. Si tratta anche qui di un atto di *soft law* ma di peso giuridico specifico per il momento inferiore agli Articoli CDI sulla responsabilità degli Stati. Infatti, la *pars* specifica delle regole sulla responsabilità delle OIG deriva dalle principali norme di *diritto pattizio* in materia le quali, *ex natura rerum*, non poggiano ancora su una sicura base consuetudinaria. Ciò non toglie che tali ultimi norme posseggono un importante valore pedagogico e forniscono già un utile punto di riferimento per le controversie nascenti in tale materia ([8]).

6. — *Terza osservazione*: *nel nostro tempo, si ha un'espansione della responsabilità internazionale per effetto di norme diverse e di diversa ampiezza a carico di tutti i soggetti della vita di relazione internazionale*: Stati, OIG e soggetti privati.

La nostra presentazione del diritto internazionale contemporaneo, a differenza di quanto fa il resto della dottrina e soprattutto della manualistica contemporanea, ha per oggetto la *societas internazionale* e il *suo* diritto andando al di là dell'analisi del mero carattere interstatale (o, "internazionale pubblico") delle sue norme per adottare la più ampia prospettiva che richiede la realtà empirica e fenomenologica odierna (Cap. I).

Così, coerentemente con quanto indicato a proposito della *struttura* del diritto internazionale contemporaneo, delle varie *categorie di norme* internazionali e dei *soggetti della vita di relazione internazionale*, i conti tornano anche in materia di *responsabilità internazionale* e, anche in materia di *accesso ai meccanismi di soluzione delle controversie internazionali oltre che nazionali* (Capp. XXIV e XXV).

Ed infatti, mentre la CDI ha ammesso e rilevato la responsabilità internazionale delle OIG, si è sviluppata progressivamente anche una responsabilità internazionale degli **individui**. Ciò è avvenuto tramite il *diritto internazionale penale* che pur fondandosi su un trattato tra Stati accerta la responsabilità internazionale penale di individui ed altri sviluppi si registrano in *diritto internazionale umanitario*, nel *diritto marittimo*, nel *diritto internazionale degli investimenti* (si pensi ad es. alle *denial of benefits clauses* dei BITs ed alle domande riconvenzionali degli Stati contro i privati in sede di

del 1995, Bosnia-Erzegovina c. Serbia-Montenegro, punto 401: "In mancanza di una *lex specialis*, le norme relative all'attribuzione di un comportamento internazionalmente illecito ad uno Stato sono indipendenti dalla natura dell'atto illecito di cui trattasi. Un genocidio è considerato imputabile ad un dato Stato se e nella misura in cui gli atti materiali costitutivi di genocidio, commessi da organi o da persone diverse dai propri agenti sono stati commessi, in tutto o in parte, secondo le istruzioni o sotto la direzione o il controllo effettivo di tale Stato. Così oggi si presenta il diritto internazionale consuetudinario in tale materia, come risulta dagli articoli della CDI sulla responsabilità dello Stato".

([8]) In argomento cfr. J. Alvarez, "Revisiting the ILC's Draft Rules on International Organization Responsibility", in *ASIL Proceedings*, 2011, p. 345; G. Hafner, "Is the Topic of Responsibility of International Organizations Ripe for Codification? Some Critical Remarks", in *Studi Simma*, Oxford, OUP, 2011, p. 700 ss..

contenzioso arbitrale). Al novero dei soggetti privati del diritto internazionale come le **imprese transnazionali** si rivolgono oggi, oltre al c.d. ***Global Compact*** **dell'ONU**, le *Linee guida ONU su imprese e diritti umani* (***UN Guiding Principles on Business and Human Rights***) del 2011 che, adottate *all'unanimità* dal **Consiglio dei diritti umani dell'ONU**, marcano l'evoluzione dell'ordinamento internazionale e del suo diritto in direzione di una maggiore partecipazione e soggettività giuridica di tali attori non statali, come da noi più volte indicato. Non stupisce, dunque, che oltre a trattare della classica responsabilità internazionale degli Stati (c.d. primo pilastro), i Principi ONU fissano il quadro, altrettanto fondamentale (secondo pilastro) per la Comunità internazionale, di una "responsabilità delle imprese di rispettare i diritti umani" anch'essa qualificata come "internazionale" pur se *non a carattere interstatuale*. Ed è proprio su un quadro più vasto di quello classico internazionale-interstatale, ossia nel quadro internazionale-transnazionale (nel senso da noi indicato, su cui v. Cap. I) che si coglie in pieno la funzione della "responsabilità di proteggere" i diritti umani ***a carico delle imprese transnazionali***, unitamente alle particolari norme e processi di controllo transnazionali come i codici di condotta (Cap. IX), gli HRIA (*Human Rights Impact Assessments*), il controllo transnazionale tramite enti di certificazione, il ruolo della "società civile" e delle ONG, e così via.

7. Piano espositivo. — Nonostante la responsabilità internazionale derivi da regole e procedimenti intimamente collegati allo statuto dei diversi soggetti del diritto internazionale, *esistono delle regole di base comuni* inerenti a qualunque regime di responsabilità.

Deve, infatti, sempre trattarsi di una violazione del diritto internazionale, imputabile ad un soggetto di diritto internazionale, che ha causato un pregiudizio ad un altro soggetto di diritto internazionale, la vittima, e che fa sorgere, di conseguenza, un obbligo di riparazione in forma adeguata.

Sezione II
I DUE ELEMENTI COSTITUTIVI DELL'ILLECITO INTERNAZIONALE

§ 1. — *L'elemento oggettivo: la violazione di una norma internazionale*

8. Premessa. — Il principio è chiaro: *si ha responsabilità internazionale solo quando è stata violata in concreto una norma di diritto internazionale*. Si parla, al riguardo di *antigiuridicità* del comportamento attribuibile allo Stato (1) e con tale espressione linguistica sintetica si intende dire che, per aversi un illecito internazionale (*Internationally Wrongful Act*), è condizione necessaria (ancorché non sufficiente), un comportamento dello Stato contrario ad un obbligo assunto in base ad una norma internazionale in vigore nel momento in cui tale comportamento è stato adottato.

In altri casi — sia pure ancora abbastanza rari — la responsabilità può essere, al contrario, estesa in funzione del "rischio" di pregiudizio altrui (2).

1. — La condotta antigiuridica di uno Stato

9. Nozione. — A titolo preliminare, va osservato che la CDI, nei suoi diversi progetti sulla responsabilità internazionale, parla espressamente di "fatto" e non solamente di "atto illecito".

L'obbligo internazionale dalla cui violazione deriva l'illecito ha sempre per oggetto un dato comportamento dell'obbligato, sicché, a seconda che l'obbligo violato consista in un fare (*facere*) ovvero in un un'omissione (*non facere*), l'illecito sarà costituito da un'azione (*Act*) o un'omissione (*Omission*). Si può parlare dunque di ***fatto illecito commissivo*** od ***omissivo*** ed inoltre si distingue tra *fatto illecito di condotta* e *di risultato*: nel primo caso la norma violata impone un dato comportamento; nel secondo caso, la norma prescrive un risultato che non è stato raggiunto. Si parla di *fatti illeciti composti* allorquando gli illeciti sono posti in essere da diversi organi di uno stesso Stato.

Il carattere di illiceità è determinato unicamente dal diritto internazionale stesso e non dal diritto interno. Ne segue che, un atto lecito nel diritto interno può comunque essere "illecito" sul piano del diritto internazionale e viceversa.

Dapprima la CPGI ([9]), e successivamente la CIG, hanno indicato che la "conformità di un atto al diritto interno e la sua conformità alle disposizioni di un trattato [restano] delle questioni diverse", aggiungendo che "ciò che costituisce una violazione di un trattato può essere lecita nel diritto interno e ciò che è illecito nel diritto interno può non comportare alcuna violazione di una disposizione convenzionale" ([10]).

Ciò detto, un fatto internazionalmente illecito può consistere tanto nella violazione di un obbligo di diritto pattizio (*a*), intesa in senso ampio, quanto nella violazione di un obbligo di diritto internazionale consuetudinario (*b*).

a) *La violazione di un obbligo di diritto pattizio*

10. Violazione di un obbligo diretto o indiretto nascente da un trattato. — Qualunque violazione di un obbligo internazionale comporta un obbligo di riparazione. La giurisprudenza su questo punto è abbondante, sia da parte della CPGI, sia da parte della CIG ([11]).

Nel celebre *caso del muro* costruito da Israele in Cisgiordania, nel Parere consultivo del 7 luglio 2004, la CIG indicava che Israele aveva violato diversi obblighi di diritto pattizio (il Patto sui diritti civili e politici del 1966 "ostacolando la libertà di circolazione" dei palestinesi; il Patto internazionale sui diritti economici, sociali e culturali del 1966, "ostacolando l'esercizio da parte degli interessati del diritto al lavoro, del diritto alla salute, del diritto all'educazione, del diritto ad un adeguato standard di vita"; la Convenzione internazionale sui diritti del fanciullo; la quarta Convenzione di Ginevra sul diritto internazionale umanitario del 1949 causando "cambiamenti demografici" proibiti) ([12]).

Un analogo ragionamento vale qualora uno Stato violi degli obblighi derivanti da un atto unilaterale di un'organizzazione internazionale a cui appartiene. Al riguardo,

---

([9]) V. il caso già citato di *Wimbledon* o il *parere consultivo del 4 febbraio 1932 sul trattamento dei cittadini polacchi a Danzica.*

([10]) CIG, 20 luglio 1989, Stati Uniti c. Italia, *ELSI*, *Rec.*, 1989, punto 73.

([11]) Per la CPGI, v. le sentenze *Officine di Chorzow* (merito) del 13 settembre 1928; *Oscar Chinn* del 12 dicembre 1934; *Fosfati del Marocco* del 14 giugno 1938. Per la CIG v., *inter alia*, le sentenze del 5 febbraio 1970 relativo alla *Barcelona Traction*; 24 maggio 1980 nel caso *del personale diplomatico e consolare degli Stati Uniti a Teheran*; del 27 giugno 2001 nel caso *La Grand*; del 31 marzo 2004 nel caso *Avena et al.* risultante dal contenzioso tra Germania e Messico contro gli Stati Uniti a causa di una violazione dell'art. 36 della Convenzione di Vienna del 1963 sulle relazioni consolari.

([12]) V. par. 134.

la giurisprudenza della *Corte di giustizia UE* offre numerosi esempi di condanne degli Stati membri per violazioni del suo diritto derivato (oltre che del diritto originario dell'UE).

b) *La violazione di un obbligo consuetudinario (ossia di un obbligo di diritto non scritto)*

11. Esempi giurisprudenziali. — Anche in questo caso, il principio è il medesimo: *ogni violazione di una norma di diritto internazionale consuetudinario fa sorgere la responsabilità dell'autore della violazione.* A titolo d'esempio, si può citare il ***caso dello Stretto di Corfù*** deciso dalla CIG nel 1949. In quel caso, si ricorderà che il Regno Unito fu ritenuto internazionalmente responsabile in seguito allo sminamento nelle acque territoriali albanesi violando la sovranità territoriale di quest'ultimo Stato, una norma consuetudinaria d'importanza basilare nel diritto internazionale.

Nel contempo, la Corte accertò la responsabilità internazionale dell'Albania per non aver debitamente informato le autorità britanniche dell'esistenza del campo minato nelle sue acque territoriali e in una via d'acqua internazionale, obbligo che, a giudizio della Corte, si fondava "su alcuni principi generali e ben riconosciuti, come le considerazioni elementari di umanità, ancora più assolute in tempo di pace che in tempo di guerra, il principio della libertà delle comunicazioni marittime e l'obbligo, per ogni Stato, di non lasciar utilizzare il suo territorio per atti contrari ai diritti di altri Stati" (p. 29).

Ancora, nel ***caso delle attività militari e paramilitari in e contro il Nicaragua***, gli Stati Uniti furono condannati dalla CIG per aver violato diversi obblighi di diritto internazionale: il divieto di intervento negli affari interni di un altro Stato (armamento ed equipaggiamento dei *contras*); il divieto di ricorso alla forza (organizzazione di *raid* aerei e navali, o utilizzando delle mine nelle acque interne e territoriali; mancata notifica dell'esistenza e del posizionamento delle suddette mine).

In seguito, nel Parere consultivo del 9 luglio 2004 nel ***caso del muro israeliano in Cisgiordania***, la CIG ritenne che Israele, fondando delle colonie nei territori occupati, non avesse rispettato i suoi obblighi consuetudinari internazionali, ponendo "un grave ostacolo all'esercizio del diritto all'autodeterminazione del popolo palestinese" ([13]).

c) *L'omissione illecita*

12. Esempi tratti dalla giurisprudenza. — Abbiamo già avuto occasione di esaminare diversi esempi in cui lo Stato ha l'obbligo di *informare gli Stati terzi dei pericoli presenti sul proprio territorio*. Lo Stato ha l'obbligo generale di non permettere l'uso del proprio territorio in modo da causare un pregiudizio nel territorio di un altro Stato. Tale obbligo di informazione ricorda, in una forma più attenuata, il reato di omissione, ben conosciuta nell'ordinamento interno e di cui, ad es., all'art. 40, c. 2, cod.pen.it., ai sensi del quale "[n]on impedire un evento, che si ha l'obbligo giuridico di impedire, equivale a cagionarlo".

Così, nel già citato ***caso dello stretto di Corfù*** del 1949, l'*omissione dell'Albania*, la quale non aveva segnalato la presenza di mine nelle sue acque territoriali, faceva sorgere la propria responsabilità internazionale nei confronti della Gran Bretagna, a causa dei danni causati alla flotta della sua marina militare.

([13]) Punto 122.

Ugualmente, nel già citato ***caso della Fonderia di Trail*** tra Stati Uniti e Canada del 1941, l'omissione del Canada di prevenire le contaminazioni e quindi i danni ai terreni agricoli americani, comportò la sua responsabilità internazionale nei confronti degli Stati Uniti.

Nel *caso* — anche questo già citato — *del* ***personale diplomatico e consolare degli Stati Uniti in ostaggio a Teheran***, la CIG ritenne l'Iran responsabile per la mancata adozione da parte del governo iraniano di idonee misure di protezione dei locali diplomatici e consolari, del personale e degli archivi statunitensi a Teheran. Tale "omissione" da parte del Governo iraniano costituiva di per sé "una chiara e grave violazione degli obblighi dell'Iran nei confronti degli Stati Uniti ai sensi delle disposizioni dell'art. 22, par. 2, e degli artt. 24, 25, 26, 27 e 29 della Convenzione di Vienna del 1961 sulle relazioni diplomatiche, e degli articoli 5 e 36 della Convenzione di Vienna del 1963 sulle relazioni consolari" ([14]).

In base alla stessa giurisprudenza, gli Stati Uniti furono condannati dalla CIG nel ***caso delle attività militari e paramilitari nel e contro il Nicaragua*** ([15]) per non aver segnalato l'esistenza e il posizionamento dei campi minati nelle acque nicaraguensi.

Per altro verso, non essendoci stato un contenzioso, va osservato che l'URSS fu aspramente criticata per non aver segnalato tempestivamente l'*incidente nucleare di Chernobyl* nel 1986.

Infine, nel ***caso relativo all'applicazione della Convenzione per la prevenzione e la repressione del crimine di genocidio***, la Corte ritenne che la Serbia aveva violato l'obbligo di prevenzione del crimine di genocidio "non facendo nulla per prevenire i massacri di Srebrenica" ([16]).

Più recentemente, nel ***caso delle cartiere sul fiume Uruguay***, la CIG ha sottolineato che il principio di prevenzione che trova origine nella *due diligence* dello Stato sul proprio territorio comportava "l'obbligo, per qualunque Stato, di non lasciare utilizzare il suo territorio per svolgere atti contrari ai diritti di altri Stati" ([17]).

2. — Le circostanze attenuanti la responsabilità internazionale

13. L'imprecisione della norma giuridica internazionale. — La circostanza dell'imprecisione di una norma di diritto internazionale si verifica più frequentemente con riferimento alle norme consuetudinarie. Si può citare a titolo di esempio lo "standard minimo di civiltà" in materia di trattamento degli stranieri. Un altro esempio viene offerto dalla regola della *due diligence* dello Stato ospite in materia di protezione degli stranieri.

14. Il comportamento della vittima ed il consenso dello Stato leso. — La seconda circostanza di esclusione della illiceità internazionale si ha con riferimento al *comportamento della vittima* ovvero al *consenso dello Stato leso*. Così, nel precitato ***caso dello stretto di Corfù***, la CIG riconobbe che l'azione di sminamento della marina militare britannica nelle acque territoriali albanesi (atto di autotutela) era senza dubbio illecita, ma beneficiava di circostanze attenuanti dovute al comportamento omissivo dell'Albania.

([14]) Punti da 63 a 75 della sentenza della CIG del 24 maggio 1980.

([15]) CIG, 27 giugno 1986, cit..

([16]) CIG, 27 febbraio 2007, *Bosnia Erzegovina c. Serbia e Montenegro*, punto 438.

([17]) CIG, 20 aprile 2010, cit., punto 101.

Analogamente, nel ***caso del personale diplomatico e consolare degli Stati Uniti in ostaggio a Teheran***, la CIG, nella sua sentenza del 24 maggio 1980, si riferì all'operazione USA di salvataggio degli ostaggi del 24 aprile 1980. Pur non esaminando la legalità di quell'operazione in quanto la questione non era stata sollevata dall'Iran, la CIG notò che quell'atto era di natura tale da "mancare di rispetto" all'autorità della Corte, nella misura in cui, nella sua ordinanza del 15 dicembre 1979, la Corte stessa aveva intimato alle parti in causa di non fare nulla che potesse "aggravare la tensione tra di loro" (par. 93 della sentenza). È lecito pensare che la Corte non condannò formalmente gli Stati Uniti per il "raid di Tabas", a causa del comportamento inammissibile delle autorità iraniane in tutta la vicenda. Pertanto, anche se gli Stati Uniti fossero stati ritenuti responsabili di tale specifico atto, siffatta responsabilità sarebbe stata senza dubbio una responsabilità attenuata.

Infine, va osservato che un'altra circostanza attenuante, sufficiente a escludere l'illiceità (art. 20 Articoli CDI), è il *consenso* del soggetto titolare del diritto violato. *Volenti non fit iniuria* e così, ad es., non commette illecito lo Stato che interviene negli affari interni di un altro Stato con il consenso di quest'ultimo.

Così i militari statunitensi sono rimasti per lungo tempo in Afghanistan, *su richiesta* del Governo Afgano per l'assistenza nel conflitto armato non internazionale contro i Talebani. Anche i Russi, nel 2014, hanno affermato di essere in Ucraina su richiesta del Presidente ucraino Janukovyč che era stato rimosso a seguito di alcune rivolte nel Paese.

Sezione III
Le circostanze di esclusione dell'illiceità internazionale

15. Piano espositivo. — Al pari di quanto avviene nell'ordinamento interno, nell'ordinamento internazionale possono verificarsi delle circostanze idonee ad escludere l'illiceità di un dato comportamento (*Circumstances precluding wrongfulness*): basti pensare alla forza maggiore, al mutamento fondamentale delle circostanze, all'eccezione di inadempimento (§ 1). Altre circostanze, invece, sono proprie all'ordinamento giuridico internazionale (§ 2) ([18]). Dette cause di esclusione dell'illecito valgono nella misura in cui non siano in contrasto con una norma di *jus cogens* (art. 26, Articoli sulla responsabilità dello Stato della CDI, d'ora in avanti Articoli CDI)

§ 1. — *Le cause di esclusione dell'illecito comuni all'ordinamento giuridico interno ed all'ordinamento internazionale*

16. Piano espositivo. — Le classiche cause di esclusione dell'illecito comprendono la forza maggiore (1), l'eccezione di inadempimento (2), il mutamento fondamentale delle circostanze (3) e lo stato di necessità (4), l'estremo pericolo (*distress*) (5), il consenso dello Stato leso (6), la legittima difesa (7), e la rappresaglia (8) su cui si dirà nel Cap. XX.

([18]) Significative, in proposito, le parole di A. Aust (*Handbook of International Law*, cit., p. 383): "Although they do not affect the international obligation, certain circumstances can justify an act in breach of that obligation, thus precluding the wrongfulness of the act. The circumstances are therefore in the nature of a defense, the onus of establishing it lying with the State seeking to avoid responsibility". In arg. cfr. G. Scalese, *La rilevanza delle scusanti nella teoria dell'illecito internazionale*, Napoli, ES, 2008.

1. — La forza maggiore

17. Un principio generale di diritto. — La forza maggiore è un principio di diritto privato interno (*ad impossibilia nemo tenetur*) riconosciuto anche nel diritto internazionale.

a) ***Un principio di diritto interno riaffermato anche nei Principi europei di diritto dei contratti e nei Principi Unidroit sui contratti commerciali internazionali***

Il prodursi di un caso di "forza maggiore" ([19]) dovuto, ad es. all'effetto di forze naturali (terremoto, fulmine, naufragio, ecc.), esenta la parte interessata dall'adempiere i propri obblighi e la esonera da qualsiasi responsabilità derivante.

Tale soluzione è contenuta negli ordinamenti giuridici di origine romanistica, a partire dalla nozione di *force majeure* di cui all'articolo 1148 del Codice civile francese. All'impossibilità della prestazione fanno riferimento anche i fondamentali artt. 1218 e 1256 del codice civile italiano, mentre il diritto inglese e, sulla sua scia, gli ordinamenti di Common Law, prediligono l'idea di *frustration of contract*.

Una interessante e recente codificazione dottrinale di tale istituto si ritrova nei *Principi Europei di diritto dei contratti* (art. 8.108), destinati a gettare le basi di un futuro "codice europeo dei contratti". Orbene, in detti *Principi Europei*, in luogo di "forza maggiore" si è preferita la locuzione di "esonero da responsabilità dovuto a un impedimento" indicando che:

"(1) Il debitore non risponde dell'inadempimento se prova che esso è dovuto a un impedimento al di là della propria sfera di controllo e del quale non ci si poteva ragionevolmente aspettare che egli tenesse conto al momento della conclusione del contratto né che dovesse evitare o superare l'impedimento o le sue conseguenze.

(2) Quando l'impedimento sia solo temporaneo l'esonero previsto da questo Articolo ha effetto per la durata dell'impedimento. Nel caso però in cui il ritardo diventi inadempimento grave, il creditore può considerarlo a tale stregua.

(3) Il debitore non adempiente deve provvedere in modo che la comunicazione dell'impedimento e della sua influenza sulla sua capacità di adempiere sia ricevuta dal creditore entro un termine ragionevolmente breve da quando il debitore ha avuto o avrebbe dovuto avere contezza di tali elementi. Il creditore ha diritto al risarcimento del danno che sia derivato dal non avere ricevuto tale comunicazione".

E si tratta di una nozione presente — pur se espressa con vocaboli differenti — in tutti i sistemi giuridici contemporanei. Pertanto, non sorprende di ritrovarla all'art. 7.1.7 dei *Principi Unidroit relativi ai contratti del commercio internaziona le* ([20]), espressione scritta della nuova *lex mercatoria* ([21]).

([19]) Nella terminologia anglosassone si parla, in modo evocativo, di *Act of God*.

([20]) In base all'art. 7.1.7 dei Principi Unidroit 2016: "(1) La parte inadempiente è esonerata da responsabilità se prova che l'inadempimento era dovuto ad un impedimento derivante da circostanze estranee alla sua sfera di controllo e che non era ragionevolmente tenuta a prevedere tale impedimento al momento della conclusione del contratto o ad evitare o superare l'impedimento stesso o le sue conseguenze. — (2) Se l'impedimento è solo temporaneo, l'esonero produce effetto soltanto per quel lasso di tempo che appare ragionevole, avuto riguardo all'effetto dell'impedimento sull'esecuzione del contratto. — (3) La parte inadempiente deve dare all'altra parte avviso dell'impedimento e degli effetti di quest'ultimo sulla sua capacità di adempiere. Se l'avviso non è ricevuto dall'altra parte entro un lasso di tempo ragionevole dal momento in cui la parte inadempiente era a conoscenza o avrebbe dovuto essere a conoscenza dell'impedimento, essa è responsabile dei danni derivati da tale mancata ricezione. — (4) Nessuna disposizione di questo articolo impedisce all'una o all'altra parte di esercitare il diritto di risolvere il contratto, di sospendere la prestazione o di richiedere gli interessi sulle somme di denaro dovute".

Tuttavia, le specifiche circostanze e gli effetti specifici di un caso di forza maggiore non sono altrettanto uniformi ed in ogni sistema giuridico sono rigidamente regolati al fine di non compromettere la stabilità delle relazioni giuridiche.

In estrema sintesi, si può dire che, in diritto interno, un dato fatto costituisce un caso di forza maggiore, se è *esterno* alla condotta delle parti e alla loro volontà, ossia se è *imprevedibile, irresistibile, inevitabile* e *insuperabile*.

b) ***Un principio di diritto internazionale***

18. Riconoscimento giurisprudenziale. — La forza maggiore (*force majeure* sia nella terminologia francofona che anglofona) è stata riconosciuta una causa di esclusione del fatto illecito internazionale dalla giurisprudenza dei tribunali internazionali ben prima di esserlo in forma più attenuata dalla Convenzione di Vienna sul diritto dei trattati del 1969 (d'ora in avanti CVT) ([22]) e, successivamente, all'art. 23 degli Articoli CDI, ove viene identificata alla stregua di "una forza irresistibile o di un avvenimento imprevedibile, fuori dal controllo dello Stato, che rende materialmente impossibile, nelle circostanze, agire in conformità all'obbligo" ([23]).

19. Il lodo arbitrale sulle indennità russe del 1912. — La Corte Permanente di Arbitrato nel già citato caso dell'indennità per danni di guerra dovuta dalla Turchia alla Russia dell'11 novembre 1912, ritenne che la forza maggiore fosse un principio generale di diritto e ne definì le caratteristiche tipiche: un evento *imprevedibile*, *esterno alle parti* e che rende *impossibile* l'adempimento di un'obbligazione.

Nella fattispecie, venne rigettata la pretesa dell'Impero ottomano di considerare la fattispecie concreta un caso di forza maggiore sottolineando che, per essere tale, il pagamento del suo debito nei confronti della Russia avrebbe dovuto mettere "in pericolo la sua esistenza" o, ancora, detto pagamento avrebbe "gravemente compromesso la sua situazione interna o esterna" ([24]).

20. Le sentenze del 1929 della CPGI nel caso dei prestiti serbi e brasiliani. — La CPGI esaminò per la prima ed unica volta nella sua storia il problema della *forza maggiore* nell'ordinamento internazionale nel caso *dei prestiti serbi e brasiliani* del 1929. Nella fattispecie, gli Stati debitori avevano, tra le altre cose, eccepito la forza maggiore per rifiutare il pagamento in oro dei loro prestiti. Quegli Stati, a tale proposito, sostenevano che la prima guerra mondiale fosse una causa di forza maggiore. Nel rigettare quella tesi, la Corte indicò, infatti, che: "[n]on si può sostenere che la guerra in sé, per quanto gravi siano state le sue conseguenze economiche, abbia

---

([21]) N. Horn, "Changes in Circumstances and the Revision of Contracts in Some European Laws and in International Law", in Horn (ed.), *Adaptation and Renegotiation of Contracts in International Trade and Finance*, Antwerp, Boston, London, Frankfurt a.M. 1985, p. 15 ss.; F. Marrella, *La nuova lex mercatoria, Principi Unidroit ed usi nei contratti del commercio internazionale*, cit.. V. pure l'art. 79 della Convenzione di Vienna sulla vendita internazionale di beni mobili del 1980.

([22]) Cfr. Quoc Dinh, Dailler, Forteau, Pellet, *Droit international public*, cit., p. 873 ss.

([23]) L'art. 23 degli Articoli CDI, al par. 2, indica altresì che "Il paragrafo 1 non si applica se: *a*) la situazione di forza maggiore è da attribuirsi, sia in via esclusiva che in combinazione con altri fattori, alla condotta dello Stato che la invoca; o *b*) lo Stato ha accettato il rischio che quella situazione poteva verificarsi". In argomento v. per tutti: J. Crawford, *State Responsibility. The General Part*, Cambridge, CUP, 2013, p. 274 ss.; V. Lowe, "Precluding Wrongfulness or Responsibility: a Plea for Excuses", in *EJIL*, 1999, p. 405 ss.

([24]) *RSA*, t. XI, 421, p. 443.

giuridicamente inficiato gli obblighi sorti dai contratti tra il governo serbo e i mutuanti francesi. Gli sconvolgimenti economici provocati dalla guerra non hanno sollevato lo Stato debitore dai suoi obblighi, sebbene possano comportare delle considerazioni d'equità" ([25]). "[L]o sconvolgimento economico causato dalla grande guerra non ha, dal punto di vista dei principi giuridici, sollevato il governo brasiliano dai suoi obblighi" ([26]).

L'orientamento della CPGI si trovava in linea con quello del giudice interno di diversi Stati, tra cui la Francia, giacché quest'ultimo ha costantemente rifiutato di considerare la guerra una causa di forza maggiore idonea a liberare il debitore dall'adempimento delle proprie obbligazioni: al più, i conflitti armati rendono una prestazione più onerosa ma non impossibile.

21. La posizione ambigua della Convenzione di Vienna del 1969. — La CVT considera la forza maggiore una causa di impossibilità di esecuzione di un trattato internazionale.

L'art. 61 di detta Convenzione, si riferisce solamente ad una "situazione che renda impossibile l'esecuzione di un trattato" ([27]). A titolo di esempio, basti indicare il caso di un trattato relativo all'utilizzo di un'isola che viene successivamente sommersa dalle acque, oppure alla costruzione di uno sbarramento di un fiume che successivamente si prosciuga, o ancora lo sfruttamento congiunto di uno sbarramento. Tuttavia, l'impossibilità di sfruttamento congiunto di uno sbarramento non è stata presa in considerazione dalla CIG, a titolo di impossibilità di esecuzione, laddove "le parti dispong[a]no dei mezzi necessari per procedere in qualunque momento tramite negoziazione, agli adeguamenti richiesti rimanendo entro gli imperativi economici ed ecologici" ([28]).

22. Forza maggiore ed impossibilità. — Nel diritto internazionale si è progressivamente affermata una concezione molto — e a nostro parere troppo — restrittiva rispetto a quella normalmente attribuita alla nozione di "forza maggiore". Il professor Paul Reuter, già membro della CDI, nella sua "Introduction au droit des traités", sottolinea che la nozione di "impossibilità di esecuzione" scelta dalla CVT è dovuta al fatto che, secondo alcuni membri della CDI, la materia della forza maggiore apparteneva al diritto della responsabilità internazionale e non a quella del diritto dei trattati ([29]).

23. Gli effetti della forza maggiore: sospensione od estinzione di un obbligo internazionale? — Allorquando si produce una causa di "forza maggiore", si producono alcuni importanti effetti che variano in funzione del *tempo dell'impedimento* all'esecuzione di una prestazione o all'adempimento di un obbligo giuridico. Se un evento di forza maggiore e quindi l'impedimento è di natura *temporanea*, ne segue che l'esonero da responsabilità avrà effetto solo per la durata dell'impedimento.

Se, invece, l'impedimento presenta un carattere *definitivo*, in questo caso, la forza maggiore produrrà la risoluzione automatica di un dato accordo o, comunque, estinguerà l'obbligo giuridico internazionale colpito dall'evento.

---

(25) Sentenza n. 14, in *Rec.*, p. 39.
(26) Sentenza n. 15, in *Rec.*, p. 120.
(27) *Supervening impossibility of performance*, nella terminologia anglofona.
(28) CIG, 25 settembre 1997, Caso *del Progetto Gabcikovo-Nagymaros*, in *Rec.* p. 7.
(29) P. Reuter, *cit.*, n. 268.

2. — L'inadempimento di un obbligo a causa dell'inadempimento altrui (*inadimplenti non est adimplendum*)

24. Un principio generale di diritto privato interno. — In base ad un principio generale di diritto privato interno delle obbligazioni contrattuali di derivazione romanistica, *inadimplenti non est adimplendum.* Detto principio trova espressione, nel diritto italiano, *all'art. 1460 del cod. civ*. indicando che

"1. Nei contratti con prestazioni corrispettive, ciascuno dei contraenti può rifiutarsi di adempiere la sua obbligazione, se l'altro non adempie o non offre di adempiere contemporaneamente la propria, salvo che termini diversi per l'adempimento siano stati stabiliti dalle parti o risultino dalla natura del contratto.
2. Tuttavia non può rifiutarsi l'esecuzione se, avuto riguardo alle circostanze, il rifiuto è contrario alla buona fede" (30).

In diritto francese, l'art. 1184 del *Code civil* dispone, analogamente, che:

"[L]a condizione risolutiva è sempre implicita nei contratti sinallagmatici nel caso in cui una delle due parti non adempia all'impegno preso a suo carico".

Si tratta di un principio ancorato all'idea di *sinallagma* contrattuale, all'idea di corrispettività che, tuttavia, nell'ordinamento internazionale si estende ai più ampi concetti di autotutela e reciprocità (31).

25. Autotutela e reciprocità. — Siffatto principio esiste anche nell'ordinamento internazionale tramite l'istituto della *reciprocità* in materia di adempimento degli obblighi internazionali (32).

Senza dubbio la prassi internazionale è poco estesa (33). Tuttavia, sebbene limitata, va decisamente nella direzione del riconoscimento di questo principio, anche se le sue linee rimangono ancora relativamente imprecise.

i. Il precedente: l'arbitrato *Coolidge* nel caso *Tacna-Arica* tra Cile e Perù

26. I fatti nel caso di specie. — Il Perù sosteneva che il Cile aveva impedito lo svolgimento di un plebiscito nella regione di Tacna e Arica violando una disposizione (l'art. 3) del Trattato d'Ancon che poneva fine alle ostilità tra i due Stati (34). In tali

(30) "Nel caso di contratti con prestazioni corrispettive", lo ha ricordato recentemente la Cassazione italiana, "ove venga proposta dalla parte l'eccezione *inadimplenti non est adimplendum*, il giudice deve procedere ad una valutazione comparativa degli opposti adempimenti, avuto riguardo anche alla loro proporzionalità rispetto alla funzione economico-sociale del contratto e alla loro rispettiva incidenza sull'equilibrio sinallagmatico, sulle posizioni delle parti e sugli interessi delle stesse", Cass., 8 gennaio 2014, n. 153. V. pure, fra le tante, Cass. 3 luglio 2000, n. 8880; Cass. 16 maggio 2006, n. 11430; Cass. 6 luglio 2009 n. 15796. Per aggiornamenti v. *Treccani, Il libro dell'anno del diritto*, a cura di T. Treu e R. Garofoli.

(31) In arg. v. ad es. L. Picchio Forlati, *La sanzione nel diritto internazionale*, 1974, cit., p. 93 ss.

(32) A tale riguardo si può citare *l'art. 55 della Costituzione francese del 1958* che include espressamente la reciprocità *in quanto condizione dell'adempimento da parte della Francia dei suoi obblighi internazionali.* Cfr. C. Campiglio, *Il principio di reciprocità nel diritto dei trattati*, Padova, Cedam, 1995.

(33) Cfr. R. Pisillo Mazzeschi, *Risoluzione e sospensione dei trattati per inadempimento*, Milano, 1984; A. Pietrobon, *Il sinallagma negli accordi internazionali*, Padova, Cedam, 1999; J. Crawford, "The exception of non performance", in *AJIL*, 2001, p. 55 ss.; C. Laly-Chevalier, *La violation du traité*, Bruxelles, 2005, ove riferimenti.

(34) *RSA*, 4 marzo 1925, vol. 2, p. 921 e ss.

circostanze, il Perù riteneva che, poiché il Cile aveva violato uno dei suoi obblighi pattizi, si potesse considerare libero da qualsiasi altro obbligo nei confronti di quest'ultimo Paese. L'arbitro americano Coolidge rigettava, tuttavia, la tesi del Perù con queste parole: "È evidente che se gli abusi amministrativi potevano avere per effetto la cessazione di quell'accordo, occorreva provare che quegli stessi abusi amministrativi hanno determinato una situazione talmente grave da impedire la realizzazione delle finalità dell'accordo e, a nostro avviso", continuava l'arbitro, "tali circostanze di particolare gravità non sono state dimostrate" ([35]).

27. L'opinione dissenziente del giudice Anzilotti. — L'eccezione di inadempimento di un obbligo internazionale fu esaminata dal giudice Anzilotti nel **caso della *deviazione delle acque della Mosa*** tra Belgio e Olanda nel 1937. Il Belgio sosteneva di avere il diritto di sospendere l'adempimento di un trattato precedentemente concluso con l'Olanda a causa della violazione da parte di quest'ultima di uno dei suoi obblighi di diritto pattizio. Il giudice Anzilotti, nella sua opinione dissenziente, ritenne la posizione del Belgio "tanto giusta, equa ed universalmente riconosciuta che doveva ritenersi legittima anche nei rapporti internazionali..." ([36]). Quindi, secondo il giudice Anzilotti, l'inadempimento di parte degli obblighi di diritto pattizio a causa dell'inadempimento altrui relativamente allo stesso trattato costituiva un principio generale di diritto ai sensi dell'art. 38 dello Statuto della Corte.

ii. La conferma nel caso del Sud Ovest africano (*Namibia*)

28. Conferma della CIG nel 1971. — La regola di cui sopra ha trovato conferma nel ***Parere consultivo sulla Namibia*** del 1971. La CIG, infatti, confermò l'esistenza "di un principio giuridico generale secondo cui il diritto di porre fine a un trattato come conseguenza della sua violazione si deve presumere per tutti i trattati" (p. 47 e ss.).

29. Un principio generale. — Le conclusioni raggiunte dalla CIG possono essere generalizzate e quindi possono valere per tutti i trattati internazionali. Così, in virtù di un *principio generale di diritto, qualsiasi parte è legittimata a porre fine a qualunque dei suoi obblighi internazionali se l'altra parte cessa di rispettare gli impegni a proprio carico.*

iii. I limiti dell'eccezione di inadempimenti: una violazione "sostanziale" di un trattato o del diritto internazionale

30. — È evidente che non basta la violazione di un obbligo qualunque, tanto nell'ordinamento interno che in quello internazionale, a giustificare l'eccezione di inadempimento. Si deve trattare di una violazione particolarmente grave di un obbligo (una "essential breach") al fine di giustificare il mancato rispetto di un obbligo internazionale tra le parti contraenti.

31. Necessità di una violazione "sostanziale" secondo la Convenzione di Vienna del 1969. — La CVT menziona solamente la "violazione sostanziale" di un trattato, indicando che tale violazione "di un *trattato bilaterale* ad opera di una delle parti

---

([35]) Ivi, pp. 943-944.
([36]) CPJI, ser. A/B, n. 70, p. 50.

legittima l'altra ad invocare la violazione come motivo di estinzione del trattato o di sospensione totale o parziale della sua applicazione" (art. 60).

Invece,

"[U]na violazione sostanziale di un *trattato multilaterale* ad opera di una delle parti legittima:

a) le altre parti, a sospendere di comune accordo, totalmente o parzialmente l'applicazione del trattato o a considerarlo estinto:

— *i*) sia nei rapporti fra esse stesse e lo Stato autore della violazione,

— *ii*) sia nei rapporti tra tutte le parti;

b) una parte colpita in modo particolare dalla violazione ad invocare quest'ultima come motivo di sospensione totale o parziale dell'applicazione del trattato nei suoi rapporti con lo Stato autore della violazione;

c) qualsiasi altra parte diversa dallo Stato autore della violazione a invocare quest'ultima come motivo di sospensione totale o parziale dell'applicazione del trattato per quanto la riguarda se tale trattato è di tale natura che una violazione sostanziale delle sue disposizioni ad opera di una delle parti modifica radicalmente la situazione di ciascuna delle parti per ciò che riguarda l'adempimento dei suoi obblighi in base al trattato" ([37]).

32. Una codificazione del diritto consuetudinario. — La CIG, nel precitato parere consultivo del 1971 *sulla Namibia*, indicava che le disposizioni dell'art. 60 della CVT rappresentavano "una codificazione del diritto consuetudinario vigente in materia" (p. 47).

La CIG applicò quel medesimo principio in un contenzioso tra India e Pakistan ([38]). Nella sentenza del 1972, la Corte ritenne che una *qualsiasi violazione* di un trattato per conto di una delle Parti contraenti *non* autorizzava automaticamente l'altra Parte contraente a ritenersi sciolta da qualsiasi obbligo di diritto pattizio; era necessario che la violazione dell'obbligo in questione fosse, appunto, di carattere sostanziale ([39]). Ciò venne ulteriormente ribadito nel precitato caso del *progetto Gabcìkovo-Nagymaros* del 25 settembre 1997, ove la Corte ha precisato che "solo una violazione essenziale dello stesso trattato, da parte di uno Stato parte a quel trattato, da titolo all'altra parte a prevalersene per porre fine al trattato. La violazione di altre regole convenzionali o di diritto internazionale generale può giustificare certe misure, ivi comprese le contromisure, da parte dello Stato leso, ma non costituisce una causa per porre fine al trattato secondo il diritto dei trattati" ([40]).

33. Assenza di reciprocità nel diritto dell'Unione europea e nel diritto internazionale dei diritti umani. — Va notato che il principio generale secondo cui *inadimplenti non est adimplendum*, manifestazione dell'idea di reciprocità nei rapporti internazionali, non si verifica in un ordinamento particolare più integrato quale è quello dell'Unione europea. Già il Trattato di Roma del 1957 istitutivo della CEE non si fondava sulla nozione di reciprocità, bensì su quella di *integrazione*. Di conseguenza, la violazione di un obbligo di diritto UE da parte di uno degli Stati membri, non autorizza gli altri Stati membri a sospendere gli obblighi di fonte unionale. La Corte di giustizia lo ha chiaramente indicato nella causa n. 7/71 del 14 dicembre 1971 tra *la*

([37]) Convenzione di Vienna del 1969, art. 60, par. 2.

([38]) CIG, 18 agosto 1972, *Appello concernente la competenza del Consiglio dell'ICAO.*

([39]) Sentenza cit., in *Rec.*, 1972, p. 67.

([40]) CIG, in *Rec.* 1997, punto 106.

Commissione e la Francia muovendo dalla specificità dell'ordinamento giuridico comunitario, oggi della UE (41).

Una soluzione analoga si applica in materia di *tutela internazionale dei diritti umani* ove il principio di *non-reciprocità* assume rilevanza centrale in ragione del carattere "obiettivo" di quel sistema normativo.

A tal proposito, la Corte EDU ha sottolineato che la CEDU "a differenza dei trattati internazionali di tipo classico...trascende il quadro della semplice reciprocità tra Stati contraenti" (42).

34. Reciprocità e diritto internazionale dell'economia. — Va infine notato, in termini più generali, che la sospensione o persino l'estinzione di obblighi internazionali è più difficile da attuare in ambiti come il diritto internazionale dell'economia dove le obbligazioni di mezzi sono più numerose rispetto a quelle di risultato e pertanto assumono caratteri più flessibili. In tale materia, la sospensione dell'efficacia di un obbligo economico a causa dell'inadempimento altrui assume un carattere eccezionale, perlomeno in un ambito istituzionalizzato, come quello delle OIG economiche. Qui, l'approccio è meno "formalista": si cercherà di assistere gli Stati in difficoltà piuttosto che di "sanzionarli", se continuano a manifestare almeno uno "spirito di cooperazione" (43).

3. — Il mutamento fondamentale delle circostanze (la clausola *rebus sic stantibus*)

35. Un principio ereditato dal diritto romano. — Il diritto privato romano conosceva il principio secondo il quale ogni convenzione deve essere intesa a parità di tutte le altre condizioni, ossia in funzione delle circostanze esistenti al momento della sua conclusione: *omnis conventio intellegitur rebus sic stantibus*. In altre parole, se cambia il contesto, dovrà cambiare anche il contenuto dell'obbligo o, perlomeno, quell'obbligo sarà suscettibile di modifica.

Orbene, è evidente *che siffatto principio è assai pericoloso per la certezza del diritto e la stabilità dei rapporti giuridici*. Tuttavia, nella maggior parte degli ordinamenti interni, si ritrova un istituto che consente, al verificarsi di determinati eventi, di modificare la portata degli obblighi giuridici. Ciò è consentito con riferimento non tanto ai contratti ad esecuzione istantanea, bensì con riguardo ai contratti di durata.

36. Un principio di diritto interno. — In Svizzera si ammette, nei contratti di durata, la regola *rebus sic stantibus*, ricollegandola al più generale principio di *buona fede contrattuale* (44). In Germania, si perviene ad una soluzione simile attraverso la *Wegfall der Geschäftsgrundlage* (letteralmente la caduta delle basi dell'accordo) di cui all'art. 242 BGB e quindi con riferimento alla buona fede.

In Francia come in Belgio, invece, seppure la teoria dell'*imprevision* sia stata consacrata dal Consiglio di Stato (ed è quindi conosciuta per i contratti amministrativi), non viene accolta nel diritto comune dei contratti, secondo una tradizione ostile

---

(41) *Racc.* 1971, p. 1003, concl. K. Rœmer. V. anche, precedentemente, i casi 90, 91-63, *Commissione c. Lussemburgo e Belgio*, in *Rec.* 1964, p. 1217, in part. p. 1231.

(42) *Irlanda c. Regno Unito*, sentenza del 18 gennaio 1978, Ser. A n. 25 par. 239.

(43) V. D. Carreau e P. Juillard, R. Bismuth, A. Hamann, *Droit international économique*, *op. cit.*.

(44) Trib. Fed., 3 luglio 1919, in *ATF* (45), 1919, II, p. 355.

a qualsiasi intervento riequilibratore del giudice sul contratto. L'*Ordonnance* del 10 febbraio 2016 portante riforma del diritto dei contratti intende porre rimedio proprio a tale tradizionale approccio.

In Inghilterra e negli Stati Uniti, i giudici interni riconoscono, ovviamente con la massima prudenza, la *frustration of purpose* affinché non venga pregiudicata la sicurezza degli affari.

In Italia, l'art. 1467 del codice civile, in materia di *eccessiva onerosità sopravvenuta*, risponde ad una logica analoga, quello dello squilibrio fondamentale delle prestazioni, e prevede che:

"Nei contratti a esecuzione continuata o periodica, ovvero a esecuzione differita, se la prestazione di una delle parti è divenuta eccessivamente onerosa per il verificarsi di avvenimenti straordinari e imprevedibili, la parte che deve tale prestazione può domandare la risoluzione del contratto, con gli effetti stabiliti dall'art. 1458.

La risoluzione non può essere domandata se la sopravvenuta onerosità rientra nell'alea normale del contratto.

La parte contro la quale è domandata la risoluzione può evitarla offrendo di modificare equamente le condizioni del contratto".

37. Un paradosso a livello internazionale. — In diritto internazionale, l'istituto del mutamento fondamentale delle circostanze (*fundamental change of circumstances*) non è esente da *paradossi* ([45]). Infatti, se tutti reputano che la clausola *rebus sic stantibus* possieda un carattere consuetudinario — o costituisca un principio generale di diritto —, se è spesso invocata dalle parti nei contenziosi internazionali, tuttavia *non è mai stata direttamente applicata dai tribunali internazionali.* Ciò detto, il mutamento fondamentale di circostanze è stato codificato nella CVT.

a) *Un principio di diritto internazionale consuetudinario frequentemente invocato*

38. Riconoscimento generale. — In dottrina, l'esistenza della clausola *rebus sic stantibus* è pacifica. A propria volta, i giudici interni incaricati di applicare il diritto internazionale hanno riconosciuto che il mutamento fondamentale di circostanze fa parte del *corpus juridicum* internazionale. Questa è stata, ad esempio, la prassi dei tribunali federali che sono stati chiamati ad intervenire in controversie tra cantoni, stati o province. Così il Tribunale federale svizzero, la Corte Suprema degli Stati Uniti o il *Bundesgerichtshof* tedesco hanno formalmente riconosciuto, nelle loro sentenze, l'esistenza dell'istituto del mutamento fondamentale di circostanze.

39. Invocazioni frequenti. — In relazione alle considerazioni di cui sopra, non stupisce che gli Stati abbiano invocato frequentemente il mutamento fondamentale di circostanze nelle loro argomentazioni presentate dinanzi ai giudici dell'Aja. Così la Francia, nel *caso dei decreti di cittadinanza del 1927* e soprattutto nel *caso delle zone franche del 1932*, fece ampio riferimento alla clausola *rebus sic stantibus*. Parimenti, la Cina si avvalse della medesima clausola in una controversia relativa alla denuncia di

---

([45]) V. G. Haraszti, "Treaties and the fundamental change of circumstances", in *RCADI*, 1975, t. 146, p. 1; P. Cahier, "Le changement fundamental de circonstances et la convention de Vienne sur le droit des traités", in *Mélanges Roberto Ago*, I, p. 163; D. Vagts, "Rebus Revisited: Changed Circumstances in Treaty Law", in *Columbia JTL*, 2005, p. 459.

un trattato del 1865 (46). Ed anche di recente, la clausola *rebus sic stantibus* venne invocata — invano — dinanzi alla CIG nel caso *Gabcikovo-Nagymaros*, riguardo la costruzione di una diga sul Danubio (47).

Analogamente, gli Stati hanno frequentemente invocato la clausola del mutamento fondamentale delle circostanze sia davanti agli organi politici dell'ONU, sia in generale nelle loro relazioni internazionali. Ad esempio, *per giustificare il ritiro francese* dalla NATO, il Gen. De Gaulle attribuì grande importanza al mutamento fondamentale delle circostanze che si era prodotto nelle relazioni internazionali tra il 1945 e il 1966, in particolare in materia di armamento militare e nei rapporti tra Oriente e Occidente.

b) *Un principio mai applicato*

40. Il paradosso. — Ogni qualvolta una parte ha invocato la clausola *rebus sic stantibus* per svincolarsi dagli impegni internazionali nei confronti di un'altra, o perlomeno per richiedere la modifica dei propri obblighi, la sua richiesta è, finora, sempre stata respinta dai tribunali internazionali. Anche nel caso precedentemente citato del recesso francese dalla NATO del 1966, l'argomento del mutamento fondamentale delle circostanze addotto per giustificare il recesso non venne accolto. Allo stesso modo, i tribunali internazionali, pur riconoscendo, *obiter*, l'esistenza teorica del mutamento fondamentale delle circostanze si sono sistematicamente rifiutati di farne applicazione nella loro *ratio decidendi*.

41. La CPGI ed il *caso delle zone franche* del 1932. — Così, nel *caso delle zone franche* del 1932, oggetto di una controversia tra la Francia e la Svizzera, la CPGI ritenne che le circostanze di fatto del caso di specie non potessero giustificare l'applicazione della clausola *rebus sic stantibus.* La Corte osservò che era inutile esaminare "una qualsiasi delle questioni di principio che si pongono a proposito della teoria della caducazione dei trattati per il mutamento fondamentale delle circostanze, quali la misura in cui quella teoria costituisca anche una regola di diritto internazionale, nel qual caso, se quella teoria fosse riconosciuta, potrebbe essere applicata o secondo quale metodo, e infine la questione di sapere se la teoria sopra citata si possa applicare ai trattati attraverso i quali sono stati creati dei diritti come quelli che detiene la Svizzera in virtù dei trattati del 1815 e 1816" (48).

42. La CIG ed il *caso della giurisdizione sulle peschiere islandesi* del 1973. — Nel *caso della giurisdizione in materia di peschiere islandesi* (49), l'Islanda aveva invocato il mutamento fondamentale delle circostanze per tentare di giustificare la caducazione di una clausola compromissoria. La CIG respinse quella tesi con queste parole: "[i] mutamenti delle circostanze che devono essere considerati come fondamentali o vitali sono quelli che mettono in pericolo l'esistenza o lo sviluppo vitale di una delle parti" (50). Inoltre la Corte aggiunse quanto segue: "affinché si possa invocare il mutamento delle circostanze idoneo a far cessare gli effetti di un trattato, quel mutamento deve causare una trasformazione radicale degli obblighi che sono ancora da eseguire. Deve avere reso più pesanti tali obblighi, in modo tale che la loro esecuzione divenga diversa da quella cui ci si era impegnati da principio" (51).

---

(46) CPGI, ser. C, n. 2, 1928.
(47) Punto 104 della sentenza del 24 novembre 1997.
(48) Ser. A/B, n. 46, p. 158.
(49) CIG, 2 febbraio 1973, *Riv.dir.int.*, 1973, p. 49 ss..
(50) *Rec.*, p. 19.
(51) *Rec.*, p. 21.

Pertanto, nel caso di specie, la CIG non riscontrò delle ragioni sufficienti per constatare un mutamento fondamentale delle circostanze.

Rifacendosi a questo precedente, nel *caso Gabcìkovo-Nagymaros*, la CIG ha escluso che le circostanze invocate dall'Ungheria (mutamenti profondi di regime politico, il fatto che il progetto divenisse sempre meno redditizio, lo sviluppo successivo di norme in materia di diritto ambientale etc.) costituissero un mutamento fondamentale delle circostanze (52).

c) *L'art. 62 della Convenzione di Vienna sul diritto dei trattati del 1969*

i. Gli elementi costitutivi

43. Dei criteri rigorosi. — La norma in materia di *rebus sic stantibus* si trova all'art. 62 CVT. Qui, occorre innanzitutto che il mutamento in questione avvenga con riferimento alle circostanze esistenti al momento della conclusione di un trattato e tale mutamento deve essere di natura fondamentale. Deve inoltre essere stato imprevedibile per le parti contraenti e la parte che invoca l'art. 62 CVT ha l'onere di dimostrare che sono state le circostanze di allora ad aver costituito una base essenziale del suo consenso a essere vincolata.

In altre parole, occorre provare che se le circostanze fossero state differenti, la parte in causa non avrebbe mai manifestato il proprio consenso. Infine, *last but not least*, bisogna dimostrare che il mutamento delle circostanze ha profondamente modificato gli obblighi convenzionali.

Senonché, l'art. 62 CVT precisa che ci sono *due casi in cui non vale la clausola rebus sic stantibus*. In primo luogo, non può essere applicata a *trattati che delimitano una frontiera* tra Stati. La preoccupazione principale è, in questo caso, quella di mantenere la stabilità delle frontiere internazionali — anche se ciò non pregiudica l'applicazione del principio di autodeterminazione dei popoli la cui messa in atto comporta dei mutamenti territoriali evidenti.

Inoltre, la medesima clausola non può essere invocata nel caso in cui il mutamento fondamentale "derivi da una violazione, ad opera della parte che lo invoca, sia di un obbligo del trattato, sia di ogni altro obbligo internazionale nei confronti di ogni altra parte del trattato" (53). In altre parole, il *mutamento delle circostanze non deve essere imputabile al comportamento di una delle parti in causa*. Si tratta di una particolare applicazione del noto principio generale di diritto secondo il quale *nemo auditur suam turpitudinem allegans* (54).

---

(52) La CIG si espresse con queste parole: "a giudizio della Corte, i mutamenti delle circostanze invocati dall'Ungheria non sono di natura tale, considerati separatamente o congiuntamente, da aver per effetto di trasformare radicalmente la portata degli obblighi che restano da eseguire per la realizzazione del progetto. Un mutamento fondamentale delle circostanze deve essere imprevisto; le circostanze esistenti all'epoca della conclusione del trattato devono aver costituito una base essenziale del consenso delle parti a vincolarsi al rispetto del trattato. Il fatto che l'art. 62 della CVT sia formulato in termini negativi e condizionali indica d'altronde chiaramente che la stabilità delle relazioni convenzionali richiede che la causa di estinzione fondata sul mutamento fondamentale delle circostanze si applichi solo in casi eccezionali" (in *Riv. dir. int.*, 1997, pp. 1144-1146, punto 103).

(53) Art. 62, par. 2, CVT.

(54) Si tratta di un principio riconosciuto dalla CPGI nel caso della *Fabbrica di Chorzow* del 1927, Ser. A, n. 9, p. 31.

ii. **Gli effetti**

44. Sospensione ed estinzione di un trattato. — Secondo l'art. 62 della CVT, l'esistenza riconosciuta di un mutamento fondamentale delle *circostanze non comporta l'estinzione automatica di un trattato*. In altre parole, tale clausola può essere invocata da una delle Parti contraenti per porre fine al trattato o per recedere o, semplicemente, per sospenderne provvisoriamente gli effetti. Pertanto, la clausola di mutamento delle circostanze può essere invocata persino a fini di rinegoziazione di un trattato. Nel caso in cui una Parte rifiutasse la revisione del trattato, il suo atteggiamento può consentire all'altra Parte contraente di adire un giudice internazionale od altra istanza internazionale ai fini di constatare la cessazione degli obblighi, *rebus sic stantibus*.

45. Un regime consuetudinario. — Il mutamento fondamentale delle circostanze, come codificato dalla CVT, è stato riconosciuto dalla CIG corrispondente ad una codificazione del diritto consuetudinario in materia nel precitato **caso della *giurisdizione sulle peschiere islandesi*** del 1973. La Corte si espresse nei seguenti termini: "[I]l diritto internazionale ammette... [il] mutamento fondamentale delle circostanze che hanno condotto le Parti a concludere un trattato", occorre però che "abbia causato una trasformazione radicale degli obblighi che sono ancora da eseguire". Ciò "può permettere alla parte lesa, in presenza di determinate circostanze, di invocare l'estinzione o la sospensione del trattato". Questo principio, nonché le condizioni ed eccezioni a cui è sottoposto "sono state incorporate all'art. 62 della Convenzione di Vienna sul diritto dei trattati, la quale può, per molti aspetti, essere considerata come una codificazione del diritto consuetudinario esistente per quel che riguarda la cessazione dei rapporti convenzionali a causa di un mutamento delle circostanze" ([55]).

4. — Lo stato di necessità

46. "La necessità non conosce legge". — Secondo un antico brocardo, *necessitas non habet legem*. In linea generale, si considera compiuto in stato di necessità l'atto che viene commesso da un soggetto spinto dalla necessità di salvarsi da un pericolo grave ed imminente al quale non ha contribuito.

Tale istituto, presente nella grande maggioranza degli ordinamenti interni, si rivela di più difficile applicazione nel diritto internazionale dal momento che può confondersi con la *forza maggiore* e la *legittima difesa*. Ciònonostante, in presenza di tali circostanze, l'illiceità cessa e con essa qualsiasi responsabilità.

47. Stato di necessità, autotutela e legittima difesa. — Lo stato di necessità va distinto dall'autotutela (*inadimplenti non est adimplendum*) e dalla legittima difesa in quanto non si fonda su un inadempimento attuale o potenziale del soggetto contro il quale l'atto è compiuto. *L'autore dell'atto commesso in stato di necessità, infatti, agisce volontariamente* — mentre nel caso della forza maggiore il comportamento antigiuridico è involontario — *in violazione di un obbligo proprio, pur se la vittima di tale atto non ha contribuito al verificarsi dell'evento che ha determinato lo stato di necessità.*

([55]) *Rec.* 1973, punto 36, p. 18. La CIG concluse che il mutamento di circostanze addotto dall'Islanda non aveva tuttavia trasformato radicalmente l'entità dell'obbligo giurisdizionale contenuto negli scambi di note del 1961 con la conseguenza quindi di potere esercitare la giurisdizione (punto 43 della sentenza).

48. Riconoscimento dello stato di necessità nel diritto internazionale. — A lungo dibattuto nel diritto internazionale poiché sovente confuso con la "forza maggiore", "lo stato di necessità" (*Necessity*) ha finito per diventare una nozione autonoma. La CIG ne ha riconosciuta l'esistenza a titolo "consuetudinario" con la sua sentenza del 25 settembre 1997 nel **caso del *Progetto Gabcikovo-Nagymaros***. Qui, la Corte ha ammesso che "lo stato di necessità costituisce una causa riconosciuta dal diritto internazionale in materia di illiceità di un fatto non conforme ad un obbligo internazionale" (n. 51). Tuttavia, secondo la CIG, tale causa di esclusione dell'illecito va accolta solo "a titolo eccezionale" ed in presenza di specifiche condizioni, tra l'altro *cumulative*, "che rispecchiano il diritto internazionale consuetudinario", ossia: in primo luogo, l'adozione del comportamento illecito deve essere l'unico modo per salvaguardare un "interesse essenziale" dello Stato offensore rispetto ad un "pericolo grave ed imminente"; in secondo luogo, tale fatto non deve pregiudicare gravemente un "interesse fondamentale" degli Stati terzi.

In conclusione, l'art. 25 degli Articoli CDI, inquadrando "lo stato di necessità" tra le cause di esclusione della responsabilità internazionale, bene riflette il diritto consuetudinario in materia ed indica che:

"1. Lo Stato non può invocare lo stato di necessità come causa di esclusione dell'illiceità di un atto non conforme ad uno dei suoi obblighi internazionali se non quando tale atto:

a) costituisca per lo Stato l'unico mezzo per proteggere un interesse essenziale contro un pericolo grave ed imminente; e

b) non leda gravemente un interesse essenziale dello Stato o degli Stati nei confronti dei quali l'obbligo sussiste, oppure della comunità internazionale nel suo complesso.

2. In ogni caso, lo stato di necessità non può essere invocato da uno Stato come motivo di esclusione dell'illiceità se:

a) l'obbligo internazionale in questione esclude la possibilità di invocare lo stato di necessità; o

b) lo Stato ha contribuito al verificarsi della situazione di necessità".

Nel Parere consultivo del 9 luglio 2004 sulle ***Conseguenze giuridiche della costruzione di un muro nel territorio palestinese occupato***, la CIG sostenne che Israele non poteva valersi dello stato di necessità per giustificarne la costruzione e coprirne così l'illegalità del suo atto, poiché veniva meno la dimostrazione che il "tracciato considerato era il solo mezzo per proteggere gli interessi di Israele contro il pericolo" invocato (par. 140).

Per il carattere cumulativo dei suoi criteri e l'imprecisione dei termini utilizzati ("interesse essenziale", "pericolo grave ed imminente", esclusività del mezzo di protezione disponibile se non esteriorità in rapporto allo Stato che lo invoca), lo "stato di necessità" non ha ricevuto ancora un sufficiente vaglio della giurisprudenza di altri tribunali internazionali ([56]).

Per contro, la crisi economica argentina agli inizi dell'anno 2000 comportò numerose sentenze arbitrali *contraddittorie*, tra cui una che accoglieva lo "stato di necessità" quale mezzo di difesa valido con tutte le sue conseguenze.

([56]) Cfr. P. Benvenuti, "Lo stato di necessità alla prova dei fatti", in *La codificazione della responsabilità internazionale alla prova dei fatti*, a cura di Spinedi, Gianelli e Alaimo, Milano, Giuffrè, 2006, p. 107 ss.

49. Valutazioni contraddittorie sulla crisi argentina degli anni 2000. — Almeno quattro collegi arbitrali istituiti in seno all'ICSID hanno avuto occasione di pronunciarsi sulla portata della crisi economica subita dall'Argentina negli anni 2000 e 2003. Inoltre, nell'ordinamento interno, la Corte Costituzionale tedesca e la Corte di Cassazione italiana sono giunte a delle analisi e soluzioni opposte in termini di "stato di necessità".

Nel primo caso, ***CSM Gas Transmission Company* c. *Repubblica Argentina*** ([57]), gli arbitri hanno valutato lo "stato di necessità" addotto dall'Argentina come causa di giustificazione di alcuni atti illeciti attuati nei confronti di investitori stranieri. In seguito ad un'analisi dettagliata della crisi economica, finanziaria e sociale che aveva scosso questo Stato tra gli anni 2000-2002, gli arbitri si rifiutarono di accogliere tale eccezione di diritto internazionale consuetudinario, in quanto l'insieme delle circostanze costitutive dello stato di necessità non erano presenti nel caso in specie ([58]). In particolare essi ritennero che mancava la condizione "di esteriorità" (l'Argentina aveva contribuito alla crisi con l'adozione di politiche di governo "inadeguate"). Inoltre, le misure di salvaguardia adottate dall'Argentina non erano le uniche possibili giacché esistevano delle alternative plausibili. Ad analoghe conclusioni pervenne un altro lodo arbitrale ICSID del 22 maggio 2007 nel caso ***Enron corp. Ponderosa assets L.P. c. Repubblica Argentina***.

Senonché, il 3 ottobre 2006, un ulteriore lodo arbitrale ICSID, nel caso ***LG Energy Corp. e L.G. & E International Inc. c. Repubblica Argentina***, perveniva ad una soluzione opposta indicando che "la crisi che ha conosciuto l'Argentina... costituisce uno stato di necessità tale da giustificare l'esclusione di ogni sua responsabilità nei confronti degli investitori... senza che alcun indennizzo sia dovuto" ([59]).

Nel terzo caso, ***Sempra Energy International c. Repubblica Argentina***, del 28 settembre 2007, il collegio arbitrale rilevava che i requisiti fissati dal diritto internazionale per aversi uno stato di necessità non erano presenti nel caso di specie, poiché l'Argentina aveva contribuito alla crisi tramite le sue politiche nazionali. Questo lodo fu annullato il 29 giugno 2010 ([60]) per eccesso di potere, avendo il Comitato *ad hoc* stabilito che il tribunale si era basato sul diritto internazionale generale e non sulla *lex specialis* applicabile, costituita da una disposizione particolare (l'art. XI) del trattato bilaterale d'investimento (BIT) in vigore tra gli Stati Uniti e l'Argentina.

In un ultimo caso, ***Continental Casualty Company c. Repubblica Argentina*** del 5 settembre 2008, un altro collegio arbitrale ICSID, applicando questa volta l'art. XI del medesimo BIT, perveniva alla conclusione secondo la quale le sue disposizioni in materia di stato di necessità corrispondevano al diritto internazionale consuetudinario.

Dulcis in fundo... i *giudici interni che sono stati investiti di tali questioni sono pervenuti a soluzioni opposte.*

Così, la Corte costituzionale tedesca, a proposito della "crisi argentina", ha concluso che lo "stato di necessità", pur se poteva sussistere nel quadro della relazioni

---

([57]) Lodo del 12 maggio 2005 con un commento di E. Gaillard, in *Clunet*, 2006, p. 308 e ss.

([58]) V. i nn. 315-331 della sentenza.

([59]) E. Gaillard, *Chroniques*, Clunet, 2007, e D. Carreau, *Enc. Dalloz Droit International, Synthèse annuelle*, 2008.

([60]) *ILM*, 2010, p. 1441.

interstatali, non poteva essere invocato nei rapporti contrattuali tra uno Stato ed un privato straniero (61).

Per contro, la Corte di Cassazione italiana (62), confermando l'immunità dalla giurisdizione dello Stato argentino, ha respinto il ricorso dei portatori italiani di obbligazioni argentine (i "tango bonds") in ragione di "finalità eminentemente pubbliche... di governo della finanza per proteggere i bisogni primari di sopravvivenza economica del popolo argentino in un contesto storico di grave crisi nazionale".

50. Stato di necessità e *distress* (estremo pericolo). — Una particolare fattispecie di "stato di necessità" che la CDI ha preferito enucleare in un apposito articolo è quella dell'estremo pericolo (*distress*). **L'art. 24 degli Articoli CDI** indica che un individuo-organo dello Stato, costretto a commettere un atto internazionalmente illecito "per salvare la propria vita o quella delle altre persone affidate alle sue cure" da un pericolo grave ed imminente.

Si tratta di una fattispecie che si verifica principalmente quando una nave o un aeromobile penetrano nel territorio di uno Stato straniero per salvare la vita dell'equipaggio. A differenza della forza maggiore, qui è presente un *margine di discrezionalità* che porta alla commissione dell'illecito a causa dell'emergenza (ad es. il comandante di una nave liberiana, sorpresa da una tempesta, decide di trovare rifugio nel porto di Venezia, senza chiedere l'autorizzazione delle Autorità portuali) (63). Anche in questo caso, però, lo Stato offensore non deve avere contribuito al verificarsi dell'evento dannoso.

§ 2. — *Le cause di esclusione del fatto illecito tipiche dell'ordinamento internazionale*

51. Delle eccezioni limitate. — Due tipi di eccezioni sono state spesso presentate quali cause di esclusione dell'illecito in diritto internazionale: una è una "pseudo-eccezione" e si basa su una inesatta concezione della sovranità dello Stato; l'altra, più seria, ma quantomeno "provvisoria", riguarda le "lacune" del diritto internazionale.

1. — La "pseudo-eccezione" di sovranità (il ritorno del dominio riservato?)

52. L'argomento fondato sulla sovranità. — Si è talvolta sostenuto, da parte degli Stati, che una norma particolare del diritto internazionale non poteva essere applicata nei loro confronti perché limitava la loro sovranità. Il che equivale a dire che la sovranità dello Stato costituisce la sola misura dei diritti e degli obblighi degli Stati. Tale presupposto, però, se preso come postulato dogmatico, finirebbe per negare l'esistenza del diritto internazionale nella sua totalità.

---

(61) Si trattava nella fattispecie di un contenzioso iniziato dai portatori tedeschi di obbligazioni argentine nei confronti di quest'ultimo Stato. Vedi *www.bverfade/entscheidungen/ms20070508*

(62) Cass. 27 maggio 2005, n. 11225, in *Riv. dir. int.*, 2005, p. 856.

(63) Cfr. P. Benvenuti, "Lo stato di necessità alla prova dei fatti", in M. Spinedi, A. Gianelli, Alaimo (a cura di), *La codificazione della responsabilità internazionale degli stati alla prova dei fatti*, cit., pp. 107-51; T. Treves, "La nécessité en droit de la mer", in SFDI, *La nécessité en droit international*, Paris, Pedone, 2007, pp. 237-46.

53. Il rigetto di tale argomento da parte della CPGI nel caso della "Wimbledon". — L'"eccezione di sovranità" è stata, a giusto titolo, rigettata, sia dalla dottrina, sia dalla giurisprudenza internazionale, a cominciare da quella della CPGI e sin dal suo primo caso, quello riguardante la nave *Wimbledon*, precedentemente citato ([64]). Questa nave, presa a nolo da alcuni armatori francesi per trasportare dei materiali bellici in direzione della Polonia, allora in guerra con l'Unione Sovietica, aveva imboccato il canale di Kiel, un canale internazionalizzato dal Trattato di Versailles. La Germania si oppose poiché essa era una potenza neutrale in questo conflitto. Si sosteneva, inoltre, che la concessione del permesso avrebbe violato la sovranità territoriale della Germania. Dal suo punto di vista, ratificando il Trattato di Versailles, la Germania non aveva affatto rinunciato alla sua sovranità territoriale che era, a suo parere, di natura "inalienabile".

La CPGI rigettò chiaramente quella tesi con queste parole: "la Corte si rifiuta di vedere, nella conclusione di un qualsivoglia trattato con il quale lo Stato si impegna a fare o a non fare qualcosa, un abbandono della sovranità statale. Senza dubbio" — continuò la Corte — "qualunque convenzione che riguardi un obbligo di questa natura comporta una restrizione dell'esercizio del diritto di sovranità, conferendo in questo senso una direzione determinata a tale esercizio; ma la facoltà di contrarre degli obblighi internazionali è precisamente un attributo della sovranità dello Stato" (p. 25).

54. Una giurisprudenza costante. — Tale argomentazione, la sola giuridicamente corretta, non fu più contestata in seguito. È così che, in un lodo arbitrale pronunciato in un contenzioso tra la Polonia e la Germania, il 10 aprile 1924, gli arbitri concludevano che: "[C]iascuno Stato agisce e decide a titolo sovrano; ma, nella misura in cui abbia contratto degli obblighi, è tenuto ad agire e a decidere conformemente ai suoi obblighi" ([65]).

55. Denuncia di un sofisma. — Senza dubbio, qualunque obbligo internazionale che grava sullo Stato costituisce un limite evidente all'esercizio della propria sovranità. Un'analisi di questo tipo è nel complesso la sola conforme al primato, alla superiorità del diritto internazionale. Qualsiasi posizione contraria sfocerebbe nella negazione della sua esistenza.

2. — Le "lacune" del diritto internazionale

56. Lacune e Stato di diritto. — In teoria non dovrebbero esservi delle "lacune" in un sistema caratterizzato dallo "Stato di diritto", la *Rule of Law*. Se ciò accade, spetta, in ultima analisi, al giudice o all'arbitro "dire il diritto" (*ius dicere*), ossia determinare le norme giuridiche che gli permetteranno di decidere la controversia.

Orbene, l'abbiamo già segnalato, il problema si pone in termini diversi nell'ordinamento interno e nell'ordinamento internazionale. Mentre l'ordinamento interno è completo, cioè non conosce "lacune"; opposte valutazioni valgono per l'ordinamento internazionale. Pertanto, il giudice internazionale non potrà che colmare in modo imperfetto le "lacune" dell'ordinamento internazionale, rischiando spesso di sconfinare nella funzione creatrice del diritto.

([64]) Ser. A, n. 1, 1923.
([65]) *RSANU*, T. I, p. 420.

a) *Le "lacune" del diritto nell'ordinamento interno e nell'ordinamento internazionale*

i. La "completezza del diritto" nell'ordinamento interno

57. L'esempio del diritto interno. — In linea di principio, ogni ordinamento giuridico interno possiede due caratteristiche, quelle della *coerenza* e della *completezza*, di talché "*si dice coerente quell'ordinamento in cui non esistono norme incompatibili: si dice, invece, completo quello in cui esiste sempre una norma*" ([66]).

Così, nell'ordinamento italiano, l'art. 12, c. 2, delle disp. prel. al cod. civ. (c.d. *preleggi*) dispone che "[s]e una controversia non può essere decisa con una precisa disposizione, si ha riguardo alle disposizioni che regolano casi simili o materie analoghe; se il caso rimane ancora dubbio, si decide secondo i princìpi generali dell'ordinamento giuridico dello Stato". Pertanto, *un diniego di giustizia appare teoricamente impossibile.*

A propria volta, l'art. 5 del cod. civ. francese dichiara colpevole di *diniego di giustizia* il giudice che si rifiuta di giudicare sotto pretesto di silenzio, oscurità o insufficienza della legge. In maniera sensibilmente diversa, l'art. 1, c. 2-3, del codice svizzero dispone che: "2. [n]ei casi non previsti dalla legge il giudice decide secondo la consuetudine e, in difetto di questa, secondo la regola che egli adotterebbe come legislatore. — 3. Egli si attiene alla dottrina ed alla giurisprudenza più autorevoli".

In breve, anche se per semplicità abbiamo fatto riferimento a sistemi giuridici di Civil Law, si ha che, qualunque sia il sistema seguito — quello italiano o francese in cui il giudice deve sempre trovare una norma o il sistema svizzero in cui il giudice è portato ad indossare le vesti del legislatore —, non sono previste "lacune" del diritto interno e, di conseguenza, il giudice non può astenersi dal giudicare.

ii. L'imperfezione del diritto nell'ordinamento internazionale

58. I giudici internazionali restano "poco attrezzati" dinanzi alle lacune dell'ordinamento internazionale. — L'imperfezione del diritto della società internazionale è già stata annunciata (v. Cap. I).

Il giudice internazionale non è infatti nella stessa posizione del giudice interno. Il giudice internazionale *resta un giudice dotato di competenze di attribuzione*: possiede solo quelle competenze che i soggetti internazionali gli hanno attribuito tramite il loro consenso. Il giudice internazionale risulta così poco attrezzato per far fronte alle "lacune" del diritto internazionale e gli capiterà anche, al contrario del giudice interno, di ricorrere al *non liquet*, ossia non deciderà determinate questioni, esulanti dalle specifiche competenze che gli sono state attribuite ([67]).

59. L'eccezione delle giurisdizioni speciali. — Solo dei giudici internazionali specializzati, ovvero coloro che operano in un sistema giuridico ben delimitato come i giudici amministrativi internazionali o i giudici dell'Unione Europea oggi, possono operare in un modo che, si avvicina maggiormente a quello dei giudici interni. È così

([66]) N. Bobbio, *Lacune del diritto*, in *Contributi ad un dizionario giuridico*, Torino, 1994, p. 89.

([67]) In arg. v. L. Siorat, *Le problème des lacunes en droit international*, Paris, LGDJ, 1958; e Sir Gerald Fitzmaurice, "The problem of *non liquet*: Prolegomena to a Restatement", in *Mélanges Rousseau*, cit. p. 89.

ad esempio che, nella sua sentenza n. 11 del 1953, già citata, *Micheline Desgranges*, il Tribunale amministrativo dell'OIL aveva affermato che: "in base ad una norma fondamentale, nessun tribunale può astenersi dal giudicare a causa del silenzio o dell'oscurità della legge" ([68]). Questo stesso tribunale, nella sua sentenza n. 14, affermava il potere del giudice amministrativo internazionale di completare il diritto esistente in caso di lacune ([69]). Ma si tratta solo di un'eccezione che conferma la regola opposta.

b) *Il giudice internazionale e le "lacune" del diritto internazionale: il diniego di giustizia (o* non liquet*)*

60. Una situazione rara. — Senza dubbio una situazione di *non liquet* ha carattere eccezionale. Ma è accaduto, in un certo numero di casi, che il giudice si sia rifiutato di decidere in ragione del "silenzio" o della "carenza" del diritto internazionale su quella materia. A tal proposito, si possono citare alcuni esempi tratti dalla giurisprudenza della CIG.

61. L'esempio del parere consultivo della CIG del 1950 sui Trattati di Pace. — Nel suo parere consultivo del 1950 circa l'interpretazione dei trattati di pace stipulati con la Bulgaria, l'Ungheria e la Romania, la CIG ebbe l'occasione di precisare il suo stesso ruolo e i confini della sua funzione giudiziaria. Cominciò, riaffermando solennemente che la sua missione era di "interpretare i trattati, non di modificarli" ([70]). In questa circostanza, il rifiuto di una delle parti in causa di nominare il proprio rappresentante nelle Commissioni arbitrali miste, che erano state costituite per i trattati di pace, rendeva totalmente inefficace la procedura di regolamento delle controversie prevista dai suoi redattori. Dunque, se la Corte non poteva evitare di riconoscere una situazione di "carenza", notò ugualmente che non le spettava sollevarla in quanto: "[n]on si poteva sopperire a questa carenza semplicemente attraverso la via dell'interpretazione giudiziaria" (p. 229). La Corte rifiutò di procedere alla modifica delle disposizioni di un trattato in modo da renderlo più efficace e da colmare una della sue lacune. Procedendo diversamente, la Corte sarebbe andata al di là del "suo ruolo giudiziario con il pretesto di rimediare a una carenza alla quale i trattati non hanno provveduto" (p. 230).

62. L'esempio del caso *Bernadotte* del 1949. — Nel più volte citato caso del *Conte Bernadotte* del 1949, una delle questioni sollevate dinanzi alla CIG era quella di sapere *come conciliare la protezione funzionale dell'ONU* riguardo ai suoi funzionari, ammesso e non concesso che la CIG la riconoscesse, *con l'esercizio della giurisdizione personale dello Stato* di cui la vittima fosse un cittadino. E come si poteva, nel caso di specie, evitare un contrasto tra l'esercizio da parte dell'ONU della protezione funzionale del suo agente, il conte Bernadotte, e l'esercizio della protezione diplomatica da parte della Svezia nei confronti di un suo cittadino, lo stesso conte Bernadotte? La Corte si limitò ad osservare che "in tal caso, non esistono norme giuridiche che attribuiscano una priorità all'una o all'altra, o che obblighino lo Stato o l'Organizzazione ad astenersi dal presentare un reclamo internazionale" (p. 185). La Corte

---

([68]) *RGDIP* 1954, pp. 300-303.
([69]) *RGDIP* 1955, pp. 141-144.
([70]) *Rec.*, p. 229.

suggerì di affrontare la questione tramite degli appositi accordi internazionali da concludersi tra l'ONU e gli Stati interessati (p. 186). Per fare ciò, la Corte espresse la sua fiducia "nella buona volontà e nel buon senso delle parti interessate" e nel loro "spirito di cooperazione" (p. 186).

63. L'esempio del caso *Haya della Torre* del 1951. — Nel *caso del diritto d'asilo* tra la Colombia e il Perù (*Haya della Torre*) deciso il 13 luglio 1951, la CIG effettuò un ragionamento analogo. Rifiutò, infatti, di dare delle indicazioni alle Parti sul modo in cui risolvere il problema dell'"asilo", a causa del "silenzio" su tale punto della Convenzione dell'Avana del 1928. La Corte giunse alla conclusione secondo la quale la Colombia aveva concesso l'asilo in modo irregolare ad Haya della Torre, e quindi doveva porre fine a tale situazione illegale, senza, tuttavia, essere tenuta a consegnare quell'individuo al Governo peruviano. "Il silenzio della Convenzione", secondo la Corte, "implica la volontà di lasciare la sistemazione degli effetti di questa situazione alle decisioni ispirate da considerazioni di convenienza e da semplici opportunità politiche. Ignorare il ruolo di tali fattori extra-giuridici nello sviluppo dell'istituto dell'asilo in America così come lo spirito della Convenzione dell'Avana, significherebbe approfittare del silenzio di quel trattato per giungere alla conclusione di fondare un obbligo di riconsegnare colui al quale l'asilo era stato irregolarmente concesso".

Se, dunque, nel caso di specie, per la Corte l'asilo deve cessare, essa si astiene dal precisare *come*. La medesima Corte non si è nemmeno pronunciata sulle conclusioni presentate dai due Governi in quanto "non saprebbe fornire alcun consiglio pratico alle parti circa le modalità che converrebbe seguire per mettere fine all'asilo, poiché, così facendo, essa uscirebbe dal quadro della sua funzione giudiziaria" (p. 83). La Corte aggiunse solamente "che spetta(va) alle parti trovare una soluzione pratica soddisfacente, ispirandosi alle considerazioni di cortesia e di buon vicinato che, in materia d'asilo, avevano sempre avuto un largo spazio nelle relazioni tra le Repubbliche dell'America Latina" (p. 83).

c) *I mezzi a disposizione del giudice internazionale per evitare il* non liquet

64. Due mezzi disponibili. — Esistono due tipi di mezzi con cui il giudice internazionale può evitare il diniego di giustizia. Da una parte, può aver ricevuto espressamente le competenze richieste per pronunciarsi, anche in caso di "lacune" del diritto. Dall'altra parte, può ricorrere a particolari tecniche di interpretazione del diritto.

i. Il potere del giudice di decidere una controversia anche in caso di "lacune" del diritto internazionale

65. Il giudizio *ex aequo et bono*. — Si tratta dei casi in cui giudici e arbitri hanno ricevuto il potere di decidere "*ex aequo et bono*" (v. *supra* Cap. XIV). Ma, è necessario ricordarlo, deve trattarsi di un'attribuzione formale ed esplicita di competenza. Ciò avviene raramente e, sinora, la CIG non ha mai ricevuto simili poteri.

Al contrario, alcuni arbitri internazionali a volte hanno ricevuto il potere di decidere *ex aequo et bono*, nonostante le eventuali lacune del diritto e, in rare occasioni, sono stati perfino invitati a colmarle espressamente.

È così che l'art. 5, c. 2, del Trattato di arbitrato e di conciliazione tra la Germania e la Svizzera del 3 dicembre 1921 ([71]) prevedeva che, per risolvere le controversie giuridiche, il tribunale applicasse il diritto internazionale in virtù delle fonti indicate all'art. 38 dello Statuto della CPGI. Per di più, il trattato prevedeva che le eventuali lacune fossero regolate nel modo che segue: "[s]e, in un determinato caso, le basi giuridiche sopra enunciate presentano delle lacune, il tribunale si pronuncia secondo i principi giuridici che, a suo avviso, dovrebbero costituire regole nel diritto internazionale. A tale effetto, il tribunale si ispira alle soluzioni consacrate dalla dottrina e dalla giurisprudenza."

Allo stesso modo, l'art. 28 dell'Atto generale di arbitrato del 26 settembre 1928, emendato il 28 aprile 1949 ed entrato in vigore il 20 settembre 1950, dispone che il tribunale internazionale applicherà le norme di cui all'art. 38 dello Statuto della CIG, ma "se non esisteranno regole applicabili a tali controversie, il tribunale giudicherà *ex aequo et bono*".

66. Esempi. — Alcuni accordi arbitrali possono anche contenere delle *clausole di regolamento di interessi* (*clauses de réglements d'intérêts*) che invitano gli arbitri ad enunciare delle regole obbligatorie per il futuro: così, nel compromesso del 29 febbraio 1892 relativo alle ***peschiere del mare di Behring***, all'art. 7 si richiedeva agli arbitri di suggerire le misure necessarie per assicurare la protezione e la conservazione delle foche da pelliccia ([72]). O ancora, nel caso prima citato della ***fonderia di Trail***, l'art. 3 del compromesso del 15 aprile 1935 invitava formalmente gli arbitri a dettare le regole necessarie per prevenire l'inquinamento transfrontaliero.

ii.* Il ricorso alle tecniche di interpretazione giudiziaria per evitare il *non liquet

67. Riferimento al diritto interno. — Allorquando si trova in presenza di una "lacuna" del diritto internazionale, il giudice o l'arbitro ha la possibilità di colmarla avvalendosi delle soluzioni offerte dal diritto interno. Ad esempio: quando il diritto internazionale non ha fissato le proprie regole circa una determinata materia, il giudice potrà applicare le regole tratte dall'ordinamento interno dei vari Stati. La CIG, come si ricorderà, procedette in questo modo nel ***caso Barcelona Traction*** (pp. 34-35) a proposito del regime giuridico della società per azioni.

68. Riferimento a principi generali di diritto. — Con lo stesso obiettivo, il giudice internazionale può sempre servirsi del diritto interno al fine di farlo accedere all'ordinamento internazionale tramite *i principi generali di diritto (riconosciuti dalle Nazioni civili)*.

Ad esempio, nel ***caso Furundzija***, deciso il 10 dicembre 1998, il Tribunale penale internazionale per l'ex Jugoslavia utilizzò i principi generali comuni in materia di diritto penale interno per caratterizzare una fattispecie di "stupro". Da parte sua, in mancanza di altre fonti di diritto applicabili, la Corte Penale Internazionale ha la possibilità di avvalersi dei "principi generali di diritto ricavati dalla Corte in base alla normativa interna dei sistemi giuridici del mondo" (art. 21, par. 1, lett. *c*) del suo Statuto).

([71]) R.T. SDN, XIII, 271.

([72]) Sentenza del 15 agosto 1893 pronunciata a seguito di un contenzioso tra gli Stati Uniti e la Gran Bretagna, in MOORE, *International Arbitrations*, p. 4761; *Clunet*, 1893, p. 1259.

69. Riferimento all'equità. — Se le parti ad una controversia internazionale hanno così disposto, i giudici o gli arbitri internazionali potranno fare ricorso all'equità. Così, ad es., secondo quanto venne precisato in un lodo arbitrale tra la Germania ed il Portogallo del 31 luglio 1928, "in mancanza di regole del diritto delle genti applicabili ai fatti litigiosi, gli arbitri ritengono di dover colmare la lacuna decidendo in base a principi di equità, nel senso del diritto delle genti, e tenendo conto della sua evoluzione" ([73]).

70. Riferimento ai poteri impliciti. — Si ricorderà, infine, che il giudice o l'arbitro può ricorrere ad un particolare metodo di interpretazione finalista e teleologica, attraverso la teoria dei *poteri impliciti*.

In questo caso, si tratta di un metodo *di interpretazione dinamica* che è possibile utilizzare per colmare, eventualmente, le lacune dell'ordinamento internazionale. Resta comunque il fatto che tale tecnica ermeneutica può essere utilizzata al meglio solo con riferimento alle Carte istitutive di OIG.

71. Un fenomeno contingente. — Infine, va notato che il problema delle "lacune" nel diritto internazionale è *essenzialmente contingente*. Varia, infatti, in funzione del livello di sviluppo della Comunità internazionale e del suo diritto.

3. — La dilatazione della responsabilità: la responsabilità da "*fatto lecito*"

72. Una responsabilità da attività lecite ma ultrapericolose. — Oltre alla responsabilità internazionale derivante da fatti illeciti, è possibile configurare una *responsabilità oggettiva dello Stato derivante da attività lecite (**State Liability for Lawful Acts**)* ([74]).

Dal 1978, la materia della "responsabilità internazionale per le conseguenze dannose derivanti da atti non proibiti dal diritto internazionale" ha formato oggetto di studio da parte della CDI ma con scarsi risultati operativi, giacché i lavori sinora prodotti sono essenzialmente riproduttivi di norme e principi desumibili dai trattati già in vigore ([75]).

Ci si accorda sul fatto che, in materia di responsabilità per fatti leciti, si deve trattare di ***attività ultrapericolose od inquinanti*** che sono svolte dagli Stati o, sempre più spesso, *da privati sotto la loro giurisdizione* e che sono suscettibili di provocare dei danni — sovente catastrofici — al territorio di altri Stati o in spazi non sottoposti alla sovranità di alcuno Stato. Pertanto, si tratta di un ***regime speciale*** **di responsabilità internazionale** che, per il momento, possiede un fondamento di diritto positivo a carattere pattizio. Riguarda formalmente delle fattispecie in cui, a causa del loro carattere "straordinario", la responsabilità di uno Stato può sorgere ***dato il solo danno***

([73]) *RSA*, vol. II, p. 1011, p. 1016.

([74]) In arg. cfr. ad es. M. Pedrazzi, *Danni causati da attività spaziali e responsabilità internazionale*, Milano, 1996; F. Bassan, *Gli obblighi di precauzione nel diritto internazionale*, Napoli, 2006, nonché S. Di Benedetto, "La funzione interpretativa del principio di precauzione in diritto internazionale", in *Dir. comm. int.*, 2006, p. 321 ss..

([75]) Nel 2001 sono stati adottati in via definitiva gli articoli circa la Prevenzione del danno transfrontaliero derivante da attività pericolose; poi nel 2004 si sono avuti i Principi relativi alla riparazione delle perdite in caso di danno transfrontaliero derivante da attività pericolose; ancora nel 2008, la CDI ha prodotto 8 Principi sulla responsabilità per danni transfrontalieri causati da attività pericolose non vietate dal diritto internazionale.

causato, a prescindere dalla esistenza di un iniziale fatto illecito. Si parla di "fatti leciti" solo per indicare che, di per sé, produrre energia nucleare nel proprio territorio o lanciare oggetti spaziali non sono attività vietate dal diritto internazionale. Si tratta di un tipo di responsabilità che non è dunque incentrata sull'attività statale in sé ma sulle conseguenze dannose di quell'attività.

Anche qui, vale una certa analogia con l'ordinamento giuridico interno laddove si pensi all'istituto della responsabilità civile "per rischio", ossia la responsabilità oggettiva dell'esercente attività pericolose, conosciuta dall'ordinamento italiano attraverso gli artt. 2050 e 2054 cod. civ. (76).

Così, alcune convenzioni internazionali stabiliscono un sistema di responsabilità oggettiva del gestore dell'impianto nucleare in caso di incidente nucleare (77). Del pari, in materia di inquinamento marittimo da idrocarburi, gli Stati hanno istituito un regime di responsabilità oggettiva attraverso trattati quali la Convenzione di Bruxelles del 29 novembre 1969 (CLC) sulla responsabilità civile per i danni provocati da inquinamento da idrocarburi, poi modificata da un Protocollo del 1992 (78).

Inoltre, in materia spaziale, viene prevista, da tempo, la responsabilità degli Stati (e delle OIG) per i danni causati dagli oggetti spaziali che hanno immatricolato (79). A titolo di esempio di quest'ultimo tipo di responsabilità, basti citare la vicenda del satellite sovietico *Cosmos 954* che cadde in territorio canadese nel gennaio 1978. Un accordo tra i due Stati, del 2 aprile 1981, pose fine a tale incidente: l'URSS, Stato di lancio, accettò di pagare tre milioni di dollari canadesi al Canada in qualità di vittima del danno causato dal satellite (80).

§ 3. — *L'elemento soggettivo dell'illecito internazionale: l'imputabilità ad un soggetto di diritto internazionale* (Rules of attribution)

73. Organi centrali dello Stato. — Sussiste la responsabilità internazionale di uno Stato, enuncia **l'art. 2 degli Articoli CDI**, se il comportamento "consistente in un'azione o in un'omissione: *a*) può essere attribuito allo Stato alla stregua del diritto internazionale".

La violazione di un obbligo internazionale di uno Stato deriva dalla condotta delle persone o degli enti che rivestano la posizione di ***organo dello Stato (organ of the State)*** ai sensi del suo *diritto interno*: si tratta innanzitutto dell'organo legislativo, esecutivo e giudiziario.

Come ben avevano osservato gli arbitri nel caso *El Triunfo* dell'8 maggio 1902 "non può esserci alcun dubbio sul fatto che uno Stato sia responsabile degli atti

---

(76) Così si è potuto osservare (F. GALGANO, *Trattato di diritto civile*, 2ª ed., Padova, Cedam, 2010, p. 202) che "[l]'espansione dell'area della responsabilità oggettiva si ricollega ai caratteri della odierna civiltà industriale, basata sull'impiego di mezzi di produzione e di vita che sono di per se stessi fonte di pericolo per le persone e per le cose (gli impianti industriali, le autovetture ecc.), e di pericolo che è socialmente accettato come una componente ineliminabile della nostra civiltà".

(77) V., ad esempio, la Convenzione sulla responsabilità civile nel campo dell'energia nucleare, adottata a Parigi nel 1960 tra gli Stati membri dell'OCSE.

(78) In arg. Cfr. S.M. CARBONE, M. LOPEZ DE GONZALO, P. CELLE, *Il diritto marittimo*, 5ª ed., Torino, Giappichelli, 2015, p. 192 ss. nonché P. IVALDI, *Inquinamento marino e regole internazionali di responsabiità*, Padova, Cedam, 1996.

(79) V. Convenzione del 30 novembre 1971 e, a riguardo, C.Q. CHRISTOL, in "International Liability for Damage caused by Space Objects", in *AJIL*, 1980, p. 346.

(80) V. il testo dell'accordo in *ILM*, 1981, p. 689.

commessi dai suoi dirigenti facenti parte dell'ordine legislativo, esecutivo o giudiziario, a condizione che [tali atti] siano stati commessi nell'espletamento delle loro funzioni ufficiali" (81).

Più recentemente, la CIG ha confermato tale principio indicando che "il comportamento di *qualsiasi organo dello Stato* deve essere ricondotto a un'azione di quello Stato" (82). Anche diversi collegi arbitrali ICSID hanno approfondito questa materia ed hanno specificato vari aspetti della responsabilità dello Stato a causa degli atti compiuti dai propri agenti ed organi (83).

1. — L'attribuzione della condotta allo Stato

74. Diversità degli organi dello Stato e legame rilevante. — La responsabilità internazionale dello Stato può insorgere anche per gli atti dei propri enti (ad es. i Comuni, le Regioni, i *Länder*, i Cantoni, gli Stati all'interno di una struttura di tipo federale). Tali enti territoriali, per quanto possano essere dotati ai sensi del *diritto interno* di una soggettività giuridica diversa da quella dello Stato, sono dal punto di vista del *diritto internazionale* tutt'uno con lo Stato in quanto soggetto giuridico internazionale.

Così, **ad esempio**, nel **caso *LaGrand*** (84) è stata attribuita allo *Stato federale* — dunque agli Stati Uniti d'America complessivamente considerati — la condotta del *Governatore dell'Arizona*, nonostante il Governo federale si giustificasse adducendo l'assenza in sua mano di strumenti normativi idonei ad impedire la condotta del Governatore dello Stato federato. Inoltre, nella controversia fra Stati Uniti e Italia circa il **caso *ELSI*** (85), era pacifico che la requisizione operata dal *Sindaco di Palermo*, che aveva dato origine alla controversia, fosse attribuita *all'Italia* come soggetto giuridico internazionale anche se, dal punto di vista del diritto interno italiano, lo Stato ed il Comune di Palermo sono enti giuridicamente distinti.

Ma non è sempre facile determinare concretamente quale sia un "organo" o un'"emanazione" dello Stato al fine dell'attribuzione di una responsabilità internazionale a quest'ultimo. Pertanto, vengono spesso utilizzati tre criteri alternativi identificati agli artt. 4, 5 e 8 degli Articoli CDI del 2001.

Il primo criterio, quello "*strutturale*", serve a determinare se l'autore dell'illecito possegga o meno una personalità giuridica propria, indipendente dallo Stato. Diversamente, giusta **l'art. 4 degli Articoli CDI**:

"1. Il comportamento di un organo dello Stato sarà considerato come un atto dello Stato ai sensi del diritto internazionale, sia che tale organo eserciti funzioni *legislative, esecutive, giudiziarie* o altre, qualsiasi posizione abbia nell'organizzazione dello Stato e quale che sia la sua natura come organo del governo centrale o di un'unità territoriale dello Stato.

---

(81) *Claim of the Savador Commercial Company*, in *RSA*, vol. XV, p. 477.

(82) CIG, Parere consultivo del 29 aprile 1999, *Controversia relativa all'immunità di un relatore speciale della Commissione dei Diritti dell'uomo*, punto 62. Corsivo aggiunto.

(83) In argomento cfr. R. Dolzer, C. Schreuer, *Principles of International Investment Law*, 2 ed., Oxford, OUP, Parte VI, 2012.

(84) CIG, ordinanza del 3 marzo 1999 sulle misure provvisorie e sentenza del 27 giugno 2001, caso *Germania c. Stati Uniti*.

(85) CIG, sentenza del 20 luglio 1992, caso *Stati Uniti c. Italia*.

2. Un organo comprende qualsiasi persona o ente che rivesta tale posizione secondo il diritto interno dello Stato" ([86]).

75. Tipologia di illeciti. — Si ha un ***illecito commissivo*** nell'ipotesi in cui la condotta dell'organo è contraria agli obblighi internazionali dello Stato. Si avrà, invece, un ***illecito omissivo*** qualora lo Stato ometta di tenere una condotta dovuta (ad es. emanare, modificare o abrogare una legge contraria agli obblighi internazionalmente assunti) ([87]).

L'art. 14 degli Articoli CDI distingue in via generale ed ulteriormente gli ***illeciti istantanei*** che si perfezionano "nel momento in cui il fatto dello Stato si produce, anche se i suoi effetti perdurano" e ***illeciti a carattere continuativo*** che si manifestano "per tutto il tempo durante il quale il fatto continua e rimane non conforme all'obbligo internazionale", come ad esempio la continuazione di un'occupazione illegittima (ad es. un'occupazione militare illegittima).

Altre distinzioni possono farsi tra ***illeciti semplici*** ed ***illeciti complessi***. In quest'ultimo caso, l'atto illecito è dato da "una serie di azioni o di omissioni, definita nel suo insieme come illecita" (si pensi alla goccia — ossia l'ultimo atto — che fa traboccare il vaso).

A differenza della prima versione (del 1996), nell'attuale versione degli Articoli CDI (del 2001) è stata rimossa l'importante distinzione tra illeciti derivanti dalla violazione di **obblighi di mera condotta** (od anche di ***Due diligence*** ([88])) e quelli derivanti dalla violazione di **obblighi di risultato** a seconda che, un obbligo internazionale richieda ad uno Stato solo un dato comportamento oppure lo vincoli rispetto ad un preciso risultato da raggiungere.

a) *La responsabilità internazionale dello Stato da atti legislativi*

76. Tipologia di illeciti. — Uno Stato può compiere atti internazionalmente illeciti mediante i propri organi legislativi: si pensi a delle leggi che violano alcuni impegni dello Stato precedentemente assunti tramite un trattato internazionale (o addirittura più trattati internazionali) o a provvedimenti legislativi che prevedano nazionalizzazioni senza indennizzo a beneficio degli stranieri, o peggio espropriazioni e confische. In materia economica non di rado accade che dopo l'entrata in vigore di un trattato di commercio, uno Stato adotti per legge nuove misure tariffarie (ad es. superdazi) o non tariffarie, ossia norme discriminatorie che colpiscono i beni stranieri tramite misure fiscali (ad es. IVA). Gli esempi di tali comportamenti abbondano nella prassi dell'OMC/WTO e a tale prassi rinviamo. In materia di investimenti diretti esteri, può accadere che, nonostante la vigenza di un BIT o comunque di un trattato economico con un capo dedicato agli investimenti, lo Stato ospite dell'investimento adotti — ad es. a seguito di un mutamento di Governo — delle misure legislative discriminatorie, di espropriazione anche indiretta che si pongano in contraddizione con gli obblighi internazionali precedentemente assunti. Qui, basti riferirsi alla sempre

---

([86]) Corsivo aggiunto.

([87]) E abbiamo più volte ribadito che uno Stato non può invocare la propria legislazione interna, ivi compresa quella di carattere costituzionale (salvo eccezioni ben delimitate), per sottrarsi all'adempimento dei propri obblighi internazionali.

([88]) L'espressione anglosassone "due diligence" implica sia un obbligo di diligenza media, sia un obbligo di vigilanza, cfr. J. SALMON (a cura di), *Dictionnaire de droit international*, cit., p. 341.

più abbondante giurisprudenza arbitrale in materia di investimenti per dimostrarlo (89). Ed altri e numerosi esempi si trovano nell'intero settore del diritto internazionale dei diritti umani.

77. Confutazione dell'argomento relativo al trattamento nazionale nella giurisprudenza delle Corti internazionali dell'Aja. — Spesso, per giustificare una data legislazione interna contraria al diritto internazionale, alcuni Stati hanno fatto valere che *tali leggi erano state applicate senza discriminazione nei confronti dei cittadini o degli stranieri, e che quindi, per tale motivo, l'illecito cessava*.

Una giurisprudenza internazionale costante ha negato la validità di tale tesi argomentativa ribadendone l'illiceità ed indicando che la sua applicazione non discriminatoria nei confronti dei cittadini e degli stranieri non costituisce affatto una causa di esclusione dell'illecito internazionale. La CPGI lo ha ricordato molteplici volte ed in particolare nel *caso di certi interessi tedeschi nell'Alta Slesia polacca* (90) o, ancora, nel *caso dell'Università Peter Pazmany* del 15 dicembre 1933 (91).

78. La posizione (analoga) degli arbitri internazionali. — *La giurisprudenza arbitrale è orientata nello stesso senso*. A questo titolo possiamo citare la *sentenza Ador* (*caso della tassa sui benefici di guerra*) tra Francia e Spagna del 5 giugno 1922 nella quale il giudice affermò che la Francia non aveva il diritto di applicare agli emigrati spagnoli, residenti in Francia, delle imposte straordinarie dal momento che essi ne erano esonerati in virtù di convenzioni internazionali contrarie. Il tutto, si noti, nonostante la Francia sostenesse che tale imposizione fiscale era lecita nella misura in cui non creava alcuna discriminazione tra cittadini e stranieri (92).

Allo stesso modo, la CPA, nel *caso dei reclami per la requisizione di navi tra la Norvegia e gli Stati Uniti*, deciso il 13 ottobre 1922, applicò il medesimo principio riguardo una nazionalizzazione senza indennizzo di beni stranieri (93).

b) *La responsabilità internazionale dello Stato per atti degli organi del potere esecutivo*

79. Condotta degli organi amministrativi dello Stato. — Lo Stato è internazionalmente responsabile per gli atti illeciti degli *organi amministrativi*. Sono compresi tra questi, sia gli organi dell'Amministrazione centrale che quelli dell'Amministrazione periferica. Rientrano altresì in questa categoria gli organi di Stati federali, le Regioni nonché gli organi di polizia e militari (94).

Qui, l'illecito può consistere non solo *nell'esercizio di attività amministrative* contrarie al diritto internazionale, ma anche nell'*omissione* di attività di organi amministrativi (ad es. omissione di adeguate misure di polizia in occasione di manifestazioni xenofobe oppure omissione di misure idonee a proteggere la vita, la libertà e i beni degli stranieri, violazione da parte della polizia della sede di un'ambasciata, etc.).

---

(89) Per una utile rassegna v. S. Faccio, *Indirect Expropriation in International Investment Law between State Regulatory Powers and Investor Protection*, Napoli, ES, 2020.
(90) 25 maggio 1926, pp. 31-33.
(91) A/B, n. 61.
(92) *RSA* vol. I, pp. 302-305.
(93) *RSA*, vol. I, pp. 307-346.
(94) Così ad es., Freeman, "Responsibility of States for Unlawful Acts of their Armed Forces", in *RCADI*, 1955-II, p. 267 ss.

In materia esiste un'abbondante giurisprudenza internazionale, principalmente arbitrale, circa il "*cattivo trattamento*" subito dagli stranieri. Così, ad esempio nel *caso Chevreau*, a proposito della detenzione di uno straniero ed oggetto di una controversia tra la Francia e la Gran Bretagna nel 1931, la CPA ha enunciato che uno Stato deve trattare uno straniero "in modo appropriato alla sua situazione e che corrisponde al livello abitualmente ammesso tra le Nazioni civili" ([95]). Altri precedenti si ritrovano nei lodi della ***Commissione mista per i reclami tra gli Stati Uniti e il Messico***, riguardanti le detenzioni arbitrarie e, in generale, il comportamento della polizia e delle autorità locali.

80. Omissione di una protezione adeguata. — In linea generale, si possono distinguere tre tipi di condotte "censurabili" derivanti dal funzionamento o, meglio, dal mal funzionamento dei servizi amministrativi.

Primo fra tutti è il caso ***dell'assenza di protezione adeguata degli stranieri***. Ne fu un esempio eclatante il *caso del personale diplomatico e consolare americano a Teheran*, nel quale l'Iran venne condannato dalla CIG per la sua totale astensione, poi vera e propria omissione, della protezione internazionalmente dovuta agli agenti diplomatici e consolari stranieri.

Un altro caso, assai frequente, di mal funzionamento degli organi amministrativi di uno Stato *riguarda il* ***mancato perseguimento degli autori di reati***. Emblematica, a tale riguardo, fu la controversia tra l'Italia e gli Stati Uniti riguardante *il linciaggio degli Italiani a New Orleans* nel 1891 ([96]). Nella fattispecie, ricordiamo che si trattava di immigrati italiani, che, dopo essere stati incarcerati vennero attaccati da una folla inferocita, la quale una volta preso d'assalto il luogo in cui erano detenuti, li aveva selvaggiamente "linciati". Gli autori di questi atti criminali non vennero perseguiti dai tribunali locali e, quindi, gli Stati Uniti riconobbero la loro responsabilità internazionale, dovuta alla protezione inadeguata di tali immigrati italiani. Pertanto, gli Stati Uniti presentarono le loro scuse al Governo italiano e nel contempo pagarono un indennizzo all'Italia da distribuire alle famiglie delle vittime.

Infine, una terza fattispecie di responsabilità dello Stato per atti illeciti degli organi amministrativi riguarda ***il mancato rispetto dei contratti conclusi con gli stranieri***. Così, nel precitato *caso dei prestiti serbi e brasiliani* del 1929, la CPGI accertò il mancato rispetto delle clausole inserite nel contratto di prestito concluso in Francia dai due Governi. Nel *caso El Triunfo*, deciso da un collegio arbitrale nel 1902 in una controversia tra gli Stati Uniti e il Salvador ([97]), gli arbitri accertarono il mancato rispetto di un contratto di concessione.

Fatti analoghi si trovano all'origine di famosi lodi arbitrali come, ad esempio, il **lodo *Aramco*** del 1958 o il **lodo Texaco** del 1977. In tutti questi casi, gli arbitri conclusero che le modifiche dei contratti internazionali di concessione, decise unilateralmente dagli Stati, risultavano contrarie al diritto internazionale e comportavano un obbligo di riparazione. Siamo dunque arrivati al cuore della materia dei "contratti tra Stati e privati stranieri" (*State contracts*) e in generale di tutto ciò che riguarda la protezione degli "investimenti stranieri", oggi regolata da circa 3000 trattati bilaterali (BITs) in vigore e da apposite norme negli accordi economici internazionali.

([95]) *RSA*, vol. II, p. 1115-1143.
([96]) Moore, *Digest*, vol. 6, 837-841, 1906.
([97]) U.S. Foreign, Rel. 859, 1902.

c) *La responsabilità internazionale dello Stato per gli atti degli organi giudiziari*

81. Equo processo e diniego di giustizia. — La responsabilità internazionale dello Stato può insorgere anche per gli atti internazionalmente illeciti dei propri organi giudiziari. Da Montesquieu in poi, risulta evidente che il potere giudiziario, infatti, al pari di quello amministrativo, fa parte della sua organizzazione e dunque anche gli atti del potere giudiziario sono imputabili allo Stato.

La figura classica di illecito giudiziario internazionale è quella del "*diniego di giustizia*" (***denial of justice***), che consiste nel mancato accesso degli stranieri al giudice nazionale, oppure, più frequentemente, a una ***cattiva amministrazione della giustizia*** (equo processo non rispettato, tribunali non imparziali, assenza di assistenza legale, assenza di un interprete, lentezza o fretta eccessiva della procedura, giudizio manifestatamente ingiusto...) ([98]). In breve, si tratta di tutte quelle circostanze in cui i tribunali locali non funzionano secondo principi elementari di buona amministrazione della giustizia. Se ne trovano molti esempi nella giurisprudenza della *Commissione mista per i reclami tra gli Stati Uniti e il Messico* ([99]). La responsabilità internazionale dello Stato può inoltre essere invocata a causa dell'erronea o mancata applicazione del diritto internazionale da parte dei suoi tribunali, persino se tale atto è imputabile ad una Corte Suprema ([100]). Così, ad esempio, l'Organo d'appello dell'OMC/WTO ha concluso che una pronuncia della *United States Court of International Trade* "non sollevava gli Stati Uniti dalle conseguenze giuridiche dell'effetto discriminatorio delle decisioni di detta Corte. Gli Stati Uniti, come tutti gli altri Membri dell'OMC/WTO e della comunità degli Stati sono responsabili per gli atti di tutti i loro settori di Governo, compreso il giudiziario" ([101]).

Inoltre, si reperiscono varie applicazioni dell'istituto del *diniego di giustizia* nell'arbitrato ICSID, anche in applicazione delle *Additional Facilities Rules* ([102]).

In relazione alle considerazioni di cui sopra, ***la CEDU*** indica, **all'art. 6**, alcune condizioni affinché un *processo possa essere considerato "equo"* (indipendenza, imparzialità e diligenza del tribunale, pubblicità dei dibattiti, rispetto del diritto di difesa...). Si tratta di una delle norme CEDU più frequentemente invocate e che forma oggetto di una copiosa giurisprudenza della Corte EDU a Strasburgo. E a tale riguardo, conviene ricordare che il ***diritto ad un equo processo***, così come interpretato

---

([98]) In arg. cfr. C. Focarelli, *Denial of Justice*, in *MPEPIL*, 2009.

([99]) V., per esempio, Messico vs. US, *caso Mallen*, opinione dei commissari, 1927, p. 254; v. anche US vs. Messico, *caso Laura B. Jones*, opinione dei commissari 1927, p. 109 e ss.

([100]) Per un esempio recente — ma raro — di responsabilità dello Stato per violazione del diritto comunitario da parte di una corte suprema, v. Corte di giustizia UE, 30 settembre 2003, causa C. 224-01 *Gerhard Köbler*, in *Rec.*, 2003.I.10239.

([101]) *United States — Import prohibition of certain shrimp and shrimp products*, 12 ottobre 1998, in *ILM*, 1999.

([102]) Cfr. ad es. l'ottima definizione offerta in *Azinian v. United Mexican States* (in *ICSID Rep.* 1999, p. 290): "A denial of justice could be pleaded if the relevant courts refuse to entertain a suit, if they subject it to undue delay, or if they administer justice in a seriously inadequate way... There is a fourth type of denial of justice, namely the clear and malicious misapplication of the law. This type of wrong doubtless overlaps with the notion of "pretence of form" to mask a violation of international law. In the present case, not only has no such wrong-doing been pleaded, but the Arbitral Tribunal wishes to record that it views the evidence as sufficient to dispel any shadow over the bona fides of the Mexican judgments. Their findings cannot possibly be said to have been arbitrary, let alone malicious". V. anche *Mondev v. US*, *ICSID Rep.*, 2002, p. 225.

dalla Corte EDU, è anche parte del diritto dell'Unione europea ([103]) come evidenziato agli artt. 47 e 48 della Carta dei diritti fondamentali dell'UE che, oggi, in base all'art. 6 TUE ha assunto "lo stesso valore giuridico dei trattati".

d) *L'assenza di responsabilità internazionale dello Stato per fatti di privati individui*

82. Principio generale. — *Gli atti di soggetti privati, non promanando dallo Stato, non costituiscono in sé dei fatti illeciti internazionali imputabili allo Stato.*

Se questo è il principio di base, non è vero che tali atti siano sempre irrilevanti per il diritto internazionale. Ciò in quanto ogni Stato è tenuto a certi obblighi generali, sia verso gli Stati stranieri, sia verso i cittadini di Stati stranieri che si trovano nel suo territorio. In altre parole, *non si ha, in linea di principio, una responsabilità dello Stato per atti commessi da privati sul suo territorio* — si pensi ad una manifestazione xenofoba con gravi danni ai beni degli stranieri — bensì si può avere una *responsabilità per fatto proprio dello Stato territoriale se quest'ultimo ha omesso di adottare le misure necessarie per prevenire gli illeciti dei privati o per punire questi ultimi se il fatto è già avvenuto.*

Si tratta di un principio chiaramente enunciato nel ***caso dei reclami britannici nel Marocco spagnolo*** ([104]), ove Max Huber osservò che lo Stato territoriale non è ritenuto responsabile dei danni causati agli stranieri dai propri cittadini a meno che, questi ultimi, non siano suoi funzionari o agenti e non abbiano agito su suo ordine o sotto il suo controllo. Ma nel contempo, emerse altrettanto chiaramente che lo Stato territoriale è tenuto ad assolvere degli obblighi positivi di protezione e di sicurezza riguardante tutti i cittadini stranieri che risiedono nel proprio territorio. Inoltre, lo Stato territoriale ha l'obbligo di punire i propri cittadini che abbiano attentato alla vita o ai beni di cittadini stranieri.

In altre parole, lo Stato è indirettamente responsabile per la mancata adozione — e si tratta di *obbligazioni di mezzi* non di risultato — delle misure preventive e repressive normalmente necessarie a contrastare la commissione di atti illeciti da parte di privati sul (e a partire dal) proprio territorio (c.d. *due diligence*).

83. Le eccezioni. — Gli Articoli CDI prevedono la responsabilità dello Stato per *fatti commessi da privati* in circostanze eccezionali. Si tratta di casi in cui si verifica una *delega di funzioni* (art. 5, Articoli CDI); un comportamento basato su istruzioni o *sotto la direzione ed il controllo di uno Stato* (art. 8, Articoli CDI) e del *comportamento riconosciuto e adottato da uno Stato come proprio* (art. 11, Articoli CDI).

84. Il comportamento di persone o enti che esercitano prerogative dell'autorità di un Governo. — Secondo **l'art. 5** degli Articoli CDI:

([103]) V. per esempio Corte di giustizia UE, 10 aprile 2003, causa C. 278-01, *Joachim Steffensen*, in *Rec.*, I.3735, punti 72-80 e in particolare punto 72.

([104]) *RSA*, vol. II, 615 e ss. V. altresì le risoluzioni adottate dall'IDI alla sessione di Losanna del 1927 agli artt. 3 e 7 ove, a proposito della responsabilità dello Stato per danni sofferti da stranieri in caso di rivolte, rivoluzioni o guerre civili, dichiarano che tale responsabilità non esiste salvo che "Il n'a pas cherché à prévenir les actes dommageables avec la diligence qu'il convient d'apporter normalement dans les mêmes circonstances, ou s'il n'a pas réagi avec la même diligence contre ces actine, ou s'il n'applique pas aux étrangers les mêmes mesures de protection qu'aux nationaux. Il est notamment obligé d'admettre les étrangers au bénéfice des mêmes indemnités que ses nationaux" (art. 7).

"[i]l comportamento di una persona o di un ente che non è un organo dello Stato ai sensi dell'art. 4, ma che è *abilitato dal diritto di quello Stato ad esercitare prerogative dell'attività di governo* sarà considerato come un atto dello Stato ai sensi del diritto internazionale purché, nel caso in questione, la persona o l'ente abbiano agito in tale qualità" ([105]).

Qui, dunque, si tratta di persone od enti che pur non essendo qualificabili come organi di uno Stato sono ***abilitati, in base al diritto dello stesso Stato***, a svolgere attività giuridicamente rilevanti ai fini dell'imputazione della responsabilità al medesimo Stato.

Nel già citato *caso delle attività militari e paramilitari in e contro il Nicaragua del 1986* ([106]), si aveva che, nel corso della guerra civile in tale Paese, il Governo degli Stati Uniti, tramite la CIA, finanziava, equipaggiava ed addestrava, le forze antirivoluzionarie dei *contras*, le quali terrorizzavano la popolazione civile. Pur disponendo di molte prove circa l'influenza degli Stati Uniti sulle attività dei *contras*, il Nicaragua non fu, però, in grado di dimostrare l'esercizio di un *controllo diretto* della CIA sulle singole operazioni di guerriglia. Pertanto, gli atti dei *contras* non risultavano imputabili agli Stati Uniti.

85. Il comportamento di organi posti a disposizione di uno Stato da un altro Stato. — Diverso è però il caso in cui l'illecito sia commesso da ***organi messi a disposizione di uno Stato A*** per operare ***a favore di uno Stato B***. Qui, la condotta di tali organi sarà considerata un *atto dello Stato B*, ai sensi del diritto internazionale, se agiscono nell'esercizio di prerogative dell'autorità di governo dello Stato B (**art. 6 Articoli CDI**) ([107]). Si pensi, ad esempio, al caso in cui alcune unità militari dello Stato A siano inviate in uno Stato B, col consenso di quest'ultimo Stato, ed agiscano sotto la sua direzione e controllo: il comportamento di tali organi sarà imputato allo Stato B. E ciò avverrà anche in caso di eccesso di potere o comportamento contrario alle istruzioni, ossia se tale organo "eccede nella propria competenza o contravviene alle istruzioni" (**art. 7 Articoli CDI**).

86. Comportamento sotto la direzione o il controllo di uno Stato. — Altre fattispecie riguardano *la condotta di persone ed enti che non siano organi di uno Stato dato*. **L'art. 8 degli Articoli CDI** prevede che:

"Il comportamento di una persona o di un gruppo di persone sarà considerato un atto di uno Stato ai sensi del diritto internazionale se la persona o il gruppo di persone *di fatto agiscono su istruzione, o sotto la direzione o il controllo di quello Stato* nel porre in essere quel comportamento" ([108]).

In proposito, la sentenza della CIG nel precitato ***caso delle attività militari e paramilitari in e contro il Nicaragua*** ha indicato che, ai fini dell'imputazione di responsabilità, è necessario *provare il controllo effettivo* sullo specifico atto che costituisce l'illecito internazionale. Ciò vale, in particolare, con riferimento ai c.d.

([105]) Corsivo aggiunto. Con riferimento alle ulteriori fattispecie previste all'art. 16 degli Articoli CDI (e, parallelamente, dell'art. 58 degli Articoli CDI OIG), cfr. G. Puma, *Complicità degli Stati nell'illecito internazionale*, Torino, Giappichelli, 2018 e cfr. P. Pustorino, "Diritto internazionale e complicità fra stati: considerazioni sull'elemento soggettivo dell'illecito", in *Riv. dir.int.*, 2020, p. 657 ss..

([106]) CIG, sentenza del 27 giugno 1986, *Rec.*, 1986, p. 14 ss.

([107]) In due lodi ICSID si è fatta applicazione di tali criteri: il lodo del 25 gennaio 2000, nel caso *Maffezini c. Spagna*, e quello del 23 luglio 2001, nel caso *Salini c. Marocco*.

([108]) Corsivo aggiunto.

organi di fatto** (De facto Organs)* (109). Senonché, la sentenza ***Tadić della Camera d'Appello del Tribunale per i crimini commessi nella ex-Jugoslavia (110) ha reso meno gravoso l'onere probatorio indicando che il grado di controllo richiesto dal diritto internazionale ai fini dell'attribuzione di responsabilità può variare in base alle circostanze del caso concreto. Qui, si trattava della questione della responsabilità della Iugoslavia per i crimini commessi dai gruppi paramilitari serbo-bosniaci in Bosnia. Il Tribunale ne dedusse che in materia di attribuzione di condotte poste in essere da gruppi di privati gerarchicamente organizzati, non è necessario dimostrare il *controllo effettivo (**effective control**)* della singola condotta illecita, basta che lo Stato eserciti un *controllo generale* (***overall control***) sul gruppo di persone nel suo complesso. Siffatta — condivisibile — conclusione, però ha finito per creare un contrasto giurisprudenziale tra detto tribunale e la CIG la quale, nel 2007, è ritornata su tale questione nel caso relativo al genocidio bosniaco (111). Qui, la Corte si è chiesta se "sia possibile in principio attribuire allo Stato la condotta di persone — o gruppi di persone — le quali, pur non avendo lo *status* giuridico di organi dello Stato, di fatto agiscono sotto un tale stretto controllo dello Stato da doversi considerare come suoi organi" (punto 391). Quindi, senza mascherare la propria critica alla sentenza *Tadić*, ha ribadito la propria soluzione raggiunta nel caso *Nicaragua* precisando che un *organo de facto* può essere considerato un organo dello Stato solo se "agisce in 'completa dipendenza' dallo Stato, del quale è in definitiva un mero strumento" (punto 392)...e dunque è "privo di qualsiasi reale autonomia" (punto 394). Pertanto e conclusivamente, secondo la CIG, "il criterio del 'controllo globale' ha il grave difetto di ampliare la portata della responsabilità dello Stato ben oltre il principio fondamentale che regola il diritto della responsabilità internazionale: uno Stato è responsabile soltanto per la propria condotta" e pertanto "il criterio del 'controllo globale' non è adeguato perché estende fino al punto di rottura, il nesso di connessione che deve esistere tra la condotta di un organo dello Stato e la sua responsabilità internazionale" (punto 406). Muovendo da tali presupposti, ne è seguito però che la Serbia non era responsabile per il massacro di Srebrenica.

Insomma, il tema degli "organi di fatto" resta di scottante attualità e manca di adeguata regolazione soprattutto per quanto riguarda le sue manifestazioni più "moderne": basti pensare alle c.d. *State Owned Enterprises*, le imprese in mano pubblica che agiscono su scala multinazionale — compresi i c.d. "Fondi sovrani" —, ed alle c.d. *private military companies*, società commerciali che offrono servizi di sicu-

---

(109) In argomento cfr. P. Palchetti, "Comportamento di organi di fatto e illecito internazionale nel progetto di articoli sulla responsabilità internazionale degli Stati", in Spinedi, Granelli, Alaimo (a cura di), *La codificazione della responsabilità internazionale degli Stati alla prova dei fatti*, Milano, Giuffrè, 2006, 3 ss.; Id., *L'organo di fatto dello Stato nell'illecito internazionale*, Milano, Giuffrè, 2006; M. Arcari, "L'attribuzione allo Stato di atti di genocidio nella sentenza della Corte internazionale di giustizia nel caso Bosnia-Erzegovina c. Serbia", in *DUDI*, 2007, pp. 565-577; D. Momtaz, "Attribution of Conduct to the State: State Organs and Entities Empowered to Exercise Elements of Governmental Authority", in J. Crawford, A. Pellet, S. Olleson (eds.), *The Law of International Responsibility*, cit., 2010, pp. 237-247; G. Distefano, A. Hêche, "L'organe *de facto* dans la responsabilité internationale: Curia, quo vadis?", *AFDI*, 2015, pp. 3-33.

(110) Trib. Int. Iugoslavia, Camera d'Appello, 15 giugno 1999, caso IT-94-1. In senso conforme cfr. Corte EDU, 18 dicembre 1996, Loizidou c. Turchia, con nota di M. Vitucci, in *Riv.dir.int.*, 1998, p. 1065

(111) CIG, 26 febbraio 2007, *Rec.*, 2007, p. 43 ss.

rezza, difesa ed altri servizi di carattere militare. Tali società sono state a volte accusate di gravi violazioni dei diritti umani (112).

87. Il *comportamento riconosciuto e adottato da uno Stato come proprio*: il caso dei diplomatici americani in Iran (1980). — **L'art. 10**, c. 1, degli **Articoli CDI**, indica limpidamente che "[i]l comportamento di un movimento insurrezionale che divenga il nuovo governo dello Stato sarà considerato un atto dello Stato ai sensi del diritto internazionale". Ma nella prassi, i casi più difficili si hanno *medio tempore*, ossia prima che il governo insurrezionale diventi il nuovo Governo. Soccorre, all'uopo, l'art. 11 degli Articoli CDI il quale dispone che:

"[u]n comportamento che non è attribuibile ad uno Stato ai sensi degli articoli precedenti sarà ciònonostante considerato un atto di quello Stato ai sensi del diritto internazionale se e nella misura in cui quello Stato riconosca e adotti il comportamento in questione come proprio".

Così, **ad esempio**, nel *caso del personale diplomatico e consolare americano a Teheran*, gli individui divennero progressivamente degli agenti di fatto dello Stato e pertanto, i loro atti "privati" si trasformarono in atti "pubblici", come tali imputabili allo Stato nazionale.

Nel caso di specie, il 4 novembre 1979, durante la rivoluzione iraniana, un gruppo di studenti islamici — esaltato dalla retorica anti-americana dell'Ayatollah Khomeini — assaltava l'ambasciata statunitense a Teheran, prendendo in ostaggio il personale diplomatico e consolare. L'attacco si trovava agevolato dal mancato intervento delle forze di sicurezza iraniane. Orbene, la CIG osservò, a tale riguardo, che *in tale prima fase*, l'attacco all'ambasciata americana a Teheran, la detenzione del personale diplomatico americano, come anche il sequestro degli archivi erano stati compiuti da alcuni militanti rivoluzionari i quali non potevano essere considerati agenti od organi dello Stato iraniano. Di conseguenza, quegli atti, seppur internazionalmente illeciti, non potevano essere imputati all'Iran (113). Per contro, *lo Stato iraniano era responsabile di non aver adottato le misure preventive e repressive necessarie ad impedire e punire l'attacco all'ambasciata statunitense* (punti da 62 a 73).

In una *seconda fase*, tuttavia, varie autorità religiose e politiche iraniane, incluso l'Ayatollah, avevano espresso piena approvazione per l'operato degli studenti, facendo perciò propria la loro condotta. In tal modo, le autorità iraniane avevano conferito alle azioni dei militanti estremisti locali il "sigillo ufficiale della loro approvazione" (punto 73) e tale atto aveva mutato radicalmente la natura giuridica della situazione: "[i] militanti, autori dell'invasione e carcerieri degli ostaggi", prosegue la Corte, "divennero allora agenti dello Stato iraniano per i cui atti tale Stato era internazionalmente responsabile" (punto 74).

88. La responsabilità di uno Stato connessa all'illecito internazionale altrui (responsabilità indiretta). — Esistono tre ulteriori figure di attribuzione della responsabilità internazionale. La prima viene regolata all'**art. 16 degli Articoli CDI** secondo il quale "[u]no Stato che aiuti o assista un altro Stato nella commissione di un atto internazionalmente illecito da parte di quest'ultimo è internazionalmente responsabile per siffatto comportamento se: *a)* quello Stato agisce così con la consapevolezza

---

(112) Cfr. A. Badia, "Attribution of Conducts of State-Owned Enterprises based on Control by the State", in *ICSID Convention after 50 years: unsettled issues*, a cura di C. Baltag, Aalpen aan den Rijn, Kluwer int., 2017, p. 189-208; N. Ronzitti, F. Francioni, *War by contract*, Oxford, OUP, 2011.

(113) Punti 58-61 della sentenza.

delle circostanze dell'atto internazionalmente illecito; e *b)* l'atto sarebbe internazionalmente illecito se commesso da quello Stato".

Una seconda fattispecie è quella di cui all'**art. 17 degli Articoli CDI** "[u]no Stato che dia direttive ad un altro Stato e ne controlli il comportamento nella commissione di un atto internazionalmente illecito da parte di quest'ultimo è internazionalmente responsabile per quell'atto se: *a)* quello Stato agisce così con la consapevolezza delle circostanze dell'atto internazionalmente illecito; e *b)* l'atto sarebbe internazionalmente illecito se commesso da quello Stato".

Infine, la terza fattispecie è prevista all'**art. 18 degli Articoli CDI**: "[l]o Stato che costringe un altro Stato a compiere un atto è internazionalmente responsabile per quell'atto se: *a)* in assenza di coercizione l'atto sarebbe un atto internazionalmente illecito dello Stato coartato; e *b)* lo Stato che esercita la coercizione agisce con la consapevolezza delle circostanze dell'atto".

2. — La responsabilità internazionale delle OIG

Bibliografia sommaria: V. i vari rapporti presentati da G. Gaja alla CDI al sito internet della medesima; P. Klein, *La responsabilità des organisations internationales dans les ordres juridiques internes et en droit des gens*, Bruxelles, Bruylant, 1998; Id., *Responsabilité pour les faits commis dans le cadre d'opération de paix et étendu du pouvoir de contrôle de la Cour européenne des droits de l'homme*, in *AFDI*, 2007, p. 43 ss.; I. Brownlie, "The Responsibility of States for the Acts of International Organizations", in *Essays in memory of O. Schachter*, a cura di M. Ragazzi, Leiden-Boston, 2005, p. 355 ss.; P. Pustorino, "Responsabilità delle organizzazioni internazionali", in A. Del Vecchio (a cura di), *Diritto delle organizzazioni internazionali*, Napoli, 2012, p. 315 ss.; C. Ferstman, *International Organizations and the Fight for Accountability: The Remedies and Reparations Gap*, Oxford, OUP, 2017; M. Buscemi, *Illeciti delle Nazioni Unite e tutela dell'individuo*, Napoli, ES, 2020.

89. Una responsabilità a carattere internazionale. — Che le OIG possano commettere illeciti internazionali e quindi si possa e si debba parlare di responsabilità internazionale delle OIG è un dato evidente nel nostro tempo e, per di più, confermato dai recenti lavori della CDI che hanno prodotto gli Articoli OIG CDI.

A tale riguardo, l'Assemblea Generale ONU ha, per ora, solo "preso atto" del Progetto di articoli sulla responsabilità delle organizzazioni internazionali con Ris. n. 66/100 del dicembre 2011, e va osservato che l'impostazione seguita dal relatore speciale prof. Giorgio Gaja è stata quella di utilizzare come modello di riferimento gli Articoli CDI sulla responsabilità degli Stati. Il chè facilita la leggibilità e, nei prossimi anni, l'applicabilità di queste norme. Anche per gli Articoli OIG CDI si tratta di offrire un quadro generale volto a precisare solo le ***norme secondarie***, quelle appunto in tema di responsabilità internazionale.

Anche qui, restano ferme e prevalgono le corrispondenti norme di diritto pattizio previste nella Carta istitutiva di ciascuna OIG. In altre parole, l'OMC/WTO e i trattati che pongono obblighi sostanziali in tema di commercio internazionale costituiscono un regime di *lex specialis* (per alcuni si tratta addirittura di un regime autosufficiente). Che cosa significa? Vuol dire che, in caso di violazione di quelle regole, si applicano le regole previste dai trattati istitutivi della OIG.

Per aversi ***responsabilità internazionale di una OIG occorre che i fatti illeciti siano compiuti da suoi organi od agenti e siano ad essa imputabili*** (art. 3 degli Articoli OIG CDI).

Fu così, ad esempio, che venne invocata la responsabilità internazionale dell'ONU per i danni causati, nell'ambito di una operazione di *peace keeping* in Congo, dalle forze di pace ivi inviate. Qui, l'ONU ammise la propria responsabilità e ritenne di dover pagare un indennizzo ai cittadini belgi in base a *principi generali di diritto* (114).

La CIG confermò quell'approccio e riconobbe la responsabilità di una OIG in quanto soggetto di diritto internazionale nel *Parere sull'immunità dalla giurisdizione di un relatore speciale della Commissione dei diritti umani del 1999* (115).

La CDI, a propria volta, ha consolidato le predette norme nei suoi Articoli OIG individuando alcune fattispecie:

a) *Allorquando un organo dello Stato sia* ***messo a disposizione della OIG*** *e quest'ultima ne abbia il* ***controllo effettivo****, ne consegue la responsabilità della OIG e non dello Stato di invio* (art. 7 degli Articoli OIG).

Così, ad esempio, per quanto riguarda le possibili violazioni del diritto dei conflitti armati, le Nazioni Unite sono responsabili per il risarcimento di qualsiasi danno non sia supportato da un'idonea giustificazione di necessità militare fermo restando la possibilità di rivalsa nei confronti del contingente nazionale nel caso di manifesta negligenza o condotta volontariamente illecita.

In giurisprudenza, nei casi *Behrami e Saramati* c. *Francia, Germania e Norvegia*, la **Corte EDU** ha respinto i ricorsi individuali indicando che non era possibile attribuire una responsabilità *uti singuli* a quegli Stati ma, semmai, alla stessa ONU la quale aveva agito tramite la UNMIK e la KFOR (quest'ultima, tra l'altro era una forza NATO ma agiva nel quadro di una missione ONU) (116). Allo stesso modo il **TIDM**, tramite il proprio parere consultivo del 2 aprile 2015 (117), ha indicato che la violazione di un trattato concluso tra la UE ed uno Stato terzo relativo alla regolazione della pesca nella zona economica esclusiva di quest'ultimo, comporta solo la responsabilità internazionale della UE (e non degli Stati membri). Ciò in quanto la materia è di competenza esclusiva UE e, nel caso di specie, tale OIG non ha vigilato

---

(114) Vedere *AFDI* 1965, p. 468 e ss.: "gli accordi Spaak/ U Thant del 20 febbraio 1965", di J.J.-A. Salmon. V. pure la Ris. n. 2272 (2016) del Consiglio di sicurezza ONU sul rimpatrio delle unità di forze militari o di polizia facenti parte di contingenti di peace-keeping delle Nazioni Unite ove si siano verificati numerosi casi di sfruttamento o abusi sessuali ad opera di membri di tali unità, *Riv.dir.int.*, 2016, p. 668 s.

(115) Parere sull'*immunità dalla giurisdizione di un relatore speciale della Commissione dei Diritti umani* del 19 aprile 1999, punto 66.

(116) Per contro, v. la vicenda del *massacro di Srebrenica* in Bosnia ove si è discusso, sia pure dinanzi al solo giudice interno olandese, della responsabilità dell'Olanda o dell'ONU. Non avendo il contingente olandese impedito tale massacro (un esempio di fatto illecito omissivo), si è posta la questione di stabilire chi controllava i militari olandesi. La Corte Suprema olandese ha concluso, con sentenza del 13 aprile 2012, che si trattava, nel caso di specie, di *controllo congiunto* e dunque di *responsabilità congiunta*. L'ONU, tuttavia, non poteva essere convenuta in giudizio all'Aja a causa dell'immunità dalla giurisdizione ad essa spettante. Sull'intera vicenda v. Dannenbaum, "Killings at Srebrenica. Effective control and the Power to Prevent Unlawful Conduct", in *ICLQ*, 2012, p. 713 ss.; A. Liguori, "Shared responsibility per violazioni di diritti umani nel corso di peacekeeping operations delle nazioni unite: quale ruolo per la corte europea dei diritti umani?", *Riv. dir. int.*, 2015, p. 517 ss.. Ancora, nel caso *Al Jedda v. Gran Bretagna*, la Corte EDU, con sentenza del 7 luglio 2011 ha concluso che la condotta illecita del contingente britannico, in relazione ai luoghi di detenzione era imputabile esclusivamente alla Gran Bretagna. Infatti, la Ris. n. 1546/2011 del Consiglio di Sicurezza ONU che forniva la base giuridica dell'attività delle forze multinazionali, non regolava il controllo diretto dell'ONU su tali truppe. Sul tema v. M. Arcari, "Autorizzazione del Consiglio di sicurezza, tutela dei diritti dell'uomo e occupazione militare in Iraq: il caso *Al-Jedda* di fronte ai giudici britannici", in *Riv. dir. int.*, 2006, pp. 1083 ss.

(117) ITLOS, Parere 2 aprile 2015, *Caso n. 21*, punti 172-173.

affinché le navi battenti la bandiera degli Stati membri rispettassero l'accordo internazionale e le leggi dello Stato costiero.

Inoltre, con riferimento all'ordinamento UE, l'art. 215 del Trattato di Roma (divenuto art. 340 TFUE) prevede espressamente una responsabilità della UE indicando che:

"La responsabilità contrattuale dell'Unione è regolata dalla legge applicabile al contratto in causa.

In materia di responsabilità extracontrattuale, l'Unione deve risarcire, conformemente ai principi generali comuni ai diritti degli Stati membri, i danni cagionati dalle sue istituzioni o dai suoi agenti nell'esercizio delle loro funzioni".

Qui, l'accertamento delle violazioni viene effettuato dalla Corte di giustizia.

b) *Qualora* ***una OIG****, tramite un suo atto unilaterale,* ***adotti decisioni vincolanti*** *che* ***obbligano gli Stati membri*** *o altre OIG* ***a tenere un comportamento illecito*** *ne segue la responsabilità della OIG* (art. 17 degli Articoli OIG).

Al riguardo, sia consentito ricordare che, avendo acquisito una competenza *espressa ed esclusiva in materia di investimenti diretti esteri*, la UE, oggi, negozia appositi accordi in tale materia con gli Stati terzi (v. da ultimo quello con la Cina) ed obbliga gli Stati membri a conformarvisi. Per le medesime ragioni, la UE è esposta, in modo non dissimile agli Stati membri, a procedimenti arbitrali internazionali tesi a metterne in gioco la responsabilità internazionale al fine di ottenere adeguata riparazione ([118]). Proprio a tale scopo, è stato varato il Reg. (UE) n. 912/2014 del Parlamento europeo e del Consiglio, del 23 luglio 2014, che *istituisce un quadro per la gestione della responsabilità finanziaria connessa ai tribunali per la risoluzione delle controversie investitore-Stato istituiti da accordi internazionali di cui l'Unione europea è parte.*

c) *Per contro, uno Stato membro di una OIG resta responsabile di un illecito se ha approfittato delle competenze dell'organizzazione per far commettere alla OIG un atto che sarebbe stato illecito se commesso dallo Stato* (art. 61 degli Articoli OIG).

Inoltre, va osservato che la differenziazione delle responsabilità tra la OIG e gli Stati membri ha una necessaria incidenza sull'*an, quantum, quando et quomodo*, (ossia sul se, il come, il quanto ed il quando) della riparazione. A tal proposito, gli Articoli OIG propongono alcune soluzioni pur se si attende il vaglio della prassi internazionale. In dottrina, è significativo osservare che nella manualistica contemporanea, salvo rare eccezioni, agli Articoli OIG, sulla responsabilità internazionale delle OIG sia dedicato solo qualche raro e sparuto cenno.

3. — La responsabilità internazionale degli individui e delle imprese transnazionali quali enti non statali a soggettività limitata

Bibliografia sommaria: Th. Meron, *International Criminalization of Internal Atrocities*, *AJIL*, 1995, p. 554 ss.; J. Barboza, "International criminal law", *RCADI*, v. 278, 1999, pp. 9-199; A. Cassese, *Lineamenti di diritto internazionale penale*, I, Bologna, Il Mulino, 2005; S. Zappalà, *La Giustizia penale internazionale*, Bologna, Il Mulino, 2005; A. Clapham, *Non State actors and human rights*, Oxford, OUP, 2005; A. Cançado Trindade, "International law for humankind: towards a new jus gentium", *RCADI*, v. 316, 2005, pp. 9-439; Th. Meron, *The Humanization of International Law*, Leiden/Boston, The Hague Academy of International

([118]) In arg. cfr. F. Marrella, *Unione europea ed investimenti diretti esteri*, in SIDI, "L'Unione europea a vent'anni da Maastricht: verso nuove regole", a cura di S.M. Carbone, Napoli, ES, 2013, pp. 107-140; B. Cappiello, *Il diritto europeo degli investimenti*, Torino, Giappichelli, 2019 ove riferimenti.

Law/Martinus Nijihoff, 2006; W. Benedek, K. De Feyter, F. Marrella, *Economic Globalisation and Human Rights*, Cambridge, CUO, 2009; F. Pocar, "The International Proliferation of Criminal Jurisdictions Revisited", in *Coexistence, Cooperation and Solidarity*, 2012, p. 1705 ss.; C. Ragni, *I tribunali penali internazionalizzati. Fondamento, giurisdizione e diritto applicabile*, Milano, Giuffrè, 2012; E. Greppi, *I crimini dell'individuo nel diritto internazionale*, Torino, Utet, 2012; A. del Vecchio, *I Tribunali internazionali tra globalizzazione e localismi*, 2ª ed., Bari, Cacucci, 2015, p. 221 ss.; F. Marrella, "Protection internationale des droits de l'homme et activités des sociétés transnationales", in *RCADI*, vol. 385, 2017, pp. 33-435 ove ampi riferimenti.

90. ***I tre profili di responsabilità internazionale degli enti non statali.*** — Abbiamo precedentemente indicato che *l'individuo al pari di ogni ente privato può ledere beni ed interessi oggetto di tutela internazionale* e la sua condotta può, all'occorrenza, essere oggetto di norme applicabili nei rapporti tra Stati (Cap. XV). Il caso classico è quello dei ***pirati*** che da secoli sono qualificati *hostes humani generis*, ossia *nemici del genere umano* (119). Orbene, nessuno dubita che, per diritto internazionale consuetudinario, ogni Stato abbia il potere di catturare in alto mare e di punire gli individui che abbiano commesso atti di pirateria in alto mare, qualunque sia la loro cittadinanza. Un altro esempio notevole viene offerto dalle norme di ***diritto internazionale umanitario*** classico relative alla condotta dei conflitti armati e al trattamento dei prigionieri e della popolazione di territori occupati durante la guerra.

Senonché la commissione di particolari fatti illeciti internazionali da parte di individui può essere perseguita sia *dall'ordinamento interno di singoli Stati* (e ritorneremo sul punto parlando della "giurisdizione universale" del giudice interno al Cap. XXV), sia *dall'ordinamento internazionale*: ed è questo il tema che qui ci interessa.

Al riguardo, abbiamo visto a suo luogo (Cap. XV) che si è molto discusso circa la possibilità di considerare ***l'individuo*** e non *lo Stato* il ***destinatario*** di ***obblighi internazionali***. La dottrina classica largamente maggioritaria fino al secolo scorso, negava all'individuo ogni titolarità di situazioni giuridiche internazionali ed indicava, persino, che nel caso dell'adozione di particolari misure nei confronti di criminali di guerra e di pirati, gli individui colpiti sarebbero soltanto *l'oggetto* delle norme in quanto i *destinatari degli obblighi internazionali* sarebbero sempre e solo gli Stati: sono gli Stati a dover adottare le misure repressive. Tale vetusta impostazione, per quanto formalmente rigorosa, non è tuttavia in grado di spiegare *tutti* gli sviluppi verificatisi nella prassi del diritto internazionale degli ultimi cinquant'anni e pertanto va considerata solo come un affidabile *punto di partenza* della riflessione giuridica. Ma il punto di arrivo è un altro.

Certo, determinate norme di diritto interstatale possono qualificare e regolare alcuni fatti alla stregua di ***crimini internazionali*** e possono anche conferire appositi poteri agli Stati in ordine alla loro repressione. Senonché, resta il fatto ineludibile e concreto per cui i *crimini internazionali sono solo dei comportamenti di individui* (e *non di Stati*). È vero che tali crimini sono stati inizialmente individuati da norme *consuetudinarie* ma è altrettanto vero che una nuova e più incisiva disciplina ha iniziato a svilupparsi, al termine della Seconda guerra mondiale, ad opera dei Tribunali di Norimberga e di Tokyo per poi evidenziare, verso la fine del Novecento, che i crimini internazionali determinano una ***responsabilità penale dell'individuo***, *non più solo al livello del diritto interno, bensì* ***direttamente a livello internazionale essendo la condotta dell'individuo (e non dello Stato) oggetto del sindacato di una Corte penale internazionale*** (a).

---

(119) V. T. Treves, "Piracy, law of the sea and the use of force", in *EJIL*, 2009, p. 399.

In parallelo agli sviluppi in materia penale internazionale, **l'esperienza dell'Unione europea** ha poi definitivamente dimostrato che l'individuo può essere assoggettato ad una **responsabilità a carattere *sovranazionale-regionale*** (b).

Infine, una terza dimensione della responsabilità internazionale nel diritto internazionale contemporaneo, ancora in fase di sviluppo, è quella **a carattere *transnazionale*** (c).

a) *La responsabilità internazionale penale degli individui per crimini di diritto internazionale*

91. L'istituzione di tribunali penali internazionali e la Corte Penale internazionale. — Dopo la fine della seconda guerra mondiale vennero istituiti degli appositi *tribunali militari internazionali*, aventi sede a Norimberga e a Tokyo, che ebbero il compito di giudicare i *criminali di guerra* nazisti e nipponici ([120]). Successivamente, agendo in virtù del Capo VII della Carta, il Consiglio di sicurezza dell'ONU ha deciso l'istituzione di un "tribunale internazionale [incaricato di] giudicare le persone presunte responsabili di gravi violazioni del *diritto internazionale umanitario* commessi dal 1991 nel territorio dell'ex Jugoslavia" ([121]). Qualche tempo dopo, sulla base delle stesse norme della Carta dell'ONU, il Consiglio di sicurezza procedette alla creazione del *Tribunale Internazionale per il Ruanda* ([122]). Queste giurisdizioni internazionali hanno contribuito in modo considerevole alla affermazione della "giustizia penale internazionale ed alla determinazione delle responsabilità in ragione di gravi crimini internazionali" ([123]).

Nel 1998 è stata istituita una giurisdizione internazionale penale permanente: la Corte Penale Internazionale. Ne parleremo a suo luogo (Cap. XXIV).

b) *La responsabilità a carattere sovranazionale-regionale per la violazione del diritto UE.*

92. — Alcuni soggetti privati, per esempio le società commerciali, possono essere oggetto di *sanzioni sovranazionali comminate dalla Commissione europea* e possono persino essere *convenute dinanzi alla Corte di giustizia dell'Unione Europea* per violazione del diritto dell'Unione. Basti citare, a tale riguardo, **gli artt. 101 e 102 TFUE** in materia di concorrenza e di abuso di posizione dominante e le sanzioni irrogate direttamente dagli organi UE a causa della violazione di tali norme. La prassi è particolarmente abbondante ([124]).

Tale modello, si riflette sempre di più nelle nuove forme di cooperazione tra Stati volte ad istituire zone di libero scambio e mercati comuni a cominciare dall'immensa

---

([120]) In arg. cfr. A. Cassese, *Lineamenti di diritto internazionale penale*, t. I a cura di S. Cannata e t. II a cura di P. Gaeta, Bologna, Il Mulino, 2005; C. Ragni, *I tribunali penali internazionali. Fondamento, giurisdizione e diritto applicabile*, Milano, Giuffrè, 2012, nonché in particolare, E. Greppi, *I crimini dell'individuo nel diritto internazionale*, Torino, Utet, 2012.

([121]) V. la Ris. n. 808 del Consiglio di Sicurezza in data 22 febbraio 1993.

([122]) Ris. n. 955 dell'8 novembre 1994.

([123]) Ris. n. 1966 del 22 dicembre 2010.

([124]) V. per tutti: S. Bariatti, A. Frignani, *Disciplina della concorrenza nella UE*, Padova, Cedam, 2013; A. Pappalardo, *Il diritto della concorrenza dell'Unione Europea*, 2 ed., Torino, Utet, 2018.

area eurasiatica (l'**Unione economica eurasiatica**) ([125]) per continuare ai nostri giorni in Africa ed in Asia. È ormai pacifico che gli Stati debbano concordare su scala internazionale-regionale apposite norme antitrust sul modello dell'Unione europea.

c) ***Lo sviluppo progressivo di una responsabilità globale a carattere transnazionale.***

93. La responsabilità transnazionale come risultato della "giustizia contrattuale transnazionale". — Infine, i soggetti privati, persone fisiche e giuridiche, possono essere chiamate a rispondere dell'adempimento delle **obbligazioni nascenti da contratti stipulati con Stati esteri (State contracts) oppure con OIG** (*supra*, Cap. V). Solo ammettendo che il diritto internazionale contemporaneo sia più vasto del solo diritto internazionale "pubblico" tradizionale (v. Cap. I), diviene possibile cogliere il senso della ***responsabilità transnazionale*** che presenta caratteri evidentemente non coincidenti sia con la *responsabilità interstatale*, che con la *responsabilità civile* per inadempimento di un contratto interno così come la conosciamo in Italia.

La *responsabilità* derivante dalla violazione di un *contratto internazionale* viene sistematicamente accertata da *arbitri internazionali* in base ad un diritto nazionale dato (ma interpretato ed applicato in senso transnazionale) o di "**regole di diritto**" (appunto transnazionale) ed in esito all'applicazione di *regole di procedura transnazionale* (diverse da quelle che si utilizzano dinanzi ai giudici di qualsiasi Stato) contenute nei più diffusi regolamenti arbitrali a raggio di applicazione transnazionale ([126]). Ed oggi si contano a decine di migliaia i lodi arbitrali che sono stati già pronunciati sia in un quadro non istituzionale (*ad hoc*) che istituzionale.

94. La "responsabilità delle imprese" sul piano internazionale secondo gli *UN Guiding Principles on Business and Human Rights* del 2011. — Un'ulteriore fonte di nuove e peculiari forme di *responsabilità transnazionale* si sviluppa nel nostro tempo con riferimento alla *vexata questio* della regolazione delle società multinazionali, che dagli anni'60 del secolo scorso è all'origine di un vasto dibattito politico e dottrinale. Le già citate ***Linee Guida ONU su imprese e diritti umani*** del 2011 costituiscono il punto di arrivo di tale dibattito e rappresentano oggi, lo ***standard* globale di riferimento** in materia; uno standard ove accanto alla responsabilità internazionale degli Stati viene evidenziata una diversa forma di responsabilità "societale" delle imprese. Le *Linee Guida* si strutturano, infatti, in *tre pilastri* e, se nel primo pilastro si ribadiscono gli obblighi (e le responsabilità) degli Stati secondo il diritto internazionale, nel ***secondo pilastro*** si enuncia e si struttura una peculiare "responsabilità delle imprese" di rispettare i diritti umani rafforzando la mera responsabilità sociale dell'impresa (CSR o *Corporate Social Responsibility*). Qui, posto che i vigenti trattati internazionali in materia di diritti umani non sono, fino a questo momento, direttamente applicabili alle imprese bensì agli Stati, le *Linee Guida* introducono degli obblighi di ***due diligence*** a carico delle imprese volti a "prevenire e mitigare" il rischio

---

([125]) V. per tutti F. Marrella, P. Barbirotto, "L'Unione economica eurasiatica: una rivoluzione russa per il commercio internazionale?", in *Dir. comm. int.*, 2018, p. 277 ss..

([126]) In base ai quali gli arbitri devono decidere il merito della controversia sulla base di "regole di diritto", come ad esempio, i Principi Unidroit sui contratti commerciali internazionali. In argomento cfr., *inter multos*, F. Marrella, *La nuova lex mercatoria*, cit.; E. Gaillard, "Aspects philosophiques du droit de l'arbitrage international", in *RCADI*, 2007, v. 329, pp. 49-216; *Redfern&Hunter on International Arbitration*, 6ª ed., a cura di N. Blackaby e C. Partasides, cit., 2015, p. 185 ss.

di violazioni di diritti umani. E poiché tale standard è stato approvato e condiviso come *standard minimo* da parte degli Stati (all'unanimità), delle OIG, della comunità degli affari e della "società civile" ne è risultata un'aspettativa diffusa che produce una temibile ***market sanction*** (campagne mediatiche denigratorie da parte della "società civile", boicottaggio da parte dei consumatori, eventuale espulsione da parte delle stesse *business associations* etc.).

Così, una volta fissato *a livello transnazionale* lo standard di riferimento, la sua ricaduta al livello degli ordinamenti interni (v. Cap. IX a proposito dei fenomeni di *osmosi normativa*) si manifesta anche negli eventuali **contenziosi *nazionali*** in materia ***civile e penale*** che un'impresa transnazionale si troverà a fronteggiare non solo nello *Stato ospite* ma anche nello *Stato di origine* (v. *infra* Cap. XXV) pur se, dinanzi ad un giudice di uno Stato, saranno sempre le norme tecniche di diritto internazionale privato ad individuare il diritto (nazionale) applicabile e i limiti della *lex contractus* (norme di applicazione necessaria ed ordine pubblico). Al riguardo, l'attrazione della competenza giurisdizionale verso lo **Stato di origine** di un'impresa transnazionale può già verificarsi in base ad alcune norme nazionali come, ad esempio, la *legge francese sul dovere di vigilanza della società madre* (L. n. 2017-399 del 27 marzo 2017), allo *UK Slavery Act* del 2015, alla legge olandese sulla *Child labour due diligence* del 2019 o all'ATCA negli Stati Uniti. Al momento in cui scriviamo, sono in fase di avanzata discussione delle norme UE in *subiecta materia*, oltre ad un trattato avente ad oggetto la responsabilità delle "multinazionali".

95. (*segue*) Responsabilità transnazionale delle imprese ed accertamento non giudiziale. — L'accertamento della responsabilità transnazionale delle imprese può anche essere effettuata da ***arbitri internazionali*** (fenomeno della *contrattualizzazione dei diritti umani* ([127]) ad es. nei contratti di subfornitura possono essere inserite clausole che rinviano ai diritti umani). A tale riguardo, il 12 dicembre 2019, presso il Peace Palace all'Aja sono state varate le "regole dell'Aja sull'arbitrato in materia di imprese transnazionali e diritti umani" (***The Hague Rules on Business and Human Rights Arbitration***) ([128]). Ed anche tale atto evidenzia la direzione di sviluppo del diritto internazionale e la sua dimensione sempre più transnazionale, ricongiungendosi con gli altri ***meccanismi non statali e non giudiziari*** di accertamento come i ***Punti di contatto nazionale*** dell'OCSE, meccanismi che consentono un sempre più vasto accesso ai rimedi da parte dei soggetti privati ([129]).

([127]) In argomento v. F. Marrella, « Human Rights, Arbitration and Corporate Social Responsibility in the Law of International Trade », in W. Benedek, K. de Feyter, F. Marrella (eds.), *Economic Globalisation and Human Rights*, Cambridge, CUP, 2007, pp. 266-310.

([128]) V. per tutti F. Donovan, R. Zamour, « Arbitrating Business and Human Rights Disputes: Consent to Arbitrate and Applicable Law », in *Studi in onore di G. Bernini*, a cura di F. Marrella e N. Soldati, Milano, Giuffrè-Francis Lefebvre, 2021.

([129]) In argomento v. *amplius* R. Bismuth, *La standardisation internationale privée*, Bruxelles, Larcier, 2014 nonché F. Marrella, "Protection internationale des droits de l'homme et activités des sociétés transnationales", cit., pp. 33-435. V. altresì M.C. Malaguti su "La Responsabilità sociale dell'impresa nel prisma delle attività di mediazione e monitoraggio dei Punti di Contatto Nazionale. Alcune prime riflessioni", in M. Castellaneta, F. Vessia (a cura di), *La responsabilità sociale d'impresa tra diritto societario e diritto internazionale*, ESI, Napoli, 2019, p. 291 ss..

Sezione IV
Il danno e le conseguenze dell'illecito internazionale

§ 1. — *Il pregiudizio*

96. L'antigiuridicità della condotta statale. — Se nel diritto interno dei singoli Stati esistono *diversi regimi di responsabilità: civile, penale (*e si pensi, ad esempio, all'obbligo di esercizio dell'azione penale della Procura della Repubblica*), disciplinare ecc.*, nulla del genere esiste in materia di responsabilità internazionale degli Stati o delle OIG ([130]).

Obtorto collo, si può osservare che la responsabilità internazionale si avvicina al *modello della responsabilità aquiliana di diritto interno* ([131]) ma restano comunque alcune importanti differenze.

Innanzitutto, nell'illecito internazionale **non rileva** in linea di principio ***l'atteggiamento psicologico*** **dello Stato offensore**, atteggiamento che si può configurare come *dolo* (aver voluto l'evento) o *colpa* (ignoranza, imprudenza, imperizia; aver omesso le misure idonee a evitare l'evento). In *diritto internazionale*, se proprio si vuole fare una comparazione col diritto nazionale, *la responsabilità è di carattere oggettivo.*

Inoltre, a differenza di quanto accade in molti sistemi giuridici nazionali, il ***danno*** non figura tra gli elementi essenziali dell'illecito internazionale. Ai fini della responsabilità internazionale, non è necessario dimostrare che l'illecito abbia causato un *danno* materiale a uno Stato: basta la lesione di un diritto soggettivo dello Stato che ha subito l'illecito. In altre parole, se il danno è una conseguenza frequente di un illecito, non ne è un elemento indispensabile a differenza dell'*antigiuridicità* che invece ne è un elemento costante e caratteristico ([132]).

Senonché, in luogo della nozione civilistica italiana di *danno ingiusto*, in diritto internazionale si preferisce usare quella, più generale, di ***pregiudizio (injury*** secondo la terminologia anglofona). Tale pregiudizio deve ledere un diritto altrui (1), la cui titolarità è in capo ad un soggetto di diritto internazionale (2); deve essere diretto (3) e infine, può essere di tipo materiale o morale (4).

1. — La violazione di un diritto altrui

97. Necessità della violazione di un diritto. — Nel già citato *caso della Barcelona Traction* (1970), la CIG ha indicato che non vi è responsabilità se ad essere leso è un semplice interesse bensì occorre la violazione di un diritto altrui ([133]).

([130]) P. Reuter, "Le dommage comme condition de la responsabilité internationale", in *Mélanges Miaja de la Muela*, 1979, II, p. 837; F. Rigaux, "International Responsability and the Principle of Causality", in *Mélanges O. Shachter*, 205, p. 1; H. Thirlway, "Injured and non Injures States before the International Court of Justice", *ibid.*, p. 31.

([131]) E si consideri, per un istante, il fondamentale art. 2043 del codice civile it.: "[q]ualunque fatto doloso o colposo che cagiona ad altri un danno ingiusto, obbliga colui che ha commesso il fatto a risarcire il danno". Cfr. l'art. 2059 cod. civ. e la giurisprudenza in materia. In arg. tra una letteratura sterminata v. ad es. G. Visentini, *Che cos'è la responsabilità civile*, Napoli, ES, 2014 e M. Franzoni, "Fatti illeciti. Art. 2043-2059", in *Commentario del codice civile Scialoja-Branca-Galgano*, dir. da G. de Nova, Bologna, Zanichelli, 2020.

([132]) T. Treves, *Diritto internazionale*, cit., p. 480 ove riferimenti.

([133]) In *Rec.*, p. 36, punto 46: "Not a mere interest affected, but solely a right infringed involves responsibility, so that an act directed against and infringing only the company's rights does not involve responsibility towards the shareholders, even if their interests are affected".

98. Insufficienza della violazione di un semplice interesse. — La lesione di un *semplice interesse* è insufficiente a far insorgere la responsabilità internazionale e quindi a giustificare *ipso facto* un reclamo diplomatico.

Su questo punto, la giurisprudenza della CIG appare costante.

Nel ***caso del Camerun settentrionale*** del 1963 ([134]), la CIG affermò che il Camerun non aveva alcun interesse giuridicamente protetto nei confronti della Gran Bretagna riguardo lo statuto del Camerun settentrionale che, a seguito di un *referendum*, era stato annesso alla Nigeria. La Corte sottolineò che il suo giudizio "sarebbe stato senza oggetto" (p. 38) anche perché il Camerun non richiedeva specificatamente nessuna riparazione. Il Camerun non aveva fornito le prove della violazione di un proprio diritto giuridicamente protetto ([135]), e perciò il suo semplice interesse non costituiva titolo sufficiente per agire dinanzi alla CIG.

Allo stesso modo, nel ***caso del Sud-Ovest africano*** del 1966, la CIG affermò che i due Stati ricorrenti, l'Etiopia e la Liberia, non essendo stati individualmente lesi, non avevano alcun interesse giuridicamente protetto nei confronti del Sud-Ovest africano nel caso di specie, ovvero nessun diritto di azione che potessero far valere dinanzi alla Corte. La Corte precisò che l'interesse che quegli Stati invocavano, vale a dire che il Sud Africa rispettasse "la sacra missione di civilizzazione" nel Sud-Ovest africano, non costituiva in sé un titolo ad agire sufficiente. La CIG si espresse con le seguenti parole: "[a]ffinché codesto interesse possa avere carattere specificatamente giuridico, bisogna che la sacra missione sia o divenga, essa stessa, qualcosa di più di un ideale morale o umanitario" ([136]).

2. — Un pregiudizio subìto da un soggetto del diritto internazionale

99. Assenza di consacrazione della *actio popularis*. — A livello internazionale, uno Stato o un altro soggetto di diritto internazionale non può, in linea di principio, far valere altro che *i propri diritti*.

Nel caso *del Sud-Ovest africano* del 1966, la CIG, nel respingere il ricorso del Governo etiope e liberiano, ebbe modo di precisare che si rifiutava "di ammettere una sorta di *actio popularis* o un diritto per ogni membro di una comunità di promuovere un'azione legale per rivendicare un interesse pubblico". Anche se è possibile, prosegue la Corte, che alcuni ordinamenti statali conoscano quell'istituto, "il diritto internazionale, per com'è attualmente, non la riconosce" ([137]).

100. Oltre il rapporto bilaterale di responsabilità: la violazione di norme di *jus cogens*. — Alla luce di tali considerazioni, resta il fatto che nella sentenza ***Barcelona Traction***, la CIG è andata ben al di là di ciò che aveva, sia pure *obiter*, precedentemente dichiarato qualora *si verifichino delle violazioni di norme imperative del diritto internazionale* (norme di *jus cogens)*. In questo caso, dice la CIG: "*una distinzione essenziale deve in particolare essere stabilita tra gli obblighi degli Stati nei confronti della Comunità internazionale nel suo insieme e quelli che nascono nei confronti di un altro Stato* nel quadro della protezione diplomatica. Data la loro stessa natura, i primi riguardano tutti gli Stati. *Considerata l'importanza dei diritti in questione*" — aggiunge la Corte — "*tutti gli Stati possono essere considerati come aventi un interesse giuridico*

([134]) CGI, *Cameroon c. UK* (eccezioni preliminari), 2 dicembre 1963.

([135]) In *Rec.*, pp. 33-34.

([136]) In *Rec.*, p. 34.

([137]) CIG, 18 luglio 1966, *Etiopia c. Sud Africa; Liberia c. Sud Africa*, in *Rec.*, p. 47.

a che tali diritti siano protetti; gli obblighi di cui si tratta sono degli obblighi erga omnes" ([138]). E quali esempi di tali obblighi *erga omnes* si hanno il divieto di atti di aggressione, del genocidio o la protezione dei diritti fondamentali della persona umana, come il divieto di schiavitù o di discriminazione razziale.

101. La "responsabilità aggravata" per violazione di norme imperative. — L'istituzione della Corte Penale Internazionale, nel 1998, può apparire come una risposta tardiva e parziale della Comunità internazionale alla richiesta fatta dalla CIG nella sopra citata pronuncia nel caso della *Barcelona Traction* del 1970. In effetti, la competenza della Corte (crimini di guerra, crimini contro l'umanità etc.) e l'istituzione di un Procuratore internazionale indipendente sono manifestazioni di un mutamento dell'ordinamento internazionale, nel senso di una maggiore valorizzazione degli obblighi di *jus cogens* ed *erga omnes* ma, se ci riferiamo alla prassi, appare evidente che, nonostante i proclami della dottrina, siamo solo agli inizi.

Pertanto, gli Articoli CDI, nonostante un acceso e ancora non sopito dibattito ([139]), differenziano, in funzione della norma primaria violata, *due tipi di responsabilità*. Se, ad esempio, si tratta della violazione di un trattato bilaterale allora la responsabilità si sviluppa nello stesso senso; se invece il trattato è multilaterale si ha, normalmente, uno Stato offensore e diversi Stati lesi e la responsabilità si scinde in un fascio di diritti e di obblighi bilaterali che incombono a ciascun destinatario ([140]).

Ma accanto a quelle fattispecie classiche, gli artt. 40 e 41 degli Articoli CDI regolano la fattispecie della "***responsabilità aggravata***", ossia di quella che insorge in presenza di "gravi violazioni di obblighi derivanti da norme imperative del diritto internazionale generale" ([141]).

In presenza di tali violazioni gravi e sistematiche (**art. 40, par. 2**), secondo gli **Articoli CDI**, si ha *oltre alle conseguenze ordinarie*:

a) un obbligo degli Stati di ***cooperare per porre fine alla violazione***;

b) di ***non fornire aiuto o assistenza*** allo Stato offensore;

c) di ***non riconoscere come legittime*** le situazioni create attraverso l'illecito stesso (art. 41).

Se, inoltre, l'obbligo violato è di ***natura solidale***, ossia posto a tutela di *interessi collettivi* (protezione dei diritti umani, dell'ambiente ecc.), anche *Stati diversi dallo Stato leso possono invocare la responsabilità internazionale dello Stato offensore* (art. 48) adottando all'occorrenza "misure lecite" (art. 54). Quest'ultima norma non

---

([138]) P. 32. Corsivo aggiunto.

([139]) Per limitare i riferimenti ad alcuni saggi fondamentali cfr.: J. Crawford, *The International Law Commission's Articles of State Responsibility*, cit., p. 246 ss.; B. Simma, "From Bilateralism to Community Interest in International Law", in *RCADI*, 1994, p. 217 ss.; P. Picone, "Obblighi *erga omnes* e codificazione della responsabilità degli Stati", in *Riv. dir. int.*, 2005, p. 293 ss.; P. Picone, "Il ruolo dello Stato leso nelle reazioni collettive alle violazioni di obblighi erga omnes", *Riv. dir. int.*, 2012, p. 957 ss.

([140]) V. spec. E. Cannizzaro, *Diritto internazionale*, 5 ed., cit., p. 455 ss. e riferimenti ivi citati.

([141]) "*Serious breaches of obligations under peremptory norms of general International law*". Queste norme, in realtà, derivano da quelle, più ambiziose, che nei primi lavori della CDI, su impulso del prof. Roberto Ago e, successivamente del prof. Gaetano Arangio-Ruiz, dovevano modulare la gravità dell'illecito riferendosi, nei casi più gravi, ai "crimini" e ai "delitti" internazionali. Tuttavia, tale distinzione venne contrastata da numerosi Stati (cosa vuol dire che uno Stato è un "criminale internazionale"? come si può concepire un diritto internazionale penale applicabile agli Stati?) e ritenuta non corrispondente alla prassi. Pertanto, il successivo relatore speciale della CDI, prof. James Crawford, espunse quella parte e vennero approvate le norme di cui agli artt. 40 ss. Articoli CDI.

precisa, tuttavia, quali "contromisure" possano essere lecitamente adottate, in base al diritto internazionale generale, da altri Stati cui sia dovuta l'osservanza dell'obbligo solidale, e che non siano titolari di un diritto soggettivo specificamente leso dalla violazione.

Le norme di cui sopra trovano eco nel precitato *Parere relativo alle conseguenze giuridiche derivanti dalla costruzione del Muro nei territori palestinesi occupati*, del 9 luglio 2004, ove la CIG, una volta constatato che alcuni degli obblighi violati da Israele avevano efficacia *erga omnes* ha affermato che "data la natura e l'importanza di tali obblighi e dei diritti violati, tutti gli Stati sono tenuti a non riconoscere la situazione illecita derivante dalla costruzione del muro... a non prestare aiuto o assistenza finalizzati al mantenimento di quella situazione... e ad impegnarsi per far cessare qualunque impedimento al diritto di autodeterminazione del popolo palestinese derivante dalla costruzione del muro" ([142]).

Infine, va notato che anche il Progetto di Articoli sulle OIG del 2011 segue il medesimo approccio, lasciando purtuttavia aperte le medesime questioni e, quindi, affidando alla prassi che verrà il compito di chiarirne le implicazioni effettive.

3. — Un pregiudizio diretto (non indiretto)

102. Premessa. — La distinzione tra danni diretti ed indiretti è ben conosciuta nell'ordinamento interno. La ritroviamo, *mutatis mutandis*, anche nel diritto internazionale. *Nel diritto internazionale, il solo tipo di pregiudizio che viene preso in considerazione è il pregiudizio diretto.* Deve infatti sussistere un nesso di causalità tra la violazione del diritto internazionale e il pregiudizio che ne risulta.

103. Una distinzione riconosciuta dalla giurisprudenza internazionale. — Il principio di diritto internazionale, secondo il quale solo il danno diretto è suscettibile di indennizzo, venne posto nel celebre arbitrato dell'*Alabama* del 1872 ([143]). All'epoca, il collegio arbitrale decise di risarcire solo i danni direttamente subiti dagli Stati Uniti a causa della nave da guerra Alabama, una nave armata in Gran Bretagna. Per contro, lo stesso collegio, *rigettò la richiesta di indennizzare anche i danni indiretti*, per esempio i danni inerenti al prolungamento della guerra, quelli collegati ai premi assicurativi o relativi a noli più elevati ([144]).

Da allora, la giurisprudenza internazionale è costante ([145]) e, ad esempio, la CPGI, nel *suddetto caso Wimbledon* ([146]) adottò la medesima posizione: il diritto internazionale indennizza solo il pregiudizio diretto ma non quello indiretto.

([142]) Parere cit., punti 158-159. V. ora la Ris. del Consiglio di sicurezza ONU, del 23 dicembre 2016, adottata con 14 voti a favore e l'unica astensione degli Stati Uniti, con cui si riafferma che gli insediamenti israeliani nel Territorio palestinese occupato dal 1967 non hanno alcun fondamento giuridico e costituiscono una flagrante violazione del diritto internazionale, in *Riv.dir.int.*, 2017, p. 325 s.. V. pure M. Arcari, "La decisione statunitense di trasferimento dell'ambasciata a Gerusalemme e la portata dell'obbligo di non-riconoscimento in diritto internazionale", in Riv. dir. int., 2018, p. 547 ss..

([143]) V. La Pradelle e Politis, T. II, p. 891. Sulla vicenda v. T. Bingham, "The Alabama Claims Arbitration", in *ICLQ*, 2008, p. 1 ss. nonché E. Greppi, *Il conte Federico Sclopis e l'arbitrato internazionale sugli Alabama Claims*, Torino, 2012.

([144]) La Pradelle e Politis, vol. II, p. 891 e ss.

([145]) Sempre in materia di arbitrato, possiamo citare il lodo del 30 giugno 1930 tra Germania e Portogallo riguardante la responsabilità della Germania per gli atti compiuti dopo il 31 luglio 1914 prima che il Portogallo entrasse in guerra, in *RSA*, vol. II, p. 1035 e ss.

([146]) N. 1, s. A, p. 32.

4. — Un pregiudizio morale o materiale

104. Alcune analogie e differenze con il diritto interno. — Abbiamo detto sopra che il diritto internazionale non conosce la distinzione tra responsabilità penale e civile, tra pena e risarcimento del danno. Nell'ordinamento internazionale assume valore sommo l'esigenza di mantenimento della pace sociale in quanto la Comunità internazionale non costituisce — a differenza degli ordinamenti giuridici interni ove le violazioni abbondano ed il potere giurisdizionale ed esecutivo provvedono a ristabilire l'ordine — un ente distinto, un *Leviatano* provvisto di strumenti coercitivi automatici atto a provvedere con mezzi propri alla repressione dell'atto illecito ristabilendo così l'ordine costituito.

In diritto internazionale, *ciò che dà luogo all'illecito è il mero fatto della violazione di un diritto altrui; a prescindere dal danno materiale risultante dall'illecito comportamento dell'autore*. In altre parole, un illecito internazionale può causare pregiudizio ad un altro Stato senza che vi sia un danno patrimoniale (ad es. il danno all'onore o alla dignità di uno Stato, la violazione grave e sistematica dei diritti umani nei confronti dei propri cittadini) ([147]).

Viceversa, vi può essere danno patrimoniale senza illecito. È quanto avviene allorquando uno Stato agisce, ad esempio, in *stato di necessità* conformemente alle norme consuetudinarie in materia.

105. Evoluzione della giurisprudenza internazionale. — Il danno non patrimoniale non formava oggetto di indennizzo secondo la giurisprudenza internazionale. Il punto di svolta si ebbe con il ***caso delle vedove del Lusitania***, del 1° novembre 1923, *in cui i giudici accettarono di includere il danno morale tra i pregiudizi indennizzabili a livello internazionale* ([148]). Poco tempo dopo, nel suddetto *caso Chevreau* del 1931, tra la Francia e la Gran Bretagna, la CPA pervenne alle stesse conclusioni. Così, anche nel ***caso Diallo*** deciso il 19 giugno 2012, la CIG ha indennizzato il "danno immateriale" subito dalla vittima con una somma pari a 85.000 dollari (punto 18 della sentenza precitata).

Non stupisce, pertanto, di ritrovare siffatto approccio nella giurisprudenza arbitrale "transnazionale": qui, ad esempio, il lodo ICSID del 6 febbraio 2008 nel **caso *Desert Line c. Governo Yemenita*** stabilì che era dovuto un indennizzo per "la lesione della reputazione" (*loss of reputation*) di un'impresa causata dagli atti dello Stato offensore (§ 284).

106. La riparazione globale del pregiudizio. — In conclusione, nel diritto internazionale vigente, la riparazione si riferisce sia al pregiudizio materiale che a quello morale.

§ 2. — *La nozione di* soggetto leso *ed il diritto di far valere la responsabilità internazionale*

107. L'originalità del diritto internazionale della responsabilità. — In diritto interno, chiunque sia vittima di un danno ha il diritto di agire in giudizio nei confronti dell'autore dell'illecito e di richiedere il risarcimento del danno.

([147]) V. l'arbitrato CPA del *Carthage*, in *Riv. dir. int.*, 1913, p. 190-191 o ancora quello del *Manouba*, ivi, pp. 194 e 196.

([148]) *RSA*, vol. VII, p. 32 e ss.

In diritto internazionale, la responsabilità internazionale non opera, *sic et simpliciter*, automaticamente a favore di tutti i soggetti dell'ordinamento internazionale. Ciò è dovuto a ragioni storiche, in virtù del fatto che la società internazionale "classica" del XVI secolo era composta esclusivamente da Stati e dunque, a quei tempi, *la responsabilità internazionale rimaneva un affare tra Stati*. Ogni danno era imputabile allo Stato, viceversa, anche la vittima era sempre uno Stato. Se, invece, la vittima era un soggetto privato o se il danno comportava la lesione di interessi privati, non vi era alcun rimedio a meno che la vittima non ottenesse la *protezione diplomatica* da parte del proprio Stato nazionale il quale, a questo punto, elevava la questione a livello interstatale contro lo Stato autore dell'illecito.

108. Un sistema superato. — Come sappiamo (*supra*, Cap. I), lo "schermo statale" gravante sulle attività e sui diritti soggettivi dei privati è stato onnipresente fino alla fine della prima guerra mondiale. Da allora in poi, ha cominciato a liquefarsi, mano a mano che gli individui hanno cominciato ad essere considerati alla stregua di soggetti di diritto internazionale. A tale proposito, un collegio arbitrale ICSID, pur riconoscendo l'importanza della protezione diplomatica in un'epoca in cui solamente lo Stato aveva accesso ai diversi meccanismi di risoluzione delle controversie, ha osservato che, ai nostri giorni, quell'istituto viene invocato sempre più raramente nella prassi, dal momento che i soggetti privati possono rivolgersi direttamente a giudici od arbitri internazionali per far valere i propri diritti nei confronti degli Stati (149).

A — *Lesione di un diritto di uno Stato o di una OIG*

109. Mezzi per far valere la responsabilità. Rinvio. — Se lo Stato responsabile rifiuta di effettuare la riparazione, lo Stato leso ha l'obbligo di esperire, anzitutto, i mezzi ordinari di soluzione pacifica della controversia. Sia ciascuno Stato che le OIG hanno a loro disposizione molteplici procedimenti a carattere diplomatico e giurisdizionale per assicurare il rispetto dei loro diritti internazionalmente protetti nel caso in cui questi vengano violati da un altro Stato o OIG (v. *infra*, Parte IV).

B — *Quando la vittima è un soggetto privato*

110. La protezione dell'individuo e il suo diritto di azione diretta sul piano internazionale. Rinvio. — In linea generale, qualora a causa della violazione di una norma internazionale da parte di uno Stato o di una OIG, un soggetto privato subisca un pregiudizio, questi potrà *ottenere* una riparazione agendo direttamente dinanzi a tribunali internazionali solo a titolo eccezionale pur se col passare dei decenni aumenta l'accesso dell'individuo a meccanismi di soluzione delle controversie transnazionali (150). Tradizionalmente, infatti, il contenzioso internazionale doveva — ed in parte ancor oggi deve — essere gestito dallo Stato di nazionalità della vittima privata attraverso l'esercizio della "protezione diplomatica" (1). Successivamente, a partire dalla metà del secolo scorso si è ammesso che anche una OIG possa esercitare la propria "protezione funzionale" a beneficio dei suoi agenti (2). Infine, come si è più volte osservato e come si vedrà nel seguito, oggi si manifesta una crescente tendenza

---

(149) Sentenza *Corn Products international v. Messico* del 15 gennaio 2008, punti 170-173.

(150) La violazione di interessi privati "stranieri" costituisce il più grande indice dei contenziosi internazionali; per un'analisi chiara, v. R.B. Lillich, *International Law of State Responsibility for Injuries to Aliens*, ed. University Press of Virginia, 1983.

ad accordare all'individuo un "diritto di azione diretta", senza passare necessariamente per la "protezione diplomatica" del proprio Stato (3).

1. — La protezione diplomatica

a) *Un diritto dello Stato di cui la vittima-soggetto privato è cittadino*

111. Nozione e rilevanza pratica. Finzione giuridica. — Secondo il diritto internazionale generale, il pregiudizio causato da una violazione del diritto internazionale e subìto da un soggetto privato, non attribuisce automaticamente a quest'ultimo il diritto di ottenere una riparazione internazionale da un altro Stato.

Infatti, come già scrisse Vattel, "chiunque maltratti il cittadino di un altro Stato offende indirettamente quello Stato" ([151]). Ed allora, è lo Stato di cittadinanza ad intraprendere nei confronti dello Stato offensore gli atti volti ad ottenere che quest'ultimo accordi al proprio cittadino un trattamento conforme al diritto internazionale o ripari il danno derivante dalla violazione delle norme medesime, attraverso l'istituto della *protezione diplomatica* (***diplomatic protection***) ([152]).

In proposito, la CDI ha adottato nel **2006** un ***Progetto di articoli sulla protezione diplomatica*** di cui, ancora una volta, l'Assemblea Generale ONU ha preso atto ([153]) e che, forse, in futuro, permetteranno di avviare una conferenza internazionale di codificazione delle norme in materia. Così, l'art. 1 del Progetto di articoli sulla Protezione diplomatica indica, attraverso una formula che la CIG ha considerato riflettere il diritto consuetudinario ([154]), che:

> "diplomatic protection consists of the invocation by a State, through diplomatic action or other means of peaceful settlement of the responsibility of another State for an injury caused by an internationally wrongful act of that State to a natural or legal person that is a national of the former State with a view of the implementation of such responsibility" ([155]).

Per quanto riguarda la natura giuridica di tale istituto del diritto internazionale, è pacifico in giurisprudenza (internazionale ed interna) che *lo Stato, nell'esercitare la protezione diplomatica a favore di un proprio cittadino*, pone in essere un *diritto proprio e non un diritto del cittadino per la cui protezione agisce.*

La prassi in materia si alimenta anche di una copiosa elaborazione giurisprudenziale da parte di collegi arbitrali costituiti per la risoluzione delle controversie circa

---

([151]) E. De Vattel, *Le droit des gens*, II, Cap. VI, 1758, p. 309, § 71: "Quiconque maltraite un Citoyen offense indirectement l'Etat, qui doit protéger ce citoyen. Le Souverain de celui-ci doit venger son injure, obliger, s'il le peut, l'agresseur à une entière réparation, ou le punir".

([152]) C. De Visscher, "La protection diplomatique des personnes morales", in *RCADI*, 1961, vol. 102, p. 446; M. Diez de Velasco, "La protection diplomatique des sociétés e des actionnaires", in *RCADI*, 1974-1, vol. 141, p. 87; V. Lowe, "Shareholders rights to control and manage: from Barcelona traction to ELSI", in *Mélanges S. Oda*, 202, p. 269; *Oppenheim's International Law*, cit., p. 511 ss.; J. Crawford, *State Responsibility*, cit., p. 567 ss.; J.F. Flauss (dir.), "La protection diplomatique. Mutations contemporaines et pratiques nationales", Bruxelles, Bruyant, 2003; *Brownlies' Principles of International Law*, cit., p. 607 ss.. V. anche i rapporti della CDI nel relativo sito internet.

([153]) Ris. 18 dicembre 2006, n. 61/35. Cfr, J. Crawford, "The International Law Commission's Articles on Diplomatic Protection Revisited", in *Essays in honor of J. Dugard*, Leiden, Brill-Nijhoff, 2017, p. 135-171.

([154]) Così nel caso *Diallo*, precitato, eccezioni preliminari, *ICJ Reports*, 2007, p. 599.

([155]) Art. 1 del precitato Progetto CDI sulla protezione diplomatica del 2006. Il testo viene qui indicato nella versione originale inglese.

l'applicazione di trattati bilaterali o multilaterali in materia di investimenti diretti esteri. Pertanto, tale materia è di rilevante interesse pratico anche per i contenziosi arbitrali transnazionali.

112. La formulazione tradizionale dell'istituto della protezione diplomatica nel caso delle concessioni *Mavrommatis* (1924). — Nel *caso Mavrommatis*, la Grecia chiedeva una riparazione alla Gran Bretagna per la violazione dei diritti di un suo cittadino in Palestina, all'epoca sotto mandato britannico. I fatti all'origine della controversia erano in estrema sintesi i seguenti: Mavrommatis aveva stipulato diversi contratti con la Sublime Porta (Impero Ottomano) per la concessione di appalti pubblici da eseguire in Palestina. Alla fine della prima guerra mondiale, a causa dello smembramento dell'Impero Ottomano, la Palestina veniva posta sotto mandato britannico e queste ultime autorità cominciarono a contestare i diritti di Mavrommatis che, di conseguenza chiedeva al proprio Stato di cittadinanza, la Grecia, l'esercizio della protezione diplomatica. Iniziata la controversia dinanzi alla CPGI, la Corte, accogliendo la tesi della Grecia, osservava che:

"Una controversia è un disaccordo su un punto di diritto o di fatto, una contraddizione, un'opposizione di tesi giuridiche o di interessi fra due soggetti. Ora, tale è certamente il carattere della controversia che divide attualmente la Gran Bretagna e la Grecia. Quest'ultima Potenza fa valere il proprio diritto a che il suo cittadino, M. Mavrommatis, che sarebbe stato trattato dalle autorità palestinesi o britanniche in modo contrario ad alcuni obblighi internazionali, il cui rispetto si imponeva, ottenga a tale titolo un indennizzo dal Governo di Sua Maesta britannica".

Successivamente, la Corte illustrava l'istituto della protezione diplomatica con queste parole:

"È un principio elementare *del diritto internazionale quello che autorizza uno Stato a proteggere i propri cittadini, lesi da atti contrari al diritto internazionale commessi da un altro Stato, dal quale non abbiano potuto avere soddisfazione tramite le vie ordinarie. Facendosi carico della causa di uno dei suoi cittadini, ricorrendo in suo favore all'azione diplomatica o a procedimenti giudiziari internazionali, tale Stato, in verità, fa valere un diritto suo proprio, il diritto che ha di far rispettare, nella persona dei suoi cittadini, il diritto internazionale*" ([156]).

La lettura di questo celebre passo della CPGI consente agli operatori del diritto di trarne tutte le conseguenze operative per la soluzione dei casi pratici con le precisazioni che seguiranno dappresso.

113. Una giurisprudenza consolidata. — Dal caso *Mavrommatis* in poi, l'orientamento delle Corti dell'Aia si è consolidato. Venne ribadito, ad esempio, nel *caso dei prestiti serbi e brasiliani* ([157]) del 1929 ed ancora nell'affare *della Ferrovia di Panevezys-Saldutiskis* del 1939 ([158]).

La CIG, a propria volta, confermò la giurisprudenza della CPGI, ad esempio, *nel caso Nottebohm* ([159]) o nel *caso della Barcelona Traction* ([160]), ove aggiunse alcune precisazioni:

([156]) CPGI, (eccezioni preliminari), 30 agosto 1924, A/2, p. 12. Corsivo aggiunto.
([157]) Serie A, p. 20 e 21.
([158]) Serie A/B, n. 76, p. 16.
([159]) *Rec.*, 1955, p. 24.
([160]) CIG, *Rec.*, 1970, punto 37.

"[l]a protezione diplomatica concerne un settore molto delicato delle relazioni internazionali dal momento che l'interesse di uno Stato straniero a proteggere i suoi cittadini confligge con i diritti del sovrano territoriale, fatto del quale il diritto generale in materia ha dovuto tener conto al fine di evitare gli abusi e le frizioni. Strettamente legata, sin dalla sua origine, al commercio internazionale, la protezione diplomatica ha particolarmente risentito dello sviluppo delle relazioni economiche internazionali così come delle trasformazioni profonde che si sono verificate nella vita economica delle Nazioni".

Alla luce delle suddette premesse, la CIG pervenne a queste importanti conclusioni:

"nei limiti fissati dal diritto internazionale, *uno Stato può esercitare la sua protezione diplomatica con i mezzi e nella misura che ritiene opportuni, dal momento che è un proprio diritto che fa valere*. Se le persone fisiche o giuridiche per conto delle quali lo Stato agisce ritengono che i loro diritti non siano sufficientemente protetti, esse restano senza rimedi in diritto internazionale. Al fine di difendere la loro causa e di ottenere giustizia, esse non possono che far appello al diritto interno, se quest'ultimo gliene offre i mezzi. Il legislatore nazionale può imporre allo Stato l'obbligo di proteggere i suoi cittadini all'estero. Può anche accordare ai cittadini il diritto di esigere che tale obbligo sia rispettato e di accompagnare tale diritto da sanzioni. *Ma tutte queste questioni restano nell'ambito del diritto interno e non modificano la situazione sul piano internazionale.*

79. — *Lo Stato deve essere ritenuto il solo giudice se accorderà la sua protezione, in quale misura lo farà e quando vi metterà fine*. Esso possiede a tale riguardo un potere discrezionale il cui esercizio può dipendere da considerazioni, in particolare di ordine politico, estranee al caso di specie. Dato che la sua domanda non è identica a quella del singolo o della società della cui causa si fa carico, lo Stato gode di una libertà d'azione totale. Quali che siano i motivi di un cambiamento di atteggiamento da parte sua, tale fatto non può in se giustificare l'esercizio della protezione diplomatica ad opera di un altro governo, a meno che non vi sia al riguardo un fondamento distinto e valido.

80. — Non si può ritenere che ciò equivalga a creare una situazione in cui la violazione del diritto resta senza rimedio, e cioè una situazione di vuoto giuridico. I titolari di diritti non sono in alcun modo obbligati ad esercitarli. Accade talvolta che nessun rimedio venga sollecitato nonostante siano stati lesi dei diritti. Dire che si crea così un vuoto sarebbe assimilare un diritto ad un obbligo" ([161]).

Gli sviluppi più recenti dell'istituto dimostrano, altresì, una sempre maggiore rilevanza della tutela dei diritti umani, valorizzando una valutazione effettiva degli interessi di natura individuale, che sono stati in passato in larga misura ignorati, o comunque subordinati agli interessi dello Stato nazionale ([162]). A riprova di ciò, e sia pure in un *obiter dictum*, la CIG nel ***caso Diallo*** ha osservato che:

"La protezione diplomatica, originariamente limitata alle asserite violazioni dello *standard* minimo di trattamento degli stranieri, si è in seguito ampliata fino ad includere, tra l'altro, i diritti umani internazionalmente protetti" ([163]).

([161]) Sent. cit., punti 78-80. Corsivo aggiunto.

([162]) Gli interessi dell'individuo sono venuti in rilievo nei recenti lavori della CDI, non solo, attraverso la predisposizione di disposizioni finalizzate ad una maggiore tutela delle situazioni giuridiche individuali, ma anche eliminando dal Progetto di articoli alcune disposizioni ritenute in contrasto con una protezione adeguata degli interessi dell'individuo. In arg. v. ad es. P. Pustorino, "Recenti sviluppi in materia di protezione diplomatica", in *Riv. dir. int.*, 2006, p. 68 ss.

([163]) CIG, 24 maggio 2007, *Ahmadou Sadio Diallo, Rep. of Guinea c. Rep. democratica del Congo*, (eccezioni preliminari), punto 39.

114. Un approccio confermato dalla giurisprudenza interna. — La giurisprudenza interna — sia italiana che di vari altri Stati — appare in linea con quella internazionale, seppur con qualche oscillazione ([164]).

In proposito, va segnalato il contrasto giurisprudenziale recentemente creatosi tra il Consiglio di Stato e la Cassazione in merito al ***caso della Soc. "Il tuo viaggio".***

Detta società ("Il Tuo Viaggio s.r.l.") si era rivolta al Consiglio di Stato per ottenere la riforma della sentenza del TAR Lazio, sezione Prima, n. 7278 del 207 la quale aveva respinto il ricorso proposto in primo grado "per ottenere il risarcimento del danno subito per la mancata realizzazione del collegamento marittimo tra Italia e Marocco". La ricorrente, in particolare, pur imputando la mancata realizzazione del progetto di realizzare un collegamento marittimo tra l'Italia ed il Marocco all'atteggiamento ostile delle Autorità marocchine, sosteneva dinanzi al TAR la concorrente responsabilità delle Autorità italiane per non avere posto in essere misure sufficienti per dare effettiva attuazione alla L. n. 433/1985, di ratifica dell'accordo in materia di marina mercantile tra i due Stati.

La medesima società sosteneva che lo Stato italiano, in particolare, non avrebbe preteso dallo Stato marocchino il rispetto del principio di reciprocità (sancito dal predetto accordo internazionale), omettendo di attivarsi per far cessare il comportamento discriminatorio posto in essere dallo Stato marocchino.

Inoltre, la società lamentava l'illegittima azione dello Stato italiano che si sarebbe concretizzata nella mancata convocazione della Commissione mista (italo-marocchina) al fine di risolvere le problematiche sorte nel caso di specie in merito alla realizzazione del progetto di collegamento marittimo cui il presente contenzioso si riferisce.

Per tali ragioni, detta società chiedeva il risarcimento del danno subito per aver dovuto interrompere la sua attività relativa al collegamento marittimo con navi traghetto tra l'Italia e il Marocco.

Il **Consiglio di Stato**, con sentenza del 24 dicembre 2009, n. 8719, rigettava il ricorso indicando, tra le altre, le seguenti motivazioni:

"Come è noto, se uno Stato non rispetta le norme sul trattamento degli stranieri (anche norme fissate in convenzioni internazionali come quella richiamate dall'odierna appellante) compie un illecito internazionale nei confronti dello Stato al quale lo straniero appartiene. Lo Stato dello straniero "maltrattato" (nella fattispecie, appunto, lo Stato italiano) può allora esercitare la protezione diplomatica, ossia assumere la difesa del proprio cittadino sul piano internazionale, adottando le contromisure necessarie al fine di far cessare la violazione.

6. *Dal punto di vista del diritto interno, tuttavia, come la giurisprudenza ha più volte affermato, il Governo non è obbligato, nei confronti del cittadino che la invoca, ad esercitare la protezione diplomatica contro lo Stato straniero. Gli atti compiuti da uno Stato nel regolamento delle relazioni internazionali sono infatti atti politici e, come tali, sottratti al sindacato giurisdizionale, sia ordinario che amministrativo* (cfr. Cass. SS.UU. 8 ottobre 1965, n. 2088; Cass. SS.UU. 12 luglio 1968, n. 2452).

Deve, quindi, escludersi che il cittadino possa pretendere il risarcimento del danno per il mancato esercizio della c.d. protezione diplomatica.

7. Già queste considerazioni valgono ad evidenziare l'infondatezza della pretesa risarcitoria fatta valere dall'odierna ricorrente. *Deve, tuttavia, ancora evidenziarsi che, in ogni caso, la c.d. protezione diplomatica è subordinata, secondo principi pacifici di diritto internazionale, al previo esaurimento dei ricorsi interni*: finché tali rimedi esistono, e quindi lo Stato ha la possibilità di eliminare l'azione illecita o di fornire allo straniero leso una adeguata riparazione, le norme sul trattamento dello straniero non possono nemmeno ritenersi violate.

([164]) S. Bariatti, "Protezione diplomatica", in *Dig. pubb.*, 1997, vol. XII, 144; G. Battaglini, "Protezione diplomatica", in *Enc. giur. Treccani*, 1991, vol. XXV; R. Sapienza, "Protezione diplomatica", in *Enc. dir.*, Milano, 2007, vol. XII, p. 380.

Questo rilievo conferma l'infondatezza della domanda risarcitoria atteso che nella fattispecie non risultano esperiti i rimedi interni allo Stato marocchino" ([165]).

La posizione del Consiglio di Stato, pur essendo sfavorevole alla tutela della società privata, appare perfettamente in linea con la consolidata giurisprudenza internazionale e con quella interna di molti altri Paesi.

Senonché, questa sentenza venne impugnata dinanzi alla **Cassazione**, la quale, pronunciandosi a sezioni unite, nel 2011, cassava la sentenza del Consiglio di Stato. Secondo la Suprema Corte:

"4.1. Correttamente e condivisibilmente evidenzia, pertanto, il ricorrente come il diniego assoluto di giurisdizione *in subiecta materia* si risolva nell'illegittimo diniego della sussistenza *tout court* di qualsivoglia posizione soggettiva giuridicamente tutelata rispetto al mancato esercizio dei poteri attribuiti alle Amministrazioni dello Stato dalla L. n. 433 del 1985 e dalla L. n. 69 del 1987: onde la irredimibile violazione degli artt. 24 e 113 della Carta fondamentale.

4.2 Censurabile risulta dunque la sentenza impugnata nella parte in cui ha ritenuto di qualificare la posizione giuridica soggettiva fatta valere dal ricorrente con riferimento all'istituto della protezione diplomatica — che, secondo la definizione contenuta nell'art. 1 del relativo progetto adottato dalla Commissione del Diritto internazionale (e fatta propria dalla Corte Internazionale di Giustizia con la sentenza 24 maggio 2007, *Sadio Diallo*), consiste nella contestazione da parte di uno Stato (attraverso un'attività diplomatica o altri mezzi di risoluzione delle controversie) della responsabilità di altro Stato per un danno causato da un fatto illecito (sul piano internazionale) ad una persona fisica o giuridica che abbia la nazionalità del primo Stato al fine di attivare consequenzialmente tale responsabilità — opinando che l'esercizio dei poteri di cui alla L. n. 69 del 1987, art. 1, potesse ascriversi ad una incensurabile attività di politica estera sottratta integralmente al vaglio della giurisdizione: così omettendo del tutto di considerare che i poteri in discorso (dapprima attribuiti al Ministero della marina mercantile, poi trasferiti a quello delle infrastrutture e dei trasporti) sono esercitati, su proposta (non di un organo politico, bensì) di una Commissione tecnica al fine di difendere la marina mercantile nazionale e di disciplinare i traffici commerciali marittimi per la tutela dell'interesse nazionale, poteri il cui contenuto esula del tutto dal novero degli atti politici *stricto sensu*, trattandosi viceversa di atti di (alta) amministrazione rientranti nell'esercizio di una più specifica politica marittimo-mercantile nazionale.

5. In ordine all'illegittimo esercizio — ovvero, come nella specie, al mancato esercizio di tali poteri — *sussistono, pertanto, inalienabili posizioni soggettive di interesse legittimo* (assimilabili alle *legitimate expectations* previste e tutelate in Common Law in ordine all'esercizio di poteri derivanti, come nella specie, dal diritto internazionale consuetudinario), *rispetto alle quali si pone al di fuori dei limiti (negativi) della* potestas iudicandi *dell'organo di giustizia amministrativa il diniego assoluto di tutela giurisdizionale che, viceversa, attesa la già rilevata consistenza giuridica delle predette posizioni, deve ritenersi devoluta a quell'autorità giudiziaria*" ([166]).

Pertanto, facendo intravedere un mutamento della tradizionale giurisprudenza in favore dei soggetti privati ([167]), la Cassazione, nel caso di specie, ha precisato che l'istanza presentata da una società di navigazione marittima, avente ad oggetto la tutela dei propri interessi commerciali ritenuti lesi dal comportamento di uno Stato straniero, non va — o non va più! — analizzata nell'ambito dell'istituto della protezione diplomatica, il quale, per l'appunto, costituisce esercizio di un atto discrezionale di politica estera sottratto a qualsivoglia controllo giurisdizionale. Quel tipo di istanza va, invece, considerata come esercizio di un interesse legittimo all'attivazione di un procedimento amministrativo, regolamentato dalla legislazione

---

([165]) C. Stato, sez. VI, 24 dicembre 2009, n. 8719, in *Riv. dir. int.*, 2010, p. 1280.

([166]) Cass. civ., sez. un., 19 ottobre 2011, n. 21581, in *Riv. dir. int.*, 2012, p. 258. Corsivo aggiunto.

([167]) In senso conforme v. J.F. Flauss, "Les contentieux des décisions de refus d'exercise de la protection diplomatique", RGDIP, 2005, pp. 407-419; P. Pustorino, "Protezione diplomatica e interesse legittimo dell'individuo", in *Riv. dir. int.*, 2012, p. 156 ss..

italiana e quindi sottoposto a sindacato giurisdizionale. È presto per generalizzare tale soluzione al di là delle circostanze del caso di specie ma si tratta, senza dubbio, di una soluzione innovativa tesa a favorire i diritti dei soggetti privati.

La pronuncia della Cassazione italiana non è, come dimostra la precitata sentenza, completamente isolata e riecheggia la giurisprudenza inglese, la quale nel caso *Abbasi*, ha parlato di un *legal entitlement* dell'individuo, una "legittima aspettativa a che se, vittime all'estero di una violazione di un diritto fondamentale, il governo britannico non se ne lavi le mani abbandonandoli al loro destino" ([168]). Ma nel caso *Abbasi* si trattava di violazione dei diritti umani di un cittadino e non di un problema di natura commerciale di una s.r.l. come nel caso deciso dalla Cassazione italiana.

Il suddetto orientamento appare consolidato nella giurisprudenza amministrativa successiva. Così, ad es., il **TAR Lazio** ha recentemente ribadito che:

"assumendo l'istituto della c.d. *protezione diplomatica* valore di atto politico, risulta come tale sottratto *tout court* a qualsivoglia sindacato giurisdizionale, sia ordinario che amministrativo, in quanto espressione della funzione di direzione politica dell'ordinamento. Infatti, deve ritenersi che "*La qualificazione di un atto come politico è condizionata alla compresenza di due requisiti: il primo a carattere soggettivo, consistente nel promanare l'atto da un organo preposto all'indirizzo e alla direzione della cosa pubblica al massimo livello; il secondo a carattere oggettivo, consistente nell'essere l'atto libero nei fini perché riconducibile alle supreme scelte in materia di costituzione, salvaguardia e funzionamento dei pubblici poteri*" (Consiglio di Stato sez. IV 29 febbraio 2016 n. 808)".

Pertanto:

"dalla qualificazione della protezione diplomatica come atto politico deriva l'inesistenza di posizioni giuridicamente rilevanti azionabili a sostegno del silenzio — rifiuto e la connessa quanto consequenziale insindacabilità dell'atto, dato il carattere massimamente discrezionale nell'*an* e nel *quomodo*" ([169]).

115. Due *caveat*. — In relazione alle considerazioni appena presentate, ne deriva che, dal punto di vista dei soggetti privati, l'istituto della protezione diplomatica può rivelarsi ***ingiusto***. In effetti, in base al diritto internazionale generale, abbiamo visto che lo Stato non è tenuto ad esercitare la protezione diplomatica ogniqualvolta si sia avuta violazione delle norme relative al trattamento dei suoi cittadini all'estero. Al contrario, spetta allo Stato decidere, nell'esercizio della propria discrezionalità politica e quindi in base a ragioni di convenienza, se esso intenda o meno esercitarla in una determinata fattispecie concreta. Inoltre, spetta sempre allo Stato protettore e non al privato cittadino di ritenere sufficiente o meno la riparazione offerta ([170]). Addirittura,

---

([168]) UK Court of Appeal, *Abbasi v. Secretary of State for Foreign and Commonwealth Affairs*, 6 novembre 2002, in UK Human rights report, 2003, v. 76.

([169]) T.A.R. Roma, (Lazio), sez. III, 4 dicembre 2017, n. 11955, in *Foro amm.*, 2017, 12, 2467.

([170]) Cfr., fra gli altri, Pisillo Mazzeschi, "International Obligation to Provide for Reparation Claims?", in *State Reponsibility and the Individual: Reparation in Instances of Grave Violations of Human Rights*, a cura di Randelzhofer e Tomuschat, The Hague, London, Boston, 1999, p. 149 ss.; Id., "Reparation Claims by Individuals for State Breaches of Humanitarian Law and Human Rights: An Overview", in *Journal of Int. Criminal Justice*, 2003, p. 339 ss.; Weiss, "Invoking State Responsibility in the Twenty-first Century", in *AJIL*, 2002, p. 809 ss.; Dominicé, "La prétention de la personne privée dans le système de la responsabilité internationale des États", in *Studi Arangio-Ruiz*, II, Napoli, 2004, p. 729 ss. Sull'esistenza di diritti individuali alla riparazione dei danni prodotti nell'ipotesi di *crimini* commessi da uno Stato si veda inoltre il *Report to the Secretary-General*, approvato dalla Commissione d'inchiesta sul Darfur del 25

lo Stato protettore, se riceve un'indennità a titolo di riparazione del pregiudizio che esso ha subito nella persona del suo cittadino, non è tenuto a versarla alla vittima.

Così, uno Stato può concludere un accordo internazionale che non soddisfi affatto i suoi cittadini, come dimostra l'esempio dell'indennizzo dei portatori francesi di titoli russi, negoziato dalla Francia e formalizzatosi nell'accordo di compensazione globale concluso con la Russia nel 1998: qui, la Francia ha rinunciato al pagamento del 99% del valore dei titoli con enorme sacrificio dei diritti patrimoniali delle persone fisiche e giuridiche portatrici dei titoli russi ([171]).

Secondo *caveat*: la facoltà di protezione diplomatica di cui dispongono gli Stati ai sensi del diritto internazionale, può rivelarsi persino ***pericolosa*** nelle relazioni internazionali, nella misura in cui può essere usata dallo Stato leso come pretesto per intervenire negli affari interni dello Stato autore del fatto illecito. Tale fu la ragione per la quale, in passato, numerosi Stati in via di sviluppo hanno protestato — a cominciare dai Paesi dell'America latina ed a partire dal XIX secolo — contro una certa strumentalizzazione della protezione diplomatica.

Fatte queste opportune considerazioni, resta il fatto che, pur se in passato si sono verificati fenomeni di ***abuso della protezione diplomatica*** da parte degli Stati più potenti, non si può sottacere *l'aspetto positivo dell'istituto* giacché, se correttamente usato, costituisce uno strumento deflattivo dei contenziosi internazionali. Pur in presenza di rischi di diniego di giustizia per i privati, è indubbio che le condizioni limitative dell'esercizio della protezione diplomatica servono anche come una sorta di "filtro" statale al fine di promuovere solo i reclami più seri e giuridicamente fondati prima di agitare la vita di relazione internazionale.

b) *Le condizioni d'esercizio della protezione diplomatica*

116. Due condizioni necessarie. — Esistono due condizioni fondamentali all'esercizio della protezione diplomatica per mezzo dello Stato: la prima riguarda la *nazionalità della vittima* (i) e la seconda la sua *condotta* (ii).

i. Occorre la cittadinanza dello Stato che esercita la protezione diplomatica

117. Legame di cittadinanza. — L'esercizio della protezione diplomatica deve avvenire ad opera dello Stato di cui un individuo ha la cittadinanza.

Tale principio generale venne chiaramente posto dalla CPGI nella già citata sentenza del 23 febbraio 1939 relativa all'*affare delle ferrovie Panevezys-Salutiskis*. Qui, la Corte aveva precisato che:

> "Questo diritto [di esercitare la protezione diplomatica] può essere esercitato solo nei confronti di un proprio cittadino, poiché, in assenza di accordi particolari, è il legame di cittadinanza tra lo Stato e l'individuo che da solo riserva allo Stato il diritto della protezione diplomatica" ([172]).

---

gennaio 2005 (parr. 597-598), sulla base della ris. 1564 del 18 settembre 2004 adottata dal Consiglio di sicurezza ONU.

([171]) Sulla vicenda v. i riferimenti in P. JUILLARD, B. STERN, *Les emprunts russes. Aspects juridiques*, Paris, Pedone, 2002.

([172]) Serie A/B, n. 76, p. 16.

A) *La protezione diplomatica delle persone fisiche*

118. Una protezione dei cittadini dello Stato. — *L'esercizio della protezione diplomatica spetta allo Stato di cui l'individuo ha la cittadinanza.* Per gli *apolidi*, non v'è quindi, logicamente, protezione diplomatica, pur se si inizia ad ammettere che possa bastare la residenza nello Stato che la esercita.

Così, nel *caso delle proprietà religiose in Portogallo* relativo ad un contenzioso tra, da un lato, la Francia, la Spagna e la Gran Bretagna e, dall'altro, il Portogallo, la CPA concluse che a questi tre Stati spettava solo di proteggere i propri cittadini i cui beni erano stati espropriati da parte del Portogallo, escludendo quindi i cittadini di Stati terzi ([173]).

119. Necessità di una cittadinanza effettiva. — La protezione diplomatica a favore di un dato cittadino non può essere esercitata nei confronti di un altro Stato che possa, in base al diritto internazionale, rivendicare l'individuo medesimo come proprio cittadino. Infatti, tra due Stati che pretendono di esercitare la protezione diplomatica a favore di uno stesso individuo nei confronti di uno Stato terzo, *prevale lo Stato al quale l'individuo è legato da un rapporto di cittadinanza effettiva* ([174]).

120. Cittadinanza effettiva ed opponibilità internazionale. — Per diritto consuetudinario, la cittadinanza deve essere "effettiva" per essere internazionalmente opponibile ad uno Stato nei confronti del quale un altro Stato pretenda di esercitare la sua protezione diplomatica. Tale concetto, lo si ricorderà, venne precisato nel celebre ***caso Nottebohm*** del 1955. Nel caso di specie, infatti, la CIG concluse che la cittadinanza formalmente concessa dal Liechtenstein al sig. Nottebohm (tedesco di origine) non era effettiva e dunque non era opponibile al Guatemala. Pertanto, trattandosi di un legame di cittadinanza meramente "fittizio", il Liechtenstein non poteva esercitare la propria protezione diplomatica a favore di Nottebohm nei confronti del Guatemala.

121. Casi di pluricittadinanza. — *L'individuo leso non deve possedere contemporaneamente la cittadinanza dello Stato protettore e quella dello Stato offensore.*

Il principio venne enunciato nel ***caso Canevaro*** deciso tramite una sentenza arbitrale della CPA al termine di una controversia tra l'Italia ed il Perù.

I fatti all'origine della controversia erano, in estrema sintesi, i seguenti. Il Governo peruviano aveva promulgato un decreto con il quale aveva emesso dei buoni di pagamento a favore della società "José Canevaro e figli". Tali buoni non erano stati pagati alle scadenze pattuite e, dopo lo scioglimento della società e la morte del fondatore, gli eredi di cittadinanza italiana erano entrati in possesso dei buoni di pagamento. Il Governo italiano agiva in protezione diplomatica in favore degli eredi presentando al Perù un reclamo con cui si intimava il pagamento. La questione approdava alla CPA in virtù di un compromesso arbitrale concluso tra i due Stati ed il Perù, in particolare, contestava la cittadinanza italiana di uno degli eredi, Raffaele Canevaro, al fine di precludere all'Italia la facoltà di esercitare la protezione diplomatica nei suoi confronti.

([173]) Sentenza del 2 settembre 1920, in *RSA*, vol. I, p. 7 e ss.

([174]) In dottrina cfr. già Balladore Pallieri, "La determinazione internazionale della cittadinanza ai fini dell'esercizio della protezione diplomatica", in *Studi T. Perassi*, 1957, II, p. 113 ss.; Durante, "Doppia o plurima cittadinanza nella protezione diplomatica", ivi, p. 111 ss. Tra la letteratura più recente cfr. *Brownlies' Principles of Public International Law*, cit., p. 609 s.

A conclusione del procedimento, la CPA accoglieva la tesi del Perù considerando che, per quanto riguarda Raffaele Canevaro, "la legislazione italiana...gli attribuisce la cittadinanza italiana in quanto nato da padre italiano" ma "[c]onsiderato che di fatto Raffaele Canevaro ha in più occasioni agito come cittadino peruviano, sia presentandosi come candidato al Senato, dove non sono ammessi che cittadini peruviani e dove egli si è recato per promuovere la sua elezione, sia soprattutto accettando l'ufficio di Console Generale dei Paesi Bassi, dopo aver sollecitato l'autorizzazione del Governo e poi del Congresso peruviano", ne seguiva che, in tali circostanze, "quale che possa essere la condizione di Raffaele Canevaro in Italia dal punto di vista della sua cittadinanza, il Governo del Perù ha il diritto di considerarlo cittadino peruviano e di negargli la qualità di attore di cittadinanza italiana" (175).

In altre parole, il diritto internazionale predilige l'effettività ai collezionisti di passaporti e al trasformismo di certi individui...

Un ridimensionamento dei principi di cui sopra si ritrova nel *caso Florence Mergé*, del 10 giugno 1955, ove la Commissione di conciliazione italo-statunitense ha indicato che:

> "Il principio fondato sull'uguaglianza sovrana degli Stati, che esclude la protezione diplomatica in caso di doppia nazionalità, deve "cedere" dinanzi il principio di cittadinanza effettiva, ogni qualvolta quest'ultima cittadinanza sia quella dello Stato protettore. Ma non deve "cedere" quando questa predominanza non sia provata" (176).

Una simile precisazione si ritrova all'art. 7 del Progetto CDI sulla protezione diplomatica del 2006 laddove viene previsto che, in caso di doppia nazionalità (dello Stato protettore e di quello offensore), "[a] State of nationality may not exercise diplomatic protection in respect of a person against a State of which that person is also a national unless the nationality of the former State is predominant, both at the date of injury and at the date of the official presentation of the claim". Si ricollega dunque l'analisi fattuale a quella temporale.

Alla luce delle considerazioni appena presentate, si comprende la portata innovativa, in un contesto internazionale-regionale, delle regole di cui all'art. 23 TFUE.

Per effetto delle norme di diritto UE, come abbiamo già indicato, diviene possibile l'esercizio della protezione diplomatica anche da parte di uno Stato UE *diverso* da quello di cittadinanza dell'individuo, quale effetto del mero possesso della cittadinanza UE (177). Per il momento, tuttavia, tale norma non ha dato luogo ad una prassi significativa.

122. Casi di cambiamento di cittadinanza. — Il mutamento di cittadinanza della vittima o dei suoi aventi diritto pone problemi particolarmente complessi. *La cittadinanza di un individuo, infatti, può essere presa in considerazione in momenti diversi*: *sia alla data in cui il danno si è verificato, sia alla data di conclusione di un eventuale*

(175) Sentenza del 3 maggio 1912, testo in *RGDIP*, 1913, pp. 328-333.

(176) Si veda *RSA* T. XIV, p. 239. Per applicazioni più recenti si veda: B. Leurent, "Problèmes soulevés par les demandes des doubles nationaux devant le Tribunal des différends irano-americain", in *RCDIP*, 1985, 273 e 477.

(177) V. art. 20, c. 2, TFUE ove si stabilisce che "I cittadini dell'Unione godono dei diritti e sono soggetti ai doveri previsti nei trattati. Essi hanno, tra l'altro:...c) il diritto di godere, nel territorio di un paese terzo nel quale lo Stato membro di cui hanno la cittadinanza non è rappresentato, della tutela delle autorità diplomatiche e consolari di qualsiasi Stato membro, alle stesse condizioni dei cittadini di detto Stato".

accordo tra Stati sulla questione, sia alla data della sentenza del tribunale (o collegio arbitrale) internazionale.

Nel secolo scorso, veniva adottato in modo rigoroso il principio della "continuità della cittadinanza". Ciò, come abbiamo indicato sopra, significava che una persona doveva possedere la medesima cittadinanza dall'inizio alla fine della protezione diplomatica: in pratica, fino alla data della sentenza del collegio giudicante (principio della **"continuità della cittadinanza")**.

Tuttavia, tale principio ha subito una certa erosione nel caso, già citato, delle "*vedove del Lusitania*" deciso, il 12 novembre 1923 ([178]), dalla Commissione mista tedesco-americana. Tale commissione, istituita in base ad un trattato tra i due Paesi, era incaricata di pronunciarsi sulle richieste statunitensi contro la Germania dopo l'entrata in guerra degli Stati Uniti. Il *Lusitania*, un transatlantico britannico affondato dalla marina tedesca, aveva a bordo un gran numero di cittadini americani. Qualche tempo dopo l'affondamento del transatlantico, alcune vedove delle persone decedute avevano acquistato un'altra cittadinanza. Potevano, dunque, gli Stati Uniti proteggere le "vedove del Lusitania" dato che non possedevano più la cittadinanza statunitense? In base ai principi tradizionali, la risposta era negativa. Tuttavia, in tale fattispecie, la Commissione ha ammesso la protezione diplomatica statunitense per quelle vedove che possedevano la cittadinanza americana al momento della firma del trattato tra gli Stati Uniti e la Germania dove s'istituiva la procedura di arbitrato.

Tale soluzione, sia pure non molto rigorosa, ci sembra più giusta, poiché è coerente con l'esigenza di protezione degli interessi delle vittime e dei loro successori.

B) *La protezione diplomatica delle persone giuridiche*

123. Premessa. — La protezione diplomatica può essere esercitata da uno Stato in favore di società commerciali dotate della personalità giuridica e della propria nazionalità. Qui, occorre considerare principalmente due aspetti: da un lato, quello della protezione della società in quanto ente, ossia come persona giuridica; dall'altro lato, la posizione degli azionisti di quella medesima società.

124. Il progressivo riconoscimento della protezione diplomatica a vantaggio di una società commerciale in quanto persona giuridica. — I criteri in base ai quali uno Stato può esercitare la protezione a favore delle persone giuridiche sono stati precisati grazie alla giurisprudenza internazionale a partire dalla seconda metà del XIX secolo ([179]). Ciò spiega perché alcuni criteri formali, quali il luogo di costituzione, la sede, il conferimento della personalità giuridica all'ente da parte di uno Stato, non sono ancora universalmente ed univocamente accettati per giustificare l'esercizio della protezione diplomatica, in quanto la *nazionalità di una persona giuridica* resta una questione diversa da quella *dell'individuazione della legge applicabile alla medesima* (c.d. *lex societatis*) ([180]).

Per contro, è oggi pacifico in diritto internazionale che la protezione diplomatica possa essere esercitata in favore di società commerciali.

([178]) *RSA*, vol. VII, p. 32 e ss.

([179]) Cfr. anche per una ricostruzione storica, G. Battaglini, *La protezione diplomatica delle società*, 1957, nonché A. Watts, "Nationality of Claims: Some Relevant Concepts", in V. Lowe (ed.), *Essays in Honour of Sir Robert Jennings*, Cambridge, CUP, 1996, pp. 424-39.

([180]) In arg. v. F. Marrella, *Manuale di diritto del commercio internazionale*, cit., ove riferimenti.

Tale principio è stato riconosciuto nel — già citato — *caso della Barcelona Traction* del 1970. Qui, la CIG ha indicato lapidariamente che: "quando si tratta di atti illeciti diretti contro una società a capitali stranieri, la regola generale di diritto internazionale autorizza soltanto lo Stato nazionale di tale società a formulare un reclamo" ([181]).

E poiché, aggiunge la CIG, non esiste un diritto internazionale generale delle società commerciali, ne segue necessariamente che "è a regole generalmente accettate nei sistemi di diritto interno i quali riconoscono la società per azioni il cui capitale è rappresentato da azioni e non al diritto interno di un determinato Stato che il diritto internazionale si riferisce".

Nella fattispecie, la Corte concluse che il Belgio non fosse legittimato ad esercitare la protezione diplomatica di tale s.p.a. nonostante il fatto che alcuni suoi cittadini ne avessero il pacchetto azionario di controllo. La CIG, nel rigettare il *criterio della cittadinanza della maggioranza dei soci della s.p.a.*, indicò che per determinare lo Stato di nazionalità dell'ente che fosse legittimato all'esercizio della protezione diplomatica, occorreva prendere in considerazione i criteri del *luogo di costituzione della società* (che è il criterio comunemente adottato dai Paesi di *Common Law*) e quello *dell'ubicazione della sede principale* (diffuso nei Paesi di Civil Law).

Alla luce di tali premesse, la Corte concluse che, nella fattispecie, solo il Canada fosse legittimato ad esercitare la protezione diplomatica della *Barcelona Traction*, nella misura in cui detta società aveva sede in quel Paese e possedeva la personalità giuridica di diritto canadese. Come abbiamo in precedenza notato, la regola così fissata in via giurisprudenziale per le persone giuridiche diverge da quella del "legame effettivo" fissata per la cittadinanza — e dunque per la protezione diplomatica — delle persone fisiche.

125. Il riconoscimento della protezione diplomatica degli azionisti tramite i BITs. — L'evoluzione della giurisprudenza internazionale a partire dalla seconda metà del XIX secolo, spiega anche come sia eccezionalmente consentito ad uno Stato di esercitare la protezione diplomatica a favore di singoli azionisti di una società commerciale — seppure quest'ultima sia munita di personalità giuridica e persino possieda una diversa cittadinanza rispetto ai propri soci — per il *pregiudizio subito in quanto azionisti* a causa dell'illecito commesso da un altro Stato a danno della società.

La protezione diplomatica degli *azionisti* di una società straniera venne esercitata per la prima volta, così ci sembra, nel *caso Ruden*, oggetto di un contenzioso tra gli Stati Uniti ed il Perù ([182]) per poi essere ammessa nel lodo arbitrale nel *caso della baia di Delagoa riguardante le ferrovie di Lourenço Marquès* del 29 marzo 1900 ([183]).

In seguito, si è fondata la tutela degli azionisti per trattato internazionale tramite il "sollevamento del velo societario" ([184]). Ma si tratta di regole a carattere eccezionale e pertanto è prematuro affermare che si sia formato un principio di diritto internazionale generale in tale materia.

Più recentemente, nel ***caso Diallo***, la CIG ha concluso che "dopo aver attentamente esaminato la prassi degli Stati e le pronunce delle Corti internazionali relative

---

([181]) *Rec.*, 1970, punto 88.

([182]) Sentenza del 28 febbraio 1870; v. il testo in La Pradelle et Politis, vol. II, pp. 589-593.

([183]) Berna, 1892-1900.

([184]) V. ad es. l'art. 297 *a*) del Trattato di Versailles o l'art. 78, § 4, *b*) del Trattato di pace con l'Italia del 1947.

alla protezione diplomatica degli azionisti", quest'ultima "non rivela" — almeno per il momento — "un'eccezione nel diritto internazionale consuetudinario che permetta la protezione per sostituzione, così come invocata dalla Guinea". La Corte ha dunque riaffermato che "è... la normale regola della nazionalità che disciplina la questione della protezione diplomatica" delle due società che, nel caso di specie, erano di nazionalità congolese ([185]).

Il *caso Diallo* appare, però, assai significativo dato che, nella fattispecie, Ahmadou Sadio Diallo, cittadino della Guinea residente da molto tempo nell'attuale Repubblica del Congo (RDC), era socio ed amministratore di due società commerciali regolarmente registrate in quest'ultimo Paese ed aveva nel tempo promosso una serie di azioni giudiziarie intese a recuperare dei crediti vantati nei confronti di società pubbliche congolesi. Diallo aveva, a più riprese, denunciato le illegittime ingerenze del Governo della RDC nell'amministrazione della giustizia, con il risultato di subire il suo arresto e la successiva espulsione dal Congo ([186]).

Qui, la CIG ha affermato che, pur essendo da escludere l'esercizio della protezione diplomatica a favore delle società congolesi nei confronti del Congo, la Guinea era comunque legittimata ad agire per proteggere i diritti di Diallo, in quanto suo cittadino (§ 65) nonché socio delle società in questione. La medesima Corte ha però concluso che ciò non era possibile in virtù della circostanza per la quale non erano stati ancora esauriti i mezzi di ricorso interni.

La CIG ha aggiunto altresì che "dal suo *dictum* nel caso *Barcelona Traction* non ha più avuto occasione di pronunciarsi sulla questione se, nel diritto internazionale [esista] un'eccezione alla regola generale secondo la quale il diritto di protezione diplomatica di una società spetta al suo Stato nazionale".

Ciònonostante, osserva la Corte, "*nel diritto internazionale contemporaneo, la protezione dei diritti delle società e dei diritti degli azionisti [nonché] il regolamento delle relative controversie, sono essenzialmente disciplinati da accordi bilaterali o multilaterali concernenti la protezione degli investimenti stranieri*" ([187]).

Ne segue che il "sollevamento del velo societario" e la tutela degli azionisti di una società dipende dal particolare trattato internazionale (quasi sempre un BIT) applicabile al caso di specie.

ii. Il comportamento del soggetto privato leso

126. Piano espositivo. — Il comportamento del soggetto privato leso può incidere in due modi sull'esercizio della protezione diplomatica. La vittima deve avere "le mani pulite" (***clean hands doctrine***) *(a)*, e deve avere "esaurito" i mezzi di ricorso interni (***exhaustion of local remedies rule***) *(b)*.

a) *La regola delle "mani pulite"* (clean hands doctrine)

127. Mitigazione o esclusione della responsabilità. — L'individuo su cui lo Stato esercita o pretende di esercitare la protezione diplomatica non deve aver avuto una

([185]) CIG, 24 maggio 2007, in *Riv. dir. int.*, 2007, p. 778, punti 88-94, spec. punto 89.
([186]) CIG, 24 maggio 2007, cit..
([187]) Sent. precitata, punti 87-88. Corsivo aggiunto.

"condotta biasimevole" ([188]). Se così fosse, questo tipo di condotta *andrebbe ad attenuare la responsabilità dello Stato* offensore cui viene contestata una violazione del diritto internazionale, o addirittura lo *andrebbe ad esonerare completamente* rendendo la protezione diplomatica irricevibile o, comunque, infondata.

128. Il primo precedente: il *caso Ben Tillett* (1899). — Fattispecie di questo genere si possono presentare quando un individuo abbia intenzionalmente violato il diritto interno dello Stato offensore. Fu così, per esempio, nel *caso Ben Tillett* oggetto di un contenzioso tra la Gran Bretagna ed il Belgio alla fine del XIX secolo ([189]). Qui, nonostante l'avviso d'interdizione delle autorità belghe, un sindacalista inglese, Ben Tillett, si era recato ad Anversa, in Belgio, per prendere parte ad una riunione sindacale che era stata vietata. Tillett fu quindi arrestato ed estradato in Gran Bretagna. La Gran Bretagna, però, chiese al Belgio un risarcimento per quella che, a suo giudizio, era una violazione del diritto internazionale.

L'arbitro, nel caso di specie, respinse le richieste della Gran Bretagna poiché Ben Tillett aveva intenzionalmente violato il diritto interno belga. In breve, non aveva le "mani pulite".

129. Il caso del *Virginius*. — Altre fattispecie, si possono presentare allorquando la vittima abbia violato una norma di diritto internazionale, come, ad esempio, nel caso della commissione di atti contro la neutralità degli Stati attraverso azioni di contrabbando in tempo di guerra. Ciò avvenne nel *caso del Virginius* ([190]), oggetto di un contenzioso tra la Spagna e gli Stati Uniti. Qui, una nave che aveva ottenuto fraudolentemente di battere bandiera statunitense si era data al contrabbando d'armi con gli insorti cubani. Fu catturata in alto mare da una nave da guerra spagnola, condotta a Cuba, e tutti i passeggeri furono sommariamente giudicati colpevoli di pirateria e, come tali, giustiziati.

Anche se la Spagna aveva il diritto di processare quegli individui, il modo con cui si erano svolti i fatti nel caso di specie evidenziarono una cattiva *amministrazione della giustizia da parte delle autorità spagnole locali* e, di conseguenza, la Spagna dovette versare un indennizzo alla Gran Bretagna ed agli Stati Uniti per l'esecuzione sommaria dei loro cittadini. In questo caso, pur se la Spagna fu riconosciuta internazionalmente responsabile, divenne altrettanto evidente che la *responsabilità dello Stato offensore era attenuata* in ragione del fatto che quegli individui erano dediti ad un traffico internazionalmente illecito.

b) *La regola del "previo esaurimento dei ricorsi interni"*

130. Una norma consuetudinaria. — In caso di trattamento di uno straniero contrario al diritto internazionale, la protezione diplomatica dello Stato a cui lo straniero appartiene può essere esercitata solo *dopo che i rimedi ammessi dall'ordinamento interno siano stati inutilmente esperiti dallo straniero* ([191]). Si tratta della regola del previo esaurimento dei ricorsi interni (***exhaustion of local remedies rule***),

---

([188]) Si veda J. Salmon, in *AFDI*, 1964, p. 225.
([189]) Si veda *RGDIP*, 1899, 46.
([190]) Moore, *Digest*, II, cit., p. 895 e ss.
([191]) V., *inter multos*, G. Gaja, *L'esaurimento dei ricorsi interni nel diritto internazionale*, Milano, Giuffrè, 1967; Witenberg, *La recevabilité des réclamations devant les juridictions internationales*, in *RCADI*,

una *norma consuetudinaria di diritto internazionale* presente da molto tempo nella giurisprudenza internazionale.

Così, ad es., nel *caso dell'Interhandel* oggetto di un contenzioso tra gli Stati Uniti e la Svizzera dinanzi alla CIG, la Corte riconobbe formalmente il carattere consuetudinario di quella norma con queste parole:

"La norma secondo la quale i ricorsi interni devono essere esauriti prima che si possa iniziare una procedura internazionale è una norma di diritto internazionale consuetudinario. Tale norma è generalmente applicata nei casi in cui uno Stato prenda le difese del proprio cittadino i cui diritti sono stati lesi da un altro Stato, in violazione del diritto internazionale. Prima di ricorrere alla giurisdizione internazionale, viene ritenuto, in tali casi, necessario che lo Stato, dove il danno viene subìto, possa rimediare attraverso norme proprie del suo diritto interno" ([192]).

Il medesimo principio si ritrova nel *caso Ambatielos* ([193]) nel 1953, in una controversia tra la Gran Bretagna e la Grecia o anche nel *caso dell'Anglo-iranian* del 1952, tra l'Iran e la Gran Bretagna. Più recentemente, nel *caso ELSI*, oggetto di un contenzioso tra gli Stati Uniti e l'Italia, la CIG si è riferita a tale norma in quanto "importante principio di diritto internazionale consuetudinario".

131. Una norma talvolta prevista negli accordi internazionali. — A volte, il previo esaurimento dei ricorsi interni viene regolato in un trattato internazionale. Così, ad esempio, la CEDU, all'art. 35, precisa che la Corte EDU:

"non può essere adita se non dopo l'esaurimento delle vie di ricorso interne, secondo i principi di diritto internazionale generalmente riconosciuti ed entro sei mesi a decorrere dalla data della decisione definitiva".

Si tratta di una norma molto importante nel contenzioso CEDU e su cui la giurisprudenza della Corte EDU ha notevolmente precisato, ai propri fini, la portata di tale istituto.

A livello ONU, si noti che la regola dell'esaurimento dei mezzi di ricorso interni è stata ugualmente riconosciuta dalla *Ris. n. 1803 dell'Assemblea Generale delle Nazioni Unite* riguardante la "sovranità permanente sulle risorse naturali" come indicato nell'art. 4 ([194]).

Infine, va sottolineato che nei *contratti transnazionali tra Stati e privati stranieri* (*State Contracts*) le parti riescono a neutralizzare la regola del previo esaurimento dei mezzi di ricorsi interni introducendo apposite clausole compromissorie nel contratto. Tramite dette clausole tutte le controversie nascenti da questi rapporti saranno risolte

---

1932-III, 50 ss.; R. Pisillo Mazzeschi, *Esaurimento dei ricorsi interni e diritti umani*, Torino, 2004; Amerasinghe, *Ricorsi interni nel diritto internazionale*, Cambridge, CUP, 2004.

([192]) CIG, affare dell'*Interhandel* (eccezioni preliminari), *Rec.*, 1959, p. 27.

([193]) *Rec.*, 1953, p. 19.

([194]) Secondo il quale "[l]a nazionalizzazione, l'espropriazione e la requisizione dovranno fondarsi su ragioni o motivi di utilità pubblica, di sicurezza o di interesse nazionale, che sono riconosciuti come superiori ai singoli interessi particolari o privati, tanto nazionali che stranieri. In tali casi, il proprietario riceverà un indennizzo appropriato, in conformità alle regole dello Stato che adotta tali misure nell'esercizio della sua sovranità ed in conformità al diritto internazionale. In ogni caso in cui la questione dell'indennizzo potrebbe dare luogo da una controversia, la giurisdizione nazionale dello Stato che prende le suddette misure, dovrà essere previamente esaurita". Ris. AG 1803 (XVII) del 14 dicembre 1962, adottata con 87 voti a favore (tra cui l'Italia), 2 contrari e 12 astensioni.

in via definitiva ed unica da arbitri internazionali senza attendere l'esaurimento di alcun mezzo di ricorso dinanzi al giudice interno di uno Stato.

132. Ragioni dell'istituto della protezione diplomatica. — Le ragioni dell'istituto della protezione diplomatica appaiono chiare e si possono riassumere nel modo che segue:

a) Si tratta innanzitutto *di evitare la moltiplicazione di controversie internazionali.* È pertanto una norma finalizzata a limitare il contenzioso internazionale.

b) Si tratta, poi, di *una norma di amministrazione della giustizia dettata dal buon senso.* In effetti, si deve presumere che ciascuno Stato possieda un sistema giudiziario completo ed effettivo. Ed allora, lo Stato che ha commesso, attraverso uno dei suoi organi, una violazione di una norma internazionale relativa al trattamento degli stranieri non dovrà essere tenuto responsabile fino a che vi sia possibilità di revisione del provvedimento costitutivo dell'illecito dello Stato. Solo in caso di insuccesso si potrà dunque elevare la controversia al livello internazionale.

133. Eccezioni. — Ferme restando le considerazioni di cui sopra, valgono alcune eccezioni di rilevante importanza pratica.

Innanzitutto, la regola del previo esaurimento dei mezzi di ricorso interni non trova applicazione qualora sia esclusa da un accordo internazionale.

In secondo luogo, *la regola non opera allorquando si dimostri che siano già stati esperiti i mezzi ordinari di ricorso interno* ([195]) o che quest'ultimi siano da considerarsi chiaramente "illusori" e quindi tali da escludere l'esistenza o l'utilità pratica di ricorsi interni a causa del ben conosciuto mal funzionamento della giustizia in quel Paese.

Per citare una celebre frase del Segretario di Stato americano (del XIX secolo), Hamilton Fish: "[u]n individuo, in uno Stato straniero, non è tenuto a rivolgersi alla giustizia se non c'è alcuna giustizia a cui rivolgersi".

Non è però sempre facile determinare quando i ricorsi interni siano stati effettivamente esauriti. Basti pensare all'esempio di uno Stato Federale ove esistono procedure giudiziarie a "vari livelli".

2. — La rinuncia alla protezione diplomatica: la *clausola Calvo*

134. La rinuncia dello Stato alla protezione diplomatica. — La regola del previo esaurimento dei ricorsi interni e quella della protezione diplomatica possono essere "neutralizzate". Se, infatti, l'esercizio della protezione diplomatica costituisce una prerogativa dello Stato, ne segue necessariamente che vi potrà rinunciare anche dopo avervi dato inizio. Ma il dato saliente del nostro tempo è quello per cui gli Stati *rinunciano preventivamente ed espressamente alla protezione diplomatica in appositi trattati internazionali.*

L'esempio più eclatante è offerto **dall'art. 27 della *Convenzione ICSID del 1965*,** ove si prevede che le Parti contraenti *rinunciano all'esercizio della loro protezione diplomatica* in caso di clausola compromissoria che rinvii la controversia al Centro internazionale per il regolamento delle controversie relative agli investimenti (ICSID).

([195]) CPGI, A 2, 12. Ciò significa che lo straniero non è tenuto a provocare misure eccezionali di riparazione — diverse da atti giurisdizionali o amministrativi — come ad esempio dei provvedimenti legislativi. Cfr. ancora il *caso Diallo*, di cui alla precitata sentenza CIG del 24 maggio 2007, punti 46-48.

135. La rinuncia alla protezione diplomatica da parte dei soggetti privati tramite la c.d. Clausola Calvo. — È valida sul piano del diritto internazionale anche la rinuncia da parte dei soggetti privati alla protezione diplomatica del proprio Stato di cittadinanza?

La clausola di rinuncia alla protezione diplomatica viene spesso denominata "clausola Calvo", dal nome di un celebre Professore di diritto internazionale divenuto Ministro degli affari esteri argentino alla fine del XIX secolo che ne aveva propugnato l'adozione.

Questa clausola viene spesso imposta agli individui ed alle imprese straniere che concludono ***contratti con enti pubblici*** ed altri soggetti dell'America latina, soprattutto in materia di appalti pubblici, finanziamenti, concessioni e così via.

Per giustificare l'utilizzazione di tale clausola, Calvo si era avvalso di due considerazioni.

Da un lato, essendo gli Stati liberi, indipendenti e sovrani, *non devono soffrire alcuna ingerenza da parte di altri Stati*: in altre parole, secondo Calvo, l'esercizio della protezione diplomatica costituisce solamente un modo per interferire negli affari interni di un altro Stato.

D'altro canto, — e questo è il secondo argomento di Calvo — gli *stranieri ammessi nel territorio dello Stato, beneficiano dei diritti e dei privilegi che sono concessi ai cittadini di quello Stato*. Se dunque per gli stranieri non può che valere il ***trattamento nazionale***, ne segue necessariamente che, al pari dei cittadini, avranno accesso agli stessi rimedi concessi dal diritto interno dinanzi alle autorità locali.

La "clausola Calvo" ha costituito una reazione rispetto ad abusi avvenuti nel passato. In effetti, la protezione diplomatica era stata concessa troppo facilmente, talvolta in modo abusivo, da parte degli Stati europei a vantaggio dei loro cittadini che risiedevano negli Stati latino-americani. Pertanto, gli Stati latino-americani hanno per lungo tempo considerato la protezione diplomatica un istituto "colonialista" ed imperialista, utilizzato per giustificare un'ingerenza nei loro affari interni e suscettibile, in casi estremi, di degenerare in vere e proprie operazioni militari, una vera e propria "diplomazia delle cannoniere" (*gunboat diplomacy*).

In proposito valgano le considerazioni presentate dal giudice messicano Padilla Nervo nella sua opinione individuale nel *caso Barcelona Traction* del 1970:

> "[l]a storia della responsabilità degli Stati in materia di trattamento degli stranieri è un susseguirsi di abusi, d'ingerenze illegali nell'ordinamento interno degli Stati deboli, di reclami ingiustificati, di minacce e anche di aggressioni militari sotto la copertura di facciata del diritto di protezione, e di sanzioni imposte con il fine di obbligare un governo a effettuare le riparazioni richieste" (196).

Questo stesso giudice aveva sviluppato delle argomentazioni analoghe davanti alla CDI nel 1957 durante l'esame del progetto di convenzione sulla "Responsabilità internazionale dello Stato per i danni causati sul suo territorio alla persona e ai beni stranieri": ai suoi occhi si trattava di uno strumento tramite il quale le grandi Potenze stabilivano relazioni ineguali con gli Stati più deboli che avevano appena acquisito la loro indipendenza. E quegli Stati, all'epoca, erano essenzialmente gli Stati latino-americani.

---

(196) *Rec.*, p. 246.

Così, per lungo tempo, gli Stati latino-americani hanno fatto della "clausola Calvo" uno dei loro principali cavalli di battaglia, al punto di farne spesso un obbligo costituzionale. Tuttavia, in tempi più recenti, la maggior parte degli Stati latino-americani ha mutato atteggiamento. È così che l'*Argentina*, Paese promotore della "clausola Calvo", la abbandonò formalmente nel trattato del 14 novembre 1991 concluso con gli Stati Uniti a proposito dell'incoraggiamento e della protezione reciproca degli investimenti ([197]). Un altro strenuo difensore della clausola Calvo, il Messico, l'ha abbandonata con la sua Legge quadro del 21 dicembre 1991 ([198]).

136. Una valutazione diversa. — La prassi internazionale relativa alla "clausola Calvo" è quantomeno contraddittoria:

— se ci atteniamo alla teoria classica in tema di responsabilità internazionale, secondo la quale lo Stato che esercita la propria protezione diplomatica fa valere esclusivamente un *proprio* diritto, *dobbiamo allora concludere che la clausola Calvo è clamorosamente inefficace*. A rigor di logica, infatti, un individuo non può rinunciare a un diritto che non gli appartiene e che, per di più, costituisce una prerogativa di uno Stato sovrano. In altre parole, la rinuncia da parte del cittadino di un dato Stato all'assistenza da parte del proprio Stato e l'impegno da parte del medesimo cittadino a non invocare l'assistenza diplomatica del suo Stato, non precludono l'esercizio della protezione diplomatica da parte di tale Stato. Questa è la più diffusa eccezione rispetto alla clausola Calvo, se ci riferiamo alla dottrina o alla prassi di molti Stati (specialmente gli Stati Uniti). Ed una tale conclusione deriva dalla stessa giurisprudenza della CIG.

— Tuttavia, in alcuni arbitrati si è riconosciuta la liceità internazionale della "clausola Calvo". Si tratta di alcune sentenze della Commissione generale di arbitrato istituita nel 1923 tra Stati Uniti e Messico. In due casi, gli arbitri hanno espressamente riconosciuto la validità internazionale di detta "clausola" ([199]). Ma si tratta di casi rari e di un vetusto dibattito, sicché appare assai curioso che simili argomentazioni siano riapparse ai nostri giorni a proposito degli ISDS nel quadro dei negoziati transatlantici sul TTIP.

137. Un ruolo raramente riconosciuto ma una possibile eccezione in favore dello Stato ospite. — Sembra comunque che, in alcuni casi, — come quelli affrontati nei due lodi decisi dalla Commissione generale di arbitrato tra Stati Uniti e Messico —, la "clausola Calvo" possa giocare un ruolo, in via meramente accessoria, alla stregua di un'attenuazione dell'esercizio della protezione diplomatica. Da questo punto di vista, il mancato rispetto di tale clausola da parte di un individuo danneggiato potrebbe costituire un elemento di prova per dimostrare che non aveva le "mani pulite", ovvero non aveva esaurito i mezzi di ricorso interni.

3. — La "protezione funzionale" degli agenti di una OIG

138. Un regime ricalcato su quello della protezione diplomatica operata dagli Stati. — Quando l'individuo danneggiato a causa di una violazione del diritto

---

([197]) V. l'art. VII di questo trattato il cui testo è riprodotto in *ILM*, 1992, p. 124.

([198]) Si veda l'art. 8 di questa legge riprodotta in *ILM*, 1992, p. 390.

([199]) *North American Dredging C°*, 1926, *RSA*, vol VI, p. 26 e ss.; *International Fisheries C°*, 1931, *RSA*, vol. IV, p. 691.

internazionale, imputabile ad uno Stato (o anche, soprattutto oggi, ad una OIG), è anche un agente o un funzionario di una OIG, quest'ultima può esercitare la c.d. "protezione funzionale". In altre parole, l'OIG può far valere, nei confronti dell'autore del fatto illecito, il "suo diritto" al rispetto del diritto internazionale nella persona dei suoi agenti o funzionari.

a) *La "protezione funzionale" dei propri agenti è inerente ai poteri di ogni OIG*

139. L'apporto del Parere della CIG sul caso *Bernadotte*. — Nel Parere in materia di *riparazione dei danni alle Nazioni Unite* del 1949, sovente citato, si ricorderà che il Conte Bernadotte era stato nominato mediatore ONU in Palestina nel 1948, e, poco tempo dopo, era stato assassinato da individui non identificati ma collegati al governo israeliano. Poteva l'ONU presentare un reclamo internazionale, al fine di ottenere la riparazione dei danni causati alla vittima o ai suoi aventi causa, nei confronti di Israele in quanto responsabile di tale atto illecito? La Corte diede a tale quesito una risposta positiva. Secondo la CIG, l'ONU — e il ragionamento può essere esteso a tutte le OIG — "[a] considerare il carattere delle funzioni affidate all'organizzazione e la natura delle missioni dei suoi agenti, diviene evidente che la capacità dell'Organizzazione di esercitare, in una certa misura, una protezione funzionale dei suoi agenti, è necessariamente implicito nella Carta" ([200]).

140. Un'applicazione specifica della teoria dei poteri impliciti. — Siamo qui, dunque, in presenza di una nuova peculiare applicazione della teoria dei "poteri impliciti". La protezione funzionale, di cui l'ONU è titolare, al parti di ogni OIG, contribuisce ad assicurarle "un esercizio efficace e indipendente delle sue funzioni" oltre a "procurare ai suoi agenti un appoggio effettivo" e a garantire così "la loro indipendenza" nell'esercizio delle funzioni ([201]).

b) *Il fondamento: un "diritto proprio" dell'OIG*

141. Analogia con la protezione diplomatica. — Per analogia, risulta evidente che i meccanismi della protezione diplomatica degli Stati valgono, *mutatis mutandis*, anche per le OIG. La CIG lo ha ben evidenziato: "[q]uando [l'Organizzazione] richiede la riparazione [...] essa invoca un diritto suo proprio, il diritto di vedere rispettati gli obblighi assunti nei suoi confronti [...] *Richiedendo una riparazione fondata sul pregiudizio subito da un suo agente, l'Organizzazione non rappresenta tale agente; essa afferma un proprio diritto, il diritto di garantire il rispetto degli impegni presi verso l'Organizzazione*" ([202]).

Se tale competenza di "protezione funzionale" a vantaggio dei propri agenti trova il suo fondamento nel "diritto proprio" delle OIG, anche le modalità di esercizio di quel diritto e le sue conseguenze obbediscono alla stessa logica. In altre parole, applicando un ragionamento per analogia, si può affermare che le OIG dispongono della stessa libertà degli Stati con riferimento dell'esercizio della loro protezione funzionale nei confronti dei propri agenti. Analoghe considerazioni valgono, poi, con riferimento al regime giuridico della *riparazione* eventualmente ottenuta da una OIG nell'esercizio del proprio diritto di protezione funzionale.

---

(200) *Ibidem*.
(201) *Rec.*, 1949, pp. 182-183.
(202) *Rec.*, 1949, p. 184. Corsivo aggiunto.

Resta, comunque, sostanzialmente irrisolta la questione di come scindere la protezione funzionale dell'OIG a vantaggio del suo agente con l'eventuale concorrente esercizio della protezione diplomatica dello Stato di cittadinanza dell'agente.

4. — Il diritto di "azione diretta" dei soggetti privati sul piano internazionale

142. Premessa e rinvio. — Ci accontenteremo qui di un breve richiamo nella misura in cui a tale questione abbiamo già accennato nella parte relativa alla soggettività internazionale degli individui e vi ritorneremo a suo luogo (*infra*, Cap. XXIV). Abbiamo visto, in effetti, che in un numero di casi senza dubbio limitato ma crescente, ai soggetti privati è stata attribuita, tramite il diritto pattizio, la legittimazione ad agire — direttamente o indirettamente — dinanzi a meccanismi internazionali di soluzione delle controversie. In questi casi, *gli individui possono agire dinanzi a giurisdizioni internazionali senza passare per il canale della protezione diplomatica degli Stati o della protezione funzionale delle OIG.*

143. (*segue*) La soluzione più favorevole ai privati offerta oggi dalla CEDU. — La reticenza degli Stati era ben visibile nella versione iniziale della *Convenzione europea dei diritti umani del 1950* in cui gli individui dovevano passare necessariamente attraverso la *Commissione europea dei diritti umani* prima di poter accedere alla Corte EDU ([203]). Tale impostazione tradizionale è ancora presente nel sistema interamericano di tutela dei diritti umani ed in quello della Carta Africana.

Senonché, grazie alla riforma entrata in vigore nel 1998, una volta esauriti i mezzi di ricorso interni, gli individui (ed anche le persone giuridiche di diritto interno come le società di capitali) possono adire direttamente la Corte EDU contro uno dei 47 Stati membri del Consiglio d'Europa. Significativamente, dinanzi ai giudici della Corte EDU siedono, da un lato le vittime (persone fisiche o giuridiche private) assistite dal loro avvocato e, dall'altro, il loro Stato (o lo Stato territoriale) assieme al proprio avvocato.

144. La soluzione favorevole ai soggetti privati nella Convenzione ICSID del 1965. — Gli Stati esitano ancora ad accettare sistematicamente l'arbitrato internazionale per risolvere le controversie insorte durante l'esecuzione dei contratti conclusi con imprese private straniere. Ma nel nostro tempo, i circa tremila accordi bilaterali in materia di investimenti (BITs) prevedono un accesso diretto ed immediato dei privati stranieri al contenzioso arbitrale internazionale contro gli Stati. A propria volta, nei contratti internazionali tra Stati e privati stranieri, numerosi Stati si trovano "costretti" ad accettare clausole arbitrali a causa delle pressioni dei mercati internazionali, pur di riuscire ad acquisire la disponibilità di risorse economiche in mano privata. In tutti questi casi, risulta evidente che i soggetti non statali privati hanno acquisito, *volentes nolentes*, nei confronti degli Stati, un importante diritto di agire direttamente dinanzi ad un meccanismo internazionale di soluzione delle controversie ove possono ottenere una riparazione adeguata in caso di violazione dei loro diritti soggettivi.

145. La soluzione favorevole ai soggetti privati nel diritto UE. — Il diritto dell'UE costituisce una marcata eccezione nell'ordinamento internazionale. In seno all'Unione europea, un individuo (persona fisica o giuridica) può, infatti, far valere

---

([203]) V. per tutti A. CASSESE, *I diritti umani oggi*, 6 ed., Bari, Laterza, 2019.

direttamente i suoi diritti davanti a giudici internazionali indipendenti e permanenti: la Corte di giustizia UE. Tuttavia, anche nel sistema giuridico dell'Unione europea, l'accesso dell'individuo al giudice UE non è generale. In altre parole, gli individui *non hanno la possibilità di esperire ricorsi individuali contro qualunque atto delle istituzioni dell'Unione o del loro Stato.* Ma non v'è dubbio che, come espressamente affermato nel celebre caso *Costa c. Enel*:

"a differenza dei comuni trattati internazionali, il Trattato CEE ha istituito un proprio ordinamento giuridico" ed "istituendo una comunità senza limiti di durata, dotata di propri organi, di personalità, di capacità giuridica, di capacità di rappresentanza sul piano internazionale, ed in ispecie di poteri effettivi provenienti da una limitazione di competenza o da un trasferimento di attribuzioni degli Stati alla Comunità, questi hanno limitato, sia pure in campi circoscritti, i loro poteri sovrani e creato quindi un complesso di diritto vincolante per i loro cittadini e per loro stessi" ([204]).

146. La rimozione volontaria della protezione diplomatica tramite contratto. — Infine, va osservato che i soggetti privati — spesso società multinazionali — al di là di quanto previsto dalla Convenzione ICSID e dai BITs possono pattuire nei loro contratti con gli Stati (*State contracts*) di ricorrere direttamente all'arbitrato internazionale, eliminando in questo modo la necessità di ottenere la protezione diplomatica del "loro" Stato nazionale. Ciò avviene, di regola, con riferimento ai contratti del commercio internazionale ove si predilige l'arbitrato commerciale internazionale, quasi sempre amministrato da un ente privato di primaria importanza (ICC, PCA, LCIA, AAA etc.). In breve, nel nostro tempo, si assiste all'erosione della protezione diplomatica mano a mano che si riconosce ai privati il diritto di accesso ad arbitri internazionali nel contenzioso con gli Stati. La protezione diplomatica finisce col diventare, sempre di più, una mera soluzione di *default*, da attivare in mancanza di specifici accordi tra Stati e privati stranieri.

§ 3. — *Il contenuto della responsabilità internazionale dello Stato: le conseguenze dell'illecito*

147. Piano espositivo. — Le conseguenze dell'illecito internazionale si articolano attorno a due poli fondamentali: gli *obblighi di cessazione e non ripetizione dell'illecito* (1), e *l'obbligo di riparazione* (2). La riparazione può prendere forme diverse quali la *restitutio in integrum*, la soddisfazione e il risarcimento dei danni, come si vedrà tra breve.

1. — L'obbligo di cessazione e non ripetizione del fatto illecito

148. — L'art. 30 degli Articoli CDI, rubricato "Cessazione e non ripetizione" (***Cessation and non-repetition***) indica che:

"Lo Stato responsabile dell'atto internazionalmente illecito ha l'obbligo di:
a) porre fine a quell'atto se esso continua;
b) offrire adeguate assicurazioni e garanzie di non ripetizione se le circostanze lo richiedono".

([204]) Corte di giustizia, 15 luglio 1964, causa n. 6/64, *Costa c. Enel*. V. *amplius* Cap. XVIII.

La prima conseguenza che, dunque, deriva dalla commissione di un illecito internazionale a carattere non istantaneo ma continuativo, è quella del sorgere di un *obbligo (secondario) di cessazione dell'illecito*. La seconda conseguenza è quella di *fornire adeguate garanzie di non ripetizione* dell'illecito.

Così, **ad esempio**, nel **caso *LaGrand***, la CIG, una volta accertato l'illecito degli Stati Uniti nel non avere concesso l'assistenza consolare a due cittadini tedeschi detenuti negli USA, ha accertato l'impegno di tale Paese ad assicurare l'attuazione dell'art. 36, par. 1, della Convenzione di Vienna sulle relazioni consolari ritenendolo "adeguato a soddisfare le assicurazioni di non ripetizione richieste dalla Germania" (punto 124 della sentenza).

2. — La riparazione

149. Un principio generale di diritto. — L'obbligo di riparazione (*Reparation*) deriva da un principio generale di diritto e da una norma consuetudinaria [205]. Viene enunciato **all'art. 31 degli Articoli CDI** con le seguenti parole:

"Lo Stato responsabile ha l'obbligo di prestare integrale riparazione per il pregiudizio causato dall'atto internazionalmente illecito.
2. Il pregiudizio comprende ogni danno, sia materiale che morale, causato dall'atto internazionalmente illecito di uno Stato".

La commissione dell'illecito crea infatti un diritto soggettivo dello Stato leso ad ottenere la riparazione del pregiudizio ed in ciò si concretizza la responsabilità internazionale.

L'espressione "riparazione" (***reparation***) è qui usata nel significato più ampio. Posto che ogni illecito causa un pregiudizio alla vittima, si ha che la riparazione è diretta ad eliminare il danno o le conseguenze del pregiudizio, sia che si tratti di un *danno materiale* (cioè a carattere patrimoniale) o *morale* (cioè a carattere non patrimoniale).

Tali principi si ricavano dalla giurisprudenza arbitrale e da quella delle Corti internazionali dell'Aia.

a) *La prassi arbitrale*

150. Qualche precedente famoso. — Tra un'abbondante prassi arbitrale ci limiteremo a citare solo qualche esempio tra i più famosi.

Nel precitato lodo *dell'**Alabama***, del 1872, il collegio arbitrale condannò la Gran Bretagna a pagare un risarcimento pecuniario assai consistente agli Stati Uniti per aver violato i propri obblighi internazionali di Stato neutrale nella guerra di Secessione.

Inoltre, in modo più generale, l'arbitro Max Huber, in un lodo del 12 maggio 1925 relativo ai ***reclami britannici nella zona spagnola del Marocco***, enunciò i seguenti

---

(205) Cfr. ad es. Salvioli, "La responsabilité des Etats et la fixation des dommages-intérêts par les tribunaux internationaux", *RCADI*, 1929-III, p. 235 ss.; Whiteman, *Damages in International Law*, 3 voll., 1937-1943; M. Iovane, *La riparazione nella teoria e nella prassi dell'illecito internazionale*, Milano, Giuffrè, 1990; P. D'Argent, *Les réparations de guerre en droit international public*, Bruxelles/Paris, 2002 e A. Gattini, *Le riparazioni di guerra nel diritto internazionale*, Padova, Cedam, 2003; Bartolini, *Riparazione per violazione dei diritti umani e ordinamento internazionale*, Napoli, 2009.

principi: "[l]a responsabilità è un corollario necessario del diritto. La responsabilità dà luogo all'obbligo di riparazione nel caso in cui l'obbligo principale non sia stato adempiuto" ([206]).

b) ***La prassi delle Corti internazionali dell'Aja***

151. Una formula classica nella giurisprudenza delle Corti internazionali dell'Aja. — La CPGI ha avuto occasione di esprimere questo principio in alcune sentenze relative *alla* ***Officina di Chorzow***. Nella sentenza del 26 luglio 1927, la Corte ha affermato che: "è un principio di diritto internazionale che la violazione di un impegno dia luogo ad un obbligo di riparazione in forma adeguata" ([207]). Successivamente, nella sentenza del 13 settembre 1928, la Corte, riferendosi alla sentenza precedente, aveva affermato che "è un principio di diritto internazionale, anzi un concetto generale del diritto, che ogni violazione di un impegno internazionale comporta l'obbligo di riparazione" ([208]).

Lo ribadiva nel suo parere consultivo del 1949 a proposito del caso *Bernadotte* ([209]) come pure nel parere consultivo del 9 luglio 2004 nel caso relativo al muro costruito da Israele in Cisgiordania ([210]). L'orientamento è rimasto costante come evidenziano i precitati casi ***Avena*** ([211]), *Ahmadou Sadio* ***Diallo*** ([212]); ***Gabčíkovo-Nagymaros*** ([213]); della *compensazione dovuta dalla* ***Repubblica del Nicaragua alla Repubblica di Costa Rica*** ([214]). Recentemente, nel caso ***Jadav*** ([215]), la CIG ha rilevato che la riparazione appropriata può consistere anche nella revisione e nel riesame del verdetto di colpevolezza e della pena pronunciata contro un cittadino straniero (nel caso di specie, indiano). Tale riesame e revisione deve essere effettivo.

3. — Le forme di riparazione del pregiudizio

152. — Per quanto riguarda le forme e l'ammontare della riparazione, ordinando le soluzioni di diritto internazionale generale, **l'art. 34 degli Articoli CDI** indica che *"[l]a riparazione integrale del pregiudizio causato da un atto internazionalmente illecito sarà effettuata nella forma della restituzione, risarcimento e soddisfazione, singolarmente o in combinazione"*.

a) ***La restituzione in forma specifica*** **(restitutio in integrum)**

153. Il ripristino dello ***status quo ante.*** — La *restitutio in integrum* ***(Restitution)***, ossia la *restituzione* consiste nel ripristinare lo stato di fatto che sussisteva prima della

---

([206]) *RSA*, vol. X, p. 641.
([207]) Ser. A, n. 9, p. 21.
([208]) Ser. A, n. 17, p. 29.
([209]) *Rec.* 1949, p. 184.
([210]) Par. 52.
([211]) CIG, 31 marzo 2004, Mexico v. United States of America, Rec./I.C.J. Reports 2004, p. 59, punto 119.
([212]) CIG, 30 novembre 2010, Republic of Guinea v. Democratic Republic of the Congo, (merito), *Rec./I.C.J. Reports* 2010, p. 691, punto 161.
([213]) CIG, 25 settembre 1997, Hungary v. Slovakia, Rec./I.C.J. Reports, 1997, p. 80, punto 150.
([214]) CIG, 2 febbraio 2018, Certain Activities Carried Out by Nicaragua in the Border Area (Costa Rica v. Nicaragua), pag. 14, punto 29.
([215]) CIG, 17 luglio 2019, India c. Pakistan, in *Riv. dir.int.*. 2019, p. 1183 ss..

commissione dell'illecito internazionale. Esempi ne sono la riconsegna di beni mobili, di detenuti, l'abrogazione di leggi, l'annullamento di atti amministrativi e così via.

In base all'art. 35 degli Articoli CDI:

"Uno Stato responsabile di un atto internazionalmente illecito ha l'obbligo di procedere alla restituzione, cioè a ristabilire la situazione che esisteva prima che l'illecito fosse commesso purché e nella misura in cui:

a) non sia materialmente impossibile;

b) non comporti un onere sproporzionato rispetto al beneficio derivante dalla restituzione a paragone di quello che deriverebbe dal risarcimento".

Tali regole sono allineate con la giurisprudenza internazionale.

Così, nel ***caso della requisizione di navi norvegesi***, in un lodo CPA pronunciato il 13 ottobre 1922, gli arbitri hanno affermato che "la giusta compensazione implicava di ristabilire completamente lo *status quo*" ([216]). Successivamente, l'arbitro Dupuy, nel **lodo *Texaco*** più volte citato, ha affermato che "la *restitutio in integrum* costituisce... secondo i principi...di diritto internazionale, la riparazione normale nel caso di inadempimento di obbligazioni contrattuali; essa poteva essere esclusa nel solo caso in cui fosse assolutamente impossibile ristabilire lo *status quo*" ([217]). Da parte sua, la CPGI aveva affermato un identico principio nella sentenza precitata del 13 settembre 1928, relativa alle ***Fabbriche di Chorzow***: "il principio essenziale" — dice la Corte — "che deriva dalla nozione stessa di atto illecito e che sembra derivare dalla prassi internazionale, precisamente dalla giurisprudenza dei tribunali arbitrali, è che la riparazione deve, per quanto possibile, eliminare tutte le conseguenze dell'atto illecito e ristabilire lo stato che sarebbe verosimilmente esistito se il detto atto non fosse stato commesso. Restituzione in natura o, se questa non è possibile, pagamento di una somma corrispondente al valore che avrebbe avuto la restituzione in natura; risarcimento dei danni per le perdite subite che non possono essere coperte dalla restituzione in natura o dal pagamento in sua sostituzione; questi sono i principi su cui si deve fondare la determinazione della somma dell'indennità dovuta in caso di un fatto contrario al diritto internazionale" ([218]). Già nel *caso delle* ***concessioni Mavrommatis*** nel 1925 ([219]), poi in quello *del* ***Tempio* di *Préah-Vihéar*** nel 1962 ([220]), le Corti internazionali dell'Aja hanno applicato il principio della *restitutio in integrum*. La CIG ha ulteriormente confermato tale orientamento nel suo parere consultivo del 9 luglio 2004 relativo al "muro" costruito da Israele nel territorio palestinese occupato ([221]).

Infine, va segnalato che la *restitutio in integrum* può anche essere un modo di riparazione adeguato persino nel contesto dell'arbitrato in materia di investimenti esteri. Se ne può trovare un esempio nel **lodo ICSID** dell'8 aprile 2013 nel caso ***Franck Charles Lemire c. Moldavia***, ove all'investitore è stato concesso di scegliere tra la restituzione dei beni ed il versamento di un indennizzo (punti 569-572).

154. Le nazionalizzazioni illecite. — Nonostante tali precedenti, non è ancora pacifico che il "ripristino dello *status quo*", la *restitutio in integrum*, sia il "modo normale" di riparazione previsto dal diritto internazionale. La *restitutio in integrum* si dimostra, nella maggior parte dei casi pratici, "impossibile" da realizzare nell'ordina-

---

([216]) *RSA*, vol. I, p. 307.

([217]) Punto 109 della sentenza in *Clunet* 1977, p. 387; v. anche l'analisi della giurisprudenza internazionale contenuta nei par. 97-101.

([218]) Ser. A, n. 17, p. 47. Corsivo aggiunto.

([219]) CPGI, ser. A, n. 5, p. 45.

([220]) *Rec.*, pp. 36-37.

([221]) V. par. 152-153. Corsivo aggiunto.

mento internazionale. Ciò si verifica puntualmente in materia di nazionalizzazioni o di espropriazioni: in effetti, ripristinare la situazione antecedente a uno Stato che nazionalizza o espropria significa equivale ad impedirgli di procedere ad una misura economica adottata in base alla propria sovranità territoriale (222). Non è mai successo, in passato, che un soggetto privato dopo avere subito una "nazionalizzazione" si sia visto "restituire integralmente i suoi diritti". Per tali ragioni, gli arbitri che hanno conosciuto, ad esempio, le "nazionalizzazioni libiche" hanno concluso che l'unica riparazione possibile fosse nella forma di un risarcimento dei danni (223). Del resto, il rimedio della *restitutio in integrum* non è affatto diffuso al livello degli ordinamenti interni dei singoli Stati.

b) *La riparazione per equivalente: il risarcimento monetario.*

155. — Se la restituzione in forma specifica non è possibile, **l'art. 36 degli Articoli CDI** prevede la riparazione per equivalente, cioè la liquidazione ed il risarcimento del danno che, peraltro, può anche aggiungersi alle altre forme di riparazione (ad es. soddisfazione o restituzione). *Consiste, in pratica, nella corresponsione di un indennizzo (**Compensation**), cioè di una somma di denaro, per il danno alla vittima dell'illecito.*

Questa regola venne formulata dalla CPA nel **caso precitato *dell'indennità per danni di guerra (Russia c. Turchia)*** con queste parole: "tutte [le responsabilità], si traducono, o possono essere trasformate, nel pagamento di un indennizzo monetario" (224).

La CPGI, nel caso delle ***fabbriche di Chorzow*** seguì lo stesso approccio, affermando che: "è un principio di diritto internazionale che la riparazione di un torto possa consistere in un'indennità corrispondente al danno subito dai cittadini dello Stato leso in seguito ad un atto contrario al diritto internazionale. È anche la forma di riparazione più utilizzata" (225).

Ciò, tuttavia, non vuol dire che *qualunque violazione* del diritto internazionale venga sempre risolta tramite un risarcimento monetario. Si pensi, ad esempio, al ***caso del genocidio*** ove la CIG, giustamente, non ritenne appropriato di ridurre ad un mero risarcimento economico la violazione dell'obbligo di prevenire il genocidio in Bosnia a carico della Serbia. La stessa Bosnia accettò una riparazione in forma di *soddisfazione* (226).

156. Difficoltà specifiche del diritto internazionale. — Nel *caso dei fosfati del Marocco* del 14 giugno 1938, la CPGI ha affermato che: "trattandosi di un atto imputabile allo Stato, e contrario ai diritti di un altro Stato, la responsabilità internazionale si instaura direttamente sul piano delle relazioni tra questi due Stati" (227).

Di qui, la difficoltà specifica nel determinare la misura della riparazione in diritto internazionale. In effetti, mentre la responsabilità internazionale, e quindi l'obbligo di

---

(222) V. Lodo *Texaco* reso dal prof. R.J. Dupuy, cit., par. 110-112.

(223) V. lodo *Lagergren* del 10 ottobre 1973 nel caso *B.P. c. Libia*, e il lodo *Mahmassani* del 12 aprile 1977 nel caso *L.I.A.M.C.O. c. Libia*, il cui testo è parzialmente riprodotto in *Riv. arb.*, 1980, n. 1, con un commento di B. Stern.

(224) *RSA*, vol. X, p. 440.

(225) CPGI, 13 settembre 1928, Ser. A, n. 17, p. 27.

(226) CIG, 3 febbraio 2015, Croazia c. Serbia.

(227) Ser. A/B, n. 74, p. 28.

riparazione, si collocano sul piano delle relazioni interstatali, può accadere che il danno venga subito da soggetti privati.

157. Danno subìto da un privato e danno subìto dallo Stato nazionale. — Il diritto al risarcimento spetta sempre al soggetto di diritto internazionale leso, ma la natura della riparazione ed il suo ammontare vanno determinati, nell'ipotesi in cui il danno sia stato subito da un cittadino dello Stato leso, sulla base del pregiudizio sofferto dall'individuo (persona fisica o giuridica che sia). In questo caso, purtroppo, nel diritto internazionale classico, si tratta sempre di riparazione dovuta *allo Stato* per la violazione di un proprio diritto soggettivo internazionale: il danno al soggetto privato viene in considerazione unicamente ai fini della determinazione della natura e della misura della riparazione.

La CPGI, nel ***caso delle fabbriche di Chorzow***, si esprimeva in questi termini: "la riparazione dovuta da uno Stato ad altro Stato non cambia di natura nel caso in cui essa prenda la forma di un indennizzo, la cui misura sarà fornita dal danno subito dal privato. Le norme che determinano la riparazione sono le regole di diritto internazionale in vigore tra i due Stati in questione e non il diritto che regola i rapporti tra lo Stato che ha commesso il torto e il privato che ha subito il danno. I diritti o gli interessi, la cui violazione causa un danno ad un privato, si trovano sempre su di un altro piano rispetto ai diritti dello Stato che lo stesso atto può ugualmente pregiudicare. *Il danno subìto dal privato non è mai identico nella sostanza a quello che lo Stato subirà; esso non può che fornire una misura opportuna della riparazione dovuta allo Stato*" ([228]).

158. Soluzioni tratte dalla giurisprudenza internazionale classica. — Dalla precitata sentenza della CPGI è possibile dedurre alcuni principi generali:

— *il diritto internazionale della riparazione è autonomo*: esso regola delle situazioni che riguardano i soli Stati (o, nel nostro tempo, anche le OIG), indipendentemente dai rapporti giuridici sottostanti. In altre parole, il diritto applicabile non sarà quello previsto in contratto, per esempio, tra uno Stato e un soggetto privato straniero.

— *Il diritto internazionale della riparazione è esclusivo* (eccetto, sia ben chiaro, il caso in cui dipenda da un accordo specifico): si applica cioè solo il diritto internazionale, con esclusione di ogni altro sistema giuridico. In ipotesi di protezione diplomatica, le regole di diritto interno o quelle eventualmente previste da un contratto internazionale non saranno applicabili; solo il diritto internazionale, infatti, è deputato a regolare la materia della riparazione. Ciò, nella pratica, risulta particolarmente evidente in materia di nazionalizzazioni ed espropriazioni.

— *Il danno subìto dallo Stato* (o da una OIG) *che esercita la sua "protezione" non è uguale a quello subito dal privato*: il soggetto privato, persona fisica o giuridica, soccombe — o quantomeno viene messo "tra parentesi" — a vantaggio di un interesse di natura "pubblicistica" dello Stato protettore; verrà pertanto "riparato" il "danno proprio" dello Stato (o dell'OIG) causato da una violazione del diritto internazionale. Tuttavia, il danno subito dal privato servirà da "strumento di misurazione" per la riparazione dovuta. Qui, l'artificio della protezione diplomatica appare in tutta la sua evidenza: sia nel caso in cui lo Stato protettore o una OIG possono perseguire solo la riparazione del "loro danno"; sia nel caso in cui lo Stato o l'OIG non abbiano subito alcun pregiudizio oltre a quello subito dal loro cittadino o agente.

([228]) Ser. A, n. 17, 1928, p. 28. Corsivo aggiunto.

Alla luce di tali considerazioni, si avrà che lo Stato protettore o l'OIG possono teoricamente ottenere una riparazione maggiore rispetto al pregiudizio subito dal privato ma, nella pratica, la riparazione è quasi sempre di gran lunga *inferiore*.

Alla luce di tali considerazioni, suscita interesse la soluzione — per il momento solo pionieristica — che attribuisce al privato leso *un titolo autonomo nei confronti dello Stato che lo protegge diplomaticamente*.

È ciò che ha timidamente riconosciuto la Corte di Cassazione francese nella sentenza del 14 giugno 1977, *S.E.E.E. c. Repubblica socialista federale della Jugoslavia, Stato francese ed altri* ([229]). Questa sentenza indica, da un lato, la necessità di offrire dei mezzi di ricorso autonomi al soggetto privato in caso di protezione statale "insufficiente"; dall'altro lato, evidenzia il carattere arcaico ed inadeguato dei meccanismi classici della "protezione diplomatica" che sacrificano gli interessi dei soggetti privati privando questi ultimi di ogni possibilità di ottenere giustizia.

159. *Quantum.* — Il risarcimento presuppone che il danno subìto sia economicamente valutabile. L'ammontare dell'indennizzo, infatti, deve corrispondere al ***pregiudizio subìto***. Ma non esiste, in diritto internazionale, alcun metodo obbligatorio per la valutazione del danno, che potrà dunque avvenire anche attraverso la combinazione di vari metodi.

Occorrerà distinguere, ad esempio, le fattispecie in cui l'espropriazione o la nazionalizzazione siano o meno lecite: nella seconda ipotesi, l'ammontare dell'indennizzo *sarà più elevato* ([230]). Al riguardo, la sentenza del 1984 pronunciata dal Tribunale per i reclami tra Iran e Stati Uniti nel **caso *AMCO*** ha affermato che "l'indennizzo pieno del pregiudizio, attraverso la concessione alla parte lesa del danno emergente e del lucro cessante, è un principio comune ai principali sistemi di diritto interno e quindi un principio generale di diritto che può essere considerato una fonte del diritto internazionale" ([231]). A propria volta, la sentenza ***Amoco***, del medesimo tribunale, ha esposto lo stato attuale del diritto internazionale sulla valutazione dell'indennizzo dovuto in caso di nazionalizzazione o espropriazione ([232]).

Da allora, però, la "giurisprudenza" arbitrale non è stata uniforme. Sebbene la precitata sentenza della CPGI, nel ***caso delle fabbriche di Chorzow***, continui ad essere citata come precedente (persuasivo), nei lodi successivi i criteri da essa individuati vengono utilizzati in modo sempre più attenuato. Come indica il lodo *AMOCO* "il valore di un'impresa espropriata non varia in funzione della legalità o dell'illegalità della sua espropriazione" ([233]); aggiungendo che, se quest'ultima fosse lecita, occorrerebbe prendere in considerazione il valore dell'impresa all'epoca della sua espropriazione mentre, se quest'ultima fosse illecita, il suo valore costituirebbe unicamente un elemento del risarcimento complessivamente dovuto.

Successivamente, nella sentenza ***Phillips Petroleum c. Iran***, il Tribunale dei reclami Iran-Stati Uniti osservava che la distinzione tra la legalità e l'illegalità dell'espropriazione non può che basarsi su due circostanze e cioè, da un lato, quella dell'impossibilità della *restitutio in integrum*; dall'altro, quello dell'aumento di valore

---

([229]) *RCDIP*, 1978, p. 710.

([230]) V. a tale riguardo, la sentenza n. 17 del 1928 nel *caso officina di Chorzow*, p. 47.

([231]) In *ILR*, v. 89, p. 504.

([232]) *Amoco International Finance Corp. c. Iran*, 14 luglio 1987, in *ILM*, 1988, p. 1314 e, al riguardo, v. P. Juillard, in *AFDI*, 1988, pp. 573-582.

([233]) Par. 197.

di detta impresa tra la data della sua espropriazione e quella della pronuncia giudiziale o arbitrale con cui viene liquidato il risarcimento ([234]). Sembra che oggi questo sia l'orientamento dominante dei collegi arbitrali ma il tema è oggetto di un vasto dibattito ([235]).

160. La riparazione integrale del pregiudizio subìto e gli interessi. — L'art. 36, par. 2, degli Articoli CDI dispone che:

"Il risarcimento coprirà ogni danno suscettibile di valutazione economica ivi compreso il mancato guadagno nella misura in cui sia determinato".

Di regola, il danno deve essere risarcito integralmente: è quindi indennizzabile sia il danno emergente (il ***damnum emergens***) che il mancato guadagno cioé il c.d. lucro cessante (***lucrum cessans***). Si tratta di principi generali di diritto — interno ed — internazionale che sono stati applicati in innumerevoli pronunzie giurisprudenziali ([236]).

I collegi arbitrali spesso determinano in un'unica cifra forfettaria il compenso per i due tipi di danni che vengono valutati in base agli elementi di prova disponibili. Occorre, però, un rigoroso ed ininterrotto ***nesso di causalità*** (***causal link***) tra il fatto generatore ed il danno secondo una meccanica che si trova assai poco illustrata nel Commentario agli Articoli CDI ([237]) e pertanto va valutata in funzione delle circostanze del caso di specie.

Inoltre, dal principio di risarcimento integrale del danno, deriva altresì che la vittima ha diritto non solo alla riparazione del danno principale, ma anche dell'ulteriore danno risultante dal *decorso del tempo* tra il momento in cui si è verificato l'illecito e quello in cui avviene la corresponsione dell'indennizzo. Se il danno da ritardo non viene computato forfettariamente nell'indennizzo, può essere liquidato attraverso un ***tasso d'interesse*** sulla somma dovuta a titolo di capitale. Ma sia il tasso che il periodo dipendono dalle circostanze del caso di specie.

Senonché, salvo diversa pattuizione delle parti, non vengono generalmente liquidati gli *interessi composti* ([238]).

([234]) 28 giugno 1989, § 122. V. altresì D. Carreau, P. Juillard, R. Bismuth, A. Hamann, *Droit international économique*, 6 ed., cit., p. 673 ss.

([235]) Ad esempio v. i lodi ICSID, *ADL Affiliate c. Ungheria*, del 2 ottobre 2006, par. 479-501, o *Bernardus Enricus Funnkotter c. Zimbabwe*, del 22 aprile 2009, par. 108-111. In arg. cfr. J. Gotanda, "Damages in Private International Law", *RCADI*, v. 326, 2007, p. 83 ss.; J. Crawford, A. Pellet, S. Olleson, K. Parlett, *The Law of International Responsibility*, Oxford, OUP, 2010; I. Marboe, *Calculation of Compensation and Damages in International Investment Law*, 2 ed., Oxford, OUP, 2017.

([236]) V., a titolo d'esempio, il caso delle ferrovie dell'*Antiquia* del 1866 in La Fontaine, *Pasicrisie internationale* (1899) p. 545; il caso della *baia di Delagoa* del 1875, ivi, p. 397; il lodo Asser nel caso del *Cape Horn Pigeon* del 1902, in *RSA*, vol. IX, p. 63; il caso *Shuffeldt*, ivi, vol. 2, p. 1079. A tale riguardo, basti citare anche il lodo *Amoco*, precitato, per una sintesi dell'evoluzione del diritto internazionale in tale materia.

([237]) V. il commento *sub* art. 31.

([238]) Per una valutazione critica di questa prassi v. F.A. Mann *Compound interests as an item of damage in international law*, in *U.C. Davis Law Review*, 1988, pag. 577. Cfr. altresì, con riferimento al passato, D. Anzilotti, "Sugli effetti dell'inadempienza di obbligazioni internazionali aventi per oggetto una somma di denaro", in *Riv. dir. int.*, 1913, p. 54 ss. Fa eccezione (a favore degli interessi composti) un lodo arbitrale ICSID, del 17 febbraio 2000 nel caso *Compañia de Desarrollo de Santa Elena S.A. v. Republic of Costa Rica*, in *ILM* 2000, p. 1317. Nello stesso senso v. pure il lodo ICSID *Joseph Charles Lemire c. Ucraina*, punti 359-361.

c) ***La soddisfazione, ossia la riparazione del danno morale***

161. Nozione. — Allorché un fatto illecito internazionale lede un interesse morale di un soggetto di diritto internazionale, la riparazione di tale lesione prende il nome di *soddisfazione* (***satisfaction***).

Come indica **l'art. 37 degli Articoli CDI**, la *soddisfazione* può consistere in un "riconoscimento della violazione, una manifestazione di rincrescimento", nella presentazione di scuse ufficiali, "o altra modalità adeguata" come, ad esempio, la partecipazione del Governo a determinate cerimonie, onori alla bandiera dello Stato offeso, misure disciplinari a carico di funzionari ed agenti responsabili etc.

162. Riconoscimento formale dell'illecito da parte del giudice o dell'arbitro. — A volte, la soddisfazione può prendere la forma *di un mero accertamento della violazione di un diritto compiuta da uno Stato nei confronti di un altro, da parte del giudice o dell'arbitro internazionale.* Ciò si è verificato, ad esempio, nel caso relativo al ***passaggio nello stretto di Corfù***, tra Regno Unito e Albania. Qui, l'Albania chiedeva al Regno Unito delle scuse per la violazione della propria sovranità territoriale, cioè il dragaggio di mine operato dalla Marina britannica nelle proprie acque territoriali e senza permesso: l'Albania, dunque, non chiedeva un risarcimento in denaro poiché non c'era stato alcun danno materiale.

A tale riguardo, la CIG concluse che: "la constatazione della violazione della sovranità territoriale dell'Albania da parte della marina britannica, la quale aveva provveduto unilateralmente allo sminamento nelle acque territoriali albanesi, costituiva di per sé un'adeguata soddisfazione per lo Stato albanese" ([239]).

Allo stesso modo, nel lodo, già citato, del 30 aprile 1990 tra Nuova Zelanda e Francia, nel ***caso del Rainbow Warrior***, il collegio arbitrale, oltre a riconoscere un lauto risarcimento per i danni materiali, dichiarò *pubblicamente* una grave violazione degli obblighi internazionali della Francia e concludeva che ciò costituiva "nel caso di specie, una soddisfazione appropriata per i danni giuridici e morali causati alla Nuova Zelanda" ([240]).

4. — La ripartizione dell'indennizzo

163. Una competenza discrezionale dello Stato. — Tradizionalmente, si affermava che *lo Stato che riceve da un altro Stato un indennizzo*, restava libero di decidere se, come e quando, ripartire le somme ricevute ai propri cittadini. Questa materia rientrava infatti nella sua competenza discrezionale nella misura in cui, è bene ricordarlo, lo Stato aveva fatto valere un suo "proprio diritto" ad ottenere la riparazione dovuta a causa di una violazione commessa da un altro Stato. Tale principio, in passato, conosceva rarissime eccezioni ([241]).

164. L'evoluzione verso una "giustiziabilità" interna. — Da qualche tempo, si assiste ad una particolare evoluzione della prassi in tale materia, soprattutto negli Stati

---

([239]) *Rec.*, 1949, p. 36.

([240]) § 123 della sentenza riprodotta in *Clunet*, 1990, p. 861 con un commento di R. Pinto.

([241]) Vedi in proposito il lodo *Tinoco* pronunciato nella controversia tra Gran Bretagna e Costa Rica il 18 ottobre 1923, in *RSA*, vol. 1, p. 369.

Uniti, in Francia e in Gran Bretagna ([242]). In questi tre Paesi si è assistito ad una vera e propria "giurisdizionalizzazione" della procedura di ripartizione degli indennizzi "internazionali". Ciò deriva dalla sempre più frequente conclusione tra Stati di *accordi globali di indennizzo* (***lump sum agreements***), i quali, da un lato, non individuano in modo analitico i debiti il cui pagamento è dovuto; dall'altro lato, prevedono in concreto dei versamenti di gran lunga inferiori al valore dei beni privati espropriati o nazionalizzati.

Pertanto, in quei tre Paesi sono state istituite delle apposite "Commissioni di ripartizione". In Francia l'attività di tali commissioni è soggetta al controllo giurisdizionale del Consiglio di Stato ([243]); in Gran Bretagna l'apposita commissione funziona come un giudice ordinario. Negli Stati Uniti, la *International Claims Commission* istituita nel 1950 e divenuta nel 1954 la *Foreign Claims Settlement Commission* funziona allo stesso modo dell'autorità giudiziaria ordinaria ma deve espressamente applicare il diritto internazionale consuetudinario e pattizio, i principi generali di diritto nonché i principi di "giustizia ed equità", in modo tale da accordare la più ampia soddisfazione alle pretese dei privati.

165. Conclusioni. — Il diritto alla ripartizione degli indennizzi internazionali ha subito una progressiva evoluzione ed è oggi più favorevole al soddisfacimento degli interessi privati di quanto si registrava nei secoli passati.

— Innanzitutto lo Stato — per lo meno alcuni Stati — non possiede più una mera competenza discrezionale per decidere sul *se, come e quando* ripartire gli indennizzi ricevuti da altri Stati a causa dei danni subiti dai propri cittadini all'estero.

— Inoltre, quella stessa evoluzione dimostra una volta di più il carattere poco soddisfacente della protezione diplomatica quale meccanismo per far valere la responsabilità internazionale di uno Stato straniero a beneficio dei propri cittadini. Infatti, se si tratta di un "diritto proprio" dello Stato protettore che intende far valere nei confronti dello Stato offensore, ne segue necessariamente la discrezionalità dell'intera procedura; anche in fase di ripartizione finale dell'indennizzo.

Se, invece, si muove dall'assunto per cui non si tratta di un diritto "proprio" dello Stato (ed abbiamo già notato, che la separazione tra il "diritto dello Stato" e il "diritto dell'individuo" perde il proprio senso non appena si tocca la materia del *quantum* della riparazione del danno) non sarebbe allora meglio associare l'individuo (persona fisica o giuridica) a tutto il procedimento? Oppure riconoscere all'individuo una capacità di agire al fine di far valere direttamente a livello internazionale il suo "diritto proprio" dinanzi a dei giudici internazionali autonomi e imparziali? Il diritto internazionale ha timidamente imboccato questa strada attraverso la Convenzione ICSID del 1965 o ancora, a livello regionale, nel quadro, *inter alia*, della CEDU del 1950 o ancora in quello della UE.

Per il resto, i "poteri economici privati" sono riusciti ad ottenere, un po' alla volta, dagli Stati e dalle OIG con cui concludono contratti, l'accesso a dei *fora* internazionali tramite l'inserimento sistematico di clausole arbitrali.

([242]) V. G. Berlia, *Contribution a l'etude de la protection diplomatique*, in *AFDI*, 1957, p. 66 ss.

([243]) V. al riguardo D. Carreau, T. Flory, P. Juillard *Chronique de droit international economique*, in *AFDI*, 1976, p. 608 e ss., nonché id., 1978, p. 642 e ss. Più recentemente una commissione di ripartizione *ad hoc* è stata istituita nel 1998 per indennizzare i portatori di titoli del debito russo dell'epoca degli Zar. V. altresì M. Waibel, "Opening Pandora's Box: Sovereign Bonds in International Arbitration", in *AJIL*, 2007, p. 711-759.

Titolo II
L'APPLICAZIONE DEL DIRITTO INTERNAZIONALE NELL'ORDINAMENTO GIURIDICO INTERNO

Capitolo XVII
RAPPORTI TRA DIRITTO INTERNAZIONALE E DIRITTO INTERNO

Bibliografia sommaria: Aspetti di teoria generale: H. Triepel, *Völkerrecht Und Landesrecht*, Leipzig, C.L. Hirschfeld, 1899, trad. it. a cura di Buzzati, Torino, UTET, 1913; D. Anzilotti, *Il diritto internazionale nei giudizi interni*, Bologna, Zanichelli, 1905; H. Triepel, "Les rapports entre le droit interne et le droit international", in *RCADI*, 1923, v. 1, pp. 73-121; H. Kelsen, "Les rapports de système entre le droit interne et le droit international", in *RCADI*, 1926/IV, v. 15, p. 227-331; P. De Visscher, « Les tendances internationales des constitutions modernes », in *RCADI*, v. 80, 1952, pp. 512-578; T. Perassi, *Lezioni di diritto internazionale*, II, Padova, Cedam, 1950, p. 15 ss.; G. Morelli, *Nozioni di diritto internazionale*, 7 ed., cit., 1967, Cap. IV; R. Quadri, *Diritto internazionale pubblico*, 5 ed., cit., 1968, p. 59 ss. e M. Virally, "Sur un pont aux ânes: les rapports entre droit international et droits internes", in *Mélanges H. Rolin*, Paris, Pedone, 1964, p. 488 ss.; A. von Overbeck, "L'application par le juge interne des conventions de droit international privé", in *RCADI*, 1971, v. 132, pp. 1-106; A. Cassese, "Modern Constitutions and International Law", in *RCADI*, 1985-III, pp. 331-476; T. Buergenthal, « Self-executing and non-self-executing treaties in National and International Law », *RCADI*, 1992, v. 235, pp. 303-400; A. Nollkaemper, *National Courts and the International Rule of Law*, Oxford, OUP, 2011; D. Shelton (ed.), *International Law and Domestic Legal Systems*, Oxford, OUP, 2011; E. Lagrange, "L'efficacité des normes internationales concernant la situation des personnes privées dans les ordres juridiques internes", in *RCADI*, 2011, v. 356, pp. 239-552; Y. Iwasawa, "Domestic Application of International Law", in *RCADI*, 2016, v. 378, pp. 9-272; H. P. Aust, G. Nolte (eds.), *The interpretation of International Law by Domestic Courts. Uniformity, Convergence, Divergence*, Oxford, OUP, 2016. Per particolari aspetti di interesse comparatistico cfr.: E. Alkema, "Foreign Relations in the Netherlands Constitution of 1983", *NILR*, 1984, p. 307; J.G. Collier, "Is International Law really Part of the Law of England?", *ICLQ*, 1989, p. 924; A. Mahiou, "La Constitution algérienne et le droit international", in *RGDIP*, 1990, p. 419; H. Bribosia, "Applicabilité directe et primauté des traités internationaux et du droit communautaire, réflexions générales sur le point de vue de l'ordre juridique belge", in *RBDI*, 1996, p. 33; L. Henkin, "Foreign Affairs and the U.S. Constitution", 2ª ed., Oxford, Clarendon Pr., 1996; I. Lukashuk, "Treaties in the Legal System of Russia", in *GYBIL*, 1997, p. 141; Y. Iwasawa, "International Law in the Japanese Legal Order: Recent Developments", in *ASIL Proceedings*, 9-12 aprile 1997, p. 301; Id., *International Law, Human Rights, and Japanese Law. The Impact of International Law on Japanese Law*, Oxford, OUP, 1997; J. Dugard, "International Law and the South African Constitution", *EJIL*, 1997, p. 77 ss.; J. Malenovsky, "Dix ans après la chute du mur: les rapports entre le droit international et le droit interne dans le constitutions des Pays d'Europe centrale et orientale", *AFDI*, 1999, p. 29 ss.; *Oppenheim's International Law*, a cura di R. Jennings e A. Watts, 9 ed., cit., I, p. 52 ss.; J. Brunnée, S.J. Troope, "A Hesitant Embrace: the Application of International Law by Canadian Courts", in *Canadian Yearbook I.L.*, 2002, p. 3; A. Remiro Brotons, "La Constitution Espagnole et le droit international", in *Spanish Yearbook I.L.*, 2003, p. 27 ss.; H. Gros Espiell, "L'application du droit international dans le droit interne de l'Amérique Latine", in *Mélanges Arangio-Ruiz*, I, 2003, p. 529; F. Horchani, "La Constitution tunisienne et les traits après la révision du 1 Juin 2002", *AFDI*, 2004, p. 338; A. Roberts, « Comparative International Law? The Role of National Courts in Creating and Enforcing International Law », in *ICLQ*, 2011, pp. 57-92; *Brownlie's Principles of Public International Law*, a cura di J. Crawford, 8ª ed., Oxford, OUP, 2012, cap. 3; C. Santulli, *Introduction au droit international*, Paris, Pedone, 2013, p. 224 ss.; M. Herdegen, *Völkerrecht*, 13 ed., cit., 2014, p. 166-180; M. Diez de Velasco, *Instituciones de derecho internacional pùblico*, 18 ed. a cura di C. Escobar Hernàndez, Madrid, Tecnos, p. 247 ss.; A. Ziegler, *Introduction au droit international public*,

3 ed., cit., 2015, p. 110 ss. (per la Svizzera); P. Rossi, "L'adattamento al diritto internazionale nell'ordinamento giuridico della Repubblica Popolare Cinese", in *Riv. dir. int.*, 2016, p. 425 ss.; J. Combacau, S. Sur, *Droit international public*, 12 ed., Paris, LGDJ, 2016, p. 181 ss.; P.M. Dupuy, Y. Kerbrat, *Droit international public*, 13 ed., Paris, Dalloz, 2016, pp. 445-502; R. Rivier, *Droit international public*, 3 ed., Paris, PUF, 2017, p. 618 ss.; M. Shaw, *International Law*, 8 a ed., cit., 2017, p. 96 ss.; D. Carreau, F. Marrella, *Droit international*, 12 éd., cit., 2018, pp. 529 ss.; SIDI, *Il diritto internazionale ed europeo nei giudizi interni*, Napoli, ES, 2020. V. altresì "L'activité du juge interne et les relations internationales de l'Etat", in *Annuaire de l'IDI*, Sessione di Milano, Paris, Pedone, 1993. Un database contenente quasi tutte le costituzioni del mondo può essere consultato al sito: *https://www.constituteproject.org/*.

1. Pluralismo e diversità degli ordinamenti giuridici. Superiorità del diritto internazionale rispetto al diritto interno. — Abbiamo già indicato a suo luogo (*supra*, Cap. II) che l'ordinamento internazionale e gli ordinamenti interni di cui i singoli Stati sono portatori, si caratterizzano per essere ordinamenti giuridici *originari* e formalmente *separati*. Storicamente, gli ordinamenti giuridici degli Stati sono sorti in maniera *autonoma* e come ordinamenti *originari* nel senso che la loro giuridicità non è una caratteristica che viene loro attribuita da un altro ordinamento giuridico.

Analogamente, ha carattere ***originario*** ed ***autonomo*** **l'ordinamento internazionale** in quanto le *sue norme* — espressione di una "volontà collettiva" dei soggetti dell'ordinamento (una *vereinbarung* secondo Triepel) e non del "capriccio" di un singolo Stato — non desumono di certo la loro *giuridicità* e *validità* da quelle dell'ordinamento giuridico di cui ciascuno Stato è portatore. Ed alla contemporanea esistenza empirica di una pluralità di ordinamenti giuridici si ricollega il **principio della relatività delle valutazioni giuridiche** secondo il quale ciascun ordinamento giuridico dà la sua valutazione ad un medesimo fatto storico ([1]).

Ferme restando tali premesse, l'autonomia e l'indipendenza reciproca dell'ordinamento internazionale e degli ordinamenti giuridici interni degli Stati non escludono che, a certi fini, possa esistere tra di essi un rapporto di coordinazione reciproca.

Innanzitutto, *l'ordinamento internazionale è superiore al diritto interno*, come abbiamo già evidenziato in questo volume (Capp. II-III), in quanto le norme del primo ordinamento si impongono agli Stati e agli altri soggetti dell'ordinamento internazionale. E tale carattere si evidenzia considerando che diverse norme internazionali possono non implicare alcuna azione al livello del diritto interno, potendo tranquillamente vivere giuridicamente nel solo ordinamento internazionale e nei rapporti tra Stati.

Si pensi **ad esempio** al Trattato sull'Antartide del 1° dicembre 1959 (in vigore per l'Italia dal 18 marzo 1981) che congela qualunque rivendicazione di sovranità su tale continente per trent'anni. Tale norma si rivolge solo agli Stati e comporta solo obblighi negativi a carico di essi, ossia di mera astensione della giurisdizione di ciascuno su parti dell'Antartide. Non comporta dunque l'emanazione di alcuna norma di diritto interno.

Senonché, nell'ambito dell'ordinamento interno di cui ciascuno Stato è geloso custode e gestore valgono soltanto le *sue* norme (interne, appunto). In altre parole — e questo può apparire a prima vista paradossale —, *il* ***principio di superiorità del***

([1]) G. Morelli, *Nozioni di diritto internazionale*, cit., p. 73 ss..

diritto internazionale *non implica la sua immediata ed automatica applicazione nell'ordinamento interno dei singoli Stati* (2).

2. L'esempio del diritto costituzionale interno. — Anche in quei sistemi giuridici interni ove il controllo di costituzionalità è *accentrato* ma non *diffuso* (3), la superiorità di una norma costituzionale sulle altre non comporta automaticamente la sua diretta efficacia e la contemporanea disapplicazione delle altre norme di rango inferiore con essa contrastanti. Così, nessuno si stupisce se, nell'ordinamento interno di un dato Paese, un precetto costituzionale è formalmente superiore a tutte le altre norme giuridiche ma ciò, nel contempo, non impedisce all'organo legislativo (ad es. il Parlamento) di adottare una legge contraria alla Costituzione. Quella legge continuerà a produrre i propri effetti fino a quando non verrà rimossa dalla Corte Costituzionale. Così, in Italia, l'art. 136, c. 1, Cost. stabilisce che "quando la Corte dichiara l'illegittimità costituzionale...la norma cessa di avere efficacia dal giorno successivo alla pubblicazione della decisione".

3. "Sfasamento" fra la norma internazionale e la norma interna. — Come abbiamo osservato a suo luogo (*supra*, Cap. II), l'ordinamento giuridico internazionale e gli ordinamenti interni differiscono tra loro a causa di diversi elementi strutturali: *a)* la diversa *base sociale*; *b)* le *fonti* di ciascun ordinamento; *c)* il valore obbligatorio e *l'ambito di applicazione* delle rispettive norme; *d)* i *destinatari*, in quanto la qualità di destinatario è conferita dalle norme di ciascun ordinamento.

Ne segue una diversa matrice operativa delle classiche norme internazionali-interstatali rispetto alle norme interne di un dato Stato in quanto le norme internazionali in senso stretto (cioè interstatali) creano normalmente situazioni giuridiche secondo una logica *intergovernativa* e quindi *paritaria*; mentre le norme nazionali, pongono in capo ai loro destinatari situazioni giuridiche soggettive in una logica di *subordinazione* rispetto al Governo (o al legislatore) nazionale.

4. Piano espositivo. — Pur alla luce delle precedenti considerazioni, spesso accade che una norma interstatale possa e debba essere applicata all'interno di uno Stato. Occorre, tuttavia, superare due serie di ostacoli.

La prima serie di ostacoli attiene alla specifica *qualità giuridica* delle norme del diritto internazionale ed allora occorre porsi la domanda seguente: se ci si colloca dal punto di vista dell'ordinamento internazionale, è vero che quella norma internazionale (scritta o non scritta) di cui si misura l'applicazione è stata concepita per essere ***direttamente applicabile*** nel diritto interno? (Sezione I). In altre parole, e per dirla

(2) Come ha limpidamente illustrato R. Quadri (*Diritto internazionale pubblico*, cit., p. 51) "La superiorità dell'ordinamento giuridico internazionale vuol dire solamente superiore alle strutture statali, che essa le condiziona, che essa ne dispone. La superiorità del diritto internazionale, in questo senso, non esclude che una norma di diritto internazionale possa restare senza esecuzione per il fatto che lo Stato ha adottato una norma diversa, in quanto l'effettività dell'ordinamento giuridico internazionale non è la stessa di quella delle leggi naturali. Né la superiorità del diritto internazionale esclude la possibilità per lo Stato di mettere in vigore una norma contraddittoria rispetto a quelle dell'ordinamento internazionale, in quanto la struttura statale, il cui funzionamento è necessario perché la norma internazionale si traduca in norma di condotta per gli individui, può ben subire delle disfunzioni".

(3) Nel caso di controllo *diffuso*, la questione di costituzionalità può essere portata dinanzi a qualsiasi tribunale, dal più basso della gerarchia fino al più alto, dato che l'esercizio del controllo di costituzionalità è esteso all'insieme dell'apparato giurisdizionale dello Stato; nel caso, invece, in cui l'esercizio del controllo è 'accentrato', spetta ad un unico tribunale specializzato. In Italia si tratta della Corte Costituzionale.

con Christopher Greenwood, si tratta di capire *how International Law looks at Domestic Law*.

Il secondo tipo di ostacoli si coglie *invertendo la prospettiva*, ossia osservando la norma internazionale collocandosi esclusivamente dal punto di vista dell'ordinamento interno di uno Stato dato (Sezione II). Continuando con i brocardi anglofoni, si tratta di capire *how Domestic Law looks at International Law.*

Sezione I

Il "tallone d'Achille" del diritto internazionale: un effetto diretto limitato negli ordinamenti interni

5. I due significati dell'espressione "effetto diretto". — La diretta efficacia del diritto internazionale va esaminata sotto due diversi profili, a seconda che essa venga intesa in senso materiale o formale.

Nel senso materiale, l'effetto diretto del diritto internazionale si riferisce al suo contenuto, alla sua *precisione*, in una parola alla sua *qualità intrinseca*. Si tratta quindi di rispondere a questa domanda: può una norma internazionale, ***così com'è formulata***, creare in capo a singoli individui delle situazioni giuridiche attive e passive che, in quanto tali, possono essere fatte valere davanti a un giudice nazionale? Ed infatti, per ciò che concerne *le norme non scritte del diritto internazionale*, sarà estremamente difficile stabilire se una consuetudine internazionale invocata da un singolo individuo sia direttamente applicabile: quasi sempre la risposta sarà negativa, almeno per le norme consuetudinarie.

Nel senso formale del termine, invece, la efficacia diretta del diritto internazionale va riferita alle proprie *modalità di applicazione nel diritto interno*. Si tratta allora di rispondere ad un'altra domanda: in che modo il diritto internazionale diventa parte del diritto positivo interno di un dato Stato? Ne fa parte immediatamente, o dev'essere "*acquisito*", "*trasformato*", "*trasposto*" o "*recepito*" nel diritto interno, secondo procedimenti di produzione giuridica propri dell'ordinamento giuridico di quello Stato ?

6. Occorrono delle norme internazionali *chiare, precise* ed *incondizionate*. — Per aversi effetto diretto delle norme internazionali nell'ordinamento interno occorre che si tratti di norme *chiare, precise ed incondizionate*.

Una norma internazionale è sufficientemente ***chiara* e *precisa*** quando, considerata alla luce del suo scopo e del contesto in cui si inserisce, contiene un precetto sufficientemente definito per i soggetti destinatari e dunque il giudice può applicarla così com'è.

Una norma è invece ***incondizionata*** quando è suscettibile di un'applicazione immediata; quando cioè non è subordinata all'emanazione, da parte del legislatore (o del Governo) nazionale, di ulteriori atti di esecuzione o comunque integrativi del precetto internazionale.

A tale proposito, nella terminologia anglo-americana, si parla di norme internazionali "*self executing*". E, secondo quanto è stato esattamente rilevato in dottrina, "nell'ordinamento statunitense, un accordo *self executing* è un accordo pienamente operante nell'ordinamento medesimo, ma non è necessariamente suscettibile di produrre effetti diretti per gli individui" ([4]), cioè a dire che l'applicabilità interna di un trattato (ad es. da parte degli organi dello Stato) è una condizione necessaria pur se non ancora sufficiente per risolvere il connesso problema dell'***invocabilità* interna** dello stesso trattato dinanzi a un giudice nazionale e a beneficio di un dato individuo o di una data impresa.

§ 1. — *L'imprecisione del diritto internazionale*

7. Premessa. — È molto raro, anche nel nostro tempo, che il diritto internazionale scritto, sia che si tratti di diritto pattizio (ad es. un trattato) *(a)*, sia che si tratti di diritto derivato delle OIG (ad es. una risoluzione) *(b)*, dichiari espressamente *quali* tra le sue norme producano, oltre che obblighi per gli Stati, anche *effetti diretti* a favore dei soggetti privati negli ordinamenti interni delle Parti contraenti o degli Stati membri.

a) *Il diritto pattizio interstatale classico*

8. Trattati. — Se si considera il diritto internazionale pattizio "semplice" — ossia dei "trattati qualunque" — *le norme direttamente applicabili sono rare e convivono con norme* non self executing. Queste ultime sono più facilmente riconoscibili giacché indicano *un risultato* da raggiungere lasciando a ciascuno Stato la facoltà (appunto, tramite misure di diritto interno) di trovare i modi ed i mezzi più appropriati per raggiungere tale risultato.

Senonché, alcune categorie di trattati internazionali si prestano molto più di altre a una diretta applicabilità, come negli esempi che seguono.

Innanzitutto, possono avere effetto diretto le convenzioni che regolano le *relazioni economiche internazionali* quando queste includano la *clausola della Nazione più favorita*, che ha per scopo, come è stato riconosciuto dalla CIG nel *caso dei cittadini americani in Marocco*, "di assicurare e di mantenere l'uguaglianza fondamentale, senza discriminazioni, tra i cittadini di tutti gli Stati interessati" ([5]). Del pari, le ***convenzioni di stabilimento*** hanno come scopo quello di consentire *ai soggetti privati* di fissare il centro della propria attività economica, nel territorio di uno Stato contraente diverso da quello di origine e di appartenenza per cittadinanza ([6]). Anche la clausola del "trattamento nazionale" è, *ex natura rerum*, provvista di effetto diretto nella misura in cui abbia come risultato quello di offrire agli stranieri gli stessi diritti e privilegi di cui godono i cittadini dello Stato territoriale. Così ancora i *trattati bilaterali o multilaterali in materia di* **investimenti diretti esteri**, o ancora *le* ***convenzioni per evitare le doppie imposizioni fiscali*** con i quali gli Stati contraenti regolano l'esercizio della propria potestà impositiva al fine di eliminare le doppie imposizioni sui redditi e/o sul patrimonio dei rispettivi residenti a loro beneficio. Nella medesima ottica si annoverano i numerosi **trattati di protezione dei diritti umani**, sia a portata universale sia, *a fortiori*, ad ambito di applicazione regionale, a partire dalla **CEDU**.

Infine, vanno menzionate le ***convenzioni di diritto uniforme***, assai numerose in materia di diritto del commercio internazionale (vendita internazionale, trasporti ecc.)

([4]) P. Picone, A. Ligustro, *Diritto dell'Organizzazione mondiale del commercio*, Padova, Cedam, 2002, p. 543.

([5]) In *Rec.*, 1952, p. 192.

([6]) *Supra*, Cap. XIV.

e che, nel loro ambito di applicazione, pur rivolgendosi agli Stati, *regolano direttamente dei contratti stipulati tra privati* una volta entrate in vigore nei rispettivi ordinamenti nazionali. E a tale riguardo occorre verificare sempre attentamente l'ambito di applicazione di ciascuna convenzione di diritto uniforme in quanto non è detto che si applichi solo ai cittadini degli Stati contraenti. Così, ad es., la Convenzione di Vienna del 1980 in materia di vendita internazionale si applica automaticamente, *inter alia*, ad ogni contratto di vendita di beni mobili concluso tra soggetti privati (a prescindere dalla loro cittadinanza) la cui *sede d'affari* si trova in Stati in cui la CISG è in vigore ([7]).

In tale prospettiva, il ruolo dei giudici interni diviene fondamentale, sia per garantire l'*interpretazione uniforme* di una *convenzione di diritto uniforme*, sia per riuscire ad amalgamare le norme internazionali dotate di effetto diretto con le norme nazionali ([8]).

9. Il diritto interstatale pattizio costitutivo di una OIG. — Anche con riferimento alle Carte costitutive di OIG, si deve osservare la mancanza di informazioni circa quali norme producano *effetti diretti*. La Carta dell'ONU, ad esempio, nulla dice al riguardo, ad eccezione degli artt. 104 e 105 riguardanti i privilegi e le immunità di cui beneficia l'ONU nel territorio dei suoi Stati membri: si tratta di disposizioni che possiedono il carattere dell'"immediatezza" pur avendo un contenuto assai impreciso.

Diversamente, gli artt. 101 e 102 TFUE relativi alle pratiche commerciali restrittive e agli abusi di posizione dominante, sono assai precisi e la Corte di giustizia UE ha confermato, da tempo, la loro diretta applicabilità.

Nel caso del FMI solo due norme hanno diretta efficacia negli ordinamenti giuridici degli Stati membri. La prima è la norma di cui all'art. 9 che riguarda le immunità e i privilegi di cui beneficia il Fondo sul territorio degli Stati membri. La seconda norma è il famoso art. VIII, Sez. II, lett. *b*, che riconosce un effetto extraterritoriale ai controlli di cambio degli Stati membri, a condizione che siano conformi allo Statuto del Fondo ([9]).

b) *Il diritto derivato delle OIG*

10. — Le OIG, come si è detto, dispongono in qualche caso di un vero e proprio potere "normativo" internazionale (c.d. *Law making power*). In alcuni casi, le carte costitutive delle OIG prevedono che alcuni atti abbiano diretta applicabilità. È il caso dell'OMS/WHO ([10]) e, soprattutto, dell'UE, ove il già richiamato art. 288 TFUE precisa che "[i]l regolamento ha portata generale. Esso è obbligatorio in tutti i suoi elementi e direttamente applicabile in ciascuno degli Stati membri... La decisione è obbligatoria in tutti i suoi elementi. Se designa i destinatari è obbligatoria soltanto nei confronti di questi".

([7]) In arg. si rinvia a F. MARRELLA, *Manuale di diritto del commercio internazionale*, Pref. di A. GIARDINA, 2 ed., Padova, Cedam-WKI, 2020, p. 225 ss..

([8]) Cfr. art. 7 della CISG: "Nell'interpretazione della presente Convenzione si deve aver riguardo al suo carattere internazionale e alla necessità di promuovere l'uniformità della sua applicazione e l'osservanza della buona fede nel commercio internazionale. — 2. Le questioni concernenti materie disciplinate dalla presente Convenzione che non sono espressamente risolte da essa devono essere risolte in conformità con i principi generali sui quali essa si basa ovvero, in mancanza di tali principi, in conformità con la legge applicabile in virtù delle norme di diritto internazionale privato".

([9]) F. MARRELLA, *Manuale di diritto del commercio internazionale*, cit., p. 488 ss..

([10]) Artt. 21 e 22.

Spetta dunque al *giudice* (nazionale, della UE o internazionale) adito riconoscere l'efficacia diretta di tali norme. È chiaro che una simile operazione non è priva di rischi: i giudici di alcuni Stati potrebbero attribuire a una certa norma effetti diretti ed altri, in un altro Stato, o addirittura nello stesso Paese, potrebbero pervenire a soluzioni opposte.

§ 2. — *Una costruzione giurisprudenziale*

11. Un'idea statunitense. — In origine, è stata la Corte Suprema degli Stati Uniti ad avanzare la tesi secondo cui il diritto internazionale gode di diretta efficacia nell'ordinamento interno senza la necessità di una legislazione di "trasposizione" o di "adattamento". Da allora questa soluzione è diventata pressoché universale ed è stata ripresa sia da tribunali nazionali sia da tribunali internazionali quali la Corte di giustizia UE.

a) *La giurisprudenza statunitense e le norme* self executing

12. La sentenza *Foster ed Elam* del 1829. — La Corte Suprema USA riconobbe per la prima volta nel 1829, nel *caso Foster ed Elam, v. Neilson (2)*, Pet. 253 (US 1829), che le norme di diritto internazionale pattizio avevano diretta efficacia nel diritto interno statunitense senza bisogno di un atto legislativo di trasposizione o di recepimento (11).

La controversia aveva ad oggetto un trattato del 22 febbraio 1819 tra gli Stati Uniti e la Spagna con cui quest'ultima cedeva la Florida agli Stati Uniti. L'art. 8 riguardava le donazioni di terre fatte dal Re di Spagna prima del 24 gennaio 1818 e stabiliva che gli individui titolari di diritti di proprietà li avrebbero mantenuti come tali. Orbene, si trattava di una norma che conferiva diritti agli individui in possesso di titoli di proprietà "validi" oppure di una norma che creava obblighi solo tra il Governo statunitense e quello spagnolo nel senso che il primo era tenuto a confermare per via legislativa le concessioni effettuate dal secondo? La Corte Suprema, presieduta dal celebre giudice Marshall, ritenne che la norma fosse *self-executing* e che il Congresso non dovesse adottare una legge *ad hoc* per attuarla. In quell'occasione, la Corte enunciò i criteri per stabilire la diretta efficacia di un trattato nell'ordinamento interno: "[u]n trattato è, per sua natura, un contratto tra due Nazioni, non un atto legislativo". Negli Stati Uniti, secondo la Costituzione, un trattato fa parte della "Law of the land". *Di conseguenza*, secondo Marshall, *un trattato deve essere considerato dai tribunali come equivalente ad un provvedimento di legge*, ogniqualvolta esso produca i propri effetti senza richiedere un ulteriore intervento legislativo (12). Al contrario, quando ciascuno degli Stati contraenti si impegna ad adottare un atto particolare, allora il trattato è diretto ai governi e non ai tribunali (***the treaty speaks to the Government***) e spetta al legislatore attuare il trattato prima che esso possa essere invocato dinanzi al giudice interno.

In altre parole, il carattere *self-executing* di una norma di un trattato *è determinato dai giudici stessi nei casi in cui il trattato internazionale non si pronunci altrimenti.*

---

(11) V. in generale su tale questione J.J. PAUST, *Self-executing Treaties*, in *AJIL*, 1988, p. 760.

(12) Tale principio è stato recentemente confermato dalla stessa Corte nella sentenza *Sosa v. Alvarez-Machain*, 542 U.S. 692 (2004).

I criteri individuati dal giudice Marshall sono i seguenti:

— il trattato è ***incompleto*** se richiede alle Parti contraenti l'adozione di una legislazione appropriata o se necessita per la sua applicazione dell'intervento del legislatore interno. In tal caso, il trattato non è "*self executing*". Così, ad esempio, i trattati che prevedevano dei pagamenti forfettari a seguito di nazionalizzazione (*lump sum agreements*) rimanevano privi di effetti fintantoché non venivano attuati tramite una legge speciale che regolava i pagamenti da fare ai singoli interessati.

— Un trattato è ***completo*** se non è necessario alcun intervento dello Stato con riferimento al proprio ordinamento interno (*the treaty speaks to the Court*). È questo il caso, ad esempio, dei trattati di commercio o di stabilimento che contengono la clausola della Nazione più favorita o dei trattati che accordano agli stranieri il "trattamento nazionale" in materia commerciale. Certo, le clausole di tali trattati possono differire nella loro estensione, assumendo, a volte, un tenore assai generale; ma altre volte, possono concretizzarsi specificandosi nell'indicazione analitica dei singoli diritti assicurati alle persone fisiche e giuridiche che ne sono oggetto.

13. La sentenza *Fuji* del 1950 sulla Carta ONU. — Così, nel caso *Fuji c/ California* ([13]) la Corte Suprema della California ritenne che *le disposizioni della Carta ONU sui diritti umani* ([14]) *non fossero self-executing*. Per arrivare a questa conclusione, la Corte Suprema della California si basò sull'intenzione delle Parti contraenti della Carta di San Francisco: "*Le disposizioni della Carta, richiedendo la cooperazione (dei suoi Membri) per la promozione e l'osservanza delle libertà fondamentali non presentano i caratteri di obbligatorietà e precisione che indicherebbero un'intenzione di creare, dal momento della ratifica, diritti che i singoli possano fare valere in giudizio. Al contrario, si presentano come una promessa di azione futura per gli Stati membri*" ([15]).

14. (*segue*) Risoluzioni del CdS ONU e sentenze della CIG. — La Corte d'appello degli Stati Uniti (Secondo Circuito federale), ha seguito lo stesso ragionamento con riferimento ad *una risoluzione del Consiglio di sicurezza dell'ONU* ([16]). Nel caso di specie si trattava della Ris. n. 301 del Consiglio di sicurezza adottata nel 1971, con il voto favorevole anche degli Stati Uniti, che richiedeva agli Stati membri dell'ONU di astenersi da qualsiasi azione che implicasse il riconoscimento della legittimità della presenza del Sud Africa nel sud-ovest africano (Namibia). Alla luce dei criteri fissati dalla Corte Suprema nel caso *Foster et Elam c. Neilson*, la Corte affermò che: "*[p]rovvedimenti di questa natura non si rivolgono ai tribunali*. Essi *non conferiscono alcun diritto agli individui*; *si rivolgono ai Governi* affinché questi adottino determinate misure; non conferiscono ai cittadini uti singuli diritti suscettibili di essere applicati dai tribunali nazionali americani" (nostra traduzione e corsivo aggiunto). In applicazione dei medesimi canoni interpretativi, nella sentenza del 25 marzo 2008, *Medellin v. Texas*, la Corte Suprema, richiamando la propria giurisprudenza, finì col negare efficacia diretta persino alle *sentenze* della CIG, proprio in quanto tali sentenze risultano vincolanti per i soli Stati in causa.

b) *Il "modello" della giurisprudenza della Corte di giustizia dell'Unione Europea*

15. *Applicabilità diretta* ed *efficacia diretta di una norma UE*. — La materia della diretta applicabilità e della diretta efficacia del diritto dell'UE nel diritto interno degli Stati membri forma oggetto di una vasta letteratura specialistica e di un corso

(13) 217 P. 2d 481 (1950); 38, cal. 2d 718; 242 P. 2d 617 (1952).

(14) Artt. 1, 55 e 56.

(15) V. anche *Frolova v. U.S.S.R.*, 761 F. 2d 370, in *AJIL*, 1985, p. 1057. Corsivo aggiunto.

(16) V. il caso *Diggs c/Richardson* del 17 dicembre 1976, 555, F.2d. 848.

universitario di diritto UE ad essa dedicata. Qui, ci limiteremo ad osservare che, in origine, il Trattato di Roma del 1957 menzionava in modo vago solo la *diretta applicabilità* di alcuni atti di diritto derivato ([17]). Ma la Corte di giustizia UE ha successivamente affinato tale concetto distinguendo *l'applicabilità diretta* dall'*effetto diretto* di alcune norme del diritto UE.

L'***applicabilità diretta*** è una caratteristica specifica di alcune norme UE (tipicamente dei regolamenti e delle decisioni) *espressamente stabilita dal Trattato* stesso (v. l'art. 288) e quindi, gli Stati Membri non possono mettere in atto alcuna forma di recepimento o condizionarne l'applicazione mediante la pubblicazione nella Gazzetta Ufficiale nazionale. L'***efficacia diretta*** è, invece, una qualità intrinseca di una data norma dell'Unione appartenente ad una categoria diversa da quelle aventi applicabilità diretta e che pertanto deve essere accertata caso per caso dal giudice nazionale.

16. (*segue*) I criteri adottati dalla Corte di giustizia UE. — La Corte di giustizia ha enunciato i fondamentali principi del primato e della *diretta efficacia del diritto comunitario* nel celebre caso ***Van Gend en Loos*** ([18]). Secondo la Corte, una norma di diritto comunitario provvista di effetto diretto è destinata a "creare diritti che entrano a far parte del... patrimonio giuridico" dei singoli. E per accertare "se le disposizioni di un trattato internazionale abbiano tale valore, si deve aver riguardo allo *spirito*, alla *struttura* ed al *tenore* di esso" (pag. 22, corsivo aggiunto). Inoltre, la norma, da un punto di vista formale, deve essere formulata in modo "*chiaro*". Infine, deve essere una norma "*incondizionata*", nel senso che l'attuazione della stessa non deve richiedere alcun atto del legislatore interno di uno Stato membro.

In base a tali criteri, la Corte di giustizia ha concluso che tali fossero alcune norme dei Trattati (diritto primario) e di diritto derivato. Ha inoltre indicato che persino una *Direttiva*, atto che per sua natura richiede un intervento del legislatore degli Stati membri, può, in alcune circostanze, essere provvista di effetto diretto (caso *Franz Grad* ([19])). La Corte di giustizia UE ha poi proclamato l'effetto diretto "verticale" — ma non "orizzontale" — delle direttive nella sentenza del 22 giugno 1989 ([20]) seguita da una copiosa giurisprudenza. Oggi, possono avere efficacia diretta le Direttive "scadute", ossia per le quali siano decorsi i termini di attuazione indicati dal legislatore dell'Unione nonché quelle che sono state solo parzialmente trasposte in diritto interno. Ma tale **efficacia diretta** è solo ***verticale*** (attiene alla situazione giuridica del privato) e non ancora ***orizzontale*** (non può cioè essere fatta valere da un privato contro un altro privato in un processo dinanzi al giudice interno). Va comunque segnalato che, recentemente, la Corte di giustizia ha elasticizzato tale distinzione ammettendo che "[è] compito del giudice nazionale assicurare la piena efficacia del principio generale di non discriminazione in ragione dell'età disapplicando ogni contraria disposizione di legge nazionale, e ciò perfino qualora il termine di recepimento della detta direttiva non sia ancora scaduto". A rigore, però, non si tratta di

---

([17]) V. ora art. 288 TFUE.

([18]) Corte di giustizia, 5 febbraio 1963, Causa 26/62, in *Rec.*, 1963, p. 3, concl. ROEMER.

([19]) Corte di giustizia, 6 ottobre 1970, Causa 9-70, in *Rec.*, 1970, p. 825.

([20]) Corte di giustizia, 22 giugno 1989, Causa C-103/88, *Fratelli Costanzo Spa c. Comune di Milano*, in *Rec.*, p. 1839.

un'applicazione orizzontale della direttiva bensì dell'applicazione immediata di un principio generale di diritto UE iscritto nella Carta dei diritti fondamentali UE ([21]).

17. Un'analisi trasponibile dal diritto UE al diritto internazionale pattizio. — Le osservazioni appena presentate vanno ricollegate all'analisi che la Corte di giustizia ha compiuto con riferimento alla diretta efficacia dei trattati conclusi dall'Unione europea. Ben presto, infatti, la Corte si è trovata ad esaminare se una norma del GATT fosse "*self-executing*" ([22]). A tale scopo, la Corte di giustizia analizzò "lo spirito, l'economia e i termini" del GATT per decidere se l'art. XI del trattato fosse direttamente applicabile. La Corte, tuttavia, ritenne che alcuni elementi — quali la flessibilità delle disposizioni dell'accordo, le possibilità di deroga, il sistema quasi-giurisdizionale di soluzione delle controversie — dimostravano che l'art. XI dell'Accordo generale non era di natura tale da creare dei diritti soggettivi che i cittadini degli Stati membri potevano far valere in giudizio.

La Corte, a nostro parere erroneamente, ha successivamente confermato la sua analisi con riguardo all'OMC/WTO, il cui regime giuridico è però profondamente e qualitativamente diverso da quello posto dal GATT nel 1947 ([23]).

Siffatta conclusione, peraltro, stride con quelle raggiunte dalla stessa Corte di giustizia a proposito di alcuni accordi commerciali conclusi con gli Stati terzi ove ritenne che alcune norme della Convenzione di Yaoundé tra l'allora Comunità europea ed un certo numero di Stati africani *fossero direttamente applicabili* ([24]). Ancora, nel caso *Kupferberg* ([25]), la Corte confermò tali conclusioni in esito ad un esame in tre fasi: *la natura e l'economia dell'accordo in questione*, il suo *contesto* e infine *i termini utilizzati nell'accordo* ([26]).

Nonostante tutto, ci pare che le tecniche interpretative sviluppate dalla Corte in questa vasta materia possano servire da modello sia per i tribunali nazionali sia per quelli internazionali.

Sezione II

La scarsa adeguatezza degli ordinamenti interni alla diretta efficacia del diritto internazionale

18. Premessa. — *Il diritto internazionale non regola le modalità di applicazione delle proprie norme nell'ordinamento giuridico di ciascuno Stato* (1). Gli Stati, come

([21]) Corte di giustizia (Grande sez.), 22 novembre 2005, Causa C-26/62, *Mangold*, ECLI:EU:C:2005:709. In argomento cfr. L. Daniele, *Diritto dell'Unione europea*, 7 ed., cit., p. 271 ss. ove riferimenti.

([22]) Corte di giustizia, 12 dicembre 1972, Causa 21-24/72, *N.V. International Fruit Company*, in *Rec.*, 1972, concl. Mayras. La medesima impostazione si ritrova nel "caso delle banane" in cui la Corte di giustizia concluse che le norme del GATT non potevano essere invocate direttamente dai singoli dinanzi al giudice UE. Corte di giustizia, 5 ottobre 1994, Causa C-280/1993, *Germania c. Consiglio*, in *Rec.*, I, p. 4973.

([23]) Per esempio, la pronuncia nella Causa C-149/96 *Repubblica Portoghese c. Consiglio dell'Unione Europea*, 22 novembre 1999, in *Rec.*, p. 8395. In argomento cfr. D. Carreau, P. Juillard, R. Bismuth, C. Hamann, *Droit international économique*, cit., nonché F. Marrella, "Tutela dei singoli e diritto dell'Organizzazione mondiale del commercio", in *Contratto e impresa*, 2003, pp. 49-99.

([24]) Corte di giustizia, 5 febbraio 1976, Causa C-87/75, in *Rec.*, 1976, p. 129.

([25]) Corte di giustizia, 26 ottobre 1982, Causa C-104-81, *Kupferberg & Cie KG*, in *Rec.*, 1982, p. 3641.

([26]) V. J. Groux e Ph. Manin, *Les Communautés européennes dans l'ordre international*, Lussemburgo, Ufficio delle pubblicazioni della Comunità europea, 1984, pp. 122-127.

abbiamo indicato, provvedono all'adattamento del diritto interno al diritto internazionale secondo modalità proprie (2). Pertanto, questa volta osserveremo il diritto internazionale calandoci all'interno dell'ordinamento giuridico degli Stati valutando, secondo la già citata espressione inglese, *how Domestic Law looks at International Law*.

§ 1. — *Il silenzio del diritto internazionale circa le modalità della sua diretta attuazione nell'ordinamento interno dei singoli Stati*

19. Le ragioni. — Le ragioni del silenzio del diritto internazionale circa la sua attuazione nel diritto interno dei singoli Stati sono legate, oltre che all'evoluzione storica della sua struttura, anche a ragioni di carattere logico.

Storicamente, il diritto internazionale era quasi esclusivamente costituito da norme non scritte. E le norme non scritte difettano, in linea di principio, di quella precisione sufficiente affinché esse possano applicarsi direttamente nell'ordinamento interno dei singoli Stati.

Del pari, sul *piano logico*, era difficile, se non impossibile per il diritto internazionale di un tempo, imporre agli Stati delle regole comuni circa le sue modalità di applicazione negli ordinamenti interni. Si sarebbe trattato di un'ingerenza inaccettabile negli affari interni di ciascuno Stato.

Quindi, *il diritto internazionale si limita ad affermare la propria superiorità sul diritto interno degli Stati e lascia agli Stati la libera scelta dei mezzi per assicurarne l'attuazione*: sono quindi gli Stati a dovere assicurare il primato del diritto internazionale nel proprio ordinamento giuridico interno a pena della loro responsabilità internazionale.

20. Le tecniche di adattamento dell'ordinamento statale al diritto internazionale. — Alla luce delle premesse di cui sopra, ogni Stato tende spontaneamente a configurare il proprio ordinamento interno in maniera tale che le sue norme non siano contrarie ai propri obblighi internazionali. Si deve infatti presumere che l'ordinamento giuridico di ciascuno Stato sia orientato all'adempimento degli obblighi internazionali derivanti dalla partecipazione del medesimo Stato alla vita di relazione internazionale.

Ma allorquando ci sia un disallineamento tra la norma internazionale e quella interna occorre che lo Stato intervenga nel proprio ordinamento per ristabilire l'armonia con l'ordinamento internazionale ed evitare la responsabilità internazionale. Tale intervento dello Stato, che prende il nome di **adattamento del diritto interno al diritto internazionale,** è dovuto a due ragioni concrete.

La prima è che una norma internazionale talvolta impone ad uno Stato di emanare, modificare o abrogare determinate norme giuridiche interne.

La seconda ragione è che, anche in relazione a norme internazionali che attribuiscono ad uno Stato l'obbligo o la *facoltà* di compiere attività diverse da quella di produzione di norme giuridiche, può manifestarsi la necessità di modificare l'ordinamento giuridico preesistente.

21. Procedimento ordinario. — Nel ***procedimento ordinario*** (o con riformulazione) ciascuno Stato utilizza gli ordinari procedimenti di produzione giuridica per adattare il proprio ordinamento interno alle norme di diritto internazionale. Si tratta, in pratica, di emanare una *norma statale (costituzionale o legislativa od amministrativa)* *riproduttiva della norma internazionale* che, per forza propria, produca gli effetti voluti nell'ordinamento interno. Così facendo, però, si possono avere due problemi: il primo, è che una norma internazionale assume, nell'ordinamento interno di uno Stato, il **rango della propria norma di attuazione** e quindi può essere derogata da una norma successiva dello stesso ordinamento (*lex posterior derogat priori*); il secondo, è che la *norma nazionale riproduce quella internazionale* ma vive di vita (giuridica) propria: **il rinvio è infatti recettizio** in quanto si concretizza nel travaso *una tantum* della norma internazionale nella norma dell'ordinamento nazionale perdendo così ogni "cordone ombelicale" (anche se l'*intentio legis* rileva a fini interpretativi). Ciò, concretamente, significa che le vicende della vita giuridica della norma internazionale (creazione, entrata in vigore, invalidità, caducazione ecc.) — le quali, ovviamente, si manifestano solo nell'ordinamento internazionale — non incidono sulla norma nazionale di attuazione la quale continua a vivere di vita propria nell'ordinamento giuridico interno di uno Stato. Del resto proprio a causa della "riformulazione" della norma internazionale, un po' come accade per la replicazione dei virus, potrebbe accadere persino che la norma interna riproduttiva sia scritta in modo difforme dalla norma internazionale.

22. Procedimento speciale. — Alla luce delle suddette considerazioni è chiaro perché il ***procedimento speciale di adattamento*** sia quello preferibile. I procedimenti speciali di adattamento sono quello dell'***adattamento automatico*** e quello dell'*ordine di esecuzione di un trattato*. Nel primo caso, come diceva Nino Cassese, "una norma interna (di rango costituzionale, oppure contenuta in una legge ordinaria o, nei sistemi di *Common Law*, stabilita da decisioni giudiziarie), una volta per tutte, impone agli organi dello Stato e a tutti gli individui presenti sul territorio di applicare le norme presenti e future di diritto internazionale" ([27]). Come vedremo, tra breve, è la soluzione che l'ordinamento italiano ha previsto per l'adattamento alle consuetudini internazionali.

Nel secondo caso, il legislatore statale emana un **atto *ad hoc***, un **ordine di esecuzione** tramite il quale ordina "piena ed intera esecuzione" di un dato trattato e rinvia — si tratta di **rinvio non recettizio** giacché "la norma internazionale, a cui si fa riferimento, rimane tale e non viene assunta nell'ordinamento interno" ([28]) — a quest'ultimo senza riformulazione. In tal modo, le vicende del trattato sul piano internazionale si riflettono automaticamente nell'ordinamento interno tramite, appunto, il rinvio contenuto nell'ordine di esecuzione (anch'esso contenuto in una legge costituzionale, od ordinaria o in un atto amministrativo).

§ 2. — *L'ordinamento giuridico nazionale come freno all'applicazione del diritto internazionale: uno sguardo comparatistico*

23. I modelli teorici: monismo e dualismo degli ordinamenti giuridici. Un breve *excursus*. — Dagli inizi del '900, la dottrina ha studiato in modo approfondito i rapporti tra ordinamenti giuridici giungendo a risultati di grande valore teorico a cui conviene fare un rapido cenno. In particolare, è utile visualizzare la distinzione tra concezioni moniste e dualiste.

([27]) A. Cassese, *Diritto internazionale*, 3ª ed., cit., p. 325.

([28]) G. Morelli, *Nozioni di Diritto internazionale*, 7ª ed., cit., p. 83 s..

Secondo **la concezione monista** si tende a ridurre ad unità l'ordinamento internazionale e gli ordinamenti interni dei singoli Stati in nome dell'unità del Diritto e di dottrine giusnaturalistiche (o teologiche) che presuppongono l'esistenza di norme universali accolte e comprese in egual modo da tutta l'umanità (o dettate da Dio agli esseri umani). Muovendo da tale assunto, che è quello più antico nella nostra materia (già tardo-medievale) ma che ha ricevuto una moderna sistemazione ad opera della scuola di Vienna (principalmente HANS KELSEN ([29]) e ALFRED VERDROSS ([30])) si postula la supremazia del diritto internazionale sui sistemi giuridici nazionali per giungere alla conclusione che esiste un unico megaordinamento giuridico, fondato su una fantasmatica *grundnorm* a partire dalla quale si collocano, secondo uno schema piramidale, prima le fonti dell'ordinamento internazionale e dopo quelle degli ordinamenti interni. Se così fosse, ne seguirebbe che, ad es. l'ordinamento italiano o quello degli Stati Uniti e della Cina, *al pari delle proprie norme*, sarebbero degli ordinamenti derivati da un unico ed impalpabile diritto originario sovranazionale di cui però non si capisce chi sia il creatore. Dunque, qualunque norma internazionale finirebbe con il poter "atterrare" nell'ordinamento giuridico di ciascuno Stato (in Italia, in Cina, negli USA) non esistendo alcuna "camera di compensazione" rispetto alla *norma aliena*.

Già da questi pochi cenni, appare evidente l'eccessiva astrazione di tale impostazione che non è mai stata in grado di spiegare la realtà dei rapporti tra ordinamenti giuridici, la diversa origine delle varie norme, il loro coordinamento e persino la loro violazione. Per ironia della sorte, nella stessa epoca in cui Kelsen propugnava le sue teorie, in Europa si affermava il nazifascismo e, con esso, anche su impulso dell'internazionalista tedesco CARL SCHMITT ([31]), un'opposta teoria, quella del **monismo con primato del diritto interno**. Secondo tale impostazione, esiste una supremazia del Diritto ma è quella del *diritto nazionale* sul *diritto internazionale* che, altro non è se non il "diritto pubblico esterno" di uno Stato-potenza. In tale prospettiva, il diritto internazionale diviene mera espressione della politica estera unilaterale e di potenza di ciascuno Stato; ogni argomento basato sull'esistenza di una comunità internazionale dotata di proprie regole e di meccanismi tecnico-giuridici viene a cadere in secondo piano e diviene oggetto di mera convenienza politica contingente come ancor oggi insegnano alcuni studiosi di politica internazionale ignari dei rigurgiti di tale vetusto approccio nazionalista.

Senonché, tra i due estremi appena identificati si colloca **la concezione dualista** (*rectius* **pluralista**) e positivista degli ordinamenti giuridici, a cui si rifà la moderna dottrina e la giurisprudenza italiana a partire dalle classiche e fondamentali indagini di HEINRICH TRIEPEL in Germania nel 1899 e di DIONISIO ANZILOTTI del 1905 (nonché SANTI ROMANO). Anzilotti sviluppa un moderno metodo di indagine scientifica giusinternazionalistica basata rigorosamente sul diritto positivo (a prescindere dal "diritto di natura, inteso come un diritto preesistente e trascendente ogni realtà empirica, dedotto dall'essenza invariabile dell'umana natura") e sull'esigenza di ricostruire in

([29]) H. KELSEN, "Théorie générale du droit international public", in *RCADI*, v. 42, 1932, pp. 117-352; ID., "Théorie du droit international public", ivi, v. 84, 1953, pp. 1-203.

([30]) A. VERDROSS, "Le fondement du droit international", in *RCADI*, v. 16, 1927, pp. 247-323; ID., "Règles générales du droit international de la paix", ivi, v. 30/V, 1929, p. 251 ss..

([31]) C. SCHMITT, *Il Nomos della terra. Nel diritto internazionale dello 'jus publicum europaeum'*, [1974] tr. it., Adelphi, Milano, 1991.

modo rigoroso il sistema delle norme internazionali sulla base di una "distinzione netta tra il diritto posto da una volontà normatrice che obbliga per il solo fatto che è posto da tale volontà (diritto positivo), e quel complesso di principi o esigenze ideali che la coscienza sociale afferma desumendoli dalla natura umana e dalla costituzione delle cose in relazione ai fini della convivenza (giustizia o, se vuolsi, diritto naturale)" ([32]). Oggetto del lavoro dell'internazionalista è dunque il *diritto positivo* in tutte le sue manifestazioni; il suo compito è determinare e spiegare le norme vigenti, ordinandole nella *forma logica* di un *sistema*. Ne segue che i problemi *de lege lata* vanno tenuti rigorosamente distinti da quelli *de lege ferenda* e dai "desideri normativi" di alcuni studiosi che talvolta sono vittime di allucinazioni.

Orbene, come aveva già indicato Triepel, le norme di diritto internazionale positivo come quelle di tutti gli ordinamenti traggono origine da un ***atto di volontà***. Se nel ***diritto interno*** la volontà originaria rilevante è quella del *Sovrano*, personificato nello Stato e superiore a tutti gli altri enti del proprio ordinamento giuridico, risulta evidente che in ***diritto internazionale***, data la mancanza di un ente superiore agli Stati in esso consociati, il punto di partenza è radicalmente distinto ed è quello che fa capo ad una diversa *societas*, la *Comunità degli Stati*, che per il fatto stesso di esistere esprime una propria volontà (*Vereinbarung*) e dunque un proprio *ius*: il diritto internazionale. In tale prospettiva, diritto interno e diritto internazionale costituiscono due ordinamenti giuridici originari e indipendenti, separati e distinti; in qualche modo astrattamente *paralleli*.

Pertanto, al fine di poter essere immesse nell'ordinamento interno di uno Stato, è evidente e necessario che le norme dell'ordinamento internazionale vengano "recepite" o comunque *trasformate* in *norme giuridiche interne* attraverso appositi meccanismi e procedure liberamente stabiliti dallo Stato ed appartenenti al *suo* ordinamento giuridico.

24. La prassi degli Stati. — Ferme restando le suddette opzioni teoriche e posto che, anche nell'impostazione dualistica si ammette la supremazia del diritto internazionale ([33]), risulta evidente che, ai fini dell'adattamento, non esiste un'unica soluzione bensì tante soluzioni nazionali quanti sono gli Stati, i quali articolano l'adattamento del loro ordinamento interno alle norme internazionali secondo soluzioni monistiche o dualistiche ed in funzione del carattere: consuetudinario *(a)* o pattizio *(b)* di tali norme.

a) *L'adattamento del diritto interno al diritto internazionale consuetudinario*

25. Premessa. — L'applicazione del diritto internazionale non scritto nel diritto interno è di certo la questione più complicata. Ciò è dovuto al carattere proprio della consuetudine internazionale, una norma non scritta il cui contenuto è spesso poco preciso e che, vivendo sul piano intergovernativo, assai raramente si indirizza all'interno degli ordinamenti statali.

26. Prassi costituzionale degli Stati. — Per le medesime ragioni, la Costituzione

([32]) V. per tutti D. ANZILOTTI, *Corso di diritto internazionale*, pref. di T. PERASSI, I, 4 ed., Padova, Cedam, 1955, p. 16 ss..

([33]) T. TREVES, *Diritto internazionale*, cit., p. 648 ss..

di ciascuno Stato affronta tale problema tramite espressioni assai vaghe ([34]). Il dato costante è però quello per cui il diritto internazionale consuetudinario e i principi generali di diritto non sono trasposti o recepiti mediante un atto legislativo nazionale *ad hoc*, a differenza di quanto accade per i trattati internazionali. Lo *jus cogens* non viene specificamente menzionato ma viene comunque assimilato alle consuetudini internazionali.

A titolo esemplificativo, si può citare la formula utilizzata nel *Preambolo della **Costituzione francese** del 27 ottobre 1946*, secondo il quale: "[l]a Repubblica francese, fedele alle sue tradizioni, si conforma alle norme del diritto internazionale pubblico". Allo stesso modo, l'art. 7 della ***Costituzione spagnola*** del 1931 prevedeva che "[l]o Stato spagnolo osserverà le norme universali del diritto internazionale incorporandole nel proprio diritto nazionale".

Un po' più dettagliata è la norma di cui all'art. 25 della Legge fondamentale del 1949 della **Repubblica Federale Tedesca** ove si dispone che: "[l]e regole generali del diritto internazionale fanno parte integrante del diritto federale. Esse prevalgono sulle leggi e fanno sorgere direttamente diritti ed obblighi per gli abitanti del territorio federale". Tale norma va letta alla luce dell'art. 100, § 2, punto 31: "[i]l giudice interno può rifiutare l'applicazione delle regole contrarie al diritto internazionale comune".

A propria volta, in molti Paesi di **Common Law**, a partire dal **Regno Unito**, si utilizza la formula, altrettanto vaga, enunciata da Blackstone nei suoi "Commentari" del 1765 secondo la quale — "*International Law is part of the Law of the land*". Ma, ancora una volta, non si spiegano quali siano i concreti meccanismi di adattamento; il coordinamento della norma internazionale con le norme interne; il rango del diritto internazionale nella gerarchia delle fonti nazionali e la sua eventuale invocabilità dinanzi al giudice nazionale.

Il panorama normativo non migliora nemmeno con riferimento alle Costituzioni più recenti. Così, la nuova ***Costituzione russa*** del 1993 prevede all'articolo 15, c. 4, che "i principi generalmente riconosciuti e le norme del diritto internazionale... fanno parte del sistema giuridico" nazionale. Formulazioni analoghe si riscontrano nelle costituzioni di molti Stati ex-socialisti dell'Europa centrale e orientale.

In **Cina**, la posizione delle consuetudini internazionali appare incerta ([35]).

b) *L'adattamento del diritto interno ai trattati internazionali*

27. — Con riferimento all'adattamento del diritto interno ai trattati internazionali, l'esame della prassi rivela dei peculiari ostacoli di tipo "costituzionale" (1); di tipo "giudiziale" (2); e di tipo "amministrativo" (3).

1. — Gli ostacoli costituzionali

28. Tipologia. — Tali ostacoli si manifestano in modo evidente in caso di contrasto tra un trattato e la Costituzione nazionale o tra un trattato e una legge nazionale posteriore.

([34]) In arg. v. i riferimenti dottrinali indicati all'inizio di questo capitolo.

([35]) V. E. Stein, *International Law in Internal Law: toward internationalization of Central-Eastern European Constitutions*, in *AJIL*, 1994, pp. 445-446; P. Rossi, "L'adattamento al diritto internazionale nell'ordinamento giuridico della Repubblica Popolare Cinese", *Riv. dir. int.*, 2016, p. 425 ss.

a) ***L'assenza di ostacoli: la superiorità del diritto internazionale secondo la Costituzione nazionale***

29. La soluzione olandese e nel BENELUX. — La Costituzione del Regno d'Olanda contiene la soluzione più favorevole al diritto internazionale pur se appare completamente isolata nel panorama comparatistico. Nel testo attualmente in vigore, l'art. 93 della Costituzione stabilisce che le disposizioni dei trattati e delle risoluzioni adottate da OIG dotate di diretta efficacia nell'ordinamento olandese acquistano tale efficacia *per effetto della pubblicazione*. In tal caso tali *disposizioni prevalgono sulle leggi olandesi* (art. 94).

In seguito, anche il Lussemburgo (art. 49 *bis* della Costituzione modificata il 25 ottobre 1956) ed il Belgio (art. 34 della Costituzione federale del 17 febbraio 1994) hanno adottato l'approccio olandese (tuttavia, una sentenza del 3 febbraio 1994 della Corte d'Arbitrato permette d'esprimere dei dubbi riguardo a questa assimilazione ([36])).

30. La soluzione della ***paralisi temporanea.*** — Altre volte, le soluzioni di diritto interno possono aprire con maggiore o minore latitudine all'applicazione del diritto internazionale. Il Preambolo alla Costituzione francese del 1946 disponeva che "la Repubblica francese, fedele alle sue tradizioni si conforma[ava] alle regole del diritto internazionale pubblico...". Inoltre, "con **riserva di reciprocità**, la Francia consente(iva) le limitazioni della sovranità necessarie per l'organizzazione e la difesa della pace...". Oltretutto, l'art. 26 disponeva che "*i trattati diplomatici regolarmente ratificati e pubblicati hanno forza di legge anche nel caso in cui siano contrari alle leggi francesi...*".

Per quanto l'approccio seguito dalla Costituzione del 1946 non facesse alcun riferimento espresso ad altre fonti del diritto internazionale (consuetudini e principi generali di diritto ad es.), con la pronuncia del Consiglio Costituzionale del 10 giugno 2004 sull'"economia digitale", è stata ufficializzata una nuova dottrina, quella della "costituzione schermo", sicché l'art. 54 della **Costituzione del 1958** oggi va inteso nel senso che *l'autorizzazione a ratificare o ad approvare un trattato può intervenire solo dopo una revisione costituzionale.* Non si tratta di un ostacolo insormontabile, anche se, tale soluzione comporta, nell'ordinamento interno, *una paralisi almeno parziale degli effetti di un trattato concluso dalla Francia* ([37]). Analoga soluzione, così ci sembra, vale per la **Costituzione russa del 1993** nel senso che un trattato contrario alla costituzione non può entrare in vigore senza una precedente modifica della stessa ([38]).

31. ***Altri sistemi giuridici*****: un ostacolo talvolta insormontabile.** — Nella maggioranza dei casi, il conflitto tra il diritto internazionale e le norme costituzionali di uno Stato non viene disciplinato nella costituzione nazionale. In tal caso, potrebbe essere necessaria una *modifica costituzionale* per dare attuazione ad una norma internazionale incompatibile con la legge fondamentale dello Stato. La "paralisi" può diventare però definitiva se le modifiche costituzionali necessarie siano praticamente impossibili

---

([36]) Corte di arbitrato, sentenza n. 12/94 pubblicata nel *Moniteur Belge* dell'11 marzo 1994. V. i punti B. 4 e B. 6 della decisione che collocano il Belgio nella categoria dei Paesi che riconoscono al diritto internazionale solo un primato infracostituzionale.

([37]) V. D. Carreau, F. Marrella, *Droit international*, cit., 12 ed., 2018, per ulteriori ragguagli.

([38]) Art. 125.6 e vedi G.M. Danilenko, "The new Russian Constitution and International Law", in *AJIL*, 1994, p. 451 ss.

da ottenere. Questo è il caso *degli **Stati Uniti**, o degli Stati federali* più in generale, dove gli equilibri sono talmente delicati da rendere estremamente difficile una modifica della Costituzione. Lo stesso vale per la nuova Costituzione russa del 1993 che presenta una netta affinità con quella francese, nel senso che un trattato contrario alla suddetta costituzione non può entrare in vigore senza una precedente modifica della stessa ([39]). In siffatte ipotesi, la Costituzione non rappresenta semplicemente un freno, ma un *ostacolo quasi insormontabile* all'applicazione del trattato (o del diritto internazionale generale) con essa contrastante.

Va tuttavia ricordato che uno Stato non può rifugiarsi dietro la propria costituzione per sfuggire ai propri obblighi internazionali ed evitare la propria responsabilità internazionale.

b) *La Costituzione "schermo" e l'antinomia diritto internazionale — legge nazionale*

32. La Costituzione-schermo: le *norme interposte*. — Alcuni Paesi assegnano al diritto internazionale un posto nella loro gerarchia interna delle fonti che è *inferiore alla costituzione ma superiore alle leggi dello Stato*. Tale è il caso in Europa, per esempio, dell'**Austria**, del **Belgio** ([40]), dell'**Irlanda**, — in via giurisprudenziale, dell'**Italia** (v. *infra* Cap. XVIII) — o della **Francia** a far data dalla decisione del 10 giugno 2004 del Consiglio costituzionale sull'"economia digitale". La Costituzione francese del 1958 riprende il nucleo essenziale delle disposizioni "internazionaliste" di quella del 1946 con l'aggiunta di una *riserva espressa di reciprocità* ed all'art. 55 così recita:

> "I trattati o accordi regolarmente ratificati o approvati hanno, una volta pubblicati, efficacia superiore a quella delle leggi, con riserva, per ciascuno accordo o trattato, della sua applicazione dall'altra Parte".

Senza dubbio, la differenza tra la Costituzione francese del 1946 e quella del 1958 è la previsione di un ***controllo di costituzionalità delle leggi***, il che ha come conseguenza l'inclusione specifica dei trattati, che rientrano nel processo legislativo posto sotto il controllo del *Conseil Constitutionnel*.

In **Cina**, la Costituzione del 1982 (e successive modifiche) nulla dice al riguardo, ma dei riferimenti precisi si ritrovano all'interno delle leggi ordinarie ([41]) lasciando presumere che questo Paese si collochi in tale categoria.

33. La *soluzione tedesca*. — L'ordinamento costituzionale della Germania appare « aperto nei confronti del diritto internazionale » sia per l'orientamento di fondo di politica estera, sia considerando i vari riferimenti presenti nella Costituzione tedesca (***Grundgesetz***, letteralmente: Legge fondamentale, abbreviato in GG), del 23

([39]) Art. 125.6 e vedi G.M. Danilenko, "The new Russian Constitution and International Law", in *AJIL*, 1994, p. 451 ss.

([40]) V. Corte costituzionale tedesca, 5 maggio 2020, con nota di R. Adam, "Il controlimite dell'"ultra vires" e la sentenza della Corte costituzionale tedesca del 5 maggio 2020", *Dir. Un. Eur.*, 2020, pp. 9-27.

([41]) Vedi per esempio art. 142, par. 2, della legge riguardante i principi generali di diritto civile del 1986. In arg. v. ora P. Rossi, "L'adattamento al diritto internazionale nell'ordinamento giuridico della Repubblica Popolare Cinese", in *Riv. dir. int.*, 2016, p. 425 ss.

maggio 1949 ([42]). Cionondimeno, tale "apertura" non va esagerata come dimostra la pronuncia della Corte costituzionale federale circa il Trattato di Maastricht del 12 ottobre 1993 ([43]).

L'art. 24, par. 1, dispone che la "Federazione può trasferire per via legislativa diritti di sovranità ad istituzioni internazionali"; il par. 2 dello stesso articolo precisa che la RFA "può, nell'interesse della tutela della pace, integrarsi in un sistema di sicurezza reciproca. Essa pertanto consentirà alle limitazioni della sua sovranità proprie a realizzare e garantire un ordinamento pacifico e duraturo in Europa e fra tutte le nazioni del mondo".

L'articolo 25 GG statuisce espressamente che le norme di diritto internazionale generale, ossia ***i principi generali di diritto e le consuetudini internazionali***, prevalgono nei confronti delle leggi tedesche. La giurisprudenza e la dottrina tedesche interpretano tale norma costituzionale collocando le norme internazionali in un rango *interposto* tra il diritto costituzionale e quello legislativo. Ciò vale in parte anche per lo *jus cogens*.

Il rango di un ***trattato internazionale*** a livello nazionale è definito in base al suo corrispondente atto di trasposizione, ossia assume il rango di legge federale. Per stabilire il rapporto con gli altri atti legislativi dello stesso rango si applicano le regole generali d'interpretazione e in particolare il principio dell'interpretazione conforme al diritto internazionale. Ne segue che, in Germania, nemmeno la CEDU prevale automaticamente sulle leggi federali. Tuttavia la Corte costituzionale federale tenta di garantire la massima concordanza possibile tra tali diversi ordinamenti.

Per quanto riguarda i rapporti tra il ***diritto dell'Unione Europea*** ed il ***diritto tedesco***, stigmatizzati dalle famose sentenze ***Solange***, la Corte Costituzionale tedesca, il 30 giugno 2009 ([44]), si è pronunciata sulla compatibilità rispetto alla Legge Fondamentale tedesca di tre atti: l'Atto di approvazione del Trattato di Lisbona, l'Atto che modifica la Legge Fondamentale (artt. 23, 45 e 93) e l'Atto che amplia e rafforza i diritti del *Bundestag* e del *Bundesrat* nelle questioni dell'Unione europea. Secondo la Suprema Corte, nonostante l'esistenza di un principio di apertura — ***Europafreundlichkeit*** — costituzionalmente sancito all'art. 23 GG, sussistono nondimeno alcuni principi "strutturali" (come il principio dello stato di diritto, lo stato sociale, la forma repubblicana parlamentare e il rispetto dei diritti fondamentali), che costituiscono l'***identità costituzionale tedesca***. Questo nocciolo duro della Costituzione va letto alla luce dell'art. 79, par. 3, GG, il quale esclude la possibilità di modificare, anche attraverso una revisione costituzionale, tali principi. Esprimendosi, poi, sulla natura dell'UE, la Corte, in linea con quanto aveva indicato nella sentenza sul Trattato di Maastricht, ha affermato che l'Unione europea è uno *Staatenverbund*, ossia un'unione di Stati in cui questi ultimi rimangono i "padroni dei Trattati". Ne segue che l'Unione non gode di una vera e propria sovranità, bensì di una mera "autonomia decisionale" derivata dalla volontà degli Stati membri. In tale prospettiva, anche l'emissione di titoli da parte della BCE appare priva di fondamento.

([42]) V. art. 25 GG (validità nazionale del diritto internazionale generale) art. 24, cpv. 2 GG (integrazione in un sistema di sicurezza collettivo); art. 26 cpv. 1 (pace internazionale, diritti umani e intesa tra i popoli) e art. 23 e 24 cpv. 1 GG (appartenenza all'UE).

([43]) V. su questa sentenza e sue implicazioni gli articoli di H.J. Hahn, in *RGDIP*, 1994, P. 107 e D. Hanf in *RTDE*, 1994 p. 391.

([44]) Corte cost. tedesca, 30 giugno 2009, al sito *http://www.bundesverfassungsgericht.de/entscheidungen/es20090630_2bve000208en.*

34. Conflitto tra un trattato internazionale ed una *legge anteriore*. — Non sussistono difficoltà, in tutti i sistemi giuridici nazionali, nel disciplinare il conflitto tra un trattato e una *legge nazionale anteriore*. Il principio normalmente applicato è quello secondo il quale la legge più recente — e può trattarsi di quella di ratifica del trattato — prevale sulla legge anteriore (principio *lex posterior derogat priori*).

35. Conflitto tra un trattato internazionale ed una *legge posteriore*. — Il conflitto tra un trattato internazionale ed una *legge nazionale posteriore* è invece più delicato, ancorché raro nella prassi. Un simile conflitto viene disciplinato solitamente dalla Costituzione; tuttavia, nella maggior parte dei casi, la Costituzione non si pronuncia o lo fa in modo ambiguo. Le soluzioni nazionali risultano così molto diversificate e discordanti.

In alcuni Paesi, la legge nazionale *posteriore* non impedisce al diritto internazionale incompatibile con quest'ultima di produrre i suoi effetti. Tale è la soluzione adottata dal **Regno dei Paesi Bassi** (art. 65 della Costituzione) o in **Germania**.

Anche i giudici francesi e belgi hanno fatto prevalere quella soluzione. In Francia, ad esempio, il *revirement* è stato possibile grazie alla giurisprudenza civile e penale. Poi, tali risultati sono stati consolidati dalla Corte costituzionale francese tramite la pronuncia del 15 gennaio 1975 (*caso di interruzione volontaria della gravidanza*) e dalla Corte di Cassazione il 23 maggio 1975 (45). Tale giurisprudenza ha, per la prima volta, fatto prevalere le disposizioni di un trattato (46) su quelle di una legge nazionale posteriore e contraria. Diversamente, i giudici amministrativi francesi hanno impiegato quasi quindici anni per pervenire al medesimo risultato. Il cambiamento si produsse con la sentenza del Consiglio di Stato del 20 ottobre 1989 nel *caso Nicolo* (47). Il Consiglio di Stato riconobbe, l'anno successivo, che una legge francese posteriore doveva essere disapplicata non potendo costituire un ostacolo all'applicazione di un Regolamento comunitario (48). Poco tempo dopo, in altre due sentenze, il Consiglio di Stato ha applicato la medesima giurisprudenza alle *Direttive comunitarie,* di modo che anche questi atti di diritto derivato si imponessero al giudice amministrativo francese, *nonostante la loro contrarietà con una legge posteriore* (49).

36. (segue) La *legge nazionale posteriore* come "freno provvisorio": la *soluzione italiana*. — In una seconda serie di casi, una *legge nazionale posteriore* contraria "sospende" ma non impedisce l'applicazione del diritto internazionale. Era questa la soluzione italiana, con riferimento al diritto UE, fino alla sentenza ***Granital*** del 1984.

---

(45) Cass, 23 maggio 1975, *Cafés J. Vabre*, in *RTDE*, 1975, p. 354, con le conclusioni del Procuratore generale TOUFFAIT.

(46) Nella fattispecie, il trattato di Roma del 1957.

(47) Tra la vasta letteratura in materia, v. *RTDE*, 1989, p. 771 con conclusioni di FRYDMAN e nota di G. ISAAC; J. DEHAUSSY *La supériorité des normes internationales sur les normes internes: à propos de l'arrêt Nicolo du Conseil d'Etat du 20 octobre 1989*, in *Clunet*, 1990, p. 5; R. KOVAR, *Le Conseil d'Etat et le droit communautaire, de l'Etat de guerre à la paix armée*, D. 1990, Cap. X; J.F. LACHAUME, *Une victorie de l'ordre juridique communautaire: l'arrêt Nicolo consacrant la supériorité des traités sur le lois postérieures*, in *RMC*, 1990, p. 384.

(48) CE 24 settembre 1990, *Boisdet*, in *LPA*, 12 ottobre 1990, p. 15 con le conclusioni di LAROQUE.

(49) CE Ass. 28 febbraio 1992, *S.A. Rothmans International France e S.A. Philip Morris France*, in *Rec.*, p. 80, in *JCP*, p. 92, ed. G.IV, n. 1318 obs. M.C. ROUAULT e II, p. 21859, con nota di G. TEBOUL; in *LPA*, 10 aprile 1992, p. 18 note di TH. CELERIER; R. KOVAR, *Le Conseil d'Etat et le droit communautaire: des progrès mais peut mieux faire*, D. 1992, Chr. XLIII, p. 207.

Qui, con sentenza del 30 ottobre 1975 (50), la Corte costituzionale aveva, da un lato, riconosciuto il primato del diritto comunitario (oggi dell'UE) sul diritto interno, dall'altro, aveva affermato la propria competenza nel garantire tale primato. Secondo la Corte, il giudice ordinario *non poteva disapplicare* la norma interna contrastante con la norma comunitaria, ma **doveva *sospendere il procedimento* ed attendere una pronuncia della Corte Costituzionale**. Ciò equivaleva a mettere un "freno", ancorché provvisorio, all'applicazione del diritto internazionale nell'ordinamento interno. La "soluzione italiana" è stata condannata diverse volte dalla Corte di giustizia (51) ed ora è stata eliminata per il diritto UE ancorché permanga per altre materie del diritto internazionale (ad es. per la CEDU).

c) *L'equiparazione formale tra un trattato internazionale e la legge nazionale. Risultato: la superiorità dell'ordinamento interno*

37. La *legge nazionale posteriore* come "schermo totale". — In una terza serie di casi, una legge nazionale posteriore contraria al diritto internazionale blocca completamente l'applicazione del diritto internazionale. È, sfortunatamente, un caso che si presenta nei **Paesi di Common Law** ove è diffusa la soluzione di equiparare un trattato internazionale alla legge nazionale.

38. La *soluzione del Regno Unito*. — Il Regno Unito non ha una Costituzione scritta. Nel 1735, Talbot il *Lord Chancellor* d'Inghilterra aveva affermato, nel caso *Barbuit*, che: "il diritto delle Nazioni... nella misura più ampia era e faceva parte del diritto dell'Inghilterra" (52). In seguito, come si è indicato, **Blackstone** nei suoi famosi *Commentaries on the Laws of England* del 1765 aveva osservato che "il diritto internazionale fa parte del diritto del Paese" (53). Tale impostazione, senza dubbio innovativa per la sua epoca, sembrava rafforzare l'autorità del diritto internazionale. Ma ciò si rivelò solo parzialmente vero a causa dell'ambiguità di tale formulazione. Se infatti è vero che il diritto internazionale fa parte del diritto positivo interno, ne segue automaticamente che il secondo può modificare il primo, giacché *lex posterior derogat priori*. Ed è proprio in tal senso che i giudici dei Paesi di Common Law hanno finito per interpretare la massima di Blackstone deducendone le seguenti conclusioni: 1) il diritto internazionale vincola solo ed esclusivamente gli Stati; 2) il diritto internazionale fa indubbiamente parte della *Common Law*; 3) il diritto internazionale produce effetti nell'ordinamento interno solo nei casi in cui non sia contrario al diritto vigente o al diritto così come viene interpretato dai giudici nazionali; infine, 4) il diritto internazionale crea diritti in capo ai singoli *soltanto se le sue norme sono state accettate dal Parlamento*. In altri termini, il diritto internazionale, per essere applicato dai giudici interni, dev'essere recepito nell'ordinamento giuridico interno tramite un atto

(50) Corte cost., 30 ottobre 1975 n. 232, *ICIC spa c. Ministero del commercio estero*, in *Giur. Cost.*, 2211.

(51) V. in particolare il caso già citato *Simmenthal* del 1978 in *RTDE*, 1978, p. 381, con nota di D. Carreau.

(52) "The Law of the Nations... in its fullest extent was and formed part of the Law of England", caso *Barbuit, Cases t. Talbot*, 280, 1735.

(53) *International law is part of the law of the land.*

del Parlamento (c.d. “Statute Law”) ed acquista automaticamente il rango di quest’ultimo ([54]).

In breve, negli Stati che seguono tale approccio, il diritto internazionale può essere paralizzato in caso di inerzia del legislatore nazionale. Del pari, tale paralisi si verifica anche nel caso in cui il legislatore nazionale adotti una legge posteriore contraria ad una norma di un trattato internazionale anteriormente in vigore.

39. La *soluzione statunitense.* — Negli **Stati Uniti d’America**, ove esiste una Costituzione scritta, la situazione appare più favorevole al diritto internazionale anche se, agli occhi dei giuristi statunitensi, la Costituzione non può in alcun modo essere integrata o modificata o limitata dal diritto internazionale. L’art. VI della Costituzione americana afferma che:

“tutti i trattati conclusi sotto l’autorità degli Stati Uniti costituiranno la legge suprema del Paese ([55]) e saranno obbligatori per tutti i giudici di ciascuno Stato e ciò nonostante le disposizioni contrarie inserite nella Costituzione o la legge di uno qualunque degli Stati”.

Tale norma ricorda la massima di Blackstone, ma nella formula statunitense va sottolineato che si parla di “Supreme Law of the Land”. Ciò significa che, negli Stati Uniti, *il diritto internazionale prevale sul diritto (incluso quello costituzionale) degli Stati federati e prevale anche sulle leggi federali anteriori.* Il diritto internazionale prevale perché è stato recepito, “trasformato”, mediante apposita legislazione del Congresso o perché è *self-executing*, una nozione sconosciuta al diritto positivo inglese. *Tuttavia, per le stesse ragioni ne segue che il diritto internazionale cede di fronte al diritto federale successivo.* Tale soluzione non deve sorprendere in quanto il **diritto internazionale possiede lo stesso rango della legge federale** e quindi opera il principio della *lex posterior*. Al riguardo, i giudici statunitensi hanno precisato che *gli organi giudicanti devono cercare di evitare il conflitto tra un trattato e una legge federale posteriore, in modo tale da consentire ai due ordinamenti, quello interno e quello internazionale, di produrre i loro effetti.* Questo principio è stato formalmente riconosciuto dalla Corte Suprema in una pronuncia del 1888 nel caso *Whitney v. Robertson* (124, US 190). La medesima soluzione venne adottata per risolvere elegantemente il delicato problema della liceità dello stabilimento negli Stati Uniti di alcuni uffici dell’Organizzazione per la Liberazione della Palestina (OLP), un’organizzazione ritenuta coinvolta nel terrorismo internazionale ([56]).

Nel primo caso, il Congresso americano aveva votato una legge in virtù della quale l’ufficio dell’Organizzazione per la Liberazione della Palestina (OLP), che ospitava la missione dell’OLP alle Nazioni Unite, doveva essere chiuso contrariamente all’accordo di sede che legava l’ONU agli Stati Uniti e ciò avvenne...con grande disappunto del Governo Federale ([57]). Ciononostante, il Tribunale federale adito ebbe l’accortezza di riavvicinare la legge americana agli obblighi internazionali degli Stati Uniti, giungendo alla conclusione secondo la quale la norma nazionale non si applicava alla missione OLP alle Nazioni Unite ([58]). Tuttavia, in epoca

---

([54]) Teoria della “sovranità del Parlamento”.

([55]) *Shall be the supreme law of the land.*

([56]) Corte distrettuale per il Distretto Sud di New York, 29 giugno 1988, Stati Uniti c. Organizzazione per la Liberazione della Palestina, in *ILR*, 1990, p. 283 ss.

([57]) V. *Le Monde* del 16 marzo 1988 e *AJIL*, 1988, p. 103.

([58]) Il testo della sentenza della U.S. District Court fot the Southern District of New York del 29 giugno 1988 si reperisce in *ILM*, 1988, p. 1055; per un commento v. R. Pinto, “La fermeture du bureau de

successiva, la Corte Suprema riaffermò la superiorità di una legge federale americana del 1996 (in materia di antiterrorismo) rispetto alla Convenzione di Vienna del 1963 sulle relazioni consolari ([59]) tramite due pronunce del giugno 2006, *Sanchez-Lamas* v. *Oregon* e *Bustillo* v. *G.M. Johnson* ([60]). Il tutto, si noti, nonostante la contraria interpretazione della Convenzione di Vienna del 1963 sulle relazioni consolari data dalla CIG nelle sue sentenze *La Grand* del 27 giugno 2001 ed *Avena* del 31 marzo 2004 ([61]). Più recentemente ancora e sulla stessa questione, la Corte Suprema degli Stati Uniti ha perseverato con quell'approccio nella sentenza *Medellin* v. *Texas* del 25 marzo 2008 ([62]), pur essendo pienamente consapevole che la situazione giuridica che ne risultava — il mancato adattamento del diritto interno agli obblighi internazionali degli Stati Uniti — faceva insorgere la responsabilità internazionale di tale Paese. La CIG, a propria volta, non mancò di ricordarlo agli Stati Uniti nella sua pronuncia del 19 febbraio 2009 relativa alla *domanda di interpretazione della sentenza del 31 marzo 2004 nel caso Avena ed altri cittadini messicani* ([63]).

40. La *soluzione russa: la possibile paralisi delle sentenze internazionali.* — A seguito alla riforma costituzionale del 2020, in Russia le "*decisioni degli organi interstatali prese sulla base di Trattati di cui è parte la Federazione Russa o della loro interpretazione, in contrasto con la Costituzione della Federazione Russa non trovano esecuzione*" sul territorio dello Stato (art. 79). Tale limitazione all'esecuzione degli atti di cui all'art. 79 viene estesa mediante l'articolo 125, par. 5.1, lett. *b)* che demanda alla **Corte Costituzionale russa** il compito di decidere se sia possibile o meno procedere all'esecuzione di sentenze di giudici stranieri o internazionali, inclusi i lodi arbitrali, nel caso in cui questi atti fossero contrari all'ordine pubblico internazionale russo.

2. — Gli ostacoli giudiziali: la posizione del giudice nell'ordinamento costituzionale interno

41. Il ruolo del giudice interno. — Il giudice interno, anche quando applica il diritto internazionale, lo fa in veste di *organo di un determinato Stato* e dunque come "giudice nazionale" pronuncia la sentenza "in nome del popolo" dello Stato di cui risulta espressione. Pertanto, affinché il giudice possa dichiarare il primato del diritto internazionale sul diritto interno, ivi compresa la Costituzione, egli deve avere espressamente ricevuto tale potere.

Se però la Costituzione non conferisce al giudice il potere di disapplicare le leggi nazionali contrarie al diritto internazionale, i tribunali interni si trovano disarmati. *Anche laddove gli venga solo richiesto di disapplicare la legge contraria al diritto internazionale, il giudice non possiede di certo la competenza necessaria per pronun-*

---

l'OLP auprès des Nations Unies à New York", *JDI*, 1989, p. 329 e ss., nonché B. Stern, "L'affaire du bureau de l'OLP devant les juridictions interne et internationale", in *AFDI*, 1988, p. 165 ss.

([59]) *Breard v. Greene*, 118 s. ct. 1352 (1998). Nella fattispecie, Breard, cittadino paraguaiano, privato dell'assistenza del Consolato del Paraguay negli Stati Uniti, fu condannato a morte e giustiziato in virtù della sola legge americana, e ciò nonostante le disposizioni della Convenzione di Vienna precedentemente citata ed a dispetto di un'altra... ordinanza di sospensione dell'esecuzione della CIG, adita dal Paraguay. Cfr. al riguardo D. Vagts, "Taking Treaty less seriously", in *AJIL*, 1998, p. 458 e ss.

([60]) Testo in *ILM*, 2006, p. 1204 e ss.

([61]) CIG, Germania c. Stati Uniti, *La Grand*, ordinanza del 3 maggio 1999 e sentenza del 27 giugno 2001, *Rec.*, 2001, p. 466; CIG, Messico c. Stati Uniti, *Avena*, ordinanza del 5 febbraio 2003 e sentenza del 31 marzo 2004, *Rec.*, 2004, p. 12.

([62]) Testo in *ILM*, 2008, p. 281.

([63]) Punti 43-44 della sentenza cit. alla nota 65.

ciare sentenze sul conflitto tra il diritto internazionale ed una norma interna, a svantaggio della legge nazionale. Esamineremo la giurisprudenza italiana più rilevante a tale riguardo nel prossimo capitolo (Cap. XVIII).

3. — Gli ostacoli governativi

42. La pubblicazione in Gazzetta Ufficiale ed il mancato deposito della ratifica. — Anche il Governo può paralizzare l'applicazione del diritto internazionale nell'ordinamento interno. Si tratta di quei casi in cui un trattato internazionale è stato formalmente approvato o ratificato, ma *i diretti interessati non ne siano venuti a conoscenza* perché il trattato non è stato ufficialmente "pubblicato" ([64]).

Sono due i principi generali in tale materia. Se è vero che *ignorantia legis non excusat*, va altresì sottolineato che *la legge deve essere conosciuta o quantomeno conoscibile*. Alla luce di tali principi, il Governo può paralizzare l'applicazione di una norma di diritto internazionale *non procedendo alla sua pubblicazione.*

Così, in **Francia**, *in virtù di una giurisprudenza costante, affinché da un trattato o una decisione internazionale possano derivare obblighi per i privati è necessario che essi siano pubblicati nella Gazzetta Ufficiale* ([65]). Successivamente, l'obbligo di pubblicazione è divenuto di natura costituzionale. Si ricorda, in proposito, l'art. 55 della Costituzione del 1958.

In **Italia**, occorre osservare che i testi dei trattati esaminati dal Parlamento, una volta approvata la *legge di ratifica*, sono sempre pubblicati nella *Gazzetta Ufficiale della Repubblica italiana* (GURI). Qualora l'adattamento del diritto interno al diritto internazionale sia disposto mediante *procedimento speciale*, viene allegato il testo del trattato in una delle lingue ufficiali (di solito il francese o l'inglese) o in una traduzione non ufficiale in italiano. La L. 21 dicembre 1984, n. 839, ha disposto l'inserimento nella Raccolta Ufficiale e la pubblicazione sulla Gazzetta Ufficiale degli accordi ai quali la Repubblica italiana si obbliga nelle relazioni internazionali, ivi compresi quelli in forma semplificata e che non comportano pubblicazione ad altro titolo (in quanto leggi o decreti). La stessa legge prevede, poi, la *pubblicazione trimestrale* in un apposito supplemento della GURI, nonché la trasmissione ai Presidenti delle due Camere, di "tutti gli atti internazionali ai quali la Repubblica si obbliga nelle relazioni estere, trattati, convenzioni, scambi di note, accordi ed altri atti comunque denominati". È infine prevista la pubblicazione annuale, in allegato agli indici della Gazzetta Ufficiale, del ***Repertorio di tutti gli accordi internazionali vincolanti per l'Italia***, predisposto dal Ministero degli Affari esteri e della Cooperazione internazionale. A cura del MAECI è tenuto anche un apposito sito internet, l'Archivio dei trattati internazionali online (ATRIO) che "ha lo scopo di rendere facilmente accessibili le informazioni relative al quadro convenzionale in vigore in Italia sul piano bilaterale e multilaterale" ([66])

Per contro, anche nel caso di un trattato internazionalmente in vigore per l'Italia, è bene ricordare che qualora mancasse quel diverso atto di diritto interno che è l'***ordine di esecuzione*** di un trattato, si avrà che quel medesimo trattato pur vincolante

---

([64]) V. Le Roy, *La publication des engagements internationaux de la France*, in *AFDI*, 1962, p. 888.

([65]) Cass. crim., 28 novembre 1834, S. 1834, I, p. 822 e più recentemente Cass. Com. 2 maggio 1972, *Grossard C. Receveur des Finances de Compiègne*, in *RGDIP*, 1972, p. 1208, con nota di Ch. Rousseau.

([66]) V. il sito internet http://atrio.esteri.it/.

sul piano delle relazioni fra Stati non potrà produrre effetti all'interno dell'ordinamento italiano con il risultato che resteranno vigenti le norme italiane contrarie a quelle del trattato ([67]).

Infine, va ricordato che oltre alla mancata pubblicazione in Gazzetta Ufficiale, per quegli Stati ove sia necessaria, un Governo può ostacolare l'applicazione di un trattato internazionale a monte, ossia non depositando la ratifica presso il depositario (Cap. IV) ed impedendo così che quel trattato entri in vigore nei propri confronti.

43. Il paradosso dell'efficacia internazionale di una norma internazionale e della sua inapplicabilità interna. — Come si è visto, talvolta è possibile che un trattato possieda piena efficacia e forza obbligatoria a livello internazionale, ossia inter-statale, pur restando inapplicabile nell'ordinamento interno di uno Stato dato.

Resta fermo che uno Stato che si astenga dal conferire piena efficacia agli obblighi internazionalmente assunti nel proprio ordinamento giuridico interno può essere chiamato a rispondere di tale inadempimento sul piano internazionale. Infatti, se il mancato adattamento dell'ordinamento giuridico nazionale priva gli stranieri dei *diritti di cui devono godere in base ad un trattato in vigore*, questi ultimi potranno chiedere al proprio Governo di *agire in protezione diplomatica* in loro favore e contro lo Stato inadempiente (Cap. XVI).

44. La tecnica dell'interpretazione conforme. — Infine, pur se un trattato non può essere invocato come tale dai soggetti privati dinanzi ai giudici od alle autorità amministrative nazionali, esiste un ultimo (parziale) rimedio per limitare il rischio di ingiustizia a carico degli individui. Chi vuole invocare a proprio favore un trattato rispetto al quale è mancato l'adattamento dell'ordinamento giuridico interno potrà comunque invocare dinanzi al giudice nazionale la cosiddetta ***interpretazione conforme*** della norma nazionale al trattato internazionale. Sull'esempio *dell'interpretazione costituzionalmente orientata* ben nota nel diritto interno, è dunque possibile armonizzare le norme nazionali con quelle internazionali in via interpretativa. Il ragionamento è il seguente: posto che si deve presumere, *iuris tantum*, che lo Stato voglia adempiere ai propri obblighi internazionali, diviene possibile interpretare la normativa nazionale nel senso più aderente possibile al trattato internazionalmente in vigore.

§ 3. — *L'adattamento* del *diritto italiano* al *diritto internazionale*

Bibliografia sommaria: V. la bibl. cit. all'inizio del Capitolo XVII. *Adde*: G. Morelli, "L'adattamento del diritto interno al diritto internazionale in alcune recenti costituzioni", in *Riv. dir. int.*, 1933, p. 13; T. Perassi, *La Costituzione italiana e l'ordinamento internazionale*, Milano, Giuffrè, 1952; La Pergola, *Costituzione e adattamento dell'ordinamento interno al diritto internazionale*, Milano, Giuffrè, 1961; L. Condorelli, *Il giudice italiano e i trattati internazionali. Gli accordi self executing e non self executing nell'ottica della giurisprudenza*, Padova, Cedam, 1974; A. Cassese, "Il contributo degli internazionalisti ai lavori del Ministero per la Costituente", *Riv. dir. int.*, 1977, 60, pp. 47-58 S. Bariatti, *L'interpretazione delle convenzioni internazionali di diritto uniforme*, Padova, Cedam, 1986; G. Barile, *Costituzione e rinvio mobile a diritto straniero, diritto canonico, diritto comunitario, diritto internazionale*, Padova, Cedam, 1987; U. Leanza (a cura di), *Costituzione dello Stato e norme internazionali*, Milano, Giuffrè, 1988; P. Ivaldi, *Diritto uniforme dei trasporti e diritto internazionale privato*, Milano, Giuffrè, 1990; E. Cannizzaro, *Trattati internazionali e giudizio di costituzionalità*, Milano, Giuffrè, 1991; G. Cataldi, "Rapporti tra norme

---

([67]) Cass. SS.UU. 23 marzo 1972, n. 867; 17 aprile 1972, n. 1196; 8 giugno 1972, n. 1773, in *Riv. dir. int.*, 1973, p. 856 ss.

internazionali e norme interne", in *Dig./Pubb.*, 1997, p. 391; S. Amadeo, *I trattati internazionali dinanzi alla Corte Costituzionale*, Milano, Giuffrè, 1999; T. Treves, *Diritto internazionale*, cit., 2005, p. 645 ss.; F. Salerno, "Il neo-dualismo della Corte costituzionale nei rapporti tra diritto internazionale e diritto interno", in *Riv. dir. int.*, 2006, 340-383; L. Picchio Forlati, "La cultura dei giuristi internazionalisti alla Costituente", in *Scritti in onore di Giorgio Badiali*, Tomo I, Aracne, 2007, p. 307-320; G. Gaja, "Il limite costituzionale del rispetto degli 'organi internazionali': un parametro solo parzialmente definito", in *Riv.dir.int.*, 2008, p. 136 ss.; F. Salerno, R. Sapienza, *La Convenzione europea dei diritti dell'uomo e il giudice italiano*, Torino, Giappichelli, 2011; U. Leanza, I. Caracciolo, *Diritto internazionale. Parte generale*, 3 ed., cit., 2012, p. 245 ss.; T. Scovazzi, *Corso di diritto internazionale*, cit., II, 2015, p. 327 ss.; P. Ivaldi, "L'adattamento del diritto interno al diritto internazionale (e dell'Unione europea)", in AA.VV., *Istituzioni di diritto internazionale*, 5 ed., cit., 2016, p. 130 ss.; A. Sinagra, P. Bargiacchi, *Lezioni di diritto internazionale pubblico*, 2 ed., cit., 2016, p. 251 ss.; C. Focarelli, *Trattato di diritto internazionale*, cit., p. 602 ss.; E. Cannizzaro, *Diritto internazionale*, 3 ed., cit., 2016, p. 463 ss.; N. Ronzitti, *Introduzione al diritto internazionale*, 5 ed., cit., 2016, p. 249 ss.; F. Salerno, *Diritto internazionale*, 4 ed., cit., 2017, p. 405 ss.; G. Ruotolo, *La tutela dei privati negli accordi commerciali*, Bari, Cacucci, 2017; B. Conforti, *Diritto Internazionale*, 11 ed., cit., p. 339 ss.; D. Gallo, *L'efficacia diretta del diritto dell'Unione europea negli ordinamenti nazionali. Evoluzione di una dottrina ancora controversa*, Milano, Giuffrè, 2018. V. altresì in particolare i rapporti del *Committee on International law in National Courts* dell'*International Law Association* alle conferenze di Buenos Aires (1994), di Helsinki (1996) e di Tapei (1998).

45. Premessa. Come si è indicato nella sezione precedente, l'ordinamento giuridico italiano, in linea con la sua tradizione dualista, prevede che il suo adattamento al diritto internazionale, sia generale *(a)*, che pattizio *(b)* o anche per quanto riguarda il diritto derivato delle OIG *(c)*, avvenga, se necessario, tramite un "recepimento" o "trasformazione" delle norme esterne in norme interne.

a) *L'adattamento del diritto italiano* al diritto internazionale generale

46. L'adattamento dell'ordinamento giuridico italiano alle consuetudini internazionali. — In Italia, in base all'art. 10 della Costituzione: "*[l'] ordinamento giuridico italiano si conforma alle norme del diritto internazionale generalmente riconosciute*". Si tratta di un procedimento speciale di adattamento in quanto tale norma produce nell'ordinamento italiano tutte le norme necessarie e sufficienti per adattarlo al diritto internazionale consuetudinario. Il procedimento di adattamento del diritto italiano contemplato all'art. 10 Cost. ha, infatti, carattere diretto, automatico, permanente, continuo e completo.

— *diretto*, in quanto provvede esso stesso ad adattare il diritto interno al diritto internazionale generale, prendendo a riferimento solo le norme di quest'ultimo;

— *automatico*, in quanto l'adattamento si esercita in relazione a ciascuna norma di diritto internazionale consuetudinario non appena questa entra internazionalmente in vigore e senza che occorra un apposito atto di legislazione italiana;

— *permanente e continuo*, perché il funzionamento di questo meccanismo non è limitato nel tempo, sicché qualsiasi variazione di una norma internazionale generale produce immediatamente una corrispondente variazione dei propri effetti all'interno dello Stato italiano;

— infine si tratta di un adattamento *completo*, in quanto introduce nell'ordinamento italiano tutte le norme necessarie per il suo adattamento alle norme del diritto internazionale generale.

In poche parole, secondo una celebre espressione di Perassi, la norma di cui all'art. 10 Cost. è un "trasformatore permanente" di norme di diritto internazionale generale nelle norme interne necessarie per adattare l'ordinamento italiano.

b) *L'adattamento del diritto italiano ai trattati*

47. Premessa: senso della "recezione" di un trattato. — Perché un trattato produca effetti in un *ordinamento giuridico diverso* da quello *internazionale* in cui è stato creato, deve essere "trasformato", "recepito" nell'ordinamento di uno Stato dato mediante apposite norme interne. Tale è, ad esempio, il sistema del Regno Unito, ove occorre un'apposita legge approvata dal Parlamento di Westminster successivamente alla conclusione di un trattato internazionale.

48. Le due tecniche per l'adattamento dell'ordinamento giuridico italiano ai trattati internazionali. — In Italia, l'adattamento del diritto interno ad un trattato internazionale può avvenire tramite due tecniche generali: quella del procedimento ordinario di adattamento e quella del procedimento speciale di adattamento, tramite ordine di esecuzione di un trattato.

Nell'**adattamento ordinario**, similmente a quanto accade in altri Paesi, l'attuazione di un trattato in Italia comporta — qualora l'ordinamento italiano non sia di per sè già allineato alle norme di quel trattato — *l'emanazione di norme italiane riproduttive del contenuto del trattato*. Tali norme avranno rango costituzionale, legislativo o amministrativo, a seconda delle modifiche (interne) necessarie per assicurare il rispetto a livello nazionale del trattato. Talvolta regoleranno l'eventuale *emendamento* di norme nazionali pre-esistenti oppure l'abrogazione di quelle norme nazionali pre-esistenti in contrasto con i nuovi obblighi di diritto pattizio.

Nell'**adattamento speciale**, invece, il legislatore effettua tramite una propria norma un *rinvio mobile* al trattato internazionale, ordinando semplicemente la "piena ed intera esecuzione" del trattato *de quo* all'interno dello Stato.

49. Basi costituzionali. — La Costituzione italiana — anche per reazione all'epoca fascista — si caratterizza per una significativa apertura al diritto internazionale. Così, si riferisce ai trattati **all'art. 72, c. 4**, circa la procedura da seguire per i d.d.l. di autorizzazione alla ratifica; **all'art. 75, c. 2**, ove *non* si ammette il *referendum abrogativo* di leggi di ratifica di trattati internazionali; **all'art. 80**, in materia di *autorizzazione alla ratifica* al Presidente della Repubblica (art. 87, c. 8) ed **all'art. 117** su cui torneremo anche nel Cap. XVIII. Ai trattati, ci si riferisce pure all'art. **10, c. 2**, in materia di *trattamento dello straniero*, la cui condizione giuridica "è regolata dalla legge in conformità delle norme e dei trattati internazionali". Ed infine, a completamento di tale quadro, va ricordato anche **l'art. 7 Cost.**, che attiene ai *rapporti tra Stato e Chiesa*, rapporti che come abbiamo visto in precedenza, sono regolati dai *Patti lateranensi*, i quali costituiscono dei trattati internazionali. Infine, **l'art. 11 Cost.** consente "limitazioni di sovranità" dello Stato italiano a favore di "un ordinamento" — e qui si riconosce l'esistenza del diverso ordinamento giuridico internazionale — "che assicuri la pace e la giustizia tra le Nazioni; promuove e favorisce le organizzazioni internazionali rivolte a tale scopo": *in primis*, l'ONU, ma anche l'Unione europea, secondo l'interpretazione che ne ha dato la nostra Corte costituzionale.

50. Mancanza di una norma costituzionale italiana circa l'ordine di esecuzione. — Ebbene, in un quadro così ampio, mancano specifiche norme costituzionali che regolino espressamente l'ordine di esecuzione di un trattato. La Costituzione italiana, infatti, non stabilisce *come* deve essere data efficacia ai trattati nell'ordinamento interno. Pertanto, in Italia, l'***ordine di esecuzione*** resta il frutto della prassi ed *è l'atto specifico mediante il quale si ordina l'esecuzione di un dato trattato il cui testo viene* *pubblicato nel testo originale (quasi sempre in inglese o francese) in allegato all'atto stesso ed a cui viene fatto rinvio (mobile)*. Tale atto assume la forma di una **legge** (raramente costituzionale, quasi sempre una legge ordinaria) o di un **atto regolamentare**, il quale dichiara che "piena ed intera esecuzione è data al trattato..." di cui è annesso il testo integrale.

Le norme circa la competenza ad emanare l'ordine di esecuzione e quella sulla forma dell'atto (legge, legge costituzionale, decreto etc.) si desumono, come si è detto, dal carattere che devono avere le norme interne la cui emanazione, modifica o abrogazione è necessaria per compiere l'adattamento di cui si tratta.

Quindi se, **ad esempio**, il trattato esige l'abrogazione di una data legge, l'ordine di esecuzione dovrà essere emanato mediante una legge; se esige solo l'emanazione di norme regolamentari, esso potrà essere dato in forma amministrativa. Per contro, se l'esecuzione di un trattato implica modifica di norme costituzionali o deroga ad esse, l'ordine di esecuzione deve essere dato con il procedimento previsto dalla Costituzione per le leggi costituzionali. Va osservato, in tale quadro, che l'adattamento ai trattati istitutivi della CEE, CECA ed EURATOM, nonché a quelli successivi di emendamento fino agli attuali TUE, TFUE ed EURATOM, oggi in vigore, è avvenuto con il procedimento di adattamento speciale dell'ordine di esecuzione e con legge ordinaria. Fino alla L. cost. n. 3/2001 che ha introdotto l'art. 117 oggi vigente, l'art. 11 — che, in realtà, era stato concepito per l'ONU — ha costituito l'unico "ancoraggio" costituzionale del diritto comunitario.

Poiché il *rango interno* delle norme internazionali immesse nell'ordinamento italiano tramite l'ordine di esecuzione (italiano) è quello offerto da quest'ultimo, non si può escludere *a priori* un'antinomia con una norma italiana di pari grado, successiva o speciale. Così, per limitare tali possibilità, in passato si è parlato di una ***doppia specialità* della norma internazionale**: essa è speciale, sia per la sua *origine internazionale*, sia per *la materia trattata*. Tali effetti, oggi, si ottengono tramite l'art. 117, c. 1, Cost., per cui "[l]a potestà legislativa è esercitata dallo Stato e dalle Regioni nel rispetto della Costituzione, nonché dei vincoli derivanti dall'ordinamento comunitario e dagli obblighi internazionali".

Secondo una moderna interpretazione, infatti, l'ordine di esecuzione contenuto in una legge di ratifica assume il rango di una *norma interposta*, inferiore alla Costituzione ma comunque superiore a quello delle altre leggi (v. *infra* Cap. XVIII), superando in radice ogni antinomia con le leggi ordinarie e gli atti regolamentari.

51. Momento dell'adattamento dell'ordinamento italiano ad un trattato internazionale. — Inoltre, l'adattamento del diritto interno ai trattati internazionali si verifica operativamente dal momento in cui l'*ordine di esecuzione* diviene giuridicamente efficace. Per tali ragioni, al fine di evitare che vi sia uno *sfasamento temporale* tra il momento in cui un trattato diviene internazionalmente obbligatorio e quello in cui, verificandosi l'adattamento dell'ordinamento italiano, può essere direttamente invocato dinanzi ai giudici interni, nella prassi italiana *l'ordine di esecuzione viene emanato prima dello scambio o del deposito delle ratifiche*. Pertanto, *la legge di autorizzazione alla ratifica contiene anche l'ordine di esecuzione il quale, così facendo, risulta "anticipato" rispetto al momento di entrata in vigore internazionale di un trattato*. Risulta evidente però che l'ordine di esecuzione diventerà efficace solo se il trattato a cui si riferisce diventi internazionalmente obbligatorio e solo dal momento in cui — e fino a quando — quel trattato sia operativo nell'ordinamento internazionale ([68]).

52. L'adattamento *in forma mista.* — Infine, *va osservato che l'ordine di esecuzione è sufficiente solo per le norme internazionali che sono self-executing.* Per le norme *non self executing*, sarà invece necessario adottare norme interne *ad hoc*. Osserva Conforti che le norme *non self executing* vanno circoscritte all'ipotesi in cui attribuiscano una *facoltà* agli Stati contraenti ovvero quando non possano essere eseguite nell'ordinamento interno in quanto mancano gli *organi* o le *procedure* necessarie per la loro esecuzione ([69]). Pertanto, nella prassi si possono verificare dei casi di ***procedimento misto***: qui, la legge con cui si effettua l'adattamento contiene sia l'ordine di esecuzione, sia le disposizioni necessarie alla modifica di alcune norme dell'ordinamento, ad esempio introducendo delle nuove fattispecie di reato e le relative pene ([70]).

53. (*segue*) La posizione delle Regioni e delle Province autonome. — Abbiamo visto nel Cap. IV che, nella vigenza dell'art. 117 Cost., le Regioni e le Provincie autonome partecipano, entro i limiti fissati dalla Costituzione, alla vita di relazione internazionale e possono "concludere accordi con Stati ed intese con enti territoriali interni ad altro Stato". In linea con tale norma che fonda, sia pure a maglie strette, il potere estero delle Regioni e delle Provincie autonome, il c. 5 del medesimo articolo indica che, "nelle materie di loro competenza...provvedono all'attuazione e all'esecuzione degli accordi internazionali". L'art. 117, c. 5, Cost. — introdotto nel testo della Costituzione dalla L. cost. n. 3 del 2001 — riserva alle Regioni ed alle Province autonome, da un lato, l'attuazione degli accordi internazionali, nella parte in cui incidono su materie di loro competenza; dall'altro, prevede che lo Stato, in caso di mancata adozione da parte regionale delle necessarie misure di attuazione, possa esercitare il *potere sostitutivo*, indicando così che l'attività attuativa degli accordi internazionali costituisce per le Regioni l'oggetto di un vero e proprio obbligo finalizzato ad evitare la mancata attuazione degli accordi di cui lo Stato possa essere chiamato a rispondere a livello internazionale.

Per quanto si tratti di uno dei temi del vasto ed importante dibattito sul federalismo ([71]), dal punto di vista del diritto internazionale non si tratta di un meccanismo esorbitante (*mutatis mutandis,* si ha negli Stati federali, si pensi alla Germania o alla Svizzera) giacché l'eventuale responsabilità internazionale verrà

([68]) Ne segue che se il trattato si estingue, secondo il diritto internazionale, l'ordine di esecuzione perde la sua efficacia; se le norme del trattato si modificano, le norme italiane poste mediante l'ordine di esecuzione si modificano di conseguenza.

([69]) B. Conforti, *Diritto internazionale*, XI ed., cit., 2018, p. 344.

([70]) V., ad esempio, la L. 14 gennaio 2003, n. 7, Ratifica ed esecuzione della Convenzione internazionale per la repressione del finanziamento del terrorismo, fatta a New York il 9 dicembre 1999, e norme di adeguamento dell'ordinamento interno (GU n. 21 del 27 gennaio 2003). In arg. cfr. S. De Vido, *Il contrasto del finanziamento al terrorismo internazionale. Profili di diritto internazionale e dell'Unione europea*, Padova, Cedam, 2013.

([71]) Per una ricostruzione del ruolo delle Regioni e delle provincie nel disegno dell'amministrazione italiana v., con diversi accenti, F. Benvenuti, *Disegno della amministrazione italiana. Linee positive e prospettive*, Padova, Cedam, 1996; L. Antonini, *Federalismo all'italiana. Dietro le quinte della grande incompiuta*, Venezia, Marsilio, 2013; M. Bertolissi, G. Bergonzini, *Le Province. Decapitate e risorte*, Torino, Giappichelli, 2017. Tra gli internazionalisti cfr., *inter multos*, L. Daniele (a cura di), *Regioni ed autonomie territoriali nel diritto internazionale ed europeo*, Napoli, 2006; B. Conforti, *Diritto internazionale*, cit., p. 386 ss.; A. Cassese, *Diritto internazionale*, cit., p. 336 s.; E. Cannizzaro, *Diritto internazionale*, cit., p. 498 ss..

sempre e comunque imputata allo Stato italiano. Ma è proprio per questo che tale "potere estero" è destinato a rimanere "in libertà vigilata" sicché il dibattito dottrinale rimane aspro in materia. Secondo *un'impostazione minimalista*, le competenze regionali e provinciali possono essere esercitate solo una volta avvenuto l'adattamento al diritto internazionale da parte del potere centrale. Ma allora ci si può chiedere quale sia la funzione effettiva dell'art. 117 Cost. in tale materia.

Secondo una diversa e *più ampia impostazione*, la competenza normativa concorrente delle Regioni, unitamente al potere di stipulare direttamente accordi con altri Stati ed intese con enti stranieri, costituisce un potere accessorio di darne attuazione locale consentendo, così, all'art. 117 di produrre tutti i suoi effetti. Ma ciò, per assurdo, potrebbe portare ad attuazioni differenziate nelle diverse Regioni e Province autonome.

Al riguardo, la L. 5 giugno 2003, n. 131 (c.d. *Legge La Loggia*) di attuazione dell'art. 117, precisa all'art. 6, tre casi. Il **primo caso** riguarda ***l'esecuzione di accordi stipulati dallo Stato italiano*** per i quali l'esecuzione, nelle materie di propria competenza legislativa, è prevista "dandone preventiva comunicazione al Ministero degli affari esteri ed alla Presidenza del Consiglio dei ministri — Dipartimento per gli affari regionali, i quali, nei successivi trenta giorni dal relativo ricevimento, possono formulare criteri e osservazioni".

Il **secondo caso** concerne le ***intese con enti territoriali interni ad un altro Stato***. Qui, si tratta di "intese dirette a favorire il loro sviluppo economico, sociale e culturale, nonché a realizzare attività di mero rilievo internazionale, dandone comunicazione prima della firma alla Presidenza del Consiglio dei ministri — Dipartimento per gli affari regionali ed al Ministero degli affari esteri, ai fini delle eventuali osservazioni di questi ultimi e dei Ministeri competenti, da far pervenire a cura del Dipartimento medesimo entro i successivi trenta giorni, decorsi i quali le Regioni e le Province autonome possono sottoscrivere l'intesa. Con gli atti relativi alle attività sopra indicate, le Regioni e le Province autonome di Trento e di Bolzano non possono esprimere valutazioni relative alla politica estera dello Stato, né possono assumere impegni dai quali derivino obblighi od oneri finanziari per lo Stato o che ledano gli interessi degli altri soggetti di cui all'articolo 114, primo comma, della Costituzione".

Infine, **il terzo caso** riguarda il *potere di concludere con altri Stati* "accordi esecutivi ed applicativi di accordi internazionali regolarmente entrati in vigore, o accordi di natura tecnico-amministrativa, o accordi di natura programmatica finalizzati a favorire il loro sviluppo economico, sociale e culturale, nel rispetto della Costituzione, dei vincoli derivanti dall'ordinamento comunitario, dagli obblighi internazionali e dalle linee e dagli indirizzi di politica estera italiana, nonché, nelle materie di cui all'articolo 117, terzo comma, della Costituzione, dei princìpi fondamentali dettati dalle leggi dello Stato. A tale fine ogni Regione o Provincia autonoma dà tempestiva comunicazione delle trattative al Ministero degli affari esteri ed alla Presidenza del Consiglio dei ministri — Dipartimento per gli affari regionali, che ne danno a loro volta comunicazione ai Ministeri competenti. Il Ministero degli affari esteri può indicare princìpi e criteri da seguire nella conduzione dei negoziati; qualora questi ultimi si svolgano all'estero, le competenti rappresentanze diplomatiche e i competenti uffici consolari italiani, previa intesa con la Regione o con la Provincia autonoma, collaborano alla conduzione delle trattative. La Regione o la Provincia autonoma, prima di sottoscrivere l'accordo, comunica il relativo progetto al Ministero degli affari esteri, il quale, sentita la Presidenza del Consiglio dei ministri — Dipartimento per gli affari regionali, ed accertata l'opportunità politica e la legittimità dell'accordo, ai sensi del presente comma, conferisce i pieni poteri di firma previsti dalle norme del diritto internazionale generale e dalla Convenzione di Vienna sul diritto dei trattati del 23 maggio 1969, ratificata ai sensi della L. 12 febbraio 1974, n. 112. Gli accordi sottoscritti in assenza del conferimento di pieni poteri sono nulli".

Nel momento in cui scriviamo si tratta, comunque, di un problema più teorico che pratico giacché la prassi resta assai scarsa (72).

c) *L'adattamento dell'ordinamento giuridico italiano agli atti vincolanti delle organizzazioni internazionali*

Bibliografia sommaria: D. Ruzié, *Le juge français face au droit international*, in *Le juge français face au droit international*, cit., p. 103 ss.; M.P. Lanfranchi, *Le valeur juridique en France des résolutions du Conseil de Sécurité*, *AFDI*, 1997, p. 31; G. Cataldi, "Sull'applicazione delle decisioni del Consiglio di sicurezza nel diritto interno", in *Riv. dir. int.*, 1998, p. 1022; R. Pavoni, "UN Sanctions in EU and National Law: the Centro-com case", *ICLQ*, 1999, p. 582; S. Mancini, "Sull'attuazione delle decisioni del Consiglio di sicurezza nell'ordinamento interno", in *Riv. dir. int.*, 2000, p. 1027; C. Deffigier, *L'applicabilité directe des actes unilateraux des organisations internationales et le juge judiciaire*, *RCDIP*, 2001, p. 43; Vera Gowlland-Debbas, Mariano Garcia Rubio, Hassiba Hadj-Sahraoui, *United Nations Sanctions and International Law*, Springer Netherlands, 2001; Langer, *Le risoluzioni del Consiglio di sicurezza delle Nazioni Unite e l'Unione europea*, Milano, Giuffrè, 2002, cap. II; P. Picone, A. Ligustro, *Diritto dell'Organizzazione mondiale del commercio*, Padova, Cedam, 2002, p. 541 ss.; U. Villani, *L'ONU e la crisi del Golfo*, cit., 2005; A. Ciampi, *Sanzioni del consiglio di sicurezza e diritti umani*, Milano, Giuffrè 2007; E. Cannizzaro, "Sugli effetti delle risoluzioni del Consiglio di sicurezza nell'ordinamento comunitario: la sentenza della Corte di giustizia nel caso Kadi", in *Riv.dir.int.*, 2008, p. 1075 ss.; P. De Sena, "Sanzioni individuali del Consiglio di sicurezza, art. 103 della Carta ONU e rapporti fra sistemi normativi", in F. Salerno (a cura di) *Sanzioni "individuali" del Consiglio di sicurezza e garanzie processuali fondamentali*, Padova, Cedam, 2010, p. 45; F. Vismara, "Il problema dell'efficacia diretta delle decisioni dei Consiglio di sicurezza", in *Riv. dir. int.*, 2011, p. 1065; G. Ruotolo, *La tutela dei privati negli accordi commerciali*, Bari, Cacucci, 2017; F. Marrella, *Manuale di diritto del commercio internazionale*, cit., p. 189 ss..

54. Una materia incerta. — Il diritto costituzionale degli Stati, in generale, non disciplina l'importante questione dell'applicabilità diretta degli atti vincolanti delle OIG in quanto si tratta di un fenomeno assai recente e relativamente raro giacché, come abbiamo visto (Cap. XV), le OIG producono numerosi atti di *soft law* ma ben pochi atti di *hard law* (altro che diritto amministrativo globale!).

55. La soluzione italiana. — Raramente, il trattato istitutivo di una OIG prevede espressamente anche la diretta efficacia dei suoi atti vincolanti: è il caso della UE (art. 288 TFUE). Ma nella quasi totalità degli altri casi, il trattato nulla dice e dunque la questione va risolta sul piano del diritto interno (73).

La Costituzione italiana non si pronuncia sull'adattamento al c.d. ***diritto derivato***, cioè agli **atti delle OIG**, e quindi non dice se tali atti entrino automaticamente a far parte del nostro ordinamento una volta che sia stata data esecuzione al trattato di base (c.d. *diritto originario*) che prevede la loro emissione. La prassi italiana è generalmente orientata nel senso di adottare, per ciascun atto vincolante di OIG di cui l'Italia è Membro, un singolo atto di esecuzione. Qui si tratta di un *adattamento in forma ordinaria*, ossia *mediante riformulazione della norma internazionale in una norma interna* (Legge ordinaria; D.Lgs. o anche regolamenti amministrativi).

---

(72) V. ad es. Corte Cost., 22 ottobre 2010, n. 299, in *Giur. Cost.*, 2010, p. 3895, con nota di F. Ghera.
(73) Cfr. Ronzitti, *Introduzione al diritto internazionale*, cit., p. 255.

Così, ad esempio, è accaduto per recepire le misure contro la Rhodesia del Sud decise dal Consiglio di Sicurezza ONU fu adottata la L. 19 novembre 1968, n. 1188. Così, ancora, i comportamenti vietati da una risoluzione del Consiglio di Sicurezza non si trasformano automaticamente in reati senza una precisa norma del codice penale nazionale che disponga in tal senso. Pertanto, la Corte di Cassazione (74) ha rifiutato di considerare come reato la violazione dell'embargo contro l'allora Yugoslavia, deciso dal Consiglio di Sicurezza ONU con Ris. n. 713 (1991). Con riferimento agli atti tecnici — ad esempio gli allegati tecnici alla Convenzione ICAO — il codice di navigazione italiano, all'art. 690, prevede che essi siano trasposti nell'ordinamento interno per via amministrativa, anche mediante l'emanazione di *regolamenti tecnici* dell'ENAC.

Per contro, parte della dottrina, argomentando logicamente, ritiene che l'ordine di esecuzione del trattato istitutivo di una data OIG debba coprire *automaticamente* anche "la parte del trattato che prevede la competenza di quell'organizzazione ad emanare decisioni vincolanti", e dunque attribuisce a queste ultime piena forza giuridica interna. In tale prospettiva, "l'emanazione di singoli atti di adattamento nella forma ordinaria serve, da un lato, a fini di maggiore certezza e dall'altro, e soprattutto, ad integrare il contenuto non sempre autosufficiente (non sempre *self executing*) della decisione internazionale" (75). Per quanto condivisibile, resta il fatto che tale impostazione difetta ancor'oggi del necessario supporto della prassi statale la quale, invece, è orientata in senso opposto, richiedendo sempre una "recezione" *ad hoc* del singolo atto unilaterale di una OIG che abbisogna di essere applicato nell'ordinamento italiano.

La soluzione dell'adattamento dell'ordinamento giuridico interno a ciascun atto vincolante di una OIG che necessita di essere applicato in Italia, non viene affatto smentita dalla diretta applicabilità delle misure restrittive UE (ad es. di embargo). Qui, infatti, le misure restrittive vengono adottate tramite un **Regolamento UE** (si pensi all'attuale embargo contro la Russia a seguito della crisi in Crimea ed Ucraina) e pertanto sono direttamente applicabili come tali ex art. 288 TFUE. Altre volte le *decisioni del Consiglio di Sicurezza ONU*, adottate ex Capo VII, si sono tradotte in altrettanti Regolamenti UE. Ma risulta evidente che, in questi casi, dal punto di vista dell'ordinamento italiano, si tratta sempre di **diritto derivato dell'Unione europea** che gode del primato e della diretta applicabilità in base all'ordinamento giuridico europeo e per effetto della sua integrazione in Italia.

Resta dunque possibile il diverso procedimento di adattamento dell'ordinamento italiano rispetto ad atti vincolanti di OIG diverse dalla UE.

56. L'adattamento dell'ordinamento italiano agli atti della UE. — Per quanto tale questione venga ampiamente trattata nei manuali di diritto UE a cui rinviamo (76), occorre comunque fare ancora un cenno (v. anche il Cap. XVIII) all'adattamento dell'ordinamento italiano agli atti della UE dato che, ad oggi, costituisce ancora un particolare tipo di OIG. Qui, basti ricordare che l'art. 117, c. 1, Cost., ha dato un rilievo costituzionale alla partecipazione dell'Italia all'Unione europea imponendo così, sia al legislatore nazionale che a quello regionale e provinciale, il rispetto del

---

(74) Cass. pen., 8 luglio 1994, in *RDIPP*, 1995, p. 760 ss.

(75) V. Conforti, *Diritto internazionale*, cit., p. 363.

(76) Tra i tanti v. L. Daniele, *Diritto dell'Unione europea*, 7 ed., Milano, Giuffrè-Francis Lefebvre, 2020, p. 263 ss.

diritto UE. La L. 24 dicembre 2012, n. 234 sulle "Norme generali sulla partecipazione dell'Italia alla formazione e all'attuazione della normativa e delle politiche dell'Unione europea" regola, oggi, la partecipazione dello Stato sia nella fase c.d. *ascendente* (ossia preparatoria degli atti UE); sia in quella c.d. *discendente* (cioè, appunto, di attuazione del diritto derivato UE).

La legge europea annuale con cui l'Italia si adegua al diritto UE si divide in due provvedimenti: la ***legge di delegazione europea***, che contiene le deleghe al Governo necessarie ad *assicurare l'attuazione* delle Direttive UE nonché degli altri atti dell'Unione che abbisognano di attuazione (art. 30, par. 2); la ***legge europea***, tramite la quale vengono *modificate o abrogate le norme italiane vigenti in contrasto con gli obblighi derivanti dall'appartenenza dell'Italia alla UE* (ad es. oggetto di procedure di infrazione e di sentenze della Corte di giustizia) (art. 30, par. 3).

57. (*segue*) Le Regioni e le Province autonome e l'attuazione del diritto UE. — Per quanto riguarda il diverso ruolo delle Regioni e delle Provincie autonome nell'attuazione del diritto UE, va osservato che, ai sensi dell'art. 117, 5° comma, "[l]e Regioni e le Province autonome di Trento e di Bolzano, nelle materie di loro competenza, partecipano alle decisioni dirette alla formazione degli atti normativi comunitari e provvedono all'attuazione e all'esecuzione degli accordi internazionali e degli atti dell'Unione europea, nel rispetto delle norme di procedura stabilite da legge dello Stato, che disciplina le modalità di esercizio del potere sostitutivo in caso di inadempienza". Si tratta della c.d. **fase "ascendente"** ossia della partecipazione di tali enti all'elaborazione degli atti della UE (art. 24 e 26, L. 24 dicembre 2012, n. 234) nonché della c.d. **fase "discendente"** ossia dell'attuazione delle Direttive che rientrano nelle materie di competenza regionale (art. 29, L. 24 dicembre 2012, n. 234)

58. La soluzione giurisprudenziale francese relativa all'adattamento agli atti delle OIG. — Anche la giurisprudenza dei giudici francesi sul punto appare ondivaga. I giudici francesi hanno ad esempio riconosciuto in Francia l'applicabilità diretta degli Allegati alla Convenzione di Chicago del 1944 sull'ICAO/OACI, che non erano mai stati ufficialmente pubblicati ([77]). Al contrario, la giurisprudenza ha negato la diretta applicabilità in Francia del Regolamento sanitario internazionale dell'OMS/WHO del 1951 che, invece, era pienamente applicabile in virtù dell'art. 22 della Carta costitutiva dell'OMS/WHO ed era stato regolarmente pubblicato ([78]).

Per contro si è ritenuto, correttamente, che le "Risoluzioni" adottate dal Consiglio di Sicurezza in virtù del Capo VIII della Carta delle Nazioni Unite "s'impongano ai giudici degli Stati membri, tra cui la Francia, derivando la loro autorità dal trattato istitutivo delle Nazioni Unite"; ciò implicava dunque che i singoli potevano far valere in giudizio i diritti derivanti da tali atti di diritto derivato dell'ONU ([79]). La posizione della Corte d'appello di Parigi è stata censurata dalla Corte di Cassazione in una sentenza del 25 aprile 2006; la Cassazione argomentava, erroneamente, che un simile atto unilaterale doveva essere oggetto di una trasposizione legislativa per beneficiare dell'effetto diretto.

59. L'adattamento dell'ordinamento giuridico italiano alle sentenze internazionali. — Poiché le sentenze internazionali hanno origine internazionale e provengono

---

([77]) V. la sentenza della Corte d'appello di Dakar del 15 maggio 1957, in *RFDA*, 1957, p. 355; Cass. crim. 8 novembre 1963, *Trésor Public c. Buttel*, in *Bull. crim.*, p. 666, D. 1964, somm. p. 38.

([78]) V. Cour de Paris, 18 novembre 1967, *Ep. Pivert*, in *AFDI*, 1968, p. 866, in *Clunet*, 1968, p. 728, con nota di Ph. Kahn; in *RCDIP*, 1968, p. 442.

([79]) C.A. Parigi, 20 febbraio 2002, *Iraq c. société Dumez*, in *RGDIP*, 2003, p. 1008. Più estese considerazioni in D. Carreau, F. Marrella, *Droit international*, 12 ed., op. cit..

da enti internazionali (OIG, Corte Penale Internazionale, TIDM/ITLOS, Corte EDU, CIG, etc.) vanno qualificate alla stregua di *atti unilaterali di OIG*, ossia di "diritto derivato". Ne segue che, dal punto di vista dell'ordinamento italiano e fatta eccezione come sempre per il caso della UE, varranno le medesime considerazioni appena presentate rispetto ad altri atti vincolanti delle OIG (risoluzioni, decisioni). Pertanto, a prescindere dal loro contenuto, le sentenze internazionali non comportano mai per forza propria una "formula esecutiva" automatica nell'ordinamento italiano, pur vincolando lo Stato italiano nel suo complesso al loro rispetto. Ne segue che anche le sentenze internazionali necessitano, se occorre, di un provvedimento (italiano) di recezione *ad hoc* per potere esplicare i propri effetti nel nostro ordinamento (v. *infra*, Cap. XVIII).

d) *L'adeguamento spontaneo dell'ordinamento italiano agli atti di* **soft law** *delle OIG ed al diritto transnazionale di fonte non inter-statuale*

60. Premessa: adeguamento spontaneo e "apertura internazionale" dell'ordinamento interno. — Tradizionalmente la dottrina si è occupata solo dell'adattamento dell'ordinamento giuridico statale alle norme di *hard law* a carattere interstatale (consuetudini, trattati) e, più recentemente, agli atti di *hard law* delle OIG. Nel nostro tempo, tuttavia, vanno rilevate anche le nuove e dinamiche forme di ***adeguamento*** (non usiamo la parola "adattamento" per distinguere questo fenomeno dall'altro) dell'ordinamento italiano ad atti di *soft law* e più in generale di regole transnazionali non direttamente vincolanti per lo Stato. Tale *adeguamento spontaneo* avviene continuamente tramite la prassi dei soggetti privati oppure in via giurisprudenziale.

61. La rilevanza della DUDU nel diritto italiano. — Un primo esempio di adeguamento spontaneo ad un atto di *soft law* è offerto dalla Dichiarazione universale dei diritti umani del 1948, una risoluzione dell'Assemblea Generale dell'ONU priva di efficacia vincolante per se (*infra*, Cap. XV) ma che è stata utilizzata dai giudici italiani a vari fini tra cui quelli di confermare una data interpretazione già costituzionalmente orientata di una data norma oppure per esplicitare un principio generale ([80]).

62. La tecnica dell'"interpretazione internazionalmente orientata" di clausole generali dell'ordinamento italiano: l'esempio dell'ordine pubblico internazionale. — Un'altra tecnica usata dalla giurisprudenza è quella di interpretare una *clausola generale* dell'ordinamento italiano ([81]) in senso internazionale. Trattandosi di un'operazione ermeneutica, il giudice italiano non si preoccupa della vigenza di diritto positivo di una norma internazionale nello Stato, bensì conferisce alla norma-clausola generale italiana un *senso universale* tramite il richiamo di norme internazionali.

Un esempio significativo è quello dell'interpretazione della clausola dell'ordine pubblico in diritto internazionale privato. Com'è noto, **l'ordine pubblico internazionale** costituisce il limite generale ultimo all'applicazione del *diritto straniero* richiamato dalle norme di conflitto della *lex fori*: per suo tramite, infatti, si tutelano valori ritenuti fondamentali ed irrinunciabili nello Stato di cui il giudice risulta espressione (v. art. 16 L. n. 218/95 ed artt. 64-65 L. n. 218/95).

In Italia, all'inizio degli anni '80, la Cassazione ha precisato che, a differenza dell'ordine pubblico interno, attinente all'insieme delle norme imperative, quello "internazionale" attiene

---

([80]) Cfr. i vari saggi in S. Tonolo, G. Pascale (a cura di), *La Dichiarazione universale dei diritti umani nel diritto internazionale contemporaneo*, Torino, Giappichelli, 2020, ove riferimenti.

([81]) Cfr. Ch. Perelman, R. Vander Elst (a cura di), *Les notions à contenu variable en droit*, Bruxelles, Bruylant, 1984; F. Galgano, "Libertà contrattuale e giustizia del contratto", in *Contr. e impr.*, 2005, p. 509 e ss.; S. Patti, *Ragionevolezza e clausole generali*, Milano, Giuffrè, 2016; F. Ricci (a cura di), *Principi, clausole generali, argomentazione e fonti del diritto*, Milano, Giuffrè, 2019.

a principi generali che sono espressione di esigenze fondamentali della società destinate a variare secondo il momento storico in cui si tratta di tenerne conto. Pertanto, si è fatta strada, in modo sempre più nitido nella giurisprudenza italiana, una nozione di ordine pubblico tesa ad individuare "*principi comuni alle Nazioni di civiltà affine ed intesi alla tutela dei diritti fondamentali dell'uomo*"([82]).

Tale elaborazione è culminata nella sentenza dell'8 gennaio 1981, n. 189 ([83]), ove la Suprema Corte nel ribadire che l'ordine pubblico internazionale-italiano è costituito dai principi comuni alle Nazioni di civiltà affine — e si noti l'analogia con i "Principi generali di diritto riconosciuti dalle Nazioni civili" di cui all'art. 38 dello Statuto CIG — intesi alla tutela di alcuni diritti fondamentali dell'uomo, ha indicato che tali principi risultano sanciti in Dichiarazioni o accordi internazionali quali, ad esempio, la *Dichiarazione universale dei diritti dell'uomo del 10 dicembre 1948*, la CEDU, il Patto internazionale del 16 dicembre 1966 relativo ai diritti civili e politici, nonché quello relativo ai diritti economici, sociali e culturali.

63. L'adeguamento spontaneo dell'ordinamento italiano alle norme transnazionali per effetto dell'autonomia privata e del "governo giudiziario della discrezionalità contrattuale". — L'adeguamento spontaneo dell'ordinamento giuridico interno a norme transnazionali può avvenire anche *bottom up*, ossia dal basso, per effetto **dell'autonomia privata di diritto civile** riconosciuta dall'ordinamento italiano ([84]). Così accade per i modelli contrattuali internazionalmente uniformi, i vari "contratti in -ing" come il *franchising*, il *factoring*, il *forfaiting* etc. che, concepiti all'estero e talvolta "codificati" in convenzioni di diritto uniforme, finiscono per circolare in Italia per imitazione fino ad essere utilizzati dagli operatori italiani per gli affari domestici. Del pari, gli *Incoterms* ossia le clausole standard di resa merci elaborate dalla ICC finiscono per essere utilizzati — e su vasta scala — da parte delle imprese italiane anche per l'elaborazione di contratti nazionali e a prescindere dal loro riconoscimento legislativo. Nel diritto marittimo e dei trasporti, accanto alle convenzioni di diritto uniforme in vigore per l'Italia, vivono in Italia numerose norme transnazionali concepite all'esterno dell'ordinamento italiano e circolanti nell'ordinamento per effetto delle clausole *paramount*, del riferimento alle *Regole di York e di Anversa* sulle avarie marittime, dei formulari di noleggio di nave e così via ([85]).

L'autonomia privata di diritto interno diventa così una "calamita" di norme transnazionali (anche di *soft law*) e dunque costituisce un meccanismo atipico ma potente di adeguamento

---

([82]) Cfr. ad es. Cass. 24 novembre 1989, n. 5974, *Sorichetti* c. *Monass*, in *Riv. dir. int. priv. proc.*, 1991, p. 155 ss. V. pure Cass., 6 dicembre 2002, n. 17349, in *Dir. e Giust.*, 2003, 3, p. 96 e Cass. 26 aprile 2013, n. 10070. In dottrina: F. Mosconi, « Art. 16 », in *Riforma del sistema italiano di diritto internazionale privato: legge 31 maggio 1995 n°218 — Commentario*, in *Riv. dir. int. priv. proc.*, 1995, p. 981; Id., *« Exception to the operation of choice of law rules »*, in *RCADI*, 1989/V, p. 9 ss.; Barile, voce *« Ordine pubblico (diritto internazionale privato e processuale) »*, in *Enc. dir.*, XXX, Milano, 1980, p. 1106 ss.; Id., *I principi fondamentali della comunità statale ed il coordinamento fra sistemi (l'ordine pubblico internazionale)*, Padova, 1969, *passim*; Badiali, voce *« Ordine pubblico (diritto internazionale privato e processuale) »*, in *Enc. giur.*, XXII, Roma, 1990; P. Benvenuti, *Comunità statale, comunità internazionale e ordine pubblico internazionale*, Milano, 1977, p. 1 ss.; Sperduti, *« Ordine pubblico internazionale ed ordine pubblico interno »*, in *Riv. dir. int.*, 1954, p. 82 ss.; Id., *« Sul limite dell'ordine pubblico »*, in *Riv. dir. int.*, 1960, p. 303 s.; Id., *Norme di applicazione necessaria e ordine pubblico*, cit., p. 473 ss.

([83]) Cass., 14 aprile 1980, n. 2414, in F. Capotorti, V. Starace, *La giurisprudenza italiana di diritto internazionale privato e processuale 1967-1990*, Milano, 1991, p. 1401 ss.

([84]) Si rinvia a F. Marrella, "Funzione ed oggetto dell'autonomia della volontà nell'era della globalizzazione del contratto", in N. Boschiero (a cura di), *La nuova disciplina comunitaria della legge applicabile ai contratti (Roma I)*, Torino, Giappichelli, 2009, pp. 15-65. V. altresì S. M. Carbone, "Autonomia privata nel diritto sostanziale e nel diritto internazionale privato: diverse tecniche e un'unica funzione", in *Riv.dir.int.priv.proc.*, 2013, pp. 569-592; A. Giardina, "L'autonomia delle parti nel commercio internazionale", in *Fonti e tipi del contratto internazionale*, a cura di U. Draetta e C. Vaccà, Milano, 1991, p. 33 ss..

([85]) Si rinvia a F. Marrella, *Manuale di diritto del commercio internazionale*, 2 ed., cit., p. 236 ss.; S.M. Carbone, P. Celle, M. Lopez de Gonzalo, *Diritto marittimo*, 6 ed., Torino, Giappichelli, 2020, p. 17 ss..

spontaneo dell'ordinamento italiano al diritto internazionale in senso lato. Lo ha riconosciuto la nostra Cassazione indicando che « le esigenze del commercio internazionale sempre più esteso e dei connessi rapporti interbancari hanno determinato la prassi di contratti fideiussori in parte svincolati dal negozio principale garantito » e pertanto il giudizio di meritevolezza degli interessi privati di cui all'art. 1322, c. 2, cod.civ.it. va espresso alla luce della grande diffusione internazionale di tali forme di garanzie, con riferimento alla conseguente *tipicità sociale* che attribuisce alla stessa garanzia *universale validità* finanche alla **"permeabilità" del nostro ordinamento**, oltre che alle esigenze economiche, anche alle influenze di figure giuridiche già codificate all'estero » ([86]).

Si tratta, come ha affermato la stessa Cassazione, di "governo giudiziario della discrezionalità contrattuale" ([87]) che si realizza attraverso la giurisprudenza sui limiti dell'autonomia contrattuale dei privati di cui all'art. 1322, c. 2, cod.civ.it. e che, come si è appena detto, determina anche l'apertura dell'ordinamento giuridico italiano a regole e valori metanazionali. E una maggiore apertura unilaterale dell'ordinamento giuridico italiano tramite l'interpretazione giudiziale "internazionalmente orientata" è stata auspicata da più parti anche con riferimento al processo civile ([88]) e soprattutto all'arbitrato ([89]).

64. Adeguamento spontaneo ad altri atti unilaterali transnazionali: rinvio al Cap. IX. — Infine, occorre richiamare in questo contesto quanto abbiamo già esaminato nel Cap. IX a proposito degli atti unilaterali transnazionali e la loro attuazione spontanea al livello del diritto interno. Gli esempi sono numerosi: la *lex sportiva*; il diritto finanziario; il diritto contabile; la nuova *lex mercatoria* e i Principi Unidroit sui contratti commerciali internazionali.

([86]) Cass., 1° ottobre 1987, n. 7341 e le osservazioni di F. Galgano, in *Tratt. di dir. civ.*, III, 2010, Padova, Cedam, p. 385 ss.. Grassetto aggiunto.

([87]) Cass., 10 aprile 1994, n. 3375 e su cui v. F. Galgano, *Il contratto*, Padova, Cedam, 2007, p. 552 ss..

([88]) P. Biavati, *Giurisdizione civile, territorio e ordinamento aperto*, Milano, Giuffrè, 1997.

([89]) S. M. Carbone, "Per un'interpretazione internazionalmente orientata della disciplina italiana dell'arbitrato: prospettive di sviluppo", in *Riv. arb.*, 2015, pp. 429-448.

Capitolo XVIII

IL DIRITTO INTERNAZIONALE NEI GIUDIZI INTERNI

1. Premessa. — Abbiamo detto che il giudice nazionale, in quanto organo dello Stato di cui risulta espressione si trova "in prima linea" sia nell'applicazione del diritto internazionale che in quella del diritto UE. Il dato oggi è sotto gli occhi di tutti ma non si tratta di un fatto nuovo. Oltre un secolo fa, Anzilotti aveva evidenziato quanto segue: "[g]li organi giurisdizionali interni si trovano...chiamati ad applicare principi e norme di diritto internazionale in occasione di controversie svariatissime fra loro...personalità e condizione giuridica internazionale degli Stati...governi di fatto e loro legittimazione ed effetti nei rapporti internazionali...estensione giuridica del mare territoriale e natura dei diritti dello Stato sopra di esso...natura ed estensione delle immunità diplomatiche...natura giuridica ed effetti dei trattati internazionali...natura giuridica ed effetti del lodo arbitrale internazionale...effetti della guerra sui trattati-...questioni di competenza, validità ed effetti di determinati atti o negozi giuridici, responsabilità civile o penale, legalità degli atti compiuti dai funzionari, applicabilità di certe norme giuridiche...gli stretti rapporti che passano fra il diritto interno applicabile dai detti organi ed il diritto internazionale, fanno sì che non sia quasi mai possibile l'interpretazione ed applicazione del primo senza l'interpretazione ed applicazione del secondo...Sia che la stessa legge interna rinvii al diritto internazionale, o sia che il riguardo alle regole di questo diritto venga implicitamente presupposto dalle norme di diritto interno che regolano una data materia, certo è che il giudice, tenendone conto, adempie, così nell'uno come nell'altro caso, la volontà dello Stato di osservare e rispettare quei dati principi del diritto internazionale" (1). Sarà quindi utile esaminare brevemente la posizione della Corte Costituzionale (I), della Cassazione (II) nonché dei giudici amministrativi (III), prima di esaminare gli effetti delle sentenze internazionali nell'ordinamento italiano (IV).

Sezione I

La Corte Costituzionale italiana e il Diritto internazionale

Bibliografia sommaria: v. la bibliografia indicata al Cap. XVII. *Adde*: S. Amadeo, *I trattati internazionali dinanzi alla Corte Costituzionale*, Milano, Giuffrè, 1999; A. Di Blase (a cura di), *Convenzioni sui diritti umani e Corti nazionali*, RomeTre Press, Roma, 2014; V. Zagrebelsky, R. Chenal, L. Tomasi, *Manuale dei diritti fondamentali in Europa*, Bologna, Il Mulino, 2016; G. Tesauro, "Costituzione e norme esterne", *Dir.UE*, 2009, p. 195 ss.; G. Tesauro, *Diritto dell'Unione europea*, 7ª ed., Padova, Cedam, 2012, p. 199 ss.; R. Bin, "L'adattamento dell'ordinamento italiano al diritto internazionale non scritto dopo la sent. 238/2014", in SIDI, *L'incidenza del diritto non scritto sul diritto internazionale ed europeo* a cura di P. Palchetti, Napoli, ES, 2016, p. 191 ss.; A. M. Calamia, *Manuale breve di diritto dell'Unione europea*, Milano, Giuffrè, 2018, p.

---

(1) D. Anzilotti, *Il diritto internazionale nei giudizi interni*, Bologna, Zanichelli, 1903, pp. 170-173.

143 ss.; U. Villani, *Istituzioni di diritto dell'Unione europea*, 6ª ed., Bari, Cacucci, 2020, p. 449 ss.; L. Daniele, *Diritto dell'Unione europea*, 7 ed., Milano, Giuffrè-Francis Lefebvre, 2020, p. 263 ss.; SIDI, *Il diritto internazionale ed europeo nei giudizi interni*, Napoli, ES, 2020.

§ 1. — *La Corte Costituzionale e le consuetudini internazionali*

2. — Dopo avere definito, nel Cap. XVII, le modalità attraverso le quali si realizza l'adattamento dell'ordinamento italiano al diritto internazionale generale ai sensi dell'art. 10 Cost., occorre ora soffermarci su un ulteriore problema e cioè quello della collocazione delle norme di diritto internazionale generale nella gerarchia delle fonti del diritto italiano secondo la giurisprudenza della Corte costituzionale. Diciamo subito che, sul punto, la Corte costituzionale ha ritenuto illegittime le norme di legge che si pongono in contrasto con le norme di diritto internazionale generale. In altri termini, l'orientamento giurisprudenziale pressoché univoco ritiene che l'adattamento realizzato attraverso l'art. 10 Cost. sia sufficiente ad estendere il valore costituzionale alle norme di diritto consuetudinario da esso richiamate. Pertanto, in ipotesi di contrasto, si realizza, seppure in via indiretta, una violazione dell'art. 10 Cost. censurabile dalla Corte. Del pari, se le consuetudini internazionali hanno nell'ordinamento italiano il rango costituzionale dell'art. 10 Cost., le leggi ordinarie e le altre fonti gerarchicamente subordinate e confliggenti non le possono in alcun modo derogare, anzi risultano costituzionalmente illegittime (2).

Più complesso, invece, è il *rapporto tra le norme consuetudinarie immesse dall'art. 10 Cost. e le altre norme costituzionali*. Al riguardo, nella sentenza del 18 giugno 1979, n. 48 (**caso *Russel***), la Corte si è riferita alle consuetudini internazionali preesistenti all'entrata in vigore della Costituzione, nel caso di specie quelle in materia di immunità diplomatica (su cui v. *supra* il Cap. XV), per dedurre che le deroghe alla giurisdizione conseguenti al riconoscimento dell'immunità non sono necessariamente in conflitto con l'art. 24 Cost. Senonché, osserva la Corte:

> "[o]ccorre comunque affermare, più in generale, per quanto attiene alle norme di diritto internazionale generalmente riconosciute che venissero ad esistenza dopo l'entrata in vigore della Costituzione, che il meccanismo di adeguamento automatico previsto dall'art. 10 Cost. non potrà in alcun modo consentire la violazione dei principi fondamentali del nostro ordinamento costituzionale, operando in un sistema costituzionale che ha i suoi cardini nella sovranità popolare e nella rigidità della Costituzione (art. 1, secondo comma e Titolo VI della Costituzione)" (3).

In pratica, secondo la Corte, le norme internazionali consuetudinarie sulle immunità diplomatiche ***preesistenti*** alla Costituzione repubblicana prevalgono a titolo di specialità su qualsiasi norma costituzionale, mentre le norme consuetudinarie formatesi ***successivamente*** *all'entrata in vigore della Costituzione* prevalgono nella misura in cui non violino i "principi fondamentali dell'ordinamento costituzionale" che dunque risultano inderogabili dalla norma internazionale.

3. La sentenza n. 238 del 2014. — La Consulta ha poi precisato il proprio orientamento tramite la sentenza n. 238 del 22 ottobre 2014 *per affermare che anche*

(2) V. ad es.: Corte cost., 22 dicembre 1961, n. 67, *Penso e Baracchini*, in *Riv. dir. int.*, 1961, p. 271; 13 luglio 1963, *Guerrato*, in *Riv. dir. int.*, 1963, p. 451; 15 maggio 2001, n. 131, in *Riv. dir. int.*, 2001, p. 807 ss.

(3) Corte cost., 18 giugno 1979, n. 48, *Russel*, in *Riv. dir. int.*, 1979, p. 797.

le consuetudini internazionali preesistenti all'entrata in vigore della Carta costituzionale non possono comunque derogare ai principi fondamentali ed ai diritti inalienabili della persona. Secondo la Corte:

"[n]on v'è dubbio, infatti, ed è stato confermato a più riprese da questa Corte, che i principi fondamentali dell'ordinamento costituzionale e i diritti inalienabili della persona costituiscano un "limite all'ingresso [...] delle norme internazionali generalmente riconosciute alle quali l'ordinamento giuridico italiano si conforma secondo l'art. 10, primo comma della Costituzione" (sentenze n. 48 del 1979 e n. 73 del 2001) ed operino quali 'controlimiti' all'ingresso delle norme dell'Unione europea (*ex plurimis*: sentenze n. 183 del 1973, n. 170 del 1984, n. 232 del 1989, n. 168 del 1991, n. 284 del 2007), oltre che come limiti all'ingresso delle norme di esecuzione dei Patti Lateranensi e del Concordato (sentenze n. 18 del 1982, n. 32, n. 31 e n. 30 del 1971). Essi rappresentano, in altri termini, gli elementi identificativi ed irrinunciabili dell'ordinamento costituzionale, per ciò stesso sottratti anche alla revisione costituzionale (artt. 138 e 139 Cost.: così nella sentenza n. 1146 del 1988). In un sistema accentrato di controllo di costituzionalità, è pacifico che questa verifica di compatibilità spetta alla sola Corte costituzionale, con esclusione di qualsiasi altro giudice, anche in riferimento alle norme consuetudinarie internazionali... Anche di recente, poi, questa Corte ha ribadito che la verifica di compatibilità con i principi fondamentali dell'assetto costituzionale e di tutela dei diritti umani è di sua esclusiva competenza (sentenza n. 284 del 2007); ed ancora, precisamente con riguardo al diritto di accesso alla giustizia (art. 24 Cost.), che il rispetto dei diritti fondamentali, così come l'attuazione di principi inderogabili, è assicurato dalla funzione di garanzia assegnata alla Corte costituzionale (sentenza n. 120 del 2014)." (4)

§ 2. — *La Corte Costituzionale e i trattati internazionali*

4. Premessa. — Per quanto riguarda l'adattamento dell'ordinamento italiano ai trattati internazionali, sappiamo che fino alla riforma del Titolo V della Costituzione ed al varo dell'art. 117 Cost. le norme convenzionali hanno assunto il rango tra le fonti del diritto interno dell'atto normativo nazionale che contiene l'ordine di esecuzione.

La Corte costituzionale lo ha ribadito a chiare lettere nella sentenza del 6 giugno 1989, n. 323 con queste parole:

"Emerge in modo inequivocabile dai lavori dell'assemblea costituente — e dottrina e giurisprudenza sono concordi — che l'art. 10 comma 1 Cost. prevede l'adattamento automatico del nostro ordinamento esclusivamente alle <norme del diritto internazionale generalmente riconosciute>, intendendosi per tali le norme consuetudinarie.

L'adattamento alle *norme internazionali pattizie* avviene invece per ogni singolo trattato con un atto *ad hoc* consistente nell'ordine di esecuzione adottato di regola con legge ordinaria. Ne consegue che i trattati internazionali vengono ad assumere nell'ordinamento la medesima posizione dell'atto che ha dato loro esecuzione. Quando l'esecuzione è avvenuta mediante legge ordinaria, essi acquistano pertanto la forza ed il rango di legge ordinaria che può essere abrogata o modificata da una legge ordinaria successiva. È rimasta minoritaria in dottrina, e non è mai stata condivisa dalla giurisprudenza della Corte di cassazione, né di questa Corte, la tesi secondo la quale i trattati internazionali, pur introdotti nel nostro ordinamento da legge ordinaria, assumerebbero un rango costituzionale o comunque superiore, così da non poter essere abrogati o modificati da legge ordinaria in forza del principio del rispetto dei trattati (*pacta sunt servanda*), norma di diritto internazionale generalmente riconosciuta. In tal modo si

(4) Corte cost., 22 ottobre 2014, n. 238, in https://www.cortecostituzionale.it/actionSchedaPronuncia.do?anno=2014&numero=238.

verrebbe a ricondurre le norme internazionali pattizie sotto l'impero dell'art. 10 comma 1 Cost., mentre — come si è detto — esso è stato così formulato proprio per limitarlo alle norme generali materiali ed escludere dalla sua sfera di applicazione i trattati, in quanto la norma generale *pacta sunt servanda* é norma strumentale non suscettibile di applicazione nell'ordinamento interno.

Questa Corte non può quindi non confermare la propria costante giurisprudenza che esclude le norme internazionali pattizie, ancorché generali, dall'ambito di operatività dell'art. 10 Cost. (sent. n. 153 del 1987, 96 del 1982, 188 del 1980, 48 del 1979, 104 del 1969, 32 del 1960)" ([5]).

In tale contesto, le **sentenze gemelle del 24 ottobre 2007, nn. 348 e 349** completano il percorso giurisprudenziale della Consulta con riferimento all'adattamento dell'ordinamento italiano al diritto internazionale pattizio. Certo, tali sentenze si riferiscono al delicatissimo tema dei diritti umani iscritti nella CEDU. Ma il ragionamento della Corte appare paradigmatico e valevole anche al di là della CEDU.

5. L'art. 117 Cost. e la norma CEDU come "norma interposta". — Nella **sentenza del 24 ottobre 2007, n. 348**, la Corte ha ben evidenziato che:

"[l]a distinzione tra le norme CEDU e le norme comunitarie deve essere ribadita nel presente procedimento nei termini stabiliti dalla pregressa giurisprudenza di questa Corte, nel senso che le prime, pur rivestendo grande rilevanza, in quanto tutelano e valorizzano i diritti e le libertà fondamentali delle persone, sono pur sempre norme internazionali pattizie, che vincolano lo Stato, ma non producono effetti diretti nell'ordinamento interno, tali da affermare la competenza dei giudici nazionali a darvi applicazione nelle controversie ad essi sottoposte, non applicando nello stesso tempo le norme interne in eventuale contrasto.

L'art. 117, primo comma, Cost., nel testo introdotto nel 2001 con la riforma del titolo V della parte seconda della Costituzione, ha confermato il precitato orientamento giurisprudenziale di questa Corte. La disposizione costituzionale ora richiamata distingue infatti, in modo significativo, i vincoli derivanti dall'"ordinamento comunitario" da quelli riconducibili agli "obblighi internazionali".

Si tratta di una differenza non soltanto terminologica, ma anche sostanziale.

Con l'adesione ai Trattati comunitari, l'Italia è entrata a far parte di un "ordinamento" più ampio, di natura sopranazionale, cedendo parte della sua sovranità, anche in riferimento al potere legislativo, nelle materie oggetto dei Trattati medesimi, con il solo limite dell'intangibilità dei principi e dei diritti fondamentali garantiti dalla Costituzione.

La Convenzione EDU, invece, non crea un ordinamento giuridico sopranazionale e non produce quindi norme direttamente applicabili negli Stati contraenti. Essa è configurabile come un trattato internazionale multilaterale — pur con le caratteristiche peculiari che saranno esaminate più avanti — da cui derivano "obblighi" per gli Stati contraenti, ma non l'incorporazione dell'ordinamento giuridico italiano in un sistema più vasto, dai cui organi deliberativi possano promanare norme vincolanti, *omisso medio*, per tutte le autorità interne degli Stati membri...L'art. 117, primo comma, Cost. condiziona l'esercizio della potestà legislativa dello Stato e delle Regioni al rispetto degli obblighi internazionali, tra i quali indubbiamente rientrano quelli derivanti dalla Convenzione europea per i diritti dell'uomo. Prima della sua introduzione, l'inserimento delle norme internazionali pattizie nel sistema delle fonti del diritto italiano era tradizionalmente affidato, dalla dottrina prevalente e dalla stessa Corte costituzionale, alla legge di adattamento, avente normalmente rango di legge ordinaria e quindi potenzialmente modificabile da altre leggi ordinarie successive. Da tale collocazione derivava, come

---

([5]) Corte cost., 6 giugno 1989, n. 323, *SIBRAM c. Alitalia*, in *Riv. dir. int.*, 1989, p. 400. Corsivo aggiunto.

naturale corollario, che le stesse norme non potevano essere assunte quali parametri del giudizio di legittimità costituzionale (*ex plurimis*, sentenze n. 188 del 1980, n. 315 del 1990, n. 388 del 1999).

4.3. — Rimanevano notevoli margini di incertezza, dovuti alla difficile individuazione del rango delle norme CEDU, che da una parte si muovevano nell'ambito della tutela dei diritti fondamentali delle persone, e quindi integravano l'attuazione di valori e principi fondamentali protetti dalla stessa Costituzione italiana, ma dall'altra mantenevano la veste formale di semplici fonti di grado primario. Anche a voler escludere che il legislatore potesse modificarle o abrogarle a piacimento, in quanto fonti atipiche (secondo quanto affermato nella sentenza n. 10 del 1993 di questa Corte, non seguita tuttavia da altre pronunce dello stesso tenore), restava il problema degli effetti giuridici di una possibile disparità di contenuto tra le stesse ed una norma legislativa posteriore" ([6]).

Pertanto, muovendo da tali considerazioni, la Corte ne deduce che:

"il nuovo testo dell'art. 117, primo comma, Cost., se da una parte rende inconfutabile la maggior forza di resistenza delle norme CEDU rispetto a leggi ordinarie successive, dall'altra attrae le stesse nella sfera di competenza di questa Corte, poiché gli eventuali contrasti non generano problemi di successione delle leggi nel tempo o valutazioni sulla rispettiva collocazione gerarchica delle norme in contrasto, ma questioni di legittimità costituzionale. Il giudice comune non ha, dunque, il potere di disapplicare la norma legislativa ordinaria ritenuta in contrasto con una norma CEDU, poiché l'asserita incompatibilità tra le due si presenta come una questione di legittimità costituzionale, per eventuale violazione dell'art. 117, primo comma, Cost., di esclusiva competenza del giudice delle leggi...Quanto detto sinora non significa che le norme della CEDU, quali interpretate dalla Corte di Strasburgo, acquistano la forza delle norme costituzionali e sono perciò immuni dal controllo di legittimità costituzionale di questa Corte. Proprio perché si tratta di norme che integrano il parametro costituzionale, ma rimangono pur sempre ad un livello sub-costituzionale, è necessario che esse siano conformi a Costituzione" ([7]).

Nella **sentenza n. 349 del 2007** ([8]), la Corte costituzionale osserva ulteriormente che, pur essendo indubbio che la nuova formulazione dell'art. 117 Cost. ha colmato una lacuna dell'ordinamento italiano, ciò non significa che "con l'art. 117, 1 comma, Cost., si possa attribuire rango costituzionale alle norme contenute in accordi internazionali, oggetto di una legge ordinaria di adattamento, come è il caso delle norme della CEDU. Il parametro costituzionale in esame comporta, infatti, l'obbligo del legislatore ordinario di rispettare dette norme, con la conseguenza che la norma nazionale incompatibile con la norma della CEDU e dunque con gli 'obblighi internazionali' di cui all'art. 117, 1° comma, viola per ciò stesso tale parametro costituzionale. Con l'art. 117, primo comma, si è realizzato, in definitiva, un rinvio mobile alla norma convenzionale di volta in volta conferente, la quale dà vita e contenuto a quegli obblighi internazionali genericamente evocati e, con essi, al parametro, tanto da essere comunemente qualificata "norma interposta"; e che è soggetta a sua volta...ad una verifica di compatibilità con le norme della Costituzione.".

Pertanto, la Corte Costituzionale ha conclusivamente affermato che, in caso di contrasto tra una norma interna e la CEDU, *"al giudice comune spetta interpretare la*

([6]) Corte cost., 24 ottobre 2007, n. 348, in *Riv. dir. int.*, 2008, p. 198.
([7]) *Ibidem*.
([8]) Corte cost., 24 ottobre 2007, n. 349, in *Riv. dir. int.*, 2008, p. 230.

norma interna in modo conforme alla disposizione internazionale, entro i limiti nei quali ciò è permesso dai testi delle norme. Qualora ciò non sia possibile, ovvero dubiti della compatibilità della norma interna con la disposizione convenzionale 'interposta', egli deve investire questa Corte della relativa questione di legittimità costituzionale rispetto al parametro dell'art. 117, primo comma".

6. L'obbligo di applicazione della norma CEDU così come interpretata dai giudici di Strasburgo. — Pochi anni dopo, la Corte Costituzionale è intervenuta nuovamente per chiarire quale sia il ruolo dei giudici italiani nell'interpretazione e nell'applicazione della CEDU. Così nella sentenza n. 311 del 2009 la Corte, dopo aver ribadito il suo orientamento precedente, ha stabilito che *"al giudice nazionale, in quanto giudice comune della CEDU, spetta il compito di applicare le relative norme, nell'interpretazione offertane dalla Corte di Strasburgo, alla quale questa competenza è stata espressamente attribuita dagli Stati contraenti"* ([9]).

Qualora esista un contrasto tra una norma interna e una norma della CEDU, il giudice nazionale deve pertanto operare un'interpretazione della norma interna che sia il più conforme possibile alla norma della CEDU "*fino a dove ciò sia consentito dal testo delle disposizioni*". *Nel caso in cui ciò non sia possibile, il giudice interno dovrà sollevare* ***questione di costituzionalità***, ***non potendo disapplicare la legge interna***.

Inoltre, secondo la Corte Costituzionale, una volta sollevata la questione di costituzionalità, la Corte stessa ha il compito di verificare che il contrasto sussiste e che sia insanabile in via interpretativa, e, "*in caso di contrasto, essa dovrà dichiarare l'illegittimità costituzionale della disposizione interna per violazione dell'art. 117, primo comma, Cost., in relazione alla invocata norma della CEDU*".

Nella stessa occasione, la Corte Costituzionale ha anche ribadito il principio della superiorità della Costituzione italiana rispetto alle norme internazionali di origine convenzionale che assumono il rango di "norme interposte" in virtù dell'art. 117, 1 comma, Cost.; infatti, la Corte ha affermato che, pur essendo ad essa precluso di sindacare l'interpretazione della CEDU fornita dalla Corte di Strasburgo, *"alla Corte Costituzionale compete, questo sì, di verificare se la norma della CEDU, nell'interpretazione data dalla Corte europea, non si ponga in conflitto con altre norme conferenti della nostra Costituzione. Il verificarsi di tale ipotesi, pure eccezionale, esclude l'operatività del rinvio alla norma internazionale e, dunque, la sua idoneità ad integrare il parametro dell'art. 117, primo comma, Cost."*, con la conseguenza che in tal caso si dovrà dichiarare l'illegittimità della legge di adattamento. In tal modo, si opera un bilanciamento fra due esigenze costituzionali dell'ordinamento italiano: il rispetto degli obblighi internazionali da un lato, e la supremazia del "nocciolo duro" della Costituzione stessa nell'ordinamento italiano dall'altro.

§ 3. — *La Corte Costituzionale e il diritto dell'Unione europea*

7. Il primato e la diretta applicabilità del diritto dell'Unione europea. — Sin dalle prime pronunce giurisprudenziali dei primi anni '60 del secolo scorso, la Corte di

(9) Corte cost., 16 novembre 2009, n. 311, https://www.cortecostituzionale.it/actionSchedaPronuncia.do?anno=2009&numero=311. Per gli sviluppi più recenti v. le sentenze n.49 del 2015 e n.25 del 2019 nonché, in dottrina, P. Ivaldi, "Le norme pattizie come parametro nella giurisprudenza costituzionale: profili internazionalistici", in SIDI, *Il Diritto internazionale ed europeo nei giudizi interni*, cit., 2020, p.389 ss..

giustizia ha indicato che due caratteristiche proprie di alcune norme di diritto dell'Unione Europea (art. 288 TFUE) sono il "primato" rispetto al diritto interno e la "diretta applicabilità" (o la "diretta efficacia") negli ordinamenti nazionali. Il ***primato*** delle norme del diritto dell'Unione si sostanzia nella loro prevalenza sulle norme di diritto interno di uno Stato membro con esso contrastanti, *precedenti* o *successive* e di qualsiasi rango, anche costituzionale (per lo meno dal punto di vista della Corte di giustizia UE). Per ***diretta applicabilità***, come abbiamo visto nel Cap. XVII, ci si riferisce all'idoneità delle fonti di diritto dell'Unione europea a creare autonomamente in capo ai singoli, persone fisiche o giuridiche, delle situazioni giuridiche soggettive direttamente azionabili davanti al giudice nazionale. Sappiamo anche che, mentre la diretta applicabilità è una caratteristica tipica dei Regolamenti UE ([10]), definita come tale dal TFUE (ossia viene individuata dal "legislatore UE"), l'*effetto diretto* discende dalla struttura della singola norma ed è il risultato di un'operazione interpretativa del giudice, *in primis* dalla Corte di giustizia UE.

La combinazione dei caratteri ora ricordati comporta **l'obbligo per il giudice nazionale di *disapplicare* la norma interna contrastante con la norma dell'Unione**. Non solo: ulteriore corollario è l'obbligo, per la Pubblica Amministrazione, di non dare esecuzione ad un atto amministrativo in contrasto col diritto UE. Insomma, l'obbligo positivo di dare piena e totale attuazione al diritto dell'Unione europea incombe non solo sul giudice interno, ma su tutte le articolazioni dell'apparato statale (ad es. sui funzionari dell'Agenzia delle dogane e dei monopoli). I giudici nazionali, tuttavia, a differenza degli altri rami della Pubblica Amministrazione possono presentare un *rinvio pregiudiziale* alla Corte di giustizia UE laddove, in corso di giudizio, il giudice abbia un dubbio circa la validità di una norma UE oppure circa l'esatta interpretazione da darne. Per lungo tempo la Corte costituzionale ha considerato il diritto comunitario (successivamente divenuto diritto dell'Unione europea) coperto dall'art. 11 Cost. e non v'è dubbio che oggi tale "copertura" sia rafforzata tramite l'art. 117 Cost.

8. Responsabilità dello Stato e responsabilità del giudice nazionale nell'applicazione del diritto dell'Unione europea. — È pacifico, per chi conosce i meccanismi della responsabilità dello Stato in diritto internazionale (Cap. XVI), che nell'ordinamento dell'Unione europea lo Stato italiano è responsabile non solo per gli atti legislativi (ad

---

([10]) Non si creda che tutti i Regolamenti UE siano direttamente applicabili in tutte le loro parti. Esistono, infatti, dei Regolamenti che, oltre a norme direttamente applicabili, definiscono un quadro normativo che deve essere attuato da altri Regolamenti UE oppure da norme nazionali degli Stati membri. Per un es. v. il Regolamento (CE) n. 2157/2001 del Consiglio, dell'8 ottobre 2001, relativo allo statuto della Società europea (SE). In tale materia, il Regolamento *de quo* è stato completato dalla Direttiva 2001/86/CE del Consiglio, del 8 ottobre 2001 per quanto riguarda il coinvolgimento dei lavoratori nella gestione della società. Insomma, la SE è regolata sia da un nucleo di base di norme UE che si applicano indipendentemente dal luogo in cui tale società viene costituita ed ha la propria sede (purché, ovviamente, essa sia posta all'interno di uno Stato membro), sia da norme nazionali dei singoli Stati Membri, in parte da dettare appositamente per la SE, in parte desumibili dalle disposizioni relative alle s.p.a. locali, variabile in funzione del luogo in cui viene posta la sede unitamente all'amministrazione centrale della singola società. In arg. cfr. M.R. Marletta, "Lo statuto di Società europea e la partecipazione dei lavoratori", in *Dir.pubb.comp.eur.*, 2001, pp. 1941-1961; A. Malatesta, "Il regolamento CE 2157/2001 sulla società europea: il difficile parto di una forma societaria comunitaria", in U. Draetta, F. Pocar (a cura di), *La società europea. Problemi di diritto societario comunitario*, Milano, Giuffrè, 2002, p. 5 ss.; S.M. Carbone, "La 'corporate governance' della 'Società europea' nel reg. n. 2157/2001: tra norme materiali uniformi e tecniche di diritto internazionale privato", in *Dir. comm. int.*, 2002, pp. 133-144.

es. per mancata attuazione degli obblighi derivanti dal diritto UE, a cui conseguirà una procedura d'infrazione) ma anche per gli atti giurisdizionali. Ciò accade quando il giudice interno (civile, penale, tributario o amministrativo che sia) non abbia rispettato nella propria pronuncia il diritto dell'Unione, inclusa la giurisprudenza della Corte di giustizia. Si pensi al caso della mancata disapplicazione di una norma nazionale contrastante con una norma UE; al mancato rinvio pregiudiziale, qualora ne ricorrano gli estremi, da parte dei giudici di ultima istanza oppure, in via indiretta, in caso di mancata interpretazione delle norme nazionali in senso conforme a quelle dell'Unione ed alla giurisprudenza dei giudici dell'Unione (11).

Così, era prevedibile che la Corte di giustizia avrebbe censurato — com'è puntualmente avvenuto tramite la sentenza del 24 novembre 2011 ove l'Italia è stata anche condannata al pagamento delle spese processuali — la normativa italiana in materia di *responsabilità civile dei magistrati* (art. 2, legge n. 117 del 1988), deducendone la contrarietà al diritto dell'Unione europea *laddove detta normativa limiti la responsabilità dello Stato italiano per i danni arrecati ai singoli* a seguito di una violazione del diritto dell'Unione ed imputabile a un organo giurisdizionale nazionale *di ultimo grado*, alle sole ipotesi di *dolo* o *colpa grave* ed esclude *tale responsabilità, qualora tale violazione risulti da interpretazione di norme di diritto o di valutazione di fatti e prove effettuate dall'organo giurisdizionale medesimo*. Pertanto, tale legge è stata modificata tramite la L. 27 febbraio 2015, n. 18, emanata — così recita testualmente l'art. 1 — "al fine di rendere effettiva la disciplina che regola la responsabilità civile dello Stato e dei magistrati, anche alla luce dell'appartenenza dell'Italia all'Unione europea". L'art. 2 della L. n. 117/1988 così come modificato dalla L. n. 18/2015 ora prevede che:

"[c]ostituisce colpa grave la violazione manifesta della legge nonché del diritto dell'Unione europea, il travisamento del fatto o delle prove, ovvero l'affermazione di un fatto la cui esistenza è incontrastabilmente esclusa dagli atti del procedimento o la negazione di un fatto la cui esistenza risulta incontrastabilmente dagli atti del procedimento, ovvero l'emissione di un provvedimento cautelare personale o reale fuori dai casi consentiti dalla legge oppure senza motivazione".

Al riguardo, la Corte Cost., con sentenza del 12 luglio 2017, nel dichiarare inammissibili ed infondate le questioni di legittimità costituzionale sottoposte alla sua cognizione, ha indicato che tale normativa bilancia due interessi contrapposti: il diritto del soggetto ingiustamente danneggiato da un provvedimento giudiziario a ottenere il ristoro del pregiudizio patito; la salvaguardia delle funzioni giudiziarie da possibili condizionamenti. E tale bilanciamento — afferma la Consulta — "è stato operato anche dalla legge di riforma n. 18 del 2015, fondamentalmente tramite una più netta divaricazione tra la responsabilità civile dello Stato nei confronti del danneggiato ...e la responsabilità civile del singolo magistrato". Ciò perché il legislatore della riforma ha "mirato a superare la piena coincidenza oggettiva e soggettiva degli ambiti di

(11) Corte di giustizia (Terza sezione), sentenza 24 novembre 2011, causa C-379/10, *Commissione c. Italia*, ECLI:EU:C:2011:775. In dottrina cfr. C. Schepisi, "La responsabilità dello stato per violazione del diritto comunitario da parte dei giudici di ultima istanza: da Köbler a Lucchini", in *Studi in onore di U. Leanza*, II, 2008, pp. 1301-1326; C. Amalfitano, F. Persano, "Responsabilità dello Stato per violazione del diritto dell'Unione europea e decorrenza del termine prescrizione dell'azione risarcitoria", in *Riv. dir. int. priv. proc.*, 2012, p. 111-132; A. Di Marco, *La responsabilità extracontrattuale degli Stati per violazioni del diritto dell'UE*, Napoli, ES, 2017.

responsabilità dello Stato e del magistrato", con una scelta (l'abolizione, appunto, del filtro di ammissibilità) "funzionale al nuovo impianto normativo" (12).

9. Un difficile dialogo tra Corti. — I suddetti principi costituiscono il punto di arrivo di un importante contrasto giurisprudenziale tra la Corte di giustizia UE e la Corte Costituzionale italiana in quanto l'orientamento della Consulta, fino ad un recente passato, si caratterizzava per una tradizionale e rigorosa impostazione "dualista" dei rapporti tra diritto interno e diritto internazionale a cui non faceva eccezione il diritto dell'Unione. Tale approccio che considerava l'ordinamento italiano e quello, all'epoca, comunitario come due ordinamenti autonomi e distinti, entrava in rotta di collisione con l'orientamento "monista" della Corte di giustizia la quale invece, a partire dal caso *Simmenthal* (13), ha sempre preteso la più ampia applicazione del diritto dell'Unione, considerando così l'ordinamento UE per così dire "integrato" nell'ordinamento giuridico degli Stati membri. Nel seguito presenteremo i passaggi fondamentali di detta giurisprudenza suddividendoli, in modo evocativo, in *round*...anche se la boxe qui non c'entra.

10. Il primo *round*: il caso *Costa c. Enel* (1964) e l'equiordinazione delle fonti. — Il primo scontro di vedute fu il celebre caso *Costa c. Enel.* In tale occasione, la Corte Costituzionale italiana, assegnando il rango di *norma ordinaria* alla legge di adattamento ai Trattati istitutivi, ha affermato che, in caso di contrasto tra una legge interna ed un atto di diritto comunitario (oggi dell'Unione europea) valeva necessariamente il principio *lex posterior derogat priori.*

Secondo la Consulta:

"[l']art. 11 viene qui in considerazione per la parte nella quale si enuncia che l'Italia consente, in condizioni di parità con gli altri Stati, alle limitazioni di sovranità necessarie ad un ordinamento che assicuri la pace e la giustizia fra le Nazioni e promuove e favorisce le organizzazioni internazionali rivolte a tale scopo. La norma significa che, quando ricorrano certi presupposti, è possibile stipulare trattati con cui si assumano limitazioni della sovranità ed è consentito darvi esecuzione con legge ordinaria; ma ciò non importa alcuna deviazione dalle regole vigenti in ordine alla efficacia nel diritto interno degli obblighi assunti dallo Stato nei rapporti con gli altri Stati, non avendo l'art. 11 conferito alla legge ordinaria, che rende esecutivo il trattato, un'efficacia superiore a quella propria di tale fonte di diritto. Né si può accogliere la tesi secondo cui la legge che contenga disposizioni difformi da quei patti sarebbe incostituzionale per violazione indiretta dell'art. 11 attraverso il contrasto con la legge esecutiva del trattato." (14).

Investita della medesima questione, la Corte di giustizia perveniva a conclusioni diametralmente opposte. Secondo i giudici europei, infatti, con la creazione della

(12) Corte Cost., 12 luglio 2017, n. 164, in *Giur. Cost.*, 2017, p. 1483.

(13) Corte di giustizia, 9 marzo 1978, Causa C-107/77, *Simmenthal*, in *Racc.*, p. 629 ss., punto 17: "Inoltre, in forza del principio della preminenza del diritto comunitario, le disposizioni del trattato e gli atti delle istituzioni, qualora siano direttamente applicabili, hanno l'effetto, nei loro rapporti col diritto interno degli Stati membri, non solo di rendere 'ipso jure' inapplicabile, per il fatto stesso della loro entrata in vigore, qualsiasi disposizione contrastante della legislazione nazionale preesistente, ma anche — in quanto dette disposizioni e detti atti fanno parte integrante, con rango superiore rispetto alle norme interne, dell'ordinamento giuridico vigente nel territorio dei singoli Stati membri — di impedire la valida formazione di nuovi atti legislativi nazionali, nella misura in cui questi fossero incompatibili con norme comunitarie".

(14) Corte cost., 7 marzo 1964, n. 14, in *Riv. dir. int.*, 1964, p. 295.

Comunità europea prima (e dell'Unione europea oggi), gli Stati hanno dato vita ad un ordinamento *sui generis*, un sistema monista-europeista. Diretta conseguenza di tale presupposto è il *primato* del diritto dell'Unione sul diritto interno dei singoli Stati e la conseguente *disapplicazione* delle normative interne di quegli Stati che contrastano con i Trattati e gli atti di diritti derivato dell'Unione (15).

11. Il secondo *round*: la sentenza *Frontini* (1973). — In seguito, la distanza delle posizioni di partenza delle due giurisdizioni coinvolte nel caso *Costa c. Enel* è gradualmente diminuita. Prima pietra miliare di questo *iter* è rappresentata dalla sentenza *Frontini* (16). Qui, la Corte costituzionale ha rilevato, tra l'altro, che:

> "[e]sigenze fondamentali di eguaglianza e certezza giuridica postulano che le norme comunitarie —, non qualificabili come fonte di diritto internazionale, né di diritto straniero, né di diritto interno —, debbano avere piena efficacia obbligatoria e diretta applicazione in tutti gli Stati membri, senza la necessità di leggi di ricezione e adattamento, come atti aventi forza e valore di legge in ogni Paese della Comunità, sì da entrare ovunque contemporaneamente in vigore e conseguire applicazione eguale ed uniforme nei confronti di tutti i destinatari".

Perciò, imboccando questa via, la Corte Costituzionale, è giunta, non senza difficoltà, a riconoscere il primato del diritto UE e la diretta applicabilità dei Regolamenti UE configurando, per la prima volta, un fondamento costituzionale alla legge di ratifica dei Trattati istitutivi. Pertanto, in caso di contrasto tra una norma interna e il diritto dell'Unione, il giudice nazionale avrebbe dovuto sollevare la questione di costituzionalità della prima giacché solo la Consulta è il giudice delle leggi italiane.

12. Il terzo *round*: la sentenza *Granital* (1984), ossia l'apertura dell'ordinamento italiano e i "controlimiti". — La predetta soluzione della Corte costituzionale non incontrò il favore della Corte di giustizia che, nella nota sentenza *Simmenthal* (17), ribadì che *l'effetto diretto del diritto dell'Unione europea impone la* ***disapplicazione*** *delle norme interne con esso contrastanti*: tali norme, infatti, in quanto contrastanti con l'ordinamento sovranazionale, non possono trovare applicazione e dispiegare effetti nell'ordinamento interno. Una diversa soluzione avrebbe, tra l'altro, inevitabilmente pregiudicato l'uniforme applicazione del diritto dell'Unione negli Stati membri.

Alla luce di tale pronuncia, la Corte Costituzionale ha parzialmente riconsiderato la propria posizione. Così, nella sentenza *Granital*, del 5 giugno 1984, n. 70 (18), la Consulta, pur senza rinunciare al proprio approccio dualista, ha utilizzato una diversa impostazione. Ha rilevato che:

> "[l]'assetto dei rapporti fra diritto comunitario e diritto interno, oggetto di varie pronunzie rese in precedenza da questo Collegio, è venuto evolvendosi, ed è ormai ordinato sul principio secondo cui il regolamento della CEE prevale rispetto alle configgenti statuizioni del legislatore interno. Questo risultato viene, peraltro, in considerazione sotto vario riguardo. In primo luogo, sul piano ermeneutico, vige la presunzione di conformità della legge interna al regolamento comunitario: fra le possibili interpretazioni del testo normativo prodotto dagli organi nazionali

(15) Corte di giustizia, 15 luglio 1964, Causa 6/64, *Costa c. Enel*, in *Racc.*, p. 1127 ss.
(16) Corte cost., 27 dicembre 1973, n. 183, in *Riv. dir. int.*, 1970, p. 130.
(17) Corte di giustizia, 9 marzo 1978, Causa 106/77, *Simmenthal*, in *Racc.*, p. 629 ss.
(18) Corte cost., 5 giugno 1984, n. 170, in *Riv. dir. int.*, 1984, p. 360 ss.

va prescelta quella conforme alle prescrizioni della Comunità, e per ciò stesso al disposto costituzionale, che garantisce l'osservanza del Trattato di Roma e del diritto da esso derivato... Quando, poi, vi sia irriducibile incompatibilità fra la norma interna e quella comunitaria, è quest'ultima, in ogni caso, a prevalere. Tale criterio opera, tuttavia, diversamente, secondo che il regolamento segua o preceda nel tempo la disposizione della legge statale. Nel primo caso, la norma interna deve ritenersi caducata per effetto della successiva e contraria statuizione del regolamento comunitario, la quale andrà necessariamente applicata dal giudice nazionale...Diversa è la sistemazione data fin qui in giurisprudenza all'ipotesi in cui la disposizione della legge interna confligga con la previgente normativa comunitaria. È stato invero ritenuto che, per il fatto di contrastare tale normativa, o anche di derogarne o di riprodurne il contenuto, la norma interna risulti aver offeso l'art. 11 Cost. e possa in conseguenza esser rimossa solo mediante dichiarazione di illegittimità costituzionale. La soluzione testé descritta è stata delineata in altro giudizio (cfr. sentenza n. 232/75) ed in sostanza così giustificata: il trasferimento dei poteri alla Comunità non implica, nella materia a questa devoluta, la radicale privazione della sovranità statuale; perciò si è in quell'occasione anche detto che il giudice nazionale non ha il potere di accertare e dichiarare incidentalmente alcuna nullità, dalla quale scaturisca, in relazione alle norme sopravvenute al regolamento comunitario, 'un'incompetenza assoluta del nostro legislatore', ma è qui tenuto a denunciare la violazione dell'art. 11 Cost., promuovendo il giudizio di costituzionalità. La Corte è ora dell'avviso che tale ultima conclusione, e gli argomenti che la sorreggono, debbano essere riveduti".

In particolare, richiamando la precedente sentenza *Frontini*, la Corte ha indicato che, fermo restando che l'ordinamento nazionale e quello comunitario sono "distinti e al tempo stesso coordinati", l'accoglimento del principio del primato diviene possibile in quanto

"presuppone che la fonte comunitaria appartenga ad altro ordinamento, diverso da quello statale. Le norme da essa derivanti vengono, in forza dell'art. 11 Cost., a ricevere diretta applicazione nel territorio italiano, ma rimangono estranee al sistema delle fonti interne: e se così è, esse non possono, a rigor di logica, essere valutate secondo gli schemi predisposti per la soluzione dei conflitti tra le norme del nostro ordinamento. In questo senso va quindi spiegata l'affermazione, fatta nella sentenza n. 232/75, che la norma interna non cede, di fronte a quella comunitaria, sulla base del rispettivo grado di resistenza. I principi stabiliti dalla Corte in relazione al diritto — nel caso in esame, al regolamento — comunitario, traggono significato, invece, precisamente da ciò: che l'ordinamento della CEE e quello dello Stato, pur distinti ed autonomi, sono, come esige il Trattato di Roma, necessariamente coordinati; il coordinamento discende, a sua volta, dall'avere la legge di esecuzione del Trattato trasferito agli organi comunitari, in conformità dell'art. 11 Cost., le competenze che questi esercitano, beninteso nelle materie loro riservate".

In conclusione, secondo la Corte, il *giudice italiano* dispone del potere di *disapplicare direttamente* la norma nazionale contrastante con una norma comunitaria (oggi "unionale" o, come anche si dice, "eurounitaria"). La Corte costituzionale potrà intervenire solo in caso di contrasto insanabile tra tali norme.

Nel contempo, tuttavia, la Corte ha affermato la propria competenza in due ulteriori situazioni: essa sarà competente a conoscere della norma comunitaria contrastante con i principi fondamentali dell'ordinamento costituzionale italiano, alla luce della dottrina dei *controlimiti* precedentemente menzionata, nonché della costituzionalità della norma interna diretta a pregiudicare i principi essenziali del Trattato. In quest'ultimo caso, infatti, sarà necessario espungere la norma dall'ordinamento giuridico mediante declaratoria di incostituzionalità della stessa.

Secondo la Corte costituzionale:

"[l]e osservazioni fin qui svolte non implicano, tuttavia, che l'intero settore dei rapporti fra diritto comunitario e diritto interno sia sottratto alla competenza della Corte. Questo Collegio ha, nella sentenza n. 183/73, già avvertito come la legge di esecuzione del Trattato possa andar soggetta al suo sindacato, in riferimento ai principi fondamentali del nostro ordinamento costituzionale e ai diritti inalienabili della persona umana, nell'ipotesi contemplata, sia pure come improbabile, al numero 9 nella parte motiva di detta pronunzia. Nel presente giudizio cade opportuno un altro ordine di precisazioni. Vanno denunciate in questa sede quelle statuizioni della legge statale che si assumano costituzionalmente illegittime, in quanto dirette ad impedire o pregiudicare la perdurante osservanza del Trattato, in relazione al sistema o al nucleo essenziale dei suoi principi: situazione, questa, evidentemente diversa da quella che si verifica quando ricorre l'incompatibilità fra norme interne e singoli regolamenti comunitari. Nel caso che qui è previsto, la Corte sarebbe, quindi, chiamata ad accertare se il legislatore ordinario abbia ingiustificatamente rimosso alcuno dei limiti della sovranità statuale, da esso medesimo posti, mediante la legge di esecuzione del Trattato, in diretto e puntuale adempimento dell'art. 11 Cost.".

13. Il quarto *round*. Leggi regionali e responsabilità dello Stato: dalla sentenza del 10 novembre 1994, n. 384, al caso *Taricco*. — In una quarta fase, la Corte costituzionale si è pronunciata sull'impugnazione di una *legge regionale* non ancora entrata in vigore — per mezzo dei poteri di controllo preventivo del Governo precedenti alla riforma del titolo V della Costituzione — in sede di verifica della compatibilità di tale legge con le norme comunitarie (oggi dell'Unione). Qui, la Corte ha osservato che:

"[v]a considerato che di fronte alla Comunità europea è lo Stato a essere responsabile delle violazioni del diritto comunitario, anche quando derivino dall'esercizio della potestà legislativa della Regione; e che il mantenimento, nell'ordinamento interno, di un provvedimento incompatibile con le disposizioni del Trattato — oltre a creare situazioni di fatto ambigue — è considerato dalla giurisprudenza della Corte di giustizia delle Comunità europee quale trasgressione degli obblighi posti dal Trattato stesso. Per quanto, poi, attiene specificamente alle competenze regionali, questa Corte ha chiarito che esse sono suscettibili di operare solo ove i loro contenuti non risultino contrastanti con le discipline e i limiti introdotti dalla normativa comunitaria e dai conseguenti provvedimenti attuativi (nella giurisprudenza di questa Corte, v. da ult. la sent. n. 224 del 1994, nn. 5 e 8 del considerato in diritto).

Senza voler stabilire, qui, una gerarchia di norme (nella specie, tra il regolamento comunitario e la legge regionale), come teme la difesa della Regione, si tratta di verificare, nel presente giudizio, se il perfezionamento del procedimento legislativo regionale non determini l'introduzione, nel nostro ordinamento, di normativa obiettivamente contraddittoria con la preesistente normativa comunitaria... Ora, una cosa è risolvere il problema del contrasto tra la norma comunitaria, direttamente applicabile, e quella interna vigente che risulti incompatibile, demandandone la soluzione ai giudici di merito; altra — e ben diversa — è la verifica di legittimità costituzionale delle deliberazioni legislative dei consigli regionali, che in pendenza dell'impugnativa promossa dal Governo innanzi al giudice delle leggi non possono completare l'iter formativo con la promulgazione, e acquisire efficacia con la pubblicazione" ([19]).

Alla luce di tali considerazioni, la Consulta ne deduce che: "[è] dunque da ammettere l'impugnativa promossa dal Governo avverso la legge regionale, non ancora entrata in vigore, che si sospetti in contrasto con la normativa comunitaria. È

([19]) Corte cost., 10 novembre 1994, n. 384, in *http://www.giurcost.org/decisioni/1994/0384s-94.html.*

appena il caso di aggiungere che non vale la reciproca: l'impugnativa della legge dello Stato da parte della Regione tocca un atto già in vigore, e il contrasto tra la norma interna e quella comunitaria potrà essere definito dai giudici di merito" ([20]). Tale principio giurisprudenziale, ci sembra valevole anche nell'attuale vigore dell'art. 127 Cost., nonostante oggi il sindacato di costituzionalità sia solo successivo all'entrata in vigore delle leggi regionali.

In conclusione, l'art. 117 Cost. oggi lascia spazio a ben pochi dubbi circa il primato delle norme dell'Unione sulle norme interne di qualsiasi rango (sia pure con la riserva dei contro-limiti) e con esse contrastanti ([21]).

L'evoluzione più recente della giurisprudenza della Corte costituzionale evidenzia la fine del contrasto giurisprudenziale ed il dialogo tra Corti che si è concretizzato con diverse ordinanze di rinvio pregiudiziale alla Corte di giustizia ad opera della stessa Consulta ([22]). Ne è testimonianza la recentissima sentenza del 14 dicembre 2017, n. 269, ove la Corte, ha sviluppato e sintetizzato la propria giurisprudenza precedente. Pertanto, appare utile indicarne qui un ampio stralcio:

"il contrasto con il diritto dell'Unione europea condiziona l'applicabilità della norma censurata nel giudizio a quo — e di conseguenza la rilevanza delle questioni di legittimità costituzionale che si intendano sollevare sulla medesima (da ultimo, ordinanza n. 2 del 2017) — soltanto quando la norma europea è dotata di effetto diretto. Al riguardo deve richiamarsi l'insegnamento di questa Corte, in base al quale "conformemente ai principi affermati dalla sentenza della Corte di giustizia 9 marzo 1978, in causa C-106/77 (Simmenthal), e dalla successiva giurisprudenza di questa Corte, segnatamente con la sentenza n. 170 del 1984 (Granital), qualora si tratti di disposizione del diritto dell'Unione europea direttamente efficace, spetta al giudice nazionale comune valutare la compatibilità comunitaria della normativa interna censurata, utilizzando — se del caso — il rinvio pregiudiziale alla Corte di giustizia, e nell'ipotesi di contrasto provvedere egli stesso all'applicazione della norma comunitaria in luogo della norma nazionale; mentre, in caso di contrasto con una norma comunitaria priva di efficacia diretta — contrasto accertato eventualmente mediante ricorso alla Corte di giustizia — e nell'impossibilità di risolvere il contrasto in via interpretativa, il giudice comune deve sollevare la questione di legittimità costituzionale, spettando poi a questa Corte valutare l'esistenza di un contrasto insanabile in via interpretativa e, eventualmente, annullare la legge incompatibile con il diritto comunitario (nello stesso senso sentenze n. 284 del 2007, n. 28 e n. 227 del 2010 e n. 75 del 2012)" (ordinanza n. 207 del 2013).

Pertanto, ove la legge interna collida con una norma dell'Unione europea, il giudice — fallita qualsiasi ricomposizione del contrasto su base interpretativa, o, se del caso, attraverso rinvio pregiudiziale — applica direttamente la disposizione dell'Unione europea dotata di effetti diretti, soddisfacendo, ad un tempo, il primato del diritto dell'Unione e lo stesso principio di soggezione del giudice soltanto alla legge (art. 101 Cost.), dovendosi per tale intendere la disciplina del diritto che lo stesso sistema costituzionale gli impone di osservare ed applicare.

Viceversa, quando una disposizione di diritto interno diverge da norme dell'Unione europea prive di effetti diretti, occorre sollevare una questione di legittimità costituzionale, riservata alla esclusiva competenza di questa Corte, senza delibare preventivamente i profili di

---

([20]) *Ibidem*.

([21]) Cfr. T. Treves, *Diritto internazionale*, cit., p. 710: "Eventuali leggi statali o regionali che dessero luogo al mancato rispetto di norme comunitarie, oltre ad essere disapplicate pur rimanendo in vigore, alla stregua della ora esaminata giurisprudenza, potrebbero infatti anche vedersi abrogate in seguito a un giudizio specifico di costituzionalità per violazione indiretta dell'art. 117".

([22]) V. Corte cost., Ord. 15 aprile 2008, n. 103; 28 gennaio 2010, n. 28 e 3 luglio 2013, n. 207; 31 marzo 2015, n. 56 in *Dejure*.

incompatibilità con il diritto europeo. In tali ipotesi spetta a questa Corte giudicare la legge, sia in riferimento ai parametri europei (con riguardo alle priorità, nei giudizi in via di azione, si veda ad esempio la sentenza n. 197 del 2014, ove si afferma che "la verifica della conformità della norma impugnata alle regole di competenza interna è preliminare al controllo del rispetto dei princìpi comunitari (sentenze n. 245 del 2013, n. 127 e n. 120 del 2010)".

Una precisazione si impone alla luce delle trasformazioni che hanno riguardato il diritto dell'Unione europea e il sistema dei rapporti con gli ordinamenti nazionali dopo l'entrata in vigore del Trattato di Lisbona che modifica il Trattato sull'Unione europea e il Trattato che istituisce la Comunità europea e alcuni atti connessi, fatto a Lisbona il 13 dicembre 2007, ratificato ed eseguito dalla legge 2 agosto 2008, n. 130 (Ratifica ed esecuzione del Trattato di Lisbona che modifica il Trattato sull'Unione europea e il Trattato che istituisce la Comunità europea e alcuni atti connessi, con atto finale, protocolli e dichiarazioni, fatto a Lisbona il 13 dicembre 2007), che, tra l'altro, ha attribuito effetti giuridici vincolanti alla Carta dei diritti fondamentali dell'Unione europea, proclamata a Nizza il 7 dicembre 2000 e adattata a Strasburgo il 12 dicembre 2007 (da ora: CDFUE), equiparandola ai Trattati (art. 6, paragrafo 1, del Trattato sull'Unione europea).

Fermi restando i principi del primato e dell'effetto diretto del diritto dell'Unione europea come sin qui consolidatisi nella giurisprudenza europea e costituzionale, occorre prendere atto che la citata Carta dei diritti costituisce parte del diritto dell'Unione dotata di caratteri peculiari in ragione del suo contenuto di impronta tipicamente costituzionale. I principi e i diritti enunciati nella Carta intersecano in larga misura i principi e i diritti garantiti dalla Costituzione italiana (e dalle altre Costituzioni nazionali degli Stati membri). Sicché può darsi il caso che la violazione di un diritto della persona infranga, ad un tempo, sia le garanzie presidiate dalla Costituzione italiana, sia quelle codificate dalla Carta dei diritti dell'Unione, come è accaduto da ultimo in riferimento al principio di legalità dei reati e delle pene (Corte di giustizia dell'Unione europea, Grande sezione, sentenza 5 dicembre 2017, nella causa C-42/17, M.A.S, M.B.).

Pertanto, le violazioni dei diritti della persona postulano la necessità di un intervento *erga omnes* di questa Corte, anche in virtù del principio che situa il sindacato accentrato di costituzionalità delle leggi a fondamento dell'architettura costituzionale (art. 134 Cost.). La Corte giudicherà alla luce dei parametri interni ed eventualmente di quelli europei (ex artt. 11 e 117 Cost.), secondo l'ordine di volta in volta appropriato, anche al fine di assicurare che i diritti garantiti dalla citata Carta dei diritti siano interpretati in armonia con le tradizioni costituzionali, pure richiamate dall'art. 6 del Trattato sull'Unione europea e dall'art. 52, comma 4, della CDFUE come fonti rilevanti in tale ambito. In senso analogo, del resto, si sono orientate altre Corti costituzionali nazionali di antica tradizione (si veda ad esempio Corte costituzionale austriaca, sentenza 14 marzo 2012, U 466/11-18; U 1836/11-13).

Il tutto, peraltro, in un quadro di costruttiva e leale cooperazione fra i diversi sistemi di garanzia, nel quale le Corti costituzionali sono chiamate a valorizzare il dialogo con la Corte di giustizia (da ultimo, ordinanza n. 24 del 2017), affinché sia assicurata la massima salvaguardia dei diritti a livello sistemico (art. 53 della CDFUE).

D'altra parte, la sopravvenienza delle garanzie approntate dalla CDFUE a quelle previste dalla Costituzione italiana può generare un concorso di rimedi giurisdizionali. A tale proposito, di fronte a casi di "doppia pregiudizialità" — vale a dire di controversie che possono dare luogo a questioni di illegittimità costituzionale e, simultaneamente, a questioni di compatibilità con il diritto dell'Unione —, la stessa Corte di giustizia ha a sua volta affermato che il diritto dell'Unione "non osta" al carattere prioritario del giudizio di costituzionalità di competenza delle Corti costituzionali nazionali, purché i giudici ordinari restino liberi di sottoporre alla Corte di giustizia, "in qualunque fase del procedimento ritengano appropriata e finanche al termine del procedimento incidentale di controllo generale delle leggi, qualsiasi questione pregiudiziale a loro giudizio necessaria"; di "adottare qualsiasi misura necessaria per garantire la tutela giurisdizionale provvisoria dei diritti conferiti dall'ordinamento giuridico dell'Unione"; di disapplicare, al termine del giudizio incidentale di legittimità costituzionale, la disposizione legislativa nazionale in questione che abbia superato il vaglio di costituzionalità, ove, per altri profili, la ritengano contraria al diritto dell'Unione (tra le altre, Corte di giustizia dell'Unione Europea, quinta sezione, sentenza 11 settembre 2014, nella causa C-112/13 A contro B e altri; Corte di giustizia dell'Unione Europea, grande sezione, sentenza 22 giugno 2010, nelle cause C-188/10, Melki e C-189/10, Abdeli).

In linea con questi orientamenti, questa Corte ritiene che, laddove una legge sia oggetto di dubbi di illegittimità tanto in riferimento ai diritti protetti dalla Costituzione italiana, quanto in relazione a quelli garantiti dalla Carta dei diritti fondamentali dell'Unione europea in ambito di rilevanza comunitaria, debba essere sollevata la questione di legittimità costituzionale, fatto salvo il ricorso, al rinvio pregiudiziale per le questioni di interpretazione o di invalidità del diritto dell'Unione, ai sensi dell'art. 267 del TFUE" ([23]).

Sezione II
La Cassazione e il diritto internazionale

14. Il ruolo del giudice interno. — Il giudice interno, anche quando applica il diritto internazionale, lo fa in nome del popolo dello Stato di cui esso risulta espressione. Ed affinché il giudice possa dichiarare il primato del diritto internazionale sul diritto interno, ivi compresa la Costituzione del proprio Paese, deve avere espressamente ricevuto tale potere.

Se la Costituzione non conferisce ai giudici il potere di disapplicare le leggi nazionali contrarie al diritto internazionale, i tribunali interni si trovano disarmati. Anche laddove venga richiesto di disapplicare la legge contraria al diritto internazionale, il giudice non possiede la competenza necessaria per pronunciare sentenze sul conflitto tra il diritto internazionale e una norma interna, a svantaggio della legge nazionale. Ecco perché le precitate sentenze della Corte costituzionale costituiscono una preziosa guida per il giudice ordinario.

15. L'esperienza italiana fino alla L. cost. n. 3 del 2001. — Poiché, come si è visto, nella maggior parte dei casi, *l'ordine di esecuzione* è contenuto in una legge ordinaria, le norme internazionali si ponevano, tradizionalmente, sullo stesso piano delle leggi ordinarie. Ciononostante, la giurisprudenza era pervenuta ugualmente alla prevalenza delle norme internazionali pattizie mediante l'applicazione del ***principio di specialità***. Infatti, le norme di origine pattizia immesse nell'ordinamento italiano andavano considerate come norme "speciali", sia in ragione del loro campo di applicazione, sia in ragione della volontà dello Stato di rispettare gli impegni internazionali ([24]). In questo modo, il principio di (doppia) specialità paralizzava gli effetti dell'applicazione del principio di successione delle leggi nel tempo, che avrebbe comportato la prevalenza di una legge interna posteriore sulle norme di un trattato internazionale anteriore facendo sorgere la responsabilità internazionale dell'Italia per il mancato adempimento degli obblighi internazionalmente assunti.

16. L'articolo 117 della Costituzione. — A seguito delle modifiche introdotte tramite la L. cost. 18 ottobre 2001, n. 3: "[l]a potestà legislativa è esercitata dallo Stato

---

([23]) Corte costituzionale, 14 dicembre 2017, n. 269, v. *https://www.cortecostituzionale.it/actionSchedaPronuncia.do?anno=2017&numero=269.* Altri riferimenti in L. Daniele, *Diritto dell'Unione europea*, 7 ed., cit.

([24]) Conforti, *Diritto internazionale*, cit., p. 329.

e dalle Regioni nel rispetto della Costituzione, nonché dei vincoli derivanti dall'ordinamento comunitario e dagli obblighi internazionali". Il giudice interno, dunque, laddove ravvisi un contrasto insanabile tra la legge interna e un trattato internazionale ratificato ed immesso nell'ordinamento interno dovrà sollevare un giudizio di legittimità costituzionale davanti alla Corte costituzionale. In tal senso si è già espressa la Corte costituzionale con riferimento alla CEDU. Le norme pattizie, secondo i giudici, *sono norme "interposte"*, che si collocano cioè ad un livello subcostituzionale.

17. Il giudice interno e la consuetudine internazionale. — L'art. 10 della Costituzione italiana afferma che "l'ordinamento italiano si conforma alle norme di diritto internazionale generalmente riconosciute". Ne consegue che il giudice interno, una volta accertata l'esistenza di un *contrasto insanabile* tra una legge ordinaria ed una consuetudine internazionale, dovrà sollevare questione di legittimità costituzionale della prima per contrasto con l'art. 10 della Costituzione.

La Cassazione italiana ha distinto le consuetudini preesistenti all'entrata in vigore della Costituzione da quelle successive. Nella sentenza del 3 agosto 2000, n. 530, pronunciata a Sezioni Unite a proposito del tragico **incidente del *Cermis*** ([25]), la Corte si è allineata alla giurisprudenza della Corte costituzionale precisando che:

"[i]l precetto dell'immunità della giurisdizione civile dello Stato estero è sancito da una norma consuetudinaria internazionale, attualmente in vigore nell'ordinamento italiano in virtù della norma di adeguamento automatico di cui all'articolo 10 comma 1 della Carta costituzionale. Come è unanimemente riconosciuto, esso precetto comporta, non già l'insussistenza di qualsiasi tutela giudiziaria nei confronti dello Stato estero, sebbene soltanto, ed unicamente, la preclusione a che i giudici di uno Stato diverso da quello convenuto (quand'anche quelli nazionali dell'attore e competenti secondo le convenzioni internazionali sulla materia oggetto del giudizio) conoscano di una domanda proposta nei confronti dello Stato estero convenuto: da ciò, appunto, l'usuale definizione della regola col broccardo *par in parem non habet iurisdictionem*. Ne consegue che nell'ambito del nostro ordinamento positivo, l'applicazione del principio determina il difetto della giurisdizione del giudice italiano in ordine ai giudizi civili proposti nei confronti di uno Stato estero, e non l'improponibilità nel merito della relativa domanda...La regola consuetudinaria così ricostruita preesisteva all'entrata in vigore della Costituzione italiana, ed ha assunto valore cogente nel nostro ordinamento in virtù della clausola di adeguamento automatico alle norme del diritto internazionale generalmente riconosciute dettata dall'articolo 10 comma 1 della Costituzione, e non (come assume la controri-

(25) Si tratta di un incidente avvenuto il 3 febbraio 1998 nei pressi di Cavalese, nota località sciistica delle Dolomiti. Venti persone rimasero uccise quando un aereo militare statunitense, volando a una quota inferiore a quanto concesso e in violazione dei regolamenti, tagliò il cavo della funivia del Cermis, in Val di Fiemme, facendo precipitare la cabina e provocando la morte dei venti occupanti. Il 13 luglio 1998 la federazione italiana lavoratori trasporto della provincia di Trento e altri avevano citato a giudizio dinanzi al tribunale di Trento gli Stati Uniti d'America, chiedendo che fosse accertato e dichiarato che l'attività di addestramento svolta dai velivoli militari statunitensi sopra il territorio della provincia autonoma arrecava grave pericolo all'incolumità fisica degli abitanti, chiedendo in via principale la pronuncia di una condanna del governo statunitense, la cessazione immediata dell'attività pericolosa accertata, e in particolare il sorvolo del territorio con caccia militari, e in via subordinata l'adozione di ogni più opportuna cautela per limitare tale attività, per escludere qualsiasi pericolo per la vita, la salute e l'integrità fisica dei lavoratori addetti ai trasporti su fune. Tuttavia, con regolamento preventivo di giurisdizione, gli Stati Uniti d'America e il Governo italiano proposero ricorso alla Corte di Cassazione perché dichiarasse il difetto assoluto di giurisdizione del giudice italiano, in forza del principio di diritto internazionale dell'immunità dalla giurisdizione civile dello Stato estero. Le Sezioni Unite della Corte di Cassazione, con la sentenza n. 530/2000, in accoglimento del ricorso, pronunciarono il difetto assoluto di giurisdizione.

corrente nel suo ultimo rilievo) in forza di una norma avente efficacia di legge ordinaria. Ne deriva che quella regola è stata recepita nel nostro ordinamento nella sua interezza; e che, rispetto ad essa, non si pone, né si può porre, la questione di compatibilità con il nostro sistema costituzionale" ([26]).

Nel corso del presente volume sono state molte le pronunce dei giudici italiani che abbiamo citato. Pertanto, rinviamo il lettore all'indice delle sentenze alla fine di questo libro per il loro puntuale reperimento.

Sezione III
Diritto internazionale e giudice amministrativo

18. Diritto internazionale e giudice amministrativo (rinvio). — Abbiamo già indicato a suo luogo ([27]) il rapporto tra gli organi amministrativi dello Stato e la responsabilità internazionale che può insorgere a causa di atti illeciti degli organi amministrativi. In questa categoria sono ricompresi sia gli organi dell'amministrazione centrale che quelli dell'amministrazione periferica, comprese le Regioni, nell'esercizio del loro c.d. *potere estero*. L'illecito internazionale dello Stato può consistere non solo in atti commissivi ma anche in atti omissivi (ad esempio omissione di adeguate misure di polizia a protezione della sede di un'ambasciata).

In breve, anche la Pubblica Amministrazione si trova in "prima linea", sia per quanto riguarda il corretto adempimento degli obblighi derivanti dall'appartenenza dello Stato italiano alla UE, sia per quanto riguarda il rispetto degli obblighi derivanti dall'ordinamento internazionale. Le ricorrenti condanne subite dall'Italia dinanzi alla Corte EDU, e persino la possibilità — da poco realizzatasi — per lo Stato italiano di subire arbitrati ICSID a causa della violazione degli *standard* di trattamento economico degli investitori stranieri sono là a testimoniarlo.

19. La CEDU ed il diritto amministrativo in Italia. — Non mancano importanti contenziosi in materia di occupazione acquisitiva ed indennizzo da espropriazione. La base giuridica è l'art. 1 del Primo Protocollo della CEDU il quale prevede una nozione autonoma di diritto di proprietà meritevole di tutela internazionale: "[o]gni persona fisica o giuridica ha diritto al rispetto dei suoi beni. Nessuno può essere privato della sua proprietà se non per causa di utilità pubblica e nelle condizioni previste dalla legge e dai principi generali del diritto internazionale" ([28]). Va notato, altresì, con riferimento alla disciplina del processo amministrativo in Italia, che la nozione di "giusto processo", prima della riforma dell'art. 111 Cost. si riferiva all'art. 6 CEDU. Nel vigore del nuovo art. 111 Cost. è da ritenere che il rinvio mobile sia implicito in quanto si tratta di norme oggetto di una copiosa e continua giurisprudenza della Corte EDU. Anche le Autorità amministrative indipendenti si trovano soggette alla CEDU e si registra un crescente numero di pronunce della Corte EDU sia con riferimento alla violazione del diritto di *privacy* delle società oggetto di un procedimento in materia di

---

([26]) Cass., SS.UU., 3 agosto 2000, n. 530, in *Riv. dir. int.*, 2000, p. 1156.

([27]) *Supra*, Cap. XVI.

([28]) In arg. cfr. M. L. Padelletti, *La tutela della proprietà nella Convenzione europea dei diritti dell'uomo*, Milano, Giuffrè, 2003. Tra la giurisprudenza della Corte EDU v. le sentenze del 30 ottobre 2003, *Belvedere Alberghiera s.r.l. c. Italia*; 11 dicembre 2003; 29 marzo 2006, *Scordino c.Italia*, tutte disponibili al sito internet della Corte.

concorrenza, sia, *inter alia*, con riferimento alla violazione del principio del contraddittorio da parte della CONSOB ([29]).

20. Diritto dell'Unione europea e giudice amministrativo. — Nel corso degli oltre sessant'anni trascorsi dall'istituzione della CEE, la progressiva integrazione tra l'ordinamento dell'Unione europea e l'ordinamento nazionale ha prodotto numerosi mutamenti sia in quanto il diritto dell'Unione europea è progressivamente assurto a parametro di legittimità dell'attività amministrativa italiana; sia per quanto riguarda l'organizzazione dello Stato italiano e della Pubblica Amministrazione, che ha dovuto adeguarsi a tale evoluzione. Così, alcuni settori del diritto amministrativo nazionale oggi sono disciplinati quasi *in toto* dal diritto dell'Unione europea, come appunto avviene per la materia del diritto doganale, degli appalti pubblici, dell'ambiente e della regolamentazione del mercato.

L'incidenza del diritto dell'Unione europea sul diritto amministrativo italiano viene confermata in modo formale dalla L. n. 15/2005 che, apportando modifiche alla L. n. 241/1990 sul procedimento amministrativo, ha indicato anche i *principi dell'ordinamento comunitario* (art. 1), quali fonti cui deve attenersi la Pubblica Amministrazione nell'esercizio delle proprie attività.

Per altro verso, il primato del diritto UE può produrre particolari effetti per quanto riguarda i limiti del potere di ordinanza, con particolare riferimento alle ordinanze di necessità e urgenza e alle misure cautelari del giudice amministrativo ([30]).

Sotto il primo profilo, se il potere di ordinanza per ragioni di necessità e urgenza, può, in alcuni casi, derogare a norme di legge dello Stato italiano, riteniamo che non possa essere esercitato nei confronti della normativa vincolante dell'Unione europea, in quanto appartenente ad un altro ordinamento cui l'ordinamento italiano riconosce il primato.

Sezione IV
L'efficacia delle sentenze internazionali nell'ordinamento italiano

Bibliografia sommaria: G. Morelli, *La sentenza internazionale*, Padova, 1931; A. Giardina, "La mise en oeuvre au niveau national des arrêts et des décisions internationaux", in *RCADI*, 1979-IV, v. 165, pp. 233-352; L. Condorelli, *L'autorité de la décision des juridictions internationales permanentes*, in *La juridiction internationale permanente*, Parigi, 2007, p. 277 ss.; L. Padelletti, "L'esecuzione della sentenza della Corte internazionale di giustizia sulle immunità della giurisdizione nel caso Germania c. Italia: un caso in salita?", in *Riv. dir. int.*, 2008, p. 444 ss.; F. Palombino, *Gli effetti della sentenza internazionale nei giudizi interni*, Napoli, ES, 2008; Y. Shany, *Regulating Jurisdictional Relations between National and International Courts*, Oxford, OUP, 2009; J. Merrils, *International Dispute Settlements*, 5ª ed., Cambridge, CUP, 2011; A. Ciampi, "L'Italia attua la sentenza della Corte internazionale di giustizia nel caso Germania c. Italia", in *Riv. dir. int.*, 2013, pp. 146-149; E. Sciso, "L'Italia aderisce alla Convenzione di New York sulle immunità giurisdizionali degli Stati e dei loro beni", in *Riv. dir. int.*, 2013, pp. 543-551; R. Pisillo Mazzeschi, "La sentenza 238 della Corte costituzionale ed i suoi possibili effetti sul diritto interno", in *DUDI*, 2015, p. 23-40; G. Cataldi, "La mise en oeuvre des décisions des tribunaux internationaux dans l'ordre interne", in *RCADI*, 2017, v. 386, pp. 267-428.

([29]) Corte EDU, sentenza del 4 marzo 2014, Ric. n. 18640/10, *Grande Stevens et alt. c. Italia*, disponibile al sito internet della Corte.

([30]) In arg. cfr. C. Schepisi, *L'impatto del diritto dell'Unione europea sul processo amministrativo*, Napoli, ES, 2013; AA.VV., *Diritto amministrativo europeo*, 2ª ed., Milano, Giuffrè, 2018.

§ 1. — *L'efficacia delle sentenze della Corte internazionale di giustizia (CIG)*

21. — Le sentenze della CIG costituiscono, per la maggior parte, delle *sentenze di mero accertamento* comportanti un obbligo per lo Stato soccombente di adottare tutti i provvedimenti che l'esecuzione della sentenza comporta. Un obbligo specifico per lo Stato italiano a dare esecuzione alle sentenze della CIG si ricava dall'art. 94 della Carta dell'ONU, il quale prevede che:

"1. Ciascun Membro delle Nazioni Unite si impegna a conformarsi alla decisione della Corte Internazionale di Giustizia in ogni controversia di cui esso sia parte.

2. Se una delle parti di una controversia non adempie agli obblighi che le incombono per effetto di una sentenza resa dalla Corte, l'altra parte può ricorrere al Consiglio di Sicurezza, il quale ha facoltà, ove lo ritenga necessario, di fare raccomandazioni o di decidere circa le misure da prendere perché la sentenza abbia esecuzione".

È quindi da escludere, in linea di principio, la *diretta efficacia* delle sentenze CIG nell'ordinamento italiano ([31]). Pertanto, l'esecuzione di una sentenza CIG nell'ordinamento italiano comporta l'adozione di provvedimenti legislativi *ad hoc*. Così, a seguito della controversia tra **Germania e Italia** decisa con la **sentenza del 3 febbraio 2012,** nel **caso delle immunità giurisdizionali dello Stato**, la CIG ha disposto che "la Repubblica Italiana, promulgando l'opportuna legislazione o facendo ricorso ad altro metodo a sua scelta, dovrà fare in modo che le decisioni dei suoi giudici e quelle di altre autorità giudiziarie che violano l'immunità riconosciuta alla Repubblica Federale di Germania dal diritto internazionale siano rese inefficaci" ([32]). Al fine di adempiere agli obblighi internazionali, nonché di adeguarsi alle decisioni della CIG (*ex* art. 94 Carta ONU), è stata promulgata la L. n. 5/2013 con la quale, in primo luogo, l'Italia aderisce alla Convenzione di New York sulle immunità giurisdizionali degli Stati e dei loro beni e poi si prevede espressamente all'art. 3 che "quando la Corte Internazionale di giustizia, con sentenza che ha definito un procedimento di cui è stato parte lo Stato italiano, ha escluso l'assoggettamento di specifiche condotte di altro Stato alla giurisdizione civile, il giudice davanti al quale pende controversia relativa alle stesse condotte rileva, d'ufficio ed anche quando ha già emesso sentenza non definitiva passata in giudicato che ha riconosciuto la sussistenza della giurisdizione (...), il difetto di giurisdizione in qualunque stato e grado del processo". Non sorprende dunque che, alla luce di tale intervento normativo, la Corte di Cassazione abbia dovuto procedere ad un *revirement* della propria precedente giurisprudenza.

Senonché, ma limitatamente a questa sentenza della CIG, come si è già osservato altrove (Cap. XV), la Corte Costituzionale, ha ribadito, nella sentenza n. 238 del 22 ottobre 2014, che il vincolo stabilito dall'art. 94 della Carta delle Nazioni Unite di rispettare le sentenze rese dalla CIG in controversie di cui l'Italia sia parte costituisce una delle ipotesi di limitazione della sovranità, ai sensi dell'art. 11 Cost., a cui lo Stato italiano ha consentito con riferimento a quelle OIG, *in primis* l'ONU, volte ad assicurare pace e giustizia fra le Nazioni. Ma detta limitazione di sovranità è stata consentita nel limite del rispetto dei principi fondamentali e dei diritti inviolabili tutelati dalla Costituzione italiana. Pertanto, poiché la sentenza della CIG che ha

---

([31]) V. N. Ronzitti, *Introduzione al diritto internazionale*, cit., p. 255.

([32]) V. CIG, 3 febbraio 2012, *caso delle Immunità giurisdizionali dello Stato*, Germania c. Italia (Grecia interveniente), *CIJ/ICJ Rec.*, 2012, p. 99.

interpretato la norma internazionale generale sulla immunità dalla giurisdizione degli Stati esteri come comprensiva dell'ipotesi di atti ritenuti *jure imperii* qualificati come crimini di guerra e contro l'umanità, comporta una lesione di diritti inviolabili della persona, si evidenzia un contrasto insanabile della L. 17 agosto 1957 n. 848 di adattamento alla Carta delle Nazioni Unite con gli artt. 2 e 24 Cost. È dunque tale legge, una legge italiana, che deve essere dichiarata illegittima a causa del contrasto con i principi costituzionali fondamentali.

In conclusione, tale sentenza — anche richiamando la **giurisprudenza *Kadi*** della Corte di giustizia UE — applica la ***dottrina dei "controlimiti"***: qui, la Corte costituzionale ha ribadito, sul piano del diritto interno e con ottica *dualistica*, il primato dei principi fondamentali della Costituzione sulla norma internazionale contraria; sul piano internazionale, ha espresso l'intenzione dello Stato italiano di non adeguarsi ad un atto giurisdizionale dell'ONU che ritiene illegittimo in quanto lesivo dello *jus cogens*.

Non stupisce pertanto che la Cassazione pronunciandosi a Sezioni Unite con sentenza del 29 luglio 2016, n. 15812, nel caso ***Gamba***, ha considerato "cancellato dall'ordinamento l'art. 3 della legge n. 5 del 2013; venuto meno l'obbligo del giudice italiano di adeguarsi alla pronuncia della Corte internazionale di giustizia del 3 febbraio 2012". Pertanto, ha ritenuto la sussistenza della giurisdizione del giudice italiano a statuire sulle domande risarcitorie proposte dai ricorrenti contro la Germania.

Se sul piano del diritto interno la questione appare sopita, occorrerà seguire nel prossimo futuro gli ulteriori sviluppi sul piano internazionale di questo caso giacché, potenzialmente, dal lato della Germania potrebbe ora essere invocata una violazione dell'art. 94 della Carta ONU.

§ 2. — *L'efficacia delle sentenze della Corte EDU*

22. Mancanza di diretta efficacia in senso pieno. — Come si è precedentemente indicato, le disposizioni della CEDU non posseggono diretta efficacia all'interno dell'ordinamento italiano nel senso che, in caso di contrasto insanabile tra una norma della CEDU ed una norma italiana, non è consentito al giudice di merito disapplicare automaticamente la seconda per applicare la prima. Tale caratteristica, ossia la mancanza di effetti diretti in senso pieno dal punto di vista dell'ordinamento italiano, è propria anche delle sentenze della Corte EDU. Queste sentenze, infatti, pur vincolando gli Stati contraenti della CEDU che, *ex* art. 46 della stessa convenzione, "si impegnano a conformarsi alle sentenze definitive della Corte sulle controversie nelle quali sono parti", non creano situazioni giuridiche soggettive direttamente azionabili in capo ai singoli. Le vittime, dunque, dovranno inevitabilmente passare per il "filtro statale" per vedere resi effettivi i diritti eventualmente riconosciuti dalla Corte di Strasburgo.

A corollario di ciò, il quarto e quinto comma dell'art. 46 CEDU affermano che: "[s]e il Comitato dei Ministri ritiene che un'Alta Parte contraente rifiuti di conformarsi a una sentenza definitiva in una controversia cui essa è parte, può, dopo aver messo in mora tale Parte e con una decisione adottata con voto a maggioranza dei due terzi dei rappresentanti che hanno il diritto di avere un seggio in seno al Comitato, adire la Corte sulla questione dell'adempimento degli obblighi assunti dalla Parte ai sensi del paragrafo 1. (5) Se la Corte constata una violazione del paragrafo 1, rinvia il caso al Comitato dei Ministri affinché questo esamini le misure da adottare. Se la Corte constata che non vi è violazione del paragrafo 1, rinvia il caso al Comitato dei Ministri che ne chiude l'esame".

23. La revocazione della sentenza interna per sopravvenuto contrasto con sentenza definitiva della Corte EDU. — Un contrasto tra l'"ordinamento della CEDU" e l'ordinamento italiano può crearsi anche allorquando una sentenza del giudice italiano, pur se passata in giudicato, si riveli in contrasto con una successiva pronuncia della Corte EDU. Al fine di riallineare l'ordinamento italiano con gli obblighi internazionali derivanti dalla CEDU, in tempi recenti, ci si è riferiti allo strumento della revocazione.

Si tratta di un istituto contemplato sia dal sistema penale che dal sistema civilistico-amministrativo, posto che l'art. 106 del codice di procedura amministrativa rubricato "casi di revocazione", afferma che "[s]alvo quanto previsto dal comma 3, le sentenze dei tribunali amministrativi regionali e del Consiglio di Stato sono impugnabili per revocazione, nei casi e nei modi previsti dagli articoli 395 e 396 del codice di procedura civile."

24. La revocazione nel processo penale. — L'articolo 630 cod. proc. pen. è già stato oggetto di sentenza additiva della Corte Costituzionale, la quale, tramite la pronuncia n. 113 del 2011, ne ha dichiarato "l'illegittimità costituzionale [...] nella parte in cui non prevede un diverso caso di revisione della sentenza o del decreto penale di condanna al fine di conseguire la riapertura del processo, quando ciò sia necessario, ai sensi dell'articolo 46, paragrafo 1, della Convenzione per la salvaguardia dei diritti dell'uomo e delle libertà fondamentali, per conformarsi ad una sentenza definitiva della Corte europea dei diritti dell'uomo".

Tramite tale intervento, quindi, la Corte Costituzionale ha inserito tra i casi di revocazione anche quello della *sopravvenuta sentenza della Corte EDU*: così, seppure una sentenza della Corte EDU non ha diretta efficacia nell'ordinamento italiano, l'effetto equivalente viene raggiunto tramite un atto di diritto interno, dotato di una forza tale da consentire la riapertura di un processo penale terminato con sentenza passata in giudicato ([33]).

25. La revocazione in ambito civilistico ed amministrativo. — Se quanto detto vale per l'ambito penale, un discorso analogo si può sostenere anche in materia civilistica ed amministrativa, ambito in cui, tuttavia, la giurisprudenza della Corte Costituzionale italiana appare meno sviluppata.

Allo stato attuale, infatti, non pare si sia ancora consolidato il principio della revocazione di cui agli artt. 395 e 396 del cod. proc. civ. per il caso di sopravvenuta pronuncia (contraria al *dictum* del giudice nazionale) della Corte EDU. Al riguardo, il Consiglio di Stato, con sentenza del 11 giugno 2015, n. 2866 (in *Riv.dir.int.priv.proc.*, 2017, p. 418 s.) ha indicato che "[è] del tutto pacifico che le pronunce della Corte europea dei diritti dell'uomo non sono contemplate tra i titoli per l'esecuzione dei quali può essere proposta, ai sensi dell'art. 112 cod. proc. amm., l'azione di ottemperanza e ciò non solo perché...non può dedursi un ampliamento della nozione evincibile dalla lettera d del suddetto articolo (in riferimento alle sentenze passate in giudicato

---

([33]) In arg. cfr. E. Rossi, *Corpi intermedi e diritti "metaindividuali" nel sistema CEDU*, cit., p. 278 ss.

e altri provvedimenti ad essi equiparati per i quali non sia previsto il rimedio dell'ottemperanza) solo per ragioni storiche e sistematiche, ma soprattutto perché gli strumenti di adeguamento a decisioni di giudici non nazionali trovano compiuta regolamentazione in altri settori dell'ordinamento (e in generale nella L. 31 maggio 1995, n. 218 "Riforma del sistema italiano di diritto internazionale privato" che, all'art. 2, fa rinvio ai modi di applicazione delle diverse convenzioni internazionali)". Si tratta di un'evoluzione giurisprudenziale tuttora in corso.

§ 3. — *L'efficacia delle sentenze della Corte di giustizia UE*

26. Premessa. — Non è ovviamente possibile illustrare in questa sede tutti gli aspetti dell'esecuzione delle sentenze della Corte di giustizia nell'ordinamento italiano e non possiamo che rinviare alla letteratura di settore per un più approfondito esame dell'argomento. Qui, ci soffermeremo, dunque, solo su alcuni tra gli aspetti più significativi.

27. La sentenza di annullamento di un atto di diritto derivato dell'Unione europea. — La sentenza emessa a termine di un ricorso in annullamento *ex* artt. 263 e 264 TFUE produce, in caso di accoglimento, l'*eliminazione dell'atto* impugnato con effetto *ex tunc*, fermo restando che la Corte potrà limitarne gli effetti *ex nunc* per esigenze di certezza del diritto. L'annullamento dell'atto ha, inoltre, efficacia *erga omnes.*

Qualora, invece, il ricorso non venga accolto, nulla vieterà ad altri soggetti legittimati di impugnare il medesimo atto chiedendone l'annullamento, purché entro i termini.

La sentenza ha diretta efficacia in tutto il territorio dell'Unione e quindi anche in territorio italiano.

28. La sentenza di accertamento dell'infrazione statale *ex* artt. 258-260 TFUE. — Un discorso diverso vale per la sentenza che, al termine della procedura di infrazione *ex* artt. 258-260 TFUE, accerta la violazione del diritto dell'Unione europea da parte dello Stato italiano. Tale sentenza, *ex* art. 260 TFUE, ha efficacia meramente dichiarativa. Questo ultimo principio si deduce dall'art. 344 TFUE, che afferma che "gli Stati membri si impegnano a non sottoporre una controversia relativa all'interpretazione o all'applicazione dei trattati a un modo di composizione diverso da quelli previsti dai trattati stessi".

L'esecuzione della sentenza è quindi rimessa alla "volontà" dello Stato soccombente, che dovrà conformarsi al *dictum* della Corte in un tempo idoneo, non essendo specificato dal Trattato alcun termine perentorio.

Se prima del Trattato di Maastricht era possibile esperire una seconda procedura di infrazione contro lo Stato inadempiente (c.d. sistema della *doppia condanna*), tale trattato ha aggiunto la possibilità di comminare una sanzione pecuniaria allo Stato che non abbia ottemperato alla prima sentenza di condanna. A tal proposito, tramite il Trattato di Lisbona si è introdotto l'art. 260, comma 2, il quale stabilisce che "se ritiene che lo Stato membro in questione non abbia preso le misure che l'esecuzione della sentenza della Corte comporta, la Commissione, dopo aver posto tale Stato in condizione di presentare osservazioni, può adire la Corte. Essa precisa l'importo della somma forfettaria o della penalità, da versare da parte dello Stato membro in questione, che essa consideri adeguato alle circostanze." Come si evince dalla lettura della norma, la seconda procedura è una procedura "accelerata", dal momento che non richiede l'invio di un parere motivato da parte della Commissione allo Stato inadempiente, parere invece richiesto in sede di prima procedura.

Un'altra novità introdotta tramite il Trattato di Lisbona è rappresentata dal terzo comma dell'art. 260 TFUE: "[l]a Commissione, quando propone ricorso dinanzi alla Corte in virtù dell'articolo 258 reputando che lo Stato membro interessato non abbia adempiuto all'obbligo di comunicare le misure di attuazione di una direttiva adottata secondo una procedura legislativa, può, se lo ritiene opportuno, indicare l'importo della somma forfettaria o della penalità da versare da parte di tale Stato che essa consideri adeguato alle circostanze.

Se la Corte constata l'inadempimento, può comminare allo Stato membro in questione il pagamento di una somma forfettaria o di una penalità entro i limiti dell'importo indicato dalla Commissione. Il pagamento è esigibile alla data fissata dalla Corte nella sentenza".

29. La sentenza come titolo esecutivo di diritto interno. — La sentenza, infine, è *titolo esecutivo* all'interno degli ordinamenti nazionali *ex* art. 280 TFUE, che rinvia all'art. 299 TFUE. Nello specifico, quest'ultimo, afferma che "[g]li atti del Consiglio, della Commissione o della Banca centrale europea che comportano, a carico di persone che non siano gli Stati, un obbligo pecuniario costituiscono titolo esecutivo. L'esecuzione forzata è regolata dalle norme di procedura civile vigenti nello Stato sul cui territorio essa viene effettuata. La formula esecutiva è apposta, con la sola verificazione dell'autenticità del titolo, dall'autorità nazionale che il governo di ciascuno degli Stati membri designerà a tal fine, informandone la Commissione e la Corte di giustizia dell'Unione europea. Assolte tali formalità a richiesta dell'interessato, quest'ultimo può ottenere l'esecuzione forzata richiedendola direttamente all'organo competente, secondo la legislazione nazionale. L'esecuzione forzata può essere sospesa soltanto in virtù di una decisione della Corte. Tuttavia, il controllo della regolarità dei provvedimenti esecutivi è di competenza delle giurisdizioni nazionali".

Si nota quindi come il giudice nazionale non ha alcuna discrezionalità riguardo al merito della questione, essendo il suo sindacato limitato al vaglio dell'autenticità della sentenza della Corte ([34]).

Malgrado l'art. 280 TFUE non faccia distinzioni di sorta, risulta evidente che le sole sentenze che possono essere portate ad esecuzione forzata sono quelle che condannano un privato, uno Stato membro o l'Unione al versamento di somme di denaro a titolo di riparazione (si pensi, ad esempio, alle sanzioni comminate ai testimoni che rifiutano di prestare il proprio ufficio) del danno, nonché i capi di sentenza relativi alle spese processuali. L'art. 280 TFUE, inoltre, è soggetto ad interpretazione estensiva: è possibile portare ad esecuzione forzata anche le ordinanze munite di clausola di condanna.

Non sono titolo esecutivo le sentenze di annullamento pronunciate ex *art. 263 TFUE, le pronunce pregiudiziali della Corte e le sentenze pronunciate al termine di una procedura di infrazione, che hanno natura esclusivamente dichiarativa.*

30. Efficacia di cosa giudicata. — Benché il combinato disposto degli artt. 280 TFUE e 244 TCE non faccia menzione dell'efficacia di cosa giudicata delle sentenze

([34]) In arg. v. *Trattati dell'Unione europea*, a cura di A. Tizzano, 2ª ed., Milano, Giuffrè, 2014.

della Corte, ma si limiti alla forza esecutiva delle stesse, non si può negare che le pronunce della Corte siano dotate di *efficacia di cosa giudicata in senso formale e sostanziale*.

Quanto alla prima, la si può dedurre da una lettura *a contrariis* del regolamento di procedura della Corte, che nel qualificare l'opposizione di terzo e la revocazione come mezzi straordinari di ricorso esperibili anche verso le sentenze del Tribunale, ammette in via indiretta l'efficacia di cosa giudicata in senso formale della sentenza, dal momento che i mezzi straordinari di ricorso sono esperibili proprio contro sentenze ormai passate in giudicato.

In merito all'efficacia di *cosa giudicata in senso sostanziale*, ossia all'idoneità della sentenza di costituire *lex specialis* tra le parti producendo un effetto di accertamento anche al di fuori del processo al termine del quale si è formata, la dottrina è divisa. Alcuni, infatti, ritengono che tale efficacia debba desumersi dal sistema generale intessuto dai Trattati. Altra parte della dottrina, invece, ritiene che ciò sia implicitamente affermato nel (e quindi desumibile dal) dettato dell'art. 280 letto in combinato disposto con l'art. 299 TFUE e non manca chi afferma che sia, invece, l'art. 65 del regolamento della Corte ad istituire la forza di giudicato in senso sostanziale delle sentenze della stessa, affermando che "[l]a sentenza della Corte ha forza obbligatoria dal giorno in cui è pronunciata".

La questione, ancorché rilevante, cede comunque il passo al diritto vivente della Corte, che ha più volte invocato espressamente l'autorità di cosa giudicata delle proprie sentenze.

31. La sentenza che accerta una responsabilità extracontrattuale dell'Unione. — Va ricordato, inoltre, che l'art. 340, c. 2, TFUE impone all'Unione di risarcire "conformemente ai principi generali comuni ai diritti degli Stati membri, i danni cagionati dalle sue istituzioni o dai suoi agenti nell'esercizio delle loro funzioni". Sono risarcibili sia il danno morale che quello materiale, sia il danno emergente che il lucro cessante. Gli interessi moratori decorrono dalla sentenza che accerta la responsabilità dell'istituzione o degli agenti dell'Unione.

32. L'efficacia delle sentenze pregiudiziali della Corte di giustizia. — Va sottolineato che quando la Corte di giustizia si sia pronunciata su questioni di interpretazione di norme dell'Unione, la sua decisione produce *effetti obbligatori per il giudice (nazionale) del rinvio*. Quest'ultimo, dunque, deve attenersi alla pronuncia della Corte ed alla interpretazione datane.

Senonché, è altrettanto noto che l'efficacia delle sentenze interpretative rese dalla Corte di giustizia nell'ambito del procedimento di rinvio pregiudiziale non rimane confinata al contesto processuale che le ha provocate, ma si "impone con effetti *erga omnes*, nel senso che la disposizione in causa deve essere da chiunque interpretata ed applicata così come indicato dalla Corte" ([35]), rendendo superflua la proposizione di un nuovo rinvio sulle medesime questioni da parte del giudice nazionale in casi analoghi ([36]).

Parimenti, va osservato che le sentenze interpretative della Corte di giustizia hanno normalmente *efficacia retroattiva*, trovando applicazione anche nei rapporti

---

([35]) R. Adam, A. Tizzano, *Lineamenti di diritto dell'Unione europea*, 4ª ed., cit., p. 261 ss..

([36]) In dottrina v. per tutti L. Daniele, *Dig. Disc. Pub.*, Torino, Utet, p. 240 ss.; in *giurisprudenza it.* v. Cass., SS. UU., n. 12067 del 24 maggio 2007. In giurisprudenza cfr. Corte di giustizia, sentenza 27 marzo 1980, causa C-61/79, *Denkavit italia*, *Racc.*, p. 1205; 3 ottobre 2002, *Barreira Pérez*, C-347/00, *Racc.*, p. I-8191.

giuridici originatisi in precedenza, con il limite dei diritti acquisiti e delle situazioni già esaurite: ciò in quanto l'attività interpretativa della Corte non crea diritto, ma si limita a chiarire e precisare il significato e la portata della norma quale deve o avrebbe dovuto essere intesa ed applicata dal momento della sua entrata in vigore. Tale principio non prevede eccezioni con riguardo agli effetti endoprocessuali. Invece, quanto agli effetti *erga omnes* che si producono al di fuori del processo, la regola della retroattività può essere temperata in ragione di alcune condizioni come il principio del legittimo affidamento e la portata "innovativa" della sentenza pregiudiziale. La Corte di giustizia, infatti, si è riservata in alcuni casi il potere di limitare nel tempo la portata delle proprie sentenze, tanto interpretative quanto di validità (applicando analogicamente l'art. 264, 2° comma, TFUE), in particolare quando dalle sue pronunce, se applicate retroattivamente, sarebbero scaturite rilevanti ripercussioni finanziarie interne. Solo in via eccezionale, dunque, la Corte, considerati i gravi sconvolgimenti che la sua pronuncia potrebbe provocare nei rapporti giuridici costituiti, ha la facoltà di limitare la possibilità di far valere la disposizione interpretata allo scopo di rimettere in discussione situazioni già definite. Tutt'al più, l'interpretazione della Corte potrebbe esplicare i suoi effetti relativamente a quanti avessero già azionato la propria pretesa in giudizio anteriormente alla pronuncia pregiudiziale.

33. Conferma giurisprudenziale in Italia. — La Corte costituzionale italiana ha adottato un approccio molto deciso circa il valore da attribuire alle sentenze della Corte di giustizia ([37]). Sin dal 1985 ha precisato che "la normativa comunitaria [...] entra e permane in vigore nel nostro territorio senza che i suoi effetti siano intaccati dalla legge ordinaria dello Stato" e questo principio vale "anche per le statuizioni [...] risultanti dalle sentenze interpretative della Corte di giustizia" ([38]). In successive pronunce, ha ulteriormente chiarito che le statuizioni contenute nelle pronunce interpretative della Corte di giustizia entrano ad ogni effetto nell'ordinamento interno, sicché la fattispecie concreta ricade "sotto il disposto del diritto comunitario destinato a ricevere immediata e necessaria applicazione nell'ambito territoriale dello Stato", con la conseguenza della inammissibilità della questione di costituzionalità eventualmente sollevata dal giudice comune ([39]). Questi principi costituiscono ormai giurisprudenza costante della Corte costituzionale come è possibile riscontrare dalla sentenza n. 284 del 2007 ([40]).

A propria volta, la Corte di Cassazione italiana ha espressamente riconosciuto "l'immediata applicabilità nell'ordinamento interno e la efficacia vincolante delle decisioni della Corte di giustizia pronunciate in sede di interpretazione pregiudiziale" ([41]) spingendosi a riconoscere un vero e proprio "valore normativo" alle stesse ([42]).

Anche in tempi recenti, la Corte di cassazione è tornata a ribadire che l'esistenza di "precedenti pronunce della Corte di giustizia" rende inutile (o non obbligato) il

---

([37]) V. *inter multos*, E. Ghera, "Pregiudiziale comunitaria, pregiudiziale costituzionale e valore di precedente delle sentenze interpretative della Corte di giustizia", in *Riv. dir. cost.*, 2000, I, p. 1193 ss..

([38]) Corte Cost., 23 aprile 1985, n. 113, in *Giur. cost.*, 1985, I, p. 694.

([39]) Corte Cost., ord. 23 giugno 1999, n. 255, in *Giur. cost.*, 1999, p. 2203.

([40]) Corte Cost., 13 luglio 2007, n. 284, in *Giur. cost.*, 2007, p. 4.

([41]) Cass., sez. lav., 16 aprile 1999, n. 3830, in *Orient. giur. lav.*, 1999, I, p. 503.

([42]) Cass., 30 dicembre 2003, n. 19842.

rinvio pregiudiziale ([43]), spingendosi in termini espliciti a riconoscere un vero e proprio "valore normativo" delle pronunce interpretative della Corte di giustizia, con la conseguenza, ad esempio, di rendere vincolante nell'ordinamento interno una definizione di "ramo di azienda" offerta dalla Corte di giustizia e recepita, molto tempo, dopo da una direttiva comunitaria ([44]).

Se ne può concludere che le interpretazioni fornite dalla Corte di giustizia abbiano efficacia generale nell'ordinamento interno degli Stati membri, compresa l'Italia, i cui giudici avranno, solo in casi particolarmente dubbi, facoltà di operare un ulteriore rinvio pregiudiziale per sollecitare un ripensamento della Corte. Ma cosa accadrebbe se i giudici nazionali interpretassero le norme interne in modo contrastante con il diritto UE, cagionando in tal modo un danno agli interessati?

Il "valore" che la Corte di giustizia annette alle proprie sentenze si apprezza anche sotto questo ulteriore profilo. Infatti, la Corte ha da qualche tempo iniziato a qualificare in termini di illecito dello Stato le violazioni del diritto UE da parte dei giudici nazionali ([45]) non senza precisare che il giudice interno commette una violazione sufficientemente caratterizzata quando pronuncia una sentenza "ignorando manifestamente la giurisprudenza della Corte in questa materia" (punto 56).

§ 4. — *L'efficacia delle sentenze della Corte penale internazionale*

34. Necessità di un atto di adattamento. — Per quanto riguarda le sentenze della Corte penale internazionale (CPI) si tratta di atti che, pur avendo carattere internazionale, non hanno come destinatari ultimi i singoli Stati bensì *singoli individui*. Dal punto di vista dell'ordinamento italiano, stante l'impostazione dualista, occorre tuttavia uno specifico atto di adattamento, cui ha provveduto la L. n. 6 dell'8 gennaio 2013.

35. I rapporti di cooperazione. — I rapporti di cooperazione tra l'Italia e la CPI sono affidati in via esclusiva al Ministro della giustizia, competente a ricevere le istanze di cooperazione. Per gli aspetti legati alla consegna, alla cooperazione e all'esecuzione delle pene si applicano le norme del libro undicesimo del codice di procedura penale italiano, titoli II (estradizione), III (rogatorie internazionali) e IV (effetti delle sentenze penali straniere). Nel caso di richieste concorrenti provenienti dalla Corte penale internazionale e da Stati esteri l'ordine di priorità è fissato dagli artt. 90 e 91 dello Statuto della CPI.

36. La custodia cautelare. — Con riguardo alla custodia cautelare compete al Procuratore generale della Corte di appello di Roma dare esecuzione alla richiesta della CPI. Nell'ipotesi in cui il destinatario del provvedimento richieda la libertà provvisoria, le norme dello Statuto della CPI vanno coordinate con quelle del codice di procedura penale italiano. Sull'istanza deciderà, con ordinanza, la Corte di appello di Roma, che può rifiutare la consegna se sia stata già pronunciata una sentenza definitiva nei confronti della stessa persona e per lo stesso fatto.

([43]) Cass., SS.UU., 24 maggio 2007, n. 12067, in *Guida dir.*, 2007, fasc. 31, p. 35.

([44]) Cass., sez. lav., 30 dicembre 2003, n. 19842, in *Foro it.*, 2004, I, c. 1095.

([45]) V., tra le tante, Corte Giust., 30 settembre 2003, in causa C-224/01, *Gerard Köbler c. Repubblica d'Austria*, in *Racc.*, 2003, I-10239.

37. L'esecuzione della pena. — Per quanto riguarda la pena nei casi in cui sia indicato lo Stato italiano come luogo per la detenzione, la legge prevede una procedura di riconoscimento della sentenza della CPI da parte del Ministro della giustizia, attraverso un'istanza al Procuratore generale presso la Corte di appello, escludendo, quindi, l'automaticità degli effetti della pronuncia internazionale. Per l'esecuzione delle pene detentive in Italia è prevista una procedura di riconoscimento della sentenza della CPI dinanzi alla Corte d'appello di Roma. Tra le condizioni ostative al riconoscimento della sentenza penale internazionale si hanno: il carattere non definitivo della pronuncia in base allo Statuto, la presenza di disposizioni contrarie ai principi fondamentali dell'ordinamento giuridico italiano, la circostanza che per lo stesso fatto e nei confronti della stessa persona sia stata già pronunciata dallo Stato italiano una sentenza irrevocabile. La legge disciplina anche gli aspetti legati all'esecuzione delle pene pecuniarie e degli ordini di riparazione, inclusa la confisca di profitti, beni o averi disposta dalla Corte penale internazionale.

§ 5. — *L'efficacia dei lodi arbitrali internazionali*

38. — In linea con la prospettiva da noi utilizzata, ossia quella di esaminare il diritto internazionale contemporaneo anche nella sua dimensione transnazionale, è opportuno ora, dato l'importante ruolo dei c.d. non *State actors* nella vita di relazione internazionale, offrire qualche cenno circa l'efficacia di particolari "sentenze internazionali" ottenibili dalla persone private, individui o persone giuridiche, ed eseguibili direttamente nei confronti di altri Stati ed OIG. Faremo pertanto ora cenno sia all'esecuzione dei lodi arbitrali ICSID (1), sia a quella di altri lodi pronunciati sulla base di contratti tra Stati e privati stranieri (*State contracts*) o di contratti tra OIG e stranieri (2).

1. — L'efficacia dei lodi ICSID

39. — Abbiamo già osservato che le peculiarità dei rapporti economici da cui originano le controversie hanno suggerito la creazione di meccanismi arbitrali internazionali retti da un insieme di regole specificamente elaborate a tal fine. È il caso della Convenzione di Washington del 1965 istitutiva dell'ICSID (*International Centre for the Settlement of Investment Disputes*), e delle *Arbitration Rules* del medesimo Centro, per la soluzione delle controversie tra Stati e privati relative ad investimenti.

La Convenzione ICSID impone agli Stati contraenti di riconoscere il carattere vincolante del lodo arbitrale e di garantire l'esecuzione nel proprio territorio degli obblighi che ne derivano come se si trattasse di sentenze definitive dei propri giudici nazionali. L'obbligo di esecuzione del lodo sussiste non solo tra le parti della controversia ma per tutti gli Stati contraenti. In poche parole, il sistema dell'ICSID si distingue per l'efficacia autonoma e, soprattutto, *per la diretta efficacia dei lodi che possiedono il valore di cosa giudicata presso tutti gli Stati contraenti*, senza che possa essere richiesto alcun controllo specifico al giudice interno dello Stato dell'*exequatur*.

L'esecuzione del lodo avviene secondo le regole nazionali in vigore nello Stato in cui è richiesta. *Non vi è alcuna possibilità di ricorrere contro il lodo dinanzi a un giudice nazionale* proprio in virtù dell'autonomia che caratterizza l'arbitrato ICSID, né vi è un meccanismo di appello nazionale. L'unica forma di appello è la possibilità di richiedere l'annullamento del lodo ad un comitato *ad hoc* nominato dal presidente del consiglio di amministrazione ed esclusivamente per i motivi indicati all'art. 52 della Convenzione ICSID, ovvero: vizio nella costituzione del tribunale arbitrale, manifesto eccesso di potere da parte del tribunale, corruzione di un membro del tribunale, inosservanza grave di una regola di procedura fondamentale, difetto di motivazione della sentenza.

Come si è in precedenza osservato (Cap. XV), l'eccezione dell'immunità dalla giurisdizione esecutiva eventualmente sollevata dallo Stato soccombente, per quanto ammessa, è di interpretazione restrittiva.

2. — L'efficacia dei lodi commerciali internazionali (*State contracts*)

40. — Pur in presenza di meccanismi arbitrali specifici, quali quello dell'ICSID, le controversie possono trovare soluzione, come di fatto spesso avviene, attraverso le ordinarie forme di arbitrato commerciale internazionale. Giova a tal proposito ricordare come la stessa disciplina uniforme della Legge modello UNCITRAL, ai fini della sua più ampia applicazione, ricomprenda nella materia commerciale, cui essa è espressamente consacrata, anche rapporti tipicamente intercorrenti tra Stati e privati, quali quelli relativi ad investimenti e concessioni pubbliche, per non parlare dei contratti del commercio internazionale.

Sia che si tratti di arbitrato *ad hoc* (si pensi al lodo *Texaco* precedentemente citato), sia che si parli di arbitrato amministrato (dalla CCI, dalla Camera di Stoccolma, LCIA, AAA, CIETAC etc.), se un soggetto privato risulta vittorioso in un arbitrato internazionale contro uno Stato straniero, od anche una OIG, dovrà richiedere al giudice interno di un altro Stato di apporre la formula esecutiva onde aggredire il patrimonio della parte soccombente ([46]).

41. — Un apposito trattato internazionale, la Convenzione di New York del 10 giugno 1958, sul riconoscimento e l'esecuzione di lodi arbitrali stranieri, in vigore tra 168 Stati (al maggio 2021) tra cui l'Italia, prevede che i giudici dei singoli Stati contraenti riconoscano ed eseguano "*delle sentenze arbitrali che sono rese nel territorio di uno Stato diverso da quello in cui il riconoscimento e l'esecuzione delle sentenze sono richiesti e che concernono controversie tra persone fisiche o giuridiche. Essa si applica altresì alle sentenze arbitrali che non sono considerate come sentenze nazionali nello Stato in cui il loro riconoscimento e la loro esecuzione sono richiesti*".

Al contraente privato, dunque, basterà chiedere al giudice nazionale dello Stato contraente, l'*exequatur* del lodo risultante dall'arbitrato internazionale che si è celebrato e lo ha visto uscire vittorioso. Come si è osservato in precedenza (Cap. XV), l'eccezione dell'immunità dalla giurisdizione esecutiva eventualmente sollevata dallo Stato soccombente, per quanto ammessa, è di interpretazione assai restrittiva.

Per contro, in caso di vittoria dello Stato, lo stesso procedimento "facilitato" varrà per lo Stato vittorioso nei confronti del privato soccombente all'estero.

42. — Per quanto riguarda l'Italia, il riconoscimento di un lodo straniero (si intende tale il lodo pronunciato nel territorio di un altro Stato) viene richiesto con un

---

([46]) In arg. v. F. MARRELLA, *Manuale di diritto del commercio internazionale*, 2 ed., cit., p. 792 ss.; nonché M. BENEDETTELLI, C. CONSOLO, L. RADICATI DI BROZOLO, *Commentario breve al diritto dell'arbitrato nazionale ed internazionale*, 2ª ed., Padova, Cedam, 2017 ove riferimenti.

ricorso al Presidente della Corte d'Appello nella cui circoscrizione risiede la parte contro cui il lodo deve essere eseguito.

La procedura è enunciata nel codice di procedura civile, nonché, principalmente nella Convenzione di New York del 1958. La parte che richiede il riconoscimento deve produrre, in originale o in copia autentica, con una traduzione autenticata, il contratto che prevede la clausola arbitrale e il lodo arbitrale. Il giudice si pronuncia entro un termine piuttosto breve, limitandosi a verificare l'esistenza dei requisiti richiesti.

I motivi che devono sussistere per opporsi all'*exequatur*, così come previsti dalla Convenzione di New York e dal nostro codice di rito, sono tassativi, e riguardano:

— l'incapacità delle parti o l'invalidità della clausola secondo la legge a cui è stata sottoposta, o secondo quella dello Stato in cui il lodo è stato pronunciato.

— la mancata informazione, nei confronti della parte contro cui il lodo è stato pronunciato, della designazione dell'arbitro o dell'esistenza del procedimento stesso o l'impossibilità per la parte di far valere la propria difesa nel procedimento.

— la pronuncia su una controversia non contemplata nel compromesso o nella clausola compromissoria, o fuori dai limiti della clausola arbitrale

— la costituzione del collegio arbitrale o del procedimento arbitrale in modo non conforme all'accordo delle parti o, in mancanza di tale accordo, alla legge del luogo di svolgimento dell'arbitrato.

— la mancata definitività del lodo o il suo annullamento o la sua sospensione da parte di un'autorità dello Stato in cui è stato reso.

È possibile presentare opposizione entro 30 giorni dalla avvenuta notificazione del decreto con il quale è stato concesso il riconoscimento. La Corte d'Appello può, in pendenza di opposizione, concedere la provvisoria esecuzione del lodo.

QUARTA PARTE
LA PREVENZIONE E LA SOLUZIONE DELLE CONTROVERSIE NEL DIRITTO INTERNAZIONALE

Capitolo XIX
CONTROLLO PREVENTIVO E CONTROLLO SUCCESSIVO

1. — Nella loro vita di relazione internazionale, i diversi soggetti del diritto internazionale, *in primis* gli Stati, monitorano continuamente il rispetto degli obblighi internazionali da parte degli altri soggetti dell'ordinamento. Ciò avviene, come vedremo tra un istante, attraverso forme di controllo preventivo e per il tramite di meccanismi di controllo, sia non organizzato che organizzato dell'applicazione del diritto internazionale.

Sezione I
Il duplice significato della nozione di controllo

2. Controllo preventivo e controllo successivo. — Il controllo dell'applicazione delle norme del diritto internazionale può essere effettuato in due modi diversi.

Da un lato, viene effettuato con riferimento ai *mezzi propri di cui dispongono i soggetti del diritto internazionale per accertare se il comportamento degli altri Stati (o altri soggetti) sia o meno conforme agli obblighi internazionali.*

Dall'altro, ci si riferisce ai *mezzi di cui dispongono gli Stati (od altri soggetti) per far cessare le violazioni del diritto internazionale commesse da altri soggetti appartenenti al medesimo ordinamento giuridico.*

Nel primo caso, il controllo è di tipo ***preventivo***: ha come obiettivo quello di prevenire ed evitare le conseguenze di una violazione del diritto internazionale.

Nel secondo caso, esso interviene ***a posteriori***: esso può assumere allora il carattere di *sanzione* o, più in generale, si traduce nella scelta di un procedimento di risoluzione di una controversia al fine di ottenere una riparazione appropriata.

3. Controllo preventivo e controllo a carattere non contenzioso. — Il primo tipo di controllo, quello preventivo, non è stato oggetto di ampi studi in dottrina. Il controllo internazionale mira a *prevenire* una controversia internazionale ed anzi *prescinde da essa*: in ciò si differenzia dai procedimenti diplomatici, da quelli arbitrali e da quelli giudiziali che, invece, sono successivi all'insorgere di una crisi e mirano a risolverla. Nemmeno, il controllo va confuso con quei meccanismi di consultazione e notificazione preventiva delle controversie che, a tale scopo, vengono previsti in alcuni trattati in materia ambientale ed in generale sono di tipo *non confrontational* (1).

---

(1) In argomento cfr. A. Cassese, *Il controllo internazionale*, Milano, Giuffrè, 1971; T.M Franck, *The Power of Legitimacy Among Nations*, Oxford, OUP, 1990 nonché Id., "The Power of Legitimacy and the

Sezione II
Il controllo in assenza di qualsivoglia violazione del diritto internazionale

4. Piano espositivo. — Il controllo *preventivo* è generalmente non organizzato o, se si preferisce, è *decentrato* nel senso che viene gestito dai singoli Stati (*a*). A volte, però, il controllo viene *organizzato* in seno ad alcune OIG o in alcuni settori determinati delle relazioni internazionali (b).

a) *Un controllo continuo e decentrato*

5. Ruolo dei diplomatici. — Uno dei compiti principali dei servizi diplomatici degli Stati è proprio quello di *sorvegliare* come gli Stati di accreditamento rispettano i loro obblighi internazionali. Detti servizi — "*gli occhi dello Stato d'invio*" — verificano continuamente se ed in che misura il Governo e i giudici dello Stato in cui si svolge la missione diplomatica applicano il diritto internazionale. Ne fanno quindi rapporto al loro Governo ([2]).

L'art. 3, par. 1, lett. *d*, CVRD è chiaro a tale riguardo indicando, tra le funzioni di una missione diplomatica, proprio quella di "*informarsi con tutti i mezzi leciti delle condizioni e dello sviluppo degli avvenimenti nello Stato accreditatario e farne rapporto allo Stato accreditante*".

6. Ruolo dell'*intelligence*: l'AISE. — Le considerazioni di cui sopra restano ferme avendo a mente la diversa attività dell'*Agenzia Informazioni e Sicurezza Esterna* (AISE) che è un Organismo del ***Sistema di informazione per la sicurezza della Repubblica*** ([3]) cui è affidato il compito di tutelare la sicurezza nazionale, svolgendo attività di informazione per la sicurezza nei confronti delle minacce provenienti dall'estero e al di fuori del territorio italiano. Ha competenza esclusiva in materia di controproliferazione. Non dipende dal MAECI bensì dal Presidente del Consiglio dei Ministri che ne nomina il Direttore, sentito il Comitato interministeriale per la sicurezza della Repubblica.

L'AISE opera dunque in un contesto diverso rispetto all'AISI (*Agenzia Informazioni e Sicurezza Interna*) che, invece, è un ente del Sistema di informazione per la sicurezza della Repubblica cui è affidato il compito di tutelare la sicurezza nazionale svolgendo attività di informazione per la sicurezza nei confronti delle minacce che su di essa gravano all'interno del territorio italiano. Dipende anch'essa dal Presidente del

---

Legitimacy of Power: International Law in an Age of Power Disequilibrium" *AJIL*, 2006, pp. 88-106; T. Treves (a cura di), *Non compliance procedures and mechanisms and the effectiveness of International Environmental Agreements*, The Hague, TMC Asser, 2009.

([2]) Tale funzione è particolarmente importante per la verifica della reciprocità nell'applicazione dei trattati e persino ai fini dell'applicazione, in Italia, dell'art. 16 delle preleggi al cod. civ. it. Famose, in passato, furono le "Relazioni degli ambasciatori veneti". V. ad es. "Le Compagnie olandesi del secolo XVII sulle relazioni degli ambasciatori veneti", in *Riv. soc.*, 1960, p. 1584 e, per la prassi contemporanea, cfr. C. Curti Gialdino, *Diritto diplomatico-consolare internazionale ed europeo*, 5 ed., Torino, Giappichelli, 2020, p. 173 ss. ove riferimenti.

([3]) Istituito dalla L. n. 124/2007, il *Sistema di Informazione per la Sicurezza della Repubblica* è composto dal Presidente del Consiglio dei Ministri — che ne costituisce il vertice — dal Comitato interministeriale per la sicurezza della Repubblica, dall'Autorità delegata ove istituita, dal Dipartimento delle informazioni per la sicurezza (DIS), dall'Agenzia informazioni e sicurezza esterna (AISE) e dall'Agenzia informazioni e sicurezza interna (AISI).

Consiglio dei Ministri che ne nomina il Direttore, sentito il Comitato interministeriale per la sicurezza della Repubblica.

Il ***controspionaggio*** è quell'attività difensiva, posta in essere da ciascuno Stato nel proprio territorio volta a prevenire, rilevare, contenere e contrastare le azioni di spionaggio condotte da agenzie di *intelligence* straniere nonché da individui od organizzazioni operanti in modo autonomo ovvero in collegamento con servizi di informazione esteri. Tale attività si traduce, spesso, nell'interruzione dell'attività spionistica altrui attraverso l'adozione di *misure di natura diplomatica* (ad es. la dichiarazione di una spia accreditata presso una rappresentanza diplomatica estera come "*persona non grata*" costringendola al rimpatrio immediato), amministrativa (rifiuto o revoca del visto) o, persino giudiziaria (ad es. arresto dell'agente straniero sotto copertura).

7. L'ispezione *uti singuli*. A volte accade che le Parti Contraenti di un trattato possano "ufficialmente" ricorrere ad appositi mezzi tecnologici, ad esempio le ***ispezioni aeree*** *o tramite satellite* (oggi anche i *droni*), per verificare direttamente se e in che misura gli altri Stati Contraenti rispettano i propri obblighi internazionali.

È il caso, ad esempio, del Trattato sull'Antartide del 1959 in cui le parti possono sorvolare il territorio antartico per verificare la effettiva demilitarizzazione di tale continente. Allo stesso modo, i satelliti "spia" hanno svolto rilevanti funzioni di controllo nel quadro dei *negoziati strategici "Salt"* tra gli Stati Uniti e l'allora Unione Sovietica.

8. Misure di ritorsione. — In alcuni casi, l'esito del controllo dell'attività di uno Stato estero può portare a misure di "ritorsione" (*Retorsion*). La prassi è di antica data ed infatti secondo POLITIS: "[l]a ritorsione consiste nell'uso rigoroso del proprio diritto per rispondere a un rigore analogo" ([4]). Si tratta in pratica di meri ***atti inamichevoli*** adottati da un soggetto di diritto internazionale nei confronti di un altro, ma *non di atti internazionalmente illeciti*. Siffatti atti inamichevoli hanno come scopo quello di rispondere — in ritorsione, appunto, ma si tratta di fattispecie ben diversa dalla "rappresaglia" su cui v. *infra* § 25 — ad una misura analoga, inamichevole, adottata da un altro Stato.

È così che uno Stato può procedere al ritiro di una parte o di tutto il suo personale diplomatico, rompere le relazioni diplomatiche con un altro Stato, denunciare eventualmente i trattati in vigore, riconoscere un governo rivoluzionario. Si possono avere delle pressioni psicologiche ma, più spesso, si tratta di pressioni economiche. Ad esempio, gli Stati decidono aumenti mirati dei dazi doganali, restrizioni di cambio, annullamento di prestiti, chiusura di porti, sequestro di beni stranieri. In tutti questi casi, si tratta di atti inamichevoli, *a priori* legittimi, purché vengano adottati in conformità al diritto internazionale vigente ed in risposta a violazioni di obblighi internazionali dello Stato cui l'azione è rivolta.

Così, **ad esempio**, all'epoca della "guerra del Kippur" dell'ottobre 1973 tra Israele e gli Stati arabi vicini, altri Paesi arabi esportatori di petrolio imposero un *embargo petrolifero di tipo*

([4]) Rapporto all'*Institut de Droit International* del 1934, p. 10. Cfr. R. MONACO, C. CURTI GALDINO, *Diritto internazionale pubblico*, cit., p. 664: "La ritorsione... consiste nella lesione dell'interesse giuridicamente non tutelato di uno Stato e si configura, quindi, come una condotta non amichevole, tenuta con scortesia e con asprezza nei confronti del contegno ugualmente aspro e scortese di uno Stato e, tuttavia, non vietata dal diritto internazionale".

selettivo per indurre gli altri Stati a sostenere la posizione "araba" ed esercitare pressioni su Israele. Allo stesso modo, un decennio prima, nel 1960, gli Stati Uniti avevano diminuito le quote d'importazione di zucchero cubano reagendo alle misure di nazionalizzazione attuate da Cuba nei confronti di alcune imprese statunitensi operanti in quest'ultimo Stato. Ancora più indietro nel tempo, una legge americana del 1951 ([5]) aveva previsto la sospensione dell'aiuto americano ad ogni Stato che non avesse rispettato l'embargo deciso dagli Stati Uniti nei confronti dell'allora Unione sovietica e di altri Stati a regime comunista.

9. Controllo di enti non statali. — Il controllo reciproco degli obblighi internazionali assunti tra Stati, OIG e soggetti privati può essere anche *informale*. Qui, i mezzi di controllo sono lasciati alla libera iniziativa delle parti. In particolare, nelle relazioni commerciali internazionali, le parti del contratto possono affidare a terzi l'incarico di controllare il corretto adempimento degli obblighi contrattuali. Basti citare a titolo di esempio le *preshipment inspections* (ispezioni pre-imbarco) regolate dal diritto dell'OMC/WTO; i *certificati di origine* rilasciati dalle Camere di commercio locali e persino le *Fatture consolari* (*consular invoice*) ([6]).

10. (*segue*) Misure di ritorsione a carattere non statale. — Non solo gli Stati, ma anche le OIG e i soggetti privati possono fare ricorso a misure di ritorsione. Nei confronti di Stati poco amichevoli verso i privati, le imprese straniere possono decidere di non investire più, di liquidare gli investimenti precedentemente effettuati, di rifiutare la vendita dei loro prodotti (*embargo privato*) o di astenersi dal comprare beni e servizi da quei soggetti (*boicottaggio privato*).

b) *Il controllo internazionale affidato ad OIG*

11. — In alcuni casi, pur se relativamente rari, il controllo del rispetto del diritto internazionale è stato organizzato, *rectius* ***istituzionalizzato*** ([7]).

Nella maggior parte dei casi, viene affidato ad appositi *organi* (di individui o di Stati) di OIG i quali vengono investiti di un "***potere di supervisione***" ossia — più o meno incisivo — di determinare se la condotta degli Stati Membri nei confronti dell'OIG medesima sia *conforme* agli obbiettivi di un trattato e costituisca il corretto adempimento degli obblighi internazionali assunti.

Talvolta, gli Stati hanno l'obbligo di fornire all'*OIG tutte le informazioni utili* relative all'attuazione effettiva della carta istitutiva di una OIG e del suo diritto derivato. È questo il caso, ad esempio, degli Stati membri del FMI, dell'OIL, dell'OMS/WHO o ancora dell'OMC/WTO (si pensi, in particolare, al *Trade Policy Review Mechanism*). È anche il caso in materia di *diritti umani*, con riferimento all'esame dei ***rapporti periodici*** che gli Stati devono fornire all'organo di controllo preposto secondo intervalli temporali predeterminati, Come abbiamo visto a suo luogo, in tale materia — e con ancora qualche "crisi di rigetto" da parte degli Stati — vi può anche essere, tramite ***un'inchiesta ex officio***, un controllo "automatico" da parte di un dato organo di controllo (*Treaty Body*) istituito da un trattato di protezione

---

([5]) *Battle Act*, 1951.

([6]) Si rinvia a F. Marrella, *Manuale di diritto del commercio internazionale*, 2 ed., cit., p. 200 e 262 ss..

([7]) V. in generale G. Fischer e D. Vignes *L'inspection internationale* Bruxelles, Bruylant, 1976; A. Cassese, *Diritto internazionale*, cit., p. 356 ss.

dei diritti umani (supra Cap. XV, Sez. III) ([8]). Ed in senso transnazionale, va anche valorizzato il potere del Procuratore della Corte Penale Internazionale di avviare ***indagini, di propria iniziativa***, nei confronti di individui per accertare l'eventuale commissione di crimini internazionali.

Infine, va osservato che una particolare organizzazione internazionale, la UE, possiede, dal 2011, un vero e proprio ***Servizio europeo per l'azione esterna*** ("SEAE", art. 27.3 TUE), che gestisce le relazioni diplomatiche e i partenariati strategici dell'Unione con i **Paesi extra UE** e collabora con i servizi diplomatici nazionali degli Stati membri. È guidato dall'Alto rappresentante per gli Affari esteri e la politica di sicurezza comune e si articola in una serie di uffici locali (le delegazioni dell'UE, ad es. la *Delegation of the European Union to China*) negli Stati terzi che svolgono un ruolo analogo a quello di un'Ambasciata.

12. L'ispezione *in loco* da parte di agenti di una OIG. — Alcuni esperti internazionali possono essere inviati da un'OIG in uno Stato membro con lo scopo di elaborare un *rapporto* sul rispetto da parte di quest'ultimo dei suoi obblighi internazionali. Si tratta di un meccanismo di controllo ovviamente più efficace di quello basato sulla mera ricezione di rapporti periodici dagli Stati, in quanto l'ispezione in loco consente all'organismo di controllo internazionale di verificare direttamente se uno Stato adempie effettivamente i propri obblighi internazionali.

Fu questo il caso, ad esempio, degli osservatori ONU incaricati di verificare il rispetto dell'armistizio concluse in Medio Oriente nel 1948 in seguito alla prima guerra arabo-israeliana. Ispettori internazionali vennero previsti anche negli *Accordi del 1954 sull'Indocina*, al fine di controllare il corretto svolgimento delle libere elezioni che si sarebbero tenute di lì a sei mesi; gli stessi ispettori erano stati incaricati anche di controllare il rimpatrio dei prigionieri di guerra. L'invio di personale specializzato è sistematicamente previsto per il *controllo di sostanze stupefacenti o dell'utilizzo pacifico dell'energia atomica nel quadro della IAEA*, o ancora al fine di assicurarsi il trattamento "adeguato" dei prigionieri di guerra (quest'ultimo compito è svolto dal Comitato internazionale della Croce Rossa).

Si pensi, **ad esempio**, anche all'attività degli esperti del FMI i quali accertano periodicamente la situazione economica e finanziaria degli Stati membri e inviano, in seguito, un "rapporto di missione" al FMI che poi procede ad elaborare le proprie *raccomandazioni* agli Stati. Allo stesso modo, la Banca Mondiale ha istituito degli *inspection panels* per assicurare l'efficacia dei propri programmi di assistenza, nonché per "responsabilizzare" sia il proprio personale nell'assolvimento dei propri compiti, sia lo Stato beneficiario dei prestiti in relazione alle possibili violazioni dei diritti umani ([9]).

Un altro esempio notevole si ebbe allorquando gli Stati OPEC inviarono *esperti petroliferi* nei principali luoghi di scarico del petrolio con lo scopo di accertare il *rispetto da parte degli Stati di destinazione dell'embargo selettivo deciso da questi Stati nell'ottobre 1973*, all'epoca del

---

([8]) Cfr. R. Monaco, C. Curti Galdino, *Diritto internazionale pubblico*, cit., p. 793: ""l'iniziativa della procedura di controllo, specie in materia di rispetto dei diritti dell'uomo, non è prerogativa dello Stato leso (e dunque prescinde dall'esistenza di una controversia internazionale), ma è estesa ai beneficiari della tutela prevista dalla norma (ad es. individui e gruppi di individui)".

([9]) V. I. Shihata, *The World Bank Inspection Panel*, 1994; R.E. Bissel, "Recent practice of the inspection panel of the World Bank", in *AJIL*, 1997, p. 741 nonché IBRD, *Accountability at the World Bank: the Inspection Panel at 15 years*, Washington, 2009; *ILM*, 1995, p. 520 e *ILM*, 2000, p. 243, F. Seatzu, *Il Panel d'ispezione della Banca Mondiale*, Torino, Giappichelli, 2008.

conflitto arabo-israeliano. Si può ancora citare il caso degli esperti inviati dagli Stati Uniti nel Sinai, incaricati di sorvegliare il piano egiziano-israeliano previsto nel quadro degli Accordi detti di Camp David del 1978.

Infine, va ricordato che uno dei principali fini dell'OSCE è il monitoraggio dell'osservanza degli impegni assunti dagli Stati partecipanti nel quadro della c.d. "dimensione umana", con particolare attenzione alle attività di monitoraggio elettorale (c.d. ***election monitoring***) in occasione di elezioni politiche.

13. (*segue*) Ispezioni *in loco* e sovranità territoriale. — Il controllo dell'applicazione delle norme di diritto internazionale tramite ispezioni *in situ* resta una misura eccezionale in quanto *interferisce con la sovranità territoriale degli Stati*. Per tale ragione, nel caso di ispezioni *in situ* è sempre necessario l'accordo dello *Stato territoriale*, accordo che è concesso con una certa riluttanza. Israele, ad esempio, ha sempre rifiutato la presenza sul suo territorio di osservatori internazionali. Allo stesso modo, la presenza di ispettori della *IAEA* nell'Iraq per verificare l'esistenza (o l'assenza) di armi di distruzione di massa, ancorché decisa dal Consiglio di Sicurezza ONU in base al Capo VII della Carta, fu ostacolata da parte del Governo di Saddam Hussein e a tale situazione reagì il Governo degli Stati Uniti. Ne risultò la c.d. "seconda guerra del Golfo", una pagina nera del diritto internazionale ([10]).

Sezione III
Controversie politiche e giuridiche

14. Una distinzione astratta. — La Carta delle Nazioni Unite, al Capo VI, in materia di *soluzione pacifica delle controversie*, prevede all'art. 36, par. 3, che "nel fare raccomandazioni a norma di questo articolo, il Consiglio di sicurezza deve inoltre tenere presente che le controversie giuridiche, dovrebbero, di regola generale, essere deferite dalle parti alla Corte Internazionale di Giustizia in conformità alle disposizioni dello Statuto della Corte".

La distinzione tra controversie *politiche* e controversie *giuridiche*, per quanto astratta dalla realtà, è da sempre oggetto di dibattito dottrinale ([11]). Il dato di partenza viene offerto all'art. 36, par. 2, dello Statuto della CIG:

"Gli Stati aderenti al presente Statuto possono in ogni momento dichiarare di riconoscere come obbligatoria *ipso facto* e senza speciale convenzione, nei rapporti con qualsiasi altro Stato che accetti il medesimo obbligo, la giurisdizione della Corte su tutte le controversie giuridiche concernenti: *a*. l'interpretazione di un trattato; *b*. qualsiasi questione di diritto internazionale; *c*.

([10]) V. per tutti H. Blix, *Disarmare l'Iraq. La verità su tutte le menzogne*, Torino, Einaudi, 2004 e cfr. G. Tenet, *At the Center of the Storm: The CIA During America's Time of Crisis*, New York, Harper Collins, 2007. Significativa anche l'ultima premessa scritta da Ian Brownlie alla 7 ed. del 2008 del suo celebre manuale di diritto internazionale prima che venisse aggiornato nelle nuove edizioni (omettendo tale parte) dal Prof. J. Crawford. Brownlie osservava che "The temptation to include a detailed treatment of recent complex events (the invasion and occupation of Iraq, for example) has been resisted...The recent episodes of unilateralism have usually involved law-breaking rather than the development of the law and it is inappropriate to appear to characterise law-breaking actions as 'precedents' or 'practice'. The book continues to present an analysis of the principles of public international law when the law is being applied in a framework of normality".

([11]) V. ad es. G. Morelli, *Nozioni di diritto internazionale*, 6 ed., cit., p. 371 ss. e cfr. R. Quadri, *Diritto internazionale pubblico*, cit., p. 236 ss. e B. Conforti, *Diritto internazionale*, XI ed., cit., p. 466 ss..

l'esistenza di qualsiasi fatto che, se accertato, costituirebbe la violazione di un obbligo internazionale; *d.* la natura o la misura della riparazione dovuta per la violazione di un obbligo internazionale".

Ne segue che la categoria delle controversie di tipo *giuridico* è limitata a tali fattispecie. In tutti gli altri casi, ci troviamo di fronte a controversie di tipo *politico*. È però altrettanto vero che, nella pratica, risulta assai difficile operare tale distinzione ([12]). Va peraltro ricordato il parere della CPGI sullo ***statuto della Carelia orientale***, ove la Corte ha indicato che "*è un punto consolidato in diritto internazionale che nessuno Stato può, senza il suo consenso, essere costretto a sottoporre le proprie controversie con altri Stati alla mediazione o all'arbitrato o a qualsiasi altro tipo di soluzione pacifica*" ([13]).

15. Definizione di controversie giuridiche. — La CPGI e la CIG si sono spesso pronunciate sulla nozione di "controversia giuridica" nell'ordinamento internazionale. La CPGI, nel noto **caso *Mavrommatis***, l'ha definita come segue: "*[u]na controversia è un disaccordo su un punto di diritto o di fatto, un contrasto, un'opposizione di tesi giuridiche o di interessi*" ([14]). Si tratta di un precedente che viene spesso richiamato e precisato nella giurisprudenza internazionale ([15]) giacché "un'opposizione di interessi" è il *punto di partenza* di una potenziale controversia; il *punto di arrivo*, tuttavia, ossia l'*estinzione* della controversia o la sua *soluzione*, può essere raggiunto attraverso diversi metodi, come si vedrà nei prossimi capitoli.

Sezione IV

Il diverso accesso ai meccanismi di controllo internazionale da parte dei soggetti del diritto internazionale

16. — Va infine osservato che non tutti i soggetti del diritto internazionale hanno eguale accesso ai meccanismi di accertamento e di esecuzione coattiva del diritto internazionale.

([12]) Cfr., *inter multos*, T. Treves, *Diritto internazionale*, cit., p. 575 ss.. Cfr. *Brownlie's Principles of Public International Law*, 9 ed., cit., p, 668 a proposito della distinzione tra "*jurisdiction*" and "*admissibility*" *of claims*.

([13]) CPGI, parere del 23 luglio 1923 sullo *statuto della Carelia orientale*, Ser. B, n. 5, p. 27.

([14]) CPGI, *Caso delle concessioni Mavrommatis in Palestina*, Ser. A, n. 2, p. 11. V. al riguardo i riferimenti di dottrina citati nella bibliografia sommaria.

([15]) CIG, Etiopia c. Africa del Sud, *caso del Sud Ovest africano*, 21 dicembre 1962, in *Recueil*, p. 329; CIG, Isole Marshall c. Regno Unito, *caso degli Obblighi concernenti le negoziazioni relative alla cessazione della corsa agli armamenti nucleari e al disarmo nucleare*, Eccez. preliminari, 5 ottobre 2016, in *Recueil*, par. 37-38: "According to the established case law of the Court, a dispute is "a disagreement on a point of law or fact, a conflict of legal views or of interests" between parties (*Mavrommatis Palestine Concessions*, Judgment No. 2, 1924, P.C.I.J., Series A, No. 2, p. 11). In order for a dispute to exist, "[i]t must be shown that the claim of one party is positively opposed by the other" (South West Africa (*Ethiopia v. South Africa*; *Liberia v. South Africa*), Preliminary Objections, Judgment, I.C.J. Reports 1962, p. 328). The two sides must "'hold clearly opposite views concerning the question of the performance or non-performance of certain' international obligations" (Alleged Violations of Sovereign Rights and Maritime Spaces in the Caribbean Sea (*Nicaragua v. Colombia*), Preliminary Objections, Judgment, I.C.J. Reports 2016 (I), p. 26, para. 50, citing Interpretation of Peace Treaties with Bulgaria, Hungary and Romania, First Phase, Advisory Opinion, I.C.J. Reports 1950, p. 74). — 38. The Court's determination of the existence of a dispute is a matter of substance, and not a question of form or procedure".

Solo gli Stati *dispongono della gamma completa di tali meccanismi.* Le *OIG* dispongono di un più ridotto numero di tali strumenti, mentre i soggetti privati si trovano in una posizione svantaggiata. I *privati*, però, a certe condizioni possono utilizzare vari strumenti giuridici (ad es. i meccanismi di tutela internazionale dei diritti umani, l'arbitrato in materia di investimenti) oltre all'arma economica nei confronti dello Stato o della OIG che non rispetti i loro diritti.

17. Piano espositivo. — Seguiremo dunque la partizione classica tra i *procedimenti non giurisdizionali di risoluzione delle controversie* (Tit. I), da un lato e quelli *giurisdizionali*, dall'altro (Tit. II).

Resta inteso che il termine "giurisdizione" impiegato in questa sede viene utilizzato nel senso più ampio (*jus dicere*), ossia con riferimento all'accertamento vincolante del diritto internazionale ([16]).

([16]) V. ad es. R. MONACO e C. CURTI GIALDINO, *Manuale di diritto internazionale pubblico*, cit., p. 750: "nell'ordinamento internazionale la giurisdizione non dà vita ad un potere autonomo, il quale tuttavia trovi, come nell'ordinamento interno, specificazioni varie corrispondenti alla varietà degli organi a cui è demandato l'esercizio di tale potere. In luogo di una funzione giurisdizionale unitaria esiste nell'ordinamento internazionale una molteplicità di organi [rectius organismi] giudicanti, alcuni dei quali hanno caratteristiche simili a quelli della giurisdizione interna. Quando però si tratta di qualificare tali organi, come già anticipato, non si possono assumere come paradigma la struttura e le funzioni dei tribunali interni".

Titolo I
I PROCEDIMENTI NON GIURISDIZIONALI

Capitolo XX
L'USO DELLA FORZA

"*Così come l'acqua non mantiene una forma costante, così in guerra non ci sono condizioni costanti*"

Sun Tzu, *L'arte della guerra*, (VI sec. a. C.)

Bibliografia sommaria: V. Gardot, "Le droit de la guerre dans l'œuvre des capitaines français du XVIéme siècle", in *RCADI*, 1948-I, t. 72, p. 393; C. Waldock, *The Regulation of the use of Force by Individual States in International Law*, in *RCADI*, 1952-II, t. 81, p. 451; Ph. Jessup, *A Half-Century of Efforts to Substitute Law for War*, in *RCADI*, 1960-I, t. 99, p. 1; I. Brownlie, *International Law and the Use of Force by States*, Oxford, Clarendon, 1963 (e anche *International Law and the Use of Force by States revisited*, in *Chinese JIL*, 2002, p. 1); R. Quadri, *Diritto internazionale pubblico*, 5 ed., cit., p. 279 ss.; D. Schindler, "The Different Types of Armed Conflicts According to Geneva Conventions and Protocols", in *RCADI*, 1979-II, t. 63, p. 117; C. Rousseau, *Le droit des conflits armés*, Paris, 1983; G. De Lacharrière, *La réglementation du recours à la force: les mots et les conduites*, in *Mélanges Chaumont*, 1984, p. 347; F. Lattanzi, *Assistenza umanitaria e intervento d'umanità*, Torino, Giappichelli, 1997; D. Momtaz, "Le droit international humanitaire applicable aux conflits armés non internationaux", in *RCADI*, v. 292, 2001, pp. 9-145; T. Franck, *Recourse to Force. State Action against Threats and Armed Attacks*, 2 éd., Cambridge, CUP, 2004; Y. Dinstein, *War, Aggression and Self Defence*, 4 éd., Cambridge, CUP, 2005; M. Weller (ed.), *The Oxford Handbook on the Use of Force*, Oxford, OUP, 2005; V.S. Mani, *Humanitarian Intervention Today*, in *RCADI*, 2005, t. 313, p. 9; D. Fleck (ed.), *The Handbook of International Humanitarian Law*, Oxford, OUP, 2008; SFDI, *La responsabilité de protéger*, Colloque de Nanterre, Paris, Pedone, 2008; H. Van Houtte, « The Eritrea-Ethiopia Claims Commission and International Humanitarian Law », in *Liber F. Pocar*, cit., 2009, pp. 383-398; M. Mancini, *Stato di guerra e conflitto armato nel diritto internazionale*, Torino, Giappichelli, 2009; V. Lowe (ed.), *The UN Security Council and War*, Oxford, OUP, 2010; A. De Guttry, F. Pagani, *Le Nazioni Unite. Sviluppo e riforma del sistema di sicurezza collettiva*, 2 ed., Bologna, Il Mulino, 2010; F. Francioni e N. Ronzitti, *War by contract. Human Rights, Humanitarian Law and Private Contractors*, Oxford, OUP, 2011; D. Thürer, "International Humanitarian Law: Theory, Practice, Context", in *RCADI*, 2008, v. 338, 2011; G. Angelucci, L. Vierucci (a cura di), *Il diritto internazionale umanitario e la guerra aerea*, Firenze, Firenze Univ. Pr., 2010; De Guttry, F. Pagani, *Le Nazioni Unite. Sviluppo e riforma del sistema di sicurezza collettivo*, Bologna, Il Mulino, 2010; Lanciotti, A. Tanzi (a cura di), *Uso della forza e legittima difesa nel diritto internazionale contemporaneo*, Napoli, Jovene, 2012; ONU, *L'ABC delle Nazioni Unite*, Napoli, ES, 2012; E. Greppi, *I crimini dell'individuo nel diritto internazionale*, Torino, Utet, 2012; A. Annati, T. Scovazzi, *Diritto internazionale e bombardamenti aerei*, Milano, Giuffrè, 2012; M. Roscini, *Cyber Operations and Use of Force in International Law*, Oxford, OUP, 2014; G. Cellamare, *Le operazioni di peace-keeping delle organizzazioni regionali*, Bari, Cacucci, 2015; Koops, Tardy, McQueen, Williams (eds.), *The Oxford handbook of UN Peace Keeping Operations*, Oxford, OUP, 2015; M. Fornari, *Nozioni di diritto internazionale dei conflitti armati*, Napoli, ES, 2015; S.M. Carbone, R. Luzzatto (a cura di), *Istituzioni di diritto internazionale*, 5 ed., cit., p. 312 ss.; N. Ronzitti, *Diritto internazionale dei conflitti armati*, 6ª ed., Torino, Giappichelli, 2017; N. Ronzitti, "La legge italiana sulle missioni internazionali", *Riv.dir.int.*, 2017, p. 474 ss.; P. Picone, *Obblighi « erga Omnes » e uso della forza*, Napoli, ES, 2017; Y. Dinstein, *War, Aggression and Self Defence*, 6 éd., Cambridge, CUP, 2017; M. Schmitt (ed.), *Tallinn Manual 2.0 on the International Law Applicable to Cyber Operations*, Cambridge, CUP, 2017; G. Cellamare, I. Ingravallo (a cura di), *Peace*

Maintenance in Africa: Open Legal Issues, Springer-Giappichelli, Berlino, 2018; E. Cimiotta, *L'uso della forza nei rapporti tra Nazioni Unite e organizzazioni regionali e sub-regionali*, Napoli, Jovene, 2018; M. Longobardo, *The Use of Armed Force in Occupied Territories*, Cambridge, CUP, 2018; M. Arcari, "Il mantenimento della pace e l'uso della forza", in T. Scovazzi (a cura di), *Corso di diritto internazionale*, I, 3 ed., cit., p. 195 ss.; M. Newton (Ed.), *The United States Department of Defence Law of War Manual. Commentary and Critique*, Cambridge, CUP, 2018; *Brownlie's Principles of Public International Law*, 9ª ed., cit., p. 717 ss.; E. David, *Principes de droit des conflits armés*, 6 éd., Bruxelles, Bruylant, 2019; C. Focarelli, *Diritto internazionale*, 5 ed., cit., p. 602 ss.; Sinagra, Bargiacchi, *Lezioni di diritto internazionale pubblico*, 3 ed., cit., p. 312 ss.; E. Cannizzaro, *Diritto internazionale*, 5 ed., p. 21 ss.; D. Amoroso, *Autonomous Weapons Systems and International Law*, Napoli, ESI/Nomos, 2020; O. Corten, *Le droit contre la guerre. L'interdiction du recours à la force en droit international contemporain*, 3 ed., Paris, Pedone, 2020.

1. Dalla liceità all'illiceità della guerra. — La violenza bellica è l'elemento costante nell'intera storia mondiale delle relazioni internazionali. Per tale ragione, Ugo Grozio aveva intitolato il primo manuale di *diritto internazionale* dell'era moderna *De iure belli ac pacis*, ossia del *diritto della guerra e della pace* (1). A ben vedere, lo sviluppo di appositi meccanismi per controllare e limitare al massimo l'uso della forza è frutto di un'evoluzione recente dell'ordinamento internazionale (v. *supra* Cap. I). Per secoli, l'uso della forza armata nelle relazioni internazionali era libero per gli Stati (uno ***ius ad bellum***) seppure di solito preceduto da una formale manifestazione di volontà unilaterale che era la *dichiarazione di guerra*, una sorta di sfida a duello consentita dall'ordinamento internazionale che non verificava le ragioni a fondamento della sfida. In tale contesto, si è sviluppato anche l'istituto giuridico della ***neutralità*** (*neutrality*), ossia la "condizione giuridica di quegli Stati che intendono rimanere estranei in una guerra fra altri, cioè non partecipare né per l'uno né per l'altro dei contendenti. Tale condizione è costituita da rispettivi diritti e doveri internazionali, cui dà origine il rapporto giuridico che si viene a creare fra i detti stati e gli stati belligeranti" (2).

Vi era guerra se lo Stato che aveva fatto ricorso alla forza armata intendeva muovere guerra (c.d. *animus bellandi*) (3). Una volta iniziata, si applicava e ancor oggi si applica un distinto corpo di norme che hanno ad oggetto la condotta da tenere

---

(1) Avvisa A. P. Sereni, (*Diritto internazionale*, IV, cit., p. 1773 ss.) che, nel periodo che va dal XVI al XVIII secolo, periodo in cui in Europa già esistevano i grandi Stati nazionali, le operazioni militari erano spesso "combinate con imprese commerciali e venivano condotte talvolta anche quando vigeva formalmente la pace tra gli Stati a cui i combattenti appartenevano. Nel continente americano ed in tutto l'Estremo Oriente le operazioni commerciali e quelle militari delle compagnie coloniali furono intimamente connesse". V. altresì, i riferimenti storici cit. al Cap. I. Nel nostro tempo, si assiste ad un ritorno di peculiari forme di "privatizzazione della guerra" con l'impiego sempre più vasto dei servizi a pagamento di *private military companies* e di *contractors* i quali affiancano le forze armate degli Stati. In arg. cfr. F. Francioni e N. Ronzitti, *War by contract. Human Rights, Humanitarian Law and Private Contractors*, Oxford, OUP, 2011 ed il tentativo di inquadrare tale fenomeno a partire dal 2008, tramite *The Montreux Document on Private Military and Security Companies*, al sito https://www.icrc.org/en/publication/0996-montreux-document-private-military-and-security-companies. Si tratta però di un atto non vincolante.

(2) A. Rapisardi Mirabelli, voce "Neutralità", in *Enc. italiana Treccani online* (1934). In arg. v. per tutti N. Ronzitti, *Diritto internazionale dei conflitti armati*, 6 ed., cit., p. 341 ss. e riferimenti ivi cit.

(3) Il diritto della guerra ha fatto oggetto di ampi studi degli specialisti di diritto internazionale per secoli e quindi esiste una letteratura immensa (v. i riferimenti al Cap.I ed in bibliog. sommaria). Il diritto di ricorrere alla guerra ha, infatti, costituito tradizionalmente una espressione della sovranità statale. Le varie teorie, spesso fondate sul diritto naturale, sul *bellum iustum* (la "guerra giusta") non ne mettevano in discussione la legittimità giuridica ma tentavano di limitare l'esercizio dello *ius ad bellum* in funzione del carattere 'giusto' o 'ingiusto' della pretesa di uno Stato.

durante la guerra, ossia il comportamento dei belligeranti: lo ***ius in bello*** (oggi, poeticamente chiamato "diritto internazionale umanitario").

Il punto di partenza del discorso è dunque quello per cui "lo sviluppo di meccanismi normativi di controllo dell'uso della forza è frutto di un'evoluzione recente dell'ordinamento internazionale" (4).

I primi tentativi di regolare l'uso della forza sul piano del diritto positivo risalgono al periodo successivo alla Prima guerra mondiale ma fallirono clamorosamente nell'impedire la Seconda guerra mondiale. Infatti, l'uso della forza venne timidamente regolato dal **Patto della Società delle Nazioni** (artt. 12 e 15) e successivamente vietato dal **Patto Briand-Kellogg** del 26 agosto 1928 (5). Solo all'indomani della fine del secondo conflitto mondiale che, insieme al primo, ha ricoperto di sangue e di sofferenze il Novecento, è emersa chiaramente la volontà dei Governi di non considerare mai più la guerra uno strumento "normale" per la risoluzione delle controversie tra Stati.

2. Il divieto dell'uso della forza bellica nella Carta dell'ONU. — Tramite la **Carta dell'ONU** gli Stati Membri affermano nel Preambolo di essere decisi "*a salvare le generazioni dal flagello della guerra che per due volte nel corso di questa generazione ha portato indicibili afflizioni all'umanità*" e pertanto attribuiscono all'ONU i fini di **mantenere la pace e la sicurezza internazionale** "*per prevenire e rimuovere le minacce alla pace e per reprimere gli atti di aggressione o le altre violazioni della pace e conseguire con mezzi pacifici, ed in conformità ai principi della giustizia e del diritto internazionale, la composizione o la soluzione delle controversie o delle situazioni internazionali che potrebbero portare ad una violazione della pace*" (art. 1).

È alla luce di tali principi che va letto il fondamentale **art. 2, par. 4, della Carta ONU** oggi in vigore:

"I Membri **devono astenersi** nelle loro **relazioni internazionali** dalla **minaccia o dall'uso della forza**, sia contro **l'integrità territoriale o l'indipendenza politica di qualsiasi Stato**, sia in qualunque altra maniera incompatibile con i fini delle Nazioni Unite" (6).

L'uso della forza armata, la **violenza bellica**, non è più dunque un mezzo di coercizione "lecito". Ne consegue che i procedimenti di soluzione delle eventuali controversie che dovessero insorgere tra i soggetti del diritto internazionale devono essere di carattere *pacifico*, come indicato **all'art. 2, par. 3**, della **Carta dell'ONU** secondo cui gli Stati devono "*risolvere le loro controversie internazionali con mezzi pacifici, in maniera che la pace e la sicurezza internazionale e la giustizia non siano messe in pericolo*".

Ciò, tuttavia, non significa che ogni forma di "coercizione" sia scomparsa dall'ordinamento internazionale (7) ed una ***minaccia di uso della forza*** consiste in una

---

(4) E. Cannizzaro, *Diritto internazionale*, cit., p. 23.

(5) I testi si trovano raccolti in L. Picchio Forlati (a cura di), *Le Nazioni Unite*, Torino, Giappichelli, rist. 2000 con postfazione di G. Arangio-Ruiz.

(6) Grassetto aggiunto. Si noti, *a contrario*, che parlando di "relazioni internazionali" la Carta dell'ONU non dice alcunché circa l'uso della forza di uno Stato nel proprio territorio. Tale potere, un tempo indiscutibile, viene oggi parzialmente rimesso in discussione tramite la "dottrina dell'intervento di umanità" e quella della "Responsabilità di proteggere" su cui diremo nelle pagine che seguono.

(7) Nel Parere consultivo sulla *liceità dell'uso delle armi nucleari* del 1996, la CIG ha indicato che "Al fine di ridurre o eliminare il rischio di attacchi illeciti, gli Stati talvolta dichiarano di possedere determinate

promessa espressa o implicita da parte di un Governo di un ricorso alla forza armata condizionata alla non accettazione di determinate richieste (spesso nella forma di ***ultimatum***). Se la minaccia è quella di ricorrere alla forza in circostanze in cui manca qualunque giustificazione per l'uso della forza, la minaccia stessa è illegale ([8]).

La norma di cui all'art. 2, par. 4, della Carta dell'ONU è stata per lungo tempo interpretata con riferimento all'uso della forza bellica **in senso "fisico"**. Oggi, come vedremo più avanti, occorre interpretarla anche **in senso cibernetico** alla luce del principio di equivalenza degli effetti.

3. L'"uso della forza" secondo l'Assemblea Generale dell'ONU. — L'Assemblea Generale dell'ONU ha fornito, da tempo, delle utili interpretazioni circa il divieto dell'uso della forza tramite apposite Risoluzioni: la Ris. n. 2625 del 24 ottobre 1970, ossia la "Dichiarazione relativa ai principi di diritto internazionale, concernenti le relazioni amichevoli e la cooperazione fra gli Stati" ([9]); la Ris. n. 3314 del 1974 contenente la "Definizione di aggressione" e la Ris. n. 42/22 del 1987 contenente la "Dichiarazione sul rafforzamento dell'efficacia del principio che vieta la minaccia o l'uso della forza nelle relazioni internazionali". La CIG, a propria volta, in alcune sentenze a cui faremo successivamente riferimento, ha ulteriormente precisato la portata delle norme di cui sopra.

Iniziando con la Ris. del 1970 vengono indicate le seguenti fattispecie:

"Ogni Stato ha il dovere di astenersi dal ricorso alla minaccia o all'uso della forza per **violare le frontiere internazionali** esistenti di un altro Stato o come mezzo di soluzione delle controversie internazionali, comprese le controversie territoriali e le questioni relative alle frontiere degli Stati.

Ogni Stato ha il dovere di astenersi dal ricorso alla minaccia o all'uso della forza per violare le linee internazionali di demarcazione, quali le linee di armistizio fissate da un accordo internazionale di cui tale Stato è parte o che è tenuto a rispettare per altre ragioni, o fissate in conformità a tale accordo...

Ogni Stato ha il dovere di astenersi dall'organizzare o **dall'incoraggiare l'organizzazione di forze irregolari o di bande armate**, in particolare bande di **mercenari**, per compiere incursioni nel territorio di un altro Stato.

Ogni Stato ha il dovere di astenersi dall'**organizzare, incoraggiare, appoggiare o partecipare ad atti di guerra civile o di terrorismo nel territorio di un altro Stato**, o dal tollerare sul proprio territorio attività organizzate al fine di perpetrare tali atti, quando

---

armi da utilizzare per autodifesa contro qualsiasi Stato che violi la loro integrità territoriale o indipendenza politica. Se l'intenzione dichiarata di usare la forza qualora si verifichino determinati eventi costituisca o meno una 'minaccia' ai sensi dell'articolo 2, par. 4, della Carta dipende da vari fattori. Se il previsto uso della forza è di per sé illecito, la dichiarata disponibilità ad usarla costituirebbe una minaccia vietata ai sensi dell'art. 2, par. 4 della Carta". A giudizio della Corte "[l]e nozioni di 'minaccia' e di 'uso' di forza ai sensi dell'art. 2, par. 4, della Carta vanno unitamente considerate, nel senso che se l'uso della forza in un determinato caso è illegale — per qualsiasi motivo — la minaccia di utilizzare tale forza sarà altrettanto illegale. In breve, affinché sia lecita, la dichiarata disponibilità di uno Stato ad usare la forza deve costituire un uso della forza conforme alla Carta." (punto 47).

([8]) Condivisibile è dunque la conclusione di I. Brownlie, *International Law and Use of Force by States*, cit., 1963, p. 364. V. però Ph. Wood, voce "Use of force, Prohibition of Threat", *MPEPIL*.

([9]) in *Riv. dir. int.*, 1971, p. 282 e su cui v. G. Arangio-Ruiz, "The normative role of the General Assembly of the United Nations and the Declaration of Principles of Friendly Relations", in *RCADI*, v. 137, 1972, pp. 419-742. V. ora J. E. Viñuales (ed.), *The UN Friendly Relations Declaration at 50. An Assessment of the Fundamental Principles of International Law*, Cambridge, CUP, 2020.

gli atti menzionati nel presente paragrafo comportino la minaccia o l'uso della forza" ([10]).

A propria volta, la ***Dichiarazione sulla definizione di aggressione*** (di cui alla Ris. n. 3314 del 14 dicembre 1974) intesa come « *l'uso della forza armata da parte di uno Stato contro la sovranità, l'integrità territoriale o l'indipendenza politica di un altro Stato o in qualsiasi altro modo incompatibile con la Carta delle Nazioni Unite* », indica **all'art. 3** un elenco esemplificativo e non esaustivo degli atti aggressione:

"a) **l'invasione o l'attacco da parte delle forze armate di uno Stato del territorio di un altro Stato**, o qualsiasi occupazione militare, per quanto temporanea, derivante da tale invasione o attacco, o qualsiasi annessione mediante l'uso della forza del territorio di un altro Stato o di una parte di esso;

b) il **bombardamento** da parte delle forze armate di uno Stato del territorio di un altro Stato o l'uso di qualsiasi arma da parte di uno Stato contro il territorio di un altro Stato;

c) il **blocco dei porti o delle coste** di uno Stato da parte delle forze armate di un altro Stato;

d) un **attacco da parte delle forze armate** di uno Stato contro le forze di terra, mare o aeree o contro la flotta marine o aerea di un altro Stato;

e) l'uso di forze armate di uno Stato che si trovano nel territorio di un altro Stato con il consenso dello Stato ricevente, in violazione delle condizioni previste nel consenso o qualsiasi estensione della loro presenza in tale territorio oltre il termine del consenso;

f) l'azione di uno Stato nel **consentire che il suo territorio**, che sia stato messo a disposizione di un altro Stato, **venga utilizzato** da quest'ultimo Stato **per perpetrare un atto di aggressione contro uno Stato terzo**;

g) l'invio, da parte o per conto di uno Stato, di **bande armate, gruppi, irregolari o mercenari, che commettono atti di forza armata contro un altro Stato** di tale gravità da rientrare negli atti sopra elencati" ([11]).

Pertanto, oltre che *diretta*, l'aggressione può essere ***indiretta***, ai sensi di quanto indicato alla lett. *g* ([12]). Ciò accade quando venga effettuata tramite gruppi armati paramilitari (ossia non immediatamente riconoscibili come appartenenti ai corpi militari dello Stato di invio) in vista di incursioni contro un altro Stato o della partecipazione ad atti di guerra civile o ad atti di terrorismo.

4. L'"aggressione" come crimine internazionale di individui: l'art. 8 *bis* dello Statuto della CPI. — L'art. 5 dello Statuto della Corte Penale Internazionale su cui torneremo a suo luogo (*infra*, Cap. XXIV) prevede la competenza giurisdizionale della Corte Penale Internazionale in caso di "aggressione". Per questo crimine internazionale, che è un crimine di determinati ***individui*** e non degli *Stati* (per i quali una "guerra di aggressione" come "violazione della pace" va esaminata nel quadro della *Responsabilità internazionale dello Stato* su cui v. *infra* Cap. XVI), è stata adottata un'apposita definizione in occasione della Conferenza di Kampala dell'11 giugno 2010. Ne è risultato l'art. 8 *bis* dello Statuto della CPI, applicabile ai crimini internazionali commessi dopo il 17 luglio 2018. In base a tale norme:

([10]) Grassetto aggiunto.

([11]) Grassetto aggiunto.

([12]) Cfr. E. Sciso, "L'aggressione indiretta nella definizione dell'Assemblea generale delle Nazioni Unite", in *Riv. dir. int.*, 1983, p. 270 ss.

« per crimine di aggressione » s'intende la **pianificazione, la preparazione, l'inizio o l'esecuzione, da parte di una persona** che sia nelle condizioni di **controllare o dirigere effettivamente l'azione politica o militare di uno Stato**, di un atto di aggressione che per carattere, gravità e portata costituisce una manifesta violazione della Carta delle Nazioni Unite.

2. Ai fini del paragrafo 1, « per atto di aggressione » s'intende **l'uso della forza armata da parte di uno Stato contro la sovranità, l'integrità territoriale o l'indipendenza politica di un altro Stato**, o in qualsiasi altro modo contrario alla Carta delle Nazioni Unite. Conformemente alla risoluzione 3314 (XXIX) dell'Assemblea generale delle Nazioni Unite del 14 dicembre 1974, i seguenti atti sono atti di aggressione, **indipendentemente dall'esistenza di una dichiarazione di guerra** [*omissis*]" ([13]).

E gli "atti di aggressione" sono quelli precedentemente indicati all'art. 3 della Ris. del 1974 le cui norme ora assumono valore vincolante per effetto del rinvio dell'art. 8 *bis* dello Statuto della CPI.

Alla luce dei suddetti principi — il cui ambito di applicazione e significato "evolutivo" restano assai controversi — restano ferme due eccezioni: *la legittima difesa* attraverso misure di coercizione che implicano l'uso della forza armata (Sezione I) ed altre misure che, non implicando l'uso della forza bellica, consistono in particolari forme di pressione (Sezione II).

Sezione I
L'uso della forza armata

"Non ci si deve attendere che l'applicazione delle regole [sul divieto di uso della forza] sia perfetta nella prassi degli Stati, nel senso che gli Stati si astengano, con completa costanza, dal ricorrere alla forza o all'intervento negli affari interni degli altri Stati"

(CIG, *caso Nicaragua*, punto 190)

5. Piano espositivo. — Benché il divieto di ricorso alla violenza bellica come mezzo di soluzione delle controversie internazionali si sia ormai affermato sul piano internazionale, esistono dei casi eccezionali in cui il ricorso alla forza armata può dirsi "lecito" (1).

La prassi non manca di evidenziare dei casi in cui la figura della legittima difesa venga dilatata, anche al fine di rispondere alle più gravi sfide del nostro tempo (2).

§ 1. — *La liceità dell'uso della forza armata*

6. Casi emblematici di uso della forza. — In base alla Carta dell'ONU, l'uso della forza armata è consentito in due soli casi: da un lato, in situazioni di *legittima difesa* (1); dall'altro lato, quando il Consiglio di Sicurezza ONU ha *deciso* in tal senso in base al Capo VII della Carta (2). A tali figure si aggiunge quella, ulteriore, dell'*intervento d'umanità* e della c.d. *responsabilità di proteggere*; ma di questo parleremo subito dopo nel §2 trattandosi di istituti relativamente nuovi e controversi.

([13]) Grassetto aggiunto.

1. — La legittima difesa internazionale

7. Un istituto comune all'ordinamento giuridico interno e a quello internazionale. — La nozione di *legittima difesa*, ben conosciuta nell'ordinamento interno, trova una sua formulazione anche nell'ordinamento internazionale (autotutela, *self-help* secondo l'acronimo inglese). Negli ordinamenti giuridici interni, la legittima difesa consiste in un atto che sarebbe oggettivamente illecito ma che cessa di essere tale in quanto diretto a respingere una violenza attuale ed ingiusta. In Italia, ad esempio, l'art. 52, par. 1, del codice penale afferma che "[n]on è punibile chi ha commesso il fatto, per esservi stato costretto dalla necessità di difendere un diritto proprio od altrui contro il pericolo attuale di una offesa ingiusta, sempre che la difesa sia proporzionata all'offesa".

Nel diritto internazionale la legittima difesa esiste da sempre, ma l'applicazione di tale concetto viene delimitata dalla Carta dell'ONU e dalle particolari caratteristiche dell'ordinamento internazionale. Tuttavia, il diritto internazionale è meno rigido del diritto interno per quanto riguarda le condizioni di esercizio della legittima difesa.

a) *Una norma consuetudinaria*

8. Il suo utilizzo frequente. — Il diritto di ricorrere alla legittima difesa è stato frequentemente invocato, in particolare all'epoca in cui il ricorso alla forza armata era lecito ([14]).

9. La sua consacrazione con il caso della nave *Caroline* (1837). — Prima del 1928, ovvero antecedentemente alla firma del Patto Briand-Kellog, la legittima difesa veniva utilizzata dagli Stati come forma generale di autotutela. Gli Stati ricorrevano alla legittima difesa ad esempio contro un altro Stato che violava la loro sovranità territoriale o causava grave pregiudizio ai beni ed alla vita dei loro cittadini. Gli esempi di tale prassi abbondano. Un caso particolarmente significativo fu quello della *Caroline*, oggetto di un contenzioso tra gli Stati Uniti e la Gran Bretagna nel 1837 ([15]). La "Caroline" era una nave statunitense che veniva utilizzata prevalentemente dai sostenitori degli insorti canadesi (contro l'Inghilterra), per trasportare viveri ed armi dalla sponda statunitense a quella canadese del Niagara. La nave si trovava nella regione dei Grandi Laghi e si era rifugiata in un porto statunitense. Senonché, alcune navi da guerra britanniche penetrarono nelle acque territoriali statunitensi, disarmarono la "Caroline", la incendiarono e la fecero precipitare giù per le cascate del Niagara provocando anche diverse vittime. L'incidente causò una crisi diplomatica e, nel 1842, si ebbe uno scambio di lettere tra i Ministri degli Affari Esteri di Stati Uniti e Gran Bretagna, in cui venivano precisati alcuni punti fondamentali. Innanzitutto, la Gran Bretagna, ammetteva di aver violato la sovranità territoriale degli Stati Uniti pur invocando la *legittima difesa* a sua giustificazione; in secondo luogo, i due Ministri riconobbero che "il rispetto per il carattere inviolabile del territorio di Stati indipendenti è la base fondamentale della civiltà". A tale principio, però, veniva riconosciuta l'eccezione della *legittima difesa*. Tuttavia, le due Parti ne limitavano l'esercizio a delle condizioni precise: la forza può essere usata in legittima difesa, solo quando la

---

([14]) Cfr. A. P. Sereni, *Diritto internazionale*, IV, cit., 1965, p. 1757 ss. ove riferimenti.

([15]) Moore, *International Law*, vol. II, 1906, p. 409. Cfr. P. Lamberti Zanardi, *La legittima difesa nel diritto internazionale*, Milano, Giuffrè, 1972, p. 43 ss..

necessità è "*instant, overwhelming, leaving no choice of means, and no moment of deliberation*". Tale formula descrive bene il contenuto della norma consuetudinaria in materia.

10. Un ricorso alla legittima difesa talvolta abusivo. — Dopo il Patto Briand-Kellog del 1928, che proibiva il ricorso alla guerra come strumento di politica nazionale, la legittima difesa fu spesso invocata — in modo abusivo — quale eccezione all'illiceità dell'uso della forza armata.

Fu così, ad esempio, che il Giappone invocò impropriamente la legittima difesa per giustificare i propri attacchi contro la Cina durante gli anni Trenta del secolo scorso; lo stesso può dirsi della Germania nazista al momento delle invasioni di Danimarca e Norvegia. In questi esempi, si trattava, evidentemente, di guerre d'aggressione e non di legittima difesa.

b) ***Un riconoscimento di diritto pattizio***

11. Legittima difesa (o autotutela) individuale e collettiva. — Se il diritto internazionale ammette la legittima difesa quale eccezione al divieto dell'uso della forza armata, i suoi confini rimangono alquanto imprecisi. E già il Patto Briand-Kellog del 26 agosto 1928 che conteneva la "rinuncia" alla guerra come strumento di politica degli Stati, nulla diceva in merito alla legittima difesa. Ma era pacifico che la legittima difesa, lungi dall'essere stata abrogata da quel Patto, sopravvivesse come norma *consuetudinaria.*

Successivamente, la **Carta ONU, all'art. 51**, ha consacrato formalmente il diritto di legittima difesa in capo agli Stati con queste parole:

"Nessuna disposizione del presente Statuto pregiudica il **diritto naturale di autotutela individuale o collettiva**, nel caso che **abbia luogo un attacco armato** contro un Membro delle Nazioni Unite, fintantoché il Consiglio di Sicurezza non abbia preso le misure necessarie per mantenere la pace e la sicurezza internazionale. Le misure prese da Membri nell'esercizio di questo diritto di autotutela sono immediatamente **portate a conoscenza del Consiglio di Sicurezza** e non pregiudicano in alcun modo il potere e il compito spettanti, secondo il presente Statuto, al Consiglio di Sicurezza, di intraprendere in qualsiasi momento quell'azione che esso ritenga necessaria per mantenere o ristabilire la pace e la sicurezza internazionale" ([16]).

Tale diritto, preesistente alla Carta, viene *riconosciuto* — l'espressione viene usata una sola volta nel testo della Carta — alla stregua di un "diritto naturale", una prerogativa inerente alla sovranità dello Stato. Tale "**diritto naturale**" (*inherent right, droit naturel*) di legittima difesa costituisce dunque un eccezione all'art. 2, par. 4, della Carta il quale, come abbiamo detto, proibisce in via generale l'uso della forza nelle relazioni internazionali. Il divieto dell'uso della forza da parte degli Stati è stato poi riaffermato e precisato in alcune **Risoluzioni** a carattere non vincolante adottate dall'**Assemblea Generale** dell'ONU, pur se non è sicuro che tali risoluzioni abbiano chiarito il significato dei principi de *quibus* ([17]).

([16]) Grassetto aggiunto.

([17]) Così, il celebre art. 5 del Trattato NATO dispone quanto segue: « Le Parti convengono che un attacco armato contro una o più di esse, in Europa o nell'America settentrionale, costituirà un attacco verso tutte, e di conseguenza convengono che se tale attacco dovesse verificarsi, ognuna di esse, nell'esercizio del diritto di legittima difesa individuale o collettiva riconosciuto dall'art. 51 dello Statuto delle Nazioni Unite,

Il diritto di legittima difesa può essere esercitato sia in forma ***individuale, che collettiva***. Con riguardo a questo secondo aspetto, viene così riconosciuta *la legittimità dei **patti militari regionali***, come il Patto Atlantico del 1949 (**NATO**), o il Patto di Varsavia del 1955 ai tempi dell'URSS (estinto a partire dal 1° aprile 1991), che sono fondati sulla *legittima difesa o autotutela collettiva* e la istituzionalizzano: ogni attacco contro *uno* dei suoi Membri è considerato un attacco contro *tutti* i Membri e fa scattare l'attuazione di misure militari di assistenza reciproca.

12. Significato evolutivo della nozione di "attacco armato" e desuetudine della "dichiarazione di guerra". — In secondo luogo, l'art. 51 della Carta indica che gli atti di legittima difesa sono leciti nella misura in cui *rispondono ad un "attacco armato"* (la versione inglese è ancor più chiara: *"if an armed attack occurs")*. Per decenni, si è ritenuto che il senso della norma fosse quello di autorizzare una risposta militare ad un attacco armato **già sferrato** o, quanto meno, **già iniziato** (così, ad esempio, all'epoca della guerra fredda, si inquadrava una risposta nucleare in caso di semplice *lancio* di missili nucleari dall'altra parte, senza attendere che colpissero effettivamente il suolo nemico).

Nemmeno si deve attendere una formale "***dichiarazione di guerra***" giacché, dopo la Seconda guerra mondiale, non se n'è più avuta una grazie alla Carta dell'ONU. Ciò che è sempre accaduto, infatti, è che uno Stato, pur esplicando nei confronti di un altro delle attività militari, nega, soprattutto per ragioni politiche, che vi sia tra i due uno stato di guerra e invoca a proprio favore una qualche forma di legittima difesa ovvero il consenso dello Stato leso nel cui territorio agisce.

E chi si occupa di questioni militari sa bene anche che le operazioni delle forze armate possono differire assai in termini di *durata, intensità ed effetti.*

Nella sentenza del 27 giugno 1986, nel ***caso delle attività militari e paramilitari in e contro il Nicaragua***, la CIG muovendo dal divieto dell'uso della forza nelle relazioni internazionali e riconoscendo il carattere consuetudinario della legittima difesa, sia individuale che collettiva (punti 181 e 193), aggiunse che, sempre secondo il diritto consuetudinario, una risposta "armata" ad un attacco "armato" doveva essere *limitato alle forme più gravi di attacco* e, comunque, rispettare i criteri di "*necessità e proporzionalità*" (punto 194).

Per ***necessità***, si intende che la risposta armata deve essere *l'unica opzione* possibile per difendersi, mentre la sua ***proporzionalità*** (da valutare alla luce dello *ius ad bellum* ma non rispetto allo *ius in bello*) va misurata rispetto alla modalità ed agli effetti della difesa ([18]). Così, ad esempio, nel caso di un incidente di frontiera sarebbe sproporzionato invadere militarmente uno Stato confinante.

In altre parole, l'esercizio della legittima difesa di cui all'art. 51 della Carta ONU

---

assisterà la parte o le parti così attaccate, intraprendendo immediatamente, individualmente e di concerto con le altre parti, l'azione che giudicherà necessaria, ivi compreso l'impiego della forza armata, per ristabilire e mantenere la sicurezza nella regione dell'Atlantico settentrionale ». Il senso della Nato venne espresso da Lord Ismay con queste celebri parole: "to keep the Soviet Union out, the Americans in, and the Germans down" (https://www.nato.int/cps/us/natohq/declassified_137930.htm).

([18]) In argomento cfr. G. Venturini, *Necessità e proporzionalità dell'uso della forza militare nel diritto internazionale*, Milano, Giuffrè, 1988; Lanciotti, Tanzi (a cura di), *Uso della forza e legittima difesa nel diritto internazionale contemporaneo*, Napoli, ES, 2012 ed in particolare v. M. Newton, *Proportionality in international law*, Oxford, OUP, 2014.

non è previsto per "qualsiasi" attacco armato. Occorre verificare in concreto la c.d. "scala ed effetti" (***scale and effects***) delle operazioni belliche ([19]).

La CIG ha sviluppato tali principi con queste parole:

"Per quanto riguarda taluni aspetti particolari del principio in questione, sarà necessario distinguere le forme più gravi di uso della forza (quelli che costituiscono un attacco armato) da altre forme meno gravi [punto 191]...Sembra esservi un accordo generale sulla natura degli atti che possono essere considerati come attacchi armati. In particolare, può ritenersi che un attacco armato debba comprendere non solo l'azione di forze armate regolari oltre un confine internazionale, ma anche 'l'invio da parte di o per conto di uno Stato di bande armate, gruppi, irregolari o mercenari, i quali compiono atti di forza armata contro un altro Stato di tale gravità da essere equivalenti (tra l'altro) ad un vero e proprio attacco armato condotto da forze regolari, 'o al suo sostanziale il coinvolgimento in tale azione'. Questa descrizione, contenuta nell'art. 3, par. (*g*), della Definizione di aggressione, annessa alla Risoluzione 3314(XXIX) dell'Assemblea Generale, riflette il diritto internazionale consuetudinario. La Corte non vede alcuna ragione di escludere che, nel diritto consuetudinario, il divieto di attacchi armati possa applicarsi all'invio da parte di uno Stato di bande armate nel territorio di un altro Stato, se tale operazione, a causa della sua portata ed effetti [*scale and effect*], si qualifica come un attacco armato piuttosto che come un mero incidente di frontiera compiuto da forze armate regolari.

Tuttavia, la Corte ritiene che la nozione di 'attacco armato' comprenda non solo gli attacchi di bande armate allorché tali atti si verificano su scala significativa, ma anche l'assistenza ai ribelli nella forma della fornitura di armi o di supporto logistico o di altro tipo. Tale assistenza può essere considerata una minaccia o un uso di forza ovvero equivalere all'intervento negli affari interni o esterni di altri Stati". (punto 195)

Nel caso di specie, la Corte ha osservato che:

"un flusso intermittente di armi è passato attraverso il territorio del Nicaragua per raggiungere i gruppi di opposizione armata [in Nicaragua]. La Corte, tuttavia, non è stata soddisfatta che tale assistenza abbia raggiunto l'opposizione armata salvadoregna, su una scala di qualsiasi significato...Come già detto, la Corte non ritiene che, nel diritto internazionale consuetudinario, la fornitura di armi a gruppi di opposizione in un altro Stato costituisca un attacco armato contro tale Stato". (punto 230)

Tale precisazione è importante in quanto vieta di invocare la legittima difesa, com'era avvenuto in passato, per far cessare qualsivoglia violazione del diritto internazionale: un utilizzo, questo, che aveva dato luogo a non pochi abusi.

Pertanto, la CIG ha distinto "***le forme più gravi di uso della forza*** (che costituiscono un attacco armato rispetto al quale la risposta armata è legittima) dalle ***forme "meno gravi***" ove la reazione bellica come la rappresaglia armata è di per sé illegittima ([20]).

La distinzione è stata ribadita — pur se in modo poco limpido — nel ***caso delle piattaforme petrolifere***, a seguito di una controversia tra Iran e Stati Uniti circa la

---

([19]) In dottrina, si è indicato che per "portata" o "scala" (*scale*) ci si deve riferire alla *quantità* di forza armata impiegata, inclusa la sua durata e l'estensione dell'area coinvolta nell'attività bellica, mentre gli "effetti" (*effects*) vanno misurati rispetto al danno subito ed alle vittime (cfr. T. Ruys, *Armed Attack' and Article 51 of the UN Charter*, Cambridge, CUP, 2010, p. 139 ss.).

([20]) CIG, *caso delle attività militari e paramilitari in Nicaragua*, cit., punto 191, nonché il *caso delle Piattaforme petrolifere*, Iran c. Stati Uniti, 6 novembre 2003, *Recueil*, 2003, punto 51 (e il commento di A. Gattini, "La legittima difesa nel nuovo secolo: la sentenza della CIG nell'affare delle piattaforme petrolifere", in *Riv.dir.int.*, 2004, p. 147 ss.. V. altresì CIG, *caso delle attività armate sul territorio del Congo*, RDC c. Uganda, 19 dicembre 2005, *Recueil*, 2005, pp. 222-223. In dottrina cfr. N. Ronzitti, *Diritto internazionale dei conflitti armati*, 6 ed., cit., p. 38 e riferimenti ivi cit..

liceità del bombardamento di tre piattaforme petrolifere iraniane da parte di navi da guerra americane nel 1987 e 1988. Al riguardo, gli Stati Uniti avevano invocato la legittima difesa individuale a seguito di una ***serie di attacchi*** *a navi mercantili* americane da parte — ma le prove non erano decisive — dell'Iran, tra cui la *Sea Isle City* (una nave kuwaitiana che batteva temporaneamente bandiera USA) e la *USS Samuel B. Roberts*, nave da guerra statunitense che era stata gravemente danneggiata dallo scoppio di una mina. La CIG, nel rigettare le argomentazioni degli Stati Uniti in quanto infondate ed ingiustificate sia rispetto al trattato di amicizia con l'Iran del 1955, sia rispetto all'istituto della legittima difesa, ha indicato che anche "nell'ipotesi per cui tutti gli incidenti in questione fossero da attribuire all'Iran...ciò nondimeno essi non costituirebbero un attacco armato contro gli Stati Uniti appartenente a quella categoria che la Corte stessa ha qualificato come ' forma più grave' di uso della forza" (punto 64).

Anche la **Commissione dei reclami tra Etiopia ed Eritrea**, nella sua decisione del 19 dicembre 2005, ha affermato che incidenti di frontiera di minore entità, *pur costituendo una violazione delle norme relative al divieto dell'uso della forza nelle relazioni internazionali, non sono assimilabili ad un attacco armato e non danno diritto a reagire in legittima difesa* (21).

La differenza tra forme più gravi e meno gravi dell'uso della forza, com'è evidente, risulta di difficile astrazione teorica dovendo essere valutata in concreto e caso per caso. Resta, infatti, controverso stabilire se, una serie di attacchi di minore entità, quand'anche avvenissero alla frontiera possa essere considerata come un attacco armato a tutti gli effetti.

In conclusione, a oltre 75 anni dalla sua formulazione nella Carta ONU, tale espressione appare sempre più obsoleta a causa del rapido progresso tecnologico negli armamenti e delle nuove forme di *modern warfare*, come la c.d. ***cyberwarfare*** su cui torneremo a breve o al massiccio uso di ***droni*** com'è accaduto nella guerra del Nagorno-Karabakh (22).

Perciò, se un'interpretazione evolutiva di tali norme oggi si impone, è altrettanto certo che non possa avvenire *ad libitum* su base unilaterale, bensì debba essere iscritta nell'agenda multilaterale. Per dirla con Alessandro Manzoni: *adelante Pedro, pero con juicio!*

13. Obbligo di notifica al Consiglio di Sicurezza dell'ONU in caso di legittima difesa. — Infine, l'art. 51 della Carta dell'ONU sottolinea che le azioni intraprese in legittima difesa devono essere ***immediatamente*** *portate a conoscenza del Consiglio di Sicurezza* perché il Consiglio di Sicurezza possa intraprendere in qualsiasi momento le azioni che ritenga necessarie per mantenere o ristabilire la pace e la sicurezza internazionali. Ciò si realizza tramite lettera del Rappresentante permanente dello Stato presso l'ONU indirizzata al Presidente del Consiglio di Sicurezza e al Segretario Generale dell'ONU. A partire da tale momento, il Consiglio di Sicurezza assume i

---

(21) Eritrea-Ethiopia Claims Commission, Lodo parziale, Jus ad Bellum, Ethiopia's Claims 1-8, December 19, 2005, par. 11, cit. in Ronzitti, *Diritto internazionale*, 6 ed., cit., p. 446 (nota 9).

(22) Cfr. C. Chinkin, M. Kaldor, *International Law and New Wars*, Cambridge, CUP, 2017; N. Ronzitti, *Il Conflitto del Nagorno Karabakh e il Diritto Internazionale*, Torino, Giappichelli, 2014. In questo conflitto armato, è accaduto che lo scontro tra due eserciti convenzionali di due Stati è stato deciso, per la prima volta, da *droni*, aerei senza pilota che gli azeri hanno acquistato dai turchi.

poteri di cui al Capo VII della Carta e il diritto di legittima difesa dello Stato vive "*fintantoché il Consiglio non abbia preso le misure necessarie per mantenere la pace e la sicurezza internazionale*".

In altri termini, nel disegno della Carta dell'ONU, la legittima difesa svolge un *ruolo meramente di eccezione* nell'ordinamento internazionale. Viene riconosciuta alla stregua di un diritto naturale degli Stati e pertanto non deve essere autorizzata da nessuno ma, nel contempo, viene assoggettata al controllo dell'ONU.

Infine si discute, in dottrina, se la violazione del divieto dell'uso della forza — ad es. l'aggressione armata — sia vietata da una norma di *ius cogens*. È però significativo che tra gli esempi indicati dalla CDI nel commento all'art. 26 degli Articoli sulla responsabilità internazionale degli Stati non ne venga fatta espressa menzione ([23]).

14. Dallo *jus ad bellum* allo *jus in bello*. — Una volta iniziato un conflitto armato, occorre chiedersi in quale misura esista uno *jus in bello*, le "regole del duello" da rispettare. Si tratta di un intero settore del diritto internazionale, anticamente denominato "diritto della guerra", oggi "diritto internazionale umanitario" (*International Humanitarian Law*) a cui abbiamo già fatto cenno in vari luoghi e che costituisce un ramo della nostra materia oggetto di una letteratura specialistica ([24]).

Uno dei principi cardine è il c.d. ***principio di umanità*** che ha trovato la sua prima formulazione nella Dichiarazione di San Pietroburgo del 1868, ed implica il dovere di evitare tanto ai *combattenti nemici* quanto ai *civili*, l'inflizione di sofferenze inutili e mali superflui.

La prima moderna codificazione delle leggi e degli usi generali di guerra è contenuta nelle Convenzioni dell'Aja del 1907, che hanno iniziato a disciplinare i limiti e le modalità dell'utilizzo della violenza bellica (c.d. *diritto dell'Aja*). Ad esse si sono aggiunte le quattro convenzioni di Ginevra del 1949 (c.d. *diritto di Ginevra*) che tutelano i *civili* in tempo di guerra, i *feriti* ed i *prigionieri* cui sono seguiti i Protocolli aggiuntivi del 1977 che prevedono misure volte a rafforzare la tutela delle vittime dei conflitti armati interni ed internazionali. Le norme che via via entrano a far parte del diritto internazionale umanitario si applicano non solo ai *conflitti armati nazionali* o *internazionali* ma anche alle situazioni di *occupazione militare*.

Il I Protocollo del 1977 dedica un capitolo ai "metodi e mezzi di guerra" e fissa alcuni "principi fondamentali" che riguardano la condotta delle ostilità tra cui risulta opportuno indicare i seguenti:

— è vietato l'impiego di armi, proiettili e sostanze nonché metodi di guerra capaci di causare mali superflui o sofferenze inutili;

([23]) Ne fa però espressa menzione il relatore speciale J. Crawford nel suo commento dottrinale (*State Responsibility. The General Part*, cit., p. 380). Si è trattata di una svista della CDI? Non pare, dato il carattere macroscopico della norma *de qua*. Anche perché la CIG, nella sentenza del 27 giugno 1986, decidendo il già citato ***caso delle attività militari e paramilitari degli Stati Uniti in e contro il Nicaragua***, ha osservato, al par. 190, testualmente che "Article 2(4) is frequently referred to in statements by State representatives as being not only a principle of customary international law but also a fundamental or cardinal principle of such law. The International Law Commission, in the course of its work on the codification of the law of treaties, expressed the view that "the law of the Charter concerning the prohibition of the use of force in itself constitutes a conspicuous example of a rule in international law having the character of jus cogens".

([24]) Per riferimenti cfr. E. Greppi, G. Venturini, *Codice di diritto internazionale umanitario*, Torino, Giappichelli, ult. ed. e N. Ronzitti, *Diritto internazionale dei conflitti armati*, op. cit.; M. N. Schmitt, W. Heintschel von Heinegg (Eds.), *The Development and Principles of International Humanitarian Law*, London, Routledge, 2012.

— è vietato l'impiego di metodi o mezzi di guerra concepiti con lo scopo di provocare, o dai quali ci si può attendere che provochino, danni estesi, durevoli e gravi all'ambiente naturale;

— il ***principio di distinzione*** (art. 48), secondo il quale le Parti in conflitto devono, in ogni momento, distinguere fra la popolazione civile e i legittimi combattenti, nonché fra i *beni* di carattere civile e gli *obiettivi militari* e di conseguenza condurre le operazioni belliche soltanto contro obiettivi militari;

— il divieto di attacchi indiscriminati (art. 51);

— il ***principio di proporzionalità***, secondo il quale gli attacchi contro obbiettivi militari non devono produrre conseguenze irragionevoli od eccessive ([25]). Ci possono essere dei c.d. *danni collaterali* ma deve sussistere un nesso di proporzionalità rispetto al concreto e diretto vantaggio militare previsto. Un attacco in violazione del principio di proporzionalità è un attacco indiscriminato.

— il *principio di precauzione* (artt. 57-58) stabilisce, a propria volta che, quando viene decisa una azione militare deve essere fatto tutto il possibile per risparmiare la popolazione civile, prendendo tutte le precauzioni praticamente possibili nella scelta dei mezzi e metodi di attacco.

15. Luci ed ombre della legittima difesa. — Posto che lo *jus in bello* presuppone un valido esercizio dello *jus ad bellum*, va notato che, nella prassi, la legittima difesa è stata *spesso invocata impropriamente.*

Nella maggior parte dei casi, si è invocata la legittima difesa in ipotesi *diverse* dalla "aggressione armata". Così, ai tempi della guerra d'Algeria, la Francia — ancorché non "aggredita" dall'Algeria — procedette ad un blocco navale (*blocus*) in alto mare invocando la legittima difesa. Allo stesso modo, l'amministrazione statunitense giustificò il blocco navale di Cuba del 1962 quale reazione in legittima difesa propria e del continente latino-americano, sebbene non vi fosse stata alcuna aggressione armata internazionale da parte della Cuba di Fidel Castro.

Tale argomento fu impiegato anche in occasione dell'*incidente di Mayaguez* del 1975. Nella fattispecie, il 12 maggio del 1975 le forze cambogiane sequestrarono la nave mercantile statunitense Mayaguez e la condussero con la forza in un porto locale. Una volta fallito ogni tentativo di soluzione della controversia per via diplomatica, il Presidente degli Stati Uniti ordinò l'uso della forza per ottenere la liberazione dell'equipaggio. Gli Stati Uniti sostennero che si trattava di una misura adottata per legittima difesa, in risposta ad un atto illecito del governo cambogiano il quale aveva illecitamente sequestrato una nave mercantile straniera in alto mare ([26]).

16. La guerra delle *Falkland/Malvinas*. — Il miglior esempio di utilizzo *lecito* della legittima difesa da parte di uno Stato resta quello della *guerra delle Falkland/Malvinas* della primavera 1982 tra l'Argentina e la Gran Bretagna: quest'ultima, infatti, rispose con una massiccia operazione aeronavale solo dopo l'invasione militare delle isole Falkland/Malvinas da parte dell'Argentina ([27]).

([25]) Per riferimenti cfr. M. Newton, L. May, *Proportionality in International Law*, Oxford, OUP, 2014.

([26]) Cfr. *AJIL*, 1975, p. 875 ss.

([27]) Cfr. R.J. Dupuy, *Les Malouines entre l'O.N.U. et l'O.U.A.: l'impossible agression*, in *AFDI*, 1982, p. 337 e pp. 345-349, nonché Ronzitti, *La questione delle Falkland/Malvinas nel diritto internazionale*, Milano, Giuffrè, 1984.

17. La "prima guerra del Golfo" in Iraq. — Per quanto riguarda la legittima difesa collettiva, il caso di scuola è quello della *prima guerra del Golfo nel 1990*. Qui, il Consiglio di sicurezza dell'ONU, avendo ripetutamente richiesto all'Iraq di Saddam Hussein la cessazione delle ostilità ed il ritiro immediato dal territorio kuwaitiano, alla fine autorizzò gli Stati alleati del Kuwait ad aiutare quest'ultimo — se necessario con mezzi militari — per fronteggiare l'aggressione armata irachena di cui era stato vittima (28).

18. L'interpretazione (iper)estensiva dell'art. 51 della Carta dell'ONU: la questione del *timing* e la c.d. *legittima difesa preventiva*. — Alcuni Stati hanno recentemente dilatato il concetto di legittima difesa pretendendo di farvi ricorso per *far fronte all'imminenza* (***immediacy***) *di un'aggressione armata da parte di un altro Stato* (***anticipatory self-defence***). Ciò in quanto, si afferma, la tecnologia militare odierna è talmente micidiale che non si può certo attendere un attacco nucleare per...potere rispondere. Una lettura rigorosa dell'art. 51 della Carta dell'ONU esclude tuttavia la *anticipatory self-defence*, nella misura in cui una minaccia *potenziale* non è necessariamente *imminente* sicché l'art. 51 non può essere seriamente invocato per giustificare la risposta bellica di uno Stato — senza passare per il Consiglio di Sicurezza — per difendersi dalla "probabile aggressione" di un altro Stato...in futuro. Il dibattito si è fatto aspro quando il documento di *National Security Strategy* degli Stati Uniti adottato nel 2002 e nel 2005 è andato persino al di là del concetto di "attacco imminente" per introdurre la c.d. *legittima difesa "preventiva"*(***preemptive self-defence***), una nozione che sposta indietro nel tempo...*ad libitum* il diritto di agire in legittima difesa finendo per legittimare la decisione unilaterale di uno Stato di effettuare un attacco armato nei confronti di un altro Stato che...in futuro, possa attaccare il primo. Inutile dire che tale "variante" non ha ricevuto alcuna approvazione in seno alla Comunità internazionale e, pertanto, non ha cittadinanza nel diritto internazionale contemporaneo (29).

Il problema resta dunque quello di sapere a partire da ***quando*** divenga legittima la risposta militare da parte di uno Stato che si deve difendere. Come si fa a valutare con precisione e oggettività, per esempio, la "minaccia di un'aggressione imminente"? Israele giustificò "la guerra dei sei giorni" del giugno 1967 adducendo l'*imminenza* di un attacco armato egiziano e la chiusura dello stretto di Tiran; e tale argomentazione fu già all'epoca molto discussa. Insomma, prima di allargare *ad sidera* lo spazio interpretativo della "legittima difesa", occorre rileggere la favola del lupo e dell'agnello che, dopo duemila anni, rende Fedro sempre attuale.

Va peraltro osservato che la "dottrina Bush" ha recentemente costretto i suoi interpreti a ridimensionare tale forma speciale di "legittima difesa": *a)* si deve trattare di uno Stato che ha la capacità effettiva (*capability*) di attaccare (ad es. sia in possesso

(28) In arg. cfr. U. VILLANI, *L'ONU e la crisi del Golfo*, 3 ed., Bari, Cacucci, 2005.

(29) US National Security Strategy, *ILM*, 2002, p. 1478. In arg. Cfr. E. LOUKA, "Precautionary Self-defence and the Future of Preemption in International Law", in *Essays in honor of Michael Reisman*, Leiden, Nijhoff, 2010, pp. 951-987 e cfr. le riflessioni di R. FALK, *Humanitarian Intervention and Legitimacy Wars*, London, Elgar, 2015. V. altresì il rapporto dello **UN High Level Panel on Threats, Challenges and Change** del 2 dicembre 2004, Doc. A/59/565 (che accoglie solo la *anticipatory self defence*). Va sottolineato che l'IDI, nella Risoluzione di Santiago di Compostela, del 27 ottobre 2007, ai punti 7 e 8 ha lapidariamente indicato che "[l]e dottrine della legittima difesa "preventiva", in assenza di un attacco armato in corso di realizzazione o manifestamente imminente, non hanno fondamento in diritto internazionale".

di *armi di distruzione di massa*); *b*) si deve avere prova — normalmente tramite informazioni sicure, acquisite dall'*intelligence* — dell'intenzione di colpire (*intent*) e *c*) occorre valutare se l'attacco preventivo sia, ragionevolmente, una *final opportunity* (30).

Infine, trascorsi vent'anni dalla sua adozione (e dall'inizio di una guerra globale contro il terrorismo che appare senza fine), la *2001 Authorization for Use of Military Force*, si trova oggetto di revisione da parte del Presidente Biden per un riallineamento con i parametri di base del diritto internazionale (31).

19. (*segue*) L'attacco proveniente da un *ente non statale*: la "guerra globale al terrorismo" e la legittima difesa *transnazionale*. — Abbiamo visto che l'art. 51 della Carta ONU si riferisce ad *attacchi armati tra Stati* e consente di reagire in legittima difesa superando il divieto dell'uso della forza di cui all'art. 2, par. 4, della Carta.

Ebbene, l'esercizio del diritto internazionale di autotutela *in senso transnazionale* contro gruppi terroristici ubicati in Paesi stranieri è un fenomeno recente ed un'altra prova dell'ampliamento di struttura del diritto internazionale contemporaneo dal livello interstatale a quello transnazionale.

La percezione del terrorismo come minaccia globale contro la pace e la sicurezza internazionale introducendo la nozione di "*guerra asimmetrica*", risale principalmente agli attacchi terroristici **dell'11 settembre 2001** contro il *World Trade Center* di New York. Ne è seguita, infatti, una "guerra globale al terrorismo" (***Global War on Terror***) proclamata dall'amministrazione Bush — e non ancora ufficialmente terminata — a cui hanno fatto seguito i massicci interventi militari in Afghanistan e Iraq per distruggere le basi di Al Qaeda ospitate in quei Paesi (32), nonché, per altro verso, l'adozione della Convenzione di New York del 9 dicembre 1999 per la repressione del finanziamento del terrorismo.

La base giuridica è costituita dal Preambolo delle Ris. nn. 1368 (2001) e 1373 (2001) del Consiglio di sicurezza dell'ONU, le quali menzionano un diritto alla legittima difesa — un *inherent right of self defence* — degli Stati Uniti, poi riaffermato nelle successive risoluzioni. Siffatta interpretazione è stata accolta dalla NATO — e da altri Paesi — la quale pare sussumere tali fattispecie entro l'art. 5 del Trattato NATO (33). La Francia, dopo il terribile attacco terroristico a Parigi, il 13 novembre 2015 (c.d. attentati del *Bataclan* ove morirono 131 persone tra cui la studentessa veneziana Valeria Solesin e vi furono oltre trecento feriti), ha invocato persino la clausola di mutua assistenza degli Stati membri UE di cui all'art. 42, par. 7, TUE (34).

In seguito, la Ris. n. 2178 del Consiglio di sicurezza dell'ONU del 24 settembre 2014 sui ***foreign terrorist fighters*** ha definitivamente riconosciuto che "*il terrorismo in tutte le sue forme costituisce una delle più gravi minacce alla pace e alla sicurezza*

---

(30) Cfr. M. N. Schmitt, "Preemptive Strategies in International Law", *Mich. J. Int'l L.*, 2003, p. 513 ss.; Id., "Cyber operations and the jus ad bellum revisited", *Villanova Law Review*, 2011, pp. 569-606. Cfr. D. Mauri, "On American Drone Strikes And (Possible) European Responsibilities: Facing The Issue Of Jurisdiction For"Complicity" In Extraterritorial Targeted Killings", in *IYIL*, 2018, 249-272.

(31) Ne dà notizia il *blog Just security* il 21 marzo 2021: https://www.justsecurity.org/74273/principles-for-a-2021-authorization-for-use-of-military-force/.

(32) La notizia viene riportata nel blog *Just security* del 21 gennaio 2021.

(33) Cfr. C. Walter, voce "Terrorismo", *MPEPIL*.

(34) Cfr. E. Cimiotta, "Le implicazioni del primo ricorso alla cd. 'clausola di mutua assistenza' del Trattato sull'Unione europea", in *European Papers*, 2016, p. 163 ss..

internazionale" e con la Ris. n. 2253 del 17 dicembre 2015, in materia di terrorismo internazionale, ha inasprito le misure in materia chiedendo agli Stati membri di predisporre, tra l'altro, appositi reati e particolari misure di congelamento di risorse finanziarie. L'adattamento a tali atti è avvenuto in Italia introducendo i reati di cui agli artt. 270-*bis, ter, quater* e *quinques* tramite il D.L. 27 luglio 2005, n. 144, recante misure urgenti per il contrasto del terrorismo internazionale, convertito in L. 31 luglio 2005, n. 155 ([35]).

Negli Stati Uniti, in applicazione della strategia di sicurezza nazionale del 2002, il Governo ha ritenuto di esercitare il diritto alla legittima difesa agendo in modo "preventivo" contro i terroristi (con arresti sommari, *extraordinary renditions* ed anche c.d. ***targeted killings***, ossia omicidi mirati) ***ovunque si trovino***, al fine di evitare che possano colpire i loro cittadini e il loro Paese. Da parte dell'amministrazione statunitense si è ritenuto altresì che, nella "guerra globale contro il terrorismo", le norme internazionali tradizionali essendo riferite alla guerra tra Stati, siano inadeguate o inesistenti rispetto a tale nuovo tipo di nemici da abbattere con ogni mezzo. Pertanto, essendo *Al Qaeda* (o *Daesh* o ancora ISIL *et similia*) un'organizzazione terroristica ma non uno Stato, ne è seguito che i terroristi detenuti a Guantanamo non hanno goduto, né della tutela internazionale dei diritti umani, né della tutela offerta dal diritto internazionale umanitario applicabile ai conflitti armati non internazionali in quanto sono stati qualificati non alla stregua di "prigionieri di guerra" bensì di "*combattenti illegali*".

Insomma, com'è stato osservato in dottrina, muovendo dalla qualificazione giuridica di "combattente illegale", ne segue che "il terrorista non è più un criminale da arrestare ma è un nemico belligerante da poter eliminare; l'uso della forza letale non è più l'ultima, estrema opzione a disposizione delle forze di polizia ma diventa la prima opzione a disposizione delle forze armate; mezzi e metodi sono quelli dei conflitti armati (droni, armi da guerra etc.) e non delle operazioni di polizia" ([36]).

La loro reclusione appare *sine die*, fino a quando il Presidente non dichiari che la "guerra contro il terrore" è cessata o comunque finché siano considerati una minaccia per la sicurezza nazionale degli Stati Uniti. Non essendo quei prigionieri cittadini statunitensi, va altresì osservato che in caso di scarcerazione — o di estradizione — è da prevedere l'espulsione verso i rispettivi Paesi di cittadinanza (Paesi che sinora non hanno affatto protestato per ottenerne il rimpatrio...). Senonché, a partire da giugno 2004, la Corte Suprema USA ha ridimensionato quella impostazione ([37]).

Nel resto del mondo, la reazione statunitense (al pari, più recentemente, di quelle della Francia, di Israele, del Regno Unito e persino della Russia e della Turchia contro i rispettivi "terroristi") è rimasta assai isolata ed ha suscitato diverse critiche sotto il profilo giuridico. In particolare, si dubita della legalità internazionale di tali operazioni quando vengano condotte nel territorio di altri Paesi ([38]).

([35]) Tra la giurisprudenza italiana v. Cass., 29 marzo 2018, n. 14503, caso *Messaoudi El Mostapha*.

([36]) Cfr. SINAGRA, BARGIACCHI, *Lezioni di diritto internazionale pubblico*, 3 ed., cit., p. 338 s.. Cfr. HAROLD KOH, "Can the President Be Torturer in Chief?", in *Indiana L. Jour.*, 2006, p. 1145 ss., vedi altresì T. MCKELVEY, "Harold Koh and the evolution of the US Policy", in P. BERGEN and D. ROTHENBERG (a cura di), *Drone Wars*, Cambridge, CUP, 2015, p. 185 ss.. V. ora H. KOH, *The Trump Administration and International Law*, Oxford, OUP, 2019.

([37]) Corte Suprema degli Stati Uniti, 29 giugno 2006, *Hamdan v. Rumsfeld*, 548 U.S. 2006.

([38]) Cfr. *Brownlie's Principles of Public International Law*, 9ª ed., cit., p. 725; L. CONDORELLI, « Les attentats du 11 septembre et leurs suites: ou va le droit international ? », in *RGDIP*, 2001, p. 834 ss.; H.

Nulla quaestio se l'azione violenta dei terroristi sia riconducibile ad un dato Stato secondo i classici criteri di attribuzione della responsabilità internazionale degli Stati di cui, *inter alia*, agli artt. 4-11 degli Articoli CDI (supra, Cap. XVI), perché in tal caso il conflitto diverrebbe interstatuale.

Ma, la realtà evidenziata dalla prassi è ben più complessa e conviene distinguere l'uso della forza *contro uno Stato* (come nel caso precedente) dall'uso della forza — tramite ad es. l'uso di droni — *nel territorio di uno Stato straniero* al solo scopo di colpire i terroristi. Tale soluzione è stata utilizzata allorquando i nuclei terroristici fanno base nel territorio di uno Stato che è privo della volontà (***unwilling***) o persino della capacità (militare) effettiva (***unable***) di contrastare l'attività illecita radicata nel proprio territorio. Ed allora, da un punto di vista militare, si tratta di colpire in modo "chirurgico" anche tramite operazioni clandestine degli attori non statali, in particolare, dei terroristi, che sono slegati da qualsiasi controllo o collegamento con lo Stato nel cui territorio essi si trovano (si pensi all'Afghanistan e al Pakistan).

In tali circostanze, si argomenta che sia lecito colpire i terroristi con operazioni direttamente *in loco* (nel territorio dello Stato estero) a causa della mancanza di ***due diligence*** o comunque di *controllo effettivo da parte dello Stato territoriale*. Ad ogni modo, perché l'attacco possa essere considerato lecito, devono essere soddisfatte almeno le seguenti condizioni: *a)* la presenza di prove fondate e convincenti in ordine alla partecipazione diretta alle ostilità; *b)* il pericolo imminente che giustifichi l'attacco diretto; — l'impossibilità di adottare altri mezzi per neutralizzare il pericolo, come ad esempio l'arresto della persona; *c)* la valutazione della proporzionalità fra vantaggio militare previsto (l'eliminazione di un pericoloso terrorista, un *senior operational leader*) ed eventuali danni collaterali ("attacco chirurgico").

Com'è evidente, non si tratta di argomenti giuridici pienamente convincenti giacché, l'assenza di un accertamento giurisdizionale internazionale giustificato dal permanere di tale nuova forma di "guerra" rende il confine tra legittima difesa e attacco letale nei confronti di dati individui quasi impercettibile.

Così, nella pratica, viene più spesso adottata la soluzione per cui lo *Stato territoriale presta il proprio consenso preventivo* ad un intervento militare straniero contro il terrorista che si trova sul proprio territorio ([39]). Ne risulta pertanto, una circostanza di esclusione dell'illiceità dell'atto dello Stato interveniente, ai sensi dell'art. 20 degli Articoli CDI (*consenso dello Stato leso*, v. *supra*, Cap. XVI).

TIGROUDJA, « Quel (s) droit (s) applicable (s) à la ' guerre au terrorisme ', *AFDI*, 2002, p. 82; E. SCISO, "La condizione dei detenuti di Guantanamo fra diritto umanitario e garanzie dei diritti umani fondamentali", in *Riv. dir. int.*, 2003, pp. 111-128; TH. FRANCK, *Recourse to Force. State Action Against Threats and Armed Attacks*, Cambridge, 2 ed., cit., p. 45 ss.; M. KAMTO, *L'agression en droit international*, Paris, Pedone, 2010, pp. 23 ss.; M. DI FILIPPO, « Terrorist Crimes and International Co-operation: Critical Remarks on the Definition and Inclusion of Terrorism in the Category of International Crimes », *EJIL*, 2008, pp. 533-570; C.J. TAMS, « The Use of Force against Terrorists », *EJIL*, 2009, pp. 359-397; O. CORTEN, *Le droit contre la guerre, l'interdiction du recours à la force en droit international contemporain*, 2 ed., Paris, Pedone, 2014, Cap. III; P. PICONE, "Unilateralismo e guerra contro l'ISIS", in *Riv. dir. int.*, 2015, pp. 5-27; C. CHINKIN, M. KALDOR, *International Law and New Wars*, Cambridge, CUP, 2017, p. 129 ss.; C. RAGNI, "Implicazioni giuridiche internazionali relative ai "terroristi stranieri", in *Riv. dir. int.*, 2018, pp. 1052-1084; H. KOH, *The Trump Administration and International Law*, Oxford, OUP, 2018; A. TANZI, *Diritto internazionale*, cit., p. 485 ss..

([39]) Cfr. G. FOX, "Intervention by invitation", in M. WELLER (ed.), *The Oxford Handbook on Use of Force in International Law*, cit., p. 834 ss.; nonché G. HAFNER (Rapporteur), "Present Problems of the Use of Force in International Law — Sub-group: Intervention by Invitation", IDI 2009, www.idi-iil.org/app/uploads/2017/06/Hafner.pdf, p. 365 ss..

20. L'attacco informatico: la *Cyberwarfare*. — Altro terreno di sviluppo del dibattito sull'uso della forza si ritrova, oggi, anche nel delicato contesto della guerra informatica (c.d. *cyberwarfare*). Negli ultimi anni abbiamo assistito ad un crescente numero di atti di spionaggio informatico e addirittura di attacco informatico.

Oggi, non si dubita più che le operazioni cibernetiche possano rientrare nel divieto dell'uso della forza bellica (*jus ad bellum*) ([40]) pur se le operazioni informatiche variano notevolmente e la stragrande maggioranza di esse non presenta (ancora) caratteri tali da elevarsi ad un "uso della forza". Gran parte delle operazioni informatiche implica l'*hacking* nelle reti internet al fine di recuperare informazioni segrete. Altri tipi di attività cyber sono diretti a interrompere i collegamenti internet e le reti (***network disruption***), come si è visto, ad esempio, in operazioni dirette contro l'Estonia e la Georgia da parte presumibilmente della Russia, o ancora "attacchi di negazione del servizio"(***denial of service attacks***), che hanno portato a gravi perturbazioni dei media, del governo e dei sistemi bancari.

Un altro esempio di attacco informatico si è visto nel caso del *worm Stuxnet*, che avrebbe causato danni fisici alle centrifughe degli impianti nucleari iraniani.

Talvolta, le operazioni cibernetiche vengono realizzate a supporto di un ***attacco cinetico*** più ampio, come si dice sia avvenuto a proposito di un attacco israeliano su un presunto sito nucleare in Siria. Ma esiste, tuttavia, il rischio di singole e potenti operazioni informatiche in grado di causare direttamente dei danni "fisici" gravi. Si pensi all'utilizzo di operazioni cibernetiche per aprire le porte di una diga; o provocare l'attacco di un sistema di difesa missilistica verso l'interno; o addirittura causare la fusione di un reattore nucleare. Altre operazioni più subdole possono comprendere la manomissione dei mercati delle borse valori o delle operazioni bancarie o addirittura la manipolazione di risultati elettorali.

Così, il 28 ottobre 2020, alcuni Professori di Diritto internazionale di varie Nazioni hanno firmato, la terza Dichiarazione di Oxford sulla tutela del Diritto Internazionale contro le interferenze elettorali estere attraverso strumenti digitali (*The Oxford Statement on International Law Protections Against Foreign Electoral Interference Through Digital Means*) ([41]). In estrema sintesi, tale atto (non vincolante) riafferma solennemente il divieto di interferire, con mezzi informatici, su qualsiasi procedura elettorale straniera per quanto riguarda la votazione o la verifica dei risultati di un'elezione politica; nonché di condurre operazioni informatiche che, compromettendo la fiducia dei cittadini nella veridicità e nella correttezza dei processi elettorali, mettano a grave rischio l'ordine pubblico.

21. (segue) *Il Manuale di Tallinn 2.0.* — Nel 2017, un gruppo di esperti ha elaborato il c.d. *Manuale di Tallinn 2.0 sul diritto internazionale applicabile alle operazioni cibernetiche* ([42]). In tale studio — che ha carattere meramente dottrinale — il gruppo di lavoro ha trasposto i principi sopra esposti, sviluppati nel mondo "fisico",

---

([40]) Cfr. M. Roscini, *Cyber Operations and the Use of Force in International Law*, Oxford, OUP, 2014.

([41]) Cfr. https://elac.web.ox.ac.uk/the-oxford-statement-on-international-law-protections-against-foreign-electoral-interference-through?fbclid=IwAR0JH_jh84jA8lfHQ1_dko-W5VZ8tN87l-UsP6XWEduCYRAMN0jeha-poqU.

([42]) Cfr. M. Schmitt, (ed.), *Tallinn Manual 2.0 on the International Law Applicable to Cyber Operations*, Cambridge, CUP, 2017, p. 341. Nello stesso senso cfr. G. Brown, "Commentary on the Law of Cyber Operations and the DoD Law of War Manual", in M. Newton (a cura di), *The U.S. Department of Defence Law of War Manual. Commentary and Critique*, Cambridge, CUP, 2018, p. 344.

ossia *off line*, in quello informatico, ossia "online". La Regola 68 di detto Manuale richiama l'art. 2, par. 4, della Carta delle Nazioni Unite e specifica che *un'operazione informatica* è *illegale* se costituisce una minaccia o un uso della forza, contro l'integrità territoriale o l'indipendenza politica di qualsiasi Stato, o risulta in qualsiasi altro modo incompatibile con i fini delle Nazioni Unite. È interessante notare che il gruppo di esperti ne deduce che "qualsiasi operazione informatica che assurge al livello di un "intervento armato" in termini di ***scala*** ed ***effetti*** ai sensi della Regola 71, e che è condotta da o comunque risulta ***imputabile a uno Stato***, si qualifica come "uso della forza" (43).

Viceversa, analogamente a quanto avviene nel mondo *off line*, si prende atto che alcune operazioni informatiche potrebbero costituire un "uso della forza" senza però superare la soglia dell'"intervento armato". Se, però, uno Stato è vittima di un attacco informatico che supera la soglia dell'intervento armato (ritorna il *test* dello "*scale and effect*") ne segue che può esercitare il proprio diritto naturale di legittima difesa al pari di quanto avverrebbe per un evento classico *off line*. Ed in proposito, la Regola 71 fornisce dei criteri preziosi indicando che un'aggressione armata si valuta alla luce del "***principio di equivalenza***" degli effetti tra un attacco armato ed un attacco *cyber* (basti pensare ad un *virus* informatico che produca l'esplosione di una centrale atomica o paralizzi un ospedale al pari di quanto avverrebbe a seguito di un attacco missilistico). Analogamente a quanto detto in precedenza richiamando il *caso delle piattaforme petrolifere*, anche una serie di attacchi informatici va valutata caso per caso e complessivamente onde valutarne la scala e gli effetti.

Certo, in caso di aggressione informatica tale da superare la soglia *de qua*, lo Stato leso può scegliere se reagire con l'uso della forza militare in senso fisico, rispondere con un attacco informatico o, più probabilmente, utilizzando sia le armi "fisiche" che cibernetiche.

In proposito, valgono sempre i principi classici inclusi quelli della ***necessità*** e della ***proporzionalità*** della risposta armata.

Va infine notato che la Regola 32 e segg. (e i relativi commenti) del Manuale di Tallinn *non vieta in alcun modo lo* ***spionaggio informatico*** in tempo di pace o di guerra. Peraltro, lo spionaggio cibernetico di un altro Stato o il furto di dati sensibili, fermo restando il principio secondo il quale è illecito l'invio di agenti segreti ("fisici") nel territorio di un altro Stato senza il consenso di quest'ultimo (art. 4), in linea di principio, non equivale nemmeno ad un grave "uso della forza".

A differenza degli attacchi fisico-cinetici per i quali l'origine è riconoscibile, va sottolineato che non è affatto sicuro identificare un aggressore cyber transnazionale (uno Stato, una ONG o un privato). Certo, si applicheranno anche qui le norme in materia di attribuzione di responsabilità internazionale a uno Stato elaborate dalla CDI nel 2001. Ma anche sotto questo profilo (oltre a quello già rilevato in materia di diritto internazionale degli investimenti), le regole sulla Responsabilità internazionale dello Stato sinora elaborate dalla Commissione di Diritto internazionale dell'ONU sono chiaramente insufficienti.

---

(43) Cfr. CIG, *Parere sulla liceità delle armi nucleari*, cit., punto 39: "Queste disposizioni [artt. 42 e 51 della Carta ONU] non si riferiscono ad armi specifiche. Esse si applicano con riguardo a qualsiasi uso della forza, indipendentemente dalle armi impiegate. La Carta né vieta espressamente, né permette, l'uso di alcuna specifiche armi, comprese le armi nucleari".

22. (segue) La *guerra ibrida*. Uno dei termini che negli ultimi anni viene utilizzato più di frequente è quello di "guerra ibrida" (*hybrid warfare*). I conflitti moderni si presentano in forma parzialmente diversa da quelli delle guerre tradizionali. Qui, si combinano dei metodi che, secondo una nuova strategia militare, appartengono a diversi strumenti: guerra economica e c.d. "lawfare", guerra irregolare, guerra cibernetica nonché metodi di guerra tradizionale. Si tratta di uno scenario evolutivo che, però, sinora non ha portato ad una particolare regolazione giuridica.

23. (segue) il *Cyberterrorismo*. Infine, va osservato che la *cyberwarfare* e la "guerra ibrida" possono oggi essere condotte in dimensione transnazionale anche come guerra *asimmetrica* attraverso il c.d. *cyberterrorismo*. Qui, si tratta dell'utilizzo di internet per "condurre od organizzare azioni violente finalizzate all'acquisizione di un vantaggio politico o ideologico attraverso una strategia di paura o insicurezza prolungata nel tempo" ([44]). Le tecniche utilizzate in questa nuova forma di terrorismo vanno dal reclutamento transnazionale di cellule di combattenti — incluso il loro indottrinamento e radicalizzazione *online* ([45]) — per realizzare un attacco fisico in luoghi geograficamente distanti dalla base, fino all'acquisizione di capacità informatiche offensive attraverso lo sviluppo di *malware* capaci, al pari di quanto visto sopra per gli Stati, di provocare ingenti danni nel territorio dello Stato obbiettivo.

2. — Le misure che implicano l'uso della forza militare decise dal Consiglio di Sicurezza ONU

24. Le norme del Capo VII della Carta e il sistema di sicurezza collettiva (*collective security*). — Se il Consiglio di sicurezza "accerta l'esistenza di una ***minaccia alla pace***, di una ***violazione della pace***, o di un ***atto di aggressione***" (art. 39 della Carta ONU) può *decidere* di "**intraprendere**, con forze aeree, navali o terrestri, **ogni azione che sia necessaria per mantenere o ristabilire la pace e la sicurezza internazionale**" (art. 42 della Carta) ([46]).

La Carta dell'ONU non precisa, tuttavia, il significato delle espressioni di cui all'art. 39, ovvero quando concretamente sussista una "minaccia alla pace", una "violazione della pace" e un "atto di aggressione". Ne risulta, per usare una formula sintetica e provocatoria, che *una minaccia alla pace è ciò che il Consiglio di Sicurezza ONU dice che sia tale*! Va ricordato, a tale proposito, che nel disegno originario della Carta anche l'ONU avrebbe potuto, alle condizioni stabilite al Capo VII, esercitare un potere di coercizione militare alla pari degli Stati; il ruolo del Consiglio sarebbe stato quello di un "*policeman of the world*", un gendarme planetario, al fine di raggiungere la pace e la sicurezza internazionale (la giustizia è competenza diversa e subordinata

---

([44]) Cfr. F. Piccirillo, voce *Cyberterrorismo*, in *Dizionario Legal tech*, a cura di F. Ziccardi e P. Perri, Milano, Giuffrè-Francis Lefebvre, 2020, p. 276-277: "Con riferimento al sedicente Stato Islamico, l'utilizzo di Internet si è concretizzato principalmente in tre attività: *i*) la c.d. "esibizione del terrore", al fine di ingenerare paura e insicurezza e, al contempo, attirare nuovi affiliati, *ii*) l'uso della rete come strumento di collegamento, comunicazione e coordinamento tra cellule terroristiche molto lontane geograficamente e, infine, *iii*) il foraggiamento delle attività terroristiche. È mancato, quindi, fortunatamente, l'aspetto dei veri e propri cyberattacchi, ma non è possibile escludere che in un futuro più o meno prossimo intervengano gruppi terroristici dotati di strumenti cibernetici con alto potenziale offensivo".

([45]) Cfr. S. Mele, *Cyberterrorismo e radicalizzazione online*, in G. Ziccardi, P Perri (a cura di), *Diritto e tecnologia*, Milano, Giuffrè, Francis Lefebvre, 2019.

([46]) Grassetto aggiunto.

e viene affidata alla CIG). Senonché, le disposizioni pertinenti della Carta ONU non hanno mai ricevuto concreta attuazione e pertanto *solo gli Stati, in quanto titolari del monopolio della forza bellica, dispongono dell'opzione militare*. Tale opzione può essere esercitata su autorizzazione o per decisione del Consiglio di Sicurezza.

Inoltre, come abbiamo in precedenza osservato, in mancanza di una definizione nella Carta dell'ONU l'Assemblea Generale dell'ONU ha offerto una definizione dell'"aggressione", tramite la predetta Ris. n. 3314 del 14 dicembre 1974 che, tuttavia, costituisce una mera Dichiarazione di principi. Senonché, la rilevanza penale internazionale del "crimine di aggressione", ex art. 5 dello Statuto della Corte Penale Internazionale, consentirà di meglio precisare giuridicamente una nozione che si trova, tuttora, al centro di un vivace dibattito.

Infine, va osservato che una volta "scattata" l'applicazione dell'art. 39 della Carta ONU ([47]), il Consiglio di Sicurezza è abilitato ad adottare con propria risoluzione (una raccomandazione) le misure provvisorie di cui all'art. 40 nonché quelle, a carattere vincolante, ***non implicanti l'uso della forza armata***, di cui all'**art. 41** — c.d. *non forceful measures* — per cui "[i]l Consiglio di Sicurezza può decidere quali misure, non implicanti l'impiego della forza armata, debbano essere adottate per dare effetto alle sue decisioni, e può invitare i membri delle Nazioni Unite ad applicare tali misure. Queste possono comprendere **un'interruzione totale o parziale delle relazioni economiche e delle comunicazioni ferroviarie, marittime, aeree, postali, telegrafiche, radio ed altre, e la rottura delle relazioni diplomatiche**" ([48]).

Al crescere della crisi internazionale, l'ultima fase — *spes ultima Dea!* — è quella dell'applicazione dell'**art. 42 della Carta dell'ONU**, e quindi delle ***misure implicanti l'uso della forza bellica***, allorché il Consiglio di Sicurezza "ritiene che le misure previste nell'articolo 41 siano inadeguate o si siano dimostrate inadeguate, esso può intraprendere, con forze aeree, navali o terrestri, ogni azione che sia necessaria per mantenere o ristabilire la pace e la sicurezza internazionale. Tale azione può comprendere dimostrazioni, blocchi ed altre operazioni mediante forze aeree, navali o terrestri di Membri delle Nazioni Unite".

Il Consiglio di Sicurezza, tuttavia, non può agire in base al Capo VII della Carta senza il consenso dei cinque Membri permanenti ([49]), in quanto questi ultimi dispongono del ***diritto di veto***. L'***astensione***, come emerse nel precitato caso della Namibia — e più recentemente a proposito della situazione in Siria —, non costituisce esercizio del diritto di veto e pertanto permette comunque al Consiglio di decidere. Al contrario, il ***veto***, ossia il voto negativo, blocca completamente il processo decisionale in seno al Consiglio di Sicurezza, che si trova quindi paralizzato, ossia non può decidere misure di carattere militare in base al Capo VII. Fu questa la situazione che si produsse, per lungo tempo, a causa della "guerra fredda" e che proseguì fino alla *Crisi del Golfo* del 1990 e che nel nostro tempo ha ancora qualche strascico. Inoltre, il **Consiglio di sicurezza può autorizzare** — sotto il proprio controllo — **uno o più Stati**

([47]) Cfr. R. Cadin, *I presupposti dell'azione del Consiglio di Sicurezza nell'art. 39 della Carta dell'ONU*, Milano, Giuffrè, 2008; S. Marchisio, *Le Nazioni Unite*, 2 ed., Bologna, Il Mulino, 2012, p. 213 ss. ONU, *L'ABC delle Nazioni Unite*, Napoli, ES, 2012, p. 65 ss., nonché B. Conforti, C. Focarelli, *Le Nazioni Unite*, 12 ed., cit., p. 214 ss..

([48]) Grassetto aggiunto.

([49]) Cina, Francia, Russia, Regno Unito, Stati Uniti. Gli altri dieci Membri, com'è noto, sono eletti dall'Assemblea Generale ONU.

membri all'uso della forza armata per rispondere ad una minaccia alla pace ed alla sicurezza internazionali.

Per tali ragioni, ad esempio, gli Stati Uniti, all'inizio dell'estate del 1980, si proposero come "mandatari" del Consiglio di Sicurezza nell'organizzare un'operazione militare contro l'Iran a seguito della sentenza pronunciata dalla CIG il 24 marzo 1980 con la quale si condannava la presa in ostaggio del personale diplomatico statunitense a Teheran. Tale proposta fu abbandonata dopo che emerse in seno al Consiglio di Sicurezza la netta opposizione dell'allora Unione sovietica, che avrebbe di certo posto il suo "veto".

Finita la guerra fredda ed i veti incrociati tra USA e URSS con il crollo del muro di Berlino, il Consiglio di Sicurezza riprese magicamente ad operare in occasione della crisi del Golfo del 1990. Si è così aperta un'epoca nuova in cui, sotto la sua guida, le operazioni di *peace keeping* si sono trasformate da mere (e rare) operazioni di interposizione militare a sofisticate attività di pacificazione e ricostruzione dello Stato in Paesi devastati da guerre civili e conflitti etnici ([50]). Qualche successo si è avuto inizialmente in Somalia (1986/1993 ma il conflitto è ancora in corso) e in Sudan a seguito delle critiche per la sua inerzia, pur se il processo di pacificazione non è ancora terminato.

25. L'applicazione del Capo VII alla prova della Guerra del Golfo del 1990. — Per quanto riguarda la prima guerra del Golfo, a seguito di varie Risoluzioni con cui invitava in modo sempre più pressante il Governo dell'Iraq a ritirarsi immediatamente dal territorio del Kuwait che aveva illegittimamente occupato, il Consiglio di Sicurezza autorizzò mediante la Ris. n. 678 del 29 novembre 1990 gli Stati membri alleati del Kuwait a "utilizzare tutti i mezzi necessari" ("***use all necessary means***", l'espressione "forza armata" non compare *expressis verbis*, anche se è implicita) per far cessare l'aggressione armata da parte dell'Iraq e ristabilire la pace e la sicurezza internazionale nella regione ([51]).

26. Verso la "seconda guerra fredda" tra Stati Uniti e Cina? Nuovi rischi di paralisi del Consiglio di Sicurezza dell'ONU. — Recentemente, la Cina ha accusato ufficialmente gli Stati Uniti di spingere con i suoi atteggiamenti verso una "nuova guerra fredda". In particolare, la Cina accusa gli Stati Uniti di voler bloccare la sua crescita economica e di temere l'aumento della sua influenza a livello mondiale. La Repubblica popolare, inoltre, rinfaccia agli USA di peggiorare la situazione economica globale creando tensioni nei rapporti tra le due superpotenze economiche.

A propria volta, l'amministrazione USA segue con preoccupazione la realizzazione della c.d. "via della seta" e la crescente presenza cinese in Africa. Il Presidente Trump ha accusato ripetutamente la Cina di avere diffuso la pandemia da Covid-19 e di essere responsabile della grave situazione dell'economia mondiale e americana.

Queste dichiarazioni politiche fanno seguito ad una guerra commerciale (*Trade war*) che da molti mesi è in corso tra le due potenze e a cui fanno solo da corollario le chiusure reciproche di alcuni Consolati con accuse di spionaggio, presunte spie scomparse nel nulla ed interferenze cibernetiche. La sfida è ormai economica, militare

---

([50]) Cfr. De Guttry, F. Pagani, *Le Nazioni Unite. Sviluppo e riforma del sistema di sicurezza collettivo*, Bologna, Il Mulino, 2010, p. 107 ss.

([51]) Cfr. Ph. Weckel, "Le chapitre VII de la Charte et son application par le Conseil del securite", in *AFDI*, 1991, p. 165; V. anche *supra* Cap. III.

e tecnologica come dimostra il dibattito circa il controllo delle autostrade informatiche del 5G sulle quali viaggiano volumi illimitati di dati e dei sistemi di intelligenza artificiale che li rielaborano.

È prevedibile dunque che tale "seconda guerra fredda" sarà pregiudizievole al buon funzionamento del Consiglio di sicurezza, similmente a quanto è già accaduto durante la prima guerra fredda con l'URSS.

27. La partecipazione dell'Italia a missioni militari internazionali tra Costituzione e UE. — L'art. **11 Cost**. stabilisce che « [l'] Italia ripudia la guerra come strumento di offesa alla libertà degli altri popoli e come mezzo di risoluzione delle controversie internazionali; consente, in condizioni di parità con gli altri stati, alle limitazioni di sovranità necessarie ad un ordinamento che assicuri la pace e la giustizia fra le Nazioni; promuove e favorisce le organizzazioni internazionali rivolte a tale scopo ».

A tale norma si ricollegano gli artt. **78 e 87 Cost**. In base alla prima norma « [l]e Camere deliberano lo stato di guerra e conferiscono al governo i poteri necessari », mentre "« [i]l Presidente della Repubblica...ha il comando delle Forze armate, presiede il Consiglio supremo di difesa costituito secondo la legge, dichiara lo stato di guerra deliberato dalle Camere ».

Se è vero che dalla fine della seconda guerra mondiale l'Italia non ha mai dichiarato guerra ad alcun Paese, è altrettanto vero che l'art. 11 Cost. non vieta *qualunque* intervento armato come ad esempio la legittima difesa in caso di aggressione, né impedisce la partecipazione di militari italiani ad operazioni di mantenimento della pace all'estero. La partecipazione dell'Italia alla vita delle organizzazioni internazionali, come ad es. l'ONU o la NATO, può comportare l'invio di contingenti militari all'estero ([52]).

Così, dalla metà del secolo scorso, si è passati da operazioni di invio di ***osservatori internazionali***, a missioni di mantenimento della pace (***peace keeping***), di formazione della pace e prevenzione dei conflitti (***peace making***), di costruzione della pace (***peace building***), fino ad arrivare a missioni di imposizione della pace (***peace enforcement***) decise dall'ONU e dunque, senza il consenso dello Stato territoriale con autorizzazione all'uso della forza ([53]).

In caso di intervento umanitario, da un punto di vista costituzionale, si arriva a fondare la partecipazione italiana, oltre che sull'art. 11, anche sull'art. 10 Cost., trattandosi di norme consuetudinarie.

Altre missioni all'estero hanno avuto luogo su invito del sovrano territoriale anche al di fuori dell'ONU.

Sotto il profilo della loro ***durata***, si tratta di operazioni di portata assai variabile: alcune missioni si esauriscono in un breve lasso di tempo (qualche mese), mentre altre, più strutturate, possono coprire un arco temporale più ampio ma si tratta sempre di operazioni non caratterizzate da un uso macroscopico della forza armata.

([52]) N. Ronzitti, *Diritto internazionale*, 6 ed., cit., p. 473 ove riferimenti. V. altresì M. Mancini, *Stato di guerra e conflitto armato nel diritto internazionale*, Torino, Giappichelli, 2009.

([53]) I "***caschi blu***" non sono "truppe dell'ONU" bensì dei contingenti militari che vengono messi a disposizione da ciascuno Stato membro. Il Consiglio di Sicurezza mantiene la responsabilità politica di tali contingenti; il Segretario Generale dell'ONU nomina un Comandante che ne assume la direzione militare. Si realizza così una catena di comando abbastanza intricata, per cui i soldati rispondono dal punto di vista operativo militare ai vertici dell'Organizzazione delle Nazioni Unite, e da quello organizzativo e disciplinare ai rispettivi organi nazionali. Tali questioni sono oggi di un acceso dibattito in materia di responsabilità dell'ONU (e dei singoli Stati) in caso di illeciti internazionali (supra Cap. XVI).

28. **(*segue*) L'autorizzazione parlamentare.** — Per lungo tempo, è mancata una normativa di carattere generale riguardante le missioni internazionali e pertanto la relativa disciplina (si pensi solo al trattamento economico e normativo del personale impegnato in tali missioni) è stata di volta in volta offerta tramite dei provvedimenti legislativi *ad hoc*. In diversi casi, il Governo è ricorso allo strumento del ***decreto legge***, soprattutto ai fini del finanziamento delle missioni militari, ma anche in modo da sollecitare la decisione parlamentare e, nello stesso tempo, la formulazione di un indirizzo politico sull'operazione.

Senonché, il ***Codice dell'ordinamento militare***, dopo aver ribadito **all'art. 89** che il **compito prioritario delle Forze armate italiane è la difesa dello Stato**, indica altresì che queste **possono essere impiegate all'estero** per missioni di *peace keeping* o di sicurezza internazionale, in conformità al diritto internazionale e agli atti delle organizzazioni internazionali di cui l'Italia sia Membro.

In secondo luogo, va osservato il recente varo di una ***legge organica sulle missioni internazionali***, la L. 21 luglio 2016, n. 178, con titolo "Disposizioni concernenti la partecipazione dell'Italia alle missioni internazionali". Tale strumento normativo razionalizza una prassi assai controversa che faceva precedere l'invio delle nostre forze militari all'estero al dibattito parlamentare con il risultato per cui la ratifica del Parlamento italiano si concretizzava a posteriori, in occasione della conversione in legge del decreto-legge di finanziamento della missione.

Con la nuova legge, l'iter procedurale inizia con la delibera del Consiglio dei Ministri, previa comunicazione al Capo dello Stato ed una eventuale convocazione del Consiglio Supremo di Difesa. Una volta adottata dal Governo, la delibera viene inviata al Parlamento che può decidere se approvare, anche con appropriati atti di indirizzo, oppure respingere la proposta governativa.

29. **(*segue*) La dimensione eurounitaria: la PSDC.** — In ultimo, va osservato che anche l'Unione europea ha acquisito alcune competenze in materia militare. Ci riferiamo alla ***Politica Europea di Sicurezza e Difesa (PSDC).***

Orbene, l'art. 42, par. 1, TUE, stabilisce che la PSDC costituisce parte integrante della politica estera e di sicurezza comune (PESC). La PSDC prevede che l'Unione europea disponga di una *capacità operativa* ricorrendo a *mezzi civili e militari* dei quali si può avvalere in ***missioni al suo esterno*** per garantire il ***mantenimento della pace, la prevenzione dei conflitti e il rafforzamento della sicurezza internazionale***, conformemente ai principi della Carta delle Nazioni Unite. L'esecuzione di tali compiti si basa sui contingenti militari forniti dagli Stati membri ([54]).

L'art. 42, par. 4 TUE, prevede che le decisioni PSDC, comprese quelle inerenti all'avvio di una missione, sono adottate dal **Consiglio *all'unanimità*** su proposta

---

([54]) L'art. 42, par. 3, TUE prevede che, nell'ambito delle missioni PSDC, la UE può essere affiancata da forze multinazionali costituite su iniziativa di alcuni Stati membri. Pur rimanendo esterne all'Unione, tali forze multinazionali vengono messe a disposizione dagli Stati partecipanti per rispondere alle necessità operative dell'UE. Perciò, l'impiego di queste forze armate oltre che in ambito PSDC può riguardare anche esigenze operative di altre organizzazioni internazionali quali l'Onu, la Nato e l'Osce. Le principali « Euroforze » sono: l'**Eurofor** (che raggruppa le forze terrestri tra Spagna, Francia, Italia e Portogallo); l'**Eurocorps** (forze terrestri di Germania, Belgio, Spagna, Francia e Lussemburgo); l'**Euromarfor** (che raggruppa le forze marittime tra Spagna, Francia, Italia e Portogallo); Eurogendfor (*Gendarmeria europea*) che riunisce le forze di polizia ad ordinamento militare di Francia, Italia, Paesi Bassi, Portogallo, Spagna e Romania); il ***Gruppo aereo europeo*** (che raggruppa le forze aeree tra Germania, Belgio, Spagna, Francia, Italia, Paesi Bassi e Regno Unito).

dell'Alto rappresentante dell'Unione per gli affari esteri e la politica di sicurezza o su iniziativa di uno Stato membro.

Ai sensi degli artt. 42, par. 5, e 44 TUE, il Consiglio può affidare una missione ad un gruppo di Stati membri che lo desiderano e dispongono delle capacità necessarie.

L'art. 43, par. 1 TUE, disciplina la tipologia delle missioni in ambito PESD, prevedendo che esse possano intraprendere:

- azioni congiunte in materia di disarmo;
- missioni umanitarie e di soccorso;
- missioni di consulenza e assistenza in materia militare;
- missioni di prevenzione dei conflitti e di mantenimento della pace;
- missioni di unità di combattimento per la gestione delle crisi, comprese le missioni tese al ristabilimento della pace e le operazioni di stabilizzazione al termine dei conflitti.

L'art. 43, par. 2, TUE prevede che il Consiglio adotti le decisioni relative alle missioni stabilendone l'obiettivo, la portata e le modalità generali di realizzazione.

Il coordinamento degli aspetti civili (ad es. la missione **EULEX Kosovo** sullo stato di diritto e sul sistema giudiziario) e militari delle missioni è esercitato dall'***Alto rappresentante dell'Unione per gli affari esteri e la politica di sicurezza***.

L'art. 41 TUE fissa i principi per il **finanziamento** delle missioni civili e militari dell'UE, prevedendo che i costi per le missioni civili siano a carico del bilancio UE, mentre non lo sono i costi per le missioni militari ("*Costs lie where they fall*"), a meno che il Consiglio non decida altrimenti e sempre all'unanimità.

L'art. 42, par. 6, TUE, prevede che gli Stati membri che possiedono capacità militari *più elevate* possono instaurare una ***cooperazione strutturata permanente*** nell'ambito dell'Unione ai sensi dell'art. 46 del TUE e del Protocollo n. 10 allegato ai Trattati UE. Si tratta di un ulteriore esempio di *Europa a più velocità*.

Nel 2020 l'Italia ha impiegato all'estero circa 7.300 militari, suddivisi in 35 missioni in ben 24 Paesi tra Europa, grande Medio Oriente e in misura crescente Africa. I contingenti principali sono presenti in Libano, Iraq, Afghanistan, Kosovo, Libia, Niger e Somalia.

§ 2. — *Aspetti controversi dell'uso della forza*

Bibliografia sommaria: D. Simon e L.A. Sicilianos, *La "Contre violence" unilatérale: pratiques étatiques et droit international*, in *AFDI*, 1986, p. 53; S. Regourd, *Raids "anti-terroristes" et développement récents des atteintes illicites au principe de non-intervention*, in *AFDI*, 1986, p. 76; Chainoglou, *Reconceptualizing Self-Defence in International Law*, Oxford, OUP, 2007; D. Bethlehem, "Self-Defence Against an Imminent or Actual Armed Attack by Nonstate Actors", *AJIL*, 2012, pp. 769-777; M. Scharf, *Customary International Law in Times of Fundamental Change*, op.cit., 2013, p. 139 ss.; C. Focarelli, *Trattato di diritto internazionale*, Torino, UTET, 2015, p. 1786 ss.; Y. Dinstein, *War, Aggression and Self-Defence*, 6 ed., Cambridge, CUP, 2017; M. Schmitt, (ed.), *Tallinn Manual 2.0 on the International Law Applicable to Cyber Operations*, Cambridge, CUP, 2017; N. Ronzitti, *Diritto internazionale dei conflitti armati*, 6 ed., cit., p. 23 ss.; C. Chinkin, M. Kaldor, *International Law and New Wars*, Cambridge, CUP, 2017; *Brownlie's Principles of Public International Law*, 9ª ed., cit., p. 717 ss.; C. Gray, *International Law and the Use of Force*, 4 ed., Oxford, OUP, 2018; B. Conforti, C. Focarelli, *Le Nazioni Unite*, 12 ed., cit., 2020; O. Corten, *Le droit contre la guerre*, 3 ed., Paris, Pedone, 2020.

30. Piano espositivo. — Due sono le eccezioni di natura consuetudinaria al divieto dell'uso della forza armata che vengono puntualmente invocate dagli Stati: l'intervento (1) e la rappresaglia (2).

1. — L'intervento armato in territorio altrui

31. Precisazioni terminologiche. — La parola "intervento" può assumere significati diversi: nel diritto internazionale, ad esempio, se ne incontrano non meno di sette. In questa sede utilizzeremo il termine "intervento" nel suo significato più ristretto, ovvero *l'uso della forza armata (*armed attack*) da parte di uno Stato per garantire il rispetto di un diritto internazionale violato in modo grave da parte di un altro Stato*. Esiste tale diritto nella prassi internazionale?

a) *Esistenza o inesistenza di un diritto d'intervento armato nel territorio di un altro Stato*

32. Una questione controversa. — La risposta a quella domanda non è semplice e va calibrata in funzione del caso specifico. Esistono delle forti argomentazioni a favore di una risposta negativa. Ne esistono anche altre tuttavia che, in presenza di certe circostanze, portano ad una risposta positiva.

33. L'inammissibilità dell'intervento armato in linea di principio. La sentenza della CIG sullo *stretto di Corfù* nel 1949. — La negazione del diritto di intervento armato trova un suo fondamento sia nella Carta ONU, sia in numerose Risoluzioni dell'Assemblea Generale dell'ONU, sia nella sentenza della CIG nel caso dello *stretto di Corfù* del 1949.

Così, ad esempio, la Ris. n. 2131 dell'Assemblea Generale ONU, adottata il 21 dicembre 1965 con 109 voti a favore e nessun contrario, e la sola astensione della Gran Bretagna, proibisce ogni forma e ogni minaccia di intervento armato nelle relazioni interstatali. Si tratta, letteralmente, di una "*Declaration on the Inadmissibility of Intervention in the Domestic Affairs of States and the Protection of their Independence and Sovereignty*". Qui, non viene contemplata alcuna eccezione.

A propria volta, la CIG, nel *caso dello stretto di Corfù*, ha condannato la prassi dell'intervento armato in termini particolarmente chiari. Nel caso di specie, si trattava dello sminamento deciso unilateralmente dalla Marina militare britannica nelle acque territoriali albanesi. La Corte affermò che "il preteso diritto di intervento non può essere considerato... che come la manifestazione di una politica di forza" che, nel passato "ha dato luogo ai più gravi abusi e non può, quali che siano le attuali carenze dell'organizzazione internazionale, trovare un posto nel diritto internazionale" ([55]). La condanna sembrerebbe senza appello.

34. Il caso dei *reclami britannici nella zona spagnola del Marocco* (1924). — L'esistenza di un diritto di intervento armato era stata riconosciuta in termini generali, ancorché prudenti, da Max Huber nell'arbitrato reso in occasione del *caso dei reclami britannici nella zona spagnola del Marocco* ([56]). L'arbitro concluse che: "[è] incontestabile che, ad un certo punto, l'interesse di uno Stato a proteggere i propri cittadini residenti all'estero e i loro beni debba prevalere sul rispetto della sovranità territoriale, e questo anche in assenza di obblighi convenzionali. Tale diritto di intervento è

([55]) Punto 35.
([56]) Cfr. Lodo del 23 ottobre 1924, in *RSA*, t. II, p. 632 ss.

stato rivendicato da tutti gli Stati: soltanto i suoi limiti possono essere oggetto di discussione" ([57]).

Un'affermazione di questo tipo può dare luogo ad abusi. Il diritto di intervento armato potrebbe, in effetti, essere invocato come pretesto per incursioni ingiustificate (un "*regime change*", per esempio) negli affari interni di altri Stati. Gli Stati più deboli sono evidentemente i più svantaggiati nel gioco di rapporti di forza che viene a crearsi e *ciò spiega, in generale, la tradizionale ostilità dei Paesi in via di sviluppo* a riconoscere l'esistenza di un diritto di intervento armato.

35. In sintesi: un'ammissibilità condizionata. — Vi sono tuttavia alcuni casi estremi in cui il ricorso all'intervento armato non è illecito. Ciò può avvenire in presenza di alcune condizioni cumulativamente considerate:

— si deve trattare, innanzitutto, di una *extrema ratio*: ogni altro procedimento pacifico di soluzione delle controversie deve essere stato esperito e deve risultare evidente che lo Stato "offensore" si rifiuta di giungere ad una soluzione amichevole della controversia. In tal caso *l'intervento armato costituirebbe il rimedio di ultima istanza* di fronte alle lacune del diritto internazionale con lo scopo di assicurare il rispetto del diritto internazionale da parte dello Stato che si situa "al di fuori della legalità internazionale";

— "l'intervento armato" *deve ritenersi lecito soltanto se ha per obiettivo di reagire ad una violazione flagrante delle norme fondamentali del diritto internazionale*: ad esempio, in caso di trattamento inumano o degradante degli stranieri, di minacce di sterminio grave e sistematico degli stranieri, di presa in ostaggio di diplomatici come avvenne o rischiò di avvenire in Iran nei confronti del personale diplomatico statunitense, di violazione sistematica delle norme dello *jus cogens*, ecc.;

— "l'intervento armato", per essere lecito, deve essere comunque *limitato, puntuale e preciso*. Non deve in nessun caso assumere la forma di un conflitto armato su vasta scala, di una "guerra ufficiale". Si può andare da una semplice operazione aviotrasportata, fino all'occupazione militare di alcuni punti del territorio straniero oltre al blocco navale. Fu così, ad esempio, che gli Stati Uniti istituirono, nel 1962, un "blocco pacifico" di Cuba durante la "crisi dei missili" al fine di controllare sia che alcuni materiali bellici non entrassero a Cuba sia, allo stesso tempo, lo smantellamento di alcuni tipi di missili istallati dall'allora Unione Sovietica sull'isola;

— l'intervento armato "lecito" dovrebbe essere *necessario, ragionevole e proporzionato* rispetto alla violazione del diritto internazionale, secondo le regole consuetudinarie in materia di rappresaglie ([58]).

A tali condizioni, è possibile concludere che un intervento armato non è illecito dal punto di vista del diritto internazionale ([59]). La prassi degli Stati va chiaramente in questa direzione e, volenti o nolenti, ha ricevuto anche l'avallo dell'ONU.

b) *La prassi rilevante (cenni)*

36. L'intervento militare a protezione dei *propri cittadini* all'estero. — In passato, *uno Stato poteva sempre intervenire, se del caso militarmente, per proteggere i*

([57]) *Lodo*, cit., p. 641.

([58]) In arg. cfr. M. NEWTON, L. MAY, *Proportionality in International Law*, Oxford, OUP, 2014.

([59]) Cfr. E. CANNIZZARO, *Diritto internazionale*, cit., p. 44 ss. e v. spec. N. RONZITTI, *Diritto internazionale dei conflitti armati*, 6ª ed., Torino, Giappichelli, 2017, p. 34 ss. e riferimenti ivi citati.

propri cittadini qualora la loro vita fosse in pericolo nel territorio di un altro Stato ([60]). Dopo l'entrata in vigore della Carta dell'ONU tale "diritto" è stato ridimensionato, seppure formi ancora oggetto di un non sopito dibattito. Si tratta, infatti, di un'eccezione consuetudinaria al divieto dell'uso della forza che resta giuridicamente distinta dalla legittima difesa di cui all'art. 51 della Carta ([61]). Gli esempi abbondano anche nella prassi contemporanea e quasi sempre si tratta di operazioni condotte segretamente da agenti dell'*intelligence* insieme ad unità militari d'*élite* ([62]).

Ciò, ad esempio, accadde all'epoca dell'operazione *aviotrasportata belga-americana del novembre 1964 a Stanleyville* per proteggere e salvare la vita di molte migliaia di civili di diverse nazionalità, tenuti in ostaggio da ribelli congolesi ([63]). Un esempio analogo, ma assai più controverso, è quello dell'intervento armato degli Stati Uniti a Santo Domingo nel maggio 1965, per salvaguardare la vita dei cittadini americani in quel Paese durante una guerra civile fomentata dai comunisti ([64]). O ancora, si può citare il noto *raid* israeliano del 4 luglio 1976 all'aeroporto di Entebbe in Uganda per liberare gli ostaggi vittima di un dirottamento aereo nonché quello eseguito in circostanze analoghe dalla Germania nel 1978 all'aeroporto di Mogadiscio in Somalia.

37. Interventi armati su invito e loro giustificazioni. — A livello regionale, può essere citata la famosa *dottrina Brežnev* o della "sovranità limitata", secondo cui l'allora Unione Sovietica e i suoi alleati avevano il diritto di intervenire militarmente in un Paese del "blocco" al fine di assicurare il mantenimento delle "conquiste del socialismo" nel caso in cui queste si trovassero minacciate. La "dottrina Brežnev" fu invocata nel 1968 per giustificare l'invasione della Cecoslovacchia; varie allusioni alla dottrina furono fatte anche a proposito della situazione in Polonia negli anni 1980-1981 ([65]).

Senza dubbio il diritto di intervento armato può trovare una giustificazione *legittima* allorquando uno Stato richiede l'assistenza militare di un altro Stato per far fronte ad una minaccia esterna, o persino interna.

([60]) In argomento cfr. F. Pocar, *L'esercizio non autorizzato del potere statale in territorio straniero*, Padova, Cedam, 1974; N. Ronzitti, *Rescuing Nationals Abroad Through Military Coercion and Intervention on Grounds of Humanity*, M. Nijhoff, 1985; V. S. Mani, *Humanitarian Intervention Today*, in *RCADI*, 2005, t. 313, p. 9 ss..

([61]) In tal senso, limpidamente, N. Ronzitti, *Diritto internazionale*, 6 ed., cit., p. 457: "l'uso della forza per salvare i cittadini all'estero costituisce un'autonoma eccezione al divieto generale dell'uso della forza nelle relazioni internazionali. Naturalmente, per poter lecitamente intervenire occorre che si verifichino determinati presupposti, quali l'esistenza di un serio pericolo di vita per i cittadini dello Stato interveniente e la mancanza di volontà (ad es. complicità con i terroristi) o incapacità (ad es. perché il territorio si trova in condizione d'anarchia) da parte dello Stato territoriale di salvarli".

([62]) In Italia, la liberazione ed il recupero di ostaggi in territorio ostile può essere gestito in coordinamento tra l'Unità di crisi della Farnesina ed il COFS (Comando Interforze per le Operazioni delle Forze Speciali). Il COFS, a seconda delle circostanze, può ricorrere all'impiego del GOI (Gruppo Operativo Incursori della Marina militare); del 9° Reggimento d'assalto paracadutisti "Col Moschin" dell'Esercito, o ancora del 17° Stormo Incursori dell'Aeronautica Militare; del GIS (Gruppo Intervento Speciale dei Carabinieri) finanche al 4° Reggimento Alpini Paracadutisti Ranger e al 185° Reggimento Acquisitori Obiettivi.

([63]) Cfr. M. Whiteman, *International Law*, vol. 5, pp. 475-476.

([64]) Cfr. R. J. Dupuy, *Les États-Unis, l'O.E.A. et l'O.N.U. à Saint-Domingue*, in *AFDI*, 1965, p. 71, spec. pp. 75-78.

([65]) Cfr. l'articolo di G. Fischer, *Quelques problèmes juridiques decoulant de l'affaire tchécoslovaque*, in *AFDI*, 1968, p. 15, spec. pp. 23-36.

Gli esempi abbondano nella prassi. Nel 1978, la Francia intervenne militarmente in Zaire *su richiesta* di quest'ultimo Stato ([66]). Successivamente, nel 1990, l'Arabia Saudita e numerosi Paesi della regione chiesero — ed ottennero — l'assistenza militare degli Stati Uniti e di alcuni Stati europei per far fronte alla situazione creatasi a seguito dell'invasione del Kuwait da parte delle forze armate irachene a partire dal 2 agosto 1990.

Più delicata è la questione della *giustificazione a posteriori di un intervento militare straniero da parte di un "nuovo governo"*. Tale fu, ad esempio, l'ipotesi in Cecoslovacchia nel 1968 e in Afghanistan nel 1979: i "nuovi governi", frettolosamente costituiti, "regolarizzarono", mediante la conclusione di trattati *ad hoc*, gli interventi armati dell'URSS nel quadro di una politica definita di "normalizzazione".

A tale proposito, va osservato che la CIG, nella sentenza del 27 giugno 1986 relativa al caso *delle attività militari e paramilitari in e contro il Nicaragua*, negò l'esistenza del diritto di intervento di uno Stato contro un altro nell'ipotesi in cui quest'ultimo opti per una "particolare ideologia o sistema politico" (punto 263). Ne segue che i trattati di "normalizzazione" successivi risultano viziati e quindi *nulli, in quanto conclusi sotto costrizione.*

38. L'"*intervento di umanità*" unilaterale. — Può uno Stato (o una coalizione di Stati) ingerirsi oggi negli affari interni di un altro Stato per ragioni umanitarie ma senza un'espressa autorizzazione del Consiglio di Sicurezza dell'ONU? Una lettura pacata dell'art. 2, par. 7 della Carta dell'ONU porterebbe ad una risposta negativa.

Senonché, dalla fine del secolo scorso, è emersa una "moderna" eccezione, quella del c.d. ***diritto di intervento umanitario*** *(Humanitarian Intervention)* secondo cui il ricorso alla forza armata da parte di uno o più Stati sarebbe "giusto" in quanto legittimato dalla necessità di far cessare *immediatamente gravi e sistematiche violazioni dei diritti umani commessi da un altro Stato a danno della propria popolazione, anche a prescindere da un'autorizzazione del Consiglio di Sicurezza dell'ONU* ([67]).

In passato, si sono avuti alcuni episodi isolati di intervento armato unilaterale: per esempio, nel caso del Canale di Suez del 1956, la Francia e la Gran Bretagna sostennero che l'operazione

---

([66]) Cfr. A. Manin, *L'intervention militaire française au Shaba*, 19 maggio-14 giugno 1978, in *AFDI*, 1978, p. 159.

([67]) V. per tutti: F. Lattanzi, *Assistenza umanitaria e intervento d'umanità*, Torino, Giappichelli, 1997; B. Simms (ed.), *Humanitarian Intervention. A History*, Cambridge, CUP, 2011 e N. Ronzitti, *Diritto internazionale*, 6 ed., cit., p. 458 ss.. La discussione circa il carattere "giusto" o "ingiusto" della guerra ha formato oggetto di molti tra i più famosi scritti dei teologi cattolici a partire da S. Agostino (400 d.C.) fino ai 'teologi-giuristi' della *Escuela* di Salamanca (per una panoramica cfr. *supra*, Cap.I, e v. Aldo A. Cassi, *Santa, Giusta, Umanitaria. La guerra nella civiltà occidentale*, Roma, Editrice Salerno, 2015). Si riteneva che solo la giustizia di Dio potesse legittimare un conflitto armato e che occorressero almeno tre condizioni per il *bellum iustum*: *a*) la guerra deve essere ordinata dal legittimo principe; *b*) doveva basarsi su una giusta causa; *c*) perseguire il bene contro il male (R. Monaco, Curti Gialdino, *Diritto internazionale pubblico*, 3 ed., cit. p. 556). La posizione della Chiesa cattolica oggi è quella di negare ogni forma di guerra, in quanto anche in materia di legittima difesa mediante la forza militare "si cade facilmente in una interpretazione troppo larga di questo possibile diritto. Così si vogliono giustificare indebitamente anche attacchi 'preventivi' o azioni belliche che difficilmente non trascinano mali e disordini più gravi del male da eliminare. La questione è che, a partire dallo sviluppo di armi nucleari, chimiche e biologiche, e dalle enormi e crescenti possibilità offerte dalle nuove tecnologie, si è dato alla guerra un potere distruttivo incontrollabile, che colpisce molti civili innocenti...Dunque non possiamo più pensare alla guerra come soluzione...Davanti a tale realtà, oggi è molto difficile sostenere i criteri razionali maturati in altri secoli per parlare di una possibile 'guerra giusta'. Mai più la guerra!", Papa Francesco, *Lettera enciclica Fratelli tutti*, Venezia, Marsilio, 2020, p. 227 ss..

militare avviata contro l'Egitto era destinata ad assicurare la libertà di navigazione nel Canale di Suez, così come prevista dalla Convenzione di Costantinopoli del 1888. Questo intervento militare aveva quale unico obiettivo quello di fare rispettare il diritto internazionale violato dall'Egitto in seguito alla nazionalizzazione del Canale e alle minacce alla libertà di circolazione convenzionalmente riconosciuta. Ciononostante, siffatta argomentazione non trovò accoglimento in seno all'ONU in considerazione del suo carattere "abusivo".

Nella prassi, l'intervento dell'**ECOWAS** (Economic Community of West African States) in Liberia (1991 e 1992) ed in Sierra Leone (1997), "coperto" *ex post* dal Consiglio di Sicurezza, ha fornito il primo banco di prova "moderno" di una modalità di intervento nel territorio di un altro Stato diversa da quanto era accaduto nei secoli precedenti (ai tempi della colonizzazione) seppure evocativa di un'antica dottrina.

Successivamente, nel 1999, in occasione dell'intervento militare effettuato contro la Repubblica Federale di Iugoslavia ben dieci Stati membri della **NATO**, dinanzi allo stallo del Consiglio di Sicurezza dell'ONU, hanno giustificato la propria azione militare — *in assenza di autorizzazione del Consiglio di Sicurezza* che, pur avendo constatato il pericolo di catastrofe umanitaria, era bloccato dal veto della Russia — adducendo l'emergenza di porre termine alla violenta repressione perpetrata dalle forze serbe nei confronti della popolazione albanese del Kosovo ([68]).

Pur se la NATO ha chiarito subito che si trattava di una misura di carattere *assolutamente eccezionale* (onde evitare pericolosi precedenti a favore successivamente della Russia o di altri Paesi com'è poi accaduto), legata alla necessità ed all'urgenza di evitare una *catastrofe umanitaria*, una parte consistente degli Stati membri delle Nazioni Unite ha espresso ampie perplessità circa il fondamento giuridico di tale misure. La CIG, adita dalla Serbia per ottenere delle misure provvisorie finalizzate alla cessazione dell'attività bellica della Nato, si è dichiarata...incompetente ([69]). Successivamente all'intervento armato, il Consiglio di Sicurezza dell'ONU ha sanato l'illiceità dell'intervento con una propria Risoluzione di copertura (Ris. 1244 (1999) del 10 luglio 1999).

Altra vicenda ricollegabile all'intervento d'umanità è emersa nella c.d. ***seconda guerra in Iraq***. Posto che la "prima guerra del Golfo" si è svolta entro i binari giuridici classici del diritto dell'ONU, la "seconda" guerra del Golfo, scoppiata nella primavera del 2003 su iniziativa degli Stati Uniti e dalla Gran Bretagna, è stata da più parti considerata "illecita". Infatti, la Ris. n. 1440 del novembre 2002 del Consiglio di Sicurezza non legittimava ancora — espressamente — il ricorso alla forza armata contro l'Iraq e a poco è valso spiegare al mondo che l'autorizzazione all'uso della forza doveva ritenersi ***implicita*** nelle Risoluzioni ONU precedenti (ad es. quelle circa il cessate il fuoco ed il disarmo di cui alle precedenti Ris. nn. 660 e 687/1991). Per tali ragioni, il Consiglio di Sicurezza ha dovuto successivamente emanare altre apposite e successive Risoluzioni per "coprire" quanto accaduto. Ciò, tuttavia, ha finito col ledere pesantemente sia la credibilità del sistema di sicurezza collettiva centrato sull'ONU sia la legittimità degli Stati Uniti nella conduzione di tali operazioni.

39. La c.d. "*Responsabilità di proteggere*" collettiva (R2P). — Una figura affine a quella dell'intervento d'umanità — e non meno controversa — è quella della

---

([68]) Cfr. E. Sciso (a cura di), *L'intervento in Kosovo. Aspetti internazionalistici e interni*, Milano, 2001, nonché G. Asta, "Il processo di state-building in Kosovo: una rilettura a venti anni dal suo avvio", in *OIDU*, 2020, p. 104 ss..

([69]) CIG, Ordinanza del 2 giugno 1999, al sito internet della Corte.

"*Responsabilità di proteggere*" ossia dell'uso della forza armata in un *quadro multilaterale e collettivo a titolo del Capo VII* della Carta ONU in caso di catastrofe umanitaria all'interno di uno Stato. Qui, a differenza che nel precitato caso dell'"intervento d'umanità" ad opera di un singolo Stato (o un gruppo di Stati riuniti in una coalizione), si tratta di una reazione organizzata nel rispetto della Carta delle Nazioni Unite e da parte della Comunità internazionale che interviene nel caso delle violazioni più gravi e sistematiche dei diritti umani di una data popolazione. Piuttosto che confermare la discrezionalità di singoli Stati, qui si "imbriglia" l'eventuale intervento armato nella Carta delle Nazioni Unite.

Tale "dottrina" fa seguito al terribile genocidio in Ruanda, all'intervento d'umanità in Kosovo ed altre vicende a cui sopra abbiamo fatto cenno in precedenza. Così, in seno alle Nazioni Unite si è sviluppato un dibattito tra i sostenitori del diritto all'intervento d'umanità e i suoi oppositori che, appellandosi alla tutela della sovranità nazionale, ribattono che l'intervento d'umanità è solo una forma mascherata di illegittima ingerenza negli affari interni finalizzata al *regime change*, un modo ipocrita per tornare ai (e così legittimare) vari "interventi bellici" degli Stati più potenti nei confronti degli Stati più deboli o meno sviluppati, come ai tempi della colonizzazione ([70]).

Così, nel 2005, in occasione del Vertice mondiale dei Capi di Stato e di Governo, gli Stati membri dell'ONU hanno adottato un documento che enuncia la "responsabilità di proteggere" *della Comunità internazionale* e in particolare del Consiglio di sicurezza dell'ONU, qualora uno Stato si dimostri *incapace* o *non desideroso* di proteggere la *propria popolazione* dai crimini internazionali più gravi quali il genocidio, i crimini di guerra, la pulizia etnica e i crimini contro l'umanità ([71]).

Nel documento finale, adottato il 24 ottobre 2005, ([72]), ai paragrafi 138-139, si legge che "*ogni Stato ha la responsabilità di proteggere la propria popolazione da genocidio, crimini di guerra, pulizia etnica e crimini contro l'umanità*". Tale responsabilità comporta "la prevenzione di questi crimini, incluso il loro incitamento, attraverso mezzi appropriati e necessari. La comunità internazionale dovrebbe incoraggiare ed aiutare gli Stati nell'esercizio di questa responsabilità e sostenere le Nazioni Unite nello stabilire un sistema di *early warning*". Spetta dunque alla Comunità internazionale, attraverso le Nazioni Unite, "utilizzare mezzi diplomatici, umanitari e altri mezzi pacifici in conformità ai Capi VI e VII della Carta per aiutare a proteggere le popolazioni da genocidio, crimini di guerra, pulizia etnica e crimini contro l'umanità. In questo contesto siamo pronti ad intraprendere azioni collettive, in modo deciso e puntuale, attraverso il Consiglio di Sicurezza, in conformità con la Carta incluso il Capo VIII, caso per caso e in cooperazione con le organizzazioni regionali competenti a seconda delle esigenze, nei casi in cui i mezzi pacifici si dimostrino

---

([70]) V. M. Bettati, *Le droit d'ingérence. Mutation de l'ordre international*, Paris, Ed. O. Jacob, 1996.

([71]) Cfr. ICISS, *The Responsibility to Protect*, 2001 al sito https://idl-bnc-idrc.dspacedirect.org/bitstream/handle/10625/18432/IDL-18432.pdf?sequence=6&isAllowed=y; L. Boisson de Chazournes e L. Condorelli, "De la "responsabilité de protéger", ou d'une nouvelle parure pour une notion bien établie", in *RGDIP*, 2006, p. 11; C. Focarelli, "La dottrina della responsabilità di proteggere e l'intervento umanitario", in *Riv. dir. int.*, 2008, p. 317 ss.; J. Crawford, "Chance, Order, Change: the Course of International Law", in *RCADI*, v. 365, 2013, Cap. XV. Cfr. P. Hilpold (ed.), *The Responsibility to Protect (R2P). A new Paradigm of International Law?*, Boston-Leiden, Kluwer, 2014; S. Zifcak, "The responsibility to protect", in *International Law*, a cura di M. Evans, 4 ed., Oxford, OUP, p. 484 ss..

([72]) Ris. AG ONU n. 60/1, *World Summit Outcome*.

inadeguati e le autorità nazionali abbiano chiaramente fallito di proteggere la loro popolazione da genocidio, crimini di guerra, pulizia etnica e crimini contro l'umanità".

Dall'adozione di tale documento, il Consiglio di sicurezza dell'ONU si è riferito alla *responsabilità di proteggere* in diverse risoluzioni tra cui basti citare le seguenti:

— le Ris. nn. 1674 (2006) e 1894 (2009) che creano il quadro normativo dell'azione del Consiglio di Sicurezza con riguardo alla protezione dei civili nei conflitti armati; esse riaffermano le disposizioni dei paragrafi 138 e 139 del Documento finale del Vertice mondiale del 2005 sopra richiamato;

— la Ris. n. 1706 (2006) sulla situazione in Darfur;

— la Ris. n. 1975 (2011) sulla situazione in Costa d'Avorio;

— le Ris. nn. 1970 (2011) e 1973 (2011) sulla situazione in Libia. La Ris. n. 1970 ribadisce che "le autorità libiche hanno la responsabilità di proteggere il popolo libico"; così anche, *expressis verbis*, nella risoluzione n. 1973. Dal canto suo, l'Assemblea generale ONU ha adottato nel settembre 2009, *per consensus*, la sua prima Risoluzione che tratta specificamente la responsabilità di proteggere ([73]).

Allo stato attuale, la "responsabilità di proteggere" resta controversa — così come la liceità di interventi armati "di umanità" — persino di fronte a catastrofi umanitarie all'interno di un dato Paese (nessuno chiede ai civili se gradiscano, per proteggere i loro diritti umani, anche le bombe dell'ONU!). Il dato non muta radicalmente considerando le difficoltà decisionali del Consiglio di Sicurezza dell'ONU a causa dei veti incrociati (ora sempre più frequenti a causa della c.d. "seconda guerra fredda" tra Stati Uniti e Cina) ([74]).

L'intervento in Libia ([75]) ed il caos in Siria ([76]) unitamente alla catastrofe umanitaria subita dai civili hanno sinora tragicamente dimostrato tutta la fragilità e la possibile manipolazione degli interventi individuali o collettivi "di umanità". Il paradosso del nostro tempo è dunque quello per cui, senza un intervento armato "esterno", ossia di altri Paesi, i cittadini di uno Stato finiscono per essere massacrati dalle milizie del proprio Governo.

2. — Le rappresaglie

40. La "Legge del Taglione". — *La* ***rappresaglia*** *(**Reprisal**) consiste in una misura coercitiva, che in sé è illecita* — ed è proprio questo che la differenzia dalle misure di **ritorsione** che consiste in un comportamento inamichevole, ma comunque sempre lecito —, *e viene presa da uno Stato A nei confronti di uno Stato B come*

([73]) Ris. A/RES/63/308.

([74]) Da tempo si discute circa una riforma del Consiglio di Sicurezza ma ora si invoca persino il superamento del diritto di veto in seno al Consiglio di Sicurezza a causa della possibile paralisi decisionale (J. Trahan, *Existing Legal Limits to Security Council Veto Power in the Face of Atrocity*, Cambridge, CUP, 2020). Non è però chiaro a favore di *chi* debba avvenire detto superamento, se in favore dell'Assemblea Generale dell'ONU ovvero, più probabilmente, di coalizioni di Stati, ciò che porterebbe ben presto e paradossalmente al superamento del sistema di sicurezza collettiva dell'ONU regredendo ad una situazione simile a quanto accadeva ai tempi precedenti della Società delle Nazioni.

([75]) Cfr. U. Villani, "Aspetti problematici dell'intervento militare nella crisi libica", in *DIDU*, 2011, pp. 369-373 e cfr. P. Picone, "Considerazioni sulla natura della risoluzione del Consiglio di sicurezza a favore di un intervento "umanitario" in Libia", ivi, pp. 213-231.

([76]) Cfr. N. Ronzitti, E. Sciso, *I conflitti in Siria e Libia. Possibili equilibri e le sfide al diritto internazionale*, Torino, Giappichelli, 2018 nonché M. Scharf, M. Sterio, P. Williams, *The Syrian Conflict's Impact on International Law*, Cambridge, CUP, 2020.

reazione ad un illecito commesso da quest'ultimo nei confronti del primo. In altri termini, si tratta dell'applicazione della "Legge del Taglione" (*occhio per occhio, dente per dente!* si diceva nel libro del Levitico, nella Bibbia) nell'ordinamento internazionale.

Ricorrendo a misure di rappresaglia, lo Stato che le attua intende far cessare una violazione del diritto internazionale o ottenere una riparazione adeguata. Tradizionalmente, si è soliti distinguere tra rappresaglia posta in essere in tempo di pace e in tempo di guerra (c.d. *rappresaglia bellica*). Le rappresaglie possono assumere forme differenti: politiche, economiche, giuridiche ([77]) e non sono altro che un'applicazione del concetto di *reciprocità*: un soggetto non rispetta i propri obblighi internazionali perché un altro soggetto non ha rispettato i propri (*exceptio inadimpleti contractus*). Come abbiamo indicato a suo luogo (Cap. XVI), nel diritto internazionale contemporaneo si preferisce parlare di "***contromisure***" (*Countermeasures*) *pacifiche* in quanto non si tratta di misure aventi natura afflittiva. Infatti, gli Articoli CDI sulla responsabilità internazionale degli Stati fanno riferimento unicamente alle *contromisure* (artt. 49 ss.) dunque a delle misure pacifiche di rappresaglia.

a) *Un riconoscimento consuetudinario*

41. La sua formulazione classica nel caso *Naulilaa* (1928). — Le "rappresaglie armate" tra Stati erano diffuse nel diciottesimo secolo, divenendo ancora più frequenti all'inizio del diciannovesimo, una volta cessate le c.d. "rappresaglie private". Nel Medioevo, infatti, l'individuo danneggiato o il creditore che non riuscisse ad ottenere l'adempimento delle obbligazioni da parte del suo debitore straniero, otteneva da parte del proprio Stato nazionale (o in Italia dal proprio Comune) una "lettera *di marca e di rappresaglia*", in forza della quale egli poteva rivalersi nei confronti del debitore, del Comune o dello Stato cui esso apparteneva o, soprattutto, dei suoi concittadini ([78]). Col rafforzarsi dell'autorità statale, l'esecuzione privata venne dapprima sottoposta a stringenti limitazioni e controlli, finché venne proibita per diventare monopolio dello Stato. E numerosi trattati internazionali vennero conclusi proprio per abolire o limitare le rappresaglie, particolarmente malviste in Italia dove venivano percepite come un grave ostacolo al traffico commerciale.

Le rappresaglie armate "pubbliche" rappresentarono dunque un "progresso" rispetto alla situazione precedente e si affermarono quale norma consuetudinaria nei limiti di alcune condizioni fissate nel **caso *Naulilaa***, oggetto di un contenzioso tra Portogallo e Germania deciso tramite un lodo arbitrale del 31 luglio 1928 ([79]).

I fatti erano i seguenti. Il 19 ottobre 1915, un funzionario tedesco e due ufficiali della colonia tedesca del Sudovest africano (Namibia) vennero uccisi presso il Forte portoghese di *Naulilaa* in Angola. In rappresaglia, il Governo tedesco del Sudovest africano ordinò alle proprie truppe di distruggere alcuni forti portoghesi in Angola. Il Portogallo protestò contro l'operazione militare tedesca e invocò la responsabilità

([77]) Rientrano in questa categoria il trattamento degli stranieri contrario alle norme del diritto internazionale generale o pattizio (ad es. sequestro di beni, espulsione etc.), il fermo nei porti di navi straniere, l'inesecuzione di obblighi derivanti da trattati o la denuncia di trattati fuori dai casi previsti.

([78]) In arg. v. PERTILE, *Storia del diritto italiano*, 2ª ed., VI, II, p. 384 ss.; ROCCO, *Il fallimento*, Torino, 1917; CASSANDRO, *Le rappresaglie ed il fallimento a Venezia nei secoli XII e XIV*, Torino, 1938; SANTARELLI, *Per la storia del fallimento nelle legislazioni italiane dell'età intermedia*, Padova, 1964.

([79]) In *RSA*, t. II, p. 1027.

della Germania. Gli arbitri accertarono che la morte degli agenti tedeschi a *Naulilaa* era avvenuta a seguito di una serie di fraintendimenti e che tale incidente, senza dubbio deplorevole, "aveva un carattere decisamente fortuito". Pertanto, gli arbitri si pronunciarono sulla liceità o meno delle azioni armate intraprese dalle autorità tedesche a titolo di rappresaglia. Il collegio arbitrale osservò che "l'uso della forza non si giustifica che per il suo carattere di necessità" ([80]). Inoltre, occorreva che "la rappresaglia fosse proporzionata all'offesa" e nel caso di specie, gli arbitri conclusero che gli atti di rappresaglia tedeschi risultavano illeciti.

I criteri di liceità delle rappresaglie armate nell'ordinamento internazionale definiti da questo lodo bene illustrano il diritto consuetudinario in materia:

(a) la *rappresaglia costituisce una misura afflittiva imposta da uno Stato ad un altro a causa della grave violazione del diritto internazionale* ([81]).

(b) la *rappresaglia deve essere necessaria.*

(c) la *rappresaglia deve essere proporzionale alla violazione.*

Va aggiunto che l'esecuzione della rappresaglia deve essere preceduta da una richiesta di riparazione, salvo che questa sia futile o, comunque, sia rimasta insoddisfatta.

Oggi, **gli artt. 49-54 degli Articoli CDI** riflettono il diritto consuetudinario e prevedono delle analoghe condizioni di liceità delle contromisure.

b) *Liceità o illiceità delle rappresaglie armate secondo la Carta dell'ONU*

42. Alcuni abusi. — In passato come ai giorni nostri, le rappresaglie armate sono state utilizzate in modo abusivo contro gli Stati più deboli della Comunità internazionale ([82]). Bastino solo due esempi. Nell'aprile del 1914, gli Stati Uniti occuparono il porto di Vera-Cruz in Messico in seguito al rifiuto da parte delle autorità messicane locali di porgere il saluto alla bandiera americana ([83]). Il 28 dicembre 1968, un raid israeliano all'aeroporto di Beirut distrusse tutti i velivoli appartenenti alle linee aeree libanesi: questa azione fu intrapresa in risposta ad un attacco compiuto il 26 dicembre 1968 da parte di due terroristi arabi ad Atene contro un aereo di El Al che aveva causato due morti ([84]).

43. Un'illiceità relativa. — Le "rappresaglie armate" sembrano incompatibili con il divieto fondamentale di ricorso "alla minaccia o all'uso della forza" contenuto nell'art. 2, par. 4, della Carta e con la disciplina delle "contromisure" di cui agli artt. 49 ss. degli Articoli CDI.

L'Assemblea Generale ONU tramite la Ris. 26 (XXV) del 1970 circa la *Dichiarazione sulle relazioni amichevoli tra gli Stati*, adottata per *consensus*, ha vietato

---

([80]) Cfr. pp. 1027-1028.

([81]) Pertanto, la rappresaglia non costituisce una riparazione bensì è diretta ad ottenere riparazione. Come tale non estingue il diritto alla riparazione.

([82]) In arg. cfr. N. Ronzitti, *Diritto internazionale dei conflitti armati*, cit., p. 53 ss. e riferimenti ivi citati.

([83]) Cfr. Hackworth, *International Law*, vol. I, 1940, p. 151.

([84]) Cfr. R.A. Falk, "The Beirut raid and the International Law of Retaliation", in *AJIL*, 1969, p. 415, spec. p. 428 ss.

formalmente le rappresaglie armate (85). A propria volta, nel parere consultivo dell'8 luglio 1996 relativo alla liceità dell'uso o della minaccia dell'uso delle armi nucleari, la CIG ha testualmente affermato che le rappresaglie armate in tempo di pace sono internazionalmente illecite (86). Ma si è puntualmente rilevato che la liceità di tali misure sia ammessa nell'ambito dello *jus in bello* (87), materia il cui studio forma oggetto di una parte speciale del diritto internazionale che è il *diritto internazionale umanitario* (o dei conflitti armati) e di cui non ci occuperemo in questa sede, rinviando il lettore ad appositi corsi di approfondimento ed opere specializzate.

Sezione II
Gli strumenti di pressione a carattere non militare

Bibliografia sommaria: Ch. Leben, *Les contre-mesures interétatiques et les réactions à l'illicité dans la société internationale*, in *AFDI*, 1982, p. 9 ss.; *Les moyens de pression économique et le droit international*, in *RBDI*, 1984-1985, n. 1; D. Alland, *Justice privée et ordre juridique international. Étude théorique des contre-mesures*, Parigi, Pedone 1994; L. Damrosch, "Enforcing International Law through Non-forcible Measures", in *RCADI*, v. 269, 1997, pp. 9-250; V. Gowlland-Debbas (ed.), *United Nations Sanctions and International Law*, Kluwer, The Hague, 2001; J. Crawford, *The International Law Commission's Articles on State Responsibility*, Cambridge, CUP, 2002; M.L. Picchio Forlati, A. Sicilianos (eds.), *Les sanctions économiques en droit international*, La Haye, 2002; T. Franck, *On Proportionality of Countermeasures in International Law*, *AJIL*, 2008, p. 715 ss.; A. Pellet, "Les sanctions de l'Union européenne", in *Mèlanges Daillier*, 2012, p. 431 ss.; M. Malloy, "Human Rights and Unintended Consequences: Empirical Analysis of International Economic Sanctions in Contemporary Practice", in *Boston U. Intl. L. J.*, 2013, p. 75 ss.; N. Ronzitti (ed.), *Coercive Diplomacy, Sanctions and International Law*, Brill-Nijhoff, Leiden/Boston, 2016.

44. Un'ampia gamma. — Contrariamente alle altre misure esaminate nei paragrafi precedenti, gli "strumenti di pressione" non militare *possono essere utilizzati da tutti i soggetti del diritto internazionale*. L'efficacia della pressione dipenderà dai rapporti di forza, soprattutto economica, nel contesto internazionale. A ben vedere, si tratta della tecnica del "bastone e della carota" e qui, la carota consiste nella concessione di vari vantaggi economici nella forma di aiuti economici o altri vantaggi commerciali in forma daziaria. Viceversa, un micro-Stato incontrerà maggiori difficoltà nell'ottenere il rispetto dei propri diritti da uno Stato più potente.

In tale contesto, va sottolineato che anche una potente società multinazionale può far cessare la violazione dei propri diritti da parte di uno Stato piccolo e debole, minacciando la liquidazione dei propri investimenti esteri sul territorio di quest'ultimo.

45. Le *contromisure*. — Abbiamo detto in precedenza che, nel diritto internazionale contemporaneo, si parla di "contromisure" (*countermeasures*) allorquando ci si riferisce a un comportamento dello Stato leso che in sé sarebbe illecito, ma che diviene lecito in quanto costituisce reazione ad un illecito di un altro Stato. Abbiamo anche osservato che si tratta di una **reazione non militare** distinta dalla *rappresaglia armata* ed anche distinta dalla *ritorsione* in quanto in quest'ultimo caso si tratta solo di un comportamento soltanto inamichevole ma di per sé lecito.

---

(85) Risoluzione del 24 ottobre 1970 sulle relazioni amichevoli e la cooperazione tra gli Stati, § 1, 6° principio. La CIG vi si è riferita nel *caso delle attività militari e paramilitari in e contro il Nicaragua* (cit., 101, punto 191).

(86) CIG, Rec., 1996, p. 246, punto 46.

(87) In arg. cfr. N. Ronzitti, *Diritto internazionale dei conflitti armati*, cit., p. 53 ss. e riferimenti ivi citati.

Così, già nel lodo arbitrale del 9 dicembre 1978, pronunciato in un contenzioso tra gli ***Stati Uniti e la Francia a proposito dei servizi aerei tra i due Paesi***, si era indicato che:

"in presenza di una situazione che a suo avviso [dello Stato] comporti la violazione di un obbligo internazionale, esso [lo Stato] ha il diritto di fare rispettare il proprio diritto mediante delle "contromisure"...È pacifico che tutte le contromisure devono, in primo luogo, avere un certo grado di equivalenza con la presunta violazione...È stato osservato, in generale, che giudicare la "proporzionalità" delle contromisure non è un compito facile e nel migliore dei casi può essere svolto con approssimazione" ([88]).

Dunque, le *contromisure* sono una *species* delle *rappresaglie* nella misura in cui condividono alcune caratteristiche essenziali: sono **atti di per sé contrari al diritto internazionale** che si giustificano solo in quanto rispondono ad una violazione del diritto internazionale operata dall'altra parte (par. 84); devono però essere proporzionali al pregiudizio subito (par. 83).

Possono venire in rilievo, sia in materia di diritto dei trattati (*exceptio inadimpleti contractus* di cui all'art. 60 CVT), sia quale causa di esclusione della responsabilità internazionale dello Stato ai sensi dell'art. 23 degli Articoli CDI.

La natura di legittimo "strumento di pressione" delle contromisure emerge alla luce **dell'art. 49 e ss.** degli Articoli CDI, ove si indica che:

a) le contromisure devono essere adottate *unicamente nei confronti dello Stato che ha commesso l'illecito* internazionale;

b) sono *temporanee*, nel senso che devono terminare quando lo Stato offensore ha posto fine all'illecito;

c) Devono essere *proporzionali*;

d) *Non devono essere contrarie a norme imperative* di diritto internazionale

Esistono, infatti, dei **limiti** entro i quali uno Stato può esercitare *lecitamente* tali contromisure, ai sensi **dell'art. 50** degli Articoli CDI che, identificando alcuni **obblighi non pregiudicabili da contromisure**, così recita:

"1. Le contromisure non pregiudicheranno: *a*) l'obbligo di astenersi dalla minaccia o dall'uso della forza come espresso dalla Carta delle Nazioni Unite; *b*) gli obblighi di tutela dei diritti umani fondamentali; *c*) gli obblighi di carattere umanitario che vietano rappresaglie; *d*) gli altri obblighi derivanti da norme imperative di diritto internazionale generale. 2. Uno Stato che ricorra a contromisure non è esentato dall'adempiere ai propri obblighi: *a*) derivanti da procedure di soluzione delle controversie applicabile nei rapporti con lo Stato responsabile; *b*) di rispettare l'inviolabilità di agenti, locali, archivi e documenti diplomatici o consolari" ([89]).

In sintesi: tali regole evidenziano opportunamente che si debba trattare di una *reazione* in linea col principio di *proporzionalità* ([90]) e con un minimo *ordine procedurale* ([91]).

([88]) In *Rev. Fr. Droit Aérien*, 1979, p. 460; punti 81 e 83 del lodo; cfr. J. Dutheil de la Rochère, *L'interprétation de l'accord franco-américain realtif au transport aérien international, changement d'appareil à Londres, Sentenza del 9 dicembre 1978*, in *AFDI*, 1979, p. 334-337.

([89]) Sottolineatura aggiunta. V. in particolare J. Crawford, *State Responsibility. The General Part*, Cambridge, CUP, 2013, p. 700 ss.

([90]) Art. 51 "Le contromisure devono essere commisurate al pregiudizio subito, tenendo conto della gravità dell'atto internazionalmente illecito e dei diritti in gioco".

([91]) V. artt. 52-53 degli Articoli CDI.

46. (*segue*) I c.d. *Blocking Statutes* come contromisure. Sempre alla prassi delle contromisure appartengono i già citati *blocking statutes*, ossia quelle leggi adottate da alcuni Stati in risposta alle pretese di altri Paesi — *in primis* gli Stati Uniti — di conferire ad alcune delle proprie leggi nazionali una portata extra-territoriale in spregio alle regole internazionali di ripartizione delle competenze statali ([92]).

In breve, le "contromisure" rappresentano il lato "pacifico" — o non militare — delle rappresaglie.

La stessa CIG ha fatto proprio questo approccio nel caso relativo al progetto *Gabcikovo-Nagymaros (Ungheria* c. *Slovacchia)* riconoscendo che una "contromisura" — atto che in quanto tale sarebbe illecito — può essere adottata "per rispondere a un fatto internazionalmente illecito di un altro Stato e... diretta contro... lo Stato" che ne abbia fatto ricorso ([93]).

47. Piano espositivo. — Ciò detto, è possibile distinguere due categorie principali di strumenti di pressione (leciti) con lo scopo di controllare l'attuazione del diritto internazionale: alcuni sono di carattere politico (§ 1) ed altri di carattere economico (§ 2).

§ 1. — *Gli strumenti di pressione a carattere "politico"*

48. Primato delle azioni statali. — Gli strumenti di pressione a carattere "politico" sono generalmente a disposizione di ciascuno Stato, benché anche le OIG e i soggetti privati vi possano fare ricorso. **Si tratta di pressioni psicologiche (1); pressioni diplomatiche (2) e, più in generale, di pressioni sugli individui (3).**

1. — La pressione morale e psicologica

49. Il coinvolgimento dell'opinione pubblica. — Facciamo qui riferimento a tutti gli strumenti di propaganda destinati ad attirare l'attenzione dell'opinione pubblica nazionale o internazionale sulle violazioni del diritto internazionale commesse in questo o quello Stato. Siffatto mezzo di pressione si rivela utile ed efficace nella misura in cui uno Stato si preoccupi della propria "immagine" sul piano internazionale e tema le reazioni della propria opinione pubblica o di quella di altri Stati. A titolo d'esempio, si possono citare le trasmissioni radio in diretta dall'estero (ad esempio la stazione radio "Europa libera" che all'epoca della "guerra fredda" trasmetteva da Monaco verso gli Stati dell'Europa orientale, o ancora i servizi "stranieri" delle radio nazionali, come la BBC, la "voce dell'America" o *Radio France International*). I rapporti dei Governi, delle OIG e delle ONG possono attirare l'attenzione su eventuali violazioni del diritto internazionale — in particolare del diritto internazionale dei diritti umani — in alcuni Stati. È questo tipo di pressioni che le OIG come l'ONU e le ONG come Amnesty International utilizzano per meglio promuovere il rispetto dei diritti dell'uomo e delle libertà fondamentali.

Anche le ***organizzazioni economiche internazionali*** utilizzano spesso tale mezzo di pressione nei confronti dei propri Membri. In seno al FMI, gli Stati hanno tutto

---

([92]) Cfr. *supra* Cap. XV. V. pure L. Di Lullo, "L'attuazione nell'Unione europea dei meccanismi di blocco alle sanzioni extraterritoriali: profili sostanziali e processuali", in *OIDU*, 2020, p. 134-150.

([93]) CIG, 25 settembre 1997, in *Rec.*, 1997, n. 83.

l'interesse a rispettare le raccomandazioni confidenziali di detta OIG per poter beneficiare dell'assistenza finanziaria del fondo. A propria volta, l'OCSE rende pubblici i suoi "giudizi economici" attraverso studi periodici sulla situazione dei propri membri; questi studi vengono tenuti in massima considerazione dagli Stati — spesso senza ammetterlo ufficialmente — anche perché il mondo degli affari internazionali attribuisce a tali rapporti un valore di primaria importanza.

Infine, nel nostro tempo, alcuni attori non statali del diritto internazionale, come le ***Agenzie di Rating*** esercitano tramite i loro giudizi e *ranking* delle peculiari forme di pressione sulle scelte di politica economica dei Governi (incluso quello italiano). È ben noto che le Agenzie di Rating si occupano di "valutare" i soggetti emittenti strumenti finanziari e prodotti di natura finanziaria. Attraverso un lavoro di analisi al di fuori di qualsiasi controllo democratico o governativo, queste agenzie verificano che banche e istituti, imprese e Stati, in quanto emittenti di titoli e strumenti finanziari, siano effettivamente capaci di rimborsare gli investimenti dei loro clienti. Pertanto, la sola minaccia "resa pubblica" di un declassamento del debito pubblico può avere conseguenze devastanti sul c.d. *spread* e dunque ha un impatto sicuro sulle scelte politiche nazionali.

2. — Le pressioni diplomatiche

50. Le opzioni. — Le pressioni diplomatiche sono abbastanza frequenti nelle *relazioni tra Stati*. Come abbiamo segnalato a suo luogo, i diplomatici possono essere espulsi (dichiarati *persona non grata*) o subire una limitazione alla libertà di movimento nello Stato accreditatario; il personale diplomatico e consolare accreditato può essere ridotto mediante, ad esempio, la chiusura di alcuni Consolati. Nella peggiore delle ipotesi, si prospetta la ***rottura delle relazioni diplomatiche***, con conseguente chiusura delle sedi diplomatiche e richiamo del relativo personale. A titolo di esempio, si vedano le decisioni adottate nell'aprile del 1980 dagli Stati Uniti che, in ragione del trattamento subito dal personale statunitense a Teheran, prima ridussero il numero dei diplomatici iraniani di stanza a Washington, poi decisero di dichiararli persone non grate.

Altra forma di pressione diplomatica è la denuncia da parte di uno Stato dei trattati conclusi con lo Stato offensore, o almeno di quei trattati che possono essere denunciati secondo quanto previsto dalle loro disposizioni.

È ugualmente possibile ***chiedere l'espulsione di uno Stato da questa o quella OIG***, invocando il mancato rispetto degli obblighi internazionali di quest'ultimo.

Tali pressioni diplomatiche possono anche essere esercitate nei confronti di una OIG: gli Stati Uniti, per esempio, hanno **esercitato il loro *diritto di recesso*** *come strumento di pressione* nei confronti dell'OIL in passato e poi dell'UNESCO per incitare queste OIG a modificare i loro orientamenti e adottare alcune riforme del loro ordinamento interno (gli Stati Uniti hanno lasciato l'UNESCO dal 1° gennaio 1985, alla scadenza del preavviso di due anni imposto dalla Carta costitutiva, per rientrarvi soltanto nel 2003; così hanno fatto anche Gran Bretagna e Singapore).

Un'altra opzione, già utilizzata nell'attuale *querelle* con la Russia a proposito della situazione ucraina è quella di ***annullare un importante vertice***. Così, nel 2014, è stato annullato il vertice UE-Russia e gli Stati membri della UE hanno deciso di non tenere vertici bilaterali con la Russia rimanendo così sospeso il nuovo accordo di partenariato UE-Russia oltre a quello sui visti.

3. — Le pressioni sugli individui

51. Minaccia alle libertà individuali. — In alcuni casi, gli individui servono — loro malgrado — da "pedine" nella scacchiera internazionale.

Al riguardo, esistono numerosi esempi:

— Gli Stati possono **rifiutarsi di rilasciare *visti d'entrata o di uscita*** per manifestare la loro disapprovazione riguardo alla modalità con cui alcuni Stati applicano il diritto internazionale. Ad esempio, nel 1979, il governo francese rifiutò di concedere il visto ai giocatori di rugby della Repubblica Sudafricana in segno di protesta contro il regime di apartheid che vigeva da lungo tempo in quel Paese. Nel 1980, alcuni Paesi (tra cui gli Stati Uniti) rifiutarono di concedere il visto ai loro cittadini desiderosi di partecipare ai Giochi Olimpici di Mosca per protestare contro l'intervento militare dell'URSS in Afghanistan nel dicembre 1979. Le misure restrittive adottate da uno Stato possono dunque riguardare sia l'entrata di cittadini stranieri nel territorio nazionale, sia l'uscita di propri cittadini che vogliono recarsi nel territorio di un altro Stato.

— Talvolta, nei periodi di grave tensione internazionale e per ragioni di pubblica sicurezza, uno Stato può ricorrere all'**internamento di alcuni cittadini dello Stato** o degli Stati il cui comportamento sia da esso valutato come ostile e pericoloso ([94]). Effettuando questa sorta di "presa di ostaggi collettiva", prassi relativamente comune nell'Antichità o nel Medioevo, uno Stato può, quindi, sperare di fare pressione su un altro Stato, per indurlo a rispettare i propri obblighi internazionali. Occorre sottolineare che questa azione si verifica spesso tra i belligeranti, una volta iniziate le ostilità militari.

— Ancora, nell'attuale crisi con la Russia causata dalla situazione in Ucraina, la UE ha sottoposto al **congelamento dei beni** ed a **restrizioni di viaggio** circa 177 persone e 48 entità, predisponendo un'apposita ***black list***. Tali misure vengono rinnovate periodicamente.

— In un'ottica analoga, gli Stati possono procedere all'***espulsione* parziale o totale di alcuni stranieri** che hanno la cittadinanza di uno Stato che si ritiene violi il diritto internazionale.

§ 2. — *Gli strumenti di pressione economica*

52. Un'ampia gamma. — Gli strumenti di natura economica sono numerosi e diversificati ([95]). Possono consistere sia nell'abolizione o sospensione di *vantaggi economici* (1) precedentemente accordati, sia nell'imposizione di sanzioni (2).

([94]) V. ad esempio gli internamenti dei cittadini britannici, francesi, italiani, greci e altri, in Egitto durante la guerra arabo-israeliana nel 1948. Kiss, *Répertoire français du droit international public*, t. IV, n. 590.

([95]) V. D. Carreau, *La contrainte économique en droit international*, in *Riv. dir. int. econ.*, 1987, (3), p. 445. V. anche G.M. Vairo, *Sanction and Arbitration Proceedings*, in *Handbook on Commercial Arbitration*, New York, 2010, p. 419; O. Elagab, *The legality of Economic Coercion in General International Law*, in A. Qureshi (ed.), *International Economic Law*, London, Routledge, 2011, p. 525; M. Happold, *Economic Sanctions and International Law*, Oxford, Hart, 2016; N. Ronzitti (dir.), *Coercive Diplomacy, Sanctions and International Law*, Leiden/Boston, Brill, 2016; M. Asada (dir.), *Economic Sanctions in International Law and Practice*, London, Routledge, 2020.

1. — Il ritiro o la sospensione di vantaggi economici

53. Esempi. — Una forma di pressione consiste nella ***denuncia di trattati di natura economica*** che garantiscono vantaggi o concessioni ai cittadini e alle imprese dello Stato offensore. Ciò produce molteplici conseguenze: la mancata applicazione della clausola della Nazione più favorita, l'aumento dei diritti doganali, l'istituzione di barriere non tariffarie, la nazionalizzazione degli investimenti esteri; in ipotesi estreme, la rottura totale delle comunicazioni terrestri, aeree e marittime. Anche in questo caso, agendo su interessi economici privati, ciascuno Stato spera di esercitare pressioni su un altro Stato a cui vengono attribuiti determinati illeciti internazionali.

Il **rifiuto di concedere *prestiti*** o di ***fornire assistenza economica*** rientra tra le misure di pressione. In particolare, se i prestiti sono già stati concessi, uno Stato (ma anche una OIG o dei privati) non saranno versate le ulteriori *tranches* del mutuo. Un esempio celebre di questo tipo di strumento di pressione ci è fornito dal rifiuto degli Stati Uniti — e poi della Banca Mondiale — di finanziare la diga di Assouan con lo scopo di influenzare la politica del Governo egiziano dell'epoca. Inoltre, in base al principio di ***condizionalità*** dell'aiuto finanziario agli Stati membri in difficoltà, il FMI utilizza frequentemente questo strumento di pressione per indurre gli Stati recalcitranti all'adempimento dei propri obblighi nei confronti del Fondo.

Ancora: a causa della crisi con la Russia a proposito della situazione in Ucraina, nel luglio 2014 i *leader* dell'UE hanno introdotto apposite restrizioni alla cooperazione economica. Così, alla Banca Europea degli Investimenti (BEI) è stato chiesto di sospendere la firma di nuove operazioni di finanziamento nella Federazione Russa e gli Stati membri dell'UE hanno convenuto di coordinare le loro posizioni in seno al consiglio d'amministrazione della Banca Europea per la Ricostruzione e lo Sviluppo (BERS) al fine di sospendere il finanziamento di nuove operazioni.

Altre forme di pressione si hanno attraverso la diminuzione del volume degli scambi commerciali (una *riduzione controllata delle esportazioni e delle importazioni*). Così, la prima reazione degli Stati Uniti di fronte alle nazionalizzazioni cubane di Fidel Castro fu il contingentamento delle importazioni di zucchero cubano sul mercato statunitense che, all'epoca, costituiva il mercato di sbocco più importante per Cuba.

2. — L'imposizione di sanzioni economiche

54. Il dibattito sulla coercizione economica. — Le sanzioni economiche sono state oggetto di un acceso dibattito con riferimento al divieto generale dell'uso della forza nell'ordinamento internazionale. Alcuni, infatti, ritengono che la "coercizione economica" non sia altro che una manifestazione particolare dell'uso della forza nelle relazioni internazionali che, come tale, è vietata dalla Carta dell'ONU (art. 2 par. 4). Va tuttavia rilevato che la definizione di *aggressione*, adottata ufficialmente dall'AG dell'ONU nel 1974, fa riferimento esclusivamente alla *dimensione militare*, nulla dicendo a proposito di altri strumenti di coercizione. Tuttavia, in alcune Risoluzioni dell'Assemblea Generale dell'ONU vengono condannate tutte le forme di coercizione a livello internazionale inclusa la "coercizione economica", anche se quest'ultimo concetto non è definito puntualmente ([96]).

A prescindere da tale dibattito, possiamo distinguere le sanzioni economiche a seconda che siano decise da soggetti privati (a), da OIG (b), o, *in primis*, dagli Stati (c).

a) *Le sanzioni imposte da soggetti privati*

55. Il rifiuto di contrarre. — Le forme di reazione più comuni sono il rifiuto di vendere (***embargo***) o di concedere un prestito alle imprese di un determinato Paese, nonché il rifiuto di comprare beni e servizi da queste (***boicottaggio***). I privati possono altresì decidere di non investire in un determinato Paese, o di liquidare i loro investimenti in essere.

Tali decisioni possono essere adottate da un singolo soggetto privato (spesso si tratta di "multinazionali") o in modo concertato nel quadro di "cartelli" tra imprese.

E si tratta di strumenti di pressione assai efficaci nei confronti degli Stati che non rispettano i propri impegni internazionali nei confronti dei soggetti privati.

b) *Le sanzioni imposte dalle OIG*

56. Sanzioni internazionali delle OIG contro uno o più Stati. — Altre sanzioni economiche possono essere decise dalle OIG: si tratta di sanzioni economiche che possono essere decise per indurre gli Stati — membri o non membri dell'Organizzazione interessata — a rispettare i loro obblighi internazionali o a far cessare le violazioni del diritto internazionale ([97]). Siffatte sanzioni economiche contribuiscono alla tutela degli interessi della Comunità internazionale considerata nel suo insieme e non solo di quelli di una data OIG.

Così, il Consiglio di sicurezza ONU può decidere sanzioni economiche ai sensi del Capo VII della Carta in caso di "minaccia alla pace, violazione della pace o un atto di aggressione" ([98]).

57. Il loro utilizzo da parte del Consiglio di sicurezza dell'ONU e le "smart sanctions". — Le sanzioni economiche vennero utilizzate, per la prima volta nella storia della Carta ONU, contro la Rhodesia del Sud, che proclamò unilateralmente la sua indipendenza nel 1965. Dapprima si trattò di sanzioni economiche parziali (1966), poi il Consiglio di sicurezza le generalizzò nel 1970. Furono in seguito rimosse nel dicembre del 1979, allorquando venne trovata una soluzione politica al problema della Rhodesia. Tuttavia, va osservato che le sanzioni economiche contro la Rhodesia furono poco efficaci alla pari di quanto già era avvenuto per le sanzioni imposte dalla SdN contro l'Italia a seguito della guerra coloniale contro l'Etiopia nel 1936. In realtà,

---

([96]) V. ad es. art. 42 della *Carta dei diritti e doveri economici degli Stati* adottata a larga maggioranza (non per *consensus*) dall'Assemblea Generale dell'ONU, nel dicembre del 1974. In generale, cfr. R. Lillic, *Economic Coercion and the New International Economic Order*, Charlottesville, 1976, nonché, più recentemente, N. Ronzitti (a cura di), *Coercive Diplomacy, Sanctions and International Law*, Brill, The Hague, 2016 e riferimenti ivi cit.

([97]) V. R. Renwick, *Economic sanctions*, Centro per gli affari internazionali, 1981; A. Panebianco, "Le sanzioni economico — politiche delle organizzazioni internazionali regionali", in *Studi in onore di R. Ago*, 1987, III, p. 219.

([98]) V. art. 41. In arg. cfr. M. Sossai, *Sanzioni delle Nazioni unite e organizzazioni regionali*, Roma, Romatre press, 2020 e riferimenti ivi citati.

nonostante l'embargo, i contatti economici non si erano interrotti e pertanto la Rhodesia non fu mai messa "in ginocchio" dalle sanzioni economiche ONU (99).

Successivamente, nel 1977, vennero decise *sanzioni economiche selettive* nei confronti del Sudafrica: nello specifico, un *embargo sulle vendite d'armi.*

Nell'agosto del 1990, all'epoca della "prima guerra del Golfo", il Consiglio di Sicurezza ONU decise un **embargo totale** nei confronti dell'Iraq a seguito dell'invasione del Kuwait. Anche in questo caso, l'arma economica non fu molto efficace. A fronte dello scarso successo delle sanzioni economiche imposte all'Iraq, il Consiglio di Sicurezza decise, alla fine del novembre 1990, di autorizzare i Paesi alleati del Kuwait a passare alla fase militare a partire dal 15 Gennaio 1991 (100).

Negli anni Novanta del secolo scorso, apparentemente con maggior successo, il Consiglio di Sicurezza impose sanzioni economiche selettive contro la Libia (101) e generali contro Serbia e Montenegro (102). Poi, il Consiglio di Sicurezza, con risoluzioni nn. 1737 del 27 dicembre 2006 e 1747 del 24 marzo 2007, impose il congelamento di certi beni ed averi iraniani all'estero e, nel contempo, decise una sospensione delle relazioni finanziarie con l'Iran, accusato di non aver sospeso le proprie attività di arricchimento dell'uranio e di non rispettare gli obblighi discendenti dal trattato di non proliferazione nucleare.

Infine, va ricordato che dal 1999 il Consiglio di Sicurezza ha deciso di adottare delle sanzioni mirate *ratione personae* contro individui o entità non-statali designate come terroristiche a livello ONU (103). Per tali ragioni, nella prassi contemporanea, il Consiglio di sicurezza, una volta deciso un dato regime di sanzioni tramite una Risoluzione basata sul Capo VII della Carta dell'ONU, definisce in modo dettagliato il *tipo* di sanzioni adottate [**ad esempio**: embargo, divieto di visto (***travel ban***), congelamento dei beni (***asset freeze***)] e l'ambito di applicazione oggettivo (quali merci o servizi sono oggetto di embargo) e soggettiva (con la ***black list***, ossia la lista delle persone colpite). Per tali ragioni, oggi, si parla di ***smart sanctions*** o anche di ***targeted sanctions***.

Nel contempo, si sono istituiti appositi *Comitati per le sanzioni* (***Sanctions Committee***) quali organi sussidiari del Consiglio di sicurezza incaricati di garantire l'attuazione delle sanzioni previste in ciascuna Risoluzione. Poiché la procedura di *listing* dei soggetti da colpire con le sanzioni avviene tramite segnalazione da parte delle Autorità nazionali in modo sommario e senza contradditorio (dimenticando i diritti umani), nella prassi più recente si ammette che le persone e le entità menzionate in *black list* dell'ONU possano presentare un'istanza di radiazione (*de-listing*) al Segretariato dell'ONU che gestirà tali richieste tramite un'apposita istruttoria (104).

58. (segue) Le misure restrittive dell'Unione europea e la PESC. — Appartengono alla categoria delle sanzioni imposte dalle OIG le misure restrittive decise contro

---

(99) V. P. M. Eisemann, *Les sanctions contre La Rhodésie*, Paris, Pedone, 1972; A. Lowenfeld, *Trade control for political ends*, 1977, p. 259 ss.

(100) V. M. Koskenniemi, *Le Comitè des sanctions créé par la Résolution 661 (1990) du Conseil de securité*, in *AFDI*, 1991, p. 119.

(101) Ris. n. 748 del 31 marzo 1992.

(102) Ris. n. 757 del 30 maggio 1992.

(103) V. *supra* Cap. III.

(104) V. l'elenco consolidato delle sanzioni adottate dalle Nazioni Unite al sito https://www.un.org/securitycouncil/content/repertoire/sanctions-and-other-committees

l'Iran dai Ministri degli affari esteri degli Stati membri dell'allora CEE il 18 maggio 1980, in risposta alla detenzione prolungata del personale dell'Ambasciata degli Stati Uniti a Teheran. Dopo aver definito l'azione iraniana "una violazione flagrante del diritto internazionale", i Ministri degli Stati membri della CEE decisero che "tutti i contratti conclusi dopo il 4 novembre 1979 [sarebbero stati] colpiti da misure d'embargo a partire dal 22 maggio". Fu altresì vietata la vendita o la fornitura di ogni tipo di beni, merci e prodotti, ad eccezione delle derrate alimentari, delle medicine e delle forniture di carattere strettamente medico ad ogni persona o organismo iraniano, o che si trovasse in Iran. Inoltre, veniva vietato qualunque prestito all'Iran. Infine gli allora nove Stati membri della CEE si impegnarono ad impedire ai loro cittadini e alle società di concludere nuovi contratti per l'attuazione di progetti industriali in Iran. Quelle sanzioni vennero rimosse nel gennaio del 1981 a seguito del rilascio dei diplomatici americani da parte delle autorità iraniane.

Nel 1982, il Consiglio dei Ministri della CEE decise di imporre sanzioni economiche all'Argentina a seguito dell'invasione delle Falklands/Malvinas: in particolare furono sospese tutte le importazioni provenienti da quello Stato ([105]).

Negli ultimi anni, l'UE ha costantemente imposto sanzioni (c.d. ***misure restrittive)*** sia, di propria iniziativa, nell'ambito della sua politica estera e di sicurezza comune (**PESC**), oppure a seguito di una Risoluzione vincolante del Consiglio di sicurezza delle Nazioni Unite (ad esempio un *embargo multilaterale*).

È appena il caso di ricordare che dette "misure restrittive" devono trovare fondamento sui trattati UE e, da un punto di vista **soggettivo**, possono essere rivolte sia contro i Governi di Paesi terzi, sia contro entità (imprese), sia contro organizzazioni private (ad esempio gruppi terroristici) o specifiche persone fisiche. Tali misure restrittive comprendono il divieto di ingresso nel territorio UE per le persone od enti in *black list*; o anche il congelamento dei loro beni: in tal caso, tutti i loro beni nell'UE sono congelati ed è proibito a qualsiasi persona stabilita all'interno dell'UE di violare tali disposizioni. Più spesso, le misure restrittive UE assumono la forma di ***embargo sulle armi*** o intervengono in alcuni settori economici specifici, quali il *divieto degli investimenti, il divieto di prestazione di determinati servizi, ecc.*

Nel 2004 il Comitato politico e di sicurezza (CPS) della UE ha approvato alcuni principi fondamentali riguardanti l'impiego delle sanzioni, la loro attuazione e le modalità per valutarne e monitorarne l'impatto. Nel dicembre 2016 è stata adottata una guida sulle "migliori pratiche dell'UE per quanto riguarda l'effettiva attuazione delle misure restrittive" ([106]).

Ad ulteriore e recente esempio, basti ricordare le misure restrittive di carattere politico ed economico in settori economici specifici adottato dalla UE nei confronti della **Federazione Russa**, sin dal mese di luglio 2014, a seguito della crisi della Crimea e dell'Ucraina orientale.

Nel marzo 2015 i leader dell'UE hanno deciso di condizionare l'attuale regime di sanzioni alla piena attuazione degli Accordi di Minsk, prevista per la fine del dicembre

---

([105]) Reg. 16 Aprile 1982, in *GUCE*, L102, p. 1 e L 136 del 18 maggio 1982, p. 1. In arg. v., tra gli altri, A. Davì, *Comunità europee e sanzioni economiche internazionali*, Napoli, ES, 1993, ove ampi riferimenti, nonché T. Treves, "Diritto individuale di petizione e sanzioni intelligenti, appunti", in *Liber Fausto Pocar*, Milano, Giuffrè, 2009, pp. 913 ss. e C. Morviducci, "Le misure restrittive dell'Unione europea e il diritto internazionale: alcuni aspetti problematici", in *Eurojus* 2/2019 e in *Liber amicorum Angelo Davì*.

([106]) Per consultare l'elenco consolidato delle misure restrittive adottate dall'UE, v. il sito https://www.sanctionsmap.eu/#/main.

2015. Poiché ciò non è avvenuto, il Consiglio UE ha prorogato le sanzioni economiche di volta in volta.

Tali **misure restrittive** ***limitano l'accesso ai mercati dei capitali primari e secondari*** dell'UE da parte di talune banche e società russe; impongono il ***divieto di esportazione e di importazione per quanto riguarda il commercio di armi*** e stabiliscono il ***divieto di esportazione in Russia dei beni a duplice uso***; limitano ***l'accesso russo a determinati servizi e tecnologie sensibili*** che possono essere utilizzati per la produzione o la ricerca del petrolio.

Lo scopo di tali sanzioni — che vengono rinnovate con cadenza semestrale — resta, dunque, quello di colpire l'economia russa al fine di fare pressione su Mosca a ritirarsi dai territori occupati. Scopo che, al momento, non è stato raggiunto e che ha comportato l'introduzione di *contromisure* da parte della Federazione Russa.

59. Un'efficacia discutibile. — Le sanzioni economiche delle OIG possono dunque contribuire all'effettività del diritto internazionale. Gli esempi presentati nei paragrafi precedenti non sono tuttavia molto incoraggianti con riguardo alla reale efficacia di questo tipo di sanzioni soprattutto nel medio-lungo periodo.

c) *Le sanzioni imposte unilateralmente dagli Stati*

60. Una grande varietà. — Gli Stati possono imporre sanzioni economiche parziali o globali in caso di violazione del diritto internazionale da parte di un altro Stato. Le sanzioni possono colpire alcuni beni stranieri, privati o pubblici, situati sul territorio dello Stato che impone le sanzioni.

i. Le sanzioni dello Stato relative ai beni stranieri pubblici o privati

61. Dal congelamento alla confisca. — Se uno Stato A viola il diritto internazionale nei confronti dello Stato B, lo Stato leso B può fare uso — e alcuni Stati ne hanno fatto ampio uso — di questo tipo di sanzioni, che hanno varie "gradazioni" di intensità. Inizialmente lo Stato leso può "**congelare**" i beni ufficiali (mobili o immobili) dello Stato offensore siti sul territorio del primo Stato.

Va ricordato che una simile sanzione fu decisa dagli Stati Uniti contro l'Iran nel novembre del 1979 per protestare contro il trattamento subito dal personale diplomatico statunitense a Teheran. Una misura analoga fu decisa dagli Stati Uniti nel gennaio del 1986 contro la Libia, accusata di attività terroristiche.

In una seconda fase, uno Stato può spingersi fino alla ***confisca*** *dei beni mobili o immobili dello Stato straniero presenti sul territorio nazionale.*

In una terza fase, lo Stato leso può *colpire i beni dei soggetti privati.* Questi beni possono subire la medesima sorte dei beni pubblici, ossia il congelamento, il sequestro o la confisca ([107]). Fu così che durante la crisi e successivamente la guerra del Golfo (agosto 1990 — marzo 1991), i beni e gli averi appartenenti a soggetti sia privati sia pubblici iraniani o kuwaitiani furono provvisoriamente congelati; tale misura costituiva una sanzione nei confronti dell'Iraq e una forma di tutela del patrimonio straniero del Kuwait.

([107]) In una diversa prospettiva cfr. R. VIRZO, *La confisca nell'azione internazionale di contrasto ad attività criminali*, Napoli, ESI, 2020.

ii. Le sanzioni che incidono sulle relazioni economiche internazionali

62. Misure che restringono il commercio, gli investimenti o i pagamenti. — Gli Stati possono utilizzare l'"arma economica" per difendere la loro "sicurezza nazionale" e i loro interessi vitali. *L'utilizzo dell'arma economica viene riconosciuta dal diritto internazionale dell'economia*: si tratta di clausole tradizionali inserite nei trattati bilaterali di natura economica o nello Statuto di OIG quali GATT/OMC o il FMI ([108]).

Per quanto riguarda le sanzioni che incidono sulle relazioni economiche internazionali, gli esempi sono numerosi. Uno Stato può agire nel campo degli **investimenti privati**: può impedire ai propri cittadini di investire in un dato altro Stato o ordinare loro di interrompere ogni tipo d'investimento (la Svezia — e in misura ridotta la Francia — lo fecero in passato nei confronti del Sudafrica).

In **ambito monetario**, uno Stato può rifiutarsi di accettare – o di consentire nel proprio territorio - dei pagamenti in una determinata valuta. Allo stesso modo, uno Stato può rifiutare o restringere i pagamenti verso un determinato Paese. Del pari, anche in materia di investimenti pubblici di uno Stato estero, uno Stato può impedire l'accesso al proprio mercato finanziario.

In **ambito commerciale**, uno Stato può vietare le vendite fatte dai propri cittadini ai cittadini di un altro Paese che non rispetti gli obblighi internazionali nei propri confronti. ***L'embargo*** può essere **totale** o **parziale**. Queste sanzioni furono molto frequenti dopo la fine della seconda guerra mondiale e costituirono un elemento importante delle relazioni tra Est e Ovest. Si ricordi, in questa sede, l'embargo petrolifero "selettivo" deciso nel 1973 dai Paesi arabi esportatori di petrolio per indurre gli altri Stati a fare pressioni su Israele, affinché questi si ritirasse dai territori occupati illegalmente a seguito della "guerra dei sei giorni" del 1967 ([109]).

Sempre nel campo del commercio internazionale, gli Stati possono anche impedire ai loro cittadini di acquistare beni o servizi originari di Stati che hanno violato il diritto internazionale nei loro confronti. Si tratta dell'operazione inversa rispetto all'embargo: è il ***boicottaggio***, spesso utilizzato nell'ambito delle relazioni internazionali Est-Ovest del dopoguerra, nonché dagli Stati della Lega Araba contro Israele. In quest'ultimo caso, un ufficio speciale fu incaricato di gestire il boicottaggio economico di Israele stilando delle "liste nere" di imprese che commerciavano con cittadini israeliani (*boicottaggio secondario*) o con altre società che, a loro volta, erano in relazioni d'affari con imprese o cittadini israeliani (*boicottaggio terziario*) ([110]).

63. Ulteriori esempi di sanzioni economiche. — Il 30 dicembre 1981, gli Stati Uniti adottarono delle sanzioni economiche contro l'allora URSS ritenuta responsabile di quanto stava accadendo in Polonia (messa al bando di *Solidarność*, imposizione della legge marziale, creazione di un regime militare...). Le misure adottate furono le seguenti: divieto agli aerei sovietici di atterrare sul suolo statunitense, sospensione delle licenze di esportazione per prodotti ad alta tecnologia, sospensione dei negoziati

---

([108]) V. D. Carreau, P. Juillard, R. Bismuth, A. Hamann, *Droit international économique*, cit..

([109]) V. in generale L. Dubouis, *L'embargo dans la pratique contemporaine*, in *AFDI*, 1967, p. 99; *L'Embargo*, Bruylant, Bruxelles, 1996; L. Jones, *Societies under siege: Exploring how International Economic Sanctions (do not) Work*, Oxford, OUP, 2015; F. Marrella, *Manuale di diritto del commercio internazionale*, 2 ed., cit., p.477 ss..

([110]) V. L. Lucchini, "*Le boycott*" in *Aspects du droit international économique*, Parigi, Pedone, 1972, p. 69 ss.

per un nuovo accordo marittimo, rifiuto di rinnovare gli accordi commerciali in scadenza, embargo parziale sulle vendite di cereali.

Il 1° maggio del 1985, il Presidente degli Stati Uniti annunciò una serie di misure analoghe contro il Nicaragua, ritenendo questo Paese un elemento di destabilizzazione dell'area centro-americana, anche a causa del mancato rispetto dei diritti umani. Pertanto venne sospeso il diritto di accesso delle navi del Nicaragua ai porti statunitensi; i diritti di atterraggio per gli aerei di linea di quello Stato, finanche il trattato bilaterale di amicizia, commercio e di navigazione tra i due Paesi. Infine, vennero bloccati tutti gli scambi commerciali tra i medesimi Paesi (embargo commerciale totale). La CIG si pronunciò su tali misure economiche nel *caso delle attività militari in e contro il Nicaragua*, affermando che esse non costituivano "violazioni dell'obbligo consuetudinario di non intervento" (111).

64. Conclusioni. — In conclusione, le misure di coercizione economica che abbiamo esaminato perseguono lo stesso scopo: assicurare l'applicazione del diritto internazionale o far cessare le sue violazioni. *Il diritto internazionale consuetudinario le riconosce come misure lecite.* Solo il diritto internazionale pattizio può dunque limitare il ricorso a tali misure.

L'esperienza insegna che le misure di embargo commerciale funzionano meglio nel breve periodo che nel medio-lungo periodo in quanto, con il passare del tempo, si verificano dei perniciosi effetti di *import substitution* i quali possono essere tanto più rilevanti, quanto minore è il "grado di accerchiamento" degli altri Stati (ed OIG) rispetto allo Stato *target*.

---

(111) Sentenza cit., punto 245.

Capitolo XXI
LA SOLUZIONE DELLE CONTROVERSIE PRESSO LE ORGANIZZAZIONI INTERNAZIONALI

Bibliografia sommaria: G. Malinverni, *Le règlement des différends dans les Organisations internationales économiques*, Leiden, 1974; Leben, *Les sanctions privatives de droits ou de qualités dans les organisations international spécialisées*, Bruylant, Bruxelles, 1979; M. Vellano, *L'Organo d'appello dell'OMC*, Napoli, Jovene, 2001; J. Alvarez, *International Organisations as Law Makers*, Oxford, 2005; Zanghì, *Diritto delle organizzazioni internazionali*, 2ª ed., Torino, Giappichelli, 2007; U. Draetta, *Principi di diritto delle organizzazioni internazionali*, Milano, Giuffrè, 2010; A. Del Vecchio (a cura di) *Diritto delle organizzazioni internazionali*, ES, Napoli, 2012; M. Vellano (a cura di), *Il futuro delle organizzazioni internazionali. Prospettive giuridiche*, Editoriale Scientifica, Napoli, 2015; J. G. Merrils, *International Dispute Settlement*, 6 ed., Cambridge, C.U.P., 2017; E. Sciso, *Appunti di Diritto internazionale dell'economia*, 3ª ed., Torino, Giappichelli, 2017; G. Martino "La soluzione delle controversie quale elemento strutturale delle organizzazioni internazionali" in S. Cafaro, A. Di Stasi, C. Novi, P. Pennetta, G. Martino, I. Ingravallo, *Diritto delle organizzazioni internazionali*, Padova, Cedam-WKI, 2018, p. 323 ss.; R. Pisillo Mazzeschi, *Diritto internazionale dei diritti umani. Teoria e prassi*, Rist. emendata, Torino, Giappichelli, 2020.

1. La risoluzione delle controversie internazionali *all'interno* di una OIG. — La straordinaria importanza delle organizzazioni internazionali (OIG) nel diritto internazionale del nostro tempo viene in particolare evidenza in materia di risoluzione delle controversie internazionali.

Dopo la fine della seconda Guerra Mondiale si è compreso che le OIG avrebbero potuto affiancare, con proprie competenze e meccanismi propri, i tradizionali procedimenti di soluzione delle controversie quali ad esempio l'arbitrato e i procedimenti giudiziali internazionali.

Così, in alcune organizzazioni internazionali economiche si è assistito ad una vera e propria "***internalizzazione***" dei meccanismi di soluzione delle controversie e sono stati elaborati particolari procedimenti per risolvere, da un lato, le *controversie tra Stati membri* e, dall'altro, quelle *tra gli Stati membri e l'OIG stessa*, come ad esempio quelle relative a questioni di diritto "originario" o "derivato" dell'organizzazione. Tale fenomeno risponde ad una duplice preoccupazione.

Da una parte, si vuole evitare la risoluzione bilaterale di una controversia tra due Stati membri in quanto potrebbe essere condizionata dal diverso peso economico e politico dei due Stati e, al limite, rivelarsi contraddittoria rispetto all'ordinamento di cui l'OIG è portatrice.

Dall'altra, si vuole evitare di ricorrere ad un terzo — arbitro o giudice — esterno alla OIG e quindi potenzialmente inadeguato per la soluzione di litigi tecnici o economico-politici che vertono sulle materie regolate attraverso una data organizzazione internazionale.

In tale contesto, ritroviamo anche l'apporto dell'intera *"macchina istituzionale" per la protezione internazionale dei diritti umani* a carattere *universale* e *regionale* che, oltre a monitorare l'applicazione di detti trattati, compone eventuali controversie tra Stati nonché tra Stati e privati (*supra*, Cap. XV).

E la prassi recente evidenzia, tra l'altro, proprio un aumento del contenzioso interstatale sui diritti umani davanti agli organismi di garanzia istituiti dai trattati in materia; a propria volta, aumentano anche i ricorsi instaurati dinanzi alla Corte EDU (ad es. Olanda c. Russia; Lichtenstein c. Rep. Ceca) [1].

2. Piano espositivo. — Da una parte, ad alcune OIG è stato attribuito un potere di auto-interpretazione della loro Carta costitutiva (sezione I); dall'altra, gli Stati hanno attribuito ad alcune OIG il potere di comminare sanzioni in caso di violazione delle norme internazionali dell'ordinamento di cui si fanno portatrici (sezione II).

Sezione I
Il controllo dell'applicazione del diritto nelle organizzazioni internazionali

3. Piano espositivo. — A diverse OIG è stato conferito *il potere di controllo internazionale dell'applicazione del loro diritto, sia originario che derivato*. Tale potere viene esercitato attraverso due attività diverse: da una parte si tratta del potere di interpretare la *propria* Carta costitutiva (§ 1), dall'altra del potere di risolvere controversie giuridiche relative all'interpretazione o all'applicazione del loro diritto (§ 2).

§ 1. — *Il potere di auto-interpretazione della propria Carta costitutiva*

4. Piano espositivo. — Il potere di auto-interpretazione della Carta costitutiva è, a dire il vero, attribuito assai raramente alle OIG (1). Ma nel caso in cui tale potere venga affidato alle OIG, ciò avviene esclusivamente a loro vantaggio (2).

1. — Un potere raramente attribuito dagli Stati

5. Minore frequenza di tale competenza in seno alle OIG a vocazione universale. — In generale, le organizzazioni della famiglia dell'ONU possono, in caso di difficoltà riguardo all'interpretazione della loro Carta costitutiva o all'ambito di applicazione del loro "diritto derivato", richiedere un parere consultivo alla CIG.

Ciò, tuttavia, non accade per le OIG di tipo economico e tale carattere costituisce una loro specificità [2]. Gli statuti del FMI e della Banca Mondiale (BIRS) adottati nel 1944, hanno svolto un ruolo pionieristico in materia (v. art. 29 del FMI e art. 8 della BIRS) ed analoghe considerazioni valgono sia per l'Agenzia multilaterale per la garanzia degli investimenti — MIGA — [3], che per l'OMC/WTO [4].

---

(1) In parallelo, aumentano anche le controversie instaurate dinanzi alla CIG sul fondamento di clausole compromissorie contenute nei trattati sui diritti umani (v. ad es., *Gambia c. Myanmar* o *Olanda c. Siria*, al sito internet della CIG). In arg. cfr. I. Risini, *The Inter-State Application under the European Convention on Human Rights*, Leiden, Brill-Nijhoff, 2018.

(2) V. D. Carreau, P. Juillard, R. Bismuth, A. Hamann, *Droit international économique*, cit., p. 33 ss.. V. pure l'art. 11, sez. I, del Fondo Internazionale per lo Sviluppo Agricolo istituito nel 1976.

(3) V. art. 56.

(4) Art. IX.

6. Maggiore frequenza di tale competenza presso le OIG a vocazione regionale. — Al contrario, molte OIG a vocazione regionale possiedono frequentemente tale tipo di competenza. Per esempio, tutte le Banche regionali di sviluppo, comprese la Banca europea per la ricostruzione e lo sviluppo (BERS) ([5]), o gli organi istituiti tramite gli Accordi "sui prodotti di base", beneficiano del potere di auto-interpretazione sia della propria Carta costitutiva che sul proprio diritto derivato. In un contesto regionale, lo stesso avviene per la Compagnia interaraba per la garanzia degli investimenti ([6]).

2. — Un potere esclusivo dell'OIG

7. Un meccanismo politico interno alla OIG. — Se il potere di auto-interpretazione viene affidato ad una data OIG, si tratta di un meccanismo interno alla OIG dove talvolta si prevede un meccanismo a "doppio grado di giurisdizione". Così, in prima istanza, l'organo incaricato della gestione delle attività della OIG adotterà un atto che potrà essere impugnato dinanzi ad un'istanza superiore, in generale l'Assemblea degli Stati membri. A questo livello, l'atto sarà finale e senza alcun possibile ricorso ([7]). Secondo un modello diverso, quello utilizzato, ad esempio, all'art. 84 della Carta dell'ICAO in materia di aviazione civile internazionale, si prevede "in appello" il ricorso alla CIG.

8. Un'efficacia vincolante proiettata anche all'esterno dell'OIG. — Allorquando viene ufficialmente effettuata l'interpretazione di un atto di una OIG, essa assume, in linea di principio, *valore obbligatorio*. E tale interpretazione diviene *vincolante non solo per l'OIG stessa ed i suoi organi, ma anche per gli Stati membri*, giacché entra a far parte del *diritto derivato dell'organizzazione*. Inoltre, quell'interpretazione vincola qualunque tribunale internazionale qualora dovesse conoscere o applicare una regola particolare della OIG che tale interpretazione ha effettuato. La ragione è evidente: se una norma appartenente all'ordinamento di una OIG è stata oggetto di un'interpretazione ufficiale da parte di organi internazionali abilitati a farlo, ai tribunali internazionali non resterà che applicarla secondo quell'interpretazione.

Inoltre, l'"interpretazione ufficiale" dell'OIG si impone anche dinanzi ai giudici interni dei singoli Stati nella misura in cui questi ultimi siano tenuti ad applicare il diritto derivato dell'OIG.

3. — Un potere "quasi giudiziale"

9. Una competenza controversa. — La funzione di interpretazione del diritto appartiene, per eccellenza, al "potere giudiziale". Qui, invece, l'interpretazione viene effettuata da ***organi tecnico politici*** composti da individui che sono dei "tecnici" e dei "politici".

Spesso, questi organi adottano le loro decisioni a *maggioranza ponderata* (ad eccezione della WTO). *Si tratta quindi di un processo decisionale ben diverso da quello giudiziale.*

([5]) Art. 57.

([6]) Art. 10, 2-d dello Statuto.

([7]) V. D. CARREAU, *Le Fonds Monétaire International*, Paris, 1970, pp. 97-103.

Inoltre, tali atti interpretativi non sono sempre fondati su considerazioni di natura giuridica. Gli organi incaricati di procedere all'interpretazione del diritto internazionale (originario o derivato) di una data OIG sono molto spesso influenzati dal contesto politico ed economico in cui operano.

Va altresì notato che una OIG dotata di un potere di auto-interpretazione si trova in contraddizione con il principio *nemo judex in causa sua*. Ciò è particolarmente significativo non appena si pensi che qualunque operazione ermeneutica può incidere sui poteri dell'OIG e sulla esatta estensione dei diritti e degli obblighi degli Stati membri. *A fortiori*, tale operazione diviene paradossale in caso di controversia tra uno Stato membro e una data OIG e qualora questa controversia venisse risolta internamente all'Organizzazione stessa: è il caso del FMI o della Banca Mondiale ([8]).

10. Una competenza "caduca"? — In conclusione, si tratta di una competenza a carattere eccezionale a vantaggio delle OIG, che finisce col conferire loro un *potere quasi-giudiziario*, sebbene l'esercizio di tale potere sia condizionato da pesanti fattori metagiuridici. Pur se tale competenza appare nuova ed esorbitante alla luce della storia e della teoria generale del diritto internazionale, va notato che, fino ad oggi, nella prassi si è fatto un uso pragmatico e moderato di tale potere tant'è che ci si potrebbe chiedere se non si tratti di una competenza caduca.

§ 2. — *L'"interiorizzazione" presso una OIG del procedimento di soluzione delle controversie*

11. Frequenza all'interno delle OIG economiche. — Le OIG a vocazione economica possiedono diversi meccanismi che consentono loro di risolvere le controversie tra i loro Stati membri ovvero tra gli Stati membri e l'Organizzazione medesima.

1. — La soluzione delle controversie fra uno Stato membro ed una OIG

12. Imprecisione delle Carte costitutive delle OIG. — Sul piano universale, particolare rilievo assumono i meccanismi di risoluzione delle controversie previsti dalle Carte costitutive delle OIG, controversie che sono nel contempo di carattere politico e giuridico. I meccanismi previsti comprendono, in generale, i negoziati diplomatici diretti o anche il ricorso alla CIG al fine di ottenere un parere consultivo. Inoltre, viene generalmente prevista la possibilità di ricorrere ad un arbitrato *ad hoc* ([9]).

13. L'eccezione delle OIG economiche. — Speciali meccanismi di risoluzione delle controversie sono previsti per le OIG economiche, come ad esempio il FMI, la Banca Mondiale, la Compagnia Interaraba per la garanzia degli investimenti o le banche regionali di sviluppo: si prevede che le controversie tra Stati membri e la OIG siano risolte *per mezzo di un'interpretazione ufficiale del loro statuto*. In altre parole, l'interpretazione della Carta svolge due importanti funzioni: da una parte, contribui-

(8) V. D.Carreau, *Le Fonds Monétaire International*, cit., pp. 123-125.

(9) Per un esempio concreto, v. art. 29 dell'UNESCO sulla base del quale venne risolta una controversia a proposito "del regime fiscale delle pensioni versate ai funzionari in pensione dell'UNESCO residenti in Francia". Vedi il lodo del 14 gennaio 2003 in *RGDIP*, 2003, p. 221.

sce allo sviluppo dell'ordinamento particolare di cui l'OIG è portatrice, e quindi si tratta di un potere "quasi normativo internazionale"; dall'altra, si tratta di un potere "quasi giudiziario" nella misura in cui determina la soluzione di una controversia tra l'Organizzazione e gli Stati membri.

A tal proposito, basti citare il "conflitto esemplare" tra Cecoslovacchia e FMI negli anni '50 del secolo scorso. Qui, la Cecoslovacchia venne espulsa dal FMI nel 1954 a seguito di un contenzioso con l'FMI relativo alla portata delle sue obbligazioni monetarie. Il FMI, innanzitutto, diede una "interpretazione ufficiale" in seguito alla quale divenne evidente che la Cecoslovacchia non aveva adempiuto i propri obblighi nei confronti del Fondo. Poiché non si addivenì a nessun'altra soluzione, il FMI rilevò che sussistevano i "presupposti oggettivi" di un recesso obbligatorio della Cecoslovacchia dal Fondo, ciò che comportò l'esclusione di quel Paese dal FMI (10).

14. Una procedura inutilizzabile in caso di recesso di uno Stato da una data OIG. — Si noti che i meccanismi di risoluzione delle controversie interni a una data OIG non possono essere più utilizzati dal momento in cui uno Stato cessa di essere membro dell'organizzazione medesima. In tali circostanze, eventuali controversie potranno essere risolte in via definitiva attraverso la tecnica classica dell'arbitrato. Non appena uno Stato recede dal *club*, quale è una OIG, non ci si può più attendere un atteggiamento di particolare cooperazione: è quindi logico rivolgersi ad un terzo (ad es. un arbitro internazionale) per risolvere definitivamente il contenzioso (11).

2. — La risoluzione delle controversie tra Stati membri di una OIG

15. Una particolarità delle OIG economiche. — Come abbiamo visto in precedenza, uno dei caratteri fondamentali del diritto internazionale del nostro tempo è quello per cui la soluzione delle controversie tra Stati avviene spesso all'interno di OIG. In tali circostanze, l'OIG non è "parte" della controversia, ma, invece, offre il *quadro* entro il quale una controversia tra Stati membri potrà essere risolta.

Innanzitutto le parti vengono sollecitate a pervenire ad *una composizione amichevole* di una controversia: qui i *negoziati* si svolgono nel quadro e sotto gli auspici dell'OIG. In caso di insuccesso, l'OIG può attivare un proprio ***organo di inchiesta*** (sistema dei "panels" o dei "gruppi di lavoro" del GATT e oggi del WTO) o eventualmente funge da "***conciliatore***".

Infine, l'OIG potrà intervenire "al vertice" proponendo, tramite il suo massimo organo, una soluzione ai Membri, tramite una ***raccomandazione*** che, qualora non venisse rispettata, potrà essere munita di sanzioni, che prenderanno la forma di autorizzazione a *contromisure economiche* a favore dello Stato leso nei confronti dello Stato autore dell'illecito. Sul piano della soluzione delle controversie commerciali, ciò avviene in modo peculiare in seno all'OMC/WTO: un contesto entro il quale si combattono vere e proprie "guerre economiche" (***Trade wars***), pacificate con successo da questa organizzazione internazionale (12).

In breve, ci si trova di fronte a dei procedimenti concepiti su base multilaterale che si caratterizzano per la loro flessibilità, un basso grado di formalismo e di

---

(10) In argomento v. D. Carreau, *Le Fonds monetaire international*, cit., pp. 52-53 e 103-104.
(11) V. D. Carreau, *op. cit.*, p. 104.
(12) V. *Droit international économique*, cit., n. 308 ss.

giurisdizionalizzazione. Considerando la loro efficacità, il bilancio è certamente positivo.

Sezione II
Il potere di sanzione delle organizzazioni internazionali

16. Un rafforzamento dello Stato di diritto. — Il potere di sanzione di cui sono investite le OIG costituisce un elemento importante dello "Stato di diritto" (la *Rule of Law*) che esse sono incaricate di rispettare e fare rispettare nell'ambito che è stato loro assegnato. Ciascuna OIG ha, infatti, il compito di gestire l'ordinamento giuridico particolare di cui è portatrice, essa deve controllare l'applicazione delle sue norme e garantirne il rispetto. Per fare ciò, le OIG dispongono talvolta anche di un potere sanzionatorio. Non si tratta, ovviamente, di sanzioni simili a quelle previste dal diritto interno degli Stati, né di sanzioni internazionali "classiche" quali ad esempio l'uso della forza armata. Ma il fatto stesso che delle sanzioni internazionali siano comminate da una OIG costituisce un notevole passo avanti rispetto al diritto internazionale tradizionale.

A questo punto, due osservazioni si impongono: la prima attiene ai poteri di sanzione di cui una OIG può disporre (§ 1); la seconda riguarda la prassi relativa all'esercizio di tali poteri (§ 2).

§ 1. — *L'ampiezza del potere di sanzione delle OIG*

17. Piano espositivo. — Allorquando si verifichi una violazione di una norma di diritto internazionale, il cui controllo spetti ad una OIG, possono presentarsi due casi di specie.

In primo luogo, la violazione in questione può ledere gli interessi di uno Stato o di un certo numero di Stati (1). Si pensi, ad esempio, al caso di una misura di discriminazione commerciale adottata da uno Stato membro del WTO nei confronti di un altro Stato membro. Qui la parte lesa, lo Stato che ha subito l'illecito altrui, potrà chiedere la comminazione di sanzioni nei confronti dello Stato autore dell'illecito; sempre nel quadro di una OIG e potrà essere autorizzato ad adottare delle contromisure. Si tratta di sanzioni individuali di uno Stato che vengono "autorizzate" da una OIG.

In secondo luogo, il problema si pone in modo diverso quando uno Stato membro commette una violazione di natura globale che interessa, allo stesso tempo, sia l'OIG che i singoli Membri della stessa. Pertanto, qui le sanzioni saranno "collettive" (2).

1. — Le sanzioni individuali

18. Le *contromisure* economiche sotto il controllo di una OIG. — Dal momento in cui uno Stato ha subito un illecito da parte di un altro Stato membro di una OIG, potrà ricorrere a delle contromisure: a differenza, tuttavia, delle rappresaglie "tradizionali", le misure adottate dallo Stato leso verranno inquadrate e controllate da una OIG. Si tratta di un sistema sanzionatorio decentralizzato per reagire a delle violazioni isolate della legalità internazionale. A tale riguardo, si possono presentare diverse fattispecie:

— *uno Stato può imporre unilateralmente determinate sanzioni, sotto il controllo a posteriori dell'OIG* di cui anche lo Stato *target* sia membro. Ciò si verifica, per esempio, in seno all'OMC/WTO quando uno Stato istituisce dei dazi "anti dumping" o delle misure compensative: ciò avverrà fermo restando il controllo *a posteriori* di legalità di tali misure effettuato dagli organi del WTO. Si tratta di un'applicazione del principio di *reciprocità*: dal momento in cui questa viene a mancare poiché un vantaggio o una concessione economica precedentemente accordata da uno Stato non viene più rispettata, lo Stato leso potrà reagire sospendendo un vantaggio od una concessione equivalente precedentemente accordata allo Stato autore dell'illecito ([13]).

— *In caso di violazione di una data norma internazionale, lo Stato leso potrà essere autorizzato ad adottare unilateralmente una data sanzione in base ad uno specifico atto adottato da una OIG.* Per esempio, l'Accordo internazionale sul caffè del 1968 disponeva che, qualora l'organo competente determinasse a carico di uno Stato una violazione dei propri obblighi, lo Stato membro leso poteva adottare delle "contromisure". In altre parole, l'illecito veniva in un primo tempo accertato da una OIG, rendendo in un secondo momento automaticamente lecita e giustificata la sanzione adottata dallo Stato leso, sempre nei limiti della proporzionalità. Anche qui, il meccanismo è legato funziona in base ad una stretta reciprocità dei diritti ed obblighi delle Parti ([14]).

— Infine, *le contromisure possono essere adottate da uno Stato solo dopo l'accertamento del danno e previa autorizzazione di una OIG.* Anche qui domina l'idea della reciprocità, ma si tratta di una reciprocità assoggettata al controllo diretto della OIG, controllo che si estende anche al contenuto delle *sanzioni* adottate dallo Stato leso. Ciò si verifica in seno alle OIG economiche. Tali OIG, infatti, hanno la competenza di determinare con precisione le misure economiche coercitive lecite e sono le sole abilitate ad autorizzarle nei confronti dei loro Stati membri ([15]).

L'idea di reciprocità in senso stretto, il *do ut des*, tipico delle OIG economiche, può essere abbandonata in particolari *organizzazioni di integrazione economica*. Ciò avviene, ad es., in seno alla UE, ove le violazioni del diritto UE vengono sanzionate direttamente dalla Corte di Giustizia. Qui, l'idea di contromisura economica tra Stati risulta assente.

2. — Le sanzioni collettive

19. Violazioni "globali". — Le sanzioni collettive possono essere adottate quando la violazione da parte di uno Stato membro colpisce tutti gli altri membri di una data OIG o della Comunità internazionale in senso lato.

a) *Le sanzioni morali*

20. Il ricorso all'opinione pubblica. — A volte il solo fatto della ***pubblicazione dei rapporti*** costituisce il solo strumento di pressione a disposizione delle OIG. La

---

([13]) V. *Droit international economique*, cit., n. 272 e ss.

([14]) V. la controversia tra Stati-Uniti e Brasile, in *AFDI*, 1969, pp. 619-622 e C. Focarelli, *Le contromisure nel diritto internazionale*, Milano, Giuffrè, 2004.

([15]) Cfr. ad es. art. XXIII GATT, su cui v. D. Carreau, P. Juillard, R. Bismuth, A. Hamann, *Droit international économique*, 6 ed., cit., p. 188 s.; art 31 EFTA.

pubblicazione di rapporti sulla situazione esistente in uno Stato membro sollecita l'opinione pubblica. È quanto avviene, per esempio, in seno all'ONU *in materia di diritti umani*. Spesso si tratta di una fase preliminare in cui l'OIG conta sul sostegno dell'opinione pubblica locale prima di adottare una misura più severa; questa tecnica (è il ***naming and shaming*** degli attivisti dei diritti umani) è frequente in campo politico.

Per contro, questo tipo di sanzione non è utilizzata nelle OIG tecniche e soprattutto economiche in cui si ritiene che il coinvolgimento dell'opinione pubblica avrebbe un effetto pernicioso.

b) ***Le sanzioni economiche***

21. La riduzione dell'accesso al credito. — L'arma finanziaria è uno degli strumenti più efficaci a disposizione di una OIG per fare intendere le proprie ragioni a quegli Stati membri che non rispettano i loro obblighi nei propri confronti. Essa normalmente prende la forma della *sospensione* o della *mancata concessione dell'assistenza finanziaria* gestita da una data OIG.

Naturalmente dispongono di quest'arma il FMI, la Banca Mondiale o le Banche regionali per lo sviluppo. Oltre alla sospensione dell'assistenza finanziaria, si può avere anche la sospensione dei servizi forniti da una data OIG come ad esempio l'assistenza o la fornitura di prodotti ([16]).

Infine, è opportuno sottolineare che il Consiglio di Sicurezza dell'ONU può utilizzare sanzioni di tipo economico nel quadro del Capo VII della Carta.

c) ***Le sanzioni disciplinari***

22. Dalla sospensione del diritto di voto alla espulsione di uno Stato membro. — Le sanzioni disciplinari sono comuni alla maggior parte delle OIG. Esse possono consistere innanzitutto nella *sospensione del diritto di voto*. Ciò avviene, per esempio, all'ONU (art. 19), alla FAO (art. 3, par. 4) all'OIL (art. 13, par. 4), all'IAEA (art. 19), all'ICAO (art. 62), all'UNESCO (art. IV, par. 8) o negli Accordi sui prodotti di base. Può essere ugualmente decisa la sospensione dell'insieme dei diritti e privilegi inerenti alla qualità di membro di una data OIG. Tale ipotesi è espressamente prevista dall'art. 5 della Carta dell'ONU, dall'art. 6 degli Statuti della Banca Mondiale, dall'art. 19 dell'IAEA o dalle clausole specifiche degli Accordi sui prodotti di base.

Infine, tra le sanzioni disciplinari, viene annoverata *l'espulsione di uno Stato membro* da una data OIG, ovvero più diplomaticamente il "recesso forzoso" dello Stato in situazione di infrazione. È una eventualità che si riscontra in tutte le OIG, siano esse di natura politica o tecnica.

Se tale panoplia di sanzioni appare impressionante, le sanzioni delle OIG vengono in realtà poco utilizzate nella prassi.

§ 2. — *Un potere di sanzione raramente utilizzato nella prassi*

23. Piano espositivo. — Due sono le ragioni dell'uso particolarmente moderato delle sanzioni da parte delle OIG: il primo attiene alla relativa inefficacia delle

---

([16]) V. art. 12 dell'IAEA.

sanzioni diverse da quelle militari (1), il secondo si ricollega al pragmatismo delle OIG, le quali prediligono sempre il mantenimento di uno spirito di collaborazione tra Membri (2).

1. — L'inefficacia delle sanzioni non implicanti l'uso della forza

24. Abbondanza di precedenti a partire dalle sanzioni economiche contro l'Italia nel 1936. — La storia abbonda di esempi che dimostrano chiaramente che la minaccia di sanzioni non implicanti l'uso della forza non è sufficiente a indurre uno Stato a modificare il proprio atteggiamento, soprattutto quando quest'ultimo ritiene di avere interessi fondamentali in gioco. In altre parole, ogni volta che uno Stato deve scegliere tra le proprie priorità nazionali, pur se si traducono in un illecito, e il beneficio dell'appartenenza ad una data OIG, la prima opzione è sempre stata quella preferita.

Per esempio, le minacce di sanzioni contro l'Italia o il Giappone ai tempi della SDN non hanno loro impedito di attaccare, rispettivamente, l'Etiopia e la Cina. Ciò avvenne anche nel caso del Sud Africa, che fu sovente condannato e minacciato invano di sanzioni per la sua politica di *apartheid*, o nel caso di Israele riguardo ai territori occupati con la forza in seguito alla "guerra dei sei giorni" nel 1967.

La Francia e l'Unione Sovietica, benché minacciate a loro volta di perdere il loro diritto di voto nell'Assemblea generale dell'ONU, a causa del loro rifiuto di pagare "certe spese" dell'ONU, hanno perseverato nel loro atteggiamento. E gli esempi si potrebbero moltiplicare.

Le sanzioni diverse da quelle implicanti l'uso della forza non hanno conosciuto un grande successo, nel senso che non hanno consentito di ottenere il risultato voluto, vale a dire il rispetto della regola di diritto internazionale o la cessazione della sua violazione.

Basti pensare, **ad esempio**, alle sanzioni adottate nel quadro della "prima guerra del Golfo" contro l'Iraq nel 1990. La Francia, tra il 1948 e il 1958, venne sospesa da qualunque assistenza finanziaria del FMI per la violazione dei suoi obblighi derivanti dallo Statuto del FMI, ma tali sanzioni furono vanificate dal fatto che la Francia continuava a beneficiare del Piano Marshall statunitense.

Inoltre, va sottolineato che l'efficacia delle sanzioni decise in seno ad una OIG è inversamente proporzionale all'importanza ed alla potenza dello Stato oggetto di tali sanzioni: uno Stato forte e potente potrà fare fronte a tali sanzioni più facilmente che uno Stato più debole, nella misura in cui il primo Stato disporrà di "soluzioni alternative". Nel momento in cui scriviamo, le sanzioni economiche imposte alla Russia dagli Stati Uniti, la UE e l'Australia, per reagire alla crisi Ucraina, stanno provocando un fenomeno di *Trade Diversion*, che si verifica puntualmente quando uno Stato importa un bene da un altro partner invece che continuare a importarlo dal proprio fornitore fino alla creazione di aree di libero scambio alternative come, ad esempio, è avvenuto con l'istituzione dell'Unione economica eurasiatica ([17]).

Per altro verso, anche l'estrema debolezza di un Paese può limitare l'efficacia delle sanzioni. In effetti quale tipo di effettività viene ricercata imponendo sanzioni

---

([17]) In argomento cfr. F. Marrella, P. I. Barbirotto, "L'Unione Economica Euroasiatica: una rivoluzione russa per il commercio internazionale?", in *Dir. comm. int.*, 2018, p. 277 ss. nonché F. Marrella, R. Usmanov, P. I. Barbirotto, "On Trade Liberalization for Political Ends: The Case of the EAEU", in *J. World Trade*, 2021.

economiche nei confronti di un Paese in via di sviluppo, ove le condizioni di vita della popolazione sono già terribili? Tale questione fu evocata durante il conflitto iraniano-statunitense nel caso del sequestro del personale diplomatico degli Stati-Uniti a Teheran.

Infine, non va sottaciuto il grande ruolo svolto dalle considerazioni di natura "politica", le quali, talvolta, riescono a mettere in secondo piano il rispetto del diritto internazionale. Perché, ad esempio, non si è bloccata l'integrazione europea adducendo l'incompatibilità — evidente — tra le disposizioni del Trattato istitutivo della CECA nel 1951 e le regole del GATT ([18])? Perché, nel 1970, si è varato il sistema generalizzato delle preferenze a beneficio di oltre 100 Stati del terzo mondo, trattandosi di un atto sicuramente non conforme alla clausola della nazione più favorita di cui all'art. I del GATT ([19])? Si tratta di esempi che ben dimostrano quanto le considerazioni di politica internazionale possano condurre a modificare alcune norme di diritto internazionale, in funzione degli obiettivi della Comunità internazionale.

2. — Un approccio pragmatico: il mantenimento dello "spirito di cooperazione"

25. Il metodo del "figliol prodigo". — Le OIG specializzate, a cominciare dalle Organizzazioni internazionali economiche, prediligono un approccio di tipo non contenzioso rispetto alle eventuali controversie con gli Stati membri. Il loro approccio, pragmatico, si basa su ragioni di buon senso e di diplomazia. Se uno Stato si ritrova in condizione di non essere più in grado di adempiere gli obblighi internazionali derivanti dall'appartenenza ad una data OIG, e se manifesta con intenzione chiara ed inequivoca la propria volontà di far cessare tale situazione illecita non appena sarà possibile, l'OIG cercherà di assisterlo per superare tale difficoltà ([20]).

Eventualmente, un'OIG, se ne possiede la competenza, potrà accordare una deroga "mettendo fra parentesi" alcune disposizioni di diritto originario o derivato (tale fu il caso delle deroghe accordate dal GATT nel corso degli anni alle Parti contraenti che si trovavano in situazione di particolare difficoltà). Nei casi più estremi, si può arrivare a modificare lo statuto di una OIG al fine di adattarlo al nuovo stato di fatto, qualora il ritorno alla situazione anteriore si rivelasse impossibile in un lasso di tempo ragionevole. Così, quando il regime di cambi fissi istituito a Bretton-Woods nel 1944 è collassato nel 1971, il FMI tentò di rimediare all'anarchia monetaria, che ne era seguita, procedendo a una riforma delle regole internazionali divenute "impossibili" da rispettare ([21]).

Si noterà altresì che *l'esclusione di uno Stato da un'OIG* — la sanzione suprema — è per lo meno un'arma a doppio taglio. Il rovescio della medaglia sarà proprio che lo Stato escluso non sarà più obbligato a rispettare le norme di quella data OIG. In più, l'organizzazione interessata, sia essa a vocazione universale o regionale, ne uscirà indebolita nella misura in cui perderà un elemento della propria base sociale.

Pertanto, tale situazione si verifica soltanto allorquando appare evidente che l'OIG non potrà più contare sullo spirito di cooperazione di un dato Stato membro.

([18]) V. su questo punto D. Carreau, P. Juillard, R. Bismuth, A. Hamann, *Droit international economique*, op. cit., p.264 ss..

([19]) *Ibidem.*

([20]) V. D. Carreau, *Le Fonds monetaire internationale*, cit., p. 248.

([21]) V. il secondo emendamento del 1978 allo statuto del FMI.

Tale fu la situazione della Cecoslovacchia, espulsa dal FMI nel 1954, o ancora della Polonia e di Cuba, che si ritirarono “forzosamente” dal FMI rispettivamente nel 1950 e nel 1964.

Nel quadro dell’Unione europea, il dibattito circa la *Grexit* (cioè l’eventuale — scongiurato — recesso della Grecia in situazione di grave crisi economica) e quello circa la *Brexit* (che invece ha ottenuto il proprio recesso) costituiscono degli esempi rilevanti di quanto testé illustrato (22).

(22) V. P. Mariani, G. Sacerdoti, *Trade in Goods and Level Playing Field*, Brexit Institute Working Paper Series, No 7/2021, in https://papers.ssrn.com/sol3/papers.cfm?abstract_id=3797021, nonché F. Fabbrini, *Brexit. Tra diritto e politica*, Bologna, Il Mulino, 2021.

Capitolo XXII
I PROCEDIMENTI PER LA RISOLUZIONE PACIFICA DELLE CONTROVERSIE INTERNAZIONALI

Bibliografia sommaria: G. SALVIOLI, "Tutela dei diritti e interessi internazionali", in *Trattato di diritto internazionale*, dir. da P. FEDOZZI e S. ROMANO, Padova, Cedam, 1941; G. ARANGIO-RUIZ, "Controversie internazionali", *Enc. dir.*, X, Milano, Giuffrè, 1963, pp. 391-446; G. MORELLI, *Nozioni di diritto internazionale*, cit., 1967, p. 368 ss.; R. QUADRI, *Diritto internazionale pubblico*, 5 ed., cit., 1968, p. 240 ss.; D. BOWETT, "Contemporary Developments in Legal Techniques in the Settlement of Disputes", *RCADI*, 1983, v. 180, pp. 169-235; V. STARACE, "Controversie internazionali", in *Enc. giur. Treccani*, IX, 1988; U. VILLANI, "Controversie internazionali", in *Dig. Disc.pubb.*, IV, 1989, pp. 139-165; J. COLLIER, V. LOWE, *The Settlement of International Disputes in International Law*, Oxford, OUP, 1999; T. TREVES, *Le controversie internazionali. Nuove tendenze, nuovi tribunali*, Milano, Giuffrè, 1999; L. CAFLISCH, "Cent ans de règlement pacifique des différends interétatiques", *RCADI*, 2001, v. 288, pp. 245-467; R. MONACO, C. CURTI GIALDINO *Diritto internazionale pubblico*, 3 ed., cit., 2009, p. 725; C. FOCARELLI, *Trattato di diritto internazionale*, cit., p. 2251 ss.; F. MUNARI, "Risoluzione pacifica e prevenzione delle controversie internazionali", in AA.VV., *Istituzioni di diritto internazionale*, 5ª ed., cit., p. 229 ss.; C. SANTULLI, *Droit du contentieux international*, 2 ed., Paris, LGDJ, 2015; M. DIEZ DE VELASCO, *Instituciones de derecho internacional pùblico*, 18 ed. a cura di C. ESCOBAR HERNÀNDEZ, Madrid, Tecnos, p. 922 ss.; J. G. MERRILLS, *International Dispute Settlements*, 6 ed., Cambridge, CUP, 2017; A. CASSESE, *Diritto internazionale*, 3 ed., cit., p. 345 ss.; M. SHAW, *International Law*, 8ª ed., cit., p. ss.; B. CONFORTI, *Diritto internazionale*, XI ed., cit., 2018, p. 479 ss.; N. RONZITTI, *Diritto internazionale*, 6ª ed., cit., p. 285 ss.; *Brownlie's Principles of Public International Law*, 9ª ed., cit., p. 667 ss.; J. COMBACAU, S. SUR, *Droit international public*, 13 ed., Paris, LGDJ, 2019, p. 599 ss.; P.M. DUPUY, Y. KERBRAT, *Droit international public*, 15 ed., Paris, Dalloz, 2020, pp. 636 ss.; A. SINAGRA, P. BARGIACCHI, *Lezioni di diritto internazionale pubblico*, 3 ed., cit., p. 293 ss.; E. CANNIZZARO, *Diritto internazionale*, 5ª ed., cit., p. 379 ss.. V. altresì l'eccellente *Handbook on the peaceful settlement of disputes between States*, OLA/COD/2394, manuale operativo predisposto nel 1992 dal Servizio giuridico dell'ONU e disponibile al suo sito internet.

1. Introduzione. — I meccanismi di soluzione delle controversie nell'ordinamento internazionale hanno conosciuto una significativa evoluzione nel ventesimo secolo e, a differenza del negoziato, gli altri metodi rientranti in questa categoria richiedono l'intervento di terzi. In linea di premessa, si impongono quattro osservazioni di carattere generale:

i) *i procedimenti diplomatici per la soluzione delle controversie non sono ugualmente accessibili a tutti i soggetti del diritto internazionale.* Se gli Stati e le OIG vi hanno accesso, lo stesso non avviene nel caso dei soggetti privati. Questi ultimi possono, comunque, in modo informale, intavolare delle trattative e quindi negoziare i loro rapporti (ad esempio contrattuali) con gli Stati e le OIG.

ii) Tali modalità di risoluzione delle controversie *si fondano sul consenso delle parti interessate*, che può essere dato in modo esplicito, tramite accordo speciale, o, molto più raramente, in modo implicito. Si tratta di una reliquia del dogma della sovranità dello Stato secondo cui esso si obbliga sul piano internazionale solo mediante il proprio consenso.

iii) *Alcuni di questi procedimenti sono stati regolati tramite alcune Convenzioni internazionali a portata universale o regionale.* Al riguardo basti ricordare la Convenzione de L'Aja del 1907 per la risoluzione pacifica delle controversie, o l'Atto generale d'arbitrato del 26 settembre 1928 (il cui titolo è ingannevole, in quanto copre anche la materia della *conciliazione).* A propria volta, il Patto della SDN (artt. 12-17) e la Carta dell'ONU (capo VI) identificano in modo analitico i più diffusi "mezzi" di soluzione pacifica delle controversie ([1]). Ulteriori esempi di questo tipo si ritrovano nella Carta dell'OAS del 1948 (capitolo IV), nella Convenzione europea per la risoluzione pacifica delle controversie del 1957 o ancora nella Carta della OUA del 1963 (art. XIX). In tutti questi atti, i procedimenti diplomatici per la soluzione delle controversie interstatali vengono particolarmente valorizzati.

iv) Tutti i procedimenti diplomatici di risoluzione delle controversie si caratterizzano per il fatto di pervenire quasi sempre a *soluzioni a carattere non vincolante*. Ciò li differenzia dall'arbitrato o dalla giurisdizione internazionale, e nel contempo spiega anche la loro importanza e diffusione.

v) Nel diritto internazionale contemporaneo, un diritto transnazionale, si assiste ad una circolazione e compenetrazione di idee e di tecniche di soluzione delle controversie tra la Comunità degli Stati e la *International Business Community*. L'arbitrato e i nuovi metodi alternativi di natura non giudiziaria (c.d. ADR) presentano comuni caratteristiche e dunque le rispettive esperienze contribuiscono a perfezionare sempre di più tali procedimenti.

Una volta fatte queste considerazioni preliminari, è possibile distinguere due grandi categorie di procedimenti diplomatici in funzione del loro maggior o minor formalismo. Alcuni procedimenti sono completamente informali (Sezione I), mentre altri presentano un maggior grado di formalismo (Sezione II).

Sezione I

I PROCEDIMENTI INFORMALI DI RISOLUZIONE DELLE CONTROVERSIE

2. — I procedimenti diplomatici comprendono le *trattative diplomatiche* tra le parti (§ 1), i *buoni uffici* e la *mediazione* (§ 2). In quest'ultimo caso, le parti si rivolgono ad un terzo per la risoluzione di una controversia.

§ 1. — *Le trattative diplomatiche: il negoziato*

Bibliografia sommaria: G. Salvioli, "Tutela dei diritti e interessi internazionali", in *Trattato di diritto internazionale*, cit., p. 3 ss.; A. P. Sereni, *Diritto internazionale*, IV, cit., 1965, p. 1609 ss.; R. Quadri, *Diritto internazionale pubblico*, 5 ed., cit., 1968, p. 240 s.; G. Geamanu, "Theorie et pratique des negociations an droit international", in *RCADI*, 1980-I, t. 166, p. 365; V. Probst, "Good offices in International Relations in the Light of Swiss Practice and Experience", in *RCADI*, 1987-I, t. 201, p. 211 ss.; A. Plantey, *La negotiation internationale. Principes et méthodes*, 2ª ed., Paris, CNRS, 2002; Merrills, *International Dispute Settlements*, 7 ed., cit., 2017, Ch. 1; G. Palmisano, "Sulla duplice valenza della, diplomatica e giurisdizionale, della conciliazione internazionale", in *Studi in ricordo di G. Battaglini*, Napoli, 2013, p. 81 ss.; G. Palmisano, *Contributo allo studio giuridico dei metodi diplomatici per la soluzione delle controversie tra Stati*, Torino,

---

([1]) Si osserva in proposito, in R. Monaco, C. Curti Gialdino (*Diritto internazionale pubblico*, cit., p. 725) che "[u]na distinzione preliminare va fatta, a scanso di equivoci, tra i *mezzi* ed i *procedimenti* di soluzione delle controversie. La confusione, di regola, è ingenerata dall'art. 33 della Carta ONU che denomina "mezzi" pacifici di soluzione delle controversie, il negoziato, l'inchiesta, la mediazione, la conciliazione, l'arbitrato ed il regolamento giudiziale che, invece, vanno correttamente qualificati come "procedimenti", vale a dire meccanismi prescelti dalle parti mediante i quali può essere posta la valutazione in cui si concreta la soluzione della controversia".

Giappichelli, 2019; N. Verola, *Il punto d'incontro. Il negoziato nell'Unione europea*, Roma, LUISS Un. Press, 2020.

3. Concetto. — Il negoziato tra le parti (*negotiations and consultations*) è il più antico ed elementare procedimento per la risoluzione delle controversie. Ad esso viene fatto frequente ricorso ancor oggi in quanto costituisce un sistema rapido, elastico ed informale per appianare le difficoltà insorte tra soggetti dell'ordinamento internazionale.

Pertanto, presenteremo qui di seguito alcune considerazioni di sintesi.

1. — Un procedimento flessibile e accessibile a tutti i soggetti del diritto internazionale

4. — Tutti i soggetti del diritto internazionale, a prescindere dalla loro natura, hanno la possibilità di ricorrere ai negoziati ed anzi dovrebbe essere questo l'elemento costante e preliminare a qualsiasi altro meccanismo di soluzione delle controversie. I negoziati vengono qualificati "diplomatici" quando coinvolgono Stati o OIG, mentre si parlerà di semplici "discussioni" o "negoziazioni" nel caso in cui siano implicati dei privati, pur se la terminologia è fluida.

5. Negoziati intergovernativi classici. — I negoziati diplomatici vengono condotti, di regola, attraverso "canali ufficiali" (*diplomatic channel*), cioè da funzionari diplomatici specializzati, ovvero dai Ministri degli affari esteri o Capi di Stato o di Governo nel quadro di cosiddetti "incontri al vertice" (*summit*) ([2]). Sovente, vi partecipano anche dei politici o degli esperti nelle materie che formano oggetto di trattative.

Come ha sottolineato la CIG nel caso della *piattaforma continentale del Mare del Nord*, gli Stati "hanno l'obbligo di comportarsi in modo tale che il negoziato abbia senso, il chè non avviene quando uno di loro insiste sulla propria posizione senza considerare alcun cambiamento" ([3]). Pertanto, ciascuno Stato deve "considerare ragionevolmente l'interesse dell'altro [Stato]" ([4]).

I negoziati intergovernativi *possono sfociare in un accordo* che risolve una controversia tra di loro ma, in generale, "l'impegno a negoziare non implica un accordo" ([5]).

Ciò è stato ulteriormente ribadito nel recente ***caso dell'obbligo di negoziare l'accesso all'Oceano Pacifico***, ove la CIG ha osservato che "la negoziazione fa parte della prassi comune degli Stati nelle loro relazioni bilaterali e multilaterali" ([6]). Pertanto, gli Stati sono liberi di intavolare (o non intavolare) dei negoziati. Possono

---

([2]) V. CIG, 1° aprile 2011, *Georgia c. Russia*.

([3]) *Recueil* 1969, p. 47, punto 85.

([4]) CIG, *Applicazione dell'accordo provvisorio del 13 settembre 1995* (ex Repubblica iugoslava di Macedonia contro Grecia), *Recueil*, 2011 (II), pag. 685, punto 132.

([5]) CIG, *Caso delle cartiere sul fiume Uruguay*, in *Recueil* 2010, p. 58, punto 150.

([6]) CIG, 1° ottobre 2018, Bolivia c. Cile, *Recueil*, 2018, pag. 507, punto 91: "I negoziati fanno parte dell'attuale prassi degli Stati nelle loro relazioni bilaterali e multilaterali. Tuttavia, il fatto di negoziare una data questione in un dato momento non è sufficiente per far nascere un obbligo di negoziare. In particolare, perché insorga un obbligo di negoziare in virtù di un accordo, è necessario che l'oggetto, le parole utilizzate dalle Parti e le condizioni del negoziato, dimostrino l'intenzione delle parti di essere giuridicamente vincolate. Tale intenzione, in mancanza di termini espliciti che indichino l'esistenza di un impegno giuridicamente rilevante, può essere stabilita sulla base di un esame oggettivo del tutte le prove del caso di specie".

anche impegnarsi giuridicamente a fare dei negoziati e allora saranno obbligati, ai sensi del diritto internazionale, solo a condurli in buona fede. Senonché, nel caso di specie, dopo un'analisi approfondita dei fatti e degli argomenti addotti dalle Parti, la Corte ha concluso che "la Repubblica del Cile non si è legalmente obbligata a negoziare l'accesso sovrano all'Oceano Pacifico in favore dello Stato Plurinazionale della Bolivia" (punto 177).

6. Negoziati in seno ad una OIG. — I negoziati condotti in nome di una OIG sono condotti dal più alto funzionario (Segretario Generale, Direttore o Presidente) sotto il controllo degli organi "politici" dell'OIG.

A volte, un "obbligo di negoziare" viene previsto dalla stessa Carta istitutiva di una OIG. È il caso, ad esempio, dell'art. 4, par. 3, dell'Intesa per la risoluzione delle controversie dell'OMC/WTO, ove si parla di "consultazioni" *(Consultations)* tra Membri dell'OMC/WTO.

7. Negoziati tra Stati e soggetti privati stranieri. — Oltre ai negoziati diplomatici e a quelli in seno alle OIG, vanno indicate anche le *negoziazioni tra Stati e privati stranieri in materia di investimenti diretti esteri.* Il procedimento è simile e, nella prassi moderna, ha assunto un ruolo essenziale soprattutto in materia di costituzione di investimenti, liquidazione o nazionalizzazioni.

È così, **per esempio**, che il contenzioso sorto in seguito alle nazionalizzazioni della COTOMIB da parte del Togo nel 1972 e della MIFERMA da parte della Mauritania nel 1976, è stato regolato tramite un accordo raggiunto tra quei due Paesi e gli azionisti delle società private colpiti da quelle misure (7). Altri esempi sono già stati indicati a proposito dei contratti tra Stati e privati stranieri (*supra*, Cap. V).

2. — Un procedimento non soggetto a particolari condizioni di forma

8. — *Il negoziato non è assoggettato a particolari condizioni di forma e può svolgersi sia per iscritto che in forma orale, può essere affidato a singoli individui, ovvero a delegazioni più o meno numerose.*

Può svolgersi a tutti i livelli, a partire da quello del Capo dello Stato, fino agli agenti diplomatici in servizio presso uno Stato estero, o ancora attraverso la costituzione di commissioni *ad hoc.* **Il negoziato**

può ugualmente svilupparsi in seno alle OIG quale espressione della cosiddetta "diplomazia parlamentare". Tale procedura presenta il grande vantaggio della riservatezza e infatti può restare interamente segreta (8). Per esempio, alla fine degli anni '60 e all'inizio degli anni '70, ebbero luogo a Parigi numerose riunioni segrete tra Stati Uniti, il Vietnam del Nord e il Vietnam del Sud che non vennero ufficializzate se non alla fine dei negoziati.

---

(7) V. *AFDI*, 1976, pp. 613-622.

(8) Osserva Aust (*Handbook of International Law*, cit., p. 397) che "[h]eld in decent privacy, they [negotiations] may also make it easier to reach a settlement...If negotiations are successful it is essential that the parties record what they has been agreed. The form will depend on the circumstances. It may involve an amendment to a treaty or a public statement. If the parties do not want publicity, they may record the terms of the settlement in (usually) unpublished MOU...If negotiations are unsuccessful, one of the parties to a treaty dispute may decide to terminate the treaty".

3. — Un procedimento preliminare rispetto ad altri meccanismi di risoluzione delle controversie

9. — I notevoli vantaggi di tale tipo di procedimento, la possibilità di ottenere concessioni o rinunce, evitando i pericoli di una pubblicità prematura, spiegano come, ancor oggi, i negoziati diplomatici siano il *primo procedimento* al quale le parti ricorrono allorché insorga — o anche si profili — una crisi nei loro rapporti.

Certo, secondo il diritto internazionale generale *non esiste un obbligo delle parti di intavolare negoziati diplomatici in caso di crisi* e, tanto meno, di far precedere da negoziati gli altri procedimenti di soluzione delle controversie. Senonché, nella pratica, per i vantaggi appena indicati, i negoziati costituiscono di fatto il primo procedimento a cui tutti gli Stati fanno ricorso, vuoi per iniziativa diretta, vuoi a seguito di pressioni di altri soggetti.

Nel diritto pattizio, molte norme contenute in accordi di conciliazione, trattati di arbitrato o regolamento giudiziario, esigono il preventivo esperimento di trattative diplomatiche come una condizione per la ricevibilità dell'istanza processuale.

La CPGI ne riconobbe l'importanza nel caso delle *concessioni Mavrommatis in Palestina* tra Grecia e Gran Bretagna. Secondo la Corte: "[p]rima che le parti ricorrano ad un procedimento giudiziale, è opportuno che l'oggetto della controversia sia stato nettamente definito mediante *pourparlers* diplomatici" (9).

§ 2. — *Il ricorso ad un terzo*

10. Premessa. — I *buoni uffici* (1) e la *mediazione* (2) sono procedimenti che si concretizzano nella interposizione amichevole e non autoritaria di un terzo al fine di promuovere o facilitare la soluzione pacifica di una crisi internazionale.

1. — I buoni uffici

11. — Pur se i "buoni uffici" (*Good offices*) non vengono menzionati all'art. 33 della Carta ONU, si tratta di un procedimento ove l'interposizione del (o dei) terzo(i) è particolarmente *soft* e finalizzata ad indurre le parti ad intavolare delle trattative. Qui, il terzo sarà una sorta di "onesto intermediario" tra le parti ed eserciterà i propri "buoni uffici" per permettere loro di incontrarsi e risolvere così la loro controversia in modo amichevole, "cercando di conciliare le opposte tendenze e di calmare i risentimenti che possono essersi prodotti tra gli Stati in conflitto" e dunque per indurre le parti a realizzare quella soluzione a cui non si è potuti arrivare attraverso negoziazioni dirette tra le parti (10).

---

(9) Sentenza, *Rec.*, Ser. A, n. 2, 1924, p. 15.

(10) La I^a Convenzione dell'Aja del 18 ottobre 1907 per la risoluzione pacifica delle controversie tratta indistintamente al Titolo II (artt. 2-8) i buoni uffici e la mediazione. In particolare, indica all'art. 4 che "La parte di mediatore consiste nel conciliare le pretese opposte e nel placare i risentimenti che possano essere nati tra gli Stati in conflitto". I due procedimenti vengono invece opportunamente distinti nel Trattato americano sulla soluzione pacifica delle controversie, firmato a Bogotà il 30 aprile 1948. Qui, si precisa che, mentre i "buoni uffici" consistono nel "to bring the parties together, so as to make it possible for them to reach an adequate solution between themselves" (art. IX); in caso di "mediazione" "[t]he functions of the mediator or mediators shall be to assist the parties in the settlement of controversies in the

È così, ad esempio, che la Francia propose nel 1973 i suoi buoni uffici agli Stati Uniti ed al Vietnam del Nord e del Sud per mettere fine alle ostilità militari in Indocina. La Francia si accontentò di fornire la logistica necessaria affinché le riunioni si potessero tenere al riparo da occhi indiscreti.

Altre volte, i buoni uffici sono richiesti ad un terzo o ***forniti da un'OIG***. È così che il Consiglio di sicurezza ONU, nel 1975, chiese al Segretario Generale di esercitare i suoi buoni uffici a Cipro per porre fine al conflitto fra la comunità greca e turca, aggravatosi in seguito all'invasione dell'isola da parte della Turchia.

Senonché, a volte tale procedimento rischia di essere visto, almeno in un periodo di tensione, come una ingerenza negli affari interni di uno Stato. È così che nel 1958 gli Stati Uniti e la Gran Bretagna proposero i loro buoni uffici alla Francia ed alla Tunisia per risolvere la loro controversia in seguito al raid aereo di Sakhiet-sidi-Youssef. Una volta che la proposta di buoni uffici divenne nota, la situazione del governo francese dell'epoca, già delicata, divenne insostenibile di fronte all'Assemblea nazionale, la quale negò la fiducia al governo in carica e lo fece cadere il 15 aprile 1958.

In breve, nell'esercizio dei propri *buoni uffici*, lo Stato (o il) terzo non interviene direttamente nella soluzione di merito della controversia; esso mette in comunicazione le parti, organizzandone l'incontro per un avvio (o una ripresa) dei negoziati, condizioni che, quando si producono, fanno cessare la sua missione.

2. — La mediazione

Bibliografia sommaria: F. La Barra "La mediation et la conciliation internationales", in *RCADI*, 1923-I t. 1, p. 125 ss.; R. Quadri, *Diritto internazionale pubblico*, cit., p. 241 s.; V. Umbricht "Principles of international mediation. The case of East African Community", in *RCADI*, 1984-IV, t. 187, p. 307 ss.; Bindschedler, "Conciliation and Mediation", in *Enc. Publ. Int. L.*, 1992, I, p. 721 ss.; Moncayo, "La mediation pontificale dans l'affaire du Canal de Beagle", in *RCADI*, 1993-V, v. 242, p. 197 ss.; Merrills, *International Dispute Settlement*, cit., cap. II; J. Grieg, P. Diehl, *International Mediation*, Cambridge, CUP, 2012. V. anche la Ris. dell'AG ONU n. 65/283 del 28 luglio 2011, *Strengthening the role of mediation in peaceful settlement of disputes, conflict prevention and resolution.*

12. Definizione. — *La mediazione (mediation) ricorre allorché un terzo — anche qui si tratta di uno o (meno frequentemente) più soggetti a carattere statale o non statale — partecipa ai negoziati tra parti contrapposte e cerca di mediare tra le parti per la soluzione di una controversia.*

Il ruolo del mediatore è dunque più incisivo che nei buoni uffici e quindi la sua funzione è ancor più delicata. La *mediazione*, infatti, si distingue dai *buoni uffici* in quanto implica una *partecipazione attiva* del terzo ai negoziati tra le parti, e può comportare la formulazione di proposte non vincolanti per le parti, ma destinate ad indurle a trovare l'accordo risolutivo della controversia (11). In tale ultima ipotesi, il confine con la conciliazione si fa quasi impercettibile (12).

---

simplest and most direct manner, avoiding formalities and seeking an acceptable solution. No report shall be made by the mediator and, so far as he is concerned, the proceedings shall be wholly confidential" (art. XII). Cfr. Turlington, "The Pact of Bogota", in *AJIL*, 1948, p. 606; Kunz, "The Pact of Bogota", in *Arbitration Journal*, 1948, p. 147. Sul tema cfr. R. Probst, "Good offices' in international relations in the light of Swiss practice and experience", *RCADI*, 1987, v. 201, pp. 213-384.

(11) Così, l'art. 6 della predetta Convenzione dell'Aja del 1907 precisa che "I buoni uffici e la mediazione, sia a petizione delle Parti in conflitto, sia per iniziativa delle Potenze estranee al conflitto,

13. Il mediatore. — La mediazione può essere condotta da un individuo scelto per le sue qualità o funzioni.

Per **esempio** il Presidente della Banca Mondiale venne scelto, nel 1960, come "mediatore" tra l'India e il Pakistan, al fine di risolvere una controversia relativa utilizzazione delle risorse idriche del fiume Indo. Del pari, E. Bunker, ambasciatore degli Stati Uniti, fu nominato mediatore tra l'Indonesia e i Paesi Bassi nel 1962 relativamente al caso dell'Irian occidentale.

Oggi, come in passato, la mediazione può essere affidata *ad uno Stato* e tale procedimento è stato utilizzato anche per prevenire o porre fine ad un conflitto armato: qui, il mediatore deve riuscire a porre le basi per una soluzione della controversia che siano accettabili da entrambe le parti.

Così, **ad esempio**, nel 1898 la mediazione della Francia consentì di porre fine alla **guerra fra Stati Uniti e Spagna**. Nel 1905 furono gli Stati Uniti ad agire come mediatori per far cessare la guerra Russo-Giapponese. Nel 1966, si ebbe la mediazione dell'Unione Sovietica in un conflitto fra India e Pakistan e, nel 1978, gli Stati Uniti, tramite il Presidente Jimmy Carter, fecero lo stesso per porre fine al conflitto fra Israele ed Egitto: ciò diede luogo alla conclusione dei famosi accordi di "Camp David". E gli esempi potrebbero moltiplicarsi sino ai nostri giorni.

Ulteriore **esempio**: nella ***crisi del "Canale di Beagle"***, l'Argentina e il Cile rivendicavano la sovranità sulle isole di detto canale (nella zona della Tierra del fuego, v. *Google Maps*) e dello spazio marittimo adiacente, uno spazio che riveste un notevole valore strategico per il passaggio tra gli oceani Atlantico e Pacifico. Lo scontro armato tra i due Paesi (era l'epoca delle dittature latinoamericane a cominciare da quella di Pinochet) sembrava imminente. Nel 1977, a seguito della pronuncia di un lodo arbitrale assai discutibile da parte della Regina d'Inghilterra e favorevole al Cile si stava producendo una pericolosissima *escalation* tra le Parti. Il lodo, infatti, era stato pesantemente rigettato dall'Argentina dichiarandolo nullo tramite una circostanziata "Declaration of Nullity", oggetto di una nota diplomatica del Ministero degli affari esteri argentino del 25 gennaio 1978 la quale veniva ritualmente notificata all'Ambasciatore del Cile a Buenos Aires ([13]). A questo punto, intervennero Papa Giovanni Paolo II che, agendo tramite il Nunzio apostolico, convinse i due Stati a concordare una soluzione diplomatica. L'8 gennaio 1979, i due cancellieri dell'Argentina e del Cile firmarono il Documento di Montevideo, attraverso il quale accettavano la mediazione della Santa Sede chiedendole "di agire come mediatore al fine di guidarli nei negoziati e di aiutare le Parti nella ricerca di una soluzione" a tale controversia (art. 8). Grazie alla mediazione della Santa Sede, il 29 novembre 1984 veniva firmato in Vaticano un "trattato di pace e di amicizia" tra i due Paesi che metteva fine

---

hanno esclusivamente il carattere di consiglio e non mai di forza obbligatoria". Cfr. già G. SALVIOLI, *Tutela dei diritti e degli interessi internazionali*, in *Trattato di diritto internazionale* cit., p. 9: "il mediatore porta a conoscenza di una parte le tesi dell'altra, chiede che questa si pronunci, cerca di impedire un rigetto puro e semplice, ma la consiglia a fare ulteriori controproposte. Si studia ancora di chiarire le due tesi in conflitto per eliminare da esse ciò che costituisce solo un contrasto apparente, da ciò che vi ha di dissidio sostanziale; riguardo a questo poi chiede a ciascuna parte se è disposta a modificare la sua pretesa in qualche punto e suggerisce qualche modificazione, cercando di avvicinare le due tesi, e se non arriva attraverso questi tentativi a una composizione della vertenza, indica allora egli il piano per la risoluzione della controversia".

([12]) Cfr. altresì *Redfern and Hunter on International Arbitration*, a cura di BLACKABY e PARTASIDES, Oxford, OUP, 2015, p. 41, nota 144, i quali osservano che "The terms 'mediation' and 'conciliation' are often used as if they were interchangeable. A mediator, as an independent third person, will move between the parties, listening first to one and then the other, and trying to persuade them to focus on their real interests rather than what they see as their legal rights. The role of the conciliator is to make proposals for settlement, or, in the words of the UNCITRAL Conciliation Rules, Art. 7(1), 'to assist the parties in an independent and impartial manner in an attempt to reach an amicable settlement of their dispute".

([13]) RSA, 1977, 18 Febbraio 1977, vol. XXI, pp. 53-264 a p. 227.

definitivamente alla controversia ([14]). Nel 2009, Papa Benedetto XVI ricevette in Vaticano le rispettive Presidenti dell'Argentina e del Cile, Cristina Fernández de Kirchner e Michelle Bachelet, per festeggiare i venticinque anni del Trattato ed il successo di tale mediazione.

Sezione II
Il ricorso a procedimenti istituzionali per la soluzione delle controversie

14. — I procedimenti istituzionali per la soluzione delle controversie internazionali si imperniano sull'attività di un terzo svolta attraverso due particolari tecniche: l'inchiesta (§ 1) e la conciliazione (§ 2).

La differenza tra i due procedimenti sta nel fatto che, mentre nell'*inchiesta* il terzo dovrà accertare solamente dei fatti (si tratta di *fact finding*), nella *conciliazione*, spetterà al terzo, oltre all'accertamento dei fatti, anche la proposta di una soluzione della controversia. Si tratta di procedimenti accessibili agli Stati ed alle OIG. Per contro, essi non sono, in linea di principio, accessibili ai privati, eccezion fatta per gli strumenti non aggiudicatori nel commercio internazionale, come appunto la conciliazione.

§ 1. — *L'inchiesta internazionale*

Bibliografia sommaria: R. Quadri, *Diritto internazionale pubblico*, 5 ed., cit., p. 242 s.; Bensalah, *L'enquête internationale dans le règlement des conflits*, Paris, LGDJ, 1976; M. Yasseen, "Les commissions Internationales d'enquête", *Annuaire de l'IDI*, Session de Cambridge, v. 60/II, p. 313-386, París, Pedone, 1984. Ruegger, "Nouvelles réflexions sur le rôle des procédures internationales d'enquête dans la solution des conflits internationaux", in *Studi in onore di R. Ago*, Milano, 1987, III, p. 327 ss.; R. Lillich, *Fact Finding before International Tribunals*, New York, Transn. Pub., 1992; L. Condorelli, "L'inchiesta ed il rispetto degli obblighi di diritto internazionale umanitario", in *Scritti degli allievi in memoria di G. Barile*, Padova, 1995, p. 225 ss.; Collier, Lowe, *The Settlement of Disputes in International Law*, cit., p. 24 ss.; Merrills, *International Dispute Settlements*, cit., cap. 3; v. anche il titolo III della Convenzione dell'Aja del 1907.

15. — Ci si limiterà, ancora una volta, ad illustrare succintamente, il ruolo, il fondamento e la prassi delle inchieste internazionali (*inquiry*), rinviando alle opere specialistiche ogni altro approfondimento.

1. — Il ruolo delle Commissioni di inchiesta

16. Definizione e funzioni. — *L'inchiesta è un procedimento di soluzione di una controversia (e più in generale di una crisi) internazionale attraverso il mero accertamento dei fatti ad opera di un terzo imparziale, la Commissione d'inchiesta (Fact Finding Commission).*

Lo scopo dell'inchiesta è dunque quello di accertare un fatto (*fact finding*, appunto), e tale è l'oggetto del rapporto finale della Commissione d'inchiesta. A tale fine, detta Commissione può utilizzare ogni mezzo di prova: interrogare testimoni,

---

([14]) RSA, 1977, 18 Febbraio 1977, vol. XXI, p. 250. In dottrina cfr. L. Panella, "Controversia tra Cile e Argentina sul canale di Beagle, dai precedenti tentativi di soluzione alla mediazione della Santa Sede", in *La Comunità internazionale*, 1980, pp. 664-684; S. Ferlito, "La Santa Sede e il mantenimento della pace: il caso del Beagle", in *Il diritto ecclesiastico*, 1985, pt. 1, pp. 60-97.

ricorrere ad esperti, recarsi sul luogo, e così via. La procedura si svolge a "porte chiuse", e i documenti e le audizioni non sono resi pubblici se non con l'accordo delle parti e su decisione della Commissione. Ciò ha lo scopo di poter lavorare "in serenità" e senza le pressioni che l'opinione pubblica o i Governi potrebbero esercitare su testimoni ed esperti. L'inchiesta si conclude con un ***rapporto*** che, proprio in quanto si limita ad *accertare dei fatti*, non ha il carattere decisorio di un lodo arbitrale o di una sentenza internazionale (e tantomeno interna); non opera valutazioni giuridiche circa la responsabilità delle Parti e, per quanto dotato di un'"autorità morale", detto rapporto *non sarà in alcun modo vincolante tra le parti.* Proprio in quanto è privo di efficacia obbligatoria, il rapporto lascia alle Parti piena libertà circa i suoi effetti ed il seguito che intendono darvi. Si può comunque osservare che, quand'anche nulla sia stato previsto nell'accordo istitutivo della Commissione d'inchiesta, la sua attività determina, *ipso facto*, un effetto sospensivo delle attività oggetto dell'accertamento, ivi compreso, ad esempio, l'uso della forza armata. L'istituzione di una Commissione d'inchiesta produce così un effetto sospensivo destinato a favorire la distensione (*cooling off period*).

Rispetto alla durata delle sue funzioni, una commissione d'inchiesta può essere *speciale*, se viene costituita in relazione ad un dato incidente particolare; oppure *permanente* (è il caso dei *Trattati Bryan* su cui v. *infra*); oppure ancora, speciale nel quadro di una organizzazione internazionale.

2. — Il fondamento delle Commissioni internazionali di inchiesta

17. — *Il principio è ovvio: non è possibile costituire alcuna Commissione d'inchiesta (Fact Finding Commission) senza un accordo internazionale* ***(convenzione d'inchiesta)*** *tra le parti.* Tale accordo può essere già contenuto in una Convenzione internazionale bi- o multilaterale. Oppure può essere concluso *a posteriori*, dopo l'insorgere della controversia, ciò che accade più spesso nella prassi. In entrambi i casi, per il funzionamento pratico dell'attività di inchiesta è necessaria la cooperazione delle Parti, soprattutto se la Commissione debba operare *in loco*, nel territorio di una o di entrambe le Parti.

La prassi delle Commissioni d'inchiesta esisteva già prima della Convenzione dell'Aja, del 18 ottobre 1907, per la risoluzione pacifica delle controversie, la quale ne ha previsto una disciplina particolareggiata al Titolo 3 (artt. 9-36). Così, all'art. 35 di detto trattato si precisa che il *compito della Commissione d'inchiesta è solo l'accertamento di questioni di fatto (fact finding)* e "non ha punto il carattere di una sentenza arbitrale. Esso lascia alle Parti intera libertà per il seguito da dare a questo accertamento". Occorre altresì che il conflitto non sia stato risolto per le vie diplomatiche e che non impegni né l'onore, né gli interessi essenziali delle Parti.

Nei c.d. ***Trattati Bryan*** (dal nome del Segretario di Stato USA) stipulati dagli Stati Uniti tra il 1913 e il 1915 con più di una trentina di Stati (prevalentemente latino-americani), si prevedeva l'obbligo di sottoporre le eventuali controversie che non fossero risolte per via diplomatica od arbitrale, ad una *Commissione permanente d'inchiesta.* Tale Commissione poteva essere adita unilateralmente da una delle Parti o addirittura operare *ex officio.*

La stessa tecnica viene talvolta utilizzata **in seno ad organizzazioni internazionali**. È così che, ad esempio, l'art. 26 della Carta dell'OIL prevede il ricorso a tale procedura in caso di denuncia della violazione di una Convenzione internazionale del lavoro. In base a tali norme, venne istituita una Commissione d'inchiesta da parte dell'OIL a seguito di una denuncia depositata dal Ghana contro il Portogallo nel 1962. Tale commissione doveva esaminare se vi fosse stato o meno lo sfruttamento di lavoro forzato nelle colonie portoghesi d'Africa. Ma la prassi in questa materia è assai rara.

Più in generale, l'inchiesta internazionale viene istituzionalizzata tramite ***l'art. 34 della Carta dell'ONU***, in base al quale: "Il Consiglio di sicurezza può fare indagini su qualsiasi controversia o su qualsiasi situazione che possa portare ad un attrito internazionale o dar luogo ad una controversia, allo scopo di determinare se la continuazione della controversia o della situazione sia suscettibile di mettere in pericolo il mantenimento della pace e della sicurezza internazionale". In tal caso, la nomina della Commissione d'inchiesta viene effettuata di volta in volta da un organo permanente dell'OIG che è investito della crisi e tale Commissione agisce in base ai poteri ed alle istruzioni ricevute ([15]).

3. — La composizione delle Commissioni di inchiesta

18. — La composizione delle Commissioni d'inchiesta viene interamente lasciata alle Parti. Nella prassi internazionale, una Commissione di questo tipo comprende sia dei commissari che hanno la cittadinanza delle Parti, sia dei commissari cittadini di Stati terzi, dovendo comunque essere in numero *dispari*; ciò che costituisce un tratto comune con la tipica composizione di un collegio arbitrale. Altre volte i commissari appartengono esclusivamente a Stati terzi. I commissari sono scelti, di solito, sulla base delle loro qualifiche tecniche e agiscono a titolo personale.

4. — La prassi (alcuni esempi)

19. — Nella prassi, l'inchiesta internazionale gode di relativa popolarità, soprattutto in materia di incidenti marittimi. A tal proposito si indicano due casi celebri. Altri interessanti e più recenti esempi si ritrovano in materia di tutela dei diritti umani.

a) *Il caso della "Dogger Bank"*

20. — All'epoca della guerra russo-giapponese, nella notte tra il 20 e il 21 ottobre 1904, la flotta russa del Baltico che si stava recando in Estremo Oriente, mentre era in navigazione nei pressi del Dogger Bank, scambiò delle navi da pesca inglesi per torpediniere giapponesi ed aprì il fuoco causando loro ingenti danni. Il 25 novembre 1904, la Russia ed il Regno Unito conclusero un accordo speciale che prevedeva l'istituzione di una Commissione d'inchiesta internazionale composta da cinque membri: un russo, un inglese, un francese e uno statunitense; mentre il quinto doveva essere scelto di comune accordo dai precedenti. Questa Commissione d'inchiesta doveva determinare le circostanze in cui l'incidente si era verificato e produrre un rapporto finale. Nel rapporto che venne consegnato il 25 febbraio 1905 si giunse alla conclusione che "l'uso delle armi non era giustificato" e che "la responsabilità era imputabile all'Ammiraglio russo", pur non escludendo che l'errore fosse stato commesso in buona fede. In ogni caso, i commissari aggiunsero che le loro valutazioni "non erano rivolte a gettare alcun discredito sul valore militare, né sul senso umani-

---

([15]) In arg. cfr. Conforti, Focarelli, *Le Nazioni Unite*, 12 ed., cit., p. 221 ss. ove riferimenti.

tario dell'Ammiraglio (russo), né sul personale della sua flotta". La Russia, dunque, versò un'indennità alla Gran Bretagna ([16]).

b) ***Il caso del "Red Crusader"***

21. — Nel 1961, un peschereccio britannico (il "*Red Crusader*") era stato sorpreso a pescare all'interno delle acque territoriali danesi, al largo delle isole Færøer. Di conseguenza, venne abbordato da una nave militare danese, che gli intimava di approdare in un porto danese. Senonché, il peschereccio britannico durante il percorso riuscì improvvisamente a fuggire e venne inseguito a tutto spiano dalla fregata militare danese, la quale, a un certo punto, aprì il fuoco provocando gravi danni. Nel frattempo, la Gran Bretagna aveva inviato in loco delle navi da guerra. L'inseguimento continuava, ma il peschereccio britannico riuscì infine ad approdare al porto scozzese di Aberdeen. In relazione a tali vicende, venne istituita una Commissione d'inchiesta, in base ad un apposito accordo anglo-danese del 15 novembre 1961. Qui, i tre commissari erano tutti cittadini di Stati terzi: un belga, un francese e un olandese. La Commissione d'inchiesta presentò il proprio rapporto finale il 23 marzo 1962, accertando che il peschereccio britannico non aveva effettuato la pesca nelle acque territoriali danesi. Nel contempo, la Commissione indicò che la fregata danese aveva ecceduto a duplice titolo nell'utilizzo della forza armata: in primo luogo, aprendo il fuoco senza preavviso; in secondo luogo, mettendo inutilmente in pericolo le vite umane a bordo del *Red Crusader*. La Commissione ritenne altresì che il peschereccio britannico in fuga "avrebbe potuto essere fermato con altri mezzi". Si affermò inoltre che la valutazione effettuata dalla Gran Bretagna relativamente ai danni causati al peschereccio era "ragionevole", come d'altronde riconobbe anche l'agente del Governo danese. Infine, la Commissione notò che la condotta della flotta militare britannica dispiegata sul luogo dell'incidente era stato "irreprensibile", ed aveva evitato dei danni più gravi ([17]).

c) ***L'inchiesta internazionale in materia di violazioni dei diritti umani***

22. — Le "Commissioni d'inchiesta internazionali" come le "Commissioni di ***fact finding***" sono uno degli strumenti più importanti delle Nazioni Unite per lottare contro le violazioni del diritto internazionale dei diritti umani, del diritto internazionale umanitario e del diritto internazionale penale. Tali Commissioni vengono di solito istituite dal Consiglio di sicurezza dell'ONU, dall'Assemblea Generale, dal Consiglio per i diritti umani, dal Segretario Generale e, ovviamente, dall'Alto Commissario per i diritti umani ([18]).

Negli ultimi due decenni, tali commissioni sono state istituite, con un discreto successo, per combattere l'impunità nonostante le violazioni dei diritti umani e del diritto umanitario commesse nell'ex Jugoslavia, Darfur, Timor Est, Libano e Guinea, Costa d'Avorio, Libia, Territorio Palestinese occupato, Repubblica Popolare Democratica di Corea, Repubblica Araba Siriana, Sri Lanka e Repubblica Centrafricana.

([16]) In arg. v. *RGDIP*, 1905, p. 4 ss. Sull'incidente cfr. MANDELSTAM, "La Commission international d'enquête sur l'incident dans la mer du Nord", ivi, p. 161 ss.; POLITIS, "Les Commissions internationales d'enquêtes", ivi, 1912, p. 158.

([17]) V. TIMSIT, *AFDI*, 1963, p. 460 e ss.

([18]) V. *Commissions of Inquiry and Fact-Finding Missions on International Human Rights and Humanitarian Law. Guidance and Practice*, HR/PUB/14/7, New York, Geneva, 2015.

§ 2. — *La conciliazione internazionale*

Bibliografia sommaria: J. Efremoff, "La conciliation internationale", in *RCADI*, 1927-III, t. 18 p. 1 e 1937-I, t. 59, p. 99; J.P. Cot, *La conciliation internationale*, Paris, Pedone, 1968; U. Villani, *La conciliazione nelle controversie internazionali*, Napoli, 1989; Id., "Conciliazione internazionale", *Dig.disc.pub*., 1989, 301-314; UN *Handbook*, cit., p. 45 ss.; T. Treves, *Compulsory Conciliation in the UN Law of the Sea Convention*, in *Liber amicorum G. Jaenicke*, Berlin, 1998, p. 611 ss.; T. Treves, *Le controversie internazionali*, cit., 1999, pp. 171-193; L. Caflish, "Cent ans de règlement pacifique des différends interétatiques", in *RCADI*, 2001, v. 288, pp. 245-468; F. Horchani (dir.), *Règlement pacifique des différends internationaux*, Bruxelles, Bruylant, 2002; R. Palmisano, "Réflexions on directed conciliation in a conflict prevention perspective", in *Studi Arangio-Ruiz*, II, 2004, p. 1095 ss.; Koopmans, *Diplomatic Dispute Settlement: the use of Inter-State Conciliation*, The Hague, 2008; A. Pellet, "Peaceful Settlement of International Disputes", in R. Wolfrum (ed.), MPEPIL, Oxford, 2012, vol. VI, 201-224; R. Palmisano, "Sulla duplice valenza, diplomatica e giurisdizionale della conciliazione internazionale", in *Studi G. Battaglini*, Napoli, 2013, p. 81 ss. e *Contributo allo studio...*, cit., p. 113 ss.; Merrills, *International Dispute Settlement*, cit., cap. 4; C. Tomuschat, R. Pisillo Mazzeschi, D. Thürer (eds.), *Conciliation in International Law. The OSCE Court of Conciliation and Arbitration*, Brill Nijhoff, Leiden, Boston, 2016; C. Tomuschat, M. Kohen (Eds.), *Flexibility in International Dispute Settlement. Conciliation revisited*, Brill, 2020.

23. Definizione generale. — Secondo la definizione data dall'*Institut de Droit International*, nella sessione di Salisburgo del 1961, la conciliazione è

"una modalità di risoluzione delle controversie internazionali di qualsiasi natura nella quale una Commissione istituita dalle parti, sia a titolo permanente, sia in occasione della controversia, procede ad un esame imparziale della controversia e si sforza di definire i termini di un accordo suscettibile di essere accettato dalle parti, ovvero di prestare alle parti, in vista della soluzione di una controversia, il contributo dalle stesse richieste". [nostra traduzione]

Il procedimento è normalmente *segreto* per favorire al massimo la conciliazione delle parti. La procedura di conciliazione si conclude con una ***proposta di conciliazione***, ossia delle *raccomandazioni a carattere non vincolante* in ordine alla soluzione della controversia, contenute in un ***rapporto***. Nella maggioranza dei casi, le conclusioni dei *conciliatori* vengono fatte proprie dagli Stati. Diversamente, alla conciliazione farà seguito l'arbitrato o altro procedimento di soluzione delle controversie.

24. Funzione e distinzioni. — La conciliazione (*Conciliation*) serve a promuovere o facilitare la composizione di una situazione di crisi internazionale o di una controversia attraverso l'attività di un'apposita *Commissione di conciliazione* (*Conciliation Commission*) la quale formula delle ***proposte di soluzione che non sono a carattere vincolante***.

Si tratta di un mezzo di risoluzione delle controversie *relativamente originale*, che presenta alcuni caratteri comuni con l'inchiesta e con la mediazione ma che non venne menzionato nella Convenzione dell'Aia del 1907 o nel Patto della Società delle Nazioni.

Questa tecnica venne proposta dalla Svizzera in seguito alla Prima guerra mondiale e venne codificata nel Capo I dell'Atto Generale di arbitrato del 26 settembre 1928, entrato internazionalmente in vigore il 16 agosto 1929 ed in vigore per l'Italia dal 7 settembre 1931.

In particolare, va osservato che la funzione principale dell'***inchiesta*** è, come abbiamo visto, quella di accertare i fatti rilevanti (*fact finding*) mentre la funzione della conciliazione è quella di formulare delle *proposte concrete di soluzione* ad una crisi internazionale. A propria volta, la conciliazione si distingue dall'***arbitrato*** internazionale quanto al procedimento ed al risultato che è vincolante in caso di arbitrato (v. *infra*), mentre non è vincolante in caso di conciliazione.

25. Utilizzo della tecnica della conciliazione internazionale da parte di tutti i soggetti del diritto internazionale contemporaneo. — Al di fuori del classico contesto interstatale (G2G), la conciliazione internazionale viene spesso utilizzate anche in un contesto *B2G* e, soprattutto, *B2B*, ossia da attori privati della *international business community*. A tale riguardo, la Corte Permanente di Arbitrato ha adottato delle *Regole facoltative di conciliazione* (**PCA *Optional Conciliation Rules***) oltre alle *Regole opzionali per la conciliazione delle controversie relative alle risorse naturali e/o all'ambiente*. Entrambe sono basate principalmente sulle più generali ***UNCITRAL Conciliation Rules*** ([19]).

L'ambito di applicazione *ratione personae* di tali strumenti segna, una volta di più, l'evoluzione dell'ordinamento giuridico internazionale contemporaneo perché, oltre alla conciliazione internazionale-interstatale, regola anche quella di natura ***mista***, in cui solo una delle parti è uno Stato.

Si tratta di una linea di tendenza che ha ricevuto definitiva consacrazione in diritto internazionale tramite gli artt. 28-35 della **Convenzione ICSID** del 1965. Qui viene disciplinata la conciliazione mista tra Stati e privati con una procedura che si avvale di una Commissione mista la quale "ha il compito di chiarire le questioni controverse tra le parti e di sforzarsi di ottenere un accordo tra queste in termini accettabili per entrambe. A questo scopo, la Commissione può in qualunque fase della procedura e a più riprese raccomandare alle parti i termini di una sistemazione amichevole. Le parti devono collaborare in buona fede con la Commissione per permetterle di svolgere le sue funzioni e terranno le sue raccomandazioni nella più seria considerazione" (art. 34). Va però osservato che questa procedura è stata sinora usata assai raramente nella prassi ([20]).

1. — Fondamento giuridico della conciliazione

26. — Anche in questo caso, il fondamento giuridico della conciliazione si ricollega ad una manifestazione del consenso degli Stati in lite, e quindi ad uno specifico accordo tra di essi. Spesso il procedimento di conciliazione viene esperito in base ad un accordo stipulato *dopo* che il conflitto è insorto; altre volte, tale procedimento viene *previsto in trattati* che lo prevedono e talvolta lo rendono obbligatorio. Non sorprende dunque che l'art. 66 della Convenzione di Vienna sul diritto dei trattati del 1969 indichi la conciliazione come un procedimento privilegiato di risoluzione delle controversie.

Gli **esempi** sono numerosi. Così, in base al Cap. I dell'Atto Generale di arbitrato del 26 settembre 1928, la conciliazione costituisce la *prima fase* del procedimento di risoluzione delle controversie. Soluzioni analoghe vengono proposte nel capitolo IV della Carta dell'OAS del 1948, nel capitolo II della Convenzione europea per la risoluzione pacifica delle controversie del 1957 (artt. 4 e 15), nell'art. 19 della Carta della OUA e anche nei Trattati di pace del 1947; inoltre, un gran numero di trattati bilaterali — ve ne erano più di 200 di questo tipo nell'anteguerra — introdusse questo specifico modo di risoluzione delle controversie. Analoghe considerazioni valgono, *mutatis mutandis*, con riferimento all'art. 42 del Patto internazionale sui

---

([19]) Si possono consultare al sito della PCA al link https://pca-cpa.org/fr/services/mediation-conciliation/.

([20]) In argomento cfr. C. Titi, F. Gomez (a cura di), *Mediation in International Commercial and Investment Disputes*, Oxford, OUP, 2019.

diritti civili e politici dell'ONU del 1966, che prevede una procedura di conciliazione *ad hoc*, a carattere facoltativo, per risolvere alcune controversie relative alla sua applicazione. Va poi menzionato, tra gli altri, il Protocollo di mediazione, conciliazione e arbitrato del 1964, concluso sotto l'egida dell'OUA ([21]), o ancora, l'art. 297 della UNCLOS, la quale sottopone a *conciliazione obbligatoria* le controversie relative ai diritti sovrani di pesca dello Stato costiero nella zona economica esclusiva, controversie che su domanda di parte, possono essere così sottratte alla cognizione del Tribunale internazionale del diritto del mare o ad altro mezzo di soluzione obbligatoria.

In un contesto *regionale*, quale è quello del Consiglio d'Europa, la conciliazione viene disciplinata come procedimento alternativo al regolamento giudiziario ed arbitrale agli artt. 4-18 della Convenzione europea per la risoluzione pacifica delle controversie del 26 aprile 1957. Anche tale trattato è in vigore per l'Italia pur se all'atto del deposito della ratifica il Governo italiano ha formulato una riserva eccettuativa dell'applicazione dei Capi II e III, relativi proprio alla conciliazione e all'arbitrato.

Si è detto che l'accordo di conciliazione può essere anche concluso **a posteriori**, una volta insorta la controversia.

Ciò è avvenuto, ad esempio, con la commissione d'inchiesta e conciliazione costituita tra Francia e Marocco nel 1957 per esaminare il caso del dirottamento dell'aereo di Ben Bella e dei suoi collaboratori da parte di un caccia francese ([22]).

Molto più raramente, le Commissioni di conciliazione vengono *costituite in modo permanente* per risolvere le controversie che sorgeranno in futuro. Così, solo alcuni Stati hanno concluso dei trattati bilaterali per costituire delle commissioni permanenti di conciliazione, per risolvere tutte le rispettive eventuali controversie ([23]).

2. — Composizione delle Commissioni di conciliazione

27. — Anche qui, la scelta dei conciliatori viene lasciata alla discrezionalità delle parti in lite. Il numero dei conciliatori è dispari (spesso tre o cinque), sono nominati direttamente dalle parti o in base a metodi da queste preventivamente approvati. I conciliatori sono *individui* che agiscono a titolo personale; non sono organi dello Stato di cui sono cittadini. Va notato che, a differenza di quanto abbiamo visto a proposito dell'inchiesta, in materia di conciliazione internazionale non si hanno commissioni composte esclusivamente da cittadini di Stati terzi.

3. — Ruolo delle Commissioni di conciliazione

28. — Il ruolo delle Commissioni di conciliazione è più ampio di quello delle commissioni d'inchiesta. Innanzitutto, la commissione di conciliazione *possiede tutti i poteri delle commissioni d'inchiesta*. Ogni Commissione di conciliazione ha, salvo disposizioni contrarie, la competenza a pronunciarsi sull'esistenza dei presupposti necessari per l'instaurazione e lo svolgimento della procedura di conciliazione. Pertanto, spetterà a ciascuna di esse, ad esempio, stabilire se sono state esaurite le trattative diplomatiche. In più, la Commissione di conciliazione deve esaminare gli

---

([21]) V. artt. 22 e 26.

([22]) V. *AFDI*, 1958, p. 282 e ss.

([23]) Così avvenne, ad esempio tra Belgio e Danimarca, Francia e Svizzera, Italia e Svizzera. In argomento v. l'articolo di M. Breton-Jokl, in *AFDI*, 1957, p. 210 e ss. nonché, in generale, A.P. Sereni, *Diritto internazionale*, IV, cit., p. 1623 ss. ove ampi riferimenti.

aspetti giuridici della questione litigiosa. Più che un giudizio sul passato, la Commissione deve essere in grado di formulare una proposta per l'avvenire ben fondata sugli elementi di fatto e di diritto della controversia.

4. — Prassi delle Commissioni di conciliazione

29. — Le Commissioni di conciliazione hanno svolto un ruolo molto importante prima e subito dopo le due guerre mondiali, tant'è che si è potuto parlare dell'"epoca d'oro" della conciliazione attraverso l'istituzione delle *Commissioni bilaterali permanenti*. Così, si ebbe la Commissione franco-svizzera del 1925 ([24]), preceduta poco prima da una Commissione italo-svizzera del 1924 ([25]). Nel 1952 si ebbe una commissione tra Belgio e Danimarca per gli incidenti marittimi relativi a navi svedesi avvenuti ad Anversa nel maggio 1940 ([26]), nonché, tra le tante, una Commissione italo-svizzera, nel 1956, relativa all'applicabilità ai cittadini svizzeri dell'imposta straordinaria sul patrimonio del 1947.

Nel 1980, venne costituita una Commissione di conciliazione tra Norvegia e Islanda col compito di determinare i limiti della piattaforma continentale tra l'Islanda e l'isolotto di *Jan Mayen*; essa depositò il suo rapporto nel giugno 1981 con delle raccomandazioni che suggerivano lo sfruttamento comune delle zone marittime contestate dai due Paesi ([27]).

Per quanto riguarda i trattati multilaterali, va ricordato l'art. 298 e l'Annesso V della Convenzione delle Nazioni Unite sul diritto del mare. In base a tali disposizioni, il 9 maggio 2018 una Commissione di conciliazione sotto l'egida della CPA si è pronunciata nell'ambito della procedura di conciliazione obbligatoria avviata tra la Repubblica democratica di Timor Est e l'Australia per la delimitazione del confine marittimo tra questi due Paesi ([28]).

30. La conciliazione in seno alle OIG. — *La conciliazione può attuarsi anche mediante* ***organi di enti internazionali***. Fu il caso dell'UNESCO, quando nel 1962 una commissione di conciliazione e di buoni uffici di 11 membri venne istituita in forma permanente tramite Protocollo speciale per risolvere delle controversie relative alla lotta contro la discriminazione in materia d'insegnamento. Un ulteriore sviluppo della conciliazione si è avuto tramite la Convenzione relativa alla conciliazione e all'arbitrato nel quadro della CSCE/OSCE adottata dal Consiglio della CSCE a Stoccolma il 15 dicembre 1992 ed in vigore per l'Italia ([29]). Qui, il meccanismo di conciliazione può essere attivato *unilateralmente* da qualsiasi Stato che è Parte alla Convenzione, per una controversia con uno o più Stati contraenti. Al termine del procedimento, la Commissione di conciliazione presenta un *rapporto* corredato da raccomandazioni alle Parti, le quali dispongono di un termine di trenta giorni per accettarlo. Se non è possibile giungere a un accordo entro i termini prestabiliti, e se le parti hanno concordato di sottoporsi all'arbitrato, verrà istituito un tribunale arbitrale *ad hoc*, la cui sentenza sarà giuridicamente vincolante per le parti.

([24]) Cfr. S. Bastid, in *AFDI*, 1956, p. 436.

([25]) Ivi, p. 210 e ss.

([26]) V. H. Rolin, in *RGDIP*, 1953, p. 352.

([27]) *ILM*, 1981, p. 797.

([28]) V. CPA caso n. 2016-10, al sito https://pca-cpa.org/en/cases/132/.

([29]) In argomento cfr. C. Tomuschat, R. Pisillo Mazzeschi, D. Thürer (eds.), *Conciliation in International Law. The OSCE Court of Conciliation and Arbitration*, Brill/Nijhoff, Leiden/Boston, 2017.

Infine, il modello della conciliazione è quello a cui fanno riferimento i "gruppi di lavoro" o "panels" dapprima del GATT (30) e successivamente della WTO (31) per risolvere le grandi controversie economiche internazionali.

---

(30) V. TH. FLORY, *Le G.A.T.T.*, Paris, 1968, pp. 69-71, nonché E. CANAL FORGUES, *L'institution de la conciliation dans le GATT*, Bruxelles, Bruylant, 1993 e A. LIGUSTRO, *Le controversie tra Stati nel diritto del commercio internazionale: dal GATT all'OMC*, Padova, Cedam, 1996.

(31) V. D. CARREAU e P. JUILLARD, *Droit International économique*, cit., nn. 239-242 e P. PICONE, A. LIGUSTRO, *Diritto dell'OMC*, cit., 2002, p. 575 ss..

Titolo II
I PROCEDIMENTI GIURISDIZIONALI

Capitolo XXIII
IL RICORSO ALL'ARBITRATO INTERNAZIONALE

Bibliografia sommaria: D. Schindler, "Les progrès de l'arbitrage obligatoire depuis la création de la Société des nations", in *RCADI*, 1928, v. 25, 233-364; Balladore Pallieri, « La natura giuridica dell'arbitrato internazionale », in *Riv. dir. int.*, 1929, pp. 328-355; G. Bosco, « La natura giuridica dell'arbitrato internazionale nella dottrina italiana », in *Riv.dir.int.*, 1931, p. 490-507; J. Makowski, « L'organisation actuelle de l'arbitrage international », in *RCADI*, v. 36, 1931, pp. 263-384; M. De Taube, « Les origines de l'arbitrage international. Antiquité et Moyen Age », *R.C.A.D.I.*, 1932, t. 42, pp. 1-116; M. Hudson, *International Tribunals: Past and Future*, Washington, Carnegie, 1944; J.P.A. François, "La Cour permanente d'arbitrage son origine, sa jurisprudence, son avenir", in *RCADI*, v. 87, 1955, pp.457-575; J. Simpson, H. Fox, *International Arbitration. Law and Practice*, London, Stevens, 1959; G. Arangio-Ruiz, voce "Arbitrato (Diritto internazionale pubblico)", in *Enc. Dir.*, II, 1957, p. 975 ss.; L. Sohn, "The Function of International Arbitration Today", *RCADI*, v. 108, 1963, pp. 1-113; R. Quadri, *Diritto internazionale pubblico*, cit., p. 244 ss.; J.G. Wetter, *The International Arbitral Process: Public and Private*, voll. 1-5, New York, Oceana Pub. 1979; D. Bowett, "Contemporary Development in Legal Techniques in the Settlement of Disputes", in *RCADI*, 1983-II, p. 177 ss.; F. Coulée, "Arbitrage interétatique", *Encyclopédie Dalloz, Droit International*; E. Decaux, "L'arbitrage international", in *Jurisclasseur Droit International*, t. IV, fasc. 245-248; U. Villani, "Arbitrato fra Stati", in *Dig. Pubb.*, I, 1987, p. 338 ss.; G. Recchia, voce "Arbitrato fra Stati", *Enc. giur. Treccani*, II, Roma, 1988; Ch. Leben, "Arbitrage (C.I.R.D.I.)", *Encyclopédie Dalloz, Droit International*; S. Schwebel, *International Arbitration: Three Salient Problems*, Cambridge, Grotius, 1987; H. Fox, "States and the undertaking to arbitrate", in *ICLQ*, 1988, p.1 ss.; A. Stuyt, *Survey of International Arbitrations (1794-1984)*, Dordrecht, 1990; G. Abi-Saab, "De l'arbitrage dans ses rapports avec la justice internationale", in *Mélanges P. Lalive*, Bale, 1993, p. 377; W.M. Reisman, "The Supervisory Jurisdiction of the International Court of Justice: International Arbitration and International Adjudication", in *RCADI*, 1996, v. 258, pp. 9-394; J. Collier, V. Lowe, *The Settlement of Disputes in International Law*, Oxford, OUP, 1999; F. Marrella, A. Mozzato, *Alle origini dell'arbitrato commerciale internazionale. L'arbitrato a Venezia tra Medioevo ed Età moderna*, pref. A. Giardina, Padova, Cedam, 2001; J. Alvarez, "The Public International Law Regime Governing International Investment", in *RCADI*, v. 344, 2009, pp. 193-544; M. Diez de Velasco, *Instituciones de derecho internacional pùblico*, 18 ed. a cura di C. Escobar Hernàndez, Madrid, Tecnos, p. 952 ss.; R. Monaco e C. Curti Gialdino, *Manuale di diritto internazionale pubblico*, 3 ed., cit., p. 753 ss.; J. Paulsson, *The Idea of Arbitration*, Oxford, OUP, 2013; B.W. Daly (et al.), *A Guide to the PCA Arbitration Rules*, Oxford, OUP, 2014; *Redfern & Hunter on International Arbitration*, a cura di N. Blackaby e C. Partasides, 6ª ed., Oxford, OUP, 2015; F. Munari, in Carbone, Luzzatto, Santa Maria, *Istituzioni di diritto internazionale*, 5 ed., cit., p. 244 ss.; U. Franke, A. Magnusson (ed.), *Arbitrating for peace: how arbitration made a difference*, Alphen aan den Rijn, Kluwer, 2016; A. Pietrobon, *Il giudizio nell'arbitrato fra Stati*, Napoli, ES, 2016; J.G. Merrills, *International Dispute Settlement*, 6ª ed., cit., Cap. 5; B. Conforti, *Diritto internazionale*, XI ed., cit., p. 465 ss.; M. Rubino Sammartano, *Arbitrage international*, 2 voll., Bruxelles, Bruylant, 2019; A. Caligiuri, *L'arbitrato nella Convenzione delle Nazioni Unite sul diritto del mare*, Napoli, ES, 2018; N. Ronzitti, *Diritto internazionale*, 6ª ed., cit., p. 292 ss.; *Brownlie's Principles of Public International Law*, 9ª ed., cit., p. 667 ss.; P.M. Dupuy, Y. Kerbrat, *Droit international public*, 15 ed., Paris, Dalloz, 2020, pp. 650 ss..

1. Un'antica tradizione. — Da tempo immemorabile, si è fatto ricorso all'arbitrato per la soluzione di controversie internazionali. Col passare del tempo, l'arbitrato si è notevolmente sviluppato, aumentando progressivamente la propria dimensione processuale. Nel contempo, si è diversificato per aprirsi ai nuovi soggetti del diritto internazionale, quali i soggetti privati.

i. Origini storiche dell'arbitrato

2. Una tradizione ellenica nel mondo occidentale. — È tradizionale far risalire l'arbitrato all'antica Grecia, dove serviva a risolvere le controversie tra città che si dichiaravano frequentemente guerra (v. Cap I). L'arbitrato, ed in genere il procedimento giudiziale internazionale, non era invece praticato nei rapporti con l'estero dai Romani i quali, tuttavia, lo conoscevano nel diritto interno e lo ammettevano nello *ius gentium* (1). Rifiorì, dunque, nel Medioevo: l'arbitro "supremo" era spesso il Pontefice in ragione della sua autorevolezza spirituale e morale in una comunità che si era denominata *Res Publica Christiana*. Basti ricordare che, dopo la scoperta delle Americhe, la competizione tra la Spagna e il Portogallo per l'appropriazione dei nuovi territori nel continente sudamericano portò senza indugi le due potenze cattoliche a rimettersi all'arbitrato di Papa Alessandro VI Borgia. Perciò, con la bolla *Inter Coetera* delimitò i rispettivi domini in Sud America ed il suo contenuto venne poi incorporato nel Trattato di Tordesillas del 7 giugno 1494 (2).

In parallelo, a partire dal XII secolo, si ebbero procedimenti di questo genere fra le città italiane le quali vedevano nell'arbitrato un modo utile per affrancarsi dall'Imperatore ed evitarne l'ingerenza nei loro conflitti. Si trattava di arbitrati che spesso venivano decisi dai giuristi delle grandi Università italiane dell'epoca (3).

Tuttavia, a partire dal secolo XV, con il sorgere degli Stati nazionali moderni ed al passaggio dal Medio Evo all'epoca moderna, l'arbitrato perse gran parte della sua diffusione. È l'epoca dell'istituzione delle *legazioni permanenti* (*supra* Cap. XV) e dunque delle grandi negoziazioni diplomatiche, una prassi che si ritrova riflessa negli studi della dottrina dell'epoca. Il tramonto dell'arbitrato medievale non portò, tuttavia, alla sua definitiva scomparsa, giacché si verificarono altre e nuove condizioni che favorirono, più tardi, il risorgere di tale fondamentale istituto. L'aumento dei traffici commerciali, l'epoca delle grandi scoperte geografiche e scientifiche, la rivoluzione nei trasporti e nella produzione industriale, la maggiore facilità nelle comunicazioni e, d'altra parte, la consapevolezza dei sempre più gravi danni provocati dalla guerra moderna, indusse gli Stati ad impostare la loro vita di relazione internazionale nel senso di ricorrere all'uso della forza solo nei casi più gravi. Di qui, il rinnovato interesse, a partire dalla fine del secolo XVIII, per l'arbitrato come mezzo pacifico di soluzione delle controversie internazionali.

---

(1) *Dig.*, IV, 8, *De receptis: qui arbitrium recep.*, 13, 2; ibid., 50. Nelle *Istituzioni di Gaio* (III, §94) troviamo il passo secondo il quale divenne progressivamente di *ius gentium* la formula contrattuale secondo la quale: "Pacem futuram spondes?...Quod nimium subtiliter dictum est; quia si quid adversus pactionem fiat, non ex stipulatu agitur, sed iure belli res vindicatur". Il punto venne notato anche da R. Phillimore, *Commentaries on International Law*, v. 2., Philadelphia, Pa., T. & J.W. Johnson, 1854-57, p. 71.

(2) V. A. Catalano, voce "Arbitrato Pontificio", in *Enc. dir.*, II, Milano, Giuffrè, 1958, p. 994; G. B. Picotti, M. Sanfilippo, voce "Alessandro VI", in *Enciclopedia dei Papi*, Treccani, al sito *http://www.treccani.it/enciclopedia/alessandro-vi_(Enciclopedia_dei_Papi)/.*

(3) V. B. Paradisi, *Storia del diritto internazionale nel Medio Evo*, 4 voll., 2 ed., Napoli, Jovene, 1956. V. pure F. Marrella, A. Mozzato, *Alle origini dell'arbitrato commerciale internazionale. L'arbitrato a Venezia tra Medioevo ed Età moderna*, Padova, Cedam, 2001, p. 9 ss.. ove riferimenti.

3. Rinascita e sviluppo dell'arbitrato: il *Trattato Jay*. — Tale fenomeno trova la sua manifestazione concreta nel *Trattato di amicizia, commercio e navigazione* del 19 novembre 1794 tra gli Stati Uniti e la Gran Bretagna, detto Trattato Jay ([4]), ove venivano istituite tre *commissioni miste,* laddove ciascuna era composta da uno (o due) cittadini dei due Stati e da un terzo (o quinto) commissario nominato congiuntamente dai commissari già designati (o, in caso di disaccordo, designato tramite sorteggio) ([5]). Dette commissioni avevano il compito di regolare, in maniera definitiva e vincolante mediante procedimento arbitrale, tutte le questioni lasciate in sospeso dal trattato del 1783 che aveva posto fine alla guerra d'indipendenza degli Stati Uniti.

Si trattava, ad esempio, della delimitazione di un tratto della frontiera con il Canada o della valutazione delle conseguenze finanziarie delle ostilità militari (pagamento di crediti reclamati da cittadini britannici; controversie relative a prede marittime fatte dalla marina militare inglese a danno di cittadini statunitensi; controversie in materia di violazione della neutralità commesse da cittadini statunitensi durante la guerra anglo-francese).

Dette commissioni funzionarono bene fino al 1831 e furono rese ben 500 decisioni che nel complesso vennero eseguite; cosa che spronò numerosi Stati a seguire questo modello, anche perché con tale meccanismo si riusciva a far decidere una pluralità di controversie internazionali ad un medesimo organismo.

Così, nel XIX secolo si ebbero numerosi arbitrati *ad hoc*, celebrati da *singoli sovrani* (il Re di Spagna, d'Italia o d'Inghilterra, il Presidente della Repubblica francese o degli Stati Uniti) o, addirittura, da *organismi statali*, quali il Senato di Amburgo o il Consiglio Federale svizzero. Con la rinascita dell'arbitrato nel XIX secolo si ebbe di pari passo lo sviluppo della sua dimensione processuale.

ii. La progressiva istituzionalizzazione dell'arbitrato

4. Un precedente illustre: il caso dell'*Alabama* (1872). — Tra gli arbitrati più celebri del XIX secolo va ricordato *l'arbitrato dell'Alabama* di cui abbiamo parlato a suo luogo (Cap. II) e con cui venne risolta una crisi particolarmente aspra tra due grandi Potenze. Qui, tramite speciale patto compromissorio, concluso l'8 maggio 1871, gli Stati Uniti e la Gran Bretagna si accordarono per deferire la loro controversia ad un collegio arbitrale composto da cinque membri: ciascuna parte aveva nominato un arbitro tra i suoi cittadini, mentre gli altri tre arbitri vennero scelti tra i cittadini di altri Stati: l'Italia, la Svizzera e il Brasile. L'accordo compromissorio fissava le regole di procedura che il tribunale doveva applicare e, allo stesso tempo, le questioni da risolvere. Nel lodo finale pronunciato a Ginevra, il collegio arbitrale presieduto da un italiano, il sabaudo Federigo Sclopis, Conte di Salerano ([6]), gli arbitri condannarono la Gran Bretagna a pagare quindici milioni in oro (una cifra che, attualizzata, andrebbe oggi moltiplicata per 400 volte).

5. L'istituzione della *Corte Permanente di Arbitrato*. — In seguito, vennero convocate le celebri Conferenze dell'Aja del 1899 e del 1907. Dalla prima, trasse

---

([4]) Dal nome del Segretario di Stato degli Stati Uniti che ne prese l'iniziativa.

([5]) Venne così inaugurato il "sistema delle Commissioni Miste costituite da tre o cinque persone nelle quali alla rappresentanza paritaria degli Stati controvertenti viene aggiunto un 'superarbitro'" (Quadri, *Diritto internazionale pubblico*, cit., p. 251).

([6]) E. Greppi ne ha ricordato la vita ed il contributo storico in *La Stampa*, 23 marzo 2012.

origine la *Convenzione dell'Aja per il regolamento pacifico dei conflitti del 22 luglio 1899*, ove venne codificata la materia arbitrale agli artt. 15-57. Dalla seconda conferenza, si ebbe la *I Convenzione dell'Aja, del 18 ottobre 1907*, la quale regolò ampiamente l'arbitrato internazionale agli artt. 37-90. Da tali Convenzioni trae origine la ***Corte Permanente di Arbitrato*** *(Permanent Court of Arbitration)* con sede all'Aja, la quale, come abbiamo già osservato, non è mai divenuta un vero e proprio *Tribunale internazionale permanente* ma è rimasta solo una lista di potenziali arbitri designati dai singoli Governi ([7]). L'unico elemento permanente di tale Corte era (ed è) il Segretariato, che aveva (ed ha) il compito di aggiornare le liste degli arbitri pur se oggi amministra diversi tipi di arbitrato. La Corte Permanente di Arbitrato (CPA/PCA) iniziò a funzionare a partire dal 1901, ma il ricorso alla Corte e l'utilizzo pratico della procedura arbitrale sono restati facoltativi. Lo scoppio della prima guerra mondiale, nel 1914, segnò la fine della *belle époque* e di quegli alti ideali e dei grandi programmi di sviluppo — quasi esclusivamente di matrice europea — dei meccanismi di soluzione pacifica delle controversie internazionali.

Nonostante il volume di attività della CPA sia rimasto molto ridotto per lungo tempo, va comunque sottolineato che, proprio nella nostra epoca, si assiste ad una ripresa e ad un importante sviluppo delle attività di tale Corte ([8]).

I riferimenti all'arbitrato sono presenti sia nelle convenzioni bilaterali sia in quelle multilaterali a portata universale. Basti riferirsi al Patto Costitutivo della Società delle Nazioni, all'Atto generale per la risoluzione pacifica delle controversie internazionali del 26 settembre 1928 e alla Carta dell'ONU. Allo stesso modo, possono ricordarsi i riferimenti all'arbitrato contenuti in alcuni strumenti *regionali* quali il Patto di Bogotà (Trattato americano di regolamento pacifico) concluso nel quadro dell'OAS il 30 aprile 1948 o, ancora, la Convenzione europea di Strasburgo per la risoluzione pacifica delle controversie del 29 aprile 1957, nell'ambito del Consiglio d'Europa. In tali trattati, viene quasi sempre *istituito un ricorso facoltativo all'arbitrato*. Altre volte, ma assai raramente, il *ricorso all'arbitrato è obbligatorio*: è stato il caso, sul piano bilaterale, del trattato franco-inglese del 14 ottobre 1903, oppure, sul piano multilaterale o dell'Accordo del 1954, che poneva fine al regime d'occupazione nella Repubblica Federale Tedesca. Ancora, come è stato puntualmente rilevato in dottrina ([9]), erano di natura arbitrale le decisioni delle Commissioni denominate "di conciliazione" istituite tra Italia e le Potenze alleate e associate in base all'art. 83 del Trattato di pace del 10 febbraio 1947. Il ricorso all'arbitrato *per risolvere specifiche controversie sul piano bilaterale è ugualmente frequente*. A titolo di esempio, basti citare la convenzione bilaterale tra Francia e Algeria del 1965, che prevedeva il ricorso all'arbitrato per le controversie in materia di idrocarburi e investimenti. Oggi, si contano oltre tremila accordi bilaterali in materia di investimenti (c.d. BITs) ove l'arbitrato fra Stati viene espressamente previsto.

È ancora all'arbitrato che si ricorre quando uno **Stato recede da un'organizzazione economica internazionale** e ne insorge una controversia. Lo stesso vale in caso di liquidazione di una organizzazione internazionale di tipo economico.

([7]) V. Cap. I.

([8]) V. nello stesso senso, R. Quadri, *Diritto internazionale pubblico*, cit., p. 251, secondo il quale "malgrado il nome, non si tratta di una Corte *permanente*, sia pure nel senso di apparato predisposto ma di un *procedimento* per facilitare la costituzione di Tribunali arbitrali. Precisamente, la CPA non è che un *elenco* di arbitri sul quale gli Stati in controversia scelgono le persone che dovranno comporre il Tribunale arbitrale. Di permanente c'è solo il 'Bureau' che ha sede all'Aja (con funzioni di cancelleria dei Tribunali arbitrali) e un 'Consiglio Amministrativo' che ha la direzione e il controllo del Bureau".

([9]) T. Treves, *Diritto internazionale*, cit., p. 596.

Le clausole arbitrali si sono diffuse su vasta scala. Su circa cinquemila trattati esaminati qualche decennio fa da un gruppo di ricerca diretto dalla prof. Susanne Bastid, si è scoperto che all'interno di oltre il 14% di quei trattati erano contenute delle clausole di arbitrato. Queste ultime erano molto più frequenti di quelle che prevedevano il ricorso ai giudici internazionali dell'Aja ([10]).

Certe controversie interstatali del nostro tempo sono state sottoposte ad arbitrato, come ***il caso del Mare d'Iroise*** tra Francia e Gran Bretagna ([11]) o il ***caso del Canale di Beagle*** tra Cile e Argentina — sia pure con scarso successo giacché la crisi si è conclusa solo con la mediazione della Santa Sede (*supra* § 9) — ([12]) o, più di recente, il ***caso del Rainbow Warrior*** tra Nuova Zelanda e Francia ([13]). E in tale prospettiva va sottolineato il ruolo del ***Iran-United States Claims Tribunal,*** istituito a seguito del contenzioso tra Stati Uniti e Iran tramite gli accordi di Algeri del 1981, e che dalla fine del 1981 ha risolto alcune migliaia di controversie ([14]).

iii. L'espansione dell'arbitrato

6. Un accesso all'arbitrato aperto a tutti i soggetti del diritto internazionale. — Inizialmente, l'arbitrato internazionale in senso stretto era un affare fra Stati. D'altronde, l'art. 37 della Convenzione dell'Aja del 1907 definiva l'arbitrato come: "la risoluzione delle controversie tra gli Stati da parte di giudici di loro scelta, sulla base del rispetto del diritto". E particolarmente rilevante è il ruolo assegnato all'arbitrato nel diritto del mare (UNCLOS, art. 287).

Per altro verso, l'arbitrato è stato progressivamente utilizzato anche all'interno delle OIG, senza che tale diffusione abbia inciso particolarmente sulla loro organizzazione e sui loro specifici meccanismi ([15]).

Ma il vero punto di svolta si è avuto tramite il sempre più diffuso ricorso all'arbitrato da parte di privati nelle loro controversie con gli Stati e con le OIG in quanto costituisce oggi il mezzo a disposizione dei privati più frequente e spesso più efficace per l'accertamento transnazionale dei loro diritti, ottenendo per questa via il risarcimento dei danni.

Va sottolineato altresì lo sviluppo considerevole dell'arbitrato come mezzo di risoluzione delle controversie internazionali commerciali tra soggetti privati o tra questi e gli Stati o le loro articolazioni. La *Camera di Commercio Internazionale* (CCI/ICC), ad esempio, ha amministrato oltre ventimila controversie a partire dalla sua istituzione nel 1923. In questi ultimi anni, il numero di cause sottoposte alla CCI

([10]) *AFDI*, 1967, p. 544.

([11]) *AFDI* 1977, p. 359.

([12]) *AFDI* 1977, p. 408.

([13]) Vedi *Clunet* 1990, p. 841.

([14]) In arg. v. B. Stern, in *AFDI* 1982, p. 425, 1983, p. 313 e 1984, p. 425, nonché L. Brilmayer, C. Giorgetti, L. Charlton, *International claims commissions: righting wrongs after conflict*, Cheltenham, EE, 2017; D. Charlotin, "A Data Analysis of the Iran–US Claims Tribunal's Jurisprudence—Lessons for International Dispute-Settlement Today", in *J. Int. Disp. Sett.*, 2019, pp. 443–471;

([15]) V. il lodo pronunciato il 14 febbraio del 2003 nella controversia tra la Francia e l'UNESCO in relazione al regime fiscale delle pensioni versate ai funzionari dell'UNESCO residenti in Francia. Testo in *RDGIP*, 2003, p. 221.

arriva oltre il migliaio ogni anno. Circa la metà delle controversie recenti coinvolge Stati, loro articolazioni o imprese di Stato ([16]).

7. Piano espositivo. — Verrà esaminato, in primo luogo, l'arbitrato interstatale classico (Sez. I), per poi passare ad illustrare le grandi linee dell'arbitrato commerciale internazionale tra Stati, oppure tra privati e Organizzazioni internazionali — arbitrato misto — (Sez. II).

Sezione I
L'arbitrato internazionale interstatale classico

8. Piano espositivo. — L'istituto arbitrale si fonda su un principio fondamentale: il consenso delle parti (§ 1). Questo principio si ritrova nelle diverse fasi della procedura arbitrale e ne giustifica i suoi tratti specifici, sia riguardo alla formazione e al funzionamento dell'organo dell'arbitrato (§ 2), sia all'esecuzione del lodo pronunciato dagli arbitri (§ 3).

§ 1. — *Il consenso degli Stati (e delle organizzazioni internazionali) all'arbitrato*

9. Piano espositivo. — Il consenso delle parti in favore di una soluzione arbitrale della controversia può essere specifico ed essere manifestato *dopo* l'insorgere della controversia stessa: necessita in tal caso della conclusione di un atto speciale, il compromesso arbitrale (1). Il consenso può, però, essere manifestato *prima* dell'insorgere di una particolare controversia (2).

1. — Il consenso manifestato dopo l'insorgere di una controversia: il compromesso arbitrale

10. Il compromesso arbitrale come trattato internazionale. — Il ***compromesso arbitrale*** (*submission to arbitration* o *compromis*) è un accordo particolare tra Stati (od OIG), in virtù del quale consentono a deferire una data *controversia già insorta* tra di esse ad arbitri ed in cui stabiliscono le regole secondo le quali il processo dovrà svolgersi, impegnandosi altresì ad accettare la decisione finale degli arbitri: il lodo (*award*).

Il compromesso è dunque un trattato che è soggetto alle regole del diritto internazionale applicabili in materia. In tale atto viene definita la controversia, si precisa la competenza degli arbitri, l'organizzazione del tribunale, le regole di procedura che dovranno essere rispettate ([17]). In breve, il compromesso costituisce la *carta costitutiva* del tribunale arbitrale e ne approfondisce — ma può anche limitarne — la competenza. Di qui la grande importanza pratica dell'interpretazione del compromesso da parte degli arbitri.

([16]) V. A.M. Bernini, *L'arbitrato amministrato. Il modello della Camera di Commercio internazionale*, Padova, Cedam, 1996; A. Plantey, "L'arbitrage dans le commerce international", in *AFDI*, 1990, p. 307, e anche il *Bulletin de la Cour Internationale d'Arbitrage* della CCI che periodicamente riporta stralci di lodi decisi in tale ambito.

([17]) Come esempio di compromesso arbitrale, v. quello firmato da Francia e Gran Bretagna il 10 luglio 1975 nel *caso del mare d'Iroise*, in *RGDIP*, 1976, p. 677 e ss..

2. — Il consenso preliminare all'arbitrato: la clausola compromissoria

11. Clausola compromissoria completa e non completa. — L'obbligo di ricorrere ad arbitri può essere sia specifico che generale. L'obbligo di ricorrere all'arbitrato trova fondamento nella *clausola compromissoria* (***arbitration clause***) che viene inserita in *un dato trattato* e prevede l'obbligo per le Parti di risolvere tramite arbitrato quelle controversie (tutte o solo alcuni tipi) che potranno insorgere *in futuro* tra di esse in relazione al medesimo trattato.

Si tratta di un meccanismo molto frequente nei trattati ad oggetto economico, quali le convenzioni di stabilimento, e quelle relative agli investimenti diretti esteri (c.d. *BITs*). La si ritrova, altresì, anche in alcuni accordi multilaterali, quali ad esempio il Trattato di Parigi del 1954, relativo allo *status* internazionale della Germania ([18]), o la Convenzione del 1958 sulla "pesca e la conservazione delle risorse biologiche in alto mare" ([19]).

Non sempre però la clausola compromissoria è ***completa***. Può infatti trattarsi di una c.d. clausola compromissoria **non completa**, un mero *pactum de compromittendo*, ove si prevede solo un *obbligo generico* delle Parti contraenti a ricorrere ad un arbitrato internazionale senza nulla aggiungere. In quest'ultima fattispecie, sarà pertanto necessario, *una volta insorta la controversia*, redigere un nuovo atto, un ***compromesso speciale,*** per regolare l'arbitrato nei suoi dettagli procedurali.

12. Dall'arbitrato isolato all'arbitrato obbligatorio: il *Trattato generale di arbitrato*. — Un obbligo *generale e permanente* di ricorso all'arbitrato è l'oggetto caratteristico di un *Trattato generale di arbitrato*. Pertanto, si ha un Trattato generale di arbitrato quando due o più Parti stipulano un autonomo accordo internazionale con il quale convengono di sottoporre al giudizio arbitrale tutte le controversie (o determinati tipi) che potranno insorgere tra loro.

Senonché, al pari di quanto abbiamo visto per le clausole compromissorie, accade che anche i Trattati generali di arbitrato sono assai generici e dunque anche qui si possono avere *Trattati generali di arbitrato non completi.*

L'accordo può essere bilaterale: ad esempio, il Trattato franco-inglese del 1903 menzionato in precedenza che costituiva un'espressione concreta dell'"Entente Cordiale", o anche gli *Accordi di Locarno* del 1925 tra la Germania e alcuni Stati europei (Belgio, Francia, Polonia e Cecoslovacchia). L'obbligo generale di arbitrato può fondarsi altresì su di un trattato multilaterale: si possono citare ad esempio, in tal caso, l'Atto Generale per il regolamento pacifico delle controversie internazionali del 1928 (modificato nel 1949 dall'ONU ed entrato in vigore nel 1950), la sopracitata Convenzione europea del 1957, il Patto di Bogotà del 1948 o il suddetto Patto del Cairo del 1964, nell'ambito dell'OUA.

Pertanto, qualora il Trattato generale di arbitrato, *fissi solo un obbligo generico di risolvere la controversia tramite arbitrato, ne segue che, per la concreta operatività del procedimento arbitrale*, sarà necessario *concludere* un ulteriore e specifico accordo tra le parti e *quindi addivenire alla stipulazione di un apposito* ***compromesso speciale***.

È quanto viene previsto dall'Atto Generale per la soluzione pacifica delle

---

([18]) Art. 9, allegato B.
([19]) Artt. 9-12.

controversie internazionali del 1928 ([20]), dalla Convenzione europea del 1957 ([21]) o nella Conferenza del Cairo del 1964 ([22]). Vi è quindi un grave pericolo di "blocco" del procedimento se gli Stati, una volta insorta effettivamente una controversia, non vogliono più concludere un compromesso in arbitri. Nelle prime due convenzioni multilaterali citate in precedenza, sono stati previsti dei meccanismi che consentono agli arbitri di procedere in contumacia, ossia anche in assenza di compromesso ([23]). L'art. 30 della Conferenza del Cairo del 1964, invece, non permette di supplire a una tale mancanza e ha sempre imposto la conclusione di un compromesso.

Al contrario, vi sono dei casi in cui la procedura di arbitrato obbligatorio è sufficientemente precisa, e perciò non è più necessario richiedere un compromesso specifico. Ciò riguarda il caso del precitato tribunale di arbitrato costituito dagli Accordi di Parigi del 1954, che pose fine al regime d'occupazione della Repubblica Federale Tedesca.

3. — Manifestazione del consenso e riserve

13. Esclusioni tradizionali. — Parlando dei trattati in generale abbiamo già esaminato l'istituto delle riserve ai trattati. Orbene, una riserva può essere formulata anche in un accordo arbitrale.

Così, **ad esempio**, l'accordo franco-britannico del 1903 *escludeva* l'arbitrabilità dei litigi riguardanti l'"onore", gli "interessi vitali" di ciascun Paese, l'indipendenza o, persino, gli "interessi di un'altra Potenza". Si tratta di *clausole eccettuative*, ossia di riserve, molto generali che, a seconda della loro interpretazione, possono sgretolare il fondamento pattizio dell'arbitrato.

Nel nostro tempo, questo tipo di riserve appaiono sempre più rare e, laddove vengano previste, di solito sono assai precise (ad esempio riguardano un determinato territorio). Altre volte possono escludere ***l'arbitrabilità*** di materie rientranti nel dominio riservato o nella competenza nazionale degli Stati ai sensi del celeberrimo art. 2, par.7, della Carta ONU. Pertanto si è posto — e continua a porsi — un problema importante nel diritto dell'arbitrato interstatale: chi deve valutare la portata di siffatte riserve relative alla "competenza nazionale", lo Stato o l'arbitro?

L'orientamento attuale fa rientrare tali questioni nella competenza dell'arbitro giacché si tratta di un problema di diritto internazionale che spetta a lui risolvere. Diversamente, gli obblighi assunti dallo Stato si troverebbero paradossalmente soggetti a condizione meramente potestativa (*si volam*, direbbero i romani) e la loro esecuzione dipenderebbe dal mero arbitrio dello Stato obbligato, così da presentarsi come effettiva negazione di ogni vincolo giuridico serio.

Per altro verso, siffatto approccio appare coerente con il principio ***kompetenz-kompetenz***, in base al quale l'arbitro possiede, in linea di principio, la competenza di decidere circa la propria competenza.

([20]) Art. 23.
([21]) Art. 25.
([22]) Art. 29.
([23]) V. ad es. gli artt. 25-26 della Convenzione europea per la risoluzione pacifica delle controversie del 1957.

§ 2. — *Costituzione e funzionamento del collegio arbitrale*

14. Complementarità e differenze tra arbitrato "isolato" e giurisdizione internazionale. — Al di là del dato pacifico per cui sia l'arbitrato, sia le Corti internazionali fanno parte dei procedimenti "giurisdizionali" di soluzione delle controversie *nel senso lato* che abbiamo in precedenza indicato, resta il fatto che il loro rispettivo funzionamento è assai dissimile sicché non possono essere trattati insieme. A prescindere dal loro comune fondamento consensuale, si tratta di procedimenti differenziati e dunque ***alternativi*** l'uno rispetto all'altro in momenti cruciali del processo decisorio della lite. Così, sottovalutando la diversa origine storica e nonostante nel secolo scorso vi siano stati alcuni tentativi di assimilazione tra i due procedimenti ([24]), non v'è dubbio che, negli ultimi cinquant'anni, una prassi abbondante evidenzia che le fondamentali differenze tra l'arbitrato e la giurisdizione internazionale sono aumentate in modo più che rilevante sicché oggi risulta ancor più inutile il tentativo di qualche autore di presentare come nuove delle zuppe stracotte ([25]).

([24]) Su cui v. R. QUADRI, *Diritto internazionale pubblico*, 5 ed., cit., 1968, p. 246 ove riferimenti.

([25]) Cfr. ad es. le classiche osservazioni di B. CONFORTI, *Diritto internazionale*, XI ed cit., 2018, p. 466 ed, ancor peggio, quelle presenti in alcune recenti monografie (ed in alcuni manuali della nostra materia) che testimoniano la confusione di tali autori — evidentemente privi di qualunque esperienza arbitrale internazionale oltre che forense — tra l'*arbitrato internazionale* e le *giurisdizioni internazionali* (a partire dalla CIG), meccanismi che vanno mantenuti rigorosamente separati, non per ricalcare il diritto interno, ma perché si tratta di procedimenti che vengono diversamente regolati in diritto internazionale in funzione di precise ed ineliminabili esigenze (e strategie processuali) delle parti. In direzione corretta (ed in linea con le nostre osservazioni) cfr., tra gli altri, N. RONZITTI, *Diritto internazionale*, 6 ed., cit., p. 292 s.; F. MUNARI, in CARBONE, LUZZATTO, SANTA MARIA, *Istituzioni di diritto internazionale*, 5 ed., cit., p. 244 ss.; R. MONACO e C. CURTI GIALDINO, *Manuale di diritto internazionale pubblico*, 3 ed., cit., p. 744 ss. e p. 761. Una sintesi di tali differenze viene offerta da CH. BROWER II, alla voce "Arbitration" in *MPEPIL*, 2007: "Formally, the chief difference between arbitration and judicial settlement lies in the character of the tribunals to which the parties submit their disputes. In arbitration, the parties appear before *ad hoc* tribunals created to resolve a single dispute or a class of related disputes, staffed by arbitrators selected by (or with the participation of) the disputing parties. By contrast, in judicial settlement, the parties appear before permanent tribunals created by multilateral treaties, associated with international organizations, and staffed by full-time judges elected by all States Parties to those multilateral treaties. Examples of such permanent tribunals include the International Court of Justice (ICJ), the International Tribunal for the Law of the Sea (ITLOS), the European Court of Justice, the European Court of Human Rights (ECtHR), the Inter-American Court of Human Rights (IACtHR), and the Appellate Body of the World Trade Organization (WTO) ....Yet, the distinction drawn by the UN Charter remains fundamental and concerns the range of interests brought to bear, directly or indirectly, on the dispute settlement process. For example, one may characterize arbitration as a three-party process involving only the two disputing parties and the tribunal. Thus, the two disputing parties appoint arbitrators who inspire their confidence based on characteristics — such as expertise and reputation — relevant to the dispute, define their mandate, and designate the procedural and substantive rules to govern the arbitral proceedings. Generally speaking, other States play no role in selecting the tribunal, have no right to intervene in the proceedings — save where exceptionally permitted in cases involving the interpretation of multilateral treaties, for example, under Art. 56 of 1899 Hague Convention for the Pacific Settlement of International Disputes ('1899 Hague Convention I'), Art. 84 of 1907 Hague Convention for the Pacific Settlement of International Disputes ('1907 Hague Convention I'), and Art. 1128 of the North American Free Trade Agreement (1992) — and have no right to attend the proceedings which take place *in camera*. As *ad hoc* tribunals with no continuing existence, no institutional affiliation, and no capacity to affect the legal interests of third States, arbitral tribunals may see the disputing parties as their sole audience and the resolution of the dispute as their sole task. By contrast, in judicial settlement, parties appear before permanent courts, staffed by full-time judges selected through periodic elections conducted by all States Parties to the relevant treaties. For example, in simultaneous elections, the United Nations Security Council and the United Nations General Assembly ('UNGA') select the 15 judges who make up

I Tribunali internazionali hanno carattere ***permanente*** e la loro ***composizione*** non dipende dalla volontà delle parti in lite, eccezion fatta per la nomina del giudice *ad hoc* (ad es. in seno alla CIG). Il loro funzionamento procedurale è pre-ordinato rispetto alla lite tramite uno "*statuto*" ed un "***regolamento interno***" a cui le Parti in lite non possono derogare.

I medesimi caratteri *non* si ritrovano nell'arbitrato internazionale isolato e la differenza resta fondamentale, anche dal punto di vista della strategia processuale delle Parti (e chi ha fatto l'avvocato questo lo sa bene). In caso di arbitrato, infatti, sia gli Stati che, eventualmente, le OIG, hanno sempre il *controllo* della **composizione del collegio arbitrale** e questo, di per sé, è un fattore importantissimo. Inoltre, le Parti possono fissare e adattare alla loro specifica controversia le ***regole di procedura*** (o gli arbitri su delega delle Parti possono farlo) ed anche *scegliere o precisare il* ***diritto applicabile***.

Infine, anche l'aspetto della ***riservatezza*** differenzia i due procedimenti. Solo i procedimenti dinanzi a Corti internazionali possono svolgersi, in linea di principio, pubblicamente (talvolta persino in diretta *streaming* su internet) e dare luogo ad una *pubblica sentenza* mentre la confidenzialità è la caratteristica tradizionale e costante dell'arbitrato e del lodo (beninteso anche qui con alcune eccezioni) ([26]).

Pertanto, non stupisce affatto che, pur all'interno dello stesso *Peace Palace* dell'Aja, il Regolamento di arbitrato CPA/PCA 2012 è molto più simile al Regolamento di arbitrato ICSID e si avvicina assai a quello della Camera di Commercio internazionale (ICC) rimanendo invece ben distante dalle soluzioni normative fissate nello Statuto della CIG e dalle sue Regole di procedura.

Certo, l'arbitrato internazionale e transnazionale, si basa sul fondamentale *principio di autonomia della volontà delle parti*. Ma tale principio, che accomuna l'arbitrato e i Tribunali internazionali permanenti in fase *genetica e di radicamento della competenza*, si magnifica *solo nell'arbitrato in fase procedimentale.* Solo nell'arbitrato il ***procedimento*** si caratterizza per la sua intera riferibilità alle Parti, oltre che per la sua flessibilità, adattabilità ed estemporaneità. E ciò spiega anche il grande successo dell'arbitrato nella prassi internazionale. Basti solo confrontare il grande volume di contenzioso che viene risolto in sede di arbitrato internazionale e quello, assai più esiguo, risolto dalla CIG e dalle altre Corti internazionali permanenti (v. Cap. XXIV).

---

the bench of the ICJ. Subject to the possibility of designating a judge *ad hoc* or requesting the formation of a chamber with a specific composition, disputing parties before the ICJ have little capacity to influence the Court's membership or the procedural rules that govern its proceedings. Also, unlike the position in most arbitrations, other States may enjoy the right under Arts 62 and 63 Statute of the ICJ to intervene in proceedings before that court. In addition, the ICJ conducts public hearings and makes written pleadings available to the public before the conclusion of the proceedings. Furthermore, as a permanent tribunal and the principal judicial organ of the United Nations (UN), the ICJ may consider that it has the capacity and the duty to create a body of jurisprudence that will serve the long-term interests of all Member States. Under these circumstances, disputing parties should well understand that they will not constitute the ICJ's sole audience. Nor will resolution of their dispute constitute the ICJ's sole task".

([26]) Pertanto, se la questione controversa ha peculiari riflessi sull'opinione pubblica interna, per il Governo, può paradossalmente essere utile affrontare il processo dinanzi ad una Corte internazionale. V. ad es. la controversia sulla delimitazione della frontiera tra Libia e Chad (CIG, sentenza del 3 febbraio 1994, al sito https://www.icj-cij.org/en/case/83/judgments). Viceversa, e questo si vede nella prassi più recente dell'arbitrato misto, talvolta gli Stati non gradiscono affatto "i riflettori" dell'arbitrato ICSID (e l'eventuale pubblicazione del lodo) preferendo la riservatezza offerta dall'arbitrato PCA o amministrato da enti privati (ICC; SCC etc.) anche nel contenzioso con privati stranieri.

1. — Composizione del collegio arbitrale

La scelta di tutti gli arbitri viene effettuata dagli Stati in lite. Tuttavia, permangono alcune difficoltà in tale materia.

a) *Le Parti possono scegliere liberamente gli arbitri*

15. Le opzioni. — La regola generale in materia è quella della libera scelta degli arbitri ad opera delle Parti. Le Parti possono nominare arbitri diversi per ciascuna controversia oppure, in qualche caso, vengono designati una volta per tutte per formare un collegio arbitrale precostituito. È il caso, ad esempio, del Collegio arbitrale istituito tramite gli Accordi di Parigi del 1954, o, ancora, dei *Tribunali Arbitrali Misti* istituiti al termine della prima guerra mondiale.

Le Parti possono pattuire che le loro controversie vengano risolte da un ***arbitro unico***, quasi sempre nominato da un terzo: si tratta di una soluzione tradizionale che veniva spesso utilizzata all'epoca in cui i Sovrani dei singoli Stati (o comunque il Capo del Governo) fungevano da arbitri unici, ma che oggi si verifica raramente (così, nel caso precitato del *Canale di Beagle*, in una controversia tra il Cile e l'Argentina, venne nominata arbitro unico la Regina d'Inghilterra).

Assai più di frequente, le Parti concordano che le controversie tra loro insorte siano definitivamente risolte da un collegio di ***tre arbitri***, ove ciascuna parte nomina un arbitro e i co-arbitri nominano il Presidente del collegio. Qui, ovviamente, la scelta ricade su specialisti di diritto internazionale di chiara fama.

Altre volte il numero degli arbitri può essere maggiore, ma sempre dispari.

b) *Delle contestazioni frequenti*

16. Dalla difficoltà di nominare gli arbitri alla loro ricusazione. — Anche il procedimento arbitrale internazionale può presentare qualche difficoltà: basti pensare al caso in cui i coarbitri non trovino un accordo per designare il Presidente del collegio arbitrale o ancora che uno degli Stati si rifiuti di nominare un arbitro. I rischi di paralisi dell'intero procedimento arbitrale sono dunque notevoli.

Tali rischi non sono solamente teorici, com'è evidenziato dal **Parere consultivo della CIG del 30 marzo 1950 relativo all'interpretazione dei trattati di pace conclusi con Bulgaria, Ungheria e Romania** ([27]). Nel caso di specie, quei trattati di pace prevedevano la costituzione di apposite *Commissioni arbitrali miste*, ma la Bulgaria, l'Ungheria e la Romania si erano astenute dal nominare il loro arbitro. La CIG, a tal proposito, pur ammettendo che quegli Stati stessero violando i loro obblighi internazionali, dovette constatare che, in assenza di nomina dell'arbitro da parte di ciascuno Stato, non vi fosse altro modo di comporre il collegio.

Pertanto, la prassi successiva si è orientata nel senso di prevedere delle clausole arbitrali particolarmente ampie e dettagliate al fine di superare tale *impasse*.

Per gli stessi motivi, viene spesso previsto che l'arbitro mancante possa essere

---

([27]) Cfr. CIG, Parere del 30 marzo 1950, in *Rec.*, 1950, p. 65; seconda fase, Parere del 18 luglio 1950, ivi, p. 221.

designato da un terzo come il Presidente della CIG o il Segretario Generale dell'ONU (è la soluzione contemplata dagli Annessi VII sull'arbitrato ed VIII UNCLOS) ([28]).

Altri problemi possono insorgere allorquando viene messa in discussione l'indipendenza o l'imparzialità di un arbitro o, peggio, allorquando un arbitro decide di non prendere più parte al procedimento arbitrale (c.d. problema dei *Truncated Tribunals*) ([29]). In tali circostanze, si pongono dei delicati problemi processuali che rischiano di indebolire l'autorità del lodo di quel collegio.

2. — Il procedimento arbitrale (cenni)

17. — Lo svolgimento del processo arbitrale così come il diritto applicabile alla controversia, sono regolati dalle Parti in causa nel loro accordo arbitrale: nel compromesso, in un trattato generale di arbitrato od in una clausola compromissoria. Diversamente, saranno gli arbitri a dovere stabilire dette regole. Il procedimento ha di solito inizio mediante la *notifica* all'altra Parte dell'accordo arbitrale unitamente alla *nomina* dell'arbitro di parte. Una volta composto il collegio arbitrale, segue lo scambio di memorie, contromemorie ed eventuali repliche corredate di ogni elemento probatorio utile. Chiusa l'istruttoria, il collegio arbitrale fissa un'udienza per il dibattimento orale in cui le Parti e i loro agenti, assistite dai loro avvocati, svolgono le lore difese e rispondono ai quesiti degli arbitri. Spetta agli arbitri regolare la produzione delle prove ed apprezzarne la loro pertinenza. Se le Parti lo hanno previsto, il tribunale arbitrale può prescrivere delle misure cautelari e di urgenza.

a) *L'individuazione del diritto applicabile*

18. Arbitrato *secondo diritto* ed arbitrato *secondo equità*. — Le Parti devono stabilire in modo inequivocabile se l'arbitrato debba essere condotto *secondo diritto* ovvero *secondo equità*. Nel primo caso, gli arbitri dovranno valutare gli elementi di fatto e applicare ad essi il diritto designato dalle parti (*da mihi factum dabo tibi jus*). È quanto avvenne, ad esempio, nel celebre *caso dell'Alabama* più volte richiamato.

In altri casi, le Parti non effettuano una scelta espressa del diritto applicabile o, più spesso, fanno riferimento in modo generico al diritto internazionale o all'art. 38 dello Statuto della CIG o ancora ai principi generali di diritto. In tali fattispecie, il compito degli arbitri sarà particolarmente delicato, a causa delle lacune del diritto internazionale.

Altre volte, le Parti stabiliscono che gli arbitri decidano secondo equità (*ex aequo et bono*), come *amiables compositeurs*. Tale soluzione è prevista all'art. 28 dell'Atto generale di arbitrato, o, ancora, dall'art. 26 della precitata Convenzione europea del 1957.

Il potere degli arbitri di decidere secondo equità non si presume mai.

In alcuni casi, le Parti possono dilatare la competenza degli arbitri fino al punto

---

([28]) Cfr. M. Reisman, "The supervisory jurisdiction of the International Court of Justice: international arbitration and international adjudication", in *RCADI*, 1996, v. 258, pp. 9-394.

([29]) V. il classico studio di S. Schwebel, *International Arbitration: Three Salient Problems*, Cambridge, Grotius 1987.

di regolare i propri rapporti futuri. È quanto avvenne nel compromesso del 1938 tra Stati Uniti e Canada nel *caso della fonderia di Trail* ([30]).

b) ***La* Kompetenz-Kompetenz *dell'arbitro***

19. Un principio generale di diritto consacrato dalla giurisprudenza. — In base ad un principio generale di diritto, ogni arbitro internazionale dispone del potere di decidere circa l'esatta estensione della propria competenza ([31]). Tale potere può essere considerato implicito alla stessa funzione arbitrale. In effetti, se il giudice interno pronuncia le proprie sentenze "in nome del popolo" dello Stato in cui opera e la sua funzione è protetta dall'ordinamento costituzionale nazionale, nulla di ciò accade per l'arbitro. *L'arbitro*, infatti, *fonda i propri poteri sulla volontà delle Parti* e quindi sull'accordo arbitrale internazionale che dovrà interpretare ed applicare con la massima cura ([32]), a pena di una statuizione *ultra petita*.

Siffatto principio emerse già nel *caso dell'Alabama* e, da allora, venne applicato da molti collegi arbitrali. Tra questi, basti ricordare il lodo del 2 aprile 1940 nel caso della *Compagnie Radio-Orient,* oggetto di un contenzioso tra Francia ed Egitto. Qui, gli arbitri indicarono espressamente che "salvo una diversa volontà delle parti, ogni collegio arbitrale internazionale è giudice della propria competenza" ([33]). Tale principio trova espressione anche in diritto pattizio: basti citare, in proposito, l'art. 73 della Convenzione dell'Aja del 1907, o, ancora, l'art. 9 delle **Regole Modello sulla procedura arbitrale** (*Model Rules on Arbitral Procedure*) adottate dalla CDI e dall'Assemblea Generale ONU con la Ris. n. 1262 (XIII) del 14 novembre 1958 ([34]).

§ 3. — *Il lodo arbitrale*

Il procedimento arbitrale si conclude con il lodo arbitrale che contiene la decisione finale degli arbitri. Alcune osservazioni riguardano la sua forma (1) e i suoi effetti (2).

1. — La forma del lodo

20. Dall'assenza di motivazione ad una motivazione puntuale. — Un tempo, i lodi arbitrali non erano motivati: era l'epoca in cui gli arbitri erano i Sovrani degli Stati. Ai nostri giorni, non è ovviamente così ed anzi la motivazione è divenuta una condizione vitale dell'accettazione del lodo per la parte soccombente, e quindi, in ultima analisi, della sua esecuzione.

Il lodo viene redatto in *forma scritta* e contiene ampie *motivazioni* (v. l'art. 79 della Convenzione dell'Aja del 1907). Viene adottato dagli arbitri a maggioranza e può

([30]) La competenza del collegio arbitrale deriva dalla volontà delle parti — contrariamente ai tribunali nazionali, le cui competenze derivano dalla *lex fori* — in argomento cfr. ad es. Cass. civ., 18 novembre 1986, *SEEE et alt. c. Yugoslavie*, in *Clunet*, 1987, p. 121 con nota di Oppetit.

([31]) In argomento cfr. G. Berlia, "Jurisprudence des tribunaux internationaux en ce qui concerne leur competence", in *RCADI*, 1955, v. 88, p. 109 e ss.

([32]) Cfr. il *caso della frontière Nord-est*, (in La Pradelle, Politis, cit., t. I, p. 375 ss.), o ancora il *caso Chevreau (Francia c. Gran Bretagna)*, CPA, 9 giugno 1931, *RSA*, t. II, p. 1113 ss., spec. p. 1137-1138.

([33]) In *AJIL*, 1943, p. 346 ed al sito https://legal.un.org/riaa/cases/vol_III/1871-1881.pdf.

([34]) V. il testo ed il commento al sito https://legal.un.org/ilc/texts/instruments/english/commentaries/10_1_1958.pdf.

essere corredato di opinioni individuali (di arbitri che pur votando a favore del dispositivo del lodo non ne condividono la motivazione) o dissidenti (*dissenting opinions*). Infine, il lodo viene letto in pubblica udienza e notificato alle Parti (art. 80 della Convenzione dell'Aja del 1907). In breve, si tratta di un atto solenne.

2. — Gli effetti del lodo

21. Autorità di *cosa giudicata*. — Una volta pronunciato il lodo arbitrale, questo diviene *definitivo ed obbligatorio* per le parti in lite e solo per esse: possiede, cioè, l'autorità di res judicata, *sia in senso sostanziale che in senso formale* (vedi artt. 81 e 84 della Convenzione dell'Aja del 1907). Pertanto, le Parti devono osservare quanto deciso dagli arbitri nel lodo secondo buona fede, ciò che solitamente avviene. In caso contrario, non esistendo, a differenza di quanto accade nell'arbitrato interno, un meccanismo internazionale di esecuzione coattiva, la mancata esecuzione porta ad una grave crisi nelle relazioni tra le Parti.

L'art. 13, par. 1, del Patto della SDN aveva, in proposito, previsto che "[i] membri della Società convengono che ogniqualvolta sorga tra loro una controversia che riconoscano suscettibile di soluzione arbitrale e che non sia possibile comporre in modo soddisfacente nelle vie diplomatiche, sottoporranno tutta la vertenza all'arbitrato" indicando nel successivo c. 4 che "[i] membri della Società convengono di eseguire in piena buona fede il lodo che sarà pronunciato e di non muovere guerra contro un membro della Società che si conformi ad esso. In caso di mancata esecuzione del lodo, il Consiglio proporrà i provvedimenti da prendere per darvi effetto". Niente di tutto ciò viene previsto nella Carta dell'ONU.

Se uno Stato rifiuta di eseguire un lodo arbitrale può provare a giustificarsi eccependo un vizio che lo rende ineseguibile. Tale fu il caso, per esempio, dell'Argentina che rifiutò, per qualche tempo, di eseguire il lodo sul **Canale di Beagle** pronunciato dalla Regina d'Inghilterra nel 1977, perché quest'ultima aveva statuito, tra l'altro, *ultra petita* ([35]).

È persino accaduto che una delle Parti abbia contestato *la validità ed efficacia* di un lodo arbitrale aprendo così una nuova controversia internazionale. È il **caso del Guinea Bissau** che ha invocato dinanzi alla CIG *l'inesistenza* ed in via subordinata l'invalidità ed inefficacia del lodo arbitrale del 31 luglio 1989 sulla delimitazione della piattaforma continentale con il Senegal ([36]). Così facendo, il 2 agosto 1989, la Guinea-Bissau diramava anche una dichiarazione secondo la quale « la Guinea-Bissau, desiderosa di affermare i diritti del suo popolo, procede dal canto suo ad una intensa presenza nella regione di cui trattasi per sfruttarvi le risorse biologiche senza consentire che alcuna attività possa costituire un ostacolo per detto sfruttamento e per il suo controllo da parte delle autorità competenti » ([37]). La Guinea-Bissau chiedeva

---

([35]) *RGDIP*, 1978, p. 636 e ss.

([36]) Il testo di tale dichiarazione si reperisce, *obiter*, in Trib. UE, sentenza del 6 luglio 1995, causa T-572/93, *Odigitria AAE c. Consiglio*, al sito della Corte UE.

([37]) CIG, sentenza del 12 novembre 1991, *caso del lodo arbitrale del 31 luglio 1989*, Guinea-Bissau v. Senegal, al sito internet della CIG ed in *Riv. dir. int.* 1992, pp. 41-64 con nota di F. Lattanzi. L'aspetto curioso di tale vicenda è anche la posizione della CIG che ha fondato la propria competenza sull'art. 36 (2) dello Statuto CIG, sfatando così la soluzione (ben più sensata) della carenza di giurisdizione della CPGI, nella sentenza del 15 giugno 1939 sul caso della *Société Commerciale de Belgique*, Belgio c. Grecia, Rec., A/B n. 78, p. 174 (anche al sito http://www.worldcourts.com/pcij/eng/decisions/1939.06.15_societe_commer

alla CIG l'adozione di provvedimenti cautelari ma tale domanda veniva respinta con Ordinanza del 2 marzo 1990. Infine, con sentenza del 12 novembre 1991 la CIG ha confermato la validità del lodo arbitrale.

3. — I mezzi di impugnazione del lodo arbitrale

a) *I fondamenti*

22. Vizi interni ed esterni. — Il fondamento consensuale dell'intero procedimento arbitrale internazionale determina anche la maniera particolare con cui, in diritto internazionale, si pongono i problemi di nullità ed impugnabilità del lodo. Non esiste in via generale un ente internazionale a cui fare appello e chiedere una nuova pronuncia sul merito della controversia, ogni sentenza arbitrale è, in linea di principio, definitiva ed inappellabile.

Senonché, una peculiare categoria di vizi può riguardare la ***nullità*** **dell'accordo arbitrale di base**; nullità che, se dimostrata, travolge l'intero procedimento privando gli arbitri del potere di decidere. *Quod nullum est, nullum producit effectum.*

Ciò, per **esempio**, si verificò con riferimento al lodo del Re di Spagna pronunciato nel 1906 per delimitare la frontiera tra Honduras e Nicaragua, lodo che venne impugnato, sulla base di un accordo speciale, dinanzi alla CIG nel 1960 ([38]). Nella fattispecie, però, la Corte rigettò la tesi della nullità dell'accordo arbitrale e quindi fece salvo il pronunciamento degli arbitri. Allo stesso tempo, la CIG ha indicato implicitamente che la *designazione irregolare degli arbitri* (ciò che fu sostenuto invano in questo caso) può rendere nullo un lodo arbitrale.

Inoltre, possono essere sollevati alcuni tipici vizi processuali.

A titolo di esempio, basti pensare alla ***corruzione*** **dell'arbitro** o ad un suo grave conflitto di interessi ([39]). Un altro vizio si ha allorquando gli arbitri si sono pronunciati su una questione che non gli è stata sottoposta o addirittura hanno deciso secondo equità mentre dovevano decidere secondo diritto (***ultra petita***) ([40]). Ancora, può accadere che gli arbitri hanno commesso un ***errore di diritto essenziale e manifesto***: ciò che fu sostenuto dall'Argentina nel caso sopracitato del *Canale di Beagle*. Oppure, ancora, il lodo arbitrale è *contradditorio*, ciò che fu ulteriormente sostenuto dall'Argentina nel caso del Canale di Beagle del 1977.

Così, l'art. 35 delle *Regole Modello sulla procedura arbitrale* della CDI del 1958 fornisce un utile elenco delle possibili cause di invalidità di un lodo internazionale: (*a*) l'eccesso di potere del tribunale, che si ha quando il tribunale ha deciso *ultra petita*, oppure ha applicato norme giuridiche che non era nel suo potere di applicare; (*b*) la nullità dell'accordo di arbitrato o del compromesso; (*c*) motivi di procedura, come la

---

ciale.htm). In arg. cfr. K. Oellers-Frahm, voce "Judicial and Arbitral Decisions, Validity and Nullity", in *MPEPIL*.

([38]) *Rec.*, 1960, p. 192.

([39]) F. Eisemann, "La double sanction prévue par la convention de la B.I.R.D. en cas de collusion ou d'ententes similaires entre un arbitre et la partie qui l'a designé", in *AFDI*, 1977, p. 436.

([40]) Valga per tutti l'esempio del caso della Frontiera del Nord Est tra la Gran Bretagna e gli Stati Uniti, ove il Re dei Paesi Bassi, in qualità di arbitro, doveva determinare un tratto di frontiera tra i due Paesi scegliendo l'uno o l'altro dei due tracciati che gli erano stati sottoposti dalle Parti. Ebbene, con lodo del 10 gennaio 1831, l'arbitro fissò un tracciato intermedio che non era, appunto, stato richiesto dalle Parti. Lapradelle e Politis, *Recueil Des Arbitrages Internationaux*, I, cit., p. 391.

violazione del principio del contraddittorio ovvero la non corretta deliberazione del lodo; (*d*) la mancanza di motivazione del lodo; (*e*) la frode o la corruzione di un membro del collegio arbitrale.

b) ***I mezzi d'impugnazione***

23. Interpretazione, revisione, riformulazione. — Le questioni relative all'impugnazione di un lodo internazionale discendono dalle precedenti considerazioni. Senonché, va sottolineato che, in linea generale, una controversia circa la nullità di un lodo arbitrale internazionale costituisce logicamente una *nuova controversia*, diversa da quella da cui trae origine. Infatti, le Parti nell'accordo arbitrale di base solitamente convengono che il lodo, una volta pronunciato sarà "*definitivo ed inappellabile*".

Va ribadito che, in diritto internazionale ([41]) non vi è alcuna Corte internazionale d'appello abilitata a riesaminare in tutto o in parte la decisione resa nel quadro di un arbitrato internazionale; anzi, una volta pronunciato il lodo, lo stesso Collegio arbitrale diviene ***functus officio***.

Così, nel precitato *caso della sentenza arbitrale resa dal Re di Spagna*, la CIG ha indicato *expressis verbis* che "non essendo una sentenza arbitrale suscettibile di appello, [la CIG] non può nemmeno iniziare l'esame delle obiezioni sollevate dal Nicaragua rispetto alla validità di detta sentenza come farebbe una Corte d'Appello. La Corte non è chiamata a stabilire se l'arbitro abbia giudicato bene o male" ([42]).

Ne segue il principio generale per cui, salvo patto contrario, non si può impugnare un lodo arbitrale internazionale, nemmeno dinanzi ad un organismo diverso.

Qualora, invece, il senso o la portata del lodo non fossero chiari, si ritiene che ciascuna delle Parti possa presentare un ***ricorso in interpretazione*** *dinanzi allo stesso Collegio arbitrale che ha pronunciato il lodo.* Tale possibilità viene ufficialmente riconosciuta all'art.82 della Convenzione dell'Aja del 1907 ed è stata utilizzata nel *caso del Mare d'Iroise* ([43]).

Un altro mezzo d'impugnazione dinanzi al medesimo Collegio arbitrale è il ***ricorso in revisione*** che viene espressamente riconosciuto dall'art. 83 della Convenzione dell'Aja del 1907 (ed all'art. 38 delle *Regole modello sulla procedura arbitrale* della CDI). Il giudizio di revisione, infatti, deriva da un'impugnazione fondata sulla scoperta di un *fatto nuovo* che sarebbe stato di natura tale (*a decisive factor*) da esercitare *un'influenza determinante sul lodo* e che al momento della pronuncia era sconosciuto agli arbitri ed alla Parte che esperisce tale ricorso ([44]). Anche qui, però, non è pacifico che si possa esperire un tale ricorso in assenza di pattuizioni compromissorie.

([41]) È una caratteristica tipica dell'ordinamento internazionale quella per cui tra i tribunali internazionali non esiste né un rapporto gerarchico, né un collegamento organico.

([42]) Pag. 214. V, al riguardo, l'articolo di L. Cavarè, "L'arrêt de la C.I.J. du 18 novembre 1960 et les moyens d'assurer l'exécution des sentences arbitrales", in *Mélanges Rolin*, 1964, pp. 39-54.

([43]) Tale procedura venne azionata su richiesta dell'Inghilterra. V. il lodo interpretativo del 14 marzo 1878, in *AFDI*, 1978, p. 1293, con nota di E. Zoller.

([44]) L'esperimento del ricorso in revisione di un lodo è d'altronde particolarmente complicato, come dimostra il caso *Lehigh Valley Railroad* dinanzi la Commissione di reclamo tra gli Stati Uniti e la Germania che comportò le dimissioni del commissario tedesco. Lodo del 3 dicembre 1932, in *RSA*, VIII, p. 104; *AJIL*, v. 34, 1940, p. 154 nonché, per ulteriori esempi, v. Hackworth, *Digest of International Law*, vol. VI, pp. 90-98.

A fortiori, un ***ricorso in riformulazione o annullamento*** del lodo ha carattere eccezionale e sarà possibile solo previo l'accordo delle Parti in causa giacché dovrà essere adito ***un nuovo arbitro***.

Ciò è accaduto nel contenzioso tra Stati Uniti e Venezuela a proposito del **caso dell'*Orinoco Steamship Co.***: qui, un primo lodo venne pronunciato nel 1904 in base al diritto venezuelano mentre il compromesso arbitrale disponeva che l'arbitro avrebbe dovuto decidere *secondo equità*, senza riguardo alle norme del diritto domestico di una delle Parti. Perciò, tramite un nuovo accordo intervenuto tra i due Paesi, la controversia fu sottoposta a un nuovo collegio arbitrale costituito nel quadro della CPA ([45]).

Altre volte, le Parti si accordano che un ricorso in riformulazione o annullamento del lodo possa formare oggetto di *"appello" dinanzi alla CIG*. Ed in passato, furono previste apposite norme nell'accordo speciale tra l'Ungheria, la Romania, la Cecoslovacchia e la Jugoslavia, tramite le quali la CPGI diveniva un'istanza d'appello rispetto alle sentenze dei Tribunali Arbitrali Misti.

Anche, nel caso sopracitato del lodo arbitrale del Re di Spagna del 1906, venne concluso un accordo speciale tra le due Parti in causa — Honduras e Nicaragua — affinché la CIG si pronunciasse sulla validità del lodo.

24. Sviluppo attuale dell'arbitrato. — L'arbitrato interstatale ha conosciuto e ancora conosce un certo successo. Dal 1920 al 1944, è stato calcolato che i collegi arbitrali e le Commissioni arbitrali miste ([46]) avevano deciso oltre 50.000 controversie. Durante lo stesso arco temporale, la CPGI aveva pronunciato solamente 32 sentenze e 26 pareri consultivi. Il Tribunale per i reclami tra Iran e Stati Uniti, istituito tramite accordo speciale nel 1981, ha risolto oltre 4.000 controversie tra il 1982 e il 1989 ([47]), mentre nello stesso lasso di tempo, la CIG ha pronunciato 15 sentenze e altrettanti pareri consultivi. Il sito internet della CPA fornisce in tempo reale la misura della rinnovata importanza di tale ente nella amministrazione di vari tipi di arbitrato.

Sezione II
L'arbitrato internazionale tra Stati (o organizzazioni internazionali) e privati

25. Un fondamento contrattuale. — Lo Stato (o un'OIG) e i suoi contraenti privati stranieri, di comune accordo, possono inserire nel contratto tra loro stipulato una clausola arbitrale internazionale per risolvere le controversie ([48]). Alcuni tra

---

([45]) *RSA*, vol. IX. 180, p. 1903. M. J. P. A. François, "La Cour Permanente d'Arbitrage, son origine, sa jurisprudence, son avenir », in *RCADI*, cit., p. 507.

([46]) Le diverse "Commissioni arbitrali miste" presero a modello di riferimento i collegi arbitrali del Trattato Jay o quelli previsti dalle Convenzioni dell'Aja del 1899 e del 1907. Esempi famosi, nella prassi internazionale, furono i "Tribunali arbitrali misti" o ancora le "Commissioni arbitrali miste" istituite dagli Stati Uniti e gli Stati europei da un lato, con numerosi Paesi latino americani all'inizio del XX sec. (Venezuela, Messico, Perù).

([47]) V. D. Caron, "The nature of the Iran-United States claims tribunal and the evolving structure of international dispute resolution", in *AJIL*, 1990, p. 104.

([48]) V. G. Guyomar, "L'arbitrage concernant les rapports entre les Etats et particuliers", in *AFDI*, 1959, p. 333; G. Sacerdoti, *I contratti tra Stati e stranieri nel diritto internazionale*, Milano, Giuffrè, 1972; A. Giardina, "Diritto interno e diritto internazionale nei contratti fra Stati e privati stranieri", in *Studi Sperduti*,

questi "accordi" internazionali tra Stati e privati sono sottoposti al diritto internazionale; pertanto ciascuna delle parti può far valere i propri diritti a livello internazionale dinanzi ad arbitri internazionali, indipendenti, imparziali e neutrali. Se i contratti internazionali tra gli Stati e le OIG da una parte e i soggetti privati dall'altra sono sottoposti al diritto internazionale, è normale che quest'ultimo sia applicato da un arbitro, specialista della materia e nella prospettiva dell'ordinamento internazionale.

Talvolta, l'arbitrato, per via della sua flessibilità, potrà essere utilizzato persino per regolare una controversia tra uno Stato e un soggetto di natura non statale come un *movimento di liberazione nazionale* (49).

26. La mancanza di accesso degli individui alla CIG. — *Un'altra ragione* dell'inserimento delle clausole di arbitrato è che *i principali Tribunali di diritto internazionale non sono accessibile agli individui.* L'individuo leso non può adire la CIG. Per contro, niente gli impedisce di ricorrere all'arbitrato internazionale. *Dunque il ricorso all'arbitrato costituisce un buon mezzo per assicurare e preservare un* level playing field, *ossia l'uguaglianza delle parti in un rapporto giuridico transnazionale. Si tratta di uno degli elementi fondamentali dell'equilibrio contrattuale, tant'è che si può sostenere che la prassi secondo la quale solo i giudici dello Stato sono competenti per giudicare le controversie tra lo Stato e i privati stranieri sia di per sé contraria al diritto internazionale in quanto lesiva del principio di parità processuale oltre a quello secondo il quale* nemo iudex in causa sua.

27. Problemi inerenti al ricorso dinanzi al giudice interno. — Inoltre, va notato che i privati stranieri non possono, quasi sempre, sottoporre le controversie nascenti da un contratto internazionale con uno Stato ai giudici interni del loro proprio Paese: tale azione verrebbe paralizzata dalla tradizionale eccezione di *immunità* dalla giurisdizione di cognizione ed esecutiva di cui gode solo lo Stato straniero. Pertanto, anche da questo punto di vista, la sottoposizione di tali controversie ad arbitrato internazionale consente di risolvere gran parte di queste difficoltà.

28. Frequenza delle clausole compromissorie. — Le clausole di arbitrato inserite nei contratti internazionali o "transnazionali" sono divenute molto frequenti. Si può affermare che ormai si tratta di una prassi generale. La loro diffusione è tale che ormai costituiscono una prova decisiva dell'internazionalizzazione di tali rapporti contrattuali (50).

29. Piano espositivo. — L'arbitrato può essere regolato da diversi strumenti internazionali. Da una parte, l'arbitrato può essere istituito attraverso un accordo internazionale tra Stati (ad anche tra Stati ed Organizzazioni Internazionali) (§ 1); dall'altro lato, l'arbitrato può essere istituito per contratto, caso per caso, tramite la pattuizione di una clausola compromissoria (§ 2).

Non tratteremo in questa sede i casi in cui l'arbitrato internazionale viene previsto in codici di investimento di diritto nazionale: in questo caso infatti troverà

1984, p. 41 ss.; ID., voce "Arbitrato fra Stati e privati stranieri", in *Dig.* 4, 1987, p.360 ss.; F. MARRELLA, *Manuale di diritto del commercio internazionale*, cit., p. 660 ss., ove riferimenti.

(49) V. ad esempio il lodo PCA n. 2008-07, *Abyei*, del 22 luglio 2009 reso sotto gli auspici della CPA tra *The Government of Sudan and the Sudan's People's Army* sul sito della Corte in http://www.pca-cpa.org/. Il caso è peculiare giacché si tratta di un arbitrato tra il Governo di uno Stato (il Sudan) ed un movimento di liberazione nazionale (Sudan People's Liberation Army). V. *supra* Cap. XV.

(50) V. *supra* Cap. V.

fondamento in una legge nazionale, ossia una misura unilaterale nazionale dello Stato in questione che come tale potrà essere modificata a piacimento (sia pure per l'avvenire) da quest'ultimo Paese ([51]).

§ 1. — *L'arbitrato internazionale misto fondato su un trattato interstatale (accordo di copertura)*

30. Diritti derivati dell'individuo. — A volte l'arbitrato può essere previsto in un "trattato di copertura" o "ombrello" (*umbrella agreement*), concluso tra due o più Stati, e che precisa le condizioni di ricorso all'arbitrato, in caso di controversia tra una delle Parti contraenti statali e un'impresa privata o un individuo cittadino di una delle Parti contraenti. Qui, il soggetto privato, sarà titolare solo di un diritto derivato — ivi compreso in particolare quello di adire l'arbitro internazionale — la cui ampiezza sarà funzione delle disposizioni del "trattato di copertura".

Questi "trattati di copertura" possono essere di tipo bi- o multilaterale.

1. — L'esistenza di un "trattato di copertura" bilaterale

31. Frequenza nei trattati economici. — Accade abbastanza spesso, in materia di relazioni economiche internazionali, che due Stati si accordino per prevedere il ricorso all'arbitrato internazionale in caso di controversie tra uno dei due Stati e un cittadino dell'altro Stato contraente.

Un **esempio** tipico è quello dell'accordo franco-algerino sugli idrocarburi del 1965 che prevedeva il ricorso all'arbitrato per tutto ciò che riguardava gli idrocarburi e gli investimenti francesi in Algeria in questo settore. Si trovano delle disposizioni analoghe nelle convenzioni bilaterali d'investimento concluse nel corso di questi ultimi decenni dagli Stati esportatori di capitali (circa 3.000 accordi bilaterali sugli investimenti sono attualmente in vigore).

Del pari, un accordo internazionale bilaterale può contenere una clausola arbitrale che preveda un diritto di ricorso all'arbitrato azionabile dai cittadini di ciascuno dei due Stati contraenti ([52]). Così, ad esempio, una Convenzione del 1962 tra la Francia e la Spagna prevedeva la possibilità di adire un tribunale arbitrale per risolvere delle controversie tra appaltatore ed appaltante.

Altri trattati bilaterali possono prevedere una clausola di arbitrato azionabile da parte dei loro rispettivi cittadini in caso di svolgimento di un pubblico servizio, come ad esempio in materia di trasporto marittimo ([53]). In linea con la prassi precedentemente indicata, va citato il *Trattato stipulato tra la Francia e il Regno Unito del 12 febbraio 1986 relativo alla costruzione del tunnel sotto la Manica* che prevede il ricorso

---

([51]) V. J.C. Gautron, "Les conventions d'établissement conclues par le Sénégal avec des entreprises", in *AFDI*, 1968, p. 654.

([52]) Per un esempio concreto, v. Ch. Vallee, "L'affaire d'Aragnouet-Bielsa: impasse pour un tunnel", in *AFDI*, 1974, p. 354.

([53]) V. *l'Accordo franco-algerino relativo ai trasporti marittimi del 23 febbraio 1972* che contiene una clausola arbitrale ed in proposito l'articolo di Decaux, "La pratique française de l'arbitrage", in *AFDI*, 1978, pp. 360-361.

generalizzato all'arbitrato per risolvere le controversie interstatali al pari di quelle tra i due Stati ed i concessionari privati (art. 19) ([54]).

32. Contenuto. — Un "trattato di copertura", di solito, fonda e regola il "diritto di accesso diretto" dei soggetti privati all'arbitrato internazionale.

Anche qui si pone il *problema della scelta degli arbitri* che viene effettuata sia dal Governo, sia dai soggetti privati beneficiari del trattato di copertura.

Tale fu il caso, **ad esempio**, dell'Accordo franco-algerino del 1972 sui trasporti marittimi che prevede che ciascuna delle parti nomini un proprio arbitro.

Va sottolineato che, pur essendo l'arbitrato internazionale misto accessibile ai soggetti privati, questi ultimi, per poterlo attivare, devono, di regola (salvo eccezioni contenute nel trattato di cui ci si avvale), dimostrare di aver esaurito i mezzi di ricorso interni dello Stato contro il quale si vuol far valere l'arbitrato (*exhaustion of local remedies*).

Il trattato di copertura può anche individuare direttamente il *diritto applicabile al merito della controversia*. Qui, si può fare riferimento a un diritto nazionale (spesso quello dello Stato ospite) integrato dal diritto internazionale (o addirittura nella misura in cui il diritto nazionale dello Stato sia in linea con il diritto internazionale); o ancora si stabilisce l'applicazione diretta del diritto internazionale o dei principi generali di diritto.

I trattati di copertura precisano, infine, il carattere vincolante del lodo arbitrale e gli eventuali mezzi di impugnazione.

2. — Un trattato di copertura multilaterale: la Convenzione di Washington del 18 marzo 1965 per la soluzione delle controversie tra Stati e privati stranieri e l'istituzione dell'ICSID

Bibliografia sommaria: G. Sacerdoti, "La Convenzione di Washington del 1965 per la soluzione delle controversie tra Stati e nazionali di altri Stati in materia di investimenti", in *Riv. dir. int. priv. proc.*, 1969, p. 614 ss.; G. Delaume, "Le Centre International pour le réglement des différends relatifs aux investissements", in *Clunet*, 1982-775; A. Giardina, "L'exécution des sentences du C.I.R.D.I.", *RCDIP*, 1982, p. 273 ss.; "I.C.S.I.D. arbitration and the Courts", *AJIL* 1983, p. 784; "Le C.I.R.D.I. et l'immunité des Etats", in *Rev. Arb.*, 1983, p. 143; "L'arbitrage C.I.R.D.I. et le banquier", in *Banque*, 1983, p. 889; A. Sinagra, *L'arbitrato commerciale internazionale nel sistema dei C.I.R.D.I. ed i suoi recenti sviluppi*, Padova, Cedam, 1984, p. 56 e ss.; G. Sacerdoti, "Bilateral Treaties and Multilateral Instruments on Investment Protection", in *RCADI*, 1997, vol. 269, pp. 255-463; P. Bernardini, *L'arbitrato nel commercio e negli investimenti internazionali*, 2ª ed., Milano, Giuffrè, 2008; A. Giardina, Toriello, "Centro Internazionale per la soluzione delle controversie tra Stati e nazionali di altri Stati in materia di investimenti (CIRDI)", in *Enc. giur.*, IV; E. Gaillard, *La jurisprudence du C.I.R.D.I.*, 2 voll., Paris, Pedone, 2004-2010; J. Alvarez, "The Public International Law Regime Governing International Investment", in *RCADI*, v. 344, 2009, pp. 193-544; C. Schreuer, *The ICSID Convention. A Commentary*, 2ª ed., Cambridge, CUP, 2009; R. Dolzer e C. Schreuer, *Principles of International Investment Law*, Oxford, OUP, 2012; *Redfern & Hunter on International Arbitration*, a cura di N. Blackaby e C. Partasides, 6ª ed., Oxford, OUP, 2015; A. Del Vecchio, P. Severino, *Tutela degli investimenti tra integrazione dei mercati e concorrenza di ordinamenti*, Bari, Cacucci, 2016; E. Sciso, *Appunti di Diritto internazionale dell'economia*, 3ª ed., Torino, Giappichelli, 2017; C. McLachlan, L.Shore, M. Weiniger, *International Investment Arbitration: Substantive Principles*, 2 ed., Oxford, OUP, 2017; A. R.

([54]) *J.O.* 16 settembre 1987, p. 10.769. In argomento, v. il lodo arbitrale del 30 gennaio 2007 che ha posto fine al contenzioso tra il *Groupe Eurotunnel*, da una parte, ed il Regno Unito e la Francia dall'altra, in *Rev. arb.*, 2007, p. 445.

Parra, *ICSID*, Oxford, OUP, 2020 ove ampi riferimenti. La giurisprudenza dell'ICSID è accessibile sul sito https://icsid.worldbank.org/cases).

33. Un trattato multilaterale. — Abbiamo già indicato (*supra*, Cap. XV) che, a partire dal secondo dopoguerra, con la ripresa del commercio su scala mondiale si è sviluppato un ampio dibattito circa la tutela degli investimenti privati nei Paesi in via di sviluppo, con particolare riferimento al settore della ricerca mineraria e petrolifera.

In tale contesto, sotto gli auspici della Banca mondiale, il 18 marzo 1965 è stata firmata la Convenzione di Washington del 18 marzo 1965 (**Convenzione ICSID**) ed è stato istituito il Centro internazionale per il regolamento delle controversie in materia di investimenti (*International Center for Settlement of Investment Disputes*, abbreviato in ICSID) al fine precipuo di risolvere le controversie fra Stati e privati stranieri. Tramite tale trattato, gli Stati esportatori di capitali, in cambio della previsione del ricorso all'arbitrato internazionale, hanno accettato di rinunciare alla protezione diplomatica dei loro investitori, ciò che è stato accolto con favore dagli Stati importatori di capitali, inclusi i Paesi in via di sviluppo. Così, un'eventuale controversia si risolve dinanzi al Centro e resta una vertenza tra l'investitore straniero e lo Stato ma non tra i due Stati.

La Convenzione ICSID è il primo accordo multilaterale in materia di investimenti diretti esteri (al 9 giugno 202o, è in vigore tra 155 Paesi tra cui l'Italia, mentre tre Paesi — la Bolivia, l'Ecuador e il Venezuela — l'hanno denunciata).

Il meccanismo di arbitrato previsto dalla Convenzione ICSID è di grande importanza pratica poiché gli Stati vi fanno spesso riferimento nei loro accordi bilaterali in materia di investimenti (BITs) ([55]).

34. L'ICSID. — Il Centro ha sede presso la Banca mondiale (BIRS/IBRD) a Washington ed è retto da un Consiglio d'amministrazione, presieduto dal Presidente della Banca Mondiale e composto dai rappresentanti di ogni Stato membro con un segretariato (artt. 4-8). Il Segretario Generale, eletto dal Consiglio a maggioranza dei due terzi dei componenti, è il legale rappresentante del Centro di cui è a capo dell'apparato amministrativo.

L'ICSID eroga servizi di arbitrato e conciliazione allorquando insorga una controversia giuridica tra *uno Stato* Parte contraente della Convenzione ed un *cittadino* di altro Stato parte della medesima convenzione, relativamente ad un "*investimento*". Detta funzione comprende, *in primis*, quella di decidere quali controversie rientrano nella competenza del Centro e poi di amministrare i procedimenti arbitrali che si svolgono sotto l'egida dell'ICSID assolvendo a funzioni di cancelleria con competenza ad autenticare i lodi ed a fornire copie autentiche dei medesimi (artt. 9-16).

Spetta al Consiglio di amministrazione l'emanazione del ***Regolamento di arbitrato*** del Centro. Scopo dell'ICSID è, *inter alia*, proprio quello di incoraggiare — sia pure in modo indiretto — gli investimenti privati all'estero attraverso la predisposi-

---

([55]) In seno all'OCSE, nel *Progetto di Convenzione sul trattamento della proprietà degli stranieri* del 12 aprile 1967, all'art. 7, era stato previsto oltre all'arbitrato interstatale (lett. *a*), anche quello transnazionale (lett. *b*) precisando il diritto di reclamo del "cittadino di una Parte" che fosse stato leso da misure dello Stato territoriale. Al riguardo v. il testo in P. Picone e G. Sacerdoti, *Diritto internazionale dell'economia*, cit., p. 838 e i commenti di P. Picone a p. 781 ss. e di D. Carreau, P. Juillard, T. Flory, *Droit international économique*, 2 ed., Paris, 1980, p. 171 ss.

zione di meccanismi internazionali a carattere conciliativo-arbitrale in grado di risolvere effettivamente le controversie tra Stati e privati stranieri in questa materia.

Il Centro gestisce altresì una *lista di arbitri* che possono essere nominati in collegi arbitrali istituiti in questo quadro. Tipicamente, un collegio arbitrale ICSID è composto da un arbitro unico o da un numero dispari di arbitri, normalmente tre, due nominati da ciascuna delle parti e l'arbitro principale scelto dagli altri due. Se una parte si astiene dal nominare un arbitro, la procedura continua il suo corso in quanto il Presidente dell'ICSID designerà l'arbitro mancante.

35. Ambito di applicazione della Convenzione ICSID. — Affinché la Convenzione ICSID si applichi ad un dato caso di specie, occorre puntualmente verificare che essa sia in vigore tra lo Stato ospite e quello di cittadinanza o nazionalità dell'investitore privato al momento in cui si invoca. Si tratta di questioni che si possono agevolmente risolvere con riferimento al diritto internazionale dei trattati (Cap. IV).

La Convenzione ICSID entra in vigore rispetto a ciascuna Parte contraente solo trenta giorni dopo il deposito dello strumento di ratifica presso la Banca mondiale (art. 73). Viceversa, la denuncia della Convenzione prende effetto sei mesi dopo la ricezione di tale atto unilaterale da parte della Banca mondiale (art. 71).

« Nessuno Stato contraente », enuncia l'art. 27 della Convenzione ICSID, « accorderà protezione diplomatica o avanzerà pretese internazionali in relazione ad una controversia che uno dei suoi nazionali ed un altro Stato contraente hanno consentito di sottoporre o abbiano sottoposto ad arbitrato nel quadro della presente Convenzione, salvo il caso in cui tale altro Stato contraente non si conformi e non abbia dato esecuzione alla sentenza arbitrale resa in tale controversia ».

36. Consenso all'arbitrato ICSID. — Lo Stato ospite dell'investimento e lo straniero si confrontano *direttamente* nel procedimento arbitrale internazionale, un procedimento amministrato da un organismo internazionale, l'ICSID, che si caratterizza per la sua completa autonomia ed autosufficienza rispetto a qualsiasi ordinamento giuridico nazionale, incluso quello della sede dell'arbitrato. L'art. 26 della Convenzione ICSID prevede che:

> « [i]l consenso delle Parti all'arbitrato, previsto dalla presente Convenzione, salvo indicazione contraria, è considerato come consenso a tale arbitrato ad esclusione di qualsiasi altro mezzo di tutela. Uno Stato contraente può richiedere l'esaurimento dei ricorsi amministrativi o giudiziari interni quale condizione del suo consenso all'arbitrato previsto dalla presente Convenzione ».

Non si richiede, però, un completo ***esaurimento dei mezzi di ricorso interni*** al pari di quanto avviene, seppure con diverse modalità, dinanzi ad altri tribunali internazionali. D'altra parte, una clausola di elezione del foro nazionale competente in un contratto tra Stati e privati stranieri può vanificare l'effetto della precitata norma di cui all'art. 26. Ci possono poi essere dei trattati che prevedono una c.d. clausola ***fork in the road***, ossia *electa una via non datur recursus ad alteram*. Per effetto di tale clausola, spetta all'investitore privato l'esercizio dell'opzione tra il giudice nazionale dello Stato ospite oppure l'arbitrato internazionale. Una volta esercitata tale opzione, però, la scelta diviene definitiva.

Altri trattati prevedono poi che, prima di poter iniziare l'arbitrato, l'investitore privato debba iniziare il contenzioso dinanzi ai giudici dello Stato ospite per un dato periodo (di solito 18 mesi). Nonostante tale condizione restrittiva, si è comunque riusciti ad iniziare direttamente l'arbitrato avvalendosi della clausola della Nazione più favorita, una soluzione che, oggi, appare ridimensionata dalla Risoluzione di Tokyo dell'Institut de Droit International del 2013.

La giurisdizione dell'ICSID non è automatica per il solo fatto che lo Stato di cittadinanza dell'investitore e lo Stato ospite dell'investimento siano Parti della Convenzione ICSID. Occorre, infatti, che le parti all'arbitrato misto manifestino il proprio consenso a tale riguardo in una delle **tre modalità** seguenti.

In primo luogo, il ricorso all'arbitrato ICSID può fondarsi su una *clausola arbitrale* completa contenuta in un ***contratto tra lo Stato ed il privato straniero***. Si può trattare anche di contratti di sviluppo economico se prevedono che, in caso di controversia relativa all'esecuzione ed interpretazione del contratto, l'investitore potrà fare ricorso al Centro.

Si può dire che, fino alla fine degli anni Ottanta del secolo scorso, si trattava della fattispecie più frequente ma poi la giurisprudenza — e questo è il **secondo tipo di patto compromissorio** — ha ammesso la possibilità del c.d. ***consenso dissociato***, ossia che l'accordo arbitrale possa perfezionarsi in fasi successive, non più solo in un unico strumento. Per arrivare all'accordo arbitrale, si argomenta che un BIT quando si riferisce all'arbitrato ICSID, altro non è che un'offerta unilaterale di arbitrato fatta, per tutta la vigenza del BIT, dallo Stato Parte *ad incertam personam* posto che il destinatario qui è una persona privata, qualificata dal fatto di essere un investitore cittadino di uno Stato nei confronti del quale detto BIT è in vigore. Così, per azionare tale arbitrato, all'investitore privato basterà presentare all'ICSID la propria domanda di arbitrato che è l'atto con cui "accetta" l'offerta di arbitrato dello Stato ospite ([56]).

Infine, il **terzo** e diverso metodo consiste nel ricavare il consenso dello Stato ospite attraverso la sua **legislazione nazionale** (ad esempio, la normativa nazionale in materia di investimenti diretti esteri). In tal caso, anche qui l'inizio del procedimento arbitrale da parte dell'investitore privato costituisce "accettazione" della proposta generale di arbitrato a suo tempo formulata, in via unilaterale, attraverso detta legislazione dallo Stato ospite.

37. L'arbitrabilità *ratione materiae*: l'investimento protetto. — Per quanto concerne le materie *arbitrabili*, in linea generale vi rientrano le classiche questioni in materia di *espropriazioni* e di determinazione del relativo indennizzo. Al riguardo, l'art. 25 della Convenzione ICSID detta i limiti della competenza arbitrale data la genericità della nozione di investimento.

([56]) A partire dalla celebre pronuncia nel caso *AAPL c. Sri Lanka* (27.6.1990, in *ILM*, 1991, 577) gli arbitri hanno ricavato il consenso dello Stato convenuto nel procedimento arbitrale ICSID non più da una clausola compromissoria preesistente alla controversia o da un compromesso, bensì direttamente dalle norme interstatali di un BIT. A siffatta conclusione si è pervenuti considerando che la presentazione della specifica domanda di arbitrato di un investitore (privato) appare di per sé idonea ad integrare un'accettazione della proposta di arbitrato, di carattere generale e permanente, contenuta nel trattato bilaterale di investimento stipulato tra lo Stato ospite, con il quale è insorta controversia, e lo Stato di appartenenza dell'investitore medesimo. In altre parole, l'espressione del consenso all'arbitrato internazionale non deve più essere contemporaneamente e contestualmente manifestata dall'investitore e dallo Stato ospite ma può verificarsi in forma "disgiunta", ossia in momenti diversi e tramite atti diversi seppure convergenti. Pertanto, l'inizio del procedimento arbitrale ICSID da parte dell'investitore straniero costituisce accettazione della proposta di arbitrato manifestata dallo Stato al momento dell'entrata in vigore del BIT; poco importa se ciò è avvenuto anni prima.

Ad esempio, nell'accordo bilaterale tra Italia e Marocco, del 18 luglio 1990, si ha, all'art. 1, par. 1, lett. *a*) e *b*), che: « [p]er 'investimento' si intende, indipendentemente dalla forma giuridica prescelta e dall'ordinamento giuridico di riferimento, ogni bene investito, prima o dopo l'entrata in vigore del presente Accordo, da persone fisiche o giuridiche, compreso il Governo di una Parte contraente, nel territorio dell'altra Parte Contraente, in conformità delle leggi e dei regolamenti di quest'ultima. In tale contesto di carattere generale il termine 'investimento' include principalmente ma non esclusivamente: — a. diritti di proprietà su beni mobili ed immobili, nonché ogni altro diritto di proprietà come ipoteche, privilegi pegni usufrutti legati all'investimento; — b. azioni, obbligazioni, quote di partecipazione ed ogni altro titolo di credito nonché titoli pubblici in genere ».

Infatti, il dato che caratterizza il nostro tempo è lo sviluppo degli oltre tremila accordi internazionali in materia di investimento ciascuno dei quali specifica quale sia l'investimento meritevole di tutela e prevede specifici *standard* di trattamento dell'investitore privato. Occorre poi aggiungere le norme sugli investimenti diretti esteri (IDE) previste dai vari accordi di libero scambio (FTA) inclusi quelli conclusi dall'Unione europea (*supra*, Cap. XV).

Al riguardo, la giurisprudenza arbitrale ha delineato una sempre più marcata distinzione tra le azioni basate sul trattato (***Treaty claims***) e quelle basate sul contratto con lo Stato ospite (***Contract claims***). Tali problematiche emergono quando un investimento viene realizzato tramite un *contratto* tra un investitore privato straniero e lo Stato ospite, pur essendo in vigore un BIT che, appunto, già tutela gli investimenti in via generale ed astratta. Allo stato attuale della giurisprudenza, gli arbitri ICSID hanno limitato la propria giurisdizione ai soli *Treaty claims*. Ma esistono fattispecie più complesse. Alcuni trattati, infatti, contengono delle c.d. ***clausole ombrello*** (c.d. *umbrella clause*) il cui effetto è proprio quello di sussumere le materie dedotte in contratto nel trattato internazionale. Qui, dunque, la giurisdizione arbitrale ICSID si espande per abbracciare la disciplina del trattamento dell'investitore straniero prevista dal *contratto* pur se differente da quella indicata nel trattato.

38. L'arbitrabilità *ratione personae*: l'investitore tutelato. — La Convenzione ICSID si applica, secondo quanto previsto all'art. 25, alle controversie « di natura giuridica », tra uno Stato contraente e un soggetto (persona fisica o giuridica) di un altro Stato contraente, le quali siano in relazione diretta con un investimento. Pertanto, il legame di ***cittadinanza*** per le persone fisiche o di ***nazionalità*** per le persone giuridiche diviene esiziale.

Così, **ad esempio**, sempre nel BIT tra l'Italia e il Marocco, all'art. 1, par. 2, si prevede che: « [p]er 'investitore' si intende una Persona fisica o giuridica di una Parte Contraente che abbia effettuato, effettui o abbia assunto obbligazione di effettuare investimenti nel territorio dell'altra Parte Contraente. — *a*) per 'persona fisica' si intende, per ciascuna Parte Contraente, una persona fisica che ne abbia per legge la cittadinanza. — *b*) per 'persona giuridica' si intende, con riferimento a ciascuna Parte Contraente, qualsiasi entità avente sede nel territorio di una di esse e da quest'ultima riconosciuta secondo la sua legislazione. Il termine 'persona giuridica' comprende in particolare Istituti pubblici, società di persone o di capitali, fondazioni associazioni e questo indipendentemente dal fatto che la responsabilità sia limitata o meno ».

39. Il processo arbitrale. — « Ogni procedimento arbitrale », così dispone l'art. 44 della Convenzione ICSID, « è condotto in conformità con le disposizioni della presente sezione e, salvo diverso accordo tra le parti, col Regolamento di arbitrato in vigore alla data in cui esse hanno convenuto il ricorso all'arbitrato. Il Tribunale risolve ogni questione procedurale non prevista dalla presente sezione o dal Regolamento di arbitrato o da qualsiasi regola concordata tra le parti ».

Per iniziare un procedimento arbitrale ICSID occorre registrare la **domanda di arbitrato** presso il **Segretariato del Centro** il quale ne invia copia all'altra parte (art. 36). Il Segretario generale avvia la procedura amministrativa effettuando un esame preliminare circa la ricevibilità della domanda di arbitrato, verificando che non sia manifestamente fuori dall'ambito di competenza del Centro (art. 36, par. 3). Le parti nominano gli arbitri — normalmente tre — in base al Regolamento arbitrale ICSID — e di diversa nazionalità (artt. 37-40) scegliendoli nella lista di quelli proposti da ciascuno Stato membro ICSID oppure al di fuori da tale lista. In caso di inerzia nella designazione, provvede il Presidente del Consiglio di amministrazione dell'ICSID (che è ex officio il Presidente della Banca mondiale) (art. 38).

La **sede dell'arbitrato** è fissata, ai sensi dell'art. 62 della Convenzione ICSID, presso la sede del Centro, ossia a Washington salva la diversa volontà delle parti di svolgere i procedimenti di conciliazione e di arbitrato « nella sede della Corte permanente d'arbitrato o di qualsiasi altra istituzione appropriata, pubblica o privata, con cui il Centro abbia concluso accordi a questo scopo; oppure — b. in qualsiasi altro luogo approvato dalla Commissione o dal Tribunale dopo aver consultato il Segretario generale » (art. 63).

Una volta costituito il Collegio arbitrale, ha inizio il procedimento vero e proprio con la trasmissione del fascicolo al tribunale, lo scambio di memorie, documenti, le dichiarazioni testimoniali (***witness statements***), le consulenze tecniche (***expert reports***); le udienze (***hearing***) ed il lodo (art. 31 ss. del Regolamento di arbitrato ICSID). Qualora vi fossero delle eccezioni circa la giurisdizione arbitrale il procedimento potrà articolarsi in due fasi, con diversi provvedimenti decisori, solo ed eventualmente l'ultimo dei quali sarà sul merito.

40. L'*amicus curiae* e la partecipazione delle ONG. — Nel 2006, per ottemperare alle richieste della cd. "società civile" e fare fronte alle critiche, è stata introdotta la regola di cui all'art. 37, par. 2, del Regolamento di arbitrato ICSID volta a disciplinare il ruolo del cd. ***amicus curiae***. Si tratta di un soggetto che, per propria iniziativa, accolta dal Collegio arbitrale, vi si affianca come « amico » per collaborare con esso, informandolo di determinati fatti ed assistendolo nella risoluzione di qualsiasi problema che abbia rilevanza per la corretta decisione della lite sottoposta al suo giudizio (ad es. in materia di eventuali violazioni dei diritti umani). Si tratta dunque di un soggetto — di solito una ONG — che non ha, tecnicamente, la posizione di "parte" nel processo ed il cui ruolo viene inquadrato nel Regolamento arbitrale e va attentamente precisato dagli arbitri al fine di preservare la "parità delle armi" delle parti nell'arbitrato. Del pari, nel 2013, sono state adottate le ***UNCITRAL Rules on Transparency in Treaty-Based Investor-State Arbitration***.

Al termine del procedimento il lodo, deciso a maggioranza, viene redatto per iscritto, è ampiamente motivato ed è firmato dagli arbitri. È dunque possibile la produzione di un'opinione dissenziente (*dissenting opinion*) da parte dell'arbitro dissenziente. Il Centro pubblica i lodi arbitrali previo consenso delle parti (art. 48) e fino ad oggi quasi tutti i lodi sono stati pubblicati, suscitando altre e diverse critiche sulla coerenza della "giurisprudenza" che si è sviluppata. Il fallimento del TTIP (*Transatlantic Trade and Investment Partnership*) e le ulteriori critiche provocate dai meccanismi arbitrali di tali accordi hanno indotto l'Unione europea ad elaborare un progetto di corte permanente (*Investment Court System*) sul modello dell'Organo d'appello dell'Organizzazione mondiale del commercio (OMC/WTO), da impiegare negli accordi commerciali.

Va infine osservato che l'art. 64 della Convenzione ICSID e i lavori preparatori indicano che un eventuale arbitrato tra Stati non deve interferire con l'arbitrato tra ciascuno degli stessi Stati e i privati stranieri.

41. Il diritto applicabile. — A differenza di quanto avviene nell'arbitrato commerciale internazionale ove l'arbitro ha comunque una *lex arbitri* statale di riferimento, l'arbitro ICSID non ne possiede alcuna essendo il procedimento arbitrale ICSID completamente internazionalizzato. Circa l'individuazione della legge applicabile al merito della controversia, l'art. 42 della Convenzione ICSID così dispone:

« 1. Il Tribunale si pronuncia sulla controversia conformemente alle norme di diritto convenute tra le parti. In difetto di accordo tra le parti, il Tribunale applica la legge dello Stato Contraente parte nella controversia — ivi comprese le norme relative ai conflitti di legge — come pure i principi di diritto internazionale in materia.

2. Il Tribunale non può rifiutarsi di giudicare eccependo il silenzio o l'oscurità della legge.

3. Le disposizioni dei precedenti paragrafi non pregiudicano la facoltà del Tribunale, se le parti sono d'accordo in tal senso, di statuire *ex aequo et bono* ».

Al riguardo, come si è indicato poc'anzi, la volontà delle parti in ordine al diritto applicabile può essere manifestata nel contratto, in un compromesso arbitrale o, ancora, nel trattato internazionale applicabile a cui il contratto rinvia. Per quanto riguarda l'oggetto della scelta della legge applicabile, la locuzione « ***norme di diritto*** » (« rules of law » nel testo ufficiale) lascia alle parti la più ampia latitudine. Pertanto, possono fare riferimento al diritto di uno Stato dato, sia a regole non appartenenti ad alcun ordinamento statale (ad es., i Principi Unidroit sui contratti commerciali internazionali e gli usi del commercio internazionale; v. l'art. 6 della Risoluzione dell'Istituto di Diritto internazionale di Santiago di Compostela del 1989).

In caso, invece, di ***assenza di scelta*** del diritto applicabile al merito, occorre fare riferimento alla *legge nazionale dello Stato ospite* « ivi compresi » i principi di diritto internazionale in materia, la cui funzione può essere "integrativa" del diritto nazionale applicabile, oppure — e qui le polemiche si fanno aspre — "correttiva". In tale ultimo caso, si ammette che se una data soluzione nazionale risulta manifestamente incompatibile con una norma internazionale applicabile (ad es. quella di un BIT), quest'ultima deve prevalere per il principio di superiorità del diritto internazionale sul diritto interno. Si tratta, com'è noto, di standard internazionali che prevedono il trattamento giusto ed equo, la piena protezione e sicurezza; la tutela contro il trattamento arbitrario e discriminatorio da parte dello Stato ospite; il trattamento nazionale e quello della Nazione più favorita. Le parti poi possono anche chiedere agli arbitri di decidere secondo equità ma qui occorre una manifestazione espressa ed inequivoca della loro comune volontà.

42. Il lodo arbitrale ICSID e la sua esecuzione. — *Un lodo ICSID viene deciso a maggioranza e deve essere motivato*. Può essere corredato da opinioni individuali o dissenzienti dei singoli arbitri. Una volta pronunciato dagli arbitri, il lodo ICSID viene trasmesso alle parti a cura del Segretariato.

Non è ammessa alcuna forma di impugnazione dinanzi ai giudici interni degli Stati.

Per ottenere l'esecuzione di un lodo ICSID, occorre presentare copia del lodo, certificata conforme dal Segretario generale del Centro, al tribunale competente dello Stato in cui si richiede l'*exequatur*. L'esecuzione avviene secondo le norme nazionali del giudice richiesto e, a tale fine, va precisato che l'adozione di un qualsiasi procedimento che non si limitasse alla verifica dell'autenticità del titolo esecutivo è da considerare contrario alla Convenzione ICSID.

Infatti, la Convenzione ICSID obbliga tutti gli Stati nei confronti dei quali è in vigore, a riconoscere e a dare esecuzione ai lodi arbitrali ICSID, come se si trattasse di decisioni definitive dei propri giudici nazionali e prescindendo da qualunque controllo di merito.

Gli artt. 53-55 della Convenzione ICSID dispongono il carattere autonomo ed obbligatorio dei lodi non solo tra le parti, ma anche tra gli Stati contraenti. In altre parole, il lodo ICSID non è mai un "lodo straniero" (ai sensi, ad es. della Convenzione di New York del 10 giugno 1958 e della Convenzione di Ginevra del 21 aprile 1961), poiché la sua forza obbligatoria deriva dalla Convenzione ICSID. Ne risulta un rafforzamento della tutela dell'investitore privato in ipotesi di mancata esecuzione spontanea del lodo, aumentando così la fiducia degli investitori rispetto all'efficacia di tale meccanismo e dunque, incentivandoli a realizzare investimenti transnazionali di medio-lungo periodo soggetti ad importanti rischi politici e commerciali.

Infine, va sottolineato che l'eventuale sospensione dell'esecuzione di un lodo ICSID, la sua **revisione** ed il suo **annullamento**, non possono essere richieste al giudice nazionale ad quem bensì, esclusivamente, al Centro.

L'art. 52 della Convenzione ICSID indica, tassativamente, i motivi di annullamento del lodo: *a)* il vizio nella costituzione del Tribunale; *b)* il manifesto eccesso di potere da parte del Tribunale; *c)* la corruzione di un membro del Tribunale; *d)* l'inosservanza grave di una regola di procedura fondamentale; *e)* il difetto di motivazione della sentenza.

La decisione relativa all'annullamento di un lodo ICSID spetta unicamente ad un ***Comitato ad hoc*** di tre membri nominati dal Presidente dell'ICSID. Non si tratta di un meccanismo di appello ma solo di un peculiare meccanismo di revisione e di annullamento del lodo.

Le eventuali controversie nascenti dall'interpretazione ed applicazione della Convenzione ICSID possono essere sottoposte dagli Stati contraenti alla Corte internazionale di giustizia, mediante ricorso unilaterale (art. 64).

43. Un ostacolo ancora irrisolto: le immunità statali. — Esiste ancora un ostacolo che non è stato superato dalla Convenzione di Washington del 1965 per quanto riguarda l'esecuzione del lodo ICSID contro uno Stato straniero. Ogni Stato straniero, infatti, *beneficia, in linea di principio, dell'immunità dalla giurisdizione e dalle procedure esecutive* dinanzi al giudice dell'esecuzione. La predetta Convenzione di Washington non ha risolto completamente tale problema (vedi gli artt. 54 e 55) in quanto si accontenta di *rinviare la soluzione di tale questione al diritto applicabile dello Stato sul territorio del quale le parti chiedono l'esecuzione del lodo*.

Certamente, nel caso di un arbitrato ICSID, non si tratta d'immunità dalla giurisdizione ma solo, eventualmente, dell'immunità dalla giurisdizione esecutiva.

44. Luci ed ombre dell'arbitrato ICSID. — La Convenzione ICSID è di grande importanza teorica, oltre che pratica, per via della natura dei problemi affrontati e delle soluzioni originali che sono state apportate. Il numero degli Stati divenuti Parti contraenti della Convenzione di Washington è particolarmente elevato e i riferimenti all'arbitrato ICSID sono frequenti in molte convenzioni bilaterali in materia di investimenti (BITs). Oggi, l'ICSID gestisce un numero crescente di arbitrati, un numero che è aumentato in modo particolare a seguito della crisi argentina degli anni 2000. La pubblicazione di molti lodi ha contribuito a diffondere una maggiore consapevolezza di questo tipo di arbitrato. L'aumento di procedimenti contenziosi è un fatto positivo per l'ICSID ma nel contempo comporta il ***rischio di pronunciamenti contraddittori***. Così, diversi collegi arbitrali hanno già interpretato in modo diverso — se non contraddittorio — istituti fondamentali quali quello dell'"investimento" protetto o ancora dell'ambito di applicazione della "clausola della Nazione più favorita" o ancora della "clausola ombrello" (*umbrella clause*). Lo stesso discorso vale in merito alla distinzione tra reclami fondati sul trattato o sul contratto di investimento (*treaty* o *contract claims*) per tacere circa le diverse valutazioni della nozione di "*stato di necessità*" invocato dall'Argentina a seguito della crisi economica finanziaria, politica e sociale tra il 2001 e il 2003. Queste incertezze hanno, col passare del tempo, indotto le parti a rivolgersi sempre più spesso a centri arbitrali alternativi all'ICSID come quelli operanti presso la Camera di Commercio Internazionale (ICC), la Camera di Commercio di Stoccolma o ancora la Corte Permanente di Arbitrato (CPA/PCA).

Dall'altro lato, in questi ultimi mesi è stata avviata una riforma del sistema per superare la "**crisi di legittimità**" di questo tipo di arbitrato (v. i lavori in corso ad es. presso l'UNCITRAL). Le critiche, a dire il vero non sempre fondate, hanno gli oggetti più vari: dallo squilibrio strutturale che porterebbe i privati quasi sempre a vincere contro lo Stato; al ridotto accesso all'arbitrato per le piccole e medie imprese che sono, per ipotesi, prive dei mezzi finanziari necessari per questi contenziosi molto costosi; alla privazione di "policy space" del Governo democraticamente eletto di uno Stato la cui attività politica risulterebbe paralizzata dal rischio di costosi contenziosi con gli investitori esteri (si pensi alla Germania quando ha deciso di passare dall'energia nucleare a quella verde e alla società *Vattenfall* che l'ha citata a giudizio arbitrale per ottenere un indennizzo ([57])) e così via ([58]).

Ad onor del vero, tuttavia, si dovrebbero mettere sull'altro piatto della bilancia le evidenze statistiche ([59]), le questioni di corruzione che si sono presentate in occasione della privatizzazione dell'acqua potabile in alcuni Stati latinoamericani ed in molti contratti conclusi tra il Governo e le imprese straniere ([60]), la nascente giurisprudenza arbitrale che ha preso in considerazione i diritti umani (**caso *Philip Morris v. Uruguay***

([57]) V. H. Dederer, "Deutschlands Haltung zum internationalen Investitionsschutz: Rechtliche Perspektiven vor dem Hintergrund der ISDS-Debatte und des "Vattenfall II"-Verfahrens", in *RIW*, 2019, pp. 397-406.

([58]) V., *inter multos*, T. Treves, F. Seatzu, C. Trevisanut (a cura di), Foreign investment, international law and common concerns, London, Routledge, 2014 e cfr. J. Alvarez, "Is Investor-State Arbitration 'Public'?", IILJ Working Paper 2016/6, al sito https://www.iilj.org/wp-content/uploads/2016/09/Alvarez-Is-Invest-State-Arbitration-Public-IILJ-WP-2016_6-GAL.pdf.. Cfr. F. Marrella, "International Investment Arbitration and EU Reform Projects for Appellate Mechanisms: Some Critical Remarks", in *Studi in onore di G. Bernini*, a cura di F. Marrella e N. Soldati, Milano, Giuffrè, 2021.

([59]) S. Franck, *Arbitration costs. Myths and Realities in Investment Treaty Arbitration*, Oxford, O.U.P., 2019

([60]) J. Alvarez, "The Public International Law Regime Governing International Investment", cit., *passim* e R. Kreindler, "Competence-Competence in the Face of Illegality in Contracts and Arbitration Agreements", in *RCADI*, v. 361, 2013, pp. 131-482. V. pure la famosa vicenda del c.d. *arbitrato delle Piramidi*, ricostruita da J. Paulsson, in "The Pyramids Case", Paris Arbitration Academy 2012, al sito

e ***Urbaser c. Argentina***) ([61]). Infine, nella stragrande maggioranza dei casi e salvo qualche abuso, è bene ricordare che ad agire contro lo Stato è un privato investitore straniero perché quel medesimo Stato ha concluso un BIT o altro trattato con lo Stato di origine dell'investitore per attrarre quest'ultimo nel proprio territorio. Se lo Stato territoriale in seguito ha cambiato politiche, ha introdotte nuove norme o ha espropriato l'investitore privato, arrecandogli un danno ingiusto è normale che lo Stato ospite debba risarcire quei danni.

Pertanto, è giusto discutere su come perfezionare il meccanismo arbitrale ma il dibattito deve essere condotto da specialisti e non al Bar della piazza. Infatti, chi propone *tout court* la completa eliminazione dell'arbitrato non ricorda la situazione precedente, quando si navigava in acque ben più minacciose con la contrazione degli investimenti esteri, le guerre commerciali e la diplomazia muscolare che ben presto si traduceva in una *gunboat diplomacy* (*supra*, Cap. XV). Ed è proprio per depoliticizzare questo tipo di contenzioso che è stato creato l'ICSID ([62]).

Una possibile alternativa, in corso di aspro dibattito, è quella intrapresa dalla UE nel **Trattato CETA** con il Canada ove si prevede l'istituzione di un **Tribunale permanente** e una Corte d'appello, composti da magistrati o arbitri nominati dagli Stati, che saranno competenti in materia di risoluzione delle controversie tra investitore straniero e Stato ospite. Il CETA sancisce persino l'impegno delle Parti a collaborare per la creazione di un Tribunale internazionale multilaterale per gli investimenti. Resta ancora da vedere l'effettivo "miglioramento" del sistema, ma benvengano le nuove idee e gli esperimenti. Basta solo che non si traducano nell'applicazione della celebre massima *dare panem et circenses*!

§ 2. — *L'arbitrato "misto" istituito tramite accordo diretto tra uno Stato (o un'organizzazione internazionale) e un soggetto privato straniero*

Bibliografia sommaria: V. la bibliografia precedentemente citata nonché i diversi rapporti presentati da M. Domke all'International Law Association dal 1960; v. anche E. Lorenz, "Commercial Arbitration — International and Interstate Aspects", *Yale Law Journal*, 1934, p. 716; Ch. Carabiber, "L'arbitrage international entre gouvernements et particuliers", in *RCADI*, 1950, v. 76, pp. 217-318; F.A. Mann, "State contracts and International arbitration", in *BYIL*, 1967, I, p. 1 ss.; J.G. Wetter, *The International Arbitral Process: Public and Private*, voll. 1-5, New York, Oceana Pub. 1979; R. David, *L'arbitrage dans le commerce international*, Paris, Economica, 1982; J.F. Lalive, « Contrats entre états ou entreprises étatiques et personnes privées: développements récents », in *R.C.A.D.I.*, 1983, v. 181, pp. 9-283; K.H. Böckstiegel, *Arbitration and State Enterprises. A Survey on the National and International State of Law and Practice*, Kluwer, 1984; A. Giardina, voce "Arbitrato fra Stati e privati stranieri", in *Dig.* 4, 1987, p.360 ss.; S.J. Toope, *Mixed International Arbitration: Studies in Arbitration between States and Private Persons*, Cambridge, Grotius, 1990; G. Bernini, *L'arbitrato. Diritto interno, convenzioni internazionali*, Bologna, Clueb, 1992; P. Juillard, « L'évolution des sources du droit des investissements », in *RCADI*, 1994/VI, v. 250, 1 ss.; P. Fouchard, E. Gaillard, B. Goldman, *Traité de l'arbitrage Commercial international*, Paris, Litec, 1996; C. Leben, "La théorie du contrat d'état et l'évolution du droit international des investissements", in *RCADI*, 2003, v. 302, p. 197 ss.; A. Giardina, "Legal Aspects of Recourse to Arbitration by an Investor Against the Authorities of the Host State under Inter-State Treaties, The IDI Tokyo Resolution", in *ICSID Review*,

---

https://law.yale.edu/sites/default/files/area/center/privatelaw/document/paulsson_the_pyramids_case.pdf. V. pure J. Paulsson, *The idea of arbitration*, Oxford, OUP, 2013, p. 99 ss.

([61]) Rispettivamente ICSID, Case No. ARB/10/7, lodo del 8 luglio 2016 e ICSID Case No. ARB/07/26, lodo del 8 dicembre 2016. In argomento v. P. Balcerzak, *Investor-State Arbitration and Human Rights*, Leiden/Boston, Brill/Nijhoff, 2017.

([62]) V. ad es. R. Parra, *ICSID*, Oxford, OUP, 2020.

2014, 701 ss.; G. BORN, *International Commercial Arbitration*, 3 voll., 2nd ed., Alphen a/d Rijn, Kluwer Law Int., 2014; A.V.M. STRUYCKEN, "Arbitration and State Contracts", in *R.C.A.D.I.*, 2015, v. 374, pp. 9-52; CH. LEBEN (a cura di), *Droit international des investissements et de l'arbitrage transnational*, Paris, Pedone, 2015; F. MARRELLA, *Manuale di diritto del commercio internazionale*, Padova-Wolters Kluwer, 2020; F. MARRELLA, N. SOLDATI (a cura di), *Liber amicorum in onore di Giorgio Bernini*, Milano, Giuffrè-Francis-Lefebvre, 2021. V. al riguardo le seguenti Risoluzioni dell'IDI: Atene (1979) su « la loi du contrat dans les accords entre un Etat et une personne privée étrangère » (Rapp. M. VAN HECKE); Santiago de Compostela (1989) (Rapp. MM. VON MEHREN et JIMENEZ DE ARECHAGA); Tokyo (2013), sur « Les aspects juridiques du recours à l'arbitrage par un investisseur contre les autorités de l'Etat hôte en vertu d'un traité interétatique » (Rapp. M. GIARDINA); L'Aja, 2019, su « L'égalité des parties devant les tribunaux internationaux d'investissements » (Rapp. M. MCLACHLAN).

1. — Frequenza delle clausole compromissorie

45. Un elemento caratteristico nella maggior parte dei contratti internazionali. — In passato (ed oggi si riaffacciano sulla scena internazionale), gli accordi di concessione tra gli Stati e le società straniere prevedevano un ricorso all'arbitrato internazionale come mezzo di risoluzione delle controversie ([63]). L'inserimento di una clausola compromissoria in un contratto internazionale tra uno Stato (o uno dei suoi organi amministrativi) o una OIG e un soggetto privato straniero è frequente. Si tratta, lo ricordiamo, di *una delle principali caratteristiche del diritto internazionale dei contratti internazionali e dell'internazionalizzazione di questo tipo di contratti nel nostro tempo*. Le clausole sono sistematicamente presenti nei contratti di ingente valore economico e che si svolgono nel lungo periodo, come gli appalti pubblici.

Senonché, il *campo finanziario internazionale fa eccezione alla regola*: non si trovano quasi mai delle clausole di arbitrato nei contratti di prestito tra le banche commerciali e gli Stati; i banchieri mostrano diffidenza verso l'istituzione arbitrale e preferiscono ricorrere alle giurisdizioni statali dei Paesi sviluppati dotati di un importante mercato finanziario (Stati Uniti, Francia, Gran Bretagna o Svizzera per esempio).

46. Ostacoli di diritto interno: l'*arbitrabilità soggettiva*. — Alcuni sistemi giuridici statali si oppongono alla validità della clausola compromissoria quando lo Stato o uno dei suoi organi amministrativi o un'altra persona giuridica di diritto pubblico sono parti contraenti.

In Francia, questa era la posizione di principio, ma, successivamente, si fece largo un orientamento giurisprudenziale diverso, a partire dal *caso Galakis* ([64]), in base al quale si sostenne che la norma che impediva allo Stato e ai suoi organi di ricorrere ad arbitrato, prevista negli articoli 483 e 1009 del Codice di procedura civile, era stata "*dettata solamente per contratti interni*" ed era "inapplicabile a un contratto internazionale concluso per le necessità e conforme agli usi del commercio marittimo". Il legislatore francese in seguito fece proprio tale orientamento; è così che l'art. 7 della legge n. 75.596 del 9 luglio 1975 ([65]) aggiunse un secondo paragrafo all'articolo 2060 del Codice civile, al fine di permettere agli enti pubblici a carattere industriale e commerciale di ricorrere ad arbitrato, previa autorizzazione data tramite decreto del governo.

([63]) V., per esempio, gli Accordi di concessione tra la Libia e le compagnie petrolifere straniere che hanno dato vita a numerosi arbitrati famosi negli anni '70, a cominciare dal "*lodo Dupuy*" spesso citato.

([64]) Cass. Civ. 2 maggio 1966, 648, in *Clunet*, 1966, p. 648, con nota di LEVEL.

([65]) *J.O.* 15 luglio 1975, p. 7076.

Negli anni ottanta, al fine di rendere più agevole la convenzione tra lo Stato e gli organi pubblici francesi con la società americana Walt Disney, relativa alla realizzazione del parco di attrazioni detto "Eurodisneyland", il legislatore francese aggiunse una nuova modifica a quella disposizione del codice civile: gli enti pubblici francesi venivano così autorizzati ad accettare delle clausole compromissorie nei contratti conclusi con delle società straniere per "la realizzazione di operazioni di interesse nazionale" (66).

Tuttavia il Consiglio di Stato francese mantiene una posizione più restrittiva — cioè meno internazionalista — della Corte di Cassazione, di tal che permangono ancora alcuni elementi di incertezza sulla capacità delle persone giuridiche di diritto pubblico a ricorrere ad arbitrato (67).

2. — Difficoltà applicative

47. Piano espositivo. — Le problematiche dell'efficacia della clausola compromissoria sono abbastanza numerose. Alcune sono comuni alla procedura di arbitrato più in generale, che si applichi solamente tra Stati o tra Stati e privati. Altre, invece, sono specifiche degli arbitrati tra soggetti che possiedono un diverso statuto giuridico.

a) *Le difficoltà comuni*

48. Dalla scelta degli arbitri a quella del diritto applicabile. — Si tratta di problemi inerenti all'intero procedimento arbitrale qualunque siano le parti; è così che la *scelta degli arbitri* può rivelarsi difficile. Per questo motivo, è frequente che le parti ricorrano all'arbitrato amministrato da enti che solitamente svolgono questa attività con riferimento all'arbitrato commerciale internazionale (ICC; SCC ad es.) (68).

Una particolare difficoltà in materia di scelta degli arbitri si pone nel momento in cui una parte — soprattutto se si tratta dello Stato — *si astiene dal designare il suo arbitro* e quindi dal partecipare alla procedura. Ricordiamo che ciò avvenne nel *caso Texaco Calasiatic c. Libia del 1977*, in cui il professor Dupuy fu arbitro unico per designazione del Presidente della CIG.

In tali casi, è frequente che le parti possano, in base al contratto o al regolamento di arbitrato amministrato, richiedere al Presidente della CIG o ad es. al Segretario Generale della ICC di nominare l'arbitro mancante. Una volta che le parti hanno nominato gli arbitri, si pone sempre il problema della *scelta del Presidente del collegio arbitrale*, soprattutto nel caso in cui i coarbitri non arrivino ad accordarsi su un nome. In questo caso, le soluzioni precedenti che consistono nel fare appello al Presidente della CIG sono abbastanza frequenti per risolvere tale tipo di difficoltà.

La ***sede dell'arbitrato*** talvolta pone dei problemi. Spesso, lo Stato contraente impone che l'arbitrato si svolga nel suo territorio in modo da assicurarsi che i suoi tribunali avranno l'ultima parola in caso di impugnazione del lodo arbitrale. Tale è la

---

(66) V. M. De Boisseson, "Interrogations et doutes sur une evolution legislative: l'article 9 de la loi du 19 aout 1986", in *Rev. Arb.*, 1987, p. 3.

(67) V. il parere del Consiglio di Stato del 6 marzo 1986 a proposito del caso *Eurodisneyland* — pubblicato in EDCE 1987 n. 38, pp. 178-179 — in base al quale gli enti pubblici possono ricorrere ad arbitri solo in virtù di un trattato o di una legge. In argomento v. Ch. Jarrosson, "L'arbitrage en droit public", in *AJDA*, 1997, p. 16; G. Teboul, "Arbitrage international et personnes morales de droit public", in *AJDA*, 1997, p. 25. V. le note critiche di Th. Clay, "Les contorsions byzantines du Tribunal des Conflits en matière d'arbitrage", in *JCP* ed. G. 24 maggio 2010; E. Gaillard, "Le Tribunal des Conflits torpille le droit français de l'arbitrage", in *JCP*, ed. G., 25 maggio 2010 n. 585.

(68) V. il sito *http://www.iccwbo.org/court/*

posizione dei Paesi latino-americani quando accettano l'arbitrato (ciò che d'altronde hanno fatto abbastanza raramente) e tale era la posizione dei Paesi socialisti.

Il ***diritto applicabile*** spesso costituisce uno dei problemi più spinosi. Lo Stato avrà naturalmente la tendenza a chiedere che si *applichi il proprio diritto nazionale*: ciò che, in passato, è stato sistematicamente imposto, per esempio, dai Paesi latino-americani così come da molti Paesi in via di sviluppo. Per evitare tale soluzione, altrettanto spesso, i negoziatori di tali contratti prevedono che se si applicherà il diritto dello Stato ospite, esso dovrà essere integrato dai principi generali di diritto o dai Principi Unidroit sui contratti commerciali internazionali, o ancora il diritto dello Stato ospite sarà applicato solamente nella misura in cui le sue soluzioni normative siano conformi a quelle del diritto internazionale.

Infine, è importante notare che il lodo arbitrale non è autosufficiente ma, in caso di esecuzione coattiva, *necessita del braccio secolare dello Stato e quindi del suo ordinamento al fine di produrre finalmente i suoi effetti giuridici*. I lodi arbitrali, fatta eccezione per i lodi ICSID, non possiedono la qualità di titolo esecutivo e pertanto dovranno essere sottoposti alla procedura di *riconoscimento e di esecuzione* prevista dal diritto interno. Ma lo stesso varrà anche per i mezzi di impugnazione del lodo arbitrale, qualora la parte soccombente sia recalcitrante. Proprio in questa prospettiva si coglie l'apporto fondamentale della Convenzione di New York del 10 giugno 1958 sul riconoscimento e l'esecuzione dei lodi arbitrali stranieri, che ha uniformato in tutti gli Stati che ne sono parti contraenti la fase del riconoscimento, dell'esecuzione e delle eventuali impugnazioni.

b) *Alcune difficoltà specifiche*

49. Difficoltà legate alla differenza di statuto. — In caso di arbitrato tra uno Stato ed un privato straniero, il soggetto privato deve far fronte ad alcuni problemi peculiari. Va ricordato, infatti, che un soggetto privato (individuo o società commerciale dotata di personalità giuridica) dovrà, in linea di principio, rivolgersi al giudice interno dello Stato che è suo contraente ed utilizzare tutti i mezzi di ricorso forniti dal diritto nazionale: in ciò consiste l'*esaurimento dei ricorsi interni*. Tale esigenza, pur se tradizionale, rende la procedura più lunga e costosa per il soggetto privato.

L'immunità dalla giurisdizione di cognizione e dalle procedure esecutive di uno Stato straniero costituisce un altro problema difficile da risolvere per i soggetti privati e i loro avvocati, allorquando lo Stato soccombente, tenuto a pagare un risarcimento ai privati, sollevi l'eccezione di immunità dinanzi ai giudici dello Stato in cui il lodo deve essere eseguito. Va ricordato che la Convenzione di Washington istitutiva dell'ICSID non ha apportato una soluzione definitiva a tale problema e che, *in molti Stati, resta ancora difficile procedere all'esecuzione coattiva nei confronti dei beni di uno Stato straniero*.

Ma anche se lo Stato ha rinunciato alle sue immunità in un contratto internazionale con un privato straniero, questa rinuncia sarà valida anche dinanzi al giudice nazionale dell'esecuzione di un lodo arbitrale internazionale?

Se lo Stato rifiuta l'arbitrato che in precedenza era stato pattuito con un privato straniero, o se lo Stato, avendo accettato l'arbitrato, rifiuta successivamente di eseguire il lodo arbitrale, allora la parte privata disporrà sempre di una strategia: quella di chiedere *l'esecuzione del lodo arbitrale in un Paese diverso da quello soccombente* e chiedere al giudice di quest'ultimo Stato (ove sono presenti *assets* dello

Stato soccombente) di eseguire il lodo in virtù della Convenzione di New York del 1958 o di quella di Washington del 1965 (se si tratta di un lodo ICSID).

Infine, come ultima soluzione, potrà chiedere al proprio Stato nazionale di *esercitare la protezione diplomatica* e così di far valere la responsabilità internazionale dello Stato autore dell'atto internazionalmente illecito. A quel punto, tuttavia, la controversia non sarà più quella tra uno Stato ed un privato straniero ma diventerà una classica controversia tra Stati.

Capitolo XXIV
IL RICORSO AL GIUDICE INTERNAZIONALE

Bibliografia sommaria: J. Limburg, "L'autorité de chose jugée des décisions de juridictions internationales", in *RCADI*, v. 30, 1929-V, p. 519 ss.; G. Morelli, *La sentenza internazionale*, Padova, 1931; G. Arangio-Ruiz, "Corte internazionale di giustizia", in *Enc. Dir.*, X, Milano, 1962, p. 1037 ss.; V. Starace, *La competenza della Corte internazionale di giustizia in materia contenziosa*, Napoli, 1970; G. Morelli, *Nuovi studi sul processo internazionale*, Milano, 1972; R. Pinto, "La Cour Internationale de Justice", in *Jurisclasseur Droit International*, vol. III, fasc. 215-218; v. inoltre i saggi pubblicati nelle *Mélanges Morelli*, Giuffrè, 1975; G. Fitzmaurice, *The Law and the Procedure of the International Court of Justice*, Cambridge, Grotius, 2 voll., 1986; *SFDI*, *La juridiction Internationale*, Colloque de Lyon, Paris, Pedone, 1987; E. Mc Whinney, "Judicial settlement of Disputes Jurisdiction and Justiciability", in *RCADI*, 1990-II, v. 221, p. 9 ss.; A. Cannone, *Il Tribunale internazionale del diritto del mare*, Bari, 1991; G. Guillaume, *Contentieux International* 1, Paris, Pedone 1992; R.Y. Jennings, "The International Court of Justice after fifty years", in *AJIL*, 1995, p. 493; W. Reisman, "The supervisory Jurisdiction of the ICJ: International Arbitration and International adjudication", in *RCADI*, 1996, v. 258, p. 9 ss.; J. Charney, "Is International Law Threatened by Multiple International Tribunals?", in *RCADI*, v. 271, 1998, p. 101 ss.; T. Treves, *Le controversie internazionali. Nuove tendenze, nuovi tribunali*, cit., 1999; Boisson De Chazournes, Romano, Mackenzie (eds.), *International Organizations and International Dispute Settlement: Trends and Prospects*, Ardsley, New York, 2002; G. Guillaume, *La Cour Internationale de Justice à l'aube du XXIème siècle*, Paris, Pedone, 2003; *SFDI*, *La juridictionnalisation du droit international*, Paris, Pedone, 2003; T. Treves, *Diritto internazionale*, cit., 2005, p. 596 ss.; R. Monaco, C. Curti Gialdino *Diritto internazionale pubblico*, 3 ed., cit., 2009, p. 763 ss.; S. Rosenne, *The Law and Practice of the International Court 1920-2005*, 4ª ed., Brill, 2006; R. Virzo, *Il regolamento delle controversie nel diritto del mare: rapport tra procedimenti*, Padova, Cedam, 2008; Mackenzie, Romano, Shany, Sands, *Manual on International Court and Tribunals*, 2 ed., Oxford, OUP, 2010; Boisson de Chazournes, Kohen, Viñuales, *Diplomatic and Judicial means of Dispute settlement*, Leiden, Boston, 2012; A. Leandro, *La validità della sentenza internazionale nelle controversie fra Stati*, Padova, Cedam, 2012; L. Marotti, "Sulla funzione consultiva del Tribunale internazionale per il diritto del mare", *Riv.dir.int.*, 2015, p. 1171 ss.; A. Del Vecchio, *I Tribunali internazionali tra globalizzazione e localismi*, 2ª ed., Cacucci, Bari, 2015; A. Von Bogdandy, I. Venzke, *In Whose Name? A Public Law Theory of International Adjudication*, Oxford, OUP, 2016; H.W.A. Thirlway, *The International Court of Justice*, Oxford, OUP, 2016; Y. Shany, *Questions of Jurisdiction and Admissibility before International Courts*, Cambridge, CUP, 2016; L. Boisson de Chazournes, « Plurality in the Fabric of International Courts and Tribunals: The Threads of a Managerial Approach", in *EJIL*, 2017, pp. 13-72; AA. VV., « Dossier: l'exécution des décisions juridictionnelles internationales », *RGDIP*, 2017, n. 3; M. Iovane, "L'influence de la multiplication des juridictions internationales sur l'application du droit international", in *RCADI*, 2017, v. 383, pp. 233-446; A. Pellet, « The International Court of Justice at age 70 », in *Mélanges Perrakis*, Athens, 2017, p. 145 ss.; P. Couvreur, *The International Court of Justice and the Effectiveness of International Law*, Leiden, Brill/Nijhoff, 2017; M. Reisman, M.H. Arsanjani, "Legal Decisions and their Implementation in International Law", in J. Crawford (et al.) (eds.), *Essays in Honour of Djamchid Momtaz*, Leiden, Brill Nijhoff, 2017, pp. 149-161; R. Howse, (et al.) (eds.), *The Legitimacy of International Trade Courts and Tribunals*, Cambridge, CUP, 2018; A. Zimmermann (ed.), *The Statute of the International Court of Justice. A Commentary*, 3 ed., Oxford, OUP, 2019; F. Bordin, "Procedural Developments at the International Court of Justice", in *Law & Practice of Int. Courts and Trib.*, 2019, pp. 101-141; C. Focarelli, *Diritto internazionale*, 5 ed., cit., p. 706 ss.; P.M. Dupuy, Y. Kerbrat, *Droit international public*, 15 ed., Paris, Dalloz, 2020, pp. 656 ss.; E. Cannizzaro, *Diritto internazionale*, 5 ed., cit., p. 379 ss.. Altre informazioni ed aggiornamenti sono reperibili al sito internet della CIG ed a quello del *Project on International Courts and Tribunals*, *http://www.pict-pcti.org/*.

1. Cenni storici. — L'esistenza di giurisdizioni permanenti per "dire il diritto" e risolvere le controversie giuridiche costituisce un buon criterio per valutare lo sviluppo di un dato ordinamento giuridico. Ma se dovessimo valutare l'ordinamento giuridico internazionale con quest'unico criterio, è evidente che il confronto tra l'ordinamento giuridico interno e quello internazionale farebbe impallidire proprio quest'ultimo! Nell'ordinamento internazionale il giudice, in effetti, gioca un ruolo assai più modesto di quello che svolge il potere giudiziario nell'ordinamento interno, in virtù delle caratteristiche della *societas* internazionale (Cap. I). Valgono, inoltre, queste ulteriori considerazioni:

a) l'idea di istituire una giurisdizione internazionale permanente a vocazione universale si è concretizzata solo nella seconda metà del secolo scorso (1). Se si escludono, infatti, i tentativi, entrambi falliti, del 1907 volti a creare una "Corte di Giustizia arbitrale" e una "Corte internazionale delle prede" e se si esclude anche la costituzione (ad ambito territoriale molto limitato) di una "Corte centroamericana di giustizia" rimasta attiva dal 1907 al 1917, per avere un esempio di un tribunale permanente a vocazione universale bisognerà attendere fino alla creazione della CPGI, dopo la prima guerra mondiale.

b) L'istituzione della CPGI era stata prevista dal Patto della Società delle Nazioni (2), ma venne realizzata solo dopo la conclusione del Trattato di Versailles e del Patto annesso. La Corte venne costituita con un atto separato, il Protocollo del 1921, che entrò in vigore il 1° settembre dello stesso anno. Cominciò a funzionare il 15 febbraio del 1922, e cessò le proprie attività, di fatto, nel 1940 a causa dello scoppio della seconda guerra mondiale (formalmente cessò le proprie funzioni nell'aprile 1946). Nel corso della sua attività, ha reso 31 sentenze nel merito e 27 pareri consultivi, fornendo un contributo ancor oggi fondamentale per lo sviluppo e l'interpretazione del diritto internazionale, come si è visto nei precedenti capitoli (3).

c) La CIG, il principale organo giurisdizionale precostituito per la soluzione di controversie tra Stati nella Carta dell'ONU (art. 92), ha preso il posto della CPGI nel 1946 mantenendo la propria sede all'Aja, in Olanda, nel Palazzo della Pace. Si è discusso, in passato, se fosse avvenuta una successione in senso tecnico tra la CIG e la CPGI. In effetti, da un lato gli artt. 36, par. 5 e 37, dello Statuto CIG — allegato alla Carta ONU di cui è parte integrante — hanno prodotto un trasferimento di giurisdizione dalla CPGI alla CIG, dall'altro lato, va osservato che il contenuto dello Statuto della CIG ricalca quello della CPGI; i giudici della CIG in un primo tempo furono gli stessi giudici che si avevano in precedenza presso la CPGI; e soprattutto esiste una significativa continuità giurisprudenziale tra le due Corti in quanto la CIG non manca di riferirsi alla giurisprudenza della CPGI.

d) Non vi è da nessuna parte nella Carta dell'ONU un obbligo inderogabile per tutti gli Stati Parte di risolvere le loro controversie tramite la CIG, né si è attribuita una tangibile priorità ad essa tra i *mezzi pacifici di soluzione delle controversie* di cui all'art. 33, par. 1, della Carta, giacché tale norma indica che:

"Le parti di una controversia, la cui continuazione sia suscettibile di mettere in pericolo il mantenimento della pace e della sicurezza internazionale, devono, *anzitutto*, perseguirne una soluzione mediante negoziati, inchiesta, mediazione, conciliazione, arbitrato, **regolamento**

---

(1) V. *supra*, Cap. I.
(2) Art. 14.
(3) Membro Italiano della CPGI, dal 1921 al 1939 e Presidente (dal 1928 al 1930) fu il giusinternazionalista Dionisio Anzilotti.

giudiziale, ricorso ad organizzazioni od accordi regionali, od altri mezzi pacifici di loro scelta" (4).

È dunque evidente che, oltre alla diversa struttura dell'ordinamento giuridico internazionale rispetto all'ordinamento dei singoli Stati, persino la natura e le funzioni dei tribunali internazionali hanno ben poco in comune con quelle dei giudici interni. Nulla a che vedere con la tripartizione dei poteri di Montesquieu e con il "potere giurisdizionale" di cui discutono i costituzionalisti con riferimento agli Stati. Ed è una questione da tenere a mente soprattutto oggi, dato che il tema del "*dialogo tra Corti*" è di gran moda ma, senza comprendere la diversità strutturale tra l'ordinamento internazionale e quello interno degli Stati, molti giuristi finiscono per fare di tutta l'erba un fascio ad onta del rigore imposto dagli studi giuridici. Per tacere di molti avvocati che si convincono che tutte le corti internazionali siano un facile ed ulteriore grado d'appello quando hanno perso la causa nei "tre" gradi di giudizio in Italia.

2. Moderna proliferazione di corti internazionali. — Nel corso del presente volume abbiamo già osservato che, oggi, l'ordinamento internazionale si caratterizza per la tendenza a valorizzare la risoluzione delle controversie tramite *regolamento giudiziale*, per riprendere l'espressione di cui al precitato art. 33 della Carta ONU. In effetti, dalla seconda metà del secolo scorso si assiste ad una proliferazione di giurisdizioni internazionali, spesso permanenti, ma a competenza più specifica *ratione materiae* o *ratione personae*. Il dato è certamente positivo in quanto testimonia la moderna consapevolezza della comunità internazionale di rafforzare la componente giurisdizionale dell'ordinamento giuridico internazionale (la *Rule of Law* a scapito della *Power Oriented Diplomacy*).

Per convincersene, basti pensare all'attività della ***Corte Penale Internazionale*** (v. *supra* Capp. XV e XVI) e al ***Tribunale Penale per la ex Jugoslavia*** o ***per il Ruanda*** (Cap. XV) a cui abbiamo già fatto riferimento nel corso di questo libro. Anche i ***tribunali amministrativi delle organizzazioni internazionali*** (per esempio il Tribunale amministrativo delle Nazioni Unite o dell'OIL di cui già abbiamo fatto cenno ai Cap. I, III e XI) hanno carattere universale sia pure con una accentuata specializzazione, o ancora al ***Tribunale internazionale del diritto del mare*** (ITLOS) (5). Sempre in materia di diritti umani abbiamo già visto che operano numerosi *organi di controllo* (*Treaty bodies*, su cui v. *supra* Cap. XV e XIX) pur se non si tratta di tribunali internazionali in senso tecnico.

Va altresì ricordato che, soprattutto in materia economica — come abbiamo visto in precedenza — domina tuttora l'*arbitrato*, non solo fra Stati ma, soprattutto, fra Stati e privati, OIG e privati e tra privati (Cap. XXIII). Le grandi controversie commerciali fra Stati vengono affrontate e, possibilmente, risolte attraverso organi a carattere **quasi-giudiziario** presso OIG, come quelli operanti presso l'OMC/WTO (Cap. XXI).

Sul piano regionale, la mente corre alla vastissima produzione giurisprudenziale della ***Corte di Giustizia UE*** (tra i tanti riferimenti v. *supra* Cap. XVIII) e della ***Corte***

---

(4) Grassetto aggiunto. L'unico indizio di una blanda preferenza a favore della CIG si ricava dall'art. 36, par. 3, della Carta laddove si indica che "Nel fare raccomandazioni a norma di questo articolo il Consiglio di Sicurezza deve inoltre tenere presente che le controversie giuridiche, dovrebbero, di regola generale, essere deferite dalle parti alla Corte Internazionale di Giustizia in conformità alle disposizioni dello Statuto della Corte".

(5) Per una panoramica, v. MACKENZIE, ROMANO, SHANY, SANDS, *Manual on International Court and Tribunals*, 2 ed., Oxford, OUP, 2010.

europea per i diritti umani (Capp. III e XV; XVI), o ancora della ***Corte Interamericana dei diritti umani*** (v. spec. Cap. XV). Ad esse si è recentemente affiancata una ***Corte Africana dei diritti umani e dei popoli.*** Nel contempo, si è sviluppata una vera e propria "tendenza volta all'istituzione di un crescente numero di tribunali internazionali nell'ambito di sistemi di integrazione economica regionale" ([6]). Ed in tal senso basti pensare all'istituzione della ***Cour Commune de Justice et d'arbitrage de l'OHADA***, in seno all'Organizzazione per l'armonizzazione del diritto degli affari in Africa ([7]) o ancora, in base all'art. 19 del Trattato sull'Unione Economica Euroasiatica, la ***Corte dell'Unione Economica Euroasiatica*** ([8]).

È pure tipica del nostro tempo — molto più che in passato — l'esigenza di affermare il principio di ***unità del diritto applicabile*** (il diritto internazionale) in quanto le giurisdizioni internazionali possono essere messe in *concorrenza tra loro* per effetto delle pratiche di *forum shopping* degli Stati. Dinanzi ai rischi di frammentazione dell'ordinamento internazionale in via giudiziale si parla recentemente di *litispendenza* internazionale e addirittura di un rischio ***conflitto di giurisdizioni internazionali*** se non anche di *giudicati* internazionali ([9]). Si tratta di delicatissime questioni ([10]) che si collocano alla frontiera della ricerca giuridica giacché, come si diceva, la struttura paritaria dell'ordinamento internazionale (altro che "sovranazionale" o "sistema multilivello"!) non consente affatto di trapiantare *sic et simpliciter* le soluzioni processuali dei diritti interni perché manca qui una piramide di Corti ed un sistema integrato.

Che si possa, nella migliore delle ipotesi, superare tali problemi tramite il *dialogo tra Corti (internazionali)* ([11]) e la nomina di giudici altamente specializzati in diritto internazionale oppure, nella peggiore delle ipotesi, di nuovi e pericolosi *conflitti di giurisdizione*, resta il fatto che l'istituzione di nuove giurisdizioni internazionali costituisce per sé un importante fattore di sviluppo e di crescita qualitativa dell'ordinamento giuridico internazionale.

Sezione I
La Corte internazionale di giustizia

3. Piano espositivo. — Esponiamo qui di seguito alcune considerazioni circa l'organizzazione della CIG (§ 1), le sue funzioni (§ 2) ed il suo ruolo (§ 3).

([6]) A. Del Vecchio, *I Tribunali internazionali tra globalizzazione e localismi*, cit., p. 96 ss., a p. 121 e i riferimenti ivi citati.

([7]) V. https://www.ohada.org/en/.

([8]) In arg. si rinvia a F. Marrella, P. Barbirotto, "L'Unione Economica Euroasiatica: una rivoluzione russa per il commercio internazionale?", in *Dir. comm. int.*, 2018, p. 277 ss..

([9]) V. in proposito le opposte conclusioni raggiunte dalla Camera d'appello del Tribunale per la ex Iugoslavia e la CIG a proposito degli "organi di fatto" di cui si è detto nel Cap. XVI di questo libro. In arg. cfr. C. Maclachlan, "Lis pendens in International Litigation", in *RCADI*, 2008, v. 336, pp. 199-553.

([10]) Cfr. E. Cannizzaro, *Diritto internazionale*, 5 ed., cit., p. 415: "Illusoria appare la possibilità di utilizzare meccanismi di carattere procedurale, quali l'istituto della cosa giudicata e della litispendenza. Tali istituti che si applicano in ordinamenti integrati quali quelli statali, non possono funzionare in presenza di clausole compromissorie che conferiscono ad organi diversi la competenza a risolvere controversie sull'interpretazione e sull'applicazione di trattati diversi".

([11]) V. M. Arcari, L. Balmond (a cura di), *Le dialogue des juridictions dans l'ordre juridique international: entre pluralisme et sécurité juridique*, Napoli, ES, 2014.

§ 1. — *L'organizzazione della CIG*

A. — *La composizione della Corte*

4. — In base all'art. 2 dello Statuto della Corte, la CIG: "[è] un corpo di giudici indipendenti, eletti senza riguardo alla loro nazionalità tra persone di alta levatura morale, che posseggono i requisiti richiesti nei loro rispettivi Paesi per la nomina alle più alte cariche giudiziarie, o siano giureconsulti di notoria competenza nel campo del diritto internazionale".

In breve, emergono due tratti essenziali che caratterizzano i giudici della CIG: sono dei giudici eletti (1) e indipendenti (2).

1. — Dei giudici eletti

5. Una procedura complessa ed ormai inadeguata. — I quindici giudici della CIG vengono sottoposti ad una elezione abbastanza complessa.

a) *La procedura*

6. — L'elezione dei giudici avviene tramite votazione a maggioranza assoluta sia in seno all'Assemblea Generale, integrata dagli Stati parte allo Statuto che non siano membri delle Nazioni Unite, sia presso il Consiglio di sicurezza ONU, nel quale gli Stati membri permanenti *non* hanno, però, diritto di *veto* ([12]).

La scelta è effettuata sulla base di un elenco di persone designate dai gruppi nazionali della Corte Permanente di Arbitrato ([13]). Si ricorderà, infatti, che la CPA, istituita nel 1899, è un semplice elenco di nominativi di arbitri dal quale gli Stati parte di una controversia scelgono le persone cui sottoporla. Esistono tanti "gruppi nazionali" quanti sono i Paesi che hanno ratificato la Convenzione dell'Aja del 1907 sulla risoluzione pacifica delle controversie internazionali; questi "gruppi" si compongono di quattro membri ed è su di loro che ricade la prima fase della procedura di elezione dei giudici della CIG: gli arbitri presenti nell'elenco della Corte, divisi per gruppi nazionali, sono chiamati a designare la lista di persone tra cui l'Assemblea Generale e il Consiglio di sicurezza dell'ONU designeranno i giudici della CIG.

b) *Condizioni di eleggibilità*

7. Requisiti specifici. — Occorre, innanzitutto, che i giudici della CIG possiedano alcuni requisiti, cioè che godano di alta levatura morale e che siano "giureconsulti di notoria competenza nel campo del diritto internazionale" ([14]). Ed infatti, la maggior parte di quei giudici sono o sono stati dei professori universitari di diritto internazionale, degli alti magistrati o ancora hanno diretto il servizio giuridico del Ministero degli affari esteri del proprio Paese.

Inoltre, devono essere soddisfatte alcune condizioni estrinseche. I giudici della CIG devono assicurare la "rappresentanza delle grandi forme di civiltà e dei principali

---

([12]) V. artt. 4, par. 1, 8 e 10, dello Statuto della CIG.
([13]) Art. 4, par. 2, dello Statuto della CIG.
([14]) Art. 2 dello Statuto.

sistemi giuridici del mondo" ([15]). Si tratta di una condizione per la quale, nel complesso, la composizione del collegio giudicante garantisce la rappresentatività dei grandi sistemi giuridici contemporanei e dunque le sue pronunce possono godere di maggiore autorevolezza ed effettività. Di conseguenza, nessuno Stato può avere due giudici alla Corte ([16]). Di fatto, però, la composizione della CIG riflette quella del Consiglio di Sicurezza delle Nazioni Unite e per tradizione, ma non per obbligo giuridico, è sempre presente un giudice di ciascuno dei "cinque Grandi" con diritto di veto. Nel corso della sua storia, quindi, anche alla CIG si sono avute ripercussioni del problema delle "due Cine" e della posizione dell'Unione sovietica. L'URSS, tradizionalmente, si rifiutava di riconoscere la competenza della Corte, eccezion fatta per l'applicazione di alcuni trattati internazionali in materia di protezione dei diritti umani ([17]).

All'inizio del 2021, erano presenti otto giudici, che si potrebbero definire "occidentali", vale a dire due giudici dell'Europa occidentale (Italia e Francia), un Australiano, una Statunitense e un Giapponese, due giudici provenienti da Paesi "ex socialisti" (Russia e Slovacchia) e sette giudici del resto del mondo: uno del Medio Oriente (Libano), due Africani (Marocco, Somalia e Uganda), due Latino Americani (Brasile e Giamaica) e due Asiatici (Cina e India).

Infine, con riferimento all'età media dei giudici della CIG, si può osservare che si tratta di persone relativamente anziane: al momento della loro elezione hanno oltre 60 anni e per la massima parte sono di sesso maschile; tre essendo le donne nella composizione attuale della Corte. Ma i numeri sono destinati ad aumentare.

2. — Dei giudici indipendenti ed imparziali

8. Garanzie ed obblighi. — L'indipendenza dei giudici è garantita in diversi modi. Prima di tutto, dalla durata del loro mandato che è assai lunga: essa è di nove anni ed è rinnovabile, essendo i giudici rieleggibili ([18]). Inoltre, viene garantita anche la loro indipendenza economica: non è infatti possibile esercitare delle pressioni finanziarie nei loro confronti; l'art. 32, par. 5, dispone che lo stipendio, i sussidi e le indennità, fissati dall'Assemblea Generale delle Nazioni Unite, non possano essere diminuiti durante l'esercizio delle loro funzioni.

I giudici hanno particolari obblighi. Devono svolgere la loro attività a tempo pieno, sussistendo determinate incompatibilità (con funzioni politiche o amministrative, funzioni di agente, consulente o avvocato, ad esempio) ([19]). Si assumono, a propria volta, l'impegno solenne di essere imparziali e di giudicare in tutta coscienza ([20]). Fruiscono inoltre di immunità e di privilegi diplomatici per l'esercizio

---

([15]) Art. 9, *in fine* dello Statuto della Corte.

([16]) Art. 3, par. 1, dello Statuto della CIG.

([17]) Ad esempio la Convenzione sul Genocidio del 1948, sulla schiavitù e la prostituzione del 1949, sui diritti politici delle donne del 1942, sulla discriminazione razziale del 1965, sulla discriminazione contro le donne del 1979 e sulla proibizione della tortura del 1984. V. Ph. Bretton, "L'URSS et la competence de la Cour internationale de justice en matiere di protection des droits de l'homme", in *AFDI*, 1989, p. 261, nonché B. Conforti, C. Focarelli, *Le Nazioni Unite*, *op.cit.*.

([18]) Art. 13, par. 1, dello Statuto della CIG.

([19]) Artt. 16 e 17, dello Statuto della CIG.

([20]) Art. 20 dello Statuto della CIG.

delle loro funzioni ([21]). Infine, godono dell'inamovibilità. Per tutta la durata del loro mandato non possono essere rimossi dall'incarico se non dalla Corte stessa.

B. — *Il funzionamento della Corte*

1. — Il funzionamento interno

9. La creazione di Camere (o Sezioni) giudicanti. — La Corte regola il suo funzionamento interno nel rispetto, beninteso, del suo Statuto. È per questo che elabora essa stessa un proprio Regolamento: lo fece già nel 1921 e rimase in vigore per circa 50 anni; lo modificò nel 1972, poi nel 1978 ([22]). *Il Regolamento della Corte si impone alle Parti e non è derogabile.*

La Corte elegge al suo interno il Presidente ed il Vicepresidente ([23]). Allo stesso modo, può costituire delle *sezioni*, delle camere giudicanti. Tale possibilità, prevista dall'art. 26 dello Statuto, è stata utilizzata più volte; all'inizio dagli Stati Uniti e dal Canada, per i quali è stata costituita una camera di cinque giudici con il compito di delimitare le frontiere marittime del Maine ([24]); in seguito dal Burkina-Faso e dal Mali, anche in questo caso per regolare una controversia inerente la delimitazione delle rispettive frontiere ([25]). Altri esempi si hanno a proposito del già citato caso *Elsi* ([26]) o ancora del contenzioso tra l'Honduras e il Salvador. Tutte queste controversie presentano un elemento comune: possono essere qualificate in senso ampio come controversie "regionali" e, in concreto, i giudici componenti ciascuna sezione sono stati scelti su base regionale ([27]).

Va notato, inoltre, che è la Corte a stabilire le ferie giudiziarie ([28]) e il luogo delle riunioni che, in linea di principio, è all'Aja, pur se non è obbligatorio ([29]).

2. — La nomina dei giudici *ad hoc*

10. La sopravvivenza dell'arbitrato. — Una curiosa deviazione dal procedimento giudiziale in senso stretto verso quello arbitrale si ha con riferimento alla nomina dei giudici *ad hoc*, espressamente prevista all'art. 31, par. 2 e 3, dello Statuto della CIG. Qualora per una data controversia non sieda un giudice permanente della nazionalità di ciascuna delle Parti, è possibile nominare un giudice *ad hoc* al fine di garantire la parità tra le parti o, comunque, la conoscenza del rispettivo sistema giuridico. Il

---

([21]) Art. 19, dello Statuto della CIG.

([22]) V. G. Guyomar, *Commentaire du règlement de la CIJ adopté le 14 Avril 1978. Interprétation et pratique*, Paris, Pedone, 1983.

([23]) Art. 21, dello Statuto della CIG.

([24]) V. *ILM*, 1982, p. 69. In argomento V. G. Guyomar, "La constitution au sein de la CIJ d'une chambre chargée de régler le différend de frontières maritimes entre les Etat Unis e le Canada", in *AFDI*, 1981, p. 213.

([25]) Cfr. *ILM*, 1983, p. 1252, in *Rec.* CIG, 1985, p. 10.

([26]) V. P. Julliard, in *AFDI*, 1989, p. 276 e B. Stern, *Clunet*, 1990, p. 897.

([27]) In argomento v. S.M. Schwebel, "*Ad hoc* chambres of the ICJ", in *AJIL*, 1987, p. 331; S. Oda, "Further thoughts on the Chambers procedure of the International Court of Justice", in *AJIL*, 1988, p. 556; SFDI, *La jurisdiction international permanente*, cit. e i contributi di A. Pillepich e M. Bedjaoui, pp. 45 e ss. e 73 e ss.

([28]) Art. 23, dello Statuto della CIG.

([29]) Art. 22, dello Statuto della CIG.

giudice *ad hoc*, ovviamente, esplica le proprie funzioni solo relativamente alla controversia per cui è stato nominato.

Si tratta di una prassi a cui le Parti ricorrono in modo quasi sistematico. Questo istituto si rivela un vantaggio anche per la Corte, in quanto le permette di meglio valutare l'argomentazione e il sistema giuridico di uno degli Stati in causa.

Per contro, la prassi della nomina del giudice *ad hoc* presenta alcuni gravi inconvenienti. In primo luogo, fa sorgere dubbi sulla reale indipendenza ed imparzialità della Corte e sulla sua capacità di comprendere tutti gli aspetti di un problema che viene sottoposto alla sua cognizione. Inoltre, la medesima prassi induce a riflettere criticamente sull'indipendenza e l'imparzialità del giudice *ad hoc*, un cittadino dello Stato che è parte in causa.

§ 2. — *La competenza della Corte internazionale di giustizia*

11. Una competenza contenziosa limitata agli Stati e una competenza consultiva limitata ad alcune OIG. — Per quanto riguarda la competenza contenziosa della Corte va, anzitutto, precisato che solo gli Stati possono essere Parti dinanzi alla CIG (art. 34, par. 1, dello Statuto). Sono quindi esclusi gli individui, le persone giuridiche di diritto interno, le imprese multinazionali, le ONG e le OIG.

Inoltre, la CIG possiede una *competenza consultiva*, nell'ambito della quale adotta pareri consultivi (art. 96 della Carta ONU; Cap. IV dello Statuto della CIG). Legittimati a richiedere tali pareri sono, in pratica, solo le OIG ([30]), ciò che esclude gli Stati ([31]), gli individui e le persone giuridiche di diritto interno.

Tuttavia, va notato che molte controversie hanno un'origine "privata" in quanto la Corte si è trovata spesso investita di contenziosi derivanti dall'esercizio della protezione diplomatica.

Bisogna altresì osservare che, nel quadro della procedura contenziosa, alle OIG può essere richiesto di fornire particolari informazioni concernenti una controversia di cui la Corte sia investita (art. 34, par. 2).

In conclusione, come dimostra la realtà empirica, non dovrebbero esistere dei compartimenti stagni tra le diverse competenze della CIG.

A. — *La competenza contenziosa della Corte*

12. Una Corte accessibile solo agli Stati. — Nel processo dinanzi alla CIG, assumono la qualità di parte di una controversia gli Stati che sono Parte dello Statuto (è il caso dei membri dell'ONU in virtù dell'art. 93, par. 1, della Carta), e dei Paesi non membri dell'ONU che però sono parte dello Statuto della Corte grazie ad un atto speciale ([32]).

([30]) Cfr. art. 65, par. 1, dello Statuto della CIG: "La Corte può dare un parere consultivo su qualsiasi questione giuridica a richiesta di qualsiasi organo od ente a ciò autorizzato a norma della Carta delle Nazioni Unite".

([31]) Gli Stati, infatti, in quest'ambito possono soltanto intervenire presentando memorie scritte o orali (art. 66, par. 2).

([32]) Art. 93, par. 2 della Carta ONU. Possono ricorrere alla CIG altri Stati (art. 35, par. 2, dello Statuto della CIG) attraverso un'apposita decisione del Consiglio di Sicurezza, come avvenne per la Repubblica Federale Tedesca e per il Vietnam prima del loro ingresso nell'ONU.

L'esercizio della giurisdizione contenziosa della CIG presuppone l'esistenza di una controversia e di un titolo di giurisdizione. Senonché, va ribadito che la giurisdizione della CIG è di regola facoltativa, in base al principio secondo il quale *ogni Stato si assoggetta volontariamente alla giurisdizione internazionale.*

1. — Il fondamento della competenza contenziosa della CIG: il consenso degli Stati

13. Una caratteristica essenziale dell'ordinamento internazionale. — In base ad un principio fondamentale di diritto consuetudinario, codificato **all'art. 36, par. 1, dello Statuto della CIG**, "la competenza della Corte si estende a tutte le controversie che le parti sottopongano ad essa e a tutti i casi previsti dalla Carta delle Nazioni Unite o dai trattati e dalle Convenzioni in vigore". In altre parole, uno Stato si assoggetta alla giurisdizione internazionale solo per effetto del proprio consenso che deve essere chiaro ed inequivoco.

La CIG ha sottolineato tale principio con queste parole: "[d]eliberare sulla responsabilità internazionale dell'Albania senza il suo consenso sarebbe agire contro un principio di diritto internazionale stabilito e incorporato nello Statuto, vale a dire che la Corte non può esercitare la sua giurisdizione nei confronti di uno Stato senza il consenso di quest'ultimo" ([33]).

Tale principio tradizionale era già stato affermato dalla CPGI, indicando che: "la funzione della Corte per esaminare un caso e per deliberare su di esso dipende dalla volontà delle parti" ([34]).

Pertanto, esistono due titoli di giurisdizione della Corte pur se entrambi dipendono dalla volontà espressa ed inequivoca degli Stati. Si distingue tra una giurisdizione facoltativa *(a)* ed una giurisdizione obbligatoria *(b)*.

a) *Una giurisdizione facoltativa*

14. La giurisdizione della CIG è, di regola, ***facoltativa.*** — Il consenso di uno Stato alla giurisdizione della CIG può risultare da un ***accordo speciale*** o ***compromesso***. Occorre sottolineare, a scanso di equivoci, che tale atto è ben diverso dal compromesso arbitrale, in quanto *non può regolare né la composizione della Corte né la procedura*. Per contro, il "compromesso" presenta solo qualche affinità col "compromesso arbitrale" nella misura in cui deve definire l'oggetto della controversia e le questioni poste ai giudici. È quanto avvenne, ad esempio, nel caso del vapore *Lotus* precedentemente citato, che venne sottoposto alla CPGI tramite un compromesso speciale concluso tra la Francia e la Turchia. Ancora, la CIG decise il caso della piattaforma continentale del Mare del Nord del 1969, in base ad un compromesso speciale concluso, da un lato, dalla Repubblica Federale Tedesca e, dall'altro, dai Paesi Bassi e dalla Danimarca.

La competenza della CIG deve risultare da un atto formale in cui il consenso degli Stati alla giurisdizione sia manifesto. A tal proposito, va ricordato il *caso della piattaforma continentale del Mar Egeo* del 1978, nel quale la Corte affermò che un

---

([33]) *Caso dell'oro monetario preso a Roma nel 1943*, in *Rec.*, 1954, p. 32.

([34]) Serie A, n. 15, *Alcuni interessi tedeschi nell'Alta Slesia polacca*, p. 22; v. pure il *caso dell'officina di Chorzow*, serie n. 17, pp. 37-38.

comunicato congiunto greco-turco pubblicato in seguito alla riunione dei Ministri degli Affari Esteri di tali Paesi non era sufficiente per conferirle la giurisdizione, in quanto tale atto non corrispondeva ad un compromesso in buona e dovuta forma.

Dal momento in cui si ricorre alla Corte tramite un compromesso *ad hoc*, la sua competenza risulta strettamente limitata all'esame delle questioni che le vengono sottoposte dalle parti; da quel momento, l'individuazione delle questioni di diritto che la CIG dovrà risolvere viene effettuata con prudenza.

b) ***La giurisdizione obbligatoria della Corte***

15. La giurisdizione obbligatoria come eccezione. — Nel sistema dell'art. 36 dello Statuto, la giurisdizione obbligatoria della CIG è contemplata a titolo di eccezione. Questa può risultare, infatti, o in base ad una ***clausola di un trattato*** *che attribuisca la giurisdizione alla CIG (i)*; o ancora ***dall'incontro di due accettazioni di giurisdizione*** *in favore della CIG (ii)*, ossia due atti unilaterali, esercitati prima del sorgere di una controversia ai sensi dell'art 36, par. 2, dello Statuto della CIG ([35]).

i. **Clausole convenzionali speciali di giurisdizione obbligatoria**

16. Esempio di accordi internazionali conclusi sotto l'egida dell'ONU. — Le clausole di giurisdizione obbligatoria possono trovarsi anche all'interno di accordi internazionali particolari e riferirsi alle controversie nate a causa della loro applicazione od interpretazione. È il caso, per esempio, delle *convenzioni di codificazione* concluse sotto l'egida dell'ONU nelle quali si fa riferimento alla giurisdizione obbligatoria della CIG per procedere alla loro interpretazione.

Nel 1979, gli Stati Uniti citarono l'Iran dinanzi alla CIG in relazione al sequestro dei diplomatici americani a Teheran ed invocarono la giurisdizione della Corte in base alle Convenzioni di Vienna del 1961 e del 1963 sulle relazioni diplomatiche e consolari in vigore tra le Parti (così come i Protocolli riguardanti il regolamento obbligatorio delle controversie davanti alla CIG).

Alcune clausole pattizie di giurisdizione obbligatoria si possono trovare in trattati generali relativi alla risoluzione delle controversie come ad esempio l'Atto generale di arbitrato del 1928 o la Convenzione europea per il regolamento pacifico delle controversie del 29 aprile 1957. Quest'ultima convenzione venne utilmente invocata dalla Germania per fondare la competenza della CIG nel *caso delle immunità giurisdizionali degli Stati* del 2012, più volte citato.

ii. **La clausola facoltativa del riconoscimento della giurisdizione obbligatoria della Corte, in virtù dell'art. 36, par. 2, dello Statuto della CIG**

17. Un meccanismo pensato per espandere la giurisdizione della Corte ma in declino. — La *clausola facoltativa di giurisdizione obbligatoria*, stabilisce che gli Stati parte "possano, in qualsiasi momento, dichiarare che essi riconoscono come obbligatoria *ipso facto* e senza accordo speciale, rispetto ad ogni Stato che accetti lo stesso obbligo, la giurisdizione della Corte in tutte le controversie giuridiche relative: *a*)

([35]) Cfr. A. Aust, *Handbook of International Law*, cit., p. 416: "In practice, its jurisdiction has been founded roughly equally on compromissory clauses, compromise and reciprocal declarations or two of such bases".

all'interpretazione di un trattato; *b*) ad ogni questione di diritto internazionale; *c*) all'esistenza di qualsiasi fatto che, se provato, costituirebbe una violazione di un obbligo internazionale; *d*) alla natura o all'estensione delle riparazioni dovute per la violazione di un obbligo internazionale" ([36]).

Si tratta di un esempio notevole di "*consenso dissociato*" giacché ogni Stato che deposita la propria dichiarazione unilaterale manifesta il proprio consenso a riconoscere competenza alla CIG *pro futuro* ed a favore di uno Stato che abbia fatto altrettanto. Qui la competenza giurisdizionale della CIG si fonda sul punto di intersezione tra due dichiarazioni unilaterali.

Si tratta di un meccanismo abbastanza complesso, immaginato nel 1921 all'epoca della redazione dello Statuto della CPGI con lo scopo di ampliare la portata della giurisdizione obbligatoria della nuova Corte. Il sistema fu ideato dal giurista brasiliano, Raul Fernandez. La clausola ebbe un certo successo prima della grande guerra. Tuttavia, al giorno d'oggi la sua diffusione è minore. Al 1° maggio 2021, solo 74 Stati parte dello Statuto hanno depositato tale dichiarazione (l'Italia lo ha fatto il 25 novembre 2014) riconoscendo la giurisdizione obbligatoria della Corte a titolo dell'art. 36, par. 2 (sebbene, lo ricordiamo, tutti i Membri dell'ONU siano Parti dello Statuto della Corte). Continuano a non figurare nella lista, ben quattro Membri Permanenti del Consiglio di Sicurezza dell'ONU come la Francia, gli Stati Uniti, la Cina e la Russia, mentre il Regno Unito ha depositato la propria dichiarazione il 22 febbraio 2017.

18. Un atto unilaterale dello Stato. — La dichiarazione facoltativa di riconoscimento della giurisdizione obbligatoria della CIG costituisce un esempio di atto unilaterale dello Stato ([37]). Ma, avendo lo Stato piena discrezione in tale materia, può persino ***revocarla***, in qualsiasi momento. Per questo motivo la Francia, in passato, ha notificato alla Corte tre dichiarazioni di contenuto diverso: nel 1947, nel 1959 e nel 1966 ed il 10 gennaio 1974 decise di revocare l'atto ricognitivo della giurisdizione obbligatoria della Corte, a seguito delle misure conservative decise dalla CIG nel caso dei test nucleari ([38]). Allo stesso modo, gli Stati Uniti revocarono, alla fine del 1985, la loro dichiarazione unilaterale del 1946 in seguito alla decisione della Corte di pronunciare la sentenza sul merito nel caso relativo al Nicaragua ([39]).

b) *Le riserve nella dichiarazione di accettazione della giurisdizione obbligatoria della CIG*

19. Esempi. — La dichiarazione di accettazione della giurisdizione obbligatoria della CIG può essere accompagnata da ***riserve***, che hanno lo scopo di limitare l'efficacia della predetta dichiarazione unilaterale *ratione temporis*, *ratione materiae* o *ratione personae*. Anche sotto quest'ultimo profilo, la prassi degli Stati ed il corrispondente volume di contenzioso generato dinanzi alla CIG sono assai scarsi.

Così, **ad esempio**, la dichiarazione francese del 20 maggio 1966 escludeva dalla giurisdizione della Corte le controversie nascenti da un conflitto armato o "riguardanti le attività legate alla difesa nazionale". Ed è proprio perché la Francia ha ritenuto che la Corte non avesse rispettato i termini di siffatta riserva che, nel 1974, decise di revocare la propria dichiarazione di giurisdizione obbligatoria della CIG.

([36]) Per una lista aggiornata di tali dichiarazioni (*Declarations recognizing the jurisdiction of the Court as compulsory*), v. il sito della CIG (*http://www.icj-cij.org/jurisdiction/index.php?p1=5&p2=1&p3=3*).

([37]) V. *supra* Cap. VII.

([38]) V. *AFDI*, 1974, p. 1052.

([39]) Sentenza del 26 nov. 1984, in *ILM*, 1985, p. 1742.

Tuttavia, esistono delle riserve ancora più ampie. Emblematica al riguardo è la dichiarazione statunitense del 14 agosto 1946. Tale dichiarazione infatti, ha escluso sulla base di un emendamento presentato dal Senatore CONNALLY "*le controversie relative a questioni legate alla giurisdizione domestica degli Stati Uniti d'America, così come definita da quest'ultimi*". In altre parole, gli Stati Uniti riconoscevano la giurisdizione obbligatoria della CIG, tranne che per le controversie che essi stessi ritenevano, sempre in via unilaterale, che rientrassero nel loro "dominio riservato". Una siffatta dichiarazione, emanata dal solo Governo USA, poteva porsi in contraddizione con l'art. 36, par. 6, dello Statuto della CIG ove si dispone che la Corte è essa stessa giudice della propria competenza. Orbene, nella prima dichiarazione del 1947, la Francia riconosceva la giurisdizione obbligatoria della CIG imitando, parola per parola, la riserva statunitense.

Tale prassi appare criticabile in quanto ricalca sul piano dell'ordinamento internazionale la figura giuridica della "condizione potestativa" del diritto interno. Ciò venne rilevato dal giudice Lauterpacht, a giusto titolo, nel caso dei *prestiti norvegesi* oggetto di un contenzioso dinanzi alla CIG tra la Francia e la Norvegia nel 1957 ([40]). Secondo LAUTERPACHT, una riserva così formulata non possedeva alcun valore giuridico ed anzi costituiva una mera condizione potestativa che, come tale, rendeva inefficace la dichiarazione stessa. Secondo l'eminente giurista, si trattava solo di una "dichiarazione di principio e d'intenzioni di carattere politico" ([41]).

In secondo luogo, sul piano processuale, una siffatta prassi si è dimostrata un vero e proprio *boomerang* in quanto le dichiarazioni unilaterali dei singoli Stati sono tra loro collegate dalla condizione di reciprocità: in pratica allo Stato convenuto basterà invocare a proprio vantaggio le riserve contenute nella dichiarazione di accettazione dello Stato che ha promosso il giudizio nei suoi confronti. Ciò accadde paradossalmente alla Francia nel 1957 nel precitato ***caso dei prestiti norvegesi***: qui, la Norvegia sostenne, dinanzi alla Corte, che tali prestiti costituivano, a suo avviso, un aspetto rientrante nella propria "competenza nazionale" e che quindi la Corte non poteva prenderne cognizione. La CIG finì con l'accogliere la tesi della Norvegia che faceva leva proprio sulle riserve contenute nella dichiarazione unilaterale della Francia, e pertanto si dichiarò incompetente a decidere la controversia nel merito ([42]).

c) *Le insidie della condizione di reciprocità*

20. La giurisdizione della CIG fondata sul "minimo comun denominatore". — Nel caso precedentemente citato dei *prestiti norvegesi*, la Corte ha applicato la giurisprudenza tradizionale della CPGI nel *caso dei fosfati del Marocco* del 14 giugno 1938 ([43]) e nel caso della *Compagnia di elettricità di Sofia e della Bulgaria* del 4 aprile 1939 ([44]). In altre parole, la CIG ha basato la propria giurisdizione sulla ***dichiarazione più restrittiva*** (nella fattispecie quella francese). Poiché tutte le dichiarazioni sono unilaterali e concluse a condizione di reciprocità, la giurisdizione viene conferita alla

(40) *Rec.*, 1957, pp. 48-55.
(41) P. 55.
(42) *Rec.*, 1957, p. 24.
(43) Ser. A/B, 74 p. 22.
(44) Ser. A/B n. 17 p. 81.

Corte solo nella misura in cui quelle dichiarazioni *convergano* (45). La Corte ha dunque concluso, nel caso dei *prestiti norvegesi*, che "la volontà comune delle parti, che è alla base della competenza della Corte, esiste nei limiti più restrittivi indicati dalla riserva francese" (46). La CIG ha seguito il medesimo approccio nel ***caso dell'Anglo-Iranian Oil Co.***, oggetto di un contenzioso tra l'Iran e la Gran Bretagna nel 1952, affermando che "la Corte deve basarsi sulla dichiarazione dell'Iran, essendo di portata più limitata rispetto a quella del Regno Unito" (47). *In altre parole ed in sintesi, per delimitare la propria sfera di giurisdizione, la Corte utilizza la* ***regola del minimo comun denominatore.***

In breve, sul piano della strategia processuale di uno Stato, la riserva "all'americana", combinata col gioco del principio di reciprocità, può determinare la disfatta giudiziaria dello Stato che è parte attrice nel processo. Per tali motivi, la Francia, che aveva imitato in modo acritico l'atteggiamento degli Stati Uniti con la sua dichiarazione del 1947, si trovò costretta a modificare la propria posizione nel 1959 fino a revocare la propria dichiarazione.

2. — L'esercizio della funzione contenziosa della CIG

21. Questioni di procedura e di merito. — Per aversi giurisdizione contenziosa, è necessario, prima di tutto, che esista una "controversia". La CIG ha ribadito chiaramente nel *caso del Cameroon settentrionale* del 1963: "la funzione della Corte è di *dire il diritto*, ma può pronunciare delle sentenze solo in relazione a casi concreti, nei quali esiste, al momento del giudizio, una controversia reale che implichi un conflitto d'interessi giuridici tra le parti" (48).

Va osservato che la Corte ha seguito lo stesso principio nel *caso dei test nucleari francesi* nel Pacifico: qui, nel dicembre del 1974, la Corte ha constatato che il reclamo da parte dell'Australia e della Nuova Zelanda era oramai privo di oggetto e dunque era cessata la materia del contendere.

a) *L'esame delle questioni preliminari al merito e la sentenza di merito*

i. La ricevibilità della domanda

22. La *justiciability* della controversia. — Prima di entrare nel merito di una controversia giuridica internazionale, la CIG deve pronunciarsi sulla propria competenza e sulla ricevibilità della domanda degli Stati, se necessario con sentenza (***eccezioni preliminari***). In questa fase la Corte si deve quindi assicurare che sussistano le condizioni per un regolamento giudiziale della controversia. Si dovrà inoltre assicurare che *le parti interessate abbiano la legittimazione processuale* e *l'interesse ad agire*. In caso di protezione diplomatica, ad esempio, la Corte dovrà verificare il previo esaurimento dei mezzi di ricorso interni (49). Inoltre, la Corte dovrà verificare la ricevibilità della domanda secondo quanto ha chiaramente indicato nel ***caso del Cameroon Settentrionale*** del 1963.

---

(45) *Rec.*, 1957, p. 23.
(46) *Ibidem.*
(47) *Rec.*, 1952, p. 103.
(48) *Rec.*, pp. 33-34. Corsivo aggiunto.
(49) V. supra, Cap. XVI.

Qui, la CIG si è espressa con le seguenti parole: "[l]a Corte non è sempre obbligata ad esercitare la propria giurisdizione. Ci sono dei limiti inerenti alla funzione giudiziaria, di cui la Corte, in quanto tribunale, deve tener conto. Potrebbe presentarsi un'incompatibilità tra quanto richiesto dalla parte attrice o da entrambe le parti, e il dovere della Corte di conservare il suo carattere giudiziario. Appartiene alla Corte e non alle parti, il compito di vigilare sull'integrità della funzione giudiziaria della Corte" (50).

In altre parole, la CIG è chiamata in questa fase a valutare se sussistono le condizioni per un regolamento giudiziale della controversia, il ché non è sempre perfettamente evidente.

Infine, va notato che la controversia deve permanere non solo nel momento in cui la Corte è adita ma anche in fase decisoria. La controversia giuridica dinanzi alla Corte, infatti, potrebbe estinguersi se le parti raggiungono un accordo stragiudiziale (51) oppure assumono un atteggiamento di desistenza processuale, rinunciando quindi al giudizio (52).

ii. Il giudizio di merito

23. Applicazione del diritto internazionale. — Se la domanda è ricevibile, la Corte esamina il caso nel merito. Per fare ciò, dovrà "applicare il diritto internazionale", le cui fonti sono definite, in modo peraltro incompleto e non gerarchico, nell'art. 38 del suo Statuto.

24. Accertamento di norme del diritto interno. — Le norme degli ordinamenti giuridici interni dei singoli Stati assumono, dal punto di vista del diritto internazionale, la qualifica di *fatti*, e tali restano agli occhi di un tribunale internazionale come la CIG, chiamato a decidere una controversia applicando il diritto internazionale. Ciò non impedisce però che la Corte e le stesse Parti possano fare riferimento a norme di diritto interno. In passato, ciò è accaduto raramente e in due principali situazioni: *a*) allorquando l'accertamento del contenuto di norme del diritto interno diviene necessario per risolvere una controversia internazionale; *b*) in caso di lacuna del diritto internazionale.

25. Esempi di accertamento del *diritto nazionale*. — A titolo di esempio di utilizzo del diritto interno per risolvere un contenzioso internazionale, si consideri il precitato ***caso dei prestiti serbi e brasiliani*** del 1929 (53). Quei Paesi, tramite collocamento bancario, avevano chiesto un prestito in *franchi-oro* (*franc — or, payable en or*) sul mercato francese prima della guerra del 1914 e, successivamente, volevano rimborsare il capitale e pagare gli interessi in *carta moneta*, ma non in *oro*. I portatori francesi di tali titoli protestarono e chiesero di ricevere il pagamento in oro o in moneta convertibile. La Serbia ed il Brasile risposero che ciò non era possibile in virtù del loro diritto nazionale. Ma i francesi portatori di titoli sostenevano che dovesse

---

(50) *Rec.*, 1963, p. 29.

(51) CIG, 8 novembre 1995, al sito internet della Corte.

(52) CIG, 5 aprile 2011, ivi.

(53) CPGI, 12 luglio 1929, Serie A, 20/21, *Rec.*, p. 14 ss.. In argomento v. il classico studio di W. Jenks, "The Interpretation and Application of Municipal Law by the Permanent Court of International Justice", in BYIL, 1938, p. 67 ss. nonché le brevi osservazioni di G. Sander, voce "Brazilian Loans Case and Serbian Loans Case", in *MPEPIL*.

applicarsi il diritto francese ed in base a tale ordinamento le clausole-oro nei prestiti internazionali risultavano valide ed efficaci. La CPGI constatava che tale controversia aveva per "solo oggetto" dei rapporti che erano esclusivamente "rapporti tra Stati debitori e persone private, ovvero dei rapporti che, per loro stessi, sono di diritto interno". La protezione diplomatica esercitata dal Governo francese aveva elevato il conflitto a livello interstatale, ma nel caso di specie, la Corte indicò che a questa controversia si doveva accertare quali fossero le soluzioni di *diritto interno*. La CPGI decise, in base a principi generali di d.i.pr. che le condizioni di validità di quei prestiti internazionali erano regolate dalla legge francese. In tali circostanze, la Corte aggiunse che, dinanzi ad un tribunale internazionale, l'applicazione della legge nazionale competente doveva effettuarsi in base all'interpretazione datane dai giudici nazionali. La CPGI si trovò dunque a dover risolvere un vero e proprio problema di diritto internazionale privato, inteso quale "conflitto di leggi nazionali".

Si possono citare **altri esempi**. Così la CPGI rese un parere su una questione di diritto interno per verificare la compatibilità di ***certi Decreti-legge della città di Danzica con la Costituzione della Città libera*** ([54]). A quell'epoca, infatti, erano stati adottati alcuni Decreti in materia penale nella Città libera di Danzica, norme che erano improntate all'ideologia nazista. Questi Decreti legge erano compatibili con la Costituzione di Danzica che era stata garantita dalla Società delle Nazioni? La Corte disse di essere competente perché non si trattava, a suo giudizio, di una semplice questione di diritto costituzionale interno ma di una questione ove "l'interpretazione [della Costituzione di Danzica] può mettere in gioco la garanzia della Società delle Nazioni" ([55]).

Infine, la CIG *ha applicato il diritto interno in presenza di lacune del diritto internazionale*. È quanto è accaduto nel caso, sovente citato, della ***Barcelona Traction***, ove la CIG dovette esaminare, tra l'altro, le regole sulla *nazionalità delle società per azioni* di vari Stati. La Corte si espresse in modo chiaro affermando che: "tale riconoscimento [dell'istituto della società per azioni, un istituto di diritto interno] necessita che il diritto internazionale si riferisca alle norme pertinenti di diritto interno, ogniqualvolta si pongono delle questioni giuridiche relative al diritto degli Stati che riguardano il trattamento delle società e degli azionisti sul quale il diritto internazionale non ha fissato alcun proprio precetto" (p. 34). La Corte aggiungeva che "[i]l diritto internazionale si riferisce a regole generalmente accettate dai sistemi giuridici interni, regole che disciplinano la società per azioni il cui capitale è rappresentato da azioni, ma non al diritto interno di uno Stato membro. Quando la Corte si riferisce a queste regole, non intende né modificarle né deformarle" ([56]). Più recentemente, nel già citato ***caso Diallo***, la CIG ha riproposto tale analisi ([57]).

26. Assenza del potere di annullare il diritto statale interno. — È opportuno ricordare (*supra* Cap. II) che se il giudice internazionale è indotto a valutare la compatibilità del diritto interno con quello internazionale, non dispone mai del potere di annullare la norma nazionale ad esso contraria: non potrà che dichiararla *inopponibile* e, se quella norma provoca un pregiudizio, considerarla alla stregua di un fatto generatore della responsabilità internazionale.

([54]) Parere della CPGI, 4 dicembre 1935, Ser. A/B, n. 65.

([55]) Ser. A/B n. 65, p. 54.

([56]) *Rec.*, p. 37, par. 50.

([57]) CIG, 24 maggio 2007, cit., punti 60-66.

27. Il diritto interno quale elemento della prassi internazionale. — Va ricordato, infine, che i giudici internazionali dell'Aja conoscono il diritto interno quando, per esempio, si tratta di valutare un elemento di prova di una norma non scritta di diritto internazionale (consuetudini o principi generali di diritto, v. *supra*, Capp. X e XI); per determinare la prassi degli Stati, o ancora quando si tratta di valutare determinati fatti come, ad esempio, l'esaurimento dei ricorsi interni.

Tuttavia, anche in quest'ultimo caso, il giudice internazionale non applica il diritto interno in quanto tale ma lo usa semplicemente come elemento di valutazione di una condotta, lecita o meno, secondo il diritto internazionale o ancora al fine di valutare l'opponibilità di una condotta o di una norma ad un altro Stato.

b) ***Le norme di procedura***

28. Lo Statuto della CIG. — Le norme di procedura sono determinate dallo Statuto della CIG, almeno nei loro aspetti essenziali. Vengono qui regolate le ***lingue processuali*** (art. 39) ([58]), ***gli atti***, la ***fase scritta*** *ed* ***orale*** *del processo* (art. 43). La Corte disciplina la procedura contenziosa attraverso un proprio Regolamento che contiene norme di dettaglio in materia di assunzione di mezzi di prova, procedimento in caso di non comparizione di uno Stato ([59]), potere di intervento ([60]), potere dei singoli giudici di allegare alla sentenza delle opinioni individuali (concorrenti o dissenzienti)

Inoltre, la Corte ha la possibilità di decidere delle ***misure cautelari*** in virtù dell'art. 41, par. 1, del suo Statuto. La CIG ha fatto però un uso moderato dei propri poteri di adozione di misure cautelari ([61]). Impiegò tali poteri nel *caso dell'Anglo-Iranian Co.* del 1951, nonché nel *caso dei test nucleari* nel 1973, oggetto di contenzioso tra l'Australia e la Nuova Zelanda da una parte, e la Francia dall'altra. Qui, tramite ordinanza, la CIG vietò alla Francia di procedere a ulteriori esperimenti nucleari nel Pacifico durante il procedimento. Purtroppo, la Francia reagì revocando la propria dichiarazione di accettazione facoltativa di giurisdizione obbligatoria della CIG a titolo dell'art. 36, par. 2 ([62]). Da allora, nonostante questo brutto precedente, la concessione delle misure cautelari da parte della Corte è divenuta più frequente. Nel 2018, l'IDI ha adottato una Risoluzione a sostegno di un maggiore uso delle misure provvisorie da parte dei tribunali internazionali in virtù di un "principio generale di diritto" ([63]).

c) ***Le sentenze della Corte***

29. Caratteristiche generali. — Il procedimento giudiziale internazionale termina, di regola, con la decisione nel merito della controversia: la sentenza (***judgement***).

([58]) Le *lingue ufficiali* della CIG e delle sue sentenze sono **l'inglese** e **il francese**. Va però ricordato che all'ONU le *lingue ufficiali* dell'Assemblea Generale, del Consiglio di Sicurezza e degli altri organi sono il cinese, il francese, l'inglese, il russo e lo spagnolo. Le *lingue di lavoro* sono invece solo l'inglese e il francese.

([59]) Cfr. A. Zanobetti, *La non comparizione davanti alla Corte internazionale di giustizia*, Milano, Giuffrè, 1996.

([60]) Su cui v. Z. Crespi Reghizzi, *L'intervento "come non parte" nel processo davanti alla Corte internazionale di giustizia*, Milano, Giuffrè, 2017.

([61]) Cfr. S. Rosenne, *Provisional measures in International Law*, Oxford, OUP, 2005.

([62]) V. J.-P. Cot, *AFDI*, 1973, p. 252.

([63]) V. IDI, Sessione di Hyderabad, 8 settembre 2017, (Rapp. Lord Collins).

La CIG si pronuncia a maggioranza dei giudici (art. 55, par. 1, dello Statuto). Una situazione del genere è però assai rara. Si verificò nel celebre *caso del vapore Lotus*, ai tempi della CPGI, o nel *caso dell'Africa del Sud-Ovest* del 1966 o ancora nel Parere consultivo del 1966 sulla *liceità della minaccia o dell'uso di armi nucleari*.

30. (*segue*) Obbligo di motivazione della sentenza. — La sentenza della Corte deve essere *motivata* (art 56). Le *opinioni individuali, concorrenti o dissenzienti* dei singoli giudici sono ammesse, similmente a quanto accade nei tribunali dei Paesi di Common law. In questo modo, un giudice che ha votato per la soluzione ritenuta dalla maggioranza del collegio, potrà esprimere tramite un'opinione individuale separata (*separate opinion*) le proprie riserve su determinati punti della decisione; mentre i giudici contrari alla decisione della Corte potranno esprimere con opinione dissenziente (*dissenting opinion*) le ragioni della loro opposizione. Una tale pratica chiarisce la posizione dei singoli giudici e il ragionamento della Corte, tuttavia, nel contempo, indebolisce l'autorevolezza della decisione della CIG in quei casi in cui la maggioranza è risicata.

31. (*segue*) Effetti della sentenza. — Gli effetti della sentenza internazionale della CIG si ricollegano al suo fondamento consensuale. La sentenza della Corte *ha efficacia obbligatoria e carattere definitivo* ***per le sole parti in lite*** (art. 59) ma *non ha efficacia esecutiva*. Per quanto riguarda l'efficacia obbligatoria, la sentenza ha l'effetto principale di risolvere una controversia (efficacia di *cosa giudicata in senso sostanziale*) ([64]). Per quanto riguarda il carattere definitivo della sentenza, va rilevato che tale efficacia viene ad essa attribuita dall'accordo delle Parti (efficacia di *cosa giudicata in senso formale*).

Tuttavia, la CIG ha precisato che se "in una sentenza dichiarativa, la Corte definisce una norma di diritto internazionale consuetudinario o interpreta un trattato in vigore, la sentenza rimane applicabile nel futuro" ([65]).

È chiaro che le questioni giuridiche decise dalla CIG possiedono un valore di precedente e hanno una portata generale, anche se *il risultato è obbligatorio solamente per le parti in causa*. In altre parole, le sentenze della Corte hanno valore di *precedente persuasivo* e non di precedente vincolante per gli altri Stati o per la stessa Corte.

Va altresì rilevato che *le sentenze della CIG possiedono* ***solo efficacia interstatale;*** *in altre parole sono, in linea di principio,* ***prive di effetti diretti***. Al riguardo, la CIG delineò il quadro generale della questione nella sua sentenza del 19 gennaio 2009 a proposito di un contenzioso tra Messico e Stati Uniti, circa la domanda e l'interpretazione della sentenza del 31 marzo 2004 nel ***caso Avena*** e altri cittadini messicani; la Corte precisò che l'obbligo derivante dalla sua sentenza è "un obbligo di risultato che deve essere eseguito in modo incondizionato", *la scelta dei mezzi per conseguirlo è lasciata alla Stato interessato* date le proprie esigenze costituzionali, la sua mancanza o carenza "costituisce un comportamento internazionale illecito" ([66]). In altre parole, l'incapacità degli Stati Uniti di dare esecuzione ad una sentenza della CIG a vantaggio di un cittadino messicano non ha prodotto in capo a quest'ultimo effetti diretti (e fu

([64]) In argomento cfr. Cap. XVIII.

([65]) CIG, 2 dicembre 1963, *Caso del Camerun settentrionale*, in *Rec.*, 1963, p. 37.

([66]) V. pure la sentenza già citata della Corte Suprema degli Stati Uniti del 25 marzo 2008 nel caso *Medellin v. Texas*, in cui venne negato a un individuo il diritto di invocare a proprio beneficio una sentenza della CIG che lo riguardava personalmente.

tragicamente messo a morte), ferma restando la responsabilità internazionale degli Stati Uniti nei confronti del Messico per violazione del diritto internazionale.

In relazione a tali considerazioni, va ricordata anche la sentenza n. 238 del 22 ottobre 2014 della Corte Costituzionale a cui abbiamo già fatto riferimento e che, sollevando i c.d. controlimiti ha impedito l'esecuzione in Italia della sentenza della CIG, del 3 febbraio 2012 sulle immunità giurisdizionali degli Stati.

32. (*segue*) Inappellabilità della sentenza. — *La sentenza della Corte è definitiva e senza appello* (art. 60 dello Statuto); in caso di contestazione sul significato o sulla portata della sentenza, spetta alla CIG di interpretarla su richiesta di una delle Parti. Per avviare la procedura di interpretazione dinanzi alla CIG non esistono termini perentori ed è sufficiente il ricorso unilaterale di una delle Parti del processo originario.

33. (*segue*) Revisione della sentenza. — È possibile altresì presentare *un'istanza di revisione di una sentenza alla CIG* ma solo allorché sia fondata sulla "scoperta di un fatto di natura tale da costituire un elemento decisivo e che, al momento dell'emanazione della sentenza, fosse ignorato dalla Corte e dalla parte che chiede la revisione" (art. 61 dello Statuto). Questa possibilità è stata utilizzata per la prima volta dalla Tunisia, in seguito alla sentenza del 24 febbraio 1982 per risolvere la controversia che la opponeva alla Libia a proposito delle delimitazioni della piattaforma continentale tra due Paesi (in base alla sua sentenza del 10 dicembre 1985, la Corte rigettò l'istanza).

34. (*segue*) Esecuzione coattiva della sentenza. — In base all'art. 94, par. 1, della Carta ONU, "ciascun Membro dell'ONU si impegna a conformarsi alla sentenza della CIG in ogni controversia di cui sia parte".

Sotto questo profilo, si nota una certa "superiorità" della qualità giuridica delle *sentenze* della Corte rispetto ai *lodi arbitrali* (questi ultimi traggono forza obbligatoria solo dal patto compromissorio delle Parti). Infatti, se una Parte non esegue una sentenza della CIG, l'altra parte può fare ricorso al **Consiglio di sicurezza dell'ONU**, il quale "ha facoltà, ove lo ritenga necessario, di fare raccomandazioni o di decidere circa le misure da prendere perché la sentenza abbia esecuzione" (art. 94, par. 2) ([67]). Tra queste misure rientrano anche quelle del Capo VII della Carta dell'ONU, e pertanto si ha un meccanismo, sia pure non automatico, di esecuzione coattiva delle sentenze della CIG.

Finora, questo meccanismo non è mai stato utilizzato. Tuttavia, in seguito alla sentenza della CIG, nel maggio 1980, nel *caso del personale diplomatico americano a Teheran*, gli Stati Uniti valutarono l'opportunità di utilizzare il meccanismo di esecuzione coattiva di cui all'art. 94, par. 2, giacché la Corte aveva condannato all'unanimità l'Iran. Alla fine, gli Stati Uniti rinunciarono al ricorso al Consiglio di sicurezza dell'ONU, e alla richiesta di imporre sanzioni economiche ed implicanti l'uso della forza nei confronti dell'Iran, in ragione del veto che avrebbe posto l'Unione Sovietica.

In altre parole, il meccanismo di cui all'art. 94, par. 2, della Carta dell'ONU, per quanto pregevole, risulta di fatto inefficace sia nei confronti di uno dei *Membri permanenti* del Consiglio di sicurezza, sia nei confronti di un suo alleato, giacché il

---

([67]) In argomento cfr. M. I. PAPA, *I rapporti tra la Corte internazionale di giustizia e il Consiglio di sicurezza*, Padova, Cedam, Cap. III e ss..

diritto di veto impedisce qualunque decisione del Consiglio di sicurezza anche ai sensi del Capo VII della Carta dell'ONU. Qui, l'intreccio tra diritto e politica finisce con l'indebolire le sentenze della CIG.

Volendo fare un bilancio complessivo, si può affermare che gli Stati, salvo rare eccezioni, hanno comunque dato esecuzione alle sentenze della CIG ([68]). A volte, l'esecuzione può richiedere un lasso di tempo abbastanza lungo: nel caso dello Stretto di Corfù, deciso dalla CIG nel 1949, l'Albania pagò l'indennizzo alla Gran Bretagna relativo ai danni causati alle navi da guerra di quest'ultima nel 1946 solamente nel...1992.

B. — *La funzione consultiva della Corte*

35. Una procedura riservata a certe OIG. — Oltre alla giurisdizione in materia contenziosa, la CIG svolge anche un'importante funzione consultiva in base all'art. 96 della Carta dell'ONU ed agli artt. 65 e ss. del suo Statuto. In linea di massima, un *parere* (*opinion* nella terminologia anglofona) consiste in una pronuncia da parte della CIG con cui esprime la propria opinione su un dato quesito.

L'art. 65 dello Statuto della CIG indica chiaramente che "*[l]a Corte può dare un parere consultivo su qualsiasi questione giuridica a richiesta di qualsiasi organo od ente a ciò autorizzato a norma dello Statuto delle Nazioni Unite*".

Ne segue che la competenza della Corte: *a)* ha per oggetto unicamente questioni giuridiche; *b)* è facoltativa; *c)* non si attiva *motu proprio* ma viene attivata solo su richiesta e *d)* i pareri hanno carattere consultivo ed efficacia non vincolante.

Va altresì sottolineato che tali Pareri possono essere chiesti da organi dell'ONU (Assemblea Generale, Consiglio di sicurezza ed altri organi autorizzati dall'Assemblea Generale) oltre agli istituti specializzati ([69]) che fanno parte della famiglia delle Nazioni Unite. In via generale, è stata l'Assemblea Generale della Nazioni Unite a richiedere la maggior parte dei Pareri consultivi alla CIG. Il Consiglio di Sicurezza l'ha fatto raramente; gli istituti specializzati dell'ONU lo fanno con molta parsimonia, infatti sia l'UNESCO, l'IMO, l'ICAO, e la OMS/WHO, hanno chiesto una sola volta un parere consultivo alla Corte.

I pareri non possono essere richiesti dagli Stati. In altre parole, mentre gli Stati possono rivolgersi alla CIG per ottenere delle decisioni ma non dei pareri, l'opposto vale per le OIG.

1. — L'ammissibilità del parere consultivo

36. Un potere discrezionale della Corte. — L'art. 65 dello Statuto della CIG attribuisce alla Corte un potere discrezionale sull'opportunità di dare una risposta o in merito alla restrizione del *thema decidendi* ("La Corte può dare un parere consultivo su qualsiasi questione giuridica a richiesta di qualsiasi organo o ente a ciò

([68]) V. G. Guillaume "De l'exécution des décisions de la Cour internationale de Justice", in *Rev. Suisse de droit intl. et europ.*, 1997, p. 431 e Ph. Weckel, "Les suites des décisions de la Cour internationale de Justice", in *AFDI*, 1996, p. 428.

([69]) Talvolta in italiano si utilizza l'espressione di "Agenzie specializzate" dell'ONU. In argomento cfr. R. Ago, "Pareri consultivi 'vincolanti' della Corte Internazionale di Giustizia. Problemi di ieri e di oggi", in *Riv.dir.int.*, 1990, pp. 5-23; B. Conforti, C. Focarelli, *Le Nazioni Unite*, 12 ed. cit., p. 473 ss..

autorizzato a norma della Carta dell'ONU"). Finora, tuttavia, la Corte non si è mai rifiutata di dare un parere consultivo, per i quesiti che le sono stati correttamente presentati. Per giustificare tale posizione, la Corte ha ribadito che "il consenso degli Stati coinvolti in una controversia è il fondamento della giurisdizione della Corte in materia contenziosa. Lo è anche in materia consultiva, anche se la richiesta di parere è un elemento di una questione giuridica in quel momento in corso fra Stati. Il parere è dato dalla Corte, non agli Stati, ma all'organo abilitato per richiederlo; la risposta prevede una partecipazione della Corte, essa stessa, "organo delle Nazioni Unite", all'azione dell'Organizzazione e, in linea di principio, non si può rifiutare" (70). La Corte del resto ha aggiunto, in altri casi, e dopo essersi riferita al caso or ora richiamato, che: "[o]ccorrono dei motivi particolarmente gravi poiché la Corte si rifiuti di concedere un parere consultivo" (71).

Viceversa, un esempio di rigetto di domanda di parere consultivo presentata da una OIG alla CIG si è avuto l'8 luglio 1996. Qui, la Corte si è rifiutata di dare il proprio parere consultivo richiesto dall'OMS/WHO circa la "liceità di utilizzazione delle armi nucleari nel corso di un conflitto armato". In effetti, si trattava di una richiesta esorbitante rispetto alle competenze dell'OMS.

37. Limiti. — Tuttavia, esistono dei limiti alla competenza consultiva della CIG. Innanzitutto, il parere deve vertere su una *questione giuridica*, ossia di diritto internazionale, e non politica (72). Inoltre, la richiesta di parere non deve ostacolare la funzione giudiziaria della Corte. Lo stesso vale, si ricorda, in materia contenziosa. Anzi, secondo la CIG "la Corte deve verificare solamente se il suo Statuto e il suo carattere giudiziario facciano o meno ostacolo all'esercizio di una tale procedura" (73).

La Corte, infatti, si rifiuta di esprimere un parere se ciò costituisce una richiesta simulata di esercizio della giurisdizione contenziosa, allorquando uno tra gli Stati coinvolti non accetti la giurisdizione della Corte. Questo principio venne posto dalla CPGI nel **caso dello *statuto della Carelia Orientale***, ove affermò che: "[r]ispondere alla richiesta equivarrebbe in sostanza a risolvere una controversia tra le parti" (74). Nel caso di specie, si trattava di una controversia tra l'Unione Sovietica e la Finlandia. L'Unione Sovietica si opponeva alla competenza della Corte e la SDN aveva ritenuto opportuno aggirare l'ostacolo chiedendo un parere consultivo. Ma la Corte si rifiutò di coprire un tale sviamento di procedura e quindi non diede il parere.

2. — Oggetto

38. Questioni giuridiche oggetto dei pareri. — Solo due categorie di *questioni giuridiche* possono formare oggetto di parere consultivo della CIG.

Si può trattare, anzitutto, dell'interpretazione delle disposizioni controverse della Carta costitutiva di una OIG, o ancora della valutazione dei poteri di un organo o di una OIG o della liceità delle sue spese; tali questioni hanno formato l'oggetto più frequente dei pareri consultivi richiesti dopo la seconda guerra mondiale.

---

(70) *Interpretazione dei trattati di pace*, in *Rec.*, 1950, p. 71. In arg. v. P. Benvenuti, *L'accertamento del diritto mediante i pareri della CIG*, Milano, Giuffrè, 1985.

(71) *Rec.*, 1956, p. 86 e 1962, p. 155.

(72) V. il parere consultivo 1962, su *certe spese delle Nazioni Unite*, in *Rec.*, p. 155.

(73) Sentenza del Tribunale amministrativo dell'OIL su richiesta dell'UNESCO, in *Rec.*, 1956, p. 85.

(74) Parere n. 5 del 23 luglio 1923, in *Rec.*, p. 29.

La CIG può anche conoscere, tramite parere consultivo, una controversia giuridica tra uno Stato e un'OIG, se entrambe le parti sono d'accordo ad affidare tale interpretazione alla Corte. Una situazione del genere si verificò frequentemente all'epoca della CPGI, non altrettanto all'epoca della CIG. Un esempio di tale tipo di parere consultivo si ebbe nel 1950, nel *caso dei Trattati di pace del 1947*. Si trattava di una controversia tra gli Stati che erano parte dei trattati di pace conclusi con l'Ungheria, Romania e Bulgaria. Il punto litigioso verteva sulla possibilità di nomina, da parte del Segretario Generale dell'ONU, di un terzo membro della commissione arbitrale, dato che alcuni Stati (Ungheria, Romania e Bulgaria) cercavano di paralizzare il procedimento arbitrale astenendosi dal nominare i loro "rappresentanti". Si trattava dunque di un contenzioso interstatale che si tentava di risolvere — invano — attraverso un parere consultivo della CIG.

Allo stesso modo, tale procedura venne utilizzata nel ***questione del Sahara Occidentale***, che formò oggetto di un parere consultivo della CIG nel 1975. In quel caso, si trattava di determinare quale fosse lo statuto giuridico di quel territorio, statuto che veniva conteso dalla Spagna, dal Marocco, dalla Mauritania e dall'Algeria. Anche qui si trattava di una controversia tra Stati la cui soluzione dipendeva dall'interpretazione data dal giudice internazionale. La questione però è lungi dall'essere risolta come dimostra la vicenda che ha portato, il 21 dicembre 2016, alla pronuncia della Corte di giustizia UE nel contenzioso tra il Consiglio ed il Fronte Polisario (un'organizzazione militante e un movimento politico per l'autoderminazione del popolo *saahrawi* attivo nel Sahara Occidentale), non senza forti tensioni tra la UE ed il Marocco.

3. — Procedura

39. Assimilazione alla procedura contenziosa. — La procedura relativa alla funzione consultiva è ricalcata su quella in materia contenziosa, nei limiti in cui quest'ultima sia applicabile (art. 68, Statuto CIG). La domanda di parere è nella forma di una questione scritta sottoposta alla Corte. Gli Stati ammessi a stare in giudizio innanzi alla Corte possono presentare delle osservazioni scritte e orali, replicare a quelle presentate da altri, e fornire delle informazioni; così pure, e *a fortiori*, le OIG.

Resta comunque controversa la possibilità di nominare un giudice *ad hoc*, la quale, se prevista per la procedura contenziosa, non è necessariamente prevista per la procedura consultiva. Su tale questione la giurisprudenza della Corte appare ambigua ([75]).

4. — Efficacia

40. Efficacia non vincolante dei pareri. — In linea di principio, i pareri consultivi, oltre a non vincolare la Corte stessa, non hanno efficacia vincolante né per gli Stati, né per le OIG che li hanno richiesti. In altre parole, a differenza delle sentenze, i pareri non hanno, di per sé, effetto di cosa giudicata, né possiedono carattere definitivo.

Così, quando la Francia, l'Unione Sovietica e altri Paesi si astennero dal versare alcuni contributi al bilancio delle Nazioni Unite, con il pretesto che questi contributi finanziassero

---

([75]) V. per esempio il caso già citato della Namibia nel 1971.

delle spese illegali, la CIG fu incaricata di esaminare, tramite Parere, se si trattasse di spese dell'Organizzazione ([76]). Nonostante la risposta positiva della Corte, alcuni Stati mantennero la loro posizione e si astennero dal pagare le loro quote, ciò che risultava politicamente o moralmente deprecabile e sconcertante, ma giuridicamente corretto. Tale parere consultivo, infatti, non era vincolante né per l'Unione Sovietica né per altri Stati come la Francia.

Ma in generale, le OIG o gli organi ONU che li hanno richiesti, prendono atto dei pareri della Corte e, pur senza dichiarare esplicitamente di obbedire ad essi, si attengono ai principi enunciati dai medesimi. Può quindi ritenersi che un parere della CIG sia un'opinione particolarmente autorevole seppure priva di efficacia obbligatoria intrinseca. La CIG stessa, peraltro, ha manifestato la tendenza a conformarsi spontaneamente ai propri precedenti pareri.

In conclusione, pur se i pareri della CIG non sono vincolanti ed anche ammettendo che alcune volte non sono stati seguiti alla lettera, resta il fatto che l'attività consultiva della Corte ha fornito un apporto fondamentale alla ricostruzione di fondamentali istituti giuridici ed alla precisazione delle norme esistenti ([77]).

§ 3. — *Il ruolo della Corte internazionale di giustizia: una valutazione*

Bibliografia sommaria: L. Gross "The I.C.J considerations of requirement for enhancing its role in the international legal order", *AJIL* 1971, p. 153 e *AJIL*, 1971, p. 261 e ss.; M. Virally "Le champ operatoire du réglement judiciaire international", *RGDIP*, 1983, p. 281; G. Guillaume "Contentieux international", Paris, Pedone, 1992; A. Von Bogdandy, I. Venzke, *In Whose Name? A Public Law Theory of International Adjudication*, Oxford, OUP, 2016; D. Terris, C. Romano, L. Swigart, *The International Judge: An Introduction to the Men and Women Who Decide the World's Cases*, Oxford, OUP, 2007.

41. Considerazioni generali. — Alla luce delle considerazioni che precedono, e fermo restando il ruolo fondamentale che la CIG assume per l'interpretazione, per l'applicazione e per lo sviluppo progressivo del diritto internazionale, appare comunque possibile presentare alcune valutazioni critiche.

La prima considerazione attiene al volume di contenzioso gestito dalla Corte. I numeri dimostrano che si tratta di una Corte poco attiva. Dal 1922 al 1940, la CPGI aveva fornito 27 pareri consultivi e 29 sentenze. La CIG, invece, dal 1947 al gennaio 2016 è stata investita di 161 casi, ed ha pronunciato 100 sentenze e 27 pareri consultivi. È chiaro che il paragone non è lusinghiero con l'attività di altre istituzioni quali il Tribunale dei reclami Iran-Stati Uniti che al 1° gennaio 2020 ha superato la soglia delle 5000 sentenze arbitrali (per un valore stimato a 3 miliardi di dollari) ([78]) o la Corte Internazionale di Arbitrato della ICC che "produce" ormai quasi mille lodi all'anno.

Anche l'ONU ha espresso qualche preoccupazione circa l'esiguo volume di contenzioso della CIG ed, in passato, vi sono state anche delle risoluzioni che denunciavano la relativa inattività della Corte. Una simile preoccupazione fu espressa anche nella Dichiarazione di Manila sulla risoluzione pacifica delle controversie ([79]).

([76]) V. il già citato Parere consultivo del 1962 su alcune spese delle Nazioni Unite.

([77]) V. ad esempio, il Parere sulla disciplina delle riserve nei trattati o ancora i pareri del 21 giugno 1971 sulla Namibia e del 16 ottobre 1975 sul Sahara occidentale, precedentemente citati.

([78]) Cfr. D. Charlotin, "A Data Analysis of the Iran — US Claims Tribunal's Jurisprudence — Lessons for International Dispute-Settlement Today", *Journal of International Dispute Settlement*, 2019, pp. 443-471 e gli aggiornamenti al sito di detto Tribunale.

([79]) V. C. Economides, "La déclaration de Manille", *in AFDI*, 1982 p. 615.

In termini di flusso, si è evidenziato che la CIG è stata investita di 36 controversie tra il 1946 e il 1965, e di 53 controversie tra il 1985 e il 2004 (tra cui 6 contenziosi relativi alla situazione in Kosovo) mentre, però, il numero degli Stati parte al suo Statuto si era moltiplicato per quattro nel frattempo...

Una seconda serie di valutazioni critiche riguarda l'"importanza" delle questioni sottoposte alla cognizione della Corte, spesso delle questioni secondarie. A titolo di esempio basti citare il *caso dei Minquiers e degli Ecrehous* tra Francia e Gran Bretagna; quello degli *incidenti aerei*, o anche il *caso Elettronica Sicula* tra Stati Uniti ed Italia.

Allorquando la Corte ha dovuto pronunciarsi su casi di maggior importanza politica o economica (quali il *Caso del Sud-Ovest Africano nel 1966 o* il *caso degli esperimenti nucleari francesi nel Pacifico*, sul piano politico, o il *caso Barcelona Traction*, sul piano economico), essa ha fornito delle soluzioni assai contestate. Tale fu anche il caso della sentenza del 24 febbraio 1982, a proposito della *piattaforma continentale tra Tunisia e Libia*, che sollevò ampie critiche tra i Paesi in via di sviluppo ([80]). O ancora della sentenza del 16 novembre 1984 nel *caso Nicaragua contro Stati Uniti* ([81]) che venne ampiamente criticata dai giuristi statunitensi ([82]).

Detto questo, si possono presentare due osservazioni generali e conclusive circa il ruolo della CIG. Si tratta di un ruolo minore nella società internazionale contemporanea (A), ma di un ruolo particolarmente importante per lo sviluppo del diritto internazionale (B).

A. — *Un ruolo minore nella società internazionale contemporanea*

Tre ragioni, di natura politica, tecnica e giuridica, spiegano il suo ruolo minore nella *società transnazionale contemporanea.*

1. — Le ragioni politiche

42. — Permane ancor oggi, anche se in modo meno evidente rispetto al passato, una certa sfiducia nei confronti dei giudici dell'Aja, una sfiducia che proviene da quasi tutte le categorie di Paesi e, ovviamente, per opposte ragioni. I Paesi socialisti — e si tratta di una tradizione inaugurata dall'Unione Sovietica — si sono rifiutati sistematicamente di riconoscere la competenza della Corte, poiché l'istituzione è stata considerata troppo "borghese".

Da un altro lato, i Paesi in via di sviluppo ritengono spesso che la Corte sia troppo occidentale; infatti si sono raramente rivolti alla CIG per chiedere la risoluzione delle loro controversie, anche se tale reticenza si è attenuata nel tempo. Da un altro lato ancora, i Paesi occidentali non sono più soddisfatti del ruolo svolto dalla CIG e dall'evoluzione di tale ruolo; ritengono che la Corte sia divenuta troppo orientata — soprattutto in ragione della nomina di nuovi giudici in questi ultimi tempi — in favore dei Paesi in via di sviluppo; e pertanto sono reticenti a sottoporre le loro controversie alla giurisdizione obbligatoria della Corte. Così, per esempio, nel *caso del Mare d'Iroise*, oggetto di un contenzioso tra Gran Bretagna e Francia, fu deciso di ricorrere

---

([80]) V. J. GHARBI, "Petrole Amer", in *J. Afr.*, 10 marzo 1982, p. 24; Y. BEN ACHOUR, "L'Affaire du plateau continental tuniso-libyen", in *JDI*, 1983, p. 247.

([81]) *Rec.*, 1984, p. 169.

([82]) V. *ILM*, 1985, p. 249.

all'arbitrato e di non sottoporre il caso al giudizio della CIG, al pari di quanto avvenne in passato per il *caso dei Minquiers e degli Ecrehous*. Del pari, nel *caso del Golfo del Maine*, gli Stati Uniti e il Canada si astennero dal sottoporre la loro controversia alla Corte in formazione plenaria, e richiesero la creazione di una camera speciale la cui composizione fu ampiamente controllata dalle parti. Altri Stati tendono a utilizzare questa ultima opzione per risolvere le loro controversie: è il caso del Mali e del Burkina Faso, dell'Italia e degli Stati Uniti, o ancora di El Salvador e dell'Honduras. Qualora tale "regionalismo funzionale" della CIG dovesse accentuarsi, rischierebbe di incrementare la diffidenza nei confronti della Corte in seduta plenaria, pur essendo questa la sua composizione più "solenne". Tali considerazioni di natura politica hanno nuociuto allo sviluppo del ruolo della CIG, soprattutto all'epoca del conflitto Est-Ovest, e restano ancora oggi in fase di non sopito dibattito ([83]).

2. — Le ragioni tecniche

43. — A volte, viene contestata la competenza o l'indipendenza dei giudici o almeno di alcuni tra di essi. In passato, alcuni giudici della Corte hanno avuto degli orientamenti politici assai marcati. La CIG ha tentato di superare tali critiche attraverso la nomina di nuovi giudici ma si vedeva la differenza tra i giudici che hanno pronunciato la sentenza sul Sud-Ovest Africano del 1966, quelli del parere consultivo sulla Namibia del 1971 o quelli del caso dei test nucleari francesi nel 1974. Anche l'imparzialità dei giudici è stata contestata, correlando i loro voti e la loro appartenenza nazionale con le loro affiliazioni culturali, politiche o religiose ([84]).

Si è poi ritenuta opportuna la costituzione di camere regionali in seno alla CIG composte di soli giudici appartenenti ad una data area geografica. Quindici giudici con una preparazione generalista sono sembrati poco adeguati a risolvere controversie che possono essere tecniche o specifiche a certi Paesi. Di conseguenza, è stato necessario orientarsi verso la costituzione di nuove formazioni in seno alla Corte.

Un'altra aspra critica rivolta alla Corte riguarda la lentezza della durata dei procedimenti, e quindi il relativo costo. Per esempio, nel caso *Barcelona Traction*, ci sono voluti ben 8 anni per pronunciare la sentenza definitiva. In media, si conta che siano necessari 3 anni per giungere a sentenza. Rispetto a tale critica la Corte ha giustamente ribattuto che la lentezza della quale la si accusa non può esserle imputabile ma è dovuta alle richieste di proroghe abusive avanzate dalle parti.

3. — Le ragioni giuridiche

44. — Infine, l'accesso alla CIG è troppo ristretto. Qui, in effetti, le OIG e le persone private, c.d. *non State actors* al pari delle società multinazionali, non hanno legittimazione attiva e si tratta di un'esclusione che non corrisponde più al contesto reale ed effettivo della *societas* internazionale del nostro tempo.

([83]) V. PH. BRETTON "Vers un élargissement du role de la Cour internationale de Justice? La déclaration americano-sovietique du 23 septembre 1989 relative à une initiative comune à propos de la C.I.J", in *AFDI*, 1990, p. 322, nonché A. VON BOGDANDY, I. VENZKE, *In Whose Name? A Public Law Theory of International Adjudication*, Oxford, OUP, 2016.

([84]) Cfr. E. A. POSNER, in *ASIL*, 2005, *Voting and usage statistics*, p. 131. V. altresì D. TERRIS, C. ROMANO, L. SWIGART, *The International Judge: An Introduction to the Men and Women Who Decide the World's Cases*, Oxford, OUP, 2007.

Si fa valere, altresì, che la clausola facoltativa della giurisdizione obbligatoria, di cui all'art. 36, par. 2, è in declino. Pochi Stati l'hanno utilizzata, e quegli Stati che, tradizionalmente, l'accettavano, come la Francia o gli Stati Uniti, l'hanno revocata. Ciò, tuttavia, equivale a criticare la politica degli Stati e non la Corte e i suoi meccanismi. Lo stesso vale quando gli Stati accettano la giurisdizione obbligatoria della Corte per mezzo di una dichiarazione facoltativa, ma nel contempo formulano importanti riserve. L'ampio uso di riserve in tali dichiarazioni costituisce un'ulteriore dimostrazione della scarsa fiducia che gli Stati hanno nei confronti della Corte. Inoltre e in via generale, pochi trattati — e sono in diminuzione — contengono oggigiorno delle clausole attributive di giurisdizione in favore della CIG: il prof. POSNER, per esempio, ha rilevato che se il 10% dei trattati conclusi nel periodo tra il 1946 e il 1965 conteneva tale clausola, la percentuale è successivamente diminuita fino al 2% ([85]).

Si noti anche che la CIG ha subito negli ultimi cinquant'anni una forte concorrenza da parte di altri tribunali internazionali, anche e soprattutto di tribunali regionali come, ad esempio, la Corte di Giustizia dell'Unione Europea o la Corte EDU. Per altro verso, ha subito anche la concorrenza dell'arbitrato internazionale che, nel nostro tempo, sta vivendo una fase di grande sviluppo.

Infine, un altro fattore concorrenziale è lo sviluppo di meccanismi di soluzione delle controversie all'interno delle OIG, soprattutto quelle a vocazione economica come, ad esempio, l'OMC/WTO, la cui attività, sia pur quasi-giurisdizionale, tocca livelli ampiamente superiori rispetto a quelli della CIG.

In breve, la *societas* internazionale contemporanea, costituita da quasi 200 Stati — senza includere gli altri attori, e cioè i soggetti privati, le OIG e le ONG — è di una tale eterogeneità, complessità e vastità che appare utopistico pensare che una giurisdizione unica, aperta solo agli Stati, possa gestire la totalità del contenzioso generato a livello internazionale.

B. — *Un ruolo importante nello sviluppo del diritto internazionale contemporaneo*

45. L'apporto fondamentale della CIG. — Nonostante le critiche appena presentate, non v'è dubbio che la CIG svolga comunque un ruolo fondamentale anche nel diritto internazionale del nostro tempo ([86]).

La CIG ha offerto un contributo fondamentale in varie materie del diritto internazionale, tra le quali: l'interpretazione e la validità dei trattati, le riserve ai trattati, la definizione della consuetudine, il regime giuridico degli atti unilaterali, la formulazione dei principi generali di diritto, la posizione dell'individuo nel diritto internazionale, la soggettività internazionale delle OIG, la teoria dei poteri impliciti, la responsabilità internazionale e la sovranità dello Stato, la cittadinanza e la nazionalità delle persone fisiche, giuridiche e delle navi, il diritto del mare (delimitazione del mare territoriale, delimitazione della piattaforma continentale contigua) etc.

In alcuni di questi ambiti essenziali, la Corte — come abbiamo segnalato a suo tempo — ha ispirato la CDI dell'ONU nei propri tentativi di codificare il diritto internazionale; ha contribuito a precisare l'esistenza e l'ambito di applicazione di alcune norme fondamentali della Comunità internazionale.

---

(85) V. POSNER, *cit.*, p. 132.

(86) J. CHARNEY, "Is International Law Threatened by Multiple International Tribunals", in *RCADI*, 1998, v. 271, p. 315 ss.

Tali ragioni costituiscono, di per sé, una giustificazione più che sufficiente dell'esistenza di una Corte Internazionale di Giustizia ma, nel contempo, spiegano anche perché l'evoluzione della *societas* internazionale e del suo ordinamento giuridico, nel nostro tempo, hanno portato gli stessi Stati a costituire nuove e diverse corti internazionali permanenti dotandole di poteri diversi e più adatti alle necessità della vita di relazione internazionale.

Sezione II
Le Corti permanenti a vocazione universale

46. — Accanto alla CIG operano da tempo altre Corti internazionali permanenti a vocazione universale e competenza specializzata. Si tratta, in particolare, del Tribunale internazionale per il diritto del mare (§1) e della Corte Penale Internazionale (§2).

§ 1. — *Il Tribunale internazionale per il diritto del mare*

Bibliografia sommaria: A. Cannone, *Il Tribunale internazionale per il diritto del mare*, Bari, Cacucci, 1991; T. Treves, *Le controversie internazionali*, cit., 1999, Parte II; T. Treves, voce "Tribunale internazionale per il diritto del mare", in *Dizionario di diritto pubblico* a cura di S. Cassese, 2006, p. 5993 ss.; I. Karaman, *Dispute Resolution in the Law of the Sea*, Leiden/Boston, Martinus Nijhoff, 2012; A. Del Vecchio, *I Tribunali internazionali tra globalizzazione e localismi*, 2ª ed., Bari, Cacucci, 2015, p. 59 ss.; M. Garcia-Revillo, *The contentious and advisory jurisdiction of the International Tribunal for the Law of the Sea*, Leiden/Boston, Brill Nijhoff, 2015; AA.VV., *The contribution of the International Tribunal for the Law of the Sea to the Rule of Law: 1996-2016*, Leiden, Brill Nijhoff, 2016; P. Chandrasekhara Rao, P. Gautier, *The International Tribunal For The Law of The Sea: Law, Practice And Procedure*, Cheltenham, Edward Elgar Pub., 2018; G. Le Floch (a cura di), *Les vingt ans du Tribunal international du droit de la mer: actes du colloque des 2-3 juin 2016*, Paris, Pedone, 2018; A. Del Vecchio, R. Virzo (a cura di), *Interpretations of the United Nations Convention on the Law of the Sea by International Courts and Tribunals*, Cham, Springer, 2019. V. pure le trattazioni generali più recenti sul diritto del mare come, ad es., M. Forteau, J.-M. Thouvenin, *Traité de droit international de la mer*, Paris, Pedone, 2018, p. 133 ss. e Y. Tanaka, *The international law of the sea*, 3 ed., Cambridge, CUP, 2019.

47. Base giuridica e composizione. — Il Tribunale internazionale per il diritto del mare (TIDM o, secondo l'acronimo inglese, ITLOS) è stato istituito in base alla Parte XV della Convenzione delle Nazioni Unite sul diritto del mare del 1982 (UNCLOS) ed all'Annesso VI sullo Statuto del Tribunale. Con sede ad Amburgo, il Tribunale è composto da 21 giudici indipendenti e di notoria competenza in materia di diritto internazionale, eletti per 9 anni, e da camere speciali che si occupano di particolari categorie di controversie. La composizione del Tribunale riflette i maggiori sistemi giuridici del mondo. Non vi può essere più di un giudice avente la cittadinanza del medesimo Stato.

48. Competenza. — Posto che l'ITLOS viene indicato dall'art. 279 UNCLOS quale uno dei possibili mezzi pacifici di soluzione delle controversie tra Stati di cui all'art. 33 della Carta dell'ONU, **all'art. 287, par. 1, UNCLOS** si indica che "uno Stato è libero di scegliere, mediante una dichiarazione scritta, uno o più dei seguenti mezzi per la soluzione delle controversie relative all'interpretazione od all'applicazione della presente Convenzione:

a) il Tribunale internazionale per il diritto del mare costituito conformemente all'Allegato VI;

b) la Corte internazionale di giustizia;

c) un tribunale arbitrale costituito conformemente all'allegato VII;

d) un tribunale arbitrale speciale costituito conformemente all'allegato VIII, per una o più delle categorie di controversie ivi specificate".

In base all'art. 288 UNCLOS, il TIDM può conoscere qualsiasi controversia relativa all'interpretazione o all'applicazione della UNCLOS, nonché di qualsiasi accordo internazionale successivo sempre in materia di diritto del mare. In effetti, il TIDM può esercitare una ***competenza contenziosa*** anche attraverso compromesso o accordo internazionale, oltre alla ***competenza consultiva***.

L'esercizio della giurisdizione del Tribunale è subordinato all'accettazione della giurisdizione da parte degli Stati coinvolti nella controversia, anche di quelli eventualmente non parti alla Convenzione. Il Tribunale possiede un'importante competenza obbligatoria in materia di ***misure cautelari*** nelle controversie che devono essere risolte da un collegio arbitrale non ancora istituito (art. 290, par. 5) e in merito al *pronto rilascio di navi ed equipaggi* (art. 292), una competenza che ha già efficacemente utilizzato.

49. Accesso al TIDM. — La competenza *ratione personae* dell'ITLOS è chiaramente più ampia di quella della CIG, e si trova maggiormente in linea con l'evoluzione della *societas* internazionale del nostro tempo data la diversità degli attori nel mondo marittimo. Infatti, oltre agli Stati parti della UNCLOS e alle OIG che ne siano parte (art. 291, par. 2, UNCLOS), si prevede all'art. 20 del suo Statuto una formula generale che allude a "a soggetti diversi dagli Stati contraenti nel caso di controversie espressamente previste dalla Parte XI o per qualsiasi controversia presentata in base ad un qualsiasi altro accordo che conferisca al Tribunale una competenza accettata da tutte le parti di quella controversia".

Soprattutto, va sottolineato che una camera dell'ITLOS, la ***Camera per la soluzione delle controversie sui fondi marini*** possiede in base all'**art. 187 UNCLOS**, un'ampia *competenza transnazionale* circa le *controversie relative ai fondi marini* che possono insorgere:

a) tra gli Stati parti dell'UNCLOS;

b) tra uno Stato e l'Autorità internazionale dei fondi marini;

c) tra le parti (statali o non statali) di un contratto stipulato per svolgere determinate attività nei fondi marini

d) fra l'Autorità e un potenziale contraente (cioè uno Stato contraente, un'impresa di Stato o una persona fisica o giuridica patrocinata da uno Stato contraente conformemente all'articolo 153, n. 2, lett. *b)* UNCLOS).

Il modello della CIG appare perciò un modello superato dalla storia.

50. Sentenze e pareri. — Le sentenze del Tribunale internazionale per il diritto del mare sono definitive e obbligatorie per le parti della controversia. Nell'esercitare la propria funzione consultiva ([87]), l'ITLOS emette pareri su questioni giuridiche concernenti la conformità di un accordo internazionale alla Convenzione.

L'ITLOS si è finora pronunciato su 29 casi contenziosi con ordinanze o sentenze, di cui i procedimenti a carattere consultivo sono 2. Tali atti hanno affrontato tematiche complesse come

---

([87]) Cfr. L. Marotti, "Sulla funzione consultiva del Tribunale internazionale del diritti del mare", in *Riv. dir. int.*, 2015, p. 1171 ss..

in materia di nazionalità delle navi; libertà di navigazione nella zona economica esclusiva; pronta liberazione di navi ed equipaggi detenuti a causa della ritenuta violazione della UNCLOS (v. da ultimo il caso n.26 circa il sequestro di tre navi ucraine da parte della Federazione Russa); prevenzione dall'inquinamento marino derivante dall'immersione di rifiuti e, più in generale, sulla conservazione e gestione delle risorse marine. Due procedimenti ITLOS hanno riguardato l'Italia: quello relativo e già citato del *caso dei due Marò* e il caso *Norstar* (Panama c. Italia, caso n.25) in cui l'Italia è risultata parte soccombente.

§ 2. — *La Corte penale internazionale*

Bibliografia sommaria: Th. Meron, *International Criminalization of Internal Atrocities*, *AJIL*, 1995, p. 554 ss.; I. Caracciolo, *Dal diritto penale internazionale al diritto internazionale penale. Il rafforzamento delle garanzie giurisdizionali*, Napoli, 2000; E. Greppi, *I crimini di guerra e contro l'umanità nel diritto internazionale*, Torino, Giappichelli, 2001; A. Cassese, *Lineamenti di diritto internazionale penale*, I, Bologna, Il Mulino, 2005; S. Zappalà, *La Giustizia penale internazionale*, Bologna, Il Mulino, 2005; F. Pocar, "The International Proliferation of Criminal Jurisdictions Revisited", in *Coexistence, Cooperation and Solidarity*, in *Liber Rüdiger Wolfrum*, 2012, p. 1705 ss.; C. Ragni, *I tribunali penali internazionalizzati. Fondamento, giurisdizione e diritto applicabile*, Milano, Giuffrè, 2012; E. Greppi, *I crimini dell'individuo nel diritto internazionale*, Torino, Utet, 2012; A. Lanciotti, *La Corte penale internazionale e la repressione delle gravi violazioni del diritto umanitario*, Torino, Giappichelli, 2013; A. Del Vecchio, *I Tribunali internazionali tra globalizzazione e localismi*, 2ª ed., Bari, Cacucci, 2015, p. 221 ss.; W. Schabas, *An introduction to the International Criminal Court*, 5 ed., Cambridge, CUP, 2017; F. Marrella, "Protection internationale des droits de l'homme et activités des sociétés transnationales", in *RCADI*, vol. 385, 2017, pp. 33-435.

51. — Il 17 luglio 1998, venne istituita per trattato (lo Statuto adottato a Roma in pari data, entrato in vigore nel 2002 e vincolante per i soli Stati che l'hanno ratificato o vi hanno aderito) la *Corte Penale Internazionale* ([88]) (CPI o ICC per *International Criminal Court*). Si tratta di un esempio fondamentale di tribunale penale internazionale permanente a vocazione mondiale, dotato della personalità internazionale e competente a conoscere dei "*più gravi crimini di portata internazionale*" commessi da individui (tutti gli individui, compresi i capi di Stato e altri responsabili politici) quali:

— il ***crimine di genocidio***, di cui all'art. 6 dello Statuto della CPI. Consiste in una serie di atti commessi "nell'intento di distruggere, in tutto o in parte, un gruppo nazionale, etnico, razziale o religioso" ([89]);

— i ***crimini contro l'umanità***, di cui all'art. 7 dello Statuto della CPI, che consistono in una serie di atti intenzionalmente commessi "nell'ambito di un esteso e sistematico attacco contro qualsiasi popolazione civile" ([90]);

([88]) La natura giuridica dello Statuto della CPI è diversa, sia da quella del Tribunale Penale internazionale per i crimini commessi nell'ex-Jugoslavia del 1993, sia da quella del Tribunale internazionale per il Ruanda del 1994. Quei due tribunali penali internazionali sono stati istituiti non in base a trattato, bensì in virtù di risoluzioni del Consiglio di sicurezza ONU nel quadro del Capo VII della Carta, il chè ne rende immediata ed opponibile la creazione e l'operato a tutti gli Stati membri dell'ONU.

([89]) L'art. 6 dello Statuto della Corte individua una serie di fattispecie a tale riguardo: "*a*) uccisione di membri del gruppo; *b*) lesioni gravi all'integrità fisica o mentale di membri del gruppo *c*) sottoposizione deliberata del gruppo a condizioni di esistenza che comportano la sua distruzione fisica, totale o parziale; *d*) misure miranti a impedire le nascite all'interno del gruppo; *e*) trasferimento forzato di bambini da un gruppo all'altro". In arg. v. E. Greppi, *I crimini dell'individuo nel diritto internazionale*, Torino, utet, 2012.

([90]) L'art. 7 dello Statuto della Corte elenca 11 categorie di "crimini contro l'umanità": "omicidio, sterminio, riduzione in schiavitù, deportazione o trasferimento forzato di popolazione, incarcerazione o altra grave violazione della libertà personale in violazione di regole fondamentali di diritto internazionale,

— i ***crimini di guerra***, di cui all'art. 8 dello Statuto della CPI, che consistono in gravi violazioni del diritto internazionale umanitario applicabile nei conflitti armati, sia internazionali che interni (91);

— il ***crimine di aggressione***, che comporta la punibilità di coloro che sono coinvolti nella commissione di un atto di aggressione internazionale, ossia nell'uso della forza armata di uno Stato contro la sovranità territoriale o l'indipendenza politica di un altro Stato. A tale riguardo, la Conferenza di revisione, prevista dallo Statuto della CPI (92) che si è tenuta a Kampala dal 31 maggio al 10 giugno 2010, ha esaminato un certo numero di potenziali emendamenti a cominciare da quello concernente l'esercizio della giurisdizione relativamente al *crimine di aggressione*. A conclusione di un difficile negoziato, si è definito quel reato internazionale all'art. 8-*bis* (93) dello Statuto della Corte e si sono introdotti un art. 15-*bis* e 15-*ter* in base ai quali, tra l'altro, la CPI può esercitare la propria giurisdizione in questa materia a partire dal 1° gennaio 2017 e solo dopo l'accettazione di almeno 30 Stati Parti.

Non rientrano, invece, nella giurisdizione *ratione materiae* della CPI, né la tortura, né il terrorismo internazionale per sé, a meno che non si tratti di atti qualificabili entro le quattro fattispecie precedentemente indicate.

La CPI è operativa dal 16 giugno 2003, dopo il deposito delle sessanta ratifiche richieste per l'entrata in vigore dello Statuto e l'elezione dei diciotto giudici e del Procuratore generale. La CPI ha sede a L'Aja. Gli organi della Corte sono: la Presidenza; la Sezione d'appello, composta del Presidente e di 4 altri giudici; le Sezioni di prima istanza e preliminari, ciascuna composta di 6 giudici; l'Ufficio del Procuratore; il Cancelliere. Lo Statuto ha inoltre costituito l'Assemblea degli Stati parti, organo cui è altresì affidato il compito di eleggere i 18 giudici della Corte, assicurando

---

tortura, stupro, schiavitù sessuale, prostituzione forzata, gravidanza forzata, sterilizzazione forzata, o ogni altra forma di violenza sessuale di gravità comparabile, persecuzione contro un gruppo o collettività identificabile per motivi politici, razziali, nazionali etnici, culturali, religiosi, di genere e così via".

(91) In particolare quelle di cui alla convenzione di Ginevra del 1949 ed ai Protocolli addizionali del 1977. V. l'ampia elencazione di cui all'art. 8 dello Statuto CPI.

(92) Articolo 123, par. 1, Statuto CPI.

(93) Art. 8-*bis* "Crimine di aggressione": 1. Ai fini del presente Statuto, "per crimine di aggressione" s'intende la pianificazione, la preparazione, l'inizio o l'esecuzione, da parte di una persona in grado di esercitare effettivamente il controllo o di dirigere l'azione politica o militare di uno Stato, di un atto di aggressione che per carattere, gravità e portata costituisce una manifesta violazione della Carta delle Nazioni Unite. — 2. Ai fini del paragrafo 1, "per atto di aggressione" s'intende l'uso della forza armata da parte di uno Stato contro la sovranità, l'integrità territoriale o l'indipendenza politica di un altro Stato, o in qualunque altro modo contrario alla Carta delle Nazioni Unite. Indipendentemente dall'esistenza di una dichiarazione di guerra, in conformità alla risoluzione 3314 (XXIX) dell'Assemblea generale delle Nazioni Unite del 14 dicembre 1974, i seguenti atti sono atti di aggressione: — *a*) l'invasione o l'attacco da parte di forze armate di uno Stato del territorio di un altro Stato o qualunque occupazione militare, anche temporanea, che risulti da detta invasione o attacco o qualunque annessione, mediante l'uso della forza, del territorio di un altro Stato o di parte dello stesso; — *b*) il bombardamento da parte delle forze armate di uno Stato contro il territorio di un altro Stato, o l'impiego di qualsiasi altra arma da parte di uno Stato contro il territorio di un altro Stato; — *c*) il blocco dei porti o delle coste di uno Stato da parte delle forze armate di un altro Stato; — *d*) l'attacco da parte delle forze armate di uno Stato contro le forze armate terrestri, navali o aeree di un altro Stato o contro la sua flotta mercantile o aerea; — *e*) l'utilizzo delle forze armate di uno Stato, che si trovano nel territorio di un altro Stato con l'accordo dello Stato ricevente, in violazione delle condizioni stabilite nell'accordo, o qualunque prolungamento della loro presenza in detto territorio dopo il termine dell'accordo; — *f*) l'azione di uno Stato che permette che il suo territorio, che ha messo a disposizione di un altro Stato, sia utilizzato da questo altro Stato per perpetrare un atto di aggressione contro un terzo Stato".

un'equa rappresentanza dei principali sistemi giuridici, delle diverse aree geografiche e dei due sessi. I giudici restano in carica per il periodo di 9 anni e non sono rieleggibili.

Fanno parte dello Statuto della Corte 123 Stati (aprile 2018), inclusa la Palestina (dal 1° aprile 2015) ([94]). Questo Paese, tramite Ris. n. 67/19 del novembre 2012 era già divenuto Stato osservatore permanente dell'ONU.

La CPI, a differenza dei Tribunali ad hoc, *non è un organo delle Nazioni Unite* ma, essendo fondata su un trattato internazionale multilaterale, costituisce un'istituzione autonoma, caratterizzata da indipendenza ed imparzialità, seppure funzionalmente collegata all'ONU. Il collegamento funzionale tra Corte ed ONU, ai sensi dell'art. 2 dello Statuto, è oggetto di un apposito accordo approvato dall'Assemblea degli Stati Parte. La Corte è autonoma, in quanto competente non solo a darsi le regole del proprio funzionamento con l'adozione del Regolamento della Corte (art. 52), ma anche in quanto può autonomamente disporre dei mezzi e delle risorse finanziarie necessari. L'indipendenza di giudici e Procuratori è poi assicurata dal metodo della loro elezione prevista agli artt. 40 e 42 dello Statuto. I medesimi articoli, assieme all'art. 41 che prevede l'esonero e la ricusazione dei giudici, ne assicurano inoltre l'imparzialità.

52. (*segue*) La giurisdizione della CPI/ICC *ratione temporis* — *La Corte penale internazionale ha giurisdizione solo sui crimini internazionali commessi a partire dal* ***1° luglio 2002****, data di entrata in vigore dello Statuto (art. 11 Statuto CPI).*

Alcuni Stati — tra cui Cina, India, Israele, Libia e soprattutto gli Stati Uniti — non sono ancora Parti Contraenti dello Statuto della CPI. Nello specifico, gli Stati Uniti — sfruttando la possibilità lasciata aperta dall'art. 98 di detto Statuto — hanno negoziato una trentina di trattati bilaterali con Paesi che, nel caso in cui fosse necessario, si rifiuteranno di consegnare alla CPI i propri cittadini, anche in caso di commissione di crimini internazionali.

Finora, la CPI ha avviato procedimenti ed ha emesso dei mandati d'arresto per crimini contro l'umanità, genocidio e crimini di guerra in occasione di fatti commessi principalmente *sul continente africano* — circostanza che ha destato alcune critiche nei confronti della Corte stessa, tacciata di "neocolonialismo" o di imperialismo giuridico.

Solo quattro Stati parti, Uganda, Repubblica Democratica del Congo, Repubblica Centrafricana e Mali, hanno rinviato una situazione alla Corte per attivare il processo internazionale penale *ex* art. 14 dello Statuto.

Il Consiglio di sicurezza dell'ONU, a propria volta ed in base all'art. 12, par. 2, ha rinviato alla Corte situazioni in Sudan con riferimento al presidente Omar-al-Bashir relativamente al Darfur nonché in Libia. Va osservato che né il Sudan, né la Libia sono Parti contraenti dello Statuto della CPI. Altri procedimenti sono in corso nei confronti di un certo numero di cittadini del Kenya a seguito delle atrocità commesse in occasione delle elezioni del 2007 ed altri ancora ([95]).

([94]) A seguito del deposito dello strumento di accessione, il 2 gennaio 2015, lo Statuto della CPI è entrato in vigore per la Palestina a far data dal 1° aprile 2015. La Palestina ha dichiarato, ai sensi e per gli effetti dell'art. 12, par. 3, dello Statuto, di accettare la giurisdizione della Corte per i crimini commessi nel territorio palestinese occupato, inclusa Gerusalemme Est, a partire dal 13 giugno 2014.

([95]) Per aggiornamenti v. il sito della CPI. V. pure la Ris. n. 2347 (2017), del Consiglio di Sicurezza ONU adottata, all'unanimità, il 24 marzo 2017 e riguardante le misure da prendere per impedire la distruzione e il commercio illecito di beni culturali spogliati durante i conflitti armati ad opera di gruppi terroristici.

Il 27 settembre 2016, la CPI ha pronunciato la sua prima sentenza in materia di *crimini contro il patrimonio culturale* nei confronti di Ahmad Al-Faqi Al-Mahdi, il quale è stato condannato a dieci anni di reclusione per aver distrutto e danneggiato nove mausolei ed una moschea nella città di Timbuctu (in Mali), nel corso di un conflitto armato di natura non internazionale.

Va inoltre osservato che *la giurisdizione della CPI non ha carattere universale*. La Corte può procedere solo in presenza di determinate condizioni, precisate all'art. 12 del suo Statuto:

53. (*segue*) La giurisdizione della CPI/ICC *ratione loci*. — La CPI ha *competenza territoriale* se il crimine è stato commesso nel territorio (terrestre, marittimo, aereo, incluse navi ed aeromobili immatricolati) di uno Stato parte dello Statuto. In questo caso, non conta la nazionalità della persona accusata del crimine che quindi può anche essere quella di uno Stato terzo.

Invece, per quanto concerne *i crimini commessi sul territorio di uno Stato terzo, anche da cittadini di uno Stato terzo*, la giurisdizione della CPI è condizionata all'accettazione dello Stato terzo con dichiarazioni *ad hoc*.

54. (*segue*) La giurisdizione della CPI/ICC *ratione personae*. — La Corte ha *competenza personale* allorquando la persona accusata del crimine ha la cittadinanza di uno Stato Parte dello Statuto. In questo caso è irrilevante il luogo di commissione del crimine (può anche essere stato commesso nel territorio di uno Stato terzo).

Tuttavia, il consenso dello Stato di cittadinanza della persona accusata del crimine non è necessario quando il caso è sottoposto alla Corte direttamente dal Consiglio di sicurezza ONU in base al Capo VII della Carta ONU.

55. (*segue*) Il procedimento e il principio di complementarietà con i giudici interni. — L'esercizio della giurisdizione da parte della CPI viene ulteriormente regolato dalle disposizioni di cui all'art. 13 ss. dello Statuto. Il procedimento può iniziare con una segnalazione (***referral***) di uno Stato Parte o del Consiglio di sicurezza dell'ONU, o attraverso l'iniziativa autonoma, *motu proprio*, del Procuratore (l'organo dell'accusa), sottoposta però all'autorizzazione di una Camera preliminare della CPI formata da tre giudici ([96]).

Infine, va osservato che, sul piano processuale, l'esercizio della giurisdizione personale della CPI è condizionato al mancato esercizio della giurisdizione nazionale allorquando uno o più Stati possono affermare la loro giurisdizione su un crimine specifico in virtù di un loro titolo quale quello della territorialità, della nazionalità (attiva o passiva) od anche dell'universalità ([97]). *Si parla, a tale proposito, di giurisdizione complementare della CPI rispetto alla giurisdizione penale nazionale (art. 1*

([96]) Ai sensi dell'art. 53 dello Statuto della CPI, spetta al Procuratore valutare le informazioni a disposizione al fine di aprire un'indagine ovvero di decidere circa la non procedibilità del caso.

([97]) Come osserva limpidamente A. Cassese, *Lineamenti di diritto internazionale penale*, II, Bologna, Il Mulino, 2005, p. 36: "mentre il possibile conflitto positivo di giurisdizione tra gli Stati non è regolato nemmeno da norme di natura convenzionale, il problema del conflitto di giurisdizione fra un tribunale penale internazionale e i tribunali interni è disciplinato da norme convenzionali o da norme contenute in risoluzioni vincolanti del CdS [Consiglio di Sicurezza ONU]". In breve, nel caso del TPIJ [Tribunale penale internazionale per la ex Jugoslavia] e del TPIR [Tribunale penale internazionale per il Ruanda], si è riconosciuta priorità (*primacy*) alla giurisdizione dei due Tribunali *ad hoc* rispetto a qualsiasi tribunale nazionale; spetta alla giurisdizione della Corte (che è appunto *complementare* rispetto a quella degli Stati).

Statuto della CPI) ([98]). L'idea di fondo è quella per cui la CPI non si sostituisce alle giurisdizioni penali degli Stati ([99]), bensì interviene tramite la propria giurisdizione solo per i crimini più gravi, se un processo nazionale non sia possibile, oppure manchi la volontà dello Stato territoriale di procedere in modo effettivo contro la persona o le persone responsabili di crimini internazionali ([100]).

56. (*segue*) Regime giuridico dei *crimini internazionali*. — Ciò comporta delle conseguenze anche sul piano della *legge applicabile a ciascun crimine internazionale*. Quando i crimini internazionali dell'individuo vengono giudicati da *giudici di diritto interno*, questi ultimi baseranno la loro pronuncia sul diritto penale vigente in quello Stato (la *lex fori* penale). La CPI, invece, applica *norme internazionali-penali*, nonché i principi generali comuni di diritto penale ricavati dagli ordinamenti interni degli Stati ([101]).

Riguardo alle *pene applicabili*, la più grave prevista dallo Statuto è la reclusione per un periodo di trent'anni essendo **esclusa**, come generalmente avviene per i tribunali penali internazionali, **la pena di morte**.

In conclusione, risulta evidente che, oggi, in diritto internazionale, si è definitivamente affermata l'idea che gli individui sono destinatari diretti di norme internazionali, norme che vietano certi comportamenti degli individui a pena della loro responsabilità internazionale penale.

L'istituzione della CPI consente di operare in modo più rigoroso una distinzione tra, da un lato, i "crimini internazionali" (*crimina iuris gentium*) in senso stretto, ossia condotte vietate agli individui nell'ordinamento giuridico internazionale (e di cui, *inter alia*, allo Statuto della CPI); dall'altro lato, i "crimini internazionalizzati" con riferimento a quei reati la cui repressione è affidata, tuttavia, a *giudici nazionali* attraverso il diritto penale interno (incluso quello di recezione della norma internazionale) e tramite la cooperazione giudiziaria tra Stati ([102]).

Sezione III

Le Corti permanenti a vocazione regionale

57. Premessa. — Istituite a partire dalla seconda metà del Novecento, le corti internazionali permanenti a vocazione internazionale-regionale si sono nettamente differenziate dal modello classico dei primi del Novecento rappresentato e dominato

---

([98]) E v. in proposito CPI, Camera d'appello, 25 settembre 2009, *Prosecutor v. Germain Katanga and Mathieu Ngudjolo Chui*, ove la Corte ha precisato che la questione di complementarità della propria giurisdizione sorge solo qualora si sia accertato che, a livello nazionale, siano in corso indagini o processi.

([99]) Occorre altresì considerare che la CPI necessita della cooperazione degli Stati, delle Nazioni Unite e di altri soggetti per potere svolgere effettivamente le sue funzioni. Essa, infatti, non dispone di mezzi propri per procedere all'arresto delle persone accusate, alla raccolta delle prove e delle testimonianze e, in generale, per compiere le attività richieste dallo svolgimento del processo. Lo Statuto pone, quindi, agli Stati contraenti l'obbligo di prestare alla CPI, su sua richiesta, la cooperazione e l'assistenza giudiziale necessarie, in conformità con le rispettive leggi nazionali.

([100]) Se tale condizione non viene rispettata, la CPI dichiara *improcedibile* il caso *ex* art. 17 ss. del suo Statuto.

([101]) Basti pensare a principi quali quello della irretroattività della norma penale, o a quello *nullum crimen et nulla poena sine lege*.

([102]) Si pensi, a tale riguardo, ai reati legati al traffico illecito di droghe e stupefacenti, alla corruzione, riciclaggio di denaro e così via.

dalla CPGI e dalla CIG. Un esame succinto delle Corti regionali bene evidenzia l'espansione della funzione giurisdizionale internazionale — in linea con la trasformazione della struttura e delle funzioni del diritto internazionale contemporaneo a cui abbiamo spesso fatto riferimento — da un ambito prettamente interstatuale (ossia di "diritto internazionale pubblico") ad *un più vasto spazio giurisdizionale di tipo internazionale-transnazionale* dove un dato costante è quello di attribuire *locus standi* anche ai soggetti privati (persone fisiche e giuridiche) e mantenendo una propria autonoma fisionomia rispetto alla risoluzione delle controversie in via arbitrale.

58. Premessa. Questi dati emergono con evidenza con riferimento sia alle principali Corti permanenti nei sistemi di integrazione economica regionale (§1), sia alle Corti internazionali in materia di tutela dei diritti umani (§2).

§ 1. — *Le Corti nei sistemi di integrazione economica regionale*

59. — Esamineremo brevemente sia le principali corti permanenti operanti nello spazio europeo (A), quelle dei sistemi regionali di integrazione in America latina (B) e quelle del continente africano (C).

A. **Corti dello spazio europeo**

60. La Corte di giustizia UE. — Abbiamo già detto ampiamente in questo libro del ruolo e delle funzioni della Corte di giustizia UE. La Corte di giustizia operante in seno all'Unione europea costituisce uno dei modelli più avanzati mai realizzati di Corte permanente internazionale operante al livello regionale e per tali ragioni ha funto da modello per molte corti regionali recentemente istituite. Nell'ordinamento particolare dell'Unione europea che, per quanto *sui generis*, è ancora un ordinamento di tipo *internazionale*, è ben noto che gli individui possono far valere i propri diritti direttamente o indirettamente dinanzi alla Corte di giustizia. L'art. 167 TFUE ammette il rinvio pregiudiziale alla Corte e l'accesso diretto di persone fisiche e giuridiche attraverso l'art. 263 TFUE tramite il quale viene esercitata l'azione di annullamento nei confronti di atti dell'Unione europea. A tali questioni abbiamo più volte fatto cenno nel corso del presente volume e pertanto rinviamo alle sedi appropriate.

61. La Corte dell'Unione economica eurasiatica (UEEA). — Spostando lo sguardo al continente eurasiatico troviamo la Corte dell'Unione economica eurasiatica che è l'istituzione deputata a garantire l'applicazione e l'interpretazione uniforme del diritto dell'UEEA, una zona di integrazione economica che, sul modello dell'Unione Europea, persegue l'istituzione di un mercato comune e di un'area di libera circolazione di persone, merci, capitali e servizi. Istituita il 29 maggio 2014 contestualmente all'UEEA ha cominciato i propri lavori il 1° gennaio 2015. La Corte, che ha competenza contenziosa e consultiva, ha sede a Minsk (Bielorussia) e si compone di due giudici per ogni Stato membro. Può essere adita oltre che dagli Stati membri, anche da persone fisiche o giuridiche ([103]). Le sentenze della Corte devono essere eseguite dalle parti secondo quanto previsto dal Capo VII dello Statuto della Corte.

([103]) Si rinvia a F. Marrella, P. Barbirotto, "L'Unione Economica Euroasiatica: una rivoluzione russa per il commercio internazionale?", in *Dir. comm. int.*, 2018, p. 277 ss..

B. **Le Corti dei sistemi di integrazione regionale in America latina.**

62. La Corte di giustizia caraibica. — In America latina, la Corte di giustizia caraibica è stata istituita il 14 febbraio 2001 con l'Accordo di Bridgetown, Barbados (e con la successiva revisione del Trattato di Chaguaramas del 14 febbraio 1973), istitutivo della Comunità caraibica e del mercato della CARICOM ([104]). Questa corte permanente ha iniziato ad operare il 16 ottobre 2005 ed esercita, tra l'altro, una funzione giurisdizionale internazionale ed una funzione consultiva. Ad essa possono accedere oltre agli Stati membri al suo trattato istitutivo, anche i soggetti privati degli Stati parti. In tal senso dispone testualmente l'art. 222 del Trattato di Chaguaramas:

"*Locus Standi of Private Entities*

Persons, natural or juridical, of a Contracting Party may, with the special leave of the Court, be allowed to appear as parties in proceedings before the Court where:

(a) the Court has determined in any particular case that this Treaty intended that a right or benefit conferred by or under this Treaty on a Contracting Party shall enure to the benefit of such persons directly; and

(b) the persons concerned have established that such persons have been prejudiced in respect of the enjoyment of the right or benefit mentioned in paragraph (a) of this Article; and

(c) the Contracting Party entitled to espouse the claim in proceedings before the Court has:

(i) omitted or declined to espouse the claim, or

(ii) expressly agreed that the persons concerned may espouse the claim instead of the Contracting Party so entitled; and

(d) the Court has found that the interest of justice requires that the persons be allowed to espouse the claim."

63. Tribunale di giustizia della Comunità andina. — Anche la Comunità Andina si è dotata di un organo giurisdizionale internazionale. Il Tribunale di giustizia (TJAC) è stato istituito tramite il Patto Andino il 28 maggio 1979 ed ha iniziato a funzionare nel 1984 ([105]). È composto da un giudice per ogni Stato membro e si conforma al modello della Corte di Giustizia UE potendo risolvere le controversie tra Stati membri, pronunciarsi in via pregiudiziale sull'interpretazione delle norme della Comunità andina. "Il TJAC è altresì giudice amministrativo, quando esercita il controllo sugli atti della Commissione e della Giunta (ora Segreteria Generale), ai sensi degli artt. 17-22 del Trattato, su ricorso proposto sia da parte degli Stati membri, sia" — secondo ANGELA DEL VECCHIO — "da parte dei singoli e delle persone giuridiche (*Acciòn de Nulidad*)" ([106]).

64. La Corte centroamericana di giustizia. — Abbiamo già accennato in precedenza alla Corte di giustizia centroamericana che ha operato dal 1907 al 1918 ed è stato uno dei primi esempi storici di tribunali internazionali istituiti per trattato a cui avevano accesso gli individui. Una nuova Corte ha iniziato ad operare il 12 ottobre 1994 a seguito del Protocollo di Tegucigalpa del 13 dicembre 1991 istitutivo del

---

([104]) https://ccj.org/member-states/jamaica/. In arg. v. A. DEL VECCHIO, *I Tribunali internazionali*, 2 ed., cit., p. 122 ss. ove riferimenti.

([105]) https://http://www.comunidadandina.org/Seccion.aspx?id=29&tipo=SA&title=tribunal-de-justicia-de-la-comunidad-andina. In arg. v. A. DEL VECCHIO, *I Tribunali internazionali*, 2 ed., cit., p. 126 ss. ove riferimenti.

([106]) A. DEL VECCHIO, *I Tribunali internazionali*, 2 ed., cit., p. 128.

Sistema dell'integrazione centramericana ([107]). La Corte è un organo giudiziario internazionale-regionale e decide controversie fra Stati (oltre a possedere una competenza consultiva) su un ampio spettro di questioni relative all'integrazione tra gli Stati membri. All'art. 10 della sua *Ordenanza de Procedimientos* indica testualmente quanto segue:

> "Son sujetos procesales:
> *a*) Los Estados miembros del SICA y, en su caso, cualquier otro Estado;
> *b*) Los Poderes u Órganos fundamentales de los Estados miembros. La Corte definirá en cada caso concreto la naturaleza procesal de los Órganos que acudan a ella;
> *c*) Los Órganos u Organismos del Sistema; y,
> *d*) Las personas naturales o jurídicas."

C. **Le Corti nei sistemi di integrazione regionale africana.**

65. La Corte di giustizia dell'ECOWAS. — In Africa si ritrovano altri e rilevanti esempi di corti internazionali permanenti operanti su scala regionale. Nel 1975, a seguito dell'istituzione tramite il Trattato di Lagos della Comunità economica degli Stati dell'Africa occidentale (*Economic Community of West African States — ECOWAS*), è stata costituita con il Protocollo di Abuja del 1991 anche una Corte di giustizia, composta da cinque giudici indipendenti con mandato quadriennale ([108]). La Corte possiede giurisdizione contenziosa e consultiva e si pronuncia sulle controversie tra Stati Membri concernenti l'applicazione e l'interpretazione dei testi comunitari, sulle controversie con gli agenti nonché, a partire dal 2005, anche sui reclami internazionali individuali relativi alle violazione dei diritti umani verificatesi negli Stati membri. La Corte può essere adita anche dagli individui (e l'accesso alla Corte è stato esteso in buona misura anche alle ONG), senza il previo esaurimento dei mezzi di ricorso interni, e può applicare, oltre alle norme adottate dalla Comunità, i principi generali di diritto e gli strumenti internazionali sui diritti umani in vigore negli Stati convenuti.

66. La Corte di giustizia del WAEMU. — Una Corte di giustizia dell'Unione Economica e Monetaria dell'Ovest-Africano (*WAEMU*, nella versione inglese, o *UEMOA* in quella francese) è stata prevista nel trattato istitutivo di detta OIG (il Trattato di Dakar del 1994) ([109]). La Corte è composta da un giudice per ciascuno Stato membro, con un mandato di sei anni. Le sue funzioni sono disciplinate dal Primo Protocollo addizionale al Trattato di Dakar del 10 gennaio 1994, il quale prevede che

---

([107]) http://portal.ccj.org.ni/ccj/. In arg. v. I. Ingravallo, "La Corte Centroamericana di giustizia" in P. Pennetta (a cura di), *L'evoluzione dei sistemi giuridici regionali ed influenze comunitarie*, Bari, Cacucci, 2010 e A. Del Vecchio, *I Tribunali internazionali*, 2 ed., cit., p. 130 ss. ove riferimenti.

([108]) http://prod.courtecowas.org/. In arg. v. L. Poli, "La Corte di giustizia dell'ECOWAS: quali prospettive per un concreto miglioramento della tutela dei diritti umani in Africa?", in *DUDI*, 2014, pp. 133-158; A. Del Vecchio, *I Tribunali internazionali*, 2 ed., cit., p. 149 ss.; G. Pascale, *La tutela internazionale dei diritti dell'uomo nel continente africano*, cit., 2017, p. 292 ss..

([109]) http://www.uemoa.int/en/organes-uemoa/la-cour-de-justice. In arg. cfr. D. Amoroso, "L'influenza dei precedenti della Corte di giustizia europea nella giurisprudenza della Corte dell'Unione Economica e Monetaria dell'Ovest-Africano (UEMOA)", in P. Pennetta (a cura di), L'evoluzione dei sistemi giurisdizionali regionali ed influenze comunitarie, Bari, Cacucci, 2010, p. 201 ss. A. Del Vecchio, *I Tribunali internazionali*, 2 ed., cit., p. 152 ss..

essa abbia competenza sull'applicazione e sull'interpretazione del diritto dell'Organizzazione, pronunciandosi essenzialmente su azioni volte ad accertare la legittimità degli atti delle istituzioni promosse da altre istituzioni, dagli Stati membri, nonché da persone fisiche o giuridiche. Possiede inoltre funzioni consultive e arbitrali, nonché altre competenze in materia di controversie tra l'Unione e i suoi agenti.

67. La Corte di giustizia del CEMAC. — La Corte di giustizia del CEMAC (Comunità economica e monetaria dell'Africa centrale) esercita il controllo giurisdizionale e contabile degli atti delle istituzioni della Comunità ([110]). Istituita per trattato il 5 luglio 1996 è composta da tredici giudici con mandato di sei anni rinnovabile una sola volta. Si compone di una Camera giudiziaria e di una Camera dei conti. Può essere adita non solo dagli Stati membri, dalle istituzioni e dagli organi della Comunità, ma anche da qualsiasi persona fisica o giuridica che lamenti una violazione dei trattati o di atti di diritto derivato dell'ente.

68. La Corte di giustizia dell'EAC. — La Corte di giustizia dell'Africa orientale (EACJ) è l'organo giudiziario della Comunità dell'Africa orientale (*East African Community* — EAC), un'OIG istituita dapprima nel 1967 (ma poi è stata sciolta nel 1977) e poi con il Trattato di Arusha del 30 novembre 1999. L'EACJ è competente per l'interpretazione e l'applicazione del Trattato ed è composta da giudici nominati dal Summit della Comunità dell'Africa orientale. Sono legittimati a rivolgersi alla Corte: il Segretario generale della Comunità, gli Stati membri, i tribunali nazionali per questioni pregiudiziali di natura interpretativa, nonché persone fisiche o giuridiche (comprese ONG e società commerciali) ancorché nel termine di due mesi dalla violazione. Quanto al valore delle pronunce della Corte, l'art. 38 del Trattato di Arusha impone agli Stati l'obbligo di conformarvisi adottando tutte le misure necessarie.

69. Il Tribunale della Comunità di sviluppo dell'Africa meridionale. — La Comunità di sviluppo dell'Africa meridionale (SADC) è un'OIG con obiettivi di cooperazione e di integrazione socioeconomica, politica e di sicurezza. Istituita nell'agosto 1992 con la stipula del Trattato e della Dichiarazione di Windhoek (Namibia), la SADC conta oggi 15 Stati membri ([111]). Il Tribunale è stato costituito in base agli artt. 9 e 16 del trattato SADC ed in base al Protocollo del 7 agosto 2000 può ricevere ricorsi presentati da individui e persone giuridiche contro uno Stato parte previo l'esaurimento dei ricorsi interni.

70. La Corte comune di Giustizia ed Arbitrato dell'OHADA. — L'Organizzazione per l'armonizzazione in Africa del diritto commerciale (OHADA) è stata istituita dal trattato sull'armonizzazione del diritto commerciale in Africa firmato il 17

([110]) https://www.ahjucaf.org/cemac-cour-de-justice. In arg. cfr. M. Fasciglione, "L'evoluzione dei sistemi giurisdizionali regionali e influenze comunitarie: la Corte di Giustizia della Comunità Economica e Monetaria dell'Africa Centrale (CEMAC)", in P. Pennetta (a cura di), *L'evoluzione dei sistemi giurisdizionali regionali ed influenze comunitarie*, Bari, Cacucci, 2010, p. 221 ss. e A. Del Vecchio, *I Tribunali internazionali*, 2 ed., cit., p. 153 ss..

([111]) https://www.sadc-tribunal.org. In arg. A. Del Vecchio, *I Tribunali internazionali*, 2 ed., cit., p. 158 ss..

ottobre 1993 a Port-Louis e riveduto a Quebec, Canada, il 17 ottobre 2008 ([112]). La Corte comune di giustizia (CCJA) e arbitrato dell'OHADA è stata istituita nel 1998; è una corte internazionale permanente, ha come sede principale Abidjan ed ha iniziato ad operare dal 2001. Dal 10 aprile 2015 è composta da tredici giudici eletti dal Consiglio dei Ministri dell'OHADA per un mandato non rinnovabile di 7 anni. Il trattato OHADA, integrato dal regolamento di procedura dinanzi al CCJA, regola il funzionamento della Corte di giustizia e lo statuto dei suoi giudici. Nell'esercizio della funzione principale che è, oltre a quella consultiva, quella giurisdizionale, la CCJA è giudice di ultima istanza in qualsiasi controversia riguardante le materie disciplinate dalla normativa dell'OHADA inclusi i lodi arbitrali e le decisioni relative ai ricorsi di annullamento delle sentenze pronunciate nei 17 Stati parti dell'OHADA. In caso di "cassazione di una decisione", la CCJA può trattare la causa nel merito, vale a dire sostituirsi al giudice di primo grado, esaminare la causa e riesaminarla. Ancora una volta, il modello di riferimento — seppure qui vi siano particolari elementi di originalità, ad es. in materia di arbitrato — non è la Corte internazionale di giustizia (CIG) bensì la Corte di giustizia UE. Pertanto, a certe condizioni, i soggetti privati hanno accesso a tale tribunale internazionale.

§ 2. — *Le Corti nei sistemi di tutela internazionale-regionale dei diritti umani*

71. — Le Corti internazionali per la tutela dei diritti umani sono "per deformazione professionale" orientate a favorire un vasto accesso dei soggetti privati, in particolare gli individui persone fisiche, alla giustizia internazionale ([113]). Ma anche qui — e già lo si è notato (Capp. I e XV) — non va dimenticato che si tratta di un'evoluzione recente. "Per secoli" — sono parole di NINO CASSESE — "la comunità internazionale è rimasta ancorata alla visione tradizionale del diritto secondo la quale gli individui, al di fuori dei confini nazionali, hanno rilievo solo in quanto stranieri e sono i beneficiari materiali di alcune norme, che regolano però rapporti interstatali" ([114]). In un contesto più avanzato, quello del **Consiglio d'Europa**, tramite un trattato interstatale come la CEDU ove gli individui sono dei "semplici" beneficiari dei diritti umani è stata istituita una vera e propria Corte permanente regionale ove gli individui hanno *locus standi* persino contro il proprio Stato di cittadinanza. La storia della CEDU è proprio quella di un preciso percorso normativo "che gli Stati potevano accettare solo un po' alla volta" ([115]). Ci riferiamo all'iniziale istituzione della *Commissione europea dei diritti umani*, un organo intergovernativo che serviva a filtrare i ricorsi individuali in modo che solo alcuni di essi raggiungessero la Corte EDU. Finché si ebbe la svolta, al finire del Novecento, con il **Protocollo n. 11** alla CEDU, un atto che ha comportato l'abolizione della Commissione europea dei diritti

---

([112]) https://www.ohada.org/ccja-en-bref/. In arg. A. DEL VECCHIO, *I Tribunali internazionali*, 2 ed., cit., p. 158 ss. e S.-P. LEVOA AWONA, "La Cour commune de justice et d'arbitrage et l'effectivité du droit de l'Ohada", in *JDI*, 2019, pp. 756-782 ove riferimenti.

([113]) In arg. v. *inter multos*, F. FRANCIONI, M. GESTRI, N. RONZITTI, T. SCOVAZZI, *Accesso alla giustizia dell'individuo nel diritto internazionale e dell'Unione Europea*, Milano, Giuffrè, 2008; A. DEL VECCHIO, *I Tribunali internazionali*, 2 ed., cit., p. 128 ss.; F. MARRELLA, "Protection internationale des droits de l'homme et activités des sociétés transnationales", in *RCADI*, vol. 385, 2017, pp. 33-435.

([114]) A. CASSESE, *I diritti umani oggi*, Bari-Roma, Laterza, 2005, p. 16.

([115]) A. CASSESE, *I diritti umani oggi*, cit., p. 112.

umani e l'accettazione automatica della competenza della Corte EDU da parte degli Stati contraenti.

72. — Alla luce di tali osservazioni è possibile cogliere, *ictu oculi*, i principali elementi di innovazione e di trasformazione del sistema internazionale di tutela dei diritti umani ove il Consiglio d'Europa costituisce il modello più avanzato di tutela e di accesso degli individui (ed anche delle persone giuridiche) rispetto agli altri sistemi regionali di tutela. Negli altri sistemi, come il sistema interamericano, vale ancora il sistema binario con una prima fase presso la Commissione ed una fase anteriore ed eventuale presso la Corte.

Fatte queste premesse, ci limiteremo qui a presentare alcune brevi osservazioni sulla Corte EDU, la Corte interamericana e la Corte Africana dei diritti umani e dei popoli.

73. La Corte EDU. — Abbiamo già parlato della Corte EDU (*supra*, Cap. XV) sicché qui resta solo da dire come si concretizza l'accesso alla giustizia degli individui, persone fisiche e giuridiche. Infatti, la Corte EDU è competente, oltre che per i ricorsi da parte degli Stati contraenti, anche per i ricorsi individuali aventi ad oggetto la violazione di una delle disposizioni della CEDU o dei suoi Protocolli. I diritti per la cui violazione può proporsi ricorso sono elencati nel Titolo I della CEDU: il diritto alla vita, il divieto di tortura, il divieto di schiavitù e dei lavori forzati, il diritto alla libertà e alla sicurezza, il diritto ad un equo processo, il principio del *nullum crimen sine lege*, il diritto al rispetto della vita privata e familiare, le libertà di pensiero, coscienza, religione, espressione, riunione e associazione, il diritto di sposarsi, il diritto ad un ricorso effettivo davanti ad un'istanza nazionale, il divieto di discriminazione, il divieto di abuso dei diritti ([116]).

L'art. 35 della CEDU, ammette il ricorso alla Corte EDU solo dopo *l'esaurimento dei mezzi di ricorso interni* (si tratta, nella maggior parte dei casi, di un'azione dinanzi al tribunale competente, seguita all'occorrenza da un appello e da un ricorso presso una giurisdizione superiore come la Corte suprema o la Corte costituzionale) e, comunque, entro e non oltre *sei mesi* dal giorno della decisione definitiva assunta dall'Autorità nazionale a meno che non si tratti di denuncia per eccessiva durata del processo.

La vittima (persona fisica, giuridica, ONG) di una violazione dei diritti garantiti dalla CEDU, senza particolari formalità e persino senza l'assistenza di un avvocato, può inviare una comunicazione alla Corte EDU che contenga: l'indicazione dei diritti garantiti dalla CEDU che si ritengono violati dallo Stato convenuto (che ovviamente deve essere Parte contraente della CEDU), l'indicazione delle decisioni della pubblica autorità che hanno comportato un danno con la data e il nome dell'autorità che le ha emesse; eventuali fotocopie di documenti.

La Corte, nel rispondere, invia un formulario del ricorso da redigere e spedire in triplice copia. Il ricorso può essere dichiarato irricevibile al pari delle domande manifestamente infondate come pure sono rigettate le domande anonime e quelle già esaminate che non contengono fatti nuovi.

([116]) V. per tutti P. Pustorino, *Lezioni di tutela internazionale dei diritti umani*, 2 ed., Bari, Cacucci, 2020, p. 52 ss.

Se la Corte dichiara ricevibile il ricorso, è necessaria la nomina di un legale abilitato all'esercizio della professione forense in uno degli Stati contraenti ed è previsto un sistema di gratuito patrocino per i non abbienti.

Le sentenze della CEDU, come già si è osservato, vincolano gli Stati e possono stabilire un risarcimento dei danni materiali e morali subìti dal ricorrente, attraverso la disposizione di "un'equa soddisfazione alla parte lesa" a carico del Paese che abbia violato la Convenzione.

La sentenza emessa dalla Grande Camera della Corte europea dei Diritti dell'Uomo è sempre definitiva. Invece, le sentenze pronunciate dalle singole Camere diventano definitive una volta scaduti i termini per l'impugnazione, vale a dire quando sono trascorsi tre mesi dalla pronuncia, senza che sia stato presentato un ricorso alla Grande Camera. Le sentenze sono pubblicate e la loro esecuzione viene controllata dal Comitato dei Ministri del Consiglio d'Europa.

74. (*segue*) Effettività relativa della tutela realizzata dalla Corte EDU. — A volte ed erroneamente, si dice in Italia che la Corte EDU sia un "quarto grado di giudizio" (la Cassazione sarebbe il terzo grado). E molti avvocati, una volta persa la causa in Italia, prospettano al cliente soluzioni miracolose dinanzi alla Corte EDU.

Orbene, ferma restando l'insostituibile funzione della Corte EDU, va ricordato — *ad nauseam!* — che si tratta di un tribunale internazionale e non di un tribunale interno. Pertanto non ha senso parlare di un "quarto grado di giurisdizione". Come se non bastasse, le statistiche giudiziarie indicano che su circa 60.000 ricorsi che ogni anno vengono presentati alla Corte EDU, ben il **98%** *non supera il "filtro" di ammissibilità della Corte* e pertanto non vi sarà alcuna trattazione. Così, cialtroni a parte, risulta evidente anche qui che solo un avvocato specializzato in diritto internazionale saprà gestire tale complesso contenzioso e consigliare realisticamente il proprio cliente circa le prospettive di vittoria e le procedure da seguire.

75. La Corte interamericana dei diritti umani. — Come abbiamo in precedenza osservato (*supra*, Cap. XV), la **Convenzione americana dei diritti umani** del 22 novembre 1969 (di cui però non fanno parte né gli Stati Uniti, né il Canada), ha istituito (Capo VII) una Corte permanente, la *Corte interamericana dei diritti umani* con sede a San José, in Costa Rica, che ha iniziato ad operare a partire dal 1981: il primo caso riguardò proprio il Costa-Rica...lo Stato in cui la Corte ha sede ([117]). Detta Corte permanente internazionale esercita due principali funzioni, una *contenziosa* e una *consultiva*; inoltre la Corte ha la facoltà di adottare *misure provvisorie*.

Anche in questo contesto, tramite la giurisdizione contenziosa la Corte determina se uno Stato contraente è incorso in responsabilità internazionale per aver violato i diritti sanciti nella Convenzione americana dei diritti umani. A differenza di quanto si è visto nel *sistema europeo*, qui prevale ancora il modello interstatale. Pertanto, gli individui o le ONG devono presentare la propria petizione per presunte violazioni dei diritti umani, perpetrate da uno Stato membro, alla Commissione interamericana la quale a propria volta potrà presentare un ricorso alla Corte interamericana. I procedimenti possono riguardare solo gli Stati in cui la convenzione americana sia in vigore e che abbiano riconosciuto la giurisdizione della Corte. Le sentenze della Corte sono

---

([117]) V. *ILM*, 1981, p. 1057 e p. 1424.

definitive e inappellabili ed il controllo sulla loro esecuzione viene effettuato direttamente dalla Corte ([118]).

76. La Corte africana dei diritti umani e dei popoli. — Per quanto riguarda il continente africano ed in specie la ***Corte africana dei diritti dell'uomo e dei popoli***, va osservato che, a differenza del sistema europeo e di quello inter-americano di tutela dei diritti umani, detta Corte internazionale è stata creata successivamente all'adozione della ***Carta africana dei diritti dell'uomo e dei popoli*** del 27 giugno 1981, nel quadro della Organizzazione per l'unità africana (oggi Unione africana). In effetti, quest'ultimo atto prevedeva solo l'istituzione di una meccanismo di controllo non giurisdizionale: la *Commissione africana dei diritti dell'uomo e dei popoli* con funzioni di controllo e supervisione della condotta degli Stati rispetto agli obblighi previsti dalla Carta stessa. La Corte africana è stata istituita tramite il Protocollo di Ouagadougou del 10 giugno 1998 e anch'essa, essendo stata dotata di una funzione consultiva e di una funzione giudiziale, ha dato vita ad una giurisprudenza significativa ([119]).

Senonché il sistema africano ha assunto, per il momento, una struttura analoga sia al sistema interamericano, sia a quello della CEDU prima delle innovazioni introdotte tramite il predetto Protocollo n. 11. Così, l'accesso dei **singoli individui** e delle ONG non è né automatico, né immediato. Qui il ricorso delle vittime è ricevibile dalla Corte solo se lo Stato contro cui si ricorre abbia in precedenza esplicitamente dichiarato di accettare la competenza della Corte. Le sentenze della Corte sono vincolanti e vengono trasmesse alle parti della controversia ed agli Stati membri della UA.

Le nuove tendenze del diritto internazionale a cui abbiamo più volte fatto riferimento iniziano a farsi strada anche qui tramite il Protocollo del 1° luglio 2008 con cui è stato approvato lo Statuto della nuova **Corte africana di giustizia e dei diritti dei popoli** ([120]). Qui, la competenza affidata alla Corte è più estesa anche *ratione personae* in quanto si riserva la facoltà di ammettere "*individuals to institute cases before it*" (art. 5 del Protocollo).

77. Il sistema arabo di tutela internazionale dei diritti umani. — Merita un cenno anche la Carta araba dei diritti umani del 2004. Qui, nel 2009, è stata istituita la Commissione araba dei diritti umani, preposta a sorvegliare l'attuazione delle norme negli Stati contraenti. Il 7 settembre 2014, è stata varata una Corte araba dei diritti umani e ad essa, quando entrerà in vigore, potranno avere accesso, oltre agli Stati, anche le ONG accreditate ([121]). *Opus fervet* dunque.

([118]) In arg. cfr.. A.A. Cançado Trindade, *The access of individuals to international justice*, Oxford-New York, OUP, 2011; C. Medina, *The American Convention on Human Rights: crucial rights and their theory and practice*, Cambridge, Intersentia, 2016; C. Grossman, *International law and reparations: the Inter-American system*, Atlanta, Clarity Pr., 2018.

([119]) In arg. cfr. A. Saccucci, "Il Protocollo istitutivo della Corte africana dei diritti dell'uomo e dei popoli: un primo confronto con le altre corti regionali", in *Riv. dir. int.*, 2004, p. 1036 ss. nonché G. Pascale, *La tutela internazionale dei diritti dell'uomo nel continente africano*, Napoli, Jovene, 2018, ove ampi e puntuali riferimenti.

([120]) P. Pustorino, *Lezioni di tutela internazionale dei diritti umani*, 2 ed., cit., p. 73 s..

([121]) Id., p. 75.

Capitolo XXV

IL CONTROLLO DELL'APPLICAZIONE DEL DIRITTO INTERNAZIONALE DA PARTE DEL GIUDICE INTERNO

Bibliografia sommaria: B. Goldman, « La protection internationale des droits de l'Homme et l'ordre public international dans le fonctionnement de la règle de conflit de lois », in *René Cassin Amicorum Discipulorumque Liber*, Pedone, Paris, 1969, pp. 449-466; T. Ballarino, *Costituzione e diritto internazionale privato*, Padova, Cedam, 1974; P. Weil, "Le contrôle par les tribunaux nationaux de la liceité internationale dec actes des Etats étrangers", in *AFDI*, 1977, p. 9 ss.; P. Lalive, "Ordre public transnational (ou réellement international) et arbitrage international", in *Revue de l'arbitrage*, 1986, pp. 329-374; G. Tesauro, "Nazionalizzazione (nazionalizzazione e confische estere. Diritto internazionale privato processuale)", in *Enc. giur. Treccani*, Roma, 1990, vol. XX.; B. Conforti, "The Activities of National Judges and the International Relations of their State. Final Report", in *Annuaire IDI*, vol. 65-1, 1993, p. 493 ss.; G. Badiali, "Il ruolo del Giudice nel controllo di costituzionalità delle norme straniere richiamate", in *Riv.dir.int.*, 2006, p. 611 ss.; L. Collins, "Foreign Relations and the Judiciary", in *ICLQ*, 2002, p. 485 ss.; A. Bianchi, "The Act of State, the state of the Act: Judicial Interpretation and Human Rights Enforcement", in *Liber amicorum L. Caflisch*, Leiden, 2007, p. 129 ss.; F. Francioni, M. Gestri, N. Ronzitti, T. Scovazzi (a cura di), *Accesso alla giustizia dell'individuo nel diritto internazionale e dell'Unione europea*, Milano, Giuffrè, 2008; F. Lattanzi, "Quelques réflexions sur le principe de juridiction universelle", *Liber F. Pocar*, Milan, Giuffrè, 2009, pp. 461-478; A. Nollkaemper, *National Courts and the international rule of law*, Oxford, OUP, 2012; D. Amoroso, *Insindacabilità del potere estero e diritto internazionale*, Napoli, ES, 2012; A. Bucher, "La compétence universelle civile", in *RCADI*, 2015, pp. 21-127; Council of Europe (ed.), *The Judge and International Custom*, Brill, 2016; F. Marrella, "Protection internationale des droits de l'homme et activités des sociétés transnationales", in *RCADI*, vol. 385, 2017, pp. 33-435; A. O'Sullivan, *Universal jurisdiction in international criminal law: the debate and the battle for hegemony*, London, Routledge, 2017; R. Pavoni, "Giurisdizione civile universale per atti di tortura e diritto di accesso al giudice: la sentenza della Grande camera della Corte europea dei diritti umani nel caso 'Naït-Liman'", in *Riv.dir.int.*, 2018, pp. 888-896; F. Staiano, "Universal Jurisdiction over Transnational Maritime Crimes beyond Piracy", in *Riv.dir.int.*, 2019, pp. 663-693.

1. Premessa. — Abbiamo più volte indicato che la conoscenza e la corretta applicazione del diritto internazionale è di somma importanza per i giudici di uno Stato in quanto, dal punto di vista del diritto internazionale, *i giudici nazionali sono organi dello Stato* di cui risultano espressione. Ciascuna giurisprudenza nazionale è dunque *prassi dello Stato da cui promana* (1).

I giudici svolgono un ruolo importante già nell'elaborazione del diritto internazionale: le loro sentenze contribuiscono, infatti, all'interpretazione e persino alla rilevazione delle norme internazionali, sia che si tratti di norme consuetudinarie, sia che si tratti di principi generali di diritto riconosciuti dalle Nazioni civili, sia in materia di trattati.

In questo capitolo, pertanto, affronteremo un'ultima questione: possono i giudici interni — ossia i giudici nazionali — effettuare e garantire l'applicazione del diritto internazionale?

---

(1) V. https://www.idi-iil.org/app/uploads/2017/06/1993_mil_01_en.pdf. In arg. v. D. Amoroso, *Insindacabilità del potere estero e diritto internazionale*, Napoli, ES, 2012 ove riferimenti.

2. Importanza scientifica: la Risoluzione dell'IDI del 1993. — Alla sessione di Milano del 1993, l'*Institut de droit international (IDI)*, ha dedicato appositi studi ed una Risoluzione, di cui è stato *Rapporteur* BENEDETTO CONFORTI, sulle "Activities of National Judges and the International Relations of their State" ([2]). L'IDI, come si ricorderà (*supra*, Cap. XII), tramite le sue Risoluzioni che costituiscono un'espressione della "dottrina degli autori più qualificati delle varie Nazioni" offre dei "mezzi sussidiari" per la determinazione del contenuto delle norme internazionali, ai sensi dell'art. 38, par. 1, lett. *d)* dello Statuto della CIG. Ebbene, nella Risoluzione *de qua* l'IDI indica, tra l'altro, — la traduzione è nostra — quanto segue:

"Art. 1

1. I tribunali nazionali dovrebbero essere autorizzati dal loro ordinamento giuridico nazionale ad interpretare e applicare in modo indipendente il diritto internazionale.

2. Quando determinano l'esistenza o il contenuto del diritto internazionale, in via principale o preliminare o incidentale, i giudici nazionali dovrebbero disporre della stessa libertà d'interpretazione e di applicazione di altre norme giuridiche, ispirandosi ai metodi seguiti dai tribunali internazionali.

3. Nulla deve impedire ai giudici nazionali di richiedere il parere del potere esecutivo a condizione che tale parere sia privo di effetti vincolanti.

Art. 2

I giudici nazionali chiamati a pronunciarsi su una questione connessa all'esercizio del potere esecutivo, non dovrebbero rifiutarsi di esercitare il loro sindacato giurisdizionale a causa della natura di atto politico della questione da trattare qualora tale esercizio sia soggetto ad una norma di diritto internazionale.

Art. 3

1. Nell'applicare il diritto di uno Stato straniero, i giudici nazionali dovrebbero riconoscersi competenti a statuire sulla compatibilità del diritto straniero con il diritto internazionale. Essi dovranno invece rifiutarsi di attribuire efficacia ad atti pubblici stranieri che violano il diritto internazionale.

2. Nessuna norma di diritto internazionale impedisce ai giudici nazionali di agire come indicato in precedenza.

Art. 4

Quando determinano l'esistenza o il contenuto del diritto internazionale consuetudinario, i giudici nazionali dovrebbero tener conto dell'evoluzione della prassi degli Stati membri, della giurisprudenza e della dottrina.

Art. 5

1. I giudici nazionali competenti dovrebbero poter sindacare in piena indipendenza l'esistenza, la modificazione o l'estinzione di un trattato internazionale che asseritamente vincola lo Stato del foro con riferimento al caso concreto.

2. In una causa dinanzi ad essi pendente, i giudici nazionali dovrebbero rifiutare di applicare un trattato, in tutto o in parte, se ritengono che si debba considerare, per qualsiasi ragione, come invalido o non più efficace, in tutto o in parte, anche quando lo Stato il foro non lo ha formalmente denunciato.

3. I giudici nazionali dovrebbero poter interpretare un trattato in piena indipendenza, cercando di interpretarlo come farebbe un giudice internazionale ed evitando interpretazioni influenzate da interessi nazionali.

([2]) V. *supra*, Parte terza, Titolo II.

Art. 6

I giudici nazionali dovrebbero determinare in piena indipendenza l'esistenza o il contenuto di ciascun principio generale di diritto conformemente all'art. 38, par. 1, dello Statuto della Corte internazionale di giustizia, nonché delle risoluzioni vincolanti delle organizzazioni internazionali.

Art. 7

1. I giudici nazionali dovrebbero avere la possibilità di deferire al potere esecutivo e in particolare agli organi incaricati della politica estera, l'accertamento di fatti internazionali ossia relativi alle relazioni internazionali dello Stato del foro o di altri Stati.

2. L'accertamento di fatti internazionali da parte del potere esecutivo dovrebbe costituire una presunzione semplice dell'esistenza dei fatti stessi.

3. La qualificazione giuridica dei fatti dovrebbe rientrare nel solo potere giudiziario."

3. Importanza pratica. — La questione di cui sopra, oltre che di grande importanza teorico-generale, assume una particolare rilevanza pratica per i soggetti privati nella misura in cui i più importanti "fora" internazionali sono molto spesso a loro preclusi, a differenza dei fori nazionali. Nella pratica, tale situazione si presenta allorquando in uno Stato A si pretende l'esecuzione di un atto di uno Stato B nei confronti di un individuo o dei suoi beni. Può dunque quell'individuo sostenere davanti al giudice nazionale dello Stato A che l'atto di uno Stato straniero B è insuscettibile di produrre effetti nel foro, in quanto l'atto dello Stato B è contrario al diritto internazionale? Detto in altri termini: *possiede il giudice interno la competenza per decidere della conformità o meno al diritto internazionale di un atto di uno Stato straniero?* Se la risposta a tali quesiti è positiva, ne segue una migliore tutela per i soggetti privati e i loro beni. In caso di risposta negativa, all'individuo, persona fisica o persona giuridica, non resterà che rivolgersi al proprio Stato nazionale per richiedere la protezione diplomatica di quest'ultimo e far invocare la responsabilità internazionale dello Stato B a cui l'atto sia imputabile. Un fatto assai raro.

Talvolta, è il diritto interno che permette al giudice nazionale di conoscere le violazioni del diritto internazionale commesse da altri Stati nei confronti di privati stranieri: così, ad esempio, sin dal 1789, il Congresso degli Stati Uniti ha adottato un'apposita normativa, l'*Alien Torts Claims Act* (ATCA) su cui ritorneremo a breve, che attribuisce "giurisdizione universale" alle Corti Federali USA per conoscere delle azioni civili fondate sulle violazioni della "*Law of Nations*". In epoca più recente, altri Stati hanno affermato, seppure secondo modalità diverse, la giurisdizione universale dei loro giudici interni in presenza di "crimini contro l'umanità".

4. Il richiamo del diritto straniero ad opera delle norme di d.i.pr. e l'incompatibilità della *lex causae* con il diritto internazionale. — La questione della conformità al diritto internazionale si pone ogniqualvolta si richiede ad un giudice nazionale di applicare la legge di uno Stato straniero. Il giudice nazionale può disapplicare una norma straniera in ragione della sua mancata conformità al diritto internazionale (scritto o non scritto)? Questioni di questo tipo sono frequenti in materia di statuto personale e statuto reale. Così, nel caso in cui uno Stato consideri un dato individuo suo cittadino, può il giudice straniero, investito di una data controversia, contestare la validità dell'attribuzione di cittadinanza a quell'individuo rispetto al diritto internazionale, sulla base della *giurisprudenza Nottebohm* della CIG? E se la *lex causae* fosse incompatibile col diritto internazionale dei diritti umani? (3).

Ci troviamo, qui, al crocevia tra il diritto internazionale ed il diritto internazionale privato con un traffico di fonti e di atti sempre più interessante ai nostri giorni.

5. Nazionalizzazioni e confische. — Più spesso, la questione della compatibilità tra la norma interna di uno Stato straniero ed il diritto internazionale si è posta, dinanzi al giudice interno di un altro Stato, in occasione di misure riguardanti i beni degli stranieri *(nazionalizzazioni)* (4)*, confische, sequestri, congelamenti di risorse, ecc.)*. Un esempio frequente è il seguente: una società straniera che sfrutta le risorse fossili di un dato Paese (per esempio le miniere) viene nazionalizzata da quest'ultimo Paese, e i suoi beni, le sue attività e i suoi impianti vengono trasferiti ad un'impresa pubblica locale costituita a tale scopo; quest'ultimo ente continua a sfruttare i giacimenti e a vendere i prodotti a compratori stranieri. Può la società espropriata richiedere il sequestro di un carico di quelle merci in uno Stato terzo, adducendo che l'espropriazione di cui è stata vittima è contraria alle norme di diritto internazionale vigenti in materia?

6. Piano espositivo. — Le suddette questioni restano controverse nella giurisprudenza di vari Paesi (Sez. I) nonché in dottrina (Sez. II). Tuttavia, oggi più che mai i giudici dell'ordinamento interno possono contribuire al controllo dell'applicazione del diritto internazionale (Sez. III).

Sezione I

La prassi del riconoscimento (o del non-riconoscimento) degli atti stranieri che violano il diritto internazionale: una giurisprudenza incerta

7. Piano espositivo. — La giurisprudenza in materia di sindacabilità dell'atto di uno Stato estero non brilla ancora per omogeneità e coerenza (§ 1). Tuttavia, è percepibile un'evoluzione sensibile nella misura in cui la giurisprudenza più restrittiva rispetto al controllo internazionale ha mutato orientamento (§ 2).

§ 1. — *Un controllo contestato e obliquo*

8. — Non sorprende affatto ritrovare le precitate controversie dottrinali tra le righe delle sentenze in cui tali questioni sono state affrontate e discusse. Talvolta, i giudici hanno preferito rimanere su un terreno più familiare, ma "obliquo", quello dell'*ordine pubblico*, al fine di valutare la validità internazionale di un atto di uno Stato straniero e di riconoscerlo *in foro domestico*.

---

(3) In arg. cfr. P. Kinsch, "Droits de l'homme, droits fondamentaux et droit international privé", in *RCADI*, 2005, v. 308, pp. 9-331.

(4) In arg. cfr. G. Tesauro, "Nazionalizzazione (nazionalizzazione e confische estere — diritto internazionale privato processuale)", in *Enc. giur. Treccani*, Roma, 1990, vol. XX. V. altresì G. Sperduti, "Azioni giudiziarie in uno Stato per nazionalizzazioni e espropriazioni operate in un altro Stato", *Riv.dir.int.*, 1973, pp. 276-290; G. Tosato, "Un recente dibattito in tema di nazionalizzazioni ed espropriazioni di beni stranieri nel diritto internazionale pubblico", *Riv.dir.int.*, pp. 748-787, nonché F. Francioni, "Petrolio libico, giudice italiano e diritto internazionale", in *Riv.dir.int.priv.proc.*, 1974, pp. 444-469.

1. — La posizione dei giudici nazionali

9. — Alcuni giudici, in Austria, Gran Bretagna e Giappone ([5]) hanno affermato che il *diritto internazionale proibisce ai giudici interni di impedire l'applicazione di una legge straniera a causa della sua incompatibilità con una norma internazionale*. In altre parole, il diritto internazionale non ammette alcun controllo da parte dei giudici nazionali, riservandone il monopolio ai tribunali internazionali. Questa era ugualmente la posizione di partenza dei tribunali statunitensi nella loro costruzione giurisprudenziale della teoria dell'"*Act of State*".

Altri giudici, però, hanno *ritenuto di essere liberi di effettuare tali valutazioni in virtù del silenzio del diritto internazionale in tale materia*. Da questo punto di vista, il diritto internazionale non vieta né impone un controllo di legalità internazionale degli atti degli Stati stranieri, il cui riconoscimento viene richiesto nel foro. Questa è stata la posizione dei tribunali tedeschi in seguito alle nazionalizzazioni indonesiane nel 1959 e cilene nel 1973. Questa è ancora la concezione dei giudici francesi, sebbene non l'abbiano chiaramente formulata, pur considerando l'applicazione di una legge straniera alla stregua di una "disposizione esorbitante del diritto comune internazionale" ([6]).

In altri Paesi, al contrario, i giudici sono dell'idea che, in virtù del diritto internazionale, debbano effettuare un controllo di legalità internazionale. Questa è la posizione dei giudici olandesi ([7]) e di quelli statunitensi.

2. — Un controllo obliquo

10. La contrarietà all'ordine pubblico del foro. — I giudici interni hanno spesso considerato che l'intera questione dell'"*Act of State*" vada assorbita entro il problema dell'eventuale contrarietà degli atti di uno Stato straniero con l'ordine pubblico del foro. Perciò, a diversi gradi e con sfumature differenti, i giudici tedeschi, inglesi, francesi, italiani e giapponesi *si astengono dal controllare formalmente la liceità internazionale* di una norma della legge applicabile ma, in compenso, *ne valutano la compatibilità con l'ordine pubblico del foro privandola di efficacia solo in caso di contrarietà con quest'ultimo* ([8]). È così che, qualora una legge straniera di nazionalizzazione o di espropriazione (o altra misura analoga a cui si può accomunare, oggi, una misura di embargo ad efficacia extraterritoriale) presenti caratteristiche tali da configurarne la contrarietà all'*ordine pubblico internazionale italiano (od europeo*, se del caso*)*, i giudici italiani pur non potendo, ovviamente, interferire con l'applicazione della legge straniera nel territorio dello Stato che l'ha promulgata, dovranno non riconoscerne gli effetti in Italia. In altre parole, il giudice italiano dovrà negare, dal punto di vista dell'ordinamento italiano, che vi sia stato un valido trasferimento di proprietà (in caso di nazionalizzazione od espropriazione) o ancora evidenziare l'illiceità di un contratto internazionale regolato da una legge straniera permissiva (ad es. in caso di embargo in vigore per l'Italia) per contrarietà al diritto internazionale e

---

([5]) V. i riferimenti citati da P. WEIL, *cit.*, p. 31.

([6]) Trib. Seine, 13 luglio 1915, in *RCDIP*, 1915-1916, p. 67; V. anche P. WEIL, *op. cit.* p. 23.

([7]) V. P. WEIL, *op. cit.*, p. 32.

([8]) V. P. WEIL *op. cit.*, p. 22 e ss., nonché T. BALLARINO, *Diritto internazionale privato*, 3 ed., Padova, Cedam, 1991, p. 65 ss. e i riferimenti cit. alle note precedenti.

quindi all'ordine pubblico italiano. Il chè, fa sorgere l'ulteriore problema della configurabilità dei c.d. *blocking statutes* dell'Unione europea o, anche eventualmente, dell'Italia, alla stregua dell'ordine pubblico internazionale italiano.

Senonché, apprezzare la legittimità internazionale di un atto di uno Stato straniero e controllare la sua compatibilità con l'ordine pubblico del foro corrispondono *a due indagini differenti*, giacché vanno condotte, rispettivamente, la prima in base all'ordinamento internazionale e la seconda rispetto all'ordinamento interno (*lex fori*) di cui il giudice risulta espressione. Solo la prima indagine è di tipo internazionalistico in senso stretto.

La seconda, infatti, dipende dall'ordinamento giuridico interno e dalle particolari valutazioni di quest'ultimo; quindi, non stupisce che numerosi giudici abbiano scelto solo tale ultimo metodo, collocandosi sul terreno a loro più familiare. Talvolta, alcuni giudici hanno tentato di aggirare tale difficoltà affermando che il diritto internazionale riceve applicazione nella misura in cui si trovi già incorporato nella *lex causae* e che quindi la decisione di attribuire efficacia o meno al diritto straniero in funzione della sua compatibilità con l'ordinamento giuridico del foro assorbe il giudizio basato sul diritto internazionale ([9]). Se i risultati raggiunti dai giudici nazionali attraverso il limite dell'"ordine pubblico" si rivelano spesso simili a quelli che ci si poteva aspettare in seguito a un vero controllo di legittimità internazionale, la metodologia resta, però, concettualmente differente. La prima, appartiene all'ambito internazionale in senso stretto, la seconda, è radicata nell'ordinamento giuridico interno a cui il giudice appartiene. Non si tratta solo di un problema di forma in quanto questi due diversi approcci comportano delle conseguenze fondamentali. Se il *criterio di valutazione è basato sul diritto internazionale*, la sua autorevolezza sarà maggiore e soprattutto la *soluzione del caso sarà identica in tutti gli Stati* (ciò presuppone, naturalmente, che la norma internazionale in questione sia chiara e incontestabile). Se, invece, *la norma straniera è giudicata solamente alla stregua dell'ordine pubblico internazionale dello Stato del foro*, le soluzioni resteranno "locali" — cioè nazionaliste — incerte e talvolta arbitrarie; ciascuno sa bene che *la nozione di ordine pubblico* è di per sé contingente e fluttuante nel tempo e nello spazio, essendo variabile da Stato a Stato e in funzione del sistema di valori dominante in ciascun Paese in ciascun momento storico. In breve, esaminando la conformità della norma straniera all'ordine pubblico del foro, il giudice nazionale evita di affrontare il problema fondamentale che è quello della *legittimità internazionale* della misura "straniera" di cui è richiesta l'applicazione nel foro. Così facendo, secondo noi, il giudice finisce col sottrarsi ai propri doveri professionali, dimenticando di essere un *organo dello Stato* a cui spetta l'applicazione del diritto internazionale. Infine, tale *escamotage* intellettuale non è nell'interesse dei soggetti privati bisognosi di tutela: i privati in effetti hanno più da guadagnare da una protezione internazionale uniforme, pur se di "qualità inferiore", rispetto ad una protezione nazionale più estesa, ma che resterà parziale in quanto limitata ad un solo foro.

§ 2. — *Il controllo dell'applicazione del diritto internazionale da parte dei giudici statunitensi: la dottrina dell'*Act of State

11. — Nei Paesi di Common Law, in particolare in Regno Unito e negli Stati Uniti, per lungo tempo si è ritenuto che l'autorità giudiziaria debba astenersi dal

---

([9]) V. la posizione della giurisprudenza italiana ed inglese, riportata da P. WEIL, *ibid.*, p. 24.

pronunciarsi sulla validità ed efficacia di *atti di natura politica* promananti da uno Stato straniero nell'esercizio della sua sovranità interna e di cui viene contestata la validità o l'efficacia dinanzi ad un giudice statunitense. Tale orientamento giurisprudenziale (1) che fa eco alla regola parallela vigente per gli atti politici interni, si spiega per ragioni di *comity,* non fondandosi su alcuna norma di diritto internazionale che imponga un obbligo di astensione a carico dei giudici interni ([10]). Ed infatti il Congresso degli Stati Uniti non ha riscontrato alcun problema di diritto internazionale nell'intervenire con un'apposita legge onde ridefinire tale istituto (2).

1. — La teoria dell'*Act of State* fino alla sentenza *Sabbatino* (1964)

12. La sentenza *Underhill* del 1897. — La Corte Suprema degli Stati Uniti precisò la teoria dell'"*Act of State*" nella sua sentenza del 1897, nel caso *Underhill v. Hernandez* ([11])). Secondo la Corte: "[o]gni Stato sovrano è tenuto a rispettare l'indipendenza di ogni altro Stato sovrano, e i tribunali di uno Stato si rifiuteranno di pronunciarsi circa la validità degli atti di un altro governo sul proprio territorio". La Corte Suprema si attenne a questa giurisprudenza fino alla *sentenza Sabbatino* del 1964 ([12]).

Così, per lungo tempo, le Corti degli Stati Uniti si sono rifiutate di esaminare la validità degli atti adottati dai Governi stranieri sul proprio territorio. Si è ritenuto che la legge straniera sia beneficiaria di una presunzione "assoluta" di validità, una "*sacrosanctity*" ([13]).

13. Un orientamento giurisprudenziale di diritto interno. — La "dottrina" dell'*Act of State* (atto di Stato) è caratteristica degli Stati Uniti d'America; non si ritrova, almeno nella sua forma massimalista di una volta, in nessun altro Paese del mondo. Essa non possiede *alcun fondamento di diritto internazionale* come dimostra il caso precitato *Underhill v. Hernandez*, ove la Corte Suprema ha indicato che si tratta di "cortesia internazionale" (*comity among Nations*); in altre parole, se i giudici di un Paese dovessero "censurare" gli atti dei governi stranieri, tale condotta "metterebbe in pericolo le relazioni amichevoli tra governi e ostacolerebbe la pace delle Nazioni". In realtà, il fondamento della dottrina dell'"Act of State" è *puramente nazionale e si trova nella Costituzione federale del 1787*, così com'è sempre stata interpretata dai tribunali statunitensi: poiché il Presidente è investito — eventualmente con il Congresso — della guida della politica estera della Federazione, non deve essere intralciato nella sua attività da decisioni intempestive dei giudici locali. Il "potere giudiziale" statunitense ha sempre cercato di non "imbarazzare" l'Esecutivo nella condotta delle relazioni internazionali degli Stati Uniti. In ultima analisi, l'"Act of State" *dipende da una rigida concezione della separazione dei poteri costituzionali americani applicata in materia internazionale.*

14. La sentenza *Sabbatino* del 1964. — La *sentenza Banco nacional de Cuba v. Sabbatino* pronunciata dalla Corte Suprema americana il 23 marzo 1964 ([14]) costituisce un *landmark case* nella storia dell'"*Act of State*". Qui, per la prima volta la Corte Suprema si trovò a esaminare la conformità al diritto internazionale di un atto di uno Stato straniero ([15]). I fatti possono essere riassunti nel modo che segue. Dopo la rivoluzione cubana del 1959, il Governo di Fidel Castro nazionalizzava, tramite la legge n. 851 del 6 agosto 1960, tutte le imprese statunitensi che

---

([10]) W. Reeves, "The Act of State Doctrine and the Rule of Law. A Reply", in *AJIL*, 1960, p. 141 ss.. Cfr. altresì N. Ronzitti, *Diritto internazionale*, 6 ed. cit., p. 160.

([11]) 168 U.S. 250.

([12]) V. per esempio, *Oetjen v. Central Leather C°* 246 U.S. 297 del 1918.

([13]) Secondo l'espressione di F. Mann, "The Sacrosanctity of the Foreign Act of State", in *Law Quarterly Rev.*, 1943, p. 42 ss..

([14]) 376 U.S. 398.

([15]) In argomento v. P. Juillard, in *AFDI*, 1965, p. 205.

esercitavano le loro attività nell'isola. Una di queste imprese — all'origine del caso Sabbatino — aveva concluso un contratto di vendita di zucchero con un grossista di New York, il quale prevedeva la consegna di detto zucchero in Marocco verso pagamento del corrispettivo a New York. Per effetto della nazionalizzazione, tutti i beni e i cespiti di tale società venivano trasferiti a una nuova società dello Stato cubano, la quale rinegoziava un nuovo contratto di vendita di zucchero con il compratore di New York. Così, una volta partito il carico di zucchero per andare in Marocco, la società statunitense che era stata espropriata dal Governo cubano chiese al giudice statunitense di ottenere il pagamento dello zucchero compravenduto. Tale società si considerava, infatti, il legittimo proprietario della merce — e riteneva di dovere ricevere il pagamento — in quanto la nazionalizzazione cubana era stata effettuata senza alcun indennizzo da parte del Governo cubano e dunque in palese violazione del diritto internazionale. La Corte Suprema, in linea con il proprio orientamento costante, si rifiutava di sindacare la legittimità internazionale della nazionalizzazione cubana in quanto, appunto, "*Act of State*". Ne derivava così una situazione paradossale: *la Corte Suprema degli Stati Uniti convalidava — negandone la sindacabilità — gli atti di un Governo straniero contrari al diritto internazionale e a danno di un cittadino americano.*

15. Reazioni critiche. — La posizione della Corte Suprema fu vivamente criticata. Prima di tutto, fu fatto notare che la posizione della Corte Suprema equivaleva ad una *resa giudiziaria* e che in luogo di essere conforme al diritto internazionale era paradossalmente sfavorevole giacché, in tali circostanze, si richiedeva una sanzione efficace da parte dei giudici statunitensi. Inoltre, il "mondo degli affari" ne rimase sbigottito nella misura in cui ci si rese conto che ormai gli *investimenti americani all'estero si trovavano senza alcuna protezione giudiziaria*: sia potenzialmente nello Stato ospite, sia dinanzi ai loro giudici "naturali" negli USA. In termini di *Law and Economics*, la sentenza Sabbatino costituiva persino un incentivo agli Stati stranieri ad espropriare impunemente gli investitori statunitensi, oltre a quelli degli Stati terzi, in violazione di elementari norme di diritto internazionale.

Per rimediare a tale situazione, il *governo statunitense* fu indotto a intervenire tramite un'apposita legge.

2. — La teoria dell'*Act of State* *dopo il voto dell'"emendamento Sabbatino" (o Hickenlooper)*

16. Il superamento della giurisprudenza *Sabbatino*. — Il senatore Hickenlooper, poco tempo dopo la *sentenza Sabbatino*, propose un emendamento alla "legge per l'assistenza estera per il 1964" il cui scopo dichiarato era di rovesciare, almeno parzialmente, la giurisprudenza della Corte Suprema in materia di "*Act of State*". Adottato dal Congresso degli Stati Uniti, tale emendamento prevede che "nessuna giurisdizione degli Stati Uniti potrà rifiutare, sulla base della teoria federale dell'"*Act of State*", di decidere nel merito o rendere effettive mediante sanzioni appropriate, le regole di diritto internazionale". Tale emendamento fa direttamente riferimento anche agli atti di uno Stato straniero in materia di *nazionalizzazioni* o *confische* che non devono "essere adottati in violazione dei principi del diritto internazionale, compreso il principio d'indennizzo" al fine di beneficiare della presunzione di validità globalmente riconosciuta dai giudici statunitensi. Nel contempo, viene comunque attribuito al Presidente degli Stati Uniti il potere di intervenire in qualunque procedimento giudiziale per richiedere ai giudici di dare efficacia all'atto dello Stato straniero in ragione "degli interessi diplomatici degli Stati Uniti nel caso di specie".

17. Il nuovo orientamento della giurisprudenza della Corte Suprema. — In breve, dopo l'"emendamento Sabbatino", i giudici statunitensi devono controllare la *legittimità internazionale* degli atti degli Stati stranieri, di cui viene richiesto il riconoscimento e l'applicazione in patria, salvo opposizione formale dell'Esecutivo per motivi di "alta politica". La legge straniera non beneficia più di una presunzione assoluta di validità rispetto al diritto internazionale. Il "controllo internazionale" degli atti degli Stati stranieri da parte del giudice statunitense è ora divenuto il principio generale. I tribunali statunitensi — a cominciare dalla Corte Suprema — hanno di conseguenza adattato rapidamente la loro giurisprudenza al nuovo quadro normativo ([16]).

Sezione II
La competenza — o l'incompetenza — del giudice nazionale a disapplicare la norma straniera contraria ad una norma internazionale: il dibattito dottrinale

18. Piano espositivo. — Secondo quanto è stato rilevato da Prosper Weil in un celebre studio ([17]), la dottrina si divide in due campi, alcuni pretendono che il giudice nazionale non possa procedere al controllo di legalità degli atti di uno Stato straniero rispetto al diritto internazionale (§ 1); altri, al contrario, gli riconoscono una tale competenza (§ 2).

§ 1. — *Il difetto di giurisdizione del giudice nazionale*

19. —Le tesi avanzate dai sostenitori della tesi dell'"incompetenza" del giudice nazionale in tale materia si articolano principalmente su tre argomenti principali: la necessità di non ledere la sovranità dello Stato estero (1), i rischi di nazionalismo giuridico (2) e infine su delle considerazioni d'opportunità (3).

1. — Il rispetto della sovranità dello Stato straniero

20. — Lo Stato straniero è sovrano entro i confini del proprio territorio nel quale la sua competenza è esclusiva e assoluta. I suoi atti devono quindi beneficiare di una presunzione di validità. Senonché, l'obbligo di rispettare la sovranità di uno Stato estero A non comporta affatto l'obbligo a carico di uno Stato B di riconoscere efficacia alle norme ed altri atti interni (leggi, atti amministrativi, sentenze) dello Stato A. Proprio per tali ragioni gli Stati concludono apposite convenzioni di cooperazione giudiziaria in materia civile e commerciale o altri atti aventi ad oggetto il riconoscimento di sentenze, atti giudiziari, atti di stato civile e così via.

Così, secondo questa impostazione, si violerebbe il principio del divieto di ingerenza negli affari interni di uno Stato straniero qualora si consentisse al giudice di uno Stato B di sindacare la validità degli atti di uno Stato A, col rischio di paralizzarne gli effetti extraterritoriali. Se un *giudice nazionale* esercitasse un controllo di validità internazionale degli atti di uno Stato straniero, questi svolgerebbe la funzione di un *giudice internazionale*, una funzione che non gli appartiene. Si aggiunge che qualora un giudice interno dovesse procedere di sua iniziativa a siffatto controllo *ultra vires* di

---

([16]) V. i casi *Banco National de Cuba v. Farr* (caso "Sabbatino") del 4 marzo 1968, 390, U.S. 956; *First National City Bank v. Banco National de Cuba* del 7 giugno 1972, 406 U.S. 759; *Alfred Dunhill of London Inc. v. Republic of Cuba* del 24 maggio 1976, 425 U.S. 682.

([17]) P. Weil, "Le contrôle par les tribunaux nationaux de la liceité internationale dec actes des Etats étrangers", in *AFDI*, 1977, p. 36 e ss..

validità internazionale di un atto pubblico straniero, il risultato paradossale sarebbe quello di fare insorgere la responsabilità internazionale del proprio Stato nazionale nei confronti dello Stato i cui atti sono oggetto di sindacato.

2. — I rischi di nazionalismo giuridico

21. — Il secondo argomento muove dalla constatazione oggettiva secondo la quale diverse norme del diritto internazionale possiedono un ambito di applicazione poco dettagliato ed un contenuto impreciso. Inoltre, non va sottaciuto che in alcuni settori ed in particolare in quello economico una buona parte di norme internazionali risulta ancora contestata dai Paesi in via di sviluppo. La disciplina internazionale delle nazionalizzazioni ne costituisce un classico esempio. Ed allora, dicono i fautori di questa tesi argomentativa, il lasciare troppo spazio ai giudici nazionali in materia di applicazione del diritto internazionale — un diritto che spesso e purtroppo, poco conoscono — aumenterebbe paradossalmente i rischi di nazionalismo giuridico, giacché quei giudici sarebbero tentati a dichiarare sistematicamente contrarie al diritto internazionale tutte le norme straniere che non si trovassero in linea con le concezioni politiche, economiche e sociali in vigore nel foro. Per tacere di un loro naturale e psicologico *favor* verso gli attori locali.

3. — Delle considerazioni di utilità

22. — Un'ulteriore tesi argomentativa muove dalla considerazione secondo la quale il sindacato del giudice nazionale circa la validità internazionale degli atti di Stati stranieri risulterebbe in concreto *inutile*. In effetti, quand'anche il giudice di un dato Stato pronunciasse una sentenza "favorevole" alla parte privata lesa dall'atto pubblico straniero, non vi sarebbe alcuna garanzia che tale precedente fosse seguito, sia nel tempo che nello spazio. Ad esempio, il sequestro di una nave potrà essere autorizzato dai giudici di alcuni Stati ma non di altri; una sentenza nazionale di diniego di riconoscimento di un atto pubblico straniero potrebbe successivamente — e per analoghe ragioni — incontrare delle difficoltà di riconoscimento ed esecuzione in alcuni Stati ma non in altri Stati, e così via.

In conclusione, i sostenitori di questo approccio affermano che il suddetto controllo giudiziale nazionale di validità ed efficacia internazionale si rivela *pericoloso* nella misura in cui non garantisce affatto la *certezza del diritto degli affari*. I risultati di un tale scenario sarebbero, tra gli altri, che i compratori inizierebbero a dubitare del *nomen verum*, ossia della validità e dell'efficacia del titolo di proprietà dei venditori; potrebbero persino insorgere nuovi dubbi sulla buona fede contrattuale delle parti, con il rischio di subire l'evizione di terzi stranieri. Inoltre, le sentenze discordanti pronunciate dai giudici nazionali finirebbero per complicare le relazioni tra Stati.

§ 2. — *La competenza del giudice nazionale*

23. — Dall'"altra parte del Rubicone", si collocano in dottrina i difensori della tesi affermativa della competenza del giudice nazionale. Qui ci si affida ad argomentazioni opposte alle precedenti e si invoca il *primato del diritto internazionale* (1) e la necessaria attività del giudice interno per assicurare la concretizzazione di tale principio (2). Infine, si evidenziano alcune considerazioni di opportunità (3).

1. — Una competenza imposta dal primato del diritto internazionale

24. — Il diritto internazionale è superiore al diritto interno. Se uno Stato mantiene o adotta una legge contraria al diritto internazionale, tale azione determina la sua responsabilità internazionale; in aggiunta, in molti Stati, i giudici nazionali possiedono già gli strumenti necessari per assicurare il primato del diritto internazionale nei confronti di un diritto straniero non conforme al diritto internazionale reso applicabile da una norma di d.i.pr. della *lex fori*. Si pensi, ad esempio, alla tecnica della cosiddetta *interpretazione conforme*. Del resto, ci si chiede, come può uno Stato sperare che uno dei suoi atti internazionalmente illeciti possa trovare riconoscimento ad opera dei giudici di un altro Stato? Lo Stato, che ha agito eccedendo le proprie competenze internazionalmente riconosciute, avrà semplicemente agito "senza potere" e pertanto spetterà ai giudici di un altro Stato "ristabilire la legalità dell'ordinamento internazionale". Detto altrimenti, sui giudici stranieri pesa l'obbligo di non concorrere alla violazione del diritto internazionale promossa da uno Stato che adotta un atto unilaterale internazionalmente illegittimo.

2. — Una competenza inerente al ruolo del giudice nazionale nell'applicazione del diritto internazionale

25. — Se il giudice nazionale contribuisce allo sviluppo del diritto internazionale, se è chiamato ad applicarlo e ad interpretarlo, per quale motivo gli sarebbe vietato procedere al controllo della sua esecuzione? La *societas* internazionale, allo stato attuale, resta una società anorganica e decentralizzata. Non c'è alcun giudice internazionale dotato di una giurisdizione obbligatoria ed automatica, un giudice preposto a conoscere ogni violazione del diritto internazionale degli Stati (*supra*, Cap. I). Dunque, i giudici interni possono — e a nostro avviso devono — giocare un ruolo di "censori" e di garanti della "legalità internazionale", rifiutandosi di attribuire efficacia nel proprio foro ad atti degli Stati stranieri contrari al diritto internazionale.

3. — Considerazioni di opportunità e di miglioramento della legalità internazionale

26. — La terza tesi argomentativa muove dall'assunto secondo il quale il *controllo di legalità internazionale* degli atti nazionali degli Stati esteri e la corrispondente sanzione del ***diniego di riconoscimento di tali atti*** è quasi sempre *l'unico mezzo processuale utile ed effettivo a disposizione dei soggetti privati*. In effetti, il ricorso ai giudici dello Stato straniero che ha commesso l'illecito resta puramente illusorio; il ricorso all'arbitro internazionale dipende necessariamente dalla pre-esistenza di un accordo arbitrale, mentre l'esercizio della "protezione diplomatica" da parte dello Stato di cui l'individuo possiede la nazionalità avviene sulla base di considerazioni di carattere più politico che giuridico. Pertanto, i giudici interni possono contribuire ad assicurare il rispetto del diritto internazionale rifiutandosi di riconoscere l'effetto extraterritoriale di un atto o di una norma straniera contraria al diritto internazionale, un rimedio efficace ed opportuno. In presenza di siffatti meccanismi di controllo decentralizzato dell'applicazione del diritto internazionale, uno Stato verrebbe quindi dissuaso dall'adottare atti internazionalmente illegittimi (ad esempio un esproprio senza indennizzo) in quanto gli effetti di questi atti si troverebbero automaticamente paralizzati dinanzi ai giudici di altri Stati.

Sezione III

Il contributo del giudice nazionale alla legalità internazionale: la prospettiva della "giurisdizione universale"

27. La "giurisdizione penale universale" del giudice interno. — È noto che, tramite la giurisdizione penale, il giudice di un dato Stato accerta la responsabilità penale di colui che è accusato di avere commesso un reato. I reati sono quei fatti che, per la loro gravità, non sono dannosi solo nei confronti del soggetto che li subisce, ma vengono ritenuti lesivi di interessi pubblici della collettività nazionale. La sanzione prevista per chi ha commesso un reato è la pena. Essa può essere pecuniaria o detentiva (reclusione in carcere). Tradizionalmente, gli Stati esercitano la propria potestà punitiva sulla base del *principio di territorialità* (***Territoriality Principle***). È anche il caso dell'Italia, come si evince dall'art. 3 cod.pen.it. ("la legge italiana obbliga tutti coloro che, cittadini o stranieri, si trovano nel territorio dello Stato") e dall'art. 6 cod.pen.it., che prevede l'irrogazione di una pena prevista dalla legge italiana per chiunque commetta un reato nel territorio dello Stato ([18]).

Può accadere, tuttavia, che un individuo — *oltre che nello Stato territoriale di commissione del reato* — sia chiamato a rispondere dinanzi al giudice di uno Stato estero, nella misura in cui non sussista un difetto di giurisdizione (ad esempio in quanto quel dato individuo beneficia dell'immunità dalla giurisdizione), nei seguenti casi: *a*) *nazionalità attiva del reo (**Active Personality Principle**)*, ove l'autore del reato è suo cittadino; *b*) *nazionalità passiva della vittima* (***Passive Personality Principle***), ossia quando la vittima è suo cittadino; *c*) *principio di difesa dello Stato* (***Protective Principle***), se il reato è a danno di un *interesse vitale dello Stato*; *d*) quando sia stata recepita nell'ordinamento giuridico interno dello Stato che asserisce la propria giurisdizione una fattispecie penale prevista da un trattato internazionale ([19]).

Ed è quest'ultimo aspetto che ci interessa ora. Nel nostro tempo, quando si parla di ***principio di universalità della giurisdizione penale***, si intende affermare che uno Stato può affermare la propria giurisdizione penale a *prescindere dal luogo di commissione del crimine* e della *nazionalità* del presunto reo o della stessa vittima ([20]).

L'identificazione dei crimini internazionali, oltre che per trattato, può anche avvenire tramite norme consuetudinarie, come tradizionalmente è avvenuto per la pirateria ([21]).

Per lungo tempo, infatti, la giurisdizione penale universale veniva eccezionalmente ammessa in base ad una norma di diritto internazionale consuetudinario,

---

([18]) V. però l'art. 7 cod. pen. it., rubricato "Reati commessi all'estero", statuisce che: "È punito secondo la legge italiana il cittadino o lo straniero che commette in territorio estero taluno dei seguenti reati: 1. delitti contro la personalità dello Stato italiano; 2. delitti di contraffazione del sigillo dello Stato e di uso di tale sigillo contraffatto; 3. delitti di falsità in monete aventi corso legale nel territorio dello Stato, o in valori di bollo o in carte di pubblico credito italiano; 4. delitti commessi da pubblici ufficiali a servizio dello Stato, abusando dei poteri o violando i doveri inerenti alle loro funzioni; 5. ogni altro reato per il quale speciali disposizioni di legge o convenzioni internazionali stabiliscono l'applicabilità della legge penale italiana". V altresì art. 8-10 cod. pen., nonché G. Forti, G. Zuccalà, S. Seminara, *Commentario breve al codice penale*, 6ª ed., Padova, Cedam, 2017, ove riferimenti di dottrina e giurisprudenza.

([19]) V. D. Carreau, "La compétence universelle au regard du droit international", in *Mélanges Bouloc*, Paris, Dalloz, 2006, p. 92 e ss.

([20]) V. ad esempio per la Francia l'articolo 113-11, 2° e 3° del Nuovo Codice penale come anche gli articoli dal 689-2 al 689-7 del Codice di procedura penale. Tale competenza universale è stata considerata lecita dalla Corte EDU nella sua sentenza *Ely Ould Dah c. Francia*, del 30 marzo 2009.

([21]) V. comunque l'art. 101 della Convenzione di Montego Bay sul diritto del mare.

secondo la quale ogni Stato ha la facoltà di arrestare e processare i *pirati*, a prescindere dalla nazionalità delle vittime o dal fatto di avere subito un danno diretto ([22]). Ciò in quanto i pirati sono, per diritto internazionale generale, ***hostis humani generis*** (nemici dell'umanità) poiché ostacolano la libertà dei mari.

28. La Risoluzione di Cracovia dell'IDI del 2005. — Il 26 agosto 2005, l'IDI ha adottato la Risoluzione di Cracovia sulla "**giurisdizione penale universale per i crimini di genocidio, crimini contro l'umanità e crimini di guerra**", di cui è stato *Rapporteur* CHRISTIAN TOMUSCHAT, la quale ha fornito un utile quadro ricostruttivo dello stato dell'arte in materia. Qui — la traduzione è nostra — si indica che:

"1. La competenza universale in materia penale, in quanto titolo di giurisdizione supplementare, implica la competenza di uno Stato a perseguire i presunti colpevoli e a punirli in caso di condanna, indipendentemente dal luogo in cui è stato commesso il crimine e indipendentemente da qualsiasi nesso di nazionalità attiva o passiva o altri titoli di giurisdizione riconosciuti dal diritto internazionale.

2. La competenza universale è principalmente fondata sul diritto internazionale consuetudinario. Essa può essere regolata da un trattato multilaterale ([23]) per quanto riguarda i rapporti tra Parti contraenti, in particolare in forza di clausole che prevedono che uno Stato parte sul cui territorio si trova l'autore di un crimine lo sottoponga a giudizio o, in alternativa, lo estradi verso un altro Stato.

3. Salvo diversa pattuizione, l'esercizio della competenza universale è soggetto alle seguenti disposizioni:

a) La competenza universale può essere esercitata relativamente a crimini internazionali identificati come tali dal diritto internazionale con riferimento a materie quali il genocidio, i crimini contro l'umanità, le violazioni gravi delle Convenzioni di Ginevra del 1949 per la protezione delle vittime di guerra o altre gravi violazioni del diritto internazionale umanitario commesse in conflitto armato internazionale o non internazionale.

b) Fatta eccezione per gli atti istruttori e di richiesta di estradizione, l'esercizio della competenza universale richiede la presenza fisica del presunto autore del crimine internazionale nel territorio dello Stato che esercita l'azione penale oppure si trova a bordo di una nave battente la propria bandiera o di un aeromobile registrato conformemente alla propria legislazione, o altre forme legali di controllo sul presunto reo.

c) Ogni Stato che ha in custodia il presunto autore di un crimine internazionale, prima di avviare un processo sulla base di una competenza universale, dovrebbe chiedere allo Stato in cui il reato è stato commesso o allo Stato di cittadinanza dell'interessato se è disposto a perseguire tale persona, a meno che questi ultimi Stati non vogliano [*unwilling*] manifestamente o non possano [*unable*] farlo. Esso tiene altresì conto della competenza dei tribunali penali internazionali.

d) Ogni Stato che ha in custodia il presunto autore di un crimine internazionale unicamente sulla base della competenza universale, dovrebbe esaminare accurata-

---

([22]) Significativa la definizione che ne dà A. AUST, *Handbook of International Law*, Cambridge, 2ª ed., 2010, p. 250: "Piracy is any illegal act of violence and detention committed on the high seas for *private* ends by a *private* ship against another ship". Cfr. artt. 101, 105, 107 e 110 della Convenzione di Montego Bay del 1982 sul diritto del mare.

([23]) Cfr. le Convenzioni di Ginevra del 1949 ed il Primo Protocollo addizionale del 1977; l'art. 7 della Convenzione ONU contro la tortura del 1984; in materia di terrorismo ed anche di traffico internazionale di droga.

mente e, se del caso, accogliere una richiesta di estradizione indirizzatagli da uno Stato avente un legame significativo, come, in primo luogo, quello di territorialità o di cittadinanza, con il crimine, l'autore del crimine o la vittima a condizione che tale Stato sia chiaramente in grado ed intenda perseguire il presunto autore del crimine internazionale.

4. Ogni Stato che persegue il presunto autore di un crimine internazionale in base alla competenza universale è tenuto a rispettare i diritti umani generalmente riconosciuti ed il diritto internazionale umanitario.

5. Gli Stati dovrebbero prestarsi assistenza e cooperare tra loro per l'individuazione, la ricerca, la raccolta, l'arresto e la traduzione in giudizio delle persone sospettate di aver commesso crimini internazionali e adottare misure appropriate a tal fine".

Pertanto, il principio della giurisdizione (penale) universale può arrivare a legittimare l'esercizio dell'azione penale di uno Stato rispetto ai ***crimini commessi all'estero***, ***da stranieri*** **e** ***nei confronti di cittadini stranieri***. Il tutto *a prescindere dalla presenza del reo sul proprio territorio*. Tale principio ha trovato concretizzazione nella legislazione belga e spagnola, ma poi è stato rapidamente abbandonato in quanto ritenuto *esorbitante*.

Uno Stato non è certo libero di espandere *ad libitum* la propria "giurisdizione universale" in materia penale. Quest'ultima deve essere sempre esercitata nel rispetto del diritto internazionale. La CIG ha ribadito questo principio nei confronti del Belgio nel contenzioso con la Repubblica del Congo. Nella già citata sentenza del 14 febbraio 2002, la Corte ha ritenuto, a grande maggioranza, che la *competenza universale* rivendicata dal Belgio per giudicare i *crimini contro l'umanità* non poteva essere esercitata nei confronti del Ministro degli affari esteri del Congo nel pieno esercizio delle proprie funzioni in ragione dell'immunità dalla giurisdizione penale riconosciuta a quest'ultimo dal diritto internazionale consuetudinario ([24]).

29. La "giurisdizione civile universale": l'esempio delle Corti federali statunitensi. — Una diversa ed importante prospettiva si è sviluppata nell'ultimo ventennio in materia di "giurisdizione civile universale" grazie ai giudici statunitensi. Pur se gli Stati Uniti hanno rifiutato di divenire Parte contraente allo Statuto della Corte Penale Internazionale, hanno adottato sin dal 1798 una legge che permette ai loro tribunali federali di giudicare dei crimini e degli illeciti internazionali, sul piano *civilistico*. Infatti, l'***Alien Tort Claims Act*** (d'ora in avanti ATCA) ossia l'***Alien Tort Statute***" (ATS) ([25]) afferma che "*[t]he District Courts shall have original jurisdiction of any civil action by an alien or a torts only committed in violations of the law of nations ora a treaty of the United States*" ([26]). Tramite tale norma, si attua una dilatazione della competenza giurisdizionale civile delle Corti federali americane fino a diventare extraterritoriale e con riferimento a qualunque illecito civile (*torts*), idoneo a violare il diritto internazionale nel suo insieme (*Law of Nations*). Riscoperto a partire dal

---

([24]) Per un commento critico, v. M. Dobkine, *La Cour internationale de justice de La Haye et la compétence universelle*, D. chr. 2002, p. 1778.

([25]) ATCA, 28 U.S.C. § 1350.

([26]) Testualmente: "Le Corti distrettuali possiedono giurisdizione originaria sulle azioni civili intentate da stranieri in relazione ad illeciti commessi in violazione del diritto internazionale o di un trattato degli Stati Uniti".

1980 con la sentenza ***Filartiga v. Peña-Irala*** (27), *l'ATCA è stato spesso invocato sia nei confronti di persone fisiche che di persone giuridiche (comprese delle imprese multinazionali)*. I *torts* posti a fondamento della domanda di ciascuna parte attrice hanno riguardato, tra gli altri, il genocidio, la tortura, le esecuzioni sommarie, la schiavitù, i lavori forzati, i crimini di guerra, così come anche altri crimini contro l'umanità (28). A partire dalla sentenza ***Unocal*** (29), le vittime di gravi violazioni dei diritti umani all'estero, sono riuscite a trascinare dinanzi ai giudici federali USA alcune imprese multinazionali, sia quelle con sede all'estero, sia quelle con sede negli Stati Uniti. Senonché, dopo un primo periodo di euforia giustizialista da parte degli attivisti dei diritti umani, ha iniziato a formarsi una crescente insofferenza nell'Esecutivo repubblicano (Bush jr.) e nel mondo delle imprese. Così, la Corte Suprema degli Stati Uniti ha iniziato a raffreddare i bollenti spiriti a partire dalla sentenza ***Sosa v. Alvarez-Machain*** del 29 giugno 2004 (30). Successivamente, la Corte d'Appello degli Stati Uniti per il Secondo Circuito ha evidenziato una sempre maggiore cautela nell'applicazione dell'ATCA, fino progressivamente ad escludere le "persone giuridiche" (cioè, in pratica, le società commerciali dotate di personalità giuridica e quindi le multinazionali) (31). Tali importanti sentenze fanno parte di una giurisprudenza tuttora in evoluzione; e non solo negli Stati Uniti.

Nel 2013, la Corte Suprema nel **caso *Kiobel*** (32) ha deciso che l'*Alien Tort Statute*, che fonda la giurisdizione del giudice statunitense in azioni di risarcimento promosse da attori privati stranieri per violazione del diritto internazionale consuetudinario, è sottoposto alla "presunzione" — sia pure relativa — "di non extraterritorialità della legge statunitense". Pertanto, detta normativa non si applica più a fattispecie che non presentano alcun ***contatto significativo* con il territorio degli Stati Uniti**. In mancanza di "contatto significativo", il giudice federale statunitense è privo di giurisdizione.

Viene, peraltro, confermata anche la conclusione raggiunta da alcuni giudici

---

(27) 630 F.2d.876, 2d cir. 1980. Nel caso di specie, si trattava di un'azione civile di risarcimento intentata da due cittadini del Paraguay, parenti di un ragazzo torturato ed ucciso in Paraguay, contro l'ex capo della polizia responsabile del delitto (in Paraguay).

(28) V. ASIL, *Proceedings* 2001, p. 42. V. ad es. US Court of Appeals, 2d.cir. *Flores e AL vs. Southern Copper Corporation*, 29 agosto 2003, 343-F.3rd.140, in *ILM*, 2004, p. 196; tale approccio venne utilizzato dalla Corte Suprema nel precitato caso *Sosa vs. Alvarez-Machain* evidenziando che la competenza universale, qui in materia civile, non doveva essere esercitata in modo più ampio di quella in materia penale. In arg. v. tra una vasta letteratura: G. Hufbauer e N. Mitrokostas, "International Implications of the Alien Tort Statute", in *JIEL*, 2004, p. 245; I. Moulier, "Observations sur l'Alien Tort Claim Act et ses implications internationales", in *AFDI*, 2003, p. 129.

(29) V. *Doe v. Unocal*, 963 F. Supp. 880 (C.D. Cal. 1997). Cfr. G. Acquaviva, "Verso una responsabilità delle multinazionali per gravi violazioni dei diritti umani? Note in margine a Doe v. Unocal", in *La Com. int.*, 2002, pp. 593-611.

(30) 1245.CT.2739, in *ILM*, 2004, p. 1390.

(31) *Presbyterian Church of Sudan vs. Talisman Energy*, 2 ottobre 2009, 582 F. 3d 244, in *ILM* 2010, p. 4, e più in generale per la giurisprudenza sull'ATCA e i continui aggiornamenti in tale materia v. il sito *http://www.business-humanrights.org*.

(32) US Supreme Court, *Kiobel c. Royal Dutch Petroleum*, in *Dir. comm. internaz.*, 2013, p. 505, con nota di Winkler. In argomento v. A. Bonfanti, *Imprese multinazionali, diritti umani e ambiente. Profili di diritto internazionale pubblico e privato*, Milano, Giuffrè, 2012 e N. Boschiero, "Corporate responsibility in transnational human rights cases — The U. S. Supreme court decision in 'Kiobel v. Royal Dutch Petroleum'", in *Riv. dir. int. priv. proc.*, 2013, p. 249 ss.

federali ([33]) — in realtà, ostile alle vittime straniere che avessero voluto agire in giudizio negli USA contro multinazionali statunitensi — secondo la quale l'ATCA trova i propri limiti oggettivi di applicazione *nell'ordinamento internazionale*, ordinamento nel quale, a loro giudizio, non è configurabile la soggettività internazionale di società private facenti parte di gruppi multinazionali.

L'"esempio americano" — che non ha trovato seguito in altri Paesi ed in particolare nella UE in sede di revisione del c.d. *Regolamento Bruxelles I bis* — è rimasto isolato ma evidenzia un approccio particolarmente interessante per l'*enforcement* del diritto internazionale ad opera del giudice interno anche a beneficio delle vittime delle violazioni dei diritti umani. Le vittime, molto spesso, non potendo ottenere giustizia nello Stato territoriale in cui la violazione è avvenuta (si pensi al disastro di Bhopal o ancora a quello, più recente, di Rana Plaza) non possono nemmeno accedere a giudici internazionali abilitati a procedere contro feroci dittatori o alcune società multinazionali. Per tali motivi, la giurisdizione civile universale appare ancora un importante strumento di lotta contro le impunità per meglio garantire il rispetto del diritto internazionale ([34]).

Nemmeno tra gli Stati membri del Consiglio d'Europa c'è da stare allegri.

Nel caso **Naït-Liman c. Svizzera**, del 15 marzo 2018 ([35]), la Grande Camera della Corte EDU ha preso atto di uno studio di diritto comparato che ha rivelato che tra gli Stati membri del Consiglio d'Europa, solo i Paesi Bassi prevedono la *giurisdizione universale in materia civile per atti di tortura*. Ne ha concluso che "gli Stati che riconoscono una giurisdizione universale civile in materia di tortura costituiscono attualmente un'eccezione" (punto 187).

Quanto ad altri Stati, la giurisdizione universale civile è prevista dalla legge canadese del 2012 sulle vittime di terrorismo e, negli Stati Uniti oltre all'ATS anche nel *Torture Victim Protection Act* del 1991.

30. La Risoluzione di Tallin dell'IDI del 2015. — Ancora una volta, **l'IDI** ha contribuito a dare sistemazione a tale materia tramite la **Risoluzione del 30 agosto 2015** adottata — relatore speciale lo svizzero Andreas Bucher — al termine della sessione di Tallinn sulla "***giurisdizione universale civile in materia di risarcimento a causa di crimini internazionali***" ([36]).

In base a tale importante Risoluzione:

"L'Istituto di diritto internazionale,

Considerando che il risarcimento del danno subito dalle vittime di crimini internazionali deve essere garantito in modo appropriato ed effettivo;

([33]) Court Appeals second circuit, 17 settembre 2010, in *Int'l Lis*, 2012, p. 40, con nota di M. Winkler. V. pure M. Porcelluzzi e M. Winkler, "C'era una volta Kiobel: i giudici americani tornano a pronunciarsi sull'extraterritorialità dell'Alien Tort Statue (Nota a Federal Jurisdiction [Usa], Court Appeals elevent circuit, 24 luglio 2014, Cardona c. Chiquita Brands International inc.)", in *Dir. comm. int.*, 2015, p. 892.

([34]) Si rinvia a F. Marrella, "Protection internationale des droits de l'homme et activités des sociétés transnationales", in *RCADI*, vol. 385, 2017, pp. 33-435, nonché, per aggiornamenti, al sito *https://www.business-humanrights.org/en.*

([35]) Cfr. C. Ryngaert, "From universal civil jurisdiction to forum of necessity: reflections on the judgment of the European court of human rights in Naït-Liman", in *Riv. dir. int.*, 2017, p. 782 ss.; R. Pavoni, "Giurisdizione civile universale per atti di tortura e diritto di accesso al giudice: la sentenza della Grande camera della Corte europea dei diritti umani nel caso "Naït-Liman"", in *Riv.dir.int.*, 2018, pp. 888-896.

([36]) Cfr. https://www.idi-iil.org/app/uploads/2017/06/01-Bucher-Competence_universel.pdf. La traduzione è nostra.

Considerando che l'espressione "crimini internazionali" si riferisce ai reati più gravi di diritto internazionale quali il genocidio, la tortura e gli altri crimini contro l'umanità e i crimini di guerra;

Ricordando che la giurisdizione penale universale è un mezzo per prevenire tali reati e di porre fine alla loro impunità, come affermato nella Risoluzione della Cracovia del 2005;

Rilevando che il perseguimento degli autori di crimini internazionali e la loro punizione non offrono che una soddisfazione parziale alle vittime;

Considerando che la giurisdizione civile universale è un mezzo per evitare che le vittime di crimini internazionali siano private del risarcimento del danno subito, a causa del fatto che i fori normalmente competenti non offrono mezzi di ricorso disponibili per assicurare detto risarcimento;

Adotta la seguente Risoluzione:

Articolo 1

1. Le vittime di crimini internazionali hanno diritto ad un risarcimento adeguato ed effettivo a carico dei soggetti responsabili del danno subito.

2. Le vittime hanno diritto ad un accesso effettivo alla giustizia per chiedere tale risarcimento dei danni.

3. Tale diritto non dipende da una condanna penale dell'autore del crimine internazionale.

Articolo 2

1. Un giudice dovrebbe possedere la competenza giurisdizionale a conoscere delle domande di risarcimento dei danni presentate da vittime di violazioni dei diritti umani a condizione che:

a) la controversia non presenti un collegamento più stretto con un altro Stato, considerando i legami rispetto alle vittime e ai convenuti, nonché ai fatti e alle circostanze pertinenti; oppure

b) in uno o più altri Stati con cui tale stretto collegamento sussista, le vittime non dispongano di mezzi di ricorso dinanzi al giudice interno.

2. Ai fini del paragrafo 1, lettera *b*), si considera che le vittime dispongano di mezzi di ricorso se l'autorità giurisdizionale adita si riconosce competente e se il processo si svolga in conformità al principio di legalità (*Due process*) offrendo un rimedio adeguato ed effettivo.

3. Il giudice dello Stato che è stato investito di una domanda risarcitoria dovrebbe declinare la propria competenza o sospendere il procedimento, tenuto conto delle circostanze, qualora le vittime abbiano presentato ricorso a:

a) un giudice internazionale, quale la Corte penale internazionale;

b) un'autorità di conciliazione o di indennizzo istituita ai sensi del diritto internazionale;

oppure

c) un giudice di un altro Stato con cui la causa abbia collegamenti più stretti e ove siano previsti dei rimedi disponibili ai sensi dei paragrafi precedenti.

Articolo 3

Gli Stati dovrebbero garantire che gli ostacoli giuridici e finanziari incontrati dalle vittime o i loro rappresentanti siano per quanto possibile limitati nel corso di procedimenti risarcitori di questo tipo.

Articolo 4

Gli Stati membri dovrebbero adoperarsi per istituire procedure che permettano azioni di classe a favore delle vittime di crimini internazionali.

Articolo 5

L'immunità degli Stati non dovrebbe privare le vittime del loro diritto al risarcimento dei danni subiti.

Articolo 6

Si raccomanda che in sede di elaborazione di uno strumento relativo alla competenza, e l'esecuzione delle sentenze in materia civile e commerciale, in particolare nell'ambito della Conferenza dell'Aja di diritto internazionale privato, venga regolato anche il diritto delle vittime ai sensi degli articoli che precedono."

31. Verso l'applicazione diretta orizzontale del diritto internazionale consuetudinario da parte del giudice nazionale. — Una norma internazionale dotata di effetto diretto può permettere ad un individuo — che si tratti di una persona fisica o giuridica — di far valere in giudizio un proprio diritto nei confronti di uno Stato (ipotesi più frequente) ma anche di OIG (a cominciare dall'ONU con le sue sanzioni — si pensi al caso *Kadi* — e dall'Unione europea ed i suoi atti).

In tale prospettiva, si dirà che la norma internazionale produce un ***effetto diretto verticale***. Ma riconoscere ad una norma internazionale (o per lo meno ad alcune di esse) un ***effetto diretto orizzontale*** va ben oltre. Ciò significa, infatti, chiedere in giudizio — dinanzi a un giudice nazionale — che una norma internazionale venga rispettata allo stesso titolo della legge dello Stato nelle relazioni *inter se* dei privati. Si pensi, a tale riguardo, ai progressi ottenuti nel diritto dell'Unione europea tramite le "Direttive" che sono idonee a produrre un effetto diretto "verticale", ed ai "regolamenti" che hanno invece una portata "orizzontale" arrivando a disciplinare il comportamento di tutte le parti in causa come se si trattasse di una vera e propria norma dello Stato (il diritto europeo della concorrenza ci fornisce un osservatorio privilegiato).

Orbene, il diritto internazionale spesso tace sulla questione dell'eventuale effetto diretto delle proprie norme, di modo che diviene necessario rivolgersi al giudice nazionale. In questo caso, si pongono due questioni preliminari riguardanti la *competenza* del giudice adito e la *ricevibilità* del ricorso.

Affinché il giudice nazionale adito possa dichiararsi **competente**, occorre che vi sia un "legame" significativo tra la controversia e il "suo" ordinamento giuridico, cui deve dare attuazione. Certo, la questione non è semplice da risolvere, come testimoniano, ad esempio, tutte le esitazioni dei giudici statunitensi in merito all'applicazione e alla portata del famoso "*Alien Tort Claims Act*" di cui si è detto in precedenza. Occorre poi che un ricorso si basi sulla violazione di un diritto soggettivo fondato nell'ordinamento internazionale ma anche esigibile nell'ordinamento interno, vuoi perché tale è stata la volontà del legislatore nazionale (caso dell'A.T.C.A. ma, più in generale, anche dei trattati in vigore nel foro), vuoi perché si tratta di norme consuetudinarie o addirittura di *jus cogens*.

Così, nonostante nella recente controversia sul ***Tram di Gerusalemme*** ([37]) la Corte d'Appello di Versailles abbia respinto la tesi dell'applicazione *orizzontale* delle norme di *jus cogens*, ci sembra che inizi comunque a delinearsi un diverso atteggiamento della giurisprudenza nazionale in alcuni Paesi, un orientamento più favorevole all'applicazione del diritto internazionale nell'ordinamento interno.

([37]) Cour d'Appel de Versailles, 22 marzo 2013, *Association France-Palestine et Organisation de Libération de la Palestine* c. *Société Alstom Transport SA, Société Alstom SA et SA Veolia Transport.*

Un segno tangibile di siffatto mutamento di prospettiva viene offerto dalla recente sentenza della Corte Suprema del Canada nella causa ***Nevsun c. Araya*** ([38]), ove detta Corte ha dichiarato ***ricevibile*** l'azione processuale intentata da alcuni lavoratori eritrei di una filiale locale straniera di una società canadese sulla base della violazione di norme di diritto internazionale consuetudinario (*jus cogens*) quali il divieto del lavoro forzato, della schiavitù o ancora l'assoggettamento a trattamenti crudeli, inumani o degradanti. *Secondo questi giudici, le norme di diritto internazionale consuetudinario risultano già ed automaticamente incorporate nel diritto del Canada, senza che il legislatore abbia bisogno di intervenire (se non per opporvisi).*

Pertanto, in assenza di progressi in seno alla Comunità internazionale e in presenza di difficoltà in materia di riconoscimento ed applicazione delle norme fondamentali dell'ordinamento internazionale (*jus cogens*) nei *rapporti interindividuali* e dunque del loro "effetto orizzontale", sembra chiaro che tale compito spetta oggi proprio ai giudici nazionali. In effetti, a questi giudici basterà dichiarare che diritti ed obblighi di *jus cogens si ritrovano già nel "patrimonio giuridico" degli individui dal punto di vista dell'ordinamento nazionale (lex fori)*. Ciò in quanto l'ordinamento giuridico interno si adatta e si conforma automaticamente ed immediatamente alle consuetudini internazionali senza che sia necessario l'intervento del legislatore nazionale. Al pari di quanto accade quando un organo di uno Stato straniero invoca l'immunità dalla giurisdizione dinanzi al giudice dello Stato territoriale.

Conclusione

Il possibile (ed auspicabile) controllo da parte del giudice interno della legittimità internazionale degli atti stranieri

32. — Pur essendo ordinamenti giuridici separati e diversi *ex natura rerum*, l'ordinamento internazionale e gli ordinamenti giuridici interni dei singoli Stati non sono divisi da compartimenti stagni ed incomunicanti; lo abbiamo constatato più volte nel corso di questo libro. Essi si trovano, in realtà, in un peculiare rapporto di *cooperazione* e di *complementarietà* che va attentamente esaminato e compreso; a maggior ragione nel nostro tempo ove la globalizzazione ha accentuato i fenomeni di *interdipendenza* tra gli Stati. A partire da tali considerazioni d'insieme diviene allora possibile presentare alcune conclusioni che valorizzano il ruolo moderno del giudice nazionale nel controllo dell'applicazione del diritto internazionale e nel contribuire alla legalità internazionale ([39]).

([38]) Supreme Court of Canada, 28 febbraio 2020, *Nevsun Resources Ltd. v. Araya*, al sito https://decisions.scc-csc.ca/scc-csc/scc-csc/en/item/18169/index.do.

([39]) P. Weil, *cit.*, p. 43 e ss.. Va considerato altresì che, essendo sempre più frequente la circolazione degli atti notarili, incluso il ricevimento in Italia, di atti e documenti provenienti dall'estero, anche i Notai, in quanto Pubblici Ufficiali, sono chiamati — ancorché più raramente che i giudici italiani — ad effettuare un controllo di conformità al diritto internazionale degli atti e documenti che ricevono. Si tratta di un controllo che va al di là, sia della *legalizzazione* dell'atto ricevuto in Italia, che dell'*autenticazione di sottoscrizioni* apposte in calce a scritture private redatte in lingua straniera. La conoscenza del Diritto internazionale è infatti oggi necessaria al Notaio per poter applicare correttamente le convenzioni internazionali attinenti alla propria attività professionale (si pensi alle varie Convenzioni dell'Aja elaborate presso la Conferenza Permanente dell'Aja di diritto internazionale privato), sia per la classica verifica della *condizione di reciprocità* di cui all'art. 16 delle Preleggi al Cod. Civ.it..

1. — Nessuna regola di diritto internazionale positivo vieta al giudice di uno Stato di sindacare la conformità di un atto di uno Stato straniero al diritto internazionale

33. — La politica di moderazione che i giudici statunitensi hanno per lungo tempo praticato in nome della dottrina dell'"*Act of State*" finisce con l'essere sfavorevole al diritto internazionale, invece di contribuire ad una più rigorosa applicazione delle norme internazionali. In realtà, la dottrina dell'"Act of State" o dell'"atto politico", nei Paesi di Civil Law, lungi dall'essere una dottrina favorevole allo sviluppo delle relazioni internazionali come, *prima facie*, si potrebbe pensare, è in realtà frutto di una visione nazionalistica e di chiusura dell'ordinamento giuridico statale rispetto all'ordinamento internazionale.

2. — Nessuna norma di diritto internazionale positivo obbliga il giudice di uno Stato a valutare la conformità di un atto di un Governo straniero al diritto internazionale

34. — Sarebbe sicuramente esagerato affermare che il giudice interno abbia l'obbligo, in virtù del diritto internazionale, di valutare la conformità di un atto di un Governo straniero rispetto al diritto internazionale. Così, nessuno ha mai sostenuto che la giurisprudenza statunitense di applicazione della "dottrina dell'*Act of State*" fosse contraria al diritto internazionale. Peraltro, va osservato che non esiste alcun obbligo di questo tipo, nemmeno in seno ad un sistema giuridico particolarmente "integrato" come quello dell'Unione europea.

È però sicuro che le consuetudini internazionali appartengono anche alla *lex fori* per effetto dei peculiari meccanismi di adattamento dell'ordinamento interno al diritto internazionale. Per questa strada, le norme di *jus cogens* entrano automaticamente a far parte del patrimonio giuridico degli individui che dunque possono esigerne la tutela dinanzi al giudice nazionale.

3. — Di conseguenza, nulla vieta che il giudice nazionale controlli l'applicazione del diritto internazionale attraverso un sindacato degli atti dei Governi stranieri di cui viene richiesto il riconoscimento e l'esecuzione nel foro o tramite la giurisdizione universale nei limiti ammessi dall'ordinamento internazionale

35. — Il sindacato di validità in concreto di una norma straniera rispetto al diritto internazionale non è semplice nella misura in cui un buon numero di norme del diritto internazionale rimangono imprecise e addirittura contestate: il diritto internazionale delle nazionalizzazioni ne costituisce un esempio significativo. È altresì chiaro che il giudice interno, nel suo sindacato di validità internazionale di un atto di un Governo straniero, dovrà evitare i pericoli di "provincialismo" o di "etnocentrismo" giuridico; al fine di evitare censure, dovrà dare attuazione solamente a regole di diritto internazionale positivo — scritto o non scritto — che risultino chiare e non ambigue. E ciò vale anche in caso di applicazione di norme di *jus cogens* in senso *orizzontale* oltre che *verticale*. In una parola, la *juris prudentia* si impone sia in materia interna che internazionale. Ma il tempo di un ruolo più attivo del giudice interno in materia internazionale è già arrivato.

Viviamo nell'epoca del "dialogo tra Corti", dei sistemi giuridici nazionali aperti e, soprattutto, di uno sviluppo senza precedenti del diritto internazionale che oggi è penetrato in moltissimi settori della scienza e della pratica giuridica. Proprio in tale prospettiva, nel concludere il nostro volume, siamo convinti che, oltre ai sempre più numerosi tribunali internazionali ed agli operatori professionali della nostra materia, anche il giudice interno sarà chiamato sempre più spesso a conoscere in modo approfondito e ad applicare correttamente gli strumenti tecnici del diritto internazionale, soprattutto nel contesto transnazionale che abbiamo illustrato in questo libro.

BIBLIOGRAFIA SOMMARIA

Non è possibile offrire una bibliografia esaustiva delle opere scritte - nel corso di vari secoli - sul Diritto internazionale ed in più Paesi del mondo. Pertanto, qui di seguito, saranno indicati i principali e più diffusi manuali in materia, unitamente agli strumenti di ricerca che ogni operatore del diritto deve conoscere. Ulteriori riferimenti sono stati forniti in ciascun capitolo di questo volume. Per qualunque ricerca bibliografica indichiamo i seguenti siti internet:

Catalogo online della *Biblioteca della Corte internazionale di giustizia* (v. anche le *Research Guides*)	*https://www.peacepalacelibrary.nl/*
ASIL Guide to electronic resources for international law	*https://www.asil.org/resources/electronic-resource-guide-erg*
Società italiana di diritto internazionale e di diritto dell'Unione europea	*http://www.sidi-isil.org/?page_id=12*
Bibliothèque Interuniversitaire Cujas de droit et de sciences économiques (Paris)	*http://biu-cujas.univ-paris1.fr/*
Max Planck Institute for Comparative Public Law and International Law	*https://www.mpil.de/en/pub/library/research-tools.cfm*
Oxford Public International Law	*https://opil.ouplaw.com*
Biblioteca documentaria della Corte di Giustizia dell'Unione europea	*https://curia.europa.eu/jcms/jcms/Jo2_7058/it/*
Lexis Nexis	*https://www.lexisnexis.com/en-us/gateway.page*
Heinonline	*https://home.heinonline.org*
Westlaw	*https://www.westlaw.com*

I. Principali Manuali [1]

1. *In lingua italiana*

D. Anzilotti — *Corso di diritto internazionale. Introduzione, teorie generali,* 4 ed., Padova, Cedam, 1955.

G. Balladore Pallieri — *Diritto internazionale pubblico,* 4 ed., Milano, Giuffré, 1962.

T. Ballarino — *Diritto internazionale pubblico,* Padova, Cedam-WKI, 2014.

G. Cansacchi — *Istituzioni di diritto internazionale pubblico*, 6ª ed., Torino, Giappichelli, 1979.

S. M. Carbone, R. Luzzatto, A. Santa Maria (a cura di) — *Istituzioni di diritto internazionale*, 5ª ed., Torino, Giappichelli, 2016.

(1) Se un'opera ha formato oggetto di più edizioni menzioneremo solo quella più recente che ha formato oggetto di consultazione.

A. Cassese — *Diritto internazionale*, 3 ed., a cura di M. Frulli, Bologna, Il Mulino, 2017.

A. Cavaglieri — *Corso di diritto internazionale,* 3 ed., Napoli, Rondinella, 1934.

B. Conforti — *Diritto internazionale*, 10ª ed., Napoli, ESI, 2014.

B. Conforti — *Diritto internazionale*, 11ª ed. a cura di M. Iovane, Napoli, ESI, 2018.

E. Cannizzaro — *Diritto internazionale*, 5 ed., Torino, Giappichelli, 2020.

L. Ferrari Bravo — *Lezioni di diritto internazionale*, 3 ed., Napoli, ES, rist. 2000.

C. Focarelli — *Diritto internazionale*, 5 ed. Padova Cedam, 2019.

A. Gioia — *Diritto internazionale*, 6ª ed., Milano, Giuffrè, 2019.

U. Leanza, I. Caracciolo — *Il diritto internazionale: diritto per gli Stati e diritto per gli individui*, Parte generale, 3ª ed., Torino, Giappichelli, 2012; Parti speciali, 2020.

S. Marchisio — *Corso di diritto internazionale,* 2 ed., Torino, Giappichelli, 2017.

R. Monaco, C. Curti Gialdino — *Manuale di diritto internazionale pubblico. Parte generale*, 3ª ed., Torino, Utet, 2009.

G. Morelli — *Nozioni di diritto internazionale*, 7ª ed., Padova, Cedam, 1967.

M. Panebianco — *Diritto internazionale pubblico*, 4ª ed., Napoli, ES, 2013.

T. Perassi — *Lezioni di diritto internazionale,* 2 voll., Padova, Cedam, 1961-1962.

R. Quadri — *Diritto internazionale pubblico*, 5ª ed., Napoli, Liguori, 1968.

S. Romano — *Corso di diritto internazionale,* 4 ed., Padova, Cedam, 1939.

N. Ronzitti — *Diritto internazionale*, 6ª ed., Torino, Giappichelli, 2019.

R. Sapienza — *Elementi di diritto internazionale*, Torino, Giappichelli, 2002.

A.P. Sereni — *Diritto internazionale*, 4 voll, Milano, Giuffré, 1956-1965.

A. Sinagra, P. Bargiacchi — *Lezioni di diritto internazionale pubblico*, 3ª ed., Milano, Giuffrè- Francis Lefebvre, 2019.

T. Scovazzi (a cura di) — *Corso di diritto internazionale*, I, 3ª ed., 2018; II, 2 ed., 2015; III, 2013, Milano, Giuffrè, 3 voll., 2014-

G. Sperduti — *Lezioni di diritto internazionale,* Milano, Giuffré, 1958.

A. Tanzi — *Introduzione al diritto internazionale contemporaneo*, 6ª ed., Padova, Cedam-WKI, 2019.

T. Treves — *Diritto internazionale. Problemi fondamentali*, Milano, Giuffrè, 2005.

G. Ziccardi Capaldo — *Diritto globale: il nuovo diritto internazionale,* Milano, Giuffrè, 2010.

2. *In lingua francese*

D. Alland (dir.) — *Manuel de droit international public*, 6 ed., Paris, PUF, 2019.

P. Bastid — *Cours de droit international public*, « Les Cours de droit », 1976-1977.

D. Carreau, F. Marrella, A. Hamann — *Droit international*, 13e éd., Paris, Pedone, 2021.

J. Combacau, S. Sur — *Droit international public*, 13e éd., Paris, Montchrestien, 2019.

O. Corten, F. Dubuisson, V. Koutroulis — *Une introduction critique au droit international,* Bruxelles, ULB, 2017.

E. Decaux, O. De Frouville — *Droit international public*, 12e éd., Paris, Dalloz, 2020.

P.M. Dupuy, Y. Kebrat — *Droit international public*, 15e éd., Paris, Dalloz, 2020.

Ph. Manin — *Droit international public*, Paris, Masson, 1979.

G. Perrin — *Droit international public. Sources, sujets caractéristiques*, Zurich, Schultless Pol. Verlag, 1999. (Précis suisse)

Nguyen Quoc Dinh, P. Daillier, M. Forteau, A. Pellet, — *Droit international public*, 8e éd., Paris, LGDJ, 2009.

P. Reuter — *Droit international public*, 6e éd., Paris, PUF, 1983.

R. Rivier — *Droit international public,* 3 éd., Paris, PUF, 2017.

C. Santulli — *Introduction au droit international,* Paris, Pedone, 2013.

J. Touscoz — *Droit international*, Paris, PUF, 1993.

J. Verhoeven — *Droit international public*, Bruxelles, Larcier, 2000.

A. R. Ziegler — *Introduction au droit international public*, 3 ed., Stamplfi Ed. SA Berne, 2015. (Précis suisse)

3. *In lingua inglese*

D. Anton, P. Mathew, W. Morgan — *International Law*, Oxford, OUP, 2005. (*casebook* australiano)

A. Aust — *Handbook of International Law,* 2nd ed., Cambridge, CUP, 2010.

I. Brownlie — *Principles of Public International Law,* 7th, Oxford, OUP., 2008.

J. Crawford — *Brownlie's Principles of Public International Law*, 9th, Oxford, OUP, 2019.

A. Cassese — *International Law*, 2nd ed., Oxford, OUP, 2005.

A. Cassese — *International Law*, 3nd ed., ed. by P. Gaeta, J.E. Viñuales, S. Zappalá, Oxford, OUP, 2020.

J. H. Currie, C. Forcese, V. Oosterveld, J. Harrington — *Public International Law*, 2nd ed., Toronto, Irwin, 2014. (manuale canadese)

L. Damrosch, S. Murphy — *International Law. Cases and materials*, 6th ed., St. Paul, Thomson-West, 2014. (Casebook)

M. Dixon — *Textbook on International Law,* 8 ed., Oxford, OUP, 2017.

J. Dugard — *International Law: a South African Perspective,* Oxford, OUP, 2014.

M. Evans (ed.) — *International Law*, 5th ed., Oxford, OUP, 2018.

D. J. Harris — *Cases and materials on International Law*, 9th ed., London, Sweet & Maxwell, 2020.

L. Henkin — *International Law. Politics and Values*, Dordrecht, 1995.

A. Henriksen — *International Law,* 2 ed., Oxford, OUP, 2018.

R. Higgins — *Problems and process: International Law and how we use it*, Oxford, Clarendon Press, 1994.

M. Janis — *An Introduction to International Law*, 7th ed., New York, Aspen, 2016.

M. Janis, J. Noyes — *Cases and commentaries on International Law*, 5th ed., St. Paul, Thomson-West, 2018. (Casebook)

R. Jennings & A. Watts (eds.) — *Oppenheim's International Law*, 9th ed., 2 voll., London-New York, Longman, 1996-1996.

J. Klabbers — *International Law,* 3 ed., Cambridge, CUP, 2021.

V. Lowe — *International Law*, Oxford, OUP, 2007.

P. Malanczuk — *Akehurst's Modern Introduction to International Law*, 8th ed, London-New York, Routledge, 2002.

A. Orakhelashvili — *Akehurst's Modern Introduction to International Law*, 9th ed, London-New York, Routledge, 2019.

D.P. O'Connell — *International Law*, London, Stevens, 1979.

M.J. Reisman, M. Arsanjani, S. Wiessner, G. Westerman — *International Law in contemporary perspective*, New York, Foundation Press, 2004. (Casebook)

O. Schachter — *International Law in Theory and Practice*, Dordrecht-Boston-London, Martinus Nijhoff, 1991.

M. Shaw — *International Law*, 8th ed., Cambridge, CUP, 2017.

B. Weston, R. Falk, H.Charlesworth, A. Strauss — *International Law and world order: a problem oriented coursebook*, 4th ed., St. Paul, Thomson-West, 2006.

4. *In altre lingue*

a) *In lingua spagnola*

S. Benadava — *Derecho internacional pùblico*, 8 ed., Santiago de Chile, Lexis Nexis, 2005. (manuale cileno)

J. Barboza — *Derecho internacional pùblico*, 2 ed., Buenos Aires, Zavalia, 2008. (manuale argentino)

A. Boggiano — *Introduccion al derecho internacional:relaciones exteriores de los ordenamiento juridicos*, Buenos Aires, La Ley, 1995. (manuale argentino)

J. A. Carrillo Salcedo — *Curso de derecho internacional. Introduccion a su estructura, dinamica y funciones*, Madrid, Tecnos, 1992.

R. Casado Raigón — *Derecho Internacional*, 4 ed., Madrid, Tecnos, 2020.

M. Diez de Velasco — *Instituciones de derecho internacional pùblico*, 19 ed., Madrid, Tecnos, 2017.

A. Fernandez Tomas — *Curso de derecho internacional pùblico*, Valencia, 2015.

E. Gaviria Llévano — *Derecho internacional pùblico*, 6 éd., Bogota, Temis, 2005. (manuale colombiano)

E. Jiménez De Aréchaga — *El Derecho Internacional Contemporáneo,* Madrid, Tecnos, 1980.

P. Andrés Saenz de Santa Maria — *Sistema de derecho internacional pùblico*, Madrid, Thomson-Civitas, 2020.

H. Llanos Mansilla — *Teoria y practica del derecho internacional pùblico*, 4 éd., 2 vol., Ed. juridica de Chile, 2011. (manuale cileno)

G. R Moncayo, R. E Vinuesa, H. Gutiérrez Posse — *Derecho internacional público,* Buenos Aires, V.P. de Zavalía, 1977.

J. Pastor Ridruejo — *Curso de derecho internacional pùblico y organizaciones internacionales*, 24 ed., Madrid, Tecnos, 2020.

M. Pinto — *El Derecho Internacional: vigencia y desafíos,* Fondo de Cultura Económica, Buenos Aires, 2004.

A. Remiro Brotons (dir.) — *Derecho internacional*, Madrid, Tirant lo Blanch, 2011.

M. Seara Vàzquez — *Derecho internacional pùblico*, 24 ed., Mexico, Porrua, 2012. (manuale messicano)

C. Sepùlveda — *Derecho internacional*, 26 ed., Mexico, Porrua, 2009. (manuale messicano)

b) *In lingua tedesca*

Bothe, Dolzer, Hailbronner, Klein, Kunig, Schroder, Graf Vitzthum — *Völkerrecht*, 5 ed., Berlin, De Gruyter, 2010.

Dahm, Delbrück, Wolfrum — *Völkerrecht*, 2 ed., Berlin, De Gruyter, 2002.

K. Doehring — *Völkerrecht*, 2 ed., Heidelberg, C.F. Müller Verlag, 2004.

Y. Dorf — *Völkerrecht*, 2 ed., Munchen, Verlag C.H. Beck, 2016.

M. Herdegen — *Völkerrecht*, 17 ed., Munchen, Verlag C.H. Beck, 2018.

K. Ipsen, Menzel, Epping — *Völkerrecht*, 7 ed., Munchen, Verlag C.H. Beck, 2018.

Neuhold H., Hummer W., Schreuer C. (dir.), — *Österreichisches Handbuch des Völkerrecht*, 2 vol, 4 ed., Wien, Manz, 2004. (manuale austriaco)

I. Seidl-Hohenveldern, T.Stein, C. Von Buttlar — *Völkerrecht*, 11 ed., Köln, Heymann, 2005. (manuale austriaco)

C. Tomuschat (ed.) — *Völkerrecht*, 8 ed., Baden-Baden, Nomos, 2018.

A. Verdross, B. Simma — *Universelles Völkerrecht. Theorie und Praxis*, 3 ed., Berlin, Duncker & Humblot, 2010.

W. Wengler — *Völkerrecht*, 2 voll., Berlin, Springer, 1964.

c) *In lingua portoghese*

H. Accioly, G. E. Do Nascimento e Silva, P.E. Casella — *Manual de direito internacional pùblico*, 19 ed., São Paulo, Saraiva, 2011. (manuale brasiliano)

J. Bacelar Gouveia — *Manual de direito internacional pùblico*, 3 éd., Coimbra, Almedina, 2008.

L.O. Baptista, L. Ramina, T, Scheila Friedrich — *Direito internacional contemporaneo,* Curitiba, Jurua, 2011.

D. Carreau, J.-P. Bichara — *Direito internacional*, 2 ed., Rio de Janeiro, Lumen iuris, 2016.

Gonçalves Pereira A., F. De Quadros — *Manual de direito internacional pùblico*, 3 ed., Coimbra, Almedina, 2005.

Machado J. — *Direito internacional. Do paradigma clasico au pòs-11 de setembro*, 5 ed., Coimbra, Coimbra editora, 2019.

V. Mazzuoli — *Curso de Direito Internacional Publico*, 10 eme ed., Revistas dos Tribunais, Sao Paulo, 2016.

F. Rezek — *Direito internacional pùblico*, 11 ed., São Paulo, 2008. (manuale brasiliano)

R. Silva — *Direito internacional público,* 5ª Ed.. Belo Horizonte: Arraes, 2019. (manuale brasiliano)

II. Studi

1. *Accademia di diritto internazionale dell'Aja*

L'indice completo dei *corsi generali* e dei *corsi speciali* dell'Accademia di diritto internazionale dell'Aja/*The*

Hague Academy of International Law è accessibile su internet al sito *https://www.peacepalacelibrary.nl/collection/e-resources/recueil-des-cours/*

2. *Enciclopedie e dizionari di diritto internazionale*

— *Encyclopédie Dalloz. Répertoire de droit international*, pubblicata a cura di D. Carreau, P. Lagarde, H. Synvet, Paris, Dalloz, 2004-
— *Jurisclasseur de droit international*, a cura di B. Goldman, poi di Ph. Kahn et L.Vogel consultabile anche su internet (*www.lexisnexis.fr*)
— *Max Planck Encyclopedia of Public International Law*, a cura di R. Wolfrum, per Oxford University Press consultabile su internet al sito sopra indicato.
— R. Bernhardt (dir.), *Encyclopedia of Public International Law*, Amsterdam, North Holland, 12 voll. 1981-1992; 2 ed., 5 voll., Amsterdam, 1998-2003.
— J.P. Grant, J.C. Barker, *Parry & Grant Encyclopaedic dictionary of International Law*, 3rd ed., Oxford, OUP, 2009.
— J. Basdevant, *Dictionnaire de la terminologie du droit international public*, Paris, Sirey, 1960.
— J. Salmon (dir.), *Dictionnaire de droit international public*, Bruxelles, Bruylant, 2001.

3. *Opere consigliate (selezione)*

— V. i corsi in forma di volumi pubblicati dall'*Accademia di diritto internazionale dell'Aja* nel "Recueil des cours de l'Académie de droit international de La Haye/Collected Courses of The Hague Academy of International Law" al sito *http://www.hagueacademy.nl*
— *ABC delle Nazioni Unite*, Napoli, ES, 2012.
— J. Alvarez, *International Organisations as Law Makers*, Oxford, OUP, 2006.
— M. Bedjaoui, (dir.), *Droit international. Bilan et perspectives*, Paris, Pedone-UNESCO, 2 vol., 1991.
— J. Brierly, *The Law of Nations: an introduction to International Law of Peace*, Oxford, OUP, 1963.
— B. Conforti, C. Focarelli, *Le Nazioni Unite*, 11 ed., Padova, CEDAM-WKI, 2017.
— J. Crawford, *State Responsibility. The General Part*, Cambridge, CUP, 2014.
— D. Carreau, P. Juillard, R. Bismuth, A. Hamann, *Droit international économique,* 6 éd., Paris, Dalloz, 2017.
— G. De Lacharrière, *La politique juridique extérieure*, Paris, Economica, 1983.
— O. De Schutter, *International Human Rights Law*, 3 ed., Cambridge, CUP, 2018.
— Ch. De Visscher, *Théories et réalités en droit international public*, 4e éd., Paris, Pedone, 1970.
— W. Jenks, *The Common Law of Mankind*, London, Stevens, 1958.
— C. Focarelli, *Trattato di diritto internazionale*, Torino, Utet, 2015.
— J. L. Goldsmith, Eric A. Posner, *The Limits of International Law*, Oxford, OUP, 2007.
— L. Henkin, *How Nations Behave: Law and Foreign Policy,* New York, Columbia University Press, 1979.
— J. Jackson, *The World Trading System*, 2 ed., Boston, MIT Press, 1997.
— H. Kelsen, *Principles of International Law*, New York, 1952.
— H. Koh, *The Trump Administration and International Law*, Oxford, OUP, 2019.
— M. Koskenniemi, *From Apology to Utopia: The Structure of International Legal Argument*, 2 ed., Cambridge, CUP, 2005.
— F. Marrella, *Manuale di diritto del commercio internazionale*, 2 ed., pref. A. Giardina, Padova, Cedam, 2020.
— E. Mc. Whinney, *United Nations Law Making*, New York, Holmes and Meier, Paris, UNESCO, 1984. *Les Nations Unies et la formation du droit*, Paris, Pedone, 1987.
— Th. Meron, *The Humanization of International Law*, Nijhoff, 2006.
— R. Pinto, *Le droit des relations internationales*, Paris, Payot, 1972.
— Ch. Rousseau, *Droit international public*, Paris, Sirey, 5 voll. 1970-1983.
— O. Schachter, *International Law in Theory and in Practice*, Martinus Nijhoff, 1991.
— E. Terme-Jouannet, *Le droit international,* 2 éd., Paris, PUF, 2016.
— J.H.W.Verzijl, *International Law in historical perspective*, 12 vol., 1968-1998.

4. *Principali commentari*

— V. la collana *Oxford Commentaries on International Law*, al sito: https://global.oup.com/academic/content/series/o/oxford-commentaries-on-international-law-ocils/?lang=en&cc=it
— Caron D., Caplan M., *The UNCITRAL Arbitration Rules. A Commentary*, 2 ed., Oxford, OUP, 2013.
— Cassese A., Gaeta P., Jones J.R., *The Rome Statute of the International Criminal Court. A Commentary*, 3 voll., Oxford, OUP, 2002.

— Clapham A., Gaeta P., Sassòli M., *The 1949 Geneva Conventions. A Commentary,* Oxford, OUP, 2015.
— Corten O., Klein P., *Les conventions de Vienne sur le droit des traités: commentaire article par article*, 3 vol., Bruxelles, Bruylant, 2006, anche in inglese *The Vienna Conventions on the Law of Treaties. A Commentary*, Oxford, OUP, 2011.
— Cot J.P., Forteau M., Pellet A. (dir.), *La Charte de Nations Unies*, Paris, Economica, 3 éd., 2005.
— Crawford J., Pellet A., Olleson S., *The Law of International Responsibility*, Oxford, OUP, 2010.
— Giovanni D., Gaggioli G., Heche A. (Dir.), *La Convention de Vienne de 1978 sur la succession d'Etats en matière des traités*, Bruxelles, Bruylant, 2016.
— Krutzsch W., Myjer E., Trapp R., *The Chemical Weapons Convention.A Commentary*, Oxford, OUP, 2014.
— O'Keefe R., Tams C.J., (Dir.), *The United Nations Convention on Jurisdictional Immunities of States and their Property. A Commentary,* Oxford, OUP, 2013.
— Pettiti L.E., Decaux E., Imbert P.-H., *La convention européenne des droits de l'homme. Commentaire article par article*, 2 éd., Paris, Economica, 1999.
— Reinisch A., Bachmayer P., *The Conventions on the Privileges and Immunities of the United Nations and its Specialized Agencies. A Commentary*, Oxford, OUP, 2016.
— Schabas W., *The International Criminal Court. A Commentary on the Rome Statute*, 2 ed., Oxford, OUP, 2016.
— Schreuer C. (dir.), *The ICSID Convention: a Commentary on the Convention on the Settlement of Investment Disputes between States and Nationals of Other States*, 2 ed., Cambridge, CUP, 2010.
— Simma B. et Alt., *The Charter of the United Nations. A Commentary*, 2 vol., Oxford, OUP, 3rd edition 2012.
— Zimmerman A., Oellers-Frahm K., Tomuschat C., Tams C.J., *The Statute of the International Court of Justice. A Commentary*, 2 ed., Oxford, OUP, 2012.

5. *Metodologia del diritto internazionale*

— F. Castberg, « La méthodologie du droit international public », *RCADI*, 1933, t. 43, p. 313.
— S. Rosenne, *Practice and methods of International Law*, New York, Oceana, 1984.
— J. Salmon, E. David, *Méthodologie de la recherche en droit international public*, 3 éd., Bruxelles, PUB, 1994.
— ASIL, *The Methods of International Law*, Washington, 2004.
— O. Corten, *Méthodologie du droit international public*, Bruxelles, ULB, 2009.

6. *Principali studi in onore, Mélanges, Festschrift e libri amicorum consacrati al diritto internazionale* (2)

— Ago, Milano, Giuffrè, 1987
— Arangio-Ruiz G., Napoli, Ed. scientifica, 2004
— Balladore Pallieri, Milano, 1977
— Bassiouni, Leiden, Nijhoff, 2008
— Blishenco, La Haye, Nijhoff, 2009
— Bothe, Baden Baden, Nomos, 2008
— Brownlie, Oxford, Clarendon Press, 2003
— Cançado Trindade, Porto Alegre, Fabris, 2005
— Carreau e Juillard, Paris, Pedone, 2009
— Cassin, Paris, Pedone, 1969
— Cassese, La Haye, Kluwer, 2003
— Chaumont, Paris, Pedone, 1984
— Andrassy, The Hague, Nijhoff, 1968
— Badiali, Aracne, 2007
— Basdevant, Paris, Pedone, 1960
— Bedjaoui, La Haye, Kluwer, 1999
— Bernini, Milano, Giuffré-Francis Lefebvre, 2021
— Boulois, Paris, Dalloz, 1991
— Broms, Helsinki, ILA, 1999.
— Caflisch, Leiden, Brill, 2007
— Capotorti, Milano, Giuffrè, 1999
— Carrillo Salcedo, Sevilla, 2005
— Cohen-Jonathan, Paris, Pedone, 2004
— Charpentier, Paris, Pedone, 2008

(2) Per un indice dettagliato v. P. Macalister-Smith, J.Schwietzke *Festschriften in public international law: an annotated bibliographical compilation of titles, 1930-2000/2001*, in *Nordic Journal of International Law*, 2002, pp. 349-430. V. anche X. Dupré de Boulois, *Bibliographie des Mélanges. Droit Français*, Paris, La mem. du droit, 2001, p. 379 ss.

— Colliard, Paris, Pedone, 1984
— Conforti, Napoli, ES, 2000
— Davì, ES, Napoli, 2019
— Diez de Velasco, Madrid, Tecnos, 1993
— Dinstein, Leiden, Nijhoff, 2007
— Dugard, Leiden, Brill, 2017
— Dupuy R.J., Paris, Pedone, 1991
— Eitel, Berlin, Springer, 2003
— Elias T.O., Dordrecht, 1992
— Feliciano, Cambridge, CUP, 2005
— Ferrari Bravo, Napoli, ESI, 2015
— Gautron, Paris, Pedone, 2004
— Ghebali, Bruxelles, Bruylant, 2007
— Gidel, Paris, Sirey, 1961
— Goldman B., Paris, Litec, 1982
— Gonzalez Campos, Madrid, Eurolex, 2005
— Guggenheim, Genève, Imprimerie de la Tribune, 1968
— Guillaume, Paris, Pedone, 2003
— Isaac, Toulouse, PUT, 2004
— Jacobs, Oxford, OUP, 2008
— Jennings R., Cambridge, Cambridge, 1996
— Jimenez de Arechaga, Montevideo, F.C.U., 1994
— Kahn Ph., Paris, Litec, 2000
— Kama, Leiden, Nijhoff, 2007
— Koroma, Leiden, Brill, 2015
— Klabbers, London, Routledge, 2014
— Koufa, La Haye, Nijhoff, 2009
— Lachs, The Hague-Boston, Nijhoff, 1984
— Lalive P., Bâle, Helbing et Lichtenhahn, 1993
— Leanza, Napoli, ES, 2008
— Lattanzi, Leiden, Brill, 2016
— Leben Ch., Paris, Pedone, 2015
— Léger, Paris, Pedone, 2006
— Li Haopei, London, 2001
— Loussouarn, Paris, Dalloz, 1994
— Lucchini et Queneudec, Paris, Pedone, 2003
— Mayer P., Paris, LGDJ, 2015
— Mann F.A., Münich, 1977
— Manin, Paris, Pedone, 2009
— Matsushita, Oxford, OUP, 2016
— Miaja de La Muela, Madrid, Tecnos, 1979
— Mohller, Leiden, Nijhoff, 2009
— Momtaz, Leiden, Brill-Nijhoff, 2017
— Morelli, Milan, Giuffrè, 1975
— Mosler, Berlin, Springer Verlag, 1983
— Neuhold, Utrecht, Eleven, 2007
— Oda, La Haye, 2002
— Perassi, Milano, Giuffré, 1957
— Perrakis, Athens, Sideris, 2017
— Picchio Forlati, Torino, Giappichelli, 2014
— Picone, Napoli, ES, 2011
— Pocar, Milan, Giuffrè, 2009
— Plantey, Paris, Pedone, 1995
— Puissochet, Paris, Pedone, 2008
— Reisman, Leiden, Nijhoff, 2011
— Reuter, Paris, Pedone, 1981
— Rezek, Lijui, 2004
— Rigaux, Bruxelles, Bruylant, 1993
— Riphagen, Dordrecht, Nijhoff, 1986
— Rolin, Paris, Pedone, 1964
— Rosenne, The Hague-Boston, Nijhoff, 1989
— Rousseau, Paris, Pedone, 1974
— Salmon, Bruxelles, Bruylant, 2007
— Schachter, Leiden, Brill, 2005
— Scelle, Paris, L.G.D.J., 1950
— Schreuer, Oxford, OUP, 2009
— Seidl-Hohenveldern, La Haye, Kluwer, 1998
— Simma, Oxford, OUP, 2011.
— Sinagra, Roma, Aracne, 2013
— Skubiszewski, The Hague, Kluwer, 1996
— Sperduti, Milano, Giuffrè, 1984
— Starace, Napoli, ES, 2008
— Teitgen, Paris, Pedone, 1984
— Suy, The Hague-Boston, Martinus Nijhoff, 1998
— Thierry, Paris, Pedone, 1998
— Tercier, Genève, Schulthess, 2008
— Tomuschat, Kehl, Engel, 2006
— Treves, The Hague, TMC Asser, 2013

— Vagts, Cambridge, CUP, 2010
— Van der Elst, Bruxelles, Nemesis, 1986
— Vesterdorf, Bruxelles, Bruylant, 2007
— Villani, Cacucci, Bari, 2017
— Wallace Jr., Juris, New York, 2014
— Warbrick, La Haye, Nijhoff, 2009
— Wolfrum, Leiden, Brill, 2011
— Valticos, Paris, Pedone, 1999
— Verhoeven, Bruxelles, Bruylant, 2014
— Vierdag, La Haye, Nijhoff, 1998
— Virally, Paris, Pedone, 1990
— Wildhaber, Zürich, Dike, 2007

7. *Principali riviste*

Annuaire français de droit international	*https://ihei.u-paris2.fr/fr/afdi*
Austrian Review of International and European Law	*https://brill.com/view/serial/ARIL*
American Journal of International Law	*https://www.asil.org/resources/american-journal-international-law*
African Yearbook of International Law	*https://brill.com/view/journals/afyo/afyo-overview.xml*
Asian Yearbook of International Law	*https://brill.com/view/serial/AYIL*
Baltic Yearbook of International Law	*https://brill.com/view/serial/BALT*
British Yearbook of International Law	*https://academic.oup.com/bybil*
Chinese Journal of International Law	*http://www.chinesejil.org/*
European Journal of International Law	*http://www.ejil.org/*
German Yearbook of International Law	*http://www.gyil.org/*
International and Comparative Law Quarterly	*https://www.cambridge.org/core/journals/international-and-comparative-law-quarterly*
Heidelberg Journal of International Law	*https://www.zaoerv.de//*
International Organisations Law Review	*https://brill.com/view/journals/iolr/iolr-overview.xml*
International Review of the Red Cross	*https://international-review.icrc.org/*
Italian Yearbook of International Law	*https://brill.com/view/serial/IYIL*
Journal de droit international	*http://www.lexiskiosque.fr/catalog/clunet-jdi*
Journal of International Dispute Settlement	*https://academic.oup.com/jids*
Journal of International Economic Law	*https://academic.oup.com/jiel /*
Leiden Journal of International Law	*https://www.cambridge.org/core/journals/leiden-journal-of-international-law*
Max Planck UN Yearbook	*https://www.mpil.de/en/pub/publications/periodic-publications/max-planck-yearbook.cfm*
Netherlands International Law Review	*https://www.cambridge.org/core/journals/netherlands-international-law-review*
Nordic Journal of International Law	*https://brill.com/view/journals/nord/nord-overview.xml*
Max Planck Institute for comparative public law and international law	*http://www.mpil.de/en/pub/news.cfm*
Revue belge de droit international	*http://cdi.ulb.ac.be/revue-belge-de-droit-international/*
Revue générale de droit international public	*http://pedone.info/livre/revue-generale-de-droit-international-public/*
Revista Espanola de Derecho Internacional	*http://dialnet.unirioja.es/servlet/revista?codigo=1220*
Rivista di diritto internazionale	*http://www.sidi-isil.org/?p=7900*
Rivista di diritto internazionale privato e processuale	*http://www.sidi-isil.org/?p=7900*

Spanish Yearbook of International Law *http://www.sybil.es/*

8. *Prassi degli Stati*

a) *In generale*

— *International Legal Materials* (pubblicato dall'*American Society of International Law*);
— Per gli altri Stati v. *supra* gli altri periodici.

b) *Italia*

— Prassi italiana di diritto internazionale v. *http://www.prassi.cnr.it/prassi/*
— ATRIO (*Archivio dei trattati internazionali online a cura della Farnesina*) v. *http://atrio.esteri.it/Default.aspx*
— *Italian Yearbook of International Law*
— *Rivista di diritto internazionale*, Milano, Giuffrè
— *Rivista di diritto internazionale privato e processuale*, Padova, Cedam-WKI
— Sito del Ministero degli affari esteri e della cooperazione internazionale *http://www.esteri.it/mae/it/*
— *Rivista dell'arbitrato*
— *Diritto del commercio internazionale*, Milano, Giuffrè
— Sito della *Società italiana di diritto internazionale e di diritto dell'Unione europea http://www.sidi-isil.org*

c) *Stati Uniti d'America*

— *Digest of International Law* (Moore, Hackworth e ora E.Wilcox), Oxford, OUP
— *Restatement of the Law third*, The American Law Institute, 2 vol., 1987
— S.D. Murphy, *United States Practice in International Law (1999-2001)*, Cambridge, CUP, 2002
— *American Journal of International Law* - https://www.asil.org/resources/american-journal-international-law.

d) *Francia*

— *Répertoire français de droit international* pubblicato da A. Ch. Kiss, Paris, CNRS, 7 vol.
— *Annuaire Français de Droit International (AFDI) - https://www.u-paris2.fr/fr/recherche/centres-de-recherche/annuaire-francais-de-droit-international-afdi*
— Sito del Ministero degli affari esteri francese http://www.diplomatie.gouv.fr/fr/.

Accordi e trattati della Francia *HTTPS://WWW.DIPLOMATIE.GOUV.FR/FR/PHOTOS-VIDEOS-PUBLICATIONS-INFOGRAPHIES/BASES-DOCUMENTAIRES/*

9. *Raccolte di atti internazionali*

a) *Atti e documenti ufficiali dell'ONU*

Le Risoluzioni adottate dall'Assemblea Generale ONU vengono indicate con la sigla *A* (per Assemblea Generale), seguita dalla parola *RES* (per Risoluzione), a cui segue il n° di sessione ed il n° di documento. Ad es.: *A/RES/39/17* identifica la Risoluzione dell'Assemblea Generale, adottata nella 39 sessione con riferimento al documento n°17. Per quanto riguarda gli atti del Consiglio di Sicurezza ONU, dal 1993, si ha la sigla *S*, seguita dalla parola *RES* (per Risoluzione), dal numero del documento e dall'anno di riferimento. Così, ad es., *S/RES/2401(2018)* identifica la Risoluzione del Consiglio di Sicurezza dell'ONU n°2401 del 2018 relativa alla situazione in Medio oriente. Gli atti ufficiali dell'ONU sono accessibili al sito dell'*Official Document System of the United Nations*: *https://documents.un.org/prod/ods.nsf/home.xsp*.

b) *Raccolte scientifiche*

— R. Luzzatto, F. Pocar, *Codice di diritto internazionale pubblico*, 8 ed., Torino, Giappichelli, 2020.
— C. A. Colliard et A. Manin, *Droit international et histoire diplomatique* (5 vol. parus), Paris, Montchrestien, 1970-1979.
— I. Brownlie, *Basic documents in International Law*, 6th ed., Oxford, Clarendon Press, 2009.
— P.M. Dupuy et Y. Kerbrat, *Les grands textes de droit international public*, Paris, Dalloz, 9 éd., 2016.
— M. Evans, *Blackstone's International Law Documents*, 14th ed., Oxford, OUP, 2019.
— P. Reuter et A. Gros, *Traité et documents diplomatiques*, Paris, PUF, 4e éd., 1976.
— H. Thierry, *Droit et relations internationales: traités, résolutions, jurisprudence*, Paris, Montchrestien, 1984.

— O.M.C., *Résultats des négociations commerciales multilatérales du Cycle d'Uruguay*, Cambridge, 2007.

10. *Raccolte di trattati internazionali*

a) *Fonti principali:*

— Raccolta di trattati pubblicata dalla SDN (RTSDN)
— Raccolta di trattati pubblicata dall'ONU (RTNU)/*UN Treaty Collection*: *https://treaties.un.org/*
— *WTO Legal Texts*: *https://www.wto.org/english/docs_e/legal_e/legal_e.htm*

b) *Altre risorse elettroniche*

Raccolta di trattati del Consiglio d'Europa	*https://www.coe.int/en/web/conventions/*
Accordi internazionali in materia d'investimenti (database UNCTAD)	*http://investmentpolicy.unctad.org/*

11. *Raccolte di giurisprudenza internazionale*

a) *Corte Permanente di Giustizia Internazionale e Corte Internazionale di Giustizia*

— *Recueil des arrêts et avis de la Cour Permanente de Justice Internationale (C.P.J.I.): Série A: arrêts et ordonnances*/sentenze ed ordinanze (fino al 1931); Série B: *avis consultatifs*/pareri consultivi (fino al 1931); *Série A/B, arrêts, ordonnances et avis consultatifs* (1931-1939). [La *Série C* si riferisce agli: *Actes et documents relatifs aux arrêts et avis consultatifs*; mentre la *Série E* riguarda i *Rapports annuels*/rapporti annuali].
— *Recueil des arrêts, avis et ordonnances de la Cour internationale de Justice* (1946 -) oltre a *Mémoires, plaidoiries et documents* v. il sito internet *http://www.icj-cij.org/*.
— B. Patel, *The World Court reference guide and case-law digest: judgments, advisory opinions and orders of the International Court of Justice (2001-2010) and case-law digest (1992-2010)*, Boston, Martinus Nijhoff, 2014.
— P.M. Eisemann e P. Pazartzis, *La jurisprudence de la Cour internationale de Justice*, Paris, Pedone, 2008.
— G. Ziccardi Capaldo, *Répertoire de la Jurisprudence de la Cour internationale de Justice - Repertory of Decisions of the International Court of Justice (1947-1992)*, 2 voll., Martinus Nijhoff Publishers, Dordrecht/Boston/London, 1995.

b) *OMC/WTO*

— *WTO Appellate Body Repertory of Reports and Awards 1995-2006*, by the Appellate Body Secretariat, Cambridge, C.U.P., 2007, nonché *https://www.wto.org/english/tratop_e/dispu_e/dispu_e.htm*.
— B. Stern, H. Ruiz-Fabri, *La jurisprudence de l'OMC/WTO Case Law*, 1996-, Leiden, Nijhoff, 2004.
— H. Lauterpacht, *International Law Reports*, C. Greenwood (ed.), Cambridge, CUP, dal 1950-.

c) *Lodi arbitrali internazionali*

— ONU, *Recueil des sentences arbitrales* (RSA)/*Reports of International Arbitration Awards* (dal 1948), v. il sito *http://legal.un.org/riaa/*.
— *Recueil des arrêts, avis consultatifs et ordonnances du Tribunal international de droit de la mer/ International Tribunal for the Law of the sea (ITLOS)*, v. il sito https://www.itlos.org/en/main/cases/list-of-cases/.
— *Iran-US Claims Tribunal Reports*, Cambridge, CUP, dal 1983 v. il sito *https://www.iusct.net/Pages/Public/A-Documents.aspx*.
— H. La Fontaine, *Pasicrisie internationale*, Berne, 1902 (rist. The Hague, Nijhoff, 1997).
— A. de La pradelle, N. Politis, *Recueil des arbitrages internationaux*, Paris, Pedone, 3 vol., 1905-1954.
— J.B. Moore, *International adjudications: ancient and modern*, New York, OUP, 6 vol., 1929-1936.
— A. M. Stuyt, *Survey of international arbitrations*, 3 ed., Dordrecht, TMC, Asser, 1990.
— P.M. Eisemann et V. Coussirat-Coustere, *Répertoire de la jurisprudence arbitrale internationale*, vol. I 1794-1918, vol.II 1919-1945, Nijhoff, 1989, vol. III, 1946-1988, Nijhoff, 1991.
— Corte Permanente di Arbitrato/*Permanent Court of Arbitration* (CPA/PCA) (L'Aja), v. il sito: https://pca-cpa.org/.
— E. Gaillard, *La jurisprudence du CIRDI*, Paris, Pedone, vol. I, 2004, vol. II, 2010. V i lodi arbitrali ICSID al sito: *https://icsid.worldbank.org/cases/case-database* — *Recueil des sentences arbitrales de la CCI*. Vol. I, 1974-1985 (Paris-New York, CCI-Kluwer, 1990) di S. Jarvin et Y. Derains; vol. II, 1986-1990 (Paris-New York, CCI-Kluwer, 1994) di S. Jarvin, Y. Derains et J.J. Arnaldez; vol. III, 1991-1995 (Paris-New

York, CCI-Kluwer, 1997); vol. IV, (Paris-New York, CCI-Kluwer, 2003) vol. V, 2001-2007, (Paris-New York, CCI-Kluwer, 2009); vol. VI, 2008-2011; vol. VII, 2012-2015, di J.J. Arnaldez, Y. Derains e D. Hascher. V. anche *Yearbook Commercial Arbitration* (The Hague, Kluwer Law Int.) e la banca dati disponibile on line all'indirizzo: *http://www.kluwerarbitration.com/*. V. pure sull'Arbitrato CCI (Camera di Commercio Internazionale): *https://iccwbo.org/dispute-resolution-services/*.
— V. anche la sez. Riviste.

d) *Altre risorse elettroniche per il reperimento della giurisprudenza*

International Courts and tribunals collection/ Giurisprudenza delle Corti e dei tribunal internazionali	*https://www.worldlii.org/int/cases/*
Corte di giustizia dell'Unione europea (incluso il Tribunale dell'Unione europea e il Tribunale della funzione pubblica)	*https://curia.europa.eu/jcms/jcms/Jo2_7033/*
Corte europea dei diritti dell'uomo	*https://www.echr.coe.int/*
Tribunale penale internazionale per l'ex Yugoslavia (ICTY)	*https://www.icty.org/*
Tribunale penale internazionale per il Rwanda (ICTR)	*http://unictr.unmict.org/*
Tribunale per i ricorsi Iran-Stati Uniti (Iran-US Claims Tribunal)	*http://www.iusct.com*
Tribunale amministrativo delle Nazioni Unite	*https://untreaty.un.org/UNAT/main_page.htm*
Tribunale amministrativo dell'OIL	*https://www.ilo.org/dyn/triblex/triblexmain.advancedSearch?p_lang=en*
Corte penale internazionale	*https://www.icc-cpi.int/*
OMC/WTO	*https://www.wto.org/english/tratop_e/dispu_e/dispu_e.htm*
Camere straordinarie in seno al Tribunale della Cambogia(ECCC)	*https://www.eccc.gov.kh/fr*
Corte africana dei diritti umani e dei popoli	*https://www.african-court.org/wpafc/*
Corte interamericana dei diritti dell'uomo Commissione interamericana dei diritti dell'uomo	*https://www.corteidh.or.cr/* *http://www.oas.org/es/cidh/*
Corte di conciliazione e arbitrato dell'OSCE	*https://www.osce.org/cca/*
Inspection panel della Banca Mondiale	*https://www.inspectionpanel.org/*
Tribunale speciale per la Sierra Leone	*http://www.rscsl.org/*
Commissione di compensazione delle Nazioni Unite	*https://www.uncc.ch/*
Corte dell'Unione Economica Eurasiatica	*http://courteurasian.org/en/*

12. *Giurisprudenza interna in materia internazionale:*

a) *Fonti scritte:*

— V. *supra* « Riviste »
— H. Lauterpacht, *International Law Reports*, a cura di, Cambridge, CUP, oltre 125 voll.

a) *Stati Uniti*

— E. Bander, *American International Law Cases: 1783-1986*, Dobbs Ferry N.Y., Oceana, 1989.

b) *Regno Unito*

— C. Parry, *British International Law cases* (1951-1970), London, Stevens, New York, Oceana, 9 vol., 1964-1973.

c) *Italia:*

— LAMBERTI-ZANARDI, LUZZATTO, SACERDOTI, SANTA MARIA, *La giurisprudenza di diritto internazionale 1861-1890*, Napoli, 1973; FRANCHI, NASCIMBENE, *La giurisprudenza di diritto internazionale 1891-1920*, Napoli, 1984; P. PICONE, B. CONFORTI, *La giurisprudenza italiana di diritto internazionale pubblico. Repertorio 1960-1987*, Napoli, 1988, poi PICONE, *La giurisprudenza italiana di diritto internazionale pubblico. Vol. II: Repertorio 1987-1997*, Napoli, 1997.

b) *Risorse elettroniche*:

PRASSI ITALIANA DI DIRITTO INTERNAZIONALE	*HTTP://WWW.PRASSI.CNR.IT/PRASSI/*
International Law in Domestic Courts (Oxford University Press)	*https://opil.ouplaw.com/page/ILDC/oxford-reports-on-international-law-in-domestic-courts*
International Constitutional Law (Université de Berne)	*https://www.servat.unibe.ch/icl/*
Francia	*https://www.legifrance.gouv.fr/*
Legislazione del Regno Unito	*https://www.legislation.gov.uk/browse/uk*
Biblioteca del congresso statunitense: casi della Corte Suprema statunitense	*https://www.loc.gov/law/help/us-treaties/index.php https://www.law.cornell.edu/supremecourt/text/*
Istituto canadese di informazione giuridica - Canadian law	*https://www.canlii.org/fr/index.html*
Australasian Legal Information Institute	*https://www.austlii.edu.au/*
Rete Giudiziaria Europea in materia civile e commerciale	*https://beta.e-justice.europa.eu/?action=home&plang=it*

13. *Principali Blog di aggiornamento professionale*

American Society of International Law (ASIL).	https://www.asil.org/insights
ASIL International Law in Brief.	https://www.asil.org/ilib?blog=81
Blog of the European Journal of International Law.	https://www.ejiltalk.org/
Conflict of Laws - News and Views on Private International Law.	https://conflictoflaws.net/
Global Arbitration Review.	https://globalarbitrationreview.com/
Just Security - New York University School of Law blog on US security law & policy.	https://www.justsecurity.org/
LAWFARE Blog - Covers the interaction between national protection and law.	https://www.lawfareblog.com/
Marina Castellaneta - notizie e commenti sul diritto internazionale e dell'Unione europea.	http://www.marinacastellaneta.it/
SIDI Blog, blog della Società italiana di diritto internazionale e di diritto dell'Unione europea.	http://www.sidiblog.org/

III. BIBLIOTECA AUDIOVISUALE DELL'ONU

Attraverso il sito internet https://legal.un.org/avl/intro/welcome_avl.html/ è possibile ascoltare numerose conferenze tenute da specialisti in ciascuna materia del diritto internazionale. Altri siti internet consentono di accedere agli Archivi storici dell'O.N.U..

GIURISPRUDENZA

GIURISPRUDENZA INTERNAZIONALE

A.
CORTE PERMANENTE DI GIUSTIZIA INTERNAZIONALE (CPGI) E CORTE INTERNAZIONALE DI GIUSTIZIA (CIG)

Parere sulla competenza dell'OIL // Competence of the International Labour Organization	CPGI	PC	12 ago. 1922	IV.143 e 153; XV.212
Decreti di cittadinanza in Tunisia e Marocco // Nationality decrees issued in Tunis and Morocco	CPGI	PC	7 feb. 1923	XV.129 e 134
Statuto della Carelia orientale // Statute of Eastern Carelia	CPGI	PC	23 lug. 1923	IV.161; XIX.14; XXIV.36
Wimbledon	CPGI		17 ago. 1923	II.17 e 33; IV.176; XI.63; XVI.53 e 103
Concessioni Mavrommatis in Palestina // The Mavrommatis Palestine concessions	CPGI		30 ago. 1924	XVI.112 et s. e 153; XIX.15; XXII.9
Scambio delle popolazioni greche e turche // Exchange of Greek and Turkish populations	CGPI	PC	21 feb. 1925	IV.147; XV.78
Concessioni Mavrommatis a Gerusalemme // The Mavrommatis Jerusalem Concessions	CPGI		26 mar. 1925	IV.110
Servizio postale polacco a Danzica // Polish Postal Service in Dantzig	CPGI	PC	16 mag. 1925	IV.127 e 145
Acquisto della cittadinanza polacca // Acquisition of Polish Nationality	CPGI	PC	15 sett. 1925	IV.147
Interpretazione dell'articolo 3, paragrafo 2 del Trattato di Losanna // Interpretation of article 3, paragraph 2, of the Treaty of Lausanne	CPGI	PC	21 nov. 1925	IV.153
Certi interessi tedeschi nell'Alta Slesia polacca // Certain German interests in Polish Upper Silesia	CGPI		25 mag. 1926	II.13, 23 e 33; IV.161; XIII.5; XVI.77
Competenza dell'OIL a regolare il lavoro personale del datore di lavoro // Competence of the International Labour Organization to regulate incidentally the personal work of the employer	CPGI	PC	23 lug. 1926	XV.212
Officina di Chorzow // Chorzów Factory case (competenza)	CPGI		26 lug. 1927	XVI.151

Caso del vapore Lotus // The "Lotus" case	CPGI		7 set. 1927	IV.151; X.13 et s., 46 et s.; XI.5; XIII. 5, 8, XV. 27, 28, 47, 50, 177
Competenza della Commissione europea del Danubio // Jurisdiction of the European Commission of the Danube between Galatz and Braila	CPGI	PC	8 dic. 1927	XV.212
Competenza dei Tribunali di Danzica // Jurisdiction of the Courts of Danzig	CPGI	PC	3 mar. 1928	XV. 230
Officina di Chorzow // Chorzów Factory case (merito)	CPGI		13 sett. 1928	II.19, 33; XI.7; XIII.8; XVI.10, 43 e 153 e s.; XXIV.13
Prestiti serbi // Payment of various Serbian loans issued in France Prestiti brasiliani // Brazilian Federal Loans issued in France	CPGI		12 lug. 1929	IV.146; V.13; XIII.6; XVI.20, 80, 113; XXIV.25
Giurisdizione territoriale della Commissione Internazionale sul fiume Oder // Territorial jurisdiction of the International Commission of the river Oder	CPGI		10 sett. 1929	IV.161
Comunità greco-bulgare // Greco-Bulgarian Communities	CPGI	PC	31 lug. 1930	II.14
Traffico ferroviario tra Lituania e Polonia // Railway Traffic between Lithuania and Poland	CPGI	PC	15 ott. 1931	VIII.25
Trattamento dei cittadini polacchi a Danzica // Treatment of Polish nationals and other persons of Polish origin or speech in the Dantzig Territory	CPGI	PC	4 feb. 1932	II.9 e 33; XVI.9
Zone franche dell'Alta Savoia e del Paese di Gex // Free Zones of Upper Savoy and the District of Gex	CPGI		7 giu. 1932	II.15, III 58, IV.107, 147, 151, 161, 166; XIV.3; XVI.39, 41
Interpretazione della Convenzione del 1919 concernente il lavoro notturno delle donne // Interpretation of the Convention of 1919 concerning employment of women during the night	CPGI	PC	15 nov. 1932	IV.156
Statuto giuridico della Groenlandia orientale (Norvegia c. Danimarca) // Legal status of Eastern Greenland (Norway v. Denmark)	CPGI		5 apr. 1933	IV.107, 109; VII.39 et s.; XV.42
Università Peter Pazmany // The Peter Pazmany University	CPGI		15 dic. 1933	II.15; XVI.77
Caso Oscar Chinn // The Oscar Chinn case	CPGI		12 dic. 1934	IV.197; XVI.10.
Compatibilità di taluni decreti di Danzica con la Costituzione di Danzica // Constituency of certain Danzig Legislative Decrees with the Constitution of the Free City	CPGI	PC	4 dic. 1935	XXIV.25
Scuole minoritarie in Albania // Minority Schools in Albania	CPGI		6 apr. 1935	IV.134

Losinger (Svizzera c. Yougoslavia) // Losinger (Switzerland v. Yugoslavia)	CPGI	Ord.	27 giu. 1936	V.16
Diversione dell'acqua della Mosa (Paesi Bassi c. Belgio) // Diversion of water from the Meuse (Netherlands v. Belgium)	CPGI		28 giu. 1937	XIV.6; XVI.28
Fosfati del Marocco // Phosphates in Morocco	CPGI		4 giu. 1938	XVI.10, 156; XXIV.20
Caso della Ferrovia Panevezys-Saldutiskis // The Panevezys-Saldutiskis Railway case	CPGI		28 feb. 1939	XVI.113, 117
Compagnia di elettricità di Sofia e della Bulgaria (ecc. prel.) // The Electricity Company of Sofia and Bulgaria	CPGI		4 apr. 1939	XXIV.20
Ammissione di uno Stato alle NU // Admission of a State to Membership in the United Nations	CIG	PC	28 mag. 1948	III.77; IV.156; XIII.5
Stretto di Corfù (Regno Unito v. Albania) // Corfu Channel (United Kingdom of Great Britain and Northern Ireland v. Albania)	CIG		9 apr. 1949	III.43; IV.147, 153; VII.20, 29; XI.5; XV.47, 50, 58 e 66; XVI.11 et s., 162; XX.33; XXIV.34
Riparazione dei danni al servizio delle Nazioni Unite (Bernadotte) // Reparation for Injuries Suffered in the Service of the United Nations (Bernadotte)	CIG	PC	11 apr. 1949	III.78; IV.161; VIII.39; XIII.5 XV.207 e s., 217; XVI.62, 139, 151
Ammissione di uno Stato membro alle NU (competenza dell'AG per l'— // Admission of a State to Membership in the United Nations (Competence of the General Assembly for -)	CIG	PC	3 mar. 1950	III.80; IV.141; VIII.18
Interpretazione dei trattati di pace 1ª fase // Interpretation of Peace Treaties // 1st phase	CIG	PC	30 mar. 1950	XXIII.16; XXIV.36
Statuto giuridico del Sud-Ovest africano // Legal status of South West Africa	CIG	PC	11 lug. 1950	III.45; IV.177; XV.212, 243
Interpretazione dei trattati di pace 2ª fase // Interpretation of Peace Treaties - 2nd phase	CIG	PC	18 lug. 1950	IV.148 e s.; XVI.61.
Diritto d'asilo (Colombia c. Perù) // Asylum (Colombia v. Peru)	CIG		20 nov. 1950	X.35, 52, 58; XV.47; XVI.63
Riserve alla Convenzione sul genocidio // Reservations to the Convention on the Prevention and Punishment of the Crime of Genocide	CIG	PC	28 mag. 1951	III.44; IV.87; XIII.6
Peschiere norvegesi // Norwegian Fisheries	CIG		18 dic. 1951	VII.27, 37 e s.; X.36; XIII.6; XV.61
Ambatielos (Grecia c. Regno Unito) // *Ambatielos* (Greece v. United Kingdom) - eccezione preliminare	CIG		1 lug. 1952	IV. 22 e 144
Anglo-Iranian Oil Company (Regno Unito c. Iran) // Anglo-Iranian Oil Co. (United Kingdom v. Iran)	CIG		22 lug. 1952	IV.169; V.14, 25, 30; XVI.130; XXIV.20, 28

Diritti dei cittadini statunitensi in Marocco (Francia c. Stati Uniti) // Rights of Nationals of the United States of America in Morocco (France v. United States of America)	CIG		27 ago. 1952	II.34; IV.19, 134, 144, 146; XVII.8
Ambatielos (Grecia c. Regno Unito) // Ambatielos (Greece v. United Kingdom) - merito	CIG		19 mag. 1953	XVI.130
Minquiers ed Ecrehos (Francia c. Regno Unito) // Minquiers and Ecrehos (France v. United Kingdom)	CIG		17 nov. 1953	XXIV. 41 e 42
Caso dell'oro monetario preso a Roma nel 1943 (Italia c. Francia, Regno Unito di Gran Bretagna e Irlanda del Nord e Stati Uniti) // Monetary Gold Removed from Rome in 1943 (Italy v. France, United Kingdom of Great Britain and Northern Ireland and United States of America)	CIG		15 giu.1954	XXIV.13
Sull'efficacia delle sentenze del Tribunale Amministrativo delle Nazioni Unite // Effect of awards of compensation made by the United Nations Administrative Tribunal	CIG	PC	13 lug. 1954	III.78; XI.48; XIII.5; XV.212
Nottebohm (Eccezioni preliminari) (Seconda fase)	CIG		6 apr. 1955	II.24, 33; VII.26; XIII.8; XV.75 e s., 82 e s., 90 e s., 100, 135; XVI.113, 120, XXV.4
Diritto di passaggio sul territorio indiano (India c. Portogallo) // Right of Passage over Indian Territory (Portugal v. India) (eccezioni preliminari)	CIG	Ord.	27 nov. 1956	X.37, 60; XI.14, 63 e s.; XV.47, 135
Decisioni del Tribunale amministrativo dell'OIL sui ricorsi contro l'UNESCO // Judgments of the Administrative Tribunal of the ILO upon Complaints made against Unesco	CIG	PC	23 ott. 1956	III.88
Prestiti norvegesi (Francia c. Norvegia) // Certain Norwegian Loans (France v. Norway)	CIG		6 lug. 1957	V.16; XXIV.19 e s.
Tutela dei minori (applicazione della Convenzione del 1902 per regolare la —) (Paesi Bassi c. Svezia) // Application of the Convention of 1902 Governing the Guardianship of Infants (Netherlands v. Sweden)	CIG		28 nov. 1958	II.18

Interhandel (Svizzera c. Stati Uniti) // Interhandel (Switzerland v. United States of America)	CIG	21 mar. 1959	XV.135; XVI.130
Incidente aereo del 27 luglio 1955 (Israele c. Bulgaria) // Aerial Incident of 27 July 1955 (Israel v. Bulgaria) (eccezioni preliminari)	CIG	26 mag. 1959	IV.161
Diritto di passaggio in territorio indiano (India c. Portogallo) // Right of Passage over Indian Territory (Portugal v. India) (merito)	CIG	12 apr. 1960	X.37, 60; XI.14, 63 e s.; XV.47, 135
Composizione del Comitato di sicurezza marittima dell'IMCO // Constitution of the Maritime Safety Committee of the Inter-Governmental Maritime Consultative Organization	CIG PC	8 giu. 1960	XV.90
Sentenza arbitrale del Re di Spagna del 23 dic. 1906 (Honduras c. Nicaragua) // Arbitral Award Made by the King of Spain on 23 December 1906 (Honduras *v.* Nicaragua)	CIG	18 nov. 1960	IV.72; VII.39, 41; XXIII.22 e s.
Tempio di Préah-Vihéar // Temple of Preah Vihear (eccezioni preliminari)	CIG	26 mag. 1961	IV.110, 143; V.190
Tempio di Préah-Vihéar // Temple of Preah Vihear (merito)	CIG	15 giu. 1962	IV.110; V.190 VII.38; XVI.153
Certe spese delle Nazioni Unite // Certain expenses of the United Nations	CIG PC	20 giu. 1962	III.81; X.67; XXIV.37
Caso del Camerun settentrionale (Camerun c. Regno Unito) // Northern Cameroons Case (Cameroon v. United Kingdom)	CIG	2 dic. 1963	XVI.98; XXIV.31
Statuto giuridico del Sud-Ovest africano (Etiopia c. Sudafrica, Liberia c. Sudafrica)// Legal status of South West Africa (Ethiopia v. South Africa, Liberia v. South Africa)	CIG	18 lug. 1966	III.45; VI.31; VIII.23, 47 e 53; XI.14, 32 e 63; XVI.98 e s.; XXIV.29 e 41
Delimitazione della piattaforma continentale nel Mare del Nord (Rep. Fed. Germania c. Danimarca; Rep. Fed. Germania c. Paesi Bassi) // North Sea Continental Shelf (Federal Republic of Germany v. Netherlands; Federal Republic of Germany v. Denmark)	CIG	20 feb. 1969	III.61; IV.172; VIII.48; X.14, 18, 28, 38, 40, 45 e s., 52, 56; XI.2, 15, 65; XIII.5; XIV.9 e s.; XV.142;XXII.5; XXIV.14
Barcelona Traction (Belgio c. Spagna) // Barcelona Traction (Belgium v. Spain)	CIG	5 feb. 1970	III.46, 47; VI.32; XI.64; XV.84 e s., 101; XVI.4, 10, 67, 97, 100 e s., 113, 124 e s., 135; XXIV.25, 43

Conseguenze giuridiche per gli Stati della continua presenza dell'Africa del Sud in Namibia (Sud-Ovest africano) nonostante la risoluzione 276 (1970) del Consiglio di sicurezza // Legal Consequences for States of the Continued Presence of South Africa in Namibia (South West Africa) notwithstanding Security Council Resolution 276 (1970)	CIG	PC	21 giu. 1971	III.47, 87; IV.192; VIII. 15, 23 e s., 39 e s., 53 e 56; X.21, 66, 69; XV.212; XVI.28 e s.; XVII.14; XX.24, 41; XXIV.39 e s.
Appello relativo alla competenza del Consiglio dell'ICAO (India c. Pakistan) // Appeal Relating to the Jurisdiction of the ICAO Council (India v. Pakistan)	CIG		18 ago. 1972	XVI.32
Peschiere Islandesi // Icelandic Fisheries (competenza)	CIG		2 feb. 1973	IV.119 e 156; XVI.42, 45
Esperimenti nucleari (Australia c. Francia) // Nuclear tests (Australia v. France)	CIG	Ord.	22 giu. 1973	XXIV.28 e 41
Esperimenti nucleari (Australia c. Francia) // Nuclear tests (Australia v. France) (merito)	CIG		20 dic. 1974	III.47; IV 134, 151; VII, 20, 45 et s.; XXIV.18 e s., 41
Sahara occidentale // Western Sahara	CIG	PC	16 ott. 1975	XXIV.38 e 40
Progetto Gabcikovo-Nagymaros (Ungheria c. Slovacchia) // Gabčíkovo-Nagymaros Project (Hungary/Slovakia)	CIG		25 sett. 1977	IV.140, XV.67; XVI.21, 32, 39, 41, 48, 151; XX.46
Piattaforma continentale del Mar Egeo (Grecia c. Turchia) // Aegean Sea Continental Shelf (Greece v. Turkey)	CIG		19 dic. 1978	IV.6; VI.30; XXIV.14
Caso del Personale diplomatico e consolare degli Stati Uniti a Teheran (Stati Uniti c. Iran) // United States Diplomatic and Consular Staff in Tehran (United States of America v. Iran)	CIG		24 mag 1980	VII.6, XV.112; XVI.10, 12, 15, 80, 87; XX.24, 35, 61; XXI.24; XXIV.34
Delimitazione della piattaforma continentale (Libia c. Tunisia) // Continental Shelf (Tunisia/Libyan Arab Jamahiriya)	CIG		24 feb. 1982	XIV.11; XXIV.41
Controversia sulla delimitazione del Golfo del Maine (Canada c. Stati Uniti) // Delimitation of the Maritime Boundary in the Gulf of Maine Area (Canada v. United States of America)	CIG		12 ott. 1984	VII.35; XXIV.9, 42
Attività militari e paramilitari in e contro il Nicaragua (Nicaragua c. Stati Uniti) // Military and Paramilitary Activities in and against Nicaragua (Nicaragua v. United States of America)	CIG		26 nov. 1984	III.7; X.52; XVI.11, 86; XXIV.18, 41
Attività militari e paramilitari in e contro il Nicaragua (Nicaragua c. Stati Uniti) // Military and Paramilitary Activities in and against Nicaragua (Nicaragua v. United States of America). (merito)	CIG		27 giu. 1986	III.27; VII.20; X.52, 64; XV.65 e s.; XVI.11, 12, 84 e 86; XX.12, 37, 43, 63
Controversia di frontiera (Burkina Faso c. Mali) // Frontier Dispute (Burkina Faso v. Republic of Mali)	CIG		22 dic. 1986	X.59; XV.40; XXIV.9 e 42

Caso della missione dell'OLP presso le Nazioni Unite // PLO Mission case	CIG	PC	26 apr. 1988	II.9
Elettronica Sicula (ELSI) (Stati Uniti d'America c. Italia) // Elettronica Sicula S.p.A. (ELSI) (United States of America v. Italy)	CIG		20 lug. 1989	XV.71, 101; XXIV.41
Delimitazione della frontiera tra Senegal e Guinea Bissau // Arbitral Award of 31 July 1989 (Guinea-Bissau v. Senegal)	CIG		12 nov. 1991	XXIII.21
Questioni d'interpretazione e applicazione della Convenzione di Montreal del 1971 a seguito dell'incidente aereo di Lockerbie (Jamahiriya araba libica c. Regno Unito; Jamahiriya araba libica c. Stati Uniti) // Questions of Interpretation and Application of the 1971 Montreal Convention arising from the Aerial Incident at Lockerbie (Libyan Arab Jamahiriya v. United States of America)	CIG	Ord.	14 apr. 1992	III.10
Delimitazione marittima dell'area tra la Groenlandia e Jan Mayen (Danimarca c. Norvegia) // Maritime Delimitation in the Area between Greenland and Jan Mayen (Denmark v. Norway)	CIG		14 giu. 1993	XIII.8
Delimitazione marittima tra Qatar e Bahrain // Maritime Delimitation and Territorial Questions between Qatar and Bahrain (Qatar v. Bahrain)	CIG		1 lug. 1994	IV.5,6 e 128; VI.11
Liceità della minaccia o dell'uso delle armi nucleari // Legality of the Threat or Use of Nuclear Weapons	CIG	PC	8 lug. 1996	III.47, 77; IV.179; X.14; XV.67, 201; XX.2, 21, 43; XXIV.29
Controversia relativa all'immunità dalla giurisdizione di un Relatore speciale della Commissione dei diritti umani // Difference Relating to Immunity from Legal Process of a Special Rapporteur of the Commission on Human Rights	CIG	PC	19 apr. 1999	XVI.73
La Grand (Germania c. Stati Uniti) // La Grand (Germany v. United States of America)	CIG		27 giu. 2001	XV.231, 251; XVI. 10; XVII.38.
Mandato d'arresto (Caso Yerodia) (Congo c. Belgio) // Arrest Warrant (Congo v. Belgium)	CIG		14 feb. 2002	XV.152, 163
Delimitazione della frontiera marittima e terrestre tra Camerun e Nigeria (Camerun c. Nigeria) // Land and Maritime Boundary between Cameroon and Nigeria (Cameroon v. Nigeria)	CIG		10 ott. 2002	IV.108
Piattaforme petrolifere (Iran c. Stati Uniti) // Oil Platforms (Islamic Republic of Iran v. United States of America)	CIJ		6 nov. 2003	XX.12, 21

Avena Richiesta di interpretazione (Messico c. Stati Uniti) // Avena and other Mexican Nationals (Mexico v. United States of America) Request for Interpretation	CIG		31 mar. 2004 19 feb. 2009	XV.231, 251; XVI.10, 151; XVII.37; XXIV.31
Conseguenze giuridiche derivanti dalla costruzione di un muro nei Territori palestinesi occupati // Legal Consequences of the Construction of a Wall in the Occupied Palestinian Territory	CIG	PC	9 lug. 2004	III.32, 47; VII.14; XVI.10, 11, 48, 101, 151 e153.
Attività armate sul territorio del Congo (Congo c. Uganda) // Armed Activities on the Territory of the Congo (Democratic Republic of the Congo v. Uganda)	CIG		19 dic. 2005	VIII.47; XV.65
Attività armate sul territorio del Congo (Congo c. Ruanda) // Armed Activities on the Territory of the Congo (Democratic Republic of the Congo v. Rwanda)	CIG		3 feb. 2006	III.42, 47; VII.42
Applicazione della Convenzione per la prevenzione e la repressione del crimine di genocidio (Bosnia ed Erzegovina c. Serbia) // Application of the Convention on the Prevention and Punishment of the Crime of Genocide (Bosnia and Herzegovina v. Yugoslavia)	CIG		26 feb. 2007	III.44, 47; XV.226; XVI.5, 12, 87
Diallo (Repubblica di Guinea c. Repubblica democratica del Congo) // Ahmadou Sadio Diallo (Republic of Guinea v. Democratic Republic of the Congo)	CIG		24 mag. 2007 30 nov. 2010	X.28; XV.11; XVI.105, 111 e s., 125, 133, 151; XXIV.25
Applicazione della convenzione per la prevenzione e la repressione del crimine di genocidio (Bosnia Herzegovina c. Serbia e Montenegro) // Application of the Convention on the Prevention and Punishment of the Crime of Genocide (Bosnia and Herzegovina v. Serbia and Montenegro). (merito)	CIG		26 feb. 2007	XV.226; XVI.5, 12
Questioni territoriali e marittime tra Nicaragua e Honduras nel Mare dei Caraibi (Nicaragua c. Honduras) // Territorial and Maritime Dispute between Nicaragua and Honduras in the Caribbean Sea (Nicaragua v. Honduras)	CIG		8 ott. 2007	X.59
Cartiera sul fiume Uruguay (Argentina c. Uruguay) // Pulp Mills on the River Uruguay (Argentina v. Uruguay)	CIG		20 apr. 2010	IV.151; XI.5; XV.67; XVI.12; XXII.5
Conformità al diritto internazionale della dichiarazione unilaterale di indipendenza del Kosovo // Accordance with International Law of the Unilateral Declaration of Independence in respect of Kosovo	CIG	PC	22 luglio 2010	XV.16

B.

CORTE DI GIUSTIZIA DELL'UNIONE EUROPEA
(già Corte di Giustizia delle Comunità Europee)

Commissione. c. Lussemburgo/- Belgio	Cause riunite 90-91/63	13 nov. 1964	XVI.33
Internationale Handelsgeselschaft	Causa 11/70	17 dic. 1970	II.11
AETR	Causa 22/70	31 mar. 1971	III.94
Commissione. c. Francia	Causa 7/71	14 dic. 1971	III.55; XVI.33
International Fruit Cy N.V.	Cause 21 a 24/72	12 dic. 1972	II.40; III.68; XVII.17
Conceria Daniela Bresciani c. Amm. italiana delle finanze	Causa 87/75	5 feb. 1976	XVII.17
Lynne Watson e A. Belman	Causa 118/75	7 lug. 1976	II.11
Enka B.V.	Causa 38/77	23 nov. 1977	II.25
Kupferberg	Causa 104/81	26 ott. 1982	XVII.17
Waterkeyn	Causa 314-71	14 dic. 1982	II.36
Parlamento europeo c. Consiglio	Causa 13/83	22 mag. 1985	III.98
Commissione. c. Italia	Causa 225/86	27 apr 1988	II.36
Fratelli Costanzo SPA c. Comune di Milano	Causa 103/88	22 giu. 1989	XVII.16
Commissione. c. Belgio	Causa 383/85	3 ott. 1989	II.36
Parere 1/91		14 dic. 1991	III.72
Parere 1/92		10 apr. 1992	III.72
Poulsen e Diva Navigation	Causa C-286/90	24 nov. 1992	II.40
Anastasiou	Causa C-432/92	5 lug. 1994	IV.77
Francia c. Commissione	Causa C-327/91	9 ago. 1994	IV.108
R.F.A. c. Conseil	Causa C-280/93	5 ott. 1994	XVII.17
Parere 1/94		15 nov. 1994	III.72
Bosman	Causa C-415/93	15 dic. 1995	IX.5
Parere 2/94	Adesione della Comunità europea alla CEDU	28 mar. 1996	III.72
A. Racke Gmbh et C° c. Hauptzollamt Mainz	Causa C-162/96	16 giu. 1998	II. 40
Portogallo c. Consiglio	Causa C- 149/96	23 nov. 1999	XVII.16
Gerhard Kobler	Causa C- 224/01	30 sett. 2003	XVI.81; XVIII.33
Budjovicky c. Budvar	Causa C-216/01	18 nov. 2003	III.68
Commissione. c. Paesi Bassi	Causa C-299/02	27 mag. 2004	XVII.91
Joachim Steffensen	Causa C-276/01	10 apr. 2005	XVI.81
Kadi	Causa T-315/21	21 sett. 2005	III.7, 10, 48, 87; XVIII.21; XXV.31
Commissione c. Irlanda.	Causa C-459/03	30 mag. 2006	III.67
Ayadi c. Consiglio	Causa T-253/02	12 lug. 2006	III.10, 48, 87
Yusuf c. Consiglio	Causa T 306/01	12 lug. 2006	III.10, 48, 87
Yassin Abdullah Kadi e Al Barakaat International Foundation c. Consiglio e Commissione	Cause riunite C-405/05P e C.415/05P	3 sett. 2008	III.7, 10, 48, 87
Commissione. c. Austria Commissione. c. Svezia	Cause C-205/06 e C-249/06	3 mar. 2009	III.69

Brita	Causa C-386/08	25 feb. 2010	IV.77
Kadi II c. Commissione	Causa C-85/09	30 sett. 2010	III.10, 48, 87
Parere 2/13	Adesione della UE alla CEDU	18 dic. 2014	III.72
Consiglio c. Fronte polisario	Causa C-104/16 P	21 dic. 2016	XXIV.38
Parere 2/15	Accordo UE Singapore	16 maggio 2017	III.72
Parere 1/17	Accordo UE – Canada (CETA)	30 aprile 2019	III.72

C.
CORTE EUROPEA DEI DIRITTI UMANI (Corte EDU)

Golder	21 feb. 1975	IV.138
Irlanda c. Regno Unito	18 gen. 1978	XV.264; XVI. 33
Chrysostomos c. Turchia	4 mar. 1991.	III.50
Drozd e Janousek c. Spagna e Francia	26 lug. 1992	X. 60
Loizidou c. Turchia	23 mar. 1995	III.50
Al-Adsani c. Regno Unito	2 nov. 2001	III.50; XV.148, 163
Ocalan c. Turchia	12 mar. 2003	X. 59
Cudak c. Lituania	23 mar. 2010	XV.142
Guadagnino c. Italia e Francia	18 gen. 2011	XV.142 e 158
Sabeh El Leil c. Francia	29 giu. 2011	XV.142 e 158
Associazione Madri di Srebrenica c. Paesi Bassi	11 giu 2013	XV.226
Jones et al. c. Regno Unito	14 gen. 2014	XV. 163
Grande Stevens c. Italia	4 marzo 2014	XVIII.19

D.
CORTE INTERAMERICANA DEI DIRITTI UMANI

Cantuta c. Perù	29 nov. 2006	III.51
Bayarri c. Argentina	30 ott. 2008	III.51

E.
TRIBUNALE PENALE INTERNAZIONALE PER LA EX-IUGOSLAVIA

Causa IT-94-1	Dusko Tadic (App.)	2 ott. 1995	III.15, 87; XVI.87
Causa IT-95-17/1	Furundzija	10 dic. 1998	III.49; XV.165; XVI.68

F.
TRIBUNALE PENALE INTERNAZIONALE PER IL RUANDA

Causa 96-15	Prosecutor c. Kanyabashi	18 gen. 1997	XV.215

G.
CORTE PENALE INTERNAZIONALE

ICC-02/05-01/09	Al Bashir	4 mar. 2009 12 lug. 2010	XXIV.50
ICC-01/12-01/15	Ahmad Al-Faqi Al-Mahdi	27 sett. 2016	XXIV.50

H.
TRIBUNALE INTERNAZIONALE PER IL DIRITTO DEL MARE (ITLOS)

Causa n. 2	Saiga II		1 lug. 1999 XV.34; XV.90;
Causa n. 10	The Mox Plant Case (Ireland v. UK)	Ord.	3 dic. 2001 III.67
Causa n. 20	The ARA Libertad" Case (Argentina v. Ghana)	Ord.	15 dic. 2012 XV.88
Causa n. 24	The Enrica Lexie incident (Italy v. India) (*caso dei Marò*)	Ord.	24 ago. 2015 XV.152;
Causa n. 25	The M/V "Norstar" Case (Panama v. Italy)		10 apr. 2019 XXIV.50
Causa n. 26	Caso del sequestro di tre navi ucraine da parte della Federazione Russa // Case concerning the detention of three Ukrainian naval vessels (Ukraine v. Russian Federation)	Ord.	25 mag. 2019 XXIV.50

I.
TRIBUNALE DEI RECLAMI IRAN-STATI UNITI D'AMERICA

Amoco International Finance Corp. v. Islamic Republic of Iran	14 lug. 1987	XVI.159
Philipps Petroleum v. Islamic republic of Iran	28 giug. 1989	XVI.159

L.
TRIBUNALI AMMINISTRATIVI INTERNAZIONALI

OIL			
Micheline Desgranges	1953	Sent. n. 11	XI.52,67; XVI.59
ONU			
Glaser	1953	21 ago. 1953	III.91

M.
TRIBUNALE MILITARE INTERNAZIONALE DI NORIMBERGA

Krupp	1949	n. 58	III.49

LODI ARBITRALI

a) Lodi Icsid

AGIP c. Congo	30 nov.	1979	V.31.
Compañia del desarollo de Santa-Elena S.A. c. Costa Rica	17 feb.	2000	XVI.160
Maffezini c. Spagna	25 gen.	2001	XVI.84
Salini c. Marocco	23 lug.	2001	XVI.84
CMS Gas Transmission company c. Argentina	12 mag.	2005	XVI.49
ADL affiliate c. Ungheria	2 ott.	2006	XVI.159
World Duty Free c. Kenya	4 ott.	2006	I.85; IV.113
L. & G. Energy c. Argentina	3 ott.	2006	XVI.49
Enron c. Argentina	27 mag	2007	XVI.49
Sempra Energy c. Argentina	28 sett.	2007	XVI.49
Corn products intl. c. Messico	15 gen.	2008	XVI.108
Desert Line Projects c. Yemen	6 feb.	2008	IV.121; XVI.105
Continental casualty c. Argentina	5 sett.	2008	XVI.49
Micula c. Romania	24 sett.	2008	XV.87
TSA Spectrum c. Argentina	19 dic.	2008	XV.87
Bernardus Henricus Funnekoter c. Zambia	22 apr.	2009	XVI.159
Bayindir Insaat c. Pakistan	27 ago. 8 ott.	2009	VI.78
J. Lemire c. Ucraina	14 gen.	2010	XVI. 160
Urbaser c. Argentina	8 dic.	2016	XXIII.44
Philip Morris c. Uruguay	8 lug.	2016	XXIII.44

b) Corte permanente di arbitrato (CPA/PCA)

Boutres de Mascate	8 ago. 1905	Francia / Gran Bretagna	XV.89
Disertori di Casablanca	22 mag. 1909	Germania / Francia	XV.182
Peschiere del Nord Atlantico	7 sett. 1910	Gran Bretagna / Stati Uniti	V.135; XIV.4

Savarkar	24 feb. 1911	Francia / Gran Bretagna	XV.57
Canevaro	3 mag. 1912	Italia / Perù	XVI.121
Indennità russe	11 nov. 1912	Russia / Turchia	XI.29 e 41; XVI.19
Proprietà religiose in Portogallo	2 sett. 1920	Francia et al. / Portogallo	XVI.118
Reclamo francese contro il Perù	11 ott. 1921	Francia / Perù	II.21, 35
Requisizione di navi norvegesi	13 ott. 1922	Stati Uniti / Norvegia	XII.1; XVI.153
Reclami britannici nella zona spagnola del Marocco	1. mag. 1925	Spagna / Gran Bretagna	XV.71; XVI.150; XX.34
Isola di Palmas (lodo Huber)	4 apr. 1928	Spagna / Paesi bassi	IV.153; XV.41 e 46
Chevreau	9 giu. 1931	Francia / Gran Bretagna	XV.70; XVI.79 e105; XXIII.19
Eritrea c.Yemen	9 ott. 1998		IV.175
The Government of Sudan v. the Sudan's Liberation Army (lodo Abyei)	22 lug. 2009		XXIII.25
Mar della Cina meridionale	12 lug. 2016		XV.36, 61
Enrica Lexie (caso dei due Marò)	2 lug. 2020		XV.152

c) Lodi international chamber of commerce (ICC/CCI)

Lodo n. 7375	1996	XI.57

d) Sentenze di Tribunali Arbitrali Misti (TAM)

Orinoco	5 ott. 1910	Stati Uniti / Venezuela	XXIII.23
Vedove del Lusitania	1. nov. 1923	Stati Uniti / Germania	XVI.105 e 122
North American dredging C°	31 mar. 1926	Stati Uniti / Messico	XVI.136
Jones Laura B.M.	14 mar. 1927	Stati Uniti / Messico	XVI.81
Leontios et Azrakas	31 gen. 1927	Grecia /Bulgaria	X.64
Mallen	27 apr. 1927	Stati Uniti / Messico	XVI.81
G. Pinson	19 ott. 1928	Francia / Messico	II.7, 22, 31
International Fisheries C°	lug. 1931	Stati Uniti / Messico	XVI.136

e) Arbitrati Ad Hoc

Ruden	28 feb. 1870	Stati Uniti / Perù	XVI.125
Alabama	14 sett. 1872	Stati Uniti / Gran Bretagna	I.51; II.5, 9; XIII.8; XVI.103 e 150; XXIII. 4, 18 e 19
Ferrovia della baia di Delagoa	24 lug. 1875	Gran Bretagna / Portogallo	XVI.125

Montijo	1875	Stati Uniti / Colombia	II.6
Cleveland	28 mar. 1888	Costa Rica / Guatemala	IV.105
Peschiere del mare di Bering	15 ago. 1893	Stati Uniti / Gran Bretagna	XIV.5
Ben Tillett	26 dic. 1898	Gran Bretagna / Belgio	XVI.128
Metzger	27 sett. 1900	Stati Uniti / Haïti	IV.106
Cap Horn Pigeon (lodo Asser)	29 nov. 1902	Stati Uniti / Russia	XVI.160
El Triunfo	8 mag. 1902	Stati Uniti / Salvador	XVI.73, 80
Trattato commerciale franco-svizzero	3 ago. 1912	Francia / Svizzera	IV.106
Imposte sui benefici della guerra (lodo Ador)	15 giu. 1922	Francia / Spagna	XVI.78
Tinoco	18 ott. 1923	Gran Bretagna / Costa Rica	IV.105; XVI.163
Acquisizione della cittadinanza polacca	10 apr. 1924	Germania / Polonia	XVI.54
Tacna-Arica (arbitrato Coolidge)	4 mar. 1925	Cile / Perù	XVI.26
Indiani Cayuga	22 gen. 1926	Gran Bretagna / Stati Uniti	XIV.7
Responsabilità della Germania con riguardo ai danni causati nelle colonie portoghesi dell'Africa	31 lug. 1928	XVI.69; XX.41	
Pablo Najera	19 ott. 1928	Francia / Messico	IV.127
Responsabilità della Germania con riguardo agli atti commessi dopo il 31 luglio 1924 e prima che il Portogallo partecipasse alla guerra	30 giu. 1930	Portogallo / Germania	XVI.103
Shufeldt	24 lug. 1930	Guatemala / Stati Uniti	II.32, 35; XVI.160
Isola di Clipperton	28 gen. 1931	Messico / Francia	IV.163
Guerra di Chaco	10 ott. 1932	Bolivia / Paraguay	XIV.4
Lehigh Valley Railroad	3 dic.1932	Stati Uniti / Germania	XXIII.23
Foresta del Rodope centrale	29 mar. 1933	Grecia / Bulgaria	IV.163
I'm alone	30 giu. 1933	Canada / Stati Uniti	XIV.3
Compagnie Radio-Orient	2 apr. 1940	Francia / Egitto	XXIII.19
Fonderia di Trail	11 mar. 1941	Stati Uniti / Canada	XIV.5; XV.67; XVI.12, 66; XXIII.18
Attilio Regolo	14 gen. 1945	Italia / Spagna	X.64
Carichi dirottati	10 giu. 1955	Grecia / Gran Bretagna	XI.39
Florence Mergé	10 giu. 1955	Italia / Stati Uniti	XVI.121
Lago Lanoux	16 nov. 1957	Francia / Spagna	XV.43

Interpretazione dell'accordo aereo del 27 marzo 1946	22 gen. 1964	Stati Uniti / Francia	IV.191
Canale di Beagle	22 apr. 1977	Argentina / Cile	XXII.13; XXIII. 5, 15, 22
Mare d'Iroise (caso della delimitazione della piattaforma continentale)	30 giu. 1977	Francia / Gran Bretagna	XIII.8; XXIII. 5, 10, 23
Rainbow-Warrior	30 apr. 1990	Nuova Zelanda / Francia	IV.140; XV.54, 99, 104; XVI.162; XXIII.5

f) Arbitrati tra Stati e privati stranieri

Lena Goldfields c. U.R.S.S.	3 sett.	1930	V.18; XI.59
Petroleum development Ltd c. Sovrano di Abu Dhabi	28 ago.	1951	V.18
Sovrano del Qatar c. Marine Oil Cy.	1. giu.	1953	V.18
Aramco c. Arabia Saudita	23 ago.	1958	V.18, 30; XI.57
National Iranian Oil Cy (NIOC) c. Sapphire	5 mar.	1963	V.18, 21, 30; XI.57
B.P. c. Libia (lodo Lagergren)	10 ott.	1973	XVI.154
Texaco Calasiatic c. governo libico (lodo Dupuy)	9 gen.	1977	II. 41; V.4, 15, 19 e 30; VIII.56; XI.58; XVI.80 e 153; XVIII.40; XXIII.48
Revere copper & brass c. O.P.I.C.	24 ago.	1978	V.11, 18, 30
Aminoil c. Kuwait	24 mar.	1982	I.87; V.18, 31
Framatome c. Atomic Energy Organization of Iran	30 apr.	1982	V.18, 27
Groupe Eurotunnel c. Regno Unito e Francia	30 gen.	2007	XXIII.31
Yukos c. Federazione russa	30 nov.	2009	IV. 79, XV.173

g) Altri procedimenti

Caroline	1837	Stati Uniti / Gran Bretagna	XX.9
Virginius	1873	Stati Uniti, Gran Bretagna /Spagna	XVI.129
Linciaggio di Italiani a New Orleans	1891	Italia / Stati Uniti	XV.69; XVI. 80
Dogger Bank	1904	Russia / Gran Bretagna	XXII.20
Isole Åland	1920	Svezia / Finlandia	IV.175
Eichmann	1960	Argentina / Israele	XV.52, 56
Red Crusader	1961	Danimarca / Gran Bretagna	XXII.21
Cosmos 954	1979	Canada / U.R.S.S.	XV.99; XVI.72
Jan Mayen	1980	Norvegia / Islanda	XIII.8; XXII.29
Rainbow Warrior	1985	Francia / Nuova Zelanda et al.	IV.140; XV.54, 99, 104; XVI. 162

h) ARBITRATI AD HOC IMPLICANTI OIG

Francia — U.N.E.S.C.O.	2003	14 gen.	XXI.12, XXIII.6

ORGANIZZAZIONE MONDIALE DEL COMMERCIO

United States - Measures affecting the production and sale of clove cigarettes. WT/DS406/AB/R.	2012	4 Apr.	IV.154

GIURISPRUDENZA INTERNA

GIURISPRUDENZA ITALIANA

a) Corte costituzionale

1961	22 dic.	Corte costituzionale	n. 67, Penso e Baracchini	XVIII.2
1963	13 lug.	Corte costituzionale	n. 135, Guerrato	XVIII.2
1964	7 mar.	Corte costituzionale	n. 14	XVIII.10
1973	27 dic.	Corte costituzionale	n. 183, Frontini	XVIII.11
1975	3 lug.	Corte costituzionale	n. 170	IV.31
1975	30 ott.	Corte costituzionale	n. 232	XVII.36
1979	18 giu.	Corte costituzionale	n. 48, Russel	XV.112; XVIII.2
1984	5 giu.	Corte costituzionale	n. 170, Granital	XVIII.12, 13
1984	19 dic.	Corte costituzionale	n. 295	IV.27
1985	23 apr.	Corte costituzionale	n. 113	XVIII.24, 33
1989	6 giu.	Corte costituzionale	n. 323, Alitalia	XVIII.4
1992	15 lugl.	Corte costituzionale	n. 329	XV.169, 170, 180
1993	19 gen.	Corte costituzionale	n. 10	XVIII.4
1994	10 nov.	Corte costituzionale	n. 384	XVIII.13
1999	23 giu.	Corte costituzionale	Ord. n. 255	XVIII.33
2001	15 mag.	Corte costituzionale	n. 131	XVIII.2
2003	15 lug.	Corte costituzionale	n. 242	V.1
2007	13 lug.	Corte costituzionale	n. 284	XVIII.33
2007	24 ott.	Corte costituzionale	n. 348	XVIII.4, 5
2007	24 ott.	Corte costituzionale	n. 349	XVIII.4, 5
2008	15 apr.	Corte costituzionale	n. 103	XVIII.13
2009	16 nov.	Corte costituzionale	n. 311	XVIII.6
2010	28 gen.	Corte costituzionale	n. 28	XVIII.13
2010	22 ott.	Corte costituzionale	n. 299	XVII.50
2013	3 lug.	Corte costituzionale	n. 3	XVIII.13
2014	22 ott.	Corte costituzionale	n. 238	XV.156, 167, 170; XVIII.3, 21
2015	26 mar.	Corte costituzionale	n. 49	XVIII.6
2015	31 mar.	Corte costituzionale	n. 56	XVIII.13
2011	17 apr.	Corte costituzionale	n. 113	XVIII.24
2017	12 lug.	Corte costituzionale	n. 164	XVIII.8
2017	14 dic.	Corte costituzionale	n. 269	XVIII.13

2019	27 febb.	Corte costituzionale	n. 25	XVIII.6

b) Corte di Cassazione

1886	25 feb.	Corte di Cassazione	Typaldos	XV.156
1926	13 mar.	Corte di Cassazione		XV.156
1933	18 gen.	Corte di Cassazione		XV.156
1965	8 ott.	Corte di Cassazione (Sez. Un.)	n. 2088	XVI.114
1968	12 lug.	Corte di Cassazione (Sez. Un.)	n. 2452	XVI.114
1972	22 mar.	Corte di Cassazione (Sez. Un.)	n. 867	IV.30; XVII.42
1972	17 apr.	Corte di Cassazione	n. 1196	IV.30; XVII.42
1972	8 giu.	Corte di Cassazione	n. 1773	XVII.42
1974	6 giu.	Corte di Cassazione (Sez. Un.)	n. 1653	XV.159
1975	7 feb.	Corte di Cassazione	n. 468	VII.13
1977	27 gen.	Corte di Cassazione (Sez. Un.)	n. 400	XV.157
1980	14 apr.	Corte di Cassazione	n. 2414	XVII.62
1981	8 gen.	Corte di Cassazione	n. 189	XVII.62
1982	8 feb.	Corte di Cassazione	n. 722	V.23
1985	28 giu.	Corte di Cassazione	n. 1981	XV.4
1985	30 ott.	Corte di Cassazione	Abdejatif	XV.33
1986	3 feb.	Corte di Cassazione (Sez. Un.)	n. 667	XV.222
1987	1° ott.	Corte di Cassazione	n. 7341	XVII.63
1987	16 dic.	Corte di Cassazione (Sez. Un.)	n. 9321	XV.112
1989	25 mag.	Corte di Cassazione (Sez. Un.)	n. 2502	XV.170
1989	17 nov.	Corte di Cassazione (Sez. Un.)	n. 4909	XV.17
1989	24 nov.	Corte di Cassazione	n. 5974	XVII.62
1990	26 nov.	Corte di Cassazione (Sez. Un.)	n. 11357	XV.113
1991	22 mag.	Corte di Cassazione (Sez. Un.)	n. 5794	XV.157
1993	13 mag.	Corte di Cassazione (Sez. Un.)	n. 5425	XV.170
1993	18 ott.	Corte di Cassazione (Sez. Un.)	n. 10294	XV.112
1994	10 apr.	Corte di Cassazione	n. 3375	XVII.63
1994	8 giu.	Corte di Cassazione (Sez. Un.)	n. 5565	XV.222
1994	8 lug.	Corte di Cassazione	Barcot	XVII.55

1995	20 ott.	Corte di Cassazione (Sez. Un.)	n. 10932	XV.142
1996	12 gen.	Corte di Cassazione (Sez. Un.)	n. 174	XV.157
1996	12 gen.	Corte di Cassazione (Sez. Un.)	n. 173	XV.170
1997	1° lug.	Corte di Cassazione (Sez. Un.)	n. 5888	XV.169
1998	20 apr.	Corte di Cassazione (Sez. Un.)	n. 4017	XV.159
1999	18 mar.	Corte di Cassazione (Sez. Un.)	n. 149	XV.222
1999	16 apr.	Corte di Cassazione	n. 3830	XVIII.33
1999	27 mag.	Corte di Cassazione	n. 313	XV.113
2000	3 lug.	Corte di Cassazione	n. 8880	XVI.24
2000	3 ago.	Corte di Cassazione	n. 530	XVIII.17
2000	7 nov.	Corte di Cassazione (Sex. Un.)	n. 1150	XV.157
2002	27 nov.	Corte di Cassazione (Sez. Un.)	n. 16830	XV.112
2002	6 dic.	Corte di Cassazione	n. 17349	XVII.62
2003	19 mar.	Corte di Cassazione	n. 16659	XV.113
2003	30 dic.	Corte di Cassazione	n. 19842	XVIII.33
2004	11 mar.	Corte di Cassazione (Sez. Un.)	(Ferrini) n. 5044	XV.165
2004	22 lug.	Corte di Cassazione (Sez. Un.)	n. 13711	XV.113
2004	17 set.	Corte di Cassazione	n. 49666	XV.9
2005	15 apr.	Corte di Cassazione (Sez. Un.)	n. 7791	XV.157
2005	27 mag.	Corte di Cassazione (Sez. Un.)	n. 11225	XV.157; XVI.49
2005	28 ott.	Corte di Cassazione (Sez. Un.)	n. 20995	XV.222
2006	16 mag.	Corte di Cassazione	n. 11430	XVI.24
2006	10 lug.	Corte di Cassazione (Sez. Un.)	n. 15620	XV.113
2006	10 lug.	Corte di Cassazione (Sez. Un.)	n. 15626	XV.113
2006	10 lug.	Corte di Cassazione (Sez. Un.)	n. 15628	XV.113
2007	3 gen.	Corte di Cassazione (Sez. Un.)	n. 5	XV.18
2007	19 feb	Corte di Cassazione (Sez. Un.)	n. 3718	XV.157
2007	24 mag.	Corte di Cassazione (Sez. Un.)	n. 12067	XVIII.32, 33
2008	29 mag.	Corte di Cassazione (Sez. Un.)	n. 14199	XV.166

2008	29 mag.	Corte di Cassazione (Sez. Un.)	n. 14200	XV.166
2008	29 mag.	Corte di Cassazione (Sez. Un.)	n. 14212	XV.166
2008	24 lug.	Corte di Cassazione	n. 31171	XV.182
2008	13 nov.	Corte di Cassazione (Sez. Un.)	n. 27044	XV.112
2009	6 lug.	Corte di Cassazione	n. 15796	XVI.24
2010	29 gen.	Corte di Cassazione	n. 2041	XV.170
2011	19 ott.	Corte di Cassazione (Sez. Un.)	n. 21581	XVI.114
2012	19 sett.	Corte di Cassazione	n. 46340	XV.111
2013	6 dic.	Corte di Cassazione	n. 17349	XVII.62
2014	8 gen.	Corte di Cassazione	n. 153	XVI.24
2014	21 gen.	Corte di Cassazione (Sez. Un.)	n. 1136	XV.170
2014	11 mar.	Corte di Cassazione	n. 39788	XV.111
2015	28 ott.	Corte di Cassazione (Sez. Un.)	n. 21946	XV.167
2015	29 ott.	Corte di Cassazione	n. 43696	XV.167
2015	24 nov.	Corte di Cassazione (Sez. Un.)	n. 23893	IV.216; XV.157
2016	29 lug.	Corte di Cassazione (Sez. Un.)	n. 15812	XV.167; XVIII.21
2017	6 giu.	Corte di Cassazione (Sez. Un.)	n. 13980	XV.112
2018	29 mar.	Corte di Cassazione	n. 14503	XX.19
2019	13 nov.	Corte di Cassazione (Sez. Un.)	n. 29459	XV.38
2019	13 nov.	Corte di Cassazione (Sez. Un.)	n. 29460	XV.38
2019	13 nov.	Corte di Cassazione (Sez. Un.)	n. 29461	XV.38
2020	16 gen.	Corte di Cassazione	n. 6626	XV.37
2020	28 set.	Corte di Cassazione (Sez. Un.)	n. 20442	XV.167

c) ALTRI ORGANI DELLA GIUSTIZIA CIVILE O PENALE

1906	8 giu.	Trib. Firenze	XV.156
1926	16 lug.	App. Napoli	XV.156
1932	23 gen.	App. Milano	XV.156
1992	9 dic.	Trib. Genova	IV.216
1994	7 mag.	App. Genova	IV.216
2009	13 lug.	App. Milano	XV.111
2012	14 mag.	App. Torino	XV.170
2019	2 lug.	Trib. Agrigento	XV.37

d) ORGANI DELLA GIUSTIZIA AMMINISTRATIVA

2009	24 dic.	Consiglio di Stato	n. 8719	XVI.114
2015	11 giu.	Consiglio di Stato	n. 2866	XVIII.25
2017	4 dic.	T.A.R. Lazio	n. 11955	XVI.114

GIURISPRUDENZA INTERNA DI ALTRI STATI

1812		Corte Supr. Stati Uniti	The Schooner Exchange v. Mc Faddon	XV.180
1829		Corte Supr. Stati Uniti	Foster Elam v. Neilson	XVII.12, 14
1871		Corte Supr. Stati Uniti	Sapphire	XV.188
1876		British Court for Crown Cases reserved	Queen v. Keyn	XII.3
1888		Corte Supr. Stati Uniti	Whitney v. Robertson	XVII.39
1897		Corte Supr. Stati Uniti	Underhill v. Hernandez	XXV.12
1900		Corte Supr. Stati Uniti	Paquete Habana	XII.4
1903	11 giu.	Corte Cass. Belgio		XV.156
1918		Corte Supr. Stati Uniti	Oetjen v. Central Leather co.	XXV.12
1919	3 lug.	Trib. Fed. Svizzera		XVI.36
1920		Corte Supr. Stati Uniti	Missouri v. Holland	IV.37
1920	24 giu.	Corte d'Appello di Bruxelles		XV.156
1933	24 mag.	Corte d'Appello di Bruxelles		XV.156
1936		Corte Supr. Stati Uniti	Us. v. Curtiss Wright Export Corp	IV.46
1937		Corte Supr. Stati Uniti	Us. v. Belmont	IV.42
1942		Corte Supr. Stati Uniti	Us. v. Pink	IV.42; XV.25
1945		Corte d'Appello 2· Circ.	Alcoa	XV.119
1950		Corte Supr. California	Fujii v. California	XVII.13
1951		Corte federale di New York	Us. v. ICI	XV.119
1954		High Court of Justice (Ch.)	British Nylon Spinners Ltd. v. ICI	XV.119
1957		Corte Supr. Stati Uniti	Wilson v. Girard	IV.43
1963 et 1965		Corte federale di New York	Us. v. the Watchmakers of Switzerland Information Center	XV.119
1964	23 mar.	Corte Supr. Stati Uniti	Banco Nacional de Cuba v. Sabbatino	XXV.12, 14, 16, 17
1968	4 mar.	Corte Supr. Stati Uniti	Banco Nacional de Cuba v. Farr	XXV.17
1970		Corte federale di New York	Us. v. Wm H. Muller et Co	III.13
1972		Corte Supr. Stati Uniti	First National City Bank v. Banco nacional de Cuba	XXV.17
1974		Corte federale District of Columbia	Consumers Union of US Inc. v. Kissinger	V.25
1976	24 mag	Corte Supr. Stati Uniti	Alfred Dunhill v. Republic of Cuba	XXV.17
1976	17 dic.	Corte federale di New York	Diggs v. Richardson	XVII.14

GIURISPRUDENZA FRANCESE

a) Giurisprudenza amministrativa

1. Conseil d'Etat

b) Giurisprudenza civile e penale

1. Cour de Cassation

1984	26 janv.	(crim.)	Klaus Barbie	III.30
1984	14 mars	(civ.)	Eurodif	XV.172
1985	1er oct.	(civ.)	Sonatrach c. Migeon	XV.174
1986	28 fév.	(ch. mixte)	Air Afrique	XV.93
1986	2 mai	(civ).	Galakis c. Trésor public	XXIII.46
1986	18 nov.	(civ.)	Banque camerounaise de développement	XV.148
1986	18 nov.	(civ.)	S.E.E.. B.I.R.D. c. Etat français et R.S.F. de Yougoslavie	XXIII.18
1989	20 mars	(civ.)	République islamique d'Iran et OIATEI c. Sté Framatome	XV.172
1990	2 mai	(civ.)	Société nationale iranienne du gaz c. Société pipeline service et autres	XV.148
1995	14 nov.	(civ.)	Hintermann v. Union de l'Europe occidentale	XV.224
1999	15 juil.	(civ.)	Dumez GTM c. Etat Irakien	XV.150, 174
2000	30 mai	(civ.)	Deparis	IV.118
2000	6 juil.	(civ.)	Sté Creighton limited c. Etat du Quatar	XV.173
2003	28 oct.	(civ.)	Appello n. 01-16.927	XV.224
2006	25 avril	(civ.)	Etat irakien c. Dumez	XV.150, 174
2006	11 juil.	(civ.)	Agent judiciaire du Trésor	IV.96
2011	9 mars	(civ.)	La Réunion aérienne et al.	III.30; XV.164
2018	10 janv.	(civ.)	Appello n. 16-22.494	XV.173

2. Altri organi della giustizia civile e penale

1915	13 juil.	Trib. Civ. Seine	Mathieu Ulman	XXV.9
1926	19 nov.	CA	Statut de la représentation commerciale d'U.R.S.S. en France	XV.159
1933	22 juil.	Trib. Correct. d'Avesnes.	Joly	XV.51
1957	15 mai	CA	Dakar	XVII.58
1963	28 déc.	Cour de Sûreté de l'Etat	Argoud	XV.53, 56
1965	22 mai	CA	Paris Raoul Massardy et autres, Sté Fruehauf c. Me Solvet et S.A. automobiles Berliet	XV.120
1967	18 nov.	CA Paris	Ep. Pivert	XVII.58
1970	19 juin	CA Paris	Hecht c. Buismans	V.22
1975	13 déc.	CA Paris	Meniccuci c. Mahieux	V.22
2000	10 août	C.A. Paris	Ambassade de Russie c. Noga	XV.176

2002	20 févr	C.A. Paris	Irak c. Dumez	XV.150; 174; XVII.58
2013		C. A. Versailles	Tramway de Jérusalem	XXV.31

INDICE ANALITICO

(I numeri romani indicano i capitoli mentre le cifre arabe si riferiscono ai paragrafi)

M

N

O

P

Q

R

S

T

U

V

Z

DP 0229037274
DIRITTO INTER
NAZIONALE
III
CARREAU DOMIN
GFL
GIUFFRE' EDIT